W0194763

HERDERS NEUES KLÖSTERLEXIKON

HERDERS NEUES KLÖSTERLEXIKON

von
Thomas Sterba

FREIBURG · BASEL · WIEN

Dieses Buch widme ich meiner Mutter
Renate Götze, geb. Kosak (1925–1972)

www.herder.de

Umschlaggestaltung: Weiß – Grafik & Buchgestaltung, Freiburg
Umschlagbilder: © Thomas Sterba, Osdorf
(groß: Maria Laach; klein: Haina, Maulbronn, Heisterbach, Walkenried; Rücken: Eberbach)
Satz: fgb · freiburger graphische betriebe
www.fgb.de
Herstellung: Himmer AG, Augsburg

Gedruckt auf umweltfreundlichem, chlorfrei gebleichtem Papier
Printed in Germany

ISBN 978-3-451-30500-9

Inhalt

Vorwort

Mit dem vorliegenden Werk wird zum ersten Mal eine umfassende Übersicht über den heutigen Gesamtbestand mittelalterlicher Klosterarchitektur in den Grenzen der Bundesrepublik Deutschland vorgelegt. Damit erfüllt dieses neue Nachschlagewerk ein dringendes Desiderat im beginnenden dritten Jahrzehnt der deutschen Einheit.

Im Spätmittelalter existierten auf dem Gebiet der heutigen Bundesrepublik Deutschland etwa 2.000 Klöster – mitgerechnet die Regularkanonikerstifte und ritterlichen Kommenden. Etwa 65 % dieser monastischen Gemeinschaften hinterließen bis heute aufstrebende, mittelalterliche Architektur, etwa 10 % davon existieren inzwischen als vollständig nachreformatorische Bauten. Andererseits: Rund 25 % der vorreformatorischen Klöster sind völlig untergegangen.

Ein solches Lexikon ist nur dann von einem einzelnen Autor realisierbar, wenn ihn dabei zahlreiche Menschen unterstützen. An erster Stelle gilt mein besonderer Dank meiner Frau Martina Sterba, die nicht nur durch ihre Geduld und ihr Verständnis zum Gelingen beitrug, sondern sich entscheidend an der technischen Aufarbeitung der Texte beteiligte. Auch unterstützten mich meine Kinder Anne, Johannes und Matthias sowohl durch ihre Kenntnisse als auch bei der Erstellung der Bilder.

Meine Beschäftigung mit der mittelalterlichen Klostergeschichte beruht auf zwei Schlüsselerlebnissen. Als Student an der Universität Jena sprach ich mit meinem damaligen Pfarrer Sterzinsky über die Taufe meiner Tochter. Ich erhielt bleibende Antworten auf meine Fragen zum christlichen Glauben und zur historischen Entwicklung des Christentums. Heute ist jener Pfarrer Kardinal und Erzbischof der Erzdiözese Berlin und fördert die Veröffentlichung des vorliegenden Werkes, wofür ich ihm an dieser Stelle herzlich danke. Etwa zur gleichen Zeit besuchte der rumänische Autor Hermann Fabini aus Siebenbürgen Jena. Er lenkte meinen Blick auf die europaweite Einheitsarchitektur der frühen Zisterzienser, die er an thüringischen Klosterstandorten bestätigt fand. Diese Begegnung sehe ich in der Rückschau als nachhaltige Initialzündung meines bleibenden Interesses für das mittelalterliche Mönchs- und Ordensleben.

Die Mitarbeiter des Kunsthistorischen Instituts der Universität Kiel konnte ich für mein Projekt schon frühzeitig interessieren. Professor em. Dr. Ulrich Kuder und Professor Dr. Uwe Albrecht ermunterten mich nachhaltig und gaben wichtige Hinweise. Dr. Thomas Hill vom Historischen Seminar stand mir bei Fragen zur Geschichte des Mönchtums zur Seite. Die Vorlesungen von Professor Dr. Dr. Johannes Schilling in Kiel vertieften meine Kenntnisse über die mittelalterliche Kirchengeschichte.

Für ihr Interesse und die Unterstützung meiner Arbeit danke ich meinen Freunden Michael Peißker und Martin Fröhlich, aber ebenso Götz Dobratz und Knut Dobratz, Ralf Kröber, Dr. Christine Sterba, Dr. Brigitte Sterba-Lindner, Dr. Matthias Beilein, Professor Dr. Uwe Langbein sowie Bischof Christoph Demke.

Bei telefonischen Recherchen und auf den Reisen zu den über 1.500 Klosterstandorten in Deutschland begegnete ich interessierten und der Klostergeschichte gegenüber aufgeschlossenen Menschen, die mich in meiner Arbeit ermutigten und bestärkten; ihre Informationen haben mir vielfach weitergeholfen. Ihnen allen gilt mein Dank, auch wenn an dieser Stelle nur wenige erwähnt werden können: die Ordensschwestern in Passau-Niedernburg, in Seligenthal (Landshut) und in Wettenhausen, Karl Baumann in Hücheln, Hanspeter Holzinger in Greding-Obermässing, Prior Jens in Dambeck, Pfarrer Kamming in Hamersleben, Kristel Keller in Utenbach, Irmgard Kremers in Hückelhoven-Hilfarth, Walter Mayer in Pulheim, Rolf Örtel in Zscheiplitz, Ralf Petermann in Aue, Äbtissin Rook und Konventualin Johanna Pointke in Börstel, Pfarrer Schünke in Schkölen, Johannes Weber in Immichenhain und Andreas Wurda in Wittenberg.

Der Verlag Herder begeisterte sich spontan für eine Veröffentlichung meiner Studien und Bilddokumente. Seit fünf Jahren begleitet Dr. Bruno Steimer das Lexikonprojekt äußerst fachkundig und ideenreich; auch ihm sei für seine professionelle Hilfe gedankt.

Osdorf, im März 2010 *Thomas Sterba*

Einführung

Das christliche Mönchtum entstand aus einer asketischen Abkehr von der Welt. Im 3. Jh. flohen Einsiedler in die Wüste. In Ägypten vereinten sie sich als Mönche unter Abt Pachomios (um 292–346) in Tabennese am Nil zu den ersten monastischen Gemeinschaften. Weniger die Suche nach Gott als die Erfahrung seiner Nähe durch eine apostolische Lebensweise schon in dieser Welt begründet bis heute das Selbstverständnis einer Klostergemeinschaft. Das Kloster war nicht nur Ort der Weltflucht, der Abgeschiedenheit und des Geborgenseins in einer Gemeinschaft, sondern wirkte über Jahrhunderte mit großartigen Kultur- und Sozialleistungen in „die Welt der Sünde" hinein, sorgte über einen langen Zeitraum für wissenschaftliche und technische Innovationen; der monastische Lebensentwurf stand im Zentrum der mittelalterlichen Gesellschaft und beeinflusste maßgeblich die Geschichte. Dabei verstand sich das Kloster immer als Alternative zur „in Unordnung verharrenden Welt". Den besonderen Weg der Nachfolge Christi beschreiten auch nach 1800 Jahren noch immer Menschen, auch wenn der Eintritt in das Ordensleben in der heutigen Welt an Attraktivität verloren zu haben scheint. Andererseits offenbart sich die wachsende Faszination für das Klosterleben oder die Ordensbaukunst in unseren Tagen nicht nur im Tourismus und im Aufsuchen des Klosters als Stätte der Besinnung, sondern auch in einem stärkeren wissenschaftlichen Interesse. Arbeiten zur Kloster- und Ordensgeschichte haben Konjunktur. Zumal die alten Klöster als Monumente der Glaubens- und Wissenskultur faszinieren, auch und gerade unter ästhetischem Aspekt. Sie zu bewahren, ist ein gesamtgesellschaftliches Anliegen.

Vor diesem Hintergrund ist es erstaunlich, dass bislang keine moderne Veröffentlichung existiert, die den Bestand monastischer Architektur für die Bundesrepublik Deutschland bündelt und die Geschichte der Kommunitäten zusammenfassend anbietet. Denn bislang ist die deutsche Klostergeschichte lediglich für Teilbereiche in unterschiedlicher Qualität und Dichte beschrieben und nur für bestimmte Regionen vollständig erarbeitet. Unter den wichtigsten Übersichtsarbeiten sind die Großwerke „Germania Benedictina" und „Germania Sacra" zu nennen, sodann „Westfälisches Klosterbuch", „Brandenburgisches Klosterbuch", „Württembergisches Klosterbuch", „Palatia Sacra", „Pfalzatlas", „Eifilia Sacra", „Geschichtlicher Atlas der Rheinlande", „Hessisches Klosterbuch" und „Klöster, Stifte und Kommenden in Niedersachsen". Klosterlisten und die Arbeiten zur Entwicklung der Orden während der Reformations- und der frühen Neuzeit veröffentlichten Friedhelm Jürgensmeier und Mitautoren in den Jahren 2005–07, berücksichtigten dabei jedoch nicht die bereits untergegangenen oder kleinen Orden wie jene der Magdalenen, Pauliner-Eremiten, Sepulcriner und Heilig-Geist-Chorherren. Norbert Backmund, Kaspar Elm, Claudia Mohn, Johannes Mötsch, Bernhard Opfermann, Anja Ostrowitzki, Peter Pfister, Roland Pieper, Walter Gerd Rödel, Gerhard Schlegel und viele andere beschreiben in ihren Arbeiten den Klosterbestand ausgesuchter Orden oder bestimmter Regionen Deutschlands, wobei die Zisterzienserklöster am vollständigsten erfasst sind. Im Internet publizieren die Bundesländer Bayern, Baden-Württemberg, Sachsen, Schleswig-Holstein und Thüringen Klosterlisten ihrer Region. Der Prämonstratenserorden präsentiert sich im Netz mit einer eigenen Niederlassungsliste. Das „Handbuch der historischen Stätten Deutschlands" und das „Handbuch der Deutschen Kunstdenkmäler" (Dehio) bieten Geschichtsabrisse bzw. architektonische Bestandsanalysen, sind jedoch für die deutsche Klosterlandschaft nicht spezifisch genug oder unvollständig, mitunter auch kritisch zu überprüfen. Hilfreich erweist sich die „Kleine Kunstgeschichte der mittelalterlichen Ordensbaukunst in Deutschland" von Günther Binding und Matthias Untermann (2001), die aber nicht beansprucht, eine Gesamtdarstellung zu bieten. Als komprimierte Einführung in die Geschichte der christlichen Orden und ihre soziokulturelle Ausstrahlung ist der Übersichtsband „Kulturgeschichte der christlichen Orden" von Peter Dinzelbacher und James Lester Hogg (1997) zu empfehlen.

Unter Einbindung älterer und moderner Forschungsarbeiten fasst das vorliegende Lexikon die Einzelergebnisse zusammen und schließt die Lücken in der Darstellung der Klosterstandorte für alle Bundesländer. Die angebotene Verlaufsgeschichte eines jeden Klosters und die sie tragenden Persönlichkeiten konzentrieren sich bewusst auf die Zeit bis zur Reformation, um den Umfang dieser Arbeit nicht ausufern zu lassen. Neben der Geschichte der jeweiligen Institution ist ihre Bedeutung für die Ordenskultur und ihre etwaige Einbindung in Reformbemühungen von besonderem Interesse. Entscheidend für die ausführliche Beschreibung eines Klosters im vorliegenden Lexikon ist die Existenz vorreformatorischer Klosterarchitektur. Es geht nicht darum, eine neue Klostergeschichte des Mittelalters anzubieten, vielmehr will das Lexikon die Arbeitsgrundlagen der Mediävistik oder Denkmalinventarisierung ergänzen. Dabei wird dem Interesse des Laien ein hoher Stellenwert eingeräumt; das Lexikon möchte eine breite Leserschaft erreichen und verzichtet auf einen allzu fachwissenschaftlichen Kurzstil zugunsten eines flüssig lesbaren Textes. Die lexikalische Inventarisation wird flankiert von über 1.000 Abbildungen, die den aktuellen baulichen Zustand eines Objektes zu dokumentieren in der Lage sind, ob als Gesamt- oder Detailansicht. Sie können vielleicht etwas von jener ästhetischen Faszination vermitteln, die die mittelalterliche Klosterbaukunst zeitlos ausstrahlt.

Der dem Lexikon zugrundeliegende Nomenklator beansprucht die vollständige Erfassung der überkommenen Klosterarchitektur des Mittelalters innerhalb der Grenzen der Bundesrepublik Deutschland. Das heißt im Umkehrschluss: Ein mittelalterliches Kloster, das nicht mehr existiert oder heute vollständig aus nachreformatorischer Architektur besteht, besitzt keinen selbständigen Stichworteintrag. Trotz gründlicher und gewissenhafter Recherchen mag es möglich sein, dass ein Objekt, etwa versteckte mittelalterliche Mauerreste eines Klosters, nicht erfasst ist. Für diesen Fall bin ich für weiterführende Informationen dankbar.

Fast 1.300 Klöster und regulierte Stifte des Mittelalters werden in alphabetischer Reihenfolge ausführlich dargestellt und ihre überkommene mittelalterliche Architektur entsprechend beschrieben. Weiterhin finden etwa 400 Klöster Erwähnung, die heute architektonisch vollständig untergegangen sind. Weitere etwa 150 Klöster werden ergänzend genannt, die zwar im Mittelalter entstanden und überregionale Bedeutung erlangt haben, sich heute jedoch lediglich in nachreformatorischer Architektur präsentieren.

Das Lexikon berücksichtigt monastische Institutionen, zu denen Klöster, regulierte Stifte und Niederlassungen der geistlichen Ritterorden gehören. Sie sind in erster Linie charakterisiert durch die Professablegung ihrer Mitglieder sowie durch Bekenntnis zum Gemeinschaftsgut (zumindest in der Ordensverfassung, den Statuten bzw. fixierten Gewohnheiten). Vor allem das Ablegen einer Profess unterscheidet Klöster von klosterähnlichen Gemeinschaften, zu denen Domkapitel, Kollegiatstifte, weltliche Kanonissenstifte, Institutionen der Brüder/Schwestern vom gemeinsamen Leben sowie Beginen- und Begardenhäuser zu rechnen sind. Diese nicht streng monastischen, vielmehr klosterähnlichen Gemeinschaften bleiben im Lexikon unberücksichtigt (eine Ausnahme bilden die Domkapitel in Havelberg, Brandenburg und Ratzeburg, die dem Prämonstratenserorden angehörten). Die Abgrenzung der Klöster von weltlichen Stiftskommunitäten erfolgt nach den Angaben von Alfred Wendehorst und Stefan Benz im „Verzeichnis der Säkularkanonikerstifte der Reichskirche" (1997). Der aufgrund des Umfangs notwendige Verzicht auf eine Einbeziehung solcher Säkularstifte, der in Bezug auf frühmittelalterliche Frauenkommunitäten nicht unproblematisch ist, hat zur Folge, dass kunsthistorisch bedeutende Kathedralkomplexe, weltliche Stiftsanlagen und Fraterherren- sowie Schwesternhäuser nicht behandelt werden (etwa die Reichskanonissenstifte Essen, Gandersheim, Gernrode, Quedlinburg, Niedermünster usw.).

Weitere Eingrenzungsparameter:
(1) Die alten Klöster sind Orte der Tradition, des kulturellen Gedächtnisses eines Ortes, einer Region, eines Landes. Dieser Einsicht ist geschuldet, dass das Lexikon deutsche Klöster in den Blick nimmt, und zwar in einem aktuellen, sich jedermann erschließenden geographischen Bezugsrahmen, nämlich in den Grenzen der Bundesrepublik Deutschland. Das bringt mit sich, dass „deutsche" Klöster jenseits dieser Grenzen nicht in eigenen Artikeln behandelt, sondern lediglich genannt werden.
(2) Was die zeitliche Festlegung für die Aufnahme eines Klosters ins Lexikon betrifft, so muss seine Gründung vor der regionalen Durchsetzung der evangelischen Reformation erfolgt sein, also vor dem Jahr 1530. Unter dieser Rücksicht eröffnet sich ein Zeitfenster vom 7. Jh. (etwa Tholey, Trier St. Maximin und Pfalzel) bis zum beginnenden 16. Jh. (Augustiner-Eremitenkloster Eisleben, Cölestinerpriorat Königstein).
(3) Die vorhandene aufstrebende Architektur einer Klosteranlage (Kirche, Klausur- und Wirtschaftsgebäude sowie Immunitätsmauer) geht auf den vorgegebenen Zeitrahmen zurück. Diese scheinbar luzide Trennung von mittelalterlichem und neuzeitlichem Architekturbestand verläuft unscharf. Es werden auch Klöster beschrieben, die sich heute als Barockkomplex präsentieren, dabei jedoch mittelalterliche Kernmauern verbergen. In anderen Fällen existiert zwar heute keinerlei aufstrebendes Klostermauerwerk mehr, aber die Kommunitäten ließen mittelalterliche Pfarrkirchen zurück, die auf monastische Bauleistungen zurückzuführen sind, weswegen diese untergegangenen Klöster einen Eintrag im Lexikon erhalten haben (etwa das Prämonstratenserstift Selbold mit seiner Marienkirche in Gelnhausen). Eine stringente Eingrenzung auf vorhandene klösterliche Architektur des Mittelalters zwingt weiterhin, jene Klöster unberücksichtigt zu lassen, die in ihrer Verlaufsgeschichte in weltliche Kanonikerstifte umgewandelt wurden, wobei ursprüngliche, klösterliche Bauelemente untergingen und die heute bestehende Architektur aus dem Mittelalter ausschließlich auf die Zeit der Weltkanoniker zurückgeht (das führt dazu, dass etwa Faurndau und Säckingen St. Fridolin nicht aufgeführt werden). In wenigen Fällen lässt sich begründet monastische Altsubstanz in Kollegiatstiften vermuten; diese Objekte wurden aufgenommen (etwa Ansbach und Wiesensteig). Klösterliche Reste (Grundmauern) bleiben dann unberücksichtigt, wenn sie nach einer archäologischen Ausgrabung aus konservatorischen Gründen wieder zugeschüttet wurden.

Hinweise zur Benutzung des Lexikons

Das Lexikon enthält knapp 1.300 Einzelartikel zu Ordensniederlassungen (Klöster, regulierte Stifte und Niederlassungen der geistlichen Ritterorden); ihr Stichworteintrag ist **rot** markiert. Die alphabetische Einreihung der Niederlassungsnamen richtet sich in der Regel nach den spätmittelalterlichen, meist heute noch gängigen Ortsnamen (so erscheinen Klöster der heutigen Stadt Bad Langensalza unter „Salza", analog „Gmünd" und „Hall", nicht Schwäbisch Gmünd oder Schwäbisch Hall); zahlreich vorhandene Verweise im Register (Anhang) tragen den Bezeichnungsvarianten Rechnung. Gibt es mehrere gleichlautende Ortsnamen, so wird an das Stichwort ein geographisches Unterscheidungsmerkmal angefügt, das zur Alphabetisierung dient (Neustadt/Kulm, Neustadt/Main). Wenn für einen Ort mehrere Objekte beschrieben werden, so werden sie in der alphabetischen Reihenfolge der Ordenszugehörigkeit präsentiert (Antoniter... Zisterzienser). Städte, in denen sich mindestens sechs Ordensniederlassungen mit Stichworteinträgen befinden, besitzen am Beginn der Artikel eine moderne Stadtkarte, in der die Lage der einzelnen Konvente eingezeichnet ist (Augsburg, Erfurt, Halle, Köln, Nürnberg, Regensburg, Trier, Würzburg).

Die Artikel zu den Ordensniederlassungen sind in mehrere Teile gegliedert:
(1) Der Kopfteil (*kursiv*) enthält nach dem Stichwort die genaue Bezeichnung, das Patrozinium, die Lebensdaten eines Konvents (als Jahr der Gründung gilt allgemein das Jahr der Stiftung), die Angabe der Diözesenzugehörigkeit zum Gründungszeitpunkt sowie in Klammern die heutigen Ortsdaten (politische Gemeinde, Bundesland); abschließend folgen auf das ❐-Zeichen die Koordinaten zur Auffindung des Standortes auf einer der vier Klösterkarten im Anhang.
(2) Die Darstellung der Verlaufsgeschichte (▶ **Vorgeschichte**, ▶ **Geschichte**) legt den Schwerpunkt auf das Mittelalter, betont die kulturelle Leistung und die Vernetzung der Konvente untereinander; Letzteres wird durch zahlreiche Querverweise (➛) dokumentiert. Von besonderem Interesse ist zudem die innere Erneuerung eines Konvents infolge ordensinterner Reformbemühungen. Die Jahreszahlen in Klammern hinter Personennamen (vorwiegend Konventsangehörigen) geben in der Regel die Amtsjahre wieder; sind diese vollständig überliefert, werden das erste und letzte Amtsjahr mit einem Bindestrich verbunden; überliefern die Quellen Amtsjahre nur unvollständig, so werden im Lexikon erst- und letztgenanntes Jahr durch einen Schrägstrich getrennt.
(3) Der Abschnitt ▶ **Gegenwart** beschreibt zunächst ausführlich den Zustand der überkommenen Architektur sowie eventuell vorhandener Ausstattungsstücke; sodann wird die heutige Nutzung der Baulichkeiten genannt.
(4) Der mit dem Zeichen ❖ markierte Abschnitt bietet Kurzinformationen über Objekte, die kein eigenes Stichwort besitzen, aber im Zusammenhang des Stichwortes eine Erwähnung verdienen.
(5) Die Literaturangaben (◆) bieten lediglich Grund- und Erstinformationen in Auswahl und erheben in keinem Fall Anspruch auf Vollständigkeit. Häufiger zitierte Werke stehen am Anfang und sind abgekürzt (zur Auflösung vgl. die Fachbibliographie im Anhang), weitere Titel schließen sich chronologisch geordnet (neueste zuerst) an.

Außer den Ordensniederlassungen bietet der lexikalische Teil ordensgeschichtliche Artikel (alle 26 Orden sowie ordensähnliche Vereinigungen, die im Mittelalter innerhalb des heutigen Deutschlands Klöster gründeten, Reformverbände und -kongregationen sowie einige, die monastische Kultur prägende Persönlichkeiten); sie sind alphabetisch einreiht und in einem blauen Feld vom übrigen Text abgesetzt (Stichwort in **blau**).

Auf Abkürzungen wurde weitgehend verzichtet; die wenigen verbliebenen verstehen sich von selbst. Umlaute ä, ö, ü sind wie die Vokale a, o und u eingeordnet.

Aachen, *Dominikanerkloster St. Paulus (1294–1802) – „Predigerkloster", Diözese Lüttich – (kreisfreie Stadt, Nordrhein-Westfalen, ❐ 3, A1).*

▶ **Geschichte.** Dominikaner hielten sich schon einige Jahre vor ihrer Klostergründung in der Reichs- und Krönungsstadt A. auf. Im März 1293 kauften die Brüder Konrad von Clermont und Gerhard von Hutta ein Haus an der Jakobstraße innerhalb der Stadtmauern. Bis 1333 begann das neue Jahr in der Diözese Lüttich erst mit dem Osterfest, so dass man das Gründungsjahr unserer Zeitrechnung entsprechend auf 1294 festlegen muss. 1295 bestätigte das Generalkapitel des Ordens den neuen Konvent. Stiftungen und steigende Einkünfte erlaubten bald, das Konventsareal zu vergrößern. Der Stadtrat beschwerte sich schon 1346, die Prediger würden zu reich und Bürger nähmen Schaden. Erst kurz vor 1400 begann der Bau der dreischiffigen Klosterkirche St. Paul, deren Chor 1405 vollendet wurde, aber bereits 1485 erneuert werden musste. Die Dominikaner waren sehr beliebt in der Stadt, ihre Rechtsgelehrsamkeit wurde oft in Anspruch genommen. Ein Teil des öffentlichen Lebens fand im Dominikanerkloster statt, so die Verhandlungen zu den Konfessionsstreitigkeiten während der Reformation; A. blieb nach erheblichen Wirren katholisch. Im Mai 1656 zerstörte der Große Stadtbrand das Dach der Dominikanerkirche und die Klausurgebäude, ein intensives Almosensammeln (Terminieren) bis weit in die Nachbarländer und eine Spende der Stadt von 8.000 Mark ermöglichten den Wiederaufbau. Französische Revolutionstruppen plünderten 1794 den Konvent, der schließlich 1802 auf Befehl der napoleonischen Konsularregierung aufgelöst wurde.

▶ **Gegenwart.** Von den mittelalterlichen Konventsgebäuden des Dominikanerklosters, die sich bis zum Lindenplatz hinzogen, ist nichts übergekommen, lediglich die Dominikanerkirche St. Paul blieb erhalten und dient seit mehr als 200 Jahren einer katholischen Gemeinde als Gotteshaus. 1705 entstand das architektonisch reiche Rosenkranzportal, das heute die Kirchensüdseite schmückt. A. wurde im Zweiten Weltkrieg stark zerstört, auch die St. Paulskirche brannte aus; ihr spätgotischer Rahmen wurde restauriert, der Innenraum hingegen modern ausgebaut.

◆ Römling, Michael: A. Geschichte einer Stadt, Soest 2007; Giersiepen, Helga: Die Inschriften der Stadt A., Wiesbaden 1993; Faymonville, Karl: Die Kirchen der Stadt A., Düsseldorf 1922.

Aachen Franziskanerkloster, die gotische Kirche St. Nikolaus, das Mittelschiff mit Blick nach Osten.

Aachen, *Franziskanerkloster St. Nikolaus (1237–1802) – „Nikolauskloster", Diözese Lüttich – (kreisfreie Stadt, Nordrhein-Westfalen, ❐ 3, A1).*

▶ **Geschichte.** Der Niederlassung der Franziskaner in A. ging nach Meinung älterer Historiker ein Kanonikerstift St. Nikolaus voraus, das relativ unbedeutend und finanzschwach 1234 unterging. Minoriten übernahmen 1237 das kleine Areal und begannen ihr Kloster darin einzurichten. Die Baumaßnahmen zogen sich wegen ihrer Armut lange hin, erst Anfang des 14. Jh. errichteten sie ihre Klosterkirche, die der Lütticher Weihbischof Hermann 1327 konsekrierte. Schon 1333 beschädigte ein Brand die neue Kirche. 1389 verlängerten die Brüder ihren zu klein gewordenen Chor um ein drittes Gewölbejoch gegen Osten. Der Konvent, der zwar bei den Konventualen des Ordens blieb, sich aber 1503/06 Reformen unterwarf, die über die ➛ Martinianischen Konstitutionen hinausgingen und den Observanzregeln der Colettaner aus Frankreich entsprachen, lehnte jeglichen Besitz ab. Erst nach der offiziellen Spaltung des Ordens 1517 zählte der Nikolauskonvent in A. zu den Observanten. In der Reformation blieb die Stadt katholisch. 1630 begann Guardian Heinrich Isendorn von Blois neue Konventsgebäude zu errichten. Um 1640 schlossen sich die Brüder der Kongregation der franziskanischen Rekollekten an. Der Große Stadtbrand von 1656 vernichtete das Dach der St. Nikolauskirche, ihre Inneneinrichtung blieb fast unbeschädigt, aber die Klausurgebäude mussten neu errichtet werden; weitere Schäden richtete ein Erdbeben 1692 an, das Kirchengewölbe zerbarst und der Westgiebel wurde gespalten. Französische Revolutionstruppen nutzten 1794 das Refektorium als Lazarett und den Kreuzgang als Pferdestall. 1802 erfolgte die offizielle Aufhebung des St. Nikolauskonvents per Dekret der napoleonischen Konsularregierung.

▶ **Gegenwart.** Seit dem Zweiten Weltkrieg existiert von den Klostergebäuden nichts mehr. Die dreischiffige Hallenkirche St. Nikolaus von 1327 konnte ihre herbe und schlichte Form trotz zahlreicher baulicher Eingriffe durch die Jahrhunderte bewahren. Der Innenraum fasziniert nach wie vor durch seine Höhenwirkung, die durch schlanke Säulen und hochgezogene Arkaden erreicht wird. Die Kirche dient seit 1804 als kath. Pfarrkirche und heute auch als „Citykirche".

◆ Osterholt-Kootz, Birgit: A., St. Nikolaus, Klosterführer Rheinland, Köln 2004, 291–294; Giersiepen, Helga: Die Inschriften der Stadt A., Wiesbaden 1993; Faymonville, Karl: Die Kirchen der Stadt A., Düsseldorf 1922.

Abdinghof, *Benediktinerabtei St. Petrus und St. Paulus (1014–1803), Diözese Paderborn – (Kreisstadt Paderborn, Nordrhein-Westfalen, ❐ 1, C5).*

▶ **Geschichte.** Als die Pest 1014 im Lager König Heinrichs II. (1002–24, kanonisiert 1146) während seines Kaiserkrönungszugs nach Rom ausbrach, gelobte der ihn beglei-

Abdinghofkirche Benediktinerabtei, die romanische Basilika (1078) entstand 1866–71 neu, Südwestansicht.

tende Bischof Meinwerk von Paderborn, bei unversehrter Heimkehr ein Benediktinerkloster in seiner Bischofsstadt zu gründen. Es entstand Mitte 1014 in der westlichen Vorstadt Paderborns; ein Jahr später bezog der Gründungskonvent mit Abt Sigehard (1016– um 1030) das neue Kloster. Die Besiedlung mit Mönchen aus dem burgundischen Cluny (Frankreich) schließt die moderne Forschung aus, es entwickelte sich lediglich eine Gebetsverbrüderung mit Cluny. Erste Benediktiner kamen wahrscheinlich aus der Reichsabtei ➛ Fulda St. Salvator und standen der ➛ Gorzer Reform nahe. Heinrich II. bestätigte 1023 Besitz, Immunität und freie Vogtwahl. Die Abteikirche St. Peter und Paul konnte Bischof Meinwerk erst 1031 konsekrieren, weil beim Bau das Langhaus eingestützt war. Er gewährte freie Abtwahl und übereignete dem Konvent seine Erbgüter in den Niederlanden. Die Abtei A. blieb immer unter der Jurisdiktion der Paderborner Bischöfe. Der Konvent aus selten mehr als 30 Mönchen widmete sich der Seelsorge für die Bewohner des Klosterbezirks und betrieb ein Hospital. 1058 vernichtete ein Großbrand Stadt und Kloster, wobei Einsiedler Padernus in seiner Klosterzelle starb, die er aufgrund eines Gelübdes nicht verlassen wollte. Unter Abt Eilbert († 1066) entstand eine neue Anlage (Weihe 1078). Abt Gumbert (1093–1114) erwarb 1093 die Sandsteinfelsen „Externsteine“ im Teutoburger Wald, die als christlicher Andachtsort ausgebaut wurden. Abt Gumbert dürfte die Hirsauer Observanz (➛ Hirsau) eingeführt haben, stand er doch in Kontakt und freundschaftlicher Verbindung mit Reformabt Marcward (1081–1107) von ➛ Corvey, diesbezüglich gibt es jedoch keine eindeutigen Überlieferungen. Eine Gruppe Mönche ging mit Prior Lentfried 1101 nach Boke an der Lippe und gründete ein Tochterkloster, das noch vor 1120 nach ➛ Flechtdorf verlegt wurde. Im 13. Jh. konnte sich A. unter tüchtigen Äbten gut entwickeln, wobei jedoch private Pfründen zunehmend die benediktinischen Ideale verdrängten und sich im 14. Jh. eine Verweltlichung durchsetzte. Der fähige Abt Konrad (1362–1404) vermochte, die innere Ordnung zu heben. Mit dem Anschluss an die ➛ Bursfelder Reformkongregation unter Abt Heinrich V. (1476–91), der mit einigen Reformmönchen aus ➛ Northeim gekommen war, und unter seinem Nachfolger Abt Johannes IV. (1491–1536), konnte die geistige, finanzielle und wirtschaftliche Gesundung der Abtei erreicht werden. Die Reformation hatte nur geringen Einfluss, bis 1587 verzeichnete man lediglich fünf Klosteraustritte. Die Abtei überstand die Raubzüge des „Tollen Christian“, des Herzogs von Braunschweig-Wolfenbüttel, aber auch hessische, kaiserliche und schwedische Soldateska im Dreißigjährigen Krieg und erlebte eine erneute Blütezeit im Barock bei gesunder Klosterwirtschaft. Die königlich-preußische Regierung hob im März 1803 die Abtei A. auf, übernahm den enormen Besitz und speiste die 27 Mönche mit Pensionen sowie die letzten beiden Novizen mit Einmalsummen ab.

▶ **Gegenwart.** Die Klosterkirche mit zweitürmigem Westwerk wurde 1866–71 stark eingreifend restauriert und der evangelischen Gemeinde übergeben. Nach Zerstörung im März 1945 stellten die Restauratoren die ursprüngliche romanische Ausstrahlungskraft der Abdinghofkirche wieder her. Sie repräsentiert heute eine der wenigen deutschen Großkirchenbauten des 11. Jh. Mit der salischen Krypta Bischof Meinwerks von 1023 und ihren bemerkenswerten Bündelpfeilern sowie mit der Abtskapelle aus der Spätromanik sind kunsthistorisch bedeutende Bauelemente aus der frühen Klosterzeit erhalten geblieben. Im Bereich der ehemaligen Klausuranlage südwestlich der Kirche befinden sich Reste des mittelalterlichen Kreuzgangs und des Kapitelsaals. Am Andachtsort „Externsteine“ im Teutoburger Wald sind heute noch Reste von zwei Kapellen sowie Steinmetzkunst der Benediktiner zu erkennen.

◆ GermBen 8, 499–533; Pöppel, Diether: Benediktinisches Leben im Hochstift Paderborn, Paderborn 1999, 73–85.

Abensberg, *Karmelitenkloster St. Maria (1389–1803), Diözese Regensburg – (Lkr. Kelheim, Bayern, ❐ 4, B3).*

▶ **Geschichte.** Graf Johann II. von Abensberg und Ehefrau Agnes von Lichtenstein stifteten im Jahr 1389 ein Karmelitenkloster im niederbayerischen A. Papst Bonifatius IX. und Bischof Johann von Regensburg (Moosburg) stimmten 1390/91 der Gründung zu. Der Karmelitenorden vollzog 1392 die offizielle Übernahme. Der Klosterbau zog sich bis Mitte des 15. Jh. hin. Die Brüder unterhielten eine Lateinschule, dessen berühmtester Schüler und Sohn der Stadt Johannes Aventinus (1477–1534) als Wegbereiter der klassischen Philologie und als Begründer der wissenschaftlichen Geschichtsschreibung Bayerns bekannt werden sollte; das Grabmal seines Lehrers, Jodokus Berndorfer († 1500), befindet sich noch heute in der Klosterkirche. Die gräfliche Stifterfamilie verlegte 1468 ihre Grablege vom Stift ➛ Rohr (Bayern) in die Antoniuskapelle der Karmelitenkirche. Der letzte Abensberger Graf Niclas wurde 1485 ermordet, er fand sein Grab in dieser Kapelle, mit ihm starb das alte bayerische Babonengeschlecht aus, das Kloster verlor seine wichtigsten Förderer. Unter der Herrschaft der Wittelsbacher Herzöge von Bayern-München folgte eine längere Periode wirtschaftlicher und personeller Schwierigkeiten. In den Reformationswirren wurde der Prior Georg Raab (1531–58) zum Provinzial (1547–58) der Oberdeutschen Ordensprovinz gewählt; er machte sich um die Wiederbelebung bereits aufgegebener Konvente verdient, konnte aber 14 der einst 26 Klöster nicht mehr retten. 1558 legte Raab sein Amt nieder, trat aus dem Orden aus und wurde protestantisch. Der Dreißigjährige Krieg hinterließ schwere Schäden an den Gebäuden. Die Tourainer Reformbewegung des Ordens ließ den Konvent wieder aufblühen. Kurfürst Maximilian IV. von Pfalz-Bayern beschlagnahmte 1803 das Klostervermögen, versetzte die Brüder ins Aussterbekloster ➛ Straubing und verkaufte die barocken Klausurgebäude an die Stadt, die bis 1954 das städtische Krankenhaus im Haupthaus unterbrachte. Die Klosterkirche diente nach der Schlacht von A. 1809 als Kriegsgefangenenlager, später als Proviantmagazin und ging erst 1839 an die Stadt über.

▶ **Gegenwart.** Die dreischiffige Basilika Unserer Lieben Frau aus dem 15. Jh. erhielt ihre Einwölbung und Barockausschmückung durch Prior Ambrosius Haisinger zwischen 1710 und 1712; sie dient heute der katholischen Gemeinde St. Barbara als Pfarrkirche. Vier gotische Kreuzgangflügel aus der Gründungszeit lehnen sich mit der Klausuranlage von 1686 an den Chor an; sie sind teilweise verändert, und lediglich der Nordflügel zeigt mit seinem Kreuzrippengewölbe originale mittelalterliche Formen. Beeindruckend ist die Abendsberger Tumba von 1469. Der Innenhof dient heute kulturellen Veranstaltungen.

◆ Angrüner, Fritz: A. im Bild der Jahrhunderte, Bd. 1, Abensberg 1985, 39–45; Bauer, Hermann/Bauer, Anna: A., in: Klöster in Bayern, München 1985, 214; Deckert, Adalbert: Die Oberdeutsche Provinz der Karmeliten, Rom 1961.

Adelberg, *Prämonstratenser-Chorherrenstift St. Maria und St. Ulrich (1178–1535), Diözese Konstanz – (Lkr. Göppingen, Baden-Württemberg, ❐ 3, D3).*

▶ **Geschichte.** Die Gründung des Prämonstratenserstifts A. an einer alten St. Ulrichkapelle zwischen Göppingen und Schorndorf geht auf den Ministerialen Volknand von Staufen, auch Folknand von Ebersberg, zurück. Die Kapelle St. Ulrich auf seinem Landsitz war schon 1054 zu Ehren des 993 kanonisierten Augsburger Bischofs Ulrich I. (923–973) geweiht worden. Unter Leitung Propst Uldarichs gründeten 1178 zwölf Prämonstratenser-Chorherren aus Roggenburg die Propstei A. Das Stift blieb der Mutterabtei Roggenburg eng verbunden. Kaiser Friedrich I. Barbarossa unterstellte 1181 die Propstei ausdrücklich dem Schutz seiner Familie, sein jüngster Sohn Philipp von Schwaben erhielt in A. seine Ausbildung. Die Vögte der Burg Hohenstaufen wurden als Schirmherren bestimmt. 1188 sind Chordamen im Stift urkundlich fassbar, jedoch scheint der für frühe Niederlassungen übliche Doppelkonvent der Prämonstratenser nach neuester Forschung in A. nicht existiert zu haben, sondern eher ein Nebeneinander zweier unabhängiger Institutionen. 1372 erhielt das Haus Württemberg die Vogteirechte. 1441 erlangte A. unter seinem ersten Abt Ruprecht Götteler Abteistatus. 1476 wurde der Frauenkonvent nach ➛ Lauffen an den Neckar verlegt, angeblich auf Wunsch der damaligen Vorsteherin Katharina, der einzigen Tochter Graf Ulrichs V. von Württemberg. Unter den Äbten Berthold Dürr (1460–1501) und Leonhard Dürr (1501–38) entwickelte sich A. zu einem kapitalkräftigen Wirtschaftsunternehmen, das den Fuggern in Augsburg und Kaiser Karl V. höhere Summen zu leihen vermochte. Nach den Klöstern ➛ Hirsau, ➛ Maulbronn und ➛ Bebenhausen stand A. nach Steueraufkommen an vierter Stelle der insgesamt elf Männerklöster der Grafschaft Württemberg. Bauaktivitäten wurden vorangetrieben und die Seelsorge in den inkorporierten Pfarreien intensiviert, das Skriptorium erweitert und der Unterricht im Stift verbessert. 1534/35 setzte der protestantisch gesinnte Herzog Ulrich von Württemberg gegen den Widerstand der Chorherren die evangelische Lehre durch und ließ die schon im Bauernkrieg 1525 stark beschädigte, romanische Klosterkirche abreißen. Mit der „Großen Kirchenordnung" um 1559 wurde die konfessionelle Zugehörigkeit endgültig festgelegt. Der erste evangelische Abt und Generalsuperintendent Christoph Binder gründete 1565 im „Klosteroberamt" eine Grammartistenschule, in der 1584–86 der spätere Astronom Johannes Kepler unterrichtet wurde. Der endgültige Übergang in württembergischen Staatsbesitz erfolgte 1807 mit der Säkularisation des Klosters.

▶ **Gegenwart.** Heute begrenzt eine wiederaufgebaute Umfassungsmauer von 1100 Meter Länge das weitgehend ausgeplünderte Stiftsareal. Durch ein typisch prämonstratensisches Doppeltor gelangt man in den „Klosterpark". Die romanische Ulrichkapelle, 1227 erneuert und 1501–07 neu aufgebaut, repräsentiert heute am deutlichsten das architektonische Erbe der Prämonstratenser. Sie birgt einen eindrucksvollen Hochaltar, dessen Tafelbilder Bartholomäus Zeitblom um 1511 schuf und dessen Schreinfiguren Nikolaus Weckmann schnitzte. In nahezu originalem Zustand und am ursprünglichen Ort ist dieser Altar heute ein einzigartiges Beispiel sakraler Kunst der Spätgotik in Württemberg. An der Kapelle lagern Epitaphe und eine lebensgroße Ölberggruppe aus der klostereigenen Bildhauerwerkstatt, die Abt Leonhard Dürr um 1510 gegründet hatte. Das mächtige Prälaturgebäude im Park ist nur in seinen Kernmauern mittelalterlichen Ursprungs, aber der ehemalige Fruchtkasten mit zwei flankierenden Rundtürmen im Wirtschaftsbereich trägt einen Inschriftstein mit der Jahreszahl 1481. Im nahen Ort A. mussten die Prämonstratenser den Bewohnern 1490 eine neue Pfarrkirche als Ersatz für die alte Ulrichskapelle bauen. Diese spätgotische Pfarrkirche, die schon im Gebiet der Diözese Augsburg lag, nutzt heute noch die evangelische Gemeinde.

◆ Albus, Stephanie: A., in: Württembergisches Klosterbuch, Ostfildern 2003, 167 f.; Akermann, Manfred/Ziegler, Walter: A., Kloster, Regensburg 1977; Müller, Karl Otto: Urkundenregesten des Prämonstratenserklosters A. (1178–1536), Stuttgart 1949.

Adelberg Prämonstratenser-Chorherrenstift, die spätgotische Kapelle St. Ulrich, Ostansicht.

Adenau, *Johanniterkommende St. Johannes Baptist (1162–1800), Erzdiözese Köln – (Lkr. Ahrweiler, Rheinland-Pfalz, ❒ 3, A1).*

▶ **Geschichte.** Graf Ulrich von Are zog 1162 in seine neueingerichtete Nürburg, nach der er sich bald nannte, und schenkte seinen Herrenhof A. in der Hocheifel dem Johanniterorden, der an der zugehörigen Eigenkirche eine Priesterkommende errichtete. A. war damit nach ➛ Duisburg (1156) die zweite Gründung von insgesamt zehn deutschen Johanniterhäusern im 12. Jh. Die Ordensbrüder bauten die schlichte Saalkirche zu einer romanischen Basilika um, die in späteren Zeiten mehrfach erweitert wurde. Der Sohn des Stifters, Graf Gerhard von Are und Nürburg, vergab 1224 Patronate der Pfarrkirchen in A. und Kirmutscheid. In den folgenden Jahrzehnten kamen weitere Pfarrrechte in zahlreichen Orten der Umgebung hinzu. Die Ordensritter unterhielten zur Versorgung der Pilger auf der vorbeiführenden Pilgerstraße Köln – Trier ein Hospital, eine Schenkung Erzbischof Engelberts I. von Köln (Berg) 1225. Das Spital wird jedoch im Spätmittelalter nicht mehr erwähnt. Der letzte Graf von Nürburg, Johann, übergab 1269 dem ersten namentlich bekannten Komtur, Franz Arnold, Zehntrechte über alle seine Ländereien für ewige Zeiten. Die Anzahl der Ordensritter schwankte im 13. Jh. zwischen fünf und neun, sie besaßen volle Gerichtsbarkeit und beauftragten einen Schultheißen zur Verwaltung der umfangreichen Güter. Die verbrieften Rechte der Kommende gingen über die einer Reichsstadt weit hinaus. Die Grafschaft Nürburg gelangte nach 1270 in den Besitz des Erzbischofs von Köln, der in A. ein kurkölnisches Amt einrichtete. Der bekannteste Johanniterkomtur war Konrad von Braunsberg (1358/59), der später zum Großprior von Deutschland erhoben wurde (1362–90); er unterzeichnete 1382 für den Großmeister den Vertrag von Heimbach, der die Ballei Brandenburg in weitgehende Selbständigkeit entließ. 1518 vereinte die Ordensleitung den Konvent A. mit der Kommende Trier. Die Ordenspriester wurden von A. abgezogen und Weltgeistliche mit Pfarrpflichten beauftragt. Der Visitationsbericht von 1541 vermerkt entsprechend nur einen Ordensbruder als Kaplan und drei Weltpriester. Unter französischer Besatzung ab 1794 dankte der letzte Johanniterkomtur, Freiherr Karl Eusebius Truchsess von Rheinfelden, ab (Mitglieder seiner Familie stellten ebenfalls die letzten Johanniterkomture in ➛ Affaltrach, Schwäbisch ➛ Hall und Würzburg). Kurz nach 1800 wurde der gesamte Besitz veräußert, ein vom Orden beauftragter Priester war noch bis 1802 in der Stadt tätig.

▶ **Gegenwart.** Das barocke Herrenhaus südöstlich der Johanneskirche erinnert noch heute an die lange Präsenz des Ritterordens in der „Johanniterstadt". Die katholische Pfarrkirche St. Johann der Täufer unterlag in neuerer Zeit starken Veränderungen: so Anfang des 20. Jh. der neugotische Erweiterungsbau im Ostteil der Kirche und der gelungene Umbau des kriegszerstörten Langhauses in ein verbindendes Atrium im Jahr 1968. Aus mittelalterlicher Zeit sind der zweigeschossige Ostturm, die überbauten Querarme und einige Ausstattungsstücke geblieben.

◆ Lissem, Udo: Die Kirche des Hl. Johannes in A., in: Jahrbuch Adenau (1993) 21–35; Rödel, Walter Gerd: Das Großpriorat Deutschland des Johanniter-Ordens, Mainz 1965, 302–306.

Affaltrach, *Johanniterkommende St. Johannes Baptist (1278–1805), Diözese Würzburg – (Obersulm-A., Lkr. Heilbronn, Baden-Württemberg, ❒ 3, C3).*

▶ **Geschichte.** Die Johanniterkommende Schwäbisch ➛ Hall erwarb 1278 Güter nahe am Neckar in A. und gründete eine Tochterniederlassung, die 1298 verwaltungstechnisch mit der Kommende Hall vereinigt wurde.

Adenau Johanniterkommende, die stark überbaute Kirche St. Johannes der Täufer, Südansicht.

Ahrensbök Kartäuserkloster, die spätgotische Kloster- und Wallfahrtskirche St. Maria, Südostansicht.

Erster Komtur beider Häuser war Eberhard von Boll. Kurze Zeit später erlangten die Johanniter in A. das Patronatsrecht über die Pfarrkirche St. Johannes Baptist. Sie konnten ihren Besitz auch auf Nachbargebiete ausdehnen und 1406 Vogtei- sowie Gerichtsrechte von den Herren von Weinsberg übernehmen. Visitatoren betrachteten 1495 die Verbindung zwischen Hall und A. für so eng, dass sie für das *membrum* A. keinen gesonderten Bericht an die Ordensleitung schickten. Nachdem im Landshuter Erbfolgekrieg 1504 die Herrschaft Weinsberg an Württemberg gefallen und 1534/36 die Reformation eingeführt war, begannen jahrhundertelange Zuständigkeitskonflikte um die Religionsausübung im Ort. Die Kommende Hall verlegte ihren Sitz um 1600 aus der protestantischen Reichsstadt nach A., traf aber hier auf eine mehrheitlich protestantische Bevölkerung, so dass der katholische Komtur einen evangelischen Pfarrer berufen musste. Unterdessen förderten die Ordensritter die Ansiedlung von Katholiken und beriefen sich schließlich auf die im Westfälischen Frieden von 1648 garantierte Religionsfreiheit. Ein Vertrag von 1662/63 garantierte dem Herzogtum Württemberg Landeshoheit, den Johannitern aber Ortsherrschaft. 1666 stellte Komtur von Reede den ersten nachreformatorischen katholischen Priester ein. Konfrontationen, Belästigungen und Störungen hörten nicht auf, der Religionsfrieden blieb so lange unerreicht, bis 1706 ein Vertrag die Simultannutzung der Pfarrkirche regelte. Teilweise übernahmen Dominikaner aus ➛ Wimpfen im Auftrag des Deutschen Ordens Pfarrpflichten, aber auch Kapuziner aus der fränkischen Provinz. Mit dem Pressburger Frieden 1805 fielen die Güter an Württemberg. Der letzte Komtur Freiherr Franz Konrad Joseph Truchsess zu Rheinfelden erhielt das Komturgebäude, er starb 1826.

▶ **Gegenwart.** Das barocke Komturgebäude, das „Schlösschen", ist heute in privater Hand. Die ehemalige Johanniterkirche dient der evangelischen Gemeinde als Pfarrkirche St. Johannes der Täufer. Es ist ein im Kern spätgotischer Bau aus der Zeit um 1500; seine neubarocke Erscheinung geht auf durchgreifende Umbauten von 1903 und Renovierungsarbeiten nach 1990 zurück.

◆ Bing, Michael: A., in: Württembergisches Klosterbuch, Ostfildern 2003, 169 f.; Rödel, Walter Gerd: Das Großpriorat Deutschland des Johanniter-Ordens, Mainz 1965, 146–148.

Ahrensbök, *Kartäuserkloster St. Maria (1397–1564) – „Marientempel", Diözese Lübeck – (Kr. Ostholstein, Schleswig-Holstein, ❐ 2, A2).*

▶ **Geschichte.** Jakob Krumbeck, Kanoniker in Lübeck, bestimmte 1387 testamentarisch seine Einkünfte von mehreren Dörfern zur Gründung eines Prämonstratenserinnenstifts an der Wallfahrtskapelle St. Maria in A. nordwestlich von Lübeck. Er unterstützte damit ein schon länger geplantes Vorhaben der Grafen von Holstein nach Rückeroberung der Insel Fehmarn. Die Kapelle war um 1280 nach einem Marienwunder gebaut, 1328 zur Pfarrkirche erhoben und inzwischen vergrößert worden. Herzog Gerhard VI. von Schleswig und Holstein verfügte 1397 die Stiftung aber an den Kartäuserorden; die kontemplativen Mönche schienen ihm besser geeignet, alte monastische Ideale zu verwirklichen. Bischof Eberhard I. von Lübeck (Attendorn) inkorporierte die Pfarrkirche der Stiftung und gründete 1397 zusammen mit Prioren der Kartausen ➛ Erfurt, Hildesheim und Eisenach das Kloster *Templum Beatae Mariae* in A., wozu die Erlaubnis Papst Bonifatius' IX. bereits vorlag. Das Generalkapitel der Kartäuser 1398 in

Seiz (Slowenien), in der ältesten Kartause auf römisch-deutschen Reichsgebiet, stimmte zu und nahm 1399 A. in den Ordensverband auf. Erster Rektor und späterer Prior war Johannes von Hoya (1399–1404). Bischof Johannes VI. von Lübeck (Dülmen) bestätigte 1399 nochmals den Kirchenbesitz, aber erst nach dem Tod des letzten Pfarrers nahm Prior Heinrich (1404–13) die Marienkirche in Besitz. Entgegen ihrer Ordensprinzipien übten die Kartäuser Seelsorge aus, setzten Pfarrer ein und betreuten Pilger und Wallfahrer. Zahlreiche Wohltaten der Bischöfe, des regionalen Adels und der Lübecker Bürger sicherten den Ausbau der Klosteranlage und die Erweiterung der Grundherrschaft auf 31 Dörfer. Die Mönche dankten mit Seelenmessen und Jahrgedächtnissen. Mit dem Bruderkonvent der heute untergegangenen Rostocker Kartause Marienehe ging Prior Gregor (1484–94) eine Gebetsbruderschaft ein. Dänische Könige bestätigten seit 1460 wiederholt den Klosterbesitz, der sich durch Zukäufe stetig vergrößerte, und beurkundeten Schutzgarantien. Selbst König Friedrich I. sicherte noch 1525 alle Privilegien und betonte seinen Schutz, obwohl er seit 1523 die Ausbreitung der Reformation im Land duldete. Lübecker Truppen brandschatzten in der Grafenfehde von 1534 das Kloster, das durch eigene Fehler aber auch durch Geldforderungen der Landesherren bereits finanziell ruiniert war. Herzog Christian III. führte 1537 offiziell die lutherische Reformation ein und erließ 1542 eine evangelische Kirchenordnung. König Friedrich II. löste schließlich 1564 das Kartäuserkloster auf und übergab den Besitz seinem jüngeren Bruder Johann als Erbteil. Der letzte Prior Henning Sankmester (1544–64) war durch das Ende der Kartause ➛ Konradsburg im Harz nach A. gekommen und musste nun eine weitere Säkularisation erleben; er wurde mit einer Pension abgefunden.

Allendorf, das Langhaus der ehemaligen gotischen Klosterkirche mit vermauertem Maßwerkfenster.

▶ **Gegenwart.** Von der südlich der Kirche gelegenen Klausur und den Zellen der Mönche sind keine Spuren geblieben. Die Gebäude wurden 1584 für den Schlossbau abgerissen, der aber nicht mehr existiert. Die Marienkirche dient heute noch als Gotteshaus der evangelisch-lutherischen Gemeinde. Die Mönche hatten die Pfarr- und Wallfahrtskirche für ihre Bedürfnisse umgebaut, ein flachgedecktes Schiff und langer Chor in gleicher Breite und Höhe mit Kreuzrippengewölbe und Polygonalschluss gehen auf sie zurück. Ein nördlicher Anbau wurde noch 1485 um zwei Joche nach Westen verlängert. Der rechteckige Westturm entstand erst 1761, so auch das heutige Kirchendach.

◆ Prange, Wolfgang: Kloster A. 1328–1565, Neumünster 1989; Wätjer, Jürgen: Die Geschichte des Kartäuserklosters „Templum Beatae Mariae" zu A. (1397–1564), Husum 1988; Blüm, Hubertus Maria: A., in: Die Kartäuser, Köln 1983, 289 f.

Aland, *Prämonstratenser-Chorfrauenstift St. Maria (um 1190– um 1530), Diözese Münster – (Wirdum-A., Lkr. Aurich, Niedersachsen, ❐ 1, B3).*

▶ Das Prämonstratenser-Doppelstift *Insula Alandia*, das um 1190 möglicherweise von der Abtei ➛ Steinfeld aus gegründet wurde und zur Zirkarie Frisia gehörte, wurde später als Chorfrauenstift des Ordens geführt. In der Siedlung „Kloster A." bei Wirdum blieben keine aufstrebenden Architekturreste des Stifts erhalten, man fand 1984 bei Ausgrabungen glasierte Fliesenstücke und Keramik. Aber der Prämonstratenserorden ließ um 1230 den Einwohnern von Brookmerland (etwa 7 km nördlich) in Marienhafe die größte Kirche zwischen Groningen und Bremen bauen. Die Backsteinbasilika St. Marien dient heute noch der evangelisch-lutherischen Gemeinde als Pfarrkirche. Ihr fehlen inzwischen die Seitenschiffe; ihr berühmter quadratischer Westturm, einst Seezeichen und „Störtebekerturm", verlor deutlich an Höhe.

◆ Folkerts, Rudolf/Raveling, Jakob: Das Land um den Störtebekerturm, Norden 1983.

Alexianer *(Congregatio Fratrum Alexianorum, CFA).*

▶ In flandrischen und niederrheinischen Städten widmeten sich Begardengruppen seit dem 13. Jh. der Krankenpflege und Totenbestattung *(Fratres de cellis, Celliten)*. Mit Annahme der Augustinusregel 1472 nannte sich die Kongregation nach dem hl. Alexios von Edessa (5. Jh.?). Der kleine Orden der A. unterhält auch heute mit seinem weiblichen Zweig (Cellitinnen, Christenserinnen) Krankenhäuser und Sozialstationen, aber mittelalterliche Architektur hat er in der Bundesrepublik nicht hinterlassen.

◆ LThK³, 1, 382; Schwaiger, Georg (Hg.): Mönchtum, Orden, Klöster von den Anfängen bis zur Gegenwart, München 1993, 48.

Allendorf, *Zisterzienserinnenkloster St. Maria (nach 1265–1508), Benediktinerinnenkloster St. Maria (1508–31), Erzdiözese Mainz – (Bad Salzungen-Kloster A., Wartburgkreis, Thüringen, ❐ 3, D1).*

▶ **Geschichte.** Heinrich von Frankenstein stiftete nach 1265 ein Frauenkloster an einer zerstörten Marienkapelle in A. am rechten Ufer der Werra. Bischof Gerhard von Münster (Mark) sprach anlässlich einer Ablasshilfe 1266 erstmals vom neugegründeten Frauenkloster in A. Die Frankensteiner, eine Nebenlinie der Henneberger Grafenfamilie, Niederadel der Region und die Reichsabteien ➛ Fulda sowie ➛ Hersfeld blieben lange Zeit wichtigste Förderer des Klosters, Benediktineräbte von ➛ Herrenbreitungen siegelten als Zeugen bei Geschäften. König Adolf von Nassau zerstörte 1295 im Krieg gegen den thüringischen Landgrafen die Burg Frankenstein und übereignete alle Rechte über das Kloster A. der Abtei Fulda. Das Frauenkloster im Tal unterhalb der Burg wurde dabei so in Mitleidenschaft gezogen, dass Mainzer Oberhirten längere Zeit zu Almosen für den Wiederaufbau des „Benediktinerinnenklosters" aufriefen. Unter Äbtissin Lukarde (um 1300–13) bestand der Konvent aus 28 Schwestern; ihnen gehörten 15 Dörfer, ausgedehnte Waldgebiete und das Pfarrpatronat in Salzungen mit einträglichen Pfründen. Die (untergegangene) Benediktinerabtei Homburg bei Salza (Langensalza) nahm 1305 den Konvent in seine Gebetsbruderschaft auf, gleiches vollzog der Provinzialprior Peter von Naumburg 1416 für die Ordensbruderschaft der Augustiner-Eremiten mit der Äbtissin Petrissa von Rosenthal (1413–24) und der Klosterjungfrau Anna Gebin; auch er bezeichnete das Kloster A. als „Benediktinerinnenkloster". Dabei unterstand A. immer der Benediktinerabtei Fulda, es wird jedoch in der Literatur allgemein als „Zisterzienserinnenkloster" geführt, aber über 500 Urkunden bezeichnen die Ordensschwestern regelmäßig als Nonnen oder Benediktinerinnen. Nur zwei zeitnahe Urkunden sprechen von Zisterzienserinnen, eine davon unterzeichnet von Papst Innozenz VI. im Jahre 1353 in Avignon, die zweite 1360 vom Fuldaer Reichsabt Heinrich VII. von Kranlucken, der es wohl genau gewusst haben dürfte, weil er 1350–53 die Propststelle in A. innehatte. Dem Konvent standen immer Pröpste und Äbtissinnen vor, auch das Amt der Priorin wurde regelmäßig vergeben. Kontakte mit nahen Zisterzen in Eisenach oder ➛ Georgenthal sind nicht bekannt. Die Frauen boten 1348 den Zisterzienserinnen von ➛ Erfurt St. Martini Gebetsverbrüderung an, sie besaßen eine Liste der Ablässe, die Erzbischof Werner von Mainz (Eppstein) in den Jahren 1270/75 zum Bau der Klosterkirche Georgenthal erlassen hatte. Der Konvent lebte meist sehr ärmlich, Wirtschaftsnöte zwangen im 15. Jh. zu Verkauf und Verpfändung von Grundbesitz. Die Klausur wurde um 1500 kaum noch beachtet, woraufhin der Fuldaer Reichsabt Johann II. von Henneberg (1472–1513) Reformen einlei-

Allerheiligen Prämonstratenser-Chorherrenstift, die Ruine der romanisch-gotischen Abteikirche.

tete. 1508 kamen reformeifrige Benediktinerinnen aus ➛Thulba nach A., wählten Elisabeth Neidhart (1508–23) als Vorsteherin, hielten unter dem tüchtigen Propst Johann Löher (1508–18) eine strenge Klausur ein und gaben die Observanz nach Zella (Rhön) südlich von Dermbach und nach ➛Höchst im Odenwald weiter. Reichsabt Hartmann von Kirchberg (1513–29) und sein Stiftskapitel in Fulda genehmigten 1518 die Trennung der Klostergüter zwischen Propst, Äbtissin und Konvent. Bauern verwüsteten Ende April 1525 die Anlage, die Schwestern hatten sich nach Salzungen gerettet. Kurfürst Johann I. von Sachsen-Wittenberg verweigerte die Wiederbelebung und ließ das Kloster 1531 sequestrieren, eine im sächsischen Kurfürstentum übliche Form der verschleierten Säkularisation.

▶ **Gegenwart.** Von den Klausurbauten ist nichts erhalten, sie dienten über Jahrhunderte als Steinbruch; Reste der Umfassungsmauer sind noch erkennbar. Die gotische Klosterkirche von 1312, ein einschiffiger Saal aus Bruchsteinen, wurde bis 1634 für evangelische Gottesdienste genutzt, von ihr steht heute lediglich das Langhaus. Es diente bis vor kurzem als Wohnhaus; ein Rest eines zugemauerten Maßwerkfensters lässt sich noch erkennen.

◆ Mohn, Claudia: A. (Thüringen), in: Mittelalterliche Klosteranlagen, Petersberg 2006, 252f.; Mötsch, Johannes: Fuldische Frauenklöster in Thüringen, Regesten, München 1999; ders.: Das fuldische Frauenkloster A. bei Bad Salzungen: Archiv für mittelrheinische Kirchengeschichte 50 (1998) 155–189.

Allerheiligen, *Prämonstratenser-Chorherrenstift (nach 1191–1802), Diözese Straßburg – (Oppenau-Lierbach, Ortenaukreis, Baden-Württemberg, ❐ 3, B4).*

▶ **Geschichte.** Der Sage nach warf 1192 ein Esel im schwer zugänglichen oberen Lierbachtal, nahe den Wasserfällen, einen Geldsack ab. An dieser Stelle entstand noch im gleichen Jahr eine hölzerne Kapelle, aus der sich das einflussreiche Prämonstratenserstift *Omnium Sanctorum* entwickelte. Belegt ist, dass die bayerische Herzogin Uta von Schauenburg nach dem Tod ihres Mannes Welf VI. nach 1191 das Stift gründete und 1196 die Gründungsurkunde ausstellte. Philipp von Schwaben erteilte 1200 seine Zustimmung und Papst Innozenz III. bestätigte 1204 die Stiftung A. Der erste Propst Gerung (1192–1217) und der Gründungskonvent kamen aus dem Prämonstratenserstift ➛Oberzell bei Würzburg. Schenkungen des Lokaladels und der Straßburger Bischöfe vergrößerten den Besitzstand erheblich, gleichzeitig wuchs die geistliche und kulturelle Ausstrahlung des Stifts. Das seit 1189 zum Prämonstratenserorden gehörende Stift Hagenau (Elsass) wurde A. als Tochterstift unterstellt. 1248 schickte Propst Heinrich von Teck (1233–62) einen Kon-

Alpirsbach Benediktinerabtei, die romanische Abteikirche, Blick vom Altar in das Mittelschiff nach Westen.

vent in das vormals benediktinische Reichskloster ➛ Lorsch. Lorsch, eine der ältesten und berühmtesten Reichsabteien, wurde zur Filialpropstei des Schwarzwaldstifts. Sackbrüder aus Straßburg entschieden sich 1297 entsprechend der Auflösungsbestimmungen von 1274 für einen Wechsel in den Prämonstratenserorden und unterstellten sich als Filialkloster dem Stift A.; die Prämonstratenser verkauften das Kloster aber 1327. 1525 wurde A. mit seinen auswärtigen Gütern infolge des Bauernkriegs in Mitleidenschaft gezogen. Ende des 16. Jh. kam A. unter die Herrschaft der lutherischen Kurfürsten von Brandenburg. Repressalien Kurfürst Johann Georgs von Brandenburg gipfelten in der Ermordung Propst Jakob Jehles (1594–95). Im Konvent lebten damals nur noch drei Chorherren; kirchliche Würdenträger und Kaiser Rudolf II. bewahrten das Stift vor der Auflösung. Propst Laurentius Scheffler (1613–39) gelang die innere Erneuerung, 1653 zählte der Konvent bereits wieder 13 Chorherren und wuchs bis zur Auflösung 1802 auf 29 Mitglieder. Als Pilgerstätte gewann A. zunehmend Bedeutung. 1657 erhob das Generalkapitel A. zur Abtei. 1802 setzte Markgraf Karl Friedrich von Baden den allgemeinen Säkularisationsbeschluss militärisch durch und bemächtigte sich der Stiftsgüter. 1804 zerstörte ein Blitzeinschlag die inzwischen leerstehende Anlage, die in den folgenden Jahrzehnten als Steinbruch diente.

▶ **Gegenwart.** Erst in der Zeit der Romantik entdeckte man die malerische Schönheit der Klosterruine und rettete sie vor weiterem Verfall. August von Bayer, erster badischer Konservator, setzte sich 1844 für den Erhalt der Kirchenruine ein. Die Konventsgebäude sicherte man nicht, die Grundmauern konnten 1976/77 ergraben werden. Aus älteren Bauelementen entstand im 19. Jh. an der Stelle des Westflügels die heutige Gaststätte. Die Basilika von A. vereint romanische und frühgotische Stilelemente und gilt als Wegbereiter der Gotik, die in der ersten Hälfte des 13. Jh. aus Frankreich über den Rhein kommend in Deutschland wachsenden Zuspruch fand. Die Stifterfigur Utas und die des ersten Propstes Gerung aus der mittelalterlichen Ausstattung der Kirche zieren heute die Außenwand der Fürstenkapelle im Zisterzienserinnenkloster ➛ Lichtenthal.

❖ Im Renchtal unterhielt die Abtei ein 1233 erstmals erwähntes Hofgut, aus dem der Ort Lautenbach entstand. Hier hinterließen die Prämonstratenser eine Wallfahrtskirche „Maria Krönung" (1471/88). Dieser Saalbau mit polygonalem Chor behielt weitestgehend seine spätgotische Architektur und originale Ausstattung, wie Netzgewölbe, Lettner, drei Schnitzaltäre und Gnadenkapelle; der Nordwestturm ist ein neugotischer Anbau von 1895/98.

◆ MonPraem 1, 46–49; Kauß, Dieter: 800 Jahre Kloster A., Offenburg 1996.

Alpirsbach Benediktinerabtei, ein Gewölbeschlussstein mit der Darstellung des hl. Benedikt von Nursia.

Alpirsbach, *Benediktinerabtei St. Benedikt (1095–1556), Diözese Konstanz – (Lkr. Freudenstadt, Baden-Württemberg, ❐ 3, C4).*

▶ **Geschichte.** Die Grafen Alwik von Sulz und Adalbert von Zollern-Haigerloch, der Edelfreie Routmann von Neckarhausen, Abt Uto I. (1086–1108) von St. Blasien und Bischof Gebhard III. von Konstanz (Zähringen) stifteten 1095 das Kloster A. in der Talerweiterung der oberen Kinzig. Als Parteigänger des Papstes im Investiturstreit und Anhänger benediktinischer Reformideen schrieben sie den Verzicht auf das Eigenkirchenrecht, die freie Abt- und Vogtwahl sowie uneingeschränktes Besitz- u. Verwaltungsrecht für das neue Kloster fest. Aus dem Reformzentrum St. Blasien kamen Abt Kuno (1095–1114) und der Gründungskonvent, Graf Adalbert trat 1101 selbst in seine Stiftung ein. Papst Paschalis II. stellte 1101 die Abtei unter seinen Schutz. 1123 räumte Kaiser Heinrich V. freie Wahl von Abt und Vogt ein. 1128 weihte der Konstanzer Bischof Ulrich II. von Castell die spätromanische Klosterbasilika. Während in den Anfangsjahren Gewohnheiten des ➛ Sankt Blasien-Reformkreises und damit Einflüsse des Reformklosters Fruttuaria (Italien) den Klosteralltag bestimmten, setzten sich im ersten Drittel des 12. Jh. die Statuten des neucluniazensischen Reformklosters ➛ Hirsau durch. Der zweite Abt Cunradus und der dritte Abt Trageboto waren wohl Professen der Abtei Hirsau bzw. deren Tochter Zwiefalten. 1341 wechselte der Franziskanerkonvent ➛ Kniebis bei Freudenstadt zum Benediktinerorden und wurde als Priorat von A. geführt. Die Anfangsideale verloren sich in der Folgezeit, die Abtei durchlebte Pfründenwirtschaft, einen finanziellen und geistlichen Niedergang, ja sogar im Streit um Reformen zwischen 1451 und 1466 die fünfjährige Auflösung. Erst der Beitritt zum ➛ Melker Reformkreis 1471 unter Abt Georg Schwarz (1471–79) sowie der Anschluss an die ➛ Bursfelder Kongregation unter Abt Hieronymus Hulzing (1479–95) führten zur Wiederbelebung der *vita communis* und zur Konsolidierung der Wirtschaft, was spätgotische Erneuerungsbauten besonders im Klausurbereich und im Inneren der Kirche ermöglichte. 1522 schied Prior Ambrosius Blarer (1492–1564) aus dem Konvent und wurde zum bedeutenden Reformator Württembergs. Herzog Ulrich von Württemberg setzte 1534 den evangelischen Ritus durch, der letzte katholische Abt Ulrich Hamma (1523–47) resignierte und trat ab. Die Aufhebung vollzog schließlich Herzog Christoph 1556 und richtete eine evangelische Klosterschule ein, die 1595 mit der Schule von ➛ Adelberg vereint wurde. Katholische Restitutionen 1548–56 und 1629–48 blieben Episoden. Evangelische Äbte verwalteten A. bis 1806 als selbständiges Klosteramt, danach fiel der Besitz im Zuge der allgemeinen Säkularisation an das Haus Württemberg.

▶ **Gegenwart.** Die Abtei A. gilt heute als eine der besterhaltenen Klosteranlagen der Reformbenediktiner in Deutschland. Die Klosterkirche dient der evangelischen, das ehemalige Refektorium der katholischen Gemeinde als Pfarrkirchen. In der einstigen Infirmerie ist das evangelische Pfarramt untergebracht. Die fast vollständig erhaltene, spätgotische Konventsanlage und die siebenjochige, romanische Säulenbasilika sind ausführlich beschrieben; sie erlauben heutigen Besuchern nicht nur Einblicke in den monastischen Alltag des Mittelalters, sondern auch ein ästhetisches Erlebnis einer architektonischen Umsetzung des cluniazensisch geprägten und streng gelebten Benediktinertums des ausgehenden Hochmittelalters.

◆ GermBen 5, 117–124; Bachmann, Günter u. a.: A., zur Geschichte von Kloster und Stadt, Stuttgart 2001.

Alsfeld, *Augustiner-Eremitenkloster St. Walpurgis (um 1255–1527), Erzdiözese Mainz – (Vogelsbergkreis, Hessen, ❒ 3, D1).*

▶ **Geschichte.** Das Kloster A. wurde um 1255 in der Zeit gegründet, als sich der Zusammenschluss mehrerer Eremitengruppen zum Augustiner-Eremitenorden vollzog. Das Gründungsdatum bleibt aus Mangel an Urkunden unklar, A. ist aber als eine der ersten deutschen Niederlassungen des jungen Ordens zu betrachten. Erst 1322 erwähnt Erzbischof Matthias von Mainz (Bucheck) das Augustiner-Eremitenkloster in einer Auflistung der Klöster seiner Diözese. Brüder aus A. wurden im 15. Jh. Lektoren in Bologna, Padua und Siena. Landgraf Wilhelm I. von Hessen beschwerte sich 1491 bei Papst Innozenz VIII. und 1492 bei dessen Nachfolger Alexander VI. über die Sittenlosigkeit der Bettelmönche. Daraus folgende Konsequenzen sind jedoch nicht überliefert. 1521 weilte Martin Luther auf seinem Weg nach Worms im Konvent und traf auf begeisterte Anhänger seiner neuen Lehre. Besonders der 1515 in Wittenberg promovierte Tilemann Schnabel (um 1475–1557), seit 1518 Prior und 1520 Provinzial der Ordensprovinz, bekannte sich 1523 zur Reformation, legte sein Ordenskleid ab und predigte evangelisch. Der Magistrat verkündete bereits 1526, dass die evangelische Gottesdienstordnung in allen Kirchen der Stadt zu gelten habe. Landgraf Philipp I. von Hessen löste 1527 entsprechend den Beschlüssen der Homberger Synode das Kloster auf, schenkte die Güter der neuen Universität Marburg und die Klostergebäude den zwei städtischen Hospitälern. In ihnen verbrachten bis 1539 die letzten Patres ihren Lebensabend.

▶ **Gegenwart.** Die ehemalige Klosterkirche in A. dient seit 1664 als Dreifaltigkeitskirche der evangelischen Gemeinde. Die turmlose, schlanke Bettelordenskirche mit drei Jochen war 1415–36 durch den Anbau eines Seitenschiffs erweitert worden. Mittelalterliche Restmauern des Ostflügels der Klausur mit Fenstern der Sakristei und des ehemaligen Kapitelsaals sind heute noch gut von der Ostseite der Kirche aus zu erkennen.

◆ Dersch, Wilhelm: Hessisches Klosterbuch, Marburg 2000; Kunzelmann, Adalbero: Geschichte der deutschen Augustiner-Eremiten, Tl. 1, 78 f., Tl. 5, 259–264, Würzburg 1969–74.

Altbulach, *Franziskaner-Tertiarinnenkloster St. Mauritius (vor 1393– um 1535), Diözese Speyer – (Neubulach-A., Lkr. Calw, Baden-Württemberg, ❒ 3, C3).*

▶ Die Klausnerin Irmengardis wurde 1393 an prominenter Stelle, im Chorraum der Pfarrkirche St. Mauritius in A., beerdigt. Dies weist auf ihre besondere Stellung oder auf eine umfangreiche Stiftung hin. Sie stand wahrscheinlich einer Schwesternsammlung in A. vor, die nahe der Pfarrkirche ein Wohnhaus und etwas Land im Umfang einer Bauernstelle besaß. Die Schwestern waren als Tertiarinnen dem Franziskanerorden unterstellt. Sie nutzten die Pfarrkirche St. Mauritius für ihre Andachten. Im Zuge der Reformation in Württemberg endete um 1535 die Gemeinschaft, das spätgotische „Schöne Haus" der Schwestern existiert heute nicht mehr. Beim Neubau der einfachen Saalkirche Mitte des 15. Jh. wurde dem Konvent eine weiträumige Empore im Westen eingebaut, auf der heute die Orgel Platz findet; das Gebäude ist inzwischen modern renoviert und wird für evangelische Gottesdienste sowie Konzert-

Alsfeld Augustiner-Eremitenkloster, die Ostansicht der Dreifaltigkeitskirche mit Resten der Klausurgebäude.

Altenberg (Bergisches Land) Zisterzienserabtei, die Choransicht im „Bergischen Dom", erbaut 1259–1379.

veranstaltungen genutzt. Das Kirchenschiff geht im Kern auf das 13. Jh. zurück, ebenso der quadratische Glockenturm im Südbereich; seine oberen Geschosse aus Fachwerk sind jünger. Der zweijochige Polygonalchor wurde erst 1493 – angeblich mit Hilfe der nahen Benediktinerabtei ➛ Hirsau – angebaut; sein Netzgewölbe zeigt ein figürliches Schlusssteinrelief, derbe Fratzenkonsolen stützen die Dienste, flache Reliefgrabsteine des 14./15. Jh. erinnern ebenfalls an die Zeit der Franziskanerinnen.

◆ Janssen, Roman: A., in: Württembergisches Klosterbuch, Ostfildern 2003, 174.

Altenberg (Bergisches Land), *Zisterzienserabtei St. Maria und St. Markus (?) (1133–1803), Erzdiözese Köln – (Odenthal, Rheinisch-Bergischer Kreis, Nordrhein-Westfalen, ❐ 1, B5).*

▶ **Geschichte.** Zunächst an der Burg Berge und kurz darauf in der Tallage des Flüsschens Dhünn gründeten Abt Berno (1133–51) und zwölf Zisterziensermönche aus dem burgundischen Kloster Morimond im Jahre 1133 die Abtei A., nachdem Graf Adolf II. von Berg seinen Sitz und das umliegende Gebiet den Zisterziensern übergeben hatte und nach ➛ Burg an der Wupper übergesiedelt war. Seine Geschwister Eberhard, zeitweise Mönch in Morimond und erster Abt von ➛ Georgenthal in Thüringen, sowie Bruno III., Erzbischof von Köln, und Gisela, Gräfin von Käfernburg, trugen ebenfalls zur Festigung der Niederlassung bei und legten den Grundstein zum späteren Wohlstand. Graf Adolf II. nahm nach 1160 selbst die Kutte und wurde in A. spätestens 1170 begraben. Die Abtei blieb bis ins 16. Jh. Grablege der bergischen Grafenfamilie. Trotz päpstlicher Schutzprivilegien vermochten die Landesherren ihre Vogteirechte stets durchzusetzen, wobei aber die besondere Gunst der Grafen bzw. Herzöge von Berg nie nachließ. Zisterzienser übten damals eine große religiöse Anziehungskraft aus und A. gründete noch im 12. Jh. vier Filialklöster, so 1138 ➛ Mariental bei Helmstedt, 1143 Lekno-Wongrowitz in Polen, 1144 Lond an der Warthe in Polen und 1188 ➛ Haina (1651 kam ➛ Derneburg hinzu). Auch die Gründung der Abtei ➛ Zinna bei Jüterbog 1170 wurde A. zugeschrieben, neuerer Forschung zufolge gilt eher die Altenberger Tochter Mariental bei Helmstedt als Zinnaer Mutterkloster. Der Abtei unterstanden die Frauenklöster Marienbenden bei Brühl seit 1269, Mechtern-St. Apern in Köln seit 1277, Hamm-Kentrop seit 1277, ➛ Hoven-Marienborn seit etwa 1510, ➛ Wöltingerode seit 1650 und seit 1759 ➛ Sankt Jöris-Georgenbusch. Als Beichtväter waren Altenburger Mönche sogar in Klöstern der Magdeburger Diözese tätig. Ende des 12. Jh. lebten 107 Mönche und 138 Konversen in A. Nach Erdbebenschäden an der ersten Klosterbasilika arbeiteten die Mönche von 1259 bis 1379 an der zweiten, heute noch vorhandenen Abteikirche. Im 15. Jh. war von den zisterziensischen Idealen kaum noch etwas geblieben, der Besitz mit Ausnahme der Wirtschaft am Kloster verpachtet. Der Konvent durchlebte geistliche und wirtschaftliche Krisen, die erst durch den Reformeifer der Äbte Arnold von Monnikendam (1467–90) und Heinrich Rouffer von Brauweiler (1496–1517) behoben werden konnten. Die Reformation hatte keinen nachhaltigen Einfluss, in der frühen Neuzeit kennzeichneten hingegen Kriegszerstörung und Neubauten, wirtschaftlicher Aufschwung und Verschuldung, hegemoniale Machtstellung und geistliche Verflachung das wechselvolle Klosterleben. Nach der Säkularisation 1803 durch Kurfürst Maximilian IV. von Pfalz-Bayern wurden die Wirtschaftsgebäude von einer Berliner Blaufabrik zur Farbenproduktion genutzt. Eine Explosion und ein Großbrand zerstörten 1815 die barocke Klausur fast vollständig, die angeschlagene Kirche zerfiel in den nächsten Jahren zur Ruine.

▶ **Gegenwart.** Außer der Kirche existieren heute nur noch wenige mittelalterliche Baureste. Ein Kleinod ist die romanische Markuskapelle nördlich der Klosterpforte, die 1222 im „Rheinischen Übergangsstil" umgebaut wurde und in ihrem Innern eine reiche Gliederung und fein gearbeitete Knospenkapitelle aufweist. Die große Abteikirche St. Mariä Himmelfahrt wird heute als hervorragendes Zeugnis monastischer Kirchenbaukunst geschätzt und ist als „Altenberger Dom" oder „Bergischer Dom" bekannt. In Anlehnung an die nordfranzösische Kathedralgotik erstrahlt die riesige Basilika durch ihre typisch zisterziensischen Formen und Proportionen in ausgeprägter Harmonie, Leichtigkeit und Lichtfülle. Karl Friedrich Schinkel hatte den Wiederaufbau der zerstörten Kirche mit finanzieller Hilfe des preußischen Staates 1835 angeregt; eine der Auflagen war die Simultannutzung für beide Konfessionen, die bis heute eingehalten wird.

◆ GermSac NF 2; Zurstraßen, Annette: Der Altenberger Dom, München 1992.

Altenberg / Lahn, *Prämonstratenser-Chordamenstift St. Maria u. a. (vor 1180–1803), Erzdiözese Trier – (Solms-Oberbiel, Lahn-Dill-Kreis, Hessen, ❐ 3, C1).*

▶ **Geschichte.** Das Stift A. über der Lahn entstand nicht auf Initiative des Wanderpredigers Gottfried von Beselich, eine entsprechende Legende ist nicht haltbar. Im Auftrag Abt Engelberts von ➛ Rommersdorf (1164–79) verließen einige Schwestern das Prämonstratenserinnenstift ➛ Wülfersberg und siedelten vor 1180 auf den Michaelsberg über der Lahn. Die Quellen geben über die eigentlichen Stifter keine Auskunft. Die Erzbischöfe von Trier schenkten Ablässe und Kaiser Friedrich I. erteilte Reichsunmittelbarkeit, die sein Sohn Heinrich VI. 1192 bestätigte. Aufgrund dessen konnte die Meisterin Gertrud (1248–97) auf dem Gerichtstag von 1270 Ansprüche des Landgrafen von Hessen und des Solmser Grafen abwehren. Schenkungen des niederen Adels erlaubten den Bau der ersten Kapelle und führten zu erheblichem Gütererwerb in der Umgebung, so in Dahlheim, Albshausen, Mühlheim und Biel. Aber auch Stiftungen zahlreicher Bürger der Städte Wetzlar, Friedberg und Herborn sicherten zunehmend die klösterliche Existenz. Dritte Meisterin war Gertrud (1248–97), die als Tochter der hl. Elisabeth von Thüringen (1207–31, kanonisiert 1235) schon mit anderthalb Jahren dem Kloster übergeben worden war. Sie wertete das Kloster zum Kult- und Traditionszentrum für Elisabeth auf und erwarb in der Folgezeit eine ähnliche Verehrung wie ihre Mutter. Ströme von Pilgern sorgten noch lange nach ihrem Tod für die geistliche Hochblüte des Stifts, dessen Konvent aus 70 Schwestern bestand. Die Grafen von Nassau und Solms übernahmen abwechselnd die Schirmherrschaft, ihre Töchter hatten in der Regel das Amt der Meisterin inne, so Katharina von Nassau (1297–1324), Gertrud von Nassau (1390–96), Katharina von Solms (um 1450), Agnes I. von Solms (1456–90), Agnes II. von Solms (1491–92) und Agnes III. von Solms (1492–1531). Das Stift blieb verwaltungstechnisch bis ins späte 13. Jh. von der Mutterabtei Rommersdorf abhängig. Mit dem Niedergang des Handels in Wetzlar Ende des 14. Jh. verlor A. den wichtigsten Absatzmarkt für landwirtschaftliche Produkte und geriet in Finanznöte, die zu verlustreichen Landverkäufen zwangen. Im 16. Jh. bekannten sich die Orte der Umgebung zum Protestantismus, die Stiftsdamen aber hielten mit Unterstützung Kurtriers am katholischen Glauben fest und blieben eine katholische Bastion im Solmser Land. Irmgard von Langenbach richtete als Meisterin (1574–88) mit vier Mitschwestern aus A. den Konvent ➛ Mariaroth bei Waldesch wieder auf. Im Dreißigjährigen Krieg musste der Konvent mehrmals fliehen, während das Stift geplündert wurde. Mit Hilfe des Solmser Fürsten Wilhelm-Christoph wurde die Kirche 1784 umgebaut und barockisiert. Nach der Säkularisation 1803 erhielt das Fürstenhaus zu Solms-Braunfels die Güter.

▶ **Gegenwart.** 1955 weihten evangelische Diakonissen aus Königsberg (Ostpreußen) nach mühevoller Aufbauarbeit ein neues Mutterhaus im Stift A. ein. Die gotische Stiftskirche St. Maria und St. Michael von 1268 dient heute als evangelische Predigtstätte der Gemeinde Oberbiel. Das einschiffige Langhaus besteht seit 1450 durch eine Verlängerung nach Westen aus sechs Jochen. Unter der westlichen Nonnenempore liegt die „Nonnenkrypta", eine zweischiffige kreuzgratgewölbte Halle mit ausdrucksvollen Wandmalereien aus spätgotischer Zeit. Im hinteren Hofbereich der modern ausgebauten Klausuranlage steht heute noch eine unscheinbare Steinhütte, die von den Schwestern als „Kaiserhaus" bezeichnet wird, weil sie angeblich in der Gründungszeit dem Stauferkaiser Friedrich Barbarossa als Behausung diente. Eine kunstvolle Armreliquie der heiligen Elisabeth, entstanden im Auftrag ihrer Tochter, wird heute im Prämonstratenserstift ➛ Sayn aufbewahrt.

◆ Hardt, Albert: Urkundenbuch der Klöster A. (Lahn-Dill-Kreis), Dolar (Lahn-Dill-Kreis) und Retters (Main-Taunus-Kreis), Niederbreitenbach-Wolfenacker 2000; Doepner, Thomas: Das Prämonstratenserinnenkloster Altenberg, Marburg 1999.

Altenburg, *Augustiner-Chorherrenstift St. Maria (1172–1543) – „Bergerkloster", Diözese Naumburg – (Lkr. Altenburger Land, Thüringen, ❐ 4, B1).*

▶ **Geschichte.** A. war im 12. Jh. Mittelpunkt des staufischen Reichsterritoriums zwischen Saale und Mulde. Zur Konsolidierung dieses „Pleißenlandes" legte Kaiser Friedrich I. 1165 den Grundstein für das Augustiner-Chorherrenstift auf dem Berg außerhalb der Stadt, das in seinem Beisein 1172 von Bischof Udo II. von Naumburg (Veldenz) geweiht und offiziell Regularkanonikern übergeben wurde. Der erste Konvent kam mit Propst Heinrich vermutlich aus ➛ Petersberg (Lauterberg) bei Halle in das allgemein als „Bergerkloster" bezeichnete Stift. Die Chorherren waren dem Benediktinerkloster ➛ Bosau zinspflichtig, das im Pleißengau alte Rechte besaß. 1222 schickte Propst Gerhard (1210/22) einen Tochterkonvent in ein neugegründetes Stift nach Crimmitschau, von dem heute nichts mehr existiert. Die stiftseigene Schreibschule entwickelte sich unter Propst Heinrich von Auerswalde (um 1270) zu einer qualitätsvollen Fälscherwerkstatt; ihre Falsifikate betrafen meist Transsumierungen, in denen Rechte wie Hochgerichtsbarkeit im Immunitätsbezirk oder freie Propstwahl zusätzlich vermerkt wurden, um deren Gültigkeit etwa von König Rudolf I. von Habsburg bestätigt zu bekommen. Auch Burggraf Albrecht III. nutzte das Bergerstift als Kanzlei. Propst Heinrich von Kaufungen bediente sich um 1350 ungehemmt gefälschter Urkunden, um seine Rechte gegenüber den Landgrafen von Thüringen zu verteidigen. 1430 erlitt das Stift durch Brandschatzungen der Hussiten Schäden. Propst Jhan von Döhlen versuchte 1439 mit seinem Testament beim Wiederaufbau zu helfen. Martin Luther besuchte mehrfach die Stadt und traute im April 1523 seinen Freund und ehemaligen Generalvikar des Augustiner-Eremitenordens, Wenzeslaus Linck (1483–1547, Generalvikar 1520–23), in der ältesten Pfarrkirche St. Bartholomäi. 1525 plünderten Bauern das Stift. Seit 1529 fanden keine Bestattungen mehr im Stiftsareal statt. 1537 musste der letzte Propst, Benedikt Bischoff, Dokumente und Unterlagen einem Amtmann aushändigen. Die Auflösung des Bergerklosters durch Kurfürst Johann Friedrich erfolgte endgültig im Jahr 1543; die Chorherren erhielten Jahresrenten, der letzte Propst ein Wohnhaus und der Kurfürst aus den Kirchenglocken neue Kanonen. Einquartierte Söldner zerstörten während des Schmalkaldischen Kriegs 1547 das Gebälk der Stiftskirche sowie ihre Inneneinrichtung. Ein Brand 1588 ruinierte den Bau vollends.

▶ **Gegenwart.** Die ehemalige Stiftsbasilika in A. gilt in der Fachwelt als eine der wichtigsten frühen Backsteinbauten der romanischen Kirchenbaukunst nördlich der Alpen. Mit ihren oberitalienischen Einflüssen entsprach sie dem Repräsentationsanspruch

Altenberg/Lahn Prämonstratenser-Chordamenstift, die Ostansicht der gotischen Stiftskirche.

Altenburg Augustiner-Chorherrenstift, das romanische Westwerk „Rote Spitzen" als Wahrzeichen der Stadt.

der staufischen Herrscher. Weitestgehend zerstört, dienten 1669 einzelne Fragmente dem Bau eines Armen- und Waisenhauses. Als einziger überkommener Rest des Bergerklosters ragt heute das doppeltürmige Westwerk der Basilika weit über der Stadt. Es verbirgt in seinen Mauern ein Stufenportal aus romanischer Gründungszeit. Die beiden Türme sind von einem Zwischenbau verbunden, der häufig umgestaltet wurde; der Südturm trägt einen Spitzhelm von 1570, der Nordturm eine geschweifte Haube von 1618. Dieses Westwerk ist zum Wahrzeichen der Stadt geworden, das aufgrund der Backsteinfarbe allgemein als „Rote Spitzen" geläufig ist.

◆ Sell, Steffen: Chronik der Stadt A., Altenburg 1995; Schlesinger, Walter: Kirchengeschichte Sachsens im Mittelalter, Bd. 2, Köln – Graz 1962, 231–234; Patze, Hans: Altenburger Urkundenbuch: 976–1350, Jena 1955.

Altenburg, *Magdalenenkloster St. Maria Magdalena (vor 1232–1542), Diözese Naumburg – (Lkr. Altenburger Land, Thüringen, ❐ 4, B1).*

▶ **Geschichte.** Man nimmt an, dass sich die Bestätigungsurkunde Papst Gregors IX. vom Jahr 1232, die sich im Landesarchiv A. befindet, auf die Gründung des Magdalenenklosters in der Stadt bezieht. Die Quellenlage zu diesem Frauenkloster ist sehr dürftig. 1279 wird es erstmals urkundlich erwähnt, als Landgraf Albrecht von Thüringen dem Konvent eine Hufe Land in Steinwitz und zwei Mark Zolleinkünfte von Saara übereignete. Die Frauen unterhielten ein Hospital, das wohl das älteste in der Diözese ist. Die Priorin Berchta tätigte 1294 Tauschgeschäfte mit den Deutschordensrittern der Komturei St. Johannis in der Stadt. Burggraf Dietrich II. von A. übereignete 1297 den Magdalenen Besitz in Unterlödla, davon verkaufte die Priorin Hellinburg 1300 einen Teil weiter an die Zisterzienser von ➛ Buch. Burggraf Dietrich von Leisnig schenkte den Schwestern Güter, ließ sich feierlich scheiden und trat in das Deutschordenshaus der Stadt ein; seine ehemalige Gattin Euphemia von Frankenstein bestätigte 1297 die Stiftung. 1303 verlegten die Magdalenen ihr Kloster von der Sporengasse nördlich des Marktes in die Teichgasse am Teichtor. Markgraf Friedrich von Meißen nahm sie 1347 unter seinen besonderen Schutz, examinierte das Kloster von der Gerichtsbarkeit seiner Vögte und setzte den Kanoniker Heinrich von Sulza als Propst ein. Im Lauf der Zeit scheinen die Konventualinnen immer weniger ihren ursprünglichen Aufgaben nachgegangen zu sein, das Kloster entwickelte sich zur Versorgungsstätte wohlhabender Patrizier- und Adelstöchter. 1430 lagerten die Hussiten vor der Stadt in unmittelbarer Nähe des Klosters, drangen ungehindert in die fast leere Stadt ein, plünderten und legten Feuer. Die Reformation beendete das monastische Leben in A., der Frauenkonvent konnte sich bis zur Auflösung durch Kurfürst Johann Friedrich I. 1542 behaupten.

▶ **Gegenwart.** Im zugebauten Martinsgässchen zwischen Johannisstraße und Marktplatz befindet sich heute noch ein Rest der ersten Niederlassung der Magdalenen. Bischof Bruno von Naumburg (Langenbogen) hatte 1304 die alten Klostergebäude teils der Stadt und teils dem ➛ Altenburger Augustiner-Chorherrenstift (Bergerkloster) übergeben. Die Chorherren bauten die Kapelle für ihre Zwecke aus. Diese Margarethenkapelle wurde 1598 abgerissen, lediglich der spätgotische Westgiebel und Grundmauern blieben erhalten; sie sind trotz starker Verwitterungen heute noch gut zu erkennen. Am Teichtor existiert von der zweiten Niederlassung nichts mehr.

◆ GermSac NF 35; Patze, Hans/Schlesinger, Walter: Geschichte Thüringens, Bd. 3, Köln – Wien 1967; Patze, Hans: Altenburger Urkundenbuch: 976–1350, Jena 1955.

Altendorf, *Zisterzienserinnenkloster St. Maria und St. Nikolaus (1238–1525) – „Marienkloster im Tal", Erzdiözese Mainz – (Nordhausen-A., Kreisstadt Nordhausen, Thüringen, ❐ 2, A5).*

▶ **Geschichte.** In Bischofferode stiftete Graf Dietrich von Ho(h)nstein 1238 das Frauenkloster St. Nikolaus. Papst Innozenz IV. bestätigte 1251 die Gründung, die sich jedoch durch kriegerische Wirren nicht gut entwickelte. Nach dem Tod des Stifters verlegten die Schwestern, die sich zur Zisterzienserobservanz bekannten, ihr Kloster 1294 nach A. unmittelbar vor der Reichsstadt Nordhausen. Die Vorsiedlung A. soll damals bereits eine kleine Kapelle besessen haben. Durch Schenkungen und testamentarische Vermächtnisse erlangte der Konvent Grundbesitz in 22 Dörfern der Umgebung. 1353 konnten die Zisterzienserinnen mit dem Bau einer größeren, dreischiffigen Hallenkirche beginnen, die als St. Marien im Tal *(in valle)* bezeichnet wurde, um sie von der auf dem ➛ Frauenberg *(in monte),* einem anderen Zisterzienserinnenkloster vor Nordhausen, unterscheiden zu können. Der kleine Schwesternkonvent von nie mehr als zwölf Frauen, meist Töchtern der Stadt, erlangte keine große Bedeutung, entsprechend sind nur wenige Informationen überliefert. Den Unruhen der Reformationszeit waren die Schwestern im besonderen Maß ausgesetzt, weil sich in A. städtische Armut konzentrierte. 1522 drangen erstmals lutherische Glaubensvorstellungen nach Nordhausen. Der Prior Lorenz Süße († 1549) vom Augustiner-Eremitenkloster hielt in der Pfarrkirche St. Petri die erste evangelische Predigt, Anfang Mai 1522 kam es zum „Pfaffensturm" durch bewaffnete Bürger. Der Stadtrat nutzte die Situation, um sich die Kirchenhoheit anzueignen, die bislang das Kollegiatstift Heilig Kreuz unangefochten innehatte. Im August 1522 wurden Kleinodien des Klosters inventarisiert und seit 1524 kontrollierten Ratsväter auch dessen Opferkasten. Dem lutherischen Bekenntnis folgte Nordhausen bereits 1524, also noch vor den Bauernunruhen. Bewegliches Kirchengut wurde eingezogen und im Rathaus verwahrt. Die aufgeheizte Stimmung brachte selbst Martin Luther in Gefahr, als er Ende April 1525 bei einer Predigt in Nordhausen persönliche bedroht wurde. Zur gleichen Zeit rotteten sich städtischer Pöbel und aufrührerische Bauern zusammen und stürmten das Zisterzienserinnenkloster. Diesmal flohen die Schwestern mit der letzten Äbtissin Else Teutgen endgültig, der Rat übernahm das Kloster, löste es auf und ließ sich das Beutegut von den Bürgern aushändigen.

▶ **Gegenwart.** Vom Kloster ist lediglich die gotische Saalkirche von 1353 geblieben; nach langer Zeit des Verfalls wurde sie notdürftig gesichert, weil die evangelische Gemeinde eine Pfarrkirche benötigte. Sie erhielt Ende des 17. Jh. ihre heutige verkürzte Gestalt, indem man den baufälligen Westteil abbrach. Der erhaltene gotische Chorabschluss wird von einem Zeltdach bekrönt, das die einstige Höhe der Kirche erahnen lässt.

◆ RepZist 396–400; Mohn, Claudia: Bischofferode, Nordhausen, Altendorfkloster (Thüringen), in: Mittelalterliche Klosteranlagen, Petersberg 2006, 327 f.

Altenhohenau, *Dominikanerinnenkloster St. Petrus und St. Paulus (1235–1803, seit 1922), Erzdiözese Salzburg – (Grießstätt-A., Lkr. Rosenheim, Bayern, ❐ 4, B4).*

▶ **Geschichte.** Graf Konrad, letzter Graf von Wasserburg, Anhänger des Papstes und Gegner des staufisch gesinnten Herzogs Otto II. von Bayern, gründete 1235 als Sühne für sein nicht erfülltes Kreuzzugsversprechen eines der ersten Dominikanerinnenklöster im römisch-deutschen Reich am rechten Ufer des Inn. Mehrere Hinweise sprechen dafür, dass schon zuvor an der Petruskapelle klösterliches Leben bestanden hatte. Die romanische Klosterkirche der Dominikanerinnen wurde bereits nach vier Jahren von Weihebischof Johannes von Osnabrück zu Ehren des Apostels Petrus konsekriert, später kam das Patrozinium des Paulus hinzu. In den ersten Jahrzehnten waren auch männliche Mitglieder des Ordens als Priester und Konversen im Kloster tätig. Schenkungen des Hochadels garantierten eine blühende Wirtschaft auf wachsendem Besitz mit steigenden Erlösen. Dagegen verschlangen der ständige Kampf gegen das Hochwasser des Inn sowie Rechtskonflikte um Uferbefestigungen mit den Benediktinern der nahen Abtei Attel viel Geld. Die Reformation überstanden die

Altenhohenau Dominikanerinnenkloster, die barockisierte gotische Klosterkirche, Südwestansicht.

Altenmedingen Zisterzienserinnenkloster, die von den Schwestern genutzte Pfarrkirche, Südansicht.

Schwestern ohne besondere Ereignisse, ihr Konvent wuchs in der frühen Neuzeit auf zeitweise 30 Chor- und 15 Laienschwestern. Nach der Säkularisation 1803 versteigerte das bayerische Landeskommissariat den Klosterkomplex, 1822 verließen die Priorin Maria Claudia Weigl und die letzte Schwester das Kloster A. und gingen nach ➛ Rott am Inn.

▶ **Gegenwart.** Die mittelalterliche Klausur musste einem Brauereibetrieb weichen, private Eigentümer hielten sich an den Klostergebäuden schadlos. Erst Familie Soyer rettete und sanierte die gotische Klosterkirche, der Vorgängerbau war um 1300 einem Brand zum Opfer gefallen, bis heute blieben von der ersten, romanischen Kirche die Apsis und die Grundmauern des Presbyteriums erhalten. Nach dem Dreißigjährigen Krieg unterlag die zweite, typisch gotische Bettelordenskirche einer einschneidenden Barockisierung, deren innere Ausgestaltung künstlerisch sehr anspruchsvoll im 18. Jh. vollendet wurde. Magnus Schreiber aus Dorfen hatte 1374 eine den römischen Martyrern Felix und Adauctus geweihte Kapelle an der Südseite des Chores gestiftet; sie ist heute der einzige erhaltene gotische Bauteil der Kirche, inzwischen als „Annakapelle" bezeichnet. Unter den wenigen mittelalterlichen Ausstattungsstücken gelten das Mystikerkreuz aus dem 14. Jh. und eine gotische Jesuskind-Figur („Columba-Jesulein") in einem Glasschrein als besondere Kostbarkeiten. 1923 kauften deutsche Dominikanerinnen aus San José in Kalifornien die Anlage, bauten einen neubarocken Klausurflügel und führen in einem der ältesten Dominikanerinnenklöstern Deutschlands das monastische Leben fort.

◆ Kaiser, Alfred: A. am Inn, Christliche Kunst in Bayern 1, Salzburg 1996; Bauer, Hermann/Bauer, Anna: A., in: Klöster in Bayern, München 1985, 80–82.

Altenmedingen, *Zisterzienserinnenkloster St. Maria und St. Mauritius (1241–1336) Diözese Verden – (Lkr. Uelzen, Niedersachsen, ❐ 2, A3).*

▶ Die Vorgeschichte des Klosters ➛ Medingen ist legendenhaft auf 15 geschnitzten Bildtafeln von 1499 dargestellt: der Konverse Johannes und vier Laienschwestern aus dem heute untergegangenem Katharinenkloster Wolmirstedt in der Erzdiözese Magdeburg zogen, vom Verdener Bischof zur Mission ins slawische Wendland gerufen, über Restorf an der Elbe, Plate bei Lüchow nach Bohndorf und schließlich 1241 nach A. in der Lüneburger Heide. Dort schenkten ihnen die Herren von Medingen, bischöfliche Ministeriale, die Pfarrkirche des Ortes ohne eigene Ansprüche. Aber knapp 100 Jahre später zog der sich zisterziensisch bekennende Konvent nochmals von A. nach Zellensen nahe dem Marktflecken Beversen weiter, um dort – am endgültigen Standort – das Kloster Neumedingen (später Medingen) zu gründen. Sie nutzten in A. die Dorfkirche für ihr Stundengebet und Andachten, weshalb sie die Pfarrkirche eingreifend umbauen ließen. Noch heute dient diese einschiffige Kirche als evangelische Pfarrkirche. Ihr Westteil aus Feldsteinen geht auf die Zisterzienserinnen zurück, der polygonale Ostchor entstand erst im 15. Jh., der Westturm im 19. Jh.; Konvents- und Wirtschaftsgebäude blieben nicht erhalten.

◆ Mohn, Claudia: M. (Niedersachsen), in: Mittelalterliche Klosteranlagen der Zisterzienserinnen, Petersberg 2006, 191–197; Ahlers, Gerd: M., in: Weibliches Zisterziensertum im Mittelalter, Berlin 2002, 177–182.

Altenmünster, *Mönchsabtei St. Petrus und St. Paulus (vor 764–771), Benediktinerpropstei St. Petrus und St. Paulus (1071–1232), Erzdiözese Mainz – (Lorsch, Lkr. Bergstraße, Hessen, ❐ 3, C2).*

▶ **Geschichte.** Gräfin Williswintha, Witwe Roberts I., und ihr Sohn Cancor aus der Familie der Rupertiner (Robertiner), Grafen des Frankenreiches im oberen und mittleren Rheingau und Vorfahren der französischen Karpetinger, stifteten vor 764 im Bereich einer römischen *villa rustica* im mittelrheinischen Weschnitztal eine klösterliche Niederlassung, die als Reichsabtei ➛ Lorsch zum geistlichen und kulturellen Mittelpunkt des Karolinger- und Ottonenreiches aufsteigen sollte. Die Gaugrafen übergaben 764 ihre kleine, als Familiengrablege gedachte Gründung dem mit ihnen verwandten Bischof Chrodegang von Metz. Der Bischof schickte seinen Bruder Gundeland als Abt mit einigen Mönchen aus der Abtei Gorze in Lothringen (Frankreich) an die Weschnitz. Chrodegang schenkte dem neuen Kloster die wertvollen Reliquien des Martyrerheiligen Nazarius aus Rom. Abt Gundeland (764–778) erbte 766 das Kloster nach dem Tod seines Bruders und übereignete 772 den Besitz dem Frankenkönig Karl (Karl der Große). Überschwemmungsgefahr und bauliche Enge behinderten den Aufschwung der durch den prominenten Einsatz Chrodegangs stark aufgewerteten Niederlassung. Von 767 bis 774 bauten die Mönche ein größeres Kloster auf einem Sandhügel (einige 100 Meter entfernt) und bezogen 771 diesen endgültigen Standort. Die erste Klosteranlage wurde dreihundert Jahre später unter Abt Uldarich (1056–75) mit einer erheblichen Landbeigabe zur Propstei aufgewertet, die dann als „Altenmünster“ bezeichnet wurde. Um 1110 hielt Lorsch enge Verbindungen zum Hirsauer Reformkloster St. Peter in ➛ Erfurt. Der Erfurter Reformabt Burkard zog sich kurz vor seinem Tod 1123 nach A. zurück. Der damalige Propst Hermann wurde 1124 zum Abt von Lorsch gewählt, ebenso Propst Folknand im Jahr 1141 und Propst Marquard im Jahr 1148. Nach Verlust der Reichsunmittelbarkeit endete die benediktinische Ära 1232 in Lorsch und A.; die Quellen verraten nichts über das Schicksal der Propstei nach 1232.

Altenmünster Vorläuferkloster der Reichsabtei Lorsch, aufgemauerte Fundamente der karolingischen Kirche.

▶ **Gegenwart.** Niedrige Steinmauern auf den Fundamentresten der ehemaligen Saalkirche mit flachem Chor markieren heute die Lage des Gründungsklosters der Lorscher Reichsabtei auf den Uferwiesen des Weschnitzkanals. Die archäologischen Überreste wurden zusammen mit der Abtei Lorsch 1991 in die Unesco-Welterbeliste aufgenommen.

❖ Eine neue, interessante Hypothese stellt sich der Frage, ob die ungenügend erforschte Klosteranlage Hagen mit den unterirdischen Fundamenten einer großen dreischiffigen Kirche im nahen Lorscher Ortsteil Seehofen der eigentliche Standort der Propstei A. gewesen sein könnte.

◆ Ericsson, Ingolf (Hg.): Aktuelle Forschungen zum ehemaligen Reichs- und Königskloster Lorsch, Darmstadt 2004; Knöpp, Friedrich (Hg.): Die Reichsabtei Lorsch, Darmstadt 1973.

Altfriedland, *Zisterzienserinnenkloster St. Maria (nach 1230–1540), Diözese Brandenburg – (Neuhardenberg-A., Lkr. Märkisch-Oderland, Brandenburg, ❐ 2, C4).*

▶ **Geschichte.** Das Kloster „Vredelant“ wurde nach 1230 von den markgräflichen Brüdern Otto III. und Johannes I. auf einer Landzunge zwischen zwei Seen im hochwassergefährdeten Oderbruch gegründet. Unter anfänglich strenger zisterziensischer Zucht entwickelte sich ein starker Konvent, dessen Landbesitz sich durch Schenkungen des örtlichen Adels und der brandenburgischen Landesfürsten bedeutsam vergrößerte. Töchter adeliger Familien des Barnim und Lebus stellten den Konvent, der mindestens 40, wenn nicht zuweilen bis zu 60 Schwestern umfasste. Eine Inkorporation in den Zisterzienserorden fand nicht statt, das Kloster unterstand der bischöflichen Jurisdiktion Brandenburgs. Vor der Reformation gehörten dem Kloster etwa zehn Orte vollständig, darunter auch die wendische Siedlung A. (später Stadt) sowie 20 Einzelgüter. Es übte Patronatsrechte über elf Pfarren aus und besaß niedere und höhere Gerichtsbarkeit. Die Trockenlegung der Wiesen und die Aufforstung zählte zu den entscheidenden Kulturleistungen der Klosterpröpste, die über persönliche Einkommen verfügten. Propst Johannes Krüger (1449–53) erwies sich als besonders rührig und geschäftstüchtig; er kaufte 1452 dem Konvent mit eigenen Mitteln drei Höfe in Kruge; die Gewinne sollten zur Einkleidung der Schwestern dienen. 1381 versuchte Bischof Dietrich III. von Brandenburg (Schulenburg) mit einer neuen Klosterordnung, Missstände im Kloster (private Einkünfte, persönliche Dienerinnen, Maskenbälle, aufwändige Kleidung, üppige Nahrung) zu unterbinden. Die Zisterzienserinnen unterhielten ein Hospital und die einzige Schule im Umkreis von etwa 50 km. Kurfürst Joachim I. setzte spätestens 1524 einen weltlichen Verwalter ein. Die letzte Einkleidung einer Schwester erfolgte im Jahr 1526. Der Konvent nahm 1540 ohne Gegenwehr die neue evangelische Kirchenordnung an. Die Aufhebung durch Kurfürst Joachim II. vollzog sich von 1540 bis 1568 in mehreren Schritten. Immerhin lebten 1549 noch 40 Zisterzienserinnen im Kloster, erst 1568 mussten die letzten sechs Schwestern ausziehen. Der neue Besitzer, Joachim von Roebel, baute die Klosterdomäne zum Rittergut um.

Altfriedland Zisterzienserinnenkloster, das zweischiffige Refektorium mit spätgotischem Sterngewölbe.

▶ **Gegenwart.** Die einschiffige Klosterkirche, um 1300 aus Granitquadern erbaut und später mehrfach überformt, dient heute der Gemeinde für den evangelischen Gottesdienst. Im 19. Jh. wurde der Kirchturm an der erneuerten Westwand angesetzt; der Kircheneingang befindet sich heute hinter dem Altar an der geraden Ostwand. Einige Ruinenreste der westlichen Klausur aus Backstein konnten durch private Initiativen gerettet und durch ein Schutzdach konserviert werden. Besonders beeindruckend ist das zweischiffige Refektorium mit spätgotischem Sterngewölbe auf schlanken Säulen. Einige Dorfkirchen der näheren Umgebung sind heute Zeugen der Klosterzeit, so der Granitquaderbau in Ringenwalde aus dem 13. Jh.

◆ RepZist 144–146; Friske, Matthias u. a.: A., in: Brandenburgisches Klosterbuch, Bd. 1, Berlin – Brandenburg 2007, 72–87; Bilang, Karla: Das Kloster Friedland am Rande des Oderbruch, in: Die Frauenklöster der Zisterzienser im Land Brandenburg, Berlin 1998, 140–150.

Althaldensleben Zisterzienserinnenkloster, die spätgotische Kapelle St. Anna am Klostervorwerk Glüsig.

Althaldensleben, *Zisterzienserinnenkloster St. Maria, St. Jakobus Apostel und St. Johannes Baptist (1228–1810), Erzdiözese Magdeburg – (Haldensleben-A., Lkr. Börde, Sachsen-Anhalt, ❐ 2, A4).*

▶ Auf einem zerstörten Burggelände stiftete Erzbischof Albrecht II. von Magdeburg 1228 ein Kloster und besetzte es mit Zisterzienserinnen aus ➛Wöltingerode. Das Kloster A. blieb unter der Jurisdiktion des Erzbischofs und war nie in den Zisterzienserorden inkorporiert; Verbindungen mit den Mönchen der benachbarten Zisterzienserabteien ➛Riddagshausen und ➛Mariental sind nicht bekannt. An Stelle der alten Burgkapelle wurde unter Äbtissin Helena (1262–85) eine frühgotische Klosterkirche gebaut, die zugleich der Gemeinde als Pfarrkirche diente. In der Zeit der ersten Hochblüte erwarb Äbtissin Jutta (1344/55) den Besitz der ehemaligen Templerkommende ➛Wichmannsdorf. Nach dem Bekenntniswechsel in der Reformation wurde die Klosterkirche simultan genutzt (weitere Beispiele für simultane Nutzung einer Klosterkirche in Sachsen-Anhalt bieten ➛Ammensleben und ➛Marienstuhl-Egeln). Äbtissin Sophie von Alvensleben (1557–90) führte den überwiegend sich katholisch bekennenden Konvent geschickt durch die Nachwirren der Reformation. 1561 bestand er aus 43 Chor- und 46 Laienschwestern. Eine wirtschaftliche Hochblüte erlaubte im 18. Jh. den Neubau der Klosteranlage. Die Außenmauern der gotischen Klosterkirche wurden nach einem Brand 1756 beim Kirchenneubau wiederverwendet. Zur Zeit der Auflösung des Klosters 1810 durch das Königreich Westphalen war der Konvent mit 20 Ordensfrauen der stärkste in Sachsen-Anhalt. Die einschiffige Klosterkirche existiert heute noch, sie ist inzwischen als Schulaula profaniert und besteht (entgegen den Angaben in der Literatur) im Kern aus dem frühgotischen Bau. Die barocke Klausuranlage dient heute als Berufsschule. Im unweit gelegenen Glüsig hat sich die spätgotische Kapelle St. Anna des ehemaligen klösterlichen Vorwerks erhalten; sie wird noch heute bei Wallfahrten aufgesucht.

◆ RepZist 280–283.

Altlandsberg, *Servitenkloster St. Maria (1335–1540), Diözese Brandenburg – (Lkr. Märkisch-Oderland, Brandenburg, ❐ 2, C4).*

▶ Von dem Servitenkloster in A. östlich Berlin, der einzigen Klostergründung der Wittelsbacher Markgrafen in der Mark Brandenburg, blieben lediglich Spuren der Konventsgebäude an Resten der mittelalterlichen Stadtmauer sowie ein Brunnen auf einem neubebauten Privatgrundstück erhalten.

◆ Friske, Matthias u. a.: A., in: Brandenburgisches Klosterbuch, Bd. 1, Berlin – Brandenburg 2007, 89–95.

Altmühlmünster, *Templerkommende (1258–1312), Johanniterkommende St. Johannes Baptist (1312–1808), Diözese Regensburg – (Riedenburg-A., Lkr. Kehlheim, Bayern, ❐ 4, A3).*

▶ **Geschichte.** Seit 1158 sollen (laut eines Eintrags im XIV. Band der „fundationes" im Münchner Staatsarchiv) die Templer in einem engen Seitental der Altmühl ansässig gewesen sein. Die Niederlassung beruhe auf einer Stiftung Heinrichs III. und seines Bruders Otto II., Grafen von Riedenburg und Burggrafen der Reichsfestung Regensburg aus altbayerischem Geschlecht der Babonen (Paponen). Historiker fanden heraus, dass der Eintrag von unbekannter Hand erst Ende des 16. Jh. vollzogen wurde und bezweifeln dessen Richtigkeit. Der Templerorden wurde 1312 aufgehoben, der Besitz gelangte durch Herzog Ludwig II. von Bayern (später Kaiser) an den Johanniterorden, der ihn bis zur Säkularisation 1808 innehatte. Die Johanniter bemühten sich um Agrarwirtschaft im engen Tal und auf dem kargen Boden der Jurahochflächen, übten Hofmarksrecht aus, brauten Bier und betreuten seelsorglich die Bevölkerung im Tal (mit Patronatsrechten über die Kirchen in Mühlbach, Wolfsbuch, Zell und Deising). Der Niederadel von Flügelsberg und von Muggenthal zu Hexenagger fand in der Kommende seine Begräbnisstätte, worauf alte Grabplatten im Kirchenlanghaus und an der Friedhofsmauer hinweisen. Für den verstorbenen Komtur Ulrich Willbrand von Parkstein (1344–58) stiftete sein Bruder Heinrich, Deutschordenskomtur in ➛Regensburg, nach 1366 Seelenmessen. Im 14./15. Jh. legte der Orden zeitweise A. mit der Regensburger Johanniterkommende zusammen, seit 1535 wurden beide unter vereinter Administration verwaltet. Visitatoren zählten 1495 neben dem Komtur fünf Ordenspriester, einen Schulleiter, Koch, Pförtner und drei Diener. Die Herzöge Wilhelm IV. und Ludwig X. von Bayern-München übergaben das heruntergekommene Augustiner-Chorherrenstift ➛Schamhaupten im April 1527 an den Komtur Max Gebhard (1526–29), der eine neue Kommende gründen sollte, aber von der Ordensleitung daran gehindert wurde. Die Johanniter gelangten im 16. Jh. zu bescheidenem Wohlstand und bauten die Kommendeanlage um 1600 aus. Nach der Säkularisation 1808 ließ der bayerische

Staat die meisten Gebäude abreißen und verkaufte die Ackerflächen.

▶ **Gegenwart.** Heute ist die katholische Pfarrkirche A. im abgelegenen Ortsteil der Gemeinde Riedenburg ein Kleinod im Naturpark Altmühltal. Die ersten Ordensritter errichteten eine romanische Saalkirche und weihten sie Johannes dem Täufer. Ihre romanische Grundstruktur blieb bis heute erhalten. Erst im Spätmittelalter wurde sie mit gotischem Chor, zwei Seitenkapellen und um die Sakristei erweitert. Den eindrucksvollen Bau schmückte im 18. Jh. ein Glockenturm, der aber 1901 dem heutigen neugotischen Turm weichen musste. Ausgedehnte Waldflächen, die einst zum Kommendegut gehörten, gehören heute dem bayerischen Freistaat. Der Pfarrhof und alte Nutzgebäude im Ort gehen auf das 18. Jh. zurück, wie das Wirtschaftsgebäude von Haus Nr. 3. Ein Wappenstein in ➛Rexingen und eine Inschrifttafel in ➛Hemmendorf erinnern an den Komtur Ferdinand von Muggenthal zu Hexenagger, um 1600 Johanniterrezeptor in den oberen deutschen Landen, Komtur zu Hemmendorf und Rexingen im württembergischen Neckargebiet, sowie in A. und Regensburg.

◆ Rödel, Walter Gerd: Das Großpriorat Deutschland des Johanniter-Ordens, Mainz 1965, 167–171; Neckermann, Georg: Geschichte der Johanniter-(Malteser)-Komturei A., Sulzbach 1911.

Altomünster, *Mönchskloster (um 750–um 900), Benediktinerkloster St. Petrus und St. Paulus (970–1056), Benediktinerinnenkloster St. Petrus und St. Paulus (1056–1480), Birgitten-Doppelkloster St. Petrus und St. Paulus (1496–1803), Birgittenkloster St. Alto und St. Birgitta (seit 1842), Diözese Freising – (Lkr. Dachau, Bayern, ❐ 4, A4).*

▶ **Vorgeschichte.** Der hl. Alto (um 750), Missionar von den britischen Inseln, gründete im Grenzgebiet des Frankenreiches, nahe des Stammesherzogtums der bayerischen Agilolfinger ein Mönchskloster, das infolge der Ungarneinfälle Anfang des 10. Jh. unterging. Die alemannischen Welfen verlegten 970 ihr benediktinisches Eigenkloster aus dem Unterammergau nach „A.“. Nach über 80 Jahren wechselten die Benediktiner, die sich zur ➛Gorzer Reformbewegung bekannten, 1056 auf Wunsch Welfs IV. in dessen Hauskloster auf dem Martinsberg an der Scherzach, woraus die später so bedeutende Reichsabtei ➛Weingarten erwuchs. Die dort seit 935 ansässigen Frauen tauschten nach A. Das Benediktinerinnenkloster A. entwickelte sich zur Versorgungsstätte adeliger Töchter und verfiel geistlich wie wirtschaftlich im 15. Jh.

▶ **Geschichte.** Graf Wolfgang von Sandizell, Verwalter des Klosters im Auftrag des Wittelsbacher Herzogs, Georg des Reichen von Bayern-Landshut, erwirkte 1488 die Zustimmung Papst Innozenz' VII. sowie finanzielle Zuschüsse des Herzogs zur Gründung eines Birgittenklosters des Erlöserordens, nachdem das Benediktinerinnenkloster 1480 verlassen worden war. Der Herzog stellte 1496 den Stiftungsbrief aus, 1497 kam ein Birgittenkonvent mit 15 Schwestern und acht Brüdern aus dem Kloster Maihingen und erneuerte das geistliche Leben in A., unter ihnen Graf Sandizell und seine Frau Eva – sie waren 1481 in den Orden eingetreten. Bischof Philipp von Freising (Pfalz) übertrug dem Kloster 1504 die Pfarrei im Ort. Reformatorisches Gedankengut drang seit 1520 in den Konvent ein, neun Brüder und eine Schwester wechselten die Konfession und traten aus, unter ihnen der Humanist Johannes Hausschein, genannt Oekolampad († 1531), später Reformator in Basel. Mit Äbtissin Martha Böttcher (1557–63) aus München übernahm erstmals eine Einheimische die Leitungsämter. Das Birgittenkloster besaß mehr als 350 Anwesen im heutigen Oberbayern und gehörte zu den mittelgroßen Klostergrundherren. Im Dreißigjährigen Krieg schwer in Mitleidenschaft gezogen (1632), traf es 1634 eine Pestepidemie mit nachfolgender Hungersnot. Unter dem bedeutenden Prior Simon Hörman (1630–1701), seit 1675 Generalprior des Ordens, setzte die wirtschaftliche Erholung ein. 1772 lebten 46 Birgitten und 21 Mön-

Altmühlmünster Templer-/Johanniterkommende, die romanische Saalkirche erhielt gotische Anbauten, der Nordostturm stammt von 1901, Südansicht.

Altomünster Birgittenkloster, der Chor entstand in spätgotischer Zeit und war den Mönchen vorbehalten.

che im streng geteilten Kloster, das 1773 die Patrozinien St. Alto und St. Birgitta annahm. Die Säkularisation beendete 1803 das monastische Leben in A. nur vorläufig; die Schwestern durften auf Lebenszeit bleiben, sie erlangten 1841 die Zustimmung König Ludwigs I. zur Neuaufnahme von Novizinnen; zehn neue Schwestern belebten im März 1842 das Kloster A. wieder.

▶ **Gegenwart.** In A. existiert heute das letzte Birgittenkloster alter Observanz in Deutschland und auch nur mit einem Frauenkonvent. Die heutige, wahrscheinlich vierte Klosterkirche bauten bedeutende Baumeister seit 1763 neu auf, berühmte Künstler schmückten sie im Stil des Rokoko aus. Der spätgotische lange Chor, den die Birgittenmönche an die romanische Kirche angebaut hatten, blieb beim Barockneubau bestehen und weiterhin den Mönchen vorbehalten. Ihm wurden ein quadratischer Beichtraum mit darüber liegendem Nonnenchor und der barocke Zentralbau für die Pfarrgemeinde vorgesetzt. Lediglich der schmale Eingangsbereich im Westen unter dem hohen Turm geht auf Mauerwerk zurück, das der Kirche der Benediktinerinnen von 1244 zugesprochen werden kann. Der Schwesterntrakt nördlich der Kirche besteht aus einfachen Gebäuden um 1590, der ehemalige Mönchstrakt südlich der Kirche von 1729 wird heute privat genutzt.

◆ Liebhart, Wilhelm: Der heilige Alto und die Anfänge A., Altomünster 1999; Liebhart, Wilhelm: Altbayerisches Klosterleben. Das Birgittenkloster A. 1496–1841, St. Ottilien 1987.

Altshausen, *Deutschordens Landkommende St. Michael (1267–1806), Diözese Konstanz – (Lkr. Ravensburg, Baden-Württemberg, ❐ 3, D4).*

▶ **Geschichte.** Die Burg A. war Stammsitz der Gaugrafen im oberschwäbischen Eritgau. Auf dieser Burg wurde als Sohn des Grafen der berühmte Mönch der ➛ Reichenau und große Gelehrte des Hochmittelalters Hermann der Lahme (1013–54) geboren. Die Grafen von Altshausen verlegten im 12. Jh. ihren Sitz nach Veringen. Die Burg A. ging 1246 an Heinrich von Biegenburg über, der 1264 den Besitz mit Patronatsrecht über die Pfarrkirche St. Michael und seine ältere Burg Biegenburg bei Ravensburg-Fronreute an den Deutschen Orden übergab. Seit 1264 befanden sich Deutschordensritter auf der Biegenburg, vier Jahre später verlegten sie ihre Kommende nach A. Die Deutschritter erwarben in den folgenden Jahrzehnten durch Schenkungen des niederen Adels erheblichen Landbesitz hinzu, der bis an den Bodensee und in den Bregenzer Wald reichte. Neben der Kommende ➛ Beuggen am Hochrhein entwickelte sich A. zu einer der personalkräftigsten und finanzstärksten Kommenden der Ballei Elsass-Burgund. König Wenzel verlieh 1389 dem Deutschen Orden die hohe Gerichtsbarkeit auf seinem Besitz. Die Residenz des Landeskomturs war bis in das 15. Jh. nicht festgelegt, wobei aber Beuggen ein bevorzugter Aufenthaltsort war. Erst die Landkomture Marquard von Königsegg und Burkard von Schellenberg entschieden sich bis um 1450 für A. als feste Residenz, was einer enormen Aufwertung gleichkam. Zunächst errichteten die Ordensritter eine größere St. Michaelskirche, wobei man Teile der romanischen Vorgängerkirche in den Neubau integrierte. In der Reformationszeit blieben A. und die gesamte Ballei katholisch. Der Landkomtur Ludwig von Reischach stand im Schmalkaldischen Krieg auf der Seite Karls V. Im Dreißigjährigen Krieg erlitt die Kommende schwere Schäden. 1655 begann man sie schlossartig neu aufzubauen, etwa 100 Jahre später zur repräsentativen Schlossanlage auszuweiten. Der Landkomtur Graf Froberg gründete 1735 das zweite Priesterseminar, nachdem das erste von 1550 geschlossen worden war. Die spätgotische Säulenbasilika St. Michael erhob man zur Schlosskirche und barockisierte sie innen. Nach der Säkularisation 1806 erlangte zunächst der König von Bayern Herrschaftsanspruch über die etwa 1.300 Besitzungen und 1.683 Untertanen, 1810 aber fiel die Schlossanlage durch Tausch an Württemberg.

▶ **Gegenwart.** Herzogliche Nachfahren des württembergischen Königshauses nutzen die Schlossanlage seit 1919 als Familiensitz, ein Teil der Barockgebäude dient schulischen Zwecken. Die spätgotische Kommende- und Schlosskirche St. Michael dient der Herzogsfamilie und der katholischen Gemeinde als Pfarrkirche; sie wurde in der Zeit des Historismus im 19. Jh. rigoros entbarockisiert. Neben mittelalterlichen Ausstattungsstücken sind das mächtige barocke Ordenswappen am Chorbogen und die Wappentafel mit den Wappen aller 45 Landkomture der Altshäuser Ordensgeschichte besonders bemerkenswert. Die alte Burg zerstörte ein Brand 1434, aus alten Mauerresten erstand 1544 das heute als „Kapuzinerbau“ oder „Altes

Schloss" bezeichnete Gebäude südöstlich, nahe der Kirche.

❖ Von der Biegenburg bei Fronreute im Lkr. Ravensburg, dem Erstgründungsort, sind keine Architekturreste geblieben, die eindeutig auf die Deutsche Ordenskommende zurückzuführen wären.

◆ Brommer, Hermann u. a.: Schloss- und Pfarrkirche St. Michael in A., Lindenberg 2001; ders. (Hg.): Der Deutsche Orden und die Ballei Elsass-Burgund, Bühl 1996.

Altzelle, *Zisterzienserabtei St. Maria (1162–1540), Diözese Meißen – (Nossen-Zella, Lkr. Meißen, Sachsen, ❐ 4, C1).*

▶ **Geschichte.** Am Mittellauf des Pietschbachs in Sachsen gründeten bereits um 1140 Benediktiner ein abgelegenes Kloster. Diese „Alte Zelle" ist entsprechend einer Bischofsurkunde von 1183 aufgrund der Wildheit der Gegend eingegangen. Markgraf Otto von Meißen, nach Silberfunden in Sachsen „der Reiche" genannt, stiftete 1162 für Zisterzienser aus ➛ Pforte an der Kleinen Striegis umfangreichen Landbesitz, aber die Mönche ließen sich nicht im wilden Tal, sondern nach einem Tauschgeschäft auf dem hochwasserfreien Gelände im Mündungsbereich des Pietzschbaches an der Freiberger Mulde nieder – die abgeschiedene Wildnis betrachteten die Zisterzienser fast 80 Jahre nach Gründung des Ordens als unvorteilhaft. Unter Abt Heinrich (1175–83) begannen sie 1175 mit dem Bau einer kreuzförmigen Backsteinbasilika mit cluniazensischem Staffelchor, die Abt Matthäus (1187–1211) mit der Weihe 1190 vollendete. In dieser Kirche ließen sich bis 1381 insgesamt 21 Angehörige der wettinischen Fürstenfamilie begraben. Das Benediktinerinnenkloster ➛ Gerbstedt und das Augustiner-Chorherrenstift ➛ Petersberg verloren ihre Bedeutung als Fürstengrablege, sächsische Adelsfamilien folgten dem Beispiel der Landesherren. Die Abtei A. erlangte als Gegenleistung für ihren Memorialdienst umfangreichen Landbesitz, den die Mönche zum planmäßigen Ausbau eines gigantischen Wirtschaftsunternehmens nutzten. 1213 arbeiteten ihre zahlreichen Laienbrüder (Konversen) auf bereits acht Grangien, selbst in weit entfernten Orten wie ➛ Zwätzen bei Jena, wo sie mit den Deutschordensbrüdern in Konflikt gerieten. Wahrscheinlich seit 1220 zog das Kloster Nutzen aus dem Silberbergbau im Erzgebirge. Auch geistlich und kulturell blühte die Abtei zum wichtigsten Kloster der Markgrafenschaft Meißen auf. Abt Ludeger (1211–13, 1223–34) baute das Skriptorium aus und vergrößerte mit seiner umfangreichen Predigtsammlung die Bibliothek. 1268 stiftete Markgraf Heinrich ein Kloster in ➛ Neuzelle, das Mönche der Abtei A. 1281 besiedelten. Die Frauenklöster Marienthal bei Ostritz und ➛ Marienstern bei Kamenz unterstanden als inkorporierte Ordensniederlassungen den Altzeller Äbten. Die Zisterzienser erlangten Patronatsrechte über zahlreiche Pfarrkirchen, so über alle in der „Silberstadt" Freiberg, aber auch Vollbesitz dreier Städte – Roßwein 1293, Nossen 1430 und Siebenlehn 1500 – sowie 75 ganze Dörfer und mehrere Wirtschaftshöfe. Eine eigene Klosterschule ersetzte 1409 das Zisterzienserkolleg Prag, bis 1427 ein neues Kolleg in Leipzig eröffnet wurde. Abt Martin von Lochau (1483–1522), ein berühmter Humanist, stand als wissenschaftlicher Gelehrter mit Geistesgrößen der vorreformatorischen Zeit in regem Briefwechsel. Die Reformation setzte sich im albertinisch-sächsischen Herzogtum erst nach dem Tod des katholischen Herzogs, Georg des Bärtigen († 1539), unter seinem Bruder Heinrich II. durch. Die Abtei A. wurde im Februar 1540 aufgelöst, in eine Domäne umgewandelt und schrittweise zugunsten von Neubauten in Nossen abgebrochen. Um 1600 war die Kirche bis auf Reste der Westwand verschwunden.

▶ **Gegenwart.** Noch immer umschließt eine 1,3 km lange Klostermauer fast unverändert das Areal der ehemaligen Abtei. Dieser „Klosterpark" bietet heute nach Ausgrabungen, Eingriffen und Sanierungen als musealer Landschaftspark einen guten Einblick in zisterziensische Alltagsgewohnheiten: ein romanisches Gewändeportal in der Umfassungsmauer, ein gut erhaltenes Konversenhaus mit dem Laienrefektorium, malerische Ruinen des Gästehauses und besonders des Sommerrefektoriums unter den Bäumen, aber auch Speichergebäude auf der Wiese und der Weinkeller im Wald.

◆ Schattkowsky, Martina/Thieme, André (Hg.): A., Leipzig 2002; Magirius, Heinrich: Klosterpark A., Leipzig 2000; Schlesinger, Walter: Kirchengeschichte Sachsens im Mittelalter, Bd. 2, Köln – Graz 1962, 217–225.

Alzey, *Antoniter-Präzeptorei St. Antonius (um 1250–1551), Erzdiözese Mainz – (Lkr. A.-Worms, Rheinland-Pfalz, ❐ 3, B2).*

▶ **Geschichte.** Noch bevor A. vom Habsburger Kaiser Rudolf I. 1277 Stadtrecht erhielt, ließen sich Antoniter aus Roßdorf im nördlichen Ortsbereich nieder. Die Hospitaliter-Chorherren errichteten ein Klosterhospital entsprechend ihrer spirituellen, seelsorglichen und medizinischen Hinwendung zu

Altzelle Zisterzienserabtei, die Reste der Westwand des ehemaligen Sommerrefektoriums im „Klosterpark".

Erkrankten des schmerzhaften Mutterkornbrandes, eine im Mittelalter weit verbreitete Vergiftung durch den Mutterkornpilz auf Brotgetreide. Sie blieben immer der Generalpräzeptorei des Ordens in Roßdorf, später ➛ Höchst (Frankfurt) unterstellt. Erstmals 1281 urkundlich belegt, wird A. erst wieder 1341 aufgrund einer Übertragung von Ernteeinkünften erwähnt. Schenkungen und gut organisiertes Almosensammeln sicherten den Brüdern ihren Unterhalt sowie die Deckung der Ausgaben für die medizinische Behandlung der Patienten. Aus 21 Ortschaften der Umgebung bezogen die Antoniter feste Einkünfte. Benediktiner der heute untergegangenen Abtei St. Alban in Mainz verkauften 1383 das Dorf Ebersheim an den Vorsteher Peter Denfort für 700 Gulden. Der Präzeptor Reinhard von Fargia (1422–27) tauschte sein Amt in ➛ Memmingen mit einem Platz im wohlhabenden Antoniterhof in A. Enge Verbindung bestand mit der heute untergegangenen Präzeptorei Oppenheim, die auch Roßdorf-Höchst unterstellt war und das gleiche Schicksal wie A. nach der Reformation erlitt. Im Spätmittelalter unterstand das Haus der Niederlassung ➛ Mainz (später „Armklarakloster"), ebenso die Niederlassung ➛ Hau bei Kleve. Veränderte Speisegewohnheiten reduzierte die Anzahl der Hilfebedürftigen, die Bedeutung des Ordens und die Anzahl der Häuser ging zurück. Das Antoniterkloster A. wurde wohl nach der Reformation um 1548 von den Brüdern verlassen. Die offizielle Auflösung genehmigte Papst Julius III. im Jahr 1551, die Klostereinkünfte übertrug Kurfürst Friedrich II. von der Pfalz der Universität Heidelberg.

▶ **Gegenwart.** Von allen sieben Klöstern unterschiedlichster Obödienz in und bei A. ist keine Gebäudeeinheit geblieben. Im Pfälzischen Erbfolgekrieg wurde die Stadt 1689 eingeäschert. Lediglich ein gotischer Torbogen in der Antoniterstraße erinnert heute an das Wirken der Alzeyer Antoniter im Mittelalter. In Oppenheim geht die heutige Friedhofskapelle auf Antoniter zurück, ihre gotischen Mauern wurden jedoch 1970 durch einen Neubau ersetzt.

◆ Jürgensmeier, Friedhelm (Hg.): Handbuch der Mainzer Kirchengeschichte, 3 Bde., Würzburg 1997–2002; Mischlewski, Adalbert: Der Antoniterorden in Deutschland, in: Archiv für mittelrheinische Kirchengeschichte 10 (1958) 39–66; Brillmayer, Carl Johann: Rheinhessen in Vergangenheit und Gegenwart, Gießen 1903.

Amberg, *Franziskanerkloster St. Bernardus von Siena (1452–1555, 1628–1802, seit 1832), Diözese Regensburg – (Lkr. A.-Sulzbach, Bayern, ❐ 4, B3).*

▶ **Geschichte.** Der italienische Franziskaner Johannes Capistrano (1386–1456, kanonisiert 1690) reiste im Auftrag Papst Nikolaus' V. und Kaiser Friedrichs III. zur Erneuerung des franziskanischen Armutsideals in den nordalpinischen Südosten des römisch-deutschen Reiches und kam 1451 auch in die kurpfälzische Residenzstadt A. in der Oberpfalz. Er gründete für die Observanten seines Ordens mit Zustimmung des Landesherrn, Kurfürst Friedrichs I., sowie Bischof Friedrichs III. von Regensburg (Plankenfels) ein Kloster an einem städtischen Platz, den die Freien Pachmann und Paumgartner dafür gestiftet hatten. 1452 konstituierte sich der Gründungskonvent, ein Jahr später konnte das Kloster auf den heiligen Bernardinus von Siena konsekriert werden. Der Guardian Johannes Lindner wurde 1465 zum Provinzialvikar (1465–68) der oberdeutschen Observantenvikarie gewählt. Die ordenstypisch schlichte Hallenkirche der Franziskaner konnte erst 1478 vollendet werden, möglicherweise verzögerte der Bürgeraufstand 1454 den Bau. Stiftungen des städtischen und oberpfälzischen Adels unterstützten die Bettelbrüder, die sich besonders der Seelsorge widmeten. Unter Kurfürst Friedrich II. und seinem Nachfolger Ottheinrich setzte sich die Reformation durch. Der Rat säkularisierte 1555 das Kloster, die Brüder mussten die Stadt verlassen. Einige Zeit wohnte Johann Georg von Gleißenthal, letzter Abt des 1556 aufgehobenen Prämonstratenserstifts ➛ Speinshart, „samt seinem Weib und Gesinde" im Kloster. Ebenso beherbergte der Komplex das „Pädagogium", eine höhere Schule für evangelische Theologie. 1621 eroberte Herzog Maximilian I. von Bayern die Oberpfalz und erhielt 1623 die pfälzische Kurwürde sowie 1628 das Gebiet der Oberpfalz von Kaiser Ferdinand II. übereignet. Die Observanten nahmen 1627 ihr Kloster in A. wieder in Besitz. Sie renovierten die Klosterkirche im Stil des Barock und bauten die Klausur mit Hilfe der Wittelsbacher Fürstenfamilie neu auf. Ihre betont seelsorgerische Hinwendung zur Bevölkerung, der Bau eines Hospitals und die Betreuung der Wallfahrt auf dem Mariahilfberg seit 1634 waren wertvolle Maßnahmen im Sinn der katholischen Reform. 1802 beendete die allgemeine Säkularisierung das franziskanische Klosterleben vorerst wieder.

▶ **Gegenwart.** Die Familie Bruckmüller ersteigerte die Klausuranlage mit dem Brauhaus und unterhält heute eine Gastwirtschaft in den barocken Klausurgebäuden. Die spätgotische Kirche wurde bereits 1803 zum städtischen Theater profaniert und gilt heute als eines der schönsten Kleintheater Deutschlands. Das Hospital auf dem Berg mit der Wallfahrtskirche von 1711 konnte 1832 von Franziskanern wiederbesiedelt werden. Die Minderbrüder betreuen bis heute den alljährlichen Pilgerstrom zum Gnadenbild der Mutter Gottes und organisieren jeweils im Juli das große „Bergfest" zum Gedenken an die Rettung vor der Pest von 1634.

◆ Batzl, Heribert: Das Amberger Franziskanerkloster an der Vilz, Kallmünz 1997; Bauer, Hermann/Bauer, Anna: A., in: Klöster in Bayern, München 1985, 264–267.

Amberg Franziskanerkloster, die spätgotische Konventskirche dient heute als Theaterraum, Südostansicht.

Amelungsborn, *Zisterzienserabtei St. Maria (vor 1130–1568), Diözese Hildesheim – (Negenborn-A., Lkr. Holzminden, Niedersachsen, ❐ 1, D5).*

▶ **Geschichte.** Graf Siegfried IV. von Boyneburg (von Homburg) stiftete zwischen 1123 und 1130 im Mittelweserraum an der Quelle des Amelung das erste Zisterzienserkloster in Niedersachsen, stattete es mit weitreichendem Grundbesitz aus und rief Mönche aus ➛ Kamp, die erst 1135 feierlich in A. einzogen, als wesentliche Teile des Klosters fertig gestellt waren. Die Bestätigungsurkunde Papst Honorius' II. 1129 ist eine Fälschung, päpstliche Urkunden sind erst seit 1143 überliefert. 1141 stellte Bischof Bernhard I. von Hildesheim die Neugründung A. unter seinen Schutz. Die herausragende Bedeutung der Abtei bei der Christianisierung der heidnischen Wenden in Mecklenburg spiegelte sich 1171 in der Gründung der Tochterzisterze Althof (später ➛ Doberan) wieder, nachdem bereits 1145 die Tochtergründung ➛ Riddagshausen bei Braunschweig erfolgt war. Der erste

Amelungsborn Zisterzienserabtei, die romanische Basilika (um 1140) mit ihrem gotischen Choranbau.

mecklenburgische Missionsbischof Berno († 1191) aus A. gründete 1158 als „Apostel der Obodriten" das Bistum Schwerin und sein Mitbruder und Nachfolger Brunward († 1238) festigte das Christentum in Norddeutschland. Die Edelherren von Homburg bestimmten A. zum geistlichen Zentrum ihrer Familie, aber ebenso die verfeindete Familie der Grafen von Everstein. Das bereicherte einerseits das Kloster von zwei bedeutenden Seiten, zog die Mönche aber andererseits in deren blutige Machtkämpfe hinein. Auch die landesherrlichen Welfen unterstützten das Kloster nachhaltig, so Herzog Heinrich der Löwe bereits 1145 und erneut 1166 durch Tauschgeschäfte bzw. Schenkungen. Die von den Ordensstatuten geforderte Vogteifreiheit erlangte A. erst Anfang des 14. Jh. In dieser Zeit lebten 50 Mönche und 90 Konversen im Kloster. Sie besaßen eine beachtliche Bibliothek, betrieben ein großes Skriptorium und studierten in Paris, Prag und Leipzig. Mit den Mutter- und Tochterabteien sowie mit ➛ Mariental bei Helmstedt, ➛ Loccum, ➛ Volkenroda und ➛ Marienrode bei Hildesheim bestanden enge Verbindungen, aber ebenso auch freundschaftliche Beziehungen zu den Benediktinern in ➛ Corvey und ➛ Bursfelde. In der Reformationszeit schützte Herzog Heinrich der Jüngere von Braunschweig-Wolfenbüttel die Abtei vor reformatorischen Einflüssen, zerrüttete aber die Klosterökonomie durch überhöhte Geldforderungen. Nach 1568 führte Herzog Julius die Reformation ein und gründete eine evangelische Klosterschule. Abt Andreas I. Steinhauer (1555–87) und der Konvent erkannten im gleichen Jahr das Augsburger Bekenntnis an, erlangten Selbstaufsichtsrecht und führten die Abtei als evangelisches Kloster weiter; die Schule endete 1760.

▶ **Gegenwart.** Das Amt des Abtes besteht noch heute und wird von der Evangelisch-lutherischen Landeskirche Hannover besetzt. Seit 1961 gehören Konventualen und Bruderschaft zum evangelischen Konvent. Von der einst typisch zisterziensischen Anlage haben nur die Klosterbasilika, der Westflügel der Klausur mit Konversengang sowie Teile der Umfassungsmauer mit Torgebäude die Jahrhunderte überdauert. Die eindrucksvolle Basilika ist eine eigenständige Bauleistung ohne vergleichbare Parallelen. Das flachgedeckte, romanische Langhaus zeigt Stützenwechsel, rundbogige Arkaden und Würfelkapitelle; das Querschiff und der Flachchor wurden um 1350 gotisch vergrößert und um drei Stufen erhöht, eine Chorschranke existiert nicht mehr, der barocke Dachreiter entstand erst 1684. Die reiche plastische Ausschmückung im jüngeren Ostteil, besonders am dreiteiligen Levitenstuhl, offenbart die Abkehr von den zisterziensischen Vorgaben im Spätmittelalter. Wertvolle Glasmalereien aus dem 14. Jh. blieben nach der Zerstörung im Zweiten Weltkrieg nur als Reste in den nördlichen Seitenschiffen erhalten.

◆ GermBen 12, 29–62; Röckener, Kurt: Das Zisterzienserkloster A., München – Berlin 1998.

Ammensleben, *Augustiner-Chorherrenstift St. Petrus und St. Paulus (um 1120–29), Benediktinerabtei St. Petrus und St. Paulus (1129–1804), Erzdiözese Magdeburg – (Niedere Börde-Groß A., Lkr. Börde, Sachsen-Anhalt, ❐ 2, A4).*

▶ **Vorgeschichte.** Kurz vor seinem Tod um 1120 gründete Graf Dietrich II. von Ammensleben ein Regularkanonikerstift und rief Augustiner-Chorherren aus dem Reformstift ➛ Hamersleben auf das Familiengut mit Eigenkirche nordwestlich von Magdeburg. Papst Honorius II. stellte 1124 einen Schutzbrief aus. Die Enkel des Grafen, die Brüder Hermann, Otto und Dietrich, übergaben das Stift dem Magdeburger Erzbischof Norbert von Xanten, dem Begründer des Prämonstratenserordens, der es wiederum dem Benediktinerkloster Berge bei Magdeburg unterstellte, um die Zustimmung der Mönche für seine Gründung „Unser Lieben Frauen" in ➛ Magdeburg zu erhalten.

▶ **Geschichte.** 1129 besiedelten Benediktinermönche unter Prior Berthold das nunmehrige Priorat der Benediktinerabtei Berge, die sich der neucluniazensischen Erneuerungsbewegung des Reformklosters ➛ Hirsau im Schwarzwald zugewandt hatten; insofern kann man die Einhaltung strenger Statuten in den ersten Jahrzehnten voraussetzen. 1135 wurde die Klosterkirche den Apostelfürsten Petrus und Paulus geweiht. Das Priorat A. erlangte 1140 die Eigenständigkeit einer Abtei. 1468 schloss sie sich der ➛ Bursfelder Kongregation an, die den Reformansatz wiederbelebte. Während der Reformationszeit wandten sich einige Mönche der neuen Lehre zu, so dass sich Abt Heinrich Schuckmann (1544–79) zu einer Teilreformation genötigt sah; der Konvent bestand 1561 aus 14 Benediktinern. Sein Nachfolger, Abt Ludgerus Huffgen (1580–1608) setzte die Rekatholisierung durch, indes durfte die evangelische Gemeinde seit 1614 die Klosterkirche für ihren Gottesdienst mitbenutzen; diese Simultanregelung gilt bis heute. 1632 floh der Konvent vor den Schweden nach Wolfenbüttel und kam erst 1636 mit dem neuen Abt Johannes Thorwesten (1636–59) zurück. Preußen säkularisierte die Abtei 1804 und gründete am Ort das königlich-preußische Domänengut A.

▶ **Gegenwart.** Die romanische Basilika mit Hirsauer Baumotiven ist in spätgotischer Zeit tiefgreifend überformt worden. Von den vier geplanten Türmen kam lediglich der nordwestliche zur vollen Ausführung. Das vom romanischen Kernbau vollständig erhaltene Langhaus zeigt gleichbleibende Pfeiler im Mittelschiff, also einen Bruch mit der Bautradition des Stützenwechsels im Harzgebiet. Chor und Westbau sind stark verändert, mehrere Kapellen durch zusätzliche Trennwände eingerichtet oder angebaut worden. Die ursprünglichen

Ammensleben Benediktinerabtei, Zierkapitelle auf Säulen schmücken das romanische Südportal der Kirche.

Flachdecken sind durch Kreuzgratgewölbe ersetzt, im Westteil tragen neoromanische Säulen eine Empore. Schmuckstück ist das romanische Säulenportal an der Kirchensüdwand, seine Verzierungen an den Kapitellen folgen der reichen Ornamentik der Klosterkirche ➛ Königslutter. Die Klausur- und Wirtschaftsgebäude mussten nach Schäden im Dreißigjährigen Krieg neu aufgebaut werden, sie wurden zum großen Teil im 19. Jh. abgebrochen. An der nördlichen Außenwand der Kirche sind nur noch Spuren des ehemaligen Kreuzganges erkennbar.

◆ Lübeck, Wilfried: Historisches über das Kloster Groß A., in: Jahresschrift der Museen des Ohrekreises 2 (1995) 34–40; Meyer, Angelika: Die ehem. Klosterkirche in Groß A., München – Berlin 1993; Langer, Otto: Zur Geschichte des Klosters A., in: Zeitschrift des Vereins für Kirchengeschichte der Provinz Sachsen 28 (1932) 16–53.

Amorbach, *Benediktinerabtei St. Maria u. a. (um 700–1803), Diözese Würzburg – (Lkr. Miltenberg, Bayern, ❒ 3, C2).*

▶ **Vorgeschichte.** A. war eine der frühesten monastischen Niederlassungen im Ostfrankenreich und gehörte wohl zu den vorbonifatianischen Klöstern. Nördlich des Odenwaldes gründeten irische Mönche um 700 an den Heilquellen eine Zelle. Winfrid Bonifatius verordnete um das Jahr 734 dem bestehenden Konvent die Benediktregel, eine spätere Klostertradition nannte den hl. Pirmin († 753) als Gründer.

Amorbach Benediktinerabtei, die romanischen Westtürme blieben beim Barockumbau der Kirche erhalten.

▶ **Geschichte.** Die Abtei unterstand vor 800 dem direkten Schutz Karl des Großen. Neben Rodung und Kultivierung war die Durchsetzung des Christentums in Sachsen Hauptaufgabe der Benediktinermönche. Um 800 etablierte der König das Bistum Verden im Sturmigau und bestimmte A. und die Abtei ➛ Neustadt/Main zur Sachsenmission. Die Äbte beider Abteien dienten in Personalunion als Bischöfe von Verden. 993 übergab Kaiser Otto III. die Abtei A. aus Reichsbesitz an die Würzburger Kirche. Um diese Zeit fand die ➛ Gorzer Reform aus der Reichsabtei ➛ Lorsch so lebhaft Eingang, dass der Konvent die Reformstatuten mit eigenen *consuetudines* bereicherte und sie während seiner Hochblüte nachhaltig verbreiten konnte – man sprach von *ordo amerbacensis*, den Amorbacher Reformstatuten innerhalb der Gorzer Erneuerungsbewegung. Die Abtei erlangte von Heinrich II. die alte Reichsunmittelbarkeit zurück, 1015 wurde ➛ Bamberg St. Michael im neuen Bistum besiedelt; Abt Richard (1012–39) leitete seit 1018 in Personalunion auch die Reichsabtei ➛ Fulda. Er ließ die Klosterbasilika bauen, deren Westtürme noch heute die Stadt beherrschen. Literarische Leistungen der Schreibstube erreichten unter ihm höchstes Niveau. Abt Enzlin (1039–91) erwarb große Teile des Odenwaldes, initiierte weitgreifende Rodungen und begann mit der Besiedlung der späteren Zent Mudau. Die neucluniazensische Reform gewann 1130 mit Mönchen direkt aus ➛ Hirsau Einfluss in A. 1135 entstand auf dem nahen Frankenberg das Frauenkloster St. Godehard, das als ➛ Gotthardsberg der Männerabtei unterstand. In der Zeit der Stauferkaiser verlor A. an Ausstrahlungskraft, die von Friedrich I. eingesetzten Vögte, die Herren von Dürn, bereicherten sich am Klostergut. 1253 erhob Konrad von Dürn die Siedlung um das Kloster zur Stadt, Ulrich von Dürn verkaufte 1272 die Stadt und seine Vogteirechte an Kurmainz, seit 1656 übte der Erzbischof von Mainz auch Kirchenrechte aus. Abt Dietrich (1406–28) erreichte die Straffung der Klosterzucht und erlaubte gegen hartnäckigen Widerstand erstmals die Aufnahme nichtadeliger Novizen. Ihm und seinem Nachfolger Abt Heinrich II. (1428–56) gelang es, die Wirtschaft zu konsolidieren, das geistliche Leben zu vertiefen und die wissenschaftlichen Studien voranzutreiben. 1525 stürmte und plünderte der Odenwälder Bauernhaufen unter Götz von Berlichingen die Abtei. Die Reformation setzte sich nur in adelig beherrschten Pfarreien durch, in den 40 Pfarreien der Abtei blieb alles katholisch, wenn auch unter Zwangsmaßnahmen, die einzusetzen sich Abt Theobald Gramlich von Scheringen (1556–84) nicht scheute. Der Dreißigjährige Krieg brachte tiefe Einschnitte, die Erholung fand unter Abt Engelbert Kinbacher (1728–53) durch einen einschneidenden Umbau der romanischen Basilika im Stil des Spätbarock-Rokoko seinen sichtbaren Ausdruck. Nach der Säkularisation 1803 ging das Gebiet A. an das Fürstentum Leiningen über, anschließend an das Großherzogtum Baden, an das Kurfürstentum Hessen und schließlich 1816 an das Königreich Bayern.

▶ **Gegenwart.** Die Kirche blieb als Patronskirche der Leininger Fürstenfamilie evangelisch-lutherische Pfarrkirche und die Klosteranlage bis heute fürstliche Residenz. Bei dem barocken Umbau der romanischen Basilika blieben die beiden romanischen Westtürme erhalten und schmücken heute noch mit Kuppelhauben bekrönt die Westfassade. Die Orgel der Gebrüder Stumm von 1782 galt seinerzeit als die größte Orgel der Welt. Innerhalb der barocken Konventsanlage repräsentieren die Bibliothek und der Festsaal im frühklassizistischen „Amorbacher Zopfstil“ letzte baukünstlerische Errungenschaften der Benediktiner.

◆ GermBen 2, 28–32; Oswald, Friedrich/Störmer, Wilhelm (Hg.): Die Abtei A. im Odenwald, Sigmaringen 1984.

Andechs, *Benediktinerabtei St. Maria, St. Nikolaus und St. Elisabeth (1455–1803, seit 1850), Diözese Augsburg – (Lkr. Starnberg, Bayern, ❒ 4, A4).*

▶ **Vorgeschichte.** Die Legende erzählt von Rosso, dem Grafen von Istrien und Stammvater der Grafen von Dießen-Andechs, der Anfang des 10. Jh. Christusreliquien aus dem Heiligen Land mitbrachte und in seinem Kloster Grafrath bewahrte. Diese Reliquien versteckten die Grafen von Dießen in der Kirche St. Nikolaus auf ihrer Burg A., übergaben den Stammsitz in Dießen dem dortigen Augustiner-Chorherrenstift, zogen 1132 zum Heiltumschatz nach A., nannten sich nun Grafen von Andechs bzw. von Andechs-Meranien, nach 1180 Markgrafen von Istrien und Herzöge von Meranien. Diesem Geschlecht entstammten die selige Mechthild von Dießen († 1160), die hl. Hedwig von Schlesien (1174–1243, kanonisiert 1267), ihre Nichte, die hl. Elisabeth von Thüringen (1207–31) sowie Bischof Ekbert von Bamberg (1202–37), der Bauherr des Bamberger Doms. Nach dem Mord an Gegenkönig Philipp von Schwaben 1208 wurden sie der Teiltäterschaft verdächtigt und litten an Ächtung und Verbannung; das Geschlecht der Herzöge von Meranien starb 1248 völlig entmachtet aus. Als Nutznießer und neue Landesherren hatten die Wittelsbacher bereits 1246 die Burg A., den Stammsitz ihrer einstigen Konkurrenten, weitestgehend zerstört. Der vergrabene Reliquienschatz wurde 1388 entdeckt und erst nach München, später aber wieder in die erneuerte Burgkapelle A. gebracht. 1455 bestätigte Kardinal Nikolaus von Kues die Echtheit der Reliquien, was eine dauerhafte Wallfahrt in Gang setzte, die seit 1438 von Säkularkanonikern betreut wurde.

▶ **Geschichte.** Herzog Albrecht III. hob das Kollegiatstift auf und gründete 1455 ein Benediktinerkloster auf dem „Heiligen Berg“. Mönche aus der Abtei ➛ Tegernsee brachten die Statuten der ➛ Melker Reform mit. Unter Eberhard von Stöcklin (1458–62) zur

Andechs Benediktinerabtei, der Berg Andechs mit der barocken Klosteranlage, sie birgt gotische Architektur.

Abtei erhoben, trat A. 1458 der Melker Reformgemeinschaft bei. Nach Reformation und Niedergang im 16. Jh. setzte unter Abt David Eichler (1588–96) eine Konsolidierung ein. Herzog Wilhelm V. übergab 1598 der Abtei die verödete Stiftsanlage ➛ Paring, die bis zur Säkularisation 1803 als Güterpropstei mit nie mehr als zwei Benediktinern unterhalten wurde. Es folgten Dreißigjähriger Krieg, der große Brand von 1669, Neuaufbau der Anlage und schließlich 1803 die Säkularisation. Die Gebäude wurden verkauft, nur die Kirche (damit verbunden die einträgliche Wallfahrt) blieb im Besitz des bayerischen Königshauses. 1846 erwarb König Ludwig I. die Liegenschaften zurück und übergab sie 1850 seiner Neugründung, der Benediktinerabtei St. Bonifaz in München.

▶ **Gegenwart.** Kloster A. ist heute ein Benediktinerpriorat der Abtei St. Bonifaz in München und ein bekannter Wallfahrtsort, nebenbei auch ein florierendes Wirtschaftsunternehmen und Tourismuszentrum mit Schankgarten und eigener Brauerei. Die dreischiffige, spätgotische Hallenkirche, die von den herzoglichen Brüdern Wilhelm III. und Ernst I. von Bayern-München 1423 auf den Berg gebaut wurde, existiert im Kern noch heute. Der Dreißigjährige Krieg und ein Brand zwangen die Mönche 1669 zum barocken Neuaufbau der gesamten Anlage. Zum 300-jährigen Gründungsjubiläum 1755 erhielt die Kirche ihre heutige Rokokoausstattung. Der äußere östliche Chorbereich und mehrere Kapellen bestehen aus mittelalterlichem Grundmauerwerk, die spätgotische Heiligenkapelle bewahrt unbeschädigt ihr Netzgewölbe von 1518. Das viel besuchte Kloster ist wohl mit das bekannteste in der Bundesrepublik.

◆ GermBen 2, 32–36; Bosl, Karl (Hg.): A.: der heilige Berg, München 1993; Mathäser, Willibald: A., München – Zürich 1977.

Andernach,

Augustiner-Chordamenstift St. Maria und St. Thomas (1128–1802) – „Thomasstift", Erzdiözese Trier – (Lkr. Mayen-Koblenz, Rheinland-Pfalz, ❒ 3, B1).

▶ **Vorgeschichte.** Aus einem römischen Kastell am Mittelrhein entwickelte sich die Königspfalz A. An ihrer Stephanskirche soll der Legende nach bereits gegen 580 eine geistliche Gemeinschaft bestanden haben, die der Frankenkönig Dagobert I. und Bischof Modoald um 630 mit einem Frauenkonvent wiederbelebt hätten. Dieser Konvent, der zeitweise benediktinisch ausgerichtet war, bestand mit Sicherheit zur Zeit Bischof Milos von Trier (um 713–762), wurde aber im Normannensturm 882 vertrieben. Das Stephanskloster verfiel. Kaiser Friedrich I. übergab A. 1167 dem Kölner Erzbischof, so dass die Stadt weltlich dem Hochstift Köln aber kirchlich dem Erzbistum Trier unterstand.

▶ **Geschichte.** Erzbischof Meginher von Trier und Reformabt Richard I. (1107–58) von ➛ Springiersbach gründeten 1128 auf den Ruinen des Frauenstifts St. Stephan vor der Stadt das Augustiner-Chordamenstift St. Maria, nachdem der bischöfliche Vasall Lupold den Trümmerplatz abgegeben hatte. Das neue Marienstift, gelöst vom Doppelkloster Springiersbach, unterstand als Tochterkloster weiterhin dieser Abtei. Springiersbach genoss als Reformzentrum der Regularkanoniker während der Zeit des Investiturstreites einen ausgezeichneten Ruf und besaß einen hohen Stellenwert in der Erzdiözese Trier. Tenxwindis (1128–nach 1150), Schwester Abt Richards und Briefpartnerin Hildegards von Bingen (um 1098–1179), stand dem bedeutendsten Frauenkonvent im Springiersbacher Verband als Meisterin vor; ihr Programm war die strikte Einhaltung der strengen Augustinusregel (Dritte Regel). Der Konvent musste auf 100 Frauen beschränkt werden. Zu Ehren des ermordeten englischen Erzbischofs von Canterbury, Thomas Becket (1118–70,

Andernach Augustiner-Chordamenstift, die verzierte romanische Kapelle im Schulhof erinnert an das Stift.

Andernach Franziskanerkloster, der größte und besterhaltene Kirchenbau der Franziskaner am Mittelrhein.

kanonisiert 1173), ergänzten die Frauen das Patrozinium ihres Klosters zu „Unsere liebe Frau vor den Mauern zu St. Thomas"; seit 1482 nur noch „St. Thomas". Der Eigenbesitz des Stifts nahm zu, private Pfründen gewannen zunehmend Interesse zum Nachteil von Klosterzucht und Gemeinschaftsleben. Das Stift nahm weltliche Verhältnisse an und versorgte adelige Töchter standesgemäß. Windesheimer Chorherren aus ➛ Eberhardsklausen versuchten 1499 vergeblich, das monastische Niveau zu heben. Während der Reformation blieb die Stadt katholisch. Besonders der Pfälzer Erbfolgekrieg führte zu schweren Zerstörungen bis zur fast vollständigen Vernichtung der Stadt. Die wirtschaftliche Erholung gelang der tatkräftigen Isabella Maria Rosina von der Hees (1718–57), erstmals mit den Titel einer Äbtissin; sie gründete eine Eisenproduktionsstätte am Gut Nettehammer. Eine Visitation 1789 konstatierte weltliche Zustände, die Pläne zur Umwandlung in ein freiweltliches Damenstift wurden durch die politischen Ereignisse überholt. 1794 flohen die Damen vor französischen Revolutionstruppen auf rechtsrheinisches Gebiet. 1799 lebten wohl wieder elf adelige Chordamen und fünf bürgerliche Laienschwestern im Stift; zur Zeit der Säkularisation 1802 war die Anlage stark beschädigt und bereits verlassen. Mit dem Frieden von Lunéville 1801 fiel A. bis 1814 an Frankreich, St. Thomas wurde auf Abbruch versteigert.

▶ **Gegenwart.** Ein Wehrturm, dessen Kern auf das 14. Jh. zurückgeht, diente als Windmühle und Wasserturm. Auf den Grundmauern des ehemaligen Äbtissinnenhauses steht heute die katholische Pfarrkirche St. Albert von 1954. Reste eines alten Gewölbekellers werden als „Krypta" genutzt. Die andere Seite das ehemaligen Klostergeländes nimmt heute ein Schulzentrum ein. Auf dessen Hof befindet sich als besonders schönes Relikt die ehemalige Friedhofskapelle der Chordamen. Diese spätromanische, zweistöckige St. Michaelskapelle von 1210 dient Schülern und Lehrern als Meditations- und Gottesdienstraum.

◆ GermBen 9, 57–62; Heyen, Franz-Joseph (Hg.): A.: Geschichte einer Stadt, Andernach 1988; Pauly, Ferdinand: Springiersbach, Trier 1962.

Andernach, *Franziskanerkloster St. Nikolaus (um 1240–1801) – „Barfüßerkloster", Erzdiözese Trier – (Lkr. Mayen-Koblenz, Rheinland-Pfalz, ❐ 3, B1).*

▶ **Geschichte.** Die Grafen von Virneburg, Unterlehnsherren der Grafen von Sayn und der Pfalzgrafen, ermöglichten den Franziskanern um 1240, ein Kloster in A. zu gründen. 1245 begannen Brüder aus ➛ Köln mit dem Bau der zweischiffigen Klosterkirche St. Nikolaus. Zahlreiche Stifterwappen im Gewölbe der lichtdurchfluteten Halle weisen auf Schenkungen des örtlichen Adels und des wohlhabenden Bürgertums in der langen Zeit bis zur Vollendung 1450 hin. Die Bettelmönche bedankten sich mit Seelenheilmessen und räumten den Stifterfamilien Begräbnisstätten im Kloster ein. Bereits 1407 installierten sie die erste Orgel zunächst im langen Chor, später aber an der Westseite auf der neu eingebauten Empore. Mitte des 15. Jh. griffen Reformen des Trierer Erzbischofs im Sinn der ➛ Martinianischen Konstitutionen in das Konventsleben ein. Weltliche Schaffner zur Verwaltung des Besitzes sind seit 1452 nachweisbar. Dieser Umgang mit dem Armutsideal war von päpstlicher Seite ausdrücklich anerkannt, verboten war lediglich der Privatbesitz der Brüder; aber gerade diese Einkünfte „in speciali" waren in A. weiterhin üblich, die konventuale Reform hatte sich offensichtlich nicht konsequent durchgesetzt. Die Reformation berührte die Franziskaner in A. kaum, obwohl niederländische Täufer für Unruhe in der Stadt sorgten und zwei der kurfürstlichen Landesherren in Köln zum Protestantismus wechselten, 1543 Erzbischof Hermann V. von Wied und 1582 Erzbischof Gebhard I. von Waldburg, die Stadt jedoch blieb katholisch. Die Franziskanerkonventualen wechselten 1613 in den Observanzorden der Minderbrüder und bekannten sich nun zur völligen Besitzlosigkeit. St. Nikolaus wurde 1633 im Dreißigjährigen Krieg durch Beschuss und Brandschatzung stark beschädigt, später aber wieder aufgerichtet. Mit der napoleonischen Besatzung kam im Juni 1801 die Säkularisation. Kirche und Kloster dienten zunächst den Franzosen und seit 1814 den Preußen als Kaserne, Depot und Pferdestall.

▶ **Gegenwart.** Die Minoritenkirche in A. gilt heute als die größte und besterhaltene Kirche der Franziskaner im Mittelrheingebiet. Friedrich Wilhelm IV. von Preußen übergab die prächtige zweischiffige Halle entlang der Hochstraße 1854 der evangelischen Gemeinde, die sie als „Christuskirche" bis heute für ihren Gottesdienst nutzt. Der schlichte Konventskomplex des 16. Jh. musste 1905 zum großen Teil dem Wehrbezirkskommando weichen, lediglich die Nordseite des Kreuzgangs und ein Teil des Ostflügels blieben erhalten und dienen als Gemeinderäume.

◆ Heinz, Stefan/Schmid, Wolfgang: A. St. Nikolaus, Klosterführer Rheinland, Köln 2004, 161f.; Heyen, Franz-Joseph (Hg.): A.: Geschichte einer Stadt, Andernach 1988; Neidiger, Bernhard: Die Martinianischen Konstitutionen, in: Zeitschrift für Kirchengeschichte 95 (1984) 337–381.

Angermünde, *Franziskanerkloster (um 1250–1556) – „Paulikloster", Diözese Brandenburg – (Lkr. Uckermark, Brandenburg, ❐ 2, C3).*

▶ **Geschichte.** Vermutlich mit Vergabe des Stadtrechts 1248 erhielten die Minoriten von Markgraf Johann I. von Brandenburg die Genehmigung zum Bau eines Klosters im brandenburgischen A. Die Gründung erfolgte um 1250 im Südosten der Stadt, etwa gleichzeitig mit Niederlassungen des Ordens in ➛ Neubrandenburg und ➛ Prenzlau. Das oft angegebene Patrozinium St. Peter und Paul ist wohl falsch und beruht auf der Fehlinterpretation einer Urkunde. Bereits 1299 fand in A. das Provinzialkapitel der franziskanischen Ordensprovinz Saxonia statt, ein weiteres im Jahr 1341. Im Konvent tagte 1336 ein Untersuchungsgericht unter Leitung des Augustinereremiten Jordan von Quedlinburg gegen die Waldenser, denen man Luziferanismus vorwarf; 14 Personen endeten auf dem Scheiterhaufen. Eine ähnliche Inquisitionsverhandlung fand nochmals 1458 unter Johannes Kannemann, dem berühmten Minoriten aus ➛ Berlin, statt. Angermünder Franziskaner schlossen sich zwischen 1438 und 1445 der Observanzbewegung des Ordens an und gehörten neben ➛ Brandenburg, Eisenach und ➛ Arnstadt zu den frühesten Konventen der sächsischen Observantenvikarie. Dies bedeutete die Rückbesinnung auf die Ideale ihres Ordensgründers und ein Leben in Armut und Besitzlosigkeit. Die Brüder übergaben ihre Zinseinkünfte der Stadt, auch ihre Terminierhäuser gelangten an Eberswalde und Königsberg, sie behielten sich lediglich das Nutzungsrecht vor. In der Reformationszeit wehrten sie sich vehement gegen die Einführung der evangelischen Glaubenslehre. 1556 löste der brandenburgische Kurfürst Joachim II. den Konvent unter Guardian Wartzaeus Stulteti (1554–56) gewaltsam auf. Die Stadt kaufte 1567 die Klosteranlage und beseitigte 200 Jahre später die letzten Klausurgebäude.

▶ **Gegenwart.** Die hoch aufragende Klosterkirche war einst ein einschiffiger Feldsteinsaal mit flachem Chorschluss, vergleichbar mit der Franziskanerkirche in Prenzlau, die um 1300 zu einer asymmetrischen, zweischiffigen Hallenkirche mit Backsteinen unter Einfluss der Bauhütte ➛ Chorin erweitert wurde. Die Dachkonstruktion aus der Umbauphase Mitte des 15. Jh. und der steinerne Hallenlettner im Kircheninnenraum, vergleichbar mit ➛ Salzwedel, gelten heute als Raritäten. Über der parallel zur südlichen Chorwand angebauten Sakristei liegt das Armarium mit Fratzenmalereien im Gewölbe. Dem Zerfall nahe, retteten Kurfürst Friedrich III. 1699

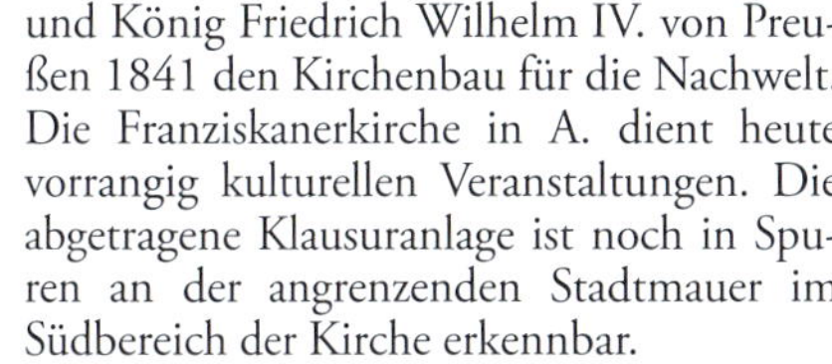

und König Friedrich Wilhelm IV. von Preußen 1841 den Kirchenbau für die Nachwelt. Die Franziskanerkirche in A. dient heute vorrangig kulturellen Veranstaltungen. Die abgetragene Klausuranlage ist noch in Spuren an der angrenzenden Stadtmauer im Südbereich der Kirche erkennbar.

◆ Blaschke, Wolfgang/Schumann, Dirk: A., in: Brandenburgisches Klosterbuch, Bd. 1, Berlin – Brandenburg 2007, 96–105; Creutz, Ursula: Geschichte der ehemaligen Klöster im Bistum Berlin, Hildesheim 1995, 203 f.

Anhausen/Brenz, *Benediktinerabtei St. Martin (nach 1095–1536), Diözese Augsburg – (Herbrechtingen-A., Lkr. Heidenheim, Baden-Württemberg, ❐ 3, D4).*

▶ **Geschichte.** In Langenau, im heutigen Alb-Donau-Kreis, gründete die Familie des Pfalzgrafen Mangold von Schwaben nach 1095 ein Benediktinerkloster an der St. Martinskirche. Seine Söhne Adalbert, Ulrich und Walter verlegten vor 1125 das Kloster St. Martin von Langenau an den ruhigeren Ort A. an der Brenz, der zum Eigenbesitz der Stifterfamilie gehörte. Der Konvent bekannte sich zum ➛ Hirsauer Reformkreis der Benediktiner, stammten doch die ersten beiden Äbte Reginboldt (um 1095) und Adalbert (um 1125) direkt aus ➛ Hirsau. Entsprechend wurde das Kloster dem Papst unterstellt; Papst Honorius II. garantierte 1125 unmittelbaren Schutz und sicherte freie Abt- und Vogtwahl zu. Umfangreiches Stiftungsgut, besonders in der Geislinger und Heidenheimer Alb, sowie zahlreiche Patronatsrechte bestätigte Papst Cölestin II. im Jahre 1143 nochmals ausdrücklich. Im Mittelalter lebten stets zehn bis zwölf Mönche in A. Der Konvent ging 1272 geistliche Bündnisse mit der Schwesterabtei ➛ Auhausen an der Wörnitz und 1341 mit der Abtei ➛ Mönchsdeggingen ein. Bruder Oswald aus A. übersetzte 1356 den Schwabenspiegel ins Lateinische. Im Städtekrieg 1449 verwüstete ein Ulmer Kriegsheer die Anlage, zusätzlich schädigte Abt Gregor II. (1446–65) die Wirtschaft so gründlich, dass ihn Herzog Ludwig IX. von Bayern-Landshut im Turm des Klosters einkerkern ließ. Ein neuer Konvent aus ➛ Elchingen brachte die Konstitutionen der ➛ Melker Reform nach A. Unter den Äbten Martin (1465–74), Ulrich (1474–77) und Jakob (1477–1501) verbesserten sich Klosterzucht, Wirtschaft und Bauzustand. Seit 1504 gehörte A. zum Herzogtum Württemberg. Herzog Ulrich ließ seit 1536 nur noch die evangelische Konfession gelten und setzte 1558 Pfarrer Johannes Eisenmann (1558–74) aus Tübingen als ersten evangelischen Abt ein. Das evangelische Kloster A. wurde bis zur endgültigen Säkularisierung 1806 als herzogliches Klosteramt verwaltet; die katholische Restitution während des Dreißigjährigen Krieges blieb Episode.

▶ **Gegenwart.** Die gotische Klosterbasilika existiert seit 1835 nicht mehr. Die verbliebenen Konventsgebäude wie Prälatur, Westflügel und Teil des Südflügels, jeweils mit

Angermünde Franziskanerkloster, die Klosterkirche behielt ihren spätgotischen Dachstuhl, Nordostansicht.

Anhausen/Brenz Benediktinerabtei, die Abteikirche erlag dem Abriss, geblieben sind spätgotische Gebäude.

Kreuzgangresten, stammen aus der spätgotischen Wiederaufbauphase. Die Gewölbe der Prälatur sind noch romanischen Ursprungs. Die erste Klosteranlage in Langenau diente der Abtei als Pflegehof, er existiert noch immer, die heutigen Gebäude sind jedoch nicht aus der Klosterzeit.

❖ In der Literatur begegnet man häufig Verwechslungen der Abtei Anhausen an der Brenz mit der Schwesterabtei Auhausen an der Wörnitz, besonders dann, wenn beide mit dem eher selten verwendeten Namen „Ahausen" beschrieben werden. Gleichen Namens gab es ein Kloster der Pauliner-Eremiten in ➛ Anhausen bei Satteldorf (nördlich von Crailsheim).

◆ GermBen 5, 125–132; Zimmermann, Wolfgang (Hg.): Württembergisches Klosterbuch, Ostfildern 2003.

Anhausen (Satteldorf), *Pauliner-Eremitenkloster St. Maria (1403–1557) – „Anhäuser Mauer", Diözese Würzburg – (Satteldorf, Lkr. Schwäbisch Hall, Baden-Württemberg, ❐ 3, D3).*

▶ **Geschichte.** Die Geschichte des Paulinerklosters A. beginnt mit den Eremiten Konrad (um 1360) und seinem Nachfolger Markward (um 1390), die an einer Marienkapelle zwischen Bölgental und Wallhausen ein asketisches Leben suchten. Hermann von Hornburg und seine Mutter Barbara von Merkingen übergaben 1403 die Kapelle dem Pauliner-Eremitenorden, der mit einem Konvent aus ➛ Goldbach bei Waldenburg im selben Jahr den Klosterbau begann. Der Patronatsherr der Marienkapelle, Konrad von Bebenburg, gab seine Zustimmung und stiftete zusätzlich Pfarrrechte in Wallhausen. Ein Verwandter des Stifters war Offizial am Domkapitel in Würzburg, der berühmte Rechtsgelehrte Lupold von Bebenburg († 1363), mit dessen Hilfe erlangte die Gründung 1404 die Anerkennung Bischof Johanns I. von Würzburg (Egloffstein) und die Bestätigung Papst Martins V. 1418. Stiftungen und Zukäufe erweiterten den Besitz der Pauliner in der näheren Umgebung. Neben ihrem kontemplativen Leben kümmerten sich die Mönche auch um seelsorgliche Belange der Gemeinden in Wallhausen und Oberasbach. Prioren von A. qualifizierten sich für das Amt des Provinzials der rheinisch-süddeutschen Ordensprovinz, so Prior Heinrich (1404–37), Leonard Korbmann (1445–84) und Stephan Erkenbrecht (1490–99). 1445 stiftete Georg von Bebenburg eine größere Summe, weil Brandschäden Neuaufbauten an der Klausur erforderten. Nach Aussterben der Bebenburger gingen 1504 die Vogteirechte auf Wunsch Prior Johann Reinharts (1499–1532) auf die Markgrafen von Brandenburg-Ansbach über. Diese gehörten zur älteren Linie der fränkischen Hohenzollern und entschieden sich schon 1524 für die lutherische Lehre. Markgraf Georg der Fromme bewog 1525 seinen Bruder Albrecht, Hochmeister des Deutschen Ordens in Preußen, den Deutschordensstaat in ein weltliches Herzogtum zu verwandeln und überredete 1539 den Brandenburgischen Kurfürst Joachim II. zum Konfessionswechsel. Georg verbot 1528 den Pauliner-Eremiten Novizen in ihr Kloster aufzunehmen und verlangte die Rechnungslegung. Der letzte Prior Leonhard Löß (1533–57) bekannte sich zum Protestantismus und heiratete. Nach seinem Tod 1557 säkularisierte Markgraf Georg Friedrich der Ältere das Kloster, 1700 wurden die Güter verkauft.

▶ **Gegenwart.** Mitten auf einem Feld in der Gemarkung Satteldorf steht der spätmittelalterliche Rest der Klosterkirche der Pauliner-Eremiten. Sie ist die eindrucksvollste architektonische Hinterlassenschaft des Ordens aus dem Mittelalter im heutigen Deutschland. Im 17. Jh. trugen Bauern der Umgebung das Kloster sehr gründlich ab, so dass lediglich die etwa 18 m hohe und 10 m lange „Anhäuser Mauer" übrigblieb, die die nördliche Seitenwand des hochgotischen Chores der ehemaligen Klosterkirche repräsentiert. An der Innenseite sind vier gut erhaltene Grabdenkmäler der Herren von Bebenburg angebracht.

◆ Zimmermann, Wolfgang (Hg.): Württembergisches Klosterbuch, Ostfildern 2003; Elm, Kaspar (Hg.): Beiträge zur Geschichte des Paulinerordens, Berlin 2000; Sitzmann, Manfred: Mönchtum und Reformation, Neustadt/Aisch 1999, 68 f.

Ankuhn, *Zisterzienserinnenkloster St. Maria (vor 1214– nach 1293), Diözese Brandenburg – (Zerbst-A., Lkr. Anhalt-Bitterfeld, Sachsen-Anhalt, ❐ 2, B4).*

▶ Die Witwe Ida des Stadtherrn Richard I. von Zerbst gründete vor 1214 mit ihren Söhnen auf dem Grundstück eines bereits gestifteten Armenhospitals bei der Marienkirche in der Vorstadtsiedlung A. bei Zerbst ein Zisterzienserinnenkloster, eingeschlossen reichlich Versorgungsland und Rechte. Die Bestätigung durch Bischof Balduin von Brandenburg erfolgte im Juni 1214. Nach Übergang der Herrschaft auf die Herren von Barby bestätigten diese 1264 den Schwestern allen Besitz und die Privilegien und erwiesen sich durch Schenkungen einiger Dörfer ebenfalls als Gönner. Zwischen 1293 und 1298 siedelte der Konvent aus Sicherheitsgründen in die sich entwickelnde Stadt ➛ Zerbst und wohnte am östlichen Stadtausgang, dem späteren Frauentor, im neuen Kloster, dem „Frauentorkloster". Die Marienkirche der ersten Niederlassung vor der Stadt steht noch immer als malerische Ruine in einem Park im heute eingemeindeten

Anhausen (Satteldorf), Pauliner-Eremitenkloster, die „Anhäuser Mauer" ist ein Rest des Kirchenchors.

Ankuhn Zisterzienserinnenkloster, die Ruine erinnert an den Erstgründungsort des Zerbster Frauenklosters.

Stadtteil A. Der spätromanischen Basilika fehlen inzwischen Seitenschiffe und Apsis, die Westwand enthält ein mehrfach gestuftes Portal. Der polygonale Chor mit Kreuzrippengewölbe wurde erst 1585 angebaut; die Konventsgebäude existieren nicht mehr.

◆ GermSac AF Brandenburg 1, 243–286; RepZist 503–510; Specht, Reinhold: Geschichte der Stadt Zerbst, Bd. 1, Zerbst – Dessau 1998, 56–59.

Annaberg, *Franziskanerkloster St. Anna (1502–39), Diözese Meißen – (A.-Buchholz, Erzgebirgskreis, Sachsen, ❐ 4, C1).*

▶ **Geschichte.** Kaspar Nietzelt entdeckte 1491 größere Silbervorkommen am erzgebirgischen Schreckenberg, woraufhin der sächsische Landesherr 1496 für herbeigerufene Bergleute planmäßig eine Siedlung anlegen ließ, die mit kaiserlichem Privileg im Jahr 1501 Stadtrecht und den Namen „Annaberg" erhielt und bald zur größten Stadt Sachsens avancierte; zwischen 1492 und 1850 gewann man insgesamt 350.258 Tonnen Silber aus dem Berg. Der Landesherr Herzog Georg der Bärtige von Sachsen-Meißen-Dresden und Bischof Johann VI. von Meißen (Saalhausen) stifteten 1502 auf dem vorspringendem Bergrücken im Norden der neuen Stadt ein Kloster für Franziskaner, so dass Stadt und Kloster gleichzeitig entstanden, ein im Spätmittelalter seltener Fall. Der Herzog hatte im August 1498 in Leipzig mit der sächsischen Observantenvikarie des Franziskanerordens Kontakt aufgenommen und Vikar Heinrich Kannengießer in dessen dritten Amtsperiode (1497–99) schätzen gelernt. Erste Brüder kamen aus dem heute untergegangenen Observantenkloster Chemnitz; sie bevorzugten ein reines Armutsideal und die völlige Besitzlosigkeit gleich den Idealen des heiligen Franz von Assisi, wovon sich Herzog Georg die Neubelebung monastischer Grundideale erhoffte. Er initiierte 1515 auch das Cölestinerpriorat auf ➛ Königstein, die letzte vorreformatorische Klostergründung Sachsens. Der Konventsbau in A. wurde 1512 vollendet, die Kirche 1519 geweiht; St. Anna blieb die einzige monastische Gründung in der Bergbaumetropole. Lange blieben die Observanten nicht in ihrem Kloster, denn mit dem Tod des katholischen Herzogs 1539 verloren sie ihre Existenzsicherheit. Sein Nachfolger Herzog Heinrich II. bekannte sich zum lutherischen Glauben und löste den Konvent auf. Katholisch verbleibende Observanten wurden 1540 aus der Stadt gewiesen und fanden Zuflucht in den böhmischen Klöstern Caaden und Eger.

▶ **Gegenwart.** Die Klausurgebäude und die zweischiffige Kirche fielen 1604 und 1731 Stadtbränden zum Opfer. Immerhin erinnern eine hoch aufragende Ruinenwand des Südchores mit Fensteröffnungen und eine kleine Pforte an die Franziskanerkirche (hinter dem heutigen Amtsgericht). Ihr „Schönes Portal", ein Meisterwerk Hans Wittens von 1512, konnte gerettet und im nördlichen Seitenschiff der St. Annen-Stadtpfarrkirche bewahrt werden. Der „Franziskaneraltar" von 1523 steht heute in der Katharinenkirche im Stadtteil Buchholz. Bleibende Wertschätzung erlangte ebenso die Klosterbibliothek; sie umfasst heute etwa ein Fünftel des Bibliotheksbestandes der Stadtpfarrkirche.

◆ HHistStD Sachsen, 5–9; Volkmar, Christoph: Reform statt Revolution. Die Kirchenpolitik Herzog Georgs von Sachsen 1488–1525, Tübingen 2008; Pieper, Roland/ Einhorn, Jürgen W.: Franziskaner zwischen Ostsee, Thüringer Wald und Erzgebirge, Paderborn u. a. 2005, 191–194.

Anrode, *Zisterzienserinnenkloster St. Johannes Evangelist und St. Andreas (um 1250–1810), Erzdiözese Mainz – (Bickenriede-A., Unstrut-Hainich-Kreis, Thüringen, ❐ 1, D5).*

▶ **Geschichte.** In Breitenbich gründete Ritter Werner von Schieferstein um 1250 mit Zustimmung Johanns von Bodenstein ein Zisterzienserinnenkloster, dessen erster Konvent möglicherweise aus ➛ Beuren kam. Schon 1253 mussten die Frauen nach Mühlhausen fliehen. Später übernahm der Lazarusorden Breitenbich. Zisterzienserinnen versuchten um 1260 einen Neuanfang im Luhnetal im Dorf A., das damals Kloster Beuren gehörte, mit Hilfe von Stiftungen des Reichsministerialen Heinrich Kämmerer; Erzbischof Werner von Mainz (Eppstein) bestätigte die Neugründung 1269, ebenso Landgraf Albrecht von Thüringen 1274. Die geistliche Aufsicht übernahmen Äbte von ➛ Walkenried, was aber keine Inkorporation des Frauenkonvents in den Zisterzienserorden bedeutete, A. war vielmehr ein kommittiertes Kloster wie das Mutterkloster Beuren auch. Der Konvent von meist 20 bis 30 Frauen gründete 1275 in ➛ Witzenhausen eine erste Tochterniederlassung, es folgte 1287 zusammen mit Beuren die Besiedlung von Marksußra und 1311 die Wiederbelebung von Kloster Worbis. In Witzenhausen ging das Tochterkloster wieder ein, Wilhelmiten übernahmen 1291 die dortige Anlage. Seit 1294 gehörte A. zu Kurmainz und musste jährlich Abgaben an das Amt Gleichenstein liefern. Es erwarb durch Schenkungen und Mitgiften Landbesitz von etwa 4.500 Morgen, besondere Wohltäter erhielten Seelenmessen, Anniversarien und Begräbnisplätze, auch wurden diese in Gebetsbruderschaften von 40 weiteren Klöstern der Erzdiözese aufgenommen. Trotzdem litt der Konvent durch Misswirtschaft und unfähige Pröpste schon 1337 Not, was den Verfall der Klosterzucht nach sich zog. Zur Abhilfe übertrug Erzbischof Gerlach von Nassau 1357 den Frauen, die er vorher zum Tragen des Habits zwingen musste, die Betreuung der einträglichen Wallfahrt auf dem nahen Hülfensberg, was den Bekanntheitsgrad des Konvents steigerte, aber die finanzielle Lage nicht verbesserte. Die Zisterzienserinnen erlebten bis zur Aufhebung immer wieder wirtschaftli-

Annaberg Franziskanerkloster, die Restmauern des Kirchenchors erinnern an das späte Observantenkloster.

Ansbach Benediktinerabtei, Architekturbereiche der Krypta könnten auf die Benediktiner zurückgehen.

che Höhe- und Tiefpunkte. Einschneidend waren die Verwüstungen während des Bauernkriegs 1525 und der Mitgliederschwund in reformatorischer Zeit. Nach dem Tod von Äbtissin Anna von Hanstein (1556–75) lebten nur noch zwei Konventualinnen im Kloster. Der tüchtige evangelische Propst David Böddener (1577–1612) richtete A. und das nahe ➛ Zella (Eichsfeld) wieder auf. Pest, Dreißigjähriger Krieg und Siebenjähriger Krieg brachten neues Elend, Not und Verwüstungen. König Jérôme von Westphalen säkularisierte 1810 das Kloster A.

▶ **Gegenwart.** Die heute noch erhaltenen Gebäude der Anlage und die einschiffige Klosterkirche sind in nachreformatorischer Zeit neu aufgebaut oder stark verändert worden. Einzig der Unterbau des großen Abteigebäudes südöstlich der Kirche, einst als Remter genutzt, zeigt mit Kreuzgewölben auf Konsolen und gotischen Schlusssteinen seine mittelalterliche Herkunft; das Haus dient heute Wohnzwecken. In der evangelisch-lutherischen Kirche, die 1590 neu gebaut und 1670–90 umgebaut wurde, fand man bei Sanierungsarbeiten im Chorbereich Fundamente des ursprünglich gotischen Kirchenbaus. Die Wirtschaftsgebäude wurden von einer Flachsröste noch in jüngster Zeit zur Produktion von Sport- und Seilerwaren genutzt.

◆ RepZist 150–156; Jürgensmeier, Friedhelm (Hg.): Handbuch der Mainzer Kirchengeschichte, 3 Bde., Würzburg 1997–2002; Opfermann, Bernhard: Das Zisterzienserinnenkloster A., in: Die Klöster des Eichsfeldes in ihrer Geschichte, Heiligenstadt 1998, 144–165.

Ansbach, *Benediktinerabtei St. Maria und St. Gumbertus (um 748– um 1000), Diözese Würzburg – (kreisfreie Stadt, Bayern, ❐ 4, A3).*

▶ Das Benediktinerkloster A. geht auf den fränkischen Edelfreien Gumbert zurück, der um 748 im Rangau zur Festigung der karolingischen Position gegen das agilolfingische Bayern einen geistigen Vorposten gründete. König Karl der Große verlieh 786 Freiheit von fremder Gerichtsbarkeit und freie Abtwahl, dabei wurde Gumbert als Bischof des Klosterbezirks bezeichnet (später als Heiliger verehrt). Noch vor 800 gelangte die Reichsabtei *Onoldsbach* an Bischof Berowelf von Würzburg, Kaiser Ludwig der Fromme bestätigte 837 den Verlust der Reichsimmunität und die bischöfliche Abhängigkeit. Zwischen 911 und 1012 erfolgte die Umwandlung der Abtei in das Kollegiatstift St. Gumbert, das 1563 im Zuge der Durchsetzung der Reformation aufgelöst wurde. Die heutige evangelische Pfarr- und ehemalige Stiftskirche St. Gumbert besitzt unter dem spätgotischen Chor von außen zugänglich eine großräumige Krypta, die erst jüngst vollständig freigelegt wurde. Der älteste dreischiffige Raumteil mit Kreuzgratgewölbe auf Rundsäulen und halsringlosen Würfelkapitellen soll von etwa 1040 stammen, also aus einer Zeit, in der weltliche Kanoniker die ehemalige Abtei schon etwa einige Jahrzehnte übernommen hatten. Inwieweit die damals bestehende benediktinische Architektur beim Bau der Krypta einfloss, ist nicht mehr zu differenzieren.

◆ GermBen 2, 36 f.

Antoniterorden *(Canonici monasterii Sancti Antonii Viennensis* oder *Canonici Regulares Sancti Antonii).*

▶ Der Hospitaliterorden der A. entstand um das Jahr 1095 aus einer Laiengemeinschaft im Priorat Saint-Antoine-en-Viennois der Benediktinerabtei Montmajeur in der französischen Dauphiné, am Pilgerweg von Oberdeutschland nach Santiago de Compostela. Frauen und Männer widmeten sich der Behandlung des epidemischen Mutterkornbrandes (Ergotismus). Diese schmerzvoll brennende Erkrankung, „Heiliges Feuer“ oder „Antoniusfeuer“ genannt, beruhte auf der gefäßverengenden Wirkung des Toxins eines Pilzes auf Roggenähren und führte zu brandigen Gliedmaßen mit Selbstabstoßung oder aber zu Muskelkrämpfen mit veitstanzähnlichen Anfällen und völliger Demenz. Mit Glauben an die Fürsprache des Wüstenvaters Antonius (um 251–356) und aufgrund recht guter Behandlungserfolge entstanden sehr bald weitere Spezialhospitäler. Die Behandlung verbanden die A. mit der Überzeugung, dass körperliche Heilung in erster Linie durch Glauben erlangt wird, erst in zweiter Linie durch Methoden der Naturheilverfahren, was gewissermaßen einem psychosomatischen Ansatz entspricht. Papst Innozenz IV. nahm 1245 die Gemeinschaft unter Schutz, erlaubte ihr 1247 die Augustinusregel und die Bildung von Männerkonventen; Frauen wurden zunehmend zurückgedrängt. Papst Bonifatius VIII. wandelte 1297 die A. in eine Kanonikergemeinschaft um und übergab ihr das Benediktinerpriorat Saint-Antoine mit kostbaren Antoniusreliquien. Auch nachfolgende Päpste förderten die streng zentralistisch organisierten Hospitalchorherren, die sich rasch über ganz Europa und in den Kreuzfahrerstaaten ausbreiteten. Im ausgehenden 15. Jh. unterstanden ihnen etwa 370 klösterliche Hospitäler, in Deutschland etwa 40 Häuser. Krankenhilfe und Almosensammeln waren ihre Hauptbetätigung. Die Einzugsgebiete unterteilten sie in Balleien, deren Verwaltung 41 Hauptniederlassungen oder Generalpräzeptoreien oblag. Diese standen wiederum den untergeordneten Präzeptoreien oder kleineren Klöstern bis hin zu Termineien in vielen Städten vor. Neben Roßdorf (➛ Höchst/Main) zählten ➛ Memmingen, ➛ Grünberg, Isenheim im Elsass, Konstanz und ➛ Lichtenberg-Prettin zu den sechs Generalpräzeptoreien im deutschen Sprachraum. Die Attribute eines „Antoniusboten“, der jährlich einmal in jeder abendländischen Pfarrei Almosen sammelte, waren ein hellblaues Taukreuz auf dem linken Ärmel des schwarzen Talars, ein barettartiger Filzhut, Glöckchen für die Antoniusschweine und ein Taukreuz mit Fußstab, in dem sich Reliquien befanden. Das lebende Antoniusschwein mit einer Glocke im Ohr war eine allgemein verbreitete (und vom Papst ausdrücklich privilegierte) Almosengabe einer Pfarrgemeinde an die Antoniter. Im ausgehenden Mittelalter verlor der Orden seine caritative Bedeutung durch veränderte Speisegewohnheiten und wissenschaftlich begründete Heilmethoden. Schwindende Terminiereinnahmen und die Reformation erzwangen einen rasanten Niedergang, Anfang des 17. Jh. entdeckte der französische Arzt Tuillier den Zusammenhang des Pilzbefalls auf Getreideähren mit dem Mutterkornbrand. 1776 inkorporierte Papst Pius VI. den inzwischen erfolglos reformierten Orden dem Malteserorden, lediglich die deutschen Häuser in ➛ Köln und ➛ Höchst hatten sich vorher getrennt und existierten bis zur Säkularisierung 1803. Kein mittelalterlicher Orden war der christlichen Bevölkerung in Europa so allgegenwärtig wie die A., aber auch keiner der großen Orden fiel so rasch dem Vergessen anheim wie diese hilfreichen Hospitaliter. Eine Vergiftungswelle durch Mutterkornpilz erlebte noch 1951 das kleine Städtchen Pont-Saint-Esprit in Frankreich.

Die Antoniter als Hospitaliterorden sind nicht zu verwechseln mit den Antonianern, einer Ordensgemeinschaft unterschiedlicher Kongregationen der Neuzeit (wie etwa die Maronitischen Antonianer *[Ordo Antonianorum Maronitorum, OAM]* von 1740).

◆ Mischlewski, Adalbert: Die A., Münster 2007; ders.: Grundzüge der Geschichte des Antoniterordens, Köln – Wien 1976.

Antonigartzem, *Franziskanerkloster St. Antonius (1474– um 1500), Augustiner-Chorfrauenstift St. Antonius (1521–1704), Prämonstratenser-Chordamenstift St. Antonius (1704–1802), Erzdiözese Köln – (Zülpich-Enzen, Kr. Euskirchen, Nordrhein-Westfalen, ❐ 3, A1).*

▶ **Geschichte.** Mitte des 14. Jh. lebten Klausnerinnen an der Kapelle St. Antonius Eremita in Enzen nahe der Burg der Stifterfamilie von Gertzen. 1474 werteten Hubert von Gertzen und seine Frau Sophia die kleine, inzwischen verlassene Niederlassung mit Stiftungen zu einem Kloster auf und riefen Franziskaner-Observanten nach St. Antonius Eremita, die es aber auch bald wieder verließen. Der Versuch, Frauen der Sepulchrinergemeinschaft aus den Niederlanden anzusiedeln, endete bereits 1507. Edelherr Wierich von Gertzen rief 1521, nicht wie in Literatur oft fälschlich behauptet Franziskanerinnen, sondern Augustiner-Chorfrauen nach „Antonigartzem". Erzbischof Hermann von Köln (Wied) unterstellte den Konvent 1521 dem Prämonstratenserstift ➛ Steinfeld. Die Meisterin Adelheid Panhausen († 1610) bat um Aufnahme des Konvents in den Prämonstratenserorden, was aber wegen Dürftigkeit des Besitzes vorerst verweigert wurde. In den Kriegswirren 1642 und 1673 brannte die Anlage nieder, mit Hilfe der damaligen Burgherren Arnold von Wachtendonk und seinem Nachfolger Adolf Bertram konnten neue Klausurgebäude errichtet werden. 1681 kehrten die geflohenen Frauen nach A. zurück. 1704 inkorporierten Abt Michael Kuell (1693–1732) und Erzbischof Joseph Clemens von Bayern das Stift A. in den Steinfelder Filiationsverband. Die Meisterin Cäcilia Trimborn, zehn Frauen und eine Novizin legten den Habit der Prämonstratenserinnen an und leisteten ein Jahr später ihr Gelübde. Die Meisterin Johanna Maria Bauer († nach 1807) und der von Steinfeld eingesetzte Prior Anselm Spürck (1759–1815) unterschrieben 1802 auf Druck napoleonischer Besatzungsbehörden die Aufhebungsprotokolle. Die Stiftsanlage wurde an Privatleute verkauft, die sie bis in die 1960er Jahre als landwirtschaftliches Gut führten.

▶ **Gegenwart.** Das Kloster A. liegt noch heute idyllisch, von Teilen der ehemaligen Immunitätsmauer und Wassergräben umgeben, auf freier Flur bei Enzen und gehört heute zur Stadtgemeinde Zülpich. In den letzten Jahren ließen die heutigen Eigentümer die Anlage als Wohnkomplex gründlich sanieren, wobei die historische Substanz schonend behandelt wurde. Die Gebäude der Wiederaufbauzeit um 1680 bestimmen das Bild der Vierflügelanlage; auf das 18. Jh. geht die gut erhaltene Nordseite, der „Scheunenflügel" zurück. Die spätgotische Klosterkapelle, erweitert und geweiht 1500, repräsentiert heute die einzige Bausubstanz, die, wenn auch in Ruinen aus mittelalterlicher Zeit übrigblieb. Das Gotteshaus diente nach 1802 als Stallgebäude. Dabei wurde der Chor abgebrochen und eine Pferdetränke eingebaut. Neben der Kirche schließt sich im Südflügel ein altes Bruchsteingebäude mit stichbogigen Fenstern an, einst das Wohnhaus der Frauen, später umgebaut als Herrenhaus.

◆ MonPraem 168–170; Schildt-Specker, Barbara: Klosterfrauen und Säkularisation, Essen 1996.

Appingen, *Karmelitenkloster St. Maria (1436–1535), Diözese Münster – (Krummhörn-A., Lkr. Aurich, Niedersachsen, ❐ 1, B2).*

▶ Die Siedlung A. lag im Mittelalter an der Laybucht der Nordsee nördlich der Emsmündung. Der befestigte Sitz der herrschenden Familie Cirksena besaß seit etwa 1300 eine Saalkirche, die der Muttergottes geweiht war. Größere Anlandungen, die man „de Greet" nannte, versperrten im 14. Jh. den Zugang zum Meer. Edzard Cirksena und Bewohner verlegten 1388 ihren Sitz näher zum Meer auf den neuen Wohnplatz „Greetsiel", Sohn Haro stiftete 1400 eine Kirche, St. Maria. Die Altsiedlung A. samt Kapelle verfiel. 1436 gründete Enno Cirksena am alten Siedlungsplatz das Kloster A., eines von zwei Karmelitenklöstern Ostfrieslands. Erster Appinger Prior war Heidenricus Mynenhodt; die päpstliche Bestätigung erfolgte 1437, ein Jahr später fand das Priorat Aufnahme in die niederdeutsche Ordensprovinz. Der Schutzherr Ulrich Cirksena wurde 1464 zum Grafen von Ostfriesland erhoben, doch die Bedeutung des kleinen Karmelitenkonvents blieb gering. Eine besondere Ausstrahlung besaß er nicht, vermutlich oblag den Karmeliten die Pfarrseelsorge in Greetsiel. 1505 gründete der Karmelitenorden in ➛ Atens an der Wesermündung seine wohl letzte Niederlassung vor der Reformation. Prior Kruse von A. wurde vom niederdeutschen Provinzkapitel mit der Durchführung der Gründung und mit der Aufsicht beauftragt. Im Feldzug Balthasars von Esens wurden das Kloster und die Kirche 1531 stark beschädigt. Das Ende kam 1532 mit der Vertreibung durch den protestantischen Grafen, der einen Skandal um einen Mitbruder nutzte und kurzzeitig Tertiarinnen des Dominikanerordens einsetzte. Heute erinnert auf

Antonigartzem, die Kapelle rechts im Bild geht auf den spätmittelalterlichen Franziskanerkonvent zurück.

Arendsee Benediktinerinnenkloster, die romanische Klosterbasilika von 1208 mit ihrer südlichen Schauseite.

dem „Domänengut A." nichts mehr an das einstige Kloster, lediglich Kellermauern des Pächterwohnhauses gehen auf die Mönche zurück. Im Ort Greetsiel nutzt heute die evangelisch-reformierte Pfarrgemeinde die Kirche, die eng mit dem seelsorglichen Wirken der Karmeliten zusammenhing.

◆ Streich, Gerhard: Klöster, Stifte und Kommenden in Niedersachsen vor der Reformation, Hildesheim 1986; Petersen, Arno: Der mittelalterliche Dorfkirchenbau in der Krummhörn (Ostfriesland), Karlsruhe 1963.

Arendsee, *Benediktinerinnenkloster St. Marien u. a. (1183–1540), Diözese Verden – (Altmarkkreis Salzwedel, Sachsen-Anhalt, ❐ 2, A3).*

▶ **Geschichte.** Am Weihnachtstag 1183 stifteten Markgraf Otto I. von Brandenburg und seine Ehefrau Adelheid am Südufer des A. in der Altmark ein Benediktinerinnenkloster und statteten es reichlich mit askanischem Allodialgut aus. Die Klosterkirche wurde 1208 geweiht aber erst etwa 1220 vollendet, sie diente immer auch als Pfarrkirche für die Siedler. A. war das erste Frauenkloster in der Mark Brandenburg und wohl in den wendischen Ostseeländern überhaupt. Zahlreiche Hinweise lassen vermuten, dass die Benediktinerinnen aus A. 1211 nach Mecklenburg zogen, um östlich von Wismar die Niederlassung ➛ Neukloster (Sonnenkamp) zu gründen. A. pflegte enge Verbindungen zum Ostseegebiet; es gewann dort früh Besitzungen, was gewöhnlich nur denjenigen Klöstern zustand, die sich besondere Verdienste im Land erworben hatten. 1215 schenkte der Pommern- und Liutizenherzog Kasimir II. dem Kloster das Dorf Wargentin und die Rechte über den halben Malchiner See. Die Herren von Plotho übereigneten dem Konvent 1232 das Dorf Wendisch Rägelin nordwestlich von Neuruppin. Schon die Priorin Kunigunde (1232) unterhielt eine Klosterschule, die mindestens bis 1579 bestand. Um das Kloster herum entstand eine Kolonistensiedlung, die 1280 zum Flecken und 1457 zur Stadt erhoben wurde. 1481 zählte der Konvent unter Priorin Anna von Jagow 70 Schwestern, er pflegte enge Verbindung nach ➛ Dambeck und besonders ➛ Krevese, eine Gebetsgemeinschaft bestand mit dem Kloster ➛ Lüne bei Lüneburg. Im Zuge der Reformation löste Kurfürst Joachim II. von Brandenburg das Kloster 1540 auf; es bestand zur Versorgung adeliger Töchter bis 1812 als evangelisches Damenstift weiter.

▶ **Gegenwart.** Die romanische, turmlose Klosterbasilika wird heute als evangelisch-lutherische Pfarrkirche genutzt. Sie gilt als ältester, ganz gewölbter Backsteinbau im nordöstlichen Deutschland. Das Baudekor besteht bereits aus vollständig gebranntem Ton, ein Verfahren, das beim nahen Stiftsbau ➛ Jerichow und dem Dom zu ➛ Brandenburg noch nicht angewendet wurde. Die Schaufassade der Kirche bildet die Südfront mit dem Hauptportal und der spätgotischen Propstkapelle. Die Seitenschiffe sind nur etwa halb so hoch wie das Mittelschiff und tonnengewölbt, Mittelschiff, Querschiff und Chor dagegen tragen Kreuzgratgewölbe, die Vierung ist architektonisch besonders reich gestaltet. Von der mittelalterlichen Ausstattung blieben einige künstlerisch wertvolle Stücke erhalten, so die Sandstein-Altarmensa der Gründungszeit. Teile der zweigeschossigen Klausurgebäude existieren heute nur als Ruinenrest am Hang zum nahen See. Das ehemalige Hospital wird als Heimatmuseum genutzt. Erhalten blieben auch der südliche, spätgotische Kreuzgangflügel mit Kreuzrippengewölbe und ein spätgotischer Torturm, der sogenannte „Kluthturm".

◆ Mindermann, Arend u. a.: A., in: Brandenburgisches Klosterbuch, Bd. 1, Berlin – Brandenburg 2007, 106–125; Müller, Helmut: Die Klosterkirche A., München – Berlin 1997.

Argenhardt, *Pauliner-Eremitenkloster St. Wendelin (1359–1672) – „Obere Zelle", Diözese Konstanz – (Tettnang-Tannau-Argenhardter Hof, Bodenseekreis, Baden-Württemberg, ❐ 3, D5).*

▶ Die Pauliner-Eremiten besaßen seit 1359 die kleine Niederlassung A. an der älteren Kapelle St. Wendelin im Tettnanger Wald. Der tüchtige Prior Nikolaus half 1405 bei der Etablierung der neuen Paulinergemeinschaft ➛ Langnau im Tal der Argen. Das Priorat Langenau entwickelte sich unter Prior und Provinzial Conradus Vogel (1433–78) zu der wohl bedeutendsten Niederlassung unter den Klöstern der schwäbisch-rheinischen Provinz. Die „Obere Zelle" A. wurde schon bald untergeordnet, 1672 formell mit Langenau vereinigt und nur noch als Wirtschaftshof genutzt. Restbestände von Kirche und Klausur sind im Wohnhaus und in Wirtschaftsgebäuden der zwei Pachthöfe in A. überbaut worden, äußerlich blieb nichts sichtbar.

◆ Elm, Kaspar (Hg.): Beiträge zur Geschichte des Paulinerordens, Berlin 2000; Schmid, Hermann: Kurzlebige Pauliner-Klöster in Schwaben, Franken und am Oberrhein, Stuttgart 1986.

Arnsburg, *Benediktinerpropstei St. Maria (1151–74) – „Altenburg", Zisterzienserabtei St. Maria (1174–1803), Erzdiözese Mainz – (Lich-A., Lkr. Gießen, Hessen, ❐ 3, C1).*

▶ **Vorgeschichte.** Auf der Höhenlage nahe der A. bei Lich über Resten eines römischen Kastells stifteten 1151 der Ministeriale Konrad II. von Hagen-Arnsburg und seine Frau Luitgart das Kloster Altenburg, dessen erster Konvent aus dem Reformzentrum ➛ Siegburg kam. Im gleichen Jahr bestätigte Erzbischof Heinrich von Mainz die Gründung, Kaiser Friedrich I. Barbarossa stellte 1152 dem Sohn des Stifterpaares, Kuno I. von Münzenberg, einen Schutzbrief aus. Der Bau der Klosterkirche ging nur schleppend voran und Kuno I. überredete den Siegburger Abt zum Verzicht und übergab 1174 dem Zisterzienserorden die Stiftung.

▶ **Geschichte.** Zisterziensermönche kamen erst 23 Jahre später aus der Abtei ➛ Eberbach und begannen unter ihrem ersten Abt Mengot im Flusstal der Wetter ihr eigenes Kloster A. einzurichten. Sie überließen den begonnenen Kirchenbau der Benediktiner auf dem Hügel dem Verfall. Ihre überlegene Wirtschaftsführung und Schenkungen des Wetterauer Adels, die das Kloster als Grablege bevorzugten, förderten den Besitzstand und die Ausbreitung der Abtei, deren Eigentum, Zinseinkünfte und Rechte Ende des 14. Jh. etwa 270 Orte zwischen Marburg und Mainz umfasste. Klosterhöfe in mehreren Städten sicherten den Absatz der Überproduktion. Äbte von A. beaufsichtigten die Frauenklöster ➛ Marienthal (Waldeck-Netze), Thron (Wehrheim), ➛ Caldern bei Marburg, ➛ Patershausen, ➛ Engelthal (Altenstadt), ➛ Marienborn (Wetterau) und ➛ Marienschloss (Rockenberg), eigene Filiationen gingen von A. nicht aus. 1390 zählte der Konvent über 100 Mönche und Konversen. Priestermönche studierten in Heidelberg, im 15. Jh. führten sieben Äbte den Titel eines *Doctor theologiae*. 1406 musste sich der Konvent mit 400 Bewaffneten vor der Zerstörungswut des Erzbischof Johanns von Nassau schützen. Die Exemtion konnte erst mit der Zeit erlangt, aber Vogteiansprüche der Stifterfamilie und deren Erben, den Herren von Falkenstein-Eppstein und nachfolgend Grafen von Solms, nie ganz abgestreift werden. Mit der Reformation 1562 im Solmser Land begann ein langer Rechtsstreit zwischen der katholischen Abtei und der protestantischen Solmser Herrschaft. Kriege zwangen zum Exil und endeten jeweils in schweren Zerstörungen. Die Wiederaufbauarbeiten brachten einige barocke Erweiterungs- und Zusatzbauten. Im Zuge der allgemeinen Säkularisierung 1803 gelangte der Besitz an das Grafenhaus Solms, das damit den noch immer schwelenden Rechtsstreit als gewonnen betrachten konnte; die Linie Solms-Laubach bekam das Klosterareal zugesprochen und besitzt es heute noch.

▶ **Gegenwart.** Die barocken Gebäude sind heute Wohnsitz und Hotel. Das repräsentative Torhaus baute im Auftrag Abt Bernhard Birkenstocks (1772–99) Pater Cölestinus Wagner um 1775 auf. Der frühgotische Klausurbereich mit Klosterkirche wurde 1811 zum Teilabbruch freigegeben und die wertvolle Innenausstattung in alle Winde zerstreut. Nach dem Zweiten Weltkrieg retteten der Freundeskreis Kloster A. e.V. und die Solmser Grafenfamilie unter dem fachkundigen Beirat der hessischen Denkmalpflege durch umfangreiche Sicherungsarbeiten den eindrucksvollen, mittelalterlichen Ruinenbestand. Neben ausgeprägter Ruinenromantik erlebt der Besucher nach wie vor die Ausstrahlungskraft zisterziensischer Klosterbaukunst und entdeckt zahlreiche frühgotische Details, die sich an der mächtigen Kirchenruine mit ihren Vierungspfeilern und Seitenschiffen erhalten haben, ebenso im schönen Kapitelsaal mit Bündelpfeilern, auch im Parlatorium und Dormitorium, sowie im Untergeschoss des Bursenbaues, der als Konversenhaus um 1250 errichtet wurde. Während der Kreuzgang nicht mehr existiert, seine Grundmauern heute den Kriegsopferfriedhof umschließen, erscheint das Paradies der Kirche unzerstört und wird als evangelisch-lutherisches Gotteshaus genutzt.

❖ In der Mainzer Grebenstraße existiert noch immer der mittelalterliche Arnsburger Stadthof, den die Mönche 1312 errichtet hatten und in dem heute eine theologische Bibliothek untergebracht ist.

◆ GermBen 7, 50–53; Gärtner, Otto: Kloster A. in der Wetterau, Königstein (Taunus) 1993.

Arnsburg Zisterzienserabtei, das Südseitenschiff der romanischen Kirchenruine mit Blick nach Westen.

Arnstadt, *Benediktinerinnenkloster St. Maria und St. Walpurgis (um 1100–1533) – „Walpurgiskloster", später „Marienkloster", Erzdiözese Mainz – (Kreisstadt, Ilm-Kreis, Thüringen, ❒ 4, A1).*

▶ **Geschichte.** A. wird bereits 704 erwähnt und gilt als ältester urkundlich genannter Ort Thüringens. Die Reichsabtei ➛ Hersfeld erlangte im 8. Jh. umfangreichen Besitz in diesem Gebiet, sie gründete um 1100 ein Frauenkloster auf einer schwer zugänglichen Höhenlage (etwa 2 km außerhalb der Stadt), 1196 erstmals urkundlich erwähnt. Das Kloster war der Mutter Gottes und der hl. Walpurga geweiht, dem Konvent stand eine Priorin vor, die Pröpste wurden vom Hersfelder Abt eingesetzt. Ende des 13. Jh. rang Hersfeld mit den Grafen von Käfernburg-Schwarzburg um den Erhalt ihrer Herrschaftsrechte über die Stadt A. Damals geriet das Kloster auf dem Walpurgisberg offenbar in Schwierigkeiten, und Abt Simon I. von Hersfeld (1302/05–15) gab schließlich seine Zustimmung zur Verlegung in die Stadt. Die Benediktinerinnen zogen 1309 vom Berg neben die Pfarrkirche Unsere Liebe Frau und nutzten diese als Klosterkirche, 1311 waren die Klostergebäude fertig gestellt. 1325 übernahm das Schwarzburgische Haus die Schirmherrschaft, Graf Günther von Schwarzburg wurde 1349 von deutschen Fürsten zum Gegenkönig zu Karl IV. von Luxemburg-Böhmen gewählt; er entsagte der Krone bald darauf und strich die Reichsstadt Gelnhausen in der Wetterau ein. Die Schwestern erlangten in den folgenden Jahren Patronatsrechte über drei weitere Kirchen in A. und schlossen sich Mitte des 15. Jh. der ➛ Bursfelder Reformkongregation an. 1533 erzwang der lutherische Graf Heinrich von Schwarzburg die Auflösung des „Marienklosters", in A. auch „Jungfrauenkloster" genannt.

▶ **Gegenwart.** 1993 wurden Fundamente des alten Walpurgisklosters auf dem Berg fachkundig freigelegt. Neben der Ostpartie der Kirche fand man Reste einer seltenen, als Rundbau angelegten Filterzisterne. Die Kloster- und Pfarrkirche Unserer Lieben Frau in der Stadt ist neben dem Naumburger Dom der kulturhistorisch bedeutendste Kirchenbau der Region im romanisch-gotischen Übergangsstil, Bauleute aus ➛ Walkenried und ➛ Maulbronn wirkten in der zweiten Hälfte der langen Bauzeit von 1220–1340 stilbestimmend mit. Die Gebäude des Klosters lagen südlich und östlich der Liebfrauenkirche; erhalten sind das ehemalige Konventshaus der Schwestern und das frühere Wohnhaus der Priorin, heute als „Unterkloster“ bezeichnet.

◆ Unger, Peter/Lappe, Ulrich: Führer über das Walpurgiskloster bei A., Arnstadt 2006; Jürgensmeier, Friedhelm (Hg.): Handbuch der Mainzer Kirchengeschichte, 3 Bde., Würzburg 1997–2002; Patze, Hans/Schlesinger, Walter: Geschichte Thüringens, Köln – Wien 1973/74.

Arnstadt Benediktinerinnenkloster, Fundamente der Erstniederlassung auf der Berghöhe außerhalb der Stadt.

Arnstadt, *Franziskanerkloster St. Bonifatius und St. Jakobus (1246–1538) – „Oberkloster“, Erzdiözese Mainz – (Kreisstadt, Ilm-Kreis, Thüringen, ❐ 4, A1).*

▶ **Geschichte.** 1246 verlegten die Franziskaner ihren Konvent von Gotha, wo sie 1225 Unterkunft gefunden hatten, aus unbekannten Gründen nach A. Dazu benötigten sie die Zustimmung Abt Werners (1240–52) der Benediktinerabtei ➛ Hersfeld, zu deren Hoheitsgebiet A. gehörte. Die Grafen von Käfernburg-Schwarzburg beabsichtigten als Stifter, den Einfluss der Hersfelder Abtei über die Stadt zurückzudrängen; die Grafenfamilie bestimmte die Franziskanerkirche als Grablege. Die Barfüßer erhielten aufgrund ihrer Seelsorgetätigkeit vom reichen Bürgertum mehrere Schenkungen, vermehrten ihren Besitz und kamen deshalb mit dem Armutsgebot der Ordensregel in Konflikt. 1451 schlossen sie sich der strengen Observanzbewegung der Franziskaner an und gehörten neben ➛ Brandenburg, Eisenach und ➛ Angermünde zu den ersten Konventen der sächsischen Observantenvikarie. Sie verschenkten ihre Güter an den Landesherrn Heinrich von Schwarzburg und an die Zisterzienserabtei ➛ Georgenthal. 1506 hielt sich Martin Luther, damals noch einfacher Augustinereremit, als Gast im Kloster auf. 1525 starb der streng katholische Landesherr Graf Günther von Schwarzburg, kurz nachdem mehrere Anführer des thüringischen Bauernaufstandes auf dem Marktplatz enthauptet worden waren. Sein Sohn Heinrich begann 1531 die Reformation durchzusetzen: Die Klöster der Stadt wurden gegen heftigen Widerstand der Ordensleute 1533 aufgelöst, 1538 mussten die widerspenstigen Observanten die Stadt endgültig verlassen. Der lutherische Theologe Joachim Mörlin (1514–71) wurde 1540 auf Luthers Empfehlung erster Superintendent in A., sein bedeutendstes Wirkungsfeld sollte aber später die ehemalige Franziskanerkirche in ➛ Braunschweig werden.

Arnstadt Franziskanerkloster, die „Oberkirche“ entstand um 1300, der Nordturm 1461, seine Haube 1746.

▶ **Gegenwart.** Der heutige Pfarrhof der evangelisch-lutherischen Gemeinde nimmt das alte Klosterareal der Franziskaner ein, das nicht wie üblich am Stadtrand sondern nahe des Marktes der Altstadt lag, vergleichbar mit ➛ Aschersleben, ➛ Mühlhausen, ➛ Gelnhausen und ➛ Bonn. Die Klosterkirche, auch Oberkirche genannt, ist ein typisch langgestreckter, einfacher Bettelordenssaal ohne Strebepfeiler aus der Zeit um 1300. Der Glockenturm wurde erst 1461 an der nördlichen Schauseite angebaut; möglicherweise diente er Predigtzwecken für die außen versammelte Gemeinde; die barocke Haube erhielt er 1746. Zu den monastischen Ausstattungsstücken zählen ein Kruzifix (nach 1445) in strenger Einfachheit, der älteste Grabstein von 1314, ein schönes Epitaph von 1505 und ein Flügelaltar (1498) vermutlich aus einer Erfurter Werkstadt (er steht heute in der Liebfrauenkirche der Benediktinerinnen in ➛ Arnstadt). Zwei Klostergebäude im Südbereich weisen auf einen eher kleinen Konvent hin; sie dienten seit 1540 als Erziehungsanstalt, Lateinschule, Gymnasium und bis 1885 als höhere Mädchenschule. Heute befindet sich das evangelische Gemeindehaus in den überbauten Räumen. Das Refektorium, die Sakristei und flachgedeckte Kreuzgänge aus dem 13. Jh. sind erhalten.

◆ Pieper, Roland/Einhorn, Jürgen W.: Franziskaner zwischen Ostsee, Thüringer Wald und Erzgebirge, Paderborn u. a. 2005, 150–152; Patze, Hans/Schlesinger, Walter: Geschichte Thüringens, Köln – Wien 1973/74; Prautzsch, Hans: Die Oberkirche in A., Berlin 1971.

Arnstein, *Prämonstratenser-Chorherrenstift St. Maria und St. Nikolaus (1139–1802), Kloster der Arnsteiner Patres (seit 1919), Erzdiözese Trier – (Obernhof-A., Rhein-Lahn-Kreis, Rheinland-Pfalz, ❐ 3, B1).*

▶ **Geschichte.** Das Grafenpaar Ludwig III. und Guda von Arnstein stiftete 1139 dem Prämonstratenserorden ihre Burg A. über der Lahn und umgebenden Besitz. Erste Prämonstratenser kamen aus ➛ Gottesgnaden in Sachsen-Anhalt, das ein Verwandter Ludwigs gegründet hatte. Der Graf selbst und sechs seiner Dienstmannen schlossen sich mit ihren Familien dem Gründungskonvent an. Der Domscholaster Gottfried (1139–51) aus Magdeburg wurde 1139 vom Trierer Erzbischof Albero zum Abt geweiht, Papst Innozenz II. bestätigte A. 1142, Kaiser Konrad III. verlieh 1145 Reichsunmittelbarkeit. Gräfin Guda zog sich als Inklusin in eine nördlich angebaute Klause zurück. Die ehemaligen Ehefrauen der Dienstmannen zogen vorläufig ins nahe Bethlentrode, später nach Stetten bei Kirchheimbolanden und schließlich um 1146 in die Schwesterngründung Marienthal. Der Stifter Ludwig († 1185) blieb einfaches Konventsmitglied und unermüdlicher Förderer weiterer Gründungen, die den Arnsteiner Stiftsverband bildeten. Die Frauenstifte Marienthal am Donnersberg, Gommersheim, ➛ Enkenbach und ➛ Beselich gehörten dem Verband an. Chorherren besetzten 1145 das verödete Stift ➛ Münsterdreisen, die Gründung einer Propstei 1320 auf dem Petersberg bei Gau-Odernheim blieb nur ein Versuch. Ungeklärt ist die Zugehörigkeit des Doppelstifts ➛ Hachborn; neben A. wird auch ➛ Ilbenstadt als Mutterkloster diskutiert. Das untergegangene Frauenkloster Oberwesel unterstand noch 1226 der Abtei, aber schon um 1230 übernahmen die dortigen Schwestern Zisterzienserobservanz. Mit Benediktinerinnen von ➛ Brunnenburg bestanden enge Verbindungen, ihnen stand ein Propst aus A. vor. Graf Heinrich II. der Reiche von Nassau bedachte A. mit zahlreichen Stiftungen; er und der Lehnsmann Friedrich von Hain förderten um 1230 die Gründung des Damenstifts ➛ Keppel, das A. unterstellt wurde. Die Prämonstratenser gelten als Pioniere des Terrassenweinbaus im Lahntal; sie führten burgundische Rotweinsorten

Arnstein Prämonstratenser-Chorherrenstift, die romanische Abteibasilika an der Lahn, Südwestansicht.

ein und steigerten die Weinproduktion zu einer ihrer Haupteinnahmequellen. Abt Wilhelm von Staffel (1323–66), der bedeutendste Prälat der Abtei im Spätmittelalter, konnte gute Weinlagen von Laurenburg bis Lahnstein zukaufen. Auf Druck des Hauses Nassau und des Abts von ➛ Steinfeld setzte der erste bürgerliche Abt Adam Armbruster (1489–1527) innere Reformen durch. Als Graf Wilhelm von Nassau-Dillenburg-Diez 1533 zum Protestantismus übertrat, gingen der Abtei Besitzungen verloren. A. begab sich unter die Schutzherrschaft des Trierer Erzbischofs, was die Abhängigkeit von Kurtrier nach sich zog. Kriege und Pest dezimierten den Konvent; er bestand 1635 aus vier Chorherren. Erst 1755 vermochte Abt Nikolaus Matzenbach die Kirche neu auszuschmücken und die Klausurgebäude zu erneuern. Schwache Äbte und ein sich auflösendes Konventsleben kennzeichneten Stift A. bis zur Säkularisation, die das Haus Nassau-Weilburg 1802 einleitete.

▶ **Gegenwart.** Die viertürmige romanische Klosterkirche, seit 1813 katholische Pfarrkirche, schmückt äußerlich kaum verändert noch heute den Berg über der Lahn. Sie war unter Abt Heidenrich (1204–11) fertig gestellt und 1208 durch den Trierer Erzbischof Johann I. konsekriert worden. Abt Wilhelm ließ sie 1360 einwölben, den Ostchor mit beiden Nebenchören erhöhen und die Osttürme achteckig aufstocken; auch das Chorgestühl stammt aus dieser Zeit. Neben der romanischen Kirche blieb der aus Bruchsteinen errichtete Refektoriumsbau aus der Gründerzeit erhalten, die Konventsgebäude entstammen dem 18. Jh. 1869–71 waren Benediktinermönche in A. untergebracht, seit 1919 leben Brüder der „Ordensgemeinschaft von den Heiligsten Herzen Jesu und Mariä und der ewigen Anbetung“ (Picpus-Brüder) an der Lahn, die als Arnsteiner Patres Pfarrseelsorge betreiben und Pilger am Wallfahrtskloster A. betreuen.

◆ MonPraem 172–175; Krings, Bruno: Das Prämonstratenserstift A. a.d. Lahn im Mittelalter (1139–1527), Wiesbaden 1990.

Arolsen, *Augustiner-Chordamenstift St. Jakob (1131–1493), Antoniter-Präzeptorei St. Jakob (1493–1526), Diözese Paderborn – (Bad A., Lkr. Waldeck-Frankenberg, Hessen, ❐ 1, C5).*

▶ **Geschichte.** Gräfin Gepa von Arnsberg-Werl, Erbin der Herrschaft Itter, und ihre Töchter stifteten um 1131, vielleicht auch erst 1155, ein Frauenkloster auf dem Waldeckschen Hofgut *Aroldessen*, um das sich später der Ort A. entwickelte. Gepa stand möglicherweise selbst dem ersten Konvent vor, der die Augustinusregel befolgte und unter dem Schutz der Paderborner Bischöfe stand. Der dritte Propst Petrus von Arolsen (1156–59), aufgrund seiner Marienverehrung weit über regionale Grenzen bekannt, wurde von Papst Urban V. 1370 seliggesprochen. Sein Vorgänger Propst Friedrich († 1156) verlegte das Stift in das nahe ➛ Volkhardinghausen, aber Propst Petrus führte den Konvent mitsamt den beigesetzten Verstorbenen nach A. zurück; nur das Grab Friedrichs blieb in Volkhardinghausen. Dort entstand erst gegen 1220 ein Frauenstift, zu dem später enge Beziehungen bestanden. Dem Konvent A. unterstand seit 1235 das Stift Höhnschneid, das seit 1468 von Kreuzherren bewohnt wurde, im 18. Jh. aber einem barocken Schlossgut weichen musste. Zahlreiche Schenkungen vergrößerten Besitz und Vermögen, eine Blüte führte zu Wohlstand und anschließend zum Niedergang der Klosterkultur. Ende des 15. Jh. lebten noch vier Chordamen in A., ein Propst bemühte sich nur selten zu ihnen. Graf Wolrad I. von Waldeck veranlasste 1461 eine Visitation durch Prioren von ➛ Dalheim und ➛ Böddeken, die nichts Gutes zu berichten wussten. Die ➛ Windesheimer Kongregation bemühte sich vergeblich um Übernahme zwecks Gründung eines Männerstifts, so wie es im nahen Volkhardinghausen 1465 gelang. Graf Otto IV. von Schwalenberg-Waldeck übergab 1493 das aufgelöste Frauenstift der Antoniter-Generalpräzeptorei ➛ Grünberg. Die Antoniter, die ihr Apostolat in der Bekämpfung des Mutterkornbrandes und der Pflege der daran Erkrankten sahen, bauten im Stift ein Hospital auf, außerdem errichteten sie ein neues Back- und Brauhaus. Die späte Klostergründung der Antoniter überrascht, war doch die Bedeutung ihres Ordens im ausgehenden Mittelalter bereits zurückgegangen. Die letzte vorreformatorische Gründung des Ordens war A. jedoch nicht, die erfolgte um 1497 im sächsischen ➛ Eicha bei Leipzig. Schon 1526 erfolgte die Auflösung des Antoniterklosters A. in der weitestgehend lutherischen Grafschaft Waldeck. Landgraf Philipp I. von Hessen, Oberherr der Grünberger Präzeptorei, übergab das Kloster an Graf Philipp IV. von Waldeck-Wildungen. Die Antoniter verließen A. nicht ohne alles bewegliche Gut nach Grünberg mitzunehmen.

▶ **Gegenwart.** Der Klosterkomplex befand sich auf dem Gelände der heutigen Residenz, die 1713–28 im Barock- und Rokokostil als Sitz der Fürsten von Waldeck-Pyrmont gebaut wurde. Aus der mittelalterlichen Klosterzeit blieb lediglich ein Wirtschaftsgebäude außerhalb des Schlossbezirks erhalten, das auf die Antoniter zurückgeht. Bemerkenswert ist das spätgotische, inzwischen stark überbaute Brauhaus, in dem noch heute Bier gebraut wird.

◆ MonWin 2, 441 f.; Römer, Jürgen (Hg.): Klöster in Waldeck, Bad Arolsen 2001; Jedicke, Marianne: A. Edelhof, Kloster, Residenz, Stadt, Bad Arolsen 1992.

Aschersleben Franziskanerkloster, die frühgotische Franziskanerkirche steht unüblich am Markt.

Aschersleben, *Franziskanerkloster (vor 1252–1533), Diözese Halberstadt – (Salzlandkreis, Sachsen-Anhalt, ❐ 2, A5).*

▶ **Geschichte.** Das Handelszentrum A. ist die älteste Stadt in Sachsen-Anhalt und unterstand Mitte des 13. Jh. Graf Heinrich I. von Ballenstedt-Aschersleben, dem Fürsten von Anhalt aus dem Geschlecht der Askanier; ihr Sitz A. oder *Ascharia* gab den Askaniern ihren Namen. Diese Fürstenfamilie bestimmte die Geschichte Anhalts und besonders die Frühgeschichte der Mark Brandenburg aber auch Thüringens und Holsteins im Norden. Graf Heinrich I. gründete vor seinem Tod 1252 ein Minoritenkloster ausnahmsweise inmitten der Stadt am Markt (nur vergleichbar mit ➛ Arnstadt, ➛ Mühlhausen, ➛ Gelnhausen und ➛ Bonn). Sein Sohn Heinrich II. sowie sein Enkel Otto I. gelten als wichtigste Förderer. Der Konvent A. gehörte zur Magdeburger Kustodie der sächsischen Ordensprovinz. Über die Barfüßer in A. sind kaum Nachrichten überliefert; 1361 trat ein Lesemeister auf, der Konvent zählte 1382 insgesamt 21 Brüder. 1490 fand ein Provinzialkapitel der Saxonia im Kloster statt, auf dem Ludwig von Segen (1490–98) als Provinzialminister gewählt wurde. Sein Nachfolger Ludwig Henning (1507–15) versuchte 1507 mit den ➛ Martinianischen Reformen die Klosterzucht zu heben. Die Zugehörigkeit des Konvents zur gemäßigteren Ordensrichtung der Konventualen blieb bestehen. 1525 verließen die Bettelmönche aufgrund aufkommender Unruhen ihr Kloster und fanden für kurze Zeit Unterkunft im Franziskanerkloster ➛ Zerbst. 1533 ging das Kloster an die Stadt über, nachdem es eine Weile den Zisterzienserinnen der Lieberwahnschen Vorstadt als Zufluchtsort gedient hatte. Im Dreißigjährigen Krieg besetzte Erzherzog Leopold Wilhelm von Österreich den Bischofsstuhl in Halberstadt; er holte 1627 die Franziskaner nach A. zurück, aber der Sieg des Schwedenkönigs Gustav Adolf bei Breitenfeld 1631 beendete den Restitutionsversuch.

▶ **Gegenwart.** Die ehemalige Klosterkirche, auch „Marktkirche“ genannt, ist der einzig erhaltene Bau des Franziskanerklosters in A. Der heutige freie „Mönchsplan“ nimmt das ehemalige Klosterareal ein. Das Haus Markt 27 von 1545 steht etwa im Bereich der Klausur. Die Franziskanerkirche diente nach der Reformation als Getreidespeicher, später den stationierten Kürassieren als Garnisonskirche und der evangelisch-reformierten Gemeinde als Gotteshaus. Heute ist sie katholische Pfarrkirche. Der frühgotische Rechtecksaal ohne abgesetzten Chor zu fünf Jochen ist nur geringfügig verändert aus der zweiten Hälfte des 13. Jh. erhalten geblieben, er steht der Ordenskirche von ➛ Prenzlau am nächsten, ausgenommen seine schwach vortretenden Strebepfeiler. Gurtbögen und Rundstabrippen gliedern das Gewölbe. Der schmucklose und vollkommen symmetrische Bruchsteinbau wurde erst 1909 mit dem kleinen Glockentürmchen geschmückt. Die Wendeltreppe in der Nordwestecke diente wohl einer Außenkanzel.

◆ Pieper, Roland/Einhorn, Jürgen W.: Franziskaner zwischen Ostsee, Thüringer Wald und Erzgebirge, Paderborn u. a. 2005, 97–99; Müller, Herbert Hans: Das alte A., Erfurt 2005; Steinbrück, Kurt: Geschichte der Stadt A., Aschersleben 1999.

Aschersleben, *Zisterzienserinnenkloster St. Maria (1266–1553) – „Lieberwahnsches Kloster“, Diözese Halberstadt – (Salzlandkreis, Sachsen-Anhalt, ❐ 2, A5).*

▶ In der Lieberwahnschen Vorstadt an der Stadtmauer von A. ließ sich 1266 mit Unterstützung des askanischen Landesherrn Graf Heinrich II. von Ballenstedt-Aschersleben ein Frauenkonvent nieder, der zisterziensische Observanz beachtete, aber zu keiner Zeit in den Orden inkorporiert war. Heinrichs Nachfolger Otto I. förderte das Kloster maßgeblich. Vom inneren Konventsleben ist nichts überliefert. Besitzstand und Einfluss waren nicht unerheblich, bildete sich doch um das Kloster eine eigene Stadt, ein seltener Fall nahe einer bereits gegründeten Residenzstadt. A. galt im Spätmittelalter als zweitgrößte Stadt der Diözese Halberstadt. 1525 flohen die Schwestern vor den aufständischen Bauern aus der Lieberwahnschen Vorstadt in das verlassene Franziskanerkloster am Markt (➛ Aschersleben). Zunächst garantierte der Rat den Fortbestand des Klosters, aber nach Einführung der Reformation in A. wurde das Kloster 1553 aufgelöst. 1561 begann der Abbruch der Klostergebäude, deren letzte Reste 1971 verschwanden. Am heutigen „Klosterhof“ stehen alte Gebäude, die als Wohnhäuser ausgebaut sind; sie gehen auf das Frauenkloster zurück und enthalten einen Gang mit Stichkappen-Tonnengewölbe, möglicherweise ein Rest des Seitenschiffs der ehemaligen Klosterkirche.

◆ RepZist 156 f.; Brinkmann, Adolf: Beschreibende Darstellung der älteren Bau- und Kunstdenkmäler der Stadt A., Halle/Saale 1904.

Astheim, *Kartäuserkloster St. Trinitatis und St. Maria (1409–1803) – „Marienbrück“, Diözese Würzburg – (Volkach-A., Lkr. Kitzingen, Bayern, ❐ 3, D2).*

▶ **Geschichte.** Aus dem Kartäuserkloster ➛ Köln kamen 1413 weiße Mönche an die Schleife des Main gegenüber der Stadt Volkach in das alte Weindorf A. Der Orden war in Franken mit den Kartausen ➛ Grünau 1328, ➛ Würzburg-Engelgarten 1348 und ➛ Tückelhausen 1351 bereits gut vertreten. Nach A. folgten die Kartäuser dem Ruf des Edelherrn Erkinger von Seinsheim und seiner Gemahlin Anna von Bibra, die ihr Hofgut und Marktflecken *Ostheim* bereits 1409 zur Gründung eines Klosters gestiftet hatten. Die Kartause A. wurde Grablege der Seinsheimer Stifterfamilie, den späteren Fürsten von Schwarzenberg, die in Franken und Böhmen zu Macht und Einfluss kamen. Die kontemplativen Kartäuser beteten für das Seelenheil ihrer Beschützer, widmeten sich aber nicht den seelsorglichen und caritativen Belangen der Bevölkerung. Ihren Lebensunterhalt bestritten sie durch handwerkliche Tätigkeiten, im besonderen Maß aber durch den Weinanbau. Die Einkünfte hielten sich stets in überschaubaren Grenzen. Die Klosterkirche konnte erst 1469 vollendet werden, der Kreuzgang war zu dieser Zeit noch ein hölzernes Provisorium. Im Bauernkrieg wurde A. 1525 beschädigt, der nach Schweinfurt gerettete Klosterschatz und das Archiv gingen 1554 im Zweiten Markgrafenkrieg verloren. Im Dreißigjährigen Krieg quartierten sich 1631 Schweden ein und zogen erst 1634 ab, nicht ohne die Anlage vorher verwüstet zu haben. Die Fronarbeit in den Weinbergen war so hart, dass es 1695 zu einer Rebellion kam, die mit bischöflichen Truppen beendet werden musste. Der amtierende Prior Georg Möring (1670–1712), ein kluger und frommer Mann, ließ Gnade walten und 70 Gefangene ohne Strafe frei. Kurfürst Maximilian IV. von Pfalz-Bayern säkularisierte 1803 die Kartause, ihr Besitz fiel 1804 an die Fürstenfamilie Schwarzenberg.

▶ **Gegenwart.** Vom spätmittelalterlichen Kloster blieb nur die Kirche von 1469 erhalten. Ihre heutige Höhe geht aber auf einschneidende Umbauten im Stil der Renaissance zwischen 1603 und 1606 zurück. Der Lettner, der die Laienbrüder von den Chormönchen trennte, blieb als originale Rarität erhalten. Die angrenzende Johanneskapelle mit den Grablegen der Prioren ersetzte erst im späten 16. Jh. ein früheres Chorkirchlein. Kreuzgang, Mönchszellen und Wirtschaftsgebäude wurden nach der Säkularisation abgerissen. Erst 1951 erwarb die Gemeinde A., seit 1972 Stadtteil von Volkach, die ehemalige Klosterkirche und nutzt sie für Konzerte und andere kulturelle Veranstaltungen. Die Kartäuser bauten im späten 16. Jh. ein wuchtiges Prioratsgebäude, die spätere Procuratur, im Renaissancestil; hier eröffnete das Bistum Würzburg 1999 das „Kartäusermuseum A.". Schwerpunkt der Ausstellung ist die Entwicklung der sakralen Bildkultur im Raum Franken, die mit 600 Kunstwerken ausdrucksvoll dokumentiert ist. Noch heute wird der „Volkacher Kartäuser" im Umland angebaut, er gilt als vorzüglicher Burgunderwein.

◆ Brüll, Franciscus: Die Chronica – Marien-Bruck, in: Analcta Cartusiana 125/1 (1991) 58–69; Egert, Gerhard: A., Würzburg 1991.

Astheim Kartäuserkloster, die spätmittelalterliche Kirche wurde im Stil der Renaissance umgebaut.

Atens, *Karmelitenkloster St. Johannes Baptist und St. Johannes Evangelist (1505–62), Diözese Münster – (Nordenham-A., Lkr. Wesermarsch, Niedersachsen, ❒ 1, C2-3).*

▶ Die Stadt Bremen unterhielt seit 1404 in A. an der Wesermündung die Friedeburg, eine ummauerte Befestigungsanlage gegen die aufrührerische Bevölkerung von Butjadingen. Seit dem frühen Mittelalter hatte sich der alte Ort Blexen in der Nähe und seine Kirche St. Hippolyt zum vielbesuchten Wallfahrtsort entwickelt. In A. existierte möglicherweise einst eine Außenstelle der Benediktinerabtei Bremen St. Paulus. 1505 gründete der Karmelitenorden im Schutz der Friedeburg seine wohl letzte Niederlassung vor der Reformation. Prior Kruse vom Kloster ➛Appingen bei Greetsiel wurde vom niederdeutschen Provinzkapitel in Köln mit der Durchführung der Gründung beauftragt. Möglicherweise war eine Stiftung der Bremer Bürgerschaft vorausgegangen. Acht Karmeliten kamen offensichtlich aus dem älteren Kloster Appingen. Das Kloster A. wurde 1513 in die Ordensprovinz aufgenommen, die Gemeinschaft existierte lediglich 25 Jahre. 1530 verließ Prior Petrus de Monte den Konvent, der kurz darauf verwaiste. Zwei Jahre später gab es auch den Konvent im Mutterkloster Appingen nicht mehr. Die Einwohner nahmen Kloster A. 1531 in Besitz, die endgültige Aufhebung erfolgte 1562.

Von der Klosteranlage blieb nichts erhalten. Die Marienkirche der Karmeliten wurde noch im 16. Jh. abgerissen und an gleicher Stelle die evangelisch-lutherische Marienkirche erbaut, die in großen Teilen noch heute besteht. Die alten Grundmauern der Klosterkirche wurden dabei wiederverwendet. Aus der Siedlung A. entstand der Ort Nordenham, das alte A. ist heute hier ein Ortsteil.

◆ Priesching, Nicole: Die Karmeliten (Ordo Fratrum B.M.V. de Monte Carmelo), Münster 2006, 96; Streich, Gerhard: Klöster, Stifte und Kommenden in Niedersachsen vor der Reformation, Hildesheim 1986.

Aua, *Benediktinerinnenkloster St. Maria und St. Johannes der Täufer (1190–1229), Erzdiözese Mainz – (Neuenstein-A., Lkr. Hersfeld-Rotenburg, Hessen, ❒ 3, D1).*

▶ Abt Siegfried (1189–1200) der Benediktiner Reichsabtei ➛Hersfeld gründete 1190 westlich der Abtei in A. ein Benediktinerinnenkloster, das an diesem Ort nur 40 Jahre bestehen sollte. Erzbischof Konrad von Mainz (Wittelsbach) bestätigte 1195 die Gründung. Schon nach 1229 verlegte Abt Ludwig I. (1217–39) von Hersfeld den Konvent nach ➛Blankenheim an die Fulda; bereits elf Jahre vorher hatte Erzbischof Siegfried II. von Eppstein seine Einwilligung zur Verlegung gegeben, die wohl schon längere Zeit beabsichtigt war. Eine spätromanische Kapelle des Gründungskonvents in A. dient heute noch

Aua Benediktinerinnenkloster, die Frauenkapelle im Erstgründungsort des Klosters Blankenheim, Nordwest.

Aue Augustiner-Chorherrenstift, die Kirche des Naumburger Tochterstifts „Klösterlein Zelle" mit Wandmauern von 1210, Südostansicht.

der Dorfgemeinde als Gotteshaus, ein romanischer Taufstein blieb als Ausstattungsstück aus der Klosterzeit erhalten.

◆ GermBen 7, 66–72 (s.v. Blankenheim); Dersch, Wilhelm: Hessisches Klosterbuch, Marburg 2000; Schellhase, Karl: Territorialgeschichte des Kreises Rothenburg an der Fulda, Marburg 1932.

Aub, *Benediktinerpropstei St. Maria (vor 1274–1464), Diözese Würzburg – (Lkr. Würzburg, Bayern, ❐ 3, D2).*

▶ **Geschichte.** Die Benediktinerabtei St. Burkard in ➛Würzburg besaß im Mittelalter zwei Propsteien, eine auf dem Marienberg in ➛Würzburg und eine in A. bei Ochsenfurt. Im Ochsenfurter Gau hatten die Mönche bis zum 12. Jh. beträchtlichen Landbesitz erworben, für dessen Verwaltung eine eigenständige Außenstelle notwendig wurde. Diese gründete man in dem Ort A., der im Zentrum der klösterlichen Güter lag und über dessen Pfarrkirche St. Maria die Abtei Patronatsrecht innehatte. Erstmals tritt ein Propst urkundlich 1274 auf; die nächste Urkunde erwähnt 1280 einen Schiedsspruch, der in der Auber Propstei gefällt wurde. 1355 ist ein Konvent unter Propst Konrad nachweisbar. Propst Hermann Lesch wurde 1391 Abt des Mutterkonvents in Würzburg, ebenso die Pröpste Karl von Lichtenstein (1427–37) und Johann von Allendorf (1448–50). Propst Kaspar von Schaumberg (1404–07) wurde später Abt der altehrwürdigen Benediktinerabtei Münsterschwarzach. Die Propstei A. übernahm neben der Güterverwaltung und Pfarrpflichten an St. Maria auch die Kaplanei des örtlichen Spitals, die Bischof Albrecht II. von Würzburg 1355 der Abtei St. Burkard übergeben hatte. Mit der Umwandlung der Benediktinerabtei St. Burkard in ein Kollegiatstift 1464 endete auch die Propstei A. Ihr letzter Vorsteher Kilian von Krumbach (1450–64) war Mitunterzeichner auf der Umwandlungsurkunde.

▶ **Gegenwart.** Die Marienkirche in A., immerhin 200 Jahre Klosterkirche, dient heute noch der katholischen Gemeinde als Pfarrkirche Mariä Himmelfahrt. Das alte dreischiffige Münster wurde im 17. Jh. bis auf den Westbau abgebrochen und als Hallenkirche in schmalerer Form neu aufgebaut, in den letzten Tagen des Zweiten Weltkriegs zerstört, aber 1951 wieder aufgerichtet. Einzig der Westbau der Kirche blieb aus der Gründungszeit der Propstei erhalten. Er ist vertikal in zwei Hallen unterteilt, die beide dreischiffig aus zwei Jochen errichtet sind und Kreuzgewölbe tragen. Die Untergeschosshalle besticht durch frühgotische Plastikdetails.

◆ Wendehorst, Alfred: Die Benediktinerabtei und das Säkularkanonikerstift St. Burkard in Würzburg, Berlin 2001; Menth, Georg: Stadt A. – Baldersheim – Burgerroth, Wolfratshausen 1988.

Aue, *Augustiner-Chorherrenstift St. Andreas und St. Trinitatis (vor 1173–1527) – „Klösterlein Zelle", Diözese Naumburg – (A.-Zelle, Erzgebirgskreis, Sachsen, ❐ 4, B1).*

▶ **Geschichte.** Auf dem Hoftag zu Goslar 1173 bestätigte Kaiser Friedrich I. die Gründung des Augustiner-Chorherrenstifts *Cella iuxta fluvium Mulda* im Talkessel der Owe, nahe des Zusammenflusses der Schwarzwasser mit der Zwickauer Mulde. Die Augustiner-Chorherren kamen aus dem ➛Naumburger St. Moritzstift. Die erste monastische Niederlassung im unbesiedelten Westerzgebirge blieb immer eine von Naumburg abhängige Propstei. Neben dem Kaiser traten Markgraf Otto der Reiche von Meißen, Burggraf Meinher I. von Meißen auf Burg Hartenstein, Dudo von Meinweh auf Wildenfels im Zwickauer Land und Bischof Udo II. von Naumburg als Stifter und Schirmvögte des Stifts in A. auf. Zum Gründungsgut gehörten Fluren des Dorfes Zelle an der Mulde, dessen Name sich auf das Kloster übertrug. Der Besitzstand vergrößerte sich schon wegen der nahen Zisterzienserabtei ➛Grünhain nicht wesentlich. Die Bezeichnung „Klösterlein Zelle" wurde bei den Siedlern, die sich um das Stift niedergelassen hatten, nach 1390 üblich. Die Siedlung A. tritt 1286 erstmals urkundlich auf. Die Chorherren betreuten die Bauern- und Handwerksfamilien und machten sich besonders um die Kultivierung des Waldlandes verdient. Inwieweit sie in den Zinn- und Silberbergbau, der im 15. Jh. einsetzte, involviert waren, lässt sich urkundlich nicht fassen, ein alter Stollen am Buchenberg bei Alberoda wird heute aber noch „Mönchsloch" genannt.

Wie auch immer, die Augustiner-Chorherren initiierten Kirchengründungen in der Umgebung und übernahmen Pfarraufgaben. 1525 plünderten Bauern und Bergknappen das Klösterlein Zelle aus, 1527 erfolgte unter Propst Zeh (1515–27) die Auflösung, schon ein Jahr bevor die Stadt A. zum evangelisch-lutherischen Glauben übertrat. Das Augustinerstift St. Moritz in Naumburg verkaufte den Besitz an Kurfürst Johann den Beständigen von Sachsen, bevor es selbst 1544 vom evangelischen Bischof Nikolaus von Naumburg (Amsdorf) aufgelöst wurde.

▶ **Gegenwart.** Die Klausurgebäude existieren heute nicht mehr, aber die kleine romanische Stiftskirche St. Maria aus der Zeit um 1210 steht noch immer am Friedhof im Ortsteil Zelle der Stadt A. Sie unterlag eingreifenden Umbauten im 18. und 19. Jh., diente lange als evangelisch-lutherische Pfarrkirche und ist heute nur noch für Beerdigungen und Konzerte geöffnet. Um ihre Erhaltung und Sanierung bemüht sich seit 1994 ein Förderverein. Einzigartig ist ihr Putzritzbild, ursprünglich außen am Ostgiebel aus dem Jahr 1236, das wohl als das älteste und wertvollste Kunstwerk des Westerzgebirges gilt und gegenwärtig als Leihgabe im Kloster ➛ Altzelle bei Nossen zu sehen ist.

◆ GermSac NF 35; Petermann, Ralf: Klösterlein Zelle, Ein historisches Zeugnis der mittelalterlichen Besiedlung des Erzgebirges, Manuskript, 2005; ders.: Das Klösterlein Zelle, Aue 1996.

Augsburg, *(1) Augustiner-Chorherrenstift St. Georg; (2) Augustiner-Chorherrenstift Heilig Kreuz; (3) Benediktinerabtei St. Ulrich und St. Afra; (4) Dominikanerkloster St. Magdalena; (5) Dominikanerinnenkloster St. Katharina; (6) Dominikanerinnenkloster St. Margaretha; (7) Dominikaner-Tertiarinnenkloster St. Ursula; (8) Franziskanerkloster St. Maria; (9) Karmelitenkloster St. Anna – Diözese Augsburg – (kreisfreie Stadt, Bayern, ❐ 4, A4).*

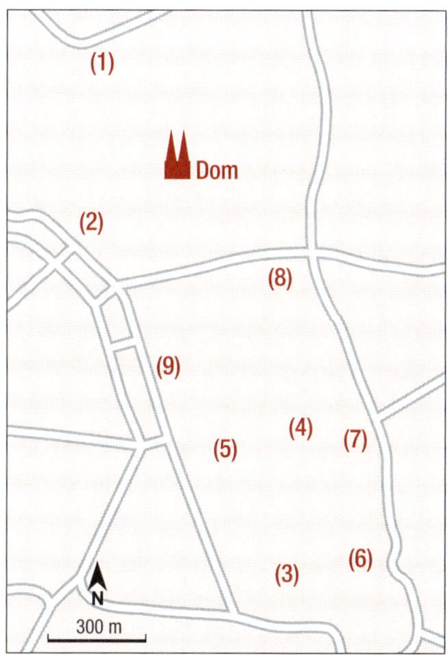

Augsburg, *(1) Augustiner-Chorherrenstift St. Georg (1135–1802) – „Georgsstift".*

▶ **Geschichte.** Bischof Walther I. von Augsburg (Dillingen) gründete 1135 an einer St. Georgskapelle nördlich vor der Stadt eines der frühesten Augustiner-Chorherrenstifte Bayerns, dessen Stiftskirche der Bischof 1143 noch selbst weihte. 1183 legte Bischof Hartwig I. von Lierheim den Pfarrbezirk in der rasch wachsenden Vorstadt westlich des Dombereichs für die Regularkanoniker von St. Georg fest, was Papst Cölestin III. 1197 genehmigte. Zur Predigt für die Pfarrgemeinde errichteten die Chorherren um 1290 an der Westseite ihrer Stiftskirche eine separate Kapelle St. Michael. Das Georgsstift blieb nach Gründung des zweiten Augsburger Regularkanonikerstifts Heilig Kreuz (➛ Augsburg [2]) 1167 gegenüber diesem weit weniger bedeutend, aber Gelehrsamkeit im Zeichen des Humanismus kennzeichnete den Konvent, der im ausgehenden Mittelalter unter dem Reformeinfluss des Stifts ➛ Indersdorf stand. Im 15. Jh. erwies sich die romanische Stiftskirche als baufällig und zu klein. Propst Lorenz Fehlmann (1489–1515) ließ sie abreißen und gab eine neue spätgotische Basilika in Auftrag, die 1501 geweiht werden konnte. Die alteingesessene Augsburger Patrizierfamilie Herwert stiftete an der Südseite des Neubaus eine Kapelle als Grablege. 1525 überließ der Konvent die Predigtkapelle St. Michael der evangelischen Gemeinde, seit 1537 sogar das gesamte Stift, während er auf Schloss Guggenberg bei Schwabmünchen im Exil lebte. 1548 kehrten die Chorherren mit dem katholischen Klerus in die „Paritätische Reichsstadt" A. zurück und bauten 1556 für die Protestanten ein evangelisches Gotteshaus St. Georg direkt vor ihre Stiftskirche: Diese Kirche wurde 1630 abrissen, was dem Paritätsabkommen zwischen den Konfessionen in der Stadt widersprach. Zwischen 1633 und 1635 begaben sich Chorherren zum zweiten Mal ins Exil, sie hatten dem Schwedenkönig Gustav Adolf den Treueid verweigert. Als sie zurückkehrten, war die Klausur verwüstet, nicht dagegen die Stiftskirche, die für protestantische Gottesdienste genutzt worden war. 1660 brannten die Konventsgebäude nieder und mussten neu aufgebaut werden. Mit der Säkularisierung 1802 fiel das Stift St. Georg an die Stadt A. Die letzten zwölf Chorherren durften in den Gebäuden bleiben. 1810 übernahm der erste Weltgeistliche das katholische Pfarramt St. Georg, ein nachfolgender Pfarrer war der berühmte Liederkomponist Albert Höfer (1831–44), als dritter Kaplan diente der bekannte Wasserdoktor Sebastian Kneipp von 1854–55 an St. Georg.

▶ **Gegenwart.** Seit 1901 gehören die barocken Stiftsgebäude der katholischen Pfarrgemeinde. Erhalten hat sich die spätgotische Basilika St. Georg mit ihrem eindrucksvollen Netzgewölbe. Sie erlebte auch in jüngster Zeit einige Veränderungen im Innenraum; vom romanischen Erstbau ist lediglich der Unterteil des markanten Westturmes geblieben. Die „Herwertkapelle" an der Südseite wird heute als Juwel spätgotischer Baukunst bewundert; an ihrer Außenwand sind medaillonförmige Steinreliefs mit Evangelistensymbolen und Eulenwappen der Stifterfamilie Herwert mit der Jahreszahl 1501 angebracht. Besonders bemerkenswert ist eine reichverzierte romanische Knotensäule aus der Gründungszeit, die heute eine moderne Kanzel im Hauptschiff trägt.

◆ Kliegl, Gabriele: St. Georg A., Weißenhorn 2001; Grünsteudel, Günther (Hg.): Augsburger Stadtlexikon, Augsburg 1998, 434, Backmund, Norbert: Die Chorherrenorden und ihre Stifte in Bayern, Passau 1966, 52–54.

Augsburg, *(2) Augustiner-Chorherrenstift Heilig Kreuz (1167–1802), Dominikanerkloster Heilig Kreuz (seit 1957) – „Heiligkreuzstift".*

▶ **Geschichte.** Die Augustiner-Chorherren kamen 1167 vom Erstgründungsort im Wald bei Muttershofen über Hammelberg bei Neusäß auf Initiative Bischof Konrads von Augsburg (Hirscheck) vor die Mauern der Reichs- und Bischofsstadt an die Heiligkreuzkapelle und gründeten das zweite Regularkanonikerstift in A. 1135 hatte sich St. Georg (➛ Augsburg [1]) westlich des Dombezirks etabliert. Dem jungen Chorherrenstift Heilig Kreuz übertrug Bischof Udalschalk 1194 ein bereits bestehendes

Augsburg Augustiner-Chorherrenstift St. Georg, Westansicht der spätgotischen Stiftsbasilika mit Westturm.

Hospital. Propst Bertold I. (1194–1202) erkannte am 11. Mai 1199 ein Wunder an einer alten, aber konsekrierten Hostie, die eine Frau fünf Jahre lang wachsgeschützt aufbewahrt hatte und die inzwischen fleischähnlich verfärbt war; diese Hostie fand höchste Verehrung. Die Kirche Heilig Kreuz erhielt noch im gleichen Jahr den Rang einer Pfarr- und Wallfahrtskirche, die Verehrung der Wunderhostie und die alljährlichen Pilgerströme steigerten den Bekanntheitsgrad und ließen das Augsburger Heiligkreuzstift reich werden. Es galt bei der Säkularisation 1802 als das wohlhabendste Kloster der Stadt. Seel- und Fürsorgepflichten für Pilger und Arme übertrugen die Augustiner-Chorherren dem 1239 neu erbauten städtischen Spital Heiliggeist. 1210 bauten sie für die Gemeinde eine Katharinenkapelle im Stiftsbereich, die sich zur Ottmarspfarrkirche entwickelte und später von den Protestanten als evangelische Pfarrkirche Heilig Kreuz beansprucht wurde. Die gesamte Stiftsanlage brannte nach 1300 nieder und wurde im ersten Drittel des 14. Jh. schnell und wenig solide wiedererrichtet. Propst Vitus Fackler (1488–1517) sah sich genötigt, 1503 bis 1508 eine neue, viel größere Hallenkirche bauen zu lassen, die heute noch als Glanzstück der Augsburger Spätgotik gewürdigt wird. Die Reformationswirren zwangen die Chorherren 1537 zur Flucht ins erste Exil nach Dillingen und noch einmal im Dreißigjährigen Krieg 1633 ins zweite Exil nach Herrenchiemsee. In der Barockzeit wurde die Stiftskirche nur leicht verändert, die Klausur hingegen völlig neu erbaut. Familie Mozart stand in enger Verbindung mit dem Stift, Vater Leopold Mozart sang als Chorknabe in der Kirche und sein Sohn Amadeus dirigierte in der Zeit des letzten Propstes Ludwig Zöschinger (1778–1802) oft den Kirchenchor. Nach der Säkularisierung 1802 und einer billigen Abfindung der 23 letzten Chorherren diente der Klosterkomplex als Kaserne und Schule.

▶ **Gegenwart.** Im Bombenkrieg 1944 fiel das Heiligkreuzstift in Schutt und Asche. Von der dreischiffigen Stiftskirche standen nur noch Außenmauern, Säulen und die westliche Empore. Beim Wiederaufbau konnte die ursprüngliche Struktur der spätgotischen Chorherrenkirche zur Geltung gebracht werden. Der Kirchturm, den Bischof Udalschalk 1200 hatte bauen lassen, hat zumindest im Unterteil die Wirren der Zeit überstanden. 1957 gründeten Dominikanermönche eine kleine Niederlassung im Garten der Kustodie und betreuen heute eine katholische Gemeinde sowie Pilger und Wallfahrer zur Stiftskirche Heilig Kreuz, die ungebrochen das „Wunderbarliche Gut" verehren. 1629 hatten die Chorherren entgegen der religionsparitätischen Abmachung die evangelische Pfarrkirche abreißen lassen. 1653 erbauten die Protestanten ihre eigene evangelische Heilig-Kreuz-Kirche, wodurch diese heute unweit der katholischen Heilig-Kreuz-Kirche steht.

◆ Börger, M. Raphael: Das Wunderbarliche Gut zu Heilig Kreuz A., Augsburg 1999; Grünsteudel, Günther (Hg.): Augsburger Stadtlexikon, Augsburg 1998, 484 f.; Backmund, Norbert: Die Chorherrenorden und ihre Stifte in Bayern, Passau 1966, 49–52.

Augsburg Augustiner-Chorherrenstift Heilig Kreuz, Blick aus dem südlichen Seitenschiff Richtung Nordost.

Augsburg, *(3) Benediktinerabtei St. Ulrich und St. Afra (1012–1802) – „Reichsstift".*

▶ **Vorgeschichte.** Vor den Toren der Hauptstadt *Augusta vindelicorum* der römischen Provinz *Raetia secunda* erlangte die Grabkapelle der heiligen Afra († 304) den Status einer der ältesten christlichen Kultstätten nördlich der Alpen. Frühzeitig etablierte sich eine Mönchs- oder Klerikergemeinschaft, die sich mit dem Domkapitel vereinte. Bischof Ulrich von Augsburg (890–973, Bischof seit 923) hatte 955 entscheidenden Anteil am Sieg König Ottos I. über die Ungarn in der Schlacht auf dem Lechfeld nahe der Stadt; er wurde bereits 993 vom Papst Johannes XV. im ersten bekannten Kanonisierungsverfahren der Kurie heilig gesprochen. Er fand 973 sein Grab neben der Martyrin im Kollegiatstift St. Afra.

▶ **Geschichte.** Bischof Bruno wandelte 1012 im Interesse seines königlichen Bruders, Heinrich II., das Säkularkanonikerstift in eine regulierte Institution für Benediktiner um und weihte es den beiden Schutzheiligen Ulrich und Afra. Die ersten Benediktiner kamen aus ➛ Tegernsee und brachten die strengen *consuetudines* der ➛ Gorzer Reform mit. Abt Reginbald (1012–15) übertrug die Observanz in das erste Tochterkloster ➛ Ebersberg. Der Reformabt Adalheim (1050–65) stand gleichzeitig den Abteien Ottobeuren und ➛ Weingarten vor und garantierte die Festigung ➛ Junggorzer Lebensweise. Etwa 60 Jahre später gewann die ➛ Hirsauer Erneuerungsbewegung durch die Schwarzwaldabtei ➛ Sankt Georgen nachhaltigen Einfluss. Ihre Ausstrahlung erreichte in der zweiten Hälfte des 12. Jh. einen ersten Höhepunkt. 1183 fiel die 100-jährige Klosterkirche einem Brand zum Opfer, aber bereits 1187 konnte eine neue Monumentalkirche in Anwesenheit Kaiser Friedrichs I. Barbarossa eingeweiht werden. Die Mönche betreuten die Benediktinerinnen von St. Nikolaus im Armenviertel am Gries vor der Stadt. König Ludwig der Bayer gewährte 1323 Reichsunmittelbarkeit, tatsächlich jedoch blieb die Abtei bis 1577 in Abhängigkeit des Bischofs. Ein allgemeiner Niedergang führte im 14. Jh. zu materieller Notlage; erst die Äbte Johannes Lauginger (1396–1403) und Johannes Küssinger (1404–28) beseitigen die Missstände. Der Beitritt zum ➛ Melker Reformkreis 1441 wirkte sich segensreich aus. St. Ulrich und Afra wurde wichtiger Stützpunkt der Erneuerungsreform und bedeutender Umschlagplatz für liturgische Behelfe. Abt Melchior von Stamheim (1458–74) ließ die romanische Klosterkirche abreißen und begann mit dem Bau der noch heute stehenden Basilika, der erst 1604 nach Errichtung des prachtvollen Chors vollendet werden konnte. Reformationswirren, Flucht und Plünderungen, neuer Glanz und Schwedeneinfall, barocke Ausschmückung und Finanzengpässe, Verweltlichung aber auch hervorragende Gelehrsamkeit kennzeichneten die Jahrhunderte bis zur Säkularisierung 1802.

Augsburg Benediktinerabtei, die spätgotische Klosterkirche St. Ulrich und Afra für die katholische Gemeinde, davor die kleinere evangelische Ulrichskirche.

▶ **Gegenwart.** Nach der Zerstörung im Zweiten Weltkrieg steht heute an der Stelle der ehemaligen Klausur das moderne Akademiegebäude der Diözese. Südöstlich hinter der Abteikirche befindet sich die Ruine der vorromanischen St. Godehardskapelle (ursprünglich St. Maria), deren Entstehungszeit nur ungefähr vor oder um das Jahr 1000 angegeben wird. Auch Restbestände der Schutzmauer, die Abt Konrad Winkler (1334–55) zur Abschirmung zur Stadt hin 1342 errichten ließ, sind zu erkennen. Die spätgotische Klosterkirche St. Ulrich und Afra mit dem höchsten Kirchturm der Stadt übergab der Rat 1810 der katholischen Gemeinde des Ulrichviertels. Ein kleineres Gotteshaus, ursprünglich Pfarrkirche für die Bewohner des Klosterbezirks, hatten die Mönche 1457 im rechten Winkel an die Nordseite der Abteikirche angebaut. Diese Ulrichskirche nutzen Protestanten schon seit der Reformation. Beide unmittelbar zusammenstehenden Kirchen symbolisieren gemeinsame Wurzeln der christlichen Konfessionen und ökumenische Eintracht in unseren Tagen.

◆ GermBen 2, 45–50; Naimer, Erwin: „... mein liebes Kloster zu verlassen ...", Der Benediktinerpater Placidus Braun, Augsburg 2003; Hartig, Michael (Hg.): Das Benediktiner-Reichsstift Sankt Ulrich und Afra in A. 1012–1802, Augsburg 1923.

Augsburg, *(4) Dominikanerkloster St. Magdalena (1225–1802) – „Predigerkloster".*

▶ **Geschichte.** Erste Dominikaner kamen 1225 aus Straßburg in die Reichs- und Bischofsstadt A. und gründeten „Am Schwall" an der Stadtgrenze ihr Kloster St. Magdalena, das erstmals 1245 urkundlich erwähnt wird. Es war die zweite Dominikanergründung im heutigen Deutschland nach der Gründung in Köln, von der keine Architektur geblieben ist; die dritte Gründung war wohl 1225/27 ➛ Bremen. Der Konvent in A. erlangte 1257 eine erste hohe Wertschätzung des Ordens durch das Kapitel der Provinz Teutonia in seinen Räumen. Die Tempelritter unterhielten seit 1280 neben dem Predigerkloster eine Niederlassung mit reichem Besitz, der nach ihrer Auflösung durch Papst Clemens V. 1312 durch Bischof Friedrich I. Spät von Faimingen ungewöhnlicherweise an die Dominikaner (und nicht an Johanniter) überging, die nun recht vermögend ihr Armutsideal aufgaben. Die Brüder widmeten sich dem Studium, hielten Predigten und nahmen Beichten ab, sie sorgten für geistliche Betreuung der Dominikanerinnen von St. Katharina, St. Margaretha und St. Ursula (➛ Augsburg [5, 6, 7]). Ulrich Fugger schenkte ihnen 1409 anlässlich der Errichtung ihres neuen Bibliotheksgebäudes eine ganze Bibliothek mit Werken verschiedener Fachrichtungen. Der Sohn der Stadt und Generalvikar der oberdeutschen Konventualenkongregation Johannes Faber (1510–30) war gleichzeitig Rat und Hofprediger Kaiser Maximilians I.; er wurde 1525 aus der evangelisch gewordenen Stadt verbannt. 1534 musste auch der Konvent A. verlassen, nachdem der Rat das Kloster aufgelöst und in Besitz genommen hatte, das Inventar wurde 1536 versteigert und die Kunstgegenstände verramscht. Erst 1555 kehrten die Dominikaner aufgrund des Augsburger Religionsfriedens in die „Paritätische Reichsstadt" zurück und erlangten die Restitution des Konvents. Wissenschaftlich-geistlicher Aufschwung setzte ein, der durch die schwedische Besatzung und Einquartierungen (1633–35) und im Spanischen Erbfolgekrieg 1703/04 unterbrochen wurde. Schließlich aber entwickelte sich der Predigerkonvent zu einem der wohlhabendsten Konvente der deutschen Ordensprovinz. Die Konventsstärke betrug im 18. Jh. bis zu 38 Brüder. 1802 kam das Ende durch allgemeine Säkularisierung, die Klostergebäude wurden Kaserne und die Kirche ein Chemikalienmagazin.

▶ **Gegenwart.** Die Predigerkirche in A. ist heute ein bedeutendes Beispiel der Kirchenbaukunst der Frührenaissance. Prior Johannes Faber ließ sie 1513–15 aus dem Erlös von

Augsburg Dominikanerkloster, die Predigerkirche in Frührenaissance dient heute dem „Römischen Museum".

Ablasspredigten als zweischiffige Halle ohne Chor mit Seitenkapellen erbauen. Ihre Innenausgestaltung erfuhr, dem Zeitgeschmack entsprechend, Veränderungen in Spätbarock (1721–24). 1913 ermöglichte eine Stiftung des Textilfabrikanten Forster eine umfassende Renovierung zum Zweck der Nutzung als Museum. Bomben zerstörten 1944 sämtliche Klostergebäude; die Kirche jedoch blieb ohne gravierende Schäden erhalten und dient seit 1966 dem „Römischen Museum" als Ausstellungshalle. Seit 1931 sind wieder Dominikaner in der Stadt; 1939 gründeten sie einen Konvent an der ehemaligen Augustiner-Chorherrenkirche Heilig Kreuz (➛ Augsburg [2]) und betreuen die dortige Pfarrei.

◆ Weber, Leo: Römisches Museum A., München – Zürich 1981; Walz, Angelus: Dominikaner und Dominikanerinnen in Süddeutschland 1225–1966, Freising 1967.

Augsburg, *(5) Dominikanerinnenkloster St. Katharina (1246–1802) – „Katharinenkloster".*

▶ **Geschichte.** Eine Gemeinschaft frommer Frauen lebte um 1230 vor dem Roten Tor im Augsburger Vorort Gries. Die Edelfrau Christina von Wellenburg stiftete 1243 den Beginen zu einer Klostergründung Landbesitz in Wörishofen. Beeinflusst von Schwestern aus Mödingen unterstellten sich die *sanctimoniales* am Gries 1245 den Regeln des Predigerordens und begaben sich um 1246 in die geistliche Obhut der Brüder des städtischen Dominikanerklosters St. Magdalena (➛ Augsburg [4]). Bischof Hartmann von Dillingen holte sie 1251 in die Stadt, wo für sie bis 1259 das Kloster St. Katharina erbaut wurde. Die Schwestern entstammten zunächst schwäbischem Landadel, später überwogen Töchter aus Augsburger Patrizierfamilien. Schenkungen, Mitgiften und Stiftungen ließen St. Katharina zu einem der vermögendsten und angesehensten Klöster der Reichsstadt werden. 1487 vergab Papst Innozenz VIII. den Dominikanerinnen das seltene Privileg der Gleichwertigkeit von Gebeten innerhalb ihrer Klausur mit einer Pilgerfahrt nach Rom und dem damit verbundenen Ablass zur Reinigung der Seele. Zur bildlichen Darstellung der Romreise ließ Priorin Anna Walther (1490–1503) sechs „Basilikabilder" mit Pilgerstationen in Rom und Szenen aus der Passion Christi sowie Viten der Heiligen von so bedeutenden Künstlern wie Hans Holbein d.Ä., Hans Burgkmair d.Ä. und Meister L.F. anfertigen und im Kapitelsaal aufstellen. Ihre Bürgerrechte und die Beziehungen zum Patriziat schützten die Katharinenfrauen während der Reformation. Der Rat verbot 1534 öffentliche Messfeiern und symbolisierte dies durch eiserne Ketten vor dem Portal der Klosterkirche. Einige Schwestern verließen den Konvent; 1548 lebten noch elf Chorschwestern und acht Konversen in St. Katharina. Kaiser Karl V. nahm am Gründonnerstag 1548 demonstrativ die traditionelle Fußwaschung an elf Armen in der Katharinenkirche vor. Reicher Grundbesitz in über 40 Dörfern ermöglichte die schnelle Erholung, doch der Dreißigjährige Krieg und der Spanische Erbfolgekrieg verursachten neue Rückschläge. Nach der Säkularisierung im Dezember 1802 konnten 25 Chorfrauen und zwölf Laienschwestern noch fünf Jahre im Kloster verbleiben.

▶ **Gegenwart.** Reste der mittelalterlichen Klausur von 1498, so Teile des Kreuzgangs und des Kapitelsaals, werden heute von Gebäuden des Holbeingymnasiums überdeckt. Die wertvollen Basilikabilder wurden der bayerischen Kunstsammlung zugeführt, für die man 1833–35 die Katharinenkirche stark eingreifend innen wie außen umbaute. Die Kirche ist seitdem ein zweistöckiges Ausstellungsgebäude, dessen ursprüngliche sakrale Nutzung nur noch im Westbereich zu erkennen ist, dem einzig original erhaltenen Kirchenteil im oberen Stockwerk über der ehemaligen Empore. Der Bau wurde 1516/17 unter der energischen Priorin Veronika Welser (1504–31) als zweischiffige Hallenkirche geschaffen, wobei man baulich bewusst auf die Frührenaissancekirche des Dominikanerklosters St. Magdalena Bezug nahm. Die Priorin Maximiliana Ruepp von Falkenstein (1716–46) ließ neue Gewölbe mit Stuck und barocken Malereien anbringen. Nach 1945 bezog man das östlich vorgelagerte Schaezlerpalais in die Kunstausstellung mit ein. Die Bayerische Staatsgemäldesammlung in der ehemaligen Dominikanerinnenkirche St. Katharina in A. ist ein Jahr älter ist als die Münchner Alte Pinakothek. Die Galerie verdeutlicht Kirchengeschichte an der Schwelle zur Neuzeit und offenbart den hohen Grad altdeutscher Sakralkunst um 1500 im schwäbischen Raum.

◆ Weichselgärtner, Franz: „Nur im Einverständnis mit dem Bischof". Die Säkularisation des Klosters St. Katharina, Augsburg 2003; Schawe, Martin: Staatsgalerie A., Altdeutsche Malerei in der Katharinenkirche, München 2002.

Augsburg, *(6) Dominikanerinnenkloster St. Margaretha (1241–1538) – „Margarethenkloster".*

▶ Das untergegangene Dominikanerinnenkloster Leuthau bei Schwabmünchen-Klimmach existierte angeblich seit 1241. Mit Hilfe Bischof Hartmanns von Augsburg (Dillingen) siedelten 1261 die Schwestern nach A. um und ließen ihr Kloster St. Margaretha im Ulrichviertel errichten. Wenige Jahre danach schickten sie einen Gründungskonvent nach ➛ Bopfingen. Die Seelsorge für die Dominikanerinnen oblag zunächst den Benediktinern der nahen Abtei St. Ulrich und Afra (➛ Augsburg [3]), seit 1280 aber den Dominikanerbrüdern (➛ Augsburg [4]). Die erste Klosteranlage wurde 1333 durch einen Brand zerstört, der Wiederaufbau zog sich bis 1521 hin. Den Dominikanerinnen von St. Margaretha verbot der Stadtrat 1534, der von Parteigängern des Schweizer Reformators Huldrych Zwingli (1484–1531) dominiert wurde, wie bereits den Mitschwestern von St. Katharina (➛ Augsburg [5]), die öffentliche Feier katholischer Messen, die als „Abgötterei" bezeichnet wurden. Vier Jahre später hob der Rat das Kloster auf. Eine Restitution wie bei anderen Augsburger Klöstern nach der Rückkehr des katholischen Klerus 1548 oder nach Annahme des Augsburger Religionsfriedens 1555 fand in St. Margaretha nicht statt, waren doch die Gebäude 1540 im Heiliggeistspital aufgegangen. Die heute noch stehende Kirche St. Margaretha wurde 1594 neu errichtet, im 18. Jh. barock verändert; sie gehört heute der katholischen Pfarrgemeinde des Ulrichviertels. Von der mittelalterlichen Klausurarchitektur blieb lediglich der langgestreckte Osttrakt erhalten; dieser bewahrt im Erdgeschoss einen spätgotischen Kreuzgang mit Rundbogenarkaden und Kreuzgratgewölben; er ist hinter der Kirche frei zugänglich zu erreichen.

◆ Grünsteudel, Günther (Hg.): Augsburger Stadtlexikon, Augsburg 1998, 632; Gottlieb, Günther/Bear, Wolfgang (Hg.): Geschichte der Stadt A., Stuttgart 1984.

Augsburg, *(7) Dominikaner-Tertiarinnenkloster St. Ursula (seit 1431) – „Ursulakloster".*

▶ **Geschichte.** Eine Gemeinschaft frommer Frauen, die sich selbst „Schwestern der freiwilligen Armut" nannte, soll schon um 1235 im Augsburger Lechviertel zusammengekommen sein. 1335 schenkte der Kleriker Berthold Rehm den Frauen ein Haus an der östlichen Stadtmauer nahe des Dominikanerklosters St. Magdalena (➛ Augsburg [4]). Dieses Datum gilt allgemein als Gründungsdatum des Klosters, aber die Frauen lebten zu diesem Zeitpunkt wohl noch als Beginengemeinschaft ohne Ordensregel. Erst 1431 übernahmen sie auf Drängen des Stadtrats und auf Geheiß Bischof Peters von Schaumberg die Regeln des Dritten Ordens der Dominikaner und unterstellten sich als Tertiarinnen den Dominikanern von St. Magdalena, von denen sie seelsorglich betreut wurden. Ihre kleine Anlage mit Kapelle aus der Zeit um 1400 wurde 1516–19 im spätgotischen Stil neu erbaut. 1537 flohen die Schwestern aus der evangelischen Stadt nach Dillingen und kehrten erst 1548 zurück. Auf Wunsch des reformfreudigen Bischofs Alexander Sigmund von Pfalz-Neuburg, befolgten die Tertiarinnen 1695 die strengere Einhaltung der Ordensregel, was neue Baumaßnahmen an den Klausurgebäuden erforderte: die Klosterkirche wurde 1720 erweitert und im Stil des Barock umgestaltet. Die über 20 Schwestern widmeten sich der Pflege kranker Frauen, erteilten Mädchen aus dem Stadtviertel kostenlosen Unterricht und beschäftigten sich mit Stick- und Näharbeiten. Nach der Säkularisierung 1802 durften sie im Kloster bleiben und 1828 mit Genehmigung des bayerischen Königs Ludwig I. wieder Novizinnen aufnehmen. Der Schulbetrieb wurde erweitert und ein Lehrerinnenseminar eröffnet. Die Dominikanerinnen von St. Ursula gründeten im 19. Jh. zahlreiche Tochterniederlassungen, so 1839 im ehemaligen Benediktinerkloster Heilig Kreuz in ➛ Donauwörth, 1839 in Landsberg am Lech, 1865 im ehemaligen Augustiner-Chorherrenstift ➛ Wettenhausen, 1877 in King William's Town in Südafrika, 1904 Schlehdorf, ➛ Neustadt/Main

Augsburg Dominikanerinnenkloster St. Katharina, die Frührenaissancekirche ist heute ein Ausstellungshaus.

Augsburg Dominikanerinnenkloster St. Margaretha, der spätgotische Kreuzgang im Ostflügel der Klausur.

Augsburg Dominikaner-Tertiarinnenkloster St. Ursula, die Kernsubstanz der Klosterkirche ist spätgotisch.

und 1926 im Heilig-Grab-Kloster ➛ Bamberg; immer blieb der Schulunterricht junger Mädchen das vorrangige Anliegen.

▶ **Gegenwart.** Seit 1894 gehört das Klosterareal an der alten Stadtmauer durch Rückkauf wieder zur Niederlassung St. Ursula. Ein Luftangriff der Alliierten auf A. zerstörte 1944 die Klosterkirche bis auf die Außenmauern. Ihr Wiederaufbau erfolgte 1947 in einfacheren Formen, ihre Kernsubstanz geht immer noch auf den spätgotischen Bau von 1519 zurück.

◆ Grünsteudel, Günther (Hg.): Augsburger Stadtlexikon, Augsburg 1998, 892 f.; Liebhart, Wilhelm: Zwischen Beschaulichkeit und Gesellschaft, 650 Jahre St. Ursula, Augsburg 1985.

Augustiner, *Augustiner-Chorherren und Augustiner-Chorfrauen (Ordo Canonicorum Regularium Sancti Augustini, CRSA* oder *CanA).*

▶ Die Lateransynode von 1059 unter Papst Nikolaus II. legte eine neue monastische Lebensform für Kanoniker an den Stiftskirchen fest, weil die Aachener Regel von 816/819 den Stiftsklerikern einen zu großen Freiraum mit der Gefahr der Verweltlichung bot, was dem neuen Frömmigkeitsideal und der Kirchenreform des 11. Jh. im Weg stand. Die Chorherren und Chorfrauen, die sich zur Observanz mit Profess und Besitzlosigkeit bekannten, nannte man regulierte Chorherren bzw. -frauen oder Regularkanoniker bzw. Regularkanonissen und ihre Stifte nunmehr oft Klöster, anfangs entsprechend dem Ideal der christlichen Urgemeinde (Apg 2; 4) im Doppelkonvent. Das Stiftsleben unter der alten Aachener Regel mit Privatvermögen und Privathaushalt wurde nicht untersagt, man bezeichnete diese Chorherren und -frauen als weltliche Kanoniker oder Säkularkanoniker bzw. weltliche Kanonissen, ihre institutionellen Einrichtungen Kollegiatstifte, Domstifte an Bischofskirchen bzw. freiweltliche Kanonissenstifte. Die Regulargemeinschaften in klosterähnlichen Stiften fasste man unter den Begriffen Augustiner-Chorherren bzw. -frauen zusammen. Die Regeln des hl. Augustinus (354–430) in drei Regeltexten und neun verschiedenen Überlieferungen galt es in strenger Auslegung zu beachten. Die weitere Entwicklung ließ aus verschiedenen Reformzentren und -strömungen unterschiedliche Verbände der augustinischen Regularkanoniker entstehen; zu den wichtigsten zählten St. Victor in Paris, Notre Dame in Paris, S. Maria in Porto bei Ravenna (Hafenbrüder), die Gilbertiner im englischen Sempringham, Raudnitz in Böhmen, ➛ Indersdorf in Bayern, ➛ Springiersbach/Mosel, ➛ Rottenbuch in Bayern, ➛ Hamersleben im Nordharz, das Domstift in Salzburg und die ➛ Windesheimer Kongregation in den Niederlanden. Die Augustiner-Chorherren und -Chorfrauen – später oft Chordamen – gründeten nie einen Gesamtorden im kirchenrechtlichen Sinn, wuchsen aber als solcher im begrifflichen Sinn zusammen. Nicht weniger als 33 Orden unterwarfen sich der Augustinusregel, vier Hauptformen kann man unterscheiden: Neugründungen, reformierte ältere Konvente, Eremitengemeinschaften und Hospitalgründungen. Alle Regularkanoniker verstanden sich stets als Chorherren mit priesterlichen Pflichten und Seelsorgeaufgaben, nicht als kontemplative Mönche in Weltabgeschiedenheit. Die Regularkanoniker, die den Schwerpunkt auf die *vita apostolica* legten und eine strenge Befolgung der sogenannten ersten Augustinusregel, des *praeceptum*, bevorzugten, gründeten eigene Orden, etwa die ➛ Prämonstratenser, die ➛ Kreuzherren oder Barnabiten (CRSP). Am Vorabend der Reformation existierten etwa 1.600 Augustiner-Chorherren/Frauenstifte weltweit, selbst im weit entfernten Island; auf dem heutigen deutschen Gebiet etwa 100 Männerstifte und 60 Frauenstifte. Nach Einbrüchen durch Kirchenspaltung, französische Revolution und Josephinismus aber auch nach Hochblüten in Barock- und später Neuzeit haben sich 1959 sieben Augustiner-Chorherrenkongregationen zu einer Konföderation unter einem Abtprimas zusammengeschlossen, die heute (2009) etwa 850 Mitglieder in 100 Niederlassungen vereint.

Augustiner-Chorherren und -frauen bzw. -damen leben in Stiften; die Bezeichnung „Augustinerkloster“ sollte den Klöstern der ➛ Augustiner-Eremiten vorbehalten bleiben. Auch sollten nur Regularkanoniker als Augustiner-Chorherren bezeichnet werden und nicht, wie in der Literatur häufig irreführend, Säkularkanoniker an weltlichen Kollegiatstiften bzw. Domkapiteln, die sich nur in sehr freier Weise an die Augustinusregel anlehnen. Frauen der regulierten Stiftsgemeinschaften werden oft allgemein als „Augustinerinnen“ bezeichnet; zur besseren Unterscheidung jedoch sollten die regulierten Chorschwestern als Augustiner-Chorfrauen bzw. -damen bezeichnet werden, der Begriff Augustinerinnen aber den Nonnen des Augustiner-Eremitenordens vorbehalten bleiben.

◆ LThK[3] 1, 1231–33; Bomm, Werner: Anselm von Havelberg, Epistola apologetica, in: Studien zum Prämonstratenserorden, Göttingen 2003, 107–183; Schreiner, Klaus: Ein Herz und eine Seele. Eine urchristliche Lebensform und ihre Institutionalisierung im augustinisch geprägten Mönchtum des hohen und späten Mittelalters, in: Regula Sancti Augustini, Paring 2002, 1–47.

Augsburg, *(8) Franziskanerkloster St. Maria (1243–1526) – „Barfüßerkloster“.*

▶ **Geschichte.** Das Generalkapitel der Minoriten unter Franz von Assisi sandte 1221 Mitglieder seiner Bußbruderschaft zum zweiten Mal in den deutschen Reichsteil über die Alpen, um seine apostolische Lebensweise zu verkünden. Zunächst kamen die Brüder im Oktober 1221 nach A. und wohnten nach freundlicher Aufnahme durch Bischof Siegfried III. von Rechberg in einem Brauhaus nahe der Stadtmauer. Nach dem ersten Kapitel auf deutschem Boden unter Leitung des ersten Provinzialministers, Bruder Caesarius von Speyer († 1239), wurden kleinere Gruppen unter Johannes de Plano Carpini († 1252) und dem sprachkundigen Barnabas in die Bischofsstädte ➛ Regensburg, ➛ Würzburg, Mainz, Worms, ➛ Hildesheim und Speyer gesandt. Die Franziskaner zogen weiter oder ließen sich jeweils in zugewiesenen Häusern als Gäste nieder; an Klostergründungen und Eigenbesitz war zu Lebzeiten des Ordensgründers nicht zu denken. Den Minoriten in A. übergab Bischof Siboto von Seefeld 1243 ein Grundstück unterhalb des Perlachberges im Handwerkerviertel an den Lechkanälen. Dort bauten sie unter Anleitung Bruder Tertericus' († 1244) die erste, noch behelfsmäßige Klosterkirche auf. Schon in dieser Zeit schrieb Novizenmeister David von Augsburg (um 1200–72) seine Werke erstmals in deutscher Sprache nieder; vielen gilt er als der größte Mystiker des Franziskanerordens. Dompropst Ludwig Graf von Helfenstein ermöglichte 1265 den Bau der zweiten Klosterkirche, die jedoch 1398 einem Brand zum Opfer fiel. Die dritte Klosterkirche bauten die Barfüßer 1407–11 im gotischen Stil mit einem dreischiffigen, besonders hohen Langhaus und langgestrecktem Chor. In der Stadt setzte sich zu dieser

Zeit die volkstümliche Bezeichnung „Zu den Barfüßern" durch. Die Brüder erwarben durch Stiftungen der Patrizierfamilien einiges Vermögen und verweigerten sich jeglicher Observanzreform. Sie betrieben Seelsorge, nahmen die Beichte ab, beteten für das Seelenheil der Verstorbenen, insbesondere wenn diese dafür gestiftet hatten, und betreuten die Tertiarinnenklöster St. Clara an der Horbruck und St. Martin sowie den heute noch aktiven Frauenkonvent Maria Stern. Ihre volkstümlichen Predigten erzielten große Wirkung bei den Bewohnern. 1522 übernahm der Konvent die evangelische Glaubenslehre und löste sich selbst auf, 1526 galt das Mönchsleben im Barfüßerkloster als beendet. Unter dem Prediger Michael Keller (vor 1500–48) wurde „Zu den Barfüßern" ein Zentrum der Zwinglianer, die in erbitterter Gegnerschaft zu den Lutheranhängern im ehemaligen Karmelitenkloster St. Anna (➛ Augsburg [9]) standen. Die Augsburger Bürger waren gespalten, viele Ratsmitglieder agierten im Sinn der zwinglianischen Lehre. 1536 wurden große Teile der Klausurgebäude des Franziskanerklosters für das neue Spital St. Jakob niedergelegt, die Kirche aber 1536 zur evangelischen Pfarrkirche bestimmt, was sie auch nach der katholischen Restitution blieb. Eine barocke Ausgestaltung erfolgte 1724–60; Bertolt Brecht wurde 1898 in ihr getauft.

▶ **Gegenwart.** Heute steht lediglich der Mönchschor der Kirche, das Hauptschiff wurde 1944 bei einem Bombenangriff zerstört. Der beeindruckend hohe Chorraum konnte gerettet und saniert werden. Er dient nach wie vor der evangelischen Gemeinde als Gotteshaus „Zu den Barfüßern". Ein Kleinod sind Teile der gotischen Kreuzgangflügel, die erhalten geblieben sind; sie weisen Kreuzrippen- und Sternnetzgewölbe auf und sind mit figürlichen Konsolträgern geschmückt.

◆ Grünsteudel, Günther (Hg.): Augsburger Stadtlexikon, Augsburg 1998, 271; Haupt, Karl (Hg.): Ehemalige franziskanische Niederlassungen in A., Landshut 1961.

Augsburg Franziskanerkloster, der hohe gotische Chorraum der „Barfüßerkirche" blieb bis heute erhalten.

Augsburg, *(9) Karmelitenkloster St. Anna (1275–1534) – „Annenkloster".*

▶ **Geschichte.** Karmeliten kauften 1275 in der Reichsstadt A. ein geweihtes Haus mit Grundstück, das zuvor den Sackbrüdern gehört hatte, deren Orden im Jahr 1274 vom Konzil in Lyon aufgehoben worden war. Bischof Hartmann von Dillingen bestätigte noch im gleichen Jahr die Niederlassung (Karmel). Die Karmeliten lebten zunächst von Seelenmessen und Almosensammeln. Stiftungen der Bürger und Vermächtnisse bereicherten den Konvent, so dass 1321 ein größeres Kloster mit gotischer Saalkirche fertig gestellt werden konnte. 1420 stiftete das Ehepaar Konrad und Afra Hirn eine Kapelle, die an der Nordwand des Chores angebaut und 1496 von der Goldschmiedezunft als Grabkapelle erweitert wurde. 1460 zerstörte ein Brand die Klausurgebäude, die kurz danach um das Höfchen, später „Lutherhöfle", wieder aufgebaut werden

Augustiner-Eremitenorden, Augustiner-Eremiten (A.), Augustinerinnen *(Ordo Eremitarum Sancti Augustini, OESA).*

▶ Der Orden entstand 1256, als Papst Alexander IV. eine Anzahl kleiner Gemeinschaften und italienischer Eremitenkongregationen zu einem Orden zusammenschloss, um sie der Kontrolle des römischen Stuhls zu unterstellen. Am 1. März 1256 gründete sich im römischen Kloster Santa Maria del Popolo der dritte große ➛ Bettelorden, nicht aus eigenen Beweggründen, sondern als „artifizielles Gebilde". Die A. ordneten sich der Augustinusregel unter, lösten sich vom anachoretischen Ideal, wandten sich der Seelsorge der Stadtbevölkerung zu und unterlagen im Lauf ihrer Entwicklung einer zunehmenden Klerikalisierung. Die zunächst ihnen eingegliederten ➛ Wilhelmiten konnten die völlige Aufgabe eremitischer Selbstheilung nicht einlösen und spalteten sich wieder ab. Befreit von bischöflicher Jurisdiktion breiteten sich die Augustiner-Eremiten rasch über Europa aus. In deutschen Landen gab es Ende des 13. Jh. bereits etwa 80 Konvente, Ende des 15. Jh. etwa 110. Organisation und Leitung entsprachen denen der Dominikaner. Die An. wurden dem sogenannten Zweiten Orden zugeordnet, als erster deutscher Frauenkonvent darf wohl das Kloster Oberndorf/Neckar (1264) gelten. Ein Dritter Orden für Tertiarinnen erlangte 1400 die päpstliche Bestätigung, für Tertiaren erst 1470. Die Erneuerung der alten Ordensideale und die Observanzbestrebung des 15. Jh. verhinderten nicht den Einbruch während der Reformation im 16. Jh. die der Augustiner-Eremit Martin Luther aus dem vorbildlich geführten Konvent ➛ Erfurt initiierte. Fast 70 Männerkonvente gingen allein in Deutschland verloren. Nach dem Reformaufruf von Trient formierten sich seit etwa 1588 aus Reformkongregationen des Ordens die Gruppe der Rekollekten oder Discalceaten und die Augustiner-Barfüßer, die 1912 als eigenständiger Orden Unabhängigkeit erreichten (inzwischen aber keine Niederlassung mehr in Deutschland unterhalten). Heute nennen sich die A. schlicht Augustiner (*Ordo Sancti Augustini, OSA*). Es existieren über 500 Konvente in über 40 Ländern mit etwa 3.100 Mitgliedern. Die deutsche Ordensprovinz besteht aus 15 Konventen mit etwa 150 Mitgliedern (2009).

Die mittelalterlichen deutschen Frauenkonvente des Zweiten Ordens haben die allgemeine Säkularisation Anfang 19. Jh. nicht überlebt, neuzeitliche Augustinerinnenkonvente sind in zahlreiche Kongregationen zersplittert und stehen heute unter bischöflichem Recht; die bekanntesten Augustinerinnen sind die Cellitinnen. Die Augustinerinnen mit Angliederung an den Augustinerorden dürfen nicht verwechselt werden mit den Augustiner-Chorfrauen bzw. -damen in den Regularkanonikerstiften.

◆ LThK[3] 1, 1233–37; Wernicke, Michael Klaus: Die A. (OESA). Die Augustinerinnen, Münster 2006; Kunzelmann, Adalbero: Geschichte der deutschen A., Tl. 1, Würzburg 1974, 10–37.

Augsburg Karmelitenkloster, die gotische Saalkirche des „Annenklosters" im Blick vom Martin-Luther-Platz.

konnten. Die Klosterkirche ließ Prior Matthias Fabri (1479–97) erneuern und durch Seitenschiffe erweitern. Dieser Prior kam aus dem Reformkloster ➛ Heilbronn und setzte die Observanz im Konvent durch, was mit der Aufgabe von Besitz verbunden war. Innerhalb der Frömmigkeitsbewegung des Spätmittelalters blühte die Verehrung der hl. Anna besonders. Die Karmeliten veranstalteten jährliche Annen-Prozessionen, das Recht dazu mussten sie sich von der Kurie in Rom erkaufen. 1500 nahmen die in A. versammelten Reichsfürsten mit Kaiser Maximilian I. an dieser Prozession teil, unter ihnen Kurfürst Friedrich der Weise von Sachsen, der einige Jahre später als Schirmherr Luthers in Wittenberg die Reformation entscheidend unterstützte. Die meist 12 bis 14 Karmeliten und einige Novizen waren eng mit der damals reichsten Augsburger Kaufmannsfamilie Fugger verbunden, was 1508–18 zum ersten deutschen Renaissancebau, der „Fuggerkapelle" an der Annenkirche führte. Das St. Anna Kloster wurde in der Reformationszeit Zentrum der evangelisch-lutherischen Glaubenslehre. Prior Johannes Frosch (1517–25) beherbergte Martin Luther im Oktober 1518 im Kloster, als sich dieser dem Verhör des kaiserlichen Legaten Kardinal Cajetan stellen musste. In den folgenden Jahren verteidigte der Prior gemeinsam mit den lutherischen Reformatoren Urbanus Rhegius (1489–1541) und Stephan Agricola (1491–1547) die neue Glaubenslehre gegen Michael Keller (vor 1500–48), der als überzeugter Anhänger der evangelischen Lehren des Züricher Reformators Huldrych Zwingli (1484–1531) im ehemaligen Barfüßerkloster (➛ Augsburg [8]) gegen den Katholizismus aber auch gegen Luther predigte und den Stadtrat hinter sich wusste. Prior Frosch heiratete im März 1525, die Stadt nahm das Klostervermögen unter Aufsicht. 1534 löste sich der Karmelitenkonvent bei Zusicherung von Pensionen selbst auf.

▶ **Gegenwart.** Das St. Anna Kloster blieb trotz Wirren und konfessioneller Wechsel letztendlich bis heute Mittelpunkt der evangelisch-lutherischen Gemeinde A. Die Kirche unterlag einigen barocken Umgestaltungen, bewahrte aber ihren spätmittelalterlichen Charakter und ist heute Ziel kunst- und geschichtsinteressierter Touristen. Ihre „Goldschmiedekapelle" zeigt wertvolle Fresken aus der Spätgotik. Die Fugger ließen 1508–18 unter Mitwirkung Albrecht Dürers an der Westseite der Karmelitenkirche eine Grabkapelle bauen, die heute als „erstes und zugleich erlesenstes Bauwerk der deutschen Renaissance" (Bushart) gewertet wird. Der komplett erhaltene, spätgotische Kreuzgang war zusammen mit dem „Höfle" ein bevorzugter Begräbnisort vornehmer Familien, worauf zahlreiche Grabplatten hinweisen; eine der ältesten ist die des Priors Andree von 1397. Nach dem Westfälischen Frieden feierten die Bürger in der St. Annakirche am 8. August 1650 erstmals das „Hohe Friedensfest". Dieses Fest wurde zum alljährlichen Festtag, weshalb A. als einzige Stadt in Deutschland noch heute einen eigenen Feiertag feiert.

◆ Kirmeier, Josef (Hg.): „... wider Laster und Sünde", Köln 1997; Bushart, Bruno: Die Fuggerkapelle bei St. Anna in A., München 1994; Deckert, Adalbert: Die Oberdeutsche Provinz der Karmeliten, Rom 1961.

Auhausen, *Benediktiner Reichsabtei St. Maria, St. Godehard und St. Georg (vor 1130–1534), Diözese Eichstätt – (Lkr. Donau-Ries, Bayern, ❐ 4, A3).*

▶ **Geschichte.** Die Gründung um 960 ist Legende, die moderne Forschung erkennt in den Edlen von Auhausen die Stifter des Klosters an der Wörnitz. Diese statteten die neue Gründung vor 1130 mit reichlich Besitz aus ihren Stammlanden aus. Die Herren von Auhausen verlegten bis 1150 ihren Herrschaftsschwerpunkt nach Thüringen und wurden Herren von Jena-Lobdeburg, so dass sie die Vogteiaufgaben für das Kloster A. nur ungenügend ausüben konnten; gleichwohl wurden noch um 1250 Lobdeburger Familienmitglieder im Kloster aufgenommen. Das Gründungsjahr bleibt unbekannt, die erste Urkunde, die Schutzerklärung Papst Innozenz' II. mit Zusicherung der freien Abtwahl, stammt von 1136. Papst Hadrian IV. erneuerte 1157 besondere Privilegien, die für die damalige ➛ Hirsauer Reformbewegung charakteristisch waren. Eindeutige Nachweise für die Hirsauer Observanz in A. gibt es nicht, Historiker vermuten Einflüsse aus ➛ Neresheim oder ➛ Kastl. Berthold von Thannbrunn verdoppelte um 1170 den Besitz mit Land in der Oberpfalz, woraufhin die Güterpropstei Thannbrunn bei Berching gegründet wurde. Ritterfamilien des Umkreises wählten A. als Familiengrablege, besonders Edelfreie von Hürnheim versahen das Kloster mit Zuwendungen. Eine Marienwallfahrt erhöhte Anziehungskraft und Bedeutung. Kaiser Ludwig der Bayer befreite A. 1330 von Steuern und Kriegsdiensten, gewährte Hochgerichtsbarkeit und erklärte die Abtei für reichsunmittelbar. König Karl IV. privilegierte 1354 die Äbte zu Reichskaplänen. Die formaljuristisch unabhängige Reichsabtei wehrte zwar Zugriffe der benachbarten Grafen von Oettingen erfolgreich ab, geriet

Auhausen Benediktinerabtei, die romanische Grabplatte eines Abts in demutsvoller Schlichtheit.

aber unter den Einfluss ihrer Schirmherrn, der Markgrafen von Brandenburg-Ansbach. Abt Georg von Schechingen (1451–81) überführte die Abtei willig vom reichsunmittelbaren zum landsässigen Kloster des Ansbacher Fürstentums. Abt Georg Truchsess von Wetzhausen (1499–1534), tief religiös und gebildet, erlegte seinem Konvent eine strenge Klosterzucht auf, ließ die gesamte Klosteranlage baulich erneuern, verdreifachte den Bibliotheksbestand auf etwa 1.200 Bände, holte vorzügliche Kunstwerke in die renovierte Klosterkirche und versorgte seine verschwenderischen Landesherren mit hohen Geldsummen. Er überwand nur mit Mühe die Folgen der Zerstörungswut aufständischer Bauern 1525, besonders hart traf ihn die Vernichtung der Klosterbibliothek. Er musste 1530 vor dem lutherisch gesinnten Markgrafen Georg von Ansbach nach ➛ Eichstätt fliehen, wo er 1552 im Dominikanerkloster starb. Die offizielle Aufhebung der Abtei erfolgte 1534. Das evangelische Klosteramt A. war 1608 Gründungsort der „Protestantischen Union“, dem Zusammenschluss einiger süddeutscher Fürsten und Städte am Vorabend des Dreißigjährigen Krieges. 1796 fiel der Besitz an die Grafen von Oettingen-Spielberg, die die Gebäude abreißen ließen, darunter auch die gotische Stifterkapelle mit mittelalterlichen Grabplatten.

▶ **Gegenwart.** Von dem weitläufigen Klausur- und Wirtschaftskomplex sind lediglich die Prälatur (1521), ein Torbau (Ende 12. Jh.) mit Friesschmuck, Spital, Klosterherberge und Umfassungsmauern geblieben. Die spätromanische Pfeilerbasilika ohne Querhaus mit mächtiger doppeltürmiger Westwand war um 1220 in hirsauischer Bautradition entstanden. Der letzte Abt baute 1519 den hohen spätgotischen Chor an die Stelle der Hauptapsis an und schmückte ihn mit dem wertvollen Hochaltar des Dürerschülers Hans Schäufelein. Seit der Säkularisierung nutzt die evangelisch-lutherische Gemeinde die Kirche, die aber 1537 durch den Umbau zur Hallenkirche unter einem Gesamtdach mit eingebautem Fruchtkasten stark verändert wurde. Durch eine Sanierung vor einigen Jahren erhielt sie ihre romanische Ausstrahlung weitestgehend zurück.

In der Literatur wird die Abtei A./Wörnitz mit der Schwesterabtei ➛ Anhausen/Brenz mitunter verwechselt, besonders dann, wenn beide mit dem selten verwendeten Namen „Ahausen“ beschrieben werden.

◆ GermBen 2, 51–54; Winter, Martin: Die Geschichte des Kloster A., Nördlingen 2000.

Aulesburg, *Zisterzienserabtei St. Maria (um 1140–1214), Zisterzienserpriorat St. Maria (1214–1527), Erzdiözese Mainz – (Haina-Löhlbach, Lkr. Waldeck-Frankenberg, Hessen, ❒ 3, C1).*

▶ Auf den Höhen des Kellerwaldes, unweit der Rhein-Weser-Wasserscheide, lag die Erstniederlassung der bedeutenden Zisterzienserabtei ➛ Haina. Graf Poppo I. von Reichenbach, seine Frau Bertha von Felsberg und ihr Schwiegersohn Volkwin II. von Schwalenberg übereigneten der Zisterzienserabtei ➛ Kamp am Niederrhein um 1140 die aufgelassene A. nebst Zubehör zur Gründung einer Tochterniederlassung. Der erste Konvent scheiterte an den unwirtlichen Bedingungen und ungeklärten Rechtsverhältnissen. Abt Roger (1146–67) und die Mönche zogen 1146 weiter nach ➛ Michaelstein in den Harz. Zunächst versuchten die Stifter einen anderen Orden zu gewinnen, dann folgten zwei weitere Kamper Versuche, die ebenfalls fehlschlugen; eine Gruppe ging ins thüringische Eichsfeld und gründete 1162 die Abtei ➛ Reifenstein, die andere kehrte in das Mutterkloster zurück. Erst der fünfte Versuch 1188 eines Konvents aus der Zisterzienserabtei ➛ Altenberg im Bergischen Land vermochte unter Abt Gottschalk (seit 1188) die Niederlassung A. nachhaltig zu festigen. Der Enkel der Stifter, Graf Hein-

Auhausen Benediktinerabtei, die doppeltürmige Westfront der spätromanischen Abteibasilika.

Aulhausen Zisterzienserinnenabtei, die gotische Kirche ist die besterhaltene Frauenkirche im Rheingau.

rich III. von Reichenbach, war an diesem Erfolg wesentlich beteiligt. 1201 konnte das (4 km südlich gelegene) Dorf Haina im oberen Wohratal erworben werden. Heinrich verzichtete 1214 auf Eigentums- und Vogteirechte, woraufhin die Zisterzienser ihr Kloster in die bevorzugte Tallage verlegten und als Abtei Haina neu aufbauten. Die alte Stätte A. war noch einige Jahrhunderte bewohnt. 1240 wird eine Siedlung A. erwähnt, 1433 eine Marienkapelle und 1482 ein Propst Ludwig (1482/89). A. fungierte offensichtlich als Außenstelle der Abtei Haina. Propst Ludwig übernahm 1489–91 die Abtwürde in der Mutterabtei und lebte danach bis mindestens 1508 als „Altabt" wieder auf dem Berg. Noch 1528/29 sind Klosterinsassen in A. nachweisbar. Der Besitz fiel wie die Mutterabtei 1527 während der Reformation an Landgraf Philipp I. von Hessen.

❖ Vom wehrhaften Erstbesiedlungsplatz A. im Wald auf dem Berg ist kaum etwas geblieben. Halsgräben, Gebäudefundamente und Ausgrabungsreste sind inzwischen völlig überwachsen.

◆ Sippel, Klaus: Die A. bei Haina (Kloster), Wiesbaden 2003; Franz, Eckhart G.: Kloster Haina, Regesten und Urkunden, 1144–1300, Marburg 1962.

Aulhausen, *Zisterzienserinnenabtei St. Maria (vor 1181–1811) – „Marienhausen", Erzdiözese Mainz – (Rüdesheim-A., Rheingau-Taunus-Kreis, Hessen, ❒ 3, B2).*

▶ **Geschichte.** Der Viztum Konrad gründete vor seinem Tod 1181 ein Frauenkloster in A. bei Rüdesheim im Rheingau. Schon 1183 war der Konvent unter der Zisterzienserregel so weit etabliert, dass er auf Initiative Eberhards von Bacharach-Stahleck eine Tochterniederlassung in ➛ Kumbd gründen konnte. Die erste Urkunde des Klosters datiert 1189, als der Mainzer Erzbischof Konrad I. von Wittelsbach dem Ritter Giselbert von Rüdesheim Vogteirechte entwand und das Kloster Kurmainz unterstellte. Erst 1219 erfolgte eine Weihe durch Erzbischof Siegfried II. von Eppstein, der die Schwestern mit zusätzlichem Besitz absicherte. Papst Honorius III. stellte 1223 einen Schutzbrief aus. Seit Mitte des 13. Jh. stand A. unter Aufsicht des Abtes von ➛ Eberbach. A. gilt als Tochter der Abtei Eberbach, insofern ist eine Mitgliedschaft im Zisterzienserorden möglich. Klärende Quellenangaben gibt es nicht, in der Forschung gilt A. als kommittiertes Frauenkloster der Zisterzienser. Um die Anlage herum ließen sich Töpfer nieder, deren Handwerk erst später durch den Weinanbau verdrängt wurde. Der Konvent erlangte weiteren Besitz in der Umgebung, so Einkünfte und Rechte zu Assmannshausen, Bingen, Erfelden, Geisenheim, Lorch, Nieder- und Oberheimbach sowie Rüdesheim, aber auch Weide- und Holzrechte im Kammerforst. Am Assmannshäuser Höllenberg bauten die Klosterfrauen im Spätmittelalter wohl den besten Rotwein Deutschlands an. Die Bezeichnung „Marienhausen" begann sich im 15. Jh. durchzusetzen. Nach örtlicher Überlieferung waren die Marienhäuser Frauen wegen ihrer ausgedehnten Schafhaltung bekannt. Während der Reformation nahm A. die drei letzten Benediktinerinnen vom Kloster Eibingen auf. Der Dreißigjährige Krieg ruinierte die Wirtschaft, auf Anordnung des kurfürstlichen Landesherrn musste sich der Konvent 1631 an den Kriegskosten beteiligen. Unter der tüchtigen Äbtissin Anna Maria Rink (1693–1743) konnte sich A. wirtschaftlich erholen, was unter ihrer Nachfolgerin Anna Maria Krepplin (1743–93) zu einer geistigen und ökonomischen Hochblüte führte. 1787 wurde der aus Rüdesheim stammende Zisterziensermönch Laurentius Müller zum Propst von A. ernannt, seit 1795 stand er als letzter Abt (1795–1803) der Abtei Eberbach vor – Tatsachen, die zwingend für eine vollzogene Inkorporation in den Ordensverband sprechen. Fürst Friedrich August von Nassau-Usingen säkularisierte das Frauenkloster A. 1811 und verkaufte den Besitz.

▶ **Gegenwart.** Das Kloster A. erreichte nie die Bedeutung des nahen Frauenklosters Gottesthal, andererseits ist es heute als das besterhaltene Frauenkloster im Rheingau bekannt. Es liegt malerisch in einem kleinen Tal und wird vom nahen katholischen St. Vinzensstift als Kinder- und Jugendheim genutzt. In der Zeit der Hochblüte im 18. Jh. entstanden die bestehenden Klausurgebäude, nur die gotische, einschiffige Klosterkirche von 1401 hat sich aus mittelalterlicher Zeit erhalten.

◆ Klemenz, Brigitta: Marienhausen, in: Klosterführer aller Zisterzienserklöster im deutschsprachigen Raum, Strasbourg 1998, 213; Felten, Franz J.: Frauenklöster und Stifte im Rheinland, Mainz 1992.

Aura, *Benediktinerabtei St. Laurentius und St. Georg (1108–1564), Diözese Würzburg – (Lkr. Bad Kissingen, Bayern, ❒ 3, D2).*

▶ **Geschichte.** Die Benediktinerabtei A. ist eine der vielen Gründungen (1108) Bischof Ottos I. von Bamberg (1102–39, kanonisiert 1189). Das Gebiet um A. gehörte seit 1015 zum Bistum Bamberg, aber kirchlich zur Diözese Würzburg. An der Stelle der ehemaligen Burg hoch über der Saale ließ Bischof Otto die Klosterbasilika St. Laurentius erbauen, wobei die grundlegenden Bauformen des Reformklosters ➛ Hirsau mit Eigenvorstellungen des Bauherrn verbunden wurden. 1113 erfolgte die Weihe der Chorpartie, 1122 die Ausstellung der bischöflichen Gründungsurkunde, 1123 die Bestätigung durch Papst Calixtus II. und 1167 die Vergabe des Vogteirechts an die Henneberger Grafen. Die Vollendung der Kirche gelang erst nach 1120, so dass Abt Ekkehard (1108–30), ehemals Geschichtsschreiber im Kloster St. Michael in ➛ Bamberg, erst um diese Zeit Mönche aus der Reformabtei Hirsau im Schwarzwald nach A. an die Saale kommen ließ. Diese Hirsauer Benediktiner scheinen anschließend die Klausur und den Kreuzgang gebaut zu haben, weil deren Bauplastiken weit deutlicher Elemente der Hirsauer Baumotive aufweisen. Das Würzburger Hochstift erlangte im 14. Jh. auch die weltliche Herrschaft über die Abtei; Gründe, Umstände und Zeitpunkt dafür sind nicht bekannt. Abt Ludwig (1345/69) musste nach seiner Wahl 1345 dem Würzburger Bischof Albrecht I. von Hohenberg den Treueid schwören. Unter Abt Berthold (1452/68?–73) schloss sich der Konvent 1469 der ➛ Bursfelder Kongregation an. Während der Bauernunruhen 1525 flohen die Mönche aus A., der bischöfliche Amtmann von Trimberg konnte die marodierenden Bauern zur Freigabe des Klosters überreden und eine Zerstörung verhindern. Abt Georg (1523–49) gelang die notdürftige Ausbesserung, aber schon 1553 folgten neue Verwüstungen im Zweiten Markgrafenkrieg. Zusätzlich schmälerte Graf Wilhelm IV. von Henneberg-Schleusingen den Besitzstand, was schließlich zur Überschuldung und Niedergang des klösterlichen Lebens führte. Der letzte Abt, Leonhard Gneitzheimer (1560–64), sollte im bischöflichen Auftrag die Lage verbessern, führte aber durch Verschwendung und Misswirtschaft das Ende herbei. Die Aufhebung der Klostergemeinschaft in A. vollzog Fürstbischof Friedrich von Wirsberg 1564; bis 1580 versah ein Benediktinerpater den Gottesdienst für die Anwohner.

▶ **Gegenwart.** Geblieben sind die romanische, dreischiffige Basilika und Reste der östlichen Klausur. Die ehemalige Abteibasilika und heutige katholische Pfarrkirche St. Laurentius wurde mehrmals einschneidend verändert und barockisiert. Sie verlor bei ihrer Verkürzung die Apsiden und romanischen Osttürme, aber auch ihr Westquerhaus und das romanische Hauptportal. Der heutige Glockenturm entstand erst um 1600. Im Inneren vermauerte man sächsische Stützenwechsel und romanische Kapitelle zu gleichförmigen Pfeilern, die Flachdecke erhielt Stuckornamente. Nördlich angegliedert befindet sich heute nur noch ein Teil des Ostflügels mit dem Kapitelsaal, Restteile des Kreuzgangs sind auf die südwestliche Umfassungsmauer versetzt worden.

◆ GermBen 2, 54–56; Mötsch, Johannes: Regesten des Archivs der Grafen von Henneberg-Römhild, Köln 2006; Fink, Alexandra: Die ehemalige Klosterkirche St. Laurentius in A. a.d. Saale, in: Romanische Klosterkirchen des hl. Bischofs Otto von Bamberg (1102–1139), Petersberg 2001, 36–56.

Aurach, *Dominikanerinnenkloster St. Matthäus (1267–1548) – „Frauenaurach", Diözese Bamberg – (Erlangen-Frauenaurach, Lkr. Erlangen-Höchstadt, Bayern, ❒ 4, A2).*

▶ **Geschichte.** Der Reichsministeriale Herdegen und Elisabeth von Gründlach bei Nürnberg stifteten 1267 das Dominikanerinnenkloster A. im Aischgrund südwestlich von Erlangen. Die erste direkte urkundliche Nachricht erwähnt die Vollendung der

Aura Benediktinerabtei, Reste des romanischen Kreuzgangs mit Baumotiven aus dem Reformkloster Hirsau.

Aurach Dominikanerinnenkloster, das spätromanische Portal der ehemaligen Klosterkirche St. Matthäus.

Klosterkirche 1271. Die Priorin Mechthild Krumpsit und Schwestern von Kloster ➛ Engelthal im Hammerbachtal stellten den Gründungskonvent. Die einflussreiche Stifterfamilie bestimmte A. zum Hauskloster, stattete es reichlich aus und übernahm die Schirmherrschaft; mit Leopold I. stellte die Familie den Bischof in Bamberg (1296–1303). Bereits 1294 besiedelten vier Schwestern aus A. das neugegründete Katharinenkloster in ➛ Nürnberg, 1356 gingen sechs Schwestern in das Heilig-Grab-Kloster nach ➛ Bamberg. 1316 verkaufte die Erbtochter Margarethe den Erlanger Besitz, der Ort „Frauenaurach" kam an Burggraf Friedrich II. von Nürnberg aus der Familie der Hohenzollern. Unter Priorin Elisabeth Auer (1436–51) erreichte der Konvent seine Hochblüte, Privatvermögen einzelner Konventualinnen waren üblich, die Klausurvorschriften wurden großzügig ausgelegt. Reformversuche durch die Ordensleitung scheiterten an der strikten Weigerung der meist adeligen Frauen. 1525 flohen die Schwestern vor aufständischen Bauern in das Nürnberger Katharinenkloster. Nach ihrer Rückkehr mit Priorin Kunigunde von Wallenrod († 1548) setzte sich im markgräflichen Land die Reformation durch; der erste evangelische Pfarrer trat 1531 seinen Dienst an. Die offizielle Aufhebung des Frauenklosters durch Markgraf Albrecht Alkibiades von Brandenburg-Kulmbach erfolgte 1548. Im Zweiten Markgrafenkrieg (1552–55) zerstörten Nürnberger Truppen Frauenaurach und die Klosteranlage; von der Kirche standen nur noch Außenmauern.

▶ **Gegenwart.** In Frauenaurach, heute ein Stadtteil von Erlangen, ist von den Klausurgebäuden des Klosters A. nichts geblieben. Die heutige Friedhofsmauer birgt noch Reste des ehemaligen Westflügels, die ehemalige Klosterkirche dient als evangelisch-lutherische Pfarrkirche St. Matthäus. Der gewölbte Saalbau mit Polygonalschluss entstand im späten 13. Jh., die dreijochige Kapelle im 14. Jh., der mächtige Nordwestturm erst 1717. An der Südwand sind Spuren des Kreuzgangs sichtbar, Steinmetzzeichen verraten zisterziensischen Einfluss. Ein repräsentatives spätromanisches Stufenportal befindet sich an der Nordseite.

◆ Jäggi, Carola: Frauenklöster im Spätmittelalter, Petersberg 2006, 80–83; Mohn, Claudia: Frauenaurach, Stadt Erlangen (Bayern), in: Mittelalterliche Klosteranlagen, Petersberg 2006, 424.

Backnang, *Augustiner-Chorherrenstift St. Pankratius (vor 1116–1477), Diözese Speyer – (Rems-Murr-Kreis, Baden-Württemberg, ❐ 3, D3).*

▶ **Geschichte.** Der Zähringer Markgraf Hermann I. von Verona-Baden stattete zusammen mit seiner Gemahlin Judith die Pfarrkirche auf dem Berg in B. mit Pfründen aus. 1073 trat der Markgraf in religiöser Ergriffenheit als Novize in die burgundische Benediktinerabtei Cluny (Frankreich) ein und starb dort ein Jahr später als einfacher Mönch. Sein Sohn Hermann II. gründete an der Pfarrkirche B. das Augustiner-Chorherrenstift St. Pankratius, das von Papst Paschalis II. 1116 bestätigt wurde. Die Pfarrpflichten übertrugen die Chorherren der neuen Pfarrkirche St. Michael, die dem Stift unterstand. Nach großen Schwierigkeiten versuchten 1123 Augustiner-Chorherren aus Marbach im Elsass einen Neubeginn. Nun entwickelte sich das Stift B. zum Hausstift der Markgrafen von Baden, die es über fünf Generationen als Familiengrabstätte nutzten. Mit Patronatsrechten über mehrere Pfarrkirchen, Grundbesitz in etwa 60 Orten, vier großen Wirtschaftshöfen, einem Hospital und Anteilen an der Haller Saline, wurde das Pankratiusstift geistliches und wirtschaftliches Zentrum in der östlichen Markgrafschaft. Ab 1219 verlagerten die Markgrafen ihren politischen Schwerpunkt aus dem Verwaltungszentrum B. in Richtung Westen, und die Stadt geriet in Randlage der Herrschaft. Bei kriegerischen Auseinandersetzungen Kaiser Friedrichs II. mit seinem Sohn Heinrich (VII.) wurde das Stift 1235 zerstört, der Propst und die meisten Stiftsherren erschlagen. Die Markgrafen Hermann VI. und Rudolf I. ließen St. Pankratius bis 1246 wieder aufbauen, ihre Mutter transferierte 1248 die Gebeine ihres Mannes, Markgraf Heinrich V., in das von ihr gegründete Zisterzienserinnenkloster ➛ Lichtenthal bei Baden-Baden; in St. Pankratius endete damit die Tradition der badischen Fürstengrablege. Durch Heirat fiel 1304 die Schirmvogtei an das Haus Württemberg, Graf Eberhard der Greiner nutzte 1366 einen Schiedsspruch zwischen den Chorherren und ihrem Propst zur Aneignung der Finanzhoheit. Schließlich bewilligten Papst Sixtus IV. und Bischof Matthias von Speyer 1477 als Ausgleich zum Eintritt des ➛ Sindelfinger Stifts in die ➛ Windesheimer Kongregation die Umwandlung des Pankratiusstifts in B. in ein Kollegiatstift, also von einem klösterlichen Regularkanonikerstift in ein weltliches Säkularkanonikerstift. Nach Auflösung des Kollegiatstifts 1535 wurden die Gebäude um 1600 als Witwensitz des Hauses Württemberg umgebaut, brannten aber 1683 nieder.

▶ **Gegenwart.** Heute schmücken nur Nachfolgegebäude den Stiftshof. Das evangelische Dekanatshaus steht an der Stelle des ehemaligen Refektoriums. Der erste Kirchenbau aus dem frühen 12. Jh. war eine querschifflose Basilika, deren Baustil von der Niederzeller Kirche auf der ➛ Reichenau beeinflusst war. Einzig ihre beiden Chorseitentürme, die 1577 durch einen Mittelbau miteinander verbunden wurden, sind romanischen Ursprungs. Auch die Krypta, in der die Gebeine der markgräflichen Familienmitglieder ruhen, hat sich aus der Zeit der Augustiner-Chorherren erhalten. Die evangelische Hauptpfarrkirche St. Pankratius in B. ist das Resultat der Bautätigkeit der Säkularkanoniker 1504 und des barocken Wiederaufbaus nach einem Brand 1683. Nahe der Stiftskirche steht der frühgotische Chorturm als Rest der abgetragenen Pfarrkirche St. Michael, die unter den Augustiner-Chorherren neben dem Stiftsbezirk als Pfarrkirche gebaut wurde; er ist als „Stadtturm" heute das Wahrzeichen der Stadt.

◆ Reustle, Sabine Beate: Stift und Stadt B. im 16. Jh., Backnang 1996; Fritz, Gerhard: Der Backnangner Nekrolog, in: Zeitschrift für Württembergische Landesgeschichte 44 (1985) 11–63.

Badersleben, *Augustiner-Chorfrauenstift St. Maria (1479–1810) – „Marienbeck", Diözese Halberstadt – (Huy-B., Lkr. Harz, Sachsen-Anhalt, ❐ 2, A4).*

▶ **Vorgeschichte.** Die Benediktinerabtei ➛ Huysburg im nördlichen Vorharz unterhielt einen Klosterhof im nahen Dorf B. Dieser wurde entbehrlich, nachdem sich die Benediktiner zusätzlich das Klosterwerk Röderhof ausgebaut hatten. Nach einem Brand verkauften die Mönche 1479 den Hof in B. an das heute untergegangene Stift Marienthal in Eldagsen bei Hannover.

▶ **Geschichte.** Die Augustiner-Chorfrauen aus Eldagsen gründeten 1479 eine Tochterniederlassung in B. und nannten sie „Marienbeck". Damals lebte der Eldagser Konvent unter Windesheimer Reformeinfluss. Eine Mutter Mette (1482) stand dem neuen Konvent in B. vor. Papst Alexander VI. bestätigte das Stift 1503. Die geistliche Auf-

Badersleben Augustiner-Chorfrauenstift, die spätgotische Saalkirche mit mächtigem Westturm, Südseite.

Baindt Zisterzienserinnenabtei, spätgotisches Gewölbe im Seitenschiff der Klosterkirche (1241).

sicht teilten sich Windesheimer Prioren von ➛ Hamersleben mit Benediktineräbten von Huysburg. Das Frauenstift B. gehörte zum Reformkreis der ➛ Windesheimer Kongregation ohne Status der Vollmitgliedschaft. Der Konvent erlangte nie große Ausstrahlung; der Besitz blieb überschaubar, zumal Bauernkrieg und Dreißigjähriger Krieg Verwüstung und Zerstörung brachten. Vor der Reformation bestanden in den Diözesen Magdeburg und Halberstadt über 50 Klöster und Stifte, 17 klösterliche Institute überlebten die Glaubensspaltung und blieben katholisch, das Stift B. war eines von ihnen. Es hielt sich als katholische Insel im protestantischen Mitteldeutschland und diente als Keimzelle neuer katholischer Gemeinden. 1803 lebten laut urkundlichem Vermerk der Priorin Benedicta La Paix der Probst Romanus Rhoden und zwölf Chorfrauen im Stift. Das Königreich Westphalen unter Jérôme Bonaparte säkularisierte B. 1810. Der Besitz umfasste zu dieser Zeit 425,5 Morgen Acker, 5 Morgen Garten, eine Brauerei, eine Wassermühle, 14 Pferde, 36 Stück Rindvieh, 36 Schweine, 300 Schafe und zahlreiches Geflügel.

▶ **Gegenwart.** Die einfache, spätgotische Saalkirche mit Polygonalchor und Tonnengewölbe ist heute Gotteshaus der katholischen Gemeinde, die von Benediktinermönchen des nahen Klosters Huysburg betreut wird. Die westliche Nonnenempore war ursprünglich größer. Der Zugang zur Klausur ist heute vermauert. Einziges Ausstattungsstück des Mittelalters ist eine spätgotische Pietà. Die Klausurgebäude, die sich nordwestlich an den rechteckigen Westturm anschließen, sind aus dem 18. Jh. und bergen Reste eines flachgedeckten Kreuzgangs, der doppelt in zwei Stockwerken angelegt wurde. Seit 1835 als Schule genutzt, dienen die Gebäude um einen Hof nach Restaurierung und Modernisierung zum Teil noch heute als Schulhaus, ein anderer Teil als Gemeinde- und Gästehaus.

◆ Merfert, Walter: B. und sein verspätetes Kloster, Oschersleben 2000; Hofer, Alfred: Aus der Geschichte des Klosters B., Halberstadt 1991.

Baindt, *Zisterzienserinnen Reichsabtei St. Maria und St. Johannes Baptist (1236–1810) – „Gottesgarten“, Diözese Konstanz – (Lkr. Ravensburg, Baden-Württemberg, ❒ 3, D4).*

▶ **Vorgeschichte.** Eine Beginengemeinschaft fand sich 1227 in Seefelden am Bodensee zusammen und zog 1230 nach Mengen an die Donau, um schon ein Jahr später weiter nach Boos im Saalgau umzusiedeln, wo sie 1236 als Klostergemeinschaft vom Papst Gregor IX. anerkannt und in den Zisterzienserorden inkorporiert wurde.

▶ **Geschichte.** Nochmals verlegten die Zisterzienserinnen 1240 ihr Kloster, diesmal nach B., wo ihnen Schenk Konrad von Winterstetten eine Vierflügelanlage als endgültige Niederlassung bauen ließ. Sie nannten das Kloster „Blühender Garten“ oder auch „Gottesgarten“ und rechtfertigten durch regeltreues Leben und kluge Besitzvermehrung die anspruchsvolle Namensgebung. 1241 konnte der Konstanzer Bischof Heinrich von Tanne die Klosterkirche und den größten Teil der Klausur konsekrieren. Der Staufer Konrad IV. erklärte 1241 das Kloster als vogtfrei. Die Äbtissinnen unterstanden lediglich dem Abt von ➛ Salem. 1243 fand der Stifter Konrad von Winterstetten im Kapitelsaal seine letzte Ruhe, wie auch seine Frau Guta von Neuffen und seine Tochter Irmengard, die beide durch weitere Wohltaten das Kloster unterstützt hatten. Als das Prämonstratenserstift ➛ Weißenau in Geldnot geriet, kauften die Zisterzienserinnen 1275 den Mönchen den Hof Sulpach ab, dem Prämonstratenser-Frauenstift ➛ Maisental nahmen sie die Attraktivität als Versorgungsstätte für oberschwäbische Adelstöchter. 1335 gründeten zwölf Schwestern unter Priorin Elisabeth von Gundelfingen das Tochterkloster Schlierbach (Österreich). 1376 erlangte B. Reichsimmunität und 1437 niedere Gerichtsbarkeit auf seinem weitgestreuten Besitz. Im Bauernkrieg 1525 litt die Abtei durch Brandzerstörung, die Abteigebäude mussten neu aufgebaut werden. Die Übertragung von Reliquien der römischen Katakombenheiligen Donatus und Bonifatius 1743 wertete den Konvent noch einmal bedeutungsvoll auf; er erreichte 1797 unter Äbtissin Maria Bernarda Riether (1768–1802) mit 37 Schwestern seine höchste Mitgliederzahl. 1802 erfolgte die Auflösung, kurz nachdem die letzte Äbtissin Maria Xaveria Lohmüller gewählt worden war; sie starb 1836, die letzte Schwester erst 1850.

▶ **Gegenwart.** Bereits 1842 waren die Klausurgebäude bis auf den Ostanbau des Südflügels abgerissen worden, lediglich das barocke Gästehaus, das Amtshaus von 1600, einige Wirtschaftsgebäude sowie ein Teil der Klostermauer samt dem Unteren Tor blieben erhalten. Die sehr lange, zisterziensisch nüchterne Klosterbasilika aus der Gründungszeit mit geradem Chorabschluss, gotischem Westportal und spätgotischem Netzgewölbe dient heute als katholische Gemeindekirche St. Johannes Baptist. Bei Brandschatzungen aufständischer Bauern 1525 blieb sie weitestgehend verschont, wurde aber über die Jahrhunderte mehrmals neu ausgestaltet. Dabei sorgte Äbtissin Maria Magdalena von Dürrheim (1723–51) für den barocken Innenschmuck. Wenige mittelalterliche Ausstattungsstücke sind geblieben, die wertvollsten gelangten in den Besitz verschiedener Museen. Als die Pest 1349 wütete, verloren einige Schwestern ihr Leben, das Pestkreuz an der Stirnwand des nördlichen Seitenschiffs erinnert noch heute an die Not dieser Zeit. An den ersten Niederlassungsorten blieb keine klösterliche Architektur erhalten.

◆ Beck, Otto (Hg.): B., in: Württembergisches Klosterbuch, Ostfildern 2003, 182 f.; ders.: B. – Hortus floridus, München – Zürich 1990.

Balingen, *Dominikaner-Tertiarinnenkloster St. Maria (vor 1430–1537) – „Untere Klause“, Diözese Konstanz – (Zollernalbkreis, Baden-Württemberg, ❒ 3, C4).*

▶ Die erste Pfarrkirche Unserer Lieben Frau der Stadt B. an der Eyach wird 1255 mit der Vergabe des Stadtrechts durch die Grafen von Zollern erwähnt. Die Kirche lag außerhalb der Stadtmauer. Als B. bereits zur Grafschaft gehörte, wird erstmals 1430 eine Schwesternsammlung nahe der Kirche genannt, die dem Dominikanerorden kommittiert war; die Tertiarinnen unter einer Priorin nutzten die Pfarrkirche für ihr Stundengebet. Ein Gang von ihrem Haus an der Stotzinger

Balingen Dominikaner-Tertiarinnenkloster, „Nonnenscharten“ am Chor der Marienkirche für die Schwestern.

Mühle über den Friedhof erlaubte ihnen, die Marienkirche zu erreichen, ohne sich öffentlich zeigen zu müssen. Ein Brand 1537 und die Reformation beendeten die Existenz der „Unteren Klause", die Frauen zogen in die Stadt und verbanden sich mit der franziskanischen Schwesterngemeinschaft der „Oberen Klause" an der Ölbergkapelle, die Herzog Christoph von Württemberg 1557 aufhob. Von der „Oberen Klause" ist nichts geblieben, aber entlang der Eyach durch den kleinen Stadtgarten erreicht man die alte Pfarrkirche St. Maria, heute das älteste Bauwerk der Stadt und ehemalige Klosterkirche der Dominikanerinnen der „Unteren Klause". Der als Friedhofskirche genutzte einschiffige Bau besitzt einen wehrhaften Turm aus romanischer Zeit, der bei Kriegswirren als Fluchtort genutzt werden konnte. Langhaus und Chor mit gotischen Maßwerkfenstern gehen auf Bautätigkeiten im 14. Jh. zurück. Am Kirchenchor sind heute noch „Nonnenscharten" zu sehen, durch welche die Schwestern von außen dem Pfarrgottesdienst beiwohnen konnten.

◆ Foth, Wilhelm: B., in: Württembergisches Klosterbuch, Ostfildern 2003, 183 f.; Willig, Wolfgang: Spurensuche in Baden-Württemberg. Klöster, Stifte, Klausen, Wannweil 1997.

Ballenstedt Benediktinerabtei, die überbaute Abteibasilika mit östlicher Apsis und Westriegel im Hintergrund.

Ballenstedt, *Benediktinerabtei St. Pancratius und St. Abundus (1123–1525), Diözese Halberstadt – (Lkr. Harz, Sachsen-Anhalt, ❐ 2, A5).*

▶ **Vorgeschichte.** Graf Esico von Ballenstedt, Ahnherr der Askanier, stiftete 1043 an der Burg auf dem späteren Schlossberg in B. im Nordharz das Kollegiatstift St. Pancratius und Abundus, das 1073 unter Aufsicht der Abtei ➛ Nienburg/Saale gestellt wurde. Sein Enkel, Otto der Reiche, ließ über dem nahen Selketal die Burg Anhalt erbauen, die als Stammsitz diente und zum Namensgeber des Landes Anhalt (heute Sachsen-Anhalt) wurde.

▶ **Geschichte.** Otto der Reiche wandelte kurz vor seinem Tod 1123 das Säkularkanonikerstift B. in ein Kloster für Reformbenediktiner um. Sein Sohn Adalbert (Albrecht der Bär) stellte das Benediktinerkloster unter den exklusiven Schutz des Papstes und erfüllte mit der Exemtion eine wichtige Forderung der ➛ Hirsauer Reformbenediktiner. Mönche aus dem heute untergegangenen Reformkloster Berge bei Magdeburg kamen in den Nordharz. Die ehemalige Stiftskirche wurde zu einer dreischiffigen, kreuzförmigen Säulenbasilika erweitert und umgebaut, die alte fünfschiffige Hallenkrypta, die Ähnlichkeit mit der Krypta im Kloster ➛ Konradsburg bei Ermsleben aufweist, blieb erhalten, obwohl eine Krypta untypisch für eine Klosterkirche Hirsauer Prägung war. Entsprechend der Bedeutung der nahen Burg Anhalt gewann die Abtei eine herausragende Stellung und wurde Grablege der Askanier, einem sehr einflussreichen Adelsgeschlecht, das in Sachsen-Anhalt, Brandenburg, Weimar-Orlamünde und Sachsen-Wittenberg-Lauenburg machtvolle Dynastien gründete, zwei Kurfürstentitel innehatte und die Geschicke Mittel- sowie Ostdeutschlands maßgebend prägte. Der Begründer dieser Herrschaft, Albrecht der Bär, erster Markgraf von Brandenburg, wurde 1170 mit hoher Wahrscheinlichkeit in der Nikolaikapelle der Abteikirche von B. neben seiner Gemahlin Sophie beerdigt. Durch mehrere Landesteilungen und fortdauernde Erbfehden sank die Bedeutung des Familienzweiges Anhalt seit dem 14. Jh.; sein Machtzentrum verlagerte sich nach Osten, der Niedergang des Benediktinerklosters B. war damit besiegelt. Fürst Georg II. von Anhalt erreichte unter Mithilfe der Mönche von ➛ Huysburg eine Belebung, was 1486 zum Beitritt der Abtei in die ➛ Bursfelder Kongregation führte. Abt Wilkinus († 1500) setzte die Anlage baulich instand. Im April 1525 stürmten Bauern und Bürger das Kloster und plünderten es aus. Bereits im Oktober 1525 übergab Abt Matthias Ribke die zerstörte Abtei dem regierenden Landesfürsten Wolfgang von Anhalt-Köthen, einem Anhänger der lutherischen Lehre. Instandsetzungen als Wohnsitz für die anhaltischen Fürsten waren der Beginn des langen einschneidenden Umbaus des Abteikomplexes zum repräsentativen Schloss der Fürsten von Anhalt-Bernburg, die 1765 B. zur Residenzstadt erhoben.

▶ **Gegenwart.** Sehenswerte Reste des Klosters sind bis heute in den Flügelbauten des Schlosses erhalten geblieben. Dazu zählt die westliche Zweiturmfront der ehemaligen Abteikirche als markanter sächsischer Westriegel, der im Erdgeschoss die kreuzgratgewölbte Nikolaikapelle enthält, die von den Nationalsozialisten als Weihestätte am Grab Albrechts des Bären romanisierend umgestaltet wurde. Ein Schlossflügel steht heute am Ort der 1748 abgebrochenen Kirche, hat aber die Mittelapsis der ursprünglich fünfschiffigen Ostkrypta übernommen. Die Krypta weist einige Säulen mit dekorreichen Kapitellen auf, die in ➛ Königslutter ihre Vorlagen gehabt haben könnten. Die tiefliegenden Klausurräume aus der Entstehungszeit im Westflügel des Schlosses zeigen ebenfalls Ecksäulen und Wandpfeiler mit Kapitellschmuck.

◆ Römer, Christof: Die Benediktiner im Bistum Halberstadt, Halberstadt 2006; Partenheimer, Lutz: Albrecht der Bär, Köln u. a. 2001; Korf, Winfried: B.: Kloster, Schloss und Schlossbezirk, München u. a. 1993.

Bamberg, *Benediktinerabtei St. Michael (1015–1803) – „Michelsberg", Diözese Bamberg – (kreisfreie Stadt, Bayern, ❐ 4, A2).*

▶ **Geschichte.** Acht Jahre nach Gründung des Bistums Bamberg stiftete der erste Bischof Eberhard 1015 das Benediktinerkloster St. Michael auf einem Hügel in landschaftsbeherrschender Lage über der Bischofsstadt. Der Kirchenpolitik Kaiser Heinrichs II. folgend, rief der Bischof aus ➛ Amorbach Mönche mit Abt Rabotto (1015–20) auf den „Michelsberg", die für die strenge Einhaltung der ➛ Gorzer Reformstatuten in der Auslegung des *Ordo amerbacensis* bekannt waren. Die Benediktiner vom Michelsberg trugen die Gorzer Reform weiter in die Klöster ➛ Mönchsdeggingen (1016), ➛ Cölbigk (vor 1024), ➛ Gengenbach (1071), ➛ Schuttern (1080) und Stein am Rhein (Schweiz, 1080). Dabei hielten sie sich bald an die ➛ Junggorzer Reformrichtung, die durch Abt Ekkebert von Münsterschwarzach (1047– um 1076) in B. Einfluss gewann. Skriptorium und wissenschaftliche Arbeit erreichten schon in dieser Zeit allerhöchstes Niveau: der gelehrte Bruder Frutolf († 1103) verfasste eine Weltchronik, arbeitete an der Zeitberechnung, beschrieb das Astrolab, den Rechenstab und die Sonnenuhr und konzipierte erste musiktheoretische Werke. Bischof Otto I. von Bamberg (1102–39) holte zur Durchsetzung neuer Reformen 1112 den tatkräftigen Abt Wolfram I. (1112–23) und

Bamberg Benediktinerabtei, der hl. Bischof Otto I. der Große, Sandsteinplastik von 1288 in der Krypta.

fünf Mönche aus ➛ Hirsau nach B., setzte die ➛ Hirsauer Reformstatuten im Konvent durch und ließ nach dem Erdbeben 1117 die ganze Anlage neu und größer aufbauen; er gilt als zweiter Gründer der Abtei, sein Grab im Chor von St. Michael wurde nach seiner Kanonisierung 1189 zum Kult- und Wallfahrtszielpunkt. Noch in seiner Zeit erreichte die Abtei ihre größte Ausstrahlung; sie etablierte 1124 das Priorat St. Fides auf einer Anhöhe über dem Michelsberg, schickte Gründungskonvente nach Michelfeld (1119), ➛ Münchaurach (1124), Arnoldstein (Österreich, 1126), ➛ Münchsteinach (1139) und Mönchsdeggingen (1142). Die Reformprinzipien wurden in ➛ Theres (1120) und ➛ Mallersdorf (1130) eingeführt. Die Konventsstärke belief sich 1170 auf 70 Mönche. Stiftungen des Adels machten Michelsberg mit Liegenschaften in 441 Orten zum reichsten Kloster der Diözese. Im 15. Jh. stürzten innere Verflachung aber auch ein Hussiteneinfall 1430 sowie der Immunitätsstreit mit Bamberger Bürgern 1435 den Konvent in eine erste Krise, die jedoch durch Beitritt zur ➛ Bursfelder Kongregation 1467 unter Abt Eberhard III. von Venlo (1463–75) bewältigt werden konnte. Es folgten Bauernaufstand 1525, der Zweite Markgrafenkrieg 1553, eine Brandkatastrophe 1610 und der Dreißigjährige Krieg. Die nachfolgende Konsolidierung erlaubte den barocken Ausbau des Klosters. Repräsentationssucht der Äbte in Konkurrenz zum Bischof und Verweltlichung konterkarierten zunehmend die benediktinischen Ideale, die Äbte entfremdeten sich vom Konvent. Nach der Säkularisierung 1803 durch Bayern rettete die Einrichtung eines Bürgerspitals den Abteikomplex.

▶ **Gegenwart.** Noch heute dient die Barockanlage als Altenheim. Die ehemalige Klosterkirche und großartig angelegte Terrassen am Berg sind heute Sehenswürdigkeiten der Stadt. Abt Christoph Ernst von Guttenberg (1689–1715) hatte mit dem barocken Neuaufbau der Anlage begonnen, die Architektenbrüder Leonard und Johann Dientzenhofer agierten dabei in der schon mehrmals veränderten Kirche sehr behutsam. Die Osttürme hatte man bereits 1230 an die Westfassade verlagert und nach dem Brand 1610 verändert wieder hergerichtet. Nun wurde diese doppeltürmige Westfassade sehr gekonnt barock verblendet, der gotische, polygonale Ostchor an die neuen Klausurgebäude angebunden und das romanische Querhaus äußerlich original belassen. Die barocke Innengestaltung betont den romanischen Ursprung und gipfelt in der botanisch exakten Darstellung von 578 Pflanzen in den Gewölbefeldern des Lang- und Querhauses – ein Herbarium als „Himmelsgarten“, geschaffen von einem unbekannten Künstler (1614–17). Das heutige, reich verzierte Grab des hl. Otto von Bamberg unter dem Chorraum entstand 1435, die Sandsteinplastik des Heiligen an der Rückwand der Krypta gegen 1288.

◆ GermBen 2, 152–157; Fink, Alexandra: Die ehemalige Klosterkirche St. Michael in B., in: Romanische Klosterkirchen des hl. Bischofs Otto von B. (1102–39), Petersberg 2001, 79–101.

Bamberg, *Dominikanerkloster St. Christoph (um 1310–1803) – „Predigerkloster“, Diözese Bamberg – (kreisfreie Stadt, Bayern, ❐ 4, A2).*

▶ **Geschichte.** Fürstbischof Wulfing von Stubenberg, einst Dominikanerbruder in Friesach (Österreich), holte zu Beginn seiner Amtszeit 1304 Predigerbrüder in die Bischofsstadt B., aber erst gegen 1310 entstand die Niederlassung am Fuß des Dombergs am Ufer der Regnitz inmitten altbebauten Gebiets auf einem kaiserlichen Freihof der Familie Zollner auf dem Brand. Die beengten Bauverhältnisse zwangen die Dominikaner, ihre schlichte, aber große Klosterkirche St. Maria und St. Christoph gegen Norden zum Fluss hin auszurichten und die Hauptfassade nach der Herrenstraße zu öffnen. Von Anfang an besaßen die Predigerbrüder entgegen ihrem Armutsgelübde erheblichen Landbesitz, gehörten aber nie zu den reichen Klöstern der Stadt. Besondere Bedeutung erlangten sie durch ihre hohe Bildung, zu deren Grundlage sie eine vorzügliche Bibliothek aufbauten. Aus ihrem Kloster sind einige Gelehrte, Ordensobere und hohe kirchliche Würdenträger hervorgegangen. Der aus Nürnberg berufene Prior Rudolf Goldslacher reformierte 1451 den Konvent zur strengeren Observanz, was in den folgenden Jahrzehnten einen regelrechten Bauboom auslöste: die Brüder erneuerten und erweiterten die Konventsgebäude, Bürger und Domkapitel sparten nicht mit Zuwendungen. Der Prior Johannes Rüger († 1546) wurde Weihbischof von Bamberg, der Predigerkonvent hielt während der Reformation am katholischen Glauben fest. Sein Nachfolger in diesem Amt, der Kontroverstheologe Petrus Rauch von Ansbach (1495–1558), ließ sich in der Dominikanerkirche beerdigen. 1644 wurde das ordenseigene Philosophiestudium aus Nachwuchsmangel von B. in das Dominikanerkloster ➛ Würzburg verlegt. 1682 entstand ein eigenes Brauhaus. Noch vor der offiziellen Säkularisierung 1803 wurden die Dominikaner im eigenen Kloster gedemütigt und bedrängt, weil die Anlage inzwischen vom bayerischen Militär als Lazarett, Kaserne und Magazin genutzt wurde; die militärische Nutzung dauerte etwa 120 Jahre und veränderte die Kirche und Konventsgebäude entsprechend.

▶ **Gegenwart.** Die ehemaligen Klostergebäude sind heute in die innerstädtischen Nutzbauten völlig integriert. Im 15. Jh. erhielt die Kirche ihren polygonalen, kreuzrippengewölbten Chor und das Langhaus seine heutige Gestalt. Der heute noch östlich der Kirche existierende Kreuzgang wurde 1464 angebaut. Nach dem Dreißigjährigen Krieg begann eine neue Ausbauphase, wozu einige Nachbargrundstücke und -häuser erworben werden konnten, darunter auch 1677 das Lorbersche Haus unter den Störchen. Während die Kirche im 18. Jh. lediglich innen „modernisiert“ wurde, wobei Kalkübertünchungen die sich überlagernden Fresken aus allen Epochen verschwinden ließen, deren Aufdeckung und mühevollen Entwirrung sich heutige Denkmalpfleger zum Ziel gesetzt haben, entstanden im Klosterareal neue repräsentative Konventsgebäude, deren kostspieliger Bau die Dominikaner finanziell ruinierte. Die mittelalterliche Dominikanerkirche und der spätgotische Kreuzgang waren nach gründlicher Sanierung bis 1993 Heimstatt der „Bamberger Symphoniker“; heute nutzt die Universität den Kirchenbau als Aula.

◆ Schneider, Erich: Klöster und Stifte in Mainfranken, Würzburg 1993, 206–208; Walz, Angelus: Dominikaner und Dominikanerinnen in Süddeutschland 1225–1966, Freising 1967.

Bamberg, *Dominikanerinnenkloster Heilig Grab (1356–1803, seit 1926) – „Heilig-Grab-Kloster“, Diözese Bamberg – (kreisfreie Stadt, Bayern, ❐ 4, A2).*

▶ **Geschichte.** An dem Ort eines Hostienfrevels 1314 ließen die Kanoniker des Kollegiatstifts St. Gangolf in B. eine Sühnekapelle bauen. An dieser Kapelle stifteten das Patrizierehepaar Katharina und Franz Münzmeister 1356 nach einer glücklich überstandenen Pilgerfahrt ins Heilige Land das Dominikanerinnenkloster zum Heiligen Grab. Die ersten sechs Schwestern kamen aus ➛Aurach in Erlangen-Frauenaurach. Bald darauf traten zwölf weitere Frauen in den Konvent ein, darunter auch Margarete Münzmeister, die Tochter der Stifter. Nach dem Tod Münzmeisters, der in der Kirche bestattet wurde, kam auch seine Frau in das Kloster und lebte dort 19 Jahre lang als weltliche Mitbewohnerin. Der Bau der einschiffigen Klosterkirche konnte erst mit der Einwölbung um 1500 vollendet werden, wobei sich Plünderung und Schäden durch den Hussiteneinfall von 1430 verzögernd ausgewirkt haben. 1457 fanden observante Ordensreformen Eingang in den Konvent. Der Bauernkrieg 1525 und der Dreißigjährige Krieg brachten tiefe Einschnitte in das Leben der Gemeinschaft bis zur Aufhebung 1803. Der Konvent war durch etliche Dotationen nicht arm, er besaß Weinlagen in Zeil am Main und das Braurecht in B. Die Schwestern bewahrten stets das Gedenken an den Hostienfrevel von 1314 und die Heilwunder, die sich nach dem Fund der gestohlenen Hostien an der Stelle ihres Klosters ereignet hatten. Sie verkauften dazu in kostbar gearbeiteten Beutelchen die geweihte Erde des Ortes an Pilger und Wallfahrer. Mit Webkünsten haben sie sich am nachhaltigsten in Erinnerung gehalten. Nach 1803 weigerten sich 13 Schwestern in das Institut der Englischen Fräulein zu wechseln und verließen die Stadt. 120 Jahre lang diente der Klosterkomplex als Kavalleriekaserne und Lazarett, bis auf Kirche und „Beichtvaterhäuschen" wurden alle Gebäude abgerissen.

▶ **Gegenwart.** 1926 besiedelten Dominikanerinnen des dritten Ordens aus dem Kloster St. Ursula in ➛Augsburg das Heilig-Grab-Kloster im heutigen „Gärtnerviertel" in B. wieder. Einzig ihre einfache Klosterkirche mit Netzgewölbe und hölzerner Nonnenempore blieb aus mittelalterlicher Zeit erhalten. Zwölf Tafelgemälde des frühen 17. Jh. erzählen die wundersame Geschichte des Hostienfundes. Der Bamberger Domschatz birgt heute ein großes Fastentuch, das die Schwestern in vollendeter Stickarbeit um 1500 angefertigt hatten und das auf über zwölf Quadratmetern neun Passionsszenen wiedergibt.

◆ Schneider, Erich: Klöster und Stifte in Mainfranken, Würzburg 1993, 208–211; Walz, Angelus: Dominikaner und Dominikanerinnen in Süddeutschland 1225–1966, Freising 1967.

Bamberg, *Zisterzienserinnenkloster St. Maria und St. Theodor (1157– um 1350), Benediktinerinnenkloster St. Maria und St. Theodor (um 1350–1554), Karmelitenkloster St. Maria und St. Theodor (1589–1803, seit 1902) – „Karmelitenkloster am Kaulberg", Diözese Bamberg – (kreisfreie Stadt, Bayern, ❒ 4, A2).*

▶ **Geschichte des Zisterzienserinnenklosters.** Das Domkapitel in B. errichtete unter Amtsführung Bischof Ottos I. (1102–39, kanonisiert 1189) am Kaulberg ein Pilgerhospital, das sie dem hl. Theodor, Martyrer aus Kleinasien († um 310), weihten. Bischof Eberhard II. wandelte es 1157 in ein Zisterzienserinnenkloster um. Die erste Äbtissin Gertrud († 1201), pfalzgräfliche Witwe und Mitstifterin der Abtei ➛Bildhausen, kam mit einigen Schwestern aus ➛Wechterswinkel nach B. und steuerte ein Landgut bei. Die Abhängigkeit vom Bischof verhinderte eine Mitgliedschaft im Zisterzienserorden. Wichtigste Aufgabe fanden die Frauen in der Betreuung der Pilger; sie unterhielten dazu weiterhin das Hospital, das allerdings 1297 letztmalig erwähnt wird. 1203 besiedelten sie Kloster Trebnitz

Bamberg Zisterzienserinnen-/Karmelitenkloster, das romanische Zickzackportal mit Löwenskulpturen.

in Schlesien (Polen), bekannt durch Hedwig von Schlesien (1174–1243, kanonisiert 1267). In der ersten Hälfte des 14. Jh. verlor sich die Adelsexklusivität, der Konvent unterstellte sich gegen 1350 den milderen Regeln der Benediktiner. Äbtissin Kunigunde von Wetzhausen (um 1470) ließ den alten Kreuzgang künstlerisch vollendet ausgestalten. Der wirtschaftliche Niedergang und die Reformation führten 1554 zur Auflösung.

▶ **Geschichte des Karmelitenklosters.** 1589 versetzte Bischof Ernst von Mengersdorf die Karmeliten, die seit etwa 1273 im Inselstadtteil Au lebten, in das leere St. Theodor-Kloster, das alte „Aukloster" St. Laurentius wurde Priesterseminar. Die Karmeliten hatten unter tüchtigen Prioren hohes Ansehen erlangt. 1385 fand in B. das Generalkapitel ihres Ordens statt. Während der Reformation war der Konvent gespalten, einerseits spielten einige Brüder wichtige Rollen bei Bürgerprotesten und dem Aufruhr von 1525, andererseits galt Prior Andreas Stoß (1529–40) als eigentlicher Retter des Katholizismus in der Stadt. Dieser Sohn des Bildschnitzers Veit Stoß war 1525 als Prior aus Nürnberg verbannt worden, übernahm in B. 1528 das Amt des Priors, wurde 1529 Provinzial der Oberdeutschen Karmeliten (1529–40) und beriet in unruhigen Zeiten Bischof Weigand von Redwitz. Der Beginn im Kloster St. Theodor 1589 erwies sich als mühsam, erst nach der Tourainer Reform und der Einrichtung eines Noviziats im 17. Jh. wuchs der Karmelitenkonvent wieder auf über 20 Brüder. Zwischen 1692 und 1707 gestaltete man die Klosterkirche St. Maria und St. Theodor einschneidend um, drehte ihre Gebetsausrichtung um 180 Grad und ließ Johann Leonhard Dientzenhofer die nun repräsentative Ostfassade in schlichtem „fränkischen Barock" ausführen. In dieser Zeit entstanden drei neue Klausurflügel unter Beibehaltung des spätgotischen

Bamberg Zisterzienserinnen-/Karmelitenkloster, der gotische Kreuzgang mit figurenreichem Kapitellschmuck.

Kreuzgangs, ein Westflügel kam 1740 hinzu. Nach der Säkularisierung 1803 durch den bayerischen Staat und 100 Jahren profaner Nutzung kauften die beschuhten Karmeliten aus ➛ Straubing das Kloster 1902 von der Stadt zurück und begannen ihre dritte Bamberger Periode.

▶ **Gegenwart.** Der Kreuzgang aus dem späten 13. Jh. ist heute das hervorstechendste Architekturbeispiel des Mittelalters in der Klosteranlage am Kaulberg. Er wurde um 1470 in bewusstem Rückgriff auf die Romanik mit künstlerisch hochwertig gearbeiteten, reich verzierten Kapitellen ausgestattet. Neben dem Kreuzgang sind nur noch der Südturm und untere Mauerteile der Barockkirche mittelalterlichen Ursprungs. Ein wichtiges Zeugnis romanischer Baukunst blieb an der äußeren Westfront erhalten, hinter der sich heute der Chor verbirgt: das normannische Zickzackportal mit stark verwitterten Löwenskulpturen auf Kapitellen, deshalb „Löwentor" genannt; es geht als ältestes Kirchenportal in B. auf den frühen Zisterzienserinnenkonvent zurück.

❖ Das erste Karmelitenkloster in der Austadt befand sich an der Stelle des heutigen Rathauses am Maxplatz.

◆ Mohn, Claudia: B., St. Theodor (Bayern), in: Mittelalterliche Klosteranlagen, Petersberg 2006, 258–261; Schneider, Erich: Klöster und Stifte in Mainfranken, Würzburg 1993, 201–205; Deckert, Adalbert: Die Oberdeutsche Provinz der Karmeliten, Rom 1961.

Bärbach Klarissenkloster, vom Kloster blieben nur Mauern, der Kirchengiebel ist der beeindruckendste Rest.

Bärbach, *Klarissenkloster St. Salvator (1334–1530) – „Klarenfeld", Erzdiözese Trier – (Schönborn-B., Rhein-Lahn-Kreis, Rheinland-Pfalz, ❐ 3, B1).*

▶ **Geschichte.** Das Kloster B. geht auf eine Initiative des Einsiedlers Gottschalk zurück, der erheblichen Besitz bei Schönborn zur Gründung eines Klarissenklosters stiftete. Graf Gerlach von Nassau, seine Schwiegertochter Gräfin Anna von Nassau-Hadamar und ein Verwandter, Graf Wilhelm von Katzenelnbogen, beteiligten sich 1334 an der Gründung des Klarissenklosters zum „Heiligen Erlöser". Eine Kirche wurde 1344 in B. geweiht. Die Schirmherrschaft hatten zunächst die Grafen von Katzenelnbogen inne, die den Konvent von Diensten, Steuern und Jagdfronden befreiten. Nach Aussterben des gräflichen Mannesstammes ging das Vogtrecht 1479 an die Landgrafen von Hessen über. Die Schwestern erwarben Schenkungen reicher Bürger von Limburg, Koblenz oder Oberwesel. Durch Zukäufe entstand umfangreicher Grundbesitz in der Umgebung, im Limburger Becken und an der Lahn, ein eigenes Weingut lag im Aartal. Papst Urban IV. hatte dem Klarissenorden 1263 ausdrücklich Landbesitz und Zinswirtschaft zur besseren Eigenversorgung verordnet, was die meisten Konvente auch befolgten. Ihre Schwestern wurden deshalb auch Urbanistinnen oder „Reiche Klarissen" genannt; zu diesen müssen die Klarissen in B. gezählt werden. Der Konvent setzte sich sowohl aus adeligen wie auch aus bürgerlichen Frauen zusammen. 1530 bekannten sich die Klarissen zum lutherischen Glauben, ihr Kloster wurde wohl erst 1566 von Landgraf Philipp I. von Hessen eingezogen. Die Schwestern erhielten Abfindungen, ein Teil der Klostergüter diente zur Versorgung der Hospitalinsassen im ehemaligen Benediktinerkloster ➛ Gronau, wo der Landgraf nach der Aufhebung eines der vier hohen Hospitäler Hessens eingerichtet hatte; ein großer Teil floss in die Residenzbauten Braubach und Rheinfels. Ein Restitutionsversuch der Franziskaner scheiterte 1629.

▶ **Gegenwart.** In einem Seitental des Rupbachs in der Gemarkung Schönborn stehen in einem landwirtschaftlichen Hofgelände Ruinenreste des ehemaligen Klarissenklosters B. Vom Kloster sind lediglich eine hochragende Giebelwand der Kirche sowie etliche Mauerteile der Klausurgebäude geblieben, die meist in die heutigen Wirtschaftsbauten des Hofes eingebunden sind.

◆ Struck, Wolf-Heino: Die Klöster B., Beselich, Dirstein und Gnadenthal, das Johanniterhaus Eschenau und die Klause Fachingen. Regesten vor 1153–1634, Wiesbaden 1961.

Barby, *Franziskanerkloster St. Johannes Baptist (1264–1540), Erzdiözese Magdeburg – (Salzlandkreis, Sachsen-Anhalt, ❐ 2, B4).*

▶ **Geschichte.** Nachdem deutsche Siedler die Stadt B. an der Elbe nördlich der Saalemündung angelegt hatten, stiftete Graf Burkhard II. von Barby aus dem fränkischen Haus Arnstein ein Franziskanerkloster im Nordwesten der Stadt. Wenige Jahre später sorgte die gräfliche Familie sowohl für eine Deutschordenskommende im nahen ➛ Bergen (Börde), als auch für den Bau der Franziskanerkirche in der Stadt. Die Minoriten stellten ihre Kirche unter das Patrozinium des hl. Johannes des Täufers. Nach einem Großbrand beauftragte Graf Günther II. den Neuaufbau der Klausuranlage zwischen 1371 und 1380 im Nordbereich der verbliebenen Kirche. Über die Barfüßer in B. ist wenig bekannt, sie weigerten sich im Spätmittelalter den Observanzbemühungen des Ordens zu folgen, entschieden sich jedoch 1507 zur ➛ Martinianischen Reform und behielten ihren Besitz, wenn auch unter städtischer Verwaltung. Die Grafen von B. setzten das lutherische Bekenntnis in ihrem Herrschaftsbereich gemeinsam mit Brandenburg durch (um 1540) und lösten das Kloster auf. In dieser Zeit weilte Thomas Lumpe im Kloster, Exilguardian von ➛ Zerbst (1522–26); er war schon um 1509 Guardian im Konvent B., wurde 1522 nach Zerbst versetzt und hatte bereits 1526 die dortige Aufhebung seines Klosters erleben müssen.

▶ **Gegenwart.** Die Klausurgebäude sind heute bis auf die Sakristei und das „Abtshäuschen" verschwunden. Einzig die gotische Klosterkirche dient nach wie vor als Gottesdienstraum der evangelisch-lutherischen Gemeinde. Der vorzüglich gearbeitete, lang gestreckte Rechtecksaal ohne abgesetzten Chor und Strebepfeiler verkörpert noch heute den „Urtyp" einfacher Franziskanerkirchen, vergleichbar mit ➛ Prenzlau, jedoch ohne die dortige Einwölbung des Innenraums und etwas höher gezogen, als es ursprünglich üblich war. Die Kirche bewahrt zahlreiche bemerkenswerte Ausstattungsstücke der Franziskaner, einzelne kunsthistorisch hochwertige Grabplatten erinnern an die gräfliche Familie, eindrucksvoll das Epitaph Graf Alberts I. und seiner Gemahlin Jutta (1360). Lebensgroße Sandsteinplastiken und Schnitzfiguren überraschen ebenso wie die holzgeschnitzte Madonna auf der Mondsichel aus der Werkstatt Hans Wittens (um 1510).

◆ Pieper, Roland/Einhorn, Jürgen W.: Franziskaner zwischen Ostsee, Thüringer Wald und Erzgebirge, Paderborn u. a. 2005, 100–103; Teichmann, Lucius: Die Franziskanerklöster in Mittel- und Ostdeutschland, Leipzig 1995, 35.

Barsinghausen, *Augustiner-Chordamenstift St. Maria (vor 1193–1543), Diözese Minden – (Lkr. Region Hannover, Niedersachsen, ❐ 1, D4).*

▶ **Geschichte.** Das Marienstift B. wurde vor 1193 von den Grafenbrüdern Wedekind IV. von Schwalenberg und Gottschalk von Pyrmont als Doppelkloster für Regularkanoniker auf ihrem Mindener Lehnbesitz im Marstemgau angelegt. Aus der ersten urkundlichen Erwähnung 1193 und der Bestätigung Bischof Dietmars von Minden 1203 geht nicht hervor, wie lange der frühe Doppelkonvent bestand. Seit 1216 lebte wohl nur noch ein Augustiner-Chordamenkonvent im Stift, weil der Schutzbrief Papst Innozenz' III. nur von Konventualinnen sprach. Der Konvent setzte sich aus Frauen des hohen und niederen Adels sowie der Bürgerfamilien der umliegenden Städte Hannover, Nienburg, Hameln und Stadthagen zusammen. 1368 stand erstmals mit Priorin Mechthild Seldenbut eine Nichtadelige dem Stift vor, nach außen wurde es von einem frei gewählten Propst vertreten. Vogteirecht lag zunächst bei den Stiftern, die aber verzichteten, so dass mit Genehmigung des Diözesanbischofs ab 1203 die Vögte von den Chordamen selbst gewählt werden konnten: fast 200 Jahre lag die Schirmherrschaft bei den Schauenburgern, seit 1392 bei den Welfen. Das Marienstift entwickelte sich dank großzügiger Dotationen zum geistlichen und wirtschaftlichen Mittelpunkt des Calenberger Landes. Abt Thimo von ➛ Corvey (1254–75) übertrug 1257 dem Stift einige Hufe Land; sechs Salzpfannen an den Mindener Salinen konnten erworben werden. In B. entwickelte sich das Steinmetzhandwerk, das die örtlichen Sandsteinbrüche nutzte. Mitte des 14. Jh. setzte mit ersten Wirtschaftskrisen der langsame Niedergang der Stiftsökonomie ein, der bis zur Reformation nicht mehr aufzuhalten war, verschärft durch eine Brandkatastrophe 1468. Ablassbriefe des Mindener Bischofs Albert von Hoya sollten den Wiederaufbau beschleunigen. Zu dieser Zeit lebten 14 Augustiner-Chordamen in B. Noch 1519 bat Herzog Erich I. seine Untertanen, dem Marienstift mit Spenden aus der Not zu helfen. 1543 beauftragte seine Witwe, Herzogin Elisabeth von Calenberg-Göttingen, ihren evangelischen Vertrauten und Pfarrer Antonius Corvinus das Kloster in ein evangelisches Damenstift umzuwandeln, dieses besteht bis heute. Steinkohleabbau und Klosterstollen gehören zur nachreformatorischen Geschichte.

▶ **Gegenwart.** Seit 1996 führt die Diakonische Schwesternschaft Wolmirstedt mit einer evangelischen Kommunität die klösterliche Tradition fort. Die ehemalige Stiftskirche St. Maria, ein dreischiffiger Bau aus Deistersandstein auf kreuzförmigem Grundriss im romanisch-gotischen Übergangsstil aus der Gründungszeit, ist eine der ältesten Hallenkirchen in Niedersachsen und dient der evangelisch-lutherischen Gemeinde als Gottesdienstraum. Das Langhaus wirkt heute mit nur einem Joch unvollständig, zwei Joche wurden spätestens mit Einführung der Reformation niedergelegt, was den Eindruck eines Zentralbaus vermittelt. Das Chorquadrat und die Apsiden schmückt ein Spitzbogenfries, am nördlichen Querarm blieb ein dreifach gestuftes Portal mit Säulen erhalten. Innen beeindrucken schwere Wulstrippen auf Ecksäulen, spitzbogige Gurt- und Schildbögen. Der Chorraum bewahrt die Grabplatte des ersten Propstes Bodo (1200–13). Südlich, oberhalb der Kirche, schließen sich schlossartige Stiftsgebäude (1700/04) an. Die mittelalterliche Klausur repräsentiert heute lediglich einen Rest des Kreuzgangs, der sogenannte „Untere Kreuzgang", in dem sich ein Lapidarium befindet.

◆ Bonk, Achim: Urkundenbuch des Klosters B., Hannover 1996; Borgmann, Richard: Die Stiftskirche in B., Münster 1978.

Barsinghausen Augustiner-Chordamenstift, die spätromanische Stiftskirche mit Apsis und Portal am Querhaus.

Bassum, *Benediktinerinnenabtei St. Mauritius und St. Viktor (1205–1541), Erzdiözese Bremen – (Lkr. Diepholz, Niedersachsen, ❐ 1, C3).*

▶ **Vorgeschichte.** Die Frauengemeinschaft in B. beruft sich auf eine sehr alte Tradition, die bis in die Zeit der Sachsenmissionierung unter den Karolingern zurückgeht. Das hochadelige Kanonissenstift gehört eigentlich nicht in unseren Betrachtungsrahmen, wenn nicht die hochadeligen Stiftsdamen im 13. Jh. eine Hinwendung zum klösterlichen Dasein unter der Benediktregel vollzogen hätten. Richardis, Markgräfin von Stade, war Konventsschwester im Benediktinerkloster ➛ Rupertsberg und enge Vertraute der Äbtissin Hildegard von Bingen (um 1098–1179). Sie wurde auf Befehl ihres Bruders, Erzbischof Hartwigs I. von Bremen, vom Rupertsberg nach B. entführt und dort 1151 als Äbtissin eingesetzt. Papst Eugen III. billigte diesen Gewaltakt unter Auflage, dass Richardis ihr Gelübde auf die Benediktregel auch in B. einzuhalten habe, doch Richardis starb bereits 1152 und der erste Observanzversuch scheiterte.

▶ **Geschichte.** Erzbischof Hartwig II. von Utlede griff als nächster einschneidend in das Stiftsleben ein, ersetzte einige reformunwillige Damen und befahl observante Klausurbestimmungen. Äbtissin Beatrix von Oldenburg (1205– nach 1225) wechselte mit ihren Frauen die weiße Tracht gegen das schwarze Benediktinerhabit. Diese Umwandlung vollzog Beatrix 1208 auch im Stift ➛ Herzebrock bei Gütersloh. Ein Kanonikerkollegium blieb als weltlicher Vertreter im Stift anwesend, auch behielten die Äbtissinnen eine fürstähnliche Autonomie und Besitzrechte; so unterstanden ihnen weiterhin eigene ritterliche Dienstmannen. Mit der Umwandlung zum Kloster gingen Bauaktivitäten und die Gründung einer Bibliothek mit eigenem Skriptorium einher, gleichzeitig wurde der caritative Dienst im neuen Hospitalhaus eingeführt. Unter Äbtissin Salome von Oldenburg (1243–76) blühte das Skriptorium auf, sie erwirkte auch 1254 ein besonderes Schutzprivileg des Papstes. Ein Brand (1328) nötigte den Konvent zu Wiederaufbaumaßnahmen und zum Verkauf von Liegenschaften. Erzbischof Burkhard II. von Grelle gewährte zahlreiche Ablässe. 1329 schlossen die Zisterzienserinnen von ➛ Wienhausen Bassumer Schwestern in ihre Gebetsgemeinschaft ein. 1338 wechselte die Vogtei von der Oldenburger Grafschaft in die Grafschaft Hoya. Ende des 15. Jh. traten wieder die typischen Züge eines weltlichen Kanonissenstifts hervor. Die letzte katholische Äbtissin Anna I. Freese (1482–1541) verbesserte nicht nur die Finanzkraft des Klosters, sondern auch die Liturgie im Sinn der ➛ Bursfelder Re-

Bassum Benediktinerinnenabtei, schmuckreiche Kapitelle an den Vierungspfeilern der Kirche (frühes 13. Jh.).

formbewegung, der Konvent trat aber dieser Kongregation nicht bei. Die Äbtissin hielt am alten Glauben fest, duldete aber 1538 einen lutherischen Prediger. Ihre Nachfolgerinnen bekannten sich als Töchter des Grafen Jobst II. von Hoya zur evangelischen Konfession. Der Graf hatte die Reformation ebenso wie sein Onkel, der hessische Landgraf Philipp I., seit 1525 in seinem Herrschaftsbereich Hoya eingeführt.

▶ **Gegenwart.** Das Stift B. konnte seine Existenz bewahren und besteht seit 1541 bis heute als selbständiges evangelisches Damenstift unter einer Äbtissin. Die derzeitigen Stiftsgebäude wurden in nachreformatorischer Zeit gebaut, lediglich das zweistöckige Abteihaus von 1754 ruht auf mittelalterlichen Kellerräumen der ehemaligen Kemenate. Dagegen ist die evangelische Pfarr- und Stiftskirche St. Mauritius und St. Viktor ein hervorragendes Beispiel mittelalterlicher Baukunst in der Erzdiözese Bremen. Die Hallenkirche gebundener Ordnung aus Backsteinen vom münsterländisch-lippischen Bautyp aus dem frühen 13. Jh. verlor ihre zwei Westtürme beim Brand 1338 und musste sich mit einem verkürzten Vierungsturm nach dem Brand von 1797 abfinden. Reichverzierte Kapitelle an den Vierungspfeilern, den Gurtvorlagen im Chor und den Eckdiensten an den Langhauspfeilern weisen auf den Einfluss einer Bauschule hin, die von der Zisterzienserabtei ➛ Marienfeld in Westfalen ausging.

◆ GermBen 11, 43–61; Hucker, Bernd Ulrich: Stift B., Edition Temmen, Bremen 1995.

Baumburg, *Augustiner-Chorherrenstift St. Margaretha (um 1105–1803), Erzdiözese Salzburg – (Altenmarkt/Alz, Lkr. Traunstein, Bayern, ❐ 4, B4).*

▶ **Geschichte.** Graf Berengar I. von Sulzbach gründete um 1107/08 mit Gütern seiner verstorbenen Frau Adelheid in B. nördlich des Chiemsees, wo bereits etwa 80 Jahre früher eine inzwischen untergegangene Zelle St. Margaretha bestanden hatte, ein Regularkanonikerstift und erlaubte die Besiedlung mit Augustiner-Chorherren, die mit Propst Eberwin aus der Wildnis seiner ersten Gründung ➛ Berchtesgaden geflohen waren. Verstärkung erhielt dieser Konvent aus ➛ Rottenbuch. Papst Paschalis II. bestätigt 1109 das neue Stift. Propst Erwin kehrte bald nach Berchtesgaden zurück. Die rechtliche Trennung beider Stifte vollzog Papst Innozenz II. 1142. In der Frühzeit wird in B. ein affilierter Frauenkonvent erwähnt, er existierte offensichtlich aber nur kurze Zeit. Unter dem zweiten Propst Gottschalk (1109–63) konnte eine eigene Stiftskirche fertig gestellt und 1156 durch Erzbischof Eberhard von Salzburg geweiht werden, ihre Westfront existiert heute noch. Der Salzburger Erzbischof übertrug vor 1185 den Chorherren die Archidiakonatsgewalt über die Region, woraufhin sich B. sehr rasch zu bedeutender Größe entwickelte. Seit dem 13. Jh. unterhielt es eine berühmte Schule. 1367 erlangten die Vorsteher die Abtswürde und 1446 Pontifikalien. Mit Unterstützung Kardinal Nikolaus von Kues setzte der überragende Propst Abt Caspar Ebenhauser (1436–79) innere Reformen durch. Die nachfolgende Hochblüte unter Abt Georg Dietrichinger (1488–1515) brach in der Reformation zusammen, 1579 lebten nur noch drei Chorherren im Stift. Tüchtige Äbte erwirtschafteten seit Ende des 16. Jh. eine neue Blüte mit hoher wissenschaftlicher Ausstrahlung. Die gesamte Abteianlage wurde im 17./18. Jh. großzügig barock erneuert; die dabei entstandene Verschuldung konnte bis zur Aufhebung 1803 nicht mehr beseitigt werden.

▶ **Gegenwart.** Die weiträumige Anlage wurde nach 1803 versteigert und größtenteils abgerissen. Die erhaltene Rokokokirche aus der Zeit Propst Joachim Vischers (1741–61) dient heute als katholische Pfarrkirche von Altenmark. Ihre romanische Westfront mit zwei Türmen, die frühbarocke Zwiebelhauben tragen, ist das auffälligste mittelalterliche Architekturerbe der Augustiner-Chorherren in B. In den Räumen zu beiden Seiten des Presbyteriums verblieben Spuren der Gotik. An der Südseite existiert ein Teil des alten Kreuzgangs mit spätmittelalterlichen Grabsteinen, auch die jetzt als Sakristei dienende barockisierte Toerringkapelle wurde bereits 1382 geweiht. Die sogenannte Grabkapelle entstand 1441 als Sakristei, ihren heutigen Schmuck erhielt sie im 17. Jh. Die Kreuztragungsgruppe entstand um 1500, zahlreiche, zum Teil recht kunstvolle Grabdenkmäler sind vorreformatorisch.

◆ Bauer, Hermann/Bauer, Anna: B., in: Klöster in Bayern, München 1985, 98 f.; Backmund, Norbert: Die Chorherrenorden und ihre Stifte in Bayern, Passau 1966, 55–57.

Bautzen, *Franziskanerkloster St. Maria (um 1240–1562), Diözese Meißen – (Kreisstadt, Sachsen, ❐ 2, D5).*

▶ **Geschichte.** Zwischen 1158 und 1635 herrschten böhmische Könige mit Unterbrechungen über die Oberlausitz. Nach der Hochzeit des brandenburgischen Markgrafen Otto III. mit einer Tochter König Wenzels I. von Böhmen kam die Oberlausitz und die wichtigste Festung *Castrum Budissin* über der Spree 1253 als Lehen an die Askanier von Brandenburg. In dieser Zeit existierte bereits das Franziskanerkloster im Burglehen in B. und wurde auf dem Generalkapitel zu Lyon 1274 aus der böhmischen Ordensprovinz ausgegliedert und in die Saxonia eingereiht. Die Gründung wird in der Forschung kontrovers diskutiert, genaue Daten und Namen der Stifter fehlen. Eine Niederlassung um 1240 wird favorisiert, die päpstliche Ablassbulle 1248 galt dem Aufbau der Klausurgebäude am Burgberg. Die Barfüßer erfreuten sich großer Beliebtheit, eine respektable Liste der im Kloster Beigesetzten verweist auf umfangreiche Stiftungen. Profitable Gewinne aus Liegenschaften ermöglichten den Brüdern, Geld zu verlei-

Bautzen Franziskanerkloster, die Ruine der zweischiffigen Hallenkirche (1520) mit dem Nordportal.

hen, was sich aber mit dem Armutsgebot der Ordensregeln nicht vertrug. Reformansätze des Franziskanerobservanten Johannes Capistrano (1386–1456, kanonisiert 1690) aus Perugia, der im Auftrag Papst Nikolaus' V. 1453 in B. weilte, veränderte die Situation nicht. Die Bautzener Minoriten verweigerten sich der Observanz und blieben Konventualen. Am regeltreuen Tagesablauf und ihrer strengen monastischen Lebensweise ließ sich keine Kritik vorbringen. 1479 starben 20 Mitglieder aus dem zuvor sehr stark besetzten Konvent an den Folgen der Pest. Brände nötigten zu Neu- und Umbauten, die Weihe einer neuen Kirche erfolgte 1520. In der Reformationszeit setzte der evangelisch bekennende Stadtrat die Franziskaner durch Repressalien unter Druck, einige Brüder nahmen das lutherische Bekenntnis an; der Konvent schmolz bis 1558 auf zwei Mitglieder zusammen. Seit 1527 war die städtische Lateinschule für 14 Jahre im Kloster untergebracht. Der letzte Minorit Michael Pollmann übergab 1562 den Klosterbesitz und die Rechte an das Bautzener Domkapitel. Kurze Zeit fanden in den Klostergebäuden fünf Benediktinerinnen Unterkunft, die 1570 aus ➛ Meißen Heilig Kreuz geflohen waren. Eine Feuersbrunst vernichtete im Juli 1598 Kirche und Klausur.

▶ **Gegenwart.** Vom Brand 1598 blieben Ruinenreste der zweischiffig-asymmetrischen Hallenkirche zurück, die erst 1520 aus einem gotischen Saal entstanden war. Wesentliche Elemente der Nordwand blieben mit Fensteröffnungen, Hauptportal, Predigtkanzel auf zusätzlichem Pfeiler und Pforte erhalten. Innen zeugen Dienste und Kapitelle vom einstigen Gewölbe. Der südliche Klausur- und Kreuzgangbereich ist heute von Wohnhäusern überbaut. Malerische Mauerreste bereichern die Gärten, das alles steht heute unter Denkmalschutz. Ein Wasserturm westlich der Kirchenruine entstand 1877 zum Nachteil des historischen Bestandes. Mitte des 15. Jh. schenkten Bürger den Franziskanern benachbarte „Wälder am böhmischen Stege", woraus die noch heute gebräuchliche Bezeichnung „Mönchswald" und in der zweiten Hälfte des 16. Jh. das Dorf Mönchswalde entstand.

◆ Pieper, Roland/Einhorn, Jürgen W.: Franziskaner zwischen Ostsee, Thüringer Wald und Erzgebirge, Paderborn u. a. 2005, 195–198; Wilhelm, Matthias: Das Bautzener Franziskanerkloster, Geschichte eines Denkmals, in: Historische Bauforschung Sachsen 4 (2000) 126–136.

Bebenhausen, *Zisterzienserabtei St. Maria (vor 1187–1560), Diözese Konstanz – (Tübingen-B., Kreisstadt Tübingen, Baden-Württemberg, ❐ 3, C3–4).*

▶ **Vorgeschichte.** Nahe seiner Hauptburg stiftete Pfalzgraf Rudolf I. nördlich von Tübingen vermutlich 1183 als Familiengrablege ein Prämonstratenserstift. Die Chorherren verließen aus unbekannten Gründen B. bald wieder; möglicherweise stammten sie aus dem Stift ➛ Marchtal, ebenfalls einer Gründung der Pfalzgrafenfamilie, und kehrten dorthin zurück.

Bebenhausen Zisterzienserabtei, eine der besterhaltenen romanisch-gotischen Klosteranlagen, Südansicht.

▶ **Geschichte.** 1190 kamen Zisterzienser aus der Abtei ➛ Schönau im Odenwald nach B.; insofern gehörte B. zur Filiationslinie von Clairvaux (Frankreich). Obwohl die Lage auf dem Bergplateau nicht zisterziensischen Gewohnheiten entsprach, ließ Vaterabt Diepold (um 1190–1206) die begonnene Klosteranlage weiter ausbauen. Die Klosterkirche konsekrierte Bischof Konrad II. von Konstanz (Tegerfelden) 1228. Die Wirtschaftskraft der Abtei führte zu beträchtlichem Grundvermögen vom Schwarzwald bis nach Ulm, von Brackenheim bis zur Schwäbischen Alb. Einige Bauernstellen wurden beseitigt und 16 Grangien errichtet, Fischteiche und Weideflächen angelegt, eine Weinkelterei forciert, 12 Getreidemühlen, zwei Sägemühlen, eine Ziegelhütte und Schmieden errichtet, aber auch entgegen den Ordensvorschriften ganze Dorfgemeinschaften übernommen und zahlreiche Pfarrstellen vereinnahmt. Unter Abt Eberhard (1262–81) betrug die Stärke des Konvents etwa 60 Chormönche und 130 Konversen. In Güterstein bei Urach entstand um 1226 ein Priorat, das nur bis 1260 gehalten werden konnte. Kurzzeitig erlangte die Abtei Herrschaft über ganz Tübingen, längerfristig dagegen Stadthöfe in Bönningheim, Esslingen, Stuttgart und Ulm. Die Macht der Pfalzgrafen sank, sie veräußerten Tübingen 1342 an die aufstrebenden Württemberger. 1478 schickte Abt Bernhard Rockenbau (1471–93) einen Gründungskonvent nach Ungarn zur Wiederbesiedlung der Abtei St. Gotthard in der Diözese Kalosca. Die Abtei B. flachte im 15. Jh. zum Prälatenkloster der Landesherrschaft ab. Zur Gründung der Universität 1477 Tübingen und deren Unterhalt musste sie Finanzmittel beisteuern. Nach der Landeseinigung 1481 erhielten die Äbte einen Sitz im Landtag. Herzog Ulrich führte 1534/36 die Reformation ein und setzte eine evangelische Kirchenordnung durch. Ein Teil der Mönche ging nach ➛ Tennenbach, 1542 wurde der dortige Abt Sebastian Lutz zum Abt von B. gewählt. Er versuchte in B. nach dem Augsburger Interim (1548) mit einem kleinen Konvent einen katholischen Neuanfang. Nach dem Augsburger Religionsfrieden (1555) erließ Herzog Christoph 1556 eine neue Klosterordnung und richtete eine evangelische Klosterschule ein. Abt Lutz resignierte 1560 und starb. Sein Koadjutor Eberhard Bidenbach fungierte als erster evangelischer Abt. Die evangelische Institution wurde seit 1590 als „Klosteramt" und 1784 als „Bebenhäuser Amt" bezeichnet. Katholische Restitutionsversuche aus ➛ Salem 1630/31 und 1634–48 blieben Episoden. König Friedrich I. von Württemberg hob 1806 das evangelische Kloster auf und nutzte es als Jagdschloss.

▶ **Gegenwart.** Heute ist die stark ummauerte Anlage eines der kunsthistorisch bedeutsamsten Bauwerke des Mittelalters und gehört neben ➛ Maulbronn zu den besterhaltenen mittelalterlichen Zisterzienseranlagen im südwestdeutschen Raum. Die romanische, einst neunjochige Basilika wurde gotisch verändert und 1537 westlich stark verkürzt. Ihr spätgotischer Zierturm über der Vierung passt eher zu einer Kathedrale als auf eine Zisterzienserkirche. Während schon der spätgotische Kreuzgang, romanische Kapitelsaal und das spätgotische Laienrefektorium von sehr hoher künstlerischer Qualität sind, imponiert das hochgotische Sommerrefektorium als eine besonders eindrucksvolle Architekturschöpfung. Im Kapitelsaal sind der Stifter und seine Gemahlin Mechthild begraben worden, wofür der Abt auf dem Generalkapitel scharf gerügt wurde, weil Übeltaten des gewalttätigen Pfalzgrafen noch nicht gesühnt waren.

◆ GermSac NF 16; Setzler, Wilfried/Quarthal, Franz (Hg.): Das Zisterzienserkloster B., Stuttgart 1995.

Bedburg, *Prämonstratenser-Chordamenstift St. Maria und St. Johannes Baptist (1124–1519) – „Stift Schneppenbaum", Erzdiözese Köln – (B.-Hau-Schneppenbaum, Kr. Kleve, Nordrhein-Westfalen, ❐ 1, A5).*

▶ **Geschichte.** Graf Adolf I. von Kleve, ein Freund Norberts von Xanten, baute 1124 in *Bedebure* im Niederrheingebiet ein älteres Oratorium, angeblich aus fränkischer Zeit, zu einem Prämonstratenserinnenstift um. In einem Privileg für Zoll- und Marktfreiheit erwähnt Erzbischof Arnold I. von Köln erstmals das Stift; die päpstliche Schutz- und Besitzbestätigung erfolgte durch Papst Cölestin II. 1143. Die Grafen von Kleve als Vogteiinhaber aber auch die Erzbischöfe und der örtliche Adel förderten B. mit Landzuweisungen, Kirchenpatronaten und Wirtschaftsprivilegien; selbst König Konrad III. erteilte 1138 ein Holzprivileg im Ketelwald. Die Stifterfamilie fand ihre Grablege im Stift und war in die Gebetsgemeinschaft des Konvents eingebunden. Erst 1211 wird B. in einer Urkunde Papst Innozenz' III. eindeutig als Prämonstratenserinnenstift bezeichnet. Von Beginn an lebten männliche Ordensmitglieder als Pröpste, Priester und Laienbrüder am Ort, einige Urkunden beziehen sich allein auf männliche Stiftsinsassen, die sich um wirtschaftliche Aufgaben kümmerten. Von zwei in sich geschlossenen, gleichberechtigten Konventen, d. h. einem Doppelstift, ist nicht auszugehen. Propst Gebhard, der 1142 das bayerische Prämonstratenserstift ➛ Windberg übernahm, kam aus B. Anfang des 14. Jh. trat die Priorin *(magistra)* als Vorsteherin in Urkunden deutlicher hervor. Abt Guerricus (1269–78) von Prémontré und das Generalkapitel des Ordens riefen 1272 die Christen auf, das durch Brand und Raub verarmte Frauenstift in „Bedebur" zu unterstützen. Der Ordenskatalog von 1320 bezeichnete B. als von Prémontré direkt abhängiges Frauenstift im hohem Rang einer Propstei, die einzige Propstei unter den rheinischen Frauenstiften der Prämonstratenser; alle anderen Frauenstifte verblieben im Status eines abhängigeren Priorats. Graf Adolf II. ließ um 1400 große Landwehren in der Region mit Schlagbäumen als Wegsperre anlegen; der Schlagbaum in Nähe des Bauern Derik Sneppe gab dem Siedlungsbereich seinen Namen „Schneppenbaum". Im 15. Jh. breiteten sich zunehmend weltliche Lebensformen aus, vom Landesherrn seit 1466 geforderte Reformen ließen sich trotz Bemühungen der Äbte von ➛ Steinfeld, ➛ Knechtsteden und Groß St. Martin (➛ Köln) nicht nachhaltig durchsetzen. 1519 erlangte das Stift B. mit Genehmigung Papst Leos X. den Status eines freiweltlichen, adeligen Damenstifts, verbunden mit den größtmöglichen persönlichen Freiheiten für die Chorfrauen, die zwischen 1604 und 1802 in Kleve lebten.

Bedburg Prämonstratenser-Chordamenstift, Stiftskirche in Schneppenbaum mit wenig originaler Architektur.

▶ **Gegenwart.** Die Klausurgebäude wurden nach ihrem Verfall beseitigt. Im 18. Jh. unterlag der romanische Kirchenbau mit mächtigem Vierungsturm dem Teilabriss, Quer- und Längsschiff wurden zur Steingewinnung abgebrochen, nur Chor und Vierung blieben bestehen. 1901 baute man Nord-, West- und Südarm in Kreuzform mit Nebenräumen im neuromanischen Stil wieder an, das romanische Westportal konnte aus Stücken restauriert werden. Die einstige Stiftskirche dient heute der katholischen Gemeinde im Ortsteil B.-Schneppenbaum als Pfarrkirche St. Markus.

◆ Horstkötter, Ludger: Zum inneren Leben in einigen Prämonstratenser-Klöstern des nördlichen Rheinlandes zwischen 1450 und 1500, Göttingen 2003; Ehlers-Kisseler, Ingrid: Die Anfänge der Prämonstratenser im Erzbistum Köln, Köln u. a. 1997.

Belecke, *Benediktinerpropstei St. Pankratius, St. Alexander und St. Anno (vor 1244–1804), Erzdiözese Köln – (Warstein-B., Kr. Soest, Nordrhein-Westfalen, ❐ 1, C5).*

▶ **Geschichte.** Zur Grundausstattung der Benediktinerabtei ➛ Grafschaft trug Abt Erpho (1064–76) von ➛ Siegburg 1072 mit dem Zehnt des ehemaligen Königshofes B. im Möhnetal bei. Die Abtei Grafschaft baute B. vor 1244 zur Propstei aus. Meist war die abhängige Niederlassung auf der beherrschenden Höhenlage südlich der heutigen Stadt Warstein nur mit einem Propst, manchmal noch mit einem weiteren Mönch als Kaplan besetzt. Der erste Propst Heinrich (1244–57) wird 1244 in einer Urkunde als Zeuge erwähnt. Einen ersten direkten Existenznachweis liefert das Jahr 1270, als das Klostervermögen in Grafschaft zwischen Abt und Konvent aufgeteilt wurde und das Recht der Propsteibesetzung dem Abt zufiel. Diese Pfründenverteilung weist darauf hin, dass sich die Benediktiner Mitte des 13. Jh. von den Idealen der ➛ Siegburger Reform verabschiedet hatten. In vermögensrechtlicher Hinsicht war der Propst selbständig, allerdings fiel sein Nachlass immer an das Mutterkloster. Mit Verleihung des Stadtrechts 1296 an B. durch Erzbischof Siegfried von Köln (Westerburg) erhielt die Propstei Pfarrrechte über die Stadt. An Sonn- und Feiertagen fand der Gottesdienst unter Mitwirkung von Laienchorälen in der Propsteikirche St. Pankratius statt, das tägliche Chorgebet verrichtete der Propst in der eigenen Hauskapelle. Während der Soester Fehde 1448 wehrten die Bürger mit ihrem Propst und Pfarrer erfolgreich den Angriff der Soester ab, was heute noch kirchlich und weltlich als „Sturmtag" gefeiert wird. Im Herzogtum Westfalen konnte sich die Reformation trotz Übertritts zweier Kölner Erzbischöfe zum neuen Glauben letztendlich nicht durchsetzen. Mit der Säkularisierung der Abtei Grafschaft 1804 endete auch ihre Propstei B. 1808 brannten die Gebäude ab, an ihrer Stelle wurde das heutige Pfarrhaus erbaut.

▶ **Gegenwart.** Die Kirche St. Pankratius auf dem Propsteiberg dient heute als katholische Pfarrkirche. Die einstige gotische Kirche wurde zur Zeit Propst Bernhard Leifferens (1744–51) durch den heutigen barocken Wandpfeilerbau ersetzt, lediglich der spätromanische Westturm blieb als einziges Gebäudeteil aus dem Mittelalter erhalten und wurde mit einer Barockhaube gekrönt. Der Hochaltar von 1656 und einige andere barocke Ausstattungsstücke aus der Mutterabtei Grafschaft schmücken den Innenraum, eine Muttergottesstatue aus dem 14. Jh. wurde im nahen Frauenkloster ➛ Odacker als Gnadenbild verehrt, nach Abriss der dortigen Kirche gelangte sie nach B.

◆ GermBen 8, 213–216; Wolf, Manfred: Westfälisches Klosterbuch, Tl. 1, Münster 1992, 57–59.

Benediktbeuern, *Benediktiner Reichsabtei St. Jakob d. Ä. und St. Benedikt (um 740–1803), Salesianerkloster St. Jakob d. Ä. und St. Benedikt (seit 1967), Diözese Augsburg – (Lkr. Bad Tölz-Wolfratshausen, Bayern, ❐ 4, A5).*

▶ Das bayerische Urkloster B. entstand um 740 auf Anregung des hl. Bonifatius nach einer Stiftung der Huosi zunächst in Kochel, kurz darauf aber am Lainbach im Moorgebiet der Loisach. In der „Notitia" von 818/819 erscheint B. als Reichskloster in der zweiten Klasse. Nach dem Ungarnsturm 955 richteten Mönche der ➛ Gorzer Reform aus ➛ Tegernsee 1031 die Abtei wieder auf. 1106 drang die ➛ Hirsauer Reform und im 15. Jh. die ➛ Melker Reform in den Konvent ein. Seit 1275 trugen die Äbte die Reichsfürstenwürde. Im 13. Jh. entstand die Liedersammlung „Carmina Burana". Die Abtei zeichnet eine kulturelle und geistliche Blüte im Mittelalter und in der Barockzeit

Benedikt von Nursia, Benediktiner

(Ordo Sancti Benedicti, OSB).

▶ Benedikt von Nursia (um 480–547) gründete 529 mit einer Gruppe Gleichgesinnter auf einem Berg nordöstlich von Capua (Italien) das Kloster Montecassino, das zur Hochburg des abendländischen Mönchtums und zum Stammkloster der Benediktiner wurde. Er verfasste die *Regula monachorum* in 73 Kapiteln, auch genannt *Regula Benedicti*, die Benediktregel. Seine Regel war allen Gemeinschaften im kontemplativen Koinobitentum vorbehalten. Die Benediktregel übertraf alle rund 30 bekannten Mönchsregeln aufgrund ihrer subtilen Ausgewogenheit. Dabei griff Benedikt nicht nur auf Vorlagen der Klosterväter Pachomius, Basilius, Augustinus und Cassianus zurück, sondern variierte, verkürzte und erweiterte die sogenannte „Magisterregel", die ein unbekannter Verfasser schon vor ihm Anfang des 6. Jh. entworfen hatte. Zentrales Anliegen Benedikts ist ein Leben der Gottesnähe in christlicher Vollkommenheit als ein vorweggenommenes, paradiesisches Gemeinschaftsleben, wobei die Gelübde zur *stabilitas* (Verbleiben im Kloster), *conversatio morum* (Umkehr zur Demut, Sittenreinheit, maßvolle Askese, Keuschheit) und zur *oboedientia sub abbate* (unbedingter Gehorsam gegenüber dem Abt, dem Stellvertreter Christi) vorausgesetzt werden. Ebenso wichtig ist für ihn ein harmonisches Verhältnis zwischen Stundengebet und sinnvoller Arbeit. Die Päpste Gregor I. der Große und Gregor II., der Missionar Winfried Bonifatius, der Gelehrte Alkuin, die karolingischen Reichsherrscher sowie Benedikt von Aniane halfen die Regel zu verbreiten. Zunächst nahm das Kloster Luxeuil, Mittelpunkt des gallischen Mönchtums, 630 die Benediktregel an, sodann 660 das Kloster Lérins im Rhônetal, was aber eher zu einer Mischform zwischen Columban- und Benediktregel führte. Fränkische Synoden 743/744 schrieben auf Wunsch der Hausmeier Karlmann und Pippin die Einführung der Benediktregel in allen fränkischen Klöstern fest, Benedikt von Aniane (vor 750–821) stieg 815 unter Kaiser Ludwig dem Frommen zum Reformabt auf, um die Vereinheitlichung aller Klöster auf eine Regel, eben die Benediktregel, voranzubringen. Auf der Reichsynode in Aachen 818/819 wurde unter seiner Leitung die Benediktregel mit ergänzenden Gewohnheiten *(consuetudines)*, die *Regula Benedicti abbatis Anianensis*, für alle Mönchs- und Frauenklöster zum Reichsgesetz. Auch für die nichtmonastischen Gemeinschaften der Kanoniker und Kanonissen in den Kollegiatstiften verfassten die Synoden die *Institutiones Aquisgranenses*, die Aachener Regel, die sich an der Regel Bischof Chrodegangs von Metz *(Regula canonicorum)* orientierte. Zur schärferen Abgrenzung zwischen Kloster und weltlichem Stift galten Professleistung und Nutznieß privaten Besitzes als hervorgehobene Unterscheidungsmerkmale. Nach dem Tod Benedikts von Aniane 821 erlahmte der Reformwille. Der Vereinheitlichung der Reichsklöster war kein schneller Erfolg beschieden, erst etwa 100 Jahre später setzte sich mit dem Aufblühen des Klosterverbandes Cluny in Frankreich und mit der lothringischer Reform von ➛ Gorze (Frankreich) seit 933 die Benediktregel allgemein im Reich durch. Das abendländische Mönchtum verstand sich noch im 11. Jh. als Benediktinertum. Es gab um 1500 im deutschen Sprachraum etwa 220 Mönchs- und etwa 170 Frauenklöster. Ein Männer- bzw. Frauenorden der Benediktiner im kirchenrechtlichen Sinn wurde nie gegründet. Den ersten Orden der katholischen Christenheit auf Grundlage der Benediktregel bestätigte Papst Calixtus II. den Zisterziensern 1119. Benediktiner und Benediktinerinnen konstituierten sich zu Verbänden und Reformkongregationen, die erst Papst Leo XIII. im Jahr 1893 zur Benediktinischen Konföderation unter einem Abtprimas zusammenfasste, man spricht dennoch vom *Ordo Sancti Benedicti* (OSB). Die in schwarzem Habit gekleideten Benediktiner unterhalten heute im deutschsprachigen Raum etwa 50 Klöster, weltweit zählen sie etwa 9.000 Mönche und 10.000 Nonnen, hinzu kommen etwa 10.000 Schwestern, die nicht streng klausuriert leben, sich aber zur Benediktregel bekennen und in der hl. Scholastika († um 542), der leiblichen Schwester Benedikts von Nursia, ihre Patronin sehen.

◆ GermBen 1; LThK[3] 2, 203 f. 211–221.

aus. Heute ist B. ein Salesianerkloster mit ordenseigenen Hochschulen (Theologie und Sozialpädagogik) und ein vielbesuchter Barockkomplex (1669–1732), der aber mittelalterliche Architektur bewahrt. Die Kernsubstanz der Sakristei ist gotisch. Auch die dreistöckigen Klausurgebäude behielten im Erdgeschoss die gotischen Funktionsräume wie auch den teilweise noch romanischen Kreuzgang, alles ist in Barock und Rokoko ausgestaltet. Das Refektorium ziert eine geschnitzte Balkendecke (1493).

◆ GermBen 2, 61–67.

Benninghausen,

Zisterzienserinnenabtei St. Maria und St. Martin (1240–1804), Erzdiözese Köln – (Lippstadt-B., Kr. Soest, Nordrhein-Westfalen, ❐ 1, C5).

▶ **Geschichte.** Der Ritter Johann von Erwitte und seine Frau Hildegunde stifteten 1240 dem Zisterzienserinnenkloster ➛ Gevelsberg Kirche und Güter in B. an der Lippe mit der Auflage, ein Tochterkloster zu gründen. Die eigentlichen Lehnsherren, Benediktiner der heute untergegangenen Abtei Rastede, verzichteten für 50 Mark Silber auf ihre Rechte. Erzbischof Konrad I. von Köln (Hochstaden) genehmigte das Vorhaben und half mit Ablässen. Er war es auch, der 1245 die Inkorporation des Frauenklosters B. in den Zisterzienserorden erreichte. Das Generalkapitel des Ordens beauftragte den Abt von ➛ Kamp (Lintfort) mit der geistlichen und weltlichen Aufsicht. Schon im 13. Jh. richteten die Schwestern eine eigene Schule ein, sie unterhielten Beziehungen zu den kurkölnischen Frauenklöstern ➛ Welver, ➛ Fröndenberg und Himmelpforten-Niederense. Den Besitz erweiterten sie durch Zukäufe zwischen Erwitte und Soest aber vor allem im Münsterland. Unter Äbtissin Wikburgis (um 1280) lebten etwa 50 Schwestern in B., 1509 waren es 23 Profess- und 23 Laienschwestern sowie vier Novizinnen, 1698 dagegen nur noch elf Chor- und zwei Laienschwestern. 1479 führten der Abt von Kamp und die Edelherren zur Lippe Reformen zur religiösen Erneuerung durch, 1487 konnten Benninghäuser Schwestern ihre Observanz an ➛ Marienthal-Netze und 1493 an Welver weitergeben. Der Konvent überstand ohne Einbußen die Reformation. Das Kloster B. war von Beginn an eng mit der sehr alten Pfarrei St. Martin verbunden, die Übernahme wurde aber erst 1482 urkundlich festgehalten. Ursprünglich kamen die Konventualinnen zumeist aus Patrizierhäusern der nahen Städte, ab dem 17. Jh. setzte sich der Konvent zunehmend aus Adelstöchtern zusammen, im 18. Jh. glich das Kloster schließlich einem adeligen Damenstift; in dieser Zeit beaufsichtigte die Abtei ➛ Marienfeld die Frauen. Nach der Aufhebung im Zuge der Säkularisation ging der Besitz 1804 an die Landgrafschaft Hessen-Darmstadt über und fiel 1816 an Preußen. König Friedrich III. schenkte der Provinz Westfalen die Klostergebäude, in denen 1820 ein Landarmen- und Arbeitshaus eingerichtet wurde.

▶ **Gegenwart.** Aus dem Armenhaus hat sich das heutige „Westfälische Pflege- und Förderzentrum" entwickelt, das die barocke Klausuranlage westlich der Kirche nutzt. Die Gebäude gehen auf Äbtissin Elisabeth von Oheimb (1707–25) zurück, auch wenn die Errichtung erst nach ihrer Zeit durchgeführt wurde. Die spätgotische katholische Pfarrkirche St. Martin dient der medizinischen Einrichtung und der katholischen Gemeinde als Gotteshaus. Äbtissin Anna Kettelers (1509–48) hatte 1514 die romanische Vorgängerkirche abreißen und den spätgotischen Saalbau mit Polygonalchor errichten lassen, der gedrungene Westturm aus der ersten Hälfte des 12. Jh. blieb erhalten. Bedeutendstes Ausstattungsstück ist der fast lebensgroße Corpus Christi aus vorklösterlicher, frühromanischer Zeit um 1080, der über dem Altar auf einem neuzeitlichen Kreuz angebracht ist.

◆ Pieper, Roland: Lippstadt-B., in: Historische Klöster in Westfalen-Lippe, Münster 2003, 106 f.; Walberg, Hartwig: B., Westfälisches Klosterbuch, Tl. 1, Münster 1992, 59–62.

Bentlage, *Kreuzherrenkloster St. Gertrud (1437–1803), Diözese Münster – (Rheine-B., Kr. Steinfurt, Nordrhein-Westfalen, ❐ 1, B4).*

▶ **Geschichte.** Nach mühevollen Vorbereitungen durch den Kreuzherrenbruder Wilhelm von Werden aus dem Priorat ➛ Beyenburg übergab Bischof Heinrich II. von Münster (Moers) dem Kreuzherrenorden 1437 die Kapelle St. Gertrud in B. am linken Ufer der Ems bei der Stadt Rheine zur Gründung eines Klosters. Kurz darauf erfolgte die päpstliche Bestätigung. Die ersten Kreuzherren kamen mit Prior Johannes ter Borch (1437–41) aus dem heute untergegangenen Konvent in Köln. Nach anfänglichen Schwierigkeiten änderte sich die Lage mit dem Beitritt einiger Brüder vom gemeinsamen Leben aus Deventer. Der Konvent erreichte unter den Prioren Everhard Kirskorff (1457–83) und Johannes Busche (1483–1501) eine erste Blüte; eine enge Zusammenarbeit mit den Konventen in ➛ Osterberg und ➛ Falkenhagen prägte diese Zeit, Everhard Kirskorff erlangte das Amt des Generalpriors (1483–93). Zwischen 1463 und 1504 entstand die neue Klosteranlage, deren spätgotische Klausurflügel zum Teil heute noch stehen. Das Priorat B. gründete im niederländischen Reichsgebiet die Niederlassungen Hoorn, Sneek, Ter Apel und Scharmer. Die Priesterbrüder verrichteten entgegen den Statuten körperliche Arbeit selbst außerhalb der Klostermauern, wobei sie sich auf die Herstellung von Leinen und Tuch spezialisierten. Neben einer Armenspeisung unterhielten sie seit 1487 ein Armenhaus und seit 1495 ein Krankenhaus. 1490 lebten 28 Chorbrüder und 24 Laienbrüder im Priorat. Der Konvent überstand die Reformation im 16. Jh. ohne Einbrüche und Veränderungen. 1594 plünderten spanische Soldaten das Kloster B., 1647 brannten es die Schweden nieder. 1631 beherbergte es noch sieben Brüder, 1803 waren es lediglich acht. In der zweiten Hälfte des 17. Jh. erreichte der geschrumpfte Konvent eine zweite wirtschaftliche und geistige Hochblüte. Als Hort der Gegenreformation in den Grafschaften Lingen und Bentheim führten die Kreuzherren eigene Philosophie- und Theologiekurse ein und unterrichteten selbst die Bauernjugend in Elementarfächern. Die Bibliothek, die von Anfang an bestand, wurde aufgestockt und die Schreibarbeiten als eine Hauptaufgabe des Ordens intensiviert. Wirtschaftliche Kraft schöpfte der Konvent aus umfangreichem Grundbesitz mit 30 Höfen und aus Geldrenten. In der Spätzeit verflachte die Klosterzucht und der Niedergang setzte ein. Der tüchtige Prior Josephus Henricus Buchholtz (1772–99) konnte diese Entwicklung lediglich aufhalten. Nach der Aufhebung 1803 wurde B. Residenz des Fürstentums Rheina-Wolbeck. Die Kirche und der Südflügel der Klausur wurden 1828 abgebrochen.

▶ **Gegenwart.** 1978 übernahm die Stadt Rheine die noch bestehende Klausuranlage und nutzt sie heute als Museum, Galerie und kulturelle Begegnungsstätte. Im Erdgeschoss des spätgotischen Ostflügels werden einmalige Kunstschätze aus der Klosterkirche und mittelalterliche Dokumente über das Leben der Kreuzherren in B. präsentiert.

◆ Seifen, Barbara: Die Baugeschichte des spätgotischen Kreuzherrenklosters B., Greven 1994; Weiß, Hans Ulrich: B., in: Westfälisches Klosterbuch, Tl. 1, Münster 1992, 62–67.

Berchtesgaden, *Augustiner-Chordamenstift St. Maria (vor 1159– um 1550), Franziskanerkloster St. Maria Verkündigung (seit 1695) – „Angerstift“, Erzdiözese Salzburg – (Lkr. Berchtesgadener Land, Bayern, ❐ 4, C5).*

▶ **Geschichte.** Das Chorherrenstift in B. war möglicherweise schon um 1102 entsprechend der frühen Gewohnheiten der Regularkanoniker als Doppelstift geplant worden; ein angegliederter Frauenkonvent wird in B. erstmals urkundlich 1159 erwähnt. Die *sanctimoniales*, geleitet von einer *magistra*, lebten in völliger Abhängigkeit vom Männerstift, zunächst im „Nonnental“ unterhalb des benachbarten Locksteinfelsens, aber seit 1382 in einem kleinen Stift am Anger südwestlich der Chorherrenpropstei. Das Angerstift erlangte im Spätmittelalter zunehmend Selbständigkeit, erkennbar an eigener Oblation (1447) und Exemtion (1455). Wirtschaftliche Prosperität und die Familienbande zu Propst Erasmus Pretschlaipfer (1473–86) erlaubten den Frauen, unter ihnen Anna und Magdalena Pretschlaipfer, ihre Kirche zu vergrößern (1480–88). Mitte des 15. Jh. steigerte sich die Verehrung der „Ährenmadonna“, ein Gnadenbild Marias in Lindenholz (um 1450). Das Chordamenstift B. wurde zur Wallfahrtsstätte, die erweiterte Kirche erhielt den Namen „Unsere Liebe Frau am Anger“. Im Vergleich zum spätmittelalterlichen Verfall des Männerkonvents blieb der Frauenkonvent sehr lange erhalten, und erst um 1550 stand das Kloster leer. Propst Wolfgang II. Griesstätter ließ es ab 1564 als Alterssitz ausbauen. 1695 rief Propst Joseph Clemens, gleichzeitig auch Erzbischof von Köln, bayerische Franziskaner-Observanten nach B. und übergab ihnen das ehemalige

Bentlage Kreuzherrenkloster, die spätgotische Klausuranlage dient heute als Kulturarena und Museum.

Berchtesgaden Augustiner-Chordamenstift, die spätgotische Stiftskirche ist heute Pfarr- und Klosterkirche.

Angerstift, das sie mit Unterbrechungen bis 1987 bewohnten; ihnen folgten polnische Franziskaner.

▶ **Gegenwart.** Die Franziskaner bauten im 18. Jh. die Klausur völlig neu auf. Heute befindet sich in einem Teil das Zentrumshaus des Nationalparks. Die spätgotische, zweischiffige Stiftskirche mit Netzrippengewölbe, heute als „Franziskanerkirche" bekannt, entstammt der Zeit der Augustiner-Chordamen, denen das südliche Schiff, der Bevölkerung aber das Nordschiff vorbehalten blieb. In der zweiten Hälfte des 16. Jh. unterlag sie innen einschneidenden Veränderungen wegen der Nutzung als „Leutkirche", später dann Umbauten entsprechend den Bedürfnissen der Franziskaner. Die Gnadenkapelle im Chorbereich für die „Ährenmadonna" entstand erst 1668/69, der Glockenturm an der Nordseite ersetzte 1682 einen ehemaligen Westturm.

◆ Brugger, Walter: Franziskanerkirche B., Regensburg 1999; Backmund, Norbert: Die Chorherrenorden und ihre Stifte in Bayern, Passau 1966, 57–62.

Berchtesgaden, *Augustiner-Chorherren Reichsstift St. Petrus und St. Johannes Baptist (um 1102–1803), Erzdiözese Salzburg – (Lkr. Berchtesgadener Land, Bayern, ❐ 4, C5).*

▶ **Geschichte.** Graf Berengar I. von Sulzbach gründete, dem Wunsch seiner verwitweten Mutter Irmgard folgend, an einer schon bestehenden Martinskapelle um 1102 das Regularkanonikerstift B., dessen Gründungskonvent unter dem ersten Propst Eberwin (1102–42) aus ➛ Rottenbuch in die damals ungastliche Bergwildnis kam. Propst Eberwin siedelte mit einigen Mitbrüdern um 1108 in das neugegründete Stift ➛ Baumburg nördlich des Chiemsees um, kehrte aber nach 1109 in die Wildnis zurück und vollendete den Ausbau des Stifts. Ein angegliederter Frauenkonvent wird erstmals 1159 erwähnt (➛ Berchtesgaden), lebte zunächst im „Nonnental" unterhalb des benachbarten Locksteins und später bis etwa 1550 im „Angerkloster". Das Chorherrenstift B., das wohl nie mehr als sieben Regularkanoniker beherbergte, begann 1190 in den Salzabbau zu investieren und kam dadurch zu großem Reichtum. Es konnte gewinnbringende Privilegien und seinen anwachsenden Besitz im Machtkampf zwischen dem Erzstift Salzburg und dem Herzogtum Bayern geschickt bewahren, mitunter auch wehrhaft verteidigen. Das Stift erlangte Souveränität und die Pröpste hohe Ehren: 1194 Reichsunmittelbarkeit, 1294 Pontifikalien und Blutgerichtsbarkeit, 1380 das Gebiet um B. als Reichslehen, 1455 die volle Exemtion als Archidiakonatsbezirk und seit 1559 als einziges Regularkanonikerstift und Fürstpropstei einen Sitz im Reichsfürstenrat. Die adelige Exklusivität der Konventsmitglieder führte im Spätmittelalter zur Verflachung der Ordenszucht. Bemühungen des Reformkreises um ➛ Indersdorf konnten die Verweltlichung nicht aufhalten. Von 1594 bis 1723 leiteten bayerische Prinzen als Kommendatarpröpste nicht nur B., sondern in Personalunion auch die Erzdiözese Köln und hielten sich nur gelegentlich zur Jagd im Stiftsland auf. Der Konvent strebte vergeblich die Umwandlung in ein Kollegiatkapitel an. Noch vor der allgemeinen Säkularisierung 1803 ging B. an das Fürstentum Salzburg über, 1805 an Österreich und 1810 an das Königshaus Bayern.

▶ **Gegenwart.** Die Interesselosigkeit verweltlichter Stiftsherren an geistlichen Dingen in B. bewahrte die romanisch-frühgotische Stiftskirche mit dreischiffigem Langhaus und eindrucksvollem Chor vor barocken Eingriffen. Die zwei Westtürme mussten nach einem Blitzschlag 1866 neu erbaut werden. Heute dient die Kirche der katholischen St. Andreasgemeinde als Pfarrkirche. Die spätromanischen Kreuzgänge aus der Zeit zwischen 1190 und 1230 bestechen durch schmuck- und figurenreiche Säulen und Pfeiler der drei- und vierbogigen Innenhofarkaden. Prächtige Grabdenkmäler erinnern an die Fürstpröpste des 15. bis 18. Jh. Die barocken Klausurgebäude enthalten zum Teil mittelalterliche Erdgeschossräume und dienen noch heute der Wittelsbacher Fürstenfamilie als Sommerschloss. Eine großartige Skulptur im Portalbereich thematisiert das Gleichnis Jesu vom Barmherzigen Vater.

◆ Bauer, Hermann/Bauer, Anna: Klöster in Bayern, München 1985, 86–89; Uhler, Stephanie: Untersuchungen zu den Traditionen des Stiftes B., München 1983; Backmund, Norbert: Die Chorherrenorden und ihre Stifte in Bayern, Passau 1966, 57–62.

Bergen (Börde), *Deutschordenskommende (nach 1272–1809), Erzdiözese Magdeburg – (Groß Rodensleben-B., Lkr. Börde, Sachsen-Anhalt, ❐ 2, A4).*

▶ **Geschichte.** Die Grafen von Barby schenkten 1272 dem Deutschen Orden das Dorf B. im Hochwassergebiet der Elbe, woraus sich die Kommende B. entwickelte; wahrscheinlich spielte dabei die Aufgabe der kurzlebigen Niederlassung Magdeburg eine Rolle. Ein Komtur unbekannten Namens ist erst 1285 greifbar, 1310 erscheint Komtur Hildebrand von Grafhorst, zur Reformationszeit taucht 1529 Komtur Heinrich von Veltheim auf. Die Kommende B. litt im Spätmittelalter unter Wirtschaftsschwie-

Berchtesgaden Augustiner-Chorherren Reichsstift, Skulptur vom Vater und dem verlorenen Sohn.

Bergen (Neuburg/Donau) Benediktinerinnenabtei, die dreischiffige Hallenkrypta aus dem 11. Jh.

rigkeiten und Nachwuchsmangel. Ihr gehörten neben dem Dorf auch Güter und Rechte in zehn weiteren Orten; der Besitz war weit gestreut, er bestand vorrangig aus Äckern und Weideland, inbegriffen aber auch Wald, Weinflächen und Mühlengerechtigkeit. Für drei Pfarrkirchen waren die Ordenspriester zuständig, seit 1339 nur noch für B. und Klein-Rodensleben. Die Deutschordensballei Sachsen bekannte sich 1542 unter dem Landkomtur Burchard von Pappenheim (1529–51), der in ➛ Lucklum residierte, zum Protestantismus. Die Kommenden wurden seit dem 16. Jh. lediglich als Rittergüter unter einem Ordensmitglied geführt. Landkomtur Johann von Lossow (1577–1605) war ursprünglich Komtur (1572–77) in B. und residierte lieber hier statt (wie traditionell) in Lucklum, er ließ B. ausbauen. Sein Nachfolger Hennig von Britzgen (1578–1611) verhielt sich ebenso, beide waren auch Komture von ➛ Buro, was die damalige Ämterhäufung verdeutlicht. 1630 fand in B. ein Balleikapitel statt, das die Rückführung in die katholische Liga plante; das Vorhaben blieb jedoch durch den weiteren Verlauf des Dreißigjährigen Krieges ohne Bedeutung. Landkomtur Johann Daniel von Priort (1645–84) überwand die Schäden des Krieges und führte die Balleien Sachsen und Hessen sowie auch seine Kommende B. in leidlich stabile Verhältnisse. Der Siebenjährige Krieg brachte neue Verwüstungen, die Komtur Wilhelm Siegmund Friedrich Freiherr von Seckendoff († 1773) nur mit Mühe beheben konnte. Die Säkularisierung kam 1809 durch Jérôme Bonaparte, König von Westphalen, im Zuge der Auflösung des Ordens auf Befehl Napoleons.

▶ **Gegenwart.** Noch heute ist die ehemalige Deutschordenskommende im abgelegenen Dorf B. von einer Mauer umschlossen. Das rundbogige Hauptportal entstand im 18. Jh. Der innere Hof besteht aus Wohngebäuden, seitlich ragt ein Fachwerkturm auf, der durch Aufstockung aus einem Erkerbau hervorging, dahinter das Wohnhaus des Komturs, auch „neues Gebäude" genannt, ein zweigeschossiger Bau, der auf Landkomtur Lossow zurückgeht. Westlich folgt die spätromanisch-frühgotische Kapelle aus der Gründungszeit, ein rechteckiger, flachgedeckter Saalbau mit nachreformatorischen Veränderungen und barocker Ausgestaltung. Sie birgt vier ritterliche Grabplatten aus der frühen Neuzeit. Ein sich anschließender winkelförmiger Bau stammt aus der Barockzeit. Die Wirtschaftsgebäude gehen im Kern auf das 16. Jh. zurück, unterlagen aber mehrfach Veränderungen. Die Gutsanlage ist heute in Privatbesitz.

◆ Demel, Bernhard: Die Deutschordensballei Sachsen vom 13.–19. Jh., Frankfurt/Main 2004; Hildebrand, Siegfried: Zur Baugeschichte und Rekonstruktion der Komturei B., in: Burgen und Schlösser in Sachsen-Anhalt 5 (1996) 57–63.

Bergen (Neuburg/Donau), *Benediktinerinnenabtei Heilig Kreuz (976–1552), Diözese Eichstätt – (Neuburg/Donau, Lkr. Neuburg-Schrobenhausen, Bayern, ❐ 4, A3).*

▶ **Geschichte.** Die Gründungsgeschichte des Frauenklosters B. bei Neuburg an der Donau nahe Ingolstadt ist legendenhaft. Biletrud (Wiltrud), Witwe Herzog Bertholds von Bayern und Kärnten, stiftete 976 mit ihren Besitzungen zu Sualafeld, Nordgau und Sulgau ein Benediktinerinnenkloster in der Fliehburg B., nahm selbst den Schleier und wurde Äbtissin des ersten Konvents. Ihre Tante Judith Gisela, Tochter Herzog Arnulfs I. des Bösen und Mutter des ersten Zänkers, schenkte dem Kloster wertvolle Reliquien, die sie 974 von einer Pilgerfahrt aus dem Heiligen Land mitgebracht hatte. Darunter waren Teile des Kreuzes Christi, die den Ruf des Klosters als Heiltum begründeten. 995 erfolgte die päpstliche Schutzerklärung durch Johannes XV. Mitte des 11. Jh. durchlebte der Konvent eine Phase des Niedergangs durch Misswirtschaft, aber 1095 konnte die zweite Klosterkirche durch Bischof Udalrich I. von Eichstätt geweiht werden. König Heinrich II. übereignete dem Kloster 1007 die Güter des verstorbenen Grafen Ernst von Dollnstein, eingeschlossen das Gut *Tollunstein* im Altmühltal. Teile des Klosterbesitzes gelangten in den Sprengel des 1007 neugegründeten Bistums Bamberg, wie der Ort Hersbruck, in dem die Gründerin Biletrud bereits die Pfarrkirche St. Marien gestiftet hatte. Pläne zur Verlegung des Klosters in diese bambergische Region scheiterten. Ein Schiedsspruch legte 1156 fest, dass die Diözesen Eichstätt und Bamberg gemeinsam für den gesamten Klosterbesitz zuständig blieben. Das Doppelkloster Heilig Kreuz in ➛ Donauwörth wurde vor 1125 in ein reines Männerkloster umgewandelt, ein Teil der Schwestern kam nach B.; sie brachten möglicherweise die Statuten der ➛ Sankt Blasien-Reform mit und intensivierten das monastische Leben. Ein Großbrand zerstörte 1155 die Klosterkirche. Der Wiederaufbau dauerte bis 1190. Bischof Eberhard II. von Bamberg (Otelingen) bat 1156 Abt Gottfried I. (1138–65) von Admont in Österreich um Entsendung einiger Reformschwestern, die in der Folgezeit ➛ Hirsauer Reformstatuten durchsetzten. Der Wechsel des Kirchenpatroziniums zum „Heilig Kreuz" ist erstmals 1291 belegt. Phasen des Aufblühens wechselten mit Niedergang und Kriegseinbrüchen. 1459 wurde Schwester Barbara Eckerin aus dem Frauenkonvent St. Peter Salzburg in B. als Äbtissin eingesetzt und führte die Ideale der ➛ Melker Benediktinerreform im Konvent ein, die an das Kloster ➛ Geisenfeld weitergegeben werden konnten. Durch den Landshuter Erbfolgekrieg 1503–05 fiel das Kloster B. an das junge Fürstentum Pfalz-Neuburg und musste auf seinen Besitz um Hersbruck verzichten, der an Nürnberg fiel. Die unruhige Zeit der Reformation dokumentieren noch heute die Briefe der Äbtissin Sabina Pirkheimer (1521–29) an ihre Geschwister. Der protestantisch gesinnte Pfalzgraf Ottheinrich setzte 1544 die neue Kirchenordnung seines lutherischen Reformators Andreas Osiander (1498–1552) durch und hob das Kloster 1552 auf. Nach der Rekatholisierung gelangten Kirche und Teile des Klosters an die Jesuiten von Neuburg, die bis 1758 die immer noch berühmte Wallfahrtskirche erneuerten.

▶ **Gegenwart.** Das massige barocke Kirchenschiff der katholischen Pfarr- und Wallfahrtskirche Heilig Kreuz mit seiner oft beschriebenen Rokokoausschmückung enthält noch einige Teile des romanischen Vorgängerbaus: an der Südseite den Unterteil des mächtigen Turmes, das romanische Portal dahinter, drei Apsiden mit Figurenschmuck an der Ostfront aber vor allem eine großartige Krypta unter dem Chorbereich. Diese dreischiffige Halle, wesentlich ein Werk des 11. Jh., bewahrt neben der Kreuzreliquie fünf Säulenpaare, unter denen eine Säule mit vier schneckenförmigen Schmuckelementen wie aus archaischer vorchristlicher Zeit herausragt. Ein neun Meter tiefer Brunnen in der Krypta diente als Trinkwasserquelle und Taufbecken. Mittelalterliche Klausursubstanz ist nicht geblieben.

◆ Bergmann, Rudolf Maria: Pfarr- und Wallfahrtskirche Heilig Kreuz B., Eichstätt 2004; Bushart, Bruno u. a.: Kloster B. bei Neuburg an der Donau, Weißenborn 1983.

Bergen (Rügen), *Zisterzienserinnenkloster St. Maria (1193–1573) – „Marienkloster auf dem Berg", Diözese Roskilde – (Insel Rügen, Lkr. Rügen, Mecklenburg-Vorpommern, ❐ 2, C1).*

▶ **Geschichte.** Die Christianisierung der Insel Rügen vollzog sich seit 1168 unter dem Ranenfürsten Jaromar I., einem Lehnsmann des dänischen Königs. Auf dem Rügener Berg Rugard hatte er schon 1180 mit dem Bau einer Kirche wenige Schritte neben seiner mächtigen Stammburg begonnen und stiftete 1193 zusätzlich das Kloster *St. Maria de Gora*. Wahrscheinlich beeinflusste seine Gemahlin Hildegard aus der dänischen Königsfamilie seinen Entschluss, Nonnen aus dem Kloster Roskilde (Dänemark) zu rufen, die bereits in Roskilde um 1176 den Wechsel von der benediktinischen zur strengen zisterziensischen Observanz vollzogen hatten. Bischof Peter Suneson von Roskilde weihte 1193 die neue Klosterkirche ein. Das Kloster unterstand der geistlichen Leitung des Zisterzienserabtes von ➛ Eldena bei Greifswald – lediglich ein schwaches Indiz für eine Mitgliedschaft im Zisterzienserorden – urkundliche Hinweise gibt es nicht. Das Kloster entwickelte sich zum geistig-kulturellen und wirtschaftlichen Zentrum der Insel. 1232 erlangte es Zollfreiheit für das gesamte Inselgebiet, 1296 die hohe und niedere Gerichtsbarkeit, aber auch Baugerechtigkeit und Mühlenzwang auf seinen umfangreichen Besitzungen, zu denen neben dem Ort B., der erst 1613 das Stadtrecht erhielt, fast 60 Ansiedlungen gehörten. Das geistliche Zusammenleben der Zisterzienserinnen mit der Bevölkerung war sehr ausgeprägt und offenbarte sich in mehreren Bruderschaften. Unter Äbtissin Anna (1388), einer pommerschen Prinzessin, lebten 39 Frauen im Konvent. Häufig trugen die Vorsteherinnen lediglich den Titel „Priorin". Seit dem 14. Jh. bewohnten sie ein eigenes Prioratshaus. Äbtissin Elisabeth, Herzogin des Hauses Pommern, wurde 1455 aus dem Kloster ➛ Krummin auf Usedom als Vorsteherin (1455–73) berufen. Der reformatorischen Umwandlung setzte der Konvent lange wirksamen Widerstand entgegen, den lutherischen Prediger Johann Haen vertrieben die Schwestern mit Steinwürfen von der Kanzel, woraufhin er im Kirchhof predigen musste. Erst 1573 wurden die Güter dem fürstlichen Dominal-Rentamt einverleibt und das Kloster als evangelisches Jungfrauenstift für die Töchter der einheimischen Ritterschaft bis 1806 weitergeführt.

▶ **Gegenwart.** Die mittelalterliche Klausur existiert nicht mehr, die vorhandenen Gebäude entstanden in der Barockzeit, aber die Kloster- und seit 1380 auch Pfarrkirche St. Marien zeugt von der Schönheit spätromanisch-gotischer Baukunst. Sie gilt als einer der frühesten Ziegelbauten Norddeutschlands. Nach einem Brand 1445, der viele Akten vernichtete, wurde die romanische Basilika zu einer gotischen Hallenkirche umgebaut, wobei wesentliche Architekturteile ihren ursprünglichen Charakter bewahrten. Kunsthistorisch besonders wertvoll sind die gotischen Fresken im Chor- und Querhausbereich mit Darstellungen paradiesischer Freuden neben den Schrecken der Hölle.

◆ RepZist 172–177; Schneider, Manfred: Klöster in Vorpommern, Köln u. a. 1999; Creutz, Ursula: Geschichte der ehemaligen Klöster im Bistum Berlin, Leipzig 1995.

Bergfelden, *Dominikaner-Tertiarinnenkloster St. Remigius (um 1500–47), Diözese Konstanz – (Sulz/Neckar-B., Lkr. Rottweil, Baden-Württemberg, ❐ 3, C4).*

▶ In B. im Mühlbachtal am Fuß des Dickebergs südlich der Stadt Sulz lebte nachweislich seit 1386 an der Kapelle St. Remigius eine Beginengemeinschaft, die im Spätmittelalter die dominikanische Drittordensregel annahm – wann ist nicht mehr feststellbar. Anfang des 16. Jh. leitete eine Priorin den Konvent, der nur über bescheidene Einkünfte verfügte und sich durch Handarbeiten ernährte. Die Pfarrei unterstand seit 1317 dem Haus Württemberg, 1513–17 wurde an der Stelle der romanischen Vor-

Bergen (Rügen) Zisterzienserinnenkloster, eine der frühesten Backsteinkirchen Norddeutschlands (1193).

gängerkirche die spätgotische Pfarrkirche neu erbaut, wobei man den Ansprüchen der religiösen Frauen Rechnung trug. Mit einer wehrhaften Mauer diente die Anlage der Bevölkerung selbst noch im Dreißigjährigen Krieg als Schutz- und Zufluchtsort. Im Zuge der Reformation wurde das Kloster aufgelöst, 1543 lebten noch fünf Schwestern vor Ort, 1547 verzichtete die letzte zugunsten einer Rente auf alle Ansprüche. Heute gilt die evangelische Remigiuskirche mit ihrer Ringmauer als besterhaltene Kirchenburg im württembergischen Land. Der mächtige Kirchturm ist 36 m hoch und heute Wahrzeichen des kleinen Ortes. Bei Renovierungsarbeiten entdeckte man Wandmalereien aus jener spätgotischen Zeit, in der die frommen Frauen von B. die Kirche als Klosterkirche nutzten.

◆ Wehrli-Johns, Martina: B., in: Württembergisches Klosterbuch, Ostfildern 2003, 187 f.

Berich, *Augustiner-Chorfrauenstift St. Katharina und St. Laurentius (vor 1196–1566), Erzdiözese Mainz – (Bad Arolsen-Neuberich, Lkr. Waldeck-Frankenberg, Hessen, ❐ 1, C5).*

▶ **Geschichte.** Edelherr Egelolf (Eigilolf) gründete vor 1196 auf seinem Besitz im Edertal unweit der nordhessischen Burganlage Waldeck ein Augustiner-Chorfrauenstift, das Erzbischof Konrad I. von Mainz (Wittelsbach) 1196 unter Schutz stellte. Zur Gründungsausstattung gehörte der Hof B. Weitere Schenkungen, Stiftungen und Mitgiften vergrößerten den Besitz, das Stift blühte im Hochmittelalter auf. Mit dem Wohlstand verflachte das monastische Leben der Frauen, weltliche Zustände erforderten im 15. Jh. Reformen, zu deren Durchführung Windesheimer Chorherren vom Waldecker Landesherrn beauftragt wurden. Zwischen 1463 und 1470 reformierten Augustiner aus dem Stift ➛ Böddeken den Konvent, strenge Klausurvorschriften der ➛ Windesheimer Kongregation wurden durchgesetzt. Die Schwestern unter Priorin Margarete Huhn (um 1460–99) verpflichteten sich gegenüber dem Prior von ➛ Volkhardinghausen durch ein Gehorsamsgelübde zur Einhaltung der Reformstatuten, die in einer gesteigerten Marienverehrung ihren besonderen Ausdruck fanden. 1497 halfen observante Augustiner-Chorfrauen aus B., Mitschwestern in ➛ Immichenhain zu reformieren. 1499 visitierten Chorherren aus dem Stift ➛ Möllenbeck bei Rinteln die Einhaltung der Observanz, um 1500 galt das Kloster als vorbildlich. 1526 entschied sich Graf Philipp IV. zur Einführung der Reformation im Waldecker Land. Dem Druck der neuen Kirchenordnung konnten die Frauen auf Dauer nicht widerstehen. Nach dem Tod der letzten Priorin Anna von Weiters 1566 übernahm die Grafschaft von Waldeck-Wildungen die Verwaltung des landesherrlichen Gutes, das zum Unterhalt des neugegründeten Korbacher Gymnasiums diente. Erst seit dem 17. Jh. entwickelte sich das kleine Dorf B. um das ehemalige Stift.

▶ **Gegenwart.** Beim Bau der Edertalsperre 1919 trug man die einschiffige Stiftskirche aus dem 13. Jh. ab und baute sie (um zwei Joche verkürzt) in Neu-B. wieder auf. Dort dient sie heute als evangelische Kirche St. Katharina. Sie birgt noch immer den Marienaltar von 1520 sowie hochgotische Chorfenster. Ein besonderer Schatz der Lippischen Landesbibliothek in Detmold ist die „Richer Bibel“ mit reichen Initialmalereien und Seitendekoren aus einer niederländisch-flämischen Schreibstube aus der Mitte des 13. Jh., die der Kölner Kaufmann Johannes Rynck den Chorfrauen 1467 geschenkt hatte.

◆ MonWin 2, 447 f.; Römer, Jürgen (Hg.): Klöster in Waldeck, Bad Arolsen 2001.

Berich Augustiner-Chorfrauenstift, die gotische Stiftskirche wurde 1919 nach Neu-Berich versetzt.

Berka, *Zisterzienserinnenkloster St. Maria und St. Georg (um 1240–1525), Erzdiözese Mainz – (Bad B., Lkr. Weimarer Land, Thüringen, ❐ 4, A1).*

▶ **Geschichte.** Im kleinen thüringischen Ort München im mittleren Ilmtal bestand seit dem frühen 12. Jh. eine Klausnerei der Benediktiner vom Peterskloster in ➛ Erfurt mit einer Kapelle (St. Georg und St. Trinitatis). Daran stiftete Graf Dietrich III. von Berka um 1240 ein Zisterzienserinnenkloster. Erzbischof Siegfried III. von Mainz (Eppstein) bestätigte 1241 den Schwestern ihren Besitz. Noch vor 1248 wurde das Kloster planmäßig in die Nähe der Burg B. auf die erhöhte „Kirchinsel“ außerhalb des Überschwemmungsbereichs der Ilm verlegt. Den Zisterzienserinnen wurden Gebäude, Besitzungen und Einkünfte vom Peterskloster überschrieben. 1251 erweiterte der gräfliche Stifter kurz vor seinem Tod noch einmal die Schenkungen um den Hof, auf dem sich das neue Kloster St. Maria befand, ebenso durch Wiesen und Fischwasser an der Ilm, aber vor allem um die Pfarrrechte in B. und deren Einkünfte. Die ältere Pfarrkirche im Tal gab man auf, die neue gotische Marienkirche mit der typisch geraden Chorwand diente als Kloster- und Pfarrkirche. 1256 stellte Papst Alexander IV. den Schwestern, die nicht dem Zisterzienserorden inkorporiert waren, einen Schutzbrief aus. Das Kloster war als Hauskloster der Grafen von Berka gedacht, aber die Familie starb vor 1273 aus. Möglicherweise wollten die Ordensfrauen aus diesem Grund 1288 nach Erfurt umsiedeln. Dort kamen sie zunächst im Haus der Sackbrüder vor dem Krämpfertor unter, das ihnen Erzbischof Gerhard II. von Mainz laut Urkunde von 1291 übereignet hatte. Der große Erfurter Stadtbrand 1291 vereitelte die Pläne, die Frauen gingen nach B. zurück und betrachteten ihre eben begonnene Niederlassung St. Martini in ➛ Erfurt als Tochtergründung. Das Kloster in B. gewann durch Schenkungen des örtlichen Adels weitere grundherrliche Rechte in 19 umliegenden Dörfern wie etwa in Witzleben und Tonndorf hinzu. Ein Großteil des Landes gehörte bereits den nahen, weit bedeutenderen Frauenklöstern in ➛ Oberweimar oder ➛ Kapellendorf, einzig das Dorf Maina konnte 1444 vollständig mit allem Zubehör und Gerichten gekauft werden. Patronatsrechte erwarb B. über Pfarrkirchen in Nohra, Saalborn und Urbich. Ein Schulmeister im Kloster taucht 1440 auf einer Urkunde auf. Die Herren von Witzleben, die seit 1422 die Schirmherrschaft innehatten, wandten sich schon früh der Reformation zu, sorgten nach Brandschatzung durch Bauern 1525 für die Auflösung des Konvents und eigneten sich die Klostergüter an. Seit 1605 gehörten diese zum herzoglichen Kammergut Weimar.

▶ **Gegenwart.** Die heutige Marienkirche in Bad B. enthält nur noch Mauerteile der einstigen gotischen Klosterkirche. Ein großer Brand vernichtete 1608 Ort und Klosterkomplex. Mit Hilfe Herzog Ernst Augusts von Sachsen-Weimar richtete die Gemeinde 1727–31 den mächtigen Westturm wieder auf und baute 1739–41 auf Grundmauern der alten Klosterkirche die heutige Marienkirche im Stil des Barock auf, wobei Teile der mittelalterlichen Außenwände verwendet wurden: so zeigt die evangelisch-lutherische Pfarrkirche noch heute an der geraden Ostwand einen gotischen Spitzbogen. Unterhalb des Hügels bestehen das heutige Pfarrhaus und die eingebaute spätgotische Kapelle aus mittelalterlichen Mauern der ehemaligen Konventsgebäude der Zisterzienserinnen.

◆ RepZist 158–163; Jürgensmeier, Friedhelm (Hg.): Handbuch der Mainzer Kirchengeschichte, 3 Bde., Würzburg 1997–2002.

Berlin, *Franziskanerkloster St. Franziskus (vor 1250–1571) – „Graukloster", Diözese Brandenburg – (B.-Mitte, Landes- und Bundeshauptstadt, ❐ 2, C4).*

▶ **Geschichte.** Wenige Jahre nachdem B. 1237 erstmals als Stadt erwähnt wird, kamen Franziskaner in den bislang unbedeutenden Ort an der Spree. Gerufen von den markgräflichen Brüdern Johann I. und Otto III., ließen sie sich erst kurz vor 1250 nahe der östlichen Stadtmauer nieder, unweit des Hohen Hauses, das seit 1280 als markgräfliches Quartier genutzt wurde. 1250 begannen sie ihre erste Klosterkirche zu bauen. Von Beginn an war das eigene Hausstudium ein wichtiges Anliegen. 1252 fand bereits ein Provinzkapitel des Ordens in B. statt, es sollten noch elf weitere folgen. 1271 erhielten die Minoriten von den Markgrafen Otto IV. und Albrecht III. das Klostergrundstück zu „ewigem Besitz" geschenkt. Lange war der Minoritenkonvent das einzige Kloster in B. und wurde in späteren Zeiten wegen der grauen Kutten der Brüder „Graukloster" genannt; die graue Farbe des Habits galt verbindlich für alle Franziskaner seit dem Generalkapitel 1260 in Narbonne. Über drei Jahrhunderte erfreuten sich die Bettelmönche großer Beliebtheit bei Adel und Bürgern. Familienmitglieder der brandenburgischen Landesherren und Patrizier fanden im Kloster Begräbnisplätze. Großzügige Spenden und Zuwendungen erlaubten, den Konvent ständig zu vergrößern. In der zweiten Hälfte des 13. Jh. begann der zweite Kirchenbau. Die Graubrüder hielten am strengen asketischen Leben fest, während des Interdikts über B. (1324–45) spendeten sie, wie auch die Dominikaner von Cölln an der Spree, Altar- und Bußsakramente. Ihr Refektorium diente im 14. Jh. fürstlichen Empfängen und amtlichen Besprechungen. Die Berliner Minoriten verweigerten sich im Spätmittelalter der ordensinternen Observanzbewegung, entschieden sich für die moderate ➛ Martinianische Reform und behielten ihren Besitz. Der Franziskaner Johannes Kannemann, nach 1457 Lektor in Berlin, wurde 1461 zum *visitator regiminis,* zum Vorsteher der Martinianischen Konventualen der sächsischen Ordensprovinz erhoben. Zuvor war er im Bund mit den Brüdern von ➛ Kyritz einer der Hauptverteidiger des Wilsnacker Blutwunders; 1458 trat er als Inquisitor gegen Waldenser in ➛ Angermünde auf, 1463 wurde er selbst der Häresie bezichtigt und starb nach 1469 im Franziskanerkloster ➛ Frankfurt/Oder. In der Reformationszeit hielt Kurfürst Joachim I. am alten Glauben fest, erst sein Nachfolger Joachim II. Hektor duldete ab 1539 die Einführung des evangelischen Kults in den Pfarrkirchen; er erließ eine neue Kirchenordnung und setzte schließlich die Aufhebung der Klöster in seinem Herrschaftsbereich durch. 1540 unterband er die katholische Messfeier im Graukloster B., löste ohne auf großen Widerstand zu stoßen das Kloster auf, duldete aber die Brüder bis zu ihrem Ableben im Konvent. Als letzter Minorit starb Petrus von Golgotz, er starb in der gleichen Nacht zum 4. Januar 1571 wie der Kurfürst, beide waren miteinander befreundet. Kurfürst Johann Georg gründete 1574 das „Gymnasium zum Grauen Kloster", das sich zur bedeutendsten bürgerlichen Bildungsstätte in B. entwickelte.

Berlin Franziskanerkloster, Ruine der frühgotischen Klosterkirche mit gestuftem Gewändeportal im Westen.

Bernardiner und **Bernhardiner**

▶ Der Franziskaner Bernardino da Siena (Bernhardin degli Albizzeschi), Verfechter der rigorosen Anwendung der Ordensregel, lebte von 1380 bis 1444 in Norditalien und wurde wegen seiner Predigten für Versöhnung und Liebe vom Volk verehrt und von Papst Nikolaus V. bereits 1450 kanonisiert. Sich auf ihn beziehend nannten sich besonders in Osteuropa franziskanische Observanten volkstümlich auch *Bernardiner.* Die franziskanischen Bernardiner sind nicht zu verwechseln mit den ➛ Zisterziensern, die gelegentlich als *Bernhardiner* bezeichnet werden, was der überragenden Gestalt des ➛ Bernhard von Clairvaux im Zisterzienserorden geschuldet ist.

▶ **Gegenwart.** Nach der Brandzerstörung im Zweiten Weltkrieg und der Beseitigung der zertrümmerten Klausurreste stehen heute nur noch Außenmauern der frühgotischen Franziskanerkirche. Diese dreischiffige, gewölbte Pfeilerbasilika mit langgestrecktem Chorhaus aus roten Backsteinen war von den Minoriten Ende des 13. Jh. als zweite Klosterkirche nach ➛ Choriner Vorbild errichtet worden. Die offene Ruine konnte in jüngster Zeit gefestigt und saniert werden. Ein gestuftes Gewändeportal im Westen, kissenförmige Kapitelle der Arkadendienste und dreibahnige Maßwerke im Chorpolygon blieben als besondere Schmuckelemente erhalten. Ein Förderverein sorgt für die kulturelle Nutzung; der nördlich vorgelagerte Klausurbereich dient heute als Parkfläche.

◆ Riedel, Peter u. a.: B. – Franziskaner, in: Brandenburgisches Klosterbuch, Bd. 1, Berlin – Brandenburg 2007, 146–159; Creutz, Ursula: Das Graue Kloster in B., in: Geschichte der ehemaligen Klöster im Bistum B., Hildesheim 1995, 185–190; Nickel, Ralf: Die Minderbrüder in B., in: Franziskanisches Leben im Mittelalter, hg. von Berg, Dieter, Werl 1994, 126.

Bernburg, *Servitenkloster St. Johannes (vor 1308–1527), Erzdiözese Magdeburg – (B.-Talstadt, Salzlandkreis, Sachsen-Anhalt, ❐ 2, B5).*

▶ **Geschichte.** 1308 wird das Kloster der Marienknechte am späteren Residenzort B. an der Saale der askanischen Fürsten von

Bernburg/Saale Servitenkloster, die Klosterkirche (14. Jh.) ist heute Ruine, die Klausur Ausbildungsstätte.

Anhalt-Bernburg erstmalig urkundlich erwähnt. Graf Albrecht I. bestätigte den Serviten die Gründung ihres Klosters vor der Stadtmauer der Neustadt in Tallage der Saale und zugleich die Übereignung der Mühle zu Molendorf. Die Bettelmönche kamen möglicherweise aus dem ersten deutschen Servitenkloster ➛ Halle. Die Quellenlage ist dünn, es gibt nur wenige Nachrichten über den Konvent B., obwohl es das einzige Kloster in der Residenzstadt blieb. Graf Albrecht II. übereignete den Serviten im August 1318 die Kirche in Wolmersdorf; das Patronatsrecht gaben Prior Jakobus und der Konvent in Anwesenheit des Provinzials Alexander de Hall 1454 aber wieder zurück; dafür erhielten die Brüder die Pfarre in Ilverstedt. 1432 ist ein Prior Nikolaus und 1486 Prior Baptista Bulpis nachweisbar. Der Besitz des Klosters blieb bescheiden, die Brüder lebten von Almosen und kleinen Schenkungen. Ein Jahr nach dem Bauernkrieg zog die Reformation in die städtische Pfarrkirche ein (1526). Der regierende Landesfürst Wolfgang von Anhalt-Köthen, Anhänger der lutherischen Lehre, löste wohl 1527 den Konvent auf und eröffnete im Kloster das Hospital St. Johannis, das er großzügig subventionierte und das man wegen der armen Patienten bald „Armes Hospital“ nannte. Im Dreißigjährigen Krieg wurde die Anlage weitestgehend zerstört und anschließend für soziale Wohnzwecke wieder aufgerichtet.

▶ **Gegenwart.** Die langgestreckte, einschiffige Kirche an der Nordseite blieb als malerische Ruine erhalten. Reste einer Kanzel sind zu erkennen, maßwerkbestückte Fenster schmücken den dachlosen, dreijochigen Rechteckchor, wobei das vierteilige Fenster an der Ostfront am schmuckreichsten ausfällt. Die zweistöckige Klausur gruppiert sich noch immer um einen Innenhof, wenngleich die Anlage für Hospitalbedürfnisse eingreifend verändert wurde. Im überbauten Kreuzgang weisen Ansätze auf ein Kreuzgewölbe hin, das nie ausgeführt wurde. Im östlichen Klausurflügel lassen sich im oberen Stock noch ein Konventsraum und im Erdgeschoss das Refektorium erahnen. Die Küche für die Hospitalbewohner wurde im Refektorium installiert, eine Hospitalkapelle entstand in nachreformatorischer Zeit. Studenten der Fachhochschule Anhalt nutzen den Komplex heute als Lehr- und Kulturgebäude.

◆ Ebersbach, Volker: Geschichte der Stadt B., Dessau 1998; Köhler, Otto: Das Kloster der Marienknechte in B., Bernburg 1889.

Bersenbrück, *Zisterzienserinnenkloster St. Maria (1231–1787), Diözese Osnabrück – (Lkr. Osnabrück, Niedersachsen, ❒ 1, B4).*

▶ **Geschichte.** Graf Otto von Ravensberg-Calvelage und Familie stifteten 1231 im Osnabrücker Nordland mit Zustimmung Bischof Konrads I. von Osnabrück (Velber) ein Zisterzienserinnenkloster an ihrer Eigenkirche in B. direkt an der Hase; sie verzichteten auf vogteiliche Rechte. Schon unter der ersten Äbtissin Clementia (1231–72) erlangte B. neben der bischöflichen Schutzerklärung (1236) und dem päpstlichen *Privilegium commune cisterciense* weitgehende Annäherung an den Zisterzienserorden, ebenso wie das Kloster ➛ Rulle, jedoch nicht die Vollmitgliedschaft wie ➛ Lilienthal, weil die Rechte der Osnabrücker Kirche bestehen blieben und eine volle Exemtion nie ganz erreicht wurde. Das Generalkapitel des Zisterzienserordens übertrug aber der ältesten deutschen Zisterzienserabtei ➛ Kamp am Niederrhein die Aufsicht über die Frauen in B. Auch die Dominikaner von St. Katharina in ➛ Bremen unterstützten im Auftrag des Erzbischofs den Aufbau in den ersten Jahrzehnten. Ein Brand vernichtete 1252 die alte Pfarrkirche. 1263 begann der Bau der Klosterkirche; unmittelbar nördlich daran baute man noch im 13. Jh. eine neue Pfarrkirche an. Die Äbte von St. Pantaleon in ➛ Köln wirkten im päpstlichen Schutzauftrag als Konservatoren für das Kloster. Diese Garantien, eine reiche Grundausstattung und Patronatsrechte über mehrere Pfarrkirchen führten trotz Überfällen und Bränden zum Aufblühen des Konvents, der unter Äbtissin Lutmodis (1275–96) etwa 50 Frauen umfasste und dessen Landbesitz von 52.000 ha 186 eigene Güter einschloss. Das Kloster B. war das größte Frauenkloster unter der Aufsicht der Abtei Kamp. Das Verhältnis der Schwestern zum Vaterabt blieb nicht ungetrübt, 1443 ging die Paternität auf die westfälische Zisterzienserabtei ➛ Marienfeld über. Eine innere Reform des Klosterlebens 1484 war insofern nachhaltig, als erst um 1550 die Reformation größeren Einfluss gewann: das Abendmahl wurde nun unter Duldung des evangelischen Bischofs und Landesfürsten, Philipp-Sigismund von

Bernhard von Clairvaux

▶ Der aus burgundischem Adel stammende B. (1090–1153, kanonisiert 1174) darf als die bedeutendste Persönlichkeit in der kritischen Frühphase der Konsolidierung des ➛ Zisterzienserordens und Initiator einer explosionsartigen Ausbreitung des Ordens über Europa gelten. 1113 trat er zusammen mit 30 Gefährten in das 1098 von Robert von Molesme gegründete Kloster Cîteaux ein und erhielt bereits 1115 den Auftrag zur Gründung des Tochterklosters Clairvaux in der Champagne. Als Abt von Clairvaux (1115–53) gründete er 70 Tochterzisterzen, nahm als Ratgeber von Päpsten, Bischöfen und Kaisern maßgeblich auf die hohe europäische Politik Einfluss, verfasste zahlreiche theologische Schriften, gilt als bedeutender Kirchenlehrer und begründete die mittelalterliche Christusmystik. Seine Vorstellung von Askese und Demut prägte nachhaltig typisch zisterziensische Ausdrucksformen, wie Schlichtheit in der Architektur verbunden mit größter Harmonie und Zurückhaltung in schmückendem Beiwerk bei Betonung des Lichts. Mancherorts nannte man die Zisterzienser auch ➛ Bernhardiner, eine vom Generalkapitel untersagte, aber wohl zutreffende Identifikation seiner Person mit den zisterziensischen Ordensidealen. Der B. ebenbürtige Benediktinerabt von Cluny, Petrus Venerabilis (um 1094–1156), forderte ihn zu seinen berühmt gewordenen Streitschriften heraus. B. korrespondierte mit Repräsentanten der Augustiner-Regularkanoniker, der Prämonstratenser, der Gilbertiner in England und der Kartäuser. Er beteiligte sich 1119 an der Gründung des ersten christlichen Ritterordens, der ➛ Templer, und gab ihnen eine Ordensregel, die 1128 päpstliche Anerkennung fand. Seine Rednergabe machte ihn 1147 zum geistigen Initiator des Zweiten Kreuzzugs, der in einer Katastrophe und für ihn persönlich in einer Depression endete. Auch seine Kreuzpredigten 1150 gegen die heidnischen Wenden im Osten führten zu Enttäuschungen. Bernhards radikal vernichtenden Äußerungen gegen Nichtchristen sind heute nur schwer mit der Symbolfigur der Nächstenliebe vereinbar. Sein demutsvoller Lebenswandel und seine gelebte Brüderlichkeit berühren ebenso, wie seine Hasstiraden und Intrigenspiele gegen Gegner und vermeintliche Häretiker, wie den Frühscholastiker Petrus Abaelard (1079–1142), abstoßen. Bernhard, schon zu Lebzeiten heiligmäßig verehrt, starb 1153 in seinem Kloster Clairvaux; zu dieser Zeit zählte der Zisterzienserorden bereits 339 Abteien. 1174 sprach ihn Papst Alexander III. heilig und Pius VIII. erhob ihn 1830 zum Kirchenlehrer.

◆ Dinzelbacher, Peter: B. von Clairvaux, Darmstadt 1998.

Braunschweig-Lüneburg, unter beiderlei Gestalt gefeiert. Erst 1614 bestand der Konvent in B. wieder aus acht katholischen Schwestern unter Äbtissin Lucretia Elisabeth von Vincke (1614–69). Die mit der Rekatholisierung einsetzende Konsolidierung der Klosterökonomie erlitt im Dreißigjährigen Krieg erneut einen Einbruch. Anhaltende finanzielle Probleme führten 1787 zur Aufhebung des Klosters durch Fürstbischof Friedrich, Herzog von Braunschweig-Lüneburg. Die besondere rechtliche Stellung des Konvents erforderte die Zustimmung Papst Pius' VI. und Kaiser Josephs II. Kurz zuvor war der Neubau der Klausur, das „Neue Kloster", vollendet worden.

▶ **Gegenwart.** Einzig die spätromanische Klosterkirche und gotische Pfarrkirche repräsentieren heute die mittelalterliche Bautradition im Kloster B. Um 1500 vereinte man beide Kirchen unter einem Gesamtdach und vollendete 1510 den Westturm. Die Trennwand zwischen beiden Kirchen fiel um 1810, die Krypta der Schwesternkirche wurde eingeebnet. Die so gewonnene zweischiffige Hallenkirche St. Vincentius dient heute der katholischen Gemeinde als Gotteshaus und beherbergt einige interessante Ausstattungsstücke aus dem Mittelalter.

◆ GermBen 12, 63–89; Hoene, Otto zu: Kloster B. Das ehemalige adelige Zisterzienserinnen-Kloster St. Marien in B., Osnabrück 1977/78.

Beselich, *Prämonstratenser-Chorfrauenstift St. Maria, St. Petrus und St. Paulus (vor 1163–1568), Erzdiözese Trier – (B.-Niedertiefenbach, Lkr. Limburg-Weilburg, Hessen, ❐ 3, B1).*

▶ **Vorgeschichte.** Der Priester und Wanderprediger Gottfried von Beselich war vor 1156 an der Gründung der Benediktinerabtei ➛ Walsdorf bei Idstein beteiligt, aber wohl nicht an der Gründung des Klosters in ➛ Altenberg/Lahn. Er baute um 1160 eine verfallene Ägidiuskapelle in der Pfarrei Dietkirchen in Mittelhessen nordöstlich von Limburg wieder auf und übergab sie mit den zugehörigen Gütern der Prämonstratenserabtei ➛ Arnstein.

▶ **Geschichte.** Gaugraf Ludwig III., Stifter und Mitbruder im Stift Arnstein, gründete vor 1163 an der Ägidiuskapelle in Niedertiefenbach ein Tochterstift. Erzbischof Hillin von Trier (Fallemanien) befreite es von Zinslasten und übernahm die Schutzherrschaft. Arnsteiner Konversen bauten für die Frauen zwischen 1170 und 1230 eine neue Stiftsanlage mit eigener Kirche auf, die zu kleine Ägidiuskirche blieb nahe der Pforte erhalten. Die Prämonstratenserinnen von Stift B. unterstanden immer der Abtei Arnstein, der Vaterabt bestimmte den Prior und die Meisterin, übte das Recht der Ersten Bitten (Aufnahme) aus und visitierte regelmäßig den Konvent. Im 13./14. Jh. stand B. in hohem Ansehen, die Chorfrauen unterhielten eine Schule für adelige Töchter. Durch Kriegswirren und eigenes Verschulden drohte 1447 dem einst reichen Stift die Auflösung. Johann Buschelmann (1439–65), Abt von ➛ Steinfeld und Ordensvisitator der Zirkarie Westfalen, vermochte mit Hilfe neuer Ordensfrauen aus Gommersheim sowie der Meisterin Margarete von Wilnsdorf (1449–64) die monastischen Traditionen zu beleben und Reformen durchzusetzen. Die Landesgrenze zwischen den Grafschaften Nassau-Diez und Wied-Runkel verlief durch den Klosterkomplex. Der Graf von Nassau-Diez ließ 1525 den Besitzstand lediglich inventarisieren, Graf Johann IV. von Runkel jedoch führte 1553 die Reformation ein. Ein Prior von Arnstein lässt sich noch 1552 nachweisen, die letzte katholische Äbtissin Anna von Brambach starb 1568, ihre Nachfolgerin nannte sich „Verweserin". Bis 1612 blieb B. als calvinistisches Kloster mit einem Pfarrer bestehen, danach fiel es an das Haus Nassau und wurde 1618 ein Hospital mit neuen Gebäuden. Zwischen 1638 und 1652 nutzten die Jesuiten die Anlage als Steinbruch für ihre Residenz in Hadamar; 1660 fielen schließlich unter dem Grafen von Nassau-Hadamar die Restgebäude.

▶ **Gegenwart.** Auf dem Beselicher Kop bei Niedertiefenbach stehen heute nur noch Restwände der romanischen Kirchenruine aus der Zeit um 1170. Ausgrabungen ermittelten eine einfache Basilika ohne Querschiff von 37 m Länge und 18 m Breite, deren Seitenschiffe durch je fünf Pfeiler vom Mittelschiff getrennt waren. Der Altarraum und die Seitenschiffe schlossen im Osten mit Halbrundapsiden ab. Ein Förderverein bewahrt heute die malerische Ruine vor weiterem Verfall. Die nahe Wallfahrtskapelle „Maria Hilf" entstand 1764 auf Initiative des franziskanischen Klausners Leonhard Niederstraßen.

◆ HHistStD 4, 44 f.; Borbonus, Leonhard: Niedertiefenbach, Beselich 1993; Struck, Wolf-Heino: Die Klöster Bärbach, B., Dirstein und Gnadenthal, das Johanniterhaus Eschenau und die Klause Fachingen. Regesten vor 1153–1634, Wiesbaden 1961.

Beselich Prämonstratenser-Chorfrauenstift, von der romanischen Stiftsbasilika ohne Querschiff (um 1170) zeugen heute lediglich die malerischen Restmauern.

Beuggen, *Deutschordenskommende St. Maria (1246–1806), Diözese Konstanz – (Rheinfelden-Schloss B., Lkr. Lörrach, Baden-Württemberg, ❐ 3, B5).*

▶ **Geschichte.** Der Ministeriale Ulrich von Liebenberg übergab 1246 seine Burg, den nahen Hof und das Patronat der Pfarrkirche St. Michael in *Bukein* am Knie des Oberrheins mit allen Einkünften und Rechten an den Deutschen Orden. Ein Jahr später befand sich ein Konvent von acht Ritter- und zwei Priesterbrüdern in der neuen Kommende B., die der Ballei Elsass-Burgund zugeordnet wurde. Erster Komtur war Gottfried von Rufach, der als erster Landkomtur (mit Unterbrechung 1235–55) eine zentrale Rolle beim Aufbau der Kommenden und der Ballei spielte. Um 1250 verließen die Ordensbrüder die alte Burg, von der nichts mehr existiert, und errichteten unmittelbar am Rhein eine neue, durch Wassergräben geschützte Anlage. 1331 versetzte Wolfram von Nellenburg, Landkomtur (1322–31) und Deutschmeister (1331–61), den Frauenkonvent aus der elsässischen Kommende Suntheim (Frankreich) nach B. Im Visitationsbericht 1393 tauchen die Ordensschwestern nicht mehr auf, möglicherweise sind sie nach Bern (Schweiz) verlegt worden. Der regionale Adel, besonders Habsburger Ministeriale, dotierte die Kommende reichlich mit Landbesitz in über 40 Ortschaften beiderseits des Rheins, mit Patronatsrechten in 13 Pfarren sowie mit Fischereirechten im Fluss. In drei Orten übten die Deutschherren niedere Gerichtsbarkeit aus. B. entwickelte sich zum bedeutendsten und personalstärksten Haus der Ballei, die Wirtschaftskraft wurde lediglich von ➛Altshausen übertroffen. Wolfram von Nellenburg ließ 1345 eine große Bibliothek in B. anlegen, was die hohe Stellung der Kommende betonte. Das Amt des Landkomturs, Oberhaupt der Ballei, lag oft in den Händen des Beuggener Komturs. Der Sitz des Landeskomturs war bis in das 15. Jh. nicht auf eine Kommende festgelegt, aber B. diente als bevorzugter Aufenthaltsort; hier fanden die Jahreskapitel der Ballei statt. Ende des 14. Jh. war die Blütezeit überschritten. Erdbeben, Pest und Plünderungen im Rheinfelderkrieg schwächten die Wirtschaft. Politisch konnte sich B. immer weniger dem Zugriff der habsburgischen Landesherren entziehen. Die Landkomture Marquard von Königsegg (1411–36) und Burkard von Schellenberg (1443–57) residierten zwar bevorzugt auf der Mainau im Bodensee, entschieden sich aber Mitte des 15. Jh. für die Kommende Altshausen als festen Residenzort der Balleikommandantur. Komtur Ludwig von Reischach (1518–26) wechselte während der Reformation die Konfession, heiratete und wurde vom katholischen Landkomtur abgesetzt und gewaltsam vertrieben. Sein Nachfolger Georg von Andlau (1528–40) ließ das heute noch sichtbare Befestigungswerk in B. bauen. Im 16./17. Jh. verkam die Kommende zum Rittersitz, der Komtur war oft die einzige Ordensperson im Haus und repräsentierte als weltlicher Herr oder verdingte sich bei fremden Kriegszügen. Der Reichsdeputationshauptschluss verschonte 1803 den Deutschen Orden, aber nach dem Zusammenschluss des Rheinbundes 1806 wurde B. enteignet. Die Schlosskirche St. Michael ging in den Besitz der örtlichen Pfarrgemeinde über, Anlage und Besitz übernahm das Großherzogtum Baden.

Beuggen Deutschordenskommende, der „Storchenturm" (1260) blieb fast unverändert erhalten.

▶ **Gegenwart.** Heute nutzt die Evangelische Landeskirche das malerisch gelegene Schloss B. am Rhein als Tagungs- und Begegnungsstätte. Die frühgotischen Kommendebauten wurden nach Kriegen, Brandschatzungen und Einquartierungen durch Neubauten im barocken Repräsentanzstil ersetzt, so dass wenig Substanz aus mittelalterlicher Zeit übrig blieb. Die spätgotische Schlosskirche ist eingreifend verändert worden. Altsubstanz des Wohnturms, heute „Altes Schloss", ist kaum noch zu erkennen. Das wehrhafte Haupttor ist erst nach den Reformationswirren 1534 erbaut worden. Aber der „Storchenturm" steht noch immer seit seiner Aufbauzeit 1260 an Ort und Stelle des „Unteren Tores" der Anlage; er wurde lediglich spätgotisch verändert und zeigt Wappentafeln der Landkomture der Deutschordensballei Elsass-Burgund und der Komture von B.

◆ Brommer, Hermann (Hg.): Der Deutsche Orden und die Ballei Elsaß-Burgund, Brühl/Baden 1996; Heim, Peter: Die Deutschordenskommende B., Bonn-Bad Godesberg 1977.

Bettelorden

▶ Die B. der ➛Franziskaner, ➛Dominikaner, ➛Augustiner-Eremiten, ➛Karmeliten und ➛Serviten entstanden sämtlich im 13. Jh. infolge des ökonomisch-sozialen Wandels, der vor allem durch die Urbanisierung und anwachsende Geldwirtschaft gekennzeichnet war. Die Bettelmönche, auch *Mendikanten* genannt, unterschieden sich vom Mönchtum benediktinischer Prägung in wichtigen Punkten: Mendikanten gelten nicht als Mönche, ihre fast durchweg städtischen Niederlassungen sind Konvente und keine Klöster; sie legten zwar die Mönchsgelübde ab (Armut, Ehelosigkeit und Gehorsam) und befolgten in monastischer Tradition das Stundengebet, aber ihr Hauptapostolat bildete die pfarrdienstliche Tätigkeit. Mendikanten lehnten nicht nur das weltabgeschiedene, kontemplative Mönchtum der Benediktiner und Zisterzienser ab, sondern ebenso die Lebensweise der Regularkanoniker in den Chorherrenstiften. Mit dem diözesanen Pfarrklerus gerieten sie oftmals in Konflikt und konnten sich mancherorts nur mit Hilfe päpstlicher Privilegien durchsetzen. Ihr Apostolat betonte die geistige Ausbildung in eigenen Schulen. Zunächst allein auf Almosen angewiesen, entsprach das städtische Umfeld gut dem Armutsgebot ihrer Ordensregeln. Der allmählich angehäufte Besitzstand der Konvente führte jedoch zu engen ökonomischen und politischen Verquickungen mit dem städtischen (Geld-)Adel und damit zwangsläufig zu inneren Krisen der B. Die Konvente entwickelten sich zu Institutionen, in denen öffentlich-politische Versammlungen oder juristische Entscheidungen getroffen wurden. Während der Reformation erfolgte der Zugriff von Stadtmagistraten und Bürgern auf „ihre" Klöster der B. weit ungehemmter als auf die Abteien der alten Mönchsorden.

Beuren, *Zisterzienserinnenkloster St. Maria und St. Andreas (um 1200–1555, 1617–1810), Erzdiözese Mainz – (Leinefeld-Worbis-B., Lkr. Eichsfeld, Thüringen, ❐ 1, D5).*

▶ **Geschichte.** Um 1200 stiftete der Hildesheimer Domkantor Konrad von Bodenstein an seiner reich dotierten Eigenkirche im thüringischen B. ein Frauenkloster und rief Zisterzienserinnen aus ➛Wöltingerode ins Eichsfeld. 1208 folgten päpstliche Bestätigung, 1221 Vogteifreiheit, 1238 niedere Gerichtshoheit und 1250 die landgräfliche Schutzzusage. Mitgiften und Schenkungen führten zu Streubesitz in etwa 70 Orten auch über das Eichsfeld hinaus. Der Zustrom nötigte den Konvent, noch im 13. Jh. Filialen zu gründen: 1245 ➛Mariengarten, um 1250 ➛Anrode, 1260 ➛Teistungenburg, 1287 Marksußra und 1311 Worbis. Aus einer der sechs eigenen Grangien entstand 1333 das Tochterkloster Urleben, das aber nur kurze Zeit existierte (in der Literatur kaum beachtet). Der Mönchsabtei ➛Walkenried oblag die geistliche Aufsicht, ohne dass der Frauenkonvent die Vollmitgliedschaft im Zisterzienserorden erlangte. Er unterstand der Jurisdiktion des Erzbischofs von Mainz, der seit 1294 im Eichsfeld auch als weltlicher Landesfürst herrschte. Im 14. Jh. begann der Niedergang des Klosters, die Sitten verflachten. Im 15. Jh.

Beuren Zisterzienserinnenkloster, das Kirchenschiff wurde mehrfach verändert, der romanische Turm blieb.

ging die Wirtschaftskraft zurück, was zu Landverkäufen zwang. 1525 plünderten die eigenen Untertanen das Kloster, das kurz darauf von Bauern gebrandschatzt wurde. Trotz der Tatkraft der Äbtissinnen Margareta von Bodenhausen (1519–39) und Barbara von Knorr (1539–55) verödete der Konvent, nach der Pest 1555 war er ausgestorben. Erzbischof Daniel Brendel von Homburg veräußerte das Klostergut, aber die Besitzer konnten es nicht halten. Daraufhin erstand 1617 Äbtissin Marina Ziegler (1583–1622) vom Tochterkloster Teistungenburg die Anlage und schickte 1618 zehn Schwestern zur Neubelebung nach B. Der monastische Alltag war in der Neuzeit von wirtschaftlicher Konsolidierung und reger Bautätigkeit, aber auch von kriegerischen Rückschlägen und lockerer Klausurauslegung gekennzeichnet. König Jérôme von Westphalen säkularisierte Kloster B. 1810.

▶ **Gegenwart.** Die heute noch bestehende Klausuranlage geht auf Bauaktivitäten Äbtissin Maria Franziska Wagners (1669–98) in der zweiten Klosterperiode zurück. Die einschiffige Klosterkirche mit breitem Westturm ist hingegen immer noch jener romanischer Bau, den die ersten Schwestern antrafen, wenngleich er gotisch verlängert und barock verändert wurde. Heute dienen die profan genutzte Kirche und die barocke Vierflügelanlage nach ihrer Renovierung 1995 als Pflegeheim.

◆ Mohn, Claudia: B. (Thüringen), in: Mittelalterliche Klosteranlagen der Zisterzienserinnen, Petersberg 2006, 262f.; Dölle, Adalbert: Das ehemalige Zisterzienserinnenkloster B., Duderstadt 1998; Opfermann, Bernhard: Das Zisterzienserinnenkloster B., in: Die Klöster des Eichsfeldes in ihrer Geschichte, Heiligenstadt 1998, 119–139.

Beuron, *Augustiner-Chorherrenstift St. Maria und St. Martin (um 1080–1802), Benediktiner Erzabtei St. Maria und St. Martin (seit 1863), Diözese Konstanz – (Lkr. Sigmaringen, Baden-Württemberg, ❒ 3, C4).*

▶ Das Regularkanonikerstift B. im oberen Donautal (um 1080–1802) ist heute ein bedeutender Barockkomplex des 18. Jh. und wird seit 1863 wieder von einem Benediktinerkonvent belebt. Die Benediktinerabtei B. (seit 1884 Erzabtei) ist Gründungskloster und Zentrum der Beuroner Benediktinerkongregation, der heute 19 Mönchs- und Frauenklöster angehören. Mittelalterliche Architektur ist kaum geblieben, aber auf den Turm an der Südseite der Abteikirche von 1738 sei hingewiesen: sein quadratischer Unterbau besteht noch aus romanischen Mauerresten.

◆ GermBen 5, 135–144.

Beyenburg, *Kreuzherrenkloster St. Maria Magdalena (1296–1803, seit 1963) – „Steinhaus“, Erzdiözese Köln – (Wuppertal-B., kreisfreie Stadt Wuppertal, Nordrhein-Westfalen, ❒ 1, B5).*

▶ **Geschichte.** Graf Adolf V. von Berg rief in seinem letzten Lebensjahr 1296 Kreuzherren aus Belgien an die Wupperschleife nach B. und übertrug ihnen die Kapelle der hl. Maria Magdalena. Die Kreuzbrüder kamen erst 1298 und fanden Unterkunft im alten „Steinhaus“, einem befestigten Gutshof. Das Priorat Steinhaus an der Wupper war die erste Niederlassung des Kreuzherrenordens auf heutigem deutschen Boden. Die Kreuzbrüder verlegten wegen widriger Umstände vor 1336 das Kloster auf den nahen Beyenberg, den sie schon 1302 von Graf Wilhelm I. aus dem Haus Limburg erhalten hatten. Der Besitz von Höfen, Fischereirechten, Renten und Pachtzins sicherte den seelsorglich tätigen Kreuzbrüdern ihre Existenz. Nahe der Anlage auf dem Berg bauten die Grafen um 1340 eine Burg, der sich entwickelnde Ort übernahm die Bezeichnung B. Durch die Erneuerungsbewegung der ➛ Devotio moderna in den Niederlanden erhielten die Kreuzherren so viel Zulauf, dass die Anlage 1485 erweitert und 1497 die große einschiffige Kirche gebaut werden musste. Bruder Wilhelm von Werden aus B. war maßgeblich an der Gründung des Priorats ➛ Bentlage bei Rheine beteiligt, das 1437 vom heute untergegangenen Priorat Köln besiedelt wurde. Herzog Gerhard II. von Jülich-Berg rief 1438 die Kreuzbrüder in seine neue Residenzstadt ➛ Düsseldorf, wo sie das erste Kloster der Stadt gründeten. In der Reformationszeit bildeten Konvent und Pfarrgemeinde eine fest zum alten Glauben stehende Enklave inmitten des protestantischen Umfeldes. Während der Gegenreformation blühte B. neu auf, wurde jedoch von mehreren Großbränden, Kriegen und Kontributionen in der weiteren Entfaltung gebremst. Die letzten Jahrzehnte vor der Säkularisierung 1803 waren vom Niedergang der Klosterzucht gekennzeichnet; die während der Revolutionskriege geflüchteten und im Kloster aufgenommenen Priester trugen zusätzliche Probleme in den Konvent. Auch der Bevölkerung in B. war nach der Säkularisation ein Teil ihrer Existenzgrundlage entzogen worden, Ort und Umfeld verarmten.

▶ **Gegenwart.** Die Wirtschaftsgebäude, sowie der Nord- und Westflügel des Priorats existieren heute nicht mehr, sie wurden kurz nach 1804 niedergelegt. Von 1907 bis 1968 unterhielten Augustiner-Chordamen im Osttrakt ein Alten- und Pflegeheim. 1963 kehrten Kreuzherren aus den Niederlanden nach B. zurück, nahmen ihre Ordenstätigkeit wieder auf und restaurierten schrittweise bis 1995 Kirche und Ostflügel. Die spätgotische Kirche St. Maria Magdalena, ein einschiffiger Sandsteinbau mit schlanken, dreibahnigen Maßwerkfenstern und Doppelportal, dient heute wieder der katholischen Pfarrgemeinde und den Kreuzherren gemeinsam. Die barocke Innenausstattung geht auf das Jahr 1678 zurück, ein Gemälde aus der Schule Peter Paul Rubens schmückt den Altarbereich.

◆ Steinhaus: 700 Jahre Kreuzherren-Kloster Steinhaus zu B., 1298–1998, Wuppertal 1998; Goebel, Klaus: Die Anfänge von B. und Barmen, Wuppertal 1977.

Beyharting Augustiner-Chorherrenstift, der spätgotische Kreuzgang blieb als Schmuckstück bewahrt.

Beyharting, *Augustiner-Chorherrenstift St. Johann Baptist (um 1130–1803), Diözese Freising – (Tuntenhausen-B., Lkr. Rosenheim, Bayern, ❐ 4, B4).*

▶ **Geschichte.** Um 1130 gründete Judith, die Witwe des Edelherrn Tangeno von Pihartingen mit Unterstützung ihrer Brüder Megingoz und Gebolf das Regularkanonikerstift B. zunächst für sechs Augustiner-Chorherren, die aus einem der schon bestehenden Stifte Oberbayerns kamen. Die Stifterin Judith fand ihre Grablege in der romanischen Stiftskirche, die im Auftrag Erzbischof Konrads I. von Salzburg (Abensberg) vor 1132 geweiht worden war. Die erste Erweiterung der Kirche erfolgte 1294, drei Jahre später wurde das Stift B. Hofmark mit eigener Gerichtsbarkeit. Meist hatte der Konvent gegen die Armut zu kämpfen, weil die Grundausstattung unzureichend ausgelegt war. Das Hauptapostolat der Kanoniker zielte auf die Schulausbildung der Untertanen, auch erlangte die Betreuung der Marienwallfahrt in Tuntenhausen zunehmende Bedeutung. In der zweiten Hälfte des 14. Jh. zeigten sich Verfallserscheinungen, Anfang des 15. Jh. war die Existenz gefährdet, zeitweise lebten nur noch zwei Chorherren in B. Dennoch wurden der gotische Turm und der Kreuzgang erneuert, beide existieren heute noch. Durch Reformen seit 1451, die von den Reformstiften Raudnitz (Tschechien) und ➛ Indersdorf ausgingen, gelang die wirtschaftliche und geistliche Gesundung, so dass die Reformationszeit unbeschadet überstanden werden konnte. Von 40 Pröpsten in der Beyhartinger Geschichte erwiesen sich lediglich drei als geschäftstüchtig. Nach Plünderung und Brandschatzung durch die Schweden im Dreißigjährigen Krieg baute Propst Christian Scheichenstuel (1645–86) Anlage und Kirche neu auf, er wurde als zweiter Gründer verehrt. Im 18. Jh. machte B. durch literarische Ausstrahlung auf sich aufmerksam. 1803 erfolgte die Aufhebung durch kurfürstlich-bayerische Beamte, 22 Chorherren mussten 1804 B. verlassen.

▶ **Gegenwart.** Das barocke Klausurgeviert und die mehrmals vergrößerte Kirche mit ihrem gotischen Turm blieben bis heute erhalten und werden von der katholischen Pfarrgemeinde genutzt. Die meisten Gebäude der einst viel größeren Anlage existieren nicht mehr. Schmuckstück ist der spätgotische Kreuzgang mit Renaissancemalerei von 1565. Bei jüngsten Renovierungsarbeiten entdeckte man das Grab der Stifterin Judith unter einer künstlerisch hochwertigen Grabplatte von 1479.

◆ Weppelmann, Franz-Josef (Hg.): B. bis 1802, Weißenhorn 2005; Backmund, Norbert: Die Chorherrenorden und ihre Stifte in Bayern, Passau 1966, 67–69.

Biburg, *Benediktinerabtei St. Maria (1133–1555), Diözese Regensburg – (Lkr. Kelheim, Bayern, ❐ 4, B3).*

▶ **Geschichte.** Die Brüder Konrad und Arbo von Sittling-Biburg übergaben 1133 auf Wunsch ihrer verwitweten Mutter Bertha von Ratzenhofen dem Bamberger Bischof Otto I. (1102–39, kanonisiert 1189) reichlich Güter und ihre B. in der Donauebene zur Gründung eines Benediktinerklosters. Bischof Otto holte Mönche aus seinem Hirsauer Reformkloster ➛ Prüfening und setzte den Bruder der Stifter, Eberhard (1133–47), als ersten Abt ein, der sich 1139 Bestätigung, Schutzbrief und Privileg der freien Abt- und Vogtwahl von Papst Innozenz II. persönlich in Rom abholte. Eberhard wurde 1147 zum Erzbischof von Salzburg erhoben. Beim Bau der dreischiffigen Pfeilerbasilika hielt man sich an Vorgaben damals üblicher Reformbauten mit hirsauischen Baumotiven, gliederte aber dem Ostchor zwei hohe Türme an. Den Statuen der ➛ Hirsauer Reform entsprach der assoziierte Frauenkonvent; die Gebäude der Schwestern wurden nach einem Brand 1278 jedoch nicht mehr aufgebaut. Die Abtei B. blühte schnell auf und erlangte durch Skriptorium und Klosterschule hohes Ansehen. Die Mönche unterhielten enge Beziehungen zum Hirsauer Reformkloster Admont (Österreich). 1177 nahm Kaiser Friedrich I. Barbarossa die Abtei unter Reichsschutz und untermauerte mit Landstiftungen und Privilegien die Wirtschaftskraft, B. wurde eine der reichsten Abteien Bayerns. Die Wittelsbacher Herzöge von Bayern übernahmen seit etwa 1232 die Schirmherrschaft und überforderten mit hohem Steuer- und Abgabendruck die Klosterökonomie, Viehseuchen und Überschwemmungen kamen als Schwierigkeiten hinzu, ein ständiges Auf und Ab bestimmte die weitere Entwicklung. B. geriet in der zweiten Hälfte des 13. Jh. in finanzielle Notlage, Abt Heinrich IV. musste um 1278 Güter verkaufen. König Ludwig der Bayer griff 1316 helfend mit weiteren Schenkungen ein. Abt Heidenreich Starzhauser (1394–1407) ließ die Seitenschiffe der Basilika einwölben. 1451 stellte der päpstliche Legat und Kardinal Nikolaus von Kues während einer Visitation schwere Mängel im Kloster fest und verordnete die Einführung der ➛ Melker Reform. Papst Calixtus III. gewährte 1455 den Äbten die Pontifikalien. Abt Jakob Premß (1505–09) resignierte aufgrund ökonomischer Ausweglosigkeit. Bei der Wahl seines Nachfolgers, Abt Leonard II. Aichstetter (1510–26), lebten nur noch drei Mönche im Konvent, aber Leonhard gelang es um 1520, eine neue Klausuranlage an der nördlichen Kirchenseite auf dem alten Gemäuer der ehemaligen Wirtschaftsgebäude errichten zu lassen. Sein Nachfolger, Abt Benedikt Kolmann (1527–50), ließ das Mittelschiff und die Querarme der Kirche prachtvoll einwölben. Nach dem Tod des letzten Abts, Hieronymus Stromaier (1550–54), ging die Abtei 1555 in landesherrliche Verwaltung über. Von 1589 bis 1778 betreuten Jesuiten aus Ingolstadt die Anlage, die nach einem Großbrand 1701 neu aufgeführt werden musste. Danach (1781–1810) unterhielten die Malteser eine Kommende in B., ließen diese aber nur verwalten und betrieben den privaten Ausverkauf.

▶ **Gegenwart.** Die brocken Klostergebäude beherbergen heute eine Brauerei und ein Hotel. Sie bergen gotische Keller, die für den Restaurantbetrieb genutzt werden. Die Klosterbasilika, heute katholische Pfarrkirche St. Maria Immaculata, hat sich im Baubestand fast unverändert bis heute erhalten und zählt zu den bedeutendsten romanischen Baudenkmälern Bayerns. Während der Innenraum völlig auf figürlichen Schmuck verzichtet, sind Westfront und Hauptapsis außen reichlich mit Bauplastik

Biburg Benediktinerabtei, die Steinmetzkunst am Westportal der romanischen Abteibasilika thematisiert den Kampf Christi gegen die sieben Todsünden.

verziert. Am Westportal thematisiert hohe Steinmetzkunst den Kampf Christi gegen die sieben Hauptsünden des Menschen.

◆ GermBen 2, 69–71; Fink, Alexandra: Die ehemalige Klosterkirche St. Maria Immaculata in B., in: Romanische Klosterkirchen des hl. Bischofs Otto von Bamberg (1102–39), Petersberg 2001, 132–155.

Biebelried, *Johanniterkommende (nach 1244–1806), Diözese Würzburg – (Lkr. Kitzingen, Bayern, ❒ 3, D2).*

▶ **Geschichte.** Bischof Hermann I. von Würzburg (Lobdeburg) schenkte den Johannitern 1244 die Burg B. an der Reichsstraße Würzburg – Nürnberg. Am Rastplatz für Händler und Kaufleute gründete der Orden vor 1262 eine eigenständige Kommende mit Kirchenpatronat im Ort und zahlreichen Gütern in der Umgebung. 1275 begann Komtur Heinrich von Boxberg mit dem Bau eines Kastells; ein mächtiger Bergfried trat als Kern der Anlage 1310 hinzu, zwei feste Häuser mit Schießscharten wurden durch Mauern mit Wehrgängen verbunden. Hermann von Gleissenberg trat 1352 als Komtur auf (1359/60 in ➛ Rothenburg ob der Tauber). Die Kommende B. erfüllte als Hospital für Pilger und Zwischenlager sowie Handelsposten ihren Zweck, solange der Orden die Rückeroberung des Hl. Landes zum Ziel hatte. 1385–1418 wurde das Haus B. wegen finanzieller Engpässe verpachtet. 1418 ging die Selbständigkeit verloren und B. wurde der Kommende Würzburg als *membrum* unterstellt. Als Komtur von Würzburg-B. amtierte 1433–66 Richard von Buttlar, gen. von Neuenberg, der zum Bailli von Franken (1439–51) und Großprior von Deutschland (1464–66) aufstieg. Die Bauernrevolte 1525 und der Dreißigjährige Krieg hinterließen Zerstörungen. Mit der Säkularisierung des Haupthauses Würzburg 1806 endete auch das Filialhaus B. Nach dem Tod des letzten Würzburger Komturs, Heinrich Freiherr Truchsess zu Rheinfelden († 1812), wurde B. veräußert.

▶ **Gegenwart.** Noch heute wird die stark überbaute Burganlage landwirtschaftlich genutzt. Der Turm war schon 1728 abgerissen worden, aber die mächtigen Außenmauern überstanden wechselvolle Zeiten und wirken festgefügt genug, um noch weitere Jahrhunderte zu bestehen. Das Kastell halten massive Quadersteine zusammen. Es ragt nicht nur durch seine Größe von jeweils etwa 45 Metern Seitenlänge eindruckvoll aus der übrigen Architektur der Wehranlagen des süddeutschen Raumes des 13. Jh. heraus, sondern ist auch in der Bauweise mit fränkischen Burgen nicht vergleichbar, seine Architektur weist eher auf französischen Einfluss hin. An der äußeren Nordwestecke erkennt man noch heute einen Erker, hinter dem sich die ehemalige Kapelle befand.

❖ Die Johanniterkommende Würzburg-St. Oswald überstand die Beschießung durch die Franzosen im Oktober 1813 nicht.

◆ Schneider, Erich: B., in : Klöster und Stifte in Mainfranken, Würzburg 1993, 96 f.; Rödel, Walter Gerd: Das Großpriorat Deutschland des Johanniter-Ordens, Mainz 1965, 175 f.

Bielefeld, *Franziskanerkloster St. Jodokus (1498–1829), Diözese Paderborn – (kreisfreie Stadt, Nordrhein-Westfalen, ❒ 1, C4).*

▶ **Geschichte.** Auf dem Loyckhuser Berg westlich der Stadt B. entwickelte sich an einer Kapelle zur Verehrung des hl. Jodokus (um 699 – um 670, Gründer der Abtei Saint-Josse-sur-Mer in der Picardie) um 1480 eine rege Wallfahrt, zu deren Betreuung Herzog Wilhelm von Jülich-Berg, auch Graf von Ravensberg, Franziskaner-Observanten berief, die aber erst 1498 einwilligten. Bis 1502 bezogen die Brüder aus ➛ Hamm mit Guardian Theodor Grove nach der Zustimmung der Ordensleitung und Papst Alexanders VI. ein neugebautes Kloster nahe der Kapelle am höchsten Punkt der Straße nach Halle (Westfalen). Die einsame Niederlassung des Konvents auf dem „Jostberg" des Teutoburger Waldes blieb im mittelalterlichen deutschsprachigen Raum ein seltener Fall; für abgeschiedene Tallagen gab es dagegen Vorbilder, so ➛ Seligenthal bei Siegburg, für Passlagen kann lediglich das Beispiel ➛ Kniebis im Schwarzwald angeführt werden. Sich einstellende Schwierigkeiten besonders mit der Wasserversorgung, aber auch die Einsamkeit entsprachen ganz und gar nicht den Erwartungen der Bettelbrüder, so dass sie gern 1505 den Bitten der Bürger folgten und ihren Konvent in die Stadt verlegten: Ein Bauplatz und die Gebäude wurden ihnen geschenkt; Papst Julius II. gab 1507 sein Einverständnis, 1511 konnte die Klosterkirche St. Franziskus und Jodokus und 1515 der gesamte Klosterkomplex in B. geweiht werden. Ob die Barfüßer die Schwestern vom gemeinsamen Leben an der Süsternkirche in der Altstadt betreuten, ist nicht überliefert. In der Reformationszeit blieb der Konvent stabil, er zählte 1533 immerhin 19 Mitglieder, nachdem sich die meisten Bürger zum Protestantismus bekannten, bildete der Konvent eine katholische Enklave in der Grafschaft Ravensberg. Die Landesherrschaft stand weiterhin zu den vergebenen Privilegien, die Existenz der Observanten ohne Landbesitz blieb gesichert, ihre Wirkungsmöglichkeiten relativ gut geschützt. 1560 nahmen sie geflohene Mitbrüder aus ➛ Lemgo auf. 1616 halfen sie im Andreaskloster ➛ Halberstadt, dem einzig verbliebenen Konvent der Provinz Saxonia. Seit Beginn des 17. Jh. unterhielten die Franziskaner eine einklassige Elementarschule für Jungen, seit 1727 auch für Mädchen im Kloster, um 1800 waren es etwa 130 Kinder. 1672 erhielt Guardian Anton Gravenkamp offiziell die landesherrliche Erlaubnis für die pastorale Betreuung der Katholiken, was faktisch schon lange praktiziert wurde; der Guardian galt als Oberpfarrer der Grafschaft. Nach vorangegangenen Aufnahmebeschränkungen löste die königlich-preußische Regierung im Mai 1829 den Konvent auf, zu dem zwei Jahre zuvor noch fünf Patres und fünf Laienbrüder zählten.

Biebelried Johanniterkommende, das Mauerwerk der Johanniterburg verrät französischen Baueinfluss.

Bielefeld Franziskanerkloster, der Chor der spätgotischen Franziskanerkirche mit Durchgang.

▶ **Gegenwart.** Die Wallfahrt auf dem Jostberg versiegte mit der Reformation. Die Grundmauern der einmaligen Franziskaneranlage auf dem Berg liegen noch frei. Die Klosteranlage in der Stadt existiert im Kern noch heute. Die vielfach veränderten Gebäude um den Innenhof werden als Andachtsräume, Gemeindezentrum und Wohnungen genutzt. Die spätgotische Klosterkirche, ein schlichter, einschiffiger Saalbau ohne Turm mit fünf Jochen, Seitennischen und polygonalem Chor, ist heute katholische Pfarrkirche. Das älteste Kunstwerk, die „Schwarze Madonna" von 1220, kam erst

1819 aus dem aufgehobenen Marienstift der Stadt in die Franziskanerkirche.

❖ Die spätgotische Süsternkirche des Schwesternhauses „Marienthal" in der Ritterstraße dient seit 1682 als Gotteshaus einer evangelisch-reformierten Gemeinde.

◆ Rüthing, Heinrich/Schirmeister, Olaf: B. – Franziskaner, in: Westfälisches Klosterbuch, Tl. 1, Münster 1992, 76–81; Flaskamp, Franz: Das Observantenkloster Jostberg bei B., in: Franziskanische Studien 44 (1962) 275–286.

Bietigheim, *Franziskaner-Tertiarinnenkloster (vor 1520–34), Diözese Speyer – (B.-Bissingen, Lkr. Ludwigsburg, Baden-Württemberg, ❒ 3, C3).*

▶ 1473 wird ein „Begynenhaus" am oberen Tor in der württembergischen Stadt B. an der Enz nördlich von Stuttgart erwähnt. 1520 errichteten die Stadtväter den „Lehenschwestern grauer Sammlung zu Vorstand und Trost der Kranken" ein neues Haus mit Keller und Kornschütte. Das graue Habit der Schwestern lässt vermuten, dass sie inzwischen als Tertiarinnen dem dritten Orden der Franziskaner angehörten. Die Pfarrrechte übten aber im Spätmittelalter Heilig-Geist-Chorherren vom nahen Stift ➛ Markgröningen aus, die in B. auch einen Spitalhof betrieben. 1496 trat als Pfarrkirche an die Stelle der alten Peterskirche die 1401 bis 1411 erbaute Stadtkirche. Mit der Einführung der Reformation im württembergischen Herzogtum endete 1534 auch der Frauenkonvent in B. Die letzte Schwester starb 1557. In der Hauptstraße 68 der heutigen Stadt B.-Bissingen steht noch immer das Schwesternhaus von 1520.

◆ Benning, Stephan: B., in: Württembergisches Klosterbuch, Ostfildern 2003, 193; Roemer, Hermann: Geschichte der Stadt B. an der Enz, Stuttgart 1961.

Bildhausen, *Zisterzienserabtei St. Maria und St. Bilhildis (1156–1803), Konvent der St. Josefskongregation St. Maria (seit 1897) – „Maria B.", Diözese Würzburg – (Münnerstadt-Kleinwenkheim, Lkr. Bad Kissingen, Bayern, ❒ 3, D1).*

▶ **Geschichte.** Pfalzgraf Hermann von Stahleck übte 1147–49 das Amt des Reichsverwesers aus, während sein Schwager, der Stauferkönig Konrad III., am zweiten Kreuzzug teilnahm. Bevor der Pfalzgraf 1156 starb, stiftete er ein Kloster, das seine Witwe Gertrud von Schwaben nahe dem fränkischen Münnerstadt im Dippachtal als Kloster B. errichtete und das von Zisterziensermönchen der Abtei ➛ Ebrach 1158 besiedelt wurde. Neben der Mutter Gottes soll ursprünglich die hl. Bilhildis († um 750), Schutzpatronin des Klosters gewesen sein; sie gilt als erste Äbtissin der untergegangenen Abtei Altenmünster bei Mainz. Der Pfalzgraf fand sein Grab zunächst in Ebrach, seine Gebeine wurden aber später nach B. überführt. Die Pfalzgräfin Gertrud nahm 1156 den Schleier, ging in das Frauenkloster ➛ Wechterswinkel und wurde 1157 erste Äbtissin im Zisterzienserinnenkloster ➛ Bamberg. Wechterswinkel gilt als ältestes Zisterzienserinnenkloster auf dem Gebiet der Bundesrepublik und unterstand der geistlichen Aufsicht des Abtes von B., ebenso wie die Schwesternklöster ➛ Frauenroth, ➛ Mariaburghausen, ➛ Heiligenthal (Schwanfeld) und ➛ Johanniszell. Den Besitz konnten die Zisterzienser mit Hilfe der fränkischen Grafen von Henneberg reichlich ausdehnen und erlangten Eigentum und Rechte in über 155 Orten. Abt Siegfried (1301–15) hatte sich nach einem Streit mit den Henneberger Grafen versöhnt; diese ließen es in der Folgezeit nicht an Gunstbeweisen fehlen, so übereignete etwa Graf Hermann 1379 dem Konvent unter Abt Heinrich (1377–84) das Dorf Uttenhausen bei Römhild. 1525 stürmte der Bildhäuser Bauernhaufen die Abtei und vernichtete vor allem das Archiv, das die Nachweise ihrer Abhängigkeit enthielt. Abt Valentin (1520–27) flüchtete in den Stadthof in Königshofen, seine Mitbrüder irrten in weltlicher Kleidung schutzlos umher. Fürstbischof Konrad II. von Würzburg (Thüngen) erzwang 1527 mit der Ablösung des Abtes, der zur Lehre Luthers neigte, den Neubeginn, der jedoch nur schleppend vorankam. Eine Erholung der Abtei verhinderten der Zweite Markgrafenkrieg sowie der Dreißigjährige Krieg. Erst im 18. Jh. konnte an eine prunkvolle Erneuerung der Klostergebäude gedacht werden. Abt Nivardus Schlimbach (1786–1803) musste sich 1803 dem bayerischen Kurfürsten beugen, die Abtei B. wurde säkularisiert und verkauft.

▶ **Gegenwart.** Von der mittelalterlichen Abtei blieben lediglich ein Treppenturm von 1454, die Reste des Refektoriums und besonders bemerkenswert das spätromanische Hauptportal zurück, durch das man die barock dominierte Anlage betritt. Die romanische Klosterbasilika mit dem für Zisterzienser seltenen Staffelchor sowie der gesamte Kreuzgang unterlagen bis 1826 dem Abriss, einige Spolien findet man in der um diese Zeit erbauten Pfarrkirche von Herschfeld. 16 barocke Altäre aus B. schmücken heute einige umliegende Dorfkirchen, in die Klosterkirche von Wechterswinkel verschlug es den stattlichen Hochaltar von 1680. Seit 1897 leben franziskanische Schwestern der St. Josefskongregation, auch „Ursberger

Bildhausen Zisterzienserabtei, der Treppenturm (1454) ist einer der Architekturreste aus dem Mittelalter.

Schwestern“ genannt, in „Maria Bildhausen“ und versorgen bis zu 200 geistig behinderte Menschen.

◆ Mötsch, Johannes: Regesten des Archivs der Grafen von Henneberg-Römhild, Köln u. a. 2006; Schneider, Wolfgang/Wagner, Heinrich: B., in: Zisterzienser in Franken, Würzburg 1991, 83–86.

Billigheim, *Zisterzienserinnenabtei St. Maria (vor 1166–1584) – „Marienbrunn“, Diözese Würzburg – (Neckar-Odenwald-Kreis, Baden-Württemberg, ❐ 3, C3).*

▶ **Geschichte.** Im Tal der Schefflenz existierte Mitte des 12. Jh. ein Frauenkloster, das auf eine Stiftung des Edelfreien Dietmar von Lauda zurückging und 1166 erstmals Erwähnung findet. Vermuteten Fachleute bislang, es handele sich ursprünglich um ein Benediktinerinnenkonvent, verweisen jüngste archäologische und baugeschichtliche Forschungsergebnisse auf Zisterzienserinnen von Beginn an. Bischof Hermann I. von Würzburg (Lobdeburg) verlangte die Observanz im Konvent, die 1239 mit persönlicher Verwendung der Staufer beim Generalkapitel zur offiziellen Inkorporation in den Zisterzienserorden führte. Die Äbte von ➛ Ebrach und ab 1410 von ➛ Schöntal wurden zur geistlich-weltlichen Aufsicht verpflichtet. Der Staufersohn Heinrich (VII.) befreite 1225 den großen Besitz in Heilbronn von allen Abgaben. 1327 erlangten die Schwestern Rechte über die örtliche Pfarrei; insgesamt nannten die Zisterzienserinnen Güter und Rechte in 44 Orten ihr Eigen, eine Mühle und eigene Badstube in B. gehörten dazu. Ein Skriptorium muss vorhanden gewesen sein, Schwester Alheidis Quidenbeumen gab sich im 15. Jh. als Schreiberin und Illuminatorin in einem Antiphonar zu erkennen; überliefert sind auch ein Martyrologium, Kalendar und Nekrolog. Trotz guter Ausstattung und aufblühender Entwicklung geriet die Abtei B. Mitte des 14. Jh. in eine Wirtschaftsmisere. 1361 fielen Dorf und Kloster als Reichspfand an das Hochstift Mainz. Reformationsbedingter Nachwuchsmangel und wirtschaftliche Not bewogen 1584 Erzbischof Wolfgang von Mainz (Dalberg), nach dem Tod Äbtissin Katharinas II. von Günderode die Abtei aufzulösen. Trotz Widerstand des Schöntaler Abtes begünstigte er Jesuiten in Mainz, die er für die Durchführung der Gegenreformation favorisierte. Das Klostergut fiel nach der Säkularisierung 1803 an die Grafen von Leiningen. Die Konventsgebäude mussten 1625 Zweckbauten des Kammergutes und 1803 einem Schloss weichen; das Schloss brannte 1902 ab.

▶ **Gegenwart.** Die Klosterkirche von 1180/90 blieb nicht ganz unverändert aber mit ihrem originalen Dachstuhl bis heute erhalten und dient als Pfarrkirche St. Michael der katholischen Gemeinde. Bei der Erweiterung des Kirchenraumes fügte man 1972–75 an der Südseite einen niedrigen Raum an, der die schlichte asketische Ausstrahlung des romanisch-gotischen Altbaus betont und ihn nicht erdrückt. Dem typisch langgestreckten Rechteckbau einschiffiger Zisterzienserinnenkirchen fehlt heute die westliche Nonnenempore mit Unterkirche. Von den sie einst stützenden Säulen existieren nur noch die Säulenbasen; sie tragen heute eine Wandbank in der romanischen Apsis im Chorbereich. Neben dem mittelalterlichen Altartriptychon, einer Apostelgruppe, Epitaphen und dem Altarkreuz macht besonders der romanische Opferstock aus vier verknoteten Sandsteinsäulen auf sich aufmerksam. Im nördlichen Hof werden Baufragmente des verlorenen Kreuzgangs ausgestellt, die man bei Ausgrabungen gefunden hat.

◆ Treiber, Angela: B., in: Zisterzienser in Franken, Würzburg 1991, 99 f.; Mistele, Karl Heinz: Kalendar und Nekrolog des Klosters B., Bregenz 1962.

Binsdorf, *Dominikaner-Tertiarinnenkloster St. Katharina (nach 1312–1806), Diözese Konstanz – (Geislingen [Balingen]-B., Zollernalbkreis, Baden-Württemberg, ❐ 3, C4).*

▶ Aus einer Schwesternsammlung in B. erwuchs nach 1312 der Tertiarinnenkonvent St. Katharina, den die Dominikaner von ➛ Rottweil betreuten. Die Frauen nutzten die St. Markus Pfarrkirche für ihre Chorgebete, die sie über einen Gang erreichten. Sie kamen zu recht ansehnlichem Grundbesitz. Stadtherr Hermann von Ow verzichtete 1344 auf Steuern, die Stadt 1393 auf Dienste und Auflagen. Noch 1560 wurde das Kloster allgemein als „Klause“ bezeichnet. Die Schwestern besaßen das Privileg zur „Freiheit“ in ihrem Klosterbezirk, womit sie noch im 18. Jh. einzelnen Personen Asyl gewährten. 1372 stiftete Graf Friedrich von Zollern gemeinsam mit dem Frauenkonvent ein Kollegiatstift an der Markuskirche, das aber nie größere Bedeutung erzielte und Anfang des 17. Jh. wohl nicht mehr bestand. Die heutige katholische Pfarr- und Gemeindekirche St. Markus wurde 1834/37 als Saalkirche neu errichtet, ihr Westturm 1886/87. Das anschließende, langgezogene Gemeindehaus und die ehemaligen Konventsgebäude erbauten noch die Dominikanerinnen 1685. Starke Mauern im Untergeschoss lassen sich möglicherweise auf wiederbenutzte mittelalterliche Kernsubstanz zurückführen.

◆ Foth, Wilhelm: B., in: Württembergisches Klosterbuch, Ostfildern 2003, 194 f.

Birkenfeld, *Zisterzienserinnenkloster St. Maria (um 1275–1544), Diözese Würzburg – (Kreisstadt Neustadt/Aisch, Bayern, ❐ 4, A2).*

▶ **Geschichte.** Der Burggraf von Nürnberg, Friedrich III. von Hohenzollern, und seine Gemahlin Helena, Herzogin von Sachsen, gründeten um 1275 das Zisterzienserinnenkloster B. an der Aisch. Durch weitere Zuwendungen des örtlichen Adels konnte eine stattliche Klosteranlage errichtet werden. Die heute noch existierende Kirche wurde 1310 geweiht. Die Äbte von ➛ Ebrach übten die geistliche Aufsicht über das kommittierte, adelige Eigenkloster aus. Es gibt kaum Quellen über das Konventsleben in B., weil das Urkundenmaterial im 16. Jh. verlorenging.

Billigheim Zisterzienserinnenabtei, der romanische Opferstock besteht aus vier verknoteten Sandsteinsäulen.

Das Kloster diente der burggräflichen Zollernfamilie als Grablege, auch stellte die Fürstenfamilie Äbtissinnen, so Anna von Hohenzollern (um 1350). Dem Konvent oblagen Memorialaufgaben; im 14. Jh. nutzte auch die Familie der Edelherrn von Seckendorff das Kloster B. als Grablege, ihre Epitaphe stehen jedoch im Langhaus, die der Zollerschen dagegen im Chor. Seckendorffer Äbtissinnen waren Margaretha (1429–49) und nochmals eine Margaretha (1494–1515). Die meisten Schwestern wandten sich schon 1520 der lutherischen Lehre zu. 1534 bestand der Konvent nur noch aus fünf Frauen. Die Äbtissin Dorothea von Hirschaid starb 1540, die letzte Konventualin, Barbara von Leonrod, verzichtete gegen eine Leibrente auf ihre Rechte. 1544 nahm Markgraf Albrecht Alkibiades von Brandenburg-Kulmbach das Kloster in Besitz.

▶ **Gegenwart.** Obwohl die Anlage, die als Gestüt des Markgrafen diente, im Zweiten Markgrafenkrieg und im Dreißigjährigen Krieg stark zerstört und später barock überbaut wurde, kann man heute noch das Klausurquadrum im Gutshof erkennen; das gotische Dormitorium dient als Scheune. Die einschiffige, hochgotische Frauenkirche mit geradem Chorabschluss blieb als evangelisch-lutherisches Gotteshaus erhalten, ihre Ausstattung ist neuzeitlich, lediglich einige Epitaphe erinnern an Äbtissinnen. Die Sepultur oder auch „Gruftkirche“ ist eine sehenswerte dreischiffige Säulenhalle mit Kreuzrippengewölbe, sie wurde wie die Nonnenempore nach der Aufhebung profan genutzt.

◆ Flachenecker, Helmut: Memoria und Herrschaftssicherung. Vom fränkischen Adel und von frommen Frauen zwischen Spessart und Thüringer Wald, Göttingen 2008; Treiber, Angela: B., in: Zisterzienser in Franken, Würzburg 1991, 101–103.

Birklingen, *Augustiner-Chorherrenstift St. Maria (1459–1546), Diözese Würzburg – (Iphofen-B., Lkr. Kitzingen, Bayern, ❒ 3, D2).*

▶ An der Marienwallfahrtskapelle in B. mit einem wundertätigen Marienbild gründete Fürstbischof Johann von Würzburg (Grummbach) 1459 ein Augustiner-Chorherrenstift und besetzte es mit Regularkanonikern aus den Stiften Heidenfeld und Triefenstein zur Betreuung der anwachsenden Wallfahrt. Das Stiftsleben entwickelte sich mühsam und der Bischof rief bereits 1461 Windesheimer Chorherren aus dem heute untergegangenen Stift Kirschgarten bei Worms nach B. 1462 überstand das Stift glimpflich die Fehde des Würzburger Bischofs mit Markgraf Albrecht Achilles von Brandenburg. Die ➛Windesheimer Kongregation gliederte B. offiziell erst 1463 in ihren Verband ein. Prior Johann von Zonsbeck (1463–74) versuchte die ursprünglichen Mutterstifte Heidenfeld und Triefenstein zu reformieren, erzielte jedoch keinen nachhaltigen Erfolg. Bauarbeiten an der neuen Klosteranlage wurden 1506 mit Vollendung einer großen Stiftskirche abgeschlossen. Die Castellaner Grafenfamilie erwählte B. zur Familiengrabstätte. Den Chorherren unterstand die Pfarrei in B. und Iphofen, was die Bürger nicht hinderte, das Stift im Mai 1525 während des Bauernkrieges niederzubrennen. Der Wiederaufbau gelang nicht, die Windesheimer Gemeinschaft konnte nicht helfen; auch das befreundete Stift ➛Rebdorf bemühte sich vergeblich um eine Neubelebung. 1542 resignierte der letzte Prior Hieronymus Ross (1527–42). Der Würzburger Bischof löste das Stift 1546 auf und übernahm die Güter. Die Stiftsanlage selbst zerfiel und wurde abgetragen, lediglich der Kirchenchor diente notdürftig restauriert weiterhin als Gotteshaus. Diese katholische Pfarrkirche wurde 1789 neu aufgebaut, wobei Reste des einstigen Langhauses endgültig beseitigt wurden, so dass heute nur noch der Turm von 1463 und der stark erniedrigte Chor mittelalterliche Bausubstanz aufweisen. Das Gnadenbild ist heute in der Iphöfer Stadtpfarrkirche St. Veit auf dem rechten Seitenaltar zu bewundern.

Birklingen Augustiner-Chorherrenstift, von der spätgotischen Stiftskirche blieb der Turm von 1463 erhalten.

◆ MonWin 2,43–48; Backmund, Norbert: Die Chorherrenorden und ihre Stifte in Bayern, Passau 1966, 69 f.

Birgittenorden *(Ordo Sanctissimi Salvatoris* oder *Ordo Sanctae Birgittae, OSBirg).*

▶ Der Birgitten- oder Erlöserorden ist eine Gründung der hl. Birgitta von Schweden (1303–73, kanonisiert 1391). 1370 erlaubte Papst Urban V. die Gründung des Mutterklosters Vadstena (Schweden) für einen Doppelkonvent nach der *Regula Salvatoris* der Birgitta; sie lebte seit 1350 in Rom. Der Birgittenorden unterscheidet sich von den meisten Orden der katholischen Kirche dadurch, dass im Kloster der Doppelkonvent in der Tradition der christlichen Urgemeinde absolute Priorität genoss und eine lokale Trennung der Konvente nie vollzogen wurde. Dies praktizierten in dieser Weise konsequent vor den Birgitten nur der Orden von Fontevrault (Frankreich) und die Regularkanonikergemeinschaft des hl. Gilbert von Sempringham (England). Die Grundelemente der Birgittaregel sind benediktinisch-zisterziensisch, also kontemplativ; in strenger Klausur leben maximal 60 Frauen und 25 Männer im Kloster, darunter 12 „Apostelpriester", vier Diakone und acht Laienbrüder. Den Klerikern oblagen die seelsorglichen Aufgaben. Die Frauen genossen Vorrang in der klösterlichen Hierarchie, stets trug eine Äbtissin als Verkörperung der Gottesmutter die Verantwortung; der Vorsteher des Männerkonvents agierte lediglich in geistlichen Angelegenheiten. Dem Diözesanbischof standen Visitationsrechte und Bestätigung der Äbtissin zu. Die räumliche Trennung der Konvente unter einem Dach und der gemeinsame Gottesdienst bestimmten die Architektur des Gesamtklosters um die Kirche: sie besaß zwei Chöre; an jenen an der Nordseite war das Frauenkloster, an jenen der Südseite das Mönchskloster angebaut. 13 vorgeschriebene Seitenaltäre befanden sich in einer spezifischen Anordnung zu beiden Seiten des Hauptaltars. Die etwa 25 mittelalterlichen Abteien des Ordens in Italien, Mittel- und Nordeuropa verband keine strikte Klostergemeinschaft; regelmäßige Generalkapitel fanden nicht statt, man traf sich sporadisch. Nach dem Verlust zahlreicher Niederlassungen infolge der Reformation bildete sich in Spanien ein Rekollektenzweig nur für Schwestern (Marina de Escobar) und ein rein männlicher Zweig *(Novissimi Birgittini)* in den Niederlanden. Die letzten Doppelklöster endeten in Napoleonischer Zeit, seitdem besteht der Orden alter Observanz nur noch als Schwesternorden. Das einzige Kloster der Birgitten in Deutschland ist heute ➛Altomünster. Ein Birgittenorden neuer Observanz gründete Maria Hesselblad 1911 in Rom, eine Niederlassung existiert seit 2002 an der ehemaligen Franziskanerkirche in ➛Bremen. Die Ordenstracht besteht aus einem dunkelgrauen Habit. Die Schwestern tragen noch heute als Krone auf dem Schleier einen kreuzförmigen Bügelreif aus drei weißen Leinenbändern mit fünf roten Punkten als Symbole der Wundmale Christi.

◆ Nyberg, Tore: Die Birgitten (Ordo Sancti Salvatoris), Münster 2005; Backmund, Norbert: Die kleinen Orden in Bayern und ihre Klöster bis zur Säkularisation, Windberg 1974, 30 f.

Blankenau, *Benediktinerinnenkloster St. Maria (1265– um 1580), Erzdiözese Mainz – (Hosenfeld-B., Lkr. Fulda, Hessen, ❒ 3, D1).*

▶ **Geschichte.** Hermann von Schlitz-Blankenwald, Vasall des Abtes der Reichsabtei ➛Fulda, gründete 1265 in Staken westlich von Fulda ein Benediktinerinnenkloster als Wiedergutmachung für sein Raubrittertum, nachdem Reichsabt Bertho II. von Fulda (1261–71) kurz zuvor seine Blankenburg, heute Hainburg, hatte schleifen lassen. Der Ort nannte sich nun „B.". Erzbischof Werner von Mainz bestätigte 1266 die Gründung und Reichsabt Bertho II. befreite das Kloster 1269 von allen Abgaben. Der Gründungskonvent kam aus dem Kloster ➛Kreuzberg an der Werra. Hermanns Tochter Lukardis trat in den Konvent ein, seine Ehefrau und Mitstifterin Agnes lebte bis zu ihrem Tod im Kloster. Um 1280 wurde die Klausur aus der Flussniederung des Schwarzatals an einen höher gelegenen Ort verlegt. In den ursprünglichen Klostergebäuden etablierten Propst Dietrich (1269/90) und Äbtissin Bertradis (1282/88) das Hospital St. Elisabeth. Trotz der Herrschaft über die Orte B., Gersrod und Hainzell zwangen Anfang des 14. Jh. wirtschaftliche Engpässe zu Landverkäufen; in Schwierigkeiten war man u. a. auch wegen der Verwüstungen durch Anhänger König Ludwigs des Bayern im Fuldaer Herrschaftsgebiet geraten. Papst Johannes XXII., erklärter Gegner des Königs, übereignete 1328 auf Bitten des Fuldaer Abtes Heinrich VI. von Hohenberg (1315–53) dem Kloster die Pfarreinkünfte von Wingershausen, um die Not der Schwestern zu lindern. Das Kloster B. unterstand von Anfang an der uneingeschränkten Aufsicht der Reichsabtei Fulda. In Urkunden wird es im 14. Jh. vorübergehend als Zisterzienserinnenkloster bezeichnet. Fürstabt Johannes I. von Merlau (1395–1440) leitete 1420 eine Reform im Konvent ein. 1438 starb eine große Anzahl von Schwestern an der Pest. Bauern vertrieben 1525 die Frauen, nicht alle kehrten zurück. Die Reformation dünnte den Konvent zusätzlich aus, Nachwuchs blieb aus. Die Äbtissin Ursula

Blankenau Benediktinerinnenkloster, frühgotische Klosterkirche mit achteckigem Vierungsturm von Nordwest.

(1565/67) übte noch 1567 ihr Amt aus, die letzte Priorin noch 1577, 1580 war das Kloster offenbar ausgestorben. Bis zur Aufhebung 1802 dienten die Güter als Pfründenpropstei der Fürstabtei Fulda; ein Propst residierte in B., jedoch kein Konvent.

▶ **Gegenwart.** Die einstige Klosterkirche mit zweischiffigem Langhaus, Querschiff, Rechteckchor und markantem, achteckigem Vierungsturm aus der zweiten Hälfte des 13. Jh. wurde im Spätmittelalter auch als Pfarrkirche genutzt, noch heute ist sie katholische Filialkirche St. Simon und Judas. Sie unterlag eingreifenden Veränderungen nach Zerstörungen im Bauernkrieg 1525 und dem Verlust des nördlichen Seitenschiffs bei Instandsetzungsmaßnahmen Anfang des 17. Jh. Sie erscheint heute in gotischen Formen auf kreuzförmigem Grundriss. Das angebaute Propsteigebäude stammt aus der Zeit um 1700, wie auch die barocke Ausstattung und Ausschmückung des Kircheninnenraumes. Am ersten Klosterstandort, dem späteren Hospital, haben sich keine mittelalterlichen Gebäude erhalten, aber das Hospital St. Elisabeth blieb über die Jahrhunderte bis heute aktiv. Seit 1869 betreuen und pflegen Vinzentinerinnen dort Patienten.

Das Kloster B. wird häufig als „Zisterzienserinnenkloster" bezeichnet, was unbegründet erscheint. Höchstwahrscheinlich lebten die Benediktinerinnen im 14. Jh. nur vorübergehend nach der Zisterzienserobservanz, vergleichbar ihren Mitschwestern im fuldischen Frauenkloster ➛ Allendorf oder den hersfeldischen Klöstern Frauensee und Kreuzberg.

◆ GermBen 7, 57–65; HHistStD 4, 54f.

Blankenberg, *Zisterzienserinnenabtei St. Katharina (vor 1247– vor 1265) – „Gottesfrieden", Erzdiözese Köln – (Hennef-B., Rhein-Sieg-Kreis, Nordrhein-Westfalen, ❐ 3, B1).*

▶ **Geschichte.** Graf Heinrich III. von Sayn und seine Frau Mechthild von Landsberg festigten ihren Herrschaftsanspruch im Rheinland durch zahlreiche Klostergründungen. Auf sie gehen ➛ Sankt Katharinen ➛ Marienstatt, ➛ Seligenthal (Siegburg), ➛ Drolshagen, Köln-Seyne, ➛ Herchen und ➛ Ramersdorf zurück. An der Kapelle St. Katharina in ihrem planmäßig angelegten Burgstädtchen B. hoch über der Sieg gründeten sie vor 1247 das Frauenkloster *Pax Dei*, das Papst Innozenz IV. im April 1247 der Prämonstratenserabtei ➛ Steinfeld unterstellte. Im Dezember des gleichen Jahres entschied der Papst die Umwandlung des Frauenkonvents in ein Zisterzienserinnenkloster und übergab es der Abtei ➛ Heisterbach. Gleichzeitig erhielt der dortige Abt den päpstlichen Auftrag, den Konvent in den Zisterzienserorden zu inkorporieren, dem sich das Generalkapitel (vor 1251) nicht entziehen konnte; B. gilt daher als inkorporiertes Frauenkloster des Zisterzienserordens, obwohl die Statuten des Generalkapitels nichts darüber aussagen. 1248 nahm Erzbischof Konrad von Köln (Hochstaden) das Kloster unter seinen Schutz und erhob die Klosterkapelle St. Katharina zur selbständigen Pfarrkirche. Das Patronatsrecht besaß die Äbtissin. Der Konvent war auf 20 *sanctimoniales* beschränkt, deren Herkunft aus Köln bleibt reine Vermutung. Zur umfangreichen Grundausstattung gehörte der reiche Hof Zissendorf *(curia Cicendorp)* diesseits der Sieg. Schon 1248 gab es Beschwerden über Ruhestörungen in der engen Stadt. 1263 ist die Frauengemeinschaft noch in B. bezeugt, aber bereits 1265 werden erstmals Zisterzienserinnen in ➛ Zissendorf urkundlich erwähnt. Der Konvent war auf seinen ruhiger gelegenen Hof im Tal der Sieg umgezogen.

▶ **Gegenwart.** Im Gründungsort B. erinnert heute nur noch die katholische Pfarr- und ehemalige Klosterkirche St. Katharina an die monastische Vergangenheit. Sie entstand zusammen mit dem Kloster und der Stadtgründung um 1245. Der einschiffige Saal im romanisch-gotischen Übergangsstil mit polygonalem Chorschluss weist Verbindungen zur Mönchskirche in ➛ Marienstatt auf. Trotz einer Instandsetzung im 15. Jh., dem Wiederaufbau im 17. Jh. und Erhaltungsarbeiten vom 19. Jh. bis in unsere Zeit blieben die eindrucksvollen, hoch- und spätmittelalterlichen Wandmalereien erhalten.

◆ Fischer, Helmut: Die Pfarrkirche St. Katharina, Stadt B. 1248–1998, Siegburg 1998; Halbekann, Joachim J.: Die Zisterzienserinnenklöster in B./Zissendorf und Herchen, in: Die älteren Grafen von Sayn, Wiesbaden 1997, 374–378.

Blankenburg (Harz), *Zisterzienserinnenkloster St. Bartholomäus (vor 1260–1542), Diözese Halberstadt – (Lkr. Harz, Sachsen-Anhalt, ❐ 2, A5).*

▶ **Geschichte.** B. am Nordrand des Harzes war Sitz der mächtigen Grafen aus der Blankenburger Linie der Reifensteiner, die sich im 12. Jh. als treue Gefolgsleute der Welfen im Kampf gegen die Staufer hervorgetan hatten. Die erste Klostergründung Ende des 12. Jh. im Schutz der Burg durch Graf Siegfried II. und seiner Schwester Mechthild misslang, im zweiten Versuch kamen einige Schwestern in der ersten Hälfte des 13. Jh. möglicherweise aus dem Burchardikloster ➛ Halberstadt. Um 1260 besiedelte bereits ein Tochterkonvent aus B. das neugegründete Kloster ➛ Marienstuhl bei Egeln. 1269 taucht erstmals das Jungfrauenkloster als St. Bartholomäuskloster in B. urkundlich auf, der Residenzort hatte inzwischen Stadtrecht erhalten. An der Pfarrkirche St. Bartholomäus lebte außer dem Frauenkonvent auch eine Säkularkanonikergemeinschaft, die aber 1305 von Bischof Albrecht I. von Halberstadt aufgelöst wurde. Die Kirche am Berghang unterhalb der Burg wurde für die Klosterfrauen baulich verändert, die Pfarrgemeinde erhielt die neue Pfarrkirche St. Katharina in der Stadtmitte. Die Grafen von Blankenburg betrachteten das Kloster als ihre Familiengrablege, statteten es reichlich aus und verzichteten nie auf Vogtei- und Mitspracherechte. Die Zisterzienserinnen bedankten sich mit Seelenmessen und sorgten mit Jahresgedächtnissen für das Seelenheil ihrer verstorbenen und lebenden Gönner. Die Halberstädter Bischöfe übten die geistliche Jurisdiktion aus, insofern war eine Mitgliedschaft des Konvents im Zisterzienserorden nicht möglich, es gab keine engen Verbindungen mit den Mönchen der Zisterzienserabtei ➛ Michaelstein, die nur fünf

Kilometer entfernt westlich vor der Stadt lag. 1525 plünderte und brandschatzte der „Schwarze Bauernhaufen" Stadt und Kloster. Mit Einführung der Reformation in der Grafschaft übergab Äbtissin Katharina (1529–32) den Grafen Ulrich und Bernhard das Bartholomäuskloster, in das 1542 eine Schule untergebracht wurde.

▶ **Gegenwart.** Bis auf geringe Kellerreste im heutigen Kirchhofgebäude sind keine aufstrebenden Bauteile der Klausur geblieben, aber die gotische Klosterkirche mit romanischen Elementen und wuchtigem Westturm ist kaum verändert in unsere Zeit überkommen; sie dient der evangelisch-lutherischen Gemeinde als Gotteshaus. Die einstige romanische Basilika war um 1260 für den Frauenkonvent zur Klosterkirche mit polygonalem Chorabschluss und Chorannex umgebaut worden. Ihre heutige Gestalt als dreischiffige Hallenkirche erhielt sie erst im 14. Jh. Vier lebensgroße Stifterfiguren aus Stuck und eine Vielzahl von Grabplatten in der Kirche verweisen auf die Verbundenheit der Schwestern mit der Blankenburger Grafenfamilie.

◆ RepZist 186–189; Mohn, Claudia: (Bad) B. (Sachsen-Anhalt), in: Mittelalterliche Klosteranlagen, Petersberg 2006, 89–91.

Blankenburg (Harz) Zisterzienserinnenkloster, der Chor der gotischen Klosterkirche am Burgberg.

Blankenburg (Oldenburg), *Dominikanerinnenkloster St. Anna und St. Johannes Baptist (1294–1529), Erzdiözese Bremen – (kreisfreie Stadt Oldenburg, Niedersachsen, ❒ 1, C3).*

▶ Graf Johann II. von Oldenburg gründete 1294 in Skapen bei Oldenburg am rechten Hunteufer das Frauenkloster B., das in der Reformationszeit unterging. Das Haupthaus des heutigen Asylbewerberheims geht auf die Klosterzeit zurück, es ist inzwischen völlig überbaut und äußerlich als solches nicht mehr zu erkennen. Die heutige Kapelle ist im 19. Jh. errichtet worden. Eine Besichtigung ist derzeit im streng abgeschirmten „Privatgelände" nicht möglich. Der Altar „Zu den sieben Schmerzen Mariens" von etwa 1520 aus dem Dominikanerinnenkonvent ist heute im Stadtmuseum Oldenburg zu bewundern; im Bild der Kreuzabnahme ist ein Hund dargestellt, er verweist auf die *domini canes*, die „Hunde des Herrn"; als solche haben sich die Dominikaner selbst verstanden.

◆ Streich, Gerhard: Klöster, Stifte und Kommenden in Niedersachsen vor der Reformation, Hildesheim 1986.

Blankenheim, *Benediktinerinnenkloster St. Maria und St. Johannes der Täufer (1229–1525), Erzdiözese Mainz – (Bebra-B., Lkr. Hersfeld-Rotenburg, Hessen, ❒ 3, D1).*

▶ 1229 verlegte Abt Ludwig I. (1217–39) von ➛ Hersfeld das Benediktinerinnenkloster ➛ Aua an die Fulda nach B., wo es wegen des nahen Flussübergangs verkehrstechnisch günstiger lag. Bereits elf Jahre zuvor hatte Erzbischof Siegfried II. von Mainz (Eppstein) seine Einwilligung zur Verlegung gegeben, die somit wohl schon längere Zeit beabsichtigt war. Am neuen Standort blühte das Kloster durch zusätzliche Dotationen rasch auf. Anfang des 15. Jh. beendete ein Großbrand die günstige Entwicklung. Besitzverkäufe dienten dem Neuaufbau, begleitet von Hilferufen 1409 in das thüringische Gebiet. Damals bestand der Konvent noch aus 22 Schwestern, 1467 lag das Kloster wüst. Die Vorsteherin des Konvents wurde sowohl als Priorin aber oft auch als Meisterin bezeichnet. In den Urkunden tauchen neben der Bezeichnung „Benediktinerinnen" immer wieder „Augustinerinnen" auf. Das Kloster galt jedoch stets als Propstei der benediktinischen Reichsabtei Hersfeld. Die Reichsäbte beriefen den Propst, der aus ihrem Konvent rekrutiert wurde. Die letzte Erwähnung der Frauen spricht 1505 von Benediktinerinnen. Möglicherweise bestand der Gründungskonvent und der Wiederbesiedlungskonvent Ende des 15. Jh. aus Benediktinerinnen, jedoch vermag die Quellenforschung kein klares Bild zu erarbeiten. Der Bauernkrieg 1525 beendete das Klosterleben in B., die lutherische Reformation und Landgraf Philipp I. von Hessen verhinderten ein Wiederaufleben. Ein zweiter Großbrand zerstörte 1682 die Klosteranlage, so dass heute nur noch Querhaus und Chor der ehemaligen Klosterkirche erhalten sind. Der als Kapelle bezeichnete eindrucksvolle Bau, heute evangelisch-lutherische Pfarrkirche, bewahrt noch einige schöne Fenster und zwei Portale aus der Gründungszeit. Das Portal am Nordquerschiff ist mit eingestellten Säulen und einem Tympanon verziert. Die Kapelle steht im Bereich einer großen Gutsanlage, die aber äußerlich keine weiteren mittelalterlichen Mauerreste des einstigen Klosters erkennen lässt.

◆ GermBen 7, 66–72; Jürgensmeier, Friedhelm (Hg.): Handbuch der Mainzer Kirchengeschichte, 3 Bde., Würzburg 1997–2002.

Blaubeuren, *Benediktinerabtei St. Johannes Baptist (1085–1562), Diözese Konstanz – (Alb-Donau-Kreis, Baden-Württemberg, ❒ 3, D4).*

▶ **Geschichte.** Noch während der Gründungsphase verlegten die Grafenbrüder Anselm und Hugo von Tübingen und Sigiboto von Ruck das Kloster von Egelsee an die Siedlung Beuren am Blautopf auf der Schwäbischen Alb. Sie riefen Benediktinermönche aus ➛ Hirsau nach B., garantierten freie Abtwahl und verzichteten auf Eigenkirchenrechte. Seit 1099 unterstand das Kloster dem Schutz des Papstes. Die Vogteirechte hatten bis 1267 die Grafen bzw. Pfalzgrafen von Tübingen inne, danach Graf Ulrich von Helfenstein und seit 1447 die Grafen von Württemberg. Hirsauer Geflogenheiten entsprechend schloss sich ein Frauenkonvent an, der in der Nähe an einer St. Nikolauskapelle lebte, im 14. Jh. aber urkundlich nicht mehr in Erscheinung tritt. Schon unter dem ersten Abt Azelin (1085–1101) trat eine aufstrebende Entwicklung ein, die sich, gestützt von zahlreichen Schenkungen und kluger Verwaltung, auch geistig durch umfangreiche Skriptoriumstätigkeit und im Aufbau einer Bibliothek bemerkbar machte. Im 12. Jh. errichteten die Mönche das Priorat Hindebach, das aber im 13. Jh. erlosch. 1267 erschien B. erstmals urkundlich als Stadt. Anfang des 14. Jh. waren die hirsauischen Reformideale verflogen, die Mönche verfügten über Privateinkünfte, die Klosterzucht verflachte. Aus drückender Finanznot half das Ulmer Ehepaar Heinrich Krafft und Adelheid Niessin 1397/98 mit der Dotation zweier Dörfer, sie gelten als zweite Stifter. Mit der Einführung der ➛ Melker Reform durch Mönche aus Wiblingen begann 1451 die glänzendste Periode der Abtei. Abt Ulrich Kundig (1456–75) reaktivierte das Skriptorium, stockte die Bibliothek auf, verfasste selbst Bücher und richtete eine Druckerei und Buchbinderei ein. B. verbreitete die Melker Reform nach ➛ Lorch 1462, ➛ Schuttern 1480 und ➛ Echenbrunn 1487. Die Äbte erlangten 1492 die bischöflichen Pontifikalen. Abt Heinrich III. Fabri (1475–95) setzte sich maßgeblich für die Gründung der Universität Tübingen 1477 ein. 1466 setzte eine gründliche Neugestaltung der gesamten Klosteranlage ein, die nach fast 50 Jahren unter Abt Gregor Rösch (1495–1522) abgeschlossen wurde. Bereits vor der Reformation hatte die Abtei ihre Unabhängigkeit verloren und war zu einem landständischen Kloster des Herzogtums Württemberg herabgesunken. Herzog Christoph setzte 1556 den Protestantismus im Kloster durch und eröffnete eine evangelisch-theologische Schule. Der

Blaubeuren Benediktinerabtei, die spätgotische Abteianlage dient seit 1556 als Schule, im Norden fließt die Blau.

katholische Restkonvent musste sich 1562 auflösen. Restitutionsversuche während des Dreißigjährigen Krieges blieben ohne Erfolg. Das evangelische Klostergut wurde vom Württembergischen König 1806 eingezogen.

▶ **Gegenwart.** Die Abtei B. an der Blau mit Quelltopf im Norden und der Ach im Osten ist noch heute eine weitestgehend erhaltene, spätgotische Klosteranlage mit Immunitätsmauer. Südlich der Kirche schließt sich das Klausurgeviert mit Kreuzgang, Funktionsräumen und Margarethenkapelle an; lediglich das Obergeschoss des Westflügels musste 1888 einem neugotischen Bau weichen. Die einschiffige Klosterkirche mit Querhaus und quadratischem Zentralturm enthält besonders im Chorbereich Ausstattung von hoher künstlerischer Vollkommenheit; dazu zählt der Wandelaltar aus einer Ulmer Werkstatt, den der erste reformierte Abt Matthäus Alber (1563–70) vor protestantischen Bilderstürmern rettete, sowie das spätgotische Chorgestühl mit 66 Sitzen, ein Werk des Ulmer Meisters Jörg Syrlin des Jüngeren. Sehenswert ist das einzigartige Badhaus der Mönche im Osten der Anlage, das heute als Museum dient. Eine evangelische Schule existiert noch heute im Kloster B., ebenso wie die Gymnasien in ➛Tübingen, ➛Maulbronn, ➛Eisenach (Dominikanerkloster), ➛Pforte, ➛Zerbst (Franziskanerkloster) und ➛Lübeck (Katharinenkloster), wenn auch nicht ganz ohne Unterbrechung.

◆ GermBen 5, 160–174; Dopffel, Gerhard/Klein, Gerhard (Hg.): Kloster B., 900 Jahre, Stuttgart 1985.

Bleicherode, *Benediktinerpriorat St. Maria (1323– nach 1456), Erzdiözese Mainz – (Lkr. Nordhausen, Thüringen, ❐ 2, A5).*

▶ **Geschichte.** Die Benediktinerabtei ➛Bursfelde an der Weser tauschte Anfang des 14. Jh. das Kirchenpatronat von Lipprechterode gegen jenes von B. im Südharz bei Nordhausen. Der aufstrebende Burgflecken unter der Herrschaft des Grafen Heinrich IV. von Ho(h)nstein war im Begriff, Marktrechte zu erlangen. Die romanische Marienkirche des Ortes unterstand seit 1130 als Verwaltungszentrum des Unterbezirks *(Sedes)* dem Kollegiatstift Jechaburg bei Sondershausen. Anfang des 14. Jh. aber gehörte sie zur Abtei Bursfelde, die wohl seit 1237 Besitz in B. hatte. Abt Heinbrand von Bursfelde (1313/27) schickte 1323 einen kleinen Konvent an die

Bleicherode Benediktinerpriorat, das Schmuckportal an der Marienkirche geht auf die Benediktiner zurück.

alte Pfarrkirche St. Maria; das Priorat sollte seelsorgerische Aufgaben innerhalb der Sedes übernehmen. Die Außenstelle der Abtei bestand mit Sicherheit immerhin etwa 130 Jahre, wenn nicht länger; die letzte Urkunde, die einen Prior erwähnt, wurde 1377 ausgestellt. Die Mutterabtei erhielt 1456 vom Mainzer Erzbischof die Erlaubnis, in der Pfarre B. einen Weltgeistlichen einsetzen zu dürfen. In dieser Zeit entwickelte sich Bursfelde zum Zentrum der berühmten norddeutschen Reformunion, der ➛ Bursfelder Kongregation. Vom Priorat B. gibt es kaum weitere Nachrichten, die Mönche waren an der Wallfahrt im nahen Elende beteiligt. 1419 ließ der Pfarrer am wundertätigen Marienstock im heutigen Ortsteil Elende die Rosenkirche erbauen, die aber dem Einfluss Bursfeldes entzogen wurde. Den Zugriff auf die päpstlich abgesegnete Wallfahrt erlangte das Kloster ➛ Münchenlohra durch die Grafen von Honstein. Auch die Abteien Gerode und ➛ Walkenried besaßen Höfe in B. und ließen sich die einträglichen Pilgerströme nicht entgehen. Das Patronatsrecht Bursfeldes erlosch 1552.

▶ **Gegenwart.** Die klösterliche Niederlassung lag an der Stelle der Grundstücke Hauptstraße 53 und 54, auf dem das heutige Pfarrhaus von 1695 steht, möglicherweise auf alten Grundmauern der Benediktiner. Die Pfarrkirche St. Marien dient noch heute der evangelisch-lutherischen Gemeinde als Gotteshaus. Der einst dreischiffige, romanische Bau wurde im 15. Jh. zu einer zweischiffigen Halle umgebaut, sicher nicht ohne Einfluss der benediktinischen Patronatsherren. Der Westturm ist romanisch, die Südseite schmückt ein reich verziertes, spätgotisches Portal.

◆ GermBen 6, 80–100; B., 875 Jahre B., Nordhausen 2005.

Bleidenstadt, *Benediktinerabtei St. Ferrutius u. a. (um 780–1495), Erzdiözese Mainz – (Taunusstein-B., Rheingau-Taunus-Kreis, Hessen, ❐ 3, C2).*

▶ **Geschichte.** Bischof Lullus von Mainz gründete um 780 ein Mainzer Eigenkloster am Nordrand des Taunus und schenkte ihm Reliquien des Soldatenheiligen und Martyrers Ferrutius († vor 305). Sein Nachfolger Richulf weihte die erste Klosterkirche und legte den Pfarrbereich der Benediktinermönche fest. B. entwickelte sich zum christlichen Kristallisationspunkt an der Aar. Die Schutzherrschaft übten zunächst die Grafen von Idstein, später dann die Grafen von Nassau aus. Unter den Äbten Rengibert II. (995/996– nach 1018) aus St. Maximin in ➛ Trier und Iko († 1029) aus St. Emmeram in ➛ Regensburg fand die ➛ Gorzer Reformbewegung Eingang in den Konvent, seit 1085 die ➛ Hirsauer Reform, letztere verlor sich aber unter Abt Baldamar (vor 1139–56). Im 13. Jh. setzte trotz umfangreichen Besitzes der ökonomische Niedergang ein, gleichzeitig verringerte sich die Abhängigkeit von Mainz, während man sich Rom annäherte, unterstützt von Nassauer Vögten. Mitte des 14. Jh. behielt sich Papst Innozenz VI. die Ernennung des (von der Nachwelt hochverehrten) Äbtes Siegfried von Grorod (1357–84) vor. Nachfolgend gewann das Mainzer Erzstift wieder an Einfluss, das Haus Nassau im nahen Wehen nicht weniger, von einer engen Bindung an Rom war bis zur Auflösung 1495 nichts mehr spürbar. Die Abtei entwickelte sich zunehmend zur Versorgungsstätte nachgeborener Adelssöhne. Ein Großbrand 1389 und Brandanschläge im 15. Jh. erschütterten die Finanzen der Abtei endgültig. Papst Alexander VI. wandelte die Abtei 1495 auf Antrag Erzbischof Bertholds von Henneberg in ein weltliches Ritterstift um, sicher auf Wunsch der Konventsmitglieder, entgingen sie doch dadurch unangenehmen Reformen. Die alte Stiftskirche wurde während des Dreißigjährigen Krieges 1637 zusammen mit dem Ort zerstört, die geflohenen Stiftsherren kamen aus dem Mainzer Exil nicht zurück und setzten nur einen Güterverwalter ein, der für sie bis 1803 in der Anlage amtierte.

▶ **Gegenwart.** Die heutige katholische Pfarrkirche St. Ferrutius entstand zwischen 1673 und 1712 aus Mauerresten der gotischen Abtei- bzw. Stiftskirche. Ein Wandtabernakel mit Maßwerkfüllung um 1300 und zwei Glocken von 1309 und 1411 sind Bestände aus dem Mittelalter. Klösterliche Klausur- oder Wirtschaftsgebäude blieben nicht erhalten, wenn man den abseits liegenden Schafshof, 1495 erstmals erwähnt, nicht dazurechnen will.

◆ GermBen 7, 73–90; Jürgensmeier, Friedhelm (Hg.): Handbuch der Mainzer Kirchengeschichte, 3 Bde., Würzburg 1997–2002.

Blomberg, *Augustiner-Chorherrenstift Corpus Chisti, St. Maria und St. Georg (1468–1555), Diözese Paderborn – (Kr. Lippe, Nordrhein-Westfalen, ❐ 1, C4).*

▶ **Geschichte.** Nach einem Hostienfrevel im westfälischen B. stifteten Landesherr Bernhard VII. zur Lippe und sein Bruder, der künftige Bischof Simon von Paderborn, vor 1462 eine Kapelle „Zum hl. Leichnam“, an der sich eine bald blühende Wallfahrt entwickelte. Zur Betreuung der Pilger wurden 1468 Augustiner-Chorherren aus dem Stift ➛ Möllenbeck gerufen, die der ➛ Windesheimer Reformkongregation angehörten. Prior Hermann Brant (1459–86) von Möllenbeck übernahm nachweislich bis 1471,

Blomberg Augustiner-Chorherrenstift, die Schauseite der Kirche assoziiert beabsichtigt einen Reliquienschrein.

wahrscheinlich bis 1476, in Personalunion auch den Vorsitz des Konvents in B. Unter ihm wurde die Kapelle zur Stiftskirche erweitert und 1473 geweiht. Sein Nachfolger Luppert Lange (1476–1505/06) trieb den wirtschaftlichen und geistlichen Ausbau des Stifts voran, was aufgrund des Nachlassens der Wallfahrt von existenzieller Bedeutung war. Die Augustiner-Chorherren betreuten nicht nur mehrere Pfarrstellen, sondern ihr Prior visitierte und reformierte im bischöflichen Auftrag seit 1478 auch die Häuser der Schwestern vom gemeinsamen Leben in Lemgo, Detmold, Brakel und Lüdge. Seit 1495 diente die Stiftskirche den Edelherren und Grafen zur Lippe als Familiengrabstätte. 1529 lebten 35 Personen im Stift, darunter 14 Priester; in dieser Zeit fanden bereits intensive Auseinandersetzungen mit der evangelischen Glaubensauffassung statt. Im Oktober 1533 verließ die Mehrheit der Chorherren B., unter ihnen Prior Gottfried Preckel (1511–33). Nach Einführung der Reformation im Land Lippe 1538 harrten die letzten vier verbliebenen Priester nicht mehr lange aus, die offizielle Auflösung erfolgte 1555. Graf Simon VI. zur Lippe verfügte 1583 den Erhalt der Kirche als Grablege seiner Vorfahren; dennoch wurde die Kirche später profaniert und erst 1833 für die evangelisch-reformierte Gemeinde als Gotteshaus wieder eröffnet.

▶ **Gegenwart.** Die nördlich gelegene Klausuranlage existiert heute nicht mehr. Die spätgotische, dreijochige Hallenkirche mit einjochigem Chor gilt als bedeutendster gotischer Kirchenraum im Raum Lippe. Ihre nach Südosten zur Stadt hin ausgerichtete Schauseite assoziiert gewollt einen riesigen Reliquienschrein. In der lichten Halle befindet sich die bemerkenswerte Doppeltumba des Stifters Bernhard VII. zur Lippe und seiner Gemahlin Anna von Schaumburg, ein Meisterwerk (nach 1502) aus der Werkstatt Heinrich Brabenders gen. Beldensnider aus Münster.

◆ MonWin 2, 50–59; Wehlt, Hans-Peter: B., in: Westfälisches Klosterbuch, Tl. 1, Münster 1992, 84–88.

Blumenfeld Deutschordenskommende, im Renaissanceschloss steckt mittelalterliches Mauerwerk.

Blumenfeld, *Deutschordenskommende St. Michael (1488–1806), Diözese Konstanz – (Tengen, Lkr. Konstanz, Baden-Württemberg, ❐ 3, C4).*

▶ Die Bodenseekommende Mainau des Deutschen Ordens übernahm 1488 die Burg B. bei Tengen von den Herren von Klingenberg. Nachdem die Burg im Schweizerkrieg 1499 von Eidgenossen erobert, geplündert und zerstört worden war, bauten die Deutschherren ab 1504 eine neue Anlage in zwei Phasen auf, die eher den Repräsentationsansprüchen der frühen Neuzeit als mittelalterlichen Sicherheitsüberlegungen entsprach. Der kleine Ort, seit 1362 mit Stadtrecht, gehörte zum Besitz. Die Kommendekapelle stand auf dem höchsten Punkt der Anlage, dort wo heute die Pfarrkirche alles überragt. Das äußerlich fast unveränderte Schloss B. präsentiert sich in der vollen Schönheit des Renaissancestils und dient derzeit als Alten- und Pflegeheim. Spätmittelalterliche Mauern lassen sich durchaus hinter den prächtigen Fassaden vermuten. Die alte Kommendekirche St. Michael wurde 1907 bis auf den Turmstumpf abgebrochen und im neugotischen Stil mit reicher Innenausstattung neu aufgebaut.

❖ Die Mutterkommende Mainau auf der Bodenseeinsel ist heute ein viel besuchtes Barockschloss.

◆ Seiler, Alois: Das Bauwesen des Deutschen Ordens in Südwestdeutschland, Brühl (Baden) 1996.

Böblingen, *Augustinereremiten-Tertiarinnenkloster (vor 1481– um 1536), Diözese Konstanz – (Kreisstadt, Baden-Württemberg, ❐ 3, C3).*

▶ Erzherzogin Mechthild von Österreich, geborene Pfalzgräfin bei Rhein und Mutter des Grafen Eberhard im Bart von Württemberg, übergab die Böblinger Pfarrkirche St. Dionysius 1468 der Abtei ➛ Hirsau und erwähnt in ihrem Testament 1481 erstmals Schwestern in B., die sich als Tertiarinnen zum Augustiner-Eremitenorden bekannten und von Brüdern aus ➛ Weil der Stadt betreut wurden. Die Schwesterngemeinschaft endete mit der Einführung der Reformation um 1536. Ihr spätgotisches Haus steht heute noch in der Pfarrgasse. Eine Zehntscheuer an der alten Stadtmauer am unteren Tor erinnert ebenfalls an die monastischen Aktivitäten in der mittelalterlichen Amtsstadt.

◆ Jannsen, Roman: B., Augustiner-Terziarinnen, in: Württembergisches Klosterbuch, Ostfildern 2003, 197; Scholz, Günter: Denkmale in der Nachbarschaft, Sindelfingen 1990.

Bocholt, *Augustiner-Chorfrauenstift St. Maria und St. Agnes (1463–1803) – „Marienberg", Diözese Münster – (Kr. Borken, Nordrhein-Westfalen, ❐ 1, A4).*

▶ Den Schwestern vom gemeinsamen Leben schenkte Beichtvater Albert Bekkers 1447 ein Haus am Schonenberg im Nordwesten der Stadt B. Die erste kleine Kapelle St. Agnes konnte 1455 geweiht werden. Die Stadtväter befreiten 1458 die Frauen, die aus bürgerlichen Familien stammten, von Steuern und Diensten. Der Konvent aus 29 Schwestern nahm 1463 unter Mater Gertrudis Timmermann (1463–83) die Augustinusregel an und unterstand geistlich den Fraterherren in Münster und dem Prior vom Stift Nazareth bei Bredevoort (Niederlande). Schutzheilige des Frauenstifts war die Gottesmutter, die kleine Anlage erhielt den Namen „Marienberg". In der Zeit der Meisterin Gertrudis Dois gen. Küpers (1483–1505) wurde eine deutlich größere St. Agnes-Kirche mit drei Altären errichtet. Besitz und Wohlstand des Konvents nahmen durch Schenkungen zu. 1512 wohnten 46 Schwestern in Marienberg. Ihnen gehörten mindestens fünf Häuser in der Stadt. Die Reformation und die Hinwendung der Bürger zum lutherischen Glauben verursachten Rückschläge. Kriegerische Unruhen zwangen seit 1592 zu Landverkäufen. Nach dem Dreißigjährigen Krieg besserten sich die Verhältnisse. Zukäufe im 18. Jh. bezeugen die zurückgewonnene Lebenskraft. 1803 übernahm die Fürstlich Salm'sche Geistliche Administrationskommission das Stift, übergab die Kirche 1819 der evangelischen Gemeinde und ließ alle Gebäude der Klausuranlage abreißen. Die Kirche St. Agnes, das einzige architektonische Zeugnis aus dem Spätmittelalter, ist ein dreijochiger Gewölbesaal mit polygonem Ostabschluss. Sie brannte 1945 aus, wurde jedoch wieder aufgebaut; aber die eindrucksvollen Wandmalereien sind vernichtet. Heute ist sie Teil eines modernen katholischen Altenheimkomplexes.

◆ GermSac NF 3, 130–159; Terhorst, Heinz (Hg.): Chronik zur Kirchengeschichte der Stadt B., Bocholt 1998; Kohl, Wilhelm: B., in: Westfälisches Klosterbuch, Tl. 1, Münster 1992, 95–97.

Böckweiler, *Benediktinerpriorat St. Cantius, St. Cantianus und St. Cantianilla (vor 1149– ?), Erzdiözese Trier – (Blieskastel-B., Saarpfalz-Kreis, Saarland, ❐ 3, B3).*

▶ Die altehrwürdige Benediktinerabtei ➛ Hornbach richtete vor 1149 unweit im Bliesgau die Tochterniederlassung B. ein, wovon es nur eine schriftliche Urkunde gibt, deren Kirche aber im abgelegenen Ort noch immer existiert. Abt Ludolf von Hornbach (1135–54) übergab dem neugegründeten Priorat die Kirche St. Cantius, Cantianus und Cantianilla in *Bickwilre* mit Pfründen und räumte dem kleinen Konvent das Recht der freien Aufnahme sowie der freien Wahl des nachfolgenden Vorstehers ein, außerdem wurden noch einige wirtschaftliche Privilegien zugesichert. Erster Prior war Gottschalk, der Bruder des Hornbacher Abtes. Weitere Nachrichten über das Priorat B. sind nicht überliefert. 1179 gewann unter Abt Konrad (1179–82) die ➛ Hirsauer Reform im Mutterkloster Hornbach Einfluss, was sich wohl auch in B. auswirkte. Aus einer Urkunde des Klosters ➛ Wörschweiler, ebenfalls eine Hornbacher Tochtergründung, geht hervor, dass die Pfarre B. 1297 zur Pfarre Altheim gehörte und nicht mehr selbständig war. Die Umstände und das Ende des Priorats sind unbekannt. Die Kirche in B., die von den Mönchen genutzt wurde, hat eine sehr alte Geschichte: Auf einem römischen Hofgut entstand in karolingischer Zeit, möglicherweise damals schon durch die Abtei Hornbach, ein dreischiffiger Bau mit südlich angeschlossenen Gebäuden. Diese Anlage scheint durch die Normannenstürme im 10. Jh. untergegangen zu sein. Den darauffolgenden, einfachen Saalbau mit flacher Apsis erweiterten die Benediktiner von Hornbach in der ersten Hälfte des 12. Jh. zu einer dreischiffigen Kirche. Diesen Bau übernahm 1149 das neue Priorat und veränderte seine flache Apsis zu dem heute noch stehenden Dreikonchenchor mit wuchtigem Turm. Das einst längere Kirchenschiff wurde nach 1600 seiner Seitenschiffe beraubt, um 1700 stark gekürzt und beim Wiederaufbau 1949 etwas nach Westen hin vergrößert. Heute ist die restaurierte Kirche die Pfarrkirche St. Stephanus der evangelischen Gemeinde.

◆ GermBen 9, 177–229; Köhler-Sommer, Isolde: Die Stephanskirche in Blieskastel-B., Köln 1990.

Böddeken, *Augustiner-Chorherrenstift St. Maria, St. Meinulfus u. a. (1409–1803), Diözese Paderborn – (Büren-B., Kr. Paderborn, Nordrhein-Westfalen, ❐ 1, C5).*

▶ **Vorgeschichte.** Das freiweltliche Kanonissenstift B. nahe Büren aus dem Jahr 836, das dem hl. Gründer Meinulfus (um 795–857) geweiht worden war, verlor sich Anfang des 15. Jh. in Niedergang, Verwahrlosung und Auflösung. Bischof Wilhelm von Paderborn (Berg) übergab es den Windesheimer Chorherren vom Stift Bethlehem zu Zwolle (Niederlande).

▶ **Geschichte.** Die Augustiner-Chorherren stellten sich 1409 der Herausforderung und begannen unter Entbehrungen, die Anlage wieder herzurichten, wobei sie vom Paderborner Offizial und Historiker Gobelin Person († 1421) sowie dem Prior Heinrich Loder (1414–36) von ➛ Frenswegen unterstützt wurden. Unter Prior Hermann von der Recke (1427–32) fand erstmals wieder ein Gottesdienst in der restaurierten, romanischen Stiftskirche St. Johannes Baptist statt. Zusammen mit dem heute untergegangenen Stift Neuss wurde B. 1430 offiziell in die ➛ Windesheimer Kongregation aufgenommen. Der bedeutende Prior Arnold Hüls (1432–49) und seine Nachfolger bauten B. zu einem Wirtschafts-, Kultur- und Reformzentrum aus, dessen wirkungsvolle Ausstrahlung bis nach Holstein und in die Schweiz reichte, wo sie in relativ kurzer Zeit 20 Männer- und 6 Frauenstifte neu gründen oder reformieren konnten, darunter Kirschgarten, ➛ Hirzenhain, ➛ Dalheim (Lichtenau), Ewig, ➛ Unna, ➛ Lippstadt St. Annen, ➛ Niederwerth, Basel (Schweiz), Zürichberg (Schweiz), Nazareth/Störmede, ➛ Segeberg, ➛ Eberhardsklausen, ➛ Höningen, ➛ Hilwartshausen und ➛ Merxhausen. In dieser Blütezeit lebten über 40 Chorherren und mehr als 170 Laienbrüder in B. Das alte Gotteshaus erweiterten die Chorherren mit einem hohen gotischen Chor und bauten südlich der Kirche eine neue Dreiflügelanlage (1475–85). Wichtige Anliegen waren ihnen die Verehrung des hl. Mei-

Böckweiler Benediktinerpriorat, der romanische Dreikonchenchor von 1149 mit wuchtigem Chorturm.

nolf, intensives Sammeln und Kopieren von Heiligenleben und -legenden, der Ausbau der reichhaltigen Bibliothek, künstlerische Buchillustrationen und eine eigene Buchbinderei. Der Reformation folgte ein wirtschaftlicher Einbruch, weil die Laienbrüder dem Stift den Rücken kehrten, die Klosterzucht sank und das Wirtschaften mit freien Bauern schwieriger wurde. B. erlangte in der Neuzeit nie mehr die Ausstrahlungskraft der ersten 120 Jahre, obwohl es das größte Wirtschaftsunternehmen im Paderborner Land blieb. Nach der Aufhebung 1803 durch den preußischen Staat wurde das Stift zunächst Staatsdomäne, bis die Anlage 1822 an die Familie Mallinckrodt überging, die sie heute noch besitzt und bewohnt.

▶ **Gegenwart.** Die romanische Stiftskirche der Kanonissen von 1140 wurde 1805 bis auf den Stumpf des Westturms abgerissen. Vom spätgotischen Chor der Augustiner-Chorherren blieben Umfassungsmauern als malerische Ruine stehen, aber die dreiflügelige Konventsanlage (Ende 15. Jh.) sowie die Klausurräume sind weitestgehend erhalten. Bemerkenswert ist die mit Fresken geschmückte, zweischiffige Bibliothek über der Sakristei.

◆ MonWin 2, 60–70; Balzer, Manfred: B., in: Westfälisches Klosterbuch, Tl. 1, Münster 1992, 105–112; Schatten, Eugen: Kloster B. und seine Reformtätigkeit im 15. Jh., Münster 1918.

Bödingen Augustiner-Chorherrenstift, die spätgotische Stifts-, Pfarr- und Wallfahrtskirche auf der Südseite.

Bödingen, *Augustiner-Chorherrenstift St. Maria (1424–1803), Erzdiözese Köln – (Hennef-B., Rhein-Sieg-Kreis, Nordrhein-Westfalen, ❐ 3, B1).*

▶ **Geschichte.** Auf einem Bergrücken zwischen Agger und Sieg entstand 1397 für eine wundersame Pietà eine Wallfahrtskapelle, die mit vier ständigen Pfründen und vier Vikaren ausgestattet wurde. An dieser Kapelle nahe Altbödingen initiierte Herzog Adolf von Jülich und Berg 1423 die Umwandlung der Pfarrstelle in ein Augustiner-Chorherrenstift der ➛ Windesheimer Kongregation. Papst Martin V. beauftragte 1424 den Abt von St. Martin in ➛ Köln, Dietrich von Hirtze (1406–27), mit der Organisation. Im Juni 1424 zogen Augustiner-Chorherren aus Windesheim (Niederlande) und ➛ Frenswegen unter dem ersten Prior Berthold von Münster (nach 1424– um 1440) in die zunächst provisorischen Gebäude in B. ein. Stiftungen des Landadels, besonders der Familien Nesselrode und Attenbach, sowie Einnahmen aus der Wallfahrt ermöglichten den raschen Aufbau der Klosteranlage; Erzbischof Dietrich von Köln (Moers) und Kardinal Nikolaus von Kues halfen mit Ablassprivilegien. Die Erweiterung der Stiftskirche wurde nach dem Anbau eines Querschiffs mit der Weihe des großen Chores 1500 abgeschlossen. Während der Reformationszeit bewahrte das Stift der gesamten Region den katholischen Glauben. In der Zeit der Gegenreformation blühte die Verehrung der Schmerzhaften Mutter besonders auf, das Bödinger Stift wurde eines der reichsten monastischen Institutionen der Erzdiözese Köln. Ein Feuer 1636 in der um das Stift entstandenen Siedlung verschonte wie durch ein Wunder Kirche und Klausur. Auch durch den Dreißigjährigen Krieg wurde das Stift nur marginal betroffen, erst unter den nachfolgenden Kriegswirren litt B. nicht unerheblich. Die Wallfahrt lebte immer wieder auf und die Wundergeschichten über plötzliche Heilungen durch das Gnadenbild ließen selbst in der Zeit der Aufklärung nicht nach. Neben den Pfarrpflichten in Geistingen und Ückerath waren die Prioren mit Visitationen bis nach ➛ Hamersleben in der Magdeburger Diözese beauftragt. Die Aufhebung erfolgte 1803, neun Chorherren mussten mit ihrem letzten Prior Gottfried Ottershagen (1791–1803) das Stift verlassen. Die barocken Klausurgebäude kamen in Privatbesitz, ein Teil wurde für eine Schule genutzt, ein Teil musste abgerissen werden.

▶ **Gegenwart.** B. erhielt 1831 die eigene Pfarrstelle „Zur schmerzhaften Mutter“, die seit 1957 von Ordenspriestern der Oblaten des hl. Franz von Sales besetzt wird. Die Verehrung der Schmerzhaften Mutter im Gnadenbild zu B., auch „Mariä B.“ genannt, hat bis heute nichts von ihrer Anziehungskraft verloren. Die gut erhaltene, spätgotische Stifts-, Pfarr- und Wallfahrtskirche, die durch ihre harmonische Ausgewogenheit und ihren hohen Westturm auffällt, ist nach wie vor Ziel alljährlicher Pilgerfahrten.

◆ MonWin 2, 71–77; Beutler, Werner/Fischer, Helmut: Hennef-B., Köln 1990.

Boekzetel, *Johanniterkommende St. Johannes Baptist (um 1260–1806), Diözese Münster – (Moormerland-Boekzeteler Kloster, Lkr. Leer, Niedersachsen, ❐ 1, B3).*

▶ Im 13. Jh. entstanden zahlreiche Johanniterhäuser im Nordseebereich der Diözesen Utrecht, Münster und Osnabrück, die in der Ballei Frisia zusammengefasst und dem Balleier und Komtur von ➛ Burgsteinfurt unterstellt wurden. Die 20 als *membra* bezeichneten kleinen Niederlassungen erlangten durch den Vertrag von Groningen 1319 weitgehende Selbständigkeit. Zu ihnen gehörte das Haus B., ebenso die Niederlassung ➛ Bokelesch, auf die besonders hingewiesen sei. B. wird erstmals im Vertrag von 1319 urkundlich erwähnt; man nimmt an, dass die Gründung um 1260 erfolgte. Die Niederlassung diente um 1500 nur noch als Außenhof der Kommende Hasselt. Heute weisen lediglich mittelalterliche Grundmauerreste bei den Höfen „Boekzetler Kloster“ auf die ehemalige Kommende B. hin. Von der Kommende Hasselt ist nichts geblieben.

◆ Koolman, Egbert/Elerd, Udo (Hg.): Johanniter im Nordwesten, Oldenburg 1999.

Boitzenburg, *Zisterzienserinnenkloster St. Maria (vor 1271–1539) – „Marienpforte“, Diözese Kammin – (Lkr. Uckermark, Brandenburg, ❐ 2, C3).*

▶ **Geschichte.** Nahe des Ortes B. in der Uckermark zwischen Prenzlau und Templin gründeten kurz vor 1271 die Markgrafenbrüder Johann II., Otto IV. und Konrad I. von Brandenburg im alten Siedlungs- und Grenzgebiet zwischen Pommern, Mecklenburg und Brandenburg ein Frauenkloster. Um 1280 wurde das Kloster mit dem nahen Benediktinerinnenkloster Marienpforte bei Flieth zusammengeführt und trug seitdem dessen Namen, lebte jedoch ausdrücklich unter Zisterziensergewohnheiten. Die erste bekannte Äbtissin Johanna regierte von 1298 bis 1301. Die Ritter von Kerkow erwiesen sich als besondere Gönner. Das Kloster B. besaß Einkünfte aus 27 Dörfern der nördlichen Uckermark, 13 Dörfer in Vollbesitz, übte selbst Blutgerichtsbarkeit aus und hatte Rechte in nahen Städten wie Fürstenberg, Wittstock, Templin und Prenzlau. Beziehungen zu den Zisterzen ➛ Himmelpfort am See, ➛ Chorin, ➛ Lindow, Seehausen und ➛ Zehdenick sind urkundlich belegt, aber eine Inkorporation in den Zisterzienserorden erfolgte nicht, vielmehr unterstand B. durchweg dem Bischof von Kammin. Reisende zwischen Lychen und Prenzlau fanden im Kloster gastliche Aufnahme, Kranke und Schwache Hilfe und Pflege. B. litt häufig unter kriegerischen Händeln und wechselnden Herrschaften. Ausgleichsschenkungen von allen Seiten sollten dabei das Gewissen beruhigen und der Seelenrettung dienen. Der Visitationsbericht von 1536 verzeichnet einen nicht unerheblichen Schatz an Kleinodien. 1539 verkaufte Kurfürst Joachim II. noch vor der Einführung der Reformation in Brandenburg den gesamten Besitz an die Familie von Arnim. Das Klostergut blieb Herrschaftssitz und wirtschaftlicher Mittelpunkt der Region bis zu seiner Zerstörung im Dreißigjährigen Krieg. Die Frauen durften auf Leibrente verbleiben; die letzte von ihnen, Katharina von Arensdorf, schloss noch 1572 einen neuen Versorgungsvertrag mit der Herrschaft ab.

▶ **Gegenwart.** Im Tal abseits des Ortes B. stehen heute malerisch Reste des Zisterzienserinnenklosters. Die Gebäude verfielen nach Umzug der Herrschaft in das neue Schloss im 17. Jh. Teile der Nordwand und der halbe Chor der Klosterkirche zeugen von der einstigen Ästhetik, die gern mit jener der Abteikirche in Chorin verglichen wird. Der Westflügel der frei begehbaren Anlage blieb ebenfalls als Ruine erhalten. Für interessierte Besucher steht auch die alte Klostermühle offen, in der alte Techniken der Getreideaufbereitung demonstriert werden.

◆ Schich, Winfried u. a.: B., in: Brandenburgisches Klosterbuch, Bd. 1, Berlin – Brandenburg 2007, 212–228; Mohn, Claudia: B., Kloster Marienpforte (Brandenburg), in: Mittelalterliche Klosteranlagen, Petersberg 2006, 91–95; Bilang, Karla: Kloster B. – die schlichte Schwester Chorins, in: Die Frauenklöster der Zisterzienser im Land Brandenburg, Berlin 1998, 125–139.

Boitzenburg Zisterzienserinnenkloster, die Ruine der Klosterkirche verrät den Einfluss der Choriner Bauhütte.

Bokelesch, *Johanniterkommende (um 1280–1587), Diözese Osnabrück – (Saterland-B., Lkr. Cloppenburg, Niedersachsen, ❐ 1, B3).*

▶ **Geschichte.** Aufgrund mangelnden Quellenmaterials ist das Gründungsdatum der Kommende B. nicht sicher zu bestimmen. Im letzten Drittel des 13. Jh. ließen sich Priesterbrüder des Johanniterhauses ➛ Burgsteinfurt im nördlichen Saterland nieder. Erstmals taucht B. 1319 in einer Urkunde zum Groninger Vergleich auf, in der die Niederlassungen der Johanniterballei Frisia weitgehende Selbständigkeit gegenüber ihrer Hauptkommende Burgsteinfurt erlangten und nur noch als *membra* geführt werden. Sie wählten ihren Komtur selbst und lebten in wachsender Eigenverwaltung, die nur durch Abgaben und Visitationen eingeschränkt war. Diese Entwicklung schuf in Friesland zwei für den Orden ungewöhnliche Verhältnisse: zum einen gab es nur Priesterbrüder und keine Rittermannschaften, zum anderen schlossen sich viele Frauen als Laienschwestern den Konventen an. B. betrieb ausschließlich Eigenwirtschaft auf dem ausgedehnten Besitz von über 1.500 ha Land, der durch Schenkungen und neu eintretende Konventsmitglieder zusammengekommen war, der jedoch über ein Drittel seiner Fläche aus Moor und sonst meist aus Weideland bestand. Vorwerke existierten in Ubbehausen, Osterhausen und Roggenburg. Weder die Seelsorgetätigkeit noch der Hospitalbetrieb oder Schulen sind in B. nachweisbar. In einer Klageschrift von 1472 suchte der kleine Konvent Hilfe und Schutz bei Gräfin Theda von Ostfriesland gegen Übergriffe von Amtleuten des Hochstifts Münster. Das Hochstift setzte sich Ende des 15. Jh. durch und vereinnahmte die Kommende. Die Ordensleitung der Johanniter ließ 1493 eine Generalvisitation im Großpriorat Deutschland durchführen. Die Visitatoren erreichten 1494 auch Burgsteinfurt, besuchten aber seine ostfriesischen *membra* wohl wegen ihrer Bedeutungslosigkeit nicht (bzw. weil sie keine Kommenden im engeren Sinn waren). Gleichwohl versuchte Burgsteinfurt danach in den Niederlassungen Reformen durchzusetzen, die aber wegen der lutherischen Einflüsse nicht zum Tragen kamen. 1549 lebten in B. neben dem Komtur ein Priesterbruder als Kaplan, ein Laienbruder und zehn Laienschwestern sowie acht Knechte und eine Magd. Laienschwestern wohnten wahrscheinlich in Osterhausen, dem Ordenshaus gegenüber am rechten Ufer der Sagter Ems. Sie trugen ebenfalls das rote Kreuz auf ihrem Gewand. B. überdauerte als einzige ostfriesische Johanniterniederlassung die Reformation, starb aber wegen Nachwuchsmangel aus. 1587 suchte der letzte Komtur Melchior Droste nach Pächtern. Die Ländereien gehörten bis 1806 dem Johanniterorden. Im Dreißigjährigen Krieg wurde die Anlage zerstört, lediglich die Kapelle wurde 1677 wieder aufgebaut.

▶ **Gegenwart.** Obwohl um 1300 die Ballei Frisia des Johanniterordens 21 Niederlassungen im Nordostseebereich zählte, blieb nur

Bokelesch Johanniterkommende, der einzige hinterbliebene eindeutige Johanniterbau in Ostfriesland.

die Johanniterkapelle in B. als einziges bauliches Zeugnis des Ordens erhalten, wenn man die geringen Mauerreste im ➛ Boekzeteler Kloster unberücksichtigt lässt und die gotische Pfarrkirche in ➛ Strückhausen nicht mit den Johannitern in Zusammenhang bringen will. Die inzwischen sehr fachkundig restaurierte katholische Kapelle St. Antonius Eremita in B. ist ein spätromanischer Rechtecksaal, dessen östlicher Teil in der zweiten Hälfte des 15. Jh. durch einen gotischen Polygonalchor ersetzt wurde. An der Außennordwand erkennt man den vermauerten Zugang zur ehemaligen Empore für die Laienschwestern sowie Spuren des originalen Nordportals. In jüngster Zeit durchgeführte archäologische Untersuchungen fanden im Altarbereich sechs Gräber, unter denen eines sehr reich ausgestattet war und aus der Zeit des Aufbaus um 1300 stammt.

◆ Piotrowski, Miroslaw (Hg.): Die Johanniterkapelle in B., Oldenburg 2005; Koolman, Egbert/Elerd, Udo (Hg.): Johanniter im Nordwesten, Oldenburg 1999.

Bonn, *Franziskanerkloster St. Ludwig (1274–1802), Erzdiözese Köln – (kreisfreie Stadt, Nordrhein-Westfalen, ❒ 3, B1).*

▶ **Geschichte.** Erzbischof Engelbert II. von Köln (Falkenburg) sandte 1274 aus dem Konvent ➛ Köln erste Minoriten nach B. zur Gründung eines Franziskanerklosters. Er unterstützte, wie auch sein Nachfolger Siegfried von Westerburg, den Bau der Konventskirche, seltenerweise mitten in der Stadt nahe des Marktes, nicht wie sonst üblich in Stadtrandlage, vergleichbar nur mit ➛ Aschersleben, ➛ Mühlhausen, ➛ Gelnhausen und ➛ Arnstadt. In B. stellten die Barfüßer ihre Kirche 1317 unter das Patronat des soeben kanonisierten Minoriten und Erzbischofs Ludwig von Toulouse (1274–97, kanonisiert 1317). Die Vollendung der Kirche gelang erst nach langer Bauzeit um 1500 mit dem letzten Joch an der Westseite des dreischiffigen Langhauses. Die Minderbrüder erwarben durch soziales und seelsorgerisches Engagement innerhalb der alten Remigiusgemeinde Vertrauen und Wertschätzung. Ihre Bildung verschaffte ihnen Respekt und Anerkennung. Der Besitzstand des Konvents wuchs durch Vermächtnisse, gleichwohl verweigerten sich die Brüder später, diesen aufzugeben und sich der spätmittelalterlichen Observanzbewegung anzuschließen. Die Stadt B. galt seit 1543 als Zentrum der reformatorischen Umwälzungen in der Erzdiözese. Kurfürst und Erzbischof Hermann V. von Wied löste das Minoritenkloster auf, trat aber nach dem päpstlichen Bann 1547 zurück, um einen Bürgerkrieg zu vermeiden. Fast alle Minoriten hatten sich zur lutherischen Lehre bekannt, nahmen evangelische Pfarrstellen an und heirateten, lediglich zwei Franziskaner blieben dem katholischen Glauben treu. Bruder Johann Mentgen wurde zum Guardian ernannt, als Erzbischof Adolf III. von Schaumburg im Rahmen der Rekatholisierung das Bonner Franziskanerkloster 1547 mit auswärtigen Minoriten neu belebte. Der neue Konvent widmete sich nun intensiv dem Studium und gründete vor 1626 eines der ersten Minoritengymnasien im Rheinland; 1774 entstand daraus eine Akademie und 1786 die erste Bonner Universität. Die Minoriten erhielten theologische und philosophische Lehraufträge, ihr Konvent verlor auch dann nicht an Attraktivität, als sich im 17. Jh. weitere Mendikantenkonvente in Bonn niederließen. Die französische Konsularregierung löste die Klöster 1802 auf, die Franziskanerkirche wurde Pfarrkirche der katholischen St. Remigiusgemeinde und nahm deren Patrozinium an. Von 1957 bis 2007 lebten wieder Minoriten an St. Remigius.

▶ **Gegenwart.** Die dreischiffige Pfeilerbasilika St. Remigius mit Kreuzgratgewölbe ist ein gotisches Kleinod. Trotz langer Bauzeit wirkt die Bettelordenskirche wie aus einem Guss und demonstriert den fortgeschrittenen Repräsentationswillen der Franziskaner. Ihr Innenraum besticht durch Lichtfülle, strenge Gliederung und Harmonie. Der lang gestreckte Dreiachtelchor knüpft an gotische Kathedralarchitektur an. Die mittelalterliche Ausstattung ging nach wiederholten Kriegsschäden verloren. Kreuzgang und Klausurgebäude wurden bis 1962 auf dem alten Grundriss neu aufgebaut.

◆ Schloßmacher, Norbert: B. St. Remigius, Klosterführer Rheinland, Köln 2004, 319–322; Hilger, Hans Peter: Die Pfarr- und Minoritenkirche St. Remigius in B., Köln 1987.

Bönnigheim, *Franziskanerkloster St. Maria (1477– um 1540) – „Frauenbergkloster“, Diözese Speyer – (Lkr. Ludwigsburg, Baden-Württemberg, ❒ 3, C3).*

▶ Auf dem Frauenberg südwestlich des Weinbaustädtchens B. gründeten Franziskaner-Observanten 1477 an der schon bestehenden Wallfahrtskapelle „Zu unserer lieben Frau“ ein kleines Kloster auf einem erzbischöflichen Lehnsgut. Die Gründungsinitiative scheint dabei vom Franziskanerkloster ➛ Heilbronn ausgegangen zu sein, zumindest bestand eine gewisse Abhängigkeit. Die Konventsvorsteher nannten sich nämlich zunächst Vikare, ab 1501 „Präsidenten“. Das Franziskaner-Provinzkapitel

Bönnigheim Franziskanerkloster, Steinreste und Grundmauern des Observantenklosters am Weinberg.

Straßburg führte die Niederlassung B. in den Jahren 1478 bis 1543 unter ihrem Bestand. Der Konvent umfasste etwa zwölf Brüder, die eine nahe Quelle nutzten und entsprechend ihrer strengen Klausurvorschrift von Almosen lebten. Nach der Durchsetzung der lutherischen Reformation starb der Konvent aus, der letzte Bruder verließ B. 1540 (oder starb 1546). Kardinal und Erzbischof Albrecht von Mainz (Brandenburg) übergab die Anlage der Stadt. Nach Verfall und Abbruch 1792, unter anderem für die Stadtkirche in B., blieb nur ein Restbestand erhalten. Ein Schlussstein im Kreuzgewölbe der Stadtkirche soll aus dem Kloster stammen. Archäologische Untersuchungen und Vermessungen erfolgten 1974/76 anlässlich einer Flurbereinigung für den Weinbau. Die bestehenden Grundmauern, insbesondere des Kirchenchors, wurden gefestigt und konserviert, die aufgefundenen Gebeine der Brüder in den Kapellenbereich verlegt.

◆ Benning, Stephan: B., in: Württembergisches Klosterbuch, Ostfildern 2003, 197; Zipperlen, Erich: Das Barfüßerkloster auf dem Frauenberg bei Bönnigheim, in: Ludwigsburger Geschichtsblätter 35 (1983) 136–141.

Bonnrode, *Benediktinerinnenpriorat St. Ulrich (um 1150–1539), Erzdiözese Mainz – (Oberbösa-B., Kyffhäuserkreis, Thüringen, ❐ 2, A5).*

▶ Unweit des heutigen „Klostergutes“ lag das Benediktinerinnenkloster B., das die Abtei ➛ Reinhardsbrunn als zweites von drei abhängigen Frauenprioraten nach ➛ Ottenhausen und vor ➛ Zscheiplitz um 1150 gründete. Landgraf Ludwig II. der Eiserne setzte seine Schwester Adelheid als Priorin ein. Im Konvent bestimmten die Lebensgewohnheiten der ➛ Hirsauer Reformbenediktiner das monastische Leben der Frauen. Das Kloster endete während des Bauernaufstandes 1525 durch Zerstörung. Der Konvent floh ins Kloster Ottenhausen bei Weißensee. Die offizielle Aufhebung erfolgte erst 1539 durch Herzog Heinrich II. von Sachsen-Meißen-Dresden. Heute sind die überwachsenen Grundmauerreste kaum noch auffindbar, aber abgetragene und wiederverwendete Torbögen und Spolien erinnern im nahen Ort Oberbösa an das Frauenkloster.

◆ Löffler, Sigmar: Geschichte des Klosters Reinhardsbrunn, Erfurt – Waltershausen 2003; Tebruck, Stephan: Burgen und Schlösser in Sachsen-Anhalt, Sonderheft Scheiplitz, Halle/Saale 1999, 25.

Bopfingen, *Dominikanerinnenkloster St. Agnes (1264–72), Diözese Augsburg – (Ostalbkreis, Baden-Württemberg, ❐ 3, D3).*

▶ Der staufische Ministeriale Marquard von B. stiftete 1264 in der Reichsstadt B. unterhalb der Burg Flochberg das Frauenkloster St. Agnes, das von Dominikanerinnen aus ➛ Augsburg St. Margaretha besiedelt wurde. Extreme Bedingungen, die nicht näher beschrieben sind, nötigten den Konvent, seinen Besitz 1270/72 mit Zustimmung Bischof Hartmanns von Augsburg (Dillingen) an die Zisterzienserinnenabtei ➛ Kirchheim am Ries zu verkaufen und die Stadt zu verlassen. Die Abtei Kirchheim nutzte danach die Anlage als Stadthof und Gästeherberge. Ein Gebäude der ehemaligen Klausur blieb bis heute erhalten und dient als Wohn- und Gasthaus. Die Zisterzienser beeinflussten um 1300 den gotischen Umbau der romanischen Stadtkirche St. Blasius. Der flache Chorabschluss weist auf zisterziensische Baugewohnheit hin; Friedrich Herlin aus Nördlingen schuf 1472 den bedeutenden Flügelaltar.

◆ Haag, Simon M.: B., in: Württembergisches Klosterbuch, Ostfildern 2003, 200; Enßlin, Helmut: Geschichte der ehemaligen Feien Reichsstadt B., Stuttgart – Aalen 1971.

Boppard, *Karmelitenkloster St. Maria (nach 1264–1802), Erzdiözese Trier – (Rhein-Hunsrück-Kreis, Rheinland-Pfalz, ❐ 3, B1).*

▶ **Geschichte.** Die Karmeliten kamen 1262 nach B. am Mittelrhein, erhielten 1264 von Erzbischof Heinrich II. von Trier (Finstingen) die Erlaubnis zur Niederlassung und gründeten ihr drittes Kloster auf deutschem Reichsgebiet (nach Köln 1249 und Würzburg 1260). Bei der Gründung in B., damals wichtigste Stadt des Reichsgutes am Mittelrhein, des „Bopparder Reiches“, war möglicherweise Reichsministerialität beteiligt, so wie bei den nahen Klöstern ➛ Hirzenach, Marienberg und Peternach, – oder aber König Richard von Cornwall persönlich, der sich um diese Zeit oft in der Reichsstadt aufhielt; Stifter und Umstände sind unbekannt. Die Bettelbrüder nutzten zunächst bestehende Gebäude vor der römischen Stadtmauer nahe der Judengasse. Für den Bau ihres Klosters erließ Erzbischof Heinrich II. zwischen 1279 und 1289 mehrere Ablässe, hinzu kamen Stiftungen aus allen Schichten der Bewohner sowie aus der Bevölkerung im Umland. Der Aufbau der Klosterkirche (seit etwa 1300) wurde besonders von den mächtigen Ministerialenfamilien von Schöneck und von Waldeck (Renneberg) unterstützt, auch eine begüterte Begine erwähnen die Urkunden als Stifterin. Der Chor wurde 1329 geweiht, das einschiffige Langhaus jedoch erst um 1430 mit der Einwölbung vollendet. Der Konvent hat wohl die Stärke von zwölf Priestern nie überschritten. Das Kloster wurde ein Zentrum der niederdeutschen Ordensprovinz; alle drei Jahre fanden Provinzkapitel statt. Das kirchliche Leben in B. bestimmte das Kollegiatstift St. Severus, das Hauptinteresse des Adels galt dem Benediktinerinnenkloster Marienberg. Die Karmeli-

Boppard Karmelitenkloster, die gotische Klosterkirche wurde um 1440 zur zweischiffigen Halle erweitert.

ten lebten stark zurückgezogen, ihr Kloster war aber beim Stadtadel beliebt. Die Brüder übernahmen die seelsorgliche Betreuung des städtischen Heilig-Geist-Hospitals und widmeten sich dem Studium. Mehrere Prioren lehrten als Professoren für Theologie an Universitäten. Etwa 1440 erweiterten sie ihre schlichte Kirche an der Nordseite um ein zusätzliches Schiff, so dass eine große zweischiffige Hallenkirche entstand, die dank adeliger Stiftungen reich ausgestattet werden konnte. Mehrere Bruderschaften schlossen sich im Spätmittelalter an, und die Karmeliten intensivierten die Reliquienverehrung. Der Trierer Kurfürst und Erzbischof, der seit 1312 die Landesherrschaft ausübte und durch den Bopparder Krieg 1497 und den Bauernaufstand 1525 seine Macht über die Stadt weiter festigen konnte, vereitelte um 1530 einen nachhaltigen protestantischen Einfluss und förderte die Gegenreformation. Besitz und Einnahmen des Karmelitenklosters übertrafen in der Neuzeit den des größten adeligen Grundherrn. Der reiche Bibliotheksbestand garantierte eine hohe geistliche und kulturelle Ausstrahlung. Sechs Kriege im 17. und 18. Jh. wirkten sich verheerend auf die Wirtschaft, weniger auf die Bausubstanz der Stadt aus. 1794 besetzten französische Revolutionstruppen die Stadt, 1802 hoben napoleonische Beamte das Kloster auf.

▶ **Gegenwart.** Die ehemalige Karmelitenkirche „Unserer lieben Frau" in B. dient heute der katholischen Gemeinde St. Severus als Pfarrkirche. Die gotische, zweischiffige Halle imponiert durch ihre reiche mittelalterliche Ausstattung, die aber nur zum Teil auf die Karmeliten zurückgeht. Eindrucksvolle Grabsteine erinnern an die Verbindung des städtischen Adels mit der Klostergemeinschaft. Das Chorgestühl aus der Zeit von 1460 bis 1470 gehört zum schönsten, was rheinische Kunst im Spätmittelalter hervorgebracht hat. Die Vierflügelanlage der Klausur, die 1728/30 völlig neu entstanden ist, nutzt heute die städtische Verwaltung.

◆ Heinz, Stefan/Schmid, Wolfgang: B., Karmeliterkloster, in: Klosterführer Rheinland, Köln 2004, 165f.; Volk, Otto: B. im Mittelalter, Boppard 1997.

Bordesholm Augustiner-Chorherrenstift, die Stiftskirche entstand 1332–1509, Südostblick von der Seeseite.

Bordesholm, *Augustiner-Chorherrenstift St. Maria (um 1130–1577), Erzdiözese Hamburg-Bremen – (Kr. Rendsburg-Eckernförde, Schleswig-Holstein, ❐ 1, D2).*

▶ **Vorgeschichte.** Das Augustiner-Chorherrenstift wurde um 1130 in Faldera-Wippenthorp, dem späteren Neumünster, im noch heidnischen Wagrien (Ostholstein) vom Domscholastiker Vicelin (um 1090–1154) im Auftrag Erzbischof Adalberos II. von Bremen gegründet. Kaiser Lothar III. erteilte 1134 besondere Privilegien und gründete selbst im nahen ➛ Segeberg 1134 eine weitere Augustiner-Chorherrenniederlassung im Schutz seiner neu erbauten Burg. Propst Vincelin sandte aus Neumünster einen Gründungskonvent nach Segeberg und leitete beide Stifte in Personalunion bis zu seinem Tod 1154. Die Chorherren widmeten sich der Christianisierung der Bevölkerung, besetzten neue Pfarrkirchen, sorgten im eigenen Hospital für Kranke und Arme und kultivierten mit Hilfe deutscher Siedler ihre Landbesitzungen weit bis in die Elbmarschen. Ihnen fiel gemeinsam mit dem Stift Segeberg die bedeutende Aufgabe der Missionierung der Slawen in Livland zu. Zur geistigen Rüstung des oft bedrohten Unternehmens unterhielt das Marienstift schon im 12. Jh. eine eigene Schule.

▶ **Geschichte.** Seit 1290 wurde die Verlegung des Stifts zunächst nach Kiel in Erwägung gezogen. 1322 erlangten die Neumünster Chorherren zwar das Patronatsrecht über die Kieler Pfarrkirche St. Nikolai, aber die Bürger und die Franziskaner von ➛ Kiel wehrten sich gegen ein Regularkanonikerstift in ihrer Stadt, so dass sich die Augustiner seit 1328 auf einer Insel im nahen Bordesholmer See niederließen, dem Mittelpunkt ihres Neusiedellandes. Mit der Überführung der Gebeine des heiligmäßig verehrten Vicelin war die Stiftsverlegung um 1332 abgeschlossen. Nahe dem Stift entstand der Ort B., der sich wegen der Grabstätte des Regionalheiligen Vicelin zum Wallfahrtsort entwickelte. Aus Segeberg erreichten das Stift B. bereits 1444 Reformimpulse, der Konvent widersetzte sich zunächst, lediglich Propst Johannes Reborch (1486–90) gab dem Reformdruck von außen nach: der Beitritt zur ➛ Windesheimer Kongregation erfolgte 1489 mit Unterstützung des Stifts ➛ Möllenbeck. Die Erneuerung ließ die Konventsstärke bis 1508 von 15 auf 28 Mitglieder ansteigen und führte zur geistlichen, geistigen und künstlerischen Hochblüte. Herzog Friedrich I. von Holstein, später König von Dänemark, ließ 1514 seine erste Gemahlin Anna von Braunschweig in der Stiftskirche beisetzen. Die Reformation ging zunächst ohne große Beeinträchtigungen an B. vorbei. Durch Landesteilung 1544 kam B. aber an Johann II., Herzog von Schleswig-Holstein-Hadersleben, der 1566 den Protestantismus durchsetzte und im Stift eine evangelische Fürstenschule gründete. Der letzte Propst Marquard Stammer (1566–77) flüchtete mit Urkunden und Siegel nach Zwolle-Windesheim (Niederlande). Erst 1577 wurde das Stift B. rechtlich aufgelöst. Die Fürstenschule endete 1665 zugunsten der neugegründeten Universität Kiel. Die Verbindung zur Universität blieb lange bestehen, weil Kieler Professoren die Tradition pflegten, sich in B. beerdigen zu lassen.

▶ **Gegenwart.** Am ersten Gründungsort Neumünster sind alle Spuren der Augustiner-Chorherren verschwunden. In B. steht noch heute malerisch auf einem Hügel am See die dreischiffige Stiftskirche, die für evangelisch-lutherische Gottesdienste genutzt wird; überdies dient sie als Austragungsort für das „Schleswig-Holstein Musikfestival". Der Hallenbau ist in mehreren Phasen zwischen 1332 und 1509 entstanden und wirkt deshalb uneinheitlich. Die spätmittelalterliche Hochblüte des Stifts äußert sich am berühmten Schnitzaltar des niederländischen Künstlers Hans Brüggemann von 1521, derzeit im Schleswiger Dom, sowie in der reichhaltigen Bibliothek, nunmehr Schatz der Kieler Universität. In den erhaltenen Kellerräumen der abgerissenen Klausur werden Fundstücke archäologischer Ausgrabungen präsentiert.

◆ MonWin 2, 78–94; Bünz, Enno: Zwischen Kanonikerreform und Reformation, Paring 2002.

Börstel, *Zisterzienserinnenkloster St. Maria (vor 1244–1542) – „Marienberg", Diözese Osnabrück – (Berge, Lkr. Osnabrück, Niedersachsen, ❐ 1, B3–4).*

▶ **Geschichte.** Eine erste Niederlassung der Zisterzienserinnen erfolgte auf einem Meierhof im Kirchenspiel Menslage. Graf Otto I. von Oldenburg und sein Neffe Johann stifteten 1244 ihr Allodialgut, 1246 gab Bischof Engelbert I. von Osnabrück (Isenberg) weitere Güter hinzu und Papst Innozenz IV. nahm 1247 das Kloster „Rosental" unter Schutz, seine Nachfolger ebenfalls. Woher die Frauen kamen, ist nicht überliefert. Graf Moritz I. von Oldenburg und seine Mutter hatten nach 1192 ein Kloster für Benediktinerinnen aus Bremen in Bergedorf im Kirchspiel Ganderkesee gestiftet, das aber aufgrund der dürftigen Ausstattung schon 1202 wieder verlassen war und 30 Jahre den Zisterziensern von ➛ Hude vorübergehend als Unterkunft diente. Das Schicksal der Benediktinerinnen ist unbekannt; ob ihnen schon 1201 Menslage als neuer Siedlungsort übergeben wurde und sie mit Hilfe ihrer gräflichen Schutzherren 1244 einen Neubeginn als Zisterzienserinnen wagten, bleibt hypothetisch. Die Benediktinerabtei ➛ Corvey, die im Kirchenspiel Löning das Patronatsrecht innehatte, unterstützte die Gründung in Menslage nachhaltig; besonders Abt Hermann von Corvey (1223–55) übertrug sein Erbe zu Schandorf und galt als ein weiterer Stifter. Nach einem Gebietstausch 1250 verlegten die Schwestern ihr Kloster auf ein ehemaliges Burggelände im Börsteler Wald bei Berge und nannten

Börstel Zisterzienserinnenkloster, westlicher Kreuzgang der weitestgehend erhaltenen gotischen Anlage.

die neue Niederlassung „Marienberg". Die Klosterkirche konnte gegen 1273 fertig gestellt werden. Der Konvent umfasste selten mehr als zwölf Frauen. 1278 sandte er eine Gruppe Schwestern in das Tochterkloster ➛ Schale; dort hatte Bischof Konrad II. von Osnabrück (Rietberg) das letzte Zisterzienserinnenkloster in Westfalen gegründet. Zum Zisterzienserorden pflegten die Schwestern keine direkte Verbindung; auffällig sind jedoch strenge, zisterziensische Klausurvorschriften der Oldenburger Stifter. Dahinter mögen Absichten zur Ordensinkorporation gestanden haben, die aber durch die Abhängigkeit vom Hochstift Osnabrück nicht zu realisieren waren. Osnabrück stellte im 14. Jh. Propst und Kaplan. Im Spätmittelalter kennzeichnet das Kloster intensive Passionsmystik und Heilig-Blut-Verehrung. In der Reformationszeit konnte sich unter Äbtissin Margarethe von Dedem (1496–1529) die lutherische Lehre durchsetzen. Seit Äbtissin Beata von Schade (1532–56) sind keine katholischen Gottesdienste mehr bezeugt. 1542 wählten die Frauen die Bezeichnung „Stift" für ihre Institution. Nach dem Westfälischen Frieden wurde B. 1650 als freiweltliches, hochadeliges Damenstift mit spezifischen Statuten anerkannt, mit nur kurzer Unterbrechung existiert es bis heute.

▶ **Gegenwart.** Im freiweltlichen Damenstift B. lebt heute eine religiöse Frauengemeinschaft in Mischkonfession. Die Satzung von 1674 ist garantiert, wurde aber gemeinnützig-kirchlichen Zwecken angepasst; darin ist weiterhin festgelegt, dass von zehn Präbenden zwei katholisch zu besetzen sind, die Äbtissin der lutherischen Konfession anzugehören hat und Gottesdienste lutherisch abzuhalten sind, die adelige Herkunft der Damen ist nicht mehr obligatorisch. Der Klosterkomplex in abgeschiedener, idyllischer Waldlage besteht heute noch zum Teil aus gotischen Gebäuden. Die typisch zisterziensische Frauenkirche aus Backsteinen, vollendet 1273, schließt im Osten mit gerader Chorwand ab. Der Westteil des Langhauses besteht wie üblich aus Unterkirche und Nonnenchor. Ganz ungewöhnlich befindet sich unter dem Altar ein als „Krypta" bezeichneter Raum, der nach heutigem Forschungsstand auf die ehemalige Grafenburg zurückgeht. Mittelalterliche Holzplastiken, die erst 1963 in einem Altarversteck entdeckt wurden, ergänzen Chorgestühl und Laienbänke aus der

Klosterzeit. Zwei gotische Klausurgebäude, zwei Kreuzgangflügel, die mittelalterliche Propstei und eine alte Zinsscheune, möglicherweise schon in vorklösterlicher Zeit aus Findlingen gebaut, dienen zusammen mit jüngeren Gebäuden heute als Wohn-, Gast- und Tagungsräume. Der Meierhof am ersten Siedlungsort in Menslage wurde vor einiger Zeit von den Stiftsdamen abgebaut, nahe des Stifts in Waldrandlage wieder aufgebaut und verpachtet.

◆ GermBen 12, 90–107; Ahlers, Gerd: Börstel, in: Weibliches Zisterziensertum im Mittelalter, Berlin 2002, 148–152.

Bosau, *Benediktinerabtei St. Maria und St. Johannes Evangelist (1114–1542) – „Kloster Posa", Diözese Naumburg – (Zeitz-Tröglitz, Burgenlandkreis, Sachsen-Anhalt, ❐ 4, B1).*

▶ **Geschichte.** Bischof Dietrich I. von Naumburg (Selbold-Gelnhausen) gründete 1114 auf einem ehemaligen slawischen Kult- und Burgplatz östlich des bischöflichen Marktfleckens Zeitz das Benediktinerkloster B. und rief Reformmönche aus ➛ Hirsau mit Abt Ekkebert auf den Berg. Die christliche Mission im heidnischen Pleißenland stand im Vordergrund des Apostolats. Die kontemplativen Mönche erhielten Pastoralrechte einschließlich aller Seelsorgepflichten, damals zumindest im mitteldeutschen Raum ein ungewöhnlicher Vorgang mit weitreichenden Konsequenzen. Papst Calixtus II. genehmigte 1119 die Klostergründung. Nach siebenjähriger Bauzeit konnte der Bischof die Klosterbasilika mit Hirsauer Baumotiven einweihen, wurde aber im September 1123 am Altar dieser Kirche aus Rache von einem slawischen Laienbruder ermordet. Der Konvent gründete schon 1118 ein Priorat an der ihm übertragenen Pfarrkirche in Zwickau, das knapp 100 Jahre später Abt Andreas (um 1210) an die Stadt verkaufte. Der Landbesitz wurde vermehrt, Pfarrkirchen gegründet, Weinberge, Obstwiesen und Fischteiche angelegt. Durch Schreibstube und Buchillustration erlangte B. große Berühmtheit. Die Haupteinnahmequelle entwickelte sich aus dem wachsenden Weinanbau. Schon 1246 nötigten Sittenverfall und wirtschaftlicher Niedergang Papst Innozenz IV. zur Intervention: Abt und visitierender Bischof waren vom aggressiven Konvent körperlich bedroht worden. Der innere Frieden und die wirtschaftliche Konsolidierung konnten nur unter großen Anstrengungen im 14. Jh. erreicht werden. Während des sächsischen Bruderkrieges 1447 plünderten und verwüsteten Söldner Herzog Wilhelms die Abtei. Reformabteien der ➛ Bursfelder Kongregation setzten sich 1468 hilfreich ein, die Übernahme der Observanz führte zu einer letzten Hochblüte. Bruder Paul Lange (seit 1487) erwarb überregionale Anerkennung als Bibliothekar, Buchmaler und Chronist. Rückschläge wie ein Großbrand 1487 konnten dank gesunder Wirtschaftslage schnell überwunden werden. Während der Reformation blieb B. im bischöflichen Land vor der evangelischen Predigt bewahrt, bis der protestantische Kurfürst Johann Friedrich I. von Sachsen und Martin Luther 1542 den ersten evangelischen Bischof Nikolaus von Amsdorf als ungewählten Gegenbischof für Naumburg protegierten. Dieser ordnete 1542 die Zwangsinventarisierung und die Herausgabe kirchlicher Kleinodien an, was das Ende der 460 Jahre alten Abtei besiegelte. Dem gelehrten katholischen Humanisten und letzten Naumburger Bischof Julius Pflug gelang die Restitution des Klosters nicht; er verwaltete den Besitz ab 1551 als landesherrliche Domäne. Nach Ende des Bistums Naumburg überließen Pächter die Gebäude sich selbst. Ein Brand 1640 beschleunigte den Verfall bzw. animierte zur Nutzung als Steinbruch. Restmaterial der Kirchenruine und Säulen der Kreuzgänge fanden für den Bau der Moritzburg in Zeitz Verwendung.

▶ **Gegenwart.** Vom Klosterkomplex sind nur Umfassungsmauern, Fundamente und das große „Abtshaus" geblieben. Dieser romanische Profanbau war vermutlich Herberge und Hospital der Abtei. Heute sorgt sich ein Förderverein um den Erhalt der Reste und um die bauliche sowie geschichtliche Erschließung der Benediktinerabtei B., die in spät- und nachklösterlicher Zeit meist als „Kloster Posa" bezeichnet wurde. Ein Teil der wertvollen Handschriften aus dem Skriptorium gelangte in nachreformatorischer Zeit in das Zisterzienserkloster ➛ Pforte bei Naumburg. Ein Hof in Tröglitz pflegt heute wieder den Weinbau am Berg, den die Benediktiner eingeführt haben.

◆ Kell, Günther: Kloster B. (Posa) bei Zeitz, Altenburg 2006; Schipke, Renate: Scriptorium und Bibliothek des Benediktinerklosters B. bei Zeitz, Wiesbaden 2000.

Brachau, *Benediktinerzelle St. Dionysius (vor 832–15. Jh.), Diözese Würzburg – (Kleinbrach, Lkr. Bad Kissingen, Bayern, ❐ 3, D2).*

▶ In einer Schleife der Fränkischen Saale bei Kleinbrach existierte möglicherweise schon im 8. Jh. eine Zelle der Reichsabtei ➛ Fulda. Am 14. April 823 wurde in diesem *monersteriolo Brachau* eine Urkunde ausgestellt, die dem Herrn Wigbraht aus der Region Kissingen die Schenkung einer Salzquelle an die Reichsabtei Fulda bestätigt. Die Zuordnung zu Fulda ist unter Historikern umstritten, aber bis 953 besaß das Bonifatiuskloster Fulda wohl eine Salzsiederei bei Kleinbrach. In der Region Saale-Rhön gab es mehrere grundherrliche Eigenklöster, meist Zellen,

Bosau Benediktinerabtei, das „Abtshaus" diente wohl als Hospital und Herberge, weitere Gebäude der romanischen Abteianlage blieben nicht erhalten.

Brachau Benediktinerzelle, Grundmauern einer steinernen Kirche des Hochmittelalters.

die der Abtei Fulda in ihrer Frühzeit übergeben wurden und die bis heute nicht lokalisiert werden konnten, so Leichtersbach, Milz, Mattenzell, Sala und Wolfsmünster. Archäologische Untersuchungen weisen auf drei Kirchenbauten in B. hin: eine hölzerne Kirche kann mit der Frühzeit der religiösen Niederlassung in Verbindung gebracht werden, eine steinerne Kirche mit halbrunder Apsis datiert ins Hochmittelalter und eine dritte Saalkirche mit Chorturm entstand vermutlich vor 1300. Die Wohn- und Wirtschaftsräume, Friedhof und Immunitätsmauer, die etwa 2.500 m³ umschloss, gehörten dazu. Quellen aus den Jahren 1317, 1348, 1389 und 1503 sprechen von einem Herrn zu „St. Dionys" oder von der Zelle „St. Dionysii". Anfang des 16. Jh. wurde die Anlage zerstört oder aufgelassen und verfiel. Die aufgemauerten Fundamente markieren den frei zugänglichen Standort des Klösterleins B. auf einer Hochterrasse an der Fränkischen Saale bei Kleinbrach.

◆ Raab, Hans-Joachim: Die Siedlung Kissingen in der Karolingerzeit, Bad Kissingen 2001; Störmer, Wilhelm: Die Reichsabtei Fulda und die mainfränkische Klosterlandschaft, Würzburg 1989.

Brackel, *Deutschordenskommende St. Clemens (vor 1290–1809), Erzdiözese Köln – (Dortmund-B., kreisfreie Stadt Dortmund, Nordrhein-Westfalen, ❐ 1, B5).*

▶ **Geschichte.** An der bereits 1198 genannten Kapelle des ehemaligen Reichshofes B. gründete vor 1290 der Deutsche Orden ein Haus, dessen Ordenspriester die Pfarrseelsorge übernahmen. Die Kommende St. Clemens in B., die zur Ballei Westfalen gehörte, war immer nur gering besetzt. 1295 traten neben Komtur Caesarius (1295–98) ein Priester, ein Kellner und zwei Ordensbrüder auf. Seit der Reformationszeit war lediglich der Komtur anwesend. Meist durch Ankauf, seltener durch Schenkungen, kam die Kommende zu einigem Besitz, der von abgabepflichtigen Bauern bewirtschaftet wurde. Zeitweise schöpften die Ordensbrüder auch Einkünfte aus einer Kohlengrube. Vier Bruderschaften schlossen sich im Spätmittelalter an, wobei die Clemensbruderschaft sich besonders um die Armenfürsorge verdient machte. In der Reformationszeit ging dem Deutschen Orden die Pfarrkirche verloren. Um die Kommende wurde 1542 eine Mauer gezogen und später eine eigene Hauskapelle im Kommendegebäude eingerichtet. Der 1549 als Pfarrer eingesetzte Ordenspriester Arndt Rupe († 1608) bekannte sich zum Luthertum und half die Reformation in Dortmund durchzusetzen. Der damalige Komtur Bernhard de Bever (1544–54) scheint diese Entwicklung gefördert zu haben. Kriegswirren in der Folgezeit zwangen die Komture, ihre Wohnsitze auswärts einzurichten. Die Bewirtschaftung oblag nun Hauptpächtern, die als Rentmeister fungierten, was neben dem Verlust von Privilegien den wirtschaftlichen Niedergang herbeiführte. Nach der Aufhebung 1809 durch ein Dekret Kaiser Napoleons kaufte ein Pächter 1821 die Domäne vom preußischen Staat. Letzte Erben seiner Familie übergaben das Anwesen 1949 dem Erzbistum Paderborn.

▶ **Gegenwart.** Die katholische Kirche beherbergt heute ein Sozialinstitut im ehemaligen Kommendegebäude aus der Mitte des 18. Jh., das wahrscheinlich auf mittelalterlichen Fundamenten ruht. Die romanische Kirche gehört heute der evangelischen Gemeinde Dortmund-B. Diese ursprünglich dreischiffige Basilika mit starkem Westturm unterlag einschneidenden Umbauten durch die Deutschordensritter. Vor 1390 wurden die Apsis durch einen polygonalen Chor ersetzt und 1495 die Seitenschiffe auf Mittelschiffniveau erhöht. Eine aufwändige Restaurierung zur 800-Jahrfeier (1990) öffnete den Blick auf die schmuckreiche gotische Innengestaltung der ehemaligen Bauern- und Ordensritterkirche.

◆ Dorn, Hans Jürgen: Westfälisches Klosterbuch, Tl. 1, Münster 1992, 132–135; ders.: Kommende B., in: Die Deutschordensballei Westfalen, Marburg 1978, 26–35.

Brandenburg, *Dominikanerkloster (Heilige Drei Könige) St. Paul (1286–1547) – „Paulikloster", Diözese Brandenburg – (kreisfreie Stadt, Brandenburg, ❐ 2, B4).*

▶ **Geschichte.** Seit 1286 errichteten die Dominikaner, die sich schon seit 1267 in der Bischofsstadt B. aufhielten, aufgrund einer Schenkung des askanischen Markgrafen

Brackel Deutschordenskommende, die Innenarchitektur der Kirche geht auf die Ordensritter zurück.

Brandenburg Dominikanerkloster, die Kirche gilt als Zeugnis hoher märkischer Backsteinbaukunst.

Otto V. des Langen in der Neustadt am Platz des ehemaligen markgräflichen Hofes einen großzügigen Klosterkomplex. Die Landesfürsten behielten sich das Recht des Ablagers vor, auch diente das Predigerkloster St. Paul als öffentlicher Versammlungsraum, so 1321 bei Verhandlungen für den Brandenburgischen Städtebund. Die Dominikaner genossen bei der Bevölkerung hohes Ansehen. Die Zisterzienser von ➛ Lehnin, die nahe dem Kloster einen Stadthof unterhielten, standen mit den Dominikanern in regem Austausch. 1255 und 1256 traf sich Albertus Magnus (um 1195–1280) mit Abt Johannes (1250–59/60) im Paulikloster, um im Auftrag Papst Alexanders IV. die Ehe Markgraf Johanns I. von Brandenburg mit Jutta von Sachsen-Wittenberg zu regeln. Die Bedeutung des Konvents innerhalb des Ordens wuchs nur allmählich, 1384 tagte erstmals ein Provinzialkapitel im Brandenburger Konvent. Die Prediger betätigten sich neben ihren Seelsorge- und Terminieraufgaben intensiv mit wissenschaftlichen Studien, seit 1377 bestand ein Partikularstudium der Provinz in B.; bedeutende Gelehrte gingen im Spätmittelalter daraus hervor, so Clemens Lossow († nach 1494) und Johann Botzin († nach 1504). Erst 1489 entschied Ordensgeneral Joachim Turriani (1487–1500) endgültig über die Abgrenzung der Terminierbezirke zum Konvent in ➛ Tangermünde. 1497 wurde für die umfangreiche Bibliothek ein stattliches Gebäude errichtet. Zur gleichen Zeit bekannte sich der Konvent zur strengen Observanzrichtung seines Ordens. Nach der Auflösung des Predigerklosters in Cölln an der Spree 1536 fanden Mitbrüder im Paulikloster Unterkunft. Die Brandenburger Prediger weigerten sich 1540 strikt, eine protestantische Kirchenordnung anzuerkennen. Der letzte Prior, Joachim Bartoldi, wurde 1547 als Lektor in das Andreaskloster nach ➛ Halberstadt berufen, danach scheint sich der verbliebene Konvent aufgelöst zu haben. 1560 wird als letzter Bruder Hermann erwähnt; die Kirche übernahm die evangelisch-lutherische Gemeinde und in der Klausur wurden ein Pfründenhaus sowie ein Hospital eingerichtet.

▶ **Gegenwart.** Während des Zweiten Weltkriegs brannte die Anlage völlig aus; inzwischen ist der großzügige und geschlossene Klausurkomplex zum Sitz und Ausstellungsgebäude des Archäologischen Landesmuseums saniert worden. Die Klosterkirche, die zu den qualitätsvollsten Beispielen mittelalterlich-märkischer Architektur gehört, dient seit ihrer Wiederherstellung in den vergangenen Jahren kulturellen Veranstaltungen der Stadt. Sie entstand in sehr langer Bauzeit bis weit in das 15. Jh. hinein, so dass an der Kirche drei Bauabschnitte klar ablesbar sind; sie wirkt dennoch konsequent durchgebildet und weist in vielen Teilen höchste Backsteinbaukunst auf; die harmonischen Proportionen des dreischiffigen Hallenbaues erzeugen noch heute eine beeindruckende Raumwirkung.

◆ Springer, Klaus-Bernward/Cante, Marcus: B./Havel – Dominikaner, in: Brandenburgisches Klosterbuch, Bd. 1, Berlin – Brandenburg 2007, 289–306; Cante, Marcus: Denkmale in Brandenburg. Stadt B. an der Havel, Worms 1994, 245–252.

Brandenburg, *Franziskanerkloster St. Johannes Baptist (1237–1561) – „Johanneskloster", Diözese Brandenburg – (kreisfreie Stadt, Brandenburg, ❐ 2, B4).*

▶ **Geschichte.** Die Franziskaner verlegten 1237 ihren sieben Jahre zuvor gegründeten Konvent aus ➛ Ziesar nach B. an das Salzufer der Havel in die Südwestecke der Bischofsstadt. Sie betätigten sich als Seelsorger, Krankenpfleger und Missionare und zeichneten sich durch hohe Gelehrsamkeit aus. 1271 fand in B. das Provinzkapitel ihres Ordens statt. Der Konvent war der erste in der Provinz Sachsen und der zweite in Deutschland (nach jenem in Heidelberg), der sich der ordensinternen Observanzbewegung anschloss, was der päpstliche Legat Kardinal Heinrich Beaufort 1428 bestätigte. Innerhalb dieser Reformbewegung erlangte das Brandenburger Johanneskloster eine zentrale Stellung. Guardian Hermann Königsberg wurde zum ersten Vikar der sächsischen Observantenvikarie gewählt (1449–51), die damals aus den Konventen B., Eisenach, ➛ Angermünde und ➛ Arnstadt bestand; ihm folgte mit Unterbrechungen vier Mal der Vizeguardian Henning Sele (1451–74), auch Johannes von Brandenburg übernahm das Vikariatsamt (1455–58, 1474–77). Auf dem Kapitel im August 1467 in B. wurden erste Statuten herausgegeben. Inzwischen hatte sich die Observantenvikarie Sachsen um mehrere Konvente vergrößert, unter anderem um Celle, ➛ Salza, ➛ Weimar, ➛ Halle, Magdeburg; es folgten Chemnitz, ➛ Lüneburg, ➛ Winsen, Leipzig, ➛ Jüterbog und ➛ Annaberg. Die Brandenburgischen Observanten pflegten Beziehungen zu den Prämonstratensern (➛ Brandenburg) der Stadt. 1520 und 1538 tagte die zunehmend schrumpfende Provinz der Observanten nochmals im Konvent. Nach langem Kampf gegen reformatorische Einflüsse und einer entwürdigenden Behandlung durch den Magistrat, erfolgte 1561 die endgültige Auflösung des Konvents. Die bedeutende Bibliothek kam nach Berlin, im Zweiten Weltkrieg aber in schlesische Klöster und von dort nach Krakau in die Biblioteka Jagiellońska. Die Klausurgebäude südöstlich entlang der Havel wurden als Hospital und Bierbraustätte genutzt, bis sie 1865 endgültig dem Abriss erlagen.

▶ **Gegenwart.** Die Klosterkirche St. Johannes Baptist, die im 14. und frühen 15. Jh. als zweiter Kirchenbau mit Glockenturm aus den Mauern der ersten Klosterkirche entstanden war, ist ein im Detail reich verzierter, einschiffiger Backsteinbau mit polygonalem Chorabschluss und großen Lanzettmaßwerkfenstern. An der Nordseite wurden eine Sakristei mit Gewölbe und die darüber liegende Bibliothek angefügt. Ein Doppelportal mit reich profiliertem Gewände vor teppichartigem Blendmaßwerk ziert seit dem Umbau die Nordseite; das Radfenster über diesem Haupteingang ist eine Rarität unter Bettelordenskirchen. St. Johannes diente seit 1687 den Hugenotten als Pfarrkirche. Von Kriegsbomben getroffen und ausgebrannt, ist sie seit 1945 bis heute eine Teilruine mit Notdach, deren Sanierung und Nutzung bislang auf sich warten lassen.

◆ Weigl, Petra u. a.: B./Havel – Franziskaner, in: Brandenburgisches Klosterbuch, Bd. 1, Berlin – Brandenburg 2007, 278–288; Pieper, Roland/Einhorn, Jürgen W.: Franziskaner zwischen Ostsee, Thüringer Wald und Erzgebirge, Paderborn u. a. 2005, 63–67; Cante, Marcus: Denkmale in Brandenburg. Stadt B. an der Havel, Worms 1994, 131–134.

Brandenburg Prämonstratenser-Domkapitel, die zweischiffige Krypta (um 1120) unter Altar und Vierung mit Doppelsäule und reich verzierten Kapitellen.

Brandenburg, *Prämonstratenser-Domkapitel St. Petrus und St. Paulus (1161–1506) – „Domkloster“, Diözese Brandenburg – (kreisfreie Stadt, Brandenburg, ❐ 2, B4).*

▶ **Geschichte.** Bischof Wilmar und Markgraf Albrecht I. der Bär von Brandenburg beriefen 1147 Prämonstratenser aus dem Hochstift ➛ Leitzkau nach B. an der Havel, zunächst an die St. Gotthardtkirche, mit dem Ziel, den Bischofssitz zum zweiten Mal nach 948 in der Stadt zu etablieren. Das Domstift (Domkapitel oder Domkloster) der Prämonstratenser wurde schließlich 1161 mit Propst Wigbert (1161–69) etabliert, das Ausgangsstift Leitzkau verlor an Bedeutung. Mit Bauarbeiten an der Kathedralkirche sowie an der nördlichen Klausuranlage begann man 1165. Papst Clemens III. inkorporierte das Domkapitel aus meist etwa 30 Chorherren 1188 endgültig in den Prämonstratenserorden. Es gehörte zum Filiationsverband des Liebfrauenstifts ➛ Magdeburg, also zur sächsischen Zirkarie, deren Klostervorsteher stets Pröpste und, nicht wie sonst im Reich, Äbte waren. Prämonstratensische Domkapitel existierten auch in ➛ Havelberg und ➛ Ratzeburg, seit 1210 ebenso in Riga (Lettland). Nicht nur die Brandenburger Bischöfe sondern auch die Bischöfe von Lebus kamen meist aus dem Brandenburger Stiftskapitel St. Peter und Paul. 1435 gründete das Domstift das inzwischen untergegangene Tochterstift St. Marien auf dem Harlungerberg nahe der Stadt. Berühmtester Propst war Busso von Alvensleben (1515–24); er wurde für seine Verdienste um die Kirchenpolitik im Reich 1522 zum Bischof von Havelberg erhoben. Der letzte katholische Propst Johannes Horneburg (1546–55) behielt als entschiedener Anhänger des Katholizismus selbst als Bischof von Lebus (1551–55) seinen Titel als gewählter Propst von B. bis zu seinem Tod 1555 bei. Kurfürst Joachim I. Nestor von Brandenburg hatte das Domstift bereits 1506 in ein weltliches Stift umgewandelt und beanspruchte die Obergerichtsbarkeit. Sein Nachfolger Joachim II. Hektor setzte 1540 mit einer neuen Kirchenordnung die mittelalterliche Kirchenverfassung außer Kraft, was das Ende des Bistums Brandenburg besiegelte. Das weltliche Stift lebte nach 1544 als evangelische Einrichtung weiter und existiert mit Unterbrechungen noch heute.

▶ **Gegenwart.** Der mächtige Dombau in dem noch heute deutlich abgegrenzten Dombezirk auf der Burginsel repräsentiert märkische Baugeschichte über Jahrhunderte. Trotz äußerlicher spät- und neugotischer Veränderungen zeigt die Basilika mit Krypta ihren ursprünglichen romanischen Charakter. Der Dom ist sehr reich an mittelalterlichen Kunstschätzen, die überwiegend im Dommuseum im Ostflügel der Klausur zu besichtigen sind. Auffällig viele böhmische Kunstwerke zeugen von der Zeit 1377 bis 1417, in der Brandenburg und das Königreich Böhmen unter den Kaisern Karl IV. und Sigismund vereint waren. Der spätgotische Hochaltar im Chorbereich des Doms stand ursprünglich im Zisterzienserkloster ➛ Lehnin und kam nach dessen Aufhebung über Umwege nach B. Der größte Teil des Klosters diente 1705 bis 1937 der „Ritter-Akademie“, einer evangelischen Ausbildungsstätte für märkische Adelssöhne. Die Klausuranlage ist bis auf den neugotischen Westflügel vollständig aus spätromanisch-frühgotischer Zeit erhalten. Der Ostflügel mit seinen zweischiffigen Hallenräumen wie Kapitelsaal, Auditorium und Winterrefektorium, im zweiten Stockwerk mit Gerkammer und Dormitorium, dient dem Dommuseum zur Präsentation wertvoller mittelalterlicher Exponate und zur Darstellung der Geschichte des Prämonstratenserordens in B. Die romanische St. Gotthardtkirche, Sitz des Konvents von 1147 bis 1161, dient heute noch, gotisch stark verändert, der evangelischen Gemeinde als Gotteshaus.

◆ GermSac AF I, Brandenburg 1, 83–195; Schößler, Wolfgang u. a.: B./Havel, Prämonstratenser-Domkapitel St. Peter und Paul, in: Brandenburgisches Klosterbuch, Bd. 1, Berlin – Brandenburg 2007, 229–273; Cante, Marcus: Denkmale in Brandenburg. Stadt B. an der Havel, Worms 1994, 49–77.

Braunschweig, *Benediktinerabtei St. Maria und St. Aegidius (1115–1528/42) – „Ägidienkloster", Diözese Halberstadt – (kreisfreie Stadt, Niedersachsen, ❒ 2, A4)*

▶ **Geschichte.** Die letzte sächsische Brunonin, Markgräfin Gertrud, Tochter des Markgrafen Ekbert I. von Meißen, stiftete auf einer Anhöhe im Süden der Stadt B. 1115 ein Marienkloster nahe des Flüsschens Oker, der die Diözesen Hildesheim und Halberstadt trennte. Zusammen mit Reliquien des hl. Aegidius übergab sie das Kloster der geistigen Leitung des Abtes Heinrich von ➛ Bursfelde (1115–44), der mit seinen Mönchen ➛ Hirsauer Reformgewohnheiten einführte. Ihre Tochter und Erbin, Herzogin Gertrud von Sachsen und Bayern, erhob 1117 das Kloster zur Abtei und rief Goswin (1117–36?) aus ➛ Ilsenburg als Abt nach B., ohne dass sich die ➛ Junggorzer Reformstatuten von Ilsenburg nachhaltig in B. verfestigen konnten. Die Abtei kam 1134 durch Tausch in die Verfügungsgewalt des Schwiegersohns der Stifterin, Kaiser Lothar III., und wurde Eigenkloster des Hauses Süpplingenburg, wie auch das Kloster im nahen ➛ Königslutter. Die besondere Verehrung des hl. Aegidius, Abt von St. Gilles in der Provence und einer der 14 Nothelfer (um 640– um 720), ließen die Abtei bald als „Ägidienkloster" bekannt werden. Unter ihrem berühmten Abt Heinrich II. von Woltorp (um 1162–73) nahm sie einen steilen Aufschwung. Er wurde 1173 zum Bischof von Lübeck erhoben, gründete vor 1177 in ➛ Lübeck die Benediktinerabtei St. Johannes und rief mit hoher Wahrscheinlichkeit Mönche aus B. in die Ostseestadt. Diese zogen um 1245 weiter nach ➛ Cismar in Ostholstein und bewahrten in ihrem wertvollen Altar Reliquien des Stadtheiligen von B., dem hl. Auctor (Bischof in Metz und Trier, um 450). Ein Stadtbrand in B. zerstörte 1278 auch das Ägidienkloster, das mit Hilfe von Reliquienstiftungen und Ablässen im gotischen Stil neu aufgebaut wurde. Im 15. Jh. ernannten Benediktinerabteien der Halberstädter Diözese meist den Abt von St. Aegidien als ihren Konzilsvertreter, etwa in Basel. Abt Bertold II. Meier (1451–67) führte den Konvent noch einmal zu hoher Blüte, er verweigerte aber den Beitritt zur ➛ Bursfelder Reformkongregation. In der Reformationszeit nahmen die Mönche als einer der wenigen Benediktinerkonvente begeistert die neue lutherische Lehre an und förderten ihre Verbreitung in der Stadt. Gottschalk Kruse (um 1499–1540), Reformator des Herzogtums Lüneburg-Celle, war von 1516 bis 1522 Mönch im Kloster. Abt Dietrich Koch (1510–42) schloss sich 1528 der Reformation an, studierte anschließend in Wittenberg und übergab, inzwischen verheiratet, das leere Kloster mit Besitz und Rechten 1542 offiziell der Stadt.

▶ **Gegenwart.** Die katholische Gemeinde in B. nutzt heute die gotische Abteikirche St. Aegidien, die nach 1278 auf den Grundmauern der ersten romanischen Basilika erbaut und bis in das 15. Jh. hinein vervollständigt wurde. Die großräumige Langhaushalle mit giebelverzierter, schmuckreicher Schauseite nach Norden entspricht einer großen mittelalterlichen Stadtpfarrkirche mit reich gestaltetem Querhausportal. Der vielgestaltige Chorraum mit seinem aufwändig gearbeiteten Figurenschmuck an den Kapitellen im Chorumgang ist einer Kathedralkirche würdig und verdeutlicht, dass die Hirsauer Reformideale mit asketisch schlichter Ausgestaltung der Kirchen Ende des 13. Jh. längst vergessen waren. Die heutigen mittelalterlichen Ausstattungsstücke stammen aus anderen Gotteshäusern, so die eindrucksvolle Kanzel aus der Predigerkirche in ➛ Braunschweig. Teile der romanischen Klausur mit Parlatorium, Kapitelsaal und Kalefaktorium sowie zwei gotische Kreuzgangflügel blieben südlich der Kirche erhalten und werden vom Braunschweigischen Landesmuseum für Ausstellungen genutzt; die drei kreuzgratgewölbten Klausurräume gelten als älteste Räume des Landes. Das berühmte Evangeliar von St. Aegidien vom Beginn des 13. Jh. befindet sich im Herzog-Anton-Ulrich-Museum der Stadt.

◆ GermBen 6, 33–56; Schneidmüller, Bernd: Beiträge zur Gründung- und frühen Besitzgeschichte des Braunschweiger Benediktinerklosters St. Marien/St. Aegidien, in: Braunschweiger Jahrbuch für Landesgeschichte 67 (1986) 41–58.

Braunschweig, *Dominikanerkloster St. Paulus und St. Thomas von Aquin (1307–1536) – „Paulinerkloster", Diözese Halberstadt – (kreisfreie Stadt, Niedersachsen, ❒ 2, A4).*

▶ **Geschichte.** Herzog Albrecht II. der Fette von Braunschweig-Lüneburg erlaubte den Dominikanern 1294, sich in B. wie auch in ➛ Göttingen niederzulassen. Anregung dazu gab ihm König Adolf von Nassau auf einem kurz zuvor stattgefundenen Treffen in Leipzig. Nach einer zweiten Aufforderung kauften die Prediger 1307 in B. den Hof mit Kapelle des Truchsess Johann von Blankenburg, ein fürstliches Lehen am Bohlweg, also auf der rechten Seite des Flüsschens Oker und damit zum Bistum Halberstadt gehörend, und begannen mit dem Bau ihres

Braunschweig Benediktinerabtei, das spätgotische Zierportal an der nördlichen Schauseite der Abteikirche.

Klosters. Der Provinzial der Ordensprovinz Saxonia, Meister Eckhart, und die Prioren von ➛Hildesheim und ➛Halberstadt kamen in B. zusammen, um den Klosterbau abzusichern. 1310 wurde der Konvent offiziell in den Orden aufgenommen, nachdem Papst Clemens V. die Gründung bestätigt hatte. Die Dominikaner stimmten 1319 einigen einschränkenden Auflagen des Magistrats zu, der sich, wie auch der Stadtklerus, lange gegen die Gründung gewehrt hatte. Die „Pauliner", wie man die Dominikaner bald nannte, besaßen einige kostbare Reliquien, wie etwa ein Büschel Haare der Jungfrau Maria, ein Geschenk des Fürstenhauses, verbunden mit Ablässen und Almosenspenden zu jährlichen Marienfesten. Das Verhältnis zu Bürgern und Stadtrat gestaltete sich konfliktfrei, lediglich 1405 wurden den Brüdern Fischereirechte an der Burgmühle beschnitten; Handwerkergilden verbanden sich mit dem Konvent. Der Braunschweiger Dominikaner Bertold von Oberg († 1498) lehrte um 1450 am Burgkloster ➛Lübeck, absolvierte das Generalstudium in England und Magdeburg und kehrte als Lektor der Theologie in seinen Heimatkonvent zurück; 1486 erhob ihn Erzbischof Berthold von Mainz (Henneberg) zum Weihbischof des Eichsfeldes, er starb im April 1498 im ➛Göttinger Paulinerkloster, nicht ohne seinen Heimatkonvent B. mit seiner wertvollen Bibliothek testamentarisch berücksichtigt zu haben. 1480 richtete der Magistrat die Gelehrtenschule St. Katharinen im „Paulinerkloster" ein und vergütete dem Prior den Unterhalt eines Lehrers; noch 1524 hielten die Prediger ihre Lehrveranstaltungen aufrecht. Seit Dezember 1521 predigte Gottschalk Kruse (um 1499–1540), ein Benediktinermönch aus St. Ägidien in ➛Braunschweig über die lutherische Glaubenslehre und fand begeisterte Anhänger. Der Rat rief 1528 den Reformator und engen Vertrauten Luthers, Johannes Bugenhagen (1485–1558), in die Stadt, um die Reformation einzuführen. Widerstand leisteten neben Herzog Heinrich dem Jüngeren die Franziskaner, aber besonders die Dominikaner: Magister Wichman Luders bezog in Predigten eindeutig gegen die Reformation Stellung. Nach Repressalien, Raub, Verfolgung, Isolation und Demütigung verließen die letzten Brüder 1536 die Stadt. Ihr Kloster blieb zunächst Katharineum-Schule und Speicherplatz, 1712 wurde die Kirche herzogliches Zeughaus, nach eingreifenden Umbauten (1765–1815) herzogliches „Kunst- und Naturalienkabinett".

▶ **Gegenwart.** Das Paulinerkloster am Bohlweg existiert seit dem Abriss 1902 nicht mehr. Aber der lange Chor der Kirche, geweiht 1343, wurde an anderer Stelle mit Originalmaterial wiederaufgebaut. Er steht heute im südlichen Klausurbereich der ehemaligen Benediktinerabtei St. Aegidius am Ort eines Kreuzgangflügels und dient dem Landesmuseum als Ausstellungsraum. Die schöne Kanzel von Hans Witten (um 1500) aus der Dominikanerkirche blieb erhalten und steht heute in der benachbarten, ehemaligen Abteikirche St. Aegidius. Einige Gegenstände der Dominikaner bewahrt das Landesmuseum auf. Seit 1951 gibt es wieder einen Dominikanerkonvent in der Stadt.

◆ Dürre, Hermann: Geschichte der Stadt B. im Mittelalter, Hannover – Döhren 1974.

Braunschweig, *Franziskanerkloster St. Maria, St. Franziskus und St. Bernwardus (vor 1242–1529), – „Brüdernkloster", Diözese Hildesheim – (kreisfreie Stadt, Niedersachsen, ❐ 2, A4).*

▶ **Geschichte.** Seit 1223 ist die Existenz von Minoriten in Norddeutschland verbürgt; sie werden vermutlich aus ➛Hildesheim in die Welfenstadt B. gekommen sein. Bezeugt sind sie erst wieder 1232, sie fanden Unterkunft in einer Kemenate der Familie von Bortfeld, im Altstadtbereich linksseitig des Flüsschens Oker, also auf dem Gebiet der Diözese Hildesheim. 1242 begannen sie mit dem Bau einer eigenen Kapelle, das Kloster war schon weit gediehen. 1244 konnte ein Provinzkapitel des Ordens abgehalten werden. Die Minoriten bemühten sich bei Seelsorgetätigkeiten besonders um die Armen, Alten und Kranken, Waisenkindern erteilten sie Schulunterricht. Im Pestjahr 1350 opferten sie sich bei der Versorgung Kranker auf, der Konvent schrumpfte auf einen Bruder zusammen. 1411 erscheint Johannes Piscator als Guardian in B., er hatte sich zuvor im Hildesheimer Konvent durch seine künstlerischen Fähigkeiten in der Gold-, Silber- und Glasbearbeitung hervorgetan. Schon 1343 hatten die Franziskaner mit dem Bau einer größeren Kirche begonnen, deren Vollendung aber über 100 Jahre benötigte, u. a. weil es Streit mit dem Stadtrat gab. In der neuen Kirche und im neu errichteten Ostflügel der Klausur konnte 1458 ein Provinzkapitel mit 300 Teilnehmern stattfinden, der Gesamtbau wurde aber erst 1522 vollendet. Der Observanzbewegung ihres Ordens schlossen sie sich nicht an, sondern blieben bei der konventualen Regelauslegung. Der großräumige Komplex des Brüdernklosters diente immer wieder zu Zusammenkünften des Stadtrats, so schließlich auch im wichtigen Jahr 1528. Entschieden wandten sich die Minoriten gegen die Verbreitung lutherischer Lehren in der Stadt, mussten es aber hinnehmen, dass gerade in ihrer Kirche 1528 die Einführung der Reformation und die neue Kirchenordnung vom herbeigerufenen Reformator Johannes Bugenhagen (1485–1558) zusammen mit dem Stadtrat und der Mehrheit der Bürger beschlossen wurde. Die Franziskaner erhielten Terminierverbot. Um Ostern 1529 verließen sie die Stadt und nahmen alle wichtigen Dokumente mit. Die St. Ulrici-Gemeinde des Stadtbezirks übernahm 1544 die Brüdernkirche als evangelisch-lutherische Pfarrkirche.

Braunschweig Franziskanerkloster, der hl. Franz von Assisi im Hohen Chor der „Brüdernkirche".

▶ **Gegenwart.** 1944 schwer zerbombt, wurde der Klosterkomplex durch eine meisterhafte Restaurierungsleistung schrittweise wieder aufgebaut, zumal die Kirche innen nicht ausgebrannt war. Die dreischiffige, gotische Hallenkirche ohne Turm aber mit schmuckreichem Westportal und langem Chor wird als Traditionskirche der Franziskaner und der Reformation von der Stadt in hohen Ehren gehalten, was sich bis heute im Namen „St. Ulrici-Brüdern" erhalten hat. Sie birgt noch immer einige Ausstattungsstücke aus mittelalterlicher Zeit, so das Chorgestühl, ein reich gestaltetes Taufbecken aus Bronze, den Hochaltar eines niederländischen Meisters und das wunderbare Steinrelief des hl. Franz von Assisi. Über den Sitzen des Chorgestühls aus dem 15. Jh. wurden 1597 Kirchenväter und Glaubenszeugen aller Jahrhunderte aufgemalt, ein bewusstes Zeugnis der Katholizität der Kirche auch unter lutherischem Bekenntnis. Der westliche Lettner ist aus der Renaissancezeit, der Lettner vor dem Hohen Chor entstand 1901/04. Südlich des Hohen Chores gelangt man in eine Kapelle, deren Grundmauern noch von der Kemenate, der ersten Unterkunft der Franziskaner, stammen sollen; hier hat Bugenhagen mehrere Monate des Jahres 1528 die neue Kirchenordnung ausgearbeitet. Südlich schließt sich der geschlossene Kreuzgang des 15. Jh. an, dessen Westflügel als Doppelgang gestaltet ist. In den wieder aufgebauten Konventsgebäuden um den Innenhof sind Kirchenämter und Archiv der Landeskirche untergebracht. Die Franziskaner besaßen die reichhaltigste Bibliothek in B., ein Teil davon befindet sich heute im Besitz der Stadtbibliothek.

◆ Diestelmann, Jürgen/Kettel, Johannes: Die Brüdernkirche in B., Königstein (Ts.) 1983; Dürre, Hermann: Geschichte der Stadt B. im Mittelalter, Hannover – Döhren 1974.

Brauweiler, *Benediktinerabtei St. Nikolaus, St. Medardus und St. Martin (1024–1802), Erzdiözese Köln – (Pulheim-B., Rhein-Erft-Kreis, Nordrhein-Westfalen, ❐ 1, A5).*

▶ **Geschichte.** Nordwestlich von Köln auf mittlerer Rheinterrasse stifteten Pfalzgraf Ehrenfried von Lothringen, genannt Ezzo, und seine Gemahlin Mathilde, Tochter Kaiser Ottos II., 1024 an der Medarduskapelle in *Brunivilare* ein Hauskloster. Der hl. Poppo von Stablo (1020–48, kanonisiert 1624), Reformabt von Stablo-Malmedy (Belgien) und St. Maximin in ➛ Trier wurde mit der Gründung beauftragt und rief im April 1024 die ersten sieben Benediktiner nach B. Die aussterbende Familie des Pfalzgrafen übertrug 1051 ihr Eigenkloster B. an das Kölner Erzstift, die Abtei wurde kölnische Unterherrschaft (mit etwa 29 km^2 Besitz), deren Verwaltung dem Abt oblag und deren Vogtei kurkölnische Ministeriale ausübten – oft zum Nachteil der Abtei. 1028 erfolgte die Weihe der ersten Klosterkirche, die auf Betreiben der polnischen Königin Richeza, eine Tochter des Stifterpaares, schon ab 1048 durch eine größere Klosterkirche nach dem Vorbild von St. Maria im Kapitol zu ➛ Köln ersetzt wurde. Der erste Abt Ello (1030–53), der aus unbekannten Gründen erst 1030 gewählt wurde, kam aus St. Maximin in Trier, dem Zentrum der ➛ Gorzer Reform. Der vierte Abt Wolfhelm (1065–91) führte die ➛ Siegburger Reformgewohnheiten ein, der fünfte Abt Adelbert (1092–95) wurde von Erzbischof Hermann III. abgesetzt und Abt Wenzelo (1095–1110) aus St. Pantaleon ➛ Köln zur Festigung der Siegburger Observanz berufen, der die Siegburger *consuetudines* 1103 auf Groß St. Martin ➛ Köln übertrug. Um diese Zeit erreichte der Konvent seine Höchststärke von etwa 50 Mönchen adeliger Herkunft, die 1225 auf 40 eingeschränkt wurde. Der dritte Kirchenbau erfolgte, möglicherweise infolge des Erdbebens von 1117, in einer längeren Bauphase zwischen 1136 und 1225, die Vollendung der Türme erst im 19. Jh. im neoromanischen Stil. Thronstreitigkeiten der Staufer, Konflikte mit Köln, mit Kurtrier und niederen Adelsfamilien, Hungersnöte und Pest, wirtschaftlicher Niedergang und Besitzverkäufe, Gütertrennung und innere Spaltung, Präbendengelder und Privatbesitz, Auflösung der Klausur- und Tischgemeinschaft, Urlaub bei Verwandten und andere weltliche Lebensformen kennzeichnen die Entwicklung bis 1467, bis zum Anschluss der Abtei B. an die ➛ Bursfelder Kongregation. Sieben Reformmönche unter Abt Adam von Hertzenrath (1469–83) aus der Abtei Groß St. Martin in Köln begannen die schwierige Reformarbeit, die unter

Brauweiler Benediktinerabtei, Ostansicht der Basilika, ein beeindruckendes Beispiel rheinischer Romanik.

Abt Johann von Wehe (1498–1515) erste Früchte trug. Die Konvente in ➛ Neuwerk, ➛ Gladbach St. Vitus, ➛ Königsdorf bei Köln und ➛ Grafschaft wurden von B. aus reformiert. Im 16. Jh. fand die Reformation keinen Eingang, der Konvent litt aber unter Nachwuchsmangel, Unwetterkatastrophen und Plünderungen; auch wurden Frauen als Hexen verbrannt. Die Äbte erlangten hohe Stellungen innerhalb der Bursfelder Union. Die Kriege des 17. und 18. Jh. im Rheinland schädigten die Abtei nachhaltig, kluges Wirtschaften und strenge Klausur konnten tiefe Einschnitte verhindern und die Finanzlage trotz umfangreicher Neubauten festigen. Einige Mönche studierten an Universitäten oder lehrten als Lektoren in bedeutenden Abteien wie ➛ Corvey, ➛ Kornelimünster, St. Pantaleon Köln, St. Matthias in ➛ Trier, ➛ Tholey und ➛ Siegburg. 1794 marschierten die Franzosen ein und lösten 1802 die Abtei B. auf. Die Abteikirche wurde Pfarrkirche, die Klausuranlage hingegen Bettler- und Arbeitsanstalt, Gefängnis und Krankenhaus.

▶ **Gegenwart.** Die romanische Basilika der ehemaligen Abtei B., heute katholische Pfarrkirche St. Nikolaus, gehört zu den beeindruckendsten Kirchenbauten im Rheinland. Ihre Architektur, Baugeschichte und reiche Ausstattung aus allen Kunstepochen sind mehrmals sehr ausführlich beschrieben worden, ebenso wie auch Kreuzgang und Kapitelsaal mit seinen berühmten Malereien. Die zweigeschossigen Klausurgebäude um drei Innenhöfe entstanden in der Spätphase von 1780 bis 1785. Nach ausgezeichneter Restaurierungsarbeit der Gesamtanlage bis 1990 beherbergen die Gebäude heute unterschiedliche Dienststellen des Landschaftsverbandes Rheinland.

◆ GermSac NF 29; Schneider, Peter/Tontsch, Monika: Die Abteikirche St. Nikolaus und St. Medardus in B., Pullheim 1999.

Bredelar Zisterzienserabtei, im Korbacher Klosterhof hinterließen die Zisterzienser gotische Architektur.

Bredelar, *Prämonstratenser-Chorfrauenstift St. Laurentius (1170–96), Zisterzienserabtei St. Maria (1196–1804), Diözese Paderborn – (Marsberg-B., Hochsauerlandkreis, Nordrhein-Westfalen, ❐ 1, C5).*

▶ **Geschichte.** Erzbischof Philipp von Köln (Heinsberg) stiftete 1170 auf ehemaligem Besitz seines Lehnsmanns Gottschalk von Padberg an der Laurentiuskirche zu B. ein Stift für Prämonstratenserinnen. Spätestens 1196 wandelte Erzbischof Adolf I. von Altena das Frauenstift in ein Zisterzienser-Mönchskloster um, schickte die Chorfrauen unter Meisterin Sophia in das Stift ➛ Rumbeck und holte Zisterzienser aus ➛ Hardehausen nach B. 1201 weihte der Paderborner Bischof Bernhard von Oesede den neuen Kirchhof zu Ehren der Jungfrau Maria ein. Die Zisterzienserabtei B. durchlebte in den Jahrhunderten bis zur Säkularisation 1804 abwechselnd Blüte- und Niedergangszeiten. Als Höhepunkt des Kunstschaffens zählt eine reich illustrierte Pergamenthandschrift, die „Bredelarer Bibel", die in den Jahren 1238 bis 1241 im Skriptorium gefertigt wurde. Ein Tiefpunkt der Klostergeschichte ist der Dreißigjährige Krieg mit Zerstörungen und Verwüstungen, der vom herausragenden Abt Absalon Heuck (1640–69) überwunden werden konnte.

▶ **Gegenwart.** Die Abtei B. ist eine Barockanlage, die durch industrielle Nutzung stark beeinträchtigt ist, gegenwärtig aber Rettung und Restaurierung des Bestandes erlebt. Sie wäre nicht Gegenstand dieses Lexikons, wenn nicht der Kern der stark veränderten Abteikirche auf mittelalterliche Architektursubstanz zurückginge, die eingreifend durch barocke Umbauten Ende des 17. Jh. und Nutzung als Produktionshalle einer Eisengießerei seit 1842 überformt wurde. Die heutige zweigeschossige Dreiflügelanlage entstammt der ersten Hälfte des 18. Jh. und der Zeit des Wiederaufbaus nach Bränden 1787 und 1884.

❖ In der nordhessischen Stadt Korbach erwarb die Abtei den „Mönchehof" durch Graf Otto von Waldeck, errichtete eine Kapelle und bewirtschaftete ihn bis 1804. Gotische Mauerreste hinter der Korbacher St. Kilianskirche erinnern heute deutlicher an die mittelalterliche Zisterzienserarchitektur von B. als die Abtei selbst.

◆ Klueting, Harm: B., in: Westfälisches Klosterbuch, Tl. 1, Münster 1992; 140–147; Stein, Gerhard: Das Kloster B. und seine Bibel, Marsberg 1990.

Brehna, *Augustiner-Chordamenstift St. Clemens (1201–1541), Erzdiözese Magdeburg – (Lkr. Anhalt-Bitterfeld, Sachsen-Anhalt, ❐ 2, B5).*

▶ **Geschichte.** Hedwig, Witwe des Wettiners Friedrich I. von Brehna, gründete auf dem Witwensitz B. 1201 ein Frauenstift, was dem Hausstift der Wettiner auf dem nahen ➛ Petersberg (bei Halle) zum Schaden gereichte. Der Petersberg verlor ein Teil seiner Exklusivität als Hauskloster der aufstrebenden Fürstenfamilie. Papst Innozenz III. erteilte noch im gleichen Jahr seine Zustimmung zur Gründung des Augustiner-Chordamenstifts B., 1202 wurde die Stiftskirche geweiht. Der Sohn der Stifterin, Graf Otto I., der seine Residenz nach Herzberg/Elster verlegt hatte, wurde 1203 in B. beigesetzt, Hedwig folgte ihm 1211 nach zehnjähriger Amtszeit als Priorin; die letzten drei Grafen der Stifterfamilie fanden ebenfalls in der Stiftskirche B. ihre Ruhestätte. Der Konvent setzte sich aus Töchtern der Landesherrschaft und des Regionaladels zusammen. Die Grundausstattung vergrößerte sich auf 24 Orte, zahlreiche Kirchenpatronate, niedere sowie höhere Gerichtsbarkeit eingeschlossen. Als einzige Steuer oblagen den Frauen Spanndienste bei Reisen des sächsischen Landesfürsten, aber auch diese erließ ihnen Kurfürst Friedrich der Weise 1520. Im 14. Jh. eröffneten die Augustiner-Chordamen eine Schule, eine Lehrmeisterin unterrichtete im Stift junge Mädchen in guten Sitten, Singen und Grammatik. Reicher Besitz und zusätzliche Zehntrechte vermochten den Konvent nicht vor wirtschaftlichen Notzeiten durch Raubrittertum und Kriegswirren im 14./15. Jh. zu schützen. Reformvisitationen, die der päpstliche Kardinallegat Nikolaus von Kues 1451 anregte, sollten der Verweltlichung des monastischen Lebens entgegenwirken. Die Reformation führte zu konfessioneller Spaltung. Unter Priorin Katharina Rabiel (1526) bestand der Konvent aus 29 Chorfrauen und 24 Laienschwestern; einige verließen das Stift, 1529 bewohnten es immerhin noch 40 Schwestern. 1531 wurde ihnen die Aufnahme von Novizinnen verboten und die evangelische Kirchenordnung verordnet. Nun verließen alle katholischen Schwestern mit Leibrenten versorgt das Stift, wenn nicht ihr Alter sie hinderte. 1541 teilte Kurfürst Johann Friedrich I. den verbliebenen Damen mit, dass die Verwaltung nicht mehr ihre Sache sei; 1555 war das Frauenstift B. als monastische Institution nicht mehr existent.

▶ **Gegenwart.** Die Klausurgebäude haben die Zeiten nicht überstanden, Anschlussstellen sind an der Südseite der Kirche noch gut zu erkennen, einzig der mehrfach umgebaute Komplex aus Stifts- und Pfarrkirche blieb erhalten. Er dient heute als evangelisch-lutherische Stadtpfarrkirche und Autobahnkirche St. Jakobus Major. Westlich vorgestellt steht ein breiter romanischer Turm, dessen Wehrcharakter auf eine Burganlage des 11. Jh. schließen lässt; an den Turm

Brehna Augustiner-Chordamenstift, Pfarr- und Stiftskirche als versetzter Komplex, Ansicht von Süden.

wurde im 12. Jh. eine dreischiffige Kirche angebaut, als B. zu einem der Residenzsorte Markgraf Konrads des Großen von Meißen aufgestiegen war (seit 1116). Zur Gründung des Stifts St. Clemens ließ Gräfin und Priorin Hedwig 1201 die Stiftskirche direkt an die alte Ortskirche anbauen. Erweiterungsbauten Anfang des 16. Jh., aber auch die Erneuerung nach dem Dreißigjährigen Krieg und nach einem Großbrand 1713 veränderten die Doppelkirche zu ihrem heute merkwürdig versetzten Grundriss, dessen südlicher Chorbereich einen Teil des ehemaligen Kapitelsaals einschließt.

◆ HHistStD 11, 54f.; Feldmann, Arnim: Eine kurze Geschichte des Augustinerinnenklosters St. Clemens zu B., Brehna 2001.

Breisig (Niederbreisig), *Templerkommende (vor 1215– nach 1312), Johanniterkommende (nach 1312–1802), Erzdiözese Köln – (Bad B., Lkr. Ahrweiler, Rheinland-Pfalz, ❐ 3, B1).*

▶ **Geschichte.** Am Flecken *Brysich* am unteren Mittelrhein ließen sich Anfang des 13. Jh. Tempelritter nieder. Als Stifter ihrer Kommende wird Graf Wilhelm III. von Jülich vermutet, der Anfang des 13. Jh. die Obervogtei über das „Breisiger Ländchen" als Lehen erhalten hatte. Erstmals wird die Niederlassung 1215 aktenkundig, als das Koblenzer Kollegiatstift St. Florian eine Schenkung an den Templerhof zu Brysich beurkundete. Auch Graf Heinrich III. von Sayn bedachte die Templer von B. mit Gütern. Der Zisterziensermönch Caesarius von ➛ Heisterbach erwähnt um 1220 in seinem „Dialogus miraculorum" den Templerpriester Einolph aus Brysich. Eine weitere Niederlassung gründeten die Templer auf der gegenüberliegenden Rheinseite in ➛ Hönningen. Beide Kommenden wurden in Personalunion geführt. Ein Templermeister (Komtur) erwarb 1237 ein Haus zu Köln in der Trankgasse von einem gewissen Gerardus, was aber nicht zur Gründung einer Kommende in Köln führte. Der Besitz einer Kreuzreliquie aus dem Heiligen Land unterstrich die religiöse Bedeutung der Niederlassung am Mittelrhein, deren Konvent sich aus rheinischem Adel rekrutierte. 1245 wird ein Otfried als Ordensmeister genannt, 1268 ein Komtur Hildebrand. 1273 verkauften die Templer ihre Einkünfte an die Johanniter in ➛ Burg an der Wupper. 1284 gab Komtur Konrad Güter in Ostheim am Main an Richter Heinrich Schultheiß zu Frankfurt ab, im gleichen Jahr veräußerte er den Hof in Erlebach. Auch verkauften die Templer das Haus in Köln, ein zweites Kölner Haus gaben sie 1291 in Erbpacht, die wirtschaftlichen Schwierigkeiten waren Ende des 13. Jh. offenkundig. Nach Aufhebung des Templerordens 1312 ging der Besitz an die Johanniter über, die eine Priesterkommende einrichteten. Dem Johanniterhaus „Niederbreisig" wurde das gleichzeitig erworbene Haus Hönningen als *membrum* unterstellt; beide Häuser verloren unter den Johannitern an Bedeutung, in neuerer Zeit kamen sie verwaltungstechnisch an die Kommende ➛ Adenau bzw. Trier. Nach der französischen Besetzung wurden die Güter 1802 versteigert.

Breisig Templer-/Johanniterkommende, die Kernsubstanz des „Templerhauses" soll auf das 13. Jh. zurückgehen.

▶ **Gegenwart.** Von der Anlage blieb lediglich das „Templerhaus" in der Koblenzer Straße von Bad B. erhalten. Es ist ein rechteckiges, zweigeschossiges Gebäude mit hohem Giebeldach, das wohl den Ordensbrüdern als Wohnhaus diente. Nach Zerstörung im Dreißigjährigen Krieg unterlag es einschneidenden Umbauten. Über der Eingangstür erinnern ein Wappen und Steinkreuz mit einer Buchstabenreihe wahrscheinlich an den Johanniterkomtur Heinrich von Warsberg, dessen Familie zwischen 1571 und 1654 die nahe Burg Rheineck besaß. Die örtliche Marienkirche von 1725 bewahrt die Kreuzreliquie aus der abgerissenen Donatuskapelle der Templer.

◆ Möhring, Heino: Die Kommende der Templer in B., in: Historisches Jahrbuch des Kreises Ahrweiler 54 (1997) 51; Neu, Heinrich: Die Templer von Niederbreisig, Bonn 1976; Rödel, Walter Gerd: Das Großpriorat Deutschland des Johanniter-Ordens, Mainz 1965, 344–347.

Breitenau, *Benediktinerabtei St. Maria, St. Petrus und St. Paulus (1113–1527), Erzdiözese Mainz – (Guxhagen-B., Schwalm-Eder-Kreis, Hessen, ❐ 1, D5).*

▶ **Geschichte.** Graf Werner IV. von Groningen stiftete 1113 auf der breiten Au der Fulda südlich der Edermündung die Benediktinerabtei B. Dreizehn Mönche kamen 1119 aus dem Reformkloster ➛ Hirsau im Schwarzwald, unter ihnen der erste Abt Drutwin (1119–32). Das Kloster reihte sich als hessischer Stützpunkt in die neucluniazensische Reformbewegung der Hirsauer ein, deren Mönche bereits im mitteldeutschen Raum nach ➛ Hasungen, ➛ Erfurt, ➛ Corvey, ➛ Paulinzella, ➛ Reinhardsbrunn, Berge bei Magdeburg, Pegau und ➛ Bosau gekommen waren, 1120 Amöneburg aufsuchten und 1133 ➛ Bürgel gründeten. Nach dem Tod des kinderlosen Stifters 1121 übertrugen Abt und Ministerialen die Abtei 1123 dem Erzstift Mainz. Erzbischof Adalbert gewährte seinem Eigenkloster freie Abt- und Vogtwahl und weitere Privilegien. Reiche Schenkungen des Adels und der Erzbischöfe ermöglichten die aufblühende Entwicklung und hohes Ansehen, zumal der zweite Abt Heinrich I. (1132/55) segensreich und politisch klug agierte; in seiner Zeit wurde die Klosterkirche der Mutter Gottes konsekriert. Die Anlehnung an den Apostolischen Stuhl in Rom erlaubte weitreichende Freiheiten, ohne dass die Exemtion ganz erreicht wurde. 1263 übernahm das junge Landgrafenhaus Hessen die Schirmherrschaft, was bis zur Auflösung in völliger Abhängigkeit der Abtei vom Fürstenhaus endete. 1339 schloss B. Schutzbündnisse mit den Klöstern Hasungen, ➛ Kaufungen, ➛ Spieskappel und dem Stift ➛ Fritzlar zur Abwehr adeliger Übergriffe. Im 14. Jh. war der Entwicklungshöchststand erreicht; das einsetzende Pfründenwesen, das in Gütertrennung 1383 gipfelte, begünstigte von nun an das Absinken der Abtei zum Versorgungsinstitut nachgeborener Adelssöhne, die Konventsstärke wurde auf 20 Mönche festgelegt. Die Pestepidemie um 1360 wirkte sich verheerend aus. Reformversuche seit 1451 im Sinn der ➛ Bursfelder Kongregation scheiterten lange am Widerstand des Konvents; der Erfurter Abt Christian Kleingarn, der zur Durchführung der Reform in B. weilte, wurde 1458 vergiftet. Erst 1497 vollzog Abt Johannes Meyer (1497–1527) den Beitritt zur Reformunion und übernahm darin eine führende Position, womit er der Abtei B. in den letzten Jahren ihres Bestehens noch einmal große Ausstrahlung verschaffte. Seit 1504 unterstand ihr das Frauenkloster St. Cyriacus in ➛ Eschwege, der Breitenauer Mönch Kilian Weinsberg war dort als Propst (1517–27) tätig. Landgraf Philipp I. von Hessen, Verfechter der Lehren Martin Luthers, löste 1527 entsprechend der Synodalbeschlüsse von Homberg die Abtei B. auf. Die Klosterkirche wurde Fruchtspeicher und Pferdestall, die Klausur ging, als Lustschloss ausgebaut, im Dreißigjährigen Krieg unter.

▶ **Gegenwart.** Heute sind von der einst großen Anlage lediglich die Umfassungsmauern, die gotische Zehntscheune, das „Grifter Tor“ und die stark veränderte Klosterkirche erhalten. Die romanische Abteikirche (um 1150, endgültiger Bauabschluss erst nach 1247) ist der bedeutendste monastische Reformbau mit Hirsauer Baumotiven in Hessen. Die dreischiffige Pfeilerbasilika mit Querschiff und dreischiffigem Presbyterium, mit fünf Apsiden im Osten und mächtigem Zweiturmriegel im Westen, teilten schon die Benediktiner um 1505 mit einer Mauer über die gesamte Kirchenhöhe; sie ersetzte wohl die ehemalige Chorschranke. Auch bauten sie den Chor im gotischen Stil um und brachen die Apsiden zum Teil ab. 1579 verlor die Kirche ihre Seitenschiffe, das Langhaus erhielt Arkadenmauern und Zwischenböden und diente als Speicher. Im 19./20. Jh. existierte im Klosterbereich eine „Korrektionsanstalt“, sodann während der Nazizeit ein Konzentrationslager und Gestapo-Straflager, nach dem Zweiten Weltkrieg ein Landesfürsorgeheim; in unseren Tagen dient der Komplex aus neuzeitlichen Gebäuden und Kirchenlanghaus einer offenen psychiatrischen Einrichtung. Den abgetrennten Ostteil mit Querschiff und Chor nutzt die evangelische Gemeinde seit 1874 als Gotteshaus.

◆ GermBen 7, 91–115.

Bremen, *Dominikanerkloster St. Katharina (1227–1528) – „Katharinenkloster“, Erzdiözese Bremen – (Landeshauptstadt, Freie Hansestadt B., ❐ 1, C3).*

▶ **Geschichte.** Ungewöhnlich früh, schon 1225 mit den Franziskanern (➛ Bremen), kamen die Dominikaner in die Bischofsmetropole B. Das lag am besonderen Interesse Erzbischof Gebhards II. von Bremen (Lippe) an den Predigerbrüdern, die ihm für den „Kreuzzug“ gegen die freien Stedinger Bauern hoch willkommen waren. Der reiche Bürger Rembert überließ ihnen ein Grundstück an der Sögerstraße inmitten der Stadt. Die Dominikaner begannen 1227 mit dem Aufbau ihres Klosters St. Katharinen. Ein mutiger Bruder wagte sich 1231 mit Bußpredigten und Forderungen zu den Bauern am linken Weserufer, wurde aber dort enthauptet und in B. zum Martyrer erhoben; sein Tod diente als Vorwand zum „Kreuzzug“ gegen die „Ketzer“, die schließlich 1234 besiegt werden konnten. Zu dieser Zeit spielten die Antiketzerpredigten der Dominikaner eine entscheidende Rolle, ihr damaliger politischer Einfluss wurde in späteren Zeiten nicht wieder erreicht. Der etwa 30 Brüder starke Konvent widmete sich in der Folgezeit intensiver dem Betteln, der Seelsorge und dem Verkauf von päpstlichen Ablässen. Die Dominikaner wurden als „Schwarze Mönche“ bezeichnet, weil sie wegen des nassen Wetters oft schwarze Mäntel über dem weißen Habit trugen (eine Parallele zu den „Black Fiars“ in England). Aus der Bürgerschaft kamen viele Memorialstiftungen, Besitz sammelte sich an und gewährte ein abgesichertes Leben, auch wenn

Breitenau Benediktinerabtei, die Basilika (1150–1247) entstand als typischer Hirsauer Bau und blieb lediglich in reduzierter Form erhalten, Südostansicht.

dies den Ordensregeln widersprach. Selbst der Stadtrat schenkte dem Konvent 1253 und 1261 Grund und Boden, wofür die Brüder als Gegenleistung angrenzende Straßen pflastern lassen mussten. Die Bruderschaften der Kirschner und Bäcker schlossen sich eng an den Konvent an. 1450 richteten die Dominikaner eine theologische Fakultät ein, um Vorlesungen sowie Disputationen abhalten zu können. Hohe juristische Bildung befähigte sie, bei Rechtsstreitigkeiten zu vermitteln oder als Zeugen bei Beurkundungen aufzutreten. Der Antwerpener Augustinerbruder Heinrich von Zütphen (um 1488–1524), ein Freund Martin Luthers, leitete mit seiner evangelischen Predigt 1522 die Reformation in B. ein, die sich schnell in der Stadt durchsetzte. Die gelehrten Dominikaner wehrten sich in öffentlichen Disputationen am heftigsten und geschicktesten, woraufhin der Rat auf Druck der Bürger 1524 den Prior, den Lesemeister und zwei weitere Prediger aus der Stadt verwies; 1528 schloss er das Katharinenkloster. Erzbischof Christoph war durch einen Krieg im Land Wursten gebunden und vermochte nicht zu helfen. Auch das Domkapitel bekannte sich zum neuen Glauben und seit 1566 sprach man vom „evangelischen Erzbistum". Der letzte Prior Hermann Velthusen und sechs Brüder lebten noch einige Zeit in den Klausurräumen, in die schließlich die Lateinschule einzog, die 1584 zum *gymnasium illustre* erhoben wurde.

▶ **Gegenwart.** Die Klosterkirche diente lange als Zeughaus und schließlich als Lagerhalle. Im Zweiten Weltkrieg zerstörten Bombenangriffe den größten Teil der stark überbauten Anlage, deren letzte Reste heute inmitten eines modernen Shoppingkomplexes in der „Katharinenpassage" als Lokalräume eines Restaurants genutzt werden. Hier lässt sich noch die mittelalterliche Backsteingotik in einem ehemaligen Kreuzgangflügel und im angeschlossenen Kapitelsaal erkennen; die heutige Backsteinsichtigkeit ist nicht ursprünglich.

◆ Tacke, Wilhelm: Klöster in B., Bremen 2004; Schomburg, Dietrich: Die Dominikaner im Erzbistum Bremen während des dreizehnten Jahrhunderts, Braunschweig 1910.

Bremen Dominikanerkloster, die gotischen Funktionsräume und Kreuzgänge dienen heute einem Restaurant.

Bremen, *Franziskanerkloster St. Johannes Baptist (vor 1241–1528) – „Johanniskloster", Erzdiözese Bremen – (Landeshauptstadt, Freie Hansestadt B., ❐ 1, C3).*

▶ **Geschichte.** Die Minoriten erreichten die Stadt B. um 1225 zeitgleich mit den Dominikanern (➛ Bremen). Erzbischof Gebhard II. hieß sie willkommen und übergab ihnen ein sumpfiges Grundstück an der Balge, einem Nebenarm der Weser, auf dem die Brüder begannen, eine zunächst provisorische Unterkunft zu bauen. An ein eigenes Kloster war zu Lebzeiten des Ordensgründers, des hl. Franz von Assisi (1181/82–1226, kanonisiert 1228), nicht zu denken; erst 1241 wird das Franziskanerkloster erstmals urkundlich erwähnt. Die Hafen- und Hansestadt B. entwickelte sich zur blühenden Seehandelsstadt, dessen reiche Patrizierfamilien sich mit Stiftungen und Vermächtnissen erkenntlich zeigten. Dies ermöglichte den Franziskanern im 14. Jh. den Neuaufbau ihrer Konventsanlage, die sie auf Pfählen gründeten. Die als „Graue Mönche" oder Barfüßer bezeichneten Brüder wandten sich den Armen und Randexistenzen zu, besonders in der Zeit der Pest, die 1350 wütete und mit etwa 7.000 Opfern ein Drittel der Stadtbevölkerung hinwegraffte. Auch die Oberschicht vertraute sich den Barfüßern an, wenn es um die Bewahrung ihrer Seelen vor dem Höllen- oder Fegefeuer ging. Dabei spendeten sie immer wieder Anniversarien und Seelengeräte; selbst Bürgermeister und Ratsherren, ja sogar Domherren zählten zu den Wohltätern des Konvents. Die Brüder bewahrten zumindest vordergründig das Armutsideal und lebten weiterhin vom Betteln auch außerhalb der Stadt; so besaßen sie Termineien in Jever und Oldenburg. Der Observanzbewegung ihres Ordens schlossen sie sich nicht an, sondern blieben bei konventualer Regelauslegung. Ein neues Schriftverständnis kam mit Heinrich von Zütphen (um 1488–1524), einem Freund Martin Luthers, 1522 nach B.; er predigte gegen den alten Glauben und sprach dem klösterlichen Leben seine Exklusivität ab; bis 1525 hatte sich die Reformation in B. durchgesetzt. Im Streit um den wahren Glauben erhielten die Brüder Unterstützung vom Guardian aus dem aufgehobenen Observantenkonvent Celle und standen den Dominikanern in der Wortgewalt gegen die evangelische „Ketzerei" nicht nach. Der Stadtrat verbot schließlich bei Strafandrohung den Besuch der katholischen Messe und erklärte 1528 die Klöster für geschlossen. 1548 lebten noch zwei Minoriten im Johanniskloster, deren Namen sich als einzige erhalten haben: es waren der ehemalige

Guardian Gerhard Lanckhar und Bruder Hermann Schnittecker. Es müssen noch nach der Auflösung heimlich Messen für die letzten Katholiken im Kloster gelesen worden sein, denn 1534 erneuerte der Rat das Verbot der Messfeiern. In der Klausur richtete die Stadt 1531 eine Krankenanstalt ein, die Klosterkirche diente den Bewohnern als Gotteshaus. Auch das städtische Krankenhaus wurde 1602 hierher verlegt, schließlich 1761 das Armenhaus. 1834 riss ein Bauunternehmer die Konventsgebäude vollständig ab. Die Kirche durfte von 1623 bis 1802 von der Hugenottengemeinde für Gottesdienste genutzt werden. 1816 wurde sie der neu entstandenen katholischen Gemeinde als Pfarrkirche übergeben.

▶ **Gegenwart.** Die katholische Franziskanerkirche St. Johann in B. ist heute ein besonderes Schmuckstück des romantischen Altstadtviertels Schnoor. Leider verlor die dreischiffige Hallenkirche bei Instandsetzungsarbeiten im 19. Jh. ihre gewaltige Raumwirkung, weil man den Fußboden um drei Meter anhob. Unmittelbar an der Kirche wurde im Oktober 2002 ein Kloster mit Schwestern des neuen Zweigs des Birgittenordens eröffnet; die Schwestern nutzen neben ihrer eigenen Kapelle auch die gotische Klosterkirche der Franziskaner für ihren Gottesdienst.

◆ Tacke, Wilhelm: Klöster in B., Bremen 2004; Blum, Klaus: 1200 Jahre Kirche in B., Bremen 1987.

Brenkhausen, *Zisterzienserinnenabtei St. Maria und St. Johannes Baptist (1234–1601), Benediktinerinnenkloster St. Maria und St. Johannes Baptist (1601–1803) – „Gottestal", Diözese Paderborn – (Höxter-B., Kreisstadt Höxter, Nordrhein-Westfalen, ❐ 1, D5).*

▶ **Geschichte.** Eine Urkunde von 1234 ist eine Fälschung des 14. Jh., enthält aber möglicherweise die Wahrheit über die Gründung des Klosters B. 1234 durch die Reichsabtei ➛ Corvey mit Zisterzienserinnen aus Eisenach zunächst in Ottbergen. In zwei Urkunden von 1247 tritt für die Abtei ➛ Hardehausen der Brenkhäuser Propst Johannes de Valle Dei als Zeuge auf; eine Urkunde von 1287 nennt Abt Hermann I. (1223–54) von Corvey als Gründer des Frauenklosters, wie übrigens auch des Franziskanerklosters in ➛ Höxter. Zunächst zogen die Zisterzienserinnen schon 1235/36 nach Brückfeld an die Pfarrkirche St. Ägidien, um sich dann 1246 endgültig in B. niederzulassen. Die dortige Pfarrkirche St. Johannes Baptist und das Kloster vernichtete vor 1273 ein Großbrand, der den Urkundenmangel erklärt und zum Neubau einer Anlage nötigte; die neue Kirche konnte 1320 geweiht werden. Die Benediktinerabtei Corvey sah sich immer als Schirmherrin der Schwestern, ohne die Vogteirechte innezuhaben; Paternität übten die Äbte von Hardehausen und ➛ Scharnebeck aus. Das Frauenkloster B. war exemt und spätestens Anfang des 14. Jh. in den Zisterzienserorden als vollwertiges Mitglied inkorporiert, vermutlich schon nach 1241 auf Antrag Corveys. 1339 kleidete der Paderborner Weihbischof Hermann so viele Jungfrauen ein, dass sich 1351 Papst Clemens VI. veranlasst sah, beim Abt in Hardehausen gegen die Überbelegung zu intervenieren. Der Konvent besaß Patronatsrechte der Pfarrkirchen in B. und Ottbergen, seit 1336 auch in Uslar; neben reichlichem Grundbesitz in der Umgebung hatte das Kloster in Höxter Haus- und Grundeigentum. 1407 erhielt es Verstärkung von Mitschwestern, die aus dem Kloster ➛ Falkenhagen bei Lügde geflohen waren. Äbtissin Gertrud von Ermwordessen (1392–1422) etablierte eine Klosterschule zur Ausbildung junger Mädchen; diese Aufgabe übernahmen Chorschwestern, die caritative Versorgung der Armen und die Betreuung der Gäste oblag den Laienschwestern. Die Reformation, aber auch Inkompetenz und Disziplinlosigkeit führten im 16. Jh. zum geistigen und wirtschaftlichen Niedergang, gefolgt von Zerrüttung und Ausdünnung des Konvents. 1560 lebten nur noch zwei Schwestern und Äbtissin Agnes Sluters (1531–61) in B. Unter Mithilfe Propst Gerhard Eickels (1595–1625) aus Corvey wurde 1601 die Zisterzienserinnenabtei in ein Benediktinerinnenkloster umgewandelt und mit Schwestern aus verschiedenen Frauenklöstern der ➛ Bursfelder Kongregation besiedelt. Das Benediktinerinnenkloster B. unterstand von nun an dem Abt von Corvey, später dem Abt von ➛ Marienmünster. Trotz Besitzverlusts in der Reformationszeit und Verwüstungen im Dreißigjährigen Krieg blühte B. neu auf und konnte sich neue Klausur- und Wirtschaftsgebäude sowie die barocke Ausgestaltung der Klosterkirche leisten. Bei einer Zählung 1700 lebten 51 Personen, davon 14 Schwestern und sieben Schülerinnen im Kloster. Nach der Aufhebung 1803 fiel der Besitz in verschiedene Hände, 1818 an Landgraf Viktor Amadeus von Hessen-Rotenburg.

▶ **Gegenwart.** Vom mittelalterlichen Klausurquadrum ist nur der Ostflügel erhalten, er dient der katholischen Gemeinde als Gemeindehaus. Der ehemalige Kapitelsaal wird heute als Sakristei genutzt, im Erdgeschoss sind Reste des gotischen Kreuzgangs sichtbar. Die drei barocken Klausurflügel beherbergen seit 1993 das koptisch-orthodoxe Kloster St. Maria und Mauritius als „Offenes Haus", die gastfreundlichen Mönche aus Ägypten bemühen sich um ökumenische, kulturelle und soziale Belange. Die ehemalige Klosterkirche dient als katholische Pfarrkirche St. Johannes Baptist. Die gotische Basilika kennzeichnet ein gerader Chorabschluss, ihre Seitenschiffe sind deutlich niedriger als das Mittelschiff. Den typisch zisterziensischen Dachreiter hat 1872 ein neugotischer Kirchturm an der Nordwestecke ersetzt, der dreijochige Innenraum wird von barocker Ausstattung beherrscht.

◆ Mersch, Margit: Gründung und Frühzeit des Zisterzienserinnenklosters Vallis Dei in B., in: Höxter, Geschichte einer westfälischen Stadt, Bd. 1, Hannover 2003, 357–377; Brüning, Hans Joachim: B., in: Westfälisches Klosterbuch, Tl. 1, Münster 1992, 147–151.

Brenkhausen Zisterzienserinnenabtei, Südwestansicht der gotischen Klosterbasilika, der Turm stammt von 1872.

Broda, *Prämonstratenser-Chorherrenstift St. Maria, St. Petrus und St. Paulus (1244–1551), Diözese Havelberg – (kreisfreie Stadt Neubrandenburg, Mecklenburg-Vorpommern, ❐ 2, C3).*

▶ Im Westen der mecklenburgischen Stadt Neubrandenburg liegt der kleine, inzwischen eingemeindete Ort B. am Ufer des Tollensesees. Bei der Einweihung der Havelberger Domkirche am 16. August 1170 schenkte der Pommernfürst Kasimir I. den Prämonstratensern das Land der Rhedarier, später Land Stargard, mit dem Dorf B. Erst 1244 sandte das Havelberger Domkapitel eine Gruppe Prämonstratenser-Chorherren zur Gründung des Stifts B. am Tollensesee. Das Stift schöpfte wirtschaftliche Kraft u. a. aus Patronatsrechten über 19 Pfarrkirchen, darunter auch jene in der Stadt Neubrandenburg. Gebietseinbußen durch Machtkämpfe zwischen Pommernherzögen und Brandenburger Markgrafen, Nachbarschaftskonflikte, Privilegienverluste und schließlich die Reformation führten zur Auflösung. Der Besitz wurde 1551 in ein mecklenburgisches Amt überführt. Mittelalterliche Bausubstanz auf dem ehemaligen Stiftsareal existiert nicht mehr, aber in der Rostocker Straße Neubrandenburgs steht noch heute die kleine Kapelle St. Georg, die auf die Prämonstratenser-Chorherren von B. zurückgeht. Sie wurde vor 1308 zusammen mit einer Spitalstiftung errichtet und den Prämonstratensern unterstellt, die ihr im 15. Jh. die spätgotische Architekturprägung gaben. Der barocke Dachturm aus Holz wurde im 18. Jh. aufgesetzt.

◆ GermSac AF I, Havelberg, 210–255; Kugler-Simmerl, Annette: Bischof, Domkapitel und Klöster im Bistum Havelberg, Berlin 2003.

Broda Prämonstratenser-Chorherrenstift, spätgotisches Zierportal an der Hospitalkapelle in Neubrandenburg.

Bronnbach, *Zisterzienserabtei St. Maria (vor 1153–1803), Missionarskonvent der Hl. Familie St. Maria (seit 2000), Diözese Würzburg – (Wertheim-B., Main-Tauber-Kreis, Baden-Württemberg, ❐ 3, D2).*

▶ **Geschichte.** Edelherren stifteten um 1150 im unteren Taubertal an der Grenze des Bistums Würzburg zum Erzbistum Mainz die Zisterzienserabtei B., möglicherweise auf Anregung ➛ Bernhards von Clairvaux, der sich 1146 in Franken aufhielt. Die zum Mutterkloster bestimmte Abtei ➛ Maulbronn war nicht in der Lage, den Gründungskonvent zu stellen, weshalb Zisterzienser mit Abt Reinhard (1153–67) von der weit entfernten Abtei Waldsassen aus der Oberpfalz ins fränkische Taubertal kamen. Die erste Urkunde stellte Papst Eugen III. 1153 aus. Der Kirchen- und Klosterbau begann 1157 und schloss mit der Kirchweihe 1222 ab. Der ansässige Adel, besonders die Grafen von Wertheim, später auch städtische Patrizierfamilien stifteten reichlich Land. Unter dem Schutz des Reiches entwickelte sich B. zur Wirtschaftsmacht mit Patronats- und Gerichtsrechten, mit Grangien an Stelle alter Siedlungen und mit Klosterhöfen in mehreren Städten; wichtigster Stadthof war jener in Würzburg. Bronnbacher Äbte beaufsichtigten die Frauenkonvente ➛ Frauental bei Creglingen, ➛ Himmelthal bei Eisenfeld und ➛ Seligental bei Osterburken. Die Umstellung von Eigenwirtschaft auf Pachtsystem führte im 14./15. Jh. zu existenziellen Krisen. Hilfe leisteten der Maulbronner Abt Berthold von Roßwag (1445–62) sowie Erzbischof Gerlach von Mainz (Nassau). Die Straffung der Verwaltung und Neuorganisation ermöglichten eine neue Blüte, die sich in einer regen Bautätigkeit und der Intensivierung wissenschaftlicher Beschäftigung äußerte, Abt Johann Altzheim (1452–59) lehrte Theologie an der Universität Wien. Seit 1354 übten Wertheimer Grafen im kaiserlichen Auftrag die Schutzherrschaft aus und bevorzugten B. als Grablege. Eine erste schwere Zerstörung erlitt die Abtei durch aufständische Bauern 1525. Unter Abt Clemens Lauser (1548–60) hielt die lutherische Lehre Einzug in den Konvent, zumal die Wertheimer Grafen bekennende Protestanten waren. Das Würzburger Hochstift konnte seinen Einfluss während der Gegenreformation verstärken, Bischof Julius Echter (1573–1617) wandte die Gefahr einer Auflösung ab. Die Kriege des 17./18. Jh. brachten weitere Plünderungen, Zerstörungen und Exil, im Wechsel mit Blütezeiten unter tüchtigen Äbten, deren lange Amtszeiten sich vorteilhaft auswirkten. Abt Franz Wundert (1670–99) galt als zweiter Gründer und Erneuerer. Der Konvent erreichte 1778 die Stärke von 48 Mönchen und zwei Konversen. Nach der Säkularisierung 1803 nahm Fürst Dominik Constantin von Löwenstein-Wertheim-Rochefort die Abtei B. in Besitz; die Anlage wurde Residenz, was ihre Architektur rettete. Geistliche Restitutionen mit Zisterziensern (1921–31), Kapuzinern (1931–58) und Dominikanern (1986–96) blieben Episoden.

▶ **Gegenwart.** Seit 1986 gehört das Anwesen „Kloster B." dem Landkreis Main-Tauber. Es wurde großzügig saniert, bauhistorisch untersucht und für die Öffentlichkeit freigegeben. Der ummauerte Abteikomplex mit Kirche, Klausur und Wirtschaftsbauten repräsentiert die über 600-jährige Bautradition der Zisterzienser mit barocken Klausurflügeln auf romanischen Erdgeschossen, mit hochgotischen Kreuzgängen und einem spät-

Bronnbach Zisterzienserabtei, der hochgotische Kreuzgang in der weitestgehend erhaltenen Anlage.

gotischen Brunnenhaus, mit romanischem Kapitelsaal, Parlatorium, Kalefaktorium, Konversenrefektorium und Cellarium, sowie barockem Mönchsrefektorium, oberem Festsaal und repräsentativem Josephsaal von 1726. Das Herzstück bildet die dreischiffige Klosterbasilika mit ungewöhnlich hohen Arkaden. Die Kirche leugnet auch heute, trotz zahlreicher Umplanungen und barocker Ausschmückung, ihre spätromanische Herkunft nicht. Schon um 1340 bauten die Mönche die noch existierende Brücke über den Tauber, die sie 1408 erneuern mussten und die erst 1959 eine breitere Krone für den Autoverkehr erhielt. Heute ist B. Sitz mehrerer staatlicher Institutionen und seit 2000 auch Heimstätte einer Kommunität der Missionare von der Heiligen Familie.

◆ Müller, Peter (Hg.): Kloster B. 1153–1803, Wertheim 2003; Scherg, Leonhard: Die Männerklöster in Franken, B., in: Zisterzienser in Franken, Würzburg 1991, 87–91.

Brüggen, *Kreuzherrenkloster St. Nikolaus und St. Katharina (1479–1802), Erzdiözese Köln – (Kr. Viersen, Nordrhein-Westfalen, ❐ 1, A5).*

▶ **Geschichte.** Von der Erneuerungsbewegung der ➛ Devotio moderna beeinflusst kamen Kreuzherren 1479 in die Orte B. und ➛ Dülken im niederrheinischen Tiefland. Herzog Karl der Kühne von Burgund hatte 1473 bei seinen Bemühungen, ein unabhängiges Königreich Burgund zu gründen, den wichtigen Handelsknotenpunkt B. an der Furt über die Schwalm samt Festung eingenommen und in Schutt und Asche gelegt. Die Kreuzherren kamen wahrscheinlich (wie im nahen Dülken) auf Anregung des Grafen Vinzenz von Moers-Saarwerden, einem Förderer des Kreuzherrenordens. Sie bauten ihre Klosterkirche bis 1484 inmitten der Stadt am Platz einer 1473 zerstörten Kapelle auf, deren Nikolauspatrozinium sie übernahmen (nicht wie üblich das des Heiligen Kreuzes). Erzbischof Ruprecht von Köln (Pfalz) hatte seine Zustimmung gegeben. Die Herzöge von Jülich übten während der folgenden drei Jahrhunderte die Landesherrschaft aus. Während der Reformationszeit duldeten sie das evangelische Glaubensbekenntnis, ohne dass die Kreuzherren gezwungen wurden, ihr Kloster zu verlassen. Gegenreformatorische Maßnahmen verdrängten die evangelischen Bürger aus der Stadt. Die Kreuzherren intensivierten ihre Studien und etablierten 1630 ein Studium zur philosophisch-theologischen Ausbildung ihrer Mitbrüder, das bis 1794 aufrechterhalten wurde; für Kinder des Kirchspiels eröffneten sie eine Lateinschule. 1751 brannte die spätgotische Kirche aus; die Außenwände blieben stehen und wurden beim Wiederaufbau (bis 1756) genutzt, die Klausurgebäude entstanden neu. 1802 säkularisierte die französische Besatzung das Nikolauskloster.

▶ **Gegenwart.** Die spätbarocke Klausur nutzt heute die städtische Verwaltung. Die spätgotische, einschiffige Klosterkirche St. Nikolaus dient als katholische Stadtkirche. Zwischen 1756 und 1934 wurde ihr Hochaltar von Osten nach Westen verlegt; 1965 ergänzte man den Westteil um einen breiteren und höheren Chorraum; weshalb man die traditionelle Ostung aufhob, ist nicht durch Dokumente belegt. Die heutige Ausstattung entspricht der Wiederaufbauzeit im 18. Jh.

◆ Bosch, Piet van den: Zum 500-jährigen Gründungsjubiläum der Kreuzherrenklöster in Dülken und B., in: Heimatbuch des Kreises Viersen 31 (1980) 27–36.

Brühl, *Franziskanerkloster St. Maria (1491–1802), Erzdiözese Köln – (Rhein-Erft-Kreis, Nordrhein-Westfalen, ❐ 3, A1).*

▶ **Geschichte.** Erzbischof Hermann IV. von Köln (Hessen) plante ursprünglich eine Klostergründung für die von ihm favorisierten Observanten des Franziskanerordens in Köln, stieß aber auf heftigen Widerstand der dortigen konventualen Minoriten (➛ Köln) und des Magistrats. Deshalb errichtete er 1491 in der Nähe seiner Wasserburg in B. ein Kloster und rief Observanten an seine Residenz. 1493 konsekrierte er die Klosterkirche *Ad sanctam Mariam de Angelis* und übergab 1494 den Brüdern die neue Anlage. Unter dem ersten Guardian Johannes Maseick entwickelte sich das Kloster vortrefflich, stets getragen von der bischöflichen Fürsorge, was sich in Reliquiengeschenken und Ablässen ausdrückte. Während der Reformationszeit setzte sich der Konvent erfolgreich gegen die lutherische Lehre durch. Der gebildete Bruder Servatius Noethberg († 1567), ein glänzender Redner, überzeugte in Predigten die Gemeinde von der Wahrheit des alten Glaubens. Gegen Erzbischof Hermann von Wied, der sich 1543 öffentlich zum Protestantismus bekannte, konnte der Konvent noch fest und geschlossen auftreten, aber nach 1582 bewog Erzbischof Gebhard I. von Waldburg die meisten Brüder zum Abfall; nur wenige harrten im Kloster aus, das religiöse Leben verkümmerte, die Stadt B. blieb aber letztendlich katholisch. Durch gegenreformatorische Maßnahmen blühte das Kloster als Zentrum des katholischen Glaubens bei Anschluss von Bruderschaften wieder auf. 1663 lebten zwölf Geistliche, 15 Laienbrüder und 22 Novizen im Noviziatskloster der niederdeutschen Provinz. Infolge der Pest bauten die Observanten 1688 ein Krankenhaus in B. und übernahmen die Pflege der Patienten. 1713 errichteten sie neue Konventsgebäude und eröffneten 1783 mit Hilfe des Magistrats eine städtische Schule. 1798 verboten die Franzosen die Aufnahme von Novizen, 1802 erfolgte die Aufhebung; 22 Klosterinsassen erhielten Renten und durften bleiben, 1809 wohnten noch drei Brüder im Kloster. Der Stadt gehört seit 1807 die Klosteranlage einschließlich des großen Parks. Bis in jüngste Zeit dienten die Gebäude als Ausbildungsstätte.

▶ **Gegenwart.** Seit 1987 nutzt die Stadtverwaltung die renovierte Barockanlage der Franziskaner als Rathaus. Die spätgotische, einschiffige Kloster- und Schlosskirche, die in Anlehnung an die franziskanische Gründungskirche S. Maria degli Angeli bei Assisi errichtet worden war, dient heute als katholische Pfarrkirche. Sie wurde unter Erzbischof Clemens August I. von Köln (Bayern) um 1740 als Hofkirche neben seiner neuen Augustusburg prachtvoll barock umgestaltet, ungeachtet des Kontrasts zur äußerlichen Schlichtheit.

◆ Janssen, Wilhelm: Das Erzbistum Köln im späten Mittelalter (1191–1515), 2 Bde., Köln 1995–2003; Fey, Marlies: Das Franziskanerkloster B., in: Klöster und Stifte im Erftkreis, Pullheim – Brauweiler 1988, 133–150.

Brunnenburg, *Benediktinerinnenkloster St. Alexander (um 1210–1542), Erzdiözese Trier – (Bremberg, Rhein-Lahn-Kreis, Rheinland-Pfalz, ❐ 3, B1).*

▶ Malerische Ruinenreste des Klosters B. stehen in einem Waldstück hoch über der Lahn bei Bremberg. Gisela, eine Grafentochter, stiftete das Frauenkloster um 1210 und trat selbst in den ersten Konvent ein. Graf Berthold II. von Katzenelnbogen, wahrscheinlich ihr Vater, hatte sich lange in Griechenland und Byzanz aufgehalten, worauf das ungewöhnliche Alexanderpatrozinium zurückgehen könnte. Erzbischof Johannes I. von Trier gedenkt der neuen Gründung ausdrücklich in seinem Testament von 1212, dem ersten urkundlichen Nachweis des Klosters. Der Konvent bekannte sich zur Benediktinerobservanz, obwohl er fälschlicherweise oft dem Prämonstratenserorden zugerechnet wird. Die Verwechslung beruht wohl darauf, dass der Klosterbezirk einst zur Arnsteiner Grundherrschaft gehörte und die geistliche Aufsicht über die Schwestern einem Propst aus dem nahen Prämonstratenserstift ➛ Arnstein oblag. Die Verbindung zu Arnstein blieb bis in das 14. Jh. sehr eng, im Nekrolog Arnsteins werden immer wieder Benediktinerinnen aus B. erwähnt. Mit der Gründung hatten die Grafen von Katzenelnbogen und seit 1479 die Landgrafen von Hessen die Vogteirechte übernommen. In der Spätphase des Klosters übten die Trierer Erzbischöfe das Aufsichts- und Bestätigungsrecht bei der Äbtissinnenwahl aus. Die Vorsteherin Mechthild nennt sich in der letzten Urkunde des Konvents von 1535 nur noch „Frau“; möglicherweise hatte der energische Reformator Landgraf Philipp I. von Hessen die Wahl einer neuen Äbtissin schon 1528 verhindert. Er löste 1542 das Kloster auf und ließ die Güter dem Hospital im ehemaligen Benediktinerkloster ➛ Gronau zukommen. Das Archiv ging danach verloren, was die schwache Quellenlage erklärt. Von den Klausur- und Wirtschaftsgebäuden sind auf der bewaldeten Felskuppe oberirdisch nur noch Spuren geblieben, noch immer ragen aber einzelne Wandteile der querschifflosen Klosterbasilika aus der ersten Hälfte des 13. Jh. hoch empor.

◆ Krings, Bruno: Das Prämonstratenserstift Arnstein, Wiesbaden 1990, 117–120.

Brunnenburg Benediktinerinnenkloster, die malerische Klosterruine versinkt zunehmend im Wald.

Brunshausen, *Benediktinerabtei St. Bonifatius (um 780– um 1206), Benediktinerinnenkloster St. Bonifatius (um 1206– vor 1586), Diözese Hildesheim – (Bad Gandersheim-B., Lkr. Northeim, Niedersachsen, ❐ 1, D5).*

▶ **Geschichte.** Der erste urkundlich fassbare Liudolfinger, Liudolf der Sachsenführer und Stammvater der späteren Sachsenkaiser, übereignete um 780 der Reichsabtei ➛ Fulda den Wehrhof B. mit Eigengut oberhalb des Gandeflusses nahe des späteren Gandersheim zur Gründung eines Missionsklosters. Erstes Zeugnis ist ein Geleitschreiben König Ludwigs des Deutschen 845 für den Enkel des Stifters, Graf Liudolf, worin die Gründung erwähnt wird. Die Reichsabtei Fulda stellte den Gründungskonvent, der anfangs von einem Magister geleitet wurde und aus 23 Mönchbrüdern, 14 Priestern und fünf Diakonen bestand; Schüler weisen auf eine Schule im Kloster hin. Mit Reliquien des hl. Bonifatius ausgestattet, war B. im 9. Jh. Grablege der Liudolfinger, bis das reichsunmittelbare Kanonissenstift Gandersheim diese Ehrenaufgabe übernahm, in dessen Abhängigkeit das Mönchskloster geriet. Ein päpstliches Bestätigungsprivileg ist erst aus dem Jahr 1206 bekannt. 1124 stifteten die Gandersheimer Kanonissen ganz in der Nähe das Benediktinerkloster ➛ Clus mit Mönchen aus ➛ Corvey, die sich zur ➛ Hirsauer Reformbewegung bekannten. Die Abtei B. verweigerte sich dieser neucluniazensischen Reform und wurde deshalb 1134 von der Stiftsäbtissin Luitgard der neuen Abtei Clus unterstellt. Cluser Äbte leiteten von nun an beide Konvente in Personalunion, was zu schweren Zerwürfnissen führte. Die Umwandlung von B. in ein Frauenkloster erfolgte zwischen 1192 und 1215 mit Genehmigung des Bischofs von Hildesheim; Papst Innozenz III. sprach bereits 1206 von *moniales incluse* in B. Möglicherweise kamen die Benediktinerinnen aus dem nahen Kloster Lamspringe. Ohne besondere Höhepunkte verlief die Entwicklung des Benediktinerinnenklosters, das sich 1448 den Reformen der ➛ Bursfelder Kongregation unterwarf, ohne dem Verband als Mitglied anzugehören, aber die Reform nach

➛ Hadmersleben weitergab. Reformation, Hildesheimer Stiftsfehde und Schmalkaldischer Krieg wirkten sich verheerend auf das Kloster aus. 1586 wurde der Konvent aus fünf bis sieben Chorschwestern auf Druck Herzog Julius' von Braunschweig-Wolfenbüttel evangelisch. Der Dreißigjährige Krieg brachte neue Zerstörungen. Es kam zu einer kurzlebigen katholischen Restitution sowie dem Fortbestand einer Gruppe von zwei bis drei evangelischen Stiftsdamen bis zur Säkularisierung des Gandersheimer Stifts 1810. Die Güter waren schon 1700 in Pacht gegeben worden. Um 1720 hatte die Fürstäbtissin von Gandersheim ein Sommerschloss in B. einrichten lassen.

▶ **Gegenwart.** Die heute in B. stehende Klosterkirche ist bereits der fünfte Kirchenbau. Der Turm von Bau III aus der Zeit 852–881 blieb erhalten, wird aber vom hohen Dach überragt. Der heutige Bau V, eine spätgotische Halle des 15. Jh. mit Nonnenempore, umfasst ein Mittelschiff sowie ein südliches Seitenschiff des viel größeren Baus IV; er wurde ab 1793 als Scheune und in unserer Zeit als Reitstall genutzt. Erst staatliche Sanierungsarbeiten 1971 und 1983 retteten das Gotteshaus. Die Gebäude um den Klosterhof sind neuzeitlich.

◆ GermBen 6, 67–79; 11, 100–126.

Buch, *Zisterzienserabtei St. Maria (vor 1192–1526) – „Klosterbuch“, Diözese Meißen – (Leisnig-Kloster B., Lkr. Mittelsachsen, Sachsen, ❐ 2, C5).*

▶ **Geschichte.** Im August 1192 zogen zwölf Zisterzienser unter Führung Abt Hildeberts aus der Abtei ➛ Sittichenbach in das neue Kloster B. an der Freiberger Mulde bei Leisnig, das Burggraf Heinrich I. von Leisnig zuvor als Erbbegräbnisstätte auf staufischem Reichsgut gestiftet hatte. Die Schirm- und Schutzherrschaft der Staufer war den Mönchen im reichsunmittelbaren Pleißenland gewiss. Die großzügige Grundausstattung konnte bis Ende des 14. Jh. mit Rechten, Zinseinnahmen, Voll- und Teilbesitz und Gerichtsbarkeit auf 52 Dörfer und 22 Kirchenpatronate ausgedehnt werden. Mit Innovationen auf allen Gebieten gelang den Mönchen eine vorbildliche landwirtschaftliche Erschließung, wobei besonders der Obstbau auf höchstes Niveau gebracht wurde, was sich bis in unsere Tage auswirken sollte. Neben den Leisniger Burggrafen fanden etwa 20 Adelsfamilien ihre Grabstätten innerhalb des Klosters. Abt Bruning von Buch wechselte 1235 als Abt zusammen mit Mönchen aus der Abtei Sittichenbach in das neugegründete Kloster ➛ Grünhain. Zum Vollbesitz gehörte seit 1309 auch die Stadt Belgern an der Elbe, wo der bedeutende Theologe und Abt Simon (1467–97) mit Genehmigung des Generalkapitels eine Ordensschule für Elementarwissenschaften gründete, die eine Gleichstellung mit dem Bernhardskolleg in Leipzig anstrebte. Das Baseler Konzil verlieh 1441 der Abtei B. ein Wappen und den Äbten die Ehren und Rechte eines Bischofs. Die Lehre Martin Luthers ergriff schon in der Frühzeit der Reformation den Konvent. Als der letzte Abt Antonius Dietz 1525 starb, verhinderte der sächsische Kurfürst, Johann der Beständige, eine Neuwahl und löste die Abtei auf.

▶ **Gegenwart.** Bis in die jüngste Zeit wurde die Anlage als landwirtschaftlicher Betrieb geführt, was zum Erhalt einiger Gebäude beitrug. Der Großteil der Immunitätsmauer, die das riesige Areal im Muldenbogen umgibt, ist heute noch erhalten. Von der romanischen Klosterkirche, eine dreischiffige Pfeilerbasilika mit typisch flachem Ostabschluss, blieb lediglich das Presbyterium mit Nebenkapellen bestehen; es wurde 1678 als evangelisches Gotteshaus (bis 1978) unter Verwendung von Säulen aus den abgebrochenen Kreuzgangflügeln ausgebaut. Südlich schließt sich der lange Osttrakt der Klausur, heute „Kapitelhaus“ genannt, mit den wichtigsten Funktionsräumen an, selbst das Necessarium (Abort) aus der Frühzeit im äußersten Segment nahe am Flussufer blieb bewahrt. Das Dormitorium mit mittelalterlicher Bemalung zählt zu den größten bestehenden Schlafsälen der Zisterzienser. Von besonderer kunsthistorischer Bedeutung ist die ehemalige Infirmerie mit Abtshaus und Krankensaal im östlichen Klosterbereich, deren heutige Gestalt auf spätgotische Bauten zurückgeht, wohingegen die Hospitalkapelle aus der frühen Bauzeit von 1250 erhalten blieb. Ihr originaler Fußboden wurde 1994 freigelegt, die spätromanischen Ornamente gehören heute zu den kunstvollsten Belegen in Zisterzienserklöstern. Seit 1997 bemüht sich ein Förderverein um Erhalt, Sanierung und Öffentlichkeitszugang der ehemaligen Zisterzienserabtei.

❖ In Belgern an der Elbe hat sich die gotische Ausbildungsstätte zum Teil erhalten, die Gebäude weisen im Erdgeschoss kreuzgratgewölbte Räume auf. Obwohl in Belgern ein kleiner Konvent lebte, ist die Niederlassung nicht als Tochtergründung in Form eines Priorates aufzufassen, sondern eher als Klosterhof.

◆ RepZist 327–332; Rentsch, Peter/Pattloch, Ina: Ehemaliges Zisterzienserkloster B., Mügeln 2003; Schlesinger, Walter: Kirchengeschichte Sachsens im Mittelalter, Bd. 2, Köln – Graz 1962, 239–244.

Buch Zisterzienserabtei, der flache Ostabschluss der romanischen Basilika dient heute als Gotteshaus.

Buchen, *Franziskaner-Tertiarinnenkloster (vor 1450–1570) – „Beginenklösterle“, Diözese Würzburg – (Neckar-Odenwald-Kreis, Baden-Württemberg, ❐ 3, C2).*

▶ Mitte des 14. Jh. existierte in der Stadt B. im südwestlichen Odenwald eine Beginengemeinschaft, die die Unterstützung des Adels genoss. 1387 von Bischof Gerhard von Würzburg (Schwarzburg) bestätigt, gehörte sie in der ersten Hälfte des 15. Jh. als Tertiarinnengemeinschaft dem Dritten Franziskanerorden an. Katharina von Hohenstadt stiftete den Schwestern eine eigene Kapelle, die als sogenanntes „Beginenklösterle“ bis 1489 vom Amorbacher Bildhauer Hans Eseler errichtet wurde. Die Herrschaft über die Stadt übte Kurmainz aus, insofern war der Konvent vor reformatorischem Druck geschützt. Der Konvent bestand jedoch 1570 beim Tod der Oberin lediglich noch aus zwei Novizinnen, die entlassen wurden. Der Besitz fiel mit dem Vermögen der 1568 aufgehoben Zisterzienserinnenabtei ➛ Seligental bei Osterburken an das Kurmainzer Hofgut. Heute dient das spätgotische „Beginenklösterle“, in der Obergasse als Sitz der Hermann-Cohen-Akademie und als Bibliothek. Die Fachwerkaufbauten des massiven Putzbaus sind jüngeren Datums.

◆ Hettinger, Anette: Fromme Frauen, die keusch und in Armut leben. Beginen in B., in: Der Wartturm 48/1 (2007); Trunk, Rainer u. a.: 700 Jahre Stadt B. Beiträge zur Stadtgeschichte, Buchen 1980.

Buchholz, *Benediktinerpropstei St. Vitus und St. Servatius (vor 1135–1802), Erzdiözese Trier – (Burgbrohl-B., Lkr. Ahrweiler, Rheinland-Pfalz, ❐ 3, B1).*

▶ **Geschichte.** Erzbischof Bruno II. von Köln bestätigte 1135 dem Abt Walter (1132/36) der Benediktinerabtei ➛ Gladbach die Überweisung des umfangreichen Besitzes auf der Hochterrasse südwestlich des Rheins zwischen Brohltal und Gleesbachtal nördlich der Abtei ➛ Laach an eine Tochterniederlassung der Benediktiner im heutigen Niederweiler, die nach B. verlegt wurde oder die von Anfang an dort als Propstei von Gladbach existierte. Erstmals wird *Bucolz* 1163 urkundlich erwähnt. Der Besitz umfasste 200 Morgen gutes Ackerland, große Waldflächen und hervorragende Weinlagen, die stets die Begehrlichkeiten der Vögte, besonders jener auf Burg Brohl, hervorriefen. Andererseits erbrachte die Schenkung des Ritters Siegfried von Brohl im Gleestal 1266 den Mönchen auch zusätzlichen Gewinn. Bei der Aufteilung der Pfründen 1262 in der Abtei Gladbach zwischen Abt und Konvent, was die Aufgabe der strengen ➛ Siegburger Reformstatuten belegt, lebte der Konvent auch von den Einnahmen aus B.; dies bedeutete immerhin 500 l Wein pro Jahr und Mönch. In B. wurde eine überdimensionierte Propsteikirche errichtet, was an die ursprüngliche Absicht einer Abteigründung denken lässt, oder aber in der Ausstrahlung der ➛ Siegburger Reform, die in der Mutterabtei Gladbach Einzug gehalten hatte, mit ihrem Hang zur Größe begründet liegen mag. Im späten 13. Jh. lebten in B. nur vier Mönche, die auch die Pfarrei in Neuweiler betreuten; im 16. Jh. waren nur noch ein Propst und ein Bruder als Pfarrer in B. ansässig. 1481 wurde Propst Wilhelm von B. zum Abt des Kloster St. Pantaleon ➛ Köln gewählt. Die Propstei galt als Zentrum der Weinversorgung für Gladbach, sie besaß eine eigene Kelterei. Im 17. Jh. litt B. wiederholt unter Plünderungen, Einquartierungen und Kontributionen. Um diese Zeit taucht erstmals das Patrozinium St. Servatius auf, das sich möglicherweise nach einer Reliquienschenkung durchsetzte. Bei der Aufhebung im Juli 1802 durch die französische Besatzung lebten noch Propst Albercus Huiskes und ein Mitbruder aus Gladbach in der Anlage. Der Besitz wurde veräußert, die Gebäude genutzt, aber zum Erhalt der Kirche fehlten die finanziellen Mittel.

▶ **Gegenwart.** Die einstige viel zu große, romanische Basilika, eine der frühesten gewölbten Kirchen im gebundenen System, verkürzten schon die Benediktiner 1683; sie legten auch Seitenschiffe sowie Querarme nieder und schufen die barocke Westwand. Die Chorflankentürme wurden um 1800 abgebrochen. Nach der Aufhebung fiel schließlich der apsidiale Ostteil; Brandschäden, Zerfall und Notreparaturen folgten. Sanierungsarbeiten retteten seit 1981 das romanische Mittelschiff mit bedeutender Bauornamentik, die von Fachleuten dem Kreis des Samsonmeisters aus der Abtei Laach zugeordnet wird. Der Restbestand an Zweckbauten stammt aus dem 17. und 18. Jh.

Buchholz Benediktinerpropstei, die romanische Propsteibasilika ist heute stark reduziert, Südostansicht.

◆ GermBen 8, 323–351 (Gladbach); 9, 102–111 (B.); Müller, Wolf-Manfred: Die ehemalige Propstei St. Servatius in Burgbrohl-B., Köln 1992.

Burg, *Johanniterkommende St. Johannes Baptist (1187–1803), Erzdiözese Köln – (Solingen-B., kreisfreie Stadt Solingen, Nordrhein-Westfalen, ❐ 1, B5).*

▶ **Geschichte.** Nachdem Graf Adolf II. von Berg 1133 seinen Stammsitz zugunsten der Abtei ➛ Altenberg (Bergisches Land) aufgegeben hatte, zog er in seine neu errichtete Stammburg *novum castrum* hoch über der Wupper. Sein Sohn Engelbert I. rief 1187 die Johanniter auf die Burg, die in der Nordwestecke innerhalb des äußeren Burgrings am „Johannitertor" ein Hospital einrichteten und die Kirche St. Johannes Baptist erbauten. Sie unterstützten die Grafen auf deren Kreuzzügen, waren als Priester für Gottesdienste der Herrschaft und der Mannschaft zuständig, pflegten Kranke und eröffneten eine Schule. Zur Versorgung dienten ihnen Einkünfte aus Bauernhöfen der Umgebung, die der erste namentlich bekannte Komtur Erwin (1260–90) durch Kauf erworben hatte. 1280 schenkten Graf Adolf V. von Berg und seine Gemahlin Elisabeth den Johannitern Paramente, Geräte und Reliquien des hl. Martin (311–397) für ihre Kirche. Dieses Grafenpaar erwies auch den Kreuzherren im nahen ➛ Beyenburg seine Gunst. Im Mittelalter lebten bis zu sechs Ordensbrüder auf der Burg und wohnten im „Johanniterturm". Die Grafen von Berg standen anfangs in enger Beziehung zum Erzstift Köln; sie stellten bis 1255 vier Erzbischöfe, das Familienmitglied Erzbischof Engelbert I. war Reichsverweser. Unter ihm wurde die Anlage zur Schlossburg für seine prunkvolle Hofhaltung umgebaut (1218–25). Nach seinem gewaltsamen Tod 1225 verschlechterte sich die Beziehung. Die Herrschaft Berg trennte rheinische Territorien des Erzstifts von dessen westfälischen Besitzungen, die Konfliktsituation eskalierte 1288 in der Schlacht bei Worringen. Um diese Zeit entwickelte sich Düsseldorf zur Hauptstadt des Landes, die Burg verlor an Bedeutung. Sie diente im 15. Jh. nur noch als Jagdschloss und Vergnügungsort. Die Johanniter hatten für Verwaltung und Kosten zunehmend allein aufzukommen. Bis Mitte des 16. Jh. erfüllten sie ihre Verpflichtungen, wenn auch mit nachlassendem Interesse. Vor 1300 war die Kommende ➛ Herrenstrunden an der Quelle der Strunde im Bergischen Land entstanden. Der dort wirkende Komtur Schilling van Rode übernahm 1354 die Verwaltung von B. in Personalunion, Herrenstrunden blieb

Burg Johanniterkommende, Bewachung und Verteidigung des Tores oblagen den Johannitern.

mit Unterbrechungen Hauptsitz. Nach der Reformation reaktivierte Komtur Arnold von Lülsdorf 1592 den katholischen Gottesdienst in der Kirche auf B. gegen den Protest der Pfarrgemeinde, die sich daraufhin ein evangelisches Gotteshaus baute. Die Burg gehörte im 15. Jh. zum Herzogtum Jülich-Berg, im 16. Jh. zum Herzogtum Jülich-Kleve-Berg, im 17./18. Jh. zum Kurfürstentum Pfalz-Neuburg, dann kurz zu Bayern und Frankreich und schließlich im 19. Jh. zu Preußen. Trotz wechselvoller Geschichte blieben die Ordensritter bis 1803 auf der Burg oder behielten zumindest die Kirche in ihrer Obhut.

▶ **Gegenwart.** Nach Verwüstungen Ende des Dreißigjährigen Krieges und dem völligen Verfall im 19. Jh. rettete seit 1887 ein privater Verband die Burg und baute sie nach gründlicher archäologischer Kartierung wieder auf, so dass sie heute als eine der größten und schönsten Burganlagen des Bergischen Landes Touristen und Geschichtsinteressierte anzieht. Der heutige Zustand entspricht nicht exakt den historischen Gegebenheiten, Bauten und Innenausstattung sind alten Abbildungen nach historistischem Zeitgeschmack nachempfunden, wenige Mauern sind tatsächlich mittelalterlichen Ursprungs. Auch das Kirchenschiff der Johanniter war 1648 im Gegensatz zum Chor weitestgehend zerstört und wurde vermutlich mit altem Baumaterial noch im 17. Jh. wiedererrichtet. Die Apsis stammt noch aus der Zeit Graf Engelberts II. um 1220. Das heutige St. Martinus-Patrozinium erhielt die Kirche erst im 19. Jh. Die spätgotischen schwarzen Marmorsäulen im Inneren könnten aus der Burg stammen. Im Untergeschoss des benachbarten Johanniterturms befindet sich noch immer das alte Johannitertor, das die Ordensritter zu bewachen hatten.

◆ Saechting, Dirk: Schloss B. an der Wupper, Erfurt 2004; Fischer, Gustav Adolf: Schloss B. an der Wupper, Remscheid 1980.

Bürgel, *Benediktinerabtei St. Maria und St. Georg (1133–1526) – „Thalbürgel", Diözese Naumburg – (B.-Thalbürgel, Saale-Holzland-Kreis, Thüringen, ❐ 4, B1).*

▶ **Geschichte.** Markgraf Heinrich von Groitzsch, Markgraf der Ostmark und Lausitz, und seine Ehefrau Bertha von Gelnhausen stifteten 1133 an der Gleise nahe der Befestigung Burgelin bei der Urpfarre St. Georgenberg das Klosters B. unweit wichtiger Handelsverbindungen. Die ersten Benediktiner kamen vermutlich aus dem ostthüringischen ➛ Paulinzella, ältere Überlegungen favorisieren Pegau. Die Herkunft des Konvents aus Schmölln bei Altenburg ist Spekulation, wie jüngste Forschungen über die Zisterzienserabtei ➛ Pforte nahelegen. Mit Sicherheit bekannte sich der Gründungskonvent zur ➛ Hirsauer Reformbewegung. Mit Heinrich von Groitzsch starb die Stifterfamilie im Mannesstamm bereits 1135 zum Nachteil der Abtei aus. Vorteil zogen die Markgrafen von Meißen aus dem Haus Wettin, die nun Anspruch auf die Vogtei erhoben. Unklar ist, ob in B. entsprechend Hirsauer Gewohnheiten ein Doppelkonvent bestanden hat. Vielleicht verlegte schon der zweite Abt, Eberwein I., die Frauen um 1150 nach ➛ Remse an der Mulde; der Schwesternkonvent blieb stets in Abhängigkeit der Abtei. Lothar III. vergab ein königliches Schutzprivileg 1136, weitere urkundliche Nachrichten fehlen für das 12. Jh. Erst seit 1219 lassen sich kontinuierliche Besitz- und Patronatszuwächse nachweisen, was dank tüchtiger Äbte bis ins Spätmittelalter anhielt. Die Siedlung Burgelin auf dem Berg gegenüber entwickelte sich durch Förderung der Benediktiner zur Stadt mit weit höheren Zuwächsen als das (etwa 12 km entfernte) Dorf Jena an der Saale. Erst als die Zisterzienser von Pforte 1257 eine steinerne Brücke bei Donndorf über die Saale bauten, zog der Handelsverkehr an B. vorbei, die Bedeutung von Kloster und Stadt sank, Jenas Aufstieg setzte ein, Konflikte blieben nicht aus. Abt Johannes von Kothewitz (1355–68) trug bischöfliche Insignien, band sich eng an das Wettiner Fürstenhaus, förderte den Weinbau zur Großproduktion und zwang die Bürger zur Huldigung. Die Abhängigkeit der Stadt steigerten seine Nachfolger zum alleinigen Herrschaftsanspruch, zumal Abt Eberhard Wölfer (1434–69) 1444 alle Rechte aufkaufte. Die geistlich-sittliche Vorbildwirkung der Benediktiner war längst

Bürgel Benediktinerabtei, Säule mit Würfelkapitell in der Paradiesruine vor der romanischen Abteibasilika.

Burgsteinfurt Johanniterkommende, die hölzerne Decke und der prachtvolle Lettner in der Großen Kirche entstanden im 15. Jh. im Auftrag der Ordensritter.

einem üppig-weltlichen Leben gewichen. Lange widersetzte sich der Konvent notwendigen Reformen, und erst unter Abt Michael (1510–26) schloss sich die Abtei im September 1510 der ➛ Bursfelder Kongregation an, ohne dass Reformen nachhaltig wirksam wurden. Aus lutherischer Glaubensüberzeugung wandten sich die Untertanen gegen die Mönche, so dass der Konvent aus eigenem Entschluss, „auß drangsall itziger lewffte", das Kloster vor Juni 1525 verließ. Eine Rückkehr kam nicht mehr zustande, Kurfürst Johann der Beständige hob die Abtei im März 1526 auf. Die Bürger feierten die Säkularisierung als Befreiung.

▶ **Gegenwart.** Erst nachreformatorisch entstand um das Kloster das Dorf Thal, bald als „Thalbürgel" bezeichnet, heute allgemein für das Kloster benutzt. Die dreischiffige, kreuzförmige Pfeilerbasilika ist die besterhaltene Reformkirche des 12. Jh. mit hirsauischen Baumotiven in Thüringen; sie dient noch heute als evangelisch-lutherische Pfarrkirche St. Georg und als Konzertraum. Querhaus und Staffelchor mit fünf Apsiden sind niedergelegt und nur noch als Grundmauern erfassbar. Die einst in sich geschlossenen Chornebenkapellen weisen auf zisterziensischen Einfluss hin. Archaisch wirkt der noch stehende, südliche Vierungsbogen. Von zwei Türmen im Winkel von Langhaus und Querarm blieb nur der südliche in voller Höhe mit einem Aufsatz von 1757 erhalten. Einzigartig erscheint die dreischiffige Paradiesruine im Westen mit großartigem, vierstufigem Säulenportal. Im Inneren des verkürzten Kirchenraums mit Flachdecke herrschen reformgewollt Schlichtheit und Gleichmaß. Säulengeschmückte Pfeiler mit Würfel- und Kelchblockkapitellen trennen in rascher Folge Seitenschiffe vom Mittelschiff; Doppelsäulen erinnern an den Hallenlettner von etwa 1200. Südwestlich der Kirche weisen Mauern auf den einzigen Rest der Klausuranlage hin. Ein westlich gelegener Wirtschaftshof erscheint mehrfach umgebaut.

◆ Mitzschke, Paul u. a.: Regesten zu Urkunden von Stadt und Kloster B. (mit Remse) auf die Zeit 1455–1569, Thalbürgel 1994; Drafehn, Hans-Jochen/Wolfram, Rudolf: Das Benediktinerkloster B., Jena 1990.

Burgsteinfurt, *Johanniterkommende St. Johannes Baptist (um 1190–1806), Diözese Münster – (Kreisstadt Steinfurt, Nordrhein-Westfalen, ❐ 1, B4).*

▶ **Geschichte.** Die Johanniter kamen vermutlich um 1190 mit Rudolf II. von Steinfurt vom Dritten Kreuzzug zunächst an seine Burg in Steinfurt, 1222 erwähnt sie erstmals eine Urkunde. Mit Schenkungen der Steinfurter Edlen, der Grafen von Tecklenburg und Bentheim sowie der Edlen von Ahaus entwickelte sich die Niederlassung in kurzer Zeit zu einer bedeutenden Kommende in Westfalen. Die Johanniter kauften 1244 vom Ministerialen Hermann von der Aa den Aahof neben der romanischen Pfarrkirche St. Willibrord außerhalb der befestigten Stadt und errichteten hier eine Kommende. Mit Eintritt des jungen Johannes von Steinfurt in den Orden erhielten die Johanniter 1270 Rechte über die Pfarrkirche, die mit der Zeit als „Große Kirche" bezeichnet wurde, um sie von der „Kleinen Kirche", die sie seit 1381 ebenfalls betreuten, unterscheiden zu können. Um die Mitte des 13. Jh. waren zahlreiche kleine Johanniterhäuser im Nordseebereich der Diözesen Utrecht, Münster und Osnabrück entstanden; sie wurden in der Ballei Frisia zusammengefasst und dem Komtur von B. unterstellt, so z. B. ➛ Bokelesch und ➛ Boekzetel. Diese 20 als *membra* bezeichneten Niederlassungen erlangten im Vertrag von Groningen 1319 weitgehende Selbständigkeit. Der Burgsteinfurter Komtur war immer auch Balleier von Westfalen und damit Oberhaupt aller westfälischen und niederländischen Kommenden. Während der höchsten Blütezeit Mitte des 14. Jh. ließ der Balleier Lubbert von Wettringen († nach 1375) die Große Kirche umfassend gotisch erweitern. Die Ordensleitung forderte 1495 eine Visitation. Unter Komtur Johannes von Schnekloch, der in Personalunion gleichzeitig Komtur von ➛ Lage war, lebten damals fünf Ordensritter, neun Ordensgeistliche, vier Pfründner und ein Dutzend bezahlter Dienstleute in der Kommende. Die Visitatoren bemängelten grobe Übertretungen der Ordensregel und versuchten dieser durch Auflagen wieder Geltung zu verschaffen.

Graf Arnold II. von Bentheim-Steinfurt erlaubte erstmals 1544 evangelische Gottesdienste in der Stadt. Die Komture Heinrich von Hövel (1548–84) und Alexander von Galen (1584–92) traten zum Protestantismus über, der Konvent war gespalten. Mit Komtur Eberhard von Galen (1592–1622) war die Kommende wieder katholisch. Die protestantische Gräfin Magdalena vertrieb am 25. Januar 1564 die Johanniter gewaltsam aus der Großen Kirche und übergab sie der evangelisch-lutherischen Gemeinde, die sich 1591 der reformierten Lehre zuwandte; der Kirchenschatz wurde 1571 konfisziert. Die Ordensritter bauten sich und ihrem Personal 1687 innerhalb des Komturgeländes eine eigene kleine Kapelle. Der Sitz des Westfälischen Balleiers wurde um 1620 in das Haus ➛ Münster verlegt, B. versorgte als Wirtschaftsgut lediglich bis zur Aufhebung 1806 die Residenz Münster und danach die Bentheimer Grafen- bzw. Fürstenfamilie.

▶ **Gegenwart.** Der umfriedete Kommendekomplex südlich der Großen Kirche besteht heute noch aus einer Reihe unterschiedlich alter Gebäude, die meist Wohnzwecken dienen. Das älteste Gebäude ist das „Kommenderey-Haus“ von 1398, ursprünglich wohl Refektorium und Dormitorium. Die romanisch-gotische Große Kirche, die 1426 von den Johannitern glanzvoll mit einem einmaligen Tonnengewölbe aus Holz und 1487 mit einem prachtvollen Lettner ausgestattet worden war, musste mehrmals restauriert werden, das letzte Mal 1990 nach einem schweren Unwetterschaden. Noch heute feiert man am 25. Januar das Steinfurter Reformationsfest, den Tag, als die Johanniter 1564 aus ihrer Kirche vertrieben wurden.

❖ In der Stadt steht das als „Kleine Kirche“ bezeichnete evangelische Gotteshaus Heilig Geist; sie veranschaulicht heute ebenfalls die Architektur der Johanniter, die eine bereits 1340 erbaute Kapelle zwischen 1471 und 1477 als schlichten Saalbau neu errichtet hatten.

◆ Pries, Hans-Walter: B., in: Westfälisches Klosterbuch, Tl. 1, Münster 1992, 162–167; Rödel, Walter Gerd: Das Großpriorat Deutschland des Johanniter-Ordens, Mainz 1965, 381–388.

Burlage Benediktinerinnenkloster, der gotische Kirchenchor der Schwestern dient heute als Sakristei.

Burlage, *Benediktinerinnenkloster St. Maria (um 1150–1538), Diözese Minden – (Hüde-B., Lkr. Diepholz, Niedersachsen, ❒ 1, C4).*

▶ **Geschichte.** Die Anfänge des Frauenklosters St. Marien auf einer kleinen Höheninsel östlich des Dümmersees sind unbekannt. Die Beteiligung Kaiser Karls des Großen an der Gründung ist Legende. Erstmals erwähnt Bischof Heinrich von Minden (1140–53) die *cellula* B. in einer undatierten Urkunde, in der er die Niederlassung dem ehemaligen Vorsteher Burchard des Stifts ➛ Quernheim überantwortet, um eingetretenen Missständen bei den Schwestern entgegenzuwirken. Er vergab der wohl noch unvollkommenen Gemeinschaft kirchliche Rechte und verzichtete auf eigene Zinsforderungen, was auf eine Beteiligung des Bischofs bei der Gründung hinweist. Erst als im 14. Jh. friesische Siedler in das unwirtliche Bruchland kamen, verbesserte sich die ärmliche Wirtschaftssituation des Klosters. Es erreichte innerhalb der Grafschaft Diepholz nie größere Bedeutung. Der überschaubare Besitz wurde verpachtet; der Klosterforst Everhorst umfasste 60 Morgen; nahe des Klosters gab es eine Ölmühle und ein Backhaus, bei Marl stand eine klostereigene Windmühle, die Frauen besaßen Fischereirechte im See Dümmer und im Flüsschen Lake. Unter Priorin Gertrud (1343–50) erlangte der Konvent die ungewöhnlich hohe Stärke von 24 Benediktinerinnen, in der Zeit der Priorin Leneke von Schwega (1513–20) waren es noch acht, was wohl der Normalbelegung entsprach. Die Klosterbauten erreichten nur bescheidene Dimensionen, ein Kreuzgang und eine Klausuranlage haben wohl nie existiert, von einem „Jungfernhaus“ ist die Rede. Für die Zeit zwischen 1319 und 1520 sind zehn geistliche Stiftungen als Memorien oder Anniversarien des örtlichen Adels oder der Bürger naher Städte urkundlich nachweisbar. Beziehungen zu anderen Klöstern sind nicht bekannt, lediglich ein Güteraustausch mit den Zisterzienserinnen von ➛ Levern 1289 lässt sich durch Quellen belegen. Die Reformation setzte sich 1527 im Land Diepholz durch; 1538 bestimmte Graf Johann einen lutherischen Prediger für den Konvent, Priorin Elsebe von Westrup (1526–38), die Schwestern und der Propst zeigten keinen erkennbaren Widerstand. Die nun evangelischen Stiftsdamen hielten die *vita communis* unter einer *Domina* bis zum Tod der letzten Konventualin 1672 aufrecht. Das Wohnhaus war 1704 so baufällig, dass es angeblich von Sturmwind einfach zerstört wurde.

▶ **Gegenwart.** Aus Klosterzeiten sind Architekturteile der ehemaligen Klosterkirche in der heutigen evangelisch-lutherischen Kirche St. Maria versteckt oder treten wie im Fall der „Sakristei“ deutlich hervor. Die Nordwand der Schwesternkirche und Mauerteile des alten Westturms wurden bei barocken Instandsetzungen und Erneuerungsarbeiten wiederverwendet. Der gotische Chor blieb östlich angelehnt bis heute erhalten, inzwischen wird er als Sakristei genutzt. Es ist ein polygonaler Bruchsteinbau vom Ende des 14. Jh.; seine geringe Höhe wird durch Dienste optisch gestreckt, zumal sie vom Boden ohne Unterbrechung in die Gewölberippen übergehen und in schönen Schlusssteinen zusammenlaufen. Beachtenswert ist neben einer spätgotischen Madonna und einer hölzerner Anna Selbdritt (um 1450) eine Gruppe von elf etwa 80 cm große Apostelfiguren aus Stein, derb aber charakteristisch und mit gut ausgearbeiteten Attributen ausgestattet.

◆ GermBen 11, 127–133; Hoffmann, Hans-Christoph: St. Marienkirche B./Dümmer, München – Zürich 1988.

Buro, *Deutschordenskommende (1258–1809), Diözese Brandenburg – (Klieken-B., Lkr. Wittenberg, Sachsen-Anhalt, ❐ 2, B5).*

▶ **Geschichte.** Graf Bernhard I. von Anhalt schenkte 1258 dem Deutschen Orden Kirche und Land in B. in der Elbaue bei Klieken unweit von Coswig. Die Ordensritter gründeten eine Kommende, deren vorrangiges Ziel in der Christianisierung der noch heidnischen Landbevölkerung bestand. Zunächst gehörte B. zur Ordensballei Thüringen-Sachsen, seit 1287 jedoch zur Ballei Sachsen, deren Landkomtur in ➛ Lucklum residierte. Ein Streit mit den Fürstenbrüdern Albrecht II. und Waldemar I. von Anhalt führte 1320 zu Plünderung und Raubüberfall, was die anhaltischen Landesherrn 1324 mit weiteren Land- und Dorfüberschreibungen an den Deutschen Orden sühnen mussten. Weite Flächen der Elbaue gaben die Ordensbrüder als Unterlehen u. a. auch an die Dominikanerinnen in ➛ Coswig ab. Ein anderer Lehnsteil unterstand den Herren von Lattorff zu Klieken, mit denen die Kommende während der nächsten Jahrhunderte eng verbunden blieb. Der Bau von (kilometerlangen) Schutzdämmen gegen das Hochwasser der Elbe darf als entscheidende Kulturleistung der Ordensritter angesehen werden; sie riefen dazu flämische Siedler ins Land und nutzten deren Kenntnisse. Meist lebten nicht mehr als drei Ordensmitglieder in B. Sie waren als Priester für die Seelsorge zuständig. Nach einem Großbrand 1520 und reformatorischem Einfluss aus dem nahen Wittenberg lag die Kommende am Boden. Der Landkomtur Burchard von Pappenheim (1529–51) überredete 1529 seinen protestantischen Lehnsmann Hans von Lattorff, in den Deutschen Orden einzutreten und als Hauskomtur das Gut B. bis zu seinem Tod 1571 zu leiten. Dieses ungewöhnliche Lehnsverhältnis übertrug sich auf dessen Sohn Ernst von Lattorff (1571–79), der jedoch, verheiratet und kinderreich, sein Amt abgeben musste, weil die Ordensstatuten selbst in den protestantischen Balleien für Ordensbrüder in Führungspositionen Ehelosigkeit vorschrieben. Nach dem Dreißigjährigen Krieg galten B. und Lucklum als einzige Kommenden in der Ballei Sachsen, die noch unzerstörte Güter besaßen, die man als Pfändungsmasse für Satisfaktionsgelder an die Schweden einsetzen konnte. Der Vertrag zwischen Fürst Carl Wilhelm von Anhalt und dem Hauskomtur Samson Freiherr von Stain (1697–1727) sowie dessen Bruder Landkomtur Friedrich Maximilian Freiherr von Stain (1686–1703) beendete 1697 einen 100 Jahre andauernden Streit in B. um Fischerei-, Jagd- und Weiderechte, zementierte aber auch Unterwerfung der Kommende unter die anhaltische Herrschaft. Die Komture der folgenden Jahrzehnte lebten meist nur kurz oder besuchsweise in B. Administratoren verwalteten oder pachteten das inzwischen prosperierende Gut. Mit der Auflösung des Ordens durch Napoleon 1809 endete die Kommende B.

▶ **Gegenwart.** Heute erinnern einige Gebäude und eine evangelisch-reformierte Kapelle an die Deutschordenskommende B. bei Klieken. Die Kirche aus spätromanischer Grundsubstanz der Gründungszeit wurde 1697 im Chorbereich stark erweitert, eine viereckige Apsis kam 1759 hinzu. Die schlichte Ausstattung enthält drei lebensgroße Epitaphe der Komture Lattorff, Stain und Bennigsen, im Westteil befand sich eine Komturloge. Angegliederte mittelalterliche Gebäude dienten Ordens- und Laienbrüdern als Schlafhäuser; sie sind heute in ruinösem Zustand. Das Gebäude direkt westlich an der Kirche diente dem Komtur als Wohnhaus; es entstand als „neues Haus" nach dem Dreißigjährigen Krieg. Wirtschaftsgebäude blieben nicht erhalten.

◆ GermSac AF I, Brandenburg 2, 506–513; Demel, Bernhard: Die Deutschordensballei Sachsen vom 13.–19. Jh., Frankfurt/Main 2004.

Buro Deutschordenskommende, an die Komturkirche mit spätromanischer Grundsubstanz schließen sich östlich die Apsis und westlich das Herrenhaus an.

Bursfelde, *Benediktinerabtei St. Thomas und St. Nikolaus (1093–1584), Erzdiözese Mainz – (Hannoversch Münden-B., Lkr. Göttingen, Niedersachsen, ❐ 1, D5).*

▶ **Geschichte.** Graf Heinrich der Fette von Northeim, seine Gemahlin Gertrud und Erzbischof Ruthard von Mainz gründeten 1093 am östlichen Weserufer nahe der Niememündung das Benediktinerkloster B., dessen Gründungskonvent unter Abt Almarich (1093–1115) aus ➛ Corvey kam und ➛ Hirsauer Reformgewohnheiten mitbrachte. Die Erstausstattung fiel dürftig aus, aber freie Abtwahl, Mark- und Münzrecht waren garantiert; freie Vogtwahl erlangte der Konvent 1144 durch den Welfenherzog Heinrich den Löwen. Die Stifterin Gertrud, inzwischen Witwe, unterstellte dem zweiten Bursfelder Abt Heinrich (1115–44) das von ihr 1115 gegründete Kloster St. Aegidien in ➛ Braunschweig. Im 12. Jh. konnten umfangreicher Grundbesitz und Privilegien hinzugewonnen werden, deren Absicherung die Mönche durch einige Falsifikate erreichten. 1241 erhielt Abt Volmar (1241–49) Ehre und Recht der Inful; das bedeutende Peterskloster in ➛ Erfurt wählte 1249 diesen Abt aus B. zum Vorsteher. Seit 1256 kam B. in den Herrschaftsbereich des jungen Herzogtums Braunschweig-Lüneburg, wobei sich eine „Entvogtung" vollzog, die Exemtion von Mainz konnte jedoch nicht erreicht werden. Der Konvent war nie besonders groß und auch nicht exklusiv adelig. 1323 gründete Abt Heinbrand (1313/27) ein Priorat im thüringischen ➛ Bleicherode. 1398 werden nur noch vier Mönche im Kloster erwähnt. Bis 1433 hinterließ der allgemeine Niedergang des Klosterlebens immer deutlichere Spuren. Mit Abt Johannes Dederoth (1433–39) ergriff jedoch benediktinischer Reformwille die Abtei, der 1446 unter Abt Johannes Hagen (1439–69) in der Gründung der ➛ Bursfelder Kongregation gipfelte und B. zum bekanntesten Zentrum der spätmittelalterlichen Benediktinerreform im deutschen Reichsteil werden ließ. Der anwachsende Verband überforderte schließlich finanziell und geistig das kleine Weserkloster als Zentrum und Ort der jährlichen Generalkapitel. Hatte der überragende Abt Heinrich Ohm (1502–34) die anfallenden Verwaltungs- und Visitationsaufgaben noch mit Bravour bewältigt, so wurden seine Nachfolger der Kongregation und dem Kloster nicht mehr gerecht. 1542 setzte die lutherische Herzoginwitwe Elisabeth von Calenberg-Göttingen die Reformation in B. durch. Gefestigt wurde die evangelische Lehre aber erst seit 1584 unter Herzog Julius von Braunschweig-Wolfenbüttel. Der protestantische Abt David Denicke (1640–79) vollzog den Übergang in Prälatenpfründen; der Konvent starb aus, die herzogliche Klosterkammer vergab den einträglichen Abtstitel nur noch an verdiente Beamte.

▶ **Gegenwart.** Noch heute vergeben das niedersächsische Kultusministerium und die Hannoversche Klosterkammer den evangelischen Abtstitel. Er ist seit 1828 eng mit der Seniorenschaft der theologischen Fakultät Göttingen verbunden und seit 1955 als Kirchenamt anerkannt. 1995 etablierte sich ein evangelischer „Konvent" aus Professoren der Göttinger Universität in B., der heute im Sinn der Ökumene zusammen mit dem Abtprimas der Benediktinischen Konföderation die Tradition des Ortes pflegt. Von Kreuzgang und Klausur sind nur Mauerspuren geblieben. Eine Brandstiftung vernichtete 1574 große Teile des Klosters, ein barockes Gutshaus dient heute als Tagungszentrum. Die mittelalterliche Klosterkirche beeindruckt durch ihre Größe; sie wurde mehrmals eingreifend verändert und Anfang des 20. Jh. zweigeteilt; dabei repräsentiert die romanische „Westkirche" mit dreischiffigem Langhaus und doppeltem Stützenwechsel den Gründungsbau um 1095 in hirsauischer Tradition. 1135 wurde dieser Kirche ein außergewöhnlich langgestreckter, dreischiffiger Chor mit einfachem Stützenwechsel auf hoher Sockelmauer angefügt, heute als „Ostkirche" bezeichnet. Das wuchtige Westwerk mit zwei Türmen entstand um 1170. Baufälligkeit zwang zu eingreifenden Ausbesserungsarbeiten im Ostabschluss und an den Seitenschiffen der Westkirche während des Aufblühens in der Zeit der spätmittelalterlichen Reform. Die Ornamentmalereien in der Westkirche stammen aus dieser Zeit, Reste früherer Fresken findet man in der Ostkirche.

◆ GermBen 6, 80–100; Jürgensmeier, Friedhelm (Hg.): Handbuch der Mainzer Kirchengeschichte, 3 Bde., Würzburg 1997–2002.

Bursfelde Benediktinerabtei, die romanische Abteikirche im Zentrum der größten spätmittelalterlichen Reformunion der Benediktiner, Nordansicht.

Bursfelder Kongregation

▶ Die Bursfelder Reformkongregation entstand auf der Grundlage des Erneuerungswillens der Reformkonzilien von Konstanz (1414–18) und Basel-Ferrara-Florenz (1431–49) und war beeinflusst von der Frömmigkeitsbewegung der ➛ Devotio moderna sowie der Spiritualität der ➛ Kartäuser. Johannes Dederoth († 1439) aus Münden, Novizenmeister der Benediktinerabtei St. Blasius in ➛ Northeim, begeisterte sich in Padua für die Reform der dortigen Abtei S. Giustina unter Abt Ludovico Barbo (1408–37). Er führte erstmals 1430 eine strenge Observanz in der Benediktinerabtei ➛ Clus und 1433 in ➛ Bursfelde ein; in beiden Klöstern war er vom welfischen Landesherrn als Abt eingesetzt worden. Unterstützung erfuhr Dederoth durch Reformabt Johannes Rode (1419–39) aus St. Matthias in ➛ Trier. Die Abtei ➛ Bursfelde avancierte zum norddeutschen Zentrum der Erneuerungsbewegung der Benediktiner im Spätmittelalter. Andere benediktinische Reformzentren hatten sich bereits in ➛ Kastl in der Oberpfalz und in Melk (Österreich) (➛ Melker Reform) gebildet. Abt Johannes von Hagen (1439–69), Nachfolger des an der Pest verstorbenen Gründers, beantragte 1445 beim Konzil zur Festigung der monastischen Disziplin und der liturgischen Einheitlichkeit einen *liber ordinarius* sowie *caeremoniae* für Bursfelde und verbundene Klöster, was 1446 gewährt wurde. Im Mai des gleichen Jahres tagte das erste Generalkapitel der Gründungsgruppe aus den Abteien Bursfelde, Clus, ➛ Reinhausen und ➛ Huysburg. Kardinallegat Nikolaus von Kues unterstützte die Union nachdrücklich und machte sie auf seiner Visitationsreise in Deutschland bekannt, Papst Nikolaus V. ermutigte 1453 die Vereinigung. 70 Jahre später gehörten über 100 Benediktinerabteien von Südwestdeutschland bis nach Dänemark zur

Bursfelde Benediktinerabtei, schlichte Formen als Ausdruck ursprünglicher Ideale der Benediktiner.

Kongregation, über 60 Frauenkonvente unterwarfen sich den strengen Reformstatuten, nicht alle waren inkorporiert. Ein jährliches Generalkapitel, lange unter Präsidentschaft des Abts von Bursfelde, tagte meist im Gründungskloster, später im Peterskloster in ➛ Erfurt; es war gesetzgebendes Organ, überwachte in regelmäßigen Visitationen die Mitglieder, förderte Uniformität, beachtete aber auch Eigenständigkeit und Tradition, kontrollierte Abtwahlen und verhängte Strafen. Die Besinnung auf benediktinische Grundwerte, strenge Einhaltung der Benediktregel und die Pflege des Gottesdienstes förderten spirituelle Kraft, innere Frömmigkeit, liturgische Einheit, monastische Disziplin, wissenschaftliche Bildung und ökonomische Prosperität in den Mitgliedsabteien. Durch die Reformation verlor die Kongregation 50 Klöster, aber auch die Gegenreformation und die bistumsorientierte Politik der Diözesanbischöfe engten den Verband seit dem 16. Jh. zunehmend ein. Das letzte Generalkapitel fand 1780 in der ➛ Hildesheimer Abtei St. Michael statt.

◆ GermBen 1, 315–407; LThK³ 2, 815f.

Bürvenich, *Zisterzienserinnenabtei St. Maria und St. Stephan (vor 1220–1802), Erzdiözese Köln – (Zülpich-B., Kr. Euskirchen, Nordrhein-Westfalen, ❐ 3, A1).*

▶ **Geschichte.** Graf Wilhelm II. von Jülich oder seine Nachfahren gründeten zwischen 1200 und 1220 an der Pfarrkirche St. Stephan in B. bei Zülpich im nordöstlichen Eifelvorland das Frauenkloster *Sancta Maria de valle*, dem die Aufgabe eines jülischen Hausklosters zugedacht war. Bis in die Neuzeit wurde eine Gräfin Elisabeth als Stifterin verehrt. Die einzige Elisabeth der damaligen Zeit am Ort war Gräfin Elisabeth von Hochstaden, Gattin Eberhards II. von Hengebach, Vogt von Zülpich und Regent von Jülich in Vormundschaft über Graf Wilhelm IV. in den Jahren 1218 bis 1225; um 1220 könnte demzufolge die Gründung erfolgt sein. Das erste urkundliche Zeugnis stammt von 1234. Einzig eine Gräfin Averadis von Jülich, Tochter Graf Wilhelms II., stiftete 1208 Besitz in der Umgebung von B., jedoch nicht für B., sondern für das nahe Prämonstratenser-Chordamenstift Füssenich, heute eine Barockanlage. Die Schwestern in B., die sich seit 1234 Zisterziensergewohnheiten unterwarfen, könnten aus dem Konvent Marienborn im nahen ➛ Hoven gekommen sein. Obwohl einige Parallelen zu Hoven auffallen, bieten die Überlieferungen zunächst wenig Anhaltspunkte, den Konvent in B. als ordenszugehörig einzustufen. 1486 jedoch ordnete das Generalkapitel der Zisterzienser innere Reformen in den Klöstern B. und Blatzheim an und beauftragte mit ihrer Durchsetzung den Abt von Val-Dieu (Belgien). Seit 1491 waren Zisterzienser aus ➛ Heisterbach Vorsteher und Beichtväter der Schwestern. Blatzheim galt seit 1285 als inkorporiert und für B. kann man dies zumindest im Spätmittelalter annehmen, (Zisterzienserinnenkonvente in der Erzdiözese Köln waren zumeist vollwertige Mitglieder des Ordens). Der Konvent B. bestand aus etwa zehn Chorschwestern, adelige Töchter aus der Umgebung amtierten als Äbtissinnen, so Odilia (1307), Ydberg von Irnich (1419) und Christina von Bungardt (1559). 1673 brandschatzten französische Truppen den Wirtschaftshof, der im 18. Jh. neu aufgebaut werden musste. 1695 brannte auch der Klosterhof Floisdorf aus, in der Folge konnten die Pachtzahlungen an die Prämonstratenserabtei ➛ Steinfeld nur mühsam aufgebracht werden. Nach der Besetzung des linksrheinischen Reichsgebiets durch französische Revolutionstruppen wurde die Abtei B. 1802 durch napoleonische Beamte aufgelöst.

▶ **Gegenwart.** Das barocke Klosterhofgebäude im Anschluss an die eingezogene Chorapsis dient heute als Pfarrhaus. Das Äbtissinnenhaus von 1735 wurde lange als Schule genutzt, heute ist es in Privatbesitz. Die einfache romanische Pfarrkirche erweiterten die Zisterzienserinnen um 1260 durch den Anbau der Klosterkirche; die Trennwand zwischen beiden wurde 1840 entfernt; heute dient die langgestreckte Kirche als katholische Pfarrkirche St. Stephan. Ihr fehlen an der Nordseite Fenster, weil sich dort einst Klausurflügel anschlossen; die Spitzbogenfenster der Südseite stammen aus der Zeit der Erneuerung nach einem Brand von 1448. Der Westturm ist erst im 16. Jh. bezeugt. Ein steinernes Sakramentshäuschen (1453), ein Vesperbild (um 1500) und ein Antwerpener Passionsretabel (um 1520) schmücken den Innenraum.

◆ Schaden, Christoph: Die Antwerpener Schnitzaltäre im ehemaligen Dekanat Zülpich, Köln 2000; Ostrowitzki, Anja: Die Ausbreitung der Zisterzienserinnen im Erzbistum Köln, Köln u. a. 1993; Coester, Ernst: Die einschiffigen Cisterzienserinnenkirchen West- und Süddeutschlands von 1200 bis 1350, Mainz 1984.

Buxheim, *Kartäuser Reichskloster St. Maria (1402–1812), Salesianerkloster St. Maria (seit 1927) – „Maria Saal“, Diözese Augsburg – (Lkr. Unterallgäu, Bayern, ❐ 3, D4).*

▶ **Geschichte.** Das 1228 erstmals erwähnte Kollegiatstift B. an der Iller war Ende des 14. Jh. so heruntergekommen, dass der letzte Stiftspropst Heinrich von Ellerbach den Besitz einschließlich Bauernsiedlung und niederer Gerichtsbarkeit 1402 mit Einverständnis des Domkapitels in Augsburg dem Kartäuserorden übergab; auch konnte er die Reichsstadt Memmingen als neue Schutzmacht gewinnen. Sechs Kartäuser kamen aus Kloster ➛ Christgarten bei Nördlingen in die neue Gründung *Domus Aulae Beate Marie Virginis Buxia*, die 1406 in den Orden inkorporiert wurde. Die Entwicklung in den ersten 100 Jahren verlief so günstig, dass sich die Zellenanzahl bis zum Jahr 1512 auf 22 Eremitenhäuschen erhöht hatte, was einem Doppelkloster entsprach und B. zur größten Kartause im süddeutschen Raum machte. Bauernhöfe in etwa 60 Orten Schwabens, eigene Weingüter am Bodensee und ein System von Fischteichen in der Illerau bildeten die wirtschaftliche Basis. Der Bauernkrieg 1525 und die lutherische Glaubenslehre brachten dem Kloster erste große Rückschläge. Die Mönche mussten fliehen; 1543 war der Konvent auf zwei Priestermönche und zwei Laienbrüder zusammengeschrumpft. Das protestantische Memmingen konfiszierte 1546 das Kloster und bereicherte sich am Klostergut. Der politisch geschickt agierende Prior Dietrich Loher (1543–54) erreichte beim Kaiser die Rückgabe und 1548 den Schutz des Hauses Habsburg, wodurch das Kloster als einzige Kartause im römisch-deutschen Reich den Status eines Reichsklosters erlangte. In der Neuzeit durchlebte B. eine wechselvolle Geschichte: barocke Modernisierung und Kontribution, künstlerische Hochkultur und bittere Not. Kaiserin Maria Theresia vergab 1760 die hohe Gerichtsbarkeit, was einer politischen Aufwertung entsprach. Die Reichskartause B. war nun auch souveräner Landesherr über ein kleines Herrschaftsgebiet. 1803 wurde sie zugunsten des Grafen von Ostein säkularisiert. Die Mönche durften bis 1812 bleiben und ihr Klosterleben fortsetzen.

▶ **Gegenwart.** Seit 1916 besitzt der bayerische Staat Kirche, Kreuzgang und Bibliotheksbau. Einen Teil der Gebäude übernahmen 1926 die Salesianer Don Boscos und erfüllen den alterwürdigen Ort wieder mit geistlichem Leben. Sie unterhalten ein Gymnasium mit Internat. Die weiträumige Klosteranlage mit großem und kleinem Kreuzgang, Klosterkirche, Refektorium, Bibliothek, Sakristei, Annakapelle, Priorat und drei übriggebliebenen Zellenhäuschen geht auf das Mittelalter zurück, zeigt sich aber heute im kunstreichen Gewand des repräsentativen Barock und Rokoko, dem sich selbst die Kartäuser dieser Zeit nicht entziehen wollten. Die Kirche hatten bereits die Säkularkanoniker um 1300 erbaut, die Kartäuser verlängerten gegen 1450 das Kirchenschiff und unterzogen den Innenraum 1709 einer aufwändigen Barockisierung. Auffällig ist der quer durchlaufende Kreuzgang, der als Chorschranke fungierte und Priestermönche von Laienbrüdern trennte. Der kunstsinnige und weltoffene Reichsprior Johannes Bilstein (1678–93) ließ vom Tiroler Bildhauer Ignaz Waibl ein frühbarockes Chorgestühl aus Eichenholz schaffen, das als Meisterwerk seinesgleichen sucht. Die ehemaligen Mönchszellen konnten restauriert werden und dienen heute einem Museum zur Veranschaulichung des eremitisch geprägten Gemeinschaftslebens der Kartäuser.

❖ Im Germanischen Nationalmuseum in ➛ Nürnberg, ebenfalls eine ehemalige Kartause, ist eine kunstvolle Darstellung des Kartausenstammbaums „Cartusiana" in Form eines Triptychons zu bewundern, entstanden um 1500 im Auftrag des Buxheimer Konvents.

◆ Harder-Merkelbach, Marion: B., Kartause und Pfarrkirche, Buxheim 1996; Stöhlker, Friedrich: Die Kartause B., Würzburg 1972.

Buxheim Kartäuser Reichskloster, die mehrfach veränderte Kirche im weiträumigen Klosterareal, Ostansicht.

Buxtehude, *Benediktinerinnenkloster St. Maria und St. Laurentius (1196–1650) – „Altkloster", Diözese Verden – (Lkr. Stade, Niedersachsen, ❒ 1, D3).*

▶ **Geschichte.** Die Herren Gerlach und Heinrich von Buxtehude sowie Heinrichs Gattin Floria stifteten an der alten Marienkirche in B. am Rand der Elbmarsch 1196 ein Frauenkloster, statteten es großzügig aus und unterstellten es der Verdener Kirche. Erste Schwestern kamen mit Vorsteherin Floria möglicherweise aus dem Kloster ➛ Lüne bei Lüneburg, das damals noch unter Aachener Stiftsverfassung lebte. 1210 erfolgten Bestätigung und Schutzerklärung der Buxtehuder Niederlassung durch Papst Innozenz III. 1274 besiedelten die Frauen ein Tochterkloster in Neuenkirchen, das 1286 nach Bredenbeck (heute Neukloster) umzog, das Mutterkloster in B. hieß nunmehr „Altkloster". Um 1285 legte Erzbischof Giselbert von Bremen (etwa anderthalb Kilometer entfernt) planmäßig die Neustadt B. an der Este an, die sich schon bald als wachsender Wirtschaftskonkurrent schädigend auf das Altkloster auswirkte. Die Schwestern behielten Patronatsrechte über die neustädtische Pfarrei St. Petrus, Seelsorgeaufgaben nahm ihr Propst wahr. 1389 lebten etwa 60 Frauen im Kloster, sie hatten im 15. Jh. während Fehden der Horneburger mit den Herzögen von Braunschweig-Lüneburg unter Wirtschaftsschäden zu leiden. Der Propst unterhielt für einige Zeit eine Truppe bewaffneter Knechte. Die innere Reform des Konvents ging vom Kloster ➛ Ebstorf aus und wurde durch die Priorinnen Gertrud Rammes (1478–87) und Margarethe Snitkers (1487–1530) erfolgreich durchgesetzt. Der Einfluss der ➛ Bursfelder Kongregation war offensichtlich, ein Beitritt ist jedoch nicht nachweisbar. Die Benediktinerabteien ➛ Oldenstadt und ➛ Harsefeld gehörten damals zur Reformkongregation und nahmen Einfluss auf die Wahl des Propstes. Vermutlich wurde um 1480 im Skriptorium des Altklosters eine Übersetzung der vier Evangelien ins Mittelniederdeutsche angefertigt, wobei Schwestern die lateinische Vulgata als Übersetzungsgrundlage nahmen (und nicht wie Luther den griechischen Urtext). Folgenreich war die Brandzerstörung des Klosters 1499, verursacht durch Buxtehuder Bürger, die das Kloster im Vorfeld ihrer Stadt als Versorgungsquartier für feindliche Söldnerhaufen beseitigt wissen wollten. Der schnelle Wiederaufbau durch die Stadtväter ermöglichte den Wiedereinzug der 67 Schwestern schon ein Jahr später. Seit 1541 wurde die Reformation in B. eingeführt, was zum Verlust der Kirchenherrschaft führte. 1650 wurde das Kloster von der schwedischen Herrschaft aufgehoben. Der Abriss erfolgte nach dem Tod der letzten Benediktinerin 1700.

▶ **Gegenwart.** Teile der Grundmauern des Klosters, das in zweistöckigen Klausurgebäuden bis zu 100 Schwestern Platz bot und eine zweischiffige Saalkirche aus Backsteinen besaß, wurden rekonstruiert und sind auf dem Klosterplatz im Stadtteil Altkloster von B. zu besichtigen.

❖ In westlicher Richtung über der Este entsteht heute ein neues Wohngebiet, das offiziell „Kloster Dohren" genannt wird. Ein Kloster Dohren bei Buxtehude hat es nie gegeben, die Namensgebung geht wohl auf falsche Angaben zurück.

◆ GermBen 11, 134–159; Schindler, Margarete: B., Studien zur mittelalterlichen Geschichte einer Gründungsstadt, Wiesbaden 1959.

Caldern, *Zisterzienserinnenkloster St. Nikolaus (1250–1527), Erzdiözese Mainz – (Lahntal-C., Lkr. Marburg-Biedenkopf, Hessen, ❐ 3, C1).*

▶ **Geschichte.** Herzogin Sophie von Brabant, Tochter der hl. Elisabeth von Thüringen und Mutter des ersten Landgrafen von Hessen, übergab im April 1250 dem neugegründeten Zisterzienserinnenkloster in C. an der oberen Lahn die neue Kirche St. Nikolaus und garantierte landgräflichen Schutz, Kardinallegat Hugo bestätigte 1252 diese Schenkung. Eigentlicher Gründer des Klosters war wohl Ortspfarrer Heinrich, der wiederholt der Kirche Vermögensteile zukommen ließ, was Erzbischof Siegfried III. von Mainz (Eppstein) bereits 1235 bestätig hatte. Die hessische Landgrafenfamilie überhäufte das Kloster mit besonderer Gunst in Form von Besitzzuweisungen und Privilegien. Landzukäufe wurden möglich, so 1299 im nahen Amönau aus der Hand des Ritters Kraft von Hohenfels. Die größte testamentarische Zuwendung war jene Ritter Heinrich Zollers 1325 mit Gütern zu Willershausen. Nachrichten über den Frauenkonvent C. sind dürftig, päpstliche oder bischöfliche Urkunden aus spätmittelalterlicher Zeit fehlen völlig. Dem Konvent standen Äbtissinnen und Priorinnen vor, die Verwaltung führte der Pfarrer vom Ort als Propst *(praepositus)*, oberste Entscheidungsgewalt hatte der Abt zu ➛ Arnsburg, der Visitationen vornahm und zu Veräußerungen von Klostergut seine Genehmigung erteilen musste. Diese direkte Abhängigkeit deutet auf Mitgliedschaft im Zisterzienserorden hin, Belege für eine Inkorporation gibt es jedoch nicht; auch das Nikolauspatrozinium spricht dagegen, in der Forschung gilt C. als kommittiertes Frauenkloster der Zisterzienser. Durch die Nähe zur Stadt Marburg bestanden enge Verbindungen zum Stadtadel, der seine Töchter bevorzugt in C. unterbrachte, Mitgiften und Jahresgedächtnisstiftungen wurden zu festen Einnahmequellen. Im Krieg der alten Minne (1375–77) verwüstete Graf Johann von Nassau den Ort samt Kloster. Stiftungen gingen im 15. Jh. zurück, die Schwestern waren häufig genötigt, ihren Besitz auf dem Prozessweg zu sichern. Zur Durchsetzung der Reformation verfügte Landgraf Philipp I. von Hessen 1527 die Auflösung des Klosters; 15 Schwestern und Äbtissin Gertrude von Stormede (1509–27) wurden abgefunden. Die Güter kamen ab 1540 der neugegründeten Universität Marburg und dem Siechenhaus dieser Stadt zugute.

▶ **Gegenwart.** Die spätromanische Klosterkirche St. Nikolaus, heute evangelisch-lutherische Pfarrkirche, wurde von den Zisterzienserinnen übernommen; der wehrhafte Westturm mit Helmdach entspricht deshalb nicht den typischen Frauenkirchen des Mittelalters. Das zweischiffige Langhaus mit Kreuzgratgewölbe endet im Osten mit Chorquadrat und halbrunder Apsis. Die Südseite schmücken zwei alte Portale. Die teilweise erhaltenen Klausurgebäude südöstlich der Kirche erscheinen heute stark überbaut, das Refektorium ist trotz Nutzung als Scheune noch gut erhalten, Reste der Immunitätsmauer schließen das Areal im Osten ab.

Cappel Prämonstratenser-Chorfrauenstift, Blick aus dem Mittelschiff der romanischen Stiftskirche durch die Vierung in den östlichen Chorraum.

◆ Mohn, Claudia: C. (Hessen), in: Mittelalterliche Klosteranlagen, Petersberg 2006, 270–272; Loth, Heinz: Ora et labora – 750 Jahre Kloster C., Caldern 2000.

Camburg, *Augustiner-Chorherrenstift St. Cyriacus (1212– vor 1219) – „Cyriaksruine", Diözese Naumburg – (C.-Stöben, Saale-Holzland-Kreis, Thüringen, ❐ 4, B1).*

▶ Die Kapelle St. Cyriacus zwischen C. und Stöben hoch über der Saale wurde im 10. Jh. in der Zeit der Slawenmission errichtet. Das Bistum Zeitz entstand 968, aus ihm erwuchs 1028 das Bistum Naumburg. Der ottonische Steinbau St. Cyriacus gilt als ältester Sakralbau Thüringens. 1121 kam die Kirche an das Augustiner-Chorherrenstift ➛ Halle Neuwerk, das wohl 1212 mit Hilfe Markgraf Dietrichs des Bedrängten und Bischof Engelhards von Naumburg (Meißen) an St. Cyriacus ein Augustiner-Chorherrenkonvent etablierte. Die Chorherren blieben nur wenige Jahre, siedelten nach Eisenberg um und wurden dort 1219 von einem Frauenkonvent verdrängt, der 1212 in Triptis gegründet worden war und nach Zwischenaufenthalt in Zwickau seinen endgültigen Standort in Eisenberg fand. Bis zur Reformationszeit besuchten Wallfahrer die alte Kultstätte in C., danach verfiel sie und diente bis auf Reste als Steinbruch. Der Grundriss der Kirchenruine mutet byzantinisch an und wird in der Kunstgeschichte als „Referenztyp C." bezeichnet. Bauliche Veränderungen, die auf den kurzen Aufenthalt der Chorherren zurückzuführen wären, sind nicht erkennbar.

◆ GermSac NF 35.

Cappel, *Prämonstratenser-Chorfrauenstift St. Maria und St. Andreas (um 1140–1588), Erzdiözese Köln – (Lippstadt-C., Kr. Soest, Nordrhein-Westfalen, ❐ 1, C5).*

▶ **Geschichte.** Nur aus Indizien und archäologischen Quellen lässt sich die Frühgeschichte des Stifts C. rekonstruieren. Um 1140 entstand an einer fränkischen *capella* ein Prämonstratenserinnenstift, möglicherweise besiedelt von vertriebenen Kanonissen aus ➛ Liesborn, die sich der sogenannten dritten Augustinusregel des *ordo novus* unterwarfen, oder aber mit Prämonstratenserinnen aus ➛ Stoppenberg bei Essen. Als Stifter kommen die Äbtissin des Kanonissenstifts Essen oder die Brüder Bernhard I. und Heinrich I. zur Lippe in Frage; ihre Güter gehörten zur Grundausstattung. Um 1150 entstand die Stiftsanlage, 1155 erlangten die Frauen Tauf- und Beerdigungsrechte und unterhielten von Anfang an ein Hospital. 1153 erfolgte die päpstliche Bestätigung und 1187 die kaiserliche Absicherung der Privilegien. Edelherr Bernhard II. zur Lippe (um 1140–1224) unterstützte Ende des 12. Jh. mit Schenkungen den Bau der heute noch existierenden Stiftskirche. Bernhard trat um 1190 als Zisterzienser in ➛ Marienfeld ein, wurde gegen 1210 Abt von Dünamünde (Lettland) und 1218 Bischof von Selonien. In C. lebten neben den Schwestern auch Chorherren unter einem Propst, die den Konvent seelsorglich betreuten und weltliche Aufgaben erledigten, ohne dass man jedoch von einem Doppelstift sprechen könnte. Propst Hermann (1221–33?) stand in Personalunion den Stiften C. und Stoppenberg vor. Die Vogteirechte lagen bei den Lippischen Herren, die durch anhaltende Zuwendungen ihr ältestes Kloster zur wohlhabendsten geistlichen Institution des Lippstädter Raumes protegierten. Zum Besitz gehörten neben Höfen und Zehntrechten auch Salzsiedehäuser in Estkotten und Sassendorf. Jahrhunderte hielt die ruhige Entwicklung an, lediglich 1316 beauftragte Erzbischof Heinrich II. von Köln (Virneburg) den Abt von ➛ Knechtsteden und den Propst von ➛ Weddingen, die Klausurbestimmungen im Konvent zu erneuern. Die Reformation des 16. Jh. bewirkte den ersten tiefen Einschnitt in der Geschichte, die Grafen zur Lippe wandten sich der lutherischen Lehre zu. Graf Bernhard VIII. ließ das katholische Stift C. 1588 auflösen, aber als evangelisches Institut weiterführen, Priorin Anna Voigt von Elspe (1588–91) nahm den Titel *Domina* an. Nach Rekatholisierungsversuchen erfolgte 1633 die juristische Auflösung als Prämonstratenserinnenstift. C. bestand bis 1971 als evangelisches Damenstift weiter.

▶ **Gegenwart.** Die ehemalige Stiftskirche und heutige evangelische Pfarrkirche St. Maria, eine zweijochige Pfeilerbasilika mit zweitürmiger Westfassade, mit Apsiden an den Querhausarmen und flachem Chorabschluss, wurde in der zweiten Hälfte des 12. Jh. im gebundenen System gebaut und schon damals vollständig eingewölbt. Um 1690 erlagen die Apsiden und Seitenschiffe dem Abbruch, die Arkadenbögen wurden vermauert. Die spätgotische Kanzel und das Chorgestühl erinnern an die letzten katholischen Jahre. Von der einstigen Klausur, die 1522 neu erbaut worden war, blieb nichts erhalten. Die heutigen Stiftsgebäude entstanden als Wohnungen der evangelischen Stiftsdamen im späten 18. Jh., zum Teil über dem Kreuzgang.

◆ Ehlers-Kisseler, Ingrid: Die Anfänge der Prämonstratenser im Erzbistum Köln, Köln u. a. 1997; Schneider, Manfred: C., in: Westfälisches Klosterbuch, Tl. 1, Münster 1992, 167–173.

Cappenberg, *Prämonstratenser-Chorherrenstift St. Maria und St. Johannes Evangelist (1122–1803), Diözese Münster – (Selm-C., Kr. Unna, Nordrhein-Westfalen, ❐ 1, B5).*

▶ **Geschichte.** Gottfried II. von Cappenberg, ein kriegserprobter Graf aus dem Ardennengeschlecht, wandelte seine Burg C. in ein Kloster um und übergab dieses im Mai 1122 in einem Akt der persönlichen Bekehrung dem Ordensgründer Norbert von Xanten. 1224 entschied sich Gottfried selbst für die *vita religiosa* in Armut und wurde mit seinem Bruder Otto vom Ordensgründer Norbert für ein Jahr nach Prémontré geschickt. Seine Stiftung C., die Erzbischof Friedrich I. von Köln ausdrücklich förderte und Kaiser Heinrich V. 1123 sowie Papst Honorius II. 1126 bestätigten, gilt als erste Niederlassung des jungen Ordens der Prämonstratenser im heutigen Deutschland und als Ausstrahlungszentrum des neuen Ordens der Regularkanoniker. Norbert selbst führte das Stift als erster Propst, nahm aber 1126 das Amt des Erzbischofs in Magdeburg an. Sein Stifter Gottfried verzieh ihm das nicht; er starb bereits 1127 in seiner anderen Gründung ➛ Ilbenstadt. 1148 gelangten Teile der Gebeine Gottfrieds nach C.; sein Bruder Otto wurde 1156 zum Propst gewählt und starb 1171. Die Bekehrung der beiden Grafenbrüder erregte die Gemüter schon zu ihren Lebzeiten und ist bis heute Gegenstand zahlreicher Publikationen. Der gelehrte Propst Otto I. *magister* (1136–56) schrieb die erste „Vita Godefridi". Vermutlich von Beginn an gehörte ein inkorporierter Konvent *sorores* (Schwestern) als „Niedercappenberg" im Tal zum Stift, dem die Witwe Gottfrieds, Jutta, angehörte und der bis 1299 nachweisbar ist. C. blühte dank umfangreicher Güter schnell auf. Zum Stiftsverband gehörten bald die Neugründungen Varlar, Ilbenstadt, ➛ Clarholz, ➛ Lette, ➛ Quedlinburg St. Wipertus, Scheda, ➛ Wedinghausen, ➛ Wirberg, ➛ Oelinghausen, ➛ Rumbeck, ➛ Heiligenberg-Vilsen und ➛ Lüneburg-Heiligenthal; direkt inkorporiert waren ➛ Wesel und Niedercappenberg. Chorherren aus C. wurden Pröpste in ➛ Magdeburg, ➛ Gottesgnaden und ➛ Jerichow sowie Bischöfe in ➛ Ratzeburg, ➛ Brandenburg und Riga (Lettland). Seit Mitte des 12. Jh. entfernte sich der Konvent von den Idealen der Stifter, seit Ende des 13. Jh. herrschte Adelsexklusivität, die geistliche Strenge verfiel. 1451 wird erstmals ein Schulmeister erwähnt und eine umfangreiche Bibliothek aufgebaut, die 1622 zum großen Teil verloren ging. Die Stiftsherren widersetzten sich inneren Reformen durch den Abt von ➛ Steinfeld erfolgreich (um 1450). Nach der Reformation folgten Kriege, Plünderungen, Brandschatzungen und Flucht. Erst nach dem Dreißigjährigen Krieg wurde die weiträumige Dreiflügelanlage im barocken Repräsentationsstil aufgebaut, die ein nahezu weltliches Leben ermöglichte. Nach der allgemeinen Säkularisierung im Januar 1803 fiel der Besitz an Preußen.

Cappenberg Prämonstratenser-Chorherrenstift, das Stifterdenkmal für Gottfried und Otto (um 1325).

▶ **Gegenwart.** Die Stiftskirche, eine dreischiffige Pfeilerbasilika auf kreuzförmigem Grundriss, entstand nach 1122 und ist heute katholische Pfarrkirche St. Johannes Evangelist; sie wurde unter Propst Eberhard Freydag (1385–90) eingewölbt; den ursprünglich gerade abschließenden Chor mit Apsis ersetzte ein gotischer 5/8-Chor. Der berühmte Barbarossakopf (1171, Johannesreliquiar), ein Kruzifix (1225), das Stifterdenkmal für Gottfried und Otto (um 1325), das einzigartige Chorgestühl (um 1515), romanisch-gotische Wandmalereien und andere Sehenswürdigkeiten locken jährlich zahlreiche Pilger und Touristen nach C. Von der mittelalterlichen Klausur sind lediglich Spuren an der südlichen Kirchenmauer zu erkennen. Gottfried – wenngleich nie kanonisiert – wird noch heute in C. als Heiliger verehrt, sein Offizium wurde in Missale und Brevier aufgenommen; seine Gebeine fand man jüngst unter dem Sakramentshäuschen.

◆ Bockhorst, Wolfgang: Die Grafen von C. und die Anfänge des Stifts C., Göttingen 2003; Reichmann, Norbert: C., in: Westfälisches Klosterbuch, Tl. 1, Münster 1992, 172–181

Chemnitz, *Benediktiner Reichsabtei St. Maria (1136–1543), Diözese Meißen – (kreisfreie Stadt, Sachsen, ❐ 4, C1).*

▶ **Geschichte.** Das Benediktinerkloster C. wurde von Kaiser Lothar III. 1136 mitten im noch unerschlossenen Waldland des erzgebirgischen Königsforsts für den Landesausbau im Zuge der Ostkolonisierung gestiftet und privilegiert. Erste Mönche kamen mit Abt Ulrich aus der Abtei Pegau und brachten ➛ Hirsauer Lebensgewohnheiten mit, die sie 1101 aus der Reichsabtei ➛ Corvey übernommen hatten. Einige Hinweise deuten auf andere Stifter hin: Wiprecht II. von Groitzsch, einst Burggraf von Magdeburg und Markgraf von Meißen sowie der Niederlausitz und seine Nachkommen hatten die Mutterabtei Pegau, aber auch ➛ Reinsdorf, ➛ Lausick, ➛ Bürgel und ➛ Remse gegründet. Mit Heinrich von Groitzsch starb der Mannesstamm 1135 zum Vorteil der nachrückenden Wettiner aus. Als Heinrich starb, war er auf dem Weg zum Kaiser, weshalb vermutlich Lothar III. und seine Gemahlin Richenza auf Bitten der Witwe Bertha die geplante Gründung in C. übernahmen. Die Abtei galt immer als Reichsgründung, König Konrad III. bestätigt 1143 in der ersten bekannten Urkunde Besitz, Rechte und Privilegien wie Reichsschutz und Marktrecht. Die Äbte galten als Reichsfürsten. Kaiser Friedrich I. Barbarossa ließ 1165 die Stadt C. unterhalb der Abtei an der Furt durch den Fluss C. als reichsunmittelbare *villa abbatis* anlegen, denn zugleich mit den Mönchen waren fränkische Siedler ins Land gekommen. Der benediktinische Kirchenbau zog sich wegen ausgiebiger Rodungsvorhaben lange hin. Böhmenkönig Ottokar, der gegen den Machtantritt König Friedrichs II. agierte, zerstörte um 1212 die Anfangsbauten; Papst Honorius III. rief 1226 die Christenheit zur Wiederaufbauhilfe in C. auf. Erst weitere Schenkungen sicherten den Aufschwung, die Abtei besaß schließlich 41 Dörfer in der Umgebung; die sogenannte „Chemnitzer Teilung" des wettinischen Erblandes wurde im November 1382 von den sächsisch-thüringischen Landesfürsten wahrscheinlich in der Abtei besiegelt. Der prosperierende Silberabbau im Erzgebirge brachte den Benediktinern Reichtum, aber auch inneren Verfall, den erst Abt Heinrich von Schleinitz (1483–1522) aufhalten konnte. Er gilt als zweiter Gründer, unter seinem Nachfolger Abt Hilarius von Rehburg (1522–40) setzte sich die Hochblüte fort, die sich im anspruchsvollen Umbau der spätromanischen Pfeilerbasilika in eine spätgotische Hallenkirche und einer Aufstockung der Bibliothek zeigte. Die Einführung der Reformation im albertinischen Sachsen durch Herzog Heinrich II. beendete 1540 das monastische Leben. Sein Nachfolger Moritz, der spätere Kurfürst, ließ die Anlage auf dem Berg 1546 in ein Schloss umbauen.

▶ **Gegenwart.** Die Abteikirche St. Maria hoch über der Stadt war lange teilprofaniert; seit 1668 besitzt sie eine eigene evangelisch-lutherische Pfarrstelle und trägt allgemein die Bezeichnung „Schlosskirche". Restaurierungen griffen ab 1867 stark in die spätgotisch geprägte Bausubstanz ein: Der Westeingang wurde damals erst geschaffen, der Westturm neugotisch hochgezogen und ein spätgotischer Bühnenlettner herausgebrochen. Bis heute haben sich einzigartige Ausstattungsstücke erhalten, so die Geiselsäule des Meisters „HW" von 1515 und sein spätgotisches, reich verziertes Nordportal, das um 1980 in den Kircheninnenraum gerettet werden konnte. Die ursprüngliche Romanik blieb in der südlichen Chornebenkapelle mit ihrer friesverzierten Apsis erhalten („Sakristei"). Das Schlossbergmuseum in der ehemaligen Klausur zeigt Teile der gotischen Kreuzgänge und ein Mönchsportal am südlichen Querhausarm aus dem letzten Viertel des 13. Jh.

◆ Magirius, Heinrich: Die Schlosskirche in C., München-Berlin 1997; Schlesinger, Walter: Kirchengeschichte Sachsens im Mittelalter, Bd. 2, Köln-Graz 1962, 192–194; Ermisch, Hubert: Urkundenbuch der Stadt C. und ihrer Klöster, Leipzig 1879.

Chorin, *Zisterzienserabtei St. Maria (1273–1542), Diözese Brandenburg – (Kloster C., Lkr. Barnim, Brandenburg, ❐ 2, C3).*

▶ **Geschichte.** Zisterzienser aus ➛Lehnin ließen sich 1258 auf ➛Mariensee (Brodowin) nieder, verlegten vor 1273 aus ökonomischen Gründen mit Zustimmung des Generalkapitels und Papst Gregors X. ihr Kloster von der Insel im Parsteiner See an den heutigen Standort C. am Oberlauf der Ragöse in der Uckermark. Zusätzliche Stiftungen der Markgrafen von Brandenburg ermöglichten den Aufbau der neuen Anlage, die bereits 1270 begonnen worden war und mit der Schlussweihe der gotischen Abteikirche 1334 vollendet werden konnte. Die Abtei C. diente wie schon Mariensee als Grablege der Johanneischen Markgrafenfamilie und zur Festigung des Herrschaftsanspruchs der Askanier. Das Kloster beherbergte im 14. Jh. 60 bis 80 Mönche und etwa 400 Konversen. Gemäß der zisterziensischen Ordensregel standen neben Chorgebet und Messfeier die Erwirtschaftung des Lebensunterhaltes und damit die landwirtschaftliche Erschließung des Gebietes im Mittelpunkt des monastischen Daseins. Dabei scheuten sich die Zisterzienser nicht, bereits ansässige slawische Bauern zu vertreiben. Choriner Mönche leisteten wasserbautechnische Pionierarbeit und pflegten neben dem Hopfen- sogar Weinanbau; dabei erweiterten sie ständig ihren Besitz. Intensiv widmete sich die Abtei der Krankenpflege und Armenfürsorge in zwei Hospitälern. Der letzte askanische Markgraf Woldemar wurde 1319 in C. beerdigt, nachfolgende Erbstreitigkeiten verwüsteten die Uckermark, bis König Ludwig der Bayer 1323 seinen Sohn als Markgrafen von Brandenburg einsetzte, dem allgemein gehuldigt wurde. Der Parteinahme für die Wittelsbacher folgte 1350 die päpstliche Exkommunikation. Die lockere Herrschaft der Luxemburger unter König Karl IV. seit 1373 verführte den Regionaladel zur Aneignung von Klosterbesitz, einige schworen der Abtei Urfehde. Abt Gottfried von Greiffenberg (1389–93) kam aus alteingesessener Familie, auf seine Vorfahren ging die erste Hospitalgründung zurück, er vermochte einiges zu schlichten. Beim Machtantritt der Hohenzollern 1411/15 fielen pommersche Nachbarn in märkisches Gebiet ein, die Hussitenzüge aus Böhmen verschonten indes die Abtei. Der allgemeine Landfrieden und die Kirchenreformen des 15. Jh. bescherten nach einer Phase der Stagnation neuen Aufschwung, die Äbte engagierten sich als kurfürstliche Räte. Abt Tobias (1441–63) trat 1458 als geistlicher Richter bei der Verfolgung uckermärkischer Waldenser auf. Anfang des 16. Jh. untergruben Streitigkeiten bei Abtwahlen den inneren Frieden. Der Verpflichtung zur Teilnahme an der Universitätsgründung in Frankfurt/Oder 1506 konnte Abt Johannes Modde (1503–14) nur illegal nachkommen, weil das Generalkapitel in Cîteaux (Frankreich) ein Zisterzienserkolleg in der Frankfurter Viadrina verbot. Die eindringende Lehre Martin Luthers höhlte um 1530 die innere Ordnung aus, Messen fanden in den nächsten Jahren wegen Priestermangels kaum noch statt. 1536 untersagte zwar Kurfürst Joachim II. anlässlich eines Besuches jegliche reformatorische Aktion, scheute sich aber nicht, seinen Finanzhaushalt 1542 mit der Säkularisierung und 1543 mit der Verpfändung C. gegen 20.000 Taler zu sanieren. Immerhin gibt es Hinweise, dass die Abtei im September 1543 verlassen war, Quellenbelege über den Ablauf der Auflösung existieren nicht. Das fürstliche Domänenamt und Jagdschloss erlitt im Dreißigjährigen Krieg schwere Schäden und verfiel.

▶ **Gegenwart.** C. gilt heute als eine der besterhaltenen Klosteranlagen der norddeutschen Backsteingotik. Friedrich Schinkel und die denkmalpflegerischen Aktivitäten des preußischen Staates im 19. Jh., Sanierungsarbeiten unter der DDR-Regierung und heutige Denkmalschutzmaßnahmen retteten den mittelalterlichen Architektur-

Chorin Zisterzienserabtei, die repräsentative Westfassade der gotischen Abteikirche, Weihe 1334.

bestand. Klosterkirche (heute Teilruine), zwei verbliebene Kreuzgangflügel, Brüdersaal (heute evangelische Kirche), Abtsgebäude, Konversensaal, Küche und Brauhaus dienen als Museum, archäologische Forschungsstätte und Kulturarena. Südwestlich des Brauhauses steht die Feldsteinruine einer sehr frühen, aber wasserbautechnisch hochentwickelten Mühlenanlage.

◆ Schrage, Gertraud Eva u. a.: C., in: Brandenburgisches Klosterbuch, Bd. 1, Berlin – Brandenburg 2007, 329–353; Erdmann, Wolfgang: Zisterzienser-Abtei Doberan, Kult und Kunst, Königstein (Ts.) 1995.

Christgarten, *Kartäuserkloster St. Petrus (1384–1557), Diözese Augsburg – (Ederheim-C., Lkr. Donau-Ries, Bayern, ❒ 3, D3).*

▶ **Geschichte.** Die gräflichen Brüder Ludwig und Friedrich von Oettingen stifteten 1384 in einem Talgrund am südwestlichen Rand des Ries die Kartause *Hortus Christi.* Nördlinger Bürger und Marquard Mendel, Stifter der Kartause ➛ Nürnberg, erweiterten die Grundausstattung großzügig. Der erste Prior Johannes Kesseler (1383–1409) erreichte 1388 die offizielle Aufnahme in den Kartäuserorden. Er war auch maßgeblich an der Gründung der bedeutenden Kartause ➛ Buxheim beteiligt und sandte 1402 sechs Mönche aus C. an die Iller. 1390 war der Kirchenbau in C. fertig gestellt, 1424 verursachte ein schweres Unwetter erste Zerstörungen, woraufhin bischöfliche Ablässe den Wiederaufbau unterstützten. Weitere Zuwendungen des örtlichen Adels und reicher Bürger, aber auch eigene Zukäufe ließen Landbesitz, Zehntrechte und Kirchenpfründen anwachsen. Die Kartäuser von C. besaßen 34 Holzmarken, Weingärten zu Heppach und Grünbach, das Dorf Aufhausen sowie den Weiler Ahausen. Der Landkomtur und Kommandeur des Deutschordenshauses Ellingen, Melchior von Neuneck (1463–91), musste 1471 den Ansprüchen der Mönche nachkommen und den Zehnten zu Fünfstetten zahlen. Aufständische Bauern des Ellwanger- und Rieshaufens ließen C. 1525 ungeschoren, aber mit dem Bekenntnis der Oettinger Grafen zum Protestantismus floss lutherisches Gedankengut in den abgeschotteten Konvent ein. 1546 zeigten sich erste Auflösungserscheinungen, die Mönche Friedrich Braun und Sigmund Stubenforst verließen das Kloster. Ein Jahr später brandschatzten Soldaten des Schmalkaldischen Bundes die Anlage, eine weitere Plünderung folgte 1552 im Zweiten Markgrafenkrieg. Prior Johannes Sundermann (1547–58) und der Konvent flüchteten, Wolfgang von Oettingen übernahm das leere Kloster. Theodoricus Loher († 1554), Reichsprior von Buxheim, erreichte eine Wiederbesiedlung, aber der streng lutherische Ludwig XVI. von Oettingen-Oettingen löste das Kloster 1557 auf und fand den resignierenden Prior, zwei Mönche und einen Laienbruder mit Renten ab. Die Beschlüsse des Westfälischen Friedens sanktionierten 1648 die Aneignung des Besitzes.

▶ **Gegenwart.** Im idyllischen Kartäusertal stehen noch Reste des Klosters. Von der spätgotischen, einschiffigen Klosterkirche blieben der Mönchschor mit Kreuzrippengewölbe, ein Teil der Chorschranke und das Chorgestühl erhalten. Das kleine Gotteshaus wurde von den Nachfahren der Oettinger Grafen vor dem Verfall bewahrt, auch nutzt die Familie eine kleine Freifläche wieder als Begräbnisplatz. Die Ruine des Bruderhauses, einige Grundmauern und Teile der Umfassungsmauer verraten kaum das Ausmaß des Klosterkomplexes und die einstige Lage der Kartäuserzellen. In Nördlingen steht in der Neubaugasse ein Haus, das die Kartäuser 1434 erworben hatten und noch 1537 um ein Obergeschoss ausbauen ließen; heute gehört es zum Kloster Maria Stern, einer franziskanischen Schwesterngemeinschaft in Augsburg.

◆ Hogg, James: The chartherhouse of C., in: Analecta Cartusiana 125/1 (1991) 100–104; Blüm, Hubertus Maria: Lexikale Übersicht, in: Die Kartäuser, Köln 1983, 296; Hofmann, Hugo: C., Stuttgart 1981.

Christgarten Kartäuserkloster, im abgeschiedenen Tal der spätgotische Kirchenchor mit Mauerresten.

Cismar, *Benediktinerabtei (St. Maria und) St. Johannes Evangelist (1245–1561), Diözese Lübeck – (Grömitz, Kr. Ostholstein, Schleswig-Holstein, ❒ 2, A2).*

▶ **Geschichte.** Der Mönchskonvent des Doppelklosters St. Johannes in ➛ Lübeck zog unter Abt Johann I. (1219–46) 1245 aus der Bischofsstadt aus und ließ sich in der Wildnis Ostwagriens am Ufer der Lübecker Bucht nieder. Im Tausch hatte Graf Adolf IV. von Holstein 1238 zur Kolonialisierung und Christianisierung seines ostholsteinischen Herrschaftsbereiches das Dorf C. und umgebende Ländereien zur Verfügung gestellt. Die Verlegung gegen den Willen der Mönche wurde offiziell mit unzüchtigem Lebenswandel begründet, hatte aber eher politisch-ökonomische Ursachen. Erst nach Beilegung letzter Streitigkeiten mit den Zisterzienserinnen in ➛ Lübeck und einem päpstlichen Urteil von 1256 begannen die Mönche zügig mit dem Aufbau der neuen Anlage in C.; das Kloster hatte möglicherweise über einen Hafen direkten Zugang zur Ostsee. Eine Heilig-Blut-Reliquie, einst ein Geschenk Heinrichs des Löwen an Bischof Heinrich I., Gründer des Lübecker Johannisklosters um 1177, sowie über 800 andere Heiligtümer im wertvollen Altar, ließen C. zum vielbesuchten Wallfahrtsort aufsteigen. Die Mönche hielten guten Kontakt zur ursprünglichen Mutterabtei St. Aegidien in ➛ Braunschweig, beide Konvente erneuerten 1283 ihren Freund- und Bruderschaftsvertrag. 1290 belebte C. auch den Vertrag mit den Prämonstratensern von ➛ Ratzeburg, ein Bündnis wurde 1301 mit dem Kloster ➛ Stolpe in Westpommern abgeschlossen, weitere Verträge entstanden 1389 mit den Augustiner-Chorherren in ➛ Bordesholm und 1467 mit jenen in ➛ Segeberg. Das Frauenkloster ➛ Preetz stand zeitweise unter Aufsicht der Mönche von C. 1325 besaß die Abtei 22 ganze und zwei halbe Dörfer in Holstein sowie zehn weitere in Mecklenburg, verbunden mit Hoch- und Niedergerichtsbarkeit. Die Pestjahre um 1350 und Kriege um 1430 brachten hohe Verluste an Menschenleben und wirtschaftliche Einbrüche. Bischof Nikolaus Sachau von Lübeck leitete nach einer Visitation 1442 dringend notwendig erachtete Reformen ein, die 1449 zum frühen Anschluss der Abtei an die ➛ Bursfelder Reformkongregation führten. Der neue Abt Gerhard II. von Bruzevitz (1449–59) kam mit einem Prior und neun Reformbrüdern aus ➛ Bursfelde und begann das daniederliegende Kloster aufzurichten, 1502 zählte der Konvent wieder 23 Mönche. Mit der Reformation erhöhten sich im 16. Jh. die Abgabelasten zugunsten König Friedrichs I. von Dänemark, zugleich Herzog von Schleswig und Holstein. Anlässlich der Landesteilung 1544 übergab der sich lutherisch bekennende König Christian III. den Klosterbesitz an seinen Bruder Herzog Adolf von Gottorf, 1561 wurde der erste evangelische Geistliche eingeführt. Die Abtei C. erhielt einen Amtmann und galt als aufgehoben.

▶ **Gegenwart.** Die lange, einschiffige Backsteinkirche von etwa 1250 wurde um 1280 im Chorbereich erweitert und um 1320 am Langhaus verlängert. Heute wird sie zweigeteilt genutzt: Die westliche, ehemalige Laienhälfte ist in Etagen aufgeteilt, in denen das Landesmuseum ausstellt, die östliche Hälfte mit Chor in lübischer Frühgotik dient der Gemeinde als evangelisch-lutherische Pfarrkirche. Im Altarbereich steht ein geschnitzter Flügelaltarschrein von etwa 1310, er gilt als ältestes existierendes Kunstwerk seiner Art. Die Klausurgebäude sind nur in Teilen erhalten: Ost- und Südflügel, beide ohne Obergeschoss, dienen als Gemeinderaum, Kindergarten und Klostercafe. Unter dem ehemaligen Refektorium befindet sich der Gewölbekeller, einst Zugang zur „Johannesquelle" und mittelalterlichen Hypokaustenheizung. Die umfangreiche Bibliothek des Klosters lagert heute in Kopenhagen.

◆ GermBen 6, 101–108; Borchard, Kurt-Wido u. a.: Der älteste Flügelaltarschrein, C. und seine Sehenswürdigkeiten, Reinbek 1996; Grabkowsky, Anna-Therese: Das Kloster C., Neumünster 1982.

Cismar Benediktinerabtei, der heute älteste geschnitzte Flügelaltarschrein (um 1310) der Kunstgeschichte.

Clarholz, *Prämonstratenser-Chorherrenstift St. Maria und St. Laurentius (1133–1803), Diözese Münster – (Herzebrock-C., Kr. Gütersloh, Nordrhein-Westfalen, ❐ 1, C4).*

▶ **Geschichte.** Edelherr Rudolf von Steinfurt stiftete 1133 ein Prämonstratenser-Doppelstift in Ostwestfalen, dessen Konvente wahrscheinlich seit Beginn getrennt siedelten, die Chorherren in C. und die Schwestern im nahen ➛ Lette. Kaiser Lothar III. beurkundete C. 1134, Papst Eugen III. 1146. Der erste bekannte Propst Ermward (1146–84) bestätigte dem Vaterabt in Prémontré (Frankreich), dass sein Stift C. eine Tochter von ➛ Cappenberg sei. Ursprünglich zur Diözese Münster gehörig, kam C. 1175 zum Bistum Osnabrück; Bischof Arnold weihte 1175 die Stiftskirche, erhob sie zur Pfarrkirche und beauftragte die Prämonstratenser mit Pfarrdiensten. Eine rege Bautätigkeit signalisierte die aufstrebende Entwicklung des Konvents, der nie mehr als zwölf Mitglieder fasste. Propst Friedrich von Tecklenburg (1187–1216) verschleuderte Kirchengüter und wurde vom Generalkapitel abgesetzt, aber 1226 zum Abt von ➛ Knechtsteden gewählt. Propst Ludger II. (1251–55) trug den Abtstitel, den nur noch sein Nachfolger Florin (1265–67) beanspruchte. 1300 ist ein Hospital mit Kranken- und Siechenmeister urkundlich nachweisbar, Mitte des 14. Jh. zwang der Rückgang der Laienbrüder zur Umstellung auf Pachtwirtschaft. Eine Brandschatzung 1437 während der lippisch-tecklenburgischen Fehde störte Wirtschaft und innere Ordnung, woraufhin Beistand und Reformen durch die Zisterzienser aus ➛ Marienfeld den Prämonstratenserkonvent 1439 wieder aufrichteten. Eine eigene Schule wird 1463 erwähnt. In verhältnismäßig gesundem Zustand überstand C. zunächst die Reformationswirren des 16. Jh. Gegen protestantische Übergriffe Graf Konrads von Tecklenburg fanden die Chorherren 1548 Schutz bei Kaiser Karl V., lediglich die Auflösung ihres Damenstifts Lette (vor 1550) konnten sie nicht verhindern. Erst unter Propst Liborius von Sudholt (1567–78) ereigneten sich grobe Verstöße gegen die Ordensregeln, verbunden mit wirtschaftlichem Niedergang. Unter Elbert Wilhelm von Kückelsheim (1693–1750) erlangte C. seinen glanzvollen Höhepunkt in religiöser, geistiger und kultureller Hinsicht. Die Aufklärung prägte den Geist der letzten Jahrzehnte des Stifts. Im Oktober 1803 mussten die Prämonstratenser das Stift C. zugunsten des Grafen Moritz Kasimir II. von Bentheim-Tecklenburg verlassen.

▶ **Gegenwart.** Bald nach der Aufhebung fielen große Teile des Kreuzgangs und einige Gebäude dem Abriss zum Opfer. Die heute noch vorhandenen Klausur- und Wirtschaftsgebäude stammen aus der Spätzeit um 1800. Lediglich im Erdgeschoss des Ostflügels sind noch Reste des spätgotischen Kreuzgangs nachweisbar. Die spätromanische, dreischiffige Basilika, seit 1803 katholische Pfarrkirche St. Laurentius, war zwischen 1320 und 1330 zur gotischen Hallenkirche umgebaut worden, ihr Gewölbe erhielt danach jene Malerei, die man erst um 1955 wiederentdeckte.

◆ Meier, Johannes: C., in: Westfälisches Klosterbuch, Tl. 1, Münster 1992, 185–190; Horstkötter, Ludger: Die Prämonstratenser und ihre Klöster am Niederrhein und in Westfalen, Köln 1984.

Clus, *Benediktinerabtei St. Maria und St. Georg (1124–1596), Diözese Hildesheim – (Bad Gandersheim-C., Lkr. Northeim, Niedersachsen, ❐ 1, D5).*

▶ **Geschichte.** Das mächtige reichsunmittelbare freiweltliche Kanonissenstift Gandersheim gründete 1124 auf nahem Besitz an einer St. Georgskapelle das Benediktinerkloster C. mit Mönchen aus ➛ Corvey, die sich zur ➛ Hirsauer Reformbewegung bekannten. In der Nachbarschaft existierte bereits die inzwischen desolate Benediktinerabtei ➛ Brunshausen, die auf liudolfingisch-ottonische Stammväter zurückging, deren Mönche sich aber jeglicher Reform verweigerten. Deshalb unterstellte Äbtissin Luitgard II. von Gandersheim 1134 die alte, einst ehrwürdige Abtei Brunshausen dem jungen Kloster C., was Kaiser Lothar III. im gleichen Jahr genehmigte und Papst Cölestin III. 1192 bestätigte. Der hirsauisch geprägte Abt Winemarus (1153–67) aus St. Michael in ➛ Hildesheim leitete wie seine Nachfolger beide Konvente in Personalunion, was zu schweren Zerwürfnissen führte, ehe Brunshausen zwischen 1192 und 1215 in ein Frauenkloster umgewandelt wurde. Die Abtei C. unterstand der Jurisdiktion des Gandersheimer Stifts, ihre Grundausstattung war eher mager. Besitzzuweisungen Kaiser Lothars auf Bitten seiner Gemahlin Richenza verbesserten die ökonomische Grundversorgung. In der zweiten Hälfte des 14. Jh. setzte neben dem wirtschaftlichen Niedergang auch der innere Zerfall ein, das monastische Leben nahm Stiftscharakter an. Herzog Otto der Einäugige von Braunschweig-Göttingen erwirkte 1430 die Wahl Johannes Dederoths aus St. Blasius in ➛ Northeim zum Abt von C. (1430–39) und initiierte damit eine beispiellose Reform des kleinen Konvents. Dederoth leitete in Personalunion von 1433 bis zu seinem Pesttod 1439 auch die Abtei ➛ Bursfelde. Seine Reform gipfelte 1446 in der größten mittelalterlichen Erneuerungsbewegung der Benediktiner, in der ➛ Bursfelder Kongregation, die eigentlich nach C. benannt werden müsste. C. gehörte unter Abt Gottfried (1446–60) neben Bursfelde, ➛ Huysburg und ➛ Reinhausen zu den Gründungsklöstern dieser Reformunion. Abt Wedego (1460–1505) führte die Abtei erfolgreich, der Konvent stieg auf 31 Mitglieder an, meist aus dem Bürgertum, die Wirtschaft prosperierte, Bautätigkeit erneuerte das Kloster, das geistige Leben gewann eine Ausstrahlungskraft, die in krassem Gegensatz zur früheren Bedeutungslosigkeit und Abhängigkeit vom Stift Gandersheim stand. Abt Konrad Hissing (1505–41) wurde viermal zum Konpräsidenten der Kongregation gewählt, war mehrmals *praesidens principalis* des Generalkapitels und führte die Gemeinschaft durch die Zeit der Glaubensspaltung. Auch nach Plünderungen und mehrfacher Flucht im 16. Jh., selbst nach protestantischen Repressalien weigerte sich der Konvent standhaft, die Reformation anzunehmen, wenngleich er innerlich gespalten war. Schließlich vertrat Abt Heinrich VII. Pumme (1572–96) als letzter den Katholizismus. Nach seinem Tod wurde das Kloster als evangelische Gemeinschaft weitergeführt. 1695 gelangte es an Gandersheim zurück, das 1730 eine Pfarrstelle einrichtete und 1802 ebenfalls endete. Der Besitz ging an das Fürstenhaus Braunschweig über.

▶ **Gegenwart.** Die Anlage C. liegt noch heute abseits und versteckt, zwei Kilometer nordwestlich von Bad Gandersheim. Die erste Klosterkirche, geweiht 1127, hat die Zeiten überstanden und dient als Gotteshaus St. Maria und St. Georg der evangelisch-lutherischen Gemeinde. Die ausgewogene, schmuckarme Basilika mit Westvorhalle und zwei Westtürmen unterlag nur einer bedeutsamen Veränderung, der spätgotischen Chorerweiterung um 1485 für die gestiegene Anzahl der Mönche. 1825 verlor sie ihren südlichen Westturm. Ein hochwertiger Marienaltar von 1487 aus lübischer Werkstatt krönt den Altarraum. Die zwei- bis dreigeschossigen Klausurgebäude mit spätgotischen Kreuzgängen und Brunnenhaus um den kleinen Innenhof nördlich der Kirche entstanden während der Erneuerungsbewegung Ende des 15. Jh. und werden heute privat genutzt. Die Räume lassen sich nicht mehr alle eindeutig den mittelalterlichen Klosterfunktionen zuordnen; die ehemalige Bibliothek ist heute Gemeindezentrum.

◆ GermBen 6, 109–131; Kronenberg, Axel C.: Klosterkirche C. St. Maria und St. Georg, Clus 2001.

Coburg, *Benediktinerpropstei St. Peter und St. Paul (um 1075–1555), Diözese Würzburg – (kreisfreie Stadt, Bayern, ❐ 4, A1).*

▶ **Geschichte.** Die heute untergegangene Benediktinerabtei Saalfeld in Thüringen gründete um 1075 zur Verwaltung ihres weit entfernten Besitzes im oberen Maintal auf dem Burggelände über dem Flecken C. die Propstei St. Peter und Paul. Die Abtei Saalfeld gehörte damals zum ➛ Siegburger Reformkreis, entsprechend dürften die ersten Mönche in C. strenge benediktinische Lebensformen eingehalten haben. Mitte des 12. Jh. musste die Propstei einer neuen Befestigungsanlage weichen und siedelte in den Ort hinter die alte Pfarrkirche St. Mauritius über, die nun auch als Propsteikirche diente. Urkundlich wird sie 1217 erstmals als Außenstelle der Abtei Saalfeld erwähnt. Im selben Jahr konnten Ansprüche des Frauenklosters Veilsdorf (s. u.) auf die Kirche in C. beglichen werden. Der Propst beanspruchte das höchste geistliche Amt in C., zugleich war er Pfarrer von St. Mauritius und Stellvertreter des Saalfelder Abtes im umfangreichen Besitz. Der erste namentlich bekannte Propst war Konrad (1225). Stiftungen zugunsten der Pfarrkirche bestätigten die Pröpste von C. immer zusammen mit dem Abt und Konvent von Saalfeld, wie 1327 Propst Hermann Heller (1367/70) oder 1424 Propst Nikolaus von Engerde (1424–31). Die Schirmherrschaft hatten zunächst die Grafen von Sonneberg inne, sie ging aber später an die Hennebergische Grafenfamilie über. Große Teile des Propsteibesitzes wurden an örtliche Lehnsträger vergeben, so an die Herren von Rosenau. Die Schulausbildung war ein wichtiges Anliegen der Benediktiner, sie verpflichteten gemeinsam mit dem Magistrat einen Schulmeister. Propst Martin Algauer (1520–29) unterstellte in der Zeit der Reformation die Propstei 1524 dem Schutz der Stadt, er durfte bis zu seinem Tod 1529 Verwaltungsbefugnisse behalten. 1555 wurde St. Peter und Paul offiziell aufgelöst, der Besitz fiel an die Stadt C.

▶ **Gegenwart.** Die Propstei- und Pfarrkirche St. Mauritius dient seit der Reformation der evangelisch-lutherischen Gemeinde als Stadtpfarrkirche St. Moritz. Ihr ältester Teil ist der lange Ostchor, der um 1330 für die Mönche erbaut wurde. Den Westbereich mit zwei Türmen sowie das Hauptportal mit den Steinfiguren bauten die Benediktiner um 1450 neu auf, wobei die Türme aber erst in nachreformatorischer Zeit und dann auch nur zum Teil vollendet wurden. Die dreischiffige Haupthalle ist ein Bau der Bürger aus reformatorischer Zeit. Sie wurde 1740 barock verändert, die einst reiche mittelalterliche Ausstattung ging verloren. Ein kunstvoller Grabstein des Ritters Albrecht von Bach ziert heute als mittelalterlicher Restbestand das Erdgeschoss des Rabenturms. Herzog Johann Kasimir, Enkel des letzten ernestinischen Kurfürsten von Sachsen-Wittenberg, ließ 1598 zu Ehren seiner geächteten Eltern durch den Bildhauer Nikolaus Bergner ein zwölf Meter hohes Alabastergrabmal in den gotischen Chor setzen, das zu den schönsten

Coburg Benediktinerpropstei, der lange Chor wurde 1330 für die Mönche an die Pfarrkirche angebaut.

Renaissanceepitaphen Deutschlands zählt. Von der großräumigen Propsteianlage unmittelbar an der Kirche ist nichts geblieben. Auf dem Berg, dem Ort der ersten Niederlassung mit einer Kirche St. Peter und Paul, thront heute die Festung C. über der Stadt.
❖ Das nordwestlich gelegene Benediktinerinnenkloster Veilsdorf entstand um 1180, wurde 1446 in ein Mönchskloster umgewandelt und ging im Bauernkrieg 1525 unter. Die Klosterkirche St. Michael brannte 1570 ab, auf dem Areal entstand 1760 die älteste Porzellanfabrik Thüringens.

◆ GermBen 2, 73–74; Appeltshauser, Herbert/Zimmermann, Klaus: Evangelisch-Lutherische Kirche St. Moritz in C., Coburg 2006.

Cölbigk, *Benediktinerpropstei St. Magnus (vor 1024–1140), Prämonstratenser-Chorherrenstift St. Magnus (1142–1540), Erzdiözese Magdeburg – (Ilberstedt-C., Salzlandkreis, Sachsen-Anhalt, ❐ 2, B5).*
▶ **Geschichte.** Die Legende erzählt von betrunkenen Bauernburschen, die am Weihnachtsabend 1021 die Heilige Messe in der Kirche St. Magnus im Dorf C. störten und vom erbosten Pfarrer Ruprecht mit der Macht des hl. Magnus (um 699–772) zu ewigem Tanzen verdammt wurden. Erst Erzbischof Pilgrim von Köln erlöste die Sünder nach einem Jahr von der Strafe. Pfarrer Ruprecht fand in der Gestalt des Knechts Ruprecht als Gehilfe des hl. Nikolaus von Myra (4. Jh.) eine über Jahrhunderte anhaltende Verehrung. Der Marktflecken C. an der Wipper westlich von Bernburg entwickelte sich zum Wallfahrtsort des „Tanzwunders". Kaiser Heinrich II. stiftete daraufhin vor 1024 zum Gedenken an das Magnuswunder ein Benediktinerkloster, übergab es aber nicht der nahen Reichsabtei ➛ Nienburg, sondern der Abtei St. Michael in ➛ Bamberg, die eine abhängige Propstei gründete. Der Benediktinerkonvent bestand nur etwa 120 Jahre, obwohl die Mönche wahrscheinlich den strengen Gewohnheiten der ➛ Junggorzer, und später der ➛ Hirsauer Reform ihres Mutterklosters in Bamberg unterstanden. Bischof Egilbert von Bamberg übergab 1140 das Kloster den Prämonstratensern vom Stift Unserer Lieben Frauen zu ➛ Magdeburg. Regulierte Chorherren besiedelten mit dem ersten Propst Theobald 1142 das Stift C.; im September desselben Jahres stellte Papst Innozenz II. die Bestätigungsurkunde aus. Ihre Hauptaufgabe sahen die Chorherren in der seelsorgerischen Betreuung der Bevölkerung und der Pilger. Entsprechend der ersten Ordenspraxis lebte im Doppelstift auch ein Frauenkonvent, der für 1350 noch belegt ist. Herzog Albrecht I. von Sachsen übertrug 1227 C. die Kirche in Borne und 1257 die Filialkirche in Bergholz bei Belzig. Propst Nikolaus tauschte diese aber 1389 mit den Zisterzienserinnen von ➛ Ankuhn bei Zerbst gegen die Pfarrkirche im nahen Plötzkau. Im 15. Jh. schritt der Niedergang des monastischen Lebens in C. so rasch voran, dass der Prämonstratenserorden den Konvent 1469 mit der Mutterabtei in Magdeburg vereinte. Nach den reformatorischen Umwälzungen gab Magdeburg die Hoffnung einer Neubelebung auf, C. wurde 1540 aufgelöst, noch bevor das Mutterstift unter Propst Adam Löder (1597–1612) sich zum Protestantismus bekannte. Die Anlage diente den anhaltischen Fürsten als Domäne.
▶ **Gegenwart.** Die romanische Kirche St. Magnus existierte noch in DDR-Zeiten, wurde aber jahrelang im LPG-Gut als Stallgebäude missbraucht, ehe man sie in den 1970er Jahren sprengte. Auch heute befindet sich an der Stelle des früheren Klosters ein landwirtschaftlicher Betrieb, der noch immer mittelalterliche Umfassungsmauern und alte klösterliche Zweckgebäude bewahrt. Ihr Anblick im Ilbenstedter Ortsteil lässt kaum ahnen, dass hier einst der hl. Magnus Wunder gewirkt haben soll, woraus den deutschen Kindern der strafende und schenkende Knecht Ruprecht erwuchs. In den Dörfern Borne und Bergholz im Fläming stehen heute noch die spätromanischen Kirchen, die über 130 Jahre im Besitz der Prämonstratenser von C. waren.

◆ MonPraem 296 f.

Cölestinerorden *(Ordo Fratrum Petri de Murrono, Coelestini).*
▶ Pietro del Murrono (um 1210–96), ursprünglich ein Benediktiner, stand einer Gemeinschaft von Eremiten in den Abruzzen bei Sulmona vor, deren erstes Hauptkloster S. Spirito a Maiella 1263 päpstlichen Schutz erlangte und die im März 1275 als Kongregation anerkannt wurde. Überregionale Beachtung erwarb der exemte Klosterverband, als ihr Gründer Pietro 1294 als Cölestin V. zum Papst gewählt wurde. Als Papst trat er wenige Monate nach Amtsantritt freiwillig zurück, bislang ein einmaliger Vorgang in der Papstgeschichte. Die Bewunderung für ihn steigerte sich zur allgemeinen Verehrung, seine Kanonisierung erfolgte bereits 1313. Der Hauptsitz des Ordens wurde 1291/92 in die neue Abtei S. Spirito del Morrone (in der Nähe von Sulmona) verlegt, von nun an die Stammabtei der Morroneser, wie die Gemeinschaft zunächst genannt wurde. König Philipp IV. rief die Morroneser 1300 nach Frankreich, König Karl II. von Neapel und Nachfolger in den Süden Italiens. Der Orden genoss das Wohlwollen der römischen Kurie. Mit der Entwicklung zum überregionalen Orden und wegen der Verehrung des Gründers setzte sich die Bezeichnung Cölestiner durch. Von Anfang an bekannten sich die Cölestiner zur Benediktregel, betonten aber asketische Strenge, bescheidenes Auftreten und Einfachheit; sie unterschieden sich durch eigene *ceremonie* vom übrigen Benediktinertum. Bei strikter Vereinheitlichung und kleinlicher Reglementierung dominierten liturgische Pflichten, Fürbitten und Totengedächtnis. Die Benediktregel wurde auch bei der Ämteraufteilung modifiziert, es gab neben der Hauptabtei wenige Klöster mit Abteistatus, die meisten Niederlassungen waren Priorate, es folgten *loci conventuales* oder *loci non conventuales.* Der Orden besaß 186 Niederlassungen, drei davon innerhalb der heutigen deutschen Grenzen. Unterschiede zu den schwarzen Benediktinern gab es im Habit, die Tunika war hell, die Kukulle und das Skapulier dagegen kontrastreich dunkel, alles aus Wollstoff, die Kleriker blieben bartlos. Die Cölestiner gehörten wie die Kartäuser und Birgitten zu den wenigen strengen Orden von Bedeutung im spätmittelalterlichen Reich. In der Neuzeit verlor sich die asketische Alltagsstrenge. Generalkapitel fanden ursprünglich jährlich in der Hauptabtei Morrone statt, ab 1320/21 nur noch aller drei Jahre. Nach 1380 erlangte die starke französische Provinz mit eigenen Statuten relative Unabhängigkeit von der italienischen Zentrale. Reformation und Glaubensspaltung im 16. Jh. beeinträchtigten den Orden kaum, dem gegenreformatorischen Aufschwung und barocker Beschaulichkeit folgte aber die langsame Auflösung wegen Desinteresse der Herrschenden, zunächst ab 1767 in Frankreich, danach Venedig, Italien und Österreich. Nach dem Untergang der Hauptabtei 1806 brach der Cölestinerorden zusammen. Versuche zur Wiederbelebung im 19. Jh. blieben erfolglos.

Die sogenannten „Cölestinerinnen" überlebten die Säkularisation, sind jedoch nicht als weiblicher Zweig der Cölestiner zu betrachten; vielmehr handelt es sich um benediktinische Frauenklöster, die die cölestinischen Konstitutionen annahmen.

◆ LThK[3] 2, 1249; Borchardt, Karl: Die Cölestiner, Husum 2006.

Cornberg, *Benediktinerinnenkloster St. Simon u. a. (1230–1526), Erzdiözese Mainz – (Lkr. Hersfeld-Rotenburg, Hessen, ❐ 3, D1).*
▶ **Geschichte.** Das Benediktinerinnenkloster wurde 1230 wahrscheinlich von Burgmannen der Reichsburg Boyneburg im Ort Bubenbach gegründet und unterstand der Reichsabtei ➛ Hersfeld, die eine Propstei errichtete. Ein Propst leitete im Auftrag des Abts von Hersfeld die auswärtigen Angelegenheiten des Klosters und wurde stets vom Mutterkloster bestimmt. Nach rasantem Aufschwung verlegte der Konvent unter Priorin Hohenstein (1271–1311) mit Unterstützung Hersfelds das Kloster zwischen 1292 und 1296 von Bubenbach an den heutigen, wirtschaftlich vorteilhafteren Ort, was die Namensänderung in „C." mit sich brachte. Reichliche Dotationen des örtlichen Adels, besonders der Boyneburger, und gezielter Anbau von Getreide auf sehr fruchtbarem Boden begründeten eine Blüte und erlaubten die Errichtung eines Siechenhauses, das 1309 erstmals genannt wird. Seit Mitte des 14. Jh. stagnierte die Aufwärtsentwicklung, was sich zunächst im Ausbleiben von Zukäufen und

Corvey Benediktiner Reichsabtei, das karolingische Westwerk der ersten Kirche, die Türme sind romanisch.

später in Verpfändungen auswirkte. 1388 mussten die Benediktinerinnen die Schutzherrschaft des Landgrafen Hermann II. von Hessen anerkennen. Der Konvent bestand 1393 aus 28 Schwestern und der Priorin. Den fortschreitenden Niedergang konnten auch päpstliche Hilfeleistungen im 15. Jh. nicht aufhalten, selbst die Reichsabtei Hersfeld verpfändete um 1490 zur Unterstützung vergeblich eigenen Besitz. Nach dem Bauernkrieg besetzte Landgraf Philipp I. von Hessen, ein Verfechter der Reformation, das Kloster; er ließ 1526 alle Urkunden einziehen und löste C. auf. Damals bestand der Konvent nur noch aus zwei Schwestern, die letzte wurde 1533 abgefunden.

▶ **Gegenwart.** Der Gründungsort Bubenbach liegt heute wüst und lässt keine Spuren der ehemaligen Niederlassung erkennen. Die Siedlung C. entstand erst in den dreißiger Jahren des 20. Jh. mit forciertem Kupferabbau in der Umgebung. Der Kern des namengebenden Frauenklosters existiert noch heute als schlichtes Klostergeviert aus der Zeit des Neubeginns Ende des 13. Jh. Gründlich saniert, dient die gotische Anlage aus örtlichem Sandstein um den gepflasterten Innenhof als Hotel und Sandsteinmuseum. Der Nordflügel besteht aus der Saalkirche der Benediktinerinnen, sie wird heute für Kunstausstellungen und Konzerte genutzt.

◆ GermBen 7, 116–124; HHistStD 4, 77–78.

Corvey, *Benediktiner Reichsabtei St. Stephan und St. Vitus (815–1794), Diözese Paderborn – (Kreisstadt Höxter, Nordrhein-Westfalen, ❐ 1, D5).*

▶ **Geschichte.** Mönche der merowingischen Abtei Corbie an der Somme (Frankreich) gründeten im Zuge der karolingischen Reichskonsolidierung die Missionszelle Hethis, vermutlich im Solling bei Neustadt, die aber 822 an die Weser nahe der Siedlung *Huxori*, dem späteren Höxter, verlegt wurde. Dank großzügiger Unterstützung der karolingischen Herrscher erlangte *Corbeia nova* bereits unter den ersten Äbten Adalhard (822–826) und Warin I. (826–856) große Bedeutung und Ausstrahlung. Ludwig der Fromme vertraute 823 das erste sächsische Frauenkloster ➛ Herford der Abtei an, 826 folgten Eresburg mit ➛ Marsberg, 834 bzw. 855 die begüterten Zellen ➛ Meppen und Visbek mit enormem Landgewinn in der norddeutschen Tiefebene. Der hl. Ansgar (um 801–865), Mönch aus Corbie und Schulleiter in C., wurde 826 mit der Missionierung Skandinaviens beauftragt und 848 zum Erzbischof von Hamburg-Bremen erhoben. Die Abtei C. stieg zum Zentrum fränkischer Kultur inmitten des eroberten Sachsens und zum geistlichen Zentrum auf; der sächsische Geschichtsschreiber Widukind (um 925–973) schrieb seine „Rerum Saxonicarum libri tres“ in C. Mit Abt Druthmar (1015–46) setzte sich die von Kaiser Heinrich II. geforderte ➛ Gorzer Reform durch, mit Abt Markward (1081–1107) die cluniazensisch geprägte Reform von ➛ Hirsau. Der Konvent gründete oder beeinflusste zahlreiche Mönchsabteien oder Propsteien, so Marsberg, Pegau, ➛ Gröningen, ➛ Bursfelde, ➛ Helmarshausen, ➛ Oldisleben, ➛ Clus, ➛ Marienmünster, ➛ Werbe und ➛ Tom Roden, ebenso gingen die Frauenklöster ➛ Brenkhausen, ➛ Kemnade und ➛ Schaaken auf Initiativen der Mönche von C. zurück. Einige Äbte standen anderen Reichsabteien zusätzlich vor, so in ➛ Lorsch, ➛ Limburg (Haardt) und Stablo-Malmedy (Belgien). Letzter mittelalterlicher Höhepunkt war die Amtszeit Abt Wibalds (1146–58; Erlangung der Reichsfreiheit), zugleich Abt von Stablo-Malmedy, der als enger Vertrauter mehrerer Kaiser Einfluss auf die Reichspolitik ausübte. Im Hoch- und Spätmittelalter sank die Bedeutung, C. verlor den Großteil seiner auswärtigen Güter und wurde Spielball der Territorialinteressen weltlicher und kirchlicher Nachbarn. Erst mit dem Anschluss an die ➛ Bursfelder Kongregation 1505 konnte Abt Franz von Ketteler (1505–47) den wirtschaftlichen und geistlichen Niedergang aufhalten. Kaspar von Hersel (1547–55), Konventuale aus ➛ Prüm, wurde der bedeutendste Abt der frühneuzeitlichen Periode. Obwohl die benachbarte Stadt Höxter und der örtliche Adel sich 1533 zur Reformation bekannten, blieb der Konvent katholisch. Der Dreißigjährige Krieg brachte die Zerstörung der Gebäude und die Vernichtung einer der bedeutendsten Bibliotheken der damaligen Welt. Die Rückbesinnung auf benediktinische Tugenden bewirkte den nachfolgenden Aufschwung verbunden mit dem Neubau zur repräsentativen Schlossanlage. Abt Theodor von Brabeck (1776–94) erreichte 1792/94 nach langem Ringen die Erhebung zum Fürstbistum Corvey, das aber nur unter zwei Fürstbischöfen bis 1825 Bestand hatte.

▶ **Gegenwart.** Die barocke Schlossanlage C. der ehemaligen Abtei gehört heute dem herzoglichen Haus Ratibor. Schloss C. ist ein touristischer Höhepunkt der Weserregion. Die barocke ehemalige Abtei- und Kathedralkirche dient der katholischen Gemeinde als Gotteshaus, ihr vorgesetzt steht als einzigartiges Baudenkmal das mächtige mehrstöckige Westwerk der ersten Basilika aus karolingischer Zeit, 885 zu Ehren Johannes des Täufers geweiht; die beiden hohen Türme entstanden bei baulichen Veränderungen Mitte des 12. Jh. In der dreischiffigen Erdgeschosshalle beeindrucken Säulen mit korinthisierenden Kapitellen, im ersten Obergeschoss die Kaiserhalle mit Resten karolingischer Malerei.

◆ GermBen 8, 236–293; LThK³ 2, 1328f.; Sagebiel, Martin: C., in: Westfälisches Klosterbuch, Tl. 1, Münster 1992, 215–224.

Coswig, *Dominikanerinnenkloster St. Nikolaus (1272–1527), Diözese Brandenburg – (Lkr. Wittenberg, Sachsen-Anhalt, ❐ 2, B5).*

▶ **Geschichte.** Der askanische Graf Siegfried I. von Anhalt, Gründer der Linie Zerbst-Köthen, stiftete 1272 an der bereits über 100-jährigen Pfarrkirche St. Nikolai in C. an der Elbe mit Hilfe Bischof Heinrichs I. von Brandenburg ein Dominikanerinnenkloster, das fälschlicherweise als „Augustiner-Nonnenkloster“ bezeichnet wird. 1288 nahm der Dominikanerorden, der eine ergänzte Augustinusregel als Dach-

Coswig Dominikanerinnenkloster, das spätromanische Nordportal an der Klosterkirche St. Nikolai.

werk nutzte, die Schwestern in C. offiziell in den zweiten Orden des Ordensverbandes auf. Das Kloster diente von Beginn an als Versorgungsinstitution für anhaltische Fürstentöchter und als Grablege der Stifterfamilie. Die erste Priorin Agnes († 1316) sowie ihre Nachfolgerin Hedwig († 1319) waren Töchter des Stifters, der angeblich 1289 als Dominikanerbruder starb. Dem Konvent flossen reichlich Besitz und Privilegien, einschließlich der höheren Gerichtsbarkeit im Herrschaftsbereich zu. Mit dem städtischen Kollegiatstift St. Marien konnten 1275 Seelsorgebezirke abgegrenzt werden, die alten Pfarrrechte der Nikolaikirche fielen an das Kloster. Nachweislich besaßen die Dominikanerinnen, besonders die aus dem Fürstenhaus, Privatvermögen, meist in Form von Leibrenten und Zinseinnahmen. Die seelsorgliche Betreuung der Frauen oblag dem Dominikanerkonvent in Magdeburg. Ende des 15. Jh. versuchte die Ordensleitung mit wenig Erfolg eine Reform der Klosterzucht durchzusetzen. Hingegen zeigte sich der Konvent wie auch der anhaltische Landesherr Fürst Wolfgang gegenüber der neuen Glaubenslehre Martin Luthers im nahen Wittenberg offen. 1527 übergaben die Schwestern unter Priorin Sophie von Redern (1523–27) dem Landesherrn ihren gesamten Besitz gegen lebenslangen Unterhalt aller Klosterinsassen.

▶ **Gegenwart.** Der einzig erhaltene Klausurflügel des Klosters, das ehemalige Schlafhaus der Schwestern, dient heute nach langer Nutzung als Heuboden und Schule als modernes Stadtmuseum. Die romanische Hallenkirche St. Nikolai ist in der Zeit der Klostergründung frühgotisch erneuert und erweitert worden, der obere Bereich des Westturms ist neugotisch. Das eindrucksvolle Nordportal, Reste des frühgotischen Chorgestühls, kunstvoll gestaltete Glasfenster im Chorraum sowie die größere der beiden sehr alten Glocken sind Zeugen der klösterlichen Anfangszeit. Die mehrmals erneuerte und barock eingerichtete Kirche St. Nikolai ist immer noch Hauptpfarrkirche der Stadt.

◆ GermSac AF I, Brandenburg 3, 409–429; HHistStD 11 Sachsen-Anhalt, 70 f.

Cottbus Franziskanerkloster, Westansicht der gotischen Kirche, Seitenschiff und Turm sind spätgotisch.

Cottbus, *Franziskanerkloster (um 1300–1537), Diözese Meißen – (kreisfreie Stadt, Lkr. Spree-Neiße, Brandenburg, ❐ 2, D5).*

▶ **Geschichte.** Im 13. Jh. siedelten sich infolge der Ostkolonisierung immer mehr Deutsche in der slawischen Niederlausitz an; noch heute besteht in der Niederlausitz die Besonderheit des gemeinsamen Lebens zweier Volksgruppen, der Deutschen und der Sorben (Wenden). Das Kloster der Minoriten wurde um 1300 vom Stadtherrn Friedhelm von Cottbus (wettinisch-askanischer Vasall aus fränkischem Adel) am Nordrand der Stadt C. gestiftet. Nach dem Tod des Stifters 1307 förderte dessen Sohn und Nachfolger Richard die Niederlassung und ließ die Klosterkirche vollenden. Seine Eltern Friedhelm und Adelheid fanden darin 1319 ihre letzte Ruhestätte, worauf ihre lebensgroße Grabplatte hinweist. Der Konvent, der im Mai 1350 erstmals erwähnt wird, entwickelte sich zum geistlichen Zentrum der Region. Die Brüder erlernten das Sorbische und konnten die Bewohner zur Mithilfe beim Bau eines (5 km langen) Zulaufgrabens von der Spree zu ihren Fischteichen gewinnen. Der Bau dieses „Hammergrabens“ dauerte 50 Jahre und soll 1477 abgeschlossen worden sein. Der Anteil der Franziskaner an dem Bauwerk ist jedoch nur legendenhaft überliefert und bei genauerer Prüfung anzuzweifeln. Möglicherweise entstand der Hammergraben erst ab 1557 beim Ausbau von Peitz zur Festungsstadt. Die Provinzkapitel der sächsischen Ordensprovinz fanden 1503 und 1507 in C. statt, 1507 wurde der berühmte Ludwig Henning (1507–15) zum Provinzialminister berufen. Observanten fanden keinen Zugang, der Konvent blieb konventual und behielt eigenen Besitz. Angeblich floh die Universität Frankfurt/Oder 1516 vor der Pest nach C., die Daten sind jedoch unsicher. 1522 kam der Cottbuser Franziskaner Johannes Briesmann (1488–1549) vom Studium aus Wittenberg zurück, verkündete die neue Lehre Martin Luthers und entfachte heftige theologische Auseinandersetzungen. Sein jüngster Aufenthalt im Kloster dauerte nur neun Monate, dann kehrte er nach Wittenberg zurück und wurde später einer der bekanntesten Reformatoren Ostpreußens. Sein Studienkollege, der Franziskaner Jakob Schwederich († 1554), verdammte als Kustos von Meißen von der Kanzel der Klosterkirche die Predigten Briesmanns als ketzerisch. Die Einführung der Reformation verhinderte Kurfürst Joachim I. Nestor von Brandenburg bis zu seinem Tod 1535. Unter Markgraf Johann von Brandenburg-Küstrin mussten die Franziskaner C. 1537 verlassen, das Kloster wurde aufgehoben, genaue Daten und Umstände sind nicht überliefert.

Cronschwitz Dominikanerinnenkloster, von dem einst bedeutenden Kloster blieben nur Mauerreste.

▶ **Gegenwart.** Die zweischiffige gotische Klosterkirche dient seit der Aufhebung als evangelische Pfarrkirche und wird allgemein als „Wendische Kirche“ bezeichnet, weil in ihr Gottesdienste hauptsächlich in wendischer Sprache abgehalten wurden. Der langgestreckte, unregelmäßige Rechtecksaal von 55,2 m Länge und 10 m Breite entstand über mehrere Bauphasen vom 14. bis zum 16. Jh., seine zehn Joche sind unterschiedlich gestaltet. 1489 erhielt er sein südliches Seitenschiff, der südöstliche Turm entstand wohl ebenfalls erst im 15. Jh. Innen zeigt das Mittelschiff Netzgewölbe, die Konsolen im Chorbereich sind figürlich verziert. Die Ausstattung ist barock, einzig ein qualitätsvolles, 2,4 m hohes Kruzifix von 1320/30 erinnert an die Franziskaner. Die Grabplatte des Stifterpaares wird auf Ende des 14. Jh. datiert. Von der nördlich gelegenen Klausur blieb lediglich die am Chor anliegende Sakristei bestehen.

◆ Loefke, Christian u. a.: C., Franziskaner, in: Brandenburgisches Klosterbuch, Bd. 1, Berlin – Brandenburg 2007, 360–368; Pieper, Roland/Einhorn, Jürgen W.: Franziskaner zwischen Ostsee, Thüringer Wald und Erzgebirge, Paderborn u. a. 2005, 68–72; Teichmann, Lucius: Die Franziskanerklöster in Mittel- und Ostdeutschland, Leipzig 1995, 77–79.

Creuzburg, *Benediktinerabtei (?) St. Petrus (745–1170), Erzdiözese Mainz – (Wartburgkreis, Thüringen, ❒ 3, D1).*

▶ Nach legendenhafter Überlieferung soll der hl. Bonifatius (671/672–754) auf dem Kreuzberg hoch über der „Königsfurt“ an einem altfränkischen Siedlungsplatz an der Werra nordwestlich von Eisenach 745 die Gründung einer Mönchszelle initiiert haben, die sich in karolingischer Zeit zu einer Propstei der Reichsabtei ➤ Fulda und später zur selbständigen Abtei entwickelte. „Cruciburg“ erscheint 973 in einer Urkunde Kaiser Ottos II. als Besitz Fuldas. Auf der C. fanden politische Treffen statt, so zwischen Kaiser Heinrich IV. und Erzbischof Siegfried I. von Mainz 1069. Die aufstrebenden Ludowinger erwarben als thüringische Landgrafen 1137 durch Tausch die Herrschaft über das Gebiet. Ludwig II. der Eiserne baute 1170 auf dem Berg eine Residenz und Militäranlage auf und das monastische Leben – wenn es dieses überhaupt gegeben hat – endete wohl um diese Zeit. Aus dem Marktflecken unter der Burg entwickelte sich eine mit Wehrmauern umgebene Stadt. Anfang des 13. Jh. war die Burg bevorzugter Aufenthaltsort der Landgräfin Elisabeth von Thüringen (1207–31, kanonisiert 1235). Es gibt nur zwei Überlieferungen aus dem Spätmittelalter, die ein Peterskloster auf C. erwähnen, die Angaben sind vage und ohne Quellenbezug, so dass die Existenz eines frühmittelalterlichen Klosters bezweifelt werden darf. Die Wirtschaftsverwaltung des fuldischen Werrabesitzes hatte die weiter nördlich gelegene Propstei ➤ Großburschla inne. Eine Burgkapelle St. Peter hat wohl existiert, eventuelle monastische Gebäude sind nicht erhalten oder nicht klar vom Burgbau abzugrenzen. Vorromanische Bausubstanz ist möglicherweise im Wohnturm aufgegangen.

◆ Müller, Christine: C., in: Landgräfliche Städte in Thüringen, Köln u. a. 2003, 210–233.

Cronschwitz, *Dominikanerinnenkloster St. Maria (1238–1535), Diözese Naumburg – (Wünschendorf-C., Lkr. Greiz, Thüringen, ❒ 4, B1).*

▶ **Geschichte.** Edelfrau Jutta, Gemahlin Heinrichs IV., Vogt von Weida, gründete 1238 ein Dominikanerinnenkloster in C. am linken Ufer der Elster. Nachdem ihre Ehe im nahen Prämonstratenserstift ➤ Mildenfurth von Bischof Engelhard von Naumburg (Meißen) feierlich getrennt worden war, stand sie dem Konvent als erste Priorin vor, ihr Ehemann trat in das Deutschordenshaus ➤ Plauen ein. Die Klosterfrauen verpflichteten sich den Dominikanerstatuten, der Orden nahm sie aber nicht sofort auf. Die weltliche Leitung übernahm zunächst der Deutsche Orden, ein Propst wurde jedoch nie beauftragt. Papst Innozenz IV. stellte 1245 einen Schutzbrief aus, bestimmte aber 1246 den Dominikanerorden als allein zuständig auch in weltlichen Angelegenheiten, so dass Predigerbrüder aus ➤ Erfurt im Kloster weilten. Den Dominikanerinnen war Grundbesitz erlaubt, den Bruderkonventen jedoch nicht. Die Brüder umgingen diese Regel häufig, indem sie Landschenkungen einem benachbarten Schwesternkonvent überschreiben ließen. So geschah es nachweislich 1320 bei der Übereignung eines Weinbergs durch Hartmann von Lobdeburg an die Dominikaner in ➤ Jena über den Umweg C. Bereits 1304 hatte Papst Benedikt XI. allen Dominikanerinnen Abgabenfreiheit von ihrem Besitz zuerkannt. C. war von Beginn an zum Hauskloster der Vögte von Weida-Gera-Plauen, den Vorfahren der vogtländischen Fürstenfamilie Reuß, bestimmt, und wurde zur bevorzugten Begräbnisstätte der Linie Gera. Der Konvent erwarb durch Schenkungen, Mitgiften und Vermächtnisse ausgedehnten Grundbesitz und galt als reichstes Frauenkloster im Vogtland. Während C. fast nur Töchter des höheren Adels aufnahm, waren die Frauenklöster ➤ Weida und ➤ Saalburg für Mädchen aus niederem Adel und Bürgertum vorgesehen. Der Benediktinerinnenkonvent ➤ Lippoldsberg schickte um 1245 auf Veranlassung Erzbischof Siegfrieds III. von Mainz (Eppstein) drei schreibkundige Schwestern, um die Dominikanerinnen zu unterrichten. Viermal belegten Naumburger Bischöfe den Konvent mit dem Interdikt, am nachhaltigsten 1389, als die Schwestern den exkommunizierten Johannes von Wolfersdorf auf ihrem Friedhof beerdigt und damit ihre Kirche verunreinigt hatten. Die Herrschaft Weida ging 1410/27 in mehreren Schritten an die sächsischen Wettiner über. 1525 setzte Kurfürst Johann von Sachsen-Wittenberg auf ein Hilfeersuchen der jüngeren Schwestern hin den evangelischen Prediger Laurentius Faber († 1543) ein, die dominikanischen Brüder mussten weichen und der Konvent zerfiel in zwei zerstrittene konfessionelle Parteien. 1531 lebten noch etwa 30 Frauen und 40 Laien in C. Unter Priorin Margarethe von Bockwitz (1529–31) begannen kurfürstliche Beamte die Sequestration voranzutreiben, und nach Abdankung der letzten Priorin Anna von Gera (1532–34) wurde das Kloster 1535 an Joachim von Steinsdorf verpachtet, wobei die Rechtsansprüche der Frauen keine Beachtung fanden, was einer Säkularisierung entsprach. Die Klosterinsassen wurden finanziell abgefunden und durften bleiben (1538 waren es noch 15 Personen). 1542 pachtete der Schwager Martin Luthers, Hans von Bora, das Rittergut, 1544 wurde es vom Kurfürsten verkauft. Die einfache Klosterkirche diente noch 1574 für den evangelischen Gottesdienst, danach verfiel sie wie die übrigen Klostergebäude und diente fortan als Steinbruch.

▶ **Gegenwart.** Heute befinden sich die malerischen Ruinenreste und Fundamentmauern des einst mächtigen Klosters in einem Privatgarten im Dorf C. bei Wünschendorf. Ausgrabungen von 1905 erschlossen den Immunitätsbereich. Die einschiffige Klosterkirche erhielt beim Neuaufbau 1410/27 ihren polygonalen Chorabschluss, 1503 errichteten die Frauen ein neues Refektorium. Die Grundmauern des Wohnhauses der heutigen Besitzer gehen auf diese Zeit zurück. Im Dorf steht ein gotisches Pfarrhaus, in dem einst der Vorsteher der aufsichtführenden Dominikanerbrüder lebte.

◆ GermSac NF 35 (Bistum Naumburg); Schlesinger, Walter: Kirchengeschichte Sachsens im Mittelalter, Köln-Graz 1962, 329–332; Thurm, Helmut: Das Dominikaner-Nonnenkloster C. bei Weida, Jena 1942.

Dahme, *Karmelitenkloster St. Maria (vor 1304– vor 1545), Diözese Meißen – (Lkr. D.-Spreewald, Brandenburg, ❐ 2, C5).*

▶ **Geschichte.** Die Anfänge des Karmelitenklosters im spreewäldischen D. sind urkundlich schwach belegt, die Ersterwähnung erfolgte 1304 im Zusammenhang mit der Stiftung einer Mühle und Landbesitz durch Hans von Dahme an die Karmeliten im Süden der Altstadt. Der Konvent gehörte von 1348 bis 1411 zur Oberdeutschen Provinz des Karmelitenordens, später zur Böhmischen und schließlich zur Sächsischen Provinz. Das Hospital St. Erasmus in D. war dem Kloster inkorporiert, 1475 existierte ein Terminierhaus der Karmeliten in Jüterbog. Möglicherweise besaßen die Brüder auch das Patronat über die Stadtpfarrei. Sie bauten 1512 eine St. Annenkapelle an die Stadtpfarrkirche St. Marien an. Der Konvent beglaubigte 1506 eine Seelenheilstiftung, in der Urkunde sind zwei Prioren, ein Lesemeister, ein Kustos sowie der Konvent von 30 Mitgliedern fassbar; der erwähnte Lesemeister Johannes Mengis war Provinzial der Ordensprovinz Sachsen. Theodericus de Wagenigk vom Erzbistum Magdeburg visitierte 1535 das in Verruf geratene Kloster, kurz darauf muss es aufgelöst worden sein. Ein namentlich nicht genannter Prior von D. trat 1543 nochmals als Trauzeuge bei der protestantischen Hochzeit des Dominikanerpriors Paulinus Spremberg (1540–43) von ➛ Luckau auf. Der Stadtrat erbat das verlassene Kloster 1545 vom Magdeburger Erzbischof zur Einrichtung eines Hospitals. 1563 brannten große Teile der Stadt ab, auch die Klostergebäude waren betroffen; der evangelische Erzbischof Sigismund von Magdeburg übergab 1564 Brandruine und Besitz an die Stadt mit der Auflage einer Hospitalgründung, die erst 1734 umgesetzt wurde.

▶ **Gegenwart.** Von der Klosteranlage der Karmeliten sind lediglich die Außenmauern der gotischen Klosterkirche, ein Rechtecksaal aus Mischmauerwerk, geblieben. In der Barockzeit unterlag der nun als Hospitalkirche genutzte Bau einschneidenden Veränderungen. Seit 1924 wird für den evangelisch-lutherischen Gottesdienst nur der östliche Teil des Kirchenschiffs verwendet, im westlichen sind Wohnräume untergebracht.

◆ Butz, Reinhardt/Cante, Marcus: D., in: Brandenburgisches Klosterbuch, Bd. 1, Berlin – Brandenburg 2007, 379–381.

Dahnsdorf Deutschordenskommende, Ostansicht der spätromanischen Komturkirche mit Rundapsis.

Dahnsdorf, *Deutschordenskommende (vor 1248–1778), Diözese Brandenburg – (Planetal-D., Lkr. Potsdam-Mittelmark, Brandenburg, ❐ 2, B4).*

▶ **Geschichte.** Graf Bederich II. von Belzig bat seinen Lehnsherrn Herzog Albrecht I. von Sachsen um Hilfe durch den Deutschen Orden bei der Christianisierung der widerständigen Wenden im Hohen Fläming. Der Herzog übergab dem Orden 1227 das Patronatsrecht über die Kirche in D. und 1229 einige Hufen Land hinzu. Der spätere Landkomtur Ekkehard von Trebsen schuf die Voraussetzung zur Gründung einer Kommende, die zunächst der Ordensballei Thüringen-Sachsen, seit 1287 aber der neu gegründeten Ballei Sachsen zugeordnet war. Die Kommende D. wird 1248 erstmals urkundlich erwähnt; in jenem Jahr kam die Mühle an der Plane in ihren Besitz, die heute noch als Komturmühle bezeichnet wird. Hierdurch kam sie mit den Zisterziensern der Abtei ➛ Lehnin in Berührung, die seit 1251 die Mühle Gömnigk am Planezufluss unterhielten. Die Ordensbrüder – es waren meist nicht mehr als vier – erreichten 1271 von Herzog Albrecht II. Befreiung von weltlicher Gerichtsbarkeit und unterstanden damit nicht mehr der herzoglichen Gewalt, zum Kriegsdienst waren sie hingegen weiterhin verpflichtet. Unter Komtur Siegfried erwarben sie 1304 Besitz und Pfarrrechte im nahen Kranepuhl und sorgten als Priester für die seelsorgliche Betreuung der Pfarrgemeinden, setzten dabei aber vorwiegend Kapläne ein. Aus selbst erwirtschafteten Erträgen, Pachtzinsen und Opfergeldern mussten sie jährlich an den Landkomtur Abgaben entrichten und dem kurfürstlichen Landesherrn Heerwagen mit Pferden stellen. In der Fehde des örtlichen Adels gegen den sächsischen Herzog verwüstete Dietrich von Quitzow 1411 die Kommende. Daraufhin konnten Zahlungsverpflichtungen lange nicht erfüllt werden. Visitatoren registrierten 1451 neben Komtur Bernhard Schymmelman und Hofmeister Gabriel Hensleuen lediglich zwei Graumäntler (Laienbrüder). Während der Reformationszeit heiratete Komtur und Pfarrer Johann Becker; er wurde 1530 vom Landkomtur Burchard von Pappenheim (1529–51) abgesetzt. Dieser residierte in ➛ Lucklum und bekannte sich 1542 unter Einfluss des Schmalkaldischen Bundes mit der gesamten Ballei Sachsen zum Protestantismus. Nach dem Tod des neu eingesetzten

Dalheim (Heinsberg) Zisterzienserinnenabtei, am Ort der Erstniederlassung in Ophoven entstand um 1220 diese romanische Klosterbasilika, Südostansicht.

Komturs Heinrich von Veltheim (1533–38) zog Kurfürst Johann Friedrich I. von Sachsen-Wittenberg die Kommende D. ein. Der Orden erreichte 1549 die Rückgabe der Güter, seelsorgerische Verpflichtungen entfielen jedoch. 1778 wurde das inzwischen verpachtete Gut verkauft.

▶ **Gegenwart.** Die spätromanische, aus sorgfältig bearbeitetem Feldsteinmauerwerk bestehende Pfarr- und Komturkirche inmitten des Ortes, heute evangelisches Gotteshaus, ist ein einschiffiger Rechtecksaal mit eingezogenem Chor, Rundapsis und bündig schließendem Westquerturm. Besonders der etwas jüngere Westteil geht auf die Bautätigkeit des Deutschen Ordens zurück. Der südöstlich anschließende ehemalige Komturhof lässt äußerlich keine mittelalterliche Bausubstanz erkennen. Das zweigeschossige Komturhaus, heute Gutshaus, wurde stark überbaut, birgt aber tonnengewölbte Keller. In der „Komturmühle" an der Plane östlich des Ortes ist Architektursubstanz, die auf den Deutschen Orden zurückzuführen wäre, heute nicht mehr erkennbar.

◆ GermSac AF I, Brandenburg 2, 499–506; Franz, Matthias/Cante, Marcus: D., in: Brandenburgisches Klosterbuch, Bd. 1, Berlin – Brandenburg 2007, 384–389.

Dalheim (Heinsberg), *Zisterzienserinnenabtei St. Maria (vor 1197–1802), Erzdiözese Köln – (Wegberg-D.-Rödgen, Kr. Heinsberg, Nordrhein-Westfalen, ❐ 1, A5).*

▶ **Geschichte.** Otto und Petronella von Born übergaben vor 1197 dem Zisterzienserinnenkloster Herkenrode bei Hasselt (Belgien) ihren Hof in der Rurniederung bei Ophoven. Die spätere Äbtissin Jutta, Herzogin von Limburg, gründete auf diesem Hof ein Tochterkloster. Die Schwestern bauten in Ophoven eine Klosterkirche, die große Bedeutung als Wallfahrtsstätte erlangen sollte. 1231 erwarben sie Besitz im nahen D. 1234 verlegte der Konvent seinen Sitz aus unbekannten Gründen dorthin und nannte das neue Kloster *Vallis coeli*. Goswin von Boren gab seine Einwilligung erst 1258, so dass möglicherweise eine Zeit lang zwei Konvente bestanden. Die Marienkirche in Ophoven, 1571 Pfarrkirche eines eigenen Sprengels, blieb bis 1714 unter dem Patronat des Klosters. Die Inkorporation in den Zisterzienserorden erfolgte wohl 1234 mit direkter Unterstellung unter das Stammkloster Cîteaux. Meist war der Abt von ➛ Kamp (Lintfort) mit der geistlichen und weltlichen Aufsicht beauftragt. Die Bischöfe von Lüttich und der örtliche Adel sparten nicht mit Privilegien und Dotationen. Kolonisten siedelten um das reiche Kloster und förderten den wirtschaftlichen Aufschwung. In Ophoven zog ein Gnadenbild zunehmend Ströme von Wallfahrern an. 1421 halfen zwei Schwestern aus D. dem Abt von ➛ Heisterbach bei der Durchsetzung innerer Reformen im heute untergegangenen Kloster Gnadental bei Neuss, Adelheid von Hattart amtierte später als Äbtissin (1435–52). Auch in D. führten Reichtum und private Pfründen zu stiftsähnlichen Lebensformen. 1509 wurden Schritte zur Observanz eingeleitet, noch 1574 griff der Generalabt von Cîteaux persönlich ein. In den Kriegswirren der nachreformatorischen Zeit mussten die Frauen mehrmals fliehen, 1581 brannte ein Teil des Klosters ab. Im 18. Jh. entwickelte sich die Klosterökonomie ausgewogen. Die Schwestern setzten 1745 bei der römischen Kurie die freie Wahl des Beichtvaters gegen die Interessen der Abtei Kamp durch. Zur Zeit der Auflösung 1802 durch die französische Konsularregierung befanden sich sieben Schwestern in D.

▶ **Gegenwart.** Im Ortsteil D.-Rödgen der Gemeinde Wegberg erinnert heute ein geschlossener Hofkomplex in abgeschiedener Lage im Damberger Busch an das Kloster. Nur einige Nebengebäude folgen mittelalterlichen Grundmauern. Die Klosterkirche wurde für den Wiederaufbau der Pfarrkirche Arsbeck abgerissen, die bestehende Klostermühle entstand 1775. Im Ortsteil Ophoven der Gemeinde Wassenberg dient dagegen die erste Klosterkirche nach wie vor als katholische Pfarr- und Wallfahrtskirche St. Maria und Anna. Es handelt sich um eine einfache, spätromanische Pfeilerbasilika mit Ostapsis und Westturm vom Anfang des 13. Jh. Glockenturmaufsatz, südlicher Treppenturm und Sakristei entstanden erst im 18. Jh. Den Altar schmückt ein Retabel von 1520 aus einer Antwerpener Werkstatt, das die Zisterzienserinnen der Pfarrgemeinde 1699 übergeben hatten. Bedeutendstes Ausstattungsstück ist die „Gottesmutter von Ophoven", eine Marienstatue mit Kind (um 1350). Auch heute ziehen jährlich 18 Prozessionen in die ehemalige Klosterkirche, um die wundertätige Wirkung des Gnadenbildes zu erfahren.

◆ Ostrowitzki, Anja: Die Ausbreitung der Zisterzienserinnen im Erzbistum Köln, Köln 1993; Mayer, Franz: Zur Geschichte des Klosters D., Heinsberg 1922.

Dalheim (Lichtenau), *Augustiner-Chorfrauenstift St. Petrus (um 1190–1380), Augustiner-Chorherrenstift St. Petrus und St. Antonius (1429–1803), Diözese Paderborn – (Lichtenau-D., Kr. Paderborn, Nordrhein-Westfalen, ❐ 1, C5).*

▶ **Geschichte.** Am westlichen Rand des Eggegebirges in einem Seitental der Altenau existierte schon um 800 im „unteren Hof" D. eine Pfarrkirche St. Petrus, an der im ausgehenden 12. Jh. ein Augustiner-Chorfrauenstift gegründet wurde, das erstmals 1264 in einer Urkunde Erwähnung findet. Anhaltende Kriegswirren entzogen den Frauen die Lebensgrundlage. Als drei von ihnen bei einem Überfall umkamen, verließen die übrigen 1380 den Ort. Das Stift verfiel, so wie sich der ganze Landstrich um 1400 entvölkerte. Das benachbarte Augustiner-Chorherrenstift ➛ Böddeken übernahm 1429 auf Bitten der Grundherren und des Paderborner Administrators, Erzbischof Dietrich von Köln (Moers), das wüste Stift D. mit reichlich zugehörigem Land einschließlich Pfarrrechten. Böddeken baute D. zunächst zum Wirtschaftshof aus. 1451 erlangte die Außenstelle den Status eines selbständigen Stifts und wurde 1452 in die ➛ Windesheimer Kongregation aufgenommen, der Böddeken seit 1430 angehörte. Unter dem ersten Prior Johannes Dreyer (1452–88) entstand am erhöhten Westhang eine neue, ausgedehnte Stiftsanlage. 1470 konnte die einschiffige Kirche geweiht werden. Die Reformation ging an D. spurlos vorüber, das Stift stand damals in wirtschaftlicher Blüte. Um 1600 kam es zum Streit wegen unklarer Besitzverhältnisse. Bischof Dietrich von Paderborn sah sich 1603 genötigt, Prior, Subprior und einen Konventualen vorübergehend in Beugehaft zu nehmen. Prior Arnold Hirschfeld (1618–22) berief man 1622 zum Vorsteher des berühmten Wallfahrtsstifts ➛ Eberhardsklausen. Der Dreißigjährige Krieg brachte Verwüstungen und den Zusammenbruch der Wirtschaft auf dem über 16.500 Morgen umfassenden Besitz. Prior Heinrich Steckelen (1669–93) richtete Ökonomie und Konventsleben wieder auf, er stand als Generalprior (1677–83) der Windesheimer Kongregation vor. Schwerpunkt der landwirtschaftlichen Produktion war die Schafzucht. Visitatoren fanden 1803, als sie die Säkularisierung einleiteten, unter Prior Franz Brüll (1784–1803) ein blühendes Stift vor, das nun in den Besitz König Friedrich Wilhelms von Preußen gelangte. Nachfolgende Pächter profanierten die Anlage, ohne sie einschneidend zu verändern.

▶ **Gegenwart.** Erst der letzte Besitzer Hans-Joseph Frintrop bemühte sich um die Restaurierung von Kirche und Kreuzgang. Die spätgotische Anlage, die bis heute im Kern erhalten blieb, ist von Prior Barthold Schonlau (1708–30) um einige Gebäude erweitert worden, die dem Stift mit schlossartigem Westanbau, ausgedehntem Wirtschaftshof sowie Gärten- und Parkanlagen heute noch

Dalheim (Lichtenau) Augustiner-Chorherrenstift, ein Schlussstein im Kreuzganggewölbe (um 1500).

Dalheim (Lichtenau) Augustiner-Chorherrenstift, die spätgotische Stiftskirche mit Blick in Richtung Chor.

Dambeck Benediktinerinnenabtei, der Innenhof mit Taubenhaus, Klausurflügel und Kirche im Hintergrund.

ihr barockes Gepräge geben. Dieser Prior gilt als „zweiter Gründer"; er rühmte sich, in den 23 Jahren seiner Amtszeit auch 23 Gebäude errichtet zu haben. Seit 1979 gehört Stift D. zum großen Teil dem Landschaftsverband Westfalen-Lippe, der es zum Landesmuseum für Klosterkultur und zum kulturellen Zentrum ausbaut. Reste der Kirche des ersten Frauenklosters konnten 1990 durch archäologische Grabungen freigelegt werden. Die Grundmauern sind heute im unteren Gelände der frei zugänglichen Anlage zu besichtigen.

◆ MonWin 2, 96–104; Preissler, Matthias: Zu den Ausgrabungen im barocken Konventgarten des ehemaligen Augustiner-Chorherren-Klosters D., München 2006.

Dambeck, *Benediktinerinnenabtei St. Maria und St. Kunigunde (1224–1540), Diözese Verden – (Salzwedel-D., Altmarkkreis Salzwedel, Sachsen-Anhalt, ❐ 2, A4).*

▶ **Geschichte.** Die heute vorliegende Gründungsgeschichte des Frauenklosters D. südlich von Salzwedel an der Jeetze wurde erst 1579 aufgeschrieben. Demnach stiftete der Graf von Dannenberg 1224 das Benediktinerinnenkloster, seine Töchter Adelheid, Kunigunde und Oda wurden erste Äbtissinnen. Eine Urkunde Ottos V., Markgraf von Brandenburg, erwähnt das Kloster erstmals 1268. Mit dem Verkauf großer Teile ihres Besitzes 1304 an die Welfen dürfte der Einfluss der Dannenberger Grafen erloschen sein. Die askanischen Markgrafen, aber auch die nachfolgenden Wittelsbacher erwiesen dem Kloster ihre Gunst, meist nach Kriegszerstörungen durch Entschädigungsschenkungen zur Rettung ihres Seelenheils. Der Besitz umfasste etwa 20 Dörfer, hauptsächlich links der Jeetze und schloss Pfarrpatronate sowie Ober- und Niedergerichtsbarkeit ein. Auch aus den Lüneburger Salinen schöpften die Schwestern Gewinne. Ein Scholar ist seit 1289 nachweisbar, Schülerinnen werden 1369 und 1415 erwähnt. In der Amtszeit Äbtissin Elisabeths von Knesebeck (1457–96) kam es zu engen Kontakten mit den Chorfrauen von ➛ Diesdorf, weil Pröpste zeitweise beiden Konventen in Personalunion vorstanden. Schon im 14. Jh. nahmen die Herren von der Schulenburg besonderen Einfluss auf die Geschicke des Konvents: aus dieser Familie kamen die Äbtissinnen Beata (1409–12), Adelheid (1446) und Geseke (1496–1504) sowie die Pröpste Werner (1511–37) und Dietrich (1537–42). D. war im ausgehenden Mittelalter endgültig zum Hauskloster derer von Schulenburg avanciert. Im November 1540 übertrug Kurfürst Joachim II. von Brandenburg D. seinem Rat und amtierenden Propst Dietrich von Schulenburg auf Lebenszeit in Form einer landesherrlichen Bestallung, die reformatorische Auflösung hatte sich wohl bereits vollzogen, nähere Nachrichten liegen nicht vor. Die Annahme des evangelischen Ritus vollzog sich nur widerstrebend, schließlich existierte ein evangelischer Konvent unter einer *Domina* bis 1644, als das fast ausgestorbene Damenstift dem Joachimsthalschen Gymnasium übergeben wurde. Seit 1992 nutzt eine kleine evangelische Josephsbruderschaft das Klosterareal zur Betreuung tschernobylgeschädigter Kinder im Rahmen ihrer Ökolandwirtschaft.

▶ **Gegenwart.** Der Klosterkomplex erlitt im Dreißigjährigen Krieg Zerstörungen, nach langer landwirtschaftlicher Nutzung erscheint er auch heute wieder dem Verfall nahe. Gotische Klausurflügel aus Backsteinen umschließen einen ungewöhnlich großen Innenhof, vom Kreuzgang sind nur Spuren an den Mauern geblieben. Die nördliche Seite bildet die Klosterkirche, ein barock stark veränderter, inzwischen purifizierter Saal aus der ersten Hälfte des 13. Jh. mit eingezogener Apsis und einem Turm von 1750. Nördlich der Kirche steht das gotische, einstöckige Propsteigebäude mit aufwändiger Fassadengestaltung, ein nachreformatorisches Amtshaus nordöstlich ist zweistöckig und wurde im 20. Jh. stark überformt. Im Keller befindet sich ein Raum mit Kreuzgewölbe und Mittelstütze. Die Wirtschaftsgebäude nahe dem Fluss entstanden in nachklösterlicher Zeit. Der sogenannte „Einhornaltar" von D. steht heute in der Katharinenkirche von Salzwedel. Im Ort D. selbst befindet sich eine spätromanische Dorfkirche, die jahrhundertelang unter dem Patronat der Benediktinerinnen stand und einen bemerkenswerten Schreinaltar (um 1500) enthält.

◆ Scholz, Michael/Ceynowa, Tatjana: D., in: Brandenburgisches Klosterbuch, Bd. 1, Berlin – Brandenburg 2007, 393–411; Ceynowa, Tatjana: D. in der Altmark – Kloster und Domäne, in: Burgen und Schlösser in Sachsen-Anhalt 5 (1996) 43–56.

Dargun, *Zisterzienserabtei St. Maria und St. Benedikt (1172–1552), Diözese Schwerin – (Lkr. Demmin, Mecklenburg-Vorpommern, ❐ 2, C2).*

▶ **Vorgeschichte.** Die Abtei D. entstand 1172 nach der Unterwerfung heidnischer Liutizen 1164 und nach Absprache zwischen den Bischöfen Berno von Schwerin und Absolon von Roskilde mit Herzog Heinrich dem Löwen und König Waldemar I. von Dänemark. Der Gründungskonvent kam aus der dänischen Zisterzienserabtei Esrom in das Land *Circipania* an die alte Heidenburg D., er gehörte damit zur zisterziensischen Filiationslinie Clairvaux (Frankreich). Erneut aufflammende Gewalt vertrieb die ersten Mönche, die 1199 an ihren Salinenbesitz am Flüsschen Ryk direkt an der Ostsee flüchteten, wo sie das neue Kloster *Hilda* gründeten, aus dem die Abtei ➛ Eldena und die Stadt Greifswald erwuchsen.

▶ **Geschichte.** Nach der endgültigen Befriedung von Westpommern schickte die Zisterzienserabtei ➛ Doberan 1209 auf Wunsch Bischof Siegwins von Kammin und Fürst Kasimirs von Pommern einen zweiten Gründungskonvent nach D., der zur Filiationslinie Morimond (Frankreich) gehörte und dem nachhaltiger Erfolg beschieden war. Das Generalkapitel in Cîteaux schlichtete 1258 einen Streit um Paternitätsrechte zugunsten Doberans. Die Abtei D. gehörte zum Herrschaftsbereich Mecklenburg an der Grenze zu Pommern, kirchenrechtlich unterstand sie zunächst dem Hochstift Schwerin, seit 1255 aber dem Bischof von Kammin. Durch fürstliche Landschenkungen und Zuwendungen des örtlichen Adels dehnte sich der Besitz weit nach Pommern aus, dänische und deutsche Siedler wurden zur Kultivierung gerufen, Hinterpommern wurde kolonialisiert. Es folgte der Bau einer steinernen Abteianlage (1225–66); 1260 wurde die Tochterzisterze Buckow (Polen) gegründet, 1344 entstanden in Malchin und 1355 in Kolberg Stadthöfe. D. erlangte Mühlen-, Fischerei- und Salinenrechte ebenso wie volle Gerichtsbarkeit 1266 auf pommerschem und 1399 auf mecklenburgischem Besitz. Die Abtei entwickelte sich zu einem der größten Feldklöster der Region, der Konvent zahlte in der Zeit der Äbte Johann V. (1336–49) und Gerhard II. (1349–55) die höchsten Abgaben aller Klöster Norddeutschlands an das Hauptkloster Cîteaux (Frankreich). Seit 1395 leiteten die Vorsteher das Archidiakonat Levin mit über zehn Pfarrkirchen, schlichteten oft Streit und vermittelten in Landesangelegenheiten. Einzelne Mönche studierten im Spätmittelalter in Rostock und Greifswald, im 15. Jh. gehörten die Äbte als Prälaten zu den mecklenburgischen Landständen, ihre Abhängigkeit vom Landesherrn stieg mit dem allgemeinen Niedergang. Die Einführung der Reformation fand unter Abt Heinrich IV. (1515–32) Zustimmung im Konvent. Als Herzog Johann Albrecht I. von Mecklenburg-Güstrow 1552 die Abtei D. auflösen ließ, wurde dies widerstandslos hingenommen, der letzte Abt Jakob Baumann (1549–52) nahm die Stelle eines evangelischen Pastors in Röcknitz an und heiratete. Der Klosterkomplex diente anschließend als herzogliche Nebenresidenz, Barockschloss mit Lustgarten, napoleonisches Lazarett und Ackerbauschule, bis er Opfer einer Brandstiftung wurde und schließlich als mittelalterliche Ruinenkulisse eines Heimattierparks Verwendung fand.

Dargun Zisterzienserabtei, die Chorruine der Abteikirche mit Chorumgang und Kapellenkranz nach 1464.

▶ **Gegenwart.** Bürgerinitiativen leiteten Ende des 20. Jh. eine aufwändige Sicherung und Sanierung des Bestandes ein, heute ist der Komplex aus Renaissance-Barockschloss und gotischer Kirchenruine ein öffentlich zugänglicher Klosterpark mit Museum, Bibliothek und Kulturzentrum. Die Ruine der dreischiffigen, kreuzförmigen Kloster- und Schlosskirche St. Marien aus Backstein bewahrt Wände des Langhauses (Mitte 13. Jh.) und des fensterreichen Ostbereichs mit Chorumgang und Kapellenkranz (nach 1464). Der Torso steht seit 1879 in der Unesco-Denkmalliste und gilt heute als gesichert. Ebenfalls aus mittelalterlicher Zeit blieben die Südwand der nördlichen Klausur, das Speicher- und Brauhaus der Mönche und die Ruine des einstigen Torhauses erhalten.

◆ RepZist 197–200; Kratzke, Christine: Das Zisterzienserkloster D. in Mecklenburg-Vorpommern, Petersberg 2004.

Dätzingen, *Johanniterkommende (1263–1805), Diözese Speyer – (Grafenau-D., Lkr. Böblingen, Baden-Württemberg, ❐ 3, C3).*

▶ **Geschichte.** Der Fürstenbergische Ministeriale Ulrich von Dätzingen verschenkte 1263 seinen Besitz in *Tatichingen* westlich von Sindelfingen an die Johanniter. Konrad von Waldeck verkaufte 1277 einen Teil des Zehnten, weitere Landanteile kamen 1281 hinzu. Der Erwerb der Vogtei vom Grafen Konrad von Vaihingen 1282 rundete die Herrschaft ab, der Orden unterhielt in D. bereits eine Kommende. Der Komtur Friedrich von Zollern (1361–84) leitete die Häuser D. und ➛ Rohrdorf, er amtierte später als Großprior des Ordens für Deutschland (1392–98). Enge Verbindungen mit der Kommende Rohrdorf blieben bestehen und führten zur Personalunion. Das schwächer ausgestattete D. galt unter Komtur Georg Bombast von Hohenheim (1450–96) als *membrum* der Kommende Rohrdorf. Visitationen im Auftrag des Großpriors von

Deutschland offenbarten 1495 und 1541 rückläufige Wirtschaftseinnahmen. Nach der Einführung der Reformation durch Herzog Ulrich von Württemberg 1534 blieben D. und das nördlich gelegene Weil der Stadt katholische Enklaven. Auch in D. predigte 1553 bis 1579 ein evangelischer Pfarrer, bis Komtur Karl Reuß von Reußenstein mit der Einsetzung eines katholischen Priesters den evangelischen Gottesdienst unterband. Konfessionelle Streitigkeiten in Rohrdorf führten um 1600 zur Verlegung des Komtursitzes nach D. Nach dem Dreißigjährigen Krieg wurden die Johanniter bei ihren Rekatholisierungsbemühungen von Kapuzinern aus Weil der Stadt unterstützt. Die hohe Gerichtsbarkeit auf ihrem Besitz erlangten sie erst 1738 vom Großherzog von Württemberg. Letzter Komtur war Freiherr Johann Baptist Anton von Flachslanden (1780–1805). Er war maßgeblich am Aufbau des bayerischen Großpriorats des Johanniterordens beteiligt, ließ das Ordensschloss D. im Rokokostil ausgestalten, setzte sich für Armenfürsorge und Schulwesen ein und gab 1787 der Gemeinde das Marktrecht. Der Pressburger Frieden 1805 besiegelte das Ende der Kommende, der Besitz fiel an Württemberg; 1810 übergab König Friedrich I. das Schlossgut dem späteren Grafen von Dillen.

▶ **Gegenwart.** Die spätgotische Johanniterkirche in D. wurde 1810 abgebrochen. Das barocke Schloss findet in dieser Aufstellung mittelalterlicher Ordensbauten deshalb Erwähnung, weil der älteste Flügel auf Kellerräumen steht, die über Jahrhunderte ihre hochmittelalterliche Substanz bewahrten. Mächtige Wände mit schweren Durchgangsbögen und Kreuzgratgewölbe verdeutlichen die früheste Bautätigkeit der Johanniter. Das heutige Schloss ging aus dem mittelalterlichen Bruderhaus hervor, das 1607 und 1733 zu einer geschlossenen Vierflügelanlage ausgebaut, 1780 im Rokokostil renoviert und 1812 klassizistisch ausgestaltet wurde. Der sehenswerte Ritter- oder „Maltesersaal" von 1780 ist das Prunkstück der 80-räumigen Residenz mit Repräsentationsanspruch. Schloss D. ist ein bekanntes Kulturzentrum im Großraum Stuttgart mit Konzertsaal, Ausstellungsräumen, Galerie, Antiquariat und Heimatmuseum. Von den Wirtschaftsgebäuden der Kommende blieb die Zehntscheuer erhalten.

◆ Bing, Michael: D., in: Württembergisches Klosterbuch, Ostfildern 2003, 209 f.; Rödel, Walter G.: Die Johanniterkommende Rohrdorf-D., in: Der Johanniterorden in Baden-Württemberg 79 (1989) 5–12.

Denkendorf Heilig-Grab-Chorherrenstift, die romanische Vorhalle der Stiftskirche mit mächtigem Pfeiler.

Denkendorf, *Heilig-Grab-Chorherrenstift St. Pelagius (vor 1125–1535), Diözese Konstanz – (Lkr. Esslingen, Baden-Württemberg, ❐ 3, C3).*

▶ **Geschichte.** Graf Bertold von Hohenberg-Lindenfels schenkte auf seiner Pilgerfahrt im Heiligen Land um 1120 den dortigen Sepulcrinern in Jerusalem (Chorherren vom Heiligen Grab) die Pfarrkirche St. Pelagius im schwäbischen D. Der Patriarch von Jerusalem, dem das Stift am Heiligen Grab unterstand, schickte den Chorherren Konrad mit einigen Reliquien nach Schwaben, um vor dem Jahr 1125 an St. Pelagius die erste Niederlassung des Sepulcriner-Kapitels innerhalb der heutigen deutschen Grenzen zu gründen. Kaiser Heinrich V. gewährte der Propstei Steuerfreiheit, Papst Honorius II. bestätigte 1129 die Gründung, König Konrad III. stellte das Stift 1139 unter Reichsschutz, was seine Nachfolger, insbesondere die Staufer, stets ausdrücklich wiederholten. Der Stifter Bertold, der sich möglicherweise selbst dem Konvent angeschlossen hatte, übertrug 1142 feierlich seinen gesamten Besitz. Zusätzliche Schenkungen des schwäbischen Adels, der Erwerb mehrerer Kirchenrechte und eigene Zukäufe förderten die wachsende Bedeutung des Stifts, die in der Aufsicht über die Priorate *in partibus Alamaniae* (Niederlande, Belgien, Deutschland) des Ordens gipfelten. Von D. gingen Filiationen in Wimmertinden-Henegouw (Niederlande), Aachen, Speyer, Rode-Martinsthal und wahrscheinlich auch in ➛ Droyßig aus. Die Ausstrahlungskraft ließ im Spätmittelalter nach, Brandschatzungen während des Städtekriegs 1377 nötigten Propst Friedrich Kayb (1351–97), sich dem Schutz der Reichsstadt Esslingen zu unterstellen. Seit 1424 gewann das Haus Württemberg direkten Einfluss, der Konvent war lange wegen einer Propstwahl zerstritten. Die Ordensleitung in Perugia favorisierte inzwischen das niederländische St. Odilienberg als aufsichtführende Institution des Or-

Denkendorf Heilig-Grab-Chorherrenstift, figurenreiche Zierplastik an einem Pfeiler in der romanischen Krypta.

dens *in partibus Alamaniae*. In D. intensivierten die Chorherren ihre Almosenfahrten und förderten die örtliche Wallfahrt, um die Finanznot zu mildern. Nach der päpstlichen Auflösung der Kapitelzentrale Perugia und deren Überführung in den Johanniterorden 1489, erreichte der Protest des schwäbischen Hochadels mit kaiserlicher Hilfe 1497 die Restitution des Ordens im deutschen Reichsteil und den Fortbestand des Stifts D. Der tüchtige Propst Peter Wolff (1477–1508) schuf zwar wieder Ordnung im Konvent und wurde auch zum Generalvikar für Deutschland ernannt, lehnte sich aber wie sein Nachfolger Johann Unger von Kirchheim/Teck (1508–16) immer enger an die Herrschaft Württemberg an. Die den freien Wissenschaften eng verbundenen letzten Pröpste wie auch der Konvent von etwa 20 Brüdern zeigten in der Reformationszeit offen Verständnis für die neue Lehre Luthers. Herzog Ulrich hatte 1535 daher keine Probleme, das Stift in ein evangelisches Landeskloster umzuwandeln. Mit Unterbrechung diente D. über die Säkularisation von 1806 hinaus als evangelische Schule.

▶ **Gegenwart.** Heute ist die Stiftsanlage mit der romanischen Kirche eine Fortbildungsstätte der evangelischen Landeskirche. Die einst geschlossene spätgotische Klausuranlage ist nur noch in Teilen erhalten. Ältester Bau ist der Westturm, der von der romanischen Pfarrkirche aus vorklösterlicher Zeit stammt. 1200 wurde das alte Kirchenschiff durch die heutige Kirche ersetzt, es entstand eine flachgedeckte Basilika mit massiven Rechteckpfeilern, die im Spätmittelalter Maßwerkfenster, Satteldach und eine neue Vorhalle erhielt. Die Krypta ist eine Nachbildung des Heiligen Grabes, ohne Säulen überspannt ein Tonnengewölbe den großen Saalraum, dessen Vertiefung in der Mitte das Grab Christi symbolisiert. Überall in der Stiftsanlage stößt man auf das Doppelkreuzsymbol als bewussten Hinweis auf die Unterstellung der Sepulcriner (Chorherren vom Heiligen Grab) unter den Kanon des Patriarchen von Jerusalem.

◆ Werner, Heinrich: Kloster D., Denkendorf 2003; Elm, Kaspar: St. Pelagius in D., Stuttgart 1977.

Derneburg,

Augustiner-Chordamenstift St. Maria u. a. (1213–1443), Zisterzienserinnenkloster St. Maria u. a. (1443–1542), Zisterzienserabtei St. Maria u. a. (1643–1803), Diözese Hildesheim – (Holle-D., Lkr. Hildesheim, Niedersachsen, ❐ 1, D4).

▶ **Geschichte.** Schon 1143 leisteten die Grafen Hermann II. von Assel und sein Bruder Heinrich von Winzenburg Sühne durch die Stiftung reichen Besitzes in D. an die Hildesheimer Kirche mit der Absicht, ein Regularkanonikerstift gründen zu lassen, was nicht zustande kam. Bischof Hartbert von Hildesheim veranlasste 1213 die Verlegung eines Augustiner-Chorfrauenstifts von ➛ Holle nach D. Die dortigen Sühnegüter führten schnell zu wirtschaftlicher Blüte, aber auch zu Verweltlichung, was sich in massiven Regelverstößen äußerte. Vergeblich versuchte der Reformpropst Johannes Busch (1440–47, 1459–79) vom Hildesheimer Sültestift in den Jahren 1440 bis 1443 im Sinne der ➛ Windesheimer Kongregation, die *vita communis* zu erneuern und den Verzicht auf Privateigentum durchzusetzen. Auch der nachfolgende *commisarius*, Zisterzienserabt Heinrich von Bernten (1426–52, 1454–63) aus ➛ Marienrode, erreichte keinen Wandel bei den sich wehrenden Chordamen, so dass er sie mit Unterstützung Bischof Magnus' von Hildesheim (Sachsen-Lauenburg) kurzerhand auf verschiedene andere Stifte verteilte, D. in ein Zisterzienserinnenkloster umwandelte und 1443 mit Schwestern aus ➛ Wöltingerode besetzte. Eine förmliche Aufnahme von D. in den Zisterzienserorden erfolgte wie bei fast allen anderen Frauenklöstern Niedersachsens aufgrund bestehender bischöflicher Rechte nicht; eine Ausnahme war lediglich ➛ Lilienthal, die norddeutschen Frauenklöster ➛ Bersenbrück, ➛ Gravenhorst und ➛ Rulle wurden zwar von Zisterzienseräbten betreut, sind aber nur als kommittiert zu betrachten. Die Zisterzienserinnen in D. lehnten überraschenderweise eine Aufsicht durch Marienrode ab, akzeptierten aber geistliche Betreuung durch die Benediktinerabtei St. Michael in ➛ Hildesheim und durch Augustiner-Chorherren vom Stift ➛ Riechenberg bei Goslar. Dessen ungeachtet halfen sie, die zisterziensische Observanz in den Konventen ➛ Mariensee, ➛ Wienhausen, ➛ Osterode und ➛ Medingen zu erneuern. 1542 fand Fürstin Elisabeth von Calenberg-Göttingen offenes Interesse für das lutherische Bekenntnis vor. In der Folgezeit wechselte mehrmals die Landesherrschaft und damit auch die offizielle Konfession der Konventualinnen. Erst 1634 kam das durch den Dreißigjährigen Krieg heruntergekommene evangelische Damenstift mit seinen drei verbliebenen Jungfrauen wieder voll in den Besitz des Großen Stifts der Hildesheimer Kirche. Die katholische Restitution leitete der Zisterziensermönch Jodocus Rhebrock aus ➛ Bredelar ein. Er baute mit Hilfe von ➛ Altenberg die Grundlagen für eine Zisterzienserabtei auf, deren Gründung 1643 vom Kölner Kurfürsten und Bischof von Hildesheim, Ferdinand von Bayern, gebilligt wurde. Die Zisterziensermönche erreichten nicht nur Exemtion und Ordensinkorporation, sondern auch eine wirtschaftliche Konsolidierung und den barocken Neuaufbau der Anlage. Das Klosterleben endete in D. 1803 durch Erlass König Friedrich Wilhelms III. von Preußen. Die prächtige Klosterkirche wurde abgerissen, König Georg III. von Hannover schenkte 1814 den gesamten Komplex seinem Staatsminister Ernst Friedrich Herbert Graf zu Münster, der die Barockanlage in einen Adelssitz im Stil der englischen Neogotik umbauen ließ.

▶ **Gegenwart.** Das neugotische Schloss wechselte auch in neuerer Zeit mehrfach die Besitzer. Von der mittelalterlichen Klosteranlage ist in D. lediglich das alte Propsthaus geblieben, daneben existieren noch einige Wirtschaftsgebäude im Barockstil aus der Zeit der Mönche.

◆ GermBen 12, 108–132; Ahlers, Gerd: D., in: Weibliches Zisterziensertum im Mittelalter, Berlin 2002, 213–215.

Derneburg Augustiner-Chordamenstift, das Haus des Propstes blieb als einziges mittelalterliches Gebäude.

Detwang, *Benediktinerinnenkloster St. Petrus und Paulus (1347–99) – „Nonnenklause", Diözese Würzburg – (Rothenburg/Tauber, Lkr. Ansbach, Bayern, ❐ 3, D3).*

▶ **Geschichte.** Die Urkirche St. Peter und Paul in D. unterhalb von Rothenburg ob der Tauber wurde bereits im 10. Jh. geweiht, sie unterstand seit 1258 dem Deutschen Orden in ➛ Rothenburg. An ihr etablierte sich vor 1287 eine Beginenklause. Als Stifter von Gütern kommen die Truchsesse von Habelsheim in Frage. Entsprechend der Beschlüsse des Konzils von Vienne gegen Beginen und Begarden 1311 legte die Synode in Würzburg 1329 fest, alle freien Gemeinschaften einer Ordensregel zu unterstellen. Dem musste auch die Klause D. nachkommen. Bischof Albrecht I. von Würzburg (Hohenberg) gab im Oktober 1347 der Klause in *Tetwangen* die Benediktregel. Magistra Agnes von Hemmendorf (1350) sollte sich nun „Priorin" nennen, die Schwestern *moniales*, das Priorat musste Abgaben an den Bischof leisten. Die neuen Bestimmungen wurden wohl nicht sonderlich streng befolgt, das innere Leben im Konvent änderte sich kaum. Auch Konsequenzen für die äußere Rechtsstellung sind nicht erkennbar, Anna von Sugenheim (1372) nannte sich weiterhin Meisterin, lediglich Katharina von Wallhausen erschien 1386 beim Güterverkauf als Priorin. Die Stadt Rothenburg gewann Einfluss und Schutzherrschaft über das Priorat, Meisterin Katharina Gerung akzeptierte 1397 offiziell den Schutz der Stadt, gelobte Gehorsam sowie Gefolgschaft und zahlte Schirmgeld. Zwei Jahre später lebten nur noch drei Schwestern im hochverschuldeten Konvent, sie verpfändeten mit Zustimmung des Bischofs im November 1399 Besitz und Rechte an die Dominikanerinnen in ➛ Rothenburg und verließen ihr Kloster. Schon 1401 gingen die Gebäude bei einer Fehde der Stadt mit Bischof Johann I. von Egloffstein in Flammen auf.

▶ **Gegenwart.** Reste der mittelalterlichen Klausurgebäude befinden sich heute in einem Gebäude von etwa 1610 unmittelbar westlich der Kirche. Die romanische Saalkirche St. Peter und Paul mit mächtigem Chorturm nutzten die Klausnerinnen bzw. Benediktinerinnen zum Stundengebet, die halbrunde Apsis wurde inzwischen durch eine Totenkapelle ersetzt. Heute dient diese älteste Kirche Rothenburgs der evangelisch-lutherischen Gemeinde als Pfarrkirche. Drei lettnerartig wirkende Arkaden trennen das Langhaus vom Chorbereich; sie wurden für die Frauen in gotischer Zeit eingebaut. Zum Kirchenschatz gehören ein Reliquienkreuz (um 1050) und spätgotische Altäre aus anderen Kirchen Rothenburgs; besonders bedeutend ist der Schnitzaltar Tilman Riemenschneiders von 1510. Im Südfenster der Totenkapelle wurde nachträglich eine einst frei stehende Totenleuchte aus Stein von 1350 eingemauert; sie erinnert an die Zeit der Benediktinerinnen. Eine ähnliche Leuchte ist im ehemaligen Zisterzienserkloster ➛ Pforte bei Naumburg erhalten geblieben.

◆ Muth, Hanswernfried: St. Peter und Paul D., München – Zürich 1992; Borchardt, Karl: Die geistlichen Institutionen in der Reichsstadt Rothenburg ob der Tauber, Neustadt/Aisch 1988.

Detwang Benediktinerinnenkloster, die romanische Urkirche aus dem 10. Jh. diente im 14. Jh. der Gemeinde und einem Schwesternkonvent, Südwestansicht.

Deutz, *Benediktinerabtei St. Maria, seit 1059 St. Heribert (1002–1803) – „Alt St. Heribert", Erzdiözese Köln – (Köln-Deutz, Nordrhein-Westfalen, ❒ 1, B5).*

▶ **Geschichte.** Heribert von Köln (um 970–1021, kanonisiert 1147), seit 993 Kanzler des Reiches und seit 999 Erzbischof von Köln, plante gemeinsam mit Kaiser Otto III. die Gründung eines Benediktinerklosters zu Ehren der hl. Jungfrau Maria. Nach dem Malariatod des Kaisers 1002 führte der Erzbischof den Plan alleine durch und gründete auf den Ruinen eines römischen Kastells am rechten Rheinufer gegenüber von Köln auf kaiserlichem und erzbischöflichem Besitz das Benediktinerkloster St. Maria. Zusammen mit dem niederrheinischen Grafenpaar Balderich und Adela stattete er das Kloster reichlich aus und legte die Konventsstärke auf 40 Mönche fest. Ein erster Kirchenbau stürzte bereits nach 1003 zusammen, im zweiten, einem zentralen Rundbau mit Langchor und Westwerk, ließ sich Erzbischof Heribert 1021 bestatten. Der erste Konvent unter Abt Folbert (1003–25) kam aus St. Vitus in ➛ Gladbach und brachte die Gewohnheiten der ➛ Gorzer Reform mit. Die Reformideale ließen Ende des 11. Jh. nach und Erzbischof Friedrich I. holte Abt Markward (nach 1110–21) aus der fruttuarisch beeinflussten Abtei ➛ Siegburg nach D. Sein Nachfolger Rupert von Deutz (1121–29), ein berühmter Theologe, verfestigte die Gewohnheiten des *ordo Sigebergensis* und machte die Abtei durch zahlreiche Schriften bekannt. Er erhielt vom Abt Eberhart (1110–26) von ➛ Brauweiler die Anfrage, ob es einem Mönch erlaubt sei, vor dem Volk zu predigen, eine Praxis, die damals noch außergewöhnlich erschien. Die Erhebung der Gebeine des Gründers und neuen Patrons Heribert 1147 wirkten sich fördernd auf die Ausstrahlungskraft der Abtei aus. 1318 kam es zur Gütertrennung zwischen Abt und Konvent. Strenge Klosterzucht konnte einen Niedergang im 14. Jh. nicht aufhalten, weil Kriegswirren ständig die Wirtschaft schädigten und das Klausurleben beeinträchtigten. Erst Abt Wilhelm Laner (1452–91) erreichte einen neuen Aufstieg und den Anschluss an die ➛ Bursfelder Kongregation. Abt Gerlach (1491–1512) ließ sich von Reformmönchen aus den Abteien ➛ Laach und Groß St. Martin in ➛ Köln helfen, die ehemalige Bedeutung konnte aber in der frühen Neuzeit nicht wiedererlangt werden. Bei der Auflösung 1803 gehörten 36 Benediktiner zum Konvent, weitere 26 Personen standen im Dienstverhältnis.

▶ **Gegenwart.** Die Abteikirche von D. wurde mehrmals von Kölner Bürgern völlig zerstört. Die heutige Kirche, eine schlichte Pfeilerbasilika mit gotischen Einzelformen, entstand erst 1659–63, lange Zeit nach der Einäscherung 1583 im Truchsessischen Krieg. Sie steht auf der Fundamentplatte und den Grundmauern des einstigen Zentralbaus von 1020, die noch existierende Krypta ist ein nachträglicher Einbau um 1125. Die Abteikirche diente bis zur Errichtung einer neuen Pfarrkirche im Zentrum von D. 1896 als katholische Pfarrkirche. In jener neuromanischen Kirche „Neu St. Heribert" befindet sich heute der kostbare goldgeschmiedete Heribertschrein (1166–70), der in mehreren Szenen das Leben des Heiligen beschreibt. Die ehemaligen Klausurgebäude der Abtei stammen aus der Bauzeit um 1776, wurden im Zweiten Weltkrieg stark zerstört und dienen heute einem Seniorenheim der Caritas. Sie enthalten alte Kellergewölbe. Die Kirche „Alt St. Heribert" gehört seit 1994 der griechisch-orthodoxen Gemeinde, die sie meist streng verschlossen hält.

◆ GermBen 8, 293–313; Sinderhauf, Monica: Die Abtei D. und ihre innere Erneuerung, Vierow 1996.

Deutscher Orden *(Ordo Fratrum Domus Hospitalis Sanctae Mariae Teutonicorum Hierosolymitanorum, OT bzw. OTeut).*

▶ Der Deutsche Orden war neben ➛ Templern und ➛ Johannitern der dritte große mittelalterliche Ritterorden der römischen Kirche. 1190 wurde er als Hospitalgemeinschaft während des Dritten Kreuzzugs bei der Belagerung von Akkon von Bremer und Lübecker Kaufleuten gegründet. Am 21. Februar 1192 bestätigte Papst Cölestin III. die Hospitalbruderschaft und verordnete die Augustinusregel. Die Gemeinschaft wurde 1198 in einen Ritterorden, den Deutschen Orden, umgewandelt und 1199 bei Annahme der Ordensregeln der Johanniter und Templer von Papst Innozenz III. approbiert. Im Hochmittelalter erlangte der Orden in Europa durch Schenkungen umfangreichen Landbesitz, was zur Gründung zahlreicher Niederlassungen, teilweise mit Schwesternhäusern, führte, die in mehrere Verwaltungseinheiten, sogenannten Balleien und Kommenden, aufgegliedert wurden. Auf dem Gebiet der heutigen Bundesrepublik Deutschland entstand bei Halle/Saale um 1200 die erste Kommende; es folgten 1209 ➛ Nürnberg und 1211 ➛ Reichenbach in Hessen. Ein Hochmeister stand dem gesamten Orden vor, ein Deutschmeister den deutschen Balleien, ein Landkomtur einer Ballei und ein Komtur einer Kommende. Nach der Niederwerfung der Pruzzen erhielten die Deutschordensritter das nordöstliche Land an der Ostsee zugesprochen und vom Papst sowie Kaiser Friedrich II. ausdrücklich in der Goldenen Bulle von Rimini 1226 als Eigentum beurkundet. Dieser Landbesitz wurde zur Ausgangsbasis der Gründung eines Ordensstaates in Ostpreußen genutzt. Kleinere geistliche Ritterorden, die 1202 gegründeten livländischen Schwertbrüder *(Fratres militiae Christi de Livonia)* und der Orden von Dobrin *(Milites Christi Fratres de Dobrin)*, der nur von 1228 bis 1238 existierte, gingen bald im Deutschen Orden auf. 1402 erreichte das Ordensterritorium seine größte Ausdehnung und war die bedeutendste Wirtschaftsmacht im Baltikum. Aus dem Ordensstaat gingen später Ostpreußen, Kurland, Livland und Estland hervor. Um 1500 existierten im deutschen Sprachraum etwa 120 Kommenden. 1525 trat der Hochmeister Albrecht von Brandenburg-Ansbach zum lutherischen Glauben über und führte die Reste des einstigen Ordensstaates als herzogliches Lehen dem polnischen König zu. Der Deutsche Orden bestand im Reich rechtlich abgesichert seit 1593 bikonfessionell (katholisch, lutherisch), ab etwa 1680 auch trikonfessionell (katholisch, lutherisch, calvinistisch) weiter. Nach der Säkularisation verblieben dem Orden nur die Besitzungen in den habsburgischen Landen, nach Wien zurückgezogen wirkte die Gemeinschaft im habsburgischen Militär-Sanitätswesen. Nach dem Ersten Weltkrieg von Papst Pius XI. als rein geistlicher Orden eingestuft, gelang dem „Deutschorden" eine erneute Entfaltung in Mitteleuropa. Die Deutschordensritter trugen ein weißes Ordenskleid mit schwarzem Balkenkreuz auf Mantel, Kappe und Waffenrock.

Wappen des Deutschen Ordens und zweier Komture am Deutschordenshaus Beuggen.

◆ Militzer, Klaus: Die Geschichte des Deutschen Ordens, Stuttgart 2005; Boockmann, Hartmut: Der Deutsche Orden, zwölf Kapitel aus seiner Geschichte, München 1999; Militzer, Klaus: Die Entstehung der Deutschordensballeien im Deutschen Reich, Bonn 1970.

Diesdorf, *Augustiner-Chordamenstift St. Maria, Heilig Kreuz und St. Johannes Evangelist (1161–1551) – „Marienwerder", Diözese Verden – (Altmarkkreis Salzwedel, Sachsen-Anhalt, ❒ 2, A4).*

▶ **Geschichte.** Graf Hermann von Warpke-Lüchow gründete 1161 als Grablege für seine Familie ein Regularkanonikerstift auf einem von Wassergräben umgebenen Grundstück in D. in der Altmark. Über die Zusammensetzung des Gründungskonvents bestehen nur Vermutungen, möglicherweise wurde er zunächst nur für Augustiner-Chorherren eingerichtet und später Chorfrauen übergeben. Ein Doppelkonvent wird heute verworfen, immer begleiteten einige Chorherren ein Frauenstift. Die beiden ersten Urkunden geben diesbezüglich keine Auskunft: Bischof Hermann bestätigt 1161 die Weihe der noch hölzernen Stiftskirche, Papst Clemens III. erlaubt 1188 die freie Propstwahl. Seit 1200 ist D. unzweifelhaft als Augustiner-Chorfrauenstift überliefert. Erster namentlich bezeugter Propst ist 1188 Johann, erste Priorin 1294 Adelheid. Die Slawenmission war eine der wichtigsten Aufgaben im 13. Jh., reiche Dotationen der Grafen von Lüchow, Dannenberg und Schwerin, der Herzöge von Braunschweig-Lüneburg und der Markgrafen von Brandenburg ließen das Stift aufblühen. Töchter des örtlichen Adels sowie der Patrizierfamilien von Lüneburg und Salzwedel brachten hohe Mitgiften ein. Mit dem Vollbesitz zahlreicher Dörfer, mit Zins- und Pachteinnahmen aus weiteren Orten, mit Salinenanteilen und zwei Stadthäusern verwalteten die Frauen den umfangreichsten Besitz unter den altmärkischen Frauenklöstern. Trotz wirtschaftlicher Schwierigkeiten im 14. Jh. entrichtete die Priorin Elisabeth Grevingh (1415–34) mehr Prokurationsgelder an das Hochstift Verden als die Frauenklöster ➛ Arendsee, ➛ Dambeck oder ➛ Krevese. Der Priorin stand stets ein Propst zur Seite. Unter Berta Verdemann (1450–79) erreichte der Konvent mit 70 Chorfrauen seine höchste Stärke, zahlreiche Schülerinnen lebten ebenfalls im Stift, die bis zu zwölf männlichen Mitglieder *(pauperes)* hatten ein eigenes Haus. Gebetsverbrüderungen pflegten die Chordamen mit ➛ Wienhausen, ➛ Obernkirchen, St. Johannis in ➛ Lübeck, Wolmirstedt und ➛ Königslutter. Spätestens bei der kurfürstlich-brandenburgischen Visitation 1541 nahm der Konvent unter Anna von Wustrow (1539, † 1553) eine evangelische Kirchenordnung an. Die offizielle Auflösung im Auftrag Kurfürst Joachims II. erfolgte 1551, bis 1810 lebte der Konvent als evangelisches Damenstift D. weiter. Die Stiftsgüter waren als landesherrliches Amt meist verpfändet oder verpachtet.

▶ **Gegenwart.** Einzig Reste der Umfassungsmauer sowie das verzierte Back- und das Brauhaus, heute „Alte Darre" und „Altes Amtshaus", sind von der einst umfangreichen mittelalterlichen Klausur- und Wirtschaftsanlage übrig geblieben. Aber die romanische Stifts- und immer auch Pfarrkirche ist sehr gut erhalten und dient heute der evangelischen Gemeinde des kleinen Ortes. Die apsidiale Pfeilerbasilika mit Querschiff und Westriegel in Backstein ist ein klar gegliederter, ausgewogener romanischer Bau im gebundenen System mit vollkommener Kreuzgrateinwölbung. Sie wurde um 1200

Diesdorf Augustiner-Chordamenstift, die romanische Stiftsbasilika von 1250 mit dem Westriegelturm von 1872.

Devotio moderna

▶ Die D. ist eine geistliche Erneuerungsbewegung von Klerikern und Laien im 14. und 15. Jh., die maßgeblich von Geert Groote (1340–84) geprägt wurde. Sie strebte ein gottverbundenes Leben außerhalb der traditionellen Kircheninstitutionen in Gemeinschaft ähnlich der Urgemeinde an. Sie lehnte das Betteln ab, verlangte gemeinsame Handarbeit und stellte die persönliche Nachfolge Christi in Armut und Demut in den Mittelpunkt des Daseins. Von den Niederlanden ausgehend, verbreitete sich die D. über ganz Europa. Die Bewegung inspirierte den ➛ Kreuzherrenorden und die ➛ Prämonstratenser, führte zum Reformverband der ➛ Bursfelder Benediktiner sowie der Kamper Zisterzienser und wirkte auch reformierend auf die ➛ Kartäuser. In der Mitte der Bewegung bildeten sich zwei Gemeinschaften, „Brüder" bzw. „Schwestern vom gemeinsamen Leben". Sie lebten in Häusern nach den evangelischen Räten (Armut, Keuschheit und Gehorsam) und hielten das kanonische Stundengebet ein. Dabei galten sie jedoch nicht als Klostergemeinschaften, weil sie keine Ordensgelübde ablegten und sich keiner Ordensregel unterstellten. Die männlichen Gemeinschaften werden auch als „Fraterherren", „Kugelherren" oder „Kappenherren" bezeichnet. Das Fraterherrenhaus in Münster entwickelte sich seit 1401 zum Zentrum eines Verbandes von über 30 deutschen Niederlassungen. Papst Eugen IV. erhob diese semireligiöse Lebensform 1439 kirchenrechtlich zum Kollegiatstift. Brüder und Schwestern vom gemeinsamen Leben sind demzufolge als weltliche Kanoniker bzw. weltliche Kanonissen einzustufen. Die „devoten Kollegiatstifte" waren besonders in Südwestdeutschland kaum von regulierten Stiften zu unterscheiden. Die Schwesterngemeinschaften unterstellten sich im Spätmittelalter häufig den Statuten eines Ordens und nahmen dessen Regel an.

◆ Klug, Martina B.: Armut und Arbeit in der D.: Studien zum Leben der Schwestern in niederrheinischen Gemeinschaften, Münster 2005; Derwich, Marek/Staub, Martial (Hg.): Die „Neue Frömmigkeit" in Europa im Spätmittelalter, Göttingen 2004; Crusius, Irene: Gabriel Biel und die oberdeutschen Stifte der D., in: Studien zum weltlichen Kollegiatstift in Deutschland, Göttingen 1995, 298–322.

begonnen und in vier Bauphasen bis etwa 1250 erstellt. Im Nordquerhaus befinden sich Heilig-Grab-Kapelle, Krypta und Nonnenempore, letztere wird heute „Mariensaal“ genannt. Die Nonnenempore korrespondiert nicht mit den Maßen des nördlichen Querhauses, was auf eine Planänderung während der Entstehung hindeutet und als Argument für ein primär beabsichtigtes Männerstift angeführt werden kann. Die Westfront, ein erhöhter Westriegel mit reich profiliertem Stufenportal, erinnert an ähnliche Ausformungen am ➛ Ratzeburger Dom oder in ➛ Rehna. Erst 1872 setzte man den hohen Backsteinturm mit Spitzhelm auf. Besondere Ausstattungsstücke sind das aufklappbare Heilige Grab (Mitte 14. Jh.) mit geschnitzter Christusfigur und der Ritzgrabstein des Grafen Heinrich II. von Lüchow († 1273).

◆ Borrmann, Joachim Stephan/Schöfbeck, Tilo: D., in: Brandenburgisches Klosterbuch, Bd. 1, Berlin – Brandenburg 2007, 412–424; Seyfried, Peter: Die Klosterkirche zu D./Altmark, München 1998.

Dietenborn, *Benediktinerpriorat St. Maria und St. Johannes Baptist (nach 1109–1496) – „Marienkloster“, Erzdiözese Mainz – (Sondershausen-D., Kyffhäuserkreis, Thüringen, ❐ 2, A5).*

▶ **Geschichte.** Nach der Gründung der Abtei ➛ Reinhardsbrunn im Thüringer Wald bei Friedrichroda 1189 durch Landgraf Ludwig den Springer kamen Benediktiner in den Besitz des Rodungslandes in der nordthüringischen Hainleite. Freiherr Reginfrid übergab der Abtei 1109 nach dem Tod seiner Gemahlin Wigela die jüngst erbaute Kirche St. Johannes Baptist und Zubehör in D. sowie den nahen Erbhof zur Gründung eines Klosters zum Seelenheil seiner Frau und Ahnen. Abt Ernst von Reinhardsbrunn (um 1101– nach 1143) gründete (55 km vom Mutterkloster entfernt) in D. eines der sieben abhängigen Priorate, Papst Paschalis II. stellte eine Bestätigungsurkunde aus. Reinhardsbrunn galt damals als Ausstrahlungszentrum der neu-

Dietenborn Benediktinerpriorat, ein vermauerter Rundbogen in den zerfallenden Restgebäuden des Priorats.

cluniazensischen Reformideale von Hirsau; insofern darf man die Befolgung der strengen Statuten der ➛ Hirsauer Reformbewegung in D. annehmen. Wenige Jahre zuvor hatte die hirsauisch geprägte Schwesterabtei Pegau in Sachsen ein kleines Rodungspriorat in ➛ Lausick etabliert. D. war ebenfalls mit Rodungsaufgaben beauftragt, hielt sich aber wesentlich länger. Sein Besitz erstreckte sich von der Unstrut bis in die Vorberge des Südharzes. Die Schirmherrschaft übten zunächst der Stifter und später die Thüringer Landgrafen aus. Nach dem Aussterben der Ludowinger 1247 setzten sich die Wettiner Markgrafen von Meißen als Landgrafen von Thüringen durch. Wesentlich näher bei D. als das Stammkloster lagen die Zisterzienserabtei ➛ Walkenried und das Kollegiatstift Jechaburg, mit beiden entwickelten sich Gebetsbrüderschaften. Der Mainzer Erzbischof förderte D. mit Freiheitsprivilegien, u. a. auch mit dem Recht einer eigenen Finanzverwaltung, was aber im 13. Jh. zur Überschuldung führte. Landverkäufe sollten Abhilfe schaffen, Landgraf Albrecht bestätigt 1272 den Verkauf von Besitz durch Propst Hermann an das heute untergegangene Prämonstratenserstift Ilfeld im Harz. 1293 verkauften die Mönche größere Waldflächen um Bischofferode, Poppenrode und Haynrode an die Benediktiner von Kloster Gerode, von dem heute einige Barockreste existieren. Vogtrechte vergab der Landgraf um 1290 an die mächtigen Grafen von Ho(h)nstein-Ilfeld, die sich im 14. Jh. als Förderer des kleinen Marienklosters erwiesen. Im 15. Jh. ging die Zahl der Mönche stark zurück, 1496 verzichteten die drei letzten Mönche zugunsten des Stifts ➛ Wülfinghausen bei Eldagsen. Abt und Konvent von Reinhardsbrunn sowie der Ho(h)nsteiner Schutzgraf stimmten einer Neubesetzung mit Augustiner-Chorfrauen zu, aber der Plan kam nie zur Ausführung. Anders lautende Angaben einer Besiedlung mit Zisterzienserinnen beruhen auf Fehlinterpretationen der Quellen. Aufständische Bauern plünderten Anfang Mai 1525 das leere Kloster, 1556 eignete sich die Ho(h)nsteiner Herrschaft nach Einführung des Protestantismus Anlage und Besitz des Klosters D. an, die Mutterabtei Reinhardsbrunn bestand schon über 30 Jahre nicht mehr.

▶ **Gegenwart.** Das ehemalige Marienkloster am Hang nahe dem Helbetal diente lange als landwirtschaftliches Gut. Klösterliche Relikte, die trotz profaner Nutzung und Überbauung immer noch deutlich zu erkennen sind, verfallen seit über 50 Jahren. Heute leben in dem kleinen Ortsteil D. der Gemeinde Sondershausen etwa 100 Einwohner, entsprechend regionaler Überlieferung soll ein unterirdischer Gang zu der längst wüst liegenden Helbeburg führen, wo die Mönche in Kriegszeiten Zuflucht fanden. Von solchen Gängen wird freilich allerorts erzählt.

◆ Löffler, Sigmar: Geschichte des Klosters Reinhardsbrunn, Erfurt – Waltershausen 2003; Jürgensmeier, Friedhelm (Hg.): Handbuch der Mainzer Kirchengeschichte, 3 Bde., Würzburg 1997–2002.

Dimbach Benediktinerpropstei, Ostansicht der ehemaligen Propsteikirche St. Maria de Rosario von 1334.

Dimbach, *Benediktinerpropstei St. Maria (1334– vor 1493), Diözese Würzburg – (Volkach-D., Lkr. Kitzingen, Bayern, ❐ 3, D2).*

▶ **Geschichte.** Die altehrwürdige Benediktinerabtei Münsterschwarzach erwarb 1306 einige Dörfer um Volkach mit allen Rechten vom Grafen von Castell, einem Lehnsträger des Hochstifts Würzburg. Zu den neuerworbenen „Vogteidörfern“ gehörte auch D. im mainfränkischen Weinbaugebiet. Die Abtei richtete 1334 an der Pfarrkirche St. Maria in D. eine Propstei ein, die meist mit drei Mönchen besetzt war. 1351 bestätigt Bischof Albrecht II. von Würzburg (Hohenlohe) die Niederlassung. D. diente Münsterschwarzach zur Abschiebung missliebiger Mitbrüder, als Alterssitz der Äbte sowie zur Versorgung von Günstlingen. Vor 1493 wurde der Propsteistatus aufgegeben, D. kam unter direkte Verwaltung der Abtei. Pfarrpflichten und die Betreuung der aufkommenden Wallfahrt oblagen bis zur Aufhebung 1803 schwarzmünsterischen Mönchen.

▶ **Gegenwart.** Die besondere Marienverehrung in D. führte 1630 zur Gründung einer Rosenkranzbruderschaft, die der ehemaligen Propstei- und heutigen katholischen Pfarrkirche das Patrozinium St. Maria de Rosario gab. Die gotische Kirche, eine dreischiffige Basilika mit Westturm ohne Querschiff zu vier Jochen mit zweijochigem Chor, bauten die Benediktiner seit 1325 mit finanzieller Unterstützung des Würzburger Bischofs in Vorbereitung der Propsteigründung auf, wobei sie wahrscheinlich Mauerwerk eines romanischen Vorgängerbaus wiederverwendeten. Die Weihe erfolgte 1334 anlässlich der Eröffnung der Propstei. Für Renovierungen zeichnete stets Münsterschwarzach verantwortlich, die letzte, barocke Neugestaltung vollzog Abt Dominikus Otto von Bamberg (1766–73). Das Südportal stammt aus dieser Zeit, das gotische Westportal ist reich gekehlt. Den Innenraum schmücken neben barocken Altären und Figuren eine spätgotische, streng wirkende Marienfigur, die „Mai-Madonna", und ein Schmerzensmann aus der gleichen Werkstatt. Die Gnadenmadonna aus dem frühen 14. Jh. (das Jesuskind sitzt ihr auf dem „falschen", dem rechten Arm), der zu Ehren 1719 ein prachtvoller Hochaltar geschaffen wurde, präsentiert sich in schlichter, gewinnender Schönheit. Ein romanisches Sandsteinrelief mit Kreuzigungsgruppe unter der Orgelempore geht auf die zweite Hälfte des 11. Jh. zurück, also auf die vorklösterliche Zeit, gleichwohl wird eine schwarzmünsterische Werkstatt diskutiert.

❖ Die 1913 wiederbelebte Mutterabtei Münsterschwarzach, einst ein bedeutendes Reformzentrum des Benediktinertums im 11. Jh., besteht nach radikalem Abriss heute aus der neuromanischen Abteikirche von 1938 und neuzeitlichen Gebäuden.

◆ Julier, Jürgen: Ehem. Propstei- und Wallfahrtskirche S. Maria de Rosario D., Regensburg 1995; Jaeckle, Barbara: Die Wallfahrtskirche S. Maria de Rosario in D., Würzburg 1975.

Disibodenberg, *Eremitenklause (um 600–9. Jh.?), Benediktiner Doppelkloster St. Maria, St. Johannes Evangelist und St. Disibod (um 1098–1259), Zisterzienserabtei St. Maria, St. Johannes Ev. und St. Disibod (1259–1559), Erzdiözese Mainz – (Odernheim/Glan-D., Lkr. Bad Kreuznach, Rheinland-Pfalz, ❐ 3, B2).*

▶ **Vorgeschichte.** Entsprechend den mündlichen Überlieferungen ließ sich der iroschottische Wandermönch Disibod im 6. oder 7. Jh. am Fuß des imposanten Bergvorsprungs im mittleren Nahetal unweit der Glanmündung nieder und genoss bald heiligmäßige Verehrung, die sich an seinem Grab noch steigerte, weil es Wunder wirkte. Der Berg erhielt seinen Namen. Gleichgesinnte hatten dem Eremiten eine Kapelle am Hang und sich selbst ein *monasterium* an der höchsten Stelle erbaut. In den folgenden kriegerischen Zeiten betreuten einige Kleriker den heiligen Ort. Erzbischof Willigis von Mainz richtete 975 statt der inzwischen zerstörten Zelle ein Kanonikerstift ein und stattete es reichlich aus. Eine kleine religiöse Frauengemeinschaft hatte sich damals bereits assoziiert.

▶ **Geschichte.** Erzbischof Ruthard wandelte um 1098 das Kollegiatstift in ein Benediktinerdoppelkloster um, konnte aber erst 1108 Reformmönche aus St. Jakob in Mainz gewinnen, die unter dem ersten Abt Burchard (1108–13) mit dem Neubau einer eigenen Klosteranlage begannen, welche Abt Kuno (1136/55) 1143 vollendete. Der Doppelkonvent auf dem D. bekannte sich zu den strengen ➛ Hirsauer Reformstatuten, ungewöhnlich für damalige Benediktiner war die Hinwendung zur Seelsorge im Nahegebiet. 1115 legte eine Schwester Hildegard die Profess ab, sie stand dem wachsenden Frauenkonvent seit 1136 als Äbtissin vor und erreichte schon in D. mit ihrer ersten Schrift „Scivias" als visionäre Seherin hohen Bekanntheitsgrad. Berühmt aber wurde sie als hl. Hildegard von Bingen (um 1098–1179), nachdem sie mit allen 20 Frauen um 1150 den Berg verlassen hatte und die Klöster ➛ Rupertsberg bei Bingen und Eibingen leitete. Die Mönchsabtei D. entwickelte sich dank zahlreicher bischöflicher und adeliger Schenkungen zu einer der wichtigsten Stützen des Mainzer Bistums, das den Konvent in seine Machtstrategien einband. Der Berg wurde von einer Adelsfronde gegen den Erzbischof 1242 erobert und verwüstet; die Wirtschaftskraft war gebrochen, die Klosterzucht lag am Boden und Seelsorgepflichten blieben unerfüllt. 1259 übergab Erzbischof Gerhard I. das zerrüttete Kloster dem Zisterzienserorden, dessen Generalkapitel im gleichen Jahr die Abtei ➛ Otterberg mit der Filiation beauftragte, obwohl die Berglage zisterziensischen Gewohnheiten nicht entsprach. Den Zisterziensern gelang durch effizientes Wirtschaften schon in den folgenden Jahrzehnten eine außerordentliche Blüte, die Abtei war für die nächsten 300 Jahre religiöser und wirtschaftlicher Mittelpunkt der Region. Erst Mitte des 15. Jh. stellten sich innere und äußere Bedrohungen ein, die zur Absetzung unfähiger Äbte, zu Reformen, 1504 zum Überfall durch kurpfälzische Truppen, zur Spaltung des Konvents und bis 1528 zur Unterstellung unter Pfalz-Zweibrücker Amtsgewalt führte. Ein Restkonvent von 13 Mönchen wählte 1528 den vorletzten Abt

Disibodenberg Benediktiner-/Zisterzienserabtei, die Ruine des zisterziensischen Krankenhauses (Hospiz).

Anton Ratz (1528–53), Abt Peter Limbach (1553–59) lebte schließlich mit Bruder Johann von Burg allein im zerfallenden Kloster. Nach Aufhebung und Übernahme durch Herzog Wolfgang von Pfalz-Zweibrücken im Dezember 1559 wurden beide evangelische Pfarrer. Die Einkünfte aus Verpachtungen kamen der Lateinschule im pfälzischen Hornbach zugute, Restitutionsansätze blieben stecken, die Klosteranlage verfiel und wurde zum Steinbruch.

▶ **Gegenwart.** Die ruinösen Restmauern und freigelegten Fundamente auf dem D. verdeutlichen heute nur vage den einst imposanten benediktinischen Klosterkomplex im 12. Jh. und die Ergänzungsbauten der Zisterzienser im 13. Jh. Ein Museum im Hofgut auf halber Höhe bewahrt interessante Architektur- und Skulpturstücke dort, wo möglicherweise die Klause des Disibod stand.

❖ Im nahen Sobernheim unterhielten die Zisterzienser einen Klosterhof mit Kapelle. Diese spätgotische „Disibodenberger Kapelle" steht heute vernachlässigt auf einem Fabrikgelände, sie zeigt ein Tympanon mit sehenswerter Kreuzigungsszene.

◆ GermBen 9, 126–154; Nikitsch, Eberhard J.: Kloster D., Regensburg 1998.

Dobbertin, *Benediktinerinnenkloster St. Benedikt (um 1220–1572), Diözese Schwerin – (Lkr. Parchim, Mecklenburg-Vorpommern, ❐ 2, B2).*

▶ **Vorgeschichte.** Der Obodritenfürst Heinrich Borwin I. von Mecklenburg, zweiter Gründer der berühmten Zisterzienserabtei ➛ Doberan, stiftete zwischen 1219 und 1227 bei Goldberg in Mecklenburg ein Kloster und rief zunächst Benediktinermönche aus dem unterelbischen Marienkloster Stade. Die Mönche begannen, auf einer Halbinsel direkt am Dobbertiner See ihre Klosteranlage aufzubauen, die erste Urkunde siegelte Propst Arnold 1227. Nach der Schlacht von Bornhöved 1227 festigten die Grafen von Schauenburg-Holstein ihre Macht im Nord- und Ostelbegebiet, Verbindungen nach Mecklenburg überraschen daher nicht.

▶ **Geschichte.** 1234 übernahmen Benediktinerinnen das Kloster D., sie kamen vermutlich aus ➛ Zeven, (40 km) südlich von Stade. Graf Adolf III. von Schauenburg-Holstein war seit 1199 Schirmherr des Klosters Zeven. Denkbar ist auch eine Herkunft der Schwestern aus ➛ Krevese, beide Konvente besaßen gemeinsam das Dorf Lärz südlich von Röbel. Gründe für den Wechsel in D. sind nicht bekannt, die Mönche kehrten nach Stade zurück. Fürst Nikolaus bestätigte 1237 die Umwandlung, Stade verzichtete 1243 auf alle Ansprüche. Ein Hospital im Klosterareal ging auf Propst Heinrich (1281/88) zurück, Papst Clemens V. bestätigte es 1306. Prinzessinnen des Fürstenhauses Werle nahmen mehrmals das Amt der Priorin ein, so Elisabeth (1300), Anna (1344–50?) und Richardis (1392–1409?). Durch Landzuwächse stieg die Bedeutung von D. im 14. Jh., der Besitz umfasste schließlich über 26.000 ha mit 26 Gütern, zwölf Förstereien, drei Ziegeleien, zwei Kalkbrennereien, einige Mühlen und Patronatsrechte über 19 Kirchen. Der Wohlstand führte im 15. Jh. zur Verflachung der Klosterzucht; Papst Alexander VI. verlangte 1498 von Priorin Sophie von Vieregge (1498–1508) Observanz im Sinne der ➛ Bursfelder Kongregation. Die Reformation gewann im 16. Jh. ungehindert Einfluss, die Fürsten von Mecklenburg zeigten sich tolerant, verhinderten aber während der Reformationswirren Blutvergießen. 1549 beschloss der Sternberger Landtag das evangelische Bekenntnis auch in den 16 Mönchs- und elf Frauenklöstern Mecklenburgs. Unter Priorin Elisabeth Hobe (1558–69) setzten die Schwestern der neuen evangelischen Kirchenordnung heftigen Widerstand entgegen. D. gehörte mit ➛ Ribnitz und Hl. Kreuz in ➛ Rostock zu den drei letzten katholischen Klöstern im Land. Aber 1572 war aller Widerstand gebrochen und das katholische Benediktinerinnenkloster D. galt 1572 endgültig als aufgelöst. Die mecklenburgische Ritterschaft erhielt die Verfügung über das evangelische Kloster D., es diente fortan als adeliges Damenstift zur Versorgung der unverheirateten Töchter. Der Dreißigjährige Krieg hinterließ

Dobbertin Benediktinerinnenkloster, der jüngst restaurierte gotische Kreuzgang im Klausurquadrum.

ein ausgeplündertes Stift, verheerte Dörfer und Brachland mit nur einem Sechstel der ursprünglichen Bevölkerung. Das Kloster überstand den Schwedisch-Polnischen, Brandenburgisch-Schwedischen und Siebenjährigen Krieg sowie die Säkularisation und napoleonische Besatzung. Die Aufhebung der Institution erfolgte 1920 durch den Freistaat Mecklenburg-Schwerin.

▶ **Gegenwart.** Das Kloster D. gilt als besterhaltene Gesamtanlage Mecklenburgs, es dient heute behinderten Menschen als Heil- und Heimstätte unter Verantwortung des Diakoniewerks der evangelisch-lutherischen Landeskirche. Während im ausgedehnten Parkgelände einige nachreformatorische Häuser der Stiftsdamen, das Hauptmanns- und Pfortenhaus sowie Wirtschaftsgebäude stehen, schließt sich das mittelalterliche zweistöckige Klausurgeviert mit Kreuzgängen und Zweckräumen südlich an die Kirche an. Als singuläre Besonderheit stößt das Klausurquadrum nicht wie üblich parallel, sondern spitzwinklig an den westlichen Bereich der Kirchensüdwand an. Die Klausur entstand in mehreren Bauabschnitten bis Ende des 14. Jh. und unterlag nachfolgend einigen Umbauten, in den letzten Jahren schließlich einer gekonnten Sanierung. Die einschiffige Klosterkirche aus Backsteinen aus dem 14. Jh. wurde im 19. Jh. unter Mitarbeit Karl Friedrich Schinkels neugotisch ummantelt, die repräsentative Westfassade mit den einzigen Doppeltürmen Mecklenburgs entstand in dieser Phase. Im Inneren weisen Bau- und Schmuckelemente auf den mittelalterlichen Kern hin.

◆ Alsleben, Horst: Kloster D., Schwerin 2003; Pfautsch, Christine: Das Kloster D. zur Zeit der Reformation, Schwerin 1991.

Döbeln, *Benediktinerinnenabtei St. Johannes Baptist (1222–1554), Diözese Meißen – (Lkr. Mittelsachsen, Sachsen, ❐ 2, C5).*

▶ **Vorgeschichte.** Auf König Heinrich I. gehen Burg, Markgrafschaft und Bistum Meißen zurück, seit 1068 ist die reichsunmittelbare Burggrafschaft von Meißen nachweisbar. Alle drei Institutionen versuchten ihren Einfluss in Sachsen durch Stiftungen von Klöstern auszubauen. An der Freiberger Mulde hatte der sächsische König Otto I. um 950 auf einer Insel das *castellum Doblin* anlegen lassen, diesen Burgplatz D. übergab Otto II. 981 der Reichsabtei ➛Memleben. Memleben und D. fielen 1015 an die Reichsabtei ➛Hersfeld, die bis ins 16. Jh. Lehnsrechte ableitete, de facto unterstand der aufstrebende Ort jedoch den wettinischen Markgrafen von Meißen.

▶ **Geschichte.** Burggraf Meinher II. von Meißen gründete 1222 in Staucha, heute Ortsteil von Stauchitz zwischen Oschatz und Riesa, ein Benediktinerinnenkloster. Er übergab neben Allodialbesitz die Ortspfarre St. Johannes Baptist, zu der etwa 20 Filialdörfer gehörten. 1264 tauschten die Frauen neun Dörfer gegen die reiche Pfarrei Leuben ein. Der ausgedehnte Grundbesitz reichte bis Riesa, das Kloster wechselte nach über 100 Jahren den Standort, Gründe hierfür sind nicht bekannt und rein spekulativ, möglicherweise war der Erwerb des Hospitals St. Georg am rechten Ufer der Mulde vor dem Burgort D. ausschlaggebend. Nicht die ursprüngliche Stifterfamilie, sondern der Wettiner Markgraf Friedrich II. von Meißen übereignete den Schwestern auf Betreiben seines Amtmanns, Johannes Große zu Seebitzschen, 1328 das Hospital in D. und initiierte die Umsiedlung (23 km südlich) in seinen Machtbereich. Die Benediktinerinnen ließen sich 1330 am Hospital vor dem aufstrebenden Ort nieder, der 20 Jahre später erstmals als *civitas* bezeichnet wurde und sich bis zum Ausgang des Mittelalters zu einer der größten landsässigen Städte Sachsens entwickelte (1550 mit etwa 2.400 Einwohnern). Davon profitierte auch der einzige Konvent am Ort, zumal das Hospital reichlich mit Pfründen ausgestattet war. Propst Johannes von Lupin, Äbtissin Katharina, Priorin Margarete und der Konvent dankten dem Meißner Hochstift im September 1351 für die Verleihung der Parochialrechte in D. durch die Überweisung einiger Geld- und Getreidezinsen an die Domkirche. Zunehmender Wohlstand und allgemeine Wirtschaftskrise führten im 15. Jh. zur Verflachung der Klosterzucht. Bischof Dietrich III. (IV.) von Meißen (Schönberg) sah sich 1464 genötigt, Missstände im Konvent durch die Einführung von Reformen im Sinne der ➛Bursfelder Kongregation zu beseitigen. Während der Reformation schützte der letzte katholische Herzog, Georg der Bärtige, die Klöster in seinem albertinischen Landesteil vor protestantischen Einflüssen, ganz anders verhielten sich seine kurfürstlichen Vettern im ernestinischen Sachsen. Sein Nachfolger, Herzog Heinrich II. der Fromme, setzte seit 1539 rigoros den Protestantismus durch und ließ D. auflösen. Die Gebäude wurden 1558 verkauft, die Klosterkirche 1727 abgebrochen, das Gelände neu bebaut.

▶ **Gegenwart.** Heute erinnert lediglich das „Klostergut" in der Klosterstraße an die Benediktinerinnen von D. Hohe Bruchsteinmauern umgeben den privaten Hof mit Brunnen (1330) und rechtwinkligem Gebäudekomplex, „Propstei" genannt, der entsprechend jüngster bauarchäologischer Forschungen Architektursubstanz des 14. bis 19. Jh. aufweist. Aus der Erstgründung Staucha entstand ein Klosterhof, später das Rittergut Oberstaucha ohne überkommene Architekturreste der Benediktinerinnen.

◆ Schlesinger, Walter: Kirchengeschichte Sachsens im Mittelalter, Bd. 2, Köln 1962, 287 f.

Döbeln Benediktinerinnenabtei, das spätgotische Klausurgebäude der Abtei im heutigen „Klostergut".

Doberan, *Zisterzienserabtei St. Maria, St. Fides und St. Sebastian (1171–1552), Diözese Schwerin – (Kreisstadt Bad D., Mecklenburg-Vorpommern, ❐ 2, B2).*

▶ **Vorgeschichte.** Das Obodritenfürstenpaar Pribislaw und Woizlawa gründete 1171 auf Initiative des Missionsbischofs Berno von Schwerin ein Zisterzienserkloster im späteren Ort Althof, nachdem Herzog Heinrich der Löwe das Land erobert und Pribislaw sich der Zwangstaufe unterzogen hatte. Der ehemalige Zisterzienser Berno rief Mitbrüder aus ➛ Amelungsborn im Wesergebiet in das noch heidnische Land an der Ostsee. Bereits 1172 fand Fürstin Woizlawa im neuen Kloster ihre Grablege. 1179 starb auch ihr Gemahl Pribislaw, ein Aufstand seiner heidnischen Gefolgsleute brach los, die Klosterinsassen wurden vertrieben oder erschlagen, das Kloster geplündert.

▶ **Geschichte.** Die Mönche gaben nicht auf, kehrten 1186 auf Bitten des nachfolgenden Fürsten Heinrich Borwin I. zurück und gründeten das Kloster im nahen Ort D. erneut. Die Abtei D. entwickelte sich zum geistlichen und wirtschaftlichen Mittelpunkt Mecklenburgs, die Erstniederlassung, nun „Altenhof" genannt, diente fortan als Grangie. Tochtergründungen entstanden 1209 in ➛ Dargun und 1258 in Pogutken, 1276 verlegt nach Pelplin (Polen). Die Äbte wirkten im weiten Pfarrgebiet als Archidiakone in Vertretung des Schweriner Bischofs, die mecklenburgische Fürstenfamilie nutzte D. bis 1920 als Hauptgrablege. Entsprechend reichhaltig fielen die Zuwendungen aus, die Abtei erfüllte nicht nur religiöse, sondern auch repräsentative Zwecke. D. lag damals direkt an einer Meeresbucht und besaß einen Klipphafen, zwei eigene Schiffe befuhren die Ostsee. Der „Doberaner Mönchskrieg", ein interner Streit zwischen slawischen und sächsischen Gruppen einschließlich zweier Giftmorde im 40 Brüder starken Konvent, sorgte in der ersten Hälfte des 14. Jh. für Unruhe bis in die Ordensspitze und war Ausdruck der wirtschaftlichen Krisen dieser Zeit. Abt Konrad IV. (1332–37) musste zurücktreten. D. galt im 15. Jh. wieder als besonders regeltreu, aber auch als reformoffen. Seit 1419 wirkten die Äbte als Konservatoren an der neuen Universität Rostock, Anfang des 16. Jh. verkam D. zunehmend zum landsässigen Kloster, die Aufhebung im Zuge der Reformation vollzogen die evangelischen Herzöge Johann Albrecht I. von Mecklenburg und sein Bruder Ulrich 1552. Zunächst wurde die Abteianlage fürstliche Residenz, im 18. Jh. versank der Ort aber in Bedeutungslosigkeit, was den mittelalterlichen Baubestand rettete.

▶ **Gegenwart.** Die weiträumig ummauerte Klosteranlage gilt heute als kunsthistorisches und touristisches Zentrum des Ostseeraums, das „Doberaner Münster" ist mittelalterlicher Architekturhöhepunkt in Mecklenburg. Abt Johann I. (1294–99) ließ den bernhardinischen Erstbau von 1232 abreißen und begann mit dem heutigen zweiten Kirchenbau. Der gewaltige „Dom von Mecklenburg" konnte erst 1368 unter Abt Gottschalk Höppener (1361–84) geweiht werden. Im Inneren bewahrt die dreischiffige Basilika mit Chorumgang zahlreiche mittelalterliche Ausstattungsstücke von höchster kunsthandwerklicher Qualität, die den Wandel in der Kultpraxis der Zisterzienser verdeutlichen. Die weitläufige Immunitätsmauer umschließt, unterbrochen von zwei Klostertoren um 1290 bzw. 15. Jh., noch immer eine Parkanlage mit Bach und Teich, die Kirche und Reste des östlichen Kreuzgangflügels um 1200, Beinhaus um 1250, Brauhausruine mit Klostermühle um 1280, Kornhaus um 1280 sowie die Ruine des Gäste- oder Krankenhauses und der späteren „Wolfsscheune" um 1290. Im Ortsteil Althof erinnern heute eine imposante Scheunenruine und eine frühgotische Kapelle an die erste Niederlassung, beide stammen aus der Zeit der späteren Wirtschaftsnutzung.

Doberan Zisterzienserabtei, die Abteibasilika von 1368 gilt als „Dom von Mecklenburg", Ostansicht.

◆ RepZist 164–171; Erdmann, Wolfgang: Zisterzienser-Abtei D., Königstein (Taunus) 1995.

Dobrilugk (Doberlug), *Zisterzienserabtei St. Maria und St. Heinrich (vor 1165–1541), Diözese Meißen – (Doberlug-Kirchhain, Lkr. Elbe-Elster, Brandenburg,* ❐ *2, C5).*

▶ **Geschichte.** In der Zisterziensertradition gilt 1165 als das Ankunftsjahr ihrer Mönche in D., die älteste Urkunde von 1199 ist gefälscht, die erste echte wurde 1202 gesiegelt. Markgraf Dietrich von Landsberg errichtete in einer sumpfigen Niederung der Kleinen Elster ein Hauskloster für seinen wettinischen Familienzweig, dotierte es großzügig und rief Zisterzienser aus dem thüringischen ➛Volkenroda in die Niederlausitz. Möglicherweise mussten sie zunächst wie im nahen ➛Zinna vor heidnischen Liutizen fliehen und kamen erst nach 1180 zurück. Walter von der Vogelweide erwähnt die Abtei um 1212. Slaweneinfälle und Ansprüche des örtlichen Adels behinderten ein frühes Aufblühen, die Landesherrschaft übten seit 1303/04 die Brandenburger Markgrafen aus. Zur Kultivierung des ausgedehnten Landbesitzes riefen die Mönche deutsche Siedler ins Land, die Abtei erlangte die Herrschaft über die Stadt Lübben. Auf dem Besitz östlich der Oder, den 1239 der Herzog von Großpolen geschenkt hatte, entstand 1286 das Tochterkloster Neu-Dobrilugk an der Obra bei Semmritz (Zemsko, Polen), 1407 wurde es in das nahe Blesen (Bledzew) verlegt. Abt Ulrich war 1318 an der Ermordung des Burggrafen Hermann von Golßen beteiligt, Abt Dietrich I. (1320–36) verkaufte Burg und Stadt Lübben und fiel 1329 bei Markgraf Ludwig I. von Brandenburg in Ungnade. Abt Heinrich II. (1346/50) wurde als Anhänger eben dieses Wittelsbacher Markgrafen 1350 vom Avignoner Papst Clemens VI. exkommuniziert. 1353 zählte der Konvent 20 Brüder, D. gehörten 1370 fast 40 Dörfer und fünf Klosterhöfe, im nahen Kirchheim existierte ein Markt. Um diese Zeit waren die böhmischen Könige Lehnsherren der Niederlausitz. Die Quitzows, ein einflussreiches Rittergeschlecht, verwüsteten 1404 und 1410 die Abtei. Parallelen zu den brandenburgischen Abteien ➛Chorin oder ➛Lehnin fallen auf. Mit den Bischöfen von Meißen lag die exemte Abtei über 150 Jahre wegen des Gastungsrechts im Streit, Bischof Johann V. von Weißenbach exkommunizierte Abt Martin (1482–85) 1482 zusammen mit den Äbten von ➛Altzelle und ➛Buch. Erst Abt Johannes III. (1487–96) konnte den Streit mit hohen Geldzahlungen beenden. Bis 1522 studierten 21 Mönche aus D. an der Universität Leipzig, lutherisches Glaubensgut drang früh in den Konvent ein, bereits unter Abt Balthasar Koswick (1503–25) verließen erste Mönche die Abtei. Abt Heinrich V. Monch (1526–34) floh 1534 mit reichlicher Beute. Vernichtend aber wirkte erst die hohe Türkenkriegsbesteuerung König Ferdinands von Böhmen. Obwohl D. damals als so reich galt wie die Abteien Altzelle und Buch zusammen, konnte es die erdrückenden Schulden nicht abfangen. Kurfürst Johann Friedrich I. von Sachsen besetzte nach Hilfeersuchen des letzten Abts Nikolaus Thieme (1538–41) im August 1541 die Abtei; dies gilt als Enddatum ihrer Selbständigkeit.

▶ **Gegenwart.** Von den Klausur- und Wirtschaftsgebäuden blieb lediglich der bis zur Unkenntlichkeit veränderte Südflügel der Klausur bestehen. Das Schloss auf dem ehemaligen Klosterareal entstand um 1665, gleichzeitig planvoll die Stadt Doberlug. Die spätromanische Abteikirche (1184–1250) dient heute der evangelisch-lutherischen Gemeinde als Gotteshaus St. Marien. Der verputzte Backsteinbau ist eine gewölbte Pfeilerbasilika im gebundenen System auf kreuzförmigem Grundriss mit fast quadratischem Chor und kaum eingezogener Hauptapsis. Ihre apsidialen Nebenchöre wurden wie auch einige gotische Nebenkapellen abgerissen. Das steile Mittelschiff tritt deutlich gegenüber den Seitenschiffen hervor, die heutige Westfront entstand beim barocken Umbau zur Schlosskirche im 17. Jh. Die Innenausstattung soll auf Restaurierungsarbeiten Anfang des 20. Jh. zurückgehen. Eine Grundsanierung erfolgte ab Mitte der 1990er Jahre mit hohen finanziellen Zuschüssen des Landes. Der Kirchenraum ist außerhalb der Gottesdienstfeiern unzugänglich.

◆ Schrage, Gertraud Eva/Agthe, Markus: D., in: Brandenburgisches Klosterbuch, Bd. 1, Berlin – Brandenburg 2007, 425–442; Schlesinger, Walter: Kirchengeschichte Sachsens im Mittelalter, Bd. 2, Köln 1962, 225–228.

Dobrilugk Zisterzienserabtei, die verputzte Backsteinbasilika entstand von 1184 bis 1250, Südostansicht.

Donauwörth, *Benediktinerinnenkloster Heilig Kreuz (1049–1101), Benediktiner Reichsabtei Heilig Kreuz (1101–1803), Konvent der Herz-Jesu-Missionare (seit 1935) – „Heiligkreuzkloster", Diözese Augsburg – (Lkr. Donau-Ries, Bayern,* ❐ *4, A3).*

▶ **Geschichte.** Mangold I. von Werd erhielt um 1029 auf seiner Missionsreise im Auftrag Kaiser Konrads II. vom griechischen Kaiser Romanos in Byzanz eine wertvolle Heiligkreuzreliquie als Geschenk und stiftete 1049 dem Partikel zu Ehren auf seiner Burg Mangoldstein ein Benediktinerinnenkloster, das unter der Leitung seiner Schwester Irmtrudis stand. Um 1070 wurden Burg und Kloster im Investiturstreit zerstört, woraufhin Mangold III. und Bischof Gebhard III. von Konstanz (Zähringen) den Konvent an den Ort Werd in der Donauebene, später D., verlegten. Bischof Gebhard III., ein papsttreuer Kirchenreformer, rief – wie schon 1095 in ➛Alpirsbach – Benediktinermönche aus dem Reformzentrum St. Blasien im Schwarzwald an die Donau und wandelte 1101 das Heiligkreuzkloster in ein Doppelkloster unter männlicher Leitung um. Unter dem ersten Abt Theoderich I. (1110–55) lebte der Doppelkonvent streng nach den neucluniazensischen Statuten der Abtei Fruttuaria (Oberitalien). Bereits 1125 wurden die Frauen nach Liezheim bei Dillingen und ➛ Bergen bei Neuburg ausgelagert. Papst Innozenz II. vergab 1135 Schutzprivilegien, 1187 erfolgte im Beisein Kaiser Friedrichs I. Barbarossa die Kirchweihe. Kloster und Ort gingen 1191 als Reichslehen direkt an die Staufer über, 1212 vernichtete ein Brand große Teile der Anlage. Das Reichskloster D. wurde 1256 Begräbnisstätte Marias von Brabant, die ihr eifersüchtiger Gatte, Herzog Ludwig II. von Bayern, mit dem Schwert hatte hinrichten lassen. Abt Ulrich I. von Raitenbuch (1313–33) legte eine bedeutende Bibliothek an, Abt Ulrich II. Gundram (1347–69) begann 1366 mit dem Umbau des Klosters, den Abt Johannes I. Hager (1400–25) vollendete. Der allgemeine Klausurverfall erzwang im 15. Jh. innere Reformen, die Abt Heinrich IV. Schmidlin (1439–57) aus St. Aegidius in ➛ Nürnberg mit ➛ Kastler Reformstatuten durchsetzte und nach ➛ Füssen und ➛ Plankstetten weitergab. Seit 1544 breitete sich in Schwäbisch Werd, später D., der Protestantismus aus. 1545 plünderten Soldaten und Stadtpöbel die Abtei aus und vernichteten die Bibliothek. Nach dem „Hopfenstangenkrieg" zwang Herzog Maximilian I. 1607 die Bürgerschaft zur Rekatholisierung. Nach großen Schäden im Dreißigjährigen Krieg, trat Abt Roman Lindemayer (1662–69) zum Protestantismus über und verließ das Kloster; sein Nachfolger Andreas Hausmann (1669–88) richtete den Konvent wieder auf. Abt Amand Rösle (1691–1747) gilt nach dem Neubau der Gesamtanlage als zweiter Gründer. Inmitten kultureller und wissenschaftlicher Hochblüte wurde D. 1803 zugunsten des Hauses Oettingen-Wallerstein säkularisiert. Der letzte Abt Cölestin von Königsdorfer (1794–1803) erlangte durch König Ludwig I. von Bayern 1830 die Adelswürde und schrieb eine Geschichte seines Klosters. Der Pädagoge Ludwig Auer erwarb 1875 die Klausurgebäude für seine „Pädagogische Stiftung Cassianeum", seit 1910 eine katholische Einrichtung. 1935 übernahmen Herz-Jesu-Missionare Knabenschule und Internat.

▶ **Gegenwart.** Die katholische Heilig-Kreuz-Kirche der ehemaligen Benediktinerabtei in D. gilt als Musterbeispiel des Wessobrunner Spätbarock, sie bewahrt bis heute in einer mittelalterlichen Staurothek den Heiligkreuzpartikel auf. Die gesamte Anlage, das „Cassianeum", besteht aus Barock- und Rokokoarchitektur. Aus dem 12. Jh. hat sich der quadratische Unterbau des mächtigen Glockenturms an der Kirchennordseite erhalten. Deutlich erkennt man an Friesschmuck, schmalen Öffnungen und Mauerstärke seine romanische Herkunft, der oktogonale Aufsatz mit laternenartiger Zwiebelhaube ist von 1741. Im Kircheninneren stammt die tiefer liegende Gruftkapelle von 1450, wurde aber um 1670 erneuert. In der ehemaligen Klausur blieben Teile des gotischen Kreuzgangs erhalten.

◆ GermBen 2, 75–78.

Dominikus, Dominikanerorden *(Ordo Fratrum Praedicatorum, OP).*

▶ Dominikus Guzmán (nach 1170–1221, kanonisiert 1234) wurde in Caleruega (Kastilien) als Sohn eines adligen Gutsherrn geboren. Nach einem Theologiestudium in Palencia und der Priesterweihe 1196 wurde er Augustinerchorherr und Kanonikus am Dom von Osma. 1203 predigte er in Südfrankreich gegen die Katharer, verpflichtete sich zu radikaler evangelischer Armut und begann, Gleichgesinnte um sich zu sammeln. In Toulouse gründete er 1215 eine Gemeinschaft mit 16 Schülern, die sich der Augustinusregel

Der hl. Dominikus (sog. Bruder Wichmann) aus dem 14. Jh. in der Neuruppiner Dominikanerkirche.

unterwarf und von Papst Honorius III. 1216 als erster klerikaler Orden bestätigt und 1217 ausdrücklich mit dem Predigeramt (Tätigkeitsbezeichnung „Prediger", daher auch Predigerorden) sowie 1219 mit Bettelarmut (➛ Bettelorden) beauftragt wurde. Das vom Papst verliehene Mandat, in allen Orten der Christenheit predigen zu dürfen, bedeutete einen grundsätzlichen Eingriff in die territorialen Kirchenstrukturen, waren doch bislang nur die Bischöfe und der beauftragte Pfarrklerus dazu berechtigt. Dominikus gründete 1217 im französischen Prouille eine Schwesternkommunität, die als erstes Kloster des Zweiten Dominikanerordens, des Ordens der Dominikanerinnen, angesehen wird, obwohl dieser erst 1259 eine Regel erhielt und 1267 endgültig inkorporiert wurde. Dominikus reformierte im Auftrag des Papstes die Frauenklöster in Rom, indem er die Schwestern im Konvent San Sisto zusammenführte und seiner „Regel von San Sisto" unterstellte. Unter dem zweiten Ordensgeneral Jordan von Sachsen (1222–37) breiteten sich die Dominikaner auch im deutschen Reichsgebiet aus. Ende des 13. Jh. existierten bereits 96 Männerkonvente und 81 Frauenklöster in allen größeren deutschen Städten. Von der Provinz Teutonia musste 1303 die Provinz Saxonia abgespalten werden. Kleinere Einheiten nannte man Vikariate oder Nationen, unter denen einzelne Konvente zusammengefasst waren, denen ein gewählter Prior vorstand. Mehr als 3000 Dominikaner wurden im Lauf der Geschichte Bischöfe, 75 von ihnen Kardinäle und vier Päpste. Papst Gregor IX. förderte und privilegierte 1231 den Orden, beauftragte ihn 1233 aber mit der Inquisition zur Überwachung der Rechtgläubigkeit. Die Übernahme dieser Aufgabe belastete den Orden im Lauf seiner Geschichte sehr, weil sie Misstrauen und Hass auf sich zog. Ein Dritter Dominikanerorden entstand aus einer Laiengemeinschaft in Norditalien, die 1285 eine Tertiarenregel durch Ordensgeneral Munio von Zamora (1285–91) erhielt, von Papst Innozenz VII. aber erst 1405 approbiert wurde. Die Dominikaner Albertus Magnus (um 1195–1280, kanonisiert 1931), Thomas von Aquin (um 1225–74, kanonisiert 1323) und Meister Eckhart (um 1260–1328) waren Lichtgestalten der mittelalterlichen Theologie, Philosophie und Mystik. Der Orden zog durch die Förderung der Ausbildung besonders begabte Menschen an, die durch das Ordensstudium immer wieder in die intellektuelle Spitze der Kirche aufsteigen konnten. Ende des 13. Jh. gab es etwa 1500 Predigerbrüder, die in der Lehre tätig waren.

Architekturgeschichtlich verhalfen die Dominikaner zusammen mit den ➛ Franziskanern der gotischen Hallenkirche zum Sieg über den traditionellen Basilikatyp. Weniger die Reformation als vielmehr die Französische Revolution und die allgemeine Säkularisation 1803 vernichteten den Orden beinahe. Er konnte sich nach 1814 indes wieder erholen. Heute (2010) zählen zur *Familia dominicana* weltweit in gut 40 Provinzen und drei Vikariaten etwa 6.000 Priestermönche in 620 Konventen (Erster Orden), etwa 3.200 kontemplative Schwestern in 220 Konventen (Zweiter Orden); dem Dritten Orden (Tertiaren, heute Laiengemeinschaften) sind etwa 30.000 Mitglieder in etwa einem Dutzend Säkularinstituten zugehörig.

◆ LThK[3] 3, 309–318; Springer, Klaus-Bernward: Die Dominikaner (OP), Münster 2006.

Donndorf, *Zisterzienserinnenkloster St. Petrus, St. Paulus und St. Laurentius (um 1250–1541), Erzdiözese Mainz – (Kyffhäuserkreis, Thüringen, ❒ 2, A5).*

▶ **Geschichte.** Eine Stiftungsurkunde für Kloster D. im Südharz existiert nicht, alle Angaben zur Gründung sind indirekt erschlossen worden. Südlich der Unstrut am Fuß des Hansbergs gründete Graf Albrecht von Wiehe-Rabenswald, Enkel des mächtigen Sizzo von Käfernburg, um 1250 das Frauenkloster D. am Platz einer ehemaligen Burganlage. König Konrad IV. bestätigt 1250 die Stiftung, die aus Rodungsland um D. und den Siedlungen Langenroda sowie Wenigenroda (heute Kleinroda) bestand. Teile des Ortes Langenroda musste sich das Kloster seit 1312 mit der Zisterzienserabtei ➛ Pforte teilen, die im nahen Hechendorf eine Grangie unterhielt. Die Schwestern unterwarfen sich der Zisterzienserobservanz, erreichten aber keine Mitgliedschaft im Zisterzienserorden. Engere Verbindungen zu den nahen Mönchsabteien ➛ Sittichenbach, ➛ Volkenroda und ➛ Walkenried sind nicht überliefert. D. blieb Eigenkloster der Stifterfamilie; die geistliche Aufsicht führten die Erzbischöfe von Mainz. Schwestern aus ➛ Kapellendorf, die 1256 in Bachra bei Eckartsberga einen Neuanfang gewagt hatten, vergrößerten vermutlich 1266 den Konvent. Propst Hermann Schilling und Äbtissin Christine von Göttern verkauften im Februar 1372 den Mitschwestern in Kapellendorf Zinseinkünfte in Herressen. Ein Ablassbrief erwähnt 1403 eine Heilig-Blut-Reliquie, dennoch erlangte der kleine Konvent keine größere Bedeutung. Nachlassende Klosterzucht verlangte Reformen, die im Konvent unter Äbtissin Dorothea von Heynitz (1514/26) bis 1518 durchgesetzt wurden. In der Zeit der Bauernkriege plünderten Hörige 1525 das Kloster. 1540 entschied sich die Herrschaft von Werthern auf Wiehe für den Protestantismus und löste 1541 Kloster D. auf. Zehn Chor- und drei Laienschwestern durften bleiben, Äbtissin Felicitas von Hacke starb 1561 als letzte von ihnen, angeblich infolge eines Blitzschlags. Der Landesherr eröffnete 1561 eine Schule für zwölf begabte Knaben auch aus armen Bevölkerungsschichten; die Lateinschule D. galt als Vorbereitungsschule für Schulpforta. Der Pädagoge und Altphilologe Friedrich Karl Kraft (1786–1866) aus Niedertrebra sowie der Historiker Franz Leopold von Ranke (1795–1886) aus Wiehe waren Schüler in D.

Donndorf Zisterzienserinnenkloster, das gotische Klausurgebäude südlich der Kirche St. Laurentius.

❖ Vergleichbar mit D. verlief die Entwicklung des (nur 4 km entfernten) Klosters Roßleben an der Unstrut. Roßleben wurde 1140 als Regularkanonikerstift gegründet, 1250 in ein Zisterzienserinnenkloster umgewandelt und seit 1554 als Knabenschule betrieben. Die Klöster D. und Roßleben hatten verschiedene Stifter und Schirmherren; D. liegt südlich der Unstrut im Erzbistum Mainz, Roßleben hingegen auf der nördlichen Uferseite im Bistum Halberstadt. Nach heutigen Maßstäben wären sie als Konkurrenzunternehmungen zu betrachten, Kontakte zwischen den Schwestern sind nicht bekannt.

▶ **Gegenwart.** Die Schule in Roßleben besteht noch heute, weist aber keinen mittelalterlichen Architekturbestand auf. Die Knabenschule in D. existierte bis 1924; heute dienen die mittelalterlichen Klausurgebäude als Unterrichts- und Wohnräume für die „Ländliche Heimvolkshochschule Thüringen e.V." der evangelischen Landeskirche. Klosterkirche und Gebäude haben im Dreißigjährigen Krieg und durch einen Brand 1706 gelitten. Trotz Neuaufbau und Umbauten zeigt die gut sanierte Anlage immer noch Architekturbestand aus der mittelalterlichen Klosterzeit. Die evangelisch-lutherische Pfarrkirche St. Laurentius entstand 1754; ihr mächtiger Westturm besteht aus mittelalterlichen Bauteilen; im Inneren bewahrt sie einen Flügelaltar vom Ende des 15. Jh. Teile der mittelalterlichen Immunitätsmauer mit Spitzbogenpforte sind erhalten.

◆ RepZist 212f.; Jürgensmeier, Friedhelm (Hg.): Handbuch der Mainzer Kirchengeschichte, 3 Bde., Würzburg 1997–2002.

Dorlar, *Prämonstratenser-Chorfrauenstift St. Maria (1297–1437), Prämonstratenser-Chorherrenpriorat St. Maria (1437–1531), Erzdiözese Trier – (Lahnau-D., Lahn-Dill-Kreis, Hessen, ❒ 3, C1).*

▶ **Geschichte.** An der Eigenkirche St. Maria in D. an der Lahn zwischen Wetzlar und Gießen gründete Eberhard von Merenberg, Kanoniker am Hochstift Speyer, ein Frauenstift für Prämonstratenserinnen. Der Konvent stand von Anfang an unter Aufsicht der Abtei ➛ Rommersdorf bei Neuwied, möglicherweise kamen die Frauen aus dem nahen Stift ➛ Altenberg an der Lahn. Nach Einweihung der Stiftsanlage 1304 wurde bis 1310 eine Straße von Niedergirmes zum Dorlarer Lahnübergang gebaut, möglicherweise auch für eine bessere Verbindung zwischen den beiden Niederlassungen D. und Altenberg. Mit Hartrad VI. starb das Geschlecht der einst einflussreichen Merenberger 1328 in männlicher Linie aus, Landesherrschaft und Vogtei gingen an die Grafen von Nassau-Weilburg über. Graf Philipp von Nassau-Saarbrücken bestätigte 1383 Besitz und Privilegien. Der Frauenkonvent lebte 140 Jahre im Stift D., Nachrichten sind kaum überliefert, Epidemien und Wirtschaftskrisen verhinderten ein Aufblühen. 1322 beurkundete eine Meisterin Adelheid, weitere sechs Vorsteherinnen offenbart der Rommersdorfer Nekrolog mit Namen, aber ohne Datum. Die verantwortlichen Prioren waren Chorherren aus der Mutterabtei. Gegen 1420 hatten Armut, Feuersbrunst und Seuchen die kleine Gemeinschaft an den Rand der Existenz gebracht, die selbst wirtschaftlich bedrohten Altenberger Mitschwestern konnten nicht helfen. Die Mutterabtei wandte sich hilfesuchend an das Basler Konzil (1431–37) mit dem Vorschlag, den Frauenkonvent aufzulösen und ein Männerpriorat unter Rommersdorf zu etablieren. 1437 stimmte das Konzil zu, Abt Hubert von Köln (1433–83) schickte Prämonstratenser-Chorherren aus Rommersdorf in das neue Priorat St. Marien. Der Verbleib der letzten Frauen ist unbekannt. D. blieb bis zur Auflösung ein Priorat unter Rommersdorf, zur selbständigen Propstei wurde es nie erhoben. Die Chorherren nutzten die knappe Besitzausstattung gut, aber Wohlstand konnte wohl nie erreicht werden. Zwischen D. und Garbenheim unterhielten sie eine Kapelle am Kellersbach, an der sich eine rege Wallfahrt zum „wundertätigen Gnadenbild" entwickelte. 1496 siegelten Prior Johannes Beer und der Konvent in Anwesenheit Abt Giselbert Kellers (1483–1516) einen Verkaufsbrief über Kornrenten. Lutherische Glaubensvorstellungen fanden starke Zustimmung bei den drei bis vier Chorherren in D., sie verkauften 1532 Besitz und Rechte an Amtmann Johann von Buseck. Der zuständige Erzbischof Johann III. von Trier stimmte zu, ebenso Abt Thomas von Dieblich (1524–53) und Graf Philipp von Nassau-Weilburg. 1559 bestätigte Abt Servatius Gerhard (1559–76) dem Sohn Philipp Ulrich von Buseck nochmals die ererb-

Dorlar Prämonstratenser-Chorfrauenstift, die romanisch-frühgotische Stiftskirche St. Maria, Nordansicht.

ten Güter. Ein ehemaliger Chorherr blieb als erster evangelischer Pfarrer in D. zurück.

▶ **Gegenwart.** Zur Gründungsausstattung von 1297 gehörte die Marienkirche auf der Anhöhe über der Lahn, deren Vorgängerin schon 750 erwähnt wird. Der romanische Rechtecksaal erlitt 1218 bei kriegerischen Auseinandersetzungen Zerstörungen; beim Wiederaufbau 1220 verwendeten die Baumeister bereits frühgotische Stilmittel, so dass der Bau zu den frühesten gotischen Kirchen Deutschlands gezählt werden kann. Für die Prämonstratenserinnen ließ Stifter Eberhard den Dreiachtelchor anbauen. Die ehemalige Stiftskirche St. Maria dient heute der evangelischen Gemeinde als Rektoratskirche; über die Zeit ist sie mehrfach restauriert und verändert worden. Der Innenraum ist spätgotisch gewölbt, Kreuzrippen und Gurtbögen werden von Konsolen abgefangen. Die Kirche steht heute frei auf einem Wiesengelände. Von der Stiftsanlage ist außer Kellergewölben, Mauerresten und Klostertor am Lindenplatz nichts geblieben.

◆ Hardt, Albert: Das Kloster Rommersdorf und dessen Töchterklöster, Wiesbaden 2001; ders.: Urkundenbuch der Klöster Altenberg (Lahn-Dill-Kreis), D. (Lahn-Dill-Kreis) und Retters (Main-Taunus-Kreis), Niederbreitenbach-Wolfenacker 2000.

Dornstetten, *Dominikaner-Tertiarinnenkloster (1366–1565) – „Weiße Sammlung", Diözese Konstanz – (Lkr. Freudenstadt, Baden-Württemberg, ❐ 3, C4).*

▶ **Geschichte.** Im 14. Jh. lebten vier Beginengemeinschaften in D. im nördlichen Schwarzwald, zwei unter franziskanischer Betreuung und zwei mit dominikanischen Beichtvätern. Von den franziskanischen Frauen blieb nur die „Graue Sammlung" längere Zeit bestehen, sie hinterließ aber keine baulichen Spuren. Die Vorsteherinnen der dominikanischen Frauen trugen den Titel Priorin, die Gemeinschaft ihrer „Unteren Sammlung" wurde seit 1366 als „Dominikanerinnen" bezeichnet. Die Grafen von Urach-Fürstenberg, Stadtherren über D., hatten bereits 1276 die „Untere Sammlung" von Abgaben und Steuern befreit. Die Frauen der zweiten dominikanischen Gemeinschaft, der „Alten Sammlung" am Kirchhof, verpflichteten sich 1375 gegenüber dem Dominikanerprior von ➛ Rottweil zur Einhaltung der Ordensregel. 1387 erhielten die Tertiarinnen vom Grafen von Württemberg einen Schirmbrief; beide Sammlungen vereinigten sich 1400 zu einem Konvent des Dritten Ordens der Dominikaner und wurden bald als „Weiße Sammlung" am Kirchhof von D. bezeichnet. Ihr unteres Haus übergaben die Schwestern gegen Befreiung von Steuern und Diensten der Stadt. Durch Geschenke und Stiftungen stieg das Einkommen; schließlich verfügten die Dominikanerinnen über Einkünfte aus 27 umliegenden Orten, weshalb der Konvent vom Landesherrn seit 1470 zu Steuerzahlungen verpflichtet wurde. Das Schwesternhaus der Weißen Sammlung stand unmittelbar neben der Stadtpfarrkirche St. Martin, die zu den Gebetszeiten und für Messen genutzt wurde. Herzog Ulrich führte 1534 die Reformation in Württemberg ein, Neuaufnahmen in die Gemeinschaft wurden verboten. 1559 lebten noch zwei Dominikanerinnen im Konvent, die letzte erhielt 1565 eine Abfindung.

▶ **Gegenwart.** Das verlassene Schwesternhaus diente zunächst als Fruchtkasten; seit 1583 wurde es als Pfarrwohnung genutzt. Nach einem Brand 1667 entstand es auf den alten Grundmauern neu. Noch immer erhebt sich die spätgotische Martinskirche weit sichtbar über die Stadt; seit ihrer Entstehung um 1410 unterlag sie mehreren Um- und Wiederaufbauten.

◆ Müller, Hans Peter: D., Dominikaner-Terziarinnen, in: Württembergisches Klosterbuch, Ostfildern 2003, 215.

Dortmund, *Dominikanerkloster St. Johannes Baptist u. a. (1309–1816), Erzdiözese Köln – (kreisfreie Stadt, Nordrhein-Westfalen, ❐ 1, B5).*

▶ **Geschichte.** König Heinrich VII. gab 1309 Meister Eckhart, Prior des Konvents in ➛ Erfurt (1294–1328) und Provinzial (1303–23) der Dominikanerprovinz Saxonia, die Erlaubnis zur Gründung eines Predigerkonvents in der reichsunmittelbaren Stadt D. Der Bürger Gottfried Pallas verkaufte seinen Wohnhof inmitten der Stadt an die Dominikaner. Die ersten Brüder unter Prior Gottfried Caput (1310/15) kamen wahrscheinlich aus dem Konvent ➛ Soest. Ein besorgter Stadtklerus und die Bürger betrachteten die Dominikaner als Seelsorgekonkurrenten und vertrieben sie in den Jahren 1313, 1315 und 1320. Erst 1330 vermochten sich Prior Eberhard von Büren (1330/35) und Mitbrüder mit einer nachts eilig aufgestellten Kapelle festzusetzen. Die guten Beziehungen zum Magistrat verhalfen letztlich zu einem Vertrag, in dem eine Konventsstärke von 25 Brüdern und tägliche Messverpflichtung festgeschrieben wurden. D. zählte damals etwa 10.000 Einwohner. Während Klosteranlage und Kirchenchor zügig errichtet wurden, zog sich der Langhausbau über 150 Jahre hin und schloss erst 1497 mit dem Aufrichten der Kirchenwestwand ab. Die Finanzierung musste durch Almosen abgedeckt werden. Das Verhältnis zur Bürgerschaft gestaltete sich positiv: die Brüder erhielten Almosen, Stiftungen und Schutz und leisteten dafür Seelsorge und Rechtsbeistand; mehrere Bruderschaften wurden eingegliedert. 1354 fand ein Provinzkapitel des Ordens in D. statt, es sollten noch fünf weitere mit bis zu 250 Teilnehmern folgen. Mehrere Konventsmitglieder hatten das Amt des Inquisitors für die rechtsrheinischen Gebiete inne. Prior Hermann de Syna (1489–1517) führte die Observanz im Konvent ein; die Reform konnte nach Wesel und Soest weitergegeben werden. Die Schwestern vom Kloster Paradiese vor der Stadt Soest versuchte er 1511 vergeblich zu reformieren. Balthasar Fannemann, Theologieprofessor und Prior (1539–40), setzte sich als Weihbischof von Hildesheim sehr für den Erhalt des Katholizismus ein, aber die Reformation ergriff Stadt und Konvent. Der Tiefpunkt war Ende des 16. Jh. erreicht: unter Prior Johann Brüggemann (1591–97) bestand die Gemeinschaft nur noch aus sieben Brüdern. Erst unter Prior Constantin Schultz (1700–06) verbesserte sich die geistliche und wirtschaftliche Lage. 1719 verlieh Erzbischof Joseph Clemens den Dominikanern offiziell Pfarrrechte über die Katholiken in der Stadt und Umgebung, die bislang die Dortmunder Minoriten allein innehatten. Prior Anton Werner (1796–1807) verstand seine guten Beziehungen zum Haus Nassau-Oranien einzusetzen und 1802 die drohende Aufhebung zu verhindern, die jedoch 1816 nach Kabinettsorder des preußischen Königs nicht mehr abzuwenden war. Das Vermögen ging an die neu einzurichtende katholische Pfarrgemeinde.

▶ **Gegenwart.** Der Zweite Weltkrieg ließ nur die Außenwände der Dominikanerkirche zurück, Teile des Kreuzgangs wurden schon im 19. Jh. abgerissen. Heute erscheint die Klosteranlage der Dominikaner in D. in restaurierter Form. Die katholische Propsteikirche St. Johannes der Täufer im Zentrum der Stadt ist eine asymmetrische, dreischiffige Halle aus dem 15. Jh. mit einschiffigem Chorraum in gleicher Länge aus dem 14. Jh. Die Westwand mit Fensterrose ist eine fehlerhafte Neukonstruktion von 1954. Die Kirche behielt im Inneren ihre schlichte Würde, viele Kunstwerke verweisen auf den Wohlstand von Stadt und Dominikanern im Spätmittelalter. Neben Sandsteinplastiken sind das Hochaltarretabel von etwa 1470 mit ältester Ansicht der Stadt, die Stiftertafel in Bronzeguss von 1474, das Fragment des Retabels der Rosenkranzbruderschaft von 1519 und das gotische Portal zur ehemaligen Sakristei hervorzuheben. Die zweistöckige Klausuranlage mit Kreuzgängen ist in unserer Zeit rekonstruiert worden, der Westflügel wird nur durch eine Arkadenreihe angedeutet.

Dortmund Dominikanerkloster, der lange Chor der Dominikanerkirche (14. Jh.) ist älter als das Hauptschiff.

◆ Schilp, Thomas: Die Dortmunder Dominikaner und die Propsteikirche als Erinnerungsort, Bielefeld 2006; Reimann, Norbert: D.-Dominikaner, in: Westfälisches Klosterbuch, Tl. 1, Münster 1992, 261–268.

Drolshagen, *Zisterzienserinnenabtei St. Maria und St. Clemens (1235–1803), Erzdiözese Köln – (Kr. Olpe, Nordrhein-Westfalen, ❐ 1, B5).*

▶ **Geschichte.** Das stiftungsfreudige Grafenpaar Heinrich III. und Mechthild von Sayn, auf das ➛ Marienstatt, ➛ Seligenthal, Köln-Seyne, ➛ Herchen, ➛ Blankenberg, ➛ Zissendorf und ➛ Ramersdorf zurückgehen, gründete auch das Frauenkloster D. im Sauerland. Prior Ricolf von Heisterbach, der den Zisterzienserinnenkonvent in ➛ Walberberg betreute, unterzeichnete 1235 die Stiftungsurkunde, ein möglicher Hinweis auf eine Besiedlung von D. mit Walberberger Schwestern. Das Kloster wurde als einzige Frauenniederlassung in Westfalen der Stammabtei des Ordens in Cîteaux direkt unterstellt. Mit der Aufsicht waren wohl die Äbte von Marienstatt und stellvertretend jene von ➛ Heisterbach beauftragt. Eine reiche Grundausstattung und weitere Schenkungen ließen den Konvent im Hochmittelalter aufblühen. Die Ordensschwestern waren zwar Besitzerinnen der Pfarrkirche im Ort und benutzten sie auch als Klosterkirche, aber die Inkorporation der Pfarrei wurde nie vollzogen. Zahlreiche Reliquiengeschenke förderten die regionale Bedeutung des Klosters. Reformation sowie nachreformatorische Wirren ließen geistliches Niveau, Ordenszucht und Konventsstärke sinken. Unter Äbtissin Eva von Plettenberg (1599–1602) lebten nur noch sechs Schwestern in D., sie selbst bekannte sich zum Protestantismus und verließ das Kloster. Der Dreißigjährige Krieg brachte neue Einschnitte; mehrere Versuche zur Erneuerung wirkten nicht nachhaltig genug. Ein langjähriger Streit um die Nutzungsrechte an der Kirche endete erst 1777 mit dem Bau einer eigenen Kapelle im Klausurbereich. Der wirtschaftliche Niedergang schien Ende des 18. Jh. unaufhaltsam. Die letzte Äbtissin Maria Josepha von Lilien (1775–1802) plädierte für eine Auflösung des Klosters, ihr Anliegen wurde aber von der allgemeinen Säkularisation 1803 überholt.

▶ **Gegenwart.** Die Pfarrkirche St. Clemens bestand zunächst als einfache Saalkirche aus dem 11. Jh. schon vor der Klostergründung und wurde lange von den Zisterzienserinnen genutzt. Die heutige katholische Pfarrkirche, eine dreischiffige Pfeilerbasilika, entstand unter den Zisterzienserinnen im 13. Jh. als Erweiterungsbau. Der wuchtige Westturm mit Spitzhelm und vier Ecktürmen entstand erst 1491 und ist heute das Wahrzeichen des Drolshagener Landes. Nach 1960 wurde die Kirche noch einmal durch einen modernen Anbau an der Südseite erweitert. Von der ehemaligen Klausur existiert lediglich der barocke Hauptflügel; er wird heute für öffentliche Zwecke genutzt. Die klostereigene Kapelle von 1777 wurde 1803 beseitigt.

◆ Halbekann, Joachim J.: Das Zisterzienserinnenkloster in D., in: Die älteren Grafen von Sayn, Wiesbaden 1997, 364–368; Ostrowitzki, Anja: Die Ausbreitung der Zisterzienserinnen im Erzbistum Köln, Köln u.a. 1993; Hesse, Josef: D., in: Westfälisches Klosterbuch, Tl. 1, Münster 1992, 271–275.

Droyßig, *Heilig-Grab-Chorherrenstift St. Bartholomäus (vor 1215– nach 1489), Johanniterkommende St. Bartholomäus (nach 1489–1588) – „Templerhof", Diözese Naumburg – (Burgenlandkreis, Sachsen-Anhalt, ❐ 4, B1).*

▶ **Geschichte.** Der staufische Vertraute und Edelherr Albert von Droyßig baute auf Reichslehen südwestlich von Zeitz nicht nur eine mächtige Reichsburg, sondern schenkte vor 1215 den Chorherren vom Heiligen Grab zu Jerusalem ein reiches Gut einschließlich der Pfarrkirche St. Bartholomäus nahe der entstehenden Festung. Die ersten Sepulcriner kamen wohl aus dem schwäbischen ➛ Denkendorf und gründeten eine Niederlassung, die der junge Stauferkönig Friedrich II. im März 1215 in Nürnberg ausdrücklich als dem „Grab des Herrn" zugehörig bestätigte. Unterstützend mag Bischof Engelhard von Naumburg (Meißen) gewirkt haben, einer der bedeutendsten Kirchenfürsten Mitteldeutschlands in der ersten Hälfte des 13. Jh. und Anhänger der Staufer. Die Chorherren von D. unterhielten gemäß ihrer caritativen Selbstverpflichtung ein Hospital in ➛ Grimma und gründeten vor 1303 eine Tochterniederlassung in ➛ Utenbach bei Apolda. Laut einer Urkunde visitierten die Pröpste von Denkendorf und Rode-Martinsthal das Stift D. (1480). Die Zustände müssen unerfreulich gewesen sein, denn in einem Brief des gleichen Jahres fordert der Ordensgeneral und Archiprior in Perugia den Denkendorfer Propst auf, die Unregelmäßigkeiten in D. abzustellen. Die Johanniter übernahmen im Zusammenhang mit der Aufhebung des Kapitels durch Papst Innozenz VIII. nach 1489 die Niederlassung, verloren aber den Besitz durch Gerichtsentscheid 1588 an den Herrn vom Bünau.

▶ **Gegenwart.** In zahlreichen mittelalterlichen Urkunden wird die klösterliche Niederlassung in D. als „Templerhof" bezeichnet; auch heute noch gibt es den „Templerwald", den „Templerteich" und – bedeutungsvoll – das mittelalterliche „Templertor" als letzten Baubestand der „Templer". Die damals moderne Ausführung der benachbarten Burg, die durch ihre praktische Gebäudeanordnung besticht und an der einige orientalische Baueigenheiten auffallen, wird gern als Beleg für die Anwesenheit von Templern angeführt. Man übersieht dabei jedoch, dass die Chorherren vom Heiligen Grab in der Burgenbaukunst den Templern nicht nachstanden, was etwa die romanische Burgruine des Priorats Mar-

Droyßig Heilig-Grab-Chorherrenstift, das mittelalterliche Tor (sog. Templertor) der Sepulcriner.

ceval in Frankreich belegt. Eine Verwechslung bzw. Gleichsetzung der Sepulcriner mit den Tempelrittern kam im Spätmittelalter nicht selten vor; in unseren Tagen fördert es den Tourismus. Das „Templertor" in D. und die nahe Pfarrkirche St. Bartholomäus aus dem 12. Jh., die zum Stiftsgut gehörte und von allen Besitzern baulich verändert wurde, sind die einzigen bekannten Zeugnisse der Sepulcriner (Chorherren des Heiligen Grabes) in Sachsen-Anhalt.

◆ GermSac NF 35; Elm, Kaspar: Quellen zur Geschichte des Ordens vom Heiligen Grab, Brüssel 1976; Schlesinger, Walter: Kirchengeschichte Sachsens im Mittelalter, Bd. 2, Köln 1962, 349f.

Drübeck, *Benediktinerinnenkloster St. Vitus (um 1108– nach 1538), Diözese Halberstadt – (Lkr. Harz, Sachsen-Anhalt, ❐ 2, A5).*

▶ **Vorgeschichte.** Ein Immunitätsdiplom König Ludwigs III. von 877 für die Frauengemeinschaft in D. entlarvte die moderne Forschung als Fälschung, gleicht es doch fast wörtlich dem Immunitätsbrief vom selben Jahr für das weltliche Kanonissenstift Gandersheim. Die erste echte Urkunde stellte König Otto I. kurz vor 960 über eine Schenkung für das *Drubechi monasterium* aus. Otto II. erhob das weltliche Kanonissenstift zum Reichsstift, verbunden mit Privilegien, unter denen die freie Vogtwahl besonders hervorsticht. Während Heinrich II. die Privilegien 1004 noch einmal ausdrücklich beurkundete, unterstellte Heinrich IV. 1058 D. der Jurisdiktion des Halberstädter Hochstifts; die Reichsunmittelbarkeit ging damit verloren.

▶ **Geschichte.** Reformbischof Reinhard von Halberstadt (1107–23) sorgte für Observanz in den Klöstern seiner Diözese. Das Kanonissenstift D. wurde in ein Benediktinerinnenkloster umgewandelt, die Frauen ersetzten die Aachener Regel gegen die wahrscheinlich neucluniazensisch reformierte Form der Benediktinerobservanz der damaligen Zeit. Es liegen keine eindeutigen Urkunden vor, aber die Benediktinerinnen aus D. wechselten in Klöster ➛ Hirsauer Reformprägung wie ➛ Bonnrode in Thüringen und Admont (Österreich). Der Bischof stellte den Schwestern Regularkanoniker seines Reformkreises als Pröpste zur Seite (ebenso den Benediktinerinnen in ➛ Stötterlingenburg und ➛ Hadmersleben). Nach dem Aufblühen des Klosters nahm der vorbildliche Konvent 1135 Frauen von ➛ Königslutter auf und schickte 1147 auf Wunsch des Naumburger Bischofs Udo I. Schwestern nach ➛ Zeitz zur Gründung des St. Stephansklosters. Im 13. Jh. fanden erstmals auch bürgerliche Frauen Aufnahme. Der Konvent kann wohl kaum mehr als 20 bis 30 Schwestern gefasst haben. Als 1525 aufrührerische Bauern D. brandschatzten, flüchtete Äbtissin Katharina zu Stolberg (1501–35) zu ihrem Bruder, dem regierenden Grafen Botho auf Schloss Wernigerode, der Konvent aber nach Braunschweig. Mit der offiziellen Hinwendung der Grafen zu Stolberg-Wernigerode zum Protestantismus nach 1538 endete das katholische Benediktinerinnenkloster. Eine religiöse Gemeinschaft in D. existierte als evangelisches Damenstift bis 1945, die letzte Äbtissin starb 1955.

▶ **Gegenwart.** Heute ist das Kloster D. eine Tagungs- und Begegnungsstätte der evangelischen Kirche der Kirchenprovinz Sachsen mit Pädagogisch-Theologischem Institut und Pastoralkolleg. Innerhalb des noch immer ummauerten Bezirks sind die Gebäude aus dem 18. Jh. oder jüngst erbaut. Einzig die Klosterbasilika geht auf ottonische bis hochromanische Zeit zurück. Sie ist heute nur in monumentalen Fragmenten erhalten und mit vielen bauarchäologischen Rätseln behaftet. Umstritten ist, in welchem Umfang sich Teile des ottonischen Vorgängerbaus in Langhaus und Ostpartie erhalten haben. Das imposante Westwerk mit zwei hochragenden oktogonalen Türmen aus dem 12. Jh. weist als Besonderheit einen apsidial geschlossenen Westchor auf. Die Seitenschiffe fehlen seit Zerstörungen im 16. Jh., das südliche entstand 1955 vereinfacht neu. Die heutige quadratische Chorlösung im Osten ersetzte um 1300 oder in nachreformatorischer Zeit einen dreischiffigen, apsidialen Chor. Vom Querschiff blieb nur der südliche Teil mit Apsis. Die fünfschiffige Krypta aus der salischen Bauphase des 11. Jh. ist nicht mehr vollständig zugänglich. Von besonderem kunsthistorischem Interesse sind die reich ornamentierten Kapitelle in Krypta und Langhaus, teilweise aus ottonischer Zeit.

◆ Brülls, Holger: Die Klosterkirche zu D., München 2001; Bogumil, Karlotto: Das Bistum Halberstadt im 12. Jahrhundert, Köln 1972.

Duisburg, *Deutschordenskommende St. Salvator (1313–1571), Erzdiözese Köln – (kreisfreie Stadt, Nordrhein-Westfalen, ❐ 1, A5).*

▶ **Vorgeschichte.** Die Reichsabtei ➛ Prüm verkaufte 1254 die ehemalige Königspfalz mit der ältesten Pfarrkirche St. Salvator in der reichsunmittelbaren Stadt D. am Niederrhein an den Deutschen Orden. Zunächst setzte der Orden nur wenige Priesterbrüder aus der Kommende Welheim bei Bottrop zur Betreuung der Pfarrgemeinde ein, eine eigene Kommende D. wurde im 13. Jh. noch nicht gegründet. König Rudolf I. von Habsburg verpfändete 1290 die Reichsstadt an Graf Dietrich VI. von Kleve; sie sollte nicht mehr eingelöst werden, ihre Reichsunmittelbarkeit war verloren. Ein Großbrand vernichtete 1283 Königspfalz und romanische Basilika, der Orden war gezwungen, eine neue Erlöserkirche als Hauptpfarrkirche zu erbauen.

▶ **Geschichte.** 1313 gründete der Deutsche Orden auf dem Gelände der ehemaligen Königspfalz in D. eine eigenständige Kommende, die zur Ballei Westfalen gehörte und dem Landkomtur in Münster unterstand. D. blieb bis Ende des 15. Jh. unter Verwaltung der alten Kommende Welheim (s. u.); der erste Komtur war Stephan von Voirden (1494–1524). Dringlichste Aufgabe der Ordensbrüder war der Wiederaufbau der abgebrannten Stadtkirche St. Salvator, der 1316 mit dem nun fünften Kirchenbau an dieser Stelle in Angriff genommen wurde und etwa 100 Jahre andauerte. Die Bürger finanzierten den hohen Westturm, weil er als Wachturm dienen sollte. Die seelsorgliche Betreuung des religiösen Mittelpunkts der Stadt samt der wundertätigen Salvatorstatue war bis zur Reformationszeit die Hauptaufgabe der Deutschordenspriester. Das moderate Kirchenregiment der Herzöge Johann III. und Wilhelm V. von Kleve erlaubte im 16. Jh. ein rasches Eindringen reformatorischen Gedankenguts in D. Der Magistrat beschloss 1543, evangelische Predigten zuzulassen; die erste fand in der Marienkirche der Johanniter (➤ Duisburg) statt. Seit 1554 waren in allen Stadtkirchen evangelische Gottesdienste eingeführt, 1555 stürmten und verwüsteten Bürger die Salvatorkirche des Deutschen Ordens. Komtur Matthias Billerbeck (1561–71) veräußerte Wertgegenstände und Güter, der Magistrat entzog dem Orden 1571 das Patronatsrecht. Der verbliebene Besitz in Stadt und Umland wurde bis zur Säkularisierung 1803 vom Landkomtur in Münster verwaltet. 1610 übernahm die evangelisch-reformierte Gemeinde die Kirche, behielt aber das Salvatorpatrozinium bei. 1613 kam es noch einmal zum „Bildersturm", dem im Innenraum fast alle katholischen Reminiszenzen zum Opfer fielen.

▶ **Gegenwart.** Mit der Salvatorkirche schufen die Deutschordensbrüder ein gewaltiges Monument, das mit seinem Westturm von ursprünglich 112 m Höhe für lange Zeit der höchste Bau in ganz Nordwestdeutschland blieb; heute fehlt der Turmhelm. Die gotische Basilika mit sechsjochigem Langhaus, Querschiff und zweischiffigem Polygonalchor wurde nach dem Zweiten Weltkrieg restauriert und dient heute als evangelisches Gotteshaus und Wahrzeichen der Stadt, auch als Konzertraum und Ausstellungshalle. Die Kommendegebäude vernichtete der Bombenangriff 1942.

❖ Von der übergeordneten Kommende Welheim bei Recklinghausen (1254–1809) in Westfalen blieben keine Gebäude erhalten.

◆ Hinnenberg, Carl Dieter: Die Salvatorkirche in D., Neuss 1990; Bering, Kunibert: Die Ritterorden in Westfalen, Münster 1982.

Duisburg, *Franziskanerkloster St. Maria (1265–1831), Karmelitinnenkloster Mutter zum Guten Rat (seit 1961) – „Karmelkirche", Erzdiözese Köln – (kreisfreie Stadt, Nordrhein-Westfalen, ❐ 1, A5).*

▶ **Geschichte.** Minoriten erwarben 1265 in der Reichsstadt D. einen Bauplatz an der heutigen Brüderstraße nördlich der ehemaligen Königspfalz unmittelbar an der Stadtmauer. 1272 wurde die Minoritenkirche „Maria im Himmel aufgenommen" konsekriert. Im selben Jahr schenkte ihnen Reichsvogt Herzog Walram von Limburg ein festes Haus, ebenfalls an der Brüderstraße gelegen. Ihre Liebfrauenkirche bestimmte mit der nahen Salvatorkirche, die dem Deutschen Orden (➤Duisburg) unterstand, und der Marienkirche der Johanniter (➤ Duisburg) die Dreiturmsilhouette der mittelalterlichen Stadt zwischen Ruhr und Rhein. Seelsorge, Predigt, Krankenpflege und Seelenmessen teilten sich die Bettelbrüder im guten Einvernehmen mit den beiden Ritterorden; es soll sogar ein unterirdischer Verbindungsgang zur Salvatorkirche existiert haben, um die Aushilfe bei großen Wallfahrten zu erleichtern. Das Vermögen der Franziskaner hielt sich in Grenzen, weil Wirtschaftskraft und Bedeutung der Stadt durch den Verlust der Reichsunmittelbarkeit 1290 und durch die Verlandung des schiffbaren Rhein-Seitenarms abnahmen. Unter Guardian Johannes von Berka (1517) umfasste der Konvent 27 Mitglieder. Die Herzöge Johann III. und Wilhelm V. von Kleve zeigten im 16. Jh. Sympathien für lutherisches und calvinistisches Gedankengut, das ungehindert von der Stadt Besitz ergriff. Der Magistrat erlaubte 1543 evangelische Predigten, das reformierte Bekenntnis setzte sich gegen den lutherischen Protestantismus durch. Der Minoritenkonvent verödete, um 1580 löste ihn die Kölnische Provinzleitung des Ordens auf und vermietete das Kloster den geflüchteten Zisterzienserinnen von Duissern. 1613 verwüsteten Bürger im „Bildersturm" die Konventskirche, in den folgenden Tagen auch die Salvatorkirche. Guardian Christoph Markgraf (1615–18) und seine Mitbrüder bezogen 1615 unter spanischem Besatzungsschutz den Konvent wieder und betreuten kleine katholische Gemeinden auch in den Außenbezirken. Dabei teilten sie sich die Aufgaben mit den Kreuzbrüdern von D.-Peterstal. Die Minoriten beteiligten sich 1655 an der Gründung des Franziskanerklosters Ratingen und begannen 1706 mit der Erteilung von Schulunterricht im Kreuzgang, der ab 1779 im klostereigenen Schulhaus stattfinden konnte. Der Bühnenautor August von Kotzebue versuchte 1778 als Student, ein „Liebhabertheater" zu errichten, was der Magistrat ablehnte. Die Minoriten stellten Kotzebue ihren Kreuzgang für seine damals skandalösen Stücke zur Verfügung. Auf eigenen Wunsch des stark geschrumpften und hochbetagten Konvents, der schon seit mehreren Jahren an erdrückender Finanznot litt und seinen Seelsorgeverpflichtungen nicht ausreichend nachkommen konnte, erließ der preußische König Friedrich Wilhelm III. 1831 eine Kabinettsorder zur Auflösung des letzten Konvents der Ordensprovinz Köln.

▶ **Gegenwart.** Die wachsende katholische Liebfrauengemeinde machte 1894 einen Erweiterungsbau erforderlich, der nördlich an die ehemalige Klosterkirche angebunden wurde. Ein Bombenangriff 1942 vernichtete die Anlage fast vollständig. 1961 baute man an gleicher Stelle eine schlichte Saalkirche in Nachempfindung der Minoritenkirche auf, in die der erhaltene gotische Chor integriert werden konnte. Gleichzeitig zog ein kleiner Konvent Karmelitinnen ein, so dass die Kirche heute allgemein unter dem Namen „Karmelkirche" bekannt ist. Archäologische Aus-

Duisburg Deutschordenskommende, die Salvatorkirche war lange der höchste Bau in Nordwestdeutschland.

grabungen legten mittelalterliche Raumreste („Krypta") und ein Totengewölbe von 1773 frei, in das die Gebeine aus dem Kirchenraum ausgelagert worden waren, darunter neben Gönnern und Stiftern auch Prämonstratenser-Chorherren aus ➛ Hamborn und Zisterzienserinnen von Duissern. Eine neue Liebfrauenkirche im Zentrum der Stadt ist seit 1960 Hauptkirche der katholischen Gemeinde.

◆ Roden, Günther von: Geschichte der Stadt D., Bd. 1: Das Alte D. von den Anfängen bis 1905, Duisburg 1977; Opladen, Peter: Die Minoriten in D. 1265–1832, Emmerich 1940.

Duisburg, *Johanniterkommende St. Maria und St. Johannes Baptist (um 1150– vor 1554), Erzdiözese Köln – (kreisfreie Stadt, Nordrhein-Westfalen, ❐ 1, A5).*

▶ **Geschichte.** Der Johanniterorden besaß bereits als frühe Jerusalemer Gemeinschaft mehrere Hospitäler und Güter in Europa. Während der Amtszeit Erzbischof Arnolds II. von Köln (Wied) bauten die Johanniter eine Hospitalkirche vor den Mauern der Stadt D. am Niederrhein, deren Konsekrierung Bischof Friedrich von Münster 1156 vollzog. Die erste Johanniterkommende auf heutigem deutschen Boden muss gegen 1150 auf dem ehemaligen Reichshof vor D. entstanden sein; Stiftungsurkunden der Gründung oder der Übernahme eines bestehenden Hospitals gingen verloren. Während des Zweiten Kreuzzugs diente das neue Hospital der Versorgung zurückgekehrter Ordensbrüder. 1295 wurde die Niederlassung in die Ummauerung der Stadt einbezogen. Inzwischen war die Kirche 1187 durch Erzbischof Philipp von Heinsberg zur zweiten Pfarrkirche der Stadt erhoben worden, die Ordenspriester übernahmen Pfarraufgaben. Die Bestätigungsbulle von Papst Clemens III. spricht um 1190 von „Meister Hermann und den Brüdern des Hospitals des hl. Grabes, *de sancto Sepulchro*, in Duisburg". Die Johanniter überließen 1380 ihren „Grashof" außerhalb der Ummauerung dem Magistrat. Eine Visitation zählte 1495 vier Ordenskapläne im Auftrag des Großpriors von Deutschland in der Kommende, die täglich die Messe lasen und allabendlich das *Salve Regina* sangen. Während der Reformation bekannten sich Bürger und Stadtrat zur evangelischen Lehre; Komtur Nikolaus Stoltz von Gaubickelheim (1526–35) musste seit 1534 in der Marienkirche die ersten evangelischen Gottesdienste dulden, 1554 wurden katholische Messen verboten. Komtur Johann Victor (1549–54) und Ordensangehörige dürften D. um diese Zeit bereits verlassen haben, verwaltungstechnisch unterstand die Kommende inzwischen ➛ Herrenstrunden. Bilderstürmer zerstörten 1613 die Ausstattung, der Besitz ging dem Orden während der allgemeinen Säkularisation 1803 verloren.

▶ **Gegenwart.** Die älteste deutsche Johanniterkirche, ein romanischer apsidialer Saalbau von 1156, erhielt 1475 von den Ordensbrüdern einen spätgotischen Chor. Nach langer profaner Nutzung entschloss man sich 1799/1800, den alten Bau einschneidend zu erneuern bzw. umzubauen. Die vom Verfall bedrohte Kirche verlor dadurch zwei Chortürme und Chor. Die romanischen Seitenwände blieben fast ganz erhalten, der Westfront wurde ein Turm vorgesetzt und die Ostseite gerade abgeschlossen, Anbauten erfolgten nachträglich. Heute nutzt die evangelische Gemeinde das Gotteshaus, von den mittelalterlichen Kommende- und Hospitalgebäuden blieb nichts erhalten.

Duisburg Johanniterkommende, Wände der ersten deutschen Johanniterkirche stecken in diesem Gotteshaus.

◆ Wienand, Adam (Hg.): Kommende D., in: Der Johanniter-Orden, Köln 1988, 325–327; Rödel, Walter G.: Das Großpriorat Deutschland des Johanniter-Ordens, Mainz 1965, 360–364.

Dülken, *Kreuzherrenkloster St. Maria (1479–1802), Erzdiözese Köln – (Viersen-D., Kr. Viersen, Nordrhein-Westfalen, ❐ 1, A5).*

▶ Das von den Bürgern der Stadt D. unter Mithilfe des Grafen Vinzenz von Moers 1479 gegründete Kreuzherrenkloster existierte mit schlechter Vermögenslage ohne besondere Ausstrahlung bis 1802. Die Kreuzherren unterhielten eine Lateinschule in ihrem Klosterbereich. Auf den Grundmauern des ehemaligen Klosters steht heute die Nachfolgeeinrichtung, die „Kreuzherrenschule D.", eine städtische Grundschule. Aufstrebendes Mauerwerk der Kreuzherren ist nicht zu erkennen.

◆ Haaß, Robert: Die Kreuzbrüder in den Rheinlanden, Röhrscheid – Bonn 1932.

Dünnwald, *Augustiner-Chorherrenstift St. Maria und St. Nikolaus (1118– vor 1143), Prämonstratenser-Chorfrauenstift St. Maria und St. Nikolaus (1143–1643), Prämonstratenser-Chorherrenpriorat St. Maria und St. Nikolaus (1643–1803), Erzdiözese Köln – (Köln-D., Nordrhein-Westfalen, ❐ 1, B5).*

▶ **Vorgeschichte.** Der Kölner Bürger Heidenreich stiftete 1118 in D. nördlich von Köln ein Regularkanonikerstift. Diese Laienstiftung privilegierte Erzbischof Friedrich I. (Schwarzenberg) großzügig, unterstellte sie der Jurisdiktion des Kölner Hochstifts, übertrug der Abtei ➛ Steinfeld die geistliche Aufsicht und gab den Einwohnern die Pfarrgerechtsame. Die Vogtei erhielt Graf Adolf von Berg als Erbrecht. Anzunehmen ist, dass D. um 1142 zusammen mit Steinfeld prämonstratensisch wurde. Im Mutterstift Steinfeld hatte sich seit Beginn ein Frauenkonvent aufgehalten, der entsprechend der Vorgaben der Ordensleitung örtlich getrennt werden musste.

▶ **Geschichte.** Die Steinfelder Prämonstratenserinnen zogen 1143 über Hellenthal und Wehr nach D., um unter Meisterin Gertrudis das Chorherrenstift zu übernehmen. Bis 1190 sind *fratres et sorores* im Konvent überliefert, männliche Mitglieder werden namentlich aber nie genannt. Nach 1144 entstanden Tochterniederlassungen im böhmischen Doxan bei Eger, in Lanowitz bei Prag, Kaunitz in Mähren, 1146 in Ramersdorf an der Lippe und möglicherweise vor 1175 in ➛ Niederehe. Das Stift Ramersdorf verlegte Erzbischof Arnold I. 1147 nach Füssenich bei Zülpich. Das Frauenstift D. blieb stets Priorat der Abtei Steinfeld, die Erhebung zur Propstei hat es nicht erreicht. Ein von Steinfeld eingesetzter Prior leitete die äußeren Angelegenheiten, auf Urkunden zeichnete häufig der Vaterabt von Steinfeld. Um 1236 vollzog sich möglicherweise eine Abkehr vom Prämonstratenserorden, denn

Kapläne der Benediktinerabtei ➤ Brauweiler beurkundeten für den Konvent, auch der Titel Propstei taucht auf. Erzbischof Konrad unterstellte D. 1250 aber erneut der Paternität Steinfelds. Graf Adolf VI. von Berg stiftete 1347 eine St. Blasius-Vikarie für gefallene Waffengefährten; bis 1871 feierte täglich ein eigens bestallter Vikar in D. entsprechende Seelenmessen. Reiche Mitgiften der aufgenommenen Töchter führten im Spätmittelalter zu Wohlstand aber auch Verflachung der Klausur. Erstmals schritt das herzogliche Haus Jülich-Berg 1472 ein, weil klosterfremdes Leben besonders beim Weinzapfen im Stiftshof Überhand nahm. Kaiser Friedrich III. forderte 1475 den Abt von Steinfeld auf, Reformen einzuleiten, die aber in der Amtszeit von Meisterin Margareta von Mentzingen (1474–1514) nicht durchzusetzen waren. Die Reformation überstand der Konvent unbeschadet. Nach dem Tod der Meisterin Maria von Lülsdorf (1624–43) baten die letzten drei Chorschwestern Abt Norbert von Steinfeld (1630–61) um Auflösung ihres Konvents, was mit erzbischöflicher Genehmigung 1643 durchgeführt wurde. Im gleichen Jahr übernahmen Chorherren aus Steinfeld das Priorat und führten es in Verbindung mit dem Kölner *Collegium Norbertinum* bis zur allgemeinen Säkularisation 1803 zu großem Ansehen.

▶ **Gegenwart.** Die ehemalige Stiftskirche und heutige katholische Pfarrkirche St. Nikolaus entstand nach der Gründung 1118 (auch wenn eine Urkunde von 1117 spricht). Die romanische, dreischiffige Pfeilerbasilika ohne Querschiff mit zwei Apsiden unterlag mehreren Eingriffen. Ein Nordturm flankiert die Westfassade, der Südturm blieb unausgeführt. Das nördliche Seitenschiff wurde 1347 um 2,5 m erhöht, mit Kreuzgewölbe eingedeckt und als Schauseite mit drei Dachgiebeln aufgegliedert; das südliche Seitenschiff in Ziegelrohbau mit flacher Bretterdecke entstand 1875 völlig neu. Gotische Wandmalereien schmücken zwei Pfeiler und besonders die Sakristei. Von der Klausur blieben im heutigen privaten „Klosterhof" zwei Flügel des 16./17. Jh. erhalten; sie zeigen lediglich wiederverwendete mittelalterliche Architekturteile.

◆ Horstkötter, Ludger: Zum inneren Leben in einigen Prämonstratenser-Klöstern des nördlichen Rheinlandes zwischen 1450 und 1500, Göttingen 2003; Ehlers-Kisseler, Ingrid: Die Anfänge der Prämonstratenser im Erzbistum Köln, Köln 1997.

Düsseldorf, *Kreuzherrenkloster St. Maria (1438–1803), Erzdiözese Köln – (kreisfreie Landeshauptstadt, Nordrhein-Westfalen, ❐ 1, A5).*

▶ **Geschichte.** Kreuzherren aus ➤ Beyenburg-Steinhaus gründeten während ihrer spätmittelalterlichen Reform- und Erneuerungsphase 1438 das erste Kloster in D., damals Residenzstadt der Herzöge von Jülich-Berg. Die Gründungsurkunde stellte Herzog Gerhard II. erst am 14. August 1443 aus. Seine Gemahlin Sophia von Sachsen-Lauenburg erwies sich als eigentliche Gönnerin, der erste Prior Hermann von Berka (1438–73) war ihr Beichtvater. Die Bestätigung durch Erzbischof Dietrich II. von Köln (Moers) erfolgte 1446. Zur reichen Grundausstattung gehörte eine Marienkapelle in der 1400 gegründeten Neustadt, an der sich zur Verehrung eines Gnadenbildes eine rege Wallfahrt entwickelt hatte. Gewöhnlich wählten die Kreuzherren das Heilig-Kreuz-Patrozinium für ihre Niederlassungen, es sei denn, sie übernahmen – wie hier in D. – eine bereits bestehende Kirche. Zwischen 1443 und 1480 entstand anstelle der Wallfahrtskapelle am rechten Rheinufer die Kreuzherrenkirche, nach der Lambertuskirche die zweite Großkirche der Stadt. Herzogliche Familienmitglieder und zahlreiche Hofbeamte nutzten die Kirche als Grablege. Neben der Seelsorge betrachteten die Kreuzbrüder das Sammeln, Vervielfältigen und Bewahren alter Schriften als eine ihrer Hauptaufgaben; sie legten eine umfangreiche Bibliothek an und vervollständigten sie im eigenen Skriptorium. Der Ordensgeneral Nicolaus Harlemius (1473–82) erlaubte den Einzug humanistischen Gedankenguts in die Konvente, was sich auch in der Bibliothek niederschlug. Schon 1527 festigte sich lutherisches Glaubensgut in der Stadt. Die Herzöge Johann III. und Wilhelm V. begünstigten mit ihrer moderaten Haltung die Ausbreitung der Reformation. Die Kreuzbrüder blieben dem katholischen Glauben treu. In der Stadtpfarrkirche setzte sich nach 1567 zeitweilig ein evangelischer Ritus in abgeschwächter Form durch, das Kloster bildete demgegenüber eine katholische Enklave in D. Es überstand die reformatorischen Wirren, zumal seit 1574 wieder katholische Landesherrn regierten. 1597 wurde Herzogin Jacobe in der Kreuzherrenkirche bestattet, sie hatte die Regierungsgeschäfte für ihren umnachteten Gatten Johann Wilhelm geführt. Seit 1632 studierten Ordensbrüder aus umliegenden rheinischen Konventen im angesehenen Marienpriorat D., das von Prior Adolph Offenhausen (1634–60) geleitet wurde. Eine Rosenkranzbruderschaft schloss sich 1657 an. Wachsender Wohlstand machte aus den Kreuzbrüdern die „Kreuzherren", eine Bezeichnung, die sich im 17. Jh. zunehmend durchsetzte. Nach der Aufhebung 1803 diente die Kirche als Tabaklager, Pferdestall und bis 1957 als Finanzamt.

▶ **Gegenwart.** Heute ist die restaurierte Kreuzherrenkirche an der Ratinger Straße Schulkirche des St.-Ursula-Gymnasiums und Jugendkirche der katholischen Lambertusgemeinde in D. Die spätgotische Backsteinhalle aus zwei Schiffen erinnert an die Minoritenkirche in ➤ Kleve; hier fehlt jedoch der Dachreiter, stattdessen erhebt sich zwischen beiden Chören ein Turm, der im 17. Jh. seine laternenbekrönte Schweifhaube erhielt. Die Kirche bewahrt Fresken aus der Entstehungszeit in ihrem Kreuzrippengewölbe; ein Schlussstein zeigt die älteste erhaltene Wappendarstellung der Stadt. Die Kreuzherrenbibliothek konnte bewahrt werden.

◆ Schleidgen, Wolf-Rüdiger: Die Kreuzherren in D., in: Düsseldorfer Jahrbuch 78 (2008) 13–51; Remy, Artur: Die Kreuzherrenklöster Schwarzenbroich und D., in: Die Bilker Sternwarte 47 (2001) 290–294.

Düsseldorf Kreuzherrenkloster, die spätgotische Kreuzherrenkirche ähnelt der Minoritenkirche in Kleve.

Eberbach, *Augustiner-Chorherrenstift St. Maria (um 1116–31), Zisterzienserabtei St. Maria (1135–1803), Erzdiözese Mainz – (Hattenheim, Rhein-Taunus-Kreis, Hessen, ❒ 3, B2).*

▶ **Vorgeschichte.** Erzbischof Adalbert I. von Mainz (Saarbrücken) gründete um 1116 im Tal des Kieselbaches (auch Eberbach) bei Eltville am Mittelrhein ein Regularkanonikerstift, das er aber schon 1131 mangels klösterlicher Zucht auflöste und den Benediktinern auf dem nahen ➛Johannisberg übergab; die Chorherren gingen zu ihren Mitschwestern nach ➛Mittelheim.

▶ **Geschichte.** 1135 nahmen Zisterziensermönche von Clairvaux (Frankreich) das Kloster E. in Besitz und bezogen im Februar 1136 unter Abt Ruthard (1136–57) den bereits begonnenen Klosterbau. Der erste Abt schickte Gründungskonvente zu den Tochterabteien ➛Schönau im Odenwald (1145), ➛Otterberg in der Pfalz (1144) und Val-Dieu Lüttich (Belgien, 1155). Aufschwung und Zulauf erlitten aber während des Konflikts Kaiser Friedrichs I. mit dem Papst Mitte des 12. Jh. herbe Rückschläge. 1166 musste der papsttreue Abt Eberhard (1158–70) mit einer Teilmannschaft nach Rom fliehen, der Kirchenbau geriet ins Stocken. 1174 besiedelte E. eine Tochterzisterze in ➛Arnsburg in der Wetterau. Die strenge Klosterzucht der Zisterzienser veranlasste den Adel zu großzügigen Schenkungen. Die geistige Ausstrahlung und zisterziensische Arbeitsorganisation, gepaart mit merkantiler Effektivität ließen die Abtei zum geistigen und wirtschaftlichen Mittelpunkt der Mittelrheinregion und zu einer der stärksten klösterlichen Institutionen im deutschen Reichsgebiet werden. Teilweise lebten bis zu 300 Chormönche und Konversen in E. Zahlreiche Frauenklöster standen zur Abtei im Filiationsverhältnis. Der Weinanbau entwickelte sich zur wichtigsten Einnahmequelle; mit eigenen Schiffen wurde der Wein auf dem Rhein zollfrei nach Köln transportiert. Konrad von Clairvaux kam Anfang des 13. Jh. nach E. und schrieb das berühmte „Exordium Magnum Cisterciense“, eine stilisierte Geschichte der Frühzeit des Ordens; zum Abt erhoben starb er aber noch im gleichen Jahr 1221. Abt Raimund (1228–47) hatte entscheidenden Anteil an der Heiligsprechung Elisabeths von Thüringen (1207–31, kanonisiert 1235). Nachhaltig wirkte das ungewöhnlich aktive Skriptorium der Abtei, angeschlossen an eine umfangreiche Bibliothek. Enge Verbindungen bestanden zum Bernhardskolleg in Paris; dort lehrte Abt Jakob von Eltville (1372–92) als Theologieprofessor. 1525 forderten aufständische Bauern Tribut von den Mönchen, hauptsächlich in Form von Wein. Die Reformation wirkte sich weniger schädigend auf das Kloster aus, jedoch die kriegerischen Auseinandersetzungen des 16. Jh. 1553 war der Konvent auf 26 Mönche, 14 Laienbrüder und zwei Novizen zusammengeschmolzen. In der Schwedenzeit des Dreißigjährigen Krieges (1631–34) lebte der Konvent mittellos im Kölner Exil, erst unter Abt Alberich Kraus (1667–1702) konnten die Kriegsschäden überwunden werden. Neuem Aufschwung und der Blüte des 18. Jh. setzten 1794 französische Revolutionstruppen ein Ende. Im September 1803 löste Fürst Friedrich August von Nassau-Usingen die Abtei auf. Abt Leonhard II. Müller (1795–1803) aus Rüdesheim, 22 Mönche und sechs Novizen mussten das Kloster verlassen.

Eberbach Zisterzienserabtei, der lesende Mönch an einer gotischen Kreuzgangkonsole (Museum).

Eberbach Zisterzienserabtei, das Dormitorium ist eine der großartigsten mittelalterlichen Raumschöpfungen.

▶ **Gegenwart.** Die gut erhaltene Abteianlage E. ist heute eines der bedeutendsten Kunstdenkmäler Hessens. Noch immer umschließt die starke Ringmauer des 12./13. Jh. das Areal mit Klosterkirche, Klausurflügeln und Wirtschaftstrakt, angelegt streng nach frühmittelalterlichem Klosterplan. Die monumentale, gewölbte Pfeilerbasilika (Weihe 1186) strahlt die asketische Frömmigkeit der zisterziensischen Frühzeit aus; ihre neun Kapellen an der Südseite entstanden im 14. Jh. Drei romanisch-frühgotische Klausurflügel mit vollständig erhaltenen Funktionsräumen umschließen nördlich den großen Hof. Zwei Kreuzgangflügel, Mönchsrefektorium und Brunnenhaus fehlen inzwischen. Das 72 m lange, zweischiffige Dormitorium mit elf Doppeljochen, reichgeschmückten Mittelsäulen und Kreuzgratgewölben ist eine der großartigsten Raumschöpfungen mittelalterlicher Klosterarchitektur außerhalb des rein sakralen Bereiches.

❖ Auf die heute noch existierende Eberbacher Klosterhofkapelle St. Johannes in Limburg und den „Erbacher Hof“ in Mainz sei ebenfalls hingewiesen.

◆ Einsingbach, Wolfgang: Kloster E., München – Berlin 1996; Elm, Kaspar: Das Kloster E., Eltville 1986.

Eberhardsklausen Augustiner-Chorherrenstift, die spätgotische Stiftskirche, noch heute ein Ziel großer Wallfahrten, Nordostansicht.

Eberhardsklausen, *Augustiner-Chorherrenstift St. Maria (1459–1802), Erzdiözese Trier – (Klausen, Lkr. Bernkastel-Wittlich, Rheinland-Pfalz, ❐ 3, A2).*

▶ **Vorgeschichte.** Der Tagelöhner Eberhard Daub stellte 1440 eine Pietà am Rand des Salmtals auf, nachdem ihm die Gottesmutter erschienen war. Zwei Jahre später errichtete er mit Hilfe der Grundbesitzer Wilhelm und Gotthard von Esch eine Klause und führte sein Leben als Klausner weiter. Geschichten von wundersamen Heilungen im Umfeld seiner Klause verbreiteten sich rasch und die Klause Eberhards entwickelte sich zur Pilgerstätte. 1449 weihte Erzbischof Jakob von Trier (Sierck) eine größere Marienkapelle mit Anbau und regelte die Pfarrpflichten sowie die Verwaltung der Einnahmen. Eberhard starb 1451, aber der Pilgerstrom zur „Eberhardsklause" wuchs an.

▶ **Geschichte.** 1456 kamen auf Bitten des Erzbischofs die ersten Augustiner-Chorherren aus ➛ Niederwerth und aus ➛ Böddeken. Erzbischof Johann II. von Trier (Baden) konstituierte im September 1459 das Regularkanonikerstift E., erster Prior war Hermann Kleyman. Die Augustiner-Chorherren gehörten der Reformbewegung der ➛ Windesheimer Kongregation an, deren Generalkapitel das Priorat E. 1461 in den Verband aufnahm. Prior Johann von Eindhoven beauftragte 1485 seinen Mitbruder Wilhelm von Bernkastel (1481–1536) mit einer Chronik, in der die Geschehnisse festgehalten, aber mit vielen wundersamen Begebenheiten zur Förderung der Marienwallfahrt ausgeschmückt wurden. So soll selbst der bekannte Kirchenfürst und päpstliche Legat Nikolaus von Kues durch ein Wunder zur Anerkennung der Wallfahrt bekehrt worden sein. In der zweiten Hälfte des 15. Jh. veränderten umfangreiche Erweiterungsbauten die Stiftskirche, und es wurde ihr eine Marienkapelle am Westende des nördlichen Seitenschiffs als Gnadenkapelle für die Pilger angefügt. Unter Prior Gerhard von der Lippe (um 1483–1527) entstanden neue Klausurgebäude und Kreuzgänge sowie eine Bibliothek und schließlich die Umfassungsmauer, die den (1,5 ha großen) Stiftsbezirk einschloss; die Bauten waren durch Opfer- und Votivgaben der Pilger, Messstipendien und Schenkungen ermöglicht worden. Im 18. Jh. besaß das Stift etwa 350.000 Weinstöcke und gehörte damit zu den größten Weinanbauern des Kurstaates. Während der Reformation lebte der Konvent isoliert. Kriegsschäden, verschwenderische Haushaltsführung, überteuerte Zusatzbauten sowie innerer Zwist führten zu Finanznöten, obwohl die Wallfahrt immer wieder auflebte. Im Dreißigjährigen Krieg half E. bei der Rekatholisierung und Wiederbelebung des Stifts ➛ Ravengiersburg, seit 1726 teilten sie sich ihre Aufgaben mit Chorherren aus ➛ Rebdorf bei Eichstätt. In der zweiten Hälfte des 18. Jh. verlor sich die Bindung zur Windesheimer Kongregation.

Das Priorat nahm weltlichen Charakter an, Vorsteher Johann Jakob Otto (1768–92) führte den Titel Abt. Unter französischer Besatzung wurde das Stift 1802 aufgehoben. 1917 ließen sich Dominikanerinnen des zweiten Ordens im Ort Klausen nieder, siedelten aber im Jahr 2000 in das Kloster ➛ Lage nach Niedersachsen um.

▶ **Gegenwart.** Die ummauerte Stiftsanlage enthält neben der spätgotischen Kirche nur noch das spätmittelalterliche Sakristeigebäude mit einer reichen Bibliothek im Obergeschoss. Kreuzgang und Klausur existieren nicht mehr, lediglich das alte Brauhaus und ein Komplex von Wirtschaftsgebäuden haben sich nahe des großen „Abtgartens" erhalten. Die katholische Pfarr- und Wallfahrtskirche St. Maria Himmelfahrt in E. ist ein kunsthistorisches Kleinod des Moselgebiets, ihre höchst wertvolle Ausstattung ist weithin bekannt und oft beschrieben. Hier soll nur auf die einzigartige Vielfalt ihrer steinbildlichen Plastik an den Schlusssteinen, Kapitellen und Konsolen aufmerksam gemacht werden, die bedeutende Persönlichkeiten oder Ereignisse der christlichen Heilsgeschichte künstlerisch eindrucksvoll wiedergeben. Die Wallfahrt ist bis heute lebendig.

◆ MonWin 2, 106–113; Hoffmann, Paul: Wallfahrten nach E., in: Eifilia Sacra, Mainz 1999, 315–333.

Eberhardsklausen Augustiner-Chorherrenstift, bildhafte Konsolsteine erinnern an Apostelfürsten und Martyrer.

Ebernach Benediktinerpropstei, die Marienkapelle war der Chor der gotischen Propsteikirche.

Ebernach, *Benediktinerpropstei St. Maria (vor 1422–1801), Franziskanerkloster der Brüder vom Heiligen Kreuz-Tertiaren St. Maria (seit 1887), Erzdiözese Trier – (Cochem-Sehl, Lkr. Cochem-Zell, Rheinland-Pfalz, ❐ 3, B2).*

▶ **Geschichte.** Der pfalzgräfliche Ministeriale Johann von Ebernach und seine Gemahlin dotierten der Benediktinerabtei ➛ Laach ihr Hofgut mit Kapelle und Mühle an der Mosel bei Cochem. Papst Innozenz II. bestätigte vor 1139 die Schenkung. Dem Stifter wurde in zweiter Ehe ein Sohn geboren und dieser verlangte die Güter zurück, was ihm in Form eines Lehnvertrags mit der Abtei gelang. Weltpriester versahen den Pfarrdienst an der Kapelle. Unter Abt Dietrich von Lehmen (1256–95) fiel der Besitz an die Abtei zurück. Der Zeitpunkt der Propsteigründung bleibt wegen verlorener Quellen unklar, ein Laacher Konventuale Ludwig wird 1309 als Propst von E. aber 1311 als *monachus* bezeichnet. Die Propstei ist erst für die Zeit vor 1422 gesichert. Propst Dietrich von Mendig (1422–44) leitete die Geschicke in E. Seit 1537 bestand kontinuierlich das Amt des Propstes bis zur Aufhebung 1802. Meist lebte ein betagter ehemaliger Funktionsträger mit zwei Mönchen und einem Laienbruder in E. Die Außenstelle diente als Erholungsstätte und sicher auch als Abschiebeort für unbequeme Konventsmitglieder. Gleichzeitig war sie ein bedeutendes sakrales Zentrum für die Winzer an der Mittelmosel und die Waldgenossen von Kirst und Tirn. Die Wahl des Propstes oblag dem Laacher Konvent, der Abt vollzog die Bestätigung, eigene Haushaltsführung stand dem Propst meist nicht zu. Im 17. Jh. wurde der klösterliche Weinanbau forciert, unter Propst Antonius Lahner (1634–51) sicherte E. 22 % des gesamten Weinbedarfs der Abtei Laach, dessen zollfreie Verschiffung durch ein Privileg des Trierer Erzbischofs garantiert war. Ende des 18. Jh. war die Propstei nur noch vom letzten Propst Michael Magnus (1789–1802) besetzt. Im Januar 1801 wurde sie geschlossen und nach der Aufhebung der Mutterabtei 1802 versteigert.

▶ **Gegenwart.** 1887 ließen sich Franziskanerbrüder vom Heiligen Kreuz, Tertiaren vom Dritten franziskanischen Orden in E. nieder, bauten einen Wohn- und Dienstleistungskomplex auf und betreuen heute geistig behinderte Menschen; auch der von ihnen angebaute Wein genießt heute allgemein hohe Anerkennung. Die mittelalterlichen Propsteigebäude wurden um 1750 durch Barockbauten ersetzt. Die romanische Marienkapelle erweiterten schon die Benediktiner 1437 im spätgotischen Stil. Abt Benedikt von Eidt (1731–55) ließ eine neue Kirche aufbauen, der gotische Chor der Vorgängerin blieb als Marienkapelle erhalten. Der kleine zweijochige Raum zeigt Kreuzrippen auf ornamentalen Konsolen und figürliche Schlusssteine; ein Vesperbild stammt aus dem frühen 15. Jh.

◆ GermBen 9, 269–341 (s.v. Laach); Resimi, Bertram: Die Benediktinerabtei Laach, Berlin – New York 1993.

Ebersberg, *Benediktinerabtei St. Maria und St. Sebastian (1013–1595), Diözese Freising – (Kreisstadt, Bayern, ❐ 4, B4).*

▶ **Vorgeschichte.** An ihrer Burg auf einem Geländevorsprung über dem Ebrachtal errichteten die Reichsgrafenbrüder Eberhart I. und Adalbero I. von Sempt-Ebersberg 934 ein Kollegiatstift. Der erste Propst Hunfried brachte von einer Romreise eine Reliquie des hl. Sebastian († um 290) als Geschenk Papst Stephans VIII. mit. Eine neu zu errichtende Kirche St. Sebastian sollte die wertvolle Reliquie aufbewahren; sie wurde 970 von Erzbischof Friedrich I. von Salzburg geweiht, weil sich der zuständige Bischof Abraham von Freising aus persönlicher Feindschaft weigerte. Der Sebastianskult machte bereits zu dieser Zeit E. zur bedeutendsten Wallfahrtsstätte nördlich der Alpen. Graf Ulrich von Sempt-Ebersberg und Markgraf von Krain, Patenkind Ulrichs von Augsburg (923–973, kanonisiert 993) wuchs unter den Benediktinern in St. Gallen (Schweiz) auf. Die Benediktiner wählten ihn zum Vogt der Abtei ➛ Tegernsee, Abt Eberhart I. von Tegernsee (1002–03) war ein naher Verwandter.

▶ **Geschichte.** Graf Ulrich wandelte 1013 das Sebastiansstift in eine Benediktinerabtei um. Der Gründungskonvent kam aus ➛ Augsburg St. Ulrich und Afra; diese junge Abtei war soeben mit Mönchen aus Tegernsee besiedelt worden. Der erste Abt Reginbald (1013–24) übertrug ➛ Gorzer Reformstatuten von Augsburg in das neugegründete Tochterkloster E., in dem Graf Ulrich 1029 beigesetzt wurde. König Heinrich III. nahm die Abtei 1040 unter Reichsschutz, die Vogteirechte wurden ausdrücklich der Stifterfamilie zuerkannt, die aber 1045 im Mannesstamm ausstarb; im gleichen Jahr verunglückten die Grafenwitwe Richlind und Abt Altmann (1024–45) von E. tödlich. Abt Williram (1048–85) erlangte Bedeutung als Geschichtsschreiber, seine Nachfolger erhielten 1197 die bischöflichen Insignien. Ende des 13. Jh. half die Abtei ihren Mitbrüdern in ➛ Wessobrunn, die Reichsunmittelbarkeit bestand bis Mitte des 14. Jh. Abt Eckhard (1446–72) setzte mit Hilfe Tegernsees die ➛ Melker Reform durch, was zu einer spätmittelalterlichen Blüte führte, verbunden mit Bautätigkeit, Buchdruckwerkstatt und Gründung der bis heute bestehenden Sebastiansbruderschaft. Reformation und Kriegswirren bedingten Verschuldung und Verfall der Klosterzucht im 16. Jh. Seit 1590 war ein Administrator über die marode Wirtschaft eingesetzt. Mit päpstlicher Zustimmung übergab Herzog Wilhelm V. von Bayern 1595 die Abtei dem Jesuitenorden; die letzten fünf Benediktiner gingen nach ➛ Mallersdorf. E. war bis 1773 lediglich „Residenz" des Münchener Jesuitenkollegs, 1666/68 entstanden barocke Konventsgebäude. 1781 ging die Anlage in den Besitz der Johanniter (Malteser) über, die sie bis 1808 behalten durften.

▶ **Gegenwart.** Seit 1807 dient die Klosterkirche als katholische Pfarrkirche St. Sebastian. Ihr ältester Architekturbestand geht auf den spätromanischen Kirchenbau von Abt Ulrich I. (1217–31) zurück. Von zwei geplanten Westtürmen kam nur der südliche zur Ausführung, ein Großbrand 1305 nötigte zum Wiederaufbau. Abt Sebastian Häfele (1472–1500) ließ die Kirche zu einer lichten Halle umbauen, er war es auch, der den „Klosterbauhof" errichtete, eine spätgotische Vierflügelanlage, heute Zentrum des öffentlichen Lebens der Stadt. Auf die Jesuiten geht die heutige Barockausschmückung zurück. Beeindruckend ist das künstlerisch bedeutende Hochgrab des Stifters Ulrich und seiner Gattin, eine Arbeit des Bildhauers Wolfgang Leeb aus Wasserburg (um 1500). Die barocke Sebastianskapelle birgt einen verglasten Schrein mit der Hirnschale des Martyrers in einer Silberbüste (um 1450); noch heute ist sie wie vor über 1000 Jahren das Ziel großer Wallfahrten. Der Westflügel der barocken Klausur enthält noch Reste des spätgotischen Kreuzgangs. Auf den Grundmauern einer alten Taverne ließ Abt Leonard II. Grim (1512–44) ein neues Gasthaus errichten; dieses klösterliche Profangebäude dient seit 1873 der Stadt als Rathaus, den Haupteingangsbereich schmücken Rippengewölbe aus der Entstehungszeit.

◆ GermBen 2, 79–82; Flohrschütz, Günther: Der Adel des eberbergischen Raumes, München 1989.

Ebrach, *Zisterzienserabtei St. Maria, St. Johannes Evangelist und St. Nikolaus (1127–1803), Diözese Würzburg – (Lkr. Bamberg, Bayern, ❐ 4, A2).*

▶ **Geschichte.** Eine Gruppe von Zisterziensermönchen aus dem burgundischen Kloster Morimond (Frankreich) gründete 1127 im abgelegenen Talgrund des Steigerwaldes die erste rechtsrheinische Zisterzienserabtei E. als dritte Niederlassung im römisch-deutschen Reich (nach ➛ Kamp 1123 und 1124 Lützel im Oberelsass). Schon 1115 hatten laut Klostertradition die beiden Edelfreien Berno und Richwin der jungen Mönchsgemeinschaft in Cîteaux, die zu dieser Zeit noch keinen Orden gegründet hatte, ihre Burg E. und zugehörigen Besitz angetragen. Während der langen Amtszeit des ersten und fähigen Abts Adam (1127–69) blühte die Abtei E. auf und konnte Tochtergründungen in Rein (Österreich) 1129, ➛ Heilsbronn 1133, ➛ Langheim 1133, Nepomuk (Tschechien) 1145, Aldersbach 1146 und ➛ Bildhausen 1158 etablieren. Die Tochterabtei Marienberg (Eytheren) im niederländischen Ijsselstein kam erst 1342 hinzu, die bereits gegründeten Abteien Wilhering bei Linz (Österreich) und ➛ Bronnbach wurden 1185 bzw. 1573 adoptiert. E. erlangte hohe Ausstrahlungskraft und enormen Reichtum, aber nie die stets angestrebte Reichsunmittelbarkeit. Zwei Mitbrüder wurden zu Bischöfen erhoben und 37 Äbte in andere Abteien berufen. Frauenkonvente in ➛ Schlüsselau, ➛ Schönau/Saale, ➛ Maidbronn, ➛ Birkenfeld/Aisch, ➛ Billigheim, ➛ Himmelthal bei Eisenfeld und ➛ Himmelspforten bei Würzburg unterstanden der geistlichen Aufsicht der Äbte. In mehren hundert Orten verfügte E. über Grundbesitz, Einkünfte und Rechtstitel. Das älteste Urbar von 1340 erwähnt 29 Grangien; in über 20 Städten wurden Produkte in eigenen Stadthöfen abgesetzt. Der Würzburger Bischof besaß zwar keine geistlichen Rechte über die exemte Abtei, seine weltlichen Rechte als Landesherr gab er aber gegenüber dem besten Steuerzahler Frankens nie auf. Unter Abt Friedrich von Leuchtenberg (1306–27) zählte der Konvent 102 Mönche und 72 Konversen. Sie kümmerten sich um die Armen, pflegten Wissenschaft und Studium, förderten Schreib- und Illustrationskunst und bauten eine Bibliothek auf, deren Bestand zuletzt auf 30.000 Bände angewachsen war. Im Mittelalter ragten unter ihren Gelehrten Konrad von Ebrach (um 1330–99) und Abt Bartholomäus Fröwein (1426–30) hervor. Der Bauernaufstand 1525 brachte Plünderung und Brandzerstörung, die lutherische Glaubenslehre ließ den Konvent von 46 auf 28 Mönche zurückgehen. Abt Johannes Leiterbach (1503–31) amtierte glücklos und ungeschickt. Im 17./18. Jh. war der ständige Wechsel zwischen Kriegslasten und Wirtschaftsaufstieg bestimmend. Fähige Äbte wandelten bis zur Aufhebung 1803 das mittelalterliche Kloster in eine monastische Barockresidenz mit höchster künstlerischer Vollendung um.

▶ **Gegenwart.** Der kolossale Barockkomplex dient heute als Justizvollzugsanstalt und Forstamt, einige Räume sind der Öffentlichkeit zugänglich. Die als katholische Pfarrkirche genutzte Klosterbasilika ist eines der schönsten Beispiele frühgotischer Kirchenbaukunst in Deutschland. Sie wurde als zweite Klosterkirche 1200 begonnen, konsequent nach gereifter Zisterzienserart mit gerade geschlossenem Chor, Chorumgang und Chorkapellen als dreischiffige Basilika ohne Turm errichtet und 1285 geweiht. Der mächtige Bau liefert ein Indiz für die Hinwendung der Zisterzienser zum gotischen Stil unter französischem Einfluss (ebenso ➛ Maulbronn). Die romanische Michaelskapelle mit Krypta am nördlichen Querhaus zeigt heute am ehesten die Bau-

Ebersberg Benediktinerabtei, das Mamorepitaph Abt Philipp Höhenbergers (1385–1412) an der Empore.

Ebrach Zisterzienserabtei, die frühgotische Abteibasilika (1200–85) repräsentiert vollendete Zisterzienserbaukunst, Nordwestansicht.

formen der Frühzeit. Der Innenraum der Kirche ist mit frühklassizistischem Stuck (Ende 18. Jh.) überzogen, was jene schlichte und demutsvolle Ästhetik, die einst das zisterziensische Ideal verkörperte, nur noch erahnen lässt.

◆ Wiemer, Wolfgang: Zisterzienserabtei E., Geschichte und Kunst, München – Zürich, 1992; Zimmermann, Gerd: Die Männerklöster in Franken, E., in: Zisterzienser in Franken, Würzburg 1991, 77–82.

Ebstorf, *Benediktinerinnenkloster St. Mauritius (um 1160–1565), Diözese Verden – (Lkr. Uelzen, Niedersachsen, ❐ 2, A3).*

▶ **Vorgeschichte.** Nahe ihres Stammsitzes Bodwede südlich von Lüneburg gründeten Graf Volrad von Dannenberg und seine Frau Gerburg um 1160 das Regularkanonikerstift E., etwa zeitgleich mit dem altmärkischen ➛ Diesdorf, das die verschwägerte Grafenfamilie von Lüchow gründete. Das Mauritiuspatrozinium in E. deutet auf Prämonstratenser-Chorherren aus dem Umfeld von ➛ Magdeburg hin, die mit einem Propst Manegold wahrscheinlich den ersten Konvent stellten. Ein Brand vernichtete die frühen Stiftsgebäude, die Chorherren verließen E. mit unbekanntem Ziel.

▶ **Geschichte.** Der Sohn des Stifterpaares, Graf Heinrich, rief um 1180 Frauen aus dem Kloster ➛ Walsrode nach E. Das genaue Datum ist nicht überliefert, die erste urkundliche Nachricht über das Benediktinerinnenkloster E. stammt von 1197 aus dem Altkloster in ➛ Buxtehude, die eigene Überlieferung setzte erst 1215 ein. Das zunächst kleine und unbedeutende Kloster blühte seit etwa 1280 durch die entstehende Marienwallfahrt, der prosperierenden Wirtschaft und den Gewinnen aus Lüneburger Salinen auf. Der Konvent rekrutierte sich aus Lüneburger Patrizierfamilien. Ausdruck des Wohlstands war der 1290 beginnende Neubau der Klosteranlage. Herzog Otto II. von Braunschweig-Lüneburg übernahm 1308 die Schirmherrschaft und gewährte zusätzliche Privilegien, so Zollfreiheit für Lebensmittel. Die landesherrliche Politik beeinflusste nun die Geschicke in E. Die Pröpste kamen in der Regel aus der herzoglichen Kanzlei und waren häufig Kanoniker am Verdener Domkapitel; Äbte der Benediktinerabteien ➛ Lüneburg St. Michael und ➛ Oldenstadt waren bei Propstwahlen meist zugegen. 1464 zählte der Konvent 50 Benediktinerinnen. Die Priorin Gertrud von der Molen (1451–69) wurde im Zuge von Reformen 1469 abgesetzt. Der allgemeine Niedergang im 15. Jh. machte die Aufwertung benediktinischer Ideale erforderlich, woraufhin man die Priorin Mechthild von Niendorf (1470–95) aus ➛ Hadmersleben berief; sie erreichte zusammen mit Propst Matthias von der Knesebeck (1464–93) nur mühsam die Observanz im Sinn der ➛ Bursfelder Kongregation; Unterstützung erhielten sie aus dem Männerkonvent in ➛ Huysburg. Die neue Blüte strahlte aus, weitere Konvente konnten reformierend beeinflusst werden, so 1478 Buxtehude, 1479 ➛ Medingen, 1481 ➛ Lüne, 1482 ➛ Walsrode und 1482 ➛ Marienstuhl. Die Hildesheimer Stiftsfehde 1519 und überhöhte Steuern des hoch verschuldeten Landesherrn brachten Kloster E. in neue Not. Der lutherische Glaube fand bei Herzog Ernst I., der in Wittenberg studiert hatte, begeisterte Zustimmung. Er beauftragte im Juli 1525 weltliche Verweser und evangelische Prediger in das Kloster. Die Priorinnen Elisabeth von Dannenberg (1518–52) und Hilda von Veltheim (1552–65) widersetzten sich dem Protestantismus, erst nach ihrem Tod fand die Reformation endgültig Eingang. Seit

1565 existiert in E. ohne Unterbrechung ein evangelisch-lutherisches Damenstift.

▶ **Gegenwart.** Die evangelischen Konventualinnen leben noch heute in der Klosteranlage, die im 14. und 15. Jh. entstand. Der Kreuzgang wurde um 1350 fertig gestellt, die Kirche bis 1396 eingedacht. 1469/71 konnten Küche und Refektorium erneuert werden, der Herrenbau für männliche Mitglieder und das Herzogshaus entstanden nach 1471 auf Holzpfählen. Die Immunitätsmauer wurde 1485/87 erhöht. Die heutige evangelische Pfarr- und Stiftskirche St. Mauritius ist ein eingewölbter zweischiffiger Backsteinbau aus der Mitte des 14. Jh. mit Nonnenempore und *cripta* im Westen, einem Hochchor im Siebenzehntelschluss im Osten sowie dem nachträglich angebauten Glockenturm (15. Jh.). Das südliche Seitenschiff dient als Gemeindekirche. Als Besonderheit kann gelten, dass der Südflügel des Kreuzgangs einen Teil der Krypta bildet. Im Kloster haben sich viele mittelalterliche Schmuckformen und Ausstattungsstücke erhalten, erwähnt sei hier nur die Glasmalerei im westlichen Kreuzgang mit der Darstellung des *speculum humanae salvationis* von 1420. Eine mittelalterliche Weltkarte auf 13 m² Pergament, die 1830 im Kloster gefunden wurde, machte E. weltbekannt (sog. Ebstorfer Weltkarte); ihre Datierung wird zwischen 1230 und 1380 angesetzt. Sie verbrannte 1943 in Hannover, eine Nachbildung befindet sich seit 1952 im Kloster.

◆ GermBen 11, 165–192; Hucker, Bernd Ulrich: Stift und Kloster E., Bielefeld 2008.

Echenbrunn, *Benediktinerabtei St. Petrus und St. Paulus (um 1120–1551), Diözese Augsburg – (Gundelfingen/Donau, Lkr. Dillingen/Donau, Bayern, ❐ 3, D4).*

▶ Die ehemalige Benediktinerabtei E. ließ Pfalzgraf Ottheinrich 1557 niederreißen. Etwa 1730 bauten Jesuiten die heutige Barockanlage. Die Umfassungsmauer mit Spitzbogentoren und -pforten entstammt wohl dem 16. Jh., sie ist aber nicht mit Sicherheit auf die Benediktiner zurückzuführen.

◆ GermBen 2, 83 f.

Ebstorf Benediktinerinnenkloster, St. Mauritius (14. Jh.) dient noch heute als Konvents- und Pfarrkirche.

Effringen, *Franziskaner-Tertiarinnenkloster St. Maria (vor 1379– nach 1534), Diözese Konstanz – (Wildberg-E., Lkr. Calw, Baden-Württemberg, ❐ 3, C3).*

▶ Bereits im 10. Jh. war die Pfarrkirche in E. im Besitz des Benediktinerklosters Stein am Rhein (Schweiz). 1379 verkaufte das Kloster seine Patronatsrechte an Conrad Grückler von Bulach, der sofort mit dem Bau eines neuen Kirchenchors begann. Hinter dem Hochaltar wurde eine das Mauerwerk durchbrechende Nische mit Sitzgelegenheit im Chorpolygon eingefügt, die einer kleinen Gruppe frommer Frauen die Möglichkeit erschloss, an der Pfarrmesse teilzunehmen und zu beichten, ohne ihren Klausurbereich zu verlassen – eine architektonische Rarität. Entsprechend muss schon vor 1379 die religiöse Frauengemeinschaft in E. existiert haben. Die Schwestern befolgten die Ordensregeln der Franziskaner und gehörten als Tertiarinnen dem Dritten Franziskanerorden an. Südöstlich der Kirche stand ihr Haus, das durch einen Verbindungsgang aus Holz mit der „Nonnennische" verbunden war. Der Sitzplatz in der Nische diente dem Beichtvater, der durch die schmale Fensteröffnung den Frauen die Beichte abnahm. Die Klosterkirche der Birgitten in Vadstena (Schweden) weist ähnliche Beichtnischen auf. Auch bei der Ausgestaltung der Pfarrkirche hat man offensichtlich auf die Frauen Rücksicht genommen, lag doch das Chorfresko der Maria Magdalena (um 1460) direkt in ihrem Blickfeld. Der erste schriftliche Nachweis der Schwestern erfolgte 1508, sie vermochten dem Konstanzer Bischof aus Armut keine Steuern zu zahlen, sie lebten allein von Handarbeiten. Ab 1534 setzte Herzog Ulrich die Reformation in Württemberg durch. Dem Konvent in E. wurden Neuaufnahmen verboten. Das Schwesternhaus kaufte 1569 ein Privatmann, es existiert heute nicht mehr. Die Pfarrkirche Unserer Lieben Frau in E. gilt als eine der schönsten spätgotischen Kirchen im nördlichen Schwarzwald.

◆ Janssen, Roman: E., in: Württembergisches Klosterbuch, Ostfildern 2003, 217; Halbbauer, Karl/Janssen, Roman: Evangelische Pfarrkirche Unserer Lieben Frau E., Effringen 1996.

Ehrenstein, *Kreuzherrenkloster St. Maria (1486–1812), Franziskaner-Tertiarinnenkloster St. Maria (seit 2008) – „Liebfrauenthal", Erzdiözese Köln – (Asbach-E., Lkr. Neuwied, Rheinland-Pfalz, ❐ 3, B1).*

▶ **Geschichte.** Bertram von Nesselrode und seine Gemahlin Margarete von Burscheid trennten 1486 die Kapelle unterhalb ihrer Burg E. im nördlichen Westerwald von der Pfarre Asbach, dotierten sie mit zusätzlichen Gütern und gründeten mit Zustimmung Erzbischof Hermanns IV. von Köln (Hessen)

Ehrenstein Kreuzherrenkloster, der Westflügel der spätgotischen Klausuranlage enthält Kreuzgang, Kapitelsaal und Kalefaktorium.

und des Ortspfarrers ein Kreuzherrenkloster. Der Orden nahm ein Jahr später das neue Priorat E. als Mitglied auf. 1488 begann der erste Konvent unter Prior Jakobus Herynck (1488–1513) aus ➛ Schwarzenbroich mit dem Bau der Konventsgebäude in „Liebfrauenthal". Neben einigen Pfarrpatronaten und Zuwendungen erhielt das Kloster 1499 die Aufsicht über das Hospital zu Oertgenbach (heute Uetgenbach) bei Asbach. Die Reformationswirren beeinträchtigten den Konvent kaum. Im 16. Jh. prosperierte die Wirtschaft, Geldgeschäfte verliefen vorteilhaft. Die Kreuzbrüder betätigten sich rege in der Seelsorge der umliegenden Pfarreien. Erst Ende des 16. Jh. verschlechterte sich die Lage; der Konvent bestand lediglich aus drei Priestern. Die Ordensleitung musste einen Prior bestimmen und befreite E. 1622 von jeglicher Abgabe. 1632 und 1633 plünderten die Schweden das Kloster, Burg E. wurde zerstört. Erst im späten 17. Jh. setzte Erholung ein. Prior Bartholomäus Friderici (1702–21) hinterließ zahlreiche Kunstwerke, die noch heute die Kirche schmücken, Prior Matthias Reifferscheidt († 1785) wurde 1767 zum Provinzial der kölnischen Ordensprovinz gewählt. Die sittlichen Zustände verschlechterten sich zum Ende der Klosterzeit bis zur Auflösung zugunsten der Fürsten von Wied-Runkel zunehmend. Prior Johann Philipp Collig († 1839) und zwei Patres erhielten Pfarrstellen, drei Brüder Pensionen.

▶ **Gegenwart.** 1893 besiedelten Franziskaner, 1953 erneut Kreuzherren, 1988–2006 Montfortaner Patres das Kloster; heute leben Schwestern der Kongregation der Franziskanerinnen der allerseligsten Jungfrau Maria von den Engeln aus Waldbreitbach im Kloster Liebfrauenthal am Mehrbach im idyllischen Seitental der Wied. Inzwischen fehlen die meisten Klostergebäude der Kreuzherren, lediglich das Untergeschoss des spätmittelalterlichen Westflügels mit Kreuzgang, Kapitelsaal und Kalefaktorium konnte gerettet und saniert werden. Die einschiffige Dreifaltigkeitskirche, die von den Kreuzherren über 300 Jahre als Klosterkirche genutzt wurde, stammt aus spätgotischer aber vorklösterlicher Zeit. Kirchenschiff und Chor wirken uneinheitlich; 1480 erhielt der Chor seine eindrucksvollen Farbfenster u. a. mit Stifterfamilie und Wappen; die Vedutenmalereien in den drei Chorfenstern zählen zu den hervorragenden Leistungen rheinischer Kunst des Spätmittelalters, die Fenster im Kirchenschiff wurden erst um 1520 ebenso kostbar gestaltet. Die Kirche bewahrt eine reiche Ausstattung spätgotischer und barocker Kunstschätze. Ein Vesperbild (um 1450) genießt besondere Verehrung, die Triumphkreuzgruppe über dem Altar ist spätgotisch.

◆ Jänichen, Hans: Der Besitz des Klosters Stein am Rhein (zuvor Hohentwiel) nördlich der Donau vom 11. bis zum 16. Jh., in: Jahrbücher für Statistik und Landeskunde von Baden-Württemberg 4 (1958) 76–86; Haaß, Robert: Die Kreuzbrüder in den Rheinlanden, Bonn 1932.

Eicha, *Antoniter-Präzeptorei St. Antonius (vor 1497–1525), Diözese Merseburg – (Naunhof-E., Lkr. Leipzig, Sachsen, ❐ 2, B5).*

▶ **Geschichte.** Im Spätmittelalter entwickelte sich aufgrund eines Marienwunders in E. bei Naunhof südöstlich von Leipzig rege Wallfahrt. Chorherren des Antoniterordens aus der Generalpräzeptorei ➛ Lichtenberg, die bereits in Taucha und Eilenburg Termineien unterhielten, gründeten am Wallfahrtsort ein spätes Tochterkloster, das im März 1497 die päpstliche Approbation erhielt. Generalpräzeptor Goswin von Orsoy (1482–1514) war Initiator, Organisator und Förderer der Gründung. Er wurde vom Landesherrn, Kurfürst Friedrich III. dem Weisen von Sachsen-Wittenberg, zum ersten Kanzler der neuen Universität Wittenberg berufen, die wenige Jahre später durch Martin Luther zum Zentrum der Reformation werden sollte. Schon 1490 beauftragte Orsoy den Baumeister Konrad Pflüger mit dem Bau einer Kirche und der Klosteranlage in E. 1506 setzten weitere Bautätigkeiten ein, die demonstrativ vom Landesherrn gefördert wurden. Mit dem Erwerb der Dörfer Albrechtshain und Erdmannshain 1511/12 legten die Antoniter den Grundstock für ihre respektable Grundherrschaft, zu der bis 1520 die gesamte Siedlung E. hinzukam, einschließlich der dortigen Schankwirtschaft. Neben dem Terminieren und Sammeln von Wallfahrtsalmosen waren Teichwirtschaft und Kreditgeschäfte

Eichsen Johanniter-Priesterpriorat, die gotische Backsteinkirche mit wehrhaft wirkendem Westturm.

Haupteinnahmequellen des Konvents, der aus maximal zehn Mitgliedern bestanden haben mag. Die Beliebtheit des Klosters dokumentiert ein Gastaufenthalt 1515 Herzog Georgs des Bärtigen aus der albertinischen Linie der sächsischen Wettiner im Kloster auf einer seiner Landreisen nach Friesland. Mit der Ausbreitung der Reformation im ernestinischen Kursachsen versiegte die Wallfahrt bereits 1522, Martin Luther hatte gegen die kostspieligen Heilsversprechungen der Antoniter gepredigt. Der letzte Generalpräzeptor zu Lichtenberg, Wolfgang Reißenbusch (1514–25), versuchte pragmatisch höchstmöglichen Gewinn für den Orden und seine Person herauszuschlagen und verkaufte 1525 das Kloster E. an seinen Landesherrn. Er verließ den Orden, heiratete und trat in kurfürstliche Dienste. Orgel und Bibliothek kamen in das ➛ Leipziger Augustiner-Chorherrenstift St. Thomas, der Flügelaltar in die Dorfkirche Albrechtshain, das Klostergut wurde noch im Dezember 1525 weiterverkauft, ausgeschlachtet, 1535 zurückgekauft und zum Vorwerk des Amtes Eicha erhoben. Prior Heinrich Ratz wurde erster lutherischer Pfarrer in Naunhof. Die Leipziger Bürger, die bis 1539 dem katholischen Herzog Ernst im albertinischen Dresden unterstanden, kamen allsonntäglich in Scharen zum evangelischen Gottesdienst in die große Marienkirche nach E., um „das reine Wort Gottes“ zu hören.

▶ **Gegenwart.** Vom Kloster E. ist nur ein Gebäude geblieben. Klösterliche Teiche umgeben noch heute das ehemalige Areal. Ein großes, privates Wohngebäude geht auf das Haupthaus der Antoniter zurück; in seinem Inneren befinden sich Kreuzgratgewölbe, die im Erdgeschoss eine große Halle abschließen, deren ursprüngliche Funktion aber unklar ist. Von der Antoniterkirche „Maria zur Eiche“, einem spätgotischen Hallenbau aus Backsteinen, ist nichts geblieben; selbst ihr Standort ist heute unklar, einige Steine dienten wohl im 17. Jh. zum Bau einer Kelleranlage im offenen Gelände. Auch alle weiteren Gebäude in E. entstammen nachklösterlicher Zeit.

◆ HHistStD 8 Sachsen, 85f.; Heydick, Lutz/Schirmer, Uwe (Hg.): Kloster E., Beucha 1997.

Eichsen, *Johanniterkommende St. Johannes Baptist (nach 1200–1552), – „Eixen“, Diözese Ratzeburg (Groß E., Lkr. Nordwestmecklenburg, Mecklenburg-Vorpommern, ❐ 2, A2).*

▶ **Geschichte.** Die Grafen Gunzelin II. und Heinrich I. von Schwerin schenkten 1200 aus religiösen Beweggründen den Johannitern in ➛ Werben an der Elbe das Gut Goddin und Dorf E. am Westufer des dortigen Sees, also gerade noch auf Ratzeburger Bistumsgebiet nördlich von Gadebusch. 1283 vergab Bischof Ulrich von Ratzeburg (Blücher) der ersten Johanniterniederlassung in Mecklenburg lokale Pfarrrechte. Die Kommende Werben schickte Priesterbrüder nach E. zur Seelsorge und Verwaltung der Güter. 1217/19 tritt ein Magister Ulricus urkundlich auf. In ➛ Kraak an der Sude entstand nach Aufgabe der Kommende ➛ Sülstorf 1315 ein neuer Komtursitz. Die Niederlassung E. wurde als Priorat unter Kraak von Priesterbrüdern des Ordens weitergeführt. Das alljährliche Johannesfest und die verkehrsgünstige Lage an der Straße Gadebusch – Wismar förderten den Aufstieg zum bekannten Wallfahrtsort. Mecklenburgische Fürsten, Landadel und Bürger aus Lübeck, Wismar und Stralsund sparten nicht mit Gunstbeweisen. Herzog Heinrich IV. ließ sich 1442 mit seiner ganzen Familie und seinen Vorfahren in die Bruderschaft des Priorats aufnehmen, regelmäßig feierte der herzogliche Hof in E. hohe Kirchenfeste der Johanniter. Ende des 15. Jh. verschlechterten sich die Beziehungen, die Landesfürsten verlangten Dauerabgaben und vergriffen sich am Ordensgut, so auch am Eichener See. Der Orden verklagte die Herzöge in Rom, der Streit zog sich bis 1526 hin und endete mit einem Vergleich. Die Reformation gewann in Mecklenburg mit Billigung der Herrschaft zunehmend an Boden. Das Priorat E. wurde 1552 zugunsten der Landesherrschaft säkularisiert, die Kommende Kraak endete nach Verfall, langem Rechtsstreit und lediglich nomineller Führung zehn Jahre später.

▶ **Gegenwart.** Der kleine Ort Groß E. am Westufer des Groß Eichsener Sees gehört heute zur Gemeinde Mühlen E. an der Strepenitz. Auf einer Anhöhe am Westufer erhebt sich der gotische Backsteinbau der Johanniter, heute evangelisch-lutherische Pfarrkirche St. Johannes der Täufer. Der einschiffigen Kirche in Rechteckform mit polygonalem Chorschluss und wehrhaft wirkendem quadratischem Westturm wurden an Nord- und Südseite Kapellen angebaut, was den Anschein einer Kreuzkirche vermittelt. Sie ist innen mit einer Holztonne (19. Jh.) gewölbt; ihre ungewöhnlich gute Akustik nutzen heute Konzertveranstalter. Das spätgotische Chorgestühl mit 16 Plätzen ließ der tüchtige Prior Johannes Wulff anfertigen. Ein Anbau an der Kirchennordseite könnte einst Hospitalverpflichtungen gedient haben, die Quellen sprechen lediglich von Pilgerbetreuung.

◆ Brunners, Michael: Die vier Niederlassungen des Johanniterordens in Mecklenburg, in: Mecklenburgia Sacra 8 (2005) 25–68.

Eichstätt, *Benediktinerabtei Heilig Kreuz und Heilig Grab (nach 1147–1483), Kapuzinerkloster Heilig Kreuz und Heilig Grab (seit 1625) – „Schottenkloster“, Diözese Eichstätt – (Kreisstadt, Bayern, ❐ 4, A3).*

▶ **Geschichte.** Dompropst Walbrun von Rieshofen stiftete kurz nach seiner Teilnahme am Zweiten Kreuzzug 1147 ein Benediktinerkloster in der östlichen Vorstadt von E. und ließ in der neuerbauten Klosterkirche ein maßstabgetreues Abbild des Grabes Christi aufstellen. Der Gründungskonvent kam nach 1158 aus dem Schottenkloster St. Jakob in ➛ Regensburg. Zur Stiftung gehörte ein Hospital zur

Versorgung zurückgekehrter Kreuzfahrer. Bischof Otto von Eichstätt beschenkte die irisch-schottischen Mönche mit weiterem Besitz und weihte 1194 das „Schottenkloster" ein. Papst Cölestin III. gewährte päpstlichen Schutz und verbot die Bestrafung durch Interdikt oder Exkommunikation. Zum Apostolat des Konvents gehörten die Heilig-Grab-Verehrung und der Hospitaldienst. Englische Durchreisende wurden bevorzugt betreut. Abt Donat ermöglichte 1210 die Einrichtung eines Leprosenhauses außerhalb der Bischofsstadt. Die Bedeutung des Klosters schwand Anfang des 14. Jh.; die Protektorenfamilie der Grafen von Hirschberg starb aus, Nachwuchsmangel stellte sich ein, der Status einer selbständigen Abtei ging verloren. Die Mutterabtei St. Jakob in Regensburg setzte 1355 einen Propst ein, die Verwaltung übernahm Regensburg selbst. Mitte des 15. Jh. existierte in Heilig Kreuz kein Konvent mehr. Zunächst sollten Augustiner-Chorfrauen das Kloster übernehmen; sie gründeten jedoch das Stift ➛ Marienstein in Nähe des Regularkanonikerstifts ➛ Rebdorf. Papst Sixtus IV. hob 1483 das Schottenkloster in E. offiziell auf. Das Präsentationsrecht verblieb bis 1567 beim Schottenkloster Regensburg, erst nach dessen Verzicht gingen die Einkünfte an das neugegründete *Collegium Willibaldinum,* das erste tridentinische Priesterseminar nördlich der Alpen (Vorläuferinstitution der Katholischen Universität Eichstätt). Bischof Konrad von Gemmingen plante als gegenreformatorische Maßnahme die Wiederbelebung des Klosters und ließ 1610 die alte Anlage mit der Rundkirche bis auf das Heilige Grab abreißen und neu aufbauen. 1625 zogen Kapuzinerbrüder in das neue Kloster ein. Sie betreuen bei nur 20-jähriger Unterbrechung nach 1806 noch heute das Heilige Grab und erfüllen seelsorgliche und caritative Aufgaben in der Gemeinde.

▶ **Gegenwart.** Die heute bestehende Klausuranlage der Kapuziner wurde 1988 errichtet. Die frühbarocke, schlichte Bettelordenskirche von 1623 beschützt das romanische Heiliggrab der Benediktiner in einem südlichen Anbau, der wie eine zweite Kirche wirkt. Das Grab ist eine 4,1 m hohe Steinanlage mit Rundbogenfries in halber Höhe und plattgeformtem Abschluss, bekrönt von einer hölzernen Balustrade und orientalisch anmutender Laterne von 1877. Der Bau ist zweigeteilt in einen ovalen Hauptraum und einen querrechteckigen Vorraum; ein Tympanon mit Palmetten und Prismenband über der mittleren Tür im hinteren Bereich zeigt einen bartlosen Männerkopf, der dem Stifter Walbrun zugeordnet wird; es ist jedoch wohl eher eine apotropäische Wächterfigur. Zwei kleine rundbogige Schlitzfenster erhellen notdürftig die Vorkammer mit Kreuzgratgewölbe, in der ein Steinquader den weggeschobenen Grabverschluss symbolisiert. Ein schmaler, niedriger Zugang führt zur eigentlichen Grabkammer mit Steinbank. Gegenüber befindet sich eine Mauernische für Reliquien oder Opfergaben. Das Heiliggrab in E. ist von etwa 50 Nachbildungen des Jerusalemer Originals des 12. Jh. das besterhaltene in Deutschland, manche meinen im ganzen Abendland.

◆ GermBen 2, 85f.; Hoedl, Franz Xaver/Schmidt, Michael: Kapuzinerkirche E., Regensburg 2000.

Eichstätt, *Benediktinerinnenabtei St. Walburga (seit 1035) – „Walburgakloster", Diözese Eichstätt – (Kreisstadt, Bayern, ❐ 4, A3).*

▶ **Vorgeschichte.** Drei Geschwister aus Wessex in Südengland betätigten sich im 8. Jh. erfolgreich als Missionare im oberbayerisch-fränkischen Raum. Der hl. Willibald (um 700–787/789) wurde 741 durch Missionserzbischof Bonifatius (671/672–754) zum ersten Bischof von E. erhoben. Sein Bruder, der hl. Wunibald (701–761), gründete 752 das Kloster ➛ Heidenheim am Hahnenkamm, beider Schwester, die hl. Walburga (um 710–779), übernahm ab 761 die Leitung des Klosters und etablierte zusätzlich einen Frauenkonvent. Die Gebeine der bald als Heilige verehrten Walburga brachte Bischof Otgar um 875 in die Bischofsstadt E. in eine Kirche Heilig Kreuz, an der sich zur Verehrung Walburgas eine Kanonissengemeinschaft sammelte.

▶ **Geschichte.** Etwa 150 Jahre später gründeten Domherr Graf Liutger und Bischof Heribert von Eichstätt ein Benediktinerinnenkloster am Grab der hl. Walburga; die eigene Tradition nennt das Jahr 1035. Die Nichte des Stifters Imma wurde erste Äbtissin; der Konvent kam vorrangig vom Kloster Nonnberg in Salzburg (Österreich), frühere Kanonissen wurden übernommen oder verdrängt. Die Abtei St. Walburga blieb nominell dem Bischof unterstellt, genoss aber große Freiheiten. Die Klosterkirche diente zugleich als Pfarrkirche, das Hochgrab der hl. Walburga wurde Ziel einer bedeutenden Wallfahrt. Neben dem Dienst an der Kirche beschäftigten sich die Benediktinerinnen

Eichstätt Benediktinerabtei „Schottenkloster", das romanische Heilige Grab in der heutigen Barockkirche.

mit dem buchmalerisch wertvollen Kopieren von Handschriften; bis in die Neuzeit wuchs der Handschriften- und Buchbestand auf über 5.200 Bände mit Werken religiöser Erbauungsliteratur und mit theologischen Texten in deutscher und lateinischer Sprache. Im Spätmittelalter lebten die adeligen Frauen sehr weltlich; sie legten auch die Ordenstracht ab. Nikolaus von Kues, Kardinal und päpstlicher Legat, beauftragte den Bischof Johann III. von Eych mit der Durchsetzung von Reformen im Geist der Reformkonzilien von Konstanz und Basel. Äbtissin Elisabeth von Rechberg musste 1456 abtreten. Die aus dem Kloster Marienberg in Boppard eingesetzte Äbtissin Sophia formte die Frauengemeinschaft zum Vorzeigekonvent um; die neue Observanz konnte nach ➛ Urspring weitergeben werden. Ohne Verlust der inneren Ordnung überstand der gefestigte Konvent die Verwüstung im Bauernkrieg 1525 und die Reformation. Äbtissin Eugenie Thürmeier und Bischof Johann Christoph von Westerstetten ließen bis 1631 eine frühbarocke Kirche errichten. Die Konventsgebäude wurden nach schwedischer Zerstörung 1633 bis Mitte des 17. Jh. erneuert. König Ludwig I. von Bayern widerrief 1835 die Aufhebung von 1806. Die Schwestern widmeten sich nun vor allem der Mädchenerziehung und dem Schulunterricht, was bis heute ihr Hauptapostolat geblieben ist.

▶ **Gegenwart.** Die barocke Abtei hoch über der Stadt steht auf romanisch-gotischen Grundmauern. Unter dem Chor der einschiffigen Kirche blieb die mittelalterliche Gruft als Doppelkapelle hinter dem Altar erhalten. Die untere dreischiffige Kapelle ist durch einen Hofeingang zu erreichen; ihr Inneres schmückt Wessobrunner Stuck, aber ihr Gewölbeaufbau verrät ihre mittelalterliche Entstehungszeit. In der oberen Kapelle befindet sich das gotische Grabheiligtum Walburgas, beschützt von fünf spätgotischen Heiligenfiguren. Der nicht öffentlich zugängliche Nonnenchor in der Westempore bewahrt 18 Tafelbilder eines spätgotischen Altarretabels.

◆ Mengs, Maria: Schrifttum zum Leben und zur Verehrung der Eichstätter Diözesanheiligen, St. Ottilien 1987; Braun, Joseph u. a.: Zum 900jährigen Jubiläum der Abtei St. Walburg in E., Paderborn 1935.

Eichstätt, *Dominikanerkloster St. Petrus und Paulus (1277–1806) – „Predigerkloster“, Diözese Eichstätt – (Kreisstadt, Bayern, ❐ 4, A3).*

▶ **Geschichte.** Gräfin Sophie von Hirschberg stiftete 1277 ein Dominikanerkloster in der Bischofsstadt E. Sie wurde dabei von Bischof Hildebrand von Möhren unterstützt, der die Bettelorden entsprechend päpstlicher Vorgabe in seiner Diözese begünstigte. Sein Nachfolger, Bischof Reinboto von Meilenhart, war schon als Dompropst bei der Gründung beteiligt und förderte die Dominikaner weiter nach Kräften. Unter den etwa 35 Klöstern im mittelalterlichen Bistum Eichstätt blieben jedoch die Mendikanten nur schwach vertreten. Der Gründungskonvent der Dominikaner kam aus ➛ Regensburg. Gräfin Sophie ließ sich 1289 neben ihrem Gatten, Graf Gebhard VI. von Hirschberg, im Kloster bestatten. Im September 1366 brannte die Anlage ab. Bischof Raban Truchsess von Wilburgstetten setzte sich für den Wiederaufbau ein, erhebliche Mittel soll er aus eigenem Vermögen beigesteuert haben. 1447 strahlte die ordensinterne Reform zur strengen Regelobservanz vom Konvent Wien (Österreich) nach E. aus. Die innere Erneuerung unterstützten einige Mitbrüder aus ➛ Nürnberg auf Wunsch Bischof Johanns III. Johann Vogler, Offizial und Notar am Eichstätter Chorgericht, vermachte den Dominikanern 1458 seine umfangreiche Bibliothek. Der letzte Abt der Benediktinerabtei ➛ Auhausen, Georg Truchsess von Wetzhausen (1499–1534), musste 1530 vor seinem lutherischen Landesherrn von Ansbach nach E. fliehen, wo er 1552 im Dominikanerkloster starb. Im Februar 1634 eroberten die Schweden die Stadt, die dabei zum großen Teil abbrannte; einige Kirchen, darunter auch die Dominikanerkirche, blieben verschont. Zwischen 1649 und 1661 wurde der Klausurkomplex erneuert. Die Brüder etablierten im 18. Jh. ein *studium generale* für Ordensmitglieder und wurden dabei von Fürstbischof Raymund Anton von Strasoldo tatkräftig unterstützt. Nach der allgemeinen Säkularisation 1803 unterstand das Eichstätter Unterstift zunächst Großherzog Ferdinand von Toskana, das Domkapitel und die Klöster in E. blieben erhalten; erst 1806 mit der Übergabe an Bayern wurden sie aufgelöst.

▶ **Gegenwart.** Der Verlust des Dominikanerarchivs durch mehrere Brände erklärt die schwache Quellenlage und die damit zusammenhängende dürftige historische Aufarbeitung des Dominikanerklosters in einer Bischofsstadt. Das Eichstätter Domarchiv besitzt 47 Urkunden, meist zu frommen Stiftungen an die Dominikaner (zwischen 1360 und 1496). Während des barocken Neuaufbaus der Bischofsstadt 1713 erhielt auch die Dominikanerkirche St. Peter und Paul eine neue Ausschmückung, Langhaus und Westfassade ihre heutige barocke Form. Seit 1835 ist das ehemalige Dominikanerkloster Lehranstalt. 1918 brannte die Kirche ab, wurde aber wieder hergerichtet; ihr früh-

Eichstätt Dominikanerkloster, der gotische Chor der mehrfach veränderten Dominikanerkirche an einer Schule.

gotischer Chor aus drei Jochen mit Polygonalschluss und Strebepfeilern blieb erhalten. Die Kirche dient seit 1979 dem Gabrieli-Gymnasium als Turnhalle und Aula. Nördlich schließt die barocke Dreiflügelanlage an. Baumeister Gabriel de Gabrieli errichtete hier im Nordflügel die prächtige Rokokostiege (um 1740). Das heutige Gymnasium, das die Klosteranlage nutzt, dankte dem Architekten 1965 mit der Übernahme seines Namens.

◆ GermSac NF 45; Buchholz-Johanek, Ingeborg: Geistliche Richter und geistliches Gericht im spätmittelalterlichen Bistum E., Regensburg 1988.

Einbeck, *Franziskaner-Tertiarinnenkloster Heilig Kreuz (vor 1464–1529), Erzdiözese Mainz – (Lkr. Northeim, Niedersachsen, ❐ 1, D5).*

▶ Die Beginengemeinschaft im Süsternhaus in E. nahm Mitte des 15. Jh. die Franziskanerregel an. Als Tertiarinnen werden die Frauen erstmals 1464 erwähnt. 1489 erhielten sie die Erlaubnis, einen Altar in ihrem Haus aufzurichten. Mit Einführung der Reformation 1529 in E. endete die Schwesterngemeinschaft. Das Süsternhaus steht heute noch in der Altstädter Maschenstraße. Zwei Geschosse des Fachwerkgebäudes mussten nach einem Stadtbrand 1540 neu errichtet werden. Die mittelalterlichen Kellerräume besitzen Tonnengewölbe, die Ostwand aus Bruchsteinen zeigt zugemauerte Reste gotischer Öffnungen. Ein kreuzgratgewölbter Anbau im Erdgeschoss diente als Kapelle.

◆ Streich, Gerhard: Klöster, Stifte und Kommenden in Niedersachsen, Hildesheim 1986.

Eisenach, *Benediktinerinnenabtei St. Nikolaus (1180–1529) – „Nikolaikloster“, Erzdiözese Mainz – (kreisfreie Stadt, Thüringen, ❐ 3, D1).*

▶ **Geschichte.** Unterhalb der Wartburg entwickelte sich, unterstützt von den Thüringer Landgrafen, in der zweiten Hälfte des 12. Jh. die Siedlung E. zur „Hauptstadt“ der Landgrafschaft. An der Kaufmannskirche St. Nikolai neben dem gleichnamigen Stadttor stiftete Landgraf Ludwig III. um 1180 ein Frauenkloster, dem seine Tante Adelheid als erste Äbtissin vorstand. Landgräflicher Schutz, umfangreicher Besitz und besondere Privilegien waren dem ersten Konvent sicher. Mit der Gründung war der Bau einer neuen Klosterkirche verbunden, die bis heute das Bild der Stadt prägt. Die Benediktinerinnen übernahmen Seelsorgepflichten in der Nikolaigemeinde und gründeten eine Schule. Der durch den Sängerwettstreit auf der Wartburg bekannte Landgraf Hermann I. erteilte 1208 das Privileg, dass innerhalb der Stadt nur im Kloster St. Nikolai Unterricht erteilt werden durfte. Er ließ sich 1217 im heute untergegangenen Zisterzienserinnenkloster St. Katharinen bestatten, dessen Gründung auf ihn zurückging und das zum ludowingischen Hauskloster ➛ Reinhardsbrunn als herrschaftliche Begräbnisstätte in Konkurrenz stand. Landgraf Heinrich Raspe IV., Gründer des Dominikanerklosters in der Stadt (➛ Eisenach), überschrieb 1238 den Benediktinerinnen den „roten Hof“ im heutigen Stadtteil Rotenhof. 1324 übereignete Graf Heinrich von Orlamünde den Frauen die nördlich gelegene Siedlung Hötzelsroda (heute eingemeindet). Weitere Zuwendungen, auch der neuen Landesfürsten aus dem Haus Wettin, ließen das Kloster wohlhabend werden, was sich nachteilig auf die Klosterzucht auswirkte. Während der Amtszeit von Äbtissin Sophia de Tannes (1377/88) verhängte der Papst über das Nikolaikloster das Interdikt, das erst nach Einhaltung der Klausurvorschriften 1388 aufgehoben wurde. Wirtschaftliche Schwierigkeiten 1421 zwangen Äbtissin Guta von Eschwege (1421/24) Zinseinkünfte zu veräußern. 1448 verlangte Herzog Wilhelm III. von Sachsen innere Reform und Beachtung der Klausur. Die Lehren Martin Luthers, der sich zehn Monate als Junker Jörg auf der Eisenacher Wartburg verborgen hielt, fanden bei den meisten Bürgern in E. uneingeschränkte Zustimmung, zumal der ehemalige Dominikaner Jakob Strauß (um 1480– vor 1530) sie mit flammenden Predigten frei verkünden durfte. Als der „Werrahaufen“ der aufständischen Bauern 1525 vor der Stadt lag, kam es am 24. April 1525 zu einem Aufruhr der Bürger gegen kirchliche Institutionen, der zur Plünderung aller sieben Klöster der Stadt und zur Vertreibung ihrer Bewohner führte. Im Mai 1525 zog der hessische Landgraf Philipp I. mit einer Streitmacht in die Stadt; obwohl Verfechter der Reformation, wurden zwölf der Anführer des Aufstands öffentlich enthauptet. Die Benediktinerinnen durften mit Zustimmung des sächsischen Kurfürsten in die Stadt zurückkehren, ihre Schule blieb aber geschlossen. Die Restitution war nicht von langer Dauer, bereits 1529 mussten diejenigen Schwestern das Kloster verlassen, die sich katholisch bekannten. 14 konvertierte Frauen durften bleiben, die letzte von ihnen ging 1566.

Eisenach Benediktinerinnenabtei, die romanische Abteibasilika St. Nikolai entstand 1886 nur äußerlich neu.

▶ **Gegenwart.** Die Klausurgebäude existieren nicht mehr. Die St. Nikolaibasilika blieb dagegen erhalten. Ihre heutige äußere Form entstand erst durch neuromanische Renovierungsarbeiten im Jahr 1886; ihre inneren Langhausarkaden mit reichgeschmückten Säulen und Pfeilern im Wechsel gehen jedoch auf die Entstehungszeit zurück; auch der achteckige Turm am Südostende ist größtenteils romanischen Ursprungs und akzentuiert zusammen mit dem gleichaltrigen Turm des Nikolaitores die mittelalterliche Architektur am Karlsplatz in E.

◆ Jürgensmeier, Friedhelm (Hg.): Handbuch der Mainzer Kirchengeschichte, 3 Bde., Würzburg 1997–2002.

Eisenach, *Dominikanerkloster St. Johannes Baptista und St. Elisabeth (1236–1525) – „Predigerkloster", Erzdiözese Mainz – (kreisfreie Stadt, Thüringen, ❒ 3, D1).*

▶ **Geschichte.** Landgraf Heinrich Raspe IV. von Thüringen gründete 1236 zusammen mit seinem Bruder, dem Deutschordensritter Konrad, an der südwestlichen Stadtmauer in E. als Sühneleistung für beider Überwerfung mit Papst Gregor IX. ein Frauenkloster. Die Landgrafen entschieden sich aber noch während des Aufbaus für ein Männerkloster des Dominikanerordens und baten den Prior von ➛ Erfurt, Elgar von Hohenstein (1229–42), bei der Gründung behilflich zu sein und die Leitung des Konvents zu übernehmen. Die Klosterkirche wurde 1240 unter den Schutz des hl. Johannes des Täufers und der hl. Elisabeth von Thüringen gestellt; die Heilige war die Schwägerin der beiden Stifter und war 1235 kanonisiert worden. Prior Elgar begleitete seinen Landesfürsten zum Fürstentag und erlag 1242 im Dominikanerkloster zu ➛ Frankfurt/Main einer Krankheit; er wurde in der südöstlichen Kapelle seiner Klosterkirche in E. bestattet. Nach dem Aussterben der Ludowinger unterstützten die Wettiner Landgrafen das Kloster und nutzten es hin und wieder für Amtsgeschäfte, so Landgraf Albrecht in den Jahren 1253/54. Erstmals fand 1269 in E. ein Provinzkapitel des Ordens statt. Im gleichen Jahr bestimmte Erzbischof Werner von Mainz den Dominikanerprior zum Visitator des Zisterzienserinnenklosters ➛ Anrode. Dominikaner waren auch als Schlichter in Streitfragen gefragt, so z. B. 1280 beim Güterstreit zwischen den Abteien ➛ Volkenroda und ➛ Fulda. Die Predigerbrüder errichteten Terminierhäuser in Salza (Langensalza), Gotha, Geisa und Mellrichstadt. Durch Zuwendungen der Bürger und des ansässigen Adels gelangten sie zu Vermögen, was die Klosterzucht schwächte und nach Konventsreformen verlangte. Mit Hilfe von Mitbrüdern aus dem Paulikloster in ➛ Leipzig setzte Herzog Wilhelm III. von Sachsen 1477 trotz heftiger Auseinandersetzungen die Observanz durch, reformunwillige Konventualen mussten das Kloster verlassen. Im Besitz des Konvents blieb dennoch einiges Land um E.; so bezeichneten Bauern 1519 Prior Ludewic als ihren „lehnher". In den Jahren vor der Reformation renovierten und erweiterten die Prediger ihre Klosteranlage. Das Hausstudium wurde 1516 um das Fach Philosophie erweitert. Die Lehren Martin Luthers fanden uneingeschränkte Zustimmung unter den Bürgern der Stadt, wofür auch der ehemalige Dominikaner Jakob Strauß (um 1480– um 1530) sorgte, der evangelische Predigten auf dem Marktplatz halten durfte. Am 24. April 1525 kam es zu einem Aufruhr der Bürger, der zur Plünderung der Klöster und zur Vertreibung ihrer Bewohner führte. Die Dominikaner wichen

Eisenach Dominikanerkloster, frühgotisches Dominikanergebäude im Hof des Martin-Luther-Gymnasiums.

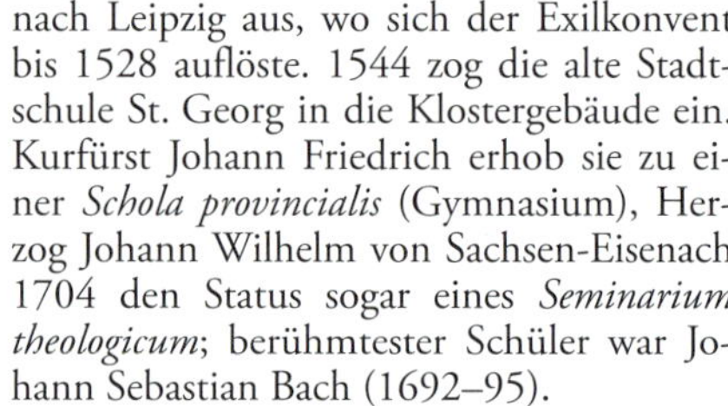

nach Leipzig aus, wo sich der Exilkonvent bis 1528 auflöste. 1544 zog die alte Stadtschule St. Georg in die Klostergebäude ein. Kurfürst Johann Friedrich erhob sie zu einer *Schola provincialis* (Gymnasium), Herzog Johann Wilhelm von Sachsen-Eisenach 1704 den Status sogar eines *Seminarium theologicum*; berühmtester Schüler war Johann Sebastian Bach (1692–95).

▶ **Gegenwart.** Noch heute ist im ehemaligen Dominikanerkloster in E. das „Martin-Luther-Gymnasium" untergebracht. Teile der gotischen Klausur, die größtenteils nur in den Umfassungsmauern erhalten sind, wurden architektonisch geschickt mit neuen Gebäuden verbunden und bieten den Schülern modernste Unterrichtsmöglichkeiten. Die ehemals zweischiffige Klosterkirche, eine der ersten Kirchen in Deutschland mit einem Elisabethpatrozinium, besitzt seit 1902 mehrere Zwischenböden und dient dem Thüringer Museum als Ausstellungsgebäude. Ihre Krypta mit romanischen Säulenpaaren hat wenig mit der Architektur von Bettelordenskirchen gemein, weist aber darauf hin, dass die Kirche nicht für Mendikanten gedacht war, bevor die Dominikaner nach E. gerufen wurden.

◆ Jürgensmeier, Friedhelm (Hg.): Handbuch der Mainzer Kirchengeschichte, 3 Bde., Würzburg 1997–2002.

Eisleben, *Augustiner-Eremitenkloster St. Anna (1515–23), Diözese Halberstadt – (Lutherstadt E., Lkr. Mansfeld-Südharz, Sachsen-Anhalt, ❒ 2, A5).*

▶ **Geschichte.** Graf Albrecht IV. von Mansfeld-Hinterort gründete 1511 eine neue Bergmannssiedlung westlich der alten Stadt E. und ließ 1514 mit dem Bau einer Pfarrkirche beginnen, deren Chor zwar bald zu Ehren der Schutzheiligen der Bergleute St. Anna geweiht werden konnte, die aber erst Anfang des 17. Jh. vollendet war. An diese Kirche rief der Graf 1515 eine Gruppe Augustiner-Eremiten „zu Trost und Heil unserer verstorbenen Vorfahren, Eltern und unserer Seelen Seligkeit". Auf Empfehlung des Generalvikars der sächsischen Reformkongregation des Ordens, Johann von Staupitz (1503–20), kam als erster Prediger und Prior Magister Caspar Güttel (1471–1542) aus dem Konvent ➛ Neustadt/Orla nach E. und stand dem achtköpfigen Konvent sieben Jahre lang vor. Südlich des Langhauses wurde der Ostflügel der Klausur noch vor Ankunft der Brüder vollendet. Martin Luther weilte 1515/16 kurzzeitig als Distriktvikar im Auftrag seines Ordens bei den Mitbrüdern in seiner Heimatstadt. 1520 tagte der Generalkonvent des Ordens in Gegenwart des päpstlichen Legaten Karl von Miltitz im Kloster. Generalvikar Johann von Staubitz aus dem Konvent ➛ Erfurt legte damals sein Amt nieder. 1522 entschied sich das Mansfelder Grafenhaus für die neue Lehre des Sohnes ihrer Stadt, des Augustinerprofessors Martin Luther, der inzwischen an der Universität Wittenberg die Reformation ausgelöst hatte. Das Kloster St. Anna, eines der jüngsten vorreformatorischen Klöster Deutschlands, war 1523 bereits aufgelöst; der Bauernaufstand 1525, der die anderen elf Klöster des Landes schwer heimsuchte, berührte das Augustiner-Eremitenkloster nicht mehr. Prior Güttel wurde Reformator der Grafschaft und ihr „heimlicher Superintendent“, wie Luther richtig bemerkte.

▶ **Gegenwart.** Die Konvents- und Pfarrkirche St. Annen hoch über der Altstadt wurde die erste evangelisch-lutherische Pfarrkirche im Mansfelder Land. Sie gilt (nach Ferdinand von Quast, 1843) als eine der schönsten Renaissancekirchen Deutschlands. Auf ihre beeindruckende Ausgestaltung hatten die Augustiner-Eremiten in ihrer kurzen Konventszeit keinen Einfluss, aber ihr stattlicher Wohntrakt mit steilem Satteldach und fränkischen Kammergiebeln blieb als architektonisches Erbe der Brüder erhalten. Der Konventsflügel diente lange dem Diakon als Wohnhaus, heute der evangelisch-lutherischen Gemeinde als Pfarrbüro und Gemeindehaus. Die unteren Versammlungsräume wirken innen stark verbaut, die oberen Stockwerke mit einzelnen Mönchszellen blieben hingegen fast unverändert erhalten.

◆ Roch-Lemmer, Irene: Lutherstadt E. St. Annen, München – Berlin 1999; Müller, Burkhard: Lutherstadt E. St. Annen-Kirche mit Augustinerkloster, Lutherstadt Eisleben 1983.

Eisleben Augustiner-Eremitenkloster, die St. Annenkirche und das spätgotische Konventsgebäude.

Elchingen, *Benediktiner Reichsabtei St. Maria, St. Petrus und St. Paulus (vor 1120–1802), Oblatenkloster St. Maria, St. Petrus und St. Paulus (seit 1921), Diözese Augsburg – (Oberelchingen, Lkr. Neu-Ulm, Bayern, ❐ 3, D4).*

▶ **Geschichte.** In einer Urkunde um 1120 erwähnt Papst Calixtus II. eine Frau Berta als Stifterin des Klosters E. auf einem alten Burggelände hoch über der Donau im Ulmer Winkel. Sie muss die Gattin des Albert von Ravenstein aus der Dillinger Seitenlinie oder eines Dillinger Grafen gewesen sein. 1120 war die Burg bereits Kloster. Die Benediktiner kamen mit Abt Andreas von Aichheim (um 1128–39) aus ➛ Hirsau im Schwarzwald und ➛ Lorch in Hohenstaufen. Cluniazensisch beeinflusste Reformstatuten prägten das klösterliche Leben der ersten Jahrzehnte. 1147 nahm Innozenz II. die Abtei E. unter päpstlichen Schutz, um 1160 war die Klosterkirche im Hirsauer Bauschema vollendet. Ein Großbrand vernichtete 1395 das Archiv. Der Grundbesitz lag unvorteilhaft zerstreut. Um die Abtei entwickelte sich der Ort Oberelchingen, während das tiefer liegende Unterelchingen bis 1802 der Zisterzienserabtei ➛ Salem gehörte. Die Vogteirechte teilten sich mehrere Herrschaften. Verpfändungen verhinderten eine kontinuierliche Entwicklung, auch die Stadt Ulm erlangte Rechte. Brände 1430 und 1469 veranlassten die gotische Renovierung der Kirche, sie erhielt unter Abt Konrad II. Klotzer (1360–86) Maßwerkfenster und einen achteckigen Vierungsturm, der sie in ganz Schwaben berühmt machte. Unter Abt Paulus I. Kast (1461–98) gewann die ➛ Melker Reform Einfluss im Konvent. Kaiser Friedrich III. erhob E. bei seinem Besuch 1485 zur Reichsabtei, um die Abhängigkeit von Ulm zu beenden. Die sich bald zur lutherischen Lehre bekennende Stadt bedrängte dennoch den Konvent. Zeitweise war das Kloster in der ersten Hälfte des 16. Jh. verwaist. Abt Andreas II. Dirrlin (1541–47) errichtete ein Gymnasium und erhielt 1543 die Pontifikalien. Der Schmalkaldische Krieg, der Zweite Markgrafenkrieg und der Dreißigjährige Krieg brachten Schäden, Verwüstungen und Kontributionen, erst Ende des 17. Jh. waren die Folgen überwunden. 1715 zählte der Konvent 42 Mitglieder, ihre Hauptaufgabe sahen sie in der Seelsorge, im Unterricht und in der Betreuung der aufkommenden Wallfahrt. Im November 1802 erfolgte die Aufhebung, der Besitz fiel an Bayern, 25 Benediktiner mussten die Abtei verlassen.

▶ **Gegenwart.** Klausur und Wirtschaftsgebäude der Benediktiner wurden um 1840 abgerissen. Die Abteikirche dient heute als katholische Pfarrkirche St. Peter und Paul und seit 1921 auch wieder als Klosterkirche. Oblaten der Unbefleckten Jungfrau Maria beleben das neu gebaute Kloster, sie nutzen die Pfarrkirche für ihr Stundengebet und versorgen die Gemeinde als Seelsorger. Fast das gesamte Mauerwerk der Pfeilerbasilika stammt aus der romanischen Gründungszeit. Nach gotischen Umbauten im 15. Jh. und einem Brand 1773, wobei der berühmte Vierungsturm zerstört wurde, erhielt der gesamte Ostteil sein heutiges, vereinfachtes Aussehen mit hohem Dachreiter und Sakristei an der Südseite. Die heutige Westfassade stammt ebenfalls aus spätbarocker Zeit, der Mönchschor wurde im Stil des Rokoko, das Langhaus frühklassizistisch ausgeschmückt, beides harmonisch miteinander verbunden. Die seit Mitte des 17. Jh. bestehende Wallfahrt zur „Mutter der sieben Schmerzen" im nördlichen Seitenschiff spielt nach wie vor in E. eine große Rolle.

◆ GermBen 2, 87–90; Brenner, Bernhard: Das ehemalige Reichsstift E./Oberelchingen, Lindenberg 2003; Kramer, Ferdinand: Wissenschaft und Streben nach „Wahrer Aufklärung", in: Zeitschrift für bayerische Landesgeschichte 54 (1991) 269–286.

Eldena/Elde, *Benediktinerinnenkloster St. Johannes Baptist (um 1230–1558), Diözese Ratzeburg – (Lkr. Ludwigslust, Mecklenburg-Vorpommern, ❐ 2, A3).*

▶ **Geschichte.** Bischof Gottschalk aus dem prämonstratensischen Domkapitel ➛ Ratzeburg gründete zwischen 1229 und 1235 in der „Griese Gegend" an der Elde in Südwestmecklenburg ein Frauenkloster, das durch Dotationen der Bischöfe sowie der Grafen von Dannenberg und Schwerin zu umfangreichem Besitz gelangte. 1241 schenkte der mecklenburgische Fürst Nikolaus I. von Werle dreißig Hufen im Land Turne zwischen den Seen Viltz und Radatze, sowie den Bach Driculne zum Bau einer Mühle. Die Schwestern verkauften 1270 diesen Fernbesitz an die Johanniter in ➛ Mirow. Ein Großbrand vernichtete 1290 Kloster und Archiv, so dass heute nur eine bischöfliche und gräfliche Bestätigungsurkunde aus dem Jahr 1291 Auskunft über Privilegien und Besitztümer gibt. Der benediktinische Konvent bestand vorrangig aus Adelstöchtern, ihm stand eine Priorin vor. Möglicherweise bekannten sich die Schwestern im 13. Jh. eine Zeit lang zur strengeren Zisterzienserobservanz ohne Verbindungen mit dem Orden. Die Grafen von Dannenberg erwiesen sich als besondere Wohltäter bei der Versorgung ihrer Töchter. Das Domstift Ratzeburg richtete um 1235 das Archidiakonat E. ein, 1237 das nördlichere Archidiakonat um das Stift ➛ Rehna. Die Verwaltung des Kirchenamtes oblag dem Klosterpropst; ihm unterstanden neun Pfarreien mit zahlreichen Kirchen in der Umgebung. Der klostereigene Grundbesitz erstreckte sich bis Lüneburg, Lenzen und Perleberg. Urkundenfälschungen halfen bei Ansprüchen nach, so 1329 über das Patronatsrecht der Pfarrkirche in Grabow, das Papst Urban V. auch noch bestätigt haben soll; jedenfalls bestätigte Papst Urban VI. 1382 alle Erwerbungen und Privilegien. Die Herzöge von Sachsen-Wittenberg und die mecklenburgischen Fürsten zeigten sich auch im 14. Jh. großzügig: Herzog Rudolf von Sachsen schenkte dem Kloster 1307 Salinenanteile im nahen Conow, bis 1330 konnte E. ganz Conow mit voller Gerichtsbarkeit und 1372 schließlich die gesamte Salzproduktion erwerben; die Landesherrschaft war inzwischen an Mecklenburg übergegangen. Priorin Elisabeth Lutzow verpachtete 1461 die Salzsiederei. 1527 verkaufte der Pächter die Saline an Herzog Heinrich V. von Mecklenburg, das Protestschreiben der Priorin Antonia von Winterfeld blieb wirkungslos, die Reformation begann auch im Südwesten Mecklenburgs Folgen zu zeitigen. Propst Joachim von Jetze (1529–47) verhielt sich in Glaubensfragen indifferent. Die erste evangelische Kirchenvisitation registrierte 1535 bei den Schwestern eine Neigung zum neuen Glauben. Priorin Margarete von Pentz handelte um 1555 mit Herzog Ulrich Unterhaltszahlungen an den Konvent aus; 1558 ging Kloster E. endgültig in fürstlichen Besitz über.

▶ **Gegenwart.** Nach mehreren Bränden, besonders jenem im August 1835, blieben von der Klosteranlage lediglich die Umfassungsmauern der Kirche stehen. Der einschiffige Backsteinbau wurde 1839 wiedererrichtet und dient noch heute der evangelisch-lutherischen Ortsgemeinde als Pfarrkirche. Am Untersockel des mächtigen Westturms und über ganze Bereiche des Langhauses lassen sich Mauerreste und Steinmaterial aus der Gründungszeit deutlich von neuzeitlichen Partien unterscheiden. Eine kunsthistorische Besonderheit ist das Kreuzbogenfriesband, das in Höhe der Dachtraufe die gesamte Kirche einschließlich des Westturms umschließt.

◆ Kappe, Marina: Chronik E. 1229–2004, Schwerin 2004; Petersen, Stefan: Bistum Ratzeburg, in: Die Bistümer des Heiligen Römischen Reiches, Freiburg 2003, 590–598.

Eldena/Elde Benediktinerinnenkloster, die Pfarrkirche mit Mauerpartien aus der Klosterzeit, Südwestansicht.

Eldena (Greifswald), *Zisterzienserabtei St. Maria (1199–1535) – „Hilda", Diözese Kammin – (Greifswald-E., Mecklenburg-Vorpommern, ❐ 2, C2).*

▶ **Vorgeschichte.** Die Abtei E. bei Greifswald wurde von Zisterziensermönchen gegründet, die einst aus Esrom auf der dänischen Insel Seeland gekommen waren. Esrom gehörte der zisterziensischen Gründungslinie Clairvaux (Frankreich) an, und nicht wie die meisten deutschen Zisterziensergründungen der Filiationslinie Morimond (Frankreich). Von Esrom aus hatten sich die Mönche 1172 im mecklenburgischen ➛ Dargun angesiedelt, waren aber nach wenigen Jahren vom heidnischen Widerstand vertrieben worden und zogen an das Flüsschen Ryck nahe der Ostsee an ertragreiche Salzquellen, die ihnen schon 1193 vom Ranenfürst Jaromar I. von Rügen übereignet worden waren.

▶ **Geschichte.** Die Zisterziensermönche aus Esrom-Dargun gründeten 1199 das neue Kloster *Hilda* an der Ostsee, das Papst Innozenz III. 1204 bestätigte. Zahlreiche Landschenkungen, Salzgewinnung, Fischfang, Zollfreiheit und Patronatsrechte bildeten die wirtschaftliche Grundlage der Macht- und Einflussentfaltung der Abtei. Die Siedlung Greifswald entstand um die Salzsiedereien durch herbeigerufene Kolonisten. 1249 gab der Abt die Herrschaft über die Siedlung Greifswald an den Pommernherzog Wartislaw III. ab, der ein Jahr später Lübecksches Stadtrecht verlieh. Kirchen und Schulen blieben unter Aufsicht der Abtei. 1242 kamen Minoriten in die Stadt (➛ Greifswald), 1254 Dominikaner. Seit 1252 gehörte der südöstliche Teil der Insel Rügen den Mönchen. Der Aufbau der Abtei wurde erst Anfang des 15. Jh. mit Vollendung der Kirchenwestfassade abgeschlossen. Im 15. Jh. zeichneten sich die Zisterzienser durch Gelehrsamkeit aus, ihre umfangreiche Bibliothek diente zu intensiven Studien, regelmäßiger Büchertausch mit den Prämonstratensern von ➛ Pudagla auf Usedom ist belegt. Abt Sabellus wirkte maßgeblich an der Gründung der Greifswalder Universität 1456 mit, die Zisterzienser leiteten die Theologische Fakultät. Zwei Landtage von Treptow an der Rege beschlossen 1534 unter Teilnahme der pommerschen Herzöge Barnim IX. und Philipp I. die Einführung der Reformation. Die Abtei E. wurde 1535 säkularisiert, ihre losen Güter „in Verwahrung" genommen und die Besitzungen in ein Verwaltungsamt Herzog Philipps I. von Pommern-Wolgast überführt. Im Dreißigjährigen Krieg bauten die Schweden aus Klostermauern eine Schanze in Wyk. Der letzte Pommernherzog Bogislaw XIV. vermachte 1634 das Klostergut der Universität Greifswald, die 1728 ebenfalls Steine für neue Gebäude aus dem Kloster holte.

▶ **Gegenwart.** Von der spätgotischen Abteianlage stehen heute nur noch Backsteinreste der ehemaligen Kirche und des Ostflügels. Seit der Entdeckung ihrer romantischen Ausstrahlung durch die Bilder Caspar David Friedrichs sind die Ruinen weltweit bekannt geworden. Heute bemühen sich Stadt und Amt für Denkmalpflege um konservierende Sanierungsarbeiten und um die Nutzung als Kulturstätte der Europaregion „Pomerania". Die südöstliche Halbinsel von Rügen, die über Jahrhunderte unter Verwaltung der Zisterzienser stand, wird heute noch als „Mönchsgut" bezeichnet und bewahrt eine eigenständige Kultur.

Eldena (Greifswald) Zisterzienserabtei, Mauerreste der gotischen Abteibasilika, Spitzbogenarkaden.

◆ RepZist 225–230; Bulach, Doris: Zisterzienser und Stadt, in: Zisterziensische Klosterwirtschaft zwischen Ostsee und Erzgebirge, Berlin 2004, 35–84; Schneider, Manfred: Klöster in Vorpommern, Köln 1999.

Ellwangen, *Benediktiner Reichsabtei St. Vitus u. a. (um 764–1460), Diözese Augsburg – (Ostalbkreis, Baden-Württemberg, ❐ 3, D3).*

▶ **Geschichte.** Die fränkischen Adelsbrüder Hariolf und Erlolf gründeten um 764 im Virngrund nahe der Jagst das erste Kloster auf heutigem württembergischem Boden und standen dem Gründungskonvent vor, der wahrscheinlich aus St. Bénigne in Dijon (Frankreich) kam. Zunächst bestimmte die columbanisch-benediktinische Mischregel den Mönchsalltag, erst mit den Anianischen Reformen (816–819) scheint sich die Benediktregel durchgesetzt zu haben. Um 830 zählte der Konvent angeblich bereits 120 Mönche, 838 schon 160. Das Verbrüderungsbuch von St. Gallen (Schweiz) nennt 177 Mönche aus E. Die Abtei besaß Reliquien der „16 Stiftsheiligen" aus dem französischen Langres. Beide Stifter hatten zeitweise das Amt des dortigen Bischofs inne, sie tradierten ihr Eigenkloster schon an Pippin d.J. und Karl den Großen. Ludwig der Fromme bestätigte der Abtei 814 besonderen Reichsschutz, Immunität und freie Abtwahl. Auf der Aachener Synode von 818/19 reihte man E. in der „Notitia de servitio monasteriorum" unter die mittleren Reichsklöster ein, die Gebetsleistungen und Abgaben zu entrichten hatten. Militärische Hilfe verlangten erst die ottonischen Herrscher, so Kaiser Otto II. 981 ein Kontingent von 40 Panzerreitern. Die ➛ Gorzer Reform ist wohl durch ihren profiliertesten Vertreter, Abt Sandrad (981–984) aus ➛ Trier St. Maximin sowie durch den Abt von Weißenburg im Elsass eingeflossen. Abt Adalbert (1136–73) erreichte wahrscheinlich mit Hilfe neucluniazensischer Reformstatuten aus ➛ Hirsau einen neuen Aufschwung. Abt Kuno I. (1188/1221) repräsentiert die Glanzzeit der Abtei; er spielte in der staufischen Reichspolitik eine führende Rolle und trug als erster den Titel Reichsfürst; ihm ist zum guten Teil die (noch existierende) Klosterbasilika zu verdanken, auch entwickelte sich unter ihm der Marktflecken E. zur Stadt. Seit 823 gehörte das Kloster Gunzenhausen im Altmühltal der Abtei. Im 12. Jh. existierte im Besitz Wiesenbach eine Verwaltungspropstei. Im Ostalbkreis wurden um 1170 das Frauen-

Ellwangen Benediktinerabtei, Ostpartie der spätromanischen Basilika mit Flankentürmen, Chor und Apsis.

kloster Jagstzell und vor 1229 die Propstei ➛Hohenberg gegründet. Schon frühzeitig bestand eine klare Gütertrennung zwischen Konvent und Abt. Der Ämterbesitz förderte die private Pfründewirtschaft, Präsenzgelder für Gottesdienste boten zusätzliche Einnahmen. Der Niedergang setzte um die Mitte des 14. Jh. ein; trotz zahlreicher Güterverkäufe konnte er nie ganz aufgehalten werden. Im 15. Jh. glich die Abtei eher einem weltlichen Stift als einem Kloster, Klausur- und Kleidungsvorschriften blieben unbeachtet, sittlicher Verfall machte sich breit. Die Konventsstärke stieg im Spätmittelalter selten über zehn Mönche. 1439 raffte die Pest drei von ihnen dahin. 1443 vernichtete ein Stadtbrand die Klausur, weswegen fortan die adeligen Herren in Privathäusern mit eigenem Haushalt lebten; der Fürstabt residierte auf dem Schlossberg. Abt Siegfried Gerlacher (1400–27) bemühte sich mit Hilfe der Benediktinerprovinz Mainz-Bamberg um Reformen, fand im Konvent jedoch keinen Anklang, ja nicht einmal einen Mitbruder, der die neuen Vorschriften aus der ➛Reichenau abschreiben konnte oder wollte. Die Bischöfe von Augsburg und die württembergischen Schirmvögte suchten nach Lösungen, scheiterten sowohl aufgrund inneren Kompetenzgerangels, als auch am Ortsadel und deren Söhnen im Konvent; zudem war die Fürstabtei exemt. Die Benediktiner selbst beantragten im Dezember 1459 die Umwandlung der Abtei in ein Kollegiatstift, was im Januar 1460 päpstliche und im Dezember 1460 kaiserliche Zustimmung fand. 1803 wurde die weltliche Fürstpropstei E. säkularisiert.

▶ **Gegenwart.** Die heutige katholische Stiftskirche St. Vitus wurde als dritter Kirchenbau am Ort der Vorgängerbauten 1233 konsekriert. Die spätromanische Pfeilerbasilika mit Querschiff, drei Türmen, fünf Apsiden und Westvorhalle ist der erste und bedeutendste romanische Gewölbebau in Schwaben. Die barocke Innenausschmückung erfolgte um 1740 durch Säkularkanoniker. Auch die heutige, nördlich liegende Klausur mit ihren spätgotischen Kreuzgängen entstand erst nach den Benediktinern.

◆ GermBen 5, 189–211; Beck, Otto: Die Stiftsbasilika St. Vitus in E., Lindenberg 2003.

Elmsburg, *Deutschordenskommende St. Maria (vor 1221–1433), Diözese Halberstadt – (Twieflingen-E., Lkr. Helmstedt, Niedersachsen, ❒ 2, A4).*

▶ **Geschichte.** Auf dem Gelände einer vorgeschichtlichen Wallanlage am Südrand des Elms westlich der Salzstadt Schöningen übernahm der Deutsche Orden vor 1221 eine ehemalige Burg und baute sie zur Kommende E. aus. Der Bruder Kaiser Ottos IV., der rheinische Pfalzgraf Heinrich V. von Braunschweig, übergab 1221 den Deutschen Ordensrittern, die bereits auf der Burg saßen, die dazugehörige Kirche mit allen Rechten und Einkünften. Den Besitz um E. konnte der Orden vermehren. 1260 schenkte Bischof Volrad von Halberstadt (Kranichfeld) dem Komtur Albertus von Ammendorf (1260–65) die ehemalige Reitlingburg im Wabetal, woraufhin die Ordensbrüder ihren Hauptsitz nach Reitling verlegten, aber bereits vor 1275 erneut nach ➛Lucklum weiterzogen; Grund dafür mag die nachlassende Bedeutung der nahen Handelsstraße gewesen sein. Die Kommende E. blieb bestehen, wurde aber nur als „Hauskommende“ weitergeführt. Das Dorf Twieflingen konnte gegen eine Pfandsumme vom Landesherrn mit allen Rechten, Gerichtsbarkeit und Zubehör übernommen werden. Herzog Magnus I. versuchte 1355 die E. an sich zu bringen. Durch einen Vergleich mit Landkomtur Johann von Hagen erhielt der Orden 1364 den Besitz zurück, verpfändete ihn aber sofort weiter. 1433 löste Landkomtur Dietrich von Plettenburg (1419–61) die Kommende auf dem Elm auf, der Besitz wurde von Lucklum aus verwaltet. 1529 erscheint die E. als „Hofstatt und Holzung“ in Urkunden, 1616 nur noch als Holzung. Um 1600 waren Kirche und ehemalige Kommendengebäude verfallen.

▶ **Gegenwart.** Noch immer existieren Ruinenreste der Kommende nördlich des Dorfes Twieflingen, aber nunmehr völlig überwuchert vom ausgedehnten Elmwald, eine Aufforstung jüngerer Zeit. Die ehedem verkehrsgünstige Lage der Burg entlang des alten „Deiweges“ von der Elbe um Magdeburg bis zur Oker bei Braunschweig ist heute kaum noch erkennbar. Ausgrabungen 1960/62 ermittelten einen romanischen Kirchenbau mit drei Apsiden aus dem 11. Jh. und einen schmaleren Kirchenbau mit einer Apsis aus der zweiten Hälfte des 13. Jh. Die jüngere Kirche geht eindeutig auf die Deutschherren zurück. Nördlich davon waren Gebäude um einen Hof angelegt, in dessen Mitte sogar der Brunnen lokalisiert werden konnte. Wälle, Gräben und eine Teichanlage schützten den ersten Sitz des Deutschen Ordens im Braunschweigischen Land.

❖ Von der Reitlingburg, dem kurzfristigen Deutschherrensitz an der Wabe ist nichts geblieben. Das heutige Wohnhaus im Weidehof Reitling soll vor 1800 vom Komtur in Lucklum erbaut worden sein.

◆ Bornstedt, Wilhelm: E., Reitling, Lucklum und Weddingen, Braunschweig 1973.

Elsey, *Prämonstratenser-Chordamenstift St. Maria und St. Sebastian (vor 1223– vor 1500), Erzdiözese Köln – (Hagen-Hohenlimburg, kreisfreie Stadt Hagen, Nordrhein-Westfalen, ❒ 1, B5).*

▶ **Geschichte.** Der Stiftung E. ging ein Tausch zweier Kirchen voraus. Erzbischof Engelbert I. von Köln (Berg) übergab Gräfin Mathilde von Altena die Kirche St. Salvator in E. gegen die von Bigge. Erst ihr Sohn, Graf Friedrich von Isenberg, verwirklichte die Gründungsabsicht für das Seelenheil seiner Eltern. Sein Onkel, Erzbischof Engelbert, bestätigte 1223 die Gründung eines Frauenstifts an der alten Pfarrkirche St. Sebastian in E. Die Urkunde erwähnt *priorissa et conventus*, der Konvent muss 1223 jedoch schon bestanden haben, da bereits 1218 der Erzbischof zu Spenden für den Bau der Stiftsanlage aufgerufen hatte. Die bestehende Salvatorkirche gehörte zur Grundausstattung und wurde aus der Archidiakonatshoheit ausgepfarrt. Erst für 1272 ist die Zugehörigkeit des Frauenkonvents E. zum Prämonstratenserorden bezeugt, in der Forschung wird der heute untergegangenen Abtei Scheda die Paternität zugesprochen. Das Frauenstift E. scheint von Anfang an den erhöhten Status einer Propstei genossen zu haben. Neben der Priorin erscheint 1227 ein Propst Ekbert; einige Historiker vermuten daher einen Doppelkonvent in der Anfangszeit, wahrscheinlicher ist jedoch die Abspaltung des Frauenkonvents vom Doppelstift Scheda. Nachrichten aus dem Mittelalter sind spärlich, insgesamt liegen weniger als fünfzig Urkunden vor. Die Kölner Bischöfe traten fördernd und schützend auf und übernahmen nach den Isenberger Stiftern die Vogteirechte. Besondere Schutzprivilegien der Kurie in Rom oder königlicher Herrscher liegen nicht vor. Erzbischof Heinrich II. exkommunizierte 1318 Graf Dietrich III. von Limburg wegen Aneignung von Stiftsbesitz. Die Grafen Isenberg-Limburg erwiesen sich im 13. Jh. ebenso wie die Grafen von Mark im 14. Jh. mit großzügigen Dotationen als Förderer und Schutzherren. Das Stift war der drittgrößte Grundeigentümer in der Limburger Grafschaft. Mit den Prämonstratenser-Chorherren von ➛ Wedinghausen bestand eine Gebetsverbrüderung. Schon frühzeitig bildeten sich private Pfründen, die klösterlichen Tugenden wichen zunehmend weltgeistlichen Lebensformen. Ende des 15. Jh. wurde E. in ein freiweltliches adeliges Damenstift umgewandelt, Angela von Holte (1501–18) nannte sich bereits „Äbtissin". Die förmliche Auflösung des Kanonissenstifts erfolgte 1812 durch das Großherzogtum Berg.

▶ **Gegenwart.** Die ehemalige Stiftskirche dient heute der evangelisch-lutherischen Gemeinde als Pfarrkirche. Der spätromanische Hallenbau mit Querschiff geht auf die Gründungsphase des Prämonstratenserinnenstifts um 1220 zurück. Der Westturm entstand 1751, der heutige Chor mit Apsis 1882. Im Inneren tragen Kreuzpfeiler das Kreuzgratgewölbe. Klausur- und Wirtschaftsgebäude mussten nach dem Kölnischen Krieg (1584–87) neu aufgebaut werden.

◆ Ehlers-Kisseler, Ingrid: Die Anfänge der Prämonstratenser im Erzbistum Köln, Köln 1997; Klueting, Edeltraud: E., in: Westfälisches Klosterbuch, Tl. 1, Münster 1992, 285–288.

Engelport, *Zisterzienserinnenkloster St. Maria u. a. (1220– um 1230), Dominikanerinnenkloster St. Maria u. a. (1262–72), Prämonstratenser-Chordamenstift St. Maria u. a. (1272–1802) Kloster der Hünfelder Oblaten (seit 1903) – „Maria E.", Erzdiözese Trier – (Treis-Karden, Lkr. Cochem-Zell, Rheinland-Pfalz, ❒ 3, B2).*

▶ **Vorgeschichte.** Ritter Emericus von Monreal gründete 1225 im Flaumbachtal südlich der Mosel bei Karden ein Frauenkloster, das mit Zisterzienserinnen aus ➛ Kumbd bei Simmern besiedelt wurde. Lebensumstände und Sicherheit waren wohl unzureichend, denn die Schwestern kehrten nach wenigen Jahren in ihr Mutterkloster zurück. 1260 nahmen sich Edelherr Philipp III. von Wildenberg und seine Frau Irmgard der verwahrlosten Gebäude an, ließen sie herrichten und riefen 1262 Dominikanerinnen zur Wiederbelebung des Klosters in das Flaumbachtal; sie gelten als eigentliche Gründer von *Porta angelica*. Drei ihrer Töchter gehörten dem ersten Konvent an, Mechtildis (1262–1316) stand ihm möglicherweise als erste Priorin vor, Beatrix, ebenfalls Priorin (1316–32), wird heute noch als

Elsey Prämonstratenser-Chordamenstift, die spätromanische Hallenkirche mit Westturm von 1751.

Selige verehrt. Papst Urban IV. bestätigte 1262 Besitzungen und Privilegien. Der Dominikanerorden fand sich nicht mit dem neuen Kloster ab, dessen Schwestern ohne Zustimmung der Ordensleitung dem Ruf der Stifter aus einem unbekannten Kloster nach E. gefolgt waren.

▶ **Geschichte.** 1272 beginnt die eigentliche Geschichte des Prämonstratenserinnenstifts E.: Die Dominikanerinnen leisteten dem Prämonstratenserabt von ➛ Steinfeld Gehorsamsgelübde, bekannten sich zu den Statuten der Regularkanoniker und schlossen sich dem Prämonstratenserorden an. Das Generalkapitel in Prémontré (Frankreich) unterstellte 1275 das Frauenstift E. mit Einwilligung Erzbischof Heinrichs II. von Trier (Vinstingen) der Chorherrenabtei ➛ Sayn (➛ Rommersdorf übernahm im 17. Jh. nur vorübergehend Paternität). 530 Jahre war *porta angelica* ein Prämonstratenserinnenstift, zunächst unter Leitung einer Priorin, seit 1450 unter einer Meisterin, so Margareta Cratz von Scharffenstein (1450–1532). Nicht selten wurde die *magistra* als Äbtissin tituliert, wie Agnes von Coppenstein (1532–64). Eine Gebetsverbrüderung bestand 1530 mit den Zisterzienserinnen von Kloster Kumbd. 1534 half Erzbischof Johann von Metzenhausen den 25 Frauen durch neue Einkünfte; die Ökonomie war nämlich durch Raubrittertum in Not geraten, das Dienstpersonal wurde reduziert. Reformatorischer Einfluss ist nicht belegt. Bereits 1543 vermochte Äbtissin Agnes, den Chorherren von ➛ Ravengiersburg 400 Goldgulden zu leihen, als Sicherheit diente der Augustinerhof in Treis. Der Dreißigjährige Krieg brachte Plünderung, Zerstörung und Kontributionen. Unter Äbtissin Regina Elisabeth von Metzenhausen (1641–65) und Prior Jakobus Klöckner (1556–64) aus Rommersdorf wurde die Anlage neu aufgebaut. 1794 lebten außer Äbtissin Maria Elisabeth Geyer von Geiersberg (1790–97) nur noch fünf Chordamen im Stift, die von zwei Prämonstratensern aus Sayn betreut wurden; die wirtschaftliche Lage war kritisch. Die Damen flohen 1794 vor anrückenden französischen Revolutionstruppen nach Treis. 1802 hob die napoleonische Konsularregierung das Stift E. auf. Hünfelder Oblaten erwarben 1903 die ruinösen Stiftsreste und belebten erneut den klösterlichen Ort.

▶ **Gegenwart.** Das Kloster „Maria E." im idyllischen Flaumbachtal bietet heute Räumlichkeiten für Besinnung, Tagungen und Exerzitien, aber auch Wallfahrern und Touristen Gastlichkeit und Betreuung. Die Anlage wird bestimmt von Gebäuden des 20. Jh., aber die gotische Frauenkirche (Weihe 1272) ist in ihren Umfassungsmauern noch erhalten. Das Rechteckgebäude dient heute profanen Zwecken. In der neuen Kirche befinden sich mittelalterliche Ausstattungsstücke.

◆ Pies, Norbert J./Pfeil, Werner: Zur Geschichte des Klosters Maria E., Frechen 1989; Friederichs, Alfons: Kloster Maria E. bei Treis an der Mosel, Köln 1975.

Engelthal (Franken) Dominikanerinnenkloster, die Klosterkirche (vor 1248) mit zisterziensischem Flachchor.

Engeltal (Engental), *Dominikaner-Tertiarinnenkloster St. Maria (1292–1527), Diözese Konstanz – (Dornstetten-Hallwangen, Lkr. Freudenstadt, Baden-Württemberg, ❐ 3, C4).*

▶ Ritter Hans von Weitingen unterstützte 1292 eine Frauengemeinschaft in E., die seit 1320 nach Statuten des Dritten Ordens der Dominikaner lebte; sie war nicht in den Ordensverband aufgenommen, wurde aber als Tertiarinnengemeinschaft von Dominikanern in ➛ Rottweil betreut. Die Dominikanerinnen führten ein eigenes Siegel, unterhielten einen Priester und besaßen Land und Einkünfte in über 20 Dörfern. Die Schirmherrschaft übten die Grafen von Fürstenberg aus. Mit dem benachbarten Kloster ➛ Kniebis kam es mehrmals zu Konflikten um Privilegien. Mit dem Tod der letzten Schwester 1527 endete das Kloster. Die Anlage wurde 1552 zur Materialgewinnung für das neue Dornstetter Rathaus abgerissen. 1630 erstand die heutige evangelische Pfarrkirche auf dem Klosterareal. Südlich davon stößt eine Mauer an die Kirche, deren Bogeneingang die Jahreszahl 1523 trägt. Der Platz davor heißt heute noch Klosterhof. Es bleibt unsicher, ob Torbogen und Mauerreste von 1523 zum abgetragenen Dominikanerinnenkloster gehören. Die klostereigene Mühle unterlag erst 1993/94 dem Abriss.

◆ Müller, Hans Peter: E., in: Württembergisches Klosterbuch, Ostfildern 2003, 230 f.

Engelthal (Franken), *Magdalenenkloster St. Johannes Baptist (um 1230–48), Dominikanerinnenkloster St. Johannes Baptist (1248–1565), Diözese Eichstätt – (Lkr. Nürnberger Land, Bayern, ❐ 4, A2).*

▶ **Geschichte.** Die Schwestern des Magdalenenordens – einer anderen Meinung nach Beginen –, die sich um 1230 zusammengefunden hatten, flohen 1239 unter Leitung der ehemaligen Dirne Adelheid Rotterin während des Konflikts Kaiser Friedrichs II. mit der Kurie aus der mit Interdikt belegten Reichsstadt Nürnberg. Sie ließen sich östlich von Nürnberg in Swinach-Engelschalksdorf nieder und gründeten das Kloster E., was Bischof Friedrich II. von Eichstätt (Parsberg) 1244 bestätigte. Diese beiden Orte an einer Willibaldskapelle aus dem 11. Jh. im Hammerbachtal übereignete ihnen der Reichsministeriale Ulrich II. von Königstein, nachdem die Schwestern seinen lebensgefährlich verletzten Sohn und Erben, wenn auch vergeblich, gepflegt hatten. Ein Teil der Magdalenen kehrte nach Nürnberg zurück. Aus ihrem Nürnberger Kloster erwuchs 1278 das

➛ Klarissenkloster der Stadt, der andere Teil blieb in E. Priorin Diemut von Gelnhausen reiste 1248 zu Papst Innozenz IV. nach Lyon mit der Bitte um Anschluss an den Dominikanerorden, was dieser auch gewährte. Die nunmehr Dominikanerinnen schickten 1267 einen Gründungskonvent nach ➛ Aurach bei Erlangen. Um diese Zeit entstanden in E. eigene Klosterbauten mit der Kirche St. Johannes Baptist. Mitgiften, Stiftungen und kluge Wirtschaftspolitik ließen eine beachtliche Grundherrschaft entstehen. 1380 lebten mehr als 100 Dominikanerinnen im Konvent, beide Gründungsorte waren im Kloster aufgegangen. E. erlangte als Hort der Mystik hohes Ansehen; Adelheid Langmann (1306–75) und Christina Ebner (1277–1356, Priorin 1345–56) wurden weit über die Grenzen Frankens bekannt. Nicht nur Hochadel und Bischöfe, sondern auch König Karl IV. reiste 1350 nach E. Fränkischer und oberpfälzer Adel schickte seine Töchter bevorzugt in das berühmte Kloster. Die adeligen Damen missachteten im Spätmittelalter die Klausur, gleichzeitig verhinderten vornehme Familien jeglichen Reformansatz. 1504 übernahm die Reichsstadt Nürnberg die Landesherrschaft, setzte die Priorin Margarethe von Kümreuth ab und verordnete Observanz. Ein Pfleger wurde verpflichtet und zehn reformierte Schwestern aus dem Katharinenkloster in ➛ Nürnberg nach E. geholt. 1524 entschied sich die Stadt für die Reformation und löste ihre Klöster auf. Die katholischen Schwestern von E. widersetzten sich, gaben selbst dann nicht auf, als Markgraf Albrecht Alkibiades von Brandenburg-Kulmbach im Zweiten Markgrafenkrieg 1552 die Gebäude niederbrannte. Aber der Konvent schrumpfte und 1565 übergaben die letzten beiden Ordensschwestern den Besitz dem Nürnberger Magistrat.

▶ **Gegenwart.** Von den mittelalterlichen Klosterbauten sind im Ort Gebäude- und Mauerreste zu entdecken. Das Ost- und Nordtor der Klosteranlage sowie Teile der Umfassungsmauern sind noch erhalten. Die Klosterkirche, eine typische einschiffige Ordensfrauenkirche des 13. Jh. mit flachem Chorabschluss und Dachreiter, entstand schon vor 1248 und zeigt zisterziensischen Einfluss. (Tatsächlich sollen 1243/44 sieben Zisterzienseräbte vor Ort gewesen sein, um die Frauen für ihren Orden zu gewinnen – dies wäre das einzige bekannte Beispiel, dass der Zisterzienserorden solch ein Gesuch von sich aus vorgebracht hätte; es lassen sich lediglich Beziehungen des Stifterpaares zu den Zisterziensern nachweisen.) Heute dient die Kirche der evangelisch-lutherischen Gemeinde als Pfarrkirche St. Johannes Baptist. Ihr Langhaus wurde Mitte des 18. Jh. im Stil des Rokoko eingewölbt und ausgeschmückt. Im Chor hat sich ursprüngliches Kreuzrippengewölbe erhalten. Südlich schlossen sich Klausurgebäude an, deren Lage der heutigen Gebäudegruppierung entsprach. Die romanische Michaeliskapelle in nördlicher Richtung jenseits der Hauptstraße, die vor der Klostergründung schon bestand, wurde von den Dominikanerinnen im 14. Jh. neu aufgebaut und ist seit 2005 saniert.

◆ Jäggi, Carola: Frauenklöster im Spätmittelalter, Petersberg 2006, 32–34; Backmund, Norbert: Die kleineren Orden in Bayern, Windberg 1974, 73 f.

Engelthal (Wetterau) Zisterzienserinnenabtei, der Dreiseitenchor der gotischen Abteikirche (13. Jh.).

Engelthal (Wetterau), *Zisterzienserinnenabtei St. Maria (1268–1803), Benediktinerinnenabtei St. Maria (seit 1962), Erzdiözese Mainz – (Altenstadt-E., Wetteraukreis, Hessen, ❒ 3, C1).*

▶ **Geschichte.** Die Brüder Konrad, Ruprecht und Herdegen von Büches, ihre Frauen Irmengard, Lukardis und Elisabeth sowie ihre Schwester Elisabeth und deren Gemahl Burggraf Ruprecht von Friedberg (Carben) stifteten im Mai 1268 in Romelingeshusen bei Altenstadt in einer Talsenke am Rand der Wetterau das Zisterzienserinnenkloster *Vallis angelorum.* 1297 inkorporierte Erzbischof Gerhard von Mainz (Eppstein) die Pfarrkirche zu Rodenbach. 1302 vergab König Albrecht I. ein Schutzprivileg, 1345 erklärte Kaiser Ludwig der Bayer seinen besonderen Schutz. Der Graf von Sponheim als Landvogt aber auch die Reichsstädte der Wetterau Frankfurt/Main, Gelnhausen, Friedberg und Wetzlar waren beauftragt, für die Sicherheit des Klosters zu sorgen; Karl IV. bestätigte 1360 diese Bestimmungen. Die Zisterzienserinnen unterlagen offensichtlich nicht der bischöflichen Jurisdiktion, sie behaupteten ihre Exemtion und waren allein dem Abt der nahen Zisterzienserabtei ➛ Arnsburg Rechenschaft schuldig, so dass von einer Mitgliedschaft im Zisterzienserorden ausgegangen werden kann. Abt Friedrich von Arnsburg unterschrieb mit einigen Mönchen die Stiftungsurkunde, Abt Gerlach bestätigte 1338, dass das seit langer Zeit von ihm geleitete Kloster E. niemals *subsidia* (Steuern) an Mainz gezahlt habe. Trotz reformatorischer Umwälzungen im Friedberger Land bewahrten die Zisterzienserinnen im 16. Jh. ihren katholischen Glauben, was zunächst mit Eingriffsrechten, seit etwa 1585 aber mit Schutz- und Schirmherrschaft des Mainzer Erzbischofs verbunden war. Visitatoren stellten 1566 erhebliche Mängel im Klosterleben fest. Die letzte adelige Äbtissin Anna von Walderdorf musste 1585 E. verlassen. Regeltreue Schwestern aus einem unbekannten Konvent halfen die Klosterzucht zu heben, zur Ordnung der Wirtschaft wurde ein Verwalter eingesetzt. Während des Dreißigjährigen Krieges flohen die Schwestern 1622 nach Aschaffenburg, später nach Frankfurt, wo sie einen eigenen Hof besaßen. Die Klosteranlage wurde von den Schweden zerstört, der Wiederaufbau dauerte bis 1750 an. Nach der Aufhebung 1803 und der Vertreibung von 24 Schwestern wechselten mehrmals die Besitzer. Ein Teil der Gebäude wurde abgerissen, die Klosterkirche, die seit der Reformation Katholiken der Umgebung als Pfarrkirche diente, durfte weiterhin genutzt werden. 1952 und 1961 kaufte die Diözese Mainz die Anlage auf und übergab sie einem Benediktinerinnenkonvent aus der Abtei Herstelle im Weserbergland. Seit Mai 1962 herrscht in E. wieder klösterliches Leben. 1965 wurde das Priorat zur Abtei „Kloster E." erhoben, eingebunden in die Beuroner Benediktinerkongregation.

▶ **Gegenwart.** Noch immer umgibt eine mehrfach restaurierte Klostermauer die Abtei, die aus Gebäuden der barocken Wiederaufbauphase des 17. und 18. Jh. sowie aus Neubauten besteht. Einzig die einfache einschiffige Klosterkirche (spätes 13. Jh.) mit dreiseitigem Chorschluss blieb aus dem mittelalterlichen Bestand erhalten; sie unterlag aber 1692 unter Äbtissin Juliana Schmidt eingreifenden Veränderungen. Die Grabplatte des Stifters Konrad von Büches († 1294) schmückt heute den Innenraum. Der Westflügel der Klausur und der sich anschließende „Nonnenbau" besitzen spätgotische Unterkellerungen.

◆ Jürgensmeier, Friedhelm (Hg.): Handbuch der Mainzer Kirchengeschichte, 3 Bde., Würzburg 1997–2002; Brück, Anton: Die Zisterzienserinnen-Abtei E. in der Wetterau, in: Archiv für mittelrheinische Kirchengeschichte 21 (1969) 59–72.

Enkenbach Prämonstratenser-Chordamenstift, Tiersymbole am spätromanischen Hauptportal der Stiftskirche.

Engerode, *Augustiner-Chorfrauenstift St. Maria (vor 1236–36), Diözese Hildesheim – (Salzgitter-E., Niedersachsen, ❒ 1, D4).*

▶ Vor 1236 erbaute Ritter Dietmar von Engerode auf seinem Hof im Salzgitter Land eine Marienkapelle zur Gründung eines Augustiner-Chorfrauenstifts, in das zwei seiner Töchter, zwei Nichten und zwei Chorfrauen aus Stift Dorstadt eintraten. Der Hildesheimer Bischof Konrad II. von Riesenberg stimmte zu, die geistliche Betreuung übernahm Propst Heinrich von Lamspringe. Die unzureichende Grundausstattung und eigenkirchenrechtliche Vorstellungen des Stifters bewogen den Propst 1236, den Konvent aus E. ins Calenberger Land zu verlegen und das Stift ➛ Wülfinghausen zu gründen. Die aufgegebene Marienkapelle in E. steht noch heute, ein wundertätiges Marienbild in Form einer Säule machte die Kapelle berühmt und zum vielbesuchten Wallfahrtsort; die Mariensäule steht seit 1744 auf Schloss Söder. Die Marienkapelle blieb Pfarrkirche des kleinen Ortes und bewahrte ihren spätromanischen Charakter. Heute ist sie wegen der spätgotischen Fresken in der Apsis bekannt, die man erst 1959/60 bei Renovierungsarbeiten freilegte.

❖ Vom Augustiner-Chordamenstift Dorstadt, aus dem zwei Gründungsschwestern kamen, sind nur frühbarocke Gebäude geblieben, auch Kloster Lamspringe (845–1568 Benediktinerinnen, 1645–1803 Benediktiner) zeigt heute ausschließlich Barockarchitektur.

◆ Streich, Gerhard: Klöster, Stifte und Kommenden in Niedersachsen, Hildesheim 1986.

Engerode Augustiner-Chorfrauenstift, die spätromanische Kapelle am Gründungsort vom Stift Wülfinghausen.

Enkenbach, *Prämonstratenser-Chordamenstift St. Maria (1148– nach 1440), Prämonstratenser-Chorherrenstift St. Maria (nach 1440–1564), Diözese Worms – (E.-Alsenborn, Lkr. Kaiserslautern, Rheinland-Pfalz, ❒ 3, B2).*

▶ **Geschichte.** Das Stiftungsgut für das Stift E. auf dem Höhenplateau der Pfalz nordöstlich von Kaiserslautern erhielt Graf Ludwig III. von Arnstein, Gründer des Prämonstratenserstifts ➛ Arnstein, von Ritter Hunfried von Alsenborn 1148. Erste Prämonstratenserinnen kamen aus ➛ Marienthal am Donnersberg. Das junge Stift wurde der Abtei ➛ Münsterdreisen unterstellt, E. gehörte zum Arnsteiner Verband. Verwirrung und Streit entstand, weil Ritter Hunfried die Stiftung 1185 den Zisterziensern von ➛ Otterberg übergeben und ein Obödienzwechsel erzwungen hatte. Erst 1190 konnten Kaiser Heinrich VI. und Bischof Konrad II. von Worms (Sternberg) den Konflikt zugunsten der Prämonstratenser lösen; Hunfried wurde Mönch im Zisterzienserkloster ➛ Eußerthal. Die Vogteirechte übten zunächst die Raugrafen von Daun und Wartenberg, später die Bischöfe von Worms und seit 1404 kurfürstliche Pfalzgrafen aus. Erst gegen 1220 wurde mit dem Bau der Klosterkirche begonnen, der Abschluss erfolgte 1272. Drückende Schulden belasteten seit dieser Zeit das Stift, von denen es sich nie mehr ganz erholen sollte. Münsterdreisen gab 1278 die Herrschaft an den Wormser Bischof ab, die Stammabtei Prémontré (Frankreich) übernahm die Paternität, das Frauenpriorat E. wurde zur Propstei. Von Beginn an waren männliche Konventsmitglieder im Stift tätig, eine Urkunde von 1250 erwähnt Schwestern und Brüder, was jedoch nicht auf die Existenz eines Doppelstifts hindeutet. Die Anzahl der Chorherren nahm entgegen den Bestimmungen des Generalkapitels zu, während die der Schwestern in der zweiten Hälfte des 14. Jh. abnahm. Agnes von Breidenborn scheint die letzte Meisterin von E. gewesen zu sein; im April 1440 wird zum letzten Mal vom „Frauenkloster" E. gesprochen, das Stift existierte fortan als reine Männerinstitution unter einem Propst weiter. Die Klosterzucht verflachte, Papst Alexander VI. prangerte 1496 den unehrbaren und Ärgernis erregenden Lebenswandel der Chorherren an. Propst Michael Reybold wandte sich dem Protestantismus zu und übergab 1557 den Besitz seinem evangelischen Landesherrn Kurfürst Ottheinrich von der Pfalz. Dessen Nachfolger, Kurfürst Friedrich III., setzte 1564 weltliche Verwalter ein und hob die Propstei auf. Bereits 1525 war das Stift durch aufrührerische Bauern schwer in Mitleidenschaft gezogen worden. Die endgültige Zerstörung der Stiftsgebäude folgte 1689 im Pfälzischen Erbfolgekrieg. Die Stiftskirche diente als Stall und Scheune, in Kriegszeiten auch als Lazarett. Erst 1708 durfte sie wieder von der katholischen Gemeinde für Gottesdienste genutzt werden.

▶ **Gegenwart.** Die Stiftskirche in E. dient heute als katholische Pfarrkirche St. Norbert. Das spätromanische Bauwerk zeigt eine klare Gliederung jedoch in gedrängter Raumfolge, was an einen Zentralbau erinnert. Die kreuzförmige Gewölbebasilika mit rechteckigem Chor und zweigeschossiger Vorhalle, über der sich der Turm erhebt, entstand in mehreren Bauabschnitten von Ost nach West. Das Mittelschiffgewölbe wird von Pfeilern und Säulen im Wechsel im sogenannten „Echternacher System" getragen. Das südliche Seitenschiff stand im Dienst der anliegenden Klausur, die Nonnenempore befand sich im südlichen Querhaus. Stilistische Formen gehen über die Romanik hinaus und lassen gotische Elemente erkennen, ein Einfluss der benachbarten Zisterzienserabtei ➛ Otterberg ist möglich. Die westliche Vorhalle bewahrt ein prachtvoll skulptiertes Stufenportal (um 1250), dessen kunstvolle Tiersymbolik „zu den elegantesten Leistungen der Steinmetzenkunst jener Zeit" (Sighart) gehört und schon vielfältige Deutungsversuche herausforderte. Die vielgestaltige Schmuckdekoration der Kirche in E. steht im Kontrast zum Verlust der meisten mittelalterlichen Ausstattungsstücke. Als einziger Rest der Klausur blieb der nördliche, kreuzgratgewölbte Kreuzgangflügel mit dem darüber liegenden Nonnengang erhalten.

◆ Keuser, Carl Joseph/Ammerich, Hans (Red.): 850 Jahre Kloster E., 1148–1998, Speyer 1998; Schauder, Karlheinz: 21 Kirchen des Landkreises Kaiserslautern, Otterbach 1989; Sighart, Joachim: Geschichte der Bildenden Künste im Königreich Bayern, München 1863, 247.

Enkenbach Prämonstratenser-Chordamenstift, Westansicht der spätromanischen Stiftsbasilika St. Norbert.

Ensmad, *Benediktinerkloster St. Ursula (1378– vor 1447), Diözese Konstanz – (Langenenslingen, Lkr. Biberach, Baden-Württemberg, ❐ 3, C4).*

▶ Die Grafen Wölfli und Friedrich von Veringen übergaben 1378 zwei Benediktinern, Heinrich von Passau und Simon von Linz, eine Kapelle „zu dem heiligen Berg" zur Gründung einer klösterlichen Niederlassung. Die Gründungsurkunde blieb die einzige Nachricht über ein Kloster in E. Beim Verkauf des „gotthuslin zu Ensmade" 1447 an Graf Ulrich V. von Württemberg-Stuttgart ist jedoch von monastischem Leben keine Rede. 1564 kam das Bruderhaus zu E. mit Kapelle und Pfarrei Dürenwaldstetten an die Abtei Zwiefalten. Abt Christoph Raßler (1658–75) ließ 1660 eine Renovierung an der *capella S. Ursulae et Sociarum* vornehmen. Inzwischen hatte sich seit Ende des Dreißigjährigen Krieges eine rege Wallfahrt entwickelt. Die gotische Kapelle existiert heute noch an einem einsamen Hof zwischen Ittenhausen und Friedingen, es bleibt aber unsicher, ob diese Ursulakapelle identisch ist mit der Kapelle „zum heiligen Berg" von 1378.

◆ GermBen 5, 211 f.

Eppenberg, *Prämonstratenser-Chordamenstift St. Johannes Baptist (vor 1219–1438), Kartäuserkloster St. Johannes Baptist (1440–1527) – „Johannesberg", Erzdiözese Mainz – (Felsberg-Gensungen, Schwalm-Eder-Kreis, Hessen, ❐ 1, D5).*

▶ **Geschichte des Prämonstratenserinnenstifts.** Zwischen Melsungen an der Fulda und Felsberg an der Eder unterhalb des Heiligenbergs gründeten Prämonstratenserinnen vom Stift Ahnaberg bei Kassel und ihr Propst Arnold vor 1219 mit Erlaubnis Landgraf Hermanns I. von Thüringen die Tochterniederlassung E., die Papst Honorius III. 1223 bestätigte. Die Reichsabtei ➛ Hersfeld verfügte über Besitz am E., den Abt Siegfried (1189–1200) zur Gründung des Klosters ➛ Aua 1190 veräußert hatte oder später im Tausch den Prämonstratenserinnen übergab. Der Konvent unterstand den Prämonstratenser-Chorherren von Ilfeld und ➛ Spieskappel. 1269 konnte das inzwischen selbständige E. die Tochterniederlassung St. Georg bei Homberg an der Efze gründen. Erfolg und Wohlstand verführten die Damen zur Lockerung der Lebensweise. Im 15. Jh. war die sittliche Verflachung so weit vorangeschritten, dass Landgraf Ludwig I. von Hessen das Stift 1438 mit Erlaubnis Papst Eugens IV. aufhob und 1440 dem Kartäuserorden übergab, der als einziger geistlicher Orden in der Landgrafschaft Hessen noch keine Niederlassung besaß.

▶ **Geschichte der Kartause.** 1442 kamen Kartäusermönche aus ➛ Erfurt auf den E., bauten das Kloster unter Anleitung des Erfurter Priors, Johann Rotlos, für ihre eremitische Lebensweise um und nannten die Kartause „Johannesberg". Die alten Gebäude waren so verfallen, dass der Aufbau längere Zeit andauerte und die Aufnahme des Klosters in den Orden erst 1446 erfolgte. Bei einem seiner Visitationsbesuche starb Prior Rotlos 1448 im Kloster. 1449 wurde der Kartause die reichlich dotierte Vikarie des

Eppenberg Prämonstratenser-Chordamenstift/Kartäuserkloster, die Ruine der Prämonstratenserinnenkirche aus dem 13. Jh. nach profaner Nutzung und Verfall.

Katharinenaltars in der Pfarrkirche zu Melsungen inkorporiert, die sie gewinnbringend nutzte. Hessische Landesfürsten blieben den Kartäusern immer eng verbunden und förderten sie mit Schenkungen und Privilegien; dabei waren Zollfreiheit ihrer Produkte (seit 1473) sowie Dienst- und Abgabefreiheit (seit 1505) von besonderem Vorteil. Mit Landzukäufen und durch Mitgiften der Novizen, mit wirtschaftlichem Geschick und ausgedehnten Geldgeschäften erlangten die Kartäuser beträchtliches Vermögen. 1508 nahmen sie die Ordensfrauen vom Ahnabergstift in Kassel in ihre Gebetsbruderschaft auf, die inzwischen den Augustiner-Regularkanonikern angehörten; ebenso pflegten sie seit 1509 geistige Partnerschaft mit den Stiften der ➛ Windesheimer Kongregation. Einer der bekanntesten Mönche von E., Johannes Lening (1515–26), wurde evangelisch und stellte sich in Dienst seines reformationseifrigen Landesherrn Philipp I. von Hessen. Dieser löste 1527 das Kloster auf und nutzte es als fürstliches Jagdhaus mit Wirtschaftsgut. 20 Mönche und Laienbrüder sowie drei weibliche Donaten wurden abgefunden oder konnten bleiben. Ein Teil der umfangreichen Bibliothek gelangte in das St. Blasiuskloster ➛ Northeim. 1610 ließ Landgraf Moritz das Jagdhaus zum Schloss ausbauen, das im Dreißigjährigen Krieg zerstört wurde; danach diente die Anlage als Vorwerk und Schafhof.

▶ **Gegenwart.** 1957 zerstörte ein Blitzschlag die Gebäude, die nun dem völligen Verfall überlassen wurden. Erst 1980 gründete der Imkerverein Felsberg ein Bienenmuseum in der alten Klosteranlage und sanierte für seine Zwecke das Torhaus, legte bestehende Mauerreste frei und bewahrte den Kirchentorso vor weiterem Verfall. Die Kirche St. Johannes der Täufer war von den Prämonstratenser-Chordamen im 13. Jh. erbaut worden und diente nach der Säkularisierung als Wohnhaus und Scheune.

❖ Vom Tochterstift Homberg (1259–1527) blieb nichts erhalten.

◆ Blüm, Hubertus Maria: Lexikale Übersicht, in: Die Kartäuser, hg. von Marijan Zadnikar, Köln 1983, 299; Heimerich, Gisela: Stift und Kartause zu E., Fulda 1979.

Eppinghoven, *Zisterzienserinnenabtei St. Maria (1231–1802), – „Mariensaal", Erzdiözese Köln – (Neuss-Holzheim-E., Rhein-Kreis Neuss, Nordrhein-Westfalen, ❒ 1, A5).*

▶ **Geschichte.** 1223 erwarben Zisterzienserinnen von ➛ Saarn den Hof E. an der Erft nahe der Stadt Neuss vom Kanonissenstift Gerresheim, gründeten dort um 1231 ein Tochterkloster und nannten es ebenfalls *Aula Sanctae Mariae.* Nach Chronik der Abtei ➛ Kamp entstand E. jedoch bereits 1214 im Ort Kaarst; eine Äbtissin Wolberna (1214–37?) verwaltete Kaarst, Saarn und E. gemeinsam, bis Kaarst ganz aufgegeben wurde. Schon unter Wolberna soll der Konvent 1214 in den Orden inkorporiert worden sein; die Bezugsurkunde ist jünger und aus rechtsformalen Gründen anzuzweifeln. Kaiser Friedrich II. sicherte 1236 dem neuen Kloster E. Reichsschutz zu. 1237 vollzog der Abt von Kamp Gütertrennung zwischen Saarn und E.; vom Kloster Kaarst gibt es keine weiteren Nachrichten. Einiges spricht dafür, dass der Konvent E. in den Zisterzienserorden inkorporiert war. 1280 bestand er aus Äbtissin Salomena und 23 Schwes-

Eppinghoven Zisterzienserinnenabtei, der Klausurkomplex mit Barocktor birgt mittelalterliche Architektur.

tern. Missernten und Hungersnöte um 1317 zwangen dazu, einen Teil des Grundbesitzes zu verkaufen, so gelangte Kaarst 1318 an das Vaterkloster Kamp. Auch in E. ist im 14. Jh. ein Verfall der klösterlichen Ideale zu beobachten; wirtschaftliche Krisen, Naturkatastrophen und Kriege förderten den allgemeinen Niedergang, nachlassende Klosterzucht kennzeichnete die inneren Verhältnisse. 1465 setzte sich Äbtissin Margareta von Averdonk (1462–82) für Reformen ein. Schwestern des bereits reformierten Konvents Gnadental bei Neuss wurden zur Unterstützung gerufen; die Observanz konnte an das Mutterkloster Saarn weitergeben werden. Im Burgundischen Krieg (1473–80) brandschatzte Herzog Karl die Region um Neuss. Eine persönliche Fürsprache des Kamper Abts bewahrte E. vor Plünderung, Höfe und Felder wurden jedoch verwüstet, eine Hungersnot brach aus, geflohene Mitschwestern von Gnadental mussten zusätzlich versorgt werden. Gertrud vomme Raede (1485–1538) wurde 1485 zur Äbtissin gewählt, und fortan zeichnete sich der Konvent durch regeltreues Klausurverhalten aus. Im 16. Jh. glichen die inneren Zustände wieder einem weltlichen Stift, was eine erzbischöfliche Kommission 1569 mahnend protokollierte. Der Truchsessische Krieg brachte 1582 dem Niederrheingebiet neues Leid und Versorgungsnöte. Erst etwa 100 Jahre später prosperierte die Wirtschaft. Äbtissin Agnes Dorothea von Landsberg (1678–97) begann 1695 mit dem Neuaufbau der Abtei. Der Grundbesitz umfasste mehr als 1800 Morgen Land, eigenbewirtschaftet wurde lediglich ein Fünftel. Das Klosterleben war in der Barockzeit dem eines freiweltlich-adeligen Damenstifts vergleichbar, die zisterziensischen Ideale gerieten zunehmend in Vergessenheit. 1794 flohen die Frauen vor den französischen Revolutionstruppen auf die rechte Rheinseite. Steuerdruck raubte dem zurückgekehrten Konvent die Existenzgrundlage. Die französische Konsularregierung löste 1802 die Abtei auf, sieben Schwestern erhielten Pensionen.

▶ **Gegenwart.** Das Gut E. im Stadtteil Holzheim südlich von Neuss ist heute Privatbesitz und nicht öffentlich zugänglich. Die spätromanische Klosterkirche an der Südseite der Vierflügelanlage wurde nach 1803 bis auf die nördliche Langhauswand niedergelegt. Diese Wand bildet den heutigen Teil des Südtrakts mit Durchfahrt. Der Südflügel der Klausur bewahrt noch Kreuzgratgewölbe (13. Jh.) und Kreuzrippengewölbe (15. Jh.), seit dem 19. Jh. ist er zweigeschossig ausgebaut. Der Ostflügel entstand 1695 als Abteigebäude, der Westflügel um 1935 neu, der Nordflügel (19. Jh.) enthält ältere Mauern und zeigt Kreuzgangreste aus dem 15. Jh. Ein südlich vorgelagerter Wirtschaftshof mit repräsentativem Torbau entstand im 18. Jh., wie auch das Mühlengebäude an der Erft.

◆ Ostrowitzki, Anja: Die Ausbreitung der Zisterzienserinnen im Erzbistum Köln, Köln u. a. 1993; Wisplinghoff, Erich: Geschichte der Stadt Neuss, Bd. 4, Neuss 1989, 177–192.

Erfurt, *(1) Augustiner-Chorherrenstift Allerheiligen; (2) Augustiner-Chorherrenstift St. Augustinus; (3) Augustiner-Chordamenstift St. Maria und Heilig Kreuz; (4) Augustiner-Eremitenkloster St. Philipp und St. Jakob; (5) Benediktinerabtei St. Petrus und St. Paulus; (6) Benediktinerabtei St. Jakobus der Ältere; (7) Benediktinerinnenkloster; (8) Deutschordenskommende St. Nikolaus; (9) Dominikanerkloster St. Paul; (10) Franziskanerkloster St. Johannes Baptist; (11) Kartäuserkloster St. Salvator; (12) Magdalenenkloster St. Maria Magdalena; (13) Zisterzienserinnenabtei St. Maria und St. Martin – Erzdiözese Mainz – (Landeshauptstadt, Thüringen, ❐ 4, A1).*

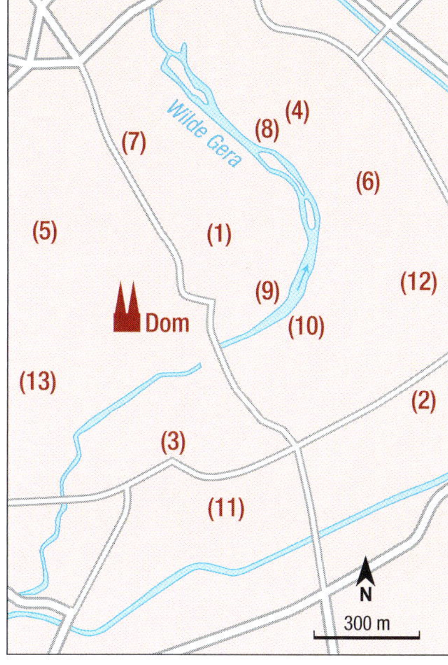

Erfurt, *(1) Augustiner-Chorherrenstift Allerheiligen (vor 1117– um 1250) – „Allerheiligenkloster".*

▶ **Geschichte.** Der Presbyter Erkenbert und der Mainzer Vitztum Adelbert stifteten vor 1117 im Nordbereich der befestigten Stadt E. eine Klosteranlage und schlossen dieser das Armenspital „Zu Ehren aller Heiligen" an. Für die seelsorglich-caritativen Aufgaben kamen 1117 Augustiner-Chorherren nach E., ihre Herkunft ist nicht überliefert. 1125 bestätigte der Landes- und Stadtherr, Erzbischof Adalbert I. von Mainz (Saarbrücken), die Gründung. Erstmals wird ein Propst mit Namen Meinzo 1133 urkundlich erwähnt. In der aufstrebenden Stadt ließ sich vor 1170 im südöstlichen Bereich der Altstadt am Augustentor ein weiterer Konvent mit Augustiner-Chorherren nieder und gründete das zweite Erfurter Regularkanonikstift, das sogenannte „Reglerkloster" (➛ Erfurt [2]). Den ersten Chorherren von Allerheiligen bestätigte Erzbischof Siegfried II. von Eppstein noch 1217 ausdrücklich ihre Stiftsanlage und Kirche, das Recht der freien Propstwahl, die Seelsorgetätigkeit einschließlich Taufen und Beerdigungen sowie den Hospitaldienst. Der Stadtrat eröffnete 1210/17 am Fischmarkt das konkurrierende Hospital St. Martini. Der Stadtbrand im Februar 1222 zerstörte die Stiftsgebäude einschließlich die Allerheiligenkirche. Das Hospital am Stift erscheint letztmalig 1243 in einer Urkunde. Auch hatte die Allerheiligenkirche Mitte des 13. Jh. ihren Status als Stifts- und Hospitalkirche verloren. Vermutlich wurde der Konvent an die Reglerkirche verlegt bzw. mit dem dortigen Stift vereinigt. Seit etwa 1250 verfügte nicht mehr das Allerheiligenspital, sondern das Reglerstift über die Stiftsgüter und Besitzungen in über 35 Dörfern; alle Urkunden des 12. bis 16. Jh. finden sich im Kopialbuch des Reglerstifts wieder. Zwischen beiden Stiften war offensichtlich eine Rechts- und Besitznachfolge zugunsten des Reglerstifts eingetreten.

▶ **Gegenwart.** Die Allerheiligenkirche wurde 1283 als Pfarrkirche unter Verwendung hochromanischer Mauern wieder errichtet. Heute kennzeichnen gotische Formen die zweischiffige Halle, die auf Umbauten des 13., 14. und 19. Jh. zurückgehen. Die katholische Pfarrkirche und angrenzende Profangebäude nutzen einen Platz, der durch spitzwinklig zueinander laufende Straßen begrenzt wird und der dem Kirchenbau einen unregelmäßigen, dreieckigen Grundriss aufzwingt. Der quadratische Westturm (53 m) wurde erst 1487 angeschlossen und diente ob seiner Höhe auch als Feuerwachturm.

◆ Herz, Gerhard: Zur geschichtlichen Klosterlandschaft E., in: Stadt und Geschichte Erfurt 29 (2006) 3–6; Jürgensmeier, Friedhelm (Hg.): Handbuch der Mainzer Kirchengeschichte, 3 Bde, Würzburg 1997–2002.

Erfurt, *(2) Augustiner-Chorherrenstift St. Augustinus (vor 1170–1580) – „Reglerkloster".*

▶ **Geschichte.** Vor 1170 entstand in E. im Winkel der früheren Auguststraße und der doppelten Stadtbefestigungsmauer am Wasser der Wilden Gera das Regularkanonikerstift *Regularii Augustinii*, das die Bürger „Reglerkloster" nannten. In dieser Zeit existierte bereits das Allerheiligenstift (➛ Erfurt [1]) mit einem Hospital in der Altstadt an der Markstraße. 1238 wurde die dreischiffige Basilika, die „Reglerkirche", vollendet und von Bischof Wilhelm von Havelberg geweiht. Nach Auflösung des Allerheiligenstifts und seines Hospitals spätestens Mitte des 13. Jh. sind wohl beide Institutionen im Reglerstift vereint worden; zumindest erwiesen sich die Reglerchorherren als Rechtsnachfolger des Besitzes von Allerheiligen in 35 Dörfern des Umlandes. Denkbar ist aber auch eine gemeinsame Institution von Anfang an. Die Reglerchorherren setzten die Hospitaldienste im eigenen Stiftsgelände fort, ein Siechhausmeister war zum Wohl der Kranken, Bedürftigen, Pilger und Alterspfründner tätig. Der Propst der Augustiner-Chorherren, der Scholaster vom Kollegiatstift St. Marien und jener vom Kollegiatstift St. Severi legten 1282 eine Schulordnung fest, die im 14. Jh. ein hochentwickeltes, an kirchliche Institutionen gebundenes Schulwesen mit überregionaler Bedeutung entstehen ließ. Schulen bestanden am Marienstift, am Severistift, bei den Reglerchorherren, am Peterskloster

(➤ Erfurt [5]), bei den Schotten (➤ Erfurt [6]), Dominikanern (➤ Erfurt [9]), Franziskanern (➤ Erfurt [10]) und Augustiner-Eremiten (➤ Erfurt [4]). Die Reglerkirche und Klausur wurden nach einem Brand 1291 mit erzbischöflicher Unterstützung hochgotisch wieder aufgebaut. Die Arbeiten zogen sich bis 1374 hin. Das Stift war eng mit dem wohlhabenden Bürgertum der Stadt verbunden. Der Konvent setzte sich größtenteils aus Patriziersöhnen zusammen. Die Pröpste hatten im 15. Jh. das Amt eines Konservators der Universitätsprivilegien inne; städtische Provisoren übten Aufsichtsrechte über die Stiftsverwaltung aus. Der Verfall der inneren Ordnung zwang Mitte des 15. Jh. zu Reformen, die von Reformkanonikern der ➤ Windesheimer Kongregation angeregt wurden, ohne dass der Reglerkonvent der Windesheimer Vereinigung beitrat. Der berühmte Windesheimer Johannes Busch (1399–1479) vom Stift Neuwerk bei ➤ Halle erreichte 1453 die religiöse Erneuerung, die durch einen der bedeutendsten gotischen Altäre Thüringens zum Ausdruck kam, der zwischen 1464 und 1470 von einem mittelrheinischen Künstler, dem „Meister des Regleraltars“, für die Reglerkirche geschaffen wurde. Die Reformation erfasste E. frühzeitig und radikal, ab 1525 hielt der ehemalige Chorherr Johannes Kiliani im Auftrag des Magistrats in der Reglerkirche evangelische Gottesdienste. Der Konvent musste sich in die Kreuzgangkapelle zurückziehen, Propst Melchior Wigand starb 1539. Als der vom Magistrat eingesetzte Liborius Ochsenkopf 1580 als letzter Augustiner-Chorherr verstarb, nahm die Stadt das Reglerstift in Besitz; eine städtische Schule war bereits 1540 eingerichtet worden.

▶ **Gegenwart.** Die Reglerkirche, heute evangelische Pfarrkirche, erhebt sich hinter hohen Bäumen an der geschäftigen Bahnhofstraße in E. Das zweitürmige romanische Westwerk konnte die Pfeilerbasilika bewahren, wobei der Nordturm 1729 wegen Baufälligkeit abgetragen und mit barocker Haube auf alten Grundmauern erneuert werden musste. Das dreischiffige Langhaus mit Flachchor und Spitztonnengewölbe ist hochgotisch, unterlag aber mehreren Eingriffen und inneren Umgestaltungen noch bis ins 20. Jh. Die Klosteranlage im Nordbereich brannte 1660 bis auf den südlichen Kreuzgangrest völlig ab. Der 6,75 m hohe und 6,10 m breite Regleraltar ist ein kunsthistorischer Höhepunkt der Reglerkirche.

Erfurt Augustiner-Chorherrenstift „Reglerkloster“, Südwestansicht der romanischen „Reglerkirche“ (1238).

◆ Jürgensmeier, Friedhelm (Hg.): Handbuch der Mainzer Kirchengeschichte, 3 Bde., Würzburg 1997–2002; Kaiser, Gerhard/Möller, Roland: Die Reglerkirche zu E., Regensburg 1998.

Erfurt, *(3) Augustiner-Chordamenstift St. Maria und Heilig Kreuz (1136–1819) – „Neuwerkskloster“.*

▶ **Geschichte.** Am Krämpfertor vor den Mauern der thüringischen Stadt E. existierte seit 1136 ein Augustiner-Chordamenkonvent am Heilig-Geist-Hospital. 1194/96 wechselten die Stiftsdamen nach Kriegsunruhen mit Zustimmung des Mainzer Erzbischofs Konrad I. von Wittelsbach in die Stadt und ließen sich an der Pfarrkirche Heilig Kreuz in der ummauerten Neustadt nieder, woraufhin ihr Kloster die Bezeichnung „St. Maria zum neuen Werk“ (Neuwerkskloster) erhielt. In dem verlassenen Hospital kamen zunächst 1225 Franziskaner (➤ Erfurt [10]), später Sackbrüder, dann Zisterzienserinnen (➤ Erfurt [13]) und schließlich Serviten unter. 1291 nötigte ein Stadtbrand zum Wiederaufbau der Neuwerksanlage. Bereits 1295 ermächtigt ein päpstliches Privileg die Chordamen, auch während eines Interdikts Gottesdienst zu halten, was eine wiederaufgebaute Kirche voraussetzt. Im Spätmittelalter ließ die Klosterzucht nach, Priorin Nese Pardis bat 1451 um Abhilfe; eine Kommission stellte 1469 schwelgerisches Leben mit sündhafter Üppigkeit bei den 32 Konventualinnen fest. Der Reichtum des Stifts äußerte sich in Anhäufung von Kirchenschätzen; 1470 wurde die spätgotische Stiftskirche errichtet. Aufrührerische Bauern, denen lutherisch gesinnte Bürger 1525 die Stadttore geöffnet hatten, plünderten Neuwerk aus. Der Konvent blieb während der Reformation beim alten Glauben und behielt auch nach dem Bekenntnis der Stadt zum Protestantismus das Stift im Besitz. Im Dreißigjährigen Krieg plünderten die Schweden 1632 das Stift und Zisterzienserinnen von St. Martini mussten in dieser Zeit aufgenommen werden. Die Neuwerksfrauen halfen den Schwestern im niedersächsischen Stift ➤ Heiningen bei der katholischen Restitution. Anfang des 18. Jh. entstanden neue Klausurgebäude (1710–31), anschließend die neue Stiftskirche. Der Sieg der Franzosen über Preußen 1806 bei Jena läutete das Ende des Stifts ein. 1817 verwies die preußische Regierung die letzten Zisterzienserinnen von St. Martini in den Neuwerkskonvent; am 11. März 1819 wurde das Stift zusammen mit den anderen Frauenklöstern der Stadt aufgehoben, die Stiftsanlage 1881 abgerissen.

▶ **Gegenwart.** Die barocke Neuwerkskirche dient heute einer katholischen Gemeinde in E. als Pfarrkirche. Die einschiffige Halle

Erfurt Augustiner-Eremitenkloster, in diesem Kloster lebte Martin Luther als Mönch (1505–12), Westansicht der gotischen Anlage.

steht auf Grundmauern des spätgotischen Vorgängerbaus und besteht zum erheblichen Teil aus mittelalterlichem Mauerwerk. Die Gliederung des Baus, dessen Vertikale durch Strebepfeiler und hohe schmale Fenster betont wird, verrät gotischen Ursprung, was auch die östliche Lage des Turmes unterstreicht. Der im Verband mit dem Mauerwerk des Chores stehende Turm ist um 1470 entstanden, er erhielt um 1730 sein Glockengeschoss mit barocker Haube.

◆ Jürgensmeier, Friedhelm (Hg.): Handbuch der Mainzer Kirchengeschichte, 3 Bde., Würzburg 1997–2002; Herz, Gerhard: Zur geschichtlichen Klosterlandschaft E., in: Stadt und Geschichte Erfurt 29 (2006) 3–6.

Erfurt, *(4) Augustiner-Eremitenkloster St. Philipp und St. Jakob (1266–1559) – „Augustinerkloster".*

▶ **Geschichte.** Erzbischof Werner von Mainz (Eppstein) erlaubte 1266 den Augustiner-Eremiten aus ➛ Gotha ein Kloster in E. zu gründen. Gleich zu Beginn entstand Streit um den Bauplatz mit den Bürgern, die schließlich 1273 gewalttätig gegen die Brüder vorgingen und sie aus der Stadt jagten. Die Stadt begann damals dank des Handels mit dem Farbstoff Waid wohlhabend zu werden. Jedoch gab es bereits zwei Bettelordensniederlassungen in E., die Franziskaner seit 1224 (➛ Erfurt [10]) und die Dominikaner seit 1229 (➛ Erfurt [9]). Schließlich entschied sich der Rat 1276 zur Aufnahme der Augustiner-Eremiten, wollte er sich doch die Gunst des Stadtherrn, des Erzbischofs in Mainz, erhalten. Der Rat stiftete die Pfarrkirche St. Philipp und Jakob. 1277 begannen die Augustiner-Eremiten mit dem Klosterbau unmittelbar an dieser Kirche. Der Bau zog sich bis Mitte des 14. Jh. hin. Bei der Vergrößerung der Kirche gab es vor 1293 erneuten Streit mit dem Deutschen Orden, der benachbart eine Niederlassung unterhielt (➛ Erfurt [8]). Die Provinzialleitung der Augustiner-Eremiten richtete im Konvent zu E. ein Generalstudium ein, 1392 übernahm Bruder Angelus de Dobelinus († nach 1420) die Professur für Theologie an der neu eröffneten Universität. Nicht nur Gelehrsamkeit und Vermögen gediehen, auch griff eine lockere Auslegung der Ordensregel zunehmend um sich, so dass Kardinallegat Nikolaus von Kues bei einer Visitation 1451 entsprechende Reformen verlangen musste. 1474 schloss sich der Konvent der sächsischen Reformkongregation des Ordens an, deren Leitung der Lehrer Martin Luthers, Johann von Staupitz (um 1465–1524), innehatte (1503–20). Der Mitstreiter Luthers, Johann Lang (um 1487–1548), ebnete seit 1516 als Prior des Augustiner-Eremitenklosters den Weg für Luthers neue Lehre in E.; er trat 1522 mit vielen Mitbrüdern aus dem Konvent aus. Vier Jahre lebte der letzte Prior Leonard Willingk (1556–60) allein im Kloster; nach seinem Tod im Mai 1560 ließ der Rat eine Neubelegung aus Würzburg nicht zu. Er säkularisierte das Kloster offiziell erst 1598. Die Kirche gehörte zunächst der evangelischen Johannesgemeinde, im 19. Jh. wurde sie als Sitzungssaal für das Unionsparlament 1850/51 profaniert, drei Jahre später neu geweiht und 1935 gründlich restauriert.

▶ **Gegenwart.** Die Augustinerkirche in E. ist eine schlichte dreischiffige Hallenkirche, die von einem bekrönten, spätgotischen Glockenturm flankiert wird, im Ostbereich sind drei gotische Chorfenster mit eindrucksvollen Glasmalereien original erhalten. Die Klostergebäude dienten über 400 Jahre als Gymnasium, Waisenhaus, Erziehungsheim und Predigerschule. Während dieser Zeit wurden sie mehrmals saniert, umgebaut, kriegszerstört aber auch partiell abgerissen. Die schon in DDR-Zeiten begonnene Einrichtung einer Tagungs- und Begegnungsstätte wurde durch umfangreiche Sanierungsarbeiten bei geschickter Verwendung des erhalten gebliebenen Kreuzgangs nach 1999 vollendet. Neben mehreren evangelischen Verwaltungsinstitutionen befindet sich auch eine Bibliothek in den Klosterräumen. Das nach Originalvorlagen rekonstruierte Dormitorium mit der „Lutherzelle" beherbergt heute die Dauerausstellung „Bibel – Kloster – Luther". Seit 1996 leben, beten und arbeiten Schwestern der Evangelischen Kommunität „Casteller Ring" im Kloster. Trotz erheblicher Zerstörung im Februar 1945, bei der 267 Menschen in den Kellern der historischen Bibliothek umkamen, und dem schwierigen Wiederaufbau seit 1946, präsentiert sich das Augustinerkloster in E. noch immer als geschlossener Klosterkomplex des Mittelalters.

◆ Schmelz, Lothar/Ludscheidt, Michael (Hg.): Luthers Erfurter Kloster, Erfurt 2005; Kunzelmann, Adalbero: Geschichte der deutschen Augustiner-Eremiten, Tl. 1, 126–231, Tl. 5, 4–104, Würzburg 1969/74.

Erfurt, *(5) Benediktinerabtei St. Petrus und St. Paulus (1060–1803) – „Peterskloster".*

▶ **Geschichte.** Anfang des 8. Jh. soll auf dem beherrschenden Hügel über der Siedlung an der Gera, seit 742 Bischofssitz *Erphesfurt*, ein Kollegiatstift St. Peter und Paul in Verbindung mit einer fränkischen Königspfalz bestanden haben, was urkundlich aber erst seit 1060 gesichert ist. Erzbischof Siegfried I. von Mainz wandelte 1060 das Kollegiatstift „Petersberg" in ein Benediktinerkloster um. Möglicherweise rief er nach 1070 Mönche aus ➛Köln St. Pantaleon mit Siegburger Observanz in das thüringische E. Während des Investiturstreits setzten Truppen König Heinrichs IV. 1080 Stadt und Kloster in Brand. Abt Giselbert (1088–1103), auch Abt in ➛Reinhardsbrunn, strukturierte 1085 den Konvent im Sinn der ➛Hirsauer Reform um. Sein Nachfolger Abt Burchard (1103–16) begann 1103 mit dem Neubau der Abteianlage und der Kirche auf dem Petersberg im Stil damaliger Reformbauten mit Hirsauer Baumotiven. Die Weihe der Peterskirche vollzog Erzbischof Heinrich I. von Harburg im Juni 1147. Ihre hohen Osttürme (1246–54) prägten als höchste Punkte jahrhundertelang das Bild der Stadt. Durch die angeschlossene Königspfalz besaß das Peterskloster die besondere Ehre und Pflicht der Beherbergung römisch-deutscher Herrscher. Bis Ende des 13. Jh. fanden zahlreiche Reichs- und Hoftage sowie Synoden statt. Großzügige Dotationen und weitreichende Privilegien förderten den Aufstieg zum Ersten unter allen thüringischen Klöstern. Reichtum und Macht ermöglichten weitestgehende Freiheit gegenüber dem erzbischöflichen Landesherrn in Mainz. Der Grundbesitz reichte bis München und tief in das nordöstliche Slawengebiet. Abt Diethmar (1192–96) trug als erster die bischöflichen Insignien. Die „Petrinische Schreib- und Malschule" schuf schon im 12. Jh. hervorragende illuminierte Handschriften und bedeutende historiographische Werke. Die klostereigene Schule wird 1271 erstmals erwähnt, ihre Bibliothek war 1392 eine der wichtigen Voraussetzungen für die Universitätsgründung in E. Die allgemeine Krise des Mönchtums im Spätmittelalter war an ungebrochener Strahlkraft der Abtei nicht ablesbar, aber Abt Hartung (1437–46) residierte außerhalb der Klausur in der Schenke „Zum grünen Hagen". Mit Beitritt zur ➛Bursfelder Kongregation um 1450 erreichte Abt Christian Kleingarn (1451–58) Observanz, sein Nachfolger Gunther von Nordhausen (1458–1501) nahm eine führende Position in der Bursfelder Reformunion ein; oft tagte das jährliche Generalkapitel auf dem Petersberg. Bauernunruhen, Reformationswirren und Schwedenbesatzung brachten im 16./17. Jh. Plünderungen und kurzzeitige Schließungen. Erzbischöfliche Waffengewalt unterdrückte 1664 die Selbstbehauptung der reichen Stadt. Der Petersberg wurde als Zitadelle ausgebaut, die Abtei in das Bollwerk integriert. Entsprechend dem Frieden von Lunéville 1801 fiel E. an Preußen, die Auflösung des Petersklosters folgte 1803. Bei Beschießung der Zitadelle 1813 wurde die Abteianlage zerstört, die beschädigte Kirche nutzte man als Proviantmagazin, die Klostergebäude erlagen dem Abriss.

▶ **Gegenwart.** Der Besucher der Zitadelle auf dem Petersberg in E. erahnt heute lediglich am gedrungen wirkenden Kirchentorso ohne Türme den einstigen monastischen Ausdruckswillen der Reformmönche, der von einem der größten Reformbauwerke Thüringens mit Hirsauer Baumotiven ausging. Interessante Detailformen erschließen noch heute den hohen künstlerischen Rang, so das Westportal, Querhausportal mit Tympanon an der Südseite, die romanischen Querhausapsiden, der Friesschmuck, eine Ritzzeichnung mit Schmerzensmann (um 1360), das Kreuzigungsrelief (um 1370), Inschrift von 1382 zur Erinnerung an die Pest und im Inneren reichgegliederte Pfeiler mit Arkadenansätzen, Würfelkapitelle, Kämpferfriese und Wandmalereien. Der mit Zwischenböden aufgeteilte Bau wird als Ausstellungs- und Veranstaltungszentrum genutzt.

◆ Friedrich, Verena: E. Die ehemalige Benediktinerklosterkirche St. Peter und Paul, Regensburg 2003; Berger, Rolf: Die Peterskirche auf dem Petersberg zu E., Bonn 1994.

Erfurt, *(6) Benediktinerabtei St. Jakobus der Ältere (1136–1820) – „Schottenkloster".*

▶ **Vorgeschichte.** Der angelsächsische Missionar und Erzbischof Bonifatius (671/72–754) gründete 742 im thüringischen E. ein Bistum, das 755 aufgegeben und dem Mainzer Erzbistum angegliedert wurde (Mainz übte bis 1802 Landesherrschaft aus). Die „Mainzer" Stadt E. entwickelte sich im 11./12. Jh. zum bedeutendsten Handelszentrum Mitteldeutschlands, das vor der Reformation mit drei Kollegiatstiften, 36 Klöstern und Klosterhöfen sowie über 90 Kirchen und Kapellen an religiöser Strahlkraft nur von der *Sancta Colonia* (Köln) überboten wurde.

▶ **Geschichte.** Irische Benediktiner kamen 1136 aus ➛Regensburg nach E. und gründeten nach dem Peterskloster (➛Erfurt [5]) die zweite benediktinische Mönchsniederlassung in der Stadt. Das „Schottenkloster" war die

Erfurt Benediktinerabtei „Peterskloster", die romanische Basilika auf dem Petersberg war ein weithin sichtbares Monument monastischen Ausdruckswillens.

nördlichste irische Gründung im Reich und einzige in Thüringen. Das Datum ist wegen fehlender Quellen unsicher. Als Stifter und Schirmherr kommt Graf Walther vom Gleißberg in Frage, ein staufischer Ministeriale, dessen Gattin Hedwig von Vohburg die irischen Mönche in Regensburg kennengelernt hatte. Als erster urkundlicher Nachweis gilt der Zeugenauftritt des irischen Abts Mauritius 1193. Die päpstliche Bestätigung und Zusage grundlegender Privilegien erfolgte 1226, im gleichen Jahr bestätigte der Mainzer Erzbischof Siegfried II. von Eppstein die Visitations- und Korrektionsgewalt der Regensburger Äbte über die Tochterabtei in E. Die Gleißberger Stifter verkauften 1290 ihre Rechte an die Stadt. Die irischen Benediktiner spielten während des Mittelalters in der Seelsorge der Stadt eine nicht unbedeutende Rolle und widmeten sich in vielfältiger Weise den Wissenschaften, insbesondere der Mathematik, Physik und Astronomie. Nach Gründung der Universität 1392 bekleideten sie hohe akademische Ämter, Rektoren gingen aus ihren Reihen hervor. Das physikalische Kabinett der Universität war im Schottenkloster untergebracht. Die Mönche unterhielten eine eigene Schule. Der berühmte Magister und Sprachtheoretiker Thomas von Erfurt lehrte um 1300 an der „Schottenschule". Anfang des 16. Jh. verdrängten schottische Benediktinermönche die Iren und gaben dem Jakobikloster seinen Namen. Bereits im Mai 1524 predigte Johann Eberlin von Günzberg (um 1470–1533) in der Schottenkirche lutherisch, wandte sich aber mutig gegen den „Pfaffen- und Bildersturm", der in der Stadt die Oberhand gewann, was vom Magistrat toleriert wurde. Als aufrührerische Bauern 1525 die Stadt besetzten, vertrieben sie die Schotten aus ihrem Kloster. Zahlreiche Mönche traten aus dem Konvent aus. Der Restkonvent musste Besitz verkaufen, um überleben zu können. 1529 lebte nur noch ein Benediktiner in St. Jakobi, zwischen 1561 und 1577 stand das Kloster leer. Der Hammelburger Vertrag von 1530 zwischen Stadt und Mainzer Landesherrn rettete das Überleben der meisten klösterlichen Institutionen. In der ersten Hälfte des 18. Jh. konnten umfassende Renovierungsarbeiten durchgeführt werden. 1744 schloss sich die Nikolaigemeinde an das Kloster an, die Kloster- und Pfarrkirche trug fortan das Doppelpatrozinium St. Nikolaus und Jakobus. Der schottische Benediktiner Andreas Gordon (1712–51) lehrte seit 1737 an der Universität Philosophie und wurde auf dem Gebiet der Elektrizitätslehre bekannt. E. fiel 1802 an Preußen, 1820 erfolgte die Aufhebung der Abtei, bald darauf der Abbruch der Klostergebäude.

▶ **Gegenwart.** Die Schottenkirche St. Nikolai-Jakobi ist heute Gotteshaus der katholischen Gemeinde. Die dreischiffige, fünfjochige Pfeilerbasilika (um 1136–1200) mit Staffelchor, ohne Querschiff und ohne ausgeprägte Westfront, blieb als einziges romanisches Gotteshaus der Stadt für den Gottesdienst erhalten, obwohl sie 1472 ausbrannte und 1727 erneuert werden musste. Die Grundsubstanz ist romanisch, der Chor spätgotisch und die Westfassade barock. Trotz eigenschöpferischer Leistung prägten den Bau bis hin zu Details die Hirsauer Baumotive. Im Inneren zeigen spätromanische Bündelpfeiler ornamentreiche Kapitelle, deren Schmuckformen auf irischen Ursprung verweisen.

◆ Flachenecker, Helmut: Schottenklöster. Irische Benediktinerkonvente im hochmittelalterlichen Deutschland, Paderborn u. a. 1995; Zahn, Wolfgang: Die Schottenkirche St. Jakob in E., Jena 1957.

Erfurt, *(7) Benediktinerinnenkloster St. Cyriacus (vor 836–1819) – „Cyriakskloster" bzw. „Andreaskloster".*

▶ **Vorgeschichte.** Am Fuß des Petersberges in E. befanden sich seit 742 der Dom und seit etwa 935 das Kollegiatstift St. Severus. Als Erzbischof Otgar von Mainz 836 die Gebeine des heiligen Severus von Ravenna nach E. überführen ließ, existierte bereits ein Benediktinerinnenkloster *S. Pauli in alto monte* an Stelle der Severikirche oder dicht daneben. Es soll nach lokaler Überlieferung schon 743 von Bonifatius (671/72–754) gegründet worden sein.

▶ **Geschichte.** Erzbischof Adalbert I. von Mainz (Saarbrücken) ließ 1123 das Frauenkloster vor die Tore der Stadt auf den Cyriaksberg verlegen, weil er den Platz zum Bau des wehrhaften Krummhauses benötigte. Bis 1480 waren Berg und Cyriakskloster nicht in das Verteidigungssystem der Stadt einbezogen und boten feindlichen Heeren günstige Belagerungsmöglichkeiten, so etwa 1375 den Truppen Kaiser Karls IV. und Landgraf Friedrichs des Strengen. 1471 fielen einem Brand im Kloster fast alle Gebäude zum Opfer. Die Benediktinerinnen nahmen Zuflucht bei den Zisterzienserinnen am Brühl St. Martin (➛ Erfurt [13]). Cyriakskloster und Kirche konnten nach ihrer Wiederherstellung 1472 neu geweiht werden. Als im Juni 1472 das Martinskloster bis auf den Kirchturm niederbrannte, gewährten nun die Benediktinerinnen ihrerseits den Zisterzienserinnen Zuflucht. Die Stadt begann 1480 mit dem Bau der Cyriaksburg, weshalb der Konvent 1482 an die Pfarrkirche St. Andreas, die seit 1399 dem Cyriakskloster inkorporiert war, am Fuß des Petersberges verlegt wurde. Auch der nahe Hof der Zisterzienserabtei ➛ Volkenroda, den die Stadt 1480 gekauft hatte, wurde den Schwestern überlassen. Um diese Zeit gehörten neben Äbtissin Margaretha Zigelerin 24 Schwestern zum Konvent. Die Andreaskirche erhielt 1484 einen Nonnenchor, diesen erreichten die Schwestern von ihrer Klausur über einen Schwibbogen, der über die Straße hinwegführte. Bis zur erneuten Verlegung des Frauenklosters 1688 wurde die Andreaskirche simultan als Pfarr- und Klosterkirche genutzt. Die Andreasgemeinde bekannte sich schon 1522 zum lutherischen Glauben, der Konvent aber blieb katholisch. Als der Stadtherr und Kurfürst Johann Philipp von Schönborn 1665 die Zitadelle auf dem Petersberg errichten ließ, störte das Kloster am Fuße des Berges; die Schwestern mussten erneut auf ein ihnen

Erfurt Benediktinerabtei, die „Schottenkirche".

Erfurt, Benediktinerinnenkirche St. Andreas.

zugewiesenes Gelände zwischen Lehmannbrücke und Weidengasse ausweichen. Nach Übernahme der Stadt hob Preußen 1819 das älteste Kloster der Stadt auf.

▶ **Gegenwart.** Von Klosterbauten sind an keinem der Standorte architektonische Spuren geblieben, lediglich die Andreaskirche dient heute noch der evangelischen Gemeinde als Gotteshaus. Die einschiffige, im Kern hochgotische Saalkirche mit südwestlichem Eckturm war nach einem Brand 1416 wiederaufgebaut und 1484 für die Benediktinerinnen umgebaut worden. Auf die Schwestern geht auch das spätgotische Südportal mit Kreuzigungsrelief und Skulpturen der Apostel Petrus und Andreas zurück. An der Westseite der Kirche ist ein hoher, heute vermauerter Bogen erkennbar, der die ehemalige Lage der Nonnenempore anzeigt.

◆ Herz, Gerhard: Zur geschichtlichen Klosterlandschaft Erfurts, in: Stadt und Geschichte Erfurt 29 (2006) 3–6.

Erfurt, *(8) Deutschordenskommende St. Nikolaus (vor 1258–1787).*

▶ **Geschichte.** Spätestens 1258 besaß der Deutsche Orden ein Haus nahe der Lehmannbrücke in der thüringischen Handelsmetropole E. Die Benediktinerabtei ➛ Reinhardsbrunn überließ dem Orden 1281 ihren Stadthof in Nachbarschaft der Augustiner-Eremiten (➛ Erfurt [4]), auf dem vorübergehend eine eigenständige Kommende entstand. Durch Tausch kam 1284 die anliegende Pfarrkirche St. Nikolaus hinzu. Die Deutschordensbrüder erhielten Patronatsrechte und übten Seelsorge in der Nikolaigemeinde aus. Die benachbarten Augustiner-Eremiten rissen zur Erweiterung ihrer Klosteranlage eine dem Deutschen Orden gehörende St. Anna Kapelle ohne Erlaubnis nieder; der Streit endete 1293 mit einem Vergleich. Ein erster Komtur, Nikolaus de Bichelingen, wird 1333 erwähnt. Die Kommende gehörte zur Ballei Hessen mit Hauptsitz in ➛ Marburg. Lange hat das Haus E. als selbständige Institution nicht bestanden, bereits vor 1360 unterstand es der Kommende ➛ Griefstedt, die Niederlassung E. wurde daher fortan als Stadthof geführt. Der Drypode von der Danne (Thann), Komtur von Griefstedt (1359–79), ließ 1360 den heute noch stehenden Glockenturm der Nikolaikirche errichten. Nach Hochblüte des Ordens in der ersten Hälfte des 14. Jh. setzten Wirtschaftskrisen und militärische Rückschläge dem Orden zu, was mit einem Verlust der Ordensideale, Finanzproblemen und Nachwuchsmangel einherging. Nach Durchsetzung der Reformation in Thüringen und Sachsen entschied sich die Ordensballei Hessen, alle drei Konfessionen nebeneinander zu dulden, was um 1680 offizielle Anerkennung fand. Komtur Franz von Hatzfeld (1556–75) ließ das Deutsche Haus in E. erneuern, wobei gotische Altsubstanz einbezogen wurde. 1744 wurde die kleine Nikolaigemeinde mit der Gemeinde des Schottenklosters (➛ Erfurt [6]) zusammengelegt. Die Kirche St. Nikolai verfiel und wurde Ende des 18. Jh. niedergelegt. 1787 ging der Deutschordensbesitz in E. an die kurmainzische Regierung über, das „Deutschhaus“ diente im 19. Jh. als Pfarrhaus.

Erfurt Deutschordenskommende, der Glockenturm als Rest der gotischen Komturkirche St. Nikolai.

▶ **Gegenwart.** Heute ist das sanierte Renaissancehaus der Kommende mit Anteilen des gotischen Vorgängerbaues in der Cumthurgasse ein Wohnhaus im „Comthurhof“. Profilierte Fenster, Rundbogenportal und Wappentafeln schmücken das mehrstöckige Gebäude. Dahinter entsteht derzeit ein moderner Wohnkomplex. 51 m hoch ragt der quadratische Glockenturm als Rest der abgerissenen Nikolaikirche über das Gelände; er geht auf die Bautätigkeiten der Deutschordensbrüder im 14. Jh. zurück. Im Turmerdgeschoss konnten interessante Wandmalereien zur Elisabethverehrung freigelegt werden.

◆ Arnold, Udo: Thüringen, E. und der Deutsche Orden, Erfurt 2007; Braasch-Schwersmann, Ursula: Das Deutschordenshaus Marburg, Marburg 1989.

Erfurt, *(9) Dominikanerkloster St. Paulus (1229–1588) – „Predigerkloster“.*

▶ **Geschichte.** Mit Erlaubnis des Landesherrn, Erzbischof Siegfrieds II. von Mainz (Eppstein), und nach Kauf eines Bauplatzes in E. vom Vicedominus von Rusteberg begannen Dominikaner aus Paris 1229 unweit der Paulskirche im Zentrum der Stadt am Nordufer der Gera ein Wohnhaus mit provisorischem Oratorium zu bauen, das bereits 1230 konsekriert werden konnte. In der Gründungsphase stand dem Konvent als erster Prior Graf Elgar von Hohenstein (1229–42) vor, der 1236 in ➛ Eisenach eine weitere Niederlassung gründete. 1238 begannen die Brüder mit dem Bau einer größeren Anlage; der Kirchenbau zog sich bis 1370 hin; der hohe Glockenturm wurde erst zwischen 1447 und 1488 südlich an die dreischiffige Basilika angebaut. Zuwendungen der Bürger erlaubten die ständige Erweiterung der Konventsanlage und steigerten den Einfluss der Prediger, sehr zum Ärger des städtischen Pfarrklerus. Noch im 13. Jh. fanden vier Ordenskapitel der Provinz Teutonia im Konvent E. statt. 1252 ist erstmals ein Lektor Dietrich von Scherwist für das Hausstudium belegt, aus dem sich das Generalstudium für die Provinz Saxonia entwickelte. Eckhart aus Hochheim (um 1260–1327/28) trat vor 1277 als Novize in den Konvent ein, wurde 1294 Prior und Vikar von Thüringen, studierte und lehrte in Paris, war zwischen 1303 und 1313 als erster Provinzial der Provinz Saxonia tätig und ging unter dem Namen Meister Eckhart als einer der bedeutendsten christlichen Theologen, Philosophen und Mystiker in die Kirchengeschichte ein. Am Ende seines Lebens wurde er wegen seines progressiven Gedankenguts der Häresie verdächtigt und entzog sich dem Scheiterhaufen durch Widerruf seiner inkriminierten Schriften. Ein weiterer Dominikaner aus E., Magister Walter Kerlinger († 1373), ging als Generalinquisitor für Mitteldeutschland im Auftrag Papst Urbans V. und Kaiser Karls IV. seit 1364 hart gegen Beginen, Begarden und Flagellanten vor. Seit Gründung der Universität Erfurt 1392 besetzten die Dominikaner einen Lehrstuhl der Theologischen Fakultät. Der Predigerkonvent unterzog sich 1459 einer Reform zur Observanz; er zählte um diese Zeit etwa 80 Mitglieder. Um 1500 gab es in E., damals eine der größten deutschen Städte, zwölf Klöster und zwei Kollegiatstifte. Seit 1521 galt E. als „lutherische Stadt“. Zwar trafen sich die Dominikaner noch im September 1521 in E. zum Provinzkapitel, aber bereits im April 1525 waren alle Wertsachen des Konvents ins Rathaus gebracht, katholische Messfeiern verboten und aufständische Bauern zur Plünderung der Klöster und Stifte in die Stadt gelassen worden. Nach Abzug der Bauern hielt der ehemalige Dominikanerbruder Johann Rötelstein als erster evangelischer Pfarrer Gottesdienste in der Predigerkirche, fortan evangelisch-lutherische Pfarrkirche St. Johannes Evangelist. Die Klausurgebäude blieben dem inzwischen stark geschrumpften Konvent erhalten. Ein Kompromiss zwischen Stadt und Kurmainz im Hammelburger Vertrag von 1530 konnte die Verödung des Konvents nicht aufhalten. 1588 übergab der angeblich letzte Bruder Jakob Schoppe gegen den Willen des Ordens das Kloster der Stadt, die sogleich eine Schule einrichtete. Spätere Restitutionsversuche scheiterten am Desinteresse der Mainzer Kurfürsten und am Personalmangel des Ordens.

▶ **Gegenwart.** Ein Brand im Oktober 1736 zerstörte den größten Teil der Klosteranlage, so dass heute nur der östliche Klausurtrakt mit Refektorium und Kapitelsaal sowie die hallenartige, 15-jochige Basilika St. Johannes erhalten sind. Die monumental wirkende Predigerkirche, heute evangelisch-lutherische Pfarrkirche, gehört zu den schönsten und bedeutendsten Bauten der Bettelordensarchitektur im deutschen Sprachraum. Ihr Binnenchor ist ein genuines Charakteristikum der Dominikanerarchitektur; er wird seit dem 15. Jh. durch eine dreiteilige Chorschranke und zusätzlich durch einen Lettner von der „Volkskirche" im Langhaus getrennt. Zahlreiche Grabsteine und Wappen auf Gewölbeschlusssteinen erinnern an die Verbundenheit des Adels und der Patrizierfamilien mit ihrem Dominikanerkloster.

◆ Kaiser, Gerhard: Predigerkirche zu Erfurt, Regensburg 2004; ders./Behr, Falko:: Meister Eckhart und sein Kloster, Freiburg 2003.

Erfurt Dominikanerkloster, Mittelschiff der Paulskirche mit Blick auf die Chorschranke.

Erfurt, *(10) Franziskanerkloster St. Johannes Baptist (1231–1594) – „Barfüßerkloster".*

▶ **Geschichte.** Unter Bruder Jordanus von Giano (um 1195– nach 1262, OFM ab 1220) kamen sieben Franziskaner bereits 1224 über Mainz in die östliche Handelsmetropole E. Sie wohnten zunächst im Leprosenhospital, zogen ein Jahr später an die St. Spirituskirche des Heiliggeistspitals vor dem Krämpfertor, bis ihnen 1231 der Vitztum von Apolda einen Platz am Flüsschen Gera innerhalb der Stadtmauern stiftete. Erst 1232 begannen die Barfüßer mit Unterstützung der Bürger mit dem Klosterbau. Der Stadtrat stellte ihnen einen Prokurator an die Seite. Das erste Provinzkapitel des Ordens fand um 1240 statt; der Konvent E. war Sitz des Kustos von Thüringen. 1259 wurde der ehemalige Franziskaner, Landesherr und Erzbischof Gerhard I. von Mainz (Dhaun) in der Konventskirche begraben. Erzbischof Heinrich II. nutzte 1287 diese Kirche für Weihehandlungen und sammelte Kreuzzugsgelder. Ein Stadtbrand 1291 vernichtete die Konventsanlage. Unter Ausnutzung alter Bausubstanz wurde bis Anfang des 15. Jh. eine größere, dreischiffige Pfeilerbasilika erbaut, neue Klausurgebäude entstanden um 1454. Die Minoriten unterhielten bereits seit der Gründung eine Schule, die sich zum bedeutenden Generalstudium des Ordens entwickelte. Der erste bekannte Lektor Helwicus starb 1252. Die Barfüßer sorgten durch ihre Gelehrsamkeit neben den Augustiner-Eremiten und den Dominikanern für den hervorragenden Ruf der 1392 eröffneten Universität E. 1452 versuchte der Franziskanerobservant Giovanni Capistrano (1386–1456, kanonisiert 1690) aus Perugia Observanz zu erreichen; trotz päpstlichen Auftrags war ihm kein Erfolg beschieden, umso mehr jedoch mit seinen mitreißenden Predigten bei begeisterten Menschenmassen auf dem Marktplatz. Ebenso begeistert reagierten die Bürger 70 Jahre später, als evangelische Predigten in der Stadt gehalten wurden. Der erste evangelische Gottesdienst fand 1525 in der Barfüßerkirche statt. Durch Austritte verödete der Konvent. Guardian Georg Frowein verkaufte 1530 den Besitz. Der letzte Franziskanerbruder Jakob Schilling starb 1594. Der Rat übernahm die Konventsgebäude und richtete eine Winterschule ein. Offiziell übergab der Orden erst 1655 das Kloster der evangelischen Gemeinde.

▶ **Gegenwart.** Von dem nördlich der Barfüßerkirche gelegenen Klosterkomplex, der bis an die Gera reichte und dem Dominikanerkloster direkt gegenüber lag, ist nichts geblieben. Im Dreißigjährigen Krieg nutzten Schweden das Steinmaterial zum Bau einer Schanze. Den übriggebliebenen Kreuzgang zerstörten Franzosen im Siebenjährigen Krieg. Einzig die große Klosterkirche blieb als evangelische Pfarrkirche erhalten. Die dreischiffige, sechsjochige Pfeilerbasilika im gebundenen System mit vierjochigem Chor, mit Kapellen und Turm wurde 1833 durch Blitzeinschlag und Feuer beschädigt. 1944 zerbombten angloamerikanische Flieger den Bau bis auf die Umfassungsmauern des Langhauses, Chor und Sachsenkapelle widerstanden. Heute mahnt die konservierte Ruine gegen den Krieg, von ihr geht noch immer eine außergewöhnliche Faszination aus. Der bestehende Chor von 19,5 m Innenhöhe birgt Gewölberippen, verzierte Becherkapitelle und abgekragte Dienste, ebenso spätgotische Epitaphe, Steinfiguren und mittelalterliche Altäre. Besonders bedeutend aber sind die Bundglasfenster aus der Gründungszeit um 1235 mit dem ältesten Franziskuszyklus nördlich der Alpen. Der Franziskanerchor dient seit seiner Restaurierung dem städtischen Angermuseum als Ausstellungs- und Veranstaltungsraum.

◆ Pieper, Roland/Einhorn, Jürgen W.: Franziskaner zwischen Ostsee, Thüringer Wald und Erzgebirge, Paderborn u. a. 2005, 159–165; Horn, Karsten: Barfüßerkirche E-, Lindenberg 1999.

Erfurt, *(11) Kartäuserkloster St. Salvator (1371–1803) – Kartause „Erlöserberg“.*

▶ **Geschichte.** Ein Wallfahrtspriester vom Hülfensberg im Eichsfeld stiftete sein Vermögen zur Gründung einer Kartause in E., was Erzbischof Johann von Mainz (Luxemburg-Ligny) 1371 genehmigte. Testamentsvollstrecker waren Propst Johann Orthonis zu Dorla und Propst Herbord Spangenberg vom Stift St. Severin, die mit großzügigen Schenkungen das Vorhaben zusätzlich unterstützten. Der Gründungskonvent unter Prior Heinrich Roeckel (1372–80) kam 1372 aus der Kartause ➛ Grünau im unterfränkischen Maingebiet und begann mit dem Bau einer großzügigen Anlage auf der Wolfsweide in der Löbervorstadt südlich der Altstadt unmittelbar an der Wilden Gera. 1374 inkorporierte der Orden die Gründung E. unter dem Namen *Domus montis Sancti Salvatoris*. Die Kirchenweihe fand 1375 statt. Kaiser Karl IV. bestätigte im selben Jahr die vergebenen Privilegien. Stiftungen der Bürger, darunter mehrere Dörfer bis in das Gebiet Sachsens, erlaubten dem Konvent, sich auf die Stärke eines Doppelklosters von 24 Mönchen baulich zu vergrößern. 1380 gründete E. die Kartause Eisenach. Prior Heinrich Roeckel wurde 1380 erster Prior von Marienzell in ➛ Nürnberg. 1434 standen neun Prioren aus E. anderen Kartausen vor, 1442 besiedelten Erfurter Kartäuser ➛ Eppenberg südlich von Kassel und 1477 Crimmitschau in Sachsen; insgesamt leiteten im Lauf der Geschichte 80 Professen aus E. andere Konvente. Die Kartause „Erlöserberg“ entwickelte sich zur bedeutendsten Niederlassung des Ordens in Mitteldeutschland. In der Gelehrtenwelt erstrahlte sie als Zentrum der Reformtheologie im Sinn des Konziliarismus; zu nennen sind die Literaten und Hochschullehrer Jakob von Jüterbog (1381–1465, Rektor der Universität 1456) und Johann von Hagen (um 1415–75, Prior in E. 1457–60). Auch konnte sich das Kloster einer der größten Bibliotheken Deutschlands rühmen, deren Aufbau dem Bibliothekar Bruder Jakob Volradi († 1498) zu verdanken war. Während der Reformation ging die Mitgliederzahl der Mönche stark zurück, zeitweilig lebte nur ein Kartäuser in E., ohne Hilfe aus ➛ Buxheim wäre die Kommunität wohl ausgestorben. Der evangelische Stadtrat versuchte 1563 vergeblich, sich des Klosters zu bemächtigen. Der Dreißigjährige Krieg und die schwedische Einquartierung brachten Repressalien und einschneidende Verluste. Nach einer Erholungsphase und erneutem Aufblühen gestaltete Prior Leopold Wohlgemut (1713–32) den Erlöserberg zu einem Barockkloster um. 1803 lösten preußische Behörden das Kloster auf. Es wurde in der Folgezeit als Fabrikationsstätte einer Baumwollmanufaktur genutzt. Ein Brand 1845 zerstörte einen Großteil der Gebäude, der Platz wurde mit Wohnhäusern bebaut.

▶ **Gegenwart.** Heute ist nur die innen völlig entkernte, gotische Kirche mit ihrer Barockfassade von 1728 äußerlich klar zu erkennen. Sie ist von zweigeschossigen Häusern umgeben, deren Untergeschosse und Keller auf die mittelalterlichen Klosterbauten zurückgehen: an der Nordostseite die Sakristei mit vier Kreuzrippengewölben, an der Südostseite das Kapitelhaus mit Kapitelsaal, St. Salvatorkapelle und Colloquium, ebenfalls teilweise mit Kreuzrippengewölben. Ein alter Durchgang führt vom ehemaligen Großen Kreuzhof in den Kleinen Kreuzhof; beide sind inzwischen bebaut. Erhalten sind auch Mauern des südlichen Kreuzgangs und Reste der ehemaligen Küche, man erkennt noch Eingänge zu den Mönchszellen. Die Bebauung mit Wohn- und Bürohäusern schreitet in den letzten Jahren rasch voran. Der Kirchentorso verharrte 2007 noch in verkommenem Zustand.

◆ Düsterdick, Volker: Die Mönchszellen des Kartäuserklosters, in: Stadt und Geschichte Erfurt 29 (2006) 12–13; Schlegel, Gerhard: Der Nekrolog der Kartause E., in: Analecta Cartusiana 125/1 (1991) 105–112; Die Kartäuser, hg. von Zadnikar, Marijan, Köln 1983, 299–301.

Erfurt Franziskanerkloster, die Mittelschiffsruine der spätgotischen Barfüßerkirche.

Erfurt, *(12) Magdalenenkloster St. Maria Magdalena (vor 1235–1667), Ursulinenkloster St. Maria Magdalena (seit 1667) – „Angerkloster“.*

▶ **Vorgeschichte.** Am Krämpfertor vor den Mauern der thüringischen Stadt E. existierte seit 1136 ein Augustiner-Chordamenstift am Heiliggeistspital. 1194/96 wechselten die Stiftsdamen in die Stadt und ließen sich als Neuwerkskloster an der Pfarrkirche Heilig Kreuz (➛ Erfurt [3]) in der ummauerten Neustadt nieder. An ihrer romanischen Kirche östlich der Wilden Gera am Anger, dort wo der profitable Waidhandel den Reichtum der Stadt begründete, ließen sich Magdalenen nieder. Im verlassenen Hospital am Krämpfertor östlich der Wilden Gera kamen zunächst 1225 Franziskaner (➛ Erfurt [10]), später Sackbrüder, dann Zisterzienserinnen von ➛ Berka bzw. St. Martini (➛ Erfurt [13]) und schließlich Marienknechte des Servitenordens unter.

▶ **Geschichte.** 1235 sind die Magdalenen im „Angerkloster“ urkundlich erstmals nachweisbar. Elisabeth, Landgräfin von Thüringen (1207–31, kanonisiert 1235), soll bei ihren Besuchen in E. im Magdalenenkloster gewohnt haben. Fromme Schenkungen sicherten die Lebensgrundlage; so übereignete Ritter Helwig von Suveld 1257 seinen Besitz in Urbich (Grafschaft Vieselbach). Nach einem Großbrand entstand bis Ende 13. Jh. die gotische Saalkirche, die Anfang des 15. Jh. durch ein nördliches Seitenschiff erweitert wurde. Der „Weißfrauenkonvent“ führte ein weltabgeschiedenes Leben in Buße und Sühne. Die Herstellung von Stickereien, Wandteppichen und Paramenten war neben den Gebetsleistungen Hauptbeschäftigung. Papst Alexander IV. mildert 1258 das Ordensleben der „Reuerinnen“, weshalb zunehmend nicht nur „gefallene“ Mädchen, sondern auch Bürgertöchter um Aufnahme in den Konvent baten. Im Spätmittelalter registrierten Visitatoren geordnete Verhältnisse, die Frauen fügten sich willig den

Observanzbestimmungen. Die Reformation in E. beeinflusste das Angerkloster nicht nachhaltig, es musste jedoch Steuern an den Magistrat abführen. Der Konvent blieb katholisch, dünnte aber aus; 1667 lebten noch vier Magdalenen in E., die letzte starb 1685. Erzbischof Johann Philipp von Schönborn, Kurfürst und inzwischen durch Militärgewalt uneingeschränkter Stadtherr, übergab 1667 das aussterbende Angerkloster dem Ursulinenorden. Schwestern aus Kitzingen begannen unter der Oberin Katharina Ponket (1667–73) im September 1667 ein auf Bildung und Erziehung orientiertes Klosterleben, das trotz zahlreicher Wirren bis heute ununterbrochen fortbesteht. Mehrere Tochtergründungen, so 1700 Duderstadt, 1912 Nebraska und 1939 Peru gingen vom Angerkloster in E. aus.

▶ **Gegenwart.** Noch heute steht die Ausbildung junger Mädchen im Vordergrund des Ursulinenkonvents. 27 Schwestern eröffneten 1992 die neue Edith-Stein-Schule in E. Die bestehenden Klausurgebäude mit Torhaus am Anger, heute mitten in der Landeshauptstadt, verdrängten im 17. Jh. ältere Gebäude. Die gotische Klosterkirche St. Maria Magdalena, ein zweischiffiger Saal mit flachem Chorabschluss, wurde 1950 nach Kriegszerstörung wiederaufgebaut. Im Inneren scheiden achteckige Säulen und hohe spitzbogige Arkaden die zwei Schiffe, im Westen des Hauptschiffs ruht die Nonnenempore auf Kreuzrippengewölbe. Das Kloster bewahrt mehrere beeindruckende Ausstattungsstücke aus der Zeit der Magdalenen; herausragend die überlebensgroße Pietà (1340), die zu einer Gruppe geschnitzter Vesperbilder gehörte. Ebenso hervorzuheben sind mittelalterliche Leinwandstickereien der Schwestern, ein Hungertuch (14. Jh.) und ein Wandteppich mit Szenen aus dem Leben Maria Magdalenas (Ende 15. Jh.).

◆ Mohn, Claudia: E. (Thüringen), in: Mittelalterliche Klosteranlagen, Petersberg 2006, 436; Müller, Chlothilde: Ursulinenkloster E., Erfurt 1992.

Erfurt, *(13) Zisterzienserinnenabtei St. Maria und St. Martin (1288–1819) – „Martinikloster".*

▶ **Geschichte.** Zisterzienserinnen aus ➛ Berka wollten ihr Kloster um 1288 nach E. verlegen und kamen zunächst im Haus der Sackbrüder vor dem Krämpfertor unter, das ihnen Erzbischof Gerhard II. von Mainz laut Urkunde von 1291 übereignet hatte, weil der Sackbrüderorden auf Beschluss des II. Konzils von Lyon 1274 aufgelöst worden war. Der Stadtbrand von 1291 vereitelte die Pläne, die Schwestern gingen nach Berka zurück und betrachteten ihre begonnene Niederlassung in E. als Tochtergründung, die Gebäude wurden ausgebaut und 1296 geweiht. Das neue Kloster, das sie „Mariengarten" nannten, genügte bald nicht mehr. Sie zogen 1309 in einen Neubau am Brühl innerhalb der Stadtmauern an der Pfarrkirche St. Martin, deren Patronat sie 1303 übernommen hatten. In ihre alte Niederlassung am Krämpfertor zogen Servitenbrüder ein (hiervon sind keine architektonischen Spuren geblieben). Der Konvent bekannte sich zur Zisterzienserobservanz, ohne dem Zisterzienserorden anzugehören oder engere Verbindungen mit Mönchsabteien zu pflegen. Die Mainzer Erzbischöfe behielten ihre Jurisdiktion und setzten meist die Grafen von Gleichen als Vögte ein. Das Kloster nahm eine aufstrebende Entwicklung, blieb aber in der klosterreichen Stadt eher bedeutungslos, auch wenn bis 1782 sieben Vikarien nachzuweisen sind. Ein Großbrand 1472 nötigte bis 1483 zum Neubau der Anlage. Die vorbildliche Klosterdisziplin befähigte die Schwestern, ihre Observanz in die Frauenklöster ➛ Ichtershausen, ➛ Jena St. Michael und ➛ Kelbra zu übertragen. Interessanterweise forderte das Generalkapitel des Zisterzienserordens 1489 Beiträge vom Kloster, was nur mit Vollmitgliedschaft im Orden erklärbar ist, die wohl doch im Spätmittelalter erfolgt war, ein urkundlicher Nachweis liegt jedoch nicht vor. Aufrührerische Bauern verschonten 1525 das „Martinikloster" weitestgehend, die energische Äbtissin Elisabeth Lindemann bewahrte den Konvent vor den reformatorischen Wirren. Schweden plünderten und vertrieben 1632 die Schwestern in das Neuwerkskloster (➛ Erfurt [3]), erst 1635 kehrten sie zurück. Im 18. Jh. musste die spätgotische Klausur barock erneuert werden (1728–36), später folgte der Umbau der Martinikirche (1755–58). Überschuldung führte zur Verarmung, die nicht mehr zu beheben war. Nach der Schlacht bei Jena 1806 diente die Klausur als Lazarett. Die letzten Zisterzienserinnen mussten 1817 endgültig in das Neuwerkskloster ziehen. Im März 1819 löste Preußen St. Martini zugunsten des Kirchen- und Schulfonds der Stadt auf.

▶ **Gegenwart.** Während die Klosterkirche bis heute für katholische Gottesdienste im Stadtteil Brühl bei Betreuung durch St. Severi genutzt wird, dienen die Gebäude aus dem 18. Jh. verschiedensten profanen Zwecken; für Büros und Behörden wurden sie eingreifend verändert. Der spätgotische polygonale Chor der Kirche blieb wie ihre Langhauswände, Sakramenthaus und der gotische Nordostturm beim Umbau 1755 unverändert, alle anderen Teile entstammen dem Spätbarock. Die Orgel von 1874 steht auf der westlichen Nonnenempore, die ursprünglich eine Verbindung zur Klausur besaß.

◆ RepZist 230–234.

Erfurt Zisterzienserinnenabtei „Martinikloster", die spätgotische Martinikirche in Nordostansicht.

Eschenbach, *Deutschordenskommende St. Maria (nach 1212– um 1310), Diözese Eichstätt – (Wolframs-E., Lkr. Ansbach, Bayern, ❐ 4, A3).*

▶ **Geschichte.** Graf Poppo II. von Wertheim schenkte zwischen 1212 und 1220 dem Deutschen Orden die Pfarrkirche mit Gütern im fränkischen E. Bis Mitte des 13. Jh. richtete der Orden eine Kommende für Ritter- und Priesterbrüder ein, die um 1310 der Kommende ➛ Nürnberg eingegliedert wurde. E. verlor nach etwa 100 Jahren seinen Status als Kommende und war fortan Sitz des Vogteiamtes unter einem Deutschordensvogt aus Nürnberg. Schenkungen und Zukäufe führten Mitte des 14. Jh. zur alleinigen Herrschaft über die sich entwickelnde Stadt. 1332 erlangte der Orden von Kaiser Ludwig dem Bayern das Stadtrecht für den Ort E., was Marktgerechtigkeit, Hochgerichtsbarkeit und Befestigungsrecht einschloss. Die Stadt wurde planmäßig ausgebaut und mit einer doppelten Wehrmauer umgeben. Das Deutschordensamt erreichte um 1500 mit E. und 28 umliegenden Orten seine größte Ausdehnung und hatte sich zum wirtschaftlichen, kulturellen und religiösen Zentrum der Region entwickelt. Bauernkrieg und Reformation wirkten sich kaum im Herrschaftsbereich aus. Der Dreißigjährige Krieg führte hingegen zu Zerstörung und wirtschaftlichem Zusammenbruch. Schwedenkönig Gustav Adolf verschenkte E. 1632 an die Stadt Nürnberg, die sogleich den Protestantismus einführte. 1635 kehrte der Deutsche Orden zurück, bemühte sich um Rekatholisierung, baute die Stadt wieder auf und schob die zerrüttete Wirtschaft im verwüsteten Land an. Die Bevölkerung war jedoch unterdessen um mehr als zwei Drittel zurückgegangen; zudem verhinderten die konkurrierenden Markgrafen vom benachbarten Ansbach-Brandenburg eine vollständige Konsolidierung. 1796 okkupierte Preußen das Vogteiamt, 1806 fiel es an Bayern. 1809 wurde der Orden in den Rheinbundstaaten aufgehoben.

▶ **Gegenwart.** Seit 1917 heißt der mittelfränkische Ort nach seinem größten Sohn, Wolfram von Eschenbach, dem Dichter des „Parzival". Weit sichtbar überragt die frühgotische Ordens- und Pfarrkirche St. Maria Himmelfahrt mit ihrem bunten Turmhelm den kleinen Ort, der viel von seiner mittelalterlichen Ursprünglichkeit bewahrt hat. Dieses katholische „Liebfrauenmünster" ist der vierte Kirchenbau an der exponierten Stelle, der in mehreren Abschnitten den Vorgängerbau zwischen 1250 bis 1310 verdrängte. Die dreischiffige Halle mit flachem Chor und 63 m hohem Westturm erinnert an die frühe Hinwendung des Deutschen Ordens zu gotischen Hallenkirchen (die erste entstand 1235 in ➛ Marburg). Experten lesen mehrere Bauhütten ab, so verweisen die drei unteren spätromanischen Turmgeschosse von 1250 auf St. Sebald in Nürnberg, der frühgotische Chor (1260–70) auf Zisterzienser aus dem ➛ Ebracher Umkreis und das Langhaus (1270–1310) auf die volkstümliche Bauweise der Franziskaner. Im Innern haben einige spätromanische bis gotische Schmuckelemente spätere Barockisierung, Neogotisierung und Purifizierung überstanden und sind durch die jüngste Restaurierung hervorgehoben worden. Auch die spätgotische Friedhofskapelle St. Sebastian geht auf den Deutschen Orden zurück. Die Wehrmauer um die Stadt und zwei ihrer Tore sind noch vollständig erhalten, das ehemalige Deutschordensschloss von 1623 ist heute Rathaus; die Ordensvogtei in der Hauptstraße entstand ebenfalls im 17. Jh.

◆ Geidner, Oskar/Maget, Josef: Liebfrauenmünster und St. Sebastian, Wolframs-E., Regensburg 2002; Weiss, Dieter J.: Die Geschichte der Deutschordens-Ballei Franken im Mittelalter, Neustadt/Aisch 1991.

Eschwege, *Augustiner-Eremitenkloster (1278–1527) – „Augustinerkloster", Erzdiözese Mainz – (Werra-Meißner-Kreis, Hessen, ❐ 1, D5).*

▶ **Geschichte.** Äbtissin Kunigunde schenkte und verpachtete 1278 im Namen des Benediktinerinnenkonvents von St. Cyriacus (➛ Eschwege) und auf Bitten der Bürger hin den „Schwarzen Mönchen" aus ➛ Gotha Grund und Boden an den westlichen Mauern der Stadt E. zum Bau eines Klosters. Urkunden geben wenig Auskunft über die Anfangszeit der Bettelbrüder, die sich nach den päpstlichen Weisungen hauptsächlich der Volksseelsorge und dem Studium widmeten. Der Ritter von Reingoldshausen und seiner Frau Irmtraud übereigneten den Brüdern um 1300 das gesamte Dorf Luthenbac (Lautenbach), was eine für die Mendikanten völlig unübliche Herrschaft über Personen bedeutete. Auch der Stadtrat war ihnen

Eschenbach Deutschordenskommende, der Ort mit dem frühgotischen Liebfrauenmünster des Deutschen Ordens bewahrte seine mittelalterliche Ausstrahlung.

wohlgesonnen und befreite sie zunehmend von steuerlichen Pflichten. Der Konvent mehrte durch Almosen, Stiftungen und Zukäufe seinen Immobilienbesitz, insbesondere an Terminierhäusern in den Städten Thüringens und Hessens. Gebildete Lesemeister boten regelmäßige Vorlesungen für junge Ordensgeistliche an. 1390 ernannte Ordensgeneral Bartholomaeus (1385–1400) Bruder Johannes aus E. zum Lektor im Augustiner-Eremitenkloster in Oxford (England). 1453 entschied sich der Konvent zur strengen Observanz, deren Einhaltung vom hessischen Landesherrn, Landgraf Ludwig I., persönlich überwacht wurde. 1473 erließen die Frauen von St. Cyriacus den Augustinern gegen Zahlung von 15 Gulden den Erbzins auf den Klostergrund, woraufhin die Augustiner die Schwestern in ihre Gebetsgemeinschaft aufnahmen. 1485 entstand ein neuer Konventsbau sowie eine spätgotische Klosterkirche mit zwei Kapellen und mehreren Altären, so dass 1491 ein Provinzialkapitel der sächsischen Reformkongregation in E. abgehalten werden konnte. Der letzte Prior Johann von Spangenberg (1516–27) trat gegenüber Landgraf Philipp I. von Hessen entschieden für die katholische Lehre ein. Der Landgraf hatte 1526 auf der Homberger Synode die Einführung der evangelischen Kirchenordnung für Hessen beschließen lassen. 1527 säkularisierte Philipp das Augustiner-Eremitenkloster in E. gegen Abfindung der 26 Brüder. Die Klostergüter verwendete er zur Gründung der ersten evangelischen Hochschule im Reich, der Marburger Universität. Seit 1556 nutzte das St. Elisabethhospital der Stadt die Klosteranlage, die jedoch im Dreißigjährigen Krieg (Ostern 1637) durch kaiserliche Kroaten weitestgehend zerstört wurde.

▶ **Gegenwart.** Heute steht eine Brauerei auf dem ehemaligen Klostergelände in E., an die Augustiner-Eremiten erinnern lediglich die spätgotische Gnadenkapelle der Klosterkirche sowie mittelalterliche Keller. In ➛ Göttingen befindet sich in der Paulinerstraße 6, gegenüber dem Dominikanerkloster, das älteste Gebäude der Universitätsstadt; es wurde 1495 von den Eschweger Augustinern als Terminei errichtet.

◆ Kunzelmann, Adalbero: Geschichte der deutschen Augustiner-Eremiten, Tl. 1, 172f., Tl. 5, 169–183, Würzburg 1969–74.

Eschwege, *Benediktinerinnen Reichsabtei St. Cyriacus (vor 1075–1527) – „Cyriakusstift", Erzdiözese Mainz – (Werra-Meißner-Kreis, Hessen, ❐ 1, D5).*

▶ **Vorgeschichte.** Kaiser Otto II. schenkte 974 seiner Gemahlin Theophanu den Hof *Eskiniuuach* an der Werra. 994 übereignete König Otto III. diesen als *predium* bezeichneten Reichsbesitz seiner Schwester Sophia, später Äbtissin des Kanonissenstifts Gandersheim (1002–39). Möglicherweise stiftete Sophia die Frauenkommunität in E., eine Gründung König Heinrichs II. und seiner Gemahlin Kunigunde parallel zu Kloster ➛ Kaufungen ist ebenfalls zu erwägen. 1075 übertrug König Heinrich IV. dem Domkapitel in Speyer die Grundherrschaft an der Werra, übergab aber ausdrücklich nur dem Bischof von Speyer das Recht zur Einsetzung einer Äbtissin. Dies ist die erste überkommene Nachricht über eine religiöse Frauengemeinschaft in E. an der Werra.

▶ **Geschichte.** Die Gründung der reichsunmittelbaren Frauenabtei St. Cyriacus muss zwischen 994 und 1075 erfolgt sein. Urkunden über die Frühzeit liegen nicht vor, der Status der Kommunität bleibt daher umstritten. Bei der Gründung Sophias dürfte es sich wohl eher um ein weltliches Kanonissenstift gehandelt haben, aber erste Urkunden im 12. Jh. erwähnen eine Abtei in E. Kaiser Friedrich I. bestätigte 1188 die religiöse Gemeinschaft, die sich erst unter der Besitzhoheit Speyers zu einer Institution eigenen Rechts entwickelte. König Friedrich II. erwarb 1213 im Tausch Stift und ehemalige Pfalz für das Reich zurück. Vom Hochadel wie vom landsässigen Adel gefördert, gelang es den Äbtissinnen, Privilegien und Rechte zu gewinnen und zu behaupten, so Münzrecht, Marktrecht, Marktzoll und Patronatsrechte über 18 Kirchen der Umgebung. In E. war unterdessen eine Siedlung mit Markt und neuen Pfarrbereichen entstanden, was mit dem schleichenden Machtverlust der Abtei einherging; ein Rat der Stadt erscheint erstmals 1236. Die Landesherrschaft ging Mitte des 13. Jh. nicht ohne kriegerische Auseinandersetzungen auf die Landgrafschaft Hessen über. 1278 bezeichnet sich der Konvent erstmals als Benediktinerinnengemeinschaft, seit dem 14. Jh. sprechen die Quellen jedoch von Kanonissen im Cyriakusstift. Äbtissin Kunigunde (1270–78) schenkte und verpachtete 1278 im Namen ihres Benediktinerinnenkonvents den „Schwarzen Mönchen" aus ➛ Gotha Grund und Boden an der westlichen Mauer zum Bau eines Augustiner-Eremitenklosters (➛ Eschwege). Die Abtei verlor damit einen Teil ihrer grundherrlichen Rechte in der Stadt und im Werratal. 1340 wird erstmalig eine Stadtschule erwähnt; sie stand unter Aufsicht Äbtissin Elisabeths von Wallenstein (1333–62) und erfreute sich eines guten Rufes. 1504 veranlasste Landgraf Wilhelm II. von Hessen und Erzbischof Jakob von Mainz (Liebenstein) Reformen im Stift im Sinn der ➛ Bursfelder Kongregation. Damit beauftragt wurde der Abt von ➛ Breitenau, der reformierte Schwestern von ➛ Oesede zu Hilfe rief. Von 1517 bis 1527 leitete Propst Kilian Weinsberg, ein Mönch aus Breitenau, den Konvent. Dies sind Hinweise für ein spätes Bekenntnis zur Benediktregel, zumindest zur ausgeübten Verantwortung des Benediktinerordens über den Frauenkonvent. Landgraf Philipp I. verordnete 1527 die Auflösung des Cyriakusklosters, Äbtissin Katharina von Asseln (1523–27), acht Chor- und zehn Laienschwestern befanden sich noch vor Ort, während elf Schwestern die Abtei bereits verlassen hatten.

▶ **Gegenwart.** Hoch über der Werra auf einem Bergsporn befand sich der von der

Eschwege Benediktinerinnen Reichsabtei, der romanische Glockenturm blieb einziges Architekturzeugnis.

Stadt abgetrennte Stifts- bzw. Klosterbezirk, von dem keine Klausurarchitektur überkommen ist. Die heutigen Gebäude der Pestalozzischule auf dem „Schulberg" sind im 19. Jh. entstanden. Erhalten blieb lediglich ein quadratischer Turm aus der ersten Hälfte des 12. Jh., allgemein als der „Schwarze Turm" bezeichnet, der nicht zwingend der 1735 abgebrochenen Stiftskirche zugerechnet werden kann. Rekonstruktionsversuche der Anlage erweisen sich als äußerst widersprüchlich; weitere archäologische Untersuchungen sind vorgesehen.

◆ GermBen 7, 166–188.

Esslingen, *Augustiner-Eremitenkloster St. Augustinus (1282–1531) – „Augustinerkloster", Diözese Konstanz – (Kreisstadt E. am Neckar, Baden-Württemberg, ❐ 3, C3).*

▶ Das Esslinger Kloster nördlich der Kernstadt in beengter Hanglage zwischen Burgberg und innerer Stadtmauer wird urkundlich erstmals 1268 erwähnt, aber vom Augustinerkloster spricht man erst seit 1282. Es ist anzunehmen, dass die Augustiner-Eremiten ein Kloster der Sackbrüder übernahmen. Exakte Nachrichten über die Sackbrüder in E. sind nicht überliefert. Urkundlich ist erstmals Prior Dimeo von Gomaringen (1337–41) fassbar. Der Konvent E. blieb eher ein unbedeutendes Mitglied der rheinisch-schwäbischen Ordensprovinz, obwohl Bischof Heinrich von Konstanz den Brüdern 1300 weitgehende Privilegien zugesichert hatte. Die wirtschaftliche Basis des Konvents war bescheiden, auch ließ die Pfarrgeistlichkeit ihren Widerstand stets spüren. 1435 bat der Magistrat den Ordensprovinzial um Einsetzung eines befähigten Vorstehers, damit sich die wirtschaftliche Situation des Klosters verbessere. 1484 führte Generalvikar Andreas Proles (1461–67, 1473–1503) den Konvent der Observanz zu. 1522 musste Bruder Michael Stiefel († 1567), Weltuntergangsprophet und Anhänger Luthers, Kloster und Stadt verlassen; er fand später als Mathematiker Anerkennung. Die Reformation setzte sich 1531 in E. durch, das Kloster wurde aufgehoben. Die gotische, turmlose Klosterkirche diente seit 1550 als städtisches Zeughaus, wurde jedoch 1688 von den Franzosen zerstört. Geringe Reste des Klausurkomplexes stehen heute am Hang über der Augustinerstraße nahe dem Lantelentor.

◆ Halbekann, Joachim J.: E., Augustiner-Eremiten, in: Württembergisches Klosterbuch, Ostfildern 2003, 238f.; Kunzelmann, Adalbero: Geschichte der deutschen Augustiner-Eremiten, Tl. 1, Würzburg 1969, 187–191.

Esslingen, *Benediktinerkloster St. Vitalis (um 764–11. Jh.) – „Fulradkloster", Diözese Konstanz – (Kreisstadt E. am Neckar, Baden-Württemberg, ❐ 3, C3).*

▶ **Geschichte.** Der alemannische Adelige Hatto (Hetti) übergab zwischen 759 und 768 seine Eigenkirche an einer Furt über den Neckar dem einflussreichen Abt Fulrad (750–784) von St. Denis (Frankreich); Abt Fulrad galt als oberster Abt des Karolingerreiches. Er holte die Gebeine des römischen Martyrers Vitalis (um 300) in die Kirche, gründete eine Mönchsgemeinschaft am Heiltum und vermachte testamentarisch 777 die Vitaliszelle mit Kirche und Besitz seinem Stammkloster St. Denis. Bis zur Anianischen Reform unter Kaiser Ludwig dem Frommen (816–819) lebte der kleine Konvent mit der damals weit verbreiteten Mischregel, wechselte zur Chrodegangregel für Stiftskanoniker, nahm aber um 832 die Benediktregel an, so dass man erst um diese Zeit von einem Benediktinerkloster sprechen kann. Die Mutterabtei St. Denis vergrößerte um 860 die Kirche und richtete am Ort einen Markt ein, die Keimzelle der später bedeutenden Reichsstadt E. am Neckar. Das Vitalisgrab wurde in eine der Krypten direkt unter dem Hochaltar verlegt, die durch zwei Stollen für Pilger zugänglich war, ohne dass diese den klösterlichen Alltag der sechs bis zehn Mönche störten. Mitte des 10. Jh. hatte sich E. zum Hauptort des Herzogtums Schwaben entwickelt, Anfang des 11. Jh. prägte das Kloster eigene Silbermünzen. Um diese Zeit vollzog sich die Umwandlung der Mönchsgemeinschaft in ein weltliches Chorherrenstift. Die Mutterabtei St. Denis verlor spätestens im 12. Jh. ihren letzten Einfluss.

Esslingen Benediktinerkloster „Fulradkloster", Säulenreste der zweiten karolingischen Kirche von 860.

▶ **Gegenwart.** Die heutige imposante Hauptpfarrkirche St. Vitalis und Dionysius der evangelischen Gemeinde in E. ist der dritte Kirchenbau auf dem Stiftsreal aus dem 13. Jh., also aus Stiftsherrenzeit. Ausgrabungen zwischen 1960 und 1963 legten unter dem Kirchenfußboden Architekturreste frei, die nach gründlicher archäologischer Aufarbeitung die Abfolge sämtlicher Bauten seit dem 8. Jh. verdeutlichen, also auch aus der Zeit benediktinischen Lebens. Das bei Führungen öffentlich zugängliche, unterirdische Areal zeigt neben Eigenherrn- und Mönchsgräbern im ersten Kirchenbau auch das gemauerte Vitalisgrab in einer Krypta der zweiten Kirche um 860, die als eine der frühesten Hallenkrypten gilt. Zwei Säulen gliedern den 2,10 m hohen Raum in drei Schiffe zu zwei Jochen unter einem Kreuzgratgewölbe. Ausgrabungsfunde offenbaren die dominierende Stellung des Ortes E. im späten Karolingerreich und während der benediktinischen Ära, die selbst in Zeiten der Hochblüte als römisch-deutsche Reichsstadt nicht wieder erlangt wurde.

◆ GermBen 5, 212–214; Fehring, Günter P./Scholkmann, Barbara: Die Stadtkirche St. Dionysius in E., Stuttgart 1995.

Esslingen, *Dominikanerkloster St. Paulus (1233– nach 1531) – „Predigerkloster", Diözese Konstanz – (Kreisstadt E. am Neckar, Baden-Württemberg, ❐ 3, C3).*

▶ **Geschichte.** Die Dominikaner erhielten 1233 als erster Mendikantenorden die Erlaubnis, in der Nordwestecke der Reichsstadt E. ein Kloster zu errichten. Angeblich waren sie aus Straßburg gekommen und hatten schon einige Jahre außerhalb der Stadt vor dem Mettinger Tor auf einem Hof gelebt. Umfangreiche Stiftungen des Niederadels und wohlhabenden Bürgertums ermöglichten den Aufbau der frühgotischen Klosterkirche und der Konventsgebäude. Die Paulskirche weihte 1268 Albertus Magnus (1195–1280, kanonisiert 1931). Ab 1285 wurde die Klosteranlage mit Zustimmung König Rudolfs I. erweitert, dessen Wahl zum König die Dominikaner 1273 unterstützt hatten. Auf ihn ist die enge Verflechtung des Konvents mit dem Stadtrat zurückzuführen, so diente das „Schwörhaus" im Dominikanerhof seit 1277 als Rats- und Gerichtsstätte. Schon 1261 tagte ein Kapitel der Ordensprovinz Teutonia in E., es sollten bis 1475 noch fünf (sieben?) weitere folgen. Der Konvent stellte zwei Provinziale, 1266 war er an der Niederlassung in ➛ Rottweil beteiligt. Ihr Hauptapostolat sahen die Brüder in der Volkspredigt und Pflege der Wissenschaften. Sie richteten noch im 13. Jh. ein Studienhaus ein und arbeiteten seit 1472 eng mit dem Frühdruckermeister Konrad Fyner in E. zusammen. Mehrere Frauenkonvente des Ordens standen unter ihrer Aufsicht, so im nahen Weiler, ➛ Sirnau, Kirchheim unter Teck, Mariental in ➛ Steinheim/Murr, vermutlich auch ➛ Gotteszell bei Schwäbisch Gmünd und ➛ Offenhausen bei Gomadingen. Gebetsverbrüderungen bestanden mit den Konventen in Pforzheim und ➛ Reuthin. Die allgemeine Ordenskrise erfasste im Spätmittelalter auch die Dominikaner. Auf Druck des Magistrats unterwarf sich der Konvent 1477 Observanzbestimmungen, dem folgte eine bauliche Erneuerung der Kirche (1480–92). Nach Einführung der Reformation in E. 1531 löste der Magistrat die Klöster auf und 1532 verließen die Prediger die Stadt. Ein Restitutionsversuch 1551 schlug fehl; sie verkauften ihren Besitz 1564 an das städtische Katharinenspital. Die Klosterkirche diente 1664 bis 1794 als evangelisches Gotteshaus, danach als städtisches Magazin, Kelter und Waaghaus. 1860 konnte die katholische Gemeinde die stark beschädigte Paulskirche erwerben.

▶ **Gegenwart.** Heute ist die sanierte Predigerkirche als „Münster St. Paul" die Hauptpfarrkirche der katholischen Gemeinde in E. Die dreischiffige Säulenbasilika ohne Querschiff mit kurzem Polygonalchor aber elf Langhausjochen war eine der frühesten Bettelordenskirchen mit Gewölbe und für den südwestdeutschen Bettelordens- und Pfarrkirchenbau wegweisend. Die streng wirkende, schmucklose Werksteinkirche erscheint innen und außen wie aus einem Guss, obwohl Fenstermaßwerke und Steinmetzzeichen mehrere Bauphasen bis 1268 verraten und die Innenwölbung erst 1480–92 vollendet wurde; der Dachreiter datiert 1666. Die Hauptschauseite ist die Nordseite mit Hauptportal, an der einst die Handelsstraße nach Cannstadt vorbeiführte. Der Innenraum beeindruckt durch seine Tiefe. Der Lettner und die mittelalterliche Einrichtung fehlen seit der Sanierung zur evangelischen „Neuen Kirche" 1664. Die heutigen spätgotischen Ausstattungsstücke sind erst jüngst erworben worden. Die Schlusssteine im Gewölbe zeigen neben Heiligen auch Wappen großzügiger Stifterfamilien. Die Marmorgrabplatte des Johannes Haiterbach steht im südlichen Seitenschiff; dieser Sohn der Stadt und Professbruder im Dominikanerkonvent wurde zum Weihbischof in Augsburg († 1447) erhoben. Die südlich gelegenen, zweigeschossigen Klausurgebäude des 13. Jh. sind nur zum Teil und ohne Kreuzgänge erhalten, aber durch die Nutzung als

Esslingen Dominikanerkloster „Predigerkloster", das Mittelschiff der Paulskirche des 13. Jh., Blick zum Chor.

Waisenhaus mehrfach verändert; heute sind in ihnen die Waisenhofschule und ein Kindergarten untergebracht.

◆ Knapp, Ulrich/Hansberger, Irmgard: E. am Neckar, Münster St. Paul, Regensburg 2005; Halbekann, Joachim J.: E., Dominikaner, in: Württembergisches Klosterbuch, Ostfildern 2003, 235 f.

Esslingen, *Franziskanerkloster St. Georg (1237– nach 1531) – „Barfüßerkloster", Diözese Konstanz – (Kreisstadt E. am Neckar, Baden-Württemberg, ❐ 3, C3).*

▶ **Geschichte.** Entsprechend einer Inschrift am Chor der Franziskanerkirche durften sich die Minoriten 1237 am Holzmarkt an einer St. Georgskapelle im östlichen Bereich der Stadt E. niederlassen. Sie kamen ungewöhnlicherweise erst nach den Dominikanern (➛Esslingen), die sich schon 1233 im Westteil eingerichtet hatten. Pfalzgraf Heinrich von Tübingen zählte zu den besonders großzügigen Förderern der Barfüßer; er wurde 1275 als Mitglied des Konvents im Kreuzgang beerdigt. Allein aus den Mitteln des Terminierens bis in den Raum Stuttgart konnten die Barfüßer ihre gewaltige dreischiffige Kirche „Mariae Krönung" nicht errichten; vielmehr bevorzugten zahlreiche begüterte Spender aus dem wohlhabenden Bürgertum das schöne Kloster der Franziskaner als Grablege. Ein späteres Verzeichnis notiert 209 Grabmäler und Wappen in Kirche und Kreuzgang. Ein Kapitel der oberdeutschen Minoritenprovinz fand bereits 1244 in E. statt, es sollten noch 24 weitere folgen. Der Konvent stellte mehrere Provinziale, so auch Konrad Bömlin (1438–49), der sich gegen die Observanten seines Ordens aussprach und die ➛Martinianische Reform bevorzugte. Um 1490 nahm der Konvent diese gemäßigte Reform an, bekannte sich damit weiterhin zu den Konventualen und behielt seine nicht geringen Besitzungen. Während der Reformation verhielt sich der abwartende Magistrat der Reichsstadt zunächst sehr zögerlich gegenüber der neuen Lehre, war doch Kaiser Karl V. nicht nur Stadtherr, sondern auch das katholische Österreich seit 1519 unmittelbarer Nachbar von Württemberg. Aber seit 1531 vollzogen die Bürger umso konsequenter den Bruch mit der religiösen Vergangenheit. Der Reformator Ambrosius Blarer (1492–1564), einst Benediktinerprior im Kloster ➛Alpirsbach, wurde im August 1531 nach E. gerufen; im folgenden September trat die Stadt dem Schmalkaldischen Bund bei, im November entschieden sich die Bürger mit großer Mehrheit für den neuen Glauben. Es folgten das Verbot der katholischen Messe, ein Bildersturm, der Sturz der katholischen Kirchenhoheit sowie die Auflösung der Klöster. Die enteigneten Mönche der städtischen Klöster wurden zunächst sämtlich im Franziskanerkonvent untergebracht. Das Kloster diente späterhin dem Magistrat als Versammlungs- und Gerichtsort, auch Kaiser Karl V. und Maximilian II. sowie das Reichskammergericht nutzten es als Tagungsstätte. 1566 und 1571 beherbergten die Konventsgebäude die vor der Pest geflohene Universität Tübingen. Die hochgepriesene Architektur und ehrenwerte Tradition nützte nichts, im 19. Jh. war fast alles niedergelegt.

▶ **Gegenwart.** Vom architektonisch anspruchsvollen Franziskanerkloster blieb lediglich der hochaufragende Chor der Marienkirche mit dem ehemaligen Lettner stehen. Dieser Restbau ist heute allgemein als die „Hintere Kirche" bekannt. Über dem Altar blieben Fenster mit Bibelmalereien (1325–30) erhalten, die als Höchstleistung der europäischen Glasmalerei dieser Zeit eingestuft werden, zumal Glasmalerei mit Silbergelb erst um 1300 in Paris erfunden wurde und es heute dort keine entsprechenden Scheiben mehr gibt. Anstelle des basilikalen Langhauses baute die evangelisch-lutherische Gemeinde 1929/30 ihr Gemeindezentrum vor dem Chor auf. Südlich schließt sich der ehemalige Klausurwestflügel an, heute ein völlig überbautes, dreigeschossiges Gebäude.

◆ Reichardt, Karin/Knapp, Ulrich: Franziskanerkirche E., Weißenhorn 2004; Halbekann, Joachim J.: E., Franziskaner, in: Württembergisches Klosterbuch, Ostfildern 2003, 236 f.

Esslingen, *Klarissenkloster St. Klara (um 1246–1536) – „Obertorkloster", Diözese Konstanz – (Kreisstadt E. am Neckar, Baden-Württemberg, ❐ 3, C3).*

▶ **Geschichte.** Mehrere reiche Patriziertöchter stifteten um 1246 ein Frauenkloster in E. und begehrten Aufnahme in den Zweiten Franziskanerorden, den weiblichen Zweig der Klarissen. Das Gründungsdatum ist unsicher und beruht auf späteren Überlieferungen. Die erste urkundliche Nachricht stammt von 1304. Die Klarissen siedelten in der südöstlichen Vorstadt am Obertor, die erst später in die Stadtbefestigung einbezogen wurde. Der Konvent bestand überwiegend aus Töchtern reicher Handwerkerfamilien. Er umfasste im 14. Jh. etwa 20 Chor- und Laienschwestern, ihr caritativer Einsatz für verwaiste Mädchen und verarmte Witwen brachte ihnen Achtung bei den Bürgern ein. Die oberdeutsche Konventualenprovinz der Franziskaner übte die geistliche Aufsicht aus, wahrscheinlich stellten die Minoriten der Stadt die Beichtväter. Reformen bzw. eine Hinwendung zur Observanz sind nicht bekannt, das Kloster verfügte über Güter in der Stadt und Umgebung. Mitte des 14. Jh. brannte die Klosteranlage ab; ein schneller Neuaufbau gelang durch die Hilfe stiftungsfreudiger Bürgerfamilien. 1531 entschied sich die freie Reichsstadt E. zum Protestantismus und löste die Klöster auf. Die Verhandlungen mit dem Magistrat zogen sich bis 1536 hin, dann wurde das Kloster aufgehoben, der Komplex an das städtische Hospital verkauft und zunächst als Waisenhaus weitergenutzt. Ende des 17. Jh. waren die Gebäude weitestgehend heruntergewirtschaftet, die Kirche fiel 1701 in sich zusammen und wurde abgetragen, kleinere Einheiten dienten noch als Lazarett. Umbaumaßnahmen 1922 ermöglichten die Einrichtung eines Altenheims.

▶ **Gegenwart.** Heute stehen im Klosterareal an der ehemaligen Stadt- und Klostermauer neben modernen Gebäudetrakten drei Klausurflügel des mittelalterlichen Klarissenklosters; sie werden – wie auch der stille Klostergarten – vom Pflegeheim „Obertor" genutzt. Die zweigeschossigen Gebäude sind innen völlig ausgekernt und teilweise modernisiert. Das ehemalige Torhaus zum Klarissenkloster in der Obertorstraße 21 ist inzwischen aufwändig saniert.

◆ Holzwart-Schäfer, Iris: Vom Klarissenkloster zum Altenpflegeheim Obertor, Esslingen/Neckar 2004; Halbekann, Joachim J.: E., Klarissen, in: Württembergisches Klosterbuch, Ostfildern 2003, 239.

Ettenheimmünster, *Benediktinerabtei St. Maria u. a. (um 728–1803), Diözese Straßburg – (Ettenheim-E., Ortenaukreis, Baden-Württemberg, ❐ 3, B4).*

▶ Das Gründungsdatum des *monasterium Ettonis* am Ort der Einsiedelei des Martyrers Landelin († um 640) ist unsicher; es entstand durch eine Stiftung Bischof Widegerns von Straßburg (um 728) und wurde unter seinem Nachfolger Bischof Eddo, zweiter Abt der ➛ Reichenau, nach 734 mit Benediktinern besiedelt; die Belege sind als Fälschungen entlarvt. In das Verbrüderungsbuch der Abtei Reichenau wurden um 800 Mönche des Klosters „Etinheim" eingetragen. Erst einige Urkunden von 1111/12 sind gesichert. Die Äbte Werner (um 1124) und Friedrich (1125–45) kamen aus der Abtei St. Blasien, so dass der Konvent in E. wohl um diese Zeit nach neucluniazensischen Statuten lebte und wohl der ➛ Sankt Blasien-Reformgruppe angehörte. Papst Honorius III. bestätigte 1226 den umfangreichen Besitz in der Ortenau. Die Abtei E. litt über Jahrhunderte unter machtpolitischen Auseinandersetzungen zwischen Straßburger Bischöfen und den Herren von Geroldseck um Besitzrechte; sie wurde im Spätmittelalter und in der frühen Neuzeit mehrmals verwüstet. Die Abtei gehörte seit 1621 der Straßburger Benediktinerkongregation an und akzeptierte schließlich 1740 die Landeshoheit Straßburgs. Anfang des 18. Jh. entstand durch Baumeister Peter Thumb ein völlig neuer Abteikomplex, der nach Auflösung des Klosters 1803 im Laufe des 19. Jh. bis auf geringe Reste abgetragen wurde. Heute erinnern hauptsächlich nachreformatorische Bauten an die Benediktiner. Das ehemalige Areal wird noch immer von der Umfassungsmauer umgrenzt, deren grober Aufbau mit Feldsteinen eher auf mittelalterliche Entstehungszeit hinweist; auch eine Brücke östlich der heutigen Pfarrkirche gehört zu den älteren Bauwerken. Die heutige katholische Pfarrkirche St. Landelin im Ort, die Abt Maurus Geiger (1686–1704) als Wallfahrtskirche an der Quelle des Heiligen errichten ließ, bewahrt eine silberne Landelinbüste von 1506 mit Schädelreliquien des Heiligen; sie besitzt eine Silbermannorgel von 1769 sowie das Chorgitter der abgetragenen Abteikirche.

◆ GermBen 5, 215–224.

Eußerthal, *Zisterzienserabtei St. Maria (1148–1561), Diözese Speyer – (Lkr. Südliche Weinstraße, Rheinland-Pfalz, ❐ 3, B3).*

▶ **Geschichte.** Ritter Stephan von Mörlheim aus einer Nebenlinie der Sponheimer Grafen gründete 1148 im *Usserthal* nahe der Reichsburg Trifels das Zisterzienserkloster E. Erste Mönche kamen mit Abt Eberhard (1148–53) aus der Abtei Villers-Bettnach bei Metz, also aus der Filiationslinie Morimond (Frankreich). Bischof Gottfried II. von Speyer überließ ihnen die Marienkapelle am Ort. Papst Eugen III. bestätigte 1152 die Gründung, Kaiser Friedrich I. nahm E. 1168 unter besonderen Reichsschutz. Neben Rodungsaufgaben oblag den Zisterziensern die ehrenvolle Aufgabe, als Kapläne der Burgkapelle Trifels die Reichskleinodien zu behüten. Zur Grundausstattung gehörte auch Besitz der Edelfreien von Auhausen-Lobdeburg. Reichskanzler Johann, später Trierer Erzbischof, erwies sich als großzügiger Stifter, König Heinrich (VII.) übergab 1233 die begüterte Pfarrkirche im nahen Annweiler, auch Dotationen des örtlichen Adels begründeten den Reichtum der Abtei, der aber letztendlich durch die typisch zisterziensische Wirtschaftstüchtigkeit erarbeitet wurde. Noch im 12. Jh. entstanden fünf Grangien; der Überschuss an Produkten wurde in drei Stadthöfen abgesetzt. Abt Martin I. (1211–22) begann mit dem Bau der heute noch zum Teil bestehenden Klosterkirche. Sie wurde 1262 konsekriert, Bischof Friedrich von Speyer (Bolanden) ließ sich 1302 in ihr begraben. Unter Abt Wernher (1359–61) verursachte ein Großbrand schwere Schäden an Kirche und Klausur. Im Spätmittelalter geriet die Abtei zunehmend in Abhängigkeit der Wittelsbacher Kurfürsten von der Pfalz, die das Vogteirecht ausübten. Um den Kurfürsten zu schaden, plünderte der verwandte Wittelsbacher Herzog Ludwig I. von Pfalz-Zweibrücken 1455 das Kloster aus; sein Sohn Herzog Alexander verwüstete 1504 im Bayerischen Erbfolgekrieg die Abtei abermals. Den schwersten Schlag erlitt E. 1525 durch den aufrührerischen Bauernhaufen von Nussdorf: die Abtei wurde ausgeplündert und gebrandschatzt. Abt Weigand Handt (1517–46) und Konvent mussten sich notdürftig einrichten. Erst der letzte Abt Martin II. (1549–61) begann, den Gebäudekomplex wieder aufzurichten. Kurfürst Ottheinrich befahl 1556 die Einführung der evangelischen Glaubenslehre in der Pfalz; sein Nachfolger Friedrich III. löste 1560/61 die Abtei E. auf. Ein Restitutionsversuch (1620–48) während des Dreißigjährigen Krieges blieb Episode. Freiherr Heinrich Wilhelm zu Sickingen, Domherr zu Würzburg, ließ 1747 Chor und Querschiff der Kirchenruine wiederherstellen. 1805 wurden die letzten Teile der Klausur nördlich der Kirche niedergelegt, 1820 folgte das fünfjochige Langhaus bis auf das erste Doppeljoch.

▶ **Gegenwart.** Von der weitläufigen Anlage blieb kaum etwas erhalten. Ende des 18. Jh. wurde den Dorfbewohnern erlaubt, das ehemalige Abteiareal zu besiedeln. Das heutige Pfarrhaus, Zehntscheuer, altes Sägewerk im Dorf und Immunitätsmauern gehen auf die Mönche zurück. Der Rest der Abteikirche St. Bernhard ist heute katholische Pfarrkirche des kleinen Ortes. Trotz Verstümmelung auf die Form eines kreuzförmigen Zentralbaus strahlt die Basilika asketische Frömmigkeit und schlichte Schönheit zisterziensischer Architektur im Sinn bernhardinischer Demut aus. Romanische Grundformen mischen sich mit gotischen Stilelementen; die flache Fünffensterfront im Hauptchor entspricht der Gestaltung in ➛ Eberbach, zwei obere Fenster kamen erst im späten 18. Jh. hinzu; der Dachreiter stammt aus der Barockzeit.

◆ Debus, Karl Heinz: Das Zisterzienserkloster E. in: 850 Jahre Zisterzienserkloster E., Eußerthal 1998; Rinnert, Erich: E., Ehemalige Zisterzienserabteikirche, München – Zürich 1992; Rödel, Volker: E., in: Palatia Sacra, Bd. 4/1, Mainz 1988, 40–46.

Eußerthal Zisterzienserabtei, die Ostpartie der romanischen Abteibasilika im Sinn bernhardinischer Demut.

Fachingen, *Wilhelmitinnenkloster St. Maria (vor 1468– vor 1574), Erzdiözese Trier – (Birlenbach-F., Rhein-Lahn-Kreis, Rheinland-Pfalz, ❐ 3, B1).*

▶ **Geschichte.** Graf Kuno von Westerburg-Schaumburg und Gemahlin Metza übertrugen 1458 einer Gruppe Klausnerinnen neben der Kapelle St. Georg in F. die Patronatsrechte, woraufhin sich die Frauen einer monastischen Verfassung unterordneten. Als Wilhelmitinnen sind sie erstmals 1468 urkundlich fassbar und unterstanden den Wilhelmiten des Klosters St. Anna in ➛ Limburg/Lahn, die wahrscheinlich bei der Klostergründung helfend eingegriffen hatten. Priorin und Konvent aus neun Schwestern fanden 1471 Unterstützung bei Papst Paul II., der ihren Bitten um Genehmigung des Klosterbaus mit Kreuzgang und Klausurräumen, Glockenturm und Garten, aber auch um Messen und Stundengebet entsprach. Papst Sixtus IV. bestätigte noch im gleichen Jahr den Entscheid seines Vorgängers. Bruder Johannes Ruß, Provinzial des Wilhelmitenordens in den oberdeutschen Landen, stellte 1487 Priorin Elgin und den Schwestern Priester Johann Aquila als Beichtvater, Versorger, Erbitter von Almosen und öffentlichen Vertreter zur Seite. Die Wilhelmitinnen sicherten ihren Lebensunterhalt mit Zinseinkünften aus Ländereien, mit Almosen und Webarbeiten. Eine Priorin Katharina von Mainz wird 1527 und 1543 urkundlich erwähnt; der Konvent konnte bis 1564 sein Klosterleben fast ungehindert führen. 1564 ging die Herrschaft an die Grafschaft Nassau über, Johann IV. von Nassau-Dillenburg führte umgehend eine evangelische Kirchenordnung ein und setzte 1565 den Frauen einen evangelischen Pfarrer vor, der die Messe abschaffte. Noch 1569 wurde ein Rechtsentscheid zwischen Priorin und Bürgerschaft um zwei Schweine und die Brunnenbauzulage aktenkundig; vor 1574 war das Frauenkloster F. endgültig verlassen. Im Streit um Kirchenrechte wurde die Georgskapelle ihrer Altäre beraubt, zerstört und der Besitz verpachtet.

▶ **Gegenwart.** Erst 1957 baute die evangelisch-lutherische Gemeinde die mittelalterliche Kapelle St. Georg wieder auf und fügte 1973 ein Gemeindezentrum an; von der Klausur blieb nichts erhalten.

◆ Jürgensmeier, Friedhelm: Die Wilhelmiten, Münster 2007, 97f.; Struck, Wolf Heino: Die Wilhelmitinnenklause F., Wiesbaden 1961.

Falkenhagen, *Zisterzienserinnenabtei St. Maria und St. Alexander (1231–1407), Wilhelmitenkloster St. Maria (1427–31), Kreuzherrenkloster St. Maria und Heiligkreuz (1432–1596) – „Lilienthal", Diözese Paderborn – (Lügde-F., Kr. Lippe, Nordrhein-Westfalen, ❐ 1, D4).*

▶ **Geschichte des Zisterzienserinnenklosters.** In Burchhagen im heutigen Schwalenberg bestand seit 1231 das Frauenkloster *Vallis lilorium*, das 1247 nach F. bei Lügde an den Fuß des Köterberges verlegt wurde. Stifter waren die Grafenbrüder Volkwin III. und Adolf I. von Schwalenberg-Waldeck, die die Klostergründung wie auch ➛ Marienthal-Netze als Sühneleistung für Übergriffe gegen das Bistum Paderborn betrachteten. Als Mutterkonvent wird heute das untergegangene Katharinenkloster Eisenach erwogen. 1249 nahm Papst Innozenz IV. Kloster Lilienthal in F. unter Schutz, bestätigte Besitz und Zisterzienserstatuten, erklärte Exemtion und Zehntfreiheit. Einige Umstände deuten auf eine Vollmitgliedschaft im Zisterzienserorden hin, Urkundenbeweise gibt es aber nicht. Beziehungen bestanden zur Zisterzienserabtei ➛ Hardehausen. Der Neuanfang in F. gestaltete sich mühsam, erst seit 1263 verbesserte sich die Lage durch eine Stiftung

Falkenhagen Zisterzienserinnenabtei/Kreuzherrenkloster, Ostansicht mit Prioratsgebäude (1509), spätgotischem Ostflügel und Kreuzherrenkirche (1487).

Felsberg Deutschordenskommende, die gotische Ordenskapelle steht auf romanischen Grundmauern.

der Eversteiner Grafen, alsdann traten auch Dotationen der Edelherren von Homburg und Herren zur Lippe hinzu. Zwei Äbtissinnen stellte die Stifterfamilie Schwalenberg, deren Macht im 14. Jh. zugunsten der Edelherren zur Lippe und des Paderborner Hochstifts schwand. Den letzten urkundlichen Hinweis auf Zisterzienserinnen in F. liefert 1358 eine Ablassvergabe durch Fürstbischof Balduin von Paderborn (Steinfurt). In der Eversteiner Fehde 1407 wurde Lilienthal verwüstet, die Frauen flohen ins Schwesterkloster ➛ Brenkhausen bei Höxter.

▶ **Geschichte des Kreuzherrenklosters.** Eine Neubesetzung versuchten zwanzig Jahre später Wilhelmitenmönche aus ➛ Witzenhausen an der Werra. Die Brüder scheiterten und kehrten nach fünf Jahren in „großer Not und Armut" zurück. Erzbischof Dietrich von Köln (Moers), damals Administrator im Bistum Paderborn, gewann 1432 den Kreuzherrenorden für das Kloster, der aber erst 1443, als die Verzichtserklärung des Zisterzienserordens vorlag, zwei Brüder aus Köln nach F. sandte. Alte Privilegien wurden erneut garantiert, die Kreuzherren schafften unter Prior Johannes Makenberch (1443–57?) den schwierigen Aufbau trotz der Soester Fehde (1444–49). Eine Hochblüte erlebte F. unter Prior Heinrich von Bocholt (1457–95), die enge Zusammenarbeit mit den Konventen in ➛ Osterberg und ➛ Bentlage prägte diese Zeit. F. stieg zum reichsten Kloster des Ordens auf, 1518 wurde ein Höchststand von 89 Brüdern erreicht. 1468 konnte das heute architektonisch untergegangene Stift Höhnscheid in Waldeck besiedelt werden, ebenso 1499 Stift ➛ Glindfeld. Nach einem Flächenbrand 1479 wurden die Zerstörungen zügig behoben, aber 1484 raffte die Pest 29 Brüder dahin. Den wirtschaftlich und geistlich starken Konvent berührte die Reformation kaum, die neue Lippische Kirchenordnung zwang ihn 1541 jedoch, in evangelischen Pfarrämtern tätig zu werden und eine protestantische Schule zu eröffnen. Einschneidend verlief die Pestwelle 1555, bis auf zwei Mönche starb der Konvent aus. Graf Simon VI. zur Lippe einigte sich 1596 mit dem Paderborner Bischof über die Auflösung und Vermögensaufteilung. 1628 verzichtete die Ordensleitung gegen eine finanzielle Abfindung auf alle Rechte.

▶ **Gegenwart.** Am ersten Gründungsort Burchhagen (Burghagen), heute Stadt Schwalenberg, steht im Papenwinkel noch immer die romanische, inzwischen stark überformte Johanniskirche aus dem 12. Jh., die den Zisterzienserinnen als erste Kirche diente. In F. blieb die Klosterkirche der Kreuzherren von 1487 erhalten. Der einschiffige, gewölbte Bau zu sechs Jochen mit 5/8-Chorschluss ist heute die evangelisch-reformierte Pfarrkirche des Ortes. Beeindruckend sind spätgotische Glasmalereien in drei Chorfenstern, ein gleichaltriges Chorgestühl und der Zelebrantenstuhl. Der spätgotische Ostflügel mit flachgedecktem Kreuzgang blieb vom Klausurquadrum erhalten, ein sich östlich anschließender Fachwerkbau von 1509 war das Prioratsgebäude der Kreuzherren, heute „Dormitorium" genannt.

◆ Gerking, Willy (Hg.): 750 Jahre Kloster F., Leopoldshöhe 1997; derselbe: Die Aufhebung und Teilung des Klosters F., in: Heimatland Lippe 89 (1996) 107–110; Wehlt, Hans-Peter: F., in: Westfälisches Klosterbuch, Tl. 1, Münster 1992, 299–306.

Felsberg, *Deutschordenskommende St. Jakob der Ältere (nach 1247–1474), Erzdiözese Mainz – (Schwalm-Eder-Kreis, Hessen, ❐ 1, D5).*

▶ In F. am Unterlauf der Eder an der wichtigen Salzstraße entstanden nicht nur drei Burgen, sondern neben dem Kloster ➛ Eppenberg auch eine Niederlassung des Deutschen Ordens. Herzog Heinrich von Lothringen und seine Gemahlin Sophia von Thüringen schenkten dem Deutschen Haus ➛ Marburg 1247 die 1230 erbaute Kirche St. Jakob d. Ä. im aufstrebenden Ort F. Ordensritter gründeten eine Niederlassung und betrieben ein Hospital. Beziehungen nach Marburg lassen sich seit 1258 nachweisen, der Ordenshof diente als Verwaltungssitz für verpachtete Güter, deren Produkte nach Marburg gingen. Auffällig ist, dass Verwaltungs- und Pfarramt in F. als unabhängige Geschäftsbereiche betrieben wurden; in anderen Ordenshäusern war es meist anders; Pächter, die Naturalien abzuliefern hatten, erhielten von den Ordensbrüdern Brot und Bier oder (eine) „tranggelde". Komtur Eberhard Rode wurde 1474 abberufen, Marburg übernahm selbst die Verwaltung und F. hörte auf, als Kommende zu bestehen. Nach der Einführung der Reformation in Hessen bekannte sich die Landkommende Marburg zur Trikonfessionalität und akzeptierte in F. einen evangelischen Pfarrer. Der Besitz unterstand dem Orden bis zur Auflösung 1809. Im Dreißigjährigen Krieg äscherten kaiserliche Truppen 1640 die Stadt ein, auch die Kommendegebäude wurden ein Raub der Flammen. Als einzige Kirche blieb St. Jakob verschont. Heute dient die alte Kapelle als Friedhofskirche unter Obhut der evangelischen Gemeinde. Ordenspriester veränderten sie deutlich, der turmlose Saalbau erscheint heute in gotischen Formen auf romanischen Grundmauern. Der Westgiebel wirkt auffallend hochgezogen.

◆ Braasch-Schwersmann, Ursula: Das Deutschordenshaus Marburg, Marburg 1989; Lachmann, Hans-Peter/ Langkabel, Hermann: Der Deutsche Orden in Hessen, Marburg 1983.

Feuchtwangen, *Benediktiner Reichsabtei St. Salvator (vor 819– vor 1197), Diözese Augsburg – (Lkr. Ansbach, Bayern, ❐ 3, D3).*

▶ **Geschichte.** Auf der Aachener Reichssynode 818/19 wurden die meisten Klöster des Frankenreiches aufgelistet und in drei Kategorien eingeteilt. In dieser „Notitia de servitio monasteriorum" erscheint die Abtei F. in der zweiten Klasse, sie war zu Steuern und Gebeten für das Reich verpflichtet, aber nicht zum Kriegsdienst. Diese Liste ist der erste bekannte urkundliche Vermerk über die Abtei im Tal der Sulzach in Mittelfranken. Die Ortstradition nennt Karl den Großen als Gründer, dieser aber hat Klöster nie selbst gegründet, sondern sie lediglich unter Reichsschutz genommen. Das Kloster ➛ Reichenau im Bodensee trug um 826 die Abtei F. mit den Vorstehern Gosbert und Wigrat, in sein Verbrüderungsbuch ein. F. wurde im 9. Jh. dem Hochstift Augsburg übereignet.

Ulrich, Bischof von Augsburg (923–973, kanonisiert 993), visitierte das nun bischöfliche Eigenkloster persönlich, bestimmte den Vorsteher und übte Gerichtsbarkeit aus. Sein Nachfolger Bischof Luitpold rief 993 die Abtei ➛ Tegernsee zu Hilfe, um den inzwischen weit fortgeschrittenen Verfall des Klosters aufzuhalten. Abt Gozpert (982–1001) von Tegernsee schickte 993 erfahrene Mönche unter Abt Wigo (um 992–1004) nach F., welche die strengen benediktinischen Statuten der ➛ Gorzer Reform einführten, die Tegernsee selbst erst 978 vom Reformzentrum St. Maximin in ➛ Trier übernommen hatte. Die Briefe Abt Wigos (994/995) an Bischof und Vaterabt sind heute wertvolle Zeitzeugen über das mühselige Leben in einem frühmittelalterlichen Kloster. Mit ihnen enden die Nachrichten über die Benediktinerabtei. Erst fast 200 Jahre später offenbart eine Urkunde von 1197, dass die Mönchsabtei in ein Kollegiatstift für weltliche Kanoniker umgewandelt worden war. Dieses Salvatorstift existierte bis 1563. Die imposante Stiftskirche St. Salvator wie auch die nahegelegene Pfarrkirche St. Johannis entstammen der Kanonikerzeit.

▶ **Gegenwart.** Südlich der Kirche haben sich Teile des Kreuzgangs aus dem frühen 12. Jh. erhalten. Die aufwändig und kunstvoll gestalteten Arkadenöffnungen, Säulen und Kapitelle mit Hirsauer Baumotiven könnten Hinterlassenschaften der Benediktiner sein.

◆ GermBen 2, 100 f.; Schaudig, Wilhelm: Geschichte der Stadt und des ehemaligen Stifts F., Feuchtwangen 1927.

Fischbach, *Augustiner-Chorfrauenstift St. Maria (1471–1564), Diözese Worms – (Lkr. Kaiserslautern, Rheinland-Pfalz, ❐ 3, B2).*

▶ Das Augustiner-Chorherrenstift ➛ Höningen besaß seit 1221 das Patronatsrecht über die Kirche in Hochspeyer und die Marienkapelle im nahen Fischbachhof im Pfälzer Wald. An dieser Kapelle hatte sich im Spätmittelalter eine rege Marienwallfahrt entwickelt. In der Zeit der Hochblüte des Stifts unter der Reformwirkung der ➛ Windesheimer Kongregation gründete Prior Johannes Soitmann (1470–94?) 1471 in F. mit sechs Frauen aus St. Annen Rosengarten aus seiner Heimatstadt ➛ Lippstadt ein Augustiner-Chorfrauenstift. Dieses blieb in seiner knapp 100-jährigen Geschichte stets in Abhängigkeit von Höningen und praktizierte strenge Klausur im Sinn der Windesheimer Reformideale. F. galt als „windesheimischer Musterkonvent", vollwertiges Mitglied in der Reformkongregation war es nicht. Im Auftrag des Wormser Bischofs Reinhard visitierten Prioren von Kirschgarten und ➛ Frankenthal das Stift. 1486 besiedelten die Chorfrauen die Niederlassung Kleinlützel bei Basel neu. Aufständische Bauern verwüsteten F. 1525. Im zweiten Drittel des 16. Jh. kämpfte der Vaterkonvent Höningen gegen reformatorische Aufhebungsabsichten und Mitgliederschwund, er konnte den Frauen nicht mehr helfen. Der Wittelsbacher Kurfürst Friedrich III. von der Pfalz, ein Anhänger des Calvinismus, löste den kleinen Konvent 1564 (zusammen mit dem nahen Prämonstratenserinnenstift ➛ Enkenbach) auf, einen Mangel an klösterlicher Zucht konnte er als Begründung nicht anführen. Im kleinen Ort F. erinnern heute noch einige Mauern in Wohn- und Nutzgebäuden sowie ein Brunnen an die relativ kurze Existenz des Chorfrauenkonvents. Erst in der frühen Neuzeit entwickelte sich durch eine gezielte Ansiedlung der Ort. Zur Erinnerung an die Chorfrauen stellte die Gemeinde eine gut erhaltene spätmittelalterliche Grabplatte der Witwe des Friedrich Blick von Lichtenberg († 1510) hinter dem Schulhaus auf.

◆ MonWin 2, 241 f.; Kemper, Joachim: Klosterreform im Bistum Worms im späten Mittelalter, Mainz 2006, 311–316.

Fischbachau, *Benediktinerabtei St. Martin (um 1080–1104), Benediktinerpropstei St. Martin (um 1730–1803), Diözese Freising – (Lkr. Miesbach, Bayern, ❐ 4, B5).*

▶ **Geschichte.** In der zweiten Hälfte des 11. Jh. lebten Einsiedler im waldreichen oberen Leitzachtal, das sich im Besitz der Gräfin Haziga, Witwe des Grafen Hermann I. von Kastl und Gattin Ottos I. von Scheyern in zweiter Ehe, befand. Haziga ließ 1077 an der Einsiedelei Margaretenzell im heutigen Bayrischzell eine Kirche errichten und schenkte bei Beteiligung ihrer Söhne Ekkehard, Bernhard und Otto von Scheyern den Besitz um 1080 der Reformabtei ➛ Hirsau im Schwarzwald, die daraufhin in Margaretenzell ein Priorat gründete. Das raue Klima veranlasste die Mönche 1085, um eine Verlegung des Klosters zu bitten. Gräfin Haziga und ihre Söhne tauschten

Feuchtwangen Benediktiner Reichsabtei, Arkadenstützen mit Kapitellen der Reformbauten des frühen 12. Jh.

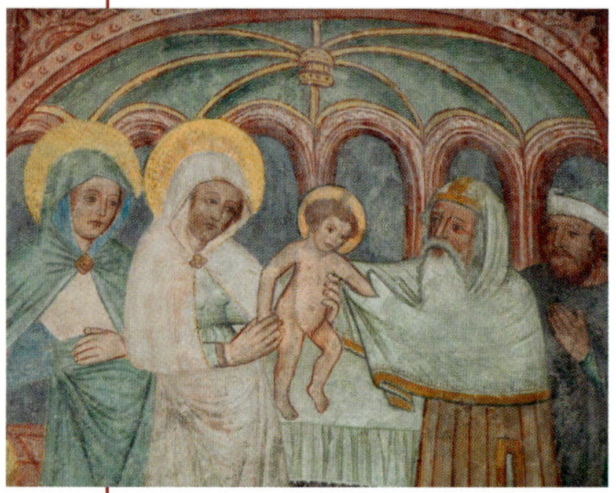

Fischbachau Benediktinerabtei, Fresko „Christi Geburt“ (15. Jh.) in der romanischen Friedhofskapelle.

vom Freisinger Bischof Meginward Land im unteren Leitzachtal in F. ein, eine erste kleine Klosterkirche wurde 1087 geweiht. 1095 bestätigte Papst Urban II. der Abtei Hirsau das Priorat St. Martin, 1096 begannen die Mönche mit dem Bau einer größeren Klosterkirche, deren Weihe um 1100 (1110?) erfolgte. Prior Erchimbold (1096–1111) und Graf Bernhard I. von Scheyern erreichten 1102 gegen Zahlung einer erheblichen Summe die Lösung vom Mutterkloster und die gleichzeitige Unterstellung unter den Heiligen Stuhl. 1104 verlegte Schirmvogt Otto V. von Scheyern (Genealogie nach Otto von Dungern 1931) die neue Abtei von F. auf den ➛ Petersberg bei Erdweg und von dort 1119 noch einmal auf die Stammburg ➛ Scheyern. Die hochadelige Stifterfamilie und Pfalzgrafen von Bayern benannten sich seit 1124 nach ihrer neuen Burg Wittelsbach bei Aichach. Das Herkunftskloster F. wurde von Scheyern aus immer mit einigen Mönchen zur pastoralen Versorgung Bayrischzells und zur Betreuung der Güter besetzt. Abt Maximilian Rest (1722–34) erhob F. wieder zur Propstei. Der Konvent stellte den Abt Placidus Forster (1734–57) sowie den Kartographen und Mathematiker Ludwig Alteneder (1702–76). 1803 hob der bayerische Staat die Propstei F. zusammen mit der Mutterabtei Scheyern zugunsten der Wittelsbacher Stifternachfahren auf.

▶ **Gegenwart.** Den oberbayerischen Ort F. schmücken noch heute zwei Kirchen aus der Frühzeit der Abtei Scheyern. Der erste, kleinere Kirchenbau von etwa 1080 diente einst als Pfarrkirche Mariä Schutz, heute als katholische Friedhofskirche. Um- und Anbauten haben sie völlig überformt. Die romanische Apsis musste um 1494 einem spätgotischen Dreiseitenchor weichen. 1695 wurde sie um ein Joch nach Westen verlängert und Sakristei sowie Westturm angebaut. Innenausbau, Ausstattung und Bemalung sind barock, lediglich das Schutzmantelrelief, das der Kirche ihren Namen gab, und das Relief Marientod am Hauptaltar stammen aus spätgotischer Zeit. An der Nordwand entdeckte man 1913 Reste von Fresken aus dem 15. Jh. Die weit größere zweite Klosterkirche von etwa 1100, das „Münster“, dient heute als katholische Pfarrkirche St. Martin. Sie ist eine typische dreischiffige Basilika der Reformbauten mit Hirsauer Baumotiven: ohne Querschiff und Krypta, aber mit drei Apsiden im Osten. Ihr romanischer Grundcharakter ging trotz Überformung in der Barockzeit nicht verloren. Die Seitenschiffapsiden fehlen inzwischen, die Hauptapsis musste dem Turm mit Zwiebelhaube weichen, den Westseiteneingang schützt eine satteldachgedeckte Halle. Die reiche, spätbarocke Ausschmückung beherrscht den gewölbten Innenraum. Die sich im Süden anschließenden Gebäude ließen die Mönche 1733/34 erbauen.

◆ GermBen 2, 273–281; Lampl, Sixtus: F., Valley 1996.

Flaesheim, *Prämonstratenser-Chordamenstift St. Maria und St. Maria Magdalena (1166–1555), Erzdiözese Köln – (Haltern/See-F., Kr. Recklinghausen, Nordrhein-Westfalen, ❐ 1, B5).*

▶ **Geschichte.** Erzbischof Reinald von Köln (Dassel) konfirmierte im August 1166 das Frauenstift F. nahe der Lippe, der damaligen Bistumsgrenze zu Münster. Graf Otto I. von Ravensberg, seine Gemahlin Uta und verwandte Familienmitglieder derer von Dale sind als Gründer urkundlich vermerkt. Sie übergaben ihre Rechte dem Kölner Domstift, behielten sich aber die Vogtei vor. Die Prämonstratenserabtei ➛ Knechtsteden übernahm die Paternität, es bleibt aber hypothetisch, ob der Gründungskonvent von Knechtsteden nach F. versetzt wurde. Päpstliche oder königliche Schutzprivilegien sind trotz guter Quellenlage nicht überliefert. Den Vorsteherinnen des Priorats stand immer ein von Knechtsteden eingesetzter Prior zur Seite. Im Bemühen um mehr Selbständigkeit nahmen sie Anfang des 13. Jh. den Titel *magistra* oder gar Äbtissin an. Die Chorfrauen bezeichnen sich unter Meisterin Gostue (1268–98) urkundlich erstmals 1287 als prämonstratensisch. Die Ravensberger und Daler Stifterfamilien wählten F. als Grablege und sparten nicht mit Gunstbezeugungen. Auch Graf Dietrich I. von Isenberg-Limburg und Gattin Adelheid vermehrten 1258 den Besitz um etliche Güter bei Recklinghausen. 1240 übernahm das Hochstift Köln die Schirmherrschaft. Um 1295 ging die Benediktinerabtei ➛ Siegburg mit den Frauen Gebetsbrüderschaft ein. Zur Zeit der Äbtissin Anna Wulfs (1460–1505) lebten bis zu 20 Prämonstratenserinnen in F., die zum großen Teil aus Adelsfamilien der Region stammten. Seit 1500 setzte die Umwandlung in ein weltliches Kanonissenstift ein. Nach dem Tod des letzten Priors Johann Brenych (1520–33) durch Ertrinken in der Lippe brachen die Frauen jede Verbindung zu Knechtsteden ab. Das Aufsichtsrecht wurde nur noch dem Erzbischof zuerkannt. Äbtissin Elisabeth von Langendem erreichte 1555 die päpstliche Zustimmung zur freiweltlichen Lebensweise, das Habit wechselte von weiß nach schwarz. Knechtsteden kämpfte lange um seine verbrieften Rechte, erst 1671 wurde es abgefunden. Das weltli-

Flaesheim Prämonstratenser-Chordamenstift, die ehemalige Stiftskirche St. Maria Magdalena, Südostansicht.

che Stift für adelige Damen endete weitgehend heruntergekommen 1808.

▶ **Gegenwart.** Die ehemalige Stiftskirche ist heute katholische Pfarrkirche St. Maria Magdalena des Ortes F., der seit 1975 ein Ortsteil der Stadt Haltern am See ist. Der kleine, gewölbte Saalbau mit Strebepfeilern war ursprünglich eine dreischiffige romanische Basilika. Der heutige Westturm ist der Rest eines breiten Westwerks, das von zwei Treppentürmen flankiert wurde, insgesamt eine Fassade, die an das Stift ➛ Freckenhorst erinnert haben muss. Wann die Seitenschiffe abgerissen und das Westwerk zum Turm verkleinert wurden, ist nicht bekannt. Der polygonale Chor mit dreiteiligen Maßwerkfenstern und die Gesamteinwölbung mit Kreuzrippen entstanden Ende des 15. Jh. Die heutige Ausstattung ist barock. Die nördlich angeschlossenen Klausurgebäude im Bereich des Friedhofs wurden nach einem Brand 1790 abgetragen.

◆ Ehlers-Kisseler, Ingrid: Die Anfänge der Prämonstratenser im Erzbistum Köln, Köln 1997; Burghardt, Werner: F., in: Westfälisches Klosterbuch, Tl. 1, Münster 1992, 309–314.

Flechtdorf, *Benediktinerabtei St. Maria (1101–1598), Diözese Paderborn – (Diemelsee-F., Lkr. Waldeck-Frankenberg, Hessen, ❐ 1, C5).*

▶ **Geschichte.** Graf Erpo von Padberg und seine Gattin Beatrix von Itter stifteten 1101/02 mit Unterstützung des Paderborner Bischofs Heinrich Graf von Werl in Boke ein Benediktinerkloster und statteten es reichlich mit Erbgut der Familie von Itter aus. Nach dem Tod der kinderlosen Beatrix erhoben die Verwandten Anspruch auf das Land, der Aufbau des Klosters kam nicht voran. Graf Erpo entschied sich zur Verlegung auf seinen Allodialbesitz F. im Waldecker Land bei Korbbach, der Umzug fand wohl erst nach seinem Tod 1113 statt. Die Herrschaft kam 1120 in kurkölnischen Besitz, das Erzstift Köln stritt bis zur Auflösung mit der Grafschaft Waldeck um die Vogteirechte. Den ersten Konvent schickte Bischof Heinrich II. von Paderborn (Werl) aus seiner Abtei ➛ Abdinghof. Der dortige Abt Gumbert (1093–1114) dürfte die ➛ Hirsauer Reformstatuten eingeführt haben, stand er doch in enger Verbindung mit Reformabt Marcward (1081–1107) von ➛ Corvey. Es gibt jedoch keine eindeutigen Überlieferungen. Erster Vorsteher der Gründung in Boke war Prior Lentfried, erster Abt wurde Friedrich (bis etwa 1113) aus Abdinghof, unter Abt Ruthard (1113/20) erfolgte der Umzug nach F. Abt Wigbert I. (um 1123–37) kam aus ➛ Siegburg, einem anderen neucluniazensischen Reformzentrum. Abt Herman I. (1147/49) unterhielt wiederum enge Beziehungen zum hirsauischen Reformzentrum Corvey. Seit 1231 bestand in F. eine Pfarrei, um diese Zeit wurde auch die Klosterbasilika in eine Hallenkirche umgebaut, um den zusätzlichen Anforderungen einer Pfarrkirche zu genügen. In über 80 Orten konnten Grundbesitz, Rechte und Einkünfte erworben werden; ein Salzhaus in den Salzwerken von Sassendorf gehörte auch dazu. 1302 erreichte der Konvent mit 17 Mönchen seine Höchststärke. 1379 wurde er auf zwölf Mönche plus Abt begrenzt, gleichzeitig legte der Bischof offiziell die Gütertrennung zwischen Abt und Konvent fest, was indes schon seit Jahrzehnten praktiziert wurde. Verweltlichung, schlechte Wirtschaftsführung und Kriegswirren führten zur finanziellen und geistlichen Zerrüttung, die durch Visitationen und Reformansätze nicht zu beseitigen war. Hinzu kam innere Zwietracht durch die Wahl zweier Äbte 1434. Erst der fähige Abt Herman Frowin (1457–80) erreichte einen neuen Aufschwung und 1469 die Aufnahme in die ➛ Bursfelder Kongregation. Der bekannteste Abt wurde Jost Fiebeling (1506–26), zusammen mit Prior Liborius Daniel konsolidierte er die Wirtschaft, legte Rechnungsbücher an und renovierte Kirche und Abtei. In der Bursfelder Reformvereinigung wurden ihm hochangesehene Ämter übertragen. Nachfolgende Äbte konnten das Niveau nicht halten, die Reformation bewirkte viele Austritte. Im Kloster lebten nur

Flechtdorf Benediktinerabtei, die romanisch-gotische Abteikirche schließt seit 1639 flach am Mittelschiff ab.

noch zwei Mönche, als Graf Wolrad II. von Waldeck im September 1546 eine Inventarliste erstellen ließ. Im folgenden Oktober verwüstete der Landdrost von Westfalen, Graf Bernhard von Nassau-Beilstein, mit 300 Bewaffneten die Anlage. Der letzte Abt Balthasar Hachmeister (1558–80) musste abgesetzt werden, nach dem Tod des letzten Mönchs und Administrators Hubert Figge 1598 wurde die Abtei aufgehoben. Graf Christian Ludwig von Waldeck ließ 1702 in der Anlage ein Hospital einrichten.

▶ **Gegenwart.** In Boke, heute Delbrück-Lippedorf, erinnert nichts mehr an eine Abteigründung, in Diemelsee-F. dient die ehemalige Abteikirche noch heute als evangelische Pfarrkirche St. Marien. Der romanische Bau, um 1145 geweiht, mit repräsentativer Doppelturmfassade, zeigt heute Stilelemente verschiedener Bauperioden. Der Umbau zur Hallenkirche bis etwa 1250 veränderte die Basilika einschneidend, zudem verlor sie durch einen Brand 1639 ihren Ostbereich mit Querschiff, Vierungsturm und apsidialem Chor. Eine flache Wand schließt seitdem die um ein Drittel verkürzte Kirche nach Osten ab. Hochwertig gearbeitete Kapitelle, reichhaltige Ornamentmalereien und ein abgetrepptes Westportal sind erhalten geblieben, Restgebäude südlich der Kirche sind nachklösterliche Hospitalbauten.

◆ GermBen 7, 189–207; Pöppel, Diether: Benediktinisches Leben im Hochstift Paderborn, Paderborn 1999, 86–91.

Flensburg Franziskanerkloster, das „Hospital zum Heiligen Geist" entstand aus dem Franziskanerkloster.

Flensburg, *Franziskanerkloster St. Katharina (1232–1528) – „Katharinenkloster", Diözese Schleswig – (kreisfreie Stadt, Schleswig-Holstein, ❐ 1, D1).*

▶ **Geschichte.** Die Franziskaner erreichten 1225 die Ostsee in ➛ Lübeck noch zu Lebzeiten ihres Ordensgründers Franz von Assisi. Es folgten die Gründungen des heute untergegangenen Klosters in Hamburg (1227) und im dänischen Ribe (1232). Südlich des damals dänischen Fischer- und Handelsortes F. an der Ostseeförde gründeten sie in den Jahren 1232/33 oder 1263 das Kloster St. Katharina. Bereits 1269 soll ein Provinzkapitel der Ordensprovinz Dacia in F. stattgefunden haben, insofern ist das Jahr 1232 und eine Stiftung durch König Waldemar II. von Dänemark wahrscheinlicher als 1263 durch Johannes Hvidding, Truchsess Herzog Eriks von Schleswig. Die Königstochter Sophia soll bereits 1248 im Kloster bestattet worden sein. Für beide Gründungsdaten, die erst Anfang des 17. Jh. in Historien genannt wurden, gibt es gute Argumente. Eine erste Nennung erfolgt 1280 in einem Testament, ein Indulgenzbrief von Papst Nikolaus IV. 1290 ist der erste urkundliche Nachweis für die Minoritengemeinschaft in F. Die Franziskaner waren bei Adel und Bürgerschaft sehr beliebt, weshalb sie gut von deren Spenden leben konnten. Die vereinigte Zunft der Maler, Goldschmiede, Tischler und Glaser wählte das Kloster zu ihrem kirchlichen Zentrum, vor allem die Gesellenbruderschaft der Stadt pflegte enge Beziehungen. Dem Katharinenkloster gehörten im Spätmittelalter entgegen der Ordensregel einige Landflächen. Im Juli 1495 waren sechs Observanten „zu Gast" in F., auch hielt sich Antonius Raeffelt hier als Repräsentant des Generalvikars der Observanten eine Weile auf. Unter Guardian Claus Smyter bekannte sich der Konvent nicht ohne innere Auseinandersetzungen 1495 zur Observanz und gab allen Besitz auf. Konventual bleibende Brüder mussten F. verlassen und zogen nach Skandinavien. Die Zuwendungen der Patrizier steigerten sich daraufhin deutlich, die Klosterkirche wurde wieder bevorzugte Begräbnisstätte. Die neue Armut und enge Verbundenheit mit den Bürgern nutzte den Observanten jedoch wenig: Im Zuge der Reformation, die Prinz Christian als Sohn und Statthalter des regierenden Königs Friedrich I. energisch vorantrieb, mussten Guardian Stigetus Nielsen und seine Mitbrüder im Juni 1528 ihr Kloster räumen. Bruder Lüdke Namens (1497–1574), Sohn des Klosterprokurators, lehnte sich gegen die Auflösung auf, stritt gegen die Lehren Luthers und wurde der Stadt verwiesen; seine Streitschriften machten ihn zu einem der führenden katholischen Kontroverstheologen des Nordens. 1530 übergab König Friedrich I. den größten Teil des ehemaligen Katharinenklosters der Stadt, die Armenbehausungen in Klausur und Kreuzgang einrichtete. In den Nebengebäuden unterhielt ein Büchsenmacher seine Werkstadt. Nach 1561 wurden auf dem Klosterareal die städtischen Sozialeinrichtungen Armenhaus, Heilig-Geist-Spital und Leprahospital St. Jürgen zu einer neuen Stiftung mit eigener Gerichtsbarkeit und Verwaltungshoheit vereinigt.

▶ **Gegenwart.** Noch heute befindet sich nahe des Südermarktes am südlichen Ende der Fußgängerzone in F. das Altersheim „Hospital und Kloster zum Heiligen Geist". Der mehrfach überformte und modernisierte Gebäudekomplex steht teilweise auf Fundamenten des ehemaligen Klosters und enthält Ost- und Südflügel der Klausur des 13. Jh. Von der 1579 eingestürzten Kirche sind Reste des Ostabschlusses in einem Keller nachweisbar, die heutige Kapelle wurde 1637/39 in den zweistöckigen Ostflügel eingebaut. Die Nordseite dieses Kirchenflügels ist Hauptfront und Zugang zum Hospital.

◆ Rasmussen, Jørgen Nybo: Die Franziskaner in den nordischen Ländern im Mittelalter, Kevelaer 2002; Kraack, Gerhard: Das Franziskanerkloster, Flensburg 1995.

Flonheim, *Augustiner-Chorherrenstift St. Maria (um 1145–1454), Erzdiözese Mainz – (Lkr. Alzey-Worms, Rheinland-Pfalz, ❐ 3, B2).*

▶ Auf dem Weingut Strubel-Ross in F. stehen mittelalterliche Mauerreste: Es ist aber unklar, ob sie zum ehemaligen Augustiner-Chorherrenstift gehören oder Wehrmauern der Stadt waren. Von diesem Stift, das erstmals 1162 in einer päpstlichen Urkunde erwähnt wird und 1454 in ein Kollegiatstift umgewandelt wurde, ist sonst kein aufstrebendes Mauerwerk geblieben.

◆ Engels, Odilo: Klöster und Stifte von der Merowingerzeit bis um 1200, Bonn 2006; Jürgensmeier, Friedhelm (Hg.): Handbuch der Mainzer Kirchengeschichte, 3 Bde., Würzburg 1997–2002; Moraw, Peter: Klöster und Stifte im Mittelalter, in: Pfalzatlas, Speyer 1964.

Frankenberg, *Augustiner-Chorfrauenstift St. Maria und St. Johannes Baptist (1465–1527) – „Augustinerinnenhaus", Erzdiözese Mainz – (Lkr. Waldeck-F., Hessen, ❐ 1, C5).*

▶ **Geschichte.** Erzbischof Adolf II. von Mainz (Nassau) erlaubte 1465 frommen Frauen, unweit der Stadtpfarrkirche St. Maria in F. an der Eder die *vita communis* unter der Augustinusregel. Eine Ordenszugehörigkeit ist nicht überliefert, dennoch wird meist vom „Augustinerinnenhaus" gesprochen. Einschneidend wirkte sich der große Stadtbrand 1476 aus. Auf Wunsch Landgraf Wilhelms III. von Hessen betreuten Prioren des Windesheimer Chorherrenstifts ➛ Volkhardinghausen den Konvent, der 1487 mit Schwestern aus Westfalen verstärkt wurde. Die Konventualinnen kann man aufgrund der Zuwendung der Regularkanoniker nicht den Tertiarinnen der Augustiner-Eremiten zuordnen, für die der Begriff „Augustinerinnen" eigentlich zutrifft. Der Frauenkonvent in F. lebte offensichtlich nach der Verfassung eines Regularkanonissenstifts. Prioren aus Volkhardinghausen reformierten aber auch die Zisterzienserin-

Frankenberg Augustiner-Chorfrauenstift, die „Hospitalkapelle".

Frankenberg Zisterzienserinnenkloster, der flachgedeckte Kreuzgang im gotischen Konventsflügel.

nen des Klosters St. Georgenberg (➛ Frankenberg). Mit Zustimmung der Johanniter von ➛ Wiesenfeld entstand die heute noch existierende Stiftskapelle (1513–15). 1527 führte Landgraf Philipp I. von Hessen die Reformation ein und löste die Gemeinschaft auf, die Schwestern wurden abgefunden. 1529 tauschte er die Stiftskapelle mit dem Steinhaus in der Stadt, an der Kirche wurde ein Spital errichtet.

▶ **Gegenwart.** Landgräfin Hedwig Sophie ließ die „Hospitalkirche" 1662 sanieren und übergab sie der evangelisch-reformierten Gemeinde. Heute dient die Kapelle am Burgberg neben dem modernen Spital St. Elisabeth und nahe der Liebfrauenkirche zu Gottesdiensten und Konzerten. Der spätgotische Saal zu vier Jochen mit Polygonschluss blieb weitestgehend original erhalten, lediglich das Gewölbe wurde nach 1865 durch eine Holzdecke ersetzt. Wappen adeliger Gönner zieren die Kragsteine, die Unterkirche zeigt das ursprüngliche Kreuzgratgewölbe.

◆ MonWin 2, 447 f.; Wittekindt, Heiner: Kirchengeschichte F., Frankenberg 1994.

Frankenberg, *Zisterzienserinnenkloster St. Maria und St. Georg (1242–1569) – „St. Georgenberg", Erzdiözese Mainz – (Lkr. Waldeck-F., Hessen, ❐ 1, C5).*

▶ **Geschichte.** Das durch Konrad von Itter und seinen Söhnen 1242 im abgelegenen Butzebach im hessischen Nuhnetal gegründete Frauenkloster wurde schon sechs Jahre später vor die Tore der neugegründeten Stadt F. an der Eder auf den Jogenberg, später Georgenberg, verlegt, weil der letzte Ludowinger, Landgraf Heinrich Raspe, am Westrand der thüringischen Landgrafschaft seine Macht gegen den Mainzer Erzbischof demonstrieren wollte. Die Landesherrschaft ging nach dem ludowingischen Erbfolgestreit (1247–50) an die entstehende Landgrafschaft Hessen über. Die Grundausstattung des Klosters wurde aufgestockt, zwei Gutshöfe in unmittelbarer Nachbarschaft und Besitz in etwa 90 Ortschaften bildeten durch Mitgiften und Schenkungen eine solide Wirtschaftsbasis. Der Konvent bekannte sich zur Zisterzienserregel, die Jurisdiktion ging vom Mainzer Erzbischof aus, für eine Inkorporation in den Zisterzienserorden gibt es keine Anhaltspunkte. Auffällig ist aber, dass nur Äbte der Zisterzienserabteien ➛ Haina, ➛ Bredelar und ➛ Marienfeld mit Visitationen und Reformen beauftragt wurden. 1249 erhielten die Zisterzienserinnen das Patronat über die Stadtpfarrkirche, mussten es aber 1392 an die Johanniter von ➛ Wiesenfeld abtreten, die daraufhin ihre seelsorgliche Begleitung übernahmen. Die Konventsstärke wurde 1308 auf maximal 36 Schwestern begrenzt. Erzbischof Matthias von Mainz (Bucheck) verbot 1322 Laienmädchen zu unterrichten und beauftragte im selben Jahr den Abt von ➛ Haina mit Visitationen. Reformmaßnahmen wurden 1444 und 1488 durchgeführt, dabei sorgte sich Landgraf Wilhelm III. von Hessen persönlich um strikte Beachtung der Klausurbestimmungen und bat Prior Lambertus Surewater (1465–97) aus dem Windesheimer Chorherrenstift ➛ Volkhardinghausen zur Visitation. Nach Einführung der lutherischen Kirchenordnung entsprechend den Homberger Synodalbeschlüssen von 1526 löste Landgraf Philipp I. 1527 die Klöster in seinem Herrschaftsbereich auf. Als Ausnah-

Frankenberg Zisterzienserinnenkloster, Rundbogenportal der kleinen Kapelle am Nordflügel.

men blieben das Zisterzienserinnenkloster F. und die Abtei ➛ Helmarshausen verschont. Die Frauen akzeptierten das evangelische Bekenntnis und widmeten sich wohl dem Hospitaldienst. Im Burgbereich der Stadt entstand ein neues Spital im aufgehobenen „Augustinerinnenhaus" (➛ Frankenberg). Die letzte Äbtissin Ida von Hatzfeld starb 1567, zwei Jahre danach übergaben die Ordensfrauen das Georgenbergkloster endgültig an Landgraf Ludwig IV. von Hessen-Marburg; die letzte Schwester starb 1581.

▶ **Gegenwart.** Der Erstgründungsort Butzebach zwischen Schreufa und Sachsenberg ist inzwischen Wüstung, das Kloster St. Georgenberg ist heute Verwaltungssitz des Landkreises und beherbergt seit 1952 das Kreisheimatmuseum. Der dreiflügelige Komplex aus dem 13. bis 17. Jh. birgt noch immer doppelgeschossige Gebäude aus Bruchsteinen, die zu den ältesten der Stadt gehören. Am östlichen Ende des Nordflügels ist über annähernd quadratischem Grundriss die Mauritiuskapelle mit Balkendecke und dreistufigem Rundbogenportal integriert. Die Kirche bildet keinen separaten Klausurflügel und stand nie der Gemeinde offen. Im rechtwinkelig anschließenden Trakt blieb ein Rest des flachgedeckten Kreuzgangs mit spätgotischen Maßwerkfenstern erhalten, die übrigen Gebäudeteile sind innen völlig entkernt, ihr mittelalterlicher Ursprung lässt sich lediglich bruchstückhaft an der Fassade erkennen. Der Südflügel steht auf tonnengewölbten Kellern. Einen Ostflügel hat es nie gegeben, an seiner Stelle grenzte eine Mauer das offene Areal zur Stadt ab.

◆ Mohn, Claudia: Butzbach, F., St. Georgenberg (Hessen), in: Mittelalterliche Klosteranlagen, Petersberg 2006, 278–281; Dersch, Wilhelm: Hessisches Klosterbuch, Marburg 2000; Jürgensmeier, Friedhelm (Hg.): Handbuch der Mainzer Kirchengeschichte, 3 Bde., Würzburg 1997–2002; Vanja, Christina: Das Zisterzienserinnenkloster St. Georgenberg, Frankenberg 1994.

Frankenhausen

Frankenhausen (Sachsen), *Zisterzienserinnenkloster St. Maria (um 1259–1543), Diözese Naumburg – (Crimmitschau-F., Lkr. Zwickau, Sachsen, ❐ 4, B1).*

▶ **Geschichte.** Erstmals wird das Frauenkloster 1271 urkundlich erwähnt; damals lag es noch im nahen Grünberg. Als Stifter gelten die Burggrafen von Starkenberg, die um 1259 nördlich von Crimmitschau auf Eigenbesitz ein Hauskloster gegründet hatten. Die vermutete Besiedlung durch Schwestern aus ➛ Kelbra erscheint heute eher unwahrscheinlich. Markgraf Dietrich von Landsberg übereignete dem Konvent 1276 die zerstörte Burg F. und förderte den Ortswechsel zur Festigung der wettinischen Herrschaft im Pleißenland. Nach 1276 zogen die Klosterfrauen schrittweise nach F. an eine bestehende Pfarrkirche nahe einem Nebenarm der Pleiße. Unter Äbtissin Christina (1286/92) und Propst Heinrich (1292) wurde die Umsiedlung 1292 abgeschlossen. Markgraf Friedrich Tuta von Landsberg nahm 1285 das Kloster unter Schutz, Markgraf Dietrich der Jüngere (Diezmann) befreite den Konvent 1289 von landesherrschaftlichen Abgaben, König Adolf von Nassau gewährte 1292 Schutz und Steuerprivilegien. Ländereien in der Umgebung und Streubesitz gehörten zur Grundausstattung, Patronatsrechte über die Pfarren in Grünberg, Langenhessen, Zschernitsch und F. kamen hinzu. Trotzdem sah sich Bischof Heinrich 1326 genötigt, den Frauen zur Unterstützung der wirtschaftlichen Situation die Kirche in Grünberg ganz zu inkorporieren. Der Konvent rekrutierte sich aus dem Niederadel des Pleißen- und Vogtlandes, erst eine Urkunde Bischof Ulrichs I. von Naumburg (Colditz-Wolkenburg) von 1306 bezeichnet die *sanctimoniales* als Zisterzienserinnen. Äbtissinnen standen dem Konvent vor, 1427 erwähnt eine Urkunde die Frauen als *sente Bernhardis ordinis*. Dies sind die einzigen Hinweise auf die Befolgung von Zisterziensergewohnheiten. Die Zuordnung zu einer Observanz bleibt problematisch. Der Naumburger Bischof behielt stets die Jurisdiktion, eine Mitgliedschaft im Zisterzienserorden kann ausgeschlossen werden. 1410 nötigten Brandschäden zum Neubau des Klosters, Bischof Gerhard II. von Goch half mit Ablässen; noch 1427 sammelten die Schwestern in der Diözese Almosen für den Wiederaufbau. Auf Bitten des sächsischen Herzogs ließ Bischof Heinrich II. von Stammer 1480 Visitation und Reform durchführen; unter Äbtissin Margaretha von Kayn (1493–1504?) bestand der Konvent aus neun Professschwestern. Die Reformation stieß auf keinen großen Widerstand. 1526 ließ Kurfürst Johann von Sachsen-Wittenberg den Besitz inventarisieren, 1528 traten drei Frauen aus und heirateten, 1531 folgte die Zwangsverwaltung, 1543 schließlich die Aufhebung.

▶ **Gegenwart.** Am Erstgründungsort Grünau blieben keine aufstrebenden Architekturreste erhalten. In F., heute ein Ortsteil von Crimmitschau, steht noch immer jene romanische Kirche, die die Zisterzienserinnen nach 1276 vorfanden. Der kleine rechteckige Saal mit eingezogenem Chor und Apsis von etwa 1200 erhielt durch die Schwestern an

Frankenhausen (Sachsen) Zisterzienserinnenkloster, das „Priorhaus" mit spätgotischem Stufengiebel.

der Nordseite einen doppelgeschossigen Anbau für Sakristei und Nonnenempore. Im 18./19. Jh. mehrmals eingreifend verändert, dient sie heute simultan der evangelischen und katholischen Gemeinde. Ein überdachter Gang führte nordöstlich zum zweigeschossigen Konventsgebäude, dem „Nonnenhaus“. Das Wohnhaus der Äbtissin, heute „Klosterschule“ genannt, entstand nach dem Brand von 1410 mit spätgotischem Stufengiebel, ein ähnlich geschmücktes Gebäude mit Dachreiter südöstlich der Kirche, „Priorhaus“ genannt, könnte als Propstei oder Kaplanei gedient haben. „Witwenhaus“, Mühle und „Brennerei“ stammen aus barocker Rittergutszeit. Kloster F. besaß kein geschlossenes Klausurquadrum, dem Konvent genügte die offene Anlage eines Kleinklosters. Durch eine Bürgerinitiative 1985 vor dem Abriss bewahrt, drohen die monastischen Restbauten heute aus Geldmangel zu verfallen.

◆ Mohn, Claudia: Grünberg-F. (Stadt Crimmitschau, Sachsen), in: Mittelalterliche Klosteranlagen, Petersberg 2006, 96–99; Lindenau, Katja: Zisterzienser-Nonnenklöster im Bistum Naumburg, Dresden 2000, 21–34; Wiemann, Harm: Geschichte des Zisterziensernonnenklosters F. bei Crimmitschau, Crimmitschau 1938.

Frankenhausen (Thüringen), *Zisterzienserinnenkloster St. Maria und St. Georg (1215–1535), Erzdiözese Mainz – (Bad F., Kyffhäuserkreis, Thüringen, ❒ 2, A5).*

▶ **Geschichte.** Nach den Annalen der Benediktinerabtei ➛Reinhardsbrunn stiftete Graf Friedrich III. von Beichlingen 1215 in F. im Harz ein Frauenkloster und dotierte es reichlich, weil es neben ➛Oldisleben als Hauskloster der Grafenfamilie dienen sollte. Der Ort F. unweit der Reichsburg Kyffhausen und der Kaiserpfalz Tilleda war durch die Ehe mit der Erbgräfin Hedwig von Rothenburg in seinen Besitz gekommen. Der Konvent bekannte sich zur Zisterzienserregel, gehörte aber nicht dem Orden an; er unterstand der Jurisdiktion des Mainzer Erzbischofs bzw. dem Archidiakon von Jechaburg. Töchter der Stifterfamilie und des regionalen Adels, besonders derer von Klettenberg, Mansfeld und Honstein (heute allgemein „Hohnstein“), vermehrten großzügig den Besitz, F. blühte zu einem der reichsten Klöster Nordthüringens auf. Eine günstige Entwicklung des Ortes, bedingt durch Salzproduktion und Handel, unterstützte die Prosperität, eine Klosterschule wird schon früh genannt. Kloster F. schickte Tochterkonvente 1251 nach ➛Kelbra und 1267 nach ➛Saalfeld. 1340 übernahmen die Grafen von Schwarzburg die Schirmherrschaft, sie initiierten Mitte des 15. Jh. Visitationen zur dringend notwendigen Hebung der Klostermoral. Im April 1525 verwüsteten aufrührerische Bauern die Anlage. Die Schwestern waren geflüchtet und kehrten im Mai 1525 zurück, nachdem das Bauernheer in der Schlacht bei F. geschlagen worden war. 1535 erzwang der lutherisch gesinnte Graf Heinrich XXXII. von Schwarzburg die Auflösung des Konvents. Die Frauen konvertierten und lebten bis zu ihrem Aussterben 1551 in einem südöstlich der Kirche gelegenen Haus. Im ehemaligen Refektorium richtete man eine Schule ein, die mit Klostergütern unterhalten wurde; aus der Schule erwuchs das heutige Gymnasium.

▶ **Gegenwart.** Von den zweigeschossigen Klausurgebäuden der Gründungszeit ist eine Restmauer mit Fensteröffnungen südwestlich der Kirche erhalten geblieben. Die ehemalige Klosterkirche und spätere evangelisch-lutherische Hauptpfarrkirche musste 1596 einem Neubau weichen, den 1689 ein Großbrand einäscherte, so dass heute ein dritter Kirchenbau in schlichtem Barock als sogenannte „Unterkirche“ St. Georg auf dem ehemaligen Klosterareal steht. Gotische Architekturreste sind besonders im Chorbereich zu finden, einige mittelalterliche Pfortenrahmen sind beiderseitig am Langhaus wiederverwendet worden. Der Turm nördlich des Chors ist im Unterbereich romanischen Ursprungs.

◆ RepZist 169–171; Mansel, Ingrid: 300 Jahre Unterkirche zu Bad F., Bad Frankenhausen 2003; Jürgensmeier, Friedhelm (Hg.): Handbuch der Mainzer Kirchengeschichte, 3 Bde., Würzburg 1997–2002.

Frankenthal Augustiner-Chorherrenstift, das spätromanische Westportal der ehemaligen Stiftskirche.

Frankenthal, *Augustiner-Chorherrenstift St. Maria Magdalena (1119–1562) – „Großfrankenthal“, auch „Erkenbertstift“, Diözese Worms – (kreisfreie Stadt, Rheinland-Pfalz, ❒ 3, C2).*

▶ **Geschichte.** Das Augustiner-Chorherrenstift F. wurde 1119 von Erkenbert, einem Ministerialen des Wormser Hochstifts, gegründet und der Wormser Kirche unterstellt. Seine Gattin Richlind gründete 1125 in der Nähe das Augustiner-Chorfrauenstift St. Stephanus, das man zur Unterscheidung „Kleinfrankenthal“ nannte. Der erste Propst Bertolf (1119–23) kam aus ➛Springiersbach und brachte die strengen Gewohnheiten *(consuetudines)* dieses Reformstifts mit. Nach ihm übernahm der Gründer Erkenbert (um 1124–32) die Leitung, noch heute wird vom „Erkenbertstift“ gesprochen. Bischof Burchard II. von Worms (Ahorn) weihte 1125 die Neugründung ein, nahm sie unter seinen Schutz und vergab Freiheitsprivilegien. Papst Innozenz II. bestätigte 1134 die bischöflichen Verfügungen, erweiterte die Privilegien und erhob das Stift zwischen 1139 und 1143 zur selbständigen Abtei, wodurch es aus dem Verband von Springiersbach herausgelöst war. Das Augustinerstift ➛ Lobenfeld bei Lobbach stand seit seiner Gründung um 1140 unter Aufsicht des Abtes von Groß-F. Ein Großbrand nötigte 1171 zum Neuaufbau des Mittelschiffs der Abteikirche. 1276 verbrüderte sich F. mit dem Konvent von ➛ Höningen, danach konnten sich die Chorherren ihren Vorstand aus dem Bruderkonvent wählen. Im 13. und 14. Jh. erlangte F. durch Schenkungen und Zukäufe umfangreichen Besitz in der Region, einschließlich Patronatsrechte über die Kirchen in F., Dirmstein und Mörsch. Auch die Güter von Klein-F., das 1431 nach disziplinärem Niedergang aufgelöst worden war, wurden übernommen. Abt Johann von Ingelheim (1447–67) und Konvent erkannten 1454 die Schirmvogtei des pfälzischen Kurfürsten offiziell an. Mangelnde Klosterzucht veranlasste Bischof Reinhard I. von Sickingen, Reformen durchzuführen, die er 1468 mit Anschluss an die ➛ Windesheimer Kongregation festigte. Die Reformstifte Kirschgarten und ➛ Böddeken waren maßgeblich beteiligt, Güter von Klein-F. kamen an Kirschgarten. 1525 wurde Groß-F. von aufständischen Bauern geplündert. Der aufkommende Protestantismus rief bei der Mehrzahl der Chorherren keinen Widerstand hervor; der letzte Prior Johann von Andernach (1555/56) ging in das Bruderstift Höningen. 1562 löste Kurfürst Friedrich III. Stift F. auf und übergab die ehemalige Abteikirche als Gemeindekirche calvinistischen Familien aus Flamen, unter ihnen der glühende Verfechter calvinistischer Lehren, Petrus Dathenus (1531–88). Die Restitution 1623 durch die Spanier blieb Episode, im Pfälzischen Erbfolgekrieg 1688/89 erlitten Stadt und Stift Zerstörungen, nur der Chor der Abteikirche diente, notdürftig hergestellt, noch eine Weile dem Gottesdienst, 1820 wurde er abgetragen.

▶ **Gegenwart.** Das als Museum genutzte Langhaus überlebte einen Bombenangriff von 1943 nicht, so dass heute nur noch Außenwände des Kirchenschiffs zu besichtigen sind, dessen Westteil ein repräsentatives, spätromanisches Westportal schmückt und das im Ostteil vom ehemaligen, gotischen Lettner begrenzt wird. Ein romanischer Turmstumpf mit gotischem polygonalem Aufbau wurde in den Turm der benachbarten Zwölfapostelkirche integriert. Aus der Stiftsbibliothek ist die reich illustrierte Bibelhandschrift von 1148 aus F. das Prunkstück heutiger kulturhistorischer Ausstellungen. An der Stelle des Augustiner-Chorfrauenstifts Klein-F. steht heute ein moderner Schulkomplex.

◆ MonWin 2, 121–139; Kemper, Joachim: Klosterreformen im Bistum Worms im späten Mittelalter, Mainz 2006, 290–301.

Frankfurt /Main, *Dominikanerkloster St. Maria (1233–1803) – „Predigerkloster", Erzdiözese Mainz – (kreisfreie Stadt, Hessen, ❐ 3, C2).*

▶ **Geschichte.** Im neuen Stadtgebiet Fischerfeld an der Oberstadt stellte der Frankfurter Stadtrat den Predigerbrüdern 1233 eine provisorische Unterkunft mit vier Räumen direkt an der Stadtmauer zur Verfügung. Dieses Haus diente später als Eingang zum Kloster. Nach einigen Jahren des Almosensammelns begannen die Dominikaner 1238 vom Stadtrat ermuntert mit dem Bau ihrer Klosteranlage. Bis zur Vollendung der Konventsgebäude (1246) und der dreischiffigen Klosterkirche (1259) erhielten sie auch von anderen Seiten Hilfe, zu nennen sind das St. Bartholomäusstift, die Erzbischöfe Siegfried III. von Mainz, Konrad I. von Köln und Gerhard I. von Mainz sowie die Päpste Gregor IX., Innozenz IV. und Alexander IV. Während des Fürstentages 1242 in F. starb der Dominikanerprior von ➛ Eisenach, Elgar von Hohenstein (1229–42) im Dominikanerkloster, der seinen Landesherrn als Beichtvater begleitet hatte. Schon 1257 wurde ein Hausstudium eingerichtet, ein Bruder Gerlach trat als Lektor auf; aus der Frühzeit ist ein Bruder Engelbertus († 1250) als heiligmäßig lebend in die Ordensliteratur eingegangen. 1262 fand erstmals ein Provinzkapitel der Ordensprovinz Teutonia in F. statt, im gleichen Jahr erlaubte Kö-

Frankfurt/Main Dominikanerkloster, original blieb nur der spätgotische Kirchenchor erhalten, Ostansicht.

nig Richard von Cornwall den Predigern, den Reichswald für Bau- und Brennholz zu nutzen. Die Dominikanerkirche in F. wurde Mittelpunkt der Reichspolitik, als die Kurfürsten am 5. Mai 1292 Graf Adolf von Nassau zum römisch-deutschen König wählten; auch die Wahlen Heinrichs VII. von Luxemburg 1308 und Günthers von Schwarzburg 1348 fanden hier statt. Neben seelsorglichen Tätigkeiten erledigten die Dominikaner vielfältige stadtpolitische Aufgaben, oft fungierten sie als Schlichter bei Rechtsstreitigkeiten, als Zeugen oder Siegler von Urkunden. Andererseits lagen sie selbst mehrmals in Streit mit dem Stadtklerus um Beerdigungspfründen. Um 1470 wurde der Chor der Klosterkirche St. Maria erhöht und mit einem Netzgewölbe versehen. Durch Stiftungen reicher Bürger erhielt die Kirche Altarbilder von Hans Holbein d.Ä., Albrecht Dürer und Matthias Grünewald, die heute in Museen bewahrt werden. Der Konvent unterzog sich 1474 unter dem Einfluss der bereits reformierten Dominikaner in Worms nicht ohne Widerstand einer inneren Erneuerung und der Ausrichtung zur strengen Observanz, die unter langjähriger Führung durch Prior Johannes Wilnaus (1481–1508, 1514/15) zur Blüte des Konvents führte. Baumaßnahmen und die weitere Ausstattung der Kirche mit Kunstwerken sowie die Stiftung von kostspieligen Altären durch das gestiegene Interesse der Patrizierfamilien förderten Ansehen und Ausstrahlungskraft. Die sich seit 1524 im Bürgertum durchsetzende lutherische Lehre brachte Klostersturm, Verwüstung, Konfiskation, Exerzitiumsverbot und Schließung der Kirchen, aber keine Vertreibung oder Veränderung des rechtlichen Status, weil der Stadtrat sich gezwungen sah, Rücksicht auf Kaiser und Erzbischof zu nehmen. Die neuen Machtverhältnisse nach dem Sieg Kaiser Karls V. über den Schmalkaldischen Bund 1547 und dem Reichstag von Augsburg 1548 führten zur Freiheit des Kults in allen Kirchen und zur Wiederbelebung des klösterlichen Lebens in der Reichsstadt. Eine Konsolidierung des Predigerklosters erreichten die tüchtigen Prioren Johannes Kosseler (1560–86) und Johannes Kocher (1591–1618), wenn auch auf niedrigerem Niveau als zuvor. Nach der Säkularisierung 1803 diente das Predigerkloster meist als Magazin und Museum, ehe es 1944 nach Bombenangriffen niederbrannte.

▶ **Gegenwart.** Seit dem Wiederaufbau 1957 in modernen Formen nutzt der evangelische Gemeindeverband die Anlage als Verwaltungs-, Kommunikations- und Kulturzentrum. Von der Dominikanerkirche St. Maria konnte der spätgotische Chor aus einem Joch mit 5/8-Schluss gerettet werden. Die Kirche dient heute als evangelische Heiliggeistkirche dem Gemeindezentrum als Bet- und Konzertraum.

◆ Berger, Thomas: Die Bettelorden in der Erzdiözese Mainz und in den Diözesen Speyer und Worms im 13. Jh., Mainz 1994; Bothe, Friedrich: Geschichte der Stadt F. am Main, Frankfurt 1977.

Frankfurt/Main Karmelitenkloster, ein spätgotisches Portal mit flankierenden Fenstern im Kreuzgang.

Frankfurt /Main, *Karmelitenkloster St. Maria (um 1250–1803) – „Frauenmönchskloster", Erzdiözese Mainz – (kreisfreie Stadt, Hessen,* ❐ *3, C2).*

▶ **Geschichte.** Das Gründungsjahr des Karmelitenkonvents in der staufischen Stadt F. am Main bleibt ebenso unklar wie die Initiatoren der Niederlassung. Man nimmt 1246 oder 1250 an und vermutet 1260 als Beginn des Klosterbaus durch den Stadtrat im neuen südwestlichen Stadtgebiet innerhalb der Stadtmauer. Die erste Urkunde stammt von 1270 und wurde anlässlich der Weihe des Marienaltars und des Friedhofs ausgestellt. Erzbischof Werner von Mainz (Eppstein) gewährte 1281 einen Ablass für den Klosterbau und Erzbischof Gerhard II. von Eppstein stellte 1290 Schutzbriefe aus, die auch die Karmelitenkonvente in ➛ Mainz und ➛ Kreuznach einbezogen. Während des Interdikts 1285 gab Papst Honorius IV. den Karmeliten die Erlaubnis, die Messe zu feiern. Die Karmeliten, wegen ihrer Annenverehrung auch „Frauenmönche" genannt, fanden Unterstützung bei Bürgern und Stadtadel der aufstrebenden Reichsstadt. Bis ins Spätmittelalter erweiterte der Konvent dank großzügiger Spenden die ursprünglich einfache Anlage nördlich einer kleinen Saalkirche zu einem weiträumigen Klosterkomplex und ließ ihn reich ausschmücken. Das Kloster F. gehörte zu den bedeutendsten Niederlassungen der Niederdeutschen Ordensprovinz. Die schwache Quellenlage für das Mittelalter erlaubt keine näheren Angaben zum inneren Leben; 1294 trat der Prior als Zeuge für den Bruderkonvent in ➛ Kassel auf. Unter Prior Peter von Spitznagel (1422–43) war der Konvent auf fast 40 Brüder angewachsen. Die Karmeliten legten bei ihrer pastoralen Tätigkeit neben der Predigt ein besonderes Augenmerk auf die Beichte. Mehrere Bruderschaften schlossen sich im 15. Jh. an, von denen die Kaufmannsbruderschaft St. Anna und die St. Nikolausbruderschaft zu den angesehensten und vornehmsten gehörten. Während der Hochblüte des Konvents ergriff die Reformation die Stadt. Spenden blieben aus, der Magistrat trat 1546 dem Schmalkaldischen Bund bei, musste sich 1548 aber Kaiser Karl V. beugen. Die Klöster der Stadt blieben bestehen. Auf der Flucht vor der Inquisition kam 1590 der italienische Dominikanerbruder und Philosoph Giordano Bruno (1548–1600) nach F., um bei Frankfurter Verlegern zwei seiner Bücher drucken zu lassen. Er wohnte im Karmelitenkloster, den mit der Inquisition betrauten Dominikanern in der Stadt (➛ Frankfurt/Main) traute er wohl nicht. Die Schweden übergaben 1633 dem Magistrat die klösterlichen Einrichtungen, die Brüder lebten im Exil (1633–65). Zuwendungen der Katholiken ermöglichten im 17./18. Jh. einen erneuten Aufschwung, bis im Zuge der Säkularisation 1803 das Kloster endgültig an die Stadt fiel. Die profane Nutzung griff schwer in die Architektur ein. Infolge eines Bombenangriffs brannte das Kloster im März 1944 aus.

▶ **Gegenwart.** Heute ist der restaurierte Komplex des Karmelitenklosters im Herzen F. eines der anschaulichsten Klöster des Spätmittelalters in Deutschland. Er beherbergt das Museum für Archäologie, Vor- und Frühgeschichte, und mehrere

Geschichts- und Kulturinstitute der Stadt, teilweise in modernen Gebäuden. Die spätgotische Anlage besteht noch immer aus Klosterkirche mit Kapellen, Kreuzgang mit Innenhof, Refektorium, Dormitorium und Kapitelsaal (Privilegienkammer). Aus dem bedeutenden Bestand an Kunstwerken seien hier nur stellvertretend die Fresken zu erwähnen, die Jörg Ratgeb im Auftrag Prior Hamans von Fleckenbrod im Kreuzgang schuf (1514–21).

◆ Hils-Brockhoff, Evelyn (Hg.): Das Karmeliterkloster in F. am Main, Frankfurt/Main 1999; Berger, Thomas: Die Bettelorden in der Erzdiözese Mainz und in den Diözesen Speyer und Worms im 13. Jh., Mainz 1994.

Frankfurt /Oder, *Franziskanerkloster St. Franziskus (um 1270–1539), Diözese Lebus – (kreisfreie Stadt, Brandenburg, ❐ 2, D4).*

▶ **Geschichte.** Markgraf Johann I. von Brandenburg erteilte 1253 der Marktsiedlung *Vrankenvorde* an der Oder Stadtrecht, er rief vermutlich auch Franziskaner in die Stadt, die sich zunächst am Brückentor niederließen. 1270 zogen sie an den nordöstlichen Stadtrand zwischen Stadtmauer und Pfarrkirche St. Nikolaus und bauten im Uferbereich der Oder ein Kloster auf. Um 1279/80 war der Chor der Klosterkirche vollendet. Eine Übereinkunft mit der Stadt von 1312 ist die älteste urkundliche Nachricht vom Barfüßerkloster F. 1326 unterlag die Stadt der Bannbulle Papst Johannes' XXII., die sich gegen Kaiser Ludwig den Bayern und seinen Sohn, Markgraf Ludwig, richtete und die Bürger von F. traf, weil sie zu ihrem wittelsbachischen Landesherrn hielten. Trotz Streits mit dem zuständigen Diözesanbischof, Stephan II. von Lebus, spendeten die Minoriten die Sakramente, wofür die Bewohner Anerkennung und Achtung zollten. 1391 fand in F. ein Kapitel der Ordensprovinz Saxonia statt, das nächste erst 1518 mit folgenreichen Entscheidungen. Die Studientätigkeit der Franziskaner und ihre Bibliothek ebneten 1506 den Weg zur Gründung der Universität Viadrina; erst jetzt blühte der Konvent kurzzeitig auf, Kirche und Kloster wurden erneuert und für Universitätszwecke sowie für ein provinzeigenes Generalstudium genutzt. Der Konvent gehörte im Spätmittelalter zur Sondergruppe der Ordensprovinz Saxonia, die einem *visitator regiminis* unterstand und sich um innere Reformen bemühte, die einen Mittelweg im Sinn der ➛ Martinianischen Konstitutionen anstrebte. Provinzial Ludwig Henning (1507–15) hielt sich deshalb mehrmals im Konvent auf. Im Januar 1518 fand in F. das bedeutende Unionskapitel der Provinz Saxonia statt, auf dem sich Observantenklöster und Martinianische Klöster vereinigten. Demzufolge gehörte der Konvent F. für die letzten Jahre zumindest formal den Observanten an, die sich 1517 von den Konventualen als selbständiger Franziskanerorden abgespalten hatten. 1520 lebten 17 Priesterbrüder, drei Brüder mit niederen Weihen und fünf Laienbrüder im Konvent. Guardian Andreas Scheunemann wurde 1527 auf dem Provinzkapitel im ➛ Lübecker Katharinenkloster zum Provinzial gewählt und setzte sich theologisch mit der reformatorischen Bewegung auseinander. Die erstmalige Duldung einer lutherischen Abendmahlfeier am 1. November 1539 durch Kurfürst Joachim II. von Brandenburg war vielerorts Anlass, die ersehnte Reformation einzuführen. Noch heute wird dieser Tag als Beginn der Reformation in Brandenburg gefeiert. Am 9. November 1539 verbot der Stadtrat, die Messe zu zelebrieren und löste den Franziskanerkonvent auf. Die meisten Brüder hatten das Kloster bereits verlassen, die verbliebenen wurden mit Leibrenten abgefunden. Guardian Franziskus Schmidich trat noch 1550 in F. auf. Die Universität nutzte die Konventsgebäude als Buchdruckerwerkstatt und Studentenwohnheim; erst nach Schließung der Viadrina fiel der Komplex an die Stadt. Die Klosterkirche diente seit 1551 als evangelische „Unterkirche" oder „Nikolaikirche" der Hauptkirche St. Marien.

▶ **Gegenwart.** Von den mittelalterlichen Konventsgebäuden nördlich der Kirche blieb nichts erhalten, aber die zweite Klosterkirche, die für erweiterte Aufgaben erbaute, dreischiffige Hallenkirche aus Backsteinen (1516–25), steht noch heute an der Oderpromenade und dient seit 1975 als Konzerthalle. Hauptteile des hochgotischen, flach schließenden Chors wurden in den spätgotischen Neubau einbezogen. Die westliche Giebelwand schmücken Lineatur- und Schlingrippen, im Inneren überrascht ein Netzgewölbe. Ein doppelstöckiger Anbau von 1301 diente vermutlich als Sakristei und Bibliothek. Die heutige Konzerthalle ist nach Carl Phillip Emanuel Bach benannt, der in F. studierte und die hiesige Singakademie dirigierte.

◆ Schmies, Bernd u. a.: F./Oder, Franziskaner, in: Brandenburgisches Klosterbuch, Bd. 1, Berlin – Brandenburg 2007, 451–463; Pieper, Roland/Einhorn, Jürgen W.: Franziskaner zwischen Ostsee, Thüringer Wald und Erzgebirge, Paderborn u. a. 2005, 73–77; Creutz, Ursula: Geschichte der ehemaligen Klöster im Bistum Berlin, Hildesheim 1995, 213–217.

Frankfurt/Oder Franziskanerkloster, die Ostseite der Klosterkirche, Blick von der Uferpromenade der Oder.

Franz von Assisi, Franziskanerorden *(Ordo Fratrum Minorum, OFM).* ▶ Augsburg gilt als Ankunftsort der Franziskaner in Deutschland mit fester Niederlassung, Eisenach in Thüringen rühmt sich des ersten franziskanischen Kirchenbaues, ➛Würzburg beherbergt den ältesten noch aktiven Konvent und in ➛Regensburg steht die größte Franziskanerkirche Deutschlands.

Der 1181/82 im umbrischen Assisi geborene Kaufmannssohn Giovanni Bernadone, später Franz von Assisi, wandte sich 1205 der Armutsbewegung in apostolischer Nachfolge Christi zu. Einige Gleichgesinnte schlossen sich ihm an und 1209/10 erlaubte Papst Innozenz III. der Bruderschaft, vor dem Volk zu predigen und Almosen zu sammeln. Die Gruppe verstand sich als Wanderprediger für Buß- und Mahngebete mit missionarischem Auftrag. Kompromisslose Treue zur Kirche bewahrte sie vor der Verfolgung als Häretiker. Der Franziskanerorden (Minoriten, Minderbrüder, Barfüßer, Graue Mönche) hatte sich trotz Verbot von Ordensneugründungen auf dem IV. Laterankonzil 1215 etabliert. Inzwischen wuchs die Gemeinschaft so stark an, dass sie bald in ganz Italien verbreitet war, 1217 nach Frankreich zog, 1218 auch nach Deutschland, sich hier aber erst im zweiten Anlauf 1221 festsetzte. Papst Honorius III. approbierte 1223 das von Franz erarbeitete Regelwerk, das von Papst Gregor IX. 1230 in der Frage der Besitzlosigkeit gemildert wurde. Im Oktober 1226 starb der Ordensgründer, nicht ohne seine Brüder testamentarisch zur Einheit ermahnt und ihnen die Besitzlosigkeit eingeschärft zu haben. Franz galt als der wahrhaftigste Nachfolger Christi, er wurde bereits zwei Jahre nach seinem Tod von Papst Gregor IX. heiliggesprochen.

Schon auf dem ersten Generalkapitel 1217 organisierten sich tausende Franziskaner in Provinzen und Kustodien weit über die Grenzen der Christenheit hinaus. Einem Konvent stand ein Guardian vor, die Ordenspolitik wurde auf General- und Provinzialkapiteln von Ministern entschieden, das sozial-caritative Apostolat unter gesellschaftlichen Randgruppen blieb das Hauptanliegen. Den aschgrauen bis braunen Habit aus ungefärbter Wolle hielt ein einfacher Strick zusammen, in kälteren Gegenden trugen die Franziskaner Sandalen, gewöhnlich gingen sie barfuß. Die Gemeinschaft entwickelte sich weltweit zu einem der stärksten und aktivsten Orden der Christenheit.

Das Armutsgebot erwies sich als das schwierigste Erbe des Gründers. Konträre Auffassungen darüber spalteten den Orden im Spätmittelalter in **Observanten**, die streng die alten Ideale beobachteten (lat. *observare*), und in **Konventualen**, die sich der Klerikalisierung und Verweltlichung beugten, eigenen Besitz befürworteten, aber die gemäßigten ➛Martinianischen Konstitutionen akzeptierten. Papst Leo X. sanktionierte 1517 die Trennung in zwei selbständige Zweige des Ordens. Heute leben die Konventualen als schwarzgekleidete **Minoriten** *(Ordo Fratrum Minorum Conventualium, OFMConv),* die Observanten als braungekleidete Franziskaner oder **Minderbrüder** *(Ordo Fratrum Minorum Observatium, OFMObs)* mit den Kongregationen der ➛Bernardiner, Coletaner/Rekollekten, Reformaten, Amadeer, Discalceaten, Alkantariner usw. zusammen als Erster Orden unter dem Dach der Franziskanischen Familie. Zu ihnen gehören auch die bärtigen **Kapuziner** *(Ordo Fratrum Minorum Cappucinorum, OFMCap)* mit ihren spitzen Kapuzen, die sich seit 1525 in Italien konstituierten, 1528 bei Papst Clemens VII. als neuer Ordenszweig Anerkennung fanden und im 17. Jh. bei der katholischen Reform in Deutschland äußerst erfolgreich agierten. Der Zweite Orden ist der weibliche Orden der ➛**Klarissen** *(Ordo Sanctae Clarae, OSCl)* und **Kapuzinerinnen** *(Ordo Sanctae Clarae Cappucinarum, OSCICap).* Im Dritten Orden fasst man die Laieninstitute beiderlei Geschlechts zusammen, die als Franziskaner-**Tertiaren** bzw. Franziskaner-**Tertiarinnen** bezeichnet werden, und sowohl reguliert zusammenleben *(Tertius Ordo Franciscanus, TOF),* wie Amigonianer, Elisabethinen, Ursberger Schwestern, Seraphisches Liebeswerk, Liebfrauenschwestern, Franziskusbrüder usw., oder aber auch nur ohne Regel zusammenkommen *(Ordo Franciscanus Saecularis, OFS),* wie die Franziskanische Gemeinschaft, FraVivo, Anglikanische Franziskaner usw. Die weltlichen Tertiaren erinnern noch am ehesten an die ursprünglichen Brüder und Schwestern zur der Zeit des hl. Franz von Assisi.

Fresko mit der Stigmatisierung des hl. Franz von Assisi in der Lübecker Franziskanerkirche (nach 1500).

Der allgemeine Begriff **Barfüßer** (Discalceaten), der im Mittelalter Ordensschwestern und -brüder mit Sandalen oder ohne Schuhwerk kennzeichnete, bezog sich im deutschen Sprachraum meist auf die Franziskaner, jedoch beanspruchten auch andere Orden oder Kongregationen wie Karmeliten, Serviten, Kamaldulenser, Passionisten, Pönitenten u. a. mit Recht diesen, ihre Askese charakterisierenden Titel.

◆ LThK[3], 4, 30–41.44–47; Elm, Kaspar: Franziskus und die Anfänge des Franziskanerordens, in: Vitasfratrum, Werl 1994; Iriarte, Lázaro: Der Franziskusorden. Handbuch der franziskanischen Ordensgeschichte, Altötting 1984.

Frauenberg (Nordhausen), *Zisterzienserinnenkloster St. Maria (um 1220–1557) – „Neuwerkkloster", Erzdiözese Mainz – (Nordhausen-F., Kreisstadt Nordhausen, Thüringen, ❐ 2, A5).*

▶ **Geschichte.** Um 1150 bis 1180 wurde auf dem F. in einem karolingischen Königshof außerhalb der Mauern Nordhausens eine romanische Marienkirche erbaut. Um 1220 stiftete Reichsvogt Ruprecht an dieser Kirche ein Frauenkloster, das Erzbischof Siegfried III. von Mainz (Eppstein) 1233 bestätigte. Kaiser Friedrich II. wertete 1237 das Kloster, das sich auf Reichsboden befand, mit Reichsschutz und der Übereignung von drei Hofstätten auf. Die Konstituierung des Konvents muss sich über einen längeren Zeitraum hingezogen haben. Das Mutterkloster der Schwestern könnte ➛Wöltingerode gewesen sein. Obwohl sich die Frauen zur Zisterzienserobservanz bekannten, waren sie nie in den Orden inkorporiert, sie unterstanden der Jurisdiktion des Erzbischofs von Mainz. Die Marienkirche auf dem Berg wurde zur Klosterkirche umgestaltet, das F.-Kloster nannte man daraufhin „Neuwerkkloster" oder „Marienkloster auf dem Berg" *(monasterium Beatae Mariae Virginis in monte)* im Unterschied zum Marienkloster im Tal *(in valle)* in ➛ Altendorf. Die Grafen von Honstein (heute allgemein „Hohnstein") stifteten 1285 Besitz, denn Äbtissin Mechtild (um 1300) war eine Tochter des Grafen Heinrich II. von Honstein. Weitere Schenkungen und päpstliche Schutzprivilegien förderten die aufstrebende Entwicklung, F. gehörte im Spätmittelalter mit Liegenschaften in etwa 40 Orten zu den wohlhabenden Frauenklöstern Thüringens. Die Schwestern bekannten sich schon 1522 zur lutherischen Glaubenslehre, die aus Erfurt in die Reichsstadt Nordhausen eingesickert war. Propst Konrad Jenis verließ 1522 die Stadt, wurde evangelischer Pfarrer und heiratete 1525 die letzte Frauenberger Äbtissin Anna von Rüxleben (1511–25). Im September 1524, also bereits vor dem Bauernkrieg, war das lutherische Bekenntnis in Nordhausen eingeführt; reichspolitisch blieb die Reichsstadt jedoch mit Rücksicht auf Kaiser und Erzbischof zurückhaltend. Im Frühjahr 1525 plünderten aufständische Bauern im umliegenden Südharzgebiet die Zisterzienserabtei ➛ Walkenried, das Prämonstratenserstift Ilfeld und das nahe Servitenkloster Himmelgarten (die beiden letzteren sind architektonisch untergegangen). Innerstädtisch kam es zu Plünderungen altgläubiger Einrichtungen; der Rat eignete sich das Altendorfkloster und die drei Bettelordensklöster der Stadt an. Die Mendikanten waren geflohen oder freiwillig gegangen, von ihren Klöstern existiert heute nur noch Restgemäuer der Franziskaner (➛ Nordhausen). Der Neuwerkkonvent auf dem F. war eines der wenigen Frauenklöster der Erzdiözese Mainz, die keine Gegenwehr gegen die lutherische Glaubenslehre zeigten. 1527 war F. auf wenige Frauen zusammengeschmolzen und wurde als evangelischer Konvent betrachtet. Die Priorin Anna Kirchner wandelte das Kloster in eine evangelische Mädchenschule um und übergab 1557 dem Stadtrat Besitzungen und Einkünfte.

▶ **Gegenwart.** Im April 1945 zerstörten Bomben das F.-Kloster bis auf den Ostteil der Kirche. Dieser Bau der Zisterzienserinnen enthält noch Elemente der ersten Marienkirche; er wurde schrittweise restauriert, 1983 neu geweiht und dient zu kirchlichen Veranstaltungen. Die Umrisse des ehemaligen Langhauses symbolisiert heute eine Gerüstkonstruktion; an der Westseite hat sich ein bemerkenswertes romanisches Stufenportal erhalten, das heute frei steht.

◆ RepZist 400–407; Mohn, Claudia: Nordhausen, Kloster Neuwerk auf dem F. (Thüringen), in: Mittelalterliche Klosteranlagen, Petersberg 2006, 326 f.; Jürgensmeier, Friedhelm (Hg.): Handbuch der Mainzer Kirchengeschichte, 3 Bde., Würzburg 1997–2002.

Frauenberg (Nordhausen) Zisterzienserinnenkloster, das romanische Westportal der Frauenbergskirche.

Frauenberg (Spreewald), *Wilhelmitenkloster St. Maria, St. Jakobus der Ältere (1497–1543), Diözese Meißen – (Lübben, Lkr. Dahme-Spreewald, Brandenburg, ❐ 2, C4).*

▶ Auf einer kleinen Anhöhe nordwestlich von Lübben stiftete Landvogt Heinrich Graf Reuß von Plauen, Burggraf zu Meißen, an einer vielbesuchten Wallfahrtskapelle St. Maria mit Zustimmung König Vladislaws II. von Böhmen und Papst Alexanders VI., aber gegen den Willen des Diözesanbischofs von Meißen 1497 ein Kloster. 1498 kam ein Gründungskonvent Wilhelmiten unter Prior Nicolaus Zeiße (1498–1518) aus dem thüringischen ➛ Orlamünde, was insofern überrascht, als sich der ➛ Wilhelmitenorden bereits in der Phase des schleichenden Verfalls befand und einige deutsche Niederlassungen kaum noch lebensfähig waren. Auch dem jungen Konvent auf dem F. bei Lübben war kein langes Leben beschieden: Die Reformation, eine Pestepidemie und ein schwelender Konflikt zwischen weltlichen und kirchlichen Machtinteressen führten um 1540 zur Auflösung. Die letzten Mönche flohen mit dem Altarschmuck, 1543 zog Landvogt Graf Albrecht Schlick die Güter im Auftrag König Ferdinands I. ein. Aus dem Wirtschaftshof entstand ein Rittergut, dessen Gutshaus bis in unsere Zeit vom Klinikum Lübben genutzt und dank privater Initiative seit 2005 vor dem Verfall gerettet wurde. Heute erinnern lediglich geringe Fundamentreste und verschüttete Keller mit Tonnengewölbe aus Ziegelsteinen im Klosterformat an den Wallfahrtsort und das Wilhelmitenkloster F.

◆ Jürgensmeier, Friedhelm: Die Wilhelmiten, Münster 2007, 88.96; Neitmann, Klaus: Lübben, in: Brandenburgisches Klosterbuch, Bd. 2, Berlin – Brandenburg 2007, 843–849.

Frauenchiemsee, *Benediktinerinnen Reichsabtei St. Maria (um 1004) – „Frauenwörth im Chiemsee", Erzdiözese Salzburg – (Chiemsee-Frauenwörth, Lkr. Rosenheim, Bayern, ❒ 4, B4).*

▶ **Vorgeschichte.** Eine bereits seit etwa 740 bestehende irisch-columbanische Mönchsniederlassung auf der großen Insel im Chiemsee wurde von Herzog Tassilo III. benediktinisch geformt und laut eigener Tradition 766 durch einen Frauenkonvent verstärkt. Die Frauen ließen sich auf der kleineren Insel „Frauenwörth" nieder. Die Ungarneinfälle in der ersten Hälfte des 10. Jh. beendeten das Mönchskloster auf der großen Insel. Aus einer nachfolgenden Klerikergemeinschaft entstand 1130 das Regularkanonikerstift „Herrenchiemsee", von dem heute noch barocke Gebäude existieren. Die Frauengemeinschaft erlangte von Karl dem Großen 788 die Reichsunmittelbarkeit. Unter dem Schutz der Karolinger entging das Kanonissenstift der Zerstörung und erreichte eine erste Hochblüte. Äbtissin Irmengard († 866), Tochter König Ludwigs des Deutschen, wurde ein heiligmäßiges Leben nachgesagt. Sie stieg zur Schutzpatronin der Chiemseeregion auf, 1928 wurde sie seliggesprochen.

▶ **Geschichte.** Unter dem Einfluss der ➛ Gorzer Reform in Person Abt Gerhards (1004– um 1021) von ➛ Seeon nahm F. Anfang des 11. Jh. die Benediktregel an und gilt bis heute als Benediktinerinnenkloster. Einige Historiker versetzen diese Umwandlung mit berechtigten Argumenten in das 13./14. Jh. Die Benediktinerabtei Seeon blieb bis zu ihrer Auflösung 1803 ein treuer Begleiter der Frauen. Erzbischof Konrad I. von Salzburg (1106–47) versuchte ➛ Hirsauer Reformstatuten in Frauenwörth durchzusetzen, was ihm nicht gelang. In der ersten Papsturkunde des Klosters bestätigt Innozenz II. 1141 der Äbtissin Mechthild ansehnlichen Besitz. Der Stauferkönig Philipp übertrug 1201 F. zusammen mit Seeon dem Salzburger Erzbischof als bischöfliches Eigenkloster; beide Abteien behielten ihre althergebrachten Rechte und Freiheiten. Die Gründung des Eigenbistums „Chiemsee" 1215 berührte Frauenwörth nicht, aber der Propst von Stift Herrenchiemsee besaß seit dem 12. Jh. Archidiakonatsgewalt; Konfliktstoff pfarrrechtlicher Art belasteten stets die Beziehungen zwischen beiden Inselklöstern. Seit 1275 stand der Chiemgau unter Wittelsbacher Schirmherrschaft, der Einfluss Salzburgs wurde zurückgedrängt. F. entwickelte sich zum landständischen Kloster, an der Bezeichnung „Königliches Stift", symbolisiert durch die Krone auf dem Haupt der Vorsteherinnen, wurde aber festgehalten. Unter der bedeutenden Äbtissin Kunigunde von Schonstett (1320–39) bezeichnete sich der Konvent erstmals selbst als benediktinisch, die Trennlinie zum freiweltlichen Kanonissenstift blieb aber unscharf. Im 15. Jh. belasteten hohe Kontributionen für herzogliche Kriege die Wirtschaft. 1451 führten Visitatoren mit Zustimmung Äbtissin Barbaras von Aichberg (1449–67) die ➛ Melker Reformstatuten ein, zwölf Schwestern beugten sich nur widerwillig, Eigenpfründen wurden nicht abgeschafft. Ein Großbrand mit Verlust von Bibliothek und Archiv 1491, die Pest 1495, der Landshuter Erbfolgekrieg 1503, Reformationskonflikte, Mitgliederschwund auf vier Frauen 1558, ein zweiter Großbrand 1572 sowie herzogliche Verwalterinnen waren Einschnitte, die letztlich erst von Äbtissin Sabina Preydorfer (1582–1609) überwunden werden konnten. Sie führte den Konvent unter strenger Observanz erstmals als rein monastisches Benediktinerinnenkloster im Geist des Konzils von Trient. Ihre Nachfolgerin Maria Magdalena Haidenbucher (1609–50) stand ihr trotz Dreißigjährigem Krieg nicht nach. Die Aufhebung 1803 erwies sich als nicht dauerhaft, König Ludwig I. verfügte 1837 den Neubeginn, seit 1901 ist F. wieder eine Abtei.

Frauenchiemsee Benediktinerinnen Reichsabtei, Blick durch das Torhaus auf Abteikirche und Glockenturm.

▶ **Gegenwart.** Der ottonische bis spätgotische Glockenturm ist das weithin sichtbare Wahrzeichen der Abtei auf der zwölf Hektar großen Insel Frauenwörth im Chiemsee. Berühmt ist das Torhaus aus der Zeit Ludwigs des Deutschen um 860; neueste Analyseergebnisse lassen die Entstehung unter Herzog Tassilo vermuten. Einzigartig sind die monumentalen Fresken (seit etwa 1130) in der romanisch-gotischen Abteikirche. Bauhistorische Besonderheiten und kunsthistorische Höhepunkte der Abtei F. sind häufig und ausführlich dokumentiert.

◆ Dannheimer, Hermann: Frauenwörth. Archäologische Bausteine zur Geschichte, München 2006; Brugger, Walter/Weitlauff, Manfred (Hg.): Kloster F. 782–2003, Weißenhorn 2003.

Frauenroth, *Zisterzienserinnenkloster St. Maria und Allerheiligen (1231–1574), Diözese Würzburg – (Burkardroth-F., Lkr. Bad Kissingen, Bayern, ❒ 3, D2).*

▶ **Geschichte.** Graf Otto I. von Botenlauben, ein berühmter Minnesänger und Kreuzfahrer aus dem Geschlecht der Henneberger, und Gemahlin Beatrix von Courtenay stifteten 1231 im Seitental des Flüsschens Aschach am Südrand der bayerischen Rhön das Frauenkloster F. Sie tauschten dafür Güter in Egenhausen gegen bischöfliche Flächen bei Burkardroth und übergaben diese und allen Besitz, selbst den Erlös für ihre Burg, dem neuen Kloster. Eine schöne Legende erzählt von dem Schleier der Beatrix, den der Wind von der Burg Botenlauben bei Kissingen bis zum Klosterplatz trug. Tatsächlich stand ein Schleier, der im Chor der Kirche in einer besonderen Nische verwahrt wurde, bei den Zisterzienserinnen in hohen Ehren. Bereits beim Bau gab es grobe Eingriffe von Seiten der Herren auf der nahen Burg Burkardroth, die ihre Pfründen durch das Kloster beschnitten sahen. Bemühungen um Schlichtung von allerhöchster Seite blieben erfolglos. Daraufhin griff Stifter Otto zu den Waffen, vertrieb die Störenfriede und verwüstete die Burg. 1244 fand er und einige Jahre später seine Frau Beatrix ihre Grablege im Chor der Klosterkirche. Der Abt von ➛ Bildhausen übte die Aufsicht aus, auch weitere Zeichen sprechen für eine Inkorporation des Frauenkonvents in den Zisterzienserorden, die aber wohl nie formell vollzogen wurde, weil die Würzburger Bischöfe ihre Einflussmöglichkeiten nicht aufgaben. Graf Hermann d.J. von Henneberg nahm 1277 Kloster und Konvent unter Schutz und versprach, das Kloster in keiner Weise zu belästigen. Sein Nachfahre Graf Hermann zahlte 1394 Äbtissin Katharina (1394–99) 1.200 Pfund Heller für Seelenheilmessen an seinem Grab, seine Ehefrau Agnes stiftete 93 Gulden für ihren Jahrestag, was Äbtissin Cäcilia 1422 bestätigte. Eine Gräfin Elisabeth von Henneberg ist 1416 als Konventualin in F. nachweisbar. Es sind kaum Nachrichten über die inneren Verhältnisse überliefert, eine Inventarliste erwähnt 1459 die Anzahl von 25 Betten. Eine illuminierte Handschrift aus dem frühen 14. Jh., das „Frauenrother Graduale“, zeugt von hoher Kunstfertigkeit und blühendem Klosterleben. Im 15. Jh. verfügte F. in mehr als 80 Orten bis nach Thüringen hinein über Einkünfte und Rechte. Einen Einbruch im monastischen Leben verursachte der „Frauenrother Haufen“ aus aufständischen Bauern, der die Anlage 1525 plünderte. Die nach Würzburg geflohenen Schwestern kehrten 1531 zurück, das Konventsleben entfaltete sich aber nie wieder zur alten Blüte. Unter der letzten Äbtissin Amalia von Rumrod (1550–58) verpfändete Fürstbischof Melchior Zobel von Giebelstadt das fast verödete Kloster. 1574 fiel F. an die bischöfliche Klosterkammer in Würzburg, die Güter wurden 1582 zur Wiederbelebung der Universität verwendet. Im Dreißigjährigen Krieg brannten schwedische und kroatische Truppen die Anlage bis auf die Grundmauern nieder. Fürstbischof Johann Philipp von Schönborn ließ das Mittelschiff der einstigen Klosterbasilika mit erhaltenem Chorbereich und Stiftergrab als einschiffige Kirche wiederaufrichten. Der Landbesitz wurde 1691 an Bauern verkauft, die das Dorf F. gründeten.

▶ **Gegenwart.** Die heutige katholische Pfarrkirche St. Blasius in F. ist das einzig verbliebene Architekturzeugnis aus der Klosterzeit. Der ursprünglich dreischiffigen Basilika mit Querhaus und drei gestaffelten Apsiden fehlen heute die Seitenschiffe, aber der gewölbte Chorbereich mit dem berühmten Stiftergrab und das romani-

Frauenroth Zisterzienserinnenkloster, die romanische Klosterbasilika verlor ihre Seitenschiffe, die Arkadenbögen des Mittelschiffs sind hervorgehoben.

sche Westportal sind original aus der ersten Bauperiode erhalten. Die Nordwand zeigt deutlich hervorgehobenen Arkadenbögen des ehemaligen Langhauses. Das Grab der Grafen von Henneberg-Botenlauben gehört zu den bedeutendsten Denkmälern staufischer Sepulkralplastik.

◆ Mötsch, Johannes: Regesten des Archivs der Grafen von Henneberg-Römhild, Köln u. a. 2006; Treiber, Angela: Die Frauenklöster in Franken, Würzburg 1991, 103f.

Frauental, *Zisterzienserinnenabtei St. Maria und Allerheiligen (1232–1548), Diözese Würzburg – (Creglingen-F., Main-Tauber-Kreis, Baden-Württemberg, ❐ 3, D2).*

▶ **Geschichte.** Die Brüder Gottfried und Konrad von Hohenlohe und ihre Frauen Richzenza und Petrissa stifteten 1232 im Steinachtal nördlich ihrer Burg Brauneck das Zisterzienserinnenkloster *Vallis dominarum.* Bischof Hermann I. von Würzburg (Lobdeburg) bestätigte 1233 den Konvent. Im gleichen Jahr verlieh Papst Gregor IX. das große Zisterzienserprivileg *(Privilegium commune cisterciense)*, das die Inkorporation in den Zisterzienserorden durch die Befreiung von der bischöflichen Jurisdiktionsgewalt ermöglichen sollte, die 1233 erfolgte. Die Schwestern wurden der Mönchsabtei ➛ Bronnbach unterstellt, König Konrad IV. nahm das Kloster 1239 unter Schutz. Ein weiterer Bruder der Stifter, Heinrich von Hohenlohe, Hochmeister des Deutschen Ordens (1244–49), förderte F. ebenfalls großzügig. Die Frauen konnten Besitz von etwa 600 Hektar und Rechte in 53 Orten ihr Eigen nennen. Weiterer Zugewinn bzw. die Vergrößerung des Besitzes gestalteten sich aber im Lauf der Entwicklung schwieriger, die Konventsstärke blieb bescheiden bei zehn bis 15 Schwestern. Der Familienzweig Hohenlohe-Brauneck erlosch 1390, die Landesherrschaft ging an die Markgrafen von Brandenburg-Ansbach über. Der Abt von Bronnbach setzte 1520 mit einer neuen Klosterordnung die Observanz im Konvent durch. 1525 wurde das Kloster während des Bauernkrieges stark zerstört, 1527 gingen die Schwestern Regina Truchsessin von Baldersheim und Barbara von Hirschaid nach ➛ Himmelthal bei Eisenfeld, um den dortigen Konvent zu verstärken. Mit Einführung der Reformation im markgräflichen Land und neuer Klosterordnung 1533 versiegte der Nachwuchs. 1547 starben Priorin Anna von Kottenheim (1529–47) und die letzten zwei Schwestern. Das Kloster diente seit 1548 als landesherrliche Domäne, in der Kirche lagerte Getreide.

▶ **Gegenwart.** Von der ehemaligen Klosteranlage blieben nur Ostflügel und Kirche erhalten. Die Räume der Klausur nutzt ein Modellprojekt zur Resozialisierung Jugendlicher. Die inzwischen renovierte, frühgotische Klosterkirche ist ein typisch zweigeteilter Saal einer fränkischen Frauenkirche mit Unterkirche und darüber liegender Nonnenempore im Westen und Laienkirche im Osten, getrennt durch eine lettnerartige Querwand bis zur Empore. Die Unterkirche, ein kreuzgratgewölbter, dreischiffiger Raum, diente als Sepultur der Stifterfamilie und der Ordensschwestern, heute ist sie Gebetsraum der evangelischen Ortsgemeinde. Die flachgedeckte Nonnenempore wird als Museum genutzt. Der polygonale Chor der Laienkirche mit Rippengewölbe zeigt frühgotischen Ornamentschmuck, den Hochaltar zerstörten die Bauern 1525. Außen schmückt ein viereckiges Fachwerktürmchen das Chordach.

◆ Mohn, Claudia: F., Stadt Creglingen (Baden-Württemberg), in: Mittelalterliche Klosteranlagen, Petersberg 2006, 99–104; Treiber, Angela: Die Frauenklöster in Franken, F., in: Zisterzienser in Franken, Würzburg 1991, 105f.

Frauental Zisterzienserinnenabtei, typische frühgotische Frauenkirche mit Fachwerktürmchen über dem Chor.

Ein vermauertes spätgotisches Fenster am ehemaligen Ostflügel der Klausur in **Frauental**.

Frauenthal, *Zisterzienserinnenkloster St. Maria (vor 1234–1433) – „Marienthal", Erzdiözese Köln – (Erftstadt-Blessem, Rhein-Erft-Kreis, Nordrhein-Westfalen, ❐ 3, A1).*

▶ **Geschichte.** Die erste Nachricht vom Kloster F. an der Erft liefert eine Urkunde vom Mai 1234, in der Äbtissin und Konvent Rechte über ein Haus an das Kollegiatstift St. Aposteln zu Köln verkaufen. Die Quellenlage ist dürftig, die Gründungsumstände sind unbekannt. Der Konvent bekannte sich 1282 zu den Zisterzienserstatuten, eine Mitgliedschaft im Orden kann man ausschließen; der Kölner Erzbischof übte zu jeder Zeit die Jurisdiktion aus. Die Frauen entstammten dem örtlichen Adel oder Kölner Patrizierfamilien; privater Besitz, Taschengeld und eigene Möbel sind überliefert. Äbtissin Guda (1373/86) schenkte dem Kloster erst 1386 einige Wiesen zu Konradsheim, die sie vorher verpachtet hatte. Obwohl der Konvent durch Mitgiften nicht arm war, unterhielt er keinen eigenen Geistlichen, vielmehr übernahm der Pfarrer aus Geilrath bei Blatzheim die Seelsorgeaufgaben. Beim Versuch, der lockeren Klosterzucht entgegenzuwirken, bot Erzbischof Dietrich von Moers im ersten Drittel des 15. Jh. den reformunwilligen Frauen in F. den Auszug an, das Kloster verödete. Der Erzbischof verfügte 1433 die offizielle Auflösung und übergab die Güter 1450 dem aufstrebenden Birgittenkonvent in ➛ Marienforst. Die Zisterzienser in ➛ Walberberg, einem Priorat von ➛ Heisterbach, waren deswegen verärgert, denn ursprünglich war ihnen der Klosterbesitz zugesagt worden. Den langen sich anschließenden Streit konnte erst ein Kompromiss 1459 beenden. Der Birgittenkonvent unterhielt in F. einen Klosterhof, der 1586 von niederländischen Soldaten niedergebrannt wurde. Mit Hilfe des Domdechanten Adolff Wulff von Metternich richtete das Kloster Marienforst die Klosterkirche wieder auf. Eine lebensgroße Marienstatue, der wundertätigen Wirkung nachgesagt wurde, lockte zahlreiche Wallfahrer nach F. Nach der Säkularisierung 1802 fiel der Besitz an die französische Ehrenlegion, 1809 wurde er verkauft. 1851 erwarb das kinderlose Weinhändlerehepaar Adolf und Helene Münch die ehemalige Klosteranlage und ließ die verwahrloste Klosterkirche restaurieren. Gut F. brachten sie 1867 in ihre Hospitalgründung ein.

▶ **Gegenwart.** Das Marienhospital Erftstadt-F. existiert noch heute als modernes Krankenhaus. Die letztmalig 1994 renovierte Marienkapelle steht heute Patienten und Gästen offen und dient der katholischen Gemeinde als Gottesdienstraum. Die Gebäude (um 1860) umschließen nach wie vor den ehemaligen Klosterhof. Die Südseite des Quadrums bildet die kleine gotische Saalkirche, deren Schauseite im Westen mit einem Turmaufsatz bekrönt ist.

◆ Ostrowitzki, Anja: Die Ausbreitung der Zisterzienserinnen im Erzbistum Köln, Köln u. a. 1993; Stommel, Karl: F. – vom Zisterzienserinnenkloster zum Marienhospital, Pulheim-Brauweiler 1988.

Frauenzell, *Benediktinerabtei St. Maria (vor 1324–1803) – „Marienzell", Diözese Regensburg – (Brennberg-F., Lkr. Regensburg, Bayern, ❐ 4, B3).*

▶ **Geschichte.** Bischof Nikolaus von Regensburg (Ybbs) erlaubte 1324 eremitischen Klausnern, auf Stiftsgut des bischöflichen Ministerialen Reimar IV. von Brennberg unter Einhaltung der Benediktregel die *vita communis*. 1325 wurde eine Kirche geweiht, 1350 erhob Bischof Friedrich von Nürnberg die *Cella Mariana* mit mindestens fünf Konventsmitgliedern zur klösterlichen Einrichtung und unterstellte sie der Benediktinerabtei ➛ Oberaltaich, erster Vorsteher war der Klausner Gottfried. Das kleine Kloster F. entwickelte sich zum religiösen Mittelpunkt des Bayernwaldes, 1424 wurde es zur Abtei erhoben. Sein erster Abt Konrad I. Pläbl (1424–44) kam aus Kloster ➛ Reichenbach am Regen und brachte aus diesem Reformzentrum die Erneuerungsstatuten der ➛ Kastler Reform mit. Die Schirmvögte von Brennberg verzichteten 1453 zugunsten der Abtei auf die niedere Gerichtsbarkeit. Abt Caspar Wildpart (1452–82) vertiefte die Reformideale, was sich segensreich auf geistliches Leben und Wirtschaft auswirkte. Abt Thomas Uhrmacher (1482–97) erhielt 1495 die Pontifikalien. Abt Cyriacus Prugger (1505–18) verwaltete die Abtei noch umsichtig, aber Misswirtschaft und Verfall kennzeichnen bereits das Reformationszeitalter. Abt Veit Beck (1518–22) wurde wegen Verfehlungen in Haft genommen und danach zur Besserung nach ➛ Mallersdorf versetzt. Einflüsse der evangelischen Glaubenslehre ließen Marienzell veröden; der letzte Professe, Prior Hans Staudenhecht, verwaltete die Güter bis 1553, danach bewirtschafteten es nur noch weltliche Administratoren. Bischof Philipp von Bayern ließ Marienzell 1582 wieder aufleben, aber Dreißigjähriger Krieg und Bayerischer Erbfolgekrieg brachten neue schwere Einschnitte. Unter dem kunstsinnigen Abt Benedikt I. Eberschwang (1721–37) begann der barocke Neubau der Anlage, eine prächtige Abteikirche wurde 1795 geweiht. Nach kurfürstlich-bayerischer Säkularisierung im März 1803 mussten der Abt, neun Brüder und drei Kleriker die Abtei verlassen.

▶ **Gegenwart.** Die Abteikirche Mariä Himmelfahrt dient seit 1803 als katholische Pfarrkirche von F., sie zählt zu den herausragenden Zeugnissen der sakralen Bau- und Ausstattungskunst der Oberpfalz des 18. Jh. Aus mittelalterlicher Zeit ist einzig der Turm aus Granitquadern von 1357 erhalten geblieben. Bestehende ehemalige Abteigebäude entstammen gänzlich dem 18. Jh.

◆ GermBen 2, 102–105; Fischer, Franz: F. Ehemalige Benediktinerabteikirche, Regensburg 2001.

Frauenzell Benediktinerabtei, der Glockenturm (1357) blieb das einzige mittelalterliche Architekturzeugnis.

Frauenzimmern, *Zisterzienserinnenabtei St. Maria (1238–1542) – „Mariental", Diözese Worms – (Güglingen-F., Lkr. Heilbronn, Baden-Württemberg, ❐ 3, C3).*

▶ Das 1237 in Böckingen, heute Stadt Heilbronn, gegründete und 1245 nach F. verlegte Kloster Mariental gehörte als vollwertiges Mitglied dem Zisterzienserorden an und war den Äbten der Abteien ➛ Maulbronn und ➛ Bebenhausen unterstellt. Der Konvent hatte stets mit wirtschaftlichen Schwierigkeiten zu kämpfen und verlegte seinen Hauptsitz 1443 nach ➛ Kirchbach. Im Ort F., in dem die Zisterzienserinnen 200 Jahre lang lebten, sind keine klösterlichen Gebäude erhalten geblieben; hinzuweisen ist aber auf einige gotische Mauerreste, die in Wohnhäusern verbaut wurden. Auch Orts- und Straßennamen erinnern heute an die Schwestern.

Die Zisterzienserinnenabtei F. in Güglingen ist nicht zu verwechseln mit der Zisterzienserinnenabtei ➛ Zimmern im bayerischen Deiningen.

◆ HHistStD 6, 215; Rückert, Maria M.: F., in: Württembergisches Klosterbuch, Ostfildern 2003, 243 f.; Hink, Eberhard-Ulrich: Das Zisterzienserinnenkloster zu F.-Kirchbach im Zabergäu, Tübingen 1961.

Fraulautern, *Augustiner-Chordamenstift St. Trinitatis (1142–1793), Erzdiözese Trier – (Kreisstadt Saarlouis, Saarland, ❐ 3, A3).*

▶ **Vorgeschichte.** Ritter Adalbert auf Schloss Tiefenbach bei Ensdorf übergab seinen Besitz in Lautern, Roden und Wallerfangen an der Saar vor 1130 dem Trierer Erzbischof Meginher von Vianden zur Gründung eines Benediktinerklosters

Fraulautern Augustiner-Chordamenstift, der ehemalige Ostflügel der Klausur enthält romanische Restarchitektur, Eingang zum Kapitelsaal.

durch die Abtei ➛ Mettlach. Die Benediktiner verzögerten die Besiedlung, so dass Erzbischof Albero dem Stifter riet, seine Güter dem damals angesehenen Regularkanonikerstift ➛ Springiersbach anzubieten.

▶ **Geschichte.** Das Reformstift Springiersbach entsandte 1142 einen Doppelkonvent nach Lautern an die rechte Seite der Saar. Um 1160 waren die Augustiner-Chorherren in den Hintergrund gedrängt, das Stift galt bald als Frauenniederlassung. 1280 wird erstmals die Bezeichnung „Frauenlautern" urkundlich fassbar. Adelsfamilien des Hunsrück und der Pfalz schickten ihre Töchter nach F., reiche Stiftungen und Mitgiften sorgten für einen hohen Vermögensstand. Die Grundherrschaft konzentrierte sich um das heutige Saarlouis. 1287 vereinbarten Herzog Friedrich III. von Lothringen und Herzog Ludwig von Bayern im Stift die Ehe ihrer Kinder. Im Spätmittelalter verkam F. zur Versorgungsstätte unverheirateter Adelstöchter, die Klosterzucht sank entsprechend in weltlich-stiftsähnliche Lebensformen ab. Der Konvent kämpfte nach Einführung der Reformation 1575 durch Graf Philipp von Nassau-Weilburg zäh und erfolgreich um den Erhalt des katholischen Glaubens auch in seinen Pfarreien. Äbtissin Margarethe von Bübingen ließ 1551 einen Schutzgraben um den Stiftskomplex anlegen. Äbtissin Johanna von Wiltz (1617–22) errichtete neue Klausurgebäude, wobei romanisch-gotische Teile erhalten blieben. 1739 initiierte Äbtissin Marie Therese von St. Ignon den barocken Neubau der Stiftskirche. Nach dem Tod des letzten Herzogs von Lothringen 1766 fiel F. an Frankreich und war der Aufsicht des Trierer Erzbischofs vollständig entzogen. Die Damen führten nun endgültig ein eher weltliches Leben. 1792 retteten sie ihr persönliches Mobiliar vor anrückenden Revolutionstruppen. 1793 löste Frankreich das Damenstift F. offiziell auf.

▶ **Gegenwart.** Die barocke Klausuranlage blieb bis heute erhalten, der Ostflügel birgt noch Reste des romanischen Kreuzgangs, der Eingang zum Kapitelsaal ist gut sichtbar. Die spätbarocke Dreifaltigkeitskirche wurde 1895 niedergerissen, lediglich der ursprüngliche Westgiebel der ersten romanischen Kirche aus dem 12. Jh. ist restauriert worden. Die Anlage dient heute der Grundschule des Ortes, der 1936 der auf der linken Saarseite gelegenen Stadt Saarlouis eingemeindet wurde.

◆ Flesch, Stefan u. a.: St. Trinitatis in F., in: Mönche an der Saar, Saarbrücken 1986, 133–135.

Freckenhorst, *Augustiner-Chordamenstift St. Bonifatius und Heilig Kreuz (vor 1240–1495), Diözese Münster – (Kr. Warendorf, Nordrhein-Westfalen, ❐ 1, B4).*

▶ **Vorgeschichte.** Auf einem Heiligtum des Gottes Frikko gründete Edelherr Everword um 856 im östlichen Münsterland nördlich der Lippe das *monasterium quod dicitur Frikkenhurst* für eine religiöse Frauengemeinschaft. Die Beteiligung einer Geva ist zweifelhaft, ebenso die Verwandtschaft des Stifters mit den Ekbertinern nicht belegbar. Reiche Ausstattung und Übertragung wertvoller Reliquien durch Bischof Liudbert von Münster 860/861 werteten die Stiftung auf. Die ersten Jahrhunderte liegen im Dunkeln, mehrere Brände im 9. und 10. Jh. wurden bauarchäologisch offenkundig. Urkunden wurden spätestens beim Großbrand 1116 vernichtet. Auch die Verfassung der Frauengemeinschaft lässt sich nicht klar definieren, der Konvent lebte wahrscheinlich nach der Aachener Regel und glich weitestgehend dem Typ eines weltlichen Kanonissenstifts. Die Äbtissin war schon um 1085 aus der *vita communis* ausgeschieden; um 1200 löste sich das Gemeinschaftsleben offensichtlich ganz auf. Als Kanonissenstift läge F. außerhalb des Rahmens dieses Lexikons, wenn es nicht um 1240 zumindest für einige Zeit die

Statuten eines Regularkanonikerstifts unter der Augustinusregel angenommen hätte.

▶ **Geschichte.** Reformbemühungen zur Einführung eines neuen Gemeinschaftslebens seit 1226 gehen vermutlich auf Bischof Ludolf von Münster (Holte) zurück. Äbtissin Jutta (um 1272–98) und ihr Konvent bekannten sich 1277 erstmals zur Augustinusregel, in ihrer Zeit ist auch eine Klosterschule verbürgt. Der Wechsel zum regulierten Konventsleben dürfte nicht tiefgreifend gewesen sein, die Augustinusregel war dehnbar, der Charakter eines weltlichen Stifts wurde nie ganz unterdrückt, Präbenden blieben bestehen. Unter Äbtissin Maria von Tecklenburg (1473–1527) erfolgte die Umwandlung in ein freiweltliches Damenstift; Papst Alexander VI. stimmte 1495 zu und sanktionierte damit einen schon Jahrzehnte praktizierten Zustand. Das freiweltliche Damenstift endete 1812 durch das Großherzogtum Berg.

▶ **Gegenwart.** Die Stiftskirche in F. gehört zu den hervorragenden Sakralbauten der frühen Romanik in Westfalen. Fünf Türme charakterisieren die kreuzförmige Basilika, deren imposantes Westwerk mit zwei flankierenden Rundtürmen aus ottonischer Zeit als reduzierte Nachbildung des karolingischen Westwerks von ➛ Corvey gilt. Der 1129 geweihte Kirchenbau birgt die dreischiffige, hallenartige Krypta der Vorgängerkirche von etwa 1080. Zwei Kreuzgangflügel aus dem 13. Jh. südlich der Kirche stammen noch am ehesten aus der Zeit der regulierten Stiftsverfassung von F.

◆ GermSac NF 10.

Freckenhorst Augustiner-Chordamenstift, Blick aus dem Kirchenmittelschiff in den frühromanischen Chorraum.

Fredelsloh, *Augustiner-Doppelstift St. Maria und St. Blasius (vor 1132– vor 1269), Augustiner-Chorfrauenstift St. Maria und St. Blasius (vor 1269–1542), Erzdiözese Mainz – (Moringen-F., Lkr. Northeim, Niedersachsen, ❒ 1, D5).*

▶ **Geschichte.** Erzbischof Adalbert I. von Mainz (Saarbrücken) stiftete mit Unterstützung der Grafen von Dassel kurz vor 1132 das Augustiner-Chorherrenstift F. im südlichen Niedersachsen. Er rief Hermann als ersten Propst in das Leinebergland, versprach freie Propstwahl, vergab Pfarrrechte und übertrug eigenen Grundbesitz. Papst Lucius II. nahm 1145 auf Bitten Propst Bertrams (1145/53) F. unter Schutz, König Konrad III. folgt ihm darin 1146. Papst Eugen III. wiederholte im gleichen Jahr das Schutzprivileg und sprach erstmals von Brüdern und Schwestern in F., was die Existenz eines angeschlossenen Frauenkonvents beurkundet. Propst Bertram wurde 1150 von Erzbischof und König mit der Aufsicht über das Augustiner-Chordamenstift ➛ Hilwartshausen an der Weser beauftragt, später war dem jeweiligen Propst auch das Stift St. Nikolaus in ➛ Weende bei Göttingen unterstellt. König Friedrich I. Barbarossa bestätigte 1153 nochmals Privilegien und Reichsschutz und fügte eigene Schenkungen hinzu. Den materiellen Wohlstand im 12. Jh. offenbart der große romanische Kirchenbau, der 1172 abgeschlossen werden konnte. Schon im 12. Jh. existierte eine nahe Siedlung; das Töpferhandwerk stand bereits im Hochmittelalter in Blüte. Die fürstlichen Zuwendungen versiegten im staufisch-welfischen Streit des 12. Jh. Die Vogteirechte gingen im 13. Jh. an die Welfen über. Nach der Auflösung des Frauenkonvents in der Benediktinerabtei St. Blasius in ➛ Northeim schickte der zukünftige Herzog Otto I. das Kind von Braunschweig-Lüneburg einen Teil der Frauen nach F., einen anderen nach ➛ Wiebrechtshausen. Seit 1269 scheint nur noch der Frauenkonvent im Stift gelebt zu haben; so veräußert Ritter von Harste seinen Zehnten in Lutterhausen nur den Schwestern, in allen folgenden Urkunden taucht der Chorherrenkonvent nicht mehr auf; sein Verbleib ist unbekannt. 1274 nahmen die Zisterzienser der Abtei ➛ Amelungsborn Propst, Priorin und Konvent von F. in ihre Gebetsbrüderschaft auf. Ein Großbrand 1289, verursacht durch kriegerische Auseinandersetzungen bedingte extreme finanzielle Belastungen; zehn Bischöfe erteilten 1290 für den Wiederaufbau Ablässe in ihren Diözesen, und noch 1300 baten die Frauen den Propst von ➛ Riechenberg als Oberen der deutschen Augustiner-Chorherren, das Stift F. verlassen zu dürfen; es kam nicht dazu. Zwischen 1350 und 1500 ging es F. wirtschaftlich wieder besser, der Konvent setzte sich zunehmend aus Töchtern bürgerlicher Familien zusammen. Unter Priorin Anna von Stockheim (1498/1524) konnten Reformen durchgesetzt werden; Herzog Heinrich I. zu Braunschweig-Wolfenbüttel bestätigte 1506 die Observanz, aber ein zweiter Großbrand im gleichen Jahr machte die guten Ansätze zunichte. Güterverkäufe kennzeichnen den wirtschaftlichen Verfall im 16. Jh. Es folgten Reformation und Konfessionswechsel, da Herzogin Elisabeth von Calenberg-Göttingen 1542 die evangelisch-lutherische Kirchenordnung einführte. Austritte und Verpfändung durch den Landesherrn ließen den evangelischen Konvent schrumpfen, 1564 lebten nur noch zwei Konventualinnen in F. Mit dem Tod der *Domina* Elisabeth von Roden 1652 endete das evangelische Damenstift.

▶ **Gegenwart.** Der kleine Ort F. ist heute ein Ortsteil von Moringen. Vom Stift sind nur Reste der Umfassungsmauer und die

Fredelsloh Augustiner-Chorfrauenstift, die romanische Stiftsbasilika mit Chor- und Querhausapsiden, Südost.

hochromanische Basilika in Hügellage geblieben. Die Kirche dient heute als evangelisch-lutherische Pfarrkirche St. Blasii. Der Sakralbau von 1172 mit Doppelturmfront im Westen und dreiapsidialem Chorschluss im Osten steht auf kreuzförmigem Grundriss und zeigte ursprünglich einen sächsischen Stützenwechsel im Innenraum, der bei der Renovierung nach dem Brand 1289 verlorenging. Eine Besonderheit ist der hohe apsidiale Anbau zwischen den Westtürmen mit Eingangspforte und innerer Wendeltreppe, die von den Frauen genutzt wurden, um die Nonnenempore zu erreichen. Ein großes rechteckiges Taufbecken stammt möglicherweise aus dem 13. Jh.

◆ Jürgensmeier, Friedhelm (Hg.): Handbuch der Mainzer Kirchengeschichte, 3 Bde., Würzburg 1997–2002; Hamann, Manfred: Urkundenbuch des Stifts F., Hildesheim 1983.

Freiberg, *Franziskanerkloster (um 1235–1537), Diözese Meißen – (Lkr. Mittelsachsen, Sachsen, ❒ 4, C1).*

▶ **Vorgeschichte.** Kaufleute fanden 1168 unweit der Freiberger Mulde stark glänzende Steine, die gediegenes Silber enthielten. Markgraf Otto der Reiche von Meißen gab den silberführenden „Berg an jedermann frei"; die sich am Ort um 1170 entwickelnde Bergbaustadt wurde demzufolge „Freiberg" genannt. Als Wirtschaftszentrum Sachsens gewann die Stadt rasch an Bedeutung, die Messestadt Leipzig machte F. erst in der frühen Neuzeit den Rang streitig. 1225 gab es bereits fünf Pfarrkirchen und ein Hospital in der Stadt.

▶ **Geschichte.** Um 1235 ließen sich sowohl Franziskaner als auch Dominikaner in F. nieder. Angeblich stiftete Ritter Nickel von Honsberg für die Minoriten einen Platz am nordöstlichen Stadtrand; beim Bau ihres Klosters bezogen sie die Stadtmauer mit ein. Der erste urkundliche Nachweis datiert 1283, ein erstes Kapitel der sächsischen Ordensprovinz soll bereits 1276 in F. stattgefunden haben. Mehrere Treffen folgten, was die ordenspolitische Bedeutung des Konvents unterstreicht. Guardian Balthasar Kunike und Konvent bestätigten 1385 die testamentarische Schenkung Peter Snippers von 50 Schock Groschen und verpflichteten sich zu täglichen Messen, im gleichen Jahr verfuhren sie mit einer Schenkung von 52 Schock Groschen ebenso und errichteten einen Altar St. Erasmus in ihrer Kirche. Die Wettiner Markgrafen von Meißen erwiesen sich als besondere Gönner: Wilhelm I. der Einäugige unterstützte den Konvent 1386 mit Holzland zwischen Erbisdorf und Langenau, 1401 überwies er den „armen brudern barfusenordens des conventis zu Friberg" fünf Schock jährliche Rente. Ebenso bedachte er die Klarissen in ➛ Seußlitz, die Mitbrüder in ➛ Torgau, und die Franziskaner in ➛ Oschatz erhielten ein ganzes Hofgut. Der wachsende Reichtum der Stadt wirkte sich wohltuend auf den Konvent aus, untergrub aber die innere Ordnung. Kurfürst Friedrich II. von Sachsen bat noch kurz vor seinem Tod 1464 den Papst um Visitation und Reform, die Bischof Dietrich III. von Meißen (Schönberg) mit geringem Erfolg durchführte. Er regelte aber die Streitigkeiten mit dem Pfarrklerus und erteilte einen 40-tägigen Ablass für die Unkosten beim Provinzkapitel 1465. Die Observanz nahm der Konvent nicht an und verblieb bei den sächsischen Konventualen. Ein Steffan Freydangk wird 1477 urkundlich als städtischer Prokurator des Klosters erwähnt. 1505 erhoben die albertinischen Herzöge von Sachsen die Stadt F. zum Residenzort des Freiamtes F. und Wolkenstein. Noch 1519 stiftete die Kürschnergilde für die Minoriten. Im Juni 1523 visitierten Bürgermeister und Rat die Mendikantenklöster. Herzog Heinrich II. konvertierte 1536 unter Einfluss seiner Gemahlin Katharina von Mecklenburg zum Protestantismus, im Juli 1537 gebot er die Auflösung des Franziskanerkonvents in seiner Stadt, die wohl ohne großen Widerstand erfolgte. Guardian Johann Königsdorf übernahm ein evangelisches Amt, die Klostergebäude erhielt 1540 die Stadt zur Einrichtung eines Spitals.

▶ **Gegenwart.** Franziskanerkirche und Klausuranlage existieren heute nicht mehr, einzig ein zweigeschossiges Gebäude (1506/10) am Unterhof in der Mönchsstraße blieb erhalten. Inzwischen als privates Wohnhaus und Architekturbüro saniert, zeigt das einstige Schlafhaus der Franziskaner Kielbogenöffnungen und Zellengewölbe. Die nördliche Giebelfront stößt im Obergeschoss an die Stadtmauer, im Erdgeschoss blieb ein Durchgang. Die Bibliothek des Geschwister-Scholl-Gymnasiums bewahrt einen großen Teil der Franziskanerbibliothek.

❖ Die Bestände der Dominikaner sucht man vergebens; deren Bibliothek und Archiv gingen im Stadtbrand 1484 unter; auch architektonisch sind vom Dominikanerkloster keine aufstrebenden Mauern erhalten. Den mittelalterlichen Reichtum der sächsischen Bergbaustadt repräsentiert die „Goldene Pforte" an der Südseite des späteren Doms. Dieses figurengeschmückte Archivoltenportal ist ein monumentales Zeugnis frühgotischer Steinmetzkunst von internationalem Ruf.

◆ Pieper, Roland/Einhorn, Jürgen W.: Franziskaner zwischen Ostsee, Thüringer Wald und Erzgebirge Paderborn u. a. 2005, 201 f.; Schlesinger, Walter: Kirchengeschichte Sachsens im Mittelalter, Bd. 2, Köln 1962, 309 f.

Freiburg, *Augustiner-Eremitenkloster (1278–1810) – „Augustinerkloster", Diözese Konstanz – (kreisfreie Stadt F. im Breisgau, Baden-Württemberg, ❒ 3, B4).*

▶ **Geschichte.** Graf Egino von F. und sein leiblicher Bruder Konrad erlaubten 1278 den Augustiner-Eremiten, ein Kloster in F. dort zu gründen, wo sie bereits wohnten, nämlich innerhalb der Stadtmauer in der Nähe von Oberlinden an der Gerberau. Die Weihe von Kloster und Kirche erfolgte 1299, gleichwohl zog sich der Bau bis in die Mitte des 14. Jh. hin. Die Augustiner-Bettelbrüder erhielten 1317 eine Brunnenröhre zur eigenen Wasserversorgung von der Stadt, die damals schon ein Wasserleitungssystem besaß. Der Pfarrklerus am Münster fürchtete um seine Pfründen und versuchte 200 Jahre lang, die Seelsorgetätigkeiten der Brüder (Beichten, Bestattungen) zu unterbinden. Die Mendikantenkonvente der Augustiner-Eremiten, Dominikaner und Franziskaner (➛ Freiburg) schlossen sich 1378 zusammen, um ein gemeinsames Vorgehen gegen den Weltklerus und Stadtrat zu ermöglichen. Im 14./15. Jh. wütete nicht weniger als zehnmal die Pest in F., die Mendikanten standen unter großen Eigenverlusten den Bürgern hilfreich zur Seite. Der Augustinerbruder Augustinus Münzmeister aus F. stand als Generalprokurator des Ordens seit 1354 im Dienst des päpstlichen Stuhls; er wurde 1372 von Papst Gregor XI. zum Bischof der Diözese Seckau in Österreich erhoben. 1422 erhielt Lektor und Prior Johannes Herder (1422–27) von Ordensgeneral Augustinus von Rom (1419–31) den Auftrag, im Konvent die Reform zur strikten Observanz einzuführen. Nach seinem Tod 1427 setzte Prior Kaspar Vituli das Erneuerungswerk fort; 1433 nahm der Generalrektor Gerhard von Rimini (1431–34) das Kloster dazu in seine Obhut. Ein Blitz verursachte 1462 einen Großbrand im Kloster, der mühevolle Wiederaufbau zog sich bis 1483 hin. Prior Nicolaus Fries (1448–51) wurde 1459 zum Weihbischof von Basel erhoben. Prior Tilmann Limpergner (1485–89) promovierte 1491 an der Universität F., die 1457 gegründet worden war. Er hatte 1491 bis 1498 das Amt des Provinzials inne und erlangte 1498 Weihbischofswürden in Basel; noch im hohen Alter schloss sich dieser verdienstvolle Augustiner der Reformation an. Die Stadt F. blieb mit kurzer Unterbrechung während der Bauernmacht im Mai 1524 katholisch; sie hatte sich 1368 von Graf Egino III. von F. (Urach) freigekauft und dem Haus Habsburg unterstellt. Die Kämpfe Habsburgs im Dreißigjährigen Krieg und in den Kriegen gegen Frankreich zerstörten F. fast völlig und dezimierten die Einwohnerzahl erheblich. Die Augustinerbrüder begannen 1706, ihr Kloster wiederherzurichten, was einschneidende Veränderungen der Architektur im Barockstil nach sich zog. Kaiser Joseph II. verfügte 1783 sechs Augustiner-Eremiten in die Franziskanerkirche St. Martin zur Unterstützung der dortigen neuen Pfarrstelle und setzte 1784 den Konvent auf Aussterbeetat. Die endgültige Auflösung kam 1810 unter der Regierung des badischen Großherzogs Karl Friedrich. Im ehemaligen Augustinerkloster an der Salzstraße lebten bis 1821 die versetzten Franziskaner, danach wurde der Klausurkomplex zur Kaserne umfunktioniert. Seit 1823 diente die Kirche als Theaterhaus, 1865 eröffnete der Stadtrat erstmalig die „Altertümersammlung“ in den Gebäuden der ehemaligen Klausur.

Freiburg (Breisgau) Augustiner-Eremitenkloster, der gotische Kreuzgang dient als Ausstellungsraum.

▶ **Gegenwart.** Heute besitzt das „Augustinermuseum“ mit den städtischen Sammlungen in den noch teilweise mittelalterlichen Klosterräumen und dem schönen gotischen Kreuzgang überregionale Bedeutung. Seit 2006 wird die barock stark veränderte Augustinerkirche grundlegend saniert, bis hin zur Neugestaltung der Außenflächen.

◆ Haumann, Heiko/Schadek, Hans (Hg.): Geschichte der Stadt F. im Breisgau, Stuttgart 1996; Kunzelmann, Adalbero: Geschichte der deutschen Augustiner-Eremiten, Würzburg, Tl. 1, 40–42, Tl. 2, 64–81, Würzburg 1969/70.

Freiburg, *Franziskanerkloster St. Martin (1246–1783) – „Barfüßerkloster“, Diözese Konstanz – (kreisfreie Stadt F. im Breisgau, Baden-Württemberg, ❐ 3, B4).*

▶ **Geschichte.** Konrad I. von Urach, Graf von F., schenkte 1246 „zu seinem und seiner Vorfahren Seelenheil“ den Franziskanern, die sich 1229 vor der Stadt angesiedelt hatten, die Martinskirche mitten zwischen den Häusern im Westen der Altstadt sowie vier Hofstätten, woraufhin die Minoriten in die Stadt einzogen und ein Kloster gründeten. 1262 überließ ihnen der Graf ein Haus nahe der Martinskirche zum Abriss, um den Bau einer größeren Klosterkirche zu ermöglichen. Der Chor war 1286 vollendet, nach einer Baupause konnte 1318 am Langhaus weitergebaut werden. Die beengten Verhältnisse im Stadtgebiet zwangen zu einer abgewinkelten Kirchennordwand; der gesamte Klosterkomplex wurde erst gegen 1350 fertig. Die Barfüßer pflegten besonders enge Beziehungen zum städtischen Patriziat und zum Adel, was sich in zahlreichen Stiftungen niederschlug. Handwerker waren eher selten Gönner, obwohl deren Familien die meisten Konventsmitglieder stellten. Die Entdeckung des Schwarzpulvers durch den Franziskanerbruder Berthold Schwarz Mitte des 15. Jh. in F. ist wohl als Legende zu betrachten, nicht einmal seine Existenz gilt als gesichert. Wichtiger ist die Gründung der Hochschule in F. 1457 als zweite Habsburger Universität nach Wien. Die Franziskaner waren daran maßgeblich beteiligt, die ersten Vorlesungen in lateinischer Sprache fanden wegen Raummangel in ihrem Kloster statt. Der Konvent St. Martin war im 15. Jh. auch eine „öffentliche“ Institution, der Magistrat nutzte das Kloster hin und wieder zu Ratsversammlungen, weil seine „Gerichtslaube“ ständig belegt war. Dem Künstler Hans Baldung, genannt Grien, der mit seinen Mitarbeitern den Hochaltar im Münster schuf, richteten die Barfüßer eine Werkstatt in ihrem Kloster ein (1512–18). Die Konventualen unter den Franziskanern wurden 1515 von den Observanten verdrängt, der Konvent entschied sich für strenge Beachtung der Ordensregeln. Die Stadt hatte sich bereits 1368 von Graf Egino III. von F. (Urach) freigekauft und Habsburg unterstellt, sie blieb also während der Reformation katholisch; die Bauernmacht im Mai 1524 war nur Episode. 1529 flohen Mitbrüder aus dem Konvent Basel vor der Reformation nach F. Als vorderösterreichische Stadt wirkten sich der Dreißigjährige Krieg und der Spanische Erbfolgekrieg verheerend für Stadt und Kloster aus. Die Kämpfe Habsburgs gegen Frankreich zerstörten fast alles und dezimierten die Einwohnerzahl. Schließlich verordnete Kaiser Joseph II. 1782 die Aufhebung der Klöster in F., was bis 1785 vollzogen wurde. Der Franziskanerkonvent musste 1783 in das Augustiner-Eremitenkloster (➛ Freiburg) umziehen, erneut 1821 in das ehemalige Kapuzinerkloster; schließlich durften 1823 die letzten drei Patres zurück an St. Martin, die als Pfarrkirche eingerichtet worden war.

▶ **Gegenwart.** Das Franziskanerkloster St. Martin nahm den heutigen Rathausplatz ein, östlich begrenzt noch immer der ehemalige Ostflügel der Klausur mit Kreuzgang und Kapitelsaal von 1292 die Fläche. Die dortige Antoniuskapelle entstand erst 1900 aus einem ehemaligen Weinkeller. Die nördliche Seite nimmt nach wie vor die Franziskanerkirche ein, heute katholische Kirche St. Martin. Die dreischiffige Basilika ohne Querhaus aus der ersten Hälfte des 14. Jh. erhielt ihre barocke Fassadenverzierung im Westen 1719 und den neugotischen Glockenturm erst 1893. Innen überrascht eine lichte Raumweite mit hallenartigem Gepräge, erzeugt durch schlanke, völlig schmucklose Arkadenstützen. Die Ausstattung ist neugotisch, originale mittelalterliche Stücke der Franziskaner blieben nicht erhalten. Das Martinsfresko von etwa 1480 im südlichen Seitenschiff stammt aus dem Freiburger Münster. Der Kolossalbrunnen mit der Statue von Berthold Schwarz ziert erst seit 1847 den Rathausplatz.

◆ Haumann, Heiko/Schadek, Hans (Hg.): Geschichte der Stadt F. im Breisgau, Stuttgart 1996; Brommer, Hermann: Katholische Stadtpfarrkirche – ehem. Franziskaner-Klosterkirche St. Martin F. i.Br., Regensburg 1994.

Freienhagen, *Wilhelmitenkloster St. Maria, St. Peter und St. Paul (vor 1411–1527), Diözese Paderborn – (Waldeck-F., Lkr. Waldeck-Frankenberg, Hessen, ❐ 1, C5).*

▶ **Geschichte.** Die spätromanische Wehrkirche St. Peter und Paul entstand vermutlich in der ersten Hälfte des 13. Jh. Damals entwickelte sich F. im Waldecker Land zu einer bedeutenden Stadt mit Freigericht und Wehrmauer. Ein Wilhelmitenkloster wird erstmals 1411 erwähnt. Quellenmaterial steht kaum zur Verfügung, über die Gründungsumstände sowie die Herkunft der Mönche ist nichts bekannt. Der kleine Konvent aus Prior und sechs Mönchen nutzte die Stadtpfarrkirche St. Peter und Paul als Ordenskirche. Die Niederlassungen des Ordens im Raum Hessen-Waldeck waren alle dem Kloster ➛ Weißenborn in Thüringen unterstellt, möglicherweise kamen die ersten Mönche aus dieser Zentrale bei Ruhla. Als Stifter kommen die hessischen Landgrafen in Frage, im 15. Jh. lassen sich Schenkungen und Messen für ihr Seelenheil nachweisen. Die Wilhelmiten erreichten bescheidenen Grundbesitz, das Gut Ritmaringhausen zu Netze konnten sie durch Kauf erwerben. Im 15. Jh. erlangte die Stadt durch das Freigericht unter den Freigrafen Sigmund Manegold († 1455) und Johann Manhoff († 1458) große Bedeutung. Die wenigen Quellen geben nur bis 1502 Auskunft über das Priorat F., 1528 wird noch ein Prior Johann Rymann (1518/28) in der Stadt erwähnt, der aber wohl nicht mehr im Amt war. Das Ende der Wilhelmitengemeinschaft kam höchstwahrscheinlich 1527 mit der Durchsetzung der Reformation in der Grafschaft Waldeck unter der Lehnshoheit der Landgrafschaft Hessen.

▶ **Gegenwart.** Die Wilhelmitenbrüder, denen die Pfarrseelsorge oblag, hatten die Stadtpfarrkirche für ihre Zwecke umgebaut. Die heutige evangelische Pfarrkirche ist eine dreischiffige Hallenkirche mit romanisch-gotischen Bauelementen. Ihr Kreuzrippengewölbe auf schweren Gurten und einfachen Säulen entstammt der Anfangszeit der Mönche, der mächtige, schiefergedeckte Westturm besitzt eine markante, in sich gedrehte Zwiebelkuppel aus dem 18. Jh. Die Konventsgebäude im Bereich des heutigen Pfarrgartens wurden als Pfarrhaus genutzt, sind aber nicht mehr erhalten.

◆ Jürgensmeier, Friedhelm: Die Wilhelmiten, Münster 2007, 96; Dersch, Wilhelm: Hessisches Klosterbuch, Marburg 2000.

Frenswegen Augustiner-Chorherrenstift, die neue Kirche als gelungene Kombination aus Gotik und Moderne.

Frenswegen, *Augustiner-Chorherrenstift St. Maria (1394–1808) – „Marienwohlde", Diözese Münster – (Nordhorn-F., Lkr. Grafschaft Bentheim, Niedersachsen, ❐ 1, B4).*

▶ **Geschichte.** Die Pfarrer Heinrich von Marklo (Krull) zu Schüttorf und Everhard van Eze zu Almelo sowie die Bürger Johann Mönike aus Schüttorf und Rembert van Goor aus Zwolle kauften 1394 von Graf Bernhard I. von Bentheim den Hof Einholdink in der Bauernschaft F. zur Gründung eines Augustiner-Chorherrenstifts bei Nordhorn an der Vechte. Im gleichen Jahr etablierte sich ein Gründungskonvent unter der Leitung von Heinrich Kindeshoff von Deventer (1394–99) mit Zustimmung Bischof Ottos IV. von Münster (Hoya). Papst Bonifatius IX. befreite 1400 Stift F. von der Amtsgewalt des Münsteraner Bischofs und befürwortete den Anschluss an die ➛ Windesheimer Kongregation. F. war damit das erste Stift dieser Reformvereinigung auf deutschem Boden und entwickelte sich zum „Paradies Westfalens". Umfangreicher Landbesitz auch in der Diözese Utrecht kam in den nächsten Jahrzehnten durch großzügige Schenkungen der Bentheimer Grafen und durch Ankäufe hinzu. Schon 1400 zogen einige Chorherren nach ➛ Gaesdonck, um ein Tochterstift zu gründen. Prior Heinrich von Loder (1414–36) aus dem Mutterstift Windesheim wirkte segensreich, baute F. zu einem geistigen Zentrum aus und konnte neue Stifte etablieren oder in einigen reformierend einwirken, so in Marienkamp bei Esens, ➛ Wittenburg, Schüttorf, ➛ Riechenberg bei Goslar und ➛ Böddeken. Die Schwesternhäuser der ➛ Devotio moderna im Bistum Münster wurden ebenfalls betreut. Während der Reformation übernahmen viele Chorherren den neuen Glauben, auch Graf Arnold I. von Bentheim schloss sich 1544 der Reformation an. Graf Arnold Ewervin III. verbot 1560 die Aufnahme von Novizen. Verschuldung, Kriegsschäden, Güterverkauf und Flucht führten zum Erliegen des Stiftslebens, ehe Fürstbischof Christoph Bernhard von Münster (Galen) das Stift 1655 neu belebte. Barocke Um- und Erweiterungsbauten repräsentierten den erfolgreichen Neubeginn, aber nach dem letzten Generalkapitel der Kongregation in Windesheim 1786 setzte auch in F. der Verfall ein. Unter dem Einfluss der Franzosen erfolgte die Säkularisierung im Oktober 1809 durch die großherzoglich-bergische Verwaltung; der letzte Chorherr verließ F. 1815. Mehrere Brände zwischen 1870 und 1880 zerstörten Teile der Klausur und Bibliothek, ein Blitzschlag im Juni 1881 die einschiffige Stiftskirche vollständig.

▶ **Gegenwart.** Auf den Resten der abgebrannten Kirche von 1445 entstand eine neue Kapelle (1994–96); seitdem schützt eine kühne Glaskonstruktion die überkommene Südwand der gotischen Stiftskirche. In dem großzügigen Klausurgeviert geht lediglich der Südtrakt auf spätgotische Bautätigkeit zurück, weitere Flügel und doppelstöckige Kreuzgänge entstanden in der barocken Ausbauphase neu. Fürst Christian zu Bentheim und Steinfurt übergab 1974 die Anlage zur Gründung der „Stiftung Kloster F.", die nach aufwändiger Restaurierung durch den Landkreis in ihrer Art einmalig in Deutschland als überkonfessionelle Begegnungs-, Besinnungs- und Bildungsstätte in Trägerschaft der Evangelisch-Reformierten Kirche Nordwestdeutschlands genutzt wird.

◆ MonWin 2, 140–152; Pötter, Herbert: F. und die Klöster der Windesheimer Kongregation in Norddeutschland, Münster 1994.

Friedenweiler, *Benediktinerinnenpriorat St. Maria und St. Johannes Baptist (nach 1123– nach 1561), Zisterzienserinnenabtei St. Maria und St. Johannes Baptist (1570–1802), Diözese Konstanz – (Lkr. Breisgau-Hochschwarzwald, Baden-Württemberg, ❐ 3, B4).*

▶ **Geschichte.** Die Benediktinerabtei ➛ Sankt Georgen, ein Zentrum der ➛ Hirsauer Reform, tauschte im November 1123 mit der Abtei ➛ Reichenau Besitz auf der Baar zwischen Freiburg und Donaueschingen, darunter auch den Reichenauer Meierhof *villa Fridenwilare nuncupata* mit Kapelle. Abt Wernher I. (1119–34) von St. Georgen plante wohl von Beginn an eine klösterliche Niederlassung für Benediktinerinnen, der genaue Zeitpunkt der Gründung ist aber unbekannt. Kloster Amtenhausen, das heute bis auf ein barockes Prioratsgebäude untergegangene Frauenpriorat St. Georgens, sandte vermutlich den ersten

Friedenweiler Benediktinerinnenpriorat, Westansicht der barocken Klosteranlage, die Klosterkirche bewahrt ihren spätgotischen Chorbereich.

Konvent. Die Mönchsabtei St. Georgen übte bis 1539 die Paternität aus. In der Frühzeit dürften Hirsauer Reformstatuten unter einer „Meisterin" voll zur Geltung gelangt sein. Die päpstliche Bestätigung erfolgte 1139, die Vogteirechte besaßen die Zähringer und nach 1218 die Fürstenberger Grafen. Umfangreicher Waldbesitz, eine Marienwallfahrt und das Recht zu „salpetern" förderten den Aufstieg des Klosters zum geistlichen, kulturellen und wirtschaftlichen Mittelpunkt der Baarregion. Die Frauen besaßen Bürgerrechte in Freiburg. Im Rodungsland entstanden Hofstellen, aus denen sich die heutigen Orte der Umgebung entwickelten. 1441 wurde ein klösterlicher Gebäudekomplex erwähnt, der aber 1452 fast vollständig ausbrannte. 1482 konnte der Wiederaufbau mit der Weihe der spätgotischen Klosterkirche abgeschlossen werden. 1499 zerstörte ein zweiter Brand Teile der Klausur. Allgemeiner wirtschaftlicher Niedergang, Missernten, Landflucht, Verweigerung innerer Reformen, Auflösung der Klausurbestimmungen und Reformation führten 1536 zum bedingungslosen Verzicht der Vaterabtei St. Georgen und zur Übergabe des Klosters an die Grafen von Fürstenberg. Nach dem Tod der letzten Meisterin 1561 lebte Schwester Anna Mühlin ein paar Jahre allein im Kloster. Graf Heinrich (X.) von Fürstenberg rief Zisterzienserinnen aus ➛ Lichtenthal (Baden-Baden) nach F.; im Juni 1570 begannen sechs Chor- und zwei Laienschwestern mit der entbehrungsreichen Neubelebung. Die päpstliche Anerkennung erfolgte 1584, es folgte die Inkorporation in den Zisterzienserorden. Die Paternität übte die Abtei ➛ Tennenbach aus. F. entwickelte sich trotz zahlreicher Kriegseinbrüche und dem Großbrand 1725 zu einem angesehenen Ausbildungsort und erreichte im 18. Jh. eine Hochblüte. Im Dezember 1802 okkupierte Fürst Karl Joachim von Fürstenberg die Abtei, die Rechtsgrundlage hierfür lieferte der Reichsdeputationshauptschluss erst im Februar 1803. Der Konvent bestand aus 21 Frauen, davon sechs Laienschwestern und zwei Novizinnen. Die Chorschwestern durften mit Pensionen im Kloster bleiben. Die Klosterkirche wurde Pfarrkirche, die Anlage Lazarett, fürstliche Nebenresidenz, Brauerei, Kinderheilstätte und schließlich Seniorenstift.

▶ **Gegenwart.** Nach dem Großbrand 1725 blieb lediglich der spätgotische Chor der Klosterkirche als deutlich sichtbarer Architekturbestand aus dem Mittelalter erhalten. Äbtissin Ursula Gugglin (1723–36) beauftragte den bekannten Baumeister Peter Thumb mit dem Neubau der gesamten Anlage. Die heutige katholische Pfarrkirche St. Johannes Baptist entstand noch 1725 in großen Teilen aus den verbliebenen Restmauern des Vorgängerbaus, wobei Grundmauern und Chor genutzt, aber Querhaus und Langhaus in ihren Maßverhältnissen verändert wurden. Entsprechend stammt die Altarausstattung aus der Mitte des 18. Jh., ein Bilderzyklus von zehn Äbtissinnen der Jahre 1570 bis 1802 im Kirchenquerarm spiegelt die frühneuzeitliche Klostergeschichte wider. Die bestehende, geschlossene Barockanlage unterlag bis heute mehreren zweckorientierten Umbauten, der Klosterweiher wurde 1613 angelegt.

◆ Mühleisen, Hans-Otto: F., Lindenberg 2004; Wollasch, Hans-Josef: Die Anfänge des Klosters St. Georgen im Schwarzwald, Freiburg 1964.

Fritzlar, *Augustiner-Chorfrauenstift St. Maria und St. Katharina (1254– um 1530), Ursulinenkloster St. Ursula (seit 1711) – „Katharinenkloster", heute „Ursulinenkloster", Erzdiözese Mainz – (Schwalm-Eder-Kreis, Hessen, ❐ 1, C5).*

▶ **Geschichte.** Propst Bruno vom Frauenstift Weißenstein (Kassel-Wilhelmshöhe) gründete 1147 ein Armenhospital in der späteren Neustadt von F. am Hang südlich des „Domklosters" (➛ Fritzlar). Möglicherweise widmeten sich von Anfang an Schwestern von Weißenstein den Hospitalaufgaben in F. Das Hospital St. Maria erhielt vor 1239 die Bonifatiuskapelle mit Pfarrpflichten übereignet, 1254 wurde an der Kirche ein Augustiner-Chorfrauenkonvent etabliert. Der Komplex mit dem „Marienkloster" wurde auch „Bonifatiuskloster" genannt. Dies änderte sich, als die Schwestern Anfang des 14. Jh. eine eigene Kirche bauten, die sie der hl. Katharina weihen ließen. Seit dieser Zeit hieß das Stift „Katharinenkloster". Die Frauen erledigten ihre caritativen Aufgaben wohl ungenügend, denn die Bürgerschaft erhielt vom Mainzer Erzbischof Peter von Aspelt 1308 die Erlaubnis, ein eigenes Hospital, das Heilig-Geist-Spital, an der oberen Eiderbrücke zu gründen. Dieses wurde 1820 in das aufgehobene Franziskanerkloster (➛ Fritzlar) verlegt. 1464 verschmolz die Altstadt mit der eigenständig ummauerten Neustadt, das Katharinenkloster gehörte nun zur Stadt F., die Pfarrrechte waren an die Frauenmünsterkirche übergegangen. Johannes Hefentreger (Trygophorus 1497–1542) war seit 1521 Seelsorger im Katharinenkloster seiner Heimatstadt und trat öffentlich gemeinsam mit den Stiftsherren Johannes Baune und Johannes Huhn für das lutherische Bekenntnis auf. Er heiratete 1524 demonstrativ die Augustinerin Elisabeth Sperbelitz aus dem ihm anvertrauten Konvent und nach seiner Vertreibung aus F. wurde er später der bekannteste Reformator des Waldeckschen Landes. Um 1530 löste sich die Frauengemeinschaft im Zuge des sich ausbreitenden Protestantismus auf, die Anlage ging an das Hochstift Mainz über und die Gebäude verfielen. Erzbischof Franz Lothar von Schönborn rief 1711 im Zuge der Rekatholisierungsmaßnahmen Ursulinen aus Metz nach F. und übereignete ihnen das Katharinenkloster. 1714 bis 1719 wurde für die Schwestern der langgestreckte Barockbau südwestlich an die Katharinenkirche angebaut, 1725 die Kirche neu geweiht.

▶ **Gegenwart.** Die Ausbildung junger Mädchen ist bis heute vorrangige Aufgabe der Ursulinen geblieben. Bettina von Arnim wurde in der Fritzlarer Katharinenschule erzogen (1793–97). Die gotische Klosterkirche St. Katharina ist ein einfacher Saalbau zu drei Jochen mit 5/8-Schluss und Rippengewölbe auf Konsolen. Wandmalereien hinter dem Altar und zwei Steinskulpturen von etwa 1500 erinnern an die mittelalterliche Stiftszeit.

◆ Dersch, Wilhelm: Hessisches Klosterbuch, Marburg 2000; F. im Mittelalter. Festschrift zur 1250-Jahrfeier, Fritzlar 1974.

Fritzlar, *Benediktiner Reichsabtei St. Petrus (723– um 1000), Prämonstratenser-Chorherrenstift St. Petrus (seit 1989) – „Domkloster", Erzdiözese Mainz – (Schwalm-Eder-Kreis, Hessen, ❐ 1, C5).*

▶ Der Missionar und Apostel Deutschlands, der hl. Wynfrith Bonifatius (671/672–754) erbaute 723/724 aus dem Holz der gefällten Donareiche, einem chattisch-germanischen Heiligtum, die Kirche St. Peter in F. als Missionsstützpunkt und Ausbildungsstätte, an der sich zunächst Kleriker sammelten. Seit Beginn gab es eine Schule. 732 weihte Bonifatius, inzwischen Missionserzbischof, die erste steinerne Kirche ein, verbunden mit der Erhebung zur Benediktinerabtei unter einem *magister*. Der erste war der hl. Wigbert († 746). Im Jahr 774 griffen heidnische Sachsen die Abtei an, der Konvent flüchtete mit den Reliquien des hl. Wigbert in die benachbarte Büraburg. Karl der Große reagierte mit einer Machtdemonstration, nahm die Abtei in Besitz und stellte sie unter Reichsschutz. Der Ort stieg unter den Konradinern zur Königspfalz auf; hier wählten die Reichsfürsten 919 den ersten Sachsen, Heinrich I., zum König des ostfränkischen Reiches. Die Abtei hatte gegen Ende des 10. Jh. ihre Missionsarbeit erfüllt und wurde um 1000 in ein Kollegiatstift umgewandelt. Der heutige romanische „Fritzlarer Dom" entstand als dritte Steinkirche um 1180/1200 in der Zeit der Säkularkanoniker. Seit 1989 ist ihm ein Prämonstratenserstift angegliedert. Fundamentreste der ursprünglichen dreischiffigen Benediktinerkirche wurden 1916 im östlichen Mittelschiff ergraben; die „Wigbertbasilika" reichte von den Säulen des heutigen Westwerks bis zum Gitterlettner des „Doms" St. Peter.

◆ GermBen 7, 208–212.

Fritzlar, *Franziskanerkloster St. Franziskus (1237–1553, 1619–1811) – „Minoritenkloster", Erzdiözese Mainz – (Schwalm-Eder-Kreis, Hessen, ❐ 1, C5).*

▶ **Geschichte.** Nach ihrer Ankunft 1229 in F., einer bedeutenden hessischen Handelsstadt, lebten die Minoriten zunächst im Leprosarium St. Georg im Osten vor der Stadtmauer. Nach der Zerstörung der Stadt 1232 durch Landgraf Heinrich Raspe IV. von Thüringen und seinen Bruder Konrad nutzten sie den Wiederaufbau der Stadt zur Gründung eines Konvents. Den Einzug in die Stadt ermöglichte ihnen der Stadtherr, Erzbischof Siegfried III. von Mainz (Eppstein). Die Franziskaner fanden auch den Zuspruch der Bürger. Als päpstlich auferlegte Sühne mussten die Landgrafen den Wiederaufbau finanzieren, wollten sie doch die Heiligsprechung ihrer Schwägerin, Elisabeth von Thüringen (1207–31, kanonisiert 1235) erreichen. Elf Jahre nach dem Tod des Ordensgründers, des hl. Franz von Assisi (1181/82–1226, kanonisiert 1228), hatte sich die Einstellung der Franziskaner zu Armut und Besitz bereits so weit gewandelt, das eine eigene Klostergründung 1237 möglich wurde. Der Erzbischof gewährte ihnen einen Ablass zum Bau der Klostergebäude auf einem Grundstück an der vorgeschobenen Ostmauer nahe dem Werkeltor, das der Stadtrat ihnen verkauft hatte. 1244 fand die Weihe des Klosters statt. Die heute noch bestehende Klosterkirche entstand nach 1300 bis etwa 1350. Die Brüder mussten sich verpflichten, im Kriegsfall selbst für die Verteidigung der Wehrmauer innerhalb ihres Areals Sorge zu tragen. Sie genossen weiterhin die Unterstützung der Bewohner, was zahlreiche Stiftungen unterstrichen. Termineien entstanden in Gudensberg, Homberg/Hessen und Wolfhagen. Im spätmittelalterlichen Observanzstreit des Ordens bekannten sich die Brüder von F. zur konventualen Richtung, unterwarfen sich jedoch 1494 entsprechend einer Forderung Erzbischof Hermanns IV. von Hessen der ➛ Martinianischen Reform und erhielten darin Unterstützung von den Observanten aus ➛ Korbach unter Aufsicht des Abts von ➛ Spieskappel. Die beabsichtigte Umwandlung in ein Observantenkloster wussten die konventualen Minoriten zu verhindern, sie vertrieben zusammen mit den Bürgern – in der Regel ihre Verwandten – die Armutsbefürworter aus der Stadt zurück nach Korbach. Der Machtverlust der Mainzer Kirche gegenüber dem hessischen Landgrafen im 15. Jh. und der Einfluss der Reformation im 16. Jh. minderten die Bedeutung der Stadt als Handelsmetropole. 1552 bekannte sich F. zum Protestantismus; nach dem Tod des Guardians 1553 wies der Magistrat die Minoriten aus. Mit dem Augsburger Religionsfrieden von 1555 blieb F. unter Mainz und damit katholisch, während das Umland protestantisch wurde, was eine wirtschaftliche Isolierung nach sich zog. 1619 kamen Minoriten aus ➛ Köln in die Stadt zurück und belebten das Kloster neu bis zur endgültigen Aufhebung 1811.

▶ **Gegenwart.** Die Klausurgebäude der Franziskaner dienten als Hospital, Schulhaus und Armenhaus, heute sind sie für das „Hospital zum Heiligen Geist" modernisiert. Die Franziskanerkirche wurde 1824 einer evangelischen Gemeinde als Gotteshaus übergeben und bestimmt noch heute neben dem „Dom" weithin sichtbar das Stadtbild. Die hohe, asymmetrische Hallenkirche aus dem 14. Jh. besteht aus nördlichem Hauptschiff und südlichem Seitenschiff, ein langer Chor mit Polygonschluss schließt sich an das breitere Hauptschiff an, ein zweiteiliges Portal mit gotischem Kreuzbild ziert den Südbereich. Im Inneren der Kirche erzeugt eine klare Gliederung die beeindruckende Raumwirkung. Das Langhausgewölbe ruht auf schlanken Stützen, das Chorgewölbe auf durchgehenden Diensten, die Schlusssteine zeigen figürliche Darstellungen. Gotische Wandmalereien, Madonnenbild, Kreuzigungs- und Stationsreliefs sowie Grabplatten bereichern die Ausstattung; erst im 20. Jh. entstand die heutige lettnerartige Trennung des Chorraums.

◆ Dersch, Wilhelm: Hessisches Klosterbuch, Marburg 2000; F. im Mittelalter. Festschrift zur 1250-Jahrfeier, Fritzlar 1974.

Fritzlar Benediktinerabtei, der hl. Wynfrith Bonifatius errichtete 723/724 aus der Donareiche die erste Abteikirche.

Fröndenberg, *Zisterzienserinnenabtei St. Maria und St. Mauritius (vor 1230– um 1550), Erzdiözese Köln – (Kr. Unna, Nordrhein-Westfalen, ❒ 1, B5).*

▶ **Geschichte.** Zisterzienserinnen vermutlich aus ➛ Hoven bei Zülpich bezogen vor 1230 das neue Kloster F. nahe der Ruhr an einer alten Klause des Prämonstratenserstifts Scheda. Die Gründung scheint unmittelbar mit der Ermordung Erzbischof Engelberts von Köln (Berg) 1225 in Verbindung gestanden zu haben. Zur Ausstattung gehörte Besitz, den der erzbischöfliche Lehnsherr Heinrich von Köln (Müllenark), die Grafen Gottfried von Arnsberg und Otto von Altena-Mark sowie die Herren von Ardei gestiftet hatten. Der besondere Gönner, Graf Otto von Altena-Mark, spendete zusätzlich Geld zum Bau der Klosterkirche, trotzdem zog sich der Bau in die Länge, weshalb Papst Alexander IV. 1257 einen Ablass verkündete. Graf Otto fand 1262 sein Grab in der Kirche, seine Schwester Richardis war damals Äbtissin (1257/63). F. zählte zur claraevallensischen Familie, der Konvent war vollwertiges Mitglied des Zisterzienserordens und unterstand der Paternität von Clairvaux (Frankreich). Stellvertretend übernahmen nahe Mönchsabteien die Aufsicht, welche ist unklar. Nach der Schlacht von Worringen 1288 stieg die Grafschaft Mark zur größten Territorialmacht in Westfalen auf, die Grafenfamilie nutzte bis 1391 vorrangig die Klosterkirche F. als Familiengrablege. Sonderrechte und Schenkungen des märkischen Adels, Zukäufe und Mitgiften förderten den Wohlstand der Frauenabtei; 1483 zählte der Konvent unter Äbtissin Katharina von Letmathe (Kuling, 1442–83) 42 Schwestern. Im Spätmittelalter glich das Alltagsleben eher dem eines freiweltlichen Kanonissenstifts, 1550 taucht erstmals die Bezeichnung „freies Stift" auf. Die Umwandlung in ein freiweltliches Damenstift für adelige Töchter der Grafschaft Mark und des kölnischen Westfalens war wohl unter Äbtissin Teveke von der Recke (1539/55) vollzogen worden. Adelige Damen führten nun private Haushalte in eigenen Häusern, ihre Anzahl wurde auf 24 begrenzt. Seit dem 17. Jh. herrschte Dreikonfessionalität in fester Einteilung, ein Vergleich regelte 1688 die simultane Nutzung der Kirche, die auch der reformierten Gemeinde als Pfarrkirche diente. Das Großherzogtum Berg hob das Stift 1812 unter dem Einfluss des französischen Kaiserreichs auf.

▶ **Gegenwart.** Die ehemalige Klosterkirche dient heute der evangelischen Gemeinde als Pfarrkirche. Der einschiffige, gewölbte Bau auf kreuzförmigem Grundriss mit Kastenchor wurde 1262 vollendet, der Chorbereich entstand als frühester Teil etwa 1240; eine Dreifenstergruppe, die in Westfalen seltene Blendrosette und eine Marienskulptur zieren die flache Ostwand. Im Inneren überraschen reichlich verzierte Kapitelle, Konsolen und Scheitelsteine, die Gewölberippen enden mit Masken. Die westliche Nonnenempore wurde spätgotisch umgestaltet, die Sakristei an der Chornordseite entstand um 1500. Zahlreiche Grabplatten erinnern an die Stifterfamilien, von den mittelalterlichen Ausstattungsstücken sind Marienaltar und spätgotische Pietà besonders ausdrucksvoll. Der Glockenturm an der Westfront entstand erst 1902. Die mittelalterliche Klausur blieb nicht erhalten, Reste des Kreuzgangs sind im südlichen Anbau aufgegangen.

◆ Ostrowitzki, Anja: Die Ausbreitung der Zisterzienserinnen im Erzbistum Köln, Köln u. a. 1993; Klueting, Edeltraud: F., in: Westfälisches Klosterbuch, Tl. 1, Münster 1992, 320–324.

Fulda Benediktiner Reichsabtei, der barocke Dom im Abteibezirk, im Hintergrund die Propstei Michaelsberg.

Fulda, *Benediktiner Reichsabtei St. Salvator (744–1752), Erzdiözese Mainz – (Kreisstadt, Hessen, ❒ 3, D1).*

▶ Der Bonifatiusschüler Sturmius (um 704–779, kanonisiert 1139) gründete 744 im Land *Buchonia* (Buchenland) an der Fulda die Benediktiner Reichsabtei St. Salvator, die als Begräbnisstätte des hl. Bonifatius (671/672–754) zum geistlich-kulturellen Zentrum des Karolingerreiches aufstieg. Mit Besitz und Rechten zwischen Nordsee und Alpen bildete St. Salvator die größte Grundherrschaft aller Abteien im Reich und wurde 1752 zum eigenständigen Bistum erhoben. Das Domstift endete jedoch bereits 1802 im Zuge der allgemeinen Säkularisation. Der Reichsabtei unterstanden im Mittelalter etwa 30 Propsteien und Nebenklöster. Reichsabt Hermann von Buchenau (1440–49) setzte eigene Reformen durch, die von ➛ Kastl beeinflusst als selbständige „Fuldaer Reformen" des Spätmittelalters bekannt wurden und über den eigenen Kreis hinaus auf St. Aegidius in ➛ Nürnberg, Münsterschwarzach und ➛ Hersfeld Einfluss nahmen, wenn auch nicht mit nachhaltigem Erfolg. Der Abteibezirk oder auch das „Stift" in F. zeigt sich heute in seiner repräsentativen Barockpracht. In der Abtei- bzw. Domkirche des 18. Jh. von Johann Dientzenhofer stecken lediglich einige Mauerteile des karolingischen Vorgängerbaus, der sogenannten Ratgarbasilika (um 790–819), die damals der größte Kirchenbau nördlich der Alpen gewesen ist. Die im heutigen Stadtbereich verbliebenen Propsteien ➛ Fulda-Michaelsberg, ➛ Fulda-Johannisberg, ➛ Fulda-Neuenberg und ➛ Petersberg-Fulda zeigen dagegen mittelalterliche Architekturbestände.

◆ GermBen 7, 213–434; Jürgensmeier, Friedhelm (Hg.): Handbuch der Mainzer Kirchengeschichte, 3 Bde., Würzburg 1997–2002.

Fulda, *Benediktinerpropstei St. Johannes Baptist (vor 842–1802) – „Johannesberg", Erzdiözese Mainz – (Kreisstadt, Hessen, ❒ 3, D1).*

▶ **Geschichte.** Abt Hrabanus Maurus (822–842) der Reichsabtei St. Salvator in ➛ Fulda gründete zwischen 836 und 842 an der Kirche St. Johannes der Täufer von 812 nach Übertragung mehrerer Reliquien eine Propstei, welche die Pilger zum Heiltum betreuen sollte. Sie lag auf der Anhöhe nahe der Einmündung des Flüsschens Giesel in die Fulda und damit auf dem Gebiet der Erzdiözese Mainz. Die Propstei wurde bald nach der Mutterabtei exemt, aber der entstehende Ort F. am gegenüberliegenden rechten Fuldaufer unterstand der geistigen Aufsicht des Würzburger Bischofs. Konflikte waren vorprogrammiert. Durch die strikte Abhängigkeit von der Reichsabtei teilte der „Johannisberg" deren Geschicke. Reicher Besitz konzentrierte sich mit der Zeit auf linksfuldisches Gebiet in der Umgebung der Propstei. Propst Hermann von Buchenau (1410–49) setzte als Abt von St. Salvator (1440–49) Reformen durch, die als „Fuldaer Reformen" in den etwa 30 abhängigen Propsteien und Nebenklöstern zur Wirkung kamen. Der Konvent war geschrumpft, 1450 gehörten ihm neben Propst und Dekan nur noch vier Benediktiner an. Erst ein späterer Reformversuch Abt Johanns II. von Henneberg-Schleusingen (1472–1513) zeigte in Johannesberg Wirkung. Die Pröpste Wilkin Küchenmeister (1489–98) und Melchior Küchenmeister (1505/22) errichteten neue Gebäude, senkten die Schulden und vergrößerten die Bibliothek. Der Bauernkrieg 1525 machte die neue Blüte zunichte. Ein kleiner Konvent bestand bis Anfang des 17. Jh., danach übten Weltgeistliche, Franziskaner oder einzelne Benediktiner des Hauptkonvents die Pfarrseelsorge auf dem Johannesberg aus. Die Aufhebung erfolgte 1802 parallel zur Säkularisierung der Mutterabtei St. Salvator, inzwischen Domstift des Bistums Fulda.

▶ **Gegenwart.** Heute ist die Propstei Johannesberg Zentrum und Fortbildungsstätte des Deutschen Handwerks und Sitz des Vereins für Denkmalpflege. Die Gebäude sind im 17./18. Jh. durchweg neu entstanden. Die ehemalige Propstei- und heutige katholische Pfarrkirche St. Johannes der Täufer wurde 1686 in nachgotischen Formen in großen Teilen aus der spätgotischen Kirche so weit neu erbaut, dass eine Neuweihe notwendig wurde. Die Ostseite erhielt 1744 einen Barockanbau. Lediglich der hohe Westturm aus spätromanischer Zeit blieb original erhalten, sein Westportal zieren eingestellte Achtecksäulen und Zackenbogen. Die Turmkapelle zeigt Fresken aus der Zeit um 1300, der doppelte Haubenhelm ist von 1745 und verbirgt einen spätgotischen Steinhelm. Die Innenausstattung der Kirche ist barock.

◆ GermBen 7, 445–455.

Fulda, *Benediktinerpropstei St. Michael (1092–1802) – „Michaelsberg", Diözese Würzburg – (Kreisstadt, Hessen, ❒ 3, D1).*

▶ **Vorgeschichte.** Abt Eigil (818–822) der Reichsabtei St. Salvator in ➛ Fulda ließ nach 819 nordöstlich der Ratgarbasilika eine Friedhofskirche in außergewöhnlicher Rundform bauen, die Erzbischof Haistulph von Mainz 822 dem Erzengel Michael weihte. Nach den Ungarneinfällen um 920 wurde der „Michaelsberg" wiederaufgebaut, im 11. Jh. ließen sich zwei iroschottische Mönche als Inklusen einmauern.

▶ **Geschichte.** In Zusammenhang mit der Neubelebung der ➛ Gorzer Reform, die durch Kaiser Heinrich II. in den Jahren 1013 bis 1018 aus der Abtei ➛ Lorsch in F. Einfluss gewonnen hatte, baute Abt Ruothart (1075–96) den Michaelsberg 1092 als Propstei aus. Die Grundausstattung war im Vergleich mit den anderen etwa 30 Propsteien und Nebenklöstern der Reichsabtei gering und weit verstreut, auch die inneren Probleme des benachbarten Mutterkonvents wirkten sich nachteilig aus. Unter Propst Konrad von Bellersheim (1350/72) lebten 1361 nur drei Mönche in der Propstei, die vom „Stift" mitverköstigt wurden und in der Hauptabteikirche „zu Chore" gingen. Die Bruderschaft der Schusterzunft schloss sich im 14. Jh. St. Michael an; die Zunftmeister genossen das Privileg, auf dem Friedhof neben der Kirche bestatten zu werden. Im Spätmittelalter bedurfte das „Stiftskapitel" der Fürstabtei, inzwischen „Hochstift F." genannt, dringend innerer Reformen. Von der benediktinischen Observanz war nicht viel geblieben, aber das hochadelige „Stiftskapitel" konterkarierte die Reformbestrebungen Abt Johanns II. von Henneberg-Schleusingen (1472–1513), zum Anschluss an die ➛ Bursfelder Kongregation kam es nicht. Bauernkrieg 1525 und Reformation führten die Abtei an den Rand der Existenz. Die Propstei Michaelsberg blieb verlassen, das Amt des Propstes wurde aber weiterhin vergeben, bis Fürstabt Konstantin von Buttlar (1714–26) 1717 Propst Stephan von Clodh (1701–27) mit der Wiederbelebung beauftragte. Auch in der Spätphase waren die Pröpste aufgrund der schlechten Wirtschaftslage gezwungen, sich Einkünfte durch zusätzliche Ämter zu beschaffen. So besetzten sie das Kanzleramt der 1734 gegründeten Universität. Die Aufhebung der Propstei Michaelsberg erfolgte 1802 im Zuge der Säkularisierung des Fürstbistums Fulda.

▶ **Gegenwart.** Der karolingische Rundbau St. Michael über einer kreisförmigen Krypta zählt heute zu den ältesten Sakralbauten Deutschlands. In der Krypta, deren Gewölbe eine zentrale Säule trägt, befindet sich das Grab Abt Eigils. Über der Krypta steht ein Rundbau mit Säulen, Umgang und Kuppel, der ursprünglich eine Nachbildung des Heiligen Grabes umgab und mehreren Umbauten und Veränderungen unterlag. Zur Gründungszeit der Propstei Ende des 11. Jh. wurde ein Langhaus mit Querhaus, Apsis, Vierungs- und Westturm an- und übergebaut. Dieser spätsalische Bau mit gotischen, barocken und neugotischen Veränderungen hebt sich mit seinen zwei Turmspitzen neben der gewesteten Prachtbasilika der Mutterabtei im Barockstil kontrastreich ab. Das Propsteischloss im hinteren Gelände von 1717/21 dient seit 1829 als bischöfliches Palais der neuerrichteten Diözese Fulda.

◆ GermBen 7, 456–464; Sturm, Erwin: Die Michaelskirche zu F., Fulda 2002.

Fulda Benediktinerpropstei Michaelsberg, die Kirche enthält die älteste Sakralarchitektur Deutschlands.

Fulda, *Benediktinerpropstei St. Andreas (vor 1025–1802) – „Neuenberg" bzw. „Andreasberg", Erzdiözese Mainz – (Kreisstadt, Hessen, ❒ 3, D1).*

▶ **Geschichte.** Im Zusammenhang mit der Einführung der ➛ Gorzer Reform, die durch Heinrich II. 1013 mit Abt Poppo (1013–18) aus der Abtei ➛ Lorsch in der Reichsabtei ➛ Fulda an Einfluss gewonnen hatte, etablierte Abt Richard (1018–36), gleichzeitig Abt des Reformzentrums ➛ Amorbach, auf der linken Fuldaseite die Propstei St. Andreas. Damit bestand auf Mainzer Bistumsgebiet nach Johannesberg (➛ Fulda) ein weiteres abhängiges Nebenkloster. Die sich entwickelnde Stadt um das Mutterkloster auf der rechten Fuldaseite unterstand geistlich dem Würzburger Bischof, Abtei und Propsteien waren exemt. Abt Richard beabsichtigte mit der Propsteigründung wohl, ein Musterkloster mit dem *ordo amerbacensis,* der Amorbacher Reformobservanz, dem schwerbeweglichen Konvent im Mutterkloster beispielgebend vorzuführen. Auch wollte er das „Geistige Kreuz" um die Abtei St. Salvator mit dem benachbarten Michaelsberg (➛ Fulda) vervollständigen, bestehend aus den Eckpunkten ➛ Petersberg, Frauenberg, Johannesberg und schließlich Andreasberg. Bereits 1025 besuchte König Konrad II. die Neugründung, erster Propst des 20- bis 25-köpfigen Konvents war Bardo (vor 1025–30), später auch Abt von ➛ Werden, von ➛ Hersfeld und 1031 Erzbischof von

Mainz. Die Hoffnung auf Reformausstrahlung erwies sich als vergeblich, gewisse lokale Bedeutung erlangte der Andreasberg aber durch Besitz und Privilegien, so das Recht zur Wahl des Propstes. Die Investitur behielt jedoch der Abt des übergeordneten Mutterklosters. Auch in geistlicher Hinsicht erwies sich St. Andreas den übrigen Propsteien in F. überlegen. Im 15. Jh. spielte es im Rahmen der „Fuldaer Reformen" Abt Hermanns von Buchenau (1440–49) eine zentrale Rolle. In Anlehnung an ➛Kastl wirkte der Konvent auch über den Fuldaer Verband hinaus reformierend, so auf St. Aegidius in ➛Nürnberg, Münsterschwarzach, Naumburg/Wetterau, ➛Schlüchtern, ➛Herrenbreitungen und ➛Hersfeld, wenn auch nicht mit nachhaltigem Erfolg. Das Basler Konzil bestätigte Propst Arnold von Vache (1433–59) als Visitator in den (Erz-)Bistümern Mainz, Würzburg und Speyer. 1438 wurde Andreasberg in die Konfraternität von Vadstena (Birgittenstammkloster, Schweden) aufgenommen und erhielt Reliquien der hl. Birgitta (1303–73, kanonisiert 1391). Eine Brandkatastrophe 1441 und der Bauernkrieg 1525 bedeuteten tiefe Einschnitte, Wirtschaftskraft und Ausstrahlung ließen nach, klösterliches Leben bestand wohl Mitte des 18. Jh. nicht mehr. Im Zuge der Säkularisation wurde der Andreasberg 1802 gemeinsam mit der Mutterabtei, inzwischen barockes Domstift, aufgelöst.

▶ **Gegenwart.** Von der romanischen Basilika St. Andreas mit Querschiff ist trotz des Brandes 1441 und dem Umbau 1750–56 viel erhalten geblieben, besonders der Ostteil mit Apsis, Vierung, Krypta sowie große Teile des Querschiffs gehen auf die erste Kirche von 1023 zurück. Der katholischen Pfarrkirche fehlen heute die Seitenschiffe. Der hohe Westturm stammt aus dem 12. Jh., mit Erneuerung nach 1440, die Zwiebelhaube wurde im 18. Jh. aufgesetzt. Bedeutend ist die frühromanische, halbkreisförmige Krypta mit vier Säulen und der Grabstätte des Gründers Abt Richard. Ihre Gewölbemalereien offenbaren Verbindungen zur byzantinischen Kunst. Von der spätgotischen Klausur bestehen heute noch der östliche und nördliche Flügel mit flachgedeckten Kreuzgängen.

◆ GermBen 7, 465–479; Kenner, Christine: Die Krypta der St. Andreaskirche zu F. Neuenberg, in: Archiv für mittelrheinische Kirchengeschichte 50 (1998) 89–129.

Füssen, *Benediktinerabtei St. Magnus (vor 750–1802) – „St. Mangkloster", Diözese Augsburg – (Lkr. Ostallgäu, Bayern, ❒ 4, A5).*

▶ **Geschichte.** Das Kloster St. Gallen (Schweiz) schickte vor 750 auf Bitten Bischof Wikberts von Augsburg die beiden Mitbrüder Theodor und Magnus zur Verbreitung des römisch-katholischen Glaubens ins Allgäu, das dort lebendig gebliebene arianische Christentum wurde als Heidentum betrachtet. Theodor gründete die spätere Fürstabtei in Kempten, heute eine Barockanlage. Magnus hingegen errichtete im oberen Lechtal eine Zelle im heutigen F. an der *via Claudia*, meist wird 747 als Gründungsjahr angegeben. Fränkisch-bayerische Machtkämpfe behinderten eine aufstrebende Entwicklung, Erinnerungen an den Missionar Magnus (um 699–772) blieben jedoch lebendig und gediehen zum Kult. Nach 820 entstand eine neue Kirche mit angeschlossenem Klosterquadrum, entsprechend den Vorgaben des St. Gallener Klosterplans. Bischof Lanto von Augsburg erhob den Gründer Magnus in den Rang eines Heiligen, in einer Krypta erhielten seine Gebeine ein neues Grab. Reliquien kamen 896/898 nach St. Gallen und ➛Lorsch, sein Leib aber ging um 950 während der Ungarneinfälle verloren. Die Benediktinerabtei F. galt als bischöfliches Eigenkloster, die Vogteirechte wechselten von Welfen über Staufer zu den Wittelsbachern. 1313 übernahm das Fürstbistum Augsburg selbst die Schirmherrschaft, Reichsunmittelbarkeit konnte der Konvent nie erreichen. Um 990 wurde eine Schule eingerichtet, ein Ausdruck der ➛Gorzer Reform, die sich, wohl aus dem Reformzentrum ➛Tegernsee kommend, im Mangkloster durchgesetzt hatte. Eigene Reformimpulse gab es in F. nicht, die cluniazensisch beeinflussten Reformen von ➛Hirsau oder ➛Sankt Blasien fanden im 11./12. Jh. kein Interesse. Kaiser Friedrich II. bestätigte 1218 und 1222 umfangreiche Besitzungen, sein Sohn Heinrich (VII.) vergab 1227 Gerichtsprivilegien. Das luxemburgische Königshaus von Böhmen gehörte ebenso wie Habsburg zu den Förderern der Abtei. Bischof Burkard inkorporierte 1394 die örtliche und mehrere umliegende Pfarreien. Abt Georg Sandauer (1397–1410) führte die Statuten aus ➛Kastl ein, seine Nachfolger frischten die Reformmaßnahmen mehrmals auf. Abt Benedikt I. Furtenbach (1480–1524) erlangte von Kaiser Maximilian I. den Titel eines kaiserlichen Hofkaplans, auf ihn geht das Schwefelheilbad Faulenbach zurück. Die Reformation ging am Konvent zunächst ohne einschneidende Folgen vorüber, aber 1546 plünderten Truppen des Schmalkaldischen Bundes die Abtei; Abt Gregor Gerhoch (1537–54) konnte sein Leben nur durch die Preisgabe von Kostbarkeiten retten. Die nachfolgende wirtschaftliche und geistliche Krise überwand erst Abt Martin Stempfle (1614–61), der selbst in Zeiten des Dreißigjährigen Krieges die Bildung seiner Mönche zu heben vermochte. Der Neubau der Abteianlage und Umbau der romanischen Kirche St. Mang erfolgten um 1700, die Weihe der neuen Kirche 1717. Der letzte Abt Aemilian Hafner (1778–1802) gründete in F. ein Gymnasium, Pater Basilius Sinner († 1827) erfand den Telegraphen, Pater Leopold Natterer († 1806) bestimmte über 2000 Pflanzen und legte ein Herbarium an. Die formelle Auflösung erging im Dezember 1802, den riesigen Besitz erhielt das Fürstenhaus Oettingen-Wallerstein als Entschädigung für die Herrschaft Dagstuhl (heute Saarland).

▶ **Gegenwart.** Die ehemalige Abteikirche und heutige katholische Stadtpfarrkirche St. Mang hoch über der Stadt am Lech ist äußerlich eine beeindruckende Hallenkirche im Stil des venezianischen Barock, im Kern besteht sie aber noch immer aus der dreischiffigen Basilika des 11. Jh. mit Umbauten um 1200. Unverändert blieben die Vorhalle und der Glockenturm aus dem 12. Jh. mit Aufstockung um 1270/1300. Älteste Architektur repräsentieren die Magnuskrypta unter dem Presbyterium und eine Baldachinhalle mit Tonnengewölbe auf sechs Säulen. An ihrer südlichen Wand hat sich ein farbiges Bildfragment von etwa 980 mit der Darstellung „Magnus, Gallus und Theodor" erhalten. Jüngste Ausgrabungen legten die überbaute Front des spätromanischen Kapitelsaals mit Portal und flankierenden Doppelfenstern frei.

◆ GermBen 2, 109–114; Seufert, Ingo: Kath. Stadtpfarrkirche St. Mang, F., Lindenberg 2004.

Füssen Benediktinerabtei, die karolingische Magnuskrypta mit baldachinartigem Raumkompartiment.

Gaesdonck, *Augustiner-Chorherrenstift St. Maria und St. Augustinus (1400–1802), Erzdiözese Köln – (Goch-G., Kr. Kleve, Nordrhein-Westfalen, ❐ 1, A5).*

▶ **Geschichte.** Vier Konventsmitglieder aus Stift ➛ Frenswegen begaben sich in das niederrheinische Goch und erhielten im April 1400 von Herzog Wilhelm von Geldern die Erlaubnis, ein Augustiner-Chorherrenstift zu gründen. Eine kleine Gruppe von Brüdern vom gemeinsamen Leben schloss sich an und brachte den Hof G. (3 km südwestlich) ein. Noch im gleichen Jahr erlaubte Erzbischof Friedrich III. von Köln (Saarwerden) den Anschluss an die ➛ Windesheimer Kongregation. 1406 siedelte der Konvent aus dem Provisorium in der Stadt auf den Hof G. und errichtete eine Stiftsanlage; die Kirche wurde 1437 geweiht. Prior Helmrich Joeckeren (1438–75) führte äußerst segensreich das Stift zu hoher Blüte und stand dabei in der Gunst der Herzöge von Geldern und Kleve; er richtete eine umfangreiche Bibliothek ein und gründete die heute untergegangenen Stifte Uedem bei Xanten und Zandt bei Straelen. Während der Wirren infolge von Reformation, Gegenreformation und Kriegen wich der Konvent von 1580 bis 1610 nach Geldern ins Exil aus. Unter Prior Henricus Vermoelen (1601–23) wurde das zerstörte Stift wieder aufgebaut. Eine zweite Blüte erreichte Prior Theodor Metzmecher (1623–70) trotz des Dreißigjährigen Krieges; er diente der Windesheimer Kongregation als Generalkommissar für Deutschland. Ende des 17. Jh. wurde ein philosophisch-theologisches Studium eingerichtet, auch die Pfarrseelsorge und die Betreuung der Schwesternhäuser waren wichtige Betätigungsfelder. Bei der Aufhebung 1802 durch die Franzosen gehörten elf Chorherren und zwei Laienbrüder zum Konvent.

▶ **Gegenwart.** Seit 1849 nutzt das katholische Gymnasium „Collegium Augustinianum" mit staatlicher Anerkennung die ehemalige Stiftsanlage unmittelbar an der Grenze zu den Niederlanden für den Schulunterricht und als Internat. Arnold Janssen (1837–1909, kanonisiert 2003), Gründer der Steyler Missionare, war einer der ersten Schüler. Die spätgotische Stiftskirche, große Teile der Klausur mit Kreuzgang und künstlerisch wertvolles Inventar sind erhalten. Sieben Porträts von Prioren schmücken heute noch das Collegium Augustinianum. Einen Schatz besonderer Art stellt die zum großen Teil gerettete Bibliothek mit etwa 6.000 Bänden, 21 mittelalterlichen Handschriften und etwa 150 Inkunabeln dar; auch das Archiv des Zisterzienserinnenklosters ➛ Gräfenthal wird hier aufbewahrt.

◆ MonWin 2, 153–167; Angenendt, Arnold: Gründung 1406 – Auftrag für 2006, in: Gaesdoncker Geschichtsblätter 8 (2006) 14–22; Scholten, Robert: Geschichte des Klosters der regulierten Chorherren, Münster 1906.

Gaesdonck Augustiner-Chorherrenstift, die spätgotische Stiftskirche mit Gymnasiasten im Vordergrund.

Galiläa, *Dominikaner-Tertiarinnenkloster St. Michael (1483–1810), Erzdiözese Köln – (Meschede-G., Hochsauerlandkreis, Nordrhein-Westfalen, ❐ 1, C5).*

▶ Eine Tertiarinnengemeinschaft des Dritten Dominikanerordens auf dem ➛ Keppelsberg bei Meschede erhielt im Februar 1483 vom kinderlosen Ehepaar Ritter Hennecke von Berninghusen und Margaretha Huckelhemes das Dorf Huckelheym nahe Meschede übereignet. Priorin Stynecke von Attendorn erlangte 1484 die päpstliche Zustimmung zum Bau eines neuen Klosters im erworbenen Gut, das den Namen „Galiläa" erhielt. Beim Umzug von Keppelberg noch im Jahr 1484 wurde das Michaelspatrozinium der Kapelle am Gründungsort nach G. übertragen. Die neue Klosterkirche benötigte bereits 1503 einen besonderen Ablass zur Beseitigung eingetretener Schäden. Der Landdrost von Fürstenberg erwies sich im 16. Jh. als fürsorglicher Betreuer der Schwestern, deren Leben in ruhigen Bahnen verlief. Nachrichten über den maximal 25 Frauen starken Konvent sind kaum aus dieser Zeit erhalten. Im Dreißigjährigen Krieg geriet die nahe Siedlung Meschede in kriegerische Auseinandersetzungen. Das dortige Kanonissenstift St. Walburga erlitt erhebliche Brandzerstörungen, auch Kloster G. im benachbarten Hückelheim scheint nicht unbehelligt geblieben zu sein. 1721 wurden Teile der Klausurgebäude erneuert. Das Großherzogtum Hessen verfügte im November 1810 die Auflösung des Dominikanerinnenklosters; Priorin Antonia Pranghe (1787–1810), sechs Chorschwestern, zwei Laienschwestern und eine Novizin mussten das Kloster verlassen. Teile der Klausur und die schlichte Klosterkirche wurden 1830 abgerissen. Der Westflügel der Anlage blieb erhalten und dient heute als Wohnanlage; er ist ein Bruchsteintrakt mit mittelalterlichem Sockel und Aufbauten aus dem 18. Jh. mit barocker Freitreppe und breitem Kellertor. Der Ort Hückelheim nördlich der Ruhr ist in die heutige Kreisstadt Meschede eingemeindet und dort als Stadtteil Galiläa bekannt. In Meschede wurde 1928 das Benediktinerkloster Königsmünster von Mönchen aus ➛ Beuron gegründet.

◆ Schmidt, Hubertus: Galiläa, in: Westfälisches Klosterbuch, Tl. 1, Münster 1992, 324–327.

Gehofen, *Templerkommende St. Johannes Baptist (1288–1309), Erzdiözese Mainz – (Kyffhäuserkreis, Thüringen, ❐ 2, A5).*

▶ Das Pfarrhaus in G. an der Unstrut entstand Ende des 17. Jh. Es enthält kreuzgratgewölbte Keller, die wahrscheinlich auf eine Templerniederlassung zurückgehen. Die Tempelritter gründeten 1288 auf dem „Blauen Hof" in G. eine Kommende. 1309 fiel der Besitz jedoch nicht wie zu erwarten an die ➛ Johanniter, sondern an die Herren von Heldrungen. 1866 entstand die heutige, neugotische Pfarrkirche.

◆ Schüpferling, Michael: Der Tempelherren-Orden in Deutschland, Bamberg 1915.

Gehrden, *Benediktinerinnenabtei St. Maria, St. Petrus und St. Paulus (1142–1810), Diözese Paderborn – (Brakel-G., Kr. Höxter, Nordrhein-Westfalen, ❐ 1, C5).*

▶ **Geschichte.** Heinrich von Gehrden hatte seinen Nichten bei ihrem Eintritt in das Benediktinerinnenkloster ➛ Iburg bei Driburg das Gut G. mit Kirche als Mitgift übereignet. Nach Auszug aus Iburg 1142 nutzte ein Teil der Schwestern den Hof G. zur Neugründung des Klosters, ein anderer Teil ging nach ➛ Willebadessen, wo ihnen Bischof Bernhard I. von Paderborn (Oesede) eigenen Besitz zuwies. Der kinderlose Stifter Heinrich beschenkte den Konvent in G. zusätzlich mit dem Ort Sidessen und übernahm die Schirmherrschaft bis zu seinem Tod 1158. Eine aufstrebende Entwicklung kennzeichnete das Kloster im 12. Jh. Die enge Verbindung Bischof Bernhards zur Reichsabtei Corvey und seine reformbemühte Einstellung lassen ➛ Hirsauer Lebensformen vermuten, Belege dafür gibt es nicht. Der Kirchenbau von etwa 1180 zeigt hirsauische Baumotive. Die Äbte der Abteien ➛ Abdinghof-Paderborn, ➛ Liesborn und ➛ Marienmünster übten die Aufsicht aus. Ein Tochterkonvent aus G. bezog 1194 die leeren Gebäude der ehemaligen Propstei ➛ Kemnade, die der Reichsabtei Corvey unterstand, und gründete unter Priorin Jutta ein Frauenkloster. Auch im östlich von G. gelegenen Dalhausen existierte seit 1305 kurzfristig ein Tochterkonvent. Das Kloster G. erhob die nördlich gelegene Siedlung 1319 zur Stadt und behielt bis ins 17. Jh. wesentliche Rechte. Reformierte Schwestern aus ➛ Herzebrock halfen 1464/65, die Observanz im Konvent G. im Sinn der ➛ Bursfelder Kongregation einzuführen. Gertrud von Dumstorp (1464–89) übernahm das Amt der Vorsteherin und nannte sich nicht mehr länger *priorissa* sondern nun *abbatissa*. 1474 schloss sich der Konvent der Bursfelder Reformunion an, das Amt des Propstes entfiel. Bürger- und Bauerntöchter erlangten nun Zutritt, ein Skriptorium wurde eingerichtet. Die Observanz konnte im 16. Jh. nach ➛ Kaufungen, ➛ Münster-Überwasser und ➛ Vinnenberg übertragen werden. Unter Äbtissin Anna von der Borch (1529–74) kam die Abtei ohne Einbrüche über die Reformationszeit. Die Folgen des Dreißigjährigen Krieges nötigten nach 1665 zum Neubau der Klausuranlage. Das 18. Jh. war durch wirtschaftlichen Niedergang gekennzeichnet, 1797/98 musste ein Verwalter eingesetzt werden. König Jérôme von Westphalen ließ die Abtei G. 1810 aufheben und verkaufen, elf Chorschwestern und vier Laienschwestern wurden abgefunden.

▶ **Gegenwart.** Die barocke Klausuranlage dient heute dem Paderborner Bistum als Familienbildungs- und Ferienstätte, die ehemalige Klosterkirche der katholischen Gemeinde als Pfarrkirche St. Peter und Paul. Die beeindruckende romanische Pfeilerbasilika aus Kalkstein der Region auf kreuzförmigem Grundriss mit Westturm (um 1250) ist im Wesentlichen im Zustand der Erbauungszeit (1180–1220) erhalten; sie verlor 1667 ihre östliche Hauptapsis zugunsten einer flachabschließenden Chorerweiterung. Die Seitenschiffe enden im Osten noch mit den ursprünglichen Apsiden und sind als Nebenchöre durch Mauerschranken vom Hauptchor getrennt. Doppelarkaden über den Mauerschranken weisen romanische Bemalung auf. Aus frühester Zeit blieb ein Taufstein erhalten. Die übrigen Ausstattungsstücke sind Kostbarkeiten der Spätgotik und des Barock.

◆ Dohmann, Herbert: Klosterkirche Gehrden, Paderborn 2001; Pöppel, Diether: Benediktinisches Leben im Hochstift Paderborn, Paderborn 1999, 111–117; Bruns, Alfred: Gehrden, in: Westfälisches Klosterbuch, Tl. 1, Münster 1992, 327–332.

Ein kleines Stufenportal am Westturm der romanischen Abteibasilika von **Gehrden**.

Gehrden Benediktinerinnenabtei, die romanische Basilika (1180-1220) zeigt Hirsauer Baumotive, Südseite.

Geisenfeld, *Benediktinerinnenabtei St. Maria und St. Zeno (1030–1803), Diözese Regensburg – (Lkr. Pfaffenhofen/Ilm, Bayern, ❐ 4, A3).*

▶ **Vorgeschichte.** Im nahen Engelbrechtsmünster soll es bereits im 7. Jh. eine Niederlassung irischer Mönche gegeben haben. 820 gründete die Benediktinerabtei St. Emmeram in ➛ Regensburg die Tochterniederlassung *Ilma* in der Ilmniederung, die in den Ungarneinfällen des 10. Jh. unterging.

▶ **Geschichte.** Die letzten Reichsgrafen der mächtigen Dynastie von Sempt-Ebersberg, die Brüder Adalbero II. und Eberhard II., sowie ihre Gemahlinnen Adelheid und Richlind, stifteten 1030 zur Wiederbelebung der monastischen Tradition jetzt aber auf erhöhtem Platz im bereits bestehenden Ort G. ein Frauenkloster mit reicher Grundausstattung. Die Stifterfamilie starb 1045 im Mannesstamm aus. Die Tochter Gerbirg des Grafen Eberhard II. war erste Priorin, ihre Schwestern Luitgart und Tante Willibirg verlebten ebenfalls ihre letzten Jahre im Kloster. Nicht Benediktiner aus der Abtei ➛ Ebersberg, ebenfalls eine Gründung der Grafenfamilie, sondern Mönche aus Regensburg St. Emmeram nahmen alte Rechte in Anspruch, betreuten den Frauenkonvent und leiteten den Bau der Abteibasilika unweit der alten Pfarrkirche, die dem Frauenkonvent unterstand. Das Kloster G. wurde 1040 zur selbständigen Abtei erhoben, Priorin Gerbirg erhielt den Äbtissinnentitel. Die Einflüsse St. Emmerams bewirkten eine strenge Klosterzucht im Sinn der ➛ Junggorzer Reformideale; seit 1143 galten wohl die neucluniazensischen Gewohnheiten der ➛ Hirsauer Reform. Die Abtei entwickelte sich zu einem der reichsten Klöster in Altbayern. Kaiser Ludwig der Bayer vergab 1336 die niedere Gerichtsbarkeit. Ein Brand zerstörte den ersten, kaum 100 Jahre alten Kirchenbau, ein zweites Feuer 1281 richtete erneut Schäden an; die Klosteranlage fiel einem dritten Brand Ende des 15. Jh. zum Opfer. Äbtissin Barbara Snäkerlin (1483–95) errichtete eine kleinere spätgotische Klausur. Diese Äbtissin kam aus dem Konvent ➛ Bergen bei Neuburg und führte die Statuten der ➛ Melker Reform zur Neubelebung der benediktinischen Ideale ein. Seit der Landesteilung 1392 gehörte G. zum Herzogtum Bayern-München. Im Landshuter Erbfolgekrieg litten Stadt und Abtei 1503 unter Plünderung, Verwüstung und Zerstörung, das gleiche Schicksal wiederholte sich unter den Schweden im Dreißigjährigen Krieg, ebenso in den Erbfolgekriegen des 18. Jh. Äbtissin Constantia Jäger († 1727) und ihre Nachfolgerin M. Cäcilia Weiß ließen eine neue Abteianlage im Barockstil errichten und die Kirche ausschmücken. Im Zuge allgemeiner Säkularisierung hob Kurfürst Maximilian IV. von Bayern die Abtei im Oktober 1803 auf; außer der Äbtissin lebten zu der Zeit 29 Chor- und 21 Laienschwestern in der Abtei. Die Gebäude wurden versteigert, die Abteikirche 1804 der Pfarrgemeinde übereignet.

▶ **Gegenwart.** Die karolingische Mönchsniederlassung *Ilma* soll im heutigen Geisenfelder Stadtteil Engelbrechtsmünster auf den sumpfigen „Pauls Wiesn" gestanden haben, exakt lokalisiert hat man den Standort bislang noch nicht. Dagegen hinterließen die Benediktinerinnen ein vollständiges Kloster. Die barocken Klausurgebäude werden von städtischen und staatlichen Behörden genutzt. Die mächtige Abteikirche dient heute als katholische Stadtpfarrkirche St. Mariä Himmelfahrt. Im Kern besteht sie noch immer aus der dreischiffigen Pfeilerbasilika der Gründungszeit ohne Querhaus mit westlicher Zweiturmfront; sie vereint mehrere Bauepochen von der Romanik bis zum Spätbarock, was sich besonders an den beiden völlig unterschiedlichen Westtürmen ablesen lässt. Der älteste sichtbare Bauteil ist die romanische Rundkapelle, in der die verstorbenen Ordensfrauen vor der Beisetzung aufgebahrt wurden. Außer der überwiegend barocken Ausgestaltung des Kirchenraums schmückt eine Anna Selbdritt (um 1400) das nördliche Seitenschiff. Ein jüngst entdecktes gotisches Fresko befindet sich im südlichen Seitenschiff, eine spätgotische Schnitzfigur des hl. Emmeram in der Annakapelle.

◆ Flohrschütz, Günther: Der Adel des eberbergischen Raumes, München 1989; Klinger, Anton: G. an der Ilm (Hallertau). Ehemalige Abteikirche der Benediktinerinnen jetzt Stadtpfarrkirche der Emmeramspfarrei, München – Zürich 1980.

Geislingen,

Franziskaner-Tertiarinnenkloster (vor 1481–1811), Diözese Konstanz – (G. an der Steige, Lkr. Göppingen, Baden-Württemberg, ❐ 3, D4)

▶ Eine Beginengemeinschaft, die 1355 erstmals urkundlich erwähnt wird, bekannte sich offensichtlich im 15. Jh. zur Franziskanerregel, denn 1481 erlaubte Bischof Otto IV. von Konstanz (Sonnenberg) den „Schwestern von der Dritten Regel des hl. Franziskus in der Stadt G., bei der Pfarrkirche gelegen" Almosen zu sammeln. Der Konvent gehörte seit 1531 zur oberdeutschen Provinz des Observantenordens. Nach dem Bau der imposanten Marienkirche (1424–28) wurde den Schwestern südlich an der Kirche auf der inneren Stadtmauer ein Haus gebaut. Als sich 1531 die Stadt zur Reformation bekannte, blieb der Konvent bis auf eine Schwester katholisch und siedelte nach Gundelfingen über, wo es zur Spaltung der Gemeinschaft und 1544 zur Auflösung kam. Nach dem Sieg des Kaisers 1547 im Schmalkaldischen Krieg durften die Franziskanerinnen nach G. zurückkehren. In der protestantischen Stadt wurde ein katholisches Klosterleben jedoch zunehmend unerträglich, weshalb Graf Rudolf V. von Helfenstein den Tertiarinnen 1590 mit bischöflicher Genehmigung zum Neuanfang in Wiesensteig verhalf. Hier widmeten sich die Schwestern dem Schuldienst und bewohnten bis zur Aufhebung 1811 ein „Klösterlein". In G. steht noch heute das „Nonnenhaus" unmittelbar südlich von der evangelischen Stadtkirche; es dient als evangelisches Pfarramt. Es ist ein zweigeschossiger Tuffsteinbau mit Fachwerkaufbau unter Krüppelwalmdach im typisch alemannischen Stil aus der Mitte des 15. Jh. mit direktem Zugang zur Kirche. In Wiesensteig blieben Kapelle und Gebäude im Barockstil von 1650 erhalten.

◆ Gruber, Karlfriedrich: G., in: Württembergisches Klosterbuch, Ostfildern 2003, 245 f.

Geislingen Franziskaner-Tertiarinnenkloster, das spätgotische „Nonnenhaus" südlich vor der Stiftskirche.

Geldern, *Karmelitenkloster St. Maria Magdalena (1306–1802), Diözese Münster – (Kr. Kleve, Nordrhein-Westfalen, ❐ 1, A5).*

▶ **Geschichte.** Graf Rainald I. von Geldern und seine Frau Margarete von Flandern übergaben 1306 dem Karmelitenorden ihre Eigenkirche St. Maria Magdalena an der Residenz in der niederrheinischen Stadt G. Möglicherweise bestand schon damals die Absicht der Grafenfamilie, ihren Stammsitz G. zu verlassen, was Sohn Herzog Rainald 1343 zugunsten von Nimwegen vollzog. Der Stifter Rainald I. ließ sich in der Familiengrabstätte im Kloster ➛ Graefenthal bei Goch-Asperden 1326 beisetzen. Die Karmelitenniederlassung G. wurde auf dem Generalkapitel des Ordens 1311 in Harlem als 24. Konvent der Provinz Alemannia bestätigt, nach Teilung der Provinz 1318 gehörte G. zur Niederdeutschen Ordensprovinz. Die Karmeliten bauten an der Burg bis etwa 1385 ihr Kloster auf und erweiterten die vorhandene Saalkirche zu einer dreischiffigen Hallenkirche, um sie gleichermaßen als Hauptpfarr- und Klosterkirche nutzen zu können; am Westjoch des nördlichen Seitenschiffs entstand ein Glockenturm mit Turmkapelle. 1431 zählte der Konvent 30 Brüder, unter ihnen acht Scholaren. Von G. aus wurde ein neues Kloster in ➛ Moers besiedelt. Die Gelderner Beginengemeinschaft „Ten Elsen" wechselte 1452 unter dem Einfluss des Ordengenerals, des seligen Johannes Soreth (1451–71), in den Karmelitenorden und existierte in Klausur bis 1802; von diesem Frauenkloster blieb nichts erhalten. Prior Johannes Trip Aldekerk (1468–72) führte im Männerkonvent die Observanz ein. Während der Reformation unterstützten die Brüder den in Bedrängnis geratenen Tochterkonvent Moers; ihr eigenes Kloster wurde während der Besetzung durch calvinistische Truppen aus den Niederlanden (1578–87) verwüstet, Bibliothek und liturgische Geräte gingen verloren. Erst nach 1646 konnten Kirche und Kloster renoviert werden. 1703 zerstörten die Preußen während des Spanischen Erbfolgekrieges Kirche und Konvent. Die Karmeliten mussten 1802 unter französischer Besatzung ihr Kloster räumen.

Geldern Karmelitenkloster, von der spätgotischen Klosterkirche blieb lediglich die Turmkapelle erhalten.

Eine spätgotische Zierkonsole mit Löwenskulptur in der Turmkapelle der Karmelitenkirche in **Geldern**.

▶ **Gegenwart.** Beim Wiederaufbau nach dem Zweiten Weltkrieg entstand auf dem Grundriss der spätgotischen Vorgängerkirche ein vereinfachter aber würdevoller Kirchensaal, der heute als katholische Stadtpfarrkirche dient. Einziges mittelalterliches Architekturerbe ist die Turmkapelle des Kirchenturms an der Nordwestecke, die auf die Karmeliten zurückgeht. Vier Kapitelle mit plastischen Evangelistensymbolen stützen ein Kreuzgratgewölbe, Spruchbänder verraten eine frühe Nutzung als Taufkapelle. In die Westwand ist ein farbiger Schlussstein des frühen 15. Jh. mit einer Dreifaltigkeitsdarstellung eingelassen. Das heutige Pfarramt ist das einzige überkommene Gebäude der ehemaligen Klausur.

◆ Joosten, Christoph: G. Katholische Pfarrkirche St. Maria Magdalena, Regensburg 2004; Smet, Joachim/Dobhan, Ulrich: Die Karmeliten, Freiburg 1981.

Gelnhausen, *Franziskanerkloster St. Maria (1248–1542), Erzdiözese Mainz – (Main-Kinzig-Kreis, Hessen, ❐ 3, C1).*

▶ **Geschichte.** Das Gründungsdatum des Franziskanerklosters in der Reichsstadt G. am Markt der Oberstadt, genau in der Mitte zwischen den Pfarrkirchen St. Peter und St. Marien, ist unbekannt. Historiker favorisieren 1248, die Ordensüberlieferung nennt 1282. Die Bettelbrüder scheinen erst vor der Stadt an einer Stephanskapelle gelebt zu haben. Sie wurden von der Bürgerschaft in die Stadt geholt, um größere Autonomie gegenüber dem Abt von ➛ Selbold zu erreichen, der Parochialrechte in der Stadt beanspruchte. Die Bürger unterstützten den Bau der Konventsgebäude wie auch die Einrichtung einer möglicherweise bereits bestehenden Kapelle. Die Barfüßer breiteten sich am Obermarkt weiter aus, übernahmen dabei jedoch wohl keinen „Templerhof", wie mitunter vermutet, da es für dessen Existenz keine Nachweise gibt. Im 14. Jh. entstand eine zweite, größere Konventskirche, die von den Bürgern als „Unserer lieben Frau neue Kirche" bezeichnet und als „heimliche" Pfarrkirche betrachtet wurde. Das Kloster stand offen für städtische Ratsgeschäfte und öffentliche Beurkundungen, der Kreuzgang diente als Versammlungs- und Schulort, auch archivierten die Franziskaner städtische Urkunden. Um 1450 zählte der Konvent neben dem Guardian sechs Ordensbrüder. Streit mit der Stadt entstand, als ein Übeltäter drei Wochen im Kloster Asyl beanspruchte und sich dadurch dem Schöffengericht entzog. Schon vor der Einführung der Reformation verkauften Guardian Georg Gravel und sein einzig verbliebener Mitbruder Friedrich Gans 1541 wichtige Zehnteinkünfte an den Grafen von Isenburg. Im März 1542 übergaben sie Bürgermeister und Rat zu G. Urkunden und Kleinodien, der Konvent war aufgelöst.

▶ **Gegenwart.** Ein Teil der Franziskanergebäude diente als Lateinschule, bis diese 1834 einem Neubau weichen mussten. Die Kreuzgänge und die zweite Klosterkirche wurden ebenfalls beseitigt. An der Ecke Töpfergasse/Stadtschreiberei steht dagegen noch immer die erstgenutzte Konventskirche aus dem ersten Drittel des 13. Jh. Es ist ein schlichter Bruchsteinbau, der heute verputzt und saniert als Wohnhaus dient; an seiner Nordseite sind zwei schmale Rundbogenfenster erkennbar, an der Südseite sollen sich unter Privatbauten Reste des Kreuzgangs befinden. Drei erhaltene Grabsteine von Bürgern aus der Zeit um 1287 belegen den festen Platz des Konvents im kirchlichen Leben der Stadt schon am Ende des 13. Jh.

◆ Dersch, Wilhelm: Hessisches Klosterbuch, Marburg 2000; Heitzenröder, Wolfram: Klöster und klösterliche Niederlassungen in G., in: Gelnhauser Geschichtsblätter (1974/75) 11–80.

Gelnhausen, *Johanniterhaus St. Johannes Baptist (vor 1384– nach 1805) – „Johanniterhof", Erzdiözese Mainz – (Main-Kinzig-Kreis, Hessen, ❐ 3, C1).*

▶ Johanniter aus ➛ Rüdigheim kamen in die Reichsstadt G., wo sie 1384 erstmals urkundlich genannt werden. 1393 erwähnt eine Stiftung die Kapelle St. Johannes auf dem Johanniterhof in der Holzgasse. 1542 spricht die eigene Klageschrift „des Rytterlichen Sandt Johanns Commenthurey zu Geilnhausen" über reformationsbedingte Güterverluste durch die Grafen von Büdingen. Ansonsten ist die Quellenlage mehr als dürftig, selbst der genaue Zeit-

Gelnhausen Johanniterhaus, die Ordensritter hinterließen das gotische Steinhaus an der Holzgasse, der Status einer selbständigen Kommende bleibt unsicher.

punkt des Übergangs des Johanniterhofes in Privatbesitz nach 1805 ist unbekannt. Ob das Haus G. als *membrum* von Rüdigheim bezeichnet werden kann, muss ebenfalls offenbleiben. An der Ecke Stadtschreiberei/Holzgasse steht noch heute das dreigeschossige Steinhaus der Johanniter mit Treppengiebel und romanischem Portal. Eine kleine quadratische Kapelle mit Kreuzgratgewölbe diente bis in jüngste Zeit als Garage.

❖ Auch der Deutsche Orden war im Mittelalter in G. vertreten, wie die Johanniter in der Holzgasse durch Ordensbrüder aus ➛ Sachsenhausen; diese unterhielten aber hier lediglich einen Wirtschaftshof, dessen ausgedehnter Gebäudekomplex im Barockstil erhalten blieb. Zum anderen waren Deutschordensbrüder aus ➛ Marburg in der Stadt und betrieben ein Hospital, ohne jedoch aufstrebende Architektur zu hinterlassen. Ein „Templerhof" in G. ist nicht nachweisbar, seine oft unterstellte Existenz nahe des Franziskanerklosters (➛ Gelnhausen) lässt sich nicht belegen.

◆ Heitzenröder, Wolfram: Klöster und klösterliche Niederlassungen in G., in: Gelnhauser Geschichtsblätter (1974/75) 11–80.

Gelnhausen, *Zisterzienserinnenkloster St. Lucius und St. Florinus (1305–1537) – „Himmelau", Erzdiözese Mainz – (Main-Kinzig-Kreis, Hessen, ❒ 3, C1).*

▶ Ein Frauenkonvent verdankt seine Gründung dem Testament Bischof Siegfrieds von Chur (Breitenbach) 1305, der ein Bürger der Reichsstadt G. war. 1313 gab König Heinrich VII. als Stadtherr seine Zustimmung zur Gründung, die wohl schon erfolgt war. Die kleine Gemeinschaft von nicht mehr als sieben Frauen im Osten vor der Stadt gehörte zunächst dem Benediktinerorden an, bekannte sich aber seit 1323 zur strengeren Lebensform der Zisterzienser. Das Kloster Himmelau gilt seitdem als Zisterzienserinnenkloster, ohne dem Orden anzugehören. Es unterstand immer der Jurisdiktion des Mainzer Erzbischofs, der Visitatoren beauftragte und in die inneren Angelegenheiten des Konvents eingriff, seit 1478 wird er wieder als benediktinisch bezeichnet. Mit Beginn der reformatorischen Umwälzung in G. endete das Kloster 1537, noch bevor der Rat im März 1543 offiziell den Protestantismus einführte. Der Klosterbesitz fiel 1561 an die Stadt. Von klösterlicher Architektur ist nichts überkommen, lediglich der alte Brunnen erinnert heute als „Lindenquelle" an die Schwestern.

◆ Schreiber, Karl: 800 Jahre G., in: Zeitschrift des Vereins für hessische Geschichte 80 (1969) 13–36.

Gengenbach, *Benediktiner Reichsabtei St. Maria u. a. (nach 727–1807), Diözese Straßburg – (Ortenaukreis, Baden-Württemberg, ❒ 3, B4).*

▶ **Geschichte.** Die Abtei G. in der Talaue der Kinzig wurde nach 727 vom hl. Pirmin († 753) gegründet, auf dessen Missionstätigkeit auch die Abteien ➛ Reichenau, Murbach (Frankreich), ➛ Hornbach, ➛ Schuttern und ➛ Schwarzach zurückgehen. Das Gründungsgut stiftete Graf Ruthard, einer der mächtigen Stadthalter des fränkischen Alemanniens. Die ersten Mönche kamen unter Abt Rustenus aus dem Kloster Gorze bei Metz (Frankreich). In der unvollständigen „Notitia", der Reichsklosterliste der Aachener Synode von 818/19, erscheint G. im Gegensatz zur nahen Abtei Schuttern nicht, die Reichsimmunität noch im 9. Jh. wird aber heute angenommen. In dieser Zeit bestand der Konvent bereits aus 70 bis 100

Mitgliedern, G. entwickelte sich zu einem der bedeutenden Klöster der Ortenau, die Besiedlung des Kinzigtals ist das Verdienst der Benediktiner. König Heinrich II. unterstellte das Kloster 1007 dem neuen Hochstift Bamberg, die Abtei wurde bischöfliches Eigenkloster. Mit der Schirmherrschaft waren zunächst die Zähringer, anschließend die Staufer beauftragt, nach 1245 übten die Straßburger Bischöfe oft zum Eigennutzen die Vogtei aus. Äbte aus ➛ Bamberg St. Michael pflegten im 11. Jh. die Lebensweise der ➛ Gorzer Reform als *ordo amerbacensis* (➛ Amorbach). Abt Willo († 1085) stand in Personalunion gleichzeitig auch den Abteien Bamberg St. Michael und Mainz St. Jakob vor. Abt Friedrich I. (1109/20) und Bischof Otto I. (1102–39, kanonisiert 1189) aus Bamberg führten 1117 die neucluniazensischen Statuten des Schwarzwaldklosters ➛ Hirsau in G. ein. Nachweislich unterhielt G. bereits im Hochmittelalter Skriptorium, Buchbinderei, Schule, Spital und Apotheke. Die Benediktiner begannen sich im 13. Jh. vermehrt seelsorglich zu betätigen. Abt Gottfried III. (1218–37) verlieh der aufblühenden Siedlung um das Kloster 1230 Stadtrecht, Abt Lambert von Brunn (1354–74) konnte als kaiserlicher Kanzler bei Karl IV. 1360 die Anerkennung als Reichsstadt erwirken. Dieser Abt ordnete die innerklösterlichen Verhältnisse und erreichte eine monastische Hochblüte; er wurde nacheinander zum Bischof von Brixen, Speyer, Straßburg und schließlich 1374 von Bamberg erhoben. 1461 entschied sich der Konvent, nur noch Adelsmitglieder zuzulassen. Abt Konrad von Mülnheim (1500–07) unterwanderte die Erneuerungsbemühungen der ➛ Bursfelder Kongregation; Abt Philipp von Eselsberg (1507–31) schützte seinen Konvent vor den Einflüssen der Reformation, aber Abt Melchior Horneck (1531–40), Günstling des evangelischen Grafen von Fürstenberg, bekannte sich zum Calvinismus. In der zweiten Hälfte des 16. Jh. rettete die Rekatholisierung die Existenz des Konvents, der im Dreißigjährigen Krieg und im Spanischen Erbfolgekrieg Plünderungen, Brandschatzungen und Hungersnöte zu überstehen hatte. Das 18. Jh. brachte wirtschaftliche Prosperität, Bauaktivitäten, Gelehrsamkeit, Innovation in der Krankenbehandlung und geistlichen Aufschwung. Die badische Regierung übernahm zwar 1803 die Herrschaft, ließ aber zunächst den Konvent fortbestehen, auch auswärtige Benediktiner durften aufgenommen werden. Erst im April 1807 erfolgte aus finanziellen Erwägungen die Aufhebung der Abtei.

▶ **Gegenwart.** Die heutige katholische Pfarrkirche St. Marien wurde im Zuge der ➛ Hirsauer Reformbewegung 1120 als Klosterkirche erbaut. Die dreischiffige Basilika mit Querschiff und Fünfapsidenschluss im Osten weist Hirsauer Baumotive auf; der Stützenwechsel der Arkatur deutet auf elsässischen Einfluss hin. Eine romanische Dekoration schmückt die Eingangsfassade im Westen. Der heutige Barockturm im Südwesten ersetzte Anfang des 18. Jh. die früheren Türme. Die Barock- und Rokokoausschmückung im Inneren wurde Ende des 19. Jh. zugunsten einer neoromanischen beseitigt; dabei entstand die Ausmalung im Stil des Historismus. Das Heilige Grab (1505) im nördlichen „Frauenchörle" ist das älteste Ausstattungsstück. Die Abteigebäude entstanden im repräsentativen Barock (1695–1702). Heute fehlt der Osttrakt, dafür ist der Barockgarten erhalten.

◆ GermBen 5, 228–242; Brommer, Hermann: G., Kirchen und Kapellen, Lindenberg 1999.

Georgenberg, *Prämonstratenser-Chorherrenstift St. Georg (nach 1235–1540), Diözese Würzburg – (Bad Rodach, Lkr. Coburg, Bayern, ❐ 4, A1).*

▶ Nach dem Tod Friedrichs IV. von Putelendorf (Bottendorf) aus der Familie der sächsischen Pfalzgrafen von Goseck (1125) schenkten seine Witwe Agnes von Limburg und ihre Schwester Adelheid von Horburg

Gengenbach Benediktiner Reichsabtei, die romanische Abteibasilika entstand um 1120 unter Hirsauer Reformeinfluss, Nordwestansicht.

dem Hochstift Bamberg Eigenbesitz am G. bei *Rothaha* nordwestlich von Coburg. Bischof Otto I. (1102–39, kanonisiert 1189) versuchte vergeblich, ein Benediktinerkloster zu etablieren, und übergab schließlich 1135 der Prämonstratenserabtei ➛ Veßra den Besitz. Bischof Wigger von Brandenburg, ein Prämonstratenser, konsekrierte 1149 eine Kapelle auf dem Berg zu Ehren des hl. Georg. Veßra richtete an dieser Kirche eine kleine Propstei ein. 1248 wird ein *frater Bertholdus de Monte Sti. Georgii* urkundlich erwähnt. Um 1270 notiert der Ordenskatalog der Abtei Schäftlarn das Stift *Mons St. Georgii* bei Coburg. Der kleine Konvent bestand in der Frühzeit aus etwa vier Chorherren, seit dem 14. Jh. scheint nur noch ein Propst den Gottesdienst aufrechterhalten zu haben. Die Abtei Veßra erneuerte 1461 die Kirche, bischöfliche Ablassbriefe aus Würzburg, halfen die Kosten zu mindern. Im Bauernkrieg 1525 blieb die Anlage verschont. Die Reformation beendete das klösterliche Leben auf dem G. 1535 erhielt Propst Bechmann eine Rüge, weil er nach katholischem Brauch noch immer das „Ewige Licht" auf dem Berg hatte brennen lassen. Graf Wilhelm IV. von Henneberg-Schleusingen verzichtete 1540 auf seine Ansprüche auf den Propsteibesitz und erwarb dafür von Kursachsen das Zisterzienserpriorat Georgenzell in der Vorderrhön. Kurfürst Johann Friedrich I. von Sachsen-Wittenberg schenkte den Besitz seinem Amtmann Matthes von Wallrod, der ihn 1542 an die Stadt Rodach verkaufte. Die Bürger verwendeten das Steinmaterial beim Bau ihrer Stadtbefestigung. Nahe der heutigen Ausflugsgaststätte im östlichen Teil des Bergplateaus erinnern überwachsene Grundmauerreste an die kleine Propstei.

◆ Henning, Eckart: Die gefürstete Grafschaft Henneberg-Schleusingen im Zeitalter der Reformation Köln 1981; Backmund, Norbert: Die Chorherrenorden und ihre Stifte in Bayern, Passau 1966, 168f.

Georgenthal, *Zisterzienserabtei St. Maria, St. Georg und St. Benedikt (1142–1528), Erzdiözese Mainz – (Lkr. Gotha, Thüringen, ❐ 4, A1).*

▶ **Geschichte.** Graf Sizzo III. von Käfernburg und Familie stifteten 1142 auf dem Georgenberg von Asolveroth zwischen Ohrdruf und Arnstadt ein Hauskloster. Die Gründung galt auch der Käfernburger Herrschaftssicherung, eine politisch motivierte Antwort auf die (8 km entfernte) Benediktinerabtei ➛ Reinhardsbrunn, Grablege der Landgrafen von Thüringen. Erste Mönche kamen mit Abt Eberhard (1142– vor 1150), einem Schwager des Stifters und Mitgründer von ➛ Altenberg im Bergischen Land, direkt aus der burgundischen Zisterzienserabtei Morimond (Frankreich), der Mutterabtei der meisten deutschen Zisterzen. Erzbischof Heinrich von Mainz beurkundete 1143 Schutz und Befreiung von Steuerlasten. 1144 gewährte König Konrad III. Reichsschutz. Nach kurzer Zeit verlegten die Zisterzienser ihr Kloster von der Anhöhe in den Apfelstädter Grund, was zisterziensischen Gewohnheiten besser entsprach, vergleichbar mit der Entwicklung in ➛ Heisterbach und ➛ Haina. Die Benediktinerabtei Reinhardsbrunn klagte vergeblich in Cîteaux und bei Papst Lucius II. Dessen Nachfolger Eugen III. bestätigte 1152 ausdrücklich den päpstlichen Schutz. Es kam schließlich zu Güteraustausch und Abgrenzung des benachbarten Besitzes, was Landgraf Ludwig III. 1168 beurkundete. Konflikte mit der Reichsabtei ➛ Hersfeld, die in Thüringen reich begütert war, konnten 1218 beigelegt werden. Das Kloster *vallis Sancti Georgii* erlangte durch Dotationen und Zukäufe schon im 14. Jh. einen Grundbesitz von fast 11.000 ha mit Absatzhöfen in den umliegenden Städten, so in Erfurt, Arnstadt, Eisenach und Gotha. Abt Hermann spielte 1234 die entscheidende Rolle beim Heiligsprechungsverfahren der Elisabeth von Thüringen. 1252 und um 1320 wurden die kleinen Priorate Johannisthal vor Eisenach und Georgenzell bei Rosa in der Rhön gegründet, von denen heute nichts mehr existiert. Seine höchste Blüte erreichte G. Anfang des 16. Jh., aber aufständische Bauern plünderten in der Osternacht 1525 die Abtei völlig aus und steckten sie in Brand; die Mönche waren schon vorher nach Gotha geflohen. Die Aufhebung durch die kursächsische Regierung erfolgte 1528. Die Klosteranlage wurde zum Steinbruch, der Besitz ging an das landesherrliche Klosteramt über. Aus einem Gebäude entstand nach 1600 das Schloss G. als Sommerresidenz. Ende des 18. Jh. unterhielt hier Samuel Hahnemann die erste homöopathische Anstalt Deutschlands.

▶ **Gegenwart.** Ausgrabungen im 19. Jh. legten eine Anlage in Verwandtschaft mit ➛ Maulbronn frei, die nach Holtmayer zu dem Vollkommensten zählt, was der Zisterzienserorden in Deutschland geschaffen hat. Die Kirche, eine Säulenbasilika, war der erste Kirchenraum in Thüringen mit durchgehender Gewölbedecke. Heute weisen Säulenbasen und wieder aufgerichtete Säulenreste die Lage des Gotteshauses aus, Mauerreste und Fundamente erinnern an Kreuzgang, Klausur und Abtshaus. Lediglich die einstige Infirmerie blieb als Gebäude erhalten; es dient heute als „Kornhaus" einem Museum. Der heutige Park der kleinen Stadt G. war einst der Klostergarten; die Teiche legten die Zisterzienser zur Fischzucht an. Nahe des Ruinenparks stößt man auf das mittelalterliche „Steinerne Haus" oder „Hexenhaus", das auf die Zisterzienser zurückgeht, dessen ursprüngliche Funktion man aber nicht kennt. Zur Zeit der Hexenverfolgung im 17. Jh. diente es als Gefängnis und Marterhaus, heute ist es restauriert und in privater Nutzung.

◆ Jürgensmeier, Friedhelm (Hg.): Handbuch der Mainzer Kirchengeschichte, 3 Bde., Würzburg 1997–2002; Mönch, Wilmar: Kloster G., Arnstadt 1995; Holtmeyer, Alois: Cisterzienserkirchen Thüringens, Jena 1906, 93–102.184.

Georgenthal Zisterzienserabtei, eine romanische Säule mit Kapitell im Ruinenfeld der Abteibasilika.

Georgsklause, *Benediktinerinnenpriorat St. Georg (12. Jh. –1452), Erzdiözese Mainz – (Oestrich-Winkel, Rheingau-Taunus-Kreis, Hessen, ❐ 3, B2).*

▶ Anfang des 12. Jh. entstand auf dem ➛ Johannisberg über dem rechten Mittelrheinufer die Benediktinerabtei St. Johannes der Täufer als Doppelkloster; mehrere Ehepaare traten gemeinsam in die Konvente ein. Zur Grundausstattung, für die Rheingraf Richolf und Familie sorgten, gehörte der Hof *apud sanctum Georgium* am Fuß des Berges, der im 12. Jh. nach Trennung der Konvente als Niederlassungsort für die Schwestern genutzt wurde. Das erste urkundliche Zeugnis vom Benediktinerinnenkonvent St. Georg stammt von Meisterin Gertrud 1284. Zu Beginn mag strenge Klosterzucht gemäß der ➛ Hirsauer Reformstatuten geherrscht haben, aber der wirtschaftliche Niedergang der Mutterabtei auf dem Berg traf auch die „Georgsklause" am unteren Hangbereich. Der adelige Frauenkonvent nahm im späten 14. Jh. stiftsähnliche Formen an. Meisterin Margarede von Schönburg (1426–34) bat zwar um Wiedereinführung der Benediktregel, aber Erzbischof Dietrich Schenk von Erbach hob 1452 den Konvent aus drei Damen auf und übergab den ansehnlichen Besitz an die Mönchsabtei zur Unterstützung ihrer Reformvorhaben. 1603 verkaufte die erzbischöfliche Verwaltung die Klause G. mit Mühle an den Domkapitular Friedrich Georg von Schönborn. 1620 entstand ein westlich an die Kapelle sich anschließendes Wohngebäude. Die heutigen Gebäude stellen nur die Reste einer offenbar größeren Anlage dar. Die einstige Immunitätsmauer begrenzt noch immer das private Gelände inmitten von Weinstöcken. Die im Kern romanische Kapelle St. Georg wurde im Lauf der Zeit stark überformt; die Spitzbogenportale verweisen auf ihre mittelalterliche Herkunft.

◆ GermBen 7, 671 f.

Gerbstedt, *Benediktinerinnenabtei (um 1120–1540), Diözese Halberstadt – (Lkr. Mansfeld-Südharz, Sachsen-Anhalt,* ❐ *2, B5).*

▶ Das heute abgetragene Benediktinerinnenkloster G. ging um 1120 aus einem Kanonissenstift des 10. Jh. hervor. G. erlangte Bedeutung als Grablege der ersten wettinischen Markgrafen, bis das Stift ➛ Petersberg bei Halle, das Stift ➛ Brehna und die Abtei ➛ Altzelle ihm diesen Rang streitig machten. Um 1130 besiedelten Gerbstedter Schwestern das Kloster ➛ Hecklingen. Ausgrabungen in jüngster Zeit förderten sehr schöne Fragmente (Stuckaturen) der romanischen Klosterbasilika zutage. Breite Gänge, die vom Kloster zur Stadt führten und für Pferdefuhrwerke ausgelegt waren, bilden eine unterirdische und ungeklärte Hinterlassenschaft des bedeutenden Klosters.

◆ Mohn, Claudia: G. (Sachsen-Anhalt), in: Mittelalterliche Klosteranlagen, Petersberg 2006, 364.

Germerode, *Prämonstratenser-Chordamenstift St. Maria und St. Walburga (um 1144–1527), Erzdiözese Mainz – (Meißner-G., Werra-Meißner-Kreis, Hessen,* ❐ *1, D5).*

▶ **Geschichte.** Vor 1144 gründete Graf Rugger III. von Bilstein am südöstlichen Rand des Meißners westlich der Werra ein Prämonstratenserstift, das zunächst entsprechend der Frühtradition des Ordens mit einem Doppelkonvent möglicherweise aus ➛ Spieskappel besiedelt wurde. Erzbischof Konrad I. von Mainz (Wittelsbach) bestätigte 1186 Propst Everhardus und dem Konvent die Gründung G. in der ersten uns überkommenen Urkunde. Papst Cölestin III. erwähnt 1195 den Propst Ludewicus, seine Brüder und Schwestern und bestätigt den umfangreichen Besitz mit zwölf Gutshöfen, etwa 20 kamen später noch hinzu. Die Grafen von Bilstein blieben bis Ende des 13. Jh. großzügige Förderer ihres Hausklosters mit Familiengrablege. Sie übten die Schirmherrschaft mit gewissen Einschränkungen aus. Dem Stift war freie Vogtwahl und Blutgerichtsbarkeit zugestanden. Etwa 100 Jahre lebten in G. zwei Konvente nebeneinander, seit 1243 sprechen Urkunden nur noch von einer Frauengemeinschaft; die Chorherren waren demnach ausgezogen, Propst und Laienbrüder gehörten wie üblich weiterhin zum Stift. 1301 veräußerte der letzte Bilsteiner Graf Otto II. alle Lehnsgüter an den Landgrafen Heinrich I. von Hessen, Stift G. geriet in den Machtbereich des sich konsolidierenden hessischen Territorialstaates. Unter Propst Heimbrod von Boineburg (1315–44) und Priorin Hedwig von Reichenbach (1334/54) erreichte der Konvent seine Hochblüte. Rentengeschäfte auch einzelner Schwestern wurden zunehmend vorteilhaft genutzt. Im 14. Jh. setzte der wirtschaftliche und innerliche Verfall ein, der sich durch Überschuldung und Besitzverkäufe offenbarte. 1460 musste das Vorwerk Siegershausen verpfändet werden. Die Verödung des Meißner Vorlandes durch Pest, Missernten und Kriege blieb nicht ohne wirtschaftliche Folgen. Reformbemühungen des Ordens, des Bischofs und der Landesherrschaft seit Mitte des 15. Jh. führten um 1500 zur Hebung der inneren Ordnung und geistlicher Aktivitäten. Erzbischof Berthold von Mainz (Henneberg) beauftragte die Abtei Spieskappel mit Visitationen zur Einhaltung der Reform. Landgraf Philipp I. von Hessen, seit 1524 Anhänger Martin Luthers, ließ auf der Synode von Homberg im Oktober 1526 die Einführung der evangelischen Kirchenordnung und die Aufhebung der etwa 40 klösterlichen Einrichtungen in Hessen beschließen, was im Oktober 1527 in G. durchgesetzt wurde. Priorin Mechthild Keudel (1521–27) und 40 Mitschwestern wurden abgefunden und mussten ihr Stift verlassen.

Germerode Prämonstratenser-Chordamenstift, die Ostansicht der romanischen Stiftsbasilika mit Dreiapsidenchor, im Hintergrund der westliche Klausurflügel.

▶ **Gegenwart.** Vom Stift G. blieben die romanische Basilika, heute evangelisch-lutherische Pfarrkirche St. Maria, der Westflügel der Klausur, vier Gewölbekeller im Ostbereich sowie Reste der Umfassungsmauer erhalten. Die Stiftskirche entstand in künstlerischer Nachfolge der Kirche ➛ Lippoldsberg als dreischiffige Pfeilerbasilika ohne Querschiff, mit doppeltürmiger Westfront und Krypta (um 1150–65). Besonders wirkungsvoll ist die Ostansicht mit drei Apsiden im Hirsauer Chorschema über hohen kräftig profilierten Sockeln. 1533 wurde das nördliche Seitenschiff gänzlich und das südliche zur Hälfte abgebrochen, der Nordturm existiert nur als Stumpf bis zur Höhe des Mittelbaus. Der durchgängig gewölbte Innenraum stahlt schlichte romanische Wirkung durch schwere Gurtbögen, sächsische Stützenwechsel, Ecksäulen mit Würfelkapitellen und Rundbogenfenstern an den Obergaden aus. Das Presbyterium liegt erhöht über einer vierschiffigen Krypta. Im Westen nimmt die Nonnenempore zwei Joche ein, darunter die dreischiffige Unterkirche mit fünf Jochen (Travéen), die einschließlich Westportal als Eingangshalle diente. Acht Säulen zeigen Würfelkapitelle in Variationen. An den Nordturm schließt sich der Konventsbau an; dieser zweigeschossige Westflügel von 1220 zeigt romanische und gotische Fensteröffnungen. Das mächtige Torhaus mit Fachwerk entstand im 17./18. Jh. als Domänenpächterhaus.

◆ Jürgensmeier, Friedhelm (Hg.): Handbuch der Mainzer Kirchengeschichte, 3 Bde., Würzburg 1997–2002; Schilling, Johannes (Hg.): Kloster G., Kassel 1994; Huyskens, Albert: Die Klöster der Landschaft an der Werra, Marburg 1916.

Germersheim Servitenkloster, die spätgotische Klosterkirche prägt der hohe Westturm aus dem 19. Jh.

Germersheim, *Servitenkloster St. Maria (vor 1298–1527), Diözese Speyer – (Kreisstadt, Rheinland-Pfalz, ❐ 3, C3).*

▶ **Geschichte.** Bereits 1298 bestätigte Papst Bonifatius VIII. der Servitenniederlassung G. Güter und Rechte. Die als echt beurteilte Papsturkunde setzt die Gründung 60 Jahre früher als bisher angenommen an; demnach ist eine Stiftung erst um 1360 durch Pfalzgraf Ruprecht I. falsch. Am alten römischen Siedlungsplatz *vicus Julii* unterhalb der Burg an der Mündung der Queich in den Rhein hatte König Rudolf I. die Stadt G. 1276 neu gründen und befestigen lassen. Mit Kloster G. unterhielt der Servitenorden neben ➛ Halle, Nordhausen und Halberstadt seine vierte Niederlassung auf deutschem Boden und bildete 1299 die Ordensprovinz Alemannia. Kaiser Karl IV. übertrug den Mönchen 1360 Pfarrrechte in der Stadt, die nun entsprechend ihres Apostolats seelsorglich und caritativ tätig waren. 1339 entstand im rheinhessischen ➛ Schornsheim ein Tochterpriorat, um 1449 ein weiteres in Stromberg im Hunsrück. Prior Gerhard von Bergh war gleichzeitig Provinzial der Ordensprovinz (1422/31), Nikolaus Sleita, Magister der Theologie und freien Künste, erhielt von Papst Innozenz VIII. um 1485 eine Stellung als Pönitentiar (Bußkanoniker) im römischen Lateran. Im Spätmittelalter erteilten die Serviten auch Unterricht. König Ludwig der Bayer hatte die Stadt schon im 14. Jh. an Pfalzgraf Rudolf II. bei Rhein verpfändet und sie nicht eingelöst, so dass sie unter kurpfälzischer Herrschaft stand. Kurfürst Friedrich I. der Siegreiche regelte 1473 die Pfarrorganisation in G. neu, versorgte die Hauptpfarrkirche St. Jakob mit zusätzlichen Pfründen und spendete Gelder zur Erweiterung der Servitenkirche St. Maria. Der Konvent bestand 1486 aus 15 Priestern, fünf Klerikern und drei Laienbrüdern. Kurfürst Ludwig V. der Friedfertige und Bischof Georg von Speyer (Rhein) sahen sich 1527 nach Einbrüchen in den Seelsorgetätigkeiten infolge des Bauernaufstandes genötigt, das reformbedürftige Servitenkloster in ein Kollegiatstift umzuwandeln, dem der letzte Servitenprior Friedrich Grym (1490–1527) als Dekan vorstand. Das Stift wurde 1556 im Zuge der reformatorischen Umwälzungen von Kurfürst Friedrich II. von der Pfalz aufgelöst. Nach Zerstörung der Kirche durch französische Truppen 1674 und der Renovierung durch König Ludwig XIV. von Frankreich übernahmen Katholiken das Gotteshaus. Zwischen 1756 und 1793 bewohnte ein Franziskanerkonvent die neuen Klostergebäude, die seit 1818 als bayerische Kaserne dienten.

▶ **Gegenwart.** Von den Konventsgebäuden der Serviten ist nichts erhalten. Die Klosterkirche am Markt dient noch heute als katholische Pfarrkirche St. Jakobus. Serviten, Landesherr und Bürgerschaft erweiterten gemeinsam Mitte des 15. Jh. die einfache, typische Bettelordenskirche zu einer dreischiffigen Halle, deren Mittelschiff mit Rundpfeilern und Spitzbogenarkaden um 1690 wiedererrichtet werden musste; auffällig sind die schmalen Seitenschiffe. Der einjochige, einschiffige Chor mit 5/8-Schluss behielt sein Rippengewölbe und die Maßwerkfenster des frühen 14. Jh. Der Westturm entstand zum dritten Mal erst Mitte des 19. Jh. Die Ausstattung der Kirche ist neugotisch. Von den Tochtergründungen in Schornsheim und Stromberg sind keine eindeutigen Architekturbestände geblieben, lediglich spätgotische Veränderungen an der Kirche in Schornsheim könnten auf die Serviten zurückgehen.

◆ Rödel, Volker: G., in: Palatia Sacra, Bd. 4/1, Mainz 1988, 56–62; Jöckle, Clemens: St. Jakobus G., München – Zürich 1981; Tüchle, Hermann: Zur Gründung des Servitenklosters G, eine Papsturkunde Bonifaz' VIII., in: Archiv für mittelrheinische Kirchengeschichte 17 (1965) 273–277.

Gertrudenberg, *Benediktinerinnenpriorat St. Gertrud (um 1080–1803), Diözese Osnabrück – (kreisfreie Stadt Osnabrück, Niedersachsen, ❐ 1, C4).*

▶ **Vorgeschichte.** Bischof Benno II. von Osnabrück plante um 1080 die Verlegung der Kanonissengemeinschaft von ➛ Herzebrock bei Gütersloh in seine Bischofsstadt, um sie in die strengen Klosterregeln der ➛ Hirsauer Reform einzubinden. Er baute die alte Kapelle St. Michael auf dem Hügel nördlich der Stadt um und weihte die neue Gründung der hl. Gertrud, Äbtissin von Nivelles (652–659). Die Damen in Herzebrock weigerten sich jedoch, ihr freizügiges Leben aufzugeben.

▶ **Geschichte.** Um 1137/40 kamen Stiftungen des Domherrn Haceloh und der Witwe Imeska zur Grundausstattung hinzu, so dass die Osnabrücker Bischöfe Udo und Philipp I. die Gründung umsetzen konnten: seit 1142 lebten Benediktinerinnen unter hirsauischer Observanz auf dem „G.". Die beherrschende Lage über der Stadt ließ das Kloster in kriegerischen Zeiten zum militärischen Stützpunkt werden, was sich hemmend auf seine Entwicklung auswirkte. Die Bürger brannten das Kloster 1280 nieder, ein päpstliches Interdikt zwang sie zum Wiederaufbau. Schenkungen des niederen Adels beförderten den Aufschwung, der Streubesitz reichte bis ins Emsland. Die männlichen Vorsteher waren im neucluniazensischen Kloster nicht Pröpste sondern Prioren, deren Wahl den Schwestern zuerkannt wurde; meist waren es Benediktinermönche, die Bischöfe behielten sich die Investitur vor. Das hirsauische Armutsideal verlor sich im 13. Jh.; Pfründen wurden einzelnen Ämtern zugewiesen und die Verwaltung dezentralisiert. Im 15. Jh. verflachte das geistliche Leben, die Klausurbestimmungen blieben weitestgehend unbeachtet. Bischof Konrad III. von Diepholz sandte 1475 Schwestern aus dem Kloster Herzebrock nach G., die zusammen mit Priorin *(Domina)* Juttildis von Beveren (1475–1531) Reformen im Sinn der ➛ Bursfelder Kongregation durchsetzten und nach ➛ Malgarten weitergaben, dies alles unter Aufsicht der Abtei ➛ Iburg. Der kleine Konvent von acht Schwestern hielt vorbildlich Disziplin und Schweigegebot ein, nahm erstmals Laienschwestern auf und gründete Schreibstube, Schule sowie Stickereiwerkstatt. 1489 zerstörten Bürger erneut die klösterliche Einrichtung. 1494/95 wütete die Pest, 1520 brannte die Anlage ab, die Kirche konnte diesmal unter Mithilfe der Bürger gerettet werden. Die Reformation ging am gefestigten Konvent vorüber, aber kriegerische Auseinandersetzungen um Osnabrück veranlassten die Frauen mehrmals zur Flucht, ein Exil im Stadthaus gegenüber dem Dominikanerkloster (➛ Osnabrück) dauerte während des Dreißigjährigen Krieges 19 Jahre lang an. 1651 bestand der Konvent aus 21 Chorschwestern, vier Novizinnen und 20 Laienschwestern. Domina Barbara von Hövel (1626–77) erlangte die Würde einer Äbtissin. Der Siebenjährige Krieg (1756–63) traf den Konvent in voller Blüte. Die letzte Äbtissin Walburga von Sarau (1776–1803) vermochte es nicht, entstandene Schuldenlasten abzulösen. Im April 1803 mussten elf Chor- und vier Laienschwestern den Berg verlassen.

▶ **Gegenwart.** Heute dient das Kloster G. dem Niedersächsischen Landeskrankenhaus Osnabrück (Bereich Psychiatrie). Den Patienten steht die mittelalterliche Klosterkirche St. Gertrud zur Verfügung. Der Turm der einschiffigen Kirche enthält an der Südwand geringe Reste der frühen Michaelskapelle und zwei Geschosse des romanischen Baus aus der Zeit Bischof Bennos. Die heutige Kirche entstand nach 1235 als dritter Bau auf den Fundamenten ihrer Vorgängerin, erhielt aber einen südlichen Querarm als Äbtissinnenempore. Ihr Südportal zeigt Eckdienste mit Schaftringen und Knospenkapitellen, die Innenausstattung ist barock. Südwestlich an die Kirche schließen sich barocke Konventsgebäude an, die einen Teil des Kreuzgangs mit Arkadenfolge (12. Jh.) enthalten. Unter dem Klosterareal existieren geheimnisumwitterte Höhlen; das „Gertrudenberger Loch" diente jedoch nach archäologischen Untersuchungen ganz profan der Gewinnung von Kalkstein; eine Kalkbrennerei betrieben schon die Benediktinerinnen im 14. Jh.

◆ GermBen 11, 475–486; Poppe-Marquard, Hermann: Osnabrücker Kirchenchronik, Osnabrück 1990.

Gertrudenberg Benediktinerinnenpriorat, die gotische Kirche mit südlichem Querarm als Äbtissinnenempore.

Gevelsberg, *Zisterzienserinnenabtei St. Maria (vor 1236– um 1585), Erzdiözese Köln – (Ennepe-Ruhr-Kreis, Nordrhein-Westfalen, ❐ 1, B5).*

▶ **Geschichte.** Kloster G. entstand im Zusammenhang mit dem Mord an Erzbischof Engelbert von Köln (Berg), Reichsverweser unter Kaiser Friedrich II. Der Erzbischof selbst soll an eine Klosterstiftung an jenem Ort gedacht haben, an dem er im November 1225 getötet wurde. Ihm zu Ehren entstand jene Kirche, an der sich um 1230 fromme Frauen niederließen. Die Gemeinschaft am Wallfahrtsort G. wird 1236 urkundlich erwähnt und als Zisterzienserinnenkonvent bezeichnet. Die Schwestern hielten das Gedächtnis an den zum Martyrer erhobenen Engelbert aufrecht. Die erste bekannte Äbtissin war Christina (1237). Der Zisterzienserprior Caesarius von ➛ Heisterbach (um 1180– um 1240) verfasste 1226/27 eine „Vita et miracula S. Engelberti" zur Förderung der angestrebten Heiligsprechung, die aber nicht erfolgte. Nachfolgende Kölner Erzbischöfe privilegierten das Kloster. Die märkische Ritterschaft sorgte für reiche Ausstattung, was wohl in manchen Fällen als Sühneopfer geschah. Der Konvent gründete bereits 1240 das Tochterkloster ➛ Benninghausen; eine zweite Tochter entstand zur selben Zeit zunächst in Empel, schließlich jedoch 1241 in Schledenhorst; auch Kloster Blatzheim wird als Tochter von G. betrachtet. Die Äbte von Heisterbach waren möglicherweise von Beginn an im Auftrag des Ordens zur Aufsicht verpflichtet. Die Visitationen führte der Abt des Primarklosters Morimond (Frankreich) selbst durch, ein Beleg für die volle Mitgliedschaft des Frauenklosters G. im Zisterzienserorden. Im 15. Jh. begannen sich stiftsähnliche Strukturen durchzusetzen, private Vermögen, Präbenden und Rentengeschäfte einzelner Schwestern gehörten zum Alltag. Während der Reformationszeit blieb der Konvent katholisch. Unter Äbtissin Clara von Hoete (1581–1605) traten die adeligen Damen dann aber zum Protestantismus über. Die Zahl der Kapitularinnen des freiweltlichen Damenstifts wurde 1657 auf zwölf begrenzt, sie durften drei Konfessionen angehören: fünf reformierte, vier evangelische und drei katholische Damen. Residenzpflicht oblag nur der Äbtissin und ihrer Stellvertreterin. Das Großherzogtum Berg hob das Stift G. im Januar 1812 auf.

▶ **Gegenwart.** Die Stiftskirche, eine dreischiffige Basilika, wurde 1826 abgebrochen.

Die alte Abtei, ein Korn- und Zehnthaus und die Jungfernkurien werden heute als Wohnhäuser genutzt. Das „Alte Äbtissinnenhaus“ entstand im ausgehenden Mittelalter; es zeigt besonders im hinteren Teil spätgotisches Bruchsteinmauerwerk; der Fachwerkaufbau sowie der vordere Gebäudeteil stammen aus dem 17. Jh. Das „Neue Äbtissinnenhaus“ bauten die Stiftsdamen 1805; es dient heute als Erholungsstätte der Bodelschwinghschen Anstalten.

◆ Ostrowitzki, Anja: Die Ausbreitung der Zisterzienserinnen im Erzbistum Köln, Köln u. a. 1993; Klueting, Edeltraud: G., in: Westfälisches Klosterbuch, Tl. 1, Münster 1992, 351–354.

Giengen, *Augustinereremiten-Tertiarinnenkloster (vor 1462–1571), Diözese Augsburg – (Lkr. Heidenheim, Baden-Württemberg, ❒ 3, D4).*

▶ Der Reichskrieg gegen Bayern und die Schlacht bei G. im Juli 1462 vertrieb die Klausnerinnen aus Hermaringen, die sich wohl erst im 15. Jh. konstituiert hatten, in die befestigte Reichsstadt G. Der Magistrat überließ 1463 den Schwestern das Haus auf der „Tanzlaube“; zwei Ratsherren waren als Schaffner eingesetzt, ein Amtmann verwaltete den Besitz in Hermaringen. In der Stadt existierte seit 1275 ein Deutschordenshaus, das sich Ende des 14. Jh. der Kommende ➛ Kapfenburg angeschlossen hatte. Auch lebten von 1412 bis 1430 Klausnerinnen am Pfarrfriedhof, die aber nach Weitenburg bei Wertingen auszogen. Die neue Schwesterngemeinschaft nutzte die romanisch-gotische Pfarrkirche St. Maria für ihr Stundengebet. Augustiner-Eremiten aus ➛ Lauingen übernahmen den geistlichen Beistand, insofern wird angenommen, dass die Schwestern deren Drittordensregel angenommen haben. 1537 bekannte sich die Stadt zum Protestantismus. Spannungen führten 1571 zur Auflösung des Tertiarinnenkonvents. Seit 1828 wird ihr spätgotisches Schwesternhaus als evangelisches Pfarrhaus genutzt.

◆ Wernicke, Michael Klaus: Die Augustiner-Eremitinnen, Münster 2006, 83; Zimmermann, Wolfgang: G., in: Württembergisches Klosterbuch, Ostfildern 2003, 247; 900 Jahre G. an der Brenz, Giengen 1978.

Gladbach, *Benediktinerabtei St. Vitus u. a. (974–1802) – „St. Vitusabtei“, Diözese Lüttich – (kreisfreie Stadt Mönchengladbach, Nordrhein-Westfalen, ❒ 1, A5).*

▶ **Geschichte.** Erzbischof Gero von Köln gründete auf einer Anhöhe in der niederrheinischen Ebene (etwa 55 km) nordwestlich von Köln 974 die Benediktinerabtei St. Vitus. Das bischöfliche Eigenkloster stand auf Grundbesitz der Kölner Kirche, die Region gehörte aber kirchenrechtlich zur Diözese Lüttich, was zu Differenzen und zur vorübergehenden Verlegung des Konvents nach ➛ Köln Groß St. Martin führte, bis ein Gebietstausch (vor 999) den Konflikt entschärfte; G. gehörte nun zum Erzbistum Köln. Erster Abt war Sandrad (974–981/986), ein profilierter und bedeutender Vertreter der ➛ Gorzer Reform aus ➛ Trier St. Maximin. Von G. gingen Neugründungen in Hohorst bei Amersfoort (Niederlande) und ➛ Deutz bei Köln aus. Die Beziehungen zu Kölner Klöstern blieben eng: Abt Heinrich (1024–66) leitete seit 1052 in Personalunion die Abtei St. Pantaleon in ➛ Köln. Erzbischof Anno II. (1056–75, kanonisiert 1183) führte 1070 in Köln die ➛ Siegburger Observanz ein; unter Abt Adalbero (um 1100) folgte auch G. dieser neucluniazensischen Erneuerungsbewegung. Vor 1135 gründete Abt Walter (1132/36) die Propstei ➛ Buchholz im Weingebiet Brohltal nördlich von ➛ Laach. Dieser Abt betrieb auch die Gründung eines Frauenklosters auf dem Eigengut Kranendonk, woraus sich das Kloster ➛ Neuwerk entwickelte. Die Benediktinerinnen von St. Quirinius in ➛ Neuss standen unter geistlicher Aufsicht der Abtei. Der Neubau der Abteikirche im ausgehenden 12. Jh. und Überschuldung läuteten das Ende der großen Epoche von St. Vitus ein, deren Glanz sich besonders in berühmten Skriptoriumsarbeiten und der reichen Bibliothek niedergeschlagen hatte. Die Aufteilung der Pfründen 1262 zwischen Abt und adeligem Konvent offenbarte die Loslösung von den strengen Siegburger Reformstatuten; so wurde auch die Versorgung der Mönche mit immerhin 500 Liter Wein aus Bucholz pro Jahr und Mönch geregelt. Schleichend erlosch das religiöse und geistliche Leben, die Abtei entwickelte sich zum adeligen Versorgungsinstitut in ständiger Finanznot; wirtschaftlich galt G. als ärmstes Benediktinerkloster im Erzbistum Köln. Eingriffsversuche der Oberhirten in die inneren Angelegenheiten konnten 1304 mit päpstlicher Hilfe abgewehrt werden. Die Grafen von Jülich übernahmen die Schirmherrschaft. Unter Abt Wilhelm von Oranien (1334–66) sank die Abtei auf den tiefsten Stand ihrer Geschichte. Erst über 100 Jahre später öffnete sich der Konvent langsam und konfliktreich inneren Reformen, die von ➛ Brauweiler aus initiiert wurden. Erst Abt Aegidius von Bucholtz (1505–38) erreichte 1511 mit Unterstützung Herzog Wilhelms von Jülich-Berg und von Brüdern aus Groß St. Martin in Köln den Beitritt als 90. Kloster zur ➛ Bursfelder Kongregation. Die Zusammenführung von Abts- und Konventsgut sowie die Aufgabe adeliger Standesgebundenheit verbesserten

Gladbach Benediktinerabtei, das Westwerk der Abteibasilika St. Vitus (vor 1200) mit Stufenportal.

Glatten Franziskaner-Tertiarinnenkloster, die Franziskanerinnen nutzten die Pfarrkirche für ihre Stundengebete, der mächtige Turm ist spätromanisch.

Wirtschaft und Frömmigkeit nachhaltig. Auf die Umwälzungen der Reformation antworteten die Mönche mit der Intensivierung der Gladbacher Heiligtumsfahrt *(ostensio reliquiarum)*. Die Äbte der Neuzeit nahmen als Visitatoren führende Positionen in der Reformunion ein. 1794 besetzten französische Revolutionstruppen die Stadt, die französische Konsularregierung verfügte im Juli 1802 die Auflösung; 31 Mönche verließen die Abtei.

▶ **Gegenwart.** Bauarchäologen erkennen an der heutigen katholischen Vitusbasilika am Südhang des Abteiberges von Mönchengladbach fünf Bauperioden zwischen 974 und 1277. Der älteste erhaltene Teil ist die dreischiffige Hallenkrypta (um 1100); ihr folgt das mächtige Westwerk (Ende 12. Jh.) mit vierfach gestuftem Rundbogenportal; das dreischiffige Langhaus mit Stützpfeilern stammt von 1228/39; der Langchor schließlich entstand im neuen Stil der Gotik, ihn weihte Albertus Magnus (um 1195–1280, kanonisiert 1931) im April 1275. Die Einwölbung erfolgte erst Mitte des 15. Jh. Der mittelalterliche Lettner wurde 1683 abgebrochen. Im Zweiten Weltkrieg wurde das Bauwerk schwer beschädigt. Beim Wiederaufbau konnten die Überladungen des 19. Jh. beseitigt werden. 1974 wurde das „Münster" von Papst Paul VI. zur *Basilica minor* erhoben. Die Klausurgebäude an der Nordostseite entstanden 1663 und 1703. Die Prälatur dient heute als Rathaus.

◆ GermBen 8, 323–351; Borger, Hugo: Das Münster S. Vitus zu Mönchen-G., Essen 1958.

Glatten, *Franziskaner-Tertiarinnenkloster (1471–1594), Diözese Konstanz – (Lkr. Freudenstadt, Baden-Württemberg, ❐ 3, C4).*

▶ An der Pfarrkirche nördlich des Ortes G. sammelte sich im 14. Jh. eine Beginengemeinschaft von zehn bis 14 Frauen, die sich 1471 als Tertiarinnen der Franziskanerregel unterwarfen und Beistand von den Franziskanerbrüdern aus Tübingen erhielten. Der Tübinger Guardian versuchte 1490 Observanz durchzusetzen. Der Einführung der Reformation durch Herzog Ulrich von Württemberg widersetzten sich die Schwester seit 1535 einige Zeit lang erfolgreich; letztmalig gelang ihnen die Aufnahme von Novizinnen während des Interims 1548/52. Als einzige verbliebene Schwester verzichtete die Priorin 1594 gegen eine Leibrente auf ihre Rechte. Die Konventsgebäude wurden abgebrochen, um bei Verwendung der Grundmauern und der Steine ein evangelisches Pfarrhaus zu errichten; dieses Gebäude ist das heutige Gemeindehaus. Die evangelische Pfarrkirche, die ursprünglich von den Franziskanerinnen für ihren Gottesdienst genutzt wurde, unterlag eingreifenden Umbauten. Nach wie vor aber imponiert ihr mächtiger, spätromanischer Turm. Vom Franziskanerkloster in Tübingen ist architektonisch nichts überkommen, auf dem Areal steht heute das Wilhelmstift von 1817.

◆ Kraus, Dagmar: G., in: Württembergisches Klosterbuch, Ostfildern 2003, 247 f.

Glindfeld, *Augustiner-Chorfrauenstift St. Maria und St. Laurentius (vor 1177–1499), Kreuzherrenkloster St. Maria und St. Laurentius (1499–1804), Erzdiözese Köln – (Medebach-G., Hochsauerlandkreis, Nordrhein-Westfalen, ❐ 1, C5).*

▶ **Geschichte des Augustiner-Chorfrauenstifts.** 1177 erwähnt eine Quelle des Kanonissenstifts Meschede einen Propst Gottschalk, Vorsteher einer Tochterniederlassung in Küstelberg im Hochsauerland, die erst 1275 eindeutig als Frauenstift unter der Augustinusregel hervortritt. 1284 schenkte Graf Ludwig von Arnsberg dem kleinen Stift Patronatsrechte über die Kapelle St. Laurentius im Siedlungsplatz G. bei Medebach. Zusätzlich erhielt der Konvent unter Priorin Friderinis 1294 vom Benediktinerkloster ➛ Grafschaft den Haupthof in G. mit der Verpflichtung, den Propst zukünftig nur noch aus dieser Abtei zu wählen. Der Umzug des Stifts (7 km südöstlich) nach

G. war wohl von Anfang an geplant, er erfolgte 1297. Erzbischof Wigbold von Köln (Holte) verpflichtete den Abt von Grafschaft und die Edelherrn von Bilstein und Itter die Translokation zu betreuen. Der Umbau des Grafschafter Hofes zur Stiftsanlage und der Aufbau einer eigenen Kirche überforderten die Möglichkeiten der Chorfrauen. Propst Gottfried (1291–1325) richtete mit Erfolg an 51 Klöster und Stifte Hilfegesuche. Ablässe und weltliche Spenden halfen zusätzlich, dennoch zog sich der Bau bis etwa 1350 hin. Das Stift kämpfte ständig mit finanziellen Schwierigkeiten. Vorteilhafte erzbischöfliche Privilegien wie die Befreiung von öffentlichen Diensten oder die Übertragung des gesamten Pfarrvermögens von Medebach, Patronate in Winterberg und Valhausen halfen nicht nachhaltig; immer wieder mussten Stiftsgüter verpfändet oder verkauft werden. Unfähige Wirtschaftsführung und mangelnde Klausurdisziplin führten im 15. Jh. zum völligen Niedergang. Nach dem Tod der Priorin Alheit von Geismar (1492–96) lebten nur noch zwei Chorfrauen in G.; diese boten zusammen mit Propst Heinrich Qattermarkt (1493–99) ihre Rechte gegen eine Leibrente an. Im September 1499 übergab Erzbischof Hermann IV. von Köln (Hessen) das Stift G. mit allen Gütern und Rechten dem Kreuzherrenorden.

▶ **Geschichte des Kreuzherrenklosters.** Vier Chorherren des Kreuzherrenordens aus ➛ Falkenhagen errichteten im Dezember 1499 in G. ein neues Priorat, das 1501 offiziell in den Ordensverband aufgenommen wurde. Unter Prior Arnold von Bocholt (1501–34) blühte das Kloster auf, Schulden konnten abgetragen und der Besitz erweitert werden. Der bis zu zwölf Kreuzherren starke Konvent betreute elf umliegende Pfarrstellen, der Prior übernahm persönlich die Pfarrpflichten in Medebach. Die Reformation setzte sich in der Region nicht durch, Medebach blieb katholisch. Die tägliche Armenspeisung wurde eingeführt und eine Elementarschule für untere Volksschichten eröffnet. Während der Pest 1636 zeigte der Konvent unter Prior Everhard Brunhard (1629–53) höchste Opferbereitschaft. 1694 entstanden neue Konventsgebäude. Im 18. Jh. verstärkten die Kreuzherren ihre Bemühungen als Lehrmeister in Garten- und Ackerbau, aber vor allem in der Waldwirtschaft. Der Siebenjährige Krieg brachte Not und Auflösung der Klosterzucht, die sich unter den sechs Konventualen bis zur Aufhebung des Priorats im Februar 1804 nicht mehr besserte. Hessen-Darmstadt richtete eine Forstverwaltung in der Anlage ein, die bis 1995 bestand.

▶ **Gegenwart.** Die gotische Hallenkirche (um 1330) wurde gleich nach 1804 gesprengt, ihre Ausstattung auf umliegende Pfarrkirchen verteilt, der Ostflügel der Klausur abgebrochen. Verbliebene Barockgebäude um den Hof sind heute in Privatbesitz. Unter dem sogenannten „Neuen Flügel" (18. Jh.) existieren kreuzgratgewölbte Kellerräume, die auf das Mittelalter zurückgehen und von den Augustiner-Chorfrauen möglicherweise als Refektorium und Küche genutzt wurden; sie werden heute als „Krypta" bezeichnet. Den ehemaligen Klosterbereich umschließt noch heute eine Mauer; die nördlich gelegenen Mauernreste gehörten zu einer abgebrannten Mühle der Kreuzherren. Die abseits stehende Laurentiuskapelle entstand erst 1884.

◆ Lohbeck, Hermann: Das Kloster G., Gudensberg-Gleichen 2000; Potthoff, Marie-Theres/Weiß, Hans Ulrich: G., in: Westfälisches Klosterbuch, Tl. 1, Münster 1992, 355–362.

Gmünd, *Augustiner-Eremitenkloster St. Augustinus (1284–1803) – „Augustinerkloster", Diözese Augsburg – (Kreisstadt Schwäbisch G., Ostalbkreis, Baden-Württemberg, ❐ 3, D3).*

▶ **Geschichte.** Der Stadtrat der schwäbischen Stadt G. am Fuß des Dreikaiserberges verlieh den Augustiner-Eremiten 1284 das Bürgerrecht und erlaubte den Geländeerwerb für eine Niederlassung. 1285 bestätigte Bischof Hartmann von Augsburg (Dillingen) die Gründung, nahm sie unter Schutz und betonte Predigerprivilegien der Bettelbrüder gemäß der Anordnung des Papstes. Es gab dennoch Auseinandersetzungen mit dem Pfarrklerus von Heilig Kreuz vor Ort. Der Bischof exkommunizierte die Augustiner-Eremiten, die daraufhin Hilfe bei Papst Nikolaus V. fanden und so den drohenden Abriss des begonnenen Kirchenbaus zu verhindern wussten. 1299 unterteilte Ordensgeneral Augustinus von Tarano (1298–1300) die deutsche Ordensprovinz in vier Teilprovinzen, G. gehörte mit 23 anderen Konventen zur rheinisch-schwäbischen Provinz. Große Bedeutung erlangte das Kloster nicht, aber die wirtschaftliche Lage aufgrund zahlreicher Schenkungen erlaubte 1432 die Verlängerung der Kirche im Chorbereich, wofür ein Haus abgebrochen werden musste. Als Gegenleistung versprachen die Brüder dem Stadtrat, ihre Gottesdienste nicht auf die Predigtzeit in der Stadtpfarrkirche zu legen. 1439 konsekrierte Weihbischof Petrus Ulmer den neuen Chor; er entstammte dem Gmünder Konvent und diente dem Orden zuvor als Provinzial (1430–33). Ein weiterer Gmünder Augustiner, Johannes Gayswegner, galt als großer Kanzelredner; er ist für das Jahr 1441 im Kloster bezeugt und schrieb drei Bände mit Musterpredigten, die weite Verbreitung fanden. Konventsmitglieder aus G. erlangten Priorenwürde in den Konventen ➛ Lauingen und ➛ Tübingen. 1465 fand ein Provinzialkapitel in G. statt. Lektor Johannes Binder wurde auf dem Provinzkapitel in ➛ Landau 1468 zum Provinzial gewählt, er übte das Amt von 1468 bis 1471 aus. Die Reichsstadt G. blieb in der Reformationszeit katholisch. Kaiser Karl V. logierte im Februar 1532 bei den Augustinern, ein Zeichen seiner besonderen Wertschätzung für die Stadt und ihr Augustiner-Eremitenkloster. Höhepunkt der Klostergeschichte in neuerer Zeit war das Treffen des Provinzkapitels 1779 im neuerbauten Kloster. Nach dem Wechsel der Stadt unter württembergische Landesherrschaft erfolgte 1803 die Säkularisierung. 1700 Bände der Bibliothek wurden verteilt, zehn Patres abgefunden.

▶ **Gegenwart.** Die Kirche, allgemein als „Augustinuskirche" bezeichnet, dient heute der evangelischen Gemeinde als Gotteshaus.

Gmünd Augustiner-Eremitenkloster, die gotische „Augustinuskirche" wurde barock überformt, Ostansicht.

Zwischen 1730 und 1770 hatten die Augustinerbrüder ihre Klausur neu aufbauen lassen. Die schlichte gotische Kirche St. Augustinus, ein hoher, weiter Saal mit Polygonschluss, wurde im Barockstil der damaligen Zeit verändert und ausgeschmückt. In den Barockgebäuden der Augustiner-Eremiten befindet sich heute das Finanzamt. Die Stadt heißt erst seit 1934 Schwäbisch G.

◆ Hermann, Klaus-Jürgen, Schwäbisch G., Augustiner-Eremitenkloster, in: Württembergisches Klosterbuch, Ostfildern 2003, 442–444; Strobel, Richard: Die Kunstdenkmäler der Stadt Schwäbisch G., Bd. 2, München 1995; Kunzelmann, Adalbero: Geschichte der deutschen Augustiner-Eremiten, Tl. 1, Würzburg 1969, 191–193.

Gmünd, *Dominikanerkloster (1294–1802) – „Predigerkloster", Diözese Augsburg – (Kreisstadt Schwäbisch G., Ostalbkreis, Baden-Württemberg, ❐ 3, D3).*

▶ **Geschichte.** Dominikaner aus dem Konvent ➛ Esslingen ließen sich 1294 in G. auf dem ehemaligen Herrenhof nahe der Pfarrkirche St. Johannis inmitten der Stadt nieder. Bei der Abgrenzung des Terminierbezirkes mit dem Konvent Esslingen benutzten sie im Juni 1296 bereits ein eigenes Siegel. Der Bau der Kirche zog sich bis 1356 hin. Die Herren von Rechberg hatten sich als besondere Gönner erwiesen. Überhaupt zeigte sich der Stadt- und Landadel den Predigern zugetan, aber auch im Bürgertum fanden die gelehrten Brüder Anerkennung. Das Predigerkloster entwickelte sich zum geistigen Zentrum der Stadt, obwohl es an gelehrter Konkurrenz durch Franziskaner (➛ Gmünd) und Augustiner-Eremiten (➛ Gmünd) nicht mangelte. Das Leben des Gmünder Dominikaners Nikolaus Notel veranschaulicht das wissenschaftliche Streben in einem Dominikanerkloster des Spätmittelalters; auch stieg er zum Provinzial (1426–46) der Provinz Teutonia seines Ordens auf. Der Gmünder Rat forderte im 15. Jh. von der Ordensleitung Maßnahmen zur Besserung der Klosterzucht, die 1478 den konventualen Bruder Heinrich von Wesmalia und den observanten Prior Ludwig Fuchs († 1499) aus ➛ Ulm schickte; beide sollten innere Reformen durchsetzen. 1479 gelang der Durchbruch: sowohl das Dominikanerkloster in der Stadt wie auch Frauenkloster ➛ Gotteszell unterstanden in der Folgezeit observanten Ordensregeln. Die Reichsstadt G. blieb in der Reformationszeit beim katholischen Glauben, die klösterlichen Institutionen waren in ihrem Bestand nicht gefährdet. Mitbrüder aus Ulm fanden 1534 zunächst Zuflucht in ➛ Rottweil und gelangten 1544 nach G. Die wirtschaftliche Blütezeit der Stadt im 18. Jh. nutzten auch die Prediger zum Neubau der Klausurgebäude und zur Barockisierung ihrer Kirche. Das Predigerkloster gehörte zu den reichen Grundbesitzern der Stadt: 31 Höfe, fast 100 Morgen Wald und Zehnteinkünfte in mindestens sieben Dörfern widersprachen eigentlich der Ordensregel. 1802 ging die Reichsstadt an das evangelische Herzogtum Württemberg über. Bereits Ende Dezember mussten zehn Patres und drei Laienbrüder unter großer Anteilnahme der Bürger zu den Franziskanern übersiedeln. Allein das eingeschmolzene Kirchensilber brachte Herzog Friedrich II. 200 Gulden ein, 3.000 Bände der Bibliothek wurden verteilt, die Einrichtung verramscht. Die Klausurgebäude dienten als Kaserne, die Predigerkirche als Holzremise und Pferdestall, der Mönchsfriedhof als Dunglege und später als Exerzierplatz.

▶ **Gegenwart.** Das ehemalige Dominikanerkloster dient heute als Kulturzentrum und Stadtmuseum, allgemein als „Prediger" bezeichnet. Die barocke Anlage (1724–38) wurde 1969–73 aufwändig saniert und für ihren neuen Zweck umgebaut. Die gotische Kirche ist ein einschiffiger Saal mit Chorpolygon, der 1764 barockisiert wurde und heute als Festsaal dient.

◆ Hermann, Klaus-Jürgen, Schwäbisch G., Dominikanerkloster, in: Württembergisches Klosterbuch, Ostfildern 2003, 444 f.; Strobel, Richard: Die Kunstdenkmäler der Stadt Schwäbisch G., Bd. 2, München 1995.

Gmünd Dominikanerkloster, die gotische und barockisierte Kirche ist Teil des Kulturzentrums „Prediger".

Gmünd, *Franziskanerkloster (vor 1250–1809) – „Barfüßerkloster", Diözese Augsburg – (Kreisstadt Schwäbisch G., Ostalbkreis, Baden-Württemberg, ❐ 3, D3).*

▶ **Geschichte.** Die Minoriten kamen nach der Ordenstradition schon mit der ersten Ausbreitungswelle 1221 in die schwäbische Stadt G. am Fuß des Dreikaiserberges, was aber heute als unwahrscheinlich gilt; dass von hier aus 1229 der Konvent ➛ Ulm gegründet worden sein soll, ist nicht belegbar. Die Gmünder Niederlassung dürfte vor 1250 im Norden der Altstadt nahe der Wehrmauer entstanden sein; ein erster urkundlicher Nachweis stammt von 1281. Die Barfüßer waren wohl die ersten Mendikanten in der Stadt, die sich im 13. Jh. zur Reichsstadt entwickelte; Augustiner-Eremiten (➛ Gmünd) und Dominikaner (➛ Gmünd) ließen sich erst 1284 bzw. 1294 nieder. Walter von Rinderbach und Peter Wolf, Vertreter angesehener Familien, erwiesen sich als besondere

Gmünd Franziskanerkloster, äußerlich bewahrte die Barfüßerkirche ihre strenge frühgotische Ausstrahlung.

Gönner der Gründung, die aber im Laufe der Jahrhunderte der Bedeutung der Stadt nicht gerecht wurde. Erst 1495 fand ein Provinzkapitel der oberdeutschen Ordensprovinz in G. statt, das einzige bis ins 18. Jh. Der Konvent gehörte immer zur konventualen Gruppe, Einflüsse der Observanten des Ordens sind nicht bekannt. Seit Mitte des 15. Jh. oblag den Brüdern die Betreuung der Tertiarinnen von St. Ludwig am Wildeck hinter dem Augustiner-Eremitenkloster. Die Reformation drang zwar in die Stadt, die Bürger entschieden sich aber für den alten Glauben. Die Existenz des Konvents war lediglich durch Austritte und wirtschaftliche Not gefährdet, schließlich zählte er nur noch drei Mitglieder. Guardian Georg Simon (1547–63) schickte seine beiden Mitbrüder auf Pfarrstellen und in den Konvent ➛ Speyer, er selbst ging nach Hagenau (Elsass). Der Stadtrat bat 1546 das nach ➛ Überlingen einberufene Provinzkapitel der Minoriten um Hilfe. Die Schwierigkeiten steigerten sich im November des gleichen Jahres, als plündernde Truppen des Schmalkaldischen Bundes in Stadt und Kloster eindrangen. Die Situation um das Barfüßerkloster, das meist unbesetzt blieb, besserte sich erst Ende des 16. Jh. Guardian Crispinus Heußlin (1578–83) gelang es erstmals, die Gebäude zu renovieren. Der tüchtige Guardian Jakob Laib (1608–45 mit Unterbrechungen) machte sich um die Konsolidierung verdient. 1623 lebten wieder fünf Priester und drei Laienbrüder im Konvent. Im 18. Jh. errichteten auch die Minoriten, wie alle anderen Mendikanten der Stadt, neue Konventsgebäude und gestalteten ihre Kirche spätbarock um. Der Unterricht im Klostergymnasium, Theater- und Passionsspiele bezogen die ganze Stadt und das katholische Umland in die klösterlichen Aktivitäten ein. Mit Ende der Reichsstadtzeit und dem Übergang an das evangelische Württemberg 1802 endeten auch die Klöster der Stadt; der Schulunterricht verschaffte den 13 Minoriten mit Prior Pius Lang (1801–09) einen Aufschub bis Oktober 1809. Zunächst war das Kloster als Zucht- und Arbeitshaus geplant, man entschied sich jedoch hierbei für das vor den Toren gelegene Dominikanerinnenkloster ➛ Gotteszell. 1825 richtete sich das katholische Schullehrerseminar ein; die ehemalige Klosterkirche diente seit 1824 als Seminarkirche.

▶ **Gegenwart.** Die Minoriten erbauten ihre Kirchen im frühgotischen Stil. Teilweise zeigt die äußerlich strenge, schmucklose Bettelordenskirche noch romanische Formen, so etwa das Rundbogenportal an der Westfront. Der einschiffige Saal mit gerade geschlossenem Chor dient heute als katholische Stadtpfarrkirche, ihr Hauptpatronat St. Franziskus erhielt sie erst 1908. Die barocke Umgestaltung erfolgte um 1720 bis 1752; entsprechend bestimmt die Ausschmückung im Rokokostil den Innenraum, die gotischen Kreuzrippengewölbe sind noch erkennbar. In den schmucklosen, viergeschossigen Konventsgebäuden (1718–22) war bis 1965 eine Schule untergebracht. Die Stadt heißt erst seit 1934 Schwäbisch G.

◆ Hermann, Klaus-Jürgen: Schwäbisch G., Franziskanerkloster, in: Württembergisches Klosterbuch, Ostfildern 2003, 440–442; Strobel, Richard: Die Kunstdenkmäler der Stadt Schwäbisch G., Bd. 2, München 1995.

Gnadenberg, *Birgittenkloster St. Maria (1420–1563), Diözese Eichstätt – (Berg, Lkr. Neumarkt in der Oberpfalz, Bayern, ❐ 4, A3).*

▶ **Geschichte.** Pfalzgraf Johann von Neumarkt und seine Gemahlin Katharina stifteten 1420 das erste Birgittenkloster auf deutschem Boden, die Stifterin Katharina von Pommern-Stolpe war im ersten Birgittenkloster Vadstena (Schweden) erzogen worden. Die Gründung G. zog sich lange hin, weil Papst Martin V. 1422 ein Verbot von Doppelklöstern erlassen hatte, das sein Nachfolger erst 1435 aufhob. Die ersten Brüder kamen 1426 aus dem Kloster San Paradiso bei Florenz (Italien) zunächst nach Wolfstein bei Neumarkt. 1430 folgten weitere Birgittenmönche aus Maribo (Dänemark) und 1435 schließlich Birgittenschwestern ebenfalls aus Maribo, unter ihnen die erste Äbtissin Anna Svenson. In einer zweiten Stiftung ließ sich der Doppelkonvent 1435 in G. an der Schwarzach bei Altdorf nieder. An der provisorischen Weihe der Kirche im Juli 1451 nahmen 15 Mönche und 24 Schwestern teil. Sie wurden anschließend von Bischof Johann III. von Eichstätt (Eych) gemäß der Ordensregel in strenge Klausur geschlossen. Der Kirchenbau zog sich bis 1518 hin. Inzwischen blühte das Kloster dank der Zuwendungen der Pfalzgräfin Beatrix und Mitgiften reicher Patriziertöchter aus Nürnberg rasch auf. Kaiserliche Schutzprivilegien wurden

1465 und 1495 erteilt. Die Reichsstadt Nürnberg war mit der Schirmhoheit beauftragt, wodurch das Schicksal des Klosters eng mit dem der Stadt verknüpft war. Familie Fürer erwies sich als besondere Förderin der Gemeinschaft. Schon 1473 konnte ein Tochterkonvent nach Maihingen im Ries bei Nördlingen entsandt werden; von diesem Birgittenkloster, dem Mutterkloster des berühmten ➛ Altomünster, blieb jedoch keine Architektur erhalten. 1487 fand ein bedeutendes Generalkapitel des Ordens in G. statt, auf dem betont wurde, dass die Tradierung der Regel mit größter Genauigkeit zu erfolgen habe. Äbtissin Barbara Fürer (1489–1509) und ihr Konvent mussten die Zerstörung ihres Klosters 1504 im Landshuter Erbfolgekrieg hinnehmen; die vorbildliche Zucht litt dabei nicht. Der Konvent widersetzte sich entschieden der Reformation, die in Nürnberg und Altdorf 1524 die Oberhand gewann. Äbtissin Ursula von Seckendorf (1528–33) konnte den Druck aus Nürnberg noch abwehren, im Priesterkonvent kriselte es dagegen bereits. Mit der landesweiten Einführung des Protestantismus durch Pfalzgraf Ottheinrich brach der Widerstand zusammen, die Bestellung eines Klosterrichters markiert 1551 den Beginn der allmählichen Säkularisierung. 1558 starb die letzte Äbtissin Ursula Braun (1533–58), 1562 lebten noch vier Schwestern. Das Kloster wurde 1563 säkularisiert, der letzte Pater 1571 vertrieben. Den Restitutionsversuch seit 1620 beendeten tragischerweise schwedische Truppen, die 1635 große Teile des Klosters in Schutt und Asche legten.

▶ **Gegenwart.** Heute existiert vom einstigen Kloster G. nur die Ruine der Kirche, die sich in ihrer Architektur wie keine andere des Ordens eng an die Mutterkirche in Vadstena anlehnt. Die noch aufrecht stehenden Außenmauern der dreischiffigen gewölbten Halle, 70 m lang und 37 m breit, mit gerade geschlossenem, fast quadratischem Chor, beeindrucken durch ihre Monumentalität sowie durch das gotische Maßwerk ihrer großflächigen Fensteröffnungen. Erhalten haben sich zehn profilierte Konsolen, auf die sich das Gewölbe stützte sowie ein lebensgroßes Epitaph des 1466 verstorbenen Ritters Martin von Wildenstein. Von Konventsbauten sind nur Reste erkennbar; der Nordwestflügel mit Refektorium wurde 1655 zu der heutigen katholischen Pfarrkirche St. Birgitta umgebaut.

◆ Nyberg, Tore: Die Birgitten, Münster 2005, 178 f. 191; Bauer, Hermann/Bauer, Anna: G, in: Klöster in Bayern, München 1985, 258–260; Backmund, Norbert: Die kleinen Orden in Bayern und ihre Klöster bis zur Säkularisation, Windberg 1974, 34–36.

Gnadental, *Zisterzienserinnenabtei St. Maria (vor 1239–1551), Diözese Würzburg – (Michelfeld-G., Lkr. Schwäbisch Hall, Baden-Württemberg, ❐ 3, D3).*

▶ **Geschichte.** Eine Schenkungsurkunde des Edelherrn Konrad von Krautheim und seiner Gemahlin Kunigunde aus dem Jahr 1239 erwähnt erstmals das Zisterzienserinnenkloster *Vallis gratiae* in Hohebach an der Jagst nahe ihrer Burg Krautheim. In der Bestätigungsurkunde Bischof Hermanns I. von Würzburg (Lobdeburg) werden beide Gönner ausdrücklich als Stifter bezeichnet. Auf Bitten des Bischofs inkorporierte der Zisterzienserorden den jungen Konvent und unterstellte ihn der Abtei ➛ Schöntal. Mehrere päpstliche Bestätigungen und Schutzbriefe schirmten die Niederlassung ab. 1246 ver-

Gnadenberg Birgittenkloster, die Ruine der spätgotischen Hallenkirche mit ihren großflächigen Maßwerkfenstern lässt die einstige Monumentalität erahnen.

legten die Frauen ihr Kloster an den heutigen Standort im Tal der Biber zwischen Hall und Waldenburg. Das Stifterpaar blieb wichtigste Stütze in der Anfangszeit; ihre Tochter Kunigunde wurde erste Äbtissin; sie zogen sich 1266 ins Kloster zurück, Konrad starb 1267. Sein Neffe Kraft I. von Hohenlohe erbte G. und übernahm die Vogteirechte, die 1332 von Kaiser Ludwig III. bekräftigt wurden. Der Besitz lag weit verstreut und umfasste Land und Rechte in über 160 Orten. Sehr einträglich erwiesen sich dabei die Salzsiedereien in Hall. Im Städtekrieg 1450 litt G. unter dem Überfall der Heilbronner Streitmacht. Der baulich heruntergekommene Zustand des Klosters spiegelte die inneren Verhältnisse der Klausur wider. Reformversuche Abt Bernhards von Schöntal blieben 1468 erfolglos. Abt Georg und Vogt Kraft VI. von Hohenlohe stellten schließlich 1500 gemeinsam eine neue Klosterordnung auf, um der Disziplinlosigkeit der Frauen entgegenzuwirken. Aufständische Bauern verschonten 1525 G., da sich Äbtissin und Konvent hinter deren Forderungen stellten. Die Herrschaft Hohenlohe führte 1551 die Reformation im Land ein und hob das Kloster mit Bleiberecht der Frauen auf; die letzte Äbtissin, Helena von Hohenlohe, war bereits 1543 gestorben.

▶ **Gegenwart.** Die frühgotische Klosterkirche in G. ist eine der besterhaltenen Frauenkirchen im süddeutschen Raum. Der einschiffige Saal auf rechteckigem Grund ist dreigeteilt mit eingezogenem quadratischem Chorraum, hölzernem dreischiffigem Untergeschoss als Laienkirche und der darüber liegenden Nonnenempore; die beiden letzteren sind zum Teil als Gemeinderaum verbaut. Im Vorraum sind mehrere herausragende Grabsteine aufgestellt, darunter die des Stifters und der letzten Äbtissin. Von der Klausur blieb kaum etwas erhalten. Westlich der Kirche schließt sich das ehemalige Wohnhaus der Äbtissin als heutiges Pfarrhaus an. Ein Spitalgebäude (1669) steht auf mittelalterlichen Mauern des ehemaligen Westflügels. Geringe Reste des Kreuzgangs befinden sich am heutigen Friedhof nördlich der Kirche.

Die Abtei G. sollte nicht verwechselt werden mit der Frauenzisterze ➛ Gnadenthal nahe Dauborn in Hessen.

◆ Mohn, Claudia: Hohebach-G., Gmd. Michelfeld, in: Mittelalterliche Klosteranlagen, Petersberg 2006, 104–109; Treiber, Angela: Die Frauenklöster in Franken, G., in: Zisterzienser in Franken, Würzburg 1991, 107 f.

Gnadental (Michelfeld) Zisterzienserinnenabtei, Reste des gotischen Kreuzgangs nördlich der Klosterkirche.

Gnadenthal, *Zisterzienserinnenabtei St. Maria (vor 1235–1567), Erzdiözese Mainz – (Hünfelden-Dauborn, Lkr. Limburg-Weilburg, Hessen, ❐ 3, C1).*

▶ **Geschichte.** Die Edelfreien Peter von Dorndorf-Dehrn und Kuno von Reifenberg stifteten vor 1235 das Zisterzienserinnenkloster *Vallis gratiae* nahe Dauborn in der Grafschaft Diez. Die Schwestern kamen aus dem kurz zuvor gegründeten Kloster ➛ Heilsbruck. Durch weitere Schenkungen erlangte der Konvent umfangreichen Besitz nördlich der Lahn bis in den Westerwald, südlich über den Taunus hinaus, aber auch in den Städten Limburg und Frankfurt/Main. Die Äbte von ➛ Marienstatt, zum Teil auch von ➛ Arnsburg und ➛ Eberbach, übernahmen Aufsichts- und Visitationspflichten. Mehrere Papstprivilegien und Vereinbarungen mit den Mainzer Erzbischöfen weisen auf die Zugehörigkeit des Frauenklosters G. zum Zisterzienserorden hin; zum inkorporierten Zisterzienserinnenkloster Tiefenthal unterhielt der Konvent enge Beziehungen. Unter Äbtissin Sophia von Lindau (1380–1400) stand G. in Hochblüte. Ende 1492 registrierte die gräfliche Herrschaft dringenden Reformbedarf und verlangte vom Marienstatter Abt entsprechende Maßnahmen; der Abt fand das Tragen modischer Schnabelschuhe im Konvent vor. 1500 lebten 50 Schwestern in G., die 1513 ein gutes Zeugnis erhielten. 1564 setzte sich in der Grafschaft Nassau-Diez der Protestantismus durch. Das evangelische Bekenntnis wurde dem stark geschrumpften Konvent unter Äbtissin Liebmut von Waldmannshausen (1535–78) aber erst 1567 abverlangt, 1591 in geänderter Form eine reformierte Kirchenordnung eingeführt. Die Ordensleitung der Zisterzienser setzte sich 1628 für eine katholische Restitution im Frauenkloster G. ein, was die Schweden jedoch 1630 durch Einäscherung der Anlage verhinderten. Alle späteren Restitutionsbemühungen scheiterten am landesherrlichen Anspruch des Hauses Nassau, das nach dem Dreißigjährigen Krieg in G. ein Hofgut einrichtete.

▶ **Gegenwart.** 1996 übernahm die multikonfessionelle Jesusbruderschaft das heruntergekommene Gut, restaurierte schrittweise die Gebäude und lebt darin als Dorfgemeinschaft mit Bio-Landwirtschaft, Hofmarkt, Kunstbetrieb und -verlag sowie Gästehaus – wie sie heute auch die thüringische Abtei ➛ Volkenroda wiederbelebt. Die einst als Stall und Scheune genutzte Klosterkirche aus der Zeit um 1280 ist heute wieder als einfaches, schmuckloses Gotteshaus hergerichtet. Das restaurierte Äbtissinnenhaus ist das augenfälligste Gebäude der Anlage; es wurde 1590 von einem Cappenberger Meister im Auftrag der evangelischen Äbtissin Magdalena erbaut. Die Wirtschaftsgebäude sind sämtlich jüngeren Datums.

Die Abtei G. sollte nicht verwechselt werden mit der Frauenzisterze ➛ Gnadental bei Schwäbisch Hall in Baden-Württemberg.

◆ Jürgensmeier, Friedhelm (Hg.): Handbuch der Mainzer Kirchengeschichte, 3 Bde., Würzburg 1997–2002; Struck, Wolf-Heino: Die Klöster Bärbach, Beselich, Dirstein und G., das Johanniterhaus Eschenau und die Klause Fachingen. Regesten vor 1153–1634, Wiesbaden 1961.

Goldbach, *Pauliner-Eremitenkloster St. Laurentius (1382–1556), Diözese Würzburg – (Waldenburg-G., Hohenlohekreis, Baden-Württemberg, ❐ 3, D3).*

▶ **Geschichte.** Edelfrau Anna von Leuchtenberg, Witwe Krafts III. von Hohenlohe-Weikersheim, übergab dem Pauliner-Eremitenorden 1382 den Weiler G. zwischen Beltersrot und Waldenburg zur Gründung eines Klosters. Zur Erstausstattung gehörte die Kapelle St. Laurentius sowie das Patronat über die Pfarrei Münkheim. Papst Urban VI. nahm 1388 das kleine Kloster unter päpstlichen Schutz. Die Vogteirechte blieben stets bei der Herrschaft von Hohenlohe. Der Konvent in G. konnte durch Dotationen und eigene Zukäufe seinen Besitz beträchtlich erweitern, auch die Pfarrpfründen von Ilsfeld und Satteldorf kamen hinzu. Seelsorgeverpflichtungen schränkten das kontemplative Leben ein. 1391 tagte ein

Provinzkapitel im Kloster. 1403 besiedelte der Konvent die neue Niederlassung ➛ Anhausen (Satteldorf). Kraft VI. von Hohenlohe-Waldenburg-Nauenstein richtete 1498 in seiner Stadt Öhringen eine Almosenstiftung ein, deren Aufsicht er den Pauliner-Eremiten übertrug. Während der Reformationszeit lagen die Mönche im Streit mit der evangelischen Reichsstadt Hall wegen der Besetzung und Besoldung der klostereigenen Pfarrstellen, die in Hallischem Hoheitsgebiet lagen. Pfarrer Johann Roß heiratete 1528 seine Magd. In der Herrschaft Hohenlohe führte die Waldenburger Linie 1553 eine evangelische Kirchenordnung ein und hob die Selbstverwaltung des Klosters auf. Der letzte Prior zog 1556 in das Paulinerkloster ➛ Langnau bei Tettnang. Der Klosterbesitz wurde zwischen den Familien Neuenstein und Waldenburg aufgeteilt, der Bereich G. fiel an Hohenlohe-Waldenburg. Im Bereich des Klosters entstand die Neumühle. Die Klostergebäude verkaufte die Herrschaft 1772.

▶ **Gegenwart.** In der abgelegenen Siedlung G. haben sich einige Reste vom Kloster im Wirtschaftsgut erhalten. Neben Teilen der Umfassungsmauer besitzen einige Gebäude noch mittelalterliche Wände. Reste der Kirche sind in einen Scheunenbau einbezogen, der möglicherweise ihre Grundmauern nutzt.

◆ Schumm, Kurt: Das Paulinerkloster Goldbach, in: Zeitschrift für württembergische Landesgeschichte 10 (1951) 109–137.

Göllingen Benediktinerpropstei, acht Biforien schmücken den romanischen Turm.

Göllingen, *Benediktinerpropstei St. Wigbert (vor 1005–1606), Erzdiözese Mainz – (Kyffhäuserkreis, Thüringen, ❐ 2, A5).*

▶ **Geschichte.** Die Schenkung an die Reichsabtei ➛ Hersfeld zugunsten der neuen Propstei G. auf dem Michelsberg an der Wipper südlich des Kyffhäusers wurde am Weihnachtstag 1005 von drei bedeutenden Männer besiegelt: Abt Godehard von Hersfeld (1005–12), Bischof Bernward von Hildesheim und dem Stifter Günther von Käfernburg; Abt Godehard führte in Personalunion die Abteien Hersfeld und ➛ Niederaltaich, galt als Hauptvertreter der ➛ Gorzer Reform und erlangte 1022 die Bischofswürde von Hildesheim (1022–38, kanonisiert 1131); Bischof Bernward von Hildesheim (993–1022, kanonisiert 1192) gründete vor 1000 die bedeutende Abtei St. Michael in ➛ Hildesheim; der Stifter Günther von Käfernburg trat 1006 als Novize in Niederaltaich ein, gründete um 1011 das bayerische Missionskloster ➛ Rinchnach und wird in Böhmen, Slowakei, Ungarn und Bayern als Heiliger verehrt. Die Käfernburger nutzten die Propstei G. als Hauskloster; entsprechend förderten sie die Niederlassung großzügig. Auch die Herren von Heldrungen betrachteten die Propstei als Erbbegräbnis und übernahmen die Schirmherrschaft; Honsteiner (Hohnsteiner) und Beichlinger trugen gleichfalls zum Aufstieg bei. Bis Mitte des 13. Jh. entstand in mehreren Etappen aus der ersten Klosterkirche (spätes 10. Jh.) ein romanischer Nachfolgebau. Das 13. Jh. gilt als Zeit der Hochblüte. Die Benediktiner schufen eine wassertechnische Meisterleistung zur Versorgung der Stadt Frankenberg mit Trinkwasser, indem sie einen Kanal über die Kleine Wipper bauten und einen Tunnel durch den Hanfenberg trieben. Das Kloster erlangte nie Selbständigkeit und blieb in Abhängigkeit Hersfelds; insofern verlief die Ereignisgeschichte parallel zu jener der Fürstabtei, die im 15. Jh. zu einem landsässigen Kloster der Landgrafschaft Hessen absank. Eine Mitgliedschaft in der ➛ Bursfelder Reformkongregation bestand nicht, anders lautende Angaben sprechen vom Anschluss zusammen mit Corvey erst im Jahr 1505. Der Lebenslauf Krafts von Weiffenbach († 1595) kennzeichnet die Situation im Hersfelder Klosterverband nach der Reformation: zunächst als Propst in ➛ Memleben eingesetzt, übernahm er den Vorstand in G., danach die Abtwürde in Hersfeld (1588–92); eine päpstliche Anerkennung erhielt er jedoch nicht, war der Konvent doch inzwischen mehrheitlich evangelisch; Kraft wurde daraufhin Propst von ➛ Kreuzberg-Philippsthal, aber resignierte schließlich dort 1593. 1606 übernahm Erbprinz Otto von Hessen die Verwaltung von Hersfeld. Mit dem Westfälischen Frieden 1648 hörte die Fürstabtei auf zu bestehen; die Propstei G. war schon 1606 aufgehoben und 1648 zum hessischen Domänengut erklärt worden.

▶ **Gegenwart.** Als auffälligster Rest der frühen thüringischen Mönchsniederlassung blieb ein massiver romanischer Turm mit acht großen Biforien bestehen, weil er als Getreidelager dienlich war. Er erhebt sich viergeschossig am einstigen Westquerschiff; das Untergeschoss ist der älteste erhaltene Raum. In dieser „Krypta" tragen Wanddienste und vier freistehende Säulen mit Würfelkapitellen ein Kreuzgratgewölbe zu neun Feldern mit Gurtbögen. Die Gurtbögen sind hufeisenförmig ausgebildet, eine einzigartige Stilform der Romanik im Raum Harz-Thüringen. Der Einfluss der Kreuzzüge oder arabischer Bauten in Südeuropa oder aber die Nähe zum Königshaus zu Zeiten des Stifters Günther von Käfernburg und besonders zur Pfalz Tilleda, einem Hochzeitsgeschenk Kaiser Ottos II. an seine Gemahlin Theophanu aus Byzanz – all dies böte Erklärungen für diese seltenen Bauelemente, die von Fachleuten als romanisch-byzantinisch-maurisch bezeichnet werden. Auch Größe und Breite des gesamten Westwerks ist einzigartig in der mitteldeutschen Romanik, eher verwandt mit Sakralbauten im romanisch-gotischen Übergangsstil des Rheinlandes. Neben dem Turm existieren noch untere Teile der Hauptapsis im Osten, Mauern der Chorsüdwand, Reste des Klausurwestflügels, Spolien und Funde von Ausgrabungen. Das heutige Bistum Erfurt beginnt den Stifter, Konversen, Eremiten, Klostergründer und salischen Politiker aus Thüringen, Günther (Gunther) von Käfernburg, für sich zu entdecken.

◆ Kälble, Mathias/Ludwig, Thomas: „in villa, que vocatur Gellinge". Die Ersterwähnung des Klosters G. 1005, Wechmar 2005; Müller, Thomas: Die Propstei G. und ihre Geschichte, in: Zeitschrift des Vereins für Thüringische Geschichte 56 (2002) 169–202.

Görlitz, *Franziskanerkloster St. Maria und St. Franziskus (1234–1564), Diözese Meißen – (Kreisstadt, Sachsen, ❐ 2, D5).*

▶ **Geschichte.** An der Schnittstelle der Handelsroute *via regia* über die Neiße und der Handelsstraße Ostsee-Böhmen entwickelte sich im 12. Jh. der Marktflecken G., der von deutschen Siedlern im 13. Jh. planmäßig zur Stadt ausgebaut wurde. 1234 begannen Franziskaner außerhalb der Altstadt vor dem Westtor am heutigen Obermarkt mit Unterstützung Markgraf Ottos III. von Brandenburg ein Kloster zu errichten. Die Stadt G. gehörte wie das ganze Markgrafentum Oberlausitz mit wenigen Unterbrechungen von 1158 bis 1635 zur böhmischen Krone. Die Unterstützung des Klosterbaus durch Brandenburg ist nur vor dem Hintergrund der engen Beziehungen des Markgrafen zum böhmischen Kö-

Görlitz Franziskanerkloster, das reichverzierte Nordportal der gotischen „Obermarktkirche" der Franziskaner.

nigshaus zu verstehen; er heiratete 1243 die Tochter König Wenzels I. und erhielt 1253 die Oberlausitz als Lehen; er war für seine besondere Zuwendung zu den Bettelorden bekannt. Das Minoritenkloster G. stand in gutem Einvernehmen mit den Bürgern der Stadt. Die Bettelbrüder gründeten ein Generalstudium mit der ältesten franziskanischen Bibliothek Deutschlands. Ihre Konventsstärke erreichte Ende des 15. Jh. mehr als 50 Mitglieder. Sie lehnten 1453 gegenüber dem vom Papst beauftragten Johannes Capistrano (1386–1456, kanonisiert 1690) ebenso wie die Mitbrüder in ➛ Bautzen den Wechsel zur besitzlosen Observanz ab, unterwarfen sich aber 1462 den ➛ Martinianischen Reformkonstitutionen. Die Stadt, die seit 1346 dem Oberlausischen Städtebund angehörte und eine von der böhmischen Landesherrschaft weitgehend unabhängige Selbstverwaltung ausübte, mischte sich im ausgehenden Mittelalter zunehmend in innere Konventsangelegenheiten ein. Zunächst protestierte der Rat in G., als 1523 erstmals lutherische Lehren von der Klosterkanzel verkündet wurden; als sich jedoch reformatorisches Gedankengut bei den Bürgern durchsetzte, beschleunigte dies das Ende des Konvents. Der letzte Minorit Urban von Weißbach übergab 1564 das Franziskanerkloster der Stadt mit dem Auftrag, eine Schule einzurichten. Dies erfolgte ein Jahr später. Seit 1570 unterrichtete der berühmte Astronom und Gelehrte Bartholomäus Scultetus an der Görlitzer Lateinschule.

▶ **Gegenwart.** Die Klausurgebäude wurden 1854 zugunsten des heutigen Augustum-Annen-Gymnasiums abgetragen. Die Klosterkirche aus verputzten Backsteinmauern hingegen dient noch heute als evangelische Dreifaltigkeitskirche, meist „Obermarktkirche" genannt. Die zweischiffige, asymmetrische Halle besteht in wesentlichen Teilen aus dem Gründungssaal von 1234. Zwischen 1371 und 1381 musste die romanische Apsis zugunsten des gotischen Langchors weichen; an der Chornordseite entstand der sehr schlanke Glockenturm. 1385 ersetzte die liturgisch bedeutende Barbarakapelle einen Teil des Klausurwestflügels, heute bewahrt sie den Hauptaltar von einst. Der Westgiebel erhielt seine heutige Gestalt 1508. Das südliche Seitenschiff erwuchs erst zur Reformationszeit aus dem nördlichen Kreuzgangflügel durch Öffnung der Kreuzgangwand zum Kirchenschiff. Die Gewölbemalerei stammt aus der ersten Hälfte des 15. Jh. Im Chor steht noch heute das reich gestaltete Chorgestühl aus Eichenholz (1484); es bot 64 Brüdern Platz. Die Görlitzer Klosterkirche rühmt sich zahlreicher mittelalterlicher Schmuckelemente und Ausstattungsstücke der Franziskaner.

◆ Pieper, Roland/Einhorn, Jürgen W.: Franziskaner zwischen Ostsee, Thüringer Wald und Erzgebirge, Paderborn u. a. 2005, 203–208; Teichmann, Lucius: Die Franziskanerklöster in Mittel- und Ostdeutschland, Leipzig 1995, 101–103; Schlesinger, Walter: Kirchengeschichte Sachsens im Mittelalter, Bd. 2, Köln 1962, 312–315.

Gorzer bzw. **Lothringische Reform**

▶ Drei Klöster entschieden sich in den dreißiger Jahren des 10. Jh. nahezu gleichzeitig zur Erneuerung des Mönchtums: St. Evre in Toul, Gorze bei Metz und St. Maximin in ➛ Trier. Weil die beiden ersteren in Oberlothringen (Frankreich) liegen, spricht man sachgemäß von der „Lothringischen Reform", gebräuchlicher aber bleibt der Begriff „Gorzer Reform". Initiator der Erneuerung war Bischof Gauzelin von Toul. Er belebte die Benediktregel nach dem Vorbild der Abtei Fleury an der Loire (Frankreich), förderte eine Reformgruppe in seinem Kloster St. Evre und beeinflusste Bischof Adalbero I. von Metz, die alte Chrodeganggründung Gorze für reformwillige Mönche freizugeben sowie Graf Adalbert von Metz zur Übergabe von Besitz zu überzeugen. Der klösterliche Neuanfang in Gorze ist auf den 16. Dezember 933 datiert. Kurz danach verzichtete Graf Giselbert von Luxemburg durch Einspruch König Heinrichs I. auf seine Würde als Laienabt in Trier St. Maximin und ermöglichte die Wahl Abt Ogos I. (934–945), der 934 ein drittes Reformzentrum aufbaute, möglicherweise von Lothringen inspiriert. Die Zusammengehörigkeit der Mönche dieser drei Klöster im Gefühl der asketischen Besinnung auf die Grundwerte des Benediktinertums, bischöfliche Unterstützung, adeliger Zustrom, reiche Stiftungen sowie nicht uneigennützige Förderung der ottonischen Herrscher führten zu einer Reformwelle besonders östlich des Rheins, die etwa 150 Konvente im Laufe des 10. und 11. Jh. ergriff; betroffen waren vorrangig Reichsabteien. Delegierte Reformäbte ließen neue Ausstrahlungszentren in ➛ Regensburg St. Emmeram, ➛ Lorsch, ➛ Tegernsee, ➛ Niederaltaich und ➛ Fulda entstehen. Alemannische Klöster wie Einsiedeln (Schweiz), die ➛ Reichenau und St. Gallen (Schweiz) entwickelten aus eigener Kraft verwandte Reformstatuten. Ein Klosterverband entstand nicht, auch keine Abhängigkeiten innerhalb einer Gruppe, die gemeinsamen *consuetudines* und Traditionen ließen aber ein Zusammengehörigkeitsgefühl entstehen. König Heinrich II. (1002–24, kanonisiert 1146) gab durch seine Reichskirchenpolitik dem Reformwillen neue Impulse, setzte in zahlreichen Konventen die von ihm favorisierte Gorzer Reform durch und regte neue Gründungen an. Diese Politik setzten die Salier fort, wenn auch nicht so stark engagiert. Mönche wie Godehard (960/61–1022, kanonisiert 1131), Abt in Niederaltaich, Tegernsee, ➛ Hersfeld und Bischof von Hildesheim, oder Poppo (978–1048, kanonisiert 1624), Abt von Stablo (Belgien), Trier St. Maximin, Lorsch und Fulda, waren zentrale Reformpersönlichkeiten in der ersten Hälfte des 11. Jh. Die Bindung an das Königtum konstituierte vor allem den Unterschied zum Reformverband von Cluny (Frankreich), der sich seit 910 in Burgund entwickelt hatte, allein dem Papst unterstand und sich in Liturgie, Verfassung und Habit unterschied. Während der Gregorianischen Kirchenreform und dem Investiturstreit traten die Verfassungsunterschiede zwischen der Dekanieverfassung der Reichsklöster und der Prioratsverfassung cluniazensisch orientierter Klöster deutlicher hervor; beide Reformansätze standen sich aber wohl weniger feindlich gegenüber, als man es mitunter behauptet hat (Hallinger). Schon unter Heinrich V. und nach dem Wormser Konkordat 1122 entschärften sich die Gegensätze, das Verbindende unter den Benediktinern fand stärkere Betonung, neucluniazensische Reformgruppen wie ➛ Hirsau, ➛ Sankt Blasien und ➛ Siegburg arbeiteten mit ➛ Junggorzer Gruppen um Münsterschwarzach, ➛ Regensburg St. Emmeram und ➛ Ilsenburg durchaus zusammen. Mancher Zeitgenosse wird daher die Divergenzen weniger wahrgenommen haben, als heutige Historiker. Seit der Mitte des 12. Jh. gerieten die Reformansätze des 10./11. Jh. in die Krise und führten zu neuen, radikaleren Reformen (➛ Zisterzienser).

◆ GermBen 1, 43–87; Parisse, Michel, Die lothringischen Reformen, in: Geschichte des Christentums, Bd. 4, Freiburg u. a. 1994, 789–796; Kottje, Raymund/Maurer, Helmut (Hg.): Monastische Reformen im 9. und 10. Jh., Sigmaringen 1989; Hallinger, Kassius: Gorze-Kluny, 2 Bde., Rom 1950–51.

Goseck, *Benediktinerabtei St. Maria und St. Michael (1041–1540), Diözese Halberstadt – (Burgenlandkreis, Sachsen-Anhalt, ❐ 2, B5).*

▶ **Vorgeschichte.** Auf einem Steilhang über dem Saaletal zwischen Naumburg und Weißenfels stand das *castrum antiquissimum*, Stammburg der Pfalzgrafen von Sachsen. Bereits im 9. Jh. nannte das Zehntregister der Reichsabtei ➛ Hersfeld den Ort *Cozacha civitas*. Pfalzgraf Friedrich I. von Sachsen († 1046) baute unter Kaiser Konrad II. seine Machtposition als Graf von G. und Merseburg im nördlichen Hassegau aus. Adalbert, einer seiner Söhne, stieg unter König Heinrich III. zum Mitregenten des Reiches auf, wurde Erzbischof von Hamburg-Bremen (1043–72) und Vormund des späteren Kaisers Heinrich IV. Der jüngere Sohn Dedo verlegte als Pfalzgraf seinen Sitz auf den befestigten Residenzhof an der Unstrut; dort entstand vor 1203 das Kloster ➛ Zscheiplitz.

▶ **Geschichte.** Am alten Stammsitz G. wandelte die Pfalzgrafenfamilie mit Zustimmung Bischof Burchards von Halberstadt von 1041 bis 1043 die Burg in ein Benediktinerkloster um. Initiator war wohl Erzbischof Adalbert, der die Stiftung der Bremer Kirche unterstellte und die neue Abteikirche im September 1053 einweihte. Erste Mönche mit Abt Benno kamen aus mehreren Abteien und standen wahrscheinlich unter Einfluss der Reichsabtei ➛ Fulda, damals ein Ausbreitungszentrum der ➛ Gorzer Reform. Der dritte Abt Hiltin (vor 1062) machte sich später als Missionsbischof in Skandinavien einen Namen. Abt Friedrich (1072–90) übernahm in Personalunion auch die Abteien ➛ Oldisleben und St. Georg in Naumburg; das Domkapitel in Naumburg wählte ihn 1090 zum Bischof, was aber Kaiser Heinrich IV. ablehnte; er wurde daraufhin Abt von Hersfeld (1090–1100). Um 1120 stürzte der nordwestliche Kirchturm ein, Abt Berthold (1125–33?) setzte die Kirche instand und erneuerte die Konventsgebäude, dabei ließ er erstmals eine Wasserleitung installieren. In der ersten Hälfte des 12. Jh. lag die Klosterzucht weitestgehend danieder. Die Billungerin Eilika, Mutter Albrechts des Bären, regte eine Neubelebung der benediktinischen Werte an, und Abt Nenther (1134–55?) aus Pegau führte die Observanz des Schwarzwaldklosters ➛ Hirsau ein. Die Askanier übten um diese Zeit die Schirmherrschaft aus, die später an die Wettiner von Sachsen überging. Das Bremer Erzstift versuchte lange, seine Rechte als Grundherr zu behaupten; Erzbischof Siegfried von Bremen (Anhalt) bestätigte noch 1183 einen Güterverkauf an die Zisterzienserabtei ➛ Pforte. Die inneren Verhältnisse entwickelten sich im 13./14. Jh. ungünstig, das Gemeinschaftsleben löste sich auf, Verweltlichung dominierte den Klosteralltag. Auch der erzwungene Beitritt zur ➛ Bursfelder Kongregation 1493 und der neue Abt Otto Pfefferkorn aus dem Peterskloster in ➛ Erfurt verbesserten die Lage nicht grundsätzlich. Die Ausbreitung lutherischer Lehren zersetzte die klösterliche Ordnung endgültig. Auch der letzte katholische Herzog von Sachsen, Georg der Bärtige, bemühte sich 1535 vergeblich um innere Reformen. Bestand der Konvent 1262 noch aus 23 Mönchen, waren es 1540 nur noch sechs. Herzog Heinrich II. hob 1540 die Abtei G. auf, die Benediktiner mussten den Ort verlassen. Das Klostergut wurde mehrmals an kursächsische Beamte verliehen. Ende des 16. und im 17. Jh. erfolgte nach dem Teilabriss der mittelalterlichen Klausur der Umbau in ein schlichtes Renaissanceschloss.

▶ **Gegenwart.** Die ehemalige Abtei- und heutige Schlossanlage G. gehört zur Stiftung Schlösser, Burgen und Gärten des Landes Sachsen-Anhalt. Das „Europäische Musik- und Kulturzentrum Schloss G." hat seit 1998 hier seinen Sitz. Von der romanischen Kirche blieben lediglich Querschiff und Chor als Schlosskapelle sowie der Südwestturm mit Kapelle im Obergeschoss erhalten. Auch wenn Langhaus und Westfront fehlen, beeindruckt der Kirchenrest durch seine schlichte Monumentalität; baukonzeptionell folgte sie der Kirche ➛ Limburg a.d. Haardt und dem Bremer Dom. Ältester Bestandteil ist die quadratische Krypta mit Mittelsäule und Kreuzgratgewölbe, die 1046 geweiht wurde. Das Hofportal entstand mit der heutigen Westwand 1628. Auf das älteste Sonnenobservatorium Europas, das 2002/03 nahe der Abteianlage entdeckt wurde, sei hier nur hingewiesen.

◆ Schmitt, Reinhard: Quellen zur Geschichte und Baugeschichte von Burg, Kloster und Schloss G., in: Saale-Unstrut Jahrbuch 4 (1999) 28–43; ders.: Burg, Kloster und Schloß G., in: Denkmalpflege Sachsen-Anhalt 7/1 (1999) 24–46; Schlesinger, Walter: Kirchengeschichte Sachsens im Mittelalter, Bd. 2, Köln 1962, 183 f.

Goseck Benediktinerabtei, das romanische Querschiff und der Chor als heutige Schlosskapelle.

Goslar, *Augustiner-Chorherrenstift St. Georg (nach 1124–1542, 1643–1803) – „Georgenbergkloster" später „Grauhof", Diözese Hildesheim – (Kreisstadt, Niedersachsen, ❐ 2, A5).*

▶ **Vorgeschichte.** Auf dem Sassenberg nahe der Kaiserpfalz G. gründete König Konrad II. 1025 ein reichsunmittelbares Kollegiatstift St. Georg, das König Heinrich V. 1108 dem Hochstift Hildesheim übereignete. Etwa hundert Jahre später, zwischen 1124 und 1130, wurde das Säkularkanonikerstift in ein Regularkanonikerstift für Augustiner-Chorherren umgewandelt.

▶ **Geschichte.** Propst Gerhard (1128–50) vom nahen Stift ➛ Riechenberg leitete in Personalunion auch das junge Regularstift Georgenberg. Später brach Streit zwischen beiden Institutionen aus, den die Äbte von ➛ Riddagshausen und ➛ Huysburg im Auftrag Papst Innozenz' III. 1214 schlichten mussten. Das „Georgenbergkloster" erlangte eine hervorragende Stellung durch immer wieder erneuerte Schutz- und Privilegienverfügungen von Päpsten, Kaisern und Bischöfen. Es erfreute sich zahlreicher Schenkungen auch des einheimischen Adels und der Bürger, die im Stiftsbereich Begräbnisplätze erhielten, ein Vorzug, der auch Juden zuteil wurde. Mit den Zisterzienserinnen von Neuwerk (➛ Goslar) bestanden seit 1277 enge liturgische Beziehungen. Erfolgreich wehrte sich der Konvent im 15. Jh. gegen die Einführung der ➛ Windesheimer Reform durch die Chorherren von ➛ Wittenburg und Riechenberg. Unter Propst Cosmas Hartmann (1522–33) ereignete sich im Juli 1527 die Katastrophe: Protestierende Bürger und Bergleute plünderten und zerstörten die Stiftsanlage samt Kirche. Die Chorherren retteten sich in ihr Vorwerk „Grauhof", wurden aber 1542 auch von dort vertrieben. Herzog Julius von Braunschweig-Wolfenbüttel führte 1568 die Reformation ein und eröffnete im Grauhof eine Schule. Erst als 1643 der Hildesheimer Bischof Ferdinand von Bayern große Teile des Hochstifts zurückerhielt, besetzte er den Grauhof nördlich der Stadt wieder mit Augustiner-Chorherren, die der Windesheimer Kongregation angehörten. Propst Bernhard Goeken (1715–25), auch Ordensgeneral der Windesheimer, ließ den Grauhof im Barockstil neu aufbauen. Preußen hob das Stift im Januar 1803 auf, 24 Chorherren und zwei Novizen mussten den Grauhof verlassen.

Goslar Augustiner-Chorherrenstift, Fundamente und Säulenreste erinnern an das „Georgenbergkloster".

▶ **Gegenwart.** Auf dem Georgenberg in der Stadt sind heute lediglich Fundamente der Stiftskirche aus ottonisch-salischer Zeit auf einer freien Parkfläche zu sehen. Sie zeigen einen achteckigen Zentralbau mit dreischiffigem Chorraum, den die Archäologen mit der Aachener Pfalzkapelle vergleichen, was die damalige Bedeutung der Pfalz G. mit dem Stiftskomplex als zentraler Versammlungsort des Reiches verdeutlicht. Die barocke Klosteranlage Grauhof nördlich der Stadt mit der katholischen Stiftskirche St. Georg und einer berühmten Trautmann-Orgel wurde nach dem letzten Krieg für kurze Zeit von Franziskanern aus Schlesien bewohnt und war bis November 2006 Familienerholungsheim des Caritasverbandes.

◆ MonWin 2, 154–167; Streich, Gerhard: Klöster, Stifte und Kommenden in Niedersachsen vor der Reformation, Hildesheim 1986.

Goslar, *Deutschordenskommende Heilig Geist, St. Maria und St. Martin (vor 1227–1546) – „Das Deutsche Spital", Diözese Hildesheim – (Kreisstadt, Niedersachsen, ❐ 2, A5).*

▶ Der Goslarer Reichsvogt Giselbert errichtete vor 1227 das erste Hospital für 13 Arme in G. und übergab es kurze Zeit später dem Deutschen Orden. Bischof Konrad II. von Hildesheim (Riesenberg) weihte den Altar in der Hospitalkapelle zu Ehren der Gottesmutter und des hl. Martin. König Heinrich (VII.) nahm im August 1227 das Ordenshospital in Reichsschutz und schenkte dem Deutschen Orden zusätzlich die Heilig-Geist-Kapelle nahe der Königsbrücke. Die Ordensbrüder gründeten eine Kommende und widmeten sich hauptsächlich dem Hospitaldienst. Sie unterstanden zunächst dem Landkomtur der Ballei Thüringen-Sachsen mit Hauptsitz in ➛ Zwätzen bei Jena; seit 1287 gehörte G. zur neuen Ballei Sachsen mit Landkomtursitz in ➛ Lucklum. 1258 sind erstmals Deutschordenspriester in G. urkundlich fassbar, seit 1292 ein Komtur. Im späten 13. Jh. erhielt die Kommende Patronatsrechte über Kirchen in Beuchte und Weddingen, woraufhin sie um 1300 ein untergeordnetes Haus in Weddingen etablierte, einiger Landbesitz gehörte dazu. Im 14. Jh. verlegte der Orden seinen Hauptsitz allmählich aus der Stadt in die nördlich gelegene Kommende ➛ Weddingen, die nun zum Komtursitz aufstieg. Ein Komtur ist noch 1351 in G. nachweisbar, seit 1387 taucht er aber nur noch in Weddingen auf. Das Spital wurde im 15. Jh. von Beginen als „Elisabethaneum" weiter betrieben. Es war eines von zehn caritativen Einrichtungen, die zur Betreuung und Behandlung der ärmeren Stadtbevölkerungsschicht entstanden waren. Landkomtur Burchard von Pappenheim (1529–51), der wie die gesamte Ballei Sachsen 1542 zum Protestantismus übergetreten war, verkaufte 1546 ein Hospitalgebäude der Stadt, die darin ihre Lateinschule unterbrachte, ein anderes Gebäude und Kapelle kaufte der Bürger Steffen Oldermann. Vom ehemaligen „Deutschen Spital" sind lediglich die Außenmauern der Ordenskapelle geblieben; der Bau ist heute ein Wohnhaus am Hohen Weg.

◆ Graf, Sabine: Das Niederkirchenwesen der Reichsstadt G. im Mittelalter, Hannover 1998; Streich, Gerhard: Klöster, Stifte und Kommenden in Niedersachsen vor der Reformation, Hildesheim 1986; Schiller, Erich: Bürgerschaft und Geistlichkeit in G. (1290–1365), Amsterdam 1965.

Goslar, *Johanniterkommende Heilig Grab (vor 1249–1550) – „Zum Heiligen Grab", Diözese Hildesheim – (Kreisstadt, Niedersachsen, ❐ 2, A5).*

▶ Die Johanniterniederlassung in G., die möglicherweise schon Ende des 12. Jh. vor dem Vitustor der Stadt bestand, aber erst 1249 urkundlich erwähnt wird, hat kaum Spuren hinterlassen. Die Kommendenkirche „Zum Heiligen Grab" fiel dem ersten reformatorischen Kirchensturm 1527 zum Opfer. In der Kirche stand eine Nachbildung der Jerusalemer Grabeskirche, von denen es

Goslar Deutschordenskommende, die ehemalige Ordenskapelle St. Spiritus ist heute ein Wohnhaus.

in Deutschland etwa 50 gab; im ➛ Eichstätter Schottenkloster, im Magdeburger Dom, im Konstanzer Münster, in der Gernroder Stiftskirche und in Görlitz sind sie heute am anschaulichsten erhalten. Einzige bauliche Erinnerung an die Johanniterkommende in G. sind Mauerreste in einer Grünanlage vor dem Vitustor.

◆ Schiller, Erich: Bürgerschaft und Geistlichkeit in G. (1290–1365), Amsterdam 1965; Griep, Hans-Günther: Das Heilige Grab in G., in: Harz Zeitschrift 7 (1955) 101–127.

Goslar, *Magdalenenkloster St. Maria Magdalena (1234–1568) – „Frankenberg", Diözese Hildesheim – (Kreisstadt, Niedersachsen, ❐ 2, A5).*

▶ **Geschichte.** In der Reichsstadt G. und Umgebung entstanden bis zum 12. Jh. 47 Kirchen und Kapellen, so auch um 1120 die Pfarrkirche St. Peter und Paul auf dem Frankenberg am westlichen Ende der Kaiserpfalz. Bischof Konrad II. von Hildesheim (Riesenberg), der vom Papst bestallte Protektor des Magdalenenordens, gründete nicht nur das ➛ Hildesheimer Süsternkloster, sondern siedelte 1234 auch einen Konvent büßender Schwestern an der nördlichen Seite der Frankenbergkirche in G. an. Papst Gregor IX. bestätigte 1235 die Gründung, 1236 übertrug der Bischof den Reuerinnen die Kirche. Der Prior des Konvents übernahm Pfarrpflichten in der Frankenberggemeinde, die sich vorrangig aus Berg- und Hüttenleuten der umgebenden Ansiedlung rekrutierte. Bis Mitte des 13. Jh. wurde die Basilika aufgemauert und eingewölbt. Die Magdalenen erhielten einen Anbau zur Teilnahme am Gottesdienst. Kloster und Kirche grenzten westlich direkt an die Stadtmauer, der Westriegel der Basilika hatte Wehraufgaben zu erfüllen. Am Fuß des Frankenbergs entstand eines der zehn mittelalterlichen Hospitäler der Stadt, das „Kleine Heilige Kreuz"; ob oder inwieweit hier Magdalenen involviert waren, ist nicht bekannt. Mitte des 15. Jh. stand der Konvent unter ➛ Windesheimer Reformeinflüssen. Die Hildesheimer Stiftsfehde (1519–23) verstärkte den Einfluss des welfischen Fürstenhauses Braunschweig-Wolfenbüttel. Die Reformation entlud sich im Sturm auf die Goslaer Kirchen (1529), so auch die Frankenbergkirche; 13 Altäre wurden zerstört. Der Magistrat bekannte sich 1529 zur Reformation und erzwang 1531 die evangelische Kirchenordnung in den Pfarren. Herzog Julius von Braunschweig-Wolfenbüttel wandelte das Magdalenenkloster 1568 in ein evangelisches Damenstift um, dessen letzte *Domina* 1826 starb.

▶ **Gegenwart.** Die heutigen Fachwerkgebäude im Bereich der ehemaligen Klausur entstanden 1704 und beherbergen ein Alten- und Pflegeheim. Ein reich verziertes Tor (1510) schmückt die Einfahrt in das Gelände nördlich der Kirche. Die Frankenbergkirche St. Peter und Paul dient heute der evangelisch-lutherischen Gemeinde als Pfarrkirche. Diese dreischiffige Basilika auf kreuzförmigem Grundriss mit zweitürmigem Westriegel, Apsidenschluss, Flachdecke und Stützenwechsel bewahrte ihren romanischen Charakter des 12. Jh., obwohl sie in gotischer Zeit Veränderungen unterlag; so wurde das Mittelschiff nach 1230 aufgemauert, um eine Gewölbedecke einziehen zu können. Bei Renovierungsarbeiten trug man 1783 die zwei Türme des Westriegels wegen Baufälligkeit ab, der Glockenturmaufsatz erhielt eine barocke Haube. Von äußeren Schmuckdetails sind das romanische Bogenfeld über dem Südportal mit Darstellung der Kirchenpatrone und die Figurkonsolen des doppelt abgestuften Rundbogenfrieses an der nördlichen Nebenapsis hervorzuheben. Im Inneren überraschen die reich gestaltete Westempore, die nicht den Schwestern, sondern Ehrengästen vorbehalten war, und kunstvolle früh- bis spätgotische Freskomalereien.

◆ Hedermann, Helga/Guischard, Reinhard: St. Peter und Paul auf dem Frankenberg zu G., Passau 2000; Lange, Dieter: Kirche und Kloster am Frankenberg in G., Goslar 1971.

Goslar Zisterzienserinnenkloster, die romanische Basilika mit zweitürmigem Westwerk aus der Zeit vor 1200.

Goslar, *Zisterzienserinnenkloster St. Maria (vor 1186–1667) – „Neuwerkkloster", Diözese Hildesheim – (Kreisstadt, Niedersachsen,* ❐ *2, A5).*

▶ **Geschichte.** Der einer Reichsministerialenfamilie angehörende kaiserliche Vogt Volkmar und seine Frau Helena stifteten vor 1186 auf ihrem Besitz vor dem Rosentor der Kaiserpfalzstadt G. das Frauenkloster *Novum opus*. Bischof Adelog weihte 1186 den ersten Altar, Kaiser Friedrich I. gewährte 1188 bedeutende Privilegien, Papst Innozenz III. vergab 1199 den Schutz der Kurie. Der Gründungskonvent unter Äbtissin Antonia (1186/99) kam 1186 aus ➛ Ichtershausen in Thüringen, dem zweitältesten Frauenkloster in Deutschland mit Zisterzienseridentität. Trotz eindeutiger Herkunft der Schwestern schwankt in den Urkunden die Ordenszugehörigkeit der Neuwerkschwestern zwischen benediktinisch und zisterziensisch. Erst Ende des 14. Jh. war es als zisterziensisch festgeschrieben. Eine Verbindung mit dem Zisterzienserorden ist nicht bekannt, die bischöfliche Obödienz galt im Stadtkloster uneingeschränkt. Fürstliche und bürgerliche Schenkungen förderten eine aufstrebende Entwicklung. Bereits 1208 bis 1214 konnte der verschuldeten Abtei St. Godehard in ➛ Hildesheim Besitz abgekauft werden. Mit den Augustiner-Chorherren vom Georgenberg (➛ Goslar) bestanden seit 1277 enge liturgische Beziehungen. Die hohe kulturelle Blüte äußerte sich in der kunstvollen Ausmalung der Klosterkirche und dem „Goslarer Evangeliar" (um 1340) aus dem hauseigenen Skriptorium. Bis zur Reformation besaß Neuwerk das Patronat über die Stadtpfarrkirche St. Jakobus. Mitte des 14. Jh. geriet der Konvent aus Patriziertöchtern unter Kontrolle des Magistrats, die Ökonomie litt jedoch nicht darunter. 1366 leistete Neuwerk neben ➛ Steterburg bei Braunschweig den höchsten Satz einer Beisteuer an das Domstift Hildesheim. 1377 starben Schwestern an der Pest, an einem Tag waren es acht. Um 1480 glich das Klosterleben weltlichen Formen, die Damen nahmen am öffentlichen Leben teil. Vom Bischof herbeigerufene Äbtissinnen aus ➛ Derneburg und ➛ Wöltingerode berichteten von schweren Verfehlungen; Konsequenzen sind nicht überliefert. Ein Hinweis auf Schulunterricht 1493 im Kloster spricht für geordnete Verhältnisse. Während der Reformationszeit verhielt sich der sich lutherisch bekennende Rat der Reichsstadt schwankend, er beließ es gegenüber dem Kloster bei Schikanen. Herzog Julius von Braunschweig-Wolfenbüttel schnitt das Kloster von der Versorgung ab, weil sich die Schwestern noch 1575 dem lutherischen Glauben verweigerten, wenige gaben auf. Im Dreißigjährigen Krieg bekannte sich die Stadt zum katholischen Kaiser. Die Benediktiner reihten Neuwerk in ihre Gemeinschaft ein; im Auftrag der ➛ Bursfelder Kongregation übernahm St. Godehard in Hildesheim die geistliche Aufsicht. Die schwedische Invasion 1631 nötigte den Konvent zur Flucht ins Eichsfeld nach ➛ Zella. Im Westfälischen Frieden 1648 erhielt der Magistrat volle Kirchenhoheit; Neuwerk wurde 1667 lutherisch und bestand als evangelisches Stift bis 1969.

▶ **Gegenwart.** Von der mittelalterlichen Klausuranlage blieb nichts erhalten. Seit 1964 ist die Neuwerkkirche evangelisch-lutherische Gemeindekirche. Diese apsidiale, kreuzgratgewölbte Pfeilerbasilika im gebundenen System mit Querhaus und zweitürmigem Westbau ist stilrein aus ihrer Entstehungszeit vor 1200 mit Veränderungen bis etwa 1340 überkommen. Zahlreiche mittelalterliche Ausstattungsstücke und Malereien bereichern den Innenraum. Im Langhaus überraschen die Dienste an den Hauptpfeilern; sie weisen Ausbiegungen nach innen auf und sind mit steinernen Ringen oder Dämonenmasken geschmückt, die ungewöhnliche Form kennt keine zeitgenössische Parallele. Die Hauptapsis wird von einem einzigartigen Wandgemälde der thronenden Maria (um 1230/40) mit byzantinischem Einfluss beherrscht. Typisch benediktinische Heilige erscheinen ebenfalls im Chor, der Hauptaltar ist Benedikt von Nursia und seiner Schwester Scholastika geweiht. Die romanische Neuwerkkirche in G. entspricht in keiner Weise dem üblichen Zisterzienserschema.

◆ GermBen 11, 250–280; Ahlers, Gerd: G., Neuwerk, in: Weibliches Zisterziensertum im Mittelalter, Berlin 2002, 189–194; Mohn, Claudia: G., Kloster Neuwerk, in: Mittelalterliche Klosteranlagen, Petersberg 2006, 109–113.

Gotha Augustiner-Eremitenkloster, Blick durch ein Kreuzgangfenster auf den südlichen Klausurflügel.

Gotha, *Augustiner-Eremitenkloster (1258–1525), Erzdiözese Mainz – (Kreisstadt, Thüringen, ❐ 4, A1).*

▶ **Geschichte.** Die Äbtissin Jutta des heute untergegangenen Zisterzienserinnenklosters Heilig Kreuz überließ 1258 den Augustiner-Eremiten eine Kirche in der jüdischen Siedlung an der westlichen Stadtmauer in G., die möglicherweise 1225 einem Franziskanerkonvent gedient hatte, der 1246 nach ➛ Arnstadt umgesiedelt war. Papst Innozenz V. bestätigte den Augustinerbrüdern 1276 die Schenkung, eine der wenigen Amtshandlungen während seines nur fünfmonatigen Pontifikats. Durch weitere, besonders bischöfliche Zuwendungen erstarkten die Augustiner-Eremiten in G., sie konnten mehrere Termineien in umliegenden Städten Thüringens sowie sechs Tochterklöster gründen: 1266 ➛ Erfurt, 1278 ➛ Eschwege, 1280 ➛ Salza, 1287 ➛ Grimma, 1294 ➛ Neustadt/Orla und um 1310 Nordhausen. 1366 erweiterten sie ihre Klosterkirche; Kreuzgang, Kapitelsaal und Sakristei erhielten ihre noch heute zu bewundernde Form und Ausgestaltung. Unter Prior Jakob Seber (1473/75) wehrte sich der Konvent erfolgreich gegen die Einbindung in die Reformkongregation des Ordens. Während der Reformation entlud sich am Pfingstsonntag 1524 der Volkszorn im sogenannten „Pfaffensturm", was die Auflösung des Konvents beschleunigte, die 1525 offiziell vollzogen wurde. Der erste Superintendent Friedrich Myconius (1490–1546), ehemaliger Franziskanermönch und enger Freund Luthers, richtete im Kloster eine Lateinschule ein. Die Augustiner-Eremiten und geflohene Benediktiner aus ➛ Reinhardsbrunn durften bis zur Übergabe des Anwesens an die Stadt 1529 im Kloster bleiben.

▶ **Gegenwart.** Seit 1530 ist die gotische Augustinerkirche evangelisch-lutherische Stadtpfarrkirche. Sie wurde während der Barockzeit innen mehrmals verändert und 1938 im Ostteil stark verkürzt; sie endet deshalb heute im Ostbereich fast geradlinig zur Klosterstraße. In den weitläufigen Klau-

Gottesgnaden Prämonstratenser-Chorherrenstift, erhalten blieb die romanisch-gotische Hospitalkapelle.

surgebäuden, die stets den besonderen Verwendungszwecken baulich angepasst wurden, waren bis 1912 verschiedene Schulen untergebracht. Heutige Glanzpunkte der Denkmalpflege in Thüringen sind der vollständig erhaltene gotische Kreuzgang, die Sakristei und der Kapitelsaal. Die Augustinerkirche war während des Herbstes 1989 Versammlungsort tausender Menschen zum Friedensgebet.

◆ Roob, Helmut: G., ein historischer Führer, Sigmaringendorf 1991; Kunzelmann, Adalbero: Geschichte der deutschen Augustiner-Eremiten, Tl. 1, 97–99, Tl. 5, 152–159, Würzburg 1969/74.

Gottesgnaden, *Prämonstratenser-Chorherrenstift St. Maria und St. Viktor (1131–1563), Erzdiözese Magdeburg – (Calbe-G., Salzlandkreis, Sachsen-Anhalt, ❒ 2, B5).*

▶ **Geschichte.** Norbert von Xanten, Gründer des Prämonstratenserordens und Erzbischof von Magdeburg, begeisterte Graf Otto von Reveningen (Röblingen) und Cruttorf für die monastische Mission der heidnischen Slawen im Mittelelbegebiet. Der Graf trat in den Orden ein und errichtete 1131 auf einem Hügel am rechten Ufer der Saale nahe der alten Stadt Calbe zusammen mit Prämonstratensern aus ➛ Magdeburg das Stift *Gratia Dei.* Gemäß den Anfangsidealen des Ordens lebten Frauen streng abgeschieden ebenfalls im Stift. Der Zulauf war so stark, dass Gründungskonvente bereits 1132 nach Stade an der Unterelbe und 1139 nach Burg ➛ Arnstein im Taunus gesandt werden konnten. Nach 33 Jahren Bauzeit konsekrierte Erzbischof Wichmann 1164 die romanische Stiftskirche. G. entwickelte sich unter der klugen Führung Propst Günthers (1160–90) zum geistlich-wirtschaftlichen Mittelpunkt der Elbregion. 1280 wies Erzbischof Bernhard die Frauen in das Magdeburger St. Laurentiuskloster, die den dortig lebenden Zisterzienserinnen das Patronatsrecht über die Kirchen in der aufstrebenden Stadt ➛ Jüterbog als Geschenk mitbrachten, woraus das bedeutende Jüterboger Kloster Heilig Kreuz erwuchs. Chorherren aus G. widmeten sich intensiv der sozialen Fürsorge und unterhielten einen großen Hospitalkomplex. Geschickte Verwaltung und wachsende Zuwendungen vermehrten Grundbesitz und Geldvermögen. Im 15. Jh. verweltlichte das Stift mehr und mehr. Zwistigkeiten mit Bürgern von Calbe, die Bauernunruhen 1525 und die Reformation führten zu einer dramatischen Abnahme der Konventsstärke, so dass 1542 nur noch drei Chorherren vor Ort lebten. Während des Schmalkaldischen Krieges 1547 plünderten katholische Truppen unter dem spanischen Herzog Alba die Anlage. 1548 richteten ein Großbrand und 1550 kaiserlich-sächsische Soldaten die Gebäude endgültig zu Grunde. Als Erzbischof Sigismund von Brandenburg zum protestantischen Glauben übertrat, wechselte auch der letzte Propst Lampert Werner die Konfession. Nach seinem Tod 1563 wurde das Stift offiziell für aufgehoben erklärt. Eine Restitution während des Dreißigjährigen Krieges blieb Episode. Die preußische Domänenverwaltung nutzte 1695 die letzten Steine der großen Stiftskirche für Schleusenbauten.

▶ **Gegenwart.** Von der einstigen Größe der Stiftsanlage ist heute nichts mehr zu erahnen. Geblieben ist neben Resten der Umfassungsmauer nur die spätromanische, evangelische Kirche St. Mariae und Johannis, die ursprünglich als Hospitalkapelle diente. Sie wurde von Propst Bernhard um 1200 erbaut und 1207 von Erzbischof Albrecht geweiht. Nur der rechteckige Westturm („Sachsenturm“) mit seinen rundbogigen Schallöffnungen mit Säulen und Würfelkapitellen blieb aus der frühen Zeit erhalten. Der eingezogene Chorbau ist gotisch, das Langhaus wurde 1710 erneuert.

◆ Schmidt, Torsten: Spitalkapelle G., in: Links und rechts der Straße der Romanik, Wernigerode 2003, 73; Felten, Franz J.: Norbert von Xanten, Reisen und Aufenthaltsorte, Köln 1984; Hertel, Gustav: Die Gründung des Klosters G., Leipzig 1895.

Gotteszell (Niederbayern), *Zisterzienserabtei St. Maria und St. Anna (1285–1803), Diözese Regensburg – (Lkr. Regen, Bayern, ❒ 4, C3).*

▶ **Geschichte.** Heinrich der Jüngere von Pfölling und seine Gemahlin Mechthild übertrugen 1285 ihren Maierhof Drochslah im Bayerischen Wald der Zisterzienserabtei Aldersbach mit der Bitte zur Gründung eines Tochterklosters. Bischof Heinrich II. von Regensburg (Rotteneck-Moosburg), ein Bruder der Stifterin, genehmigte ein Jahr später die Gründung und gab dem Kloster den Namen *Cella Dei.* Zwei Mönche aus Aldersbach begannen zunächst im abhängigen Priorat. Erst eine bischöfliche Schenkung (1297) ermöglichte die Berufung eines Konvents von 13 Mönchen. Die letzte Zisterziensergründung G. in Altbayern wurde 1320 zur eigenständigen Abtei erhoben. Abt Berchtoldus (1320–43) ließ bis 1339 eine Pfeilerbasilika zu Ehren der hl. Anna erbauen. Die wirtschaftlichen Schwierigkeiten der Anfangszeit konnten nie ganz ausgeglichen werden; die Grundausstattung war wohl zu schmal bemessen, regionale Fehden und Nachbarschaftskonflikte verhinderten zusätzlich ein Aufblühen, wiederholt musste Kirchengerät verkauft werden; Anfang des 15. Jh. war sogar der Stab des Abtes verpfändet. Der Verfall der Klosterdisziplin begleitete im Spätmittelalter die wirtschaftliche Not. Während der Reformation belasteten Austritte, Resignationen von Äbten und in einem Fall sogar die Inhaftierung eines Klostervorstehers den Konvent. Die Ordensleitung setzte Administratoren aus Aldersbach und Fürstenfeld ein (1570–96). Der fähige Administrator Matthias Stoßberger wurde zum Abt (1581–90) erhoben aber 1590 nach ➛ Raitenhaslach berufen; erst Abt Achatius Einspeckh (1596–1606?) konnte Disziplin und Wirtschaftskraft festigen; er führte das Fest des hl. Bernhard ein und erhielt 1600 von Papst Clemens VIII. Mitra, Ring und Bischofsstab. Einen Rückschlag verursachte ein Großbrand 1629; die Abteikirche brannte aus, die Konvents- und Wirtschaftsgebäude wurden zerstört. Als mit landesherrschaftlicher Hilfe die Schäden beseitigt waren, kamen 1633 die Schweden nach G. und blieben bis 1641. In Personalunion führte Abt Gerhard Hörger (1651–58) sowohl Aldersbach wie auch G. zu schneller Konsolidierung. Es begann eine wirtschaftliche, geistliche und geistige Blütezeit, die Abtei stieg zu einer wichtigen barocken Kulturstätte auf. Zur Ausbildung der ländlichen Bevölkerung gründete Abt Wilhelm I. Pertl (1689–1716) eine Klosterschule. Das Gnadenbild der hl. Anna, das 1629 wundersamer Weise nicht in den Flammen verbrannt war, lockte zahlreiche Pilger an und machte G. zum beliebten Wallfahrtsort. Im März 1803 ließ Kurfürst Maximilian IV. von Bayern die gesunde Abtei aufheben; zwölf Mönche fanden Anstellung in Seelsorge und Schuldienst, Abt Amadeus Bauer (1796–1803) wurde Schulinspektor. Die Abteikirche St. Anna ging 1807 an die selbständige katholische Pfarrei im Ort.

▶ **Gegenwart.** Die dreischiffige Basilika (Weihe 1339) ohne Querschiff mit drei Ostapsiden zeigt spätromanisch-frühgotische Stilelemente in altbayerischer, lokaler, aber nicht zisterziensischer Tradition. Sie unterlag einigen barocken Eingriffen. Die Ausschmückung im Auftrag Abt Wilhelms II. Grafsturm (1716–60) durch so namhafte Künstler wie die Brüder Asam wurde bei der Innenpurifizierung 1889 zum Teil entfernt. Der Westturm entstand 1830. Vom Klausurgeviert blieb ein Teil des barocken Südflügels mit Torbogen und Erkerturm erhalten.

◆ Schosser, Fritz: Kath. Pfarrkirche St. Anna G., München 1988; Eberl, Anton: Geschichte des ehemaligen Zisterzienserklosters G., Deggendorf 1935.

Gotteszell (Schwäbisch Gmünd), *Dominikanerinnenkloster St. Maria (1240–1803), Diözese Augsburg – (Kreisstadt Schwäbisch Gmünd, Ostalbkreis, Baden-Württemberg, ❒ 3, D3).*

▶ **Geschichte.** Nach eigener Tradition wurde das Frauenkloster 1240 vor den nördlichen Mauern der Reichsstadt Gmünd gegründet. Die adlige Witwe Schaupp bedachte die Neugründung mit Ländereien; der erste urkundliche Nachweis ist der päpstliche Schutzbrief von 1246. Die Schirmherrschaft übte ein königlicher Schultheiß, seit 1430 jedoch ein städtischer Pfleger aus. Die geistliche Aufsicht übernahmen Dominikaner von ➛ Esslingen, seit 1297 Dominikaner des neuen Konvents in ➛ Gmünd. Töchter des Stadtpatriziats und regionalen Adels fanden im Kloster Aufnahme. Die schwäbischen Edelherren von Rechberg nutzten es als ihre Grablege. Nach einem Brand um 1289 mussten die Dominikanerinnen ihr Kloster vorübergehend aufgeben. Der Städtekrieg 1449 brachte Zerstörungen und wirtschaftliche Not. Wahrscheinlich aus G. stammt das berühmte „Ulmer Schwesternbuch“, das nach 1330 zur klösterlichen Unterweisung wie auch zur Selbstbestätigung der monastischen Gemeinschaft niedergeschrieben wurde; die Lebensbeschreibungen tugendhafter Schwestern schildern zum Teil außerordentliche mystische Begnadungen. Der ausgedehnte Besitz schloss einen Hof mit rund 100 ha Fläche ein, aber auch Land und Rechte in 45 umliegenden Orten, hinzu kamen zwei inkorporierte Pfarren sowie Immobilien in der Stadt, zudem besaßen die Schwestern private Einkünfte. Die Klosterzucht lag im 15. Jh. danieder. Nach einem Mord im Konvent drängte der Stadtrat auf Reformen, die 1478 von den Dominikanern Heinrich von Wesmalia und Prior Ludwig Fuchs aus ➛ Ulm durchgesetzt wurden; die Priorin Agnes von Rammingen musste abtreten, sieben observante Schwestern wurden aus St. Katharinen in ➛ Nürnberg berufen und der Konvent strengsten Regeln unterstellt. Aufständische Bauern brandschatzten 1525 das ungeschützt liegende Kloster, ebenso 1546 hessische und sächsische Truppen im Schmalkaldischen Krieg. Einen Brand 1609 löschten hilfsbereite Bürger, der Wiederaufbau begann 1610; ein spätbarocker Ausbau erfolgte unter Priorin M. Donata Schwaiger († 1764). Während der Säkularisierung und Mediatisierung wurde der Konvent im Frühjahr 1803 durch Herzog Friedrich II. von Württemberg, dem die Reichsstadt Gmünd zugefallen war, aufgelöst; 14 Chor- und acht Laienschwestern durften bis 1808 bleiben.

▶ **Gegenwart.** Seit 1808 dienen die Klostergebäude im Verbund mit modernen Bauten

Gotteszell (Schwäbisch Gmünd) Dominikanerinnenkloster, die Klosterkirche hinter der Immunitätsmauer.

als württembergische Strafvollzugsanstalt, heute für Frauen. Nach wie vor schirmt die Immunitätsmauer das Klosterareal ab. Die Kirche des ehemaligen Klosters aus der Anfangszeit mit Veränderungen (Mitte 16. Jh.) ist wohl das älteste erhaltene Gebäude.

◆ Herrmann, Klaus-Jürgen: Schwäbisch Gmünd, G., in: Württembergisches Klosterbuch, Ostfildern 2003, 448–450; Kolb, Gerhard: Das Dominikanerinnenkloster G., Schwäbisch Gmünd 1977; Theil, Bernhard: Die Reform des Klosters G., in: Gmünder Studien 1 (1976) 9–34.

Gotthardsberg

Gotthardsberg (auch Frankenberg), *Benediktinerinnenkloster St. Godehard (1235–1439), Diözese Würzburg – (Weilbach, Lkr. Miltenberg, Bayern, ❐ 3, C2).*

▶ Auf einer Bergkuppe genau auf der Grenze der Gemarkungen Weilbach und Amorbach steht malerisch eine Kirchenruine, die auf ein Benediktinerinnenkloster zurückgeht. Den Gotthardsberg, ehemals Frankenberg, soll der Überlieferung nach schon der hl. Missionar Pirmin († 753) besucht haben. Der ostfränkische Gaugraf Ruthard errichtete im 8. Jh. auf dem Berg das *castrum* Frankenberg, dessen Kapelle 1138 dem soeben kanonisierten Abt und Bischof Godehard von Hildesheim (960/961–1038, kanonisiert 1131) geweiht wurde. Diese Burg ließ Kaiser Friedrich I. 1168 auf Beschluss des Würzburger Reichstags schleifen, weil sie angeblich als Raubritternest diente. An der schwer zugänglichen Stelle gründeten Benediktinerinnen 1235 ein Kloster, vermutlich mit Hilfe der Benediktinerabtei ➛ Amorbach. Die Abhängigkeit der Frauen vom einflussreichen Mönchskloster Amorbach unter ihnen im Tal liegt auf der Hand. Als Graf Konrad von Dürn, Vogt von Amorbach, die Schwestern nicht für seine Stiftung ➛ Seligental gewinnen konnte, vertrieb er sie 1244 gewaltsam vom Gotthardsberg, musste aber durch päpstlichen Schiedsspruch das Kloster 1245 zurückgeben. Nach Auflösung des Gotthardsklosters 1439 durch Bischof Johann II. von Würzburg (Brunn) fiel der Besitz an die Abtei im Tal. 1525 zerstörte der Odenwälder Bauernhaufen die als Propstei genutzte Anlage. Amorbach baute 1661 die Kirche wieder auf, die aber 1714 nach einem Blitzschlag ausbrannte. Seit 1956 schützt ein Dach die restaurierte Kirchenruine, deren romanische Arkaden auf die früheste Klosterzeit zurückgehen und ein romanisch-schlichtes Raumgefühl vermitteln.

◆ Treiber, Angela: Die Frauenklöster in Franken, G., Würzburg 1991, 108; Oswald, Friedrich/Störmer, Wilhelm (Hg.): Die Abtei Amorbach im Odenwald, Sigmaringen 1984.

Gotthardsberg Benediktinerinnenkloster, die Ruine der romanischen Pfeilerbasilika, Blick nach Westen.

Göttingen

Göttingen, *Deutschordenskommende St. Maria (1318–1809), Erzdiözese Mainz – (Kreisstadt, Niedersachsen, ❐ 1, D5).*

▶ **Geschichte.** Landesherr Herzog Albrecht II. von Braunschweig-Lüneburg erbaute um 1280 westlich der Stadt G. eine neue Vorstadt und ließ mit Hilfe der dort ansässigen Siedler die einschiffige Kirche St. Maria errichten, deren Pfarrrechte er erst 1307 vom Mainzer Erzbischof Peter von Aspelt erlangen konnte. Der deutsche Name dieser Kirche „Kleines Jerusalem vor G." wies auf seine Absicht hin, die Pfarrkirche dem Deutschen Orden zu unterstellen, was 1318 auch geschah. Nach seinem Tod im gleichen Jahr überschrieb sein Sohn Otto II. den Deutschherren weitere Grundstücke in der Neustadt, so dass diese eine Kommende gründen konnten, die zur sächsischen Ballei des Ordens gehörte. 1319 verkaufte das Fürstenhaus die Neustadt an die Stadt G. Die Marienkirche des Deutschen Ordens und die Umfassungsmauer der Kommende, die bis zum Fluss Leine reichte, bildeten einen wichtigen Teil der Befestigungsanlage der vereinten Stadt; der starke Kirchturm diente fortan als westliches Haupttor. Die Deutschordenspriester übernahmen die seelsorgliche Betreuung der Einwohner des Stadtteils und verwalteten ihre umfangreichen Güter in der Umgebung. Die reformatorischen Umwälzungen erreichten G. 1528; der Stadtrat führte 1530 gegen den Willen des katholischen Landesherrn Herzog Ernst I. von Calenberg-Göttingen die neue lutherische Kirchenordnung ein. Der Deutsche Orden, dessen Landkomtur in ➛ Lucklum mit der Ballei Sachsen 1547 zum Protestantismus übertrat, weigerte sich in G. dem evangelischen Pfarrer Unterkunft zu gewähren oder ihn gar zu besolden. Am 4. Juli 1533 wurden vom Rat erstmals Güter des Deutschen Ordens trotz dessen Berufung auf die Ordensprivilegien besteuert. Die Kommende G. bestand bis zur Auflösung des Deutschen Ordens durch Napoleon 1809 weiter. Der Besitz wurde als Ausgleichsschenkungen für deutsche Fürsten verwendete. 1810 gelangte das Kommendegut in Privatbesitz.

▶ **Gegenwart.** Die Marienkirche dient heute der evangelisch-lutherischen Gemeinde als Gotteshaus. Noch in der ersten Hälfte des 14. Jh. hatten die Deutschherren ihre Kirche zu einer dreischiffigen Hallenkirche vergrößern lassen, die jedoch durch fortwährende Umbauten bis 1512 ihre architektonische Einheitlichkeit verlor. Eindrucksvoll sind das reichverzierte Portal an der Nordseite und die Reste des Marienaltars der Künstler Bartold Kastrop und Heinrich Heisen (1524). Bekannt ist die Marienkirche heute durch ihre Mahrenholz-Furtwängler-Orgel. Im mittelalterlichen Kommendegebäude befindet sich das Göttinger Kirchenarchiv. Noch immer, wie schon seit Jahrhunderten, gelangt man durch das Tor unter dem Marienkirchturm über den Neustadtteil in die Altstadt.

◆ Demel, Bernhard: Die Deutschordensballei Sachsen vom 13.–19. Jh., Frankfurt/Main 2004; Düker, Silke: Die Marienkirche zu G., Göttingen 1996; Denecke, Dietrich/Kühn, Helga-Maria (Hg.): G., Bd. 1, Göttingen 1987.

Göttingen

Göttingen, *Dominikanerkloster St. Petrus und St. Paulus (1294–1533) – „Paulinerkloster", Erzdiözese Mainz – (Kreisstadt, Niedersachsen, ❐ 1, D5).*

▶ **Geschichte.** Herzog Albrecht II. von Braunschweig-Lüneburg erlaubte 1294 den Dominikanern, sich in G. niederzulassen, was sein Vater 1268 den Franziskanern (➛ Göttingen) erlaubt hatte. Während für die Franziskaner ein Platz an der östlichen Stadtmauer bestimmt war, erhielten die Dominikaner einen Bauplatz an der westlichen Wehrmauer. Der erste Prior Jordanus kam aus ➛ Hildesheim. Die Aufnahme des Konvents in die Ordensgemeinschaft erfolgte

1296, ein Vertrag mit dem Magistrat folgte 1304. Meister Eckhart, Provinzial der sächsischen Dominikanerprovinz und Prior in ➛ Erfurt, dankte im September 1305 dem Göttinger Rat (dieses Schreiben mit Siegel ist heute die einzige erhaltene Urkunde des berühmten Mystikers). Stiftungen von Adel und Bürgerschaft erlaubten eine rege Bautätigkeit. Die Klosterkirche, die größte Kirche in G., konnte 1331 auf die Apostel Petrus und Paulus konsekriert werden; sie barg seit 1341 Reliquien des Dominikaners und großen Theologen Thomas von Aquin (um 1225–74, kanonisiert 1323). 1350 fand erstmals ein Provinzkapitel des Ordens in G. statt, es sollten noch mindestens fünf folgen. Die Prediger, meist als „Pauliner" bezeichnet, wurden besonders von den Gilden geschätzt, unter den Kaufleuten fanden die Dominikaner ihre großzügigsten Unterstützer. Mit den konkurrierenden Minoriten gab es Dauerstreit um Predigtzeiten, obwohl man schon 1308 diese vertraglich abgestimmt hatte. Seit 1418 war das Terminieren in G. von der Erlaubnis des Rates abhängig. Die Dominikaner, deren Konventsstärke 20 Mitglieder kaum überschritten haben dürfte, dehnten ihre Sammeltätigkeiten besonders auf die Städte Kassel, Northeim, Duderstadt, Witzenhausen und Allendorf aus, wo sie Termineien einrichteten. Prior Johannes Piper (1482–1501/06) stiftete 1499 den Hochaltar von Hans Ruphon, ließ das Sommerrefektorium ausmalen und errichtete ein Brauhaus, das nur für den Bedarf des Konvents gedacht war. Johannes und Heinrich Piper, beide Prioren und Lesemeister im Dominikanerkonvent um 1500, galten als sehr vermögend und hatten erhebliche Summen privat beim Stadtrat hinterlegt. Die Lehren Martin Luthers begannen sich erst 1528 in G. auszubreiten; zuvor blühte der Ablasshandel, aus dem besonders die Dominikaner Nutzen zogen. Am 20. Oktober 1529 stürmten aufgebrachte Bürger das Paulinerkloster und erzwangen den ersten evangelischen Gottesdienst in der Klosterkirche. 1530 führte der Rat eine von Luther approbierte Kirchenordnung ein, rief evangelische Pfarrer in die Stadt, eignete sich das Klostergut an, verbot Messfeiern sowie das öffentliche Tragen der Kutte. 1531 floh der letzte Prior Degenhard mit einigen Brüdern aus der Stadt und konstituierte einen Exilkonvent. Zu einem Restitutionsversuch kam es nie, die verbliebenen Dominikaner wurden von Zisterziensern aus ➛ Walkenried versorgt, die östlich der Paulinerkirche einen Stadthof unterhielten. 1533 verließen die letzten auf Druck des Rates das Kloster. Die Kirche wurde zunächst als Warenlager genutzt. In den Klausurgebäuden richtete die Stadt 1542 ein „Pädagogium" ein, Keimzelle der Göttinger Universität, die 1737 gegründet wurde.

▶ **Gegenwart.** Die Bibliothek der Universität übernahm mit der Zeit alle Räume des ehemaligen Paulinerklosters, selbst die Kirche wurde mit einbezogen; die reichhaltige Bibliothek existiert noch immer an Ort und Stelle. Aus klösterlicher Zeit ist nur die Paulinerkirche geblieben. Nach ihrer Zerstörung im letzten Krieg wurde die dreischiffige Halle wieder hergerichtet. Auf dem Klostergelände entstand das moderne Gebäude der Niedersächsischen Staats- und Universitätsbibliothek, die mit der gotischen Paulinerkirche den schönsten Ausstellungs- und Veranstaltungsraum des deutschen Bibliothekswesens besitzt. Der berühmte, 7,2 m breite Hans Raphon-Altar gelangte zunächst nach Walkenried und schließlich 1631 nach Prag; die dortige Narodny-Galerie stellt 13 Tafeln des Altars aus.

Göttingen Dominikanerkloster, die gotische Paulinerkirche als schönster Raum der deutschen Bibliotheken.

◆ Berger, Thomas: Die Bettelorden in der Erzdiözese Mainz und in den Diözesen Speyer und Worms im 13. Jh., Mainz 1994; Mittler, Elmar (Hg.): 700 Jahre Pauliner Kirche, Göttingen 1994; Denecke, Dietrich/Kühn, Helga-Maria (Hg.): G., Bd. 1, Göttingen 1987.

Göttingen, *Franziskanerkloster (um 1268–1533) – „Barfüßerkloster", Erzdiözese Mainz – (Kreisstadt, Niedersachsen, ❐ 1, D5).*

▶ Aufstrebende Mauerreste des Franziskanerklosters in G., an der östlichen Grenze der Altstadt innerhalb der mittelalterlichen Wehranlage gelegen, sind nicht erhalten. Das Necessarium der Minoriten wurde bei Grabungen im Keller des Gebäudes für Internationale Beziehungen am Wilhelmplatz freigelegt; Fundstücke geben einen guten Einblick in mittelalterliche Alltagskultur eines Mendikantenklosters.

◆ Berger, Thomas: Die Bettelorden in der Erzdiözese Mainz und in den Diözesen Speyer und Worms im 13. Jh., Mainz 1994; Denecke, Dietrich/Kühn, Helga-Maria (Hg.): G., Bd. 1, Göttingen 1987.

Graefenthal, *Zisterzienserinnenabtei St. Maria (um 1250–1802) – „Neukloster", Erzdiözese Köln – (Goch-Asperden, Kr. Kleve, Nordrhein-Westfalen, ❐ 1, A5).*

▶ **Geschichte.** Erste Zeugnisse des Klosters *vallis comitis* bei Goch liefern drei Bullen von Papst Innozenz IV. (1250), aber erst ein Jahr später sind Tauschgeschäfte um den Bauplatz für das Frauenkloster beurkundet und erst 1252 erteilte Erzbischof Konrad von Köln (Hochstaden) dem Mutterkloster Roermond (Niederlande) die Erlaubnis, einen Gründungskonvent zu entsenden. Die Stifter, Graf Otto II. der Lahme von Geldern und seine Gemahlin Margarethe von Kleve, müssen sich schon vor der eigentlichen Gründung päpstliche Schutzprivilegien beschafft haben. Eine Klosteranlage entstand auf dem Gelände der verfallenen Burg Rott des Ritters Stefan von Pleeze nahe der Niers; die Klosterkirche konnte 1252 geweiht werden, bis 1258 folgten die Klausurgebäude. Die Grundausstattung war reichlich, bereits 1260 nahm der Zisterzienserorden das Frauenkloster G. als vollwertiges Mitglied auf und unterstellte es der Abtei ➛ Kamp. 1280 zählte der Konvent 50 Zisterzienserinnen. G. gehörte dank der Zuwendungen der Grafen von Geldern und Kleve sowie des örtlichen Adels zu den wohlhabendsten und exklusivsten Frauenklöstern am Niederrhein. Der Besitz umfasste zuletzt etwa 6.300 Morgen Land und 36 Höfe, hinzu kamen Patronatsrechte in Kessel, Asperden, Hommersum und Hassum. Die Städte Kleve und Goch gewährten Wegegeld- und Steuerbefreiung. Für die Besiedlung der Region war die Abtei von größter Bedeutung.

Im 14. Jh. unterhielten die Schwestern eine Klosterschule. Die Geldische Grafen- bzw. Herzogsfamilie nutzte bis 1376 die Abtei als Familiengrablege, 13 Grafen, Gräfinnen und Herzöge fanden hier ihre letzte Ruhestätte. 1376 starb Äbtissin Isabella von Geldern. Nach dem Geldischen Erbfolgekrieg wurden die Herzogtümer Geldern und Jülich in Personalunion vereinigt. Karl der Kühne von Burgund erwarb 1473 die Landesherrschaft, im Burgundischen Krieg (1473–80) litt das Kloster so schwer, dass die Anlage neu aufgebaut werden musste. Die Landesherrschaft ging 1538 an das Herzogtum Jülich-Kleve-Berg über. G. war im Spätmittelalter angeblich das einzige Zisterzienserinnenkloster am Niederrhein, das einer Reform nicht bedurfte, die Klosterzucht galt als untadelig. Während der Reformation blieb der Konvent katholisch, obwohl Lutheraner und später Calvinisten im Land an Boden gewannen und erst durch die Gegenreformation in der zweiten Hälfte des 16. Jh. aufgehalten wurden. Im 17./18. Jh. schützte die brandenburgisch-preußische Herrschaft protestantische Interessen, duldete aber im Religionsvergleich von 1672 katholische Ansprüche. Die Bedeutung der Abtei G. sank in der Neuzeit, sie blieb vor Einbrüchen während kriegerischer Auseinandersetzungen nicht verschont. Mit dem Frieden von Lunéville 1801 fiel das Land an Frankreich; die Konsularregierung befahl 1802 die Aufhebung des Klosters. Der Grundbesitz wurde veräußert, die Kirche 1808 zugunsten der Pfarrkirche in Pfalzdorf niedergelegt.

▶ **Gegenwart.** Heute ist das ehemalige Kloster G. bei Goch-Asperden ein Gutshof. Überreste der historischen Bausubstanz weisen gotische, barocke und klassizistische Stilelemente auf. Die 1,3 km lange Klostermauer wurde vor einigen Jahren restauriert. Erhalten geblieben ist neben dem barocken Torhaus, der Remise und dem Taubenturm der spätgotische Nordflügel, der neun Joche des Kreuzgangs mit Spitzbogenfenstern bewahren konnte; sein Kreuzrippengewölbe zeigt Schlusssteine mit Wappen des regionalen Adels; rückwärtig schließt sich ein zweigeschossiges Kapitelhaus an. Nach Abbruch der Kirche stand das Hochgrab des Stifters Otto II. von Geldern († 1271) im Freien; die lebensgroße Grabfigur ging 1870 verloren, erst seit kurzem sind Reste der Grabanlage mit sechs tragenden Löwen durch ein Holzdach geschützt. Ein künstlerisch bemerkenswertes Votivrelief Äbtissin Beatrix' von Honseler († 1536) befindet sich heute in der Pfarrkirche Asperden. Die Pfarrkirche Pfalzdorf bewahrt spätmittelalterliche Ausstattungsstücke der Klosterkirche. Das Archiv der Abtei wird in der Stiftsbibliothek des *Collegium Augustinianum* in ➛ Gaesdonck aufbewahrt.

Gewölbeschlusssteine im Kreuzgang der Abtei **Graefenthal** erinnern an die adeligen Förderer der Abtei.

Graefenthal Zisterzienserinnenabtei, nur der spätgotische Nordflügel des Kreuzgangs blieb erhalten.

◆ Hohmann, Karl-Heinz: Die ehemalige Zisterzienserinnenabtei Neukloster zu G. (Stadt Goch), Köln 1997; Ostrowitzki, Anja: Die Ausbreitung der Zisterzienserinnen im Erzbistum Köln, Köln u. a. 1993.

Gräfinthal, *Wilhelmitenkloster St. Maria (nach 1253–1785), Benediktinerpriorat St. Maria (seit 1993) – „Kloster der Madonna mit den Pfeilen", Diözese Metz – (Mandelbachtal-G., Saarpfalz-Kreis, Saarland, ❐ 3, B3).*

▶ **Geschichte.** Nach 1253 gründete Gräfin Elisabeth von Blieskastel ein Kloster im abgelegenen Mandelbachtal südöstlich von Saarbrücken und übergab es Wilhelmitenmönchen, die eremitisch im Bliesgau lebten. Die ältere Überlieferung nennt das Jahr 1243 als Gründungszeit, vielleicht war Elisabeth daher nur eine späte Mitstifterin. Ein hölzernes Muttergottesbild mit fünf eisernen Pfeilspitzen, dessen Wundertätigkeit Pilger anlockte, gab dem Kloster seinen Namen – G. wurde ein beliebter Wallfahrtsort. Der Konvent von meist nicht mehr als sieben Mönchen unter einem Prior betreute die Pfarreien in Blickweiler und Bliesmengen. Prior Egidius wurde im August 1270 zum Provinzial der *Provincia in Alimannia Superiori* erhoben. Um 1300 entstand eine neue Kirche. Überschuldung zwang Prior Bartholomäus 1313, Patronatsrechte zu Schorbach an die Zisterzienser in Stürzelbronn (Lothringen) zu verkaufen; auch sein Nachfolger Johannes Gallicus verkaufte und verpfändete 1315 klostereigenen Besitz. Die abgelegene Lage provozierte schon im Mittelalter ungewöhnlich häufig Plünderungen und Verwüstungen; in existentielle Not stürzten das Kloster die Brandschatzungen in den Jahren 1365, 1376 und um 1420, Archivmaterial ging verloren. Der Prior des Klosters Marienpfort bei Waldböckelheim (heute untergegangen) sowie der Ordensgeneral aus Freiburg(-Oberried) visitierten und reformierten das Kloster im 15. Jh. mehrmals, was zu Amtsenthebungen einiger Prioren führte. Anfang des 16. Jh. schien die wirtschaftliche Lage gefestigt, Prior Nikolaus Bolcher (1508–21) kaufte 1521 das Dorf Heuchlingen bei Ormesheim. 1525 suchten aufständische Bauern das Kloster heim, der Klosterschatz konnte in Fässern nach Saargemünd gerettet werden. 1592 plünderten Straßburger Freibeuter G. aus und erpressten Lösegeld für den Prior Michael Hatmann (1565–97). Im Dreißigjährigen Krieg ruinierten drei Überfälle die Anlage, in der schließlich nur noch Prior Hubert Satorius (1641–42) überlebte, aber bald resignierte. Ein Wunderbüchlein des Mönchs Friedrich Schaal von 1671 ließ Wallfahrten erneut aufleben. Im 18. Jh. verhalfen fähige Prioren und die besondere Förderung durch den im Exil lebenden Polenkönig Stanislaus Leszczynski (1714–18) zur späten Hochblüte, die sich im barocken Neuaufbau des Klosters niederschlug. G. und vier niederländische Klöster waren in der zweiten Hälfte des 18. Jh. die letzten Niederlassungen des Wilhelmitenordens. Nach Wirtschaftseinbrüchen und Führungslosigkeit entband Papst Pius VI. im November 1785 die Mönche auf eigene Bitte hin von ihren Gelübden und wandelte das letzte Wilhelmitenkloster im deutschen Reichsgebiet in ein Kollegiatstift um. Im November 1786 verließen Prior Norbert Dresse (1763–85) und etwa zehn Brüder das Kloster und lebten als Säkularkanoniker im St. Sebastianusstift Blieskastel bis zur Säkularisierung 1802.

▶ **Gegenwart.** Seit 1993 beleben wieder Mönche aus der niederländischen Abtei Vaals Kloster G. Vier Benediktiner betreuen die noch immer lebendige Wallfahrt; das Priorat ist der Kongregation von Solesmes (Frankreich) affiliiert. Von dem ursprünglichen Klosterkomplex sind nur Reste geblieben; die einstige Lage der Gebäude innerhalb der Umfassungsmauern rekonstruieren gegenwärtig archäologische Ausgrabungen. In der Nordwand der barocken Kirchenruine hat sich ein romanisches Portal mit Rosentympanon erhalten. Die heutige Kapelle entstand 1809 in der Chorruine. Als einziges Ausstattungsstück verblieb ein Grabmal, vielleicht das der Stifterin Elisabeth (umstritten). Intakte Gewölbekeller gehören zu einem nördlich gelegenen Gebäudetrakt, der wohl Wohnzwecken diente. Das Gnadenbild von G., die „Madonna mit den Pfeilen", befindet sich heute in Blieskastel; es stammt nach jüngeren Untersuchungen nicht aus der Gründungszeit, sondern von etwa 1350.

◆ Ammerich, Hans: Das Wilhelmitenpriorat G. und die Wallfahrt zur Madonna mit den Pfeilen, in: Archiv für mittelrheinische Kirchengeschichte 49 (1997) 45–68; Hermann, Hans-Walter: Zur Problematik der Entstehung des Wilhelmitenpriorates G., Homburg/Saar 1994.

Gräfrath,

Augustiner-Chordamenstift St. Maria (1185– um 1610), Erzdiözese Köln – (Solingen-G., Nordrhein-Westfalen, ❐ 1, B5).

▶ **Geschichte.** Äbtissin Elisabeth II. der Benediktinerinnenabtei ➛ Vilich bei Bonn gründete 1185 in Absprache mit dem Abt von ➛ Deutz ein Augustiner-Chordamenstift auf Abteibesitz in *Greuerode* nördlich von Solingen im Bergischen Land, was Erzbischof Philipp von Köln (Heinsberg) im gleichen Jahr bestätigte. Der erste Konvent unterstand zunächst der Abtei Vilich, erlangte aber nach kurzer Zeit im Interesse des Kölner Erzbischofs Unabhängigkeit und bekannte sich zur Augustinusregel. Um das Stift entstand ein eigener Pfarrbezirk. Fast alle Adelsgeschlechter des Bergischen Landes schickten ihre Töchter nach G., was das Stift außerordentlich begüterte; hinzu kamen Privilegien wie das ausschließliche Weinverkaufsrecht, Mühlgerechtigkeit und Zollfreiheit. 1224 beschränkte Erzbischof Engelbert von Berg die Zahl der Chordamen auf 40, im 14./15. Jh. waren es nicht mehr als 24. Die Grafen bzw. Herzöge von Berg erwiesen sich als großzügigste Förderer, Graf Adolf V. und seine Gemahlin Elisabeth wurden 1296/1313 in der Stiftskirche beigesetzt. Eine Knochenreliquie der hl. Katharina von Alexandrien wertete im 14. Jh. das Stift G. zur Wallfahrtsstätte auf; Wundergeschichten begründeten eine weithin ausstrahlende Heiligenverehrung. Einer angeschlossenen Katharinenbruderschaft gehörten höchste Würdenträger des Reiches an. Die Chorherren der ➛ Windesheimer Kongregation bemühten sich seit 1470 um die innere Erneuerung des Konvents, ein Beitritt zu dieser Reformbewegung fand aber nicht statt. Die Pilgerströme nötigten in der zweiten Hälfte des 15. Jh. zum Umbau der romanischen Stiftsbasilika in eine zweischiffige Hallenkirche, die aber durch Brände 1686 und 1717 vernichtet wurde, was einen barocken Neubau von Kirche und Klausur initiierte. Seit Anfang des 17. Jh. lebte der geschrumpfte

Gräfrath Augustiner-Chordamenstift, die Sakristeiwand enthält romanische Architektur der Vorgängerkirche.

Konvent offensichtlich unter den Statuten eines freiweltlichen Damenstifts. Kurfürst Maximilian von Bayern hob 1803 das Stift auf, 20 Wohnhäuser allein in G., zahlreiche Höfe und Weinberge am Rhein wurden verkauft. Neun Stiftsdamen mussten nach Rentenabfindungen ihr Stift verlassen; die letzte Äbtissin Sophia Freiin von Posek starb 1833 in Düsseldorf.

▶ **Gegenwart.** Die ehemalige Stiftskirche in G. dient heute als katholische Pfarrkirche St. Mariä Himmelfahrt. Der heutige Bau von 1728 ist eine einschiffige Barockkirche mit fünfseitigem Chorschluss in Saalbreite, in der die Mauern der ersten, spätromanischen Stiftskirche aufgegangen sind. Durch Zufall entdeckte man 1990 in der heutigen Sakristeiwand die nördliche Mittelschiffswand der ersten Kirche (um 1200), einer gewölbte Pfeilerbasilika mit umlaufenden Emporen. Teile des ursprünglichen Westriegels haben sich in der Westwand erhalten; das links der Mitte sitzende Portal entstammt der Reromanisierung von 1878. An der Südwand des Langhauses sind gotische Spuren deutlich erkennbar; die Chorkapelle im Südosten behielt ihren spätgotischen Charakter. Die nördlich gelegenen, barocken Klostergebäude, die mit Ausnahme des westlichen Teils bestehen blieben, beherbergen heute das Deutsche Klingenmuseum. Ein Raum präsentiert den Kirchenschatz aus gotischer und barocker Zeit, darunter eine Flasche des 14. Jh., mit der die wundersam austretende Flüssigkeit aus der Katharinenreliquie aufgefangen wurde; von diesem Wunder berichten Mirakelurkunden aus jener Zeit, die im Pfarrarchiv aufbewahrt werden. Das Attribut der heiligen Katharina, das „Katharinenrad", ist Teil des Wappens der Stadt G.

◆ Sprengler-Reffgen, Ulrike: Klosterkirche St. Mariä Himmelfahrt in Solingen-G., Neuss 2002; Simon, Jürgen: Monasterium S. Mariae in Greuerode. Das Stift (Solingen-)G. von der Gründung bis zum Ende des 15. Jh., Siegburg 1990.

Grafschaft, *Benediktinerabtei St. Alexander und St. Nikolaus (1072–1804), Borromäerinnenkloster St. Alexander und St. Nikolaus (seit 1948), Erzdiözese Köln – (Schmallenberg-G., Hochsauerlandkreis, Nordrhein-Westfalen, ❐ 1, C5).*

▶ **Geschichte.** Zur Verbreitung neucluniazensischer Reformideale, die der Erzbischof Anno II. von Köln (1056–75, kanonisiert 1183) in ➛ Siegburg mit Mönchen aus Fruttuaria (Italien) eingeführt und nach ➛ Köln St. Pantaleon sowie Saalfeld in Thüringen getragen hatte, gründete er 1072 ein weiteres bischöfliches Eigenkloster. Die Abtei G. sollte der Benediktinerreform aber auch zur Festigung der kirchlichen Machtstellung im Hochsauerland dienen. Der erste Konvent kam unter Abt Liutfried (1072–1115) aus Siegburg; er musste 1114 die Zerstörung der Abtei durch kaiserliche Truppen im Investiturstreit erleben, weil Erzbischof Friedrich I. von Schwarzenburg zur päpstlichen Seite übergewechselt war. Dennoch verlief die frühe Entwicklung vielversprechend, die Qualität der Skriptoriumsarbeiten etwa zeigt eine Blüte im 12. Jh., die im 13. Jh. nicht aufrecht erhalten werden konnte. Auffällig ist, dass sich G. streng an die vorgegebenen Siegburger Statuten hielt, Hofdienste zur Leitung des Kölner Erzbistums verweigerte und dem Priorenkollegium in Köln nicht angehörte. Dies bezahlte die Abtei mit Bedeutungslosigkeit im politischen Machtspiel, G. erlangte nie landständische Rechte. Abt Widekind von Wittgenstein (1258/70) teilte 1270 unter pragmatischer Aufgabe der Siegburger Reformideale das Klostervermögen zwischen Abt und Konvent auf; die diesbezügliche Urkunde dokumentiert, dass inzwischen vor 1244 eine Propstei in ➛ Belecke entstanden war; der Abt beanspruchte ein Drittel aller Einkünfte sowie die Besetzung von Propstei, Kustodie, Schule und Hospital, er musste aber Gast- und Reisekosten bestreiten. Dem Konvent standen Präbenden zu, vergleichbar einem weltlichen Stift, aber damals allgemein übliche Praxis in Benediktinerklöstern. Erzbischof Wigbold von Holte begrenzte 1304 die Zahl der Mönche auf 24, die meist dem landsässigen Adel entstammten. 1363 betitelt eine Urkunde erstmals die Abtei als Stift, andererseits zeugt die Übertragung der Reliquien des hl. Klostergründers Anno 1391 von Siegburg nach G. von gestiegener Bedeutung und Anerkennung. Der monastischen Reformwelle des 15. Jh., die von verschiedenen Konzilien und der ➛ Bursfelder Kongregation ausging, öffnete sich der Konvent nicht. Erzbischof Hermann IV. von Hessen entfernte daraufhin 1507 reformunwillige Mönche und setzte Benediktiner von ➛ Brauweiler ein, die Albert von Köln zum Abt (1507–25) wählten, was 1508 zur Aufnahme in die Bursfelder Reformunion führte. Klosterdisziplin und Wirtschaft verbesserten sich nur wenig. Anfang des 17. Jh. stand die Abtei vor Verödung und offizieller Auflösung. Der erste Abt aus einem auswärtigen Kloster, Gabel Schaffen (1612–33) aus ➛ Abdinghof in Paderborn, erreichte mit hohem wirtschaftlichem Sachverstand eine neue Blüte, die sich durch gestiegene Pfarrdienste, höheres Bildungsniveau und baulicher Erneuerung auszeichnete. Den Verlust des Prälatenlebens verkrafteten drei Mönche nicht, sie wurden dreier Giftanschläge gegen den Abt überführt. Der Konvent stieg wieder auf 40 Mitglieder, nun meist bäuerlich-bürgerlicher Herkunft. Der Siebenjährige Krieg beendete die Blütezeit so einschneidend, dass sich die Abtei bis zur Aufhebung im März 1804 durch Landgraf

Grafschaft Benediktinerabtei, der Basisbereich des Turmes stammt von der romanischen Abteikirche.

Ludwig X. von Hessen-Darmstadt nicht mehr zu erholten vermochte.

▶ **Gegenwart.** 1948 pachteten Borromäerinnen aus Schlesien den heruntergekommenen Barockkomplex aus dem 18. Jh., errichteten ein Fachkrankenhaus und bestimmten 1951 das Kloster G. als Mutterhaus. Aus mittelalterlicher Zeit ist nur wenig Bausubstanz geblieben, die Klosterkirche war schon 1832 bis auf den quadratischen Turm abgebrochen worden; dessen Basis stammt aus der Gründungszeit, der heutige Aufbau von 1629. Zu nennen ist lediglich noch der Glockenturm der „Leutkirche“ St. Georg im Schatten der Klausurgebäude. Die kleine Kirche diente früher dem Laienpersonal und Ortsbewohnern als Pfarrkirche, heute nutzt die katholische Gemeinde den neuen Saal von 1963.

◆ GermBen 8, 351–376; Janssen, Wilhelm: Das Erzbistum Köln im späten Mittelalter (1191–1515), 2 Bde., Köln 1995–2003.

Gramzow, *Prämonstratenser-Chorherrenstift St. Maria und St. Johannes Evangelist (um 1177–1543), Diözese Kammin – (Lkr. Uckermark, Brandenburg, ❐ 2, C3).*

▶ **Geschichte.** Herzog Bogislaw I. von Pommern gründete in der spätslawischen Siedlung G. im Uckerland um 1177 ein Prämonstratenserstift zur Missionierung seiner heidnischen Untertanen. Der erste Konvent kam entsprechend neuester Quellendeutung nicht aus dem nördlichen Stift Grobe, dem späteren ➛ Pudagla auf Usedom, auch nicht aus ➛ Jerichow, sondern wohl aus dem Domstift ➛ Ratzeburg, zu dem feste Bande und eine Gebetsverbrüderung bestanden. Das Stift G. gehörte zur sächsischen Zirkarie des Ordens, die Pröpste des ➛ Brandenburger Domkapitels übten Visitationspflicht aus. Die askanischen Markgrafenbrüder von Brandenburg, Johann I. und Otto III., übernahmen 1245 die Vogteirechte auf Bitten Propst Johannes' (1235/70) und des Konvents. 1250 trat Pommern im Vertrag von Hohen-Landin die gesamte Uckermark an die aufstrebenden Askanier ab. 1315 hielt sich der letzte askanische Markgraf, Woldemar, mit Gefolge in G. auf; ihm folgten die Wittelsbacher und schließlich die Hohenzollern als Landesherrn. Die Prämonstratenser waren Herren der Siedlung, die sich unter ihnen zur Stadt entwickelte, aber nach ihnen an Bedeutung verlor. Um den Ort konnte sich eine relativ geschlossene Grundherrschaft bilden, die Dörfer Briest mit Wendemark, Fredersdorf und Meichow gehörten mit Kirchenpatronat und Gerichtsbarkeit dazu, ebenso drei Vorwerke, einige Bauernstellen, Wälder und Seen in der Umgebung, wie auch Besitz und Rechte im heute polnischen Pommern. Als Filialniederlassung wurde das Prämonstratenserstift und das Hospital Gottesstadt in Barsdin bei Oderberg gegründet, das aber schon vor 1258 einging und den Zisterziensern von ➛ Mariensee-Chorin übergeben wurde. Im Stift G. unterhielten die Chorherren ein eigenes Siechenhaus.

Gramzow Prämonstratenser-Chorherrenstift, malerischer Ruinenrest der romanisch-gotischen Stiftskirche.

Die Bischöfe von Kammin erwiesen sich als besondere Förderer, die Pröpste revancierten sich durch die Übernahme hoher kirchlicher Ämter, sie waren in Verwaltung, Zeugenschaft und Gerichtsbarkeit tätig. 1320 führte Propst Paul die ➛ Prenzlauer Benediktinerinnen in den Besitz der Pfarrkirchen in ihrer Stadt ein. Mit dieser nördlich gelegenen Hauptstadt der Uckermark kam es auch zu Konflikten, die 1335 in der Gefangennahme Propst Johannes' gipfelten, die aber im gleichen Jahr durch Vergebung dieses Gewaltaktes beigelegt werden konnten. Beim großen Waldenserprozess 1392–94 war der Propst aus G. aktiv beteiligt. Der Konvent verweigerte sich in Übereinstimmung mit den Domkapiteln in ➛ Havelberg und Brandenburg spätmittelalterlichen Reformbemühungen des Ordens. Im Zuge der evangelischen Kirchenvisitationen 1543 ließ Kurfürst Joachim II. Hektor, der sich erstmals 1539 öffentlich dem Protestantismus zugewandt hatte, das Stift auflösen; der letzte Propst, Johann Lotzen (1530–43), wurde erster evangelischer Pfarrer im Ort. Der Besitz stand bis 1874 unter landesherrlicher Amtsverwaltung. Die Stiftskirche diente als Amtskirche und Getreidespeicher bis ein Großbrand 1714 die gesamte Anlage zerstörte, die daraufhin als Steinbruch freigegeben wurde.

▶ **Gegenwart.** Aufstrebendes Mauerwerk der nördlich der Kirche gelegenen Klausur- und Wirtschaftsgebäude existiert nicht mehr, das Areal ist heute neu bebaut. Ein unmittelbar westlich der Kirche sich anschließendes Wohnhaus besitzt noch meterdicke Wände. Von der Stiftskirche St. Johannes Evangelist blieben lediglich Teile des Westbereichs mit Turm erhalten; der Ruinenrest auf dem Klosterberg inmitten des Ortes weist in Abmessung und Ausführung auf einen imposanten Backsteinbau hin, der zunächst Mitte des 13. Jh. als Basilika mit mächtigem Westturm geplant, aber als Hallenkirche ohne Westturm Mitte des 14. Jh.

vollendet wurde. Heute sorgen bestandsbewahrende Reparaturen für seinen Erhalt. Von der Baukunst der Prämonstratenser aus G. künden heute noch die gut erhaltenen Dorfkirchen in Briest und Hohengüstow.

◆ Neininger, Falko/Schulz, Matthias: G., in: Brandenburgisches Klosterbuch, Bd. 1, Berlin – Brandenburg 2007, 521–535; Creutz, Ursula: Geschichte der ehemaligen Klöster im Bistum Berlin, Leipzig 1995, 97–102.

Gransee, *Franziskanerkloster (um 1270–1561), Diözese Havelberg – (Lkr. Oberhavel, Brandenburg, ❐ 2, C3).*

▶ **Geschichte.** Wahrscheinlich kurz nachdem Markgraf Johann I. von Brandenburg 1262 der Marktsiedlung G. Zollfreiheit und damit Stadtrecht verliehen hatte, ließen sich Franziskaner an der nördlichen Stadtmauer am nahen See nieder. Erstmals wird der Konvent im Mai 1302 urkundlich erwähnt. Zwischen 1310 und 1524 gehörte die Stadt zur Grafschaft Lindow-Ruppin, deren Herrschaft in ➛ Neuruppin und ➛ Lindow für Klostergründungen gesorgt hatte; auch in G. trug sie fördernd zur Entwicklung des Minoritenklosters bei. In G. hielt man mehrfach Gericht im Kloster; gegen das nördlich liegende Mecklenburg diente die Stadt G. als Bollwerk und wurde mit starken, hohen Wehrmauern umgeben, an die das Klosterareal direkt anschloss. Seit etwa 1280 erbauten die Minoriten ihre einschiffige Klosterkirche parallel zur Stadtmauer im Süden ihres Grundstücks und schlossen nördlich das Klausurgeviert mit Kreuzgang an; ein Klostergarten füllte das großzügig angelegte Gelände. Bedeutung und Ausstrahlung des Konvents blieben gering. Generalkapitel der Ordensprovinz Saxonia fanden in G. nicht statt, in der ordensgeschichtlichen Überlieferung findet der Konvent selten Erwähnung. Die Franziskaner lebten beeinflusst von ihren Mitbrüdern in ➛ Kyritz zwar nach strenger Regelauslegung, verblieben aber im Bund der ➛ Martinianischen Reformklöster unter Leitung der konventualen Ordenskustodie. Nach Aussterben der Ruppiner Grafenfamilie 1524 gehörte G. wieder zur kurfürstlichen Landesherrschaft Brandenburg. Kurfürst Joachim II. zählte zu den konfessionell unentschiedenen Kräften im Reich und trat nicht dem evangelischen Schmalkaldischen Bund bei. Erst 1539 duldete er evangelische Abendmahlfeiern im Kurfürstentum und ließ seit 1540 fast alle Klöster in Brandenburg auflösen. Guardian Joachim Heins verkaufte noch im Februar 1541 den klostereigenen Stadthof in Neuruppin; im Juli 1541 war er bereits als Pfarrer in Menz und evangelischer Prediger in G. sowie Rheinsberg tätig. Erst nach seinem Tod 1561 hob der Kurfürst das Kloster auf und verkaufte den Komplex an die Stadt mit der Auflage, die Gebäude zu pflegen und eine Schule sowie Wohnung für den Pfarrer einzurichten. Stadtbrände zerstörten 1604 die Klosterkirche und 1711 die Klausurgebäude; auch die Stadt brannte zum Großteil nieder, was die schwache Quellenlage erklärt. Die Überreste der Anlage wurden zum Bau des Rathauses abgetragen, einzig der Ostflügel diente bis 1932 als Schulhaus.

Gransee Franziskanerkloster, die nördliche Chorwand der Klosterkirche, dahinter der Ostflügel der Klausur.

▶ **Gegenwart.** Heute erinnern nur noch der heruntergekommene Ostflügel mit Kreuzgangresten und die nördliche Chorwand der Klosterkirche an das einst als sehr schön gepriesene Franziskanerkloster in G. Ein gemaltes Annentriptychon, das in der Pfarrkirche St. Marien bewahrt wird, dürfte auf die Minoriten zurückgehen.

◆ Riedel, Peter/Schumann, Dirk: G., Brandenburgisches Klosterbuch, Bd. 1, Berlin – Brandenburg 2007, 536–542; Kugler-Simmerl, Annette: Bischof, Domkapitel und Klöster im Bistum Havelberg, Berlin 2003; Creutz, Ursula: Geschichte der ehemaligen Klöster im Bistum Berlin, Leipzig 1995, 205–207.

Gravenhorst Zisterzienserinnenkloster, Mittelschiff der typisch einschiffigen Frauenkirche mit Blick zum Chor.

Gravenhorst, *Zisterzienserinnenkloster St. Maria (1256–1808), Diözese Osnabrück – (Hörstel-G., Kr. Steinfurt, Nordrhein-Westfalen, ❐ 1, B4).*

▶ **Geschichte.** Ritter Konrad von Brochterbeck und seine Gemahlin Amelgardis stifteten 1256 die kurz zuvor erworbenen Güter in G. zur Errichtung eines Frauenklosters, nachdem der Osnabrücker Bischof Bruno von Isenberg zugestimmt hatte; Oda, Tochter des Stifterpaares, wurde Äbtissin (1272/1307). Der Konvent bekannte sich zur strengen Lebensform der Zisterzienser. Bischof Balduin von Rüssel erweiterte zusammen mit den Grafen von Tecklenburg, Altena, der Mark und Ravensberg sowie einigen Edelfreien die Grundausstattung beträchtlich, eigene Pfarrrechte erhielt der adelige Konvent jedoch nicht. Das Kloster erwarb selbst Patronatsrechte in Riesenbeck 1276 und Westerkappeln 1278; beide Kirchen wurden 1317 als Ersatz für erlittene Schäden bei räuberischen Überfällen dem Kloster inkorporiert. Eine Mitgliedschaft des zehn bis 14 Schwestern starken Konvents im Zisterzienserorden bestand nicht, der Osnabrücker Bischof verzichtete nicht auf seine Rechte. Im 15. Jh. herrschten stiftsähnliche Zustände, die adeligen Damen wohnten in separaten Häusern, private Rentenkäufe waren üblich. Äbtissin Lutkardis (1473–84) stiftete 1475 aus eigenem Vermögen eine Vikarie. Die Zisterzienserabtei ➛ Marienfeld bemühte sich seit 1484, der *vita communis* Geltung zu verschaffen; Umbauten in Klausur und Kirche dienten diesem Reformvorhaben; Äbtissin Oda von Schnetlage (1484–96) musste wegen ihrer ablehnenden Haltung der Reform gegenüber abgesetzt werden. Das Engagement Marienfelds kann als Ausdruck einer Annäherung des Frauenklosters an den Zisterzienserorden im Sinn eines kommittierten Klosters gedeutet werden, der Nachweis einer Vollmitgliedschaft durch Inkorporation, wie sie von allen nordwestdeutschen Zisterzienserinnenklöstern lediglich ➛ Lilienthal besaß, kann jedoch nicht erbracht werden. Dauerhafter Erfolg war den Reformanstrengungen nicht beschieden, zumindest aber blieb der Konvent unter Äbtissin Christine von der Tinnen (1510–34) während der Reformation katholisch. 1616 registrierte eine Visitation lediglich zwei nichtkatholische Schwestern. Der Dreißigjährige Krieg brachte 13 Plünderungen; die Frauen hielten sich im Exil in Münster und Rheine auf. Im Siebenjährigen Krieg laugten Kontributionen das Klostervermögen aus. Bei der Aufhebung 1808 durch das Großherzogtum Berg hatte sich die Wirtschaft nicht wieder erholt; 13 Schwestern und Äbtissin Friderica von Sieghardt (1789–1808) durften bleiben, die letzten verließen G. im Frühjahr 1811.

▶ **Gegenwart.** Die schlichte, typische Zisterzienserinnenkirche St. Bernhard mit geradem Chorabschluss dient heute der katholischen Gemeinde als Rektoratskirche. Der Saalbau wurde Mitte des 13. Jh. wegen des sumpfigen Geländes auf waagerecht geschichteten Baumstämmen gegründet. Erst 1677 erhielt er durch Verlängerung nach Westen eine Nonnenempore, die inzwischen entfernt ist. Ein Leuchter (13. Jh.), das Chorgestühl (um 1500) und Epitaphe des Stifterpaars blieben aus mittelalterlicher Zeit erhalten. Ein Großteil der Ausstattung wurde im Dreißigjährigen Krieg geraubt. Ursprünglich lagen die Konventsgebäude westlich der Kirche. Ruinenreste lassen jedoch erkennen, dass im Zuge der Reformen des späten 15. Jh. zwei neue Klausurflügel direkt südlich der Kirche angebaut wurden. Der Westflügel brannte 1817 ab, erstand aber im schlichten Klassizismus neu. Ausgrabungen legten Reste des mittelalterlichen Kreuzgangs und des Kapitelsaals frei. Der Südtrakt erscheint heute in barocker Gestalt, birgt aber noch spätgotische Keller. Die entkernten und modernisierten Gebäude dienen unter einem Träger- und Förderverein als Kunsthaus, Veranstaltungs- und Begegnungsstätte mit Restaurant.

◆ Wolf, Manfred: G., in: Westfälisches Klosterbuch, Tl. 1, Münster 1992, 370–375.

Greifswald, *Franziskanerkloster St. Petrus und St. Paulus (1242–1556) – „Graukloster", Diözese Kammin – (kreisfreie Stadt, Mecklenburg-Vorpommern, ❐ 2, C2).*

▶ **Geschichte.** Unterhalb der Zisterzienserabtei ➛ Eldena entstand der Siedlungs- und Handelsflecken G., der 1241 von Witzlaw I., Fürst von Rügen, das Marktrecht und 1250 von Herzog Wartislaw III. von Pommern das Stadtrecht erhielt. 1242 riefen Graf Jaczo I. von Gützkow, herzoglicher Lehnsmann, und seine Frau Dobruslawa Franziskaner in die Stadt und schenkten ihnen ein Bauplatz im südöstlichen Bereich an der Wehrmauer. Anderen Angaben zufolge entstand das Greifswalder Barfüßerkloster erst 1262, also nach ➛ Rostock (1243), ➛ Stralsund (1254) und Wismar 1251. Die damalige Machtkonstellation spricht wohl eher für die Gründung 1242. Die Minoriten kamen aus Stettin, Sitz Herzog Barnims I., dem Bruder der Stifterin. Der zuständige Diözesanbischof Konrad III. von Kammin († 1245) war der leibliche Bruder des Stifters Jazco († 1248). Politisch beabsichtigte der erste Graf von Gützkow, der aus Salzwedel stammend in die entstehende Unterherrschaft eingeheiratet hatte, den Einfluss der Abtei ➛ Eldena in G. zurückzudrängen und bestimmte das Graukloster als Familiengrablege. Die Minoriten waren bei den Bewohnern der Stadt sehr beliebt und erhielten reichlich Zuwendungen. Neben den Stiftern ließen sich auch bedeutende Patrizierfamilien im Kloster bestatten. Mit ihrer Hilfe entstand eine dreischiffige Hallenkirche, die im 14. Jh. erweitert wurde. 1305 errichteten die Brüder einen Turm mit Abort an der Stadtmauer, der über einen Gang vom Kloster zu erreichen war. Das Studium war neben der Seelsorge ein wichtiges Betätigungsfeld. Die klostereigene Bibliothek wurde ständig erweitert, und die Barfüßer beteiligten sich ebenso wie Zisterzienser aus Eldena und die Prämonstratenser in ➛ Pudagla aktiv an der Gründung der Greifswalder Universität im Jahr 1456. Kloster und Universität standen im lebhaften Austausch, Minoriten studierten Theologie und wurden zu Lektoren berufen. Die franziskanische Observanzbewegung kam in G. nicht zur Geltung, der Konvent akzeptierte lediglich die mildere Reform im Sinn der ➛ Martinianischen Konstitutionen. Der Protestantismus breitete sich in Pommern flächendeckend aus; zwei Landtage in Treptow an der Rege beschlossen 1534 die Einführung der Reformation, wie es von beiden pommerschen Herzögen gewünscht wurde. Bischof Erasmus von Kammin (Manteuffel), der nur dem Papst und keinem Erzbischof unterstand, lehnte zwar das evangelische Augsburger Bekenntnis ab, verhielt sich aber zur neuen Kirchenordnung tolerant. In der Greifswalder Franziskanerkirche erlaubte der Magistrat seit 1535 nur noch evangelische Gottesdienste. Ein Provinzkapitel der Franziskaner entschied sich im April 1556 für die Auflösung des Konvents, um einer gewaltsamen Vertreibung wie in ➛ Zerbst oder Stralsund zuvorzukommen. Der letzte Guardian Simon Kamen übergab Kloster und Besitz 1556 an die Stadt; im März 1557 reisten jüngere Brüder ab. Die Senioren

Greifswald Franziskanerkloster, das spätgotische „Guardianhaus" als Rest des ehemaligen „Grauklosters".

Grevenbroich Wilhelmitenkloster, der spätgotische Chor der Klosterkirche als Seitenkapelle der Pfarrkirche.

durften mit Unterhalt versehen im Kloster bleiben, das als Armenhaus und Schule diente. Zum großen Teil mussten Kloster und Kirche Ende des 18. Jh. dem Bau des städtischen Gymnasiums weichen.

▶ **Gegenwart.** Heute befindet sich der moderne Komplex des Pommerschen Landesmuseums auf dem ehemaligen Klosterareal. Eingegliedert sind mittelalterliche Gebäudereste, wie das Untergeschoss des Ostflügels und ein südöstlicher Eckbau in seiner gesamten Höhe. Dieses erst seit dem 19. Jh. als „Guardianhaus" bezeichnete, dreigeschossige Gebäude mit Blendbogengiebel und Strebepfeilern entstand zwischen 1480 und 1510.

◆ Pieper, Roland/Einhorn, Jürgen W.: Franziskaner zwischen Ostsee, Thüringer Wald und Erzgebirge, Paderborn u. a. 2005, 18–21; Fassbinder, Stephan: Vom Kloster zum Museum, in: Klöster und monastische Kultur in Hansestädten, Rahden 2003, 157–164; Wächter, Joachim: Die Geschichte der Besiedlung des mittleren Peeneraums, Schwerin 1997.

Grevenbroich, *Wilhelmitenkloster St. Wilhelm (1296–1628), Zisterzienserpriorat St. Maria (1628–1802), Erzdiözese Köln – (Rhein-Kreis Neuss, Nordrhein-Westfalen, ❐ 1, A5).*

▶ **Geschichte.** Der maasländische Graf Walram von Kessel, Herr zu Bruyke, übergab 1296 dem Wilhelmitenorden die Pfarrkirche in der befestigten Ansiedlung Broich im Erfttal nahe seiner Burg im *Bruche comitis* und stiftete damit die Voraussetzungen zur Gründung eines Wilhelmitenklosters. Die Mönche kamen aus dem heute untergegangenem Kloster Paradies bei Düren. Der Konvent in G. entwickelte sich rasch zur zentralen Niederlassung der Ordensprovinz Francia. 1307 wurden Burg und Ort den Grafen von Jülich zugesprochen, 1311 wird G. erstmals als Stadt *(oppidum nostrum bruke)* urkundlich erwähnt. Eine eigene Pfarrgemeinde um das Kloster spaltete sich 1378 aus der Pfarre Allrath ab. Der Prior des Konvents war immer zugleich Pfarrer der Gemeinde. Prior Hermann von Grevenbroich beteiligte sich 1407 an Reformen des Ordens im Kloster ➛ Groß Burlo, die zur Aufwertung der Niederlassung ➛ Klein Burlo führten. 1499 entstand am Kloster der Bernardusturm, der sowohl als Glockenturm wie auch zur Stadtverteidigung im Kriegsfall diente. Nach langer Periode schleichenden Verfalls und vergeblichen Erneuerungsversuchen schloss sich der Konvent 1628 mit Zustimmung Papst Urbans V. dem Zisterzienserorden als Priorat der Abtei ➛ Kamp an, womit er dem Beispiel der westfälischen Klöster Groß Burlo und Klein Burlo (1448) folgte. Nach Aufhebung des Zisterzienserpriorats 1802 durch die französische Konsularregierung dienten Kirche und Anlage profanen Zwecken bis zur Brandvernichtung durch Blitzeinschlag 1823.

▶ **Gegenwart.** Die katholische Gemeinde ließ eine neugotische Backsteinhalle an Stelle des Klosters am Markt erbauen (1898–1902), die den Apostelheiligen Petrus und Paulus geweiht wurde. Der spätgotische Chor der ehemaligen Klosterkirche fand dabei Wiederverwendung und bildet heute im nördlichen Seitenschiff eine eigene Kapelle. Der Raum besitzt zwei kreuzrippengewölbte Joche und einen 5/8-Schluss; Gewölbe und Dach mussten nach dem Zweiten Weltkrieg restauriert werden. Wieder aufgebaut wurde auch der zweigeschossige Ostflügel mit dem Bernardusturm in Anlehnung an den mittelalterlichen Bestand.

◆ Elm, Kaspar: Der Wilhelmitenorden, in: Saxonia Franciscana, Bd. 5, Werl 1994, 55–66; Emsbach, Karl/Tauch, Max: Kirchen, Klöster und Kapellen im Kreis Neuss, Köln 1986.

Griefstedt, *Deutschordenskommende (vor 1240–1809), Erzdiözese Mainz – (Lkr. Sömmerda, Thüringen, ❐ 2, A5).*

▶ **Geschichte.** Landgraf Konrad von Thüringen schenkte 1234 dem Deutschen Orden in G. an der Unstrut ein Allod nebst Mühle, zu dem bald weitere Güter durch Schenkungen des örtlichen Adels hinzukamen. Der Deutschmeister Heinrich von Hohenlohe (1232–40) richtete vor 1240 eine Kommende in G. ein, die wie die Kommende ➛ Erfurt 1255 der neuen Ballei Hessen mit Hauptsitz ➛ Marburg zur Verstärkung zugeschlagen wurde. Marburg verwaltete den Besitz zunächst selbst. Seit 1288 trat aber mit Gottfried von Körner (1288–1302) ein eigener Komtur auf. Die wettinischen Landesherrn sowie der örtliche Adel, besonders die Grafen von Bleichen, förderten die Kommende mit Landschenkungen und Kirchenpatronaten, bemerkenswert hierbei: das Hospital von Günstedt bei Kindelbrück. Güter des Streubesitzes konnten mit den Johannitern in ➛ Weißensee zu gegenseitigem Nutzen getauscht werden, die Zisterzienserinnen von ➛ Kölleda verkauften um 1320 Land an die Kommende. Seit etwa 1360 unterstand der Kommende G. das Ordenshaus in ➛ Erfurt, der Komtur führte diese Niederlassung fortan als Stadthof. Mitte des 14. Jh. war die Hochblüte erreicht, und G. sorgte für materiellen und personellen Nachschub des Ordensstaats in Preußen. Mit der aufkommenden Wirtschaftskrise im 14./15. Jh. und nach der verlorenen Schlacht von Tannenberg (1410) traten Probleme zutage: Verlust der Ordensideale, Finanzkrise und Nachwuchsmangel. 1408 erhielt die Kommende eine letzte Schenkung, konnte jedoch bald die Forderungen des Hochmeisters auf der Marienburg nicht mehr erfüllen. Eine Visitation registrierte 1451 vier Ritterbrüder, vier Priesterbrüder und einen Graumäntler (Laienbruder). Komtur Helfrich von Drahe (1453–64) besserte die verfallende Gebäudesubstanz auf. Mit Wolfgang Schutzbar (Milchling) (1525–29) stand G. einer der fähigsten Männer des Ordens vor; er stieg 1530 zum Landkomtur in Marburg und 1543 zum Hoch- und Deutschmeister in ➛ Mergentheim auf. Im Juni 1525 plünderten nicht die aufständischen Bauern sondern Bürger Kindelbrücks die Kommende, woran sich auch ein Priesterbruder beteiligt haben soll. Komtur Schutzbar vermochte durch verhängte Strafzahlungen den Schaden bis 1528 beheben. Nach Einführung der Reformation wurde auch G. unter Komtur Georg Löwe von Steinfurt (1529–38) evangelisch. Die Ballei Hessen entschied sich zur Duldung aller drei Konfessionen, was um 1680 offizielle Anerkennung fand. Kurfürst Moritz von Sachsen verfügte 1553 die Sequestration (Zwangsverwaltung), die sich in landesherrlicher Visitation, Einspruchsrecht und Huldigungsgebot äußerte. Der wirtschaftlichen Konsolidierung nach dem Dreißigjährigen Krieg folgte die Auflösung der Ordensideale bis hin zur typisch barocken Landritterherrlichkeit, die das 18. Jh. bis zur Säkularisation bestimmte. 1809 wurde die Kommende durch die Franzosen aufgehoben; der letzter Komtur Heinrich Moritz Freiherr von Berlepsch (1795–1809) war zuvor gleichzeitig Landkomtur von Thüringen gewesen und hatte von ➛ Zwätzen aus die Kommende verwalten lassen.

▶ **Gegenwart.** Abseits des Ortes G. liegt das Gelände der ehemaligen Kommende, das nach dem Zweiten Weltkrieg in „Thomas-Müntzer-Siedlung" umbenannt wurde. Die barocke Zweiflügelanlage mit Kapelle, die der verschwenderische Komtur Johann Adolf Marschall von Bieberstein (1701–16) als repräsentativen Herrensitz erbaut hatte, wurde im Zuge der DDR-Bodenreform abgerissen. Danach entstanden einige Siedlungshäuser aber keine Neubauernkultur. Bis in unsere Zeit diente der Wirtschaftsteil als landwirtschaftliches Gut. Nutzgebäude, in denen mittelalterliche Substanz vermutet werden kann, sind verfallen oder machen heute einen erbärmlichen Eindruck; Restbestände der alten Wehrmauer sind gut zu erkennen.

◆ Hildebrand, Siegfried: Das Schicksal der Deutsch-Ordens-Komturei G., Jena 2000.

Grimma, *Augustiner-Eremitenkloster (1287–1538), Diözese Merseburg – (Lkr. Leipzig, Sachsen, ❐ 2, B5).*

▶ **Geschichte.** Die Bewohner der sächsischen Stadt G. an der Mulde baten Augustiner-Eremiten aus ➛ Gotha, die in der Stadt bereits eine Terminei betrieben, einen Konvent zu gründen. Markgraf Friedrich Tuta von Landsberg stimmte zu, Bischof Heinrich II. von Merseburg versicherte 1287 seinen besonderen Schutz und versprach jedem 40 Tage Ablass, der Messen der Brüder besuchte; ebenso stellte Papst Bonifatius VIII. 1302 einen Schutzbrief für den neuen Konvent aus. Von den Zisterziensern in ➛ Altzelle kauften die Bettelbrüder einen Bauplatz an der Mulde und trieben den Konventsbau zügig voran. Wie in den meisten Städten kam es auch in G. zu Konflikten zwischen den Bettelbrüdern und dem Ortspfarrer. Papst Nikolaus IV. beauftragte 1291 den Abt des Schottenklosters in ➛ Erfurt, den Streit über das Begräbnisrecht auf dem Klosterfriedhof zu schlichten; dies gelang aber erst acht Jahre später dem Bischof durch einen Vergleich. 1361 und 1453 fanden nachweislich in G. Provinzkapitel der sächsisch-thüringischen Ordensprovinz statt. 1419 erlaubte Bischof Nikolaus Lubich den großen Markttag auf den Augustinustag zu verlegen, was einen weit größeren Ablassertrag für die Bettelbrüder bedeutete; der Volksmund bezeichnete den großen Markt bald als „Bruderablass". 1430 brandschatzten Hussiten Kloster und Stadt, 1432 und 1433 folgten zerstörerische Hochwasserfluten der Mulde. In den folgenden Jahren mussten die Brüder ihr Kloster neu errichten, der Merseburger Bischof half ihnen durch Ablässe. Die Augustiner erwarben mit der Zeit durch den Verkauf von Seelenmessen recht umfangreichen Besitz. Das Kloster gehörte nie der strengen Observanzbewegung des Ordens an, die der Magistrat vergeblich forderte. Während der Reformationszeit setzte sich die neue Lehre auch unter den Augustinerbrüdern durch. Im April 1522 forderte der Rat genaue Inventar- und Mitgliederlisten, 1525 stellte er die Kleinodien „unter Schutz". Kurfürst Johann I. von Sachsen-Wittenberg nötigte die Brüder schrittweise zur Abtretung ihrer Liegenschaften zugunsten der Stadt. Die Zwangsverwaltung galt 1538 als vollzogen, ist wohl aber eher als Säkularisierung zu bewerten, da die Güter bald weiterveräußert wurden. Der Stadtrat duldete die letzten drei Augustiner-Eremiten im Kloster und übernahm die Anlage erst 1541, nachdem die letzten zwei Brüder Geldentschädigungen akzeptiert hatten.

▶ **Gegenwart.** Von der Klosteranlage steht heute nur noch die frühgotische, einschiffige Klosterkirche mit Glockenturm an der Nordseite. Sie dient der evangelisch-lutherischen Gemeinde als Gotteshaus. Die zum Fluss weisende Westwand zeigt als spätgotische Schmuckform einen Treppengiebel.

◆ HHistStD 8 Sachsen, 128–131; Kunzelmann, Adalbero: Geschichte der deutschen Augustiner-Eremiten, Tl. 1, 196–200, Tl. 5, 202–214, Würzburg 1969/74.

Grimma, *Heilig-Grab-Chorherrenpriorat Heilig Kreuz (um 1240–1493), Johanniterhospital Heilig Kreuz (vor 1496– um 1530) – „Templerhospital", Diözese Merseburg – (Lkr. Leipzig, Sachsen, ❐ 2, B5).*

▶ **Geschichte.** Chorherren des Heiligen Grabes zu Jerusalem, die in ➛ Droyßig ein Stift unterhielten, gründeten um 1240 im sächsischen G. an der Mulde ein Hospital mit Kapelle Heilig Kreuz und unterstellten es einem Prior. Es ist wenig bekannt über die Sepulcriner in G., die bis heute als „Templer" oder „Tempelherren" bezeichnet werden. Johannes Knorre, Spitalmeister und „Bruder zu Drowsyck des ordinis des heyligen grabes zu Ierusalem", verpachtete im Februar 1440 den Augustiner-Eremiten (➛ Grimma) der Stadt ein Waldstück nahe Undorf. Markgräfin Margareta von Meißen schlichtete 1478 einen Streit um Güter mit dem Mutterstift in Droyßig, denn das Verhältnis beider Einrichtungen zueinander stand im Spätmittelalter nicht zum Besten. Laut einer Urkunde visitierten Pröpste von ➛ Denkendorf und Rode-Martinsthal 1480 das Stift Droyßig und wohl auch das Hospital; die Zustände müssen unerfreulich gewesen sein, denn in einem Brief des gleichen Jahres fordert der Ordensgeneral und Archiprior in Perugia den Denkendorfer Propst auf, Unregelmäßigkeiten in Droyßig abzustellen. Die Johanniter übernahmen zwischen 1493 und 1517 die Niederlassung Droyßig, das „Templerhospital" in G. ging wohl auch in ihre Hand über. Noch im Mai 1493 bestätigte Spitalmeister Johannes Bretschneider die Verpachtung in Undorf, wie er selbst urkundete als „Vorsteher des hospitals zu Grymme deme Orden des heiligen Grabes zu Iherusalem zu dem hause

Grimma Augustiner-Eremitenkloster, Südseite der frühgotischen Augustinerkirche mit Hauptportal.

gein Droysck gehorende". Im Juni 1496 belehnte Nikolaus Anderßlouben wiederholt an Augustiner-Eremiten das Holz in Undorf, aber nun als „spittelmeister des hospitals zu Grymme ordenns sancti Iohannis des touffers Christi". Im Zuge der reformatorischen Umwälzung ging das „Templerhospital" gegen 1530 an die protestantische Stadt G. über.

▶ **Gegenwart.** Trotz Nutzung als Marstall, Lazarett und Armenhaus sind noch heute am Wohnhaus Ecke Köhler-/Töpferstraße mittelalterliche Außenmauern mit gotischen Fenster- und Türgewänden erkennbar; das Gebäude war der Südtrakt der Hospitalanlage.

◆ Kavacs, Günter u. a.: Untersuchungen zu mittelalterlichen Hospitalbauten in G., in: Historische Bauforschung Sachsen 4 (2000) 69–99; Elm, Kaspar: Quellen zur Geschichte des Ordens vom Heiligen Grab, Brüssel 1976.

Gronau, *Benediktinerabtei St. Maria und St. Sebastian (um 1130–1537), Erzdiözese Mainz – (Heidenrod-G., Rheingau-Taunus-Kreis, Hessen, ❐ 3, B2).*

▶ **Geschichte.** Die Grafen von Katzenelnbogen gründeten um 1130 auf altem Besitz die Benediktinerabtei *Grunowe* als Hauskloster und riefen Mönche aus dem Reformzentrum ➣ Siegburg in die Kemeler Heide am Nordrand des Taunus. Mönche brachten den *ordo Sigebergensis* mit, ihre Abtei gehörte zur neucluniazensischen Gemeinschaft des ➣ Siegburger Reformkreises, während das benachbarte Kloster ➣ Schönau der ➣ Hirsauer Reform nahestand. Seit 1287 unterstand das Gebiet kirchenrechtlich dem Erzbistum Trier. Nach Aussterben der Grafen von Katzenelnbogen 1479 übernahmen die Landgrafen von Hessen Landesherrschaft und Vogtei. In dieser Zeit bedurfte der Konvent dringend innerer Reformen, der Anschluss an die ➣ Bursfelder Kongregation erfolgte 1490. Eine Schädelreliquie des hl. Sebastian († um 305) galt als besonders wertvoller Besitz, und Anfang des 15. Jh. taucht er als Patron neben der Gottesmutter auf. Die Pestepidemie 1505 bis 1508 belebte den Sebastianskult, G. stieg zum Wallfahrtsmittelpunkt auf. Landgraf Philipp I. entschied sich 1524 für das lutherische Bekenntnis, ließ 1526 auf der Synode zu Homberg eine evangelische Kirchenordnung beschließen und 1527 die Klöster und Stifte in Hessen aufheben. In der Abtei G. fand 1527 die Gronauer Synode statt, auf der die neue Kirchenordnung auch für die Niedergrafschaft Katzenelnbogen bekannt gegeben wurde. 1537 legten die Benediktiner ihr Habit ab, Abt Dietrich von Lahnstein (1496–1547) siedelte mit fünf Gleichgesinnten in Ehrenthal; die verbliebenen Mönche durften bei Bekenntnis zum Protestantismus bleiben. 1542 bestimmte der Landgraf Abteianlage und Güter zur Einrichtung eines Armenhospitals, dem der Besitz des aufgehobenen Frauenklosters ➣ Brunnenburg zugeschlagen wurde.

▶ **Gegenwart.** Der Dreißigjährige Krieg ließ nicht viel monastische Architektur übrig, die Kirche erlag 1829 dem Abriss. In der heutigen, privat geführten Freizeitanlage gehen Umfassungsmauer, Backofen, Fundament- und Grundmauern und einzelne Spolien auf Klosterzeiten zurück. Die heutigen Gebäude entstanden in der Hospitalzeit und erscheinen inzwischen mehrfach umgebaut.

◆ GermBen 7, 527–534; Vanja, Christina: Die Hohen Hospitäler Landgraf Philipps als neue „caritas", Marburg 2004.

Grimma Heilig-Grab-Chorherrenhospital, der Südtrakt des gotischen Hospitals ist heute ein Wohnhaus.

Gröningen, *Benediktinerpropstei St. Vitus (936– um 1550) – „Klostergröningen", Diözese Halberstadt – (G.-Kloster G., Lkr. Börde, Sachsen-Anhalt, ❐ 2, A5).*

▶ **Geschichte.** König Heinrich I. belehnte seinen Schwager, Graf Siegfried von Merseburg, Legat und *a rege secundus* in Sachsen, 934 mit dem Königshof G. an der Bode zwischen Halberstadt und Magdeburg. Nach dem plötzlichen Tod ihrer Kinder übergaben Graf Siegfried und seine Gemahlin Guthia 936 den Besitz der Reichsabtei ➣ Corvey an der Weser, die im gleichen Jahr die Propstei G. gründete. Abt Folcmar von Corvey (917–942) ließ 940 die erste Klosterkirche einweihen. Die Propstei G. teilte während ihres Bestehens stets das Schicksal der Mutterabtei Corvey. Papst Hadrian IV. bestimmte 1154 ausdrücklich, dass diese Abhängigkeit bestehen bleiben müsse. Mit Abt Druthmar (1015–46) setzte sich im Mutterkloster die von Kaiser Heinrich II. geforderte ➣ Gorzer Reform durch. Mit Abt Markward (1081–1107) hielt die cluniazensisch geprägte Reform von ➣ Hirsau Einzug; so beeinflusste der Konvent in Corvey die innere Lebensform seiner abhängigen Propsteien und blieb in geistlichen Fragen höchste Instanz. Höhepunkt der mittelalterlichen Klosterzeit war die Amtszeit Abt Wibalds von Corvey (1146–58), auch Abt von Stablo-Malmedy; als enger Vertrauter mehrerer Kaiser übte er Einfluss auf die hohe Reichspolitik aus. Widukind, vor 1189 Propst in G., wurde zum Abt von Corvey (1189–1203) gewählt und erreichte bei den Staufern wichtige Privilegien, wie Zollfreiheit in Kaiserswerth und das Bergwerksregal auf die klösterlichen Besitzungen. 1247 übergaben die Grafen von Regenstein ihre Vogteirechte über G. an das Halberstädter Hochstift; Konflikte um die Sonderstellung der Propstei blieben nicht aus. Nachrichten aus dem Mittelalter sind dürftig, da das Archiv wahrscheinlich in Corvey lagerte und dort im Dreißigjährigen Krieg unterging. Im Spätmittelalter sank die Bedeutung Corveys, die Reichsabtei verlor einen Großteil ihrer auswärtigen Güter und sank zum Spielball von Territorialinteressen weltlicher und kirchlicher Nachbarn herab, worunter auch die Propstei G. litt. Erst der Anschluss der Reichsabtei an die ➣ Bursfelder Kongregation 1505 konnte den wirtschaftlichen und geistlichen Niedergang aufhalten. Während der Corveyer Konvent in der Reformationszeit katholisch blieb, sah sich die Propstei lutherischen Einflüssen ausgesetzt; um 1550 ging G. ein. Abt Theodor von Corvey (1585–1616) belehnte 1593 den evangelischen Herzog Heinrich Julius von Braunschweig-Wolfenbüttel mit Propsteigütern. Fürstabt Theodor von Brabeck (1776–94) verzichtete endgültig auf Rechte in G. zum friedlichen Ausgleich mit dem Fürstenhaus Braunschweig.

▶ **Gegenwart.** Heute beherrscht die zweite Propsteikirche St. Vitus den kleinen Ort Klostergröningen. Sie wurde Anfang des 12. Jh. an Stelle des ersten, ottonischen Saalbaues als dreischiffige, kreuzförmige Säulenbasilika

Gröningen Benediktinerpropstei, die romanische Propsteibasilika mit zweigeschossigem Vierungsturm.

unter Einfluss der ➛ Hirsauer Reformbewegung und ihrer Bautradition errichtet, unterlag aber nachreformatorisch einschneidenden Veränderungen. So fehlen ihr heute Seitenschiffe, Hauptapsis und Chorseitenschiffe des ehemaligen Staffelchors; geblieben ist als herausragendes Merkmal der achteckige, zweigeschossige Vierungsturm mit Biforienfenstern. Die geplanten zwei Türme des Westriegels wurden wohl nie ausgeführt. Im Inneren überraschen die durch Gurtbögen ausgeschiedene Vierung, freigelegte Mittelschiffarkaden, gestützt von Pfeilern und Säulen im niedersächsischen Wechsel mit ornamentreichen Würfelkapitellen, die hölzerne Flachdecke und eine Westempore mit Brüstung, ausgestattet mit figürlichem Stuckrelief. Die Emporenbrüstung in G. stellt nach Meinung von Fachleuten einen „Höhepunkt des streng-romanischen Stils in Sachsen" dar. Unter der Westempore befindet sich eine tonnengewölbte Kapelle mit dreifenstriger Konche, die als Grabstätte diente. Von der ersten Klosterkirche (Weihe 940) wurden Fundamente freigelegt, Kämpfer und ein korinthisierendes Kapitell sind erhalten. Die südlich angegliederte Klausur wird heute landwirtschaftlich genutzt; mittelalterliche Bausubstanz ist nur noch in Resten erkennbar.

◆ Römer, Christof: Die Benediktiner im Bistum Halberstadt, Halberstadt 2006; Nahrwold, Regine: St. Vitus Klostergröningen, München 1998.

Groß Burlo, *Wilhelmitenkloster St. Maria (1245–1448), Zisterzienserpriorat (1448–1803), Hünefelder Oblaten (seit 1921), Diözese Münster – (Borken-Borkenwirthe, Kr. Borken, Nordrhein-Westfalen, ❐ 1, A4).*

▶ **Geschichte.** Kloster Burlo war eine der ersten Niederlassungen des Wilhelmitenordens nördlich der Alpen und die erste auf deutschem Boden. Bischof Ludolf von Münster (Holte) förderte diese anspruchslosen Eremiten und gestattete ihnen, auf Anregung Propst Menricus' aus dem Kloster ➛ Fröndenberg, 1245 die Gründung eines Klosters in Burlo auf dem Besitz des kölnischen Ministerialen Gottfried von Oer, der als Stifter auftrat. Den unwirtlichen Ort bezeichnete der Bischof selbst als *locus desertus.* Die Mönche nutzten ein Oratorium des Priesters Siegfried von 1220, das inzwischen verlassen war. In Eigenbewirtschaftung ihres Grundbesitzes trugen sie wesentlich zur Melioration des Moor- und Heidelandes im deutsch-niederländischen Grenzgebiet bei. Gebete, Seelsorge und Handarbeit, weniger die geistige Beschäftigung war ihr Hauptanliegen. Unter Prior Bernhard Boye (1354–71) erfolgte 1361 die Filialgründung ➛ Klein Burlo mit sechs Mönchen im Kirchspiel Darfeld; das Mutterkloster wurde seitdem „Groß Burlo" genannt. 1329 taucht auf dem ersten überlieferten Konventssiegel der Klostername „Mariengarden" auf. Der Niedergang des Ordens führte 1448 mit Zustimmung Papst Nikolaus' V. zum Übergang beider Burloklöster in den Zisterzienserorden. Sie erhielten den Status von Prioraten der Abtei ➛ Kamp, die der niederländischen Reformkongregation von Sibculo, Warmond und Ijsselstein (alle heute Niederlande) vorstand und die Erneuerungsbewegung der ➛ Devotio moderna unterstützte. Unter der neuen Ordnung konnten die Marienkirche des Zisterzienserklosters G. erweitert und die Klausurgebäude erneuert werden. Von der Reformation kaum berührt, war das Kloster im spanisch-niederländischen Krieg (1585–98) Plünderungen und Zerstörung ausgesetzt; der Konvent zählte nur noch drei Mitglieder und lebte in Borken. Erst die Neuorganisation seit 1620 brachte einen allmählichen Aufschwung, der im 18. Jh. zum größten Vermögensstand führte. Die Gebäude konnten neu errichtet und die Kirche barock ausgeschmückt werden. 1765 wurde im Kloster die sogenannte „Burloer Konvention" ausgehandelt, die den Grenzverlauf zwischen dem Fürstbistum Münster und den Niederlanden verbindlich festlegte, so wie er heute noch gilt. 1803 erfolgte die Säkularisierung mit der Übergabe des Besitzes an den Fürsten von Salm-Kyrburg. Dieser ließ die zehn Mönche weiter im Kloster wohnen, ihr Stundengebet halten und seelsorglich tätig sein; der letzte Prior Johann

Zumbusch (1798–1803) starb 1825 und im Jahr darauf der letzte Konventuale.

▶ **Gegenwart.** 1921 übernahmen Hünfelder Oblaten den Klosterkomplex und seelsorgliche Gemeindeaufgaben; sie gründeten eine Schule, die 1972 als Vollgymnasium in katholischer Trägerschaft staatlich anerkannt wurde. Die spätgotische Klosterkirche St. Maria ist ein langgestreckter, kreuzgratgewölbter Raum, der heute durch seine schlichte Barockausstattung imponiert. Die Konventsgebäude enthalten nur noch im Kern mittelalterliche Bausubstanz.

◆ Elm, Kaspar: G., in: Westfälisches Klosterbuch, Tl. 1, Münster 1992, 375–382; ders.: Die Münsterländischen Klöster G. und Klein-Burlo, in: Westfälische Forschungen 18 (1965) 23–42.

Großburschla, *Benediktinerpropstei St. Bonifatius (vor 870– um 1150), Erzdiözese Mainz – (Treffurt-G., Wartburgkreis, Thüringen, ❐ 1, D5).*

▶ Am linken Ufer der Werra gründete die Reichsabtei ➛ Fulda bereits im 9. Jh. die Propstei G. Eine Mönchliste von 870/880 schätzt die Zahl der Benediktiner in allen Außenstellen der Abtei auf insgesamt etwa 150, wobei die Propstei G. Erwähnung fand. Das Hauptanliegen der Gründung sehen Historiker in der Wirtschaftsverwaltung des umfangreichen Landbesitzes an der mittleren und unteren Werra, Missionsaufgaben waren dagegen von untergeordneter Bedeutung. Abt Werinheri von Fulda (968–982) ließ eine prachtvolle Propsteikirche bauen, die um 1130 durch Kriegshändel zerstört wurde und neu erbaut werden musste. Die Mönche unterhielten in der Propstei auch eine Schule. In der zweiten Hälfte des 12. Jh. wechselte der Status des Konvents in ein Kollegiatstift. Etwa zur gleichen Zeit gab die Mutterabtei ihren flussaufwärts gelegenen Besitz ➛ Creuzburg im Tausch an die Landgrafen von Thüringen auf. Das Kollegiatstift unterstand weiterhin der Reichsabtei und wurde 1650 ganz nach Fulda verlegt. Kirche und Gebäude verkamen unter profaner Nutzung, weil der Ort eine eigene Pfarrkirche St. Nikolai besaß, in der seit 1529 ein evangelischer Pfarrer Gottesdienst hielt. Erst als die Nikolaikirche zusammenfiel, nutzte man die ehemalige Propstei- und Stiftskirche seit 1800 wieder als Gotteshaus. Im Lauf der Zeit war die romanische Pseudobasilika St. Bonifatius mehrmals beschädigt, umgebaut und verändert worden. Heute ist die evangelisch-lutherische Pfarrkirche St. Bonifatius von G. ein zweischiffiger Rechteckbau mit flachem Chorabschluss und Westturm. Im Innenraum erinnern romanische Elemente, wie Rundbogenarkaden, sächsischer Stützenwechsel, gekuppelte Biforien, Blattrankenfriese und reiche Ornamentik an Würfelkapitellen und Kämpfern an die Benediktinermönche.

◆ Kohlstedt, Georg: Die Benediktinerpropstei und spätere Kollegiatstift G. an der Werra, Leipzig 1965.

Großburschla Benediktinerpropstei, die Kirche enthält noch romanische Architektur der Mönchszeit.

Großenhain, *Magdalenenkloster St. Maria Magdalena (vor 1240–1539), Diözese Meißen – (Lkr. Meißen, Sachsen, ❐ 2, C5).*

▶ **Geschichte.** Die Stadt G. wurde nach 1200 planmäßig am Übergang der Handelsstraße Leipzig-Böhmen über die Röderaue durch die Markgrafen von Meißen angelegt. Vor 1240 entstand ein Magdalenenkloster an der Stadtmauer, der Klosterkirchturm an der Nordseite des Chors diente gleichzeitig als Wehrturm. Markgraf Heinrich III. der Erleuchtete ist als Gründer zu vermuten, stiftete er doch ➛ Nimbschen, ➛ Mühlberg, ➛ Oschatz, ➛ Seußlitz, das Franziskanerkloster in ➛ Meißen und ➛ Hohenlohe-Leipzig. Vier großzügige Schenkungen des Markgrafen an die Magdalenen in G. sind im 13. Jh. nachweisbar. Sein Nachfolger Albrecht der Entartete befreite die Reuerinnen 1288 von Steuern und Gerichtsbarkeit in Stadt und Umland. Friedrich I. der Freidige übereignete dem Konvent 1298 das Patronatsrecht über die Stadtkirche. Töchter des wettinischen Hauses gehörten dem Konvent an. Auch Ministeriale und Bischöfe sparten nicht mit Gunstbeweisen. Die Schwestern verfügten über zehn Dörfer und Immobilienbesitz in der Stadt. Das innere Leben des Konvents ist kaum aufzuhellen, bei einem Brand 1359 ging nach eigenem Bekunden Schriftgut verloren. Gegen Ende des 15. Jh. wurde die Klosteranlage erneuert, die Kirche erhielt einen Polygonalchor; möglicherweise gingen damit innere Reformen im Konvent einher. Während der Reformation schützte Herzog Georg der Bärtige als letzter wettinischer Bewahrer des katholischen Glaubens bis 1539 seine Landesklöster im albertinischen Sachsen. Sein Nachfolger Herzog Heinrich II. führte 1539/40 rigoros die evangelische Kirchenordnung ein, wofür er von Protestanten den Titel „der Fromme" erhielt; er säkularisierte auch das Reuerinnenkloster in G. Ein Großbrand 1540 zerstörte dreiviertel der Stadt und die Klosteranlage; der Überlieferung nach hätten Brüder des Servitenklosters Feuer gelegt, als sie den Ort verlassen mussten.

▶ **Gegenwart.** In der Klostergasse der Kleinstadt G. haben sich Reste des mittelalterlichen Magdalenenklosters erhalten. Von der Klosterkirche stehen noch Turm und Nordwand des Chors. Ein spätgotisches Konventsgebäude südlich der Kirche mit Räumen im Erdgeschoss, die Zellengewölbe und gotische Holzdecke aufweisen, wurde in großen Bereichen völlig überbaut. Vom städtischen Servitenkloster haben sich keine architektonischen Spuren erhalten.

◆ Mohn, Claudia: G. (Sachsen), in: Mittelalterliche Klosteranlagen, Petersberg 2006, 438 f.; Butz, Reinhardt: Landesherren und Bettelorden im obersächsisch-meißnischen Raum, in: Saxonia Franciscana, Bd. 10, Werl 1998, 107–125.

Großfurra, *Zisterzienserinnenkloster St. Bonifatius (um 1300–1538), Erzdiözese Mainz – (Sondershausen-G., Kyffhäuserkreis, Thüringen, ❒ 2, A5).*

▶ **Geschichte.** Das Frauenkloster G. existierte zunächst seit etwa 1300 in Großballhausen zwischen Salza (Bad Langensalza) und Weisensee an einer St. Vitus Kirche. Landgraf Friedrich der Ernsthafte aus dem Hause Wettin übertrug den Frauen 1322 das Patronat über die Pfarrkirche St. Bonifatius im (etwa 25 km) nordwestlich gelegenen G. an der Wipper. Aus unbekannten Gründen zog der Konvent 1326 nach G. an seine Bonifatiuskirche um. Der Schwesternkonvent stand in Abhängigkeit zur nahen Zisterzienserabtei ➛Volkenroda; er bekannte sich zur Zisterzienserobservanz, aber wohl ohne dem Orden als vollwertiges Mitglied anzugehören, diesbezügliche Hinweise gibt es nicht. Die Herren von Schlotheim schenkten 1331 den Zisterzienserinnen das westlich gelegene Gut, das zur Konventsanlage umgebaut wurde. Nachrichten über Kloster G. sind dürftig, für 1454 ist eine Geldschenkung eines Herrn von Werthern bekannt, die Reparatur- oder Umbauten an der Bonifatiuskirche ermöglichen sollte. Lutherisches Glaubensgut fand frühzeitig Eingang in den Konvent; einige Schwestern verließen bereits 1519 das Kloster, das 1538 vom sächsischen Kurfürst Johann Friedrich dem Großmütigem, Führer des protestantischen Schmalkaldischen Bundes, aufgehoben wurde.

▶ **Gegenwart.** Die schlichte, romanische Kirche St. Bonifatius in G. dient heute der evangelisch-lutherischen Gemeinde als Pfarrkirche. Der einschiffige Bau mit kreuzgratgewölbtem Rechteckchor zählt zu den reizvollsten Dorfkirchen Thüringens aus romanischer Zeit. Von zwei Chorflankentürmen blieb nur der nördliche erhalten. Die Nutzung als Klosterkirche bedingte Veränderungen im Westbereich. Die Schwestern gelangten über einen Verbindungsgang von ihrem westlich gelegenen Wohngebäude zur Kirche. Bauliche Veränderungen in nachklösterlicher Zeit sind an Türen und Fenstern sichtbar, auch der Treppenturm ist neuzeitlich. Von der Klausuranlage sind außer dem mittelalterlichen Keller keine Spuren geblieben. Am Gründungsort Großballhausen, heute Ballhausen, besteht die spätgotische Pfarrkirche St. Vitus in einzelnen Bereichen aus Mauerteilen des romanischen Vorgängerbaus; mit dem kurzen Aufenthalt des Schwesternkonvents kann man sie nicht in Verbindung bringen.

◆ RepZist 268f.; Mohn, Claudia: Ballhausen, G. (Thüringen), in: Mittelalterliche Klosteranlagen, Petersberg 2006, 287f.

Großfurra Zisterzienserinnenkloster, die romanische Pfarr- und Klosterkirche besaß zwei Chorflankentürme.

Grünau, *Kartäuserkloster St. Maria, St. Leonhard und St. Nikolaus (1328–1557, 1635–1803) – „Neuenzell", Diözese Würzburg – (Schollbrunn-G., Lkr. Main-Spessart, Bayern, ❒ 3, D2).*

▶ **Geschichte.** Die Kartäuser kamen 1333 in das stille Kropfbachtal im Südspessart, nachdem Gräfin Elisabeth von Hohenlohe, gebürtige Gräfin von Wertheim, ihnen 1328 ihren Besitz zur Gründung des Klosters G. übereignet hatte. Die Mönche stammten aus der ersten deutschen Kartause Mainz, die 1320 erst in Kiedrich gegründet und 1322 auf den Mainzer Michaelsberg verlegt worden war; somit zählt G. zu einer der frühesten Niederlassungen des Ordens auf deutschem Gebiet. Der erste Konvent unter Prior Henricus de Speculo (um 1340) nutzte zunächst die bereits vorhandene Wallfahrtskapelle als Klosterkirche der *Nova Cella* und begann mit dem Bau der Umfassungsmauern, weil den Brüdern das Betreten offenen Geländes verboten war. Erst etwa 100 Jahre später weihte der Würzburger Weihbischof Hermann die vergrößerte Klosterkirche ein, die auch als Grablege der Wertheimer Grafenfamilie zu Ehren kam. Das reiche Stiftungsgut der Gräfin Elisabeth, angeblich ein Sühneopfer für den von ihr verschuldeten, tödlichen Jagdunfall ihres Gatten Gottfried von Hohenlohe-Röttingen, umfasste das Dorf Schollbrunn, zwei Mühlen am Haselbach, Weingärten und einige Zinseinkünfte in der Umgebung. Die Betreuung der Pfarre in Schollbrunn musste 1391 vom Generalprior Johann von Bari ausdrücklich bewilligt werden, weil dies den Ordensstatuten zuwiderlief. Von G. aus erfolgte die Besiedlung der Kartausen Koblenz 1331 und ➛Erfurt 1372. Visitatoren aus den Prioraten ➛Nürnberg und ➛Tückelhausen stellten 1485 mangelhafte Klosterzucht in G. fest und tadelten besonders den Bruch des Schweigegebotes. 1523 wurde Prior Michael Lemlein seines Amtes enthoben, in Ermanglung ausreichend begabter Brüder wurde er jedoch noch zweimal wiedergewählt. Nach Verwüstungen durch aufständische Bauern 1525 und mit dem Bekenntnis zum Protestantismus des Wertheimer Grafen Georg II. begann eine schwierige Epoche der Klostergeschichte. Zwischen 1557 und 1635 galt die Kartause als aufgelöst bzw. der Kartause Ilmbach nominell unterstellt. Prior Udalrich Hungeheurs (1635–1710) richtete 1635 mit drei Mitbrüdern das Mönchsleben in G. unter eingeschränkten Bedingungen mühevoll wieder auf, neue Gebäude wurden erstellt, der Konvent blieb aber mit der Hälfte des ursprünglichen Besitzes nur begrenzt lebensfähig. Nach der Aufhebung im Zuge der Säkularisation 1803 fiel der Besitz an das gräfliche Haus Löwenstein-Wertheim-Virneburg.

▶ **Gegenwart.** Heute ist das ehemalige Kloster G. ein idyllisch gelegenes Ausflugslokal an einem Fischteich zwischen Schollbrunn und Hasloch. Durch ein großes Tor (1779) gelangt man in die Anlage, die durch Ruinenreste ein romantisches Flair ausstrahlt. Die Gaststätte befindet sich in der einstigen Prokuratie (17. Jh.). An der Westbegrenzung des Geländes hat sich am sogenannten oberen Konventbau ein Spitzbogendurchgang erhalten, der im Bogenscheitel die Jahreszahl 1507 trägt. Von der zur Scheune umgebauten Kirche sind nur die beiden Endwände erhalten: das Ostende bildet einen dreiseitig geschlossenen Chor, während die Westseite ein Halbwalmdach besitzt und in der Fassade ein dreiteiliges gotisches Spitzbogenfenster mit Vierpass aufweist. Es bleibt schwierig, alle erhaltenen Mauern ihren ursprünglichen Bestimmungen zuzuordnen, weil Archivmaterial und Pläne von der zweitältesten deutschen Kartause verloren gegangen sind.

◆ Soder von Güldenstubbe, Erik: Schriften und Quellen zur Geschichte der fränkischen Kartausen sowie ihre Bibliotheken, in: Die Geschichte des Kartäuserordens 1 (1991) 12–31; Blüm, Hubertus Maria: Lexikale Übersicht, in: Die Kartäuser, Köln 1983, 306.

Grünberg, *Antoniter-Generalpräzeptorei (vor 1222–1527) – „Töngesherrnkloster", Erzdiözese Mainz – (Lkr. Gießen, Hessen, ❐ 3, C1).*

▶ **Geschichte.** Die erste urkundliche Erwähnung der oberhessischen Antoniter-Präzeptorei in G. datiert 1222. Möglicherweise entstand die Niederlassung G. durch eine Stiftung der Landgrafen von Thüringen nach 1196 als Tochterniederlassung der Generalpräzeptorei Roßdorf bei Hanau (später ➛ Höchst). Die Präzeptorei lag günstig an wichtigen Handelswegen und entwickelte sich mit der Stadt schnell zu einer der unabhängigen Generalpräzeptoreien des Ordens. Unter den sechs Haupthäusern im deutschsprachigen Raum war sie wohl die aktivste. Ihr ausgedehnter Grundbesitz und weite Terminierbezirke in allen norddeutschen Bistümern garantierten hohe Einnahmen, Reichtum, Einfluss und Ausstrahlung. Konflikte um Terminiergrenzen mit den eigenen Ordenshäusern blieben nicht aus, besonders nicht mit ➛ Memmingen, aber auch nicht mit Isenheim (Elsass). 1222 konnte die Tochter ➛ Tempzin in Mecklenburg gegründet werden, vor 1273 folgte ➛ Lichtenberg/Elbe und 1493 ➛ Arolsen in der Grafschaft Waldeck; Stadthäuser existierten in Marburg, Münzenberg, Trendelburg und Fintel. Das Filialhaus Lichtenberg (auch Lichtenburg oder Prettin) konnte sich 1348 lösen und stieg zur *praeceptoria generalis* auf. Gleiches versuchte Tempzin vergeblich, dessen Einfluss bis nach Skandinavien und ins Baltikum reichte; Tempzin war noch im späten 15. Jh. ein abhängiges Haus, eine *praeceptoria subdita*, die dem Mutterhaus reiche Einnahmen sicherte. In einer Auflistung der 42 Generalpräzeptoreien des Ordens, die vermutlich auf das Jahr 1323 zurückgeht und nach der Gründungszeit sortiert ist, rangiert G. an 21. Stelle und weist die hohe Zahl von zehn Ordensmitgliedern auf. Die Antoniter widmeten sich in ihrem Klosterhospital speziell der Behandlung des epidemisch auftretenden Mutterkornbrandes (Ergotismus). Im Vertrauen auf die Fürbitte des hl. Wüstenvaters Antonius (um 251–356) als gewissermaßen psychosomatischer Ansatz und mit Naturheilverfahren erreichten die Mönche erstaunliche Linderung der schmerzhaften Krankheit. Im Spätmittelalter widmeten sie sich auch anderen Erkrankungen und erlangten Hoheit über drei der vier Spitäler der Stadt. Mit drei eigenen Höfen war die Präzeptorei größter Grundbesitzer innerhalb der Stadtmauern und entsprechend bedeutend als Sozialdienstleister und Arbeitgeber. Nach Vertreibung der Juden aus der Stadt (1350) übernahmen die Antoniter deren Geldgeschäfte. Der Pestepidemie 1349/50 folgte Existenznot; beim Stadtbrand 1391 wurde die Klosteranlage zerstört, ein Jahr später stand jedoch bereits die neue Klosterkirche, die bis 1518 ständig erweitert wurde. Am Vorabend der Reformation galt die Präzeptorei G. als eines der reichsten Klöster der hessischen Landgrafschaft. Im Sommer 1524 verbot Landgraf Philipp I. allen Bettelorden, in Hessen zu terminieren, ausgenommen waren die Antoniter aus G. Nach der Homberger Synode 1526 ließ er das Kloster jedoch im September 1527 auflösen. Der letzte Generalpräzeptor Johann Koch war im November 1526 gestorben, seine Mitbrüder wurden abgefunden. Die Klostergüter dienten zur Versorgung der evangelischen Universität Marburg. Die Klostergebäude wurden nach 1567 als Witwensitz ausgebaut, aber nur als Amtsverwaltung genutzt.

Grünberg Antoniter-Generalpräzeptorei, der ehemalige Speicherbau der Präzeptorei (um 1500).

▶ **Gegenwart.** Die trapezförmige Schlossanlage zwischen Stadtmauer und Rosengasse entspricht dem Grundriss der Antoniteranlage und enthält ganze Bereiche mittelalterlicher Gebäudeteile, die nachreformatorisch stark überbaut wurden. Die ehemalige Klosterkirche ist heute ein in Wohnräume unterteilter Rechteckbau. Den Hof umschließt an der Nordseite über der Stadtmauer die Präzeptorei von 1398, gegenüber die Sakristei und der Hospitaltrakt, der spätere Witwensitz. Im Osten begrenzt der ehemalige Speicherbau mit Backofen (um 1500) das Gelände – „Universitätsbau" genannt, weil hierher die Marburger Universität 1542 wegen Pestgefahr ausgelagert war. Die einst geschlossene Anlage weist seit Abrissarbeiten im 19. Jh. erhebliche Baulücken auf. In einer Quergasse steht der ehemalige Marstall, ein Fachwerkbau (um 1500), der heute als Finanzinstitut genutzt wird. Von Interesse sind im Schlosshof ein Steinrelief des hl. Antonius mit Wappen Landgraf Wilhelms II. sowie Grabsteine, von denen einer an Präzeptor Nikolaus von Lindenstruth († 1350) erinnert.

◆ Rittmannsperger, Ekart: Das Antoniterkloster und die Reformation in G., in: Beiträge zur Geschichte G. in Mittelalter und Reformationszeit, Neustadt/Aisch 2006, 7–20; Mischlewski, Adalbert: Der Antoniterorden in Deutschland, in: Archiv für mittelrheinische Kirchengeschichte 10 (1958) 39–66.

Grünberg, *Augustiner-Chorfrauenstift St. Paulus (1482–1535) – „Hospitalkloster“, Erzdiözese Mainz – (Lkr. Gießen, Hessen, ❐ 3, C1).*

▶ Südlich der Altstadt G. entstand in der zweiten Hälfte des 13. Jh. ein ummauerter Neustadtbereich mit der Pfarrkirche St. Paulus, die 1304 geweiht wurde. An der Kirche sammelten sich religiöse Frauen, die 1377 erstmals als Gemeinschaft genannt und 1457 als „Klausnerinnen bei St. Paul“ bezeichnet werden. 1482 unterstellten sie sich der Augustinusregel. Papst Sixtus IV. beauftragte den Prior Johann Eschau (1480–1502) vom Windesheimer Stift ➛ Hirzenhain mit der Aufsicht. Die Augustiner-Eremiten des nahen Klosters ➛ Alsfeld pflegten offensichtlich keinen Kontakt, insofern sind die „Augustinerinnen“ von G. kaum als Tertiarinnen des Dritten Ordens der Augustiner-Eremiten einzuschätzen. Wohl eher bestanden Beziehungen zum nordwestlich von G. gelegenen Prämonstratenserinnenstift ➛ Wirberg; der dort ansässige Frauenkonvent wurde ebenfalls von Chorherren aus Hirzenhain betreut und visitiert. Nach Einführung der Reformation 1527 durften die Schwestern der *Clause der Süstern sancti Augustini* im Gegensatz zu den Antonitern (➛ Grünberg) und Franziskanern (➛ Grünberg) in der Stadt bleiben; 1532 werden sie noch erwähnt. Das Stift diente seit 1535 als Hospital, war doch das Spital der Antoniter in der Altstadt aufgegeben worden. Die Stifts- und Pfarrkirche St. Paulus heißt seitdem „Hospitalkirche“. Zwischen 1723 und 1740 entstand eine evangelische Hospitalkirche, ein schlichter Saalbau ohne Turm im Stil des aufkommenden Klassizismus. Vom Chorfrauenkonvent blieb nördlich der Kirche ein langer, spätgotischer Klausurtrakt in Fachwerk mit massivem Untergeschoss erhalten, der 2002 saniert wurde und seit 2007 als Stadtmuseum eingerichtet ist.

◆ MonWin 2, 215.217; Kaminsky, Hans-Heinrich: Zur Bedeutung G. in Politik, Wirtschaft und Kultur im Spätmittelalter, in: Beiträge zur Geschichte Grünbergs in Mittelalter und Reformationszeit, Neustadt/Aisch 2006, 21–45; Dersch, Wilhelm: Hessisches Klosterbuch, Marburg 2000.

Grünberg, *Franziskanerkloster (vor 1250–1528) – „Barfüßerkloster“, Erzdiözese Mainz – (Lkr. Gießen, Hessen, ❐ 3, C1).*

▶ **Geschichte.** Der erste urkundliche Beleg über das Barfüßerkloster in der hessischen Burgsiedlung G. entstammt dem Jahr 1250. Mit hoher Wahrscheinlichkeit initiierte Landgraf Heinrich Raspe IV. von Thüringen zwischen 1229 und 1240 die Franziskanerniederlassung. Die Ludowinger wie auch die hessischen Landgrafen förderten die aufstrebende Stadt, deren Herrschaft sie als erzbischöfliches Lehen beanspruchten. Das Franziskanerkloster entstand an der westlichen Stadtmauer am Frankfurter Tor, nahe der älteren Antoniter-Präzeptorei (➛ Grünberg); beiden Anlagen war städtische Wehrfunktion zugedacht. 1272 testieren die Minoriten aus G. in einer Vergleichsurkunde der Reichsabtei ➛ Hersfeld sowie 1285 in einer Einigung der Augustiner-Chorherren von ➛ Schiffenberg mit dem hessischen Landesfürsten Heinrich I. im Streit um Patronatsrechte. Ein Aufsehen erregender Vorfall ereignete sich 1290, als der Barfüßer Heinrich Bettemburch aus dem Konvent G. ohne Erlaubnis in den Deutschen Orden übertrat; Papst Nikolaus IV., einst Ordensgeneral der Minoriten, nahm sich persönlich dieser Sache an und beauftragte Erzbischof Siegfried von Köln (Westerburg), den Abtrünnigen zurückzuführen; die Kosten für das Rechtsgutachten aus Rom und sonstiges musste der Deutsche Orden übernehmen. Den Stadtbränden 1370 und 1391 fiel auch das Franziskanerkloster zum Opfer, möglicherweise Ursache für die schlechte Quellenlage. Der Konvent G. war in die hessische Kustodie der Kölner Franziskanerprovinz integriert. Landgraf Wilhelm der Jüngere von Hessen forderte 1497 innere Reformen; die Brüder entschieden sich daraufhin für eine strenge, armutsbetonte Lebensweise und gehörten der Observantenbewegung an, die sich 1517 als eigener Ordenszweig von den Konventualen abspaltete. Landgraf Philipp I. setzte auf der Homberger Synode 1526 die Zustimmung der Landstände zur Reformation durch und löste seit 1527 fast alle Klöster in Hessen auf. 1528 stand das Franziskanerkloster in G. leer, die Observanten waren ihrem alten Glauben treu gebliebenen und hatten die Stadt verlassen.

▶ **Gegenwart.** Die Franziskanerkirche wurde abgebrochen, die Konventsgebäude verfielen. Die heutige Grünfläche nördlich des Diebsturms markiert etwa den ehemaligen Standort. Lediglich das gotische Wohnhaus auf der Stadtmauer mit Treppenturm blieb erhalten; in seinem Inneren sind Gewölbekeller und ein alter Brunnen sehenswert. Ein Förderverein kümmert sich um die Nutzung für Kulturveranstaltungen und Kunstausstellungen.

◆ Jürgensmeier, Friedhelm (Hg.): Handbuch der Mainzer Kirchengeschichte, 3 Bde., Würzburg 1997–2002; Berger, Thomas: Die Bettelorden in der Erzdiözese Mainz und in den Diözesen Speyer und Worms im 13. Jh., Mainz 1994.

Grünhain Zisterzienserabtei, Chormauerreste und Fundamente der spätromanischen Abteibasilika.

Grünhain, *Zisterzienserabtei St. Maria und St. Nikolaus (um 1233–1536), Diözese Naumburg – (G.-Beierfeld, Erzgebirgskreis, Sachsen, ❐ 4, B1).*

▶ **Geschichte.** An einer bereits bestehenden Kirche in der Siedlung G. im Westerzgebirge am „Pressnitzer Pass“ an der Handelsstraße nach Böhmen, gründete Meinher II., Burggraf von Meißen und Lehnsherr des Reichslehen von Hartenstein, um 1233 eine Zisterzienserabtei. Abt Bruning von ➛ Buch stand seit 1235 als erster Abt dem neuen Kloster vor, dessen Konvent mit acht Mönchen aus der Mutterabtei ➛ Sittichenbach vervollständigt wurde. 1236 konsekrierte Bischof Engelhard von Naumburg die Anlage. Die Abtei G. erweiterte die Liegenschaften im Kerngebiet, ihr Streubesitz entlang der Handelsstraße erreichte fruchtbare Böden bei Altenburg sowie jene bei Kaaden und Saatz in Böhmen. Insgesamt zählten vor der Reformation über 60 Dörfer zum Grundeigentum, ebenso viele Dorfanteile, die Städte Schlettau und Zwönitz, mehrere Handelsplätze sowie die als Grangien fungierenden Stadthöfe in Zwickau, Gardschütz bei Altenburg und Wistritz in Böhmen. Neben Agrar-, Vieh- und Fischwirtschaft betrieben die Mönche Weinbau im Leutratal bei Jena und Holzgewinnung im waldreichen Erzgebirge. Der Bergbau entwickelte sich zur wichtigsten Ertragsquelle, bei Freiberg wurde bereits 1168 Silber gefunden, auch der Eisenerz- und Steinkohleabbau gewannen rasch an Bedeutung. Die Beteiligung der Abtei am Bergbau ist erst für den Beginn des 15. Jh. belegbar, wenngleich die Zisterzienser schon zuvor als Kreditgeber auftraten. Sie organisierten vorrangig die Verarbeitung von Kohle und Metallen in ihren Schmelzhütten und Hammermühlen, spekulierten mit „Kuxen“ (Anteilsscheine), handelten mit Eisenwaren und versorgten die Bergleute mit Holz und Nahrungsmitteln, wobei das Schankrecht für Bier die größte Priorität einnahm. Die Zisterzienser von G. studierten an den Universitäten in Prag und Leipzig. Der Hussitenüberfall im Dezember 1429 verursachte einen Einbruch der Handels-, Kredit- und Produktionsabläufe; das Kloster wurde ausgeplündert und verwüstet. Spätere Abkommen mit den Hussiten führten zur Exkommunion der „ketzerischen“ Mönche durch Papst Paul II., wovon die Abtei erst 1469 befreit wurde. 1522 verließen unter reformatorischem Druck 16 Mönche das Kloster. 1525 plünderten die eigenen Bauern die Wirtschaftshöfe. Kursächsische Eingriffe in die Autonomie der Abtei verstärkten sich, mehrere amtliche Visitatoren überprüften den Besitzstand und die wirtschaftliche Leistungskraft. Kurfürst Johann Friedrich I. der Großmütige ließ 1536 die Abtei G. auflösen. Der letzte Abt, Johannes Göpfert, heiratete seine Köchin und erhielt eine großzügige Rente sowie Wohnsitz im Schloss Schlettau. Der Besitz wurde zum Amt G. erhoben, das bis 1821 bestand. Das Abteigelände kauften 20 Bürger auf. Die Gebäude wurden nach einem Stadtbrand zum Abbruch freigegeben.

▶ **Gegenwart.** G. ist die am wenigsten bekannte Zisterzienserabtei Sachsens, weil sie am radikalsten abgetragen wurde. Heute existieren aus mittelalterlicher Zeit neben der vollständigen Umfassungsmauer lediglich die Außenmauern einer Scheune, als „Langschuppen“ bezeichnet, das turmartige Torgebäude des inneren Immunitätsbereiches, der „Fuchsturm“, sowie ausgegrabene Chormauerreste der zugeschütteten Kirchenfundamente, einst eine kreuzförmige Basilika mit geradem Chorabschluss. Durch Messungen konnten 1998/99 verborgene Mauerzüge erfasst und die Klausuranlage rekonstruiert werden. In der Stadt Zwickau hat sich der Klosterhof von 1239 nahe der Langen Gasse, den die Abtei zusammen mit Sittichenbach unterhielt, zum großen Teil erhalten. Auch der Stadthof in Gardschütz bei Altenburg, der 1378 erstmals erwähnt wird, verfügt noch über Gebäude mit mittelalterlichen Kellergewölben und über ein mächtiges Haupttor. Die Bibliothek der Abtei G., etwa 650 Titel umfassend, gelangte über Wittenberg in die Universität Jena.

◆ RepZist 270–274; Friedmann, Uwe: Das Zisterzienserkloster G., Berlin 2004; Westphalen, Thomas: Neue Untersuchungen im Kloster G., Leipzig 2002.

Gürath, *Deutschordenskommende (1253–1802) – „Judenrode“, „Elsen“, Erzdiözese Köln – (Grevenbroich-Neurath, Rhein-Kreis Neuss, Nordrhein-Westfalen, ❐ 1, A5).*

▶ Prämonstratenser vom Stift ➛ Hamborn bei Duisburg verkauften der Ballei Koblenz des Deutschen Ordens unter Landkomtur Walter de Porta Castri (1249–72) 1253 das Gut G. zu Neurath bei Frimmersdorf im Erfttal. Deutschordensbrüder aus Köln gründeten in G. eine Kommende, die unter der Bezeichnung „Judenrode“ bekannt wurde. 1263 konnten Dorf und Kirche Elsen erworben werden, woraufhin die Ordensbrüder ihre Kommende nach Elsen verlegten. Mit dem reichsunmittelbaren Gebiet Elsen stand dem Landkomtur von Koblenz ein Sitz auf Reichstagen zu. Die Kommende, die in Urkunden nun mit dem Namen „Elsen“ bezeichnet wird, war über 700 Jahre von einiger Bedeutung für die Region zwischen Rhein und Maas sowie für die Ballei Koblenz, die als Kammerballei dem Hochmeister in Ostpreußen direkt unterstand. Im Dorf Neurath errichteten die Deutschordensbrüder die Pfarrkirche St. Lambertus. Die Aufhebung erfolgte unter französischer Besatzung 1802. Im 20. Jh. fiel G.-Elsen dem Braunkohleabbau zum Opfer. An den Deutschen Orden erinnert heute lediglich das spätromanische Westportal mit Blendbogen an der Kirche St. Lambertus in Neurath, deren übrige Bausubstanz aus dem 18./20. Jh. stammt. Das jährliche Skapulierfest (an jedem 16. Juli) in Neurath geht auf einen Karmelitenpater zu Beginn des 18. Jh. und nicht auf die Deutschordensbrüder zurück.

◆ Wegener, Wolfgang: Die Deutschordenskommende Elsen bei Grevenbroich, Stuttgart 2004.

Gutenzell, *Zisterzienserinnen Reichsabtei St. Maria und Dreifaltigkeit (1237–1803), Diözese Konstanz – (G.-Hürbel, Lkr. Biberach, Baden-Württemberg, ❐ 3, D4).*

▶ **Geschichte.** Aus einer Beginengemeinschaft an der romanischen Kirche St. Cosmas und Damian im Tal der Rot entstand 1237 unter Einfluss Abt Eberhards I. (1191–1240) von ➛ Salem ein Zisterzienserinnenkloster, das Papst Gregor IX. 1238 unter Schutz nahm und ihm die Mitgliedschaft im Zisterzienserorden bestätigte. Eine spätere Überlieferung nennt die Herren von Schlüsselberg als Stifter. Aus dem ursprünglichen Namen *Cella Dei* wurde 1259 *Bona Cella*. Der Konvent setzte sich nicht nur aus örtlichen Adelsfamilien zusammen, sondern nahm auch nichtadelige Töchter auf. Die geistliche und wirtschaftliche Aufsicht übernahm die Abtei Salem, was nicht immer konfliktfrei ablief. In den letzten 50 Jahren ihres Bestehens stand die Abtei G. unter der Obhut der Abtei ➛ Kaisheim. Ein Blitzschlag legte 1339 die Klausuranlage in Schutt und Asche, was den kontinuierlichen Aufstieg zunächst hemmte. Im 14. Jh. erlangten die Zisterzienserinnen schrittweise Reichsfreiheit, die Kaiser Sigismund 1417 und 1437 sanktionierte. Ein Hofmeister nahm im Auftrag der Äbtissin seit 1521 an Sitzungen des Schwäbischen Kreises teil. Seit 1474 stand die Klosterkirche auch der Pfarrgemeinde offen. 1522 wütete erneut ein Feuer im Kloster. 1525 drangen aufständische Bauern in die Abtei ein. Biberacher Bürger versuchten erfolglos, den Konvent für die evangelische Lehre zu gewinnen. Unter Äbtissin Maria Segesserin von Brunegg (1567–1610) erlebte G. seine Hochblüte, die sich im Bau einer neuen Konventsanlage und der geistlichen Erneuerung im Sinn der nachtridentinischen Klosterreform offenbarte. Während des Dreißigjährigen Krieges floh der Konvent 1632 in die Steiermark, die Schweden legten beim Abzug Feuer. Tüchtige Äbtissinnen trieben in der zweiten Hälfte des 17. Jh. den Wiederaufbau voran. Im 18. Jh. vollzog sich die barocke Umgestaltung der Kirche. Unter Äbtissin M. Alexandra Zimmermann (1759–76), Tochter des berühmten Landsberger Architekten, bestand der Konvent aus 22 Chor- und elf Laienschwestern. Im Zuge der Säkularisation fiel die Abtei G. 1803 an Graf Joseph August von Toerring-Gronsfeld; die Zisterzienserinnen durften bleiben, die letzte starb 1851.

▶ **Gegenwart.** Bis auf den frühneuzeitlichen Ostflügel und das barocke Gästehaus wurden 1864 die Konventsgebäude und der Kreuzgang abgebrochen. Die Pfeilerbasilika zu zehn Jochen ohne Querschiff mit polygonalem einschiffigem Chor aus der Zeit um 1350 blieb im Kern erhalten, äußerlich noch gut zu erkennen. Nach Plänen von Dominikus Zimmermann wurde um die Mitte des 18. Jh. der Innenraum in graziöses Rokoko sparsam aber wirkungsvoll umgestaltet, beeindruckend dabei die Fresken von Johann Georg Dieffenbrunner. Seit 1803 dient sie der katholischen Gemeinde als Pfarrkirche St. Cosmas und Damian.

◆ Beck, Otto: G., in: Württembergisches Klosterbuch, Ostfildern 2003, 254–256; Restorff, Jörg: St. Kosmas und Damian G., Lindenberg 2001.

Gutenzell Zisterzienserinnen Reichsabtei, am Chor ist der gotische Kern der Abteibasilika gut zu erkennen.

Habsthal, *Dominikaner-Tertiarinnenkloster St. Stephan (1257–1806), Benediktinerinnenkloster St. Stephan (seit 1892), Diözese Konstanz – (Ostrach-H., Lkr. Sigmaringen, Baden-Württemberg, ❒ 3, C4).*

▶ Eine Tertiarinnengemeinschaft, die unter der Aufsicht der Dominikaner des ➛ Konstanzer Inselklosters stand, zog 1259 von Mengen nach H., nachdem ihr Pfalzgraf Hugo IV. von Tübingen seine Besitzungen überlassen hatte. Das Dominikanerinnenkloster wurde 1806 aufgelöst. Seit 1892 leben Benediktinerinnen aus Kloster Hermetschwil (Schweiz) in der Anlage. Die heutige Klosteranlage entstand noch unter den Dominikanerinnen im späten 17. Jh. völlig neu. Bei Renovierungsarbeiten fand man 1966 in der Kirchennordwand östlich des heutigen Eingangs ein gotisches Spitzbogenportal; auch der Chor enthält ein gotisches Dreipassfenster, so dass man vermuten darf, im Kern der Barockkirche steckt mittelalterliches Baugut. Möglicherweise gehen auch ihre Fundamente auf das 13. Jh. zurück.

◆ Jäggi, Carola: Frauenklöster im Spätmittelalter, Petersberg 2006, 60–62; Wilts, Andreas: Meersburg, in: Beginen im Bodenseeraum, Sigmaringen 1994, 382.

Hachborn, *Prämonstratenser-Chorfrauenstift St. Johannes Baptist u. a. (1186–1527), Erzdiözese Mainz – (Ebersdorfergrund, Lkr. Marburg-Biedenkopf, Hessen, ❒ 3, C1).*

▶ **Geschichte.** Die Burggrafen Giso und Hartrad der Ältere von Merenberg übergaben mit Zustimmung Hartrads des Jüngeren 1186 ihr Allod H. bei Marburg der Prämonstratenserabtei ➛ Arnstein zwecks Gründung eines Tochterstifts, wobei sie sich Einspruchsrechte vorbehielten. Verwirrend bleibt, dass in einer Urkunde von 1189 Erzbischof Konrads I. von Mainz (Wittelsbach) das Stift H. als Eigentum der Mainzer Kirche erscheint, auch fehlt es in den Arnsteiner Verzeichnissen der Gebetsgemeinschaften von 1230/35; dazu kommt, dass H. im Prämonstratenserkatalog von 1235 als Tochter der Abtei ➛ Ilbenstadt bezeichnet wird. Es bleibt offen, ob die Stiftung jemals an die Abtei Arnstein ging und eine Besiedlung von dort erfolgte. 1189 war H. mit Gewissheit ein Chorherrenstift, das in Abhängigkeit vom Mainzer Bischof stand, vielleicht mit einem Doppelkonvent in seinen Mauern. Seit 1231 erscheint es urkundlich als Frauenstift, nach Meinung einzelner Forscher eindeutig erst seit 1349. Ein Brandunglück zerstörte das Stift um 1250 fast vollständig. Der ungewöhnlich lange Ablass, der zu seinem Wiederaufbau gewährt wurde – nämlich der Erlass zeitlicher Sündenstrafen von einem Jahr und 40 Tagen –, lockte zahlreiche Gläubige nach H., was zum raschen Neubau beitrug. Die Wetzlarer Bürger Gumbert und seine Frau Hildegund übergaben im Juni 1308 ihre Güter in Moischt, heute ein Stadtteil von Marburg, für Jahresgedächtnisfeiern nach ihrem Tod; in der entsprechenden Urkunde ist lediglich von der „Meisterin" und ihrem Konvent die Rede. 1370 ging die Mainzer Herrschaft als Lehnsgut an die Landgrafen von Hessen über, H. wurde zur landsässigen Institution. Größere Bedeutung erlangte das Stift nicht; der Besitzstand hielt sich in Grenzen, die ➛ Marburger Landkommende des Deutschen Ordens war in der Region übermächtig. Der „Mönchhof" vor dem Dorf, die Sandmühle und der südlich gelegene Hof Fortbach waren im Spätmittelalter verpachtet; zum Besitz gehörte auch ein Haus in Marburg nahe der jüdischen Schule. Die Abtei Ilbenstadt übte Paternität aus, in der Spätphase übernahm die Abtei ➛ Spieskappel diese Aufgabe. 1370 stiftete der Burgmann Adolf Ruwe zu Nordeck ein „Ewiglicht", das Tag und Nacht in der Stiftskirche brannte. Mit dem Angebot des „ewigen Gebets" wurden die Prämonstratenserinnen in ganz Hessen bekannt, viele Gläubige kauften sich das Gedächtnisgebet der Schwestern für ihren Sterbetag. Noch 1515 stiftete Anna von Mecklenburg für sich ein „Seelgerede". Ihr Sohn, Landgraf Philipp I. von Hessen, ließ das Stift H. 1527 wie fast alle klösterlichen Institutionen in Hessen aufheben. Schon Anfang des Jahres hatte zeitweise Johann Blanckenheim, ein konvertierter Augustiner-Eremit aus ➛ Alsfeld, die Verwaltung übernommen. Hermann Becker aus Treysa, ehemals ein Zisterziensermönch in ➛ Haina, predigte vor den Prämonstratenserinnen von der neuen evangelischen Freiheit. Im Dezember 1527 mussten die verbliebenen fünf Frauen gegen den jährlichen Erhalt von Getreidenaturalien auf ihre Rechte verzichten.

▶ **Gegenwart.** Im Ortsteil H. der Gemeinde Ebersdorfergrund blieben bis heute lediglich einige Reste der ehemaligen Immunitätsmauer und ein Gewölbekeller von der Stiftsanlage erhalten. Nach Belehnung, Umbau zum landesherrschaftlichen Renaissanceschloss mit Wirtschaftsgut und Verpachtung wurde der Besitz 1789 an Einzelbauern aufgeteilt. Die 34 Erbleihbesitzer rissen die baufälligen Gebäude ab, Schloss und Reste der Stiftsanlage gingen im Dorf auf. Einzig die Stiftskirche steht unversehrt auf der Anhöhe im ehemaligen Immunitätsbezirk und dient heute als evangelisch-lutherische Pfarrkirche. Der frühgotische, gestreckte Rechteckbau mit Chorturm besteht zum großen Teil noch aus Mauern der zweiten Kirche, die nach dem Brand Mitte 13. Jh. entstand. Die Innenausstattung ist nachreformatorisch.

◆ Unglaube, Peter: Das Haus Hachborn. Ein verschwundenes Schloss im Marburger Land, in: Zeitschrift für hessische Geschichte und Landeskunde 106 (2001) 59–85; Dersch, Wilhelm: Hessisches Klosterbuch, Marburg 2000.

Hachborn Prämonstratenser-Chorfrauenstift, die frühgotische Chorturmkirche des Stifts, Südostansicht.

Hadmersleben, *Benediktinerinnenabtei (St. Stephanus) St. Petrus und St. Paulus (vor 961–1810), Diözese Halberstadt – (Lkr. Börde, Sachsen-Anhalt, ❒ 2, A4).*

▶ **Geschichte.** Bischof Bernhard von Halberstadt errichtete auf Eigenbesitz in H. an der Heeresstraße zwischen Halberstadt und Magdeburg ein Benediktinerinnenkloster, das er dem Hochstift Halberstadt übertrug, was der sechsjährige Mitkönig Otto II. und wohl auch sein Halbbruder Erzbischof Wilhelm von Mainz 961 bestätigten. Die erste Äbtissin war Gundrada, eine Nichte des Bischofs. Die Immunität wurde garantiert, die Wahl der Äbtissin erforderte jedoch immer Konsens mit dem Diözesanbischof. König Otto III. schenkte 994 dem Kloster 22 Dörfer, wohl weil die damalige Äbtissin Hildeburga mit dem sächsischen Herrscherhaus verwandt war. Anfang des 12. Jh. lag das religiöse Leben danieder, Reformbischof Reinhard von Halberstadt (Blankenburg) regelte um 1108 die inneren Verhältnisse neu und festigte Klausur und Eigenbesitz. Er stellte den Frauen einen Regularkanoniker aus ➛ Hamersleben als Propst zur Seite, dem auch Archidiakonbefugnisse oblagen. Im Halberstädter Frauenkloster ➛ Drübeck setzten sich offensichtlich unter diesem Reformbischof die ➛ Hirsauer Statuten durch, was für H. jedoch nicht belegt, aber durchaus denkbar ist. 1318 lässt sich eine Schulmeisterin nachweisen. Private Einkünfte einzelner Schwestern nahmen im 14. Jh. an Umfang zu. Güterverkäufe zu dieser Zeit signalisieren bereits den Niedergang. Aus dem Kloster ➛ Brunshausen bei Gandersheim wurde 1461 Schwester Sancta von Meynegodessen als Äbtissin (1461/1500) eingesetzt; sie und Propst Ludolf Nacke verhalfen dem Konvent zu neuer Blüte im Sinn der ➛ Bursfelder Benediktinerreform. Aus dem Konvent führte Priorin Mechthild von Niendorf (1470–95) mit zwei Schwestern die Observanz in ➛ Ebstorf ein und gab sie von dort weiter nach ➛ Buxtehude (1478), ➛ Medingen (1479), ➛ Lüne (1481), ➛ Walsrode (1482) und ➛ Marienstuhl (1482). Der Konvent in H. bestand 1517 aus 39 Chor- und 39 Laienschwestern. Während der Reformation traten einige Frauen aus. Zur Wahl von Äbtissin Anna Michaelis traten 1540 nur noch 28 Professschwestern an, 1564 war das katholische Kloster H. inselartig von protestantischem Territorium umschlossen. Der bischöfliche Administrator, Herzog Heinrich Julius von Braunschweig-Lüneburg, selbst ein eifriger Lutheraner, half 1583 die Türme der Klosterkirche instand zu setzen, die damals die spitzen Hauben erhielten. Im März 1617 erteilte Kaiser Matthias dem Kloster einen Schutzbrief. Wie wenig dieser im Alltag half, zeigt die Tatsache, dass Guardian Tetteborn (1603/19) vom Franziskanerkonvent ➛ Halberstadt nur als Scherenschleifer getarnt die Schwestern betreuen konnte. Schwedische Truppen vertrieben die Frauen von 1631 bis 1635 nach Hildesheim ins Exil; erst der Westfälische Frieden 1648 sicherte die Existenz des katholischen Konvents rechtlich ab. Eine Konsolidierung der Klosterökonomie zeigte sich auch in der barocken Umgestaltung von Kirche und Kloster unter Äbtissin Anna Margaretha Blume (1679–1717). Anfang des 19. Jh. bestand der Konvent aus 20 Chor- und einer Laienschwester. König Jérôme Bonaparte von Westphalen verfügte im Mai 1809 die Auflösung.

▶ **Gegenwart.** Die heutige katholische Pfarrkirche St. Peter und Paul in H. ist vermutlich in der ersten Hälfte des 13. Jh. als dritter Kirchenbau des Klosters entstanden. Der romanisch-frühgotische Rechtecksaal ist typisch dreigeteilt in Unterkirche, Nonnenempore und Laienkirche. Zwei angebaute Kapellen an beiden Längsseiten imitieren ein Querschiff. Den Westriegel (um 1250) zieren zwei spitze Türme von 1583. Der älteste Teil der Kirche ist die dreischiffige Unterkirche mit Kreuzgratgewölbe auf Pfeilern und Säulen; das schmale Südschiff der „Krypta" stammt noch aus der Gründungszeit aus der Mitte des 10. Jh. Ganze Bereiche des Langhauses wurden um 1261 erneuert und bis ins 16. Jh. gotisiert, ein Holztonnengewölbe ersetzte im 14. Jh. die Flachdecke. Die nördliche Marienkapelle entstand aus zwei Jochen des spätgotischen Kreuzgangs. In ihr werden heute mittelalterliche Ausstattungsstücke bewahrt, ein Restbestand gotischer Glasmalerei ist erhalten. Nordöstlich der Kirche schließen sich barock-klassizistische Klausurgebäude um den fast einen Hektar großen Hof an. Der Westflügel enthält den zweischiffigen, stark überformten Kapitelsaal von 1160, der eine Grundfläche von 24,5 x 10 m einnimmt. Die Arkaden des Kreuzgangs wurden vermauert und mit Rechteckfenstern verschlossen.

◆ Schrader, Franz: St. Peter und Paul Hadmersleben, Regensburg 1992; Bogumil, Karlotto: Das Bistum Halberstadt im 12. Jh., Köln 1972.

Häfnerhaslach, *Franziskaner-Tertiarinnenkloster St. Remigius (14. Jh. – 1556) – „Graue Sammlung", Diözese Speyer – (Sachsenheim-H., Lkr. Ludwigsburg, Baden-Württemberg, ❒ 3, C3).*

▶ Der Ort H. im Kirbachtal wird erstmals 1138 in einer Urkunde erwähnt, als das Hochstift Speyer dem Benediktinerkloster ➛ Odenheim ein Hofgut in *Haslach* überließ. Abt Dietrich von Angelloch (1425–42) verkaufte 1442 den Zisterzienserinnen von ➛ Frauenzimmern den Ort, die ihn schon

Hadmersleben Benediktinerinnenabtei, die frühromanische Unterkirche mit dem ältesten Architekturbestand.

ein Jahr später an Graf Ludwig von Württemberg veräußerten. Eine Beginengemeinschaft besaß im 14. Jh. das Haus mit Hof und Baumgarten in H. unmittelbar an der Remigiuskirche. Ihre Bezeichnung als „Graue Sammlung“ deutet auf Beziehungen zum Franziskanerorden hin; die Frauen gehörten mit hoher Wahrscheinlichkeit als Tertiarinnen dem Dritten Orden der franziskanischen Familie an. Die Zustimmung der Äbte von Odenheim zur Mitbenutzung der Pfarrkirche kann man voraussetzen. Die Schwestern verdienten sich mit Weben und Handarbeit ihren Unterhalt; ihr Besitzstand war ärmlich, nur zwei Wiesen unterhalb des Dorfes gehörten dem Konvent. Trotzdem überstand die Gemeinschaft den Bauernkrieg 1525 und die Einführung der Reformation in Württemberg seit 1534. Das Augsburger Interim 1548 erleichterte vorübergehend die Glaubensausübung der Katholischen, aber 1556 kam der Befehl zur Auflösung. Drei betagte Schwestern (Anna von Zell, Margaretha von Gartach, Dorothea Schweikerin von Calw) gingen mit jährlichem Kostgeld in das Vaihinger Spital, die junge Elisabeth Stahl von Roßwag kehrte in ihr Elternhaus zurück. Das Schwesternhaus wurde umgebaut und dient noch heute als evangelisches Pfarrhaus. Die einschiffige Chorturmkirche unterlag mehreren Veränderungen, weist aber deutlich mittelalterliche Architektursubstanz auf: Den gotischen Chor deckt ein Kreuzrippengewölbe auf verzierten Konsolen ab, ein Schlussstein ziert eine Rose und an den Wänden blieben gotische Fresken erhalten. Ein hölzernes Kruzifix (um 1350) bereichert den Kirchenraum. Die Glocke von 1431 hörten schon die Schwestern.

◆ Erst, Albrecht: H., in: Württembergisches Klosterbuch, Ostfildern 2003, 257.

Haina, *Zisterzienserabtei St. Maria (1188–1527), Erzdiözese Mainz – (Lkr. Waldeck-Frankenberg, Hessen, ❐ 3, C1).*

▶ **Vorgeschichte.** Nach vergeblichen Gründungsversuchen der Zisterzienserabtei ➛ Kamp seit etwa 1140 hatte sich 1188 ein Konvent aus ➛ Altenberg im Bergischen Land auf der ➛ Aulesburg im Kellerwald erfolgreich behauptet. Der Enkel des Stifterpaares, Graf Heinrich III. von Reichenbach, verzichtete 1214 auf Eigentums- und Vogteirechte, woraufhin die Zisterzienser ihr Kloster von der unwirtlichen Höhe der Aulesburg in das Tal der oberen Wohra verlegten und ihr Kloster am Dorf H. neu errichteten. Die dafür notwendige Zustimmung von Landgraf Hermann I. von Thüringen und Erzbischof Siegfried II. von Mainz (Eppstein) erlangten die Mönche 1215.

▶ **Geschichte.** Die Zisterzienserabtei H. entwickelte sich durch Stiftungen und Schenkungen aber besonders aufgrund zeitgemäßer Wirtschafts- und Organisationsformen des Ordens zu einem der bedeutendsten hessischen Klöster; sie stand lediglich den Reichsabteien ➛ Fulda und ➛ Hersfeld nach. Ihr Besitz dehnte sich bis Fritzlar im Norden und Frankfurt/Main sowie Gelnhausen im Süden aus. Mehrere Stadthöfe sicherten den Absatz der landwirtschaftlichen Überproduktion. Noch Anfang des 15. Jh. erhielt Abt Statius Huhn (1406–38) umfangreiche Lehnsgüter von Graf Johann von Nassau. Trotz des Reichtums beteiligte sich H. nicht an den Filiationsbestrebungen des Ordens, Tochterklöster wurden nicht gegründet. Die Mönche konzentrierten sich auf die Armenspeisung am Kloster wie auch in ihren städtischen Höfen. Besitzstreitigkeiten mit Nachbarn blieben nicht aus. Kriege führten zu Rückschlägen, die städtischen Bettelorden gewannen an religiöser Attraktivität. Im 15. Jh. wirkte sich das Pachtsystem durch Ertragseinbußen nachteilig auf den Klosteralltag aus. Visitationsprotokolle der Mutterabtei Altenberg weisen 1508 deutliche Missstände in H. aus, angeprangert werden z. B. die Trinkgelage der Mönche. Landgraf Philipp I. von Hessen löste die Abtei mit der Durchsetzung der Reformation in seinem Territorium im Oktober 1527 auf. Der letzte Abt Dietmar (um 1495/1527) zog sich mit den Brüdern nach ➛ Mainz in das ehemalige Antoniterkloster zurück. Der Exilkonvent hoffte lange vergeblich auf eine Restitution; 1648 wurde er mit dem Mutterkonvent Altenberg vereinigt. Landgraf Philipp verfügte den größten Teil der Güter an die Universität Marburg und ließ im Klosterkomplex ein Hospital mit einem Fünftel des Besitzes für arme, kranke und gebrechliche Männer aus der Landbevölkerung einrichten. Die Gesamtverwaltung der „Hohen Hospitäler“ Hessens oblag bis ins 19. Jh. der „Stiftung Haina“.

Haina Zisterzienserabtei, die eindrucksvolle Raumwirkung der Abteikirche mit Chorschranke (13./14. Jh.).

▶ **Gegenwart.** Noch heute ist Kloster H. ein Komplex mit Psychiatrischem Krankenhaus und vier eigenständigen Einrichtungen des Landeswohlfahrtsverbands Hessen. Die staatliche Nutzung sicherte bis heute die fast vollständig erhaltene mittelalterliche Klosteranlage des 13./14. Jh. Die ehemalige Abtei- und heutige evangelische Pfarrkirche ist eine frühgotische, dreischiffige Hallenkirche auf kreuzförmigem Grundriss mit geradem Chorschluss. Sie entstand in vier Bauabschnitten (1216–1338) unter dem Einfluss ➛ Eberbachs und der französisch-gotisch geprägten ➛ Marburger Elisabethkirche des Deutschen Ordens. Bestechend sind: Raumharmonie, Chorschranke, Architekturplastik, originale Ausmalung und frühes Fensterglas in Grisaille. Das zisterziensische Schlichtheitsgebot in seiner Strenge im Osten weicht der Liebe zum Schmuckdetail bei der späteren Bauausführung im Westen. Die Klosterkirche in H. gilt als eines der bedeutendsten frühgotischen Baudenkmäler Deutschlands. Der Vierungsturm entstand erst 1889 bei Renovierungsarbeiten. Die Klausurflügel enthalten alle typischen mittelalterlichen Funktionsräume. Der Kreuzgang war ursprünglich flachgedeckt, erst im späten 19. Jh. erhielt er seine Einwölbung. Im ummauerten, parkähnlichen Klosterareal stehen Gebäude aus der Zisterzienserzeit, die nach wie vor genutzt werden (Klosterspende mit Treppenturm, Abtshaus, Zehntscheune, Torhaus).

◆ Vanja, Christina: Die Hohen Hospitäler Landgraf Philipps als neue „caritas“, Marburg 2004; Friedrich, Arnd/ Heinrich, Fritz: Die Zisterzienser und das Kloster H., Petersberg 1998.

Halberstadt Dominikanerkloster, die typische Bettelordenskirche St. Katharina entstand 1280 bis 1510.

Halberstadt, *Dominikanerkloster St. Katharina (1231–1566, 1648–1810), Karmelitinnenkloster St. Katharina (seit 1920) – „Katharinenkloster“, Diözese Halberstadt – (Lkr. Harz, Sachsen-Anhalt, ❐ 2, A5).*

▶ **Geschichte.** Die ersten Dominikaner sollen schon 1217 aus ➛ Hildesheim in die Bischofsstadt H. gekommen sein, was aber Legende sein dürfte; möglich erscheint ihre Ankunft im Jahr 1223. Bischof Friedrich II. von Kirchberg stiftete 1231 einen Hof als Bauplatz am südlichen Lauf der Holtemme und half mit einem Ablass. Um 1242 wurden die nordseitige Klausur und die erste Kirche St. Katharina und Barbara konsekriert. Die Prediger mussten sich mit den Franziskanern (➛ Halberstadt) und Serviten wegen der Terminierbezirke arrangieren, auch Augustiner-Eremiten aus ➛ Quedlinburg waren in der Bischofsstadt aktiv. Einige Vorteile besaßen die Dominikaner durch die besondere Ablassbewilligung; einziger Widersacher der Brüder war der Stadtklerus, der um Einnahmeverluste bangte. Die Halberstädter Bischöfe standen auf Seiten der Dominikaner, verlangten aber Dienste in der Bischofskurie; juristische Streitfragen wurden im Konvent abgehandelt. Einzig gegen Bischof Albrecht II. von Braunschweig-Lüneburg nahmen die Mendikanten nach 1335–38 gemeinsam mit dem Stadtklerus und der Bürgerschaft eine oppositionelle Haltung ein. Im 14. Jh. lebten zwei Dominikaner im Konvent, die unter dem Namen „Konrad von Halberstadt“ durch ihre Schriften bekannt wurden. Während „Konrad dem Älteren“ die Teilnahme am Generalkapitel 1321 in Florenz und u. a. ein naturkundliches Werk zugeschrieben wird, war „Konrad der Jüngere“ († 1363) Provinzial der Ordensprovinz Saxonia (1351–54) und verfasste u. a. die Weltgeschichte „Chronographia interminata“, die weite Verbreitung fand. Unruhen in der Reformationszeit, nachfolgende Repressalien des evangelischen Stadtrats und die Pestepidemie von 1565 dezimierten den Konvent auf zwei Brüder. 1566 gaben sie auf und übereigneten das Katharinenkloster dem Domkapitel. In den Gebäuden wurde vorübergehend eine Schule für evangelische Theologen eingerichtet. Die Prediger kamen 1628 aus ➛ Osnabrück zurück in die Stadt, aber erst nach 1648 konnte sich ein vollwertiger Konvent etablieren. Die katholisch-missionarischen Aufgaben der Dominikaner umfassten in der Neuzeit vielfältige Aufgaben und führten weit über die Diözese hinaus, etwa nach Magdeburg, Potsdam, Berlin und Stettin. 1808 zählte der Konvent 22 Brüder. 1810 verfügte Jérôme Bonaparte die Aufhebung der Klöster im Königreich Westphalen, darunter auch das Dominikanerkloster in H.

▶ **Gegenwart.** In die alten, mehrfach umgebauten Klausurgebäude zogen 1920 Karmelitinnen ein, die zur Kongregation des Karmel vom Göttlichen Herzen Jesu innerhalb des Ordens der unbeschuhten Karmeliten (Teresianischer Karmel) gehören. Sie widmen sich heute der Seelsorge sowie der Betreuung Jugendlicher. In den Klausurmauern ist kaum mittelalterliche Substanz enthalten, aber die gotische Dominikanerkirche dient noch immer als katholische Pfarrkirche St. Katharina. Sie ist eine flachgedeckte, dreischiffige Halle in typisch mittelalterlicher Bettelordensarchitektur mit schlankem Dachreiter. Der Chorraum besitzt eine Deckenwölbung und setzt sich in der Breite des Mittelschiffs lang nach Osten fort. Diese repräsentative Bettelordenskirche entstand von etwa 1280 bis 1510 unter Einbeziehung spätromanischer Mauerzüge des Vorgängerbaus. Kunsthistoriker unterscheiden in dieser langen Zeit fünf Bauphasen.

◆ Schmies, Bernd: Die Halberstädter Mendikanten und ihre Beziehungen zu den Bischöfen von H., Halberstadt 2006; Todenhöfer, Achim: Die Kirchen der Franziskaner und Dominikaner in H., Halberstadt 2006; Leng, Rainer (Hg.): Konrad von H. O.P., Chronographia Interminata, Wiesbaden 1996.

Halberstadt, *Franziskanerkloster St. Andreas (1246–1814, seit 1920) – „Andreaskloster", Diözese Halberstadt – (Lkr. Harz, Sachsen-Anhalt, ❐ 2, A5).*

▶ **Geschichte.** In der Amtszeit Bischof Friedrichs II. von Kirchberg kamen die ersten Minoriten 1223 aus ➛ Hildesheim in seine Bischofsmetropole H. Sie bewohnten zunächst ein kleines Haus bei der sogenannten Commisse. Erster Guardian war Bruder Rodegar, Ratgeber der hl. Elisabeth von Thüringen. Erst 1246 erhielten die Franziskaner von Graf Heinrich V. von Regenstein einen Platz am Rand der alten Marktsiedlung südlich des Domberges, um ein Kloster zu gründen. Der Sohn, Graf Heinrich der Jüngere, unterstützte seit 1289 den Bau der dreischiffigen Klosterkirche St. Andreas und wurde 1314 in ihr im Franziskanerhabit beigesetzt. Neben Bischof Volrad von Kranichfeld gehörten die Grafen von Regenstein (auch Reinstein, Machtinhaber im Nordharzgebiet) in der zweiten Hälfte des 13. Jh. zu den eifrigen Förderern der Barfüßer. Auch der ortsansässige Niederadel und die Bürgerschaft sparten nicht mit Schenkungen und Stiftungen, wofür die Brüder ihre Wohltäter in die Gebetsgemeinschaft zur Seelenrettung aufnahmen. In Wernigerode, Gröningen und wohl auch Wegeleben entstanden Termineien. Die Barfüßer mussten sich mit den Dominikanern (➛ Halberstadt) und Serviten in der Stadt arrangieren, auch die Augustiner-Eremiten aus ➛ Quedlinburg waren in der Bischofsstadt aktiv. Die Franziskaner weigerten sich bis über die Reformationszeit hinaus, der strengen Observanzbewegung ihres Ordens zu folgen, sondern unterzogen sich lediglich der ➛ Martinianischen Reform. Diese mildere Reform wurde auf dem Provinzialkapitel 1430 in ihrem Haus akzeptiert und gleich für alle Konventualen der Provinz Saxonia beschlossen. Nach 1540 setzte sich der Protestantismus in H. durch. Um der Auflösung zu entgehen, trennten sich die konventualen Franziskaner von allen Stiftungen, übergaben ihren Besitz dem Domkapitel und wechselten 1541 zu den Observanten über. Aber Volk und Stadtrat besetzten am 10. Januar 1547 das Kloster und vertrieben die Brüder, weil sie sich weigerten, die lutherische Lehre anzunehmen. Kaiser Karl V. drohte daraufhin der Stadt mit Strafe, woraufhin die Brüder unter Guardian P. Heinrich Helm zurückkehren durften. Das Halberstädter Franziskanerkloster existierte als einziges Kloster der Ordensprovinz Saxonia (sie bestand aus etwa 100 Konventen) nach der Reformation weiter. Die Repressalien durch die Stadt endeten jedoch nicht; trotz Verstärkung durch Exilobservanten aus ➛ Halle (1564) bestand der Konvent 1596 nur noch aus drei Mitgliedern, schließlich mussten Mitbrüder aus ➛ Bielefeld den Konvent verstärken. Im Dreißigjährigen Krieg wechselten mehrmals Flucht und Rückkehr der Brüder, hervorgerufen sowohl durch den evangelischen Bischof Christian von Braunschweig als auch durch unterschiedliches Kriegsglück der kaiserlichen oder schwedischen Truppen. Nach dem Westfälischen Frieden 1648 blühte das Kloster auf, die Brüder betreuten die verbliebenen Frauenklöster in der Diözese und die wieder wachsenden katholischen Gemeinden in Sachsen-Anhalt. König Jérôme Bonaparte von Westphalen verfügte 1810 die Aufhebung des Andreasklosters, die jedoch erst 1814 von der preußischen Regierung durchgesetzt wurde.

▶ **Gegenwart.** Seit 1920 ist das Franziskanerkloster in H. wieder besetzt, 1921 fand in H. die erste öffentliche Fronleichnamsprozession seit 400 Jahren statt. Im April 1945 vernichteten Bomben vier Fünftel der Bausubstanz der Stadt, auch das Andreaskloster erlitt schwere Schäden. 1953 konnte nach Einsatz der Gemeinde trotz der kommunistischen Stadtregierung ein neues Kloster bezogen werden. Schrittweise bauten die Franziskaner gemeinsam mit den Bürgern auch die einst dreischiffige Klosterkirche wieder auf, wobei der lange Chor nach mittelalterlichen Vorlagen originalgetreu, das Langhaus aber vereinfacht errichtet wurde. Von der mittelalterlichen Klausur blieb nur ein tonnengewölbter Keller erhalten.

◆ Schmies, Bernd: Die Halberstädter Mendikanten und ihre Beziehungen zu den Bischöfen von H., Halberstadt 2006; Berg, Dieter (Hg.): Bürger, Bettelmönche und Bischöfe in H., Werl 1997; Hunecke, Markus: Die Minderbrüder in H., in: Franziskanisches Leben im Mittelalter, Werl 1994, 47–61.

Halberstadt, *Zisterzienserinnenkloster St. Maria, St. Thomas und St. Jakob der Ältere (1199–1810) – „Burchardikloster", Diözese Halberstadt – (Lkr. Harz, Sachsen-Anhalt, ❐ 2, A5).*

▶ **Geschichte.** Auf Initiative Witwe Olhilds von Hagen gründete Bischof Gardolf von Halberstadt (Harbke) 1199 am St. Jakobshospital in H. ein Frauenkloster. Die Urkunden zur Stiftungsinitiative des Grafen Siegfried II. von Regenstein-Blankenburg und seiner Schwester Mechthild sind Fälschungen. Bischof Konrad von Krosigk gab 1208 den Schwestern die Zisterzienserregel oder rief nach nicht belegten Aussagen weitere Zisterzienserinnen aus ➛ Wöltingerode herbei. Er initiierte die Verlegung des Frauenklosters in das Templerhaus an der St. Thomaskirche nördlich vor der Stadtmauer. Die Kirche St. Thomas hatte Bischof Burchard I. von Nabburg um 1050 nahe des Baches Holtemme errichten lassen; später wurden seine Gebeine unter dem Altar dieser Kapelle bewahrt. Gegen 1188 gründeten Prämonstratenser an St. Thomas eine Niederlassung, gaben sie aber bald wieder auf. Das Haus ging um 1192 an den Templerorden. 1208 tauschten die Tempelritter mit den Zisterzienserinnen und zogen in das St. Jakobikloster in die Stadt, die Frauen bauten St. Thomas zur Klosteranlage aus. Im Volk hieß das Kloster bald „Burchardshaus", „Burchardshof" oder „Burchardikloster", in Urkunden wird es aber stets als St. Jakobikloster bezeichnet. Ein Streit mit den Templern konnte 1214 beigelegt werden. Die Bischöfe der Stadt erwiesen sich neben dem örtlichen Adel als größte Gönner, auch die Abtei ➛ Michaelstein gehörte zu den frühen Stiftern. Die meist bis zu 20 Schwestern starke Kommunität sandte Gründungskonvente nach ➛ Helfta (1229), nach Adersleben an die Bode (1260; s. u.), möglicherweise nach ➛ Blankenburg (vor 1269) und nach ➛ Wasserleben (um 1300). Eine Aufnahme des Konvents in den Zisterzienserorden wurde wohl 1261 von Bischof

Halberstadt Zisterzienserinnenkloster, die frühromanische Burchadibasilika war Memorial- und Klosterkirche.

Volrad von Kranichfeld beantragt. Das Generalkapitel beauftragte 1267 die Äbte von ➛ Loccum und ➛ Reinfeld zur Inspektion, aber für eine Inkorporation des Frauenklosters gibt es keinen urkundlichen Nachweis. Die Pröpste und Visitatoren waren meist Beauftragte anderer Orden und naher Kollegiatstifte; erst 1628 wurde ein *confessarius* des Zisterzienserordens für St. Jakobi bestimmt. Im Bauernkrieg 1525 wurde das Burchardikloster geplündert. Nach 1540 setzte sich der Protestantismus in H. durch, die Schwestern entgingen der Zwangskonvertierung oder Auflösung durch den Sieg Kaiser Karls V. 1547 über den Schmalkaldischen Bund. Der Konvent floh im Dreißigjährigen Krieg vor den Schweden. Erst der Westfälische Frieden 1648 sicherte rechtlich den Schwestern ein katholisches Klosterleben inmitten des protestantischen Umlandes. König Jérôme Bonaparte von Westphalen säkularisierte das Burchardikloster 1810.

▶ **Gegenwart.** Neben einigen jüngeren Gebäuden steht noch immer die romanische Kirche der Zisterzienserinnen im ehemals riesigen Klosterbereich, der großräumig wirkt und durch ein Torhaus zu erreichen ist. Die Kirche gleicht mit ihrem Chorumgang auf rechteckigem Grundriss eher den Mönchskirchen von ➛ Walkenried oder ➛ Riddagshausen und nicht den typischen Klosterkirchen der Zisterzienserinnen im Mittelalter. 1265 konnte der Ostbau geweiht und 1320 der westliche Abschluss vollendet werden. Nach Abriss der Seitenschiffe wurde sie profan genutzt und vernachlässigt. Seit ihrer Sanieung 2001 läuft in der Burchardikirche das weltweit beachtete „John Cage-Orgelprojekt".

❖ Das Tochterkloster Adersleben an der Bode bestand als bischöfliches Eigenkloster ohne Ordensmitgliedschaft bis 1809. Die Anlage wurde im 17./18. Jh. völlig neu errichtet und blieb weitestgehend erhalten.

◆ Findeisen, Peter: Die Burchardikirche in H. als Memorialkirche für Bischof Burchard I., Halberstadt 2006; Oefelein, Cornelia: Das Nonnenkloster St. Jakobi und seine Tochterklöster im Bistum H., Berlin 2004.

Hall Johanniterkommende, der gotische Chor der romanischen Johanniterkirche in Schwäbisch Hall.

Hall, *Johanniterkommende St. Johannes Baptist (um 1190–1805), Diözese Würzburg – (Kreisstadt Schwäbisch H., Baden-Württemberg,* ❐ *3, D3).*

▶ **Geschichte.** Kaiser Friedrich I. soll bereits 1185 den Johannitern in der staufischen Stadt H. einen Schutzbrief ausgestellt haben. Die Niederlassung der Johanniter in der nordwestlichen Weilervorstadt jenseits der Kocher wird heute meist um 1190 angenommen. Urkundlich treten die Ordensbrüder erst 1228 auf. Zwei namentliche bekannte Bewohner, Siegfried und Agathe, hatten eine Hofstatt gestiftet, die 1228 wegen Brandzerstörung wiederaufgebaut werden musste. 1249 übernahmen die Johanniter auf Bitten der Bürger die Betreuung von 20 Kranken im städtischen Hospital und erhielten dafür Erträge aus den Salzquellen und in den Wintermonaten Weinzuteilungen. Dies blieb das einzige Beispiel der Übertragung eines bestehenden Hospitals an den Johanniterorden durch einen städtischen Magistrat. In den folgenden Jahren erhielt die Kommende Zuwendungen vom regionalen Adel, darunter bedeutende Güter in Affaltrach (1278). Komtur Ulrich (1275–90) gründete eine Tochterniederlassung in ➛ Affaltrach, die 1298 mit der Kommende H. verwaltungstechnisch zusammengelegt wurde. 1288 konnte die spätromanische Ordenskirche St. Johannes Baptist konsekriert werden, die zunächst auch als Spitalkirche diente. Waren es 1246 nur drei Ordensmitglieder, so gehörten wegen der Hospitalverpflichtungen 1317 bereits zehn Ordensangehörige zur Kommende. Die Krankenpflege betrachteten die Brüder zunehmend als Belastung, ihr Dienst ließ zu Wünschen übrig. 1319 baute die Reichsstadt ein neues Hospital mit eigener Kirche, deren Kaplanstelle von den Johannitern besetzt wurde. Die eigene Komturkirche galt als bevorzugter Begräbnisplatz des fränkischen Adels. Der Kaplan der Kirche war Ende des 14. Jh. auch als Schulmeister in der Lateinschule tätig. Kaiser Karl IV. erteilte Asylrecht, das sich aber nicht auf Mord, Majestätsverbrechen oder öffentlichen Diebstahl ausdehnte. Visitatoren zählten 1495 außer Komtur Friedrich von Enzberg (1480–1507) drei Ordenskapläne, einen Koch und einen Diener; der Jahresgewinn betrug 213 Gulden, davon mussten 38 Gulden als Responsion an die Ordenszentrale Rhodos abgeführt werden, Affaltrach war darin mit veranschlagt. Der Magistrat entschied 1489, die Stadt formell in Schwäbisch H. umzubenennen, infolge dessen gehörte Schwäbisch H. 1521 dem Schwäbischen Reichskreis an. 1522 riefen Bürger den lutherischen Reformator Johannes Brenz (1499–1570) in die Stadt. Erst 1539 verbot der protestantische Rat katholische Messen in St. Johannes. Damals führte der Komtur Georg Schilling von Cannstatt (1525–41) in Personalunion auch die Kommenden ➛ Mergentheim und Affaltrach; er erlangte das Amt des Großpriors von Deutschland (1546–54), residierte in ➛ Heitersheim und wurde 1548 für seine Verdienste gegen Tunis und Algier zum Reichsfürsten erhoben. Ständige Konflikte mit der evangelischen Stadt bewogen den Komtur von H. 1600 seinen Sitz nach Affaltrach zu verlegen. Der letzter Komtur Freiherr Franz Konrad Joseph Truchsess zu Rheinfelden musste laut Abkommen im Pressburger Frieden vom Dezember 1805 den Besitz H.-Affaltrach an Württemberg übergeben.

▶ **Gegenwart.** Seit 1816 dient die Ordenskirche profanen Zwecken, heute als „Johanniterhalle" für Kunstausstellungen und Übungsraum für Bühnenauftritte. Die romanische Saalkirche aus dem frühen 13. Jh. wurde seit 1385 eingreifend erneuert, damals entstand der gotische Polygonalchor, die Neuweihe erfolgte 1404. Im Inneren blieben Wandmalereien und ein Tabernakelrest aus dem 15. Jh. erhalten. Spätgotische Gebäude aus der Zeit des Komturs Friedrich von Enzberg Anfang des 16. Jh. mussten einer Brauerei und einer Ladenzone mit Kaufhaus weichen, die heute das Areal des ehemaligen Kommendegartens einnehmen.

◆ Maisch, Andreas: Schwäbisch Hall, Johanniter, in: Württembergisches Klosterbuch, Ostfildern 2003, 451 f.; Rödel, Walter Gerd: Das Großpriorat Deutschland des Johanniter-Ordens, Mainz 1965, 139–146.

Halle Augustiner-Chorherrenstift „Moritzstift", Südwestansicht der spätgotischen Hallenkirche (1388–1557).

Halle, *(1) Augustiner-Chorherrenstift St. Maria u. a.; (2) Augustiner-Chorherrenstift St. Mauritius und St. Paulus; (3) Dominikanerkloster St. Paulus und Heilig Kreuz; (4) Franziskanerkloster; (5) Servitenkloster St. Maria; (6) Zisterzienserinnenabtei St. Maria und St. Georg – Erzdiözese Magdeburg – (kreisfreie Stadt, Sachsen-Anhalt, ❐ 2, B5).*

Halle, *(1) Augustiner-Chorherrenstift St. Maria u. a. (1116–1530) – „Neuwerk".*

▶ Das Neuwerksstift nördlich vor H. an der Saale, 1116 mit Augustiner-Chorherren aus ➛ Rottenbuch Bayern besiedelt, war ein bedeutendes religiöses Zentrum in der aufstrebenden Salzstadt und Ausstrahlungszentrum der Regularkanoniker in Sachsen. Im Spätmittelalter gab Probst Johannes Busch (1447–79) wesentliche Impulse zur Reform der Klöster und Stifte im Erzbistum Magdeburg. 1531/33 wurde Stift Neuwerk für den Bau der „Neuen Residenz" Erzbischof Albrechts von Magdeburg und Mainz (Brandenburg) abgetragen. Unter einer Villa des 20. Jh. in der Hallenser Straße „Neuwerk" befindet sich ein Kellerraum mit Tonnengewölbe von 25 m Länge, der als einzige architektonische Hinterlassenschaft des einst so einflussreichen Regularkanonikerstifts verblieb.

◆ Freitag, Werner/Ranft, Andreas (Hg.): H. im Mittelalter und in der frühen Neuzeit, Halle/Saale 2006.

Halle, *(2) Augustiner-Chorherrenstift St. Mauritius und St. Paulus (1184–1520) – „Moritzstift".*

▶ **Geschichte.** Erzbischof Wichmann von Magdeburg (Seeburg) rief 1184 Augustiner-Chorherren aus dem Stift Neuwerk (➛ Halle [1]) in die aufstrebende Salzstadt H. an der Saale, um ein neues Regularkanonikerstift an der Moritzkirche am Alten Mark im südwestlichen Stadtbereich zu etablieren. Das benachbarte Zisterzienserinnenkloster Marienkammer (➛ Halle [6]) und die Zisterzienserabtei ➛ Zinna bei Jüterbog verdanken dem Erzbischof ebenfalls ihre Gründungen; er wird wegen seiner reichspolitischen Erfolge zu Recht der Große genannt. Die Regionaltradition gibt als Grund der neuen Stiftsgründung die prügelstrenge Ausbildung der Patriziersöhne im Neuwerkstift an, die zur Bitte der begüterten Väter an den Erzbischof führte, ein eigenes Kloster zur Schulausbildung ihrer Söhne in ihrer Stadt stiften zu dürfen; entsprechend waren hauptsächlich Bürger am Aufbau des Moritzstiftes beteiligt. Die pastorale Tätigkeit war das Hauptapostolat der Chorherren, die eigene Stiftskirche blieb immer Pfarrkirche der Gemeinde. Auf dem Stiftsgelände unterhielten sie seit 1220 ein Johanneshospital, auch stellten sie nach 1212 den Gründungskonvent im ➛ Leipziger Thomasstift. Die erzbischöflichen Landesherren unterstützten das Stift nach Kräften. Zur Grundausstattung gehörte die einträgliche Pfarre in Radeweil mit Kapellen in Beesen, Döllnitz und Wörmitz. Erzbischof Albrecht I. von Käfernburg stiftete 1230 gar das slawische Dorf Tzschetzschnow nebst 100 Hufen Land im weit entfernten Land Lebus an der Oder. Die Moritzchorherren besaßen mehrere Salzpfannen, mussten 1343 jedoch Anteile verkaufen, weil der Stadtrat den kirchlichen Institutionen nur eine bestimmte Menge der gewinnbringenden Pfannen einräumte. Bis ins 16. Jh. sind Besitzerwerbungen nachweisbar: Die Benediktinerinnen von ➛ Quedlinburg Münzenberg verkauften 1292 zwölf Hufen Land im nahen Müllerdorf bei Zappendorf, Komtur Heinrich von Hochheim der Kommende Halle St. Kunigunde (erste Niederlassung des Deutschen Ordens um 1200 auf deutschem Boden) verkaufte 1293 Ordensbesitz in Klepzig. 1492 erhielt das Stift hohe und niedere Gerichtsbarkeit in den Dörfern Radeweil, Burg und Osendorf; Erzbischof Ernst von Magdeburg verkaufte 1502 das ehemalige Templergut ➛ Mücheln bei Wettin. Erzbischof Friedrich III. forderte Mitte des 15. Jh. Reformen in den Klöstern seines Bistums; Propst Heinrich Cremer (1435–45) von ➤ Riechenberg half daraufhin das Moritzstift im Sinn der ➤ Windesheimer Kongregation zu reformieren. Auffällig ist, dass sich beide Hallenser Regularkanonikerstifte, Neuwerk und Moritzstift, der Windesheimer Reformvereinigung nicht anschlossen. Kardinal Albrecht von Brandenburg, zugleich Erzbischof von Mainz und Magdeburg, erwählte 1520 die Kirche der Dominikaner in H. (➤ Halle [3]) als Aufbewahrungsort seiner Reliquiensammlung und als Grablege. Die Dominikanerkirche in H. stieg nach dem Magdeburger Dom zur ranghöchsten Kirche der Erzdiözese auf. Die Augustiner-Chorherren vom Moritzstift mussten mit den Dominikanern ihre Kirchen tauschen. Bis zum Weggang des Kardinals 1541 lebten die Chorherren im „Neuen Stift", der Predigerkonvent im Moritzstift. Mit dem Umzug war 1520 auch die Umwandlung in ein Kollegiatstift verbunden; damit endete das Moritzstift als monastische Institution, das neue Säkularkanonikerstift wurde 1566 aufgehoben.

▶ **Gegenwart.** Die ehemalige Stiftskirche ist heute katholische Pfarrkirche St. Moritz. Die dreischiffige Halle zu acht Jochen mit gestaffeltem, dreiapsidialem Chorschluss im Osten wurde 1388 begonnen und in mehreren Bauabschnitten erst 1557 mit der Einwölbung vollendet und ersetzte dabei sukzessiv den romanischen Vorgängerbau (um 1130). Ausgewogene Proportionen erzielen im Inneren eine weiträumige Wirkung, wobei mehrfache Planwechsel aufgrund veränderter Finanzmittel während der langen Bauzeit von Ost nach West deutlich werden. Eindrucksvolle Skulpturen, die auf den ersten Baumeister Konrad von Einbeck († um 1430) zurückgehen, sind bedeutende Beispiele böhmisch beeinflusster Kunst des weichen Stils mit drastisch deutlicher Gefühlsdarstellung. Stiftsgebäude, Kreuzgänge und zusätzliche Kapellen wurden 1806/08 abgebrochen.

◆ Freitag, Werner/Ranft, Andreas (Hg.): H. im Mittelalter und in der frühen Neuzeit, Halle/Saale 2006; Todenhöfer, Achim: Steinernes Gotteslob – die mittelalterlichen Kirchen der Stadt H. St. Moritz, Halle/Saale 2006.

Halle Dominikanerkloster, der „Dom" mit monumentaler Architektur diente vorrangig Repräsentationszwecken.

Halle, *(3) Dominikanerkloster St. Paulus und Heilig Kreuz (1271–1564) – „Predigerkloster".*

▶ **Geschichte.** Kurz nach ihrer Ansiedlung in der reichen Salzstadt H. 1271 errichteten die Dominikaner ihr Kloster am Saalemühlgraben am nordwestlichen Rand der Altstadt auf dem Platz eines ehemaligen Karolingerkastells. Die monumentale Hallenkirche konnte 1283 zwar konsekriert werden, vollendet wurde sie aber wohl erst 1330. Inzwischen hatte die Stadt weitgehende Freiheiten vom Landesherrn, dem Magdeburger Erzbischof, errungen, 1310 die volle Autonomie, die jedoch 1478 wieder verlorenging. 1303 spaltete sich die dominikanische Ordensprovinz Saxonia von der Teutonia ab, der Konvent H. gehörte zusammen mit 50 Klöstern zur Sächsischen Provinz. In der zweiten Hälfte des 15. Jh. schloss sich das Predigerkloster der observanten Reformgruppe des Ordens an; die Brüder gaben 1494 die Observanz an den Konvent ➤ Marburg weiter. Kardinal Albrecht von Brandenburg, zugleich Erzbischof von Mainz und Magdeburg, wählte 1520 die Predigerkirche als Zentrum des „Neuen Stifts", als Aufbewahrungsort seiner Reliquiensammlung und als künftige Grablege. Die Dominikanerkirche in H. stieg nach dem Magdeburger Dom zur ranghöchsten Kirche der Erzdiözese auf. Die Dominikaner mussten daher mit den Chorherren vom Moritzstift (➤ Halle [2]) ihre Kirchen tauschen. Ausbleibende Spenden während der Reformation nötigten den Konvent 1539, sein wertvolles Lintholz in der Nietlebener Heide für 200 rheinische Gulden an die Stadt zu verkaufen. 1541 setzte sich die lutherische Glaubenslehre endgültig in der Stadt durch. Der Kardinal zog mit seinen Schätzen nach Mainz, die Dominikaner erhielten vorerst ihre Kirche zurück. Der Magistrat verbot ein Jahr später den Besuch der heiligen Messe in den städtischen Klöstern. 1546 begab sich H. unter den Schutz des lutherischen Kurfürsten von Sachsen; Johann Friedrich der Großmütige rückte in H. ein und duldete die Plünderung des Klosters durch seine Landsknechte und den städtischen Pöbel. Kaiser Karl V. rief nach seinem Sieg 1547 die Brüder zurück. Der 1561 zum Protestantismus übergetretene Erzbischof Sigismund von Brandenburg ließ den Konvent schließen. Der bejahrte, aber beharrliche Prior Joachim Bartoldi (1559–61) begab sich mit den vier letzten Brüdern nach ➤ Halberstadt. Im Halberstädter Konvent dezimierte 1565 die Pest die Exilgruppe, 1566 ging auch das dortige Dominikanerkloster in städtische Verwaltung über.

▶ **Gegenwart.** Die Predigerkirche in H., der sogenannte „Dom", dient heute als evangelisch-reformierte Pfarrkirche St. Pauli zum

Heiligen Kreuz. Sie ist eine der merkwürdigsten deutschen Kirchenbauten des Mittelalters. Der turm- und querschifflose Bau gilt als besonderes Beispiel monumentaler Ausformungen in der Bettelordensarchitektur; er erinnert mit seiner blockartigen Masse eher an eine Fabrik des frühen 20. Jh. als an eine gotische Kirche. Die Weihe erfolgte zwar schon 1283, aber erst im 14. Jh. konnte sie als eine der frühesten Hallenkirchen Mitteldeutschlands vollendet werden. 1523 zur Stiftskirche erhoben, erhielt sie durch Kardinal Albrecht ihren unpassenden Giebelkranz im italienischen Renaissancestil und vom Volk die Bezeichnung „Dom". 1702/03 war hier der junge Georg Friedrich Händel als Organist tätig. Aus der Dominikanerzeit sind wenige Ausstattungsstücke erhalten; auch die einst prächtige Ausgestaltung im Stil der Frührenaissance reduziert sich heute auf einige höchst kunstvolle Teile wie Kanzel und Chorgestühl. Der Gebäudekomplex mit dem Hof an der Südseite entstand als „Neue Residenz" des Kardinals (1531–39). An der Westseite der Kirche existieren noch Annexbauten der Dominikaner, wie ein Rest des westlichen Klausurflügels mit Kreuzrippengewölbe und die heutige Sakristei aus dem 14. Jh.

◆ Todenhöfer, Achim: Dominikanerkirche St. Paul zum Heiligen Kreuz, in: Geschichte der Stadt H., Bd. 1, Halle/Saale 2006, 214–217; Springer, Klaus-Bernward: Dominikaner und Obrigkeit im 16. Jh., in: Könige, Landesherrn und Bettelorden, Werl 1998, 393–418.

Halle, *(4) Franziskanerkloster (um 1240–1564) – „Barfüßerkloster".*

▶ Die Barfüßer, die wohl bereits 1224 in der Salzstadt H. anwesend waren, ließen sich nach Erweiterung und Neuordnung des Stadtgebietes um 1240 dicht an der neuen Befestigungsanlage unweit des Ulrichtors im Norden der Stadt nieder und errichteten eine weitläufige Konventsanlage mit zweischiffiger Klosterkirche. Blütezeiten wechselten mit solchen des Niedergangs; die Pestwelle 1350 überlebten nur drei Franziskaner. 1461 bekannte sich der Konvent zur Observanz, übergab der Stadt seine Liegenschaften, überflüssige Kleinodien aber dem Erzbischof und Stadtherrn. Die Umwälzungen der Reformationszeit endeten 1541 mit dem Verbot der Messfeier, mit Verwüstung der Anlage zum Neujahr 1547, der Rückkehr der Barfüßer auf Befehl Kaiser Karls V. 1548 und der Ausweisung der letzten acht Ordensbrüder 1564 nach ➛ Halberstadt. Am Ort des ehemaligen Klosterareals befindet sich heute der Universitätsplatz. Einziger Rest des mittelalterlichen Franziskanerklosters ist eine spätgotische Pforte, die in eine Mauer am Joliot-Curie-Platz eingelassen wurde. Seit 1923 gibt es wieder Franziskaner in H.-Süd; St. Trinitatis ist die vierte Klostergründung der Franziskaner in H. an der Saale.

◆ Todenhöfer, Achim: Barfüßerkirche, in: Geschichte der Stadt H., Bd. 1, Halle/Saale 2006, 217 f.; Hunecke, Markus: Die Minderbrüder in H., in: Franziskanisches Leben im Mittelalter, Werl 1994, 63–70.

Halle, *(5) Servitenkloster St. Maria (1257–1527) – „Ulrichskirche".*

▶ **Geschichte.** Die Marienknechte ließen sich 1257 erstmals auf deutschem Boden an der Burg Giebichenstein nördlich vor H. an der Saale nieder. Eine Eremitengemeinschaft war schon 1216 im Schutz der Burg an der Kapelle St. Maria und Jakobus gegründet worden. Die erzbischöfliche Stadt im Tal der Saale schöpfte ihren Reichtum aus vier Salzbrunnen und entwickelte sich zu einem der wichtigsten Handelsplätze des Reiches. Im westlich gelegenen Ammendorf (Diözese Merseburg) gründete Ritter Heinrich von Ammendorf 1264 eine Mönchsgemeinschaft, die sich zehn Jahre später mit jener auf Burg Giebichenstein vereinigte. Die Bischöfe von Merseburg räumten den Serviten das Recht ein, in ihrer Diözese zu terminieren. 1299 vereinte der Servitenorden die vier Klöster H., Halberstadt, ➛ Germersheim, und Nordhausen zur Ordensprovinz Allemania. Die Marienknechte von H. profitierten durch großzügige Schenkungen, u. a. erhielten sie einen ehemaligen Rittersitz nahe des Galgtors am Galgenberg (heute Riebeckplatz) vor der Stadt. Dorthin zogen sie 1306 und erbten 1339 vom Herrn von Hagedorn eine Warte im Stadtinneren. In gleichen Jahr erlangte Prior Ludolphus vom Landesherrn und Erzbischof Otto von Magdeburg (Hessen) die Erlaubnis, ein Kloster auf diesem innerstädtischen Platz zu errichten. Der neue Klosterbau begann 1341, endete aber aufgrund schwacher Finanzen erst 1496 mit der fertigen Klausur und 1510 mit der Einwölbung der Klosterkirche St. Maria. Einige Hallenser Marienknechte erlangten überregional Bedeutung: Matthias von Beheim übersetzte 1343 die vier Evangelien aus dem Lateinischen ins Deutsche, Johannes Trost war 1469 Prior, danach mit Unterbrechungen Provinzial der Provinz Allemania (1469–85) und schließlich Generalvikar des Ordens, Bartholomäus Cratinus aus H. ist 1504 als Provinzial nachweisbar. Lange konnten sich die Serviten ihres neuen Klosters in H. nicht erfreuen: infolge der Reformationswirren veräußerten sie 1527 ihren gesamten Besitz an Erzbischof Albrecht IV. (Brandenburg) und verließen die Stadt. Der Erzbischof übereignete 1531 der Ulrichgemeinde die Klosterkirche als Pfarrkirche, die daraufhin 1532 ihr Gemeindepatrozinium St. Ulrich auf die ehemalige Klosterkirche übertrug.

▶ **Gegenwart.** An der Ulrichskirche wirkten bedeutende Persönlichkeiten der Halleschen Universitäts- und Musikgeschichte bis in unsere Zeit. Die Klausurgebäude sind inzwischen beseitigt, aber die großräumige Ulrichskirche dient seit 1972 als Konzerthalle. Die asymmetrisch-zweischiffige Kirche mit zwei beeindruckenden Nordportalen wurde übereifrig entkernt, um Platz für etwa 500 Gäste zu bieten. Ihr wertvoller Altar von 1488 und sakrales Inventar gelangten in die Augustinerkirche (Wallonerkirche) nach ➛ Magdeburg.

◆ Todenhöfer, Achim: Steinernes Gotteslob – die mittelalterlichen Kirchen der Stadt H., Halle/Saale 2006; Piechocki, Werner: Zur Geschichte der ehemaligen Ulrichskirche, Halle 1982.

Halle Servitenkloster, die spätgotische Klosterkirche dient heute als Konzerthalle, Nordostansicht.

Hamborn Prämonstratenser-Chorherrenstift, der nördliche Kreuzgang blieb als romanischer Bestand erhalten.

Halle, *(6) Zisterzienserinnenabtei St. Maria und St. Georg (vor 1192–1557) – „Marienkammer“ bzw. „Glaucha“.*

▶ **Geschichte.** Das von Erzbischof Wichmann von Magdeburg (Seeburg) vor 1192 gestiftete Zisterzienserinnenkloster Marienkammer siedelte 1231 nach Glaucha an der Saale vor H., nachdem Freiherr Volrad von Glaucha den Frauen den ehemaligen Burgplatz vermacht und Erzbischof Albrecht II. (Käfernburg) ihnen die Parochialkirche St. Georg übertragen hatte. Das Kloster erhielt das päpstliche Schutzprivileg, stand unter der Aufsicht der Äbte von ➛ Zinna, war als vollständiges Mitglied dem Zisterzienserorden inkorporiert und damit der Jurisdiktion des Erzbischofs entzogen. Erzbischof Friedrich III. strebte 1451 Observanz in den Klöstern der Kirchenprovinz an und bat die Synode der thüringisch-sächsischen Zisterzienser, Reformen einzuleiten, was die Äbte Heinrich von Bernten von ➛ Marienrode (1426–52, 1454–63) und Berthold von ➛ Michaelstein (1440–53?) zusammen mit dem Propst Johannes Busch (1447–79) aus dem Stift Neuwerk (➛ Halle [1]) auch versuchten. Die drei Herren erreichten lediglich das Versprechen der Frauen, zur *vita communis* zurückzukehren. 1518 wurde Barbara Kotzen (1518–39) aus ➛ Marienstuhl-Egeln als Äbtissin zur Durchsetzung der Reform eingesetzt; ihr folgte zur Verstärkung Priorin Adelheid Fimmels (1539–57) nach. Der Radikalreformator Thomas Müntzer (1489–1525) war 1522/23 Kaplan an St. Georg; er wurde zur Leitfigur im Bauernkrieg, was 1525 zu seiner Enthauptung führte. Aus dem Kloster ➛ Naundorf bei Allstedt waren einige Mitschwestern vor den plündernden Bauern nach H. geflüchtet und schürten neue Ängste im Konvent. Im April 1544 wurden neue Schwestern eingekleidet, sehr zum Ärger des Hallenser Reformators Justus Jonas (1493–1555). Der evangelisch gesinnte Erzbischof Sigismund von Brandenburg hob das Kloster Marienkammer 1557 auf.

▶ **Gegenwart.** Die mittelalterliche Klosterkirche St. Georg ging bei einem Brand 1740 unter. Die heutige Kirche St. Georg wurde an gleicher Stelle erbaut und 1744 eingeweiht, ihr Westturm entstand 1755. Sie wird von der Freien evangelischen Gemeinde als Gotteshaus genutzt. Angeblich besteht der Kern des flachen Chorraums noch aus mittelalterlichem Mauerwerk. Von der Klausur ist außer Steinresten östlich der Kirche nichts geblieben.

◆ RepZist 262–264; Schrader, Franz: Ringen, Untergang und Überleben der katholischen Klöster in den Hochstiften Magdeburg und Halberstadt, Münster Westfalen 1977.

Hamborn, *Prämonstratenser-Chorherrenstift, St. Johannes Baptist und St. Johannes Evangelist (vor 1137–1806, seit 1959), Erzdiözese Köln – (Duisburg-H., Nordrhein-Westfalen, ❒ 1, A5).*

▶ **Geschichte.** Zwischen Juni 1134 und Mai 1137 übergab Graf Gerhard von Hochstaden die Eigen- und Pfarrkirche im rechtsrheinischen H. nördlich von Duisburg mit mehreren Bauernschaften dem Kölner Erzbischof Bruno II. von Berg zur Gründung eines Prämonstratenserstifts. Zunächst etablierte der Erzbischof entsprechend früher Gewohnheiten der Prämonstratenser ein Doppelstift. Die Konventsmitglieder kamen höchstwahrscheinlich aus ➛ Steinfeld, vielleicht aber auch aus dem Stift Scheda. Die Stiftsdamen siedelten möglicherweise zunächst in Ramersdorf an der Lippe, aber 1147 in Füssenich bei Zülpich und gründeten zusammen mit Schwestern aus ➛ Dünnwald das affilierte Tochterstift St. Nikolaus, das eine bedeutende Entwicklung nahm. Der exklusiv adelige Männerkonvent in H. überschritt nie die Stärke von 20 Mitgliedern, 1500 waren es zehn, 1680 nur noch drei, 1782 sechs. 1170 weihte Erzbischof Philipp I. von Heinsberg die vergrößerte Kirche und neue Klausurgebäude. Propst Godefridus nahm um 1200 den Abtstitel an. Pfründenwesen und weltliches Verhalten begannen sich im späten 14. Jh. im Stift durchzusetzen. In der Amtszeit Abt Heinrichs von der Heiden (Rinsche) (1451– vor 1480) ließen Ordensleitung und Landesherrn nichts unversucht, die Erneuerung der prämonstratensischen Ideale zu erreichen. Trotz der Hilfe reformorientierter Mitbrüder aus dem Stift ➛ Sayn und mehrerer Visitationen durch die Äbte von Steinfeld und ➛ Knechtsteden widersetzte sich der alte Konvent mehrheitlich allen Bemühungen. Letztendlich liefen die Reformansätze ins Leere, lediglich die Bibliothek wurde aufgestockt und wohl eine stiftseigene Schule eingerichtet. Die Reformation brachte dem Stift innere Konflikte. 1534 wurde H. das Damenstift St. Thomas in Ellen bei Niederzier angegliedert, das der Abtei bis zur ihrer Auflösung 1802 angehörte, ursprünglich aber Knechtsteden und dann Steinfeld zugeordnet war. Die Kriege der Neuzeit führten die Abtei mitunter an den Rand der Existenz. Bis zur Auflösung 1806 überstand H. mehrere Plünderungen, Verwüstungen und Brandschatzungen. Der Zweite Weltkrieg vollendete die Zerstörung der Gebäude vollends.

▶ **Gegenwart.** 1959 zogen wieder Prämonstratenser aus ➛ Windberg mit Zwischenstation in Rot in die modernen Konventsgebäude ein. Sie nutzen die neu errichtete katholische Pfarrkirche St. Johann als Abteikirche und sind seelsorglich im Abteizentrum sowie verschiedenen Pfarreien tätig. Aus ihrem Umfeld bildete sich eine Gruppe Frauen und Männer, die sich als Tertiaren dem Orden unterstellen. Seit April 2007 lebt diese Prämonstratenser-Tertiarengemeinschaft in der ehemaligen Abtei Sayn und nimmt Seelsorgeaufgaben in der dortigen Pfarrgemeinde wahr. Von der alten Anlage in H. sind nur wenige mittelalterliche Reste geblieben; hervorzuheben ist der nördliche Flügel des romanischen Kreuzgangs von 1170 mit seinen kapitellverzierten Säulen und Arkaden im stillen Innenhof; bemerkenswert sind außerdem ein romanischer Taufstein und das spätgotische Gnadenbild Anna Selbdritt aus Eichenholz; beide gehören zur Ausstattung der Kirche. Die zwei Tochterstifte endeten 1802 mit der Aufhebung. In Füssenich blieb eine komplexe Barockanlage erhalten, in Ellen steht heute lediglich noch ein Wirtschaftstrakt des 18. Jh.

◆ Horstkötter, Ludger: Prämonstratenser – Abtei H., Duisburg 2004; Ehlers-Kisseler, Ingrid: Die Anfänge der Prämonstratenser im Erzbistum Köln, Köln 1997.

Hameln, *Benediktinerpropstei St. Romanus, St. Emerentiana und St. Bonifatius (nach 826–10. Jh.), Diözese Minden – (Lkr. H.-Pyrmont, Niedersachsen, ❐ 1, D4).*

▶ Graf Bernhard vermachte 826 testamentarisch der Reichsabtei ➛ Fulda seine Eigenkirche und umfangreichen Besitz in *Hamala* direkt am Weserübergang mit der Auflage von Seelenmessen für sich und seine Gemahlin Christina. Die Reichsabtei Fulda gründete daraufhin – ebenso wie in ➛ Brunshausen – eine Missionspropstei. Die erste Klosterkirche von H. wurde unter den Schutz der römischen Martyrer Romanus und Emerentiana gestellt; 851 brachten Fuldaer Mönche Reliquien des Romanus aus Rom nach H. und weihten in der Krypta einen Altar. Die Mutterabtei setzte im Laufe der Zeit ihren Hauptheiligen Bonifatius (672–754) in H. durch; seit Mitte des 13. Jh. wird nur noch das Bonifatiuspatrozinium erwähnt. Zu dieser Zeit war das Filialkloster längst in ein Kollegiatstift umgewandelt, das aber weiter in Abhängigkeit von Fulda stand. Der Wechsel zum Säkularkanonikerstift muss im 10. Jh. stattgefunden haben, urkundliche Belege liegen nicht vor.

Das heutige evangelisch-lutherische „Münster“ St. Bonifatius ist eine beeindruckende romanisch-gotische Hallenkirche, erbaut um 1250 von den Stiftskanonikern. Einzig die ältere Hallenkrypta wurde übernommen und könnte mit ihren ältesten Bauteilen in die Zeit der Benediktiner zurückreichen. Ihre Seitenwände stammen von einer Vorgängerkrypta (um 1120/40), einzelne Bauabschnitte sind jedoch wesentlich älter, möglicherweise von 850. In der Apsis der Krypta steht ein Altar, der schon in frühester Zeit zur Aufbewahrung der Romanusreliquien diente.

◆ GermBen 6, 132–136; Nass, Klaus: Untersuchungen zur Geschichte des Bonifatiusstifts H., Göttingen 1986.

Hamelspringe, *Zisterzienserpriorat St. Vitus (1306–14. Jh.), Diözese Minden – (Bad Münder-H., Lkr. Hameln-Pyrmont, Niedersachsen, ❐ 1, D4).*

▶ Die Herzöge Albrecht und Erich von Sachsen-Lauenburg schenkten der Zisterzienserabtei ➛ Loccum 1306 ihren Besitz H. an der Hamelquelle östlich des Süntel im Weserbergland zur Gründung eines Filialklosters. Abt Lefhard I. (1296–1312) tauschte zusätzlich Land vom Kanonissenstift Fischbeck ein und beauftragte Prior Jordan mit der Einrichtung eines Tochterklosters zu Ehren des hl. Vitus. Prior Jordan wurde 1313 zum Abt von Loccum (1313/22) gewählt, was möglicherweise den Gründungsvorgang unterbrach. Die Schwesterabteien ➛ Volkenroda und ➛ Reifenstein waren am Vorhaben beteiligt, Graf Adolf zu Schauenburg-Holstein stiftete Holzungsrechte und einen Steinbruch im Süntel, selbst der Abt von Cîteaux nahm sich 1317 der Errichtung einer Konventskirche in H. an. Die Weihe der Kapelle St. Maria ist für 1318 überliefert; Bischof Gottfried von Minden (Waldeck) stiftete einen Ablass von 40 Tagen, die Überlassung von Reliquien der 11.000 Jungfrauen unterstreicht die Gründungsabsicht. Ein Konvent fand sich wohl doch nicht zusammen oder kann zumindest nicht lange bestanden haben; bereits 1323 sprach man lediglich von einer Grangie. Die Abtei Loccum geriet im 14. Jh. in ökonomische Schwierigkeiten, ihr fehlte offensichtlich die Kraft zur Gründung eines Tochterkonvents. Die Wirtschaftsaußenstelle H. wurde noch im frühen 16. Jh. von einem Loccumer Zisterzienser als Hofmeister geleitet. Nach der Reformation bestand Loccum als evangelisches Kloster weiter. Der Besitz an der Hamelquelle gehört heute noch der Institution und ist verpachtet. Erhalten blieb die kleine, gotische Kapelle im Obstgarten des Gutes, die seit 1820 als Speicher diente, jüngst aber saniert wurde. Klausurgebäude, wenn sie überhaupt existierten, sind nicht nachzuweisen.

◆ GermBen 12, 308–360; Heutger, Nicolaus: Kloster Loccum im Rahmen der zisterziensischen Ordensgeschichte, Hannover 1999, 50–54.

Hameln Benediktinerpropstei, die Hallenkrypta im Münster.

Hamelspringe Zisterzienserpriorat, die Kapelle (1318) diente möglicherweise als Prioratskirche.

Hamersleben Augustiner-Chorherrenstift, die Ostansicht der hochromanischen, apsidialen Stiftsbasilika.

Hamersleben, *Augustiner-Chorherrenstift St. Pankratius (1107–1804), Diözese Halberstadt – (Lkr. Börde, Sachsen-Anhalt, ❐ 2, A4).*

▶ **Vorgeschichte.** Reformbischof Reinhard von Halberstadt (Blankenburg) förderte Anfang des 12. Jh. in seiner Diözese die Ausbreitung der Regularkanonikerstifte, die sich zur radikalen klösterlichen Lebensform des *ordo novus* bekannten. In Osterwieck, dem Gründungsort der Diözese zum Anfang des 9. Jh., inzwischen aber nur ein bischöflicher Haupthof mit Urpfarre, gründete er 1107 ein Augustiner-Chorherrenstift mit Reformkanonikern vermutlich aus dem bayerischen ➛ Rottenbuch. Die Stiftung beträchtlicher Grundherrschaft durch die Matrone Thietburg und ihre Tochter Mechthild, wohl Angehörige des Pfalzgrafen von Sommerschenburg, bewog die Chorherren, dem Wunsch der Stifterin auf Verlegung ihrer Niederlassung auf das Stiftungsgut H. nachzugeben; der Sohn Widukind trat selbst in das Stift ein.

▶ **Geschichte.** Die Augustiner-Chorherren siedelten 1109 (1111?) unter der Leitung Propst Thietmars (1108–38) von Osterwieck nach H. um. Bischof Reinhard gewährte 1112 freie Propstwahl, Papst Paschalis II. 1116 päpstlichen Schutz. Ein Haus für eine Frauengemeinschaft befand sich von Anfang an im Stiftsareal. Noch unter Propst Thietmar entstanden die Tochterniederlassungen ➛ Kaltenborn bei Emesloh und ➛ Schöningen. Der Bischof setzte ungewöhnlicherweise Augustiner-Chorherren aus dem Konvent H. als Pröpste in den Benediktinerklöstern ➛ Lippoldsberg, ➛ Stötterlingenburg, ➛ Hadmersleben, vermutlich auch in ➛ Drübeck und in ➛ Lausnitz ein. Bis 1115 gehörte Hugo von St. Victor (um 1097–1141) zum Konvent, der später als Theologe, Philosoph und Schulleiter im Pariser Stift St. Victor Berühmtheit erlangte. Das Reformstift H. erreichte schnell eine hohe geistige Blüte mit Ausstrahlungskraft über das Bistum hinaus. Der dritte Propst Petrus wechselte um 1140 aus dem Stift in das Benediktinerkloster ➛ Huysburg. Dieser *transitus* eines Regularkanonikers in ein Mönchskloster löste eine generelle Debatte über Gewichtigkeiten unterschiedlicher Lebensformen in Klöstern oder Stiften und über den Stellenwert der *vita contemplativa, apostolica* oder der *vita activa* aus. Im 13. Jh. begann der wirtschaftliche Niedergang, der zu Verarmung, geistlicher Verflachung und drohender Auflösung führte. Propst Johannes Havkenschede (1445–56) von ➛ Riechenberg bei Goslar gelang 1452/53 gegen den Widerstand des Konvents eine durchgreifende Reform und der Anschluss an die ➛ Windesheimer Kongregation; der weibliche Konvent wurde dabei aufgelöst. Unter den Prioren Eberhard Lochte (1453–62) und Bernhard Vörling (1462–1502) erreichte H. eine zweite Blüte. Chorherren aus H. beaufsichtigten, visitierten oder reformierten die Stifte Dorstadt, St. Katharina in ➛ Stendal, ➛ Marienborn bei Helmstedt, Marienberg in ➛ Helmstedt, ➛ Brehna, ➛ Badersleben und das Halberstädter Cellitenkloster; schließlich übernahmen sie auch Propsteiämter in den Zisterzienser-Frauenklöstern Meyendorf und Adersleben. Trotz Bauernkrieg, Reformation, Magdeburger Plünderung und Dreißigjährigem Krieg blieb das Stift eine katholische Enklave im protestantischen Umland bis zur Säkularisation 1804 durch Preußen.

▶ **Gegenwart.** In H. blieb die gesamte Stiftsanlage erhalten. Das nördlich gelegene spätgotische Klausurgeviert erscheint heute in Umbauformen des 18. Jh., enthält aber den vollständigen Kreuzgang des späten 15. Jh. Eine beeindruckende Wirkung erzielt die hochromanische, apsidiale Stiftsbasilika St. Pankratius, heute katholische Pfarrkirche, aus dem ersten Drittel des 12. Jh. Sie folgt mit Langhaussäulen, *chorus minor* und Arkadenrahmen ➛ Hirsauer Baumotiven, möglicherweise beeinflusst vom Peterskloster in ➛ Erfurt. Ihre Architektur zeigt aber auch Eigenständigkeiten, angepasst an die Liturgiegewohnheiten der Regularkanoniker. Überraschend für eine Reformkirche ist das ungewöhnlich motivreiche Baudekor. Die Ornamentik an den Säulenkapitellen nimmt von West nach Ost zu, die hohe künstlerische Qualität verweist auf französischen Einfluss. In dem noch immer ummauerten Stiftsbezirk steht seit 1903 eine kleinere Kirche im neuromanischen Stil für die evangelische Gemeinde.

◆ MonWin 2, 287–293; Voß, Gerhard: St. Pankratius zu H., Regensburg 1995; Bogumil, Karlotto: Das Bistum Halberstadt im 12. Jh., Köln 1972.

Das Südportal der romanischen Stiftskirche in **Hamersleben** mit kunstvollem Zierrat im Tympanon.

Hamm, *Franziskanerkloster St. Agnes (1455–1825), Erzdiözese Köln – (kreisfreie Stadt, Nordrhein-Westfalen, ❐ 1, B5).*

▶ **Geschichte.** Der Observantenbruder Johann von Dalen und Graf Gerhard von der Mark gründeten 1455 in H. das erste Observantenkloster der Franziskaner auf westfälischem Boden. Der Graf stiftete seine Burgkapelle St. Agnes und kaufte ein westlich daran angebautes Haus mit Hof und Gelände hinzu. Der erste Konvent bestand aus Guardian Cornelius von Gouda (1455–60) und fünf Observanten aus Brabant; Stifter Graf Gerhard wurde 1461 in der Klosterkapelle bestattet. Von H. aus besiedelten die Observanten ➛ Lemgo (1463) und den Jostberg bei ➛ Bielefeld (1502). Mit dem Erbe des Bürgers Albert Brechten konnte 1507 eine größere Ordenskirche gebaut werden, im Mai 1515 erfolgte deren Konsekration zu Ehren der hl. Agnes von Assisi († 1253), der jüngeren Schwester der hl. Klara († 1253). Der wortgewaltige Bruder Johannes Brugemann († 1473) aus dem Konvent H. erlangte als Volksprediger am Niederrhein einige Berühmtheit. Die Observanzbewegung mobilisierte im ausgehenden Mittelalter ein neues Interesse der Bevölkerung an den Franziskanern, die alten Konventualenkonvente der Minoriten verloren hingegen an Rückhalt. Um 1530 setzte sich lutherisches Glaubensgut in der Stadt durch, um gegen 1562 vom calvinistischen Bekenntnis verdrängt zu werden. Den Konvent berührten die Reformationswirren zunächst nicht, er blieb beim alten Glauben, wurde aber 1593 vorübergehend aus der Stadt vertrieben. Die Brüder versahen die Seelsorge für die restlichen Katholiken in mehreren Städten der Mark, übernahmen Pfarrpflichten, erteilten mit bischöflicher Befugnis die heiligen Sakramente und betreuten den kleinen Schwesternkonvent in ➛ Unna. Der Konvent H. stand seit 1649 unter dem persönlichen Schutz des neuen Landesherrn Kurfürst Friedrich Wilhelm von Brandenburg. Guardian Gerhard Fillerfanck (1706–08) stiftete 1707 ein Armenhaus, das die Franziskaner betreuten. Das Interesse für monastisches Leben war wieder gestiegen, unter Guardian Mauritius Cuer (1714–16) gehörten 50 Minderbrüder zu der Gemeinschaft. Vorerst ging die Säkularisationswelle im Großherzogtum Kleve und Berg nach 1806 am Kloster vorüber, 1825 jedoch löste Preußen die Gemeinschaft unter Guardian Damasus Uelk (1824–25) auf. Noch wenige Jahre zuvor hatte der Konvent H. aus 16 Franziskanern bestanden.

▶ **Gegenwart.** Die barocken Konventsgebäude zerstörte der Zweite Weltkrieg, an ihrer Stelle entstand eine Schule, die noch klösterliche Kelleranlagen besitzt. Die heutige spätgotische Kirche war eine zweischiffige asymmetrische Halle (Weihe 1515), deren Nordseite 1889/90 durch den ehemaligen Kreuzgang erweitert wurde. Nach ihrer Zerstörung im Krieg erstand sie in veränderter Form wieder neu; sie dient heute der katholischen Gemeinde als Pfarrkirche. Von der mittelalterlichen Ausstattung ist nichts Nennenswertes geblieben, ein Gabelkreuz aus dem 14. Jh. in der katholischen Pfarrkirche Geithe bei Hamm-Uentrop wird den Franziskanern zugesprochen.

◆ Ribhegge, Wilhelm: Die Grafen von der Mark und die Geschichte der Stadt H. im Mittelalter, Münster 2002; Timm, Willy: H., in: Westfälisches Klosterbuch, Tl. 1, Münster 1992, 381–385.

Handschuhsheim Augustiner-Chorfrauenstift, Mittelschiffsarkaden in der ältesten Kirche Heidelbergs.

Handschuhsheim, *Augustiner-Chorfrauenstift St. Vitus und St. Georg (um 1470–1575), Diözese Worms – (Heidelberg-H., Baden-Württemberg, ❐ 3, C2).*

▶ **Vorgeschichte.** In der Rheinebene nördlich von Heidelberg bei der alten Siedlung H. war die Benediktiner Reichsabtei ➛ Lorsch reich begütert; sie unterhielt in H. einen Wirtschaftshof mit Kapelle, die schon 774/778 erwähnt wird. Lorsch gründete um 870 auf dem nahen ➛ Heiligenberg die Propstei St. Michael und 1090 etwas tiefer am Hang die kleinere Propstei ➛ St. Stephan. In der Talsiedlung H. ließ Abt Arnold von Lorsch (1053–57) auf dem Klosterhof eine neue Kirche errichten, die zunächst dem Lorscher Klosterpatron St. Nazarius geweiht wurde. Um 1200 wurde das Langhaus zu einer dreischiffigen Basilika erweitert. Mit dem Wechsel der Lorscher Abtei an die Mainzer Kirche 1232 setzten sich die Patrone St. Vitus und St. Georg durch, wobei der zweite später zurücktrat. Durch die Mainzer Stiftsfehde 1461/62 geriet H. pfandweise unter Kontrolle der Wittelsbacher Kurfürsten von der Pfalz.

▶ **Geschichte.** Der kurfürstliche Ministeriale Diether von Handschuhsheim-Tiefenburg stiftete um 1470 auf dem ehemaligen Lorscher Hof nahe der Kirche St. Vitus, die seine Familie schon länger als Grablege nutzte, ein Frauenstift, dessen Schwestern sich der Augustinusregel unterstellten. Die erste urkundliche Nachricht stammt von 1475. Während der Mainzer Stiftsfehde hatte die Kirche so stark gelitten, dass sie neu aufgebaut werden musste, dabei wurden die Belange der Stiftsfrauen berücksichtigt. Als Grabstätte der Stifterfamilie diente die Stiftskirche bis zu deren Aussterben 1600. Über die Tätigkeiten der Chorfrauen gibt es kaum Nachrichten, in ihrer etwa 100-jährigen Geschichte blieb ihre Außenwirkung gering. Reformkanoniker von ➛ Höningen und ➛ Frankenthal übernahmen die Betreuung, 1487 erschien Prior Wilhelm Michel (1481–89) von Frankenthal als Visitator. Das Frauenstift H. zählte zum ➛ Windesheimer Reformkreis, Vollmitglied in der Kongregation war es nicht. Kurfürst Ottheinrich von der Pfalz ließ 1556 die evangelische Lehre im Land einführen. Sein Nachfolger Friedrich III., ein entschiedener Anhänger des Calvinismus, löste 1575 Stift H. auf und übergab die Güter dem neuen Waisenhaus. Mit dem Bergsträsser Rezess 1650 ging H. endgültig an die Pfalz über. Die Kirche wurde fortan simultan genutzt, der Chor für die Katholiken, das Schiff für die reformierte Gemeinde; seit 1905 gehört die Kirche allein den Katholiken.

▶ **Gegenwart.** Die Kirche St. Vitus in H. dient nach wie vor als katholische Pfarrkirche. Sie ist in ihrem Kern das älteste Gotteshaus der Stadt Heidelberg, zu der H. seit 1903 gehört. Teile des frühromanischen Baus (um 1050) befinden sich noch heute im quadratischen Südwestturm, in der westlichen Giebelwand, im Triumphbogen des spätgotischen Chors und in der St. Nikolaus-Kapelle, mit der darunter liegenden Gruft. Aus der Zeit des Umbaus zur Basilika um 1200 stammen die Rundpfeiler gegenüber dem Haupteingang. Beim Wiederaufbau 1483 wurde das nördliche Seitenschiff niedergelegt und stattdessen eine Empore für die Stiftsfrauen angebaut, westlich an der Außenmauer erkennt man zwei ehemalige Eingangstüren für die Schwestern zum Kirchenschiff und zur höher gelegenen Empore. Der polygonale, spätgotische Chor mit Maßwerkfenstern und Netzrippengewölbe entstand in dieser Zeit. Dieser Chor dient seit der Vergrößerung des Kirchenraums 1933/34 nur noch als Nebenkapelle. Der Altbestand wirkt wie ein Seitenschiff neben der flachgedeckten neuen Halle, die ein Außenbetrachter von der Südseite aus gar nicht vermutet. An den Innenwänden haben sich gotische Fresken erhalten, romanische Fensterlaibungen sind mit qualitätsvollen Wandmalereien in gutem Zustand aus der ersten Hälfte des 15. Jh. verziert. Einige Grabplatten erinnern an die Ritterfamilie derer von Handschuhsheim, darunter auch das Doppelgrabmal des Stifters Diether von Handschuhsheim († 1487) und seiner Gemahlin Margaretha von Frankenstein († 1483).

◆ Kemper, Joachim: Klosterreformen im Bistum Worms im späten Mittelalter, Mainz 2006, 308–311; Neumüllers-Klauser, Renate: Heidelberg-H. Katholische Pfarrkirche St. Vitus, Regensburg 2001; Holl, Eugen: Die Vituskirche als Grablege der Ritter von H., in: Jahrbuch des Stadtvereins Handschuhsheim (2000) 19–37.

Hane (Hagen), *Prämonstratenser-Chordamen Reichsstift St. Maria (1129–1564), Erzdiözese Mainz – (Bolanden, Donnersbergkreis, Rheinland-Pfalz, ❒ 3, B2).*

▶ **Geschichte.** Zunächst stifteten der Reichsministeriale Werner I. von Bolanden und Ehefrau Guda 1129 ein Augustiner-Doppelstift an ihrer Wasserburg Bolanden in der Pfalz am Donnersberg, das dem Mainzer Domstift übergeben und von der Reformabtei ➛ Springiersbach besiedelt wurde. Der erste Propst Stephan (1160/85) erlangte die Kirche in ➛ Rothenkirchen nördlich von Bolanden und siedelte dorthin den Frauenkonvent um. Ihr eigenes Stift verlegten die Chorherren zu diesem Zeitpunkt in das nahe H. Beide Konvente schlossen sich kurz danach dem Prämonstratenserorden an. 1180 tauschten die Konvente den Aufenthaltsort und H. galt seitdem als Frauenstift und Rothenkirchen als Männerstift des Prämonstratenserordens. In H. entstand unter Mithilfe Werners II., Vormund des späteren Königs Heinrich VI., eine größere Anlage mit dreischiffiger Basilika in ➛ Hirsauer Bautradition. Papst Lucius III. bestätigte das Frauenstift 1182, das als „Annexkloster" dem Herrenstift Rothenkirchen unterstellt blieb; gleichzeitig entschied der Papst über die Zugehörigkeit des wichtigen Weierhofes zugunsten der Frauen gegen die Abtei ➛ Prüm. Der Sohn des Stifters, Werner II., war ein treuer Gefolgsmann des Kaisers. Heinrich VI. bestätigte 1193 den umfangreichen Besitz, den schon sein Vater, Kaiser Friedrich I., verfügt hatte. H. galt als reichsunmittelbares Stift. Die selige Christina von H., auch „von Retters" genannt und fälschlicherweise auf das Prämonstratenserinnenstift Retters bezogen, wurde durch ihre mystischen Visionen und körperlichen Kasteiungen überregional bekannt. Sie wurde 1275 sechsjährig dem Konvent übergeben und starb bereits im Alter von 21 Jahren. 1358 geriet Bolanden unter kurpfälzische Herrschaft, inzwischen hatte sich die Siedlung Bolanden entwickelt. Die Stiftsdamen ließen 1487 ihre romanische Basilika zu einer zweischiffigen Halle umbauen. Nach der Reformation entschied sich der Wittelsbacher Kurfürst Ottheinrich 1557 zur Durchsetzung des Protestantismus, sein Verwandter, Pfalzgraf Georg II. von Pfalz-Simmern-Sponheim, setzte 1564 die Auflösung des Frauenstifts H. durch. Im Dreißigjährigen Krieg plünderten und brandschatzten kaiserliche Truppen die Anlage und die Ortschaft. Die Stiftsgebäude verfielen, schließlich diente die spätgotische Kirche nur noch als Scheune.

▶ **Gegenwart.** Seit 1977 rettete eine Gemeinschaft von Heimatfreunden die ehemalige Stiftskirche. Nach ihrer gelungenen Sanierung dient sie heute Konzertveranstaltungen und Ausstellungen. Die südlich sich anschließenden Wohngebäude lassen den Klausurbereich um den Innenhof noch erahnen, möglicherweise geht ihre Grundsubstanz auf das Mittelalter zurück.

◆ MonPraem 1, 96–98; Jürgensmeier, Friedhelm (Hg.): Handbuch der Mainzer Kirchengeschichte, 3 Bde., Würzburg 1997–2002; Backmund, Norbert: Das Kloster H. (Hagen) in Bolanden (Pfalz), in: Analecta Praemonstratensia 56 (1980) 103 f.

Hankensbüttel, *Zisterzienserinnenkloster St. Maria (1327–46), Diözese Hildesheim – (Lkr. Gifhorn, Niedersachsen, ❒ 2, A3).*

▶ Zisterzienserinnen vermutlich aus ➛ Wienhausen, ein Teil vielleicht auch aus ➛ Wöltingerode, ließen sich 1265 in einem leeren Kloster in Isenhagen nieder, das 1243 von Zisterziensermönchen aus ➛ Riddagshausen gegründet und 1259 nach einem Brand verlassen worden war. Die Mönche waren nach ➛ Marienrode bei Hildesheim gezogen. Mit Unterstützung der Welfenherzöge Albrecht und Johann von Braunschweig-Lüneburg und ihrem Bruder, Bischof Otto von Hildesheim, bauten

Hankensbüttel Zisterzienserinnenkloster, die Pfarrkirche diente als klösterliche Zwischenstation (1327-46).

die Frauen das Kloster in Isenhagen neu auf. Unter Äbtissin Elisabeth (1304–30) verlegten sie aber ihre Niederlassung 1327 direkt an die Archidiakonatskirche St. Pankratius im nahen H., ein Dorf, das sie als bischöfliches Lehnsgut erhalten hatten. Für den Neubeginn in H. erhielt der Konvent 1330 von Papst Johannes XXII. ein Ablassprivileg. Nach dem Brand 1336, bei dem auch die Pfarr- und Klosterkirche in Mitleidenschaft gezogen worden war, zog der Konvent 1346 unter Äbtissin Gertrud (1334–54) noch einmal an den nun endgültigen Standort ➛ Isenhagen um. Die Archidiakonats- und Klosterkirche St. Pankratius der Zwischenstation H. dient noch heute der evangelischen Gemeinde als Gotteshaus. Die im Kern romanische Pfarrkirche wurde 1051 erstmals erwähnt, die Zisterzienserinnen bauten sie nach 1327 unter Verwendung alter Mauerteile neu auf und gestalteten sie nach 1500 spätgotisch um. Gegen 1700 wurde sie noch einmal barock verändert.

◆ GermBen 12, 228–267; Mohn, Claudia: Isenhagen, H., in: Mittelalterliche Klosteranlagen der Zisterzienserinnen, Petersberg 2006, 149–155.

Hardehausen, *Zisterzienserabtei (St. Salvator) St. Maria (1140–1803), Diözese Paderborn – (Warburg-H., Kr. Höxter, Nordrhein-Westfalen, ❐ 1, C5).*

▶ **Geschichte.** Bischof Bernhard I. von Paderborn (Oesede) stiftete nicht nur die Benediktinerklöster ➛ Marienmünster, ➛ Iburg bei Driburg, ➛ Gehrden und ➛ Willebadessen, sondern auch 1140 die Zisterzienserabtei H. bei Warburg. Die Machtstellung der Eversteiner Grafen konnte er dadurch geschickt einschränken. Die erste deutsche Zisterzienserabtei ➛ Kamp am Niederrhein schickte den Gründungskonvent unter Abt Daniel; die Stiftungsurkunde mit Bestätigung des inzwischen stark angewachsenen Besitzes wurde erst 1150 unterzeichnet, kaiserliche und päpstliche Schutzbriefe folgten. Dank der zisterziensischen Wirtschaftsweise entwickelte sich die Abtei im Laufe des Mittelalters mit einem Gesamtbesitz von 18.000 Morgen Land zur größten geistlichen Grundherrschaft im Bistum Paderborn (13. Jh.). In 16 Stadthöfen wurden ihre Produkte abgesetzt, Tochtergründungen entstanden 1185 in ➛ Marienfeld, 1196 in ➛ Bredelar, 1244 in ➛ Scharnebeck und 1310 in ➛ Wahlshausen. Die in den Orden inkorporierten Frauenklöster ➛ Brenkhausen und ➛ Wormeln standen unter Aufsicht der Abtei. Ein Hospitalbetrieb ist erstmals 1229 erwähnt. Die Hochblüte in der zweiten Hälfte des 13. Jh. ebbte im 14. Jh. ab, in der Zeit Abt Heinrichs I. (1343/49) musste der Konvent auf 40 Priestermönche und 300 Konversen begrenzt werden. Abt Hermann II. (1399/1431) vermochte, die geistliche Ausstrahlungskraft zu heben, ein Lektor bereitete die eigenen Professen zum Studium an den Universitäten vor. Der Rückgang des Konversentums, der Pachtwirtschaft, Kriegswirren und agrarische Degression führten im Spätmittelalter zum wirtschaftlichen Niedergang. In der Reformationszeit spaltete lutherischer Einfluss den Konvent, Abt Moritz (1544–48) bekannte sich zum Protestantismus. Abt Martin Thonemann (1544–67) versuchte mit Anerkennung als „kaiserliches freies Stift“, die bischöfliche Gewalt abzuschütteln. Er vernachlässigte den Frauenkonvent Brenkhausen; die Abtei konnte nicht verhindern, dass Brenkhausen 1601 unter dem Reformeinfluss der ➛ Bursfelder Kongregation zur Benediktinerobservanz wechselte. Dagegen konnte Abt Antonius Jäger (1595–1600) den Konvent im Kloster ➛ Holthausen 1598 für das katholische Bekenntnis wiedergewinnen. Abt Stephan Overgear (1675–1713) erreichte nach dem Dreißigjährigen Krieg einen letzten Aufschwung und baute die zerstörte Abtei im Barockstil neu auf. Im Januar 1803 verfügte Preußen die Aufhebung der Abtei. 25 Mönche mussten H. verlassen; schon 1812 wurde die Klosterkirche bis auf Reste abgerissen.

Hardehausen Zisterzienserabtei, der gotische Doppelkreuzgang zeigt schmuckreiche Einzelformen.

▶ **Gegenwart.** Von der romanischen Säulenbasilika, einem bedeutenden Bau der Weserromanik nach hirsauischem Vorbild, sind vier Basen in attischer Form, ein korinthisches Kapitell und Mauerreste erhalten. Das Ossuarium (Beinhaus), eine zweigeschossige, oktogonale Kapelle (um 1310), steht noch unversehrt im nördlichen Bereich. In die barocke Klausuranlage ließ Abt Overgear Teile des gotischen Kreuzgangs integrieren, so dass heute der eindrucksvolle Doppelkreuzgang des Nordflügels mit reich profilierten Schmuckkapitellen und Kreuzrippengewölbe zu bewundern ist. Die Anlage in einem Parkgelände dient der Erzdiözese Paderborn als Jugendhaus und katholische Landvolkshochschule.

◆ Müller, Helmut: Urkunden des Klosters H., Paderborn 2002; Pöppel, Diether: Benediktinisches Leben im Hochstift Paderborn, Paderborn 1999, 136–151; Kuhne, Wilhelm: H., in: Westfälisches Klosterbuch, Tl. 1, Münster 1992, 389–395.

Harsefeld, *Benediktiner Erzabtei St. Maria, St. Bartholomaeus Apostolus (1101–1632), Erzdiözese Hamburg-Bremen – (Lkr. Stade, Niedersachsen, ❒ 1, D3).*

▶ **Geschichte.** In Zeiten des Investiturstreits flüchteten papsttreue Benediktinermönche 1100 von ➛ Ilsenburg im Harz in das Eigenstift des Grafen von Stade in H., das fast 100 Jahre zuvor als Säkularkanonikerstift gegründet worden war und 1101 in ein Mönchskloster umgewandelt wurde. 1105 kehrten die Mönche in den Harz zurück, hinterließen aber auf Bitten der Brüder Lothar-Udo III. und Rudolf I., Markgrafen der Nordmark, sowie der Witwe Oda von Werl in H. einen Konvent. Der erste Abt Werner I. (1101–13) festigte die ➛ Junggorzischen Reformideale von Ilsenburg auch im Norden Niedersachsens. Das Marienkloster H. blieb die einzige Gründung der Herrandreform außerhalb der Diözese Halberstadt. Die Markgrafenfamilie übergab 1102 ihr Eigenkloster dem Heiligen Stuhl; Papst Paschalis II. gewährte freie Abt- und Vogtwahl und schützte den Konvent vor Zugriffen des Hamburg-Bremischen Erzstifts. Die Exemtion wurde aber erfolgreich von Bremen unterwandert. 1147 besiedelten die Benediktiner das Tochterkloster St. Marien in Stade, von dem heute nichts mehr existiert, lediglich deren Tochtergründung ➛ Dobbertin vor 1227 in Mecklenburg. Mit Zustimmung des Gegenpapstes Viktor IV. gelangte die Abtei 1160 doch an die Bremer Kirche. Diese fragwürdige Schenkung erkannte der Konvent nicht an; im Konflikt mit dem Erzbischof Hartwig musste Abt Ado (1147–54) fliehen. Die Schirmvogtei ging an den Welfenherzog Heinrich den Löwen über. Zwei große Brände 1236 und 1242 zerstörten die Abtei. Der Besitz in Dithmarschen ging verloren, aber durch die Kolonisation des Alten Landes diesseits der Elbe erwuchs eine neue große Grundherrschaft. Der Titel Erzabt konnte unter unklaren Umständen erlangt werden, was die eigenständige Stellung der Abtei H. zwar unterstrich, aber den wachsenden Einfluss der Erzbischöfe von Bremen nicht verhindern konnte. Abt Gerlach von Schulte (1367–1410) bezeichnete sich 1386 erstmals selbst als Erzabt, Papst Bonifatius IX. verwendete diesen Titel 1394 und vergab die Pontifikalinsignien. Erzabt Gerlach vertrat als oberster Prälat die Landstände im Erzstift Bremen gegenüber dem Landesherrn. Über Besitz von Salzpfannen in Lüneburg wurde H. im 15. Jh. in den dortigen „Prälatenkrieg" verlustreich verwickelt; auch litt die Abtei während der bewaffneten Auseinandersetzungen der Braunschweiger Welfen mit dem Bremer Erzstift. Erzbischof Johann III. Rode von Wale erreichte 1510 die Aufnahme des Konvents in die ➛ Bursfelder Kongregation. Erzabt Heinrich Dudenrath (1508–27) war mit einigen Reformmönchen aus ➛ Huysburg im Harz nach H. gekommen. Die Reformation blieb ohne Einfluss, aber im Streit mit Erzbischof Christoph wegen Schulden verwüstete Ritter Joachim von Pentz aus Gadebusch 1545/46 die Klosteranlage und brannte sie vollständig nieder. Der Wiederaufbau war mühsam und konnte wohl nicht mehr vollendet werden. In der Person Erzabt Friedrich Davensbergs (1628–33) strahlte die Abtei noch einmal weit über ihre Region hinaus; er galt als einer der bedeutendsten Männer des Ordens seiner Zeit. Nach dem Einmarsch der Schweden wurde im Mai 1632 die Aufhebung der Abtei H. vollzogen, der Konvent floh nach Köln, wählte im Exil noch zweimal einen neuen Abt; mit den Beschlüssen des Westfälischen Friedens von 1648 starb die Hoffnung auf eine Restitution.

Harsefeld Benediktiner Erzabtei, Fundamente und Restmauern der Klausur erinnern an die bedeutende Abtei.

▶ **Gegenwart.** Romanisch-gotische Ausgrabungsreste der Klausur- und Wirtschaftsgebäude erinnern heute im Ruinenpark nördlich der Kirche an die Benediktiner Erzabtei H., die nach Bränden mehrmals wiederaufgebaut, aber im 18. Jh. dem Verfall überlassen wurde. Im nachklösterlichen Amthof befindet sich noch heute der Weinkeller der Äbte; die ehemalige Johanneskapelle ist noch als Ruine erkennbar. Die Abteibasilika, die um 1250 neu errichtet werden musste und die im 14. Jh. zur Hallenkirche umgebaut worden war, hat sich zumindest im Mittelschiff der heutigen evangelischen Pfarrkirche St. Marien und Bartholomäi erhalten. 1739 verlor die ehemalige Klosterkirche ihre ursprünglichen Ost- und Westbereiche, 1856–61 erfolgte ein Umbau im neugotischen Stil, seitdem präsentiert sie sich mit dem hohen Westturm. Ausgrabungs- und Forschungsergebnisse zeigt das Klostermuseum vor Ort.

◆ Germ Ben 6, 137–152; Streich, Gerhard: Klöster, Stifte und Kommenden in Niedersachsen vor der Reformation, Hildesheim 1986.

Hasungen, *Benediktinerabtei St. Petrus und St. Paulus (1077–1527), Erzdiözese Mainz – (Zierenberg-Burghasungen, Lkr. Kassel, Hessen, ❒ 1, C5).*

▶ Auf dem Bergplateau über Zierenberg westlich von Kassel hatte sich im 11. Jh. eine rege Wallfahrt zum Grab des hl. Heimerad († 1019) entwickelt. Seit 1074 bestand an der Grabeskirche St. Michael ein Kollegiatstift. Auf Wunsch der Kanoniker wandelte Erzbischof Siegfried I. von Mainz zwischen 1077 und 1081 das Säkularkanonikerstift in ein Benediktinerkloster um. Unter Abt Giselbert (um 1082–85) führten zwölf Mönche aus dem Reformzentrum ➛ Hirsau im Schwarzwald neucluniazensische Gewohnheiten ein; von Beginn an bestanden Pfarrverpflichtungen als Erbe der Kanoniker. Nach einer Glanzzeit im 12. Jh. gewann das Reichskloster ➛ Hersfeld zunehmend Einfluss, Ämter und Pfründen der Mönche führten zur Aufgabe der *vita communis* schon im 14. Jh. Die Gütertrennung zwischen Abt und Konvent, weltliche Freiheiten, Konflikte mit der Zierenberger Bürgerschaft, Nepotismus der Äbte, wirtschaftlicher Niedergang und Reformverweigerung kennzeichneten das Spätmittelalter. Die Aufnahme in die ➛ Bursfelder Kongregation 1505 kam wohl zu spät; 1527 hob Landgraf Philipp I. von Hessen die sich selbst auflösende Abtei H. offiziell auf. Die Einkünfte und Bibliothek gingen an die Universität Marburg, die Abteikirche und Kreuzgänge wurden 1617 abgerissen, der Rest fiel im Dreißigjährigen Krieg; geblieben sind nur Trümmer. Am längsten hielten sich die Grundmauern des 27 m hohen Turmes, an dem sich ursprünglich zwei Kirchen gruppierten. Heute überwuchert Gras die letzten Steinreste.

◆ GermBen 7, 535–559; Jürgensmeier, Friedhelm (Hg.): Handbuch der Mainzer Kirchengeschichte, 3 Bd., Würzburg 1997–2002.

Hau, *Antoniter-Präzeptorei St. Antonius (nach 1417–1549), Erzdiözese Köln – (Bedburg-H., Kr. Kleve, Nordrhein-Westfalen, ❒ 1, A5).*

▶ **Geschichte.** Gräfin Margaretha von Kleve ließ 1378 an ihrem Hof „op gen Houwe" (auf dem H.) am ehemaligen Reichswald eine Kirche St. Antonius bauen, zu der 1404 eine Antoniusvikarie hinzukam. Ihr Sohn Graf Adolf II., der 1417 zum Herzog erhoben wurde, stiftete zwei Klöster zu Ehren seines neuen Herzogtums, ein Kartäuserkloster in Wesel und ein Antoniterkloster auf dem H. Er ließ sich 1420 die Vikarie der Antoniuskirche abtreten und übergab Kirche, Vikarie und Pfründe 1435 dem Antoniterorden, der bis 1441 eine Präzeptorei in H. errichtete. Papst Nikolaus V. erließ 1450 für die Antoniuskirche ein Ablassprivileg. Von Anfang an unterstand die neue Niederlassung bei Kleve der Präzeptorei ➛ Alzey. Der erste Präzeptor war Jakob von Luyon aus Frankreich, unter dem Präzeptor Henrik von Fley lebten um 1460 mindestens vier weitere Chorherren, was auf eine gewisse Bedeutung schließen lässt. Mit der Präzeptorei ➛ Köln einigten sich die Chorherren in H. 1464 über ihr alleiniges Recht, Antoniusfahrten (Terminieren) in ganz Friesland durchführen zu dürfen. Zur Seite stand ihnen eine Bruderschaft, die ebenfalls von Herzog Albrecht gegründet worden war und sich „Ritterorden des hl. Antonius" nannte. Im 16. Jh. breitete sich das Luthertum in den vereinten Herzogtümern Jülich-Kleve-Berg, eingeschlossen die Grafschaften Ravensberg und Mark, aufgrund der herzoglichen Toleranz ungehindert aus, wobei die Klöster in der Regel bestehen bleiben durften. Erst Herzog Wilhelm V. entschied sich 1541 für die Reformation, die in seinem Land zunehmend von Calvinisten getragen wurde. Die Antoniter, die im besonderen Maß von Almosen abhängig waren, resignierten; ihr Kloster wurde 1549 aufgehoben. Das Herzogtum Jülich-Kleve-Berg blieb zunächst auf Druck Kaiser Karls V. und gegenreformatorischer Kräfte katholisch, die Antoniterkirche wurde dem Stift ➛ Bedburg unterstellt.

▶ **Gegenwart.** Die Region um H. war von Landwehren durchzogen, die Graf Adolf II. zum Schutz vor Überfällen um 1400 angelegt hatte. Wo zwei wichtige Straßen kreuzten, wurden bewachte Schlagbäume aufgestellt, einer war der „Tönisbaum" bei H., eine heute noch bekannte Bezeichnung für die ehemalige Antoniterniederlassung. Präzeptoreigebäude sind nicht erhalten, sie wurden 1652 abgebrochen. Die Kirche St. Antonius Abbas dient seit 1861 der katholischen Gemeinde als Gotteshaus. Um 1880 erweiterte man die ursprünglich einschiffige Kapelle mit vorgesetztem Westturm zu einer dreischiffigen Halle in neugotischen Formen, der spätgotische 3/8-Chor blieb bestehen.

◆ Hendricks, Thorsten: Gemeindebildung und Kirchbau am Beispiel der Pfarrkirche St. Antonius, Bedburg-H., Münster 2003; Hövelmann, Gregor (Hg.): Niederrheinische Kirchengeschichte, Krevelaer 1965; Mischlewski, Adalbert: Der Antoniterorden in Deutschland, in: Archiv für mittelrheinische Kirchengeschichte 10 (1958) 39–66.

Hau Antoniter-Präzeptorei, die spätgotische Antoniterkapelle mit Westturm ist heute eine neugotische Halle.

Hausen, *Prämonstratenser-Chorfrauenstift Heilig Kreuz (vor 1161– um 1580), Diözese Würzburg – (Bad Kissingen-H., Lkr. Bad Kissingen, Bayern, ❐ 3, D2).*

▶ **Geschichte.** Graf Berthold I. von Henneberg stiftete um 1155 auf dem Eigenbesitz H. an der Fränkischen Saale nördlich von Kissingen ein Frauenstift, das Bischof Heinrich II. von Würzburg (Stühlingen) 1161 bestätigte und der Abtei ➛ Oberzell unterstellte. Aus dem Doppelstift Oberzell kamen die ersten Prämonstratenserinnen. Obwohl der Bischof die Henneberger Grafen nur als Vögte in Notzeiten akzeptierte, gewannen diese zunehmend an Einfluss in H., Anfang des 14. Jh. stand das Frauenstift unter Leitung ihres Hausklosters, der Prämonstratenserabtei ➛ Veßra. Der Verlust der Archivalien begründet die heutige dürftige Quellenlage. Eine Priorin Katharina Dienstmann wird erstmals 1399 in der Zeit der Meisterin Margret von Bibra (1395–99) genannt. Die Vorsteherinnen nahmen 1467 den Titel „Äbtissin" an, was auf Unabhängigkeitsbestrebungen hinweist. Aufständische Bauern verwüsteten 1525 das Stift, der Konvent war nach ➛ Unterzell geflohen. Die Chorfrauen kehrten zwar zurück, aber der lutherische Einfluss und Austritte führten zwischen 1553 und 1556 zur Verödung des Konvents. Während der Grumbachschen Fehde wurde die Anlage 1565 zerstört. Fürstbischof Julius Echter löste das leere Stift auf und übergab 1582 die Güter der wiedergegründeten Würzburger Universität (der Bischof versorgte sein Universitätsprojekt wiederholt mit Einkünften aufgehobener Frauenklöster: ➛ Maidbronn, ➛ Mariaburghausen, ➛ Heiligenthal bei Schwanfeld und Stift ➛ Unterzell).

▶ **Gegenwart.** Anfang des 18. Jh. ließen die Würzburger Fürstbischöfe die ehemalige Stiftskirche H. im Barockstil neu errichten. Diese katholische Pfarrkirche Heilig Kreuz steht heute noch auf alten Fundamenten der Prämonstratenserinnenkirche, ihre Grundmauern folgen dem lateinischen Kreuz. Aus mittelalterlicher Zeit existieren außerdem Teile der ehemaligen Immunitätsmauer und Kellergewölbe unter jüngeren Wirtschaftsgebäuden.

Das hier vorgestellte Prämonstratenserinnenstift H. bei Bad Kissingen wird gelegentlich verwechselt mit dem untergegangenen Prämonstratenserinnenstift „Bruderhartmann" bei Rot am See in Baden-Württemberg, das auch die Namen „Frauenhausen" oder „Hausen" führte.

◆ Flachenecker, Helmut: Memoria und Herrschaftssicherung, Göttingen 2008; Backmund Norbert: Die Chorherrenorden und ihre Stifte in Bayern, Passau 1966, 169 f..

Havelberg, *Prämonstratenser-Domkapitel St. Maria und St. Laurentius (1148–1506) – „Domstift", Diözese Havelberg – (Lkr. Stendal, Sachsen-Anhalt, ❐ 2, B3).*

▶ **Geschichte.** Zur Wiederbelebung des 983 verwaisten Bistums Havelberg weihte

Havelberg Prämonstratenser-Domkapitel, der romanische Dom mit mächtigem Querriegel, Nordwestansicht.

Norbert von Xanten, Erzbischof von Magdeburg und Gründer des Prämonstratenserordens, seinen Mitstreiter Anselm im Juni 1129 zum Bischof von Havelberg. Bischof Anselm (1129–55) vermochte den Bischofssitz erst nach dem Wendenkreuzzug 1147 mit einem Domkapitel zu beleben, wofür er Prämonstratenser-Chorherren aus ➛ Magdeburg und ➛ Jerichow an die Havel rief. König Konrad III. bestätigte die Gründung 1150. Der hochgelehrte Anselm kennzeichnete in seiner Schrift „Epistola apologetica" gegenüber dem Benediktinerabt Ekbert von ➛ Huysburg (1134–54) eine Stiftsgemeinschaft von Regularkanonikern mit der *vita apostolica* für hochwertiger als die *vita contemplativa* des klassischen Mönchtums und bemühte sich um ein Selbstverständnis der jungen Prämonstratenserkonvente um Magdeburg inmitten noch zu missionierender, feindlicher Heiden. Eigene Gelehrsamkeit, Christianisierung und Siedlungspolitik standen im Mittelpunkt der Bemühungen im ersten Jahrhundert. Bischof und Domkapitel bauten die Kirchenorganisation und den Archidiakonatsbezirk auf. Den Chorherren unterstanden 28 inkorporierte Kirchen. Die neue Domkirche hoch über der Havel konnte 1170 geweiht werden. Tochterstifte entstanden in ➛ Broda am Tollensesee und in ➛ Pudagla auf Usedom; ein eigenes Hospital ist in der Frühzeit bezeugt. Erst seit etwa 1197 war das Bischofsamt vom Kapitelvorstand getrennt. 1270 wurde Wittstock als Bischofsresidenz bestimmt. Das Domkapitel in H. blieb unter der Leitung eines Propsts weiterhin in die weltkirchliche Verwaltung integriert. Von 31 Havelberger Bischöfen gingen 16 aus dem eigenen Domkapitel hervor. Die Wunderblutverehrung in Wilsnack und die dazugehörige Wallfahrt genossen die besondere Förderung und Betreuung der Prämonstratenser; ein Drittel der daraus fließenden Einnahmen stand dem Domkapitel zu. Im 14./15. Jh. gewannen die brandenburgischen Landesherren Einfluss auf Bistum und Stift; besonders den Hohenzollern gelang die Einmischung in kirchenhoheitliche Rechte und eine stärkere Mitbestimmung. Kurfürst Joachim I. erreichte im Juni 1506 die Zustimmung Papst Julius' II. zur Umwandlung der Regularkanonikerstifte H. und ➛ Brandenburg in Säkularkanonikerstifte, was zur engen Anbindung an die Landesherrschaft zügig durchgeführt wurde. 24 Chorherren unter Propst Christian von Wultzke (1499–1526) gaben die Prämonstratenserregel auf, lebten als weltliche Stiftsherren von privaten Pfründen und waren häufig als kurfürstliche Räte tätig. Bis 1561 galt im Kollegiatstift das katholische Bekenntnis; das nachfolgende evangelische Stift H. wurde 1816 säkularisiert.

▶ **Gegenwart.** Auf dem Hochgelände nördlich über der Havel unweit ihrer Mündung in die Elbe erhebt sich noch heute wie ein Bollwerk das Ensemble des Dombezirks aus Domkirche und Klausurkomplex mit hohem kulturgeschichtlichem Rang. Die langgestreckte Pfeilerbasilika des 12. Jh. (heute evangelische Pfarrkirche St. Marien) begrenzt im Westen ein imposanter Querriegelbau anstelle einer Turmfassade; im Osten enden die Seitenschiffe als zweigeschossige Kapellenräume, die das gotische Chorjoch mit Polygonschluss flankieren. Die Auswölbung der Innenräume erfolgte nach dem Brand 1279, der zu Umbauten im gotischen Stil veranlasste. Das Hauptkunstwerk im Inneren des Doms ist der figurenreiche, schmuckvolle Lettner aus Stein (um 1390). Ebenfalls hervorzuheben sind drei gotische Sandsteinleuchter mit vollplastischen Figuren, mittelalterliche Glasmalereien sowie eines der ältesten Chorgestühle Deutschlands. Die südlich, hart am steilen Havelufer gelegenen drei Klausurflügel mit Kreuzgängen sind zweigeschossig und entstammen romanisch-gotischen Bauphasen. Die Funktionsräume sind sehr gut erhalten und werden vom Prignitz-Museum genutzt. Das ehemalige Cellarium dient als katholische Kapelle, der Paradiessaal als evangelische Winterkirche. Von außerhalb des Dombezirks stehenden mittelalterlichen Bauten der Prämonstratenser seien hier nur erwähnt: die Kapellen St. Anna und Gertrud Ende (15. Jh.), Brau- und Darrhaus mit Gewölbekeller (13./15. Jh.), die Propstei sowie Dechanei mit mittelalterlichen Kellern.

◆ Bergstedt, Clemens u. a.: H., in: Brandenburgisches Klosterbuch, Bd. 1, Berlin-Brandenburg 2007, 573–592; Kugler-Simmerl, Annette: Bischof, Domkapitel und Klöster im Bistum H., Berlin 2003.

Hecklingen, *Benediktinerinnenabtei St. Georg und St. Pankratius (um 1130–1559), Diözese Halberstadt – (Salzlandkreis, Sachsen-Anhalt, ❐ 2, A5).*

▶ **Geschichte.** Ein im 11. Jh. gegründetes Kanonikerstift in Kakelingen wurde auf Veranlassung Konrads, Markgraf der Nordmark, um 1130 auf Wunsch seiner Schwester Irmengard in ein Benediktinerinnenkloster umgewandelt. Irmengard kam aus Kloster ➛ Gerbstedt und stand dem ersten Konvent als Äbtissin (um 1130–60) vor. Die Schwesterngemeinschaft unterstellte sich wahrscheinlich den neucluniazensischen Reformstatuten des Schwarzwaldklosters ➛ Hirsau, architektonische Reformmotive unterstützen diese Vermutung. Papst Innozenz II. erklärte 1140 seinen Schutz. 1145 übergab der Bruder des Stifters, Bernhard von Plötzkau, dem Konvent Pfarreien in Staßfurt, Altendorf, Cochstedt und Winningen. 1147 starb er als letzter im Mannesstamm derer von Plötzkau auf dem Zweiten Kreuzzug; die Askanier unter Albrecht dem Bären übernahmen die Landes- und Schirmherrschaft. Möglicherweise aufgrund häufiger Überschwemmungen der Bode erfolgte 1160 die Verlegung des Klosters (2 km) westwärts nach H. In H. entstand zwischen 1160 und 1220 die heute noch stehende Klosterkirche. Noch im 12. Jh. vollzogen die Schwestern einen Obödienzwechsel und bekannten sich zur Augustinusregel; der Einfluss der Augustiner-Chorherrenstifte ➛ Hamersleben oder ➛ Schöningen bei diesem Wechsel bleibt Spekulation. Papst Lucius III. bestätigte 1182 einen Güterverkauf des Chorherrenstifts Schöningen an Propst und Äbtissin zu H. Eine Urkunde von 1511 spricht wieder vom Benediktinerinnenkloster. Die Salzquellen der Stadt Staßfurt kamen nicht nur den Bewohnern sondern auch dem Kloster zugute; neben H. erfreute sich ebenfalls die Benediktinerabtei ➛ Nienburg flussabwärts sprudelnder Einnahmen und Stiftungen. Die Reformation hielt bereits 1524/25 Einzug in der Region. Der durch einen Großbrand (1496) geschwächte Frauenkonvent hatte den reformatorischen Umwälzungen wenig entgegenzusetzen und verlor einen Teil seiner Mitglieder. Mit dem Übertritt Äbtissin Barbara Schildes zum Protestantismus 1559 erlosch das monastische Leben. Fürst Joachim Ernst von Anhalt verkaufte 1571 das Klostergut an Christoph von Trotha, Schlossherr im nahen Gänsefurth, dessen Nachkommen es zum barocken Stadtschloss ausbauten.

▶ **Gegenwart.** Die Kloster- bzw. Stiftskirche und heutige evangelische Pfarrkirche ist eine dreischiffige, kreuzförmige Basilika aus der zweiten Hälfte des 12. Jh. mit Dreiapsidenschluss im Osten, repräsentativer Zweiturmfront im Westen und Flachdecke sowie rheinischem Stützenwechsel im Inneren. Der Grund- und Aufriss, sowie die Ausformungen von Details orientieren sich an der Abteikirche ➛ Königslutter, entsprechend sind hirsauische Baumotive nicht überraschend. Die Bauplastik zeigt bemerkenswerte Kunstfertigkeit: halbplastische Engelsfiguren um 1230 schmücken die Arkadenzwickel des Langhauses, ihre ikonografische Deutung gelang bisher nicht. Die Köpfe über den nördlichen Scheiteln könnten die Stifter darstellen. Die westliche Nonnenempore und das Obergeschoss über dem Südschiff wurden nachträglich um 1240 eingefügt. Die südlich angeschlossene Klausur brannte 1496 ab, lediglich Wandreste des Ostflügels mit Arkaden und Pfeilern sowie Säulen blieben erhalten. Im Südflügel des Hecklinger Schlosses ist ein romanisches Portal eingelassen, vermutlich ein Bauteil der Klausurgebäude. Der Erststandort Kaklingen ist heute eine Wüstung zwischen H. und Staßfurt.

◆ Mohn, Claudia: H., in: Mittelalterliche Klosteranlagen, Petersberg 2006, 366 f.; Huth, Andreas/Köhler, Mathias: Romanik und Romantik. Die Restaurierung der Klosterkirche St. Georg und St. Pankratius, in: Denkmalpflege Sachsen-Anhalt 2 (1996) 89–100.

Hedersleben, *Zisterzienserinnenkloster St. Maria und St. Gertrudis (1253–1810), Diözese Halberstadt – (Lkr. Harz, Sachsen-Anhalt, ❒ 2, A5).*

▶ **Geschichte.** Die Edelherrn Albert und Ludwig von Hakeborn stifteten 1253 ihre Eigenkirche St. Maria in H. zur Gründung eines Zisterzienserinnenklosters als *memoria* ihres früh verstorbenen Vaters. Die verwandte Äbtissin von ➛ Helfta bei Eisleben, Gertrud von Hakeborn (1251–91), schickte 1262 den Gründungskonvent nach H. in der Bodeaue. Bischof Volrad von Halberstadt (Kranichfeld) übertrug dem Konvent 1269 die Pfarrrechte an der Marienkirche. Eine Abhängigkeit vom Diözesanbischof blieb immer bestehen. Die Frauen befolgten zwar die Zisterzienserstatuten, Beziehungen zur nahen Zisterzienserabtei ➛ Michaelstein sind jedoch nicht überliefert; die Pröpste kamen meist aus der Benediktinerabtei ➛ Ballenstedt oder dem Augustiner-Chorherrenstift ➛ Hamersleben; eine Mitgliedschaft im Zisterzienserorden kann für das Mittelalter daher ausgeschlossen werden. 1525 stürmten aufrührerische Bauern das Kloster. Während der Reformation hielt der Konvent am alten Glauben fest. Die Bedrängnisse in der unruhigen Zeit hielt Äbtissin Margareta von Hoym in Briefen fest (um 1557). Um 1600 baten die Zisterzienserinnen gemeinsam mit den Schwestern von ➛ Hadmersleben und vom Burchardikloster in ➛ Halberstadt um kaiserliche Schutzbriefe zur freien Ausübung ihrer katholischen Religion, wozu sie eigene Textvorschläge einreichten. Kaiser Matthias stellte 1617 die Schutzbriefe aus. 1625 lebten zehn Ordensfrauen in H. Anfang 1629 bemühte sich auch der Zisterzienserorden um die letzten Klöster im Bistum. Abt Jakob Mosbach von ➛ Kaisheim besuchte als Generalkommissar im Auftrag des Ordens und

Hecklingen Benediktinerinnenabtei, die repräsentative Zweiturmfront der romanischen Abteibasilika.

des Kaisers im Mai 1629 auch das Kloster H.; in dieser Zeit erfolgte wohl eine späte Inkorporation in den Zisterzienserorden. Der Abt von ➛ Marienrode bei Hildesheim betreute die Schwestern. 1631 floh der Konvent vor den Schweden nach Quedlinburg und Halberstadt; erst zwischen 1637 und 1639 konnten die Schwestern in das verwüstete Kloster zurückkehren. Die Beschlüsse des Westfälischen Friedens 1648 brachten schließlich Rechtssicherheit und eine über 150 Jahre friedlich verlaufende Entwicklung. Zur Zeit der Aufhebung im September 1810 auf Befehl König Jérôme Bonapartes von Westphalen besaßen 16 Professschwestern etwa 3.600 Morgen Land.

▶ **Gegenwart.** Die heutige katholische Pfarrkirche St. Gertrud entstand 1845 neu, lediglich ihr viergeschossiger Westturm stammt aus dem 12. Jh., also vor der Gründungszeit des Klosters. Im tonnengewölbten Turmobergeschoss waren Zugänge von der Klausur zum Langhaus für die Schwestern eingebrochen worden. Einige Ausstattungsstücke sind mittelalterlicher Herkunft, so die gotische Pietà, das Kruzifix und eine Madonnenplastik von 1520. Das dem Turm westlich vorgelagerte, barocke Klausurquadrum des 18. Jh. wird heute als Bildungshaus genutzt. Drei Gewölbejoche direkt im Anschluss an die Kirche entstammen noch dem Mittelalter und könnten als Reste des gotischen Kreuzgangs interpretiert werden. Ebenso sind mittelalterliche Mauern besonders in den Kellern des Westflügels überdeckt worden. Die Immunitätsmauer, das Tor und der gut erhaltene Wirtschaftshof mit Taubenturm sind im 18. Jh. neu entstanden, sicher auf alten Grundmauern.

◆ RepZist 283–285; Mohn, Claudia: H., in: Mittelalterliche Klosteranlagen, Petersberg 2006, 292–294.

Hecklingen Benediktinerinnenabtei, Reste der romanischen Klausur südöstlich an der Abteikirche.

Heggbach Zisterzienserinnen Reichsabtei, der Kreuzgang blieb aus spätmittelalterlicher Zeit erhalten.

Heggbach, *Zisterzienserinnen Reichsabtei St. Maria (1231–1803), Franziskaner-Tertiarinnenkloster St. Maria (seit 1884), Diözese Konstanz – (Maselheim-H., Lkr. Biberach, Baden-Württemberg, ❒ 3, D4).*

▶ **Geschichte.** Eine Beginengemeinschaft aus Maselheim, ursprünglich wohl aus Biberach an der Riß, ließ sich 1231 auf Anregung Abt Eberhards von Salem (1191–1240) an der Pfarrkirche St. Pankratius in *Hecchibach* bei Maselheim nieder, nahm zisterziensische Ordensstatuten an und wurde von Bischof Konrad II. von Konstanz (Tegerfelden) der Abtei ➛ Salem unterstellt. Der Zisterzienserorden inkorporierte das Frauenkloster *Hekebach* 1234 als vollwertiges Mitglied. Das „Große Ordensprivileg“ (➛ Zisterzienser) vergab Papst Innozenz IV. im Juni 1248. Ebenso wie die Salemer Frauenabteien ➛ Gutenzell und ➛ Baindt erlangte H. im Spätmittelalter Reichsimmunität, wobei die geistliche Aufsichtspflicht der Salemer Äbte bestehen blieb. Äbtissin Halwig Wachsgäb (1312/22) vollendete die Klosteranlage, die auch Wohnräume für Laienbrüder berücksichtigte. Laut Beschluss des Generalkapitels 1229 waren Laienbrüder, die im Frauenkloster arbeiteten, den Konversen in den Mönchsklöstern gleichgestellt: bei Jahrestagsstiftungen kamen Frauen und Brüder gleichermaßen in den Genuss von Pitanzen: in den Klöstern H. und ➛ Heiligkreuztal gab es eigene Bruderkirchen. Der Konvent erreichte im 15. Jh. seine wirtschaftliche Hochblüte; zum Herrschaftsgebiet gehörten fünf ganze Dörfer, insgesamt 116 Höfe. In Schönebürg und Maselheim waren schon im 13. Jh. nach zisterziensischer Art Höfe zu Grangien zusammengelegt und Bauern vertrieben worden. Die Niedergerichtsbarkeit über die Untertanen auf dem eigenen Besitz gehörte zu den Rechten der Äbtissinnen. Die Freiherren von Freyberg erwiesen sich als besondere Wohltäter für H.; ihnen wurde 1493 im Chorraum der früheren Bruderkirche ein Familiengrablege zugestanden. Mit Reichtum und Wohlstand setzte die Verflachung des Klausurlebens ein; die Gemeinschaft löste sich auf, private Pfründen ermöglichten eigene Haushalte und Dienerschaft. Äbtissin Elisabeth Kröhl (1454–80) setzte 1467 innere Reformen durch und erreichte eine Aufwertung der Klausurvorschriften. Kaiser Friedrich III. bestätigte 1481 die schon länger bestehende Schirmherrschaft der Reichsstadt Biberach. Die Vorsteherinnen gehörten im Spätmittelalter dem oberschwäbischen Prälatenkollegium an und besaßen Sitz und Stimme im Reichstag. Die Stürmung der Abtei durch den Baltringer Bauernhaufen 1525 überstand der gefestigte Konvent ebenso wie den Reformationsdruck aus Biberach. 1573 lebten in H. 28 Chorschwestern, 16 Laienschwestern und zwei Novizinnen. Die Kriege der Neuzeit brachten Belastungen bis an den Rand der Existenz, aber die Zeiten zwischen den Kriegen auch Konsolidierung und Aufschwung. Die Aufhebung erfolgte im Zuge der allgemeinen Säkularisation 1803. Der Besitz fiel an den Reichsgrafen Johann Maria von Waldbott-Bassenheim. 25 Chorschwestern und elf Laienschwestern durften ihr klösterliches Leben bis 1840 weiterführen, mussten aber Miete zahlen. Die mittelalterliche Klosterkirche fiel 1843 dem Abriss zum Opfer, die letzte Schwester starb 1865. 1875 kaufte Fürst von Waldburg-

Wolfegg die Anlage und übergab sie 1884 den Franziskaner-Tertiarinnen von Reute, die das Kloster neu belebten und eine Pflegeeinrichtung für geistig behinderte Kinder einrichteten.

▶ **Gegenwart.** Die Barmherzigen Schwestern von Reute, Franziskanerinnen des Dritten Ordens, unterhalten noch heute in H. einen Konvent. Sie übergaben im Jahr 2000 ihre „Heggbacher Einrichtungen" zur Betreuung behinderter Menschen der St. Elisabeth-Stiftung von Bad Waldsee. Die gotische Klausuranlage des ehemaligen Zisterzienserinnenklosters ist im Kern noch erhalten, wurde aber tiefgreifend umgebaut und durch Neubauten ergänzt. Die Konvents- und katholische Pfarrkirche St. Georg im Hag entstand 1991/92 als Zentralraum neu. Aber der mittelalterliche Kreuzgang existiert noch so, wie ihn Äbtissin Margaretha Hauptmann (1532–39) mit Kreuzgratgewölbe und Wandfresken gestalten ließ. Bei Renovierungsarbeiten 1980 kamen im Westflügel spätromanische Rundbogenfenster und die nordseitige Klausurpforte zum Vorschein. Der Torbau ist aus dem 18. Jh.

◆ Beck, Otto: H., in: Württembergisches Klosterbuch, Ostfildern 2003. 257–259; Haas, Ludwig (Hg.): 750 Jahre Kloster H. 1231–1981, Sigmaringen 1981.

Heidenheim, *Missionskloster St. Salvator (752– um 790), Benediktinerabtei St. Wunibald (1151–1537), Diözese Eichstätt – (Lkr. Weißenburg-Gunzenhausen, Bayern, ❒ 4, A3).*

▶ **Vorgeschichte.** Der hl. Bonifatius (671/672–754), Missionserzbischof in Austrasien, rief 738 seine Verwandten, die später als Heilige verehrten Brüder Willibald (um 700–787/789) und Wunibald (Wynnebald, † 761), aus Kloster Montecassino bzw. aus Rom zur Heidenmission über die Alpen. Beide begaben sich 752 nach Eichstätt, Willibald wurde erster Bischof der neuen Diözese, Wunibald leitete als erster Abt das Missionskloster in H. am Hahnenkamm im Sualafeldgau. Die wichtigsten Aufgaben der Frühzeit waren die Verdrängung der arianischen Irrlehre durch den katholischen Glauben im Sinn der römischen Kirche und die Rodung von Klosterland. Abt Wunibald starb 761, seine Schwester, die hl. Walburga (um 710–779), übernahm die Leitung des Klosters und richtete einen zweiten Konvent für Frauen ein. Die drei Geschwister wurden bald nach ihrem Tod als Heilige verehrt. Die Gebeine Walburgas brachte Bischof Otgar um 875 nach Eichstätt in die Kirche Heilig Kreuz, an der sich das ➤ Walburgakloster etablierte. Bischof Gerhoh wandelte um 790 Kloster H. am Hahnenkamm zur Stärkung der Diözese in ein Säkularkanonikerstift mit reduzierten Besitzanteilen um.

▶ **Geschichte.** Der religiöse Reformdrang des frühen 12. Jh. führte 1151 zur monastischen Rückbesinnung und Umformung des Kollegiatstifts H. in eine Benediktinerabtei. Maßgebend war die anhaltende Ausstrahlung Bischof Ottos I. des Heiligen von Bamberg (1102–39, kanonisiert 1189) auf die Gründungsentscheidung Kaiser Friedrichs I. Barbarossa. Mönche der ➤ Hirsauer Reform aus den Abteien St. Michael in ➤ Bamberg, Banz und ➤ Kastl übernahmen unter Führung Abt Adalberts I. (1152–63?) aus ➤ Paulinzella und Michelfeld die Anlage am Hahnenkamm als bischöfliches Eigenkloster am Grab des hl. Wunibald gegen den Widerstand der Kanoniker. Papst Hadrian IV. garantierte 1155 päpstlichen Schutz, die Vogtei übten die Herren von Truhendingen aus, seit 1401 aber die Burggrafen von Nürnberg. Trotz führender Dignität und hoher Wallfahrtseinnahmen gehörte H. nicht zu den reichen Klöstern der Diözese, bischöfliche Unterstützung war schon 1298 erforderlich. Abt Ulrich III. von Mittelburg (1393–1417) führte die Gewohnheiten der ➤ Kastler Reform ein, sein Nachfolger Abt Albert Pflant (1417–27) erlangte

Heidenheim Benediktinerabtei, die Kirche St. Winubald bewahrt die typische Ausstrahlung einer romanischen Pfeilerbasilika, Blick durch das Mittelschiff zum Ostaltar.

als erster die bischöflichen Insignien. Die Abtei H. gelangte im Spätmittelalter unter Einfluss der Hohenzollern, Abt Wilhelm von Vestenberg (1427–46) nannte 1428 den Markgrafen von Brandenburg-Ansbach „seinen Herrn". An einer Wallfahrtskirche bei Eggenthal entstand 1472 die heute untergegangene Propstei Mariabrunn. 1525 verhinderte Markgraf Kasimir eine drohende Plünderung durch die Niederschlagung aufständischer Bauern. Abt Christoph Mundtscheller (1503–28) förderte durch eigenes Fehlverhalten den geistlich-sittlichen Niedergang. Er resignierte 1528 und heiratete 1529. Der lutherische Markgraf Georg bestallte im Dezember 1529 den Titularabt Balthasar Rößner (1529–37), der 1535 eine evangelische Kirchenordnung einführte. Die Konventsmitglieder lebten inzwischen mit Frauen und Haushalt im Kloster. Mit der Bestallung von Johann Muntscheller und Peter Hörnlein im August 1537 als Verwalter war die Abtei H. in ein Klosteramt der Markgrafschaft überführt.

▶ **Gegenwart.** Die dreischiffige, kreuzförmige Pfeilerbasilika in H., heute evangelisch-lutherische Pfarrkirche St. Wunibald, entstand zwischen 1170 und 1200 als Abteibasilika. Ihr romanischer Staffelchor wurde um 1365 zu einem gotischen Langchor verändert, beide Westtürme und der westliche Giebel mussten nach 1866 neu aufgeführt werden; die romanische Vorhalle mit Mittelsäule hat sich erhalten. Im Nordwestbereich des klar gegliederten Innenraumes entstand im frühen 13. Jh. eine Grabkapelle mit Arkaden, Säulen und reich verzierten Kapitellen zur Verehrung der hl. Walburga. Eine Tumba des hl. Wunibalds von 1483 steht inmitten der Vierung. Die ältesten Teile des nördlich angeschlossenen Klausurquadrums mit Kreuzgang sind romanisch, ganze Bereiche sind spätgotischen Ursprungs, wirken aber stark überbaut. Der Kapitelsaal dient seit 1887 als katholische Kirche.

◆ GermBen 2, 114–117; Winter, Martin: Münster H., Regensburg 1993.

Heilbronn, *Deutschordenskommende St. Maria (um 1220–1805) – „Deutschhof", Diözese Würzburg – (Kreisstadt, Baden-Württemberg, ❐ 3, C3).*

▶ **Geschichte.** Die Niederlassung des Deutschen Ordens in H. am Neckar um 1220 wird heute der Initiative Bischof Ottos von Würzburg (Lobdeburg) zugebilligt, eine Stiftung Liutgards von Düren mit Sohn neuerdings angezweifelt und die Gründung durch Kaiser Friedrich II. ausgeschlossen. Die Anfänge der Kommende H. bleiben unklar. Ein erster Komtur Volmar trat 1268 auf, wahrscheinlich ist er identisch mit Volmar von Bernhausen, Landkomtur der Ballei Franken (1268–72), zu der die Kommende H. gehörte. In der Frühzeit lebten bis zu 25 Ordensmitglieder in H., der Grundbesitz lag weit gestreut; in der näheren Umgebung erlangten Sontheim und Degmarn wirtschaftliche Bedeutung, Patronate über Pfarrkirchen sowie Nieder- und Hochgerichtsbarkeit gehörten dazu. Konflikte mit der Stadt blieben nicht aus; Kaiser Karl IV. erhob 1371 H. zur Reichsstadt und schränkte die Ordensprivilegien wie Asylrecht und Steuerfreiheit im Stadtbereich ein. Anfang des 15. Jh. verzeichnete ein Visitationsbericht sechs Ritterbrüder und vier Priesterbrüder. Auf dem Konzil zu Konstanz rief König Sigismund 1414 die deutschen Fürsten nach H. und tagte in der Kommende. 1495 war Kaiser Maximilian I. Gast des Komturs. Im April 1525 plünderten aufrührerische Bauern des Odenwälder Haufens, von Bewohnern in die Stadt gelassen, den Deutschhof aus. Die Gebäude wurden beschädigt, das Archiv vernichtet. Die Stadt bekannte sich 1531 zur Reformation, wollte aber für den Schaden nicht aufkommen. Die Deutschbrüder unter Komtur Eberhard von Ehingen (1521–32) schützte ihr reichsunmittelbarer Status und ihre Kirche St. Maria blieb die einzige katholische Pfarrkirche in H.; erst anlässlich einer Neuweihe 1721 erhielt sie die Patrozinien der Apostelfürsten Petrus und Paulus. Komtur Wilhelm Lochinger (1538–43) erlangte 1554 das Amt des Landkomturs der Ballei Franken; mehrere Ballei- und Generalkapitel fanden in H. statt. 1789 verlegte der Deutsche Orden die Residenz des Landkomturs von Ellingen in die Reichsstadt, die Kommende H. wurde zur Landkommende erhoben. Im November 1805 säkularisierte Kurfürst Friedrich II. von Württemberg den Ordensbesitz. Die Aufhebung des gesamten Deutschen Ordens in den Rheinbundstaaten vollzog Napoleon 1809.

▶ **Gegenwart.** Der innerstädtische Ordensbesitz lag im Westen der Altstadt H., das erste Gebäude des Deutschen Ordens stand möglicherweise auf dem ehemaligen Königshof. Erst im 15. Jh. konzentrierte sich die Kommende an der heutigen Stelle. Der mittelalterliche „Kleine Deutschhof" mit Kapelle erlitt im Bauernkrieg 1525 schwere Schäden und wurde im frühen 18. Jh. zur Residenz „Großer Deutschhof" barock erweitert. Nach der Zerstörung im Zweiten Weltkrieg und dem Wiederaufbau dient der Komplex heute als Kulturzentrum der Stadt mit Volkshochschule, Stadtarchiv, Bibliothek und Museum. Das Deutschordensmünster St. Peter und Paul, Mutterkirche der Heilbronner Katholiken, beherrscht die Anlage. Ihr ältester Teil ist der spätromanische Unterbau des hohen Ostturms mit Altarraum und Altar; er geht auf die erste Marienkapelle (um 1240/60) zurück. Nördlich der frühen Kapelle entstand um 1350 eine dreischiffige Pfeilerhalle, die 1490 einen langgestreckten spätgotischen Chor erhielt. Dieser Chor entstand als Nachempfindung 1968 neu. Das Langhaus unterlag bis 1721 eingreifenden barocken Um- und Ausbauten, ebenso beim Wiederaufbau bis 1968. Die Erhebung der Kirche zum Münster erfolgte 1977.

◆ Fekete, Julius: Stadtkreis H., Stuttgart 2007, 85–87; Jöckle, Clemens: Deutschordensmünster St. Peter und Paul H., Lindenberg 2000; Weiss, Dieter J.: Die Geschichte der Deutschordens-Ballei Franken im Mittelalter, Neustadt/Aisch 1991.

Heilbronn Deutschordenskommende, der „Große Deutschhof" mit dem hohen Ostturm der Ordenskirche.

Heilbronn, *Franziskanerkloster St. Maria und St. Franziskus (1272–1544) – „Barfüßerkloster", Diözese Würzburg – (Kreisstadt, Baden-Württemberg, ❒ 3, C3).*

▶ Der seit 1272 in der Reichsstadt H. existierende Franziskanerkonvent erlangte größere Bedeutung innerhalb der oberdeutschen Ordensprovinz Straßburg; sechs Mal tagte in H. das Provinzkapitel. Johannes von Heilbronn, ehemaliges Konventsmitglied und Lektor in ➛ Würzburg, stieg zum Provinzial (1386–89) auf. Mitte des 15. Jh. widersetzte sich der Konvent lange der Observanzreform, schließlich verließen Konventuale bis auf vier Brüder die Stadt. 1465 drangen einige Observanten gewaltsam in den Konvent ein, nahmen die Wertsachen an sich und übergaben sie den Klarissen (➛ Heilbronn). Guardian Kaspar Waler stieg als Provinzialvikar (1493–96) der Observanten auf, führte aber die oberdeutsche Vikarie durch separatistisches Verhalten an den Rand der Spaltung. 1531 bekannte sich die Stadt H. zur Reformation und verbot 1538 dem Konvent, der am alten Glauben festhielt, die Aufnahme von Novizen und auswärtigen Brüdern. Nach dem Tod des letzten Observanten 1544 hob der Magistrat das Kloster auf; der Franziskanerorden übergab die Anlage erst 1566 formell an die Stadt. Die Franziskanerkirche diente bis 1688 als evangelische Pfarrkirche, nach ihrer Zerstörung durch französische Truppen wurde nur der „Hafenmarktturm" (1698–1727) unter Verwendung gotischer Teile wie des Westportals in barocken Formen wieder aufgebaut; heute dient er als Gedächtnisstätte für die Gefallenen beider Weltkriege. Von dem Konventsbau mit Kreuzgang ließ der Zweite Weltkrieg nur geringe Reste übrig. Eine gotische Fensterspolie ist in die Neubebauung in der Sülmerstraße 28 nahe dem Turm integriert.

◆ Fekete, Julius u. a.: Stadtkreis H., Stuttgart 2007, 129 f.; Haag, Simon M.: H., Franziskaner, in: Württembergisches Klosterbuch, Ostfildern 2003, 261–263.

Heilbronn, *Klarissenkloster St. Klara (vor 1300–1811) – „Klarissenkloster", Diözese Würzburg – (Kreisstadt, Baden-Württemberg, ❒ 3, C3).*

▶ Das vor 1300 in Flein gegründete Klarissenkloster suchte 1301/02 Schutz hinter den Mauern der Reichsstadt H. Die Klarissen unterstanden dem Magistrat und wurden von den Franziskanern (➛ Heilbronn) der Stadt betreut. Im Gegensatz zu ihren Mitbrüdern überlebte der Konvent die Reformation und existierte bis zu seiner Aufhebung 1811. Das Klarissenkloster in der Südostecke der Altstadt war von etwa fünf Meter hohen Mauern umgeben, von denen spärliche Reste erhalten sind; das Areal ist heute völlig neu bebaut.

◆ Haag, Simon M.: H., Klarissen, in: Württembergisches Klosterbuch, Ostfildern 2003, 264 f.

Heiligenberg (Gutenberg), *Franziskaner-Tertiarenkloster St. Maria (1477–1540), Diözese Konstanz – (Lenningen-Gutenberg, Lkr. Esslingen, Baden-Württemberg, ❒ 3, D4).*

Heiligenberg (Heidelberg) Benediktinerpropstei St. Michael, romanische Klosterruine in exponierter Lage.

▶ Am Nordhang der Lauter über der damaligen Stadt Gutenberg am Rand der Schwäbischen Alb existierte im 15. Jh. die Bruderklause „H." mit Marienkapelle. Der erste urkundliche Beleg stammt von 1456. Graf Ulrich V. von Württemberg-Stuttgart verfügte im Rahmen seiner monastischen Reformpolitik die Besetzung der Klause H. mit Brüdern des Dritten Franziskanerordens. Der kleine Konvent in abgeschiedener Lage musste mit geringem Besitz auskommen. Die Stadt Gutenberg war im Spätmittelalter von einiger Bedeutung, Almosen bildeten sicher einen wichtigen Teil des Unterhaltes der Brüder. Die Reformation setzte sich 1534 im Land durch; 1540 erhielt Gutenberg einen eigenen Pfarrbezirk, das Franziskanerkloster diente als Steinbruch beim Bau des Pfarrhauses. Im Dreißigjährigen Krieg entvölkerte sich der Ort und verlor sein Stadtrecht. Von der klösterlichen Anlage am Hang über Gutenberg blieben nur Steinreste erhalten.

◆ Aderbauer, Herbert: H., in: Württembergisches Klosterbuch, Ostfildern 2003, 266.

Heiligenberg (Heidelberg), *Benediktinerpropstei St. Michael und Allerheiligen (um 870–um 1265), Prämonstratenserpriorat St. Michael und Allerheiligen (um 1265– vor 1537) – „Michaelspropstei", Diözese Worms – (Stadtkreis Heidelberg, Baden-Württemberg, ❒ 3, C2).*

▶ **Geschichte.** Auf dem exponierten Bergkegel „Aberingsberg" am Rand des Odenwaldes über der Rheinebene und dem Neckar nördlich von Handschuhsheim gründete Abt Thiothroch (864–876) der Reichsabtei ➛ Lorsch um 870 ein *monasterium*, das zunächst wohl nur einer Mönchszelle entsprach. König Ludwig der Jüngere übereignete mit seinem Tod 882 den gesamten Berg der Reichsabtei; 890 wird erstmals das Michaelspatrozinium erwähnt. Abt Reginbald (1018–32) erhob den Außenposten auf Wormser Bistumsgebiet vor 1024 zur Propstei, was er mit dem Aus- und Neubau von Kirche und Klausur verband. Der erste Abt des Schwarzwaldklosters ➛ Hirsau, Friedrich (1065–69), hatte sich nach seiner Absetzung 1069 auf die Michaelspropstei zurückgezogen; nach seinem Tod 1071 wurde der fromme und gelehrte Abt heiligmäßig verehrt, Wallfahrer besuchten sein Grab. Abt Anselm von Lorsch (1088–1101) gründete auf einer tieferen Bergkuppe 1094 die zweite Propstei ➛ Heiligenberg St. Stephan. Im Tal des Neckars entstand um 1130 die dritte Propstei der Region, die ➛ Neuburg St. Bartholomäus. Trotz Gebietszuwächsen und einem zeitweise starken Konvent blieb H. an Lorsch gebunden. Ein päpstliches Privileg von 1179 bestätigte der Abtei Lorsch ausdrücklich den Besitz der Propsteien. St. Michael besaß ein Skriptorium und eine eigene Bibliothek. Abt Folknand (1141–48) ließ ein bedeutendes Werk Papst Gregors I. vom Konvent auf dem H. abschreiben. Der Niedergang der Reichsabtei im 12. Jh. berührte auch die Propsteien. Der letzte bedeutende Abt Heinrich (1151–67) aus ➛ Siegburg bemühte sich um Reformen; nachhaltige Ergebnisse konnte er nicht erreichen. Nachdem Kaiser Friedrich II. dem Verlust der Lorscher Reichsimmunität zugestimmt hatte, ging die benediktinische Ära 1232 durch den Einfluss Erzbischof Siegfrieds III. von Mainz (Eppstein) zu Ende. 1248 übernahmen Prämonstratenser-Chorherren aus ➛ Allerheiligen im Schwarzwald die Lorscher Abtei und spätestens 1266 auch die Propsteien St. Michael und St. Stephan auf dem Berg. Beide wurden unter einer Leitung zusammengefasst; unklar bleibt, ob Propst Marquard 1263 noch Benediktiner oder bereits Prämonstratenser war. Die Quellen verraten nicht viel über die folgenden 300 Jahre. Unter den um Seelsorge bemühten Prämonstratensern verlief der klösterliche Alltag weit unspektakulärer als unter den Benediktinern. Im Spätmittelalter war der Berg durch Wallfahrten und Jahrmärkte zu Allerheiligen bekannt, aus „Allerheiligenberg“ entstand erst um diese Zeit die heutige Bezeichnung „Heiligenberg“. Infolge der Mainzer Stiftsfehde verlor der Mainzer Kurstaat 1461 die Herrschaft Lorsch an den Wittelsbacher Kurfürsten Friedrich I. den Siegreichen von der Pfalz, der auf der anderen Seite des Neckars in Heidelberg residierte. Gegen 1500 lebten nur noch wenige Chorherren auf St. Michael. 1503 stürzte die Vierung der Kirche ein, 1537 war das Priorat verlassen. Kurfürst Ottheinrich führte 1556 landesweit den Protestantismus ein, löste Lorsch auf und zog die Güter ein. Die Baulichkeiten auf dem H. dienten als Steinbruch.

▶ **Gegenwart.** Heute ist die Ruinenanlage gesichert, archäologisch untersucht und für Besucher freigegeben. Grabungsbefunde, Fundamente, Krypta, Säulen und aufgehendes Mauerwerk zeigen einen axial angelegten Klosterkomplex auf ehemaligen römisch-merowingisch-karolingischen Kultbauten. Die Säulenbasilika des 11. Jh., der vierte Kirchenbau, besaß zwei Krypten, einen rechteckigen apsidialen Ostchor und einen Querriegel im Westen mit mächtigen achteckigen Treppentürmen; vom westlichen Paradies ist kaum etwas geblieben. Mauerreste der Klausurgebäude und Kreuzgänge um einen Hof im Osten sind auf die Bauaktivitäten der Prämonstratenser zurückzuführen, ohne dass benediktinische Vorgaben einschneidend verändert wurden.

◆ GermBen 5, 269–273; Marzolff, Peter: Ehem. Propstei St. Michael auf dem H., München 1986.

Heiligenberg (Heidelberg) Benediktinerpropstei St. Stephan, Reste der kleineren Propstei am Berg.

Heiligenberg (Heidelberg), *Benediktinerpropstei St. Stephan und St. Laurentius (1094– um 1265), Prämonstratenserpriorat St. Stephan und St. Laurentius (um 1265– um 1559) – „Stephanspropstei“, Diözese Worms – (Stadtkreis Heidelberg, Baden-Württemberg, ❐ 3, C2).*

▶ **Geschichte.** Auf dem exponierten Bergkegel „Aberingsberg“ am Rand des Odenwaldes über der Rheinebene und dem Neckar nördlich von Handschuhsheim existierte seit etwa 870 ein Außenposten der Reichsabtei ➛ Lorsch, der gegen 1020 zur Propstei ➛ Heiligenberg St. Michael erhoben worden war. Abt Anselm von Lorsch (1088–1101) gründete auf der südlichen, etwas tieferen Bergkuppe unterhalb St. Michaels 1094 die zweite Propstei an der jüngst vom Diakon Arnold gestifteten Kapelle St. Stephan. Zum Aufbau einer dreischiffigen, apsidialen Basilika und der Propsteigebäude dienten hinterlegte Gelder von Kreuzfahrern, die vom Ersten Kreuzzug nicht mehr zurückgekehrt waren. Die Abtei Lorsch fügte eigenen Landbesitz hinzu. Abt Anselm wurde 1100 bei seinem Besuch der Propstei ➛ Michelstadt widerrechtlich vom Henneberger Grafen eingekerkert, aber auf Befehl Kaiser Heinrichs IV. entlassen. Er starb 1101 und wurde in seiner Propstei St. Stephan beerdigt. 1103 nahm der Kaiser die Propstei unter Schutz. Beide Propsteien auf dem Berg blieben eng mit der Mutterabtei verbunden. Ein päpstliches Privileg von 1179 bestätigte der Mutterabtei Lorsch ausdrücklich den Besitz. Den Niedergang und inneren Verfall der Reichsabtei im 12. Jh. berührten auch die Propsteien. Der letzte bedeutende Abt Heinrich (1151–67) aus ➛ Siegburg bemühte sich um Reformen, nachhaltige Ergebnisse konnte er nicht erreichen. Nachdem Kaiser Friedrich II. dem Verlust der Lorscher Reichsimmunität zugestimmt hatte, ging die benediktinische Ära 1232 durch den Einfluss Erzbischof Siegfrieds III. von Mainz (Eppstein) zu Ende. 1248 übernahmen Prämonstratenser-Chorherren aus ➛ Allerheiligen im Schwarzwald die Lorscher Abtei und spätestens 1266 auch die Propsteien St. Michael und St. Stephan auf dem Berg; zur weiteren Geschichte s.

dort. In St. Stephan lebte bis zur Auflösung um 1559 durch Kurfürst Friedrich III. ein einziger Laienbruder. Die Baulichkeiten der Propsteien auf dem H. dienten nachfolgend als Steinbruch.

▶ **Gegenwart.** Neben der weitläufigen Ruinenanlage von St. Michael auf der oberen Bergkuppe, wirken die Restmauern von St. Stephan auf der unteren Kuppe unbedeutend. Sie verdeutlichen eine U-förmige Anlage südlich der Kirche mit einer großen Vorhalle und Eingangsarkaden auf Pfeilern. Der heutige Aussichtsturm entstand 1886 aus Steinmaterial der Propstei.

◆ GermBen 5, 269–273.

Heiligenberg (Jugenheim), *Frauenkloster (Klarissen?) (um 1260–1413), Erzdiözese Mainz – (Seeheim-Jugenheim, Lkr. Darmstadt-Dieburg, Hessen, ❒ 3, C2).*

▶ **Geschichte.** Der H. oberhalb des Ortes Jugenheim, Ausläufer des Odenwaldes, gehörte im 13. Jh. zum Besitz der Herren von Bickenbach. Der Minnesänger Konrad II. von Bickenbach und seine Gemahlin Guda von Falkenstein stifteten 1263 die Pfarrkirche in Jugenheim und wahrscheinlich im Zuge dessen eine klösterliche Frauenniederlassung am nahen H. Einige Schenkungen an das Kloster werden urkundlich 1264 erwähnt. Auch wenn eine frühe Überlieferung Benediktinerinnen nennt, geht man heute davon aus, dass der kleine Konvent dem Klarissenorden angehörte. Die Quellenlage ist spärlich, blieb doch der Einfluss der religiösen Frauen auf die unmittelbare Umgebung beschränkt. Auf dem H. oberhalb des Klosters lag ein befestigter Herrenhof, der den Schwestern möglicherweise zur Versorgung diente. Sie unterhielten im Tal einen „Nonnenhof", der heute noch namentlich existiert. Am Berg wurde Wein angebaut, was wahrscheinlich mit dem Kloster zusammenhing; in der Anlage existierte eine Zisterne, die mit Regenwasser gespeist wurde; Trinkwasser musste täglich aus dem „Nonnenbrunnen" im Tal bei Balkhausen auf einem Esel herbeigeschafft werden. 1413 lebten nur noch zwei Frauen am H., und Erzbischof Johann II. von Mainz (Nassau) löste im gleichen Jahr den Konvent auf. Der Besitz ging an die Prämonstratenser in ➛ Lorsch. Die Klosterkirche, ein einfacher Saalbau mit Rundchor, wurde noch bis zur Reformation als Gotteshaus genutzt.

▶ **Gegenwart.** Inzwischen ist die kleine Anlage zu einer malerischen Ruine verfallen und teilweise überwachsen. Angehörige der Bickenbacher Stifterfamilie ließen sich im Kloster beisetzen; die Grabplatte Konrads von Weinsberg aus dem Jahr 1368 wurde bei Ausgrabungen 1906 entdeckt und aufgestellt. Alle anderen Platten und der spätgotische Taufstein sind nicht klösterlichen Ursprungs. Neben der Kirche bestanden ein zweigeschossiges Wohnhaus im Osten und ein Propsteigebäude mit Wirtschaftstrakt an der Südseite der Ummauerung, die noch in Resten zu erkennen ist. Großherzogin Wilhelmine von Hessen ließ 1830 das repräsentative Schloss auf dem H. errichten und bemühte sich um die Restaurierung der unterhalb liegenden Klostergebäude. Für den Wiederaufbau des Kirchenchors ließ sie Bauelemente von der kurz zuvor abgerissenen, gotischen Pfarrkirche Gronau an der Bergstraße herbeischaffen, so dass heute nicht einfach zu bestimmen ist, was auf das Kloster zurückgeht. Unweit der Ruine steht eine sehr alte Zentlinde, vom 13. Jh. bis zum 16. Jh. tagte an ihr das Gericht.

Heiligenberg (Jugenheim) Frauenkloster, die Bausubstanz der spätgotischen Kirchenruine ist unsicher.

◆ Enders, Siegfried (Hg.): Kulturdenkmäler in Hessen, Braunschweig – Wiesbaden 1988, 519; Jorns, Werner: Kulturgeschichtliche Zeugen, Darmstadt 1982.

Heiligenberg (Vilsen), *Prämonstratenser-Chorherrenstift St. Maria und St. Thomas (vor 1217–1535), Erzdiözese Bremen – (Bruchhausen-Vilsen, Lkr. Diepholz, Niedersachsen, ❒ 1, C3).*

▶ Graf Gebhard von Wernigerode, Gefolgsmann Kaiser Lothars von Süpplingenburg, baute im 12. Jh. seinen Machtbereich im Ostharz aus und stiftete auf altem Familienbesitz in der Grafschaft Hoya im mittleren Weserraum kurz vor seiner Palästinafahrt 1217 das Prämonstratenserstift H. Der Gründungskonvent kam vermutlich aus ➛ Cappenberg, später stand H. unter der Aufsicht der Abtei ➛ Steinfeld in der Eifel. Die Chorherren gründeten 1313 das Tochterstift Heiligenthal, das 1382 in die Stadt ➛ Lüneburg umzog. Stift H. bestand bis zur Reformation; 1535 hob es Graf Jobst II. von Hoya auf, um mit dem Verkaufserlös seine hohen Schulden zu tilgen. An den Stiftskomplex auf dem H. südlich der Stadt Bruchhausen-Vilsen erinnern heute die „Obere Mühle" (1785/1886) und die „Klosterschänke". Aber die Prämonstratenser hinterließen im Ortsteil Vilsen an der romanischen Kirche St. Cyriacus architektonische Spuren, die den Bau über die üblichen Ortspfarrkirchen der Zeit herausheben und die seelsorgliche Betätigung der Chorherren unterstreichen. Die Pfarrkirche der evangelischen Gemeinde ist ein kreuzförmiger Saal mit Westturm (um 1200) aus Feldsteinmauerwerk, der in der zweiten Hälfte des 13. Jh. ein Querhaus und den Rechteckchor aus Backsteinen erhielt. Im Inneren gehen die schweren Bandrippengewölbe ebenfalls auf die Prämonstratenser zurück.

◆ MonPraem 1, 211 f.; Streich, Gerhard: Klöster, Stifte und Kommenden in Niedersachsen vor der Reformation, Hildesheim 1986.

Heiligengrabe Zisterzienserinnenkloster, spätgotische Heiligkreuzkapelle, im Hintergrund die Klosterkirche.

Heiligengrabe, *Zisterzienserinnenkloster Heiliges Grab (1287–1548), Diözese Havelberg – (Lkr. Ostprignitz-Ruppin, Brandenburg, ❒ 2, B3).*

▶ **Geschichte.** Markgraf Otto IV. der Lange von Brandenburg stiftete 1287 ein Frauenkloster am Dorf Techow in der Prignitz, weil dort ein Hostienwunder geschehen war – so jedenfalls die Gründungslegende von 1521. Die territoriale Machtposition der Askanier in der noch jungen Herrschaft Prignitz gegenüber der Familie Gans von Putlitz, die das Kloster ➛ Marienfließ gegründet hatte, mag ebenso einen Grund geliefert haben, wie die Einrichtung der Bischofsresidenz im nahen Wittstock. Der erste urkundliche Nachweis des Klosters „Techow“ stammt von 1306. Die Bezeichnung *claustrum sancti Sepulcri* taucht erstmalig 1317 urkundlich auf. Der Gründungskonvent kam aus dem Kloster ➛ Neuendorf bei Gardelegen. Die Schwestern bekannten sich zur Zisterzienserobservanz, ohne dem Orden als Vollmitglied anzugehören. Kloster H. unterstand immer der Jurisdiktion des Havelberger Bischofs, ein Pfarrer von Techow übernahm die Seelsorge und die Verwaltung. Die Gemeinschaft setzte sich hauptsächlich aus Töchtern des Prignitzadels und des Bürgertums der umliegenden Städte, insbesondere aus Pritzwalk, zusammen. Schenkungen und Mitgiften ließen den Besitz auf über 16.400 Hektar anwachsen, ein Drittel war Waldfläche, 17 Dörfer gehörten im Vollbesitz dazu. Weitere Einkünfte erhielten die Schwestern aus ebensovielen Siedlungen sowie durch Patronatsrechte über 13 Pfarrkirchen. Eigenwirtschaft praktizierte das Kloster nur in geringem Umfang, im Klosterbezirk wurden Bier und Ziegel produziert und verkauft. In der klostereigenen Schule unterrichtete eine Schulmeisterin die Novizinnen wie auch weltliche Mädchen, eine ansehnliche Bibliothek gehörte zur Ausstattung. Die Schwestern pflegten besonders die Heilig-Grab-Verehrung mit ausgeprägter Passions- und Osterliturgie, begleitet von aufwändigen Prozessionen, woraus sich im Spätmittelalter eine Verehrung des Heiligen Blutes mit steigendem Wallfahrtsaufkommen entwickelte. H. stand damit in Konkurrenz zum Wallfahrtsort Wilsnack und den Klöstern Marienfließ und ➛ Zehdenick. Während der Reformation bestand der Konvent unter Äbtissin Anna von Rohr (1495–1532) aus etwa 70 Frauen. Kurfürst Joachim II. von Brandenburg zählte lange zu den konfessionell unentschiedenen Kräften im Reich und trat nicht dem Schmalkaldischen Bund bei; erst 1539 duldete er das evangelische Abendmahl im Kurfürstentum und ließ seit 1540 fast alle brandenburgischen Klöster auflösen. Der Prignitzadel und die standhafte Äbtissin Anna von Quitzow (1538–65) kämpften erfolgreich für den Erhalt des Klosters, das seit 1548 als evangelisches „Jungfrauenkloster“ unter einer *Domina* und einem Klosterhauptmann geführt wurde. Erst seit 1742 stand H. als „Damenstift“, nun wieder unter einer Äbtissin, den unverheirateten Adelstöchtern der Ostprignitz zur Verfügung.

▶ **Gegenwart.** Das evangelische Stift H. existiert noch heute mit einem Damenkonvent unter einer Äbtissin. Die Gemeinschaft bietet Andachten, Gebete und Einkehrzeiten an, außerdem finden Konzerte, Veranstaltungen und Tagungen im Stift statt. Der weitläufige Klosterkomplex wird von Umfassungsmauern umgeben. Neben jüngeren Damenhäusern haben sich aus hoch- bis spätgotischer Zeit das zweigeschossige Klausurgeviert mit Kreuzgängen und die langgestreckte, einschiffige Klosterkirche mit Polygonalchor erhalten. Westlich steht etwas isoliert die Heiliggrabkapelle; sie beeindruckt durch äußere Ziergiebel und ein Sterngewölbe im Innern. Diese Kapelle mit Grabgewölbe entstand bis 1512 anstelle eines älteren Kirchenbaus im Zuge einer Umgestaltung der gesamten Klosteranlage. Ein Brand 1717 ließ von der ursprünglichen Ausstattung des Klosters kaum etwas übrig. Lediglich sieben von einst 15 Temperabildern zur Gründungslegende blieben verschont; Äbtissin Anna von Rohr hatte sie 1532 in Reaktion auf die lutherische Lehre anfertigen lassen.

◆ Strohmaier-Wiederanders, Gerlinde/Schuhmann, Dirk: H., in: Brandenburgisches Klosterbuch, Bd. 1, Berlin – Brandenburg 2007, 593–605; Mohn, Claudia: H., in: Mittelalterliche Klosteranlagen, Petersberg 2006, 119–130; Bilang, Karla: Kloster H., in: Die Frauenklöster der Zisterzienser im Land Brandenburg, Berlin 1998, 77–94.

Heiligenrode, *Benediktinerinnenkloster St. Maria (nach 1181– um 1570), Erzdiözese Bremen – (Stuhr-H., Lkr. Diepholz, Niedersachsen, ❒ 1, C3).*

▶ **Geschichte.** Zwischen der Syker Geest und der Marsch im Norden gründete der erzbischöfliche Ministeriale Friedrich von Mackenstedt zwischen 1181 und 1183 ein Kloster für Benediktinermönche auf Kirchenbesitz, was Erzbischof Siegfried von Bremen (Anhalt) bestätigte. Bei der Kirchenweihe 1189 wurde H. als Doppelkloster bezeichnet, wenige Jahre später nur noch als Frauenkloster. Erstmals erscheint 1205 urkundlich ein Propst Theoderich, 1288 eine Priorin Margarethe. Der Konvent besaß niedere Gerichtsbarkeit, Abgabenfreiheit und später Sitzrecht und Stimme im Landtag der Grafschaft Hoya. Zunächst recht ärmlich, erlangte H. durch die Gunst der Erzbischöfe, der Grafen von Oldenburg und Hoya sowie der Bremer Patrizierfamilien umfangreichen Landbesitz, nicht ohne Rückschläge im Stedinger Krieg um 1230 oder durch Übergriffe des örtlichen Adels. Im 14. Jh. erlaubte die wirtschaftliche Blüte den Neubau der Klosterkirche, selbst das reiche Kloster ➛ Bassum musste 1365 den Mitschwestern in H. zur Aufbesserung seiner Finanzen Land verkaufen. In der zweiten Hälfte des 15. Jh. zwangen wirtschaftliche Nöte zu Landverkäufen, weil Propst Eggert Segelking (1457–87) unfähig agierte. Priorin Mechthilde Hilgen (1487–1524) bemühte sich mit Unterstützung der Benediktiner aus der Abtei St. Paul in Bremen um die Hebung der Klosterzucht durch Reformen in Anlehnung an die ➛ Bursfelder Kongregation. Im Zuge dieser Reform wurde die Priorin 1496 zur Äbtissin erhoben, ihren Nachfolgerinnen stand laut erzbischöflicher Verfügung dieser Titel ebenfalls zu. 1514 nahm das Generalkapitel der Bursfelder Kongregation die bremischen Frauenklöster H., ➛ Osterholz und ➛ Neuenwalde in die Konfraternität der Gemeinschaft auf. Äbtissin Mechthilde hinterließ ein wohlgeordnetes, blühendes Kloster. Ihre Nachfolgerin Beke Zierenberg (1524–49) und der Konvent widersetzten sich hartnäckig der Reformation, die im Land Hoya von Graf Jobst II. seit 1525 strikt durchgesetzt wurde. Überhöhte Steuerforderungen und Zugriffe auf den Besitz brachten das Kloster an den Rand des Ruins; Kaiser Karl V. erwirkte einen vorläufigen Schutz, der Streit um die Rechte zog sich bis etwa 1570 hin. Hille Zierenberg (1570/85) gilt als die erste evangelische Äbtissin *(Domina)* des evangelischen Damenstifts H. Der wirtschaftliche Niedergang war nicht mehr aufzuhalten, Herzog Friedrich Ulrich zu Braunschweig-Lüneburg zog 1620/21 die Güter bei Übernahme der Schulden ein. Erst 1965 starb das evangelische Damenstift aus; es stand zuletzt unter der Aufsicht der Klosterkammer Hannover.

▶ **Gegenwart.** Die in H. stehende Klosterkirche ist der zweite Bau der Benediktinerinnen um 1300, der als Pfarrkirche genutzt wird und bei Um- und Erneuerungsarbeiten in der frühen Neuzeit leichten Veränderungen unterlag. Fachleute halten es für möglich, dass der Ostbereich durchaus noch Teile der ersten romanischen Klosterkirche von 1189 enthält. Die evangelisch-lutherische Pfarrkirche St. Marien ist ein kreuzrippengewölbter Saal aus Backsteinen mit quadratischem Chorraum und unaufdringlichem Westturm. Das etwas niedrigere Presbyterium schmücken drei Spitzbogenfenster, die die Dreifaltigkeit symbolisieren. Unter dem Hochaltar befand sich die Gruft der Vorsteherinnen. Der Nonnenchor an der Westseite wurde 1805 abgebrochen, der Innenraum mehrmals neu gestaltet; mittelalterliche Ausstattungsstücke blieben nicht erhalten. Gotische Fresken konnten freigelegt werden, sie sind aber nicht restaurierbar oder heute von der Orgel verdeckt. Das gesamte Klosterareal war von Wassergräben umgeben. Die Klausur- und Wirtschaftsgebäude standen um die Kirche herum mit freiem Platz im Südwesten, sie existieren nicht mehr. Die Zugänge aus der Klausur in die Kirche sind zwar vermauert aber noch gut zu erkennen.

◆ GermBen 11, 281–297; Streich, Gerhard: Klöster, Stifte und Kommenden in Niedersachsen vor der Reformation, Hildesheim 1986.

Heiligenthal (Lüneburg), *Prämonstratenser-Chorherrenstift St. Maria, St. Laurentius und St. Andreas (1313–1530), Diözese Verden – (Kreisstadt Lüneburg, Niedersachsen, ❐ 2, A3).*

▶ **Geschichte.** Die Prämonstratenser von ➛ Heiligenberg bei Vilsen und Ritter Lippold von Doren gründeten 1313 in Kirchgellersen westlich der Stadt Lüneburg ein Priorat. Das kleine Stift wurde nach wenigen Jahren unter dem ersten Prior Everhardus (1313–35) weiter östlich in den Ort Siebelingsborstel verlegt. Die neue Niederlassung nahm die Bezeichnung *Sancta vallis* an, die sich auch für das Dorf durchsetzte. Der Vorsteher Heinrich von Bucken (1335–52) wurde 1335 noch als Prior bezeichnet, seit 1342 trat er als Propst auf, Stift H. hatte demnach gewisse Eigenständigkeit erlangt. Nach langen Verhandlungen mit den Welfenherzögen und dem Stadtrat erlangte Propst Otto Kultzing (1373–1408) die Erlaubnis, in die befestigte Stadt Lüneburg umsiedeln zu dürfen, was 1382 vollzogen wurde. Der Vorgang überrascht deshalb, weil erst 1376 die Michaelisabtei (➛ Lüneburg) in die Stadt geholt worden war, das Benediktinerinnenkloster ➛ Lüne vor der Stadt existierte und die ➛ Franziskaner sich seit 1235 mit dem Pfarrklerus um die Seelsorgeanteile stritten. Der tüchtige Vorsteher von Kloster Lüne, Propst Johannes Weigergang (1374–1412), vermittelte die Translokation. Die Prämonstratenser besaßen in der Stadt einen Klosterhof, dessen Kapelle 1376 geweiht worden war, und der nun mit Zukäufen zur Stiftsanlage ausgebaut wurde. Bis 1392 entstand eine dreischiffige Hallenkirche zu vier Jochen mit 7/10-Polygonalchor im Osten. Das Stift, das den Namen „H." auch in der Stadt weiterführte, erhielt einen Anschluss an die damals schon in der Salinenstadt existierende Wasserversorgung über ein Röhrensystem. Die Prämonstra-

Heiligenrode Benediktinerinnenkloster, die gotische Klosterkirche mit flachem Chorabschluss, Südostansicht.

tenser gerieten sogleich in heftigen Streit mit den Benediktinern der Michaelisabtei wegen deren Schulmonopol. Propst Otto Kultzing erreichte 1402 einen Vergleich, der den Chorherren erlaubte, ein eigenes Gymnasium zu gründen; sie fanden Unterstützung bei den Bürgern. Der Konvent bestand 1383 aus 20 Mitgliedern, unter Propst Hermann Soltow (1412–20) waren es 1414 lediglich zwölf, unter dem letzten Vorsteher Meinhard Krüger (1525–30) fiel die Zahl von sechs auf vier. Die Reformation fand frühzeitig die Zustimmung der Bürger, unterstützt vom Landesherrn Herzog Ernst dem Bekenner. 1530 wurde das Stift H. aufgehoben. Kirche und Stiftsgebäude erlagen bis 1801 dem Abriss.

▶ **Gegenwart.** In den Erstgründungsorten Kirchgellersen und H. westlich von Lüneburg erinnert heute nichts an die Prämonstratenser, sieht man von der Ortsbezeichnung H. ab. Auch in der Stadt findet man in der südöstlichen Altstadt im Kreuzungsbereich Am Berge/Wandfärberstraße/Conventstraße kaum noch Architekturreste der einstigen Stiftsanlage. Lediglich ein Gebäude in der Straße Am Berge zeigt ein Joch vom ehemaligen Westflügel der Klausur. Mit Sicherheit stecken Grund- und Kellermauern des Stifts unter den Häuserzeilen und in den Hinterhöfen.

◆ MonPraem 1, 212 f.; Streich, Gerhard: Klöster, Stifte und Kommenden in Niedersachsen vor der Reformation, Hildesheim 1986.

Heiligenthal (Schwanfeld) Zisterzienserinnenkloster, die frühgotische Kirche bewahren die Privateigentümer.

Heiligenthal (Schwanfeld), *Zisterzienserinnenkloster St. Maria (1234–1579), Diözese Würzburg – (Schwanfeld-H., Lkr. Schweinfurt, Bayern, ❐ 3, D2).*

▶ **Geschichte.** Die Geschwister Jutta und Helebold von Fuchsstadt übereigneten 1234 dem Würzburger Bischof Hermann I. von Lobdeburg ihren Besitz in Bonebach bei Schwanfeld zur Gründung eines Frauenklosters. Jutta von Fuchsstadt (um 1200– vor 1251), die eigentliche Initiatorin der Stiftung, trat in das neue Kloster *Vallis Sanctorum* ein und wurde dessen erste Äbtissin. Ihr segensreiches Wirken führte zur heiligmäßigen Verehrung, ihr Grab vor dem Hochaltar der Klosterkirche entwickelte sich zum Anziehungspunkt für Heilung suchende Kranke und Wallfahrer. Der Schwesternkonvent lebte nach den Zisterzienserstatuten; eine Mitgliedschaft im Zisterzienserorden ist nicht belegt, obwohl Papst Alexander IV. dem Kloster H. 1255 das *Privilegium commune* (➛ Zisterzienser) zuerkannte. Die Äbte von ➛ Bildhausen waren seit 1301 zur Aufsicht beauftragt, auch taucht das Kloster im 15. Jh. in den Statuten des Generalkapitels der Zisterzienser auf, aber die Abhängigkeit vom Würzburger Bischof konnte nicht abgestreift werden. Die Äbtissin Jutta stiftete 1237 das Kloster ➛ Mariaburghausen, dessen erster Konvent aus ihrem Kloster H. beschickt wurde. Möglicherweise kamen die ersten Schwestern des Klosters ➛ Seligental auch aus H., Jutta war Zeugin bei der Gründung. Der örtliche Adel sorgte mit Schenkungen für die wirtschaftliche Absicherung des Konvents und bestimmte das Kloster zur bevorzugten Grablege. Güterverkäufe weisen 1429 auf erste Verfallserscheinungen hin. Fürstbischof Lorenz von Bibra versuchte 1501 einen Neuanfang mit Zisterzienserinnen aus Mariaburghausen und die Inkorporation an die Abtei Bildhausen. Aber Verwüstungen im Bauernkrieg 1525 und eigene Misswirtschaft beeinträchtigten das monastische Leben in H. wohl so nachhaltig, dass nach dem Tod der letzten Äbtissin Barbara II. Lamprecht 1564 das Kloster weltlichen Verwaltern unterstellt wurde. Fürstbischof Julius Echter löste das Kloster 1579 mit päpstlicher Genehmigung auf und verwendete den Besitz zur wirtschaftlichen Absicherung des Juliusspitals und der neuen Universität in Würzburg; ähnlich verfuhr er auch mit den Frauenklöstern Mariaburghausen, ➛ Hausen, ➛ Maidbronn und ➛ Unterzell. Bereits 1660 sprach Prior Joseph Agricola aus ➛ Ebrach anlässlich eines Besuchs vom fortgeschrittenen Verfall des ehemaligen Klosters H.

▶ **Gegenwart.** Heute steht von der Anlage nur der als Wohnhaus umgebaute Westflügel und die einschiffige Kirche aus der zweiten Hälfte des 13. Jh. Der polygonale, gewölbte Chor der typisch zweigeteilten Kirche wurde 1285 an den ursprünglich quadratischen Altarraum angebaut. Zusammen mit dem Laienraum dient er noch heute als St. Markuskapelle für Gottesdienste und Konzerte, was der denkmalpflegerischen Leistung der Privatbesitzer des heutigen Gutes zu verdanken ist. Der Westteil mit Nonnenempore und Unterkirche wurde schon frühzeitig für profane Wirtschaftszwecke ausgebaut. Noch heute zeugen Grabplatten von den ritterlichen Gönnern des Klosters, die künstlerisch wertvollsten bewahrt das Mainfränkische Museum in Würzburg.

◆ Flachenecker, Helmut: Memoria und Herrschaftssicherung, Göttingen 2008; Treiber, Angela: H., in: Zisterzienser in Franken, Würzburg 1991, 109 f.

Heiligkreuztal, *Zisterzienserinnenabtei St. Maria und Heilig Kreuz (1227–1804), Diözese Konstanz – (Altheim-H., Lkr. Biberach, Baden-Württemberg, ❐ 3, C4).*

▶ **Geschichte.** Kloster H. entstand 1227, als Ritter Konrad von Markdorf auf angestammte Rechte am Hofgut „Wazzershaf" im Soppenbachtal zwischen Oberer Donau und Schwäbischer Alb verzichtete und Werner von Altheim den Hof einer Beginengemeinschaft aus Altheim übergab. Abt Eberhard von Salem (1191–1240) überredete die Frauen zur Annahme der zisterziensischen Observanz, erlangte 1231 ein päpstliches Schutzprivileg und 1233 die Inkorporation des Konvents in den Zisterzienserorden. Die Paternität übertrug die Ordensleitung 1238 offiziell der Mönchsabtei ➛ Salem. Die Abteianlage, die Bezug nehmend auf eine Kreuzreliquie den Namen *Vallis Sanctae Crucis* führte, konnte 1256 konsekriert werden. Die Zisterzienserinnen errichteten eine neue Klosterkirche und übergaben ihr erstes Oratorium den Laienbrüdern der Gemeinschaft. Der dritte Kirchenbau erfolgte zwischen 1310 und 1319. Äbtissin Elisabeth von Stoffeln († 1312) spendete wertvolle Bundglasfenster mit Heiligenbildern, deren Verwendung in Ordenskirchen der Zisterzienserorden eigentlich verbot, was aber wohl vom Salemer Vaterabt Konrad (1311–37) genehmigt worden war. Die Abtei Salem besaß damals eine eigene Glasmalerwerkstatt. Der Konvent zählte durchschnittlich 25 Schwestern, 1385 erreichte er 125 Mitglieder, 1438 waren es 53 und 1710 bestand die Gemeinschaft aus 24 Chor- und sieben Laienschwestern. Zur Grundherrschaft gehörten sieben Dörfer und mehrere Höfe. Die Schirmherrschaft stand seit dem 14. Jh. unter dem Einfluss der Habsburger, beauftragt waren die Grafen von Sigmaringen, seit 1525 die Hohenzollern. Die vorderösterreichische Landesherrschaft ging Anfang des 19. Jh. an Württemberg über. Für innere Reformen sorgte 1416 der Generalabt von Cîteaux; unter Äbtissin Veronika von Rietheim (1520–51) widerstand der Konvent den reformatorischen Einflüssen. Auf diese bedeutende Äbtissin geht die spätgotische Umgestaltung von Kirche, Kreuzgang und Funktionsräumen zurück. Der Generalabt des Ordens, Nikolaus I. Bourcherat (1571–83), visitierte im Juli 1573 persönlich die Abtei. Schwedische Truppen plünderten im Dreißigjährigen Krieg H. mehrfach. 1652 entstand ein neues Äbtissinnenhaus und 1686 eine Apotheke mit Krankenzimmern.

Die lange Amtszeit Äbtissin Maria Josephas von Holzapfel (1723–61) förderte den wirtschaftlichen Aufschwung und den barocken Ausbau der Anlage. Der Konvent musste 1796 vor plündernden Franzosen fliehen. Schon vor der allgemeinen Säkularisation ging die Landesherrschaft im Februar 1802 an Württemberg über. Kurfürst Friedrich II. hob im Juli 1804 die Abtei H. auf, die 33 Schwestern wurden billig abgefunden, durften aber bleiben. Äbtissin M. Bernarda Kohlhund starb 1822, die vier letzten Frauen gaben 1843 ihr Zusammenleben auf.

▶ **Gegenwart.** Heute ist das Kloster H. ein geistliches Zentrum und eine Bildungsstätte der katholischen Stephanusgemeinschaft. Die romanisch-gotische Vierflügelanlage mit spätgotischer Ausschmückung und barocken Zusatzgebäuden blieb vorzüglich erhalten. Das „Münster", heute katholische Pfarrkirche St. Anna, ist eine dreischiffige, gewölbte Pfeilerbasilika mit gerade geschlossenem Chor, hohem Mittelschiff und langer Westempore. Ein großes Maßwerkfenster prägt das Presbyterium, dessen Darstellungen von Heiligen (1312) zu den kunsthistorisch bedeutendsten Farbglasmalereien Südwestdeutschlands gehören. Gotische Fresken, mittelalterliche Skulpturen und Barockaltäre beleben die nüchterne Architektur. Die Nonnenempore im Westen mit spätgotischem Chorgestühl überlagert die spätromanische Bruderkirche, die heute als Museum für Ausstattungsschätze genutzt wird. Die nördlich angeschlossene romanische Klausur wurde im 16. Jh. zweistöckig erhöht. Beeindruckend sind die netzgewölbten Kreuzgänge mit der Äbtissinnengalerie, aber auch der spätromanische Kapitelsaal, das Refektorium und die Nonnenzellen.

◆ Fandrey, Clara/Bacher, Fabian: H., Lindenberg 2004; Beck, Otto: H., in: Württembergisches Klosterbuch, Ostfildern 2003, 267–269.

Heiligkreuztal Zisterzienserinnenabtei, romanisch-gotische Vierflügelanlage im Blick vom Hof auf die Kirche.

Heilsbronn, *Zisterzienserabtei St. Maria (1132–1578), Diözese Eichstätt – (Lkr. Ansbacher Land, Bayern, ❐ 4, A3).*

▶ **Geschichte.** Bischof Otto I. von Bamberg (1102–39, kanonisiert 1189) gründete 1132 zur Absicherung kirchenhoheitlicher Interessen zwischen Nürnberg und Ansbach am Flüsschen Schwabach ein bischöflich-bambergisches Eigenkloster. Gegen 1141 besiedelten Zisterzienser aus ➛ Ebrach das fertig aufgebaute Kloster *Fons salutis* (H.). Reiche Schenkungen und eigene Tüchtigkeit ließen eines der mächtigsten Wirtschaftsunternehmen in Franken entstehen mit Besitz in 292 Orten, Patronatsrechten über 37 Pfarrkirchen und großen Stadthöfen in mehreren Städten. Berühmt wurde das Skriptorium der Zisterzienser mit eigener Buchbinderei, die große Bibliothek und die mystischen Schriften der Mönche. Mit päpstlichen und königlichen Privilegien ausgestattet, erlangte H. zwar die Loslösung von Bamberg, aber nie die Reichsstandschaft. Die Abtei H. gründete keine Tochterniederlassung, das Frauenkloster ➛ Seligenporten unterstand den Äbten. Abt Ulrich Kötzler erhielt 1439 für sich und seine Nachfolger die Pontifikalien zuerkannt. In H. tagte sechsmal das Generalkapitel, das höchste Gremium des Ordens. Nach dem Aussterben der Grafen von Abenberg um 1200 übernahmen die fränkischen Hohenzollern die Schirmherrschaft. Beide zollerschen Herrschaftslinien betrachteten das Kloster als Familiengrablege, H. wurde zur „Adeligen Schlafkammer Frankens". Den Hohenzollern gelang es, die Abtei H. für ihre politischen Interessen auszunutzen, sie unterzuordnen und in das markgräfliche Staatswesen einzugliedern. H. sank zum landsässigen Kloster Ansbachs herab. Abt Sebald Bamberger (1498–1518) beklagte sich bitter über die orgiastischen Trinkgelage allein dreizehnmal im Jahr 1500 des Landesherrn Markgraf Friedrich des Älteren von Ansbach und seines Gefolges zu Lasten der Abteikasse und des geistlichen Lebens im Konvent. Die lutherische Reformation beeinflusste schon frühzeitig den Konvent, 1524 traten 14 Angehörige zum evangelischen Glauben über. 1528 führte der evangelisch gesinnte Markgraf Georg der Fromme eine neue Landeskirchenordnung ein. Im Kloster blieb die alte Ordnung bis 1535/36 bestehen. Abt Sebastian Wagner (1540–43) heiratete und schied aus, Abt Beck (1558–61) setzte das Stundengebet aus; mit dem Tod des letzten katholischen Abts Melchior Wunder (1562–78) endete das monastische Leben in H. Danach übernahmen evangelische Nominaläbte die geistige Leitung, die Wirtschaftsführung war schon seit einigen Jahren in weltlicher Hand. Von 1581 bis 1736 diente H. als Fürstenschule für höhere Beamte. Der Besitz wurde schließlich 1719 unter den Häusern Brandenburg-Ansbach und Brandenburg-Kulmbach-Bayreuth aufgeteilt.

▶ **Gegenwart.** Die eindrucksvolle, romanische Klosterbasilika in H., heute evangelisch-lutherische Pfarrkirche St. Marien und Jakobus, unterlag noch in der Zeit der Mönche gotischen Veränderungen: die Verlängerung des Chorraums und der Anbau einer spätgotischen, zweischiffigen Halle als *mortuarium* an Stelle des südlichen Seitenschiffs. Die

Heilsbronn Zisterzienserabtei, die romanisch-gotische Abteibasilika zeigt Hirsauer Baumotive, Blick durch das Mittelschiff auf den Hochaltar im Osten.

Innengestaltung besticht durch Säulen mit hirsauisch geformten Kapitellen und durch Reichtum an Kunstschätzen aus der Klosterzeit. Kunstvoll geformte Grabmonumente repräsentieren sechs Jahrhunderte fränkischer Geschichte. Von der Klausur existiert nur noch das romanische Refektorium, das Ansätze des ehemaligen Kreuzgangs erkennen lässt. Im engeren Klosterbezirk blieben sonst allenfalls kleinere Wirtschaftsbauten bestehen.

◆ Fink, Alexandra: Die ehemalige Klosterkirche St. Marien und St. Jakobus in H., in: Romanische Klosterkirchen des hl. Bischofs Otto von Bamberg (1102–1139), Petersberg 2001, 125–132; Sitzmann, Manfred: Mönchtum und Reformation, Exemplarische Analyse H., Neustadt/Aisch 1999, 80–170; Schuhmann, Günther: Die Hohenzollern-Grablegen in H., München 1989.

Heilsbruck, *Zisterzienserinnenabtei St. Maria (1230–1560) – „Edenkoben", „Watzenhofen", Diözese Speyer – (Edenkoben, Lkr. Südliche Weinstraße, Rheinland-Pfalz, ❐ 3, B3).*

▶ **Geschichte.** Der Speyerer Bürger Ebelin Schwarz stiftete 1230 dem Domherrn Salomon aus Würzburg seinen Besitz in Harthausen bei Speyer zur Gründung eines Frauenklosters. Die Gründung erfolgte zwei Jahre später. Die ersten Schwestern kamen aus dem Kloster Königsbrück im Elsass; sie beachteten die Zisterziensergewohnheiten. Papst Gregor IX. bestätigte das Kloster *Pontis salutis*, ebenso seinen Besitz und seine Rechte. Schon 1235 ging ein Tochterkonvent in das hessische Kloster ➛ Gnadenthal bei Dauborn in der Grafschaft Diez. 1262 verkaufen die Grafen von Leiningen ihre Rechte im Ort Watzenhofen am Ostrand des Pfälzer Waldes. Äbtissin Kunigunde und ihre Schwestern verlegten aufgrund der wirtschaftlichen Vorteile ihre Niederlassung nach Watzenhofen. Aus zwei kleinen Siedlungen entstand schließlich der Ort Edenkoben, über den das Kloster Grund- und Gerichtsherrschaft ausübte. Der Besitz in Harthausen blieb bis zur Auflösung Eigentum der Frauen. Das Mutterkloster Königsbrück und das Tochterkloster Gnadenthal waren offensichtlich Vollmitglieder des Zisterzienserordens, über das Kloster H. übte der Abt von ➛ Eußerthal geistliche und weltliche Aufsicht aus, auch die direkte Unterstützung des Generalabts von Cîteaux und des Generalkapitels 1331 sprechen für eine vollzogene Inkorporation des Konvents in den Orden; aber urkundliche Nachweise fehlen; die Abtei ➛ Maulbronn übernahm im Spätmittelalter die Aufsichtspflicht. König Rudolf I. verkündete 1281 Reichsschutz, den Ludwig der Bayer 1339 erneuerte. Schenkungen und Mitgiften von Weingütern in 46 Orten fundierten den Wohlstand der Abtei. Die Schwestern bereicherten mit Innovationen den Weinanbau in der Region, sie führten neue Methoden zur Bewirtschaftung, Bodenbearbeitung und Weinlagerung ein. Die heutige Weinkultur entlang der Weinstraße geht auch auf die Zisterzienserinnen von H. zurück. Die Anlage wurde von aufrührerischen Bauern 1525 verwüstet und niedergebrannt, sie musste neu aufgebaut werden. Unter Äbtissin Sophie Kistlin von Dürkheim (1533–39) konnte die neue Klosterkirche konsekriert werden. 1560 säkularisierte Kurfürst Friedrich III. von der Pfalz die Abtei. Der Restitutionsversuch 1622 endete bereits 1648.

▶ **Gegenwart.** Noch heute umschließen weitläufige Immunitätsmauern das ehemalige Klosterareal am westlichen Ortsrand von Edenkoben, heute eines der größten Weingüter in Rheinland-Pfalz. Die 1536 geweihte Klosterkirche wurde Anfang des 19. Jh. abgebrochen, einige Mauerteile mit Fensteröffnungen und ein spätgotischer Treppenturm blieben erhalten. Das heutige Wohnhaus birgt das ehemalige Refektorium mit Kreuzgratgewölbe und Mittelpfeiler in seinen Mauern. Der historische Weinkeller mit freitragendem Kreuzgewölbe von 1533 ist heute einer der größten Holzfasskeller seiner Art. Im Hof steht eine aus Stein gearbeitete Brunnenschale, verziert mit sich überkreuzenden Bögen. Im Erstgründungsort Harthausen, ein altes Tabaksdorf im Oberrheingraben, blieben keine architektonischen Spuren der Zisterzienserinnen erhalten.

◆ Rödel, Volker: H., in: Palatia Sacra 1/4, Mainz 1988, 84–88; Kuby, Alfred Hans (Hg.): 1200 Jahre Edenkoben, Mannheim 1969.

Heiningen, *Augustiner-Chordamenstift St. Petrus und Paulus (1126–1810), Diözese Hildesheim – (Lkr. Wolfenbüttel, Niedersachsen, ❐ 2, A4).*

▶ **Geschichte.** Nach dem Verfall der inneren Ordnung im weltlichen Kanonissenstift St. Petrus und Paulus (gegründet 1001) in H. an der Oker übernahm 1126 Propst Gerhard (1128–50) vom Stift ➛ Riechenberg bei Goslar die Leitung und verordnete dem Frauenkonvent die Statuten eines regulierten Augustiner-Chordamenstifts, was zu Aufschwung und Blüte führte. Die päpstliche Bestätigung und eine Schutzerklärung verfügte Alexander III. 1178. Zur üppigen Grundausstattung kamen reiche Stiftungen hinzu. Um 1300 machte der Konvent durch Teppichstickerei auf sich aufmerksam. Seit etwa 1350 zeichneten sich wirtschaftlicher Niedergang und Verfall der Klosterzucht ab, hinzu kamen Einbrüche durch Pest und Missernten. 1451 führte der Propst vom Hildesheimer Sültestift Reformen ein, die der Konvent unter Priorin Adelheid von Bortfeld (1451–77) willig befolgte. Die Pröpste Berthold Ziegenmeier (1451–57) und Johannes Busch (1457–76) glichen die Klausurbestimmungen den Windesheimer Reformstatuten an, es kam sogar vor Ende des 15. Jh. zu dem seltenen Fall der Aufnahme des Damenstifts in die ➛ Windesheimer Kongregation, denn Papst Eugen IV. hatte 1436 die Inkorporation von Frauenkonventen in diese Reformgemeinschaft untersagt. Augustiner-Chordamenstifte wurden zwar gemäß den Statuten reformiert, aber selten vom Generalkapitel als Vollmitglied anerkannt; dem Stift H. war dies gelungen, sonst auf deutschem Boden nur noch den Frauenstiften Dorstadt und Bonn. Mit dem Konvent in Dorstadt lag H. stets im Streit um Zinsabgaben für benachbarte Güter. Um 1520 erreichte H. mit 59 Chorfrauen und Laienschwestern eine zweite Blüte, die aber in den Reformationswirren, nachfolgenden Kriegen und wechselnden Machtverhältnissen im Land Braunschweig-Wolfenbüttel unterging. 1542 zwang der Schmalkaldische Bund den Frauen das evangelisch-lutherische Bekenntnis auf, was sich unter Herzog Julius noch einmal im Oktober 1568 wiederholte. Infolge des Restitutionsedikts übernahmen 1629/30 katholische Schwestern aus ➛ Erfurt Neuwerk das Stift. Der wirtschaftlichen Gesundung im 18. Jh. folgte schließlich die Säkularisierung durch die königlich-westphälische Regierung unter Jérôme Bonaparte im Januar 1810.

▶ **Gegenwart.** Der unmittelbare Klosterbesitz ist heute in Privathand. Die ehemalige Stiftskirche dient der katholischen Gemeinde als Pfarrkirche St. Peter und Paul. Die romanische, dreischiffige Basilika im gebundenen System repräsentiert die Zeit der ersten Hochblüte um 1200; ihr mächtiger Westturm ist etwas jünger, im Inneren blieben Wandmalereien aus dem 13. Jh. erhalten. Die mittelalterlichen Klausur- oder Wirtschaftsgebäude existieren nicht mehr. Die heutigen Gebäude entstanden unter Priorin Margareta Juliana Schröders (1695–1724), beeindruckend ist das triumphbogenartige Stiftstor von 1702. Handwerklich hochwertige Antependien der Heininger Chordamen sind heute im Stift Marienberg ➛ Helmstedt und im Londoner Victoria-Albert-Museum zu sehen.

◆ MonWin 2, 490–499; Taddy, Gerhard: Das Kloster H. von der Gründung bis zur Aufhebung, Göttingen 1966.

Heisterbach, *Zisterzienserabtei St. Maria (1189–1803), Cellitinnenkloster (seit 1919), Erzdiözese Köln – (Königswinter, Rhein-Sieg-Kreis, Nordrhein-Westfalen, ❐ 3, B1).*

▶ **Vorgeschichte.** Erzbischof Philipp von Köln (Heinsberg) initiierte 1188 die Neubesiedlung eines verlassenen Regularkanonikerstifts auf dem Stromberg (später Petersberg) östlich von Königswinter im Siebengebirge. Zisterzienser aus ➛ Himmerod kamen ein Jahr später unter Führung Abt Hermanns I. (1189–96) auf dem Stromberg an. Das Gebiet gehörte zum Pfarrsprengel der Benediktinerinnenabtei ➛ Vilich bei Bonn, Zehntleistungen waren an die Frauen zu entrichten. Die Berglage widersprach den Gewohnheiten der Zisterzienser, auch die klimatisch unwirtlichen und schwierigen wirtschaftlichen Bedingungen ließen die Mönche nur drei Jahre verweilen.

▶ **Geschichte.** 1192 zogen die Zisterzienser in das nahe Tal der Heister und bauten die Abtei H. auf, ohne sich zu scheuen, bestehende Siedlungen zu verdrängen. Prior Karl von der Salzgasse († 1213), ein fähiger Ökonom, wirkte zusammen mit Abt Gevard (1196–1208) segensreich beim Aufbau der neuen Abtei; schon um diese Zeit erreichte der Grundbesitz seine größte Ausdehnung. Unter Abt Heinrich I. (1208–44) stand H. in hoher Blüte und Ansehen. Die Tochterabtei ➛ Marienstatt im Westerwald wurde 1215 besiedelt, Handel und Wirtschaft im Grangiensystem prosperierten, steinerne Klausurgebäude konnten 1233 und die gewaltige Abteikirche 1237 fertig gestellt werden. Auch förderte der Abt die geistige Beschäftigung der Mönche und die Skriptoriumsarbeit, was durch den Novizenmeister und Schriftsteller Caesarius von Heisterbach (um 1180– um 1240) der Nachwelt noch heute zugute kommt. Der Abtei unterstanden damals etwa acht Frauenkonvente, später sollten es über 20 werden. In der zweiten Hälfte des 13. Jh. durchlebte H. bei nachlassender Klosterzucht und überhöhtem Pitanzwesen eine Wirtschafts- und Finanzkrise, partizipierte also durchaus an der Entwicklung anderer Klöster im Erzstift Köln. Etwas Erleichterung verschafften bischöfliche Ablässe, Reliquien und eine aufkommende Wallfahrt. 1317 erlaubte das Generalkapitel auch Frauen den Zugang in die Abteikirche. Neue Schenkungen förderten die Konsolidierung der Wirtschaft, die in das Pachtsystem überging, aber die disziplinarischen Missstände im Konvent blieben an der Tagesordnung. Seit 1322 sicherten die Mönche in H. ihren Lebensunterhalt durch Privatbesitz, ihre Anzahl wurde 1357 auf 39 und die der Konversen auf 15 eingeschränkt. Abt Heinrich III. (1366–75) veruntreute Klosterbesitz und betätigte sich als Falschmünzer, er wurde abgesetzt. Nachfolgende Äbte festigten die wirtschaftliche Basis und ordneten die inneren Verhältnisse. Sie wirkten im 15. Jh. als Reformäbte in Marienstatt und in den unterstellten Zis-

Heisterbach Zisterzienserabtei, die Chorruine als Rest einer der größten Zisterzienserkirchen Deutschlands.

Aufwändig gestaltete Säulenkapitelle in der spätromanischen Chorruine von **Heisterbach**.

terzienserinnenklöstern. Das Frauenkloster ➛Walberberg konnte 1447 nicht mehr saniert werden, es wurde aufgelöst und in ein Mönchspriorat unter H. umgewandelt. Pestepidemie, Missernten, Bauernaufruhr, Reformation, Truchsessischer und Dreißigjähriger Krieg brachten neue Einschnitte. 1686 führten die Reformbestrebungen und strenge Observanz zu wirtschaftlicher Prosperität und zum Neubau des Klosterkomplexes. Diese Entwicklung fand ihr Ende in der Säkularisierung 1803. Die Gebäude wurden abgerissen, der Sprengung der Abteikirche erst 1818 Einhalt geboten. Graf zur Lippe-Biesterfeld legte 1820 im ehemaligen Abteigelände einen englischen Lustgarten an, der den verbliebenen Kirchenchor romantisierend einbezog.

▶ **Gegenwart.** Im heutigen Kurpark steht die Chorruine als Rest der spätromanischen Zisterzienserbasilika von H., einst mit 85,82 m Länge eine der größten Zisterzienserkirchen Deutschlands. Sie folgte dem Bauplan der Kirche Clairvaux III; ihr halbrunder, reichgestalteter Chorabschluss mit zweizonigem Chorumgang, mit Kapellenkranz und zwei Säulenreihen weist auf die Abkehr vom schlichten, flachen Chorabschluss der Zisterzienser nach dem Tod des hl. ➛Bernhard von Clairvaux hin . Eine Vorstellung vom Aussehen der Heisterbacher Kirche vermittelt heute die Abteikirche der Tochterzisterze in Marienstatt. Seit 1919 belebt ein Konvent Cellitinnen erneut den monastischen Ort H. mit Kurbetrieb, Altenheim und Begegnungsstätte.

◆ Brusch, Swen Holger: Das Zisterzienserkloster H., Siegburg 1998; Buchert, Margitta Maria Eva: Die ehemalige Klosterkirche H., Bonn 1985.

Heitersheim, *Johanniter Großpriorat (vor 1335–1806), Vinzentinerinnen (seit 1893) – „Malteserschloss“, Diözese Konstanz – (Lkr. Breisgau-Hochschwarzwald, Baden-Württemberg, ❐ 3, B4).*

▶ **Vorgeschichte.** Die Johanniterkommende Freiburg im Breisgau kaufte 1272 das Lehen der Abtei Murbach (Frankreich) in H. in der Vorbergregion des Schwarzwaldes vom Lehnsträger Gottfried von Staufen. Der Besitz umfasste die Wasserburg, den Fronhof und die Kirche St. Leodegard. 1273 konnten zusätzlich Jurisdiktions-, Vogtei- und Bannrechte von Markgraf Heinrich II. von Hachberg erworben werden, dieser Landgraf des Breisgaus trat 1290 selbst in den Orden ein. Neun weitere Dörfer vergrößerten bis 1612 die Patrimonialherrschaft, Zinsrechte und Zehnten in zusätzlich 17 Orten stärkten die wirtschaftliche Basis, zunächst verwaltet vom Haus Freiburg.

▶ **Geschichte.** 1335 wird erstmals eine Johanniterkommende auf der ehemaligen Burg in H. urkundlich erwähnt, die als untergeordnetes Haus der Freiburger Kommende unter Leitung eines Priors stand. Die wirtschaftliche Prosperität in H. und die abnehmende Bedeutung Freiburgs führten zu Spannungen, so dass der Orden bis 1371 beide Niederlassungen rechtlich gleichstellte. Der Komtur und Großprior Markgraf Hermann I. von Hachberg (1354–57) leitete erstmals beide Häuser in Personalunion. Das Generalkapitel von 1428 auf Rhodos bestimmte die Kommende H. als ersten ständigen Sitz des Großpriors („meister in teutschen Landen“), dessen Verwaltungsbereich das Priorat Deutschland aber auch die anderen Priorate der Deutschen Zunge in Skandinavien und Osteuropa umfasste. Nach dem Ausbau und der Befestigung des neuen Mittelpunktes der zentraleuropäischen Ordensverwaltung nahm der Großprior Johann Heggenzer von Wasserstelz (1505–12) seinen Sitz 1508 endgültig in H. ein. Großprior Georg Schilling von Cannstatt (1546–54) wurde 1548 für seine Verdienste in seinem Amt von Kaiser Karl V. in den Reichsfürstenstand erhoben, ebenso seine Amtsnachfolger. Das 1,17 Quadratmeilen große Fürstentum H. gehörte nicht zur Reichsstandschaft, sondern de facto zu den vorderösterreichischen Landständen, was anhaltenden Konfliktstoff mit Habsburg in sich barg. Der Schlosskomplex H. wurde Anfang des 16. Jh. repräsentativ und wehrhaft ausgebaut. Er fiel dennoch in die Hände der Bauern 1524, der Schweden 1632, der kaiserlichen Liga 1638 und der Franzosen 1675. Im Ort H. errichteten die Johanniter 1547 ein Spital-, Armen- und Pfründnerhaus und 1650 eine Schule für

Heitersheim Johanniter Großpriorat, 1428 wurde die Ordensburg Sitz des Großpriors von Deutschland.

die Landbevölkerung. Ein Franziskanerkloster entstand 1616 im Ort auf Initiative des Fürstpriors Johann Friedrich Hund von Saulheim (1612–35). Die Franziskaner übernahmen die Pfarrpflichten. Fürstprior Johann Josef Benedikt Graf von Reichnach (1777–96) hob 1785 als erster Landesherr in Baden die Fronpflichten der Bauern auf. 1798 kapitulierte der Großmeister des Ordens auf Malta. Mit der Unterzeichnung der Reichsbundakte am 12. Juli 1806 fiel das Fürstentum H. an das Großherzogtum Baden.

▶ **Gegenwart.** Die Fürstprioren des Johanniterordens zeichneten sich durch ihre barocke Baulust aus, auch großherzoglich-badische Beamte nahmen zahlreiche Umbauten und Abrisse in H. vor. 1893 kauften Vinzentinerinnen aus Freiburg das „Malteserschloss". Der alte Fruchtspeicher musste dem Schwesternhaus St. Ludwig, heute Altersheim, und der neobarocken Schlosskirche St. Borromäus weichen. Im Schlosskomplex existieren heute zusätzlich mehrere caritative Einrichtungen. Ein Museum ist in den Kellergewölben des ehemaligen Kanzleigebäudes von 1730 untergebracht. Der älteste Gebäudeflügel stammt aus der Ausbauzeit des Schlosses um 1545; er schließt den monumentalen Torturm der hochmittelalterlichen Wasserburg ein; beide trennen heute den parkähnlichen „Großen Hof" vom ehemaligen Burghof, dem „Kleinen Hof". Das unregelmäßige Vieleck der Vorburg und die festgeschlossene Anlage der Kernburg sprechen trotz Neuaufbauten noch immer die Sprache des Spätmittelalters. Von der Johanniterkommende in Freiburg im Breisgau blieben keine Gebäude erhalten.

◆ Hafkemeyer, Bernhard G.: Das Großpriorat Deutschland, in: Der Johanniter-Orden – Der Malteser-Orden, Köln 1970, 334–343; Rödel, Walter Gerd: Das Großpriorat Deutschland des Johanniter-Ordens, Mainz 1965, 322–328.

Helenenberg Kreuzherrenkloster, die spätgotische Prioratskirche von 1489 mit dreijochigem Chor von Südost.

Helenenberg, *Kreuzherrenkloster St. Helena (1485–1802), Salesianerkloster St. Helena (seit 1925) – „Eduardstift", Erzdiözese Trier – (Welschbillig-H., Lkr. Trier-Saarburg, Rheinland-Pfalz, ❒ 3, A2).*

▶ **Geschichte.** Kanzler Ludolf von Enschringen erhielt 1485 bei der Gründung des Kreuzherrenklosters St. Helena Unterstützung vom Trierer Erzbischof Johann II. von Baden durch die Übereignung des alten Hospitals am Pilgerweg bei Welschbillig. Kreuzherren aus den Prioraten Köln und Marienfrede (Bocholt) kamen 1488 nach H. und errichteten unter dem ersten Prior Gisbertus (1489–93) ein Kloster, dessen Kirche 1489 konsekriert werden konnte, dessen Klausurgebäude aber erst Prior Johannes Scorpingen (1493–1506) fertig stellte. Erzbischof Johann II. bestätigte die Gründung noch 1488 und vergab Pfarrrechte, Zollfreiheiten, Ablassbriefe und Privilegien. Weitere Dotationen Kaiser Maximilians I., Erzherzog Philipps von Österreich und niederadeliger Gönner vermehrten den Besitz auf etwa 2000 Morgen Land. Der Konvent war nie sehr groß und zählte 1802 neun Patres und drei Laienbrüder. Stand zunächst die hl. Helena († um 330) im Mittelpunkt der Verehrung, so rückte später der hl. Valentin († um 475) in den Vordergrund bis die hl. Odilia († um 380) ihn verdrängte; H. galt aufgrund seiner Reliquiensammlung immer als beliebter Wallfahrtsort. 1552 brandschatzte Markgraf Alkibiades von Brandenburg-Kulmbach die Anlage, der ehemalige Prior Johannes von Neumagen (1521–50) fand dabei den Martyrertod. Prior Stephanus Tilmanni (1733–63) ließ um 1740 die mächtige barocke Dreiflügelanlage errichten; die spätgotische Kirche von 21,5 m Länge blieb als Chor erhalten und wurde durch ein 31,8 m langes Hauptschiff erweitert. Eigene Studien und die Schulausbildung von Jugendlichen galten als besonderes Apostolat der Kreuzherren, zu diesem Zweck legten sie eine umfangreiche Bibliothek an. Die Säkularisierung erfolgte 1802 durch die Franzosen. Nach der Versteigerung der Güter erhielten der letzte Prior Joseph André (1784–1802) und seine Konventsmitglieder nur geringe Abfindungen. Die Schankwirtsleute der Klosterherberge kauften 1803 die Anlage und betrieben sie bis 1893 als landwirtschaftliches Gut, was die Bausubstanz rettete.

▶ **Gegenwart.** H. existiert noch heute als katholische Institution „Eduardstift". Die Familie Eduard Puricelli richtete ein Knabenwaisenhaus ein und schenkte das „Eduardstift" 1894 der Diözese Trier. 1894 begannen die Franziskaner mit der Betreuung der Jugendlichen. Sie wurden 1925 von Salesianerpatres Don Boscos abgelöst, die das ehemalige Kreuzherrenpriorat zu einem modernen Jugendhilfezentrum ausbauten. Die Kreuzherrenkirche, die lange Zeit bis auf den spätgotischen Chor profan genutzt wurde, ist inzwischen großzügig restauriert. Der dreijochige Chor mit Sterngewölbe wird durch dreibahnige Maßwerkfenster erhellt; als originales Ausstattungsstück steht ein schmuckreiches Sakramentshaus von 1525 im Raum. An der Außennordseite blieb als einziger mittelalterlicher Klausurrest ein quadratischer Saal mit vierteiligem Kreuzgewölbe über einer Mittelsäule erhalten, der als ehemaliger Kapitelsaal gedeutet und als Sakristei genutzt wird.

◆ Lichter, Eduard: Die Kreuzherren in H., in: Eifilia Sacra, Mainz 1999, 253–266; Kremb, Klaus/Lautras, Peter (Hg.): Landesgeschichtlicher Exkursionsführer Pfalz, Bd. 2, Otterbach 1991.

Helfta, *Zisterzienserinnenkloster St. Maria (1229–1546, seit 1999), Diözese Halberstadt – (Lutherstadt Eisleben, Lkr. Mansfeld-Südharz, Sachsen-Anhalt, ❐ 2, A5).*

▶ **Geschichte.** Die Gründung des Klosters H. erfolgte 1229 durch Graf Burchard I. von Mansfeld und seiner Gemahlin Elisabeth von Schwarzburg an ihrer Stammburg Mansfeld; es wurde mit Zisterzienserinnen aus dem „Burchardikloster" in ➛ Halberstadt (St. Jakob) besiedelt. Schon 1234 zogen die Frauen nach Rothardesdorf, das sie aber 1258 wegen Wassermangel auch verlassen mussten. Endgültig ließen sie sich in *Helpede* auf dem Hakebornschen Gut südöstlich vor Eisleben nieder. In der zweiten Hälfte des 13. Jh. begründeten die Schwestern, die nie im Zisterzienserorden Aufnahme fanden und oft als Benediktinerinnen bezeichnet wurden, ihren europaweiten Ruf als Mystikerinnen. Bekanntheit erlangte Mechthild von Magdeburg (1207–82), die aus Magdeburg kommend 1270 in den Konvent eintrat und ihre berühmte Schrift „Das fließende Licht der Gottheit" hier vollendete. Ihre Lehrerin war Mechthild von Hakeborn (1241–99), die mit sieben Jahren nach H. kam und später Leiterin der Klosterschule wurde. Ihre Mitschwestern hielten ihre Visionen im „Buch der besonderen Gnade" fest. Eine begnadete Mystikerin war Gertrud von Helfta (die Große, 1256–1302, kanonisiert 1678), die bereits mit fünf Jahren dem Kloster übergeben wurde, als begabteste Schülerin auffiel, ein Teil der lateinischen Bibel ins Deutsche übersetzte, ihre Christusvisionen im Buch „Gesandter der göttlichen Liebe" niederschrieb und ein Exerzitienbuch verfasste. Als Äbtissin stand damals Gertrud von Hakeborn (1251–91) der „Krone deutscher Frauenklöster" vor. Sie schickte 1262 einen Gründungskonvent in das neue Kloster St. Gertrud in ➛ Hedersleben. Forschungsarbeiten konzentrierten sich auf das Zentrum der deutschen Frauenmystik im 13. Jh., vernachlässigten aber dabei das institutionelle Leben der Schwestern, so dass für ein so bekanntes Kloster relativ wenige Quellen auswertet wurden. 1342 verwüstete Bischof Albrecht von Halberstadt (Braunschweig) im Streit mit den Mansfelder Grafen die Klosteranlage: Die Zisterzienserinnen siedelten 1343 näher an die Stadt Eisleben in das Kloster „Neu-H." um. Der alte Glanz wurde im Spätmittelalter nicht mehr erreicht. In den frühen Reformationsjahren sorgte der Fall der Schwester Florentina von H. für Empörung. Äbtissin Katharina von Watzdorff hielt Florentina aus ➛ Oberweimar nach einem Fluchtversuch unter strengem Arrest. Martin Luther nahm sich der Schwester an und förderte die Veröffentlichung ihrer Geschichte. Aufrührerische Bauern zerstören 1525 Neu-H.; die geflohenen Schwestern versuchten nach ihrer Rückkehr in (Alt-)H. einen Neuanfang. Die Reformation hatte inzwischen die Stadt ergriffen; eine letzte urkundliche Erwähnung erscheint 1542, die endgültige Auflösung kam 1546. Die Klosteranlage (Alt-H.) wurde preußische Staatsdomäne und nach dem Zweiten Weltkrieg volkseigenes Gut. 1994 gelangte das Gut wieder in Kirchenbesitz; 1998 begannen Aufbau, Sanierung und Restaurierung, seit 1999 lebt wieder ein Zisterzienserinnenkonvent in H.

Helfta Zisterzienserinnenkloster, die Klosterkirche vereint frühgotische Mauern mit modernen Konstruktionen.

▶ **Gegenwart.** In (Alt-)H., heute ein Stadtteil Eislebens, bilden die modernen Gebäude des neuen Klosters wie Bildungs- und Exerzitienhaus, Gaststätte, Hotel, Wohntrakt und Pilgerforum mit der mittelalterlichen Kirche ein Ensemble um den alten Klosterteich aus der Gründungszeit. Von der frühgotischen Kirche konnten nur Teile der Außenmauern und die Unterkirche (Krypta) gerettet werden; es entstand ein interessanter Bau aus historischer Bausubstanz und moderner Formensprache. Auf dem Areal der Niederlassung Neu-H. im Zentrum der Stadt entstand im 19. Jh. eine katholische Pfarrkirche; nur einige Mauerreste erinnern an das dortige Kloster.

◆ Mohn, Claudia: Mansfeld, Rothardesdorf, H., Neu-H., Eisleben (Sachsen-Anhalt), in: Mittelalterliche Klosteranlagen, Petersberg 2006, 292–294; Spitzlei, Sabine B.: Erfahrungsraum Herz, zur Mystik des Zisterzienserinnenklosters H. im 13. Jh., Stuttgart-Bad Cannstadt 1991.

Helmarshausen, *Benediktinerabtei (St. Salvator) St. Maria und St. Petrus (vor 1000–1540), Diözese Paderborn – (Bad Karlshafen-H., Lkr. Kassel, Hessen, ❐ 1, D5).*

▶ **Geschichte.** Kaiser Otto III. bestätigte im Jahr 1000 das von Graf Ekkehard und Gemahlin Mathilde im Wesertal an der Diemelmündung gestiftete Kloster *Helmwardeshusun* und vergab das Markt- und Münzrecht. Das Stifterpaar hatte 999 in Rom von Papst Silvester II. die Erlaubnis zur Stiftung erhalten. Ein Diplom Kaiser Ottos III. von 997 gilt heute als Fälschung. Der erste Konvent kam vermutlich mit Abt Haulfus (1000/15) aus der Abtei ➛ Corvey und richtete sich nach den ➛ Gorzer Reformstatuten. Der mächtige Förderer dieser Reformbewegung, König Heinrich II., nahm die Abtei H. 1003 unter Schutz, verlieh ihr die Immunität und freie Vogtwahl. Als die Erben der Stifter 1017 Ansprüche stellten, übertrug der Kaiser die Abtei H. dem Paderborner Hochstift. Die Reichsfreiheit hatte nur kurz gegolten, obwohl sie noch lange mit Hilfe von Fälschungen aufrechterhalten wurde. Die Äbte nahmen im 11. Jh. an der Verwaltung der Diözese teil, und die Bischöfe erwiesen sich mit Privilegien dankbar: um 1080 erhielt der Abt die Archidiakongewalt in seiner Region. Dem 37 Mitglieder starken Konvent gehörten Ende des 12. Jh. etwa 9.000 Hektar bestelltes Ackerland, einige Dörfer, Kirchen, Mühlen, Weiden, Weinhänge am Rhein, aber auch Waldflächen und Seen. Die Benediktiner unterhielten ein Hospital für Pilger und Kranke. Abt Thietmar II. (1080?–1115) erwarb bedeutende Reliquien und öffnete sich der neucluniazensischen Reform aus ➛ Hirsau. Die Mönche trugen die Reformstatuten in die um 1110 entstandene Abtei ➛ Reinhausen bei Göttingen. Eine Hochblüte äußerte sich im 12./13. Jh. in den Rodungs- und Kultivierungserfolgen der Abtei, aber besonders nachhaltig in den künstlerischen Höchstleistungen der Goldschmiede- und Buchgestaltungskunst. Mit Falsifikaten zum Nachweis der nicht bestehenden Exemtion initiierten Abt Thietmar III. (1190–1206) und seine Nachfolger einen 150-jährigen Konflikt mit dem Paderborner Hochstift zu beiderseitigem Schaden. Die Abtei näherte sich erst dem Erzbistum Köln, dann dem Erzbistum Mainz an, letztendlich gewann im 14. Jh. der Paderborner Bischof seinen Einfluss zurück. Der Konvent war zerstritten, um die Wirtschaft stand es schlecht. Erst Abt Hermann von Hardenberg (1356–92) gewann verlorene Güter und Rechte zurück, ließ sich aber in den bewaffneten Konflikt zwischen Paderborn und dem hessischen Landgrafen hineinziehen, was H. im 15. Jh. mit Raub und Plünderungen bezahlen musste. Beim Vergleich von 1471 wurden die Rechte Hessens anerkannt, der Schutzvertrag von 1479 sicherte dem Landgrafen zukünftig Einflussmöglichkeiten zu. Die ➛ Bursfelder Reformkongregation beschäftigte sich erst 1517 auf Bitten des Bischofs mit der Abtei H. und beauftragte Visitatoren. Zur Reform

Helmstedt Augustiner-Chordamenstift, die romanische Basilika auf dem Marienberg entstand 1176 bis 1266, ihren polygonalen Chor erhielt sie im 15. Jh.

und Aufnahme in die Union kam es nicht mehr. Abt Georg von Marenholz (1515–40) und acht Mönche flohen 1525 vor den aufständischen Bauern. Der lutherisch gesinnte Landgraf Philipp I. von Hessen ließ 1527 alle Klöster seines Landes auflösen. Der Abt genoss jedoch die Gunst des Landgrafen, der den Abt und drei Brüder 1536 nach H. zurückkehren ließ. Der Bischof in Paderborn widersetzte sich, weil er eine Neubesetzung plante. Unter diesen Umständen war die Weiterführung der Abtei nicht möglich. Im November 1540 übernahm der Landgraf die Abtei und den Ort pfandweise, 1597 verzichtete die Paderborner Kirche auf ihre Rechte.

▶ **Gegenwart.** Heute ist von der Abteianlage lediglich der Ostflügel der Klausur erhalten; die Räume nutzen das evangelische Gemeindezentrum und ein Kindergarten. Das Gebäude geht auf die Umbaumaßnahmen Abt Reimbolds I. (1115/20–30) zurück und zeigt säulengeschmückte Fenster- und Türbögen, die auf den ehemaligen Kapitelsaal schließen lassen. Romanische Kunstwerke der klösterlichen Handwerksstätten begründeten im 12. Jh. den Ruf der kleinen Abtei als einzigartiges künstlerisches Zentrum. Von den Werken Bruder Rogers (um 1070–1125) sind zwei goldene Tragaltäre erhalten; sie gelten als zwei der bedeutendsten romanischen Kunstwerke Deutschlands. Von der hohen Qualität der romanischen Buchkunst in H. zeugen heute der „Codex Harley" in der British Library London, das Evangeliar im Getty Museum Malibu, ein Evangeliar in Uppsala, der „Liber vitae" von Corvey, das Evangeliar im Trierer Domschatz und das Evangeliar Heinrichs des Löwen in Wolfenbüttel.

◆ GermBen 7, 560–588; Baumgärtner, Ingrid (Hg.): H. Buchkultur und Goldschmiedekunst im Hochmittelalter, Kassel 2003.

Helmstedt, *Augustiner-Chordamenstift St. Maria (1176–1569) – „Marienberg", Diözese Halberstadt – (Kreisstadt, Niedersachsen, ❒ 2, A4).*

▶ **Geschichte.** Der Abt der Benediktiner Zwillingsabtei Werden-H., Wolfgang von Kirchberg (1174–83), hielt sich meist in Ostfalen in der Abtei St. Liudgerus (➛ Helmstedt) auf, seltener in ➛ Werden an der Ruhr. Er gründete 1176 auf einem Hügel westlich vor der Stadt das Damenstift Marienberg zur Sicherung der Abteihoheit gegen die Machtinteressen Herzog Heinrichs des Löwen; auch bestimmte er das neue Stift zu seiner Grabstätte. Der Gründungskonvent kam vermutlich 1181 aus dem Augustiner-Chordamenstift ➛ Steterburg, das vom Reformkreis um Bischof Reinhard von Halberstadt (Blankenburg) beeinflusst war. Die erste urkundliche Nachricht datiert 1189. Die Patronats- und Investiturrechte verblieben bei der Abtei, die Vogtei aber ging an die Welfen über. 1240 rief der Magdeburger Erzbischof zur Kollekte für den „Wiederaufbau" Marienbergs in H. auf, die Gründe und Umstände sind dafür nicht bekannt. Die Stiftsbasilika wurde wohl erst unter Priorin Adelheid (1257–74) vollendet. Mit der Weihe der südlichen Turmkapelle 1266 galt der Kirchenbau als vorläufig abgeschlossen. Seit etwa dieser Zeit diente die Stiftskirche im Zuge der Stadterweiterung auch als Pfarrkirche der Neustadt. Die Stiftsdamen betreuten das städtische Siechenhaus am Neumärker Tor und ließen nach 1322 die Kapelle St. Georg errichten. In ihrer klösterlichen Werkstadt entstanden künstlerisch hochwertige Textilien, die frühesten um 1250. Im 15. Jh. ließ die Klausurdisziplin nach; 1448 erlaubte die Priorin Margarete de Hondelage (1437–49) erste Visitationen zu einer inneren Erneuerung. Johannes Busch (1447–79), Propst im Hildesheimer Sültestift und im Stift Neuwerk in ➛ Halle, führte 1462 Reformen nach der ➛ Windesheimer Kongregation erfolgreich zum Abschluss. Der Konvent unter Priorin Helena de Uetze (1462–72) respektierte wieder die Klausurbestimmungen, was zum Neubau des spätgotischen Chores inspirierte. Augustiner-Chorherren vom Stift Perver in ➛ Stendal standen mit den Frauen in Gebetsbrüderschaft. 1542 setzte sich die Reformation in der Stadt H. durch. Die Benediktiner von St. Liudgeri und die Augustiner-Chordamen mussten katholische Gottesdienste einstellen. Die Frauen leisteten weit energischeren Widerstand als die Benediktiner. Der kaiserliche Sieg bei Mühlberg 1547 änderte die Religionsverhältnisse erneut. Nach dem Regierungsantritt des lutherisch gesinnten Herzogs Julius musste der Konvent Marienberg 1569 endgültig die evangelische Konfession annehmen.

▶ **Gegenwart.** Das evangelische Frauenstift in H. existiert noch heute. Die heutige Stiftsanlage geht auf ihre Gründungszeit zurück. Die romanische, flachgedeckte Pfeilerbasilika auf kreuzförmigem Grundriss entstand von Ost nach West (1176–1266). Im späten 15. Jh. wich der apsidiale Chor einem polygonalen Presbyterium. Um 1880 griff die Restaurierung stark in die Innengestaltung ein. Der mächtige Westriegel nimmt zwei Kapellen mit Wandmalereien des 13. Jh. auf, zwei Türme kamen nicht zur Ausführung, dafür ein niedriger Mittelturm mit barockem Aufsatz (1723). Großquader geben dem siebenjochigen Bau eine vornehme Erscheinung. Das vierfach gestufte Hauptportal im Westen schmücken reiche Ornamente, das Südportal diente ebenfalls der Repräsentation; beide wurden 1860 erneuert. Unter den mittelalterlichen Kunstschätzen ist das Kruzifix (um 1350) hervorzuheben; es stellt Christus in der seltenen Haltung mit über der Brust verschränkten Armen dar. Ursprünglich stand es in der Georgskapelle des Siechenhauses, die heute noch existiert aber profan genutzt wird. Das nördlich gelegene Klausurquadrum der Anlage besteht aus dem romanisch-gotischen Kern; die Funktionsräume sind inzwischen umgebaut und neu gestaltet. Die flachgedeckten Kreuzgänge zeigen Fenstersäulen, deren älteste Kapitelle um 1180 entstanden sind. Die Schatzkammer verwahrt eine Sammlung herausragender Paramente; bedeutend sind mittelalterliche Antependien aus der eigenen Werkstatt.

◆ Jarck, Horst-Rüdiger (Bb.): Urkundenbuch des Augustiner Chorfrauenstiftes Marienberg bei H., Hannover 1998; Strauß, Ulrike: Das ehemalige Augustiner Chorfrauenstift Marienberg bei H., Braunschweig 1983.

Helmstedt, *Benediktiner Reichsabtei (St. Felicitas) St. Liudgerus (um 810–1802) – „Ludgerikloster“, Diözese Halberstadt – (Kreisstadt, Niedersachsen, ❐ 2, A4).*

▶ **Geschichte.** Der friesische Missionar Liudgerus (auch Ludger, um 742–809) gründete um 800 nicht nur an der Ruhr die Abtei ➛ Werden, sondern entsprechend eigener Tradition auch die Missionszelle St. Felicitas in H., als er 798 Karl den Großen auf dessen Feldzug gegen die Sachsen begleitete. Wahrscheinlicher ist die Gründung durch seinen Bruder Hildigrim, Bischof von Châlons und H. (809–827). Der

Helmstedt Benediktiner Reichsabtei, die doppelgeschossige Ludgerikapelle (11. Jh.) im Hof der Abteianlage.

Gründungskonvent kam aus Werden und brachte Reliquien der römischen Martyrerin Felicitas († um 166) mit. Die Leitung beider Abteien sowie der Bistümer Minden und H. hatten im 9. Jh. die Familienangehörigen des hl. Liudgerus, die Liudgeriden, inne, die seine *memoria* pflegten, was zum Ludgeruskult und später zum Patroziniumswechsel führte. Der Abt von H. war immer auch der Abt von Werden; bis ins 19. Jh. blieb diese ungewöhnliche Form der Zwillingsabtei in Personalunion bestehen. Die innere Verfassung von H. entsprach der von Werden mit der Chrodegang- und der Benediktregel sowie ➛ Gorzer, ➛ Siegburger und ➛ Bursfelder Reformen. Auch in H. galt königliche Immunität. Als Schirmherren erschienen die Süpplingenburger, die Sommerschenburger und seit 1179 die Welfen von Braunschweig. Der Besitz reichte vom Allertal und dem Lappwald bis zum Großen Bruch und in das Halberstädter Gebiet im Süden. Die Abtei war Grundeigentümer der aufstrebenden Stadt, sieben Pfarreien waren ihr unterstellt. Abt Wolfram (1174–83), der sich mehr in H. als in Werden aufhielt, gründete 1176 vor der Stadt das Damenstift Marienberg (➛ Helmstedt), in dem er auch begraben wurde. Die erstarkende Bürgerschaft erlangte nicht ohne gewalttätige Auseinandersetzungen im Laufe des 13. und 14. Jh. eine weitgehende Selbständigkeit. Nach der Ermordung Abt Ottos II. (1277–88) musste die Stadt zur Sühne bis 1290 das heute untergegangene Augustiner-Eremitenkloster am Markt stiften. H. stieg zu einer der bedeutendsten Städte im Fürstentum Braunschweig auf. Die Welfenherzöge vergrößerten ihren Einfluss, bis ihnen Abt Anton Grimhold (1484–1517) 1490 formell die Stadt als Lehen abtrat. Der Ausverkauf der Klosterrechte und Misswirtschaft führten sowohl in Werden als auch in H. zum Niedergang; die Geschäfte oblagen Pröpsten oder Prioren, St. Liudgerus war Mitte des 15. Jh. zerrüttet. Erzbischof Ruprecht von Köln (Pfalz) setzte den Abt von Groß St. Martin in ➛ Köln, Adam von Eschweiler, als Administrator der Doppelabtei ein (1474–76), was in Werden 1477 und in H. 1481 zum Anschluss an die Bursfelder Kongregation führte. Der Sieg der Reformation ließ die Abtei zur katholischen Enklave inmitten eines protestantischen Gebietes werden. Die Abteikirche war bis 1712 das einzige katholische Gotteshaus im gesamten Fürstentum. Die Bürger stürmten und zerstörten 1553 Kirche und Kloster, um 1600 lebten nur zwei bis vier Mönche in St. Liudgerus. Lutherische Priester predigten in der Abteikirche, der Konvent feierte die Messe in der Felicitaskrypta. Erst der Vertrag von 1654 sicherte die alten Rechte. Bis zur Auflösung im November 1802 durch Herzog Karl Wilhelm Ferdinand kennzeichneten geistlicher und geistiger Aufschwung, wirtschaftliche Konsolidierung, bauliche Erneuerung und Bemühungen um die Rekatholisierung das benediktinische Leben im ältesten Kloster Ostfalens.

▶ **Gegenwart.** Die Kernmauern der ehemaligen Abtei- und heutigen katholischen Pfarrkirche St. Ludgeri in H. sind romanisch; nach der Zerstörung 1553 wurde sie ohne Westtürme vereinfacht wieder auf- und später mehrfach umgebaut, besonders einschneidend zur Barockzeit. Ihr ältester Teil ist die dreischiffige, vierjochige Felicitaskrypta aus der zweiten Hälfte des 11. Jh. Eine barocke Klausur umschließt den „Paßhof", der seit 1553 keinen Kreuzgang mehr besitzt. Im Westbereich steht die doppelgeschossige Ludgerikapelle aus dem 11. Jh., die als älteste Taufkapelle der Region betrachtet wird.

◆ GermBen 6, 163–199; Römer, Christof: Die Benediktiner im Bistum Halberstadt, Halberstadt 2006; Müller, Hans-Eberhard: H. Die Geschichte einer deutschen Stadt, Helmstedt 2004.

Hemmendorf, *Johanniterkommende St. Johannes Baptist (vor 1258–1805), Diözese Konstanz – (Rottenburg/Neckar, Lkr. Tübingen, Baden-Württemberg, ❐ 3, C4).*

▶ **Geschichte.** Die Kommende H. bei Rottenburg wird urkundlich erstmals 1258 erwähnt, als der Johanniterorden der Benediktinerabtei ➛ Hirsau einigen Besitz mit allen Rechten im Ort H. abkaufte. Ein erster Komtur Burkhard tritt 1281 auf. Die Pfarrkirche „Unsere Liebe Frau" bestand wohl bereits, das Marienpatrozinium tauschten die Johanniter im Spätmittelalter mit dem ihres Schutzheiligen Johannes des Täufers. Die gesamte Ortschaft, weitere Dörfer und Patronatsrechte der Umgebung gingen an die Ordensbrüder über, andererseits sind bereits Anfang des 14. Jh. Besitzverkäufe nachweisbar. 1309 trat Komtur Friedrich von Tunnenowe als Zeuge bei einem Schlichtungsverfahren der Nachbarkommende ➛ Rexingen auf. Kurze Zeit später wurde Personalunion zwischen beiden Kommenden vereinbart. Der gemeinsame Komtur residierte meist in H., so dass Rexingen als *membrum* in Unterstellung geriet, obwohl H. von Überschüssen der Kommende Rexingen lebte. Der bekannteste Komtur war wohl Friedrich von Zollern (1372–76), der auch ➛ Rohrdorf und ➛ Dätzingen leitete und später zum Großprior von Deutschland (1392–98) aufstieg. Komtur Betz von Lichtenberg fiel 1490 bei der Verteidigung der Insel Rhodos gegen die Türken. Bis zur Auflösung 1805 stritt der Orden mit dem Haus Habsburg, das alte Rechte in H. aus seiner früheren Schirmherrschaft ableitete. Meist waren Weltpriester mit der Pfarrseelsorge beauftragt, zeitweise auch Franziskanerbrüder, die sich 1586 in Hechingen niedergelassen hatten. Die Komture erwiesen sich in der Neuzeit als Schutzherren der Juden auf dem Johanniterbesitz. Diese bauten in Rexingen 1710 eine Synagoge und erhielten 1760 eigene Begräbnisplätze. Komtur Franz Karl Reichsgraf Fugger von und zu Kirchberg und Weissenhorn ließ noch 1790 das Johanniterschloss in H. von 1609 abreißen und eine neue Dreiflügelanlage bauen. Der letzte Komtur, Graf Viktor Konrad von Thurn und Valsassina, musste die Bedingungen des Friedens von Pressburg 1805 akzeptieren. Die Kommende fiel an Württemberg.

Hemmendorf Johanniterkommende, die Johanniterkirche des 14. Jh. erhielt ihren Turmaufsatz erst im 19. Jh.

▶ **Gegenwart.** Heute ist die Johanniteranlage H. von 1790 ein Pfarr- und Schulhaus. Zwei Rundtürme des Vorgängerbaus haben sich erhalten, der westliche trägt zwei Inschriftentafeln mit dem Wappen des Ferdinand von Muggenthal zu Hexenagger, um 1600 Ordensrezeptor in oberen deutschen Landen, Komtur zu H.-Rexingen, ➛ Regensburg und ➛ Altmühlmünster in Bayern. Nördlich schließt sich die einschiffige ehemalige Kommende- und heutige katholische Pfarrkirche St. Johannes Baptist aus dem letzten Drittel des 14. Jh. an; ihr Westteil mit Turmaufsatz wurde erst Ende des 19. Jh. angebaut. Im Inneren blieb aus mittelalterlicher Johanniterzeit neben der spätgotischen Sakramentsnische ein hochinteressanter Terracottafries aus dem 14. Jh. erhalten, der auf mittlerer Höhe die Wand des gotischen Chorraums schmückt.

◆ Bing, Michael: H., in: Württembergisches Klosterbuch, Ostfildern 2003, 269–271; Hecht, Winfried: Die Johanniterkommende H., in: Der Johanniterorden in Baden-Württemberg 80 (1989) 6–11.

Ein Terracottafries aus dem 14. Jh. im Chorraum der Johanniterkirche **Hemmendorf**.

Herbrechtingen, *Mönchszelle St. Veranus und St. Dionysius (um 760– vor 1046), Augustiner-Chorherrenstift St. Veranus und St. Dionysius (1171–1536), Diözese Konstanz – (Lkr. Heidenheim, Baden-Württemberg, ❒ 3, D4).*

▶ **Vorgeschichte.** Abt Fulrad (750–784) von St. Denis bei Paris, oberster Abt des Karolingerreiches, gründete zur Festigung der fränkischen Herrschaft in Alemannien eine Mönchszelle am Knie der Brenz, wo die alte Römerstraße von Heidenheim nach Günzburg den Fluss überquerte. Etwa um diese Zeit gründete er auch eine Zelle in ➛ Esslingen. Fulrad holte die Gebeine des südfranzösischen Martyrers Veranus, Bischof von Cavaillon (585–590), nach H. Karl der Große stattete die Zelle 774/776 mit Königsgut aus. Fulrad vermachte testamentarisch St. Veranus und Besitz seinem Stammkloster St. Denis. Bis zur Anianischen Kirchenreform unter Kaiser Ludwig dem Frommen 816/819 lebte der Konvent vermutlich mit der damals weit verbreiteten Mischregel, wechselte zur Chrodegangregel für Stiftskanoniker oder nahm – wie die Vitaliszelle in Esslingen – die Benediktregel an. Die Mutterabtei St. Denis verlor in der Folgezeit ihren Einfluss auf den Außenposten H. 1046 tritt die Niederlassung bei einem Investiturakt König Heinrichs III. als weltliches Kanonikerstift auf.

▶ **Geschichte.** Kaiser Friedrich I. ließ 1171 das Kollegiatstift H. in ein Regularkanonikerstift umwandeln. Augustiner-Chorherren aus ➛ Hördt bei Germersheim übernahmen das Stift. Der Staufer übertrug ihnen zusätzlich Grundbesitz und Marktprivilegien. Ihr Apostolat sahen die Chorherren in der Seelsorge in den inkorporierten Pfarren der Umgebung, so in Giengen, Hürben, Hohenmemmingen, Mergelstetten und Niederstotzingen. Bereits Mitte des 13. Jh. unterhielten sie eine Schule im Stift. Kontakte mit den Benediktinern im nahen ➛ Anhausen sind urkundlich nicht auszumachen. Die Plünderung durch die Giengener Bürger 1279 und durch das Ulmer Kriegsheer im Städtekrieg 1449 bedeuteten Einschnitte im Stiftsleben. Die Vogteirechte gelangten von den Staufern an Gottfried von Wolfach, danach an die Dillinger, die Helfensteiner und schließlich 1454 an das Württembergische Haus (Herrschaft Brenztal). Im ausgehenden Mittelalter offenbarten finanzielle Probleme den wirtschaftlichen Niedergang, der durch die 1520 eingeleiteten Reformen nicht aufgehalten werden konnte. Herzog Ulrich führte 1536 die Reformation in Württemberg ein und zwang den Propst Valentin Peyhard, sein Amt niederzulegen; die meisten Chorherren hatten das Stift bereits verlassen. Ein Restitutionsversuch blieb Episode. Das evangelische Klosteramt H. existierte bis 1806.

Herbrechtingen Augustiner-Chorherrenstift, der spätgotische Chor mit Netzgewölbe birgt romanische Mauern.

▶ **Gegenwart.** Die Stiftskirche H. dient seit der Reformation als evangelische Pfarrkirche St. Veranus. Der heutige Saalbau mit langgestrecktem Chor entstand 1835 durch Verkürzung der dreischiffigen Halle, die in spätgotischen Formen bei Verwendung romanischer Mauerteile 1516 errichtet worden ist. Der Chor hat sein Netzgewölbe über vier Joche behalten; in der nördlichen Chorwand weist ein zugemauertes Rundbogenfenster mit Mäanderband auf den frühromanischen Restbestand hin. Die Tumbenplatte des hl. Veranus ist spätgotisch. Die am nahen Friedhof stehende Kapelle war einst die zweistöckige romanische Torhalle; im ersten Stock tritt halbrund eine Apsis mit Fenster hervor. Der Turm entstand um 1300. Unter dem Kameralamtsbau von 1785 befinden sich mittelalterliche Gewölbe des südlichen Konventsflügels.

◆ Maurer, Helmut: Die deutschen Königspfalzen, Bd. 3/1, Göttingen 2004; Zimmermann, Werner: H., in: Württembergisches Klosterbuch, Ostfildern 2003, 271 f.

Herchen, *Zisterzienserinnenabtei St. Maria und St. Maria Magdalena (1247–1624), Erzdiözese Köln – (Windeck-H., Rhein-Sieg-Kreis, Nordrhein-Westfalen, ❒ 3, B1).*

▶ Das Frauenkloster H. war 1247 eines der vielen Gründungen des Grafenpaares Heinrich III. und Mechthild von Sayn. Auf Drängen des Kölner Erzbischofs inkorporierte der Zisterzienserorden höchstwahrscheinlich die Frauenkommunität. Im Spätmittelalter beschäftigte sich das Generalkapitel in Citeaux mit dem Kloster H. Es unterstand der Aufsicht von ➛ Heisterbach, seit 1463 von ➛ Marienstatt. Nach dem Reformationseinbruch, Kriegswirren und Niedergang führte schließlich 1624 eine Pestepidemie zur Aufgabe und zur Vereinigung des Zisterzienserinnenkonvents mit den Schwestern von ➛ Merten. Heute erinnern lediglich Mauerreste aus Bruchstein und ein Brunnen nahe der Sieg an die Zisterzienserinnen.

◆ Halbekann, Joachim J.: Die Zisterzienserinnenklöster in Blankenberg/Zissendorf und H., in: Die älteren Grafen von Sayn, Wiesbaden 1997, 374–378; Ostrowitzki, Anja: Die Ausbreitung der Zisterzienserinnen im Erzbistum Köln, Köln u. a. 1993.

Herdecke, *Benediktinerinnenabtei St. Maria und St. Benedikt (vor 1214–1488), Erzdiözese Köln – (Ennepe-Ruhr-Kreis, Nordrhein-Westfalen, ❒ 1, B5).*

▶ **Geschichte.** Das Klosters H. an der Ruhr südlich von Dortmund wird erstmals urkundlich 1214 erwähnt. Die Gründung oder die Einführung einer Klaustralverfassung erfolgte wahrscheinlich zu Beginn des 13. Jh. Eine Gründung in den Jahren 810 bzw. 819 wird heute als Legende eingestuft. Nach eigener Tradition stand der Konvent unter Einfluss von St. Maria im Kapitol in ➛ Köln. Auch die Stifter sind unklar, zu denken ist an den Umkreis der Grafen von Cappenberg. Die Zugehörigkeit des Frauenkonvents unter Äbtissin Mechthild von Volmarstein (1298/1314) zur Benediktinergemeinschaft belegt eine Urkunde von 1313. Zwei Kanoniker übernahmen die Propst- und Beichtvateraufgaben, erste namentlich bekannten Vorsteher waren Alexander (1214) und Goswin (1214/44). Die Vogteirechte hatten die Grafen von Altena inne, die sie an Untervögte weitergaben. Die Schwestern unterhielten ein Armenhaus und sorgten caritativ für Kirchspielleute und vorbeiziehende Bettler. Eine Kalandsbruderschaft schloss sich 1374 und eine Sakramentsbruderschaft 1446 an. Im Laufe des 15. Jh. setzten sich in H. zunehmend stiftsähnliche Zustände durch, so dass mit der Umwandlung des Klosters in ein freiweltliches Kanonissenstift 1488 unter Äbtissin Margarete von Edelkirchen (1448/53) durch einen päpstlichen Legaten lediglich die bestehenden Verhältnisse offiziell anerkannt wurden. Das Stift existierte bis zur Auflösung durch das Großherzogtum Berg 1812.

▶ **Gegenwart.** Die Stiftskirche St. Marien in H., heute evangelische Pfarrkirche, war ursprünglich eine karolingische, flachgedeckte Pfeilerbasilika mit drei gleichlangen Schiffen, die unter den Benediktinerinnen Mitte des 13. Jh. nach einer Brandkatastrophe erneuert wurde. Dabei verlor der Bau seine Querschiffarme und drei Apsiden im Osten, der einjochige Chor erhielt seine heutige Kastenform. Die Einwölbung stammt ebenfalls aus gotischer Zeit, der Westturm entstand 1908 neu. In den barocken Stiftsgebäuden ist heute die Stadtverwaltung ansässig.

◆ Lange, Klaus: Die ehemalige Stiftskirche in H., in: Beiträge zur Geschichte Dortmunds und der Grafschaft Mark 88 (1997); Klueting, Edeltraud: H., in: Westfälisches Klosterbuch, Tl. 1, Münster 1992, 400–404.

Herford, *Augustiner-Chorfrauenstift St. Maria (1459–1579) – „Schwesternhaus auf dem Holland", Diözese Paderborn – (Kreisstadt, Nordrhein-Westfalen, ❒ 1, C4).*

▶ Schwestern vom gemeinsamen Leben, die seit 1449 auf dem Holland in H. urkundlich bezeugt sind, nahmen unter Mutter Mechthild Rypolle (1453/59) 1459 die Augustinusregel an. Ihre Statuten glichen denen des Mutterhauses Marienthal in Eldagsen bei Springe. Der Prior vom Stift ➛ Blomberg war zur Aufsicht verpflichtet, unterstützt von Windesheimer Chorherren aus ➛ Möllenbeck, ➛ Falkenhagen und ➛ Dalheim. Der Fraterherrenkonvent in der Stadt bot seelsorglichen Beistand an. Der starke Zulauf führte Anfang des 16. Jh. zu Konflikten mit der Stadt, denn die Mitgliederzahl war bereits 1491 vertraglich auf 50 Frauen festgelegt und überschritten worden. Der Stadtrat versuchte die Konventsstärke einzuschränken, weil er zu starke Konkurrenz gegenüber seinen Webern bei der Textilherstellung befürchtete. Während der Reformation verwandte sich 1534 sogar Martin Luther für die Schwestern auf dem Holland; 1579 war der Konvent jedoch bis auf eine hochbetagte Schwester verödet. Die Gebäude wurden dem ehemaligen Kollegiatstift St. Johann und Dionysius übergeben. Die Kirche diente bis 1629 den verbliebenen Katholiken als Pfarrkirche, wie auch die Kapelle der Johanniterkommende (➛ Herford). Von dieser Kirche, einem kleinen Saal (1518), blieb die Südwand erhalten, die heute eine kleine Grünfläche zwischen Berliner Straße und Holland begrenzt. Ein Bogenstein erinnert an die Einwölbung der Kirche mit Kreuzrippen, die auf einfachen Profilkonsolen lagerten. Zwei der Konsolen sind noch zu erkennen.

◆ Pieper, Roland: H. -Wohnhaus, ehem. Augustiner-Schwesternhaus auf dem Holland, in: Historische Klöster in Westfalen-Lippe, Münster 2003, 78; Rehm, Gerhard: H. -Schwesternhaus auf dem Holland, in: Westfälisches Klosterbuch, Tl. 1, Münster 1992, 435–437; Pape, Rainer: Sancta Herfordia, Herford 1979.

Herford Benediktinerinnen Reichsabtei, das Münster (13. Jh.) auf Fundamenten aus benediktinischer Zeit.

Herford, *Benediktinerinnen Reichsabtei St. Maria und St. Pusinna (um 790–10./11. Jh.) – „Reichsstift", Diözese Paderborn – (Kreisstadt, Nordrhein-Westfalen, ❒ 1, C4).*

▶ **Geschichte.** Der sächsische Edle Waltger (Wolderus) stiftete um 790 zunächst in Müdehorst bei Bielefeld das erste Frauenkloster auf sächsischem Boden, das um 800 an die Handelsfurt im Mündungsgebiet von Aa und Werra verlegt wurde. Nach Überführung des Eigenklosters an die karolingische Herrscherfamilie verband Kaiser Ludwig der Fromme 823 nach Vorbild von Notre Dame in Soissons (Frankreich) das Reichskloster H. mit der Benediktinermönchsabtei ➛ Corvey. Damals galt im Frauenkonvent höchstwahrscheinlich die Benediktregel. Ein Teil des Corveyer Güterbesitzes kam an H., das Paternitätsverhältnis blieb bis ins Hochmittelalter erhalten. Wie Corvey war auch H. zur fränkischen Machtkonsolidierung und Christianisierung der Sachsen gegründet und gefördert worden. Die Frauen übernahmen Bildungsaufgaben und richteten frühzeitig eine bedeutende Schule im Klosterbezirk ein. Die Übertragung der Gebeine der hl. Pusinna von Binson (5./6. Jh.) sollte in der Amtszeit der Äbtissin Hadwigs (855–890?) die Bedeutung der Abtei steigern. Ludwig der Deutsche bestätigte 868 die Immunität, volle Exemtion wurde 887 erreicht. Nach der Zerstörung 926 durch die Ungarn und dem Wiederaufbau galt möglicherweise nun die Verfassung eines weltlichen Kanonissenstifts entsprechend der Aachener Regel; König Heinrich I. bestätigte nochmals Besitz und Privilegien. Königin Mathilde, Stammmutter der sächsischen Kaiser, war im Kloster von ihrer Großmutter, Äbtissin Mathilde I. (908/911), erzogen worden. Auch Mathilde, Tochter Kaiser Ottos I. und erste Äbtissin von Stift Quedlinburg (966–999), erhielt ihre Ausbildung in H. unter Äbtissin Swanehild I. (945/970).

Herford Johanniterkommende, einzig das heutige Pfarrhaus im Komturhof besteht aus gotischer Architektur.

Die weltlichen Kanonissenstifte Quedlinburg, Böddeken, Schildesche, Wendhausen, Gandersheim und Neuenheerse wurden von H. aus besiedelt; auf dem nahem Luttenberg entstand 1011 das niederadelige Kanonissenstift „St. Marien auf dem Berge". Um 1020 erhielt Isleif, der erste Bischof von Island, seine Ausbildung in der Abtei. Mit Markt-, Münz- und Zollrechten entwickelte sich im 10. Jh. eine Siedlung im Schatten des Klosters, eine Stadtverfassung wurde nach 1220 offenkundig. Um diese Zeit war die Benediktinerinnenabtei definitiv in ein reichsunmittelbares Kanonissenstift umgewandelt worden. Die Reichsimmunität blieb bis zur Säkularisierung 1802 gewahrt, auch als das hochadelige Damenstift 1565 die evangelische Konfession annahm.

▶ **Gegenwart.** Bis heute blieb die „Münsterkirche" der Reichsabtei Mittelpunkt der Stadt. Die dreischiffige spätromanisch-gotische Halle, Pfarrkirche der evangelisch-lutherischen Stadtgemeinde, entstand im 13. Jh. auf Fundamenten des romanischen Vorgängerbaus; aufstrebendes Mauerwerk aus der Zeit der Benediktinerinnen ist nicht auszumachen. Dieser erste Hallengroßbau in Westfalen beeinflusste die sakrale Monumentalbaukunst des Landes; im 15. Jh. erhielt er seine gotischen Anbauten. Ausgrabungen erschlossen Grundmauern der monastischen Frühzeit im ehemaligen Klausurbereich nördlich der Kirche. Die nordwestlich isoliert stehende Wolderuskapelle gilt als Grabstätte des Stifters und ältester Sakralbau der Stadt; sie wurde 1735 abgebrochen, vereinfacht wiedererrichtet und im 19. Jh. erweitert.

◆ Fürstenberg, Michael Freiherr von: „Ordinaria loci" oder „Monastrum Westphaliae"?, Paderborn 1995; Pohl, Meinhard: H. -Reichsabtei, in: Westfälisches Klosterbuch, Tl. 1, Münster 1992, 404–412.

Herford, *Johanniterkommende St. Maria und St. Johannes Baptist (vor 1285–1810) – „Johanniterhaus", Diözese Paderborn – (Kreisstadt, Nordrhein-Westfalen, ❐ 1, C4).*

▶ **Geschichte.** Die erste sichere Nachricht über die Niederlassung der Johanniter in H. stammt von 1285, als Ludwig von Holte, Domherr zu Münster, den Ordensrittern sein Allodialgut Hücker bei Sprenge übereignete. Weitere Schenkungen seitens des Adels und der Bürgerschaft erweiterten den Besitz um H. und Streulagen. Die Johanniter richteten in der Stadt ein Hospital ein; die Betreuung und Pflege der Jakobspilger gehörte zu ihren caritativen Verpflichtungen. Unter dem Komtur Rembert von Kerssenbrock (1338/54) bestand der Konvent aus 25 Ordensmitgliedern, unter Dietrich von Ledebur (1463/79) aus mindestens fünf, unter Peter Stoltz von Gaubickelheim (1495) waren es nur noch drei. Der Johanniter Arnold von Schwalenberg leitete um 1270 die Schule des Reichsstifts (➛ Herford) und ging später nach Lemgo, um das dortige Schulwesen zu organisieren. Im 14. Jh. geriet die Kommende in wirtschaftliche Nöte, die Visitatoren stellten 1341 die schlechteste Wirtschaftsbilanz aller westfälischen Johanniterhäuser und eine hohe Verschuldung fest. Nach der Durchsetzung der Reformation in H. 1532 und der Annahme der evangelischen Konfession durch das Reichsstift 1565 war die Kommende eines der verbliebenen katholischen Zentren der Stadt. Die Johanniterkapelle und bis 1629 die Stiftskirche der Augustiner-Chorfrauen auf dem Holland (➛ Herford) boten den Katholiken der Stadt Gottesdienste an. Der tatkräftige Komtur Jakob van der Slart (1547/78) bündelte und erweiterte noch einmal den Besitz; er war der letzte Kommendator, der in H. residierte. Danach übernahm das Johanniterhaus ➛ Lage die Güterverwaltung und setzte zeitweise auch protestantische Administratoren ein. Unter den Schweden ging die Kommende 1634 dem Orden fast verloren, konfessionelle Konflikte prägten im 17. Jh. das Verhältnis zur evangelischen Stadt. Erst 1674 konnte auf der Basis des Religionsrezesses von 1672 die katholische Messe in der Johanniterkapelle wieder öffentlich gehalten werden. 1810 erfolgte die endgültige Säkularisierung des Johanniterbesitzes.

▶ **Gegenwart.** Die heutige katholische Pfarrkirche St. Johannes Baptist in der Komturstraße entstand 1716 neu, ihr Ostteil ging aus der mittelalterlichen Johanniterkapelle hervor. Der Westteil mit dem neugotischen Chor entstand erst 1891; dabei wurde der Haupteingang nach Osten verlegt und es entstand ein gewesteter Kirchensaal. Die südlich sich anschließende Kommende um einen kleinen Hof entstand im 18. Jh. zum großen Teil neu. Das heutige Pfarrhaus war das eigentliche Komtureigebäude aus der Zeit der Gotik; es gilt als das älteste Steinhaus in H.

◆ Schirmeister, Olaf: H. -Johanniter, in: Westfälisches Klosterbuch, Tl. 1, Münster 1992, 417–421; Pape, Rainer: Sancta Herfordia, Herford 1979.

Herrenalb, *Zisterzienser Reichsabtei St. Maria (1148–1535), Diözese Speyer – (Bad H., Lkr. Calw, Baden-Württemberg, ❒ 3, C3).*

▶ **Geschichte.** Edelherr Berthold III. von Eberstein und seine Gemahlin Uta stifteten 1148 ein Zisterzienserkloster zur Erschließung des dünn besiedelten oberen Albtals im nördlichen Schwarzwald und als Grablege der bald in den Grafenstand erhobenen Familie. Kloster *Alba Dominorum* wurde nur kurz nach ➛ Maulbronn von der gleichen Mutterzisterze Neuburg im Elsass besiedelt und gehörte zur Filiationsreihe Morimond. Eigene Tochterklöster wurden von H. aus nicht gegründet, lediglich das Frauenkloster ➛ Lichtenthal bei Baden-Baden stand seit dem späten 15. Jh. unter Aufsicht der Äbte. Die Grundausstattung lag sehr zersplittert bis in die Rheinebene an der unteren Murg aber auch im Kraichbach- und Enztal. Der Abtei gelang es nie, ihren Besitz zu arrondieren. Sie unterhielt Stadthöfe in Speyer, Merklingen und Bretten oft mit bedeutenden Privilegien. H. genoss die Reichsimmunität mit Blutgerichtsbarkeit in über 42 Dörfern. Papst Honorius III. bestätigte 1216 den gesamten Besitz, König Rudolf I. von Habsburg erhob 1275 Abt Conrad (1262–81) zum alleinigen Territorialherrn auf dem klösterlichen Eigengut. Die Vogtei lag ursprünglich bei der Stifterfamilie, ging aber 1289 an die Markgrafen von Baden und 1341 durch ein Entscheid Kaiser Ludwigs des Bayern an das Haus Württemberg über, ohne dass Baden sogleich alle Rechte aufgab. Die Württemberger schafften es, H. zunehmend als landessässiges Kloster in ihre Herrschaftsinteressen einzubinden. Bruder Michael Scholl († 1513) aus H. wurde zum Abt der berühmten Schwesterabtei Maulbronn berufen. Aufrührerische Bauern plünderten 1525 die Abtei H. aus. Mit Einführung der Reformation löste Herzog Ulrich die Abtei 1535 auf, die Mönche mussten H. verlassen, der letzte Abt starb 1546 in Stuttgart. Herzog Christoph eröffnete, ebenso wie auch in ➛ Bebenhausen, 1556 eine Klosterschule, die bereits 1595 wieder geschlossen wurde. Die Restitutionsansätze zwischen 1548 und 1555 sowie 1629 und 1649 blieben Episoden.

▶ **Gegenwart.** Ein Großbrand 1527 und besonders der Dreißigjährige Krieg ließen von der einst prächtigen Anlage nicht viel übrig. Von der zerstörten Abteibasilika blieben als augenfälligster Rest die Mauern des Paradieses (Vorhalle) stehen. Sie umschließen einen großen Bereich, dessen Tiefe das übliche Maß einer Vorhalle weit übersteigt. Ihre romanischen Säulen kennzeichnen frühe Bauabschnitte in den unteren Mauerbereichen, die westliche Giebelfront weist hingegen auf eine spätgotische Erneuerung hin. Von der eigentlichen Abteikirche blieben nur die unteren Westfrontmauern und das eindrucksvolle romanische Westportal stehen. Zentral über dem Portalbogen wächst seit fast 170 Jahren eine Kiefer mächtig und allen statischen Gesetzen zum Trotz in die Höhe. Die evangelische Gemeinde baute 1739 an Stelle der Abteikirche nach Osten abgesetzt eine halb so lange Pfarrkirche und nutzten den spätgotischen Chor mit Netzgewölbe, den die Zisterziensermönche 1478 erbaut hatten. Von der mittelalterlichen Klausur blieb einzig der kleine Anbau, die „Alte Sakristei",

Herrenalb Zisterzienser Reichsabtei, im Vordergrund die Ruine der romanisch-gotischen Kirchenvorhalle.

Herrenalb Zisterzienser Reichsabtei, auf dem romanischen Westportal wächst seit 170 Jahren eine Kiefer.

erhalten. Im östlichen Abteiareal stehen zwei alte Gebäude im Winkel zueinander; ihr Kern ist wahrscheinlich mittelalterlich, aber als Schule und Pfarrhaus genutzt sind die Gebäude mehrfach überbaut. Als Rarität existiert noch eine romanische Klosterscheune aus der Zeit um 1200.

◆ Andermann, Kurt: H., in: Württembergisches Klosterbuch, Ostfildern 2003, 273–275; Rückert, Peter/ Schwarzmaier, Hansmartin: 850 Jahre Kloster H., Stuttgart 2001.

Herrenberg, *Franziskaner-Tertiarinnenkloster (1517–68), Diözese Konstanz – (Lkr. Böblingen, Baden-Württemberg, ❐ 3, C3).*

▶ Die Beginen der „Grauen Sammlung" im Bereich der Stiftskirche St. Maria in H. werden bereits Mitte des 14. Jh. erwähnt, seit 1469 regelmäßig bezeugt. Ein neues „Nonnenhaus" entstand 1489/90 mit Hilfe der Stadt im nördlichen Stiftsbereich. 1492 galten die Beginen als Schwestern der „Einsiedel-Regel" und standen unter geistlicher Fürsorge der Fraterherren, die Graf Eberhart im Bart 1481 statt der weltlichen Kanoniker im Kollegiatstift eingesetzt hatte. Die Schwestern sorgten sich hauptsächlich um Krankenpflege, betreuten die Stiftskirche und verdienten ihren Unterhalt durch Handarbeit; ein Teil der Erlöse floss in die Kirchenkasse. Nach der Vertreibung der holländischen Fraterherren aus der Stadt 1517 fürchteten auch die Frauen um den Bestand ihrer Gemeinschaft und klagten in Rom. Papst Leo X. unterstellte sie im August 1517 als Tertiarinnen dem Dritten Orden der Franziskaner und der Ordensprovinz Straßburg. Herzog Ulrich führte seit 1534 die lutherische Reformation in Württemberg ein; 1568 übergab Herzog Christoph das „Nonnenhaus" der Stadt. Die letzte Franziskanerin wurde in das Spital verbracht. Das spätgotische Schwesternhaus hinter der evangelischen Stiftskirche, dem Wahrzeichen der Stadt, hat die Zeiten überstanden.

◆ Janssen, Roman: H., Franziskanerinnen, in: Württembergisches Klosterbuch, Ostfildern 2003, 277.

Herrenbreitungen (Breitungen), *Benediktinerabtei St. Maria (vor 1016–1552), Erzdiözese Mainz – (Breitungen, Lkr. Schmalkalden-Meiningen, Thüringen, ❐ 3, D1).*

▶ **Geschichte.** Die Gründungsumstände der Abtei H. sind unklar. König Heinrich I. trat 933 die Dörfer Barchfeld und Breitungen an der Werra zwischen Thüringer Wald und Vorderer Rhön im Tausch gegen die Orte Wiehe und Burgdorf an der Unstrut an das Reichskloster ➛ Hersfeld ab. Nach der Klostertradition wurde schon damals eine Mönchszelle gegründet. Der Ort entwickelte sich aus drei Teildörfern mit einer Urkirche zum politischen und kulturellen Mittelpunkt der Werratalregion. Der ehemalige königliche Burgbereich befand sich im Ortsteil Burgbreitungen auf der talbeherrschenden Höhe am rechten Werraufer. Nach der Quelleninterpretation einiger Historiker entstand vor 1016 im Burgbereich ein Benediktinerkloster, dessen Mönche unter den Statuten der ➛ Gorzer Reform lebten. Die Reichsabtei ➛ Fulda gilt neben Hersfeld ebenfalls als mögliches Mutterkloster. Anfang des 12. Jh. erlangte der Askanier Siegfried I., Graf von Weimar-Orlamünde und Pfalzgraf zu Rhein, durch Kaiser Heinrich V. die Herrschaft über die Abtei. Möglicherweise kam es um 1112 zu einer Neugründung, im gleichen Jahr wurde die Klosterbasilika geweiht. Der damalige Konvent stand wohl unter dem Einfluss des ➛ Erfurter Petersklosters, dem thüringischen Reformzentrum der neucluniazensischen Reform von ➛ Hirsau, Kloster H. gilt als dem ➛ Hirsauer Reformkreis zugehörig. Eine gewisse Abhängigkeit von Fulda lässt sich ebenfalls aus den Urkunden des 12. Jh. herauslesen. Landgraf Hermann I. von Thüringen übergab 1190 dem Reichsabt Siegfried von Hersfeld (1180–1200) seine Vogteirechte über die Abtei, Hersfeld übte bei der Abtwahl 1209 das Präsentations- und Temporalienrecht aus. Inzwischen hatte Hersfeld auch das Aufsichtsrecht über ein Prämonstratenser-Doppelstift inne, das 1153 am linken Werraufer in Königsbreitungen an einem Spital von der Abtei ➛ Veßra gegründet worden war. Streitigkeiten zwischen den Prämonstratensern und den Benediktinern wurden mit Hilfe von Falsifikaten ausgetragen. Diese Urkunden täuschen verbriefte Rechte vor und verschleiern die Gründungsabläufe; eine Urkunde König Heinrichs I. von 933 ist eine Fälschung.

Herrenbreitungen Benediktinerabtei, die romanische Basilika ohne Dreiapsidenchor und Querschiff, Nordost.

Hersfeld konnte die angestrebte Abstufung der Abtei H. zu einer abhängigen Propstei nicht nachhaltig durchsetzen. 1227 fielen die Vogteirechte an den Mainzer Erzbischof, der seit dieser Zeit die Abtwahlen bestätigte und 1337 die Schirmherrschaft über H. an die Henneberger Grafen übertrug. Für den Ortsteil Königsbreitungen setzte sich im 14. Jh. die Bezeichnung „Frauenbreitungen" und für Burgbreitungen „H." durch. Um 1436 bemühten sich die Benediktiner um innere Reformen, der Anschluss an die ➛ Bursfelder Kongregation erfolgte 1514. Während des Bauernaufstands 1525 zerstörte der Werrahaufen die Klosteranlage. Die Einführung der Reformation durch Graf Wilhelm IV. von Henneberg-Schleusingen leitete das Ende der Abtei ein. Der letzte Abt Kilian Vogel übergab 1552 dem Grafen die Verwaltung und starb im Peterskloster in Erfurt. Graf Poppo XII. ließ 1565 das verlassene Kloster zum Residenzschloss umbauen, die romanische Klosterkirche diente als Schlosskirche. 1583 kam H. an Hessen, Frauenbreitungen aber an Sachsen.

▶ **Gegenwart.** Die Schlosskirche in Breitungen geht auf die romanische Klosterbasilika von 1112 zurück. Ihr Westturm entstand um 1200 anstelle einer Vorhalle, 1565 wurden ihm zwei Geschosse aufgesetzt. Nach dem Brand von 1640 mussten der Dreiapsidenchor und das Querschiff abgerissen werden, die Grundmauern sind heute freigelegt. Das Mittelschiff zeigt auf der nördlichen Seite Rechteckpfeiler, südlich aber Stützenwechsel. Die Säulen tragen Würfelkapitelle, hirsauische Baumotive konkurrieren mit älteren Formen in hessischer Tradition. Beim Bau der mehrflügeligen Schlossanlage wurden ganze Bereiche romanisch-gotischer Mauern wiederverwendet, was heute noch an der Ostwand des Residenzhauses deutlich zu erkennen ist. Reste der Immunitätsmauer blieben erhalten. Die Anlage dient heute als „Aktivmuseum Ländliches Brauchtum". An das Prämonstratenserstift Frauenbreitungen, das seit dem 13. Jh. nur einen Frauenkonvent beherbergte, von 1514 bis 1525 von Benediktinerinnen besetzt war und 1525 zerstört wurde, erinnert heute keine aufstrebende Architektur mehr.

◆ Mötsch, Johannes: Regesten des Archivs der Grafen von Henneberg-Römhild, Köln 2006; Büttner, Heinrich: Die älteste Geschichte der Abtei und des Stiftes Breitungen an der Werra, in: Mitteilungen des Instituts für österreichische Geschichtsforschung 47 (1933) 385–413.

Herrenstrunden, *Johanniterkommende St. Johannes Baptist (vor 1300–1806), Erzdiözese Köln – (Bergisch Gladbach-H., Rheinisch-Bergischer Kreis, Nordrhein-Westfalen, ❐ 1, B5).*

▶ **Geschichte.** Der Kölner Dompropst Graf Konrad von Berg verkaufte 1300 an die Johanniter von ➛ Burg an der Wupper seinen Hof Scherv. Im Kaufvertrag wird erstmals die Johanniterkommende H. an der wasserreichen Quelle der Strunde im Bergischen Land erwähnt. Auf dem Gelände der sogenannten oberen Burg errichteten die Johanniter vor 1300 eine Anlage. Im nahen Herkenrath gehörte dem Orden bereits seit 1224 die romanische Pfarrkirche St. Antonius Abbas aufgrund einer Schenkung Dietrichs von Dorendorp. Der Komtur Hermann Jude von Mainz (1302–04), auch Großprior von Deutschland (1300–02, 1311), und Komtur Heinrich von Selbach (1328–45) bauten die Kommende H. durch systematischen Gütererwerb zu einem zentralen Verwaltungssitz des Ordens aus und übernahmen die Führungsposition bei den Wirtschaftsgeschäften im niederrheinischen Gebiet. Die viel ältere Kommende Burg an der Wupper und ebenso das Ordenszentrum Köln blieben in der Bedeutung für den Orden bald zurück. Komtur Schilling van Rode übernahm 1354 die Verwaltung von Burg in Personalunion. H. blieb in den folgenden Jahrhunderten mit Unterbrechungen der Hauptsitz. Während schon 1541 in Burg die Reformation einzog, bewahrte die Kommende H. ihrer Pfarrgemeinde den katholischen Glauben. Komtur Joachim Sparr von Tampe (1554–62) übernahm kommissarisch die Leitung der ältesten deutschen Kommende in ➛ Duisburg und kämpfte noch 1571 gegen die Türken bei Famagusta und Nikosia (Zypern). In der nachreformatorischen Zeit verlor H. seine geistliche Bestimmung, stieg aber weiter zum Verwaltungszentrum der rheinischen Ordensgüter auf und glich wie alle Ordensniederlassungen eher einem weltlichen Rittergut. Die Besitzstandswahrung wurde zur Hauptaufgabe, H. hatte sich der Zugriffe der Fürsten von Jülich-Kleve-Berg und Brandenburg zu erwehren. Die Hauptkommende (Fürstentum) ➛ Heitersheim übernahm als Sitz des Fürstpriors im weiteren Verlauf allmählich die Verwaltungsgeschäfte auch für die Region am Niederrhein. Die Kommende H. endete schon 1806 durch die französische Verteilungspolitik.

▶ **Gegenwart.** Die heutige katholische Pfarrkirche St. Johannes der Täufer im äußersten Osten der Gemeinde Bergisch Gladbach geht zu Teilen auf die Kapelle zurück, die von den Johannitern in der ersten Hälfte des 14. Jh. erbaut worden war. In der frühen Neuzeit unterlag der einschiffige Saal mit Krypta mehreren eingreifenden Umbauten. 1904 wurden der weit höhere Ostteil mit Nordquerschiff, Chorjoch und dreiseitiger Chor im neugotischen Stil angebaut. Schießscharten in der Südwand verweisen auf die ursprüngliche Bestimmung als Wehrkirche. Eine Landstraße durchschneidet heute das ehemalige Kommendeareal; jenseits der Straße stehen das „Malteserhaus" von 1684 und das Mühlengebäude von 1728, heute in Privathand. Die Pfarrkirche St. Antonius Abbas im nahen Herkenrath stand über Jahrhunderte unter dem Patronat des Johanniterordens, sie bewahrt im Westbereich beeindruckende romanisch-gotische Architektur.

◆ Arnold, Hans-Ludwig: St. Johannes der Täufer in H., in: Rheinisch-bergischer Kalender 75 (2004/05) 52–60; Wienand, Adam (Hg.): Kommende H., in: Der Johanniter-Orden, Köln 1988, 335; Jux, Anton: Die Johanniter-Kommende H., nebst Pfarrgeschichte, Bergisch Gladbach 1954.

Hersfeld Benediktiner Reichsabtei, die imposante Ruine der Abteibasilika (11. Jh.), Ansicht der Ostchors.

Hersfeld, *Benediktiner Reichsabtei St. Simon u. a. (nach 736–1648) – „Reichsstift", Erzdiözese Mainz – (Bad H., Lkr. Hersfeld-Rotenburg, Hessen, ❐ 3, D1).*

▶ **Geschichte.** Im Zusammenhang mit der bonifatianischen Mission baute Sturmius (um 704–779, kanonisiert 1139), ein Schüler des Bonifatius, nach 736 am nordwestlichen Rand der Fuldaebene in H. eine *cella* auf, die er mit seinen sieben Gefährten acht Jahre später verließ, um flussaufwärts 744 das Kloster ➛ Fulda zu gründen. Der damalige Bischof Lullus von Mainz (seit 781 Erzbischof) erhob die Zelle auf dem inzwischen bischöflichen Besitz 769 zur Abtei. Der Konvent in H. befolgte von Anfang an die Benediktregel, damals eher ungewöhnlich. Der Bischof und erste Abt Lullus übereignete 775 König Karl dem Großen die Gründung, die damit zum fränkischen Reichskloster mit Reichsimmunität aufstieg. Die Reliquien des hl. Wigbert aus der Abtei ➛ Fritzlar steigerten die Bedeutung des Ortes. Zur Zeit der Beisetzung Erzbischof Lullus' in seinem Lieblingskloster 786 sollen in H. bereits 150 Mönche gelebt haben. Auf der Aachener Synode von 818/819 reihte man H. in der „Notitia de servitio monasteriorum" unter die „Klasse zwei" für die Klöster mit Gebetsleistungen und Abgaben, aber ohne militärische Forderungen ein. Die letztgenannte Verpflichtung kam erst im 10. Jh.

unter den Ottonen hinzu. Anfang des 9. Jh. stand eine klostereigene Schule in hohem Ansehen. Zahlreiche Aufenthalte der Reichsoberhäupter weisen auf die Nähe zum Königs- bzw. Kaiserhaus hin, ein sicherer Garant für wichtige Privilegien wie die Exemtion 968, die bischöflichen Insignien 1162 sowie die Fürstung der Äbte um 1230. Mit umfangreicher Grundausstattung im Thüringer Raum war H. mit der Mission in Thüringen und Sachsen beauftragt. Zur Sicherung der Besitztümer errichtete Abt Megingoz (932–935) die Wachsenburg, eine der „Drei Gleichen" bei Arnstadt. Abt Godehard (1005–12), später Bischof von Hildesheim, führte die ➛ Gorzer Reformstatuten aus ➛ Niederaltaich in H. ein. Der Konvent gab die Reformideale an seine abhängigen Klöster ➛ Göllingen, ➛ Herrenbreitungen, ➛ Memleben, ➛ Gröningen, ➛ Johannesberg sowie Petersberg (Hersfeld, heute untergegangen) weiter. Etwa 100 Jahre später lehnten die Mönche die ➛ Hirsauer Lebensformen ab und verhielten sich im Investiturstreit

Herzebrock Benediktinerinnenabtei, die Saalkirche (1478) des Klosters wurde erst 1901 zur Basilika erweitert.

königstreu. Auch zahlreiche Frauenklöster unterstanden direkt der Reichsabtei: ➛ Arnstadt-Walburgis, Frauenbreitungen, ➛ Aua, ➛ Blankenheim, Frauensee, ➛ Cornberg, ➛ Kreuzberg-Philippsthal und ➛ Kölleda. Auch ordensfremde Männerklöster standen unter ihrem Schutz: das Servitenkloster Mariengart (➛ Vacha) und das Franziskanerkloster in der eigenen Stadt (➛ Hersfeld). H. bewahrte über zwei Jahrhunderte seinen Status als unabhängiges Fürstentum mit Sitz und Stimme im Reichstag. Um seinen Status und die Existenz zu sichern, schloss die Fürstabtei 1432 nach langem Druck auch seitens der Stadt mit dem Landgrafen Ludwig I. von Hessen einen Erbschutzvertrag ab, womit der Niedergang zu einem landsässigen Kloster Hessens eingeleitet war. Einen Anschluss an die ➛ Bursfelder Kongregation der Benediktiner hat der Konvent nie beabsichtigt. In der Reformationszeit öffnete Abt Crato (Kraft Myle, 1516–56) Martin Luther die Türen; Besitzanteile fielen schon damals an den Landgrafen Philipp I. von Hessen. Der Konvent bekannte sich mehrheitlich evangelisch. 1606 übernahm Erbprinz Otto von Hessen die Verwaltung. Mit dem Westfälischen Frieden 1648 hörte die Fürstabtei H. offiziell auf zu bestehen.

▶ **Gegenwart.** Die imposante, dachlose Kirchenruine mit hohem Südwestturm ist heute ein Anziehungsort zahlreicher Bühnenschaffenden (Bad Hersfelder Festspiele). Der salische Bau in strengen monumentalen Formen geht auf die Bautätigkeit Abt Meginhers (1036–59) zurück. Nach einem Großbrand 1037 (oder 1038) war der Abt zum Bau einer dritten Abteikirche genötigt. Der Bau mit einer Gesamtlänge von fast 103 m und weiten Querschiffsarmen, Lang- und Westchor, Hallenkrypta, Vierungsturm und Westturm brannte 1761 erneut ab. Die Ruine, heute gefestigt und gesichert, zeigt als Baudenkmal die fast unveränderte Architektur des 11. Jh. Ein Teil der romanischen Fassade des ehemaligen Kapitelsaals blieb ebenfalls erhalten, dahinter befindet sich das heutige Museum. Der freistehende Glockenturm nordöstlich der Kirche („Katharinenturm", um 1120) trägt eine der ältesten Glocken Deutschlands (1038).

◆ GermBen 12, 589–629; Ludwig, Thomas: Die Stiftsruine in Bad H., Regensburg 2002; Jürgensmeier, Friedhelm (Hg.): Handbuch der Mainzer Kirchengeschichte, 3 Bde., Würzburg 1997–2002.

Hersfeld, *Franziskanerkloster (vor 1269–Ende 15. Jh.) – „Barfüßerkloster", Erzdiözese Mainz – (Bad H., Lkr. Hersfeld-Rotenburg, Hessen, ❐ 3, D1).*

▶ An der südlichen Stadtmauer von H. ließen sich Minoriten möglicherweise schon um 1229 mit der Erlaubnis Reichsabt Ludwigs (1217–39) der Abtei ➛ Hersfeld innerhalb der Wehrmauer nieder. Zur gleichen Zeit erreichten die Franziskaner auch die Städte ➛ Fritzlar und ➛ Hofgeismar. Möglicherweise kamen aber die Brüder erst in der Zeit Abt Heinrichs IV. (1249–61) in die Stadt. Ein Konvent etablierte sich wohl gegen 1255. Im ersten urkundlichen Beleg 1269 tritt ein Guardian Wigand als Zeuge auf. 1301 verzichtete die Reichsabtei auf ihre Eigentumsrechte am Grundstück. Der Konvent existierte in H. nur bis zum Ende des 15. Jh. Vom ehemaligen Franziskanerkloster wurden Mauerteile beim Bau der Conrad-Duden-Schule verwendet; zwei mittelalterliche Gewölbekeller sollen noch immer unter der Schule existieren.

◆ Dersch, Wilhelm: Hessisches Klosterbuch, Marburg 2000.

Herzberg, *Augustiner-Eremitenkloster (vor 1359–1522), Diözese Meißen – (Lkr. Elbe-Elster, Brandenburg, ❐ 2, C5).*

▶ Das Augustiner-Eremitenkloster im brandenburgischen H. wurde wohl vor 1359 gegründet, aber erst 1452 erstmals urkundlich erwähnt. Neben dem Konvent in ➛ Wittenberg waren die Augustiner-Eremiten in H. die ersten, die der neuen Lehre ihres Mitbruders ➛ Martin Luther folgten und bereits im Februar 1522 die Messe abschafften sowie den Laienkelch gewährten. Von der Klosteranlage ist kaum etwas geblieben; das heutige Rathaus soll auf den Fundamenten des Klosters entstanden sein (eine nicht unwidersprochen gebliebene Annahme). Lediglich ein klösterliches Wirtschaftsgebäude aus Fachwerk diente lange als Stall, bis es 1819 zum Wohnhaus ausgebaut wurde, wozu es heute noch genutzt wird. Dieses Wohnhaus ist das älteste Gebäude der Stadt.

◆ Wernicke, Michael: H., in: Brandenburgisches Klosterbuch, Bd, 1, Berlin – Brandenburg 2007, 606–611; Kunzelmann, Adalbero: Geschichte der deutschen Augustiner-Eremiten, Tl. 5, Würzburg 1974, 272–276.

Herzebrock, *Benediktinerinnenabtei St. Maria, St. Christina und St. Patronella (1208–1803), Diözese Osnabrück – (H. -Clarholz, Kr. Gütersloh, Nordrhein-Westfalen, ❐ 1, C5).*

▶ **Vorgeschichte.** Nach der Gründungsurkunde, die als Fälschung (um 1069) erkannt ist, aber wohl die Abläufe korrekt wiedergibt, gründeten die Edeldame Waldburg und ihre Kinder auf dem Witwengut *Rossobroc* in der Riedberger Flachmulde des östlichen Münsterlandes um 860 ein Kanonissenstift, das sie dem Schutz der Osnabrücker Kirche anvertrauten. H. ist die älteste geistliche Stiftung für Frauen im Bistum Osnabrück. 976 verlieh Kaiser Otto II. die Immunität sowie das Privileg der freien Äbtissinnen- und Vogtwahl. Eine Verlegung des Konvents von H. auf den ➛ Gertrudenberg vor Osnabrück um 1080 konnten die Damen verhindern.

▶ **Geschichte.** Bischof Gerhard von Osnabrück (Oldenburg-Wildeshausen) rief 1208 seine leibliche Schwester Äbtissin Beatrix (1208–11) aus ➛ Bassum nach H., wandelte mit ihrer Hilfe das adelige Stift in ein Benediktinerinnenkloster um und begrenzte die Konventsstärke auf sieben Schwestern. Die Edelherren zur Lippe unterstützten als damalige Vögte diesen Rechtsbruch und die Beschneidung der kaiserlich verbrieften Privilegien. Vogt Bernhard II. zur Lippe († 1224) hatte 1185 die nahe Zisterzienserabtei ➛ Marienfeld gegründet, von fünf Söhnen besetzten drei die Bischofsstühle in Bremen, Utrecht und Paderborn, seine vier Töchter wurden Äbtissinnen in ➛ Herford, ➛ Bassum, Elten und ➛ Freckenhorst.

Diese politische Machtstellung vereinfachte den gemeinsamen Eingriff der kirchlichen und weltlichen Fürsten. Papst Innozenz IV. bestätigte 1250 den Besitz und die Zuständigkeit des Bischofs. Der Papst führte aber einige Privilegien wieder ein, darunter die freie Wahl der Äbtissin unter kanonischem Recht. Schon unter Äbtissin Floria (1212–30) blühte das geistliche Leben auf. Durch die Gebetsverbrüderung mit der Abtei St. Mauritius in ➛ Minden könnten noch im 13. Jh. ➛ Siegburger Reformideale in den Konvent eingeflossen sein. Die Gründung der Stadt Bielefeld 1214 beeinflusste die Klosterwirtschaft durch die Landflucht der Eigenbehörigen nachteilig. Erst 1343 kam Graf Bernhard von Ravensberg den klösterlichen Interessen entgegen, H. behielt z. B. im Erbfall das Zugriffsrecht auf seine Leute, die inzwischen Bürger der Stadt waren. Eine ähnliche Übereinkunft bestand seit 1346 mit dem Edelherrn Bernhard V. zur Lippe in Bezug auf die Stadt Rheda. Die Brandkatastrophe von 1313 zwang Äbtissin Odradis (1283–1329) zum völligen Neuaufbau der Anlage nördlich der Kirche. Die lippisch-tecklenburgische Fehde beendete in der Mitte des 15. Jh. die klösterliche Hochblüte. Äbtissin Sophia von Stromberg (1422–63) konnte 1454 lediglich fünf Höfe bewirtschaften lassen. Sie versuchte die Armut und den geistlichen Niedergang mit inneren Reformen aufzufangen und bereitete mit Hilfe der Kreuzherren von ➛ Osterberg bei Lotte, der Abtei ➛ Iburg und Bischof Konrads III. von Diepholz den Boden zur Einführung einer strengen Observanz. Ihre Nachfolgerin Äbtissin Sophia von Münster (1463–1500) setzte die Reform im siebenköpfigen Konvent schließlich durch, was 1467 zur Angliederung an die ➛ Bursfelder Kongregation und zur Unterstellung unter die Abtei Iburg führte. Noch einmal erlangte H. einen wirtschaftlichen und geistlichen Hochstand und erwies sich als Initiatorin für Reformen in den Frauenklöstern ➛ Malgarten, ➛ Gertrudenberg, ➛ Gehrden und ➛ Schaaken. Die Pfarrei vor Ort wurde eingegliedert und eine neue Kirche erbaut. Es folgten Reformation, Konfessionszwang, Seuchen, Kriege, Exil, barocke Entfaltung und freiweltliche Zustände bis zur Zwangsaufhebung im November 1803 zugunsten des Grafen Moritz Kasimir II. von Bentheim-Tecklenburg.

▶ **Gegenwart.** Auf der einzigen Anhöhe in H. bei Gütersloh steht die ehemalige Klosterkirche, heute katholische Pfarrkirche St. Christina. Der einschiffige Saalbau von 1474/78 mit 5/8-Chorschluss wurde 1901 mit Seitenschiffen und Querhaus zur Basilika erweitert. Im Inneren zeigen die Felder des Netzgewölbes spätgotische Malereien, die jüngst aufgedeckt werden konnten. Erhalten blieb der mächtige romanische Westturm der Vorgängerkirche von 50,5 m Höhe mit gekoppelten Schallfenstern, Mittelsäulen und einer Spitzhaube von 1705. Die bestehenden Klausurgebäude gehen auf Äbtissin Anna Magdalena von Schüren (1695–1723) zurück. Spätgotische Kreuzgangreste haben sich im Hauptbau erhalten.

◆ GermSac NF 21; Flaskamp, Franz: Chronik des Klosters H., Osnabrück 1967.

Heseler (Klosterhäseler), *Zisterzienserinnenkloster St. Petrus (vor 1239–1540), Erzdiözese Mainz – (Klosterhäseler, Burgenlandkreis, Sachsen-Anhalt, ❐ 2, A5).*

▶ **Geschichte.** Die Grafen von Orlamünde oder Ministerialen des Landgrafen von Thüringen gründeten vor 1239 ein Zisterzienserinnenkloster am Rittersitz H. im Tal der Hassel bei Eckartsberga. Eine Gründungsurkunde existiert nicht, das Quellenmaterial ist dürftig; 1318 wurde die erste überlieferte Urkunde ausgestellt. Die Frauengemeinschaft erlangte keine Bedeutung oder besondere Ausstrahlung, obwohl die Grundausstattung reichlich ausfiel und Nachrichten aus dem 14. Jh. gute Besitzzuwächse anzeigen. Die Statuten der Zisterzienser wurden in der Anfangszeit streng beachtet, eine Mitgliedschaft im Orden ist nicht überliefert. Mit den Zisterziensermönchen im nahen ➛ Pforte, deren Besitz angrenzte, vereinbarten die Schwestern 1353 eine Gebetsgemeinschaft, insofern kann man von Verbindungen zum Orden ausgehen. Aufsichtspflichten oder Visitationen von Zisterzienseräbten sind nicht überliefert. In den Annalen der Abtei Pforte, die ein Haus in Burgheßler unterhielt, findet man keine Auskunft über das Kloster H. Mit der Einführung des Protestantismus im albertinischen Sachsen seit 1539 wurde das Kloster 1540 aufgehoben. Herzog Moritz von Sachsen verkaufte 1543 den Besitz an Curt von Heßler, einen anerkannten Theologen seiner Zeit, der frühzeitig zum lutherischen Glauben übergetreten war und seit 1523/24 das Kloster als Administrator verwaltet hatte. Er akzeptierte die Auflage, die beiden letzten Schwestern zu versorgen. Bei dem nachfolgenden Schlossbau ging viel Klostersubstanz verloren.

▶ **Gegenwart.** Der kleine Ort, der sich um das Kloster gebildet hat, heißt heute Klosterhäseler. Die Kirche wurde um 1767 neu erbaut, wobei nicht sicher ist, ob sie über den Fundamenten der Klosterkirche errichtet wurde. Teile der ehemaligen Klausur befinden sich direkt westlich an der Saalkirche. Ein rechteckiger Raum mit reich gestalteter Mittelsäule, Kreuzgewölbe und Spitzbogengurten auf Konsolen entstand in der Mitte des 13. Jh., heute wird er als „Krypta" bezeichnet. Unklar ist, ob dieser Raum dem ehemaligen Refektorium oder dem Kapitelsaal entspricht. Möglicherweise repräsentiert er gar die Unterkirche unter der ehemaligen Nonnenempore der abgebrochenen Klosterkirche. Im Gemeindeteil Burgheßler steht das „Gotische Haus" (um 1495). Es gehörte wohl zur Grangie der Abtei Pforte, die hier stets drei bis vier Mönche beherbergte. Heute wird das sanierte Haus für Ausstellungen und Konzerte genutzt.

◆ RepZist 332 f.; Holtmeyer, Alois: Cisterzienserkirchen Thüringens, Jena 1906.

Heydau Zisterzienserinnenkloster, Ostansicht von Klausur, Treppenturm und Chor der frühgotischen Kirche.

Heydau (Haydau), *Zisterzienserinnenkloster St. Laurentius (vor 1235–1493), Benediktinerinnenkloster St. Laurentius (1493–1527), Erzdiözese Mainz – (Morschen-Altmorschen, Schwalm-Eder-Kreis, Hessen, ❐ 1, D5).*

▶ **Geschichte.** Hermann I. von Treffurt-Spangenberg und seine Gemahlin Jutta stifteten vor 1235 ein Frauenkloster an einer alten Kapelle „in der Heide" im Fuldatal als Sühneleistung für die Beteiligung des Bruders und Schwagers Friedrich an der Zerstörung der Stadt Fritzlar 1232 durch den Landgrafen Konrad von Thüringen. Propst Gumbert aus Fritzlar bestätigte im Januar 1235 die Gründung. Auch die Reichsabtei ➛ Fulda, auf deren Lehen das Frauenkloster entstand, muss zugestimmt haben. Der Gründungskonvent kam unter der Leitung Gertruds von Leimbach aus dem Benediktinerinnenkloster ➛ Kreuzberg. Entsprechend damaliger Gepflogenheiten entschied sich der Frauenkonvent 1257 zu der strengen Zisterzienserobservanz und wurde nachfolgend immer als Zisterzienserinnenkonvent betrachtet. Verbindungen zum Orden bestanden jedoch nicht, von einer Mitgliedschaft ist nicht auszugehen. Die Schwestern erlangten durch Schenkungen umfangreichen Besitz. H. entwickelte sich zum religiösen und wirtschaftlichen Mittelpunkt der Region. Die Brandschatzungen 1319 während örtlicher Fehden konnten dank ausreichender Ressourcen schnell überwunden werden. Papst Benedikt XII. stellte 1339 einen Schutzbrief aus. 1350 übernahm die

Hildesheim Benediktinerabtei „Michaeliskloster“, Westansicht der ottonischen Basilika mit Westquerhaus, Westchor und der Unterkirche als Krypta.

Landgrafschaft Hessen die Herrschaft und die Vogtei. Das päpstliche Interdikt Urbans VI. über Hessen gereichte 1387 eher zum Schaden des Klosters, die Zugriffe auf den Klosterbesitz erfolgten nun vermehrt. Landgraf Ludwig I. bemühte sich, dem Niedergang der Klosterökonomie im 15. Jh. entgegenzuwirken. Landgraf Wilhelm II. der Mittlere veranlasste 1493 mit Hilfe der ➛ Bursfelder Benediktinerkongregation den Verfassungswechsel des Konvents; er vertrieb reformunwillige Frauen und rief Reformschwestern aus der Mark Brandenburg. 1499 stritt sich Äbtissin Margarethe mit den Kartäusermönchen von ➛ Eppenberg wegen einer Erbschaft, die angeblich ihrem Kloster zustand; sie musste sich aber dem Schiedsspruch eines Gerichts zu ihren Ungunsten unterwerfen. Äbtissin Elisabeth vom Rheine erwarb 1517 das Recht, Ablassbriefe zum Wohl des Klosterhaushalts auszustellen. Die Kapelle auf dem nahen Kapellenberg wurde in den letzten Jahren des Klosters zum Wallfahrtsort. Im April 1525 drangen aufständische Bauern in den Immunitätsbezirk und plünderten die Vorräte. 1527 löste Landgraf Philipp I. das Kloster H. auf, zahlte den 46 Schwestern reichliche Abfindungen und nutzte die Anlage als Jagdschloss.

▶ **Gegenwart.** Vom Kloster H. ist die Klausuranlage mit Kirche weitestgehend erhalten geblieben, wenngleich die Gebäude eingreifenden Überformungen unterlagen. Die ehemalige Klosterkirche und heutige evangelische Pfarrkirche (um 1280 vollendet) ist eine typische einschiffige Frauenkirche des Mittelalters zu vier Jochen im 5/8-Chorschluss mit schlanken Spitzbogenfenstern ohne Maßwerk, mit südöstlichem Treppenturm, durchgehender Kreuzrippenwölbung und westlicher Nonnenempore über einer niedrigen, zweischiffigen Unterkirche. Südlich schließt sich das früh- bis spätgotische Klausurquadrum an, bestehend aus einem überbauten, teils zugemauerten Kreuzgang mit Gratgewölben ohne Gurtbögen. Kapitelsaal, Äbtissinnenraum, Refektorium und Nutzräume sind trotz eingreifendem Umbau zum Schloss 1616/19 als ehemalige Funktionsräume des mittelalterlichen Klosters gut zu erkennen. Die jüngst sanierte Anlage dient heute als regionales Kultur- und Tagungszentrum „Haydau“.

◆ Mohn, Claudia: Mansfeld, H., Morschen, in: Mittelalterliche Klosteranlagen, Petersberg 2006, 294–296; Jürgensmeier, Friedhelm (Hg.): Handbuch der Mainzer Kirchengeschichte, 3 Bde., Würzburg 1997–2002.

Hiddensee, *Zisterzienserabtei St. Maria, St. Nikolaus u. a. (1296–1536) – "Nikolauskamp", Diözese Roskilde – (Insel H.-Kloster, Lkr. Rügen, Mecklenburg-Vorpommern, ❒ 2, C1).*

▶ Lediglich Ausgrabungen geben Auskunft über die Architektur der Abtei Nikolauskamp am Inselort „Kloster“ auf der Ostseeinsel H. westlich von Rügen. Das Inselkloster war 1296 eine relativ späte Tochtergründung der Abtei ➛ Neuenkamp. Es bestand 240 Jahre. Seine Verlaufsgeschichte blieb eng mit jener der Mutterabtei verbunden. Auch die Mönche von H. mussten 1536 vor dem Druck der lutherisch bekennenden Pommernherzöge kapitulieren. Der heutige Torbogen und die Mauern am Klosterareal sind neuzeitliche Konstrukte, aber die Pfarrkirche vor Ort birgt im Kern Reste der Torkapelle an der ehemaligen Klosterpforte. Die Torkapelle entstand 1332 unter Abt Hermann (1326–42) für die Inselbewohner.

◆ Niemeck, Andreas: Die Zisterzienserklöster Neuenkamp und H. im Mittelalter, Köln 2002.

Hildesheim, *Benediktinerabtei Heilig Kreuz, St. Maria und St. Michael (vor 1000–1803) – „Michaeliskloster“, Diözese Hildesheim – (Kreisstadt, Niedersachsen, ❒ 1, D4).*

▶ **Geschichte.** Der hl. Bischof Bernward von Hildesheim (993–1022, kanonisiert 1192) gründete vor 1000 das erste Benediktinerkloster in der Bischofsstadt und dotierte es reichlich mit persönlichem Besitz. Die ersten Mönche kamen vermutlich 996 aus der Abtei ➛ Köln St. Pantaleon und brachten die ➛ Gorzer Observanz aus St. Maximin in ➛ Trier mit. Die neue Abtei entwickelte sich zum bedeutendsten Kloster der Diözese. Das Michaelspatrozinium verdrängte andere Schutzheilige und bestimmte den Namen. Bischof Bernward erlebte noch im November 1022 die Weihe der prächtigen Klosterkirche, wenige Tage später fand er sein Grab in der Krypta. Sein Nachfolger Bischof Godehard (1022–39, kanonisiert 1131) erneuerte die Gorzer Reformstatuten im bischöflichen Eigenkloster. Er versuchte, 1024 die Verlegung des Konvents nach Wrisbergholzen durchzusetzen, scheiterte jedoch an der Weigerung der Mönche. 1030 starb der erste Abt Goderamnus (um 1010/13–30), der zweite Abt Adelbert (nach 1030) kam auf Geheiß des Bischofs aus der Propstei ➛ Johannesberg bei Hersfeld und festigte die Reformstatuten. Mit Abt Konrad II. (um 1110/25), wohl aus ➛ Corvey, setzten sich ➛ Hirsauer Lebensart und cluniazensische Prioratsverfassung durch; die Abteien ➛ Schinna und ➛ Ringelheim wurden 1148 bzw. nach 1150 besiedelt. Der Hildesheimer Mönch Winemarus festigte als Abt (1153–67) in ➛ Clus und ➛ Brunshausen die neucluniazensische Reformbewegung. 1133 gründete Bischof Bernhard I. zu Ehren des hl. Godehard im Süden der Bischofsstadt das zweite Benediktinerkloster, die Abtei St. Godehard (➛ Hildesheim). Abt Dietrich (1181–1204) von St. Michael erreichte 1192 beim Papst Cölestin III. neben bedeutenden Freiheitsprivilegien für die Abtei auch die Kanonisierung des Abteigründers, Bischof Bernward. Die Verehrung des neuen Heiligen blieb vornehmste Pflicht des Michaeliskonvents. Papst Innozenz IV. verlieh 1246 den Äbten die bischöflichen Insignien. Noch im 13. Jh. konnte weiterer Besitz erworben und gleichzeitig Güter an ➛ Loccum und ➛ Wülfinghausen veräußert werden, aber bereits gegen 1300 setzte der wirtschaftliche Niedergang und der monastische Verfall ein. Kardinal und Visitator Nikolaus von Kues berief 1451 den Reformabt Johann Eylcken (1451–64) aus ➛ Bursfelde nach H., was 1453 zum förmlichen Beitritt in die ➛ Bursfelder Kongregation und zum mustergültigen Konventsleben bis 1803 führte. Der Abt von St. Michael war stets der Primas der sieben Prälatenkonvente im Hochstift H. und bestimmte die Politik im Fürstentum maßgeblich mit. Im 16. Jh. erschütterten Repressalien des Magistrats das bislang gute Verhältnis zur Stadt. Nach deren Annahme des Protestantismus 1542 standen Feindschaft, Verfolgung und Besitzanmaßung dem katholisch verbliebenen Konvent gegenüber. Die Klosterkirche wurde zur protestantischen Pfarrkirche bestimmt. Selbst nach der Rekatholisierung und der Wiederherstellung des Hochstifts 1643 blieb die Kirche laut Vertrag den Protestanten offen. Auch im 17./18. Jh. nahm St. Michael den ersten Platz unter allen Konventen der Diözese ein. 28 Michaelismönche besaßen Anfang des 19. Jh. etwa 2.350 Morgen Land sowie 174.061 Reichstaler Ersparnisse in Obligationen. Im Februar 1803 hob Preußen das 800-jährige Kloster auf und eignete sich Besitz und Vermögen an. Abt Wilhelm Rören (1800–03) rettete einige kostbare Stücke des Kircheninventars und übergab sie den Magdalenen (➛ Hildesheim) und deren Gemeinde.

▶ **Gegenwart.** Die ehemalige Abtei- und heutige evangelisch-lutherische Pfarrkirche St. Michael ist das hervorragendste Zeugnis monastischer Bauleistung ottonischer Zeit in Norddeutschland. Die dreischiffige, doppelchörige Basilika mit östlichem und westlichem Querschiff, mit Ostapsiden und Westkrypta, mit zwei Vierungstürmen, vier Treppentürmen und zwei Südportalen erhebt sich auf einem Hügel über der Stadt. Der klar gegliederte Innenraum zeigt sächsischen Stützenwechsel, reich verzierte Kapitelle, Engelemporen in den Querschiffen und einen betont ausgebauten Mönchschor im Westen mit Chorschranke und Unterkirche für das Bernwardgrab. Ein Teil des romanischen Kreuzgangs am ehemaligen Westflügel ist der einzig verbliebene Rest der Klausur im Nordbereich.

◆ GermBen 6, 218–252; Keil, Volkmar: Michaeliskirche H., Hildesheim 2002.

Hildesheim, *Benediktinerabtei St. Maria und St. Godehard (1133–1803) – „Godehardskloster", Diözese Hildesheim – (Kreisstadt, Niedersachsen, ❒ 1, D4).*

▶ **Geschichte.** Etwa 100 Jahre nach seinem Tod wurde der berühmte Reformabt von ➛ Niederaltaich und ➛ Hersfeld und spätere Bischof von Hildesheim, Godehard (960–1038), heiliggesprochen (1131). Bischof Bernhard I. von Hildesheim (Walshausen) gründete zu Ehren des ersten Landesheiligen 1133 im Süden seiner Bischofsstadt ein zweites Benediktinerkloster, das 1136 von Mönchen unter Abt Friedrich (1136–53) aus ➛ Fulda oder ➛ Corvey bezogen wurde. Der Konvent gehörte nicht dem ➛ Hirsauer Reformkreis an, was gegen Corvey aber für Fulda als Mutterkloster spricht. Den Bauplatz am Flüsschen Innerste hatte der Bischof vom Ministerialen Theoderich erworben. Das neue Kloster bildete eine befestigte Anlage im Süden der Stadt und vollendete einen geplanten Kranz klösterlicher Niederlassungen um den Domberg. Bischof Adelog von Dorstadt unterstützte nachhaltig das Eigenkloster, er gilt als zweiter Gründer; mit seiner Hilfe konnte Abt Arnold (1153–81) die gewaltige Klosterkirche vollenden; der Bischof konsekrierte sie im Mai 1172. Der Klaustralbezirk galt als vogtfrei (bislang einmalig im Bistum), der Immunitätsbezirk unterstand allein dem Bischof, ein erster Schritt zum Ausbau des bischöflichen Territoriums in der Diözese Hildesheim. Die äußeren Besitzungen wurden mehreren, frei vom Konvent wählbaren Teilvögten unterstellt, meist bischöfliche Dienstmannen, die absetzbare Beamte waren. Trotz großzügiger Ausstattung und Unterstützung erreichte das Godehardskloster nie die Bedeutung und Ausstrahlung der ersten Hildesheimer Benediktinerabtei St. Michael (➛ Hildesheim). Die Blüte im 12. Jh. wurde bald von Wirtschaftskrisen unterbrochen; bereits 1181 waren Pfründen und Privateigentum von Konventualen üblich. Zwischen 1208 und 1214 kauften die Zisterzienserinnen von ➛ Goslar Neuwerk der hoch verschuldeten Abtei einträglichen Besitz ab. Erst Abt Ludolf (1234–63) gelang es, den Landbesitz wieder zu vermehren. Seit 1259 war die Abtei zur Bede dem Bischof verpflichtet, was später zur Eingliederung in die Hildesheimer Landstände führte. 1330 gebot die Wirtschaftslage eine

Hildesheim Benediktinerabtei „Godehardskloster", Stützenwechsel im Mittelschiff der romanischen Basilika.

Begrenzung der Konventsstärke auf 22 Mitglieder. Ein ständiges Auf und Ab begleitete St. Godehard über das gesamte Spätmittelalter, erst der Anschluss an die ➛ Bursfelder Kongregation 1466 unter Abt Lippold von Stemmen (1465–73) brachte geistliche und wirtschaftliche Stabilität. Unter den Äbten Henning Kalberg (1493–1535) und Ulrich Wöller (1535–55) konnte die Duldung der katholischen Abtei in der lutherischen Stadt erreicht werden. Die Vorsteher erlangten führende Positionen im Bursfelder Verband, Abt Hermann II. Dannhausen (1565–1618) gar die Kapitelpräsidentschaft. Trotz Exil, Plünderungen und Zerstörungen im Dreißigjährigen Krieg steigerte St. Godehard im 17. und 18. Jh. seinen Bekanntheitsgrad durch die philosophisch-theologischen Hausstudien. Im Februar 1803 erfolgte die Aufhebung der geistlich, geistig und ökonomisch gesunden Abtei im Auftrag des preußischen Königs. Der Konvent zählte neben Abt Joseph Dannhausen (1793–1803) noch immer 25 Patres, sechs Fratres und drei Novizen.

▶ **Gegenwart.** Die romanische Abteibasilika und heutige katholische Pfarrkirche St. Godehard wurde 1963 von Papst Paul VI. zur *Basilica minor* erhoben. Der dreischiffige, flachgedeckte Kirchenbau von 1172 auf einem lateinischen Kreuzgrundriss lässt im Chorbereich französischen Einfluss, aber im doppeltürmigen Westwerk sowie im Stützenwechsel sächsische Tradition erkennen. Die Seitenschiffe verlängern sich im Osten zu einem Chorumgang, der mit radial angeordneten Apsiden geschmückt ist. Der Westriegel besitzt einen kreisbogigen Westchor mit zwei übereinander gelegenen Kapellenräumen. Über der ausgeschiedenen Vierung erhebt sich ein oktogonaler Vierungsturm, entstanden als letzter Bauteil um 1230. Besondere Beachtung verdienen das Nordportal, die reiche Kapitellplastik an den Mittelschiffssäulen, ein spätgotisches Chorgestühl und der hochwertige Kirchenschatz. Von der südlich gelegenen Klausur hat sich der stark überbaute Ostflügel mit drei romanischen Zweckräumen erhalten. Der neuzeitliche Südflügel steht auf romanischen Kellerräumen.

◆ GermBen 6, 200–217; Henze, Winfried: Die Basilika St. Godehard zu H., Passau 1994.

Hildesheim, *Dominikanerkloster St. Paulus (1233–1550), Vinzentinerinnenkonvent (seit 1945) – „Paulskloster", Diözese Hildesheim – (Kreisstadt, Niedersachsen, ❐ 1, D4).*

▶ **Geschichte.** Die Dominikaner erreichten die Bischofsstadt H. 1231. Sie gründeten aber erst 1233 nach einer Schenkung Bischof Konrads II. am Brühl außerhalb der Stadtbefestigung eine Niederlassung, die im gleichen Jahr vom Generalkapitel in den Orden aufgenommen wurde. In H. stand eines der ersten Dominikanerklöster der späteren Ordensprovinz Saxonia und das erste in Niedersachsen. In der Anfangszeit unterrichtete Albertus Magnus (um 1195–1280, kanonisiert 1931) im Konvent. Neben geistigen und seelsorglichen Tätigkeiten legten die Dominikaner besonderes Gewicht auf ihre Predigten, die sie auf öffentlichen Plätzen oder in der Domkirche hielten. Schon 1244 fand ein Provinzialkapitel der Ordensprovinz Teutonia in H. statt, es sollten noch elf weitere folgen. Von der sich ausbildenden Laienfrömmigkeit und Stiftungsbereitschaft im Spätmittelalter profitierten besonders die Mendikantenorden in den Städten. Das erlaubte den Dominikanern, in H. Anfang des 15. Jh. eine neue, größere Klosterkirche zu bauen. Herzog Magnus I. von Braunschweig-Wolfenbüttel stiftete hohe Summen für diesen Bau und wurde deshalb schon zu Lebzeiten in die Fürbitten der Brüder aufgenommen. Anfang des 16. Jh. pflegten die Prediger sechs geistliche Verbindungen mit Laienbruderschaften. Während der Reformation blieb die Stadt zunächst katholisch. Ein Kapitel der Dominikanerprovinz Saxonia tagte 1540 unter Vorsitz Prior Ambrosius Cistificis (1540–42) noch einmal im Hildesheimer Konvent. Außer den Gastgebern waren nur noch die Konvente ➛ Dortmund, ➛ Halle, ➛ Osnabrück, ➛ Warburg und Wesel vertreten. Erst 1542 setzte sich der Protestantismus offiziell in H. durch. Der Dominikaner und Weihbischof Balthasar Fannemann (um 1500–61), der als exzellenter Theologe öffentlich die „Irrlehren" des lutherischen Predigers Johannes Bugenhagen (1485–1558) widerlegte und die Bürger wankelmütig machte, erhielt Sprechverbot und verließ die Stadt. Der Rat verlangte 1544 die Auslieferung der Klosterkleinodien, schloss die Sakristei und setzte für acht verbliebene Brüder lebenslange Renten aus. Unter ihnen trat der letzte Prior Tilemann Lenhoff zum Protestantismus über, heiratete und hatte Kinder. Er verhandelte mit dem Rat über den Ausverkauf des Klosters mit allen Besitzungen und Renten, was 1550 zum Abschluss kam. Die letzten vier Dominikaner galten 1544 ebenfalls als Anhänger der neuen Lehre.

▶ **Gegenwart.** Vom Predigerkloster in H. steht heute noch die ungewöhnlich große Klosterkirche aus dem frühen 15. Jh. Diese dreischiffige und fünfjochige Halle mit vierbahnigen Maßwerkfenstern wurde um 1480 durch einen langen Chor und einen Turm ergänzt. Sie diente bis 1809 als evangelische Pfarrkirche St. Paul, dann als Getreidespeicher und schließlich als Theaterhalle. Nach 1945 wurden ihre Brandschäden beseitigt, die äußere Gestalt originalgetreu wiederhergestellt, der Innenraum aber ausgebaut und 1980/81 den Vinzentinerinnen als Altersheim St. Paul übergeben. Die Kongregation der Barmherzigen Schwestern vom hl. Vinzenz von Paul existiert in der Diözese H. seit 1892 und baute auf dem ehemaligen Konventsgelände der Dominikaner in der Neuen Straße nach dem Zweiten Weltkrieg ihr zentrales Mutterhaus auf. Bei Aufräumarbeiten entdeckte man ein spätromanisches Portal an der Kirchenwestfront, das die Dominikaner vom ersten Kirchenbau übernommen hatten.

◆ Müller, Peter: Bettelorden und Stadtgemeinde in H. im Mittelalter, Hannover 1994; Heutger, Nicolaus: Aus H. Kirchengeschichte, Hildesheim 1984.

Hildesheim Dominikanerkloster, die Predigerbrüder bauten im 15. Jh. die ungewöhnlich große Paulskirche.

Hildesheim, *Franziskanerkloster St. Martin (um 1240–1556) – „Martinskloster", Diözese Hildesheim – (Kreisstadt, Niedersachsen, ❐ 1, D4).*

▶ **Geschichte.** Die ersten Franziskaner kamen 1221 unter der Führung Johannes de Plano Carpinis (um 1185–1252) in die Domstadt H. Sie wurden von Bischof Konrad II. freundlich empfangen, verließen aber wegen der Feindseligkeiten der Bürger vorerst die Stadt, um zwei Jahre später erneut zu kommen und im Nikolaihospital am Godehardskloster (➛ Hildesheim) zu bleiben. Noch im gleichen Jahr zogen neue Ordensmitglieder von H. in die Städte Goslar, ➛ Braunschweig, Magdeburg und ➛ Halberstadt. Bischof Konrad II. schenkte den Minoriten um 1240 einen besonders exklusiven Klosterbauplatz innerhalb der Domimmunität. Die Minoriten widmeten sich Werken der Barmherzigkeit, Seelsorge, Predigt und der eigenen Schulung; ein Hausstudium wurde eingerichtet und mit dem Aufbau einer bedeutenden Bibliothek begonnen. Bereits 1245 lehrte hier Bruder Konrad Holtnicker, er übte zweimal das Amt des Provinzialministers aus (1247–62 und 1272–79); seine Predigtzyklen und sein „Speculum Beatae Mariae Virginis" machten ihn als Konrad von Sachsen der Nachwelt bekannt. Ein weiterer Bruder Konrad von Sachsen wurde nach seinem Tod um 1261 im Volk heiligmäßig verehrt; er gehörte dem Gründungskonvent an und widmete sich aufopferungsvoll den Randexistenzen und Kranken der Stadt. Bruder Leonardus Mackenrodius (um 1340) rühmten die Zeitgenossen als guten Arzt. 1413 gingen die Minoriten eine geistliche Verbindung mit der Laienbruderschaft der Handwerker ein; es sollten bis zum Ende des Klosters vier weitere folgen. Die Bettelbrüder häuften bei wachsender Laienfrömmigkeit und zunehmender Stiftungskultur ein Vermögen an und leisteten sich Mitte des 15. Jh. ebenso wie die Dominikaner (➛ Hildesheim) den Neubau ihrer Kirche. Sie schlossen sich nicht der Observanzbewegung des Ordens an, sondern blieben Konventualen, also mit Besitz an Liegenschaften einschließlich der Gewinneinnahmen. Besondere Beziehungen pflegten sie zu den Brüdern vom gemeinsamen Leben, einer Klerikergemeinschaft der ➛ Devotio moderna im Lüchtenhof (heute Priesterseminar). In der Reformationszeit blieb die Stadt zunächst katholisch, wurde sie doch darin vom katholischen Herzog Heinrich dem Jüngeren von Braunschweig-Wolfenbüttel gestärkt. Erst als sich die Bürgerschaft mit dem Schmalkaldischen Bund im Rücken in der Abstimmung von 1542 für den Protestantismus entschied, änderte der Rat seine Politik und verbot die Messfeier im Dom und in den Klosterkirchen. 1544 mussten die verbliebenen Brüder ihre Kleinodien abgeben, aus dem Gewinn wurde jedem eine Lebensrente eingeräumt. Nach dem Klostersturm der Bürger und der Flucht fast aller Brüder aus der Stadt, übergab 1556 der letzte Guardian Henningus Fischer das Martinskloster mit Besitzungen und Einkünften der Stadt zur Bewahrung der Kirche als Predigtstätte.

▶ **Gegenwart.** Die spätgotische Klosterkirche, eine zweischiffige, fünfjochige Halle mit Treppenturm an der Nordseite, wurde lange als evangelische Pfarrkirche St. Martini genutzt. Seit 1859 dient sie dem Roemer-Pelizaeus-Museum als Ausstellungsraum. Nach der Zerstörung im Zweiten Weltkrieg und dem Wiederaufbau ihrer Fassade veränderte die Museumsleitung ihre Innenstruktur entsprechend moderner Ausstellungsanforderungen. Von der südlich gelegenen Klausur blieb wenig erhalten, lediglich die zweigeschossige Portiunculakapelle aus dem letzten Drittel des 15. Jh. blieb bestehen, sie schloss sich ursprünglich am Südende des Ostflügels an. Ein Teil der wertvollen Bibliothek befindet sich im städtischen Archiv.

◆ Gutowski, Stephan: Die Minderbrüder in H., in: Franziskanisches Leben im Mittelalter, Werl 1994, 111–145; Müller, Peter: Bettelorden und Stadtgemeinde in H. im Mittelalter, Hannover 1994.

Hildesheim, *Magdalenenkloster St. Maria Magdalena (1224–1810) – „Süsternkloster", Diözese Hildesheim – (Kreisstadt, Niedersachsen, ❐ 1, D4).*

▶ **Geschichte.** Das Frauenkloster vor den Toren der Bischofsstadt H. am Südhang des Michaelishügels bestand schon drei Jahre, als der Orden der Magdalenen 1227 päpstliche Anerkennung fand. Die Gründung des „Süsternklosters" wird Bischof Konrad II. von Hildesheim, aber an erster Stelle dem Hildesheimer Domherrn Rudolf von Worms zugeschrieben, der sich um Buße und Zuflucht von Prostituierten verdient machte, die Stiftung mehrerer Klöster anregte und die Gründung des Magdalenenordens initiierte. Bischof Konrad II. förderte das Kloster und erbot sich als Schirmherr des Ordens im deutschen Reichsteil. 1235 erteilte Papst Gregor IX. Schutzprivilegien für das Süsternkloster in H. 1258 waren die Konventsgebäude und Werkstätten gebaut, die Weihe der Magdalenenkirche erfolgte erst 1294. Aus der ursprünglichen Basilika entstand im Laufe der Zeit die erste gotische Hallenkirche der Stadt. Zunehmend fanden Töchter des reichen Bürgertums Aufnahme, eine erste Mädchenschule wurde 1330 im Kloster eröffnet. Bischof Otto II. von Woldenberg musste 1331 die Zahl der Konventualinnen auf 60 beschränken. Die „Süstern" büßten aufgrund zahlreicher Stiftungen ihre gebotene Armut ein, der Landbesitz in der Umgebung förderte den Wohlstand und den repräsentativen Anspruch an ihre Kirche. Der Reformation setzten die Schwestern heftigen Widerstand entgegen. Die Äbtissin von Kloster ➛ Wienhausen flüchtete um 1530 vor dem lutherischen Herzog Ernst von Braunschweig-Lüneburg in das Magdalenenkloster H. und rettete wichtige Teile ihres Klosterarchivs. Nach dem Bekenntnis der Stadt zum Protestantismus 1542 wurde der katholischen Gemeinde die Magdalenenkirche als Pfarrkirche zugewiesen. Der Konvent blieb katholisch. 1608 lebten 18 Ordensfrauen, fünf Laienschwestern und drei Schülerinnen im Kloster. Der letzte Abt des Michaelisklosters (➛ Hildesheim), Wilhelm Rören (1800–03), rettete bei der Säkularisierung seiner Abtei 1803 einige kostbare Stücke des Kircheninventars und vermachte diese der Magdalenengemeinde. Das Magdalenenkloster selbst wurde erst im Juli 1810 von Jérôme Bonaparte, König von Westphalen, aufgelöst. Die Frauen erhielten Pensionen und Bleiberecht. Seit 1833 war die Langzeitpsychiatrie der Stadt im alten Kloster untergebracht bis die Anlage 1945 zerstört wurde. Von der Magdalenenkirche standen nur noch die Außenmauern.

Hildesheim Magdalenenkloster, kantonierte Stützen mit Dienstbündeln trennen die Schiffe der Süsternkirche.

▶ **Gegenwart.** Das Areal des ehemaligen Magdalenenklosters in H. nehmen heute moderne Gebäude des „Alten- und Pflegeheims Magdalenenhof" der Caritas ein. Den ehemaligen Magdalenengarten schmücken heute über 1500 Rosen. Die restaurierte, katholische Pfarrkirche St. Maria Magdalena ist ein hallenartiger, dreischiffiger Bau des 15. Jh. mit tiefem, kreuzgratgewölbtem Rechteckchor, kantonierten Säulen, Dienstbündeln, Spitzbogenfenstern und barockisierter Westfront mit kleinen Türmchen. Romanische Reste der Vorgängerkirche lassen sich durchaus erkennen. Die wertvolle mittelalterliche Ausstattung konnte 1945 gerettet werden. Bemerkenswert ist der Flügelaltar (um 1520) aus dem Michaeliskloster. Ein Restbestand des mittelalterlichen Kreuzgangs verbirgt sich in der heutigen Sakristei.

◆ Mohn, Claudia: Hildesheim, St. Maria Magdalena (Niedersachsen), in: Mittelalterliche Klosteranlagen, Petersberg 2006, 439; Streich, Gerhard: Klöster, Stifte und Kommenden in Niedersachsen vor der Reformation, Hildesheim 1986.

Hilfarth, *Franziskaner-Tertiarinnenkloster St. Leonhard (um 1510–1802), Erzdiözese Köln – (Hückelhoven-H., Kr. Heinsberg, Nordrhein-Westfalen, ❐ 1, A5).*

▶ Der Gründungsverlauf des Frauenklosters in H. auf einem kleinen Hügel über der Rur Anfang des 16. Jh. ist unklar; zwei Brände vernichteten das Archivmaterial, das früheste Schriftstück stammt von 1612. Die Frauengemeinschaft bekannte sich zur Franziskanerregel und gehörte dem Dritten Orden der Franziskanischen Familie an. Das Kloster besaß eine eigene Kapelle; ob der Ort zur Gründungszeit schon bestand, lässt sich nicht mehr ermitteln. Im Spanischen Erbfolgekrieg (1568–89) lagerten spanische Truppen in H. Im Dreißigjährigen Krieg brannte das Kloster 1641 bis auf die Grundmauern nieder. Bei einer Überschwemmung der Rur übernahmen die Franziskanerinnen auch seelsorgliche Aufgaben, weil die Bewohner ihre Pfarrkirche in Brachelen nicht erreichen konnten. Die Niederschriften des 17. und 18. Jh. dokumentieren aber auch Streit der Schwestern mit der Dorfverwaltung um Steuerfreiheit und Gerechtsame (Vorrechte). Fünfzig Jahre vor der Aufhebung durch französische Behörden 1802 lebten im Kloster noch zwölf Tertiarinnen und ein Rektor. Die Anlage bestand aus der barocken Kirche von 1641, Klausurgebäuden um zwei Innenhöfe, Stallungen, Garten, 50 Morgen Ackerland, 50 Morgen Wiese und über 2000 Taler verliehene Kapitalien. Die heutige katholische Pfarrkirche St. Leonhard entstand in neugotischer Form (1904–11). Die verfallene ehemalige Klosterkirche wurde erst nach 1970 abgerissen. Westlich von St. Leonhard befindet sich in der Nohlmannstraße ein Gebäudekomplex des 18./19. Jh., der auf das Kloster zurückgeht; die Kellerräume entstammen offensichtlich der spätgotischen Gründungszeit; jüngst wurde man auf Gewölbemalereien aufmerksam.

◆ Königs, Hilde: Auf Spurensuche nach der alten Hilfather Klosteranlage, Hilfarth 2006; Kremers, Irmgard: Persönliche Mitteilungen, Hückelhoven-Hilfarth 2005.

Hillersleben Benediktinerabtei, die Zweiturmfront der romanischen Abteibasilika entstand erst im 19. Jh.

Hillersleben, *Benediktinerabtei St. Laurentius, St. Stephan und St. Petrus (1096–1577), Diözese Halberstadt – (Lkr. Börde, Sachsen-Anhalt, ❐ 2, A4).*

▶ **Vorgeschichte.** Bereits um 980 soll in H. am rechten Ufer der Ohre kurzzeitig ein Benediktinerinnenkloster existiert haben. Die religiösen Frauen wurden wohl gegen 997 von heidnischen Slawen weggeführt. 1022 weihte Bischof Arnulf von Halberstadt das Kloster für Benediktinermönche neu ein. Bald darauf wurde der Konvent mit Kanonikern besetzt, das Kloster war in ein Kollegiatstift umgewandelt worden. Edelfrau Adelsinde und ihre Söhne baten Ende des 11. Jh. ihren Onkel, Bischof Herrand von Halberstadt, um die Rückführung in benediktinische Observanz im Konvent.

▶ **Geschichte.** Bischof Herrand von Halberstadt, zugleich Abt von ➛ Ilsenburg, schickte 1096 Benediktinermönche unter Prior Alverich aus seinem Reformzentrum Ilsenburg nach H. Der Schwiegersohn der Stifterin, Milo II. von Ammensleben, bestand auf die ererbten Vogtrechte, weil er das Priorat als Begräbnisstätte seiner Familie betrachtete. Um 1110 übertrug Milo auf Rat Bischof Reinhards von Halberstadt die Eigengründung H. dem Heiligen Stuhl, was zur rechtlichen Unabhängigkeit gegenüber Ilsenburg und zur Abteierhebung führte, aber nicht zur Exemtion. Ilsenburger Reformgewohnheiten (➛ Junggorzer Reform) behielt der Konvent bei. Kaiser Lothar III. von Sachsen urkundete zugunsten H.; diese Urkunde erwies sich als Fälschung, ihr soll jedoch eine echte Urkunde von 1135 zugrunde liegen. Papst Honorius III. bestätigte 1220 Besitz und Privilegien, Papst Innozenz IV. verlieh 1246 den Äbten die Pontifikalien. Die Blankenburger Vögte bereicherten sich im 13. Jh. so sehr am Klosterbesitz, dass der Diözesanbischof 1272/73 half, die Schirmherrschaft herauszukaufen und allein dem Hochstift zu überlassen. 1316 fiel die Vogtei an das Erzbistum Magdeburg. Die Benediktiner konzentrierten sich im 14./15. Jh. auf die Pfarrseelsorge in ihrem Bezirk. Im nahen Wüstendornstedt unterhielten sie eine Marienkapelle, an der sich eine rege Wallfahrt entwickelte. Mitte des 15. Jh. bemühte sich die Abtei Berge bei Magdeburg um die innere Reform in H., die 1470/72 zum Beitritt in die ➛ Bursfelder Kongregation führte. Abt Johannes Scherping reformierte 1484 das heute untergegangene Frauenkloster Wolmirstedt. Aufständische Bauern berührten H. 1525 nicht, aber die lutherische Lehre wirkte sich verheerend auf die Konventsstärke und die Wirtschaft aus. Der Abt Blasius (1518–25) floh mit dem Konventsvermögen und einer Laienschwester, um einen Hausstand zu gründen. 1561 wurde bei der erzbischöflichen Visitation nur noch ein Professmönch angetroffen. Die Bursfelder Union setzte Abt Gobelinus May (1562–77) ein, der um eine Neuordnung bemüht war, sich aber konfessionell indifferent verhielt. Unter Abt Anton Strathausen (1577–89) bekannten sich Abt und alle fünf Konventuale zur Augsburger Konfession, die Laurentiusabtei in H. existierte als katholische Institution also nicht mehr. Sie bestand als evangelische Institution bis 1691 weiter. Der katholische Restitutionsversuch von 1629/31 blieb erfolglos.

▶ **Gegenwart.** Die nach einem Brand 1179 wiedererrichtete Klosterkirche St. Laurentius ist in ihrem romanischen Kernbau bis heute erhalten und dient als evangelisch-lutherische Pfarrkirche. Sie wurde als dreischiffige, apsidiale Pfeilerbasilika mit Querschiff, Rechteckchor und Nebenchören in der Tradition der Reformbauten des 12. Jh. mit hirsauischen Motiven begonnen und um 1260 vollendet. Im 18. Jh. verfiel die Kirche zur Ruine bis sie romanisierend und stark verändert wieder aufgebaut wurde (1859–80). Aus dieser Zeit stammt ihre Zweiturmfront im Westen und die Hauptapsis im Osten. Von den mittelalterlichen Klausurgebäuden blieben Teile des spätgotischen Kreuzgangs und das Dormitorium der Mönche mit Figurenschmuck an der Ostseite erhalten.

◆ Römer, Christof: Die Benediktiner im Bistum Halberstadt, Halberstadt 2006; Sitzmann, Manfred: Mönchtum und Reformation, Neustadt/Aisch 1999, 200–207; Langer, Otto: Zur Geschichte des Klosters H., in: Zeitschrift des Vereins zur Kirchengeschichte Sachsen-Anhalt 30 (1934) 1–42.

Hilwartshausen, *Augustiner-Chordamenstift St. Maria, St. Stephan und St. Vitus (1142–1585), Erzdiözese Mainz – (Hannoverisch Münden-Gimte, Lkr. Göttingen, Niedersachsen, ❐ 1, D5).*

▶ **Geschichte.** Den Kanonissen des Reichsstifts H. am linken Ufer der Weser nördlich des Zusammenflusses von Werra und Fulda, das mit Unterstützung König Ottos I. 960 von der Matrone Aeddila gegründet worden war, auferlegte König Konrad III. 1142 in einem Reformakt die Statuten der Augustiner-Regularkanoniker. 1150 stellten Erzbischof Heinrich I. von Mainz (Harburg) und König Konrad III. die Damen unter Aufsicht des Stifts ➛ Fredelsloh, was Papst Eugen III. im gleichen Jahr bestätigte. Der

Herrschaftsanspruch der Mainzer Kirche setzte sich gegenüber der Reichsimmunität durch, gefolgt vom zunehmenden Einfluss der welfischen Herzöge des Hauses Braunschweig-Göttingen. Stiftungen und Zukäufe führten zu ansehnlichem Besitz östlich des Oberlaufs der Weser; mehrere Pfarrkirchen gehörten dazu, ebenso Salzrechte in Allendorf. Erzbischof Gerlach von Nassau beschränkte den Konvent 1359 auf maximal 50 Frauen. Zeichen des wirtschaftlichen Niedergangs wurden im 15. Jh. deutlich, Priorin Katharina von Uffeln (1416–51) war zu Verkäufen gezwungen, 1458 bestand der Konvent lediglich aus 20 Frauen. Herzogin Agnes von Braunschweig-Göttingen setzte sich 1452 für innere Reformen ein und fand Unterstützung beim päpstlichen Legaten und Kardinal Nikolaus von Kues. Die Regularkanoniker aus dem Stift ➛ Böddeken vermochten gegen erheblichen Widerstand der Priorin Elisabeth von Weitershausen (1455–58) den Konvent zu reformieren (1455–61). Eine Erneuerung im Sinn der ➛ Windesheimer Kongregation setzte sich erst unter Priorin Gertrud von Malsburg (1458–85) durch. Priorin Mechthild von Mackenrode (1485–1522) gab die Observanz 1501 an das Frauenstift ➛ Weende bei Göttingen weiter. Das Stift H. war im ausgehenden Mittelalter zum welfischen Landeskloster herabgesunken und litt unter ruinösem Steuerdruck. Herzogin Elisabeth von Calenberg-Göttingen und ihr Landessuperintendent Anton Corvinus führten persönlich 1542 eine evangelisch-lutherische Kirchenordnung ein. Gleichwohl blieb der Konvent unter Gesa von Gladebeck (um 1540–60?) dem alten Glauben treu und galt im späten 16. Jh. als katholisches Stift. Erst Herzog Julius von Braunschweig-Wolfenbüttel setzte 1585 die Reformation endgültig durch. Das evangelische Stift endete 1626 nach der Zerstörung durch kaiserliche Truppen. Die letzte Konventualin ging nach ➛ Mariengarten. Die Güter der drei Calenbergischen Frauenstifte/-klöster H., Weende und Mariengarten wurden zusammengefasst und der Universität Helmstedt, später Göttingen übertragen.

▶ **Gegenwart.** Auf dem „Klostergut H." der Klosterkammer Hannover erinnert wenig an das ehemalige Frauenstift. Der genaue Standort der Stiftskirche ist nicht bekannt. Im Barockpark befinden sich mittelalterliche Architekturstücke, darunter eine spätromanische Säule mit Kapitell. Südlich des Parks steht die evangelische Kirche St. Stephanus, ehemals die Kapelle St. Peter für die Dorfgemeinde, im Kern eine gotische Saalkirche aus Bruchstein mit Rechteckchor. Im späten 17. Jh. wurde sie eingreifend restauriert, ihr Treppengiebel entstand 1880. Die nahe Bruchsteinscheune mit Staffelgiebel entstammt wohl der späten Stiftsdamenzeit.

◆ Mohn, Claudia: H., Münden-Gimte, in: Mittelalterliche Klosteranlagen der Zisterzienserinnen, Petersberg 2006, 368f.; Boetticher, Manfred von: Urkundenbuch des Stifts H., Hannover 2001; Jürgensmeier, Friedhelm (Hg.): Handbuch der Mainzer Kirchengeschichte, 3 Bde., Würzburg 1997–2002.

Himmelkron Zisterzienserinnenabtei, der spätgotische Kreuzgangflügel als vollendete Architekturleistung.

Himmelkron, *Zisterzienserinnenabtei St. Maria (1279–1569), Diözese Bamberg – (Lkr. Kulmbach, Bayern, ❐ 4, A2).*

▶ **Geschichte.** Durch Heirat fiel die Grafschaft Plassenburg mit dem fränkischen Gebiet um Kulmbach nach dem Tod Ottos II., des letzten Herzogs der Andechs-Meranier, 1248 an die askanischen Grafen von Orlamünde, die nicht nur in Thüringen mächtig und begütert waren, sondern auch im norddeutschen Raum umfassende Herrschaftsrechte innehatten. Die Plassenburger Grafschaft nahm Otto III. der Gewaltige, Graf von Orlamünde und zweiter Sohn der Beatrix von Andechs-Meran, 1260 nicht ganz unangefochten in Besitz. Er und seine Gemahlin Agnes von Leiningen übereigneten 1279 dem Zisterzienserorden das Gelände der alten Burg in Pretzendorf auf einem Bergsporn über dem Weißen Main sowie Rechte und Einkünfte aus mehreren Dörfern zur Gründung eines Männerklosters. Beider Sohn Otto IV. gilt in der Literatur fälschlicherweise als Klosterstifter, er wurde aber erst 1271 geboren. Das Generalkapitel in Cîteaux genehmigte nur ein Frauenkloster, weil die nahe Zisterzienserabtei ➛ Langheim keine Konkurrenz erhalten sollte. Die Langheimer Äbte erhielten die Paternität über das neue Frauenkloster *Corona Coeli*. Der erste Konvent kam 1280 vermutlich aus ➛ Sonnefeld nach H. Die Stifter bestimmten das Kloster als Grablege ihres Familienzweiges, ebenso die Burggrafen von Nürnberg nach der Übernahme der Herrschaft 1360, was zahlreiche, gut erhaltene Grabplatten heute noch bezeugen. Die typisch zweigeteilte Frauenkirche St. Maria wurde in der Gründungsphase begonnen und Mitte des 14. Jh. vollendet. Die Zisterzienserinnen gerieten im Spätmittelalter in wirtschaftliche und geistliche Nöte; die Mängel versuchte das Generalkapitel des Ordens durch strenge Visitationen zu beheben. Die tüchtige Äbtissin Magdalena von Wirsberg (1499–1523) erreichte eine letzte Blüte. Von aufrührerischen Bauern 1525 verschont, sah sich der Konvent in der Reformationszeit dem Druck der evangelisch gesinnten Landesherrn ausgesetzt, der Markgrafen von Brandenburg-Kulmbach. Die letzte Äbtissin Margareta von Döhlau (1544–69) hatte man 1543 aus dem Klarissenkloster in ➛ Hof gerufen. Sie verpflichtete sich, den neuen Glauben einzuhalten. 1548 zählte der einst 36 Schwestern starke Konvent nur noch fünf Konventualinnen, 1560 nur noch zwei. Weltliche Verwalter hatten die Wirtschaftsgeschäfte übernommen. Margareta von Döhlau richtete noch selbst in den leeren Räumen eine Erziehungsanstalt für adelige Töchter ein. Erst nach ihrem Tod 1569 säkularisierte Markgraf Georg Friedrich formal das Kloster. Die markgrafische Familie nutzte die Anlage meist als Wohnsitz und Residenz und baute sie entsprechend um.

▶ **Gegenwart.** Seit 1893 betreibt das Diakoniewerk von Neuendettelsau in den neuzeitlichen Gebäuden eine Pflegefachschule. Die gotische Klosterkirche dient seit 1590 als evangelische Pfarrkirche und offenbart trotz barocker Innengestaltung noch immer ihren mittelalterlichen Charakter. Das

Grabdenkmal der Äbtissin Agnes von Orlamünde († 1354) ist eine Steinmetzarbeit von allerhöchster Kunstfertigkeit eines unbekannten Meisters. 1991 entdeckte man Fresken an der Unterseite der Fußbodenplatten im Chorraum, die in leuchtenden Farben Christus, die Apostel und die törichten Jungfrauen darstellen. Diese Platten schmückten im Spätmittelalter die Brüstung der Nonnenempore. Als Besonderheit mittelalterlicher Klosterbaukunst gilt der reichverzierte Kreuzgangflügel im ehemaligen Zisterzienserinnenkloster H. Diesen Kreuzgang ließ Äbtissin Elisabeth von Künßberg († 1484) anlegen; sein prachtvoller Südflügel konnte als einziges Teilstück im 18. Jh. durch den Einsatz des Ortspfarrers Johann Daniel Alberti vor dem Abbruch gerettet werden.

◆ Flachenecker, Helmut: Memoria und Herrschaftssicherung, Göttingen 2008; Mohn, Claudia: H., in: Mittelalterliche Klosteranlagen, Petersberg 2006, 130–136; Sitzmann, Manfred: Mönchtum und Reformation, Neustadt/Aisch 1999, 72.

Himmelpfort am See, *Zisterzienserabtei St. Maria (1299–1541), Diözese Brandenburg – (Lkr. Oberhavel, Brandenburg, ❒ 2, C3).*

▶ **Geschichte.** Nach dem Tod seiner Söhne und seines Bruders Otto V. stiftete Markgraf Albrecht III. von Brandenburg 1299 in der nördlichen Uckermark, im Slawenland um Lychen und Stargard, das Zisterzienserkloster *Coeliporta* für das Seelenheil der askanischen Fürsten von Brandenburg. Die mächtige Familie verlor innerhalb von 15 Jahren 13 männliche Mitglieder und starb 1319 aus. Der religiöse Markgraf war freigiebig gegenüber der Kirche, hatte er doch schon für die Zisterzen ➛ Wanzka, Bernstein (Polen), Himmelstädt (Polen) und die Johanniterkommenden ➛ Nemerow und Gardow gestiftet, und zusätzlich die Frauenklöster ➛ Altfriedland, Semmritz (Polen), ➛ Zerbst und das Dominikanerkloster Strausberg unterstützt. Die Zustimmung von Bischof Volrad von Brandenburg erhielt er noch im Gründungsjahr von H. 1299. Abt Johannes (1298–1313) aus der Mutterabtei ➛ Lehnin förderte maßgeblich den Aufbau der neuen Anlage auf einer Landzunge zwischen zwei Seen und schickte den Gründungskonvent gegen 1309. H. wurde die dritte Tochterabtei der Abtei Lehnin, nach Paradies (Polen) 1236 und ➛ Mariensee-Chorin 1258. Die Gebeine des Stifters Albrecht waren schon 1309 aus Lehnin nach H. in eine provisorische Kapelle überführt worden. Zur Grundausstattung gehörten zahlreiche slawische Dörfer, Mühlen, große Waldflächen und 39 Seen. Das verbriefte Fischereimonopol garantierte feste Einnahmen; die Fischerei entwickelte sich zum wichtigsten Wirtschaftszweig, aber auch zum ständigen Konfliktstoff mit den Städten Lychen und Fürstenberg sowie den benachbarten Johannitern von Nemerow. Weitere wirtschaftliche Standbeine der Abtei bildeten Gewinne aus den Mühlengerechtigkeiten und dem Holzhandel, dagegen blieben Agrar- und Viehwirtschaft von geringerer Bedeutung, sogar Weinanbau wurde versucht. Die Abtei litt unter den kriegerischen Auseinandersetzungen im Grenzland zwischen Brandenburg und Mecklenburg. Mit dem Templiner Frieden 1317 ging das Land Lychen an die Fürsten von Mecklenburg über, die wenig Interesse an der Abtei zeigten. Der Boden war nicht sehr ertragreich, anhaltende Grenzstreitigkeiten führten zur Verödung der Klosterdörfer. Die ökonomische Entwicklung der Abtei verlief stockend und wechselhaft, der Konvent blieb als Zisterziensergemeinschaft relativ bedeutungslos. 1496 zählte er einschließlich des Abts zwölf Mönche. Auch nach der Rückführung in die Landeshoheit Brandenburgs durch die Hohenzollern 1440 spielte die Abtei H. im Vergleich zu den Zisterzienserabteien Lehnin, ➛ Zinna oder ➛ Chorin keine wirtschaftlich oder politisch herausragende Rolle. Ein Konflikt mit der Ordenszentrale in Cîteaux entstand, als sich Abt Arnold (1504–22) an der Einrichtung eines Studienkollegs in Frankfurt/Oder beteiligte, ohne das Generalkapitel gefragt zu haben. Kurfürst Johann II. von Brandenburg säkularisierte die Abtei 1541 und veräußerte den Besitz zur Begleichung seiner hohen Schulden auf Erbpacht.

Himmelpfort am See Zisterzienserabtei, das archaische Langhaus entstand als architektonischer Rückgriff.

▶ **Gegenwart.** Reste des Klosters H. aus dem 14. Jh. liegen malerisch zwischen Stolp- und Haussee. Der Kirchenchor und die Vierung wurden 1663 als evangelische Dorfkirche umgebaut, eine Zwischenmauer trennt diesen Ostteil vom archaisch anmutenden Westteil. Das Mittelschiff der ehemaligen Klosterbasilika mit ihren rundbogigen Arkadenöffnungen und ohne die heute fehlenden Seitenschiffe ist als Ruine ohne Dach fast vollkommen von Efeu überwuchert. Dieser ruinöse Westteil wirkt viel älter als der Ostteil. Die Fachleute irritiert die Disharmonie zwischen beiden Kirchenteilen, obwohl ihre Backsteine gleich alt sind und auf die erste Hälfte des 14. Jh. als Bauzeit hinweisen. Die strenge Beschränkung auf die archaische Form im Westteil wird auf das asketische Ideal des Klosterstifters zurückgeführt. Die Klausur existiert nicht mehr. Lediglich ein als „Brauhaus“ bezeichnetes gotisches Wirtschaftsgebäude aus Backsteinen mit gegliedertem Blendengiebel und Reste der Umfassungsmauer blieben erhalten.

◆ RepZist 291–294; Lange, Marion/Schuhmann, Dirk: H., in: Brandenburgisches Klosterbuch, Bd. 1, Berlin – Brandenburg 2007, 612–619; Schich, Winfried (Hg.): Zisterziensische Klosterwirtschaft zwischen Ostsee und Erzgebirge, Berlin 2004.

Himmelpforten (Harz), *Augustiner-Eremitenkloster (1253– um 1530), Diözese Halberstadt – (Wernigerode-Hasserode, Lkr. Harz, Sachsen-Anhalt, ❒ 2, A5).*

▶ Die bekannteste Persönlichkeit des Augustiner-Eremitenklosters H. im Harz war der Augustinertheologe und Magister Andreas Proles, der dem Konvent als Prior (1456–1503) vorstand und gleichzeitig das Amt des Provinzials der sächsischen Reformkongregation der Augustiner-Eremiten inne hatte. Dieses Amt übernahm nach ihm Johann von Staupitz (1503–20), der Lehrer und Vertraute Martin Luthers. Staupitz und Luther trafen sich im August 1517 im Kloster H., um über das Problem des Ablasshandels zu sprechen. Die Klosteranlage blieb nach der Plünderung durch aufrührerische Bauern 1525 zunächst wohl baulich noch eine Weile bestehen; erst nach der Aufhebung des Konvents um 1530 wurden die Gebäude abgetragen. Bereits im 19. Jh. existierten von der Klosteranlage kaum noch Reste. Heute zeugen lediglich Teichanlagen und eine überwachsene Restmauer zwischen Hasserode und Darlingerode südlich von Wernigerode von der Existenz des Klosters.

◆ Kunzelmann, Adalbero: Geschichte der deutschen Augustiner-Eremiten, Tl. 1, 80–83, Tl. 5, 220–228, Würzburg 1969/74.

Himmelpforten (Niedersachsen), *Zisterzienserinnenkloster St. Maria (um 1250–1577), Erzdiözese Bremen – (Lkr. Stade, Niedersachsen, ❒ 1, D2).*

▶ **Geschichte.** Die Gründung des norddeutschen Frauenklosters H. erfolgte um 1250 zunächst in Rahden nördlich von Lamstedt durch die Edelfreien von Brobergen und die Herren von Haseldorf. Unter den Stiftern ist Friedrich von Haseldorf, Ministeriale der Bremer Kirche, besonders hervorzuheben. Die ersten Schwestern kamen aufgrund enger familiärer Bindungen vermutlich aus

Himmelpforten (Niedersachsen) Zisterzienserinnenkloster, die gotische Klosterkirche wurde barock überformt.

dem Zisterzienserinnenkloster ➛ Uetersen. Das neue Kloster wurde schon 1255 nach Eulsete, dem späteren H., verlegt. Dabei überschrieb der Stifter Friedrich weitere Besitzungen und trat im gleichen Jahr in den geistlichen Stand über, wurde Domherr im Hamburger Domkapitel und erhielt 1268 das Bischofsamt von Karelien und später jenes von Dorpat. Die Schwestern richteten sich nach den Zisterzienserstatuten ohne dem Orden offiziell anzugehören. Visitationen durch norddeutsche Zisterzienserabteien sind nicht bekannt. Die Schwestern unterstanden der Aufsicht und Jurisdiktion des Erzbischofs von Bremen, der die Besetzung des Propstsamtes bestimmte. Den Konvent aus adeligen Frauen der örtlichen Ritterschaft leitete eine Äbtissin. Das Verhältnis zur Broberger Stifterfamilie blieb stets eng. Stader Vögte bevorzugten H. als Erbbegräbnisstätte; in Stade unterhielt das Kloster Mitte des 14. Jh. einen Wirtschaftshof. Um 1400 nahmen die Frauen die Benediktinerinnen des Klosters ➛ Ebstorf in ihre Gebetsgemeinschaft auf, in dieser Zeit stand Propst Wasmod Kind beiden Konventen vor. Das Luthertum fand erst in der Mitte des 16. Jh. Beachtung. Der Landesherr und Bremer Erzbischof Christoph von Braunschweig-Lüneburg blieb bis zu seinem Tod 1558 dem alten Glauben treu. Er forderte das Generalkapitel der ➛ Bursfelder Kongregation 1520 auf, den Konvent H. zu visitieren. Der formelle Übergang zum inzwischen vorherrschenden Protestantismus wurde schließlich 1577 von Erzbischof Heinrich III. von Sachsen-Lauenburg für H. bestätigt. Ein Restitutionsversuch während des Dreißigjährigen Krieges blieb Episode. Die Schweden erhielten nach dem Westfälischen Frieden 1648 das besetzte Erzstift Bremen als Kriegsbeute und säkularisierten alle Klöster im neugegründeten Herzogtum. Das evangelische Damenstift H. hatten sie bereits 1647 aufgehoben. Die Konventualinnen durften im landesherrlichen Amt bis zu ihrem Ableben verbleiben.

▶ **Gegenwart.** Von der mittelalterlichen Klosteranlage ist lediglich die 1738 stark umgestaltete und verkürzte Klosterkirche geblieben. Der einschiffige Bau dient heute der evangelischen Gemeinde als Pfarrkirche St. Mariae. Der Ort H., der seinen Namen den Zisterzienserinnen verdankt, ist jedes Jahr zur Weihnachtszeit als „Christkinddorf" Ziel von Kinderbriefen mit Wunschzetteln.

◆ GermBen 12, 148–167; Ahlers, Gerd: H., in: Weibliches Zisterziensertum im Mittelalter, Berlin 2002, 175–177.

Himmelspforte, *Prämonstratenser-Chorherrenstift St. Maria und St. Martin (1303–1807), Diözese Konstanz – (Grenzach-Wyhlen, Lkr. Lörrach, Baden-Württemberg, ❐ 3, B5).*

▶ Die Schwestern Anna und Berta von Nollingen stifteten 1303 in Wyhlen am Hochrhein dem Prämonstratenserorden ein Chorherrenstift und verlangten die Unterstellung als *filia specialis* direkt unter den Abt von Prémontré. Die Grundausstattung war bescheiden, Interessenskonflikte mit der nahen Deutschordenskommende ➛ Beuggen konnten verglichen werden, die wirtschaftliche Situation blieb stets angespannt. Nahe am Ruin wurde das Stift H. mit päpstlicher Zustimmung 1523 der Abtei Bellelay (Schweiz) inkorporiert und bis 1807 als Priorat geführt. Die Säkularisierung vollzog das Großherzogtum Baden. In dem barocken Konventsgebäude ist ein Seniorenheim eingerichtet, die ehemalige Stiftskirche von 1614 und heutige katholische Wallfahrts- und Pfarrkirche „Maria im Buchs" enthält Bauteile der gotischen Vorgängerkirche aus der zweiten Hälfte des 14. Jh.

◆ Degler-Sprengler, Brigitte: H., in: Helvetia Sacra IV/3, Basel 2002, 153–180.

Himmelspforten, *Zisterzienserinnenabtei St. Maria und St. Johannes Evangelist (1231–1803), Karmelitinnenkloster St. Nikolaus (seit 1844), Diözese Würzburg – (Würzburg-Zellerau, Bayern, ❐ 3, D2).*

▶ **Geschichte.** Der Würzburger Bischof Hermann I. von Lobdeburg gründete das Zisterzienserinnenkloster *Coeli Porta* 1231 zunächst in Himmelstadt bei Karlstadt. Die Frauen flohen vor ständigen Übergriffen um 1248 nach ➛ Schönau an der Saale. Der Bischof verlegte ihr Kloster 1252 mit Zustimmung des Generalkapitels der Zisterzienser an das Mainufer bei Würzburg, an den heutigen Ort im Würzburger Stadtteil Zellerau. Der Bau der Kirche, die im Kern heute noch existiert, begann 1260. Der als Legat beauftragte Bischof Albert der Große von Regensburg gewährte 1263 zur Unterstützung einen Ablass, 1276 fand die Weihe statt. Die Klausurgebäude entstanden erst am Ende des 13. Jh. Kloster H. wurde aufgrund päpstlicher Bitte schon 1231 in den Orden inkorporiert. Es unterstand der Aufsicht der Äbte von ➛ Ebrach, konnte sich aber nie ganz vom Würzburger Einfluss befreien. Fränkische Adelsfamilien, besonders jene von Rieneck, Grumbach und Hutten, begüterten das Frauenkloster reichlich; es besaß Land und Rechte in mehr als 60 Orten. 1352 stand dem Konvent mit Elisabeth IV. Silberlin die erste nichtadelige Äbtissin vor. Während der Auseinandersetzungen zwischen Bischof Albrecht II. von Hohenlohe und der Bürgerschaft wurde auch H. 1354 wegen seiner Nähe zum Bischof gebrandschatzt. Der Konvent erhielt vom vermittelnden Kaiser Karl IV. 1360 ein weitreichendes Schutzprivileg. Während der Reformation hielt der Konvent unter Äbtissin Sophie von Grumbach († 1526) zum

Himmelspforten (Zellerau) Zisterzienserinnenabtei, die frühgotische Frauenkirche ist aufgeteilt in Nonnenchor, Unterkirche und östlichen Laienchor, Südseite.

katholischen Glauben. Nach der Besserung der wirtschaftlichen Lage ließ Äbtissin Katharina Seuboth seit 1596 die Anlage und die Klosterkirche umfassend erneuern und verändern. Der Dreißigjährige Krieg und die schwedische Besatzung von 1631 bis 1634 überstand der Konvent ohne tiefe Einschnitte. 1803 beendete die allgemeine Säkularisation vorerst das klösterliche Leben. 1804 verließen 35 Zisterzienserinnen das Kloster.

▶ **Gegenwart.** Nach der Nutzung als Militärlazarett und Tabak- bzw. Farbenfabrik übernahmen 1844 unbeschuhte Karmelitinnen aus Gmünden am Traunsee (Österreich) die Klosteranlage und halten seitdem das monastische Leben aufrecht; sie errichteten 1925 eine kleinere Klausur. In der älteren Anlage unterhält das Bistum Würzburg ein modernes Exerzitienhaus für Weiterbildungsveranstaltungen und Konferenzen. Der gotische Kreuzgang ist nur in wenigen Teilen original erhalten und birgt einige interessante spätmittelalterliche Grabsteine. Die langgestreckte Kirche mit ihrem frühgotischen Hauptportal an der Südseite ist das Juwel der Anlage. Der typisch zweigeteilte Saal enthält eine dreischiffige, kreuzrippengewölbte Unterkirche im Westen, über der sich die schlichte Nonnenempore erhebt. Der Chor im Osten ist gerade geschlossen und zeigt derbe Birnstabrippen, gestützt auf Laubwerkkragsteinen. Die Wendeltreppe zur Empore und der steinerne Glockenturm, der sich aus dem Mittelbereich der Unterkirche erhebt, sind Beispiele aus der Übergangszeit zur Renaissance um 1600. Das Langhaus, dessen Mauern 1612 erhöht wurden, erhielt in dieser Zeit eine kostbare, aber eher unzisterziensische Kassettendecke mit Darstellungen von Evangelienszenen.

◆ Flachenecker, Helmut: Memoria und Herrschaftssicherung, Göttingen 2008; Mohn, Claudia: H., in: Mittelalterliche Klosteranlagen, Petersberg 2006, 136–142; Treiber, Angela: Die Frauenklöster in Franken, H., in: Zisterzienser in Franken, Würzburg 1991, 111 f.

Himmelthal, *Zisterzienserinnenkloster St. Maria (1232–1618), Jesuiten (1618–1773), Erzdiözese Mainz – (Elsenfeld-H., Lkr. Miltenberg, Bayern, ❒ 3, C2).*

▶ **Geschichte.** Graf Ludwig II. von Rieneck und seine Gemahlin Adelheid von Henneberg übergaben 1232 ihr Hofgut Wolperch im Elsavatal und das Dorf Eichelbach an den Würzburger Domherrn Salomon zur Gründung eines Frauenklosters. Die Schirmherrschaft behielt sich das Stifterpaar ausdrücklich vor; die geistliche Aufsicht oblag dem Generalvikar des Erzbistums Mainz. König Heinrich (VII.) und Papst Gregor IX. sicherten 1234 ihren Schutz zu. Erzbischof Siegfried III. von Mainz (Eppstein) übertrug dem Kloster *Vallis coeli* die Pfarreikirche in Erlenbach. Bereits 1242 konnte die stark anwachsende Gemeinschaft unter Äbtissin Burgsindis einen Gründungskonvent nach ➛ Lichtenstern bei Heilbronn entsenden. Weitere Schenkungen der Herren von Bickenbach, von Klingenberg, von Fechenbach, von Riedern und von Schlüsselberg ließen um 1400 den Besitz und die Rechte in mehr als 80 Ortschaften anwachsen. Die Frauen bekannten sich zur Zisterzienserregel, wurden aber nicht dem Zisterzienserorden inkorporiert. Die Jurisdiktionsansprüche des Mainzer Erzbischofs konnten wohl nie beseitigt werden, dennoch kümmerten sich die Zisterzienseräbte von ➛ Ebrach und ➛ Bronnbach um den Konvent. Die Abtei Ebrach führte 1406 Visitationen durch. In der Forschung gilt H. als kommittiertes Frauenkloster des Zisterzienserordens. Anfang des 16. Jh. betreute der Benediktinerabt Marcellinus I. (1509–18) von ➛ Seligenstadt die Frauen und visitierte 1516 das Kloster, möglicherweise unter dem Einfluss der ➛ Bursfelder Kongregation. Bauernaufstand, Reformation und kriegerische Auseinandersetzungen zerstörten im 16. Jh. die Gebäude, verwüsteten das Land und ließen das Kloster veröden. 1527 wurde Regina Truchsessin von Baldersheim aus dem Zisterzienserinnenkloster ➛ Frauental als Äbtissin zur Verstärkung eingesetzt, aber der Konvent erlosch. Ungeachtet dessen wurde H. unter Mainzer Kirchenhoheit nicht säkularisiert, sondern Anna Geupel aus dem Benediktinerinnenkloster ➛ Schmerlenbach 1569 als Äbtissin gerufen. Sie bewohnte bis zu ihrem Tod 1601 das Kloster allein, um sich tapfer in vielfältige Streitereien mit den evangelischen Grafen von Erbach einzulassen, die sich als legitime Nachfolger der 1560 ausgestorbenen Rienecker betrachteten. 1595 übertrug Erzbischof Wolfgang von Dalberg die Bewirtschaftung der Liegenschaften den Jesuiten in Aschaffenburg. Erst nach einem Vergleich mit dem Grafen von Erbach 1618 wurde diese Maßnahme rechtsgültig. Bis 1773 bewohnte die Gesellschaft Jesu das Kloster H.

▶ **Gegenwart.** Die Klosteranlage H. bei Elsenfeld besteht heute aus den Neubauten der Jesuiten (1713–61). Nach grundlegender Sanierung 1973/74 wurden im ehemaligen Kloster Ausbildungsstätten für Jugendliche eingerichtet. Aus mittelalterlicher Zeit blieben frühgotische Wandteile im Chor der barocken Kirche St. Sebastian sowie Mauerteile im Ostflügel der Klausur, zwei spätromanische Reliefs und ein Sandsteinrelief des hl. Nikolaus (um 1300) erhalten. Erwähnenswert sind 15 Grabsteine von Äbtissinnen und Adligen des 13. bis 15. Jh. Hervorzuheben ist der Stein der Äbtissin Katharina von Quiddenbaum († 1324) mit einem stilisierten Quittenbaum und einigen Weinreben verziert, in denen sich Vögel an den Früchten laben.

◆ Schneider, Erich: Klöster und Stifte in Mainfranken, Würzburg 1993, 23 f.; Treiber, Angela: Die Frauenklöster in Franken, H., in: Zisterzienser in Franken, Würzburg 1991, 112 f.

Himmelthron, *Zisterzienserinnenkloster St. Maria (1343–1525), Diözese Bamberg – (Nürnberg-Großgründlach, Bayern, ❒ 4, A2).*

▶ Das jüngste fränkische Zisterzienserinnenkloster aus dem Mittelalter gründete Gräfin Kunigunde, Witwe des Grafen Otto VII. von Orlamünde, 1343 am Heiliggeistspital in Nürnberg. Nach fünf Jahren verlegte die Äbtissin Adelheid (1343–54) das Kloster *Coeli Thronus* wegen Streitigkeiten mit dem Spitalgründer Konrad Groß nach Gründlach an die romanische Pfarrkirche St. Laurentius. Diese Kirche war aus einer Burgkapelle auf der Burg der Reichsministerialen von Gründlach entstanden und wurde nun für die Bedürfnisse der Schwestern umgebaut. Die geistliche Aufsicht übte der Abt von ➛ Langheim aus; seit 1378 hatte Nürnberg die Schirmherrschaft inne, eine Inkorporation in den Zisterzienserorden erfolgte nicht. Die Ausstattung des Klosters blieb immer hinter den Bedürfnissen des Konvents zurück; oft litten die Schwestern unter wirtschaftlichen Engpässen. Im Spätmittelalter flachte das geistliche Leben ab, H. verkam zur Versorgungsstätte unverheirateter Töchter. Die letzten vier Frauen übergaben 1525 das Kloster gegen lebenslange Renten der Reichsstadt Nürnberg, „da sie das Klosterleben für schädlich hielten". Nach dem Zweiten Markgrafenkrieg ging der zerstörte Besitz in private Hände über. Die evangelische Kirche St. Laurentius unterlag mehreren Neuauf- und Umbauten, heute fehlt ihr der Westteil mit Nonnenempore und Sepultur, der Turm stammt von 1681. Der Grabstein der ersten Äbtissin Adelheid im Chorbereich erinnert am deutlichsten an die Klostergemeinschaft. Er kennzeichnet aber nicht das Grab der Stifterin Kunigunde, der „Weißen Frau der Hohenzollern", wie man lange irrtümlicherweise angenommen hat. In der zweiten Hälfte des 17. Jh. entstand ein repräsentatives Schloss anstelle der Klausur.

◆ Haller, Berthold Freiherr von: St. Laurentius von Großgründlach, Nürnberg 1990.

Himmelthron Zisterzienserinnenkloster, der Kirchensaal des 14. Jh. mit Chorturm unterlag starken Eingriffen in nachklösterlicher Zeit, Südwestansicht.

Himmerod, *Zisterzienserabtei St. Maria (1134–1802, seit 1919), Erzdiözese Trier – (Großlittgen-H., Lkr. Bernkastel-Wittlich, Rheinland-Pfalz, ❐ 3, A2).*

▶ **Vorgeschichte.** Der Zisterzienserabt ➛ Bernhard von Clairvaux und Erzbischof Albero von Trier waren freundschaftlich verbunden. Bernhard schickte 1134 auf Wunsch des Bischofs eine Gruppe Zisterziensermönche aus dem burgundischen Clairvaux, die sich zunächst in Trier in einem Haus aufhielt, das später als Stadthof der Abtei H. genutzt und allgemein als „Bernhardshof" bekannt wurde. Ein Jahr später zog die Gruppe nach Winterbach an die Kyll bei Kordel und erst 1136 ins Salmtal an den heutigen Standort, nachdem Bernhard ihnen diesen Platz ausgesucht hatte. H. blieb die einzige Abtei auf deutschem Boden, bei deren Gründung Bernhard von Clairvaux nachweislich persönlich beteiligt war.

▶ **Geschichte.** Die Abtei H. entwickelte sich schon unter dem ersten Abt Randulf (1134–67) geradezu stürmisch aufwärts. H. erlangte nicht nur große geistliche Ausstrahlung und den Ruf eines „Klosters der Heiligen", sondern baute mit zwölf Grangien und zahlreichen Stadthöfen an Rhein und Mosel ein Wirtschaftszentrum und ein Handelsnetz auf, das mit eigenen Schiffen Getreide und Wein bis nach Brabant absetzte. 1189 konnte das rechtsrheinische Tochterkloster ➛ Heisterbach besiedelt werden, seit etwa 1185 betreuten die Mönche das Frauenkloster ➛ Sankt Thomas/Kyll, vielleicht schon seit 1208 das Kloster ➛ Sankt Katharinen bei Linz am Rhein; es folgten Kloster Löwenbrücken in Trier (1232) und ➛ Machern an der Mosel (1238). Die Abtei beteiligte sich aber nicht an der Ostkolonisation wie andere Zisterzen und gründete keine Tochterklöster. Die erste Wirtschaftskrise zwang Abt Balduin aus Wittlich (1328–38) die Abtei dem Erzbistum Trier zu unterstellen, der Exemtionsstatus war verloren. Den völligen Zusammenbruch verhinderte die Visitation von 1445 mit rigorosen Sparmaßnahmen und der Amtsenthebung des unfähigen Abtes. Während der Reformation floh der Konvent

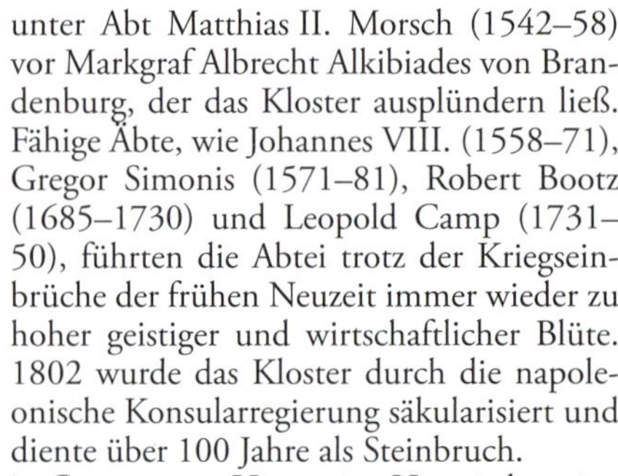

unter Abt Matthias II. Morsch (1542–58) vor Markgraf Albrecht Alkibiades von Brandenburg, der das Kloster ausplündern ließ. Fähige Äbte, wie Johannes VIII. (1558–71), Gregor Simonis (1571–81), Robert Bootz (1685–1730) und Leopold Camp (1731–50), führten die Abtei trotz der Kriegseinbrüche der frühen Neuzeit immer wieder zu hoher geistiger und wirtschaftlicher Blüte. 1802 wurde das Kloster durch die napoleonische Konsularregierung säkularisiert und diente über 100 Jahre als Steinbruch.

▶ **Gegenwart.** Heute ist H. wieder eine lebendige Abtei mit großem Bekanntheitsgrad. 1919 bauten mutige Zisterzienser aus Bosnien unter Obhut der Abtei ➛ Marienstatt das Kloster wieder auf. Die Weihe der rekonstruierten Barockkirche 1960 wurde zum besonderen Höhepunkt. Diese größte rheinische Barockkirche war vom sächsischen Baumeister Christian Kretschmar zwischen 1739 und 1751 erbaut worden. Sie vermittelt im Innern zisterziensische Schlichtheit, romanisches Raumgefühl und gotisches Aufwärtsstreben, harmonisch mit barocken Stilelementen verbunden. Chorgebete und pastorale Arbeit sind Schwerpunkte des heutigen Klosterlebens in H. Noch immer wird der selige Mönch David († 1179) aus der Gründungszeit besonders verehrt. Die Zisterzienser betreiben aber auch Werkstätten, Weide- und Fischwirtschaft und nicht zuletzt ein großes Haus für Einkehr suchende Gäste. Die „Alte Mühle" am Wirtschaftshof ist das einzige erhalten gebliebene Gebäude aus dem Mittelalter. Obwohl sie 1592 abbrannte und neu errichtet werden musste, enthält sie Architektur aus der Zeit um 1200. So weist die Nordfront noch altes romanisches Mauerwerk auf. Seit 1998 ist die sanierte Mühle mit ihren Kellergewölben eine Kunst-, Museums- und Begegnungsstätte.

◆ Bender, Wolfgang: Kloster H., in: Eifilia Sacra, Mainz 1999, 101–141; Schneider, Ambrosius: H., Himmerod 1991.

Hirsau, *Benediktinerabtei St. Aurelius, St. Petrus und St. Paulus (830–1556), Diözese Speyer – (Calw-H., Kreisstadt Calw, Baden-Württemberg, ❐ 3, C3).*

▶ **Vorgeschichte.** Die Umstände der ersten Mönchsniederlassung in H. sind strittig, weil die Quellenlage unsicher und widersprüchlich ist. Nach dem aus älteren Vorlagen zusammengestellten „Codex Hirsaugiensis" gründete der karolingische Reichsbischof Noting von Vercelli 830 im Nagoldtal im Schwarzwald zur Verehrung der Gebeine des hl. Aurelius von Mailand (4. Jh.) eine Mönchszelle, die später mit Weltklerikern besetzt war und im frühen 11. Jh. verfiel. Papst Leo IX. forderte 1049 seinen Neffen Graf Adelbert II. von Calw auf, die entwendeten Güter zurückzugeben und das monastische Leben wieder aufzurichten.

▶ **Geschichte.** 1059 begann Graf Adelbert II. von Calw im Zuge der Verlegung seines Stammsitzes von Sindelfingen nach Calw, das Aureliuskloster rechts der Nagold

Hirsau Benediktinerabtei, von der bedeutendsten Reformabtei des 11./12. Jh. blieben lediglich Ruinenreste.

neu aufzubauen und den ➛Sindelfinger Benediktinerkonvent nach H. zu verlegen. Zusätzlich rief er 1065 den ersten Abt Friedrich (1065–69) und Mitbrüder aus der Abtei Einsiedeln in der Schweiz nach H. Die Weihe der Klosterkirche St. Aurelius fand 1071 statt. Abt Friedrich galt als zu kontemplativ und musste 1069 auf Druck des Grafen und des Konvents resignieren, ging nach ➛Heiligenberg bei Heidelberg, wo er 1071 starb und bald heiligmäßig verehrt wurde. Der neue Abt Wilhelm (1069–91) aus ➛Regensburg St. Emmeram führte 1079 strenge monastische Lebensformen, die *constitutiones Hirsaugienses*, ein und schuf das ausstrahlungskräftigste Reformzentrum der Benediktiner des 11. und 12. Jh. (➛Hirsauer Reform). Ein angeschlossener Frauenkonvent wurde 1079 nach ➛Kentheim verlagert. Umfangreiche Stiftungen und reger Zulauf ermöglichten die Gründung von acht abhängigen Prioraten und die Verbreitung der Reform durch Gründungs- oder Erneuerungskonvente. Kein Einzelkloster agierte damals mit einem vergleichbar hohen Sendungsbewusstsein. Links der Nagold ließ Wilhelm 1082 eine größere Abteianlage bauen. Die Weihe der Basilika St. Peter und Paul mit Vorbildcharakter für Reformbauten im Reich erlebte er noch im Mai 1091, den Umzug des etwa 150 Mitglieder starken Konvents in das neue Kloster 1092 jedoch nicht mehr. Das alte Aureliuskloster blieb Priorat. Im Investiturstreit entschied sich Wilhelm kompromisslos für die päpstliche Sache; H. wurde zum „gregorianischen Hauptquartier Deutschlands". Nach Abt Wilhelm verlor sich die innovative Außenwirkung rasch; schon unter Abt Volmar (1120–56) sank H. zum Provinzkloster herab. Hoch- und Spätmittelalter waren von der Verflachung der Klausurideale und dem wirtschaftlichen Niedergang bis hin zur Bedeutungslosigkeit gekennzeichnet. Erst Abt Friedrich (1403–28) und sein Nachfolger Wolfram (1428–60) öffneten den Konvent für neue Reformbemühungen, die 1458 im Beitritt zur ➛Bursfelder Kongregation gipfelten. Der Aufschwung fand in der spätgotischen Bau- und Bibliotheksleistung seinen Ausdruck. Die neue Ausstrahlungskraft offenbarte sich 1489 in der Weitergabe der Reform nach ➛Schuttern. Neue Konflikte im Konvent 1497 und die Brandzerstörung während des Bauernaufstands 1525 erschütterten die Abtei. Herzog Ulrich von Württemberg verlangte 1535 die Einführung der evangelischen Glaubenslehre, was zunächst durch das Interim von 1548 verhindert, aber 1556 von Herzog Christoph durchgesetzt wurde. Das herzogliche Klosteramt H. beherbergte eine evangelische Klosterschule und wurde bis zur Auflösung 1807 von einem evangelischen Nominalabt verwaltet.

Hirsauer Reform

▶ Die Hirsauer Reform war die bedeutendste benediktinische Erneuerungsbewegung des 11. und 12. Jh. im deutschen Reichsteil. Ihre Entstehung ist eng an die Auseinandersetzung zwischen Kaiser und Papst im Investiturstreit geknüpft und findet in der Person des Hirsauer Abtes Wilhelm von ➛Hirsau (* um 1030, Abt 1071–91) ihre Zentralfigur. Wilhelm beanspruchte für sein dem Heiligen Stuhl unterstelltes Kloster die *integra libertas coenobii*, die „vollkommene Freiheit des Klosters", die ihm im sogenannten „Hirsauer Formular" Kaiser Heinrichs IV. (1075) vom Stifter konzediert wurde: freie Abtwahl und freie Vogtwahl (jedoch aus der Stifterfamilie, wobei der Stifter vom König die Vogtei auf Vorschlag des Abtes erhalten sollte), päpstlicher Schutz und Reichsschutz als Garantien der neuen Verfassung.

Sodann machte sich Wilhelm unter Einfluss Ulrichs von Cluny (1029–93, kanonisiert 1109) an die Erneuerung der inneren Verfassung seiner Abtei. Mit den *constitutiones Hirsaugienses* entstand ein cluniazensisch beeinflusstes Regelwerk, das alle das geistige Leben des Klosters betreffenden Angelegenheiten umfasste und auf ein streng reglementiertes Klosterleben abzielte. Im Sinn der gregorianischen Reform akzeptierten die Konstitutionen die Rolle des zuständigen Bischofs, betonten die asketische Demut und lehnten Prachtentfaltung ab; Predigt und Agitation wurden gefördert. Die Attraktivität der Reform löste einen starken Zustrom aus und mobilisierte dabei auch religiöse Laien der unteren Schichten; eine Neuerung war im Hinblick darauf die Einrichtung des Instituts der Laienbrüder, der *fratres barbati*, einer zusätzlichen Gruppe im Kloster neben den Mönchen mit klerikalen Weihen. Charakteristisch für die Reform ist auch der starke Andrang von Frauen; die Einrichtung von Doppelkonventen endete oft mit Trennung schon in den ersten Generationen.

Hirsau gründete acht Priorate, sandte 17 Gründungsgruppen aus, schickte in über 20 bestehende Klöster einen ganzen Reformkonvent und stellte weiteren Klöstern Reformäbte aus eigenen Reihen. Insgesamt erfasste die Reform zunächst etwa 120 Klöster, dazu kamen zahlreiche Neugründungen unter Hirsauer Statuten; um die Mitte des 12. Jh. bekannten sich etwa 250 Benediktinerklöster zur hirsauischen Lebensform. Leidenschaftliche Anhänger schufen Reformzentren in ➛Sankt Georgen, ➛Bamberg Michaelsberg, ➛Corvey, ➛Reinhardsbrunn, Berge bei Magdeburg, Admont (Österreich) u.a. Man spricht vom Hirsauer Reformkreis, der die meisten Benediktinerklöster zwischen ➛Lübeck an der Ostsee und Rosazzo in Italien, sowie ➛Mettlach im Saarland und ➛Riesa in Sachsen spirituell verband; es handelte sich dabei jedoch um keine zentralistisch geführte Kongregation nach dem Vorbild Clunys. Nach dem Tod Wilhelms 1091 und Ende des Investiturstreits 1122 (Wormser Konkordat) entfielen die die Reform tragenden und fördernden Bedingungen; Hirsau als Reformzentrum verblasste.

Das mehrstufige Säulenportal (Bürgel Benediktinerabtei) führten die Hirsauer Mönche in Deutschland ein.

War es früher üblich von einer „Hirsauer Bauschule" zu sprechen, klassifiziert man heute „Reformbauten des 11./12. Jh. mit hirsauischen Baumotiven". Vierungsturm, Sockelumlaufportal, Flachdecke, Säulen im Mittelschiff, schmucklose Würfelkapitelle mit „Ecknasen", Schachbrettmuster und rechteckige Arkadenrahmung sind romanische Architekturmerkmale, die teilweise schon vor Hirsau Anwendung fanden und lediglich durch Hirsau verbreitet wurden; sie taugen daher nicht als „Erkennungsmerkmale". Chorflankentürme bauten die Hirsauer nicht. Typisch sind der *chorus minor* (das erste Langhausjoch) abgetrennt von der Vierung mit dem *chorus maior*, um Priester- von Laienmönchen baulich zu sondern, sowie das Fehlen einer Krypta.

◆ GermBen 1, 89–124; Engelbert, Pius: Wilhelm von Hirsau und Gregor VII., in: Römische Quartalschrift für christliche Altertumskunde und Kirchengeschichte 100 (2005) 145–180; Berger, Rolf: Hirsauer Baukunst, 2 Bde., Bonn 1995–97; Jakobs, Hermann: Die Hirsauer, ihre Ausbreitung und Rechtsstellung im Zeitalter des Investiturstreites, Köln 1961.

▶ **Gegenwart.** Vom Aureliuskloster blieb das Langhaus der romanischen Basilika des 11. Jh. ohne Obergaden aber mit Säulen und Würfelkapitellen erhalten, 1954/55 hergerichtet als kleine katholische Pfarrkirche. Die zweite Abteianlage St. Peter und Paul auf der Hochterrasse am linken Nagoldufer wurde 1692 durch einen Kriegsbrand zerstört und im Laufe der Zeit abgetragen. Geblieben sind nur Reste, so der Nordwestturm der romanischen Basilika („Eulenturm"), die spätgotische Marienkapelle mit dem Bibliothekssaal (heute evangelische Pfarrkirche und Museum), die spätgotischen Kreuzgangteile mit Maßwerkfenstern und die Umfassungsmauern von Kapitelsaal und Sommerrefektorium.

◆ GermBen 5, 281–303; Schreiner, Klaus: H., St. Peter und Paul, 1091–1991, Stuttgart 1991.

Hirschhorn, *Karmelitenkloster St. Maria (1404-1803), Erzdiözese Mainz – (Lkr. Bergstraße, Hessen, ❒ 3, C2).*

▶ **Geschichte.** Kurz nachdem der als Lehen vergebene kurmainzische Ort H. am Neckar von König Wenzel 1396 Stadtrecht erhalten hatte, ließen sich Karmeliten 1404 am Hang unterhalb der Burg über dem Hinterstädtchen mit Hilfe des Stadtherrn Hans V. von Hirschhorn nieder. Ihre Marienkirche war bereits im Bau, sie wurde 1406 geweiht und war die erste Kirche vor Ort diesseits des Neckars, da die Pfarrkirche in Ersheim auf der anderen Flussseite stand. Schon 1528 entschieden sich die Ritterfamilie von Hirschhorn und das Bürgertum für den Protestantismus, der auch bei den Karmeliten Einfluss gewann. 1530 bestand der Konvent nur noch aus vier Brüdern, das Kloster war im Besitz des Stadtherrn. Nur mit Hilfe Kaiser Karls V. gelang es Eberhard Billick (1542–57), Provinzial der niederdeutschen Ordensprovinz und Ordensreformer, Kloster H. 1533 für den Orden zurückzugewinnen, um es 1553 schließlich doch zu verlieren. Erst mit der Rekatholisierung der Stadt 1629 wurde der Konvent wiederbesetzt, er existierte bis zur Aufhebung 1803 durch das Großherzogtum Hessen-Darmstadt.

▶ **Gegenwart.** Die Karmelitenkirche, heute die katholische Pfarrkirche St. Maria Verkündigung, ist ein einschiffiger Saal mit Triumphbogen zum abgesetzten Chor im 5/8-Schluss und einer spätgotischen Annakapelle an der Südseite. Mitte des 19. Jh. war die Kirche bis auf die Außenmauern verfallen. Zwischen 1887 und 1892 erfolgte ihre umfassende Wiederherstellung. Interessante Wandmalereien um den Triumphbogen und an den Langhauswänden aus dem 15. Jh. beleben den Innenraum, ebenso der spätgotische Lettner, der in protestantischer Zeit 1629 in die Stadtkirche versetzt wurde, 1641 zurückkam und seitdem als Sängerbühne dient. Die Annenkapelle an der Südseite (1513/14) geht auf die besondere Verehrung der hl. Anna, der Mutter Marias, durch die Karmeliten zurück. Sie wird von einem Netzgewölbe mit figürlichen Schlusssteinen, Ornamentmalereien und einer Holzplastik der hl. Anna (Anfang 16. Jh.) geschmückt. Grabdenkmäler der reich begüterten Adelsfamilie von Hirschhorn erinnern an die Gönner und Schirmherren des Konvents. Das heutige katholische Pfarrhaus, ein schlichter zweistöckiger Trakt, war das Konventsgebäude der Karmeliten. Es steht wegen der Hanglage auf hohen gewölbten Kellerräumen der Gründungszeit. Hofseitig blieben drei Spitzbogenarkaden des flachgedeckten Kreuzgangs erhalten. Im Erdgeschoss befindet sich der vollständig ausgemalte Kapitelsaal von 1509 und im Obergeschoss die Zellen der Brüder.

◆ Spiegelberg, Ulrich: H. und seine Kirchen, München 2006; Smet, Joachim/Dobhan, Ulrich: Die Karmeliten, Freiburg 1981.

Hirzenach Benediktinerpropstei, Kirchen der Siegburger Zellen wirken oft überdimensioniert, Nordwestansicht.

Hirzenach, *Benediktinerpropstei St. Maria, Johannes Evangelist und St. Bartholomäus (nach 1109–1802), Erzdiözese Trier – (Boppard-H., Rhein-Hunsrück-Kreis, Rheinland-Pfalz, ❒ 3, B2).*

▶ **Geschichte.** Abt Kuno I. (1105–26) von der Abtei ➛ Siegburg gründete nach 1109 eine abhängige Propstei am Mittelrhein. Der Ort H. war aus der Hand des Reichsministerialen Erlolf (von Sternberg?) über Kaiser Heinrich IV. und Erzbischof Friedrich I. von Köln an die Benediktiner gelangt. Die Vogteirechte wusste Erlolf zu bewahren, wobei die Obervogtei dem König zustand. Die Siegburger Mönche brachten ihre cluniazensisch-fruttuariensisch geprägten Reformstatuten mit, weshalb die strenge Einhaltung der Benediktregel den religiösen Alltag bestimmte. Die Landerschließung durch umfangreiche Rodungen war ihr Arbeitsziel, die Pfarrpflichten an der alten Pfarrkirche St. Bartholomäus im Ort ihr apostolisches Anliegen. Erzbischof Bruno von Trier (Lauffen) und der örtliche Adel besserten die Erstausstattung erheblich auf, das Auskommen für zwölf bis 15 Mönche waren gesichert; Fischereirechte im Rhein innerhalb des Bopparder Reichsbezirks bereicherten zusätzlich die Versorgung. König Konrad III. förderte den Landesausbau, er befreite die Mönche vom Rottzehnt bei der Rodung des Hunsrücker Hochwaldes. Die Rodungsarbeiten der Benediktiner schufen letztendlich die Voraussetzungen für den ausgedehnten Weinanbau in den späteren Jahrhunderten. Die Propstei H. blieb stets dem Abt der Mutterabtei Siegburg disziplinarisch unterstellt. Ende des 13. Jh. führten wirtschaftliche Schwierigkeiten zu Versorgungsengpässen, denen eine Verflachung der monastischen Lebensweise vorausgegangen war und die man mit Landverkäufen auszugleichen versuchte. Die Stabilisierung der Klosterökonomie gelang erst unter Propst Johann von Lobus (1358–87) während seiner fast dreißigjährigen Amtszeit.

Im Spätmittelalter nahm das Leben in der Mutterabtei Siegburg stiftsähnliche Formen an, die abhängigen Propsteien konnten sich dieser Entwicklung nicht entziehen. Bei der Amtseinführung Propst Heinrichs von Plettenberg (1445–65) wurde letztmalig in H. ein Konvent entsprechend der Benediktregel zum Gehorsam gegenüber dem neuen Propst verpflichtet. In den folgenden Jahrhunderten lebten meist nur der Propst und ein Mitbruder in H. Neben ➛ Oberpleis galt auch H. als recht vermögende Zelle; beide wurden 1555 angehalten, die Propsteien ➛ Zülpich und ➛ Millen zu unterstützen. Die napoleonische Konsularregierung säkularisierte die Propstei 1802. Der letzte Propst, Franz Emmerich von Quadt (1782–99), war bereits 1799 vertrieben worden.

▶ **Gegenwart.** Die für eine Außenzelle überdimensioniert wirkende Propsteikirche dient heute als katholische Pfarrkirche St. Bartholomäus. Der romanische Bau aus der ersten Hälfte des 12. Jh. ist eine flachgedeckte Pfeilerbasilika ohne Krypta mit mächtigem Westturm; sie besitzt Ähnlichkeit mit der Propsteikirche in Oberpleis. Die für Siegburger Kirchen typischen Rundtürme in den Querschiffwinkeln sind verschwunden, die romanische Apsis wurde um 1250 durch den reichgegliederten Chor mit 5/8-Schluss ersetzt. Dieser Chor zählt zu den ersten unmittelbar von Frankreich beeinflussten frühgotischen Bauten auf deutschem Gebiet. In der Mitte des 13. Jh. entstand auch das südliche Hauptportal mit einer quadratischen Vorhalle (Paradies). Von der mittelalterlichen Ausstattung ist nichts geblieben. Das barocke Propsteigebäude von 1716, einziger Rest der ehemaligen Klausur, dient heute als Pfarrhaus.

◆ GermBen 9, 165–176; GermSac NF 9.

Hirzenhain Augustiner-Chorherrenstift, der schmuckreiche Lettner der Windesheimer Reformkanoniker.

Hirzenhain, *Augustiner-Chorherrenstift St. Maria, St. Anna und St. Antonius (1437–1568), Erzdiözese Mainz – (Wetteraukreis, Hessen, ❐ 3, C1).*

▶ **Geschichte.** Anfang der dreißiger Jahre des 15. Jh. hielten sich drei Augustiner-Chorherren an der Wallfahrtskapelle St. Maria in H. auf, einem Ort, der aufgrund von Eisengewinnung und -verarbeitung hohe wirtschaftliche Bedeutung hatte. Eberhart von Eppstein-Königstein übergab die Kapelle und das Dorf 1437 dem Stift ➛ Böddeken, einem Zentrum der ➛ Windesheimer Reformkongregation. Sechs Windesheimer Chorherren aus Böddeken gründeten im Oktober 1437 das Augustiner-Chorherrenstift H., Erzbischof Dietrich I. von Mainz (Erbach) und das nahe Prämonstratenser-Chorfrauenstift ➛ Konradsdorf erteilten ihre Zustimmung. Das Stift H. erlangte durch Schenkungen und Zukäufe reichen Besitz in der Wetterau mit Salzsoden, Mühlen, Weinbergen und Fischteichen. Als erster Prior wurde Walter Kempis (1440–49) ernannt, der sich für die Reform des Stifts ➛ Höningen einsetzte und

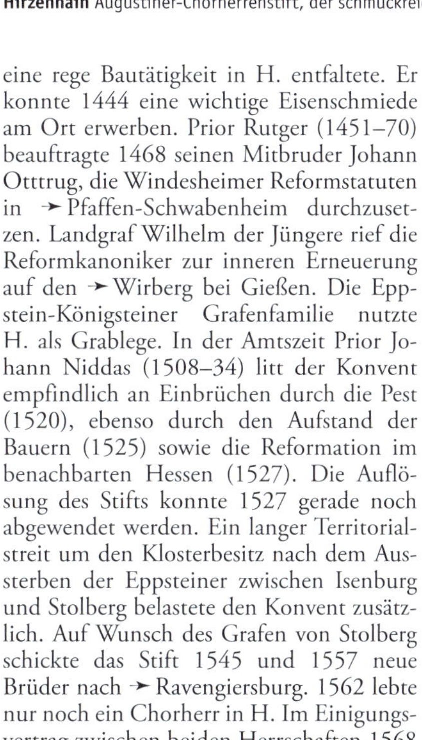

eine rege Bautätigkeit in H. entfaltete. Er konnte 1444 eine wichtige Eisenschmiede am Ort erwerben. Prior Rutger (1451–70) beauftragte 1468 seinen Mitbruder Johann Otttrug, die Windesheimer Reformstatuten in ➛ Pfaffen-Schwabenheim durchzusetzen. Landgraf Wilhelm der Jüngere rief die Reformkanoniker zur inneren Erneuerung auf den ➛ Wirberg bei Gießen. Die Eppstein-Königsteiner Grafenfamilie nutzte H. als Grablege. In der Amtszeit Prior Johann Niddas (1508–34) litt der Konvent empfindlich an Einbrüchen durch die Pest (1520), ebenso durch den Aufstand der Bauern (1525) sowie die Reformation im benachbarten Hessen (1527). Die Auflösung des Stifts konnte 1527 gerade noch abgewendet werden. Ein langer Territorialstreit um den Klosterbesitz nach dem Aussterben der Eppsteiner zwischen Isenburg und Stolberg belastete den Konvent zusätzlich. Auf Wunsch des Grafen von Stolberg schickte das Stift 1545 und 1557 neue Brüder nach ➛ Ravengiersburg. 1562 lebte nur noch ein Chorherr in H. Im Einigungsvertrag zwischen beiden Herrschaften 1568 galt das Stift als säkularisiert, ein weltlicher Verwalter war eingesetzt.

▶ **Gegenwart.** Die hochgotische Marienkapelle wurde in der Zeit der Stiftsgründung zur dreischiffigen Halle erweitert, den Bau des Langhauses beeinflussten die Chorherren entsprechend ihrer liturgischen Bedürfnisse. Der begehbare, schmuckreiche Lettner aus Stein, der Gemeinde und Pilger im Kirchenraum von den Chorherren im Chorraum abgrenzte, ist heute ein beeindruckendes Zeugnis aus der monastischen Zeit; spätmittelalterliche Holzfiguren und steinerne Plastiken erinnern an die kunstreiche Ausstattung. Seit 1689 wird die Stiftskirche als evangelische Pfarrkirche genutzt und sorgfältig erhalten. Die Reste der Immunitätsmauer lassen das einst großräumige Stiftsareal erahnen. Als einziger Rest der ehemaligen Klausur blieben Kellergewölbe in einem südlich angrenzenden Wirtschaftsgebäude des späteren Stolbergschen Hofes erhalten.

◆ MonWin 2, 210–217; König-Lein, Susanne: Ev. Pfarrkirche, ehem. Augustiner-Klosterkirche H., Regensburg 1995.

Hochheim, *Dominikanerinnenkloster St. Maria (1278–1570) – „Maria Himmelskron“, Diözese Worms – (Worms-H., kreisfreie Stadt Worms, Rheinland-Pfalz, ❐ 3, C2).*

▶ **Geschichte.** Ritter Dirolf von H. und seine Gemahlin Agnes stifteten 1278 auf dem Gelände ihrer ehemaligen Wasserburg H. vor den Toren von Worms mit der Zustimmung Bischof Friedrichs I. von Worms (Baumburg) ein Frauenkloster und spendeten einen Großteil ihres Vermögens. Ihre Tochter trat in den Konvent ein, der sich aus einer bestehenden Beginengemeinschaft, möglicherweise gemeinsam mit Dominikanerinnen aus Straßburg St. Markus, konstituierte. Bischof Simon von Schöneck unterstellte im November 1283 dem Konvent die Pfarrkirche St. Amandus in der Vorstadt. Er sorgte für die Aufnahme des Konvents in den Dominikanerorden, die 1285 vom Generalkapitel beschlossen und 1287 zusammen mit dem Schwesternkonvent ➛ Lambrecht vollzogen wurde. Unter der ersten Priorin Adelheid von Dirmstein (um 1282–1300) entstand die Klosteranlage *Coeli corona*; die heute noch erhaltene Klosterkirche konnte 1293 konsekriert werden. Der Zulauf von Jungfrauen aus Wormser Patrizierfamilien aber besonders von adeligen Töchtern derer von Montfort, Dirnstein, Gemmingen, Sickingen u. a. war so groß, dass die Anzahl der Schwestern auf 52 begrenzt werden musste. Der pfalzgräfliche Ministerialadel sparte nicht mit Güterschenkungen und Mitgiften. Seit etwa 1290 existierte im nahen Liebenau ein weiteres Dominikanerinnenkloster. 1319 trat die Tochter Agnes des Stifterpaares erstmals als Priorin (vor 1319–21) auf; die Priorinnenwürde erhielten ausschließlich Adelstöchter.

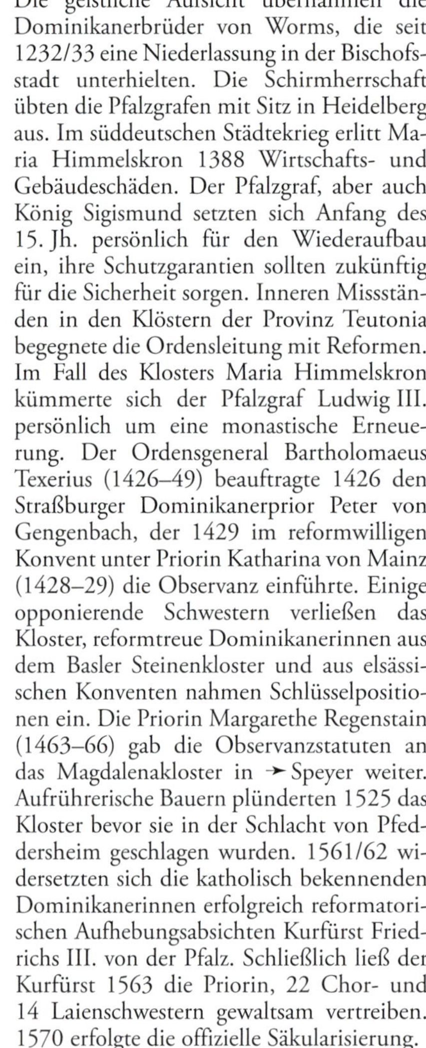

Die geistliche Aufsicht übernahmen die Dominikanerbrüder von Worms, die seit 1232/33 eine Niederlassung in der Bischofsstadt unterhielten. Die Schirmherrschaft übten die Pfalzgrafen mit Sitz in Heidelberg aus. Im süddeutschen Städtekrieg erlitt Maria Himmelskron 1388 Wirtschafts- und Gebäudeschäden. Der Pfalzgraf, aber auch König Sigismund setzten sich Anfang des 15. Jh. persönlich für den Wiederaufbau ein, ihre Schutzgarantien sollten zukünftig für die Sicherheit sorgen. Inneren Missständen in den Klöstern der Provinz Teutonia begegnete die Ordensleitung mit Reformen. Im Fall des Klosters Maria Himmelskron kümmerte sich der Pfalzgraf Ludwig III. persönlich um eine monastische Erneuerung. Der Ordensgeneral Bartholomaeus Texerius (1426–49) beauftragte 1426 den Straßburger Dominikanerprior Peter von Gengenbach, der 1429 im reformwilligen Konvent unter Priorin Katharina von Mainz (1428–29) die Observanz einführte. Einige opponierende Schwestern verließen das Kloster, reformtreue Dominikanerinnen aus dem Basler Steinenkloster und aus elsässischen Konventen nahmen Schlüsselpositionen ein. Die Priorin Margarethe Regenstain (1463–66) gab die Observanzstatuten an das Magdalenakloster in ➛ Speyer weiter. Aufrührerische Bauern plünderten 1525 das Kloster bevor sie in der Schlacht von Pfeddersheim geschlagen wurden. 1561/62 widersetzten sich die katholisch bekennenden Dominikanerinnen erfolgreich reformatorischen Aufhebungsabsichten Kurfürst Friedrichs III. von der Pfalz. Schließlich ließ der Kurfürst 1563 die Priorin, 22 Chor- und 14 Laienschwestern gewaltsam vertreiben. 1570 erfolgte die offizielle Säkularisierung.

Höchst (Frankfurt/Main) Benediktinerpropstei/Antoniter-Präzeptorei, korinthische Kapitelle aus dem 9. Jh.

▶ **Gegenwart.** Die Wirtschafts- und Konventsgebäude wurden sukzessiv abgerissen, lediglich die Kirche St. Maria blieb erhalten und diente der evangelischen Gemeinde bis 1609 als Winterkirche. Seit 1705 dürfen auch die Katholiken diese wieder als Pfarrkirche nutzen. Der langgestreckte Saalbau mit dreiseitigem Chorschluss im Osten bewahrte trotz der Neuerrichtung (1706–08) seine Maßwerkfenster. Innen erhielt die Flachdecke damals ihre Stuckverzierung; die Nonnenempore, die fast die gesamte westliche Hälfte einnahm, wurde entfernt; die Nordwand zeigt Fresken des frühen 14. Jh. Ein Löwenkopftaufstein mit Halbfigurenreliefs der Apostel Petrus und Paulus (um 1500), eine Glocke und einige Grabplatten, auch die des Stifters, verweisen auf die mittelalterliche Ausstattung. Die Kirche des Klosters Maria Himmelskron in H., heute ein Stadtteil von Worms, hat als einziger mittelalterlicher Sakralbau der einst reichen Klosterlandschaft in der Bischofsstadt die Zeiten überlebt. Vom Frauenkloster Liebenau blieb keine Architektur erhalten, ebenso keine vom Predigerkloster der Stadt.

◆ Jäggi, Carola: Frauenklöster im Spätmittelalter, Petersberg 2006, 70–75; Kemper, Joachim: Klosterreformen im Bistum Worms im späten Mittelalter, Mainz 2006, 79–115.133–180; Böcher, Otto: Maria Himmelkron in Worms-H., Köln 2005.

Höchst/Main, *Benediktinerpropstei St. Justinus (1090–1419), Antoniter-Generalpräzeptorei St. Justinus (um 1196/1441–1803), Erzdiözese Mainz – (Frankfurt/Main-H., Hessen, ❐ 3, C2).*

▶ **Geschichte der Benediktinerpropstei.** Erzbischof Ruthard von Mainz übergab 1090 der heute untergegangenen Benediktinerabtei St. Alban in Mainz die Kirche St. Justinus aus dem 9. Jh. am Mainufer im damaligen *Hochsteden* und stiftete zusätzlich einigen Besitz zur Gründung einer Propstei. Die Abtei St. Alban öffnete sich in der Zeit Abt Adelmanns (1085–96) der ➛ Hirsauer Reform, so dass man für den frühen Konvent in H. neucluniazensische Reformstatuten annehmen kann und von einem Priorat sprechen muss. H. blieb eng mit der Mutterabtei verbunden. Diese litt im 13. Jh. an wirtschaftlichen Schwierigkeiten; 1329 zerstörten Bürger die Abteianlage in Mainz. Das Konventsleben löste sich im 14. Jh. auf, 1389 wurde Propst Otto von Scharfeneck aus H. zum Abt von St. Alban (1389–1400) in einer umstrittenen Doppelwahl gewählt. Auf Wunsch der Mönche wandelte Erzbischof Johann II. von Nassau im Auftrag Papst Martins V. die Abtei St. Alban in ein ritterliches Säkularkanonikerstift um. Die neuen Kanoniker gaben St. Justinus mit allen Rechten der Mainzer Kirche zurück, die Propstei H. wurde 1419 aufgelöst und ein Pfarrer einsetzt.

▶ **Geschichte der Antoniter-Präzeptorei.** In Roßdorf nördlich von Hanau errichteten Antoniter aus Frankreich um 1196 die angeblich erste deutsche Präzeptorei. Als Stifter gilt Graf Heinrich I. von Hanau, die erste urkundliche Erwähnung stammt von 1235. Die Präzeptorei Roßdorf entwickelte sich zu einer bedeutenden Generalpräzeptorei des entstehenden Antoniterordens und nahm im deutschsprachigen Reichsteil einen ersten Rang ein. In der Ordensauflistung aller 42 Generalpräzeptoreien, die sich vermutlich 1323 nach der Gründungszeit richtete, rangierte Roßdorf an dritter Stelle und wies zwölf Ordensmitglieder auf. Von Roßdorf gingen u. a. die Niederlassungen in Frankfurt/Main, ➛ Köln, Oppenheim, ➛ Mainz, ➛ Alzey und wahrscheinlich auch ➛ Grünberg aus. Auf dem Höhepunkt der Entwicklung verlegte der Orden 1441 wegen zunehmender Spannungen mit den Hanauer Reichsgrafen die Generalpräzeptorei Roßdorf in das ummauerte, kurmainzische H. am Main, nachdem Erzbischof Dietrich von Erbach die ehemalige Benediktinerpropstei mit der Kirche St. Justinus den Antonitern übertragen hatte. Sie bauten die Anlage für ihre Spitalzwecke um, auch die Kloster- und Pfarrkirche erlag aufwändigen Veränderungen. Die Baukosten wie auch der kostspielige Lebensstil der Vorsteher (Generalpräzeptoren) verursachten eine Verschuldung; so repräsentierte Präzeptor Goswin von Orsoy (1488–1509) in Prälatenmanier, die selbst den Dompropst von Mainz ausstach. Hinzu kamen die sinkende Bedeutung des Ordens, die Reformation und der Ausfall des Quest (Almosen). Die Zahl der Antoniterhäuser reduzierte sich im 16. Jh. dramatisch. Die Konvente in H. und Köln trennten sich 1616 vom Orden und existierten unabhängig bis zur allgemeinen Säkularisation 1803.

▶ **Gegenwart.** Die ehemalige Kloster- und heutige katholische Pfarrkirche St. Justinus am Hochufer des Untermain in H., heute ein Stadtteil von Frankfurt/Main, geht auf den basilikalen Bau Erzbischof Hrabanus' Maurus zurück (um 850). Die Kirche wurde von den Antonitern durch spätgotische Anbauten überdeckt (1443–64) und der Dreiapsidenchor mit Vierungsturm durch einen höheren Langchor mit Polygonschluss ersetzt. Im karolingischen Langhaus überraschen Säulen mit korinthischen Kapitellen und Kämpfern, die neben jenen der Vorhalle in ➛ Lorsch zu den bedeutendsten Bauplastiken der Karolingerzeit in Deutschland gehören. Die Benediktiner schufen nach 1090 Vierung, Obergaden und Flachdecke, die Antoniter hingegen den spätgotischen Chor, zusätzlich die Sakristei, Kapellen und das Südportal. Die heutige Innenausstattung geht ausschließlich auf die Antoniter zurück. Mittelalterliche Klausur- und Hospitalgebäude sind nicht erhalten. Am Gründungsort Roßdorf, heute ein Ortsteil von Bruchköbel, erinnert lediglich die Bezeichnung „Klosterhof" an die bedeutende Antoniter-Präzeptorei, die über 200 Jahre den Ort prägte.

◆ GermBen 7, 635–640; Becker, Hans (Hg.): Geschichte des Antoniterhauses Roßdorf-H. von Jakob Rauch †, in: Archiv für mittelrheinische Kirchengeschichte 11 (1959) 76–159.

Höchst (Odenwald) Augustiner-Chorfrauenstift, einzig der spätromanische Westturm ist aus dem Mittelalter.

Höchst

Höchst (Odenwald), *Augustiner-Chorfrauenstift St. Maria (vor 1244–1506), Benediktinerinnenkloster St. Maria (um 1510– nach 1548), Erzdiözese Mainz – (Odenwaldkreis, Hessen, ❒ 3, C2).*

▶ **Geschichte.** Auf dem Besitz der Reichsabtei ➛ Fulda im Mümlingtal im Odenwald wurde vor 1244 ein Frauenkonvent mit Augustinusregel gegründet; Umstände und Motiv sind unbekannt. Die erste bekannte Urkunde des Frauenstifts H. datiert 1244. Die Vogteirechte vergab der Reichsabt von Fulda lehnsweise meist an die Pfalzgrafen bei Rhein, die ihre Rechte als Obervögte an Untervögte weitergaben. Die Herren von Crumpach bezeichneten sich 1219 als *advocati*, ein Indiz für die Existenz des Stiftes schon im frühen 13. Jh. Der ausgedehnte Grundbesitz lag weit gestreut um H., Propst- und Konventsgut waren klar getrennt. Reichsabt Heinrich V. (1288–1313) begrenzte 1290 die Konventsstärke auf 32 Frauen. Im Spätmittelalter zeigten sich wirtschaftliche Schwierigkeiten, Meisterin Yrmele Waltmännin (1391/97) musste einen Hof verkaufen, um die Verschuldung zu mildern; 1453 sollte der Aufbau einer Schäferei die größte Not lindern. Zu Beginn des 16. Jh. war das Stift verödet, 1506 lebte in H. noch eine einzige Chorfrau. Reichsabt Johann II. (1472–1513) setzte zunächst einen fuldischen Verwalter ein, belebte aber um 1510 das Kloster H. mit Benediktinerinnen aus ➛ Allendorf an der Werra, die erstmals 1511 urkundlich auftreten. Über den Konvent verlautbaren die Quellen in der Folgezeit aber wenig. Sicher ist, dass Prozesse gegen Übergriffe der Nachbarn geführt werden mussten und dass der Bauernaufstand 1525 das Kloster wirtschaftlich ruinierte. Nach der Einführung der Reformation in der Herrschaft Breuberg durch Graf Michael III. von Wertheim um 1548 wurde das Kloster H. aufgehoben, die Äbtissin und der Konvent durften bleiben. Der Zeitpunkt der offiziellen Säkularisierung ist unbekannt. Im Prozess der Reichsabtei gegen die Herrschaft Breuberg konnte nicht geklärt werden, ob H. vor oder nach 1552, dem festgelegten Stichjahr des Augsburger Religionsfriedens, säkularisiert worden war. Fulda gelang es nicht, die alten Ansprüche durchzusetzen. Äbtissin Anna Ganz von Otzburg (1566/67) verpfändete noch 1566 Gefälle des Klosters und kümmerte sich um den Wiederaufbau der verfallenen Klosterkirche, der wohl 1568 abgeschlossen werden konnte.

▶ **Gegenwart.** Die ehemalige Klosterkirche in H. dient heute als evangelische Pfarrkirche. Der einzige Bauteil aus klösterlicher Zeit ist ihr wuchtiger spätromanischer Westturm. Das Kirchenschiff von 1566/68 ist der früheste evangelische Kirchenbau im Odenwaldgebiet. Von den mittelalterlichen Ausstattungsstücken haben sich lediglich einige Grabplatten erhalten, unter ihnen jene der Meisterin Ida I. zu Erbach († 1345) in Ritzzeichnung. Nördlich der Kirche schließen sich drei Konventsflügel an, deren Kernsubstanz mittelalterlich ist, die aber heute stark überbaut erscheinen und als evangelische Jugendbildungsstätte dienen. Das östlich liegende Propsteigebäude mit Treppenturm entstand am Anfang des 16. Jh., wurde aber 1592 umgebaut.

◆ GermBen 7, 635–652; Jürgensmeier, Friedhelm (Hg.): Handbuch der Mainzer Kirchengeschichte, 3 Bde., Würzburg 1997–2002.

Hof/Saale Franziskanerkloster, das „Sommerhaus" errichteten die Barfüßer im 15. Jh.

Hof, *Franziskanerkloster St. Maria und Heilig Kreuz (vor 1292–1529) – „Barfüßerkloster", Diözese Bamberg – (kreisfreie Stadt, Bayern, ❐ 4, B1).*

▶ **Geschichte.** Erzbischof Erich von Magdeburg (Brandenburg) erwähnt die Franziskaner im vogtländischen H. erstmals, als er den Minoriten erlaubte, Ablassbriefe zu verkaufen. Im Juni 1292 bestand bereits eine eigene Konventskirche an der nordwestlichen Stadtmauer. Auch in H. mussten sich die seelsorglich tätigen Bettelbrüder gegen den örtlichen Weltklerus durchsetzen, der um Zuwendungen fürchtete. Der Konflikt mit dem Oberpfarrer der St. Lorenzkirche, Johannes von Schaphstete, eskalierte zu Beginn des 14. Jh., als dieser den Gottesdienst der Barfüßer störte, die Brüder als Ketzer beschimpfte, ihre Beichtabnahme nicht anerkannte und Sterbesakramente verweigerte. Bischof Heinrich I. von Naumburg (Grünberg), Beauftragter des Papstes zum Schutz der Minoriten in Deutschland, suspendierte 1322 den Pfarrer und räumte den Franziskanern uneingeschränkte seelsorgliche Tätigkeiten in H. ein. Die vogtländischen Landesherrn verkauften 1373 die Herrschaft H. an die Burggrafen von Nürnberg aus dem Haus Hohenzollern. Die Vögte von Weida erwiesen sich aber weiterhin als besondere Gönner der Franziskaner: Heinrich XI. und XII. von Weida sowie regionale Adelsfamilien ermöglichten die Vergrößerung der Konventskirche (1351–76), wobei den benachbarten Klarissen (➛ Hof) eine Westempore eingebaut wurde. Bei der Zerstörung der Stadt im Januar 1430 durch die böhmischen Hussiten brannte auch das Franziskanerkloster nieder; die Brüder waren rechtzeitig zusammen mit den Klarissen nach Eger geflüchtet. Für den Wiederaufbau erlaubte ihnen Bischof Anton von Bamberg (Rotenhan) im Oktober 1432, die Terminierbezirke zu erweitern; auch die Bürger und der örtliche Adel gaben reichliche Zuwendungen. Ein eigenes Studium und wissenschaftliches Arbeiten war neben der Seelsorge ein weiteres Betätigungsfeld der Brüder. Die Klosterbibliothek war im „Sommerhaus" untergebracht und umfasste 466 Bände, Inkunabeln und Handschriften. Ein Herbarium ist überliefert, in den Konventsräumen wurde Unterricht erteilt. Die Minoriten in H. schlossen sich nicht der Observantenbewegung ihres Ordens an, unterwarfen sich aber im ausgehenden 15. Jh. der gemäßigten ➛ Martinianischen Reform. Sie profitierten von der Nachbarschaft mit den Klarissen, die sie bei Schenkungen als nominelle Eigentümerinnen für den ihnen unerlaubten Besitz einsetzten, aber Nutznießer blieben. Von H. aus gelang 1515 die späte Gründung des Franziskanerkonvents auf dem Jobstenberg bei Bayreuth. Nach den Predigten Caspar Loeners 1525 in der Franziskanerkirche setzte sich lutherisches Gedankengut im Konvent und bei den Bürgern durch. Die Brüder wechselten die Konfession und traten aus dem Kloster aus. Mit der offiziellen Einführung der Reformation in der Stadt 1529 endete das Franziskanerkloster. Markgraf Albrecht Alkibiades von Brandenburg-Kulmbach übergab 1543 das Klosterareal dem Stadtrat zur Einrichtung einer Lateinschule, dem Vorläufer des heutigen Jean-Paul-Gymnasiums.

▶ **Gegenwart.** An Stelle der Franziskanerkirche entstand nach 1902 ein Anbau der Neustädter Volksschule. Erhalten sind von dem einst geschlossenen Klosterquadrum der Ost- und der halbe Nordflügel als Schultrakt; inzwischen sind beide völlig überbaut. Lediglich das mittelalterliche „Sommerhaus" ist heute als architektonisches Erbe der Franziskaner zu erkennen; es dient dem Jean-Paul-Gymnasium als Kunst- und Musiksaal; seine Kernsubstanz geht auf das 15. Jh. zurück, das Obergeschoss entstand in der Mitte des 16. Jh.; in der Barockzeit wurde das Gebäude vereinheitlicht.

◆ Dietlein, Ernst: Chronik der Stadt H., Hof 1955; Ebert, Friedrich: Das ehemalige Franziskanerkloster in H., in: Bavaria Franciscana Antiqua, Bd. 1, München 1953, 102–120.

Hof, *Klarissenkloster St. Klara (vor 1317/48–1564), Diözese Bamberg – (kreisfreie Stadt, Bayern, ❐ 4, B1).*

▶ **Geschichte.** Papst Johannes XXII. bestätigte 1317 dem Frauenkloster im vogtländischen H. die Privilegien des Klarissenordens; die Klarissen stammten höchstwahrscheinlich aus Eger in Böhmen. In der Mitte des 14. Jh. scheint es durch größere Schenkungen zu einer zweiten Gründung gekommen zu sein: Gertrud und Thekla von Uttenhofen, verwitwete Töchter des Ritters Murring, stifteten den Klarissen den Hof ihres Vaters zwischen Schloss und Franziskanerkloster (➛ Hof), deren Klosterkirche durch den Einbau einer Westempore von den Klarissen mitgenutzt wurde. Bischof Friedrich von Bamberg bestätigte die Schenkungen 1348. Die Vögte von Weida-Gera-Plauen, die Grafen von Orlamünde und die Nürnberger Hohenzollern unterstützten die letzte mittelalterliche Gründung des Klarissenordens. Das Kloster unterstand den franziskanischen Observanten der Ordensprovinz Sachsen. Der Konvent zeichnete sich durch seine hochadelige Besetzung aus; unter den ersten Äbtissinnen waren drei Gräfinnen von Orlamünde und die Tochter des Burggrafen Johann II. von Nürnberg, deren Tante auch im Kloster lebte. Entsprechend vermehrte sich der Grundbesitz beträchtlich. Hohe Leibrenten bereicherten die Frauen zusätzlich, wodurch 1355 die Präbende für die Tochter Vogt Heinrichs des Älteren von Weida besonders reichlich ausfiel; eine umfangreiche Dienerschaft stand den Frauen zur Verfügung. Burggraf Friedrich V. übergab 1375 seine drei Töchter dem Kloster, Katharina von Hohenzollern wurde zur Äbtissin (1390–1409) erhoben, ihr folgte 1409 ihre Schwester Agnes. Die benachbarten Franziskanerbrüder profitierten von den Frauen, sie durften gemäß ihrer Regel keine Habe besitzen und setzten die Klarissen zu nominellen Eigentümerinnen ein, wobei sie aber Nutznießer blieben. So schenkten Heinrich der Ältere von Weida und seine Söhne 1355 den Klarissen ein Waldgrundstück bei Gräfenbrück, dessen Nutzung den Franziskanern zustand. Das Urbar Äbtissin Margaretes von Brandenburg von 1499 bietet einen genauen Einblick in die spätmittelalterliche Klosterökonomie und den Finanzhaushalt. Im 15. Jh. war die Klosterzucht verflacht: Kurfürst Friedrich I. von Brandenburg, zugleich Markgraf von Brandenburg-Kulmbach, ersuchte daher 1406 den Ordensprovinzial um Reformen. Der Konvent erreichte damals die Stärke von über 50 Frauen, 100 Jahre später waren es noch 40. Anfang des 16. Jh. waren die Lebensumstände wohl weniger üppig, 1506 speisten jeweils zwei Schwestern aus einer Schüssel. In Kriegszeiten flohen die Schwestern nach Eger in Böhmen, so beim Anmarsch der Hussiten 1430 und 1553 bei der Belagerung der Stadt während des Zweiten Markgrafenkriegs. 1529 setzte sich die lutherische Reformation in H. durch, 1533 wurde im Klarissenkloster die evangelische Kirchenordnung eingeführt. Noch 1542 erbaute Äbtissin Veronica von Döla ein neues Verwalterhaus. 1557 lebten nur noch zwei Konventualinnen im Kloster, nach dem Tod der Äbtissin Amalie von Hirschberg (1549–64) stürmten die protestantischen Bürger das Kloster und zerstörten das Inventar. Das Kloster St. Klara wurde 1564 offiziell aufgehoben, ein Klosteramtmann für die Ökonomie eingesetzt und eine Mädchenschule eingerichtet.

▶ **Gegenwart.** Heute nutzt das Diakonische Werk das ehemalige Klarissenkloster H. am Westrand der Altstadt als Verwaltungs- und Beratungszentrum, nachdem es vielfältig profan, auch als Gefängnis gedient hatte. Mittelalterliche Bauteile haben sich in den neuzeitlichen Gebäuden um den ehemaligen Klosterhof erhalten. Der Osttrakt von 1444/45 besitzt einen spätgotischen Gang mit Kreuzgratgewölbe, sein Dachstuhl stammt ebenfalls aus dieser Zeit.

◆ Sitzmann, Manfred: Mönchtum und Reformation, Neustadt/Aisch 1999, 73 f.; Dietlein, Ernst: Chronik der Stadt H., Bd. 4, Hof 1955; Ebert, Friedrich: Die Klarissen in H., in: Bavaria Franciscana Antiqua, Bd. 1, München 1953, 102.610–612.

Hofgeismar, *Franziskanerkloster St. Maria (vor 1238–1527), Erzdiözese Mainz – (Lkr. Kassel, Hessen, ❐ 1, D5).*

▶ Die kurmainzische Stadt H. erhielt von Erzbischof Siegfried II. von Eppstein zwischen 1220 und 1230 das Stadtrecht. Die Minoriten ließen sich möglicherweise schon 1229/30 am Sälber Tor innerhalb der Stadtmauer nieder. Der Ordenschronist Adam Bürvenich gibt (im 17. Jh.) das Jahr 1229 als Gründungsdatum an; möglicherweise war dies die Ankunftszeit, ebenso wie im gleichen Jahr auch in ➛ Fritzlar und ➛ Hersfeld. An einen Klosterbau war wenige Jahre nach dem Tod des Ordensgründers, des hl. Franz von Assisi (1181/82–1226, kanonisiert 1228), nicht zu denken. Einen ersten gesicherten Nachweis erlaubt die Urkunde der Kirchenweihe 1238 durch Bischof Bernhard IV. von Paderborn im erzbischöflichen Auftrag. Der Konvent gehörte zur Kustodie „Hassia" (Hessen) der Kölner Ordensprovinz. Der erzbischöfliche Landesherr verpfändete das Städtchen H. mehrmals, schließlich 1462 an den Landgrafen Ludwig II. von Hessen; es wurde nicht wieder eingelöst. Kirchenrechtlich unterstanden die Minoriten in der Frühzeit dem örtlichen Kollegiatstift St. Maria, dessen Propst bis 1250 zugleich Archidiakon war. Die Barfüßer verweigerten sich der Observantenbewegung ihres Ordens und blieben Konventualen. Bei der Einführung der Reformation wurde ihr Kloster 1527 durch Landgraf Philipp I. von Hessen aufgehoben; die Brüder mussten die Stadt verlassen. Im Kloster richtete der Landgraf ein Hospital ein; noch heute befindet sich dort die „Stiftung Altenheimstätte H.". Die heutigen Gebäude enthalten noch immer mittelalterliches Mauerwerk des Klosters. Die Franziskanerkirche wurde um 1700 umgebaut und durch eine Fachwerkkonstruktion ergänzt. In der romanisch-gotischen „Altstädter Kirche" in H., einst Stiftskirche des beherrschenden Kollegiatstifts, befindet sich der „Hofgeismarer Passionsaltar" (um 1310); er wurde erst im 19. Jh. auf dem Dachboden entdeckt und ist möglicherweise Teil des ehemaligen Flügelaltars der Franziskaner.

◆ Dersch, Wilhelm: Hessisches Klosterbuch, Marburg 2000; Desel, Jochen: Franziskanerkirche und Hospital, in: Jahrbuch des Landkreises Kassel (1978) 57.

Höglwörth, *Augustiner-Chorherrenstift St. Peter und St. Paul (1125–1817), Erzdiözese Salzburg – (Anger-H., Lkr. Berchtesgadener Land, Bayern, ❐ 4, B5).*

▶ **Geschichte.** Das Regularkanonikerstift H. entstand 1125 auf Initiative Erzbischof Konrads I. von Salzburg (Abensberg) im Rupertiwinkel zwischen Chiemsee und Salzburg. Als Wohltäter erwiesen sich die Grafen von Plain; Graf Werigand von Plain übergab seinen Grund und Boden, das Stift wurde Grablege der Familie. Das Salzburger Domkapitel stellte stets den Propst. Ein gefälschtes Privileg Papst Eugens III. gebot 1147 dem Domkapitel die Aufsicht über H. Die freie Propstwahl konnte der Konvent nie erreichen. Als erster Propst ist 1129 Dagobert genannt. Weitere Schenkungen der Grafenfamilie im 12. und 13. Jh. führten zu reichem Grundbesitz vom Teisenberg bis in eine Höhe von 1.300 m, einschließlich der Stoißer Alm und bis in die Orte Piding, Salzburghofen (Freilassing), Tengling am Tachinger See und Nußdorf am Haunsberg (Salzburger Flachgau). Zu Beginn des 14. Jh. war der Grunderwerb fast abgeschlossen. Erzbischof Sigismund erteilte 1454 dem Stift ein spezielles Asylrecht (Freyung). Propst Wilhelm Steinhauff (1477–80) wurde als erster Propst direkt vom Fürstbischof eingesetzt, weil das Domkapitel seinen Regularcharakter verlor. Um diese Zeit fanden die Reformen aus Stift ➛ Indersdorf Eingang in den Konvent. Propst Wolfgang Griesstätter (1522–41) vermochte 1525 die aufständischen Bauern fernzuhalten. Er erschloss den Eisenbergbau in der Region, wovon heute noch das Eisen-

Hof/Saale Klarissenkloster, der Kreuzgang im Osttrakt blieb als Rest der mittelalterlichen Architektur.

Höglwörth Augustiner-Chorherrenstift, das malerisch gelegene Regularkanonikerstift im Rupertiwinkel blieb immer in Abhängigkeit vom Erzbistum Salzburg.

werk Hammerau zeugt, und wurde Fürstpropst im Stift ➛ Berchtesgaden. Nach ihm trat der Verfall ein, 1568 lebte nur noch ein Chorherr in H. Eine kurzzeitige Auflösung folgte. Erst Propst Wolfgang Zehentner (1652–71) vermochte H. neu zu beleben und architektonisch zu erneuern. Propst Johann Adam Weber (1673–86) trat als bedeutender theologischer Schriftsteller hervor. Nach der Auflösung des Salzburger Fürstentums 1803 gelangte H. zunächst an das Großherzogtum Toskana unter Ferdinand von Österreich, der das Stift unberührt ließ. 1816 übernahm das Königshaus Bayern die Landesherrschaft. Der Konvent unter Propst Gilbert Grab (1810–17) setzte 1817 selbst die Auflösung des Stifts H. durch. Das einzige Augustiner-Chorherrenstift in Bayern, das die allgemeine Säkularisation 1803 unbehelligt überstanden hatte, existierte nun nicht mehr. Die Stiftskirche wurde Filialkirche der Pfarrei Anger, die Gebäude nebst Brauerei kaufte die Brauerfamilie Wieninger.

▶ **Gegenwart.** Die ehemalige Stiftsanlage H. liegt idyllisch auf einer Halbinsel am Höglwörther See im abgelegenen Talkessel und ist ein beliebtes Ausflugsziel im Rupertiwinkel. Die barocken Klausurgebäude stehen auf mittelalterlichen Mauern um einen stimmungsvollen Innenhof, sie sind in Privatbesitz. Die ehemalige Stifts- und heutige katholische Pfarrkirche wurde in der zweiten Hälfte des 17. Jh. als Saalkirche auf ursprünglichem Grundriss neu aufgebaut, der gotische Chor der dreischiffigen Vorgängerbasilika ist dabei wiederverwendet worden. Die innere Ausgestaltung stammt aus dem 18. Jh. Aller drei Jahre wird in der Karwoche im Altarraum ein riesiges Heilig Grab aus dem 19. Jh. aufgebaut und lockt viele Tausend Gläubige nach H.

◆ Roth, Hans: St. Peter und Paul H., Regensburg 2005; Bauer, Hermann/Bauer, Anna: Klöster in Bayern, München 1985, 91 f.; Backmund, Norbert: Die Chorherrenorden und ihre Stifte in Bayern, Passau 1966, 90–93.

Hohenberg, *Benediktinerpriorat St. Jakobus (vor 1229–1460), Diözese Augsburg – (Rosenberg-H., Ostalbkreis, Baden-Württemberg, ❐ 3, D3).*

▶ Die Benediktiner Reichsabtei ➛ Ellwangen erlebte unter Abt Adalbert (1136–73) wahrscheinlich mit Reformstatuten aus ➛ Hirsau einen neuen Aufschwung, der unter Abt Kuno I. (1188/1221) zur Glanzzeit führte. Möglicherweise entstand während dieser Reformzeit in der ersten Hälfte des 12. Jh. das Filialklosters H. auf dem 569 m hohen sogenannten Zeugenberg nordwestlich von Ellwangen. Die Gründungsumstände liegen im Dunkeln, das Ellwanger Priorat *Alto Monte* erscheint urkundlich erstmals 1229, wobei eine klösterliche Niederlassung nicht ausdrücklich genannt ist. Als die heute vorliegende schriftliche Überlieferung einsetzte, war H. bereits ein Amt zur Verwaltung des Ellwanger Güterbesitzes. Der Verwalter (Propst) war ein Benediktinermönch und wurde vom Ellwanger Abt bestimmt. Kaiserliche Privilegienbriefe sprechen zwischen 1347 und 1454 von „Münster und dem Kirchhof der Probstey ze dem Hohenberg und dem Hof dabey oder darunter, des Probstes Hof genant“. In der Amtszeit Propst Marquards von Ellrichhausen (1329) gewann die Jakobuswallfahrt an Bedeutung. Die Quellen verraten noch die Namen der Pröpste Walther von Aufkirch (1384) und Beringer von Berlichingen (1445). Bei der Umwandlung der Mutterabtei in ein Kollegiatstift bildete H. eine Sondermasse, die benediktinische Zeit jedoch war 1460 zu Ende. Auf herausragender Höhenlage steht heute nur noch die katholische Pfarrkirche St. Jakobus, die vor der Mitte des 12. Jh. nach dem Vorbild der Kleinkomburger Basilika der Abtei ➛ Komburg als Reformkirche mit Hirsauer Baumotiven entstanden war. 1894 wurde sie einschneidend umgebaut, der neoromanische Südturm entstand in dieser Zeit. Heute sind nur Umfassungsmauern von Chor und Querhaus sowie die Nordwand des Langhauses mittelalterlichen Ursprungs, eingeschlossen das romanische Seitenportal.

◆ GermBen 5, 308 f.

Hohenlohe, *Zisterzienserinnenkloster St. Georg (vor 1230–1480), Benediktinerinnenkloster St. Georg (1480–1539) – „Georgenkloster", Diözese Merseburg – (Kitzen-H., Lkr. Leipzig, Sachsen, ❐ 2, B5).*

▶ **Geschichte.** Die Gründungsvorgänge des Zisterzienserinnenklosters in H. liegen im Dunkeln. Die Herkunft der Frauen aus der Merseburger Neumarktskirche St. Thomä bleibt eine Vermutung. Erst 1230 bestätigt eine Urkunde Markgraf Heinrichs des Erleuchteten das Frauenkloster St. Georg während der Verlegung des Konvents von H. vor die Stadtmauern Leipzigs. Die näheren Umstände der Verlegung des „Georgenklosters" vor die südwestliche Altstadt Leipzigs sind unbekannt, Wassermangel in H. wird als Ursache für den Ortswechsel vermutet. Die Klosterkirche in H. wurde Pfarrkirche, blieb aber unter dem Patronat des Konvents. In Leipzig genossen die Frauen die großzügige Unterstützung der Wettiner Markgrafen und des örtlichen Adels; sie erlangten umfangreichen Besitz und Privilegien. 1245 erhielten sie die Bauernwiesen bei Connewitz, das „Nonnenholz" und das „Scheibenholz"; seit Ende des 13. Jh. besaßen sie auch die Pfarrrechte in der südlich gelegenen Stadt Rötha. Die Bezeichnung als Zisterzienserinnen taucht erstmals 1245 urkundlich auf, Kontakte mit der Zisterzienserabtei ➛ Buch sind nur aus der Frühzeit bekannt; Inkorporationshinweise in den Zisterzienserorden existieren nicht. Von zwei Papstprivilegien aus dem Jahr 1274 erweist sich eine als Fälschung. Die Abhängigkeit vom Merseburger Diözesanbischof blieb bis zur Aufhebung bestehen. Die Konventsstärke begrenzte Bischof Heinrich II. von Waren auf 40 Schwestern. Um 1480 bewirkte der bischöfliche Oberhirte eine innere Reform im Sinn der ➛ Bursfelder Kongregation, seit dieser Zeit gelten die Schwestern als Benediktinerinnen. In Rötha ließ der Konvent aus Anlass eines Marienwunders eine Wallfahrtskirche bauen (1508–20), die jedoch wegen der Reformation nicht vollendet werden konnte. Die Messestadt Leipzig unterstand in der Reformationszeit der albertinischen Linie der Wettiner: Erst nach dem Tod des katholischen Herzogs Georg des Bärtigen 1539 konnte sich die Reformation durchsetzen. Im Mai 1540 verließ Äbtissin von Haugkwitz das Kloster; ein großer Teil des Konvents aus 20 Chorschwestern und zehn Laienschwestern folgte nach und nach ihrem Beispiel, das „Georgenkloster" wurde aufgelöst. Der Restkonvent mit Altäbtissin Margarete von Pflugk zog 1543 in ein Beginenhaus. Die Klostergebäude mussten direkt danach dem Bau der neuen Pleißenburg, heute Neues Rathaus, weichen.

▶ **Gegenwart.** Vom einst bedeutenden „Georgenkloster" in Leipzig blieben lediglich die erste Kirche in H. und der letzte Kirchenbau in Rötha erhalten. In H. im südlichen Leipziger Land dient die Gründungskirche aus dem 12./13. Jh. noch immer als evangelische Pfarrkirche. Der Westteil des einschiffigen Langhauses bestand schon im 12. Jh., bevor sich religiöse Frauen niederließen. Anfang des 13. Jh. wurde die Kirche erweitert, dabei entstanden der wuchtige Westturm und das apsidiale Querhaus, vermutlich um Platz für den neuen Frauenkonvent zu gewinnen. An den Stirnwänden der Querhausarme setzte man um 1220/30 Rundbogenportale mit Säulen und kräftigen Blattkapitellen an, die in der Tradition von ➛ Königslutter stehen. Erst nach ihrem Weggang ließen die Schwestern den rechteckigen Chor mit einer Dreifenstergruppe anbauen. Weitere Veränderungen und Umbauten erfolgten im 19. Jh. Von dem sich nordwestlich anschließenden Klausurbereich blieb nichts erhalten, lediglich das Eingangstor zum Pfarrhaus besteht aus mittelalterlicher Kernsubstanz. In der Stadt Rötha verkörpert die spätgotische Marienkirche der Ordensschwestern nur den Chorraum der einst viel größer geplanten Wallfahrtskirche. Mit hochgezogener Westwand konnte das schmuckreiche Backsteingebäude als Gotteshaus nutzbar gemacht werden. Eine besondere Attraktion für Musikfreunde ist ihre Silbermannorgel von 1722; regelmäßige Gottesdienste finden heute nicht mehr statt.

◆ RepZist 342–344; Mohn, Claudia: H., Kitzen (Sachsen), in: Mittelalterliche Klosteranlagen, Petersberg 2006, 142–144; Köhler, Anne-Katrin: St. Georg Leipzig, in: Geschichte des Klosters Nimbschen, Leipzig 2003, 168–170.

Hohenwart, *Benediktinerinnenkloster (vor 1074–1803), Dillinger Franziskanerinnen (seit 1878) – „Klosterberg", Diözese Augsburg – (Lkr. Pfaffenhofen/Ilm, Bayern, ❐ 4, A4).*

▶ **Geschichte.** Graf Ortolf und seine Schwester Wiltrud, die letzten Vertreter einer Nebenlinie der Andechser, stifteten vor 1074 ihre oberbayerische Burg H. an der Paar und umfangreichen Grundbesitz um Schrobenhausen einschließlich der Pfarrei aber auch Güter in Tirol zur Gründung eines Benediktinerinnenklosters. Bischof Embrico von Augsburg weihte 1074 Kloster und Kirche auf dem „Klosterberg". Die kaisertreue Haltung des Bischofs lässt Einfluss der ➛ Junggorzer Reform im neuen Frauenkonvent vermuten; Überlieferungen über Klausurgewohnheiten der ersten Schwestern gibt es nicht. Die Vogtei übernahmen im 12. Jh. die aufstrebenden Wittelsbacher, die im nahen ➛ Scheyern ein Hauskloster mit Hirsauer Reformansprüchen unterhielten.

Hohenlohe Zisterzienserinnenkloster, von dieser Kirche zogen die Ordensschwestern vor 1230 nach Leipzig.

Das nordöstlich von H. gelegene Frauenkloster ➛ Geisenfeld wechselte 1143 aus den Junggorzer Reformgewohnheiten zur ➛ Hirsauer Observanz; Geisenfeld stand ebenfalls unter Wittelsbacher Einfluss, eine neucluniazensische Reformverfassung lässt sich deshalb auch im Konvent H. für das 12. Jh. vermuten. In der Frühzeit erlangten Richildis († um 1100) und Wolfoldus von Hohenwart († um 1100) überregionale Verehrung, was besonders im Spätmittelalter zu einer regen Wallfahrt führte. Richildis zu Ehren wurde 1215 an Stelle ihrer Reklusenzelle eine Kapelle errichtet; 1488 fand die lokale Verehrung päpstliche Anerkennung. Die Benediktinerinnen nutzten ein kunstreiches Evangeliar, das sogenannte „Goldene Buch von H.", das im 11./12. Jh. im Umkreis von Regensburg entstanden war und heute die Bayerische Staatsbibliothek bereichert. Um das Kloster auf dem Berg entwickelte sich eine Siedlung, die 1356 Marktgerechtigkeit erlangte, aber Ende des 14. Jh. ins Tal auf die andere Seite der Paar verlegt wurde. Die aufstrebende Entwicklung des Klosters wurde in der ersten Hälfte des 13. Jh. erschüttert, als die dreischiffige romanische Basilika um 1230 samt Klausur in Flammen aufging. Die nachfolgende spätromanische Kirche unterlag einigen gotischen Umbauten. Im 15. Jh. bekannten sich die Schwestern unter dem Einfluss der Abtei ➛ Tegernsee zu den Statuten der ➛ Melker Reform. Im 16. Jh. nötigten Plünderungen und Verwüstungen während der Bauernunruhen und im Schmalkaldischen Krieg zu Neubauten im Klausurbereich. Äbtissin Barbara Benzinger (1563–68) setzte tridentinische Reformen durch. Die Schweden vertrieben 1632 die Schwestern und Äbtissin Barbara Burger (1613–33) ins Exil. Äbtissin Anna Siebenaicher (1635–79) gelang mit merkantiler Tüchtigkeit der barocke Wiederaufbau; eingreifende Umbauten im Stil des Rokoko erfolgten seit 1739. Während der allgemeinen Säkularisation 1803 wurde das Kloster H. zugunsten Bayerns aufgehoben. Die Schwestern durften bleiben, weil sich zunächst kein Käufer für den „Klosterberg" fand.

▶ **Gegenwart.** Regens Johannes Evangelist Wagner und Dillinger Franziskanerinnen übernahmen 1878 den ruinösen Klausurkomplex H. und eröffneten eine Erziehungs- und Versorgungsanstalt für taubstumme Mädchen und Frauen, verbunden mit Schule, Ausbildungs- und Werkstätten, Wohnungen und Kindergarten. 1895 zerstörte ein Großbrand die Kirche und das Kloster. Beim Wiederaufbau entstand um 1900 eine neue Kloster- und Pfarrkirche als eigener Baukörper etwas nach Norden versetzt; dennoch blieb ein Teil der mittelalterlichen Architektur erhalten: die spätromanische Peterskapelle um 1230, Kellergewölbe aus dieser Zeit, eine romanische Säule und Kreuzgangreste. Die heutige Richildiskapelle mit Reliquiaren und Grabmälern entstand um 1665. Besondere Aufmerksamkeit verdient eine Klosterapotheke im Rokokostil von 1739 mit dem Stuckunikat „Christus als Apotheker".

◆ HHistStD 7, 294 f. 379; Handbuch für Bayerische Kirchengeschichte, Bd. 2, St. Ottilien 1993, 673–676; Purchart, Hans: Das alte Benediktinerinnen-Kloster H., Pfaffenhofen/Ilm 1983.

Holle Augustiner-Chorfrauenstift, die Kirche am Erstgründungsort des Damenstifts Derneburg, Südwest.

Holle, *Augustiner-Chorfrauenstift St. Maria (nach 1130–1209), Diözese Hildesheim – (Lkr. Hildesheim, Niedersachsen, ❐ 1, D4).*

▶ Das Frauenstift ➛ Derneburg nahm seinen Ursprung in H. im alten Ambergau südöstlich von Hildesheim, dort wo sich im Mittelalter die Handelsstraßen von Lüneburg nach Nürnberg und von Hildesheim nach Goslar kreuzten. Die Stiftung des bischöflichen Eigenklosters wird heute dem Bischof Bernhard I. von Hildesheim (1130–53) zugesprochen, dem Gründer des St. Godehardsklosters in ➛ Hildesheim. Das Gründungsdatum in H. bleibt bislang offen, auch die Verfassung der Frauengemeinschaft ist nicht sicher zu ermitteln, wahrscheinlich wird die Augustinusregel Geltung besessen haben. 1209 und 1212 übertrug Bischof Hartbert von Hildesheim dem Stift Grundbesitz und den Zehnten an mehreren umliegenden Orten. 1213 verlegte er das Stift in das nahe Derneburg. Dort verfügte die Hildesheimer Kirche seit 1143 über reichen Besitz, der als Sühneleistung von den Grafenbrüdern Hermann II. von Assel und Heinrich von Winzenburg für eine Klostergründung an das Hochstift übergeben worden war. In H. steht heute noch die alte Archidiakonats- und Stiftskirche St. Martinus aus dem 12. Jh.; sie wurde 1223 durch Bischof Konrad II. dem Stift Derneburg inkorporiert und dient heute als evangelisch-lutherische Pfarrkirche St. Martini. Nach ihrer Zerstörung im Dreißigjährigen Krieg wurde sie stark verändert wiederaufgebaut, ihr ältester Teil ist der mächtige Westturm aus der Gründungszeit. Zwei Blockkapitelle und Spitzbogenarkaden im nördlichen Mauerwerk aus Bruchstein und Quadern erinnern an ihre frühe basilikale Gestalt und ihre klösterliche Funktion. Ein Brandunglück 2007 deckte im Inneren Reste von Renaissancemalereien auf.

◆ GermBen 12, 108–132.

Holthausen, *Zisterzienserinnenkloster St. Maria (1243–1810), Diözese Paderborn – (Büren-H., Kr. Paderborn, Nordrhein-Westfalen, ❐ 1, C5).*

▶ **Geschichte.** Die Vettern Berthold II. und Berthold III. von Büren stifteten in der bischöflichen Hofsiedlung H. vor den Toren der Stadt Büren ein Frauenkloster, das Papst Innozenz IV. im Juli 1245 bestätigte. Die Stifterfamilie erwies sich als zuverlässiger Förderer und nutzte das Kloster als Begräbnisstätte, auch die adelige Familie von Holthausen unterstützte den Konvent. Von Beginn an gehörten beide Pfarrkirchen in Büren dem Kloster. Der überlieferte Urkundenbestand gibt kaum Auskunft über das innere Leben des Konvents, der sich zur Zisterzienserregel bekannte. Das Frauenkloster H. gilt als nicht dem Orden inkorporiert, obwohl die Beichtväter aus den Zisterzienserabteien ➛ Bredelar und ➛ Marienfeld kamen und die Äbte von ➛ Hardehausen und Marienfeld mit Visitationen beauftragt waren, denn die Exemtion konnte nicht erreicht werden; das Kloster H. kann somit als kommittiertes Frauenkloster des Zisterzienserordens gelten. Die Quellen verraten rege Aktivitäten der Frauen bei Besitzerwerbungen und Rentenkäufen; bis 1500 sind 70 Grundbesitzkäufe besonders im Raum Lippstadt über Geseke bis hin nach Rüthen aktenkundig. Eine Urkunde von 1481 deutet eine bevorstehende innere Reform an, weitere Nachrichten sind nicht überliefert. Äbtissin Johanna von Stockhausen (1587/89) nahm mit dem größten Teil der Schwestern wohl auf Druck der Edelherrn von Büren 1587 das calvinistische Bekenntnis an, aber der Paderborner Fürstbischof Dietrich IV. von Fürstenberg und Abt Antonius Jäger von Hardehausen (1595–1600) konnten 1598 den Konvent mit Hilfe von Schwestern aus ➛ Wormeln und Himmelpforten-Niederense unter Äbtissin Katharina Brandis (1598–1625) für den katholischen Glauben zurückgewinnen. Im September 1810 ließ die königlich-westphälische Regierung unter Jérôme Bonaparte das Kloster H. aufheben und die zwölf Zisterzienserinnen abfinden. 1811 erwarb Franz-Joseph Freiherr von und zu Brenken die Anlage samt Güterbesitz.

▶ **Gegenwart.** Das Klostergut H. im Almetal ist heute ein privater Wohnsitz. Die ehemalige Klosterkirche St. Peter und Paul wird nur zu besonderen Anlässen genutzt. Der barocke Saalbau mit dreiseitigem Chor entstand um 1700 an Stelle der mittelalterlichen Kirche neu, die Kernsubstanz ist vermutlich gotisch. Auch die Klausuranlage wurde zu Beginn des 18. Jh. neu erbaut und enthält im Kern ebenso mittelalterliche Substanz. Bei jüngsten Umbauten deckte man den ehemaligen gotischen Zugang zur Kirche auf.

◆ Pavlicic, Michael: H., in: Westfälisches Klosterbuch, Tl. 1, Münster 1992, 467–470; Oberschelp, Reinhard: Zur mittelalterlichen Geschichte des Klosters H., in: Westfälische Zeitschrift 114 (1964) 219–234.

Holzkirchen, *Benediktinerpropstei St. Maria, St. Sixtus und Martyrer (vor 775–1802), Diözese Würzburg – (Lkr. Würzburg, Bayern, ❐ 3, D2).*

▶ **Geschichte.** Die Propstei H. war über tausend Jahre eine mainfränkische Exklave der hessischen Reichsabtei ➛ Fulda. Der Gaugraf Throand des Waldsassengaues stiftete das Kloster H., nachdem Papst Zacharias die fränkischen Großen 748 brieflich aufgefordert hatte, ihren christlichen Eifer durch Klostergründungen zu bekunden. Er selbst oder sein Sohn Drudmunt, vielleicht auch nur ein Verwandter, übereignete 775 das junge Kloster mit sehr umfangreicher Landausstattung dem fränkischen König Karl dem Großen, der es an die Benediktinerabtei Fulda zur Unterstützung ihrer Missionsaufgaben weitergab. Bei der Aufzählung des Besitzes werden auch Weinberge erwähnt, eines der ältesten Zeugnisse für den Weinbau in

Holzkirchen Benediktinerpropstei, künstlerisch hochqualitativer Kapitellschmuck (12. Jh.) im Südflügel.

Franken. In der karolingischen Zeit entwickelte sich die Propstei H. zum blühenden geistlichen Zentrum, das durch Besitz von Gebeinen christlicher Martyrer zum Wallfahrtsort aufstieg. Unter Propst Helmfried lebten 51 Mönche und 18 Scholastiker im Kloster; dieser verdienstvolle Propst wurde zum 10. Abt von Fulda (915–916) gewählt. Kriegerischer Vandalismus und Plünderung zerstörten 1273 noch vor dem Ende des Interregnums das blühende monastische Leben; die Propstei benötigte Jahrzehnte sich zu erholen. Propst Konrad von Hanau wurde 1372 ebenfalls zum Abt (1372–83) der Mutterabtei erhoben. Der nächste Einbruch ereignete sich 1525 durch aufrührerische Bauern. 1552 gipfelte der Zugriff des protestantischen Grafen Michael von Wertheim in der Auflösung der Propstei. Er musste zwar 1561 den Besitz zurückführen, aber in der Folgezeit residierten nur Pröpste in H., das monastische Leben blieb bis auf kurzzeitige Neuansätze erloschen. Die endgültige Säkularisierung erfolgte 1802.

▶ **Gegenwart.** Heute beherrschen Barockbauten, die seit 1724 unter dem Schutz der Würzburger Bischöfe entstanden, das Bild der nach Westen offenen Dreiflügelanlage. Dabei steht der Kirchenrundbau von Balthasar Neumann (1728–30) als eine einmalige kunsthistorische Leistung im Mittelpunkt der Anlage. Besonders interessant ist der ehemalige Klausursüdflügel: er bewahrt im romanischen Erdgeschoss sieben Joche des Kreuzgangs aus dem frühen 12. Jh. Seine Rundbogenfenster mit Stütz- und Ziersäulen zeigen künstlerisch hochqualitativen Kapitellschmuck mit Palmettenornamenten und Fabelwesen. Die kunsthistorische Bedeutung liegt in ihrer hochromanischen Entstehungszeit, aus der sich in Deutschland nur wenige Kreuzgangbauten erhalten haben.

◆ GermBen 7, 246.277.319–330; Wolfmeier, Werner: Balzhasar-Neumann-Rundkirche und ehemaliges Benediktinerkloster H., Holzkirchen 2002.

Holzzelle, *Benediktinerinnenkloster St. Maria und St. Johannes Baptist (vor 1147– um 1535), Diözese Halberstadt – (Hornburg-H., Lkr. Mansfeld-Südharz, Sachsen-Anhalt, ❐ 2, A5).*

▶ Die Gründung des Benediktinerklosters H. südlich von Eisleben ist weitestgehend ungeklärt. Eine lokale Überlieferung legt die Gründung durch die Herren von Hornee an einer Burgsiedlung bereits ins Jahr 877. Als Stifter gelten aber wohl eher die Edelherren von Querfurt, die erst im 10. Jh. auftreten. Die früheste urkundliche Nachricht von 1147 spricht von einem Doppelkonvent in H., was auf ➛ Hirsauer Observanz hinweist. Möglicherweise stand Kloster H. in direkter Verbindung mit der südwestlich gelegenen Benediktinerabtei ➛ Marienzell, gestiftet um 1120 von Dietrich von Querfurt auf der Lutisburg. Reformbischof Reinhard von Halberstadt (Blankenburg) gilt als Förderer neucluniazensischer Reformbemühungen, sein Einfluss auf die Gründungen ist anzunehmen; nachweislich reaktivierte er seit 1108 mit Hirsauer Observanz die Frauenklöster ➛ Stötterlingenburg, ➛ Gerbstedt, ➛ Drübeck und ➛ Hadmersleben. 1197 treten noch ein Prior und ein Cellarius in H. auf, seit dem 14. Jh. zeichnet lediglich ein Schwesternkonvent die Urkunden. Ende des 15. Jh. gehörte das Frauenkloster H. der ➛ Bursfelder Reformkongregation an. Die Siedler um das Kloster zogen im Laufe der Zeit ins schützende Tal. 1352 bestätigt Bischof Albrecht von Mansfeld den Frauen den altangestammten Besitz des Dorfes Hornburg und der Pfarrkirche. Im Bauernkrieg 1525 wurde Kloster H. gebrandschatzt, das Archivmaterial ging verloren, der Konvent endete im Exil nach langem Weg über Leipzig (➛ Hohenlohe), ➛ Mühlberg und Heilig Kreuz in ➛ Meißen. Um 1535 säkularisierten die Mansfelder Grafen das Kloster, ohne dass die Schwestern zurückgekehrt waren. Heute erinnern im Klostergut und Reithof „Holzzelle" lediglich Restmauern an die mittelalterliche Architektur, die sich kaum noch zuordnen lassen. Eine als „Kapelle" bezeichnete Ruine bildete das Erdgeschoss des südlichen Westturms der romanischen Basilika aus der ersten Hälfte des 12. Jh.; Verwandtschaft mit der Klosterkirche in Hadmersleben wird vermutet. Die Pfarrkirche St. Udalrici im südlich gelegenem Talort Hornburg, die unter dem Patronat des Klosters stand, erhebt sich noch heute über das Dorf; ihr Ostturm könnte auf das 12. Jh. zurückgehen, ihr Langschiff entstand im 18. Jh. neu.

◆ Mohn, Claudia: Holzzelle, Gmd. Hornburg, in: Mittelalterliche Klosteranlagen, Petersberg 2006, 399; Schmitt, Reinhard: Zu den Bauresten des Benediktinerinnenklosters H., in: Querfurter Heimatblätter 5 (1995) 22–26.

Höningen, *Augustiner-Chorherrenstift St. Petrus (1120–1569), Diözese Worms – (Altleiningen-H., Lkr. Bad Dürkheim, Rheinland-Pfalz, ❒ 3, B2).*

▶ **Geschichte.** Graf Emich II. von Leiningen und seine Gemahlin Alberat stifteten 1120 nahe ihres Stammschlosses das Augustiner-Chorherrenstift St. Peter als Familiengrablege und sicherten sich die Vogteirechte. Den Schutzbriefen mehrerer Päpste stehen nur zwei Privilegien der Stauferkaiser gegenüber; offensichtlich standen die Chorherren bei den Auseinandersetzungen im 12. Jh. zwischen *Imperium* und *Sacerdotium* wie die Leininger Stifter auf der Seite des Papstes. Die Stiftskirche weihte Bischof Burchard II. von Worms (Ahorn) 1140 zu Ehren der heiligen Petrus und Verena. Mehr als 100 Jahre später bauten die Chorherren bereits eine neue Kirche. Um die Grundausstattung aus salischen Lehnsgütern in der Rheinebene kam es immer wieder zu Streitigkeiten; offensichtlich waren sie ohne Zustimmung König Heinrichs V. vergeben worden. Dennoch konnte der Besitz beachtlich erweitert werden, das Stift wurde zum kulturellen Zentrum der Grafschaft. Mit dem Frauenstift Hertlingshausen bei Carlsberg (1519/21 untergegangen) bestanden enge Beziehungen. Propst Simon (1276–90) arrangierte 1276 eine Verbrüderung mit der Abtei ➛ Frankenthal, danach wählten die Chorherren ihren Vorstand auch aus dem Bruderkonvent. Im 14. Jh. führte Misswirtschaft zum Niedergang, begleitet von der Verflachung des geistlichen Lebens. 1364 musste der Hubhof in H. an die Zisterzienserinnenabtei ➛ Rosenthal verkauft werden. 1447 trat Propst Heinrich (1445–47) mit einem Teil des Konvents auf Wunsch des Vogts Hasso zurück. Dieser Vertraute des Pfalzgrafen Ludwigs VI. sorgte 1447 für die Erneuerung im Sinn der Windesheimer Reformbewegung. Prior Arnold Hüls (1432–49) aus ➛ Böddeken war dazu nach H. gekommen und brachte reformgeschulte Chorherren mit. Unterstützung fand die Gemeinschaft auch durch die Reformpriorate Kirschgarten und ➛ Hirzenhain. Die offizielle Aufnahme in die ➛ Windesheimer Kongregation fand 1449 statt, der Beitritt des Bruderkonvents Frankenthal erfolgte erst 1468. Die nächsten Vorsteher (nun Prioren) führten H. zu neuer Blüte mit dem Höhepunkt der Entwicklung unter Prior Johannes Soitmann von Lippstadt (1470–94). Dieser fähige Prior gründete 1471 in ➛ Fischbach bei Hochspeyer mit sechs Frauen aus ➛ Lippstadt St. Annen-Rosengarten ein Chorfrauenstift und half in ➛ Eberhardsklausen, ➛ Birklingen und St. Martin in Basel die Ideale von Windesheim durchzusetzen bzw. zu festigen. Geistige Beschäftigung und Schreibarbeit erlangten höchsten Stellenwert im Konvent. Die Bibliothek wurde aufgestockt. Der Humanist Rutger Sicamber (1456–1516) aus den Niederlanden schrieb als Konventuale in H. bedeutende Abhandlungen und Gedichte. 1496 zählte der Konvent 19 Chorherren und 41 Laienbrüder. Aufrührerischen Bauern zerstören 1525 die nahe Burg Altleiningen; kaum denkbar, dass sie das Stift verschonten, aber es liegen keine Nachrichten über eine Zerstörung vor. Noch 1530 konnte mit den Benediktinerinnen von ➛ Seebach eine Gebetsverbrüderung vereinbart werden. Der Übertritt des Grafen Cuno II. von Leiningen-Westerburg und seines Sohnes Philipp I. zur Reformation läutete das Ende ein. 1550 wurde ein weltlicher Schaffner eingesetzt. Prior Arnold Costerius (1563–69) und sein bis auf wenige Chorherren geschrumpfter Konvent bekannten sich „freiwillig“ 1569 zum evangelischen Glauben, das Stift wurde aufgelöst.

Höningen Augustiner-Chorherrenstift, mittelalterliche Gebäudereste im ehemaligen Stiftsareal.

▶ **Gegenwart.** Unmittelbar nach der Aufhebung ist die gesamte Anlage abgebrannt. Aus den Trümmern entstand zunächst eine Lateinschule, später das Dorf H. Heute ist das Dorf ein Ortsteil von Altleiningen. Restmauern wie die westliche Giebelwand der Kirche und zwei Toreinfahrten blieben erhalten und sind inzwischen gesichert. Einige Skulpturen, Grabsteine und verzierte Türstürze befinden sich in verschiedenen Museen.

◆ MonWin 2, 218–243; Kemper, Joachim: Klosterreform im Bistum Worms im späten Mittelalter, Mainz 2006, 276–290.

Hönningen, *Templerkommende St. Johannes Baptist (vor 1225– nach 1312), Johanniterkommende St. Johannes Baptist (nach 1312–1803), Erzdiözese Trier – (Bad H., Lkr. Neuwied, Rheinland-Pfalz, ❒ 3, B1).*

▶ Die Templerkommende H. direkt am rechten Rheinufer wird erstmals 1225 in einer Urkunde der ➛ Kölner Abtei St. Pantaleon erwähnt. Graf Heinrich III. von Sayn und die Witwe Ada von Lois (Looz), wahrscheinlich eine Geborene von Sayn, schenkten den Templern 1227 eine Mühle vor dem Ort. Die Herren der nahe gelegenen Burg Hammerstein scheinen ebenfalls eng mit den Templern verbunden gewesen zu sein. Ritter Gerlach von Hammerstein amtierte 1289/99 als Meister der Kommenden *Hoyngen* (H.) und ➛ Breisig gegenüber auf der anderen Rheinseite. Offensichtlich wurden H. und Breisig in Personalunion geführt, auch das Kölner Schreinsbuch erwähnt 1303 einen Ordensbruder von Blaustein als Komtur beider Niederlassungen. Nach der Aufhebung des Templerordens 1312 ging der Besitz beider Häuser an die Johanniter über. Haus H. wurde als *membrum* der Priesterkommende Breisig geführt; die Herren von Hammerstein verloren ihren Einfluss jedoch nicht, denn 1330 tritt ein Johanniterkomtur Gerdus von Hammerstein auf. Beide Häuser wurden in der frühen Neuzeit wegen ihrer Bedeutungslosigkeit und Priestermangels der Kommende ➛ Adenau bzw. der Kommende Trier übergeben, die sie bis zur Säkularisierung 1803 durch Administratoren bewirtschaften ließen. Im Privatgelände im heutigen Bad H. befindet sich das Anwesen „Templerhof“ nahe des Rheins, das Komtur von Vehlen Mitte des 18. Jh. errichten ließ. Bei dem Ausbau wurde die Kapelle St. Johannes Baptist integriert. Ein Teil ihres Architekturbestandes ist noch spätmittelalterlichen Ursprungs. Auf dem Türsturz zur Kapelle sind Johanniterwappen aus dem 16. Jh. eingemeißelt. Die übrigen Kommendegebäude waren angeblich 1495 noch völlig aus Holz gebaut.

◆ Weiler, Jakob: Bad H. Chronik einer jungen Stadt 1019–1969, Bad Hönningen 1969; Rödel, Walter Gerd: Das Großpriorat Deutschland des Johanniter-Ordens, Mainz 1965, 347–349.

Horb, *Dominikaner-Tertiarinnenkloster (1218–1806) – „Obere Sammlung“, Diözese Konstanz – (Lkr. Freudenstadt, Baden-Württemberg, ❒ 3, C4).*

▶ **Geschichte.** Eine Schwesterngemeinschaft in H. am Neckar wird erst 1282 im Steuerprivileg Pfalzgraf Ottos von Tübingen als Dominikanerinnengemeinschaft erwähnt: die Urkunde spricht von *priorissa et conventus* *regiminis fratrum Predicatorum apud ecclesiam sancte crucis.* Die Überlieferung des Ordens bezeichnet die Gräfinnen von Tübingen, Eberstein und Hohenberg als Stifterinnen, die bereits 1218 die Existenzgrundlagen für eine Schwesternsammlung geschaffen hätten. Früheste Belege erwähnen 1261 und 1265 ganz allgemein einen *conventus in Horwe.* 1276 wurde die Inkorporation in den Dritten Orden der Dominikaner vollzogen, wobei aber nur allgemein von „Büßerinnen" die Rede war. Im frühen 14. Jh. bezeichnete man die dominikanischen Tertiarinnen als „Obere Sammlung" später auch als „Weiße Sammlung" zur Unterscheidung von den franziskanischen Tertiarinnen der „Unteren Sammlung" und der „Mittleren Sammlung" (➤ Horb) in der Stadt. Die Frauen benutzten die Stifts- und Pfarrkirche Heilig Kreuz für ihr Stundengebet. Ihre Konventsgebäude lagen südwestlich der Kirche, seit 1676 direkt mit einem Gang verbunden. Die dürftige Überlieferung erlaubt keinen Einblick in die innerklösterliche Entwicklung im Mittelalter. Pfandverkäufe in der Reformationszeit offenbaren wirtschaftliche Schwierigkeiten. Für die Zeit des Dreißigjährigen Krieges fehlen ebenfalls Nachrichten. Anfang des 18. Jh. erwarben die zehn bis 15 Dominikanerinnen größeren Besitz, der teilweise auf städtischem Grund lag, was zu Konflikten mit dem Stadtrat führte. Ein Großfeuer vernichtete 1725 die Stiftskirche und Klostergebäude. Den Neubau einer dreiflügeligen Anlage mit Kapelle erreichte Priorin Anna Katharina Gessler bis 1727 durch ein intensives Spendensammeln. Am Wiederaufbau der Stiftskirche arbeiteten Zwiefalter Bauleute im Auftrag der weltlichen Chorherren bis 1735. Ende des 18. Jh. drohte die Auflösung des Klosters im Josephinismus, zumal die Verweltlichung im Konvent weit vorangeschritten war. Die Schwestern übernahmen 1776 die Schulausbildung für Mädchen. Der Konvent war auf fünf Frauen zusammengeschmolzen, als die königlich-württembergische Herrschaft 1806 das Kloster auflöste.

▶ **Gegenwart.** Im barocken Klostergebäude der Dominikanerinnen befinden sich heute das Finanzamt und das Stadtarchiv der Stadt H. Erhalten blieb eine Gruft mit Gräbern des 18. Jh. Über der Stadt H. thront auch heute noch die katholische Pfarr- und ehemalige Stiftskirche Heilig Kreuz, die von den Schwestern der „Oberen Sammlung" mitbenutzt wurde. Die Wandpfeilerhalle des 18. Jh. weist besonders im Ostteil noch spätgotisches Mauerwerk der ausgebrannten Vorgängerkirche auf: Das schmuckreiche Portal, der Unterteil des Turms und die südöstliche Seitenkapelle sind mittelalterlichen Ursprungs. Die Seitenkapelle mit unregelmäßigem Netzgewölbe, in alten Dokumenten „Frauenchörle" genannt, bewahrt eine 1,16 m hohe Kalksteinplastik, die berühmte „Horber Madonna" aus dem frühen 15. Jh.

◆ Ströbele, Ute: H. (Obere Sammlung), in: Württembergisches Klosterbuch, Ostfildern 2003, 288; Manz, Dieter: Die Stiftskirche Heilig Kreuz in H., Horb am Neckar 1990.

Horb Dominikaner-Tertiarinnenkloster, die Schwestern der „Oberen Sammlung" nutzten die Kirche Heilig Kreuz.

Horb, *Franziskaner-Tertiarinnenkloster (vor 1293–1780) – „Mittlere Sammlung" bzw. „Klösterle", Diözese Konstanz – (Lkr. Freudenstadt, Baden-Württemberg, ❒ 3, C4).*

▶ **Geschichte.** Eine Beginengemeinschaft in H. am Neckar, die als „Mittlere Sammlung" bezeichnet wurde, um sie von der dominikanischen „Oberen Sammlung" (➤ Horb) unterscheiden zu können, war bereits 1293 den Tübinger Franziskanern unterstellt und gehörte zur Straßburger Minoritenprovinz. Rudolf II. von Hohenberg befreite 1321 die „mittel Samenunge bi dem Nekker" von Steuern und Diensten. Graf Rudolf III. verkaufte die Grafschaft 1381 für 66.000 Goldgulden an die Habsburger. Auch die österreichischen Landesherren bestätigten der Mittleren Sammlung die Steuerfreiheit. Ursprünglich wohnten die *priorissa et medicus conventus sororum penitentum sancti Francisci iuxta Neckarum* in der „Nekergaßen", zogen aber 1408 in ein Haus nördlich der Stiftskirche Heilig Kreuz um, das sie durch Kauf erworben hatten. 1464 nahmen sie die Observanz der Franziskaner in Tübingen an. Die Kanoniker des örtlichen Kollegiatstifts begleiteten sie geistlich, erst mit der Gründung eines Franziskanerkonvents 1639 in H. übernahmen Ordensbrüder die seelsorgliche Betreuung. In der Reformationszeit unterhöhlten Identitätskrisen die Gemeinschaft. Die Schwestern wiesen darauf hin, dass sie keine feierlichen Gelübde abgelegt, sondern sich nur zum Gehorsam gegenüber der Priorin verpflichtet hätten, einige wollten austreten. 1549 erwarb die Sammlung durch Landkäufe neuen Besitz und arrondierte ihn durch einen geschickten Gütertausch. Der Dreißigjährige Krieg führte zu einem finanziellen und personellen Notstand. Die oberdeutsche Provinzleitung des Ordens vereinigte 1642 die Mittlere Sammlung mit der zweiten franziskanischen Tertiarinnengemeinschaft von H., der „Unteren Sammlung", 1643 auch noch mit der Nordstetter Klause. Dennoch zählte der Konvent 1645 nur noch neun Schwestern. Der wirtschaftliche Aufschwung in der Nachfolgezeit erlaubte neue Erwerbspolitik und rege Bautätigkeit. Ein größerer Waldbestand, Zehntteile in Ahldorf und Betra sowie das benachbarte Rotensteinsche Haus gehörten 1700 zum Besitz. 1709 konnte eine Josephskapelle im Ostflügel geweiht werden. Die damalige Haupteinnahmequelle war die „Darlehenskasse", also der Gewinn aus Kapitalzinsen. Der städtische Großbrand von 1725 verschonte das Franziskanerinnenkloster. Verweltlichung und sittlicher Verfall der Schwestern wurden als Begründung angeführt, als die österreichische Regierung den Konvent schon 1780 im Vorfeld der 1782 einsetzenden Klosteraufhebungspolitik Josephs II. auflöste und zehn Frauen samt Vermögen nach Rottenburg transferierte. Die Klostergebäude erhielt das Kollegiatstift, das 1806 von Bayern säkularisiert wurde.

▶ **Gegenwart.** Denkmalpflege und Bürgerinitiative retteten 1985 das Franziskanerinnenkloster am Markt vor dem Abriss. Der Südflügel war schon 1909 samt Wirtshaus abgebrannt; an seiner Stelle wachsen heute zwei Kastanienbäume und schmücken den Platz vor der Stiftskirche. Der Nordflügel blieb als „Klösterle" erhalten; dieser mehrstöckige Fachwerkbau auf unsymmetrischem Grundriss enthält Bauteile aus dem 12./13. Jh. und geht auf Umbauten von 1424 und 1656 zurück. Nach der aufwändigen Sanierung, die mit der höchsten Auszeichnung für Denkmalschutz prämiert wurde, dient das „Klösterle" seit 2001 den Bürgern als soziokulturelles Zentrum.

◆ Ströbele, Ute: H. (Mittlere Sammlung), in: Württembergisches Klosterbuch, Ostfildern 2003, 289–291; Zerhusen, Michael/Kuball, Karl-Heinz: Wie rette ich ein Kloster?, Stuttgart 2001.

Hornbach Benediktiner Reichsabtei, spätgotische Kreuzgangreste integriert in ein Hotelambiente.

Hördt, *Augustiner-Chorherrenstift St. Maria (1103–1568), Diözese Speyer – (Rülzheim-H., Lkr. Germersheim, Rheinland-Pfalz, ❐ 3, C3).*

▶ Die Stiftung des Hermann von Spiegelberg 1103 auf seinem Eigengut *Herthi* entwickelte sich zu einem reich begüterten Regularkanonikerstift mit hoher Ausstrahlungskraft. Das Augustiner-Chorherrenstift in ➛ Herbrechtingen wurde auf Bitten Kaiser Friedrichs I. 1171 von H. aus besiedelt. Die berühmte Benediktineräbtissin Hildegard von Bingen (um 1098–1179) war mehrmals Gast im Stift. Innere Reformen führten unter Propst Heinrich von Mühlhofen in der Mitte des 15. Jh. zu einer spätmittelalterlichen Blüte. In der Osterzeit 1525 brandschatzten aufständische Bauern aus Nußdorf und Bruhrhein die Anlage, Propst Florenz Schliederer von Lachen erlag den Misshandlungen. Der reformierte Kurfürst Friedrich III. von der Pfalz hob Stift H. spätestens nach dem Tod Propst Wendelins von Remchingen 1568 auf. In den folgenden 100 Jahren wechselte im Ort das Bekenntnis noch neunmal zwischen den drei Konfessionen. Die Stiftsgebäude sind während der Entwicklung des Ortes völlig untergegangen, lediglich ein beinahe 15 m langer Immunitätsmauerrest aus mittelalterlicher Zeit blieb erhalten. Alle fünf Jahre feiert die Gemeinde noch heute das „Klosterfest".

◆ Engels, Renate: H., in: Palatia Sacra 1/3, Mainz 1988, 84–95; Moraw, Peter: Klöster und Stifte im Mittelalter, in: Pfalzatlas, Text-Bd. 1, Speyer 1964.

Hornbach, *Benediktiner Reichsabtei St. Pirmin und St. Petrus (um 742–1558), Diözese Metz – (Lkr. Südwestpfalz, Rheinland-Pfalz, ❐ 3, B3).*

▶ **Geschichte.** Nachdem der hl. Missionar Pirmin (um 670–753) die Abtei ➛ Reichenau 726 verlassen hatte, etablierte er mit dem Eigengut des Grafen Warnharius um 742 die Benediktinerabtei H. im Bliesgau; die Region gehörte damals zum Bistum Metz. Als relativ gesichert gilt, dass der Konvent von Anfang an der Benediktregel folgte. Der Gründer und Abtbischof Pirmin starb 753 in H. und wurde bald als Heiliger verehrt. Die Abtei H. war nach ➛ Mettlach das zweite Hauskloster der Widonen und nahm eine Mittelstellung zwischen Familien- und Reichskloster ein. H. und Mettlach erscheinen nicht auf der unvollständigen Liste der karolingischen Reichsklöster auf der Reichssynode 818/819 in Aachen, der „Notitia de servitio monasteriorum". Abt Rodwig (um 950) setzte die ➛ Gorzer Reformideale im Konvent durch, König Otto I. erteilte 950 volle Reichsimmunität, der Einfluss der salischen Familie konnte aber nicht gänzlich beseitigt werden. Die Abtei H. erschloss und kultivierte die oberlothringische Region. Abt Adalbert (972–993) gründete die Kollegiatstifte St. Philipp in Zell und St. Fabian unmittelbar südlich am Klosterbezirk. Beide Säkularkanonikerstifte übernahmen seelsorgliche Verpflichtungen und blieben besitz- und aufsichtsrechtlich eng an die Abtei gekoppelt. Die Abtei ➛ Lambrecht wurde 977 wahrscheinlich von H. aus besiedelt. Schon im 10. Jh. unterrichteten Mönche adelige Knaben in der klostereigenen Schule. König Heinrich IV. übereignete die Abtei 1087 dem Hochstift Speyer, die Reichsimmunität war verloren. Die weltliche Herrschaft übte nun Speyer aus, kirchenrechtlich gehörte H. inzwischen zur Erzdiözese Trier. 1130 entstanden das Tochterkloster ➛ Wörschweiler und vor 1149 das Priorat ➛ Böckweiler. Abt Konrad (1179–82) brachte aus ➛ Hirsau neucluniazensische Reformideale nach H. Der örtliche Adel gewann zunehmend an Einfluss, besonders die Grafen von Zweibrücken erlangten Rechtsansprüche. Wirtschaftskrisen und eine Verflachung der Klosterzucht kennzeichneten das Spätmittelalter, Ämter waren mit Präbenden verbunden. Anfang des 15. Jh. nötigte die prekäre Finanzlage zu Besitzverkäufen; Abt Danckart von Windecken (1415–33) stürzte den Konvent in eine fast ausweglose Schuldenkrise. Auf Druck des Baseler Konzils übernahm Reyner von Hompesch (1434–50) aus der Abtei St. Matthias in ➛ Trier die Leitung und versuchte Reformen durchzusetzen; der engagierte Abt starb jedoch zu früh, das Reformvorhaben scheiterte, der Anschluss an die ➛ Bursfelder Reformkongregation gelang nicht. Anfang des 16. Jh. offenbarte sich der inzwischen eingetretene, geistig-geistliche Verfall, der Konvent schrumpfte zusammen. Abt Johann Kindhausen (1512–48) neigte der evangelischen Glaubenslehre zu, empfing den Schweizer Reformator Huldrych Zwingli als Gast und heiratete 1540 seine Konkubine. Ein Vertrag regelte 1545 die Güteraufteilung und Einkünfte zwischen altgläubigen und neugläubigen Konventsmitgliedern. Abt Anton II. (1554–57) floh Ende 1557 mit Teilen des Klosterschatzes und des Archivs. Die Gebeine Pirmins tauchten erst 20 Jahre später in Innsbruck auf, wo sie heute noch bewahrt werden. Herzog Wolfgang von Pfalz-Zweibrücken ließ 1558 das Kloster besetzen und eine Trivialschule errichten, aus der 1559 die *schola illustris* entstand, die er mit Gütern des aufgelösten Fabianstifts dotierte. 1568 galt das klösterliche Leben als erloschen, spätere Restitutionsversuche blieben ohne Erfolg.

▶ **Gegenwart.** Heute beherbergt die ehemalige Reichsabtei das „Hotel Kloster Hornbach" in der gleichnamigen Stadt. Die wenigen mittelalterlichen Restbauten der Benediktiner wurden 1996 sachkundig restauriert und für den Hotelbetrieb ausgebaut. Die karolingische Urkirche mit Pirmingrab ist heute von einer modernen Kapelle überbaut. Von der hochromanischen Abteibasilika sind lediglich vier vermauerte Pfeilerarkaden und der Sockel des Nordwestturms erhalten. Nördlich schließen sich Reste des spätgotischen Kreuzgangs (West- und Ostflügel) an, die Nordklausur mit Refektorium ist in den zweigeschossigen Bau der ehemaligen Lateinschule integriert. Südöstlich der

Anlage steht die einschiffige, kreuzförmige Kirche des Kanonikerstifts St. Fabian; sie entstand Anfang des 12. Jh. und wurde nach Kriegszerstörung bis 1996 ahistorisch wiederaufgebaut.

◆ GermBen 9, 177–229; Hensel, Gerd: Langhaus und Westbau der ehemaligen Klosterkirche H., Speyer 2002.

Horneck, *Deutschordenskommende St. Maria (nach 1254–1805), Diözese Würzburg – (Gundelsheim-H., Lkr. Heilbronn, Baden-Württemberg, ❐ 3, C3).*

▶ **Geschichte.** Konrad von H. und seine Söhne traten 1254/58 dem Deutschen Orden bei und brachten ihre Burg H. samt Gundelsheim und Landbesitz ein. Konrad erschien 1258 als erster Komtur der auf der Burg neu eingerichteten Kommende, ihm folgte in diesem Amt sein Sohn Werner (1277). Mehrere Indizien sprechen dafür, dass die Kommende H. nie der Ballei Franken zugeordnet war, sondern von Anfang an dem Deutschmeister als Kammergut unterstand. Der resignierte Deutschmeister Gerhard von Hirschberg (1272–79) amtierte hier 1282 als Altkomtur. Die Burg H. beherrschte die Ebene am Eintritt des Neckars in den Odenwald und die Handelsstraße Heilbronn-Heidelberg, zu Füßen entstand aus dem Marktflecken Gundelsheim eine Stadt. Bei Stocksberg im Zabergäu verfügte die Kommende über reichen Besitz. Deutschmeister Konrad von Egloffstein (1396–1416), zuvor Landkomtur (1394–96) der Ballei Franken, baute H. zur Residenz der Kommandeure aller deutschen Balleien aus, die 1494 in den Rang von Reichsfürsten erhobenen wurden. Mit dem Amt Scheuerberg wurde die Kommende 1483/84 eine der reichsten Häuser des Deutschen Ordens. Zur Stärkung des Deutschmeisters gegenüber dem Hochmeister beschloss das Kapitel 1499 offiziell, dem Deutschmeister die Einkünfte und Nutzung der Burg auf Dauer zu überlassen. Die örtlichen Verwaltungspflichten oblagen meist einem Hauskomtur. Schon seit Eberhard von Seinsheim (1420–43) war H. auch „Erbbegräbnisstätte" der Deutschmeister. Er stiftete 1428 in der Burgkapelle eine Gebetsbruderschaft und 1442 in Gundelsheim das Ordensspital. Anfang des 15. Jh. umfasste der Konvent neun Mitglieder, von denen fünf Priesterbrüder waren, etwa 50 Jahre später war er auf vier Ritter- und acht Priesterbrüder angewachsen. Mitte April 1525 floh der Deutschmeister Dietrich von Cleen (1515–26) vor den aufständischen Bauern nach Heidelberg, kurze Zeit darauf brannte der Odenwälder Haufen die Residenz nieder. Besonders schwer wiegt noch heute die Vernichtung des Deutschmeisterarchivs. Dietrich von Cleen wurde die Kommende ➛ Mergentheim als Interimsresidenz zur Verfügung gestellt. Aus dem Provisorium Mergentheim entwickelte sich in der frühen Neuzeit der neue Hauptsitz des Deutsch- und administrativen Hochmeisters und damit die Verwaltungszentrale des Ordens. Burg H. wurde bis 1533 als Renaissanceschloss wiederaufgebaut und weiter als Kammerhaus verwaltet, nach Schäden im Dreißigjährigen Krieg erfolgte 1724 ein barocker Umbau, 1805 erhielt Württemberg das Anwesen.

▶ **Gegenwart.** 1960 erwarb der Zentralverband der Siebenbürger Sachsen die Burg „Schloss Horneck" über dem Neckar und baute sie als kulturelles Zentrum, Alten- und Pflegeheim, Archiv, Bibliothek und Museum aus. Ein Graben trennt die Vorburg mit mittelalterlichen Komturei- und Wirtschaftsgebäuden von der Hauptburg, die aus dem mehrgeschossigen Renaissancebau um zwei Binnenhöfe und einem mittelalterlichen Bergfried besteht. Die barocken Umbauten gehen auf das 18. Jh. zurück. Südlich über dem vorderen Schlosshof befindet sich die schon 1428 erwähnte Schlosskapelle; aus ihr entstammen die sechs spätmittelalterlichen Epitaphe von Ritterbrüdern des 15. und 16. Jh., die heute im Torhaus aufgestellt sind (Gipskopien).

◆ Weiss, Dieter J.: Die Geschichte der Deutschordens-Ballei Franken im Mittelalter, Neustadt/Aisch 1991; Demel, Bernhard: Der Deutsche Orden und die Stadt Gundelsheim, Gundelsheim 1981.

Hospitaliter vom Heiligen Geist, Heilig Geist Orden *(Ordo Hospitalarius de Sancti Spiritus, OHSS bzw. OSSp).*

▶ Die Hospitaliter vom Heiligen Geist bzw. der Heilig-Geist-Orden konstituierte sich als Hospitaliterorden um 1180 aus einer Spitalgemeinschaft unter Guido von Montpellier und breitete sich rasch in Westeuropa aus. Papst Innozenz III. bestätigte 1198 die Gemeinschaft als Orden, nahm diesen unter päpstlichen Schutz, übergab ihm 1204 das große Spital in Rom an der Kirche St. Maria in Sassia und förderte die Festlegung von Statuten, in denen sich die Ordensbrüder der Augustinusregel unterstellten und sich in ihren Gelübde ausdrücklich zum caritativen Dienst verpflichteten. Die Brüder trugen schwarze Mäntel mit weißem Doppelkreuz. Ordensgründer Guido leitete sowohl das Hospital im südfranzösischen Montpellier als auch das päpstlich besonders geförderte römische Spital bis zu seinem Tod 1208. Das römische Stift

Das Doppelkreuz als Symbol der Heilig-Geist-Chorherren in Markgröningen.

entwickelte sich unter Änderung seines Namens in Santo Spirito zunehmend zum Mittelpunkt des Ordens und Sitz des Ordenmeisters; erst 1625 löste sich die direkte Verbindung mit dem Mutterstift in Frankreich auf. Die Versorgung von Pilgern, Armen und Kranken verstanden die Heilig-Geist-Chorherren als *imitatio Christi*, als spirituelle Einheit tiefster Gotteshingabe und caritativer Liebe und Arbeit. Sie widmeten sich besonders den Obdachlosen und nahmen gern schwangere Frauen und Findelkinder in ihre Hospitäler auf; insofern waren ihre Einrichtungen nicht nur Krankenhäuser sondern Betreuungs- und Zufluchtsorte für Schutzlose. Unterstützt wurden sie von Laien und Angestellten, ursprünglich aber auch von Hospitalschwestern, die im 13. Jh. eigene Konvente in Spanien und Italien gründeten. Ihren Unterhalt bestritten sie aus Schenkungen, Pacht- und Zinseinnahmen und dem Quest, dem Ertrag eines gut organisierten Almosensammelns, hierin vergleichbar den ➛ Antonitern. Innerhalb der Bundesrepublik sind Niederlassungen der Heilig-Geist-Chorherren lediglich in ➛ Memmingen, ➛ Markgröningen, Neustadt/Oberpfalz, Pforzheim und ➛ Wimpfen mit Gewissheit nachzuweisen. Der Heilig-Geist-Orden unterhielt eigene Schulen zur medizinischen und pharmazeutischen Ausbildung und machte sich um den Aufbau von Apotheken verdient. Im 15. Jh. breiteten sich Missstände aus, so dass sich Papst Eugen IV. 1444 zur ihrer Beseitigung selbst als Ordensmeister einsetzen ließ. Die Reformation und das allgemeine Terminierverbot durch das Konzil von Trient, aber auch die zunehmende Verpfründung führten zu schweren Verlusten. Trotz eines päpstlichen Reformversuchs 1826 war der Niedergang des Ordens nicht mehr aufzuhalten: Die Aufhebung des männlichen Zweiges erfolgte 1847, die Schwestern hingegen ordneten sich neu und bilden heute Kommunitäten in Frankreich und Spanien.

◆ LThK[3] 4, 1315 f.; Drossbach, Gisela: Christliche Caritas als Rechtsinstitut. Hospital und Orden von Santo Spirito in Sassia (1198–1378), Paderborn 2005.

Hoven, *Zisterzienserinnenabtei St. Maria und St. Maximin (um 1188–1802), Cellitinnenkonvent St. Maria und St. Maximin (seit 1888) – „Marienborn", Erzdiözese Köln – (Zülpich-H., Kr. Euskirchen, Nordrhein-Westfalen, ❐ 3, A1).*

▶ **Geschichte.** Die Zülpicher Bruderschaft vom Heiligen Geist aus Priestern und Laien gründete zusammen mit Schwestern von ➛ Sankt Thomas/Kyll um 1188 das Zisterzienserinnenkloster „Marienborn" in H. bei Zülpich in der Nordeifel. Edelfrau Ida von Hengebach übertrug 1190 das Patronat ihrer Eigenkirche St. Maria zu H. der Bruderschaft, die es an den neuen Konvent weitergab. Die Herren von Hengebach übernahmen die Schirmherrschaft. Abt Hermann von ➛ Himmerod (1188–96) brachte persönlich 1190 das Papstprivileg aus Rom nach H., so dass eine Zugehörigkeit des Konvents zum Zisterzienserorden anzunehmen ist. Das Kloster unterstand der Paternität von Clairvaux, der Abt von ➛ Heisterbach wurde spätestens 1218 mit der Aufsicht verpflichtet. Die Schwestern, die unter Äbtissin Sophia (1188–1221) großen Zuspruch erhielten, gründeten bereits 1197 die Tochterniederlassung ➛ Walberberg bei Brühl. Auch das nahegelegene Frauenkloster ➛ Bürvenich könnte um 1220 aus dem Konvent Marienborn besiedelt worden sein, einige Parallelen zwischen Bürvenich und H. fallen auf. Der Gründungskonvent von ➛ Fröndenberg kam wahrscheinlich vor 1230 auch aus H. Bei den Exerzitien starb nach 1225 in H. der Mystiker und Dichter Hermann Joseph (um 1160– nach 1225); er war ein Prämonstratenser aus dem Stift ➛ Steinfeld, der bald heiligmäßige Verehrung genoss. Pilger wallfahrten zu seinem Grab in H., er wurde 1960 kanonisiert. Die Betreuung der Schwestern kann im Hochmittelalter nicht optimal gewesen sein, denn die Vaterabtei Heisterbach durchlebte schwere innere Krisen. Abt Heinrich III. (1366–75) veruntreute Klosterbesitz und betätigte sich als Falschmünzer, er musste abgesetzt werden. Die nachfolgenden Äbte ordneten die inneren Verhältnisse, sie wirkten im 15. Jh. als Reformatoren in den unterstellten Zisterzienserinnenklöstern, so auch in H. Auffällig ist, dass der Nachbarkonvent Bürvenich 1486 nicht von Heisterbach sondern im Auftrag der Ordensleitung von der Abtei Val-Dieu (Belgien) reformiert wurde. Um 1510 übernahmen Äbte von ➛ Altenberg im Bergischen Land die Aufsicht über Marienborn. Die Landesherrschaft übten die Herzöge von Jülich-Kleve-Berg aus, insofern blieb der katholische Konvent in der Reformationszeit geduldet. Während der Kriegswirren der Neuzeit waren die Jahre 1642 und 1673 besonders bedrückend und verlustreich. Nach der linksrheinischen Besetzung durch französische Revolutionstruppen wurde das Kloster 1802 aufgelöst. 1888 erwarben Cellitinnen, eine Schwesternkongregation unter dem Alexianerorden, die ehemalige Klosteranlage und bauten sie als Krankenhaus aus.

▶ **Gegenwart.** Noch heute ist Marienborn in H. eine Krankenanstalt für geistig Behinderte unter Leitung der Cellitinnen. Die spätromanische Kloster- und Pfarrkirche St. Maria dient als Anstaltskirche. Sie ist ein Saalbau des 13. Jh. mit eingezogenem, apsidialem Chorquadrat und einem Westturm. Der Turm stammt im Kern vom Vorgängerbau des 11. Jh., sein achteckiges Obergeschoss zieren acht romanische Doppelfenster und eingestellte Säulen, die Haube ist barock. Im Inneren der Kirche grenzt ein gequaderter Triumphbogen den steil aufragenden Chor vom Hauptschiff ab. Den Westteil der Kirche nimmt die spätgotische, zweischiffige Nonnenempore auf Achteckpfeilern ein. Teile des spätgotischen Kreuzgangflügels wurden als südliches Seitenschiff einbezogen. Das kunsthistorisch wertvollste Ausstattungsstück ist die „Hovener Madonna", eine thronende Muttergottes in Holz aus dem 12. Jh. im Stil der französischen Monumentalplastik, die aus Marsdorf bei Frechen nach H. kam. Der barocke Westflügel der Klausuranlage wurde in den Krankenhausbau integriert, ebenso der an die Kirche angebaute, spätgotische Nordflügel; dieser ist heute zweigeschossig ausgebaut. Einige Spolien der romanischen Klosteranlage sind in den Resten der Immunitätsmauer des 17. Jh. eingelassen.

◆ Ostrowitzki, Anja: Die Ausbreitung der Zisterzienserinnen im Erzbistum Köln, Köln 1993; Van der Broeck, Heribert: Das alte Zisterzienserinnenkloster, genannt Marienborn in Zülpich-H., in: Eifel-Jahrbuch 1977, 38–46.

Höxter, *Franziskanerkloster St. Maria (1248–1555, 1674–1804) – „Barfüßerkloster", Diözese Paderborn – (Kreisstadt, Nordrhein-Westfalen, ❒ 1, D5).*

▶ **Geschichte.** Nach der Überlieferung der Reichsabtei ➛ Corvey des 18. Jh. soll Abt Hermann I. von Corvey (1223–54) im Jahr 1248 Minoriten nach H. gerufen und seinen leiblichen Bruder Florimann als ersten Guardian eingesetzt haben. Obwohl diese Überlieferung auf Fälschungen beruht, hält man sie im Kern für wahr. Die erste urkundliche Erwähnung datiert 1261. Nach der Zerstörung der Konventsanlage 1271 aus unbekanntem Grund waren neue Baumaßnahmen notwendig. 1320 fand die Weihe der Konventskirche statt. Der Stadtrat von H. schloss 1301 mit der Reichsabtei Corvey einen Vertrag, der die Franziskanerniederlassung in der südöstlichen Altstadt am Tor nach Corvey absicherte, aber den Barfüßern verbot, weiteren Grundbesitz innerhalb der Stadt zu erwerben. Weitere Nachrichten aus mittelalterlicher Zeit sind kaum überliefert, der Verbleib des Archivs ist unbekannt. Mit der Einführung der Reformation in H. 1533 gerieten die Bettelbrüder in existenzielle Not und bemühten sich um auswärtige Pfarrdienste. Guardian Ludemannus Ludemann verkaufte im September 1542 der Stadt Kirchenkleinodien, Guardian Jodocus Basche übergab 1555 den Benediktinern die Anlage und zog mit dem Restkonvent aus der Stadt. Streit mit dem Magistrat und Restitutionsversuche kennzeichneten die folgenden 120 Jahre. Erst 1674 erhielten die Minoriten ihr Kloster zurück und betreuten bis zur endgültigen Aufhebung im Juni 1804 durch Nassau-Oranien die verbliebenen Katholiken der Stadt und in der Umgebung.

▶ **Gegenwart.** Bis 1952 wurde die Franziskanerkirche des späten 13. Jh. profan genutzt, heute dient sie der evangelischen Gemeinde als Nebenkirche St. Marien. Es ist eine asymmetrische, zweischiffige Stufenhalle mit dreijochigem Chor im 5/8-Schluss. Durch ein zweiteiliges Südportal mit Maßwerktympanon gelangt man in den hoch aufstrebenden Innenraum mit südlichem Seitenschiff. Rundpfeiler und Dienste tragen die stark profilierten Arkadenbögen, schlanke Wanddienste mit einfachen Profilkapitellen das durchgehende Kreuzrippengewölbe. Zwei Baldachine blieben als Rest des einstigen Lettners erhalten, der vermutlich weiter westlich stand. Die Kirche repräsentiert zusammen mit der Franziskanerkirche in ➛ Münster die französisch beeinflusste Hochgotik Westfalens. Die mittelalterlichen Konventsgebäude hatte schon Abt Reinhard II. von Corvey 1573 wegen Baufälligkeit abreißen lassen. Die 1628 errichteten Klostergebäude mit Treppenturm werden seit 1981 als evangelisches Gemeindezentrum genutzt.

◆ König, Andreas u. a.: H. Geschichte einer westfälischen Stadt, Bd. 1, Hannover 2003; Leesch, Wolfgang: H., Minoriten, in: Westfälisches Klosterbuch, Tl. 1, Münster 1992, 458–461.

Hude, *Zisterzienserabtei St. Maria (1202–1536), Erzdiözese Bremen – (Lkr. Oldenburg, Niedersachsen, ❒ 1, C3).*

▶ **Geschichte.** Zisterziensermönche aus der Abtei ➛ Mariental bei Helmstedt folgten frühestens 1202 dem Ruf des Grafen Moritz von Oldenburg und bezogen ein verlassenes Frauenkloster in Bergedorf im Kirchspiel Ganderkesee in der Grafschaft Oldenburg. Der unfruchtbare Boden veranlasste die Mönche 1232 mit Hilfe der gräflichen Söhne Otto I. und Christian II. ihr Kloster nach H. am Flüsschen Berne an den Rand der Geest zu verlegen. Erzbischof Gebhard II. von Bremen unterstützte den Ortswechsel nach H., wollte er doch die Stedinger Bauern, die sich 1204 ihre Autonomie erkämpft hatten, wieder unter landesherrliche Kontrolle bringen. Wie auch immer, die Klostergründung darf als eine Machtdemonstration des Erzbischofs gegenüber dem freiheitsliebenden Stedingern angesehen werden. Folgerichtig vertrieben die Stedinger Bauern die Mönche und zerstörten ihre noch provisorischen Bauten. Erst nach dem mühsam errungenen Sieg des Kreuzfahrerheeres unter Herzog Heinrich von Brabant über die widerspenstigen Bauern 1234 begann der Aufbau und der wirtschaftliche Ausbau der Abtei. Die Zisterzienserabtei H. wurde bevorzugt als Grablege von der Oldenburger Grafenfamilie genutzt, sowohl von der alten Oldenburger als auch der Delmenhorster Linie. Papst Alexander IV. nahm 1256 das Kloster unter päpstlichen Schutz und beauftragte ausdrücklich die Bremer Kirche mit dieser Aufgabe. Neben reichem Landbesitz erwarben die Zisterzienser 1328 auch einen Stadthof mit Georgskapelle in Bremen. Die Abtei war als Vaterkloster verantwortlich für das Frauenkloster ➛ Lilienthal, das einzige Zisterzienserinnenkloster mit Vollmitgliedschaft im Orden im nordwestdeutschen Raum. 1451 bestätigte der Abt von ➛ Reinfeld nach einer Visitation die Reformbedürftigkeit des Konvents in H. Anzeichen für Verweltlichung und Auflösung wurden während der Reformationszeit sichtbar, Mönche gingen zu ihren Konkubinen und teils schon erwachsenen Kindern in den umliegenden Dörfern. Die Abtei kam nach der Eroberung Delmenhorsts durch Heinrich von Schwarzburg unter die Schutzherrschaft des Hochstifts Münster. Die Bischöfe von Münster verfolgten in der ersten Hälfte des 16. Jh. aus machtpolitischem Kalkül gegen die Oldenburger Grafen die Auflösung, die Bischof Franz von Münster (Waldeck) 1536 schließlich vollzog. Abt Liborius Lippken hatte sich kurz zuvor mit Kleinodien, Siegel und Rentenbriefen in das bereits protestantische Bremen abgesetzt. Der Bischof gab das Kloster H. zum Abbruch frei; das gewonnene Baumaterial diente zur Bereicherung bischöflicher Beamter.

▶ **Gegenwart.** König Christian V. von Dänemark, auch Graf von Oldenburg, übertrug 1687 das schon weitgehend abgetragene Klosterareal seinem Jägermeister Kurt Veit von Witzleben, dessen Nachfahren heute noch im ehemaligen Abthaus leben. Die Familie von Witzleben rettete die malerische Ruine der gotischen Backsteinbasilika, pflegt die fragmentarischen Mittelschiffswände, Arkaden und Querhausreste und macht sie der interessierten Öffentlichkeit zugänglich. Die Ausgrabungsfunde und die Geschichte von H. werden in einem Museum dargestellt. Aus mittelalterlicher Zeit blieb vollständig lediglich die ehemalige Torkapelle St. Elisabeth in ihrer ursprünglichen Form erhalten; sie wird seit etwa 1550 als evangelische Pfarrkirche genutzt. An Stelle des Brauhauses befindet sich ein Hotel mit Gaststätte, die alte Wassermühle dient einer Galerie.

◆ GermBen 12, 192–212; Sello, Georg: Das Cisterzienserkloster Hude bei Oldenburg, Neunkirchen 2006 (Nachdruck von 1885).

Hude Zisterzienserabtei, Blick vom Querschiff zur Mittelschiffsruine der gotischen Backsteinbasilika.

Hüls, *Franziskaner-Tertiarinnenkloster St. Cäcilia (1422–1802) – „Konvent", Erzdiözese Köln – (Krefeld-H., kreisfreie Stadt Krefeld, Nordrhein-Westfalen, ❒ 1, A5).*

▶ Die Beginengemeinschaft St. Cäcilia in H. bei Krefeld unterstellte sich 1422 den Ordensstatuten und gehörte dem Dritten Orden der Franziskaner an. Mit erzbischöflicher Genehmigung erhielten die Tertiarinnen 1460 eine eigene Kapelle St. Cäcilia, die trotz des Brandes von 1703, der Säkularisierung von 1802 und der Schäden im Zweiten Weltkrieg noch heute der evangelischen Gemeinde zur Verfügung steht. Es ist ein spätgotischer Saalbau aus Backstein zu vier Jochen mit westlichem Vorraum und polygonalem Chorabschluss. Ihre qualitätsvolle Ausstattung geht auf das 18. Jh. zurück, einschließlich der Westempore mit Chorgestühl und Kanzel. Das westlich anschließende, zweistöckige Konventsgebäude ist ein Rest der einstigen Klausur aus der Barockzeit.

❖ In H. gab es eine zweite Beginengemeinschaft, die seit 1398 als Franziskaner-Tertiarinnen im eigenen Hof „Maria von der Verkündigung" an der Pfarrkirche St. Cyriacus am Markplatz bis 1802 lebte. Dieser „Beginenhof" besteht aber heute ausschließlich aus nachreformatorischen Gebäuden und dient als Wohnanlage.

◆ Mellen, Werner: Krefeld-H., Köln 1983.

Hüttenheim, *Deutschordenskommende St. Johannes Baptist (1213–14. Jh.), Diözese Würzburg – (Willanzheim-H., Lkr. Kitzingen, Bayern, ❒ 3, D2).*

▶ **Geschichte.** Der bischöfliche Ministeriale Albert von Hüttenheim stiftete dem Deutschen Orden Eigenbesitz in H. zwischen Steigerwald und Maindreieck in Unterfranken, was Bischof Otto I. von Würzburg (Lobdeburg) 1213 bestätigte. Der Orden wurde verpflichtet, eine Niederlassung mit Kapelle zu errichten. Die Grundausstattung erweiterte der Stifter 1215 mit Allodialgut im benachbarten Seinsheim, das er von Gottfried von Schwarzburg erworben hatte; auch Graf Rupert von Castell verkaufte 1228 seinen Hüttenheimer Besitz an den Orden. Ein Komtur Ingrebandus von Hüttenheim ist 1254 nachweisbar, Komtur Konrad von Ursensollen (1271–74) wurde 1279 als Komtur nach Nürnberg berufen. Hochmeister Burchard von Schwanden (1282–90) unterstellte 1287 die Kommende H. der Kommende ➛ Nürnberg als abhängiges Haus; letztmalig trat Walther von Riedern 1328 als Komtur auf. Ende des 13. Jh. war eine erste steinerne Kirche St. Johannes Baptist entstanden, die als Kirchenburg auch den Anwohnern Schutz bei feindlichen Überfällen bot. Im Mai 1295 verkauften Komtur Konrad aus Mergentheim und fünf Ordensbrüder einigen Besitz an die Abtei ➛ Ebrach. 1318 erwarb die Kommende Nürnberg Einkünfte zu Ickelsheim zurück, die das Haus H. verpfändet hatte. Komtur Walther von Riedern beurkundete 1328 die Schenkung von Weinbergen in der Gemarkung H., die bereits der Kommende Nürnberg übereignet worden waren. Noch im 14. Jh. muss H. als Ordensniederlassung aufgegeben worden sein; Nürnberg verwaltete den Besitz fortan als Kastanei; ein Amtmann Endres von Uissigheim taucht 1403 in den wenigen überlie-

Huysburg Benediktiner Doppelabtei, an die romanische Basilika schließt ein Klausurgebäude an, Südseite.

ferten Urkunden auf. 1456 ging der Besitz an die Kommende ➛ Mergentheim. 1680 verkaufte der Deutsche Orden sein Vogteiamt H. mit allen Einkünften für 50.000 Gulden an Fürst Johann Adolf I. von Schwarzenberg. Inzwischen hatten mehrere Herrschaften Rechte in H. erlangt, was nach der Reformation zu evangelischen und katholischen Untertanen führte. 1721 einigte man sich auf eine simultane Nutzung der Kirche, die bis 1895 ihre Geltung behielt. Die evangelische Kirchengemeinde blieb in der ehemaligen Deutschordenskirche, die Katholiken bauten 1897 ein neues Gotteshaus nebenan.

▶ **Gegenwart.** Beide Kirchen in H. sind dem Täufer geweiht. Die evangelisch-lutherische Pfarrkirche in der Kirchenburg ist ein neuzeitlicher Nachfolgebau der einstigen Deutschordenskirche, lediglich ihr Turmunterbau ist mittelalterlich. Das ummauerte Kirchenburggelände wurde schon im 13. Jh. mit Gaden überbaut, mit kleinen unterkellerten Häuschen, die im Kriegsfall der Bevölkerung als Notunterkunft dienten, in Friedenszeiten als Weinkeller. Die Kirchenburg in H. ist eine der größten Anlagen ihrer Art in Franken. Für Instandsetzungs- und Sicherungsarbeiten wurden Untersuchungen durchgeführt, die den bauhistorischen Wert der Anlage unterstreichen. In ihr sind auf engstem Raum Fachwerktypen aus fünf Jahrhunderten vereint, zwischen neuzeitlichen Gebäuden stehen mittelalterliche Ständer- und Stockwerksbauten. Die ältesten Hölzer sind von 1313/14, also noch aus der Zeit des Deutschen Ordens in H.

◆ Weiss, Dieter J.: Die Geschichte der Deutschordens-Ballei Franken im Mittelalter, Neustadt/Aisch 1991; Hölzl, Franz: Bauaufnahme der Kirchenburg H. in Unterfranken, Karlsruhe 1987.

Huysburg, *Benediktiner Doppelabtei St. Maria (1080–1804, seit 1972), Diözese Halberstadt – (Dingelstedt am Huy, Lkr. Harz, Sachsen-Anhalt, ❐ 2, A4).*

▶ **Geschichte.** Eine Schwester Bia aus dem Benediktinerinnenkloster Münzenberg in ➛ Quedlinburg lebte seit 1070 eremitisch an der Marienkapelle am bischöflichen Burggut auf dem Huysberg nördlich von Halberstadt; der Kanoniker Ekkehard aus Halberstadt betreute sie seelsorglich. Weitere Religiosen gesellten sich hinzu. Um 1076 wurde dem Mönch Thiezelin aus dem Benediktinerkloster Berge bei Magdeburg, der zwei Jahre lang Erfahrungen im Reformkloster ➛ Siegburg gesammelt hatte, die Einführung der mönchischen Lebensweise in der Klausnergemeinschaft gestattet, auch Kleriker Ekkehard wurde zum Mönch geweiht. Bischof Burchard II. von Halberstadt wandelte die Klause in ein Benediktiner Doppelkloster um. Der Konvent wählte 1080 Ekkehard zum ersten Vorsteher (1080–83) und unterstellte sich den Statuten der ➛ Junggorzer Reform in der Variante der Herrandreform von ➛ Ilsenburg. Bischof Burchard II. erhob H. 1084 zur Abtei und räumte dem Konvent freie Abt- und Vogtwahl ein. Erst 1128 erhielt die bischöfliche Abtei eine päpstliche Bestätigungs- und Schutzurkunde. Unter dem zweiten Abt Alfried (1083–1133) entstand die heutige Kirche und die heute zum großen Teil abgetragene Abteianlage. Der Augustiner-Chorherr und Propst Petrus von ➛ Hamersleben verließ sein Stift und wechselte als Mönch in das Benediktinerkloster H. Dieser *transitus* eines Regularkanonikers in ein Mönchskloster löste eine generelle Debatte über Gewichtigkeiten unterschiedlicher Lebensformen in Klöstern oder Stiften und über den Stellenwert der *vita contemplativa, apostolica* oder der *vita activa* aus. Abt Ekbert von Huysburg (1134–54) betont in seinen Schriften die Höherwertigkeit des Mönchsstands gegenüber den regulierten Stiftskanonikern. Die ökonomische Krise und die strikten Sparmaßnahmen Abt Werners (1258–81) provozierten 1273 eine Konventsrevolte, auf die Bischof Volrad von Kranichfeld mit harten Strafen reagierte. Unter Abt Dithmar (1303–26) setzte sich die Trennung der Einkünfte zwischen Abt und Konvent durch. Bis 1411 lebten religiöse Frauen abgesondert im Klosterareal. Die Abtei unter Abt Johannes Oldenroth (1440–48) gehörte 1444 zur Gründungsgruppe der ➛ Bursfelder Reformkongregation, deren Statuten unter Abt Theodor Brand (1448–83) positive Erneuerungswirkungen entfalteten. H. wurde selbst zu einem Ausstrahlungszentrum der Reform. Aufrührerische Bauern brannten 1525 die Anlage nieder, woran sich auch Halberstädter Ratsherren beteiligten. Der Konvent zeigte Festigkeit während der Reformation wie auch während der Überfälle im Dreißigjährigen Krieg. Eine Hochblüte schaffte noch einmal Abt Nikolaus von Zitzewitz (1676–1704); er rettete 1696 die verschuldete Abtei St. Mauritius in ➛ Minden an der Weser, indem er sie als Propstei inkorporierte. 1804 erfolgte die Aufhebung durch den preußischen Staat. Die Abteikirche blieb katholische Pfarrkirche. König Friedrich Wilhelm III. schenkte 1823 die Anlage und den Klosterbesitz seinem General Knesebeck, der 1828 große Teile des romanischen Klosters abreißen ließ.

▶ **Gegenwart.** Aus einem Priesterseminar erwuchs mit Hilfe polnischer Mönche 1972 ein neues Benediktinerpriorat, das einzige zur DDR-Zeit in Ostdeutschland; es ist heute der Abtei St. Matthias in ➛ Trier angeschlossen. Die Benediktiner wohnen im verbliebenen Klausurteil östlich der Marienkirche, das noch den gotisch eingewölbten Kreuzgangflügel enthält. Frei im Hofareal steht ein Teil der ehemaligen Südklausur mit romanischem Refektorium im Unter- und der jüngeren Bibliothek im Obergeschoss. Barocke Gebäude begrenzen den weiträumigen Platz südlich der Kirche und dienen heute als Pfarrzentrum und Gästehaus. Man erreicht diesen Platz durch ein Torgebäude von 1768 und blickt auf die romanische Klosterbasilika, ein bedeutendes Denkmal sächsischer Baukunst aus der Anfangszeit der Abtei. Ihre Westtürme wurden gotisch erhöht und mit Spitzhauben versehen, statt dreier Apsiden entschied man sich für einen sehr langen Chorraum, dessen nördlicher Nebenchor, die Marienkapelle, für die Frauen vorgesehen war und heute als Sakristei dient. Das Mittelschiff zeigt den typisch sächsischen Stützenwechsel zwischen Säulen und Pfeilern mit seltenen Blendarkaden und ornamentreichen Kapitellen. Die Ausstattung stammt aus der Barockzeit, ausgenommen ein einfaches gotisches Chorgestühl.

◆ Römer, Christof: Die Benediktiner im Bistum Halberstadt, Halberstadt 2006; Polag, Athanasius: Die H., Passau 2000; Bogumil, Karlotto: Das Bistum Halberstadt im 12. Jh., Köln 1972.

Iben, *Templerkommende (vor 1258– vor 1303), Johanniterkommende (1303– vor 1342), Erzdiözese Trier – (Fürfeld-Hof I., Lkr. Bad Kreuznach, Rheinland-Pfalz, ❐ 3, B2)*

▶ Der Hof I. im Appelbachtal in der rheinhessischen Schweiz war Mitte des 13. Jh. eine Wasserburg, die zunächst dem Templerorden gehörte. In der Schenkungsurkunde des Reichstruchsesses Werner von Bolanden an das Domkapitel von Mainz urkundet 1258 ein Tempelritter Hildebrand zu „Übin" als Zeuge, ebenso wird die Burg I. als Templersitz noch einmal 1296 urkundlich erwähnt. 1303 gehörte sie hingegen einem Albrecht von Rumerode, der den Besitz dem Johanniterorden und seinem Bruder, dem Johanniter Friedrich, übergab. Mitte des 13. Jh. erscheint Erzbischof Balduin von Trier als Lehnsträger und belehnte 1342 den Grafen Ruprecht VII. von Altenbaumburg mit der Feste I., der die Güter 1356/57 mit seinem Verwandten, Graf Heinrich von Sponheim, teilte und 1362 seinen Teil an Ritter Emmerich von Waldeck verkaufte, dessen Familie die Burg wiederum über 200 Jahre in ihrem Besitz behielt. Im 19. Jh. verlor die Anlage den Charakter einer Wasserburg und wurde eine bäuerliche Hofstelle. Die schwache Quellenlage erlaubt heute keine Aussage, ob die Burg I. Sitz eines Komturs oder nur Außenstelle des Templerordens war; die einstige Größe der Kirche und die künstlerisch hochwertige Ausgestaltung spricht für eine Kommende. Aus der Templerzeit hat sich der Kirchenchor erhalten, der heute der Gemeinde Fürfeld als evangelische Filialkirche dient. Er zeigt architektonische Verwandtschaft mit der Liebfrauenkirche in Trier, der Elisabethkirche in Marburg und der Kathedrale von Reims. Insbesondere die Blattornamente der inneren Kapitelle und die Gestaltung der Maßwerkfenster erinnern an die Kathedrale von Reims und damit an die starke Beziehung der Templer zu Frankreich. Neuerdings wird auch eine Verwandtschaft mit dem Meister des Naumburger Doms hervorgehoben. An der östlichen Außenwand ist der heilige Nepomuk dargestellt; die Figur von 1740 war an der Tür der abgebrochenen Sakristei angebracht.

◆ Schüpferling, Michael: Der Tempelherren-Orden in Deutschland, Bamberg 1915.

Iben Templer-/Johanniterkommende, Kirchenchor aus der Templerzeit.

Iburg (Bad Driburg), *Benediktinerinnenkloster St. Maria und St. Petrus (um 1135–42), Diözese Paderborn – (Bad Driburg, Kr. Höxter, Nordrhein-Westfalen, ❐ 1, C5).*

▶ Bischof Bernhard I. von Paderborn (Oesede) bemühte sich um ein erstes Benediktinerinnenkloster in seiner Diözese. Er fand Unterstützung bei Äbtissin Beatrix (1123–60) vom Kanonissenstift Heerse. Beide zusammen gründeten um 1135 auf der I., einer sächsischen Bergfestung im Eggegebirge, ein Frauenkloster und stellten den Konvent unter die Benediktregel. Auf dem Berg hatte sich schon zuvor an der karolingischen Missionskirche St. Petrus eine Gemeinschaft frommer Frauen und Männer gegründet; der Höhenzug heißt noch heute „Klusenberg". Der Konvent aus adeligen Frauen unterstand der geistlichen und weltlichen Aufsicht der Äbte von ➛ Abdinghof in Paderborn. Heinrich von Gehrden galt insofern als Mitgründer, weil er beim Eintritt seiner Nichten das Kloster großzügig mit Eigenbesitz in Gehrden begüterte. Der Schirmvogt des Paderborner Hochstifts, Volkwin von Schwalenberg, wollte die I. als Befestigungsanlage ausbauen und versetzte 1142 den inzwischen stark angewachsenen Konvent nach ➛ Gehrden und ➛ Willebadessen, wo mit Hilfe des Bischofs zwei neue Klöster entstanden. Die Burg wurde 1444 eingeäschert. Bis heute haben sich Grundmauern der 1142 vollendeten Klausurgebäude und der St. Petrus-Kirche auf dem Klusenberg westlich Bad Driburgs erhalten.

◆ Pöppel, Diether: Benediktinisches Leben im Hochstift Paderborn, Paderborn 1999, 106–110; Bruns, Alfred: Gehrden, in: Westfälisches Klosterbuch, Tl. 1, Münster 1992, 327–332.

Iburg (Osnabrück), *Benediktinerabtei St. Clemens (1080–1803), Diözese Osnabrück – (Bad I., Lkr. Osnabrück, Niedersachsen, ❐ 1, C4).*

▶ **Geschichte.** Bischof Benno II. von Osnabrück, Anhänger Kaiser Heinrichs IV., befestigte während des Investiturstreits um 1070 die I. auf dem Bergkegel südlich der Bischofsstadt Osnabrück als Zufluchtsstätte; dabei weihte er eine hölzerne Kapelle dem hl. Clemens. Ende 1080 brachte er Reliquien aus Rom auf die I. und rief Mönche aus Mainz St. Alban, aus ➛ Minden St. Mauritius sowie als ersten Abt Anonymus (1080–82) aus ➛ Köln St. Pantaleon zur Gründung eines Benediktinerklosters. Der erste Gründungsversuch scheiterte, lediglich einige Mönche aus Minden blieben zurück. Mit ihnen wagten die Äbte Adalhard (1082–85) und Norbert (1085–1117) aus ➛ Siegburg einen Neuanfang, der aufgrund einer erhöhten Grundausstattung und der Befreiung von Abgaben sowie Kriegslasten zum Erfolg führte. Die Abtei I. litt stets am zu geringen Besitzstand, sie erlangte nie die Exemtion. Die strenge Lebensweise der ➛ Siegburger Reform bewahrte die Mönche vor der erneuten Resignation. Eine Schreibschule war von Beginn an eingerichtet. Bischof Benno II. baute die Bischofsresidenz neben dem Kloster, die in der Folgezeit allen Osnabrücker Oberhirten als Wohnstatt diente. Bischof Konrad III. erhob die Anlage um 1460 zur Hauptresidenz des Fürstbistums, sie blieb es bis 1673. 1349 brannten Schloss und Kloster nach einem Blitzeinschlag nieder. 1442 und 1449 erstürmten Osnabrücker Bürger die Burg. Der Konvent blieb arm, innere Zwietracht zerrüttete das Konventsleben, Abt Albert von Loen (1410–19) resignierte, ebenso sein Nachfolger Johannes von Oesede (1419–44). Erst 1468 vollzog Abt Requin von Kerssenbrock (1444–72) zusammen

Iburg Benediktinerabtei, romanisch-gotisches Mauerwerk steckt noch immer im Chor der Abteikirche.

mit dem späteren Abt Erdwin von Dumstorp (1476–93) auf Druck Bischof Konrads III. von Diepholz den Anschluss an die ➛ Bursfelder Reformkongregation. Die vier benediktinischen Frauenklöster der Diözese unterstellte der Bischof der Abtei, so ➛ Herzebrock, ➛ Gertrudenberg, ➛ Oesede und ➛ Malgarten. Die Äbte begleiteten Reformbemühungen in den Frauenkonventen. Die Bindungen zum Kloster Malgarten knüpfte besonders Abt Gerhard Nitze (1506–39) sehr eng, die guten Beziehungen blieben bis zur Säkularisation bestehen. Dank des beginnenden Steinkohlebergbaus um 1510 besserte sich die wirtschaftliche Situation. Philipp Magnus, ein Sohn Herzog Heinrichs von Braunschweig, eroberte 1553 während eines Vergeltungsfeldzuges die I. und ließ sie verwüsten. Häufige Konfessionswechsel der Bischöfe führten im 16. Jh. zu Spannungen im Konvent, letztendlich blieb er katholisch und aktiv in der Bursfelder Gemeinschaft verankert. Abt Jacob Thorwarth (1642–66) rettete durch persönlichen Einsatz den Fortbestand der Abtei nach der schwedischen Okkupation und Vertreibung; er gründete 1659 neben der Knabenschule auch eine Mädchenschule. Die wissenschaftliche Ausbildung im Geist der Aufklärung und seelsorgerische Aktivitäten sind Kennzeichen der Klostergeschichte des 18. Jh. Im Februar 1803 erging das Aufhebungsdekret des welfischen Fürstenhauses an die 21 Patres und an 18 Personen Dienstpersonal.

▶ **Gegenwart.** Das Schloss und Kloster I. erscheint heute in Gestalt des Neuaufbaus nach dem Friedensschluss 1648, der gesamte Komplex setzt sich jedoch aus Bauelementen vieler Jahrhunderte zusammen. Abt Heinrich Hane (1706–68) ließ den dreistöckigen, langgestreckten Barockbau errichten. Der älteste Teil der Anlage ist die Abteikirche; sie dient heute als katholische Pfarrkirche St. Clemens. Ursprünglich war sie eine dreischiffige Basilika (1120), nach einem Brand entstand von 1349 bis 1408 die heutige gotische Hallenkirche unter Verwendung romanischer Mauerteile auf altem Grundriss. Besonders an Chor und nördlichem Querschiff blieb aufgehendes Mauerwerk aus frühester Zeit erhalten. Die heutige Westwand mit Portal ergab sich 1683 nach der Aufgabe der Westkrypta. Neben der neugotischen Ausstattung sind die mittelalterlichen Grabplatten Osnabrücker Bischöfe und eine romanische Steinplatte als Antependium vor dem Altar beachtenswert. Von der mittelalterlichen Klausur existieren außerdem Mauern am westlichen Teil des Nordbereiches und im Ostflügel, auch die Kellerräume zählen wohl dazu.

◆ GermBen 6, ; Uhrmacher, Erwin: Die I., Regensburg 2004.

Ichtershausen, *Zisterzienserinnenkloster St. Georg und St. Maria (1147–1539), Erzdiözese Mainz – (Ilm-Kreis, Thüringen, ❐ 4, A1).*

▶ **Geschichte.** Frideruna und ihr Sohn Markward II. von Grumbach, Verwandte Erzbischof Heinrichs I. von Mainz (Felix von Harburg), gründeten 1147 an ihrer Eigenkirche in I. bei Arnstadt ein Kloster, das sie dem Erzstift unterstellten, die Vogteirechte behielten sie sich vor. Der Erzbischof und König Konrad III. bestätigten im gleichen Jahr die Stiftung. Das Kloster ➛ Wechterswinkel in Unterfranken, das erste Frauenkloster auf deutschem Reichsgebiet mit Zisterzienserregel, entsandte noch 1147 eine Gruppe von 18 Schwestern unter Äbtissin Hochburga (1147–79) nach I. in Thüringen zur Gründung der zweitältesten deutschen Frauenniederlassung mit zisterziensischer Observanz. Auch I. unterstand wie das Mutterkloster der Jurisdiktion des Diözesanbischofs. Der Mainzer Erzbischof setzte den Regularkanoniker Ludiger als ersten Propst ein, der Abt der nahen Zisterze ➛ Georgenthal zeigte kein Interesse. Eine Inkorporation in den Zisterzienserorden fand nicht statt, die Äbte von ➛ Volkenroda traten lediglich als Zeugen in Urkunden auf. 1186 schickten die Schwestern einen Gründungskonvent nach ➛ Goslar in das Kloster Neuwerk und 1188 einen zweiten nach ➛ Wöltingerode. In der Zeit höchster Blüte 1392 zählte der Konvent 85 Frauen. Das Kloster konnte sich eines reichen Reliquienschatzes rühmen, dessen Grundstock schon 1133 mit Reliquien des hl. Godehard aus Hildesheim gelegt worden war; so entwickelte sich I. zum wichtigen Wallfahrtsort Thüringens. Bis in das 13. Jh. war das Klos-

Ichtershausen Zisterzienserinnenkloster, die romanische Basilika diente auch weltlicher Repräsentation.

ter ein wichtiger Ort der Stauferpolitik: Im März 1198 trafen sich hier die Großen des Reiches und entschieden sich für Philipp von Schwaben, der kurz darauf in Mühlhausen zum König gewählt wurde; 1204 unterwarf sich Landgraf Hermann I. von Thüringen im Kloster diesem Staufer. Zahlreiche Bestätigungs- und Schutzurkunden belegen die Bedeutung des Ortes. Nach den Edelfreien von Grumbach erlangten die Käfernburger Grafen die Vogteirechte, 1385 die Wettiner Landgrafen von Thüringen. Kaiser Karl IV. bestätigte noch einmal 1362 alle Privilegien und den gesamten Besitz, einschließlich der Patronatsrechte über Pfarrkirchen im Ort und in der näheren Umgebung. Anfang des 16. Jh. erreichte der Abt des Benediktinerklosters ➛ Bürgel innere Reformen im Konvent. Zur Unterstützung rief er Schwestern aus dem Kloster ➛ Kelbra. Nach Ostern 1525 floh der Konvent vor aufständischen Bauern nach Erfurt; die Anlage wurde geplündert und der Urkundenbestand verbrannt. Die kurfürstlich-sächsische Verwaltung übernahm das verödete Kloster und hob es 1539 auf. Es wurde als Schloss umgebaut, die Georgskirche zur evangelisch-lutherischen Pfarrkirche bestimmt.

▶ **Gegenwart.** Die südlich der Kirche angebundene Schlossanlage dient seit 1877 als Landesgefängnis, mittelalterlicher Klausurbestand blieb nicht erhalten. Die ehemalige Klosterkirche und heutige evangelisch-lutherische Pfarrkirche St. Georg und Marien entspricht in keiner Weise den sonst üblichen Frauenkirchen des Mittelalters. Die Zisterzienserinnen fanden bei ihrer Ankunft eine bereits im Bau weit fortgeschrittene Kirche vor, die als Kloster-, Pfarr- und Wallfahrtskirche konzipiert war, aber auch hochpolitischen Ereignissen gerecht werden sollte. Als mächtige dreischiffige Basilika ohne Querschiff, mit Dreiapsidenchor und westlicher Doppelturmfront verrät sie Verwandtschaft nach Süddeutschland, insbesondere mit den romanischen Klosterkirchen in Wechterswinkel und ➛ Bamberg St. Maria und Theodor. Nach einem Brand 1602 verlor sie ihr nördliches Seitenschiff bis auf die heutige Sakristei; das südliche Seitenschiff wurde aufgemauert. Nach inneren Umbauten entstand die heutige Halle unter einem Satteldach. Die verschiedenen Raumebenen in der Kirche entsprachen den vielseitigen Anforderungen im Hochmittelalter; sie lassen sich zwar noch erkennen, eine definitive Funktionszuweisung ist aber heute kaum möglich.

◆ Mohn, Claudia: I. (Thüringen), in: Mittelalterliche Klosteranlagen, Petersberg 2006, 144–149; Jürgensmeier, Friedhelm (Hg.): Handbuch der Mainzer Kirchengeschichte, 3 Bde., Würzburg 1997–2002; Holtmeyer, Alois: Cisterzienserkirchen Thüringens, Jena 1906.

Ihlow, *Zisterzienserabtei St. Maria (1216–1529), Erzdiözese Hamburg-Bremen – (Lkr. Aurich, Niedersachsen, ❐ 1, B3).*

▶ Der Doppelkonvent des heute untergegangenen Benediktinerklosters Meerhusen ersuchte 1216 über die Zisterzienserabtei Klaarkamp in Westfriesland (Niederlande) um Aufnahme in den Zisterzienserorden. Die dazu verlangte Konventstrennung erfolgte 1218 mit Baubeginn einer Mönchsabtei im Ihlower Forst; die Frauen blieben im Kloster Meerhusen. 1219 stimmte das Generalkapitel des Ordens der Inkorporation zu. Erzbischof Gerhard von Bremen (Lippe) erteilte seine Erlaubnis erst 1228; die Abtei Aduard (Niederlande) übernahm die Paternität. Die neue Abtei *Scola Dei* entwickelte sich durch Entwässerungs- und Eindeichmaßnahmen zum bedeutenden Kolonisationszentrum in Ostfriesland; die Verbindungen zum Frauenkonvent Meerhusen blieben wohl erhalten. Innerer Verfall, Kriegswirren und Reformation beendeten 1529 das Klosterleben in I. Von der Abteianlage ist kein aufstrebendes Mauerwerk geblieben, Wehrwälle kennzeichnen den Standort. Ein Museum zeigt Ausgrabungsfunde; seit 2005 verweist eine Stahl-Holz-Rekonstruktion auf die Ausmaße der Kirche.

◆ GermBen 12, 213–227; Ahlers, Gerd: Meerhusen, in: Weibliches Zisterziensertum im Mittelalter, Berlin 2002, 158–160.

Ilbenstadt, *Prämonstratenser-Chorherrenstift St. Maria, St. Petrus und St. Paulus (1123–1803), „Oberilbenstadt“, Erzdiözese Mainz – (Niddatal-I., Wetteraukreis, Hessen, ❐ 3, C1).*

▶ **Geschichte.** Graf Gottfried II. von Cappenberg stiftete 1123 nach ➛ Cappenberg auch das Prämonstratenserstift I. an der Nidda in der Wetterau, tradierte es in die Hand des Mainzer Erzbischofs Adalbert I. von Saarbrücken und entschied sich zum Eintritt in den jungen Prämonstratenserorden. Eine Beteiligung seines jüngeren Bruders Otto gilt als wahrscheinlich, denn er begleitete ihn 1124 nach Prémontré (Frankreich). Von der Abtei Prémontré aus erfolgte möglicherweise die Besiedlung des neuen Stifts I. unter Propst Antonius (1123–49).

Die Madonna auf dem Löwenthron aus dem 13. Jh. in der Stiftsbasilika **Ilbenstadt**.

Ilbenstadt Prämonstratenser-Chorherrenstift, Kapitellplastik an der Westvorhalle zum Schutz vor Dämonen.

Gottfried starb als Prämonstratenser 1227 bei einem Besuch in I. Ein Teil seiner Gebeine wurden 1148 nach Cappenberg übertragen. Diplome der Erzbischöfe, mehrerer Päpste und Kaiser bestätigten, privilegierten und bereicherten die Stiftung. Der Konvent besaß freie Propst- und Vogtwahl mit bischöflichem Eingriffsrecht. Das Stift war kirchenrechtlich nicht exemt, es existierte aber ungewöhnlicherweise ohne Vogteiherrschaft. I. war als Doppelstift gegründet worden, 1156 stand Propst Hartmann (1156–68) zwölf Chorherren und 14 Chorfrauen vor. Von etwa 1250 bis 1289 wurde entsprechend den Vorgaben des Generalkapitels der Frauenkonvent rechtlich und wirtschaftlich nach Niederilbenstadt auf einen Hof, der bereits 1166 erwähnt wird, ausgegliedert. Das Stift I. erreichte zu keiner Zeit die Ausstrahlung Cappenbergs. Das einzige Tochterstift konnte vor 1149 in ➛ Wirberg gegründet werden; ein eigenes Hospital bestand wohl bis 1416. Mitte des 13. Jh. steckte die Wirtschaft in einer ernsten Krise, die wohl erst Propst Johannes II. (1276–89) zu beheben vermochte. Mit Mainzer Hilfe konnte die Unabhängigkeit gegenüber den Friedberger Herren auf der nahen Burg bewahrt werden. Nach der Reformation blieb das Stift eine katholische Enklave in der Wetterau. Soldateska aus beiden konfessionellen Lagern hauste während des Dreißigjährigen Krieges verheerend im Stift; Propst Georg Conradi (1611–35) erlag 1635 den Folgen der Folterungen der katholisch-kaiserlichen „Befreier“. Nach Überwindung der Kriegsfolgen und der Erhebung zur Abtei (1657) bauten die Äbte, insbesondere Abt Andreas Brandt (1681–1725), die neue Konventsanlage im Barockstil auf. Die Säkularisation vertrieb Abt Caspar Lauer (1789–1803) und 20 Chorherren aus I. sowie 26 Schwestern aus Niederilbenstadt. Von 1923 bis 1937 belebten Benediktinermönche der Cassinesischen Kongregation das ehemalige Stift in der Wetterau.

▶ **Gegenwart.** Die romanische Stiftskirche, eine dreischiffige Pfeilerbasilika von 1159, dient heute als katholische Pfarrkirche. Von zwei formenreichen Westtürmen zeigt der Nordturm eine Knotensäule, die westliche Vorhalle schmücken lombardische

Kapitelle; ein romanisches Säulenportal in Rechteckrahmen befindet sich an der westlichen Nordwand. Barocke Kunstwerke prägen heute den Innenraum. Propst Ruprecht Dürnheimer (1487–1502) ließ die Kirche 1500 einwölben. Bemerkenswert sind: gotische Wandmalereien, das Stiftergrabmal und die „Löwenmutter" von I. (eine Madonna auf dem Löwenthron aus dem 13. Jh.). Der „Dom der Wetterau" erhielt 1929 den päpstlichen Titel *Basilica minor.* Die barocken Konventsgebäude brannten 1963 bis auf die Außenmauern ab. Der wiederhergestellte Konventsbau dient heute dem katholischen Caritasverband und dem Jugend- und Bildungshaus St. Gottfried. In Niederilbenstadt existiert noch immer der „Nonnenhof", aber ohne Kirche, die Altgebäude entstanden in der nachreformatorischen Zeit des Damenstifts.

◆ MonPraem 1, 98–101; Leistikow, Andreas: Die Geschichte der Grafen von Cappenberg und ihre Stiftsgründungen, Hamburg 2000; Jürgensmeier, Friedhelm (Hg.): Handbuch der Mainzer Kirchengeschichte, 3 Bde., Würzburg 1997–2002.

Ilmmünster, *Benediktinerabtei St. Arsatius und St. Quirinius (um 762– um 920), Diözese Freising – (Lkr. Pfaffenhofen/Ilm, Bayern, ❐ 4, A4).*

▶ Nach eigener Überlieferung stiftete die urbayerische Adelssippe der Huosi um 762 im oberen Ilmtal im Ort *ad Ilmina* eine Mönchsniederlassung als Tochterkloster der Abtei ➛Tegernsee. Tegernsee war von den Brüdern Adalbert und Otker, vermutlich Huosi, ebenfalls um diese Zeit gegründet worden. Beider Neffe Uto stand wohl als erster Abt der monastischen Urzelle I. vor, von der aus das gesamte Gebiet an der Ilm und in der Hallertau missioniert, d. h. vom Arianismus durch den katholischen Glauben befreit werden sollte. Uto (oder Eio) brachte 804 aus Rom Reliquien des hl. Quirinius und den Leib des hl. Arsatius († 399) ins Ilmtal, woraufhin das Kloster zum Mittelpunkt der Arsatiusverehrung aufblühte. Die Nachrichtenlage über die etwa 150-jährige Existenz der Benediktiner in I. ist mager, die Abtei erscheint nicht in der „Notitia de servitio monasteriorum" der Aachener Reichssynoden 818/819; eine Urkunde spricht 902/903 noch vom *monasterium Ilmina pertinens ad Tegirinseo.* Einige Jahre später wurde das Kloster von Herzog Arnulf (907–937) im Zuge seiner Abwehrpolitik gegen die Ungarn säkularisiert. Etwa weitere 150 Jahre später gründete Markgraf Ernst ein Kollegiatstift für Säkularkanoniker, das 1495 nach München verlegt wurde.

Die heutige katholische Pfarrkirche St. Arsatius in I., eine romanische, apsidiale Pfeilerbasilika ohne Querschiff, geht auf die Bautätigkeit der Kanoniker um 1200 zurück; selbst die Hallenkrypta unter dem Chor lässt sich nicht den Benediktinern zurechnen, deren Saalkirche vielmehr dem heutigen Mittelschiff entsprach, wie archäologische Grabungen 1975 zeigen konnten. Im Bereich des heutigen Hauptchores fand man Sandsteinplatten mit Flechtbandverzierungen, die als Chorschrankenteile der karolingischen Benediktinerkirche identifiziert wurden. Einige Stücke sind zur Dokumentation in I. verblieben, ein Großteil dient heute der Rekonstruktion einer Chorschrankenanlage des 8./9. Jh. in der Münchner Prähistorischen Sammlung.

◆ GermBen 2, 119 f.; Pfister, Peter: I. Pfarrkirche, ehem. Kollegiatstiftskirche, Regensburg 1995.

Ilsenburg, *Benediktinerabtei St. Petrus und St. Paulus (um 1015–1540), Diözese Halberstadt – (Lkr. Harz, Sachsen-Anhalt, ❐ 2, A5).*

▶ **Geschichte.** Kaiser Otto III. schenkte dem Hochstift Halberstadt 998 die Reichsburg I. auf dem Ilsenstein im Harz; König Heinrich II. bestätigte 1003 diese Schenkung. Um 1015 gründete Bischof Arnulf von Halberstadt das Benediktinerkloster I. mit Mönchen aus der Reichsabtei ➛Fulda, die sich geweigert hatten die ➛Gorzer Reform anzunehmen, und auf Geheiß Heinrichs II. weichen mussten. Noch im 11. Jh. verfiel das bischöfliche Eigenkloster. Reformbischof Burchard II. setzte in den 60er Jahren des 11. Jh. seinen Neffen Herrand aus ➛Würzburg St. Burkard in I. als Abt ein, erweiterte den Grundbesitz und gewährte Immunität sowie freie Abtwahl. Abt Herrand (nach 1062–1102) brachte nicht nur ➛Junggorzer Statuten seines Freundes Abt Ekkebert von Münsterschwarzach (1046–77) mit, sondern entwickelte eigene Reformgewohnheiten – den *ordo Ilseneburgensis* – und setzte diese in weiteren Abteien durch. So entstand als norddeutsche Variante der Junggorzer Reform der „Herrand Klosterverband" um das Reformzentrum I. Zum Verband gehörten Wanlefsrode, ➛Huysburg, ➛Wimmelburg, ➛Hillersleben, ➛Harsefeld und St. Aegidius in ➛Braunschweig, wobei nur die untergegangene Stephanspropstei Wanlefsrode von I. rechtlich abhängig war. Abt Herrand wurde 1088 zum Bischof von Halberstadt erhoben, aber wegen seiner kaiserfeindlichen Haltung während des Investiturstreits verdrängt; er starb entmachtet 1102 im Kloster ➛Reinhardsbrunn. Auch seine Mönche mussten aus I. fliehen und kehrten 1105 aus ➛Harsefeld in Niedersachsen zurück, wo sie das nördlichste Kloster der Reformgemeinschaft gegründet hatten. Anfang des 12. Jh. gewann unter Einfluss Bischof Reinhards von Halberstadt (Blankenburg) die Reform neuen Aufschwung, konnte sich aber nicht mehr nachhaltig durchsetzen. Die Abtei entwickelte sich zu einem der reichsten Benediktinerklöster Ostfalens. Die Vogteirechte lagen meist bei den Grafen von Wernigerode, eigene Rechte wurden zunehmend, bis auf die Blutgerichtsbarkeit, eingeengt. Streit um Abgaben und Dienste führte 1309/10 zur vierjährigen Vertreibung der Benediktiner durch die Grafen Albrecht und Friedrich. Erst nach dem päpstlichen Einspruch gelang es Markgraf Woldemar von Brandenburg 1314 den Streit zu schlichten, der erst 1317 endgültig beigelegt werden konnte, die Abtei war darauf hoch verschuldet. Weitere Fehden belasteten den Konvent, was im 15. Jh. zum Niedergang und zur Abhängigkeit von der Herrschaft Stollberg-Wernigerode führte. Innere Reformen und der Anschluss an die ➛Bursfelder Kongregation 1465 stabilisierten die Lage. Aufständische Bauern beendeten am 1. Mai 1525 den Aufschwung, 17 Mönche mussten fliehen. Nicht alle kehrten zurück, der Restkonvent war 1528 gezwungen, die Landesherrschaft des Grafen von Stolberg-Wernigerode urkundlich anzuerkennen. Nach 1540 galt der Konvent als protestantisch, 1572 war das Kloster mit der Wahl Graf Christophs von Stolberg (1572–81) als Vorsteher faktisch säkularisiert. Nach dessen Tod wurde das Amt nicht neu besetzt;

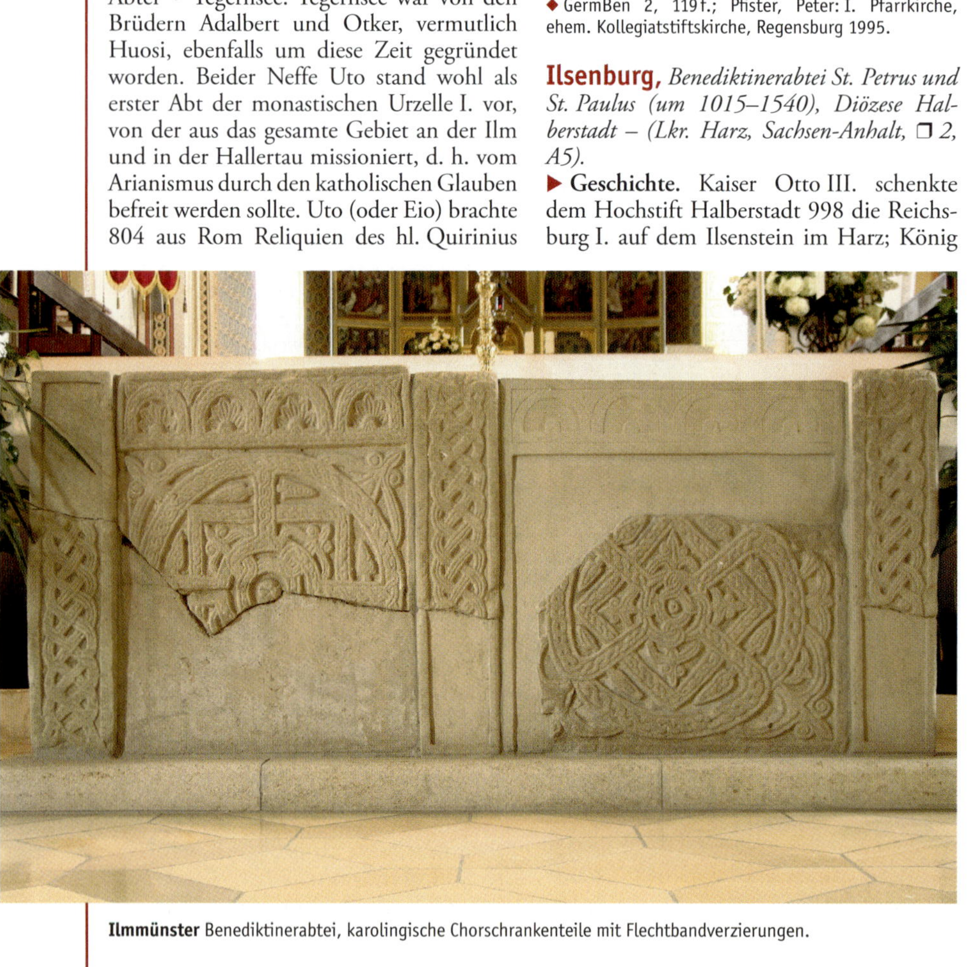

Ilmmünster Benediktinerabtei, karolingische Chorschrankenteile mit Flechtbandverzierungen.

Ilsenburg Benediktinerabtei, die Basilika (1078–87) zeigt hirsauische Motive vor dem Leitbau in Hirsau.

Verwalter führten im Auftrag der Grafen die Wirtschaft.

▶ **Gegenwart.** Noch heute ist I. eine sehenswerte romanische Klosteranlage, insbesondere nach der aufwändigen Sanierung in den letzten Jahren. Reformabt Herrand ließ 1078–87 die erhaltene, zweite Abteikirche mit dreischiffigem Ostbau, *chorus minor* und ohne Krypta errichten, also mit Baumotiven des ➛Hirsauer Reformklosters im Schwarzwald, obwohl die Vorbild gebende Klosterkirche St. Peter und Paul in Hirsau erst 1082–91 gebaut wurde. Der Kirche fehlen inzwischen das nördliche Seitenschiff, der nördliche Querschiffsarm, die Nebenchöre, der Nordturm im Westen und der korrespondierende Südturm zur Hälfte. Nach einem Brand 1120 entstand unter den Äbten Sigebodo (1138–61) und Thioter (1161–76) die romanische Klausuranlage, deren östlicher und westlicher Klausurflügel erhalten blieben. Die Funktionsräume Kapitelsaal, Parlatorium und Refektorium sind dreischiffig, ihre Kreuzgratgewölbe werden von Säulen mit reich ornamentierten Kapitellen getragen.

◆ Pötschke, Dieter (Hg.): Die Abtei I. und andere Klöster im Harzvorraum, Berlin 2006; Kleinen, Michael: Bischof und Reform. Burchard II. von Halberstadt (1059–1088) und die Klosterreformen, Husum 2004.

Immichenhain, *Augustiner-Chorfrauenstift St. Maria und St. Johannes Evangelist (1173–1527), Erzdiözese Mainz – (Ottrau-I., Schwalm-Eder-Kreis, Hessen, ❐ 3, D1).*

▶ **Geschichte.** Immecha, Witwe Manegolds von Hagen und Wirberg, stiftete 1173 im Ort, der später nach ihr benannt wurde, zwischen Schwalm und Knüll das Doppelstift I. für Regularkanoniker, das 1231 als solches noch erwähnt wird, im 14. Jh. aber nur noch Augustiner-Chorfrauen beherbergte. Seit 1263 unterstand I. dem Prämonstratenserinnenstift ➛Wirberg, das ebenfalls von Immecha gestiftet worden war. Im Spätmittelalter kümmerten sich Windesheimer-Chorherren aus ➛Böddeken und ➛Volkhardinghausen seelsorglich um die Frauen. Prior Lambertus Surewater von Volkhardinghausen (1465–97) setzte im Auftrag des hessischen Landesherrn Observanz im Stift durch; dazu wurden reformeifrige Schwestern aus ➛Berich nach I. gerufen. Im Zuge der landesweiten Einführung der Reformation ließ Landgraf Philipp I. von Hessen das Stift 1527 aufheben. Der Besitz ging zum Teil an Kurt Diede zu Fürstenstein, fiel aber 1814 an Kurhessen zurück. Ein Restitutionsversuch 1631 blieb Episode.

▶ **Gegenwart.** Die ehemalige Stiftskirche dient seit der frühen Neuzeit als evangelische Pfarrkirche. Der einfache Rechteckbau zeigt im Osten schmale Rundbogenfenster mit frühgotischem Maßwerk; das Südportal mit geschnitzter Tür entstand erst 1770. Den Innenraum schmücken ein sechsteiliges Gewölbe, Birnstabrippen, Runddienste, stilisierte Kapitelle und verzierte Schlusssteine. Der Kirchenwestbereich wurde hochgotisch mit einer Flachdecke vollendet. An der Ostwand blieben Fresken aus der 1. Hälfte des 14. Jh. erhalten, ebenso drei Sitznischen mit Kleeblattbögen aus der Mitte des 13. Jh. Ältestes Ausstattungsstück ist ein romanisches Taufbecken mit Ornamentalverzierung (um 1200), fünf Grabplatten sind nachreformatorisch. Westlich der sanierten Kirche schließt sich ein spätgotischer Konventsflügel an, weitere Gebäude des Domänenhofes stammen aus dem 17./18. Jh., die Immunitätsmauer blieb in Teilen erhalten.

◆ MonWin 2, 445.448; Dersch, Wilhelm: Hessisches Klosterbuch, Marburg 2000; Jürgensmeier, Friedhelm (Hg.): Handbuch der Mainzer Kirchengeschichte, 3 Bde., Würzburg 1997–2002.

Indersdorf, *Augustiner-Chorherrenstift St. Maria, St. Petrus und St. Paulus (1120–1783), Vinzentinerinnengemeinschaft St. Maria, St. Petrus und St. Paulus (seit 1856), Diözese Freising – (Markt I., Lkr. Dachau, Bayern, ❐ 4, A4).*

▶ **Geschichte.** Papst Calixtus II. erlegte Pfalzgraf Otto V. (alte Zählung Otto IV.) von Wittelsbach ein Sühneopfer wegen dessen Beteiligung an der Gefangennahme Papst Paschalis' II. im Jahr 1111 durch König Heinrich V. in Rom auf. Sühne leistete der Pfalzgraf mit der Gründung des Augustiner-Chorherrenstifts 1120 im oberbayerischen I. Die ersten Chorherren kamen mit Propst Ruprecht 1126 aus dem elsässischen Marbach (Frankreich) und brachten die Reformstatuten des *ordo novus* mit, was sie von Anfang an mit dem Stift ➛Rottenbuch eng verknüpfte. König Lothar von Sachsen Süpplingenburg bestätigte 1130 die Gründung und Papst Innozenz II. verlieh die *libertas Romana.* Eine Frauengemeinschaft war ursprünglich dem Stift angeschlossen; eine Schwester wird letztmalig 1403 im Nekrolog erwähnt, über das Ende des Frauenkonvents ist jedoch nichts bekannt. 1130 trat der letzte Ortsadelige, Otto von I., in den Konvent ein, Pfalzgraf Friedrich von Wittelsbach folgte ihm 1173. Das Stift wurde zur bevorzugten Grabstätte der pfalzgräflichen Familie. Nach einer Blütezeit unter Propst Konrad II. (1306–55) verflachte das Klausurleben, es erreichte den Tiefstand, als 1412 unter den Chorherren ein Mord verübt wurde. Propst Erhard Prunner (1412–42) und sein Halbbruder sowie sein Nachfolger Johann Rothuet (1442–70) setzten mit Hilfe von Mitbrüdern aus ➛Neunkirchen am Brand die Erneuerungsideale des böhmischen Stifts Reudnitz so erfolgreich durch, dass ihr Stift selbst zum Zentrum der sogenannten „Indersdorfer Reform“ bzw. „Reudnitz-Indersdorfer-Reform“ aufstieg – tatkräftig unterstützt von Herzog Albrecht III. und Kardinal Nikolaus von Kues. Etwa 30 Chorherren aus I. führten die Observanz in fast 20 Augustiner-Chorherrenstiften über Bayern hinaus erfolgreich ein und beeinflussten selbst einige bayerische Benediktinerklöster. Fast 90 Jahre hielt I. diese Ausstrahlungskraft aufrecht, was sich segensreich gegen den allgemeinen Verfall des Mönchslebens im Spätmittelalter auswirkte. Im 16. Jh. durchschritt auch I. ein geistliches und wirtschaftliches Tal, konnte sich aber mit Hilfe der Stifte Beuerberg und ➛ Polling bis 1600 etwas erholen. Der Dreißigjährige Krieg brachte neue Einschnitte, die einstige Ausstrahlungskraft konnte danach nicht mehr erreicht werden. Die auf Repräsentation angelegte Bautätigkeit offenbarte den Aufschwung in der Barockzeit. Verschuldung, mangelnde Wirtschaftsführung und Münchner Hofinteressen beendeten 1783 das Stiftsleben in I. Die Stiftsgüter wurden dem Liebfrauenstift (Kollegiatstift) München übereignet und 20 Jahre später säkularisiert.

▶ **Gegenwart.** Die Auflösung 20 Jahre vor der allgemeinen Säkularisation bewahrte die Stiftsarchitektur vor schädigenden Zugriffen. Stift I. gilt heute als eine der besterhaltenen Anlagen Altbayerns. Von 1784 bis 1831 wohnten Salesianerinnen im Stift, seit 1856 leben Barmherzige Schwestern des hl. Vinzenz von Paul in der barocken Klausur. Die Vinzentinerinnen unterhalten mehrere pädagogische Anstalten. Die Anlage weist noch gotischen Architekturbestand auf; die ehemalige Stifts- und heutige katholische Pfarrkirche war der zweite Kirchenbau der Chorherren nach einem Brand 1264. Diese dreischiffige, apsidiale Pfeilerbasilika nach altbayerischer Art ohne Querschiff mit zwei mächtigen Westtürmen unterlag mehreren Veränderungen jeweils im Stil der Zeit. Der Innenraum erstrahlt im künstlerisch hochwertigem Rokoko, angelehnt an die Stiftskirche in Rottenbuch. Das mächtige Westportal unter der gotischen Vorhalle stammt noch aus dem späten 13. Jh.; die nordwestlich angebaute Rosenkranzkapelle birgt einen Altar mit spätgotischer Mensa, deren Vorderseite ein beeindruckendes Fresko vom Tod Marias (um 1445) schmückt.

◆ Berghammer, Josef: Mark I., ehem. Augustinerchorherren-Stiftskirche, Regensburg 2001; Backmund, Norbert: Die Chorherrenorden und ihre Stifte in Bayern, Passau 1966, 93–97.

Indersdorf Augustiner-Chorherrenstift, Fresko „Tod Marias" (um 1445) an der Mensa der Rosenkranzkapelle.

Ingelheim, *Augustiner-Chorherrenstift St. Wenzel und St. Karl (1354–1576) – „Karlsmünster", Erzdiözese Mainz – (I./Rhein, Lkr. Mainz-Bingen, Rheinland-Pfalz, ❐ 3, B2).*

▶ **Geschichte.** Das merowingische Hofgut I. im Mündungsgebiet der Selz am Mittelrhein bauten die Karolinger zur Königspfalz aus und hielten bedeutende Reichsversammlungen und Synoden ab; in der Ottonen- und Salierzeit fanden richtungsweisende „Nationalkonzilien" statt. Trotz des Bedeutungsverlustes nach dem Thronverzicht Heinrichs IV. 1105 bildete sich ein Reichsterritorium um I. heraus, das freilich oft verpfändet wurde, letztmalig 1375 an den pfälzischen Kurfürsten Ruprecht I.; die Herrschaft verblieb bis zur französischen Revolution und dem Verfall des alten Reiches im Kurfürstentum. Davon war der ummauerte Pfalzbezirk, der „Saal", ausdrücklich ausgenommen und genoss weiterhin Reichsimmunität, die Kirche blieb exemt. Der böhmische König und spätere Kaiser Karl IV. stiftete im Februar 1354 im Pfalzbereich zur Pflege der Herrschertradition Karls des Großen und der Verehrung des Nationalheiligen der Böhmen, des hl. Wenzel, aber auch zur Manifestation des eigenen Geltungsanspruchs ein kleines Regularkanonikerstift mit vier Augustiner-Chorherren, die aus Böhmen kommen mussten und dem Karlsstift in Prag unterstanden. Ihre Hauptaufgabe bestand in der Betreuung der böhmischen Pilger auf den damals alle sieben Jahre stattfindenden Karlswallfahrten nach Aachen. Erzbischof Gerlach von Mainz (Nassau) und die Kurfürsten stimmten in Form von Willebriefen der Gründung zu. Der erste Propst Moritz (1357/60) erhielt für sich und seine Nachfolger die Würde eines kaiserlichen Hofalmoseniers (Almosenverwalter). Das „Karlsmünster" war von allen Abgaben an das Reich befreit und mit Ingelheimer Äckern und Weinzins, Weinzoll bei Oppenheim, Korngülte aus Nierstein, Judenzins aus Frankfurt und Abgaben von elsässischen Reichsgütern ausgestattet. Die karolingische Saalkirche St. Remigius und Kilian (*capella regia*) diente wahrscheinlich den Chorherren zur Verehrung der Heiligen, ihren Pfarrpflichten gingen sie in der Peterskapelle nach, die von Bewohnern des „Saals" 1346 gestiftet worden war und die nun auch die Patrozinien St. Wenzel und St. Karl trug, möglicherweise unterhielten sie im Stiftsbezirk ein Hospital. Unter Propst Nikolaus (1435/51) erfolgten größere Aus- und Umbauten, vielleicht für die Aufnahme zusätzlicher Mitbrüder, die vor den Hussiten aus Prag geflohen waren. Mitte des 16. Jh. setzte sich die Reformation in I. durch, der letzte Propst verließ das Stift und heiratete in Oberingelheim ein. König Ferdinand ernannte 1550 zur Rettung des Karlsmünsters den Wiener Bischof Nausea zum Propst; dieser reiste im Juli 1550 an den Rhein und fand nur eine verödete und verwahrloste Anlage vor. Kurfürst Friedrich III. setzte die Reformation in calvinistischer Auslegung durch und ließ Stift I. 1576 endgültig auflösen. Die Äbte des Mutterstifts in Prag erhoben bis zum Ende des 18. Jh. rechtliche Ansprüche auf ihre Tochterpropstei in I.

▶ **Gegenwart.** Der „Saal" in I. ist heute eine denkmal-touristisch erschlossene Anlage einer karolingisch-ottonisch-staufischen Kaiserpfalz mit Resten der *Aula regia, Capella regia* und *Exedra*. Sie wurde unter den Staufern umgebaut und ummauert, im 14. Jh. kleinteilig besiedelt, wobei alte Gebäude als Steinbruch dienten. Veränderungen in spätgotischer Zeit durch böhmische Stiftsherren lassen sich heute kaum noch differenzieren. Die Chorherren bewohnten das sogenannte „Harder'sche Haus" im nördlichen Pfalzbezirk, das wie auch ihre Stiftskapelle im 19. Jh. abgerissen wurde. In der evangelischen Saalkirche, Mittelpunkt der eng bewohnten Anlage mit ottonischer Kernsubstanz im Querschiff und Chorbereich, fand man beim Wiederaufbau um 1790 ein gotisches Sandsteinrelief mit der Abbildung Karl des Großen, das vermutlich im Auftrag der Augustiner-Chorherren geschaffen wurde.

◆ Henn, Karl Heinz: Die Geschichte der Saalkirche zu I. am Rhein, Ingelheim 2004; Grewe, Holger: Die Ausgrabungen in der Königspfalz zu I. am Rhein, Göttingen 2001; Erler, Adalbert: Das Augustiner-Chorherrenstift in der Königspfalz, Stuttgart 1986.

Ingolstadt, *Franziskanerkloster St. Maria (1257–2005) – „Barfüßerkloster" bzw. „Oberes Kloster", Diözese Eichstätt – (kreisfreie Stadt, Bayern, ❐ 4, A3).*

▶ **Geschichte.** Herzog Ludwig der Strenge von Oberbayern schenkte 1257 den Minoriten ein größeres Areal bei der Stadt und Burg I., woraufhin die Franziskaner mit Zustimmung Bischof Hildebrands von

Eichstätt (Möhren) unmittelbar nördlich der Stadtumwallung ein Kloster errichteten. Sie sollten die seelsorgliche Betreuung der Bürger verbessern und den Einfluss der Abtei ➛ Niederaltaich im konkurrierenden Niederbayern zurückdrängen, Niederaltaich besaß nämlich das Patronatsrecht in der Stadt. Mit größeren Geldbeträgen des Herzogs und seiner Gemahlin Anna von Polen konnte der Klosterbau 1275 – oft als Gründungsjahr bezeichnet – vollendet werden. Mit der benachbarten Frauengemeinschaft St. Johann im Gnadenthal (➛ Ingolstadt) entstand um 1360 ein „Franziskanisches Viertel", nachdem beide Niederlassungen in die Stadtbefestigung eingebunden waren. Guardian Heinrich von Thalheim (1314–16) vermittelte für Kaiser Ludwig den Bayern und wurde zum Provinzial der oberdeutschen (Straßburger) Ordensprovinz (1316–25) gewählt. Mitte des 15. Jh. setzte sich die Observantenbewegung des Ordens mit Hilfe Herzog Ludwigs des Reichen von Bayern-Landshut durch. Die Observanten reihten das Kloster 1466 in ihre oberdeutsche Provinzialvikarie ein. Ihre Besitzungen und Einkünfte übertrugen die Franziskaner der 1472 gegründeten Universität und beteiligten sich rege am geistigen Leben, auch nahmen die Brüder an Lehrveranstaltungen teil. Guardian Kaspar Schatzgeyer (1513–14), ein Sohn der Stadt, stieg zum Provinzialvikar (1514–17) und nach der Ordensspaltung zum Provinzialminister (1520–23) auf; er gilt als der bedeutendste Vertreter der süddeutschen Observanten. In der Reformationszeit schuf der Ingolstädter Theologe Johannes Eck († 1543) ein intellektuelles Zentrum der Gegenreformation, woran die Observanten nicht unbeteiligt waren. Anfang des 17. Jh. gewannen die streng asketischen Reformaten Einfluss im Konvent. Gefördert von Papst Gregor XV., erlangte dieser Reformzweig der franziskanischen Familie weitgehende Unabhängigkeit. 1625 gründeten die Reformaten eine eigene Ordensprovinz in Bayern. Der Herzog und spätere Kurfürst Maximilian I. sorgte als zentraler Akteur der Gegenreformation persönlich für den Übergang des Konvents I. von den Observanten zu den Reformaten, was im September 1621 offiziell vollzogen wurde. Guardian Marcellian Dalhover (1696–97) genoss als Prediger höchste Anerkennung. Von besonderer Tragweite war 1729 die Gründung des Messbundes, der noch heute mit etwa 1,5 Mio. Mitgliedern weltweit agiert. Kurfürst Maximilian IV. bestimmte 1802 im Vorgriff auf die allgemeine Säkularisation das Reformatenkloster, nun „Oberes Kloster" genannt, und das Augustiner-Eremitenkloster von 1610, nun „Unteres Kloster", zu Aussterbeklöstern aufgehobener bayerischer Franziskanerkonvente. Der Restkonvent lebte ab 1827 im „Unteren Kloster" bis zur Zerstörung der Anlage im Zweiten Weltkrieg. Das alte Barfüßerkloster diente die meiste Zeit als Kaserne. Erst 1945 kehrten die Franziskaner in ihr ursprüngliches Kloster, ins „Obere Kloster", zurück. Seit 1998 lebte der Konvent in franziskanisch-geschwisterlicher Gemeinschaft, musste aber 2005 wegen Geld- und Nachwuchsmangels schließen.

Ingolstadt Franziskanerkloster, die Franziskanerbasilika (1275) ist Mutterkirche des Ingolstädter Messbundes.

Das eindrucksvolle Epitaph des Johann von der Leiter († 1541) in der Franziskanerkirche **Ingolstadt**.

▶ **Gegenwart.** Die Franziskanerkirche in I., eine schlichte, turmlose Basilika von 1275, ist inzwischen als Mutterkirche des Ingolstädter Messbundes zur päpstlichen Basilika erhoben worden. Gegen Ende des 14. Jh. mussten die Franziskaner ihren Chorraum verlängern lassen; die zwei südlichen Seitenkapellen stammen von 1601 und 1700; das hohe, achtjochige Mittelschiff wirkt durch die Relation von Breite zu Höhe von 1:2 sehr harmonisch. Die Seitenschiffe erhielten um 1500 Kreuzgewölbe, das Gewölbe des Mittelschiffs entstand erst 1716. Das Gnadenbild einer gotischen Madonna (um 1380), der „Schuttermutter", erhielt seinen Platz in der Lichtenauer Kapelle von 1601. Auffällig viele künstlerisch wertvolle Grabplatten aus dem 15. bis 18. Jh. schmücken den Raum und zeugen noch heute von der Verbundenheit der Bürger mit den Franziskanern; künstlerisch beeindruckend ist z. B. jene von Johann von der Leiter († 1541).

◆ Hofmann, Siegfried: Franziskanerkirche Ingolstadt, Regensburg 1994; Lins, Bernardin: I. – das alte Franziskanerkloster an der Harderstraße, in: Bavaria Franciscana Antiqua 5 (1961) 173–224.

Ingolstadt, *Franziskaner-Tertiarinnenkloster St. Elisabeth (seit 1467) – „St. Johann im Gnadenthal", Diözese Eichstätt – (kreisfreie Stadt, Bayern, ❐ 4, A3).*

▶ **Geschichte.** Eine Gemeinschaft frommer Frauen bot Mitte des 13. Jh. den Bürgern in I. seelischen Beistand und Krankenpflege an. Ihr Haus „Gnadenthal" befand sich in der Nachbarschaft des Franziskanerklosters (➛ Ingolstadt) außerhalb der nördlichen Stadtmauer. Erst um 1360 wurden die beiden Klöster in die Ummauerung einbezogen. 1375 gewährten die herzoglichen Brüder Stephan III. Johann und Friedrich von Bayern den Frauen Steuerfreiheit. Im 15. Jh. gerieten die Beginen zunehmend unter Einfluss der Franziskaner, die sich 1466 strengen Observanzbedingungen unterzogen. Schließlich bekannten sich 1467 die Frauen zur Franziskanerregel und gehörten als Tertiarinnen zum Dritten Franziskanerorden. Daraufhin entstand 1480 eine Klosteranlage und 1487 die Konventskirche St. Johann. Der ehemalige Provinzialvikar der oberdeutschen Observantenvikarie, Johannes Alphart (1474–77), passte 1489 die Klausurordnung der Frauen den Observanzansprüchen an. Bischof Gabriel von Eichstätt (Eyb) konfirmierte 1497 eine vom Ingolstädter Johann Klesheimer gestiftete Kaplanei am Kloster Gnadenthal. Herzog Albrecht IV. bestätigte 1507 ausdrücklich alle Privilegien. Die Obhut der Observanten steigerte die asketische Lebensweise der Schwestern und verschärfte die Einhaltung der Klausurbestimmungen; zur alltäglichen Reinigung der Seele gehörten Bußübungen und Selbstgeißelungen. Die Bürger geizten nicht mit Anerkennung in Form von zahlreichen Messstiftungen. Bürgermeister und Stadtrat verkauften der geistlichen Mutter Agnes Losin 1504 jährliche Zinsen aus der Stadtkammer, ebenso 1566 und noch einmal 1575 an Oberin Maria Salome Perger. Unter den streng asketischen Reformaten, die im 17. Jh. im Nachbarkloster lebten, ließ sich die Klosterzucht kaum lockern. Die Schwestern pflegten einen Kräutergarten und betrieben schon sehr früh eine eigene Apotheke zur Versorgung der Land- und Stadtbevölkerung. Oberin Magdalena Sperlin erlangte 1674 die bischöfliche Genehmigung zu einer zusätzlichen Wochenmesse für die Kranken. Wie das Franziskanerkloster wurde auch Kloster Gnadenthal vom bayerischen Kurfürst Maximilian IV. 1802 zu einem zentralen Aussterbekloster für Franziskanerinnen bestimmt. Dank der entgegenkommenden Politik König Ludwigs I. durfte der Konvent mit der Auflage von Unterrichts- und Erziehungsangeboten für Mädchen ab 1829 offiziell weiterbestehen.

▶ **Gegenwart.** Der franziskanische Tertiarinnenkonvent in I. besteht noch heute. Inzwischen besuchen nicht nur Mädchen die Mädchenrealschule, sondern Mädchen und Jungen das musische Gymnasium „Gnadenthal" am Klosterkomplex; beide Schulen stehen seit September 2002 unter der Trägerschaft der Diözese Eichstätt. Die Klosterkirche St. Johann befindet sich an der Nordostecke der um 1750 renovierten Klausurgebäude an der Harderstraße. Die Klosterkirche, ein flachgedeckter gotischer Saal mit gewölbtem Dreiseitenchor, wurde 1605 und 1698 verlängert. Im Inneren beeindruckt die Chorausmalung der Schwester Euphemia (1953–56); die „Landshuter Madonna" (1522) beherrscht den Altar, ein Relief der Anna Selbdritt aus Lindenholz (1513) steht an der Südwand. Die überlebensgroße Figur des Erzengels Michael im Kunstschatz von Gnadenthal erinnert an den pharmazeutischen Handel der Franziskanerinnen von I.

◆ Seethaler, Susanne: St. Johann im Gnadenthal, Kloster der Franziskanerinnen, in: Altbayerische Klöster und ihre Legenden, München 2003; Hufnagel, Max Joseph: I. Franziskanerinnenkloster St. Johannes-Gnadenthal, in: Bavaria Franciscana Antiqua 5 (1961) 225–340.

Isen, *Benediktinerabtei St. Zeno und St. Juliana (vor 748–10. Jh.), Diözese Freising – (Lkr. Erding, Bayern, ❐ 4, B4).*

▶ **Geschichte.** Mit Hilfe der adeligen Familie Fagana gründete der dritte Bischof von Freising, Josef von Verona, vor 748 im oberen Isental ein Eigenkloster. Erst nach dem Kloster I. erfolgten die Gründungen weiterer Abteien in Oberbayern: ➛ Tegernsee, Schäftlarn, Scharnitz-Schlehdorf, ➛ Ilmmünster und Moosburg. Auffällig bleibt für die Abtei I. das seltene Patrozinium des hl. Zeno (Bischof von Verona, † um 380), den man auch im Stift ➛ Reichenhall als Schutzheiligen gegen Wassergefahr wiederfindet. Man vermutet den Einfluss des hl. Korbinian († um 730), Gründer des Bistums Freising, bei der Wahl des Schutzheiligen. Der Konvent bemühte sich in Rom entsprechend des Gebots vom Konzil in Nizäa 787 um Reliquien und erhielt wohl um 860 die Gebeine der hl. Martyrerin Juliana von Nikomedien († um 305), die im Kloster besondere Verehrung fand. Die umfangreiche Grundausstattung verhalf zu weitestgehender Selbständigkeit. Die wirtschaftliche Hauptaufgabe bestand in Rodungsarbeiten. Noch im 8. Jh. richtete die Abtei eine der ältesten Schulen des Bistums ein. Vor 794 entstand in der eigenen Schreibstube das sogenannte „Prager Sakramentar"; diese liturgische Gebetsschrift kam während der Missionierung nach Böhmen. Der spätere Erzbischof Arno von Salzburg (um 740–821), Reichskirchenorganisator Karls des Großen, war Schüler im Kloster I. In der Frühzeit der

Isen Benediktinerabtei, die dreischiffige Hallenkrypta (um 1180) könnte benediktinische Bauleistung enthalten.

Isenhagen Zisterzienserinnenkloster, die hochgotische Klosterkirche verkörpert eine typisch mittelalterliche, dreigeteilte Frauenkirche, Nordseite.

Abtei erscheinen die Äbte Cundhard und Hoadhard in Urkunden. Entscheidungsbefugter Vorgesetzter blieb jedoch der Bischof, insofern entwickelte sich I. zur Wirtschaftsfiliale des Freisinger Hochstifts unter benediktinischer Leitung. Die Abtei ist nicht in der „Notitia de servitio monasteriorum" der Aachener Reichssynode 818/819 aufgeführt, die jüngere Abtei Tegernsee dagegen unter den 14 bedeutendsten Reichsklöstern in der ersten Klasse. Die benediktinische Gemeinschaft erlosch wahrscheinlich nach den ungarischen Einfällen im 9./10. Jh. Weltliche Chorherren übernahmen 1025 die Anlage und behielten das Kollegiatstift St. Zeno einschließlich der umfangreichen Pfarrpflichten bis 1803.

▶ **Gegenwart.** Die katholische Pfarrkirche St. Zeno in I. gilt als eine der ältesten Sakralbauten der heutigen Erzdiözese München-Freising. Die ältesten sichtbaren Bauteile der dreischiffigen Basilika auf karolingischen Fundamenten sind das Stufenportal und die dreischiffige Hallenkrypta von etwa 1180. Inwieweit benediktinische Architektur beim Bau der Krypta, die zur Bewahrung der Julianareliquien diente, besonders im älteren Westteil einfloss, ist nicht mehr festzustellen; auf stämmigen Rundsäulen sitzen roh gemeißelte Kapitelle.

◆ GermBen 2, 124 f.

Isenhagen, *Zisterzienserabtei St. Maria (1243– nach 1259), Zisterzienserinnenkloster St. Maria (1265–1540), Diözese Hildesheim – (Hankensbüttel-Kloster I., Lkr. Gifhorn, Niedersachsen,* ❐ *2, A4).*

▶ **Vorgeschichte.** Agnes von Braunschweig, Gemahlin Pfalzgraf Heinrichs, stiftete um 1221 nicht nur das Frauenkloster ➛ Wienhausen, sondern 1243 auch für die Abtei ➛ Riddagshausen Besitz in Alt-I. zur Gründung eines Zisterzienserklosters. Der Gründungskonvent verließ aber nach einem Brand 1259 den wüsten Ort und zog zur Neugründung weiter nach ➛ Marienrode bei Hildesheim. Bischof Otto I. von Hildesheim (Braunschweig-Lüneburg) rief daraufhin Zisterzienserinnen, wahrscheinlich aus Wienhausen und ➛ Wöltingerode, die mit seiner Unterstützung und der seiner Brüder, der Welfenherzöge Albrecht und Johann, Kloster I. neu erbauten. Äbtissin Elisabeth (1304–30) und der Konvent verlegten aber die Niederlassung 1327 an die Archidiakonatskirche in ➛ Hankensbüttel, ein nahes Dorf, das der Konvent als bischöfliches Lehn erhalten hatte. 1330 unterstützte Papst Johannes XXII. im französischen Avignon mit einem Ablass den Neubeginn. Nach einem Brand 1336 und wegen zu großer Unruhe an der Heeresstraße zog der Konvent 1346 unter Äbtissin Gertrud (1334–54) noch einmal um.

▶ **Geschichte.** Der endgültige Standort war der weit ruhigere Platz an der Isenhagener Mühle. In den nachfolgenden Jahrzehnten erschütterten mehrere Ereignisse die Finanzen und das Klausurleben: Neubau der Anlage, bischöfliches Schisma um 1350, Pestepidemie 1349, Lüneburger Erbfolgekrieg zwischen Welfen und Askaniern (1371–88), ein Großbrand 1385 und Minderung der Salzeinkünfte in Lüneburg. Die Schwestern baten in einem Rundschreiben zahlreiche Bischöfe, Klöster und die umliegende Ritterschaft um Hilfe. Die neue Klosteranlage konnte nicht vor der Reformation vollendet werden. Schon 1436 forderte Bischof Magnus von Sachsen-Lauenburg die strenge Einhaltung der Klausurbestimmungen, ebenso 1442 der visitierende Abt Heinrich II. (1435–45) von Riddagshausen. Herzogin Anna von Braunschweig-Lüneburg reformierte mit Unterstützung des Diözesanbischofs Berthold II. von Landsberg den Konvent erneut (1487/88) und setzte Äbtissin Barbara Antoni (1488–1510) aus Kloster ➛ Marienstuhl bei Egeln ein. Seit 1511 wirkte der glaubensstarke und wirtschaftsversierte Propst Friedrich Burdian (1511–29) segensreich für das Kloster, das am Vorabend der Reformation geistig und wirtschaftlich auf festen Füßen stand. I. war ein landständiges Kloster, das Recht der ersten Bitte beanspruchten die Lüneburger Fürsten;

die geistliche Aufsicht oblag den Hildesheimer Bischöfen, was eine Inkorporation in den Zisterzienserorden verhinderte. Herzog Ernst von Braunschweig-Lüneburg versuchte seit 1529 die evangelische Lehre aufzuzwingen und die Klostergüter einzustreichen. Er erpresste Geldsummen, um die Frauen zur Aufgabe zu zwingen. Erst sein Bruder Franz setzte schließlich 1540 den Protestantismus in I. durch und nahm das evangelische Stift unter landesherrliche Verwaltung.

▶ **Gegenwart.** Bis heute existiert in I. ein evangelisches Damenstift in der nur teilweise gotischen Klosteranlage, heute unter Aufsicht der Klosterkammer Hannover. Die hochgotische, typisch dreigeteilte Klosterkirche ist ein einschiffiger, fünfjochiger Backsteinbau mit fünfseitigem Chorschluss. Die Stiftsdamen nutzen heute noch den hölzernen Nonnenchor, der über drei westliche Langhausjoche besonders großräumig ausfällt und spätgotisches Gestühl bewahrt. Die Nord- und Südflügel des Klausurquadrums mussten 1721 Neubauten weichen. Aber Teile der mittelalterlichen Kreuzgänge sind erhalten, der nördliche an der Kirche blieb provisorisch flachgedeckt. Auch das „Brauhaus" mit seinem aufwändigen Stufengiebel stammt aus mittelalterlicher Zeit. Das Stift besitzt künstlerisch hochwertige Altar- und Wanddecken, die von den Schwestern selbst gestickt wurden, sowie mittelalterliche Truhen und Schränke, die einst die Habseligkeiten der Frauen bargen.

◆ GermBen 12, 228–267; Mohn, Claudia: I., Hakensbüttel (Niedersachsen), in: Mittelalterliche Klosteranlagen, Petersberg 2006, 149–155; Ahlers, Gerd: I., in: Weibliches Zisterziensertum im Mittelalter, Berlin 2002, 205–213.

Itzehoe Zisterzienserinnenkloster, vom mittelalterlichen Kloster blieb lediglich der nördliche Kreuzgang.

Itzehoe, *Zisterzienserinnenkloster St. Maria und St. Laurentius (um 1230–1538), Erzdiözese Bremen – (Kr. Steinburg, Schleswig-Holstein, ❐ 1, D2).*

▶ **Geschichte.** In der Kremper Marsch im Gebiet der Stör in Westholstein gründete Graf Adolf IV. von Holstein um 1230 ein Zisterzienserinnenkloster am heutigen Ort Ivenfleth, nachdem er zum Sieg über die Dänen in der Schlacht von Bornhöved 1227 beigetragen hatte. 1239 nahm der Stifter selbst die Kutte und wurde Franziskanermönch in den Konventen Hamburg und ➛ Kiel. Nach Sturmfluten und Überschwemmungsschäden wurde das Kloster mit Hilfe der gräflichen Söhne Johann und Gerhard und mit Genehmigung des Hamburger Domkapitels 1256 nach I. an die alte Pfarrkirche St. Laurentius verlegt. Das Kloster gehörte in die Obödienz des Erzbischofs von Bremen, unterstand aber der kirchlichen Aufsicht des zweiten Domkapitels in Hamburg und genoss den Schutz der Grafen von Schauenburg-Holstein. Der Konvent aus 40 bis 50 Frauen gehörte nicht zum zisterziensischen Ordensverband, obwohl er in der Anfangszeit äußerst streng nach dessen Statuten lebte. Äbte der Zisterzienserabtei ➛ Reinfeld wirkten als Exekutoren päpstlicher Entscheidungen. Nicht nur landesherrliche Schenkungen, sondern auch die Gunst des alten Adelsgeschlechts derer von Rantzau ließen das Kloster zu einer bedeutenden Grundherrschaft Holsteins anwachsen. Der Reichtum führte im Spätmittelalter zur Verflachung der Klosterzucht; Leibrenten, private Geldgeschäfte und persönliche Dienerinnen charakterisieren den Klosteralltag im Spätmittelalter. Die lutherische Lehre erreichte I. schon 1525 durch den Prediger Johannes Amandi von Campen, ein ehemaliger Prämonstratenser aus Stade. Der Konvent spaltete sich in zwei konfessionelle Lager, die letzte katholische Äbtissin, Katharina von Rantzau (1526–47), hielt an der monastischen Profess fest und unterwarf sich nur zögernd den Beschlüssen der Gottorfer Synode von 1538 unter König Christian III. von Dänemark und der schleswig-holsteinischen Kirchenordnung von 1542.

▶ **Gegenwart.** Bis heute lebt eine evangelische Stiftsdamengemeinschaft in I. im umgewandelten Kloster an der Pfarrkirche St. Laurentii. Zehn Stiftsdamen unter einer Äbtissin unterliegen der Verwaltung eines „Verbitters" im Auftrag der schleswig-holsteinischen Ritterschaft. Aus mittelalterlicher Zeit blieb lediglich ein siebenjochiger Kreuzgangflügel mit Kreuzrippengewölbe erhalten; er lehnt sich direkt an der Nordwand der 1716 bis 1718 neu erbauten Pfarr- und Stiftskirche an und schützt frühneuzeitliche Epitaphe. Barocke Stiftsgebäude umschließen den Klosterhof und lassen den Umfang der mittelalterlichen Anlage nur erahnen.

◆ GermBen 12, 268–282; Mehlhorn, Dieter-J.: Klöster in Schleswig-Holstein, Heide 2004.

Ivenack, *Zisterzienserinnenkloster St. Maria (1252–1555), Diözese Kammin – (Lkr. Demmin, Mecklenburg-Vorpommern, ❐ 2, C2).*

▶ **Geschichte.** Ritter Reimbern von Stove, Burgmann auf der Burg Stavenhagen, stiftete 1252 am Ivenacker See in Mecklenburg ein Frauenkloster, was Herzog Wartislaw III. von Pommern, zu dessen Herrschaft das Land Stavenhagen gehörte, vier Jahre später bestätigte. Nachfolgende Landesherrn erweiterten großzügig den Grundbesitz. In der Bestätigungsurkunde Bischof Hermanns von Kammin (Gleichen) von 1283 sind bereits mehr als 20 Ortschaften in Pommern und Mecklenburg als Besitz des Klosters vermerkt. 1317 gelang die Herrschaft Stavenhagen an die Fürsten von Mecklenburg-Werle, die sich ebenfalls um das Kloster verdient machten. Der Konvent setzte sich aus Töchtern des mecklenburgisch-pommerschen Adels und der Patrizierfamilien der Ostseestädte zusammen. Er bekannte sich zur Zisterzienserregel; eine Inkorporation in den Orden ist nicht nachzuweisen, obwohl diese vermutet wird – in etwa vergleichbar mit dem Konvent im südöstlich gelegenen Kloster ➛ Wanzka. In der Nähe befand sich die Mönchsabtei ➛ Dargun; ein Abhängigkeitsverhältnis ist aus den Quellen nicht ablesbar, sie verraten lediglich jährliches Buß- und Sühnegeld des Abts zu Dargun an Schwester Ghese von Zeppelin, weil ein Darguner Zisterzienser ihren Bruder 1467 ermordet hatte. Die Quellen verraten wenig über den Alltag der Klosterjungfrauen; die Einrichtung einer Badestube war 1499 ein besonderer Fortschritt. Etwa 60 Urkunden erlauben lediglich Einsicht in den lebhaften Geld- und Geschäftsverkehr des Konvents im Spätmittelalter. Im Zuge der Reformation löste Herzog Johann Albrecht I. von Mecklenburg-Güstrow das Kloster 1555 auf. Äbtissin Anna von Kamptz (1544–55) musste bereits seit einigen Jahren zwei fürstliche Verwaltungsbeamte und einen lutherischen Geistlichen an ihrer Seite dulden. Das „Amt I." diente Herzog Johann VII. Ende des 16. Jh. als Residenz. Der Geheimrat Ernst Christoph von Koppelow ließ 1709 das fürstliche Haus zum zweigeschossigen Herrenhaus umbauen, das im 19. Jh. erheblich erweitert wurde. Um 1740 entstand aus dem Klostergarten ein Barockpark.

▶ **Gegenwart.** Das dreiflügelige Renaissanceschloss am Ivenacker See steht auf einem Teil der Fundamente des ehemaligen Klosters. Die gotische Klosterkirche der Zisterzienserinnen steckt heute im Kern in der klassizistischen Schlosskirche von 1767/68. Die turmartige Vorhalle an der Nordseite zeigt noch immer Sterngewölbe und ein Spitzbogenportal. Im heutigen Tiergarten, einst ein Teil des Klosterareals, stehen die mächtigen „Tausendjährigen Eichen von I.", die für Legenden und Sagen um die Nonnen den Hintergrund bilden.

◆ Erichsen, Johannes (Hg.): 1000 Jahre Mecklenburg, Rostock 1995.

Jemgum, *Johanniterkommende St. Johannes Baptist (vor 1284–1534), Diözese Münster – (Lkr. Leer, Niedersachsen,* ❐ *1, B3).*

▶ Im 13. Jh. entstanden zahlreiche kleinere Johanniterhäuser im Nordseebereich der Diözesen Utrecht, Münster und Osnabrück, die in der Ballei Frisia zusammengefasst und dem Balleier und Komtur von ➛ Burgsteinfurt unterstellt waren. Die 20 als *membra* bezeichneten Niederlassungen erlangten durch den Vertrag von Groningen 1319 weitgehende Selbständigkeit. Die Niederlassung J. bestand bereits, als Bischof Everhard von Münster (Diest) 1284 den Johannitern die Pfarrkirche im nahen Holtgaste übereignete, wo der Orden einen Vorhof unterhielt. Die Kommende J. überragte andere Ordenshäuser Ostfrieslands an Größe und Einfluss. Der erste namentlich bekannte Komtur Bernhard übergab 1401 die Ordenskapelle in J. der Pfarrgemeinde. Nach einer Sturmflut musste das Gotteshaus wieder aufgebaut werden, die Neuweihe fand 1421 statt. 1495 fasste die Kommende den Plan, ihren Sitz an die Kirche in Holtgaste zu verlegen; die Quellen verraten nicht, ob das Vorhaben umgesetzt wurde. Kriegerische Auseinandersetzungen um Geldern führten 1533 zur Zerstörung der Jemgumer Anlage. Graf Enno II. von Ostfriesland eignete sich ein Jahr später den Johanniterbesitz an. Die evangelisch-reformierten Pfarrkirchen in J. und Holtgaste sollen trotz Um- und Neubauten nach dem Dreißigjährigen Krieg mittelalterliche Fundamente und Teilmauern enthalten. Heute geht einzig in ➛ Bokelesch eine Kirche fast original auf die Johanniter zurück.

◆ Koolman, Egbert/Elerd, Udo (Hg.): Johanniter im Nordwesten, Oldenburg 1999; Rödel, Walter: Das Großpriorat Deutschland des Johanniter-Ordens, Mainz 1965, 401 f.

Jena Dominikanerkloster, der Klosterhof wurde „Collegienhof" der Universität und dient heute als Kulturarena.

Jena, *Dominikanerkloster St. Maria und St. Paulus (1286–1525) – „Paulinerkloster", Erzdiözese Mainz – (kreisfreie Stadt, Thüringen,* ❐ *4, A1).*

▶ **Geschichte.** Die Ersterwähnung des Dominikanerkonvents in J. ist eine Notiz auf dem Chorgestühl des ➛ Göttinger Dominikanerklosters mit der Jahresangabe 1286. Die Herren von Lobdeburg gelten als Stifter, in deren Stadtviertel in der Südwestecke J. das erste städtische Kloster 1288 errichtet wurde. Bald verfügten die Predigerbrüder über ein eigenes Hausstudium und legten eine Bibliothek an. Neben Predigten betreuten sie die Bürger seelsorglich, erbettelten Almosen für ihren Unterhalt und erhielten Geschenke. Dies führte auch in J. zu Konflikten mit dem Stadtklerus und den Zisterzienserinnen des Michaelisklosters (➛ Jena), die das städtische Parochialrecht innehatten. Die kleine Stadt J. an der Saale unterhielt im 15. Jh. mit etwa 3.500 Einwohnern neben den beiden genannten Klöstern noch ein Karmelitenkloster und fünf Terminierhäuser auswärtiger Mendikanten. Die Dominikaner weiteten ihr Terminierbezirk besonders auf die Orte Lobeda, Apolda und Neustadt/Orla aus. Neben den Almosen bereicherten Testamente und Stiftungen den Konvent, der schließlich Häuser, Gärten, Fischteiche, Weinberge und Felder in und um J. besaß. Das Dorf Lützeroda galt als „Klosterdorf" und gehörte fast gänzlich den Predigerbrüdern. Mitbrüder aus ➛ Leipzig führten auf landesfürstliche Bitte hin Observanz im Konvent ein; dennoch bewahrten die etwa 30 Brüder ihren Besitz und gewannen weiteren hinzu. Sie vermochten 1509 gar, der großen Stadt Erfurt die erhebliche Summe von 1050 Gulden zu leihen; das damit verbundene, für Christen eigentlich verbotene Zinsgeschäft ernährte noch viele Jahre später die inzwischen im Exil lebenden Konventsmitglieder. 1513 fand ein Provinzialkapitel des Ordens in J. statt. Reformatorische Unruhen begannen bereits 1522 in J., wobei das Paulinerkloster besonders zur Zielscheibe der Angriffe der Parteigänger Luthers geriet. Im Mai 1525 stürmten Marktbauern den Konvent, der Stadtpöbel plünderte die Klostergebäude nochmals am gleichen Nachmittag aus. Prior Johannes Eckenfelder (bis 1533) ging mit den meisten Mitbrüdern nach Leipzig und Erfurt ins Exil; jahrelang hoffte der beharrliche Konvent vergeblich auf eine Restitution. Als die Pest 1527 und 1535 in Wittenberg hauste, floh die ernestinische Landesuniversität nach J. und fand im fast leeren Dominikanerkloster Unterkunft. Die drei letzten verbliebenen Brüder übergaben die Gebäude offiziell 1548 an den Stadtrat, der die Klosterkirche schon seit 1536 als Schüttboden nutzte. Nach der Niederlage in der Schlacht bei Mühlberg 1547 und der verlorenen Universität strebte Kurfürst Johann Friedrich I. für sein verkleinertes, ernestinisches Sachsen eine neue protestantische Hochschule an und gründete in J. zunächst 1548 ein *Collegium Academicum*, aus dem 1558 mit Privileg Kaiser Ferdinands I. die Universität Jena erwuchs. Für diese bald so berühmte Universität wurde das Dominikanerkloster ausgebaut; das Klosterareal diente als *Collegium Jenense* lange Zeit allen Universitätseinrichtungen als Heimstätte. Die gotische Klosterkirche, nun evangelische Kollegiatskirche, nutzte die Universität weiter als Gotteshaus, ihr Dachboden war zeitweise Studentenschlafplatz. Seit 1861 sind im *Collegium Jenense* medizinische Institute untergebracht.

▶ **Gegenwart.** Im Zweiten Weltkrieg zerstörten Bomben den Klosterkomplex bis auf wenige Gebäudereste, die aber beim Neuaufbau der Institute miteinbezogen wurden. Die Konvents- bzw. Kollegiatskirche wurde nicht wieder errichtet, aber im Anatomischen Institut befindet sich noch immer, wenn auch stark überformt, das ehemalige Refektorium der Dominikaner. Einen Eindruck mittelalterlicher Atmosphäre erfährt der Besucher noch heute im „Collegienhof", dem ehemaligen Klosterhof, den man durch einen mittelalterlichen Torbogen erreichen kann. Die Bibliothek der Dominikaner ist heute ein wertvoller Bestandteil der Universitätsbibliothek. Unter den wenigen erhaltenen Urkunden befindet sich ein Totenbuch, das von etwa 1380 bis 1525 in Form eines Kalendariums geführt wurde und als rares Zeugnis der Klostergeschichte sorgfältig bewahrt wird.

◆ Voigt, Jörg: Die Gründung des Dominikanerklosters in Jena, in: Zeitschrift des Vereins für Thüringische Geschichte 58 (2004) 7–26; Springer, Klaus-Bernward: Die deutschen Dominikaner in Widerstand und Anpassung, Berlin 1999.

Jena, *Karmelitenkloster Heilig Kreuz (1414–1525), Erzdiözese Mainz – (kreisfreie Stadt, Thüringen, ❒ 4, A1).*

▶ **Geschichte.** Südlich vor der Saalestadt J. entstand im 14. Jh. der Vorort Zweifelbach. 1414 überließen die wettinischen Landesherren, die markgräflichen Brüder Friedrich der Streitbare und Wilhelm der Reiche, dem Karmelitenorden ein Grundstück in Zweifelbach zur Gründung eines zweiten Mendikantenklosters in J. in Konkurrenz zu den ➛ Dominikanern. Die Karmeliten aus ➛ Pößneck terminierten bereits seit 1382 in der Stadt. Für eine Tochterniederlassung gelobten sie jährliche Seelenmessen und die Aufnahme der Markgrafen in ihre Bruderschaft. Auch der Stadtrat übereignete zum Bau des Klosters weitere Grundstücke, nicht ohne im Vertrag von 1418 festzulegen, dass die Brüder kein steuerpflichtiges Gut erwerben durften und Totengedächtnisse nicht teurer als fünf Schillinge sein sollten. Die bereits bestehende Kapelle Heilig Kreuz wurde zur Klosterkirche erhoben, was einen Vergleich mit den Zisterzienserinnen des Michaelisklosters (➛ Jena) erforderte, die das städtische Parochialrecht innehatten. Der Aufbau der Klosteranlage ging zögerlich voran, möglicherweise bereitete der konkurrierende Dominikanerkonvent einige Schwierigkeiten. Zuwendungen des Adels und der Bürger sicherten nicht nur die wirtschaftliche Entwicklung, sondern erlaubten auch die Einrichtung eines Hausstudiums. Bereits 1427 unterrichtete Bruder Nikolaus als Studentenmeister einige Schüler; Prior Johannes Wysemann (um 1439) war als Lesemeister tätig, Prior Burckard Schöpplitz studierte 1489 in Erfurt und Bruder Simon Hafernitsch 1521 in Wittenberg. Die Karmeliten betonten die Marien- und Annaverehrung und förderten die wachsende Laienfrömmigkeit der ärmeren Bevölkerung im Spätmittelalter. Ende des 15. Jh. bauten sie eine repräsentativere Klosteranlage mit Saalkirche von beachtlicher Größe. Auch häuften sie steuerpflichtiges Besitzgut an, was der städtische Rat als Vertragsbruch und Provokation empfand. Ein entlaufener Bruder Albin aus J. saß 1502 in Zerbst in Haft. Während der reformatorischen Umwälzungen 1524 konfiszierte der Stadtrat in einer Überraschungsaktion das bewegliche Gut der Karmeliten und ihre Urkunden. Die lutherische Landesregierung nahm diesen Vorfall billigend hin und sanktionierte das angemaßte Obrigkeitsrecht des Rates über die Bettelordensklöster der Stadt. Im Mai 1525 stürmten aufrührerische Bauern und empörte Bürger das Karmelitenkloster, wenige Tage später das Dominikanerkloster. Der zwei Jahre später als Rädelsführer hingerichtete Christoph Enderlein behauptete bis zum Schluss, er habe auf Befehl des Stadtrates gehandelt. Das Schicksal der Klöster war besiegelt, die offizielle Aufhebung erfolgte noch 1525. Das Karmelitenkloster J. diente in der Folgezeit als Wohn- und Handwerksstätte; mit der Zeit wurde es völlig umgebaut und teilweise abgetragen. Die bedeutende Buchdruckerei Rödinger war in den Konventsgebäuden untergebracht, sie druckte 1554 die erste vollständige Ausgabe der Schriften Martin Luthers.

Jena Karmelitenkloster, ruinöse Reste der Klosterarchitektur am Engelplatz harren ihrer Rettung.

▶ **Gegenwart.** Noch in jüngster Zeit verschwanden durch gewerbliche und hauswirtschaftliche Nutzung aber auch durch Vandalismus immer mehr Bestandteile der klösterlichen Architektur, so dass heute nur noch Reste des einstigen Klosters südlich des Engelplatzes zwischen Stadttheater und Neugasse existieren. Sie sind inzwischen archäologisch erfasst, sehr gut dokumentiert und harren einer Sanierung im Zuge der Neubebauung des Gesamtareals. Einmal im Jahr, während der „Jenaer Kulturarena", ist es der Bevölkerung möglich, die Klosterreste zu sehen, weil ein Gastwirt einen Teil des gotischen Ostflügels der ehemaligen Klausur mit Sakristei und Kapitelsaal für seinen Ausschank nutzen darf.

◆ Rupp, Matthias: Das Karmelitenkloster Zum Heiligen Kreuz in der Jenaer Vorstadt Zweifelbach, Jena 2002; Koch, Herbert: Geschichte der Stadt J., Jena u. a. 1996.

Jena, *Zisterzienserinnenkloster St. Michael (1301–1525) – „Michaeliskloster", Erzdiözese Mainz – (kreisfreie Stadt, Thüringen, ❒ 4, A1).*

▶ **Geschichte.** Die Herren der nahen Lobdeburg und Leuchtenburg aus dem fränkischen Geschlecht von Auhausen stifteten 1286 ein Dominikanerkloster (➛ Jena) in der thüringischen Weinbauernstadt J. und übertrugen 1295 den Zisterzienserinnen im Kloster ➛ Roda ihre Patronatsrechte über die Jenaer Stadtpfarrkirche St. Michael. Im August 1301 verkauften die Brüder Burkhard II. und Hermann VIII. von Lobdeburg-Elsterberg der Äbtissin des Michaelisklosters in J. vier Höfe in der Stadt. Dies ist die erste urkundliche Erwähnung des neugegründeten Tochterkonvents von Roda an der Stadtpfarrkirche St. Michael in J. Für den maximal 20 Frauen starken Konvent wurde die Pfarrkirche einschneidend umgebaut. Die Zisterzienserinnen übernahmen 1309 die bestehende Schule im Westturm der Kirche. Ihnen oblag die Aufsicht über die gesamte Pfarrei, über das Schulwesen und das Glöckneramt in der Stadt. 1333 lagen sie in Rechtsstreit mit den Augustiner-Chordamen von ➛ Lausnitz, den erst der von Papst Johannes XXII. beauftragte Abt von ➛ Goseck schlichten konnte, der aber wenige Jahre später wieder ausbrach. Das Wohlwollen der Lobdeburger Stifterfamilie sowie der Wettiner Landesherren bedingten die rasche Entwicklung des Klosters zur dominierenden geistlichen Institution der Stadt mit bedeutender lokaler Wirtschaftskraft aufgrund großflächiger Besitzungen im Umland. Zum Zisterzienserorden wurden keine nachweisbaren Beziehungen gepflegt, eine Inkorporation des Frauenklosters ist unwahrscheinlich. Die Schwestern unterstanden dem Marienstift Erfurt als zuständiges Archidiakonat. Zisterzienserinnen und Bürgerschaft begannen gemeinsam 1380 eine neue, spätgotische Michaeliskirche zu errichten. Neben dem Hauptaltar füllten nicht weniger als 15 Seitenaltäre den Kirchenraum, um die zahlreichen und einträglichen Messstiftungen zu bewältigen. Der anwachsende Reichtum führte zur Verweltlichung des Konvents, so dass der Benediktinerabt des Petersklosters ➛ Erfurt 1492 verpflichtet wurde, den Klosterregeln wieder Geltung zu verschaffen. Dies gelang erst, als einige Damen 1499 das Michaeliskloster verlassen mussten und durch reformwillige Schwestern aus dem ➛ Erfurter Martinikloster ersetzt wurden. Im April 1525 stürmten aufgebrachte Bauern und Bürger die beiden Mendikantenklöster der Stadt (➛ Jena). Das Michaeliskloster hatte schon 1522 seine Aufsichtsrechte über Predigt und Seelsorge in der Michaeliskirche verloren. Im Dezember 1525 gingen durch landesherrliche Verfügung die Verwaltung der Pfarrei und das Patronatsrecht an die Stadt über. Kurfürst Johann der Beständige hob im selben Jahr das Michaeliskloster auf, nur einige ältere Frauen verbrachten ihren Lebensabend weiterhin im Kloster. Die Urpfarrkirche St. Johann Baptist in der Leutraer Vorstadt, die auch den Zisterzienserinnen gehörte, wurde 1807 einer katholischen Gemeinde in J. zugewiesen.

▶ **Gegenwart.** Die Gebäude des Zisterzienserinnenklosters nördlich der Jenaer Stadtpfarrkirche St. Michaelis sind inzwischen vollständig beseitigt, aber die spätgotische Stadtpfarrkirche ist nach wie vor ein unübersehbares Glanzstück der städtischen Architektur der Universitätsstadt. Besonders nach ihrer jüngsten Gesamtsanierung verraten viele Details ihre einstige Nutzung als Klosterkirche. Der dreischiffige Sakralbau gilt als die größte Hallenkirche Ostthüringens. Die Schwestern hatten einen eigenen Zugang an der Nordseite, an der sich heute noch ihre Empore befindet. Unter dem Chor erlaubten im Mittelalter große Bögen die Durchfahrt der Fuhrwerke zu der angebauten Klausur; diese Kavate gilt als eines der „Sieben Wunder J.". Der weithin sichtbare Turm wurde erst nachreformatorisch 1557 fertig gestellt.

◆ Mohn, Claudia: J., St. Michael (Thüringen), in: Mittelalterliche Klosteranlagen, Petersberg 2006, 155–161; Jürgensmeier, Friedhelm (Hg.): Handbuch der Mainzer Kirchengeschichte, 3 Bde., Würzburg 1997–2002; Möbius, Friedrich: Die Stadtkirche St. Michael zu J., Jena 1996.

Jerichow Prämonstratenser-Chorherrenstift, die Westfront der romanischen Stiftsbasilika im Abendlicht.

Jerichow, *Prämonstratenser-Chorherrenstift St. Maria und St. Nikolaus (1144–1552), Diözese Havelberg – (Lkr. Jerichower Land, Sachsen-Anhalt, ❐ 2, B4).*

▶ **Geschichte.** Dompropst Hartwich, später Erzbischof von Bremen, stiftete 1144 zum Seelenheil seines Bruders, des Markgrafen Rudolf von Stade, der im Kreuzzug gegen die Dithmarscher Bauern gefallen war, im Elbe-Havel-Gebiet ein Kloster. Ihre Mutter Richardis übergab den Familienbesitz im Jerichower Land dem Erzbistum Magdeburg. Ein großer Teil ging an das neue Stift J., das 1145 mit Prämonstratenser-Chorherren aus dem ➛ Magdeburger Stift „Unser Lieben Frau" besiedelt wurde. Der erste Propst Baldram (1144–48) verlegte das Stift vom Markt an den Rand des Ortes und begann mit dem Aufbau einer der frühesten Stiftsanlagen aus Backstein nördlich der Alpen. Schon 1144 hatte König Konrad III. die Gründung bestätigt, um deren Bedeutung für das wieder zu errichtende Bistum Havelberg zur Festigung des Christentums in der immer noch heidnischen Havelregion zu unterstreichen. Folgerichtig rekrutierte sich 1147 ein Teil des neuen ➛ Havelberger Domstifts aus Prämonstratensern von J. Bischof Anselm von Havelberg antwortete mit zusätzlichen Güterschenkungen, einschließlich der Befreiung vom Zehnt für das noch zu kultivierende Land und der Einrichtung eines Archidiakonats für die Region. Papst Hadrian IV. bestätigte 1159 Besitz und Privilegien. Die Schutzvogtei übernahmen 1162 die Burggrafen von J. aus den Händen der askanischen Markgrafen von Brandenburg. Der Jerichower Propst Isfried (1159–78) aus dem Stift ➛ Cappenberg war Beichtvater Heinrichs des Löwen und erlangte wegen seiner Frömmigkeit heiligmäßige Verehrung; 1180 wurde er zum Bischof und Propst von ➛ Ratzeburg erhoben und starb 1204. Entsprechend der neuesten Quellendeutung ist Stift ➛ Gramzow in der Uckermark keine Tochtergründung von J., wie bislang vermutet. Trotz ausreichender Wirtschaftskraft erreichte J. nicht die gewünschte Entwicklung und Ausstrahlung. Der missionarische Aspekt kam kaum zum Tragen, der Wendenkreuzzug von 1147 hatte das Land entvölkert. Erst neue Einwanderer und Kolonisten festigten das Christentum. Einiger Streubesitz konnte noch Mitte des 13. Jh. hinzugewonnen werden, Stagnation und Bedeutungslosigkeit kennzeichnet aber die weitere Geschichte. Rivalitäten zwischen den Bistümern Havelberg und Magdeburg und Auseinandersetzungen zwischen Erzbistum und Markgrafschaft wirkten sich hemmend aus; allzu oft wurde das Stift J. zum Spielball politischer Interessen. Erzbischof Ernst von Magdeburg leitete 1489 innere Reformen ein, die jedoch keinen nachhaltigen Aufschwung bewirkten. 1532 verweigerte Propst Jakob Moeß (1532–52) mit Rückendeckung aus Havelberg die Zahlung der Türkensteuer an den Landesherrn Erzbischof Albrecht, der den Propst daraufhin verhaften ließ und erst 1533 wieder freigab, als der Konvent seine Herrschaft über J. ausdrücklich anerkannte. Diese Unterwerfung

Schmuckkapitell auf einer Granitsäule (Ende 12. Jh.) in der Krypta der Stiftskirche **Jerichow.**

während der Reformation läutete das Ende des Stifts ein. 1551 brandschatzten Söldner des sächsischen Kurfürsten Moritz die Anlage. 1552 offenbarte die Übergabe an einen weltlichen Verwalter die schleichende Säkularisierung. Ein Restitutionsversuch 1629 endete bereits zwei Jahre später unter den Schweden.

▶ **Gegenwart.** Dank der restauratorisch-konservatorischen Arbeiten (1853–56 und 1955–90) blieb in J. eine der vollständigsten deutschen Prämonstratenseranlagen des Hochmittelalters erhalten. Die dreischiffige Säulenbasilika (heute evangelische Pfarrkirche St. Marien) auf kreuzförmigem Grundriss mit Dreiapsidenchor und doppeltürmiger Westfront galt zumindest in ihrem Ostteil als der älteste Backsteinbau Deutschlands, was zu Recht nicht unwidersprochen blieb. Bauchronologische Untersuchungen deuten heute auf eine Hauptbauzeit zwischen 1180 und 1195 unter sächsischem Stileinfluss mit lombardischen Techniken hin. Die nachträglich eingebaute, zweischiffige Krypta besticht durch künstlerisch qualitativen Kapitellschmuck an den Säulen. Im Sommerrefektorium des Südflügels befinden sich Kelchblockkapitelle von ähnlicher spätromanischer Meisterschaft. Der gewölbte Vierflügelkreuzgang aus der ersten Hälfte des 13. Jh. verbindet alle üblichen Funktionsräume. Eine zweigeschossige Überbauung der spätromanischen Klausur erfolgte Ende des 15. Jh.

◆ Müller, Karsten: Kloster J., München – Berlin [2]2004; Ramm, Peter: Kloster J., Halle/Saale 2001.

Jesingen, *Benediktinerpriorat St. Petrus, St. Paulus und St. Damian (vor 1284–1453), Diözese Konstanz – (Kirchheim unter Teck-J., Lkr. Esslingen, Baden-Württemberg, ❒ 3, D3).*

▶ **Geschichte.** Die Benediktinerabtei St. Peter im Schwarzwald war von den Zähringer Stiftern zunächst in Weilheim an der Teck geplant, wurde aber 1093 im Breisgau mit Mönchen des neucluniazensischen Reformklosters ➛ Hirsau verwirklicht. Die Abtei St. Peter gründete in J. bei Kirchheim unter Teck ein Priorat zur Verwaltung ihrer Güter, die von Herzog Konrad von Zähringen vor 1152 mit Besitz um Kirchheim erheblich erweitert wurden. Das Priorat erscheint erstmals urkundlich 1284 unter der Leitung des Priors (Propst) Kuno genannt Kizzi (1284/93). Durch Zukäufe und Schenkungen konnte der Besitz mit wirtschaftlichem Geschick bis in den Raum Esslingen hinein ausgeweitet werden. Abt Johannes II. von Stein, vom Konvent 1392 für das Amt des Vorstehers in St. Peter gewählt, zog sich unter Verzicht auf seine Ansprüche im gleichen Jahr nach J. zurück und leitete das Priorat bis 1398. Abt Johannes V. Tüffer (1427–39) kam aus der Außenstelle J., wo er als Propst (1406/20) amtiert hatte. Mitte des 15. Jh. zwangen finanzielle Nöte die Mutterabtei, Teile ihres Besitzes um Kirchheim zu veräußern oder günstig zu vertauschen; Hof und Güter in J. gingen dabei 1453 an Graf Ulrich von Württemberg über. Ein neues Verwaltungszentrum der Abtei St. Peter für verbliebene Güter entstand in Bissingen an der Teck, meist nur von einem weltlichen Pfleger geführt. Im Zuge der Säkularisierung gelang der Besitz 1806 an Württemberg.

▶ **Gegenwart.** Die heutige evangelische Pfarrkirche St. Peter in J., inzwischen ein Ortsteil von Kirchheim unter Teck, stammt im Kern aus der spätromanischen Prioratskirche der Benediktiner. Der Rechtecksaal zeigt an Nordwand und Chor Wandmalereien des 14. Jh.; ein Grabstein erinnert an einen Priester Berthold († 1426); der Kirchturm wurde im frühen 19. Jh. angebaut.

❖ Die Mutterabtei St. Peter im Breisgau (1093–1806) präsentiert sich heute als spätbarocker Komplex der ersten Hälfte des 18. Jh., erbaut vom Baumeister Peter Thumb.

◆ GermBen 5, 331–334; Drüppel, Christoph J.: J., in: Württembergisches Klosterbuch, Ostfildern 2003; 297 f.

Johannesberg, *Benediktinerpropstei St. Johannes Baptist und St. Johannes Evangelist (nach 1012–1648), Diözese Würzburg – (Bad Hersfeld-J., Lkr. Hersfeld-Rotenburg, Hessen, ❒ 3, D1).*

▶ Reichsabt Arnold von Hersfeld (1012–31) gründete zwischen 1012 und 1024 auf einem Berg südlich vom Ort Hersfeld die Propstei St. Johannes, die immer von der Reichsabtei ➛ Hersfeld abhängig blieb. Die Gründung geschah in einer Phase monastischen Aufschwungs, in der sich die ➛ Junggorzer Reform aus ➛ Niederaltaich im Kon-

Johannesberg Benediktinerpropstei, Restmauern erinnern an die mittelalterliche Propstei auf dem Berg.

vent festigte. Der erste namentlich bekannte Propst ist Adelbert (um 1130), der später zum Abt von ➛ Hildesheim St. Michael erhoben wurde. Grundbesitz und Patronatsrechte konnten bald hinzugewonnen werden, etwa die vorromanische Heilig-Kreuz-Kapelle auf dem Kreuzberg bei Unterhaun. Diese Kapelle stand auf griechisch-kreuzförmigem Grundriss, eine Seltenheit wie jene von ➛ Wittekindsberg über der Weser bei Minden. Der Besitzbezirk J. erlangte im 12. Jh. die Hochgerichtsbarkeit. Anfang des 15. Jh. traten finanzielle Schwierigkeiten auf, die Mutterabtei Hersfeld versuchte mit Reformen zu helfen, die sie gleichzeitig auch im eigenen Konvent vorantrieb. 1489 übernahm Landgraf Wilhelm der Jüngere von Hessen die Schirmherrschaft, wodurch die Propstei zunehmend in landesherrschaftliche Abhängigkeit geriet. Wie die Mutterabtei wurde auch der J. ab 1606 weltlich verwaltet und 1648 offiziell aufgehoben. Ruinenreste der ehemaligen Propstei stehen noch heute auf der Anhöhe des Ortsteils J. von Bad Hersfeld. Ausgrabungen weisen auf einen einschiffigen Kirchenbau mit Rechteckchor hin. Erhalten blieben die südliche Giebelwand des Querschiffs sowie das Brüderhaus der Klausur mit Kapitelsaal und Dormitorium.

◆ GermBen 12, 630–632.

Johannisberg, *Benediktinerabtei (St. Nikolaus) St. Johannes der Täufer (1106–1563), Erzdiözese Mainz – (Geisenheim-J., Rheingau-Taunus-Kreis, Hessen, ❐ 3, B2).*

▶ **Geschichte.** Erzbischof Ruthard von Mainz (1089–1109) gründete die einzige Benediktinerabtei im Rheingau als Doppelkloster auf dem Bischofsberg am Mittelrhein. Das exakte Datum ist unbekannt, die erste authentische Urkunde datiert 1130, am wahrscheinlichsten ist das Jahr 1106. Die ersten Benediktiner kamen aus dem heute untergegangenen Kloster St. Alban in Mainz und brachten die neucluniazensischen Lebensgewohnheiten der ➛ Hirsauer Reform mit. Das ursprüngliche Nikolauspatrozinium musste dem des Täufers weichen, auch der Bischofsberg insgesamt nahm noch im 12. Jh. den Namen des Johannes an. Als Mitgründer traten der Rheingraf Richolf und seine Familie auf, die das Kloster reichlich begüterten; Sohn und Tochter des Rheingrafen traten in den Doppelkonvent ein. Erzbischof Adalbert I. von Saarbrücken erteilte 1130 wichtige Privilegien, u. a. die Vogtfreiheit und das Pfarrrecht. Er übergab 1131 den Benediktinern vom J. das aufgehobene Augustiner-Chorherrenstift in ➛ Eberbach, das aber 1135 von Zisterziensermönchen übernommen wurde. Im 12. Jh. trennten sich die Konvente, die Frauen zogen in die ➛ Georgsklause am Fuß des Berges. König Konrad III. bestätigte 1140 Besitz und Privilegien und erklärte Reichsschutz. Die Abtei J. blieb allein dem Erzbischof unterstellt. Abt Embricho erlangte 1240 die bischöflichen Pontifikalien. Im 14. Jh. verschlechterten

Johannisberg Benediktinerabtei, Mittelschiff der Basilika von 1952, im Vordergrund der Pultträger (um 1300).

sich Wirtschaftslage und Klosterzucht, Erzbischof Adolf I. von Nassau musste 1383 einen Verwalter einsetzen; Abt Johanns Waldecker (1427–38) lebte nur mit zwei Mitbrüdern auf dem Berg. Abt Emmerich Nauta (1439–52) erreichte mit der Annäherung an die ➛ Bursfelder Reformkongregation eine innere Erneuerung. Hilfe boten diesmal Mönche aus der zweiten Mainzer Benediktinerabtei St. Jakob. 1457 trat J. der Bursfelder Kongregation bei; das geistliche Leben gewann an Inhalt, die Wirtschaft konnte konsolidiert werden. Abt Konrad von Rodenberg (1468–86) erlangte innerhalb der Bursfelder Reformunion Anerkennung als Erneuerer. Seine Ausstrahlung wirkte auch in der Abtei ➛ Sponheim. Während der Reformation gelang es Abt Friedrich von Rüdesheim (1508–38) nicht, lutherisch-calvinistische Glaubenseinflüsse zurückzudrängen; die umliegenden Gemeinden forderten Selbstbestimmung. Der Konvent dünnte aus, vier Mönche sympathisierten 1525 mit aufrührerischen Bauern. Die Wirtschaft brach zusammen, die Einkünfte aus den protestantischen Gebieten versiegten. Markgraf Albrecht Alkibiades von Brandenburg-Kulmbach verwüstete 1552 den Besitz. 1563 übernahm im Auftrag des Erzbischofs ein weltlicher Schaffner die Verwaltung; Abt Valentin Horn (1557–63) wurde abgesetzt, das klösterliche Leben erlosch. Die offizielle Aufhebung durch Mainz erfolgte nie, der Besitz wurde jedoch zunächst an Privatpersonen, 1716 an die Reichsabtei ➛ Fulda verpfändet. Fulda besiedelte J. nicht wieder, errichtete aber eine mustergültige Weindomäne und ein Schloss. Schloss und Domäne J. fielen 1816 an den österreichischen Staatskanzler Fürst von Metternich, dessen Nachkommen den J. heute noch besitzen.

▶ **Gegenwart.** Das bekannteste Erbe der Benediktiner vom J. ist der Rieslingwein. Die Abteianlage wurde aus Geldmangel nie völlig erneuert aber notdürftig repariert. Die romanische Pfeilerbasilika (Altarweihe vermutlich 1108) auf kreuzförmigem Grundriss, mit mächtigem Vierungsturm und apsidialem Ostabschluss, die immer auch als Pfarrkirche diente, wurde durch die Fürstabtei Fulda barockisiert. Diese ließ 1718 die Klausur- und Wirtschaftsgebäude für ein barockes Schloss wegreißen. Die Fürsten von Metternich veränderten die Kirche und das Schloss einschneidend klassizistisch. Nach Zerstörung im August 1942, entstand der heutige Kirchenbau bis 1952 in Belebung der ursprünglich reinen romanischen Formen. Unbeschädigt original erhalten blieben lediglich der stehende Diakon als Pultträger aus Rotsandstein (um 1300) und zwei spätgotische Figuren.

◆ GermBen 7, 666–697; Struck, Wolf-Heino: J. im Rheingau, Frankfurt/Main 1977.

Johanniszell, *Zisterzienserinnenkloster St. Johannes (vor 1201–1551), Diözese Würzburg – (Sulzfeld-Johanneshof, Lkr. Rhön-Grabfeld, Bayern, ❐ 3, D1).*

▶ **Geschichte.** Nach der Überlieferung stiftete die Pfalzgräfin „Gebra" das Frauenkloster unter Wildberg. Historiker identifizieren die Pfalzgräfin Gertrud von Schwaben, die als Gründerin der Abtei ➛Bildhausen bekannt ist und bis 1201 in den Klöstern ➛Wechterswinkel und ➛Bamberg lebte. Die Gründung des Zisterzienserinnenklosters *Cella S. Johannis sub castro Wildberg*, von der keine Urkunde überkommen ist, könnte demzufolge im letzten Drittel des 12. Jh. aus den Konventen Wechterswinkel oder Bamberg erfolgt sein. Die erste überlieferte Urkunde von 1293 erwähnt einen Wohltäter Konrad von Wildberg, der J. als Grablege erwählte. Eine Abhängigkeit von Bildhausen oder Bamberg kann nicht nachgewiesen werden, selbst die zisterziensische Observanz ist umstritten. Der Kult um den hl. Gumbert (um 750), Gründer des karolingischen Missionsklosters ➛Ansbach und Abtbischof im Rangau, machte das Kloster J. vorübergehend zum Wallfahrtsort. Rituelle Mahlzeiten am stilisierten Grab sollten heilend wirken; eine päpstliche oder bischöfliche Kultapprobation erfolgte nicht. Im 15. Jh. deuten Güterverkäufe auf wirtschaftliche Schwierigkeiten hin. Fürstbischof Gottfried IV. von Würzburg (Limpurg) setzte 1444 einen Verwalter ein. Äbtissin Katharina Zollerin erreichte nach 1453 eine Besserung der Lage, aber der Bauernkrieg und die Reformation machten alle monastischen Hoffnungen zunichte. 1551 erlosch das Klosterleben, die letzte Äbtissin Ursula von Herbelstadt starb 1555 in Königshofen. Das Klostergut J. stand bis zur allgemeinen Säkularisation 1803 unter fürstbischöflicher Amtsführung.

▶ **Gegenwart.** Noch heute umgibt den einsam liegenden „Johanneshof" die alte Klostermauer mit malerischem Torhaus. Aus mittelalterlicher Zeit sind lediglich die Umfassungsmauern von zwei Klausurflügeln geblieben, die als Wirtschaftsgebäude dienen. Eine inzwischen profanierte Kapelle stammt aus nachklösterlicher Zeit. Das Gut ist in Privatbesitz und wird als Wohnhaus genutzt.

◆ Flachenecker, Helmut: Memoria und Herrschaftssicherung, Göttingen 2008; Treiber, Angela: Die Frauenklöster in Franken, St. J. unter Wildberg, Würzburg 1991, 113 f.

Johanniterorden *(Ordo Militiae Sancti Johannis Baptistae Hospitalis Hierosolymitani).*

▶ Der J. entwickelte sich im 12. Jh. aus einer Hospitalgemeinschaft. Bei der Eroberung Jerusalems 1099 fanden Kreuzritter das Hospital St. Johannes Baptist vor, das auf Kaufleute aus Amalfi um 1050 zurückging, von Brüdern und Schwestern versorgt und inzwischen von Meister Gerhard († 1120) ohne Ordensregel geführt wurde. Papst Paschalis II. gewährte 1113 Schutz und Privilegien. Um diese Zeit bestanden schon mehrere Tochterhäuser des Hospitals auch in Europa, insbesondere moderne Pflege- und Versorgungsanstalten in den Einschiffhäfen der Pilger. Der zweite Meister Raimund von Puy (1120–60) glich die frühe Hospitalregel an die Augustinusregel an. Mit der Bulle *Chistiane fidei religio* erhob Papst Eugen III. die als „Johanniter" bezeichnete Gemeinschaft 1153 zu einem exemten Hospitalorden. Der Orden des hl. Johannes ist damit der erste Hospitalorden der katholischen Christenheit. Unter Papst Innozenz II. (1130–43) bildet sich allmählich ein militärischer Zweig zum Schutz der Pilger im Heiligen Land aus. Der Wandel der Johanniter zum nach den ➛Templern zweiten großen geistlichen Ritterorden vollzog sich in der Folgezeit stufenweise während der Kreuzzugskämpfe in der zweiten Hälfte des 12. Jh. Die Statuten von 1204/06 trugen diesen militärischen Aufgaben in vollem Umfang Rechnung. 1500 etwa 140 Kommenden und unselbständige Filialhäuser, sogenannte *membra.* Das oberste Amt nahm der Großmeister ein, das Großpriorat Deutschland umfasste den deutschen Reichsteil; ihm unterstand jedoch als Besonderheit die gesamte Deutsche Zunge, also auch Priorate in Skandinavien, Polen, Böhmen und Ungarn; die Ballei Brandenburg nahm eine prioratsähnliche Sonderstellung ein.

Nach dem Verlust Jerusalems 1187 verlegte die Ordensleitung ihren Sitz zunächst nach Zypern, seit 1306 nach Rhodos und schließlich seit 1530 für fast 270 Jahre auf die Insel Malta, worauf die Bezeichnungen „Rhodesierritter" und „Malteserritter" zurückgeht. Nach Vernichtung des ➛Templerordens 1312 fielen dessen deutsche Besitzungen den Johannitern gegen Zahlungen an die Kurie zu. Nach Übergabe Maltas an Napoleon Bonaparte 1798 durch (den einzigen deutschen) Großmeister Ferdinand von Hompesch (1797–1805) und der Rheinbundakte von 1806 verlegte die Ordensleitung ihren Sitz 1834 nach Rom. Heute gehören zum römisch-katholischen Ordenszweig mit Malteser Hilfsdienst etwa 8.500 Mitglieder, geführt von etwa 100 adeligen Professrittern. Zur Zeit der Reformation huldigte die Ballei Brandenburg dem Kurfürsten von Brandenburg, nahm 1539 den evangelischen Glauben an und ebnete den Weg zur Verflechtung des brandenburgischen Ordenszweiges mit dem preußischen Hochadel.

Drei Wappen von 1562 am Türsturz der Johanniterkapelle in Hönningen.

Der Orden selbst beurteilte den diakonischen Pflegedienst und den Militärschutz gleichwertig; dennoch führte die Entwicklung zur Hierarchisierung des Ordens: an seiner Spitze standen die (hoch)adeligen Ritterbrüder mit bestimmten Vorrechten, gefolgt von den Priesterbrüdern; die dritte Gruppe bilden die dienenden Waffen- oder Hospitalbrüder.

Schon in der Frühphase entstand eine Schwesterngemeinschaft in Jerusalem, die nach Sigena/Aragon (Spanien) übersiedelte und sich von dort aus über Europa ausbreitete; dabei lebten die Frauen kontemplativ in Klausur.

Der Orden teilte 1206 seine Regionen nach Zungen *(langues)* ein, die wiederum in Großpriorate unterteilt waren, denen Balleien mit Kommenden unterstanden. Im 15. Jh. gab es knapp 1.000 Ordenshäuser, im deutschen Sprachraum um

Napoleon löste 1810/11 die Ballei auf. Nach einer Interimslösung (1812) stellte König Friedrich Wilhelm IV. von Preußen 1852 die Ballei Brandenburg als „Ritterlicher Orden St. Johannis vom Spital zu Jerusalem" mit evangelischem Glaubensbekenntnis wieder her und beauftragte sie mit Krankenhilfe und -pflege. Heute entspricht der „Johanniterorden" dem evangelischen Ordenszweig; zur Unterscheidung nennt man den traditionellen katholischen Orden mit Hauptsitz in Rom Malteserorden *(Ordo Melitensis, OMel).* Seit 1278 trugen die Ritterbrüder im Feld über ihren schwarzen Mantel ein rotes ärmelloses Übergewand mit einem großen silbernen bis weißen, achtspitzigen Kreuz auf der Brust.

◆ LThK[3] 5, 982–984; Rödel, Walter G.: Der Johanniterorden, Münster 2005; Wienand, Adam (Hg.): Der Johanniter-Orden, Köln 1988.

Jüterbog, *Franziskanerkloster (1476–1564) – „Mönchenkloster", Diözese Brandenburg – (Lkr. Teltow-Fläming, Brandenburg, ❒ 2, C4).*

▶ **Geschichte.** Prinz Wilhelm von Sachsen-Anhalt trat 1473 in das franziskanische Observantenkloster ➛ Halle ein und bemühte sich mit Hilfe Erzbischof Johanns von Magdeburg (Pfalz-Simmern) um die Gründung eines Observantenklosters in J., damals eine blühende Handelsstadt im Fläming. Papst Sixtus IV. stimmte 1476 zu, Bischof Arnold von Brandenburg (Burgsdorf) erteilte den streng in Armut lebenden Observanten die Erlaubnis, Almosen für den Klosterbau zu sammeln. 1510 war der letzte mittelalterliche Klosterbau in Brandenburg vollendet. Die Bürger nannten das Franziskanerkloster „Mönchenkloster" zur Unterscheidung zum städtischen Heilig-Kreuz-Kloster (➛Jüterbog). Da die Stadt nicht weit (nur knapp 40 km) vom sächsischen Wittenberg entfernt liegt, verwickelten sich die theologisch versierten Brüder frühzeitig in Auseinandersetzungen mit der neuen Lehre Martin Luthers. Der Dominikanermönch und Ablassprediger Johannes Tetzel (1465–1519) aus dem St. Paulikloster in ➛ Leipzig organisierte 1517 im Auftrag Erzbischof Albrechts von Magdeburg und Mainz (Brandenburg) in den Diözesen Halberstadt und Magdeburg den gewinnbringenden Ablasshandel. Tetzel weilte 1517 in J., was Martin Luther in Wittenberg zur Abfassung seiner 95 Thesen provoziert haben mag. Luther ließ sich nur auf einen schriftlichen Disput mit den Franziskanern in J. ein. Guardian Simon Neumeister (1519–27) und Lektor Bernhard Dappen (1519–26) warnten bereits 1519 den Brandenburgischen Bischof Hieronymus Schulz vor der wachsenden Gefahr einer Kirchenspaltung. Bereits 1519 bekannte sich ein großer Teil der Bürger zur evangelischen Lehre. 1554 tagte noch einmal das Provinzialkapitel im Kloster, die geschrumpfte Versammlung wählte Guardian Thomas König zum neuen Provinzial der Observanten. Ab 1559 begann sich der Konvent aufzulösen, 1564 lebten nur noch zwei betagte Brüder in J. 1564 übergab der Landesherr Erzbischof Sigismund von Magdeburg (Brandenburg) das Franziskanerkloster der Stadt, die ein Gymnasium darin unterbrachte.

▶ **Gegenwart.** Die spätgotische Klosterkirche, eine breit gelagerte dreischiffige Hallenkirche mit Kreuzrippengewölbe und deutlich abgesetztem Polygonalchor, zeigt qualitätsvolle Gewölbe- und Wandmalereien (1510) mit beeindruckender Darstellung der Stigmatisierung des hl. Franziskus. Die evangelische Gemeinde nutzte die Mönchenkirche bis 1963 für ihre Gottesdienste. Seit 1985 dient das „Kulturquartier Mönchenkirche" als Stadt- und Kreisbibliothek, der Chor bleibt kulturellen Veranstaltungen und Ausstellungen vorbehalten. Von der nordseitig gelegenen Klausur existiert der Ostflügel; er wird als „Alte Schule" bezeichnet und dient heute Wohnzwecken. Die direkt am Chor anschließenden Räume waren vermutlich die Sakristei und eine darüber liegende Bibliothek. Dieser Bibliotheksraum bewahrt auch heute noch seine annähernd rundbogigen Kreuzrippen. Davon nördlich liegende jüngere Räume zeigen einfache Holzbalkendecken.

◆ GermSac AF I, Brandenburg, 2, 401–408; Schmies, Bernd/Cante, Marcus: J., Franziskaner, in: Brandenburgisches Klosterbuch, Bd. 1, Berlin – Brandenburg 2007, 662–670; Pieper, Roland/Einhorn, Jürgen W.: Franziskaner zwischen Ostsee, Thüringer Wald und Erzgebirge, Paderborn u. a. 2005, 84–88.

Jüterbog Franziskanerkloster, die „Mönchenkirche" der Franziskaner-Observanten ist eine spätgotische, dreischiffige Halle mit abgesetztem Chorpolygon.

Jüterbog, *Zisterzienserinnenkloster St. Maria, Heilig Kreuz, St. Laurentius (1282–1562) – „Heiligkreuzkloster", Diözese Brandenburg – (Lkr. Teltow-Fläming, Brandenburg, ❐ 2, C4).*

▶ **Vorgeschichte.** Zisterzienserinnen aus ➛ Wöltingerode besiedelten vor 1209 das St. Laurentiuskloster in Magdeburg. Der Konvent erhielt 1280 Verstärkung durch Frauen aus dem Prämonstratenserstift ➛ Gottesgnaden bei Calbe. Die Prämonstratenserinnen brachten die Patronatsrechte über die Kirchen in J. mit. J. war damals ein wichtiges Missionszentrum.

▶ **Geschichte.** Auf Initiative Erzbischof Bernhards von Magdeburg (Wölpe) gründeten die Frauen aus St. Laurentius in Magdeburg 1282 in J. nahe der ehemaligen Burg das Heiligkreuzkloster an der Marienkirche. Diese um 1161 vom Magdeburger Erzbischof Wichmann erbaute erste Missionskirche diente den 14 Zisterzienserinnen unter ihrer ersten Äbtissin Kunigunde (1282–1307) als Klosterkirche, der Gemeinde weiterhin als Hauptpfarrkirche. Stiftungen und Dotationen der Bürger und des Ortsadels sowie die fortwährende Unterstützung des Erzstifts Magdeburg erweiterten den Wirtschafts- und Landbesitz erheblich. Wachsendes Vermögen und geistliche Ausstrahlung äußerten sich in reicher Altarausstattung in den städtischen Pfarrkirchen, die alle dem Konvent unterstanden. Die Schwestern folgten der Zisterzienserobservanz ohne dem Orden anzugehören. Sie unterstanden der Jurisdiktion des Erzbischofs und wurden nicht von der mächtigen Zisterzienserabtei ➛ Zinna, die unweit außerhalb der Stadt lag, visitiert oder betreut. Mit sechs eigenen Dörfern war die Agrarwirtschaft nicht entscheidend für die Klosterökonomie, profitabel erwies sich der Holzeinschlag im umfangreichen Waldgut. 1476 erschien nach Äbtissin Margarethe Leipzig (1476–83) und Oberpriorin Margarete Zwisskoch (1476) eine Subpriorin Dorothea Leipzig, was auf einen starken Konvent hinweist, genaue Zahlen sind aber nicht bekannt. Der wirtschaftliche Niedergang seit dem Ende des 15. Jh. und die Reformation führten schleichend zur Auflösung. Äbtissin Margarete von Wolfersdorf (1522–37) wird 1533 in einigen Schriftstücken bereits als *Domina* tituliert. 1542 heiratete Äbtissin Agnes von Klitzing den Propst Benedikt Drosse (1519–43). Landeskirchliche Visitatoren stellten 1562 noch drei Bewohnerinnen fest, die sich zur lutherischen Lehre bekannten. Das Kloster wurde zunächst der kurfürstlichen Verwaltung, später dem erzbischöflichen Hochstift unterstellt.

▶ **Gegenwart.** Die romanische Liebfrauenkirche in J. blieb der evangelisch-lutherischen Gemeinde als Pfarrkirche erhalten, unterlag aber mehreren baulichen Veränderungen. Die einst dreischiffige Pfeilerbasilika mit Querhaus und Ostapsiden in Backsteinbauweise verlor 1636 den Nonnenchor und 1798 ihre Seitenschiffe. Der polygonale Chor entstand im späten 15. Jh., der westliche Turm wurde erst 1722 angebaut und 1890 verändert. Lediglich das Langhaus besteht heute noch aus romanischen Backsteinmauern (Anfang 13. Jh.). Von der Klausuranlage nördlich der Kirche ist der spätgotische Nordflügel erhalten, der 1923 aufgestockt, innen umgebaut und mit einem neugotischen Ziergiebel versehen wurde. Das Haus nutzt heute die Kreisverwaltung, ebenso das Barockgebäude nebenan aus Steinen der alten Burg.

◆ Kley, Björn/Cante, Marcus: J., Zisterzienserinnen, in: Brandenburgisches Klosterbuch, Bd. 1, Berlin – Brandenburg 2007, 646–661; Mohn, Claudia: Jüterbog (Brandenburg), in: Mittelalterliche Klosteranlagen, Petersberg 2006, 299–301; Bilang, Karla: Das Stadtkloster J., in: Die Frauenklöster der Zisterzienser im Land Brandenburg, Berlin 1998, 151–162.

Jüterbog Zisterzienserinnenkloster, die romanische Basilika verlor ihre Seitenschiffe, der Turm ist von 1722.

Junggorzer Reform

▶ Als „Junggorzer Gruppe" bezeichnete Kassius Hallinger eine monastische Erneuerungsbewegung des 11. Jh.; der Begriff dient ihm zur Unterscheidung dieser von der älteren ➛ Gorzer Reform, die bereits 933 im lothringischen Gorze entstanden war und durch St. Maximin in ➛ Trier im 10. Jh. vor allem die Reichsklöster erfasst hatte. Inzwischen hatte sich cluniazensischer Einfluss in Gorze geltend gemacht, ohne dass der *ordo Gorciensis*, die traditionellen Gewohnheiten oder die altgorzischen Auffassungen von Reichsmönchtum und Königstreue aufgegeben wurden. Abt Siegfried von Gorze (1031–55) erneuerte den sittenstrengen Ruf seiner Abtei.

Romanische Mittelschiffssäule mit figurenreichem Zierkapitell in Hildesheim St. Godehard.

Der Würzburger Reformbischof Adalbero berief 1047 den Gorzer Mönch Ekkebert († 1076) als Abt in die Abtei Münsterschwarzach am Main. Mit seiner Unterstützung machte Ekkebert die Abtei zum Ausgangspunkt einer monastischen Erneuerung im Sinn der Junggorzer Reform im Reich. Ekkebert leitete nicht nur Münsterschwarzach sondern auch zeitweise ➛ Neustadt am Main und St. Burkard in ➛ Würzburg. Münsterschwarzacher Einfluss reichte bis ins sächsische Pegau und ➛ Merseburg. Ein weiteres Junggorzer Reformzentrum war unter Abt Herrand (nach 1062–1102) das Kloster ➛ Ilsenburg im Harz, das bis an die Nordsee ausstrahlte. Bedeutende Aktivitäten im Sinn der Reformbewegung gingen auch von St. Emmeram in ➛ Regensburg aus. Insgesamt erfasste in der zweiten Hälfte des 11. Jh. die Junggorzer Reform etwa 25 Benediktinerkonvente.

Da die mit dem Begriff Junggorzer Reform bezeichnete Erneuerungsbewegung keine einheitliche bzw. exakt bestimmbare Observanz ausweist, sind scharfe Abgrenzungen oder allzu schematische Einteilungen der *consuetudines monasticae*, die einen Einblick in Interdependenzen vermitteln, jedoch nicht unbedingt gegensätzliche Reformrichtungen ausweisen, wenig sinnvoll.

◆ Parisse, Michel, Die lothringischen Reformen, in: Geschichte des Christentums, Bd. 4, Freiburg u. a. 1994, 789–796; Kurt-Ulrich Jäschke: Zur Eigenständigkeit einer Junggorzer Reformbewegung, in: Zeitschrift für Kirchengeschichte 81 (1970) 17–43; Hallinger, Kassius: Gorze-Kluny, 2 Bde., Rom 1950–51.

Kaiserslautern, *Franziskanerkloster (1284–1538) – „Barfüßerkloster", Diözese Worms – (kreisfreie Stadt, Rheinland-Pfalz, ❐ 3, B2).*

▶ **Geschichte.** Papst Nikolaus III. gab zwischen 1277 und 1280 die Erlaubnis zur Gründung eines Minoritenkonvents in der jungen Reichsstadt K., deren Pfarrrechte das Prämonstratenserstift (➛ Kaiserslautern) innehatte. 1284 folgte die Genehmigung König Rudolfs I. von Habsburg, woraufhin die Minoriten mit Unterstützung der Bürger noch im gleichen Jahr eine Konventsanlage direkt an der Nordostecke der Stadtmauer nördlich der Lauter zu bauen begannen. Die Klausurgebäude waren so ausgerichtet, dass sie die Wehrfähigkeit der Stadtmauer verbesserten. Es ist anzunehmen, dass ein Werkstattzusammenhang mit dem Bau des Kirchenchors der Dominikanerinnen in ➛ Lambrecht bestand. Stadtrat und Bürgerschaft zeigten aus politischen Erwägungen Interesse an den Franziskanern, lagen sie doch ständig mit den die Stadt dominierenden Prämonstratensern im Streit, meist um Wasser- und Waldrechte. Die Minoriten verschärften die Konflikte um Seelsorgebezirke und Pfarrrechte. 1346 beschwerte sich der streitbare Prämonstratenser Peter von Lautern bei Papst Clemens VI., die ehrgeizigen Barfüßer würden die Pfarrherde spalten, die Zeit des Antichrists wäre mit ihnen hereingebrochen. Ähnliche Klagen über anmaßende Franziskaner erreichten Rom damals aus ➛ Köln. Schon 1313/14 ging die Reichsimmunität der Stadt durch Verpfändung verloren, 1357 fiel K. an Kurfürst Ruprecht I. von der Pfalz. Mit dem Prämonstratenserstift konnten die Minoriten eine Einteilung der Pfarrbezirke aushandeln, es kam dennoch immer wieder zu Streitigkeiten. Der Konvent verweigerte sich offensichtlich der Observanzbewegung des Ordens und beharrte auf der konventualen Verfassung. Anfang des 16. Jh. vermochte keine kirchliche Institution der Stadt den neuen lutherischen Lehren überzeugend Widerstand zu leisten. Auch die Franziskaner gerieten durch neue Glaubensvorstellungen, ausbleibende Spenden und Nachwuchsmangel in eine Krise und in wirtschaftliche Not. 1531 verließen die letzten Barfüßer ihr Kloster, 1538 verhandelte der Provinzial abschließend mit dem evangelischen Stadtrat über die Auflösungsmodalitäten. Im Dreißigjährigen Krieg versuchten die Franziskaner den Neubeginn, diesmal waren es keine Konventualen sondern Observanten, ihnen folgten franziskanische Rekollekten. Mehrmalige Flucht während verschiedener Kriegswirren blieb ihnen nicht erspart, begleitet von Profanierung und Entweihung der Kirche. Die endgültige Auflösung der Franziskanerniederlassung in K. erfolgte unter der napoleonischen Besatzung 1802. In dieser Zeit ging das Martinspatrozinium der Stiftskirche auf die Franziskanerkirche über, die den Katholiken wieder offenstand.

▶ **Gegenwart.** Vom Barfüßerkloster hat sich einzig die Kirche erhalten, die heute als katholische Pfarrkirche St. Martin dient. Die zweischiffige, schlichte Halle aus Sandsteinquadern entstand nach 1300, ihr abgeknickter Chor folgte den beengten Verhältnissen. Der Dachreiter über dem Langhaus wurde barock erneuert, ein runder Treppenturm entstand 1629. Im Inneren trägt lediglich der Chor mit 5/8-Schluss Kreuzrippengewölbe; die Langhausdecke ist mit Stuck verziert, die originale Ausstattung ging verloren. Südlich schloss sich die Klausur mit dem Kreuzgang an, wovon nichts geblieben ist. Ein gewölbter Keller stammt von 1609.

Kaiserslautern Franziskanerkloster, die zweischiffige Hallenkirche entstand nach 1300 aus Sandsteinquadern.

◆ Friedel, Heinz: K. Von den Anfängen bis zur Reichsgründung, Kaiserslautern 1995; Sehi, Meinrad: Geschichte der Franziskaner von K., in: Alemania Franciscana Antiqua, Bd. 10, Ulm 1964, 123–256.

Kaiserslautern, *Prämonstratenser-Chorherrenstift St. Maria und St. Martin (1176–1510) – „Pfarrkloster", Diözese Worms – (kreisfreie Stadt, Rheinland-Pfalz, ❐ 3, B2).*

▶ **Vorgeschichte.** Die Merowinger errichteten im 6. Jh. auf dem Felsplateau über der Lauter einen Königshof, um den sich mehrere Siedlungen bildeten. *Villa Luthra* taucht 830 im Urbar der Reichsabtei ➛ Lorsch auf, eine erste Steinkirche St. Martin ist für das 9. Jh. bezeugt. Karolingische Herrscher hielten sich auf dem Hof auf; unter den Ottonen und Saliern diente er als Wirtschaftshof. Der Stauferherzog Friedrich II. ließ in der Zeit der Herrschaft seines Bruders Konrad III. um 1140 die sich entwickelnde Stadt befestigen.

▶ **Geschichte.** Bald nach 1152 wertete König Friedrich I. Barbarossa den königlichen Wirtschaftshof K. zum Pfalzplatz auf, stiftete ein Hospital und rief spätestens 1176 Prämonstratenser aus ➛ Rot an der Rot in die Stadt, die an der Martinskirche ein Stift einrichteten und Seelsorgepflichten übernahmen. Die Chorherren erhielten städtische Pfarrrechte, woraufhin die Bürger das Stift als „Pfarrkloster" bezeichneten. 1237 bestätigte Kaiser Friedrich II. Privilegien und Besitz einschließlich das Hospital. Nach dem Stadtbrand von 1256 bauten die Prämonstratenser eine neue Stiftskirche, deren Chorbereich kurz darauf vollendet war; das Langhaus folgte als sechsjochige Halle erst Anfang des 14. Jh. unter Kostenbeteiligung der Bürger, die dafür Begräbnisrechte erhielten. König Rudolf I. von Habsburg erhob im August 1276 das damalige Lautern zur Reichsstadt und gestattete 1284 den Franziskanern (➛ Kaiserslautern), gegen den Willen Propst Johannes' (1276/95) ein Kloster zu gründen, woraus den Prämonstratensern erhebliche Konkurrenz im Seelsorgebereich erwuchs. Der Stadtrat sah darin Vorteile. 1346 beschwerte sich der streitbare Prämonstratenser Peter von Lautern bei Papst Clemens VI. über die Minoriten, die ehrgeizigen Barfüßer würden die Pfarrherde spalten, die Zeit des Antichrists wäre mit ihnen gekommen. Bereits 1313/14 war die Reichsimmunität durch Verpfändung verloren gegangen; der Pfandinhaber Erzbischof Balduin von Trier griff 1336 in den Streit des Propstes Johannes (1333/37) mit den Bürgern ein und erlaubte den Bewohnern Zugriffe auf den Stiftswald, verbot aber ausdrücklich das Fremdfischen in den Stiftsgewässern. Den Stiftsherren wurde geboten, die angrenzende Stadtmauer weiterzuführen. 1357 fiel die Stadt endgültig an Kurfürst Ruprecht I. den Roten von der Pfalz, K. wurde später Sitz eines kurpfälzischen Oberamtes. Die Stadtverwaltung übernahm 1360 das Hospital der Prämonstratenser, auch auf die Vierlingsmühle musste das Pfarrkloster verzichten, behielt jedoch das Mahlrecht. Interessant ist die Nachricht, dass Kurfürst Philipp der Aufrichtige 1486 den Propst (Amandus?) aufforderte, wegen einer Fehde Wagen, Pferde und Knechte zu stellen. Im Stift lag die innere Zucht Ende des 15. Jh. danieder, die Chorherren führten inzwischen ein sehr weltliches Leben bis hin zur Zügellosigkeit; Reformen erschienen wohl allen als vergebliche Mühen. Propst Johann von Odenwald (1507–11) erreichte, dass sich Kurfürst Ludwig V. und sein Bruder Pfalzgraf Friedrich bei Papst Julius II. für die Umwandlung in ein Kollegiatstift verwendeten, dem 1510 stattgegeben wurde. Im Juni 1511 zelebrierten die Chorherren erstmals im weltlichen Habit die Messe. Während der Reformation bekannten sich nicht wenige zur lutherischen Lehre und heirateten. 1565 hoben die protestantische Stadt und der sich calvinistisch bekennende Kurfürst Friedrich III. das Stift endgültig auf.

Kaiserslautern Prämonstratenser-Chorherrenstift, Stiftskirche mit Zentralturm zwischen Chor und Langhaus.

▶ **Gegenwart.** Die ehemalige Stiftskirche dient heute als Pfarrkirche der evangelischen Gemeinde in K. Sie verlor ihr Martinspatrozinium an die ehemalige Franziskanerkirche. Der 56 m lange Bau besteht fast zur Hälfte aus dem einschiffigen, frühgotischen Chor (um 1260) mit einem mächtigen, achteckigen Zentralturm über dem westlichsten Joch und, daran anschließend, einer ausdrucksstarken dreischiffigen Halle (14. Jh.) mit Westtürmen und reich gestalteten Langhauswänden zum nördlichen Markt hin. Die Stiftskirche beherrscht mit ihren drei Türmen nach wie vor die Silhouette der Stadt. Klausurreste sind nicht erhalten.

◆ MonPraem 101–103; Friedel, Heinz: K. Von den Anfängen bis zur Reichsgründung, Kaiserslautern 1995.

Kaisheim, *Zisterzienser Reichsabtei St. Maria (1133–1802), Diözese Augsburg – (Lkr. Donau-Ries, Bayern, ❐ 4, A3).*

▶ **Geschichte.** Graf Heinrich I. von Lechsgemünd und seine Gemahlin Liukard stifteten 1133 am Oberlauf des Kaibachs nördlich von Donauwörth die Zisterzienserabtei K. Der Gründungskonvent kam 1135 unter Abt Ulrich I. (1134–56/57) aus der Abtei Lützel im Oberelsass, Filiationslinie Morimond. Die Grundausstattung war auf den Haidwanger Wald begrenzt, aber 50 Jahre nach der Gründung unterhielt die Abtei schon mehrere Grangien in auswärtigen Gebieten, seit Mitte des 13. Jh. setzte mit Zu- und Verkäufen eine aktive Territorialpolitik ein. Allein zwischen 1250 und 1287 erhielt die Zisterze 122 Schenkungen und führte selbst 69 Güterankäufe aus. In vier Bezirke aufgeteilt, verwalteten zeitweise 17 Grangien den Besitz, Höfe in 13 Städten sorgten für den Absatz der Produktion. Der Großteil der Güter war im 14. Jh. verpachtet, Patronatsrechte von 23 Kirchen, einige vollständig inkorporiert, brachten zusätzliche Einnahmen. Die klösterliche Weinproduktion steigerte spürbar den Handel mit dem Neckarraum. 1509 lagerten in den Kaisheimer Kellern Esslingens 70.000 Liter Wein. Die Staufer pflegten enge Beziehungen zur Abtei, Kaiser Friedrich I. Barbarossa erklärte 1156 den Reichsschutz. 1217 weilte Friedrich II. im Kloster, König Konradin bedachte K. 1267 in seinem Testament. Konradins Mutter gründete 1273 die Zisterze Stams in Tirol und ersuchte K. um die Erstbesiedlung. Der ehemalige Abt Heinrich II. (1263–67) leitete den ersten Tochterkonvent in Stams. König Ludwig der Bayer erwies sich wie die Staufer als besonderer Gönner. Im 13. Jh. führte K. Aufsicht über die Frauenklöster Pielenhofen, ➛ Seligenthal-Landshut, ➛ Niederschönenfeld, Oberschönenfeld, ➛ Zimmern, ➛ Kirchheim am Ries und St. Agnes in ➛ Lauingen. 1282 brach die Zisterzienserabtei ➛ Schöntal an der Jagst durch verfehlte Politik wirtschaftlich zusammen. Maulbronn (Mutterabtei Schöntals) konnte nicht helfend eingreifen, so dass die Ordensleitung der Abtei K. die Aufsicht übertrug. Kaisheimer Äbte erreichten eine Konsolidierung und neue Prosperität, so dass Schöntal im 14./15. Jh. neu auf-

Kaisheim Zisterzienser Reichsabtei, die gotische Abteibasilika besitzt seit 1459 einen für Zisterzienserkirchen seltenen Vierungsturm, Nordwestansicht.

blühte. 1349 übernahmen die Wittelsbacher Landesherrn die Schirmherrschaft. Abt Ulrich III. Nieblung (1340–61) ließ sich 1353 in weiser Voraussicht von König Karl IV. ein Schutzprivileg ausstellen, das die Eingriffe der Wittelsbacher in den nächsten Jahrhunderten erschwerte. Unter diesem Abt zählte der Konvent 70 Mönche und 56 Laienbrüder; er initiierte den Neubau der Abteikirche, den Abt Johann II. Zauer (1361–79) vollendete. Die Äbte von K. erschienen in der zweiten Hälfte des 15. Jh. auf bayerischen Landtagen. Ihre Untertanen wurden von den Herzögen besteuert, das Kloster von landesherrlichen Beamten visitiert. Nach dem Landshuter Erbfolgekrieg (1503–05) gehörte K. zu Pfalz-Neuburg. Unter Kurfürst Ottheinrich drohte die Gefahr der Aufhebung. Abt Georg IV. Müller (1637–67) richtete die Abtei nach dem Dreißigjährigen Krieg wieder auf; er erreichte 1656 die Anerkennung der Reichsunmittelbarkeit und gilt als zweiter Stifter. 1655 ließ er Kloster Pielenhofen neu beleben. Unter Abt und Reichsprälat Rogerius I. Röls (1698–1723) entstand ein neuer Klausurkomplex. Im November 1802 übernahm der kurfürstlich-bayerische Staat die Administration, 64 Abteibewohner erhielten Pensionen. Bis 1815 war K. Sammelstelle für vertriebene Franziskaner, 1816 ein Gefängnis.

▶ **Gegenwart.** Noch heute dienen die barocken Klausurgebäude, ein mehrstöckiger Komplex von 1718, den bayerischen Behörden als Strafvollzugsanstalt. Die imposante Kirche wird seit der Säkularisation als katholische Pfarrkirche St. Maria genutzt. Sie entstand nach dem Abriss der romanischen Vorgängerin von 1183 an gleicher Stelle (1352–87). Der dreischiffige Bau auf kreuzförmigem Grundriss erreicht mit 80,5 m Länge, 27,7 m Breite und 24 m Mittelschiffhöhe bedeutende Maße. Das nüchterne Äußere erscheint durch die dichte Folge von Strebepfeilern im Wechsel mit schmalen Maßwerkfenstern rhythmisiert. Ungewöhnlich für zisterziensische Kirchenbauten ist der aufwändige Vierungsturm (1459), der seine endgültige Form 1789/90 erhielt. Innen beeindruckt ein grandioser Chorbau, der sich im doppelten Umgang dem Querschiff anschließt. Die Ausstattung folgt dem Stil der Spätgotik, des Barock und Rokoko.

◆ Schiedermaier, Werner (Hg.): K. – Markt und Kloster, Lindenberg 2001; Maier, Birgitt: Kloster K., Augsburg 1999.

Kaltenborn, *Augustiner-Chorherrenstift St. Johannes Evangelist (1119–1539), Diözese Halberstadt – (Allstedt-K., Lkr. Mansfeld-Südharz, Sachsen-Anhalt, ❐ 2, A5).*

▶ Reformbischof Reinhard von Halberstadt (Blankenburg) förderte Anfang des 12. Jh.

in seiner Diözese die Ausbreitung der Regularkanonikerstifte, die sich zu den radikalen klösterlichen Lebensformen des *ordo novus* bekannten. Mit Stiftungsgut Graf Wichmanns I. von Seeburg gründete er 1119 das Augustiner-Chorherrenstift K. bei Emseloh, heute zu Allstedt gehörig, und rief Chorherren aus dem Reformzentrum ➛ Hamersleben in den Südharz. Stift K. entwickelte sich dank seiner reichen Grundausstattung zum Kultur- und Wirtschaftszentrum der Region. Das erste urkundlich belegte Archidiakonat des Bistums wurde in K. eingerichtet. Bauernkrieg, Reformation und lutherisches Bekenntnis des sächsischen Landesherrn beendeten 1539 das monastische Leben in K. ebenso wie im nahen ➛ Sangerhausen und ➛ Klosterrode. Das Stift lag einst hinter der alten Schäferei am Hang über der heutigen Bahnlinie. Es diente über Jahrhunderte als Steinbruch, einzig eine Gedenktafel erinnert heute vor Ort an das Stift. Die Mauern der bewohnten Schäferei, die ein ganzes Areal mit Wiese umschließen, könnten mittelalterlichen Ursprungs sein oder zumindest aus entsprechendem Abbruchmaterial stammen. Die sehenswerte evangelisch-lutherische Pfarrkirche im nahen Ort Emseloh mit spätromanischem Chorturm geht wohl auf die Augustiner-Chorherren von K. zurück, sie stand jahrhundertelang unter ihrem Patronat. Das Kirchenschiff wurde in der Barockzeit erneuert.

◆ HHistStD 11, 234 f.; Bogumil, Karlotto: Das Bistum Halberstadt im 12. Jh., Köln 1972.

Kaltenborn Augustiner-Chorherrenstift, die Chorherren bauten in Emseloh eine spätromanische Chorturmkirche.

Kamenz, *Franziskanerkloster St. Anna (1493–1565), Diözese Meißen – (Lkr. Bautzen, Sachsen, ❒ 2, D5).*

▶ **Geschichte.** Zwischen 1158 und 1635 herrschten mit Unterbrechungen die böhmischen Könige über die Oberlausitz. Im März 1493 verordnete der Jagiellone Wladislaw II., König von Böhmen und Ungarn, schriftlich gegen den Willen der Bürger und des Pfarrklerus die Gründung eines Observantenklosters der Franziskaner in K. Landvogt Sigmund von Wartenberg musste die Brüder unter Schutz in die Stadt einführen. Innerhalb des Oberlausitzer Städtebundes (Bautzen, Görlitz, K., Lauban, Löbau, Zittau) war K. die einzige Stadt, die noch kein Kloster besaß. Im Mai 1493 fand vor der Stadtmauer die feierliche Grundsteinlegung statt. Der Konvent etablierte sich aus Brüdern der böhmischen Observantenprovinz, nach ihrem großen Vorbild, dem hl. Bernardin von Siena (1380–1444, kanonisiert 1450), auch „Bernardiner" genannt. 1499 konnte die Klosterkirche geweiht werden. Der Rat der Stadt bezog das Kloster 1507 durch eine Mauererweiterung in das Stadtgebiet ein, woraufhin der König den Bürgern einen neuen Fleisch- und Keulenmarkt gestattete. Streit mit den Stadtvätern wegen der Flächen an der Mauer blieb nicht aus, der König erwies sich stets als Protektor der Franziskaner. 1518 entstand ein Klostertor als Durchgang zur Stadt. Das Urkundenbuch schweigt sich über den Annenkonvent aus, häufig tritt das nahe Frauenkloster ➛ Marienstern urkundlich in Erscheinung, denn den Zisterzienserinnen standen die Patronatsrechte über die Stadtpfarrkirche in K. zu. Vermächtnisse von Bürgern an die Franziskaner sind erstmals 1509 nachweisbar, als unter anderem der Tuchschermeister Nickels auch das neue Kloster bedachte. Almosen flossen spärlich, erst als der böhmische Kanzler Ladislaus von Sternberg den Kamenzer Brüdern Reliquien der hl. Anna schenkte, wuchs das Ansehen ihres Konvents. Der neue böhmische König Ludwig bestätigte im Juni 1518 der väterlichen Klosterstiftung K. alle Privilegien und fügte weitere hinzu. Im November 1518 drohte er den Stadtvätern mit Strafe, wenn sie die Brüder nicht vor Belästigungen schützten, was er im März 1523 nochmals einschärfte. 1531 berief der Rat den ersten lutherischen Pfarrer in die Stadt, das Kloster war bald die letzte katholische Insel inmitten eines protestantischen Umfeldes. Der Stadtbrand 1542 und der sogenannte „Oberlausitzer Pönfall" (1547) setzten Stadt und Kloster existenziell zu. 1564 lebten nur noch drei Brüder im Konvent, im August 1565 überließen sie ihr Annenkloster der Stadt. Die Klausurgebäude nutzte man zur Einrichtung einer Lateinschule, deren berühmtester Schüler Ephraim Lessing (1729–81) war. Die Schulgebäude brannten 1842 ab.

▶ **Gegenwart.** Die Annenkirche der Franziskaner ist eine spätgotische, dreischiffige Hallenkirche mit einschiffigem Chor. Ihr Ziergiebel mit Backsteinblenden an der Westfassade wurde im 19. Jh. nach Plänen von Gottfried Semper erneuert. Im Inneren ist sie mit Netzgewölben und schlanken Achteckpfeilern ohne Kapitelle sowie fünf Altären aus der Klosterzeit ausgerüstet. Besonders bemerkenswert ist der dreiflügelige Annenaltar mit kostbaren Holzschnitzereien, der einst von der Schuhmacherinnung für die Stadtpfarrkirche gestiftet wurde. St. Annen nimmt heute mit zahlreichen kirchlichen Veranstaltungen und Ausstellungen einen wichtigen Platz im religiösen und kulturellen Leben der Stadt ein. Die Klausurgebäude sind nicht erhalten.

◆ Hermann, Matthias (Hg.): K., Neustadt/Aisch 2002; Teichmann, Lucius: Die Franziskanerklöster in Mittel- und Ostdeutschland, Leipzig 1995, 122–126; Knothe, Hermann: Urkundenbuch der Städte K. und Löbau, Leipzig 1883.

Kamenz Franziskanerkloster, Westansicht der spätgotischen Observantenkirche St. Anna.

Kamp (Bornhofen), *Augustinereremiten-Tertiarinnenkloster St. Maria (1413–1806), Erzdiözese Trier – (K.-Bornhofen, Rhein-Lahn-Kreis, Rheinland-Pfalz, ❐ 3, B1).*

▶ **Geschichte.** Fromme Frauen fanden sich um 1330 im rechtsrheinischen K. zusammen, einem Ort im mittelrheinischen Einrichgau, der zur gegenüberliegenden Stadt Boppard gehörte und den kurfürstlichen Erzbischöfen von Trier unterstand. Pfarrer Widekind und Ritter Werner Schenk von Liebenstein der Ältere stifteten den Frauen ein Haus an der romanischen Pfarrkirche St. Nikolaus. Diese Beginenklause fand 1373 Anerkennung durch den Trierer Erzbischof Kuno II. von Falkenstein, der 1387 den Frauen einige Auflagen machte. Sein Nachfolger Werner von Falkenstein ließ 1413 mit Zustimmung Papst Gregors XII. die Beginenklause in ein reguläres Kloster des Dritten Ordens der Augustiner-Eremiten überführen. Die Klause wurde bis 1429 in eine Klosteranlage erweitert, die Kirche St. Nikolaus erhielt eine Nonnenempore. Um 1445 unterwarfen sich die Schwestern, beeinflusst von Windesheimer Chorherren aus ➛ Niederwerth bei Koblenz, strengen Reformstatuten. Stiftungen des mittleren Adels und Zukäufe ermöglichten eine beachtliche Besitzerweiterung in den umliegenden Weinhängen und bis in das Maifeld. Nach den reformatorischen Umwälzungen blieb K. als einziges Frauenkloster im heutigen Rhein-Lahn-Kreis katholisch. Die Benediktiner von ➛ Gronau und ➛ Schönau im Taunus, aber auch die Prämonstratenser von ➛ Arnstein und ➛ Rommersdorf erfüllten im Auftrag des Diözesanbischofs mehrfach Visitationen und Prokuratorpflichten. 1582 übernahm der Guardian von Koblenz das Ordinat. Einige Schwestern des aufgehobenen Benediktinerinnenteils von Schönau im Taunus kamen 1606 in K. unter. Durch den Neubau ihrer Klausurgebäude (1736/37) und schlechte Wirtschaftsführung überschuldeten sich die Augustinerschwestern. Versteigerungen von Liegenschaften zögerten den Ruin hinaus. Die Besetzung der linksrheinischen Gebiete 1794 durch französische Revolutionstruppen bedeutete das wirtschaftliche Ende. 1803 entschloss sich der regierende Herzog Friedrich Wilhelm von Nassau-Weilburg zur Auflösung des Augustinerinnenklosters K. Alle sechs Konventualinnen und vier Laienschwestern durften als weltliche Damen bleiben, was nur zwei auch taten.

▶ **Gegenwart.** Von den mittelalterlichen Klosterbauten ist wenig geblieben, selbst die alte Pfarr- und Klosterkirche St. Nikolaus wurde zum Nachteil des rheinländischen Kulturgutbestandes 1965 abgerissen. An ihrem Platz stehen noch der Turm von 1879 und ein Hotel. Eine spätgotische Durchgangshalle oder Vorhalle mit achteckigem Mittelpfeiler und Gratgewölben verbindet heute nicht mehr den „Neuen Bau“ von 1736 mit der Kirche, sondern den Zimmertrakt des Hotels mit seinen Gasträumen. Das Hallengebäude birgt im ersten Stock den Kapitelsaal der Schwestern, die von hier aus die Kirche erreichen konnten. Eine schlanke Rundsäule ohne Kapitell trägt vier Kreuzgewölbe, die sich auf acht halbkreisförmigen Konsolen an den Wänden abstützen.

◆ HHistStD 5, 160; Monschauer, Winfried: Das Augustiner-Eremiten-Nonnenkloster St. Maria zu K. bei Boppard, St. Augustin 1998.

Kamp (Lintfort), *Zisterzienserabtei St. Maria (1123–1802) – „Altkamp“, Erzdiözese Köln – (K.-Lintfort, Kr. Wesel, Nordrhein-Westfalen, ❐ 1, A5).*

▶ **Geschichte.** Der junge Orden der Zisterzienser erschien im römisch-deutschen Reich erstmals 1123 auf Betreiben Erzbischof Friedrichs I. von Köln (Schwarzburg), dessen leibliche Brüder als Mönche im burgundischen Morimond lebten. Der erste deutsche Gründungskonvent der Zisterzienser unter Führung des bischöflichen Bruders, Abt Heinrich I. (1123–37), siedelte zunächst vermutlich im „Altfeld“ im linken Niederrheingebiet, kurze Zeit später aber, dem Hochwasser oder der Mückenplage ausweichend, auf einem nahen Hügel, dem Kamper Berg. Die Mönche brachten als Reliquie einen Teil der Schädeldecke der hl. Agatha von Catania (um 220 – um 250) mit, die heute noch im Altar der Klosterkirche bewahrt wird. Der Klosterbau, für Zisterzienser ungewöhnlich auf einem Hügel, war mit der Weihe der romanischen Kirche 1182 vollendet. Die asketische und arbeitsame Lebensweise der Zisterzienser bewirkte geradezu einen Sog auf junge Männer des Adels; auch Menschen niederen Standes sahen ihre religiöse Sehnsucht und praktische Veranlagung im Konversentum verwirklicht. Bereits in der Aufbauphase sandte K. erste Tochterkonvente nach ➛ Walkenried, ➛ Amelungsborn, ➛ Volkenroda, ➛ Hardehausen und ➛ Michaelstein. Weitere Gründungen folgten bald, schließlich konnten 61 Mönchsklöster bis weit in den nordosteuropäischen Raum hinein auf eine Abstammungslinie von K. verweisen. Zur Unterscheidung von der Gründung ➛ Neuenkamp in Vorpommern 1231 wurde die Bezeichnung „Altenkamp" oder „Altkamp" üblich. 24 Frauenkonvente in den Diözesen Köln und Utrecht standen unter direkter Aufsicht der Äbte. Die Arrondierung des umfangreichen Grundbesitzes am Niederrhein gelang durch Kauf und Tausch, weniger durch eigene Pionierarbeit. Graf Heinrich I. von Geldern und Zutphen wurde 1182 in der Klosterkirche bestattet, ein Hinweis auf seine großen Verdienste für die Abtei. Kriegerische Auseinandersetzungen der Grafenfamilien Ende des 13. Jh. beschädigten das Kloster, dennoch entwickelte sich K. zu einer bedeutenden Kunst- und Kulturstätte am Niederrhein. Ein anspruchsvolles Skriptorium und eine umfangreiche Bibliothek lieferten die Grundlage für die geistige Ausstrahlungskraft. Die religiöse Reformbewegung der ➛ Devotio moderna fand unter Abt Wilhelm II. (1382–1402) ein geistliches Zentrum in K. Die gesteigerte Attraktivität führte 1448 zur Unterstellung der Wilhelmitenklöster ➛ Groß Burlo und ➛ Klein Burlo als neue Priorate. Abt Johannes II. von Bottenbroich (1402–23) ließ die schon 1298 veränderte Klosterkirche einschneidend spätgotisch umgestalten. Der umsichtige Abt Richard von Xanten (1563–72) bewahrte den Konvent vor reformatorischen Unruhen. Die umliegenden Pfarreien wurden protestantisch, die Abtei aber lebte als katholische Insel am evangelischen Niederrhein. Um 1580 spaltete eine tiefe Krise den Konvent, 1585 zerstörte der Graf von Moers im Truchsessischen Krieg das bereits verlassene Kloster. Nach Wiederbesiedlung und Neuaufbau im 17. Jh. blühte K. unter Abt Franziskus Daniels (1733–49) in barocker Pracht neu auf. Nach dem Frieden von Lunéville fiel das linksrheinische Kloster an Frankreich und wurde 1802 aufgelöst. Die letzten Zisterzienser verließen den Berg im August 1803.

▶ **Gegenwart.** Ein rechteckiger Chor von Anfang des 15. Jh. in der barocken katholischen Pfarrkirche St. Maria ist heute das einzige deutlich sichtbare Architekturzeugnis des Mittelalters im Kloster K. Die Konventsgebäude wurden 1807 bis auf das im Kern mittelalterliche Infirmarium und einen Restflügel der barocken Prälatur abgerissen. Die Besiedlung des Klosters mit Karmeliten blieb nur Episode (1954–2002) in der langen Geschichte monastischen Lebens auf dem Kamper Berg. Ein Ordensmuseum birgt als wertvollstes Ausstellungsstück das Kamper Antependium aus dem 14. Jh. Die Kamper Bibel von 1312 des Mönchs Rutger de Berka und das Kamper Graduale mit zisterziensischer Choralüberlieferung sind heute wertvolle Zeugnisse des geistigen Schaffens der ersten Zisterzienserabtei auf deutschem Reichsgebiet und Schmuckstücke der staatlichen Archive.

◆ Chronicon Campense, Kamp-Lintfort 2001; Geisbauer, Georg/Willicks, Erich, Kloster K., Kamp-Lintfort 2000.

Kamp (Lintfort) Zisterzienserabtei, einzig der rechteckige Chor der Abteikirche ist mittelalterlichen Ursprungs.

Kapellendorf, *Zisterzienserinnenkloster St. Maria und St. Bartholomäus (1235–1527), Erzdiözese Mainz – (Lkr. Weimarer Land, Thüringen, ❐ 4, A1).*

▶ **Geschichte.** Burggraf Dietrich III. von Kirchberg bei Jena-Ziegenhain gründete 1235 mit Zustimmung Abt Konrads III. (1221–46) von ➛ Fulda auf Lehnsgütern der Reichsabtei nahe der Wasserburg K. ein Zisterzienserinnenkloster, das wohl als Hauskloster gedacht war und reichlich ausgestattet wurde. Fulda verzichtete auf Ansprüche, behielt sich aber Einspruchsrechte bei Äbtissinnen- und Propstwahlen sowie bei der Besetzung der Pfarrstelle vor. Der Propst in K. gehörte jedoch nicht zum Ratgeberkreis des Abtes, ein Privileg sonstiger fuldischer Pröpste. Die Kirchberger Burggrafen beanspruchten die Schirmherrschaft und nutzten Kloster K. als Familiengrablege. Die Pfarrkirche in K. war dem Kloster inkorporiert und diente gleichzeitig als Klosterkirche. Sie zählt zu den ältesten Gotteshäusern Thüringens, und dass der Ort selbst nach der Kirche „capellendorf" genannt wurde, unterstreicht ihren besonderen Rang. Erzbischof Siegfried III. von Mainz (Eppstein) stimmte im gleichen Jahr zu und verordnete den Frauen die Zisterzienserobservanz, sprach aber von „milderer Regel", also von einer abgeschwächten Form. Gleichzeitig erlaubte er allen Schwestern der Diözese, nach K. zu wechseln. Bereits 1256 zählte der Konvent 24 Mitglieder. Der regionale Adel gab reichlich Zuwendungen: Kircheninkorporationen, Patronate und Rechte in über 40 Orten, konzentriert in der östlichen Umgebung, gehörten zum Besitz. Die Stadthöfe in Erfurt und Jena waren verpachtet, die Schwestern behielten lediglich das Herbergsrecht. Ein Teil der Frauen verließ

Kapfenburg Deutschordenskommende, die Ordensburg behielt trotz des Ausbaus zum Repräsentationsschloss ihren wehrhaften, mittelalterlichen Charakter.

1256 wegen Platzmangel und Streit das Kloster und gründete in Bachra bei Eckartsberga eine neue Niederlassung, vereinte sich 1263/66 aber vermutlich mit den Schwestern in ➛ Donndorf. Besondere Beziehungen mit Donndorf sind nicht bekannt, enge Kontakte bestanden dagegen mit den Klöstern Heusdorf bei Apolda und ➛ Oberweimar. Die erste namentlich bekannte Äbtissin war Hedwig (1263–1300). Kloster K. diente in erster Linie der Versorgung unverheirateter Töchter des Regionaladels, später meist des Erfurter Großbürgertums, so dass privater Besitz mit individuellen Einkünften im 14. Jh. als Gewohnheitsrecht betrachtet wurde. Eine Kontrolle über den Konvent übte der Zisterzienserorden nicht aus, das Kloster war nicht inkorporiert. Die geistliche Aufsicht führten die Erzbischöfe von Mainz, die weltliche die Benediktiner der Reichsabtei Fulda. Im 14./15. Jh. blieb ein allgemeiner Niedergang nicht aus. 1348 verkaufte Burggraf Hartmann Burg und Rechte in K. an die Mainzer Stadt Erfurt, die schon im bewaffneten Konflikt 1304 die Macht der Kirchberger gebrochen hatte. Aus dem verarmten Geschlecht der Kirchberger stammte die Äbtissin Lukardis (1374–94). Erfurt zog den Konvent unter Äbtissin Anna von Gebesee (1444–69) in Waffenkonflikte mit Ritter Apel Vitzthum hinein, die Bürger in Erfurt wurden zum Almosenspenden für die leidenden Frauen aufgerufen. 1508 fiel K. als Pfand an Kurfürst Friedrich den Weisen von Sachsen-Wittenberg, den Protektor Martin Luthers. Sein Nachfolger Johann der Beständige ließ im April 1527 das Kloster offiziell auflösen, zumal es durch aufständische Bauern 1525 verwüstet worden war und Äbtissin Adelheid Rynnen (1509–26) sowie sieben Schwestern inzwischen Abfindungen angenommen hatten.

▶ **Gegenwart.** Noch heute dient die Pfarrkirche St. Bartholomäus aus dem 12. Jh., die von den ersten Zisterzienserinnen übernommen worden war, der evangelisch-lutherischen Gemeinde im kleinen Ort K. Sie unterlag mehreren Eingriffen, Teile der romanischen Mauern blieben im frühgotischen Kirchenschiff erhalten. Für klösterliche Anforderungen wurde der Saal nach 1235 um drei Meter erhöht und erhielt über drei Arkaden ein niedrigeres Seitenschiff, das aber 1577 abgebrochen wurde. Der heutige Dreiseitenchor entstand 1503. Die nördlich gelegene Klausur im Bereich des Friedhofs und die Wirtschaftsgebäude existieren nicht mehr.

◆ Mohn, Claudia: K., in: Mittelalterliche Klosteranlagen, Petersberg 2006, 301 f.; Mötsch, Johannes: Fuldische Frauenklöster in Thüringen: Regesten, München 1999; Apel, Hans: Geschichte des Klosters K. bei Weimar, Weimar 1935.

Kapfenburg, *Deutschordenskommende (vor 1379–1809), Diözese Augsburg – (Lauchheim, Ostalbkreis, Baden-Württemberg, ❐ 3, D3).*

▶ **Geschichte.** Graf Ludwig VIII. der Ältere von Oettingen verkaufte 1364 die mächtige K. oberhalb Lauchheims an der Jagst am östlichen Rand der Schwäbischen Alb an Marquard Zöllner von Rotenstein (1358–64), Komtur des Deutschen Ordens in ➛ Mergentheim. Bischof Marquard von Augsburg (Randegg) hatte schon 1363 dem Deutschen Orden die Pfarrei Lauchheim übergeben. Durch gezielte Ankäufe konnte der Besitz um K. erweitert werden. Beim Kauf der Feste Gromberg 1379 erscheint erstmals Johann von Ketz (1380–84) als Komtur von K., Mergentheim hatte eine abhängige Hauskommende gegründet. Mit zusätzlichen Privilegien wie Befestigungsrecht für Lauchheim, Marktrecht und Blutgerichtsbarkeit konnte eine gewisse Eigenständigkeit erreicht werden, der nahe Nördlinger Markt förderte die wirtschaftliche Prosperität. K. entwickelte sich zu einer ökonomisch stabilen Kommende der Ballei Franken. Zur gleichen Zeit verzeichneten wichtige Ordenszentren bereits einen allgemeinen Niedergang durch wirtschaftliche Rezession, Verlust der Ordensideale nach der Niederlage von Tannenberg 1410, in-

Karmelitenorden *(Ordo Fratrum Beatae Mariae Virginis de Monte Carmelo, OCarm).*

▶ Der Karmelitenorden (Orden unserer lieben Frau vom Berge Karmel) geht auf eine christliche Eremitengemeinschaft zurück, die sich nach der christlichen Eroberung Palästinas Mitte des 12. Jh. auf dem heiligen Berg Karmel südöstlich von Haifa niedergelassen hatte, dort, wo sich schon in alttestamentlicher Zeit die Propheten Elias und Elischa aufgehalten hatten. Die asketischen Anachoreten des Karmel wählten den hl. Berthold von Kalabrien († um 1195), der heute als Gründer des Ordens verehrt wird, zu ihrem Vorsteher. Erst der Patriarch von Jerusalem, Albert von Vercelli († 1214), gab der lockeren Eremitengruppe 1209 eine Regel, die – in Anlehnung an die Augustinusregel – den anachoretischen Charakter betonte und von Papst Honorius III. 1226 bestätigt wurde. Nach 1238 wichen viele Eremiten dem Druck der Muslime nach Europa aus und änderten ihre Lebensweise. Papst Innozenz IV. gab 1247 den Karmeliten eine neue und mildere Regel, die das Gemeinschaftsleben in den Städten, die Seelsorge durch Predigt und Beichte sowie die Versorgung durch Betteln betonte. Gleichwohl blieb das Ideal der Weltabgeschiedenheit, Askese und Kontemplation Grundlage des Selbstverständnisses und der Spiritualität des Karmelitenordens, der zwar öffentlich als Bettelorden auftrat, sich aber im Gegensatz zu den anderen großen Mendikantenorden selten an theologischen oder politischen Auseinandersetzungen beteiligte. Als zweiter Gründer gilt der hl. Simon Stock († 1265), der 1245 zum Ordensgeneral gewählt wurde. Auf dem Zweiten Konzil von Lyon 1274 entging der Orden der drohenden Auflösung, wurde 1286 von Papst Honorius IV. endgültig bestätigt und erhielt von Papst Johannes XXII. eine Fülle von Privilegien, was die Ausbreitung in ganz Europa erleichterte und die Karmeliten den großen Bettelorden der ➛Franziskaner, ➛Dominikaner und ➛Augustiner-Eremiten gleichstellte. Organisatorischer Aufbau und Gliederung, wissenschaftliche Studien und Lehrtätigkeiten an Universitäten entsprachen denen anderer Mendikantenorden. Marienfrömmigkeit und Kult um die hl. Anna brachten den Karmeliten die Bezeichnung „Frauenbrüder" ein, ihre Klöster wurden Karmel genannt. Die erste deutsche Gründung erfolgte um 1256 in Köln; 1348 existierten im deutschen Reichsteil 35 Konvente, um 1500 etwa 60. Verfallserscheinungen und Reformansätze im Spätmittelalter führten zur Bildung mehrerer Kongregationen. 1452 erlaubte das Generalkapitel in Köln erstmals die Aufnahme von Frauen in den Orden; als erstes Frauenkloster gilt die Schwesterngemeinschaft in Geldern am Niederrhein. Auf Reformbemühungen des Generalpriors Johannes Soreth (1451–71) gehen die Gründungen des Zweiten Karmelitenordens der **Karmelitinnen** (*Ordo Sororum Beatae Mariae Virginis de Monte Carmelo, OCarm)* und des Dritten Ordens, des Tertiarenordens für karmelitisch ausgerichtete Laiengruppen zurück. Die weiblichen, streng kontemplativen Konvente des Zweiten Ordens erlangten erst mit der hl. Teresa von Ávila (1515–82, kanonisiert 1622) größere Bedeutung. Reformbemühungen und Observanzbestrebungen des hl. Johannes vom Kreuz (1542–91, kanonisiert 1726) führten 1593 zur Abspaltung des Ordens der **Unbeschuhten Karmeliten** bzw. des **Teresianischen Karmels** (*Ordo Fratrum Discalceatorum/Sororum Discalceatarum Beatae Mariae Virginis de Monte Carmelo, OCD).* Durch Reformation, Französische Revolution und Josephinismus beinahe zum Erlöschen verurteilt, wuchs die Bedeutung beider Ordenszweige im 19. Jh. wieder an. Heute bilden die Karmeliten den größten kontemplativen Orden der katholischen Welt. Die alte Observanz (OCarm) unterhält heute in zwei deutschen Provinzen 13 Niederlassungen, die strenge Observanz (OCD) in einer deutschen Provinz 25 Karmel. Als die Karmeliten im 13. Jh. nach Europa kamen, trugen sie Mäntel mit schwarz-weißen Querstreifen, was ihnen die Bezeichnung „gestreifte Brüder" eintrug. Seit dem Generalkapitel 1287 in Montpellier tragen sie einen dunkelbraunen Habit mit weißem Mantel, die Karmelitinnen benutzen anstatt Kapuzen schwarze Schleier.

Spätgotische Darstellung der Dreifaltigkeit in der Turmkapelle der Karmelitenkirche in Geldern.

◆ Panzer, Stephan: Die Geschichte der Karmeliten im Mittelalter: Schwerpunkt Oberdeutsche Provinz, in: Bettelorden in Mitteleuropa, St. Pölten 2008, 66–73; Priesching, Nicole: Die Karmeliten. Die Unbeschuhten Karmeliten, in: Orden und Klöster im Zeitalter von Reformation und katholischer Reform 1500–1700, Bd. 2, Münster 2006, 89–123; Smet, Joachim/Dobhan, Ulrich: Die Karmeliten, Freiburg 1981.

nere Spaltung und Mitgliedermangel, so u. a. ➛Beuggen, ➛Zwätzen, ➛Lucklum und ➛Koblenz. Einen Streit mit der Mutterkommende um Einkünfte in Lauchheim musste 1427 Landkomtur Arnold von Hirschberg (1426–46) schlichten. Dieser zog sich 1445 auf die K. zurück, dafür übernahm 1447 Komtur Simon von Leonrod (1421–66) kurzzeitig die Amtsgeschäfte des Statthalters der Ballei Franken, so wie er auch zeitlich begrenzt die Kommenden in Mergentheim, ➛Heilbronn und in Ulm in Personalunion leitete. Hochmeisterliche Visitationen 1451/52 fanden zwei Ritterbrüder und zwei Priesterbrüder auf der K. vor. Die Burg entwickelte sich im ausgehenden Mittelalter zum Versorgungsinstitut niederadeliger Ordensmitglieder. 1513 lebten mit Komtur Johann von Nothaft (1500–08) lediglich noch zwei Ordensbrüder auf der K., der Komtur war gleichzeitig Komtur der Kommende ➛Oettingen. Damals hatte die Ballei Franken die Doppelbelastung durch Reichsdienste und Unterstützung des Hochmeisters in Preußen auszuhalten. Ende des 16. Jh. entfaltete Komtur Johann Eustach von Westernach (1590–1627) eine rege Bautätigkeit; es entstand eine repräsentative Renaissanceresidenz, die Karl Heinrich Freiherr von Hornstein (1713–45), seit 1718 auch Landkomtur, barock umgestalten ließ. Württemberg konnte seine Ansprüche im Pariser Vertrag (1806) gegen Bayern durchsetzen und erhielt die K., die sie seit Dezember 1805 besetzt hielt.

▶ **Gegenwart.** In exponierter Lage auf einer Bergkuppe am Rand des Härtsfeldes lässt die K. auch heute noch ihren mittelalterlichen, wehrhaften Charakter erkennen, obwohl sie inzwischen als Repräsentationsschloss erscheint. Mittelalterliche Grundmauern tragen auf unregelmäßigem Grundriss das Gebäudeensemble, dessen Kernsubstanz auf alte Strukturen der ehemaligen Burg zurückgeht. Die Dreiflügelanlage des hinter dem Hof liegenden Hochschlosses entstand vom 15. bis 18. Jh., die der Bergseite zugekehrte Bastei wurde 1532 errichtet. Der Schlosskomplex dient heute als Sitz der Internationalen Musikschulakademie und des Kulturzentrums Schloss K.

◆ Weiss, Dieter J.: K., in: Württembergisches Klosterbuch, Ostfildern 2003, 299f.; Klebes, Bernhard: Der Deutsche Orden in der Region Mergentheim, Marburg 2002; Weiss, Dieter J.: Die Geschichte der Deutschordens-Ballei Franken im Mittelalter, Neustadt 1991.

Kassel, *Karmelitenkloster St. Maria (1292–1526), Erzdiözese Mainz – (kreisfreie Stadt, Hessen, ❐ 1, D5).*

▶ **Geschichte.** Als Gründungsjahr des Karmelitenkonvents in K. werden heute verschiedene Jahre des 13. Jh. diskutiert, wobei alle Annahmen vor 1292 fragwürdig sind und nur für eine eventuelle provisorische Niederlassung außerhalb der Stadt Geltung beanspruchen können. Sicher ist, dass im September 1292 Erzbischof Gerhard II. von Mainz (Eppstein) und der erste Landgraf von Hessen, Heinrich, den Karmeliten erlaubten, in der Residenzstadt K. ein Kloster zu gründen. Prior Heinrich kaufte im Juni 1293 einen Hof mit Häusern nahe der landgräflichen Burg am Ufer der Fulda von einer Jüdin Rahel. Der Konventsbau wurde 1376 abgeschlossen. Die Niederlassung entsprach innerhalb der deutschen Ordensprovinz einem östlichen Außenposten, bis im 14./15. Jh. die östlicheren Niederlassungen ➛ Dahme, ➛ Marienau, Magdeburg, Querfurt, ➛ Pößneck, ➛ Jena und Ohrdruf hinzukamen. Nach einer Umstrukturierung 1318 gehörte K. der niederdeutschen Provinz an. Dem heute architektonisch untergegangenen Prämonstratenser-Chordamenstift Ahnaberg gehörten pfarrkirchliche Patronatsrechte in der Stadt, dementsprechend versuchte dessen Propst, spendenfreudige Bürger von den Bettelbrüdern fernzuhalten. Ein Vergleich zwischen den streitenden Parteien räumte 1294 dem Pfarrklerus wichtige Vorteile ein, so mussten sich die Messen der Karmeliten zeitlich nach Stift und Pfarrkirche St. Cyriak richten, Beerdigungen auf dem Karmelitenfriedhof benötigten die Zustimmung des Ahnaberger Propstes, Totenmessen waren zuvor in der Pfarrkirche zu feiern, Erbstiftungen bedurften der Erlaubnis des Propstes, und an bestimmten Festtagen mussten Opfergaben restlos an die Pfarrei abgeliefert werden. Demgegenüber förderten päpstliche Privilegien, bischöfliche Ablässe und landesherrschaftliche Geschenke die Karmeliten: Landgraf Heinrich I. verlieh den Mendikanten das Privileg der täglichen Messfeier in seiner Burgkapelle. Unter diesen Bedingungen entwickelte sich das Kloster gut, Gründungskonvente konnten um 1310 wohl nach Marienau, sicher aber 1338 nach Magdeburg und 1454 nach ➛ Spangenberg geschickt werden. 1360 fand ein Ordenskapitel in K. statt. Johannes von Hildesheim († 1375) schrieb als Prior der Karmeliten in K., Straßburg und Marienau die „Legende von den heiligen drei Königen“, ein „Bestseller“ des Mittelalters. Landgraf Hermann II. siegelte 1410 einen Vergleich des Klosters mit der Stadt, der bauliche Ausdehnung, Immobilienbesitz und Aufnahme von Bürgern einschränkte. 1415 tritt ein Lektor Arnold auf. 1431 bestand der Konvent aus 31 Brüdern. Schon im Februar 1525 galt die Stadt als gänzlich lutheranisch. Subprior Gottfried Hagedorn, 14 Mitbrüder und sieben weitere Personen baten ein Jahr später selbst um die Aufhebung; als alleinigen Grund gaben sie Unterversorgung mangels Spendeneingang seitens der Bürger an. Sie baten den Landesherrn um Abfindung für den Klosterbesitz, um weiterleben zu können. Der Kassler Karmelitenkonvent eröffnete die Säkularisierungswelle der hessischen Klöster, die Landgraf Philipp I. bis 1527 radikal durchführen ließ. Die Altstädter Pfarrkirche St. Cyriak wurde

Kartäuserorden *(Ordo Cartusiensis, OCart).* ▶ Der Kartäuserorden ist der einzige mittelalterliche Mönchsorden, der seine ursprüngliche streng kontemplative Lebensweise bis heute beibehalten hat. Er geht auf Bruno von Köln (um 1030–1101) zurück, der als Domscholaster und Kanzler zu Reims aus Enttäuschung dem Klerus entfloh und sich 1082 mit Gleichgesinnten zunächst an Abt Robert von Molesme (um 1028–1111) wandte, der 1098 in der Wildnis von Cîteaux die Anfänge des ➛ Zisterzienserordens initiierte. Bruno zog 1084 weiter in die Bergeinöde der französischen Voralpen bei Grenoble, der „Chartreuse“, um streng eremitisch lebend der Welt entsagen zu können. Bruno wurde nie zum Priester geweiht, auch nicht kanonisiert. Sein Kult wurde lediglich 1515 und 1623 von der Kurie approbiert. Unterstützung fanden die sieben Eremiten beim Benediktinerabt Seguinus von La Caise-Dieu (1078–94) sowie Bischof Hugo von Grenoble (1080–1132, kanonisiert 1134). Die erste *Cartusia* (Kartause) aus zwei Holzhütten und einer steinernen Kapelle wurde 1132 durch Lawinen zerstört. Die Eremiten errichteten daraufhin die *Grande Chartreuse* an der heutigen Stelle neu. Sie ist noch immer das Hauptkloster der Kartäuser. Inzwischen war Bruno in seiner zweiten Gründung S. Maria dell' Eremo in La Torre bei Serra in Kalabrien 1101 gestorben. Der fünfte Prior der Großen Kartause, Guigo I. (1109–36), schrieb 1127 auf Wunsch anderer Klöster die Gewohnheiten der Kartäuser, die *consuetudines Cartusiae,* nieder, die sich an der Benediktregel orientierten, aber das eremitische Element (Anachoretentum) in den Vordergrund rückten. Papst Innozenz II. approbierte dieses Regelwerk 1133, es wurde später mehrfach ergänzt, etwas entschärft und erweitert. Die Kartäusermönche leben noch heute einzeln in eigenen Häusern, den „Zellen“, um einen „Großen Kreuzgang“, arbeiten handwerklich oder geistig, beten, meditieren und studieren für sich allein. Lediglich Matutin, Laudes und Vesper werden neben der Eucharistiefeier gemeinsam, ohne kirchenmusikalische Unterstützung, in der Kirche abgehalten. Ein Gemeinschaftsmahl findet nur an Sonn- und Feiertagen statt. Außerklösterliche Tätigkeiten erledigen Laienbrüder, die keine Profess ablegen. Auf Seelsorge, Erziehung oder Mission verzichteten die

Mönchsdarstellung auf einem Schlussstein im Kreuzganggewölbe des Kartäuserklosters Nürnberg.

Kartäuser, dennoch trugen sie mit ihren wissenschaftlichen Arbeiten viel zur abendländischen Geistesgeschichte bei. Prior Anthelmus (1139–51) berief 1141 die erste Versammlung der Kartäusergemeinschaften ein, was die Gründung des Ordens signalisierte, der 1155 sein erstes Generalkapitel abhielt. Das Ausbreitungsgebiet wurde in 17 Provinzen unterteilt, alle Priorate straff zentralistisch der Großen Kartause unterstellt. Gegen anfängliche Widerstände fanden auch Frauen Aufnahme in den Orden (**Kartäuserinnen**). Als ältestes Kartäuserinnenkloster gilt die Kartause Prébayon von 1145 in der Diözese Avignon. Die Kartäuserinnen leben unter eigener Regel streng klausuriert, ihre Klöster gleichen Doppelkonventen, weil Betreuung und Wirtschaft von Priester- und Laienbrüdern erledigt werden. Nachdem sich der Kartäuserorden zunächst in Frankreich, Italien, Spanien, England und Dänemark ausgebreitet hatte, kam er im 14. Jh. nach Deutschland. Dabei wurden nicht nur Einöden bevorzugt, sondern auch städtische Plätze besiedelt. Der Orden rühmt sich bis heute, keine Reform durchgemacht zu haben, weil er nie reformbedürftig gewesen sei *(Cartusia numquam reformata, quia numquam deformata),* aber auch er unterlag den Einflüssen der ➛ Devotio moderna und des Humanismus. Anfang des 16. Jh. zählte er 177 Priorate nach 201 Gründungen in Europa, davon etwa 30 auf deutschem Gebiet. Nach Einbrüchen durch Reformation, Verfolgung in England, Josephinismus, Französische Revolution, und allgemeine Säkularisation gibt es heute (2008) in Europa, Amerika und Asien 18 Mönchs- und vier Frauenklöster mit 330 bzw. 50 Professen; in Deutschland existiert die einzige Kartause in Marienau bei Bad Wurzach. Das Habit der Kartäuser ist aus weißlicher Naturwolle, wie bei allen Reformorden des 12. Jh. Ein weißer Gürtel hält die Tunika zusammen, über die nicht eine weitärmlige Kutte getragen wird, sondern ein kurzes Skapulier mit Kapuze, das bis zum Gürtel reicht und als besonderes Kennzeichen an der Seite von einem breiten Stoffband zusammengehalten wird.

◆ Hogg, James/Schlegel Gerhard (Hg.): Monasticon Cartusiense, Salzburg 2004 ff.; Lorenz, Sönke (Hg.): Bücher, Bibliotheken und Schriftkultur der Kartäuser, Stuttgart 2002; Rieder, Bruno: Lebensform und Geschichte des K., in: Edith-Stein-Jahrbuch 8 (2002) 112–125; Zadnikar, Marijan (Hg.): Die Kartäuser, Köln 1983.

abgebrochen, evangelische Gottesdienste fanden nun in der „Brüderkirche“ statt. In das Konventsgebäude zog die Hofschule ein, ihr prominentester Schüler war Heinrich Schütz (1612–17).

▶ **Gegenwart.** Die Karmelitenkirche St. Marien ist heute das älteste Bauwerk der Stadt. Die schlichte, asymmetrische Hallenkirche (um 1330) mit nördlichem Seitenschiff wurde 1527 im Zuge der Schlossbefestigung im Westen gekürzt und mit der heutigen Westwand verkleidet. Über dem Nordportal ist ein sehenswertes Relief der Beweinung Christi (um 1500) erhalten. Im Inneren ruhen Kreuzrippengewölbe auf achteckigen Pfeilern. Die Kirche dient heute nicht mehr Gottesdienstfeiern, sondern kulturellen Veranstaltungen. Mehrstöckige Gebäude südlich der Kirche mit dem „Renthof“ lassen sich nicht mehr auf die Karmeliten zurückführen. Einzig der einschiffige Kapitelsaal an der Nordseite des Kirchenchors zeigt ein spätgotisches Netzgewölbe, er dient heute der griechisch-orthodoxen Gemeinde als Andachtsraum.

◆ Philipsen, Christian: Das vorreformatorische Kirchenwesen K., Marburg 2004; Buck, Herbert: K. und Ahnaberg, Frankfurt/Main 1968.

Kastl, *Benediktinerabtei St. Petrus (1098–1563), Diözese Eichstätt – (Lkr. Amberg-Sulzbach, Bayern, ❐ 4, B3).*

▶ **Geschichte.** Die Besitzer der Burg K., Markgräfin Luitgard von Zähringen, Graf Berengar von Kastl-Sulzbach, Graf Friedrich von Kastl-Habsburg und Sohn Otto, stifteten 1098 in der Zeit des Investiturstreits das „Nordgaukloster“ auf ihrer Befestigungsanlage über dem Lauterbach im Bayerischen Jura. Initiator war der Bruder der Stifterin, Bischof Gerhard III. von Konstanz. Er rief 1103 Mönche ➛ Hirsauer Observanz aus dem heute untergegangenen Kloster Petershausen bei Konstanz, die sich nach ➛ Wessobrunn geflüchtet hatten. Papst Innozenz II. bestätigte 1139 die Gründung, kaiserlicher Schutz wurde 1163 gewährt. Reiches Stiftungsgut erlaubte eine baldige Festigung der Gemeinschaft. Abt Altmann (um 1108–28) konnte 1118 einen Gründungskonvent nach ➛ Reichenbach (Oberpfalz) schicken, seine Nachfolger 1129 nach ➛ Plankstetten und 1157 nach ➛ Metten. K. gab vermutlich Hirsauer Reformimpulse nach ➛ Auhausen, ➛ Heidenheim und St. Burkard in ➛ Würzburg weiter. Ende des 13. Jh. hatten Sulzbacher und Hirschberger Vögte die Wirtschaftskraft der Abtei so geschwächt, dass der Konvent unter Abt Albert (1293–1306) fast entvölkert war. Erst die Vogtfreiheit seit 1305 verbesserte die Lage. Unter Abt Hermann (1322–56) erlebte K. seine Glanzzeit. Abt Otto III. Nortweiner (1378–99) erschien 1383 als erster Prälat auf dem Oberpfälzer Landtag. Der Konvent von etwa 50 Mönchen besaß inzwischen Marktgerechtsame und Eigentum in über 200 Ortschaften; zwölf inkorporierte Pfarreien waren der entscheidende wirtschaftliche Faktor. Otto III. führte benediktinische Erneuerungsstatuten ein. Auf ihnen basierte die ➛ Kastler Reform, die bis 1505 etwa 30 süddeutsche Abteien erfasste, aber auch ins Bistum Paderborn und nach Österreich ausstrahlte. Der berühmten Schreibschule entstammte der Mystiker Johannes von Kastl (um 1400), der wie viele seiner Mitbrüder an der Universität Prag studiert hatte. Abt Kemnater (1399–1434) gehörte der Prager Akademie an und festigte als Wirtschaftsexperte die Klosterökonomie für Jahrzehnte. König Sigismund erhob K. 1413 in den Reichsstand, verbunden mit der Hochgerichtsbarkeit auf Abteibesitz. Die Wittelsbacher Landesherrn erkannten diese Reichsunmittelbarkeit jedoch nicht an, und seit 1480 gehörte das Kloster wieder zu den Landständen. Der Landshuter Erbfolgekrieg (1503–05) verwüstete Felder und Ortschaften, die Wirtschaft schrumpfte. Unfähigkeit der Äbte führte zu Überschuldung, der Reformgeist des Konvents war gebrochen, K. hatte seine zentrale Stellung verloren. Ein Großbrand beschleunigte 1552 die desolate Verfassung. Abt Johannes III. Menger (1539–54) baute 1552 noch ein Rathaus in K., hatte sich doch am Fuß des Berges hufeisenförmig eine Stadt entwickelt. Die lutherische Lehre verbreitete sich ungehindert, Kurfürst Ottheinrich verlangte 1556 von Abt Michael Hanauer (1554–60) und dem sechsköpfigen Konvent das evangelische Bekenntnis, was widerstrebend akzeptiert wurde. Kurfürst Friedrich III. von der Pfalz befahl 1563 die Aufhebung. 1625 übernahmen Jesuiten von Amberg die Anlage, nach ihnen bis 1803 der Malteserorden.

▶ **Gegenwart.** Von 1958 bis 2007 beherbergte die Abteianlage hoch über dem Ort K. das Ungarische Gymnasium, heute stehen die neuzeitlichen Klausurgebäude leer. Die romanische Abteikirche von 1129 dient seit 1808 als katholische Pfarrkirche St. Petrus. Die einst fünfschiffige Basilika mit Dreiapsidenchor steht in altbayerischer Tradition, zeigt aber burgundischen Einfluss. Sie verlor 1264 den nördlichen Chorflankenturm und wurde von den Benediktinern gotisch und von den Jesuiten leicht barock verändert. Sie behielt ihre für eine romanische Klosterkirche ungewöhnliche Raumfülle. Eine Seltenheit in Altbayern ist der Stützenwechsel im Mittelschiff, die Kreuzrippenwölbung kam erst nach 1400 hinzu; den Chor schließen romanische Tonnengewölbe ab. Die Vorhalle mit sechseckiger Mittelsäule ist doppelgeschossig; möglicherweise nutzte ein Frau-

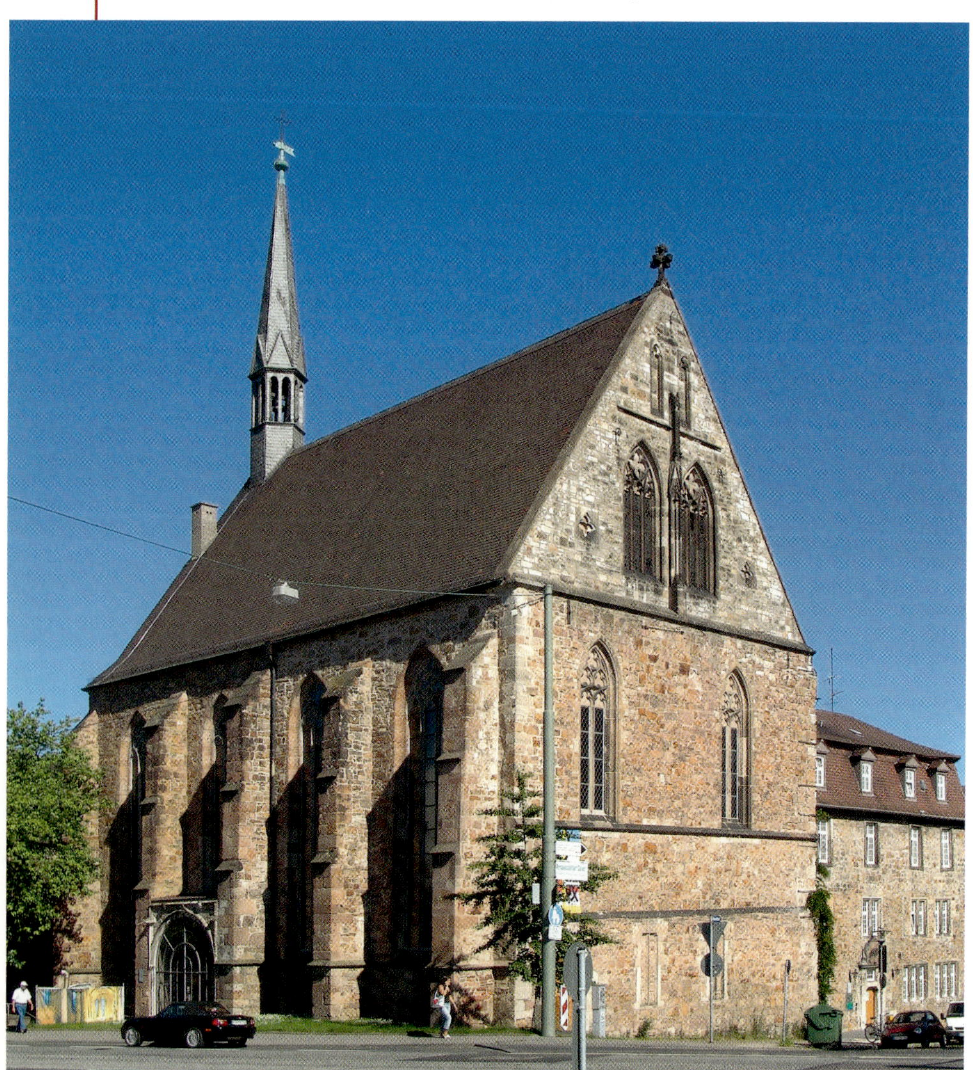

Kassel Karmelitenkloster, die Klosterkirche der Karmeliten (um 1330) ist heute das älteste Bauwerk der Stadt.

Kastl Benediktinerabtei, Nordwestansicht der Abteibasilika von 1129 mit nördlichem Kapellenanbau (15. Jh.) und der reduzierten, romanischen Vorhalle (Paradies).

Kastler Reform

▶ Ruprecht von der Pfalz, Vogt der Klöster ➛ Kastl und ➛ Reichenbach (Oberpfalz) gab im letzten Drittel des 14. Jh. den äußeren Anstoß für eine benediktinische Erneuerungsbewegung in Altbayern, die spätestens 1393 mit der Abfassung des „Breviariums" und der Formulierung der „Consuetudines Castellenses" unter Abt Otto III. Nortweiner von Kastl (1378–99) ihren schriftlichen Ausdruck fand. Diese Kastler Reform erfasste im bewussten Rückgriff auf die ursprünglichen Werte des Benediktinertums, als Besinnung auf die Reinheit der Regel, 1394 die Tochterabtei Reichenbach (Oberpfalz), anschließend unter anderem die Abteien ➛ Füssen (1410), ➛ Abdinghof (1410), ➛ Mallersdorf (1413) und ➛ Nürnberg St. Aegidius (1418). Innerhalb der nächsten 100 Jahre entschieden sich etwa 30 Klöster, insbesondere in der Benediktinerprovinz Mainz-Bamberg, für diese Reform, mit der die spätmittelalterliche Benediktinererneuerung begann und die sich Mitte des 15. Jh. der Konkurrenz der ➛ Bursfelder Reform und ➛ Melker Reform stellen musste. Das Konstanzer Konzil (1414–18) und das Provinzkapitel in Petershausen (1417) unterstützten die süddeutschen Reformansätze entscheidend, ebenso das Baseler Konzil (1431–49). Begonnen hatte die Reform mit der Berufung böhmischer Reformmönche nach K., mit den Abteien Breunau/Břevnov bei Prag und Kladrau/Kladruby (Tschechien) stand K. in geistlicher Verbrüderung. Subprior Franz von Böhmen hatte 1390 Reformimpulse im Kloster Subiaco in Italien erhalten und wirkte in K. als Fachmann für die Regelobservanz. Sein Mitbruder Johannes hatte in Prag studiert und lehrte als Prior und Magister reformerisch in K. Er schrieb einen bald weitverbreiteten Kommentar zur Benediktregel. Strengste Einhaltung der Gelübde und ein scharfes Schweigegebot waren nur Akzente der neuen Innerlichkeit. Die Kastler Reformbewegung strahlte als Ideengut von Innen heraus, sie wurde nicht in straffer Organisation geführt und weitergegeben, sondern reagierte auf Erneuerungswünsche einzelner Autoritätsträger, meist Diözesanbischöfe und aufgeschlossene Äbte. Ein zentral geleiteter Verband mit eigenem Generalkapitel entstand nicht, Provinzkapitel hielten die Abteien zusammen, hüteten die Observanz und bestimmten Visitatoren. Einzelne Klöster entwickelten sich neben K. zu neuen Ausstrahlungszentren, so Reichenbach (Oberpfalz), St. Aegidius in Nürnberg und ➛ Donauwörth (seit 1439). Nicht immer erreichte der Reformansatz nachhaltige Wirkung, oft war er nur an eine Person (Abt) gebunden, so in St. Michael in ➛ Bamberg, ➛ Biburg und St. Gallen. In ➛ Ochsenhausen wurden die Reformmönche nach kurzer Zeit vertrieben. Die Reichsabteien ➛ Fulda und ➛ Hersfeld nahmen Anstoß an der Reform und warfen K. die Zerstörung altehrwürdiger monastischer Traditionen vor, insbesondere beklagten sie Kürzungen des Offiziums. In Fulda fanden die Ideen der bayerischen Reform über die Propstei ➛ Fulda-Neuenberg dennoch Eingang (1405/06); die Reichsabtei entwickelte daraufhin eine eigene Reformrichtung, die **Fuldaer Reform**. Anfang des 16. Jh. geriet K. durch den Landshuter Erbfolgekrieg und eigene Unzulänglichkeiten in eine geistliche, geistige und wirtschaftliche Krise. Der Reformgeist des Konvents war gebrochen, die zentrale Stellung als Reformkloster verloren. Das Fehlen eines festen Verbandes wirkte sich in den Wirren der Reformationszeit nachteilig aus; gegenseitige Hilfe, wie innerhalb der Bursfelder Kongregation, fand nicht statt. Die Mitglieder verloren sich im eigenen Überlebenskampf und in Alltagsgeschäften, nur vereinzelt hallte die Reform bis ins 17. Jh. nach.

◆ GermBen 1, 225–269; Maier, Peter: Ursprung und Ausbreitung der Kastler Reformbewegung, in: Studien und Mitteilungen zur Geschichte des Benediktiner-Ordens und seiner Zweige 102 (1991) 75–204.

enkonvent das Obergeschoss als Empore; Benediktinerinnen lebten im westlichen Klausurgebäude, das romanische Restsubstanz zeigt. Ein spätgotisches Zierportal an der Südseite dient heute als Haupteingang. Das Refektorium von etwa 1400 wurde restauriert, der ehemalige Kapitelsaal zeigt romanische Arkadenbögen auf Säulen.

◆ GermBen 2, 125–129; Schnell, Hugo/Krauß, Ludwig: K. im Lauterbachtal, Regensburg 1997.

Katlenburg, *Augustiner-Chordamenstift St. Johannes Evangelist (um 1142–1534), Erzdiözese Mainz – (K.-Lindau, Lkr. Northeim, Niedersachsen, ❐ 1, D5).*

▶ **Vorgeschichte.** Graf Dietrich III. von Katlenburg und seine Gemahlin Adela stifteten 1104/05 ihre Burg K. im westlichen Harzvorland bei Northeim zur Gründung eines Säkularkanonikerstifts und verlegten ihren Herrschaftsmittelpunkt zur Stauffenburg bei Gittelde am Harz. Erzbischof Ruthard von Mainz bestätigte im November 1105 die Stiftung und weihte einen Altar. Die Urkunde ist eine Fälschung aus der Mitte des 12. Jh., enthält aber im Kern die tatsächlichen Gründungsumstände. Stifter Dietrich fiel 1106 bei der Belagerung Kölns im Dienst König Heinrichs V. ohne Nachkommen; das mächtige Katlenburger Grafengeschlecht mit Einfluss auf die Reichspolitik starb im Mannesstamm aus. Seine Mutter Markgräfin Gertrud, die letzte sächsische Brunonin, stiftete 1115 das Benediktinerkloster St. Aegidius in ➛ Braunschweig. Die neue Anlage auf der K., 50 m steil über dem Tal der Rhume, konsekrierte Erzbischof Adalbert I. von Saarbrücken 1112.

Katlenburg Augustiner-Chordamenstift, die zweischiffige, romanische Krypta der Stiftskirche mit Mittelsäule.

▶ **Geschichte.** Propst Gerhard (1128–50) vom Augustiner-Chorherrenstift ➛ Riechenberg führte (ebenso wie in ➛ Goslar-Georgenberg, ➛ Steterburg, ➛ Heiningen und ➛ Derneburg) monastische Reformen in K. ein. Das Johannesstift galt unter Propst Reinhard (vor 1142) als Regularkanonikerstift und stand unter der geistigen Leitung Riechenbergs. Ob seit Beginn ein Frauenkonvent assoziiert war, bleibt unklar. Schwestern werden in einer Urkunde König Ottos IV. von 1207 erwähnt und abgesehen von Pröpsten traten Chorherren im weiteren Verlauf der Geschichte nicht mehr auf. Über das innere Leben ist nur wenig zu erfahren; 1231 erscheint erstmals namentlich eine Priorin Jutta, 1266 wurde die Konventsstärke auf 40 Frauen begrenzt. Das Johannesstift entwickelte sich dank zahlreicher Schenkungen des regionalen Adels zum bedeutendsten Grundherren der Umgebung; unterhalb des Berges entstand die Siedlung Duhm. 1235 übernahmen die Welfen vom Herzogtum Braunschweig-Lüneburg die Landesherrschaft, 1285 bis 1596 gehörte die Region zum Teilfürstentum Grubenhagen. Nachhaltige Folgen hatte ein mutwillig gelegter Großbrand 1346 – das älteste plattdeutsche Lied, das Horlemannlied, überliefert das Geschehen. Propst Heinrich (1347–56?) und Priorin Kunigunde (1347–56) ließen die Anlage völlig neu aufbauen. Ende des 14. Jh. verfasste Priorin Mechthild Hoyen (1366–91) eine *ordinatio* zum Schutz gegen unberechtigte Eingriffe der Pröpste in das Eigentum des Konvents. Unter dem Eindruck des Bauernaufstandes ließen Priorin Elisabeth von Mingerode (1509–34) und Propst Heinrich Ahus (1512–34) zur Erfassung aller Güter seit 1525 ein Lagerbuch erstellen, das heute die ergiebigste Quelle des spätmittelalterlichen Besitzstandes ist. Nach der Durchsetzung der Reformation im Grubenberger Welfenland ließ Herzog Philipp I. Stift K. auflösen und als fürstliches Amt verwalten. Der letzte Fürst, Philipp II., erbaute 1558 südlich der Kirche ein kleines Residenzschloss, das er einige Jahre bewohnte. Im Dreißigjährigen Krieg ging der gesamte Komplex noch einmal in Flammen auf.

▶ **Gegenwart.** Von der romanischen Stiftskirche blieb die Krypta erhalten, in der der Stifter Dietrich 1106 bestattet worden war. Der zweischiffige Raum zeigt Kreuzgratgewölbe auf zwei schweren Pfeilern; seit seiner Sanierung wird er nicht mehr als Kartoffelkeller, sondern als Andachtsraum genutzt. Der darüber liegende Chorbereich der heutigen evangelisch-lutherischen Pfarrkirche St. Johannes Evangelist blieb einzig vom gotischen Kirchenneubau nach 1346 erhalten. Der Langhaussaal mit Holztonne und Westturm entstand um 1649, der steinerne Altartisch stammt aus der Gründungszeit, der berühmte Kanzelaltar von 1654. Nördlich der Kirche im Stiftshof steht das sogenannte „Magazingebäude", heute das einzige erhaltene Nutzgebäude aus dem Mittelalter. Es entstand in der Aufbauphase nach 1346 und diente vermutlich als Propstei. Im Untergeschoss lässt sich eine Kapelle mit Kreuzrippengewölbe und Schlussstein identifizieren. Alle übrigen Gebäude sind nachreformatorischen Ursprungs, möglicherweise enthalten sie Restmauerwerk der mittelalterlichen Stiftsanlage.

◆ Schlegel, Birgit (Hg.): K. und Duhm, Duderstadt 2004; Winzer, Hans-Joachim: Das Kloster K. und sein Lagerbuch von 1525, Duderstadt 1997.

Kaufbeuren, *Franziskaner-Tertiarinnenkloster St. Maria (1315–1806, seit 1831) – „Crecentiakloster", Diözese Augsburg – (kreisfreie Stadt, Bayern, ❐ 4, A4).*

▶ **Geschichte.** Legendenhafte Überlieferungen sehen in Anna vom Hof die Gründerin einer Gemeinschaft religiöser Frauen. Als die Staufer Anfang des 13. Jh. die Stadt K. im Ostallgäu gründeten, überließ man den Beginen einen Meierhof. Im Mai 1261 tritt die Gemeinschaft beim Erwerb eines Grundstücks erstmals urkundlich in Erscheinung. Entsprechend dem Verbot semireligiöser Gruppen auf dem Konzil von Vienne 1312, ordneten sich die Frauen der Gemeinschaft Maria Stern in Augsburg 1315 auf Geheiß Bischof Friedrichs I. von Augsburg (Faimingen) dem Dritten Orden der Franziskaner unter und lebten reguliert als franziskanische Tertiarinnen. Vergleichbare Gemeinschaften in der Diözese folgten ihrem Beispiel, so auch die Schwestern auf dem Meierhof in K. (inzwischen Reichsstadt). Der Stadtbrand von 1325 warf den Konvent empfindlich zurück; lange dienten Notbehelfe als Gotteshaus und Unterkunft. Neuer Wohlstand durch Schenkungen und Mitgiften erlaubten der Oberin Anna Scherrich (1452–80) den Neubau der Anlage, die bis heute besteht. Der Konvent zählte im Spätmittelalter zu den zehn meistgenannten Geldgebern der Stadt. Franziskaner-Observanten sorgten 1487 für innere Reformen. Der ehemalige Provinzialvikar der oberdeutschen Observantenvikarie, Johannes Alphart (1474–77), führte Observanzstatuten ein, privater Besitz wurde abgeschafft. Zählte der Konvent 1462 lediglich zwölf Schwestern, so stieg seine Stärke bis 1518 auf 26 Konventualinnen an. Die Franziskanerinnen von Maria Garten in ➛ Memmingen flohen 1531 in weltlicher Kleidung vor den reformatorischen Ausschreitungen in ihrer Stadt und kamen vorübergehend im Kloster K. unter. Um 1540 setzte sich auch in K. der Protestantismus durch; der Konvent musste Steuern zahlen und sich aus Konkurrenzgründen bei Webarbeiten einschränken. 1545 wurden Messfeiern verboten, wie auch die Aufnahme von Novizinnen. Die Franziskanerinnen verweigerten sich strikt den lutherischen Einflüssen; erst das Augsburger Interim erleichterte 1549 ihre Lebensbedingungen. Schwedische Söldner drangsalierten den Konvent 1632/34 derart, dass selbst evangelische Pfarrer die Offiziere um Schonung baten; die Klosterarchitektur blieb unbeschädigt. Unter Meisterin Sophie Neth (1657–86) blühte K. geistlich und wirtschaftlich auf. Die Entwicklung kulminierte unter Meisterin Crescentia Höß (1682–1744), die K. zum Mittelpunkt des religiösen Lebens in Schwaben machte; ihr Tod löste 1744 Massenwallfahrten aus. Im Zuge der allgemeinen Säkularisation 1803 geriet das Kloster unter die Aufsicht des Deutschen Ordens (1803–06) und wurde 1806 vom bayerischen Staat aufgehoben. 1831 erlaubte König Ludwig I. von Bayern einen Neubeginn mit Novizinnen unter der Auflage des Schulunterrichts für Mädchen.

▶ **Gegenwart.** Das Franziskanerinnenkloster im Westen der Altstadt K. besteht noch heute. Das Apostolat der Schwestern besteht in Seelsorge, Jugendbildung und Krankenbetreuung. Papst Leo XIII. sprach Crescentia Höß im Oktober 1900 selig, Papst Johannes Paul II. im November 2001 heilig. Die hl. Crescentia war als junge Schwester der Hexerei verdächtig; nach langen Verhören durch die Ordensoberen frei von allem Bösen befunden, wurde sie zur meistgefragten Ratgeberin ihrer Zeit, bis hin zu einem Briefwechsel mit Maria Theresia von Österreich. Das Kloster K. trägt seit 1922 ihren Namen. Die Klosterkirche St. Franziskus ist eine kurze, dreischiffige Halle von 1471/72 mit Erweiterungen 1657 und Umbauten 1967. Der dreiseitig geschlossene Chor besitzt Stichkappengewölbe, die Ausschmückung ist barock und neugotisch. Die Konventsgebäude sind gleichen Alters, aber eingreifender verändert; westlich ragt ein spitzhelmiger Turm mit Kleeblattbogenfries über der Anlage. Im Ostwinkel zur Klostermauer steht eine kleine Vorhalle von etwa 1500 mit Gratnetzgewölbe.

◆ Pörnbacher, Karl: Crecentiakloster K., Lindenberg 1996; Deutsch, Richard: K., in: Bavaria Franciscana Antiqua, Bd. 5, München 1961, 5–80.

Kaufungen Benediktinerinnen Reichsabtei, Südwestansicht der spätottonisch-salischen Abteikirche.

Kaufungen, *Benediktinerinnen Reichsabtei Heilig Kreuz (1017– vor 1150, 1509–31), Erzdiözese Mainz – (Oberkaufungen, Lkr. Kassel, Hessen, ❒ 1, D5).*

▶ **Geschichte.** Kaiser Heinrich II. und seine Gemahlin Kunigunde stifteten 1017 auf Königsgut in K. östlich von Kassel im Tal der Losse ein Benediktinerinnenkloster. Als erstes Oratorium diente eine bereits bestehende Georgskapelle. Die Gründung war als Witwensitz der Kaiserin gedacht, wurde von ihr energisch vorangetrieben und reichlich begütert. Die Besitzungen reichten von Thüringen über das Ruhrtal bis zur Mosel. Mit der Weihe der Anlage 1019 erscheint eine erste Äbtissin Uta (1019/23). Heinrich starb 1024, Kunigunde trat im Juli 1025 in den Konvent ein und verschied 1033. Beide Stifter wurden 1146 bzw. 1200 heiliggesprochen, ohne dass dies irgendeine Reaktion in den überkommenen Urkunden hervorgerufen hätte. Besondere Beziehungen zu den Heiligen lassen sich in K. erst im 14. Jh. nachweisen. Mindestens bis 1033 galt in K. die Benediktregel, danach scheint der Konvent schleichend zur Aachener Regel eines weltlichen Kanonissenstifts übergegangen zu sein. Spätestens im 12. Jh. lässt sich der Stiftscharakter nicht mehr leugnen, auch wenn das Wort *canonica* für die Frauen erst im 13. Jh. auftaucht und päpstliche Urkunden stets bei der Bezeichnung „monasterium ordinis sancti Benedicti" bleiben. Die Abtei genoss Reichsunmittelbarkeit, aber geringes Interesse der nachfolgenden Herrscher. König Heinrich IV. übergab sie 1086 (wie zuvor die Abteien St. Cyriacus im südöstlichen ➛ Eschwege, aber auch ➛ Limburg an der Haardt und ➛ Lambrecht) der weltlichen Aufsicht des Hochstifts Speyer, dessen Bischof Rüdiger Hutzmann sich im Investiturstreit als kaisertreu erwiesen hatte. Die Reichsimmunität war für über 100 Jahre verloren. König Friedrich II. erwarb 1213 im Tausch Stift K. für das Reich zurück, sein Sohn Heinrich (VII.) unterstrich 1226 die Reichsimmunität. Seit 1297 übten die hessischen Landgrafen die Vogteirechte oft zum Nachteil des Stifts aus. 1378 lebten fünf Stiftsdamen in K., zehn Jahre später nur zwei, im 15. Jh. waren es fünf oder sechs. Eine Gruppe Kanoniker betreute den Konvent. Äbtissin Elisabeth von Plesse (1504–09) erklärte den Äbten von ➛ Corvey und ➛ Bredelar, die 1509 in päpstlichem Auftrag als Visitatoren erschienen, dass die adeligen Stiftsdamen noch nie ein Gelübde abgelegt hätten. Zur Umwandlung in ein Kloster im Sinn der ➛ Bursfelder Kongregation wurden acht Reformschwestern aus ➛ Gehrden in K. eingesetzt. Sie übernahmen reibungslos die Ämter, der Stiftskonvent scheint gar nicht mehr existiert zu haben. Äbtissin Elisabeth gab ohne Widerstand auf. Unter Äbtissin Anna von Borch (1509–12) konnte man bald zu Alltagsgeschäften übergehen, die Abtei ➛ Breitenau erhielt die Aufsichtspflicht. 1524 entschied sich Landgraf Philipp I. von Hessen für die lutherische Lehre und setzte bis 1527 die Aufhebung fast aller 50 Klöster in seinem Herrschaftsbereich durch. Die Benediktinerinnen von K. wehrten sich, gingen 1531 nach Gehrden zurück, nahmen aber Urkunden und Siegel mit. Sie forderten, Abgaben nach Gehrden zu liefern und erhielten vom kaiserlichen Kammergericht Recht, was sich aber nicht durchsetzen ließ. Philipp erklärte sich nicht zuständig, weil er das Kloster der hessischen Ritterschaft zur Versorgung ihrer unehelichen Töchter übergeben hatte.

▶ **Gegenwart.** Noch heute wird das ehemalige Kloster als „Ritterliches Stift K." bezeichnet. Das älteste Gebäude ist die Georgskapelle, die bereits vor der Gründung zum Königshof gehörte. Die spätottonisch-salische Klosterkirche von 1025, heute evangelische Pfarrkirche, war ursprünglich eine dreischiffige Pfeilerbasilika auf kreuzförmigem Grundriss mit Dreiapsidenchor im Osten sowie Dreiturmfront und kaiserlicher Empore im Westen. Der Chorbereich wurde nach Vorbild der Klosterkirche ➛ Lippoldsberg erst um 1175 eingewölbt. Schwere Bauschäden nötigten im 13. Jh. zum Umbau in eine Hallenkirche, die unvollendet blieb, aber bis etwa 1500 ständigen Veränderungen unterlag. Ein polygonaler Chor mit Netzgewölbe entstand nach 1469. Innen überraschen Fresken des 15. Jh. vorrangig an den Pfeilern. Von der Klausur blieben nur Restbestände, so das entkernte Dormitorium; die übrigen Gebäude stehen mit Gewissheit auf mittelalterlichen Grundmauern.

◆ GermBen 7, 712–731; Eckardt, Wilhelm A. (Bb.): Hessische Urbare und Salbücher, Bd. 1: Das Salbuch des Stifts K. von 1519, Marburg 1993.

Kelbra, *Zisterzienserinnenkloster St. Maria und St. Georg (1251–1551), Erzdiözese Mainz – (Lkr. Mansfeld-Südharz, Sachsen-Anhalt, ❐ 2, A5).*

▶ **Geschichte.** Graf Friedrich IV. von Beichlingen-Rothenburg übergab 1251 einige Güter dem neugegründeten Frauenkloster an der Pfarrkirche St. Georg in K. oder möglicherweise auch erst zum Zweck der Gründung, was Minoriten in ➛ Nordhausen urkundlich vermerkten. Der befestigte Ort K. erhielt zur gleichen Zeit Stadtrecht. Die Schwestern kamen aus dem Zisterzienserinnenkloster ➛ Frankenhausen (Thüringen), ebenfalls eine Gründung der Beichlinger Grafenfamilie. Der Konvent unterstützte 1274 zusammen mit ➛ Langendorf, ➛ Ichtershausen, ➛ Prießnitz, ➛ Kölleda, ➛ Roda und ➛ Oberweimar den Umzug des ➛ Saalfelder Klosters St. Nikolaus nach ➛ Stadtilm und ging für diesen Zweck Gebetsbruderschaften ein. Auffällig ist, dass alle diese Frauenkonvente sich zwar zur Zisterzienserregel bekannten, dem Orden aber nicht angehörten. Manche, wie Langendorf, müssen sogar als Benediktinerinnenkloster eingeordnet werden. Im 14./15. Jh. scheinen die Klosterfrauen die Marienverehrung intensiviert und gefördert zu haben. Ablässe zu Marienfesten brachten Wallfahrer in den Ort. Seit 1434 wurde das Hospital St. Elisabeth unterhalten. Mitschwestern aus dem vorbildlichen Kloster St. Martini in ➛ Erfurt erneuerten Anfang des 16. Jh. die benediktinischen Ideale im Konvent. Die Schwestern trugen die Reform in Begleitung der Benediktiner von ➛ Bürgel weiter nach ➛ Ichtershausen. 1525 floh der Konvent vor plündernden Bauern, 1530 predigte ein evangelischer Pfarrer in K., 1551 galt der Konvent als aufgelöst. Den Besitz teilten sich die Grafen von Schwarzburg und Stolberg.

▶ **Gegenwart.** Die Klosteranlage grenzte im Mittelalter direkt an die nördliche Stadtmauer. Die ehemalige Kloster- und Pfarrkirche St. Georg dient noch heute der evangelisch-lutherischen Gemeinde als Gotteshaus. Der einschiffige Bau mit mächtigem Westturm vom Ende des 12. Jh. wurde für die Schwestern im 13. Jh. vergrößert, das vorspringende „Südschiff" kam im 15. Jh. hinzu. Wesentliche Veränderungen erfolgten nach dem Stadtbrand 1607. Die Klausuranlage, von der kein aufstrebendes Mauerwerk erhalten ist, wird nördlich zwischen Kirche und Stadtmauer vermutet. Von einem geschlossenen Gebäudequadrum ist nicht auszugehen; Reste der Umfassungsmauer zeigen zugemauerte Bogenöffnungen.

◆ RepZist 309–312; Mohn, Claudia: K., in: Mittelalterliche Klosteranlagen, Petersberg 2006, 303.

Kelbra Zisterzienserinnenkloster, die romanische Pfarr- und Klosterkirche behielt ihren mächtigen Westturm.

Kelheim, *Benediktinerpriorat St. Johannes Evangelist (1232–1862) – „Schottenkloster", Diözese Regensburg – (Kreisstadt, Bayern, ❐ 4, B3).*

▶ **Geschichte.** Herzog Otto II. von Bayern ließ im niederbayerischen K. an der Stelle, an der sein Vater Ludwig I. 1231 ermordet worden war, eine Sühnekapelle mit Armenhaus bauen, stattete sie mit Versorgungsgütern aus und vertraute diese Einrichtung dem ➛ Regensburger Schottenkloster St. Jakob an, das 1232 ein Priorat einrichtete. Der erste Prior Johannes brachte sechs irische Benediktiner aus Regensburg mit; ihre Aufgabe war die Pflege des Seelengedächtnisses für den Ermordeten. Ebenso wichtig erschien der Auftrag an die Mönche, caritative Aufgaben im einzigen Hospital der jüngst gegründeten Stadt zu übernehmen. Herzog Heinrich XIII. bestätigte 1260 die Gründung, gestattete das Almosensammeln für das Hospital und versprach die besondere Schirmherrschaft der Wittelsbacher. Tatsächlich riss die Verbindung zu dem bayerischen Fürstenhaus niemals ab. Das Priorat war die erste klösterliche Niederlassung in K., Franziskaner-Observanten (➛ Kelheim) kamen erst 1471 in die Stadt. Die Wittelsbacher bauten die Stadt K. nahe ihrer Burg aus strategischen Erwägungen gegen die Bischofsmacht Regensburg planmäßig aus. Ende des 14. Jh. lebte kein Benediktiner mehr im Ort, die Grundausstattung war wohl doch zu dürftig, ein Konvent war vor dem Hintergrund gestiegener Ansprüche nicht mehr zu ernähren. Die Schottenabtei Regensburg beauftragte weltliche Kapläne, den Seelsorgeverpflichtungen nachzukommen. Herzog Albrecht IV. von Bayern-München stufte 1500 den Besitz als Propstei ein. Bis zur Aufhebung des Mutterklosters in Regensburg 1862 diente das aufgelassene Prioratshaus neben der Kirche lediglich als Stadthaus der Abtei. Das Hospital ging an die Stadt über, die Sühnekapelle diente als Hospitalkirche.

▶ **Gegenwart.** Die katholische Gedächtniskapelle St. Johannes Evangelist, auch „Ottokapelle" oder „Spitalkapelle" genannt, steht heute noch an der Stelle der Bluttat beim Alten Markt. Erneuerungen nach 1602 veränderten ihren frühgotischen Charakter nicht, ein aufwändig geschmücktes Rundbogenportal ziert ihre Nordseite.

◆ GermBen 2, 247–254; Flachenecker, Helmut: Schottenklöster, Paderborn 1995.

Kelheim Franziskanerkloster, Südostansicht der Kirche, ein spätgotischer Saalbau mit eingezogenem Chor.

Kelheim, *Franziskanerkloster St. Maria (1459–1802), Diözese Regensburg – (Kreisstadt, Bayern, ❐ 4, B3).*

▶ **Vorgeschichte.** In einer Felsenhöhle im Trauntal oberhalb der Stadt K. an der Donau lebte 1450 Bruder Antonius eremitisch im sogenannten „Bruderloch". Er bekannte sich als Tertiar zum Dritten Orden der Franziskanerfamilie. Mit Unterstützung der bayerischen Herzöge entstand 1453 die Felsenkapelle St. Nikolaus, an der sich schnell eine Wallfahrt entwickelte. Um 1455 verließ Bruder Antonius seine Eremitage, die Gründe sind zu erahnen.

▶ **Geschichte.** Herzog Albrecht III. von Bayern-München erlangte 1459 die päpstliche Zustimmung zur Gründung eines Klosters der Minderbrüder am verlassenen „Klösterl" im Trauntal. Der neue Konvent aus Reformaten, einem Zweig der Franziskaner-Observanten, bevorzugte jedoch die Seelsorge inmitten des Volkes und erreichte 1461 gegen den erbitterten Widerstand des Ortsgeistlichen die herzogliche Genehmigung zum Umzug nach K. 1465 erwirkte der Stadtpfarrer Kirchenstrafen gegen alle am Klosterbau beteiligten Handwerker, die Brüder mussten kurzfristig sogar „wegen Beeinträchtigung der pfarrlichen Rechte" die Stadt verlassen. Erst der Zisterzienserabt von Waldsassen (heute eine Barockanlage) konnte vermitteln und eine Einigung erzielen. Im September 1471 bezogen vier Reformaten und zwei Laienbrüder das neugebaute Kloster am Fuße des Michelsbergs in K., die Kirche Mariä Himmelfahrt wurde erst 1506 vollendet. Die Reformation brachte keine nennenswerten Veränderungen, aber im Dreißigjährigen Krieg wurde die Anlage verwüstet. Erst 1634/36 erfolgte mit drei Brüdern der Wiederaufbau und 1641 die Neuweihe der Klosterkirche. Das neue Selbstbewusstsein des Konvents offenbart die barocke Ausgestaltung der Kirche im 18. Jh. und die Gründung eines der sechs Noviziate für die bayerische Reformatenprovinz. Der höchste Personalstand wurde 1762 mit 21 Brüdern, sieben Klerikern, fünf Laienbrüdern und zwei Tertiaren erreicht. Im „Klösterl" Trauntal lebten stets zurückgezogen einige Tertiaren und Ordenspriester. Im August 1802 ließ Kurfürst Maximilian IV. von Bayern den Konvent K. auflösen, die Patres mussten ihr Kloster verlassen und zogen nach ➛ Ingolstadt.

▶ **Gegenwart.** Seit 1878 dient die ehemalige Franziskanerkirche Mariä Himmelfahrt wieder dem katholischen Gottesdienst. Sie ist ein schlichter, spätgotischer Saalbau, ihr eingezogener, polygonaler Chorraum zeigt ein fein gegliedertes Netzrippengewölbe mit Runddiensten auf Spitzkonsolen. Die Wände zieren Malereien mit der Darstellung des Jüngsten Gerichts (1490). Die Ausstattung der Kirche stammt aus der Barockzeit. Nördlich schließen sich Konventsgebäude mit spätgotischem Kreuzgang an, die als Pfarramt und Orgelmuseum dienen.

◆ Ettelt, Rudibert: Geschichte der Stadt K., Bd. 1, Kelheim 1983; Amann, Magnus: Das ehemalige Franziskanerkloster in K. und das Terziarenkloster in Trauntal, in: Bavaria Franciscana Antiqua, Bd. 2, München 1956, 336–371.

Kemmaten, *Dominikaner-Tertiarinnenkloster St. Maria (1435–1561), Diözese Augsburg – (Langfurth-Dorfkemmathen, Lkr. Ansbach, Bayern, ❐ 3, D3).*

▶ Elisabeth von Kemmathen verkaufte 1398 der Beginengemeinschaft im damaligen Unterkemmathen am Unterlauf der Sulzach ein Grundstück nördlich der Pfarrkirche St. Maria, die unter dem Patronat der Deutschordenskommende ➛ Oettingen stand. Die Schwestern gehörten seit 1435 als Tertiarinnen zum Dritten Orden der Dominikaner und genossen den Schutz der Reichsstadt Dinkelsbühl, die einen Pfleger stellte. Sie erwarben kleinere Güter und Liegenschaften, Markgraf Albrecht Achilles von Brandenburg-Ansbach befreite den Konvent im Mai 1447 von den jährlichen Steuern. 1467 verkaufte Bauer Kunz Widenmann den „gaistlichen betschwestern in dem gotzhus zu K." seinen Wald. Unter Mutter Margaretha Sost lebten 1474 acht Schwestern im Kloster, das 1525 von aufständischen Bauern geplündert, aber nicht zerstört wurde. Letzte Nachricht war ein Vergleich Priorin Katharinas im November 1530 mit der Ortsverwaltung. Mit der Ausbreitung des Protestantismus im Ansbacher Land fand der Konvent sein Ende, 1533 gingen die Dominikanerinnen nach Herrieden. Der Dominikanerorden erhielt über den Rechtsweg das Kloster K. zurück, eine Schwester Maria Binder lebte zeitweise allein im Klostergut. 1561 verkaufte der Orden den Besitz an das Hospital in Dinkelsbühl. In dem kleinen Ort, heute Dorfkemmathen oberhalb von Wittelshofen, blieb die spätgotische Marienkirche erhalten, die von den Schwestern genutzt wurde. Die heutige evangelisch-lutherische Pfarrkirche Unserer lieben Frau entstand zwischen 1362 und 1432 aus einer romanischen Kapelle. Sie ist ein flachgedeckter Saal mit hohem Nordostturm und repräsentativem Portal an der Südseite. Im Inneren blieben künstlerisch hochwertige Ausstattungsstücke aus der Spätzeit des Konvents, wie ein altdeutscher Flügelaltar und ein Sakramentshäuschen, erhalten. An der westlichen Giebelwand ist die zugemauerte Schwesternpforte erkennbar. Das Anwesen hinter der Kirche heißt heute noch „Klosterhof", von der Klausur könnten die Friedhofsmauern stammen.

◆ Gabler, August: Das Frauenklösterlein Dorfkemmathen, in: Jahrbuch des Vereins für Augsburger Bistumsgeschichte 10 (1976) 274–280.

Kemmaten Dominikaner-Tertiarinnenkloster, repräsentatives, spätgotisches Portal an der Kirchensüdseite.

Kemnade, *Benediktinerinnenpriorat St. Maria und St. Margarete (1194–1579), Diözese Minden – (Bodenwerder-K., Lkr. Holzminden, Niedersachsen, ❐ 1, D4).*

▶ **Vorgeschichte.** Die Töchter Frederuna und Imma des Billunger Grafen Wichmann des Älteren gründeten um 960 an der Weser das Kanonissenstift *Caminata,* dem sie nacheinander selbst vorstanden. König Heinrich II. bestätigte 1004 die Stiftung, so auch Bischof Dietrich II. von Minden. Die Weihe der Stiftskirche erfolgte 1046. Ausufernde Zwistigkeiten um Äbtissin Judith (1143–46) führten 1147 zur Unterstellung des Stifts unter die Reichsabtei ➛ Corvey durch König Konrad III. Abt Wibald von Corvey (1146–58) wandelte K. im gleichen Jahr in ein abhängiges Benediktinerpriorat um, widerwillig stimmte der Mindener Bischof Heinrich I. 1150 zu. Das Priorat K. blieb die meiste Zeit ohne Konvent.

▶ **Geschichte.** 1194 bezogen Benediktinerinnen aus ➛ Gehrden die leeren Gebäude in K. Die erste Priorin Jutta leitete den Frauenkonvent in strenger Klausur möglicherweise ➛ Hirsauer Prägung, galt doch Corvey seit Abt Markward (1081–1107) als Zentrum dieser neucluniazensischen Reformbewegung. Der Konvent musste mit wenig Besitz auskommen, weil große Teile der früheren Ausstattung belehnt oder erbrechtlich ausgegeben waren. Neben Hilfen aus Corvey kamen Zuwendungen der Herren von Homburg und Grafen von Pyrmont erfolgreich zum Tragen. Bauaktivitäten Ende des 13. Jh. verweisen auf einen gewissen Wohlstand. 1287 verlieh Heinrich II. von Homburg der entstandenen Siedlung „Werder" Stadtrecht, aus *Bodonis insula* wurde Bodenwerder. Im 14. Jh. waren die Frauen bestrebt, gewachsenen Besitz zu arrondieren, sie verkauften dazu um 1335 Einkünfte im Lüneburgischen an Kloster ➛ Medingen. Gebetsverbrüderungen wurden mit ➛ Derneburg, ➛ Wülfinghausen, ➛ Hameln und sogar mit ➛ Walkenried vereinbart. Anfang des 15. Jh. erlangten die Welfenherzöge von Braunschweig-Lüneburg als Erbfolger der Homburger und Eversteiner die Vogteirechte. Der allgemeine spätmittelalterliche Niedergang des Klosterlebens wurde auch in K. deutlich; 1504 setzten Landesherr und Corveyer Abt Reformen im Konvent durch, Priorin Anna von Hörde (1504–34) wandte sie segensreich an. Corvey selbst trat 1505 der ➛ Bursfelder Kongregation bei. Nach Einzug der Reformation ging 1544 der Calenberger Besitz verloren, Herzog Julius von Braunschweig-Wolfenbüttel ließ im Mai 1579 das Kloster okkupieren, die letzte katholische *Domina* Maria von Bocholtz (1571–79) absetzen und ein evangelisches Damenstift einrichten. Nach Verhandlungen am Reichskammergericht gab der Fürst 1584 Kloster K. an Corvey zurück. Ein Vertrag 1593 regelte die zukünftigen Beziehungen, darin galt das Benediktinerinnenkloster als aufgehoben. Corvey unterhielt K. nun wieder als Propstei ohne Konvent. 1620 kam es doch zur De-facto-Säkularisierung

Kemnade Benediktinerinnenpriorat, Reformschwestern übernahmen 1147 die salische Stifts- und Klosterbasilika und veränderten sie nur im Innenraum, Südostansicht.

zugunsten des Welfenhauses. Corvey verzichtete erst nach dem Erhalt einer Entschädigung 1777 auf seine Rechte.

▶ **Gegenwart.** Noch heute existiert die salische Stifts- und Klosterkirche, die 1147 von den Benediktinerinnen übernommen wurde. Sie dient als evangelische Pfarrkirche St. Maria. Die dreischiffige Pfeilerbasilika aus dem 11. Jh. mit ausladendem Querhaus, Rechteckchor und Apsis verlor vermutlich im Dreißigjährigen Krieg die Hälfte ihres Langhauses und die doppeltürmige Westfront. Letztere soll der von Corvey entsprochen haben. Der westliche Treppenturm wurde erst 1905 aufgemauert. Die Benediktinerinnen veränderten nur den Innenraum und ließen um 1400 im nördlichen Querhaus die „Homburgische Kapelle" errichten. Das Grabmal derer von Homburg befindet sich heute im südlichen Querhaus. Der Marienaltar entstand 1430, Glasmalereien und zahlreiche Ausstattungsstücke gehen auf die Schwestern zurück. Von der Anlage steht heute lediglich südlich der Kirche noch ein langgestrecktes Wirtschaftsgebäude mit einzelnen Fenstergewänden im Renaissancestil.

◆ GermBen 11, 298–330; André, Gustav: Die Klosterkirche zu K., München [6]2007.

Kentheim, *Benediktinerinnenpriorat St. Candidus (vor 1079–13. Jh.), Diözese Speyer – (Bad Teinach-Zavelstein, Lkr. Calw, Baden-Württemberg, ❒ 3, C3).*

▶ **Geschichte.** Unter Abt Wilhelm (1069–91) entwickelte sich im Nagoldkloster ➛ Hirsau im nördlichen Schwarzwald das ausstrahlungskräftigste Reformzentrum der Benediktiner des 11. und 12. Jh. Aufgrund der gestiegenen Anziehungskraft auch auf religiöse Frauen bildeten sich in der Frühphase der Erneuerungsbewegung im Hinblick auf das Idealbild der christlichen Urgemeinde (Apg 2,37–47) Doppelkonvente aus, was geradezu als Signum für die frühe ➛ Hirsauer Reform gelten kann. Darin unterschied sich Hirsau deutlich vom Vorbild Cluny in Burgund, wo die Mönche eine kritische Haltung zu Doppelkonventen einnahmen und eine klare örtliche Trennung bevorzugten. Auch in hirsauisch geprägten Doppelklöstern blieben die Konvente selten zusammen, in Zwiefalten immerhin bis 1349. Seltene Beispiele dauerhafter Gemeinsamkeit boten die Abteien ➛ Schönau im Taunus und ➛ Paulinzella in Thüringen. Auch in Hirsau existierte Anfang der siebziger Jahre des 11. Jh. ein Schwesternkonvent. Offensichtlich waren erste Frauen bereits aus ➛ Sindelfingen mit nach Hirsau gekommen. Der anwachsende Zustrom stellte die Abtei vor große Probleme. Abt Wilhelm siedelte den Schwesternkonvent schon vor 1079 in das nahe K. im Nagoldtal um, was wohl richtungsweisend auf die hirsauischen Klöster wirkte. Das Frauenpriorat blieb eng mit Hirsau verbunden, sein spiritueller Auftrag war das Totengedenken; es bezog Unterhalt von der Mutterabtei, eine eigene selbständige Körperschaft war K. nicht. Eine bereits bestehende Saalkirche St. Candidus wurde für die Frauen verlängert und mit einer Empore ausgestattet. Schon im 13. Jh.

muss sich die Gemeinschaft aufgelöst haben, nachdem die Mutterabtei Hirsau ihre Bedeutung eingebüßt und mit wirtschaftlichen Schwierigkeiten zu kämpfen hatte.

▶ **Gegenwart.** Die frühromanische Pfarrkirche St. Candidus gilt heute als eine der ältesten Sakralbauten der Nagoldregion. Sie bewahrt mittelalterliche Fresken, die zwischen 1180 und 1340 entstanden sind, nach der Reformation übertüncht und erst 1840 wieder freigelegt wurden.

◆ Küsters, Urban: Formen und Modelle religiöser Frauengemeinschaften im Umkreis der Hirsauer Reform, Stuttgart 1991; Greiner, Karl: St. Candiduskirche in K., Calw 1967; Irtenkauf, Wolfgang: Der hl. Candidus von K., in: Zeitschrift für württembergische Landesgeschichte 25 (1965) 173–175.

Kenzingen, *Johanniterhaus (vor 1416–1806), Diözese Konstanz – (Lkr. Emmendingen, Baden-Württemberg, ❒ 3, B4).*

▶ In der Oberrheinebene im nördlichen Breisgau erwarb die Johanniterkommende Freiburg einen Güterkomplex und gründete vor 1416 im alten Dorf K. ein Kameralhaus zur Besitzverwaltung, das nie Selbständigkeit erwarb, sondern als *membrum* unter der Aufsicht Freiburgs bzw. des Hauptsitzes ➛ Heitersheim stand. Anfang des 15. Jh. erwarb die Stadt K., die 1249 an abseitiger Stelle entstanden war, zwölf Jahre den Status einer Reichsstadt, fiel aber 1527 wieder an die Habsburger zurück. Einem Johanniterbruder oblag die Aufsicht über die Weinberge und Pfarraufgaben in der Kirche St. Peter. 1495 lebte der Ordenskaplan Nikolaus Dorloch mit einigen Knechten im Johanniterhaus, 1541 war es ein Frater Franciscus Hartmann. Das ursprüngliche Dorf K. und die Pfarrgemeinde bestanden 1495 nicht mehr, die Pfarraufgaben entfielen. Kurz zuvor hatte die Ordensleitung das Anwesen neu herrichten lassen. Der Besitz gehörte den Verwaltern auf Lebenszeit, Arrendationsgelder flossen direkt an den Großprior nach Heitersheim. Mitte des 16. Jh. war diese Summe ermäßigt worden, was einen Niedergang der Wirtschaft signalisiert. Aufständische Bauern brannten 1525 die Anlage K. nieder, auch der Dreißigjährige Krieg hinterließ Zerstörungen; zum Teil wurden die Gebäude wieder aufgebaut. 1806 fiel der Besitz an Baden. Das große Johanniterhaus stand entlang der verlängerten Brotstraße, heute Eisenbahnstraße. Kapelle, Trotthaus und Gefangenenhäuschen schlossen sich neben dem Kameralhaus in der Metzgerstraße an. Die heutige Justizvollzugsanstalt K. steht auf dem Johanniterareal, Grundmauern könnten genutzt worden sein. Bei Renovierungsarbeiten fand man Fenster der ehemaligen Kapelle. Das eigentliche Verwaltungsgebäude der Johanniter steht noch heute neben der Vollzugsanstalt.

Keppel Prämonstratenser-Chordamenstift, Polygonalchor der stark veränderten Stiftskirche von 1275 .

◆ Rödel, Walter Gerd: Das Großpriorat Deutschland des Johanniter-Ordens, Mainz 1965, 322–328.

Keppel, *Prämonstratenser-Chordamenstift St. Maria und St. Johannes Evangelist (um 1230–1547), Erzdiözese Mainz – (Hilchenbach-Allenbach, Kr. Siegen-Wittgenstein, Nordrhein-Westfalen, ❒ 3, B1).*

▶ **Geschichte.** Ritter Friedrich von Hain, ein Lehnsmann Graf Heinrichs II. von Nassau, stiftete um 1230 auf Allodialbesitz im Ferndorftal das einzige Frauenstift im Siegerland und unterstellte es der Prämonstratenserabtei ➛ Arnstein an der Lahn. Graf Heinrich verzichtete auf seine Rechte über inkorporierte Pfarrkirchen; die Verzichtsurkunde von 1239 erwähnt erstmals das Prämonstratenserinnenstift K., das vor allem für Adelstöchter des Siegerlandes gedacht war. Das exakte Gründungsdatum ist unbekannt; erste Meisterin war Kunigunde, die 1236 starb, wahrscheinlich erfolgte die Gründung um 1230. Im Konvent setzte sich schon ungewöhnlich früh Adelsexklusivität durch. Gemeinhin begannen die Prämonstratenserinnen zunächst als *sanctimoniales*, emanzipierten sich dann zu Chorfrauen, *dominae* genannt, die wie die Chorherren das Chorgebet sangen, eine feierliche Profess ablegten, liturgische Dienste übernahmen, Bücher kopierten und Nachwuchs schulten. Laienschwestern mit einfacher Profess für gröbere Arbeiten spalteten sich erst im Lauf der Zeit deutlicher ab. Im Spätmittelalter setzte sich bei den adeligen Chorfrauen der Begriff „Chordamen" durch. In K. wurde bereits 1272 die Konventsstärke auf 24 Frauen begrenzt, die seit 1392 eindeutig adeliger Herkunft sein mussten; 50 Goldgulden waren beim Eintritt zu zahlen. Einen schweren Rückschlag bedeutete der Großbrand von 1261, wirtschaftliche Schwierigkeiten und verflachende Klosterzucht folgten. Eine neue Kirche konnte mit Hilfe von Ablässen des Mainzer Erzbischofs 1275 geweiht werden, neue Konventsgebäude waren da noch nicht vollendet. Das Generalkapitel des Ordens beauftragte 1294 Visitatoren, die das Amt des Priors wieder stärkten und den Damen den Zutritt zum Wirtschaftsteil verboten. Im 14. Jh. duldeten die Meisterinnen den Prior aber doch nur als Beichtvater und Seelsorger, sie verwalteten die wirtschaftlichen Angelegenheiten inzwischen in weitgehender Machtfülle selbst. Abt Wilhelm Staffel von Arnstein (1323–66) schickte 1363 den Chorherrn Gottschalk nach K., um das Stift zu unterstützen; er fand es fast verlassen, baufällig und unter Nahrungsmittelnot leidend vor. Eine Kommission des Schirm- und Landesherrn und der Abtei legte Aufgabenverteilung und Unterhaltsleistungen neu fest (1366–68). Zwischen 1420 und 1480 ist gar kein Prior nachweisbar. Abt Adam Armbruster (1489–1527) setzte unter großen Mühen 1494 innere Reformen durch, Graf Johann V. von Nassau-Dillenburg unterstützte dies durch einen Wirtschaftsverwalter. Der Konvent bestand 1498 aus 19 Chordamen, 1508 aus 22 adeligen Chordamen und sieben nichtadeligen Laienschwestern. Alle Maßnahmen bewirkten keine nachhaltige Verbesserung der klösterlichen Ordnung, weltstiftliche Formen setzten sich immer wieder durch, zumal die adeligen Damen über reichlich eigenes Vermögen verfügten. Ein Konflikt zwischen Meisterin Elisabeth von der Hess (1517–23) und dem Konvent vermochte 1519 nur noch Graf Wilhelm I. von Nassau-Dillenburg zu schlichten. Dieser neigte seit 1530 immer deutlicher der Reformation zu und erließ im August 1547 eine evangelische Klosterordnung. Das evangelische Damenstift bestand bis 1812, seit 1654 jedoch als Simultaneum für vier evangelisch-reformierte und vier katholische Konventualinnen.

▶ **Gegenwart.** Im Stiftskomplex K. entstand 1871 eine Schule. Die meisten Gebäude stammen aus dieser Zeit, der Nordflügel des Stiftshauptgebäudes von 1733 und das „Neue Haus" von etwa 1750. Mittelalterliche Architektursubstanz besitzt heute lediglich die Stiftskirche aus der Gründungszeit mit Erneuerungen während des Wiederaufbaus 1275. Der gestreckte Saalbau schließt im Osten mit gotischem, kreuzgratgewölbtem Polygonalchor ab; im Westteil erhebt sich die Nonnenempore über einem vierteiligen Gewölbe mit Mittelstütze. Das spätgotische Chorgestühl der Frauen steht heute im Chorbereich.

◆ Klueting, Edeltraud: K., in: Westfälisches Klosterbuch, Tl. 1, Münster 1992, 483–486; Krings, Bruno: Das Prämonstratenserstift Arnstein a.d. Lahn im Mittelalter (1139–1527), Wiesbaden 1990.

Keppelsberg, *Dominikaner-Tertiarinnenkloster St. Michael (1472–83) – „Klausenberg", Erzdiözese Köln – (Meschede-Klausenberg, Hochsauerlandkreis, Nordrhein-Westfalen, ❒ 1, C5).*

▶ Fromme Frauen sammelten sich um die Klausnerin Kuneke Vesvogel, die sich gegen 1430 an der alten Kapelle St. Michael auf dem K. bei Meschede niedergelassen hatte. Das Kirchlein soll bereits vom Kölner Erzbischof Arnold I. um 1145 geweiht worden sein. Um 1450 pflegte die Frauengemeinschaft guten Kontakt zu den Dominikanern in ➛ Soest, um 1470 bezeichnete man die Beginen bereits als „Schwestern des Predigerordens". 1472 stellten sie selbst den Antrag auf Aufnahme in den Orden und wurden eingekleidet, sicher nicht ohne Zustimmung des Kölner Erzbischofs Ruprecht von der Pfalz. Soester Dominikaner betreuten den Konvent als Beichtväter, die offizielle Bestätigung als Tertiarinnen im Dritten Ordensverband des Predigerordens erhielt die Gemeinschaft im Juni 1493, aber da war sie bereits nach Hückelheim in das Kloster ➛ Galiläa umgezogen. Das Präsentationsrecht über St. Michael erhielten die Schwestern 1598. Nach ihrem Abzug sollen sich Eremiten am Berg aufgehalten haben. Der K. im Stadtbereich von Meschede heißt heute Klausenberg. Auf seiner Kuppe steht noch immer die Michaelskapelle, die im 18. Jh. unter Verwendung romanischer Bauteile erneuert wurde. Sie dient heute besonderen Anlässen, etwa für Hochzeiten. Im Inneren bewahrt sie den spätgotischen Schnitzaltar aus dem Kloster Galiläa. Im Westen angebaut befand sich die Klause der Frauen. Auch heute existiert an gleicher Stelle ein Wohnhaus, wahrscheinlich im Kern mit Mauerwerk der klösterlichen Niederlassung.

◆ Schmidt, Hubertus: Galiläa, in: Westfälisches Klosterbuch, Tl. 1, Münster 1992, 324–327.

Kiel, *Franziskanerkloster St. Maria (1242–1530), Erzdiözese Bremen – (Landeshauptstadt, Schleswig-Holstein, ❐ 1, D2).*

▶ **Geschichte.** Schon bei der Planung der Stadt K. an der westlichen Ostsee berücksichtigten die Grafen von Schauenburg-Holstein die Anlage eines Franziskanerklosters, das 1242 gleichzeitig mit der Verleihung des Stadtrechts gegründet wurde. Graf Adolf IV. war 1239 selbst in das Franziskanerkloster Hamburg eingetreten, wechselte 1246 in den Konvent K. und wurde 1261 in der neuen Klosterkirche bestattet. Er und sein Sohn Ludolf waren die prominentesten Mitglieder des Konvents. Die Konventskirche lag innerhalb der ersten Befestigungsanlage, während sich die nördlich gelegenen Klausurgebäude zunächst *extra muros* befanden. Möglicherweise war die Kirche eine der frühesten Backsteinkirchen der Bettelorden im Norden überhaupt. Die Minoriten waren beliebt bei Adel und Bürgerschaft und lebten gut von deren Spenden. Dafür gaben sie ihr Kloster als bevorzugte Begräbnisstätte frei. Nach 1322 gerieten sie in Streit mit den Augustiner-Chorherren von Neumünster, die seit 1322 das Patronatsrecht über die Stadtpfarrkirche St. Nikolai besaßen und den Umzug von Neumünster nach K. erwogen, was die Bürgerschaft gemeinsam mit den Franziskanern zu verhindern wusste. Die Neumünsterschen Chorherren ließen sich daraufhin um 1328 in ➛ Bordesholm nieder. Die örtliche Ritterschaft nutzte die

Kiel Franziskanerkloster, ein Teil des gotischen Kreuzgangs und der Refektoriumsraum blieben erhalten.

Gebäude der Franziskaner für jährliche Treffen und große Feierlichkeiten, was den Brüdern zwar Geld einbrachte, aber die Bewohner nach Reformen rufen ließ. König Christian I. von Dänemark bemühte sich, die Observanz einzuführen; Provinzialminister Eberhard Hillemann (1480–90) erreichte nach heftigen Auseinandersetzungen die gemäßigtere ➛ Martinianische Reform, so dass das Kloster in K. seit 1516 zur Zentrale der Kustodie Holstein aufstieg und mit den heute untergegangenen Klöstern Husum und Lunden sowie ➛ Schleswig und ➛ Flensburg bald die Kustodie Kiel bildete. Das Generalkapitel in Bordeaux unterstellte diese Kustodie 1520 der Provinz Saxonia des Observantenordens. König Friedrich I. hob auf Bitten der Bürger das Franziskanerkloster K. 1530 auf, ließ das Inventar nach Schloss Gottorf schaffen und gewährte nur acht alten Brüdern eine „Gnadenfrist", die einzuhalten der Stadt zu aufwändig war, obwohl sie die Klostergebäude vereinnahmte. Das Kloster diente danach als Lateinschule, Hospital und schließlich von 1665 bis zum Abriss 1766 als erster Sitz der neuen Universität. Die Franziskanerkirche erhielt den Namen Heiliggeistkirche, wurde lange vernachlässigt, drohte völlig einzustürzen und wurde im Zweiten Weltkrieg zerstört.

▶ **Gegenwart.** Heute sind lediglich das Refektorium und ein Teil des gotischen Kreuzgangs erhalten und in das Theologische Studienhaus „Kieler Kloster" integriert. Der Grundriss der Klosterkirche ist im anliegenden Kräutergarten sichtbar. Der Doppelflügelaltar der Franziskaner steht heute in der benachbarten evangelischen Stadtpfarrkirche St. Nikolai; er zählt zu den besterhaltenen und größten spätgotischen Altären seines Typs in Schleswig-Holstein und wird einer Lübecker Werkstatt zugesprochen, gestiftet um 1460 von der Familie Ahlefeldt.

◆ Koch, Angela: Die Minderbrüder in K., in: Franziskanisches Leben im Mittelalter (Saxonia Franciscana, Bd. 3), Werl 1994, 147–166; Walther, Helmut G.: Bettelordenskloster und Landesausbau: Das Beispiel K., in: Bettelorden und Stadt, Werl 1992, 19–32; Redeker, Martin: Das K.er Kloster, Kiel 1960.

Kirchbach, *Benediktinerpropstei (vor 1266–1442), Zisterzienserinnenabtei St. Maria (1442–1543) – „Mariental", Diözese Speyer – (Sachsenheim-Ochsenbach, Lkr. Ludwigsburg, Baden-Württemberg, ❒ 3, C3).*

▶ Die Benediktinerabtei ➛ Odenheim unterhielt im Zabergäu in K. bei Ochsenbach eine Propstei, über deren Anfänge nichts bekannt ist. Abt Dietrich von Angelloch (1425–42) verkaufte 1442 den Zisterzienserinnen von ➛ Frauenzimmern die Propsteianlage samt Besitz. Die Schwester verlegten kurz darauf ihr Kloster „Mariental" auf Druck des Grafen Ludwig von Württemberg nach K. Frauenzimmern gehörte als vollwertiges Mitglied dem Zisterzienserorden an und war den Äbten von ➛ Maulbronn und ➛ Bebenhausen unterstellt. 1485 plante man die Zusammenlegung des Konvents mit dem Schwesternkloster ➛ Rechentshofen etwas weiter östlich im Tal, was aber nicht zustande kam. Das Kloster endete 1543 mit Durchsetzung der Reformation in Württemberg. Im heutigen Bauernhof „Kirchbachhof" im Naturpark Stromberg sind Mauerreste und Torbögen an den Wirtschaftsgebäuden zu erkennen, die auf mittelalterliche Klosterzeiten zurückgehen könnten.

◆ HHistStD 6, 603; Rückert, Maria M.: K., in: Württembergisches Klosterbuch, Ostfildern 2003, 300–302; Hink, Eberhard-Ulrich: Das Zisterzienserinnenkloster zu Frauenzimmern-K. im Zabergäu, Tübingen 1961.

Kirchberg, *Dominikanerinnenkloster St. Johannes der Täufer (1237–1806) – „Kloster Renfrizhausen", Diözese Konstanz – (Sulz-Renfrizhausen, Lkr. Rottweil, Baden-Württemberg, ❒ 3, C4).*

▶ **Geschichte.** Graf Burkhard III. von Hohenberg verkaufte 1237 einer Frauengemeinschaft den wehrhaften Höhenort K. zur Gründung eines Klosters. Die zehn Gründungsdamen stammten wohl aus den Adelshäusern Hohenberg-Rottenburg und Tübingen. Papst Innozenz IV. inkorporierte das Frauenkloster K. im Oktober 1245 dem Predigerorden. Nach der Gründung des Dominikanerkonvents in ➛ Rottweil 1266 betreuten die dortigen Brüder den adeligen Schwesternkonvent, der sich Mitte des 14. Jh. auch Bürgertöchtern öffnete. Die Schirmherrschaft hatten die Hohenberger inne, die das Kloster als Familiengrablege nutzten. Herausragendes Mitglied dieses Geschlechts war Graf Albrecht II., Sohn des Stifters, bekannter Minnesänger, Schwager König Rudolfs I. von Habsburg und Landvogt. Er fiel 1298 in der Schlacht bei Leinstetten und wurde wie sein Vater in K. beigesetzt. Strenge Askese in Form von Fasten, Arbeit, Kälte, Schweigen und Schlafentzug führten sowohl zu Krankheiten als auch zu mystischen Erfahrungen, die sich in Jubilieren und entrückten Verzückungen oder echten Schmerzen und wahrgenommenen Schlägen äußerten. Entsprechende „Gnadenerweise" sind von Adelheid von Hilgarthausen und Werendraut von Düren überliefert. Der Dominikaner Pius Keßler aus ➛ Konstanz bemühte sich Ende des 17. Jh. um die Niederschrift überlieferter Viten begnadeter Schwestern aus der Frühzeit des Klosters. Rudolf III. von Hohenberg verkaufte die Grafschaft 1381 an Habsburg, Hohenberg-Rottenburg war bis 1805 eine österreichische Exklave. Der Konvent vergrößerte sich schnell, Schenkungen und Mitgiften bereicherten den Besitz, die Habsburger förderten mit Schutzbriefen und Privilegien die gedeihliche Entwicklung. Die Chronik der Herren von Zimmern beschrieb den Konvent im 15. Jh. als Vergnügungslokal für die Junker der Nachbarschaft. Die Ordensleitung versuchte 1476 vergeblich, die Observanz durchzusetzen, aber erst unter Priorin Margaretha von Ow gelang 1516 ein neuer Reformversuch. Bauernkrieg 1525, Reformation und Pest 1530 minimierten die Erfolge. 39 Mitschwestern aus dem aufgelösten Kloster Pforzheim belebten 1564 den Konvent und brachten nicht nur die Observanz, sondern auch Heiltümer und Bücher mit, aber im Dreißigjährigen Krieg wurde die Anlage über 30 Mal geplündert. Eine neue Blütezeit begann in der zweiten Hälfte des 17. Jh., sichtbar im Neubau der Kirche (1688) und der barocken Anlage (1749) unter Priorin Cäcilia Barbara Dornsperger. Die Grafschaft Hohenberg ging 1805 an Württemberg über, die königliche Regierung ließ Kloster K. im Oktober 1806 säkularisieren, die Dominikanerinnen durften bleiben. Schwester Johanna Wachendorfer musste jedoch als letzte das Kloster 1856 verlassen. Ihr gehörte das Schwesternbuch mit den Lebensläufen mystisch begnadeter Mitschwestern; es ist heute das einzige

Kirchberg Dominikanerinnenkloster, Stufenportal und Kreuzgangarkaden im Südbereich der Klosterkirche.

erhaltene Buch der Kirchberger Klosterbibliothek und wird in der Landesbibliothek Stuttgart aufbewahrt.

▶ **Gegenwart.** Seit 1958 dient die Anlage K. hoch über Renfrizhausen zwischen Haigerloch und Sulz einer evangelischen Gemeinschaft, die als „Berneuchener Haus" Einkehr und ökumenische Begegnung anbietet. Kirche und Anlage präsentieren sich ausschließlich im Barock. Bei Renovierungsarbeiten 1989 fand man unter dem Fußboden vor dem Hochaltar Grabplatten der Stifterfamilie, die heute wieder den Kirchenraum zieren. Aus mittelalterlicher Zeit blieben lediglich Reste des gotischen Kreuzgangs erhalten; zwei Arkadenflügel umrahmen malerisch ein Wiesengrundstück im Südbereich der Kirche.

◆ Werli-Johns, Martina: K., in: Württembergisches Klosterbuch, Ostfildern 2003, 302f. ; Willig, Wolfgang: Spurensuche in Baden-Württemberg. Klöster, Stifte, Klausen, Wannweil 1997.

Kirchheim, *Zisterzienserinnenabtei St. Maria (1267–1802), Diözese Augsburg – (Ostalbkreis, Baden-Württemberg, ❐ 3, D3).*

▶ **Geschichte.** Graf Ludwig III. von Oettingen und seine Gemahlin Adelheid von Hirschberg stifteten 1267 das Frauenkloster Kirchheim und bestimmten es zur Familiengrablege, nachdem ihre Burgkapelle dem Deutschen Orden in ➛ Oettingen übergeben worden war. Die Grundausstattung fiel reichlich aus. Die mächtigen Grafen von Oettingen, Vertraute der Staufer, erreichten schon 1268 die Aufnahme des Frauenkonvents in den Zisterzienserorden, nachdem die Äbte von ➛ Kaisheim und ➛ Raitenhaslach 1267 die Ausstattung inspiziert hatten. Der Abtei Kaisheim wurde die Paternität übertragen; mehrfache päpstliche und königliche Schutzbriefe bekräftigten die Anerkennung der Unabhängigkeit. Die Schirmvogtei behielten die Oettinger, als Grablege der Familie fanden in K. 35 Grafen und 37 Gräfinnen ihre letzte Ruhestätte. 1270/72 erwarb der Konvent das Dominikanerinnenkloster ➛ Bopfingen und richtete einen Stadthof ein. Beide bestehenden Pfarreien im Unter- und Oberdorf wurden 1275 der Abtei unterstellt und 1307 durch Bischof Degenhard von Augsburg (Hellenstein) vollständig inkorporiert. Der Zustrom religiöser Frauen entwickelte sich stürmisch, 1296 zählte der Konvent bereits 50 Schwestern und zehn weibliche Konversen, weshalb die Anlage um 1300 erweitert werden musste. Großzügige Schenkungen der gräflichen Ministerialität vermehrten auch im 14. Jh. den Landbesitz beträchtlich, allerdings lag er unvorteilhaft verstreut. 1414 spaltete sich das Oettinger Haus in zwei Linien. Während des Bauernkriegs 1525 blieb K. relativ verschont, aber die lutherische Lehre fand die Zustimmung der Grafen von Oettingen-Oettingen, denen die Abtei unterstand. Sie schlossen sich 1539 offiziell der Reformation an. Graf Ludwig XV. reformierte 1543 das Dorf K., was er auch im Konvent versuchte, aber Äbtissin Anna von Wöllwart (1545–53) und der Konvent widersetzten sich mit Unterstützung Graf Martins aus der katholischen Linie Oettingen-Wallerstein, einem Bruder der Äbtissin. Innere Reformen in der frühen Neuzeit erlaubten auch Frauen bürgerlicher Herkunft, das Amt der Äbtissin zu bekleiden. Schwedische Okkupation (1632–34), barocke Entfaltung, intensive Marienverehrung mit Wallfahrtsorganisation kennzeichneten die Zeit bis zur Aufhebung im November 1802 zugunsten der Fürsten Oettingen-Wallerstein, deren Landesherrschaft aber 1806 ebenfalls me-

Kirchheim (Ries) Zisterzienserinnenabtei, der langgestreckte Saalbau repräsentiert eine typische, mittelalterliche Frauenkirche mit Glockentürmchen im Westen.

diatisiert wurde. Äbtissin Violantia Hirl (1783–1802), neun Chorfrauen, 17 Laienschwestern und sechs Novizinnen durften mit Pensionen bleiben, die letzte Schwester starb 1858. Ein Teil des Komplexes wurde 1870 abgerissen.

▶ **Gegenwart.** Am östlichsten Rand Baden-Württembergs erhebt sich auf einem Absatz des Blasienberges über der weiten Riesebene der ehemalige Komplex der Zisterzienserinnenabtei K., der heute zum großen Teil aus barocken Gebäuden besteht, die den Abriss 1870 überstanden haben. Der ehemalige Kreuzgang, zwei Klausurflügel und das Krankenhaus existieren nicht mehr. Aus der Frühzeit blieben lediglich die Klosterkirche, heute katholische Pfarrkirche St. Mariä Himmelfahrt, und der Westflügel der Klausur erhalten. Die älteste Architektur repräsentieren die frühgotische Stiftskapelle von 1267 im Westflügel und der anschließende Kapitelsaal, den man als „Frauenchor" bezeichnet. Die gotische Kirche (um 1300–10) ist ein langgestreckter Saal mit Polygonalchor im Osten sowie Empore und Stephanskapelle im Westen. 1501 wurde ihr nördlich die prachtvolle Münsterkapelle angebaut, heute die Eingangskapelle. Die Ausstattung entspricht dem Geschmack des 17. und 18. Jh., geschaffen mit der hohen Finanzkraft des Konvents in der Barockzeit. Bewahrt blieben Malereien, Altarziborium, Steingusspietà, Schnitzwerke und Epitaphe aus vorreformatorischer Zeit. Der die Kirche westlich verlängernde, zweigeschossige Flügel entstand 1683 und wird heute als Altenheim genutzt. Den repräsentativen Torturm ließ Äbtissin Maria Violantia Anger (1703–31) 1724 erbauen. Erinnert sei auch an die klostereigene Wallfahrtskapelle Jagstheim (1501 geweiht), die heute noch ein Pilgerziel ist. Die umfangreiche Klosterbibliothek ist heute Teil der Augsburger Universitätsbibliothek.

◆ Michler, Edwin: Kloster Mariä Himmelfahrt zu K. am Ries, Lindenberg 2006; Maier, Birgitt: Kloster K., in: Kloster Kaisheim, Augsburg 1999, 175 f.

Kitzingen, *Benediktinerinnen Reichsabtei St. Maria (um 740–1544), Diözese Würzburg – (Kreisstadt, Bayern, ❐ 3, D2).*

▶ Nach legendenhafter Überlieferung stiftete die hl. Hadloga († um 750), wohl eher aus dem Geschlecht der Mattonen und nicht Tochter Karl Martells, um 740 am Maindreieck das Doppelkloster K., dem sie als erste Äbtissin vorstand und dessen Konvent sich unter dem Einfluss des hl. Bonifatius (671/672–754) zur Benediktregel bekannte. In der Vita des hl. Abtes Sturmius (um 704–779, kanonisiert 1139) von ➛Fulda wird die Reichsabtei K. 748 erwähnt. Mit der Übergabe an das neue Bistum Bamberg 1007 durch König Heinrich II. verlor K. die Reichsimmunität. Später trat lediglich ein Benediktinerinnenkonvent als bischöfliches Eigenkloster hervor. Die Siedlung K. fand erstmals 1040 Erwähnung und wurde wegen des Weingesetzes von 1482 im ganzen Reich bekannt. Aufständische Bauern und Bürger stürmten und verwüsteten 1525 die Abteianlage, 1544 wurde die Gemeinschaft der letzten drei Ordensfrauen von markgräflichen Beamten aus Ansbach aufgehoben. Im Zuge der Rekatholisierung besiedelten 1660 Ursulinen das Kloster und errichteten einen Barockkomplex. Aus benediktinischer Zeit sind im heutigen Bereich der Schule und evangelischen Pfarrkirche Weinkeller erhalten, die noch immer als solche genutzt werden.

◆ Sitzmann, Manfred: Mönchtum und Reformation, Neustadt/Aisch 1999, 74–77; Schneider, Erich: K., in: Klöster und Stifte in Mainfranken, Würzburg 1993, 98–100.

Klarenthal, *Klarissenkloster St. Klara (1298–1559), Erzdiözese Mainz – (Landeshauptstadt Wiesbaden, Hessen, ❐ 3, C2).*

▶ König Adolf von Nassau gründete 1298 das Frauenkloster K. nahe der Reichsstadt Wiesbaden und rief Klarissen aus dem Reichklarakloster in ➛Mainz in das nassauische Hauskloster. K. diente seit 1313 als Grablege und blieb Begräbnisstätte der fürstlichen Familie bis 1429. Ein erster Einbruch erfolgte bereits 1318, als König Ludwig der Bayer Wiesbaden belagerte und das reich begüterte Kloster ausplündern und zerstören ließ. Nach Konsolidierung und Wiederaufbau erreichte der Konvent unter den Äbtissinnen Paze von Lindau (um 1412–22) und Agnes von Hanau (1422–46) eine Blütezeit, um in der Mainzer Stiftsfehde (1461/62) erneut Rückschläge zu erleiden. Spätmittelalterliche Wirtschaftskrise und Reformationseinfluss führten schließlich zum Niedergang. Seit 1553 verbot Graf Philipp III. von Nassau-Weilburg den Frauen die Aufnahme von Novizinnen, auch verhinderte er nach dem Tod der letzten Äbtissin Anna Bredel (1525–53) Neuwahlen; die letzten fünf Klarissen gaben 1559 gegen Abfindungen auf, K. wurde säkularisiert. Von der spätmittelalterlichen Anlage blieb kaum aufstrebendes Mauerwerk erhalten; die heutigen Gebäude stehen auf alten Fundamenten, teilweise wurden Spolien und Wandbereiche wiederverwendet. Die heutige evangelische Kapelle „Alt K." wurde 1730 aus Kreuzgangresten erbaut, Spitzbogenarkaden treten hervor. Auf ehemaligen Ackerflächen

Klarissenorden (*Ordo Sanctae Clarae bzw. Ordo Sancti Francisci pauperes Clarissae, OSCl).*

▶ Der Klarissenorden geht als Zweiter Orden, als Frauenorden der Franziskaner, auf Klara von Assisi (Chiara di Favarone) (1193–1253, kanonisiert 1255) zurück. Klara ließ sich 1212

Die hl. Klara an der Kirchenaußenwand des Reichklaraklosters in Mainz.

vom Ordensgründer Franz von Assisi (1181/82–1226, kanonisiert 1228) als Nonne einkleiden und lebte mit gleichgesinnten Schwestern in dem kleinen Kloster S. Damiano bei Assisi in völliger, selbst auferlegter Armut, ohne an dem Wanderleben der frühen Franziskanerbrüder teilzunehmen. Die Gemeinschaft lebte nach einer Regel, die Klara am Ende ihres Lebens als erste Frau in der Kirchengeschichte selbst niedergeschrieben hat und die Papst Innozenz IV. 1253 approbierte. Die Schwestern von S. Damiano zogen 1263 nach Klaras Heiligsprechung in ein neuerbautes Kloster an der nach ihr benannten Basilika S. Chiara um. Papst Urban IV. sprach dabei erstmals anerkennend vom Klarissenorden, dem *Orden vom hl. Damian,* weil der Klosterverband inzwischen durch Neugründungen und Angliederungen weiblicher Kommunitäten, die dem franziskanischen Ideal nahestanden, zu einer beachtlichen Größe angewachsen war. Derselbe Papst verordnete den Konventen 1263 ausdrücklich Landbesitz und Zinswirtschaft zur besseren Eigenversorgung, was die meisten Klöster auch befolgten (Urbanistinnen, Reiche Klarissen), andere blieben dem absoluten Armutsideal Klaras verbunden und verweigerten jeden Besitz (Arme Klarissen). Im 14. Jh. gab es bereits etwa 450 Klarissenklöster, die sich zwar alle dem Franziskanerorden (Erster Orden) unterstellten, aber sich aufgrund von Observanzbestrebungen und Rückbesinnungen auf das Armutsideal der hl. Klara in mehrere Verbände aufspalteten, so u. a. in Colettanerinnen, Bernardinerinnen, Klarissen-Kapuzinerinnen, Konzeptionistinnen und Unbeschuhte Klarissen. Um 1500 existierten im deutschsprachigen Raum 46 Klöster mit etwa 2000 Schwestern. Das Habit der Frauen ähnelt dem der Franziskanerbrüder: graue bis braune Kutte, die ein weißer Strick zusammenhält.

◆ Frank, Karl Suso: Die Klarissen, Münster 2006; Röttger, M. Ancilla/Groß, M. Petra: Klarissen, Werl 1997; Elm, Kaspar: Klara, Klarissen und Frauenfrömmigkeit, in: Vitasfratrum (Saxonia Franciscana 5), Werl 1994, 195–223.

des Klosters steht seit 1966 die Wiesbadener Wohnsiedlung „Klarenthal".

◆ Czysz, Walter: K. bei Wiesbaden, Wiesbaden 1987; Langkabel, Hermann: Das Kloster K. als nassauisches Hauskloster im Mittelalter, in: Nassauische Annalen 93 (1982) 19–33.

Klein Burlo, *Wilhelmitenkloster St. Maria (1361–1448), Zisterzienserpriorat St. Maria (1448–1798), Diözese Münster – (Rosendahl-Darfeld, Kr. Coesfeld, Nordrhein-Westfalen, ❐ 1, B4).*

▶ **Geschichte.** Der Burgmann Konrad Strick und seine Frau Haseke übereigneten 1361 dem Wilhelmitenkloster Burlo ihre Güter, woraufhin Prior Bernhard Boye (1354–71) mit sechs Mönchen eine Filiale *Vinea beatae Mariae* gründete, die man bald „Klein Burlo" nannte und das Mutterkloster zur Unterscheidung ➛ Groß Burlo. Den Verfall der beiden Priorate Ende des 14. Jh. versuchten Visitatoren aus Düren und ➛ Grevenbroich dadurch aufzuhalten, dass sie Prior Hermann Zevecker (1378–1407) absetzten und K. 1407 zum selbständigen Priorat der Ordensprovinz Francia erhoben. Disziplinarmaßnahmen verfehlten ihre Wirkung, die Mönche opponierten vehement gegen strikte Reformen und fanden Unterstützung bei der französischen Provinzialleitung des Ordens, deren Versagen Bischof Heinrich II. von Münster (Moers) beklagte. Prior Johann Rossem (1444–49) von K. sowie Mitbrüder von Groß Burlo äußerten 1444 den Wunsch, in den Zisterzienserorden zu wechseln, genauer in die Reformgemeinschaft von Sibculo, Warmond und Ijsselstein (alle Niederlande) unter Führung der Zisterzienserabtei ➛ Kamp, was ihnen Papst Nikolaus V. 1447 auch gestattete. Seit März 1448 war K. ein Priorat der Abtei Kamp und seine Konventualen Zisterziensermönche, die nachfolgend einen geistlichen und wirtschaftlichen Aufschwung erreichten und den Besitz sogar vermehren konnten. Prior Hermann von Rees (1479–88, 1493–1501) und seine Amtsnachfolger konnten Kirche und Kloster erneuern und die Observanz im Frauenkloster ➛ Wormeln durchsetzen. Die Kriegswirren der Neuzeit beendeten den Aufschwung; schließlich kennzeichneten desolate Zustände den Konvent. 1798 übernahm das Domkapitel in Münster die Verwaltung. 1802 fiel der Besitz an den Grafen von Salm-Horstmar-Grumbach.

▶ **Gegenwart.** Ein spätmittelalterliches Gebäude am Rand des privaten Landwirtschaftsbetriebes erinnert heute an das Wilhelmitenkloster K., dessen größter Teil ein Brand 1810 vernichtete. Kirche und Klausur wurden schließlich 1826 bis auf das Brauhaus abgerissen, das heute als Scheune dient.

◆ Elm, Kaspar: K., in: Westfälisches Klosterbuch, Tl. 1, Münster 1992, 488–491.

Kleve, *Franziskanerkloster St. Maria (1285–1802), Erzdiözese Köln – (Kreisstadt, Nordrhein-Westfalen, ❐ 1, A5).*

▶ **Geschichte.** Graf Dietrich VI. (VIII.) von Kleve stiftete 1285 das letzte der acht mittelalterlichen Minoritenklöster der Erzdiözese Köln am Familienstammsitz K. im Niederrheingebiet. Die Franziskaner kamen aus ➛ Lübeck und fanden rasch Zugang zu den seelsorglichen Belangen der Bürger durch gelungene Integration in die Pfarrstruktur. Die Stadtpfarrkirche betreute der Propst des Prämonstratenserinnenstifts ➛ Bedburg. 1341 verlegte Graf Dietrich VII. (IX.) das Kollegiatstift St. Marien aus Kalkar in die Stadt, und die Kanoniker übten bis 1802 die Parochialrechte aus. Die Bettelbrüder mussten sich ihnen zwar unterordnen, verloren aber nicht den engen Kontakt zur Gemeinde und teilten sich Seelsorge, Predigt, Krankenfürsorge und Seelenheilmessen in meist gutem Einvernehmen. In der Reformationszeit blieb der Konvent katholisch, die Herzöge Johann III. und Wilhelm V. von K. zeigten Interesse für lutherisches und calvinistisches Gedankengut, das sich ungehindert ausbreitete. Den aus Köln herbeigerufenen Franziskanern Johann Heller von Corbach und Nikolaus Ferber gelang es nicht, die reformatorischen Umtriebe einzudämmen. Erst die Gegenreformation und erneute Zuwendung der Stadt zum alten Glauben garantierten seit 1571 den Erhalt des Konvents. Im 17./18. Jh. schützte die brandenburgische Herrschaft protestantische Interessen, duldete aber im Religionsvergleich von 1672 die katholischen Ansprüche. Nach 1629 entstand den Minoriten Konkurrenz durch einen Kapuzinerkonvent in der Stadt: die Brüder beider franziskanischen Orden einigten sich schließlich auf eine gemeinsame Krankenseelsorge. 1802 wurden ihre Häuser aufgehoben.

Kleve Franziskanerkloster, Innenansicht der zweischiffigen Hallenkirche mit Blick nach Westen.

▶ **Gegenwart.** Obwohl die Minoriten über 500 Jahre in K. lebten, ist wenig über sie bekannt, zumindest finden sie in der modernen Forschung keine Beachtung. Dabei hinterließen sie in der Kaveriner Straße eine bemerkenswerte gotische Klosterkirche (1425–45), die heutige katholische „Unterstadtkirche" St. Maria Empfängnis, die nach Kriegszerstörung 1944 wiederhergerichtet wurde. Es handelt sich um eine Backsteinhalle mit zwei Schiffen in charakteristischer Bettelordensform, die Verwandtschaft mit der Kreuzherrenkirche in ➛ Düsseldorf ist unverkennbar, hier aber mit einfachem Dachreiter. Innen bewahrt sie ein Chorgestühl von 1474, das als Meisterwerk niederrheinischer Holzschnitzkunst gilt: zwölf Heiligenfiguren schmücken die Stuhlwangen, die Miserikordien an den Klappsitzen zeigen Skulpturen von derb-bäuerlichem Witz. Holzstatuetten am Hauptaltar, Triumphkreuz und Madonna mit Kind sind Reste der gotischen Innenausstattung. Die nördlich anschließenden Klausurgebäude wurden nach dem Zweiten Weltkrieg nicht wieder aufgebaut.

◆ Janssen, Wilhelm: Die Minderbrüder, Köln 1995; Krebs, Wolfgang/Leinung, Friedrich: Religionsgemeinschaften in K., Kleve 1994; Maurer, Heribert: Das Klever Chorgestühl und Arnt Beeldesnider, Düsseldorf 1970; Locht, Peter van de: Die Geschichte der Unterstadtkirche, Kleve 1923.

Fabelwesen am Chorgestühl der Klosterkirche **Kleve**, ein Meisterwerk der niederrheinischen Schnitzkunst.

Klingenmünster, *Benediktiner Reichsabtei St. Michael u. a. (um 730–1490), Diözese Speyer – (Lkr. Südliche Weinstraße, Rheinland-Pfalz, ❐ 3, B3).*

▶ **Geschichte.** Erstmals wird die Abtei K. am Klingenbach am Fuß des Haardtgebirges 780 in Verbrüderungslisten jenes Klosterverbandes erwähnt, der sich auf den hl. Pirmin (um 670–753) beruft. Während die eigene Tradition eine Gründung durch den Merowingerkönig Dagobert I. um 630 postuliert, halten Historiker einflussreiche Adelskreise um den Mainzer Bischof Gerold (724–743) für die Stifter, was die Besitzkontinuität der Mainzer Kirche erklärt. Die ersten Mönche kamen aus Luxeuil, brachten eine columbanisch-benediktinische Mischregel mit und nahmen unter Pirminischem Einfluss aus ➛ Hornbach und Weißenburg (Elsass) die Benediktregel an. Quellenbelege für diese Vorgänge existieren nicht, Abtei und Archiv brannten 840 ab. In der ersten originär überkommenen Urkunde bestätigt Ludwig der Deutsche im Juni 849 alle Rechtstitel; genannt ist die Abtei in der „Notitia" der Aachener Synode 818/819 als fränkisches Reichskloster der untersten Klasse, einzig mit Gebetsverpflichtungen beauftragt. Aus Verbrüderungslisten der Klöster ➛ Reichenau und St. Gallen kann eine Mindeststärke von etwa 30 Mitgliedern angenommen werden, ein Großkloster war *monasterium Clinga* demnach nicht. Abt Otgar (826–847) hatte offensichtlich zugleich den erzbischöflichen Stuhl von Mainz inne; in den karolingischen Thronwirren wurde er entmachtet und die Abtei 840 niedergebrannt. Sein Nachfolger im Bischofsamt, Hrabanus Maurus, zuvor Abt in ➛ Fulda (822–842), setzte sich maßgeblich für den Wiederaufbau ein. Um 940 erneuerten ➛ Gorzer Reformgewohnheiten aus St. Maximin in ➛ Trier die benediktinischen Werte im Konvent und stießen eine Entwicklung an, die zur Hochblüte unter Abt Stephan (um 1080–1111) führte, zeitweise in Personalunion mit ➛ Limburg (Haardt), Weißenburg und Selz (Elsass). Künstlerisch und geistig stand K. in jener Zeit auf höchstem Niveau. Die neucluniazensische Reformwelle aus ➛ Hirsau blieb in K. interessanterweise ohne Einfluss. Die Anwesenheit des Literaten Gottschalk von Aachen (um 1075–1105), ein einflussreicher Hofkaplan und Kanzleivorsteher Kaiser Heinrichs IV., als Mönch in K. ist strittig, auch Limburg (Haardt) beansprucht seinen Aufenthalt. Zahlreiche Fälschungen aus der klostereigenen Schreibstube sollten Zugriffe der Bischöfe von Speyer verhindern, 1080 entstand deshalb das „Kaiserprivileg", das eine Stiftung um 630 durch Merowingerkönig Dagobert konstruierte. Die Leininger Grafen und Saarbrücker Erben bauten im 12./13. Jh. ihre Machtstellung gegenüber K. aus, was den wirtschaftlichen Niedergang und den neunten Platz der 13 Klöster des Bistums Speyer im Leistungskatalog von 1321 mit sich brachte. Erzbischof Dietrich von Mainz (Erbach) verordnete 1452 innere Reformen im Sinn der ➛ Bursfelder Kongregation, die Abt Bernhard Schilling (vor 1432–57) gehorsam annahm, denen der Konvent sich jedoch verweigerte. Abt Eucharius (1483–90) betrieb im Einvernehmen mit den vier adeligen Konventsmitgliedern aus Eigennutz gemeinsam mit Kurfürst Philipp von der Pfalz die Umwandlung in ein Kollegiatstift, was Papst Innozenz VIII. 1490 genehmigte. Das Säkularkanonikerstift K. hob Kurfürst Friedrich III. im Zuge seiner calvinistischen Reformationspolitik 1565 auf. Regelverstöße waren den Kanonikern nicht vorzuwerfen.

▶ **Gegenwart.** Von der Säulenbasilika, die Abt Stephan um 1100 bauen ließ, sind Stümpfe der Westtürme und die Verbindungswand erhalten; die tonnengewölbte Vorhalle stammt vom Ende des 12. Jh. und birgt heute ein Lapidarium mit romanischen Spolien. 1737 wurde die Kirche bis auf das Westwerk abgebrochen und auf den alten Fundamenten unter Verwendung ursprünglicher Mauerteile die heutige barocke Pfarrkirche St. Michael erbaut. Der Südarm des romanischen Querschiffs blieb Sakristei. Ost- und Westflügel der mittelalterlichen Klausur wirken überbaut; zwei Doppelarkaden des romanischen Kreuzgangs sind im Ostflügel freigelegt. Eine Immunitätsmauer aus dem 13. Jh. umschließt zu großen Teilen

Klingenmünster Benediktiner Reichsabtei, Klausurgebäude bewahren Arkaden des romanischen Kreuzgangs.

noch heute das Areal. Ein im 18. Jh. aufgefundener Stein mit Ritzdatum 629 ist kein Beweis für die Gründungszeit.

◆ GermBen 9, 230–259; Klasing, Frank: Burg und Herrschaft Landeck in der Pfalz, Neustadt a.d. Weinstraße 2003.

Klosterbeuren, *Augustiner-Chorfrauenstift St. Ursus und Heilig Blut (1273– Anfang 15. Jh.), Franziskaner-Tertiarinnenkloster Heilig Blut (Anfang 15. Jh. –1803), Diözese Augsburg – (Babenhausen-K., Lkr. Unterallgäu, Bayern, ❒ 3, D4).*

▶ **Geschichte.** Heinrich und Eberhard von Schönegg stifteten 1273 religiösen Frauen in Wurzach ihren Grundbesitz in *Buorrun* südlich des Marktes Babenhausen im schwäbischen Unterallgäu. Sie beabsichtigten die Gründung eines Konvents mit Augustinusregel. Der Lehnsherr Graf Hartmann von Grüningen bestätigte die Stiftung. Edle von Schönegg stellten zweimal Augsburger Bischöfe, so Ulrich II. (1331–37) und Heinrich III. (1337–48). 1354 ging die Herrschaft über K. auf das Hochstift Augsburg über. Anfang des 15. Jh. errichteten die Augustiner-Chorfrauen die heute noch existierende Stiftskirche St. Ursus. Eine Inschrift erwähnt 1414 die Schwestern Mechtildis Besserin und Anna Stofflerin, sie seien „da gewest im Anfang des Gotteshauses“. Um diese Zeit gehörten die Frauen als Tertiarinnen dem Dritten Orden der Franziskaner an; nähere Umstände des Wechsels sind nicht bekannt. Unter dem Einfluss der oberdeutschen Franziskaner-Observanten ging 1456 ein Gründungskonvent von K. nach Mindelheim, wo noch heute das Tochterkloster als Barockanlage existiert. 1486 inkorporierte der Augsburger Bischof auf Wunsch Papst Innozenz‘ VIII. die Pfarrei dem Kloster, 1499 kamen die Ortsherrschaft und niedere Gerichtsbarkeit hinzu. Weniger die Reformationswirren als vielmehr der Dreißigjährige Krieg und Epidemien bedeuteten tiefe Einschnitte im Konventsleben. 1660 soll ein Splitter der Geißelsäule Christi in das Kloster gekommen sein, woraufhin es sich „Kloster zum Heiligen Blut“ nannte. Die barocke Entfaltung im 18. Jh. zeigt die reiche Ausstattung der Klosterkirche. 1803 ging der Besitz an den kurfürstlich-bayerischen Staat über.

▶ **Gegenwart.** Vom weitläufigen Klosterkomplex blieben lediglich die Kirche und das ehemalige Gästehaus aus dem 16. Jh. erhalten. Die im 14./15. Jh. entstandene dreischiffige Kirchenhalle, heute katholische Pfarrkirche St. Ursus, wurde im 18. Jh. barock umgestaltet; lediglich Teile des Chors und der knapp 30 m hohe Glockenturm stammen aus dem frühen 15. Jh.; entsprechend ist auch die Ausstattung vom Barock-Rokoko geprägt. Das in Holz gefasste Kruzifix aus dem 15. Jh. retteten die Schwestern vor dem Zugriff der Schweden. Eine große Holztafel verzeichnet seit 1414 insgesamt 186 Namen der bis 1835 verstorbenen Konventsmitglieder.

◆ HHistStD 7; Kowanz, Josef: Katholische Pfarrkirche „St. Ursus“ K., Babenhausen 2006.

Klostermansfeld, *Benediktinerpriorat St. Maria ([um 1040?] um 1160–1525), Diözese Halberstadt – (Lkr. Mansfeld-Südharz, Sachsen-Anhalt, ❒ 2, A5).*

▶ **Vorgeschichte.** Abt Werinheri (968–982) von ➛ Fulda übergab den Abteibesitz im östlichen Harzvorland um Mansfeld 973 an das Erzstift Magdeburg. Die Landesherrschaft übten zunächst die Wettiner aus, Mitte des 11. Jh. erschienen die Grafen von Mansfeld, deren Reichtum auf dem einsetzenden Bergbau fußte. Als Sohn einer Bergmannsfamilie verbrachte Martin Luther Ende des 15. Jh. seine Kindheit in Mansfeld.

▶ **Geschichte.** Gründungszeit und -umstände des Klosters K. im Dorf Mansfeld, (4 km) südlich der Burg und Stadt Mansfeld, sind unbekannt. Schon der erste Chronist, der Theologe Cyriakus Spangenberg (1528–1604), bezweifelte 1574, dass eine Urkunde König Heinrichs III. von 1043 mit K. in Verbindung gebracht werden kann. Trotzdem werden heute etwa 1040 allgemein als Gründungszeit und die Grafen von Mansfeld als Stifter anerkannt. Hoyer der Große, der erste Graf von Mansfeld und treuer Vasall König Heinrichs V., fiel 1115 in der Schlacht am Welfesholz und wurde angeblich in der Klosterkirche K. beigesetzt. Erste gesicherte Daten erscheinen Mitte des 12. Jh.: Albrecht der Bär, Markgraf von Brandenburg, und Graf Hoyer IV. von Mansfeld brachten 1158/60 von einer Pilgerfahrt Benediktinermönche aus dem Tal Josaphat bei Jerusalem mit und belebten das Kloster im Dorf Mansfeld oder frischten einen bestehenden Konvent auf oder wandelten ein Säkularkanonikerstift in ein reguliertes Benediktinerkloster um. Das Kloster in Mansfeld galt als Priorat der Benediktiner an der Grabeskirche Marias im Tal Josaphat und unterstand dem Jerusalemer Patriarchen. Nach der Zerstörung der orientalischen Abtei 1187 durch Saladin setzte der Magdeburger Metropolit einen Prior ein, womit „Klostermansfeld“, wie sich der Ort nun nannte, zur Diözese Halberstadt gehörte. Interessanterweise hatten die kreuzzugsbegeisterten Grafen nicht wie sonst dem Kreuzritterorden ihre Stiftung übergeben, sondern Benediktinern. 1171 sind Geld- und Landschenkungen der Mansfelder Herrschaft dokumentiert. 1328 übereignete sie alle Rechte am Dorf, die Vogtei behielt sie bis zur Aufhebung des Priorats. Im Konflikt mit seinem Domstift und den umliegenden

Klostermansfeld Benediktinerpriorat, schlichte, romanische Ausstrahlung im Mittelschiff der Klosterbasilika.

Klosterrode Prämonstratenser-Chorherrenstift, die Funktion eines der bemerkenswertesten romanischen Räume der Südharzregion ist nicht sicher zu bestimmen.

Fürsten zog Bischof Albrecht II. von Halberstadt (Braunschweig) 1342 verheerend durchs Mansfelder Land; noch 1347 hatte Prior Paulus nicht alle Schäden am Kloster behoben. Anfang des 15. Jh. vertrieben die Schutzherren den Konvent, weil dieser aus Söhnen verfeindeter Adelsfamilien bestand; erst um 1425 wurde K. neu besetzt. 1522 entschied sich das Grafenhaus für die neue Lehre ihres Landessohnes Martin Luther, der inzwischen an der Universität Wittenberg die Reformation angestoßen hatte. Schon 1523 wurde der Augustiner-Eremitenkonvent im nahen ➛ Eisleben aufgelöst, der Bauernkrieg 1525 suchte die übrigen elf Klöster des Landes schwer heim, so auch K. Der letzte Prior, Pankratius Künsdorffer aus Franken, übergab Graf Gebhart von Mansfeld gegen finanzielle Ablöse das möglicherweise verödete Kloster, heiratete und wurde evangelischer Pfarrer.

▶ **Gegenwart.** Die romanische Klosterkirche aus der zweiten Hälfte des 12. Jh. dient heute als evangelische Pfarrkirche. Von der flachgedeckten, dreischiffigen Basilika mit breiten Querhausarmen, apsidialem Chor und zweitürmigem Westbau blieb nach dem Bauernsturm von 1525 nur das Mittelschiff mit Stützenwechsel, vermauerten Arkaden, flachabschließendem Chor und turmloser Westwand übrig. Restaurationsarbeiten (1960–70) bauten die Seitenschiffe wieder an und legten Arkaden frei. Der Westbau war schon in der Barockzeit erhöht und mit einer Zwiebelhaube gekrönt worden. Das Langhaus erhielt seine schlichte romanische Klarheit zurück, mit Schildbogen verzierte Würfelkapitelle verweisen auf Hirsauer Baumotive, ein Kapitell besitzt ornamentalen Schmuck. Maßwerkfenster liefern das Indiz für den Neuaufbau des quadratischen Chorraums im 15. Jh. Klausur- oder Wirtschaftsgebäude blieben nicht erhalten.

◆ Schmitt, Reinhard: Die Prioratskirche in K., Halle 2005; Roch-Lemmer, Irene: Die „Mansfeldische Chronica" des Cyriakus Spangenberg, Halle/Saale 2004; Neumann, Helga: K., München 1998.

Klosterrode, *Prämonstratenser-Chorherrenstift St. Albanus (nach 1147–1539) – „Rode", Diözese Halberstadt – (Blankenheim-K., Lkr. Mansfeld-Südharz, Sachsen-Anhalt, ❐ 2, A5).*

▶ **Geschichte.** Der Prämonstratenserpropst Heinrich (1138/47) resignierte 1147 im Stift ➛ Gottesgnaden bei Calbe und kam nach „Rode" im südlichen Harzvorland, wo er ein neues Tochterstift mit Chorherren aus dem Hauptstift Unserer Lieben Frauen in ➛ Magdeburg gründete und offensichtlich mehr Erfolg mit seiner strengen Auslegung der Augustinusregel erzielte. Die Existenz einer Frauenniederlassung in K. bereits seit 1118 ist Legende. Die Edlen von Querfurt, auch Burggrafen von Magdeburg, könnten als Stifter aufgetreten sein, zumindest hatten sie die Schirmvogtei inne, die später von den Mansfelder Grafen übernommen wurde. Reformbischof Reinhard von Halberstadt (Blankenburg) hatte 1119 im nahen ➛ Kaltenborn mit Stiftungsgut des Grafen Wichmann ein Augustiner-Chorherrenstift gegründet, mit dem die Prämonstratenser von K. schon im 12. Jh. regelmäßig in Streit lagen. In Erzbischof Wichmann von Magdeburg (Seeburg) fanden die weißen Chorherren um diese Zeit offensichtlich einen aufmerksamen Förderer. K. entwickelte sich gut, trotz starker Konkurrenz auch von ➛ Wimmelburg, ➛ Sittichenbach, ➛ Memleben, ➛ Göllingen, ➛ Sangerhausen und ➛ Klostermansfeld, die das Prämonstratenserstift ringartig umschlossen. Die wirtschaftliche Hochblüte ohne herausragende Position und Ausstrahlung war im 13. Jh.

erreicht. Stift und Dorf Blankenheim gehörten im Spätmittelalter zum Amt Sangerhausen, das 1369 in den Besitz der Wettiner gelangt war und nach der Leipziger Teilung 1485 der albertinischen Linie des Herzogtums Sachsen-Meißen-Dresden unterstand. Um 1470 litt K. an Brandzerstörung durch Unwetter und Brandstiftung, mit den Bewohnern von Blankenheim mehrten sich die Konflikte. Der Bauernaufstand von 1525 verlief verhältnismäßig glimpflich für K., die Anlage wurde geplündert, aber nicht zerstört; Propst Michael Wehert (1519–34) und Konvent waren geflohen, kehrten aber auf Befehl Herzog Georgs des Bärtigen zurück. 1535 zählte die Gruppe noch acht Chorherren, 1540 stand Propst Petrus Meyss (1537–40) nur noch ein Konventuale zur Seite. Der protestantische Herzog Heinrich II. ließ Stift K. wie alle noch verbliebenen Klöster Sachsens 1539/40 säkularisieren.

▶ **Gegenwart.** Aus Stift K. entstand unter wechselnden Besitzern ein Renaissanceschloss mit Gut, später ein barocker Herrensitz. Geblieben ist das „Alte Schloss", das seit 1992 verdienstvoll von der kleinen Gemeinde Blankenheim saniert wird. Zwei Flügel enthalten Kellerräume mit romanischen Bauelementen der Prämonstratenser, der Kirchenraum wurde noch bis 1954 als Gebetsraum genutzt. Beeindruckend ist eine zweischiffige Halle mit Pfeilern, Gurtbögen und Kreuzgratgewölbe, die nach Expertenmeinung nicht dem ehemaligen Refektorium entspricht, sie gilt heute als einer der schönsten romanischen Räume der Südharzregion.

◆ HHistStD 11, 245f.; MonPraem 295f.

Knechtsteden

Knechtsteden, *Prämonstratenser-Chorherrenstift St. Maria und St. Andreas (um 1130–1802), Missionshaus der Spiritaner St. Maria und St. Andreas (seit 1895), Erzdiözese Köln – (Dormagen-K., Rhein-Kreis Neuss, Nordrhein-Westfalen, ❐ 1, A5).*

▶ **Geschichte.** Eine Gründungsurkunde von Stift K. existiert nicht. Die „Fundatio Knechtstedensis" von 1723 berichtet über Dekan Hugo von Köln (Sponheim), seit 1129 Propst am Marienstift Aachen und 1137 als Elekt des erzbischöflichen Stuhls von Köln gestorben, der um 1130 seinen Hof K. auf der linken Rheinseite für ein Regularkanonikerstift einbrachte, was Erzbischof Bruno II. 1134 bestätigte. Die Chorherren erhielten episkopale Freiheiten, freie Vogtwahl, Pfarrrechte und den Rottzehnten, die Exemtion wurde aber nicht gewährt. Die Ordenszugehörigkeit unter Propst Heribert (1129–50) und seinen Nachfolgern blieb bis Anfang des 13. Jh. unklar; einiges spricht für eine Besiedlung aus ➛ Steinfeld, manches für eine Gründung direkt durch Prémontré. K. wird erst 1217 im Ordenskatalog genannt, und zwar als Tochter Steinfelds, im Katalog von 1320 erscheint es als Filiation Prémontrés. Kaiser Friedrich I. Barbarossa bestätigte im Juli 1155 Besitz, Privilegien und Reichsschutz, Papst Hadrian IV. gewährte päpstlichen Schutz. 1138 begann der Kirchenbau, der unter dem dritten Propst Hermann (1151–81) vollendet werden konnte. Es bleibt hypothetisch, ob K. anfangs einen Doppelkonvent beherbergte und die Frauen 1166 nach ➛ Flaesheim versetzt wurden. Propst Heribord (1182–86) führte 1185 erstmals den Abtstitel. Als früher Mäzen ragt Albert von Sponheim heraus, ein Verwandter des Stifters Hugo und dessen Amtsnachfolger im Aachener Marienstift. Er wurde um 1162 vor dem Hauptaltar der Kirche beigesetzt. Neben den Erzbischöfen traten die Grafen von Hochstaden-Wickrath als Schirmherren und Förderer auf, aber auch die Grafen von Molbach-Nörvenich, ihre Rechtsnachfolger, die Grafen von Jülich und ebenso die Grafen von Berg. K. übte die Paternitätsaufsicht über mehrere Frauenstifte aus, so über Ellen bei Düren, Flaesheim, Langwaden, ➛ Reichenstein, Dortmund und Köln-Weiher (➛ Köln [2]), teilweise im Wechsel mit Steinfeld und ➛ Hamborn. In der zweiten Hälfte des 13. Jh. deuten Landverkäufe wirtschaftliche Schwierigkeiten an; die Kölner Stiftsfehde (1473–80) traf die Abtei empfindlich. Abt Ludger Monheim (1474–90) nutzte den Wiederaufbau zur inneren Reform, wobei Prämonstratenser aus Bloemhof zu Wittewierum bei Groningen (Niederlande) halfen, deren Konvent von

Knechtsteden Prämonstratenser-Chorherrenstift, monumentale Romanik in der Basilika, Nordseitenschiff.

der ➛Windesheimer Kongregation beeinflusst war. Abt Gerhard Heze (1490–96) führte die Reform erfolgreich zu Ende. Mit innerer Festigkeit, Ausstrahlung und betonter Pfarrseelsorge begegnete der Konvent unter Abt Matthias von Thurre (1507–43) den Reformationswirren. Eine Visitation 1569 bescheinigt ein positives Bild, zwei Apostaten sind erst 1600 überliefert. Im 17./18. Jh. folgten innere Krisen, Dreißigjähriger Krieg, Konfrontation mit der Bruderabtei Steinfeld, wirtschaftlicher Aufschwung, barocke Prachtentfaltung und der Verlust geistlicher Bedeutung. Beim Einmarsch der französischen Revolutionstruppen 1794 verbrannte das Stiftsarchiv, 22 Prämonstratenser waren ins rechtsrheinische Dortmund geflohen. Die Aufhebung erfolgte im September 1802. Der Exkonventuale Winand Kaiser († 1842) rettete die Abtei durch Kauf vor dem Abriss. Die Schäden eines Großbrands 1869 beseitigten die Neusser und Kölner Bauvereine und schließlich die Spiritaner.

▶ **Gegenwart.** Seit 1895 unterhalten Spiritaner eine Missionszentrale mit Gymnasium, Werkstätten und Begegnungshaus in dem barocken Abteikomplex auf einer idyllischen Anhöhe über der Rheinschleife. Vom mittelalterlichen Architekturbestand blieb einzig die Abteikirche erhalten, die zu den bedeutendsten Klosterbauten der Romanik in Deutschland zählt. Die dreischiffige Gewölbebasilika des 12. Jh. auf kreuzförmigem Grundriss kennzeichnen zwei Choranlagen, zwei Chorflankentürme im Osten und ein mächtiger, achtseitiger Vierungsturm. Beeindruckend wirkt die Monumentalität des Innenraums im gebundenen System mit Stützenwechsel; hervorzuheben ist das Christusfresko in der Westapsis (um 1160).

◆ Ehlers-Kisseler, Ingrid: Die Anfänge der Prämonstratenser im Erzbistum Köln, Köln u. a. 1997; Schulten, Walter: Die ehemalige Prämonstratenser Stiftskirche K., Neuss 1984; Grosses, Wilhelm: Zur Chronologie der Knechtstädter Pröpste und Äbte, in: Annalen des Historischen Vereins für den Niederrhein 149/150 (1950/51) 7–29.

Kniebis Franziskanerkloster/Benediktinerpriorat, gotische Ruinenreste des Klosters auf der Passhöhe.

Kniebis, *Franziskanerkloster St. Maria (vor 1277–1341), Benediktinerpriorat St. Maria (1341–1595) Diözese Konstanz – (Kreisstadt Freudenstadt, Baden-Württemberg, ❐ 3, C4).*

▶ **Geschichte.** Am Kniebis auf der Passhöhe an der Oppenauer Steige entlang der Fernhandelsstraße Augsburg – Ulm – Straßburg unterhielt 1267 Bruder Ulrich laut Überlieferung ein Hospiz mit Kapelle zur Versorgung der Reisenden; die kleine Anlage oblag der Zisterzienserabtei ➛Heisterbach. Bischof Eberhard II. von Konstanz (Waldburg) trennte 1267 die Kapelle von der Pfarre Dornstetten. 1271 sollen sich Kanoniker um die Reisenden gekümmert haben, 1277 jedoch sind Minoriten am Hospital nachweisbar. Die einsame Niederlassung eines urbanen Franziskanerkonvents blieb im deutschsprachigen Raum des Mittelalters lange ein Einzelfall. Für abgeschiedene Tallagen gab es Vorbilder, so ➛Seligenthal bei Siegburg, aber für Passlagen folgte erst 1448 das Beispiel Jobstberg des Konvents ➛Bielefeld im Teutoburger Wald. Der Mendikantenkonvent genoss hohe Anerkennung und erhielt einige Landstiftungen in der Umgebung. 1278 übereignete Heinrich von Fürstenberg dem Konvent die Kirche samt Zubehör, 1330 übergab Graf Rudolf von Hohenberg das Patronat der Kirche zu Dornstetten. 1320 gelangte K. an Graf Ulrich III. von Württemberg. 1341 nahm der Konvent unter Vorsteher Walter von Dornstetten (1330/41) die Benediktregel an und unterstellte sich Abt Brun Schenk (1337–77) von ➛Alpirsbach. K. wurde bis zu seiner Auflösung als abhängiges Priorat von Alpirsbach geführt, dem ein Prior vorstand. Mit freier Wahl und eigener Verwaltung konnte eine gewisse Selbständigkeit bewahrt werden, wenngleich der Abt Geschäfte immer absiegeln musste. Umgekehrt waren das Priorat betreffende Verträge des Abtes ohne Prioratssiegel ungültig, auch hatte der Prior im Konvent zu Alpirsbach Stimmrecht. In den Jahren 1463 und 1513 brannte die Anlage nieder; 1463 rief Graf Eberhard im Bart seine Untertanen zu Almosen für die Brüder am Berg auf, die ein zweijähriges Bettelprivileg erhielten. Herzog Ulrich wiederholte das Privileg nach dem zweiten Brand 1513. Er hob auch die Verdienste der Mönche um die Reisenden hervor, was ihn jedoch nicht abhielt, das Priorat 1535 aufzulösen. Eine Restitution 1549 dauerte nur zehn Jahre. 1799 wurde die Anlage von biwakierenden französischen Truppen niedergebrannt.

▶ **Gegenwart.** Am Forbach in Ortsrandlage von K. haben sich trotz dreimaligen Brandes Reste der gotischen Klosterkirche als Ruine erhalten. Es stehen Mauern der Vorhalle mit Torbogen, spätgotischen Maßwerkfenstern und spitzbogiger Seitenpforte.

◆ GermBen 5, 345ff.

Koblenz, *Deutschordens Landkommende St. Maria und St. Elisabeth (1216–1807), Erzdiözese Trier – (kreisfreie Stadt, Rheinland-Pfalz, ❐ 3, B1).*

▶ **Geschichte.** Erzbischof Dietrich II. von Trier (Wied) übertrug 1216 dem Deut-

Koblenz Deutschordens Landkommende, das Deutschherrenhaus am „Deutschen Eck" entstand 1276 auf romanischen Grundmauern und dient heute als Museum.

schen Orden das Nikolausspital des St. Florinstifts in K., der seiner Hospitalverpflichtung nachkam und die erste Kommende im Rheinland gründete, die zum Hauptsitz eines ganzen Kommendenverbandes entlang des Rheins bestimmt wurde. Die kurz darauf gegründete Kommende Köln scheint bereits dem Komtur Ludwig von K. (1219/31) unterstellt gewesen zu sein. Erst 1249 vermerkte eine Urkunde die Lage der Kommende direkt am Zusammenfluss von Mosel und Rhein (dem späteren „Deutschen Eck"). Es war ein Gebäudeensemble mit der Kapelle St. Maria und Elisabeth. Die städtische Erweiterung der Schutzmauer bezog 1254 die Kommende unter finanzieller Beteiligung ein, die Deutschherren erhielten 1301 das Bürgerrecht. Komtur Matthias von Lonnich (1274–95) übte wohl in Personalunion auch das Amt des Deutschmeisters aus, des obersten Gebieters über alle deutschen Balleien. Der Niederlassungsverband aus sieben Kommenden unter K. unterstand dem Hochmeister des Ordens direkt, ohne dass im 13. Jh. die Bezeichnung „Kammerballei" benutzt worden wäre. Die Bezeichnung Ballei K. tauchte erst im allgemeinen Sprachgebrauch des 15. Jh. auf; die große wirtschaftliche Bedeutung des Rheins begründete wohl diese direkte Unterstellung. Seit 1349 setzte der Hochmeister in Marienburg (Ostpreußen) meist Ordensritter aus Preußen als Vorsteher in K. ein. In den ersten zwei Jahrhunderten konnte der Eigenbesitz durch Schenkungen und Zukäufe erheblich vergrößert werden. Der Erwerb von Elsen, einem reichsunmittelbaren Gebiet, wohin die Kommende → Gürath verlagert wurde, sicherte dem Komtur von K. seit 1263 einen Sitz auf den Reichstagen. Der Weinhandel entlang des Rheins erlangte durch Zollvergünstigungen hohen Stellenwert, die „Kammerballei" K. versorgte den Ordensstaat Preußen mit Waren und Nachwuchs. Die militärische Niederlage des Ordens bei Tannenberg 1410, allgemeine Wirtschaftsrezession, Verlust der Ordensideale, innere Spaltung und Mitgliedermangel bestimmten die schwierige Situation im 15. Jh., die von zunehmenden Geldforderungen des Hochmeisters begleitet wurde. Unter Komtur Ludwig von Saunsheim (1501–24) zählte der gesamte Verband (Ballei) maximal 15 Ordensbrüder, die Verbandskomture (Landkomture) residierten schon seit längerer Zeit in Köln. Nach Verpfändung des Verbandes K. durch Hochmeister Albrecht von Brandenburg (1510–25) für den Krieg gegen Polen und in Hinblick auf die beabsichtigte Säkularisierung des preußischen Ordensbesitzes gelangte die Kommende 1525 in die Verfügungsgewalt des Deutschmeisters Dietrich von Cleen (1515–26), der als Administrator des Hochmeisters seine Residenz nach → Mergentheim verlegte. Bis zur Auflösung 1807 blieb die katholische Kommende K. Versorgungsstätte der meist habsburgischen und reichsfürstlichen Hoch- und Deutschmeister.

▶ **Gegenwart.** Die gesamte Fläche des weitläufigen Areals südlich der Stiftskirche St. Castor war bis 1944 dicht bebaut. Als auffälligster Gebäuderest der nach Süden offenen Dreiflügelanlage beherrscht heute das riesige „Deutschherrenhaus" an der Rheinseite das freie Parkgelände, das durch preußische Initiative nach wie vor ummauert ist. Die Ordensritter bauten das Wohn- und Verwaltungshaus nach 1276 auf den romanischen Mauern des Rüdesheimer Hofes auf, den sie zur Vergrößerung ihrer Kommende erworben hatten. Der dreigeschossige Rechteckbau mit Treppenturm an der Südwestecke und steilen Schildgiebeln dient heute als Museum und Galerie. Von der gotischen „Trotzenburg", die nach 1318 weiter westlich anstelle des Hospitals gebaut wurde, ist nur das Erdgeschoss erhalten. Die 1306 geweihte Ordenskirche existierte bis auf die Südwand mit prächtigen Gewölbekonsolen schon Anfang des 19. Jh. nicht mehr; Ausgrabungsbefunde lassen eine dreijochige, dreischiffige Halle vermuten, vergleichbar mit der → Ramersdorfer Kapelle des Ordens auf dem Bonner Friedhof. Das westliche Portal ist der Rest eines erzbischöflichen Gebäudes aus der Barockzeit.

◆ Eikels, Klaus van: Die Deutschordensballei K. und ihre wirtschaftliche Entwicklung im Spätmittelalter, Marburg 1995; Limburg, Hans: Die Hochmeister des Deutschen Ordens und die Ballei K., Bad Godesberg 1969.

Kölleda, *Zisterzienserinnenkloster St. Maria und St. Johannes Baptist (1265–1554), Erzdiözese Mainz – (Lkr. Sömmerda, Thüringen, ❐ 2, A5).*

▶ **Geschichte.** Auf eigenem Besitz am Rand des Thüringer Beckens gründete Abt Heinrich III. (1260–78) von ➛Hersfeld 1265 das Frauenkloster K. Die ersten Schwestern kamen 1266 mit Einwilligung Erzbischof Werners von Mainz (Eppstein) aus dem untergegangen Benediktinerinnenkloster Frauensee. Die Benediktinerinnen in Frauensee unterstanden der Reichsabtei Hersfeld und wurden zweimal (1311/16) sowohl vom Papst als auch vom Hersfelder Abt als Zisterzienserinnen bezeichnet. Eine vorübergehende Unterordnung unter die Zisterzienserobservanz war nicht ungewöhnlich, dies vollzogen etwa die Ordensschwestern von ➛Allendorf und ➛Blankenau ebenfalls. Der Konvent in Frauensee galt später definitiv als benediktinisch, der Tochterkonvent in K. galt indes immer als Zisterzienserinnenkloster, wenngleich er dem Orden nie inkorporiert war; er blieb den Hersfelder Benediktinern unterstellt und gehörte zum Klosterverband dieser mächtigen Reichsabtei, wie 13 weitere Klöster auch. Die Grafenfamilie von Beichlingen-Rothenburg übernahm die Schirmherrschaft und förderte die Gemeinschaft K. auffällig, etwa mit den örtlichen Pfarreinnahmen. Möglicherweise waren die Grafen unmittelbar an der Gründung beteiligt, hatten sie doch die nahen Frauenklöster ➛Frankenhausen (Thüringen) und ➛Kelbra gestiftet. Den Schwestern wurde die Pfarrkirche St. Peter und Paul übergeben, das Patrozinium wechselte zu Johannes Evangelist, später dann noch einmal zum Täufer. Die Klosterkirche blieb Pfarrkirche, auch wenn im Ort noch eine Wippertikirche existierte; der von Hersfeld eingesetzte Propst war zum Pfarrdienst verpflichtet. Die Zisterzienserinnen unterstützten 1274 ihre Mitschwestern in ➛Saalfeld-St. Nikolaus beim Umzug nach ➛Stadtilm und gingen Gebetsbrüderschaften mit ➛Langendorf, ➛Ichtershausen, ➛Prießnitz, Kelbra, ➛Roda und ➛Oberweimar ein. Alle diese Frauenkonvente bekannten sich zwar zur Zisterzienserregel, gehörten dem Orden aber nicht an, manche müssen gar (wie Langendorf) dem Benediktinerverband zugerechnet werden. Äbtissin Jutta und Konvent bestätigten 1311 eine Schenkung. 1322 verkauften Äbtissin Gertrudis und Propst Marold dem Deutschordenshaus ➛Griefstedt Besitz in Leubingen, 1344 erwarb diese Kommende erneut Land im Griefstedter Flur. Auch die Zisterzienserabtei ➛Walkenried erstand 1346 Wiesen bei Pfellel, die Mönche nahmen die Schwestern in ihre Gebetsgemeinschaft auf. Finanzielle Not zwangen Äbtissin Katharina und Propst Erwin 1367 zum Verkauf des Erfurter Klosterhofes. Papst Gregor XI. bezeichnete K. 1375 als verschuldetes und heruntergekommenes „Benediktinerinnenkloster" und verlangte die Wiedererstattung verloren gegangener Güter. Im 15. Jh. scheint sich die wirtschaftliche Lage leicht gebessert zu haben, unter Äbtissin Margarete von Harras (1482/1525) zählte der Konvent 48 Schwestern. Der Bauernkrieg 1525 blieb ohne Folgen für das Kloster. Der katholische Herzog Georg der Bärtige von Sachsen-Meißen-Dresden garantierte die Existenz bis 1539. Visitatoren fanden 1535 nur noch zwei Schwestern vor, 1538 waren es wieder 15. Die nachfolgenden evangelischen Landesherrn gingen mit dem hersfeldischen Kloster zögerlich um, denn erst nach dem Tod der letzten Äbtissin Katharina von Schafstädt 1554 zog Kurfürst August von Sachsen die Güter ein. Die Gemeinde erhielt die Kirche; 1556 kaufte die Stadt Besitz und Gebäude.

▶ **Gegenwart.** Die ehemalige Klosterkirche und heutige katholische Johanneskirche dient nur noch als Friedhofskirche. Die Zisterzienserinnen übernahmen 1266 eine dreischiffige, querschifflose Basilika aus dem 12. Jh. mit geradem Chorabschluss. Urkunden verweisen auf Baumaßnahmen im Spätmittelalter. Die Seitenschiffe wurden 1626 abgerissen, die Arkadenbögen des Mittelschiffs sind an den heutigen Außenwänden deutlich zu sehen. Der Westturm musste 1825 neu aufgebaut werden. Die Klausurgebäude sind verschwunden, ihr Anschluss an die Kirche lässt sich wegen des starken Eingriffs im 17. Jh. heute nicht mehr rekonstruieren.

◆ Mohn, Claudia: K., in: Mittelalterliche Klosteranlagen, Petersberg 2006, 304f.; Jürgensmeier, Friedhelm (Hg.): Handbuch der Mainzer Kirchengeschichte, 3 Bde., Würzburg 1997–2002.

Köln, *(1) Antoniter-Präzeptorei St. Antonius; (2) Augustiner-Chordamenstift St. Maria und St. Johannes Evangelist; (3) Benediktinerabtei St. Martin und St. Eliphius; (4) Benediktinerabtei St. Pantaleon; (5) Benediktinerinnenabtei St. Maria; (6) Franziskanerkloster St. Franziskus; (7) Kartäuserkloster St. Barbara; (8) Klarissenkloster St. Klara, Erzdiözese Köln – (kreisfreie Stadt, Nordrhein-Westfalen, ❐ 1, A5).*

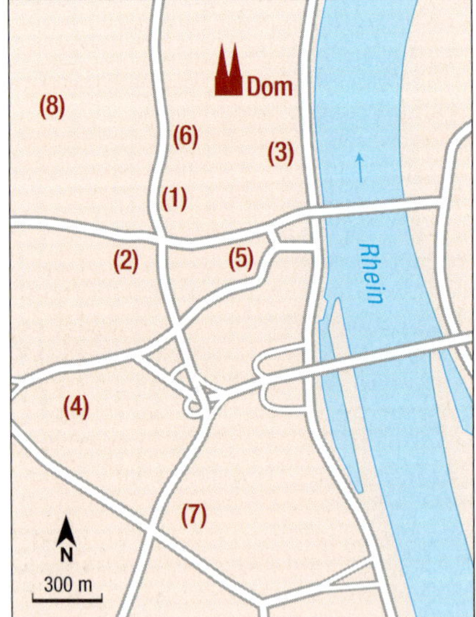

Köln, *(1) [Sackbrüderkloster (?) (um 1260–um 1280)], Antoniter-Präzeptorei St. Antonius (1298–1802) – „Antoniterkirche".*

▶ **Geschichte.** Den Antoniter-Chorherren übertrug der Kölner Erzbischof Wigbold von Holte 1298 die ehemalige Niederlassung der Sackbrüder, die dazu selbst den Anstoß gegeben hatten, weil ihr Orden aufgelöst worden war und sie sich eine Zukunft bei den Antonitern versprachen. In K. hatten sich die Sackbrüder um 1260 erstmals auf deutschem Boden niedergelassen und ein Generalstudium eingerichtet. Ein Teil der Sackbrüder schloss sich den Antonitern an, die, aus ihrer Generalpräzeptorei Roßdorf kommend, das Kölner Haus zum bedeutenden Zentrum des Ordens ausbauten. 1350 begann die Errichtung der heute noch bestehenden Kirche, die immer auch als Pfarrkirche diente. Ordensprotokolle von 1477 registrierten in K. mehr Mitglieder als in Konstanz oder ➛Memmingen. Schwerpunkte ihrer Terminierbemühungen lagen in Westfalen und im Westerwald. Auf dem Höhepunkt der Entfaltung des Mutterhauses Roßdorf verlegte der Orden wegen zunehmender Konflikte mit den Hanauer Reichsgrafen die Generalpräzeptorei 1441 in das kurmainzische ➛Höchst am Main nahe bei Frankfurt. Im ausgehenden Mittelalter verlor sich die caritative Bedeutung der Antoniter im Kampf gegen Mutterkornvergiftungen; schwindende Terminiereinnahmen erzwangen die Aufhebung zahlreicher Häuser. Trotz hoher Verschuldung durch den verschwenderischen Lebensstil Präzeptor Goswins von Orsoy (1488–1509) in Höchst konnten sich die Konvente Höchst und K. über die Reformationswirren hinaus halten. Papst Gregor XIII. erhob das Antoniterhaus K. 1581 zur selbständigen Generalpräzeptorei. Beide Präzeptoreien weigerten sich 1616, Reformen anzunehmen und trennten sich vom Orden, was die Häuser bei der Inkorporation des Antoniterordens in den Malteserorden 1776 rettete. Insofern existierten von einst etwa 40 Präzeptoreien in Deutschland lediglich Höchst und K. bis zur allgemeinen Säkularisation 1802/03.

▶ **Gegenwart.** Die ehemalige Antoniterkirche inmitten der Stadt in der Schildergasse dient heute als „AntoniterCityKirche" nicht nur der evangelischen Gemeinde als Gotteshaus, sondern auch als Ruhepunkt im hektischen Alltagstrubel der Großstadt. Der gotische Bau ist eine dreischiffige Basilika ohne Querschiff, Annexräume und Turm sind von bettelordenstypischer Schlichtheit. Die Weihe erfolgte vermutlich um 1380. Auffällig sind weit hervortretende Strebepfeiler und das steile Dach mit Dachreiter. Die protestantische Gemeinde gestaltete ihr erstes Gotteshaus gleich nach der Säkularisation 1802 innen klassizistisch um und baute Emporen ein, die Ende des 19. Jh. wieder entfernt wurden. Weitere Veränderungen erfolgten nach dem Zweiten Weltkrieg in der Wiederaufbauphase. Mittel- und nördliches Seitenschiff schließen im Osten polygonal gebrochen ab, das südliche Seitenschiff dagegen flach ab. Die Innenräume sind kreuzrippengewölbt, die historische Ausstattung der Antoniter ist verloren. Kloster- oder Hospitalgebäude haben sich nicht erhalten.

◆ Sommer, Rainer: Baugeschichte der Antoniterkirche, in: 1384–1984. 600 Jahre Antoniterkirche in K., Köln o.J. (1984), 9–16; Mischlewski, Adalbert: Der Antoniterorden in Deutschland, in: Archiv für mittelrheinische Kirchengeschichte 10 (1958) 39–66; Asen, Johannes: Die Begarden und die Sackbrüder in K., in: Annalen des Historischen Vereins für den Niederrhein 115 (1929) 167–179.

Köln, *(2) Augustiner-Chordamenstift St. Maria und St. Johannes Evangelist (1198–1802) – „Weiherkloster im Cäcilienstift".*

▶ **Geschichte.** Die Witwe Richmud gründete an einem Weiher westlich vor den Mauern K. 1198 mit Kindern und Gefährtinnen das Frauenstift „St. Maria Zum Weiher". Richmud blieb weltlich, leitete aber den ersten Konvent, bis ihre Tochter Blithildis (1224– nach 1269) das Meisterinnenamt übernehmen konnte. Erzbischof Adolf I. von Köln (Altena) verfügte die Augustinusregel und vertraute dem Prämonstratenserstift ➛ Knechtsteden die seelsorgliche Betreuung an. Das Frauenstift wurde so fälschlicherweise als Prämonstratenserinnenstift betrachtet. Tatsächlich griffen die Knechtstedener Äbte in Überschreitung ihrer Befugnisse unrechtmäßig in innere Angelegenheiten ein. Etwa 1265 gelang ihnen die Unterstellung des Frauenstifts, keine Urkunde erschien seit 1282 ohne Genehmigung des Priors oder Abts von Knechtsteden. Wirtschaftlicher Niedergang und Klausurverflachung durch Kriegswirren, ständige Gastungen bei Friedensgesprächen vor den Mauern K. und die Verschwendung Abt Johanns von Rumbeck (1322–31) führten dazu, dass Erzbischof Heinrich II. von Virneburg 1325 Knechtsteden alle Rechte entzog und die Aufsicht dem Bonner Kollegiatstift St. Cassius übertrug. Das Klausurleben nahm unter Meisterin Elisabeth (1319–47) eher die Züge weltlicher Stifte an. Neue Vorschriften 1327/31 untersagten die Freizügigkeit, verordneten Ordenstracht und strenge Klausur. Die Konventsstärke wurde auf etwa 50 Frauen begrenzt. Die nachfolgende Erholung erlaubte neue Zukäufe, städtische Immobilien wurden zugunsten von Ackerland aufgegeben. König Karl IV. vergab 1351 Schutzprivilegien, ebenso Papst Gregor XI. 1371. Das Weiherstift genoss stets eine Bedeutung als neutraler Verhandlungsort für streitende Kriegsparteien. Im 15. Jh. war es zum Versorgungsinstitut wohlhabender Bürgertöchter abgesunken. Erzbischof Dietrich von Moers setzte 1445 Klausurreformen im Sinn der ➛ Windesheimer Kongregation mit Meisterin Bela von Lyskirchen (1445–73) durch, persönliches Eigentum und eigene Einkünfte bestanden weiterhin. Während der Kölner Stiftsfehde ließ der Stadtrat 1474 die für Angreifer strategisch günstig liegende Stiftsanlage „Zum Weiher" niederreißen, zumal die Frauen in Verdacht standen, mit Feinden wie Erzbischof Ruprecht und Herzog Karl dem Kühnen von Burgund zu konspirieren. Die Stadtbevölkerung nahm belustigt Anteil, da sie die Schwestern schon länger der Hurerei bezichtigte. Kaiser Friedrich III. übergab Meisterin Elisabeth von Reven (1474–1515) und Mitschwestern das 1475 aufgelöste Kanonissenstift St. Caecilia in der Stadt. Gemäß päpstlicher Verfügung wurde die Meisterin 1486 zur Äbtissin erhoben, 20 Präbenden einschließlich der für vier Kanoniker festgelegt und durch bauliche Veränderungen das Cäcilienstift eingerichtet. Reformation und Dreißigjähriger Krieg verursachten neue Existenznöte. 1802 hob die französische Besatzung das Damenstift auf; der Rat eröffnete im Cäcilienkloster ein städtisches Hospital.

Köln Augustiner-Chordamenstift, Innenansicht der romanischen Cäcilienkirche, heute „Museum Schnütgen".

▶ **Gegenwart.** Die dreischiffige Cäcilienkirche ohne Querschiff mit apsidialem Ostschluss gilt als schlichteste romanische Kirche in K. Sie entstand um 1160 als zweiter Bau der Säkularkanonissen und wird heute als „Museum Schnütgen" für die mittelalterliche Kunstsammlung der Stadt genutzt. Hier interessiert diese Kirche der weltlichen Kanonissen, weil die neueingezogenen Damen des Weiherstifts nach 1475 die nördliche Apsis durch eine Sakristei ersetzen ließen, die Westempore veränderten, die Krypta vermauerten, den spätromanischen Dachturm durch Dachreiter austauschten und das Langhaus einwölbten. Dachreiter und Mittelschiffwölbung wurden nach der Zerstörung im letzten Krieg nicht wieder ersetzt, die Krypta aber geöffnet. Zweimal im Jahr finden Festgottesdienste statt. Kloster- bzw. Hospitalbauten existieren nicht mehr. Die in der Nachbarschaft stehende Pfarrkirche St. Peter blieb als spätgotische Emporenbasilika mit romanischem Westturm ebenfalls erhalten; beide Kirchen zusammen bilden heute die einzig existierende, für Köln einst so typische Doppelanlage von Stifts- und Pfarrkirche. Auf dem Areal des ehemaligen Frauenstifts „St. Maria Zum Weiher", ursprünglich außerhalb der Stadt, befindet sich heute das Erholungsgebiet „Aachener Weiher".

◆ Gückel, Irene: Das Kloster Maria zum Weiher vor K., Köln 1993; Johag, Helga: Die Beziehungen zwischen Klerus und Bürgerschaft in K., Bonn 1977.

Köln, *(3) Benediktinerabtei St. Martin und St. Eliphius (984–1802) – „Groß St. Martin".*

▶ **Vorgeschichte.** Erzbischof Brun, Bruder Kaiser Ottos I., stiftete vor 965 auf der linksseitigen Rheininsel über römischen Speicherhallen *(horrea)* gegenüber von K. das Kollegiatstift St. Eliphius und Martin, das „Groß St. Martin" genannt wurde zur Unterscheidung von der Kölner Pfarrkirche St. Martin („Klein St. Martin"). Brun beabsichtigte, ein Ausbildungszentrum für kirchliche Führungskräfte zu schaffen.

▶ **Geschichte.** Erzbischof Everger transferierte im Streit mit dem Bistum Lüttich nach 986 vorübergehend den Benediktinerkonvent von ➛ Gladbach-St. Vitus in das Stift St. Martin in K., um die dortigen Chorherren in die benediktinische Ordensobservanz zu überführen oder zu verdrängen. Er hatte Erfolg: auch nach der Rückkehr der Mönche nach Gladbach (vor 990) blieb das bischöfliche Eigenkloster Groß St. Martin eine Benediktinerabtei, nun mit einem Konvent irischer oder irofränkisch-lothringischer Mönche, die in Personalunion auch die erste Kölner Benediktinerabtei St. Pantaleon (➛ Köln [4]) leiteten. Um 1058 hielt sich Marianus Scottus, der Verfasser einer be-

Köln Benediktinerabtei „Groß St. Martin", der Vierungsturm mit Flankentürmen.

rühmten Weltchronik, im Kloster auf. Mit Abt Gerhard von Udesheim (1103–10) gelangten deutsche Benediktiner mit den neucluniazensischen Statuten der ➛ Siegburger Reform in den Konvent. Unglücksfälle wie Hochwasser 1146, Großbrand 1150, Sturm- und Wetterschäden 1333/36 brachten die Abtei in größte Not. Die Herren von Heimbach und später die Grafen von Berg übernahmen die Schirmherrschaft. 1302 teilte Abt Arnold von Overstolz die Einnahmen aus dem reichlichen Besitz zwischen Abt und Konvent auf. Das Präbendenwesen setzte sich im meist bürgerlichen Konvent durch, die Siegburger Reformideale waren inzwischen vergessen. Ein Ausdruck enger Verbundenheit mit der Stadt war die Berufung Abt Dietrichs von Horn (1357–97) 1389 als Konservator der neugegründeten Universität. Abt Adam Meyer (1454–99) setzte sich als Präsident des alle zwei Jahre tagenden Provinzkapitels der benediktinischen Kirchenprovinz Trier-Köln vehement für eine Reform der Abteien ein, er galt als Retter im wirtschaftlichen Tiefstand. 1455 trat Groß St. Martin der ➛ Bursfelder Kongregation bei und schickte 1469 eigene Mönche zur Durchsetzung der Reformobservanz nach ➛ Laach. Abt Adam stabilisierte als Administrator auch die sich auflösenden Abteien ➛ Werden und ➛ Helmstedt und ermöglichte deren Anschluss an die Bursfelder Reformunion 1477 bzw. 1481. Die Generalkapitel der Union tagten elfmal im Kloster. Reformation, Truchsessischer Krieg und Dreißigjähriger Krieg brachten neue Einschnitte. Erst unter Abt Franz Spix (1741–59) wurde ein neuer Aufschwung erreicht. Die französische Besatzungsmacht verfügte im September 1802 die Auflösung der Abtei. Der letzte Abt Felix Ohoven (1801–02) wurde der erste Seelsorger in der neuen Pfarrei.

▶ **Gegenwart.** Jahrhunderte prägte die hoch aufragende Kirche Groß St. Martin die Silhouette der *Sancta Colonia;* besonders von der Rheinseite aus wirkte die Abteikirche als Wahrzeichen, bis ihr der Dom mit seiner Doppelturmfassade 1880 dieses Privileg streitig machte. Die dreischiffige, gewölbte Pfeilerbasilika entstand nach dem Abteibrand von 1150, die Chorweihe fand 1172 statt, vollendet wurde sie etwa 1250. Den rheinisch-staufischen Bau kennzeichnet die typische Zentralisierung und Vertikalisierung der Räume, erkennbar am relativ kurzen Langhaus, am zentralbauartigen Chor, der als Trikonchos gestaltet ist, und am quadratischen, türmebeflankten Vierungsturm, dessen Raumhöhe ins architektonisch gerade noch Mögliche gesteigert wurde. Der Innenraum ist Richtung Ost und nach oben hin zunehmend reich gegliedert. Eine Krypta gab es nicht, die heutige Unterkirche entstand um 1980. Das älteste Ausstattungsstück ist das staufische Taufbecken in der Taufkapelle im nördlichen Seitenschiff. Die Klausuranlage verschwand im 19. Jh. völlig.

◆ GermBen 8, 376–389; Fußbroich, Helmut: Die ehemalige Benediktinerabteikirche Groß St. Martin zu K., Köln 1989.

Köln, *(4) Benediktinerabtei St. Pantaleon u. a. (vor 964–1802).*

▶ **Geschichte.** Erzbischof Brun von Köln, ein Bruder Kaiser Ottos I., stiftete vor 964 an einer verwahrlosten Kirche südwestlich außerhalb der Stadt das erste und bedeutendste Kölner Benediktinerkloster, das dem hl. Arzt und Martyrer Pantaleon († um 305), einem der 14 Nothelfer, als Hauptpatron geweiht wurde. Zur Grundausstattung gehörten ein Hospital, reicher Eigenbesitz des Stifters und Zuwendungen Kaiser Ottos I. Stifter Brun ließ sich 965 in der Abteikirche bestatten. Der Gründungskonvent kam unter Abt Christian (964–1001) aus dem Reformzentrum St. Maximin in ➛ Trier, führte die ➛ Gorzer Reformgewohnheiten ein und gab sie 974 an St. Michael in ➛ Lüneburg und 996 an St. Michael in ➛ Hildesheim weiter. Kostbare Reliquien aus dem byzantinischen Kulturkreis begründeten den ehrenvollen Ruf. Die byzantinische Prinzessin und Witwe Kaiser Ottos II. Theophanu regierte das römisch-deutsche Reich von 983 bis 991, zur gleichen Zeit herrschte ihr Bruder in Byzanz. Kaiserin Theophanu wurde 991 ebenfalls in St. Pantaleon beigesetzt. Iroschottische oder lothringische Mönche übernahmen Ende des 10. Jh. den Konvent, in Personalunion auch die zweite Kölner Abtei Groß St. Martin (➛ Köln [3]). Erzbischof Anno II. führte in der Zeit Abt Humberts (1066–82) die ➛ Siegburger Observanz ein. St. Pantaleon gab den *ordo Sigebergensis* weiter an St. Peter in ➛ Erfurt, ➛ Minden und ➛ Brauweiler. Abt Gerhard (1123–47) siedelte den angegliederten Frauenkonvent 1136 nach ➛ Königsdorf aus, die Benediktinerinnen des Kölner Mauritiusklosters wurden der geistlichen Aufsicht St. Pantaleons unterstellt. Das 12. Jh. gilt als Zeit der Hochblüte, denn unter Abt Wolbero (1147–65) entstanden wertvolle Goldschmiedearbeiten in den klostereigenen Werkstätten. Auch die Buchgestaltung erlangte höchste Kunstfertigkeit: nach zwei Evangeliaren entstand um 1230 die „Chronica Sancti Pantaleonis". 1180 wurde die Abtei in die Stadt K. eingemeindet, blieb aber immer in Randlage. Die Grafen von Kessel und später die Grafen von Berg übten die Schirmherrschaft aus. Wirtschaftlicher Niedergang und nachlassende Klosterzucht kennzeichneten das 14. Jh., 1251 war der Konvent auf 50 Mönche beschränkt worden, 1335 weiter auf 35. Die Kanoniker von St. Aposteln übernahmen zeitweise Verwaltungsaufgaben. Gute Beziehungen zur Bürgerschaft und deren Stiftungen halfen über Notzeiten hinweg. Erst die benediktinische Reformwelle im 15. Jh. hob die Abtei aus ihrem Tiefstand; vor 1458 trat sie der ➛ Bursfelder Kongregation bei. Papst Pius II. setzte den Kartäuserprior Johannes Schunde aus der Kölner Kartause St. Barbara (➛ Köln [7]) als Abt (1459–64) ein. St. Pantaleon wurde schließlich eines der tragenden Kongregationsmitglieder, im 17. Jh. hatten zweimal Äbte die Präsidentschaft inne. Von seinen hohen Schulden

Köln Benediktinerabtei St. Pantaleon, der Westbau symbolisiert den Machtanspruch der ottonischen Stifter.

konnte sich St. Pantaleon auch in der Neuzeit nicht befreien. Das Ende der Abtei kam mit der französischen Besetzung K. und der Aufhebung im Juni 1802.

▶ **Gegenwart.** Die heutige katholische Pfarrkirche St. Pantaleon geht im Kern auf eine ottonische Saalkirche vor 980 zurück, die nach 984 um einen markanten, großräumigen Westbau erweitert und dreitürmig errichtet, differenziert gegliedert sowie mit monumentalen Skulpturen geschmückt wurde. Damit entsprach die Kirche dem Repräsentationsanspruch des sächsischen Kaiserhauses. In der Stauferzeit wurde sie um 1160/70 mit Seitenschiffen zu einer dreischiffigen Basilika erweitert, die wohl erst 1216 vollendet war. Abt Johann von Lüninck (1502–14) ließ mit gestiegener Finanzkraft den spätgotischen, reich geschmückten Lettner errichten; ottonische Skulpturfragmente und zwei Schreine sind heute wertvolle Ausstattungsstücke. Von der einst nördlich gelegenen Klausur blieb eine Arkadengruppe vor einem heutigen Kindergarten erhalten, möglicherweise die Westfront des ehemaligen Kapitelsaals, die als Rest des ottonischen Frühbaus zu den ältesten erhaltenen Klausurteilen Deutschlands zählt.

◆ GermBen 8, 390–404; Binding, Günther/Untermann, Matthias: K. St. Pantaleon, in: Kleine Kunstgeschichte der mittelalterlichen Ordensbaukunst in Deutschland, Stuttgart 2001, 80–83.

Köln, *(5) Benediktinerinnenabtei St. Maria (um 960– um 1150) – „St. Maria im Kapitol".*

▶ **Geschichte.** Im Bereich des kapitolinischen Tempels oberhalb des Rheinufers in der römischen Stadt *Colonia Agrippinensis*, später Hauptsitz des austrischen Teils des Merowingerreiches, hielt Pippin II. († 714) als Majordomus mehrmals Hof. Auf eine Stiftung seiner Gemahlin Plektrudis könnte die Kirche auf dem *Capitulinum* zu Ehren

Köln Benediktinerinnenabtei „St. Maria im Kapitol", die Basilika mit ihrem Dreikonchenchor gilt als eine der faszinierendsten Raumschöpfungen der Romanik.

der Gottesmutter zurückgehen, in der sie 717 bestattet wurde. Gesicherte Daten für eine klösterliche Niederlassung an dieser Kirche ergeben sich aus dem Testament Erzbischof Bruns von Köln, einem Bruder Kaiser Ottos I., der um 965 das Kloster St. Maria bedachte; er war auch an der Gründung des Benediktinerinnenkonvents beteiligt. Entscheidende Impulse kamen aus Remiremont (Lothringen), denn diese Frauenabtei hatte erst 934 ihre benediktinische Observanz erneuert. Die Anfänge benediktinischen Lebens in K. dürften um 960 anzusetzen sein, weil das Testament Bruns ausdrücklich den Bau der noch unvollendeten Abteikirche berücksichtigt. Die günstige Entwicklung ermöglichte Äbtissin Ida († 1060) den Bau der noch heute so eindrucksvollen Basilika (1040–65), die erstmals im Osten über die Fundamente des römischen Tempels hinausreichte. Ida, eine Enkeltochter Kaiser Ottos II. und Theophanus, erhielt die Unterstützung ihres Bruders, Erzbischof Hermann II. von Köln (1036–56). Ihre Eltern, Pfalzgraf Ezzo und Mathilde, hatten 1024 die Abtei ➛ Brauweiler gestiftet, fünf weitere Schwestern waren Äbtissinnen, eine Königin von Polen. Der Mönchskonvent in Brauweiler stand unter dem Einfluss der ➛ Gorzer Reform, aufgrund verwandtschaftlicher Beziehungen ist gleiches für den Kölner Frauenkonvent anzunehmen, zumal sich die Schwestern des Mutterklosters Remiremont dieser Erneuerungsbewegung angeschlossen hatten. Nach der Weihe der Kirche 1065 setzte sich die Bezeichnung *in capitolium* und „St. Maria im Kapitol" für die Abtei durch. Der hochadelige Konvent, der immer dem Erzbischof unterstand und die Schirmherrschaft der Grafen von Jülich genoss, bevorzugte Mitte des 12. Jh. die Verfassung einer weltlichen Institution im Sinn der Aachener Regel, die individuelle Freiheit und persönlichen Besitz erlaubte. Auch wenn man sich bis ins 14. Jh. auf die Benediktregel berief, ist seit Mitte des 12. Jh. von einem Kanonissenstift auszugehen, das mit reicher Traditionspflege das religiöse Leben in K. bis 1802 prägte.

▶ **Gegenwart.** Von der römischen Tempelanlage sind bescheidene Spuren in der Ostwand des Kreuzgangs erhalten; gleiches gilt von der ersten ottonischen Abteikirche im Westbau der heutigen Basilika. Die Kirche aus der Mitte des 11. Jh. mit ihrem Dreikonchenchor, umlaufenden Seitenschiffen und einer Hallenkrypta, die weit unter Querhaus und Vierung hinausragt, gehört zu den faszinierendsten Raumschöpfungen der Romanik. Die Kirche kopierte den einfacheren Grundriss der Geburtskirche in Bethlehem aus dem 6. Jh., fand Parallelen in Brauweiler und wurde zum Vorbild der Klosterkirchen Groß St. Martin (➛ Köln [3]) sowie St. Quirin in ➛ Neuss. Heute ist St. Maria im Kapitol katholische Pfarrkirche und Touristenmagnet. Große Teile mussten nach der letzten Kriegszerstörung rekonstruiert werden. Ein dreitürmiger Westbau, vergleichbar dem von St. Pantaleon (➛ Köln [4]), wartet seit seinem Einsturz 1637 auf Restaurierung. Der Innenraum birgt zahlreiche Kunstschätze aus allen Jahrhunderten; älteste Stücke sind die reich verzierten Holztüren im Nordportal von 1160, die noch Äbtissin Ida in Auftrag gegeben haben könnte. Erwähnt werden müssen sodann zwei Grabplatten der heiligmäßig verehrten Plektrudis († 717) (um 1160 und 1280). Der heutige Kreuzgang an der Nordwestseite entstand historisierend Mitte des 19. Jh. an nicht originaler Stelle neu. Die Annexgebäude sind alle aus Stiftszeiten und jünger.

◆ Engels, Odilo: K., St. Maria im Kapitol, in: Klöster und Stifte von der Merowingerzeit bis um 1200, Bonn 2006, 48; Schäfke, Werner: K.s romanische Kirchen, Köln 2004.

Köln, *(6) Franziskanerkloster St. Franziskus (1229–1802) – „Minoritenkloster".*

▶ **Geschichte.** Die Franziskaner kamen 1222 in die *Sancta Colonia*. 1229 wohnten sie im Sionstal nahe dem Severinstift, zogen aber 1244/45 in den dichter bevölkerten Pfarrbezirk St. Kolumba. Ein erworbener Obstgarten und der Lütticher Hof lieferten den Bauplatz für eine eigene Konventsanlage. Während der Ostteil der Kirche 1260 konsekriert werden konnte, zog sich der Bau des Langhauses etwa 100 Jahre hin. Wenige hundert Meter weiter hatte man 1248 mit dem Bau des heutigen Doms begonnen. 1246 schenkte Ludwig Duvelsgewesch einen angrenzenden Friedhofsplatz, der bald zur begehrten Begräbnisstätte vermögender Bürger und Wohltäter aufstieg. Nach der Teilung der deutschen Ordensprovinz war K. Sitz des Provinzialates der niederdeutschen Provinz, oft auch Kölner Provinz genannt. Das Kloster blieb mit etwa 80 Mitgliedern der am stärksten besetzte Konvent der Erzdiözese. 1260 richteten die Franziskaner das Generalstudium der Provinz ein, zur Zeit der Hochblüte unter Guardian Rodolphus (1296–1302) und dem Theologen Johannes Duns Scotus († 1308) hielten sich etwa 300 Brüder einschließlich der Studenten im Konvent auf. Neben fünf Weihbischöfen stellte der Konvent hervorragende Gelehrte, allein 40 Professoren an den späteren Universitäten. Minoriten beaufsichtigten die Tertiarinnen der Stadt. Eine besondere Verbindung bestand seit 1304 mit den Klarissen (➛ Köln [8]); ein Vertrag regelte 1425 die täglichen Mess- und Seelsorgedienste. Zahlreiche Bruderschaften schlossen sich dem Konvent an, die erste war 1333 die St. Barbarabruderschaft. Wertvolle Reliquien wurden in der Kirche aufbewahrt, darunter der Leib eines Opfers des Bethlehemitischen Kindermordes. Den Besitzzuwachs der Mendikanten registrierte der Pfarrklerus mit Neid, sah er sich doch um angestammte Seelsorgerechte, Einkünfte und Erbschaften gebracht. Pfarrer Johann Mulrepesch von St. Kolumba klagte 1341 in Rom, dass die Franziskaner Erbvermögen und Besitz erschlichen, aber nicht den vierten Teil dem Pleban überwiesen, wie es das Gesetz verlange. Erzbischof Walram von Jülich unternahm 1345/46 nichts gegen den Stadtrat, als dieser die Bettelbrüder zwang, ihren Besitz innerhalb der Mauern zu veräußern, um Immobilien aus steuerfreier „toter Hand" in steuerpflichtige Liegenschaften zu überführen. Im 14. Jh. setzten im Zuge der Observanzbewegung Reformen ein; 1443 entstand in K. eine niederrheinische Observantenprovinz der Franziskaner. Die Kölner Minoriten verweigerten sich dem strengen Armutsideal, Guardian Johannes Crantz und Konvent akzeptierten aber 1469 die ➛ Martinianischen Konstitutionen, die Verwaltung des Besitzes oblag fortan einem weltlichen Schaffner. Reformationswirren und Dreißigjähriger Krieg verursachten Existenznöte. Guardian Anton Wahl verlangte 1587 von den Klarissen eine höhere Vergütung; Besitz musste verkauft werden. 1620 vernichtete ein Großbrand einen Teil der Gebäude. Erst Ende des 17. Jh. besserte sich die Lage. 1802 erfolgte die Aufhebung per Dekret der französischen Besatzung.

▶ **Gegenwart.** Die Franziskaner- und die Antoniterkirche (➛ Köln [1]) blieben als einzige Bettelordenskirchen des Mittelalters in K. erhalten. Die Minoritenkirche von etwa 1350 unterlag wenigen Veränderungen im 17./19. Jh., musste aber nach dem Zweitem Weltkrieg wiederaufgebaut werden. Der dreischiffige, basilikale Bau mit Polygonalchor in Mittelschiffbreite zeigt eine strenge, klare Gliederung mit nüchterner Beschränkung in Einzelformen. Der Ostbereich weist Verbindungen zur nordfranzösischen Kathedralgotik auf. Die quadratische Sakristei mit Mittelsäule und Kreuzrippengewölbe diente vermutlich als Kapitelsaal. Die franziskanische Ausstattung wurde zerstört. Ein Grabmal erinnert an den seligen Adolf Kolping (1813–65), „Gesellenvater", Begründer des katholischen „Kolpingswerks" und Rektor der Minoritenkirche (1862–65). Ein weiteres modernes Grab birgt die Gebeine des seligen Johannes Duns Scotus. Die Kirche dient noch immer als Annexkirche St. Mariä Himmelfahrt des Doms der katholischen Kolumbagemeinde und wird heute wieder von Minoriten betreut, die 1954 nach K. zurückkehrten. Nördlich an der Stelle der Klausurgebäude steht seit 1855 das ehemalige Wallraf-Richartz-Museum mit integrierten Resten des gotischen Kreuzgangs.

◆ Neidiger, Bernhard: Die Martinianischen Konstitutionen, in: Zeitschrift für Kirchengeschichte 95 (1984) 337–381; Sehi, Meinrad: Unter Gottes Anspruch, 750 Jahre Franziskaner-Minoriten in K., Ellwangen 1972.

Köln, *(7) Kartäuserkloster St. Barbara (1334–1794) – „Kartause".*

▶ **Geschichte.** Erzbischof Walram von Köln (Jülich) rief 1334 Kartäusermönche in die Geburtsstadt des Magisters Bruno von Köln (um 1030–1101), des Gründers des Kartäuserordens. Die Kartäuser hatten sich auf deutschem Boden erstmals 1320 in Mainz niedergelassen (von dieser Kartause blieb keine Architektur erhalten). Aus Mainz kam 1335 ein Gründungskonvent nach K. und begann unter dem ersten Prior Johannes von Echternach an der bereits bestehenden Kapelle St. Barbara innerhalb der südöstlichen Stadtmauer im Martinsfeld mit dem Klosterbau auf dem Gelände des Konstantin von Lyskirchen. Einflussreiche Patrizierfamilien und besondere Privilegien Kaiser Karls IV. erlaubten den Ausbau zu einer großflächigen Anlage. Bereits 1365 begann man mit dem Bau der zweiten, größeren Klosterkirche, die 1427 und 1489 zusätzliche Kapellen erhielt. Die Kartause K. erlangte schon im 14. Jh. nicht nur in der Rheinmetropole große Bedeutung, sondern strahlte auch auf die gesamte niederrheinische Region aus und entwickelte sich zum bedeutendsten Kloster des Ordens in Deutschland. Prior Heinrich von Kalkar (1377–84) war eng vertraut mit Gert Groote (1340–84), einem der Begründer der ➛ Devotio moderna, und hatte nicht unwesentlichen Anteil an dieser Erneuerungsbewegung. Anfang des 15. Jh. mussten Krisen durchlebt werden, die Gefahr der Auflösung bestand. Auffällig ist die Hinwendung der streng kontemplativen Mönche zum öffentlichen Leben, ihr Beitrag zu universitären Bildungsaufgaben, die Vergabe von Begräbnisplätzen an Laien sowie eine ungewöhnlich offene Gastlichkeit gegenüber weltlichen Personen. Aufgrund des hohen Ansehens beauftragte das Generalkapitel Prior Roland von Luysteringen (1404–17) mit der Wahrung der Interessen des Ordens auf dem Konzil zu Konstanz (1414–18). Ein Brandunglück 1451 vernichtete Kapitelhaus und Bibliothek, aus der daraus resultierenden Finanzmisere führte erst der tüchtige Prior Hermann von Appeldorn (1457–72) heraus. Sein Vorgänger Johannes Castoris (1434–57) war 1459 von Papst Pius II. zur innerer Reform zum Abt der Benediktinerabtei St. Pantaleon (➛ Köln [4]) in K. bestimmt worden. Einerseits zeigt dieser Auftrag das Vertrauen und die Hoffnung, die man damals in die streng nach alten Idealen lebenden Kartäuser setzte, andererseits offenbart sich die weltoffene Haltung der Mönche und der Verzicht auf die eremitisch zurückgezogene Lebensweise. Prior Johannes wechselte mit einigen Brüdern in den Benediktinerorden über. Zwischen 1475 und 1624 legten 146 Mönche ihre Gelübde im Kölner Konvent ab. Unter Petrus Blomevenna (1507–36) erreichte die Kartause ihre höchste Blüte, größten Besitzstand sowie die Vollendung der mittelalterli-

Köln Franziskanerkloster, die Minoritenkirche (um 1350) zeigt im Innenraum strenge, klare Gliederung.

chen Klosteranlage; reformatorische Lehren wurden zurückgewiesen (vgl. seine anonym erschienene Schrift „Candela evangelica"). Im 17. Jh. förderten die Kartäuser die katholische Reform, 34 Autoren verhalfen mit oft landessprachlichen Schriften dem Katholizismus zu neuer Reputation. Die Kartäuser unterstützten auch die Jesuiten, in K. Fuß zu fassen. Die letzte Bauperiode unterbrach im Oktober 1794 der Einmarsch französischer Revolutionstruppen; die Mönche mussten ihr Kloster räumen, das in ein Militärlazarett umgewandelt wurde.

▶ **Gegenwart.** 1922 erhielt die evangelische Gemeinde die heruntergekommene Anlage als Ersatz für die Pantaleonskirche. Nach Zerstörung im Zweiten Weltkrieg konnte 1953 der Wiederaufbau der einschiffigen, gotischen Kirche und 1985 des kleinen Kreuzgangs mit zweistöckigem Kapitelhaus vollendet werden.

◆ Hogg, James: Die Kartause in K. bis 1555, in: Die Kartäuser, Münster 2006, 160–162; Beutler, Werner: Weltabgeschieden und weltzugewandt zugleich. Die Kölner Kartause St. Barbara im 15. und 16. Jh., in: Analecta Cartusiana 62 (1993) 189–226.

Köln, *(8) Klarissenkloster St. Klara (1304–1802).*

Graf Gerhard von Jülich stiftete 1304 auf Wunsch seiner verstorbenen Gemahlin Richardis den früheren Parfusenhof auf dem Berlich in der Nordwestecke K. zur Gründung eines Frauenklosters, das mit Klarissen aus ➛ Neuss besiedelt und von Kölner Minoriten (➛ Köln [6]) betreut wurde. Es bestand bis 1802. Äbtissin Isabella von Geldern ließ mit Mitteln ihrer Brüder, der Grafen von Geldern, die Konventsanlage erbauen, was 1347 mit der Weihe der Klosterkirche seinen Abschluss fand. Reste dieser Anlage befinden sich heute im zweischiffigen Gewölbekeller des Wohn- und Geschäftshauses Am Römerturm von 1835, das heute als einziges typisch klassizistisches Wohnhaus der Stadt erhalten ist, d. h. seine Fassade wurde nach dem Zweiten Weltkrieg wiederhergerichtet.

◆ Bellot, Christoph: Das Kloster St. Clara, Köln 2006; Johag, Helga: Die Beziehungen zwischen Klerus und Bürgerschaft in K., Bonn 1977.

Komburg, *Benediktinerabtei St. Nikolaus u. a. (1078–1488) – „Großkomburg", Diözese Würzburg – (Kreisstadt Schwäbisch Hall, Baden-Württemberg, ❐ 3, D3).*

▶ **Geschichte.** In Einverständnis mit seinen Brüdern stiftete Graf Burkhart von K. 1078 seine Stammburg hoch über der Kocher südöstlich von Hall zur Gründung eines Benediktinerklosters. Der befreundete Abt Wolfhelm von Brauweiler (1065–91) schickte den ersten Konvent mit Abt Heimo (um 1080–90?) aus ➛ Brauweiler im Rheinland an die Kocher; der Stifter trat selbst in den Konvent ein und starb 1098. Die neue Abtei unterstand zunächst dem Erzbischof von Mainz, seit 1216 dem Bistum Würzburg, in dessen Gebiet sie lag. Familienangehörige erwiesen sich mit reichen Schenkungen als Förderer, die aber im Investiturstreit auf der päpstlichen Seite standen und die ➛ Hirsauer Reformbewegung favorisierten. Besonders großzügig zeigte sich der Mainzer Ministeriale Wignand von Mainz-Kastell, ein Freund Abt Wilhelms von Hirsau (1069–91) und Mitstreiter des reformbemühten Erzbischofs Ruthard von Mainz. Mit dem zweiten Abt Gunther (um 1090–1108) zogen Reformmönche aus ➛ Hirsau in K. ein, von nun an galt die Abtei dem Hirsauer Reformkreis zugehörig. Entsprechend der neucluniazensischen Observanz scheinen sich eine Frauengemeinschaft oder einzelne weibliche Reklusen dem Konvent angeschlossen zu haben. K. erreichte in der Amtszeit Abt Hartwigs (1108–43?) die höchste Blüte, auf dem Bergrücken gegenüber baute er zusammen mit Graf Heinrich von Komburg die Kleinkomburg, aber auch Kirchen in Hall, Neckartailfingen und ➛ Lorch, ebenso die Brücke über die Kocher an der Waschbachmündung. Kunstwerke des Goldschmiedehandwerks entstanden, Buch- und Freskenmalerei wurden vervollkommnet und erste Orgeln im Konstanzer Münster sowie in der Abteikirche Petershausen installiert. 1116 war die Stifterfamilie im Mannesstamm ausgestorben, die Staufer übernahmen die Schirmherrschaft und vergaben Reichsschutz, später hatten die Stadt (Schwäbisch) Hall und schließlich das Würzburger Hochstift die Vogteirechte inne. Hohes Niveau und Ausstrahlungskraft hielten etwa 150 Jahre an; in der zweiten Hälfte des 13. Jh. verfiel K. wirtschaftlich, geistlich und religiös. Besitz musste verkauft werden, die Verschuldung war unter Abt Konrad von Münckheim (1318–60) so stark angestiegen, dass sich der Konvent 1319 kurzzeitig auflöste. Bischof Otto II. von Würzburg (Wolfskeel) verordnete 1343 die Trennung der Einkünfte zwischen Abt und Konvent, das Pfründenwesen blühte. Anfang des 14. Jh. besserte sich die wirtschaftliche Situation, um im 15. Jh. wieder stark abzusinken. Die Güterpropsteien Stein bei Ingelfingen, Gebsattel bei Rothenburg/Tauber und Nußbaum bei Höchstberg gingen verloren. Der Adelsanteil im Konvent nahm zu, die benediktinischen Reformen von ➛ Bursfelde, ➛ Kastl oder Melk (➛ Melker Reform) fanden kein Interesse, umso mehr ein weltliches Stiftsleben. Papst Innozenz VIII. gab dem Wunsch 1488 nach, Abt Seyfried von Holtz (1485–88) wurde der erste Propst (1488–1504) des Ritterstifts K., das bis 1802 in Abhängigkeit von Würzburg existierte.

▶ **Gegenwart.** Hoch auf dem Berg beherrscht die burgähnliche Anlage „Großkomburg" das Kochertal. Wehranlagen umschließen einen Komplex mit dreitürmiger Hallenkirche, westlich axial ausgerichteter Klausur, Gebäuden und Kapellen in reiner Romanik bis hin zum Spätbarock. Besonders erwähnt seien Michaelskapelle, Erhardskapelle, Antependium und Radleuchter aus romanischer Zeit.

Die Säulenbasilika Kleinkomburg auf der anderen Bergseite ist ein architektonisches Meisterwerk in reiner Anlehnung an Hirsauer Reformbauten (1108–30). Einzig eine Urkunde unklaren Inhalts von 1291 erwähnt Frauen auf Kleinkomburg, die Kirche diente wohl nicht – wie allgemein angenommen – einem weiblichen Konvent, sondern als Prozessionskirche, Witwensitz und Propsteizentrum. Von 1713 bis 1802 lebte ein Kapuzinerkonvent auf Kleinkomburg; diesem Kloster St. Gilgen sind Anbauten zu verdanken, die heute der Jugendstrafvollzug nutzt.

◆ GermBen 5, 351–358; Hause, Eberhard: Die Komburgen, Weinsberg 1981.

Komburg Benediktinerabtei, Hirsauer Raumgefühl in der romanischen Prozessionskirche Kleinkomburg.

Komburg Benediktinerabtei, die dreitürmige Abteikirche ist ein Hallenbau aus spätromanischen bis barocken Architekturelementen und beherrscht das Tal der Kocher.

Königsbronn, *Zisterzienserabtei St. Maria (1302–1553), Diözese Konstanz – (Lkr. Heidenheim, Baden-Württemberg,* ❐ *3, D3).*

▶ **Geschichte.** Graf Ulrich von Helfenstein verkaufte im Juli 1302 die Burg Herwartstein und das Dorf Springen in der Ostalb südlich von Aalen an König Albrecht I. von Habsburg, ausdrücklich aber dem König persönlich und nicht dem Reich. Der Habsburger stiftete den Besitz im gleichen Jahr der Zisterzienserabtei ➛ Salem zur Gründung eines Tochterklosters und schuf sich so eine strategisch wichtige Position im alten Herzogtum Schwaben. Der Gründungskonvent kam aus Salem, damit gehörte das *monasterium Fontis regis* zur Filiationslinie Morimond. Eine der letzten mittelalterlichen Mönchszisterzen entstand aus Abbruchmaterial der Burg Herwartstein, auch verwendete Albrecht das aufgekaufte Regularkanonikerstift Steinheim am Albuch zur Ausstattung seiner Stiftung. Zunächst stagnierte die Entwicklung, weil der Konvent im Streit zwischen König Ludwig dem Bayern und der Kurie auf der Seite des Papstes stand; erst Karl IV. schuf mit Schenkungen und Privilegien die Voraussetzungen für eine aufstrebende Entwicklung. Die Päpste halfen mit Inkorporationen von Pfarrkirchen, die meist Augsburger Bischöfe vornahmen, aber vom Konstanzer Stuhl approbiert werden mussten; bedeutend war das Parochialrecht in Reutlingen. Der Rat der Reichsstadt Pfullendorf ehrte die Zisterzienser 1360 mit Bürgerrechten, Herzog Leopold von Österreich befreite die Mönche 1383 von allen Gastungsverpflichtungen. Papst Martin V. beauftragte 1423 den Abt von ➛ Anhausen/Brenz, in K. zu intervenieren und Missstände abzustellen. Die Klosterkirche war noch unvollendet, die Abtei mit nur 16 Mönchen besetzt. K. blieb in ambivalenter Stellung, da es zuweilen als Habsburger Hauskloster, zuweilen als Reichsabtei betrachtet wurde. Kaiser Friedrich III. verlieh Abt Hildebrand (1446/48) und dem Konvent 1446 die volle Gerichtsbarkeit über die Klosteruntertanen, das Halsgericht wurde in Steinheim eingerichtet. 1448 gingen die Vogteirechte der Helfensteiner Grafen an das Haus Württemberg über, für Schirm und Schutz musste sich der Konvent zu jährlich vierwöchiger Jagdgastung verpflichten. Graf Ulrich V. von Württemberg-Stuttgart half dem Kloster noch im November 1448 mit einem Darlehen. Kriegswirren 1449 und 1462 versetzten den kleinen Konvent wiederum in Not und disziplinarischen Tiefstand; 1455 versuchte Papst Calixtus III., das Kloster vor weltlichen Übergriffen zu schützen. Seit 1365/66 waren die Zisterzienser zur Verhüttung von Eisen privilegiert; Abt Melchior Ruff (1512–44) weitete 1529 die Eisenproduktion am Brenztopf vorindustriell aus. Dieser Abt hob das innerklösterliche Niveau, Papst Leo X. ehrte ihn mit den Pontifikalien. Der Reformation 1536 setzten die Zisterzienser hartnäckigen Widerstand entgegen; im April 1552 brannte Markgraf Albrecht Alkibiades von Brandenburg-Kulmbach im Zweiten Markgrafenkrieg die Anlage nieder. 1553 entließ Herzog Christoph von Württemberg Abt Ambrosius Boxler (1544–53) und bestimmte einen evangelischen Nachfolger als Leiter des Klosteramtes. Habsburg übergab 1588 seine Patronatsrechte über K. offiziell an Württemberg. Das Restitutionsedikt des Kaisers von 1629 führte aufgrund des Widerstands der Bevölkerung nicht zur katholischen Erneuerung; es blieb beim Klosteramt unter einem evangelischen Abt bis 1806. Die bereits zerstörte Klosterkirche des frühen 15. Jh. wurde nach dem Dreißigjährigen Krieg endgültig abgetragen.

▶ **Gegenwart.** Bis heute blieben lediglich untere Mauerpartien des Kirchenchores als Ruinenreste erhalten; im massiven Torgebäude befindet sich heute ein Museum. Die ehemalige Prälatur (1757) birgt im Kern ebenfalls zisterziensische Mauern. Die heutige evangelische Pfarrkirche mitten im ehemaligen Klosterareal entstand erst 1678, Umbauten folgten 1710.

◆ Zimmermann, Wolfgang: K., in: Württembergisches Klosterbuch, Ostfildern 2003, 309f.; Süskind, Hermann: Geschichte des Klosters K. zur Zeit des Restitutionsedikts, Stuttgart 1906.

Königsdorf, *Benediktinerinnenkloster (St. Pantaleon) St. Maria (1136–1802), Erzdiözese Köln – (Frechen-K., Rhein-Erft-Kreis, Nordrhein-Westfalen, ❐ 3, A1).*

▶ **Geschichte.** Der hl. Erzbischof Anno II. von Köln (1056–75, kanonisiert 1183) führte in der Zeit Abt Humberts (1066–82) in der ➛ Kölner Benediktinerabtei St. Pantaleon die ➛ Siegburger Observanz ein, die vermutlich mit der Ansiedlung eines Frauenkonvents einherging. Abt Gerhard (1123–47) siedelte nach über 60 Jahren 15 Schwestern nach K. bei Frechen aus; der Frauenkonvent kann demzufolge dem Siegburger Reformkreis zugeordnet werden. Erzbischof Bruno II. von Köln (Berg) nahm noch im gleichen Jahr 1136 die neue Filiale St. Pantaleons und ihre Besitzungen unter Schutz. Die Stadtkölner Mutterabtei stellte der Meisterin einen Propst zur Seite, zwei weitere Mönche übernahmen Gottesdienste und Seelsorge. Bestrebungen zur Selbständigkeit äußerten sich seit 1144 im Marienpatrozinium, welches St. Pantaleon verdrängte, das nach 1163 nicht mehr genannt wurde. Die Schwestern waren bald in der Lage, durch Zukäufe den Eigenbesitz entlang der mittleren Erft zu erweitern, so u. a. 1175 um den reichen Hof in Hücheln mit mindestens 200 Morgen Land. Weitere Besitzschwerpunkte waren Oberembt, Konraderhof, Büsdorf und um das Kloster selbst. 1355 siegelte letztmalig ein Abt von St. Pantaleon für die Frauen; der Konvent löste sich unter den Meisterinnen Christina von Horn (1330/44), Gertrud von Miel (1355/58) und Demodis (1365/72) endgültig von der Mutterabtei, die im 14. Jh. finanzielle Notzeiten durchzustehen hatte. Auch im Frauenkloster zeigte die wirtschaftliche Lage Mitte des 14. Jh. bereits deutliche Zeichen des Niedergangs. Laut Steuerlisten gehörte K. damals zu den finanzschwächsten Konventen der Kölner Erzdiözese; das Klostergut scheint zwischen Konvent und Vorsteherin aufgeteilt und die *vita communis* verabschiedet gewesen zu sein. Katharina von der Ehren (1409/10) wird in Urkunden erstmals als Äbtissin tituliert. Innere Reformen im Sinn der ➛ Bursfelder Kongregation 1473 und die Aufsicht der Äbte von ➛ Brauweiler brachten dem Konvent unter Äbtissin Odilia von Dadenberg (1473/77) wegen der Kölner Stiftsfehde (Burgundischer Krieg) zunächst keine deutliche Verbesserung der Lage. Erst Neuerwerbungen Ende des 15. Jh. und Baumaßnahmen Anfang des 16. Jh. deuten eine Konsolidierung an. Der Beitritt zur Reformunion erfolgte 1511, die Aufsicht übernahm vorübergehend Groß St. Martin in ➛ Köln und später durchgehend bis zum Ende ➛ Gladbach-St. Vitus. Die Kriege des 17. und 18. Jh. setzten einer wirtschaftlichen und geistlichen Blüte Grenzen; Adelsexklusivität kennzeichnete die inneren Verhältnisse. Mit den Gelübden von vier Mädchen im September 1784 fanden die letzten Professfeiern im Kloster statt. 1793 begründete Äbtissin Magdalene von Gülich (1777–93) ihre Resignation mit der unbeherrschbaren Disziplinlosigkeit im Konvent. 1794 rückten französische Revolutionstruppen ein; im Juni 1802 hob die napoleonische Konsularregierung das Kloster K. auf. Äbtissin Justina von Preising (1793–1802) und elf Schwestern mussten, mit Pensionen abgefunden, ihren Besitz verlassen.

Königsdorf Benediktinerinnenkloster, die romanische Kapelle in Hücheln erinnert an die Ordensschwestern.

▶ **Gegenwart.** Von Kloster K. zwölf Kilometer westlich von Köln ist nicht viel geblieben; eine Ziegelsteinmauer begrenzt teilweise noch immer das Areal, das inzwischen mit modernen Wohnanlagen bebaut ist. Vier Gebäudeteile im Bereich des ehemaligen Wirtschaftshofes lassen sich auf die Klosterzeit zurückführen: drei entstanden in der Barockzeit, aber der zweigeschossige Hallenbau mit Stufengiebel stammt aus der Erneuerungsphase des Klosters Anfang des 16. Jh., heute wohngerecht saniert. Von der Klosterkirche existiert nichts mehr, dafür hinterließen die Benediktinerinnen dank Pflege des Besitzers die St. Aegidiuskapelle in Hücheln auf dem „Baumannshof“, heute ein privates Grundstück.

◆ GermBen 8, 390–404; Meyer, Walter: Regionalhistoriker, persönliche Mitteilungen und Dokumente, Pulheim 2005; Wolter, Heinz: Geschichte des Benediktinerinnenklosters K. 1136–1802, Pullheim 1995.

Königshofen, *Augustiner-Chorfrauenstift St. Maria (vor 1478–95), Diözese Eichstätt – (Bechhofen-K., Lkr. Ansbach, Bayern, ❐ 3, D3).*

▶ Eine gewisse Katharina Knoll stiftete 1422 an der Pfarrkirche St. Maria in K. an der Heide eine Beginenklause. Die Frauengruppe entwickelte sich zunächst zu einer Franziskaner-Tertiarinnengemeinschaft, bekannte sich aber seit 1478, beeinflusst von ➛ Marienstein, zur Augustinusregel der Regularkanoniker, was ihnen Bischof Wilhelm von Eichstätt (Reichenau) bestätigte. Die nahe Zisterzienserabtei ➛ Heilsbronn und Vogt Johann von Seckendorf zu Birkenfels sorgten für geistliche und wirtschaftliche Unterstützung. Ihre „Klause“ war nicht direkt mit der Pfarrkirche verbunden; nachweislich unterlag die dreischiffige Basilika aus dem 14. Jh. aber Umbauten und Veränderungen in der Zeit der klösterlichen Nutzung. Schon 1495 wurden die Schwestern, es waren damals drei, in das vom Bischof neugegründete Augustiner-Chordamenstift Marienburg nach Abenberg versetzt (hier existieren heute lediglich barocke Stiftsgebäude). Die gotische Kirche in K. wurde 1565 evangelisch-lutherische Pfarrkirche und blieb es bis heute. Sie nahm im Dreißigjährigen Krieg schweren Schaden, ihre Ausstattung stammt deshalb aus der Barockzeit. Gebäude der Frauengemeinschaft stehen nicht mehr.

◆ Höppner, Dietrich: Ev.-Luth. Marienmünster K., Bechthofen 1996; Backmund, Norbert: Die Chorherrenorden und ihre Stifte in Bayern, Passau 1966, 97.

Königslutter, *Benediktinerabtei St. Petrus und St. Paulus (1135–1571) – „Kaiserdom“, Diözese Halberstadt – (Lkr. Helmstedt, Niedersachsen, ❐ 2, A4).*

▶ **Vorgeschichte.** Die Grafen von Haldensleben stifteten nach 1100 nahe der Burg Lutter in den Hügeln des Elm zwischen Braunschweig und Helmstedt ein Kanonissenstift St. Clemens. Als Teilerbe der Grafen erlangte Lothar von Süpplingenburg die Rechte über Burg und Frauenstift.

▶ **Geschichte.** Als Kaiser bestimmte Lothar III. 1135 das Kanonissenstift zum Hauskloster seiner Familie und wandelte es in ein Mönchskloster St. Peter und Paul um. Er rief Reformbenediktiner aus der heute untergegangenen Abtei Berge bei Magdeburg nach K., ließ den „Kaiserdom“ als einen der ersten Gewölbebauten des Nordens errichten und fand 1137 im noch unfertigen Bau sein Grab, wie auch 1139 sein Schwiegersohn, der Bayernherzog Heinrich der Stolze, und 1141 seine Gemahlin Richenza. Die vertriebenen Frauen fanden Aufnahme im Kloster ➛ Drübeck im Harz. Neben reicher Grundausstattung bedachte das Kaiserpaar seine Gründung mit bedeutsamen Reliquien. Der erste Konvent unter Abt Eberhard (1135–55) brachte aus Berge die ➛ Hirsauer Reformobservanz mit, was sich im Bau der Klosterkirche niederschlug. Päpstliche Ablassprivilegien trugen zum Wohlstand bei, der Welfenherzog Heinrich der Löwe, ein Enkel der Gründer, übernahm die Schirmherrschaft und förderte die aufblühende Abtei mit weiteren Landzuweisungen. Die Geschicke der Abtei K. blieben über Jahrhunderte eng mit dem Welfenhaus verknüpft. Abt Friedrich III.

(1341–58) diente in der fürstlichen Kanzlei. Im Spätmittelalter wuchs die Wallfahrt zu den Heiltümern als „Luttersche Fahrt" zur Massenbewegung an. Abt Heinrich IV. Wyting (1431–60) musste den Chor im Kaiserdom durch Gitter schützen lassen. Unter Abt Heinrich V. Gerke (1483–1502) aus ➛ Huysburg trat K. 1493 der ➛ Bursfelder Kongregation bei, was zu wirtschaftlicher Gesundung und baulichen Erneuerungen führte. Der Konvent bestand damals aus nicht mehr als sechs bis acht Mönchen. Während der Reformationswirren blieb K. durch den katholischen Herzog Heinrich den Jüngeren von Braunschweig-Wolfenbüttel geschützt, wenngleich seine verschärfte Besteuerung nach protestantischem Vorbild das Kloster belastete. Bedrohlich waren die Schmalkaldischen Truppen, die den Herzog vorübergehend vertrieben (1542–47). Mit dem Bekenntnis des Nachfolgers, Herzog Julius, zum Protestantismus nach 1568 endete die katholische Abtei K. 1571. Abt Gerhard Koch (1571–99) galt als erster lutherischer Vorsteher einer kleinen protestantischen Konventsgruppe aus drei Personen, die der Landesregierung unterstand. Die Abtswürde erlangten später administrativ eingesetzte Professoren der Helmstedter Universität. Die katholische Restitution 1627 bis 1631 blieb Episode, die offizielle „Aufhebung" des klösterlichen Grundvermögens erfolgte 1809.

▶ **Gegenwart.** Die romanische Abteikirche in K., die ihren Titel „Kaiserdom" nie verlor, dient heute der evangelisch-lutherischen Gemeinde als Pfarrkirche. Ein oberitalienischer Meister schuf im Auftrag des Kaisers bis 1166 ein großzügiges Gesamtkunstwerk, dessen fortschrittliche Baukunst und Ornamentik stilbestimmend in den sächsischen Raum einflossen. Die Pfeilerbasilika auf kreuzförmigem Grundriss zeichnen cluniazensischer Staffelchor, fünf Apsiden, ein mächtiger Vierungsturm und sächsischer Westriegel aus; zwei Westtürme wurden erst im Spätmittelalter aufgesetzt. Die äußere Hauptapsis schmückt ein künstlerisch hochwertiges Friesband, dessen Konsolen in plastischen Masken von Menschen, Fabelwesen und Tieren hervortreten und in dessen Bögen christliche Symbolik verschlüsselt als Jagdszenen verewigt wurde. Ebenfalls der italienischen Bauhütte wird das berühmte Löwenportal im südlichen Seitenschiff zugesprochen. Im Inneren überrascht die harmonisch gegliederte Choranlage mit frühem Kreuzgratgewölbe und schmuckreichen Säulenkapitellen. Reste der kaiserlichen Familientumba unter der Westempore stammen aus dem 13. Jh. Vom romanischen Kreuzgang blieben der zweischiffige Nordflügel und der Westflügel erhalten; reich gestaltete Säulen mit Kapitellen korinthischen Typs gelten als Höhepunkt romanischer Kunst in Norddeutschland; ein spätgotisches Refektorium und das Brunnenhaus sind erwähnenswert.

◆ GermBen 6, 273–298; Soffner, Monika: Der Kaiserdom zu K., Passau 1996.

Königstein, *Cölestinerpriorat St. Maria (1515–26), Erzdiözese Prag – (Lkr. Sächsische Schweiz-Osterzgebirge, Sachsen, ❐ 4, D1).*

▶ Die böhmischen Könige ließen hoch über den felsigen Ufern der Elbe eine Burg am *Lapis regis* errichten, die durch eine einzige erfolgreiche Belagerung 1408 in den Besitz der Wettiner Herzöge von Sachsen überging. Der fromme Herzog Georg der Bärtige ließ 1515 an der alten Kapelle St. Georg auf der Burg einen Konvent für Cölestiner einrichten. Zur Verehrung der Wunder Marias kamen 1516 zwölf Cölestiner aus ➛ Oybin. Beeinflusst von der neuen Lehre Martin Luthers verließen die ersten Mönche bereits nach sieben Jahren die Burg, unter ihnen Prior Johannes Mantel (1516–23), 1526 lebten nur noch zwei Mönche auf K., enttäuscht löste der Herzog die letzte Klostergründung im mittelalterlichen Sachsen auf. In der zweiten Hälfte des 16. Jh. ließen die sächsischen Kurfürsten Burg K. zur Festung und Residenz ausbauen, die Bekanntheit erst in der Neuzeit erlangte. Die Garnisonskapelle und kurzzeitige Klosterkirche St. Georg hat die Zeiten überdauert, der kleine Saal mit gerade abschließendem Chorquadrat entstand um 1200. Triumphbogen tragende Säulen, Kämpferprofile, Chorfenster und Türbogenfeld an der Südwand sind romanischen Ursprungs. St. Georg ist heute ungeachtet zahlreicher Um- und Anbauten das älteste Architekturdenkmal auf der Festung; eingreifend waren etwa Veränderungen 1515 zur Nutzung als Klosterkirche. Die einstigen Mönchsgebäude standen im nordwestlichen Plateaubereich, wo heute Geschützstellungen zu sehen sind. Vor 100 Jahren entdeckte man tief unter den Kasematten die ehemalige Klosterpforte, die den Mönchen einen zusätzlichen Zugang durch den Burggraben auf das Plateau erlaubte.

◆ Volkmar, Christoph: Reform statt Revolution. Die Kirchenpolitik Herzog Georgs von Sachsen 1488–1525, Tübingen 2008; Borchardt, Karl: Priorat K., in: Die Cölestiner, Husum 2006, 156, 320–321; Taube, Angelika: Festung K., Leipzig 2000.

Konradsburg, *Benediktinerabtei St. Maria und St. Johannes Baptist (1133– um 1475), Kartäuserkloster St. Mariae Verkündigung (1476–1526), Diözese Halberstadt – (Ermsleben-K., Lkr. Harz, Sachsen-Anhalt, ❐ 2, A5).*

▶ **Geschichte.** Auf einem Bergsporn am nordöstlichen Harzrand stifteten die Edelherren von Konradsburg auf dem Gelände

Königslutter Benediktinerabtei, der zweischiffige Kreuzgang bietet künstlerische Höhepunkte der Romanik.

Konradsdorf Prämonstratenser-Chordamenstift, Ruine einer rheinischen Frauenkirche der Romanik, Nordost.

ihrer Stammburg um 1120 ein Kollegiatstift, das kurz darauf in eine Benediktinerabtei umgewandelt wurde. 1133 wird ein Abt Adalbert von Konradsburg erstmals erwähnt. Die Stifter waren sich der Totengedächtnismessen für ihre Angehörigen durch die Mönche gewiss und zogen auf die neu errichtete Burg Falkenstein um, behielten aber die Vogteirechte über K. Vermutlich vollendeten die Mönche in der Amtszeit Abt Heinrichs (1193–1221) den zweiten Bau ihrer Klosterbasilika St. Sixtus mit eindrucksvoller Krypta, den ersten Bau hatten sie verworfen. Unter Abt Dietrich (um 1243) bestand der Konvent aus 23 Mönchen. Erste Notverkäufe werden Mitte des 13. Jh. aktenkundig, 1322 übergab Graf Burchard V. von Falkenstein seine Rechte dem Domkapitel zu Halberstadt. Im 15. Jh. lag das monastische Leben so weit am Boden, dass die Abtei gegen 1475 aufgegeben wurde, zumal sich die Mönche um 1470 den Reformversuchen der ➛ Bursfelder Kongregation verweigert hatten. Papst Sixtus IV. erlaubte 1476 die Besiedlung mit Kartäusermönchen aus ➛ Erfurt und Eisenach, die unter Prior Lentfrid Baldwin bereits im Januar 1477 ihr *Domus Beatae Mariae Annunciatae to Conradesborg* besiedelten. Als besonderer Förderer und Stifter erwies sich der Bruder des Priors, Werner Baldwin, ein Rechtsgelehrter aus Erfurt, der später selbst in das Kloster eintrat. Auch der Asseburger Graf Burchard VI. half großzügig beim Umbau der Anlage in eine Kartause mit den typischen Mönchszellen für ein eremitisch betontes Einzelleben. Aufständische Bauern trieben die Kartäuser 1525 ins Exil nach Magdeburg und plünderten ihr Kloster aus, ohne tiefgreifende Bauschäden zu hinterlassen. Die meisten der zurückgekehrten Mönche neigten der Reformation zu, verließen K. endgültig und übergaben 1526 dem Magdeburger Stadtrat ihre Kleinodien. Pater Henning Sankmester ging nach ➛ Ahrensbök bei Lübeck, wo er 1544 bis 1564 das Amt des Priors innehatte und eine weitere Klosterauflösung erleben musste. Der Kartäuserorden bemühte sich vergeblich um Rückgabe.

▶ **Gegenwart.** Heute erinnern lediglich architektonische Restbestände an die monastische Geschichte der K. Neue Besitzer rissen Gebäude ab, verkürzten die Kirche um das gesamte Langhaus und bauten die Anlage als Domänengut aus. Die preußische Denkmalpflege rettete im 19. Jh. den Restbestand, der lediglich aus dem dreischiffigen Chor der benediktinischen Klosterbasilika, der darunter liegenden Krypta und einem Teil der nördlichen Querhauswand besteht. Die fünfschiffige Gewölbekrypta mit ihren fein ausgearbeiteten Kantensäulen und höchst kunstvoll ornamentierten Kapitellen weist Verwandtschaft mit jenen von ➛ Ballenstedt und ➛ Königslutter auf und zählt zu den bedeutendsten Innenräumen der Spätromanik im Harzgebiet. Heute unvorstellbar ist ihre Nutzung als Schweinestall in den Jahren um 1800. Die übrigen Bauten auf K. sind Wohn- und Wirtschaftsgebäude der nachklösterlichen Zeit, die teilweise auf den Grundmauern der ehemaligen Klausur stehen.

◆ Schmitt, Reinhard: Zur Geschichte und Baugeschichte der Karthause K., Ittingen 1995; Schmitt, Reinhard: Die K., München 1987; Blüm, Hubertus Maria: Lexikale Übersicht, in: Die Kartäuser, Köln 1983, 313f.

Konradsdorf, *Prämonstratenser-Chordamenstift St. Maria und St. Urbanus (vor 1191–1581), Erzdiözese Mainz – (Ortenberg-K., Wetteraukreis, Hessen, ❐ 3, C1).*

▶ **Geschichte.** In der ersten urkundlichen Erwähnung des Stifts K. bestätigt Erzbischof Konrad I. von Mainz (Wittelsbach) im September 1191, dass der Edelfreie Hartmann I. von Büdingen sein Eigenkloster in der Wetterau oberhalb der Nidder der Mainzer Kirche übertragen habe. Hartmann verwaltete für Kaiser Friedrich I. Barbarossa das Kinziggebiet und organisierte den Bau der Kaiserpfalz in Gelnhausen; möglicherweise wurde die alte Burg Büdingen überflüssig und zur Stiftsanlage ausgebaut. Auch nach der Tradierung an Mainz behielten die Büdinger die Schirmherrschaft über das Stift. Erstmals erwähnt Papst Honorius III. 1219 K. als dem Prämonstratenserorden zugehörig; es unterstand direkt dem Abt von Prémontré (Frankreich). Die Äbte von ➛ Ilbenstadt und ➛ Selbold waren aufsichts- und visitationspflichtig, Propst und Meisterin wurden vom Konvent gewählt. Stift Selbold stellte meist den Propst, der vom Konvent auch abgesetzt werden konnte, so 1399 Propst Johann Schaup (1397/99). Es handelte sich nicht, wie oft behauptet, um einen Doppelkonvent; die in Urkunden auftretenden *fratres* waren Laienbrüder für wirtschaftliche Aufgaben. 1338 zählte der Konvent 64 Prämonstratenserinnen meist aus dem Wetterauer Adel, private Pfründen waren selbstverständlich. Die Nachfahren der Stifter- und Vogtfamilien beanspruchten das Meisterinnenamt, denn diese Stellung war unangefochten und gut beschützt. Der große Konvent überforderte im 14. Jh. die Leistungskraft der Wirtschaft, bischöfliche Ablassverordnungen sollten helfen. Besitzverkäufe durch Meisterin Adelheid von Nauheim (1383/87) an die Antoniter in Roßdorf nördlich von Hanau, später ➛ Höchst/Main, wurden erstmals 1384 notwendig. 1417 scheint eine Brandkatastrophe vorgetäuscht worden zu sein. Die Mainzer Stiftsfehde 1461/62 brachte Verluste und Einbußen. Im 15. Jh. fehlt auf den Urkunden meist der Propst, erst seit 1489 taucht er wieder auf, möglicherweise eine Folge innerer Reformen in der Zeit Meisterin Sophias von Hatzfeld (1466–94). Die Wirtschaftslage besserte sich, vermutlich auch durch gesunkene Mitgliederzahlen. Die Reformation ging ohne äußere Schäden am Stiftsleben vorüber; Meisterin Ursula von Wertheim (1525–54) fand immer Hilfe bei ihrem Vetter Graf Eberhard von Königstein, dem Inhaber der Vogtei. Erzbischöfliche Visitatoren konstatierten 1550 ordentliche Zucht und friedliches Leben von insgesamt elf Chordamen, was überrascht, da die nahen Abteien Ilbenstadt und Selbold stark von protestantischem Kriegsvolk heimgesucht worden waren und Selbold schon seit 1543 nicht mehr existierte. Die letzte katholische Messe fand Ende Juni 1555 statt; Graf Ludwig von Stolberg überredete 1581 Meisterin Helene von Trohe (1568–81) zur

Abtretung des fast leeren Stifts; eine fürstliche Abfindung und der Ehestand trösteten sie darüber hinweg. Seit 1781 wurde kein Gottesdienst mehr in K. gehalten, die Kirche diente dem Pächter als Stall.

▶ **Gegenwart.** Der heutige Gutshof K. abseits von Ortenberg an einem leichten Südosthang birgt aus der Klosterzeit nur noch zwei ungenutzte Gebäude, die aber aus romanischer Zeit stammen und weitestgehend erhalten gebliebenen sind. Zum einen die schlichte, querschifflose, flachgedeckte Pfeilerbasilika und zum anderen das zweigeschossige Wohnhaus des Propstes. Die Stiftsbasilika entstand während der Übereignung an das Hochstift Mainz 1191 in Form einer rheinischen Frauenkirche. Sie besitzt noch heute ihre halbrunde Apsis im Osten und das Portal im Westen; ihr fehlt jedoch das nördliche Seitenschiff, das südliche wurde neuzeitlich mit rechteckigen Fenstern aufgemauert. Drei figürliche Grabplatten der Familie von Breuberg aus dem 14. Jh. haben sich als einzige Ausstattungsstücke erhalten. Das Propsteigebäude entstand in repräsentativer Absicht als zweistöckiger spätromanischer Bau im 12./13. Jh. mit Kapellenerker und Arkadenfenstern. K. bietet heute die einzigen romanischen Klostergebäude eines Frauenstifts rheinischer Prägung.

◆ Jürgensmeier, Friedhelm (Hg.): Handbuch der Mainzer Kirchengeschichte, 3 Bde., Würzburg 1997–2002; Friedrich, Waltraut: Das ehemalige Prämonstratenserinnenkloster K., Darmstadt 1999.

Konstanz, *Augustiner-Eremitenkloster (St. Maria Magdalena) St. Augustinus (1268–1802) – „Augustinerkloster", Diözese Konstanz – (Kreisstadt, Baden-Württemberg, ❐ 3, C5).*

▶ **Geschichte.** Der städtische Adel rief 1268 Augustiner-Eremiten nach K. und förderte gemeinsam mit Bischof Eberhard II. von Waldburg die Gründung eines Klosters. Entsprechend rekrutierte sich die Gemeinschaft besonders aus regionalen Patrizierfamilien. Die Klosterkirche war zunächst der hl. Maria Magdalena geweiht, seit 1389 aber dem hl. Augustinus. Im 14. Jh. bemühten sich die Augustiner-Eremiten, ihr beengtes Kloster schrittweise durch Zukäufe von Stadträumen zu erweiten und mit Weinhängen der Region zu bereichern. Seit 1366 übernahmen sie die Seelsorge für Leprosen im außerhalb gelegenen Hofstatthospital. Das Ordensstudium wurde 1394 eingerichtet, das ein Sohn der Stadt, Konrad Burgthor, als erster Lektor leitete; er stand dem Konvent auch als Prior vor (1398–1401). In seiner Amtszeit nötigte der Stadtbrand von 1399 zum Wiederaufbau der Gebäude, was mit Hilfe Papst Bonifatius' IX. zügig realisiert werden konnte, so dass König Sigismund während des Konstanzer Konzils (1414–18) im Kloster residierte. Der König rühmte die Lage mit Blick auf den Bodensee und bedankte sich mit einer Orgel für die Kirche. Er beauftragte auch Künstler mit der Ausschmückung des Kirchenmittelschiffs; da er aber als säumiger Schuldner bekannt war, steht zu bezweifeln, dass er diese heute noch zu bewundernden Malereien auch bezahlt hat. Auf dem Konzil wählten die versammelten Kardinäle 1417 im einzigen Konklave, das nördlich der Alpen stattfand, den italienischen Kardinal Odo Colonna als Martin V. zum Papst und beendeten das Schisma der drei Päpste. Martin V. förderte die Bettelorden nachhaltig, besonders aber die Augustiner-Eremiten. Auch diese waren in jener Zeit in Fraktionen zerstritten, konnten aber die Spaltung mit Ordensreformen überwinden. In der Reichsstadt K. ging die lutherische Glaubenserneuerung nach Abklingen der Pest 1519 von Jakob Windner, Pfarrer im Kollegiatstift St. Johann, aus. 1527 setzten die Bürger die Reformation durch, die Augustinerkirche wurde 1529 geräumt, das Inventar weggeschafft, die meisten Brüder gingen ins Exil. Die Stadt gehörte auf dem Reichstag zu Speyer 1529 zur Gruppe der Protestanten und schloss sich dem Schmalkaldischen Bund an. Mit dem Sieg Kaiser Karls V. verlor K. 1548 seine Reichsfreiheit, wurde der österreichischen Herrschaft unterstellt und rekatholisiert. Der Stadtrat musste die Klöster und Stifte restituieren. Die Augustiner-Eremiten nahmen ihre seelsorglichen Pflichten unter Prior Georg Blarrer 1551 wieder auf. Mehrere Provinzkapitel der frühen Neuzeit weisen auf die Bedeutung des Konvents für den Orden hin. Seit 1684 diente ihre Kirche auch als Garnisonskirche. 1785 untersagte man im Klima des Josephinismus die Neuaufnahme von Novizen. Mit der Säkularisation 1802 endete das Konventsleben. Die Gebäude kamen in den Besitz des städtischen Spitals.

▶ **Gegenwart.** Die Klausurgebäude existieren heute nicht mehr, aber die gotische Klosterkirche der Augustiner-Eremiten von 1268 dient als Dreifaltigkeits- und „City-kirche" noch immer der katholischen Gemeinde und dem Stadtbesucher als Ruheoase. Es handelt sich um eine dreischiffige Pfeilerbasilika mit gerade geschlossenem Chor in Mittelschiffbreite, ohne Querschiff und Turm, die barock verändert, eingewölbt und neu ausgeschmückt wurde. 1996 bis 2006 wurde sie grundlegend saniert und restauriert, wobei hochinteressante spätgotische Fresken aufgedeckt werden konnten.

◆ Kirchgäßner, Bruno: Dreifaltigkeitskirche K., Regensburg 1988; Kunzelmann, Adalbero: Geschichte der deutschen Augustiner-Eremiten, Tl. 1, 137 ff., Tl. 2, 115–131, Würzburg 1969/70.

Konstanz, *Dominikanerkloster (1236–1807) – „Inselkloster", Diözese Konstanz – (Kreisstadt, Baden-Württemberg, ❐ 3, C5).*

▶ **Geschichte.** Aus Zürich kommend, hielten sich Dominikaner bereits 1220 in K. auf. Im Juli 1236 schenkte ihnen Bischof Heinrich I. von Konstanz (Tanne) die ufernahe Rheininsel im Bodensee, nachdem das Kloster Petershausen sowie der Ministeriale Rudolf Kadel und der Leutpriester Konrad von Laufen auf Rechte verzichtet hatten. Zusätzlich gewährte er ausdrücklich den Bau einer festen Verbindung zwischen Insel und Stadtufer. Die Prediger erbauten unter dem ersten Prior Konrad († 1239) eine weitläufige Klosteranlage, Schenkungen und reger Zulauf sicherten die aufstrebende Entwicklung. Der Benediktinerabt Walther von Frauchberg verzichtete 1244 auf Amt und Würden in St. Gallen (Schweiz), um in das Inselkloster einzutreten. Ihm folgten um 1250 Johannes von Ravensberg und der Herr von Löwental. Studiumsbetrieb schon vor 1255 weist auf eine größere Kommunität hin. 1275 fand in K. ein erstes Provinzkapitel der Ordensprovinz Teutonia statt. Mehrere süddeutsche Frauenkonvente wurden seelsorglich betreut, so auch Kloster Zoffingen in der Stadt (➛ Konstanz). Bei Rechtsgeschäften leisteten die Dominikaner dem bischöflichen Oberhirten Hilfe, wie spärlich überkommene Urkunden aus der Frühzeit Prior Martins (1241–44, 1249), Prior Rudolfs (1256/63) und Lektor Alexanders (1270) belegen. Bischof Heinrich II. von Klingenberg bedachte 1299 die Dominikaner in seinem Testament. Anfang des 14. Jh. war K. Heimstätte des dominikanischen Mystikers Heinrich Suso (geb. 1295, 1308/10–66, Seligsprechung 1831); er diente seit 1327 über 20 Jahre als Lektor und amtierte um 1343 als Prior, als der Konvent die Stadt wegen des Interdikts (1339–46) verlassen hatte. Seine Schriften und Lieder erlangten überregionale Bedeutung; der Höhepunkt klösterlicher Ausstrahlung war wohl mit seinem Wirken verbunden (er

Konstanz Dominikanerkloster, die Bettelordenskirche des Inselklosters dient heute einem Hotel als Festsaal.

starb 1366 im Kloster ➛ Ulm). Während des Konstanzer Konzils (1414–18) beherbergte das Inselkloster französische und italienische Delegationen, die böhmischen Reformatoren Jan Hus (um 1370–1415) und Hieronymus von Prag (nach 1370–1416) waren angeblich im Turm an der Ostmauer mehrere Monate eingekerkert. Im Spätmittelalter verweigerte sich der Konvent der observanten Erneuerung und gehörte einer konventualen Kongregation an. In K. breiteten sich lutherische Ideen bereits 1519 vom Kollegiatstift St. Johann her aus, 1527 setzte sich die Reformation in der Reichsstadt durch. Wegen wortgewaltiger Predigten für den katholischen Glauben durch Prior Antonius Pirata (1512/31) und hartnäckigen Widerstands des Konvents gegen das evangelische Kirchenregiment mussten die Dominikaner die Stadt verlassen. Nach der Restitution 1549 zeichneten sie sich unter österreichischer Herrschaft als theologische Ausbilder junger Konventualen aus. Das 17. und 18. Jh. waren durch zunehmende Verarmung gekennzeichnet. Kaiser Joseph II. verordnete im Rahmen seiner restriktiven Kirchenpolitik 1785 die Aufhebung des durch Schulden bedrängten Klosters. Die Prediger zogen nach St. Peter an der Fahr, da die dortigen Schwestern nach Zoffingen versetzt worden waren. 1799 kamen die Franzosen, das Großherzogtum Baden löste das Kloster 1807 endgültig auf.

▶ **Gegenwart.** Die Familie der Grafen von Zeppelin richtete im malerisch gelegenen Inselkloster schon 1875 ein Hotel ein, das heute noch existiert. In den modern ausgebauten Hoteltrakt sind mittelalterliche Architekturreste integriert. Die Kirche ist eine dreischiffige, flachgedeckte Basilika mit gerade geschlossenem Chor ohne Querschiff; ihre romanisch-frühgotische Formensprache nimmt stilgeschichtlich einen bedeutenden Rang unter den Bettelordenskirchen ein. Wandteppichartige Freskenmedaillons mit Martyrerszenen vom ausgehenden 13. Jh. schmücken die Wände. Der frühgotische Kreuzgang zeigt spitzbogige Arkaden auf gekuppelten Säulen mit attischen Basen und Kelchkapitellen; die Historienbilder an den Wänden sind zwischen 1887 und 1896 entstanden. Der Kerkerturm, heute „Husturm", existiert noch immer, ebenso das freistehende „Kapitelhaus" mit spätromanischem Kern.

◆ Trepkas, Ulrike: K., in: Helvetia Sacra, Abt. IV, Bd. 5/1, Basel 1999, 391–419; Maurer, Helmut: K. im Mittelalter, Konstanz 1989; Borst, Arno: Mönche am Bodensee 619–1525, Sigmaringen 1978.

Konstanz Dominikaner-Tertiarinnenkloster, gotische Kirche des Zoffingenklosters in barocker Überformung.

Konstanz, *Dominikaner-Tertiarinnenkloster St. Katharina (seit 1318) – „Kloster Zoffingen", Diözese Konstanz – (Kreisstadt, Baden-Württemberg, ❐ 3, C5).*

▶ **Geschichte.** Einer Beginengemeinschaft aus Will „an der Mauer" vor K. verordnete Bischof Eberhard II. von Waldburg 1257 die Augustinusregel. Neun Jahre später schenkte der Domscholaster Burghard von Zoffingen dem Konvent ein „Haus zum Tümpfel" nahe der Rheinbrücke. Diese Keimzelle des Frauenklosters behielt den Namen des Stifters „Zoffingen". 1271 gewährte Bischof Eberhard allen Frauen der Diözese unter der Augustinusregel das Privileg, die Profess ablegen zu dürfen. Eine Priorin leitete den Konvent. Im Juli 1318 übertrug Bischof Gerhard von Bevar dem städtischen Dominikanerkloster (➛ Konstanz) förmlich die geistliche Aufsicht über den Frauenkonvent, der erst jetzt eindeutig den Status eines Klosters erlangte, Kapelle und Klosteranlage errichten ließ und Ordenskleidung trug. Dies bedeutete nicht selbstverständlich die Inkorporation in den dominikanischen Drittorden, aber die Dominikaner stellten Priester und Beichtväter. Der Katharinenkonvent rekrutierte sich aus den Bürgerfamilien der Stadt, Mitgiften und Schenkungen sorgten für ein gesichertes Auskommen. Die Exklusivität des zweiten Konstanzer Tertiarinnenkonvents, St. Peter an der Fahr, erreichte Zoffingen nicht. Anfang des 16. Jh. bemühten sich Kirchenleitung und Dominikanerorden um die Einführung der Observanz, strenge Klausurregeln waren gefordert, das Kloster wurde entsprechend ausgebaut, Mitschwestern aus St. Katharina in St. Gallen schickten Bücher. Mit dem Bekenntnis der Bürger zur Reformation 1527 griff die Stadt in die inneren Angelegenheiten ein. Wendelin Fabri, der Beichtvater der Zoffingenfrauen, war einer der letzten Verteidiger des alten Glaubens gegenüber dem Rat. Das klösterliche Leben kam zum Erliegen, Schottenkloster und Antoniterhaus wurden für immer geschlossen, nicht so das Tertiarinnenkloster mit seinen über 20 Schwestern. Die Hälfte der Frauen nahm jedoch Abfindungen an und trat aus, andere blieben und beugten sich dem evangelischen Ritus. Nach dem Verlust der städtischen Reichsimmunität infolge des Sieges Kaiser Karls V. über den Schmalkaldischen Bund 1547 gelang dem Konvent 1549 unter österreichischer Herrschaft mit lediglich sechs Schwestern ein Neubeginn. 1775 eröffneten die Dominikanerinnen eine Elementarschule, die erste Volksschule für Mädchen in K. Selbst jetzt noch drohte ihnen die Aufhebung durch die Josephinische Klosterpolitik. 1774 hatte man Zoffingen auf Aussterbeetat gesetzt. Ein Zusammenschluss mit dem Konvent St. Peter scheiterte am Hochmut der Fahrschwestern gegenüber den ärmeren Zoffingenschwestern. Die Fahrschwestern ließen sich 1789 pensionieren, womit der Konvent St. Peter an der Fahr die einzige der insgesamt zwölf klösterlichen Institutionen der Stadt war, die von den Österreichern aufgelöst wurde. Zoffingen blieb dagegen das einzige Kloster, das Anfang des 19. Jh. nicht durch das Großherzogtum Baden säkularisiert wurde.

▶ **Gegenwart.** Das dominikanisch orientierte Tertiarinnenkloster Zoffingen am nördlichen Rand der Altstadt von K. existiert noch heute. Seine schulischen Einrichtungen unterstehen seit 1993 der Diözesanaufsicht Freiburgs. Die erste Klosterkirche St. Katharina hatte das Ausmaß des heutigen Chors, um 1500 wurde das Langhaus angebaut; 1664 bis 1666 unterlag die Kirche barocken Veränderungen, im 18. Jh. spätbarocker Ausschmückung. Das Gnadenbild der „Gottesmutter Maria von Zoffingen", ein Geschenk aus dem Jahr 1654, half dem Konvent, schwere Zeiten zu überstehen. Die frühbarocke Klausur mit flachgedecktem Kreuzgang und Pfeilerarkaden blieb erhalten.

◆ Wilts, Andreas: Die Konstanzer Gemeinschaften an der Mauer (Zoffingen) und in der Wittengasse, in: Beginen im Bodenseeraum, Sigmaringen 1994, 171–177; Maurer, Helmut: K. im Mittelalter, Konstanz 1989; Hilberling, Brigitta: 700 Jahre Kloster Zoffingen 1257–1957, Konstanz 1957.

Konstanz, *Franziskanerkloster (um 1240–1808) – „Barfüßerkloster", Diözese Konstanz – (Kreisstadt, Baden-Württemberg, ❐ 3, C5).*

▶ **Geschichte.** Die Minoriten folgten um 1240 dem Ruf Bischof Heinrichs I. von Konstanz und kamen wahrscheinlich aus ➛ Lindau in die Bischofsstadt, errichteten aber erst 1253 mit Hilfe des Stadtrats ihre Konventsanlage südöstlich der Stiftskirche St. Stephan direkt an der Stadtmauer. Pflichten zur Wehrfähigkeit waren auferlegt; im Mauerturm unterhielten die Franziskaner ihre „Gemache", die sie 1306 auch für Bürger freizuhalten hatten. Das Archiv der oberdeutschen Ordensprovinz, auch Straßburger Provinz genannt, war nachweislich von 1265 bis 1781 im Konvent K. untergebracht. Von Anfang an förderte das reiche Bürgertum die Minoriten, die

Kirche konnte schon 1255 geweiht werden, der berühmte Prediger Berthold aus Regensburg († 1272) hielt die Festpredigt. Beim großen Erdbeben im August 1295 stürzte das Kirchendach ein. Ein Lektor des Konvents, Konrad Probus, stieg zum Provinzial der oberdeutschen Ordensprovinz (1271–79) und 1279 zum Bischof von Toul auf. Die Provinzialminister Bertold de Columbaria (1289–97) und Heinrich von Ravensburg (1302–09) lehrten ebenfalls im Konstanzer Konvent. In der nahen Wittengasse lebten die Beginen der „Wittensammlung", die sich dem Franziskanerorden anschlossen und als Tertiarinnen bis 1537 betreut wurden. Bruder Marquard von Lindau († 1392) schrieb im Konstanzer Konvent um 1370/80 das berühmte theologische Werk „Eucharestie-Tracktat" und erlangte ähnlichen Ruhm wie der Dominikaner und Mystiker Heinrich Seuse († 1366). Während des Konstanzer Konzils (1414–18) quartierten sich deutsche und englische Delegationen im Barfüßerkloster ein; Refektorium und Kapitelhaus wurden als Beratungsstätten genutzt, die Verhöre und der Urteilsspruch über Jan Hus fanden hier statt. War es um die Klosterzucht in den meisten monastischen Einrichtungen im ausgehenden Mittelalter schlecht bestellt, so wurde Guardian Johann Jeger dagegen 1513 vom Rat wegen seiner Zucht und guten Predigten gelobt, 1515 nahm der Konvent Bürgerrecht an. Gemessen an den Stiftungen der Bürger, standen die Barfüßer an oberster Stelle der Beliebtheitsskala aller zehn klösterlichen Institutionen der vorreformatorischen Reichsstadt. Sebastian Hofmeister kam als Lesemeister (1520–22) aus Zürich und hinterließ reformatorisches Gedankengut; die elf Brüder leisteten der neuen Lehre kaum Widerstand. Guardian Konrad Zimmermann heiratete und stellte sich in den Dienst der Stadt, 1549 galt das Kloster als aufgehoben. Die österreichische Herrschaft rekatholisierte das geistliche Leben und garantierte nach 1549 den Fortbestand des Franziskanerkonvents, bis Kaiser Joseph II. Ende des 18. Jh. versuchte, seine Kirchenpolitik mit Säkularisationen durchzusetzen. Das Minoritenkloster K. wurde 1788 auf Aussterbeetat gesetzt; Guardian Placidus Bender und der Konvent kämpften gegen Pläne, ihr Kloster als Kaserne oder Uhrenfabrik zu nutzen. 1799 kamen die Franzosen, und die nachfolgende badische Regierung löste das Kloster 1808 endgültig auf. 1815 kaufte es die Stadt und richtete das Stadthaus und eine Schule ein.

▶ **Gegenwart.** Der ehemalige Klosterkomplex am Stephansplatz dient noch heute als Bürgersaal und Stephansschule. Erneuerungen während der Barockzeit sowie einschneidende Umbauten im 19./20. Jh. lassen an der Anlage kaum noch mittelalterliche Substanz erkennen, die aber im Kern noch vorhanden ist. Spitzbogenarkaden an der Hauptfront, ein Fresko in der heutigen Küche und Stuck im ehemaligen Refektorium, heute Musiksaal, erinnern an die Franziskaner. Am 12. April 1848 proklamierte Friedrich Hecker vom Balkon des Stadthauses die erste deutsche Republik. Vom nahen Tertiarinnenkonvent „Wittensammlung" in der heutigen Münzgasse existierte lange Zeit das Wohnhaus aus dem 14. Jh., bis es 1969 einem Kaufhausbau weichen musste.

◆ Maurer, Helmut: K. im Mittelalter, Konstanz 1989; Stengele, Benvenut: Das ehemalige Franziskaner-Minoritenkloster zu K., in: Schriften des Vereins für Geschichte des Bodensees und seiner Umgebung 18 (1889) 91–99.

Korbach Franziskanerkloster, Arkadenreste des Observantenklosters im Gelände der Volkshochschule.

Korbach, *Franziskanerkloster St. Franziskus (1487–1566), Diözese Paderborn – (Lkr. Waldeck-Frankenberg, Hessen, ❐ 1, C5).*

▶ Die Waldecker Grafen Philipp II., Otto IV. und Heinrich VIII. stifteten 1487 mit päpstlicher Genehmigung ein Observantenkloster der Franziskaner in der Waldecker Handelsmetropole K., damals Mitglied im Hansebund. Die spätmittelalterliche Gründung des Klosters stieß auf heftigen Widerstand der Bürger und war ohne Konzessionen der Stifter nicht realisierbar. Die Brüder erbauten in der Neustadt neben dem Hospital zwischen Tränke- und Berndorfer Tor an der Stadtmauer ein Kloster mit schlichter Saalkirche. Die Observanten aus K. versuchten 1494 auf Wunsch Erzbischof Hermanns IV. von Köln (Hessen) unter Aufsicht des Abts von ➛ Spieskappel, ihre Observanzverfassung bei den Minoritenbrüdern in ➛ Fritzlar durchzusetzen, aber die Fritzlarer Konventualen und dortigen Bürger vertrieben die Armutsbefürworter aus der Stadt zurück nach K. Ein Konventsmitglied schuf beeindruckende Altarbilder für die kurz zuvor in K. entstandene Nikolaikirche, sein Name bleibt unbekannt. Der Reformation setzten die Observanten, die sich vorbildlich an die Ordensvorgaben hielten, energischen Widerstand entgegen, so dass es erst 1566 zur Auflösung kam, als alle anderen Waldeckschen Klöster längst nicht mehr existierten. In den Klostergebäuden richtete der Rat die städtische Bürgerschule ein, aus der das bekannte Landesgymnasium „Fridericianum" und schließlich die heutige Volkshochschule erwuchsen. Nach der Zerstörung im Siebenjährigen Krieg entstand das lange Gebäude in der Klosterstraße auf den Fundamenten der Klausur. Heute erinnern lediglich Restarkaden im Schulhof, Umfassungsmauern und ein Tor an das ehemalige Observantenkloster.

◆ Dersch, Wilhelm: Hessisches Klosterbuch, Marburg 2000; Neumann, Gerhard: K. im ausgehenden Mittelalter, Arolsen 1997.

Kornelimünster Benediktiner Reichsabtei, Nordansicht der mehrfach veränderten romanisch-gotischen Kirche.

Kornelimünster, *Benediktiner Reichsabtei St. Cornelius u. a. (um 815–1794, seit 1906) – „Inda" bzw. „Inden", Erzdiözese Köln – (kreisfreie Stadt Aachen, Nordrhein-Westfalen, ❐ 3, A1).*

▶ **Geschichte.** Kaiser Ludwig der Fromme gründete um 815 ein Kloster im Tal der Inde südöstlich von Aachen, das als benediktinisches Musterkloster zur Durchsetzung der Anianischen Klosterreform dienen sollte. Als ersten Abt berief er Benedikt von Aniane, der sich um die Kirchenreform im Karolingerreich unter Karl dem Großen verdient gemacht hatte. Inda mit seinem auf 30 Mitglieder festgelegten Konvent erlangte nach dem Tod Benedikts 821 nie die ihm zugedachte Bedeutung als Musterabtei. Aber diese war mit besonders ehrenvollen Privilegien wie der Königskrönung und umfangreichem Besitz ausgestattet, ihr „Münsterländchen" umfasste etwa 10.000 ha und ebensoviel Streubesitz am Rhein, an der Erft und im heutigen Belgien. Von Anfang an besaß es wertvolle Reliquien wie das Schürztuch, das Grabtuch und das Schweißtuch des Herrn sowie Körperteile der Heiligen Salvator und Cyprian. Im Laufe des 9. Jh. kamen Reliquien des hl. Papstes und Martyrers Cornelius († 253) hinzu. Die Reichsabtei Inda blühte zum Wallfahrtsort und Kultzentrum auf, dessen aufstrebende Entwicklung nur durch Normanneneinfälle um 900 aufgehalten wurde. Das ursprüngliche St. Salvator-Patrozinium wechselte zu St. Cornelius; seit dem 13. Jh. sprach man fast nur noch vom „K.". Mit der Aufteilung von Pfründen zwischen Abt und Konvent schlichen sich weltstiftähnliche Lebensformen ein, der Konvent wurde im Spätmittelalter als „Kapitel" bezeichnet. Ernsthafte Wirtschaftskrisen zwangen zu Besitzverkäufen. K. geriet in den Konflikt der Stadt Aachen mit dem Grafenhaus Jülich; die Abtei wurde 1310 von aufgebrachten Bürgern gebrandschatzt, Mönche fanden dabei den Tod. Der Wiederaufbau erfolgte erst nach dem nächsten Brand um 1370. Bereits im 15. Jh. förderten die Benediktiner Bergbau und Messingherstellung, deren vorindustrielle Produktion war später eine der wichtigsten Einnahmequellen. Am Vorabend der Reformation bemühte sich K. um innere Reformen, der Beitritt zur ➛ Bursfelder Kongregation jedoch ist nicht eindeutig nachweisbar. Die Äbte Herbert von Lülsdorf (1450/81) und Heinrich von Binsfeld (1491–1531) erreichten neuen wirtschaftlichen und geistlichen Aufschwung, der sich in umfangreicher Bautätigkeit manifestierte und dem das Aussehen der heutigen Kirche zu verdanken ist. Weder Reformation noch Dreißigjähriger Krieg, aber alle übrigen bewaffneten Konflikte des 17. und 18. Jh. brachten der Abtei schwere Zerstörung oder Kontributionen. Stabilisierung schaffte Abt Hyacinth Alphons von Suys (1713–45); er ließ die Korneliuskapelle anbauen und die Konventsgebäude in der heutigen Barockform errichten. Die französische Konsularregierung verfügte im Juni 1802 die Auflösung der Reichsabtei K.; sieben Mönche verließen im August das Kloster. Die Abteikirche wurde der Pfarrgemeinde übergeben, die Gebäude an einen Fabrikanten verkauft.

▶ **Gegenwart.** Heute dient die bescheidene Barockanlage einer Kunstgalerie und dem Bundesarchiv Koblenz als Außenstelle. Neben der Kirche präsentiert sich als mittelalterlicher Restbau das große innere Tor aus dem 15. Jh. Die fünfschiffige katholische Pfarrkirche, ein Folgebau der ersten romanischen Basilika, ist das Ergebnis fast ununterbrochener Bautätigkeit bis ins 18. Jh., bei der drei Kirchenräume zu einer vielgestaltigen Einheit verschmolzen wurden. Das Mittelschiff (10.–15. Jh.) war den Mönchen vorbehalten, die beiden Südschiffe aus dem 14./15. Jh. dienten als Pilgerkirchen, während die beiden Nordschiffe aus dem 16. Jh. der Präsentation der Heiligtümer vorbehalten blieben. Oberhalb des Ortes gründeten Benediktiner aus Merkelbeek (Niederlande) 1906 ein neues Kloster, das zwar nicht in räumlicher, aber in geistlicher Hinsicht die Kontinuität des Mönchslebens in K. bewahrt.

◆ GermBen 8, 404–427; Kühn, Norbert: Die Reichsabtei K., in: Eifilia Sacra, Mainz 1999, 79–100.

Kraak, *Johanniterkommende St. Laurentius (um 1310–1562), Diözese Schwerin – (Rastow-K., Lkr. Ludwigslust, Mecklenburg-Vorpommern, ❐ 2, A3).*

▶ **Geschichte.** Eine Urkunde der Johanniterkommende ➛ Sülstorf erwähnt 1275 erstmals den Ort *Crake* als ein zugehöriges Mühlendorf. K. schien sich wegen seiner zentralen Lage zwischen den Eigendörfern als günstigerer Komtursitz angeboten zu haben. 1292 sind die Ordensritter noch in Sülstorf nachweisbar, Anfang des 14. Jh. muss die Kommende nach K. verlegt worden sein. 1337 sprechen Urkunden von „magister Wilhelmus de Crack" und 1381 von „Ulricus Dosseken cornmendator domus Crack". In Sülstorf sind danach keine Ordensbrüder mehr nachweisbar, die Kirche blieb Parochialkirche unter dem Patronat der Johanniter. Die erste mecklenburgische Ordensniederlassung ➛ Eichsen nördlich von Gadebusch unterstand als Priesterpriorat der Kommende K. Auffallend ist die Scheidung der ursprünglich zusammengehörenden Güter in eine Kommende und eine Priorei. Möglicherweise waren Sülstorf und später K. immer nur Sitz des Komturs, Eichsen aber Kloster eines Konvents aus Priesterbrüdern unter einem Prior. Das ganze Mittelalter hindurch ließen sich angesehene Persönlichkeiten in die Bruderschaft zu Eichsen, aber nie zu K. aufnehmen. Schenkungen und Legate gingen immer an die Johanniter zu Eichsen. Ende des 15. Jh. verschlechterte sich die Beziehung zur Landesherrschaft, die Herzöge von Mecklenburg verlangten Dauerabgaben, vergriffen sich am Ordensgut und provozierten Rechtsstreitigkeiten am Appellationsgericht in Rom. Zudem billigten sie im 16. Jh. die Ausbreitung lutherischen Gedankenguts in ihrem Herrschaftsbereich. Nach dem Tod des Komturs Nicolaus Bevernest 1504 präsentierte der Herzog den weltlichen Kandidaten Ritter Plate als zukünftigen Komtur, den der Orden nicht anerkennen konnte. Stattdessen füllte Komtur Mathias von Ilow (1504–33) das Amt zum Nachteil der Kommende aus; sein Nachfolger Mathias Belling erschoss sich noch 1533 aus Verzweiflung über die katastrophalen Zustände in K. Herzog Albrecht VII. nahm anschließend Oberaufsicht und Jurisdiktion in Anspruch, sein Untermarschall Curt von Restorff besetzte die Kommende militärisch. Weitere Rechtsstreitigkeiten wurden schließlich mit einer Geldzahlung Herzog Johann Albrechts I. an den letzten Komtur Friedrich Spedt (1561–62) beendet, der 1562 auf alle Ansprüche verzichtete und in fürstliche Dienste eintrat.

▶ **Gegenwart.** Wie in Sülstorf und Eichsen steht auch in K. noch heute die ehemalige Johanniterkirche und dient als evangelisch-lutherische Pfarrkirche St. Johannes Baptist. Der saalartige, ungewölbte Bau von 1400 aus vier Jochen zeigt typisch zweigeteilte Maßwerkfenster und ein repräsentatives Westportal. Die Innenausstattung weist einige qualitativ hochwertige Stücke aus der Johanniterzeit auf. Vom Komturhaus und späteren Jagdschloss ist nichts mehr erhalten.

◆ Brunners, Michael: Die vier Niederlassungen des Johanniterordens in Mecklenburg, in: Mecklenburgia Sacra 8 (2005) 25–68.

Kranenburg, *Augustiner-Chordamenstift St. Katharina (1472–1802), Erzdiözese Köln – (Kr. Kleve, Nordrhein-Westfalen, ❐ 1, A5).*

▶ Ein aus der Bewegung der ➛ Devotio moderna resultierender Konvent von Schwestern vom gemeinsamen Leben in K. am unteren Niederrhein nahm 1472 unter Einfluss der ➛ Windesheimer Kongregation die Augustinusregel an und begann wohl kurz darauf mit dem Bau der kleinen Stiftsanlage an der Mühlenstraße. Als erste Priorin wurde Bele van Vissel (1505) bekannt, die folgenden Vorsteherinnen erscheinen namentlich erst im 17. Jh. Unter Johanna van der Willigen (1785–1802) erfolgte 1802 die Säkularisation durch die französische Besatzung; möglicherweise waren die Stiftsdamen darüber auch erleichtert, denn der Konvent steckte in tiefen Schulden. Von der Stiftsanlage blieb das spätgotische Konventshaus erhalten, ein zweistöckiger Backsteinbau mit spitzwinkeligem Giebeldach und Gewölbekellern. Seit 1961 nutzt der Verein zum Heimatschutz den sanierten „Katharinenhof" als Museum für kunsthistorische Sammlungen und als Galerie.

◆ HHistStD 623–625; Hageman, Manuel: Der Schwesternkonvent St. Katharina, Kranenburg 2006.

Kreuzberg, *Benediktinerinnenkloster St. Jakobus und St. Maria (vor 1191–1593) – „Philippsthal", Erzdiözese Mainz – (Philippsthal, Lkr. Hersfeld-Rotenburg, Hessen, ❐ 3, D1).*

▶ **Geschichte.** Papst Cölestin III. bestätigte 1191 dem neuen Benediktinerinnenkloster K. an der Werra umfangreiche Besitzungen und nahm es unter Schutz. K. wurde von der Reichsabtei ➛ Hersfeld gegründet und als Propstei geführt; inwieweit dabei das Rittergeschlecht derer von Cruceburg beteiligt war, ist heute nicht mehr zu eruieren. Mitte des 13. Jh. wird K. in einigen Urkunden, nie in eigenen, als Zisterzienserinnenkloster bezeichnet; vermutlich hatten sich die Schwestern vorübergehend der strengen Zisterzienserobservanz unterworfen, ähnlich wie die Benediktinerinnenkonvente in Frauensee, ➛ Blankenau und ➛ Allendorf. 1235 zog eine Gruppe Schwestern nach ➛ Heydau und 1265 nach Blankenau und stellte den jeweiligen Gründingskonvent. Ein Hersfelder Abt bezeichnete K. als seine vornehmste und beliebteste Propstei, jedoch ist relativ wenig Quellenmaterial vorhanden. Unter Äbtissin Agnes (1364/83) musste die Konventsstärke auf 110 Schwestern begrenzt werden. Vor 1451 stieß ein Reliquienfund auf allgemeines und erzbischöfliches Interesse, nähere Umstände sind aber nicht bekannt. Aufständische Bauern verwüsteten 1525 die Anlage und zwangen die Frauen zur Anerkennung ihrer zwölf Artikel. Vom hessischen Landesherrn gefördert, fand die Reformation bald Eingang in den Konvent. Kraft von Weiffenbach, vormals Abt von Hersfeld (1588–92), übernahm 1592 als letzter das Propstamt, gab es aber 1593 auf. Landgraf Moritz von Hessen-Kassel eignete sich das Kloster an; sein Nachfahre Landgraf Karl übergab es 1670 seinem Bruder Philipp, der den Ort zum Stammsitz der fürstlichen Linie Hessen-Philippsthal ausbaute. Die Bezeichnung „Philippsthal" übertrug sich auch auf das Klostergut, ehemals eines der reichsten Frauenklöster in Hessen.

▶ **Gegenwart.** Teile der Klausur sind in den barocken Schlossbau vom Ende des 17. Jh. integriert. Die ehemalige Klosterkirche dient heute als evangelische Pfarrkirche. Sie war ursprünglich eine dreischiffige Basilika aus der Gründungszeit mit drei Apsiden im Osten und einer Nonnenempore im Westen; die Seitenschiffe wurden entfernt, die beiden Westtürme verschwanden beim Schlossbau zugunsten eines Mittelturms mit Fürstengruft von 1733. Im flachgedeckten Mittelschiff sind romanische Arkadenbögen zu erkennen; eine Grabplatte von etwa 1270 erinnert an Ritter Cruceburg, Gönner und Namensgeber des Klosters.

◆ GermBen 7, 732–740; Jürgensmeier, Friedhelm (Hg.): Handbuch der Mainzer Kirchengeschichte, 3 Bde., Würzburg 1997–2002.

Kreuznach, *Franziskanerkloster St. Wolfgang (1484–1802) – „Wolfgangkloster", Erzdiözese Mainz – (Kreisstadt Bad K., Rheinland-Pfalz, ❐ 3, B2).*

▶ Kurfürst Friedrich I. von der Pfalz stiftete 1472 die Kirche St. Wolfgang in K., um seinen Herrschaftsanspruch in der machtgeteilten Stadt zu demonstrieren. Sein Nachfolger Philipp übergab die Kirche 1484 an Franziskaner-Observanten, die eine Niederlassung in der Hospitalgasse nahe der Stadtmauer gründeten. Seit Beginn entwickelte sich das Kloster zur begehrten Begräbnisstätte des Adels aus Stadt und Umgebung; so ließen etwa die Herren von Sickingen ihre weiblichen Familienmitglieder hier beisetzen. Nach Durchsetzung der calvinistischen Reformation mussten die Brüder Mitte des 16. Jh. die Stadt verlassen, kehrten aber mit den kaiserlichen Truppen im

Kraak Johanniterkommende, typische kleine, einschiffige Kommende- und Pfarrkirche der Johanniter.

Dreißigjährigen Krieg zurück. Der kleine Konvent baute zwischen 1715 und 1718 ein barockes Langhaus an den spätgotischen Chor, das aber im Zweiten Weltkrieg so stark beschädigt wurde, dass es nicht wieder aufgerichtet werden konnte. Der Chor der Franziskanerkirche blieb indes erhalten; der schmale, hohe Raum im 5/10-Schluss besteht aus drei Jochen mit Kreuzrippengewölbe, seine Fischblasen-Maßwerkfenster wurden 1975 erneuert. Seit 1990 dient er dem Landkreis als Heimatwissenschaftliche Zentralbibliothek aber auch als Kulturraum. Die ehemalige Lateinschule des Karmelitenklosters St. Nikolaus (➛ Kreuznach) wurde 1819 in die leere Klausur der Franziskaner verlegt. Das heutige Gymnasium an der Stadtmauer (Stama) ist die Nachfolgeinstitution, nunmehr aber in modernen Gebäuden aus der Nachkriegszeit untergebracht. Franziskanerbrüder vom Heiligen Kreuz vom Dritten Orden der franziskanischen Familie betreuen heute das von ihnen 1893 gegründete Krankenhaus St. Marienwörth und das Altenheim St. Josef in Bad K.

◆ Nikitsch, Eberhard J.: Die Inschriften des Landkreises Bad K., Wiesbaden 1993; Ruser, Edith/Dellwing, Herbert: Stadt Bad K., Düsseldorf 1987.

Kreuzherrenorden *(Ordo Sanctae Crucis, OSC).*

▶ Der K. oder Orden vom Heiligen Kreuz wurde am 31. Dezember 1248 vom Lütticher Bischof Heinrich III. von Geldern als monastischer Orden approbiert, nachdem ihn Papst Innozenz IV. dazu aufgefordert hatte. Die Geschichtsschreibung des Ordens würdigt Theodorus von Celles (1166–1236), Kanoniker zu Lüttich, als Gründer des Ordens, der um 1211 nach seiner Rückkehr vom dritten Kreuzzug und Albigenserkrieg in Huy an der Maas (Belgien) das erste Priorat „Clairlieu" gegründet hatte. Die Kreuzbrüder (später Kreuzherren) unterstellten sich der Augustinusregel, nahmen die Statuten der Dominikaner an und sahen neben gemeinschaftlichem *officium divinum* (Stundengebet) und Gottesdienst ihr Hauptapostolat zunächst in der Betreuung von Pilgern, Armen und Kranken. Im Spätmittelalter widmeten sie sich hauptsächlich dem Studium, der Ausbildung junger Menschen sowie der Vervielfältigung und Illustration von Handschriften. 1318 erhielten sie von Papst Johannes XXII. das Mendikantenprivileg. Von besonderer Bedeutung war 1488 die Exemtion von bischöflicher Gewalt durch Papst Innozenz VIII. Der K. lässt sich nicht eindeutig den Mendikanten zuordnen, er entwickelte sich über die Jahrhunderte vielmehr zu einem Chorherrenorden. Der K. gründete in ganz Westeuropa bis nach England Priorate, die ihre Eigenständigkeit behielten und nur dem jährlichen Generalkapitel in Clairlieu (Huy) verpflichtet waren. In Deutschland ließen sich Kreuzbrüder zunächst in ➛ Beyenburg 1296 nieder, danach Hohenbusch bei Erkelenz 1302, Köln 1307, ➛ Schwarzenbroich 1340 und Aachen 1372. Von der Erneuerungsbewegung der ➛ Devotio moderna beflügelt, kamen im Zuge eigener Observanzbemühungen Anfang des 15. Jh. zahlreiche neue Niederlassungen hinzu, darunter 15 in Deutschland (so etwa ➛ Osterberg 1427, ➛ Bentlage 1437, ➛ Falkenhagen 1443, ➛ Brüggen 1479, ➛ Dülken 1479, ➛ Ehrenstein 1487, ➛ Helenenberg 1488, ➛ Glindfeld 1499). Nach Reformation, Französischer Revolution und Säkularisierung war der Orden nahezu ausgelöscht. Ehrenstein war von 1953 bis 1988 und Beyenburg ist seit 1963 wieder von Kreuzherren besetzt. Der Orden zählt zu den Regularkanonikern und ist heute vor allem in Übersee aktiv; etwa 440 Mitglieder leben in knapp 50 Niederlassungen (2008). Über ihrem weißen Habit tragen die Kreuzbrüder ein graues bis schwarzes Skapulier und einen Mantel mit vertikal-rotem und horizontal-weißem Kreuzbalken.

Zu unterscheiden vom K. sind mittelalterliche Orden, die ebenfalls das Heilige Kreuz im Namen trugen und einige Bedeutung erlangten: der portugiesische Regularkanonikerorden vom Heiligen Kreuz in Coimbra (*Ordo Canonicorum Regularium Sanctae Crucis, ORC*), der italienische Kreuzherrenorden von Bologna (*Ordo Cruciforum*) sowie der böhmisch-mährische Orden der Kreuzherren mit dem roten Stern (*Ordo militaris Crucigerorum cum rubea stella*).

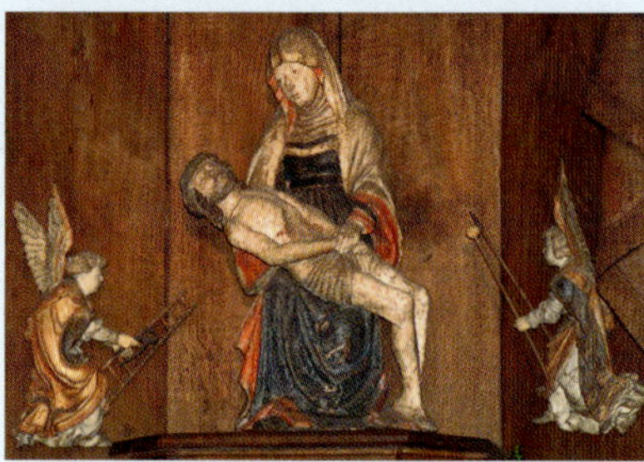

Die wundertätige, spätgotische Holzpietà in der Klosterkirche der Kreuzherren in Ehrenstein.

◆ Bringer, Stefan: Die Kreuzherren (Ordo Sanctae Crucis), in: Orden und Klöster im Zeitalter von Reformation und katholischer Reform 1500–1700, Bd. 2, Münster 2006, 175–192.

Kreuznach, *Karmelitenkloster St. Nikolaus (1281–1564, 1636–1802) – „Nikolauskloster", Erzdiözese Mainz – (Kreisstadt Bad K., Rheinland-Pfalz, ❒ 3, B2).*

▶ **Geschichte.** Graf Johann I. von Sponheim und seine Gemahlin Aleidis von Leiningen schenkten 1281 dem Karmelitenorden die bereits 1266 erbaute St. Nikolausbasilika und ihr Jagdschloss in der Altstadt von K. unweit des linken Naheufers. Bis 1309 bauten die Karmeliten die Kirche um und ihr Kloster bis an das Flussufer heran. Die Sponheimer Stadtherren errichteten 1332 auch die Pfarrkirche St. Paulus, die Karmeliten beschränkten ihre Seelsorgetätigkeiten auf die Neustadt am Fuß der Kreuzburg. Eine wichtige städtische Aufgabe erfüllten sie mit der Eröffnung einer Lateinschule 1443. Prior Johannes Lapicida bat 1492 den namhaften Humanisten und Abt Johannes Trithemius (1483–1506) von ➛ Sponheim, ein Buch über den Karmelitenorden zu verfassen, das 75 berühmte Mitglieder des Ordens beschreibt. 1522 erließ das Provinzialkapitel der niederdeutschen Ordensprovinz strenge Strafen gegen das Lesen der Schriften Martin Luthers, selbst die Bücher des Erasmus von Rotterdam waren verboten. Es half wenig, viele Brüder verließen die Konvente, die Provinzklöster ➛ Marienau, ➛ Kassel, ➛ Spangenberg und ➛ Appingen gingen verloren, in K. lebten 1540 nur noch vier Mitglieder. Mit Theoderich von Gouda (1527–39) und Eberhard Billick (1542–57) standen der Provinz aber zwei fähige Ordensmitglieder vor, welche die Auflösung der verbliebenen Konvente K., ➛ Moers, Weinheim, Speyer, ➛ Hirschhorn und ➛ Frankfurt vorerst verhindern konnten. 1564 mussten die Karmeliten in K. auf Druck Kurfürst Friedrichs III. die Stadt verlassen, weil sie formaljuristisch nicht auf ihren Besitz zu verzichten bereit waren. Sie kamen 1636 während des Dreißigjährigen Krieges in ihr Kloster zurück; nach dem Religionsvergleich zwischen reformierter Pfalz und katholischem Baden 1652 wurde die Konventskirche St. Nikolaus bis 1688 als Simultaneum genutzt. Franzosen verwüsteten 1689 im Pfälzischen Erbfolgekrieg Stadt und Kirche. Nach über 100 Jahren katholischer Blüte unter der Herrschaft von Kurmainz kamen die Franzosen zurück und hoben das Kloster 1802 auf.

▶ **Gegenwart.** Schon im Mittelalter hatten die Karmeliten ihre Kirche, eine dreischiffige Basilika ohne Querhaus, mehrfach verändert, einschneidend griff dann noch einmal die Barockisierung um 1713 ein. Ende des 19. Jh. wurde die katholische Pfarrkirche St. Nikolaus purifizierend restauriert und mit einem etwa 50 m hohen Turm akzentuiert. Von den mittelalterlichen Ausstattungsstücken ist das Kreuzreliquiar von 1501 besonders bemerkenswert, das eigentliche Kreuz ist mehr als 100 Jahre älter. Von der mittelalterlichen Klausur blieb nichts erhalten, die Lateinschule wurde 1819 in das ehemalige Franziskanerkloster an der Stadtmauer (➛ Kreuznach) verlegt.

◆ Nikitsch, Eberhard J.: Die Inschriften des Landkreises Bad K., Wiesbaden 1993; Ruser, Edith/Dellwing, Herbert: Stadt Bad K., Düsseldorf 1987.

Krevese, *Benediktinerinnenkloster St. Maria und St. Quirinus (nach 1170–1541), Diözese Verden – (Lkr. Stendal, Sachsen-Anhalt, ❒ 2, B3).*

▶ **Geschichte.** Graf Albrecht von Osterburg stiftete nach 1170 auf Allodialgut in K. westlich seiner Stammburg ein Benediktinerinnenkloster, das damit älter ist als ➛ Arendsee, das bedeutendste benediktinische Frauenkloster der Altmark von 1183. Die Grundausstattung fiel reichlich aus: der verwandte Bischof Gardolf von Halberstadt (Harbke) steuerte Güter bei, soweit sie in seinem Bistum lagen. K. selbst gehörte zur Diözese Verden, der Grenzverlauf zur damaligen Zeit war umstritten. Der Tod des Vaters, Graf Werners III., 1170 mag den Anstoß zur Gründung einer Familiengrablege gegeben haben; die ältere Forschung sah irrtümlich in Werner den Stifter bereits um 1160. Um das Dorf Lärz südlich von Röbel geriet der Konvent in Streit mit Kloster ➛ Dobbertin, den 1249 ein Schiedsgericht schlichten musste. Der gemeinsame Besitz lässt an Gründungsbeziehungen denken, die Herkunft der Dobbertiner Schwestern aus dem norddeutschen Kloster ➛ Zeven ist nur hypothetisch. Markgraf Ludwig der Ältere übergab K. 1346 das Patronatsrecht über die reiche Pfarre Osterburg, was Papst Urban V. 1366 in eine förmliche Inkorporation umwandelte. Kriegshändel mit den Braunschweiger Welfen nötigten offensichtlich zu einer Wiederaufbauhilfe. Die Konventsstärke wird heute auf etwa 60 Benediktinerinnen geschätzt. Im 14. Jh. traten Priorin, Subpriorin und Scholastika deutlicher gegenüber dem Propst hervor. Die erste namentlich erwähnte Priorin war Margareta de Tanger 1304, eine Scholastika Margareta von Fovea (1304) war für die schulische Ausbildung zuständig, der Titel Äbtissin taucht nie auf. Enge Beziehungen zur Hohenzollernschen Herrschaft kennzeichneten das 15. Jh., die Landesherrn nahmen hin und wieder ihr Recht der ersten Bitte in Anspruch und vergüteten die Aufnahme von Gräfinnen mit hohen Leibrenten. Private Pfründen und Darlehensgeschäfte gehörten inzwischen zum Alltag, spätmittelalterliche Reformen dokumentieren die Quellen nicht. Der Lebensstandard war gut bis reichlich, trotzdem blieb K. im Besitzstand hinter den anderen altmärkischen Frauenklöstern Arendsee und ➛ Dambeck zurück. Nach dem Bekenntnis Kurfürst Joachims II. zur Reformation 1539 verordneten Visitatoren 1541 den evangelischen Ritus und übernahmen die Finanzhoheit, erlaubten aber dem Konvent, weiterzubestehen. Katharina von Görne (1543–58) nannte sich *Domina*, der Besitz wurde 1545 zu Geld gemacht. 1562 erhielt die Familie von Bismarck im Tausch das evangelische Stift und 13 zugehörige Eigendörfer, K. eingeschlossen. Damals sollen noch 48 adelige Damen in K. gelebt haben, denen Neuaufnahmen untersagt wurden. Die letzte *Domina* Katharina von Grieper starb im Mai 1602.

▶ **Gegenwart.** Die Klosterkirche in K. dient heute noch als Gotteshaus St. Marien der evangelischen Gemeinde. Es ist eine kleine, dreischiffige Basilika aus dem späten 12. Jh. in Kombination aus Feld- und Backsteinen, deren Querhaus nicht ausgeführt wurde. Das zum Chor verlängerte Mittelschiff endet in einer halbkreisförmigen Apsis, die Seitenschiffe besaßen ursprünglich ebenfalls Apsiden. Den Innenraum kennzeichnet ein charakteristischer Stützenwechsel, der aber nur in der nördlichen Arkadenreihe erhalten blieb. Das ursprüngliche Tonnengewölbe aus Backstein zeigt heute noch das nördliche Seitenschiff, das Kreuzrippengewölbe wurde erst 1527 eingezogen. Die Ausstattung ist barock, Epitaphe des 16./17. Jh. erinnern an die Bismarcks. Das Doppelportal in der Westwand wurde vermauert, der vorgelagerte Turm oder die Vorhalle vermutlich abgetragen, der heutige Fachwerkturm über dem Westteil entstand 1598, die barocke Haube 1707. Von der nördlich gelegenen Klausur blieb nichts erhalten, ein rechteckiges Vorratsgebäude mit Feldsteinsockel östlich der Kirche im Bereich des Rittergutes könnte zum Klosterbestand gehört haben.

◆ Pohl, Joachim: K., in: Brandenburgisches Klosterbuch, Bd. 1, Berlin – Brandenburg 2007, 687–706; Mohn, Claudia: K., in: Mittelalterliche Klosteranlagen, Petersberg 2006, 400.

Kronenburg, *Johanniterkommende St. Johannes Baptist (vor 1277–1802), Erzdiözese Köln – (Dahlem-K., Kr. Euskirchen, Nordrhein-Westfalen,* ❐ *3, A1).*

▶ **Geschichte.** Eine Urkunde der Benediktinerabtei Stablo-Malmedy (Belgien) erwähnt 1277 einen Herren von Cronenberg. Über die pfarrrechtliche Situation des 13. Jh. in K. ist nichts bekannt, das Stadtrecht wurde 1350 verliehen. Der Johanniterorden besaß schon 1277 Haus, Äcker und Weiden in K. und unterhielt offensichtlich im Mittelalter eine Priesterkommende im Burgbergring. Graf Kuno von Manderscheid-Schleiden entschied sich vor 1489, innerhalb der Verteidigungsanlage eine der seltenen Einstützenkirchen errichten zu lassen, die seine Witwe Mathilde von Virneburg mit Hilfe der Johanniter bis 1508 vollendete. Der massive Ostturm erfüllte gleichzeitig die Funktion eines Wehrturms. Die Grafen von Manderscheid besaßen im Spätmittelalter das Besetzungsrecht der Hospitalkirche in Bernkastel-Kues, der Kirchenbau könnte

Kronenburg Johanniterkommende, die Johanniterkirche (1508) ist eine der seltenen Einstützenkirchen.

von dort die entscheidende Innovation erhalten haben, denn Kardinal Nikolaus von Kues hatte 1451 in seiner Heimat an der Mosel eine Einstützenkirche bauen lassen. 1517 stellten die Johanniter die Sakristei fertig, und über der Sakristei lag ein Raum, der als Ratsstube diente. Die Pfarrer an der Johanniterkirche waren Mitglieder des Ordens. Mitte des 17. Jh. bildete Haus K. zusammen mit der Ordensniederlassung ➛ Roth an der Our eine Doppelkommende und wurde in Personalunion geführt. Zeitweise unterstanden in der frühen Neuzeit die Niederlassungen K., Roth, ➛ Sobernheim, Hangenweisheim bei Speyer, ➛ Altmühlmünster, ➛ Regensburg und Freiburg (Schweiz) einem einzigen Komtur. Nach der Säkularisierung 1802 durch die französische Besatzung betreuten Weltpriester des Erzbistums Köln die katholische Gemeinde der Johanniterkirche in K.

▶ **Gegenwart.** Noch heute benutzt die katholische Gemeinde im Burgstädtchen K. im oberen Kyltal ihre „Johanniterkirche" St. Johannes Baptist als Pfarrkirche. In der Einstützenkirche strebt inmitten der Halle eine Säule nach oben und verliert sich in den Rippen und Schlusssteinen der vier Gewölbeteile. Die Hoheitszeichen der Johanniter schmücken neben spätgotischen Fresken die Wände; auf dem Steinsturz über der Sakristeitür ist das Johanniterkreuz zu erkennen.

◆ Schiffer, Hans Peter: Kirchen und Kapellen in der Gemeinde Dahlem, Kall 2001; Schotes, Paul: Die Katholische Pfarrkirche St. Johann Baptist in K., in: Jahrbuch Schleiden, Bd. 22, 1972.

Krummin, *Zisterzienserinnenkloster St. Maria (1302– um 1560), Diözese Kammin – (Usedom-K., Lkr. Ostvorpommern, Mecklenburg-Vorpommern, ❐ 2, C2).*

▶ **Geschichte.** Herzog Bogislaw IV. von Pommern schenkte im Mai 1302 das Bukower Land auf der Ostseeinsel Usedom, das ihm seit der Landesteilung 1295 gehörte, dem Zisterzienserinnenkloster Wollin (Polen), in das seine Tochter Jutta eingetreten war. Wollin gründete daraufhin an der Pfarrkirche St. Michael in *Cromyn* ein Tochterkloster, dem Jutta vorstand. Ein Vertrag vom März 1305 grenzte den Besitz beider Inselklöster ab. Bischof Heinrich von Kammin (Wachholz) half in der schwierigen Anfangsphase mit einem vierzigtägigen Ablass, Herzog Bogislaw erweiterte 1309 die Grundausstattung um einige Höfe im nordwestlichen Inselteil. Als Zeugen traten Abt Jakobus von ➛ Eldena und Prior Theodoricus vom Dominikanerkloster in ➛ Greifswald auf. Abhängigkeiten gegenüber dem herzoglichen Haus und dem Kamminer Hochstift blieben bestehen. Der Konvent bekannte sich zur Zisterzienserregel, stand aber nicht in Verbindung zum Orden, eine Mitgliedschaft kann man ausschließen. Schenkungen und Mitgiften führten bald zu Streubesitz und Einkünften auch auf dem Festland. Äbtissin Anna Cäcilie kaufte 1400 die Insel Görmitz im Achterwasser, Äbtissin Elisabeth (1442–55) spendete 1452 Geld an Papst Nikolaus V., der zur Unterstützung des Königreichs Zypern gegen das sarazenische Vordringen aufgerufen hatte. Der Papst dankte mit besonderen Privilegien; Elisabeth, Herzogin des Hauses Pommern, wurde 1455 als Vorsteherin (1455–73) in das bedeutende Kloster ➛ Bergen auf Rügen berufen. Ein Muttergottesbild steigerte den Bekanntheitsgrad des Klosters, der abgelegene Ort wurde zum Pilgerziel. Über die Reformationszeit ist wenig bekannt, größere Brandschäden nötigten 1529 zu einer hohen Kreditaufnahme, eine letzte Memorialstiftung erfolgte in dieser Zeit. Nach dem Tod Herzog Bogislaws X. 1523 setzte sich in den Städten das evangelische Bekenntnis durch, was in der größten pommerschen Stadt Stralsund 1524 im Rathaus- und 1525 im Kirchensturm gipfelte. Der Landtag von Treptow an der Rege beschloss 1534 auf Wunsch der pommerschen Herzöge Barnim IX. und Philipp I. die Einführung der lutherischen Kirchenordnung, wogegen sich der Adel der Region Pommern-Wolgast wegen der Versorgung seiner Töchter lange sperrte. Das exakte Aufhebungsdatum ist nicht überliefert; nach 1560 fiel der Besitz an Herzog Johann Friedrich, Mitherrscher im Teilherzogtum Wolgast, der die Güter dem Amt Wolgast zuordnete. 1563 setzten Priorin Sophie von Köller und sieben Mitschwestern aufgrund ihres hohen Alters durch, dass sie nicht in das Kloster ➛ Verchen am Kummerower See umziehen mussten.

Krummin Zisterzienserinnenkloster, gotischer Frauensaal mit Seitenkapellen und Westturm (1856/57).

▶ **Gegenwart.** Die ehemalige Klosterkirche St. Michael am Krumminer Wiek auf Usedom dient heute noch der evangelischen Gemeinde als Pfarrkirche, sie blieb bis in unsere Zeit zentraler geistlicher Ort der Region. Ihre ältesten Teile aus Granitquadern stammen aus dem 13. Jh., für die Schwestern wurde die Kirche im 14. Jh. mit Backstein erweitert, um 1440 renoviert und erneuert. Erst 1856/57 erhielt St. Michael den heutigen Westturm und seitliche Choranbauten, die einen kreuzförmigen Grundriss vortäuschen. Es handelt sich um eine einfache Saalkirche mit dreiseitigem Chorschluss, der von mächtigen Außenpfeilern gestützt wird. Ein Eichenholzkruzifix (Ende des 15. Jh.) und ein besonders kunstvoll verzierter Kelch (um 1500) blieben aus klösterlicher Zeit erhalten. Klausur- oder Wirtschaftsgebäude existieren vermutlich seit dem Dreißigjährigen Krieg nicht mehr.

◆ Creutz, Ursula: Das Zisterzienserinnenkloster K. auf Usedom, Leipzig 1995, 156–159; Hösch, Karin: K., Michaelis-Kirche, Passau 1994.

Kuddewörde, *Augustiner-Eremitenkloster St. Andreas (1497–1524), Diözese Ratzeburg – (Kr. Herzogtum Lauenburg, Schleswig-Holstein, ❐ 2, A2).*

▶ **Geschichte.** Herzog Johann IV. von Sachsen-Lauenburg stiftete im September 1495 mit Einwilligung Bischof Johanns V. von Ratzeburg (Berkentin) im Billetal am nördlichen Rand des Sachsenwaldes im alten Pfarrort K. ein Kloster an der Pfarrkirche St. Andreas, wobei für die Besiedlung zunächst an den Wilhelmitenorden gedacht war. Warum eine Gründung der Wilhelmiten nicht zustande kam ist unbekannt. In einer zweiten Stiftungsurkunde vom Januar 1497 übergab der Herzog dem Augustiner-Eremitenorden die Stiftung. Der erste Konvent bestand aus Prior Wenzlaus Schnorbach, fünf Priestern und zwei Novizen. Zur Grundausstattung gehörten die Pfarrkirche mit Besitz und Einkünften, freies Brennholz, Fischereirechte in der Bille und Mühlgerechtigkeit in der Grander Wassermühle sowie freies Terminieren im Land. Der Herzog bestand auf sein Einspruchsrecht bei der Wahl des Priors. Die Bettelbrüder erweiterten die Kirche, errichteten daneben ihre Konventsbauten und eröffneten ein Hospital. Das Kloster bestand nur 27 Jahre, der Stiftersohn Herzog Magnus I. fragte 1523 bei Prior Dietrich Bodeker (1517–24) an, wo er Luthers Bibelübersetzung erwerben könne, weil er den Text in Deutsch lesen wollte. Reformatorische Glaubensbekenntnisse erschwerten zunehmend die Existenz der Bettelbrüder, ihr Almosensammeln wurde als Landplage empfunden und nicht mehr dem eigenen Seelenheil förderlich betrachtet. Weihnachten 1523 wollte der Prior sein Amt niederlegen und erntete Vorwürfe vom Herzog, der davon nicht unterrichtet war. Bittgesuche des Herzogs bei den umliegenden Domkapiteln zur Unterstützung des Konvents in K. blieben unbeachtet. Im Herbst 1524 reiste der Prior nach Lauenburg zum Herzog, danach endete das monastische Leben in K. Prior Bodeker heiratete 1528 eine Zisterzienserin aus Kloster Reinbek, von dem heute nichts mehr existiert.

▶ **Gegenwart.** Die Pfarr- und ehemalige Klosterkirche St. Andreas in K. dient heute noch der evangelisch-lutherischen Ortsgemeinde als Pfarrkirche. Der kleine Saal besteht aus spätgotischem Backsteinmauerwerk, das auf die Ausbauphase der Augustiner-Eremiten um 1500 zurückgeht. Die Kirche wirkt heute im Westbereich verkürzt, wahrscheinlich war sie auch höher. Umbauten und Erneuerung fanden 1770 statt; der freistehende Glockenturm stammt von 1959. Innenrenovierungen erfolgten 1871 und in jüngster Zeit; das 4,20 m hohe Kruzifix an der Nordwand ist eine Arbeit des frühen 16. Jh. Konventsgebäude und Hospital sind gänzlich verschwunden.

◆ Koops, Heinrich: Die St. Andreas-Kirche in K. Das Kloster in K., in: 776 Jahre K., Kuddewörde 2005, 118–130; Opitz, Eckardt (Hg.): Handbuch Herzogtum Lauenburg, Neumünster 2003.

Kühbach, *Benediktinerinnenabtei St. Magnus (vor 1011–1803), Diözese Augsburg – (Lkr. Aichach-Friedberg, Bayern, ❐ 4, A4).*

▶ **Geschichte.** Stifter des Frauenklosters K. waren die Grafenbrüder Udalschalk I. und Adalbero von K.-Hörzhausen, nicht Graf Adalbero II. von Ebersberg, wie oft falsch angenommen. In K. nordöstlich von Augsburg entstand ein Benediktinerinnenkloster, dessen Besitz und Rechte König Heinrich II. 1011 bestätigte. Die Königinwitwe Kunigunde übergab den Schwestern nach 1025 ihren nahen Hof Ecknach; Heinrich II. oder Kunigunde ehrten den Konvent mit Kreuzpartikeln. Die Aufmerksamkeiten und Zuwendungen des Herrscherpaares lässt die Anwendung der strengen Statuten der ➛ Gorzer Reform im Konvent vermuten. Die verwandten Grafen von Scheyern, später Wittelsbacher genannt, übernahmen die Schirm- und Landesherrschaft. Graf Otto V. von Wittelsbach stattete das Kloster nach einem Brand 1160 neu aus, sein Sohn Ludwig der Kehlheimer verlieh Niedergerichtsbarkeit und Steuerprivilegien. Entscheidend für den Wohlstand des Konvents und die Entwicklung des Ortes war die Marktgerechtigkeit, die Herzog Stephan III. von Bayern-Ingolstadt 1405 ausdrücklich bestätigte und die seine Nachfolger mehrmals erneuerten. Die bewusste Ansiedlung herzoglicher Eigenleute untermauerte die Absicht, an der Handelsstraße Augsburg – Regensburg einen landesherrlichen Markt mit Magistratsverfassung einzurichten. Die innere Erneuerung im Sinn der ➛ Melker Reform unter Mithilfe von Mitschwestern aus dem untergegangenen St. Nikolauskloster in Augsburg förderte seit 1467 den wirtschaftlichen und geistlichen Aufschwung. Ein erneuter Brand 1577 nötigte Äbtissin Barbara Stern (1577–1606) zu Umbauten an der Klosterkirche. Schwestern aus K. halfen 1630, das neugegründete Kloster St. Maria in Fulda zu beleben. Dreißigjähriger Krieg, Spanischer Erbfolgekrieg und Siebenjähriger Krieg brachten Einschnitte in die sonst prosperierende barocke Entfaltung. Nach Aufhebung des Klosters 1803 durch kurfürstlich-bayerische Beamte durften Äbtissin Maria Anna Bennonia Kreitmayr († 1833) und die Schwestern vorerst bleiben. Ein dritter Brand zerstörte 1869 große Teile der Klostergebäude.

▶ **Gegenwart.** Die heutige katholische Pfarrkirche St. Magnus in K. besteht im Kern aus der spätgotischen Vorgängerkirche der Benediktinerinnen. Die dreischiffige Wandpfeilerhalle mit eingezogenem, zweijochigem Chor im Dreiseitenschluss ließ Äbtissin Helena von Lerchenfeld (1685–1718) neu erbauen und entsprechend dem Zeitgeschmack in Barock und Rokoko ausgestalten. Ältester Bereich ist der westliche Teil mit Empore; der romanische Turm an der Südwestecke wurde 1700 achteckig erhöht und kuppelbekrönt. Die sogenannte Stiftergruft besteht im Westen aus Resten des ehemaligen Kreuzgangs, der spätgotische Raum daneben zeigt Kreuzrippengewölbe auf einer Mittelsäule. Westlich der Kirche schließt sich das barocke „Schloss“ als Dreiflügelanlage an, die ehemalige Klausur ist heute in Privathand.

◆ HHistStD 7, 378f.; Krämer, Gode: K., Pfarrkirche St. Magnus, Regensburg 2005; Weinfurter, Stefan: Die Salier und das Reich, Bd. 1, Stuttgart 1991, 555–565.

Kühndorf, *Johanniterkommende (nach 1290–1436), Diözese Würzburg – (Lkr. Schmalkalden-Meiningen, Thüringen, ❐ 4, A1).*

▶ **Geschichte.** Die Burg der gräflichen Ministerialen von K., erbaut um 1150, fiel um 1200 an die Grafen von Henneberg, die sie gegen 1290 teilweise den Johannitern überließen. Der Orden richtete Ende des 13. Jh. eine Kommende ein. Im November 1315 kaufte Johanniterbruder Berthold VI. von Henneberg-Schleusingen ein nahes Vorwerk und die Region um Berg Dolmar von seinem regierenden Bruder für den Orden ab. Die Kommende K. wurde zum Priorat über das etwa gleichzeitig entstandene Ordenshaus in ➛ Schleusingen erhoben. Erst jetzt begannen die Johanniter bis 1320 aus der Vorgängeranlage, zumindest aber aus dem „Burgstall zu K.“, eine Ordensburg zu errichten, die in wesentlichen Teilen heute noch besteht. Der Stifter Berthold VI. amtierte als Komtur (1323) und später als Großprior des Johanniterordens in Deutschland (1328–29); ihm folgte in diesem Amt sein Neffe Berthold XI. (1336–41). Bereiche der Burg wurden 1398 durch einen Brand zerstört; Komtur Eberhard von Romrod (1412/21) musste 1421 die Überschuldung einräumen. 1429/30 bestätigte die Ordensleitung den Verkauf der Burg je zur Hälfte an Karl Truchsess zu Wildberg und Johann Voit von Salzburg, davon ausgenommen die Pfarrkirche im Ort und jene in Kirchheim. 1436 zog der Konvent in die Kommende Schleusingen. 1444 gelangten Burg und Gefälle in den Alleinbesitz des Grafen Georg von Henneberg-Römhild.

Kühndorf Johanniterkommende, eine mittelalterliche Ordensburg im weitestgehend originalen Zustand.

▶ **Gegenwart.** Noch heute erhebt sich die ehemalige Johanniterburg wehrhaft und erhaben über den hennebergischen Ort am Fuß des Dolmar südlich des Thüringer

Waldes. Sie ist eine der wenigen weitgehend erhaltenen Burgen des Johanniterordens in Deutschland und lässt mittelalterliche Ordensritteratmosphäre erleben. Bestandteile aus dem Ausbau nach 1315 bilden die Oberburg mit Südkemenate, Westkemenate, Küche und Bergfried. Umbauten für repräsentative Zwecke folgten im 16. Jh. durch die Henneberger Grafen und seit 1584 durch die wettinischen Kurfürsten von Sachsen bzw. ihren Nebenlinien. Seit 1991 in Privatbesitz, wurde die Anlage saniert und interessierten Besuchern geöffnet.

◆ Mötsch, Johannes: Regesten des Archivs der Grafen von Henneberg-Römhild, Köln u. a. 2006; Wende, Michael (Hg.): K., in: Burgenführer Deutschland, Tl. 1, Berlin 2002; Mrusek, Hans-Joachim: Zur Baugeschichte der Johanniterburg K., Halle 1963.

Kumbd (Chumbd), *Zisterzienserinnenkloster St. Maria (1183–1566), Erzdiözese Mainz – (Klosterkumbd, Rhein-Hunsrück-Kreis, Rheinland-Pfalz, ❐ 3, B2).*

▶ Eberhard aus Bacherach-Stahleck stiftete 1183 mit Schenkungen des Heinrich von Dyck an der Kapelle zu K. bei Simmern ein Kloster, das in der Bestätigungsurkunde Erzbischof Konrads I. von Mainz (Wittelsbach) noch als Mönchskloster der Zisterzienser bezeichnet wurde. Tatsächlich besiedelten Zisterzienserinnen aus ➛ Aulhausen bei Rüdesheim K. Erste Äbtissin war Aleid, eine Schwester des Stifters Eberhard. Der Gründungskonvent von ➛ Sankt Katharinen bei Kreuznach kam aus K., der Gründungskonvent in ➛ Engelport im Flaumbachtal 1235 blieb nur etwa zehn Jahre und die Schwestern kehrten zurück. Die Zisterzienserinnen von K. standen wie ihr Mutterkonvent unter der Aufsicht des Abtes von ➛ Eberbach. Als Beweis für die volle Zugehörigkeit zum Orden kann das nicht herangezogen werden, in der Forschung gilt K. als kommittiertes Frauenkloster der Zisterzienser. Pfalzgraf Georg von Pfalz-Simmern hob das Kloster 1566 auf; die Güter wurden erst 1574, nach dem Tod der letzten Äbtissin, eingezogen. Oberirdisch findet man am Friedhof der Gemeinde Klosterkumbd lediglich Mauerreste des inzwischen völlig abgetragenen Zisterzienserinnenklosters.

◆ Jürgensmeier, Friedhelm (Hg.): Handbuch der Mainzer Kirchengeschichte, 3 Bde., Würzburg 1997–2002; Wagner, Willi: Das Zisterzienserinnenkloster K., in: Schriftenreihe des Hunsrücker Geschichtsvereins 6, Düsseldorf 1973.

Kyritz, *Franziskanerkloster St. Johannes Evangelist (um 1260– um 1550), Diözese Havelberg – (Lkr. Ostprignitz-Ruppin, Brandenburg, ❐ 2, B3).*

▶ **Geschichte.** 1259 fiel K. unter die Herrschaft der markgräflichen Brüder Otto III. und Johann I. von Brandenburg, die beide städtisches Wachstum in der Mark förderten und Bettelmönche in die neuen Städte riefen. Mit Sicherheit kam dies auch den Franziskanern in K. zugute, deren Konvent erstmals im Oktober 1303 urkundliche Erwähnung findet. Die heutige Forschung favorisiert die Markgrafen als Kyritzer Klosterstifter; an die Herren von Plotho ist ebenfalls zu denken, sie verliehen der aufblühenden Siedlung 1237 Stendaler Stadtrecht. Die Minoriten erbauten ihr Kloster um 1260 direkt an der nordwestlichen Stadtmauer. Landesherrn und Regionaladel, aber auch Bürger und Handwerkszünfte versorgten die Bettelbrüder reichlich mit Äckern, Wiesen, Wald und Gärten, die der Konvent gewinnbringend zu bewahren wusste. Er gehörte bis zum Ende der konventualen Ordensrichtung mit weniger strenger Regelauslegung an. Die Gelehrsamkeit seiner Mitglieder verhalf K. zu Ansehen und Bedeutung über die märkische Region hinaus. 1347 und 1530 fanden Provinzialkapitel des Ordens in K. statt. Thomas von Kyritz leitete zwischen 1307 und 1316 die Ordensprovinz Saxonia als Minister. 1333 bestand der Konvent aus Guardian Theodericus von Dannenberg, Lektor Johannes de Ponte und zehn Brüdern. Ein Professe des Konvents, Matthias Döring (um 1390–1469), Prior und langjähriger Minister der Ordensprovinz (1427–61), war eine Zentralgestalt der franziskanischen Reformbemühungen im 15. Jh., wobei er die mildere ➛ Martinianische Reform der Konventualen gegen die strenge Askese der Observanten verteidigte. In der turbulenten Zeit der Reformkonzilien und Hussitenkriege wetterte er auch mit Sarkasmus gegen den Egoismus der Fürsten und setzte sich für das geplagte Volk ein; Döring vermittelte aber auch gute Beziehungen des Konvents zur brandenburgischen Herrschaft und Ministerialität, er rief 1466 den Lektor Bernhard Wittepennigk aus ➛ Lüneburg nach K. Die Kyritzer Franziskaner waren in besonderem Maß mit dem Hostienwunder von Wilsnack und der großen brandenburgischen Wallfahrt verbunden, führte doch der Pilgerweg von Berlin nach Wilsnack an ihrem Kloster vorbei. Joachim Meyger aus K. (1525) betreute die Klarissen in ➛ Ribnitz an der Ostsee als Beichtvater. Noch 1530 tagte das sächsische Provinzialkapitel des Ordens in der Stadt, doch 1541 leitete eine Visitation im Auftrag des brandenburgischen Kurfürsten Joachim II. die Aufhebung ein. 1549 führten die Brüder noch Beschwerde gegen die Einziehung von Kleinodien; bis 1552 bewohnte der ehemalige Provinzial Gerhard Funck (1521–24) das „Heuslein" des Klosters. Nach Verkauf 1552 wechselte ein Teil der Anlage mehrmals den Besitzer, ein anderer diente als Armenhaus. Die Klosterkirche nutzte bis 1714 die evangelische Gemeinde, dann die städtische Garnison für Gottesdienste und schließlich 1781 ein Gastwirt für Abbruchgeschäfte.

▶ **Gegenwart.** Heute steht von der einstigen Anlage nur noch der stark überbaute Ostflügel der Klausur, an dessen Südgiebel noch aufstrebende Mauerreste der einschiffigen, gotischen Kirche mit Schildbogen, Diensten, Kapitellen und Rippenansätzen zu erkennen sind. Die untere Feldsteinmauerung stammt aus der Mitte des 13. Jh., die aufgemauerten Backsteine aus der zweite Hälfte des 14. Jh. Im dahinter liegenden Gartengelände sorgen mittelalterliche Feldsteinmauern und ein Laubengang aus dem 18. Jh. für Hofstimmung, die inzwischen für verschiedene Kulturveranstaltungen genutzt wird.

◆ Weigel, Petra: K., in: Brandenburgisches Klosterbuch, Bd. 1, Berlin – Brandenburg 2007, 707–711; Pieper, Roland/Einhorn, Jürgen W.: Franziskaner zwischen Ostsee, Thüringer Wald und Erzgebirge, Paderborn 2005, 89–92; Weigel, Petra: Ordensreform und Konziliarismus, Frankfurt/Main 2005.

Kyritz Franziskanerkloster, Mauerrest der gotischen Klosterkirche, dahinter verbirgt sich der Klausurostflügel.

Laach, *Benediktinerabtei St. Maria und St. Nikolaus (vor 1095–1802, seit 1892) – „Maria L.", Erzdiözese Trier – (Glees-Maria L., Lkr. Ahrweiler, Rheinland-Pfalz, ❐ 3, B1).*

▶ **Geschichte.** Der lothringische Pfalzgraf bei Rhein, Heinrich von Laach, und Gemahlin Adelheid von Weimar-Orlamünde gründeten vor 1095 das neue Hauskloster *St. Maria ad Lacum* an ihrer Burg am Laacher See in der Eifel, weil das ältere Familienkloster ➛ Brauweiler an Kurköln verloren gegangen war. Eine gefälschte Urkunde von 1208 gibt möglicherweise das zutreffendere Jahr 1093 für die Gründung an. Der Stifter galt als Hauptstütze Kaiser Heinrichs IV. im Investiturstreit. Die erste Besiedlung mit Benediktinern aus St. Maximin in ➛ Trier ist wahrscheinlich. Heinrichs Schwiegersohn und Erbe, Pfalzgraf Siegfried von Ballenstedt, bekannte sich zur papstfreundlichen Reformbewegung von Cluny und unterstellte nach 1095 das Kloster Laach als Priorat der cluniazensischen Abtei Afflighem (Belgien). Die Verbindung nach Brabant wurde lange aufrechterhalten, was eine Sonderstellung L. unter den rheinischen Klöstern bedingte, aber keine Tochtergründungen nach sich zog. Prior Giselbert (um 1135–52) wurde bereits als Abt tituliert; seit 1180 siegelten alle Vorsteher als Äbte. Das in L. gepflegte Totengedächtnis im Ritus des *ordo cluniacensis* zog zahlreiche Stifter an, was sich günstig auf Besitz und Sondervermögen niederschlug. Vorteilhaft erwies sich auch die Lage im strittigen Grenzgebiet der Erzdiözesen Tier und Köln: Kurköln erlangte 1146 Vogteirechte und erschwerte die Zugriffsversuche des Hochstifts Trier. Die Amtszeit Abt Alberts (1197–1217) gilt als erste Hochblüte, die sich in vollendeter Schrift- und Baukunst niederschlug. Papst Innozenz III. vergab 1207 weitreichende Privilegien und Freiheiten, 1209 war die Untervogtei beseitigt. Eine erste Krise überwand der begabte Abt Dietrich von Lehmen (1256–95) mit neuen Organisationsformen in Verwaltung und Wirtschaft; er gilt als zweiter Gründer, sein Werk festigte Konvent und Ökonomie bis in das 15. Jh. 1358 und 1364 wurde die Konventsstärke auf 30 Mitglieder beschränkt. Vor 1422 richtete die Abtei auf ihrem Hof ➛ Ebernach eine Propstei ein, die zur Verwaltung der Weinproduktion an der Mittelmosel diente. Reformbestrebungen der ➛ Bursfelder Kongregation seit Mitte 15. Jh. verweigerte sich ein Teil des Konvents; aus der Abtei Groß St. Martin in ➛ Köln kamen 1469 acht reformierte Benediktiner zur Durchsetzung der Observanz; die Folge war die einzige Doppelwahl eines Abtes 1470 in L. Die innere Krise konnte erst Reformabt Johannes Fart (1470–91) überwinden. 1477 trat die Abtei der Bursfelder Gemeinschaft bei und gab die Observanz nach ➛ Tholey und St. Heribert in ➛ Deutz weiter. Abt Peter Mags (1529–53) wurde mehrmals zum Präsidenten der Kongregation in jener Zeit gewählt, als sich ihr Schwerpunkt wegen der Reformation nach Südwesten verlagerte. Der Dreißigjährige Krieg brachte Plünderung, Kontribution, jedoch nur geringe Zerstörung. Ein bemerkenswerter Wohlstand erlaubte im 18. Jh. nicht nur den Neubau des Abteikomplexes, sondern auch einen hohen Freiheitsgrad gegenüber dem Erzbischof in Trier. Ende des 18. Jh. versuchte Kurtrier durch massive Eingriffe in Form von Ordinatengesetzen, die Selbstbehauptung zu unterlaufen; Pläne zur Umwandlung in ein Kollegiatstift kamen durch die Säkularisation unter französischer Besatzung 1802 nicht zur Ausführung. Im August 1802 verließen 23 Mönche ihr Kloster.

▶ **Gegenwart.** 1863 übernahmen Jesuiten die Abtei und nannten sie „Maria Laach"; der Name blieb unter den Benediktinern aus ➛ Beuron erhalten, die seit 1892 die Abtei beleben. Die Abteikirche von Maria Laach gilt heute als Hauptwerk der hochromanischen Klosterbaukunst in Deutschland. Sie blieb seit ihrer Vollendung um 1220 fast unverändert erhalten, ihren kunsthistorischen Wert erkannten schon die Mönche in der Barockzeit. Die kreuzförmige, vollgewölbte Pfeilerbasilika mit West- und Chorapsis, Chorflankentürmen und Querarmapsiden, Vierungsturm und zweitürmigem Westwerk besitzt als ältesten Teil eine Hallenkrypta aus der Gründungszeit und ein spätromanisches Westatrium (Paradies) aus der Endphase des Baus. Der große Klausurkomplex um zwei Innenhöfe und die parkähnliche Außenanlage entstanden vom 17. bis zum 19. Jh.

◆ GermBen 9, 269–341; GermSac NF 31.

Lage, *Johanniterkommende St. Johannes Baptist (1245–1811), Dominikanerinnenkloster „Zum gekreuzigten Erlöser" (seit 2000), Diözese Osnabrück – (Rieste-Kloster L., Lkr. Osnabrück, Niedersachsen, ❐ 1, C4).*

▶ **Geschichte.** Der damals mächtigste weltliche Herrscher in Westfalen, Graf Otto von Tecklenburg, und einige Ministeriale stifteten 1245 ein Hospital auf dem gräflichen Hof L. und übergaben es dem Johanniterorden, der eine Kommende gründete. Mit päpstlichem Schutz 1260 und reicher Dotation entwickelte sich die bedeutendste Ordensniederlassung im Nordwesten des Reichs. 52 eigenbewirtschaftete und 69 verpachtete Höfe erforderten zur Verwaltung ein potentes Wirtschaftsunternehmen, das ein Fünftel seiner Erträge an den Orden ab-

Laach Benediktinerabtei, die sechstürmige Abteikirche in „Maria Laach" von 1220 gilt als das Hauptwerk der hochromanischen Klosterbaukunst in Deutschland.

Lage Johanniterkommende, spätgotische Johanniterkirche mit dem Turm von 1902.

Lahr Augustiner-Chorherrenstift, einzig der Chorbereich der Kirche enthält noch Mauerwerk der Steigerherren.

führte. Meist war die Kommende von etwa 45 Ritter- und Priesterbrüdern besetzt. Aus L. gelangte immer wieder Ordensnachwuchs ins Heilige Land, später nach Rhodos bzw. Malta. Die Johanniter pflegten eine tiefe Frömmigkeit, der Johannistag wurde mit großen Prozessionen gefeiert, Scharen von Wallfahrern strömten nach L. Der kriegerische Bischof Dietrich von Osnabrück (Horn) löschte 1384 die Kommende fast aus, weil sie seinen ungerechtfertigten Abgabeforderungen nicht nachgekommen war; Sühnezahlungen verhalfen zwar zum Wiederaufbau, wobei die heutige Kirche 1426 geweiht wurde, aber die Kommende erholte sich nie wieder völlig von diesem Einbruch. 1450 zwangen finanzielle Nöte Komtur Johannes Warendorf zu dem unehrenhaften Schritt, das Responsionsgeld an die Ordenszentrale auszusetzen. Der Kardinal und päpstliche Legat Nikolaus von Kues versuchte 1451 durch Reformen die Situation zu verbessern. 1482 leitete das Balleikapitel in ➛ Jemgum mehrere Reformschritte ein, die aber keine nachhaltige Wirkung zeigten. 1491 lebten nur noch sechs Ordensmitglieder, während der Generalvisitation 1495 gar nur noch vier Brüder und neun Diener in der Kommende. Komtur Johannes von Schnekloch war zu dieser Zeit auch Vorsteher der Kommende ➛ Burgsteinfurt und damit Balleier von Westfalen. Im 16. Jh. konnte L. unter dem Schutz der Osnabrücker Bischöfe als katholische Kommende fortbestehen. Sie übernahm nach 1578 die Verwaltung des Hauses in ➛ Herford und unterstand direkt dem Großprior des Malteserordens in ➛ Heitersheim. Nach dem Dreißigjährigen Krieg gesundeten unter Komtur Johann Jakobus von Pallandt (1646–93) die wirtschaftlichen Verhältnisse; er stellte sich mit Hilfe der ➛ Osnabrücker Dominikaner in den Dienst der katholischen Reform und erbaute eine neue Klausuranlage. Seit 1785 stand Komtur Ferdinand von Hompesch der Kommende vor; er wurde 1797 als erster und einziger Deutscher zum Großmeister des Ordens (1797–1805) auf Malta erhoben und musste 1798 die Insel an Napoleon übergeben, ohne nennenswerte Gegenwehr geleistet zu haben. 1811 wurde die Kommende L. säkularisiert und der Besitz von 276 ha der Klosterkammer Hannover unterstellt.

▶ **Gegenwart.** Heute leben kontemplative Dominikanerinnen des zweiten Ordens in dem Klausurkomplex, die im Jahr 2000 von Eberhardsklausen nahe der Mosel nach L. übergesiedelt waren. Barocke Gebäude aus der zweiten Hälfte des 17. Jh. beherrschen den Klosterkomplex. Die katholische Pfarr-, Wallfahrts- und Klosterkirche St. Johannes der Täufer und ein eindrucksvolles Heiliges Kreuz sind nach wie vor das jährliche Ziel großer Wallfahrten. Komtur Hermann von Hake ließ 1315 das Kreuz von seinen Mitbrüdern herstellen; es steht im Mittelpunkt der Wallfahrt „Lager Holztracht". Die barock ausgeschmückte Kirche mit geradem Ostabschluss von 1426 wurde 1902 an der Westfront um einen neugotischen Turmbau erweitert und 1960 im Osten um ein Joch sowie um den Sakristeibau vergrößert; ansonsten blieb sie bis heute die originale, spätgotische Kirche der Johanniter.

◆ Koolman, Egbert/Elerd, Udo (Hg.): Johanniter im Nordwesten, Oldenburg 1999; Rödel, Walter Gerd: Das Großpriorat Deutschland des Johanniter-Ordens, Mainz 1965, 371–374.

Lahr, *Augustiner-Chorherrenstift St. Maria und St. Jakob (1259–1482) – „Steigerkloster", Diözese Straßburg – (L./Schwarzwald, Ortenaukreis, Baden-Württemberg, ❒ 3, B4).*

▶ Graf Walter von Geroldseck gründete 1259 auf Wunsch seiner verstorbenen Gemahlin ein Hospital für zwölf Kranke nahe seiner Burg vor der Stadt L. und rief Augustiner-Chorherren aus Obersteigen im Elsass in die westliche Schwarzwaldregion. Stift L. war das erste Priorat der Regularkanoniker aus Obersteigen, die sich besonders dem Hospitaldienst zuwandten. Obersteigen gründete weitere Priorate etwa in ➛ Landau in der Pfalz, woraus sich ein ganzer Verband bildete, dessen Chorherren als „Steigerherren“ und dessen Stifte als „Steigerklöster“ bezeichnet wurden. In L. übernahmen zunächst vier Steigerherren und fünf Hilfspersonen Pflege- und Seelsorgeaufgaben im Hospital, erst weitere Schenkungen und Landzukäufe erlaubten die Besitzexpansion bis in das Elsassgebiet. Das ursprüngliche Ordensapostolat der Krankenpflege verlor sich im 14. Jh., ein Hospitalneubau wurde 1339 örtlich vom Stift getrennt und in die Stadt verlegt. Wirtschaftliche Missstände und Personalmangel führten im 15. Jh. zum Niedergang der Steigerherrengemeinschaft. Zur Rettung der Pfründen suchte man den Weg der Verweltlichung, wie übrigens auch in Landau. Papst Sixtus IV. genehmigte 1482 die Umwandlung des Augustiner-Chorherrenstifts L. in ein Kollegiatstift, das vorrangig Pfarraufgaben übernahm. 1558 erlosch das Stift fünf Jahre nach Einführung der Reformation als eigenständige Institution. Die Stiftskirche St. Jakob diente bereits 1485 als Pfarrkirche. Heute ist sie zentrale Dekanatskirche der evangelischen Landeskirche Baden. Die dreischiffige Basilika enthält nur noch wenige frühgotische Elemente im östlichen Bereich; die mittelalterliche Authentizität mancher Bauteile ist umstritten. Der heutige Kirchenbau geht auf eingreifende Erneuerungen um 1850 zurück; der hohe Westturm entstand in dieser Form erst 1874. Stiftsgebäude existieren nicht mehr.

◆ Niens, Hans: Kirchengut, Pfarrbesoldung und Baulast in der Evangelischen Landeskirche in Baden, Heidelberg 1991; Bauer, Thomas Matthias u. a.: Geschichte der Stadt L., Bd. 1, Lahr 1989.

Laiz, *Franziskaner-Tertiarinnenkloster St. Petrus und St. Paulus (um 1410–1782), Diözese Konstanz – (Sigmaringen-L., Lkr. Sigmaringen, Baden-Württemberg, ❒ 3, C4).*

▶ **Geschichte.** Schon um 1190 existierte in L. auf einem Felssporn über der Donau eine massive Kirche St. Peter und Paul als Pfarrzentrum für 15 umliegende Orte. Die Grafen von Monfort stifteten entsprechend einer unsicheren Überlieferung 1308 für eine Gemeinschaft frommer Frauen an der Pfarrkirche eine Klause. Urkundlich treten die Beginen erstmals 1356 auf und unterstellten sich möglicherweise erst Anfang des 15. Jh. als Tertiarinnen dem dritten Orden der Franziskaner. Minoriten aus ➛ Überlingen übernahmen die Aufsicht, überließen aber die seelsorgliche Betreuung dem Pfarrer. Die Vogtei wechselte häufig. Nach einem Brand (vor 1426) wurde die Kirche im gotischen Stil unter Verwendung romanischer Restteile wiedererrichtet. Ein neuerlicher Brand (1527) nötigte zum erneuten Wiederaufbau. Graf Felix von Werdenberg ließ eine kleine Empore mit eigenem Altar in der Pfarrkirche einrichten; ein hölzerner Gang verband dieses „Nonnenchörlein“ mit dem Wohnraum der Schwestern. 1586 regten die Franziskanerinnen mit einem Gnadenbild aus dem untergegangenen Frauenkloster Ebingen eine Marienwallfahrt nach L. an. Der Bekanntheitsgrad ihres Konvents stieg, ebenso die Einnahmen durch Pilger. 1665 erfolgte die Grundsteinlegung für den barocken Neubau der Klausur. 1687/88 wurde die Kirche um neun Meter nach Westen erweitert, es entstand eine Vorhalle mit Wallfahrer- und darüber liegender Nonnenempore. Der Konvent bestand damals aus 13 Chor-, zwei Laienschwestern und einer Novizin. 1782 ließ Kaiser Joseph II. im Rahmen seiner restriktiven Kirchenpolitik (Josephinismus) den Konvent in L. auflösen; der Besitz wurde an Fürst Karl Friedrich von Hohenzollern-Sigmaringen veräußert, der ihn bald weiter verkaufte.

▶ **Gegenwart.** Die mehrfach umgebaute Kirche in Sigmaringen-L. dient noch heute als katholisches Gotteshaus. Der Charakter der romanisch-gotischen Pfeilerbasilika ohne Querschiff wurde durch Restaurierungen weitestgehend wiedergewonnen, ohne die barocken Umbauten völlig zu beseitigen. Der älteste Teil ist der Chorbereich mit romanischem Grundmauerwerk. Der quadratische Turm an der Nordseite entstand 1426, seine achteckige Erweiterung mit Zwiebelhaube 1689/90. Einige spätgotische Ausstattungsstücke blieben bewahrt. Noch immer ist das Gnadenbild, eine Pietà (um 1440), Ziel jährlicher Wallfahrten. Die barocken Klausurgebäude befinden sich nördlich der Kirche.

◆ Zekorn, Andreas: Das Kloster L., in: Klöster im Landkreis Sigmaringen, Lindenberg 2005; Boenke, Walter: Pfarr- und Wallfahrtskirche St. Peter und Paul in Sigmaringen-L., Laiz 1997; Wilts, Andreas: Gorheim und L., in: Beginen im Bodenseeraum, Sigmaringen 1994, 329–332.

Lambrecht, *Benediktinerabtei St. Lambertus (977– um 1240), Dominikanerinnenkloster St. Lambertus (1247–1553), Diözese Speyer – (Lkr. Bad Dürkheim, Rheinland-Pfalz, ❒ 3, B3).*

▶ **Geschichte der Benediktinerabtei.** Herzog Otto von Worms, ein Enkel Kaiser Ottos I., stiftete 977 oberhalb des Speyerbachs im Pfälzerwald ein Benediktinerkloster. Dieses dritte salische Hauskloster nach ➛ Mettlach und ➛ Hornbach wurde dem hl. Bischof Lambertus von Tongern-Maastricht († 705), des Hausheiligen der Salier, geweiht. Abt Adalbert von Hornbach (972–993) schickte wahrscheinlich den Gründungskonvent, der ➛ Gorzer Reformgewohnheiten mitbrachte. Die Abtei verlor bedeutende Teile ihres stark gestreuten Besitzes bei der Gründung ➛ Limburgs an der

Lambrecht Benediktinerabtei/Dominikanerinnenkloster, die einst 60 m lange Kirche der Dominikanerinnen.

Haardt 1025, dem vierten Hauskloster der Salier. König Heinrich IV. übergab 1065 die Abteien L., ➛ Eschwege, ➛ Kaufungen und Limburg dem Hochstift Speyer, was den wirtschaftlichen Niedergang der Abtei L. nach sich zog. Bischof Johann I. von Speyer (Kraichgau) sah sich 1100 genötigt, sein Eigenkloster mit Einkünften aus dem südpfälzischen Raum zu dotieren. Eine Konventserneuerung um diese Zeit im Sinn der ➛ Siegburger Reform bleibt aufgrund fehlender Quellen Vermutung. Als erster namentlich bekannter Abt urkundete Berengar (1147/49) als bischöflicher Zeuge. Unter Abt Gebeno (1172/97) erreichte die Benediktinerabtei ihren geistigen und wirtschaftlichen Höhepunkt in ihrer etwa 260-jährigen Geschichte. Erstmals wird 1209 ein angeschlossener Frauenkonvent urkundlich erwähnt. In den ersten Jahrzehnten des 13. Jh. indizieren Verpfändungen und Verkäufe den ökonomischen Abstieg, begleitet von innerem Verfall, möglicherweise als Folge empfindlicher Einkunftsverluste im Selzer Zehntstreit.

▶ **Geschichte des Dominikanerinnenklosters.** Zwischen 1236 und der Bestätigung Papst Innozenz' IV. 1244 löste Bischof Konrad von Eberstein den Mönchskonvent auf, ließ aber den Frauenkonvent bestehen, der 1247/48 dem Dominikanerorden kommittiert und 1287 zusammen mit dem Kloster ➛ Hochheim bei Worms inkorporiert wurde; die Brüderkonvente in Worms und später ➛ Speyer übernahmen Aufsicht und Betreuung. Die reiche Pfarre in Steinweiler wurde dem Kloster zurückgegeben, das sich unter Priorin Sapientia (1244–80) aufstrebend entwickelte und Anfang des 14. Jh. eine Hochblüte erreichte. Das Kloster blieb jedoch ohne Ausstrahlung und erlangte nie überregionale Bedeutung. Priorin Kunigunde von Fleckenstein (um 1328–53) vollendete den Neubau der Konventskirche. Die Schwestern stritten häufig mit den Bischöfen um ihre Rechte, wobei sie bei ihren Schirmherren, den Pfalzgrafen bei Rhein, zwar Unterstützung, wenn auch kein besonderes Interesse fanden. Anfang des 15. Jh. begann der Abstieg: Pest und Kriegswirren ruinierten die wirtschaftliche Basis, innere Reformen fanden keinen Zuspruch; die Reformation zerrüttete den Konvent im 16. Jh. vollends. 1553 lebten in L. nur noch zwei Chor- und zwei Laienschwestern. Kurfürst Friedrich II. von der Pfalz übereignete Kloster und Besitz mit päpstlicher Zustimmung im September 1553 der Universität Heidelberg.

▶ **Gegenwart.** Vom ehemaligen Kloster blieb lediglich die Kirche erhalten. Am Ort der Benediktinerbasilika errichteten die Dominikanerinnen eine einschiffige, zwölfjochige Konventskirche mit östlichem Polygonschluss (um 1310–40), die heute der protestantischen Kirchengemeinde L.-Lindenberg als Pfarrkirche St. Lambrecht dient. Der langgestreckte, durchgehend gewölbte Bau verlor 1776 die Nonnenempore im Westen bis auf drei Joche; von ursprünglich 60 m Gesamtlänge blieben nur 45 m bestehen; der massive Westaufsatz entstand 1921. Die Kirche ist innen von beeindruckend strenger Würde ohne auf Bauschmuck völlig zu verzichten; so sind die Gewölbeschlusssteine reich gestaltet. An den Chorwänden wurden 1955 mittelalterliche Legendenmalereien freigelegt, leider teilweise durch Fehlinterpretationen falsch restauriert. Ein gemalter Reliquienaltar mit 20 Heiligen entstand um 1350. Die Kirche St. Lambrecht in L. gehört zu den bedeutenden Bettelordenskirchen im Rheinland.

◆ GermBen 9, 342–359; Engels, Renate: L., in: Palatia Sacra, Tl. 1, Bd. 5, Mainz 1992, 93–110; Conrad, Klaus: Die Geschichte des Dominikanerinnenklosters in L., Heidelberg 1960.

Landau, *Augustiner-Chorherrenstift St. Maria (1276–1483) – „Steigerkloster", Diözese Speyer – (kreisfreie Stadt L. in der Pfalz, Rheinland-Pfalz, ❐ 3, B3).*

▶ **Geschichte.** Das Augustiner-Chorherrenstift Obersteigen im Elsass etablierte einen ganzen Verband von Außenstellen, die als Priorate vom Mutterstift abhängig blieben; landläufig hießen sie „Steigerklöster", die Chorherren „Steigerherren". Das erste Priorat entstand 1259 in ➛ Lahr am westlichen Rand des Schwarzwalds; ein weiteres Steigerkloster stiftete 1276 Graf Ernich IV. von Leiningen in der Stadt L. in der Pfalz. Die Regularkanoniker aus Obersteigen fühlten sich besonders dem Hospitaldienst verpflichtet. 1279 erlangten sie Patronatsrechte in der Stadt und begannen 1281 die Stiftskirche St. Marien zu errichten, die sie 1333 weihten. Zur Unterscheidung vom Augustiner-Eremitenkloster (➛ Landau) nannten die Bürger das Regularkanonikerstift „Steigerkloster" (das Augustiner-Eremitenkloster im Osten der Stadt aber „Augustinerkloster"). 1324 verpfändete König Ludwig der Bayer die Stadt an das Hochstift Speyer, erst 1511 löste Kaiser Maximilian I. den Pfand aus. Franz von Sickingen rief 1522 die südwestdeutsche Ritterschaft zum „Landauer Bund" zusammen, 1525 brach in L. der Bauernaufstand los. Wirtschaftliche Missstände und Personalmangel hatten schon im 15. Jh. zum Niedergang der Steigerherrengemeinschaft geführt, zur Rettung der Pfründen suchte man den Weg der Verweltlichung, wie übrigens auch im Priorat Lahr.

Landau Augustiner-Chorherrenstift, Nordwestteil der basilikalen Steigerherrenkirche von 1333/50.

Papst Sixtus IV. genehmigte 1482 die Umwandlung des Augustiner-Chorherrenstifts L. in ein Kollegiatstift, das vorrangig Pfarraufgaben übernahm. Das weltliche Stift erlosch 1558, fünf Jahre nach Einführung der Reformation.

▶ **Gegenwart.** Die Stiftskirche der Steigerherren dient heute als protestantische Stadtpfarrkirche und gehört zu den bedeutenden Sakralbauten der Pfalz. Ihr mächtiger Glockenturm im Westen entstand um 1350, die Seitenschiffe bewahren spätgotisches Netzgewölbe; Wandmalereien aus der Erbauungszeit schmücken die Taufkapelle.

◆ Moersch, Karl: Geschichte der Pfalz, von den Anfängen bis ins 19. Jh., Landau/Pfalz 21987; Caspary, Hans: Stiftskirche L./Pfalz, München 1970.

Landau, *Augustiner-Eremitenkloster Heilig Kreuz (vor 1299–1793) – „Augustinerkloster", Diözese Speyer – (kreisfreie Stadt L. in der Pfalz, Rheinland-Pfalz, ❐ 3, B3).*

▶ **Geschichte.** König Rudolf I. von Habsburg privilegierte die Stadt L. in der Pfalz 1291 nach dem Aussterben der Grafen von Leiningen-Landeck mit reichsstädtischen Rechten und Freiheiten. Der Stadtrat förderte die Niederlassung der Augustiner-Eremiten im neu erschlossenen Gebiet des Stadtteils Fröschau nahe der Stadtmauer. Erwähnt werden Augustiner-Eremiten in L. erstmals 1299, Zisterzienser der Abtei ➛ Eußerthal bezeichnen die Bettelbrüder 1303 als Nachbarn ihres Stadthauses. Die erste klösterliche Urkunde datiert 1317, der erste namentlich bekannte Prior Cuonradus lebte 1345. Zur Unterscheidung vom bereits bestehenden Augustiner-Chorherrenstift St. Marien (➛ Landau) nannten die Bürger das Regularkanonikerstift „Steigerkloster", weil die Chorherren aus Obersteigen im Elsass gekommen waren, das neue Augustiner-Eremitenkloster im Osten der Stadt nahe der Handelsstraße Weißenburg – Speyer aber einfach „Augustinerkloster". Die hohe Bedeutung des Klosters im Mittelalter ist an der Anzahl der hier abgehaltenen Provinzkapitel des Ordens ablesbar: zwischen 1388 und 1512 tagte dieses fünfzehnmal in L. Während der Reformationszeit waren die Bettelbrüder Schmähungen und Angriffen der Bürger ausgesetzt und suchten offensichtlich Schutz beim Stadtrat. 1525 übergaben sie Inventarlisten ihres Besitzes, ein weltlicher Pfleger wurde eingesetzt. 1526 war der Konvent stark zusammengeschmolzen, weil diejenigen Brüder die Stadt verlassen mussten, die nicht in L. Profess abgelegt hatten. 1578 lebte nur noch ein Augustiner im Kloster. Der Orden schickte einen Priestermönch, um die drohende Säkularisierung zu verhindern, was letztlich gelang. Nach einer Erholungsphase betreuten Augustiner-Eremiten mehrere verwaiste Pfarrstellen in der Umgebung. 1724 übernahmen sie den Unterricht in der neugegründeten Lateinschule, Prior Hunold ließ noch ein eigenes Schulgebäude bauen. Der Einmarsch der französischen Revolutionsarmee beendete 1793 das klösterliche Leben; die Brüder wurden ausgewiesen und ihre Klosterkirche profaner Nutzung zugeführt. Erst 1893 fiel die Augustinerkirche an die katholische Gemeinde.

Landau Augustiner-Eremitenkloster, Innenhof und Kreuzgangarkaden der spätgotischen Anlage.

▶ **Gegenwart.** Der Klosterkomplex in L. zählt zu den wenigen Bettelordensniederlassungen in der Pfalz aus dem Mittelalter, die weitgehend erhalten geblieben sind. Die gotische Basilika (Anfang 14. Jh.) ist eine typische schlichte Mendikantenkirche mit dreischiffigem Langhaus, an das sich der dreijochige Chor in der Breite des Mittelschiffs anschließt. Der Innenraum ist von sogenannter „Reduktionsgotik" gekennzeichnet; ein polygonaler Treppenturm wurde im Winkel zwischen Chor und südlichem Seitenschiff angebaut. Die Klausurgebäude, die einen rechteckigen Hof umschließen, sind Bauten des 18. Jh., lediglich der eindrucksvolle, sehr einheitlich wirkende Kreuzgang blieb bis auf den Westflügel aus gotischer Zeit erhalten.

◆ Jöckle, Clemens: Kath. Pfarrkirche Hl. Kreuz L., ehem. Augustinerklosterkirche, Regensburg 1988; Kunzelmann, Adalbero: Geschichte der deutschen Augustiner-Eremiten, Tl.1, 221 f., Tl. 2, Würzburg 1969/70.

Landshut, *Dominikanerkloster St. Blasius (1271–1802) –„Predigerkloster", Diözese Regensburg – (kreisfreie Stadt, Bayern, ❐ 4, B4).*

▶ Herzog Heinrich XIII. von Niederbayern rief 1271 Dominikaner wahrscheinlich aus ➛ Regensburg in die neue Residenzstadt L. Die Prediger gründeten an einer existierenden Kapelle vor der Stadtmauer südlich der Großen Isar ein Kloster. In der aufstrebenden Stadt erhielten sie ausreichend Zuwendungen, was den Bau einer dreischiffigen, langgestreckten Backsteinbasilika ermöglichte, die schon vor ihrer Weihe 1386 genutzt wurde. Im Streit König Ludwigs des Bayern mit der Kurie ordneten sich die Prediger 1328 dem Papst unter und schlossen während des Interdikts ihre Kirchenpforten, was die Bürgerschaft erzürnte; letztendlich dürften die Brüder darüber erleichtert gewesen sein, als der Kaiser 1340 die Kirche gewaltsam öffnen ließ. In nachfolgenden Jahrhunderten fanden die Prediger reichlich Unterstützung des Fürstenhauses und des bayerischen Adels, was ihre Existenz sicherte und den Besitz vergrößerte, ihre Unabhängigkeit aber einschränkte. Um 1700 ließen sie eine neue barocke Konventsanlage errichten, die heute der Niederbayerischen Regierung als Amtssitz dient. Die Konventskirche St. Blasius des 14. Jh. wurde 1747 aufwändig zur Rokokokirche umgestaltet und ausgeschmückt, ihr gotischer Ursprung erscheint äußerlich deutlich am polygonalen Langchor mit Strebepfeilern. Die Säkularisierung erfolgte im April 1802 durch die kurfürstlich-bayerische Regierung, nachdem der Universität schon 1800 die Konventsgebäude übergeben worden waren. Im Leben der katholischen St. Jodokgemeinde spielte die ehemalige Dominikanerkirche am Regierungsplatz eher eine untergeordnete Rolle, was sich seit der aufwändigen Sanierung 2005 geändert haben dürfte, ist sie doch kunsthistorisch der sakrale Stolz des bayerischen Spätbarocks.

◆ Bauer, Hermann/Bauer, Anna: Klöster in Bayern, München 1985, 162–165; Stahleder, Erich: L. St. Blasius, ehem. Dominikanerkirche, München 1982.

Langeln Deutschordenskommende, die Ordensritter bauten die romanische Pfarrkirche für ihre Zwecke aus.

Landshut, *Franziskanerkloster St. Petrus und St. Paulus (1280–1802), Diözese Regensburg – (kreisfreie Stadt, Bayern, ❒ 4, B4).*

▶ **Geschichte.** Herzog Heinrich XIII. von Niederbayern rief 1280, neun Jahre nach den Dominikanern (➛ Landshut), auch Minoriten in seine Residenzstadt L. Die Franziskaner kamen aus ➛ Regensburg und siedelten am Fuß des Hofbergs unter der Burg Trausnitz außerhalb der Stadt; erst 1338 bezog ein erweiterter Mauerring ihr Kloster in den Stadtbereich ein. Die Nähe zur Bürgerschaft brachte den Barfüßern Popularität und Anerkennung; Stiftungen und Geschenke sicherten Existenz und Wohlstand. Mitte des 15. Jh. setzte sich die Observanzbewegung des Franziskanerordens im Interesse Herzog Ludwigs des Reichen durch und konventuale Brüder verließen 1466 die Stadt; der neue Observantenkonvent wurde ebenso wie das Kloster in ➛ Ingolstadt in die oberdeutsche Provinzialvikarie eingereiht. Den Brüdern oblag die Betreuung der 1460 ebenfalls in die Stadt geholten Franziskanerinnen von Heilig Kreuz nahe der Pfarrkirche St. Jodok. Anfang des 17. Jh. gewannen streng asketische Reformaten aus Italien Einfluss in L. Dieser strenge Reformzweig innerhalb der franziskanischen Familie erlangte durch besondere Gunst Papst Gregors XV. weitgehende Unabhängigkeit und gründete 1625 eine eigene Ordensprovinz in Bayern. Der Herzog und spätere Kurfürst Maximilian I. sorgte als zentraler Akteur der Gegenreformation 1620 für den Übergang des Konvents in L. von den Observanten zu den Reformaten. Im 17. Jh. ließen sich ebenfalls Kapuziner, Jesuiten und Ursulinen in der Stadt nieder, insgesamt existierten 1802 sieben Konvente in L.; den bedeutendsten Konvent stellten die Zisterzienserinnen von ➛ Seligenthal nördlich der Kleinen Isar. Die Aufhebung des Franziskanerklosters erfolgte im Zuge der allgemeinen Säkularisation im Februar 1802. Im April mussten 31 Konventsmitglieder die Stadt verlassen. 1812 kaufte ein Gastwirt die Gebäude auf, die Kirche erlag dem Abriss, ihre Steine dienten beim Bau der Isarschleuse.

▶ **Gegenwart.** Restbauten des Klosters mit integriertem gotischem Kreuzgang aus der zweiten Hälfte des 14. Jh. wurden von der Stadt jüngst restauriert und als Galeriemuseum eingerichtet. An die zweischiffige Halle schließt sich die „Plankkapelle" von 1495 an, nahezu unverändert blieb auch der Nordflügel des äußeren Kreuzgangs, ein zweigeschossiger Wohntrakt birgt Reste von Kreuzgratgewölbe, von der Klosterbasilika blieben zwei Pfeiler des Portals. Archäologische Untersuchungen konnten zeigen, dass der Kreuzgang besonders im 17./18. Jh. vom Großbürgertum als Grablege bevorzugt wurde. Der Hochaltar der Barfüßer steht seit 1805 in der katholischen Hauptpfarrkirche St. Jodok. Im Mai 1835 kehrten die Franziskaner auf Bitten der Bürger nach L. zurück und bauten sich auf dem Gelände des ehemaligen Kapuzinerinnenklosters Maria Loreto eine neugotische Konventsanlage auf, die aber inzwischen wieder verlassen ist.

◆ Häck, Bernhard: Archäologische Sondierungen im ehemaligen Franziskanerkloster zu L., in: Verhandlungen des Historischen Vereins für Niederbayern 122/123 (1996/97) 91–103; Bauer, Hermann/Bauer, Anna: Klöster in Bayern, München 1985, 162–165; Bleibrunner, Hans: Das ehemalige Franziskanerkloster St. Peter und Paul zu L. im heutigen Plantlgarten, in: Bavaria Franciscana Antiqua, Bd. 1, München 1958, 33–64.

Langeln, *Deutschordenskommende St. Maria (1219–1809), Diözese Halberstadt – (Lkr. Harz, Sachsen-Anhalt, ❒ 2, A5).*

▶ **Geschichte.** Hermann von Salza, Hochmeister des Deutschen Ordens (1209–39), kaufte 1219 vom Bamberger Kollegiatstift St. Jakob umfangreichen Besitz im nördlichen Vorharz, einschließlich den Ort L. nordwestlich von Wernigerode sowie das Patronatsrecht über die dortige Pfarrkirche. Bischof Ekbert von Bamberg (Andechs-

Meran) stimmte zu und Friedrich II. vergab 1220 den Königsbann. 1224 tritt ein *provisor* der Niederlassung L. als Zeuge in Urkunden auf; diesen Titel kann man bereits als Vorsteher einer Kommende deuten, 1262 erscheint erstmals urkundlich ein *commendator*. Zunächst gehörte L. zur Ordensballei Thüringen-Sachsen, seit 1287 aber zur Ballei Sachsen, dessen Landkomtur in ➛ Lucklum residierte. 1381 war L. Kriegsschauplatz zwischen dem Erzbischof von Magdeburg und dem Grafen von Wernigerode. Hochmeister Ludwig von Erlichshausen (1450–67) auf der Marienburg in Ostpreußen ließ um 1450 die Ballei Sachsen durch den Ritter Georg von Egloffstein und den Chorherrn Jost Krop visitieren; die beiden Herren besuchten nachweislich auch die Kommende L. im Harzgebiet. 1525 zerstörten aufständische Bauern die Anlage, es folgten wirtschaftliche Schwierigkeiten in der Reformationszeit, Nachwuchsmangel und Streit mit dem örtlichen Adel. Die Ballei Sachsen wechselte unter Landkomtur Burchard von Pappenheim (1529–51) 1542 zum protestantischen Glauben; einzelne Kommenden entwickelten sich in der frühen Neuzeit zu Rittergütern. L. blieb mit einem Teil des Kommendebesitzes im Fürstbistum Halberstadt, ein anderer Teil lag im Herrschaftsgebiet der Grafen von Stolberg-Wernigerode. Auf dem Kapitel zu ➛ Buro im Februar 1553 wählten die Ordensritter den Komtur Heinrich Gam aus L. zum neuen Landkomtur (1563–71); er residierte nun in Lucklum, ließ sich aber 1571 in seiner Heimkommende L. bestatten. Komtur Otto von Blankenburg (1571–91?) musste langwierig um die Selbständigkeit der Kommende gegen die Territorialherren kämpfen, erst sein Nachfolger Hoyer von Lauingen konnte sich dem Ausbau der Kirche widmen. Der Dreißigjährige Krieg brachte neue Schäden, ebenso der Siebenjährige Krieg. Komtur Arend von Sandau wurde 1653 schwer gerügt, weil er in L. mit einer Konkubine lebte, die bereits einen gemeinsamen Sohn großzog (auch die Komture der evangelischen Niederlassungen unterstanden nach wie vor dem Keuschheitsgebot). Burchart von Kramm (1675–77) kam aus Buro und war der letzte Komtur in L.; nach ihm wurde der Besitz von Lucklum aus verwaltet. Die Säkularisierung erfolgte 1809 durch das Königreich Westphalen.

▶ **Gegenwart.** Die romanische Pfarrkirche St. Maria, bereits 1143 urkundlich erwähnt, übernahmen die Ordensritter als Kommende- und Pfarrkirche. Sie beherrscht heute noch den kleinen Ort und dient für den evangelisch-lutherischen Gottesdienst. Ihr quadratischer Westturm wurde in den letzten Jahren restauriert und birgt ein Heimatmuseum. An der Nordseite des Schiffs blieb ein romanisches Portal mit Flechtrahmen erhalten, die Türbeschläge sind gotisch. Den einfachen Kirchensaal wölbten die Deutschherren schon im 13. Jh. mit Kreuzgratgewölbe ein. Eine von Säulen getragene Komturloge und die Kanzel von 1723 flankieren innen den wuchtigen, eingezogenen Rechteckchor. Die Grabplatte Komtur Wolf Ludwigs von Spitznas (1666–74) blieb erhalten. Im Südwesten der Kirche befindet sich der ehemalige Komturhof mit Gebäuden des 18. und 19. Jh.

◆ Demel, Bernhard: Die Deutschordensballei Sachsen vom 13.–19. Jh., Frankfurt/Main 2004; Hildebrand, Siegfried: Die Komturei L., in: Burgen und Schlösser in Sachsen-Anhalt 11 (2002) 384–392.

Langendorf, *Benediktinerinnenkloster St. Anna (um 1225–1540) – „Greißlau", Diözese Naumburg – (Burgenlandkreis, Sachsen-Anhalt, ❐ 2, B5).*

▶ **Geschichte.** Die Anfänge des Frauenklosters in L. sind unklar; wahrscheinlich begann der Konvent um 1225 in Obergreißlau südlich von Weißenfels und zog vor 1281 in das benachbarte L. um. Das Kloster taucht in mehreren Urkunden mit der Bezeichnung „Greißlau" auf. Eine Ritterfamilie Knut von Scheidungen kommt als Stifter in Frage: Heinrich Knut verschenkte 1230 drei Hufe Land, nachdem seine Tochter Sophia ins Kloster eingetreten war; die Knuts standen noch im 14. Jh. dem Konvent fördernd zur Seite. Auch die wettinischen Landesherrn (Markgrafen von Meißen) zählen zu den möglichen Stiftern. Nur in drei Urkunden treten die Frauen als Zisterzienserinnen auf, seit 1385 werden sie stets als Benediktinerinnen bezeichnet. Die Quellenlage ist dürftig, die Zuordnung zu einer Observanz problematisch; die Bezeichnung Zisterzienserinnenkloster L. ist heute allgemein üblich, aber nicht überzeugend, vergleichbar mit den Klöstern ➛ Allendorf und ➛ Blankenau. Die bischöfliche Jurisdiktion konnte nie abgestreift werden, auch sind Verbindungen zum Zisterzienserorden nicht nachweisbar. Wie viele andere benediktinische Konvente bekannte sich wohl auch L. aus schutzrechtlichen Vorteilen nur vorübergehend zur anerkannten und zeitgemäßen Lebensweise der Zisterzienser, was in der zweiten Hälfte seiner Existenz ohne Vorteil oder Bedeutung war und nicht mehr erwähnt wird. Die Schutzvogtei übten zunächst die Schenken von Wiedebach, später die wettinischen Markgrafen von Meißen aus. Landbesitz in zwölf Dörfern der Umgebung ging auf Stiftungen des örtlichen Adels und der Bischöfe von Naumburg zurück, Patronatsrechte über Pfarrkirchen bzw. Inkorporationen in Obergreißlau, Untergreißlau, Groitzsch und Elstertrebnitz gehörten dazu; das Dorf Greißlau ging aber 1322 entsprechend einer bischöflichen Anweisung an die Klarissen in ➛ Weißenfels über. In dieser Stadt besaßen die Benediktinerinnen einen Stadthof und zwei Fleischbänke. Ihr Besitz grenzte unmittelbar an das Kloster Beuditz, von dem nichts mehr existiert. Ein Testament löste 1492 einen Konflikt mit den Benediktinern der Abtei ➛ Bürgel aus, den Bischof Johannes III. von Schönberg zugunsten der Frauen beendete: Abt Gernhard Flanß (1470–97) musste an Äbtissin Ursula Rauchhaupt 200 rheinische Gulden zahlen. Zu dieser Zeit beherrschte die Familie Rauchhaupt den Konvent; neben der

Langendorf Benediktinerinnenkloster, die Klosterkirche entstand Ende des 13. Jh. ohne Strebepfeiler und Turm.

Äbtissin urkundete die Sängerin Margaretha Rauchhaupt und Kosterin Elisabeth Rauchhaupt. 1494 unterstellte sich der Konvent mit Äbtissin Elisabeth Könneritz der ➛ Bursfelder Benediktinerkongregation und nahm deren Reformstatuten an. Ein Großbrand zerstörte 1501 die Konventsgebäude, die Äbtissin Anna von Hagenest bis 1506 neu errichten lassen musste. Erst nach dem Tod des katholischen Landesherrn, Herzog Georgs des Bärtigen, beeinflusste 1540 der landesweit verordnete Protestantismus den Konvent. Die Verwaltung übernahmen herzogliche Beamte. Die letzte Konventualin starb 1560, das Kloster L. wurde an die Stadt Weißenfels verkauft.

▶ **Gegenwart.** Von der mittelalterlichen Klosteranlage in L. blieben die Kirche und der überbaute Nordteil des Ostflügels erhalten. Das einschiffige, rechteckige Gotteshaus ohne Streben und Turm entstand aus werkgerecht behauenen Quadern Ende des 13. Jh. bis ins zweite Drittel des 14. Jh., wobei die Nordseite mit spitzbogigem Portal zur Schauseite geriet. Die Westempore wurde nachträglich eingebaut; sie ruht auf einer dreischiffigen, zweijochigen Unterkirche mit Kreuzrippengewölbe über achteckigen Pfeilern aus der zweiten Hälfte des 14. Jh. Die Innenausstattung ging durch Umbauten (1876–78) und profane Nutzung (1949–90) verloren. Jüngste Sanierungsarbeiten ermöglichten die Öffnung der ehemaligen Klosterkirche für Kulturveranstaltungen. Die sich südlich anschließende Klausur ging verloren, lediglich ein Teil des gotischen Ostflügels wurde im späten 19. Jh. in ein Herrenhaus integriert, das wiederum 1960 in den Neubau einer Schule aufging. Ein quadratischer, vierjochig gewölbter Raum der Schule mit Kreuzrippen und Mittelsäule wird als ehemaliger Kapitelsaal gedeutet.

◆ Mohn, Claudia: L., in: Mittelalterliche Klosteranlagen der Zisterzienserinnen, Petersberg 2006, 167–169; Köhler, Anne-Katrin: L., in: Geschichte des Klosters Nimbschen, Leipzig 2003, 146–148; Lindenau, Katja: Zisterzienser-Nonnenklöster im Bistum Naumburg, Dresden 2000, 50–69.

Langenhorst Augustiner-Chordamenstift, die spätromanische Hallenkirche (1180-1230) von Nordwest.

Langenhorst, *Augustiner-Chordamenstift St. Maria und St. Johannes Baptist (vor 1178–1576), Diözese Münster – (Ochtrup-L., Kr. Steinfurt, Nordrhein-Westfalen, ❐ 1, B4).*

▶ **Geschichte.** Der Edelherr Franko von Wettringen, ein münsterischer Domdechant, stiftete vor 1178 elterlichen Besitz in L. an der Vechte bei Ochtrup zur Gründung eines Frauenstifts, was Bischof Hermann II. von Münster (Katzenelnbogen) 1178 bestätigte. Die Beglaubigung Papst Clemens' III. und Zustimmung Herzog Heinrichs des Löwen folgten kurz darauf. Der Bischof gewährte 1203 umfangreiche Privilegien und legte die innere Verfassung fest, die sich nach der Augustinusregel in prämonstratensischer Auslegung richten sollte; zum Prämonstratenserorden gehörte das regulierte Kanonissenstift L. jedoch nicht. 1196 tritt urkundlich eine Priorin Gerberg auf, der Konvent war auf 24 Schwestern begrenzt, zwei Kanoniker übernahmen die seelsorgliche Betreuung. Die Grundausstattung fiel reichlich aus, die Einkünfte wurden sorgfältig geteilt, so die Erlöse aus der Wildpferdezucht in der Brechte wie auch Mühlenerträge und Imkereieinnahmen. Stift L. erhielt Archidiakonatsrechte über Wettringen und Ochtrup. Priorin Else von Lünen (1437/72) und Konvent unterwarfen sich 1462 inneren Reformen im Sinn der ➛ Windesheimer Kongregation, deren Festigung Papst Alexander VI. 1492 bestätigte. Der mitunter behauptete Anschluss 1488 an die Windesheimer Union ist unwahrscheinlich, zu diesem Reformverband gehörten neben 86 Männerstiften nur 16 Frauenstifte, die Vollmitgliedschaft wurde auf heutigem deutschen Boden nur den drei Frauenstiften ➛ Heiningen, Dorstadt und Bonn zuerkannt. Schon seit 1436 waren mit Billigung Papst Eugens IV. Neuaufnahmen von Frauenstiften in den Verband verboten, aber die Unterstützung weiblicher Reformbemühungen ausdrücklich gewollt. Insofern erscheint die Betreuung des Konvents in L. durch den Prior von ➛ Frenswegen nicht ungewöhnlich. Lutherische Reformationsideale drangen nur vereinzelt in das Stift, aber im Mai 1576 akzeptierten die Schwestern unter der ersten Äbtissin Anna von Thie (1576–88) neue Statuten, die einem freiweltlich adeligen Damenstift mit zwölf Präbenden entsprachen. Das katholisch bekennende Säkularkanonissenstift L. wurde nach einer barocken Hochblüte 1811 durch französischen Besatzungsbefehl aufgehoben.

▶ **Gegenwart.** Die romanische Stiftskirche St. Johannes der Täufer dient heute der katholischen Gemeinde als Pfarrkirche. Die Hallenkirche gebundener Ordnung (um 1180–1230) zählt zu den bedeutenden Sakralbauten Westfalens. Charakteristisch sind ihre Chorflankentürme mit Spitzhauben am Chorquadrat. Der durchgehend gewölbte Bau wirkt mit nur einem Joch zwischen Vierung und Westbau im Grundriss gedrungen, aber licht und weit in Höhe und Breite. Der quadratische Chorraum mit Rippengewölbe ist der älteste Teil, die Stützpfeiler des Mittelschiffs zieren Säulen und Dienste mit hoch künstlerischem Kapitellschmuck, oft sind es figürliche Darstellungen. In der Stiftskammer im südlichen Turm sind heute mittelalterliche Ausstattungsstücke ausgestellt, die Einblicke in die Frömmigkeits- und Alltagsgeschichte der Stiftsdamen erlauben. Die südwestlich der Kirche verbliebenen Klausur- und Wirtschaftsgebäude erscheinen neuzeitlich stark überbaut.

◆ Jászai, Géza: Die katholische Pfarrkirche St. Johannes der Täufer und ihre Stiftskammer, Münster 1995; Warnecke, Hans Jürgen: L., in: Westfälisches Klosterbuch, Tl. 1, Münster 1992, 491–495.

Langenzenn, *Augustiner-Chorherrenstift St. Maria (1409–1533), Diözese Würzburg – (Lkr. Fürth, Bayern, ❐ 4, A2).*

▶ **Geschichte.** Die Burggrafen Johann III. und Friedrich VI. von Nürnberg und Burggräfin Elisabeth von Bayern stifteten 1409 an der alten Stadtpfarrkirche im ehemaligen Königshof zu L. ein Regularkanonikerstift, was Fürstbischof Johann I. von Würzburg (Egloffstein) im selben Jahr und Papst Johannes XXIII. 1414 bestätigten. Die ersten Augustiner-Chorherren kamen mit Propst Peter Imhof aus ➛ Neunkirchen am Brand und brachten Reformstatuten des böhmischen Reformzentrums Reudnitz (Tschechien) nach L. mit. Neben den seelsorglichen Aufgaben betreuten die Chorherren die Wallfahrt zur Schwarzen Muttergottes, eine im Städtekrieg 1388 rußgefärbte Marienstatue, die höchste Verehrung genoss. Die Stifterfamilie erwies sich weiterhin als großzügig, L. blühte auf und wurde wohlhabend. Im Konflikt des Würzburger Bischofs mit dem Markgrafen Achilles von Brandenburg brandschatzten Würzburger Truppen 1460 die Stiftsanlage, wobei das Archiv zum großen Teil zugrunde ging; der Wiederaufbau dauerte bis 1468. In Furcht vor aufständischen Bauern legten die Chorherren 1524 ihren Habit ab und flohen nach Ansbach; nach ihrer Rückkehr verbot ihnen der lutherisch gesinnte Markgraf Kasimir, ihre Ordenstracht wieder anzulegen, gleichwohl durften die letzten Chorherren unter Propst Burger im Stift bleiben. 1533 hob Markgraf Georg der Fromme von Brandenburg-Ansbach das Chorherrenstift L. auf.

▶ **Gegenwart.** Das spätgotische Stift L. hat sich bis heute als beeindruckende, zweigeschossige Vierflügelanlage mit Stiftskirche, Klausurgebäuden und Kreuzgängen erhalten. Die Stiftskirche dient heute als evangelisch-lutherische Stadtkirche St. Trinitatis; sie geht auf die vorklösterliche Zeit um 1280 zurück, unterlag aber Erneuerungen nach 1388, Erweiterungen besonders im Chorbereich durch die Chorherren nach 1460 und inneren Umbauten für den evangelischen Gottesdienst. Als Eigenart zeigt die Pfeilerbasilika eine Außenkanzel („Tetzelkanzel"), die ursprünglich als Heiltumsstuhl zur Reliquienschau genutzt wurde. Die Kirche besitzt neben mittelalterlichen Ausmalungen eine Reihe künstlerisch hochwertiger Altäre aus monastischer Zeit, die den einstigen Reichtum der Augustiner-Chorherren und ihrer Gönner vergegenwärtigen. Vier spätgotische Kreuzgangflügel mit Rippengewölbe und Maßwerkfenstern umfassen den rechteckigen Innenhof. Die Konventsgebäude enthalten die üblichen Funktionsräume, über den Kreuzgängen verbindet ein oberer Umgang die Schlafzellen der Chorherren, die über einen „Taubenhof" (in dem sie still und taub wurden) das Kircheninnere erreichten. Von der einst sehr bedeutenden Bibliothek sind nur verstreute Restbestände geblieben.

◆ Leyh, Robert: Evangelische Stadtkirche L. und ehemaliges Augustinerchorherrenstift, Nürnberg 1993; Backmund, Norbert: Die Chorherrenorden und ihre Stifte in Bayern, Passau 1966, 98f.

Langenzenn Augustiner-Chorherrenstift, die Stiftskirche besitzt eine Außenkanzel, die sogn. „Tetzelkanzel".

Langheim, *Zisterzienserabtei St. Maria, St. Johannes Evangelist und St. Nikolaus (1132–1803), Diözese Bamberg – (Lichtenfels-Klosterlangheim, Bayern, ❐ 4, A2).*

▶ **Geschichte.** Bischof Otto I. von Bamberg (1102–39, kanonisiert 1189) sicherte 1114 durch Reformbemühungen den Fortbestand des Benediktinerkonvents in Banz, der aber kirchenrechtlich dem Hochstift Würzburg unterstand. Als Gegengewicht gründete er 1132 in seiner eigenen Diözese die Zisterzienserabtei L. bei Lichtenfels im Tal des Leuchsenbaches mit Hilfe des begüterten Regionaladels, besonders der Andechs-Merianer, die L. reich beschenkten und als ihr Hauskloster betrachteten. Der Gründungskonvent kam 1133 aus der Abtei ➛ Ebrach. 1145 konnte bereits ein Tochterkonvent nach Plaß in Böhmen (Tschechien) gesandt werden. Die Besiedlung der Abtei Schlägl in Oberösterreich 1204 endete 1211 mit Misserfolg (1218 etablierten sich Prämonstratenser in Schlägl). Äbte von L. übten die Aufsicht über die Schwesternkonvente in ➛ Himmelkron, ➛ Himmelthron, ➛ Maidbronn, ➛ Schlüsselau und ➛ Sonnefeld aus. Gleich der Mutterabtei Ebrach gelang es L. nie, die Reichsunmittelbarkeit zu erlangen und die weltliche Herrschaft des Hochstifts Bamberg abzuschütteln, obwohl die Abtei mit Besitz und Rechten in etwa 300 Orten reich begütert war. Mehrere königliche Schutz- und Freiheitsprivilegien halfen ihr diesbezüglich nicht nachhaltig genug, außerdem trieb sie eine Wirtschaftskrise um 1380, die durch Pestepidemien und Handelsprobleme entstanden war, zurück in eine Abhängigkeit vom Hochstift. Nikolaus II. Heidenreich (1405–33), einer der bedeutendsten Äbte in L., erreichte die wirtschaftliche Konsolidierung und führte den Konvent zu neuem Wohlstand, aber Hussiteneinfall 1430, Bauernaufstand 1525 und Markgrafenkrieg 1553 brachten Zerstörungen und neue Wirtschaftseinbrüche, die lutherische Reformation dünnte zusätzlich den Konvent aus. Spätere Kriegswirren konnten die Äbte nur kurzfristig aufhalten, die Abtei L. in Konkurrenz zu Ebrach und Banz zu einer prunkvollen Barockresidenz auszubauen. Die Brandkatastrophe 1802 zerstörte große Teile der Anlage, die Säkularisierung 1803 verhinderte den Wiederaufbau, der Besitz fiel an den bayerisch-kurfürstlichen Staat.

▶ **Gegenwart.** Von der einst prachtvollen Residenz ist nicht viel geblieben. Ein reichverziertes Restgebäude der Klausur im sächsischen Barock, Ökonomiehof und einige Verwaltungs- bzw. Wirtschaftsgebäude erinnern heute in Klosterlangheim an die ehemalige Abtei. Den Repräsentationswillen der Barockäbte unterstreichen heute am deutlichsten ihre Schlossanlage in Tambach bei Coburg und die berühmte Wallfahrtskirche von Vierzehnheiligen. Von den mittelalterlichen Klosterbauten ist kaum etwas überkommen, die Katharinenkapelle für

Laien am unteren Tor stammt aus der ersten Hälfte des 13. Jh., fristet aber heute das unrühmliche Schicksal einer Scheune. Gut erhalten blieb die Friedhofskapelle St. Michael, dieser einschiffige Saalbau mit neugotischem Kreuzrippengewölbe wurde aber erst 1624 eingeweiht. Erwähnt werden muss der vielseitig begabte Abt Mauritius Knauer (1649–64), der ein Tagebuch zum zyklischen Verlauf des Wetters in Franken für die Landwirtschaft erstellte, das erstmals 1721 von geschäftstüchtigen Leuten als „Hundertjähriger Kalender" angepriesen wurde und noch heute Interessenten findet, von Meteorologen außerhalb Frankens jedoch kaum ernst genommen wird.

◆ Fink, Alexandra: Katalog. Klosterlangheim, in: Romanische Klosterkirchen des hl. Bischofs Otto von Bamberg (1102–1139), Petersberg 2001, 214; Schneider, Erich: Klöster und Stifte in Mainfranken, Würzburg 1993, 229–237.

Langnau, *Benediktinerpriorat St. Maria (1122–1399), Pauliner-Eremitenkloster St. Maria (1405–1787), Diözese Konstanz – (Tettnang-Oberlangnau, Bodenseekreis, Baden-Württemberg, ❐ 3, D5).*

▶ **Geschichte.** In Hiltensweiler bestand seit 1122 ein Priorat des Allerheiligenklosters in Schaffhausen (Schweiz), das auf die Stiftung Ritter Arnolds des Frommen und seiner Gemahlin Junzela zurückging. Die Benediktiner verlegten ihr Priorat nach etwa 80 Jahren von der Anhöhe Hiltensweiler in das Tal der Argen nach L., wo sich die neue Niederlassung zunächst recht günstig entwickelte. In der zweiten Hälfte des 14. Jh. geriet Kloster L. nach Kriegszerstörungen in wirtschaftliche Not, Propst Conrad resignierte 1388. Die Mutterabtei Allerheiligen verkaufte 1389 ihre Rechte an die Grafenfamilie von Montfort-Tettnang, damals ein bedeutendes Hochadelsgeschlecht in der Bodenseeregion. Die gräflichen Brüder Wilhelm und Rudolf übergaben 1405 das seit 1399 leerstehende Kloster mit etwa 80 Gütern in 40 Ortschaften und der Pfarrkirche zu Hiltensweiler dem Pauliner-Eremitenorden. Dieser Orden besaß seit 1359 eine kleine Niederlassung im nahen ➛ Argenhardt. Dessen tüchtiger Prior Nikolaus (1407 auch Provinzial) half beim Aufbau der neuen Paulinergemeinschaft, die Papst Gregor XII. 1406 bestätigte. Der Konvent wählte Johannes von Stetten (1404–17) als ersten Prior, der seit 1407 auch als Provinzial amtierte. König Sigismund stellte 1418 während des Konzils von Konstanz einen Schutzbrief aus und bestätigte dem Grafen von Montfort-Tettnang die Vogteirechte. Das Paulinerpriorat L. entwickelte sich zu der wohl bedeutendsten Niederlassung unter den Klöstern der schwäbisch-rheinischen Provinz des Ordens. Die lange Amtszeit Prior Konrad Vogels (1433–78), der ebenfalls das Amt des Provinzials ausübte, wirkte sich vorteilhaft aus. Die gräfliche Familie und die Herren von Reitnau fanden ihre Grablege in der Klosterkirche St. Maria. Gräfin Magdalena musste als Landesherrin 1520 die Beachtung der Klausur, des Stundengebets und ein ordentliches Finanzgebaren anmahnen. Bauernunruhen 1525 und Reformationswirren überstand L. unter Prior Nikolaus Zürn (1521–53) trotz Flucht einigermaßen unbeschadet. Die Pest ließ 1635/36 die meisten Höfe veröden. Schlimmer wüteten die Schweden, die 1647 die Anlage in Schutt und Asche legten. Der Neuaufbau begann 1655 und zog sich bis weit in das 18. Jh. hinein. Die Bedeutung L. stieg 1671 mit der Einrichtung des Studienhauses der Ordensprovinz. Die Zelle Argenhardt, die schon seit längerer Zeit in Abhängigkeit stand, wurde 1672 formell mit L. vereinigt und nur noch als Wirtschaftshof genutzt. 1779 erreichte der Konvent mit 19 Mönchen seine höchste Mitgliederzahl. 1730 kam das Kloster unter die Herrschaft Österreichs; Kaiser Joseph II. ließ L. im Rahmen seiner Säkularisierungspolitik 1787 aufheben.

Langnau Benediktinerpriorat/Pauliner-Eremitenkloster, Reste der Kirche erinnern an die frühen Benediktiner.

▶ **Gegenwart.** Teilgebäude der Klausur stehen heute noch im kleinen Ort, sind aber durch die Nutzung für Wohnzwecke kaum als ehemalige Klostergebäude zu erkennen. Kirche und Südflügel der Klausur waren kurz nach der Säkularisation abgerissen worden. Reste des einschiffigen Kirchenbaus aus dem frühen 13. Jh. blieben erhalten, man erkennt noch Teilstücke von Chor und Querhaus mit Vierungspfeiler. Prior Nikolaus Zürn beauftragte wohl 1546 den Humanisten Kaspar Brusch, die Geschichte des Klosters in Gedichtsform in das Kopialbuch einzuschreiben, das heute noch vorliegt. Auf einem klostereigenen Ölgemälde (1736) findet die Klostergeschichte ihre Fortsetzung in Form von Hexametern. Dieses Bild hängt heute in der Schule von Hiltensweiler.

◆ Kühn, Elmar: L., in: Württembergisches Klosterbuch, Ostfildern 2003, 318–320; Elm, Kaspar (Hg.): Beiträge zur Geschichte des Paulinerordens, Berlin 2000; Borst, Arno: Mönche am Bodensee 619–1525, Sigmaringen 1978, 322–325.

Lauffen, *Dominikanerinnenkloster St. Johannes Baptist (vor 1285–1476), Prämonstratenser-Chorfrauenstift St. Johannes Baptist (1476–1553), Diözese Würzburg – (Lkr. Heilbronn, Baden-Württemberg, ❐ 3, C3).*

▶ **Geschichte.** Bischof Heinrich I. von Würzburg plante 1003 im Auftrag König Heinrichs II. und Königin Kunigundes am Grab der hl. Regiswindis († 839) in L. am Neckar, eine Niederlassung für „Glaubenskämpfer" (möglicherweise ein Benediktinerkloster) mit königlichem Gut zu gründen, was wohl nicht realisiert wurde. Eine jüngere Nachricht spricht 1285 von einem Dominikanerinnenkloster in L., das Schwestern aus dem nahen Kloster Itzingen aufnahm; dabei ging der Besitz der Itzinger Dominikanerinnen mit Patronatsrecht an der dortigen Pfarrkirche und Erbbegräbnis der Herrschaft Liebenstein an das Kloster L. über. Die weitere Entwicklung verlief ungünstig, schon in der Mitte des 14. Jh. schien der Dominikanerinnenkonvent vom Aussterben bedroht gewesen zu sein, um 1450 bestand er nur noch aus einer Schwester. Graf Ulrich V. von Württemberg trennte 1476 nach konfliktreicher Auseinandersetzung mit Genehmigungen des Prämonstratenserordens und Papst Sixtus' IV. die zwei Prämonstratenserkonvente im Doppelstift ➛ Adelberg und verlegte den Chorfrauenkonvent mit 17 Prämonstratenserinnen nach L. an den Neckar. Angeblich geschah dies auf Wunsch Katharinas, der einzigen Tochter des Grafen, die entsprechend einiger Angaben damals Vorsteherin war, anderen Quellen zufolge jedoch erst 1477 in den Konvent eintrat. Die standesgemäße Mitgift blieb aus, Katharina entschied sich 1488 zur Flucht. Erst eine päpstliche Verfügung bewegte den Prämonstratenserorden, Katharina wieder aufzunehmen; die hochadelige Chordame lebte schließlich im weltlichen Kanonissenstift Gerlachsheim. Plünderungen aufständischer Bauern konzentrierten sich im April 1525 nicht auf die Stadt, sondern auf das Stift L., weil sich die Bürger mit dem Bauernheer solidarisiert hatten. Nach der siegreichen Schlacht bei L. 1534 erzwangen hessische Truppen die Rückgabe Württembergs an Herzog Ulrich, der sofort den Protestantismus im Lande durchsetzte. Lange leisteten die Prämonstratenserinnen den evangelischen Predigern Widerstand. Die Mutterabtei Adelberg wurde 1535 in ein evangelisches Klosteramt überführt, das Stift L. folgte 1553, nachdem Herzog Christoph Neuaufnahmen von Novizinnen verboten hatte. 1770 wurde Friedrich Hölderlin als Sohn des herzoglichen Verwalters im ehemaligen Stift geboren. Die Stiftsanlage gelangte 1870 in Privatbesitz und wurde abgerissen.

▶ **Gegenwart.** Im parkähnlichen Gelände nahe der Zaber stehen heute noch Reste spätgotischer Mauern und die Stiftskirche, die aber als unvollständige Rekonstruktion 1923 mit altem Baumaterial entstand. Von 1954 bis 1984 diente sie als katholische Pfarrkirche, heute als Museum der Stadt mit dem „Hölderlinzimmer". Zu beiden Seiten des Torbogens wurden spitzbogige Maßwerköffnungen des ehemaligen Kreuzgangs in die Begrenzungsmauern eingelassen. Diese Kreuzgangteile sind heute die deutlichste Hinterlassenschaft der Dominikanerinnen. Das Grab der Ortsheiligen Regiswindis befand sich in der karolingischen Martinskirche (später Regiswindiskirche) auf der Burg am Kirchberg; zum Konvent im Kloster bzw. Stift an der Zaber im Neckartal gab es keine Verbindung. Wenn es 1003 eine Klosterniederlassung am Kirchberg gegeben hat, ist die Frauenniederlassung im Tal nicht zwangsläufig als traditionelle Nachfolge zu betrachten.

◆ MonPraem 60 f.; Maier, Konstantin: L. am Neckar, in: Württembergisches Klosterbuch, Ostfildern 2003, 320 f.; Plieninger, Bernhard: Stadt L. am Neckar. Historischer Stadtführer, Lauffen am Neckar 2003.

Lauffen Dominikanerinnenkloster, in die Außenwand sind Arkaden des spätgotischen Kreuzgangs eingemauert.

Lauingen, *Augustiner-Eremitenkloster St. Thomas von Villanova (1292–1542, 1656–1804) – „Augustinerkloster", Diözese Augsburg – (Lkr. Dillingen/Donau, Bayern, ❐ 3, D4).*

▶ **Geschichte.** Aufgrund jüngster Quellenforschung darf 1292 als Gründungsjahr des Augustiner-Eremitenklosters in L. an der Donau angenommen werden, also ein Jahr nachdem der Wittelsbacher Herzog Ludwig der Strenge die Stadt unterworfen hatte. Bischof Friedrich I. von Augsburg sicherte 1309 die Gründung ab und ermahnte den Weltklerus zum Respekt vor der Mess-, Beicht- und Terminierfreiheit der Bettelbrüder. Kaiser und Päpste beschützten die Augustiner-Eremiten ebenso nachdrücklich: 1363 unterstrich Karl IV. die Erlasse Papst Alexanders IV. und Sigismund nochmals 1435 die Verfügungen Papst Martins V. von 1417. Schenkungen der Bürger ermöglichten den Bettelbrüdern den Kauf von Häusern, Höfen und Gärten. Unter Prior Nicolaus Bischof (1400–05) wurde ein Klosterneubau begonnen, so dass 1403 das Generalkapitel des Ordens in L. tagen konnte. Nach dem Generalkapitel 1397 im ➛ Münchner Konvent war das Generalkapitel in L. das letzte auf deutschem Boden, weil Raubritter die heimkehrenden Ordensväter überfielen. Die Klosterkirche wurde 1420 mit dem Turmbau vollendet und besaß bereits eine Orgel. 1430 fand ein Provinzialkapitel der rheinisch-schwäbischen Ordensprovinz im Kloster statt. Die Bruderschaft der städtischen Weber stand seit 1488 dem Konvent zur Seite. Augustiner-Eremiten aus L. betreuten die Beginen in Giengen. Anhaltende Unruhen beeinträchtigten den klösterlichen Alltag, als der Stadtrat sowie Herzog Ludwig IX. von Bayern-Landshut versuchten, dem Konvent Observanz aufzuzwingen; erst unter Prior und Provinzial Kaspar Amman (1485–1524) kehrten wieder ruhige Verhältnisse ein. Kaspar Amman gilt als einer der besten Kenner des Hebräischen seiner Zeit und stand mit den großen Humanisten im Reich in Kontakt, er korrespondierte auch mit Martin Luther. 1522 soll er öffentlich über die Glaubensvorstellungen Luthers gepredigt haben, starb jedoch als Bekenner des katholischen Glaubens 1524 im Kloster. Unter dem Einfluss des lutherischen Reformators Andreas Osiander (1498–1552) führte Pfalzgraf Ottheinrich 1542 die Reformation im Fürstentum ein, die Augustiner-Eremiten übergaben ihr Kloster der Stadt. Unter Herzog Wolfgang Wilhelm von Pfalz-Neuburg und Jülich-Berg wurde L. 1620 rekatholisiert, die Augustiner-Eremiten erhielten ihr Kloster 1656 zurück. Der Konvent gewann in der Barockzeit hohes Ansehen, bis zur Auflösung fanden elf weitere Provinzialkapitel in L. statt. 1728 entstand der barocke Klosterkomplex, die gotische Kirche wurde einschneidend verändert. Ein Großbrand vernichtete 1790 große Teile der Anlage, aber noch im gleichen Jahr begann der Wiederaufbau. Kurfürst Maximilian IV. von Pfalz-Bayern eignete sich 1802 das Kloster an; die endgültige Auflösung erfolgte 1804. Die Klosteranlage diente in der Folgezeit als Kaserne und Lehrerbildungsanstalt.

▶ **Gegenwart.** Die evangelisch-lutherische Kirche St. Thomas von Villanova, auch „Brüderkirche" genannt, weist besonders im südöstlichen Chorbereich spätgotische Bausubstanz auf. Der gotische Chor wurde beim Neuaufbau Anfang des 18. Jh. weitgehend belassen, der barocke Umbau 1728 und der Neuaufbau nach dem Brand 1790 prägen aber das heutige Bild der Kirche und ihre Innenausstattung. Die dreigeschossigen Klausurgebäude des 18. Jh. nördlich des Chors dienen seit 1965 dem Albert-Magnus-Gymnasium als Schulhaus.

◆ HHistStD 7, 396 f.; Kunzelmann, Adalbero: Geschichte der deutschen Augustiner-Eremiten, Tl. 1, 211, Tl. 2, 149–161, Würzburg 1969/70.

Lauingen, *Zisterzienserinnenkloster St. Agnes (1317–1542, 1643–1804) – „Agneskloster", Diözese Augsburg – (Lkr. Dillingen/Donau, Bayern, ❐ 3, D4).*

▶ **Geschichte.** Eine Beginengemeinschaft im Weihengäu kaufte 1270 ein Haus innerhalb der Stadtmauern von L. an der Donau, zog 1276 endgültig in die Stadt, nahm aber erst 1317 die Zisterzienserregel an. Während 1270 der ehemalige Abt Heinrich II. (1263–67) von ➛Kaisheim beim Kauf zugegen war und nach 1317 Kaisheim offensichtlich die geistige Betreuung übernommen hatte, fehlen urkundliche Belege über enge Beziehungen für die folgenden 250 Jahre; dennoch wird das Agneskloster immer als ein der Abtei Kaisheim unterstelltes Kloster beschrieben. 1269 fiel L. an die Wittelsbacher, zunächst an die Ingolstädter Linie, dann aber an die Herzöge von Landshut und nach dem Bayerischen Erbfolgekrieg an die Linie Pfalz-Neuburg. Über die Zisterzienserinnen geben die Quellen wenig Auskunft. 1451 kauften die Frauen drei Höfe in Altenbaindt, die sie aber kurz darauf an das Katharinenkloster in ➛Augsburg weiterverkauften. Unter Einfluss des lutherischen Reformators Andreas Osiander (1498–1552) führte Pfalzgraf Ottheinrich 1542 die Reformation im Fürstentum ein, das Kloster wurde 1541 aufgehoben. Erst nach der Rekatholisierung (1616–18) und der schwedischen Besetzung (1632–34) erhielten die Zisterzienserinnen 1643 das Agneskloster zurück, das 1670/71 zur Abtei erhoben wurde und damit offensichtlich als Vollmitglied zum Zisterzienserorden gehörte. Kurfürst Maximilian IV. von Bayern eignete sich 1802 das Kloster an, die endgültige Auflösung folgte 1804.

▶ **Gegenwart.** Erst 1973 ließ die Stadt einen Teil der gotischen Anlage und Klosterkirche abreißen. Heute dient das „Redzimmer“ der Schwestern im Restgebäude des Agnesklosters in der Herzog-Georg-Straße als „Heimathaus“ und birgt wertvolle Sammlungen zur Geschichte der Stadt, unter anderem das berühmte Gemälde von der Belagerung durch Kaiser Karl V. 1546. Der steile Giebel zeigt Lisenengliederung mit übereckgestellten, verbundenen Fialen; im Torbogen ist das Epitaph Äbtissin Adelheids († 1708) angebracht. An der Straße gegenüber steht das Geburtshaus des großen Dominikanerheiligen Albertus Magnus (um 1195–1280, kanonisiert 1931).

◆ HHistStD 7, 396 f.; Maier, Birgitt: Kloster St. Agnes in L., in: Kloster Kaisheim, Augsburg 1999, 176 f.; Springer, Max: Chronologische Aufzeichnungen aus der Barockzeit über das St. Agneskloster in L. von 1270–1678, in: Jahrbuch des Historischen Vereins Dillingen 80 (1978) 239–257.

Lauingen Zisterzienserinnenkloster, spätgotisches Restgebäude des Klosters in der Herzog-Georg-Straße.

Lausick, *Benediktinerpriorat St. Kilian (1104–1530), Diözese Merseburg – (Bad L., Lkr. Leipzig, Sachsen, ❐ 2, B5).*

▶ **Vorgeschichte.** Zur Christianisierung der slawischen Lande zwischen Saale und Mulde hatte Wiprecht II. von Groitzsch schon 1091 das heute untergegangene Benediktinerkloster Pegau mit Mönchen aus der junggorzischen Reformabtei Münsterschwarzach/Main gegründet. Mit Abt Windolf (1101–50) aus ➛Corvey zog 1101 die Lebensweise des Klosters ➛Hirsau in Pegau ein. Stifter Wiprecht, ein treuer Gefolgsmann Kaiser Heinrichs IV. und später Markgraf der Osterlande und Niederlausitz, holte zusätzlich fränkische Siedler ins Land.

Lausick Benediktinerpriorat, Zierornamente am westlichen Stufenportal der romanischen Prioratskirche.

▶ **Geschichte.** Wiprecht II. von Groitzsch gründete 1104 im Rodungsgebiet im Flecken Luzke ein weiteres Kloster und besetzte es mit Mönchen aus Pegau. Die Pegauer Annalen sprachen von „ihrem Tochterkloster“ in L. Kaiser Friedrich I. Barbarossa urkundete 1158 den klösterlichen Besitz und erwähnt dieses Tochterkloster. Die weitere Entwicklung des Priorats L. bleibt unbekannt, die Quellen schweigen. Nach dem Bau der romanischen Klosterbasilika seit etwa 1105 scheint die Klausur über ein Holzprovisorium nicht hinausgekommen zu sein, Grabungen konnten keine Grundmauern finden. Möglicherweise endete die Tochter Pegaus nach der Schlacht von Lucka 1307. Kloster Pegau kam durch die wettinische Landesteilung 1485 zum albertinischen Besitz, wurde 1539 aufgelöst und abgerissen. Der Ort L. hingegen kam zur ernestinischen Linie Wittenberg und war bereits etwa zwölf Jahre zuvor lutherisch reformiert worden.

▶ **Gegenwart.** Die ehemalige romanische Klosterbasilika St. Kilian blieb erhalten und dient heute der evangelisch-lutherischen Gemeinde als Pfarrkirche. Ihre Größe spricht gegen die Möglichkeit, dass Pegauer Mönche nur kurzfristig einen Klosteraußenposten planten. Das Kilianpatrozinium (in Sachsen einmalig) weist auf die fränkische Herkunft der Siedler und Mönche hin. Trotz baulicher Veränderungen nach vier Großbränden und der Hinzufügung des hohen barocken Vierungsturms (1739) konnte die Pfeilerbasilika ihren romanischen Charakter bewahren, was auch den denkmalpflegerischen Maßnahmen 1955/57 zu verdanken ist. Das Westportal im Übergangstypus vom Stufen- zum Säulenportal mit Zierornamentik aus dem zweiten Viertel des 12. Jh. offenbart Beziehungen zur Abtei auf dem Petersberg in ➛Erfurt.

◆ GermSac NF 35; Döhnert, Albrecht: Die Kilianskirche in Bad L., Beucha 2000.

Lausnitz, *Augustiner-Chordamenstift St. Maria (1132–1526) – „Klosterlausnitz" und „Mariastein", Diözese Naumburg – (Bad Klosterlausnitz, Saale-Holzland-Kreis, Thüringen, ❒ 4, B1).*

▶ **Geschichte.** Die adelige Witwe Cuniza gründete 1132 an der Lusenize (sorbisch Sumpfwasser) im unbewohnten Holzland Thüringens zwischen Saale und Weißer Elster ein Augustiner-Chordamenstift, in das sie selbst eintrat; sie starb 1137. Möglicherweise gründete Cuniza wie auch Gräfin Paulina in ➛ Paulinzella ein Männerstift, dem ein Frauenkonvent angeschlossen war. Ein Doppelkonvent in L. bis Mitte des 13. Jh. wird von Historikern ernsthaft diskutiert. Meisterin Mechthild und Propst Lupold von Apolda (1132–52) errichteten eine provisorische Holzkirche, die Bischof Udo I. von Naumburg 1133 konsekrierte. Papst Innozenz II. bestätigte das Stift 1137 und nahm es unter Schutz, ohne die bischöfliche Jurisdiktion aufzuheben. Die sumpfige Lage im Tal stellte sich als ungeeignet heraus, weshalb man das Marienstift 1152 auf den „Stein", ein nahes Felsplateau als endgültigen Standort verlegte. Propst Hillebrand (1155–95) initiierte den Bau der neuen Stiftsanlage „Mariastein", die Bischof Udo II. 1181 weihte. Bereits 1212 musste sie nach einem Brand neu errichtet werden. 1220 nahm Friedrich II. das Stift unter königlichen Schutz. Die festgelegte Konventsstärke von 30 Frauen wurde wohl nie erreicht. L. entfaltete sich durch Gunstbeweise des thüringischen Adels zum geistlichen und wirtschaftlichen Mittelpunkt des Holzlandes; in seinen Besitzungen übte es Niedergerichtsbarkeit aus. Im 15. Jh. führte das päpstliche Privileg der Vergabe von 100 Tagen Ablass zum Aufstieg als vielbesuchter Wallfahrtsort; dem Stift flossen reichlich Einnahmen zu, was aber die wirtschaftliche Notlage um 1490 nicht verhinderte. Früh zog lutherisches Gedankengut in den Konvent ein. Die letzte Priorin, Margarete von Bünau, blieb aber Gegnerin der Reformation. Kurfürst Johann der Beständige löste das Stift 1526 mit der Zusicherung des Bleiberechts für die letzten sieben Frauen auf. Die Anlage verfiel danach. Die Bewohner des inzwischen entstandenen Ortes „Klosterlausnitz" nutzten den abgetrennten Ostteil der Stiftskirche bis 1857 als evangelisches Gotteshaus, das Langhaus und der Westbau waren 1678 abgetragen worden.

▶ **Gegenwart.** Zwischen 1863 und 1866 veranlasste die Regierung von Sachsen-Altenburg eine stilpuristische Restaurierung der romanischen Stiftsbasilika mit ihren zwei mächtigen Westtürmen, wobei sich die Restauratoren an Vorbildern der romanischen Sakralbauten Sachsens und Westfalens oientierten. So besitzt die evangelisch-lutherische Gemeinde heute eines der schönsten romanischen Gotteshäuser Thüringens.

◆ GermSac NF 35; Knoben, Ursula: Die Kirche des ehemaligen Augustiner-Nonnenklosters in Klosterlausnitz, München 1970; Schlesinger, Walter: Kirchengeschichte Sachsens im Mittelalter, Bd. 2, Köln 1962, 234–236.

Lausnitz Augustiner-Chordamenstift, die romanische Stiftsbasilika entstand im Historismus des 19. Jh. neu.

Lazarusorden *(Ordo Sancti Lazari Hierosolimitani).*

▶ Der L. formierte sich um 1120 aus Aussätzigen des Hospitals St. Lazarus in Jerusalem als caritativer Ritterorden unter der Augustinusregel und konzentrierte sein Hauptapostolat auf Leprakranke, ohne den Militärdienst zu vernachlässigen. Innerhalb heutiger deutscher Grenzen entstanden im 13. Jh. vier Lazaritenkommenden: Gotha (mit fünf Zweighospitälern), Sangerhausen, Mergersheim (Südhessen) und Schlatt (Breisgau). Nach Bedeutungsverlust hob Papst Innozenz VIII. 1489 den Orden auf und übergab die Niederlassungen an die Johanniter. Gleichwohl existiert der Orden in veränderter Form bis heute weiter, ohne auf mittelalterliche Bauten verweisen zu können.

◆ Helvetia Sacra, IV/7, Basel 2006; LThK³ 5, 287.

Leeden, *Zisterzienserinnenabtei St. Maria (1240– um 1538), Diözese Osnabrück – (Tecklenburg-L., Kr. Steinfurt, Nordrhein-Westfalen, ❒ 1, B4).*

▶ **Geschichte.** Graf Otto I. von Tecklenburg und seine Gemahlin Mechthild von Holstein-Schauenburg stifteten 1240 ein Frauenkloster auf ihren Oberhof L. nahe der späteren Stadt Tecklenburg am Teutoburger Wald in Westfalen. Die Klostergründung kann als Sühneakt gedeutet werden, weil der Graf dem Anführer der adeligen Oppositionsgruppe, Friedrich von Isenburg, nach der Ermordung Erzbischof Engelberts I. von Köln im November 1225 Zuflucht gewährt hatte. Die Stifter übergaben das Kloster der Osnabrücker Kirche; der Konvent setzte sich überwiegend aus Töchtern gräflicher Ministerialen und Patrizierfamilien aus Osnabrück zusammen. Die Schwestern bekannten sich zur Zisterzienserobservanz, die Inkorporation in den Zisterzienserorden fand möglicherweise unter Obhut

Leeden Zisterzienserinnenabtei, Innenansicht der gotischen Saalkirche von 1370, Blick in den Chor.

Lehesten Deutschordensresidenz, die Ordensritter bauten nach 1502 die romanische Burg zur Residenz aus.

der Abtei ➛ Kamp (Lintfort) schon frühzeitig statt. Der Zisterzienserorden hatte die Wasserburg ➛ Vlotho zur Gründung eines Klosters erhalten und beauftragte 1258 die Frauen von L., Kloster Segenstal in Vlotho zu besiedeln; ein Hinweis, dass das Frauenkloster L. bereits dem Orden unterstand. Nach einem Brand (um 1370) musste die Klosterkirche erneuert werden; im Zuge dessen baute man an die Nordseite eine Pfarrkirche für die Gemeinde an und vereinigte beide Räume unter einem Dach. Offensichtlich wurde die Mitgliedschaft im Zisterzienserorden durch das Generalkapitel aufgekündigt. Die Geschichte des Konvents L. zeigt, dass der Orden, ausgestattet mit dem päpstlichen Privileg *abscisio ab ordine* (Abtrennung vom Orden, 1251), sich nicht scheute, ein inkorporiertes Frauenkloster auszuschließen, um es nach erfolgreicher Reform wieder aufzunehmen. 1491 beauftragte das Generalkapitel die Abtei Kamp, die geistige Aufsicht im Konvent L. wieder zu übernehmen, nachdem Bischof Konrad IV. von Osnabrück (Rietberg) strenge Klausurbestimmungen durchgesetzt hatte. Die erneute Inkorporation ist nicht definitiv nachweisbar und scheint wohl nicht vollzogen worden zu sein, Kloster L. galt nun vielmehr als kommittierte Gemeinschaft. Schon etwa 30 Jahre zuvor sollte sich der Konvent der ➛ Bursfelder Kongregation der Benediktinerreform anschließen, was aber Äbtissin Margareta von Rechede (1440/85) und ihre Schwestern strikt abgelehnt hatten. Lutherisches Gedankengut drang unter Äbtissin Anna Hoberg (1503/38) in den Konvent ein, das Abendmahl unter beiderlei Gestalt wurde bereits praktiziert. Graf Konrad von Tecklenburg verbot 1537 Messe und Kommunion, setzte 1538 die Wahl seiner Halbschwester Katharina (1538–55) zur Äbtissin durch und übernahm die Verwaltung. Seit dieser Zeit galt L. als evangelisch-lutherisches Damenstift, seit 1585 als evangelisch-reformiertes Stift, seit 1648 amtlich als trikonfessionelles Simultaneum für Adelstöchter. Die Aufhebung erfolgte 1812 durch französisches Dekret.

▶ **Gegenwart.** Die Klosterkirche von 1370 gehört seit 1819 als Geschenk des preußischen Königs der evangelischen Gemeinde. Die zusätzlich angebaute Gemeindekirche und die südlich liegende Klausur mussten wegen Baufälligkeit abgerissen werden, lediglich das westliche Kirchenjoch dient heute als Glockenturm. Die schlichte Klosterkirche mit gerade geschlossenem Chor wurde im Februar 1945 schwer beschädigt, jedoch durch Nutzung gotischer Wandbereiche wieder aufgebaut. An die Klausurgebäude erinnert heute einzig das Stiftshaus der Konventualinnen, ein Fachwerkbau aus dem 17. Jh. Mittelalterliche Wirtschaftsbauten existieren nicht mehr.

◆ Seegrün, Wolfgang: L., in: Westfälisches Klosterbuch, Tl. 1, Münster 1992, 495–499; Heutger, Nicolaus: Kloster und Stift L., in: Jahrbuch des Vereins für westfälische Kirchengeschichte 59/60 (1966/67) 83–92.

Lehesten, *Deutschordensresidenz St. Johannes der Täufer (1502–1809), Erzdiözese Mainz – (Saale – Holzland-Kreis, Thüringen, ❐ 4, A1).*

▶ **Geschichte.** Die Wasserburg L. auf der Hochebene über der mittleren Saale gehörte im Hochmittelalter den Burggrafen von Kirchberg. Ihre Vasallen nannten sich Ritter von Isserstedt und seit 1200 Herren von Lehesten. Vermutlich zerstörten Truppen der Stadt Erfurt 1304 nicht nur die Burg Kirchberg (heute „Fuchsturm"), sondern auch die Burg L., woraufhin die Herren von Meldingen (Mellingen) als Vasallen der sächsischen Wettiner in L. residierten. Nach deren Aussterben verkaufte Herzog Georg der Bärtige von Sachsen-Meißen-Dresden die verfallene Anlage nördlich von Jena 1502 an den Deutschen Orden. Dem Ritterorden drohte Anfang des 16. Jh. die Vereinnahmung seines Ordensstaates durch Polen verbunden mit kriegerischen Auseinandersetzungen; zusätzlich litt er unter hoher Verschuldung und akutem Nachwuchsmangel. Umso mehr erstaunt, dass der Landkomtur Konrad von Uttenrodt die Wasserburg L. für 6.000 Gulden von der verarmten Ballei Thüringen aufkaufte und ein selbständiges Ordenshaus gründete, einschließlich der Dörfer L., Altengönna und Rödigen. Das Haus L. unterstand dem Landkomtur im benachbarten ➛ Zwätzen und diente wohl als Residenz; von einer Kommende mit Hospital- und Seelsorgediensten entsprechend der ursprünglichen Ordensideale kann keine Rede sein. Viele Deutschordenshäuser existierten schon im ausgehenden Mittelalter als Alters- und Herrensitze für verdiente Mitglieder, nur wenige Priesterbrüder versahen Pfarrpflichten. Die Deutschherren bauten um 1550 die Anlage L. für ihre Zwecke im Renaissancestil wieder auf. Landkomtur Hans von Germar (1545–60) versuchte 1560 durch seinen Übertritt zum Protestantismus die Kommenden ➛ Nägelstedt, ➛ Liebstedt und L. als Lehnsgüter privat einzubehalten, wogegen sich der Orden erfolgreich zur Wehr setzte. Der Vertrag mit dem sächsischen Landesherrn von 1593 garantierte den Verbleib der thüringischen Häuser L., Zwätzen, Liebstedt und Nägelstedt im Orden; diese unterschieden sich in der Neuzeit kaum von lehnsabhängigen Rittergütern. Im wirtschaftlichen Aufschwung des 18. Jh. verebbten die einstigen Ordensideale weitgehend. Um L. tobte im Oktober 1806 die Schlacht bei Jena-Auerstedt, die die Niederlage Preußens und das Ende der Ordensniederlassung einläutete. Nach Auflösung des Deutschen Ordens 1809 durch die Franzosen fiel L. kurzzeitig an Preußen, dann an das Großherzogtum Sachsen-Weimar-Eisenach.

▶ **Gegenwart.** Die Burg L. liegt etwa 7 km von der Landkommende Zwätzen und etwa 15 km von der Ordensburg Liebstedt entfernt. Noch heute überragt der romanische Turm das Dorf; auch ihn hatten die Deutschherren wieder aufgebaut, den heutigen Aufsatz erhielt er wohl um 1815. Das dreiflügelige Renaissanceanwesen mit erhaltenen Teilen der Umfassungsmauer und Innenhof, umgeben von Bach und Wassergraben, haben jüngst private Besitzer wieder hergerichtet. Über den Eingängen sind noch die Symbole des Deutschen Ordens und das Wappen des Landkomturs Hans von Germar zu erkennen. Die Deutschherren errichteten auch die schlichte Burgkapelle mit polygonalem Ostabschluss, die heute als Filialkirche der evangelisch-lutherischen Gemeinde dient.

◆ HHistStD 9, 254; Demel, Bernhard: Der Deutsche Orden einst und jetzt, Frankfurt/Main 1999.

Lehnin, *Zisterzienserabtei St. Maria (1180–1542), Diözese Brandenburg – (Lkr. Potsdam-Mittelmark, Brandenburg, ❐ 2, B4).*

▶ **Geschichte.** Albrecht von Ballenstedt aus der Familie der Askanier etablierte bis Mitte des 12. Jh. die Mark Brandenburg, das kurfürstliche Machtzentrum zwischen dem sächsischen Altsiedland und Polen. Sein Sohn Markgraf Otto I. von Brandenburg stiftete 1180 das Zisterzienserkloster L. in der Region Zauche zwischen Havel und Hohem Fläming, einst ein Geschenk des Fürsten Pribislaw-Heinrich, das noch immer von heidnischen Slawen besiedelt war. Der Gründungskonvent kam 1183 aus der Abtei ➛ Sittichenbach (Filiationslinie Morimond). Der erste Abt Sibold wurde im Konflikt mit den heidnischen Untertanen 1185 erschlagen. Noch 1208 verpflichtete Markgraf Albrecht II. die deutschen und flamischen Neusiedler, die Klostergüter gegen militante Slawen zu verteidigen. Stifter Otto I. gründete 1183 ebenfalls das Benediktinerinnenkloster ➛ Arendsee, starb im März 1184 und wurde in der Abtei L. beigesetzt. Weitere Zuwendungen und wirtschaftlicher Erfolg ermöglichten den Zisterziensern einen raschen Aufstieg, begleitet von Filialgründungen 1236 Paradies (Polen), 1258 ➛ Mariensee-Chorin und 1299 ➛ Himmelpfort am See. 1288 trat Markgraf Otto V. in den Konvent ein und unterstellte sich Abt Johannes von Beelitz (1298–1313). Dieser Akt einer *conversio* krönte die religiöse Geschichte der Askanierfamilie, deren brandenburgische Linie 1319 ausstarb. Fehlende Zentralgewalt und Verteilungskämpfe führten nachfolgend zur Verwüstung der Region, untergruben die Moral der Mönche, spalteten den Konvent und führten unter Abt Nikolaus von Lietzow (1322–34) zu Mordanschlägen gegen Landadelige, woraufhin eine jahrelange Fehde gegen die Abtei folgte. Die schwache Herrschaft der Wittelsbacher und Luxemburger (1323–1411) begünstigte Raubrittertum und Rechtlosigkeit im Land. Besonders die Herren von Quitzow bereicherten sich am Klostergut. Abt Heinrich Stich (1400–32) verbündete sich 1412 mit dem neuen Stadthalter Burggraf Friedrich von Nürnberg, seit 1417 Kurfürst und Markgraf von Brandenburg. Die feste Bindung der Abtei an die neue Herrschaft der Hohenzollern, die das Kloster L. ebenfalls als Familiengrablege nutzte, ermöglichte Aufschwung und Entfaltung zu beiderseitigem Nutzen. Die Äbte engagierten sich als kurfürstliche Räte, bauten die Abtei zum Herrschaftsstützpunkt, zum Wirtschafts- und Finanzzentrum und zum größten Grundbesitzer aller brandenburgischen Klöster aus. Sie fungierten als Provinziale der sächsischen, später der nordostdeutschen Ordensprovinz und schufen in L. ein Zentrum geistlicher Gelehrsamkeit. Im Spätmittelalter standen sie den Idealen der ➛ Devotio moderna nahe. Kurfürst Joachim I. stützte sich auf Abt Valentin Henneken (1509–42) im Kampf gegen die Lehren Martin Luthers, sein Sohn Joachim II. bekannte sich jedoch 1539 zum Protestantismus, wartete den Tod des Abtes

Lehnin Zisterzienserabtei, dank erster preußischer Denkmalpflege wurde die romanische Zisterzienseranlage gerettet, Südostseite der Kirche mit Klausurflügel.

ab, verbot Neuwahlen und verlangte von 17 Mönchen im Dezember 1542 die Lehnshuldigung. Einige Zisterzienser gingen nach ➛ Zinna, Subprior Valerian Wagnitz wurde Abt (1548–53) in Zinna, gab aber auch dort 1553 auf. Zur Zeit der Auflösung gehörten zur Abtei L. die Stadt Werder, 39 Dörfer mit allen Kirchenpatronaten und 54 Seen. Wallensteins Truppen zerstörten 1626 große Teile des kurfürstlichen Domänenamtes. Der Große Kurfürst nutzte L. als Jagdschloss (1655–88). Unter den ersten preußischen Königen verfiel die Anlage.

▶ **Gegenwart.** Die Abteikirche in L. ist eine dreischiffige, spätromanisch-frühgotische Backsteinbasilika auf kreuzförmigem Grundriss mit doppelgeschossigen Nebenchören und Hauptapsis. Den verfallenen Westteil ließ Kaiser Wilhelm I. restaurieren (1871–76), heute dient die Kirche als katholische Pfarrkirche St. Marien. Von zahlreichen Fürstengrabmälern hat sich lediglich jenes Markgraf Ottos V. erhalten, der 1303 als Mönch in L. gestorben war. Der spätgotische Hochaltar steht heute im Brandenburger Dom. Im Querschiff des 14. und 15. Jh. finden sich Gewölbemalereien, in Zisterzienserkirchen eine Rarität. Von der ursprünglichen Klausur blieb lediglich das Erdgeschoss des Ostflügels mit Kapitelsaal und Kreuzgang erhalten. Vom Konversenflügel existieren die Kellerräume. Ebenfalls zum mittelalterlichen Bestand zählen „Falkonierhaus", „Königshaus" (Hospital?), „Altes Abtshaus" (Gästehaus?), Brauhaus, Kornhaus, Keller im Amtshaus, Torkapelle, Pforte und Klostermauern.

◆ Warnatsch, Stephan: L., in: Brandenburgisches Klosterbuch, Bd. 2, Berlin – Brandenburg 2007, 764–803; ders.: Geschichte des Klosters L. 1180–1542, Berlin 2000.

Leipzig, *Augustiner-Chorherrenstift St. Thomas (1212–1541) – „Thomasstift", Diözese Merseburg – (kreisfreie Stadt, Sachsen, ❐ 2, B5).*

▶ **Geschichte.** Markgraf Dietrich der Bedrängte von Meißen stiftete 1212 an der alten Marktkirche der Stadt Libzi an der Pleiße ein Regularkanonikerstift. Kaiser Otto IV. stimmte im gleichen Jahr zu, die päpstliche Bestätigung erfolgte 1220. Das Stift in der westlichen Altstadt nahe der alten Hauptburg wurde ursprünglich möglicherweise zu Ehren des ermordeten englischen Erzbischofs von Canterbury, Thomas Becket (1118–70, kanonisiert 1173), geweiht; 1289 tritt aber unzweifelhaft der Apostelfürst Thomas als Kirchenpatron in Erscheinung. Bischof Dietrich von Merseburg (Meißen) stärkte seine Position in der Stadt, indem er die Stadtpfarrkirche St. Nikolaus und die Peterskapelle und damit die gesamte Pfarrei dem Stift unterstellte; auch das Georgenhospital fiel unter die Stiftshoheit. Der erste Propst wurde aus dem Moritzstift in ➛ Halle berufen. Den Herrschaftsanspruch der Wettiner als königliche Lehnsträger begannen die Bürger in dieser Zeit in Frage zu stellen; Markgraf Dietrich brach militärisch den städtischen Widerstand, ließ die Wehrmauern niederreißen und errichtete drei Zwingburgen, die sein Nachfolger schleifen ließ, weil die Stadt inzwischen fest unter wettinischer Herrschaft stand. Von Beginn an pflegte im Thomasstift ein Chor den Gesang, was auf den berühmten Lyriker und Minnesänger Heinrich von Morungen († um 1222) zurückgehen könnte, der um 1200 am Hof in Meißen auftrat und angeblich seit 1213 seinen Lebensabend im Thomasstift verbrachte; gesicherte Daten gibt es nicht. Die Chorherren erhielten bereits 1229 durch die Dominikaner (➛ Leipzig) und um 1253 durch die Franziskaner seelsorgliche Konkurrenz. 1254 wird erstmals eine Thomasschule für Knaben erwähnt; der Schulrektor gehörte nicht zum Konvent. Planmäßige Erwerbungen um L. ließen eine bedeutende Stiftswirtschaft entstehen; zum Besitz gehörten etwa 20 Dörfer und Einkommen in 15 weiteren Orten. Der Stadtrat nutzte die Amtszeit des schwachen Propsts Ulrich von Maltritz 1373, um den Verkauf von steuerfreien Immobilien zu erzwingen. Die Befugnisse der etwa 20 Chorherren konnten eingeengt werden, die sich offenbar gut mit den Einschränkungen abfanden. Die Wettiner Landesherrn gründeten im Dezember 1409 in L. eine Universität; der offizielle Festakt fand im Thomasstift statt; für juristische Vorlesungen stellten die Stiftsherren ihre Räume zur Verfügung. Propst Johannes Falkenhayn ließ 1482 das romanische Langhaus der Thomaskirche niederreißen und eine spätgotische Halle errichten. Stadt, Bürger und Stift profitierten im 15. Jh. vom blühenden Handel; L. am Kreuzungspunkt wichtiger Fernhandelsstraßen entwickelte sich im Spätmittelalter zur Messestadt. Bei der „Leipziger Teilung" Sachsens (1485) fiel die Stadt an die albertinische Linie der Herzöge von Sachsen-Meißen-Dresden. Der streng katholische Herzog Georg der Bärtige verhinderte bis zu seinem Tod 1539 gegen den Willen vieler Bürger die Einführung der Reformation. Sein sich lutherisch bekennender Nachfolger Heinrich II. löste die letzten monastischen Institutionen Sachsens auf; Martin Luther predigte im Mai 1539 in der Thomaskirche. Das Thomasstift wurde 1541 aufgehoben, 1543 kaufte der Rat die Anlage. Die Thomaskirche und der Knabenchor erlangten internationalen Ruf, nicht allein durch den Kantor Johann Sebastian Bach (1723–50).

▶ **Gegenwart.** Die Thomaskirche ist heute eine evangelisch-lutherische Pfarrkirche und die touristische Attraktion der Messestadt. Die spätgotische, dreischiffige Halle mit ihrem hochgotischen Chor von 1355, der romanische Restmauern enthält, fällt durch den hohen Chorseitenturm und das ungewöhnlich spitzwinkelige Dach auf. Die Vorhalle mit Hauptportal im Westen ist neugotisch. Die Kirche bewahrt seit 1950 unter einer bronzenen Grabplatte die Gebeine Johann Sebastian Bachs (1685–1750) auf. Neben dem Flügelaltar (15. Jh.) aus der Dominikanerkirche schmücken frühneuzeitliche bis neugotische Ausstattungsstücke den hohen Raum mit Netzgewölben; einige Epitaphe erinnern an ehemalige Gönner, das älteste an den Ritter Hermann von Harras († 1451). Auch heute ist die Kirche nicht nur Gebetshaus, sondern nach wie vor eine Traditionsstätte deutscher Musikkultur und Heimat des berühmten Thomanerchors. Stiftsgebäude blieben nicht erhalten.

◆ Petzoldt, Martin (Hg.): St. Thomas zu L., Leipzig 2000; Schlesinger, Walter: Kirchengeschichte Sachsens im Mittelalter, Bd. 2, Köln 1962, 247–251.

Leipzig Augustiner-Chorherrenstift, Grabmal des 1307 ermordeten Dietrich von Wettin, genannt „Dietzmann".

Leipzig, *Dominikanerkloster St. Paulus (1229–1539) – „Paulikloster", Diözese Merseburg – (kreisfreie Stadt, Sachsen, ❐ 2, B5).*

▶ Die erste Niederlassung der Dominikaner im sächsischen Raum erfolgte in L., das Gründungsdatum 1229 ist jedoch unsicher. 1231 überschrieb Markgraf Heinrich der Erleuchtete von Meißen den Predigerbrüdern ein Grundstück an der Stadtmauer. Das Paulikloster entwickelte sich durch Förderung der wettinischen Landesherrn zum bedeutendsten Konvent des Ordens in der Region, entsprechend dem Aufstieg der Stadt zur Handelsmetropole, in der die Prediger weitreichende Privilegien genossen. Sie beteiligten sich maßgeblich an der

Leipzig Augustiner-Chorherrenstift, Stiftskirche St. Thomas, eine spätgotische, dreischiffige Halle mit Chorseitenturm und auffällig hohem Spitzdach, Ostansicht.

Gründung der Universität 1409 und besetzten theologische Lehrstühle. Nach dem Tod Herzog Georgs des Bärtigen aus dem albertinischen Familienzweig 1539 wurde St. Pauli aufgehoben. Erst 1968 sprengte der Stadtrat zugunsten neuer Universitätsbauten die ehemalige Dominikanerkirche (seit 1543 „Universitätskirche"); lediglich Epitaphe, Ziersteine des Kirchenchors und Spolien blieben erhalten. Erst in jüngster Zeit entstand die Dominikanerkirche am alten Standort im Bereich Grimmaische Straße/Augustusplatz in moderner, symbolischer Form neu. Der Flügelaltar der Dominikaner (15. Jh.) steht heute in der ehemaligen Stiftskirche St. Thomas der Augustiner-Chorherren (➛ Leipzig).

◆ Butz, Reinhardt: Geschichtliche Grundzüge, Dominikaner und Dominikanerinnen, Werl 1998; Schlesinger, Walter: Kirchengeschichte Sachsens im Mittelalter, Bd. 2, Köln 1962, 318–320.

Leitzkau Prämonstratenser-Chorherrenstift, die romanische Stiftskirche von 1155 war bis 1161 Zentrum des wiedererrichteten Bistums Brandenburg, Südostansicht.

Leitzkau, *Prämonstratenser-Chorherrenstift St. Maria, St. Petrus und St. Eleutherus (1138–1535) – „Marienberg", Diözese Brandenburg – (Gommern-L., Lkr. Jerichower Land, Sachsen-Anhalt, ❐ 2, B4).*

▶ **Geschichte.** Bischof Hartbert von Brandenburg weihte 1114 eine neue Basilika St. Petrus in L. am Ort eines heidnischen Kultzentrums ein. Das Bistum Brandenburg sollte neu errichtet und das Heidentum der slawischen Bevölkerung gebrochen werden. 1138 rief Bischof Wigger Prämonstratenser-Chorherren aus dem ➛ Magdeburger Stift Unser Lieben Frauen nach L. und gründete das erste Prämonstratenserstift östlich der Elbe. Der neue Bischofssitz mit dem Domkapitel der restituierten Diözese Brandenburg etablierte sich an der St. Peterskirche. 1140 errichtete Bischof Wigger mit Unterstützung Markgraf Albrechts I., Gründer der askanischen Markgrafschaft Brandenburg, eine neue Domkirche auf dem nahen Hügel, die der Magdeburger Erzbischof Wichmann 1155 konsekrierte. Die markgräfliche Familie blieb eine zuverlässige Stütze des Stifts *Sancta Maria in monte*, ebenso die Edlen von Arnstein (Lindow), die das Vogteirecht ausübten. Den Prämonstratenser-Chorherren oblag als Domkapitel das Recht der Bischofswahl; sie verloren aber dieses Privileg 1161 an ihre Mitbrüder am neuen Bischofssitz in ➛ Brandenburg. Stift L. war nur zwei Jahrzehnte die geistliche Metropole des Bistums, bereits 1147 war eine Gruppe Chorherren unter Propst Walter Kanne nach Brandenburg an die St. Gotthardtskirche berufen worden. Der erste Propst Gerhard des neuen Domkapitels in Brandenburg kam 1173 aus dem Stift L. Die schwache wirtschaftliche Basis und sinkende Bedeutung erlaubten keine prosperierende Entwicklung. Die Verbindung mit dem Mutterstift in Magdeburg blieb eng; dessen Propst fungierte als Stellvertreter des Hauptabts im französischen Prémontré. Zu Beginn des 16. Jh. wurden Zeichen des inneren Verfalls offenkundig, 1511 steigerte sich der Widerstand der Bürger in Zerbst gegen ihren Archidiakon in offene Aggression, das Stift musste um bewaffneten Schutz bitten. Propst Georg Maschkow (1509–18) befreundete sich mit dem Reformator Martin Luther, sein Nachfolger Georg Rinsch (1518–21) entschied sich wie viele seiner Mitbrüder zur Annahme der lutherischen Lehren. 1534 lebten nur noch vier bis fünf Personen im Stift; zu dieser Zeit war der Bischofsstuhl in Brandenburg bereits evangelisch besetzt. 1535 löste Kurfürst Joachim II. von Brandenburg das Prämonstratenserstift L. auf. Der letzte Propst Joachim Barsewich (1525–35) siedelte ins Domkapitel ➛ Havelberg über, das sich zwar katholisch bekannte, aber seit 1506 einer säkularkanonikalen Verfassung unterlag. 1554 übernahm der markgräfliche Bruder Johann I. von Brandenburg-Küstrin das Stiftsgut L. und verkaufte es 1564 für 70.000 Taler an den Freiherrn Hilmar von Münchhausen aus Westfalen. Unter Einbeziehung alter Konventsgebäude erbaute die Familie Münchhausen eine repräsentative Schlossanlage.

▶ **Gegenwart.** Nach Schäden im Zweiten Weltkrieg wurde die Anlage großenteils wieder aufgebaut und die ebenfalls beschädigte Kirche romanisch restauriert. Die Stifts- bzw. Schlossanlage L. ist noch immer von der Umfassungsmauer umgeben. Die dreischiffige, kreuzförmige Basilika mit einfachem Stützenwechsel und doppeltürmigem Westbau erinnert an die Prämonstratenserbasilika in Magdeburg; es fehlen ihr heute das dreiteilige Sanktuarium und das Nordseitenschiff, weshalb so eine nach

Norden hin offene Halle verbleibt. Die heutigen Gebäude „Schloss Neuhaus" und „Schloss Althaus" entstanden nach 1564 im Stil der Weserrenaissance auf Grundmauern und Gewölbekellern der mittelalterlichen Stiftsgebäude. Die erste Domkirche St. Petri von 1114 im nahen Ort L. unterlag starken architektonischen Eingriffen, wird aber immer noch für den Gottesdienst genutzt und ist wahrscheinlich der erste und älteste sakrale Steinbau östlich der Elbe.

◆ GermSac AF I, 3/2, 165–198; Richter, Jörg: Prämonstratenser-Chorherren in L. und Brandenburg, Halle/Saale 2005; Scholl, Christian: Die ehemalige Stiftskirche St. Marien in L., Berlin 1999.

Lemgo, *Augustiner-Chorfrauenstift St. Maria und St. Liborius (um 1460–1531) – „Süsternhaus im Rampendahl", Diözese Paderborn – (Kr. Lippe, Nordrhein-Westfalen, ❐ 1, C4).*

▶ Mutter Elisabeth Buckes (1459/60) und ihre Schwestern vom gemeinsamen Leben in L. nahmen um 1460 unter Einfluss Erzbischof Dietrichs II. von Köln (Moers), Administrator des Bistums Paderborn, die Augustinusregel an. Sie benutzten 1474 ein eigenes Konventssiegel. Windesheimer Chorherren aus ➛ Möllenbeck, ➛ Dalheim und ➛ Blomberg übernahmen die seelsorgliche Aufsicht. Der Zustrom ließ den Konvent von ursprünglich zwölf auf über 40 Frauen ansteigen. Der Stadtrat erlaubte nicht, den Besitz beliebig zu erweitern, auch durften nur vier Kühe gehalten werden. Den Schwestern war jedoch die Herstellung von Wolltuch und Leinen erlaubt; ihre Ware lieferten sie auch in die Zisterzienserklöster ➛ Vlotho und ➛ Loccum. Die Stadt gewährte steuerfreien Schutz unter der Bedingung, die Rechnungsführung kontrollieren und den Konvent jederzeit auflösen zu dürfen. 1499 wurde das „Süsternhaus" in L. durch einen päpstlichen Erlass der ➛ Windesheimer Kongregation angegliedert, womit gewisse Privilegien verbunden waren, was aber nicht einer Vollmitgliedschaft entsprach. Mit den Bürgern bekannten sich die meisten Chorfrauen zum Protestantismus, der Konvent verödete. Mutter Margareta Piderit (1516/62) nahm wohl 1531 den lutherischen Glauben an; nach dem Tod der letzten Schwester Katharina Gostinges 1576 war die Gemeinschaft erloschen. Die Kirche der „Süstern im Rampendahl" westlich der Breiten Straße (1504–07) ist im Kern erhalten; der kleine Saal mit Polygonalchor und Strebepfeilern unterlag eingreifenden Umbauten und dient heute mit einer Zwischenetage ausgestattet der Stadt als Archiv.

◆ Wehlt, Hans-Peter: L. – Schwesternhaus im Rampendahl, in: Westfälisches Klosterbuch, Tl. 1, Münster 1992, 405–408.

Lemgo Dominikanerinnenkloster, Apsis der gotischen Klosterkirche mit Verzierungen und Skulpturen.

Lemgo Augustiner-Chorfrauenstift, die „Süsternkirche im Rampendahl" dient heute dem städtischen Archiv.

Lemgo (auch Lahde), *Dominikanerinnenkloster St. Maria (1242–1538), Diözese Paderborn – (Kr. Lippe, Nordrhein-Westfalen, ❐ 1, C4).*

▶ **Geschichte.** Johannes Sapiens (Weise), späterer Prior im Dominikanerkloster ➛ Minden, und sein Mitbruder Otto von Hoya gewannen 1242 den Stiftsvogt der Mindener Kirche, Wedekind vom Berge, und seine Ehefrau Richenza zur Gründung eines Dominikanerinnenklosters an der Pfarrkirche zu Lahde in der Diözese Minden. Bischof Kuno von Minden erteilte 1265 seine Zustimmung, Herzog Albert von Braunschweig garantierte seinen Schutz. Der Gründungskonvent kam aus den Klöstern Paradiese bei Soest und ➛ Wiederstedt bei Hettstedt in Sachsen-Anhalt. 1287 erfolgte die offizielle Aufnahme des Konvents in den Orden. Die Dominikaner aus Minden übernahmen die seelsorgliche Betreuung und die weltlichen Aufgaben eines Propstes. Kloster Lahde lag mitten im Interessensgebiet der Zisterzienser von ➛ Loccum, die ihre Expansionsabsichten behindert sahen. Nach dem Tod des Stifters nötigten Erbansprüche, Anfeindungen und zisterziensische Durchsetzungskraft den Frauenkonvent zum Ortswechsel, den Priorin Ermgardis von Helbeke (1305/07) und 40 Schwestern mit Hilfe des Mindener Priors Johannes von dem Bussche (1305–14) im September 1305 vollzogen. Der neue Klosterstandort befand sich an der im Bau befindlichen Marienkirche in der Neustadt von L. in der Diözese Paderborn. Der Umzug war durch Spenden der Edelherrn zur Lippe, der Grafen von Pyrmont, der Grafen von Hoya, der regionalen Ritterschaft und der Bürger ermöglicht worden. Mit der Umsiedlung hatten die Loccumer Zisterzienser ihr Ziel erreicht, kauften 1306 das verlassene Kloster Lahde an der Weser und nutzten es fortan als Grangie. Weitere Schenkungen und Privilegien ließen den Schwesternkonvent am neuen Standort L. schnell aufblühen. Er besaß Abgabe- und Vogteifreiheit und war von städtischer wie auch von landesherrlicher Gerichtsbarkeit befreit. Dem Konvent unterstanden die Pfarrkirchen der Stadt. Die Verbundenheit mit dem Edelherrn Simon I. zur Lippe und seinen Nachfahren äußerte sich in Schutz, Förderung und Noviziaten der adeligen Töchter. 1386 bestand die Gemeinschaft aus 30 Schwestern, zwei Jahre später wurde die Höchstzahl auf 60 festgelegt, 1461 zählte man 48 Dominikanerinnen. Ein klostereigenes Skriptorium und eine Schule lassen sich indirekt nachweisen; die Bibliothek umfasste schon Ende des 14. Jh. 80 Bände. Eine Marienstatue stand im Zentrum besonderer Verehrung; Prozessionen und Feste sind belegt, eine Katharinen- und Jostbruderschaft schlossen sich dem Kloster im Spätmittelalter an. Der Reformation setzten die Frauen lange Widerstand entgegen, zumal sich die Bürger frühzeitig zum Protestantismus entschieden hatten; in der Zeit von 1500 bis 1538 wechselte das Priorinnenamt elf Mal. Priorin Henrica von dem Bussche (1537/38) wurde sittliche Verwahrlosung vorgeworfen, um städtische Visitationen zu erzwingen. 1538 erfolgte die Umwandlung des Klosters in ein evangelisches Damenstift. Die Statuten von 1713 gelten heute noch im „weltlichen Damenstift St. Marien zu Lemgo".

▶ **Gegenwart.** Die Stiftskirche St. Maria dient heute der evangelisch-lutherischen Gemeinde als Pfarrkirche und dem noch bestehenden Damenkonvent als Gebetshaus. Die dreischiffige Hallenkirche (1260–1330) mit Chor und Apsis erhielt ihren Ostturm und die gewölbte Sakristei 1360, das geschlossene Gesamtdach aber erst 1477. Die Chorαußenseite zieren Tierreliefs, die Strebepfeiler krönen figürliche Wasserspeier. Im Inneren liegt das Kreuzrippengewölbe auf Rundpfeilern mit Runddiensten, Gurt- und Scheidebögen stehen im Wechsel. Reiche Bauplastik, wertvolle Ausstattungsstücke und Epitaphe schmücken den Raum; die ornamentale Ausmalung (um 1470) blieb erhalten. Mittelalterliche Klausur- und Wirtschaftsgebäude, einst westlich der Kirche, existieren seit 1828 nicht mehr. Das ehemalige Kornhaus und die „Alte Abtei" entstanden im späten 18. Jh. Im Erstgründungsort Lahde erinnert nichts an die Dominikanerinnen.

◆ GermBen 12, 308–360; Wehlt, Hans-Peter: L. – Dominikanerinnen, bis 1305 in Lahde, in: Westfälisches Klosterbuch, Tl. 1, Münster 1992, 499–505.

Lemgo Franziskanerkloster, nördliche Schauseite der stark veränderten, spätgotischen Franziskanerkirche.

Lemgo, *Franziskanerkloster (1461–1561) – „Brüderkloster", Diözese Paderborn – (Kr. Lippe, Nordrhein-Westfalen, ❐ 1, C4).*

▶ **Geschichte.** Der Edelherr Bernhard VII. zur Lippe und sein Bruder Simon, der spätere Bischof von Paderborn, initiierten 1461 die Gründung eines Franziskaner-Observantenklosters in der lippischen Stadt L., was der Stadtrat begrüßte und durch Papst Pius II. bestätigt wurde. Lediglich Priorin Hille Retmans (1440/41) und der Konvent des Dominikanerinnenklosters in der Stadt (➛ Lemgo) protestierten, aber ein Richterspruch entschied zugunsten der Franziskaner. Johann von Molenbeke erwies sich als Stifter und übergab 1463 Guardian Johannes von Dinslaken vom ersten westfälischen Observantenkonvent in ➛ Hamm seinen Hof am Johannistor. Die ersten Brüder kamen aus Hamm, der Konvent gehörte zur niederdeutschen Observantenvikarie. Bis zur Reformationszeit sind erstaunlich wenige Urkunden überliefert, obwohl das Observantenkloster L. nicht unbedeutend war; lediglich zwei bescheidene Vermächtnisse lassen sich 1516 und 1526 nachweisen. Schon 1527 trat ein ehemaliger Franziskaner aus dem heute untergegangenen Konvent Herford die neue evangelische Predigerstelle in der Altstädter Pfarrkirche an. Die Observanten blieben trotz Drangsalen des Magistrats und gewalttätiger Anfeindungen durch protestantische Bürger dem katholischen Glauben treu, nur der Mitbruder Christiani begann 1530 die lutherische Lehre im Gebiet Lippe zu verkünden. Nach 18 Monaten Gefangenschaft hinter vernagelten Pforten und bewachten Toren flohen die Observanten 1560 zu ihren Mitbrüdern nach ➛ Bielefeld. 1561 zog Graf Bernhard VIII. zur Lippe das Kloster ein und übergab die Gebäude der Stadt zur Einrichtung einer zentralen Armenführsorge.

▶ **Gegenwart.** Seit 1638 nutzt die reformierte Gemeinde die ehemalige Franziskanerkirche, heute „St. Johann" genannt. Der schlichte, langgestreckte Saal von etwa 1465 mit einem Dachreiter in der Mitte erlag 1799 eingreifenden Umbauten im klassizistischen Stil: Der Chor ist baulich nicht abgesetzt, die Wände wurden verputzt, der Giebel abgebrochen, die Fenster vergrößert und Strebepfeiler angesetzt. Von den südlich gelegenen Konventsgebäuden blieb nicht viel Substanz erhalten; das Haus des Hospitalprovisors soll im Kern aus spätmittelalterlichen Mauern bestehen. Die Fundamente des Kreuzgangs wurden archäologisch lokalisiert.

◆ Wehlt, Hans-Peter: L. – Franziskaner, in: Westfälisches Klosterbuch, Tl. 1, Münster 1992, 508–510.

Leonberg, *Franziskanerkloster (1459–1540) – „Barfüßerkloster“, Diözese Speyer – (Lkr. Böblingen, Baden-Württemberg, ❐ 3, C3).*

▶ Graf Eberhard im Bart von Württemberg stiftete 1459 im heute untergegangenen Ort Beisheim bei Höfingen ein Minoritenkloster, verlegte es aber bereits acht Jahre später in seine Amtsstadt L., wofür er im nordwestlichen Stadtbereich ein neues Gebäude errichten ließ. Der Konvent, der als Ergebnis ordensinterner Reformbemühungen entstanden war und sich zur Observanz des Ordens bekannte, wuchs bald auf mehr als 20 Brüder an. 1484 hielt die oberdeutsche Observantenvikarie in L. ihr Jahreskapitel ab. Dabei wurde eine Schwesternsammlung der Stadt in den Dritten Orden eingegliedert; diese franziskanischen Tertiarinnen des Konvents „Willige Armen“ (➛ Leonberg) standen infolge unter geistlicher Aufsicht der städtischen Franziskaner. Der ehemalige Guardian Bartholomäus Weyer stieg zweimal zum Provinzialvikar (1502–05, 1508–11) auf. Reformatorische Einflüsse wirkten sich auch auf den Barfüßerkonvent aus; als Herzog Ulrich 1534 das lutherische Bekenntnis im Land durchsetzte, hatten bereits einige Brüder den Konvent verlassen. Die Bitten des Guardians um Fortbestand der siebenköpfigen Gemeinschaft blieben ungehört, so dass 1540 die Observanten die Stadt verlassen mussten. Vorübergehend fanden 27 Klarissinnen aus ➛ Pfullingen Unterkunft im leeren Kloster, bis 1551 kaiserlicher Druck ihre Rückkehr nach Pfullingen erzwang. 1552 übertrug Herzog Christoph dem städtischen Spital die Konventsgebäude. Die Bausubstanz verfiel, 1811 musste die Kirche abgerissen werden, die Niederlegung der übrigen Gebäude folgte in den nächsten Jahren. Heute erinnert lediglich der gut bewahrte Rest spätgotischer Kreuzgangarkaden mit Maßwerkfenstern im ehemaligen Spitalhof an die Franziskaner-Observanten in L. Die zwei rechtwinkelig zueinander stehenden Mauerteile wurden beim Abriss des Spitalhofs 1974 an originaler Stelle – jedoch seitenversetzt – wieder aufgebaut.

◆ Gotzen, Daniel: L., Franziskaner, in: Württembergisches Klosterbuch, Ostfildern 2003, 321 f.; Setzler, Wilfried u. a.: L., Stuttgart 1992.

Leonberg Franziskaner-Tertiarinnenkloster, spätgotisches „Nonnenhaus“ neben der Stadtpfarrkirche.

Leonberg, *Franziskaner-Tertiarinnenkloster (1484–1567) – „Willige Armen“, Diözese Speyer – (Lkr. Böblingen, Baden-Württemberg, ❐ 3, C3).*

▶ Als die Straßburger Ordensvikarie der Franziskaner-Observanten 1484 ihr Jahreskapitel in der württembergischen Amtsstadt L. abhielt, wurde die Schwesternsammlung der „Willigen Armen“ als Tertiarinnen in den Dritten Orden der Franziskaner aufgenommen und dem Observantenkonvent der Stadt (➛ Leonberg) unterstellt. Die Schwestern treten bereits um 1350 als Beginengemeinschaft urkundlich in Erscheinung. Sie bemühten sich um Krankenpflege und verdienten ihren Unterhalt durch Webarbeiten, was die Bürger mit Stiftungen und Spenden honorierten. Einzelne Frauen bezogen private Einkünfte aus Immobilienbesitz. Der Wunsch um Aufnahme in den Franziskanerorden erwuchs aus den eigenen Reihen, nachdem die Franziskaner 1467 in die Stadt gekommen waren. Von reformatorischen Umwälzungen blieb der Konvent zunächst unbehelligt, aber er verödete durch Austritte konvertierter Schwestern. Novizinnen meldeten sich nicht oder durften nicht mehr aufgenommen werden. Die letzte Franziskanerin starb 1567. Das „Nonnenhaus“ nahe der Stadtkirche war 1487 und 1503 für den Schwesternkonvent erweitert worden. Seit 1571 diente es als Lateinschule „Schola Leomontana“, deren berühmtester Schüler Johannes Kepler 1583 hier sein Examen ablegte. Heute dient das spätgotische Fachwerkhaus als städtisches Museum für Vor- und Frühgeschichte.

◆ Gotzen, Daniel: L., Tertiarinnen, in: Württembergisches Klosterbuch, Ostfildern 2003, 322; Setzler, Wilfried u. a.: L., Stuttgart 1992.

Lesum, *Zisterzienserinnenabtei St. Maria und St. Martin (1235–41), Erzdiözese Bremen – (Bremen-Burglesum, Freie Hansestadt Bremen, ❐ 1, C3).*

▶ **Geschichte.** 1230 stiftete Erzbischof Gebhard II. von Bremen (Lippe) ein Kloster im Gebiet Trupe-Wallerbroke nördlich von Bremen, möglicherweise auf Northusen, und nannte es „Lilienthal“. Er rief Zisterzienserinnen aus dem Kloster ➛ Walberberg bei Bonn, das dem Zisterzienserorden als vollwertiges Mitglied inkorporiert war. Dieses Privileg genoss der neue Konvent ebenfalls von Anfang an. Päpstlichen Schutz erlangte Lilienthal 1234, ein kaiserliches Privileg erging 1235. Hohe Wasserstände im Gründungsgebiet zwangen die Frauen, ihre Niederlassung 1234 oder 1235 zunächst auf einen eigenen Hof in Wollah, ein Jahr später dann an die Martinskirche in L. zu verlegen. Der Ort L. war ein altes Reichslehen, das König Heinrich IV. 1062 dem Hochstift Hamburg-Bremen übereignet hatte. Die Parochie St. Martin war recht umfang- und ertragsreich und ging durch Schenkung des Erzbischofs 1235 an das Kloster Lilienthal über. Die Kirche St. Martin wurde 1238 dem Konvent inkorporiert und zur Klosterkirche erhoben; Urkunden sprechen 1238 bis 1240 vom Kloster *Lesmona.* Aber der Standort auf dem Geestrücken über der Weser missfiel den Frauen. Bereits Äbtissin Bertheidis (1238) plante einen erneuten Standortwechsel, der von Äbtissin Sophia (1241–57) mit Zustimmung des Erzbischofs vorbereitet wurde. 1241 kehrte der Konvent nach Wollah zurück; genauere Gründe oder gar politische Erwägungen sind nicht bekannt. Die Konventsstärke muss schon in L. so stark zugenommen haben, dass 1245 ein Gründungskonvent mit Äbtissin Clementia (1245–68) in das von den Benediktinern verlassene Johanniskloster in ➛ Lübeck gesandt werden konnte. Schließlich siedelten die Schwestern 1262 von Wollah noch einmal an den endgültigen Standort ➛ Lilienthal bei Trupe in die Nähe des Erstgründungsplatzes um. In dieser wechselvollen Zeit genossen die Zisterzienserinnen nicht nur die Unterstützung des erzbischöflichen

Lette Prämonstratenser-Chorfrauenstift, romanisches Rundbogenportal mit Zierkapitellen und Tympanon.

Stifters und seines Nachfolgers Hildebold, sondern auch den Beistand der Ordensleitung und besonders der Dominikaner von St. Katharina in ➛ Bremen. Die Kirche St. Martin in L. diente weiter als Pfarrkirche unter dem Patronat Lilienthals, ein Weltgeistlicher war mit den Pfarrpflichten beauftragt. Erzbischof Hildebold schlichtete einen Streit zwischen den Ordensfrauen und den Pfarrangehörigen und legte 1259 die Zahlungsverpflichtungen der Zisterzienserinnen zum Erhalt der Martinskirche fest.

▶ **Gegenwart.** Im Ortsteil L. des Bremer Stadtteils Burglesum steht noch immer die Pfarrkirche St. Martini, die heute der evangelisch-lutherischen Gemeinde gehört. Ihr Kirchenschiff wurde 1778 bei der Wiederverwendung alter Feldsteinquader neu erbaut, der spätromanische Westturm blieb dagegen erhalten. Dieser Westturm stand bereits, als die Zisterzienserinnen 1235 nach L. kamen. Bis in das 15. Jh. gehörte den Schwestern von Lilienthal die Kirche, auf deren Architektur sie Einfluss nahmen. Von der Klausur existiert nichts mehr. Auf dem ehemaligen „Mönchshof" der Laienbrüder, die in der Landwirtschaft für das Kloster tätig waren, steht seit 1899 das „Schulhaus am Mönchshof". Im Ort Wollah in der Gemeinde Ritterhude erinnern nur noch einige Straßennamen an die klösterliche Zeit.

◆ GermBen 12, 282–307 (s.v. Lilienthal).

Lette, *Prämonstratenser-Chorfrauenstift St. Maria und St. Vitus (1133– vor 1550), Diözese Münster – (Oelde-L., Kr. Warendorf, Nordrhein-Westfalen, ❒ 1, C5).*

▶ **Geschichte.** Edelherr Rudolf von Steinfurt stiftete 1133 ein Prämonstratenser-Doppelstift in Ostwestfalen, dessen beide Konvente aus ➛ Cappenberg wohl von Beginn an getrennt siedelten: die Chorherren in ➛ Clarholz und die Schwestern im nahen L. an einer alten Vituskapelle. Zur Grundausstattung gehörten Güter in den Niederlanden. Kaiser Lothar III. bestätigte 1134 Gründung, Besitz und Privilegien, Papst Eugen III. folgte 1146. Das Frauenstift L. blieb immer in Abhängigkeit vom Männerstift Clarholz, beider Geschichte ist schon wegen der örtlichen Nähe eng miteinander verknüpft. 1311 vereinbarten die Chorherren mit Bischof Ludwig II. von Münster (Hessen), dass die Zahl der Schwestern nicht über sechs steigen sollte. Ihre Besitzzuwächse waren nicht unbedeutend, das Jahreseinkommen entsprach dem der nahen Zisterzienserinnenklöster ➛ Vinnenberg oder Rengering. Im Spätmittelalter verschlechterten sich mit sinkender Wirtschaftskraft die Disziplin im Konvent und der bauliche Zustand der Stiftsgebäude. Unklar ist, inwieweit die lippisch-tecklenburgische Fehde von 1437 den klösterlichen Niedergang beschleunigte. Auch die Chorherrenabtei Clarholz kämpfte mit inneren Schwierigkeiten, Propst Johannes III. Lambertus (1439/54) wurde 1446 wegen der schlechten Zustände im Frauenstift L. gerügt. Neue Schenkungen, neue Beichtväter und disziplinarische Maßnahmen konnten den inneren Verfall nicht aufhalten. Die letzte Prämonstratenserin Schwester Rese tritt 1473 urkundlich auf, danach folgen keine Nachrichten mehr. Während der Durchsetzung der Reformation konnte sich zwar das Männerstift Clarholz mit Hilfe Kaiser Karls V. gegenüber Graf Konrad von Tecklenburg behaupten, aber die Säkularisierung der verödeten Frauenfiliale L. vor 1550 nicht verhindern.

▶ **Gegenwart.** Die einschiffige, spätromanische Stiftskirche der Prämonstratenserinnen aus dem 13. Jh. ist heute um ein Joch verkürzt in die moderne katholische Pfarrkirche St. Vitus (1971) integriert; der ursprünglich romanische Westturm wurde 1856 ersetzt. Durch das eindrucksvolle romanische Rundbogenportal mit reich dekorierten Kapitellen und Tympanon gelangt man in den neuen Kirchensaal, dem zur Linken das romanische Schiff als Seitenkapelle angeschlossen ist. Seine ursprüngliche Wölbung musste 1641 der jetzigen Flachdecke weichen. Das neue Kirchenschiff bewahrt zwei außergewöhnliche Kunstschätze (1160/80): ein Holzreliquiar mit vergoldeten Kupferplatten und ein figurenreicher Tragaltar, beide wohl aus der Werkstatt der Benediktinerabtei ➛ Helmarshausen. Die einst nördlich gelegene Klausur existiert nicht mehr.

◆ Meier, Johannes: L., in: Westfälisches Klosterbuch, Tl. 1, Münster 1992, 185–190; Horstkötter, Ludger: Die Prämonstratenser und ihre Klöster am Niederrhein und in Westfalen, Köln 1984.

Leutkirch, *Franziskaner-Tertiarinnenkloster (vor 1486–1804), Diözese Konstanz – (Lkr. Ravensburg, Baden-Württemberg, ❒ 3, D4).*

▶ **Geschichte.** Die Schwesterngemeinschaft in L. im Allgäu zwischen Ravensburg und Memmingen besiedelte 1444 das Schwesternhaus Maria Garten in ➛ Memmingen. Die ersten Memminger Schwestern Anna Schefflein und Elisabeth Sigkin galten als Tertiarinnen der Franziskaner-Observanten, was darauf hinweist, dass die Gemeinschaft in L. bereits 1444 die Drittordensstatuten der Franziskaner befolgte. Die Schwesterngemeinschaft in L. starb vor 1486 aus, das Haus neben der Pfarrkirche St. Martin wurde nun mit Tertiarinnen aus Memmingen besiedelt. Bischof Otto IV. von Konstanz (Sonnenberg) bestätigte im Mai 1486 die Neugründung und die franziskanische Drittordensregel des Konvents, ebenso Papst Alexander VI. 1494. Der Konvent wuchs, die „Klause" musste 1503 erweitert werden. Die Reichsstadt L. entschied sich 1546 für die Einführung der Reformation, beließ aber nach einigem Drängen die streng in Klausur lebenden Schwestern, die weltlich der Stadt unterstanden und geistlich seit 1548 vom neugegründeten Observantenkonvent Lenzfried bei Kempten betreut wurden. Einschnitte in das monastische Leben brachte die Pest während des Dreißigjährigen Krieges; in den Jahren 1628 und 1635 reduzierte sich die Schwesternzahl von 17 auf fünf. Durch die Säkularisierung fiel das Kloster 1803 an die Kommende ➛ Altshausen des Deutschen Ordens. Die Reichsstadt L. kam zu Bayern, bayerisch-kurfürstliche Beamte hoben das Kloster 1804 auf. Mit Pensionen abgefunden, durften die Franziskanerinnen bis 1812 bleiben. Seit 1810 gehört die Stadt L. zu Württemberg.

▶ **Gegenwart.** Das mittelalterliche Schwesternhaus war vom ersten Stockwerk aus mit der benachbarten Pfarrkirche St. Martin durch einen Gang verbunden. Über der Sakristei hatte man den Frauen einen eigenen Andachtsraum geschaffen. Die Konventsgebäude der Franziskanerinnen wurden im 17. Jh. zweimal erweitert und überbaut, heute nutzt man sie für altersgerechte Wohnungen.

◆ Siegloch, Nikola: L., in: Württembergisches Klosterbuch, Ostfildern 2003, 222 f.; Wilts, Andreas: Beginen im Bodenseeraum, Sigmaringen 1994.

Levern, *Zisterzienserinnenabtei St. Maria (1227–1543), Diözese Minden – (Sternwede-L., Kr. Minden-Lübbecke, Nordrhein-Westfalen, ❒ 1, C4).*

▶ **Geschichte.** Bischof Konrad von Minden (Rüdenberg) gründete 1227 ein Frauenkloster an der Pfarrkirche in L. Es war das erste Frauenkloster im Bistum Minden, dem er die Zisterzienserstatuten verordnete. Wie schon bei der Gründung des Augustiner-Chordamenstifts ➛ Wennigsen 1224 fand der Bischof auch diesmal Unterstützung beim Regionaladel. 1227 tritt der ehemalige Pfarrer als Propst Bernhard (1227/42) neben einer Äbtissin M. (möglicherweise Mathilde,

1242/45) urkundlich auf. Eine päpstlich verordnete Visitation legte die Konventsstärke auf maximal 30 Frauen fest, was zu keiner Zeit erreicht wurde. Von Anfang an war Kloster L. von der Vogteigewalt befreit, als Schutzherr fungierte allein der Diözesanbischof. Der Klosterpropst übte seit 1277 die Archidiakonatsgewalt im Kirchspiel aus, eingeschlossen die Aufsicht über Schulen und Lehrer; er beanspruchte einen Sitz im Landtag des Fürstentums Minden. Im 14. Jh. gehörten dem Konvent abhängige Höfe und Liegenschaften in 26 Dörfern, aus 15 weiteren Dörfern flossen Zinseinkünfte. Unmittelbar an die alte Pfarrkirche ließ Propst Burchard (1269–1303) eine eigene Klosterkirche anbauen, die 1283 geweiht wurde. Ähnliche Doppelkirchen bestanden in den Klöstern ➛ Leeden und ➛ Bersenbrück. Reformbemühungen im Spätmittelalter sind aus L. nicht bekannt. Im 15. Jh. nahm wohl der Zisterzienserorden das Frauenkloster als Vollmitglied auf, die Aufsicht übte nun die Mönchsabtei ➛ Loccum aus. Ein Abt tritt urkundlich erstmals 1460 als Visitator auf, ihm unterstanden auch die Schwesternkonvente in ➛ Vlotho, ➛ Lilienthal, ➛ Rulle und ➛ Mariensee. Zwischen 1530 und 1540 setzte sich im Fürstentum Minden der Protestantismus durch, spätestens 1543 galt L. als freiweltliches adeliges Damenstift für zehn evangelische Stiftsdamen, das 1810 aufgelöst wurde.

▶ **Gegenwart.** Die eigentliche Klosterkirche von 1283, ein Rechtecksaal ohne Chor mit frühgotischem Kreuzrippengewölbe an der Nordwand der Pfarrkirche, bildet seit 1828 das Nordschiff der evangelischen Pfarrkirche in L. Der Westturm erhielt 1582 seine heutige Gestalt, die geschweifte Haube kam erst 1715 dazu. Mittelalterliche Ausstattungsstücke sind nicht geblieben; zahlreiche Gegenstände der evangelischen Stiftsdamen bereichern den Innenraum, das hölzerne Kruzifix (Ende 15. Jh.) gehörte zur Pfarrkirche. 1914 entdeckte man Fresken aus der Erbauungszeit der Klosterkirche, die als die ältesten Wandmalereien der Minden-Lübbecker Region gelten. Gotische Kreuzgangreste und die Klausur an der Kirchennordseite wurden 1819 abgebrochen. Die repräsentativen Fachwerkhäuser der Stiftsdamen um die Kirche herum entstanden in nachreformatorischer Zeit.

◆ Nordsiek, Hans: L., in: Westfälisches Klosterbuch, Tl. 1, Münster 1992, 517–521; Pohlmann, Alfred: Kirche und Stift L., Münster 1989.

Levern Zisterzienserinnenabtei, die Klosterkirche von 1283 ist das Nordschiff der Pfarrkirche, Westansicht.

Lichtenberg

Lichtenberg (auch Prettin), *Antoniter-Generalpräzeptorei (vor 1273–1537), Diözese Meißen – (Prettin-Lichtenburg, Lkr. Wittenberg, Sachsen-Anhalt, ❒ 2, C5).*

▶ **Geschichte.** Die Antoniter-Präzeptorei L. östlich von Prettin im Elbtal entstand vor 1273 als Tochter der hessischen Generalpräzeptorei ➛ Grünberg. 1315 wird sie im Zusammenhang mit der Verleihung des Patronatsrechts über die Pfarrkirche Prettin erstmals erwähnt. Das Haus L. entwickelte sich zu einer der wohlhabendsten Präzeptoreien im Reich. Den Status der *domus generalis* erreichte Präzeptor Petrus de Balina 1348. Neben der Tochtergründung ➛ Eicha unterhielten die Antoniter Termineien in Halberstadt, Torgau, Eilenburg und in der nahen Residenzstadt Wittenberg. Der Generalpräzeptor Goswin von Orsoy wurde 1502 der erste Kanzler der neuen Wittenberger Universität, die durch Martin Luther berühmt werden sollte. Die Kanzlerwürde erlangte ebenso der letzte Generalpräzeptor Wolfgang Reißenbusch (1515–37). Im Antoniterkloster L. trafen 1518 die Reformatoren Martin Luther und Georg Spalatin (1484–1545) mit Kurfürst Friedrich dem Weisen von Sachsen zusammen, der über Luthers Verbleib in Wittenberg entschied. Zwei Jahre später war das Kloster erneut Verhandlungsort, diesmal zwischen Luther und dem päpstlichen Gesandten Karl von Miltitz, der vergeblich Luthers Widerruf forderte. Die Präzeptorei L. bei Prettin brannte 1533 aus, sie wurde 1537 säkularisiert und für den Bau eines Schlosses vollständig abgetragen. Erst das

Schloss erhielt den Namen „Lichtenburg“, die vorherige Generalpräzeptorei aber hieß „Lichtenberg“ oder „Lichtenbergk“; im romanischen Sprachraum nannte man das Antoniterkloster einfach „Prettin“, in der heutigen Literatur werden die Bezeichnungen beliebig verwendet.

▶ **Gegenwart.** Das einzige architektonische Zeugnis der Generalpräzeptorei L. ist heute der 1457 erworbene Antoniterhof in Wittenberg in der Pfaffengasse, der fast 90 Jahre (bis 1536) den Antonitern als Terminierstützpunkt diente und mit einer Kapelle ausgestattet war. Profane Nutzung und Umbauten veränderten den Terminierhof, aber Grundmauern, Gewölbekeller, Mauerteile, Kreuzrippengewölbe im Erdgeschoss sowie Spolien sind in einem Hinterhofgebäude erhalten geblieben.

◆ Mischlewski, Adalbert: Die Antoniter, Münster 2007, 129 f.; Eckhardt, Albrecht: Lichtenburg und Grünberg – die Ablösung der Tochter vom Mutterhaus, in: Antoniter-Forum 6 (1998) 7–16; Timpe, Stephan: Die ehemalige Antoniterkapelle in Wittenberg, in: Denkmalpflege Sachsen-Anhalt 2 (1996) 89–100.

Lichtenstern, *Zisterzienserinnenabtei St. Maria, St. Benedikt und St. Bernhard (1242–1554), Diözese Würzburg – (Löwenstein-L., Lkr. Heilbronn, Baden-Württemberg, ❐ 3, C3).*

▶ **Geschichte.** Die Witwe Luitgart des Burgherrn von Weinsberg gründete 1242 unterstützt von Bischof Hermann I. von Würzburg (Lobdeburg) an der westlichen Bistumsgrenze in einem Seitental der Sulm das Frauenkloster *Stella praeclara*, das mit Zisterzienserinnen aus ➛ Himmelthal-Elsenfeld besiedelt wurde. Papst Alexander IV. vergab 1257 das *Privilegium commune.* 1267 beauftragte das Generalkapitel des Zisterzienserordens die Äbte von ➛ Bronnbach und ➛ Schöntal mit der Visitation, inkorporierte L. nach positivem Bericht 1268 und unterstellte es der Abtei ➛ Maulbronn. Die Schwester der Stifterin, Burgsindis, soll als erste das Amt der Äbtissin innegehabt haben. Die Weinsberger Ministerialenfamilie, aber auch die Schenken von Limpurg und die Grafen von Löwenstein erwiesen sich als Wohltäter und nutzten das Kloster als Grablege (die Löwensteiner auch das Kloster ➛ Sion bei Mauchenheim). Umfangreicher Streubesitz wurde geschickt durch Tauschgeschäfte arrondiert und im 14. Jh. durch eigene Zukäufe auf 88 Orte erweitert. Eine Hochblüte erlebte der Konvent unter Äbtissin Margarethe von Arnegg (1444–69). Die Schirmvogtei gelangte im 15. Jh. an die Kurpfalz, 1504 an das Herzogtum Württemberg. Aufständische Bauern verursachten 1525 erheblichen Schaden. Herzog Ulrich verordnete 1534 den ersten evangelischen Prediger; 1554 hob Herzog Christoph das Kloster L. auf. Die Restitution von 1638 dauerte nur bis 1648.

▶ **Gegenwart.** Lediglich die typisch hochmittelalterliche Frauenkirche von 1280 überlebte die Zeiten der wechselvollen profanen Nutzung; sie zeigt architektonische Parallelen zu den Klosterkirchen in ➛ Gnadental und ➛ Heiligenthal. Der einschiffige Bau ist typisch in einen polygonalen Chorbereich als Laienkirche und in die westliche Unterkirche (Sepultur) mit Nonnenempore aufgeteilt, beides durch eine Querwand voneinander separiert. Der Westbereich wurde für profane Zwecke ausgebaut, der Ostteil dient noch heute als Gebetshaus für die Bewohner des evangelischen Pflegeheims. Das eingezogene Presbyterium krönt eine Fachwerkhaube aus dem 17. Jh. Der berühmte „Lichtensterner Altar“ von 1470 ist heute ein Schmuckstück des Württembergischen Landesmuseums in Stuttgart.

◆ Mohn, Claudia: L., Stadt Löwenstein (Baden-Württemberg), in: Mittelalterliche Klosteranlagen der Zisterzienserinnen, Petersberg 2006, 170–173; Treiber, Angela: Die Frauenklöster in Franken, L., Würzburg 1991, 115–117.

Lichtenstern Zisterzienserinnenabtei, spätgotisches Sakramenthäuschen im Chor der Klosterkirche.

Lichtenthal, *Zisterzienserinnenabtei St. Maria (seit 1243), Diözese Speyer – (Stadtkreis Baden-Baden, Baden-Württemberg, ❐ 3, B3).*

▶ **Geschichte.** Die Markgrafenwitwe Irmgard von Baden stiftete 1243 am Fuß der Burg Hohenbaden im Tal der Oos eines der wenigen deutschen Zisterzienserinnenklöster, die ununterbrochen bis heute bestehen. Markgräfin Irmgard ließ 1248 die Gebeine ihres Gatten Markgraf Heinrich V. aus Backnang in die neue Stiftung transferieren. Das Stift St. Pankratius in ➛ Backnang verlor seine Bedeutung als badische Fürstengrablege, weil die Memorialaufgaben an das Kloster L. übergingen. Die sogenannte Gründungsurkunde von März 1245 bestätigt eine klösterliche Gemeinschaft, deren Beginn bereits zwei Jahre zuvor anzusetzen ist. Die päpstliche Bestätigung erfolgte 1245, die bischöfliche aus Speyer 1246. Weitere Schwestern kamen mit der ersten Äbtissin Trudlinda (1245–49) aus dem Kloster ➛ Wald bei Meßkirch. Äbtissin und Stifterfamilie beantragten 1247 die Aufnahme in den Zisterzienserorden, die Inkorporation beschloss das Generalkapitel 1248, zur Paternität wurde die Abtei Neuburg im Elsass verpflichtet. Die enge Verbindung mit dem badischen Haus garantierte ein gedeihliches Wachstum. Markgraf Rudolf I. ließ 1288 die Fürstenkapelle als hervorgehobene Grabstätte seiner Familie bauen. Die Fürstentochter Adelheid von Baden stand dem Konvent als Äbtissin (1263–96) vor, die Äbtissin Agnes (1335–60) war die Tante des regierenden Markgrafen. Regionaler Adel und wohlhabendes Bürgertum wetteiferten mit Schenkungen und reichen Mitgiften. Anfang des 15. Jh. forderten die Ordensleitung und die markgräfliche Herrschaft innere Reformen im Konvent, der auf 80 Schwestern angewachsen war. Privateigentum wurde abgeschafft und die *vita communis*, Chorgebet sowie die Klausur wieder durchgesetzt. Mit Unterstützung der Abtei ➛ Maulbronn kamen Reformschwestern aus Königsbrück im Elsass nach L. und stellten die ersten bürgerlichen Äbtissinnen Elisabeth Wiest (1444–59) und Anna Strauler (1459–75). Die Gründung des Kollegiatstifts St. Jakob in Baden-Baden 1453 bedeutete ein Einschnitt in der Klostergeschichte: L. verlor als Grablege der Fürstenfamilie an Bedeutung. Andererseits förderte die erreichte Observanz den guten Ruf des Konvents, das Skriptorium und die hagiographischen Texte von Schwester Regula († 1478) trugen zur Regeltreue und zur Ausstrahlung bei. Die Schwestern bewiesen während der Reformationswirren Festigkeit bei einer wechselhaften Haltung der badischen Regenten. Die Verantwortung für das Seelenheil der herrschaftlichen Vorfahren erwies sich für das weitere Bestehen der Abtei als vorteilhaft. Eine wachsende Abhängigkeit vom Fürstenhaus bestimmte die nachreformatorische Entwicklung. Äbtissin Barbara Veus (1551–97) erreichte die Paternitätsübernahme durch die Abtei ➛ Tennenbach, die 1622 an ➛ Salem, dann Lützel (Oberelsass) und 1668 wieder an Tennenbach fiel (bis 1806). Zisterzienserinnen von L. belebten 1570 das Kloster ➛ Friedenweiler neu, 1573 gelang ihnen die Restauration Mariahofs in Neydingen, auch Schwestern in Wonnental erhielten seit 1590 Hilfe aus der Abtei L. Weniger der Dreißigjährige Krieg als vielmehr der Pfälzische Erbfolgekrieg (1690–93) zwang die Schwestern zur Flucht in schweizerische Klöster und nach Rottenmünster. Während der allgemeinen Säkularisation 1803 beließ es Markgraf Karl Friedrich bei der Einziehung des Besitzes.

Der Konvent unter Äbtissin Thekla Trück (1775–1808) durfte mit einigen Äckern, Wiesen, Garten, Vieh und Hausrat weiterbestehen. Der Fürst zahlte den Frauen Unterhalt, verlangte aber die Übernahme von Schulausbildung für Mädchen. In Tirol entstand 1883 das Tochterkloster Mariengarten in St. Pauls-Eppan (Österreich).

▶ **Gegenwart.** Seit 1925 gehört die Frauenabtei L. zur Mehrerauer Kongregation des Zisterzienserordens. Ihre ununterbrochene Existenz seit der Gründung teilt sie unter etwa 280 Zisterzienserinnenklöstern in Deutschland lediglich mit den Klöstern ➛ Marienstern in der Oberlausitz, Marienthal bei Ostritz an der Neiße und Oberschönenfeld bei Augsburg (die beiden letzteren sind heute reine Barockklöster). Die hochgotische Klosterkirche in L. enthält Architekturreste des romanischen Vorgängerbaus. Ihr Polygonalchor wurde 1332 geweiht, die reiche Ausstattung geht auf die Äbtissinnen Margarethe (1475–96) und Maria von Baden (1496–1519) zurück. Die fürstliche Kapelle entstand 1288, das Klausurquadrum und die Ökonomiegebäude entstammen dem 18. Jh. Gegenwärtig leben im Kloster gut 20 Professen und einige Novizinnen, die klostereigene Grundschule besuchen etwa 260 Mädchen und Jungen.

◆ Siebenmorgen, Harald (Hg.): 750 Jahre Zisterzienserinnen-Abtei L., Sigmaringen 1995; Wohleb, Leo: 700 Jahre Kloster L., Baden-Baden 1946.

Liebstedt, *Deutschordenskommende (1331–1809), Erzdiözese Mainz – (Lkr. Weimarer Land, Thüringen, ❒ 4, A1).*

▶ **Geschichte.** Markgraf Friedrich II. von Meißen tauschte 1331 die Burg L. seiner Gemahlin Mathilde nördlich von Weimar gegen die Burg Wallhausen des Deutschen Ordens bei Nordhausen. In Nordhausen-Wallhausen hatten die Ordensritter in der ehemaligen Königspfalz 1292 eine Kommende gegründet, die nun nach L. verlegt wurde. Die Kommende L. gehörte zur Ordensballei Thüringen, der Landkomtur saß im nahen ➛ Zwätzen bei Jena. Zur Burg gehörte das Dorf L. mit der St. Laurentiuspfarre sowie die Dörfer Wohlsborn und Goldbach mit eigenen Pfarrkirchen; die Region unterstand ursprünglich dem Reichskanonissenstift Quedlinburg. Nach der Hochblüte des Ordens in der ersten Hälfte des 14. Jh. setzten Wirtschaftskrisen ein, hinzu kamen die verlorene Schlacht von Tannenberg 1410, der Dreizehnjährige Krieg gegen Polen sowie 1466 der Zweite Thorner Frieden mit dem Verlust der wertvollen Westteile des Ordensstaates Preußen, darunter Danzig und Marienburg; all dies hatte die Verflachung der Ordensideale, Finanzprobleme und Nachwuchsmangel zur Folge. 1451 notierten Visitatoren im Auftrag des Hochmeisters nur einen Priesterbruder und zwei Graumäntler (Laienbrüder) in L. Nach der Durchsetzung der Reformation im kurfürstlichen Sachsen bekannten sich auch die thüringischen Deutschherren zur lutherischen Lehre. Der letzte ansässige Komtur Georg von Dobeneck (1543/62) berief 1543 einen evangelischen Pfarrer; nach ihm übernahmen weltliche Verwalter den Besitz. Landkomtur Hans von Germar (1545–60) war der erste Landkomtur Thüringens, der sich 1560 zum Luthertum bekannte und seine Konkubine heiratete. Er versuchte die Ordenshäuser ➛ Nägelstedt, ➛ Lehesten und L. als eigene Lehnsgüter einzubehalten, wogegen sich der Orden erfolgreich wehrte. Der Vertrag mit dem sächsischen Landesherrn von 1593 garantierte den Verbleib der thüringischen Häuser L., Zwätzen, Lehesten und Nägelstedt. Diese unterschieden sich nachfolgend kaum von lehnsabhängigen Rittergütern. Neben wirtschaftlichem Aufschwung im 18. Jh. verflüchtigten sich die einstigen Ordensideale völlig. Die Kommende L. wurde nach 1700 nur noch verpachtet und fiel nach der Auflösung des Ordens 1809 durch Frankreich an das Großherzogtum Sachsen-Weimar-Eisenach.

Liebstedt Deutschordenskommende, spätgotisches Torhaus der Ordensburg mit Kapitel- und Rittersaal.

▶ **Gegenwart.** Die Burg L. ist heute die besterhaltene Burganlage der ehemaligen Deutschordensballei Thüringen und die einzige noch bestehende Durchgangsburg Deutschlands an der alten Kupferstraße, auf der das Kupfer aus dem Mansfelder Land nach Nürnberg transportiert wurde. Eine steinerne Brücke von 1758 führt über den rekultivierten Wassergraben in die Kernburg. Das hohe Torhaus mit kreuzgratgewölbtem Kapitelsaal sowie das Ritterhaus ließ Komtur Johann Fruthstet auf älteren Grundmauern errichten (1486–93). Der fünfeckige Hof der Kernburg wird heute von weiteren Gebäuden aus jüngerer Zeit nahezu umrahmt. Die Kapelle stand im Westbereich, sie wurde 1823 abgetragen, heute befindet sich an ihrer Stelle das Verwalterhaus. Ein zweiter Wall schützte im Mittelalter die Wirtschaftsgebäude der Vorburg und ein dritter den ganzen Ort.

◆ Jähning, Bernhard: Der Deutsche Orden und seine Ballei Thüringen im Mittelalter, Lüneburg 1997.

Liesborn, *Benediktinerabtei St. Cosmas und St. Damian (1130–1803), Diözese Münster – (Wadersloh-L., Kr. Warendorf, Nordrhein-Westfalen, ❐ 1, C5).*

▶ **Vorgeschichte.** Eine legendenhafte Überlieferung setzt die Geschichte des Kanonissenstifts L. im Dreingau noch vor dem Jahr 800 an; manches spricht aber heute für eine Gründung in der Zeit Karls des Kahlen († 877). In der einzigen greifbaren Urkunde bestätigt Kaiser Heinrich II. 1019 die Übertragung des Kanonissenstifts an die Kirche zu Münster, möglicherweise mit der Absicht, Benediktinerobservanz und ➛ Gorzer Reformstatuten einzuführen. Das Heer Herzog Lothars von Süpplingenburg (seit 1125 König) äscherte beim Rückzug von Münster 1121 das Stift ein.

▶ **Geschichte.** Die Reformbemühungen Bischof Egberts von Münster fruchteten bei den Stiftsdamen nicht, er löste 1130 das Kanonissenstift kurzerhand auf und rief der eigenen Überlieferung nach Benediktiner aus ➛ Werden an der Ruhr zur Gründung des ersten Benediktinerklosters der Diözese Münster. Abt Balduin (1130–61) vermochte mit zusätzlichen Stiftungen des Bischofs das Ansehen L. zu heben, die ausgewiesenen Stiftsdamen musste er mitversorgen. Inwieweit die Verbindung zur Abtei Werden aufrechterhalten blieb und ob die dortige ➛ Siegburger Observanz Einfluss auf L. nahm, ist nicht bekannt. Anderen Quellen zufolge gehörte der frühe Konvent zum ➛ Hirsauer Reformkreis unter Einfluss der ➛ Hildesheimer Abtei St. Michael. Das berühmte Vortragekreuz von L. mit der Abbildung Abt Balduins wurde im 12. Jh. in Hildesheim gefertigt. Abt Wenzo (1178–90) förderte die Ausbildung seiner Mönche, gründete eine Bibliothek und verfasste selbst geistliche Werke. Erzbischof Philipp I. von Köln (Heinsberg) privilegierte die Abtei 1186 mit der Zollfreiheit für Neuss, was freien Gütertransport und freien Zugang zu den rheinischen Weingütern bedeutete. Die Gütertrennung zwischen Abt und Konvent wurde 1239 eingeführt, die Präbenden 1298 auf 22 begrenzt. Bischof Gerhard inkorporierte 1264 der Abtei die Pfarre in L. und damit das Amt des Archidiakons. Die Benediktiner übernahmen Seelsorgeaufgaben, die Klosterkirche diente gleichzeitig als Pfarrkirche, beide Bereiche strikt durch eine Mauer getrennt. Ein Großbrand vernichtete 1270 die Anlage. Der Pest (1348–51) erlagen zwölf Mönche, vier Laienbrüder, zwei Laienschwestern und zwei Novizen. 1353 zerstörte ein erneuter Brand Kirche und Klausur. Abt Heinrich von Rodenberg (1358–81) ließ erstmals das Gotteshaus mit Schiefer und nicht mit Stroh eindecken. Weitere Einschnitte brachten die Soester und Münsterische Fehde. Trotz dieser Rückschläge befand sich die Abtei L. dank tüchtiger Äbte in der Mitte des 15. Jh. wirtschaftlich entgegen der Zeitströmung in gutem Zustand. Bischof Johann von Pfalz-Simmern setzte Heinrich von Kleve (1464–90) als Reformabt ein und erreichte 1465 den Anschluss an

Liesborn Benediktinerabtei, Strahlenmadonna (um 1525) zwischen Chorbereich und Laienkirche.

die ➛ Bursfelder Reformkongregation. Die Abtei L. entwickelte sich in jeder Hinsicht zum Musterbeispiel der spätmittelalterlichen Benediktinerreform, zum „Bursfelde des Westens". Bis zur Reformation erlebte L. eine Hochblüte besonders auf geistig-wissenschaftlichem Gebiet. Der Niedergang folgte mit Abt Anton Kalthoff (1522–31), einem Anhänger der Täuferbewegung. Einen Tiefststand erreichte L. im Dreißigjährigen Krieg, zeitweise lebte nur ein Mönch im Kloster. Im 18. Jh. setzte ein neuer Aufschwung ein, der sich in reger Bautätigkeit äußerte. Preußen hob die Abtei im Mai 1803 auf, 21 Benediktiner wurden abgefunden.

▶ **Gegenwart.** Der älteste Teil der heutigen Anlage ist der Turm, er stammt nicht aus ottonischer Zeit, wie es die Überlieferung glaubhaft machen möchte, sondern aus benediktinischer Gründungszeit um 1130. Mehrere Brände zwangen zum Neuaufbau der ehemaligen Kloster- und heutigen katholischen Pfarrkirche St. Johann Baptist. Der zweischiffig-asymmetrische Hallenbau zu drei Jochen mit Querhaus und zweijochigem Chor im 3/8-Schluss aus dem 14./15. Jh. wurde im 19. Jh. zur Saalkirche umgebaut, die massive Wand zwischen Langhaus und Querschiff zur Trennung des Pfarrbereichs entfernt. Gotische Fresken schmücken die Turmkapelle, einige kunsthistorisch bedeutsame Ausstattungsstücke haben sich erhalten, aber nicht der berühmte Liesborner Altar aus dem 15. Jh., jedoch die Strahlenkranzmadonna (eine Arbeit des Meisters aus Osnabrück um 1525). Reste der wertvollen Bibliothek sind in Europa verstreut. Die Klausurgebäude entstammen ausschließlich dem 18. Jh., das Dorf L. entstand erst nach 1803.

◆ GermBen 8, 427–225; Müller, Helmut: L., in: Westfälisches Klosterbuch, Tl. 1, Münster 1992, 522–529.

Lietzen, *Templerkommende (nach 1229–1312), Johanniterkommende (1312–1811), Diözese Lebus – (L.-Nord, Lkr. Märkisch-Oderland, Brandenburg, ❐ 2, D4).*

▶ **Geschichte.** Bischof Laurentius von Lebus übereignete dem Templerorden 1229 den Zehnt von 250 Hufen im Märkischen Land diesseits der Oder. Herzog Heinrich I. der Bärtige von Niederschlesien und Großpolen hatte ebenfalls großzügig linksseitiges Oderland den Templern übergeben, was Papst Innozenz IV. 1247 bestätigte. Auf einer Anhöhe zwischen zwei Seen gründeten die Templer nach 1229 die Kommende L. als zentralen Verwaltungsort. Bischof Heinrich I. von Lebus erwies sich ebenfalls als Gönner und steuerte 1244 den Zehnt von weiteren 50 Hufen bei. Die Ordenspriester übernahmen Seelsorgepflichten in den Orten

L., Heinersdorf, Tempelberg, Dolgelin, Neuentempel und Marxdorf, über die sie Patronatsrechte innehatten. Im April 1303 fand in L. ein Generalkapitel der Provinzen *Alemania* und *Slavia* unter dem Vorsitz Präzeptor Friedrichs von Alvensleben (1303–12) statt, das der letzte Templerkomtur Bertram von Veltheim (um 1300–12) ausrichtete. Nach der Aufhebung des Ordens durch Papst Clemens V. fiel L. 1312 an den Johanniterorden. Der Vergleich zu Kremmen 1318 mit dem Landesherrn Woldemar, dem letzten askanischen Markgrafen von Brandenburg, schuf die Grundlage zum späteren markgräflichen Patronatsrecht über die Johanniterballei Brandenburg. Der letzte Templerpräzeptor Friedrich von Alvensleben soll sich mit wenigen Getreuen nach der Templertragödie in der Kommende aufgehalten haben; dass er tatsächlich noch zum Herrenmeister der Johanniter erhoben wurde, kann bezweifelt werden. 1321 bestand der Johanniterkonvent aus dem Komtur Johann von Bortfeld (1321/29) sowie zehn Ordensmitgliedern. Im Streit Kaiser Ludwigs des Bayern mit dem Papst in Avignon standen die brandenburgischen Johanniter dem Wittelsbacher zur Seite und verfielen dem päpstlichen Interdikt (1327–54). Die Ballei Brandenburg löste sich unter dem Balleier Bernhard von Schulenburg (1376–97) durch den Heimbacher Vergleich von 1382 weitestgehend von der Ordenszentrale ab. In L. fanden unter den eigenen Herrenmeistern mehrere Balivialkapitel statt (1438, 1457, 1460, 1553). Zu den Hohenzollern, die 1417 das Kurfürstentum übernahmen, knüpften die Johanniter enge Beziehungen. Die Ballei Brandenburg ging gemeinsam mit den Landesherren nach 1539 zum Protestantismus über; die Herrenmeister residierten in Sonnenburg (heute Polen). Der seit 1544 verheiratete Komtur Otto von Ternow (1544–70) überließ 1556 die Kommende L. offiziell dem Kurfürsten Joachim II., der sie bereits verpfändet hatte.

Lietzen Templer-/Johanniterkommende, eine typische Pfarrkirche der Templer steht heute noch in Tempelberg.

Die Ordensinstitution blieb nominell mit den Ämtern bestehen. Seit 1597 bis zur Aufhebung 1811 führten die Johanniter die Kommende in Rittergutsmanier weiter. Nach der Liquidation der Ballei Brandenburg auf Wunsch Napoleons (1810/11) fiel der Besitz 1814 an den preußischen Staatskanzler Fürst Hardenberg, dessen Nachkommen L. 1944 verloren, aber 1994 zurückerhielten.

▶ **Gegenwart.** Noch heute sind mittelalterliche Bauten der Ordensritter deutlich am Gutshof L. zu erkennen. Umfassungsmauern teilweise aus Feldsteinen umgeben das ausgedehnte Areal. Die einschiffige Kirche aus Granitmauerwerk im Zentrum der Anlage, deren Patrozinium nicht überliefert ist, geht auf die Templer zurück; sie wurde im Spätmittelalter von den Johannitern mit Backsteinen im Ostbereich polygonal erweitert. Die ursprünglich romanischen Fenster sind als vermauerte Nischen an den Langseiten noch erkennbar, der viereckige Fachwerkturm trägt die Jahreszahl 1727. Das langgestreckte Herrenhaus besteht im Kern aus der Zeit der Templer (nach 1250), seine Kellerräume zeigen frühgotisches Mauerwerk, der aufstrebende Bau wurde stark barock überformt und ausgeschmückt. Im südlichen Gelände steht frei ein imposantes Speichergebäude, das Mitte des 13. Jh. aus Feldsteinen errichtet wurde und auch innen weitestgehend original erhalten ist. Die Templer hatten in den Pfarrsprengeln ihres Besitzes im 13. Jh. kleine Feldsteinkirchen mit typisch halbrunden Apsisanbauten im Chorbereich errichtet; in Heinersdorf und Tempelberg stehen diese Kirchen noch heute und werden nach wie vor für den Gottesdienst genutzt. 1523 kaufte der Johanniterorden die südlich gelegene Burg Friedland in der Niederlausitz, die er aber erst im 17. Jh. für seine Zwecke ausbaute.

Lietzen Templer-/Johanniterkommende, Speichergebäude der Templer aus dem 13. Jh. im Gutshofgelände.

◆ Wigger, Anette/Schumann, Dirk: L., in: Brandenburgisches Klosterbuch, Bd. 2, Berlin – Brandenburg 2007, 805–817; Creutz, Ursula: Die Komturei L., in: Geschichte der ehemaligen Klöster im Bistum Berlin, Leipzig 1995, 111 f.

Lilienthal, *Zisterzienserinnenabtei St. Maria (1230–1565), Erzdiözese Bremen – (Lkr. Osterholz, Niedersachsen, ❒ 1, C3).*

▶ **Geschichte.** Erzbischof Gebhard II. von Bremen (Lippe) stiftete 1230 zum Seelenheil seines Bruders, Hermann zur Lippe, der im Kampf gegen die Stedinger Bauern gefallen war, ein Frauenkloster in Northusen im Gebiet Trupe-Wallerbroke und nannte es „Lilienthal". Er rief Zisterzienserinnen aus ➛ Walberberg bei Bonn in seine Diözese, die entsprechend eines späteren Gründungsberichts 1231 ankamen und 1232 die Gründungsurkunde entgegennahmen. Damals tobten noch immer schwere Kämpfe im Gebiet: Die Abtei ➛ Hude wurde 1233 zerstört und die freien Bauern von Stedingen erst 1234 durch einen „Kreuzzug" endgültig besiegt. Das Kloster und die großzügige Ausstattung dienten der Machtdemonstration des Erzbischofs gegen die freiheitsliebenden Stedinger. Das päpstliche Schutzprivileg erlangte der Konvent 1234, die kaiserliche Bestätigung 1235. Die Anfangsjahre waren von mehreren Ortswechseln geprägt: 1234/35 nach Wollah, ein Jahr später an die Martinskirche in ➛ Lesum, 1241 wieder nach Wollah und schließlich 1262 in die Nähe des ersten Ortes bei Trupe, dem heutigen Ort L. Die Konventsstärke nahm so schnell zu, dass ein Gründungskonvent 1245 mit Äbtissin Clementia (1245–68) in das von den Benediktinern verlassene Kloster St. Johannes in ➛ Lübeck gesandt werden konnte, dort unterstanden sie aber dem bischöflichem Ordinarius. In der wechselvollen Anfangszeit genoss der Konvent L. als vollwertiges Ordensmitglied die Unterstützung des Generalkapitels der Zisterzienser, ein Privileg, das andere nordwestdeutsche Zisterzienserinnenklöster nicht erlangten. Den Status eines lediglich kommittierten Frauenklosters genossen ➛ Bersenbrück, ➛ Rulle und ➛ Gravenhorst. Die Frauenabtei L. unterstand seit etwa 1232 direkt dem Abt von Cîteaux. Die ungewöhnlich prompte Inkorporation mit der Gründung ist wohl auf den Einfluss des Stifters zurückzuführen. Die Dominikaner von St. Katharina in ➛ Bremen halfen den Frauen in den ersten Jahrzehnten im Auftrag des Erzbischofs. Seine Privilegien, die Gunsterweise seiner einflussreichen Familie zur Lippe, umfangreicher Landbesitz, mehrere Patronatsrechte und Schenkungen der Bremer Bürgerschaft ermöglichten den schnellen Aufschwung, der von den Äbten aus Hude, ➛ Mariental und ➛ Loccum begleitet wurde. Eine regeltreue Klosterzucht konnte im Mittelalter stets eingehalten werden, die Zisterzienserinnen besaßen im 13. Jh. eine eigene Schreibstube und erteilten Schulunterricht. Im klösterlichen Kerngebiet stand ihnen die volle weltliche Gerichtsbarkeit zu. Die Maximalstärke des Konvents war auf 50 Frauen festgelegt, wegen des starken Zulaufs versuchte der Konvent 1333 eine Aufstockung der Mitgliederzahl zu erreichen. Reformatorische Unruhen, die 1522 in Bremen begannen, hatten zunächst keinen bemerkenswerten Einfluss im Konvent. Abt Wolterus von Loccum (1536–38) fand 1536 alles löblich vor. Sein Nachfolger Hartmann Busse (1538–51) bemühte sich 1538 um die schnelle Neuwahl der Äbtissin Lucke Nutte (1538–65?). Der Konvent nahm erst 1565 das lutherische Glaubensbekenntnis an. Der Wechsel verlief friedlich, die katholischen Schwestern durften im Kloster bleiben. 1631 musste der evangelische Konvent aufgrund des kaiserlichen Restitutionsedikts das Kloster verlassen, kehrte aber 1635 nach Abzug des katholischen Heeres zurück. L. fiel 1648 mit dem Erzstift Bremen an die Schwedische Krone, die das Kloster 1650 auflöste. Der Besitz kam 1719 an das neue Kurfürstentum Braunschweig-Lüneburg (Kurhannover). Bis auf die Klosterkirche wurde die Anlage abgerissen. Um den fürstlichen Amtsbezirk herum entwickelte sich der Ort L.

▶ **Gegenwart.** Die ehemalige Klosterkirche und heutige evangelisch-lutherische Pfarrkirche St. Marien (Weihe 1263) ist ein hoher Backsteinsaal mit flachem Ostabschluss, kleinem Westturm und äußeren Strebepfeilern; beide Giebel der Schmalseiten werden von Spitzbogenblenden belebt. Fünf Kreuzgewölbe überdecken den Innenraum, der 1738 eingreifend umgestaltet wurde. Zwei Grabplatten der Äbtissinnen Gertrud Scheene († 1385) und Allheidis Hellingstede († 1466) blieben von der mittelalterlichen Ausstattung erhalten.

◆ GermBen 12, 282–307; Ahlers, Gerd: L., in: Weibliches Zisterziensertum im Mittelalter, Berlin 2002, 164–173.

Lilienthal Zisterzienserinnenabtei, westliche Giebelfront der Klosterkirche von 1283 mit Spitzbogenblenden.

Limburg (Haardt), *Benediktinerabtei Heilig Kreuz und St. Maria (1025–1574), Diözese Speyer – (Kreisstadt Bad Dürkheim, Rheinland-Pfalz, ❒ 3, B2).*

▶ **Geschichte.** König Konrad II. stiftete 1025 die „Stammburg seiner Väter" auf einem Bergsporn über dem Isenachtal zur Gründung der Abtei L. als viertes Hauskloster der Salier nach ➛ Mettlach, ➛ Hornbach und ➛ Lambrecht. Konrad beauftragte Bischof Walther von Speyer mit dem Klosterbau. 1034 kamen die ersten Benediktiner aus St. Maximin in ➛ Trier und brachten ➛ Gorzer Reformstatuten mit, ein Jahr später stellten Konrad (inzwischen Kaiser) und Gemahlin Gisela den Begabungsbrief aus. Der Aufbau der Anlage zog sich in die Länge, die Gesamtweihe fand wohl erst 1042 statt, aber schon 1038 berief Konrad eine Synode auf L. ein, um die Anzahl der Adventsonntage festlegen zu lassen. Sein Sohn König Heinrich III. übergab 1043(?) Abt Arnold I. von Valkenberg (1043?–54) die Leitung der Abtei, obwohl jener schon zur Führung der Reichsklöster ➛ Lorsch und ➛ Corvey verpflichtet war. In den ersten Jahrzehnten erlangte der Konvent durch seine „Limburger Schule" große geistige Ausstrahlung und Anerkennung. Bis zum Tod Kaiser Heinrichs III. 1056 bewahrten die Mönche die Reichsinsignien auf. 1065 fiel L. wie auch die Abtei Lambrecht und das Reichsstift ➛ Eschwege an der Werra durch eine Schenkung König Heinrichs IV.

Limburg (Haardt) Benediktinerabtei, Ruine der frühsalischen Abteibasilika (um 1040), die kunsthistorisch als Geburtsstunde der Romanik in Deutschland gilt.

an die Herrschaft des Speyrer Hochstifts. Die Speyrer Bischöfe rekrutierten sich während des Investiturstreits aus den Vorstehern der Abtei. Erst unter den Staufern wurde die einstige Selbstbestimmung mit den verbrieften Rechten wiedererlangt. Seit Mitte des 12. Jh. beaufsichtigte L. die Klöster Naumburg (Wetterau), Hausen-Dürkheim, ➛ Seebach und Schönfeld-Dürkheim; bis auf Seebach sind alle genannten Klöster architektonisch untergegangen. Zunehmender Druck der gräflichen Vögte von Leiningen-Hardenburg führte Anfang des 15. Jh. zur völligen Abhängigkeit. Der fähige Abt Johannes IV. Bock von Erfenstein (1406/26) vermochte noch den inneren Verfall des Konvents aufzuhalten. Während der Erbfehden 1470 wurde L. geplündert, nach einem Rachefeldzug kam die Abtei 1471 unter die Schirmherrschaft Kurfürst Friedrichs I. von der Pfalz. Bischof Ludwig von Helmstatt erzwang die Observanz im Konvent und 1481 mit Abt Eberhard von Venlo (1481–82) aus Mainz St. Jakob den Anschluss an die ➛ Bursfelder Kongregation. Im August 1504 äscherten Truppen des Leininger Grafen und die Bürger von Dürkheim die Abtei aus Rache gegen den Pfälzer Kurfürsten so gründlich ein, dass an ein Weiterleben auf dem Berg nicht zu denken war. Der Exilkonvent versuchte 1508 einen Neubeginn in Wachenheim und 1510 in Dürkheim; seit 1512 wagte Abt Werner Breder von Hohenstein (1508–31) den Wiederaufbau auf dem Berg. Die alte Herrlichkeit konnte nicht mehr erreicht werden, zumal Bauern 1525 plündernd die Abtei heimsuchten und die Kurfürsten Ottheinrich und Friedrich III. die Reformation in der Pfalz durchsetzten. 1566 verwaltete ein weltlicher Schaffner die Güter; nach dem Tod Abt Johannes' V. aus Bingenheim (1552–74) zogen kurpfälzische Beamte die Abtei 1574 ein. Die Restitution von 1645 bis 1650 galt nur formal.

▶ **Gegenwart.** Die L. auf dem Bergplateau ist heute eine der eindrucksvollsten Klosterruinen Deutschlands. Noch immer versetzen frühsalische Mauern der einstigen Säulenbasilika den Besucher ob ihrer Größe und Ausgewogenheit in Erstaunen. Der Bau wird von Kunsthistorikern als Geburtsstunde der Romanik in Deutschland eingestuft. Ihm folgte der Dom zu Speyer, ebenfalls eine Gründung König Konrads II., des ersten Saliers auf dem Kaiserthron. Die vielbeschriebene Ruine L. ist seit 1843 im Besitz der Stadt Dürkheim, die sie besonders in den letzten Jahrzehnten sanierte und vor weiterem Verfall schützte.

◆ GermBen 9, 360–397; Schenk, Walter: Kloster L. an der Haardt, Neustadt (Weinstraße) 2002; Engels, Renate (Bb.): L., in: Palatia Sacra, Tl. 1, Bd. 5, Mainz 1992, 116–143.

Limburg/Lahn Franziskanerkloster, Innenansicht der Klosterbasilika von Anfang 14. Jh., Blick auf den Chor.

Limburg/Lahn, *Franziskanerkloster St. Sebastian (1232–1813) – „Barfüßerkloster“, Erzdiözese Trier – (Lkr. L.-Weilburg, Hessen,* ❐ *3, B1).*

▶ **Geschichte.** Die Minoriten ließen sich 1232 in der aufstrebenden Tuchmacherstadt L. nieder. Angaben zu einer früheren Klostergründung noch zu Lebzeiten des Ordensgründers Franz von Assisi (1180/81–1226) entbehren jeder Zuverlässigkeit. Anzunehmen ist vielmehr die Stiftung des Gerlach I. von L., Herr auf Burg L. und Spross einer Seitenlinie des Hauses Isenburg. Die Limburger Herrschaft nutzte das neue Kloster als Familiengrablege. Im Juli 1252 wurde die erste Klosterkirche St. Sebastian geweiht, 1254 tritt ein Guardian Theoderich als Zeuge urkundlich auf. Papst Alexander IV. erteilte im März 1259 den Minderbrüdern ausdrücklich das Recht, ohne Erlaubnis des Pfarrklerus in L. zu predigen und die Beichte zu hören. Dieses Privileg musste wohl nicht ohne Grund in L. mehrfach bestätigt werden: im Juli 1337 von Papst Johannes XXII. und im September 1382 von Papst Clemens IV. Den Konflikt um Pfarrrechte und Pfründen trugen die Franziskaner mit dem Kollegiatstift St. Georg aus, das als beherrschende geistliche Institution der Stadt sich seine Position nicht ohne weiteres einschränken ließ. Ungehemmtes und rücksichtsloses Erschleichen bürgerlicher Stiftungen durch die Barfüßer wurde ebenso in ➛ Köln und ➛ Kaiserslautern beklagt. Die wenigen überkommenen Quellen belegen Güterschenkungen und das Vertrauen der Bürger, wofür sich die Barfüßer mit Seelenheilmessen und Jahrgedächtnissen erkenntlich zeigten. Rechtsgeschäfte fanden in ihrem Kreuzgang statt, so nachweislich im Mai 1373 beim Verfassen des Testaments der Else Juden oder die notarielle Beglaubigung einer Urkunde im Februar 1430. Graf Philipp zu Katzenelnbogen wurde 1467 wegen seiner Gunst und Wohltaten in die Bruderschaft des Klosters aufgenommen, um ihn aller guter Werke teilhaftig werden zu lassen. Nach dem Aussterben der Limburger Herrn 1406 erlangte Kurtrier die Stadtherrschaft. Dem Kloster wurde eine besondere Ehre zuteil, als 1421 die Ordensleitung ihr Generalkapitel in L. abhielt. Mitte des 15. Jh. schlossen sich die St. Sebastian- und St. Jodokbruderschaft an. Guardian Konrad und die Mitbrüder unterwarfen sich 1469 freiwillig den ordensinternen Reformen und traten der Observanzbewegung bei, Erzbischof Johann II. von Trier (Baden) schickte zehn Observanten aus Koblenz zur Unterstützung nach L. Die schon länger betreute Frauengemeinschaft „Maria Bethlehem“ nahm 1484 die franziskanische Drittordensregel an; als Tertiarinnen verblieben sie aber bei der konventualen Verfassung und behielten ihren Besitz. 1487 urkundete Erzbischof Johann II., dass er den Landbesitz der Brüder den Zisterzienserinnen in Koblenz „Maria in der Leer" übergeben hat. Die observante Haltung scheint die Brüder empfänglich für die neue Glaubensauslegung Luthers gemacht zu haben, denn während der Reformation um 1530 verödete der Konvent. Im April 1577 beschloss das Provinzkapitel, das leere Kloster L. dem Landesherrn, dem Kurfürsten und Erzbischof in Trier, mit allem Zubehör zu übergeben. Erzbischof Johann VII. von Schönenberg richtete auf Bitten der Ordensleitung Anfang 1582 das Sebastianskloster in L. für Observanten wieder ein. Im Zusammenhang mit der katholischen Neuorientierung nahm der neue Konvent mit dem Noviziat und der Archivverwaltung eine bedeutende Stellung innerhalb der 1635 neugegründeten Provinz Thuringia ein. Die erste Säkularisationswelle 1802/03 im Fürstentum Nassau überging die Mendikantenklöster noch, im Januar 1813 aber erging der Aufhebungsbefehl, der im Februar 1813 in L. zehn Patres, sieben Fratres und zwei Personen Gesinde verkündet wurde.

▶ **Gegenwart.** Heute ist die ehemalige Franziskanerkirche St. Sebastian die Stadtkirche der katholischen Gemeinde und die Hauskapelle der Bischöfe von Limburg; das Bistum Limburg besteht seit der kirchlichen Neuordnung 1827. Die dreischiffige, flachgedeckte Basilika zu sechs Jochen mit gewölbtem Polygonalchor in gleicher Breite entstand Anfang des 14. Jh. als zweite, größere Konventskirche durch die Förderung Johanns I. von Limburg. Der weitläufige Innenraum wurde 1742 mit Barockstuck ausgeschmückt, das nördliche Seitenschiff bewahrt gotische Fresken, Reststücke mittelalterlicher Ausstattung und Epitaphe blieben erhalten. Die Konventsgebäude (1738–43) dienen heute als bischöflicher Wohnsitz und Diözesanverwaltung.

◆ Schirmacher, Ernst: L. an der Lahn, Entstehung und Entwicklung der mittelalterlichen Stadt, Wiesbaden 1963; Struck, Wolf-Heino: Das St. Georgenstift, die Klöster, das Hospital und die Kapellen in L. an der Lahn. Regesten 910–1500, Wiesbaden 1956.

Limburg/Lahn Wilhelmitenkloster, die Klosterkirche besteht noch heute aus gotischen Teilmauern, Westseite.

Limburg/Lahn, *Wilhelmitenkloster St. Maria und St. Wilhelm (1312–1568), Erzdiözese Trier – (Lkr. L.-Weilburg, Hessen, ❐ 3, B1).*

▶ **Geschichte.** Gerlach III., Herr zu L. aus dem Haus Isenburg, stiftete 1312 ein Wilhelmitenkloster auf der Insel nahe der Lahnbrücke zur Stadt, das mit Mönchen aus dem Kloster Windsbach bei Bacharach besiedelt wurde. Der Stadtherr und Stifter erlaubte 1317 wegen der Überschwemmungsschäden, das Kloster vor das Diezer Tor zu verlegen, was Erzbischof Balduin von Trier (Luxemburg) im Oktober 1319 bestätigte. Den Zisterziensern von ➛ Eberbach, die in L. den „Erbacher Stadthof" mit Kapelle unterhielten, zahlten die Wilhelmiten Pacht für Hofstatt und Gärten. Prior Konrad und Konvent erhielten 1328 von Ludwig von Hachenburg eine weitere Hofstatt am Diezer Tor zur Vergrößerung ihrer Klosteranlage, zusätzlich sicherten Stiftungen der Bürger Einkünfte und Auskommen. Prior Johannes Greffendoyle (1433–53) verpachtete Immobilien und Weingärten, die Arbeit des Orgelbauers wurde mit zinsloser Erbpacht eines Hofes vor dem Kloster vergütet. Wilhelmiten aus L. betreuten „fromme Frauen des heiligen Wilhelm", den einzigen deutschen Frauenkonvent, der 1458 in ➛ Fachingen/Lahn die Ordensregel der Wilhelmiten angenommen hatte. Die Bruderschaft St. Jakob der Büchsenmacher schloss sich 1467 dem Konvent an und ließ sich von Prior Engelbrecht (1467–97) Begräbnisrechte und Memorialmessen zusichern; gemeinsame Prozessionen um die Stadt bis Dietkirchen und Dirstein gehörten zur Vereinbarung. Wegen der Armut des Konvents unterstützten die Junker Hans und Diethart von Hoenberg 1487 das Wilhelmitenkloster vor den Stadtmauern mit dem Präsentationsrecht der Kapelle zu Offheim, verlangten aber Gedächtnismessen für ihre Ahnen und Nachkommen. Der Sohn und Neffe Friedrich trat ein Jahr später in den Konvent ein, verbunden mit weiteren Güterdotationen. Auffällig dabei ist, dass Bürgermeister und Stadtrat mitsiegelten und als Vormund und Aufseher des Klosters bezeichnet wurden – die Stadt hatte offensichtlich Aufsichtsrechte über das Kloster übernommen. Lutherischen Reformationseinflüssen hatte der schwache Wilhelmitenkonvent mit vier Konventualen und dem Prior nichts entgegenzusetzen, Almosen und Zuwendungen blieben aus. Prior Friedrich Oberlich starb 1562, der letzte Mönch 1568, das Kloster war erloschen. Bischof Jakob III. von Eltz übergab das leere Kloster in einem Tauschgeschäft 1573 der Stadt, die in die Räume das städtische Hospital verlegte.

▶ **Gegenwart.** Die ehemalige Klosterkirche der Wilhelmiten dient heute als katholische Pfarrkirche St. Anna. Der heutige Hallenbau entstand nach den Umbauten 1650/52; der dreiseitig geschlossene Chor blieb im Kern gotisch und das östlichste Chorfenster behielt sein ursprüngliches Maßwerk. Der heutige Innenschmuck entspricht der barocken Ausgestaltung, das Vesperbild schuf Anfang des 16. Jh. der Meister von der Brustlatz. Mittelalterliche Klostergebäude wurden 1721 durch zweistöckige Neubauten ersetzt. Die gotische Kapelle des „Erbacher Hofes" der Zisterzienserabtei Eberbach von 1322 ist heute ein besonderes Schmuckstück der Altstadt.

◆ Schirmacher, Ernst: L. an der Lahn, Entstehung und Entwicklung der mittelalterlichen Stadt, Wiesbaden 1963; Struck, Wolf-Heino: Das St. Georgenstift, die Klöster, das Hospital und die Kapellen in L. an der Lahn. Regesten 910–1500, Wiesbaden 1956.

Lindau, *Franziskanerkloster (vor 1241–1528), Diözese Konstanz – (Kreisstadt, Bayern, ❐ 3, D5).*

▶ **Geschichte.** Äbtissin Euphemia von Pflegelberg aus dem Kanonissenstift in L. am Bodensee soll den Minoriten aus Trient (Italien) schon 1224 einen Niederlassungsplatz auf stiftseigenem Grund in der Stadt zugewiesen haben. Dieses frühe Datum ist anzuzweifeln und lässt sich auch nicht belegen. Das weltliche Frauenstift auf der Bodenseeinsel unterhielt ein Spital, das 1237 erstmals erwähnt wird; möglicherweise sollten die Bettelbrüder bei der seelsorglichen Betreuung behilflich sein, zumindest aber im Streit des Stifts gegen Kaiser Friedrich II. und die Bürger der päpstlichen Seite Unterstützung garantieren. Bischof Heinrich von Konstanz (Tanne) bestätigte 1241 die Franziskanerniederlassung und vergab gegen den Protest des Ortspfarrers seelsorgliche Rechte. Papst Innozenz IV. gewährte 1253 einen vierzigtägigen Ablass zur Unterstützung des Kirchenbaus. Schon 25 Jahre später baten die Barfüßer die Stiftsdamen um einen größeren Bauplatz, weil die Kirche nach Westen erweitert werden musste. 1288 tritt ein Guardian Eberhard namentlich in Erscheinung, 1296 erlangten die Brüder das Beerdigungsrecht auf dem eigenen Friedhof. 1305 bestand der kleine Konvent aus fünf Minoriten, 1339 ignorierten sie das päpstliche Interdikt gegen Kaiser Ludwig den Bayern, feierten in der Reichsstadt Messen und nahmen sakramentale Handlungen vor. 1353 verlieh Papst Innozenz VI. einen Ablass zur Erweiterung des Chors, der 1380 vollendet wurde. Bruder Johann von Winterthur verfasste um 1345 in L. eine aufschlussreiche Zeitchronik, die 1349 abrupt endet, wahrscheinlich erlag er der Pest. Der Provinzial der Straßburger Ordensprovinz, Marquard von Lindau (1389–92), war möglicherweise dem Bodenseekonvent affiliiert. Im 14. Jh. stieg der Wohlstand und die Verflechtung mit dem städtischen Geschäftsleben. Die Minoriten begleiteten religiöse Frauengemeinschaften in der Stadt, so etwa die „Closmerinnen". Mitte des 15. Jh. verweigerte der Konvent die Observanzreform des Ordens und schloss sich den Observanten nicht an. Aber während der Reformationszeit brachten die konventualen Minoriten dem Volk die neue Lehre Luthers nahe. Die Reichsstadt L. bekannte sich 1528 offiziell zur Reformation, im gleichen Jahr verließen die letzten Franziskaner mit Abfindungen ihr Kloster. Ein Restitutionsversuch 1628 scheiterte am Widerstand der Bürger.

▶ **Gegenwart.** Nach vielfältiger Nutzung baute die Stadt die Barfüßerkirche um und eröffnete 1887 das städtische Theater, wozu der entkernte gotische Saalbau mit hochgotischem Polygonalchor noch heute dient (vergleichbar mit der Franziskanerkirche in ➛ Amberg). Trotz weiterer Eingriffe, die schließlich einen Theatersaal im Stil der frühen 1950er Jahre mit moderner Technik schuf, blieb im Bühnenraum ein großes Fresko des Jüngsten Gerichts von 1516 erhalten. Die Klausuranlage zog sich südlich bis an das Seeufer hin, von ihr blieben aber keine Gebäude erhalten.

◆ Dobras, Werner: Kurze Lindauer Theatergeschichte. Von der Kirche der Mönche bis zum Stadttheater, Lindau 1986; Borst, Arno: Mönche am Bodensee 619–1525, Sigmaringen 1978.

Lindow Zisterzienserinnenkloster, Mauerreste des östlichen Klausurflügels unter Ligusterwildwuchs.

Lindow, *Zisterzienserinnenkloster St. Maria (1230–1541), Diözese Havelberg – (Lkr. Ostprignitz-Ruppin, Brandenburg, ❐ 2, C3).*

▶ **Geschichte.** Um die Gründung des Klosters L. wurde vielfältig spekuliert; man nahm die Existenz eines Prämonstratenserstifts in Themenitz als Ursprung an, wofür aber keine eindeutigen Beweise vorliegen. Wahrscheinlicher bleibt eine Stiftung Graf Gebhards I. von Arnstein, der die Grafschaft L.-Ruppin begründete und 1246 als Stifter des ➛ Neuruppiner Dominikanerklosters hervortrat. Auf einer Landenge zwischen Wutz- und Gudelacksee entstand um 1230 ein Frauenkloster, das möglicherweise aus ➛ Zehdenick besiedelt wurde. Dem Konvent standen mehrfach Äbtissinnen aus der gräflichen Stifterfamilie vor. Die Ordenszugehörigkeit kann nach wie vor nicht definitiv bestimmt werden. Die Schwestern trugen eine weiße Ordenstracht und befolgten wohl die Statuten der Zisterzienser; die Inkorporation in den Zisterzienserorden kann man ausschließen, die Jurisdiktion behielt immer der Bischof von Havelberg. Papst Alexander VI. bezeichnete Kloster L. in einer Urkunde von 1501 als dem Benediktinerorden zugehörig. Die mecklenburgischen Landesherrn, die Stifterfamilie und der Niederadel dotierten reichlich Zuwendungen und Mitgiften, so dass das Kloster im Mittelalter bei Vollbesitz von 19 Dörfern, eingeschlossen niedere und höhere Gerichtsbarkeit, zu den reichsten monastischen Institutionen im Bistum zählte. Es erwirtschaftete mehr als ein Viertel der gesamten Steuereinnahmen des Ruppiner Landes. Mit 20 Kirchenpatronaten in umliegenden Dörfern war L. der geistige Mittelpunkt der Region. Klaus von Quitzow zu Rühstädt verkaufte an Propst Nikolaus Bassute (1436/66) und Äbtissin Luitgard Gronenveld (1436/37) die Urbede des Städtchens L. Der Konvent, der bis zu 36

Schwestern zählte, bezog Zinsen und Renten aus Wusterhausen, Gransee und Neuruppin. Im Ort L. betreuten die Schwestern ein Hospital und eine Beginengemeinschaft. Die Schirmherrschaft beanspruchte die Stifterfamilie bis zu ihrem Aussterben 1524, danach fiel sie an die Kurfürsten von Brandenburg. Visitatoren im Auftrag Kurfürst Joachims II. wandelten den Konvent unter Äbtissin Elisabeth von Kröcher (1538–47) im Juli 1541 ohne größere Probleme in eine evangelische Stiftsgemeinschaft um, die bis 1945 existierte. 1638 brannten kaiserliche Truppen die mittelalterliche Anlage nieder, dabei ging auch das Archiv in Flammen auf. Bruchsteine der mittelalterlichen Klosteranlage wurden 1650/51 für den Bau des Oranienburger Schlosses verkauft.

▶ **Gegenwart.** Die evangelischen Stiftsdamen, zeitweise nur vier bis fünf, lebten seit dem 17. Jh. in eigenen Häusern. Heute befindet sich auf dem malerischen Areal nordöstlich der Stadt L. ein evangelisches Alten- und Pflegeheim. Von der gotischen Dreiflügelanlage mit Saalkirche und Kreuzgängen steht nur noch die Mauerruine des östlichen Konventflügels aus Feldsteinquadern, deren südliche Giebelwand stark mit Liguster überwachsen ist. Südlich gegenüber blieb ein zweigeschossiger Bau mit gotischen Fenstern erhalten, möglicherweise die ehemalige Schule oder das Gästehaus. Auf einem Waldfriedhof nördlich des Kirchenareals erinnern Eisenkreuze an die Stiftsdamen der Barockzeit.

◆ Kugler, Annette/Cante, Marcus: L., in: Brandenburgisches Klosterbuch, Bd. 2, Berlin – Brandenburg 2007, 818–827; Kugler-Simmerl, Annette: Bischof, Domkapitel und Klöster im Bistum Havelberg, Berlin 2003; Bilang, Karla: Kloster L., in: Die Frauenklöster der Zisterzienser im Land Brandenburg, Berlin 1998, 57–65.

Lippoldsberg Benediktinerinnenkloster, dreischiffige Unterkirche mit 24 Stützen unter der Nonnenempore im Westteil der romanischen Klosterbasilika.

Lippoldsberg, *Benediktinerinnenkloster St. Georg, St. Chrysogonus und St. Maria (um 1090–1569), Erzdiözese Mainz – (Wahlsburg-L., Lkr. Kassel, Hessen, ❐ 1, D5).*

▶ **Geschichte.** Am Weserübergang nahe der Einmündung der Schwülme ließ Erzbischof Luitpold I. von Mainz nach 1051 eine Siedlung anlegen, die seinen Namen übernahm. Sein Nachfolger stiftete eine Pfarre mit steinerner Kirche auf dem Hügel über der Weser zur Stärkung der Mainzer Position gegenüber dem benachbarten Bistum Paderborn. Erzbischof Ruthard gründete um 1090 an dieser Kirche mit Zustimmung Graf Heinrichs von Northeim ein Benediktinerinnenkloster. Der Konvent unter Priorin Immida schwor um 1100, die Verfassung des Reformklosters St. Agnes in Schaffhausen (Schweiz) einzuhalten, also streng nach den ➛ Hirsauer Reformstatuten zu leben. Um Schwierigkeiten zu beheben, wurde 1138 der Augustiner-Chorherr Gunther aus ➛ Hamersleben als Propst (1138–nach 1161) eingesetzt, der das Kloster L. zu geistlicher, geistiger und wirtschaftlicher Blüte führte, die später nicht wieder erreicht wurde. Unter seiner Leitung entstanden die bis heute erhaltene Klosterkirche und eine reichhaltige Bibliothek. Auf Gunther geht auch das berühmte „Lippoldsberger Evangeliar“ (Hardehäuser Evangeliar) zurück, das er nach 1151 in ➛ Helmarshausen in Auftrag gab. Ansprüche der Vögte verursachten über Jahrhunderte Konflikte; besonders die Grafen von Dassel vergriffen sich bis 1321 am Klostergut. Drei kalligraphisch begabte Konventualinnen gingen um 1240 zur Aushilfe nach ➛ Cronschwitz bei Weida. Ein Hostienfund mit Blutstropfen im Reinhardswald 1330 löste eine Massenwallfahrt nach Gottsbüren aus, füllte die leere Klosterkasse und unterminierte die Klosterzucht. 1344 musste Erzbischof Heinrich III. von Virneburg den Schwestern befehlen, nach L. zurückzukehren und die Konventsstärke auf maximal 100 Schwestern zu begrenzen. 1383 lenkte das Heilig-Blut-Wunder im brandenburgischen Wilsnack die Pilger nach Brandenburg, im 15. Jh. war die klösterliche Außenstelle Gottsbüren nur noch von regionaler Bedeutung. Die Wallfahrtseinnahmen erlaubten Güterzukäufe in Niedersachsen, Hessen und Thüringen. Der Erwerb des hoch dotierten Göttinger Hospitals St. Spiritus bedeutete neue Einkünfte, aber auch ständigen Streit mit dem Magistrat. 1470 ging St. Spiritus ganz an die Stadtverwaltung über. Der Machtverlust der Mainzer Kirche im 15. Jh. führte zum wirtschaftlichen Niedergang seines Eigenklosters, das zum Spielball weltlicher Interessen wurde. Den Ruin konnte Priorin Gertrud von Erwessen (um 1464–70) nur durch massive Verkäufe verhindern. Inzwischen versuchte die benediktinische Reformbewegung der ➛ Bursfelder Kongregation die Klosterzucht zu heben, der offizielle Anschluss an die Reformunion erfolgte 1512 unter Priorin Sophia Goltsmedes (vor 1484–1517). Abt Reiner (1525–34) von ➛ Reinhausen betreute noch etwa 20 Schwestern. Der Konvent verkleinerte sich unter dem Einfluss der Reformation dramatisch. Hessen, Braunschweig und Calenberg-Göttingen teilten 1538 die Güter unter sich auf. Mit dem Tod der letzten Schwester und Priorin Lutrudis von Boyneburg (1537–69) endete das klösterliche Leben in L. Restitutionsversuche blieben ohne Erfolg.

▶ **Gegenwart.** Die kreuzförmige Klosterbasilika St. Georg und Maria ist seit der Auflösung des Klosters eine evangelische Pfarrkirche. Die dreischiffige Basilika (1142–51), die fast unverändert bis in unsere Zeit erhalten blieb, war der erste durchgewölbte Kirchenbau im mittleren und nördlichen Reichsteil und stilprägend für viele Nachfolgebauten. Drei über das Querhaus verlängerte Schiffe bilden den gestaffelten, apsidialen Ostabschluss. Der Westriegel trug zwei Türme, von denen nur der Südturm mit einer Haube aus dem 18. Jh. erhalten blieb. Der Innenraum besticht durch harmonische Proportionen und knapp gehaltene Details; schwere Gurtbögen tragen das Kreuzgratgewölbe und lagern auf Viertelkreiskonsolen der Hauptpfeiler. Im Westen ruht die Nonnenempore auf 24 Säulen, Pfeilern und Halbpfeilern einer dreischiffigen, kreuzgratgewölbten Halle, der „Nonnenkrypta". Aus klösterlicher Zeit konnten ein reichverzierter Taufstein (um 1220) und ein Sakramentshäuschen (1510) gerettet werden. Ein Rest des westlichen Kreuzgangs vom nördlich gelegenen Klausurquadrum aus der Mitte des 12. Jh. dient heute als Buchladen. In Gottsbüren steht die gotische Wallfahrtskapelle, die das Kloster im 14. Jh. erbauen ließ. Sie bewahrt mittelalterliche Fresken der Hostienlegende.

◆ GermBen 7, 741–767; Großmann, Dieter: Kirche und Kloster St. Georg in L., Lippoldsberg 1994.

Lippstadt Augustiner-Chorfrauenstift, aufgemauerte Fundamente im Rosengarten von St. Anna.

Lippstadt, *Augustiner-Chorfrauenstift St. Anna (1453–1814) – „St. Annen-Rosengarten", Erzdiözese Köln – (Kr. Soest, Nordrhein-Westfalen, ❐ 1, C5).*

▶ Die Patronatshoheit über die Pfarrkirchen in L. hatten die Kanonissen des Marienstifts inne; St. Marien war die älteste klosterähnliche Institution der Stadt aber kein Regularkanonissenstift, wie oft behauptet wird, sondern ein weltliches Stift, das seit der Reformation bis heute als freiweltliches Damenstift weiterlebt. Eine kleine religiöse Schwesterngemeinschaft der Stadt, die sogenannte St. Annen im Rosengarten, entstand 1435 unter dem Einfluss von Prior Arnold Hüls (1432–49) von ➛ Böddeken auf dem Hof des Volbert Stahlen und wurde von den Augustiner-Eremiten der Stadt (➛ Lippstadt) seelsorglich betreut. 1453 nahmen die Schwestern die Augustinusregel an und unterstellten sich dem Augustiner-Chorherrenstift Böddeken, was den geistlichen Anschluss an die ➛ Windesheimer Kongregation mit sich brachte. Die erste namentlich bekannte *Matersche* war Mechtildis tor Porten (1458). Das Augustiner-Chorherrenstift ➛ Höningen gründete 1471 in ➛ Fischbach ein Frauenstift und rief Schwestern aus St. Annen in die Pfalz. Im westfälischen Rüthen entstand 1482 ein zweites Tochterstift, von dem heute noch ein Barockgebäude existiert. Nach Einführung der Reformation 1524 blieb St. Annen bis 1807 die einzige katholische Enklave in der protestantischen Stadt. Die Chorschwestern unterrichteten katholische Kinder und stellten in Handarbeit Zwirn her. Im September 1814 erfolgte die Auflösung. Mutter Anna Angela Heithoff (1787–1814) und fünf Chorfrauen erlebten noch den Abriss ihrer Anlage. Grabungen 1982/84 erfassten die Grundmauern der Stiftskirche (ein einfacher Rechtecksaal von 1435/53 mit Erweiterung im Chorbereich 1528) und Teile der westlich angebauten Klausur. Die aufgemauerten Fundamente im Rosengarten in der Klosterstraße erinnern heute wieder an das St. Annenstift in L.

◆ Schneider, Manfred: L. – Schwesternhaus St. Annen-Rosengarten, in: Westfälisches Klosterbuch, Tl. 1, Münster 1992, 541–543.

Lippstadt, *Augustiner-Eremitenkloster St. Maria, St. Michael und St. Johannes Baptist (1280–1542) – „Brüderkloster", Erzdiözese Köln – (Kr. Soest, Nordrhein-Westfalen, ❐ 1, C5).*

▶ **Geschichte.** Die Herren zur Lippe hatten 1269 einen Erlass verkündet, der neue Klostergründungen in L. ausdrücklich untersagte. Dennoch konnte Kanzler Friedrich von Hörde 1280 durchsetzen, dass Augustiner-Eremiten vermutlich aus Köln auf seinem Stadthof im Norden der Stadt ein Kloster gründen durften. Erzbischof Siegfried von Köln (Westerburg) unterstützte die Gründung und förderte die Brüder durch Ablässe und schützende Privilegien. So erhielt etwa jeder, der ihren Predigten beiwohnte, einen Ablass von 40 Tagen. 1282 begannen die Augustiner-Eremiten mit dem Bau ihrer Klosterkirche, 1317 fanden der Stifter Friedrich und seine Gemahlin Kunigunde in der Familiengruft unter dem Chor ihre letzte Ruhestätte. Die Freiheit zur Messfeier und Beichte war den Brüdern zugesichert worden, ebenso das Begräbnisrecht. Papst Honorius IV. erlaubte 1286 gar Messen in der Augustinerkirche in Zeiten des Interdikts. Die Augustinerbrüder betreuten die Schwestern in St. Annen-Rosengarten (➛ Lippstadt) und in Nazareth/Störmede. Die Patronatshoheit über die städtischen Pfarrkirchen lag bei den weltlichen Kanonissen des Marienstifts, Auseinandersetzungen mit der Ortsgeistlichkeit um Benefizien versuchten die Augustiner mit Verträgen 1310 und 1343 zu regeln, 1471 brach der Konflikt um Einnahmen aber wieder aus. Die Bettelbrüder unterhielten zahlreiche Termineien in den Städten Westfalens. 1356 lehrte ein Lektor Johann von der Lippe (1356/57) im Konvent, um 1480 war ein *studium particulare* eingerichtet. Drei Brüder aus L. erlangten Bischofswürden: die Weihebischöfe Heinrich von Lippstadt (1380–1409), Johann Schulte (1455–89) und Johannes Ymminck (1469–96). 1470 fand ein Kapitel der Ordensprovinz Thüringen-Sachsen in L. statt; Provinzial Johannes Sartorius (1484) war Professe des Kloster L. Der Konvent durchlief zwar eine Reform, gehörte aber Ende des 15. Jh. nicht der Reformkongregation des Ordens an. Prior und Doktor der Theologie Johann Westermann (1516–29) sowie Lektor Hermann Koiten, die 1524 vom Studium aus Wittenberg zurückgekehrt waren, predigten in der Augustinerkirche von der neuen Lehre Martin Luthers und initiierten die reformatorischen Umwälzungen in L., die als erste Stadt in Westfalen-Lippe evangelisch wurde. Obwohl die Landesherren Herzog Johann III. von Kleve und Graf Simon V. zur Lippe 1535 mit Waffengewalt reformatorische Neuerungen beendeten, verödete das Augustiner-Eremitenkloster in der Folgezeit. Prior Bernhard Wechmann übergab mit seinen letzten beiden Mitbrüdern 1542 das Kloster der Stadt, die eine Schule einrichtete.

▶ **Gegenwart.** Die Klosterkirche, heute als „Brüderkirche" bezeichnet, ist eine zweischiffige, asymmetrische Hallenkirche, deren äußere südliche Schauseite von drei Spitzgiebeldächern über den Seitenschiffjochen bestimmt wird. Die Kirche dient heute, leicht baulich verändert, der griechisch-orthodoxen Gemeinde als Gotteshaus. Im weiten und lichten Innenraum findet man „Lippinische Bautraditionen" wieder. Bemerkenswert ist die Abbildung des hl. Nikolaus von Tolentino (1245–1305); sie ist die älteste Darstellung des Schutzheiligen der Augustiner-Eremiten in Deutschland. Von der ursprünglich nördlich angrenzenden Klausur blieben keine Reste erhalten; sie mussten der heutigen Wilhelmschule weichen.

◆ Elm, Kaspar / Rüther, Andreas: L. – Augustiner-Eremiten, in: Westfälisches Klosterbuch, Tl. 1, Münster 1992, 537–541; Kunzelmann, Adalbero: Geschichte der deutschen Augustiner-Eremiten, Tl. 1, 180–182, Tl. 5, 187–195, Würzburg 1969/74.

Lissen Benediktinerpriorat, Ostansicht der heute stark reduzierten, romanischen Prioratsbasilika.

Lissen, *Benediktinerpriorat St. Wenzel (um 1200–1540), Diözese Naumburg – (Osterfeld-L., Burgenlandkreis, Sachsen-Anhalt, ❐ 4, B1).*

▶ **Geschichte.** Stifter und Gründungsdatum des Benediktinerpriorats L. sind nicht bekannt. Die thüringische Abtei ➛ Reinhardsbrunn (etwa 100 km von L. entfernt) unterhielt nordwestlich von Osterfeld in der Diözese Naumburg wahrscheinlich schon seit Ende des 12. Jh. diesen Außenposten, den erstmals Papst Innozenz III. in seinem Schutzbrief für die Abtei 1215 aufführt. Das Wenzelpatrozinium deutet auf Einflüsse der böhmischen Kirche in der Diözese Naumburg hin (die Stadtpfarrkirche der Bischofsstadt Naumburg war ebenfalls dem hl. Wenzel [907–938] geweiht). 1265 vereinbarten Abt Ludwig von Reinhardsbrunn (um 1238–74) und Burggraf Hermann von Osterfeld, dass der Prior von L. die Gottesdienste in der Burgkapelle versieht; einen entsprechenden Vertrag bestätigte Bischof Meinher von Naumburg (Neuenburg) 1280. Meist besetzten nur drei bis vier Benediktiner das Priorat, das in Sachsen möglicherweise Propstei genannt wurde. Im 12. Jh. blühten in Reinhardsbrunn die Ideale der ➛ Hirsauer Benediktinerreform, die die Prioratsverfassung nach dem Vorbild Clunys in Burgund (Frankreich) einschloss. Insofern muss bei dem Außenposten in L. von einem Priorat gesprochen werden, wenngleich sich das Reformideal im 13. Jh. verflüchtigte und sich die alte Dekanatsverfassung mit Propsttitel wieder durchsetzte. In der Literatur wird der Außenposten L. meist als Propstei bezeichnet. Mönche gingen Seelsorgeaufgaben nach und verwalteten die nördlichen Besitzungen der Abtei. Ritter Heinrich von Stolzenhain stiftete 1325 an die Kirche eine Kapelle und Grundstücke in Rathewitz für das Seelenheil seiner verstorbenen Frau; er wurde in die „Gemeinschaft an allen guten Werken" aufgenommen. Auch die Grafen von Osterfeld erwiesen sich im 14. Jh. mit einigen Stiftungen als Förderer der Niederlassung. Bischof Heinrich I. von Naumburg (Grünberg) bestätigte 1330 Abt Heinrich II. von Reinhardsbrunn (1329–53) nochmals ausdrücklich das Recht, den Vorsteher in L. zu bestimmen. Das Zinsregister der Mutterabtei vermerkt 1513 eine jährliche Amtsgebühr des Propstes Johann Duntze, der demzufolge ein Weltpriester war, wie sie in fast allen Tochterklöstern der Abtei im Spätmittelalter als Vorsteher eingesetzt waren. Nach der sächsischen Teilung 1485 gehörte L. zur albertinischen Linie der Wettiner Landesfürsten. Insofern war der Bestand während der Reformationswirren bis 1539 geschützt; erst Herzog Heinrich II. der Fromme ließ die Propstei L. 1540 auflösen.

▶ **Gegenwart.** Die Prioratskirche der Benediktiner hat sich in L., wenn auch stark reduziert, bis heute erhalten und dient der evangelisch-lutherischen Gemeinde als Pfarrkirche. Die romanische Basilika aus Kleinquadern mit flachem Chorabschluss wurde Ende des 13. Jh. gotisiert und im 16. Jh. ihrer Seitenschiffe beraubt; vermauerte Arkaden sind seitlich deutlich erkennbar. Heute ist die Kirche ein einschiffiger Bau mit überwiegend spitzbogigen Lanzettfenstern und seitlichem Turm; der Turmaufsatz stammt von 1692. Die Ostwand zeigt einen reich gestalteten, spätgotischen Blendgiebel, die Westfassade eine kielbogige Pforte (1510). Innen fallen nasenbesetzte Nischen und Dienste für die Chorwölbung von 1320 auf. Die heutige Ausstattung geht auf das 18. und 19. Jh. zurück. Der zweistöckige Putzbau neben der Kirche am Hang (1691) soll auf mittelalterlichen Kellern stehen.

◆ GermSac NF 35; Löffler, Sigmar: Geschichte des Klosters Reinhardsbrunn, Erfurt – Waltershausen 2003.

Löbau, *Franziskanerkloster Heilig Kreuz (1273–1563), Diözese Meißen – (Lkr. Görlitz, Sachsen, ❐ 2, D5).*

▶ **Geschichte.** Die Siedlung L. in der Oberlausitz wurde um 1200 im Zuge der Ostkolonisierung angelegt. Die Markgrafschaft Oberlausitz gehörte mit wenigen Unterbrechungen von 1158 bis 1635 der böhmischen Krone. Eine der wenigen Unterbrechungen war die Herrschaft des brandenburgischen Markgrafen Otto III., der 1243 die Tochter Beatrix des böhmischen Königs Wenzel I. heiratete und 1253 die Oberlausitz als Lehen erhielt. Er war für seine besondere Hinwendung zu dem Bettelorden bekannt und schuf die Voraussetzung für das Franziskanerkloster in L., das 1273 an der östlichen Stadtmauer gegründet wurde. Sicher belegt ist das Datum nicht, die älteste existierende Urkunde von 1316 stammt aus einer Zeit, in der sich das Kloster längst etabliert hatte. Der Konvent blieb klein, sein Besitz gering, die Ausstrahlung war wenig bedeutend und entsprechend ist die Quellenlage. 1336 bestätigte der Rat die Schenkung eines Waldstücks durch den Bürger Walther an die Brüder. Das Verhältnis mit der Stadt muss einvernehmlich gewesen sein, die Klosterräume dienten als Beratungsstätte, selbst für Land- und Städtetage. Laut Stadtrat hätten die Brüder zu Anfang des 16. Jh. „eyne lange czeit zu ungotlichem und vordechtigem Wesen mit ubunge mancherhande ungeistlichkeit und bose bildegebunge kegen dem gemeine volcke und uns gestanden sein“. Meister Philipp Gortler spendete jährlich die Lieferung einer Tonne Heringe, die aber an die Armen verteilt werden sollte, wenn die Brüder Reformen nicht einhielten. 1504 bekannte sich der Konvent zur Observanz des Ordens. 1519 zerstörte ein Großbrand die Klosteranlage, sie konnte wieder hergestellt werden. Die Stadt gehörte seit 1346 dem Oberlausitzer Städtebund an und übte weitgehend Selbstverwaltung aus. Nach 1529 zeigten die Bürger offenes Interesse für die lutherische Sache. Im Bund mit den anderen fünf Oberlausitzer Städten verweigerten sie Kaiser Karl V. ihren Beistand im Schmalkaldischen Krieg gegen die protestantischen Fürsten und wurden daraufhin vom Kaiserbruder Ferdinand I. bis September 1547 mit dem harten Pönfall bestraft. Die allgemeine Not traf die Franziskaner besonders hart, hatten sie doch als Observanten auf eigenen Besitz verzichtet und waren von den Bürgern abhängig. Der Konvent schrumpfte, die letzte Nachricht ist von 1558 überliefert: Guardian Bartholomäus Lebelin quittiert dem Rat den Erhalt von Wein- und Heringszins. Angeblich lebten bis 1563 noch einige Brüder im Konvent.

▶ **Gegenwart.** Die Klosterkirche (in Johanniskirche umbenannt) diente der evangelischen Gemeinde und später den wendischen Bewohnern als Gotteshaus. Der flachgedeckte Saalbau mit eingezogenem, gewölbtem Polygonalchor und südöstlichem Glockenturm wurde 1666 eingreifend erneuert und 1840 umgebaut; dabei entstand die klassizistische Westfassade und im Inneren durch Emporenstützen der dreischiffige Eindruck. Äußerst selten für eine mittelalterliche Bettelordenskirche existiert eine Krypta unter dem Chor, deren trapezförmiger Gewölberaum vom Klausurostflügel zugänglich war. Die südlich anschließende Klausur schenkte Kaiser Maximilian II., zu dessen Hausmacht auch Böhmen gehörte, im Mai 1565 der Stadt zur Einrichtung einer Schule. Die Eröffnung der ersten „Lateinischen Schule“ (das spätere Lyzeum) erfolgte 1566. Erst 1854 riss man die spätgotischen Klostergebäude ab und erbaute mit Plänen von Carl August Schramm die neugotische Bürgerschule, die heutige Preuskerschule. Die Stadt L. übernahm 1996 die profan genutzte Johanniskirche, sicherte und rekonstruierte den verputzten Backsteinbau mit hohem schlankem Turm und baute den Saal zum „Kulturzentrum der Oberlausitzer Region“ aus.

◆ Pieper, Roland/Einhorn, Jürgen W.: Franziskaner zwischen Ostsee, Thüringer Wald und Erzgebirge, Paderborn 2005, 209–211; Teichmann, Lucius: Die Franziskanerklöster in Mittel- und Ostdeutschland, Leipzig 1995, 144; Schlesinger, Walter: Kirchengeschichte Sachsens im Mittelalter, Bd. 2, Köln 1962, 315 f.

Lobenfeld Zisterzienserinnenkloster, in das romanische Chorquadrat wurde erst 1862 das Portal eingesetzt.

Lobenfeld, *Augustiner-Chorherrenstift St. Maria (um 1145– um 1200?), Zisterzienserinnenkloster St. Maria (um 1200? –1434), Benediktinerinnenkloster St. Maria (1434– um 1560), Diözese Worms – (Lobbach-L., Rhein-Neckar-Kreis, Baden-Württemberg, ❐ 3, C3).*

▶ **Geschichte.** Meginlach von Obrigheim stiftete um 1145 den Augustiner-Chorherren zu ➛ Frankenthal sein staufisches Lehnsgut in L. bei Lobbach zur Gründung eines Tochterstifts. Die Güterschenkung vermittelte Bischof Burchard II. von Worms (Ahorn), der Gründer der nahen Zisterzienserabtei ➛ Schönau im Odenwald. Mit dieser Zisterzienserabtei bestand von Anfang an ein enger Kontakt, nicht immer reibungslos; Stifter Meginlach verbrachte seine letzten Jahre in Schönau und starb dort 1152. Stauferkönig Konrad III. verzichtete auf seine Hoheitsrechte und bot dem neuen Chorherrenstift seinen Schutz, den Kaiser Friedrichs I. 1187 bekräftigte. Stift L. stand seit seiner Gründung unter Aufsicht des Abtes von Frankenthal. Ein Propst Helfricus von Lobenfeld tritt urkundlich 1196 als Zeuge auf. Mitte des 12. Jh. wurde mit dem romanischen Kirchenbau begonnen, der aber aus unbekannten Gründen nach der Fertigstellung des Ostteils eingestellt wurde. Erst im späten 13. Jh. errichtete man das einschiffige Langhaus in frühgotischer Form. Inzwischen war das Stift L. ausschließlich von Frauen besetzt; ob ursprünglich ein Doppelkonvent bestand, ist nicht mehr feststellbar, eine um 1200 zu datierende Grabplatte einer „Abbatissa Agnes" lässt verschiedene Interpretationen zu. Sicher scheint, dass bereits um 1200 eine recht selbständige Fraueninstitution existierte. Möglicherweise schon Anfang des 13. Jh., spätestens aber 1270 war die Benediktregel in zisterziensischer Strenge vom Schwesternkonvent angenommen worden; der erste sichere Nachweis stammt von 1272 mit der urkundlichen Erwähnung einer Äbtissin Adelheidis. Einflüsse aus Worms und Schönau sind unverkennbar. Zisterzienseräbte betreuten den Konvent in Konfraternität ohne nachweisliche Inkorporation in den Zisterzienserorden. Kloster L. scheint eines der kommittierten Zisterzienserinnenklöster des Mittelalters gewesen zu sein (eine geistliche Beziehung oder der Titel „Äbtissin" reichen nicht als Kriterium für die Ordenszugehörigkeit aus). Zwischen 1330 und 1364 ging die königliche Schutzherrschaft an die Wittelsbacher Pfalzgrafen über. Trotz kurfürstlicher Gunst stellte sich Wohlstand nie ein. 1434 wechselte der Konvent zu Benediktinerstatuten (der Zisterzienserorden hätte das einem Vollmitglied nicht erlaubt). Kurfürstlich verordnete innere Reformen im Sinn der ➛ Bursfelder Kongregation führten 1459 zum Anschluss an diese Union, was Papst Pius II. im gleichen Jahr anerkannte. Die Aufsicht führte nun die Abtei St. Jakob in Mainz. Die Entwicklung in L. gleicht jener im Kloster ➛ Neuburg bei Heidelberg, das ebenfalls in kurpfälzischer Abhängigkeit stand. Kurfürst Ottheinrich setzte seit 1556 den Protestantismus landesweit durch. Priorin Anna von Bettendorf gab ihren Widerstand um 1560 auf.

▶ **Gegenwart.** Die ehemalige Klosterkirche von L. dient heute der evangelischen und politischen Gemeinde als Gotteshaus und Gemeindesaal. Vom romanischen Ostbau mit Chorquadrat, Vierung und Querschiff (1180–90) unterscheidet sich der einfache frühgotische Langhaussaal deutlich und entspricht dem Typus mittelalterlicher, einschiffiger Frauenkirchen mit Westempore, erbaut im späten 13. Jh. Der heutige Eingang in der östlichen Chorwand entstand 1862 als neuromanisches Portal. In der Kunstgeschichte nimmt die Kirche inzwischen dank ihrer außergewöhnlichen Wandmalereien im Chorbereich eine herausragende Stellung ein. Um 1240 entstanden einzigartige Bilder zur Martinsvita, im Querhaus befinden sich Fresken aus gotischer Zeit. Im Außenbereich blieben Teile der Immunitätsmauer und der Wirtschaftsgebäude des Klosters erhalten.

◆ Nutz, Gabriela: Die mittelalterlichen Wandmalereien der ehemaligen Klosterkirche L., Petersberg 2002; Ebert, Doris/Beuckers, Klaus Gereon (Hg.): Kloster St. Maria zu L. (um 1150–1560), Petersberg 2001.

Loccum Zisterzienserabtei, romanischer Kapitelsaal in der weitgehend vollständig erhaltenen Anlage.

Loccum, *Zisterzienserabtei St. Maria und St. Georg (1163–1593), Diözese Minden – (Rehburg-L., Lkr. Nienburg/Weser, Niedersachsen, ❐ 1, C4).*

▶ **Geschichte.** Graf Wilbrand von Hallermund und seine Familie übergaben 1163 dem Zisterzienserorden ihren ererbten Besitz in L. und drei Dörfer zwischen Steinhuder Meer und Weser zur Gründung eines Klosters. Schon 20 Jahre später hatte der erste Konvent aus ➛ Volkenroda unter Abt Eckehard (1163–83) den Grundbesitz erheblich erweitert, was Bischof Anno von Minden und Papst Lucius III. 1183 rechtlich absicherten. Die Abtei L. gründete 1190 das Tochterkloster ➛ Reinfeld bei Lübeck. Abt Berthold I. (um 1187) erfuhr als Missionsbischof von Livland 1198 im Kampf gegen Heiden den Martyrertod, wodurch er in der Folgezeit zum Ordensheiligen avancierte. Der frühere Erzbischof Waldemar von Bremen (auch Bischof von Schleswig und dänischer Prinz, † nach 1220) trat in L. ein und brachte als Reliquie den nahtlosen Rock Christi mit. Die Abtei L. zählte zu den mittleren Klöstern des Ordens; großzügige Schenkungen, gute Beziehungen zu geistlichen und weltlichen Machthabern und eigene Tüchtigkeit machten es zu einem der bedeutendsten Grundbesitzer zwischen Aller und Rhein. Die landwirtschaftliche Produktion war über zehn Grangien organisiert. In Kohlenfeld am Rübenberge mussten alteingesessene Bauern weichen, ihr Dorf wurde als Grangie für die klösterliche Eigenwirtschaft genutzt. Produkte setzten die Mönche in den Stadthöfen von Hannover, Bremen, Minden, Osnabrück, Herford und Stadthagen ab. Pionierleistung durch Rodung und Kultivierung war von geringer Bedeutung, weit profitabler waren Anteile an den Salinen in Lüneburg. 1306 kaufte Abt Lefhard I. (1296–1312) das Frauenkloster Lahde an der Weser auf und ließ es als Grangie weiterführen, die Dominikanerinnen waren nach ➛ Lemgo umgesiedelt. Der Abt versuchte ohne nachhaltigen Erfolg ein Filialkloster in ➛ Hamelspringe zu etablieren. Aus dem Frauenkloster ➛ Vlotho entwickelte sich 1430 ein Mönchspriorat. Paternität bestand zu den Frauenklöstern ➛ Lilienthal, ➛ Rulle, ➛ Mariensee und ➛ Levern. Die Abtei unterhielt ein eigenes Skriptorium und eine Klosterschule. Die Zeit zwischen 1250 und 1330 gilt als besondere geistige Hochblüte des Konvents. Schon 1261 ist Privatbesitz auch der Konversen überliefert. Im späten 14. Jh. zeichneten sich Niedergang und Verfall ab, der Besitz war in Meierhöfe aufgeteilt, verpachtet oder verpfändet. Das Generalkapitel sah sich 1422 zum Eingreifen genötigt und beauftragte die Mutterabtei Volkenroda mit Reformen. Abt Günther von Rössing (1446–52) wurde entpflichtet, Abt Ernst (1483–92) verbot die Aufnahme von Adeligen um weltliche Einflussnahme zu unterbinden. Bei der Wahl Abt Johannes IV. Plaggemeyer (1492–1504) erschien der Abt der Ordenszentrale Cîteaux in L. persönlich. 1504 lebten 40 Priestermönche und etwa 70 Laienbrüder in L., das geistliche und geistige Leben entsprach am Vorabend der Reformation wieder den Ordensvorschriften. Aber lutherische Glaubensideen fanden

Lonnig Augustiner-Chorherrenstift, reichgestalteter Chor der romanischen Stiftskirche mit Zwerggalerie.

früh Eingang in den Konvent, sozialrevolutionäre Exzesse führten zur Ermordung Abt Burchards II. Stöter (1519–28), andere verdiente Amtsträger traten wegen Glaubenskonflikten aus. Kaiser Karl V. bestätigte 1530 ausdrücklich die Reichsimmunität. Als Insel inmitten einer evangelischen Region ging die Abtei langsam zum Protestantismus über; unter Abt Johannes Fenger (1591–96) öffnete sich der Konvent 1593/94 endgültig dem evangelischen Glauben und besteht ohne völlige Abkehr von klösterlichen Formen bis heute als evangelisches Kloster.

▶ **Gegenwart.** Der langsame Übergang zum Protestantismus, die bruchlose Kontinuität als Kloster und Bildungsstätte sowie das Unterlassen von Umbauten im Barock retteten die mittelalterliche Architektur, so dass sich Kloster L. im mittelalterlichen Gebäudebestand heute mit den Anlagen von ➛ Haina, ➛ Bebenhausen, ➛ Eberbach, ➛ Pforte und ➛ Maulbronn messen kann. Vom mittelalterlichen Abteikomplex sei nur erwähnt: spätromanisch-frühgotische Basilika im „Bernhardinischen Schema“ (1240–78) mit Tafelkreuz, Reliquienschrein, Laienbrüderaltar, Chorgestühl und Matutintreppe, aber auch Klausurquadrum mit Kreuzgang, Kapitelsaal, Refektorium und weiteren Funktionsräumen, im äußeren Klosterbezirk Krankenhaus, Pilgerhaus, Zehntscheune, Walkmühle und Torhaus mit Frauenkapelle. Alles fast vollständig umgeben von einer 3 m hohen Immunitätsmauer.

◆ GermBen 12, 308–360; Heutger, Nicolaus: Kloster L. im Rahmen der zisterziensischen Ordensgeschichte, Hannover 1999.

Lonnig, *Augustiner-Chorherrenstift St. Maria (um 1120–1326), Erzdiözese Trier – (Lkr. Mayen-Koblenz, Rheinland-Pfalz, ❐ 3, B1).*

▶ **Geschichte.** Der erzbischöfliche Ministeriale Werner hatte einige Jahre vor 1120 auf dem Maifeld eine Marienkapelle erbauen lassen, die er einem Priester Ludolf übergab, der wiederum Eremiten um sich sammelte. Nach Ludolfs Tod übergab der Stifter die Kirche dem Augustiner-Chorherrenstift ➛ Springiersbach, damals ein aufstrebendes Reformzentrum der Regularkanoniker, das zwischen 1119 und 1123 ein Doppelstift in L. gründete. Die Bestätigung als Tochter Springiersbachs erfolgte 1128 durch Papst Honorius II. Aus machtpolitischem Kalkül gegen Pfalzgraf Wilhelm von Ballenstedt, der als Vogt auch über Springiersbach weltliche Macht ausübte, erhob Erzbischof Adalbero von Trier Stift L. 1136 zur unabhängigen Abtei und unterstellte es seiner Jurisdiktion. Unter Abt Folmar (1137/48) wurde der Frauenkonvent 1143 über den Rhein nach ➛ Schönstatt bei Vallendar ausgegliedert und mit Gütern in Vallendar und Adenroth ausgestattet. Die Chorfrauen unterstanden weiter der geistlichen Aufsicht des Abts von L. und der Jurisdiktion des Trierer Erzbischofs. Papst Eugen III. bestätigte 1148 Besitzungen und Privilegien und nahm L. unter Protektion. Um 1220 begannen die Chorherren mit dem Bau einer großen Stiftskirche, was sie beinahe in den Ruin trieb, die Kirche konnte nicht einmal in Ansätzen vollendet werden. Besitz musste verkauft werden, auch eine geistliche Krise blieb nicht aus. Gegenmaßnahmen der Erzbischöfe wirkten nicht nachhaltig genug, so dass das Stift nie mehr die Kraft der Anfangsjahrzehnte erlangte. Erzbischof Balduin von Trier (Luxemburg) sah sich 1326 genötigt, Stift L. in seine Stadt ➛ Mayen zu verlegen, in Mayen entstand das neue „Marienstift zu L.“. Weltgeistliche übernahmen im Auftrag der Chorherren mehr schlecht als recht die seelsorglichen Aufgaben im Gründungsort, bis die Gemeinde 1751 eine selbständige Pfarrei erhielt.

▶ **Gegenwart.** Die unfertige Stiftskirche war ursprünglich eine romanische Rundkapelle mit Hauptapsis und zwei Nebenapsiden, die von den Augustiner-Chorherren um 1220 erweitert und aufgestockt wurde. Die Apsiden mussten dem Erweiterungsbau weichen, dem zwei spätromanische Türme angegliedert wurden, wobei der Südturm nur in Ansätzen verblieb und heute als Sakristei genutzt wird, während der Nordturm fünfstöckig fertig gestellt werden konnte. Die Konventsgebäude verfielen, auch die Rundkirche wurde im Lauf der Zeit als Steinbruch genutzt. Erst 1836 rettete der Koblenzer Regierungsbaumeister den romanischen Bestand und baute ein neues Kirchenschiff an den mit einer Zwerggalerie geschmückten Chor. Das Kirchenschiff wurde nochmals 1961 verlängert. Im Inneren bewahrt die heutige Pfarrkirche ein Madonnenrelief von 1470 und einen steinernen Verkündigungsengel (um 1200, vermutlich vom Samsonmeister aus der Benediktinerabtei ➛ Laach). In der merkwürdigen Disproportion zwischen hohem Turm und kleiner Kirche erahnt der Betrachter die Absicht der Augustiner-Chorherren, ein repräsentatives Gotteshaus zu bauen, das dem Andernacher „Dom“ gleichwertig sein sollte; aber Hoffart war wohl auch schon im Hochmittelalter kein guter Bauherr.

◆ Mötsch, Johannes: Das Augustiner-Chorherrenstift St. Marien zu L., in: Eifilia Sacra, Mainz 1999, 321–337; Pauly, Ferdinand: Springiersbach, Trier 1962.

Lorch, *Benediktinerabtei St. Maria, St. Petrus und St. Paulus (vor 1100–1563), Diözese Augsburg – (Ostalbkreis, Baden-Württemberg, ❐ 3, D3).*

▶ **Geschichte.** Herzog Friedrich I. von Schwaben und seine Familie übertrugen 1102 ihr Hauskloster L. hoch über dem Remstal nahe ihrer Burg Hohenstaufen, das wohl Ende des 11. Jh. gegründet worden war, dem Papst in Rom und verzichteten auf Eigentumsansprüche im Sinn der ➛ Hirsauer Klosterreform. Diese Übertragung ist insofern bemerkenswert, weil der Staufer im Investiturstreit strikt die Interessen seines Schwiegervaters, Kaiser Heinrichs IV., vertrat, das Reformbenediktinertum Hirsauer Prägung aber strikt päpstlichen Ansprüchen diente. Der erste Abt Haribert († um 1124) kam aus der Abtei ➛ Komburg, die seit zehn Jahren Hirsauer Gewohnheiten praktizierte. Komburg beeinflusste mit Sicherheit den Bau der Abteikirche in L., die Klausur wurde ebenfalls wie in Komburg axial angelegt. Zweifellos lebte der Konvent L. Anfang des 12. Jh. nach Hirsauer Reformidealen, die er um 1120 nach ➛ Elchingen weitergab. Infolge der Krise der Staufer mit Kaiser Lothar dem Sachsen übernahm Graf Hermann von Stahleck, Pfalzgraf bei Rhein, 1135 vorübergehend die Vogtei. Er trat selbst in ➛ Bildhausen als Klosterstifter auf, seine Frau Gertrud von Schwaben ebenso in ➛ Wechterswinkel und ➛ Bamberg St. Maria und Theodor. Nach der Wahl Stauferkönig Konrads III. 1138 bat Abt Kraft (1136–62) um Erneuerung der Schirmherrschaft der Staufer. Die Gebeine der Stifterfamilie wurden von der Marienkirche im Dorf in die Abtei umgebettet, wobei die Abteikirche in einer zweiten Bauphase monumental aufgewertet wurde. Zur repräsentativen Grablege der Familie entwickelte sich L. aber nicht, die Bedeutung der Abtei blieb trotz höchstfürstlicher Beziehungen nur Mittelmaß und ging mit Ende der Staufer weiter zurück. Haus Württemberg erlangte 1291 die Vogteigewalt, das Reich als Rechtsnachfolger der Staufer verpfändete 1304 die Abtei an Württemberg. Der Pfand blieb uneingelöst, bis zum Spätmittelalter war L. zu einem landständigen württembergischen Kloster herabgesunken. Wirtschaftlich kamen 1327 die Güter des aufgehobenen Kollegiatstifts im Ort der Abtei zugute, die Schule konnte übernommen werden. Graf Ulrich V. von Württemberg regte um 1462 eine Konventsreform nach dem Vorbild der ➛ Melker Reform an, deren Statuten Subprior Jodok Winkelhofer aus Wiblingen mitbrachte und zusammen mit Abt Nikolaus Schenk (1462–77) und später selbst als Abt (1477–80) im Konvent durchsetzte. Die Abtei entwickelte sich unter Führung fähiger Vorsteher geistig wie wirtschaftlich zur Höchstblüte mit vielgestaltiger Ausstrahlungskraft. Melker Reformprinzipien konnten nach ➛ Neresheim, Elchingen und ➛ Murrhardt weitergegeben werden, aber es fehlte an Entwicklungszeit. Der Bauernaufstand mit Brandzerstörung 1525 bedeutete den ersten Einschnitt. Abt Sebastian Sitterich (1510–25) und der Konvent flüchteten in ihren Stadthof in Stuttgart und bewahrten drei kunstvolle Lorcher Chorbücher, die erst jüngst entstanden waren. Die landesweite Durchsetzung des Protestantismus durch Herzog Ulrich von Württemberg läutete 1534/35 das Ende ein. Der Konvent weigerte sich, das Kloster zu verlassen. Zwischen 1556 und 1583 existierte bereits eine evangelische Schule im Areal. Herzog Christoph setzte 1563 nach dem Tod des letzten katholischen Abts, Benedikt Rebstock (1549–63), den ersten evangelischen Abt ein; drei verbliebene Benediktiner nahmen Leibrenten an. Nominell existierte das evangelische Stift als württembergisches Klosteramt bis 1806.

▶ **Gegenwart.** Kloster L. vermittelt heute nur noch reduziert die einstige Vielfalt einer mittelalterlichen Anlage. Die um 1100 begonnene dreischiffige Pfeilerbasilika mit Ostquerschiff und Chorquadrat ohne Chorflankentürme und Krypta zeigt Verwandtschaft mit der Abteikirche in Hirsau, sie verlor ihren Paradiesvorbau und den nördlichen Westflankenturm, der südliche wurde 1881 überhöht neu aufgebaut. In der spätgotischen Erneuerungsphase ist sie eingreifend verändert worden, ohne ihren romanischen Charakter zu verlieren. Im Bauernkrieg 1525 wurde der einstige Vierungsturm zerstört. Die Ausmalungen im Inneren entstanden nach 1531. Grabdenkmäler erinnern an Äbte und assoziierte Adelsfamilien, die Staufertumba stammt von 1475. In axialer Folge befand sich im Osten die Klausur, vergleichbar mit der Anlage in Komburg oder auf dem ➛ Heiligenberg St. Michael bei Heidelberg. Reste des spätgotischen Kreuzgangs mit Netzgewölbe, Prälatur mit Kapitelsaal, Refektorium und Dormitorium, Abtshaus und Mauerring blieben erhalten.

Lorch Benediktinerabtei, Blick durch die Vierung in das Mittelschiff der romanischen Basilika.

◆ GermBen 5, 370–381; Heinzer, Felix u. a. (Hg.): 900 Jahre Kloster L., Stuttgart 2004.

Lorsch, *Benediktiner Reichsabtei St. Nazarius (vor 764–1232), Prämonstratenser-Chorherrenstift St. Maria (1248–1556), Erzdiözese Mainz – (Lkr. Bergstraße, Hessen, ❐ 3, C2).*

▶ **Geschichte der Reichsabtei.** Kloster L. wurde vor 764 am Ufer der Weischlitz gegründet. Den Gründungsort, später Altenmünster genannt, verließen die Mönche 771 zugunsten eines Neubaus an der heutigen Stelle. Der erste Abt Gundeland übertrug das adelige Eigenkloster 772 an den Frankenkönig Karl den Großen. Kloster L. genoss nun Reichsimmunität, was vor den Zugriffen der Bischöfe von Mainz und Worms schützte. Bischof Lullus von Mainz (seit 781 Erzbischof) übertrug 774 persönlich die Reliquien des hl. Nazarius in die neue Klosterkirche. Diese Reliquien und der Status als Königskloster regten zu jährlich mehr als 100 Schenkungen aus allen sozialen Schichten des Reiches an und führten zu einem enormen Besitzstand, zerstreut zwischen Rheinmündung und Bodensee. Kloster L. entwickelte sich zum geistlich kulturellen Zentrum des Karolin-

Lorsch Benediktiner Reichsabtei, die karolingische Vorhalle (um 850) war den Reichsherrschern vorbehalten.

gerreiches. Schon im 8. Jh. besaß die Abtei ein leistungsstarkes Skriptorium und baute unter Abt Richbod (784–804) eine berühmte Bibliothek auf. Deren enzyklopädischer Handschriftenbestand wurde gekrönt mit dem „Codex Aureus" (Evangeliar), dem „Liber medicinalis" (Arzneibuch) und dem „Codex Laureshamensis" (Besitz- und Ortsregister). Auf der Aachener Synode von 818/819 reihte man L. in der „Notitia de servitio monasteriorum" unter die 14 bedeutendsten Reichsklöster ein. Erst zu dieser Zeit verdrängte die Benediktregel die ursprünglich eingeführte Chrodegangregel. Seit 876 war die Abtei Grablege der karolingischen Herrschaftsfamilie. König Otto I. restituierte Mitte des 10. Jh. das Kloster als Reichsabtei und setzte seinen Bruder Brun als Abt ein. Abt Brun (um 948–951) gab 951 den Anstoß zur ➛ Gorzer Reform, die unter Abt Poppo (1005–18) die Abtei L. zu einem blühenden Erneuerungszentrum aufsteigen ließ, von dem aus weitere Abteien reformiert wurden: ➛ Fulda 1013, ➛ Corvey 1014 und Banz 1070. Bis etwa 1130 entstanden fünf eigene Propsteien in direkter Abhängigkeit: ➛ Heiligenberg St. Michael um 870, ➛ Altenmünster 1071, ➛ Michelstadt 1073, ➛ Heiligenberg St. Stephan 1094 und ➛ Neuburg um 1130. Die teils gewaltsam versuchte Einführung der ➛ Hirsauer Reform scheiterte am hartnäckigen Widerstand der Mönche und führte zur Schädigung der Gemeinschaft. Dazu kamen Investiturstreit, Simonie und Korruption der Äbte, Misswirtschaft und Vogteistreit. Klostergut ging verloren, der Kirchenschatz schrumpfte und die Immunität wurde angreifbar, selbst der letzte bedeutende Abt Heinrich (1151–67) aus ➛ Siegburg konnte den Niedergang nicht aufhalten. Nachdem Kaiser Friedrich II. dem Verlust der Immunität zugestimmt hatte, ging die benediktinische Ära durch den Eingriff Erzbischof Siegfrieds III. von Mainz (Eppstein) 1232 zu Ende.

▶ **Geschichte des Prämonstratenserstifts.** Die nachfolgenden Zisterziensermönche aus ➛ Eberbach scheiterten am blutigen Widerstand der verbliebenen Benediktiner. 1248 schafften Prämonstratenser-Chorherren aus dem Schwarzwaldstift ➛ Allerheiligen den Neuanfang. Die Chorherren bewahrten über 300 Jahre weniger ereignisreich das geistliche Leben, erhöhten die wissenschaftliche Ausstrahlung und entfalteten große seelsorgliche Wirkung im Umland. In der Mainzer Stiftsfehde fiel L. 1461 in die Hand Kurfürst Friedrichs I. des Siegreichen. Dessen Nachfahre Kurfürst Ottheinrich von der Pfalz führte 1556 den Protestantismus ein und ließ das Stift L. auflösen. Während des Dreißigjährigen Krieges brandschatzten 1621 die Truppen der katholischen Liga das als Schaffnerei genutzte Klosterareal, das danach nur noch als Steinbruch diente.

▶ **Gegenwart.** Von der einst ausgedehnten Abteianlage sind Teile der Umfassungsmauer, eine dreijochige Halle als Rest des westlichen Langhauses der romanischen Basilika von 1130 und als besonderes Kulturgut die karolingische Vorhalle des ehemaligen Atriums erhalten. Diese Arkadenhalle mit zwei flankierenden Rundtürmen, auch Königshalle oder Michaelskapelle genannt, ist der älteste vollständig erhaltene Steinbau Deutschlands der nachrömischen Zeit und ist seit 1991 in der Unesco-Welterbeliste eingetragen. Handschriften der berühmten Lorscher Bibliothek sind inzwischen auf weltweit 54 Orte in 17 Ländern verteilt.

◆ Ericsson, Ingolf (Hg.): Aktuelle Forschungen zum ehemaligen Reichs- und Königskloster L., Darmstadt 2004; Knöpp, Friedrich (Hg.): Die Reichsabtei L., Darmstadt 1973.

Lübeck, *Augustiner-Chorfrauenstift St. Anna (1502–32) – „Annenkloster", Diözese Lübeck – (kreisfreie Stadt, Schleswig-Holstein, ❐ 2, A2).*

▶ Im Johanniskloster (➛ Lübeck) in der Bischofsstadt L. lebten 1488 bereits 80 Zisterzienserinnen und 20 Novizinnen. Auch das Prämonstratenserinnenstift ➛ Rehna südöstlich der Stadt weigerte sich Ende des 15. Jh. weitere Bürgertöchter aus L. aufzunehmen. Hanseatische Kaufleute, die ausnahmslos der vornehmen Zirkelbruderschaft angehörten, planten 1502 die Einrichtung eines eigenen monastischen Stifts innerhalb der Hansestadt für ihre unverheirateten Töchter. Baumeister Sysingus Hesse aus Braunschweig stellte bis 1515 nahe der Aegidienkirche eine Stiftsanlage fertig, die im selben Jahr auf Vorschlag Bischof Johannes VIII. von Lübeck (Grymmolt) zu Ehren der Mutter Marias, der hl. Anna, konsekriert und bezogen wurde. Der Frauenkonvent bekannte sich zur Augustinusregel im Sinn strenger ➛ Windesheimer Reformstatuten, seine Existenz währte jedoch nur 17 Jahre. Ein Jahr nach dem Bekenntnis der Bürger zur Reformation hob der Rat das „Annenkloster" 1532 auf. Die Schwestern gingen nach ➛ Steterburg oder kehrten zu ihren Familien zurück. Die Stiftsanlage diente seit 1601 als Zeughaus, Armen- und Werkhaus, später als Zucht-, Kranken- und Spinnhaus; erst 1915 richtete man in den spätmittelalterlichen Gebäuden ein Museum ein. Die Stiftskirche existiert seit dem Brand von 1843 nicht mehr. Die geschlossene Klausuranlage wurde restauriert; noch heute sind Sakristei, Laienrefektorium, Chorschwesternrefektorium, Remter, Kapitelsaal und Kalefaktorium original erhalten, vier Flügel des Kreuzgangs umrahmen den Innenhof. Das Museum für Kunst und Kulturgeschichte der Hansestadt Lübeck nutzt das spätmittelalterliche Ambiente zur Dokumentation reicher Sammlungen vorrangig sakraler Kunst. Die Räume bewahren die größte Anzahl mittelalterlicher Flügelaltäre in Deutschland, darunter die Altäre städtischer Kirchen und Klöster der Franziskaner (➛ Lübeck) und Dominikaner (➛ Lübeck). Stücke aus dem Annenkloster selber existieren nicht mehr.

◆ Albrecht, Thorsten: Das Lübecker St. Annen-Kloster, Lübeck 2003; Heise, Brigitte: St. Annen-Museum Hansestadt L., Lübeck o. J. (nach 1993).

Lübeck, *Benediktiner Doppelkloster St. Maria, St. Johannes Evangelist u. a. (vor 1177–um 1245), Zisterzienserinnenkloster St. Maria, St. Johannes Evangelist u. a. (1245–1574) – „Johanniskloster", Diözese Lübeck – (kreisfreie Stadt, Schleswig-Holstein, ❐ 2, A2).*

▶ **Geschichte der Benediktinerabtei.** 1160 verlegte Sachsenherzog Heinrich der Löwe den Bischofssitz aus Oldenburg in die aufstrebende Hafenstadt L. an der Ostsee. Abt Heinrich II. (um 1162–73) von St. Aegidius in ➛ Braunschweig, ein enger Vertrauter des Herzogs, wurde 1173 zum Bischof von L. erhoben und gründete vor 1177 das erste Kloster in der Stadt. Das benediktinische St. Johanniskloster galt immer als Tochtergründung des St. Aegidienklosters Braunschweig und wurde über 30 Jahre vom ersten Abt Arnold (1177–1213/14) unter Befolgung der ➛ Hirsauer Reformgewohnheiten geleitet. Als Autor der berühmten „Chronica slavorum" beschrieb er die Pilgerfahrt Herzog Heinrichs in das Heilige Land, bemängelte aber auch die Grundausstattung der Abtei als unzureichend, was heutige Untersuchungen nicht bestätigen. Nachweislich war dem Männerkonvent eine Frauengemeinschaft angeschlossen, denn schon 1231 vermerken die Quellen die Absicht einer Trennung der Konvente und die Verlegung der Mönche nach ➛ Cismar. Die Gründe der Translokation auf die Halbinsel Wagrien in Ostholstein waren vielschichtig: Offiziell sollte die Moral gehoben werden, hintergründig wirkten politische Machtkämpfe in Holstein. Den Auszug aus der Bischofsstadt betrieb Abt Johann I. (1219–46) gegen den Willen der meisten Konventsmitglieder. Die Verlegung zog sich über mehrere Jahre nicht ohne Rechtsstreitigkeiten und Ausgleichsforderungen hin, erst ein päpstlich herbeigeführter Vergleich schloss 1256 den Umzug nach Cismar ab. Der verbliebene Frauenkonvent war wohl zum Aussterben verurteilt worden, 1245 erwähnte eine Urkunde nur noch drei Benediktinerinnen.

Lübeck Augustiner-Chorfrauenstift, die spätgotischen Klausurräume von St. Anna dienen heute einem Museum.

▶ **Geschichte des Zisterzienserinnenklosters.** Mit Zustimmung des Magistrats zogen 1245 Zisterzienserinnen aus ➛ Lilienthal bei Bremen in das Johanniskloster ein. Zunächst mussten sich die Frauen unter Äbtissin Clementia (1245/68) einem Besitzvergleich mit den Benediktinern von Cismar beugen. Es gelang ihnen aber durch großzügige Stiftungen des Bischofs und des städtischen Adels, ihre ökonomische Basis zu festigen und zu vergrößern. Das päpstliche Schutzprivileg von 1254 befreite die Zisterzienserinnen nicht von bischöflicher Jurisdiktion, eine Ordensinkorporation kann man ausschließen. Das Johanniskloster entwickelte sich zunehmend zur Versorgungsstätte für Töchter wohlhabender Familien und verlor als geistig-religiöses Zentrum durch konkurrierende Konvente der Franziskaner (➛ Lübeck) und Dominikaner (➛ Lübeck) an Bedeutung. Gleichwohl lebten 1488 in St. Johannis 80 Zisterzienserinnen und 20 Novizinnen. Sie widersetzten sich als einzige kirchliche Institution erfolgreich der 1531 vom Rat beschlossenen Bugenhagenschen Kirchenordnung. Äbtissin Adelheid Brömse (1517–38) erlangte noch 1531 einen kaiserlichen Schutzbrief, der wohl nicht allzu lang half; 1574 trat eine vom Magistrat verordnete, evangelische Klosterordnung in Kraft. 1577 nahm ein evangelischer Prediger sein Amt auf, de facto war das Johanniskloster in L. aufgehoben. De jure bestand es als reichsunmittelbare Institution bis 1667 weiter und endete erst im Februar 1805 als klosterähnliche Einrichtung. Klostergebäude und Kirche (eine spätgotische Halle) wurden anschließend abgerissen.

▶ **Gegenwart.** In nachklösterlicher Zeit fanden weiterhin „Konventualinnen" Aufnahme in „St. Johannis". Die städtische Versorgung von Frauen übernahm eine Nachfolgeinstitution, aus der ein bis heute bestehendes Altersheim erwuchs. Aus dem Mittelalter haben sich lediglich die Außenmauern des ehemaligen Refektoriumgebäudes der Benediktiner von etwa 1230 erhalten. Es wird heute vom Gymnasium „Johanneum" genutzt. Der Schulkomplex nimmt einen Großteil des ehemaligen Abteiareals östlich der Wakenitz ein.

◆ GermBen 12, 361–374; Gläser, Manfred: Das Lübecker St. Johannis-Kloster vom 12. bis zum 16. Jahrhundert, in: Klöster und monastische Kultur in Hansestädten, Rahden 2003, 57–68.

Lübeck Benediktinerabtei/Zisterzienserinnenkloster, vom Johanniskloster blieb nur das Refektorium erhalten.

Lübeck, *Dominikanerkloster St. Maria Magdalena (1229–1531) – „Burgkloster", Diözese Lübeck – (kreisfreie Stadt, Schleswig-Holstein, ❐ 2, A2).*

▶ **Geschichte.** Die Gründung des Dominikanerklosters in L. wird heute allgemein mit dem Sieg der norddeutschen Territorialfürsten, vereint mit den Städten Hamburg und L., über den Dänenkönig Waldemar II. am 22. Juli 1227 in der Schlacht von Bornhöved in Zusammenhang gebracht. Die Bürger des danach zur Reichsstadt erhobenen L. errichteten angeblich für die Dominikaner ein Kloster am Ort der 1225 zerstörten Burg innerhalb der Stadtmauern. Die Predigerbrüder ließen sich 1229 in dem „Burgkloster" nieder, das der Schutzheiligen der siegreichen Schlacht, der hl. Maria Magdalena, geweiht wurde. Die erste erhaltene Urkunde von 1236 erwähnt aber, dass sich die Dominikaner durch einen Kauf schon vorher Eingang in die Stadt verschafft hätten, wobei der Kauf lediglich in eine Schenkung umgewandelt wurde. Auch stellte der Stadtrat Bedingungen: Die Dominikaner durften sich nicht ausbreiten und mussten für den Erhalt von Straßen sorgen. Der Großbrand von 1276 zerstörte die Stadt und die erste Konventsanlage bis auf die „Lange Halle" im nördlichen Klosterbereich. 1277 eskalierte ein heftiger Streit mit dem Pfarrklerus um Beerdigungsrechte. Den Konflikt hatten die Franziskaner des Katharinenkonvents

Lübeck Dominikanerkloster, aufwändig gestalteter Kapitelsaal des 14. Jh. im Burgkloster der Predigermönche.

(➛ Lübeck) ausgelöst, Dominikaner und Bürger stellten sich solidarisch hinter die Franziskaner gegen den Bischof und das Domkapitel. Es folgten Interdikt, Flucht des Bischofs und ein mehrjähriger Rechtsstreit vor der Kurie. Papst Martin IV. entschied schließlich 1281 zugunsten der Mendikanten. Der Stadtrat nahm seine antiklerikalen Beschlüsse zurück. Ebenso standen Prediger, Minoriten und Bürger im nächsten großen Streit 1299 zusammen: Trotz Bannfluch zelebrierten die Mendikanten Messen, nahmen Beichten ab und erteilten Absolution, woraufhin sich die Bürger durch Legate und Dotationen dankbar erwiesen. Besonders in den Zeiten der Pest (1350, 1358, 1367) stiegen die Testamentstiftungen sprunghaft an. Von den damaligen testamentarischen Übereignungen an die städtischen Klöster (überliefert sind 1.021) begünstigten 365 allein das Burgkloster. Die Prediger erweiterten kontinuierlich bis in das ausgehende Mittelalter ihre Konventsanlage, wobei Handwerkerzünfte, Kaufmannsgilden und Ratsherren beträchtlichen Anteil hatten. Für Präbendare, die sich ihren Lebensabend im Kloster erkauften, unterhielten die Brüder ein eigenes Hospital. Die Prioren- und Lektorenlisten sind unvollständig überliefert; der bekannteste Konventuale war Augustin von Getelen (um 1495– nach 1557), Sohn der Stadt und Lektor im Burgkloster. Getelen verteidigte in Hamburg und Lüneburg engagiert den katholischen Glauben gegen lutherische Auslegungen. Er war Mitglied der Prüfungskommission im Auftrag des Kaisers zur Vorbereitung des Reichstags in Augsburg (1547/48). Mit dem offiziellen Bekenntnis der Stadt zur Reformation 1531 hob der Magistrat das Dominikanerkloster auf. Katholisch bekennende Brüder siedelten in den Konvent nach ➛ Neuruppin über.

▶ **Gegenwart.** Erst 1972 begann die Stadt L. mit der Restaurierung der gotischen Gebäude des Burgklosters, das heute als Museum und Veranstaltungsort genutzt wird. Die baufällige Konventskirche von 1319 musste zugunsten der Volksschule abgerissen werden (1874). Teile ihrer nördlichen Langhauswand und sich anschließende Konventsgebäude blieben erhalten. Beim Neubau des Gerichtshauses an der Großen Burgstraße (1893–96) integrierte man ganze Bereiche des Klosters mit entsprechenden Umbauten. Heute erlebt der Museumsbesucher fachkundig restaurierte Klosterarchitektur der mittelalterlichen Vierflügelanlage: kreuzrippengewölbte Kreuzgänge (um 1350) mit Ausmalungsresten und Schmuckkonsolen, ein sechsjochiger Kapitelsaal des 14. Jh. mit Kalksteinstützen, Sommerrefektorium als „Lange Halle" mit spätromanischen Backsteinpfeilern, dreijochiges Refektorium von Anfang des 15. Jh. mit fein modulierten Gewölbeschlusssteinen, die prächtig ausgestattete Sakristei mit Mittelsäule, mit figurenreichem Wandgemälde und aufwändigem Ziegelsteinfußboden sowie ein dreigeschossiges Hospitalgebäude. Der Altar der Fronleichnamsbruderschaft von 1496 und die Törichten und Klugen Jungfrauen (um 1400) aus der Burgkirche sind heute im Annenkloster (➛ Lübeck) ausgestellt.

◆ Gläser, Manfred u. a.: Das Burgkloster zu L., Lübeck 1992; Wilde, Lutz: Die Innenräume des Burgklosters zu L. Zur Baugeschichte und Wiederherstellung der Klosteranlage, in: Zeitschrift des Vereins für Lübeckische Geschichte und Altertumskunde 69 (1989) 199–232; Thiele, Susanne: Das Lübecker Burgkloster als soziale Institution, in: ebd. 64 (1984) 277–286.

Lübeck, *Franziskanerkloster St. Katharina (1225–1542), – "Katharinenkloster", Diözese Lübeck – (kreisfreie Stadt, Schleswig-Holstein, ❐ 2, A2).*

▶ **Geschichte.** Die Minoriten erreichten 1224/25 die aufstrebende Bischofsstadt L. an der Ostsee, die damals unter der Herrschaft König Waldemars II. von Dänemark stand. Die Bettelbrüder betrieben zunächst ein Leprosenhaus vor dem Burgtor. 1225 stellte ihnen der Stadtrat ein Grundstück im Stadtinneren zur Verfügung. Das Datum ist durch den Chronisten Bruder Detmar zuverlässig überliefert. Der Bau einer Klosteranlage wird zu Lebzeiten des Ordensgründers Franz von Assisi (1181/82–1226, kanonisiert 1228) kaum realisiert worden sein, weshalb es sich vermutlich 1225 zunächst nur um eine Unterkunft handelte. Das „Katharinenkloster" der Franziskaner entstand erst in den Jahren nach 1226. Der Konvent in L. hatte entscheidenden Anteil an der Ausbreitung des Ordens nach Norden. In Visby auf Gotland (Schweden) gründeten wahrscheinlich Brüder aus L. 1233 den Konvent St. Katharina. Der Minister Thidericus der entstehenden Ordensprovinz Dacia lebte 1245 im Katharinenkloster L. und übte von hier sein Amt aus. Er ist identisch mit dem Lübecker Guardian Theodericus (1241/53). 1270 hielt die Ordensprovinz Saxonia in L. ein Kapitel ab, was beweist, dass der Konvent inzwischen zur norddeutsch-sächsischen Provinz gehörte. Der Streit um Beerdigungsrechte an der Katharinenkirche eskalierte im Juli 1277 in tätliche Konfrontationen zwischen Bürgerschaft, Franziskanern und Dominikanern (➛ Lübeck) einerseits und Domkapitel und Bischof Burkhard von Serkem andererseits. Es folgten die Flucht des Bischofs und der Bann über die Stadt. Aus dem mehrjährigen Rechtsstreit vor der Kurie gingen die Mendikanten 1281 gestärkt hervor. Der nächste Streit 1299 offenbart ebenfalls die enge Verbundenheit der Mendikanten mit der Bürgerschaft. Aufgrund des starken Engagements der Bürger zugunsten der Minoriten (Stiftungen usw.), konnte diese bis 1335 ihre Kirche durch einen hochgotischen Choranbau erweitern. Als in L. 1350 die Pest wütete, steigerten sich die Spenden in hohem Maß; die Überlieferung berichtet von Geldbörsen, die über die Klostermauern geworfen wurden. Guardian Emeke konnte die gesamte Klosteranlage einschließlich des Kreuzgangs erneuern (1351–54). Die Franziskanerbrüder traten im 14. Jh. als Geschichtsschreiber hervor. Sie schrieben die „Annales Lubicenses", eine lübeckische Weltchronik, die städtische Ereignisse und die Geschichte der Hanse einbezog. Der langjährige Lesemeister Detmar erhielt 1385 den städtischen Auftrag, diese Stadtchronik weiterzuführen, andere Brüder setzten die Arbeit bis zur Reformation fort. Laurids Brandsen gewann um 1460 den Konvent für die Observanz; dieser Guardian aus dem Konvent Kolding (Dänemark) wirkte in den Nordlandklöstern im Sinn der Erneuerungsreform des Ordens. Eine kleine Gruppe Franziskaner aus L. betreute die Klarissen in ➛ Ribnitz. Mit dem Bekenntnis der Stadt zur Reformation 1531 und zur evangelischen Kirchen- und Schulordnung wurde das Katharinenkloster als Gelehrtenschule genutzt. Der Konventsalltag ging zunächst formal weiter; 1542 verließ Gerhard von Utrecht als letzter Bruder das Kloster.

▶ **Gegenwart.** Von den vier Klöstern der Hansestadt L. blieb das Katharinenkloster am vollständigsten erhalten. Noch heute nutzt das Gymnasium „Katharineum" die inzwischen neugotisch überbauten Konventsgebäude. Zu den bekanntesten Schülern gehören Theodor Storm, Werner von Siemens, Heinrich und Thomas Mann. Zwei Innenhöfe mit Kreuzgängen werden von neuzeitlichen Bauten umschlossen, lediglich der Ostflügel mit Sakristei und

Kapitelsaal ist mittelalterlichen Ursprungs. Im Dormitorium wurde die Stadtbibliothek eingerichtet (1617–20), das ehemalige Refektorium dient als Musiksaal. Die Franziskanerkirche St. Katharina nutzte man seit Anfang des 19. Jh. als Lagerhalle, bis sie 1926 den Stadtmuseen zugeschlagen wurde. Entsprechend dient die Backsteinbasilika des 14. Jh. mit zweischiffigem Querhaus, Polygonalchor und westlicher Schauseite heute als Museumskirche. Im Inneren zieht das hohe Mittelschiff den Blick auf den lichterfüllten „Mönchschor", der sich über einer dreischiffigen Unterkirche mit Säulen, Kreuzgewölbe und Nebenkapellen erhebt. Unter den bedeutenden Ausstattungsstücken ragt die Triumphkreuzgruppe aus der zweiten Hälfte des 15. Jh. hervor. Mittelalterliche Wandmalereien blieben erhalten, beeindruckend ist die „Stigmatisierung des hl. Franziskus", entstanden nach 1500.

◆ Wilde, Lutz: Die Katharinenkirche in L., München – Berlin 2003; Rasmussen, Jørgen Nybo: Die Franziskaner in den nordischen Ländern, Kevelaer 2002.

Luckau, *Dominikanerkloster St. Paulus (1291–1555), Diözese Meißen – (Lkr. Dahme-Spreewald, Brandenburg, ❐ 2, C5).*

▶ **Geschichte.** Laut Dominikanerbruder Johannes Lindner aus ➛ Pirna stifteten mehrere adelige Brüder von Drauschwitz 1291 in der Stadt L. in der Niederlausitz ein Dominikanerkloster, das 1295 vom Generalkapitel in den Dominikanerorden aufgenommen wurde. Der Konvent setzte sich gegenüber den ordenseigenen Konkurrenten aus Crossen (Polen) und Soldin (Polen) erfolgreich durch, verteidigte seine Terminierbezirke durch Schiedsspruch 1337 und entwickelte sich zu einem der bedeutenden Konvente der Dominikanerprovinz Saxonia. Um 1400 wurde in L. ein Provinzialkapitel abgehalten. Enge Beziehungen bestanden zum Bruderkonvent ➛ Leipzig, der zweimal einen Prior stellte, so auch Johannes von Geithain (1438–44/45), der nach seiner Amtszeit nach Leipzig St. Pauli zurückging. Die wenigen überkommenen Quellen geben kaum Auskunft über die inneren Verhältnisse des Konvents. Ein Hausstudium ist nachweisbar, ein *magister studentium* unterrichtete auch auswärtige Mitbrüder. Visitation und Reform (um 1464) führten zur Observanz, der aber keine Nachhaltigkeit beschieden war. Die Predigt- und Seelsorgepflichten in den Terminierbezirken wurden Anfang des 16. Jh. vernachlässigt. Der Konvent litt unter Überfällen, Bränden und Diebstählen räuberischer Banden, die mit Beutegut schnell aus dem böhmischen Hoheitsgebiet in das nahe Brandenburg flüchten konnten. Besonders hart traf die Prediger der Verlust ihres Viehbestandes. Reformatorischer Einfluss in der Stadt ließ 1517 die Almosengaben stark zurückgehen. Mit wachsenden Versorgungsengpässen verfielen die Sitten im Konvent, die Beziehungen zu den Bürgern und der Administration verschlechterten sich. Die Steuerfreiheit der Brüder wurde nicht mehr hingenommen und die Klosterimmunität nicht länger respektiert. Der Stadtrat ließ im Mai 1525 Urkunden, Archiv und Sakralgeräte konfiszieren. Die folgenden Rechtsstreitigkeiten führten 1529 nur zu einem Vergleich. Der Konvent selbst war konfessionell gespalten, Prior Paulinus Spremberg (1540–43) konvertierte und musste das Kloster verlassen. Der letzte Prior Felix Junge (1543–46/47) bat den böhmischen Landesherrn König Ferdinand um die Entsendung einer Kommission, die aber 1544 zu keinem Ergebnis kam. Neue Novizen traten nach 1542 nicht mehr ein, der Konvent verödete durch die Austritte seiner Mitglieder. Im Herbst 1555 existierte er nicht mehr, formalrechtlich wurde er jedoch nie aufgehoben. Kaiser Maximilian II. übergab 1569 die Anlage der Stadt lediglich zur Nutzung. 1635 fiel die Niederlausitz an das Kurfürstentum Sachsen. Im Dreißigjährigen Krieg brannte die Stadt L. 1644 ab. Die Gebäude des ehemaligen Dominikanerkonvents dienten von 1818 bis 2004 ausschließlich als Gefängnis.

▶ **Gegenwart.** Das Zellenhaus der ehemaligen Haftanstalt im Nordosten der Altstadt unmittelbar an der ehemaligen Stadtmauer (prominentester Insasse war Karl Liebknecht, 1916–18) ist heute kaum noch als mittelalterliche Klosterkirche zu identifizieren. Strebepfeiler und Seitenschiff verraten den zweischiffigen Hallenbau mit leicht eingezogenem einschiffigem Chor im 3/8-Schluss. Südöstlich schließen sich Reste der mittelalterlichen Immunitätsmauer an. Die mittelalterlichen Konventsgebäude nördlich der Kirche blieben nicht erhalten.

◆ Favreau-Lilie, Marie-Luise u. a.: L., in: Brandenburgisches Klosterbuch, Bd. 2, Berlin – Brandenburg 2007, 830–842.

Lübeck Franziskanerkloster, westliche Schauseite der Katharinenkirche, eine Backsteinbasilika des 14. Jh.

Lucklum, *Deutschordens Landkommende St. Maria (vor 1275–1542/1809), Diözese Halberstadt – (Erkerode-L., Lkr. Wolfenbüttel, Niedersachsen, ❐ 2, A4).*

▶ **Geschichte.** 1260 übereignete Bischof Volrad von Halberstadt (Kranichfeld) dem Deutschordenskomtur Albertus von Ammendorf (1260–65) auf der ➛ Elmsburg

Land und Güter im nahen Wabetal. Daraufhin verlegten die Ordensbrüder ihren Hauptsitz an die alte Burg Reitling an der Wabe, zogen jedoch zwischen 1267 und 1275 weiter westlich nach L., ein verkehrspolitisch vorteilhafter, bedeutender Marktflecken mit Pfarrkirche. Reitling wurde als Vorwerk weitergeführt. Bis 1314 brachte die Kommende alle Höfe und Rechte in L. an sich, die aufblühende Siedlungsgemeinschaft brach zusammen, die Pfarre musste nach Evessen verlegt werden. Die Welfenherzöge aus Braunschweig gewährten der Ordensniederlassung Privilegien, wie Dienstfreiheit, Befestigungsrecht und gegen hohe Geldsummen auch die Halsgerichtsbarkeit über eigene Bedienstete und die „Häuslinge" (Tagelöhner). Aus der Deutschen Ordensballei Thüringen-Sachsen wurde 1287 die Ballei Sachsen abgespalten und die Kommende L. als Sitz des Landkomturs von Sachsen bestimmt. Der Ausbau der Kirche konnte 1321 mit der Einbindung in die wehrhafte Kommendeanlage abgeschlossen werden. Alle sechs Herzöge von Braunschweig des 14. Jh. waren Mitglieder des Ordens und nahmen hohe Stellungen ein. Herzog Luther hatte das höchste Amt des Hochmeisters (1331–35) inne und residierte auf der Marienburg in Westpreußen. Im 15. Jh. ließ die Wirtschaftskraft nach, die Dienst- und Repräsentationspflichten für die Landesherren nahmen hingegen zu. Die Abgaben an die Ordensleitung auf der Marienburg lasteten noch schwerer. Die Ballei Sachsen unter Landkomtur Burchard von Pappenheim (1529–51) bekannte sich 1542 unter Einfluss des Schmalkaldischen Bundes zum Protestantismus. 1551 konnte L. als einzige Kommende der Ballei eine einigermaßen funktionierende Wirtschaft vorweisen. In den nächsten Jahrhunderten ähnelte auch L. eher einem Rittersitz zur Versorgung adeliger Ordensmitglieder. Die Landkomture, die trotz lutherischem Bekenntnis nicht heiraten durften, pflegten weiterhin enge Beziehungen zur Landesherrschaft, besaßen einen Sitz in den Braunschweigischen Landständen, vertraten mitunter die Ritterschaft, aber auch die hohe Geistlichkeit, waren leitende Staatsbeamte und hohe Offiziere sowie Erzieher der herzoglichen Prinzen. Der Dreißigjährige Krieg verwüstete die Gebäude, woraufhin Landkomtur Jan Daniel von Priort (1648–83) die Anlage mit Repräsentationsansprüchen im Barockstil wieder aufbaute. Napoleon verbot 1809 den Deutschen Orden in den Rheinbundstaaten, sein Bruder Jérôme, König von Westphalen, verkaufte L. 1811 an private Interessenten.

▶ **Gegenwart.** Die ehemalige Kommende L. existiert noch heute als Vierflügelanlage um einen fast quadratischen Hof, an dem sich zwei Wirtschaftshöfe und ein Park anschließen. Die Gebäude wurden im 17. und 18. Jh. teilweise auf mittelalterlichen Grundmauern neu errichtet. Der älteste Bau ist die Kirche mit ihrem mächtigen Westturm in der Nordwestecke, sie bestand schon als Pfarrkirche, bevor die Deutschherren sie um 1270 übernahmen und für ihre Zwecke veränderten. So beseitigten sie zur Vergrößerung der Konventsgebäude 1316 die Hauptapsis im Osten, mauerten den ursprünglichen Eingang an der Nordseite und Rundbögen zum Westturm zu und öffneten die Kirche zum Hof hin. Die Ausstattung des Kirchenraums ist stark geprägt von Instandsetzung und Erneuerung nach dem Dreißigjährigen Krieg und der Zeit um 1700.

◆ Demel, Bernhard: Die Deutschordensballei Sachsen vom 13.–19. Jh., Frankfurt/Main 2004; Bornstedt, Wilhelm: Elmsburg, Reitling, L. und Weddingen, Braunschweig 1973.

Lucklum Deutschordens Landkommende, die stark veränderte Kirche am Hauptsitz der Ordensballei Sachsen.

Lüne, *Benediktinerinnenkloster St. Maria und St. Bartholomäus (nach 1240–1529) – „Lünekloster" auch „Kloster L.", Diözese Verden – (Lüneburg-Klosterlüne, Kreisstadt Lüneburg, Niedersachsen, ❐ 1, D3).*

▶ **Vorgeschichte.** Nahe der Fernstraße Lübeck – Frankfurt bei Lüneburg lebte in der Mitte des 12. Jh. ein einzelner Mönch der Benediktinerabtei St. Michaelis in ➛ Lüneburg. Nach dessen Weggang richtete die Abtei an der Stelle der Einsiedelei eine Kapelle St. Jakobus Major auf. Abt Berthold II. erlaubte 1172 einer Hildeswidis von Markboldestorp und ihren Begleiterinnen, sich an der Kapelle niederzulassen. Welfenherzog Heinrich der Löwe stimmte zu, Bischof Hugo von Verden bestätigte die monastische Gründung 1172. Die Frauen lebten zunächst nicht nach einer Ordensregel, sondern verstanden sich als weltliche Kanonissen unter Beachtung der Aachener Regel. Die schwache Quellenlage lässt diesbezüglich nur Vermutungen zu: Ein Indiz für die Stiftsverfassung liefert die Beschränkung auf zehn Konventualinnen 1231.

▶ **Geschichte.** Nach einem Brand 1240 wandelte sich der Konvent im Zuge des Neuanfangs zur Benediktinerinnengemeinschaft um, nicht ohne Einfluss der Pröpste aus der Michaelisabtei Lüneburg. Bischof Konrad I. von Verden musste bereits 1284 den Konvent auf 60 Schwestern begrenzen. Ein zweiter Brand 1372 initiierte die Verlegung des Klosters näher an die Stadt. Papst Gregor XI. gewährte 1373 die freie Propstwahl bei bischöflicher Bestätigung, eine Exemtion wurde nie angestrebt. Propst Johannes Weigergang (1374–1412) wirkte geistlich und wirtschaftlich sehr segensreich. In der Amtszeit Priorin Helenas von Meding (1436/46) und Propst Cords van Tzerstede (1433–40) stand das Kloster L. in höchster Blüte, jedoch konnten Bedeutung und Ausstrahlung später nicht gehalten werden. Die Stadt sicherte 1472 vertraglich den Schutz des Klosters bei Kriegsgefahr zu. 1481 führte das Kloster ➛ Ebstorf Observanz in L. ein, Sophia von Bodendike (1481–1504) aus Ebstorf setzte die Reformideale der ➛ Bursfelder Kongregation durch und richtete das gemeinsame Klausurleben wieder auf. Auch ihre Nachfolgerin Mechthild Wilde (1504–35) brachte die benediktinischen Ideale vorteilhaft zur Geltung; die Renovierung der Klosteranlage und die künstlerische Ausstattung der Klosterkirche waren offensichtliche Folgen. 1519 lebten 87 Benediktinerinnen in L. Die Hildesheimer Stiftsfehde 1519 und weit nachhaltiger die Reformation bedrohten die Gemeinschaft. Herzog Ernst zu Braunschweig-Lüneburg ging entgegen dem Rat seines Reformators Urbanus Rhegius (1489–1541) schikanös vor und verbot die Messe in der Klosterkirche. Der letzte Beichtvater musste das Kloster verlassen, zwei der Kapläne heirateten. 1529 zog der Fürst die klösterlichen Güter ein und löste den katholischen Konvent auf. Die Stadt bekannte sich 1530 offiziell zum Protestantismus. Eine religiöse Gemeinschaft für vornehme Töchter blieb bestehen. In der neuen Klosterordnung von 1555 manifestierte sich das evangelische Bekenntnis, aber auch die Wahrung alter Geflogenheiten unter landesherrlicher Aufsicht. 1711 wurde das „Lünekloster" offiziell in ein evangelisches Damenstift umgewandelt, das heute noch besteht.

▶ **Gegenwart.** Heute ist das evangelische Stift „Kloster L." eine Körperschaft des öffentlichen Rechts unter Schutz und Aufsicht der Klosterkammer Hannover. Die vollständig erhaltene Klosteranlage entstammt weitestgehend mittelalterlichen Bauphasen. Der älteste Teil ist die Barbarakapelle (nach 1372, heute Sakristei), nur wenig jünger ist die einschiffige, gewölbte Klosterkirche St. Maria, die um 1490 nach Westen verlängert wurde. Sie bewahrt zahlreiche spätmittelalterliche Ausstattungsstücke, teilweise von hervorragender Kunstfertigkeit. Der älteste Teil des Kreuzgangs lehnt sich an die südliche Kirchenwand an, der jüngere Flügel wurde erst nach 1500 eingewölbt. Das Klausurgeviert erhielt im 16. Jh. seine charakteristische Holzarchitektur. Die reich verzierte Schauseite der gotischen Kirche öffnet sich im Norden einem großen Vorhof, flankiert von Klosterkrug (1570), Klostermühle (1572), nachreformatorischen Wohnbauten und spätbarockem Gästehaus (1780). Die Benediktinerinnen entwickelten die Leinenstickerei zur höchsten Vollendung; einige Kunstwerke sind im Kloster aber auch in Museen ausgestellt.

◆ GermBen 11, 377–402; Lorenz-Leber, Angela: Kloster L., Königstein (Taunus) 1991.

Lüneburg, *Benediktinerabtei St. Michael u. a. (vor 956–1532) – „Michaeliskloster“, Diözese Verden – (Kreisstadt, Niedersachsen,* ❒ *2, A3).*

▶ **Geschichte.** Markgraf Hermann Billung errichtete auf dem Kalkberg über der Lüne kurz vor 956 eine Burg und gründete gleichzeitig ein Benediktinerkloster. Möglicherweise half ihm dabei sein Bruder, Bischof Amelung von Verden. Nicht unberechtigt sind Vermutungen, dass seit dem frühen 10. Jh. eine Kanonikergemeinschaft den Berg bereits besiedelt hatte. Der Sohn des Stifters, Herzog Bernhard I., rief 974 Abt Livezo wahrscheinlich aus ➛ Köln St. Pantaleon nach L., der die ➛ Gorzer Reformgewohnheiten im Konvent durchsetzte. Das Kloster im Schutz der Burg diente den Billungern und welfischen Erben als Grablege, aber auch als Verwaltungs- und geistlicher Mittelpunkt der Region am Ostrand des Reiches. Die Klosterschule erlangte von Anfang an eine große Bedeutung als christliche Ausbildungsstätte. Ottonische und salische Herrscher vergaben reichlich Privilegien und Gunstbeweise. Anfang des 12. Jh. entstand das Hospital St. Benedicti. Die Äbte förderten die Gründung des Frauenstifts ➛ Lüne im Tal, das sich unter ihrem Einfluss nach 1240 in ein Benediktinerinnenkloster umwandelte. Papst Gregor IX. erklärte 1229 den Schutz des Heiligen Stuhls, was seine Nachfolger mehrfach bestätigten. Die Michaelisabtei nahm direkt Einfluss auf die einträgliche Salzproduktion in den Salinen der sich entwickelnden Stadt. Im 14. Jh. verstärkte sich die Bindung an die welfische Herrschaft, Abt Thomas II. (1299–1321) erzog drei Söhne Herzog Ottos des Strengen. 1350 bestand der Konvent aus 17 Mitgliedern; ihr behütetes Dasein wurde durch den Erbfolgekrieg 1371 im Herzogtum Braunschweig-Lüneburg unterbrochen. Bürger eroberten die Burg und zerstörten das Kloster. Die Benediktiner erhielten 1376 einen neuen Niederlassungsplatz, „de hole ek“, innerhalb der Stadtmauern. Ende des 14. Jh. geriet die Abtei wegen des Schulmonopols in Streit mit den Prämonstratensern

Lüneburg Benediktinerabtei, der apsidiale gotische Chor von St. Michael mit Krypta im Untergeschoss.

in der Stadt (➛ Heiligenthal). Der Vergleich von 1402 erlaubte den Chorherren, ein eigenes Gymnasium zu gründen. Der überragende Benediktinerabt Boldwin von Wenden (1419–41) wurde 1435 zum Erzbischof von Bremen erhoben. Er füllte beide Ämter mit päpstlicher und kaiserlicher Zustimmung in Personalunion aus. Die Äbte des Michaelisklosters nahmen den ersten Platz in der Lüneburgischen Landsmannschaft ein. Der adelige Konvent wehrte sich in der Mitte des 15. Jh. vehement gegen Reformversuche. Den vom Landesherrn 1470 erzwungenen Beitritt zur ➛ Bursfelder Kongregation löste der Verdener Bischof Berthold von Landsberg 1472 wieder auf, weil er eine Einmischung in seine Kompetenz befürchtete. Er verbot den Verbleib in der Bursfelder Union und unterstützte die Annäherung der Abtei an den süddeutschen ➛ Melker Reformkreis. Im späten 15. Jh. zwang die hohe Verschuldung zu einschneidenden Sparmaßnahmen. Die Reformation zerrüttete den Konvent, Herzog Ernst der Bekenner vergriff sich am

Klostergut, der Magistrat verschloss die Michaeliskirche solange, bis ein erster evangelischer Prediger zu Heilig Abend 1530 von den Mönchen geduldet wurde. Der katholische Abt Boldewin von Marenholz (1505–32) starb im Dezember 1532, sein Nachfolger galt als erster lutherischer Abt. Der kleine evangelische Konvent bekannte sich weiterhin zum Benediktinerverband und bestand bis 1655. In der Michaelisschule besetzte Johann Sebastian Bach von 1700 bis 1702 eine Alumnatstelle für besonders begabte Schüler.

▶ **Gegenwart.** Die Abteikirche St. Michael mit anliegender Abtskapelle im Nordwesten der Altstadt entstand nach der Verlegung der Abtei zwischen 1376 und 1418; sie dient heute als evangelisch-lutherische Pfarrkirche. Die drei Schiffe der Hallenkirche enden im Osten in polygonalen Apsiden, darunter liegt eine dreischiffige Unterkirche mit Nebenkapellen. Der Turm im Westen wurde nie ganz vollendet, das geschlossene Gesamtdach erhielt die Kirche erst 1750/51. Außen und innen offenbaren sich Architektureinflüsse der Verdener Dombauhütte. Von der kostbaren mittelalterlichen Ausstattung, insbesondere dem Hauptaltar („Goldene Tafel"), sind nur Relikte in Museen erhalten. Von der nördlich gelegenen spätmittelalterlichen Klausur existieren noch einige Mauerreste.

◆ GermBen 6, 325–348; Michael, Eckhard: Evang.-Luth. Pfarrkirche St. Michaelis L. Ehem. Benediktinerkloster, Regensburg 1995.

Lüneburg, *Franziskanerkloster St. Maria (1235–1555) – „Barfüßerkloster", Diözese Verden – (Kreisstadt, Niedersachsen, ❒ 2, A3).*

▶ **Geschichte.** Legendenhaft, aber historisch wahrscheinlich, wird die Gründung des Franziskanerklosters in L. der Initiative Welfenherzog Ottos I. von Lüneburg zugesprochen. 1235 kamen die Minoriten aus ➛ Hildesheim und errichteten auf der sumpfigen Anhöhe vor der Stadtbefestigung ein Kloster. Um 1250 konsekrierte Bischof Gerhard von Verden (Hoya) die Klosterkirche. 1319 erlaubten weitere herzogliche Zuwendungen die Vollendung des Refektoriums (Remter). Schon vor 1260 fand erstmals ein Provinzialkapitel der Ordensprovinz Saxonia in L. statt, es folgten noch fünf weitere. Die Brüder errichteten 1348 eine Terminei in ➛ Winsen, aus der 1477 ein Observantenkloster erwuchs. Anfang des 14. Jh. etablierte sich das Hausstudium, ein Lesemeister ist 1318 nachweisbar. Die Barfüßer richteten eine beachtliche Bibliothek ein, deren Standardwerke und Sermones heute noch zugänglich sind. Wissenschaftlichen Austausch pflegten sie besonders mit den Konventen in ➛ Erfurt, ➛ Braunschweig, Hamburg und ➛ Stade. Der lang anhaltende Streit mit dem örtlichen Pfarrklerus bezüglich der Seelsorgeverhältnisse konnte 1386, jener um Stiftungsgelder 1487 vertraglich geregelt werden. Die Klausurgebäude der Franziskaner dienten als neutraler Ort zu Gerichtsentscheidungen bei Konflikten auch mit außerstädtischen Parteien. Der Vertrag von 1457, der den „Prälatenkrieg" um die Salzrechte beendete, wurde im Kreuzgang des Marienklosters unterzeichnet. Aus der Guardiansliste ragt Johannes von Minden hervor, der das Provinzialministeramt innehatte (1396–1406) und 1413 im Lüneburger Konvent beigesetzt wurde. Aber auch ein Sohn der Stadt, Helmold Arendorp, erlangte als Franziskaner überregionalen Ruf, er studierte im englischen Coventry, war Lektor in ➛ Stralsund und Guardian in L. (1457–62). Eine erste innere Reform des Konvents erreichte 1481 der Provinzialminister Eberhard Hillemann (1480–90) mit Einführung der ➛ Martinianischen Konstitutionen. 1489 setzte der Stadtrat mit Hilfe Bischof Bartolds von Verden (Landsberg) und mit rüden Methoden die Observanz im Konvent durch und verdrängte die sich erfolglos wehrenden Konventualen. Die nachfolgende Rechtssprechung wurde zugunsten der Observanten entschieden, auch weil die Konventualen Anklagen des Fehlverhaltens in Wirtshäusern und Bordellen nicht entkräften konnten. 1491 entledigten sich die Observanten jeglichen Besitzes und übergaben ihre Zinseinkünfte und Stiftsgelder dem Rat. Ein städtischer Klostervorsteher führte Rechnungsbücher (1513–31), aus denen hervorgeht, dass von den Einnahmen aus dem Stiftungsgut ein Teil der städtischen Ausgaben bestritten wurde. Demnach ließ der Rat die hohen Kosten, die ihm bei der Reform und den folgenden Gerichtsverfahren entstanden waren, vom Kloster selbst nivellieren. Der größte Nutznießer der Observanzreform war in L. ganz eindeutig der Stadtrat. Mitbrüder aus Winsen, Celle, Hamburg und ➛ Bremen, die vor der Reformation geflohen waren, lebten zusätzlich im Konvent in L., als der Rat 1530 die Annahme des lutherischen Glaubens forderte. Bis auf drei ältere Brüder verließ der Konvent unter Guardian Andreas Grone geschlossen die Stadt. Erst 1555 ging das Franziskanerkloster offiziell in städtischen Besitz über und wurde als Ratsbibliothek genutzt.

▶ **Gegenwart.** Noch heute befindet sich die „Ratsbücherei" im zweigeschossigen Remter des ehemaligen Franziskanerklosters, der als letzter Rest der Klostergebäude am Marienplatz die Zeiten überdauert hat. Den gelungen restaurierten Speisesaal nutzen die Bürger als Leihbücherei. In einem Rest des gotischen Kreuzgangs werden alte Bücherbestände der Franziskaner bewahrt.

◆ Ring, Edgar: Klöster und Klosterhöfe in L., in: Klöster und monastische Kultur in Hansestädten, Rahden 2003, 15–26; Longemann, Silke: Die Franziskaner im mittelalterlichen L., Werl 1996.

Lüneburg Franziskanerkloster, das Refektorium (Remter) der Barfüßer dient seit 1555 als Ratsbücherei.

Machern, *Benediktinerinnenkloster (um 1080– um 1190), Zisterzienserinnenabtei (St. Maria) St. Katharina (vor 1238–1802), Erzdiözese Trier – (Bernkastel-Kues, Lkr. Bernkastel-Wittlich, Rheinland-Pfalz, ❐ 3, A2).*

▶ **Geschichte.** Auf Erzbischof Eberhard von Trier (Schwaben, † 1066) geht die Klostergründung zurück, die erst um 1080 in M. am linken Ufer der mittleren Mosel mit Benediktinerinnen aus ➛ Trier-Oeren erfolgte. Die erste Schwesterngemeinschaft konnte sich aus machtpolitischen Gründen nicht entfalten; gegen Ende des 12. Jh. standen die Gebäude leer. Kloster M. mit Zisterzienserinnen wird erstmals 1238 aufgrund der Bitte Papst Gregors IX. um Aufnahme beim Generalkapitel in Cîteaux erwähnt. Der Antrag wurde positiv beschieden und das Frauenkloster M. der Aufsicht der Abtei ➛ Himmerod unterstellt. Die Mönchsabtei schickte Prioren und Beichtväter an die Mosel. Als zweite Gründer gelten Rudolf II. von der Brücke, Propst im Kollegiatstift Trier-St. Paulin, und seine Familie; der Gründungskonvent kam deshalb vermutlich aus dem Kloster Trier-Löwenbrücken (s. u.). Erste namentlich bekannte Äbtissin ist Aleide (1272/88). Regionaler Adel, Geistlichkeit und Bürger wetteiferten mit Stiftungen, so dass St. Katharina, wie es sich trotz der Ordensmitgliedschaft weiterhin nannte, aufblühen konnte. Das Recht zum Weinausschank während der Markttage war für den Klosterhaushalt besonders förderlich. Mehrere päpstliche Privilegien sicherten den Besitz; auch betreuten die Schwestern 1245 ein Hospital. Abt Balduin Wittlich (1328–38) von Himmerod verhängte die harte Strafe des Interdikts, um die Schwestern unter Äbtissin Ponzetta (1305–41) aus ihren Einzelzimmern in das gemeinsame Dormitorium zu zwingen. Der Drang zu einem standesgemäßen Leben der meist adeligen Schwestern ließ sich nur schwer eindämmen, private Pfründen gehörten zunehmend zum Alltag. Als Papstlegat und Kardinal Nikolaus von Kues 1460 Kloster M. besuchte, fand er alles zu seiner Zufriedenheit vor; an Silberinventar sei die Abtei äußerst vermögend. 1478 besaß der Konvent nur vier Bücher neben Bibel, Gebets- und Gesanglektüre. Nach der Reformation lebten acht Zisterzienserinnen in M., das Klausurleben war aufgehoben. Erst unter Äbtissin Maria von Metternich (1574–1603) gelang eine Konsolidierung, zwischen 1688 und 1700 entstand die heutige Barockanlage. Kriegswirren und schlechte Verwaltung führten im 18. Jh. zur Verarmung. Vor 1800 beherbergte M. nur noch vier zerstrittene Schwestern. Den Auflösungsabsichten des Erzbischofs stand der Streit mit den Landständen entgegen. Der französische Einmarsch beendete die Querelen. Nach der Aufhebung im Juli 1802 ließ die französische Konsularregierung den Besitz versteigern.

▶ **Gegenwart.** Seit 2000 betreibt ein Bürgerverein das renovierte Hofgut „Stift Kloster M.“, heute mit freiem Blick auf die Mosel. Den Hof begrenzen nur noch die zweigeschossigen Süd- und Westflügel, die mittelalterliche Spolien enthalten. Die Barockkirche ist heute in den westlichen Barocksaal und die östliche Chorkapelle unterteilt. An das Kirchengebäude grenzt der Nordflügel an. Von mittelalterlicher Architektur ist lediglich die „Krypta“ unter der Chorkapelle geblieben, ein tonnengewölbter Raum mit Pfeilern, der heute als Hofladen dient. Der „Grillkeller“ des Brauhauses besitzt Kreuzgratgewölbe.

❖ Das Mutterkloster in Trier-Löwenbrücken wird 1231 erstmals urkundlich erwähnt und unterstand ebenfalls der Abtei Himmerod. Nach der Zerstörung 1674 zogen die Löwenbrücker Schwestern in die Stadt Trier. Der Konvent wurde 1791 aufgelöst; architektonische Spuren blieben nicht erhalten.

◆ Mötsch, Johannes/Schoebel, Martin (Hg.): Eifilia Sacra, Mainz 1999, 157–178; Schneider, Ambrosius: Himmerod, Himmerod 1991.

Machern Zisterzienserinnenabtei, die mittelalterliche „Krypta“ unter dem Kirchenchor dient als Hofladen.

Magdeburg, *Augustiner-Eremitenkloster St. Augustinus (1285–1524) – „Augustinerkloster“, Erzdiözese Magdeburg – (kreisfreie Landeshauptstadt, Sachsen-Anhalt, ❐ 2, B4).*

▶ **Geschichte.** Wohlhabende Bürger der Bischofsstadt M., darunter vor allem Ritter Werner Feuerhake, stifteten 1285 den „Schwarzen Mönchen“, die schon länger in der Stadt verweilten, einen Platz unweit des später als Wallonenberg bezeichneten Hügels zum Bau eines Klosters, das zum Familienkloster des Stadtadels bestimmt war und sich als solches sehr gut entwickelte. Der Rat der Stadt war verpflichtet, den Augustinerbrüdern jeden Samstag guten Wein für deren Messfeier zu liefern. Die Klausur konnte 1295 fertig gestellt, aber die große Hallenkirche erst 1366 von Erzbischof Dietrich konsekriert werden. Der Konvent entwickelte sich neben Würzburg, ➛ Erfurt und Osnabrück zu einem der vier großen Konvente der sächsisch-thüringischen Provinz des Augustiner-Eremitenordens. Die Brüder betreuten seelsorglich die Gemeinde, sammelten Almosen zu ihrem Lebensunterhalt, gründeten 1355 mit Hilfe der Benediktinerabtei Berge eine beachtliche Bibliothek und förderten mit dem *studium generale* die wissenschaftliche Ausbildung der Ordensmitglieder. Aus ihrer Mitte ernannten Erzbischöfe zweimal einen Weihbischof. Aus der Terminei in ➛ Zerbst erwuchs 1390 ein selbständiger Konvent. Der Streit zwischen Vertretern der Observanzbewegung und den sich widersetzenden Konventualen führte in der ersten Hälfte des 15. Jh. zu Tätlichkeiten, Flucht und vorübergehender Verödung. Um 1500 stand das Generalstudium wieder in hoher

Magdalenenorden *(Poenitentes sorores Beatae Mariae Magdalenae).*

▶ Mit der Zusammenführung von Straßendirnen in religiöse Gemeinschaften seit etwa 1224 in Worms und ➛ Hildesheim gab der Kanoniker Rudolf von Worms, Domherr in Hildesheim, den Anstoß zur Gründung des ersten deutschen Frauenordens. Der Magdalenenorden spielte eine bedeutende Rolle in der religiösen Frauenbewegung des Hochmittelalters. Unter dem Patronat der hl. Maria Magdalena, Jüngerin Jesu, galt es, „gefallene Mädchen" zur religiösen Umkehr zu bewegen und ihnen als „Reuerinnen", „Magdalenen", „Büßerinnen", „Weißfrauen" oder „Pönitenziarierinnen" eine Heimstätte zu geben. Nach der Anerkennung der Gründung 1227 durch Papst Gregor IX. entstanden sehr mit Bußanliegen offen; als Konsequenz wechselten manche Konvente aus Scham zu respektableren Orden; hinzu kam ein Beschluss des Konzils von Lyon 1274, der den Bestand des Ordens gefährdete. Die besonders in Norddeutschland verbliebenen Klöster glichen sich im Laufe des Spätmittelalters den kontemplativen Ordensklöstern an, begleitet von den typischen Verfallserscheinungen. Einem männlichen Konventsmitglied oblagen als Prior die weltlichen Angelegenheiten. Jedes einzelne Kloster war rechtlich selbständig, lediglich das Generalkapitel hielt den Ordensverband zusammen; Ende des 15. Jh. existierten etwa 40 Magdalenenkonvente. Die Reformation beschleunigte den Niedergang des Ordens, der mit der allgemeinen Säkularisation zu Beginn des 19. Jh. besiegelt wurde. Einzig das Kloster

Romanisches Bogenfeld über dem Südportal der Magdalenenkirche im Goslarer Frankenbergkloster.

Figürlicher Schlussstein im Gewölbe der gotischen Magdalenenkirche des Süsternklosters in Hildesheim.

bald etwa 70 Magdalenenklöster in den größeren Städten des Reichs, aufgeteilt in vier Ordensprovinzen. Die Zisterzienserstatuten der Benediktregel, später die Augustinusregel und eventuell deren alterierte Form der Dominikanerinnen von St. Sixtus in Rom wurden zur Regel des Ordens. Neben dem Stundengebet zur Buße waren sinnvolle Beschäftigungen geboten und Müßiggang streng untersagt. Seit 1251 standen die Klöster nicht nur den Prostituierten, sondern auch würdevollen Frauen höheren Standes Lauban in Niederschlesien (Polen), 1320 gegründet, überlebte als Traditionsträger die Zeiten (mit Unterbrechung während des Kommunismus und dem Exil im niederbayerischen Seyboldsdorf). Eine Tochtergründung existiert seit 1990 im Bayreuther Stadtteil Grunau-Aiching. – Neben dem hier vorgestellten M. gibt es andere katholische Orden dieses Namens, die jüngere Gründungen sind.

◆ LThK[3] 6, 1182; Tugwell, Simon: Were the Magdalen nuns really turned into Dominicans in 1287?, in: Archivum Fratrum Praedicatorum 76 (2006) 39–77.

Blüte, Konventuale wurden aus M. zu höheren Studien an die Universitäten gesandt, seit 1502 vor allem an die neue Universität Wittenberg. Eine nachhaltige Folge war der sehr zeitig einsetzende Einfluss lutherischer Lehren. Unter Prior und Theologieprofessor Johann Voigt (1516–24), der sich trotz seines hohen Alters zur evangelischen Lehre bekannte, löste sich der Konvent bereits 1524 als erste Klostergemeinschaft in M. selbst auf und übergab den Besitz der Stadt. Die Klausurgebäude wurden bis zur Zerstörung im Zweiten Weltkrieg für gemeinnützige Zwecke genutzt.

▶ **Gegenwart.** Die große Kirche St. Augustin übergab der Rat auf Befehl Kurfürst Friedrich Wilhelms 1694 den Wallonischen Flüchtlingen der reformierten Gemeinde, weshalb sie noch heute den Namen „Wallonerkirche" trägt. Sie brannte im Zweiten Weltkrieg aus, konnte aber mit verändertem Dach und ohne Westvorhalle wieder aufgebaut werden. Die Wallonerkirche ist eine typisch schlichte, dreischiffige Halle mit langgestrecktem, einschiffigem Chor, einer kreuzgrippengewölbten Kapelle aus dem 14. Jh. und einem spätgotischen, achteckigen Turm. An der Südseite erkennt man Reste des Kreuzgangs, von der mittelalterlichen Klausur blieb nichts erhalten. Die Wallonerkirche nutzen heute lutherische und reformierte Gemeindemitglieder gemeinsam; seit 1971 schmückt der kunstvolle Marienaltar von 1488 aus der Servitenkirche in ➛ Halle den Chorraum.

◆ Krenzke, Hans-Joachim: Kirchen und Klöster zu M., Magdeburg 2000; Kunzelmann, Adalbero: Geschichte der deutschen Augustiner-Eremiten, Tl. 1, 182–185, Tl. 5, 105–123, Würzburg 1969/74; Soffner, Monika: M., Wallonerkirche, Passau 1993.

Magdeburg, *Magdalenenkloster St. Maria Magdalena (1230– nach 1546) – „Reuerinnenkloster", Erzdiözese Magdeburg – (kreisfreie Landeshauptstadt, Sachsen-Anhalt, ❐ 2, B4).*

▶ Erzbischof Albrecht I. von Magdeburg (Käfernburg) stiftete 1230 in seiner Bischofsstadt ein Kloster des jungen Magdalenenordens, um den *sorores poenitentes* eine Heimstätte zu geben. Infolge der Reformation wurde das Kloster nach 1546 vom Stadtrat aufgelöst. Die Gebäude des Klosters existieren seit der Erstürmung der Stadt durch kaiserliche Truppen im Mai 1631 nicht mehr. Einzig die Magdalenenkapelle in unmittelbarer Nachbarschaft des Klosterareals erinnert an den Reuerinnenkonvent. Die Kapelle entstand 1315 nach einem Hostienraub und wurde als Fronleichnamskirche von Papst Urban VI. 1385 den Schwestern übereignet. Trotz mehrerer Zerstörungen und Wiederaufbauten bewahrte die katholische Kapelle ihre gotische Gestalt und bereichert heute den Dreikirchenblick über die Elbe in Richtung Magdalenenkirche, Peterskirche und Augustiner(Walloner-)kirche (➛ Magdeburg).

◆ Krenzke, Hans-Joachim: Kirchen und Klöster zu M., Magdeburg 2000; Puhle, Matthias/Pietsch, Peter (Hg.): M., die Geschichte der Stadt 805–2005, Dössel 2005.

Magdeburg, *Prämonstratenser-Chorherrenstift St. Maria (1129–1597) – „Unser Lieben Frauen", Erzdiözese Magdeburg – (kreisfreie Landeshauptstadt, Sachsen-Anhalt, ❐ 2, B4).*

▶ **Geschichte.** Erzbischof Norbert von Magdeburg (Xanten) wandelte 1129 das Kollegiatstift „Unser Lieben Frauen" an der nördlichen Grenze der Domfreiheit in M. in ein Regularkanonikerstift des von ihm gegründeten Prämonstratenserordens um und stand dem ersten Konvent selbst als Propst (1229–34) vor. Die Slawenmission in den Gebieten östlich der Elbe war die dringlichste Aufgabe des frühen Konvents. Das Liebfrauenstift entwickelte sich dank erzbischöflicher Förderung mit 16 Filialen zum Ausstrahlungszentrum des Ordens. Die Domkapitel von ➛ Havelberg, ➛ Brandenburg und ➛ Ratzeburg wurden von M. aus besetzt. Die „Norbertiner" der sächsischen Ordenszirkarie erlangten weitgehende Selbständigkeit gegenüber der Stammabtei Prémontré. Der Propst von M. galt als ebenbürtig mit dem Generalabt des Ordens, er blieb immer bei der alten Amtsbezeichnung *praepositus.* Diese Abgrenzung, sichtbar in unterschiedlicher Liturgie und Kleidung, führte aber nicht zur Spaltung; 200 Jahre konnte die hervorgehobene Stellung M. gewahrt werden. Im 15. Jh. verflachte das Klausurleben, unter Propst Eberhard Woltmann (1447/79) führten zwei Prämonstratenser aus Bloemhof zu Wittewierum bei Groningen (Niederlanden) die Observanz im Sinn der ➛ Windesheimer Reformkongregation ein; der Reformerfolg ließ sich aber nicht an die Filialen weitergegeben. Schon 1524 setzte sich in der Bischofsstadt das lutherische Glaubensbekenntnis durch. Albrecht von Brandenburg, Erzbischof von Mainz und M., hatte sich schon einige Jahre zuvor nach ➛ Halle an das Dominikanerkloster begeben. Probst Heinrich Stott (1497–1534) kam aus ➛ Leitzkau, musste den Verlust der städtischen Kirchenpatronate und des Kirchenschatzes (1525) hinnehmen und blieb ein entschiedener Gegner Luthers. Die Augustiner-Eremiten (➛ Magdeburg) hatten schon 1524 als erster Konvent ihr Kloster der Stadt übergeben. Der katholische Prämonstratenserkonvent dünnte aus, eine erzbischöflich verordnete Visitation fand 1561 nur noch fünf Chorherren und einen Laienbruder vor. Das Ordensgewand wurde seit 1570 nicht mehr getragen. Die Abtei ➛ Steinfeld in der Eifel half 1594 mit zwei Chorherren aus. Nach dem Tod Propst Helfensteins (1589–97) gelang es dem evangelischen Hochstift, Adam Löder (1597–1612) als evangelischen Propst im Liebfrauenstift durchzusetzen. Die Gebeine des Ordensstifters und Erzbischofs Norbert von Xanten (1582 von Papst Gregor XIII. kanonisiert) konnten 1632 nach Prag überführt werden, wo sie noch heute aufbewahrt werden. Im Mai 1631 eroberten katholische Ligatruppen die Stadt M. und richteten ein verheerendes Massaker unter der Bevölkerung an. Die Prämonstratenser verließen 1632 M., als sich schwedische Truppen näherten; Kirchenschatz und Archiv waren verloren. Im evangelischen Stift setzte man das traditionelle Gemeinschaftsleben mit Führung des berühmten Pädagogiums bis 1834 fort.

▶ **Gegenwart.** Seit dem Wiederaufbau nach dem Zweiten Weltkrieg ist das Stift Unser Lieben Frauen in M. ein Kulturzentrum mit Konzerthalle und Museum. Die langgestreckte, apsidiale Pfeilerbasilika mit markanter Dreiturmfront auf kreuzförmigem Grundriss geht auf den salischen Bau Erzbischof Werners um 1060 zurück, vereint aber heute Bauformen aus drei Jahrhunderten; ältester Teil ist die dreischiffige Krypta, jüngster das frühgotische Gewölbe. Die nördlich angebaute Klausur mit doppelgeschossigem Kreuzgang entstand nach 1129 und gilt wegen der harmonischen Proportionen als eine der schönsten ihrer Art in Deutschland. Ein besonderes Kleinod ist das Brunnenhaus an der Ostseite mit gesteigertem Kapitellschmuck. Originale Funktionsräume sind bis auf das Refektorium durch Überbauung verloren; das Poenitentiarium diente den Chorherren zu besonders harten Bußübungen; die sog. „Hochsäulige Kapelle“ nördlich des Chors (wohl die ehemalige Sakristei) gilt als architektonisch schönster Raum der Anlage.

◆ Neumann, Helga: Das Kloster Unser Lieben Frauen zu M., München o. J. (2000); Sitzmann, Manfred: Mönchtum und Reformation, Neustadt/Aisch 1999, 207–211; Puhle, Matthias/Hagedorn, Renate (Hg.): Prémontré des Ostens, das Kloster Unser Lieben Frauen M. vom 11. bis 17. Jh., Oschersleben 1996.

Maidbronn, *Zisterzienserinnenkloster St. Maria (1232–1581), Diözese Würzburg – (Rimpar, Lkr. Würzburg, Bayern, ❐ 3, D2).*

▶ **Geschichte.** Einer der stiftungsfreudigsten Bischöfe Würzburgs, Hermann I. von Lobdeburg, gründete in Bergerbrunn (heute Rotkreuzhof) das Kloster *Fons Virginis Sanctae Mariae.* Schon nach drei Jahren verlegte der Konvent unter Äbtissin Luidgart das Kloster an den heutigen Standort. Graf Poppo von Henneberg erwies sich neben den Familien von Castell, von Rieneck und von Grumbach als besonderer Förderer. Der Besitz umfasste Einkünfte und Rechte in 41 Orten der Umgebung sowie einen Stadthof in Würzburg. Die geistige Aufsicht übte zunächst ➛ Ebrach später ➛ Langheim aus. 1242 und 1260 half der Konvent M. bei den Gründungen der Frauenklöster ➛ Seligenporten in der Oberpfalz und ➛ Sonnefeld in Oberfranken. In dieser Zeit wurde die noch heute zum Teil bestehende Klosterkirche erbaut und um 1280 vollendet. Trotz mehrerer päpstlicher Privilegien und Schutzbriefe deutscher Könige konnte sich M. nie ganz von der bischöflichen Jurisdiktion befreien; eine Inkorporation in den Zisterzienserorden fand nicht statt, obwohl sich das Generalkapitel 1488 mit M. beschäftigte; M. hat daher eher als kommittiertes Frauenkloster zu gelten. Schon im 14. Jh. setzten wirtschaftliche Schwierigkeiten ein, die im 15. Jh. zu existentiellen Notlagen führten, denen nicht mehr abgeholfen werden konnte. 1513 lebten noch vier Schwestern von privaten Pfründen im Kloster. Nach der Plünderung durch aufständische Bauern 1525 war M. verwaist. Pröpste der Abtei Langheim führten die Wirtschaft weiter, bis der Besitz schließlich von Fürstbischof Julius Echter von Mespelbrunn 1581 zugunsten des geistlichen Seminars und des Juliusspitals in Würzburg aufgeteilt wurde; ähnlich verfuhr er mit den Klöstern ➛ Heiligenthal bei Schwanfeld, ➛ Hausen, ➛ Mariaburghausen und ➛ Unterzell.

Magdeburg Prämonstratenser-Chorherrenstift, Blick aus dem Kreuzgang mit romanischem Brunnenhaus.

▶ **Gegenwart.** Aus dem 13. Jh. haben sich lediglich der Ostteil der Klosterkirche und der im 17. Jh. umgebaute Westflügel der Klausur erhalten. Die heutige katholische Pfarrkirche St. Afra entspricht dem langen Chor der einstigen, einschiffigen Klosterkirche von 1260; sie zählt mit ➛ Frauental zu den frühesten Zisterzienserinnenkirchen in Franken. Der barocke Hochaltar birgt als besonderes Kunstwerk ein Sandsteinrelief des Würzburger Bildhauers Tilman Riemenschneider aus der Zeit vor 1525, das in beeindruckender Weise die Beweinung Christi thematisiert. Ein Straßendurchbruch trennt seit dem 18. Jh. das erhaltene Presbyterium von dem ehemaligen Kirchenwestteil; letzteres wird heute völlig überbaut als Pfarrhaus genutzt.

◆ Flachenecker, Helmut: Memoria und Herrschaftssicherung, Göttingen 2008; Treiber, Angela: Die Frauenklöster in Franken, M., in: Zisterzienser in Franken, Würzburg 1991, 117–119.

Mainz, *Antoniterkloster St. Antonius (1332–1528), Klarissenkloster St. Klara (1619–1802) – „Antonihof" später „Armklarakloster", Erzdiözese Mainz – (kreisfreie Landeshauptstadt, Rheinland-Pfalz, ❐ 3, C2).*

▶ **Geschichte.** Die Antoniter-Chorherren sind seit 1324 in der kurfürstlich erzbischöflichen Metropole M. nachweisbar. Die Dame Mechthildis schenkte 1332 Bruder Nikolaus von Andernach die von ihr neu erbaute Kapelle St. Antonius und das Nachbarhaus im Nordwestbereich der Altstadt. Nikolaus gehörte der ältesten und bedeutenden Generalpräzeptorei der Antoniter in Roßdorf bei Hanau an. Im Auftrag des Generalpräzeptors gründete er das abhängige Haus St. Antonius in M., er starb bereits 1333 und wurde in der Kirche begraben. Das Antoniterhaus diente der Roßdorfer Präzeptorei, die 1441 nach ➛ Höchst bei Frankfurt/Main umzog, wohl eher als städtischer Stützpunkt zum Zweck des Almosensammelns; eine eigenständige Präzeptorei mit Hospital ist nicht anzunehmen, eine Badestube wurde aber 1380 eingerichtet. Das berühmte Tönnisschwein der Antoniter mit Glöckchen im Ohr mag eine Rolle in M. gespielt haben, bis ins 17. Jh. hieß diese Stadtecke „Am Saukopf", weil hier Schweineställe standen; den benachbarten Dalberger Hof kennzeichnete man noch mangels Straßenschilder mit drei eingemeißelten Schweineköpfen. Ein überkommenes Gemälde auf Eichenholz zeigt Martin Wehener, Präzeptor des Mainzer Antoniterhauses im Jahr 1519. Dieses Bild des „Präzeptors" entstand aber erst etwa 100 Jahre später, möglicherweise nach einer Vorlage. Bedeutungsverlust der Antoniter, Überschuldung und aufwändiger Lebensstil Präzeptor Goswins von Orsoy (1488–1509) von Höchst, der in Prälatenmanier repräsentierte und selbst den Dompropst von M. ausstach, nötigten zur Verpachtung der Anlage. 1528 übergaben die Antoniter ihren „Antonihof" in M. an den Landesherrn, Erzbischof und Kurfürst Albrecht von Mainz (Brandenburg), der das Haus dem Zisterzienserkonvent aus ➛ Haina als Exil anbot. Seit 1574 missbrauchten erzbischöfliche Amtsträger die Kirche als Stall. Erst 1619 etablierte sich mit observanten Klarissen, die sich dem ursprünglichen Armutsideal verschrieben, eine echte monastische Institution, die zur Unterscheidung vom bestehenden „Reichklarakloster" (➛ Mainz) als „Armklarakloster" bezeichnet wurde. Das Armklarakloster bestand bis zur allgemeinen Säkularisation durch französische Besatzung 1802.

Mainz Antoniterkloster, Nordseite der Antoniterkirche (1330), heute besser als Armklarakirche bekannt.

▶ **Gegenwart.** Die Antoniterkapelle, heute besser bekannt als katholische Armklarakirche, wurde um 1330 im gotischen Stil mit quadratischem Langhaus und zweijochigem Chor im 5/8-Schluss gebaut. Am Nordportal befindet sich noch heute das Symbol des Antoniterordens, das Taukreuz. Im Inneren zeigen restaurierte Gewölbemalereien Heilige in Maßwerksumrahmungen, heute der einzige original erhaltene Gemäldezyklus in einer mittelalterlichen Mainzer Kirche. Das dreigeteilte Klostergebäude von 1726 südwestlich der Kirche geht auf die Klarissen zurück und dient heute dem Bistum Mainz als Sitz des Kirchenmusikalischen Instituts.

◆ Dietz-Lenssen, Matthias: Klöster in M., Mainz 2007; Mischlewski, Adalbert: Der Antoniterorden in Deutschland, in: Archiv für mittelrheinische Kirchengeschichte 10 (1958) 39–66; Brede, Laethitia/Ahrens, Fritz: Kirche und Kloster St. Antonius (Armklaren) zu M., Mainz 1950.

Mainz, *Karmelitenkloster St. Maria (um 1275–1802, seit 1924) – „Karmel Mainz", Erzdiözese Mainz – (kreisfreie Landeshauptstadt, Rheinland-Pfalz, ❐ 3, C2).*

▶ **Geschichte.** Der erste urkundliche Beleg für die Existenz eines Karmelitenkonvents in M. stammt von 1285; darin berücksichtigt eine Witwe Gisela von Erbach das Kloster in ihrem Testament, nachdem Erzbischof Werner von Mainz (Eppstein) die Brüder zwischen 1271 und 1284 in die Stadt gelassen hatte. Die Konventsanlage entstand aber erst um 1320 im Norden der mittelalterlichen Stadt nahe Stadtmauer und Rhein. Der erzbischöfliche Nachfolger Gerhard II. von Eppstein erlaubte den Karmeliten, gemäß dem päpstlichen Gebot, in seiner Diözese zu predigen und das Bußsakrament zu spenden. Weitere Testamente der Witwen Gisela von Erbach und Gosta de Nodo unterstützten den Klosterbau, der gegen 1350 weitgehend fertig gestellt war; die Einwölbung der Kirche erfolgte erst 1404. Das gute Einvernehmen zwischen Bürgern und Stadtrat äußerte sich in der Aufnahme der Karmeliten wie auch anderer Mendikanten in das Friedebuch der Stadt. Die Mainzer Universität veranstaltete ihre jährliche Rektoratswahl in der Karmelitenkirche, Spenden der Bürger flossen reichlich. In der zweiten Hälfte des 15. Jh. erreichte der Konvent seine Hochblüte, 1477 wurde Bruder Matthias Emich zum Weihbischof erhoben, Prior Diether Vectoris lehrte als Dekan an der theologischen Fakultät der Universität. Den ersten Einschnitt verursachte der Brand 1516 mit Schäden an der Kirche, nachhaltiger wirkten sich die Notzeiten während des Bauernkriegs, in den Reformationswirren und im Dreißigjährigen Krieg aus. Erst im 18. Jh. konnte der Konvent an seine spätmittelalterliche Hochblüte anschließen. Unter Lektor und Prior Arnold Leonardi entstanden neue Klostergebäude (1700–13), wobei sich die Karmeliten vorrangig auf den Schulunterricht konzentrierten. 1802 lösten die Franzosen das Kloster wie alle anderen monastischen Institutionen im Departement Donnersberg auf. Bis zur Neubesiedlung durch niederländische Karmeliten im Dezember 1924 diente die Kirche als Magazin, das Kloster als Schule.

▶ **Gegenwart.** Heute leben im Karmel M. fast 20 Brüder, das Kloster ist Ausbildungshaus der beiden deutschen Provinzen des Ordens und beherbergt auch das Noviziat. Anlage und Kirche litten schwer im Bombenhagel des Zweiten Weltkriegs, erst in den 50er Jahren waren die Schäden behoben; zusätzliche Andachtsräume entstanden 1993 nördlich der Kirche St. Mariä Himmelfahrt. Diesen basilikalen Bau aus der Mitte des 14. Jh. kennzeichnen steile Proportionen; die Länge des einschiffigen, flach abschließenden Chors entspricht der des dreischiffigen Langhauses, beides durchgehend bedeckt von einem Spitzdach. Das südliche Seitenschiff zur Karmeliterstraße fällt breiter aus als das nördliche zur Klausurseite, ein vierbahniges Maßwerkfenster beherrscht die Westseite. Im Inneren erzielen Mittelschiff und Chor durch gleiche Höhe eine beeindruckende Raumwirkung. Die Gewölbeflächen zwischen den Kreuzrippen sind reich bemalt, auch die Wandmalereien im Chor entsprechen den überlieferten Originalvorlagen. Reich gestaltet ist der untere Chorbereich mit Altarerker, dreiteiligen Gewölbebögen und Zentralgiebel. Von der originalen mittelalterlichen Ausstattung sind das Hochaltarretabel aus der Zeit Prior Johannes' Polles († 1395), die Karmelitenmadonna im Weichen Stil (um 1400) und das Grabmal Margaretes von Rodemacher († 1490) erhalten. Den Hof westlich vor der Kirche begrenzen Schulgebäude von 1950/51. Die heutigen Konventsräume befinden sich im modernen Flachbau östlich der Kirche.

❖ Andere Mendikantenklöster der Stadt hinterließen keine mittelalterliche Architektur: Das Dominikanerkloster (1234–1789) erlag der Beschießung im Juli 1793; auf dem weiträumigen Klosterareal in der heutigen Gymnasiumstraße entstand 1837 eine Fruchthalle, die 1876 niederbrannte. Das mittelalterliche Franziskanerkloster (1221–1577) lag am Ende der Schöfferstraße; ein zweites Kloster (1612–1797) existierte an der Lampertuskirche in der Franziskanerstraße. An die Augustiner-Eremiten (um 1260–1802) erinnert heute das bischöfliche Priesterseminar in den Konventsgebäuden (1753) und die barocke Augustinerkirche (1776) in der Augustinerstraße.

Mainz Klarissenkloster, das hochaufragende Mittelschiff der gotischen „Reichklarakirche", Südwestansicht.

◆ Dumont, Franz u. a. (Hg.): M., die Geschichte einer Stadt, Mainz 1998; Glatz, Joachim: Karmeliterkirche M., Regensburg 1995.

Mainz, *Klarissenkloster St. Klara (1272–1781) – „Reichklarakloster", Erzdiözese Mainz – (kreisfreie Landeshauptstadt, Rheinland-Pfalz, ❐ 3, C2).*

▶ **Geschichte.** Die mittelalterliche Stadt M. war das Zentrum des größten Metropolitanverbandes der katholischen Christenheit nördlich der Alpen, dessen Machtbereich von der Nahe bis an die thüringische Unstrut reichte und so reiche Städte wie Frankfurt/Main und Erfurt einbezog. Trotzdem erlangte die Bürgerschaft von M. 1244 weitestgehende Unabhängigkeit vom Domkapitel und dem kurfürstlichen Erzbischof, was die Entwicklung einer vielfältigen Klosterlandschaft in der Stadt nicht behinderte. Der Großbürger Humbertus de Ariete (von Widder) und seine Gemahlin Elisabeth stifteten 1272 im Norden der „Freien Stadt" M. ein Klarissenkloster, dessen Schwestern aus ➛ Pfullingen sich der Urbanregel unterwarfen, also eigenen Besitz zur Versorgung beanspruchten. Im Mai 1274 erteilte Erzbischof Werner von Mainz (Eppstein) zugunsten des Konvents einen Ablass. 1282 legte das Stifterpaar von Widder mit weiteren Gütern nach, so dass um 1300 die Klosterkirche errichtet werden konnte, in der beide Stifter beigesetzt wurden. König Adolf von Nassau gewährte dem Kloster Schutz und Privilegien, war doch seine Mutter Adelheid von Katzenelnbogen in den Konvent eingetreten. Er förderte den Klarissenorden darüber hinaus mit der Stiftung des Klosters ➛ Klarenthal bei Wiesbaden (1298), das von M. aus besiedelt wurde und das der Königinwitwe Imagina um 1313 als Grablege diente. Neben der Abtei Altenmünster entwickelte sich St. Klara zum einflussreichsten Frauenkloster der Stadt. Der Wohlstand nahm seit 1462 noch zu, als M. seine Selbständigkeit verlor und kurfürstliche Residenzstadt wurde. Stiftungen des erzbischöflichen Ministerialadels erfolgten bis ins 16. Jh. Der Protestantismus konnte in M. erst Ende des 16. Jh. von den katholischen Erzbischöfen mit Hilfe der Jesuiten zurückgedrängt werden. 1553 wütete die Pest, das Klarissenkloster war angeblich vorübergehend verödet. 1570 apostasierte die Äbtissin, sie konnte aber rekonziliiert werden und verstarb 1586 im Amt. Die Bezeichnung „Reichklarakloster" kam erst seit 1619 auf, nachdem sich zusätzlich ein „Armklarakloster" in der aufgelassenen Antoniterniederlassung (➛ Mainz) konstituiert hatte. Bis 1802 durfte sich keine evangelische Gemeinde in der Stadt etablieren (abgesehen von der Zeit der Schwedenbesatzung im Dreißigjährigen Krieg). Im November 1781 ließ Erzbischof Friedrich Karl Joseph von Erthal die Klöster Dalen, Reichklara und Kartäuserkloster zugunsten des Mainzer Universitätsfonds aufheben, das städtische Dominikanerkloster folgte 1789. Französische Revolutionstruppen nutzten die Reichklarakirche als Proviantmagazin und einen Teil der Klausur als Militärbäckerei.

▶ **Gegenwart.** Der ursprünglich dreischiffigen Basilika von etwa 1300 fehlen seit 1813 die Seitenschiffe, dafür erhielt der auffallend hochragende Bau innen drei Stockwerke (1906), seit dieser Zeit ist die Reichklarakirche ein Teil des Naturhistorischen Museums. Die Klostergebäude ließ die Stadt 1904 abreißen, um Platz für eine Schule und neue Museumsgebäude zu schaffen.

❖ Das bedeutendste mittelalterliche Frauenkloster der Stadt M. war das Kloster Altenmünster, das um 700 außerhalb der Stadt gegründet worden war und zwischen 1243 und 1781 einen Zisterzienserinnenkonvent beherbergte. Mitte des 17. Jh. zog der Konvent in die Stadt an die neue „Altmünsterkirche" (1656), die heute als evangelische Pfarrkirche genutzt wird. Mittelalterliche Klosterarchitektur blieb nicht erhalten.

Das Schwesternkloster Mainz-Dalen (Dalheim, Dalem) im Zeybachtal an der römischen Wasserleitung ging 1265 aus einem Benediktiner Doppelkloster (1145/1251) hervor; mittelalterliche Klosterarchitektur blieb nicht erhalten.

◆ Dietz-Lenssen, Matthias: Klöster in M., Mainz 2007; Jäggi, Carola: Frauenklöster im Spätmittelalter, Petersberg 2006, 75–78.

Maisental, *Prämonstratenser-Chorfrauenstift St. Maria und St. Nikolaus (1156– nach 1349) – „Mariatal", Diözese Konstanz – (Ravensburg-Mariatal, Baden-Württemberg, ❐ 3, D5).*

▶ Das Prämonstratenser-Doppelstift ➛ Weißenau bei Ravensburg erhielt um 1155 das (etwa 500 m) südlich gelegene Gut M. übereignet und lagerte seinen Frauenkonvent 1156 dorthin aus, woraufhin bis 1166 eine kleine Schwesternkirche entstand. Die Abhängigkeit vom Männerstift blieb stets bestehen. Zur Zeit Propst Ortolfs (1191–1203) zählte der Konvent 90 Prämonstratenserinnen. Einen Versorgungsengpass beseitigten Herzog Philipp von Schwaben und seine Gemahlin Irena, indem sie den Schwestern 1197 die reich dotierte Kirche St. Christina vor Ravensburg übertrugen, zumal sich die adeligen Frauen nicht mit unwürdigen Wascharbeiten beschäftigen sollten. Das Stift M. verlor für den oberschwäbischen Adel 1240 mit der Gründung des Frauenklosters ➛ Baindt an Anziehungskraft. Im 14. Jh. lebten nur noch wenige Schwestern aus Ravensburg und Wangen im Stift, 1349 sind sie letztmalig sicher bezeugt, Ende des 14. Jh. war der Konvent erloschen. Das Stiftareal diente den Prämonstratensern in Weißenau über Jahrhunderte als Ziegelei. An der Kirche entstand 1628/29 ein Pestfriedhof, seit 1662 der Pfarrfriedhof für die Ortsbewohner. Der Weißenauer Abt Christoph Härtlin (1616–54) ließ 1632 die einschiffige Saalkirche mit Chorapsis sanieren, seit jener Zeit heißt der Ort „Mariental" später „Mariatal". 1756/57 ordnete Abt Anton Unold (1724–65) einschneidende barocke Umbauten an der kleinen Kirche an; 1765 wurde der westliche Turm aufgesetzt und die Inneneinrichtung erneuert. Bis heute blieb das Gotteshaus eine Friedhofskirche im Ravensburger Stadtteil Mariatal. Bis auf den Chor ist ihre mittelalterliche Kernsubstanz, die bis in die romanische Bauzeit zurückreicht, äußerlich nicht mehr erkennbar. Im kleinen M. ist jedoch mehr mittelalterliche Substanz erhalten geblieben als in der Großanlage Weißenau.

◆ Wieland, Georg: Prämonstratenserinnen in M., Sigmaringen 1995.

Malchow, *Magdalenenkloster St. Johannes Baptist und St. Maria Magdalena (vor 1273– vor 1474), Zisterzienserinnenkloster St. Johannes Baptist und St. Maria Magdalena (vor 1474–1557), Diözese Schwerin – (Lkr. Müritz, Mecklenburg-Vorpommern, ❐ 2, B3).*

▶ **Geschichte.** Bischof Gottfried von Schwerin (Bülow) siedelte 1298 auf Veranlassung des mecklenburgischen Fürsten Nikolaus I. von Werle das Magdalenenkloster von Röbel an das Ostufer des Malchower Sees auf dem Hügel der ehemaligen Obodritenfeste Werleburg an. Auf der nahen In-

Maisental, die Prämonstratenserinnenkapelle.

Malchow Magdalenen-/Zisterzienserinnenkloster, der Kreuzgang im überbauten Klausurtrakt.

sel im See existierte bereits der Ort M., seit 1235 mit Schweriner Stadtrecht. Die Magdalenen hatten sich vor 1273 in Neuröbel an der Müritz etabliert und machten mit ihrem Umzug dem Dominikanerkonvent Platz, der 1298 aus Altröbel in ihre Anlage zog (s. u.). Ein *Albertus prepositus sanctimonialium* in M. tritt 1298 urkundlich auf. Im Lauf des Mittelalters wechselte der Konvent von der Augustinusregel des Reuerinnenordens zur Benediktregel in strenger zisterziensischer Auslegung. In einer Bulle vom März 1474 die Rückgabe entfremdeter Güter betreffend, bezeichnete Papst Sixtus IV. das Kloster als „monasterium antiqui opidi M., per priorissam solitum gubernari, ordinis Cisterciensis, Zwerinensis diocesis"; für eine Inkorporation in den Zisterzienserorden gibt es keinerlei Anzeichen. 1557 bekannte sich der Konvent zur lutherischen Kirchenordnung und lebte bis 1918 weiter als evangelisches Damenstift.

▶ **Gegenwart.** Das Kloster M. liegt malerisch am See. Die heutige „Klosterkirche" ist ein neogotischer Bau von 1844/49 mit Orgelmuseum. Die zweistöckigen Klausurbauten entstanden im 17./18. Jh. und werden noch immer parzelliert bewohnt. Vom flachgedeckten, überbauten Kreuzgang gehen Türen ab, die zu den ehemaligen Zimmern der Stiftsdamen führen; die Arkadenbögen des Kreuzgangs sind bis auf Rechteckfenster vermauert. Die Barockanlage ist deshalb erwähnenswert, weil in den Gebäuden des älteren Hofes „Am Kreuzgang" mittelalterliche Kernsubstanz vermutet wird, ein spitzbogiges Portal unterstreicht diese Annahme. ❖ Das Dominikanerkloster am Ursprungsort, das von 1285 bis 1547 in der Residenzstadt Röbel existierte, hinterließ keine aufstrebende Architektur. Das Chorgestühl (1519) der Prediger bewahrt die Nikolaikirche in der Neustadt.

◆ RepZist 448–451.

Malgarten Benediktinerinnenkloster, romanisch-gotische Klosterkirche mit flachem Chorabschluss, Südost.

Malgarten, *Benediktinerinnenkloster St. Maria und St. Johannes Evangelist (1175–1803), Diözese Osnabrück – (Bramsche-Epe-M., Lkr. Osnabrück, Niedersachsen,* ❒ *1, C4).*

▶ **Vorgeschichte.** Mit hoher Wahrscheinlichkeit kamen die ersten Schwestern des Klosters M. aus dem Ort Essen bei Quakenbrück im Oldenburgischen Land. Kloster Essen wurde von Graf Simon von Tecklenburg und seiner Mutter Eilika, geborene Gräfin zu Oldenburg, 1175 auf Eigengut mit Kirche im Ort Essen gestiftet. 1177 weihte Bischof Arnold von Osnabrück (Altena) die ersten Konventsbauten ein und nahm das Kloster unter Schutz. Ein Großbrand 1194 vernichtete die Anlage, die Gemeinschaft verließ die Stadt, um nordöstlich von Bramsche auf der ehemaligen Burg M. an der Hase einen Neuanfang zu wagen. Kloster Essen ist bis 1194 urkundlich belegt, die weitere Geschichte ist lediglich Chroniken mehrerer Klöster des 16. und 17. Jh. entlehnt, Urkunden existieren nicht mehr.

▶ **Geschichte.** Anderen Angaben zufolge gründete Graf Simon von Tecklenburg schon 1170 in M. ein Kloster. Tatsache ist, dass Einkünfte der Niederlassung in M. vom ursprünglichen Besitz des Klosters Essen stammen. M. besaß auch das Patronat über die ehemalige Klosterkirche in Essen. Die Schirmherrschaft über M. übten die Tecklenburger Grafen aus; Graf Simon, seine Mutter, Gemahlin und Kinder wurden in M. bestattet. Die Ordenszugehörigkeit der Frauengemeinschaft blieb lange unklar. 1237 wird zum ersten Mal eine Priorin Athelheydis erwähnt, 1299 taucht in einer Urkunde die Bezeichnung „ordo Sancti Benedicti" auf. Die mittelalterliche Verlaufsgeschichte ist aufgrund der schmalen Quellenlage kaum zu erhellen. Nicht verborgen bleiben die Verselbständigung der Pröpste, die Gütertrennung zwischen Priorin und Konvent sowie die Existenz privater Pfründen. Der Konvent überstieg selten die Zahl von zwölf Schwestern. Bischof Konrad III. von Osnabrück (Diepholz) versuchte 1472 mit Priorin Mechthild Budde (1472–85) aus ➛ Herzebrock innere Reformen im Sinn der ➛ Bursfelder Kongregation einzuführen. Das Amt des Propstes wurde 1475 abgeschafft, die Schwestern verweigerten sich zunächst jeder weiteren Reformmaßnahme. Priorin Mechthild Budde gab auf, ihre Nachfolgerin Katharina von Roden (1486–1518) aus ➛ Gertrudenberg und ihre leibliche Schwester Alheid von Roden (1520–36) vermochten mit Unterstützung der Benediktiner von ➛ Iburg, das Klausurleben zu heben und die Wirtschaft zu konsolidieren. Eine neue Mühle wurde mit dem ungewöhnlichen Aufwand eines (9 km) langen Wasserhochlaufs gebaut; die „Hohe Hase" nutzten auch die Johanniter von ➛ Lage zur Bewässerung ihrer Viehweiden. Die Reformation ging zwar mit inneren Konflikten, aber scheinbar ohne weitere Folgen am Kloster vorüber, lediglich die Konfessionswechsel der Osnabrücker Bischöfe und das evangelische Umland wirkten sich nachteilig aus. Auch die Plünderungen durch Braunschweigische Truppen 1553 wurden wohl bald überwunden. Beim Tod der tatkräftigen, aber umstrittenen Priorin Anna (Engel) von Dorgelo (1554–96) war alles wohl geordnet, aber es lebten nur noch fünf Schwestern im Konvent. Der Dreißigjährige Krieg und ein fünfjähriges Exil verschärften den Existenzkampf. 1680 brannte die Klosteranlage ab. Tüchtige Vorsteherinnen schafften den Aufschwung mit Neuaufbau und 1738 die Erhebung zur Abtei. 1803 erfolgte die Säkularisierung durch Hannoversche Beamte ohne nennenswerten Widerstand des kleinen, überalterten Konvents.

▶ **Gegenwart.** In M. haben sich einige Teile der mittelalterlichen Klosteranlage erhalten. Die ehemalige Klosterkirche des 13. Jh. im Übergangsstil zur Gotik dient heute als katholische Pfarrkirche St. Johannes Evangelist. Die Kirche ist ein zweijochiger, gewölbter Saal mit flacher Chorwand; während der spätmittelalterlichen Umbauphase erhielt sie ihre großen Maßwerkfenster, in der Barockzeit die heutige Ausstattung und im 18. Jh. ihre Stuckdecke im Rokokostil. Das Obergeschoss des südlich stehenden Turms wurde als Kapitelsaal genutzt. Von den Konventsbauten existiert der stark veränderte Westflügel mit Kreuzgang von etwa 1230 und ein kleiner Anbau von 1480 südlich des Turms. Alle weiteren Gebäude sind jünger, sie dienen heute als Pfarramt sowie dem Kunst- und Kulturforum M.

◆ GermBen 11, 403–420; Hurst, Michael J.: Kloster M. in Epe, Bramsche 2000.

Mallersdorf, *Benediktinerabtei St. Johannes Evangelist (1107–1803), Franziskaner-Tertiarinnenkloster St. Johannes Evangelist (seit 1869), Diözese Regensburg – (M.-Pfaffenberg, Lkr. Straubing-Bogen, Bayern, ❐ 4, B3).*

▶ **Geschichte.** Der Ministeriale Heinrich von Kirchberg und sein Sohn Ernst stifteten 1107 ihre Burg M. zur Gründung eines Eigenklosters. Die Zustimmung des Kanonissenstifts Niedermünster in Regensburg war notwendig, weil die Stifter in Lehnsabhängigkeit von Niedermünster standen. Nach dem Verzicht auf die Eigenkirchenrechte zugunsten des Reichs erlaubte König Lothar III. 1129 die Loslösung vom Reichsstift Niedermünster und privilegierte den Benediktinerkonvent mit freier Abtwahl und vogteilichem Vorschlagsrecht. Die ersten Mönche kamen aus ➛ Bamberg St. Michael bzw. ➛ Regensburg St. Emmeram. Bischof Otto I. von Bamberg (1102–39, kanonisiert 1189) erlangte 1130 weltlichen und geistlichen Einfluss, der Konvent unter Abt Eppo (1123–37) nahm mit Hilfe des Bamberger Michaelsklosters bzw. durch Mönche aus ➛ Sankt Georgen ➛ Hirsauer Reformstatuten an. Papst Innozenz II. gewährte 1131/39 päpstlichen Schutz und bestätigte Privilegien und Besitz. Die Schirmherrschaft besaßen zunächst die Grafen von Bogen, später jedoch die Herzöge von Bayern. Abt Eppo verlegte einen angeblich assoziierten Frauenkonvent 1136 nach Eitting, es gibt aber für diese Nachricht von 1617 keinen

Mallersdorf Benediktinerabtei, von der romanischen Basilika blieb das reichverzierte Portal erhalten.

entsprechenden Hinweis in den Quellen. Auch die Erwähnung eines Frauenkonvents in der Abteigeschichte, die Abt Maurus II. Deigl (1801–03) erst nach der Aufhebung verfasste, hält einer kritischen Überprüfung nicht stand. Im 13. Jh. erreichte M. seine Hochblüte, zahlreiche Stiftungen flossen der Abtei zu, Geistlichkeit und Wissenschaft entwickelten sich bei strenger Klosterzucht vorbildlich. Das Münster (1177) wurde erweitert und ausgebaut, Abt Berthold Vilser (1285–1301) reaktivierte das Spital. Dieses hohe Niveau konnte auf Dauer nicht gehalten werden, so dass im 14. Jh. der allgemeine Niedergang einsetzte. Abt Peter I. Grumad (1413–19) öffnete sich der ➛ Kastler Reform aus ➛ Reichenbach (Oberpfalz), die aber erst mit den Äbten Michael I. Bogenhauser (1424–42) und Andreas I. Müllich (1464–76) voll zum Tragen kam. Reformationswirren lähmten die Wirtschaft, Austritte führten fast zur Verödung, schließlich lebten nur noch drei Mönche in M. Herzog Albrecht V. von Bayern erwog 1559 eine Übergabe an die Jesuiten. 1595 rettete der Zuzug ➛ Ebersberger Mönche den Konvent. Abt Eustachius Sturm (1602–19) konsolidierte die Wirtschaft und ließ die Kirche umbauen, sein Nachfolger wagte sich an den Klausurneubau, aber die Verwüstungen durch schwedische Soldateska brachten 1634 neue Rückschläge. In Inkhofen entstand nach 1660 eine Außenstelle (Propstei). Der bedeutende Abt Anton Schelshorn (1665–95) richtete in M. das Zentralstudium der Bayerischen Benediktinerkongregation ein, ebenso das gemeinsame Noviziat (1708–18). Die Abtei erhielt dank bedeutender Universitätsprofessoren aus ihrem Konvent den Titel *Sedes sapientiae* (Sitz der Weisheit). Nach der Aufhebung im März 1803 durch die kurfürstlich-bayerische Regierung wurde der Besitz versteigert. Die Kirche sollte abgerissen werden, die Kosten dafür waren jedoch zu hoch. Der Konvent von 15 Brüdern, die laut Aufhebungsprotokoll in seltener Harmonie zusammenlebten, verließ mit Abt Maurus Deigl den Johannesberg.

▶ **Gegenwart.** Seit 1869 leben Pirmasenser Schwestern des Dritten Ordens der Franziskaner (Arme Franziskanerinnen von der Heiligen Familie von M.) im ausgedehnten, barocken Abteikomplex und unterhalten hier ihr Mutterhaus von etwa 250 Niederlassungen in Süddeutschland. Die ehemalige Abteibasilika und heutige katholische Pfarrkirche St. Johannes ist seit dem Umbau (um 1610) eine einschiffige, vierjochige Wandpfeilerkirche, die ihre zwei romanischen Westtürme und das Westportal aus der Mitte der 13. Jh. behalten hat. Der Innenraum überwältigt den Besucher mit einer Ausschmückung durch namhafte Künstler des Barock, Rokoko und Frühklassizismus; aus mittelalterlicher Zeit blieben die Grabplatte des Stifters Heinrich († 1123) und das spätgotische Chorgestühl von 1469 erhalten.

◆ GermBen 2, 137–141; Sitt, Matthias von der/Huber, Alfred: St. Johannes M., Regensburg 1997.

Marburg, *Deutschordens Landkommende St. Elisabeth (1233–1809) – „Deutschordenshaus“, Erzdiözese Mainz – (Kreisstadt, Lkr. Marburg-Biedenkopf, Hessen, ❐ 3, C1).*

▶ **Geschichte.** Zu Beginn des 13. Jh. gehörte der kleine Ort M. an der Lahn zur Landgrafschaft Thüringen unter den Ludowingern, die in enger Beziehung zum Staufenkaiser Friedrich II. und dem aufstrebenden Deutschen Orden standen. M. erlangte erst 1227 eigene Pfarrrechte. Im gleichen Jahr 1227 starb der Thüringische Landgraf Ludwig IV., während er Kaiser Friedrich II. auf dem sechsten Kreuzzug nach Italien begleitete, und wurde im Benediktinerkloster

Marburg Deutschordens Landkommende, Schnitzfigur der hl. Elisabeth (um 1490) in der Deutschordenskirche.

Marburg Deutschordens Landkommende, die Ruinen des Hospitals, in dem die hl. Elisabeth, Königstochter und Landgräfin, 1231 als Ordensschwester starb.

➛ Reinhardsbrunn bestattet. Seine Witwe, Landgräfin Elisabeth, verstarb vier Jahre später und wurde 1235 heiliggesprochen. Der Deutsche Orden, der umfangreichen Landbesitz in Thüringen erhalten und in ➛ Zwätzen bei Jena bereits einen Hauptsitz eingerichtet hatte, ließ sich 1233 in M. nieder, erlangte das städtische Kirchenpatronat und die Rechte über das Elisabethhospital mit dem Grab der Heiligen, die zur Schutzpatronin des Ordens erhoben wurde. 1235 begannen die Ordensritter mit dem Bau der St. Elisabethkirche in M., die als Grabeskirche der Heiligen zu einer Wallfahrtsstätte ersten Ranges aufstieg. Ihre Ausstrahlungs- und Anziehungskraft lässt sich mit jener der Kathedrale Santiago de Compostela in Spanien vergleichen. Von der Deutschordensballei Thüringen-Sachsen spaltete sich 1255 die Ballei Hessen ab und bestimmte M. zum Sitz des Landkomturs. Im ordensrechtlichen Sinn war die Ballei Hessen zunächst lediglich ein Verwaltungsverband; erstmals erschien 1364 der Begriff „Ballei Marburg". Der Begriff „Ballei Hessen" wurde bis zum ausgehenden Mittelalter äußerst selten verwendet, im Orden selbst jedoch nicht; der Begriff „Landkomtur von Hessen" fand erstmals 1507 Verwendung. Die Deutschordensbrüder betreuten das Grab der hl. Elisabeth und die Familiengrabstätte der hessischen Landgrafen in der Elisabethkirche und unterhielten das Franziskushospital in der Stadt; ferner verwalteten sie ihren umfangreichen Landbesitz sowie 18 unterstellte Kommenden und kümmerten sich um Pilger und Wallfahrer. Ihre reichsunmittelbare Rechtsstellung schützte sie während der Reformation vor dem Zugriff des lutherischen Landgrafen Philipp I. Gleichwohl bedeutete der Austritt vieler Priesterbrüder einen nachhaltigen Einschnitt in der Ordensgeschichte. Wolfgang Schutzbar (genannt Milchling), zunächst Landkomtur von Hessen (1530–43), danach Hoch- und Deutschmeister (1543–66), konnte den hessischen Besitzstand sichern, was im Vertrag von Karlstadt 1584 festgeschrieben wurde. Die Ballei wechselte nach 1570 das Bekenntnis, in der Elisabethkirche fand erstmals ein evangelischer Gottesdienst statt. Der Landkommende Hessen gehörten Lutheraner, Reformierte und Katholiken an, sie war die einzige trikonfessionelle Ballei des Deutschen Ordens, was unter dem Landkomtur Johann Daniel von Priort (1679–84) offizielle Ordensanerkennung fand. Wirtschaftliche Konsolidierung aber auch Abnahme der Mitglieder und geistlicher Verfall bestimmten die letzten Jahrzehnte bis zur Säkularisierung 1809 durch die Franzosen.

▶ **Gegenwart.** Das dreiteilige „Deutsche Haus" hinter der Elisabethkirche besteht in seinen Kellergeschossen noch immer aus Bausubstanz der Entstehungszeit, ist aber unter den Landkomturen Ludwig von Nordeck (um 1480) und Hugo Damian von Schönborn (1700–43) stark verändert worden. Auch die neuere Nutzung durch Universitätsinstitutionen erforderte ständige Umbauten. Von dem Franziskushospital der hl. Elisabeth blieben Ruinenreste nördlich der Kirche erhalten. Das Prunkstück aber ist die Elisabethkirche in M., für viele die architektonisch bedeutendste Hinterlassenschaft des mittelalterlichen Deutschen Ordens. Neben der Liebfrauenkirche in Trier wurde sie als erste deutsche Großkirche im rein gotischen Stil erbaut. Mit eigenständigen Ausdrucksformen führte sie den frühgotischen Hallenbau der französischen Kathedralen im deutschen Reichsteil ein und beeinflusste maßgeblich die gotische Sakralarchitektur. Ihre harmonische Schönheit und ihre Kunstschätze führen nach wie vor jedes Jahr unzählige Touristen, Kunstinteressierte und Wallfahrer nach M.

◆ Braasch-Schwersmann, Ursula: Das Deutschordenshaus Marburg, Marburg 1989; Lachmann, Hans-Peter/Langkabel, Hermann: Der Deutsche Orden in Hessen, Marburg 1983.

Marburg Dominikanerkloster, Nordansicht der gotischen Predigerkirche, heute Universitätskirche.

Marburg, *Dominikanerkloster St. Johannes Baptist (1291–1527) – „Predigerkloster", Erzdiözese Mainz – (Kreisstadt, Lkr. Marburg-Biedenkopf, Hessen, ❐ 3, C1).*

▶ **Geschichte.** Auf dem Felsplateau über der Lahn nahe des Lahntors der Stadt M. errichteten Dominikaner vor 1300 ein Kloster, nachdem sie 1291 vom hessischen Landgrafen Heinrich I. in die Stadt gerufen worden waren. Der hoch aufragende Chor der Predigerkirche St. Johannes der Täufer und die sich anschließenden Klostergebäude dienten zugleich als südöstliche Stadtbefestigung. Das Klosterareal wurde ständig erweitert, bis es 1521 etwa den Umfang der heutigen Alten Universität erreicht hatte. Die bei den Bürgern beliebten Seelen- und Gedächtnismessen der Dominikaner führten zu besonderen Stiftungen und Schenkungen. Um 1460 besaß die Klosterkirche bereits eine Orgel. Die Schusterzunft sowie drei Bruderschaften fanden ihre seelsorgliche Heimat bei den Predigerbrüdern. Der Konvent war in guten Zeiten etwa 25 Brüder stark. Der Konflikt mit dem städtischen Pfarrklerus, der dem Deutschen Orden (➛ Marburg) unterstand, konnte nicht ausbleiben. So beschwerte sich während der Amtszeit des Priors Johannes Andree (um 1452) der Stadtpfarrer der Marienpfarrkirche über die Einmischung des Lesemeisters der Dominikaner, Henricus Bodenbender, in seinen Seelsorgebereich. Eine Abgrenzung der Befugnisse konnte mit Hilfe von Notaren und auswärtigen Schlichtern zunächst erreicht werden, jedoch brach einige Jahre später der Konflikt wieder aus. Landesfürsten und Stadtrat nutzten das Predigerkloster mitunter als Verhandlungsort, so im Februar 1462, obwohl es längst ein Rathaus in M. gab. Landgraf Wilhelm I. forderte 1489 die Einführung der Observanz; weil sich die Prediger in M. aber der Reform widersetzten, wurden 1494 Mitbrüder aus den Observanzklöstern Magdeburg und ➛ Halle gerufen. Erst 1508 war die Überführung des Dominikanerkonvents zum strengen Ordensleben endgültig erreicht. Seit 1521 sickerten evangelische Glaubenslehren in die Stadt. Landgraf Philipp I. der Großmütige entschied sich im Sommer 1525 für die lutherische Seite und wurde einer der eifrigsten Verfechter der Reformation. Nach der Homberger Synode im Oktober 1526 betrieb er die Auflösung der Klöster in Hessen. Die Dominikaner in M. gerieten besonders unter Druck, weil ihr Klostergebäude für die geplante Landesuniversität vorgesehen war. 13 Brüder unter Prior Johann Eisemroth weigerten sich, den neuen Glauben anzunehmen, unterzeichneten notgedrungen am 1. Juni 1527 nach finanzieller Abfindung eine Verzichterklärung und verließen noch am gleichen Tag geschlossen das Kloster. Am folgenden 1. Juli wurde in ihren Gebäuden die Gründung der ersten evangelischen Universität vollzogen. Über den Verbleib der Dominikaner ist nichts bekannt, keiner wurde wie ihre Mitbrüder in ➛ Leipzig an der Universität beschäftigt.

▶ **Gegenwart.** Die mittelalterlichen Klausurgebäude wichen 1873 einem neuen Universitätsbau, heute die „Alte Universität" genannt; lediglich die gotische „Universitätskirche" blieb erhalten. Dieser unvollendet wirkende, zweischiffige Hallenbau diente zwischenzeitlich als Kornspeicher, bis er 1658 durch Landgraf Wilhelm VI. für die reformierte Gemeinde wiederhergestellt wurde. Heute gilt die ehemalige Dominikanerkirche als Wahrzeichen der Universitätsstadt und erfüllt die Doppelfunktion einer Gemeinde- und Universitätskirche.

◆ Springer, Klaus-Bernward: Die deutschen Dominikaner in Widerstand und Anpassung, Berlin 1999; Grossmann, Georg Ulrich: M. an der Lahn, Marburg 1987.

Marburg, *Franziskanerkloster St. Johannes Baptist (1235–1527) – „Barfüßerkloster", Erzdiözese Mainz – (Kreisstadt, Lkr. Marburg-Biedenkopf, Hessen, ❐ 3, C1).*

▶ Die Minoriten betreuten zunächst das Franziskushospital, das die hl. Elisabeth 1228 in M. gegründet hatte, das aber an den Deutschen Orden (➛ Marburg) überging. Im Oktober 1235 bewilligte Erzbischof Siegfried III. von Mainz (Eppstein) einen Ablass zum Bau des Franziskanerklosters im südwestlichen Mauerwinkel nahe dem späteren Barfüßertor. Mit der Einführung der Reformation in Hessen 1527 endete das Barfüßerkloster in M.; Gebäudereste sollen noch 1808/11 gestanden haben. Auf dem ehemaligen Klosterareal am Plan befindet sich heute das Zentrum für Hochschulsport. Die Kirche stand im Norden und musste 1730/31 der herrschaftlichen Reithalle (heute Sportmedizin) weichen. Im südlichen Seminargebäude, besonders im Westteil (ehemalige Bibliothek), befinden sich noch spätgotische Kellerräume mit Kreuzgratgewölben und Pfeilern, von denen man bislang annahm, dass sie auf die Barfüßer zurückgehen. Meschede (s. u.) jedoch konnte nachweisen, dass ihre Nordwände die ehemalige Stadtmauer bilden, dass das Gebäude also im ausgehenden Mittelalter südlich vor der Stadtmauer errichtet worden war und nichts mit dem alten Kloster innerhalb der Mauer zu tun hatte. Möglich ist auch, dass die Franziskaner einen Erweiterungsbau vor bzw. auf der Mauer beabsichtigten, der durch die Aufhebung nicht zur Ausführung kam. Der sogenannte „Bibliotheksflügel" birgt also keine Reste des ehemaligen Barfüßerklosters aus dem 13. Jh., möglicherweise aber Bausubstanz eines franziskanischen Erweiterungsbaues aus der Reformationszeit.

◆ Meschede, Kurt: M.s zweitälteste Ordensniederlassung. Das Barfüßer- oder Franziskanerkloster, in: Zeitschrift des Vereins für Hessische Geschichte 68 (1979) 77–86.

Marchtal (auch Obermarchtal), *Benediktinerkloster St. Petrus (vor 776– vor 805), Prämonstratenser-Chorherren Reichsstift St. Petrus und Paulus (1171–1803), Diözese Konstanz – (Obermarchtal, Alb-Donau-Kreis, Baden-Württemberg, ❐ 3, D4).*

▶ **Vorgeschichte.** Mit der Unterwerfung Alamanniens und der Eingliederung in das fränkische Reich entstand vor 776 durch den Franken Halaholf im alten Herrschaftsgebiet Baar in *Marchthala* an der Donau ein St. Peterskloster, das der Abtei St. Gallen unterstand. Vom Kloster sind seit 776 keine Nachrichten mehr erhalten, es muss schon vor 805 untergegangen sein. Am Ort entstand eine Burg, in der Konradinerherzog Hermann II. von Schwaben vor 993 ein Kollegiatstift für sieben Kanoniker einrichtete, dessen Konvent nach wechselndem Besitz Mitte 12. Jh. daniederlag.

▶ **Geschichte.** Als Sühne für seine Untaten in der Tübinger Fehde verpflichtete sich Pfalzgraf Hugo II. von Tübingen auf Anraten seiner Frau Elisabeth von Bregenz, das Stift M. wieder aufzurichten. Er rief dazu im Mai 1171 Prämonstratenser aus ➛ Rot an der Rot an die Donau, die ein Doppelstift gründeten. Der Anfang gestaltete sich für Propst Eberhard von Wolfegg (1171–79) schwierig, die Ausstattung war zu schmal bemessen; 1189 wollte sich zunächst kein Nachfolger der schwierigen Aufgabe stellen. Erst der aus ➛ Steingaden gewählte Propst Manegold (1191–1204) beseitigte die trostlose Lage. Nach seinem Tod verhinderte innere Zwietracht eine gedeihliche Entwicklung, der Konvent jedoch bestand 1204 immerhin aus 20 Chorherren, 40 Chorfrauen und 20 Laienbrüdern. Unter dem begabten Propst Walther II. von Schmalstetten (1229–43) konnte das wirtschaftliche und geistige Niveau gehoben werden. Die Frauen nutzten eine Katharinenkapelle, neben der ihre

Marchtal Prämonstratenser-Chorherrenstift, die Wirtschaftsgebäude gehen noch auf das 16. Jh. zurück.

Wohngebäude lagen. Propst Konrad von Taugendorf (1266–75) untersagte 1273 die Aufnahme von Novizinnen, der weibliche Konvent starb aus. Im 13./14. Jh. erweiterten die Chorherren ihren Besitz entlang der Donau, flussabwärts entstand der Ort Untermarchtal, das Stift hieß nun *Obermarchtal.* 1243 unterstellte sich M. dem Konstanzer Hochstift, konnte sich aber 1440 davon befreien und erlangte den Schutz des Reiches, verbunden mit der Erhebung zur Abtei. Heinrich Mörstetter (1436–61) regierte als erster Abt. Kaiser Maximilian I. vergab 1518 die Hochgerichtsbarkeit – ein letzter Schritt auf dem Weg zum Reichsfürstentum – und so unterhielt das Stift einen eigenen Scharfrichter. Nach dem Dreißigjährigen Krieg begann Fürstabt Nikolaus Wierieth (1661–91) Vorarlberger Baumeister zu beauftragen, die gesamte Abteianlage neu zu errichten. In etwa 100-jähriger Bauzeit entstand ein repräsentatives Stift, das architektonisch den gesamten südwestdeutschen Donauraum beeinflusste. In der Barockzeit vertiefte sich auch die Verehrung des hl. Tiberius († um 300), einem römischen Martyrer unter Diokletian. Während sich das Musikschaffen in der Abtei intensivierte, wurde die wissenschaftliche Betätigung vernachlässigt, weswegen die Bibliothek in M. keine besondere Zuwendung erfuhr. Eine Lateinschule und ein Internat waren für 20 bis 40 Schüler eingerichtet. Im März 1803 ging das reiche Stift im Zuge der allgemeinen Säkularisation an die fürstliche Familie Thurn und Taxis über. 35 Chorherren, zwei Laienbrüder und vier Novizen erhielten Pensionen bzw. Abfindungen.

▶ **Gegenwart.** Die Barockanlage M. wird gern als „Schwäbisches Versailles" bezeichnet. An die frühbarocke Stiftskirche wurde östlich axial die weiträumige Vierflügelanlage mit Sommerrefektorium in Rokoko angebaut. Westlich der Kirche befinden sich mehrere Wirtschaftsgebäude, die zum Teil auf das 16. Jh. zurückgehen, im 18. Jh. jedoch einheitlich gestaltet wurden. Die Diözese Rottenburg-Stuttgart kaufte die Anlage 1973 und eröffnete 1978 eine Lehrerfortbildungsakademie. Die Gottesackerkirche St. Urban im Ort geht auf das 10. Jh. zurück; die Prämonstratenser ließen sie gotisch erneuern und im 18. Jh. barockisieren. Im gotischen Chor steht eine Kreuzigungsgruppe (um 1500) mit dem Wappen des Abtes Simon Götz (1482–1514), einer herausragenden Persönlichkeit der Abtei im ausgehenden Mittelalter.

◆ GermBen 5, 446–448; Schöntag, Wilfried: M., in: Württembergisches Klosterbuch, Ostfildern 2003, 332–336; Müller, Maximilian/Aßfalg, Winfried: Ehemaliges Prämonstratenser-Stift St. Peter und Paul M., Obermarchtal 1998.

Margrethausen, *Franziskaner-Tertiarinnenkloster Heilige Dreikönige (1338–1811), Diözese Konstanz – (Albstadt, Zollernalbkreis, Baden-Württemberg, ❐ 3, C4).*

▶ Beginen in M. nahmen 1338 die franziskanische Drittordensregel an, als ihnen der Ortsherr Konrad von Tierberg und seine Ehefrau 1338 ein Gebäude neben der Pfarrkirche St. Margareta auf der Anhöhe des Eyachtals errichten ließen. Der Konvent von zunächst vier Schwestern stieg 1350 auf acht an, 1372 wurde die Limitierung aufgehoben. Minoriten aus ➛ Überlingen, in deren Terminierbezirk M. fiel, übernahmen Aufsicht und seelsorgliche Betreuung. Die Frauen erlangten Grundbesitz in M. und in 13 Dörfern der Umgebung; im Spital Elbingen besaßen sie ein „Nonnenstübchen"; die Stadt Elbingen verlieh ihnen das Bürgerrecht. Ende des 15. Jh. führten Auseinandersetzungen mit der Ortsherrschaft zu einem Hilfegesuch an die Grafen von Württemberg, die daraufhin die Schirmherrschaft übernahmen. Die Protektion blieb auch während der landesweiten Durchsetzung der Reformation seit 1534 bestehen. Einschnitte brachte der Dreißigjährige Krieg. 1720/23 entstanden für etwa 15 bis 20 Franziskanerinnen neue Konventsgebäude mit einer eigenen Kapelle. Die Anlage wurde 1799 von französischen Revolutionstruppen gebrandschatzt. 1803 erfolgte die Aufhebung, die endgültige Schließung des Konvents erst 1811. Die Schwestern durften mit Pensionen bleiben.

Teile der Anlage sind inzwischen abgerissen, in den restlichen Gebäuden befinden sich ehemalige Funktionsräume, die heute von der Ortsgemeinde genutzt werden. Die katholische Pfarrkirche St. Margareta ist ein einschiffiger Saal mit Westturm; Stilmerkmale aller Epochen sind im Detail zu erkennen, wobei das Barocke überwiegt. Beeindruckend ist der dominierende Choranbau von 1933/34. Im nördlichen Vorraum zur Sakristei befindet sich ein gotisches Fenster als sichtbarste Erinnerung an das Franziskanerinnenkloster.

Margrethausen Franziskaner-Tertiarinnenkloster, gotische Fensteröffnung.

◆ Lang, Peter Th.: M., in: Württembergisches Klosterbuch, Ostfildern 2003, 335–337; Linner, Johannes: Pfarrkirche St. Margareta. Albstadt-M., Margrethausen 2001; Wilts, Andreas: M., in: Beginen im Bodenseeraum, Sigmaringen 1994, 376f.

Mariaburghausen Zisterzienserinnenabtei, typische mittelalterliche Frauenkirche (1336), Südostansicht.

Mariaburghausen, *Zisterzienserinnenabtei St. Maria (1237–1582) – „Marburghausen", „Kreuzthal", Diözese Würzburg – (Haßfurt-M., Lkr. Haßberge, Bayern, ❐ 3, D2).*

▶ **Geschichte.** Die selige Jutta von Fuchsstadt (um 1200– vor 1251), Gründerin und Äbtissin von ➛ Heiligenthal bei Schwanfeld, stiftete 1237 ein weiteres Zisterzienserinnenkloster in Kreuzthal zwischen Schweinfurt und Hofheim. Der Gründungskonvent kam aus ihrem Kloster Heiligenthal. Die erste Äbtissin Lukardis verlegte 1243 den Konvent wegen der einsamen Lage mit Hilfe Bischof Hermanns I. von Würzburg (Lobdeburg) nach Marburghausen am südlichen Mainufer auf ein Lehen des Hochstifts Würzburg gegenüber Haßfurt. Aus Marburghausen wurde später M., beide Bezeichnungen werden heute nebeneinander benutzt, ebenso wie der ursprüngliche Name *vallis Sanctae Crucis*, Kreuzthal. Der Zisterzienserinnenkonvent war möglicherweise schon von Beginn an dem Orden inkorporiert, denn vor dem Ortswechsel beauftragte das Generalkapitel die Äbte von ➛ Maulbronn und ➛ Schöntal mit der Besichtigung des neuen Gründungsplatzes. Der Abt von ➛ Bronnbach übte um diese Zeit die geistliche Aufsicht über M. aus. Mitte des 13. Jh. war das offizielle Aufnahmeverfahren in den Zisterzienserorden abgeschlossen, das Frauenkloster unterstand nun der Abtei ➛ Bildhausen. Weitreichende Privilegien der Päpste erfolgten in den Jahren 1255, 1265 und

1303. Die erste Klosterkirche St. Johannes Baptist entstand unter Äbtissin Kunigundis I.; eine Feuersbrunst von 1279 nötigte jedoch zum Bau eines zweiten Gotteshauses (1287–1336), wofür Äbtissin Mechthild III. von Bernrode erfolgreich auf der Synode von 1287 unter den versammelten Reichsbischöfen im Würzburger Dom warb. Ein erheblicher Reliquienschatz sorgte für den hohen Bekanntheitsgrad und für reichlich fließende Einnahmen. Die wohlhabenden Verhältnisse führten in der Mitte des 15. Jh. zur Verflachung der Klosterzucht, was strenge Visitationen im Auftrag des Abtes Johann von Morimond in den Jahren 1492 und 1498 nach sich zog. 1507 musste Äbtissin Barbara von Lamprecht nach Heiligenthal versetzt werden, um einen Streit im Konvent zu unterbinden. Der Bauernkrieg von 1525, die Reformation und die Weigerung, nichtadelige Töchter aufzunehmen, führten zur schleichenden Verödung. 1543 lebte Äbtissin Ursula von Rotenstein allein im Kloster. Nach ihrem Tod 1582 zog der Würzburger Fürstbischof Julius Echter von Mespelbrunn die Klostergüter mit päpstlicher Genehmigung gegen den Einspruch des Zisterzienserordens ein und übergab sie der Universität Würzburg. Ebenso verfuhr er mit den Klöstern Heiligenthal, ➛ Hausen, ➛ Maidbronn und ➛ Unterzell.

▶ **Gegenwart.** Von der gotischen Anlage hat sich neben unbedeutenden Resten der Klausur in den barocken Wirtschaftsgebäuden vor allem die weithin sichtbare, langgestreckte Klosterkirche von 1336 in sehr gutem Zustand erhalten. Der einschiffige Saal ist eine typisch dreigeteilte Frauenkirche des Mittelalters: im Ostteil befinden sich Chor und Laienkirche unter dem gemeinsamen Gewölbe, im Westteil aber die Nonnenempore, die von einer dreischiffigen Sepultur (Gruft) getragen wird. Dieser Grabsaal zu sieben Jochen mit Kreuzrippengewölbe und schlanken Achteckpfeilern gehört zu den großartigsten Räumen seiner Art. Am Erstgründungsort Kreuzthal sind keine monastischen Architekturreste geblieben.

◆ Mohn, Claudia: Kreuzthal-M., Stadt Haßfurt (Bayern), in: Mittelalterliche Klosteranlagen der Zisterzienserinnen, Petersberg 2006, 174-179; Treiber, Angela: Die Frauenklöster in Franken, M., in: Zisterzienser in Franken, Würzburg 1991, 119f.

Mariaroth (Marienroth), *Prämonstratenser-Chordamenstift St. Maria (vor 1131–1802), Erzdiözese Trier – (Dieblich-M., Lkr. Mayen-Koblenz, Rheinland-Pfalz, ❐ 3, B1).*

▶ **Geschichte.** Die Herren von Schönbeck stifteten ein Frauenkloster im Kondertal an der Untermosel bei Waldesch, das Erzbischof Albero von Trier (Montreuil) 1131 der Prämonstratenserabtei Floreffe (heute Belgien) unterstellte (vergleichbar mit ➛ Wenau, ➛ Rommersdorf und ➛ Schillingskapellen). Erzbischof Theoderich von Wied verglich 1231 das Frauenstift M. mit Ritter Arnold von Dieblich und dessen Sohn Siegfried, dabei wurden den Schwestern fünf Orte für ihre Aktivitäten zugewiesen, darunter Wenningen und Dieblich. Zahlreiche Dotationen, eigene Erwerbungen und episkopale Fürsorge, besonders Balduins von Luxemburg, sicherten dem Konvent im 14./15. Jh. ausreichend Einkünfte. Aber Bedrohungen durch Kriegswirren, Not und Epidemien verhinderten eine kontinuierliche Entwicklung, eigene Nachlässigkeiten traten hinzu, auch war der adelige Konvent häufig unterbesetzt. 1512 trat mit einer Mitgift von 210 Goldgulden eine Bürgerstochter als Chorschwester ein. 1565 lebten nur noch zwei Konventualinnen in M. Irmgard von Langenbach (1574–88) kam mit vier Schwestern aus ➛ Altenberg an der Lahn, richtete den Konvent wieder auf und fand Unterstützung und Hilfe durch die Prämonstratenser-Chorherren von Rommersdorf, die im nahen Wenningen Weinhänge besaßen und seit Abt Thomas von Dieblich (1524–53) die Paternität über M. übernommen hatten. Während des Dreißigjährigen Krieges lebten die Schwestern mit Meisterin Maria Jacoba von Eltz (1632–63) zwölf Jahre lang im Koblenzer Exil. Den mühevollen Neubeginn im verwüsteten Stift subventionierte die Familie von Eltz, die als zweiter Stifter galt. 1785 lebten neun adelige Stiftsdamen, der Prior von Rommersdorf sowie 14 Diener in M. Beim Herannahen französischer Revolutionstruppen 1794 flohen die Stiftsbewohner nach ➛ Kamp (Bornhofen). Anwohner und Nachbargemeinden plünderten die Anlage, die Barockaltäre gelangten so nach Niederfell. 1802 wurde Stift M. von der napoleonischen Regierung aufgelöst und 1819 unter preußischer Verwaltung verkauft.

▶ **Gegenwart.** Der heutige Ortsteil M. der Gemeinde Dieblich entstand aus Restgebäuden und Baumaterial der ehemaligen Stiftsanlage. Alte Wohnhäuser und Stallungen zeigen Mauern, Tore und Türen aus klösterlicher Zeit, darunter auch spätgotische Restbestände. Das heutige „Marienkapellchen" steht auf Grundmauern einer mittelalterlichen St. Georgskapelle, die sich aber außerhalb des Immunitätsbereichs befand.

◆ Krings, Bruno: Die Prämonstratenser und ihr weiblicher Zweig, Göttingen 2003; Hardt, Albert: Das Kloster Rommersdorf (bei Neuwied) und dessen Tochterklöster, Wiesbaden 2001.

Mariawald, *Zisterzienserabtei St. Maria (1486–1795), Trappistenabtei St. Maria (seit 1861), Erzdiözese Köln – (Heimbach-Kloster M., Kr. Düren, Nordrhein-Westfalen, ❐ 3, A1).*

▶ **Geschichte.** Zisterziensermönche aus der Abtei Bottenbroich gründeten 1486 an einer Wallfahrtskapelle das Kloster M. südlich von Heimbach in der Eifel. Der Gründung war die Aufstellung einer Pietà durch den Handwerker Heinrich Fluitter an einer Wegkreuzung auf dem Kermeterberg vorausgegangen, was zunehmende Wallfahrten nach sich zog und den Heimbacher Pfarrer Johannes von Bürvenich 1479 zum Bau einer Kapelle veranlasste. Die Bottenbroicher Mönche betreuten die Pilger und gründeten das Tochterkloster *Nemus Mariae*, das auf

Mariaroth Prämonstratenser-Chordamenstift, Kapelle vor dem Immunitätsbereich des Stifts.

dem Generalkapitel des Ordens 1487 in die Zisterziensergemeinschaft aufgenommen wurde, aber nur 18 Mönche umfassen durfte. In Herzog Johann III. der vereinigten Herzogtümer Jülich-Kleve-Berg fanden die Mönche einen großzügigen Gönner. Die Konsekration des Langchors der neuen Kirche mit elf Altären erfolgte 1511, die Gesamtweihe 1529. Der Herzog inkorporierte dem Kloster M. 1521 die Pfarrkirche in Heimbach. Bald danach breitete sich die evangelische Lehre im Land ungehindert aus; die liberale Haltung Herzog Wilhelms V. bevorzugte die *via media* zwischen den konfessionellen Blöcken. Nach der Festigung des katholischen Glaubens in der Gegenreformation blühte M. im 17. Jh. auf. 1636 gründeten die Zisterzienser eine Bruderschaft zu Ehren der sieben Schmerzen Mariens, die bis 1806 über 7.000 Mitglieder in 300 Orten der weiteren Umgebung zählte. Französische Revolutionstruppen lösten den Konvent bereits 1795 auf. Trappistenmönche aus Oelenberg (Elsass) übernahmen im Februar 1861 die zerfallene Anlage, die sie trotz entbehrungsreicher Zeit während Kulturkampf, Nationalsozialismus und Zweiten Weltkrieg ununterbrochen bis heute beleben.

▶ **Gegenwart.** Die Abtei M. ist heute wieder ein blühender Wallfahrtsort. Die spätmittelalterliche Anlage litt durch häufige Zerstörung und Veränderungen beim Wiederaufbau und wirkt daher uneinheitlich. Die inneren Gebäude sind für die Öffentlichkeit nicht zugänglich, für Besucher steht ein Gästehaus offen. Die spätgotische Kirche mit vierjochigem Chor bestand ursprünglich aus drei Langhausschiffen; zwischen 1870

Mariawald Zisterzienserabtei, Blick aus dem Mittelschiff in den Mönchschor der spätgotischen Abteikirche.

und 1891 wurde sie auf das Mittelschiff reduziert und die Pfeiler in die neuen Außenwände integriert. Der spitzgiebelige Bau beeindruckt aber noch heute durch klare Linienführung, Schlichtheit und Würde. Das vierbahnige große Maßwerkfenster der Westfront entstammt der Gründungszeit. Nach Norden schließen sich Kreuzgang und Klausurflügel an. Der Bogen des Hoftors trägt die Jahreszahl 1538, die meisten Gebäude sind jedoch jünger. Ein Gnadenbild der Schmerzhaften Mutter Gottes und der Antwerpener Schnitzaltar stehen seit 1804 in der Heimbacher Pfarrkirche. Spätgotische Glasmalereien schmücken heute St. Stephan in Norwich (England) oder sind Ausstellungsstücke des Victoria-and-Albert-Museums in London. Die Mutterabtei Bottenbroich (1231–1448 Zisterzienserinnen, 1448–1802 Zisterzienser) musste 1951 dem Braunkohleabbau weichen.

◆ Schaffer, Wolfgang: Heimbach, Kloster M., in: Klosterführer Rheinland, Köln 2004, 96–99; Köllen, Heinz: Abtei M. auf dem Kermeter in Heimbach (Eifel), Köln 1994.

Marienau, *Karmelitenkloster St. Maria (um 1310–1565), Diözese Hildesheim – (Coppenbrügge-M., Lkr. Hameln-Pyrmont, Niedersachsen, ❐ 1, D4).*

▶ **Geschichte.** Kurz vor seinem Tod um 1310 stiftete Graf Moritz II. von Spiegelberg das einzige Karmelitenkloster im heutigen Niedersachsen bei Coppenbrügge am Fuß des nördlichen Gebirgszugs Ith. Die Gründung geschah im Zuge der Wiedererrichtung der Spiegelberger Grafschaft nach 1281 und war verbunden mit dem Bau der neuen Burg 1303 in Coppenbrügge. Erstmals erwähnt das Provinzkapitel des Karmelitenordens 1312 in Haarlem (Niederlande) das Kloster M. Die Niederlassung entsprach wie jene in ➛Kassel innerhalb der deutschen Ordensprovinz einem östlichen Außenposten, der in seiner Lage im 14. Jh. lediglich von ➛Dahme, Querfurt und ➛Pößneck übertroffen wurde. Nach Teilung der Ordensprovinz 1318 ordnete man Kassel und M. der Niederdeutschen Provinz zu. Verglichen mit Kassel spielte M. eine bescheidene Rolle, es lassen sich enge Beziehungen nachweisen, wahrscheinlich kamen die ersten Brüder aus der hessischen Residenzstadt. Der Konvent genoss Exemtion, was den geringen Urkundenbestand im Hildesheimer Domarchiv begründet. Termineien konnten 1317 in Hameln, 1328 in Hannover, 1351 in Bodenwerder und 1370 in Stadthagen eingerichtet werden. Eine wichtige Aufgabe war die Betreuung der Wallfahrt zur Marienauer und zur Spiegelberger Madonna (womöglich sind beide wundertätigen Gnadenbilder identisch). Johannes von Hildesheim († 1375) verfasste als Prior der Karmeliten in Kassel, Straßburg und M. die „Legende von den Heiligen drei Königen“, ein Bestseller des Mittelalters, und verbrachte seinen Lebensabend 1370–75 in M. Der Konvent bestand 1384 aus 18 Brüdern. Neben Johannes von Hildesheim erlangten noch zwei weitere Konventsmitglieder überregionale Bedeutung: Berthold von Lauenstein als Lektor, Prior (1424/28) und zweiter Definitor auf den Provinzkapiteln 1429/37/38 sowie Heinrich von M., Schriftgelehrter mit Studium in England 1422, Lektorat in M. und Brüssel 1460/62, erster Definitor 1463 sowie Prior (1463/73). Im 15. Jh. waren private Pfründen und Geldgeschäfte der Brüder üblich, das Armutsgebot wurde vernachlässigt, das Klausurleben verflachte, hinzu kamen Kriegsschäden 1432 und 1441. Schon frühzeitig fand lutherisches Glaubensgut im Konvent Verbreitung, obwohl die Ordensleitung 1522 ausdrücklich das Lesen häretischer Bücher als Kapitalverbrechen verurteilte und Strafen androhte; selbst Schriften des Erasmus von Rotterdam waren verboten. Ordenseigene Reformanstrengungen kamen zu spät, die Niederdeutsche Provinz brach zusammen, Kloster M. zahlte seit 1528 keine Beiträge mehr, einige Brüder konvertierten, die letzten verließen mit Prior Heinrich Tornemann Anfang 1565 auf Anweisung Herzog Erichs des Jüngeren von Calenberg-Göttingen das Kloster M. in Richtung Hameln.

▶ **Gegenwart.** Eine nahezu quadratische, sehr schlichte Marienkapelle von etwa 1360 im Ortsteil M. von Coppenbrügge erinnert heute an das Karmelitenkloster. Auffällig ist das spitzbogige Stufenportal an der Südseite. Ein Grabstein Gräfin Annas von Spiegelberg († 1504) ist noch erhalten. Die im Museum Coppenbrügge ausgestellte Madonna ist offensichtlich nicht das Gnadenbild früherer Wallfahrten (alte Beschreibungen widersprechen einer Identität, die „Spiegelberger Madonna“ bleibt verschwunden).

Seit 1962 gibt es wieder ein Kloster „M.“ bei Bad Wurzach in Baden-Württemberg, das aber Kartäusermönche beherbergt.

◆ Hartmann, Wilhelm: Das Karmeliterkloster M., in: Zeitschrift der Gesellschaft für niedersächsische Kirchengeschichte 43 (1938) 49–93.

Marienbaum, *Birgittenkloster St. Maria (1457–1802), Erzdiözese Köln – (Xanten-M., Kr. Wesel, Nordrhein-Westfalen, ❐ 1, A5).*

▶ **Geschichte.** Herzog Adolf I. von Kleve ließ zwischen 1438 und 1441 am vielbe-

Marienborn (Helmstedt) Augustiner-Chordamenstift, die Stiftskirche (um 1250) ist heute gewestet, Südost.

suchten Baum bei Xanten am Niederrhein zu Ehren des wundersamen Gnadenbildes eine Marienkapelle errichten, an der seine Witwe Maria von Burgund 1457 ein Doppelkloster für den Birgittenorden stiftete. Der Konvent bestand zunächst aus sieben Schwestern und zwei Ordensbrüdern aus Kloster Maria-Water (heute Niederlande). Auf eigene Bitten hin erteilte Papst Alexander VI. 1498 einen Schutzbrief gegen Feinde und Verleumder des Ordens, welche damit genau gemeint waren, ist nicht auszumachen. 1511 vernichtete ein Klosterbrand Bibliothek und Archiv. Die Novizin Juliana Dammerts aus Emmerich sorgte in dieser Zeit für Aufsehen, denn sie geriet als Besessene 1516 durch ein Inquisitionsgericht in Kerkerhaft in Dinkslage, in der sie noch viele Jahre lebte. Der kontemplative Konvent unter Leitung einer Äbtissin blieb in der reformatorischen Umbruchszeit katholisch, musste aber im Truchsessischen Krieg (1583–88) nach Kalkar fliehen. Die Gemeinschaft lebte bis 1611 im Kalkarer Exil, ließ einen Teil des Konvents zurück und gründete 1605 das Tochterkloster Marienbloem. Ein weiterer Tochterkonvent entstand 1625 in Kaldenkirchen (heute Stadtteil von Nettetal). Kloster M. selbst bestand im 17. Jh. aus 60 Schwestern und 20 Mönchen. Die Wallfahrten nach M. gingen im 17. Jh. zurück, während das nahe Kevelaer seit 1642 zu einem der wichtigsten Wallfahrtsorte Norddeutschlands aufstieg. Unter napoleonischer Besatzung wurde Kloster M. im Oktober 1802 aufgelöst, 44 Konventsmitglieder ausgewiesen und ihre Kirche zum Mittelpunkt der Pfarrgemeinde umgewandelt.

▶ **Gegenwart.** Von der Anfang des 18. Jh. neu erbauten Klausur blieb nach dem Brand von 1811 und dem Abbruch lediglich der zweistöckige Kapitelsaal als heutige Sakristei erhalten. Die barocke Klosterkirche von 1712/14 mit neugotischem Westturm 1898/1900 dient heute als katholische Pfarr- und Wallfahrtskirche St. Maria Himmelfahrt. An ihrer Ostseite ist die spätgotische Gnadenkapelle von 1457 angebaut, ehemals der Chor für den Männerkonvent; den Frauen war die dreiseitige Empore des neuen Langhauses vorbehalten. Bemerkenswert sind Netzgewölbe im Chor, Madonna mit Kind aus Sandstein als Gnadenbild (um 1360), Altargemälde (um 1515), spätgotisches Chorgestühl und Hungertuch (um 1750). Heute führt die älteste niederrheinische Wallfahrt wieder jährlich bis zu 20.000 Besucher nach Xanten-M.

Marienbaum Birgittenkloster, Steinplastik der hl. Birgitta an der Außenwand der Klosterkirche.

◆ Nyberg, Tore: Die Birgitten, Münster 2005, 181f. 193–195; Hohmann, Karl-Heinz: Xanten-M., Köln 1993; Buscher, Georg: M. Beiträge zur Geschichte seines Birgittenklosters, in: Annalen des Historischen Vereins für den Niederrhein 157 (1956) 139–163.

Marienborn

(Helmstedt), *Augustiner-Chordamenstift St. Maria (vor 1250–1573), Diözese Halberstadt – (Lkr. Börde, Sachsen-Anhalt, ❒ 2, A4).*

▶ **Geschichte.** An einer Quelle im wilden „Morthdale“ östlich von Helmstedt erschien um das Jahr 1000 dem Hirten Konrad die Jungfrau Maria. Das Quellwasser galt von nun an als wundertätig heilend, was zu Wallfahrten führte. Erzbischof Wichmann von Magdeburg (Seeburg) besuchte diesen Ort M. mit Heilquelle und Kapelle in seinen letzten Jahren und stiftete vor 1192 eigenen Besitz für ein Hospital. Zunächst sorgten adelige Frauen für Pilger und Kranke, seit 1214 übernahmen Augustiner-Chordamen aus dem Stift ➛ Helmstedt Marienberg diese Aufgabe; ihnen wurde bis etwa 1250 ein Tochterstift in M. eingerichtet. Auf wundersame Weise geheilte Persönlichkeiten bis hin zu König Otto IV. sowie der regionale Adel vermehrten den Besitz großzügig. Der päpstliche Nuntius Kardinal Hugo ermunterte 1253 zu Spenden. Erzbischof Gerhard I. von Mainz (Dhaun) förderte den Bau der Stiftsanlage durch Ablassbriefe. Die Kirche konnte laut unbestätigter Aussage 1257 geweiht werden. Papst Alexander IV. gewährte besondere Ablassrechte, auch Papst Gregor X. erteilte 1274 mehrere Privilegien. Die Augustiner-Chorherrn aus ➛ Hamersleben betreuten den „Konvent bei den Born der heiligen Jungfrau“, die

Mitgliederstärke wurde auf 50 Schwestern beschränkt. Kriegswirren, Pest und Existenznöte wechselten mit Zeiten von Frieden und Wohlstand, immer blieb der Pilgerstrom die seelsorgliche Hauptaufgabe und zuverlässigste Einnahmequelle. Im Spätmittelalter umfasste der Besitz etwa 2.000 Hektar Land; um das Stift hatte sich eine Siedlung entwickelt. Hamerslebener Chorherren folgten Mitte des 15. Jh. den strengen Statuten der ➛ Windesheimer Kongregation und reformierten den Schwesternkonvent. Die lutherische Lehre drang dennoch nach M., der Konvent verkleinerte sich durch Austritte und mangelnden Nachwuchs, der Pilgerstrom versiegte. 1561 zählte man noch 17 Chorfrauen, 17 Laienschwestern, zwei Schülerinnen und 40 Personen Gesinde. Die Stiftskirche wurde 1573 zur evangelischen Pfarrkirche bestimmt, noch war der Konvent bikonfessionell. 1584 bekannten sich alle Konventualinnen zur Augsburger Konfession, außer Priorin Elisabeth Ebenhoch und Propst Victor Ebenhoch, nach 1616 galt das Stift als rein evangelisch. Es wurde erst 1794 offiziell als evangelisch adeliges Fräuleinstift anerkannt und 1810 aufgehoben.

▶ **Gegenwart.** Die evangelische Pfarrkirche St. Marien in M. birgt ganze Mauerpartien der spätromanischen, einschiffigen Stiftskirche (um 1250). Der Turm wurde im 14. Jh. über das Sanktuarium gebaut und ein Treppenturm angefügt. Heute bildet der ursprüngliche Chor die Eingangshalle. 1885 gliederte man im Rahmen größerer Umbauten an die Westfront eine Apsis an, seitdem ist die Kirche gewestet. Sie bewahrt noch einige mittelalterliche Ausstattungsstücke, bedeutend darunter sind zwei spätgotische Schnitzaltäre. Von der Klausur hat sich der zweistöckige Westflügel (im Kern 13. Jh.) mit überbautem Westkreuzgang erhalten, ebenso der einfache Kreuzgangsüdflügel aus dem 15. Jh. Die Kreuzgangwände zum Hof sind interessanterweise geschlossen und nicht mit Arkaden, sondern lediglich mit rechteckigen Fensteröffnungen ausgestattet. Den östlich stehenden Fachwerkbau ließ Domina von der Schulenburg 1784 als Priesterhaus errichten, die ehemalige Brauerei ist eines der ältesten erhaltenen Wirtschaftsgebäude. Nahe der Heilquelle, die jüngst wieder geöffnet wurde, befindet sich noch immer die Brunnenkapelle aus dem 14. Jh., original sind jedoch nur noch die Fundamente.

◆ Mohn, Claudia: Marienborn (Sachsen-Anhalt), in: Mittelalterliche Klosteranlagen, Petersberg 2006, 371f.; Sitzmann, Manfred: Mönchtum und Reformation, Neustadt/Aisch 1999, 211–218; Riemer, Moritz: Die Gründung M., in: Magdeburger Geschichtsblätter 38 (1903) 192–203.

Marienborn (Wetterau), *Zisterzienserinnenkloster St. Maria (1261–1559), Erzdiözese Mainz – (Büdingen-Eckartshausen, Wetteraukreis, Hessen, ❐ 3, C1).*

▶ **Geschichte.** Graf Ludwig I. von Isenburg-Büdingen und seine Gemahlin Heilwigis stifteten 1261 zunächst in Herrnhaag ein Frauenkloster, das sich aber wegen Wassermangels nicht entwickeln konnte. 1274 verlegten die Schwestern ihr Kloster in die wasserreiche Niederung von Niedernhausen bei Büdingen, dem heutigen Standtort; seitdem hieß das Kloster M. Die Schwestern bekannten sich zur Zisterzienserobservanz, jedoch war M. dem Zisterzienserorden wohl nicht wie das nahe ➛ Engelthal (Wetterau) inkorporiert. Die Äbte von ➛ Arnsburg übten Aufsicht und Seelsorge aus, was auf ein kommittiertes Kloster hinweist. Die Isenburger Grafen behielten die Schirmherrschaft und nutzten ihre Stiftung als Familiengrablege. Stifterfamilie und regionaler Adel statteten das Kloster reich aus; besonders die Friedberger Burggrafen förderten die Schwestern, deren Kloster sich gedeihlich entwickelte, das Pitanzenwesen muss recht ausgeprägt gewesen sein. Erzbischof Diether von Mainz (Isenburg) kümmerte sich persönlich um das Kloster seiner Verwandtschaft und setzte 1460 innere Reformen durch, dabei ließ er Zisterzienserinnen aus Marienborn-Weidas bei Dautenheim zur Einführung einer neuen Observanz kommen.

Marienborn (Wetterau) Zisterzienserinnenkloster, Konsole an den Ruinenwänden der Klosterkirche.

Wetterauer Schwestern halfen 1462 entsprechend dem erzbischöflichen Wunsch im Konvent ➛ Marienschloß aus. Graf Eberhard Schenk von Erbach brachte noch 1523 zwei seiner neun Töchter im Kloster unter, auch Graf Ludwig II. von Isenburg schickte drei seiner Töchter nach M. Mit den reformatorischen Umwälzungen im Friedberger Land kam das Ende: vier Jahre nach dem Tod der 17. Äbtissin Wandala von Wertheim († 1555) fiel der Besitz 1559 an den Grafen Reinhard von Isenburg-Büdingen zurück, einem Nachfahren der Stifter. 1673 ließ Graf Karl August aus der Klosteranlage ein Barockschloss errichten, wobei die gotische Frauenkirche zum Teil als Wohnhaus einbezogen, ihr östlicher Bereich aber als Schlosskirche verwendet wurde. Die evangelische Herrenhuter Brüdergemeine des Grafen von Zinzendorf aus Ronneburg (Sachsen) pachtete 1736 bis 1750 das „Schloss M.“, das 1889/90 abgerissen wurde.

▶ **Gegenwart.** Der heutige Domänenhof M. bei Eckartshausen südwestlich von Büdingen in einsamer Tallage verrät kaum etwas von seiner klösterlichen Vergangenheit. Von dem ehemaligen Schloss ist nichts mehr zu erkennen, der Westteil der Klosterkirche blieb bis heute Wohnhaus, nach Osten schließen sich gotische Umfassungsmauern der ruinösen Kloster- und Schlosskirche an, alles zu einem Privatgelände gehörig. Die kreuzrippengewölbte Klosterkirche zu sechs Jochen entsprach der typischen einschiffigen Frauenkirche des Hochmittelalters, im Osten ein 5/8-Chor, im Westen der Nonnenchor, südöstlich ein Treppenturm; der Bau ist umlaufend mit Strebepfeilern gegliedert. Das Türchen zum Treppenturm zeigt Kleeblattbogen, eine Piscina besitzt einen Spitzbogen, auch Konsolen abgekragter Dienste sind erhalten. Fachleute weisen auf die erstaunliche Analogie zur Klosterkirche ➛ Heydau von 1280 hin, die lediglich zwei Joche weniger aufweist, aber anschaulich die Kirche in M. widerspiegelt.

Kloster M. in der Wetterau darf nicht verwechselt werden mit Marienborn in ➛ Hoven oder dem Augustiner-Chorfrauenstift ➛ Marienborn bei Helmstedt sowie den architektonisch untergegangenen Zisterzienserinnenklöstern Marienborn-Coesfeld und Marienborn-Weidas bei Dautenheim.

◆ Mohn, Claudia: Mansfeld, M., Eckartshausen (Hessen), in: Mittelalterliche Klosteranlagen der Zisterzienserinnen, Petersberg 2006, 311f.; Dersch, Wilhelm: Hessisches Klosterbuch, Marburg 2000.

Marienburg, *Augustiner-Chorfrauenstift St. Maria und St. Petrus (1142–1515), Erzdiözese Trier – (Zell-Kaimt, Lkr. Cochem-Zell, Rheinland-Pfalz, ❐ 3, B2).*

▶ **Geschichte.** Erzbischof Albero von Trier (Montreuil) schenkte 1142 dem Augustiner-Chorherrenstift ➛ Springiersbach das ehemalige Burggelände hoch über der Moselschleife des Zeller Landes und dessen Pfarrbezirke zur Gründung eines Regularkanonikerstifts zwecks Pflege seiner Totenmemoria. Die Abtei Springiersbach genoss Anfang des 12. Jh. als Reformzentrum der Regularkanoniker ausgezeichneten Ruf und besaß höchsten Stellenwert in der Erzdiözese Trier. Abt Richard von Springiersbach (1107–58) bildete eine Kongregation des *ordo novus,* der zeitweise bis zu 15 Reformstifte weit über die Grenzen der Erzdiözese hinaus angehörten, darunter später so bedeutende wie ➛ Steinfeld und ➛ Andernach Marienstift. In der Region befanden sich weitere Töchterstifte in Stuben bei Bremm und Martental bei Kaisersesch. Politisch lag der Gründungsauftrag des erzbischöflichen Stifters im damaligen Mächtespiel gegen Pfalzgraf Konrad von Staufen begründet, denn der Erzbischof erhoffte sich von einem Doppelstift die Sicherung seines Einflusses an der Mosel. Abt Ri-

Marienburg Augustiner-Chorfrauenstift, auf dem Petersberg über der Moselschleife bei Kaimt thront die Stiftsanlage, die Reste gotischer Architektur aufweist.

chard antwortete zurückhaltend und schickte 1146 nur Chorschwestern in die neue Stiftsanlage M. auf dem Zeller Hamm. Er öffnete auch nichtadligen Frauen seine Konvente, forderte aber strikte Einhaltung der strengen Augustinusregel unter einer Meisterin. 1143 erlangte der Konvent päpstliche und 1144 königliche Bestätigung. Erzbischof Hillin von Fallemanien konsekrierte die neue Stiftskirche im Oktober 1157 zu Ehren Marias. Die Pfarreien von Kaimt, Zell und Merl wurden nach Zell übertragen, die Stiftskirche blieb aber Mutterkirche von Pünderich. Nach Abt Richards Tod 1158 setzte in Springiersbach eine geistliche Verflachung ein, die Abtei verlor sich in Bedeutungslosigkeit, was auf die abhängigen Frauenstifte durchschlug. Nachrichten über die inneren Verhältnisse in M. sind spärlich, kriegerische Bedrohungen nötigten die Chorfrauen häufig zu Flucht und jahrelangem Exil, die wirtschaftliche Entfaltung blieb begrenzt, Disziplinlosigkeit prägte das Spätmittelalter. Erzbischof Richard von Greiffenklau zu Vollrads erlangte 1515 von Papst Leo X. die Erlaubnis, das Stift wegen mangelnder Zucht aufzuheben, der Konvent wurde in das Stift Stuben versetzt. Der eigentliche Grund mögen jedoch militärstrategische Überlegungen gewesen sein, der Erzbischof ließ die Anlage als Festung ausbauen, die im Dreißigjährigen Krieg besetzt und 1650 durch französische Truppen zerstört wurde. Die Kirche bewahrte ein Marienbild und diente in der Barockzeit als Wallfahrtsort, Anfang des 19. Jh. zerfiel sie zur Ruine.

▶ **Gegenwart.** Die Stiftskirche von M. hoch auf dem Petersberg über der Moselschleife bei Kaimt, Alf und Bullay wurde 1952/57 neu erbaut. Die flachgedeckte, einschiffige Halle von 1157 schloss im Osten mit einem schmalen Dreiseitenchor, der in der zweiten Hälfte des 15. Jh. gotisch erneuert und um 1700 barock erhöht wurde. Dieser spätgotische Chor im 3/8-Schluss konnte erhalten werden und zeigt heute ovale Okulare über zweiteiligen Spitzbogenfenstern. Innen weisen Wanddienste und Sakramentnische auf sein Alter hin. Aus dem Mittelalter blieb ebenfalls die kreuzrippengewölbte Sakristei aus der zweiten Hälfte des 15. Jh. erhalten. Wehrmauerreste und Rundbogentor umschließen die Anlage, heute beherbergen die Gebäude der M. ein Jugendschulungsheim in Trägerschaft des Bistums Trier. 250 Meter unterhalb der Anlage befinden sich Reste des stiftseigenen Hofhauses mit mittelalterlichen Erdgeschossmauern und Kellern. An der Marienkirche wirkt seit 1996 wieder ein katholischer Pfarrer.

◆ Friederichs, Alfons: Augustinerinnenkloster M., Cochem – Zell 1989; Pauly, Ferdinand: Springiersbach, Trier 1962.

Marienfeld, *Zisterzienserabtei St. Maria (1185–1803), Diözese Münster – (Harsewinkel-M., Kr. Gütersloh, Nordrhein-Westfalen, ❐ 1, C4).*

▶ **Geschichte.** Edelherr Bernhard II. zur Lippe, Widukind von Rheda, Widukind von Schwalenberg und Graf Lüdiger II. von Wöltingerode-Wohldenberg sowie Angehörige gründeten 1185 die Zisterzienserabtei *Campus Sanctae Mariae* östlich von Warendorf. Bernhard trat 1203 selbst in den Konvent ein, ging als Abt nach Dünamünde (Livland) und wirkte seit 1218 bis zu seinem Tod 1224 als Bischof von Selonien. Die Abtei Dünamünde bei Riga wurde als Gründung von M. beansprucht; die heutige Forschung beurteilt dies anders, da die Gründungsmitglieder nicht aus der westfälischen Abtei stammten. Der erste Konvent in M. kam mit Abt Eggehardus (1185–91) aus ➛ Hardehausen. Papst Innozenz III. gewährte 1198 Schutz, Fürstbischof Hermann II. von Münster (Katzenelnbogen) vergab großzügig Privilegien und Güter, beteiligte sich unter Kaiser Friedrich I. am Dritten Kreuzzug, trat 1192 in den Konvent M. ein und wurde 1203 in der Abteikirche bestattet. Mit Schenkungen der Stifterfamilien, Gunsterweisen des Regionaladels aber besonders durch zisterziensische Tatkraft erlangte die Abtei den Status eines westfälischen „Wirtschaftsimperiums". Die Mönche zeichneten sich lange Zeit durch ein vorbildliches Ordensleben aus. Schon 1185 zählte die Bibliothek 70 Bände, bis 1803 wurden es 7.000. Die Zisterzienser studierten in Paris, später in Prag, so Abt Welder (1321–22), ein berühmter Prediger, der 1322 als Abt nach Morimond (Frankreich) berufen wurde. Nachteilig erwies sich die Gründung der Stadt Bielefeld 1214, denn die Klosterwirtschaft nahm durch Landflucht der Eigenbehörigen Schaden. 1320 kam Graf Bernhard von Ravensberg in einem Vertrag den klösterlichen Interessen entgegen, so behielt M. etwa im Erbfall das Zugriffsrecht auf seine Leute, die sich in der Stadt niedergelassen und Bürgerrecht erlangt hatten. Nachlassende Klosterzucht und nachlassende wissenschaftliche Ausstrahlung um die Mitte des 14. Jh. konnte der Konvent aus etwa 50 Zisterziensern mit innerer Kraft selbst beheben. Im 15. Jh. galt die Abtei als Reformzentrum und unterstützte ein Dutzend Frauenklöster in ihren Erneuerungsbemühungen: u. a. ➛ Gravenhorst, ➛ Rulle, ➛ Frönden-

Marienfeld Zisterzienserabtei, der „Lektorengang“, ein besonderes Beispiel zisterziensischer Bauästhetik.

berg, ➛ Marienthal-Netze und ➛ Bersenbrück. Stellvertretend für die überregional bekannten Gelehrten der Abtei sei hier nur auf Hermann Zoestius (um 1400–45) verwiesen, der die münsterische Bischofs- und Klosterchronik verfasste, die Abtei am Konstanzer Konzil 1414–18 vertrat, sich über Jahre als erwählter Ordensvertreter am Konzil von Basel-Ferrara-Florenz beteiligte, sich um die Verbesserung des Kalenders bemühte und für die Vereinigung mit der orthodoxen Ostkirche eintrat. Während der Reformation löste sich die innere Ordnung auf. Ein Visitationsbericht 1572 registriert neben Abt Hermann Fromme (1564–97) 18 Mönche in ordenswidrigen Verhältnissen. Die Gegenreformation drängte den Protestantismus zurück, aber im Dreißigjährigen Krieg und Exil in Warendorf erlag ein Großteil der Mönche dem Pesttod. Die Konsolidierung nach 1648 führte zu letzter Blüte. Abt Jodocus Caesem (1646–61) erhielt die bischöflichen Insignien, der barocke Ausbau der Abteianlage repräsentierte neues Selbstbewusstsein. Aber die geistliche und wissenschaftliche Ausstrahlung blieb hinter dem alten Glanz zurück. Das Königreich Preußen hob im März 1803 die Abtei M. auf. Abt Petrus von Hatzfeld (1794–1803) und 27 Mönche wurden abgefunden.

▶ **Gegenwart.** Die 1222 geweihte Klosterkirche dient heute als katholische Pfarrkirche Mariä Empfängnis. Der kreuzförmige, turmlose Saal mit geradem Chorabschluss war für die westfälische Hallenbaukunst von innovativer Bedeutung. Die Zisterzienser führten rheinische Architekturelemente ein und vermittelten sie bis weit in den Ostseeraum; so findet man die Marienfelder Bauhütte auch in der Marienkirche zu Visby auf Gotland (Schweden). Die Chorflankenkapellen ergänzte Abt Nikolaus (1322–44) zum rechteckigen Chorumgang; auch das nördliche Langhaus wurde mit Kapellen vergrößert, woraus 1714 das Seitenschiff entstand. Die Bauornamentik im Innenraum zeugt von wahrer Meisterschaft, die Ausstattung ist von kunsthistorischer Bedeutung. Die mittelalterliche Klausur hat sich nur im Kreuzgangflügel, dem „Lektorengang“, am Langhaus anliegend, erhalten. Alle sonstigen Abteigebäude sind barock.

◆ Siemann, Heinrich: Abteikirche M. Campus Sanctae Mariae, Marienfeld 1999; Leidinger, Paul: M., in: Westfälisches Klosterbuch, Tl. 1, Münster 1992, 561–569.

Marienfließ, *Zisterzienserinnenkloster St. Maria und St. Maria Magdalena (1231–1544) – „Kloster Stepenitz“, Diözese Havelberg – (Stepenitz-M., Lkr. Prignitz, Brandenburg, ❐ 2, B3).*

▶ **Geschichte.** Ritter Johann Gans zu Putlitz gründete am Dorf und Flüsschen Stepenitz 1231 ein Frauenkloster, das zur Grenzsicherung seines Herrschaftsbereichs nach Mecklenburg hin und als Familiengrablege gedacht war. Die Edelherrn Gans auf der Burg in Putlitz waren mächtige Lehnsinhaber der Havelberger Kirche und Anhänger des dänischen Königs, dessen Niederlage 1227 bei Bornhöved die bessere Besitzabsicherung forderte, was durch Übergabe des nördlichen Grenzlandes in „Gotteshand“ möglich wurde. Bischof Wilhelm von Havelberg bestätigte im gleichen Jahr eine Schenkung von 60 Hufen seines Landes. Schon 1256 trat eine *scholastica* Hildesidis auf. Stifter Johann Gans übergab dem jungen Konvent eine Heilig-Blut-Reliquie, die König Otto IV. aus Palästina mitgebracht haben soll. Die Wallfahrt förderte die aufstrebende Entwicklung, gestützt von weiteren Schenkungen (allein 1274 fünf Dörfer, zwei Mühlen) und Zinseinkünften; schließlich gehörten 21 Dörfer zum Grundbesitz. Neben den Herren Gans Edlen zu Putlitz profitierte Kloster M. von der Gunst der Fürsten von Werle, der Grafen von Schwerin, der Markgrafen von Brandenburg, der Herzöge von Mecklenburg und des regionalen Niederadels. Mit 14 Kirchenpatronaten bildete M. das religiöse Zentrum der Region. Die Schwestern bekannten sich zur Zisterzienserregel, ohne dem Orden anzugehören; im Bistum Havelberg gründete der Zisterzienserorden keine Abteien, Verbindungen zu Mönchsabteien der Diözesen Schwerin, Kammin und Brandenburg wie ➛ Doberan, ➛ Dargun, ➛ Neuenkamp, ➛ Himmelpfort am See und ➛ Eldena sind nicht bekannt. Die Jurisdiktion lag stets beim zuständigen Diözesanbischof in Havelberg. Einzig der Auftrag an den Abt von ➛ Lehnin 1457, den Frauenkonvent in M. zu reformieren, weist auf Kontakte zum Zisterzienserorden hin. Die Wallfahrt erhielt 1287 Konkurrenz durch ein Hostienwunder im (etwa 25 km entfernten) Kloster ➛ Heiligengrabe in der Prignitz, woraufhin Bedeutung und Ausstrahlung von M. zurückgingen. Um 1450 übertraf die Wilsnacker Wallfahrt mit europäischem Rang beide Klöster bei weitem, auch das wundertätige Marienbild von M., ein Geschenk des Havelberger Domherrn Johannes von Möllendorf um 1400, brachte keinen neuen Aufschwung. Die Lehnsho-

Marienfließ Zisterzienserinnenkloster, frühgotisches Zierportal an der Südseite der Klosterkirche.

heit des Putlitzer Landes ging 1354 auf das Fürstentum Mecklenburg über. Die enge Verbundenheit mit der Stifterfamilie prägte weiterhin die Geschicke; als Höhepunkte lässt sich trotz konfliktreicher Grenzlage herausstreichen, dass die Schwestern 1404 Kaspar Gans zu Putlitz aus der Gefangenschaft des mecklenburgischen Herzogs freikauften. Der Vertrag des Konvents mit dem evangelischen Prädikanten Henning Meinemeyer im Mai 1544 markiert den Wechsel zum Protestantismus. Nach dem Tod des letzten katholischen Bischofs, Busso von Alvensleben, 1548 stand dem nichts mehr entgegen. Die Herren von Putlitz blieben auch in der Neuzeit die Schirmherren des evangelischen adeligen Damenstifts. Das Verhältnis war meist durch Streitigkeiten um Privilegien belastet. Die letzte Stiftsoberin Maria von Lieres starb 1980.

▶ **Gegenwart.** Seit 1980 gehört das Evangelische Stift M. zur St. Elisabeth-Stiftung Berlin und unterhält ein Altenheim der Diakonie, unterstützt von einem 1992 gegründeten Förderverein, dem heute Julian Freiherr von Putlitz vorsteht. Von der mittelalterlichen Anlage blieben nur Reste der Immunitätsmauer und die Klosterkirche im ausgedehnten Parkgelände erhalten; das nördlich anschließende Klausurquadrum wurde im Dreißigjährigen Krieg zerstört. Der frühgotische, einschiffige Backsteinbau aus der zweiten Hälfte des 13. Jh. mit eingezogenem, kreuzgewölbtem Polygonalchor und spitzem Turmaufsatz im Westen (1829) zeigt seine reich gegliederte Schauseite nach Süden mit zwei Fensterreihen zwischen Spitzbogenblenden; die störenden Stützpfeiler traten erst 1829 hinzu. Aufwändige Rahmungen schmücken drei gotische Portale teilweise mit Glasursteinen. Im westlichen Nordjoch der Kirche ist die vermauerte Pforte zu erkennen, durch die die Schwestern aus der Klausur zur Nonnenempore gelangten. Mittelalterliche Ausstattung und Klosterinventar sind nicht erhalten.

◆ Kugler-Simmerl, Annette: Bischof, Domkapitel und Klöster im Bistum Havelberg, Berlin 2003; Bergstedt, Clemens/Geiseler, Udo: Aus der Geschichte des Stifts M., Stepenitz 1998; Puls, Uta: Stepenitz (M.), in: Zisterzienserklöster in Brandenburg, Berlin 1998.

Marienforst (Kottenforst), *Augustiner-Chorfrauenstift St. Maria (vor 1228–1450), Birgittenkloster St. Maria und St. Birgitta (1450–1802), Erzdiözese Köln – (Bonn-Bad Godesberg-M., Nordrhein-Westfalen, ❐ 3, B1).*

▶ **Geschichte.** In den Ausläufern des Kottenforsts gründete eine religiöse Frauengemeinschaft im Sichtbereich der entstehenden Godesburg bei Bonn ein Stift, das erstmals 1228 urkundlich erwähnt wird. Erst für 1281 ist zweifelsfrei belegt, dass der Konvent im Stift *Kottenforst* nach der Augustinusregel lebte; ältere Angaben, wonach es sich um Prämonstratenserinnen aus Füssenich bei Zülpich gehandelt habe, sind nicht haltbar. Der Konvent kämpfte mit wirtschaftlichen Schwierigkeiten, veräußerte Besitz und musste sich zeitweise in die Wattendorfer Mühle zurückziehen. Schließlich löste Erzbischof Dietrich von Köln (Moers) das reformunwillige Stift Kottenforst auf (1450) und übergab es dem Birgittenorden, der es als Doppelkloster weiterführte. Das neue Kloster hieß *St. Maria de foresto* – M. Ein Teil der bereits ansässigen Frauen akzeptierte die neuen Statuten und wurde eingegliedert. Der Doppelkonvent unter einer Äbtissin unterstand die ersten 75 Jahre dem weit entfernten Ordenskloster Mariakron bei Stralsund an der Ostsee. Die dortige Äbtissin Agnes Holthusen kam 1451 mit ihrem Beichtvater auf Einladung des Erzbischofs nach M., um in der Anfangszeit zu helfen. Der Schwerpunkt der Güter lag in Walporzheim bei Ahrweiler; das verlassene Frauenkloster ➛ Frauenthal bei Erftstadt gehörte zum Stiftungsgut des Erzbischofs. Ein Brauhaus und die Bibliothek wurden errichtet, 1487 zählte der Konvent bereits 52 Mitglieder. Obwohl als Eintrittsalter in ein Birgittenkonvent 25 Jahre für Brüder und 18 Jahre für Schwestern vorgegeben waren, erreichte der Konvent M. eine päpstliche Ausnahmeregelung zur Herabsetzung auf 18 bzw. 13 Jahre; jüngere Brüder wurden deshalb zum Studium geschickt. Ein Generalkapitel des

Marienforst Augustiner-Chorfrauenstift/Birgittenkloster, mittelalterliche Restsubstanz im Wirtschaftsbereich.

Ordens könnte 1516 in M. stattgefunden haben, eine Quelle erwähnt entsprechende Vorbereitungen. 1614 stellte M. eine neue Kommunität im reformunwilligen Zisterzienserinnenkloster Sayne in Köln (Sion), fünf der Kölner Zisterzienserinnen wurden in M. „umerzogen". Reliquien des hl. Sebastian († um 288) lösten im 17. Jh. eine lokale Wallfahrt nach M. aus. 1798 lebten 25 Schwestern und zwölf Brüder im blühenden Kloster, das 1802 von der französischen Konsularregierung aufgelöst wurde.

▶ **Gegenwart.** Noch heute umschließen alte Immunitätsmauern das Gut M. an der Straße nach Meckenheim im idyllischen Tal. Die Klosterkirche wurde 1805 mit dem angebundenen Männerhaus abgebrochen, andere Gebäude verfielen. Schließlich wurde ein Herrenhaus erbaut, das nach dem Zweiten Weltkrieg eine Zeitlang dem indischen Botschafter als Residenz diente. Heute wird der ausgedehnte Hof als landwirtschaftlicher Betrieb privat geführt. Grundmauern einiger Wirtschaftsgebäude sind mittelalterlicher Herkunft.

❖ Das Frauenkloster Seyne in Köln (auch Sion genannt) entstand vor 1246 und erlangte Vollmitgliedschaft im Zisterzienserorden. Nach 1614 existierte Seyne als einzige Tochter des Birgittenklosters M. bis 1802 weiter. Klostergebäude und Kirche nahe am Rheinufer wurden 1833 restlos niedergelegt.

◆ Nyberg, Tore: Die Birgitten, Münster 2005, 178.185; Schloßmacher, Norbert: Bonn-Bad Godesberg, Gut M., in: Klosterführer Rheinland, Köln 2004, 322–326; Strang, Elke: Das Kloster M. bei Bad Godesberg, Bonn 1995.

Mariengarten, *Zisterzienserinnenkloster St. Maria (1245–1542), Erzdiözese Mainz – (Rosdorf-Dramfeld, Lkr. Göttingen, Niedersachsen, ❐ 1, D5).*

▶ **Geschichte.** Auf Veranlassung des Hochstifts Mainz gründete Propst Brüning von Beuren zusammen mit dem örtlichen Adel, besonders derer von Ziegenberg und Everstein, 1245 das Kloster *Hortus sanctae Mariae* im auslaufenden Drammetal südlich von Göttingen und besetzte es mit Zisterzienserinnen aus Kloster ➛ Beuren. Die offizielle Genehmigung Erzbischof Siegfrieds III. von Mainz (Eppstein) erfolgte 1249, das päpstliche Schutzprivileg 1252. Gebetsverbrüderungen mit den Klöstern ➛ Anrode und dem nahen ➛ Reinhausen sind urkundlich belegt. 1325 besaß M. Land in 25 Dörfern und Zehntrechte in etwa 20 Orten, weitere Patronatsrechte kamen hinzu; alles zusammen war dies für eine kleine monastische Gemeinschaft ausreichend. M. geriet schon zwei Jahre nach der Gründung unter Einfluss der welfischen Herzöge von Braunschweig-Göttingen. Mit Äbtissin Richenza von Braunschweig-Lüneburg (1366–1406) stand für mehrere Jahrzehnte eine welfische Prinzessin dem Konvent vor. Beziehungen zu Zisterziensermönchsabteien oder zur Ordensleitung sind nicht nachweisbar, eine Inkorporation ist auszuschließen. Der Verehrung des Heiligen Blutes Christi kam eine besondere Bedeutung zu, Wallfahrten und Markttage am Kloster hingen mit ihr zusammen; ebenso scheint der Annenkult intensiv gepflegt worden zu sein. Agrarkrise, Epidemien und Bevölkerungsrückgang führten im 14. Jh. zu Verpfändung und Verschuldung, aus denen sich M. erst Anfang des 16. Jh. wieder erholte. 1420 starben angeblich 52 Personen von insgesamt 70 Klosterbewohnern an der Pest. Seit 1479 bestimmten erzbischöflich verordnete Reformen im Sinn der ➛ Bursfelder Erneuerungsbewegung das monastische Leben, begleitet vom Abt von ➛ Reinhausen, was 1508 zur Mitgliedschaft in der ➛ Bursfelder Kongregation führte. Unter Äbtissin Margarethe von Minnigerode (1508–37) wurden die Reformmaßnahmen in Klausur, Ausbildung, Skriptorium, Bautätigkeit und Verwaltung sichtbar. Während der Reformation besuchten katholische Bürger aus Göttingen die Messfeiern im Kloster, besonders

Mariengarten Zisterzienserinnenkloster, Südwestansicht der frühgotischen Klosterkirche (um 1290) und des östlichen, spätgotischen Klausurflügels.

nachdem die Stadt sich 1530 dem lutherischen Bekenntnis zugewandt hatte. Herzogin Elisabeth von Calenberg-Göttingen und der Landessuperintendent Anton Corvinus, ursprünglich Zisterzienser in ➛Loccum und ➛Riddagshausen, führten 1542 eine evangelisch-lutherische Kirchenordnung in M. ein, gleichwohl blieb der Konvent unter Äbtissin Kunigunde Elemod (1537–74) der katholischen Tradition verhaftet. Erst Plünderung und Flucht im Dreißigjährigen Krieg beendeten 1631 das monastische Leben in M. Der Besitz der drei Calenbergischen Frauenklöster M., ➛Weende und ➛Hilwartshausen wurde zusammengefasst und der Universität in Helmstedt übertragen.

▶ **Gegenwart.** Heute untersteht das Gut M., durch das die Dramme fließt, der Hannoverschen Klosterkammer. Die schlichte, gotische Klosterkirche (um 1290) aus Kalksteinen auf rechteckigem Grundriss mit typischer Dreiteilung in Laienkirche, Nonnenempore und „Gruft" steht heute noch im hinteren Teil des Gutsgeländes und wird von der evangelischen Gemeinde Friedland-Rosdorf genutzt. An der Westfront krönt ein achteckiges Türmchen mit spitzbögigen Schalllöchern das Dach. An der Ostseite schließt sich nach Süden der einzig verbliebene Klausurflügel mit Fachwerkobergeschoss und massiven Untergeschossen an, ein Schlussstein im Gewölbe verweist auf 1524. Vom Kreuzgang ist nichts geblieben, alle anderen Gebäude im Gelände entstanden in nachklösterlicher Zeit.

◆ Ahlers, Gerd: M., in: Weibliches Zisterziensertum im Mittelalter, Berlin 2002, 216–218; Boetticher, Manfred von: Kloster und Grundherrschaft M., Hildesheim 1989.

Marienhagen, *Johanniterkommende (um 1300– um 1560), Erzdiözese Köln – (Wiehl, Oberbergischer Kreis, Nordrhein-Westfalen, ❐ 1, B5).*

▶ **Geschichte.** Durch kluge Heiratspolitik vereinte Graf Gottfried von Sayn nach 1262 sein Oberbergisches Land zwischen Wipper und Sieg mit der Grafschaft Homburg. Seine Söhne Johann und Engelbert regierten gegen Ende des 13. Jh. im Sayn-Homburgischen Gebiet in Doppelherrschaft, holten um diese Zeit die Johanniter ins ungerodete Land über der Wiehl und übergaben ihnen die alte Kirche in M., an der die Ordenspriester eine Kommende gründeten. Vermutlich stand das stets unbedeutende M. als *membrum* in Abhängigkeit von der Kommende ➛Burg. Möglicherweise war aber auch die Kommende ➛Herrenstrunden zuständig, die sich zur gleichen Zeit eine Tagesreise entfernt in westlicher Richtung im Sülztal etablierte. Der dortige Komtur Hermann aus Mainz (1303–14?) war Großprior von Deutschland. Die bereits bestehende romanische Kapelle in M. legten die Johanniter nieder, ließen aber den wehrhaften Westturm stehen und bauten ihr eigenes Kirchenschiff an. Der regionale Adel und die Kölner Kirche dotierten reichlich Land. Die Brüder widmeten sich der Kultivierung des Landes und lehrten die Siedler das Weberhandwerk. Ihre Fischhaltung im benachbarten Aggertal bei Koppelweide lässt sich heute noch an den Teichen ablesen. Auf Bitten der Ordensbrüder erlangte der Ort 1330 Marktgerechtigkeit, die aber langfristig nur eine regionale Bedeutung erlangte. 1494 lebte lediglich der Ordenskaplan Petro de Alto mit einem Koch im Haus, 1540 gehörte M. zur Kommende ➛Breisig am Rhein, der Geistliche vor Ort war inzwischen konvertiert. Das Homburgische Land wurde 1558 lutherisch, der Johanniterorden gab die Niederlassung M. gegen 1560 auf.

Marienhagen Johanniterkommende, Chor der frühgotischen Johanniterkirche mit hochwertiger Bemalung.

▶ **Gegenwart.** Die evangelische Gemeinde in Wiehl-M. nutzt noch heute die frühgotische Johanniterkirche mit romanischem Westturm. Der schlichte einschiffige Bau mit halbrundem apsidialem Chorschluss, der nicht bergischer Kirchentradition folgt, besitzt künstlerisch hochwertige Chormalereien, die auf begüterte Auftraggeber hinweisen. Die Johanniter verpflichteten um 1310 wohl eine Kölner Malschule, als ihr Kirchenbau vor der Vollendung stand. Von Fachleuten wird die Freskokunst in M. hoch bewertet. In drei Etagen angeordnet sind Maria mit Jesuskind, die Huldigung der Heiligen Drei Könige, Hochzeit zu Kana und die zwölf Apostel dargestellt, Engel mit sechs Flügeln begleiten die Krönung der Himmelskönigin. Die südliche Innenwand zeigt ritterliche Wappen, vermutlich von Konventsmitgliedern, deren Namen nicht mehr bekannt sind. Drei Grabplatten des 16./17. Jh. erinnern an die Herren der Burg Biberstein. Kommendegebäude sind nicht erhalten.

◆ Kleinmanns, Joachim: Wiehl-M., Neuss 1987; Rödel, Walter Gerd: Das Großpriorat Deutschland des Johanniter-Ordens, Mainz 1965, 359f.

Marienheide, *Dominikanerkloster St. Maria und St. Achatius (1420–1831), Montfortanerkloster St. Maria, St. Achatius (seit 1957), Erzdiözese Köln – (Oberbergischer Kreis, Nordrhein-Westfalen, ❐ 1, B5).*

▶ **Geschichte.** Wie in ➛ Bödingen, ➛ Mariawald und ➛ Eberhardsklausen veranlasste ein wundertätiges Gnadenbild die Klostergründung, diesmal am unwirtlichen Ort „Mergenheyde". Der Einsiedler Heinrich glaubte Anfang des 15. Jh., dass von einer in Köln erworbenen Pietà wundertätige Kraft ausgehe und errichtete um 1417 für sie eine Kapelle. Die Laienfrömmigkeit des Spätmittelalters führte rasch zu Pilgerfahrten. Graf Gerhard von Kleve schenkte 1420/21 dem Dominikanerorden die Wallfahrtskapelle in M. zur Gründung eines Klosters zwecks Betreuung der Pilger. Der Flecken kam um 1423 im Machtkampf der Grafschaften Mark und Kleve unter die Herrschaft Herzog Adolfs I. von Kleve, der die Stiftung seines Bruders bestätigte. 1423 begannen Dominikaner aus ➛ Soest mit der Errichtung des Marienklosters. 1433 lebten acht Priester- und zwei Laienbrüder im Konvent. Ende des 15. Jh. wütete die Pest, der Konvent starb bis auf zwei Brüder aus. Die Ordensleitung beschloss 1503, observante Ordensbrüder aus Köln unter Prior Servatius Fanckel zu schicken, um den Konvent in M. aufzurichten und gleichzeitig strenge Klausurvorschriften durchzusetzen. In der Folge wurde die Kirche vergrößert, das Patrozinium wechselte zum Pestheiligen St. Achatius. Die Wirren der Reformation überwanden die Dominikaner gestärkt und gefestigt. Im vereinigten Herzogtum Jülich-Kleve-Berg konnte sich evangelisches Gedankengut ungehindert ausbreiten, wurde aber vom Herzog Wilhelm V. nicht erzwungen. Im Zuge der Gegenreformation lebte die Wallfahrt Ende des 16. Jh. wieder auf, die noch weitere 200 Jahre lang von den Dominikanern betreut wurde, seit 1677 unterstützt von einer Rosenkranzbruderschaft. Die Prediger eröffneten im 18. Jh. eine Schule, da sich um das Kloster eine Siedlung entwickelt hatte. 1803 erging das Verbot, neue Novizen aufzunehmen, die offizielle Aufhebung wurde von Preußen jedoch nie erklärt; 1831 nahm ein Weltgeistlicher die Pfarrrechte wahr, der letzte Bruder starb 1836.

▶ **Gegenwart.** Die Wallfahrt in M. zur Verehrung des Marienbildes ist ungebrochen. Erzbischof Josef Kardinal Frings rief 1957 niederländische Patres des Montfortanerordens an die katholische Pfarrkirche St. Mariä Heimsuchung zur seelsorglichen Betreuung und Belebung der monastischen Tradition. Die schlichte dreischiffige Hallenkirche entspricht dem Erweiterungsbau der observanten Dominikaner (Weihe 1507) mit Chorverlängerung um zwei Joche, ein nahezu mittiges Querhaus und dem westlichen Anbau. Im Inneren überraschen wuchtige Rundsäulen, Spitzbogengurte tragen das steile Kreuzgratgewölbe; die Wände sind reich ausgemalt, Wandkapitelle im Chorraum tragen Masken. Die Ausstattung wird vom Barock dominiert, der Gnadenaltar im südlichen Querhaus birgt das mittelalterliche Marienbild. Ein künstlerischer Höhepunkt ist das spätgotische Chorgestühl mit figurenreichem Schnitzwerk, menschlich-tierische Fabelwesen an den Miserikordien kontrastieren mit biblischen Szenen. Dieses spätgotische Gesamtkunstwerk erinnert an das Chorgestühl in der ➛ Klever Franziskanerkirche. Nordöstlich des Langchors schließt sich das Klausurgeviert an, das nach dem Brand von 1717 auf spätgotischen Mauern neu entstanden ist. Die Montfortanerpatres errichteten 1963 zusätzlich für die Pilger eine moderne Wallfahrtskirche zu Ehren ihres Ordensgründers Ludwig Maria Grignion von Monfort (1673–1716).

◆ Wesoly, Kurt: M., Wallfahrtskirche St. Mariä Heimsuchung, in: Klosterführer Rheinland, Köln 2004, 75–77; Tacke, Marlies: Die Wallfahrtskirche St. Mariä Heimsuchung in M., Köln 1987.

Marienheide Dominikanerkloster, spätgotisches Chorgestühl mit künstlerisch hochwertigem Schnitzwerk; Blick aus dem Chor durch das Mittelschiff nach Westen.

Marienmünster, *Benediktinerabtei St. Maria, St. Jakob d.Ä. und St. Christophorus (vor 1128–1803), Passionistenkloster St. Jakob d.Ä. und St. Christophorus (seit 1967), Diözese Paderborn – (Kr. Höxter, Nordrhein-Westfalen, ❐ 1, C5).*

▶ **Geschichte.** Graf Widukind I. von Schwalenberg und seine Gemahlin Luttrudis von Itter stifteten vor 1128 im Gau Weti die Benediktinerabtei M., aktiv unterstützt von Bischof Bernhard I. von Paderborn (Oesede); die Gründung wurde im August 1128 von ihm bestätigt. Der erste Konvent kam unter Abt Gerhard (1128) aus dem Reichskloster ➛ Corvey, das damals als Zentrum der neucluniazensischen Erneuerungsbewegung von ➛ Hirsau eine große Ausstrahlung entwickelte und auch M. mit ➛ Hirsauer Reformgewohnheiten beeinflusste. Der Erzbischof von Mainz bestätigte 1130 die Gründung, Schutzerklärungen gaben Kaiser Lothar III. 1134 und Papst Innozenz II. 1137. Die Schwalenberger Grafen betrachteten die Abtei als ihr Hauskloster und förderten es rege. Mit Widukind von Pyrmont trat 1222 ein Familienangehöriger in das Kloster ein und brachte weitere Güter und Zehnte mit. Ein Paternitätsverhältnis bestand zum Frauenkloster ➛ Gehrden, gute Beziehungen unterhielt man auch zum Frauenkloster ➛ Willebadessen. Im 13. Jh. erreicht M. seine Hochblüte; Abt Heinrich I. (1259–88) teilte das Klostervermögen unter Abt und Konvent auf, ein festgelegter Anteil der Einnahmen stand als *caritates* für die Mahlzeiten der Mönche zur Verfügung. In der Zeit häufiger Fehden erwog Abt Hermann II. von Mengersen (1317–42) die Verlegung der Abtei nach Steinheim, stattdessen jedoch übernahm 1324 das Hochstift Paderborn die Schirmherrschaft und übertrug M. zahlreiche Kirchenpatronate. Steigende Einkünfte und erneut einsetzende Stiftungen verhalfen zur Ausweitung und Arrondierung des Besitzstandes. Die Benediktiner widmeten sich nun verstärkt der Seelsorge. Im Paderborner Land nahm M. stets die zweite Stelle hinter der Abtei ➛ Abdinghof ein. Die Aufteilung der Gewinne verlief nicht konfliktfrei, die Anzahl der Präbenden musste auf 16 begrenzt werden. In M. blieb jedoch die *vita communis* immer erhalten. Abt Dethard (1478–80) trat auf Druck Bischof Simons III. zur Lippe 1480 der ➛ Bursfelder Reformkongregation bei, Abt Heinrich II. (1518–48) führte die Abtei durch die schwierigen Zeiten der Reformation. 1549 zählte der Konvent acht Mönche, drei Konversen und drei Novizen, Konflikte mit dem lutherisch bekennenden Adel der Umgebung häuften sich. Eine bedeutende Persönlichkeit war Abt Georg II. Röder (1576–1601), der 1596 zum Präsidenten der Bursfelder Union gewählt wurde. Günstige wirtschaftliche Verhältnisse zu Anfang des 17. Jh. ermöglichten M., die Abteien ➛ Corvey und ➛ Minden finanziell zu unterstützen. Schwere Einschnitte folgten 1622 mit den Raubzügen Herzog Christians von Braunschweig, aber auch mit Einquartierungen, Kontributionen sowie Plünderung und Exil im Dreißigjährigen Krieg. Der nachfolgende Aufschwung war gekennzeichnet durch liturgische Erneuerung, straffe Disziplin, Prosperität, Zinsgeschäfte, Bautätigkeiten, Studien, Lektorentätigkeiten, Pfarrbetreuung sowie die Einrichtung eines Ältestenrates der Mönche. Den Äbten unterstanden die Frauenklöster Gehrden, Willebadessen und ➛ Brenkhausen. 39 Mönche wurden bei der Säkularisierung im März 1803 durch Preußen abgefunden oder mit Pfarrstellen versorgt.

Marienmünster Benediktinerabtei, Westfront der romanischen Abteibasilika mit neugotischen Veränderungen.

▶ **Gegenwart.** Die heutige Klosteranlage ist von der Neuaufbauphase nach dem Dreißigjährigen Krieg durch Abt Ambrosius Langen (1661–81) geprägt, der als zweiter Gründer verehrt wurde. In die barocken Klausurgebäude zog 1967 ein Konvent Passionisten aus den Niederlanden ein. Die Ordenskleriker des Evangeliums der Passion Christi übernahmen die Pfarrseelsorge in M. und Umgebung. Die romanische, kreuzförmige Pfeilerbasilika mit Dreiapsidenchor im Osten und zweitürmiger Westfront, mit sächsischem Stützenwechsel und Vierungsturm aber ohne Krypta existiert im Kern heute noch, unterlag aber im 17. Jh. einschneidenden Veränderungen. Es entstand bis 1681 eine dreischiffige Barockhalle, die Westwerk, Mittelschiff, Querschiff, Vierung und Vierungsturm des romanischen Vorgängerbaues einschließt, den Chorbereich aber weit größer und höher im 3/8-Schluss ausführt. Beeindruckend bleibt das romanische, zweitürmige Westwerk, auch mit neugotischen Spitzdächern und einer neugotischen Zwerggalerie.

◆ GermBen 8, 446–468; Machalke, Joseph: Die Abteikirche M., Paderborn 1994.

Marienrode Augustiner-Chorherrenstift/Zisterzienserabtei, der Abteikomplex mit spätgotischer Kirche und barocker Klausur hinter den klostereigenen Teichen.

Marienrode, *Augustiner-Chorherrenstift St. Maria und St. Michael (1125–1259), Zisterzienserabtei St. Maria und St. Michael (1259–1806), Benediktinerinnenpriorat St. Maria und St. Michael (seit 1988), Diözese Hildesheim – (Hildesheim-M., Kreisstadt Hildesheim, Niedersachsen, ❐ 1, D4).*

▶ **Geschichte.** Bischof Berthold von Hildesheim (Alvensleben) gründete 1125 südwestlich seiner Bischofsstadt in Backenrode (Baccenrode) ein Regularkanonikerstift und legte darin „für alle Zeiten" die Augustinusregel fest. Die ersten Augustiner-Chorherren kamen aus dem Reformzentrum → Hamersleben. In gut 130 Jahren vergrößerte das kleine Stift, dem sich möglicherweise um 1220 ein Frauenkonvent angeschlossen hatte, seinen Grundbesitz erheblich.

Bischof Johann I. von Brakel favorisierte den Zisterzienserorden, griff in die Verfassung des Stifts ein und übergab es 1259 den in → Isenhagen gescheiterten Zisterziensermönchen aus → Riddagshausen. Papst Alexander IV. bestätigte die Umwandlung im März 1260. Mit Eigenwirtschaft und moderner Arbeitsorganisation leisteten die Zisterzienser Rodungsarbeit im Neubruchland Westerholz, gründeten Grangien (so das nahe Neunhof) und dehnten ihren Besitz weit bis in den Raum Hannover aus. In den Städten Hildesheim, Hannover, Eldagsen, Gronau und Alsfeld erwarben sie Stadthöfe. Die Nähe der Stadt Hildesheim wirkte sich durch Rivalitäten, Provokationen und Übergriffe oft zum Nachteil der Abtei aus. Im 14. Jh. setzten wirtschaftlicher Niedergang und Sittenverfall ein. Zwischen 1374 und 1379 setzte der Abt vom Mutterkloster Riddagshausen innere Reformen rigoros durch, verteilte ungehorsame Mönche auf andere Zisterzen und setzte Abt Hermann von Peine (1379–1406) ein, der die Situation grundsätzlich verbessern konnte. 1406 hatte der Konvent 20 Mitglieder, darunter fünf Laienbrüder. Abt Heinrich von Bernten regierte zweimal (1426–52, 1454–63), er gilt als Lichtgestalt der Abtei. Seine Chronik schilderte minutiös Disziplinverstöße, Kriegsschäden, baulichen Zerfall, Neubauverzögerung, Geldmangel, Konflikt mit den Frauen im Stift → Derneburg, den bewaffneten Marsch der Hildesheimer Bürger auf das Kloster im Juli 1443 und die beherzte Gegenprozession vor die Tore der Stadt. In seiner zweiten Amtsperiode vollendete er 1462 die neue Abteikirche. Erst in seiner Zeit setzte sich die Bezeichnung M. durch. Die Hildesheimer Stiftsfehde 1519–23 brachte dem Bistum wie auch der Abtei Gebiets- und Rechtsverluste. 1538 suchte das Kloster Schutz beim welfischen Fürstenhaus, wobei es sich gegen die Protestantisierung absicherte. M. sank zum landsässigen Kloster mit Sitz im Landtag des Herzogtums Braunschweig-Lüneburg herab, blieb aber in der Neuzeit trotz äußerlicher und innerlicher Schwierigkeiten eine katholische Enklave inmitten einer evangelischen Umgebung. Nach dem Dreißigjährigen Krieg stand M. vor dem Ruin. Die Abtei → Altenberg im Bergischen Land half bei der Konsolidierung, der tüchtige Abt Nivard Bösen (1695–1721) erreichte noch einmal eine Blüte. Bei der Aufhebung im April 1806 durch Preußen war der Konvent schuldenfrei und besaß neben umfangreichen Ländereien auch Anlagen in Höhe von 24.000 Talern. Abt Johannes Günther (1778–1806) und 20 Mönche erhielten Pensionen, die jedoch bald nicht mehr gezahlt wurden.

▶ **Gegenwart.** Die Klosterkammer Hannover verkaufte der katholischen Kirche Hildesheim 1985 die Anlage M. Nach aufwändiger Restaurierung belebt seit 1988 ein Konvent Benediktinerinnen aus St. Hildegard in Eibingen die monastische Tradition. Die heutige Kloster- und katholische Pfarrkirche St. Michael aus dem 15. Jh. war der letzte mittelalterliche Kirchenbau der Zisterzienser in Niedersachsen. Es ist eine dreischiffige kreuzförmige Basilika ohne besondere zisterziensische Merkmale mit quadratischem Chorjoch und 5/8-Schluss in der Apsis; zwei doppelgeschossige Chornebenkapellen zeigen romanische Bogenfriese der Vorgängerkirche. Nördlich schließt sich das barocke Klausurquadrum mit überbautem Kreuzgang an, westlich gruppieren sich Ökonomiegebäude aus dem 18. Jh. um ein großes Wirtschaftsgelände. Die Wallfahrtskapelle von 1792 in der Nordwestecke dient heute als evangelische Pfarrkirche.

◆ GermBen 12, 391–437; Meyer, Wilfried: M. Gegenwart und Geschichte eines Klosters, Hildesheim 1988.

Marienschloß (Rockenberg), *Zisterzienserinnenabtei St. Maria und St. Johannes Baptist (1338–1803), Erzdiözese Mainz – (Rockenberg, Wetteraukreis, Hessen, ❐ 3, C1).*

▶ **Geschichte.** An einem Spital für kranke Heimkehrer aus den Kreuzzügen (Aussätzige) in Rockenberg, dem sogenannten „Gutleuthaus“, entwickelte sich 1332 durch Stiftungen der Edelherren Johann und Werner von Bellersheim eine Beginengemeinschaft, aus der 1338 das Frauenkloster M. entstand. Schenkungen und Mitgiften des Regionaladels ließen den Konvent aufblühen. Erzbischof Heinrich III. von Mainz (Virneburg) sorgte für eine Intervention Papst Clemens' VI. beim Zisterzienserorden mit dem Ziel einer Inkorporation. Das Generalkapitel entschied 1342 den Frauenkonvent M. unter Äbtissin Gertrudis Beheim (1340–82) als Vollmitglied anzuerkennen und den Abt im nahen ➛ Arnsburg zur Aufsicht zu verpflichten. Bezüglich der Ordensmitgliedschaft fallen Eigentümlichkeiten auf: Die Zisterzienserinnen pflegten engen Kontakt zu den Benediktinern von ➛ Seligenstadt, auch ließ nicht der Zisterzienserorden sondern Erzbischof Adolf II. von Nassau 1462 das Kloster durch Weihbischof Siegfried Piscator visitieren und 1466 Äbtissin Ludgardis von Waisen (1458–66) auswechseln. Dabei wurden zur Durchsetzung der Observanz vier Schwestern wahrscheinlich aus ➛ Marienborn (Wetterau) geholt und Adelheid von Schwalbach als Äbtissin (1466–73) eingesetzt. Schließlich nahm 1508 die ➛ Bursfelder Reformkongregation der Benediktiner das Kloster M. unter Äbtissin Guda von Buseck (1507–11) in ihre Bruderschaft auf. Von einem Protest der Zisterzienser, der üblicherweise erfolgt wäre, ist nichts bekannt. Ein Wechsel eines Frauenkonvents aus der Vollmitgliedschaft im Zisterzienserorden in die gemäßigtere Benediktinergemeinschaft geschah im Mittelalter selten. Eine entsprechende Entwicklung zeigte das Kloster Heilig Kreuz in ➛ Meißen. Der Obödienzwechsel ging immer mit der Unterstellung unter die Diözesangewalt einher. Vieles weist im Fall des Klosters M. in Rockenberg auf einen Wechsel in den Benediktinerverbund hin, oder der Frauenkonvent war von Anfang an mit den Zisterziensern lediglich kommittiert verbunden. Kloster M. erlitt im Dreißigjährigen Krieg Verwüstung und Bauschäden, wurde aber im Barockstil wieder aufgebaut. Die Klosterkirche erhielt erst 1736 ihre Ausstattung im Rokokostil. Nach der Säkularisierung 1803 durch das Großherzogtum Hessen-Darmstadt entstand zunächst ein Lazarett, von 1811 bis heute diente Kloster M. als Zucht- und Besserungsanstalt, Landeszuchthaus und Jugendstrafanstalt.

▶ **Gegenwart.** Noch heute ist die Klosteranlage in Rockenberg eine Justizvollzugsanstalt für männliche Jugendliche, inzwischen mit Neubauten wie Sporthalle und Anstaltsschule, Lehrküche, Bäckerei und Kfz-Werkstatt weiträumig ausgebaut. Reste mittelalterlicher und barocker Klosterarchitektur sind stark überbaut. Die ehemalige Klosterkirche wird inzwischen als simultane Anstaltskirche genutzt, in ihrer heutigen Form entstand sie bis zur Weihe 1736. Sie folgt den Vorgaben des einschiffigen Vorgängerbaues mit geradem Chorabschluss aus dem 14. Jh. Im Innenraum herrscht feiner Rokoko, zwei Grabplatten des Klostergründers Johannes von Bellersheim († 1343) und Gemahlin Gezele von Düdelsheim sind die einzigen mittelalterlichen Reststücke. An der Nordseite der Kirche ist das Kreuzganggeviert stark überbaut erhalten, mächtiges Mauerwerk und Kreuzgratgewölbe im Südflügel entlang der Kirche lassen mittelalterliche Herkunft vermuten.

◆ Fiolka, Alexander F.: Kirche und Kloster der ehemaligen Zisterzienserinnen-Abtei M. zu Rockenberg, Rockenberg 2003.

Mariensee (Brodowin), *Zisterzienserabtei St. Maria (1258–73), Diözese Brandenburg – (Brodowin-M., Lkr. Barnim, Brandenburg, ❐ 2, C3).*

▶ Im Zusammenhang mit der Landesteilung 1258 planten die markgräflichen Brüder Otto III. und Johann I. von Brandenburg, neben ihrem Hauskloster ➛ Lehnin ein zweites Zisterzienserkloster in der östlichen Uckermark zu gründen. Nach einer Inspektion der Örtlichkeiten durch die Äbte von ➛ Zinna und ➛ Dobrilugk und nach der Zustimmung Bischof Ottos von Brandenburg (Mehringen) begannen Zisterzi-

Marienschloß Zisterzienserinnenabtei, starke Mauern verraten den mittelalterlichen Ursprung des Kreuzgangs.

Mariensee (Brodowin) Zisterzienserabtei, Fundamentreste markieren den Gründungsort der Abtei Chorin.

ensermönche 1258 mit der planmäßigen Errichtung der Anlage M. auf einer Insel im Parsteiner See. 1262 ließ sich der Gründungskonvent unter Abt Heinrich aus Lehnin (Filiationslinie Morimond) nieder. Die alte slawische *terra Lipana* war nicht unbesiedelt, Reste heidnischen Glaubens waren Mitte des 13. Jh. in der Bevölkerung noch anzutreffen. Die Klostergründung beabsichtigte, territoriale Ansprüche der Askanier zu sichern, die erst 1250 die Uckermark vom Herzogtum Pommern vertraglich erworben hatten. Zusätzlich war M. als Hauskloster der Familie des Markgrafen Johann I. geplant. Zur Grundausstattung gehörten Gebiete südwestlich des Sees, einschließlich das Dorf Chorin mit Choriner See sowie zwei begüterte Hospitäler, sowohl das verlassene Prämonstratenserstift Gottesstadt in Barsdin bei Oderberg als auch das Hospital des Ritters Johann von Greiffenberg, das von Greiffenberg nach M. verlegt wurde. Markgraf Johann I. ließ sich 1266 im neuen Kloster M. begraben, seine Überreste wurden später umgebettet. Die Insellage ohne Fließgewässer stellte sich doch als zu ungünstig heraus; nach weiteren Landschenkungen am Oberlauf der Ragöse verlegten die Mönche unter Abt Bernhard (1267) mit Zustimmung des Generalkapitels und Papst Gregors X. ihr Kloster vor 1273 an den heutigen Standort ➛ Chorin, das Hospital zog mit. Die begonnene Klosterkirche steht am höchsten Punkt der Insel, Restmauerwerk und konservatorische Arbeiten 1978/88 markieren die Stelle. Ein Damm verbindet heute die Insel mit dem Seeufer.

◆ Gahlbeck, Christian: M., in: Brandenburgisches Klosterbuch, Bd. 2, Berlin – Brandenburg 2007, 850–859.

Mariensee (Neustadt am Rübenberge), *Zisterzienserinnenkloster St. Maria und St. Johannes Evangelist (vor 1207–1543), Diözese Minden – (Neustadt am Rübenberge, Lkr. Region Hannover, Niedersachsen, ❐ 1, D4).*

▶ **Geschichte.** Graf Bernard II. von Wölpe und seine Familie stifteten 1215 dem Frauenkloster Vorenhagen (vermutlich östlich von Stadthagen gelegen, erstmals 1207 erwähnt) ihren Allodialbesitz in M. nördlich ihrer neugegründeten Stadt am Rübenberge. Daraufhin siedelte der Konvent von Vorenhagen nach M. um, was Bischof Konrad I. von Minden (Diepholz) allen Gläubigen im Dezember 1215 mitteilte. Der bischöfliche Hof und Besitz in Vorenhagen fiel an das Hochstift Minden zurück. Die Klosterstifter verzichteten wie auch ihre Nachfolger auf Vogteirechte, nutzten Kloster M. aber als Familiengrablege, betrachteten es als Hauskloster und festigten ihre Positionen im Machtvakuum nach dem Sturz Herzog Heinrichs des Löwen. Die Jurisdiktion beanspruchte allein der Diözesanbischof. 1231 spricht eine amtliche Urkunde erstmals von Zisterzienserinnen unter Äbtissin Adelheid (1223/42). Der Konvent betonte immer seine observante Verfassung, ohne dem Zisterzienserorden als Vollmitglied anzugehören. Die bischöflichen Klosterherren beauftragten hin und wieder Äbte von ➛ Loccum zum Eingreifen. Der Kernbesitz konzentrierte sich im Umkreis von etwa 20 km, Einnahmen flossen aus 45 Orten; vier Mühlen, zwei Kirchenpatronate und ein Stadthof in Hannover gehörten zum Besitz. Salzgüter, Zollanteile, Fisch- und Weidegerechtigkeiten erhöhten die Einnahmen. Nach 1300 starb das Grafenhaus Wölpe im männlichen Stamm aus, die Urenkelin Willeberg lebte noch 1344 im Konvent, die Landesherrschaft ging 1302 an die Fürsten von Braunschweig-Lüneburg über. Kloster M. ordnete sich in die Calenberger Klöster ein, erreichte aber nie die Bedeutung von ➛ Barsinghausen oder ➛ Wennigsen. Die ursprünglich garantierte Vogteifreiheit ging allmählich an die Welfen verloren, so griff Herzog Wilhelm der Ältere Mitte des 15. Jh. persönlich in die inneren Angelegenheiten des Klosters ein. Unterstützt von den ➛ Windesheimer Regularkanonikern ordnete er die wirtschaftlichen Angelegenheiten und verpflichtete die freizügig lebenden Damen unter Gewaltanwendung zur Observanz, illegales Eigentum wurde konfisziert. Unter Äbtissin Elisabeth von Rethen (1458/74) trat Ruhe und monastische Disziplin ein, drei Schwestern aus ➛ Derneburg halfen bei der Durchsetzung der inneren Reform. Äbtissin Ottilie von Ahlden (1512/26) gab noch im Jahr 1522 eine Gebetssammlung mit ihren Initialen für die Zisterzienserinnen in Auftrag. Herzogin Elisabeth erließ 1542 im Calenberger Land eine neue evangelische Klosterordnung. Landessuperintendent Antonius Corvinus (1501–53) stieß im März 1543 auf einen bereitwilligen Konvent. Propst Dietrich Ridder (1515/55) blieb unangefochten im Amt, erst 1555 übernahm ein weltlicher Klosteramtmann die Geschäfte. Mechthild Knake (1544/47) gilt als erste *Domina* des evangelischen Damenstifts, das bis heute besteht.

▶ **Gegenwart.** Seit 1543 dient die Klosterkirche auch der evangelisch-lutherischen Gemeinde als Pfarrkirche. Der dreijochige Saal mit Polygonschluss im Osten entstand von etwa 1260 bis Anfang des 14. Jh. in typisch norddeutscher Backsteingotik, Innengestaltung und Gewölbe entstanden unter westfälischem Einfluss. Der heutige Innenraum und seine Ausstattung gehen auf Umbauten (1726–29) zurück, Sakristei und hölzerne Nonnenempore verschwanden, Fenster wurden vermauert und Strebepfeiler gesetzt; auch der westliche Dachreiter stammt aus dieser Zeit. Schnitzaltar und Vortragekreuz (beide 15. Jh.), Kruzifix (13. Jh.), Madonna (Ende 15. Jh.) und Grabplatte Propst Heinrich Bußmanns († 1508) konnten aus dem mittelalterlichen Bestand bewahrt werden. Die heutige Vierflügelanlage ließ Georg II., Kurfürst von Hannover und König von England, neu errichten (1727–29).

◆ GermBen 12, 438–462; Mohn, Claudia: M. (Niedersachsen), in: Mittelalterliche Klosteranlagen, Petersberg 2006, 317f.; Ahlers, Gerd: M., in: Weibliches Zisterziensertum im Mittelalter, Berlin 2002, 155–158.

Marienstatt, *Zisterzienserabtei St. Maria (1212–1803, seit 1888), Erzdiözese Köln – (Streithausen-M., Westerwaldkreis, Rheinland-Pfalz, ❐ 3, B1).*

▶ **Geschichte.** Die Gründung der Zisterzienserabtei *Locus Sanctae Mariae* im Westerwald auf dem Gebiet der Trierer Kirchenprovinz erfolgte 1212 durch die Stiftung des Kölner Burggrafen Eberhard von Aremberg und seiner Gemahlin Adelheid von Molsberg. Drei Jahre später zog der Gründungskonvent aus ➛ Heisterbach feierlich in M. ein. Erster Abt war Heinrich (1215–23), der vorher dieses Amt in Heisterbach und zwischendurch in ➛ Himmerod innehatte. Verwandte der Stifterin Adelheid, die 1215 verstorben war, stritten um das Stiftungsgut. 1220 erkannte Erzbischof Dietrich II. von Trier (Wied) die Rechtmäßigkeit der Gründung an. Trotzdem entschied das Generalkapitel des Ordens, das Kloster auf das heutige Gelände an der Großen Nister nahe der Hachenburg zu verlegen, das zum Gebiet der Erzdiözese Köln gehörte und vom Lehnsträger Graf Heinrich III. von Sayn und seiner Ehefrau Mechthild freigegeben worden war. Erzbischof Engelbert I. von Köln stimmte 1222 zu, die Erstgründung an der Kleinen Nister blieb ein Hofgut der Abtei. Auf das Sayner Grafenpaar gehen auch zahlreiche andere Niederlassungen zurück: ➛ Seligenthal (Siegburg), ➛ Blankenberg, ➛ Drolshagen, Köln-Seyne, ➛ Herchen und ➛ Ramersdorf. Die neue Abtei M. wurde besonders großzügig unterstützt und zum Hauskloster bestimmt, auch der örtliche Adel vergab großzügig Schenkungen. Die Beziehungen zur Mutterabtei blieben in der Anfangszeit eng, in Krisenzeiten verhandelten und beurkundeten Äbte von M. bei Streitigkeiten für ihre Mitbrüder in Heisterbach. Abt Bruno (1428–59) musste sich 1452 der Reform durch Vaterabt Dietrich III. von Heisterbach (1448–57) stellen, Missstände wie Pfründen, Jagdhunde, Frauenkontakte und Almosenbetteln wurden beseitigt, die Wirtschaft effektiver organisiert. Neben Heisterbach überwachten Äbte von ➛ Himmerod und ➛ Altenberg die Fortschritte der Reform, die durch eine Pestepidemie erschwert wurden. Die Ordensleitung in Cîteaux beauftragte M. als Entlastung Heisterbachs, die Paternität über das inkorporierte Frauenkloster ➛ Drolshagen im Sauerland zu übernehmen, 1463 auch über ➛ Herchen und ebenso über St. Jöris „Georgenbusch“ bei Eschweiler (➛ Sankt Jöris). 1560 bekannten sich die Grafen von Sayn zur Reformation und griffen zunehmend in die Geschicke der Abtei ein, was zu Interessenskonflikten bis hin zur Vertreibung des Konvents unter Abt Johannes IV. Wenden von Andernach (1565–76) führte. Die Mönche lebten 1568 bis 1580 auf Grangien in Andernach, Dorchheim und Koblenz. Der Dreißigjährige Krieg brachte Überfälle und Plünderungen, mit Abt Johannes VII. Kaspar Pflüger (1658–88) lebten 1667 nur noch ein Mönch und zwei Novizen. Der wirtschaftliche Aufschwung in den folgenden Jahrzehnten führte zu einer neuen Blüte, die sich in der barocken Ausschmückung der Kirche und dem Neubau der Klausur offenbarte. Nach der allgemeinen Säkularisation 1803 fiel der Besitz an das Fürstentum Nassau-Weilburg. 1864 erwarb der Limburger Bischof die Klausurgebäude und 1888 bezogen erstmals wieder Zisterzienser in Deutschland ein Kloster; die Mönche kamen aus der Abtei Mehrerau in der Schweiz.

▶ **Gegenwart.** Die Zisterzienser unterhalten heute neben ihren Pastoral- und Seelsorgepflichten ein alt- und neusprachliches Gymnasium mit mehr als 800 Schülern in barocken und modernen Abteigebäuden. Durch das Pfortenhaus von 1754 gelangen Besucher und Wallfahrer entlang einer Allee zur Abteikirche, dem Prachtbau der Anlage. Sie ist eine dreischiffige Basilika, deren reich gegliederter Chor mit Umgang und Kapel-

Marienstatt Zisterzienserabtei, einer der frühesten gotischen Kirchenbauten.

lenkranz (1227) zu den ersten gotischen Bauten östlich des Rheins zählt. Der Gesamtbau wurde erst im dritten Abschnitt um 1450 fertig gestellt. Die viel besuchte Kirche präsentiert sich innen in neugotischer Ausgestaltung. Den Hochaltar schmückt das berühmte Marienstatter Retabel, ein Flügelaltar mit Reliquienbüsten und Apostelfiguren aus einer Kölner Werkstatt (um 1350). Neben der mittelalterlichen Pietà und der Tumba des Grafenpaares von Sayn beeindruckt das geschnitzte Chorgestühl aus der ersten Hälfte des 14. Jh.

◆ Halbekann, Joachim J.: Das Zisterzienserkloster M., in: Die älteren Grafen von Sayn, Wiesbaden 1997, 356–361; Denter, Thomas: 750 Jahre Abteikirche M., Marienstatt 1977; Roth, Hermann Josef: Die Abtei M. und die Generalkapitel der Zeit seit 1459, in: Archiv für mittelrheinische Kirchengeschichte 22 (1970) 93–127.

Marienstein, *Augustiner-Chorfrauenstift St. Maria und St. Johannes Evangelist (1460–1832), Diözese Eichstätt – (Eichstätt-M., Lkr. Eichstätt, Bayern, ❒ 4, A3).*

▶ Die Färbertochter Walburga Eichhorn aus Eichstätt gründete mit sechs Gefährtinnen 1460 eine klösterliche Gemeinschaft, die sich zunächst den Dominikanern in der Bischofsstadt ➛ Eichstätt unterwarf. Auf Anweisung Bischof Wilhelms von Reichenau zogen die *sanctimoniales* 1470 in die Nähe des Augustiner-Chorherrenstifts ➛ Rebdorf, nahmen die Augustinusregel an und unterstellten sich der Aufsicht des Männerstifts, wobei sie aber nicht den strengen Regeln der ➛ Windesheimer Kongregation folgten. Die damals etwa 20 Chorfrauen besiedelten 1491 das neugegründete Stift Marienburg in Abenberg und erhielten dabei Unterstützung aus ➛ Königshofen. Ende des 16. Jh. galt M. als wohlhabend, aber 1634 mussten die Chorfrauen vor den Schweden fliehen, die das Stift völlig zerstörten. Priorin Klara Steiger hinterließ ein ausführliches Tagebuch aus dieser Zeit. Der Wiederaufbau gelang bis 1669 nur im kleineren Umfang. 1804 wurden die Chorfrauen auf Pension gesetzt, 1807 war das Stift faktisch aufgehoben, die Frauen durften bleiben. 1831 verließen die letzten sechs Chorfrauen M. entgegen dem Wunsch König Ludwigs I. von Bayern, 1832 wurde es endgültig aufgelöst. Die Stiftskirche St. Marien, im Kern ein spätgotischer Saalbau, verlor 1838 ihren Chorbereich und dient seit 1834 dem katholischen Pfarrgottesdienst. Die verbliebenen Gebäude der Klausur stammen aus der zweiten Hälfte des 17. Jh. und werden zu Wohnzwecken genutzt. Auch das Torhaus ist ein nachmittelalterlicher Bau.

◆ Backmund, Norbert: Die Chorherrenorden und ihre Stifte in Bayern, Passau 1966, 102–104.

Marienstern (Oberlausitz), *Zisterzienserinnenabtei St. Maria u. a. (seit 1248), Diözese Meißen – (Panschwitz-Kuckau, Lkr. Bautzen, Sachsen, ❒ 2, D5).*

▶ **Geschichte.** Der Reichsministeriale Bernhard II. von Kamenz ersuchte 1225 das

Marienstern (Oberlausitz) Zisterzienserinnenabtei, innen zeigt die Kirche hochgotische Architektur (um 1290).

Generalkapitel des Zisterzienserordens um Zustimmung zur Gründung eines Zisterzienserklosters nahe seiner Burg Kamenz in der Oberlausitz. Erst seine Witwe Mabilia und ihre Kinder konnten den Gründungsplan umsetzen: am Hospital in der sich entwickelnden Stadt Kamenz entstand 1248 ein Frauenkloster, dessen erste Äbtissin Mabilia selbst wurde; die Nachfolgerin war ihre Tochter Agnes (bis vor 1264). Die ersten Zisterzienserinnen kamen möglicherweise aus dem Kloster Torgau, dem späteren ➛ Nimbschen. Jüngste Quellenanalysen verlegen die Gründung in das Jahr 1264 und erkennen einzig den Sohn Bernhard III. von Kamenz als Stifter an, der übrigens nach klösterlicher Überlieferung auch als einziger Gründer verehrt wird. Die Legende erzählt von seiner wundersamen Errettung aus Morast und nach Verirrung, als durch Anbetung Marias ein wegweisender Morgenstern erschien, was 1259 zur Stiftung der Niederlassung im Sumpf bei Kukau und zur Namensgebung *Marienstern* führte. Nach dem Bau einer neuen Klosteranlage siedelte der Konvent 1284 von Kamenz nach Kukau um, auf den Platz der wundersamen Errettung und den heutigen Standort. Dieses neue Kloster ging tatsächlich einzig allein auf Bernhard III. zurück. 1263 beantragte er die Mitgliedschaft im Zisterzienserorden, woraufhin die Äbte von Ossegg (heute Tschechien) und ➛ Pforte 1264 die Inkorporation vollzogen. Bernhard wählte 1264 selbst den geistlichen

Stand und starb 1296 als Bischof von Meißen, sein Grab fand er in M. Die Markgrafen Johann I. und Otto III. von Brandenburg garantierten 1264 ihren Schutz, sicherten Steuerfreiheit zu und übertrugen den Frauen die niedere und hohe Gerichtsbarkeit in zahlreichen Klosterdörfern. Die Exemtion von bischöflicher Gewalt hielt nur etwa 50 Jahre, laut Urkunden setzen in der ersten Hälfte des 14. Jh. episkopale Eingriffe ein. M. entwickelte sich zum wohlhabendsten Frauenkloster im Bistum Meißen, es soll sogar reicher als die Mönchsabteien ➛ Dobrilugk, ➛ Neuzelle oder ➛ Buch gewesen sein, im Besitzstand einzig übertroffen von ➛ Altzelle. Die Äbte von Altzelle und später die der böhmischen Ordensprovinz übernahmen die Paternität. Zu existenzbedrohlichen Ereignissen zählen der Hussiteneinfall 1429, Pestepidemien im 15. Jh., die Reformation nach 1539, Schwedenübergriffe 1639, der Nordische Krieg 1707, die Revolution von 1848, die Naziherrschaft 1933–45 und schließlich die sowjetische Besatzung nach 1945. Zur Hochblüte zählen Zeiten des Barock unter den protestantischen Kurfürsten Sachsens (durch den Traditionsrezess von 1635 waren Fortbestand, Rechte und Freiheiten des katholischen Klosters garantiert). Tüchtige Äbtissinnen verstanden es bis heute, segensreich für die Region zu wirken und der sorbisch-sächsischen Kultur gerecht zu werden.

▶ **Gegenwart.** Die Abtei M. in der Oberlausitz ist eines der wenigen Beispiele eines deutschen Zisterzienserinnenklosters, das seit seiner Gründung im 13. Jh. bis heute ununterbrochen besteht, vergleichbar nur mit ➛ Lichtenthal bei Baden-Baden, mit Marienthal bei Ostritz an der Neiße und Oberschönenfeld bei Augsburg (die beiden letzteren sind heute reine Barockklöster). In M. erscheint der ummauerte Abteikomplex im frischen Weiß-Rot-Anstrich auf den ersten Blick als Barockkloster; bei genauem Hinsehen jedoch zeigt sich, dass die mittelalterliche Kernsubstanz weitestgehend erhalten geblieben ist. So präsentiert sich die dreischiffige Hallenkirche mit geradem Chorschluss aus dem späten 13. Jh. heute mit barocker Westfassade (1721), innen aber öffnet sich die hochgotische Architektur in ursprünglicher Reinheit. Besonders kostbar sind neben drei spätgotischen Altären die Glasmalereien seitlich des Hochaltars (1375) mit Bildnissen von Heiligen und den Wappen der adligen Stifter. Der Ostflügel der Klausur, als „Altes Schlafhaus" bezeichnet, ist mit seinem Kreuzgang älter als die Kirche; dort befindet sich neben dem Kapitelsaal eine Kreuzkapelle mit dem Stein, der die Stelle markiert, wo Bernhard III. den rettenden Morgenstern erblickt haben soll. Der Konvent M. zählt heute etwa 20 Schwestern. Er unterhält im Kloster ein Heim für 80 behinderte Kinder.

◆ Mohn, Claudia: St. M., Panschwitz-Kuckau (Sachsen), in: Mittelalterliche Klosteranlagen, Petersberg 2006, 179–191; Köhler, Anne-Katrin: M., in: Geschichte des Klosters Nimbschen, Leipzig 2003, 165–168.

Marienstuhl (Egeln), *Zisterzienserinnenabtei St. Maria (1259–1809), Diözese Halberstadt – (Egeln, Salzlandkreis, Sachsen-Anhalt, ❐ 2, A5).*

▶ **Geschichte.** Otto von Hadmersleben und seine Gemahlin Jutta stifteten 1259 am Südufer der Bode auf dem Gelände einer ottonischen Burg das Frauenkloster *Sedis sancte Marie.* Bischof Volrad von Halberstadt (Kranichfeld) stimmte im gleichen Jahr zu. Das Stifterpaar dotierte die Gründung auffällig reichlich und erwartete entsprechende Seelenheilmessen, die Graf Otto, der „Schrecken seiner Mitmenschen", offenbar besonders benötigte. Die ersten Zisterzienserinnen kamen mit Äbtissin Mechthild (1259–93?, Schwester der Stifterin Jutta von Blankenburg) um 1260 aus ➛ Blankenburg im Harz. Der Ort Egeln entwickelte sich erst nachfolgend auf der Nordseite der Bode. Die Jurisdiktion lag beim Bischof, die Inkorporation des Frauenklosters in den Zisterzienserorden erfolgte im Mittelalter nicht. Weitere Dotationen der Stiftersöhne und des örtlichen Adels, oft in Form von Mitgiften, hatten eine aufstrebende Entwicklung zur Folge und begünstigten die Ausstrahlung der Abtei. 1416 starb die Gründerfamilie aus. Über die Grafen von Barby kam M. 1421 in den weltlichen Herrschaftsbereich des Erzstifts Magdeburg, wobei die geistliche Aufsicht formal bei Halberstadt verblieb. Erzbischof Friedrich III. von Magdeburg initiierte 1464 innere Reformen, die von Äbten aus ➛ Michaelstein und ➛ Huysburg durchgeführt wurden. Unter Margaretha Suchauen (1464/70) blühte der reformierte Konvent zum wirtschaftlichen und geistigen Höchststand auf. Die Observanz konnten weitergereicht werden, Schwester Barbara Antoni wurde 1482 als Äbtissin in ➛ Isenhagen eingesetzt, in ➛ Neuendorf wirkte Schwester Anna von Schulenburg (1481–95) als Äbtissin, ebenso Margaretha von Lipditz 1509 in ➛ Wasserleben und Barbara Kotzen als Äbtissin (1518–39) in ➛ Halle Marienkammer. 1512 bestand der Konvent M. aus 34 Chor- und 17 Laienschwestern, 1561 aus 23 Chor- und 30 Laienschwestern. Der Konvent blieb bei der Einführung der Reformation in Egeln 1547 katholisch. Evangelischen Visitatoren gegenüber bekannten sich 1577 fast alle Zisterzienserinnen zum alten Glauben, lediglich drei Konventualinnen zum Protestantismus, was Schikanen gegenüber diesen „Martinischen" zur Folge hatte. Den Schwestern war jede öffentliche Form katholischer Religionsausübung un-

Marienstuhl Zisterzienserinnenabtei, mittelalterliches Mauerwerk blieb der Kirche (1732) im Südwestbereich.

tersagt. Seit etwa 1580 stand die Klosterkirche auch der evangelischen Gemeinde offen, das Simultaneum wurde bis zum Bau einer evangelischen Kirche praktiziert, die 1730 im Auftrag von Äbtissin Katharina Elisabeth Musäus (1724–33) entstand. Das westfälische Exil in der Zeit der Schweden (1631–36) schwächte den Konvent, er bestand 1641 aus fünf Professfrauen (1809 waren es wieder 18). Der Zisterzienserorden inkorporierte das Kloster M. nach 1636 als vollwertiges Mitglied in die zisterziensische Gemeinschaft. Als eines der 17 verbliebenen katholischen Klöster im Hochstift Halberstadt und Magdeburg hielt M. als Insel in der protestantischen Region den katholischen Glauben aufrecht. König Jérôme Bonaparte von Westphalen säkularisierte M. im März 1809, bereits im folgenden Juni war der Besitz verkauft.

▶ **Gegenwart.** In Egeln existiert noch immer die Anlage des ehemaligen Klosters M., umgeben von Teilen der Immunitätsmauer. Klausur- und Nutzgebäude wurden in den Jahren 1696 bis 1734 errichtet. Die ersten Zisterzienserinnen übernahmen um 1260 eine alte Pfarrkirche, Propst Udo (um 1342–57) ließ sie gegen 1350 einschneidend umbauen; 1732 erbaute der Konvent eine völlig neue Klosterkirche. Diese einschiffige Barockkirche wurde gegen Osten über die alten Grundmaße hinweg vergrößert, aber im Bereich des Westturms und der Nonnenempore nutzte man Fundamente und Mauerteile der romanisch-gotischen Vorgängerkirche. Die mittelalterliche Substanz ist an den starken Mauern im Südwestbereich abzulesen. Die auf einem Stuhl sitzende Mutter Gottes (um 1450) im Marienaltar auf der Nonnenempore erinnert an den Namen des Klosters und ist heute wieder Ziel jährlich stattfindender Wallfahrten.

◆ Schrader, Franz: Ringen, Untergang und Überleben der katholischen Klöster in den Hochstiften Magdeburg und Halberstadt von der Reformation bis zum Westfälischen Frieden, Münster 1977; ders.: Die ehemalige Zisterzienserinnenabtei M. vor Egeln, Leipzig 1965.

Mariental, *Zisterzienserabtei St. Maria u. a. (1138–1568), Diözese Halberstadt – (Grasleben-M., Lkr. Helmstedt, Niedersachsen, ❒ 2, A4).*

▶ **Geschichte.** Der sächsische Pfalzgraf Friedrich II. von Sommerschenburg stiftete 1138 in der Talmulde am Lappwald bei Helmstedt ein Hauskloster und rief Zisterziensermönche aus der Abtei ➛ Altenberg im Bergischen Land, die seine Halbgeschwister 1133 gegründet hatten. Das *monasterium vallis sanctae Mariae* war die erste Tochtergründung Altenbergs in der Filiationslinie Morimond. Der erste Abt Bodo (1138–47) kam aus ➛ Amelungsborn. Die reiche Grundausstattung konnte durch eine prosperierende Entwicklung im Lappwald, im oberen Allertal und in der nördlichen Börderegion ausgeweitet werden. 1180 besaß die Abtei M. bereits sechs Grangien. Kultivierungen blieben von untergeordneter Bedeutung, aber Holz- und Forstwirtschaft erlangten einen hohen Stellenwert. Päpstliche Bestätigungen trafen 1146 und 1158 ein, und der Welfenherzog Heinrich der Löwe empfahl sich 1159 mit Dotationen, so dass nach dem Aussterben der Stifterfamilie 1179 die Welfen die Schirmherrschaft beanspruchten. Das Bistum Halberstadt gewährte stets wohlwollende Unterstützung. 1202 besiedelten Mönche aus M. das Kloster Bergedorf in der Grafschaft Oldenburg; erst 1232 entstand daraus die einzige sichere Tochtergründung ➛ Hude bei Bremen. Die Abtei ➛ Zinna bei Jüterbog in Brandenburg kommt nach neuesten Erkenntnissen ebenfalls als Tochter von M. in Frage, Erzbischof Wichmann von Magdeburg (Seeburg) soll 1170/71 Mönche aus M. in den Fläming gerufen haben. Die Herrschaft über den Lappwald gestaltete sich konfliktreich, Schiedsmänner schlichteten 1203 einen Streit mit dem Ludgerikloster in ➛ Helmstedt. Im 13. Jh. wuchs der Einfluss der Welfen, Herzog Otto das Kind von Braunschweig-Lüneburg nannte Abt Konrad I. (1226–47) seinen geliebten Freund. Stiftungen des Adels und Zukäufe ließen M. bis etwa 1330 expandieren. Die Grangienwirtschaft verdrängte dabei auch alteingesessene Bauern (sog. „Bauernlegen"). In Helmstedt entstand 1232 ein Stadthof, in Magdeburg, Schöningen und Braunschweig kamen weitere hinzu. Während der Amtszeit Abt Heinrichs IV. (1350–61) herrschte die Pest in Norddeutschland, um 1350 lebten noch 34 Chormönche in M., nach der Pest angeblich nur noch fünf. Im 15. Jh. studierten neun Mönche in Leipzig (eine relativ niedrige Zahl), die Wirtschaft stagnierte, wobei sich die geringe Konventsstärke nun von Vorteil erwies. Das Generalkapitel des Ordens beauftragte 1468 und 1485 Marientaler Äbte mit der Abtseinführung im Kloster Zinna. Forderungen der Welfen belasteten zunehmend die Finanzen und beschleunigten den Niedergang. Höfe mussten verpfändet werden, das Stift ➛ Hamersleben pachtete 1510 den „Grauen Hof" zu Hamersleben und konnte diesen wegen Geldnot der Zisterzienser 1530 sogar kaufen. Inzwischen hatte sich die lutherische Lehre ausgebreitet, der Konvent aus 13 Mönchen bekannte sich 1535 bei der Wahl Abt Johanns V. (1535–40) noch zum Katholizismus. Abt Ludolf III. Dietrich (1540–59) verschleppte

Mariental (Helmstedt) Zisterzienserabtei, Anblick der romanischen Abteikirche (1146).

erfolgreich die Aufhebung während der Zeit des Schmalkaldischen Bundes, aber Herzog Julius von Braunschweig-Wolfenbüttel erzwang 1568 das evangelische Bekenntnis, erließ 1569 die neue Kirchenordnung und setzte weltliche Verwalter ein. M. existierte offiziell als evangelisches Kloster bis 1810.

▶ **Gegenwart.** In M. hat sich das romanisch-frühgotische Klostergeviert (1140–1250) erhalten. Von den ersten Klausurgebäuden steht der Ost- und Westflügel mit den üblichen Funktionsräumen. Der Südflügel ist überbaut, die Kreuzgänge fehlen seit 1835 bis auf Gewölbekonsolen, die Barteslebensche Kapelle und die Alvenslebener Kapelle stammen aus dem 14. Jh. Ungewöhnlich ist ein Konversengang südwestlich an der Kirche. Die dreischiffige Pfeilerbasilika mit ausladendem Querschiff verzichtet weitestgehend auf Bauzier, ihr ältester Teil ist der Ostbereich (Weihe 1146). Sie entspricht regionaler sächsischer Tradition in reduzierter Form unter hirsauischem Einfluss und zisterziensischem Gestaltungswillen; einzige Plastizität zeigt das Westportal.

◆ GermBen 12, 463–517; Raabe, Christine: Das Zisterzienserkloster M. bei Helmstedt, Berlin 1995.

Marienthal (Hamminkeln) Augustiner-Eremitenkloster, das Chorgestühl in der gotischen Klosterkirche (1345).

Marienthal (Donnersberg), *Prämonstratenser-Chorfrauenstift St. Maria (um 1146–1553), Erzdiözese Mainz – (Rockenhausen, Donnersbergkreis, Rheinland-Pfalz, ❒ 3, B2).*

▶ Das Prämonstratenserinnenstift M. am Donnersberg nahe dem Schwesternstift ➛ Hane gehörte zum Filiationsverband der Abtei ➛ Arnstein an der Lahn und unterstand der Abtei ➛ Münsterdreisen, auf deren Besitz es gegründet wurde. Schwestern aus M. besiedelten 1148 das Stift ➛ Enkenbach. Vom Frauenstift ist vor Ort kein aufstrebendes Mauerwerk mehr erhalten, mittelalterliche Steinelemente der verfallenen Stiftskirche wurden im 19. Jh. zum Bau der heutigen evangelischen Kirche an einem neuen Bauplatz verwendet.

◆ Krings, Bruno: Das Prämonstratenserstift Arnstein, Wiesbaden 1990, 92f.

Marienthal (Hamminkeln), *Augustiner-Eremitenkloster St. Maria (vor 1256–1806), Karmelitenkloster (seit 1986), Diözese Münster – (Hamminkeln-Brünen, Kr. Wesel, Nordrhein-Westfalen, ❒ 1, A5).*

▶ Am Flüsschen Issel bei Beylar in der niederrheinischen Ebene zwischen Brünen und Wesel ließen sich vor 1256 Mönche nieder, nachdem der Ritter Sueder aus dem benachbarten Ringenberg ihnen Land übereignet hatte. Die ersten Mönche könnten Wilhelmiten aus einem niederländisch-belgischen Kloster gewesen sein, denn die einsame Lage spricht gegen ein Mendikantenkloster. Seit der Klosterweihe 1256 wurden sie aber als dem neuen Augustiner-Eremitenorden zugehörig bezeichnet, der sich im selben Jahr konstituiert hatte. Die älteste Klosterbezeichnung ist „Ten Beylar“, 1262 erscheint der Name M. Nach der Neuaufteilung 1299 gehörte M. zur kölnischen Ordensprovinz, später verlegten die Augustiner-Eremiten wegen des Hochwassers der Issel ihr Kloster nicht allzu weit an die heutige Stelle und erbauten 1345 die noch bestehende Backsteinkirche. Sie wirkten seelsorglich in den Gebieten des Niederrheins und Westfalens und konnten durch zahlreiche Schenkungen, Erbschaften und Käufe ihren Besitz erheblich ausweiten. 1572 wurde Brünen dem protestantischen Herzogtum Kleve zugeordnet, das klösterliche Leben war für kurze Zeit unterbrochen, endete aber erst 1806 mit der Säkularisierung. Die Klausurgebäude wurden bis auf den südlichen Kreuzgang abgerissen. 1986 zogen Karmeliten in M. ein und übernahmen die Pfarrseelsorge in den Gemeinden. Heute ist die spätgotische katholische Pfarr- und Klosterkirche St. Mariä Himmelfahrt ein Zentrum moderner Sakralkunst in Deutschland, ein Umstand, der dem segensreichen Wirken des katholischen Pfarrers Augustinus Winkelmann (1924–50) zu verdanken ist. Die einschiffige Klosterkirche mit Kreuzrippenwölbung und Polygonalchor bewahrt wie auch der Kreuzgangrest des 17. Jh. Kunstwerke des Spätexpressionismus aber auch mittelalterliche Ausstattungsstücke wie das spätgotische Chorgestühl und künstlerisch wertvolle Holzskulpturen auf.

◆ Segers, Martin/Schröder, Peter: Kloster M., Regensburg 2004; Kunzelmann, Adalbero: Geschichte der deutschen Augustiner-Eremiten, Tl. 1, 85–88, Tl. 4, 2–7, Würzburg 1969/72.

Marienthal (Netze), *Zisterzienserinnenabtei St. Maria (1228–1553), Erzdiözese Mainz – (Waldeck-Netze, Lkr. Waldeck-Frankenberg, Hessen, ❒ 1, C5).*

▶ **Geschichte.** Die Schwalenberger-Waldecker Grafenbrüder Volkwin und Adolf leisteten Sühne für Übergriffe gegen das Bistum Paderborn und stifteten neben ➛ Falkenhagen auch das Frauenkloster im *Thal der Heiligen Maria zu Netze*, das einzige Frauenkloster mit Bekenntnis zur Zisterzienserregel im Waldecker Land. Die Befolgung der Zisterzienserobservanz und Aufsicht der Äbte von ➛ Kamp und ➛ Arnsburg bedeuteten damals nicht die Vollmitgliedschaft im Orden, vielmehr ist M. den kommittierten Zisterzienserinnenklöstern zuzuordnen. Die Jurisdiktion lag beim Mainzer Erzbischof, die Beziehungen zum Kollegiatstift Fritzlar waren eng. Die gräflichen Stifter förderten ihr Hauskloster großzügig, Güter- und Hofübertragungen im Dorf und in der Umgebung erweiterten den Besitz ebenso wie Mitgiften und Zukäufe in entfernteren Lagen. Die 1236 geweihte Marienkirche in Waldeck wurde den Frauen unterstellt. Namen von Äbtissinnen des 13. Jh. sind nicht überliefert. Auffällig ist, dass die Schwestern schon frühzeitig über private Einkommen verfügten. Die Quellen von 1277 erzählen von einer Schwester (ihr leiblicher Bruder Gerhard war Zisterziensermönch in ➛ Hardehausen), deren Haus in Paderborn nach ihrem Ableben Hardehausen zufallen sollte. Ein Propst Heinrich (1251/79) tritt namentlich auf und besaß Mitte des 13. Jh. außergewöhnlich umfangreiche Verfügungsgewalt, die sich nach 1255 deutlich reduzierte. Reformansätze versuchte der Benediktinerabt von ➛ Flechtdorf 1468 im Auftrag Erzbischof Adolfs II. von Nassau durchzusetzen, einen zweiten Anlauf unternahm der Zisterzienserabt von Kamp 1487 mit Hilfe von Schwestern aus ➛ Benninghausen. Danach nahm das Generalkapitel des Zisterzienserordens auf Bitten des Gra-

Marienwerder Augustiner-Chordamenstift, der Ostbereich der Stiftskirche veranschaulicht ihre Bauzeit um 1200.

fen von Waldeck den Konvent doch noch in seine Ordensgemeinschaft auf. Die Seelsorger stellte nun die Abtei ➛ Marienfeld, die wohl mit der Paternität beauftragt war. Graf Philipp IV. von Waldeck-Wildungen bekannte sich schon 1526 zur lutherischen Reformation, stellte den Schwestern 1527 frei, zu bleiben oder eine Mitgift zu nehmen und zu gehen. 1540 lebten noch fast 40 Frauen in M. 1553 wurde das Kloster nach einem Vergleich endgültig der gräflichen Verwaltung unterstellt. Die neue gräfliche Meierei umfasste etwa 1.000 Morgen Land. Die Einnahmen dienten einem 1540 gegründeten Hospital. Die letzte Äbtissin Katharina von Rhene starb 1565, die letzte Zisterzienserin 1577.

▶ **Gegenwart.** Vom Kloster blieb lediglich die Klosterkirche, heute evangelische Pfarrkirche, auf einer Anhöhe nördlich des Ortes erhalten. Die Klausurgebäude mit spätgotischem Kreuzgang existieren nicht mehr. Die Klosterkirche entstand als zweischiffige, fünfjochige Halle mit Westempore und Unterkirche im 13. Jh. unter Einbeziehung der romanischen Vorgängerbasilika vom Ende des 12. Jh., deren Westturm integriert wurde. Um 1320/30 kamen zwei östliche Joche und der gerade Chorabschluss hinzu, umlaufende Strebepfeiler wurden im 19. Jh. notwendig. Die südlich angebaute Kapelle St. Nikolaus aus der zweiten Hälfte des 13. Jh. diente bis ins 17. Jh. als gräfliche Grabstätte. Sie wurde nach Westen verlängert (1385–88) und bewahrt heute noch mittelalterliche Grabplatten der Stifterfamilie. Im Inneren der Kirche tragen kräftige Säulen und figürliche Konsolsteine ein Gewölbe mit Wulstrippen im Westen und gekehlte Birnstabrippen im Osten. Erhalten blieb trotz schwerer Verwüstung im Dreißigjährigen Krieg und Siebenjährigen Krieg ein wertvoller gotischer Flügelaltar (1370/80) mit monumentalen Malereien sowie ein Wandtabernakel und der Taufstein aus dem Mittelalter. Die Bronzeglocke soll noch aus dem 11. Jh. stammen, sie wäre damit eine der ältesten Deutschlands.

◆ Mohn, Claudia: Netze, Kloster M. (Hessen), in: Mittelalterliche Klosteranlagen, Petersberg 2006, 322f.; Dersch, Wilhelm: Hessisches Klosterbuch, Marburg 2000.

Marienwerder, *Augustiner-Chordamenstift St. Maria u. a. (1196–1542), Diözese Minden – (Hannover, Stadtbezirk Herrenhausen-Stöcken, Niedersachsen, ❐ 1, D4).*

▶ **Geschichte.** Das von Graf Konrad I. von Roden gestiftete Stift auf einem Werder an der Leine besiedelten 1196 zunächst Regularkanoniker, die aber schon 1216 Schwestern aus ➛ Kaufungen weichen mussten. Diese Schwestern kamen aus einem Konvent, der in Kaufungen entsprechend den Bestimmungen der Stifterin, Kaiserin Kunigunde († 1033, kanonisiert 1200), ursprünglich die Benediktregel befolgt hatte, inzwischen aber wohl die Verfassung eines weltlichen Kanonissenstifts bevorzugte. Die neuen Chorfrauen in M. akzeptierten nun die Statuten der Augustiner-Regularkanoniker. Papst Honorius III. bestätigte 1219 den Besitz und garantierte seinen Schutz. Bischof Johann von Minden (Diepholz) übertrug um 1250 die Pfarre zu Garbsen, die Stiftskirche diente auch als Pfarrkirche für die Gemeinde. 1272 wurde wegen starken Zulaufs die Konventsstärke auf 60 Frauen begrenzt. Ein Großbrand 1335 zwang zum Neuaufbau der Klausur, die Kirche musste teilerneuert werden. Propst Johannes Busch (1399–1480), auch Subprior in ➛ Wittenburg, führte 1455 in M., wie auch in ➛ Wennigsen, ➛ Mariensee (Neustadt) und ➛ Barsinghausen, Reformen ein, die sich an den Statuten der ➛ Windesheimer Kongregation orientierten. Auf Wunsch der protestantischen Herzogin Elisabeth von Calenberg und ihres evangelischen Vertrauten Antonius Corvinus nahm der Konvent 1542/43 das evangelische Bekenntnis an. Erst 1620 erlangte M. offiziell den Status eines evangelischen Damenstifts. Das Stift besteht heute noch und betreut ein Alten- und Pflegeheim unter Obhut des Allgemeinen Hannoverschen Klosterfonds.

▶ **Gegenwart.** Die Klausurgebäude des evangelischen Damenstifts M. im nordwestlichen Stadtrandgebiet Hannovers sind im 17./18. Jh. entstanden, ein tonnengewölbter Keller im Südflügel blieb aus dem Mittelalter erhalten. Die Stiftskirche (um 1200) lässt ihr über 800-jähriges Alter erkennen und dient noch heute als evangelische Stifts- und Pfarrkirche. Inzwischen fehlt der Pfeilerbasilika mit Kreuzgratgewölbe und Rundbogenarkaden das nördliche Seitenschiff, der Westturm ist neugotisch (1861), auch der Haupteingang am Querschiff geht auf Renovierungsarbeiten im 19. Jh. zurück. Mittelalterliche Ausstattungsstücke sind die frühgotische Kreuzigungsgruppe auf einem Triumphbalken vor dem Chor, der vorromanische Opferstock und sechs Altarfiguren wie auch die spätgotischen Grabplatten im heutigen Kreuzgang. Liturgische Textilien aus M. bewahrt das Kestner-Museum Hannover.

◆ Heutger, Nicolaus: Niedersächsische Klöster, Hannover 1996, 27–37; Hamann, Manfred/Ederberg, Erik: Die Calenberger Klöster, Hannover 1977.

Marienzell, *Benediktinerabtei St. Maria (um 1120–1558) – „Lutisburg“ oder „Ludesburg“, Diözese Halberstadt – (Querfurt, Saalekreis, Sachsen-Anhalt, ❐ 2, A5).*

▶ **Geschichte.** Das Benediktinerkloster M. wurde zunächst als Kloster *Lutisburg* unter Einfluss Bischof Reinhards von Halberstadt (Blankenburg) um 1120 von Dietrich von Querfurt und seiner Gemahlin Mechthild auf ihrer Lutisburg (Ludesburg) im Südharz gestiftet. Etwa zur selben Zeit entstand in der Region das Regularkanonikerstift ➛ Kaltenborn mit Stiftungsgut der eng verwandten Seeburger Grafenfamilie. Die Benediktinerabtei *Lutisburg* entwickelte sich durch räuberische Übergriffe unbefriedigend. 1146 kaufte der verwandte Burchard II. von Querfurt (Burggraf zu Magdeburg) die Vogteirechte auf und ließ das Kloster an den heute wüsten Ort Elversdorf westlich der Stadt Querfurt in die Nähe seiner Burg verlegen. Dort diente es unter dem Namen *Marienzell* bis 1383 der Querfurter Herrschaft als Grablege. Zusätzlicher Besitz der Burgkirche und Schenkungen Erzbischof Konrads von Magdeburg (leiblicher Bruder des Burggrafen) ermöglichten nun eine aufstrebende Entwicklung, die im weiteren Verlauf von Erzbischof Wichmann von Magdeburg (Seeburg) unterstützt wurde. Aufgrund bischöflichen Reformwillens Anfang des 12. Jh. dürfen ➛ Hirsauer Gewohnheiten im Konvent vermutet werden; möglicherweise stand das Mönchskloster M. mit dem nordöstlich gelegenen Frauenkloster ➛ Holzzelle in direkter Verbindung. Im 14. Jh. unterhielten die Mönche in der nahen Stadt einen Verwaltungshof, den sie 1358 den Karmelitenbrüdern zur Gründung eines Klosters überließen. Der letzte Querfurter Edelherr Brun VIII. starb 1496 an der Pest, Stadt und Herrschaft fielen an das Erzbistum Magdeburg. Die Abtei M. endete 1558, nachdem bereits 1525 Loderslebener Bauern die Anlage geplündert hatten und seit 1542 in Querfurt das lutherische Bekenntnis offiziell zugelassen war. Im Dreißigjährigen Krieg wurde die Klosterarchitektur vollständig zerstört.

▶ **Gegenwart.** In der evangelisch-lutherischen Stadtkirche St. Lamberti in Querfurt wurden zwei romanische Säulen aus M. eingebaut, die heute die einzigen architektonischen Erinnerungen an die Benediktiner sind. Die meisterhaften Verzierungen nicht nur an den Kapitellen sondern über den gesamten Säulenschaft sprechen gegen Hirsauer Einfluss. Von der Lutisburg sind keine baulichen Reste erhalten.

❖ Auf dem Gelände des ehemaligen Karmelitenklosters in Querfurt am Roßplatz, das ebenfalls 1558 endete, steht seit 1889 die heutige Stadtschule.

◆ Römer, Christof: Die Benediktiner im Bistum Halberstadt, Halberstadt 2006; Fenzke, Lutz: Adelsopposition und kirchliche Reformbewegung im östlichen Sachsen, Göttingen 1977.

Markgröningen, *Heilig-Geist-Chorherrenstift St. Spiritus (vor 1297–1552) – „Heilig-Geist-Spital“, Diözese Speyer – (Lkr. Ludwigsburg, Baden-Württemberg, ❐ 3, C3).*

▶ **Geschichte.** Ein Privileg Papst Bonifatius' VIII. von 1295 für die Hospitaliter erwähnt die Niederlassungen ➛ Memmingen und ➛ Wimpfen, aber noch nicht jene in M. Zwei Jahre später wurde das Heilig-Geist-Hospital in M. konsekriert und gehörte bereits zum Orden. Bis 1336 besaß die Stadt Reichsimmunität. Im Streit um Gründungsanteile zwischen dem Herzog von Württemberg und den Bürgern im 16. Jh. erschien der städtische Gründungsanspruch glaubhafter, eine Familie Schultheiß ist genannt, aber urkundlich nicht belegbar. Die Stiftung erfolgte demnach wohl um 1295 aus den Reihen der Bürgerschaft. Heilig-Geist-Chorherren aus Wimpfen halfen während der schwierigen Anfangszeit, wobei M. als *filia* von Wimpfen galt. Die Konstanzer Diözese gehörte seit der Festlegung Großmeister Jakobs (1328–48) 1347 zum Terminierbezirk von M.; in Esslingen dagegen gerieten die Heilig-Geist-Chorherren in Konflikt mit den Antonitern aus ➛ Memmingen, die ebenfalls dort terminierten. Das Stiftungsgut war relativ gering, und auch Almosen machten erst später etwa 10 % der Einnahmen aus, dagegen verhalfen Schenkungen zu geregeltem Auskommen. Selbst das Tochterstift Pforzheim, das 1323 gegründet wurde, überflügelte an Wirtschaftskraft das Mutterstift M., das bis ins Spätmittelalter das Aufsichtsrecht über Pforzheim ausübte. Der erste nachweisbare Spitalmeister ist Arnold (1306/13), dem zunächst nur zwei Brüder zur Seite standen. 1444/45 bestand der Konvent aus zwölf Mitgliedern. Die Pfarramtsinhaber in Bissingen und Bietigheim müssen wohl auch zum Konvent gezählt werden, denn die Kirchen dieser beiden Orte gehörten seit 1422 dem Spital. Die Grafschaft Württemberg behielt die Vogteirechte und damit Einflussmöglichkeiten. Adelige treten in den Namenslisten nicht auf, der Konvent rekrutiert seinen Nachwuchs wohl aus dem Bürgertum und der Landbevölkerung der Umgebung. Das Hauptapostolat blieb die Pfarrseelsorge, zumal in vier überlieferten Jahresabrechnungen lediglich drei „Sieche“ und eine Pfründnerin im Hospital aufgeführt waren. Das Stift M. war seit 1347 dem Provinzialmeister von Stephansfeld im Elsass unterstellt (und nicht wie das Haus Memmingen direkt der Ordenszentrale in Rom), was ein päpstliches Privileg aber 1417 zugunsten Roms änderte, um weltlichen Eingriffen vorzubeugen. Interessant ist, dass Huldigungen gegenüber dem Grafen von Württemberg von 800 Bürgern aber nicht vom Spitalmeister verlangt wurden, so geschehen beim Eid 1396, den Spitalmeister Konrad Kasch nicht leisten musste. Die ursprünglich garantierte Steuerfreiheit wurde im Vertrag von 1402 mit Graf Eberhard III. aufgeweicht, der dem Landesherrn Einspruchsrechte gewährte, dem Spital jedoch wirtschaftlichen Aufschwung brachte, zumal nun weitere Schenkungen folgten. 1444/45 konnten aus 26 Orten Einkünfte bezogen werden. Meister Friedrich Bender (1468–82) wirtschaftete das Stift so herunter, dass Graf Eberhard V. 1471 eingriff und sich die ökonomische Aufsicht aneignete, denn der Stadtrat war – anders als in Memmingen – an der Hospitalverwaltung unbeteiligt. Das einträgliche Kirchengut von Mühlhausen

Markgröningen Heilig-Geist-Chorherrenstift, die heutige Pfarrkirche bewahrt Bauelemente der Hospitaliter.

an der Enz gehörte im Spätmittelalter zum Besitz, bei dessen Kauf sich das Spital möglicherweise überschuldet hatte. Unter Meister Johannes Betz (1507–32) erlebte M. dennoch eine Wirtschaftsblüte, gekennzeichnet durch rege Bautätigkeit. Der letzte Meister Johannes Schanz (1532–43) wurde noch gewählt, als die Bürger schon der Reformation zugeneigt waren; an Almosensammeln war nicht mehr zu denken. Herzog Ulrich setzte 1534 die lutherische Reformation im Land durch. Seit 1552 stand das Hospital unter städtischer Verwaltung, die Oberaufsicht behielt der Landesherr.

▶ **Gegenwart.** Die bis heute verbliebenen Gebäude des ehemaligen Hospitals wurden Anfang des 16. Jh. vom Spitalmeister Johannes Betz errichtet. Das mächtige Pfründenhaus von 1509 dient seit seiner Sanierung (1978–83) als Stadtbücherei und Musikschule. Der Fruchtkasten im Ort stammt von 1526, Siechenhaus und Spitalmühle an der Glems erinnern ebenfalls an die Hospitaliter des Heilig-Geist-Ordens. Ihre Kirche (um 1300), die über einen direkten Anschluss an das Pfründenhaus verfügte, verfiel im 17. Jh.; von ihr blieben der Ostteil, der nördliche Kapellenanbau und der Turm (1512) bestehen. Die neue katholische Gemeinde errichtete 1956/57 an alter Stelle ein neues Kirchenschiff unter Verwendung mittelalterlicher Restbestände.

◆ Militzer, Klaus: Das Markgröninger Heilig-Geist-Spital im Mittelalter, Sigmaringen 1975.

Marsberg Benediktinerpropstei, die romanische Propsteikirche (um 1250) erhielt den Westturm erst 1410.

Marsberg, *Benediktinerpropstei St. Petrus (nach 826–1803), Diözese Paderborn – (M.-Obermarsberg, Hochsauerlandkreis, Nordrhein-Westfalen, ❐ 1, C5).*

▶ **Geschichte.** Kaiser Ludwig der Fromme und sein Sohn Lothar übergaben 826 der Reichsabtei ➛ Corvey die Eresburg mit der karolingischen Kapelle St. Petrus am östlichen Rand des Sauerlandes an der *via regia*, der königlichen Handelsstraße. Corvey gründete die Propstei M., deren Verlaufsgeschichte aufgrund kontinuierlicher Abhängigkeit eng mit dem Schicksal Corveys verbunden blieb, aber im Grenzgebiet mehrerer Machbereiche stets bewaffneten Konflikten ausgesetzt war. Das exakte Gründungsdatum ist unbekannt. Thankmar, der erstgeborene Sohn König Heinrichs I., wurde 938 auf der Propsteiburg ermordet. 1115 zerstörte Graf Friedrich von Arnsberg die Burg, 1145 ebenso Volkwin von Schwalenberg. Erster namentlich genannter Propst ist Herimann († 1146). Damals lebte der Konvent nach strengen ➛ Hirsauer Reformstatuten, die Abt Markward (1081–1107) in der Mutterabtei eingeführt hatte, Corvey war zum Ausstrahlungszentrum der neucluniazensischen Benediktinerreform aufgestiegen. Das Kölner Erzbistum versuchte eigene Interessen am Ort Obermarsberg zu sichern, der sich im 13. Jh. zur Stadt entwickelte. 1230 garantierte ein Vertrag einerseits Corveys Propsteibesitz und Herrschaft, andererseits Kölns Anspruch auf eine Berghälfte. Köln besaß nun Einspruchsrechte bei der Bestallung des Burgvogts und ein Mitspracherecht bei Bauvorhaben, wofür im Gegenzug Erzbischof Heinrich I. von Köln (Müllenark) Schutz und Ausgleich bei Schädigungen garantierte. Propst Thymo (1238/54) und Abt Hermann I. (1223–54) bestätigten 1247 dem Paderborner Bischof Simon I. zur Lippe das Archidiakonrecht auf M. und Umfeld. Ein Ausbau der Anlage erfolgte Mitte des 13. Jh. Die Zisterzienserabtei ➛ Bredelar versorgte 1259 das Gästehaus auf dem Berg. Als die Propstei 1295 ein Krankenpflegerund Kämmereramt einrichtete, bestand der Konvent aus Propst Herbold (1290/1311) und acht Mönchen. Der Graf von Everstein brandschatzte im Konflikt mit Corvey 1298 die Propstei; zur Schadensbehebung halfen neben Corvey auch ➛ Brauweiler und ➛ Tom Roden. Weitere Schäden entstanden durch Blitzschlag und Großbrände 1319 und 1330, die auch auf den Ort Obermarsberg übergriffen. Zusammen mit den Benediktinern von ➛ Flechtdorf wurden im Mittelalter große Marienprozessionen organisiert; 1324 beteiligten sich Schüler der propsteieigenen Schule, ein Schulmeister Nikolaus trat 1407 auf. Seit 1390 wurden die Einnahmen zwischen Propst und Konvent getrennt. Eine Überschuldung äußerte sich bald in Besitzverkäufen, wobei die Mutterabtei Corvey versuchte, mit eigenen Gütern zu helfen. Abt Hermann III. (1479–1504) sprach 1484 von Armut der Propstei; diese hielt bis ins frühe 18. Jh. an, selbst der Anschluss an die ➛ Bursfelder Kongregation

Die Propsteikirche **Marsberg** bewahrte trotz Zerstörungen dieses spätromanische Schmuckkapitell.

1505 konnte die Finanznot nicht beseitigen. Fürstbischof Dietrich IV. von Paderborn (Fürstenberg) ordnete im Rahmen seiner gegenreformatorischen Reformmaßnahmen Anfang des 17. Jh. Visitationen an, die eine desolate Liturgie, „Ketzerei und Unglaub" zu Tage brachten; in M. lebten nur noch Propst und Kellner. 1646 äscherten Schweden Obermarsberg und das „Stift" ein. Eine Konsolidierung wurde erst im 18. Jh. spürbar. 1803 hob das Großherzogtum Hessen-Darmstadt die Propstei auf.

▶ **Gegenwart.** Die heutige katholische Pfarr- und ehemalige Propsteikirche St. Petrus und Paulus entstand als dreischiffige Halle mit Krypta um 1250, ihr Westturm erst 1410. Zahlreiche Brände, Kriegszerstörungen und Wiederaufbauphasen hinterließen sichtbare Spuren. Die heutige Innenausstattung geht auf den Wiederaufbau zwischen 1669 und 1698 zurück. Die barocken Propsteigebäude wurden als einfache H-förmige Anlage konzipiert; mittelalterliche Kernmauern sind zu vermuten, früheste Fundamente archäologisch erschlossen. Die kleinere katholische Pfarrkirche St. Nikolaus im Ort besticht durch architektonische Geschlossenheit; diese frühgotische Halle entstand 1260 bis 1280 unter Einfluss der Benediktinermönche.

◆ Müller, Helmut: Urkunden der Propstei M., Münster 1998; Honselmann, Wilhelm: M., in: Westfälisches Klosterbuch, Tl. 1, Münster 1992, 574–577.

Maulbronn, *Zisterzienserabtei St. Maria (1138–1558), Diözese Speyer – (Enzkreis, Baden-Württemberg, ❐ 3, C3).*

▶ **Geschichte.** Der Edelfreie Konrad von Lommersheim schenkte dem Zisterzienserorden 1138 sein Gut Eckenweiher bei Mühlacker nahe der Enz zur Gründung eines Klosters, in das einzutreten er beabsichtigte. Die Zisterzienserabtei Neuburg (Elsass) schickte 1139 den ersten Abt Diether (1138–78) und einen Gründungskonvent in das wohl ungeeignete Land. Bischof Günther von Speyer (Henneberg) verlegte daher das Kloster 1147 auf bischöflichen Besitz an die wasserreiche Salzach nahe der Königsstraße, dem heutigen Standort. Zusätzliche Schenkungen, eigener Grunderwerb, Besitztausch zur Arrondierung und zisterziensische Produktionsweise führten bis 1245 zu einem geschlossenem Territorium mit 16 Grangien, sieben Dörfern und Gütern in vier weiteren Orten zwischen Stromberg und dem Nordschwarzwald; damit stieg M. zur stärksten Wirtschaftsmacht der Region auf. 1156 erklärte Kaiser Friedrich I. Reichsschutz, 1157 besiedelte ein Gründungskonvent die Tochtergründung ➛ Schöntal. Die Kirche konnte im Mai 1178 geweiht werden, die Klausuranlage entstand bis Anfang des 13. Jh. im nördlichen Bereich. Das Maulbronner Antiphonar von 1249 kennzeichnet das künstlerische Niveau des Konvents in der damaligen Zeit. Im 13. Jh. galt M. als überschuldet, was heute mit Skepsis als Zweckarmut gewertet wird. Als die Tochterabtei Schöntal 1282 ökonomisch zusammenbrach, war Abt Siegfried (1281–85) von M. angeblich nicht in der Lage zu helfen, weswegen Schöntal samt seinen Schulden ➛ Kaisheim unterstellt wurde. Bereits in der Mitte des 14. Jh. war in M. jedoch von Schulden nicht mehr die Rede. Kaiser Karl IV. übertrug 1372 die Vogtei an die Wittelsbacher Pfalzgrafen. Deren Konflikte mit der Grafschaft Württemberg wirkten sich auf die Entwicklung in M. zwar hemmend aus, der ökonomische Aufstieg hielt jedoch bis zum ausgehenden Mittelalter ungebrochen an. Abt Berthold von Roßwag (1445–62) half der Abtei ➛ Bronnbach aus einer existenziellen Krise. Drei Frauenzisterzen der Diözese Speyer waren M. unterstellt: ➛ Frauenzimmern, ➛ Rechentshofen und ➛ Lichtenstern, später kam ➛ Lichtenthal hinzu, sowie die

Maulbronn Zisterzienserabtei, das Brunnenhaus - einer der Gründe, warum die Abtei zum Weltkulturerbe zählt.

linksrheinischen ➛ Heilsbruck und Königsbrück (Elsass). Die Abtei nahm entscheidenden Anteil an den ordensinternen Reformen des Spätmittelalters. 1464 wurde die Mönchszisterze Pairis (Elsass) als Priorat inkorporiert. Unter Abt Johann von Wimsheim (1462–67) lebten 135 Mönche und Laienbrüder im Kloster, gegen Ende des 15. Jh. weniger als 100, um 1530 waren es noch 24. Im ausgehenden Mittelalter zeichnete sich der Konvent durch gehobene Bildung seiner Mönche aus. Diese besuchten das Heidelberger Studienkolleg St. Jakob, als Humanist ragt Konrad Leontorius († 1511) heraus. Herzog Ulrich von Württemberg eroberte auf kaiserlicher Seite während des Bayerischen Erbfolgekrieges 1504 die Abtei. Von nun an beanspruchte Württemberg die Vogteirechte. Mit Einführung der Reformation seit 1534 bestimmte Ulrich die Abtei als Sammelkloster für renitente Mönche. Der Konvent floh 1536/37 in das Priorat Pairis, kehrte aber 1548 während des Interims zurück. Herzog Christoph setzte 1556 eine evangelische Kirchenordnung durch, Valentin Vannius (1558–67) gilt als erster evangelischer Abt im Kloster, das zur geistlich-geistigen Ausbildungsstätte bestimmt wurde. Berühmteste Schüler waren Johannes Kepler, Friedrich Hölderlin, Georg Herwegh, Friedrich Wilhelm Schelling und Hermann Hesse.

▶ **Gegenwart.** Bis heute ist das Kloster ein humanistisches Gymnasium mit Internat (ebenso wie die Gymnasien in ➛ Tübingen, ➛ Blaubeuren, ➛ Eisenach [Dominikanerkloster], ➛ Pforte, ➛ Zerbst [Franziskanerkloster] und ➛ Lübeck [Katharinenkloster]). Die Nutzung als Schule rettete den mittelalterlichen Baubestand, so dass M. heute als die am vollständigsten erhaltene Klosteranlage des Mittelalters nördlich der Alpen gilt, seit 1993 eingetragenes Weltkulturerbe der Unesco. In reichem Maß vorhandene ausführliche Literatur erübrigt an dieser Stelle die Beschreibung der romanischen Basilika, der Paradieshalle, der Klausur nach Idealplan mit allen Funktionsräumen oft in schönster zisterziensischer Ausdrucksweise, aber auch der zahlreichen Wirtschaftsgebäude in der ummauerten Anlage.

◆ Andermann, Kurt u. a.: M. Zur 850jährigen Geschichte des Zisterzienserklosters, Stuttgart 1997; Knapp, Ulrich: Das Kloster M., Geschichte und Baugeschichte, Stuttgart 1997.

Martinianische Konstitutionen

▶ Als allgemeine Erscheinung des spätmittelalterlichen Ordenslebens, zeigt sich die Observanzbewegung (die authentische Interpretation des Gründungsideals, die sich in exakter Regelbeobachtung erweist) am ausgeprägtesten im Franziskanerorden (➛ Franz von Assisi, Franziskanerorden). War der im 13. und 14. Jh. unter anderem durch Aufweichung der *vita communis* sowie eine Neigung zur Verpfründung gekennzeichnete franziskanische Konventualismus noch kirchlich gebilligt, so setzten sich im 15. Jh. die Observanten, nun

Der Ordensgründer Franz von Assisi als spätgotisches Schnitzkunstwerk in der Franziskanerkirche zu Kleve.

gefördert von der kirchlichen und weltlichen Obrigkeit, im Orden durch. Die „Martinianische Reform“ bezeichnet auf diesem Weg eine Etappe; näherhin wird damit der von Papst Martin V. (1415–31) unternommene Vermittlungsversuch zur Abwendung einer Ordensspaltung bezeichnet, der sich in den *constitutiones Martinianae* (1430) niederschlug: Die Besitz führenden Konventualenkonvente sollten Gewinn bringendes Eigentum nicht völlig aufgeben, sondern den Besitz einem weltlichen Prokurator unterstellen. In der Folge zählten die „Martinianer“ zu den reformierten Konventualen, unterschieden sich aber immer noch deutlich von den Observanten im Orden, die jeglichen Besitz sowie Annahme von Geld ablehnten. Observanten wurden naturgemäß von kirchlichen und weltlichen Fürsten stark unterstützt, konnte man doch einen stärkeren Einfluss auf ihre Konvente nehmen; zudem akzeptierte die städtische Bevölkerung das strikte Armutsideal weit mehr als Besitzstand bei einem Bettelorden. Der jahrzehntelange Streit zwischen Konventualen und Observanten zwang schließlich Papst Leo X. 1517 dazu, beide Lager des Franziskanerordens in selbständige Ordenszweige zu trennen.

In Deutschland waren „Martinianer“ vor allem in der sächsischen Ordensprovinz vertreten, vermochten sich jedoch letztlich nicht als eigenständiger Ordenszweig zu etablieren, was auch mit den Verlusten des Ordens während der Reformation zusammenhängt (von der weiträumigen Ordensprovinz Saxonia mit mehr als 100 Konventen überstand lediglich ➛ Halberstadt die reformatorische Umwälzung). Kurz zuvor hatten sich auf dem Kapitel der Saxonia in ➛ Frankfurt/Oder 1509 die Martinianer mit den Observanten vereinigt.

◆ Weigel-Schieck, Petra: Landesherrn und Observanzbewegung, in: Saxonia Franciscana, Bd. 10, Werl 1998, 361–390; Neidiger, Bernhard: Die Martinianischen Konstitutionen, in: Zeitschrift für Kirchengeschichte 95 (1984) 337–381.

Mayen, *Augustiner-Chorherrenstift St. Maria und St. Clemens (1326–1601), Erzdiözese Trier – (Lkr. Mayen-Koblenz, Rheinland-Pfalz, ❐ 3, B1).*

▶ **Geschichte.** Der Trierer Erzbischof Balduin von Luxemburg sah sich 1326 genötigt, das sieche Augustiner-Chorherrenstift aus ➛ Lonnig in seine Stadt M. in der Vulkaneifel zu verlegen. Unter seiner Regie war der Ort mit einer Mauer befestigt worden und entwickelte sich zu einer aufstrebenden Stadt. Rechte des Koblenzer Kollegiatstifts St. Florian wurden abgefunden. Die Lonniger Augustiner-Chorherren erhielten die Stadtpfarrkirche St. Clemens und 1327 im Tausch zusätzlich ein Grundstück von den Zisterziensern aus ➛ Marienstatt, die Klausuranlage entstand westlich von St. Clemens. Das Stift hieß nun *St. Marien zu Lonnig innerhalb der Mauern zu Mayen*; die Benennung nach Lonnig gab man jedoch bald auf. Während der Manderscheider Fehde (1430–37) um den Trierer Bischofsstuhl erlitt das Marienstift (wie auch die Stadt) Schäden, die erst 100 Jahre später unter dem tüchtigen Prior Johannes Baum (1535–71) behoben waren. Der Titel „Prior“ für den Vorsteher des Stifts, das schon 1136 in Lonnig zur Abtei erhoben worden war, deutet auf spätmittelalterlichen Einfluss der ➛ Windesheimer Reformkongregation hin. Aber die Lebensweise der Stiftsherren glich in der frühen Neuzeit immer weniger jener in einem regulierten Chorherrenstift. Interne Kräfte setzten sich zunehmend durch, die eine Verweltlichung anstrebten. Johannes Baum resignierte 1571, 30 Jahre später verfügte Erzbischof Lothar von Metternich 1601 die Umwandlung in ein Kollegiatstift. Die Stiftsherren des nunmehr weltlichen Kapitels unter einem Dekan nutzten die aufgeteilten Stiftsgüter bis zur Säkularisierung 1802 zur persönlichen Bereicherung.

▶ **Gegenwart.** Die katholische St. Clemenskirche in M. wurde von den Augustiner-Chorherren unter Beibehaltung des Westturms bis 1430 zu einer dreischiffigen Halle umgebaut und gilt als die erste voll ausgebildete Hallenkirche der Mittelrheinregion. Sie dient noch heute als Pfarrkirche. Nach Zerstörungen im Zweiten Weltkrieg musste sie wiederaufgebaut werden, entsprechend ist die Innenausstattung bis auf wenige Stücke neueren Datums. Als Besonderheit besitzt die Kirche eine schiefe und gedrehte Kirchturmspitze auf dem Nordwestturm; dieses bauliche Kuriosum, bedingt durch falsches Baumaterial und Wettereinfluss, stieg zum Wahrzeichen der Stadt auf. Mittelalterliche Stiftsgebäude blieben nicht erhalten.

◆ Schüller, Hans: M., katholische Pfarrkirche St. Clemens, ehemalige Stiftskirche, Regensburg 2000; Schüller, Hans/Heyen, Franz-Josef (Hg.): Geschichte von M., Mayen 1991.

Medingen, *Zisterzienserinnenkloster St. Maria und St. Mauritius (um 1228–1559), Diözese Verden – (Bad Bevensen-Kloster M., Lkr. Uelzen, Niedersachsen, ❐ 2, A3).*

▶ **Vorgeschichte.** Der Zisterzienser Laienbruder Johannes und die Schwestern aus dem heute untergegangenen Katharinenkloster in Wolmirstedt nördlich von Magdeburg bildeten um 1228 einen Tochterkonvent, der vom Verdener Bischof zur Durchsetzung des Christentums in das slawische Wendland gerufen wurde. Nach einem langen Weg über Restorf am Höhbeck und Plathe bei Lüchow fanden die Zisterzienserinnen 1237 in Bodendorf dank der heute ebenfalls untergegangenen Benediktinerabtei Rastede eine erste Bleibe. Aufgrund neuer Stiftungen der Herren von Meding zogen die Frauen 1241 nach ➛ Altenmedingen in die Lüneburger Heide. Sie nutzten die dortige Dorfkirche nach eingreifenden Umbauten für ihr Stundengebet. Durch eine günstige Entwicklung war der Konvent 1323 in der Lage, den Ort Zellensen nahe dem Marktflecken Beversen zu erwerben. Die Schwestern verlegten 1336 mit Hilfe des Propstes Ludolph von Löneburg ihr Kloster nach Zellensen. Diesen endgültigen Klosterstandort nannten sie Neu-M., woraus später M. wurde.

▶ **Geschichte.** Direkte Verbindungen des Konvents in M. mit dem Zisterzienserorden sind erst im Spätmittelalter nachweisbar, von einer Mitgliedschaft im Orden kann nicht ausgegangen werden. Die Entwicklung in M. verlief trotz des Lüneburger Erbfolgekriegs (1371–88) günstig, denn das Kloster entwickelte sich zum zentralen Wallfahrtsort im alten Bardengau und wurde sehr vermögend. Die Verdener Bischöfe verpfändeten mehrmals den nahen Ort Bevensen an das Kloster. 1393 lebten 89 Schwestern im Konvent. Die welfischen Landesherren griffen im Spätmittelalter in die inneren Geschicke ein und bestimmten den Propst. Der Wohlstand führte zur Klausurverflachung und freiweltlichen Stiftsgewohnheiten, weshalb der Verdener Bischof Berthold von Landsberg seit 1479 innere Reformen verlangte. Abt Meinhard Volser (1473–93) der nahen Zisterzienserabtei ➛ Scharnebeck wurde mit der Aufsicht über den Reformprozess beauftragt. Schwestern aus ➛ Derneburg und die Reformäbtissin Susanne Potstock (1470–1501) aus ➛ Wienhausen wurden zur Unterstützung nach M. gerufen. Als der Welfenherzog Ernst I. zu Braunschweig-Lüneburg 1527 die lutherische Reformation im Land einführte, setzten die Schwestern der Zwangskonvertierung hartnäckigen Widerstand entgegen. Auf dem Höhepunkt des „Nonnenkriegs" floh Äbtissin Margaretha von Stöterogge 1542 mit Urkunden und Klosterschatz unter die Obhut des Bischofs nach Hildesheim. Erst 1554 bekannten sich die ersten und 1559 die letzten Konventualinnen zum Protestantismus. Im evangelischen Stift wurde 1576 eine neue Klosterordnung eingeführt, die heute noch gilt.

▶ **Gegenwart.** In M. lebt eine Gemeinschaft evangelischer Stiftsdamen, ihr Stift gehört zu den sechs „Lüneburger Klöstern", auch „Heideklöster" genannt, die bis heute als evangelische Kommunitäten unter der Aufsicht der Hannoverschen Klosterkammer bestehen. Ein Brand zerstörte 1781 in M. den mittelalterlichen Klosterkomplex und das Archiv. Der darauf folgende Neubau im klassizistischen Stil, der eher an ein Schloss als an ein Kloster erinnert, blieb lange der einzige Klosterneubau im protestantischen Norddeutschland der Neuzeit. Das Besondere der heutigen Anlage ist die bauliche Einheit von Kirche und Wohngebäuden; im Zentrum steht die überkuppelte Kirche mit Turm. Das einzige Gebäude aus vorreformatorischer Zeit ist das Brauhaus, das Propst Johannes Meyer (1396–1416) nördlich des ehemaligen Klaustrums errichten ließ. Von den mittelalterlichen Ausstattungsstücken konnten ein Krummstab (1496), eine Mauritius-Statue (15. Jh.) und Truhen sowie Schränke der Schwestern bewahrt werden.

Medingen Zisterzienserinnenkloster, aus mittelalterlicher Zeit blieb das Brauhaus (um 1400) erhalten.

◆ GermBen 12, 518–547; Mohn, Claudia: Medingen (Niedersachsen), in: Mittelalterliche Klosteranlagen der Zisterzienserinnen, Petersberg 2006, 191–197; Ahlers, Gerd: M., in: Weibliches Zisterziensertum im Mittelalter, Berlin 2002, 177–182.

Meerholz, *Prämonstratenser-Chorfrauenstift St. Maria (um 1150–1564), Erzdiözese Mainz – (Gelnhausen-M.-Hailer, Main-Kinzig-Kreis, Hessen, ❐ 3, C2).*

▶ Die Gründungsumstände des Frauenstifts M. sind unklar; angenommen wird, dass sich der Frauenkonvent um 1150 vom Prämonstratenser-Doppelstift ➛ Selbold im Kitzigtal in der Wetterau abspaltete, sich erst in Rode, dann in Tiefenthal und bis 1173 unter Meisterin Benigna und Propst Adelger endgültig im nahen M. südwestlich der Reichsstadt Gelnhausen niederließ. Eine Schenkung des Grafen Egbert von Selbold an den Prämonstratenserpropst Gerhard vom Mutterstift Selbold (1147/51) zugunsten der Frauen in M. spricht für eine Besiedlung schon in der ersten Hälfte des 12. Jh. 1217/51 treten neben den Frauen auch ein Prior und mehrere Brüder in M. urkundlich auf. Auffällig ist die Nennung eines Priors, was die Abhängigkeit vom Männerstift unterstreicht; M. war offensichtlich geistlich und organisatorisch von Selbold abhängig. Als einzige Ausnahme scheint der erste Vorsteher Adelger zu gelten, der als Propst bezeichnet wurde. 1295 begrenzte man den Konvent auf 40 Chorfrauen, dessen Besitz

Mehringen Zisterzienserinnenabtei, die mittelalterliche Klosterkirche blieb lediglich als Schuppen erhalten.

bescheiden war. Bekannt ist ein Stadthof in Gelnhausen in der Haitzergasse. Nach Einführung der Reformation in Hessen und Auflösung des Stifts 1554 gelangte der Besitz an den Grafen Anton von Isenburg, der 1564 die endgültige Auflösung vollzog und 1566 die Stiftsanlage zum bescheidenen Renaissanceanwesen ausbauen ließ. Dabei wurde der Westteil der einschiffigen Stiftskirche profaniert und ebenso wie das Klausurgeviert einschneidend umgestaltet. Heute ist das Schloss M. ein Alten- und Pflegeheim der Diakonie der inneren Mission in Trägerschaft der evangelischen Kirche. Der Ostteil der Schlosskirche gehört seit 1982 der evangelischen Kirchengemeinde M.-Hailer.

◆ Dersch, Wilhelm: Hessisches Klosterbuch, Marburg 2000; Heitzenröder, Wolfram: Klöster und klösterliche Niederlassungen in Gelnhausen, in: Gelnhäuser Geschichtsblätter (1974/75) 11–80.

Meersburg, *Frauengemeinschaft dominikanischer Prägung Heilig Kreuz (1309–1808), Diözese Konstanz – (Bodenseekreis, Baden-Württemberg, ❐ 3, C5).*

▶ Um 1300 etablierte sich eine Schwesternsammlung in M. am Bodensee, die sich 1309 dem ➛ Konstanzer Inselkloster der Dominikaner unterstellte, bald darauf die Augustinusregel annahm und einer klösterlichen Institution ähnelte. Im August 1418 bestätigte Bischof Otto III. von Konstanz (Hachberg) den Schwestern die üblichen Privilegien (Professfeier, Wahl eines Beichtvaters und Messen während des Interdikts). Über eine eigene Kapelle verfügten sie damals wohl schon, denn sie erhielten zusätzlich das Privileg, Ave-Maria läuten zu dürfen; Gottesdienste wurden aber in der Pfarrkirche gefeiert. Das Leben der Frauen scheint sich sehr zurückgezogen abgespielt zu haben, Kranken- oder Schuldienste sind nicht überliefert. Der Klosterbereich wurde durch den Kauf zusätzlicher Häuser kontinuierlich ausgebaut. Pfründenwirtschaft, Privatvermögen und Rentengewinn ersetzten im Spätmittelalter zunehmend die Einkünfte aus Handarbeit. Das Steueraufkommen entsprach 1508 einem kleineren Frauenkloster. Den eindeutigen Tertiarinnenstatus eines dominikanischen Drittordensklosters besaßen die Frauen nicht, sie unterstanden dem Bischof in Konstanz, der auch die weltliche Herrschaft über die Stadt beanspruchte; dem Stadtrat war es erlaubt, Steuern zu erheben. Die halb beginische, halb klösterliche Gemeinschaft existierte bis zur Aufhebung durch das Großherzogtum Baden 1808. Schon 1803 gehörte der Besitz dem Deutschen Orden, 1807 starb die letzte Priorin Winterin. Die 1784 von den Schwestern eröffnete Mädchenschule wurde nach der Auflösung weitergeführt. Die einschiffige spätgotische Konventskirche in der Oberstadt unterlag barocken Eingriffen und ist heute profaniert. Die bestehenden Konventshäuser stammen aus frühneuzeitlicher Bautätigkeit.

◆ Wilts, Andreas: M., in: Beginen im Bodenseeraum, Sigmaringen 1994, 379–382; Schmid, Hermann: Das Meersburger Frauenkloster zum Hl. Kreuz in der Neuzeit (1498–1808), in: Zeitschrift für die Geschichte des Oberrheins NF 97 (1988) 63–128.

Mehringen, *Zisterzienserinnenabtei St. Maria und St. Petrus (1222–1525) – „Peterstal", Diözese Halberstadt – (Aschersleben-M., Salzlandkreis, Sachsen-Anhalt, ❐ 2, A5).*

▶ **Geschichte.** Oda von Friedeburg aus der Familie der Edelfreien von M. gründete 1222 in M. das Frauenkloster *Sancta vallis*, das trotz Stiftungen des thüringischen Landgrafen und Inkorporation der Stephanskirche möglicherweise um 1240 bereits eingegangen war. Das Generalkapitel des Zisterzienserordens beauftragte 1241 infolge eines päpstlichen Wunsches die Äbte von ➛ Lehnin und ➛ Buch zur Inspektion des vorgesehenen Fundus für eine Neugründung. Der Sohn der einstigen Stifterin war damals Bischof Otto von Brandenburg (Mehringen), was die guten Beziehungen zum Heiligen Stuhl erklärt. Die Neugründung fand um 1255 aber nicht an alter Stelle, sondern (3 km südlich) in Zebekere statt und wurde unter dem Namen *Peterstal* bekannt. Der Konvent war als Vollmitglied in den Orden inkorporiert und der Abtei ➛ Sittichenbach unterstellt. Tatsächlich zählte Abt Hermann von Sittichenbach 1257 zu seiner Klosterfamilie die Abteien Lehnin, Buch, Paradies (Polen), ➛ Mariensee bei Brodowin (noch in Planung), ➛ Grünhain und das Frauenkloster M. Auf Drängen der Stifterfamilie verlegten die Zisterzienser 1260/62 das Kloster wieder nach M. zurück. Diese Rückverlegung an den ursprünglichen Standort stellt einen fast singulären Vorgang in der allgemeinen Klostergeschichte dar, eine Parallele dazu bietet lediglich die Abtei ➛ Lilienthal bei Bremen. Die Gründe könnten beim Erzstift Magdeburg gelegen haben, zu dessen Einflusssphäre Zebekere südlich der Wipper gehörte. Alle zuständigen Kleriker in M. waren Mönche aus Sittichenbach. Das Generalkapitel des Ordens verfügte 1307 besondere Hilfen zugunsten der Schwestern in M., die nach Sturmschäden Unterstützung benötigten. Der anhaltische Adel half mit Güterstiftungen, was den Grundbesitz erheblich erweiterte. Nachrichten über die Verlaufsgeschichte oder Erkenntnisse über die inneren Verhältnisse sind kaum erarbeitet, obwohl der Konvent regionale Bedeutung genoss und das Amt des Priors eine begehrte Position war. Aufrührerische Bauern plünderten und zerstörten 1525 die Anlage. Fürst Wolfgang von Anhalt-Köthen, ein früher Anhänger Luthers, verbot den Schwestern, die nach Bernburg geflüchtet waren, in ihr Kloster zurückzukehren und hob Kloster M. auf.

▶ **Gegenwart.** Heute erinnert lediglich ein großer Schuppen in Privathand an die Kirche, dessen Architektur stark gefährdet erscheint; ein kleineres Stallgebäude in Parallellage könnte ebenfalls mittelalterlicher Zeit entstammen. Die Kirche existiert lediglich in ihren Umfassungsmauern, es ist ein einschiffiger, flachgeschlossener Bruchsteinbau, Spitzbogenfenster und Portale sind zugemauert. An der Westseite wurde im 14. Jh. ein Trakt angebaut, der heute als Wohnhaus dient. Rekonstruktion und Funktionszuweisungen sind heute kaum noch möglich. Ein doppelgeschossiger Kreuzgang nach Süden bleibt ohne archäologische Untersuchung reine Vermutung. Der Zwischenort Zebekere ist heute wüst.

◆ RepZist 359–364; Mohn, Claudia: M., Kloster Heiligenthal (Sachsen-Anhalt), in: Mittelalterliche Klosteranlagen, Petersberg 2006, 320f.; Warnatsch, Stephan: M., in: Geschichte des Klosters Lehnin, Berlin 2000, 170–172.

Meiningen, *Franziskanerkloster (1239–um 1545), Diözese Würzburg – (Lkr. Schmalkalden-M., Thüringen, ❒ 3, D1).*

▶ Der Bischof von Würzburg oder die Grafen von Henneberg riefen 1239 Franziskaner nach M. im thüringischen Werratal. Die Stadt unterstand als Reichslehen dem Würzburger Hochstift und bildete eine Exklave inmitten des Hennebergischen Machtbereichs. Bischof Hermann I. von Lobdeburg weihte die Klosterkirche am Nordrand der Stadt 1242 ein; die Konventsgebäude wurden zum Teil auf der Wehrmauer erbaut. Nach dem Bauernsturm 1525, den Reformationswirren und der Überführung der Stadt 1542 an die Grafen von Henneberg, die sich seit 1544 lutherisch bekannten, löste sich der Franziskanerkonvent um 1545 auf. Mit dem Bau des städtischen Gymnasiums 1817 wurden die Reste der Franziskanerkirche und zwei Klausurflügel niedergelegt. Lediglich der Nordflügel diente weiter als Zeughaus, unterlag aber eingreifenden Umbauten (1844-52). Trotz jüngster Restaurierung ist heute der monastische Ursprung des Gebäudes in der Klostergasse nahe der Georgstraße kaum zu erahnen. Zwei Lanzettfensterchen zum Stadtgraben hin korrespondieren nicht mit den heutigen Geschosshöhen, gehörten aber einst zu den Zellen der Franziskaner.

◆ Pieper, Roland/Einhorn, Jürgen W.: Franziskaner zwischen Ostsee, Thüringer Wald und Erzgebirge, Paderborn 2005, 170–172.

Meisenheim, *Johanniterkommende St. Johannes Baptist (1321–1531), Erzdiözese Mainz – (Lkr. Bad Kreuznach, Rheinland-Pfalz, ❒ 3, B2).*

▶ **Geschichte.** Graf Georg I. von Valdenz, Lehnsträger des Erzstifts Mainz, und seine Gemahlin Agnes übergaben 1321 dem Johanniterorden Pfarrkirche und Güter in M. am Glan. Der Ort hatte 1315 von König Ludwig dem Bayern das Stadtrecht erhalten und sich mit Wehrmauern umgeben. Der Stifter Graf Georg und der Großprior der Johanniter, Rudolf von Masmünster, vereinbarten im September 1321 die Gründung einer Priesterkommende. Komtur Johann von Grumbach (1321–48) gab die Niederlassung Herrensulzbach auf, die seit 1290 im Amt Grumbach bestand und nun als *membrum* geführt wurde. Vier Priester hatten die Johanniter für die Kirche zu stellen, der Komtur galt als Pfarroberhaupt der Stadt. Bis 1349 entstanden einige Gebäude für die Johanniter unterhalb der Kirche. Komtur Johann Messerschmidt (1438–53) eröffnete in M. ein Hospital und sicherte 1445 allen Bürgern vertraglich die Aufnahme gegen die Zuwendung von Grundstücken zu. 1444 übernahmen die pfälzischen Wittelsbacher das Erbe der Valdenzer. Neben Zweibrücken diente M. als zweite Residenz des Herzogtums Pfalz-Zweibrücken, die Johanniterkirche diente nach dem Schlossbau als Schlosskirche. Herzog Ludwig der Schwarze verwickelte die Stadt in kriegerische Konflikte mit seinem Vetter Kurfürst Friedrich I. dem Siegreichen von Heidelberg, was 1461 zur Beschießung der Stadt und zum Rückzug des Herzogs führte. Der Herzog lenkte nun seine Energien auf den Ausbau seiner Residenz, insbesondere seit 1479 auf die Johanniterkirche, der drei Funktionen zugedacht waren: fürstliche Schlosskirche mit Gruft und Grabkapelle, Ordenskirche der Johanniter und städtische Pfarrkirche; die Betreuung oblag den Ordensbrüdern. Baumeister Philipp von Gmünd († 1523) begründete mit seiner künstlerisch hochwertigen Sakralarchitektur die „Meisenheimer Schule". Während des Neubaus der Kirche (Weihe 1504) visitierte die Ordensleitung von Rhodos die Kommende M. Der Bericht von Juni 1495 verrät einiges über den damaligen Bauablauf. 1523 kehrte der Johanniterbruder Nikolaus Faber († 1567) vom Studium aus Wittenberg (Sachsen) zurück und begann in der Schlosskirche evangelisch zu predigen. Vorsichtig avancierte der Johanniterpriester zum Stadtreformator, der nach und nach mit der Protektion Herzog Ludwigs II. bei Zustimmung seiner

Meisenheim Johanniterkommende, die Johanniter-, Schloss- und Pfarrkirche von 1504, Nordwestansicht.

Mitbrüder die alten Liturgien zugunsten der Predigt veränderte, Priesterprivilegien abschaffte, die Ordensstruktur auflöste und die Kirchenausstattung dem evangelischen Gottesdienst anpasste. Als im September 1529 der Zürcher Reformator Huldrych Zwingli (1484–1531) im Schloss weilte, bestand der Johanniterkonvent noch aus sechs Geistlichen. Komtur Georg Messerschmidt selbst bat den Herzog mehrmals um Auflösung der Kommende, was dieser aus Rücksicht auf Kaiser Karl V. nur widerstrebend 1531 vollzog. Die Schlosskirche diente dem ersten lutherischen Pfarrer Nikolaus Faber als evangelisch-lutherische Pfarrkirche, seit 1588 als evangelisch-reformierte Pfarrkirche.

▶ **Gegenwart.** Das spätmittelalterliche Gesamtkunstwerk der Schlosskirche M. hat zu allen Zeiten die Nachwelt begeistert, was nicht bedeutet, dass mit der dreischiffigen Halle immer verantwortungsvoll umgegangen wurde. Die Innenausstattung wechselte je nach Zeitgeschmack. Der markante Westturm ist 52 m hoch, seine Steinfiguren mussten im 19. Jh. ersetzt werden. Im Osten endet das rechteckige Langhaus mit Chorquadrat und Seitenkapellen in einem 7/10-Choranbau mit Heiligem Grab für die Fürstenfamilie, von dem nur Reste erhalten blieben. Zahlreiche hochwertige Grabdenkmäler erinnern an 44 Wittelsbacher sowie Ministerialfamilien. Die mittelalterliche Ausstattung verkauften schon die evangelischen Johanniter. Von einzelnen Schmuckformen sei hier lediglich auf das freischwebende Ziergewölbe in der Grabkapelle hingewiesen. Die Kirche steht heute frei auf dem Schlossberg. Das Schloss ist bis auf Reste beseitigt. Unterhalb des Chors stehen spätmittelalterliche Gebäude, die von den Johannitern während des Kirchenbaus neu errichtet wurden. Am auffälligsten ist das Gelbe Haus, einst Schlafhaus der Brüder und Sitz des Komturs.

◆ Drescher, Karl-Heinz/Lenhoff, Günther: Die Schlosskirche zu M., Köln 2002; Rödel, Walter Gerd: Wirtschaftliche und kirchliche Verhältnisse der Johanniter-Kommende M., in: Ebernburg-Hefte 11 (1977) 16–29.

Meißen, *Augustiner-Chorherrenstift St. Afra (1205–1543) – „Afrakloster", Diözese Meißen – (Kreisstadt, Sachsen, ❐ 2, C5).*

▶ **Geschichte.** Bischof Dietrich II. von Meißen (Kittlitz) stiftete an der Pfarrkirche St. Afra vor der Burg in seiner Bischofsstadt 1205 ein Regularkanonikerstift, das als bischöfliches Eigenkloster immer vom Domkapitel abhängig blieb. Die Schutzvogtei übernahm Markgraf Dietrich der Bedrängte von Meißen aus dem Haus Wettin. Papst Innozenz III. bestätigte 1206 die Gründung, Erzbischof Wilbrand von Magdeburg (Käfernburg) nahm sie 1250 unter Schutz. Die ersten Chorherren kamen wohl überwiegend aus dem Moritzstift ➛ Naumburg, der zweite Propst Albert vom ➛ Petersberg bei Halle. Zur Grundausstattung gehörten die alte Pfarrkirche St. Afra und Güter, das Kirchenpatronat in Brockwitz, die Marktkirche St. Marien in M. sowie der bischöfliche Zehnt um die Stadt. Zweck der Gründung war die Entlastung des Domstifts von Seelsorgepflichten. Die Bürger und Burgmannen nahmen die Augustiner-Chorherren dankbar an, fühlten sie sich doch bislang offensichtlich seelsorglich unterversorgt. Auch vom regionalen Adel erhielt das Afrastift Unterstützung und Förderung. Mit der Zeit konnte ein beträchtlicher Güterbesitz um M. angehäuft und aufgekauft werden, aus über 60 Dörfern verbuchte der Konvent Einnahmen. Die Verlaufsgeschichte ist arm an spektakulären Ereignissen. Bis zu 20 Chorherren aus dem niederen Adel und dem Bürgertum gehörten dem Stift an, viele waren auswärtig tätig; unter ihnen erscheint ein Johannes Slawus (1242), offensichtlich ein Mitbruder aus dem slawischen Bevölkerungsteil. Von Anfang an wurden Knaben unterrichtet, die nicht nur für die Chorherrenlaufbahn bestimmt waren, auch gehörte der *rector scolarium* nicht dem Konvent an, im Spätmittelalter nannte er sich *gymnasiarches*. Die Reformation blieb in den Klöstern und Stiften des albertinischen Sachsens bis 1539 ohne Folgen, weil Herzog Georg der Bärtige am katholischen Glauben festhielt. Erst sein Nachfolger Heinrich II. vollzog eine strikte Aufhebungspolitik. Die Brüder des städtischen Franziskanerklosters (➛ Meißen) wurden 1540 in das Afrastift umquartiert, schließlich hob Herzog Moritz das Stift 1543 auf. Dieser Herzog führte 1547 die Niederlage des Schmalkaldischen Bundes gegen Kaiser Karl V. herbei, erntete dafür die Kurwürde für die albertinische Linie der Wettiner, um danach wieder auf die protestantische Seite zu wechseln. Erst in der frühen Neuzeit erlangte St. Afra Berühmtheit durch die evangelische Fürstenschule des kurfürstlich-königlichen Sachsen.

▶ **Gegenwart.** Die evangelische Pfarrkirche St. Afra auf der Afrafreiheit südwestlich am Burgberg von M. ist eine schlichte Pfeilerbasilika mit Krypta, entstanden Anfang des 13. Jh. als Stiftskirche aus Resten des Vorgängerbaus von 1064. Der lange einschiffige, gerade geschlossene Chor wurde 1260 erhöht, Kapellen und Südvorhalle im 15. Jh. angebaut; der niedrige Westturm entstand 1766 neu. Innen blieben das spätgotische Kreuzrippengewölbe und die Ornamentmalerei erhalten; das Adelsgeschlecht von Schleinitz dominiert mit reicher Ausstattung. Das abfallende Gelände zwang zum

Meißen Augustiner-Chorherrenstift, Ostansicht der Stiftskirche St. Afra am Burgberg (Anfang 13. Jh.).

Meißen Benediktinerinnenabtei, von der spätromanischen Klosterkirche (um 1230) am Elbufer nördlich von Meißen blieb lediglich die Nordwand erhalten.

Bau der Klausur im Westbereich. Bei der Überbauung für die Schulnutzung blieb die mittelalterliche Architektur bewahrt. Herausragend ist der spätgotisch gewölbte Kreuzgang, heute als Restaurant genutzt. Die ehemalige Fürstenschule wurde 2001 als Landesgymnasium St. Afra für hochbegabte Schüler neu eröffnet.

◆ Wejwoda, Marek: Kirche und Landesherrschaft. Das Hochstift M. und die Wettiner im 13. Jh., Dresden 2007; Schlesinger, Walter: Kirchengeschichte Sachsens im Mittelalter, Bd. 2, Köln – Graz 1962, 245–247.

Meißen, *Franziskanerkloster St. Petrus und St. Paulus (um 1258–1539) – „Barfüßerkloster", Diözese Meißen – (Kreisstadt, Sachsen, ❒ 2, C5).*

▶ **Geschichte.** Markgraf Heinrich III. der Erleuchtete von Meißen hatte sich durch seine Treue zu Kaiser Friedrich II. in dessen Konflikt mit dem Papst mit den Bischöfen von Meißen und Naumburg angelegt und deshalb um 1250 als Sühneopfer den Neubau des Meißner Doms begonnen. Um 1258 gründete er angeblich zusätzlich an der südöstlichen Stadtmauer der Bischofsstadt ein Franziskanerkloster und kam damit dem Wunsch der Bürgerschaft entgegen. Einige Historiker halten dieses Datum für zu spät und favorisieren eine Gründung bereits um 1230. Eine Kustodie M. innerhalb der Ordensprovinz Saxonia wird 1260 erwähnt; erstmals erscheint ein Franziskanerbruder Heinrich von Rothowe (1263/72) aus M. 1263 urkundlich als Zeuge. Die Konventskirche wurde 1393 den Aposteln Petrus und Paulus geweiht, dies war jedoch sicher die zweite Weihe. Überschwemmungen und der Stadtbrand von 1447 zerstörten die Anlage; ein Neubau wurde zehn Jahre später fertig gestellt, die Kirche renoviert und eingewölbt; mit der Vollendung des Kirchenwestgiebels waren 1480 alle Bauarbeiten vollbracht. Nicht weniger als 60 Altäre wurden in der Franziskanerkirche aufgestellt. Die Zuwendungen der Bürger an die Barfüßer erregten die Missgunst des Weltklerus, was zu Streitereien führte. Die Brüder zeichneten sich durch intensive Studien und den Besitz einer umfangreichen Bibliothek aus. Sie verweigerten sich den spätmittelalterlichen Observanzbestrebungen des Ordens, akzeptierten aber die ➛ Martinianischen Konstitutionen. Auffällig ist ihre Ablehnung des Wilsnacker Blutwunders, womit sie gegen ihre Mitbrüder in ➛ Berlin und ➛ Kyritz Stellung bezogen. Die Reformationsunruhen gingen zunächst an ihnen vorüber; erst nachdem Herzog Georg der Bärtige von Sachsen, letzter wettinischer Bewahrer des katholischen Glaubens, 1539 gestorben war, kam das monastische Ende für neun Minoriten. Der sich zur Reformation bekennende Nachfolger, Heinrich II. der Fromme, säkularisierte alle Klöster im albertinischen Sachsen. Die Brüder wurden 1540 in das Augustinerstift St. Afra umquartiert (➛ Meißen), durften aber auch dort nur bis 1547 bleiben.

▶ **Gegenwart.** Im Franziskanerkloster richtete der Stadtrat eine Lateinschule ein. Der lange Chor der Klosterkirche verfiel und unterlag 1823 dem Abbruch. Die hohe dreischiffige Langhaushalle zu vier Jochen mit quadratischen Pfeilern mit Birnstabdiensten wurde im 19. Jh. mit Zwischendecken horizontal geteilt und als Steueramt genutzt. Seit 1989/90 dient die ehemalige Franziskanerkirche zu Museumszwecken. Zwei spitzbogige Nordportale zeigen reiche Profilierung aus der Zeit um 1450. Inzwischen sind die stark überbauten Klausurflügel an der Südseite mit teilweise original erhaltenen Kreuzgängen in die museale Nutzung einbezogen. Die neugotische „Rote Schule" auf dem ehemaligen Klosterareal, erbaut von Carl August Schramm, gilt als Musterwerk der Schulbaukunst des 19. Jh.

◆ Pieper, Roland/Einhorn, Jürgen W.: Franziskaner zwischen Ostsee, Thüringer Wald und Erzgebirge, Paderborn u.a. 2005, 212–216; Teichmann, Lucius: Die Franziskanerklöster in Mittel- und Ostdeutschland, Leipzig 1995, 150f.; Schlesinger, Walter: Kirchengeschichte Sachsens im Mittelalter, Bd. 2, Köln – Graz 1962, 307f.

Meißen, *Zisterzienserinnenabtei Heilig Kreuz (vor 1217–53), Benediktinerinnenabtei Heilig Kreuz (nach 1253–1568) – „Heilig-Kreuz-Kloster", Diözese Meißen – (M.-Klosterhäuser, Kreisstadt, Sachsen, ❒ 2, C5).*

▶ **Geschichte.** Markgraf Dietrich der Bedrängte von Meißen und seine Gattin Jutta stifteten bei der Jakobskapelle an ihrer Was-

Melker Benediktinerreform

▶ Die Melker Reform begann mit der Visitation der Benediktinerabtei Melk im Juli 1418 und der Ansiedlung einer Gruppe Mönche aus dem vorbildlichen Kloster Subiaco (Italien) im Auftrag Herzog Albrechts V. von Österreich. Vorausgegangen war der allgemeine Wunsch nach Kirchen- und Klosterreform, besonders einiger Wiener Theologen auf dem Konzils von Konstanz (1414–18). Abt Nikolaus Seyringer (1418–25) führte die Observanz von Subiaco in Melk ein und seine Nachfolger gaben diese unter Mithilfe Wiener Universitätsgelehrter an zahlreiche Klöster der Alpenregion weiter. Auf dem Konzil von Basel-Ferrara-Florenz (1431–49) spielte die Erneuerungsbewegung aus Niederösterreich eine gewichtige Rolle, und stand dabei in Konkurrenz zu der älteren ➛ Kastler Reform und der erst etwa 1430 entstehenden norddeutschen ➛ Bursfelder Reform mit deutlich stärkerer Betonung der Ordensdisziplin. Intensive Bemühungen um eine Union der drei Reformen blieben ergebnislos. Durch behutsame Verbesserung und Erweiterung des *caeremoniale Sublacense* entstand 1460 ein eigenes Brevier, das *Breviarium caeremoniarum Mellicensium*. Liturgische Texte wurden vielfach in einem für die damalige Zeit noch erstaunenswerten Ausmaß in Deutsch verfasst, liturgische Gesänge in der Muttersprache pflegte Melk schon weit vor Luther. Neben Besinnung auf regelgerechtes Leben waren Wissenschaft und Gelehrsamkeit ein entscheidendes Anliegen, gefördert durch enge Verbindung zur Universität Wien. Berufene Äbte, Mönchsgruppen oder Gäste transferierten die *consuetudines Mellicenses* in andere Klöster, ➛Tegernsee nahm 1426 als erste Abtei in Deutschland Melker Reformstatuten an, 1441 folgte ➛ Augsburg St. Ulrich und Afra, das zum wichtigen Stützpunkt aufstieg. Etwa 90 Klöster insgesamt haben die Reform angenommen, eingerechnet auch jene, die durch neue Verbindungen zu anderen Reformgemeinschaften wechselten. Die Gründung einer Kongregation auf Basis der Zugehörigkeit zur Melker Observanz gelang auf einem Treffen in Lambach (Österreich) im April 1472 nicht, man war wegen zu geringer Teilnahme nicht beschlussfähig. Im Unterschied zu Kastl und Bursfelde überstand Melk die reformatorischen Umwälzungen um 1530. Unter Abt Kaspar Hoffmann (1587–1603) erneuerte sich die Reformidee, geprägt von Vergeistigung der Disziplin und hervorragenden wissenschaftlichen Leistungen.

Mittelalterliches Relief an der Abteikirche in Tegernsee, einst das Zentrum der Melker Reform in Deutschland.

◆ GermBen 1, 271–313.

serburg in M. ein Frauenkloster, das kurz darauf 1217 elbabwärts an den heutigen Ort verlegt wurde. Zur Grundausstattung gehörten Patronatsrechte über zwei Kirchen in M., fünf Dörfer, zwei Herrengüter nahe der Stadt sowie Streubesitz entlang der Elbe. 1220 bezeichnete Papst Honorius III. die Schwestern als Zisterzienserinnen, Papst Gregor IX. beauftragte 1227 den Zisterzienserabt von ➛ Buch und den Augustinerpropst von St. Afra (➛ Meißen) zur Aufsicht über den Frauenkonvent, der vor 1243 offensichtlich als vollwertiges Mitglied in den Zisterzienserorden aufgenommen war. Die Äbte von ➛ Altzelle übten die Paternität aus. Die Zisterzienserobservanz war den Schwestern wohl zu streng, da sie sich nicht ohne Erfolg bei Papst Innozenz IV. um Anerkennung als Benediktinerinnen bemühten, freilich nur unter bischöflicher Jurisdiktion. Nach 1253 wurde der Konvent nicht mehr mit der Bezeichnung *ordinis cisterciensis* betitelt, sondern blieb bis zur Reformation benediktinisch. (Eine ähnliche Entwicklung vollzogen die Zisterzienserinnen im nahen Kloster Dörschnitz, die um 1260 offensichtlich dem Einfluss der Abtei Buch entflohen und sich dem Benediktinerkloster ➛ Sitzenroda zuwandten; einen vergleichbaren Obödienzwechsel darf man für das hessischen Kloster ➛ Marienschloß vermuten). Repressalien der Vögte, Kriegswirren und Naturkatastrophen führten bereits 1312 zu ersten Besitzveräußerungen. Pest, Hungersnöte und Hussiteneinfälle folgten im 15. Jh. Der Konvent nahm im Spätmittelalter stiftsähnlichen Charakter an, die Frauen bezogen persönliche Leibrenten, Zinseinkünfte bildeten die Hauptgeschäftsgrundlage. Die Reformation blieb in den Klöstern des albertinischen Sachsens bis 1539 ohne Einfluss, weil Herzog Georg der Bärtige am katholischen Glauben festhielt. Äbtissin Priska von Eisenberg ließ noch 1531 ein neues Äbtissinnenhaus bauen. 1543 wurde der Wirtschaftshof des Klosters der fürstlichen Landesschule zugeteilt, 1568 erfolgte die endgültige Auflösung durch Kurfürst August I. Die fünf letzten Schwestern fanden Zuflucht im leeren Franziskanerkloster ➛ Bautzen, bis ein Großbrand sie auch aus diesem Exil vertrieb.

▶ **Gegenwart.** Dreißigjähriger Krieg und Materialraub hinterließen eine offene Ruine, deren romantische Ausstrahlung schon Caspar David Friedrich festhielt. Das einstige Klosterareal erstreckte sich ostwärts bis an das Elbufer. Noch immer stehen beeindruckende Mauern aus Bruch- und Backstein: Kirchenchor, Haupt- und südliche Nebenapsis, Nordwand des Hauptschiffes, Erdgeschosswände des Klausurostflügels mit Kapitelsaal, Rundbogenportal und Säulenfenster. Im Bereich des ehemaligen Nordflügels sind Kellerräume erhalten – alles aus der ersten Bauzeit Anfang bis Mitte des 13. Jh. im Stil der zisterziensischen Bauideale. Bauhistorische Untersuchungen legen die ursprüngliche Planung einer viel größeren Klosterkirche mit Bezug zur Abteikirche Altzelle offen. Während der Bauzeit jedoch wurde eine kleinere Architekturlösung bevorzugt, was auf die Konflikte mit den Zisterziensern und den Wechsel der Frauen zum Benediktinerinnenstatus unter bischöflicher Aufsicht zurückzuführen sein könnte. Heute bemüht sich ein Verein gemeinsam mit dem Landesdenkmalschutz um Erschließung und Sicherung des Bestandes im Heilig-Kreuz-Kloster M.

◆ Mohn, Claudia: M., Heilig Kreuz (Sachsen), in: Mittelalterliche Klosteranlagen, Petersberg 2006, 197–202; Köhler, Anne-Katrin: Heilig-Kreuz M., in: Geschichte des Klosters Nimbschen, Leipzig 2003, 156–158.

Meldorf, *Dominikanerkloster St. Maria (um 1319–1526) – „Marienaue", Erzdiözese Bremen – (Kr. Dithmarschen, Schleswig-Holstein, ❒ 1, C2/D2).*

▶ **Geschichte.** In der Bauernrepublik Dithmarschen, die von 1227 bis 1559 als selbstverwalteter Bezirk im Marschland der Elbmündung existierte und nur nominell dem Bremer Erzstift unterstand, behauptete sich die Stadt M. als politischer Mittelpunkt, bis er 1434 an die Stadt Heide überging. Baulicher Ausdruck der zentralen Stellung war die Dithmarscher Mutterkirche St. Marien, der mächtige „Dom" (1250), der eine karolingische Kirche ersetzte. Die Bewohner legten das alte Recht des Strandgutbesitzes großzügig aus und verursachten wohl Strandungen von Handelsschiffen, wodurch sie in Konflikt mit Hamburg gerieten. Nach der siegreichen Schlacht bei Möhrden 1319 gegen Graf Gerhard von Holstein ließ sich – möglicherweise aufgrund eines Gelübdes – ein kleiner Konvent von Dominikanern in M. nieder, ohne eine eigene Klosterkirche zu erbauen. Die Predigerbrüder des Klosters *Marienaue* nutzten den Chorraum der Marienkirche für ihr Stundengebet. Innerhalb der Ordensprovinz Saxonia gehörte M. wie auch die Konvente ➛ Lübeck, ➛ Stralsund und ➛ Wismar der *Natio Slaviae* an. Die gedeihliche Entwicklung unterbrachen bewaffnete Auseinandersetzungen im 15. Jh., als die Fürsten mehrmals vergeblich die freie Dithmarscher Bauernrepublik zu unterwerfen trachteten. Söldner des dänischen

Königs Johann feierten im Februar 1500 im Predigerkloster die Besetzung der Stadt, um wenige Tage später in der Schlacht von Hemmingstedt eine Niederlage durch die Dithmarscher hinnehmen zu müssen. Die Dominikaner erteilten Schulunterricht, für die Jahre 1513 bis 1517 sind Lektoren aus dem Konvent namentlich bekannt. Von M. aus nahm die reformatorische Umwälzung der Region ihren Ausgang; Pfarrer Nicolaus Boie rief 1524 den lutherischen Prediger Heinrich von Zütphen (um 1488–1524) aus Bremen in die Stadt, dessen Predigten auch gegen die monastische Exklusivität begeisterte Zustimmung ernteten, aber auch Gegnerschaft hervorrief. Prior Torneborch aus dem Konvent M. versuchte vergeblich, den Glaubensgegner per Dekret zu entfernen. Zütphen wurde am 10. Dezember 1524 erschlagen und verbrannt, nachdem ihn die Landesversammlung als Ketzer verurteilt hatte. Die reformatorische Bewegung ehrte ihren ersten Martyrer, Luthers Schrift „Historie von Bruder Heinrich von Zütphens Märtyrtode" fand große Verbreitung. Der Protestantismus setzte sich im Land durch, was 1526 zur Vertreibung der Dominikaner und zur Auflösung des Klosters *Marienaue* in M. führte. Im Kloster wurde 1540 die Dithmarscher Lateinschule für Knaben eingerichtet, den Unterhalt garantierten die ehemaligen Besitzungen der Dominikaner und jene der Franziskaner in Lunden. Das kleine Observantenkloster in Lunden war wohl 1517 die letzte Klostergründung vor der Reformation in Norddeutschland. Dort fanden zunächst die Dominikaner nach ihrer Ausweisung aus M. Unterschlupf, bis 1533 auch im Kloster Lunden der evangelische Gottesdienst Einzug hielt. Die letzten Brüder verließen Lunden 1539, als das Kloster abgebrochen wurde.

▶ **Gegenwart.** Der romanische „Dom" in M., der auch den Dominikanerbrüdern als Gotteshaus diente, existiert im Kern noch heute; Kunsthistoriker verweisen auf architekturgeschichtliche Verbindungen zum Hamburger Dom. Ende des 15. Jh. wurde die Basilika in eine lichte, zweischiffige Halle umgebaut, ihre Turmspitze stammt von 1871. Die Klostergebäude der Dominikaner aus dem 15. Jh. am heutigen Klosterhof schützte wohl die Nutzung als Lateinschule vor dem Abbruch. Die beiden Gebäude, die rechtwinklig zueinander stehen, unterlagen mehreren Umbauten für drei Schulklassen und die Wohnungen der Lehrer.

❖ Von der letzten Klostergründung Norddeutschlands in Lunden ist kein aufstrebender Architekturbestand erhalten. Die letzte vorreformatorische Klostergründung auf heutigem deutschen Boden war Lunden jedoch nicht. In Königseggwald (Landkreis Ravensburg, Baden-Württemberg) entstand noch 1521 ein Franziskaner-Tertiarinnenkloster, das bis 1806 existierte, aber lediglich ein Barockgebäude hinterließ.

◆ Gille, Klaus u. a.: M., Bilder einer alten Stadt, Heide 1995; Roos, Otto: Lunden. Ein Beitrag zur Heimatkunde, Lunden 1929.

Melverode, *Augustiner-Chorfrauenstift St. Nikolaus (1236–14. Jh.), Diözese Halberstadt – (Braunschweig-M., Niedersachsen, ❐ 2, A4).*

▶ **Vorgeschichte.** Seit seiner Gründung nach 1003 besaß das Frauenstift ➛ Steterburg Land und Einkünfte in M., einer Siedlung südlich von Braunschweig. In M. stand die romanische Kaufmanns- und Wallfahrtskirche St. Nikolaus, deren Patronat das inzwischen regulierte Stift Steterburg erst um 1240 erlangte. Die wichtige Heer- und Handelsstraße entlang der Oker verband im Mittelalter Braunschweig mit dem Süden. Unbewiesene aber berechtigte Überlegungen vermuten einen befestigten Hof der Brunonen, der Anfang des 11. Jh. in die Grundherrschaft von Steterburg überging und an dem Kaufleute kurz vor 1200 eine dreischiffige Hallenkirche mit basilikalem Charakter errichten ließen, die ihrem Schutzheiligen St. Nikolaus geweiht wurde.

▶ **Geschichte.** 1236/37 gründete der Propst von Steterburg eine Tochterniederlassung an der Kirche in M., die in Größe und Ausführung das für Dorfkirchen Übliche weit übertraf; für den neuen Konvent wurde der Kirchenwestteil umgebaut. Bischof Meinhard von Halberstadt (Kranichfeld) unterstützte die Neugründung M. seit 1244 mit Ablässen für spendenfreudige Kirchenbesucher. Die kleine Tochterniederlassung besaß keine traditionellen Pfründen, sondern lebte von Händlern, Kaufleuten und Wallfahrern, die zum Dank Spenden hinterließen. Der Steterburger Propst übte innerhalb und außerhalb des Dorfes niedere Gerichtsbarkeit aus. Im Mai 1300 verliehen insgesamt zwölf Bischöfe einen vierzigtägigen Ablass zur Unterstützung der Chorfrauen. Im 14. Jh. sind keine weiteren Nachrichten über die Frauengemeinschaft bekannt, 1405 galt sie als aufgelöst; möglicherweise hatte auch im Stift M. die Pest wie überall in der Umgebung gewütet. Das Mutterstift Steterburg überwand um diese Zeit eigene existenzielle Krisen, weswegen die finanzielle Hilfe für M. wohl nicht möglich war.

▶ **Gegenwart.** Noch heute überrascht die Größe des äußerlich klar gegliederten Kirchenbaus aus dem Hochmittelalter in der so ländlich geprägten Gegend. Er weist einige Besonderheiten auf: so verbinden nicht Arkadenbögen sondern Gurtbögen die Stützpfeiler im Mittelschiff, das ein Tonnengewölbe bedeckt; der Raum des westlichen Turmquerriegels ist voll in den Kirchenraum einbezogen, die Seitenschiffe sind sehr schmal, das Presbyterium schließt mit der Hauptapsis, die Seitenschiffe enden mit Nebenapsiden. Ein romanisches Säulenportal befindet sich an der Südseite, an der Kirchennordwand erkennt man noch deutlich den inzwischen zugemauerten Eingang für die Stiftsfrauen. Heute nutzt die Gemeinde die restaurierte Nikolauskirche in M. mit ihren eindrucksvollen Wandmalereien für besondere kirchliche Feiern. Klausurbauten existieren nicht mehr.

◆ Billig, Wolfgang: Die Stiftskirche zu Steterburg, Braunschweig 1982; Bornstedt, Wilhelm: Streifzüge durch die Geschichte von M.-Heidberg, Braunschweig 1972.

Memleben, *Benediktiner Reichsabtei St. Maria (979–1015), Benediktinerpropstei St. Maria (1015–1544), Erzdiözese Mainz – (Burgenlandkreis, Sachsen-Anhalt, ❐ 2, A5).*

▶ **Geschichte.** Am königlichen Hofplatz M. am südlichen Unstrutufer starb König Heinrich I. 936, sein Sohn Kaiser Otto I. am gleichen Ort 974. Kaiserinwitwe Adelheid, Kaiser Otto II. und seine Ehefrau Theophanu gründeten an der Marienkirche am ehrwürdigen Sterbeort 979 ein Benediktinerkloster für das Seelenheil der verstorbenen Herrscher. Otto II. erreichte 981 bei Papst Benedikt VII. die Gleichstellung der neuen Reichsabtei M. mit ➛ Fulda und ➛ Reichenau. Die Ausstattung sowie Markt-, Münz- und Zollrechte durch König Otto III. entsprachen der sakralen und politischen Bedeutung innerhalb des ottonischen Herrschaftsgebietes. Abt Reginold (1002/15) erhielt zwar 1002 bei dem Machtantritt König Heinrichs II. die Bestätigung aller Güter und Privilegien, aber im Mai 1015 löste Heinrich das 36-jährige Reichskloster auf, übergab einen Teil des Besitzes seinem neugegründeten Bistum Bamberg und unterstellte den Konvent mit verbliebenem Güterrest der Reichsabtei ➛ Hersfeld. Abt Arnold von Hersfeld (1012–31) setzte den Status einer Propstei in M. durch, wobei Eigenrechte und traditionelle Freiheiten zum Teil gewahrt blieben. Der Propsteikonvent lebte entsprechend der Mutterabtei nach

Melverode, Südwestansicht der Stiftskirche.

den ➛ Gorzer Reformstatuten. 1170 wird erstmals ein Propst namentlich erwähnt. Mitte des 13. Jh. kam es zu Verkäufen von entferntem Besitz, denn beim Bau der neuen Klosterkirche hatten sich die Mönche offensichtlich übernommen. Das Amt des Vogtes übten bis 1262 die Grafen von Buch aus; nach ihnen wechselten die Vogteiinhaber mehrfach, bis 1471 die Wettiner als Landesherrn von Thüringen und Sachsen die Vogteirechte übernahmen. 1366 ist ein Lehrer im Kloster erwähnt, 1466 ein Sangmeister belegt. Im Spätmittelalter verflachte die innere Ordnung, Herzog Georg der Bärtige von Sachsen-Meißen-Dresden ermahnte 1499 und 1523 den Abt von Hersfeld, Reformen im Kloster M. durchzusetzen und die Abhaltung regelmäßiger Gottesdienste zu garantieren. Geeignete Pröpste konnten wohl nicht gefunden werden, Namen wechselten häufig, 1501 war es Hartwin von Schönborn, 1502 Johann Scherer, darauf folgte ein Ludwig. Dem trunksüchtigen Propst Nikolaus wurde Sympathie für die „martinsche" Lehre vorgeworfen; er verließ vor Mai 1524 den Konvent, ging nach ➛ Kölleda und heiratete eine Ordensschwester. Abt Crato von Hersfeld (Kraft Myle, 1516–56) neigte selbst der Reformation zu. Während des Bauernaufstands 1525 stürmten und plünderten Dorfbewohner die Propstei, das Archiv wurde vernichtet. 1540 lebten nur noch Propst Wolf Hacke (1525/44) und zwei Mitbrüder im Kloster. Die weltliche Verwaltung setzte 1541 ein, Herzog Moritz nahm nach dem Tod des letzten Vorstehers 1544 die Propstei M. förmlich in Besitz. Die Güter fielen 1551 der neuen Landesschule im Kloster ➛ Pforte zu.

▶ **Gegenwart.** Am Sterbeort zweier mächtiger Könige in M. an der Unstrut sind entscheidende Reichstreffen nicht nachweisbar, ebenso wenig ließen sich Baureste einer Königspfalz in M. archäologisch auffinden. Wissenschaftler sprechen heute daher lieber vom königlichen Aufenthaltsort M.; eine lange vermutete Pfalz wie im nahen Pöhlte, Quedlinburg, Allstedt, Wallhausen, Tilleda und Merseburg lässt sich nicht nachweisen. Eine mächtige, apsidiale Basilika mit zwei Querschiffen aus ottonischer Zeit konnte in ihren Ausmaßen erfasst werden, das Kaisertor ist der erhaltene Rest des südwestlichen Querarms. Nordöstlich dieser Kirche erbauten die Benediktiner zu Anfang des 13. Jh. eine neue Propsteianlage, deren malerische Ruinen bislang viele Besucher begeistern konnten. Von der dreischiffigen, apsidialen Propsteikirche auf kreuzförmigem Grundriss mit westlicher Doppelturmfront blieben Mittelschiffmauern mit Pfeilerarkaden, Querschiff-, Chor- und Apsisreste erhalten, ebenso die gewölbte Hallenkrypta mit Kreuzgratgewölbe, Gurtbögen und Freisäulen unter dem Sanktuarium. Im Norden schließt sich die zweistöckige Dreiflügelanlage an, in deren Ostflügel romanische Mauerteile integriert sind; die Kreuzgänge gingen verloren.

◆ Schmitt, Reinhard: Die beiden Klöster in M., Halle/Saale 2001; Wittmann, Helge (Hg.): M. Königspfalz, Reichskloster Propstei, Petersberg 2001.

Memleben Benediktiner Reichsabtei, beeindruckende Mittelschiffsarkaden der romanischen Kirchenruine.

Memmingen, *Antoniter-Generalpräzeptorei St. Martin (1214–1562) – „Antonierhaus", Diözese Augsburg – (kreisfreie Stadt, Bayern,* ❒ *3, D4).*

▶ **Geschichte.** Der Stauferkaiser Friedrich II. verlieh 1214 den Antonitern das Patronatsrecht über die Pfarrei St. Martin in M., noch bevor die französische Hospitalgemeinschaft als Orden anerkannt war. Die Niederlassung in der seit 1286 Reichsimmunität genießenden Stadt entwickelte sich zu einer der bedeutendsten Präzeptoreien im Reich, zur Generalpräzeptorei. Das *Antonierhaus* mit Hospital und Kapelle beherbergte in seinem Behandlungs- und Krankensaal maximal 20 Erkrankte oder Betreute. Wohn-, Arbeits- und Verwaltungsräume der Priester, Konversen und Angestellten befanden sich für alle 25 bis 30 Personen in der geschlossenen Vierflügelanlage, wie auch der Wirtschaftstrakt und die berühmte Bibliothek. Alles unterstand dem Klostervorsteher oder Präzeptor, der lediglich dem Abt in Saint-Antoine (Frankreich) rechenschaftspflichtig war. In M. standen ihm nie mehr als zwei Chorherren des Ordens zur Seite, alle anderen waren Angestellte, so Schaffner, Kaplan, Altarist, Köchin, Knechte und Pflegepersonal. In der Verbindung von Glaube und Heilung suchten die Antoniter speziell die Folgen des Mutterkornbrandes zu bekämpfen, nämlich schmerzhafte Verstümmelung bis hin zur Demenz zu lindern. Traditionell besetzten bis 1500 nur französische Antoniter das Amt des Vorstehers in M. Unter den Präzeptoren Petrus Mitte de Caprariis (1439–79) und Philippe de Letra (1487–93) erlangte das Kloster als Generalpräzeptorei eine große Bedeutung und Ausstrahlung. Sein Zuständigkeits- und Terminierbereich reichte in dieser Zeit bis in das Salzburger Land, ihm unterstanden jedoch keine weiteren Präzeptoreien. Lediglich Präzeptor Gerhard Martini (1481–87?) leitete zeitweise auch das mecklenburgische Haus in ➛ Tempzin,

Memmingen, Hospitalraum in der Antoniter-Präzeptorei.

das zur Generalpräzeptorei ➛ Grünberg in Oberhessen gehörte, die von seinem leiblichen Bruder geführt wurde. Über die Pfarrei St. Martin verfügte der Präzeptor bei weitgehender Ausschaltung bischöflichen Mitspracherechts. Das *Antonierhaus* war ein beliebtes Absteigequartier berühmter kirchlicher und höfischer Repräsentanten. M. gehörte zu jenen Reichsstädten Süddeutschlands, in denen sich das evangelische Bekenntnis um 1525 rasch durchsetzte. In den Zeiten der Reformationswirren leisteten desinteressierte und farblos agierende Präzeptoren, die von Kaiser Maximilian berufen worden waren, dem Ende der eigenen Niederlassung Vorschub, zusätzlich war das Terminieren selbst in den katholisch gebliebenen Landen verboten worden. Nach dem Tod des letzten Präzeptors Ulrich Prummer († 1562) übernahm der Rat der Stadt ohne bemerkenswerte Gegenreaktion das Kloster. Die Vierflügelanlage der Präzeptorei wurde zum Pfarrhof der evangelischen St. Martinsgemeinde.

▶ **Gegenwart.** Die Spitalanlage der Antoniter in M. zählt heute zu den ältesten erhaltenen Niederlassungen des Ordens, obwohl sie erst im Spätmittelalter aus einer viel bescheideneren Häuslichkeit erwuchs. Die heute noch repräsentative Vierflügelanlage, zwischen 1442 und 1500 erbaut, ist inzwischen aufwändig restauriert und zu einem informativen Antonitermuseum sowie zur Stadtbibliothek ausgebaut worden. Nahe der Pfarrkirche St. Martin bauten die Antoniter 1392 die Antoniuskapelle, die heute der Gemeinde als Kinderlehrkirche dient.

◆ Mischlewski, Adalbert: Die Antoniter, Münster 2007, 131; Bayer, Hans-Wolfgang/Mischlewski, Adalbert: Führer durch das Antoniter-Museum, Memmingen 1998; Mischlewski, Adalbert: Der Antoniterorden in Deutschland, in: Archiv für mittelrheinische Kirchengeschichte 10 (1958) 39–66.

Memmingen, *Augustiner-Eremitenkloster St. Johannes Baptist und St. Augustinus (1280–1803) – „Augustinerkloster“, Diözese Augsburg – (kreisfreie Stadt, Bayern, ❐ 3, D4).*

▶ **Geschichte.** Fromme Klausner aus der Region, möglicherweise Wilhelmiten, ließen sich 1280 vom Rat der Stadt M. überzeugen, ein Kloster unter den Regeln des Augustiner-Eremitenordens innerhalb der Stadtmauern zu gründen. Das Kloster blieb klein und ohne größere Bedeutung, stand aber immer unter dem besonderen Schutz der Reichsstadt. Um die Mitte des 15. Jh. stand der bedeutende Reformer, Lektor und Provinzial Heinrich Stiren (oder Stainer, um 1460–74) dem Kloster als Prior vor und erreichte 1473 die Einstufung als Generalkonvent, d. h. der Konvent in M. war von jeder fremden Gerichtsbarkeit befreit. 1498 wurde das leere Schottenkloster St. Nikolaus (s. u.) dem Augustiner-Eremitenkloster inkorporiert. Die Bürger öffneten sich schnell den neuen Lehren Luthers. 1525 proklamierten aufständische Bauern in M. ihre „Zwölf Artikel“, die heute als erste Erklärung der Menschen- und Freiheitsrechte in Europa gelten dürfen. Das einst gute Verhältnis zwischen Stadtrat und Augustinern verschlechterte sich mit der Durchsetzung der Reformation. M. gehörte bereits 1529 zu den Anhängern der Protestation am Reichstag zu Speyer. Zusammen mit den Städten Straßburg, Konstanz und Lindau legte die Stadt auf dem Reichstag zu Augsburg 1530 mit der *Confessio Tetrapolitana* ein eigenes Glaubensbekenntnis vor, das zwischen den unterschiedlichen Auffassungen des Züricher Reformators Huldrych Zwingli und Martin Luthers vermitteln und die Spaltung der Protestanten verhindern sollte. Später entschied sich der Rat für die lutherische Lehre und bekannte sich zum Augsburger Bekenntnis. Er stellte Besitzansprüche an das Augustinerkloster und versuchte, seine Interessen durch zunehmenden Druck auf den stark geschrumpften Konvent durchzusetzen. 1527 verordnete er eine Zwangsinventarisierung und 1531 die Ausweisung des Priors, nachdem bereits Altäre und Bilder aus der Kirche entfernt worden waren. Die verbliebenen Brüder mussten dem evangelischen Gottesdienst beiwohnen. 1538 eignete sich die Stadt den gesamten Klosterbesitz an und beendete vorübergehend das mönchische Leben im Augustinerkloster. Die veränderte politische Machtkonstellation im Reich nach 1547 zwang den Rat zur Restitution. Den Fortbestand des Konvents bis zur Säkularisation 1803 garantierte der Vertrag von 1551 zwischen dem Diözesanbischof und der Stadt. 1589 kam gar ein guter Vergleich mit den Augustinerbrüdern zustande, als der Neubau des Rathauses eine neue Wasserableitung erforderte.

▶ **Gegenwart.** Die spätgotische Kirche der Augustiner-Eremiten nahe dem Markt dient noch heute der katholischen Pfarrgemeinde St. Johann Baptist als Gotteshaus. Sie ist 1964 innen radikal modernisiert worden und birgt kaum Erinnerungsstücke aus klösterlicher Zeit. Das katholische Pfarramt nebenan soll aus dem ehemaligen Haus des Priors entstanden sein, alle übrigen Klostergebäude existieren nicht mehr.

❖ Das Schottenkloster in M. entstand 1167 durch eine Stiftung Welfs IV., einem Widersacher der Staufer, als Tochtergründung von ➛ Regensburg St. Jakob. Der Besitz war von Beginn an zu schwach bemessen, der Konvent konnte sich nicht entfalten, zumal die Welfen ihre Machtposition in Bayern verloren. Schon 1345 scheint das verfallende Kloster nicht mehr mit irischen Mönchen besetzt gewesen zu sein. Benediktiner aus Ottobeuren unterhielten im 15. Jh. eine Propststelle im Memminger Schottenkloster, bis Papst Alexander VI. 1497 auf Wunsch der Stadt den Besitz den Augustiner-Eremiten übertrug. 1512 wurden die Klostergebäude und 1529 die St. Nikolaus-Kirche der Schotten niedergelegt.

◆ Kunzelmann, Adalbero: Geschichte der deutschen Augustiner-Eremiten, Tl. 1, 185–187, Tl. 5, 259–264, Würzburg 1969/74; Hemmerle, Josef: Die Klöster der Augustiner-Eremiten in Bayern, München 1958.

Memmingen, *Augustiner-Eremitinnenkloster St. Elisabeth (nach 1280–1529) – „Augustinerinnenkloster“, Diözese Augsburg – (kreisfreie Stadt, Bayern, ❐ 3, D4).*

▶ **Geschichte.** Eine Niederlassung frommer Frauen vor den Toren M. wird erstmals 1256 in der Schutzurkunde Papst Alexanders IV. erwähnt. Die Beginengemeinschaft aus meist bürgerlichen Frauen fand sich zur Verehrung der 1235 heilig gesprochenen Elisabeth von Thüringen (1207–31) zusam-

Memmingen Augustiner-Eremitinnenkloster, spätgotischer Kreuzgangrest des überbauten Klosters.

men, um nach deren Vorbild selbstlos den Armen und Kranken zu helfen, sie zu pflegen und ihnen seelsorglichen Beistand zu leisten. Die Brüder des 1280 gegründeten Augustiner-Eremitenklosters (➤ Memmingen) übernahmen die geistliche Betreuung und weltliche Vertretung der Frauen. Diese

Memmingen Augustiner-Eremitinnenkloster, Kreuzgangwände mit großartigen Fresken von 1483.

anerkannten deren Ordensregel, leisteten das Gelübde und legten das schwarze Ordenshabit der Augustiner-Eremitinnen an. Ihren Unterhalt bestritten sie aus reichlichen Schenkungen und Zinserlösen aus abhängigen Höfen. Klausurbestimmungen wurden im Lauf der Zeit immer lockerer ausgelegt, weshalb die Ordensleitung 1451 mit der „Convocatio zu Regensburg" reagierte. 1462 beauftragte der Ordensgeneral Wilhelm Becchi (1460–70) von Florenz aus den Prior des Bruderklosters in M. Heinrich Stiren (oder Stainer, um 1460–74), innere Reformen im Frauenkloster durchzusetzen, damit sich der Stadtrat nicht weiterhin über die geringe Klosterzucht beschweren könne. Die Reformen wurden nur widerwillig angenommen, aber die Klosterkirche konnte 1472 vergrößert und 1483 der Kreuzgang spätgotisch umgestaltet werden. 1474 gingen drei Schwestern nach ➤ Niederviehbach, um im Schwesternkonvent die Observanz einzuführen. Obwohl der Ordensgeneral Aegidius von Viterbo (1507–18) während der Visitation von 1516 seine Zufriedenheit ausdrückte, scheint die Erneuerung nicht nachhaltig gewirkt zu haben, denn bald gerieten die Schwestern in erbitterten Streit mit dem strengen Augustinerprior Gregor Roser. Der Konvent ersuchte 1519 den städtischen Rat um Hilfe, löste sich mit Zustimmung Papst Leos X. aus der Abhängigkeit des Männerklosters und unterstellte sich dem direkten Schutz des Augsburger Bischofs. In den nachfolgenden Jahren der Reformationswirren nahmen die Schwestern mit den meisten Bürgern das evangelische Bekenntnis an; schließlich folgte auch 1528 die letzte Priorin Susanna Besserer. Sie übertrug dem städtischen Unterhospital Vermögen und Besitz gegen Leibrenten für alle verbliebenen Mitschwestern. Die förmliche Auflösung vollzog der Rat 1529, bischöfliche Rechte wurden eingelöst, die Existenz des Klosters endete offiziell 1551. Die Kirche diente lange als Wohnhaus und musste 1802 dem Bau des Stadttheaters weichen. In den Klostergebäuden wurde zunächst der Almosenkasten, danach zwischen 1572 und 1996 die städtische Latein- bzw. Elisabethschule untergebracht. Der ehemalige Klosterstadel diente seit 1620 als Zeughaus und seit 1802 als Theater.

▶ **Gegenwart.** Die tief in den Klosterkomplex eingreifenden Um-, Aus- und Anbauten des 19. Jh. ließen als einzigen mittelalterlichen Architekturbestand den spätgotischen Kreuzgang unter dem Schultrakt übrig, der heute durch das Theaterfoyer erreichbar ist. Der einheimische Künstler Hans Strigel d.J. gestaltete 1483 die großartigen Fresken an den Kreuzgangwänden samt der Wappen der Patrizierfamilien, die den Konvent oft großzügig unterstützt hatten, weil ihre Töchter darin versorgt wurden.

◆ Wernicke, Michael Klaus: Die Augustiner-Eremitinnen, Münster 2006, 81–83; Hemmerle, Josef: Die Klöster der Augustiner-Eremiten in Bayern, München 1958, 44-47.

Memmingen, *Franziskaner-Tertiarinnenkloster St. Maria (1444–1803) – „Maria Garten", Diözese Augsburg – (kreisfreie Stadt, Bayern, ❐ 3, D4).*

▶ **Geschichte.** Anna Schefflein und Elisabeth Sigkin aus der Schwesternsammlung ➤ Leutkirch, die sich als Tertiarinnen den Franziskaner-Observanten unterstellt hatten, ließen sich 1444 nahe der alten Borkirche „Unser Frauen" in M. nieder. 1464 erlangte die Klause *Maria Garten* die Anerkennung Bischof Peters von Augsburg (Schaumberg). Unter der Oberin Margaretha Karrerin (um 1464–83) nahm der kleine Konvent dank reicher Zuwendungen der Bürger einen raschen Aufschwung. Der Bau des Klosters begann in dieser Zeit, auch die benachbarte Pfarrkirche wurde umgebaut. Ein erhöhter Gang über die Nonnengasse ermöglichte den Frauen, ihre Nonnenempore in der Pfarrkirche zu erreichen und am Gottesdienst teilzunehmen, der von den Heilig-Geist-Chorherren (➤ Memmingen) besorgt wurde. Auch eine Treppe wurde gebaut, um den Schwestern die Beichte und Kommunion zu erleichtern. Die Schwestern unterwarfen sich Ende des 15. Jh. der Observanzrichtung des Ordens. Ein Teil begab sich in Klausur und wurde von den Observanten der Straßburger Provinz betreut, der andere Teil widmete sich der Krankenpflege. Während der Reformation dominierten die Anhänger Huldrych Zwinglis das geistliche Leben in der Reichsstadt, und der Rat wollte die Franziskanerinnen zum evangelischen Bekenntnis zwingen. Diese standen aber unter Oberin Anastasia Tabertshofferin (1521–42) zum Katholizismus und flüchteten 1531 weltlich verkleidet mit Hilfe des Abts von Ottobeuren zuerst in das Schwesternkloster ➤ Kaufbeuren, dann auf Schloss Falken und schließlich nach Eldern. Erst die Interimsverordnung Kaiser Karls V. 1548 ermöglichte ihre Rückkehr 1549. Observanten aus dem neuen Konvent Lenzfried bei Kempten übernahmen nun ihre Betreuung. Für die Pfarrkirche regelte seit 1565 eine Simultannutzung den Gottesdienst für beide Konfessionen, von 7:30 bis 16:00 Uhr nutzte die evangelische Gemeinde das Kirchenschiff, in der übrigen Zeit standen den Heilig-Geist-Chorherren der Chorraum und den Franziskanerinnen von Maria Garten die Empore offen. Nach der Säkularisierung 1803 durften die Frauen bis zum Ableben im Kloster verbleiben und bis 1806 auch die Frauenkirche weiter nutzen. In

Memmingen Franziskaner-Tertiarinnenkloster, die Schwestern nutzten die Frauenkirche für ihr Chorgebet.

ihren Gebäuden wurde das Pfründenspital eingerichtet, eine der acht städtischen Sozialeinrichtungen in der damaligen Zeit.

▶ **Gegenwart.** Heute ist der stark überbaute und modernisierte Komplex des ehemaligen Klosters ein Alters- und Pflegeheim, das sogenannte *Bürgerstift*. Vom Frauenkirchplatz aus erkennt man deutlich die kleine, gotische Klosterkapelle im Spitalgebäude, den Nonnengang gibt es nicht mehr. Die basilikale Pfarrkirche Unser Frauen (älteste Kirche in M.) dient noch immer der evangelisch-lutherischen Gemeinde für den Gottesdienst. Sie ist von Erweiterungen und reicher Ausmalung in der zweiten Hälfte des 15. Jh. geprägt; die Empore der Franziskanerinnen existiert noch immer, einige ihrer Grabplatten sind im Eingangsbereich der Kirche aufgestellt.

◆ Lins, Bernardin: Geschichte des Frauenklosters vom Dritten Orden des hl. Franziskus Maria Garten in M., in: Franziskanische Studien 33 (1952) 265–289.

Memmingen Heilig-Geist-Chorherrenstift, die „Dürftigenstube" diente einst als Hospital.

Memmingen, *Heilig-Geist-Chorherrenstift St. Spiritus (1210–1803) – „Kreuzherrenkloster", Diözese Augsburg – (kreisfreie Stadt, Bayern, ❐ 3, D4).*

▶ **Geschichte.** Der staufische Reichslandvogt Graf Heinrich von Neuffen-Weißenhorn und seine Gemahlin Hedwig stifteten 1210 vor dem Kalchtor östlich der Altstadt von M. ein Spital, das sie den Hospitalitern vom Heilig-Geist-Orden in Rom übertrugen. 1223 wird das Heilig-Geist-Kloster in M. erstmals urkundlich erwähnt. Ein Großbrand vernichtete das erste Stiftsgebäude und nötigte zum Neubau. Neben den Antonitern (➛ Memmingen) prägten die Heilig-Geist-Chorherren das geistliche und kulturelle Leben der mittelalterlichen Reichsstadt, deren Stift, von den Bürgern „Kreuzherrenkloster" genannt, unter Spitalmeister Konrad von Senden († 1343) innerhalb der Ordensprovinz *Alemannia superior* eine führende Position einnahm und die Ordensniederlassungen in ➛ Wimpfen, ➛ Markgröningen und Pforzheim beaufsichtigte. Mitte des 14. Jh. ging die Provinzleitung an den Meister von Stephansfeld im Elsass über. Möglicherweise geschah dies im Zusammenhang mit der Neuordnung der Terminierbezirke 1347 durch den Großmeister Jakob (1328–48). Stift M. blieb der Ordenszentrale in Rom unterstellt. 1341 übergab Kaiser Ludwig der Bayer mit Zustimmung Bischof Heinrichs von Augsburg den Heilig-Geist-Chorherren die Marienkirche (damals Stadtkirche). Zunehmend beeinflusste der Stadtrat die Spitalpolitik, griff seit 1353 direkt in die Verwaltung ein und konnte schließlich 1365 das Spital ganz übernehmen. Das nun geteilte Chorherrenstift bestand einerseits aus dem städtischen Spital oder dem *Unterhospital* mit Dürftigenstube und angrenzenden Räumen sowie Ökonomiegebäuden, andererseits aus dem *Oberhospital* mit oberen Konventsräumen und der Kirche St. Peter und Paul, die den Ordensbrüdern vorbehalten blieben. Ein zweiter Brand 1477 zwang zum Bau einer neuen, nunmehr dreiflügeligen Anlage und zum Umbau der Kirche zur zweischiffigen Hallenkirche. Der hohe Kirchenturm wurde 1484 angefügt. In M. breitete sich die lutherische Lehre in der Reformationszeit rasch aus, erst die Interimsverordnung Kaiser Karls V. 1548 ermöglichte wieder den römisch-katholischen Ritus in den städtischen Kirchen. Chorherrenstift und Hospital unterlagen in der Barockzeit zahlreichen Um- und Ausbauten: so erhielt die Kirche Wessobrunner Stuck und die Gebäude wurden aufgestockt. Nach der Aufhebung des Heilig-Geist-Stifts durch das Kurfürstentum Bayern 1803 verließen die letzten Chorherren 1804 die Stadt.

▶ **Gegenwart.** Die Hospitaliter in M. waren keine „Kreuzherren", auch wenn ihre Niederlassung bis heute „Kreuzherrenkloster" oder „Kreuzherrenspital" genannt wird. Stift, Hospitalgebäude und Kirche wurden nach der Säkularisierung zweckentfremdet genutzt, auch abgerissen, umgestaltet und vernachlässigt. Erst die aufwändige Bewahrung und Sanierung 1998 bis 2003 rettete den Bestand, dessen ältester mittelalterlicher Bauteil die zweischiffige gotische Dürftigenstube mit ihren mächtigen Bandrippen nunmehr als Cafe dient. Die barockisierte spätgotische Kirche wird als Ausstellungs- und Konzerthalle genutzt.

◆ Engelhard, Christoph: Kloster, Spital, Amts- und Kulturhaus, München 2003; Backmund, Norbert: Die Chorherrenorden und ihre Stifte in Bayern, Passau 1966, 220–223.

Mengeringhausen, *Augustiner-Chorfrauenstift St. Barbara (1459–1557) – „Süsternhaus", Diözese Paderborn – (Bad Arolsen-M., Lkr. Waldeck-Frankenberg, Hessen, ❐ 1, C5).*

▶ Die Stadt M. war im ausgehenden Mittelalter der Residenzort einer Seitenlinie der Grafen von Waldeck. Einer religiösen Frauengemeinschaft, die sich um 1442 in M. gesammelt hatte, erlaubte Erzbischof Dietrich von Köln (Moers) 1459, die Augustinusregel anzunehmen; die Zugehörigkeit zu einem Orden ist nicht überliefert. Prioren des Windesheimer Chorherrenstifts ➛ Volkhardinghausen beaufsichtigten den Konvent, den man daher nicht den Tertiarinnen des Dritten Ordens der Augustiner-Eremiten zuordnen kann, der Frauenkonvent im „Süsternhaus" M. lebte offensichtlich nach Verfassung eines Regularkanonissenstifts. Nach der Durchsetzung des Protestantismus im Waldecker Land wurde die Gemeinschaft 1557 aufgelöst. Vom ehemaligen Süsternhaus steht noch eine kleine Restmauer, die in die Stadtummauerung integriert wurde.

◆ Weber, Armin: M. im Mittelalter, Korbach 2002; Römer, Jürgen (Hg.): Klöster in Waldeck, Bad Arolsen 2001.

Meppen, *Benediktinerpropstei St. Vitus und St. Margaretha (um 780–1803), Diözese Münster – (Lkr. Emsland, Niedersachsen, ❐ 1, B3).*

▶ **Geschichte.** Karl der Große gründete im Zuge der Neueinteilung Sachsens um 780 die monastischen Missionsstationen M. im Emsland und Visbek im Oldenburger Münsterland. Beiden königlichen Zellen stand jeweils ein *abbas* vor, der bischöfliche Vollmachten besaß. Eine so frühe Existenz von Konventen ist damit aber nicht bewiesen. Aufgrund des Vituspatroziniums wird eine Herkunft der ersten Missionare aus dem französischen St. Denis für möglich gehalten, das ältere Margarethenpatrozinium deutet auf Utrechter Gründungseinfluss hin. Die erste urkundliche Nennung des königlichen *Meppia* datiert Dezember 834. Kaiser Ludwig der Fromme übergab den Besitz mit allem Zubehör der aufstrebenden Reichsabtei ➛ Corvey an der Oberweser. Corvey konnte sich enormem Zugewinn an Land erfreuen, zumal auch Visbek 855 durch Ludwig den Deutschen an die Abtei überging. Der monastische Charakter der nunmehr als Propsteien geführten Zellen ging allmählich verloren. Ein Propst verwaltete die Güter und bestimmte die Besetzung der Pfarrstellen. Visbek versank in Bedeutungslosigkeit und wurde lediglich als Haupthof geführt. Die Propstei M. blieb mit einer Unterbrechung von 1543 bis 1638 durch die Reformation bis zur Auflösung 1803 von der Fürstabtei Corvey abhängig.

▶ **Gegenwart.** Der Kollhof an der Hase in M. war der Sitz der Pröpste. Noch heute steht benachbart die ehemalige Propsteikirche St. Vitus am Platz der ersten karolingischen Gründung. Sie dient als katholische Pfarrkirche der Gemeinde, die Bezeichnung Propstei hat sich erhalten. Der spätgotische Hallenbau wurde auf fast quadratischem Grundriss zwischen 1461 und 1471 neu errichtet. Dabei wurde die romanische Nordwand des östlichen Seitenschiffjochs der Vorgängerkirche wiederverwendet, so dass der spätgotische Kirchenbau von einem spätromanischen Prozessionsportal (13. Jh.) geschmückt wird. Im Inneren sind alle Ausstattungsstücke nachreformatorisch. Erst 1866–69 entstand der heutige, strukturreiche Westturm mit dem Hauptportal im Zuge einer Verlängerung des Kirchenschiffs. Von den mittelalterlichen Propsteigebäuden sind keine äußerlichen Spuren erkennbar. Auf dem Platz nördlich vor der Kirche steht ein überlebensgroßer Kalvarienberg von 1517. In Visbek ersetzte 1872–76 eine neue Pfarrkirche die ehemalige Kirche St. Vitus, aus dem Mittelalter ist nichts überkommen.

◆ GermBen 6, 358–360 (M.) und 485–487 (Visbek).

Mergentheim, *Deutschordens Hauptresidenz St. Pankratius (1219–1809) – „Deutschordensschloss", Diözese Würzburg – (Bad M., Main-Tauber-Kreis, Baden-Württemberg, ❒ 3, D2).*

▶ **Geschichte.** Die Brüder Andreas, Heinrich und Friedrich von Hohenlohe traten in den Deutschen Orden ein und brachten 1219 ihre Besitzungen in M. einschließlich der Wasserburg mit ein. Ein Erbvergleich mit anderen Familienmitgliedern vor Bischof Otto von Würzburg (Lobdeburg) regelte die Besitzübergabe, bestätigt von Kaiser Friedrich II. 1220. Erstmals taucht 1221 der Titel *magister* für den Vorsteher Heinrich auf. Der Komtur Albert von Bastheim in M. war 1245 bis 1247 Deutschmeister des Ordens. Gegen 1260 etablierte sich die Ballei Franken, als Hauptsitz wurde die Kommende Ellingen erst 1378 festgelegt. Die Niederlassung M. stieg zu einer der wichtigsten Kommenden der Ballei Franken auf. Die Burg Archshofen bei Creglingen (Dotation 1268) blieb bis zum Verkauf an die Kommende ➛ Rothenburg/Tauber um 1370 ein abhängiges Ordenshaus. Um 1318 wurde die Burg ➛ Prozelten erworben, das Hospital von Neubrunn 1319 dorthin verlegt und eine Kommende gegründet. Die Burg Lichtel unterstand M. zwischen 1326 und 1349, war aber wohl nur ein Verwaltungshaus mit einem Priester, nie eine eigenständige Kommende. Kaiser Ludwig der Bayer begründete 1340 die Stadtherrschaft des Ordens über M.; in dieser Zeit stiftete Deutschmeister Wolfram von Nellenburg (1331–61) ein Ordensspital, den Ordenspriestern oblagen Pfarrpflichten. 1363 kaufte die Kommende M. die ➛ Kapfenburg zu Lauchheim, wo seit 1379 ein eigenständiger Komtur nachweisbar ist. 1513 lebten in M. neben Komtur Wolfgang von Bibra (1524–34) ein Hauskomtur und sieben Ordensbrüder. Im März 1525 plünderten Bürger der Stadt den Schontaler Klosterhof, im April öffneten sie dem Taubertaler Bauernhaufen die Stadttore. Die Johanniterkommende (➛ Mergentheim), das Dominikanerkloster (➛ Mergentheim) und das Deutschordenshaus wurden geplündert, der Komtur stand unter Hausarrest. Nach der Reformation kaufte der Deutsche Orden 1554 den Johanniterbesitz mit allen Rechten und übernahm damit auch die städtische Pfarrei, musste aber bis 1589 den evangelischen Gottesdienst dulden. Nach der Zerstörung der Kommende ➛ Horneck in Gundelsheim 1525 wurde M. zunächst die provisorische Residenz des Deutschmeisters Walther von Cronberg (1526–43), der 1527 die Administration des verlorengegangenen Hochmeisteramtes übernahm. Aus dem Provisorium wurde der ständige Sitz des obersten Kommandeurs des Deutschen Ordens, was sich äußerlich im Schlossumbau für Hofrat und Hofkammer ausdrückte. 1809 löste Napoleon den Orden in den Rheinbundstaaten auf. Der Besitz M. fiel an das Königshaus Württemberg.

▶ **Gegenwart.** Heute beherbergt das Schloss in M. u. a. ein umfangreiches Museum zur Geschichte des Deutschen Ordens. Die ehemalige Wasserburg um einen fünfeckigen Hof ließ Hochmeister Georg Hund von Wenkheim (1566–72) zu einem Renaissanceschloss umbauen. Dabei wurden mittelalterliche Mauerteile verwendet, die noch heute besonders im Süd- und Westflügel gut zu erkennen sind. Die Schlosskirche St. Maria, Georg und Elisabeth, 1730 bis 1736 an

Mergentheim Deutschordens Hauptresidenz, das Barockschloss besteht aus mittelalterlichen Restmauern.

Mergentheim Dominikanerkloster, Südostansicht der Klosteranlage, der Klausurtrakt ist barock überformt, der einst flache Kirchenchor neugotisch verändert.

der Stelle einer älteren Kapelle am Ostflügel der Hauptburg erbaut, dient seit 1817 als evangelisches Gotteshaus.

◆ Weiss, Dieter: M., Deutschordenskommende, in: Württembergisches Klosterbuch, Ostfildern 2003, 346–348; Klebes, Bernhard: Der Deutsche Orden in der Region M. im Mittelalter, Marburg 2002.

Mergentheim, *Dominikanerkloster St. Maria (vor 1275–1805) – „Predigerkloster", Diözese Würzburg – (Bad M., Main-Tauber-Kreis, Baden-Württemberg, ❐ 3, D2).*

▶ **Geschichte.** Predigerbrüder sind erst seit 1270/73 in M. nachzuweisen; ein Konvent bestand 1275, sein erster Prior war Friedrich von Thüngersheim (1275/91). In seiner Zeit erbauten die Brüder ihr Kloster im Grabenbereich vor dem Südtor des befestigten Ortes. Den Platz hatte das Haus Hohenlohe gestiftet, auch Bürger und niederer Adel förderten die Gründung. Der Bau der Dominikanerkirche begann 1320 und endete erst 1373. Möglicherweise hatte der Deutsche Orden (➛ Mergentheim) in M. die Dominikaner als Gegengewicht zu den Johannitern (➛ Mergentheim) herbeigerufen; letztere besaßen die Parochialrechte im Ort. Das Verhältnis zwischen Deutschordensbrüdern und Dominikanern gestaltete sich einvernehmlich zu beiderseitigem Nutzen. Auseinandersetzungen mit den Johannitern entstanden erwartungsgemäß wegen der Pfarrpfründen, der erste nachweisbare Konflikt wurde 1316 ausgetragen. Erst nachdem der Deutsche Orden die Stadtherrschaft inne hatte, gerieten auch die Dominikaner 1362 mit den Deutschherren in Streit. Die Predigerbrüder aus M. beaufsichtigten Ordensschwestern in ➛ Rothenburg ob der Tauber. Den ordensinternen Reformen zur Observanz verweigerte sich der Konvent im Spätmittelalter erfolgreich. Insgesamt blieb er unbedeutend, ein Provinzkapitel tagte nicht in der Stadt. Bauernunruhen 1525 und die Reformation bedeuteten große Einschnitte, Ende 1547 war der Konvent verwaist und geriet unter die Verwaltung des Deutschen Ordens. Nach Beschädigung im Zweiten Markgrafenkrieg 1552 verfiel die Kirche zunehmend. 1554 belebte der Würzburger Bischof Melchior Zobel von Giebelstadt das Predigerkloster erneut. Nun folgte ein heftiger Konflikt mit dem Deutschen Orden, der 1575 zum Auszug des Priors führte. Erst als Maximilian von Österreich, Bruder des Kaisers, an der Spitze des Deutschen Ordens stand, wurde den Dominikanern Ende 1586 das Kloster zurückgegeben. Prior Daniel Bender feierte trotz schwedischer Besatzung zwischen 1632 und 1634 den katholischen Gottesdienst und spendete die Sakramente. 1700 errichteten die Dominikaner ein Gymnasium, das sie jedoch aufgrund ihres bescheidenen Besitzes nicht voll finanzieren konnten. Der Hoch- und Deutschmeister Anton Victor von Österreich (1804–35) löste als Stadtherr Ende Mai 1805 das Dominikanerkloster auf und verlegte 1806 das Priesterseminar des Deutschen Ordens in die barocken Klausurgebäude. Drei Jahre später wurde der Deutsche Orden aufgelöst. Der Klosterkomplex der Dominikaner kam zum Königreich Württemberg und diente als Kaserne, Schule und Magazin.

▶ **Gegenwart.** Die Marienkirche der Dominikaner in M. diente kurzzeitig als evangelische Stadtkirche, war dann längere Zeit profaniert; seit 1852 wird sie von der katholischen Gemeinde genutzt. Ursprünglich eine einschiffige Halle mit langem, flach abschließendem Chor, wurde sie im späten 19. Jh. zu einer dreischiffigen Basilika umgebaut. Im gotischen Chor beeindrucken besonders die Schlusssteinplastiken des Kreuzrippengewölbes und figürliche Konsolen. Die Marienkapelle an der Chorsüdseite zeigt wertvolle Fresken um 1300 von Pater Rudolfus von Wimpfen († 1311) mit Themen aus der Dominikanermystik; auch der Kreuzgang ist mit mittelalterlichen Malereien verziert. Der Hoch- und Deutschmeister des Deutschen Ordens und Stadtherr, Walther von Cronberg (1526–43), ließ sich in der Dominikanerkirche beisetzen, sein Epitaph steht heute im Seitenschiff.

◆ Seiler, Jörg: M., Dominikanerkloster, in: Württembergisches Klosterbuch, Ostfildern 2003, 349–351; Klebes, Bernhard: Der Deutsche Orden in der Region M. im Mittelalter, Marburg 2002.

Mergentheim, *Johanniterkommende St. Johannes Baptist (1208–1554), Diözese Würzburg – (Bad M., Main-Tauber-Kreis, Baden-Württemberg, ❐ 3, D2).*

▶ **Geschichte.** Albert der Jüngere von Hohenlohe übertrug 1208 dem Johanniterorden die Pfarrechte zu M. Drei seiner Neffen stifteten dem Deutschen Orden 1219 Besitz im gleichen Ort (➛ Mergentheim), so dass zwei geistliche Ritterorden in M. miteinander konkurrierten. Zeiten friedlichen Miteinanders wechselten mit solchen spannungsreichen Gegeneinanders. Das von Johannitern errichtete Heilig-Geist-Spital ging schon frühzeitig an den Deutschen Orden über. Die erste Kontroverse verursachte der Bau einer neuen Wasserversorgung vor 1268: Die Deutschordensbrüder hatten wohl zu selbstherrlich die Rechte der Bürger missachtet, woraufhin diese den Johanniterkomtur Eberhard zu Hilfe holten. Ein bewaffneter Überfall von Deutschordensleuten auf die Zaisenmühle der Johanniter führte 1288 zum Verweis der Übeltäter aus der Diözese. Auch in der Frage der Holznutzung im nahen Wald waren sich Johanniter und Bürger 1299 gegen die Deutschordensbrüder einig. Zwistigkeiten bis hin zu Rivalitäten standen aber auch gegenseitigen Beurkundungen und Zeugenschaften gegenüber. 1298 dokumentierten der Johanniterprior Helwig von Randersacker und der Deutschmeister Siegfried von Feuchtwangen (1298–99) unter Zeugenschaft hoher Würdenträger ihren guten Willen. Der Deutsche Orden übernahm 1340 faktisch die Stadtherrschaft. Ein Vertrag von 1355 regelte die klare Abgrenzung zwischen beiden Kontrahenten. Durch ihre Pfarrseelsorge standen die Johanniter dem städtischen Gemeinwesen näher, bürgerliche Wohltäter unterstützten sie mit Dotationen. Zwischen 1250 und 1274 entstanden Kommende und Johanneskirche an Stelle einer alten Kilianskirche, aber schon 1288 wurde eine Erweiterung notwendig. Die Mitgliederzahl in M. betrug unter Komtur Wiprecht von Monichingen 1495 sieben Ordensmitglieder sowie Schulmeister, Sakristan, Koch und drei Knechte. Der Orden unterhielt eine deutsche und eine lateinische Schule, die als erste Schulen der Stadt gelten. Der Johanniter und Stadtpfarrer Bernhard Bubenleben aus angesehener städtischer Familie führte in der Reformationszeit die rebellierende Bürgerschaft an, die den aufständischen Bauern im April 1525 die Tore öffnete und die Johanniterkommende, das Dominikanerkloster (➛ Mergentheim) und das Deutschordenshaus plündern half. Georg Schilling von Cannstatt leitete die Kommende seit 1534 neben ➛ Hall und ➛ Affaltrach. Als Großprior von Deutschland (1546–54) residierte er in ➛ Heitersheim und führte die Verhandlungen zum Verkauf des Besitzes M. mit allen Rechten an den Deutschen Orden, der in M. seinen neuen Hauptsitz einrichtete. Im Juli 1554 besiegelte Großprior Georg Bombast von Hohenheim (1554–66) den Vertrag.

▶ **Gegenwart.** Die mächtige Johanneskirche der Johanniter wurde schon immer ehrenvoll „Münster“ genannt; diesen Titel erhielt sie 1983 auch offiziell, sie blieb katholische Hauptkirche und ist Wahrzeichen der Kurstadt. Die frühgotische Pfeilerbasilika mit langgestrecktem Chorraum wurde nach den Johannitern von den neuen Herren des Deutschen Ordens eingewölbt, geringfügig verändert, um die Eck'sche Kapelle erweitert, neu ausgestaltet und immer wieder saniert. Am auffälligsten zeigt sich die Turmerhöhung 1593 um 36 Fuß. Die südliche Vorhalle mit Steinplastiken entstand neugotisch 1883. Das alte Kommendehaus im östlichen Bereich erneuerte der Deutsche Orden 1623; es dient heute als Pfarrhaus.

◆ Seiler, Jörg: M., Johanniterkommende, in: Württembergisches Klosterbuch, Ostfildern 2003, 345f.; Klebes, Bernhard: Der Deutsche Orden in der Region M. im Mittelalter, Marburg 2002.

Mergentheim Johanniterkommende, der Turm des frühgotischen „Münsters“ ist das Wahrzeichen der Stadt.

Merl, *Franziskanerkloster St. Michael (vor 1293–1802), Erzdiözese Trier – (Zell-M., Lkr. Cochem-Zell, Rheinland-Pfalz, ❐ 3, B2).*

▶ Der Hof M. an der Mosel bei Zell gehörte schon 782 der Reichsabtei ➛ Lorsch. Die Grafen von Sponheim stifteten um 1280 ihr Jagdhaus und Güter zur Gründung eines Minoritenklosters, das erstmals 1293 urkundlich erwähnt wird. Anderen Angaben zufolge kamen die Minoriten erst um 1310 in den Ort. Die Anlage entstand über einen langen Zeitraum, mit dem Kirchenbau begann man wohl schon Ende des 13. Jh., die Klausur wurde erst im 15. Jh. vollendet. Die Franziskaner unterhielten eine Lateinschule mit hohem Bekanntheitsgrad; mittelalterliche Nachrichten sind spärlich. Die Tertiarinnen in M. sind wohl mit den Franziskanern in Zusammenhang zu bringen, wenngleich zum Zeitpunkt ihrer Erwähnung 1321 die Frauengemeinschaft schon nicht mehr existierte. Aus den Jahren 1402 und 1447 sind Stiftungen von Jahresgedächtnissen überliefert, die Bettelbrüder betreuten das mittelalterliche Hospital der örtlichen Michaelisbruderschaft. Observanzeinfluss ist nicht nachweisbar, vielmehr galten die Brüder in M. immer als Konventuale der Kölner Ordensprovinz. Ihr Kloster existierte bis zur Säkularisierung 1802 durch die französische Besatzung. 1801 lebten noch zwölf Franziskaner im Konvent, der letzte Guardian erhielt eine Pfarrstelle in Norheim. Kaiser Napoleon übergab angeblich die Klosterkirche 1807 der Gemeinde, die frühere Pfarrkirche verfiel bis auf den romanischen Westturm. Die heutige katholische Pfarr- und ehemalige Franziskanerkirche St. Michael ist ein langgestreckter, einschiffiger Bettelordensbau mit Strebepfeilern und spitzbogigem Westportal. Im tonnengewölbten Innenraum erinnern Reste mittelalterlicher Fresken an die Franziskaner. Der Großteil der Ausstattung stammt aus der alten Pfarrkirche, so auch ein kunstreicher Flügelaltar (1491) aus Antwerpen, ein Geschenk des Abts von ➛ Springiersbach an die Michaelisbruderschaft. Der erhaltene Klausurflügel auf der Nordseite birgt zum Teil mittelalterliche Substanz.

◆ Meffert, Ernst J. u. a.: Kirchenführer der katholischen Kirchen in Zell an der Mosel, Zell 2004; Friderichs, Alfons/Gilles, Karl-Josef: Zell an der Mosel mit Kaimt und M., Köln 1976.

Merl Franziskanerkloster, die Franziskaner hinterließen eine imposante Kirche im kleinen Moselort, Südost.

Merseburg, *Benediktinerabtei St. Petrus und St. Paulus (1091–1562) – „Peterskloster" auch „Kloster Altenburg", Diözese Merseburg – (Saalekreis, Sachsen-Anhalt, ❐ 2, B5).*

▶ **Vorgeschichte.** Auf dem Bergrücken über der Saale schützte schon in der Zeit der Karolinger eine Burg den wichtigen Flussübergang im Grenzgebiet zum Slawenland. Im 10. Jh. wurde diese Altenburg eine zentrale Königspfalz König Heinrichs I. Nach der siegreichen Schlacht auf dem Lechfeld erfüllte Kaiser Otto I. ein Gelöbnis und richtete 968 das Bistum M. mit Domstift auf der Altenburg ein. Dieses Bistum hob sein Sohn Otto II. 981 zugunsten der Reichsabtei ➛ Memleben auf, aber König Heinrich II. reaktivierte 1004 die Diözese M., die in der Folge bis 1565 weiterbestand.

▶ **Geschichte.** Bischof Werner von Merseburg (Wolkenburg) war ein Anhänger der Gregorianischen Kirchenreform und Gegner Kaiser Heinrichs IV. In M. starb 1080 Gegenkönig Rudolf von Rheinfelden an den Folgen der Verwundung in der Schlacht von Hohenmölsen und fand sein Grab im Dom. Bischof Werner gründete 1091 an einer Peterskirche im Dom- und Pfalzbezirk auf der Altenburg ein Benediktinerkloster und rief Mönche aus Münsterschwarzach am Main in das neue Peterskloster. Der Gründungskonvent unter Abt Altmann (1091–97) brachte strenge Statuten der ➛ Junggorzer Reformbewegung nach M. Zur selben Zeit besiedelte die Abtei Münsterschwarzach das sächsische Missionskloster Pegau an der Elster. Während zehn Jahre später in Pegau neucluniazensische Reformgewohnheiten aus ➛ Hirsau einzogen, ist Gleiches vom Peterskloster in M. nicht bekannt, zwei Äbte des 12. Jh. jedoch entstammten dem neucluniazensischen Reformkloster Berge bei Magdeburg. Auch die Mutterabtei Münsterschwarzach geriet 1136 unter neucluniazensischen Einfluss aus Hirsau. Eine Hospitalanlage ist bereits im 11. Jh. nachweisbar, die klostereigene Schule erlangte einige Bedeutung. Die Mönche begleiteten die große Reichspolitik, denn Altenburg war im 11. Jh. die am häufigsten aufgesuchte deutsche Königspfalz. Bis Ende des 13. Jh. fanden hier Kirchensynoden, Fürsten- und Reichstage statt, wodurch M. als einer der politischen Reichsmittelpunkte galt. Im Kloster wurde die berühmte Chronik Bischof Thietmars von Merseburg aufbewahrt, die zwischen 1012 und 1018 entstand und heute noch als wichtige Quelle für die Zeit der sächsischen Kaiser geschätzt wird. Die aufstrebende Stadt M. wie auch das Kloster gelangten nach dem Interregnum unter Einfluss des Hochstifts. Die etwa 20 Benediktiner unterhielten von Anfang an mit dem Domkapitel die geistliche Verbrüderung aufrecht. Mit dem Bedeutungsverlust des Handelsstandortes M. im 14. und 15. Jh. zugunsten des südlich gelegenen Leipzigs, verlor auch die Abtei an Ausstrahlung. Die lutherische Lehre setzte sich schon frühzeitig im Bistum durch, Abt Heinrich Rymann (1513–39) versuchte vergeblich der vordringenden Reformation in den ernestinischen Landesteilen entgegenzuwirken. Abt Moritz (1539–43) musste erleben, dass nach 1539 auch die Klöster im albertinischen Sachsen aufgelöst wurden. Nach dem Tod des letzten katholischen Bischofs 1561 setzte sich in M. der Protestantismus endgültig durch. Herzog Alexander von Sachsen übernahm die Administration des evangelischen Hochstifts. 1561 wurde das Peterskloster aufgelöst, 1565 ebenso das Bistum. Der Besitz ging an das albertinische Sachsen, nun Kursachsen, über.

▶ **Gegenwart.** Von der Abteianlage nördlich der Domkirche blieben nur Reste des Petersklosters erhalten. Die romanische Basilika mit Chorwinkeltürmen und Hallenkrypta (um 1091) wurde abgerissen. Die Gebäude der Klausur im Südwestbereich blieben bestehen und werden seit 1913 museal genutzt. Der Südflügelteil entstand um 1240 unter Abt Bernward (1238–63) als Sommerremter, den Westflügel ließ Abt Heinrich Rymann (1513–39) noch 1514 als Winterremter errichten, ebenso den nördlich anschließenden Raum mit Kreuzgratgewölbe. Die Gebäude stehen auf gewölbten Kellern. Die Reste der Immunitätsmauer verlaufen südlich am Hang. Die schlichte romanische Pfarrkirche St. Vitus mit ihrem viergeschossigen Querturm errichteten die Benediktiner nahe ihrer Abtei als Pfarrkirche für die Laiengemeinde.

◆ GermSac NF 35; Eifler, Matthias: Ein Reformstatut für das Merseburger Benediktinerkloster St. Peter und Paul, in: Religiöse Bewegungen im Mittelalter, Köln 2007, 309–345.

Merten, *Augustiner-Chordamenstift St. Agnes (um 1190– nach 1500), Augustiner-Eremitinnenkloster St. Agnes (nach 1500–1803), Erzdiözese Köln – (Eitorf-M., Rhein-Sieg-Kreis, Nordrhein-Westfalen, ❐ 3, B1).*

▶ **Geschichte.** Die Gründung des Frauenstifts M. im Auelgau auf der Hochfläche über der Sieg um 1190 wird den Grafenbrüdern Heinrich II. und Eberhard II. von Sayn zugerechnet. Graf Heinrich II. gilt auch als Stifter des Prämonstratenserstifts ➛ Sayn in Bendorf. Gräfin Agnes von Saffenberg, Gemahlin Heinrichs II., spielte sicher dabei eine nicht unwesentliche Rolle, wurde doch die romanische Stiftsbasilika in M. der römischen Martyrerin Agnes (um 250) geweiht. Stift M. soll in seiner Frühzeit zum Verband von ➛ Springiersbach gehört haben, die erste urkundliche Nennung 1217

Merten Augustiner-Chordamenstift, romanische Stiftsbasilika mit zwei auffällig unterschiedlichen Westtürmen.

gibt aber keine Auskunft über die Ordenszugehörigkeit der Frauen. Das Stift kam in Besitz der Grafen von Berg (Herzöge seit 1380), die im 14. Jh. die Burg M. und das Stift ihrem Kämmerer und Verwalter übergaben, der sich Graf Merten von M. nannte. Stift M. besaß wertvolle Reliquien, die zu reger Wallfahrt, reichen Schenkungen und bedeutendem Besitzstand verhalfen. Der Konvent aus adeligen Damen unterhielt eine Klosterschule und ein Spital. Im 15. Jh. setzten Reformmaßnahmen den Chordamen so zu, dass ein Teil floh, aber durch familiären Druck zurückkehrte. Der Konvent akzeptierte zunächst die Observanz nach der ➛ Windesheimer Kongregation, aber unter der reformfeindlichen Meisterin Lysa von Witterbach (um 1472–98) verflachte die Klosterzucht erneut. Nach dem Drängen Erzbischof Hermanns von Köln (Hessen) und Herzog Wilhelms IV. von Jülich-Kleve-Berg verpflichtete sich Meisterin Jutta von Plettenberg (1500–06) zur Observanz und stimmte einer Unterstellung in den Zweiten Orden der Augustiner-Eremiten zu. Entsprechend den Angaben des Provinzials Johann von Staupitz (1503–20) gehörte der Konvent M. seit dem Anfang des 16. Jh. zur sächsischen Reformkongregation des Augustiner-Eremitenordens und war dem Bruderkonvent von Ehrenbreitstein unterstellt (in der Neuzeit den Konventen Köln und Rösrath). Während der Reformation verfolgte Herzog Johann II. der Friedfertige eine Politik der *via media*, das Kloster M. blieb katholisch. 1544 lebten 17 Schwestern in M., 1624 nahm der Konvent die Zisterzienserinnen des Klosters ➛ Herchen auf, das wegen der Pest aufgegeben worden war. Im Dreißigjährigen Krieg mussten die Schwestern 1638 auf die Burg Herrenbröl fliehen, die der Familie der Vorsteherin Agnes von Scheidt gehörte. 1699 zerstörte ein Großbrand die Klausurgebäude, die nur zum Teil wieder aufgebaut wurden. Im 18. Jh. gehörten die Vorsteherinnen meist der Adelsfamilie von der Hoven (Pampus) an und trugen wieder den Titel „Äbtissin", ein Grund für einige Historiker, an der Zugehörigkeit zum Augustiner-Eremitenorden zu zweifeln. Kurfürst Maximilian IV. von Pfalz-Bayern, der das Bergische Land seit 1799 regierte, löste 1803 das Frauenkloster M. auf.

▶ **Gegenwart.** Heute steht im großen Parkgelände noch immer die beeindruckende romanische Stiftskirche St. Agnes mit ihren auffällig unterschiedlichen Westtürmen. Die innen schmucklose Pfeilerbasilika bewahrte ihre Flachdecke und eine etwas aufwändiger gestaltete Nonnenempore im Westteil; die romanische Altarmensa geht auf die mittelalterliche Ausstattung zurück. Die Stiftskirche St. Agnes wird heute von der katholischen Gemeinde Eitorf genutzt. Vom Klausurgeviert stehen nur noch die barocken Ost- und Südflügel, diese bergen trotz erheblicher Umbauten (1909) noch ursprüngliche Kellergewölbe. Heute ist Schloss M. eine Familienerholungs-, Tagungs- und Bildungsstätte, die Restgebäude des ehemaligen Klosters sind zu einem modernen Pflege- und Altenheim ausgebaut. Das Wappen der Äbtissin Anna Wilhelmina Krafft (1755–84) schmückt heute das Torgebäude von 1769.

◆ Wernicke, Michael Klaus: Die Augustiner-Eremitinnen, Münster 2006, 81f. 86; Sukopp, Theodor: Urkunden und Akten des Klosters M., Essen 1961; Nesselrode, Auguste von: Geschichte des adeligen Augustinerinnenklosters M. an der Sieg, in: Annalen des Historischen Vereins für den Niederrhein 136 (1940) 63–130.

Merxhausen, *Augustiner-Chordamenstift St. Johannes Baptist (1212–1489), Augustiner-Chorherrenstift St. Johannes Baptist (1489–1527), Erzdiözese Mainz – (Bad Emstal-M., Lkr. Kassel, Hessen, ❐ 1, D5).*

▶ **Geschichte.** Eine Bruderschaft von Klerikern und Laien erwarb 1212 von den Edelfreien Brüdern Hermann und Dietrich von Blumenstein das Gut M. mit Pfarrkirche sowie das umliegende Land und bewog weitere religiöse Brüder und Schwestern zur Gründung eines Klosters. Erzbischof Siegfried II. von Mainz (Eppstein) verordnete in der Bestätigungsurkunde von 1213 die Augustinusregel, gestattete freie Propstwahl unter seiner Investitur und gewährte Schutz. Bald ist in den Quellen nur noch von Chorfrauen die Rede. Durch Schenkungen besonders der Grafen von Schauenburg und des örtlichen Adels konnte der Besitz zwar erweitert werden, der Bau der Stiftsanlage verlief aber wegen finanzieller Not schleppend. Erst 1256 konnte die Kirche geweiht werden, um 1300 erhielt die romanische Halle ihren gotischen Chor. Größere Bedeutung oder Ausstrahlung erreichte M. nie. In der zweiten Hälfte des 15. Jh. verfiel mit dem Niedergang der Wirtschaft auch die Klosterzucht, weshalb auf Veranlassung des landgräflichen Hauses Erzbischof Berthold von Henneberg 1489 die Chordamen in andere Stifte versetzte und M. dem Reformstift ➛ Böddeken übergab. Böddeken schickte eigene Augustiner-Chorherren und garantierte Windesheimer Reformgewohnheiten. Die Aufnahme des neuen Regularkanonikerstifts in die ➛ Windesheimer Kongregation erfolgte 1495. Landgraf Wilhelm II. von Hessen-Kassel ließ die Gebäude renovieren und dem Stift finanzielle Unterstützungen zukommen, aber auch die streng in Armut lebenden Chorherren litten unter Existenznöten. 1527 hob Landgraf Philipp I. von Hessen das Stift M. auf und verordnete 1533 die Gründung eines Hospitals, dem der gesamte Besitz mit allen Rechten zugute kam.

▶ **Gegenwart.** Heute ist M. ein Zentrum für soziale Psychiatrie. Die Klinik nutzt den sorgfältig renovierten, historischen Gebäudetrakt des mittelalterlichen Stifts und sorgt für dessen Erhalt. Die dreiflügelige Anlage in Hufeisenform mit Stiftskirche ertrug im Lauf ihrer langen profanen Nutzung einschneidende Veränderungen. Die mittelalterliche Stiftsepoche verdeutlichen am ehesten die gotische, einschiffige Kirche mit romanischen Resten und der südliche Klausurtrakt. Die Einrichtung eines ganzen Systems von Hospitälern für mittellose Untertanen in Hessen aus dem Gut aufgelöster Klöster wie ➛ Haina, ➛ Gronau, M., ➛ Alsfeld und ➛ Hofgeismar ist das historische Verdienst Philipps I., des „Großmütigen“, als der er auf einer Relieftafel im alten Stiftsbereich bezeichnet wird.

◆ MonWin 2, 284–295; Vanja, Christina: Die Hohen Hospitäler Landgraf Philipps als neue „caritas“, Marburg 2004.

Merzig, *Augustiner-Chorherrenstift St. Petrus (um 1150–82), Prämonstratenser-Chorherrenstift St. Petrus (1182–1807), Erzdiözese Trier – (Lkr. M.-Wadern, Saarland, ❐ 3, A2).*

▶ **Geschichte.** Der erzbischöfliche Ministeriale Rudolf von Merzig schenkte Erzbischof Albero von Trier (Montreuil) um 1150 sein Allod in M., der es weitergab an die Abtei ➛ Springiersbach, damals ein bedeutendes Reformzentrum der Regularkanoniker. Abt Richard (1107–58) von Springiersbach richtete in M. rechts der Saar eine Filiale ein, die aber nach seinem Tod 1158 nicht die religiöse und monastische Tiefe des *ordo novus* halten konnte. Erzbischof Arnold I. von Valancourt warf der kleinen Gemeinschaft Vernachlässigung der Seelsorgepflichten vor und bot dem nahen Prämonstratenserstift Wadgassen die Übernahme an. Die Prämonstratenser richteten in M. eine Propstei ein, ihre eigene Abtei war selbst erst 1135 unter Mithilfe Springiersbachs gegründet worden. Erzbischof Heinrich II. von Finstingen bestätigte 1263 nochmals Wadgassen als Rechtsnachfolgerin des Augustiner-Chorherrenstifts. Die Propsteikirche konnte 1230 fertig gestellt werden, ein Propst übernahm die Pfarrpflichten, drei Mitbrüder dienten als Vikare, auch die Pfarreien der Umgebung wurden betreut. Zur Grundausstattung traten mit der Zeit weitere Besitzungen hinzu. Die prosperierende Entwicklung der Mutterabtei wirkte sich auch auf ihre Filialen aus: Wadgassen unterhielt zusätzlich seit 1348 das Priorat ➛ Saarbrücken, seit etwa 1400 ➛ Wintringen und seit 1538 eine Propstei in Ensheim. In der Zeit des überragenden Abtes Michael Stein (1743–78) zählte Wadgassen mit 66 Mitgliedern neben ➛ Steinfeld zu den größten Prämonstratenserabteien des Reichs. Die Propsteikirche St. Peter in M. diente erst seit Anfang des 18. Jh. auch als Pfarrkirche. Die enge Verquickung zwischen den Belangen der Pfarrei und dem Konvent bewahrte die Propstei vor der ersten Säkularisationswelle, erst 1807 konfiszierte Frankreich die Güter. Die Mitbrüder der Mutterabtei waren schon 1792 geflohen, der letzte Abt Jean Baptiste Bordier (1784–92) wich nach Prag in das Stift Strachov aus. Die Wadgassener Stiftsannalen befinden sich deshalb heute im böhmischen Zentralarchiv in Prag.

▶ **Gegenwart.** Die ehemalige Propstei- und heutige katholische Pfarrkirche St. Peter in M. ist heute die bedeutendste architektonische Hinterlassenschaft der Prämonstratenser von Wadgassen und die einzige erhaltene romanische Kirche im Saarland. Die dreischiffige, apsidiale Basilika mit wuchtigem Westturm und zwei Chorflankentürmen im Osten entstand 1190 bis 1230. Ihr spätgotisches Kreuzgewölbe erhielt sie nach dem Brand 1500, weitere Eingriffe erfolgten durch Renovierungsarbeiten Anfang des 18. Jh. Ein Kruzifix (um 1300) im Triumphbogen ist das älteste Ausstattungsstück. Von der Klausur blieb lediglich im Süden der Kirche ein Trakt mit Treppenturm im Stil der Renaissance bestehen. Der Steingutfabrikant Nicolas Villeroy erwarb 1800 die Mutterabtei Wadgassen. Er errichtete im Abteigelände zusammen mit Jean-François Boch-Buschmann, der den Abteikomplex ➛ Mettlach einbrachte, das heute weltweit operierende Keramikunternehmen Villeroy & Boch. Abteigebäude und Kirche in Wadgassen mussten bis auf wenige barocke Reste weichen, der Firmenhauptsitz ist heute die Barockresidenz in Mettlach. Von der Wadgassener Propstei Ensheim existieren noch die Kirche und das Hauptgebäude aus dem 18. Jh., beide sind jedoch stark überformt.

◆ Waldorf, Jürgen (Hg.): Die Pfarrkirche St. Peter in M., Merzig 2005; Flesch, Stefan u. a.: St. Peter in M., in: Mönche an der Saar, Saarbrücken 1986, 160–162.

Merzig Prämonstratenser-Chorherrenstift, romanische Propsteikirche (1190–1230), Südostansicht.

Metelen, *Augustiner-Chordamenstift St. Cornelius und St. Cyprianus (vor 1337–vor 1507), Diözese Münster – (Kr. Steinfurt, Nordrhein-Westfalen, ❒ 1, B4).*

▶ **Geschichte.** Die Edelfrau Friduwi aus dem Geschlecht der Billunger errichtete vor 889 auf ihrem Erbe an der Vechte ein Kanonissenstift, dessen *sanctimoniales* zunächst nach der Aachener Regel lebten. Auffällig ist aber, dass Äbtissin Godesti (1002–40), auch eine Billungerin, das Stift M. und das Reichsstift ➛ Herford in Personalunion leitete, letzteres lebte bis zum 10./11. Jh. vermutlich nach der Benediktregel. 1337 spricht eine Urkunde vom „monasterium in Metelen ordinis S. Augusti(ni)", was ausdrücklich auf die Befolgung der Augustinusregel und auf ein reguliertes Stift hinweist. Die Tecklenburger Grafentochter Oda kaufte damals als Äbtissin (1310/51) von Graf Nikolaus von Tecklenburg die Vogteirechte im Dorf M. sowie das gräfliche Gericht, die Marktaufsicht und Vogtei über die Güter in den umliegenden Orten, die Archidiakonatsgewalt besaß sie bereits. Wie lange die Statuten eines Regularkanonissenstifts eingehalten wurden, ist unklar, die begleitenden Geistlichen sind schwer einzuordnen, ein Kollegiatkapitel gab es offensichtlich nicht, Vikare übten die Pfarrrechte aus. Im nahen Frauenstift ➛ Langenhorst unterwarf sich der Konvent 1462 inneren Reformen nach der ➛ Windesheimer Kongregation, in M. aber nicht. Der Wandel zum freiweltlichen Stift scheint sich unter Äbtissin Kunigunde von Ho(h)nstein (1467–1507) vollzogen zu haben, sie nannte sich 1494 Äbtissin des „kaiserlichen Stifts von M.". Anfang des 16. Jh. hatte sich eine freiweltliche Stiftsverfassung klar durchgesetzt. Die bischöfliche Anweisung von 1532 erlaubte den katholischen Damen, „dat swarte rochel" abzulegen und weltliche Kleidung zu tragen. 1803/11 wurde Stift M. aufgehoben.

▶ **Gegenwart.** Die ehemalige Stiftskirche dient heute der katholischen Gemeinde in M. als Pfarrkirche St. Cornelius und Cyprianus. Die imposante, geschlossene Westfront mit Südturm und Nordturmstumpf, mit dreischiffiger Unterhalle und „Fräuleinchor" entstand um 1200. Mittelschiff und nördliches Seitenschiff wurden etwa 30 Jahre später vollendet, der flach abschließende Chor um 1250 begonnen, das südliche Seitenschiff erst 1856/58 angebaut (dabei wurde das spätromanische Südportal neu angesetzt); der Treppengiebel des Turms ist gotisch. Von der mittelalterlichen Ausstattung konnten einige Statuen und Plastiken bewahrt werden, eine Stiftskammer dient als Refugium der Kultschätze. Ein Taschenreliquiar in Bursenform 10./11. Jh. und die Handschrift in niederdeutscher Sprache (um 1430) sind kunsthistorische Raritäten. Vom mittelalterlichen Klausurquadrum ist kaum etwas erhalten, geringe Reste des gotischen Kreuzgangs zeigt ein Gasthofsgebäude südöstlich der Kirche. An nachreformatorische Stiftsgebäude innerhalb der „kaiserlichen Freiheit Metelen" erinnern: der östliche Teil des Demsters (Dormitorium), das Schulgebäude des 17. Jh., die „Neue Abtei" von 1720 im Stiftsgarten sowie Wohnhäuser der Stiftsdamen auf dem „Fräuleinkirchhof".

◆ Lobbedey, Uwe: Romanik in Westfalen, Würzburg 1999, 163–166; Warnecke, Hans Jürgen: M., in: Westfälisches Klosterbuch, Tl. 1, Münster 1992, 587–593; Hegemann, Bernhard: Stift und Gemeinde M., Tl. I: Stift M., Metelen 1973.

Metelen Augustiner-Chordamenstift, Südwestseite der romanischen Stiftskirche (um 1200).

Metten, *Benediktinerabtei St. Michael (um 766–1803, seit 1830), Diözese Regensburg – (Lkr. Deggendorf, Bayern, ❒ 4, C3).*

▶ **Geschichte.** Im Auftrag seines Paten Gamelbert gründete der erste Abt Utto laut hauseigener Tradition um 766 das bayerische Frühkloster M. Die agilolfingische Herzogsfamilie scheint bei der Gründung beteiligt gewesen zu sein (der Gründungsbericht stammt aus dem 13. Jh.). Die ersten Mönche sollen von der ➛ Reichenau gekommen sein, was sich aber nicht belegen lässt. Durch Schenkungen Karls des Großen 796 entwickelte sich das Kloster zur karolingischen Abtei mit Reichsimmunität, in der „Notitia de servitio monasteriorum" der Aachener Reichssynode 818/819 erscheint die *abbatiuncula Metema* in der dritten Klasse mit Gebetsverpflichtungen. Ludwig der Deutsche gewährte 837 die freie Abtwahl und vergab Acker- und Rodungsland im Bayerischen Wald. Die Benediktiner begriffen ihr Apostolat in der Kultivierung der Ostmark. Nach Ungarnsturm, Verödung, Säkularisation und weltlichem Stiftsleben richtete Herzog Heinrich Jasomirgott von Österreich 1157 die Abtei mit Mönchen ➛ Hirsauer Observanz aus der Abtei ➛ Kastl neu auf. Die anwesenden Weltkleriker versetzte er in das verödete Kloster Münster bei Steinach, das als Kollegiatstift Pfaffenmünster neu entstand. Der Großbrand 1236 nötigte Abt Albert I. (1242–68) zum Neubau der Anlage, Bischof Leo Thundorfer von Regensburg konsekrierte die neue Kirche 1264. Nach dem Aussterben der Babenberger bemühte sich die Abtei vergeblich um Exemtion und Reichsimmunität; die Wittelsbacher übernahmen Vogtei und Herrschaftsanspruch. Abt Petrus I. (1389–1427) führte die strengen Gewohnheiten der ➛ Melker Reform ein, entsprechend der Observanz in seinem Professkloster ➛ Oberaltaich. Die klostereigene Malschule erlangte damals hohe Anerkennung, zahlreiche Handschriften und Buchillustrationen zeugen von der Kunst der Mönche. Der spätgotische Umbau der romanischen Basilika fällt in diese Reformzeit. Im ausgehenden 15. Jh. entschied sich der Konvent durch den Einfluss einiger Reformmönche aus der Abtei ➛ Reichenbach (Oberpfalz) für die Reformideale der ➛ Kastler Reform. Die Reformationswirren zersetzten in der Mitte des 16. Jh. den Konvent, blockierten die Wirtschaftsabläufe und verhinderten das Gemeinschaftsleben. Herzog Albrecht V. von Bayern sandte Abt Markus Besch (1581–92) aus ➛ Augsburg St. Ulrich und Afra, dessen Nachfolger Johannes III. Nablas (1595–1628) wirkte verdienstvoll als Wirtschaftsexperte und Bauherr. Der Dreißigjährige Krieg und die Pest von 1634 mit zehn Konventsopfern bedeuteten schwere Rückschläge, doch der nachfolgende Aufschwung erlaubte den barocken Neubau der Klausur, Umbau der Klosterkirche und Konzentration auf wissenschaftliche Studien. Die Benediktiner von M. waren Mitglieder der Bayerischen Akademie und nahmen Professuren in Freising und Salzburg wahr. Die Aufhebung erfolgte im März 1803 durch kurfürstlich bayerische Beamte, 23 Benediktiner übernahmen Pfarrstellen, einige blieben. Der neue Besitzer Johann von Pronath bemühte sich um eine Wiederbelebung der Abtei, der König Ludwig I. von Bayern zustimmte. 1830 zogen wieder Mönche in M. ein. 1837 erhielt der Konvent die volle Selbständigkeit zurück. M. wurde Ausgangspunkt der neuen bayerischen Benediktinerkongregation, ebenso wie der cassinensischen Kongregation in Nordamerika.

▶ **Gegenwart.** Die Abteianlage M. unweit der Donau bei Deggendorf ist heute ein Barockkomplex mit Studienseminar und Gymnasium. Einzig die Klosterkirche St. Michael birgt in ihrem Kern mittelalterliche Substanz, was äußerlich kaum zu vermuten ist. Die spätromanische Basilika von 1264 wurde 1451 nur umgebaut, insofern enthält sie Fundamente und Mauerreste der karolingischen Vorgängerkirche. Von zwei westlichen Rundtürmen des 11. Jh. verblieb die Kernsubstanz im heutigen Nordturm von 1681, der äußerste Ostteil des Chors ist im Kern spätgotisch. Die barocke Gesamterneuerung der Kirche begann 1712, der Umbau des Langhauses 1720. Besondere Sehenswürdigkeiten sind der Bibliothekssaal (1722–26) und der Rokokofestsaal (1759) im Ostflügel.

◆ GermBen 2, 143–148; Morsbach, Peter u.a.: Abbatiunicula Metema – M., die „Kleine Abtei“, in: Ratisbona Sacra, München 1989, 202–210.

Mettlach Benediktinerabtei, der ottonisch-salische Zentralbau (11. Jh.) diente der Verehrung des hl. Liutwin.

Mettlach, *Benediktinerabtei St. Petrus, St. Paulus und St. Liutwinus (695–1802), Erzdiözese Trier – (Lkr. Merzig-Wadern, Saarland, ❐ 3, A2).*

▶ **Geschichte.** Der hl. Liutwin († um 717) aus der Familie der Widonen gründete nach 695 das Eigenkloster M. im Tal der Saar, das er 706 als Erzbischof von Trier dem Trierer Hochstift übergab. Etwa 250 Jahre lang war das Bischofsamt in Personalunion mit der Abtwürde verbunden. M. und die Abtei ➛ Hornbach, beides widonische Gründungen, erscheinen nicht auf der Liste der karolingischen Reichsklöster („Notitia de servitio monasteriorum“) der Synode 818/819 in Aachen. Die Widonen, als salfränkisches Adelsgeschlecht auch Lambertiner genannt und Vorfahren der Salier, erhoben bis ins 9. Jh. vergeblich Rechtsansprüche auf die Abtei, die besonders unter Erzbischof Radbod (883–915) zugunsten der Diözese radikal ausgeplündert wurde. Der erste eigenständige Abt Ruotwich (um 940– nach 977) setzte die ➛ Gorzer Reform im Konvent durch, was zum inneren und äußeren Aufschwung führte. Er gewann entfremdeten Besitz zurück, sicherte die freie Abtwahl, gründete eine Schule und bereitete den Boden für die geistliche und geistige Hochblüte der Abtei im 11. Jh. Bedeutender Landbesitz in der Region, der Nahtstelle zwischen Lothringen und Kurtrier, aber auch im Woevregau zwischen Maas und Mosel, im Nahegebiet sowie im Hochwald über Losheim, im Weinbezirk an der unteren Saar sowie an der Mosel um Piesport und im lothringischen Salzgebiet bildeten die Basis der wirtschaftlichen Kraft der Abtei. Abt Reginhard (um 1046–61) erneuerte das Reformwerk im Sinn der ➛ Junggorzischen Reform. Der Konvent umfasste etwa 30 Mönche, meist aus Ministerialenfamilien. Um 1150 kam Abt Adelhelm (um 1150–67?) aus ➛ Hirsau; ob er neucluniazensische Reformgewohnheiten einführte, lässt sich nicht nachweisen. Verbrüderungen ging M. u. a. mit den Abteien ➛ Trier St. Matthias und Echternach ein. Im 14. Jh. setzten sich Privatbesitz und Präbenden durch, innere Disziplinverflachung und wirtschaftliche Stagnation folgten. Erzbischof Jakob I. von Sierck begegnete dem Niedergang seit 1440 mit Reformansätzen, was 1468 mit Hilfe Abt Arnolds II. (1465–79) aus ➛ Trier St. Matthias in der Mitgliedschaft in der ➛ Bursfelder Reformkongregation gipfelte. Ein geistlicher Aufschwung folgte, aber die wirtschaftliche Situation blieb auch im 16. Jh. angespannt. Die neuzeitliche Verlaufsgeschichte der Abtei ist begleitet von ständigen Kriegen um die Vorherrschaft im deutsch-französischen Grenzbereich. Der geistige Niedergang offenbarte sich in der Selbstvernichtung des eigenen Urkundenbestandes und der Bibliothek. Die Barockzeit brachte jedoch wirtschaftliche Prosperität, begleitet vom Abriss der alten Klostergebäude und einer Prachtentfaltung in Prälatenmanier. Das Ende brachten französische Revolutionstruppen; 1802 hob die napoleonische Konsularregierung die Abtei M. auf und versteigerte im August 1803 den Besitz. 1808 erwarb Jean-François Boch-Buschmann die Barockanlage, errichtete eine Steingutfabrik, vereinigte sich mit Nicolas Villeroy, der die nahe Prämonstratenserabtei Wadgassen gekauft hatte, woraus das weltweit operierende Keramikunternehmen Villeroy & Boch entstand.

▶ **Gegenwart.** Noch heute sitzt die Generaldirektion von Villeroy & Boch im barocken Prunkbau der Benediktinerabtei M., ein Werk des sächsischen Baumeisters Christian Kretschmar (1728), der auch die Abteikirche in ➛ Himmerod erbaute. Aus ottonischer Zeit der Abtei blieb der „Alte Turm“ erhalten, der auf den tüchtigen Abt Lioffin (um 990) aus England zurückgeht, aber erst in der zweiten Hälfte des 11. Jh. vollendet werden konnte. Dieser oktogonale Zentralbau diente als Grabkirche zur Verehrung des heiligen Klostergründers. Seinen rechteckigen Chor und das Kirchenschiff verlor er in der gotischen Zeit. Die Kapitelle seiner Arkaden im oberen Umlauf verraten den englischen Einfluss. Die ottonische Hauptkirche der Abtei wurde 1819 niedergelegt. Die Pfarrkirche St. Liutwinus in M. bewahrt ein künstlerisch hochwertiges Kreuzreliquiar der Benediktiner in Form eines Triptychons (um 1230). Überkommene Architekturfragmente aus dem 10. bis 12. Jh. sind im Treppenhaus und in den Geschäftsräumen des Unternehmens zu besichtigen.

◆ GermBen 9, 517–545; Bauer, Ruth: Der Alte Turm in M. im Spiegel der Denkmalpflege, Saarbrücken 2000.

Michaelstein Zisterzienserabtei, frühgotischer Kreuzgangflügel im romanischen Klausurbestand ohne Kirche.

Michaelstein, *Zisterzienserabtei St. Maria (1146–1543), Diözese Halberstadt – (Blankenburg [Harz]-M., Lkr. Harz, Sachsen-Anhalt, ❐ 2, A5).*

▶ **Geschichte.** An einer dem Erzengel Michael geweihten Höhlenkirche nahe der Blankenburg im Eisenerzrevier des Mittelharzes gründete seit 1139 in einem langen Prozess die Fürstäbtissin Beatrix II. vom Reichskanonissenstift Quedlinburg das Mönchskloster *Lapis S. Michaelis*, das erst 1146 von Zisterziensermönchen aus ➛ Kamp (Lintfort) am Rhein unter Abt Roger (1146–67) besiedelt wurde, nachdem der Konvent auf der ➛ Aulesburg in Hessen gescheitert war. Zwischen 1151 und 1167 verlegten die Zisterzienser das Kloster (4 km weiter) an die heutige Stelle zwischen Heimburg und Blankenburg. Der erste Klosterbau diente fortan als Grangie. Die Päpste Eugen III. und Innozenz III. bestätigten 1152 bzw. 1210 die Rechte und den Besitz. Mit dem großzügigen Stiftungsgut der Äbtissin und des örtlichen Adels gelang den Zisterziensern eine bemerkenswerte Kulturleistung im Harzgebiet. Der Konvent bestand 1280 aus 50 Chormönchen und 98 Konversen. Mit mehreren Grangien, die bis in das mecklenburgische Rosin reichten, betrieben sie auf ihrem (3.500 ha großen) Besitz Land- und Teichwirtschaft, Weinbau und Viehzucht. Sie gewannen Salz in Lüneburg, Silber am Rammelsberg bei Goslar und setzten ihre Produkte in Stadthöfen von Blankenburg, Aschersleben, Halberstadt, Quedlinburg und Güstrow ab. Die Abtei M. gründete keine Tochterabtei. Der Kontakt zum Reichsstift Quedlinburg blieb zum gegenseitigen Nutzen lange erhalten, im Auftrag der Päpste schlichteten die Äbte immer wieder Rechtsstreitigkeiten des Stifts. 1525 zerstörten aufständische Bauern die Abtei. Im Streit mit Herzog Georg von Sachsen plünderte und brandschatzte der Tauchaer Schlossherr Wilhelm von Haugwitz das Kloster 1533, die Kirche konnte nicht mehr gerettet, die Klausur aber notdürftig wiederhergestellt werden. Abt Georg Schwarz (1542–43) nahm 1543 zusammen mit dem Landesherrn Graf Ulrich XII. von Regenstein-Blankenburg die lutherische Lehre an und trat die Abtei ab, die bis 1807 nominell als evangelisches Kloster mit Schule und Predigerseminar meist unter Titularäbten des jeweils herrschenden Hauses weitergeführt wurde. Die katholischen Restitutionen 1629–31 und 1635–40 blieben Episoden.

▶ **Gegenwart.** Die Klosteranlage M. bietet heute den seltenen Fall einer verlorenen Kirche aber des vollständig erhaltenen romanischen Klausurbereichs. Von der dreischiffigen Basilika mit Querschiff und Staffelchor existieren nur noch Teile des südlichen Seitenschiffs und des südlichen Querhauses sowie zwei Portale und eine Gurtbogenvorlage. Die Klausur besteht im Ost- und Südflügel aus den typischen Zweckräumen eines romanischen Zisterzienserklosters mit Kapitelsaal und Refektorium. Die reiche Kapitellornamentik der Säulen geht auf das 12. und

Michelstadt Benediktinerpropstei/Benediktinerinnenabtei, Nordseite der karolingischen Einhardsbasilika (827).

13. Jh. zurück und ist mit jener in ➛ Königslutter und ➛ Konradsburg vergleichbar. Der vierflügelige Kreuzgang ist frühgotisch. Der Klausurwestflügel mit herzoglicher Wohnung und Schlosskirche entstand erst Anfang des 18. Jh. wie auch das markante Torhaus. Die Wirtschaftsgebäude enthalten zum Teil mittelalterliche Substanz. Die Anlage M. beherbergt heute ein Musikinstitut für Aufführungspraxis, birgt ein Museum für Musikinstrumente, ist Heimstatt eines berühmten Kammerorchesters und fungiert als internationale Forschungs-, Weiterbildungs- und Begegnungsstätte. Die Erstniederlassung der Mönche an der Höhlenkirche (Volkmarskeller) am Eggenröder Brunnen ist begehbar und weist noch Grundmauerreste ehemaliger Bauten sowie Teichanlagen der Zisterzienser auf. In Aschersleben existiert der „Graue Hof", einst Stadthof von M. aus der zweiten Hälfte des 13. Jh. mit Kreuzgratgewölbe im Erdgeschoss.

◆ RepZist 370–378; Probst, Marion: Kloster M., Dößel 2004; Heutger, Nicolaus: Niedersächsische Klöster, Hannover 1996, 51–57.

Michelstadt

Michelstadt (Steinbach), *Benediktinerpropstei St. Maria (1073– vor 1232), Benediktinerinnenabtei St. Maria (vor 1232–1535), Erzdiözese Mainz – (M.-Steinbach, Odenwaldkreis, Hessen, ❐ 3, C2).*

▶ **Vorgeschichte.** Kaiser Ludwig der Fromme schenkte 815 Einhard (Berater und Biograph seines Vaters Karl, um 770–840) und dessen Gemahlin Imma († 836) die Mark *Michlinstat* im Odenwald. Die neuen Eigentümer ließen bis 827 eine Basilika mit einem Gebäudekomplex errichten. Einhard besorgte mit der Absicht einer Klostergründung Reliquien der Kanonheiligen Marcellinus und Petrus aus Rom, die er aber 828 nach ➛ Seligenstadt am Main transferierte. Die Einhardsbasilika und die Gebäude gingen 840 durch testamentarische Verfügung des Stifterpaares an die Reichsabtei ➛ Lorsch über und versanken zunächst in Bedeutungslosigkeit.

▶ **Geschichte.** Der Lorscher Abt Udalrich (1056–75), der auch ➛ Altenmünster bei Lorsch zur Propstei reaktivierte, schickte 1073 einen Konvent zur Einhardsbasilika nach Steinbach zur Gründung einer Propstei und stattete diese zusätzlich mit Besitz in Marbach, Bullau und Rossebuch aus. Der Schirmherr Berthold I. von Henneberg ließ 1100 im Streit mit Lorsch Abt Anselm (1088–1101) bei einem Besuch in M. verhaften und einkerkern. Auf Einspruch Kaiser Heinrichs IV. wurde der Abt freigesetzt, der aber kurz darauf in seiner Gründung ➛ Heiligenberg St. Stephan starb. 1113 bestätigte König Heinrich V. der Propstei M. Rechte und Besitz. Der erste namentlich bezeugte Propst Libelinus (1119) geriet in Streit mit der Mutterabtei, weil Abt Benno (um 1111–19) die Burg Windeck auf Propsteibesitz bauen ließ. Abt Benno wurde wegen weiterer Delikte vom Konvent abgesetzt, starb noch 1119 und wurde als einziger Abt ausgerechnet in M. bestattet. Propst Hildebert (1148) von M. wurde zum Abt erhoben, starb aber nach kurzer Zeit. Sehr oft erscheint die Propstei M. danach im Lorscher Codex nicht mehr, die berühmte Reichsabtei Lorsch wurde 1248 von Prämonstratensern übernommen. Bereits vorher war M. in Steinbach zum Benediktinerinnenkloster umgewandelt worden, die Besitzbestätigung Papst Gregors IX. wandte sich 1232 an eine *abbatissa* in M. Die Gründe der Umwandlung sind unbekannt, man vermutet Einfluss der Schenken von Erbach, auch ist ein Zusammenhang mit der 1195 erfolgten Umwandlung der Propstei ➛ Neuburg bei Heidelberg in ein Frauenkloster möglich. Die Prämonstratenser von Lorsch übten die geistliche Aufsicht über die Benediktinerinnen aus. Das Baseler Konzil beauftragte in der Mitte des 15. Jh. Abt Heinrich Kuntich (1428–56) von ➛ Amorbach, die Misswirtschaft in M. zu beseitigen und Ordnung in die Ökonomie des Frauenkonvents zu bringen. Äbtissin Elisabeth Lochinger (1504/12) bat Erzbischof Berthold von Henneberg 1504 um Schutz in den Wirren des Landshuter Erbfolgekrieges. Graf Eberhard XIII. von Erbach hob 1535 mit Einführung der Reformation das Kloster auf, das im Besitz der Grafenfamilie bis 1967 blieb.

▶ **Gegenwart.** Die Einhardsbasilika in M.-Steinbach von 827 gilt heute als besterhaltenes Bauwerk in der Tradition der „Musterkirche" von ➛ Kornelimünster (Inda), die als architektonischer Ausdruck der karolingischen Klosterreform 815 errich-

Mildenfurth Prämonstratenser-Chorherrenstift, romanisches Stufenportal, ein ausdrucksstarkes Architekturerbe.

tet worden war. Der Kirchentypus wird als „gestauchte Zellenbasilika" bezeichnet, weil die Chorpartie als Zellenquerhaus mit drei geschlossenen apsidialen Zellen errichtet wurde und das Langhaus deutlich zurückgenommen (gestaucht) erscheint. Heute sind noch das Mittelschiff mit Apsis, der nördliche Nebenchor und die Stollenkrypta mit ihrem Kapellenraum erhalten. Die Benediktiner fanden 1073 die Anlage weitgehend heruntergekommen vor und erbauten nördlich der Kirche neue Konventsgebäude mit einem Verbindungsgang, verlängerten das Langhaus nach Westen unter Aufgabe des dreiteiligen Westbaus und der gestauchten Form und veränderten den Innenraum. Das als Winterchor bezeichnete Annexgebäude am nördlichen Nebenchor entstand um 1170. In der 300-jährigen Nutzung der Benediktinerinnen verlor die Basilika ihre Dreischiffigkeit, die Seitenschiffe wurden abgerissen, die Arkaden vermauert und die Wände ausgemalt. Nachklösterlich entstand die heutige einfache Westwand anstatt der Türme und des romanischen Vorbaus. In jüngster Zeit sind die seitlichen überdachten Mauerzüge zur Stützung des Mittelschiffs entstanden.

◆ GermBen 7, 854–875; Ludwig, Thomas: Die Einhards-Basilika in Steinach, Mainz 1996.

Mildenfurth, *Prämonstratenser-Chorherrenstift St. Maria und St. Vitus (1193–1544), Diözese Naumburg – (Wünschendorf-M., Lkr. Greiz, Thüringen, ❐ 4, B1).*

▶ **Geschichte.** Prämonstratenser aus ➛ Magdeburg breiteten sich sonderbarerweise nicht in den Bistümern Merseburg und Meißen aus, auch in der Diözese Naumburg gründeten sie nur ein Tochterstift in M. nahe des Zusammenflusses von Weida und Elster. Die Stiftung erfolgte 1193 durch Heinrich den Reichen, Reichsministeriale und Vogt des Vogtlandes, mit Sitz auf Burg Weida (3 km südlich). Die Landbevölkerung war damals meist slawisch und vielerorts noch heidnisch. Aus dem Marienstift Magdeburg kam Propst Berthold (1193–1217) zunächst nur mit vier Chorherren. Die älteste Pfarrkirche des Vogtlandes in Veitsberg gehörte zur Grundausstattung. Heinrich übergab seine Gründung an König Heinrich VI., der die Landgrafen von Thüringen als Schirmherren einsetzte. De facto blieb das Stift ebenso wie ein Eigenkloster eng verbunden mit den Vögten, den späteren Fürsten von Reuß, selbst dann, als die Herrschaft Weida 1410/27 an die Wettiner von Sachsen überging. Papst Gregor IX. vergab 1230 Schutzprivilegien, Exemtion bestand nicht; freie Propstwahl war zugesichert, Befreiung vom Neubruchzehnt gewährt. Die Vögte von Weida nutzten Stift M. als Begräbnisstätte für ihre Familien, das benachbarte Dominikanerinnenkloster ➛ Cronschwitz diente dagegen den verwandten Vögten von Gera als Grablege. Der Frauenkonvent und die Chorherren hielten engen Kontakt, die Pröpste zeugten in Urkunden oder traten als Schlichter bei Rechtsstreitigkeiten für die Schwestern auf, eine Aufsichtspflicht oblag ihnen nicht. Besitz und Pfarrkirchen konnten beträchtlich vermehrt werden, letztendlich blieb M. aber nur mittelmäßig begütert. Die Vorsteher behielten entsprechend der Magdeburger Tradition immer den Titel Propst. Ein Armenhaus sorgte für Hilfebedürftige, die stiftseigene Schreibstube erlangte einige Bedeutung. Das Verbot von Privateigentum musste den Chorherren wiederholt eingeschärft werden, wenngleich 1424 nichts davon in entsprechenden Bestimmungen auftaucht, was als Akt des Pragmatismus gewertet werden darf. Durch den Hussiteneinfall 1426 erlitt der Konvent unter Propst Hermann Hogenist (1413/32) Rückschläge, das Klausurleben verflachte auf einen Tiefstand. Bischof Heinrich II. von Naumburg (Stammer) und das Mutterstift Magdeburg versuchten 1457 mit strikter Klausur und fester Kleiderordnung den Konvent zu reformieren, Propst Peter Kremer resignierte; die Quellen schweigen über den Erfolg oder gar die Nachhaltigkeit der Reformen. 1526 schickten kurfürstliche Beamte einen evangelischen Prediger in das Stift, Propst Konrad Berger (1495–1536) musste auch einen weltlichen Verwalter an seiner Seite dulden. Dank des charismatischen Priors Peter Hainer blieben die neun Konventsmitglieder fest im Widerstand gegen den Protestantismus, trotzdem hielten sich 1537 nur noch vier Chorherren im Stift auf. 1533 folgten die Inventaraufnahme und die amtliche Einweisung eines weltlichen Vorstehers. 1544 ließ Kurfürst Johann Friedrich der Großmütige das Prämonstratenserstift M. offiziell sequestrieren (zwangsverwalten). Da er den Besitz bis auf die Jagdgerechtigkeit bald verkaufte, handelt es sich um die Säkularisierung des Stifts, die aber im protestantischen Sachsen meist durch Sequestration verschleiert wurde.

▶ **Gegenwart.** Die ummauerte Gesamtanlage M. ist heute ein bedeutendes spätromanisches Denkmal in Ostthüringen. Die romanische Stiftskirche existiert nur als Fragment, nach 1544 wurde sie zum Ritterschloss umgebaut, ohne die romanischen Architekturteile der dreischiffigen, kreuzförmigen Basilika völlig zu beseitigen. Das Schloss birgt heute romanische Vierungspfeiler und Renaissancekamin wie auch Kreuzgratgewölbe des 16. Jh. neben romanischen Diensten. Die beeindruckendste Hinterlassenschaft der Prämonstratenser ist das stufenförmige Säulenportal im ehemaligen Westbereich; durch die Verkürzung des Kirchenbaus steht das Portal heute frei. Südlich befinden sich ehemalige Klausurgebäude mit gotischen Fensteröffnungen. Die Immunitätsmauer zeigt in den nördlichen Ecken Stümpfe runder Wehrtürme, kreuzförmige Schießscharten und den Wehrgang auf der Innenseite, was ihre mittelalterliche Militärfunktion veranschaulicht.

◆ GermSac NF 35; Diezel, Rudolf: Das Prämonstratenserkloster M. bei Weida, Stadtroda 1937.

Millen, *Benediktinerpropstei St. Quirinus und St. Balbina (nach 1121–1802), Diözese Lüttich – (Selfkant-M., Kr. Heinsberg, Nordrhein-Westfalen, ❐ 1, A5).*

▶ **Geschichte.** Der Domkanoniker Wilhelm von Millen aus Lüttich und vier seiner Neffen übergaben zwischen 1121 und 1126 dem benediktinischen Reformzentrum ➛ Siegburg ihre Eigenkirche mit Streubesitz in 22 Orten um die Burg M. und baten um Übersendung eines Konvents zur Gründung eines Klosters. Dem Ersuchen gab Abt Kuno I. (1105–26) von Siegburg statt und erweiterte sein ausgedehntes Zellensystem um die am weitesten westlich gelegene

Propstei M. An die schon vor 1000 bestehende Pfarrkirche St. Quirinus und Gangolphus wurde eine Quirinuskapelle für das Stundengebet der Mönche angebaut. Eine Urkunde von 1144 erwähnt den Protest eines Neffen namens Reinard von Millen nach Erreichen seiner Volljährigkeit. Er erlangte durch die Schlichtung Erzbischof Arnolds I. von Köln die erblichen Vogteirechte, was eigentlich den *consuetudines coenobii Sigebergensis* widersprach. 1282 gelangte die Burgherrschaft M. durch Verkauf an die Edelherrn von Heinsberg, 1313 übertrug Gottfried von Heinsberg das Patronatsrecht über die Pfarrkirche an die Mönche. In der Bestätigung von 1341 wird eine Mönchsgemeinschaft noch ausdrücklich genannt, ohne einzelne Namen zu verzeichnen. Im 14./15. Jh. wechselte die Herrschaft M. mehrmals, 1499 kam sie an das Herzogtum Jülich. Den Bischöfen von Lüttich stand die Einsetzung des Propstes zu. Aus dem Anspruch, in der ganzen Diözese Stationen mit Reliquien des hl. Quirinus abzuhalten, erwuchs im 15./16. Jh. Streit um die Frage, ob der Heilige zu den sogenannten heiligen Marschällen gezählt werden könne; es existieren nämlich mehrere Heilige mit Namen Quirinus (dabei bezeichnet Quirinus von Neuss einen römischen Tribun, der unter Kaiser Hadrian das Martyrium erlitten hatte [† um 130] und im rheinisch-maasländischen Raum besonders verehrt wurde). Seit der vergeblichen Belagerung von Neuss 1474/75 durch Karl den Kühnen galten die Quirinus-Reliquien im ➛ Neusser Stift als ein besonders wirkmächtiges Heiltum, und fortan wurde der Heilige den heiligen Marschällen (Antonius der Einsiedler, Cornelius von Rom und Hubert von Tongern-Maastricht) zugerechnet. Propstei und das Amt M. waren bis zum französischen Einmarsch 1794 an das Schicksal des Herzogtums Jülich gebunden, das seit 1742 unter der Herrschaft der bayerischen Kurfürsten aus dem Haus Wittelsbach stand. Nach der Okkupation der Propstei durch Frankreich 1794 und der offiziellen Auflösung 1802, gelangte der Besitz 1815 an Preußen.

▶ **Gegenwart.** Heute liegt M. direkt an der niederländischen Grenze und ist der westlichste Ort der Bundesrepublik, insofern ist die ehemalige Propsteikirche und heutige katholische Pfarrkirche St. Nikolaus der westlichste Sakralbau Deutschlands. Der viereckige Chorraum der zweischiffigen Kirche stammt aus der Zeit vor 1000. Beim damaligen Bau wurden römische Grabsteine verwendet. 1149 erhielt der Saalbau ein nördliches Seitenschiff, dessen östlicher Teil als Quirinuskapelle für die Mönche eingerichtet wurde. Die Sakristei entstand unter Propst Otto Heinrich von Bylandt (1636–62) um 1644 als Balbinakapelle, der auch den „erzählenden Stuck“ in Chor und Kapellen anbringen ließ. Das Kirchenschiff, das immer der Gemeinde diente, wurde 1859 durch Verlängerung der Fenster an der Südseite und durch Vermauerung der Fenster an der Nordseite stark verändert. Die bestehenden Propsteigebäude sind frühneuzeitliche Bauten mit nachreformatorischen Resten.

◆ GermSac NF 9, 81f.; Semmler, Josef: Die Klosterreform von Siegburg, Bonn 1959.

Mindelheim, *Augustiner-Eremitenkloster St. Maria (1250–1526), Diözese Augsburg – (Lkr. Unterallgäu, Bayern, ❒ 3, D4).*

▶ Freiherr Schwigger von Mindelberg und seine Gemahlin Euphemia riefen Wilhelmiten nach Bedernau, errichteten für sie 1250 ein Kloster nahe ihrer Burg und übergaben ihnen das Patronat und die Vogtei über die Kirche des Ortes. Bischof Hartmann von Augsburg (Dillingen) bestätigte die Schenkung im gleichen Jahr. 1262 ließ sich der Wilhelmitenkonvent in den jungen Augustiner-Eremitenorden inkorporieren. Als Mendikanten verlegten sie 1263 ihr Kloster von Bedernau in das nahe M., wobei sie das Geld für den Klosterneubau durch Betteln aufbringen mussten. 1294 konnte die Klosterkirche auf die Verkündigung Marias konsekriert werden, und die Stifterfamilie sorgte weiterhin für Vermehrung klösterlichen Besitzes. Der Ortspfarrer Bertold bereitete Schwierigkeiten, weil er um seine Pfründen fürchtete; der Streit wurde erst 1274 durch einen Vergleich beigelegt, den Bischof Leo Thundorfer von Regensburg vermitteln konnte. Ein Frauenkonvent, der

Millen, Quirinuskapelle (1146) der Siegburger Mönche an der Pfarrkirche.

Mindelheim, Barockschmuck im Chor der hochgotischen Klosterkirche.

schon länger in der Stadt existierte, vermachte 1292 seinen gesamten Besitz den Augustiner-Eremiten auf Leibgedinge. 1467 erlangten die Herren von Frundsberg aus Tirol die Herrschaft über die Stadt. Unter dem Einfluss der Reformation löste sich der Augustinerkonvent 1526 selbst auf. Versuche zur Neubelebung scheiterten zunächst. Erst nachdem Herzog Maximilian I. von Bayern 1616 die Stadt in sein Territorium eingegliedert hatte, übernahmen 1618 Jesuiten das Kloster und bauten 1625 die Klosterkirche im frühbarocken Stil um. 1721 gestalteten sie den Innenraum vollkommen neu aus. Die hochgotische, barock veränderte „Jesuitenkirche" zählt heute zu den bedeutenden Sakralbauten Schwabens und dient nach wie vor dem katholischen Gottesdienst. Die barocken Klostergebäude sind in Privatbesitz.

◆ Zoepfl, Friedrich/Holzbaur, Erwin: Die Kirchen von M., Regensburg 1995; Kunzelmann, Adalbero: Geschichte der deutschen Augustiner-Eremiten, Tl. 1, Würzburg 1969, 55–60.

Minden, *Benediktinerabtei St. Mauritius und St. Simeon (1042–1810), Kloster Christlicher Schwestern St. Mauritius und St. Simeon (seit 1950) – „Mauritzkloster", Diözese Minden – (Kr. M.-Lübbecke, Nordrhein-Westfalen, ❒ 1, C4).*

▶ **Geschichte.** Bischof Bruno von Minden (Waldeck) gründete 1042 auf einem Werder im Flussgebiet der Weser vor seiner Bischofsstadt ein Benediktinerkloster. Der Gründungskonvent kam aus dem heute untergegangenen Kloster Berge bei Magdeburg, zu dem der Bischof als ehemaliger Domherr im Erzstift gute Verbindungen pflegte. Der Schutzheilige der Magdeburger Kirche St. Mauritius wurde Patron des bischöflichen Eigenklosters in M. Die Mönche aus Bergen brachten unter Abt Menginward (1042–71) ➛ Junggorzer Reformideale mit. Einen Statutenwechsel vollzog Abt Alberich (um 1080), der aus ➛ Köln St. Pantaleon kam und neucluniazensische Gewohnheiten der ➛ Siegburger Reform einführte. Der Konvent M. blieb ein aktives Mitglied des Siegburger Reformkreises, bis der Reformelan Mitte des 13. Jh. erlahmte. Benediktiner aus St. Mauritius besiedelten nach 1080 als erste die ➛ Iburg südlich von Osnabrück. Mit der Vermögenstrennung zwischen Abt und Konvent löste sich nach 1380 die *vita communis* auf, die Pfründen förderten stiftsähnliche Zustände. Wegen häufiger Überschwemmungen verlegten die Benediktiner 1435 ihre Abtei an eine höher gelegene Stelle in der Stadt neben die Pfarrkirche St. Simeon, die dem Kloster dabei inkorporiert wurde. Bis 1473 errichteten sich die Mönche ein eigenes Oratorium; die dazu notwendige Kreditaufnahme war der Beginn der späteren Misere, St. Simeon blieb eine unterstellte Pfarrkirche. Kardinallegat Nikolaus von Kues erreichte 1451 innere Reformen, Abt Friedrich Bensen (1421–51) musste zurücktreten, Abt Johannes Cosin (1451–61) setzte mit drakonischen Maßnahmen eine strenge Klosterzucht durch, was zu Revolte und Blutvergießen führte. 1458 trat M. der ➛ Bursfelder Kongregation bei. Die folgenden 70 Jahre wurden zur Blütezeit der Abtei bis die Reformation in der Stadt die Mönche 1529 für 23 Jahre ins Exil nach ➛ Rinteln St. Jakob vertrieb. Die Rückkehr wurde 1532 durch Kompromisse möglich. Ein Vertrag von 1573 regelte die neuen Bedingungen: Die Pfarrkirche St. Simeon blieb evangelisch, der klostereigene Friedhof stand auch den Bürgern offen. Neue Kredite zur baulichen Schadensbehebung, Misswirtschaft und Prozesse wegen der Übergriffe der Schirmherren, der Grafen von Schaumburg, trieben das Mauritzkloster in eine schwere Verschuldung und in den drohenden Ruin, der nur mit den Finanzhilfen aus den Bruderabteien der Bursfelder Union vermieden werden konnte. Seit 1688 war der geschrumpfte Konvent nicht mehr in der Lage, einen Abt zu unterhalten, das vakante Amt wurde gemieden. Der als Administrator eingesetzte Nikolaus von Zitzewitz, Abt von ➛ Huysburg (1676–1704), schlug 1696 als Rettung die Inkorporation der Mauritiusabtei in seine Abtei nördlich von Halberstadt vor, was auch der Kurfürst von Brandenburg befürwortete. Als Propstei von Huysburg besserte sich die wirtschaftliche Lage in M., so dass die Existenz für die folgenden 110 Jahre gesichert blieb, die Schulden konnten aber nie restlos abgetragen werden. König Jérôme von Westphalen ließ die Propstei im September 1810 aufheben.

▶ **Gegenwart.** Die spätgotische Mauritiuskirche dient heute der katholischen Domgemeinde als Nebenkirche und seit 1950 der Gemeinschaft der Schwestern von der christlichen Liebe aus Paderborn als Klosterkirche. Die Kirche ist eine zweischiffige Halle mit dreijochigem Polygonalchor und einem der Gotik nachempfundenem großen Fenster in der Westwand, das lange zugemauert war. Schlanke Rundpfeiler trennen das nördliche Seitenschiff ab und tragen das Kreuzrippengewölbe. Die heutige Ausstattung ist nicht original, die Kirche diente bis nach dem Zweiten Weltkrieg als Lagerhalle und Pferdestall. Südlich schließen sich Restgebäude der relativ kleinen Klausur an. Der Nordflügel des Kreuzgangs und die zweijochige, gewölbte Sakristei blieben aus vorreformatorischer Zeit erhalten. Von der Erstanlage auf dem Werder zwischen zwei Weserbrücken ist kein aufstrebendes Mauerwerk erkennbar.

◆ GermBen 8, 476–498; Schütte, Leopold: M. – Benediktiner, in: Westfälisches Klosterbuch, Tl. 1, Münster 1992, 613–619.

Minden Benediktinerinnenabtei, gotische Kapellen an der Südseite der romanischen Marienkirche.

Minden, *Benediktinerinnenabtei St. Maria und St. Blasius (vor 1002–1421) – „Marienstift", Diözese Minden – (Kr. M.-Lübbecke, Nordrhein-Westfalen, ❒ 1, C4).*

▶ **Vorgeschichte.** Auf dem ➛ Wittekindsberg hoch über der Weser bei Barkhausen südlich von M. stiftete Bischof Milo von Minden 993 die Benediktinerinnengemeinschaft unter Äbtissin Thetwif. Schutz und Versorgung der anwachsenden Gemeinschaft bereitete offensichtlich Schwierigkeiten; vor 1002 verlegte Bischof Ramward von Minden das Kloster an die kleine Kirche St. Maria in seiner Bischofsstadt.

▶ **Geschichte.** Die Festigung des Frauenklosters in M. und der Klosterbau fanden durch Bischof Siegbert tatkräftige Unterstützung. Nachfolger Bischof Bruno von Waldeck weihte um 1050 die Marienkirche ein, die im religiösen Leben der Stadt eine bedeutende Rolle spielte, zumal sie als Pfarrkirche genutzt wurde. Der Konvent hielt die Erinnerung an seine erste Äbtissin Thetwif über das Mittelalter hinaus aufrecht, Priester und fromme Klausnerinnen betreuten das Memorialheiligtum auf dem Berg mit besonderer Fürsorge. Auch den als heiligmäßig verehrten Bischof Bruno ehrten die Schwestern mit Jahresgedächtnisfeiern, die mit Armenspeisungen verbunden waren. Die geistliche Aufsicht übte nicht die städtische Benediktinerabtei St. Mauritius (➛ Minden) aus, sondern Pröpste des Kollegiatstifts St. Martin. Die wachsende Verbindung des landständigen Adels mit ihrem Marienstift begründeten reichen Besitz und Wohlstand, begünstigte aber auch eine Adelsexklusivität nicht zum Vorteil des Klausurlebens. Äbtissin Adelheid von Kämmerer (1303/39) sanktionierte 1308 die Trennung der Gütererträge, Äbtissin und Konvent nutzten eigene Siegel. Papst Martin V. genehmigte 1421 Äbtissin Adelheid von Gropeling (1397/1423) die Umwandlung des Klosters in ein weltliches Kanonissenstift und trug damit den Gegebenheiten der vorangegangenen Jahrzehnte Rechnung. Das freiweltlich adelige Damenstift bekannte sich während der Reformationswirren um 1530 zum Protestantismus und wurde 1810 aufgehoben. Das Archiv ging im Dreißigjährigen Krieg verloren.

▶ **Gegenwart.** Die ehemalige Kloster- bzw. Stiftskirche dient heute der evangelisch-lutherischen Gemeinde als Stadtpfarrkirche St. Maria. Der romanische, einschiffige Bau ersetzte im 12. Jh. eine Vorgängerkirche. Der mächtige, quadratische Westturm entstand in der Mitte des 13. Jh. Erweiterungen erfolgten durch den gotischen Chor, die Seitenschiffe und Sakristei erst im 14. Jh. Die gotische Turmkapelle diente als „Jungfernchor". Im Inneren bewahrt die Kirche eine Pietà (um 1430), möglicherweise noch aus benediktinischer Zeit. Westlich der Kirche stand das Klausurquadrum mit Kreuzgängen und Hof; überbaute Restteile wurden 1974 für ein Gemeindezentrum niedergelegt. Arkadenbögen des südlichen Kreuzgangs blieben erhalten.

◆ Korn, Ulf-Dietrich/Jost, Bettina: Bau- und Kunstdenkmäler in Westfalen. Stadt M., die Stifts- und Pfarrkirchen, Essen 2003; Brandt, Hans Jürgen: M. – Benediktinerinnen, gen. Marienstift, in: Westfälisches Klosterbuch, Tl. 1, Münster 1992, 606–613.

Minden, *Dominikanerkloster St. Paulus (1236–1539) – „Paulikloster", Diözese Minden – (Kr. M.-Lübbecke, Nordrhein-Westfalen, ❐ 1, C4).*

▶ **Geschichte.** Auffälligerweise ließen sich im Hochmittelalter in der Diözese Minden keine Mendikanten nieder. Die einzige Ausnahme bildet das Dominikanerkloster in der Bischofsstadt, aber selbst hier kamen die Minoriten nicht über die Gründung einer Terminei (1332– nach 1505) hinaus. Propst und Domkapitel zu M. riefen 1236 Dominikanerbrüder zur Übernahme von Seelsorgepflichten in die Stadt. Ritter von Beldersen gilt als Stifter, nachdem sein Haus abgebrannt war, übergab er den Platz den Predigern, die ihre Klosterkirche 1260 dem Apostelfürsten St. Paulus weihen ließen. Das Dominikanerkloster hieß bei den Bürgern meist „Paulikloster". Johannes Sapiens, späterer Prior (1263–70), und sein Mitbruder Otto von Hoya gewannen 1242 den Stiftsvogt der Mindener Kirche, Wedekind vom Berge, und seine Ehefrau Richenza zur Gründung eines Dominikanerinnenklosters an der Pfarrkirche zu Lahde. Der neue Schwesternkonvent genoss die Unterstützung des Mindener Pauliklosters, auch wenn er erst 1287 in den Orden aufgenommen wurde; die Brüder stellten den Propst. Prior Johannes von dem Bussche (1305–14) half, als der Schwesternkonvent im September 1305 nach ➛ Lemgo umzog. Die Paulibrüder selbst genossen die besondere Unterstützung und Sympathie der Bischöfe und des Domkapitels, Domdechant Hartbert von Mandelsloh trat 1292/93 in den Konvent ein, Bischof Volkwin von Schwalenberg ließ sich 1293 und Bischof Otto II. von Wettin 1368 in der Dominikanerkirche beisetzen. Sieben Provinzkapitel fanden im Lauf des Mittelalters in M. statt; der Konvent stellte Provinziale, Weihbischöfe und Gelehrte. Johannes von Melbergen (1336–40) war Magister der Theologie in Paris und Beichtvater Papst Clemens' VI. Weitere herausragende Persönlichkeiten waren Hermann von Minden († um 1299), Otto von Nyenhusen († nach 1336), Heinrich von Herford († 1370), Hermann von Lerbeck († nach 1407) und Johannes Negri († um 1530). Als Kaiser Karl IV. 1377 in M. weilte, wohnte er im Paulikloster. Auch die Bürger achteten die Bettelbrüder, die Zünfte der Schneider, Kaufleute und Feuerwächter begingen ihre Feste in der Paulikirche. Das hauseigene Studium der Philosophie erlangte Anerkennung und Bekanntheitsgrad, von der Bibliothek mit mehreren tausend Bänden existierten um 1730 im Gymnasium noch etwa 500 Bücher. In Hameln, Herford und Lemgo unterhielten die Dominikaner von M. Terminierhäuser. Die Reformation beendete das monastische Leben im Paulikloster. Der sich evangelisch bekennende Stadtrat untersagte 1530 die Neuaufnahme von Novizen und richtete im Kloster eine evangelische Lateinschule ein: währenddessen saßen die Brüder im Gefängnis ein. Den Prozess am Reichskammergericht 1539 verlor die Stadt, aber die Aufhebung war bereits zu weit fortgeschritten; die letzten vier Predigerbrüder wurden mit dem Prioratshof abgefunden.

▶ **Gegenwart.** Die Dominikanerkirche St. Paulus an der Alten Kirchstraße 11 in M. war eine einschiffige Hallekirche ohne Turm in typischer Bettelordensbauweise. Trotz Grablege hoher Würdenträger wurde sie 1777 abgerissen. Die Klausur diente der städtischen Lateinschule, aus der das heutige altsprachliche Gymnasium erwuchs. Ganze Gebäudeteile erlagen 1820 und 1880 dem Abriss, lediglich der Westflügel blieb erhalten und wird heute für Wohnzwecke und als Lagerhalle genutzt. Im Erdgeschoss sind Gewölbejoche des Kreuzgangs erhalten, rechteckige Fensterchen im Obergeschoss erinnern an die Schlafräume der Brüder. Das ehemalige Klosterareal hat sich durch den Bau der Alten Kirchstraße stark verändert.

◆ Lohrum, Meinolf: M. – Dominikaner, in: Westfälisches Klosterbuch, Tl. 1, Münster 1992, 629–632; Eckert, Willehad Paul: Die Dominikaner in M., Minden 1980.

Minden Dominikanerkloster, die Fenster im Restgebäude der Klausur erinnern an die Schlafzellen der Brüder.

Mirow, *Johanniterkommende St. Johannes Baptist (nach 1226–1648), Diözese Havelberg – (Lkr. Mecklenburg-Strelitz, Mecklenburg-Vorpommern, ❐ 2, C3).*

▶ **Geschichte.** Fürst Heinrich Borwin II. zu Mecklenburg übertrug kurz vor seinem Tod 1226 dem Johanniterorden sechzig Hufen im Land Turne gegen Zahlung von 100 Mark Silber. Nach der Teilung Mecklenburgs unter die Söhne kam das Land Turne an das Fürstenhaus Werle. Weitere Schenkungen dienten der Festigung der mecklenburgischen Herrschaft gegenüber den Markgrafen von Brandenburg. Die Johanniter errichteten am Südufer des Mirower Sees eine Kommende für Ritter- und Priesterbrüder mit Hospital. Offensichtlich wohnte bereits 1242 ein Komtur in der *curia Mirowe*. Das wüst liegende Land galt es zu kultivieren und das Christentum zu festigen, deutsche Kolonisten wurden gerufen und Missionskirchen gebaut. Die Johanniter halfen beim Kanalbau von der Müritz über Seitenketten bis zur Havel. Die Landesfürsten verschenkten Dörfer und Seen, belehnten die Ordensbrüder mit Freiheiten und Gerechtigkeiten, mit Jagden, Patronatsrechten und allen Gerichten und befreiten sie von fast allen Diensten und Leistungen. Die Kommende glich einer

Mittelheim Augustiner-Doppelstift, das Stift war nur etwa 150 Jahre belebt, zurück blieb aber die älteste Kirche (um 1130–70) der Mittelrheinregion, Südwestansicht.

souveränen Landesherrschaft. Die Ordensbrüder dankten es durch Kultivierungsmaßnahmen, Pfarr- und Hospitaltätigkeiten, Seelenheilsgebeten und Kriegshilfen. Auch eigene Zukäufe erweiterten ihren Besitz beträchtlich, inbegriffen einige Seen und Zuflüsse mit Fischereirechten. Am Müritzsee lag ihr Land in Nachbarschaft zum Klosterbesitz von ➛ Dobbertin. 1270 verkauften die Benediktinerinnen von ➛ Eldena/Elde ein Dorf mit Ackerland an die Kommende M. Komtur Heinrich von Wesenberg erreichte 1309 die Befreiung vom städtischen Brückenzoll durch die Vermittlung Propst Gerhards vom Magdalenenkloster ➛ Malchow. Komtur Otto von Stendal (1345–61) kaufte 1359 den Zisterziensern in ➛ Dargun einige Dörfer ab. Mitte des 14. Jh. führten aber die ausufernden Kriegshändel der Landesherrn zu existenziellen Notständen. Bischof Burchard von Havelberg versuchte 1362, mit zusätzlichen Pfarreinkünften auszuhelfen. Im Spätmittelalter war M. in Streitigkeiten des Ordens mit den mecklenburgischen Landesherrn zwar weniger stark verwickelt als die Kommende ➛ Kraak, aber sie stritt auch gegen die Erhöhung der „Landbede“ (eine außerordentliche Vermögenssteuer), Ausweitung der Dienste von Dörfern und besonders um die Fischereirechte an der Müritz. Von der Reformation bis zum Westfälischen Frieden bestand dem Namen nach die Kommende trotz des Protestantismus im Land weiter, musste sich aber zunehmend den Ansprüchen der Landesherrschaft beugen. Nach dem letzten ordenseigenen Komtur, Liborius von Bredow (1527–41), übernahmen eingesetzte Fürstensöhne das Amt des Vorstehers, was einer Inbesitznahme entsprach. Verhandlungen zwischen den evangelischen Herrenmeistern der Ballei Brandenburg und den Herzögen zogen sich bis 1592 hin; erst 1593 wurde die Kommende förmlich restituiert, die mecklenburgischen Prinzen gegen Respons als Komture anerkannt. Mit dem Westfälischen Frieden 1648 fiel die Kommende M. vollständig und endgültig an die Herrschaft Mecklenburg.

▶ **Gegenwart.** Von der mittelalterlichen Kommende auf einer Halbinsel im Mirower See blieb lediglich die frühgotische Kirche St. Johannes Baptist erhalten, flankiert von repräsentativen Residenzbauten der fürstlichen Komture und Schlossherren. Das hochaufragende Kirchenschiff mit langem Polygonalchor und zweiteiligen Maßwerkfenstern musste 1744 nach einem Brand wiederaufgebaut werden. Dabei erhielt der Backsteinbau mit Strebepfeilern seinen hohen Westturm und den Außenputz. Die nördlich angeschlossenen Gruftkapellen für die Herzöge entstanden erst im 18. und 19. Jh.

◆ Kugler-Simmerl, Annette: Bischof, Domkapitel und Klöster im Bistum Havelberg, Berlin 2003.

Mittelheim, *Augustiner-Doppelstift St. Aegidius (vor 1129– um 1263) – „Stift Winkel“, Erzdiözese Mainz – (Oestrich-Winkel, Rheingau-Taunus-Kreis, Hessen, ❐ 3, B2).*

▶ **Geschichte.** Der Mainzer Ministeriale Wulverich von Winkel stiftete vor 1129 an einer ottonischen Kapelle in Ufernähe des Mittelrheins ein Frauenstift. Das exakte Gründungsdatum ist nicht überliefert, ein Propst Ehrenfried (1129/48) ist erstmals 1129 greifbar; die Bestätigungskunde wurde 1158 ohne nähere Angaben ausgestellt. Dem Stifter Wulverich lag sein Seelenheil am Herzen, er war wohl am Judenpogrom 1096 in Mainz beteiligt. 1131 schlossen sich Augustiner-Chorherren an, die zugunsten der Zisterzienser ihr Stift ➛ Eberbach im Kisselbachtal verlassen mussten. Um diese Zeit war die Basilika St. Aegidius fast vollendet, bis 1170 wurden die Querhausarme erweitert, die Frauen erhielten eine Empore im Südquerschiff. Den Chorherren von Winkel unterstand das Hospital am Mainzer Dom, das später als Heilig-Geist-Spital an der Mainzer Stadtmauer Berühmtheit erlangte und heute noch zu bewundern ist. Auch eine Rheininsel gehörte dem Doppelkonvent (als solcher in einer erzbischöflichen Urkunde von 1151 deutlich bezeichnet), diese Insel blieb ein Streitpunkt mit den Eberbacher Zisterziensern, denen ebenfalls Rechte auf der Insel zustanden. Als die Chorfrauen

1213 mit der Zisterzienserabtei wegen dieser Rechte stritten, lebten sie nicht mehr in M., sondern waren nach Gottesthal bei Oestrich umgezogen. Der Chorherrenkonvent bestand zu dieser Zeit bereits nicht mehr, St. Aegidius in M. wurde lediglich als Gebetshaus genutzt. Stift Winkel diente nur einige Jahrzehnte als monastische Institution; um die Jahrhundertwende hatten zwei Regularkanonikerkonvente die Anlage verlassen. Die Ursachen für den ungewöhnlichen Vorgang sind nicht bekannt, Nöte durch Überschwemmungen sind Spekulation, zumal die Stiftskirche noch immer in alter Pracht existiert. Wohin die Chorherren auszogen, bleibt rätselhaft, eine ungewollte Verödung im ausgehenden 12. Jh. kann man ausschließen. Unter Einfluss der Zisterzienser von Eberbach wechselte um 1247 ein Großteil der Schwestern zur Benediktregel in strenger Zisterzienserobservanz, der kleinere Teil Stiftsdamen ging nach M. zurück. Die erzbischöfliche Politik favorisierte eindeutig das neue Zisterzienserinnenkloster Gottesthal, das Chorfrauenstift in M. dagegen war seit 1250 zum Aussterben bestimmt. Hilfegesuche bei Papst Alexander IV. gegen die Absichten Erzbischof Gerhards I. von Dhaun blieben ohne Resonanz, der Konvent war etwa 1263 ausgestorben. Die Gründe für diese Entwicklung sind unbekannt, sie müssen wohl auch im aggressiven Machtstreben Eberbachs und der Benediktinerabtei ➛ Johannisberg gesucht werden, womöglich gehen sie auf den schweren Konflikt Kaiser Friedrichs I. mit der Kurie zurück, der den Rheingau im 12. Jh. erschütterte. Das Frauenkloster Gottesthal sorgte sich als Patronatsinhaber bis 1811 um den baulichen Zustand der ehemalige Stiftskirche St. Aegidius und um die Präsentation des Pfarrers.

▶ **Gegenwart.** Noch heute ist die älteste erhaltene Kirche am Mittelrhein eine katholische Pfarrkirche. Die dreischiffige, kreuzförmige Pfeilerbasilika mit apsidialem Chor, Westportal und mächtigem Vierungsturm (um 1130–70) erscheint äußerst einfach, karg und wuchtig, unterstrichen vom unverputzten Mauerwerk. Der Innenraum über sechs Arkaden ist bis auf die Apsiden flachgedeckt, die Vierung deutlich ausgeschieden, niedrige Mittelschiffpfeiler gehen ohne Kämpfer in die Arkadenbögen über. Der südliche Querhausarm enthält die rekonstruierte Nonnenempore, darunter eine Taufkapelle. Unter dem romanischen Blockaltar in der Apsis befindet sich ein schachtförmiger Raum als *confessio* mit Mittelsäule, die einen Halsring und ein Würfelkapitell trägt. Beachtenswert sind spätgotische Sakramentsnische, Kanzel, Taufstein, Holzfiguren der Heiligen und Grabsteine. Vom Zisterzienserinnenkloster Gottesthal blieb lediglich das barocke Pfortenhaus (heute in Privatbesitz) erhalten.

◆ Kelz, Erhard: Kirchenführer der Basilika St. Aegidius in M., Mittelheim 2001; Monsees, Yvonne: Das Zisterzienserinnenkloster Gottesthal im Rheingau, Wiesbaden 1986.

Moers, *Karmelitenkloster St. Maria (1441–1573), Erzdiözese Köln – (Kr. Wesel, Nordrhein-Westfalen, ❐ 1, A5).*

▶ **Geschichte.** Der Karmelitenkonvent in der niederrheinischen Stadt M. wurde aufgrund der aufblühenden Marienfrömmigkeit und der ordensinternen Observanzbewegung vom Karmelitenprovinzial Peter von Nieukerk initiiert. Die Stiftung beruhte auf Graf Friedrich III. von Moers und seiner Gemahlin Engelberta von Kleve, die die Karmeliten aus ➛ Geldern in die Stadt ließen. Der gräfliche Bruder, Erzbischof Dietrich von Köln (Moers), unterstützte das Vorhaben. Die Grundausstattung war umfangreich und abgabefrei, ansonsten sollten sich die Brüder durch Betteln versorgen. 1448 bis 1452 entstand die Karmelitenkirche über der bestehenden Johanneskapelle von 1363, die in den Bau integriert wurde. Das Patrozinium wechselte zur Mutter Gottes, auch diente die Kirche der Fürstenfamilie als Grablege. Für das Klosterareal kaufte der Graf eigens einige Häuser auf. Karmeliter Johannes Trip war zunächst Prokurator, nach zwei Jahren wurde er zum Prior erhoben (1443–44), ihm folgte Elias von Straelen (1444–55), der 1455 nach Haarlem (Niederlande) ging und die Observanz weitergab. Generalprior Johannes Soreth (1451–71) bestätigte 1451 die Gründung und gewährte Terminierrechte des Konvents in den Geldrischen Terminierbezirken, weshalb der dortige Konvent zurückstecken musste. Soreth förderte vehement die Erneuerungsbewegung des Ordens. Calixtus III. bestätigte 1457 die neuen Ordensstatuten (sogenannte „Calixtinische Reform"). Ein Vertrag mit dem Pfarrklerus der Stadt M. regelte von Beginn an die Almosenverteilung während der Hochfeste: Opfergaben in der Kirche durften die Karmeliten behalten, dafür wurde der Pfarrer mit jährlicher Rentenzahlung abgefunden. Der Konvent M. veröffentlichte ein Lese- und Singbuch, das seit 1469 für die ganze Ordensprovinz als bindend betrachtet wurde. Eine Brandzerstörung möglicherweise infolge der Kämpfe im Burgundischen Krieg 1474/75 konnte rasch behoben werden. Graf Wilhelm von

Moers Karmelitenkloster, die spätgotische Kapelle der Karmeliten steckt noch in dieser Kirche von 1655/56.

Neuenahr trat 1519 die Herrschaft in M. an und spielte in der hohen europäischen Heiratspolitik eine entscheidende Mittlerrolle. Nach 1525 näherte er sich zunehmend Kurfürst Johann von Sachsen-Wittenberg und damit lutherischen Glaubensvorstellungen an, ohne zunächst für den Protestantismus Partei zu ergreifen. Erst 1542 führte er die neue evangelische Kirchenordnung ein und verbot die Messe. Die Karmeliten mussten dem evangelischen Gottesdienst beiwohnen, ihre Güter wurden eingezogen, um aus ihnen den Unterhalt für Schulmeister und Prediger zu bestreiten. Die Brüder verhielten sich konfessionell ambivalent, Provinzial Eberhard Billick (1542–57) ermahnte sie eindringlich, die katholische Tradition zu bewahren. Mit Hilfe Kaiser Karls V. gelang es ihm nach 1548, den Konvent weltlicher Kontrolle zu entziehen; aus Geldern wurde Johannes von Krefeld als neuer Prior berufen. Mit dem Augsburger Religionsfrieden 1555 fiel das *ius reformandi* Graf Hermann von Neuenahr zu; das Kloster blieb zunächst bestehen, wenn auch mit Beschränkungen und unter zunehmenden Repressalien. Im April 1567 ließ der Graf den Prior Peter Voghel, der ebenfalls aus Geldern gekommen war, verhaften und einkerkern. Erst die Intervention der Herzogin von Geldern und das Mandat des Reichskammergerichts befreiten den Prior, er kehrte nach Geldern zurück. Zwei Wochen später mussten die Brüder Carolus und Gerardus sowie zwei Novizen Stadt und Grafschaft verlassen. 1573 löste Graf Hermann das Karmelitenkloster endgültig auf und verwendete die Einkünfte zum Unterhalt einer Schule.

▶ **Gegenwart.** Die ehemalige Klosterkirche und heutige evangelische Stadtkirche St. Johannes wurde 1655/56 mit Seitenschiff und niedrigem Querhaus zur evangelisch-reformierten Pfarrkirche mit Teilen des Kreuzgangs erweitert, 1843 erhöht und eingewölbt. Der neugotische Turm entstand erst 1890/91. Die Ursprungskapelle von 1363, die von den Karmeliten 1448 überbaut wurde, erkennt man an ihrem Eingang, heute der Rundbogendurchgang unter der Orgelempore. Reste mittelalterlicher Malerei des 15. Jh. sind erhalten, Klausurgebäude blieben nicht bestehen.

◆ Wensky, Margret (Hg.): M., Bd. 1: Von der Frühzeit zum Ende der oranischen Zeit (bis 1702), Köln 2000; Becker, Thomas P.: M. in der Reformationszeit, Moers 1998.

Möllenbeck Augustiner-Chorherrenstift, westlicher Kreuzgang der vollständigen, spätgotischen Stiftsanlage.

Möllenbeck, *Augustiner-Chorherrenstift St. Dionysius (1441–1558), Diözese Minden – (Rinteln-M., Lkr. Schaumburg, Niedersachsen, ❐ 1, C4).*

▶ **Vorgeschichte.** Seit 896 existierte ein Kanonissenstift in M. an der Weser, dessen adelige Stiftsdamen nach der Aachener Regel lebten (die Befolgung der Benediktregel bleibt reine Vermutung). Im Spätmittelalter zwangen wirtschaftlicher Niedergang und geistlicher Verfall zur Aufgabe, am Ende wohnte nur noch eine Kanonissin im Stift.

▶ **Geschichte.** Bischof Albert von Minden übertrug 1441 das Stift M. den Windesheimer Augustiner-Chorherren in ➛ Böddeken. Prior Arnold Hüls von Böddeken (1432–49) und Prior Johannes Busch (1440–47) vom Hildesheimer Sültestift gründeten mit Zustimmung des Grafen Otto II. von Schaumburg in M. ein Regularkanonikerkonvent der ➛ Windesheimer Kongregation. Der zweite Prior Johann Lenepe (1449–58) erreichte 1451 die Unabhängigkeit vom Mutterstift Böddeken sowie die volle Mitgliedschaft in der Kongregation, was der päpstliche Legat Nikolaus von Kues im selben Jahr bestätigte. 1468 stellte Kaiser Friedrich III. einen Schutzbrief aus. Wirtschaftliches Aufblühen, Wiedergewinnung entfremdeten Besitzes, Neubau von Kirche und Klausur, Anstieg der Konventsstärke auf etwa 20 Chorherren neben 50 Laienbrüdern, Entsendung von Prioren in die Stifte ➛ Volkhardinghausen, ➛ Riechenberg, ➛ Bordesholm und Jasnitz (heute Polen), Durchsetzung von Reformen in den Frauenstiften ➛ Steterburg, ➛ Heiningen, ➛ Wülfinghausen und ➛ Berich, Betreuung zahlreicher Schwesternhäuser der ➛ Devotio moderna und die Gründung des Chorherrenstifts ➛ Blomberg 1468 kennzeichnen Entwicklung und Bedeutung des Stifts bis zur Reformation. Prior Johann Brauns (1557–63) und sein Konvent begrüßten 1558 die Einführung der lutherischen Kirchenordnung in der Grafschaft Schaumburg. Der Vertrag mit Graf Otto IV. sicherte 1570 den Fortbestand des evangelischen Stifts M., wobei die Augustinusregel mit einigen Anpassungen verbindlich blieb. Eine Lateinschule wurde eingerichtet, ein Schulmeister eingestellt, die Armenpflege intensiviert und der Kontakt zur Windesheimer Kongregation aufrechterhalten. Die katholische Restitution von 1630 bis 1633 war Episode, mehrere Katastrophen und der Dreißigjährige Krieg zerrütteten die Wirtschaft. Nach dem Aussterben der Schaumburger 1640 fiel M. an die Landgrafschaft Hessen-Kassel. Der Konvent löste sich über die Jahre bis etwa 1648 wohl selbst auf. Landgräfin Amalie Elisabeth beendete das Siechtum um 1650, das Stiftsgut wurde zur hessischen Domäne, ein Teil des Besitzes ging an die Grafschaft zur Lippe. Der letzte Konventuale Peter Griner starb 1673. Die Einkünfte fielen zunächst der Universität Rinteln, später der Universität Marburg zu.

▶ **Gegenwart.** Die Stiftsanlage M. repräsentiert noch heute eine typische, vollständig erhaltene Klosteranlage des Spätmittelalters. Die geschlossene zweistöckige Klausur auf imposantem Kellergeschoss enthält alle üblichen Zweckräume und Kreuzgänge, aber auch kleine Details, die viel über den monastischen Alltag im Spätmittelalter verraten. Die heutige Kirche, eine weiträumige Halle mit gleichlangem Chor, bauten die Windesheimer Augustiner zwischen 1479 und 1503 als vierte Stiftskirche an gleicher Stelle auf. Sie gleicht der Kirche in ➛ Wittenburg bei Elze. Die Krypta und die weithin sichtbaren, runden Zwillingstürme des Westwerks blieben aus der frühen Kanonissenzeit erhalten. Während die ehemaligen Treppentürme der ottonischen Bauzeit um 980 zugeschrieben werden, stammt der bollwerkartige Westbau von der dritten Kirche der weltlichen Kanonissen um 1250. Seit 1673 ist die Stiftskirche ein Gotteshaus der reformierten Gemeinde, inzwischen mit neugotischer Einrichtung. Sie wird heute auch als „Offenes Haus" für verschiedene Kulturveranstaltungen genutzt.

◆ MonWin 2, 296–304; Heutger, Nicolaus: Das Stift M. an der Weser, Hildesheim 1987.

Mönchberg, *Benediktinerpriorat St. Michael (nach 1125– um 1535), Diözese Konstanz – (Herrenberg-M., Lkr. Böblingen, Baden-Württemberg, ❒ 3, C4).*

▶ Im oberen Ammertal bei Gültstein nahe dem Ort Herrenberg war die Reformabtei ➛ Hirsau reich begütert. An den Hängen des Schönbuchrückens bauten die Benediktiner seit Anfang des 12. Jh. Wein an und errichteten eine Niederlassung, die Mitte 15. Jh. in Hirsauer Urkunden als *monasterium sancti Michaelis in Münchberg* bezeichnet wurde. Es handelte sich offensichtlich um ein Wirtschaftspriorat bzw. ein Verwaltungszentrum der „Gültsteiner Pflege", das bis in das 14. Jh. Prioren bzw. Pröpsten aus Hirsau unterstand, später aber an weltliche Verwalter übertragen wurde. 1491 bauten die Mönche auf dem M. eine neue Kapelle, bezogen aber den romanischen Chorturm des Vorgängerbaus aus dem 12. Jh. mit ein. Mit Einführung der Reformation seit 1534 durch Herzog Ulrich von Württemberg wurde die Niederlassung M. um 1535 säkularisiert. Der kleine Ort M. entstand um das Benediktinerpriorat und gehört zusammen mit Gültstein seit 1971 zu Herrenberg. Die spätgotische Klosterkirche wurde 1748 abgebrochen, geblieben ist der isoliert stehende, romanische Kirchturm mit Wandmalereien (1532) und halbrunder Apsis. Aus dem spätgotischen Mönchshaus entstand 1778 der einfache turmlose Saal, der heute als evangelische Kirche dient. Die südliche Außenmauer ist noch mittelalterlich, unter der Kapelle befinden sich ehemalige Gewölbekeller zur Weinlagerung. Reste der Umfassungsmauer umschließen die Kirche und das Friedhofsareal.

◆ Janssen, Roman: M., in: Württembergisches Klosterbuch, Ostfildern 2003, 355.

Mönchröden, *Benediktinerabtei St. Maria, St. Kilian und St. Walpurga (vor 1149–1538), Diözese Würzburg – (Rödental-M., Lkr. Coburg, Bayern, ❒ 4, A1).*

▶ **Geschichte.** Hoch über dem Rödental bei Coburg gründete Graf Hermann Sterker von Wolfsbach, auch Burggraf von Meißen, ein Benediktinerkloster auf dem alten Gut *Rothine* und dotierte es mit Besitz in den umliegenden Dörfern. Die bischöfliche Bestätigung folgte 1149. Eine hochadelige Versammlung entschied 1156 auf der nahen Lauterburg unter Vorsitz Markgraf Konrads I. von Meißen über den Rechtsstatus der neuen Abtei. Sie blieb bis zur Aufhebung dem Hochstift Würzburg steuerpflichtig. Die Vogteigewalt ging nach dem Aussterben der Stifterfamilie zunächst an die Grafen von Henneberg, später an die wettinischen Fürsten von Sachsen über. M. entwickelte sich zur wohlhabenden Abtei mit Einkünften und Rechten in 45 umliegenden Orten. Sie konnte sich aber nicht mit den nahen Bruderabteien in Saalfeld oder in Banz messen, eher entsprach ihre Größe und Bedeutung den benachbarten Propsteien der Abtei Saalfeld in ➛ Coburg und Probstzella. Der erworbene Wohlstand musste wohl daher in der zweiten Hälfte 14. Jh. durch den Bau einer repräsentativen Prälatur außerhalb des Klostergevierts sichtbar gemacht werden. Im 15. Jh. führten Verflachung des Klosterlebens und luxuriöser Lebensstil der Äbte zum Niedergang des Klosters, der äußerlich am Verfall der Kirche und der Klausurgebäude augenfällig wurde. Landesherr Herzog Wilhelm III. von Sachsen setzte 1446 den Abt Heinrich Prunner (1435–46) ab und berief den bürgerlichen Verwalter Eberhard Lebherz aus Coburg zur Ordnung der Finanzen sowie vier Reformbenediktiner aus dem ➛ Nürnberger Reformkloster St. Aegidius nach M. Sie führten die strengen Klausurvorschriften der ➛ Kastler Reform ein, so dass unter der Amtsführung Abt Ulrichs Wochner (1446–77) ein vielversprechender Neubeginn gelang. Aus der Mitte des Konvents wurde Bruder Martin 1466 zum Abt von Münsterschwarzach am Main berufen, der dieses Amt bis 1494 innehatte. Den Anschluss an die ➛ Bursfelder Kongregation konnte Abt Benedikt (1477–93) 1485 erfolgreich abschließen. Er ließ die spätgotische Abteikirche errichten, intensivierte die geistige Beschäftigung der Mönche und stockte die Bibliothek auf. Der letzte Abt Nicolaus Hildebrand (1518–24) bewältigte den Bau einer großzügigen Klausuranlage nur noch teilweise und starb auf einer Reise 1524. Eine neue Abtwahl fand nicht mehr statt, die lutherische Reformation hatte im Coburger Land frühzeitig Einzug gehalten. Aufständische Bauern plünderten und brandschatzten 1525 die Abtei, der Konvent begann sich aufzulösen. 1526 fanden die Brüder aus dem Franziskanerkonvent Coburg in M. eine vorläufige Bleibe. Benediktinerprior Valentin Mullner übernahm in den letzten Jahren die Verwaltung, verfasste den „Codex Monachi Rothensis" und hinterließ damit eine wichtige Quelle für die heutige Geschichtsforschung. Der sich evangelisch bekennende Kurfürst Johann Friedrich von Sachsen ließ M. 1538 säkularisieren und als kurfürstliches Klosteramt weiterführen.

Mönchröden Benediktinerabtei, spätgotisches Abtshaus mit Erker außerhalb des Immunitätsbezirks.

▶ **Gegenwart.** Die spätmittelalterliche Klosterkirche St. Maria und St. Walburga war in der letzten Blütezeit über den Grundmauern der romanischen Apsis neu erbaut worden. Nach schweren Schäden im Dreißigjährigen Krieg verkürzte man 1788 den einschiffigen Saal zur heutigen evangelisch-lutherischen Christuskirche, die seitdem eher einer Dorfkirche gleicht. Das zweistöckige Klausurgebäude („Refektorium") mit sächsischen Vorhangbogenfenstern, das der letzte Abt noch 1519 fertig ausbauen ließ, dient heute als Gemeindehaus. Das eindrucksvollste Gebäude ist das außerhalb des Klosterbezirks gelegene Abtshaus: dieser vierstöckige, hochgiebelige Bau mit reich verziertem Erker aus der Spätgotik zählt zu den außergewöhnlichsten Bauten der mittelalterlichen Klosterlandschaft um Coburg.

❖ Die Franziskaner im benachbarten Coburg standen schon bald nach der Klostergründung 1250 im Dauerstreit mit den Benediktinern der dortigen Propstei (➛ Coburg) um Pfarrpfründen; umso erstaunlicher, dass sie nach der Selbstauflösung ihres Konvents 1525 als Ort des Exils das Benediktinerkloster von M. wählten. Klosterbauten der Barfüßer in Coburg, einst nahe am Markt in der Steingasse, sind im neuen Stadtschloss Ehrenburg aufgegangen.

◆ GermBen 2, 157–159; Schneider, Erich: Klöster und Stifte in Mainfranken, Würzburg 1993, 238–242.

Mönchsdeggingen (auch Deggingen), *Frauenkloster St. Martin (959– Anfang 11. Jh.), Benediktinerabtei St. Martin (1138/42–1803), Konvent der Mariannhiller Missionare St. Martin (seit 1950), Diözese Augsburg – (Lkr. Donau-Ries, Bayern, ❐ 4, A3).*

▶ **Vorgeschichte.** König Heinrich II. überwies seinem neugegründeten Bistum Bamberg 1007 den Ort Deggingen bei Nördlingen in der Diözese Augsburg am Südrand des Ries. Die Urkunde von 1016 erwähnt erstmals ein Kloster St. Martin in Deggingen, das ebenso wie der Ort dem Bamberger Hochstift übereignet wurde. Das freie Verfügungsrecht Heinrichs über Ort und Kloster lässt vermuten, dass es sich um Familienbesitz seiner Vorfahren, der Ottonen, handelte; die eigene Tradition des Klosters beruft sich auf König Otto I. als Stifter (959). Eine Bamberger Quelle bezeichnet St. Martin als Frauenkloster, Näheres ist den mageren Quellen nicht zu entnehmen.

▶ **Geschichte.** Entweder etablierte Bischof Otto I. von Bamberg 1138 oder erst sein Nachfolger Bischof Egilbert 1142 in Deggingen das Männerkloster M. 1142 besiedelten Abt Marquard I. (1142–50) und Benediktiner aus ➛ Bamberg St. Michael das neue Tochterkloster. Der erste Konvent brachte neucluniazensische Gewohnheiten der ➛ Hirsauer Reform mit. Abt Marquard agierte so erfolgreich, dass er von König Konrad III. 1150 als Abt in das Reichskloster ➛ Fulda berufen wurde, ohne dass er dort die Hirsauer Lebensweise nachhaltig einzuführen vermochte. 1221 musste der Augsburger Bischof Siegfried III. von Rechberg das in finanzielle Not geratene Kloster M. mit der Übertragung der Pfarre in Deggingen unterstützen. Von den Herren von Hürnheim ging die Schirmherrschaft 1347 an die Grafen von Oettingen-Wallerstein über. Als Ausnahme unter den bayerischen Klöstern waren die Äbte und Mönche in M. meist nichtadeliger Herkunft, was sich über das ganze Mittelalter hinweg vorteilhaft auf die Klosterzucht auswirkte. Deshalb ist kaum etwas über spätmittelalterliche Reformen in M. zu lesen, einige Hinweise lassen den Einfluss der ➛ Melker Reform vermuten. Spätgotische Bautätigkeiten und wissenschaftliche Aktivitäten in der Zeit Abt Georgs I. Flos (1459–86) sind typische Reaktionen auf den Ruf nach der Besinnung auf benediktinische Ideale und sprechen für Reformen in dieser Zeit. Die streng katholische Haltung Graf Martins von Oettingen-Wallerstein schützte die Abtei während der Reformation. Seit 1557 war es jedoch nicht mehr möglich, die Messe in der Pfarrkirche zu feiern. Die Schweden zerschossen im Dreißigjährigen Krieg die Burg Wallerstein, das dort gelagerte Archiv des Klosters verbrannte. Der Konvent war 1648 auf zwei Mönche zusammengeschmolzen. M. brauchte geraume Zeit zur Konsolidierung, denn erst Ende des 17. Jh. setzten neue Bautätigkeiten ein, die zum Neuaufbau der Konventsanlage und zur Barockisierung der romanisch-gotischen Abteikirche führten. Der kunstsinnige Abt Michael Dobler (1743–71) hinterließ ein reiches Erbe. 1771 zählte der Konvent wieder 18 Mönche. Fürstin Wilhelmine von Wallerstein ließ noch vor der allgemeinen Säkularisation die Abtei M. im Oktober 1802 auflösen. Der gesamte Besitz fiel an das Fürstentum; bis 1807 durften die Patres im Kloster bleiben. 1950 erwarben Mariannhiller Missionare, die sich 1909 als selbständige Kongregation von den Trappisten abgespalten hatten, die heruntergekommene Anlage mit Kirche und richteten in M. ihr Noviziat ein.

▶ **Gegenwart.** Dem barocken Klausurgeviert der Abtei M. fehlt seit 1844 der Südflügel. Die heutige Kloster-, Pfarr- und Wallfahrtskirche St. Martin enthält im Kern ihres Langhauses die romanische Pfeilerbasilika, die als Reformbau des 12. Jh. mit Dreiapsidenchor und Hirsauer Baumotiven in den Jahren 1160 bis 1192 entstanden war. Der gotische Chor stammt aus der zweiten Hälfte des 15. Jh., ebenfalls aus dieser Zeit datiert die als Gnadenbild verehrte Statue „Unserer Lieben Frau von Deggingen". Den hohen Turm und die prachtvolle Innenausstattung in Rokoko erhielt die Kirche im 18. Jh.

◆ GermBen 2, 160–163; Altmann, Lothar/Kempf, Timotheus: Kloster- und Wallfahrtskirche M., Regensburg 2005.

Mönchsroth Benediktinerpriorat, Hirsauer Äbte nutzten das Priorat als Alterssitz, Westansicht der Kirche.

Mönchsroth, *Benediktinerpriorat St. Petrus und St. Paulus (um 1126–1528), Diözese Augsburg – (Lkr. Ansbach, Bayern, ❐ 3, D3).*

▶ **Geschichte.** Hermann von Leiningen, seine Gemahlin Adula und Graf Diemo von Prozelten schenkten dem Schwarzwaldkloster ➛ Hirsau, dem bedeutendsten Reformzentrum der Benediktiner im Reich am Ende des 11. Jh. Besitz zu Rotha im Bachgrund der Rothach und umliegende Dörfer mit der Verpflichtung zur Klostergründung. Abt Folmarus von Hirsau (1120–56) richtete um 1126 ein abhängiges Priorat ein, dessen Vorsteher immer aus dem Konvent Hirsau gewählt wurde. Dabei oblag dem Diözesanbischof von Augsburg die Bestätigung, weil die örtliche Pfarrstelle einbezogen war. Im 12. Jh. nutzten die resignierten Äbte von Hirsau gern das Priorat M. als Alterssitz, so Abt Rupertus seit 1176 und Abt Heinricus seit 1195. Der Vorsteher von M. gehörte im 13. Jh. zum Kreis der bischöflichen Prälaten. Die alte Dekanatsverfassung setzte sich durch und machte aus Prioren Pröpste, die Abhängigkeit von Hirsau blieb bestehen. Das Priorat M. (Propstei) genoss Reichsschutz, der von König Heinrich (VII.) 1227 ausdrücklich betont wurde. Die Vogteirechte waren jedoch mehrmals verpfändet, so 1349

Steintafel des Leininger Stifterpaares betend vor dem Weltenrichter an der Benediktinerkirche **Mönchsroth**.

letztmalig durch König Karl IV. an die Grafen von Oettingen ohne je wieder eingelöst zu werden. M. besaß das Patronatsrecht über die Pfarrkirche St. Georg in der Reichsstadt Dinkelsbühl. Im Spätmittelalter versuchte der Konvent, sich von Hirsau zu lösen; die Aufnahme von Novizen provozierte Konflikte und Verbote, weil Novizen nur einem Vollkloster zustanden. Propst Wilhelm II. von Lustenau (1450/59) bat den Papst um Hilfe, der sich für ein Noviziat in M. entschied. 1517 setzte sich der Konvent bei der Neuwahl mit dem eigenen Propstkandidaten Melchior Röttinger (1517–56) durch. 1525 brandschatzten aufständische Bauern das Kloster, erst nach zehn Jahren waren die Schäden beseitigt. Papst Clemens VII. verlieh 1533 Propst Röttinger die Pontifikalien, eine seltene Ehre für ein Kloster im Status einer Propstei. Graf Ludwig von der protestantischen Linie Oettingen-Oettingen beanspruchte die Landeshoheit und löste M. im März 1558 auf. Der Klosterbesitz bildete fortan das oettingische Oberamt M.; von den Einkünften gründete der Graf einen Stipendienfond.

▶ **Gegenwart.** Die Klostergebäude sind bis auf die Kirche restlos beseitigt worden. Die Kirche St. Peter und Paul dient heute der evangelisch-lutherischen Gemeinde als Friedhofskirche. Der romanische Saalbau unterlag im ausgehenden 15. Jh. einschneidenden Umbauten. Die Türme könnten noch aus dem 12. Jh. stammen. Im Inneren zeigt der Chor ein Ziergewölbe. Die Kirche bewahrt neben einer spätgotischen Kreuzigungsgruppe das reich gestaltete Epitaph Propst Melchior Röttingers, dargestellt mit allen bischöflichen Insignien.

Das Benediktinerkloster M. ist nicht zu verwechseln mit dem Prämonstratenserstift Mönchsroth in Schwaben, besser bekannt als Stift ➛ Rot an der Rot.

◆ GermBen 2, 163–165.

Monheim, *Benediktinerinnenabtei St. Walburga (870–1542), Diözese Eichstätt – (Lkr. Donau-Ries, Bayern, ❐ 4, A3).*

▶ **Geschichte.** Die Schwestern Liobila und Gerlinda stifteten im schwäbischen *Mowanheim* ein kleines Frauenkloster. Die erste Äbtissin war Liobila, sie nahm Teil, als der Leichnam die hl. Walburga (um 710–779) um das Jahr 875 feierlich aus ➛ Heidenheim in die Bischofsstadt Eichstätt überführt wurde; später entstand am Heiltum das ➛ Eichstätter Walburgakloster. Liobila erbat sich von Bischof Erchanbold 883 die Öffnung des Grabes und einige Reliquien für ihre Gemeinschaft. Im Grab fand man Feuchtigkeit, die den Anlass zum Glauben an das heilkräftige Walburgisöl lieferte. Mit der Übertragung eines Teils der Reliquien nach M. übernahm Bischof Erchanbold 883 das Benediktinerinnenkloster M. als Eigenkloster der Eichstätter Kirche. Im Auftrag des Bischofs verfasste der Priester Wolfhard von Herrieden die „Miracula S. Waldburgis Monheimensia" ohne biographischen Wert aber mit Wunderbeschreibungen vor und nach dem Tod der Heiligen. Die Reliquien Walburgas halfen, dass sich das Benediktinerinnenkloster M. in später Karolinger- und früher Ottonenzeit zum bedeutenden Wallfahrtszentrum der südöstlichen Reichsregion entwickelte. Die Weihe eines salischen Kirchbaus durch Bischof Gundekar II. ist um 1065 überliefert, das Salvatorpatrozinium wechselte zur hl. Walburga. Brände im Kloster nötigten zu Neubauten. Im späten 12. Jh. entstand der romanische Kreuzgang (dessen Reste noch erhalten sind), die heutige Kirche St. Walburga Anfang des 16. Jh. Durch Rodungsarbeiten auf der waldreichen Fränkischen Alb entwickelten sich um das Kloster mehrere Siedlungen. Die Lehnsträger des Eichstätter Hochstifts waren die Grafen von Oettingen, die den Ort M. zur Stadt erhoben (das älteste Stadtsiegel zeigt die Jahreszahl 1340). Die Stadt lag wirtschaftlich günstig an der Handelsstraße Nürnberg-Augsburg. Um 1350 symbolisierten starke Wehrmauern den neuen Status. 1379 kamen Kloster und Stadt unter die Hoheit der bayerischen Wittelsbacher. Das Saalbuch des Frauenklosters verzeichnet Ende des 14. Jh. Eigentumsrechte auf 176 Höfe in 34 Orten. Infolge des Landshuter Erbfolgekrieges gehörte M. seit 1505 zum neugegründeten Fürstentum Pfalz-Neuburg. Reformationsunruhen erlebte die Stadt nicht. Pfalzgraf Philipp und sein Bruder Ottheinrich beantragten 1530 bei Papst Clemens VII. die Erlaubnis, das Kloster aussterben zu lassen, also kann der Konvent zu diesem Zeitpunkt nicht mehr groß gewesen sein. Drei Jahre später starb Äbtissin Katharina Waliab und ihr Amt durfte nicht mehr besetzt werden. Pfalzgraf Ottheinrich, seit 1556 Kurfürst, führte unter Einfluss des lutherischen Reformators Andreas Osiander (1498–1552) 1542 die evangelische Kirchenordnung in der Jungen Pfalz ein und löste das Kloster auf. Die Walburgareliquien gingen verloren, die Klostergebäude wurden 1574 abgebrochen.

▶ **Gegenwart.** Die ehemalige Klosterkirche in M. ist heute die katholische Stadtpfarrkirche St. Walburga. Die dreischiffige Saalkirche mit doppelter Westempore entstand noch unter den Benediktinerinnen um 1500, am Nordportal ist die Jahreszahl 1509 angebracht. Seitenkapellen und Walburgiskapelle zeigen Netzgewölbe, das Gewölbe des Langhauses wurde erst 1596 eingezogen, der Westturm erst 1575 vollendet. Die heutige Ausschmückung erfolgte im 18. Jh., fünf Barockaltäre bereichern seit der Aufhebung der südlich gelegenen Zisterzienserabtei ➛ Kaisheim 1803 die Kirche. Durch die Südpforte gelangt man in den westlichen Kreuzgangflügel, der sich heute wieder in ursprünglicher Form darbietet; einfache Arkadenbögen und Vierpasssäulen mit Spiralmotiv weisen auf das späte 12. Jh. als Entstehungszeit hin. Das „Haus St. Walburg" im Westbereich steht auf den Grundmauern der ehemaligen Klausur.

◆ GermSac NF 45; Mengs, Maria: Schrifttum zum Leben und zur Verehrung der Eichstätter Diözesanheiligen, St. Ottilien 1987; Bauch, Andreas: M., ein Wallfahrtszentrum der Karolingerzeit, in: Studien und Mitteilungen zur Geschichte des Benediktinerordens und seiner Zweige 90 (1979) 32–44.

Monheim Benediktinerinnenabtei, Vierpass-Arkadenstütze aus dem 12. Jh. im Kreuzgang.

Mosbach, *Johanniterkommende St. Johannes Baptist (?) (nach 1218–1806), Erzdiözese Mainz – (Schaafheim-M., Lkr. Darmstadt-Dieburg, Hessen, ❐ 3, C2).*

▶ **Geschichte.** Die Grafen von Wertheim übereigneten vor 1218 dem Johanniterorden die Pfarrei M. östlich des Mains im Bachgau. Graf Boppo II. bestätigte 1218 die Übertragung, die angeblich schon sein Vater Boppo I. getätigt hatte, und fügte die St. Veit-Kapelle in Schlierbach hinzu.

Die Johanniter gründeten in M. eine Kommende, 1291 tritt ein Komtur auf. Schenkungen und Ankäufe erweiterten Besitz und Rechte. Erzbischof Gerhard I. von Mainz (Dhaun) bestätigte 1253 die Patronatsrechte über die Pfarrkirchen, gleichzeitig auch die Rechte des Ordens in ➛ Nidda, ➛ Niederweisel und ➛ Obermossau, wo ebenfalls Ordensniederlassungen entstanden waren (➛ Rüdigheim sollte noch folgen). Graf Rudolf zog sich vom Bachgaubesitz zurück und verkaufte 1293 das Dorf M. mit allen Gerechtsamen und Bewohnern für 120 Pfund Heller an die Kommende. Die Ordenszentrale im nahen Frankfurt/Main wird erst 1294 urkundlich erwähnt, galt aber bald als übergeordnete Verwaltungsinstitution; kleinere Häuser wie M. fielen in den Abhängigkeitsstatus eines *membrum* herab. Großprior Hesso Schlegelholz (1398–1408) amtierte als Komtur in Frankfurt und in M., die Selbständigkeit ging bis zum Ende des 15. Jh. ganz verloren. Das Haus M. wurde zur Verpachtung an verdienstvolle Ordensbrüder genutzt. Der Johanniter Johann Coelbroit erhielt die Kommende gegen Zahlung einer jährlichen Rente auf Lebenszeit, veruntreute aber den Besitz, was Erzbischof Dieter von Isenburg um 1460 zum Einspruch nötigte. Großkomtur Peter Stoltz von Bickenheim († 1500) musste erhebliche Summen aufbringen, um die Gläubiger abzufinden, den Besitz zurückzukaufen, die Gebäude zu restaurieren und Einkünfte zu verbessern. Auch nachfolgende Ordensangehörige oder weltliche Verwalter wirtschafteten in der frühen Neuzeit eher in die eigene Tasche, selten zum Vorteil der Kommende Frankfurt. Nach der Säkularisierung 1806 standen dem Komtur Pfürdt zu Blumberg die Einkünfte in M. bis zu seinem Tod 1819 zu. Der Besitz ging an den Fürstprimas Karl von Dalberg über, später an Bayern und fiel schließlich 1817 durch Tausch an Hessen.

▶ **Gegenwart.** Die frühgotische Ordenskirche der ehemaligen Kommende M. ist ein rechteckiges, zweigeschossiges Gebäude (um 1250), dessen Untergeschoss als Sakralraum diente, dessen Obergeschoss aber Pilgern und Kranken zur Pflege offen stand. Das Langhaus wurde 1906 durch die heutige katholische Pfarrkirche St. Johannes der Täufer ersetzt, die aber quer angebaut wurde, so dass der Johanniterchorraum nun als nördlicher Querarm fungiert. Schwere Kreuzrippen am Gewölbe und die Sakristeitür verraten ihre mittelalterliche Herkunft. Der romanische Türsturz mit Kruzifix stammt vom Vorgängerbau, den die Johanniter übernommen hatten. Die große Kreuzigungsgruppe gilt als bedeutendes Werk eines von Matthias Grünewald beeinflussten Meisters, man spricht vom Meister der Mosbacher Kreuzigung, das Original steht heute im Landesmuseum Darmstadt. Das Kommendengebäude ist ein schlichter Bau von 1781.

◆ Wienand, Adam (Hg.): Kommende M., in: Der Johanniter-Orden, Köln 1988, 342–344; Rödel, Walter Gerd: Das Großpriorat Deutschland des Johanniter-Ordens, Mainz 1965, 266–268.

Mücheln Templerkommende, Nordseite der Templerkapelle (um 1280), innen mit aufwändigen Zierelementen.

Mücheln, *Templerkommende (vor 1240–vor 1317), Augustiner-Chorherrenpriorat des Märtyrerordens von der Buße (nach 1317–1490), Erzdiözese Magdeburg – (Wettin-M., Saalekreis, Sachsen-Anhalt, ❐ 2, B5).*

▶ **Vorgeschichte.** Graf Friedrich II. von Brehna aus dem Geschlecht der Wettiner schloss sich nach dem Tod seiner Frau Judith 1220 dem Kreuzzugsheer Kaiser Friedrichs II. an, begab sich allein ins Heilige Land, trat in den Templerorden ein und fiel 1221 vor Akkon. Sein Nachfolger Dietrich I. schenkte um 1240 seinem Sohn Dietrich II., der auch wie sein Großvater dem Templerorden angehörte, die Güter M. und Döblitz nahe der Stammburg der sächsischen Wettiner im mittleren Saalegebiet.

▶ **Geschichte.** Als Templerkommende wird M. erstmals in einer Schenkungsurkunde von 1272 erwähnt, worin Geringus, der Templerprovisor von M., als Zeuge genannt wird. Konrad I., Bruder Dietrichs II. von Brehna, übergab 1269 den Tempelherren von M. das Patronatsrecht über die St. Petrikirche in Wettin, was Erzbischof Konrad II. von Magdeburg (Sternberg) 1273 bestätigte. Mit der Auflösung des Templerordens 1312 durch Papst Clemens V. gelangte das Haus M. zunächst an den Johanniterorden. 1317 taucht ein Johannis von Helfenstein als Komtur von M. in den Urkunden des Generalkapitels der Johanniter in Frankfurt/Main auf. Bald darauf ging M. mit dem Dorf Döblitz an die Chorherren des Ordens der hl. Märtyrer von der Buße in Krakau St. Markus über, die ein Priorat errichteten, in dem sich meist nur ein Priester als Prior und ein Ordensbruder aufhielten. 1490 wurde der letzte Prior Peter von einem Knecht erstochen, der Mitbruder flüchtete nach Polen zurück. Das Mutterhaus in Krakau zeigte kein Interesse an einer Neubesetzung, Erzbischof Ernst von Sachsen verkaufte das herrenlose Gut 1502 an das St. Moritzstift in ➛ Halle. 1566 wurde der Besitz säkularisiert.

▶ **Gegenwart.** Die ehemalige Templerkirche steht nach jahrhundertelanger profaner Nutzung für landwirtschaftliche Zwecke noch immer im Hofgut M. Ihr Bau erfolgte nach Meinung der Experten zwischen 1270 und 1290. Die schlanke Kapelle ist ein sorgfältig in Sandstein ausgeführter, einschiffiger Bau mit zwei quadratischen Jochen, einem polygonalen, lichterfüllten Chor und einer Empore im Westen. Die Birnstabrippen des Gewölbes werden von erstaunlich kunstvoll gearbeiteten Konsolsteinen mit Ornamenten aus Blattwerk abgefangen, die im Westteil den fast geometrisierenden Geist der französischen Zisterzienser ausstrahlen, aber zum Chor hin an Natürlichkeit gewinnen und an die Schule des Naumburger Doms erinnern. Der „Unabhängige Arbeitskreis Denkmalpflege" der Stadt Halle sanierte die Kapelle in M. und bewahrt den möglicherweise jüngsten Originalbau des Templerordens in Deutschland für multikulturelle, öffentliche und nichtkommerzielle Nutzung.

◆ Schmitt, Reinhard: Die Templer in Halberstadt und M. bei Wettin, Halle 2005.

Muffendorf, *Deutschordenskommende St. Martin (vor 1281–1802), Erzdiözese Köln – (Bonn-Bad Godesberg-M., Nordrhein-Westfalen, ❐ 3, B1).*

▶ **Geschichte.** Im Ortsteil M. von Bonn-Bad Godesberg steht eine ummauerte, frühromanische Kirche, die auf ein römisches Heiligtum zurückgeht und in einer Urkunde von 913 als königliches Eigentum bezeichnet wird. Sie gehört zu den ältesten Kirchenbauten des Rheinlandes. Die Benediktinerabtei ➛ Siegburg unterhielt in M. einen Klosterhof und verkaufte dem Deutschen Orden 1254 einen Teil ihres Besitzes. Angeblich kamen die Ordensritter aus der Kommende ➛ Ramersdorf über den Rhein und gründeten in M. ein Pflegeamt; wahrscheinlicher ist aber eine Gründung durch das Haus ➛ Koblenz zwischen 1271 und 1281, weil die Kommende M. stets dem Koblenzer Ordensverband eingegliedert war und insofern direkt dem Hochmeister als Kammergut diente, Ramersdorf hingegen dem Deutschmeister direkt gehörte. Ein Bruder Emelricus de Mophendorhpe ist der erste namentlich bekannte Verwalter, ihm folgten die Komture Heinrich, Bruno und Nikolaus von Mayen (1303); alle kamen aus Koblenz oder deren Tochterkommende St. Katharina in Köln. Der Ort M. war eine Weinbauernsiedlung. Die Deutschherren profitierten vom Weinbau und dem zollfreien Handel; auch versuchten sie sich mit Seidenraupenzucht und pflanzten Maulbeerbäume an. Die wachsenden Versorgungs- und Nachwuchsforderungen des Hochmeisters in Marienburg (Polen) bekam auch M. zu spüren. Eine allgemeine Wirtschafts- und Ordenskrise breitete sich im 15. Jh. aus. Ein Verkauf der Kommende an das benachbarte Birgittenkloster ➛ Marienforst war 1458 zur Beschaffung dringend benötigter Geldmittel geplant, kam aber wohl nicht zustande. 1496 setzte der Koblenzer Landkomtur den Bruder Gottschalk Kemp (1496/1515) auf Lebenszeit als Nutznießer in M. ein. Nach dem Dreißigjährigen Krieg lag Haus M. verödet, erst 1713 residierte wieder ein Ordensbruder in der Anlage. Komtur Freiherr von Harff begann 1717 mit dem Bau eines zweistöckigen Wohngebäudes, Kapelle und Gesindehaus folgten. Der Visitationsbericht von 1754 bezeichnet den Zustand der Kommende als gut und wohleingerichtet. Auch Pastoren waren im Wohnhaus untergebracht und versahen das Amt eines Rentmeisters für den Deutschen Orden. Der letzte Komtur Freiherr Karl Adolf von Greiffenklau starb 1796. Nach der Säkularisierung 1802 wurde der Besitz zunächst eine französische Staatsdomäne, dann aber privat verkauft und die barocken Gebäude für Residenzansprüche mehrmals verändert.

▶ **Gegenwart.** Der Kommendebau aus der Mitte des 18. Jh. bildet den Kern der heutigen Anlage, die Belgien während der Bonner Republik seit 1952 als Botschaftsresidenz nutzte. Unweit entfernt auf einer Anhöhe steht die romanische Kirche Alt-St. Martin im ummauerten Friedhof, die von den ersten Ordensbrüdern übernommen wurde und ihnen als Gotteshaus diente. Sie bauten den einfachen Saal im 13. Jh. um, gliederten dabei dem rechteckigen Chor eine Apsis an und fügten das Kreuzrippengewölbe ein. An der Westseite kamen ein quadratischer Turm und an der Nordseite ein Seitenschiff mit kleiner Apsis und bogigem Eingangsportal hinzu.

◆ Arnold, Udo: M. und Marienforst, Köln 2000; Limburg, Hans: Die Anfänge der Deutschordenskommende M., in: Rheinische Vierteljahresblätter 31 (1966/67) 64–71; Neu, Heinrich: Der Deutsche Ritterorden in Bonn, in: Bonner Geschichtsblätter 5 (1951) 17–35.

Mühlbach, *Wilhelmitenkloster St. Maria (1289–1546), Diözese Speyer – (Eppingen-M., Lkr. Heilbronn, Baden-Württemberg, ❐ 3, C3).*

▶ **Geschichte.** Edelherr Heinrich von Brettnach übergab dem Wilhelmitenorden 1289 seine Eigenkirche und Güter in M. südlich von Eppingen im Kraichgau zur Gründung eines Klosters. Die ersten Mönche kamen aus Marienthal im Elsass, einem filiationsfreudigen Konvent, nicht wie oft angegeben aus dem Kloster Hagenau (Elsass; es entstand als Tochter erst im Jahr 1311). Die Wilhelmiten gründeten im 13. Jh. nördlich der Alpen zahlreiche Filialen mit meist nicht mehr als fünf Mönchen bei rein eremitischem Anspruch, was den Anforderungen eines selbständigen Klosters oft nicht genügte. Entsprechend klein ist das Priorat in M. einzuschätzen, die Bedeutung blieb gering, Nachrichten fehlen fast völlig. Der Stifter starb bereits 1295. Der Ort M. entwickelte sich im Spätmittelalter zu einer betriebsamen Siedlung, der regionale Sandsteinabbau rief Steinklopfer und Handwerker an das einst stille Kloster. Die nahe, aufstrebende Stadt Eppingen gewann 1372 Einfluss über den Flecken. Die Mönche widmeten sich der Seelsorge; auf dem nahen Ottilienberg errichteten sie 1473 eine Wallfahrtskapelle, zumindest gehörte sie zum Kloster. Stadt und Region Eppingen unterstanden seit 1462 der Kurpfalz. Als sich das Mutterkloster Marienthal im Elsass der Reformation anschloss, verkauften die Wilhelmiten 1546 ihr Kloster M. samt Besitz an den Eppinger Magistrat, der unter Kurfürst Ottheinrich um 1555 ebenfalls die evangelische Kirchenordnung annahm.

▶ **Gegenwart.** In Auflistungen monastischer Institutionen Baden-Württembergs fehlt meist das Wilhelmitenpriorat M., obwohl es etwa 350 Jahre bestand, zumindest jedoch solange die Kirche in Ordensbesitz war. Die heutige evangelische Pfarrkirche, deren Größe nicht so recht zum kleinen Ortsteil M. von Eppingen zu passen scheint, entstand am Platz der Mönchskirche um 1850, wobei der romanisch-gotische Ostbereich der Wilhelmitenkirche übernommen wurde. Schon im 15. Jh. integrierten die Mönche Teile des spätromanischen Chors in einen gotischen Aufbau, was sich an den fünf Bögen im Altarraum ablesen lässt. Auch der südöstliche Sakristeiraum ist aufgrund des älteren Steinmaterials der Gründungszeit des Klosters zuzuordnen. Der Choraufbau mit Fensterpartie entstammt dem 15. Jh., das quadratische Langhaus und der hohe Westturm dem 19. Jh. Interessante Schlusssteine zieren das Chorgewölbe oder sind, wie das spätromanische Portaltympanon, in die Wände nachträglich eingelassen. Vier Grabplatten zählen heute zur Ausstattung, eine davon zeigt plastisch den Stifter Heinrich von Brettnach mit ritterlichen Attributen. Mittelalterliche Klausurgebäude existieren nicht mehr. Auf dem 310 m hohen Otillienberg steht noch heute die spätgotische Wallfahrtskapelle der Wilhelmiten, Schäden des letzten Krieges wurden in vereinfachten Formen behoben.

◆ Elm, Kaspar: Der Wilhelmitenorden, in: Vitasfratrum (Saxonia Franciscana 5), Werl 1994, 55–66; Dettling, Karl: 700 Jahre M. 1290–1990, Eppingen 1990.

Mühlbach Wilhelmitenkloster, Blendarkaden im Chor der Pfarrkirche, ein architektonisches Erbe der Mönche.

Mühlberg/Elbe Zisterzienserinnenabtei, reichgestaltete Ostpartie der spätromanisch-gotischen Frauenkirche.

Mühlberg, *Zisterzienserinnenabtei St. Maria (1228–1539), Claretinerkonvent (seit 2000) – „Güldenstern" bzw. „Marienstern", Diözese Meißen – (Lkr. Elbe-Elster, Brandenburg, ❒ 2, C5).*

▶ **Geschichte.** Die Brüder Otto und Bodo von Eilenburg, markgräfliche Ministeriale, wandelten 1228 mit Zustimmung Markgraf Heinrichs des Erleuchteten von Meißen die Pfarrkirche in M. an der Elbe in eine Konventskirche um und statteten das neugegründete Zisterzienserinnenkloster reichlich mit Besitz aus. Erzbischof Albrecht I. von Magdeburg (Käfernburg) und Bischof Heinrich von Meißen stimmten 1229/30 zu. Weitere Gunstbeweise der Stifterfamilie, Landesherrn, Bischöfe und des örtlichen Adels erweiterten Eigentum und Privilegien der Frauen; zusätzliche Einkünfte boten Münzrecht, Gerichtshoheit, Fährbetrieb und Fischerei auf der Elbe sowie Weinhänge bei Belgern. Einem päpstlichen Antrag folgend nahm angeblich das Generalkapitel des Zisterzienserordens das Frauenkloster 1250 als Vollmitglied auf und unterstellte es dem Abt von ➛ Buch. Der Konvent sollte die Zahl von 30 Schwestern nicht überschreiten. Kloster M. war eindeutig exemt, stand unter dem Schutz des Papstes und besaß freie Vogtwahl. Das Visitationsprotokoll des Abts von ➛ Altzelle von 1232 liegt vor, aber die Inkorporation in den Zisterzienserorden ist nicht zweifelsfrei zu belegen. Das Schwesternkloster ➛ Nimbschen lenkte seit 1243 das Interesse der Wettiner Markgrafen von M. deutlich ab. 1364 stellte Kaiser Karl IV. Kloster M. unter persönlichen Schutz. Im Spätmittelalter kämpfte der Propst ständig um das Territorium, Nutzungsrechte und alte Privilegien wie Schankgerechtigkeit und Anteile an der örtlichen Badestube gegen Zugriffe der regionalen Unterlehnsherren und der Meißner Bischöfe. Propst Fabricius von Forchheim († 1480) tritt aus der Reihe der Klostervorsteher als Gelehrter hervor und erlangte 1472 das Amt des Rektors der Universität Leipzig. Propst Heinrich (1498–1508) und der Konvent unter Äbtissin Anna von Eilenburg (1493–1501) wurden schwere Verfehlungen vorgeworfen, dazu zählten übertriebener Weingenuss, Schankbetrieb und Tanzvergnügen im Kloster sowie ein Bordellbetrieb in der Badestube. Herzog Georg der Bärtige forderte eine innere Reform, verteidigte aber bis zu seinem Tod 1539 als letzter sächsischer Landesherr die katholische Religionsausübung. Die Aufhebung erfolgte noch 1539 unter Herzog Heinrich II.; aus Entrüstung darüber sollen die Zisterzienserinnen ihr Kloster angezündet haben. 1544 verließ eine Konventualin mit einer Abfindung die Gemeinschaft, dafür fanden einige Benediktinerinnen aus dem Kloster ➛ Riesa Zuflucht in M. Im April 1547 zerschlug die kaiserliche Armee Karls V. den Schmalkaldischen Bund der Protestanten auf den Schlachtfeldern in der Nähe des Klosters. 1559 zogen 37 Chorschwestern und zehn Laienschwestern mit Äbtissin Maria von Pack (1546–59) endgültig aus und siedelten nach ➛ Meißen in das Heilig-Kreuz-Kloster über.

▶ **Gegenwart.** Noch heute existiert nordöstlich der Altstadt von M. der Klosterkomplex, er zählte zu einer der ausgedehntesten und baulich anspruchsvollsten Frauenanlagen überhaupt. Der Komplex diente bis 1945 als Rittergut, die Kirche blieb evangelische Pfarrkirche der Altstadt, seit kurzer Zeit ist sie wieder eine katholische Pfarrkirche. Zwei Brüder des Claretinerordens versuchen seit 2000 einen klösterlichen Neuanfang. Die Bezeichnungen „Marienstern" oder auch „Güldenstern" sind neuzeitliche Namen, wahrscheinlich volkstümlicher Herkunft. Die Klosterkirche des 13. Jh. überschreitet mit 64 m weit die normalerweise bescheidenen Kirchen der Zisterzienserinnen. Sie ist ein einschiffiger Backsteinbau auf kreuzförmigem Grundriss mit zweijochigem Chor im 5/10-Schluss, mit zwei Apsiden an den Querschiffarmen und spätgotischer Schaufront im Westen. Nordwestlich schließen sich das Klausurgeviert und der Wirtschaftsteil an. Vom Ostflügel blieb nur ein kleiner Raum, der Westflügel existiert als Umbau des 18. Jh., der Nordflügel (Refektorium?) brannte 1991 aus. Die „Neue Propstei" entstand 1531, das gotische Tor- und Gästehaus wurde barock überformt, die übrigen Gebäude sind neuzeitlich.

◆ Butz, Reinhardt/Cante, Marcus: M., in: Brandenburgisches Klosterbuch, Bd. 2, Berlin – Brandenburg 2007, 884–902; Mohn, Claudia: M., Kloster Güldenstern, in: Mittelalterliche Klosteranlagen, Petersberg 2006, 203–209; Köhler, Anne-Katrin: M., in: Geschichte des Klosters Nimbschen, Leipzig 2003, 158–160.

Mühlhausen, *Deutschordenskommende Oberstadt und Unterstadt (1227–1542), Erzdiözese Mainz – (Kreisstadt, Unstrut-Hainich-Kreis, Thüringen, ❒ 2, A5).*

▶ **Geschichte.** Hermann von Salza (um 1165–1239) wurde nahe M. in Salza (Langensalza) auf Schloss Dryburg geboren und 1210 zum vierten Hochmeister des Deutschen Ordens gewählt. Er war seit 1222 einer der einflussreichsten Berater Kaiser Friedrichs II. Die königlichen Söhne Heinrich (VII.) und Konrad IV. übertrugen 1227 und 1243 dem Deutschen Orden die Patronatsrechte über die Kirchen in der Reichsstadt M. Die Deutschordensbrüder gründeten zwei Kommenden in M., eine in der Unterstadt nahe der Pfarrkirche St. Blasius und eine in der Oberstadt nahe St. Marien. Sie übernahmen die seelsorgliche Betreuung der Bewohner und bauten die Pfarrkirche St. Blasius zu einer der ersten deutschen Großkirchen im Stil der Gotik um. Den Bau initiierte Kristan von Mühlhausen, ein ehemaliger Komtur und seit 1276 Bischof von Samland (Königsberg); dieser Sohn der Stadt gründete mit der neuen St. Blasius-Kirche seine inoffizielle Bischofskirche und wurde 1295 in ihrem Chor beigesetzt. Fast alle Pfarrkirchen der Stadt, darunter auch St. Marien (nach dem Erfurter Dom die zweitgrößte Hallenkirche Thüringens) kamen mit der Zeit in die Hand der Deutschherren und wurden architektonisch von ihnen geprägt. Als letzte mittelalterliche Kirche ließen sie die Petrikirche errichten (1352–56) und versuchten, die Johanniskirche als einzige nicht ihrem Patronat unterstehende Pfarrkirche in die Bedeutungslosigkeit zu drängen. Der Pfarrer der Johanniskirche und die Franziskaner in der Stadt (➛ Mühlhausen) waren die einzigen Priester, die in der Zeit des Streites der Deutschherren mit dem Stadtrat und dem folgenden Interdikt (1357–63) Messen feiern und Sakramente spenden durften. Die reformatorischen Unruhen unter Thomas Müntzer leiteten 1525 das Ende der Kirchenherrschaft des Deutschen Ordens in M. ein. Superintendent Hieronymus Tilesius, der auf Empfehlung Philipp Melanchthons 1557 in die Stadt gekommen war und sich des Schutzes der Landesherren von Hessen und Sachsen sicher sein konnte, setzte die Reformation in der Stadt endgültig durch. 1599 kaufte der Rat die Liegenschaften des Deutschen Ordens (und erwarb damit ein Gebiet von 220 km^2).

▶ **Gegenwart.** Die baulichen Relikte der beiden Niederlassungen des Deutschen Ordens sind noch heute in M. zu finden. In der Unterstadt am Kristanplatz steht das schlichte Barockgebäude der Superintendantur, das Baureste der ehemaligen Kommende enthält und in dem die St. Anna-Kapelle mit Kreuzrippengewölbe (1290) des Deutschen Ordens eingebunden ist. In der Oberstadt im barocken Pfarrhaus nahe der Marienkirche befinden sich Keller und Wandteile des Kommendehofes aus der Gründungszeit nach 1243. Eine gotische Tür kennzeichnet die Lage der ehemaligen Kapelle St. Bartholomae der Deutschordensritter. Erinnert sei, dass der Deutsche Orden fast alle Pfarrkirchen der Stadt architektonisch beeinflusst hat.

◆ Sünder, Martin: Zur Geschichte des Deutschen Ordens in M., in: Mühlhäuser Beiträge 26 (2003) 42–49; Jordan, Reinhard u. a. (Hg.): Chronik der Stadt M. in Thüringen, Bad Langensalza 2001.

Mühlhausen, *Dominikanerkloster St. Petrus und St. Paulus (um 1289–1542) – „Predigerkloster", Erzdiözese Mainz – (Kreisstadt, Unstrut-Hainich-Kreis, Thüringen, ❐ 2, A5).*

▶ **Geschichte.** Um 1289 gründeten die Dominikaner im nordöstlichen Stadtteil der Reichsstadt M. gegenüber der Allerheiligenkirche ein Kloster. Es war die fünfte Niederlassung des Ordens in Thüringen nach ➛ Eisenach, ➛ Erfurt, ➛ Jena und Nordhausen. Die nächste Gründung folgte erst 1395 in Leutenberg (s. u.), zwei thüringische Frauenklöster zählten zum Orden, nämlich ➛ Cronschwitz und ➛ Weida. Zur Förderung des Klosterbaus in M. erhielten die Prediger von zahlreichen Bischöfen Ablassprivilegien, darunter auch 1290 einen Indulgenzbrief von Bischof Kristan von Samland (Königsberg), einem gebürtigen Mühlhäuser; er soll die Prediger in seine Heimatstadt gerufen haben. 1291 einigten diese sich mit den Bruderkonventen in Eisenach, ➛ Treysa und ➛ Göttingen über die Grenzen der jeweiligen Terminierbezirke. Der Kirchenbau wurde erst 1348 vollendet, weil der zusätzlich benötigte Bauplatz erst 1338 gekauft werden konnte. Die Peter-Paul-Kirche war eine zehnjochige, dreischiffige Hallenkirche mit kurzem, polygonal geschlossenem Chor, ähnlich der Dominikanerkirche in ➛ Erfurt. Sie gehörte mit der Marienkirche und der Blasiuskirche zu den großen Sakralbauten der Reichsstadt. Die Dominikaner hatten weit größere Konflikte mit dem in der Stadt übermächtigen Deutschen Orden (➛ Mühlhausen) als die städtischen Franziskaner (➛ Mühlhausen) auszufechten, denn sie akzeptierten die einschränkenden Vorschriften für die Seelsorgetätigkeiten in der Stadt nicht: Predigtverbot jeden zweiten Sonntag, zu Ostern, Pfingsten, Allerheiligen, Allerseelen, Weihnachten und an Weihefesten der Pfarrkirchen und ihrer Altäre. 1369 hatte sich nach der Auffassung vieler beteiligter Zeugen ein Wunder in der Dominikanerkirche ereignet, weil ein ertrunkenes Kind vor dem Bild des hl. Salvator ins Leben zurückgeholt werden konnte. Die gelehrten Brüder glaubten zunächst nicht an ein Wunder, dankten aber dem Erlöser, als sie von der aufgebrachten Menge dazu aufgefordert wurden. Während der reformatorischen Unruhen unter Thomas Müntzer mussten die Prediger aus der Stadt fliehen, ihr Kloster wurde verwüstet. 1542 vollzog eine evangelische Kommission unter Justus Menius, dem ersten evangelischen Pfarrer, die Zwangsaufhebung, 1583 wurde die Klausur abgerissen. 1769 brannte die Kirche aus, die verbliebenen Mauern dienten zur Materialgewinnung beim Bau neuer Gebäude.

▶ **Gegenwart.** Heute findet der aufmerksame Besucher in M. in der Mönchsgasse nördlich der Allerheiligenkirche bauliche Reste der ehemaligen Dominikanerkirche, die nunmehr geschützt und durch Schilder gekennzeichnet sind.

❖ Der Predigerkonvent in Leutenberg bei Saalfeld blieb als „Nachzügler" (1395) relativ unbedeutend; auch war er innerhalb der Ordensprovinz Saxonia nicht wie die anderen thüringischen Konvente der *Natio Thuringiae* zugeteilt, sondern – wie ➛ Leipzig, ➛ Luckau und ➛ Pirna – der *Natio Misniae.* Der Konvent endete 1530, in der Stadt inmitten des Thüringer Schiefergebirges blieben keine klösterlichen Architekturreste erhalten.

◆ Haydenreich, Eduard: Das wundertätige Salvatorbild in der Kirche der Dominikaner in M., in: Mühlhäuser Geschichtsblätter 1 (1901) 53–55.

Mühlhausen Deutschordenskommende, das Gebäude am Kristanplatz birgt die Annenkapelle der Ordensritter.

Mühlhausen, *Franziskanerkloster Heilig Kreuz (1232–1542) – „Barfüßerkloster", Erzdiözese Mainz – (Kreisstadt, Unstrut-Hainich-Kreis, Thüringen, ❒ 2, A5).*

▶ **Geschichte.** Die Minoriten kamen schon 1225 in die Reichsstadt M., mussten aber auf Geheiß ihres ersten Gönners, Graf Ernst IV. von Gleichen, wieder abziehen. 1231 kehrten sie zurück und fanden mit Erlaubnis des thüringischen Landgrafen Heinrich Raspe IV. Aufnahme im Spital St. Antonius. 1232 begannen sie nach der Schenkung eines Grundstücks durch einen unbekannten Stifter (möglicherweise Heningus de Goting) mitten in der Stadt ihr Kloster zu errichten. Die einfache, rechteckige Kirche entstand in zwei Bauabschnitten, weil der gerade abschließende Chor erst 1307 nach Osten verlängert und ein Turm erst 1392 angebaut wurde. M. war nach Erfurt die bedeutendste mittelalterliche Stadt in Thüringen, aber im Gegensatz zur kurmainzischen Stadt Erfurt genoss M. Reichsimmunität. Seit 1227 unterstand die Pfarrseelsorge dem Deutschen Orden, der in der Stadt zwei Kommenden (➛ Mühlhausen) unterhielt. Die Barfüßer unterwarfen sich im Vertrag von 1262 den Bedingungen der Deutschherren und bauten enge Beziehungen zum Bürgertum auf. Ein guter Kontakt zum heute untergegangenen Brückenkloster der Magdalenen ist urkundlich fassbar; schwieriger gestaltete sich das Verhältnis zu den Dominikanern (➛ Mühlhausen). Erstmals konnte 1275 ein Provinzkapitel der Ordensprovinz Saxonia in M. abgehalten werden. 1279 wurde ein Hausstudium eingerichtet, dem ein Bruder Konrad als Lektor vorstand. Um 1525 stand M. im Mittelpunkt des Bauernkrieges und der Reformation; im August 1524 predigte Radikalreformer Thomas Müntzer (1490–1525) in M. und mobilisierte die Bewohner gegen Patriziat und Kirche. Die Klöster wurde gestürmt, verwüstet und die Religiosen vertrieben. Im März 1525 wurde die städtische Regierung gestürzt und der „Ewige Rat" aus einfachen Bürgern eingesetzt. Im folgenden Mai verlor Thomas Müntzer mit seinem etwa 8.000 Mann starken Bauernheer die Schlacht bei Frankenhausen gegen ein Fürstenheer; er wurde gefangen genommen und kurz darauf vor den Toren der Stadt hingerichtet. Das endgültige Ende des Franziskanerkonvents verfügte 1542 die evangelische Kommission unter Justus Menius, dem ersten lutherischen Pfarrer an St. Blasius (heute Divi-Blasii-Kirche). Bis 1566 durfte die kleine katholische Restgemeinde die Franziskanerkirche nutzen. 1569 brach man die Klausurgebäude für einen Schulbau ab.

Mühlhausen Franziskanerkloster, die Bettelordenskirche in ungewöhnlich zentraler Lage am Kornmarkt.

▶ **Gegenwart.** Die Franziskanerkirche Heilig Kreuz in M. erreicht mit 67 m für eine Bettelordenskirche eine ungewöhnliche Länge. Auch ist ihre Lage nahe dem Altstadtzentrum eher selten, vergleichbar nur mit ➛ Aschersleben, ➛ Gelnhausen, ➛ Arnstadt und ➛ Bonn. Die Kirche ist ein schlicht gehaltener Rechtecksaal mit schwach eingezogenem Chor, der leicht nach Norden abknickt und flach abschließt. Beim Bau um die Mitte des 13. Jh. integrierten die Barfüßer einen bestehenden romanischen Sakralbau, dessen drei Fenster an der Nordwand erhalten blieben. Anfang des 14. Jh. erweiterten sie die flachgedeckte Kirche um den gewölbten Chor nach Osten; der jüngste Bauteil ist der südöstliche Glockenturm (1392). Aus der Heilig-Kreuz-Kirche wurde die „Kornspeicherkirche", weil sie seit 1802 nur noch profanen Zwecken, u. a. auch als Kornspeicher diente. Nach umfangreicher Rekonstruktion wird sie seit 1975 sowohl als Museum „Zentrale Gedenkstätte Deutscher Bauernkrieg" als auch für Konzertveranstaltungen genutzt. Von der nordseitig gelegenen Klausur blieb nichts erhalten; einst schloss der Westflügel an das Rathaus an.

◆ Müller, Thomas T.: Das doppelte Ende des Mühlhäuser Franziskanerklosters, in: Für Gott und die Welt, Franziskaner in Thüringen, Paderborn 2008, 149–157; Pieper, Roland/Einhorn, Jürgen W.: Franziskaner zwischen Ostsee, Thüringer Wald und Erzgebirge, Paderborn 2005, 173–176; Sareik, Udo: Die Kornmarktkirche in M., Mühlhausen 1980.

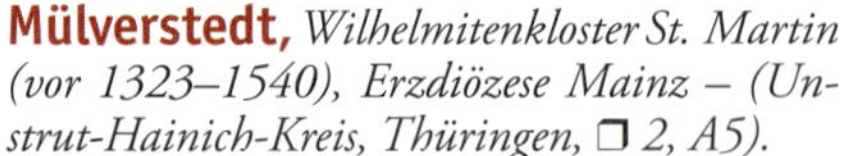

Mülverstedt, *Wilhelmitenkloster St. Martin (vor 1323–1540), Erzdiözese Mainz – (Unstrut-Hainich-Kreis, Thüringen, ❒ 2, A5).*

▶ Südlich von Mühlhausen in der Burgsiedlung M. existierte eine Wilhelmitenniederlassung, die 1323 erstmals urkundlich erwähnt wird. Als Stifter wird Günther von Salza vermutet, der die Vogtei auf Scharfenburg bei Thal/Ruhla innehatte und verwandt war mit den Edlen von Erffa, den Rittern auf der Wasserburg M. und Herren des Ortes. Die ersten Mönche kamen aus dem Kloster ➛ Weißenborn unterhalb der Scharfenburg. Die Herren von Salza hatten bereits um 1299 das Wilhelmitenkloster in Wasungen gestiftet, die Grafen von Gleichen sorgten 1396 für eine Gründung im nahen Gräfentonna; diese beiden Priorate sind architektonisch untergegangen. Die Wilhelmiten übernahmen in M. die Seelsorgepflichten, eröffneten eine Knabenschule und betrieben im benachbarten Großengottern an der Straße Mühlhausen-Salza

(Langensalza) das Hospital St. Andreas. Die Quellenlage ist dürftig: Im Februar 1414 einigten sich die Konvente in M. und Gräfentonna über die Terminierbezirke, 1501 wird ein Prior Nikolaus Kerchener genannt, der letzte Prior von Weißenborn kam aus M. Der Bauernaufstand 1525 und die nachfolgende Reformation führten zur langsamen Auflösung, die nach dem Tod des letzten katholischen Herzogs von Sachsen, Georg des Bärtigen, 1540 mit den verbliebenen vier Mönchen besiegelt wurde. Der Besitz kam der weitergeführten Knabenschule zugute. In M. sind an der heutigen barocken Pfarrkirche St. Martin geringe mittelalterliche Spuren hinterblieben. Dagegen erinnert die Hospitalkapelle in Großengottern deutlich an die Wilhelmiten von M. Der kleine Saalbau des 14. Jh. aus Bruchsteinen zeigt Spitzbogenfenster und ein Spitzbogenportal. Den nördlichen Türsturz ziert ein Vorhangbogen. Der Dachturm mit geschweifter Haube entstand in der Barockzeit.

◆ Jürgensmeier, Friedhelm: Die Wilhelmiten, Münster 2007, 94; Eberhardt, Wolfgang (Hg.): Kloster M., in: Geschichte und Geschichten um das Wilhelmitenkloster Weißenborn, Thal/Ruhla 2005, 226–233; Mogge, Winfried (Hg.): Das Wilhelmitenkloster zu Witzenhausen, Witzenhausen 1998, 32.

Münchaurach, *Benediktinerabtei St. Petrus und St. Paulus (um 1125–1532), Diözese Würzburg – (Aurachtal, Lkr. Erlangen-Höchstadt, Bayern, ❐ 4, A2).*

▶ **Geschichte.** An der Klostergründung um 1125 im fränkischen Aurachgrund waren Bischof Otto I. von Bamberg (1102–39, kanonisiert 1189), Graf Goswin von Höchstadt, sein Sohn, Pfalzgraf von Stahleck, und Verwandte beteiligt. Der Gründungskonvent kam mit Abt Walther aus der Abtei ➛ Bamberg St. Michael, unter Bischof Otto ein Zentrum des Reformbenediktinertums der ➛ Hirsauer Bewegung. Die Abhängigkeit von Bamberg blieb bis ins Spätmittelalter bestehen. Der Stifter Hermann von Stahleck starb 1159 während der Gründung der Zisterzienserabtei ➛ Bildhausen. Die Schirmvogtei über M. ging an die Grafen von Zollern (Burggrafen von Nürnberg) über. Königliche Besitz- und Privilegienbestätigungen erfolgten 1158 und 1360. Papst Honorius III. bat 1218 Abt Hartmud von Münchaurach, in einem Streitfall der Abtei ➛ Kastl zu schlichten. Ende des 14. Jh. zwangen finanzielle Nöte Abt Heinrich II. Hofmann (1386/91) zu Güterverkäufen in Baiersdorf an die Hohenzollern. Dieser Abt erscheint auf dem erhaltenen Grabstein mit Mitra und Bischofsstab. Markgraf Albrecht Achilles von Brandenburg-Ansbach forderte 1475 innere Reformen im heruntergewirtschafteten Kloster, setzte Abt Albrecht Ruswurm (1457–77) ab und ernannte Abt Leonard (1477–90), der 1480 für eine Aufnahme in die ➛ Bursfelder Reformkongregation sorgte. Der 1490 gewählte, letzte Abt Andreas Nusser (1490–1532) musste dem Würzburger Fürstbischof Rudolf II. von Scherenberg den Obödienzeid leisten, Bamberg hatte seinen Einfluss verloren. Ostern 1525 brannten aufständische Bauern die Klausur- und Wirtschaftsgebäude nieder. Zum Wiederaufbau kam es nicht mehr, denn die im Juni 1528 von Markgraf Georg initiierte Versammlung evangelischer Stände in Schwabach beschloss, Kloster M. einzuziehen. Nach dem Tod Abt Andreas Nussers 1532 übernahmen markgräfliche Beamte die Verwaltung; acht Mönche durften bleiben, der letzte starb 1547. Der Klosterbesitz wurde in ein fürstliches Kameralamt umgewandelt.

Münchaurach Benediktinerabtei, ein typischer Reformkirchenbau des 12. Jh. mit Nordturm des 15. Jh.

▶ **Gegenwart.** Vom Kloster M. blieb lediglich die romanische Klosterkirche bestehen, die seit der Reformation als evangelisch-lutherische Pfarrkirche dient. Die siebenjochige Säulenbasilika auf kreuzförmigem Grundriss wurde vermutlich noch zu Zeiten Bischof Ottos des Heiligen als Reformkirchenbau des frühen 12. Jh. mit dreischiffiger, apsidialer Choranlage und Chorflankentürmen vollendet. Die Säulenkapitelle lassen Hirsauer Baumotive erkennen, ein *chorus minor* ist jedoch nicht abgesetzt und auch die Chorflankentürme sprechen gegen eine Kirche in Hirsauer Tradition. Umbauten erfolgten gegen Ende des 15. Jh.: das Querschiff wurde verkürzt, die Osttürme abgebrochen, ein Chor mit Polygonschluss, Sakristei und der Nordturm angesetzt. Im südlichen Winkel von Lang- und Querhaus blieb ein Joch des ehemals gotischen Kreuzgangs erhalten.

◆ GermBen 2, 166–168; Fink, Alexandra: Die Klosterkirche St. Peter und Paul in M., in: Romanische Klosterkirchen des hl. Bischofs Otto von Bamberg (1102–1139), Petersberg 2001, 114–125; Sitzmann, Manfred: Mönchtum und Reformation, Neustadt/Aisch 1999.

München, *Augustiner-Eremitenkloster St. Johannes Baptist und St. Johannes Evangelist (1294–1803), Diözese Freising – (Landeshauptstadt, Bayern, ❐ 4, A4).*

▶ **Geschichte.** Bischof Emicho von Freising erlaubte 1284, den Augustiner-Eremiten, die aus Regensburg (s. u.) kamen, in der Residenzstadt M. zu predigen und Beichten abzunehmen. Erst 1294 stellte Herzog Rudolf I. einen Schutzbrief für den Konvent aus, nachdem die bischöfliche Genehmigung vorlag und der Provinzial Heinrich von Friemar sich beharrlich für eine Klostergründung eingesetzt hatte. Die Brüder erhielten die Johanniskapelle vor dem westlichen Stadttor und begannen sogleich mit dem Klosterbau. Durch die Fürsorge der Wittelsbacher und zahlreiche Ablassbriefe mehrerer Bischöfe konnte der Bau 1315 abgeschlossen werden; er lag nun innerhalb der neuen Stadtmauer im „Eremitenviertel", dem späteren „Kreuzviertel". Die Bettelmönche erwarben durch Almosen und Bestattungen auf ihrem Klosterfriedhof gutes Geld; spätestens seit 1328 betrieben sie auf dem Klosterareal eine geschätzte Brauerei. Bei den Landesherren standen sie in hohem Ansehen, bewahrte der Konvent doch stets Loyalität gegenüber seinen Förderern, bisweilen gar gegen die papstnahe Position der Ordensleitung. Eine hohe Anerkennung wurde dem Konvent durch die Ausrichtung des Generalkapitels 1397 für den gesamten Orden zuteil. Diese Ehre erlangte ein deutscher Konvent nur noch einmal, nämlich 1403 der in ➛ Lauingen. Die Münchner Stadtbrände 1429 und 1434 erzwangen den Neu- und Ausbau der Klosterkirche. 1481 gliederte sich der Konvent der sächsischen Reformkongregation mit strenger Observanz an. Von 1500 bis 1503 leitete der berühmte Theologe und Humanist Johann von Staupitz (um 1465–1524) den Konvent. Während der Reformationszeit stand das Augustinerkloster in M. zum katholischen Glauben, auch als der Konvent nur noch drei Brüder zählte. Der redegewandte Prior Wolfgang Ostermayr (1520–31), der trotz neunjährigen Studiums in Wittenberg entschieden gegen die Lehren Luthers auftrat, trug viel dazu bei, dass M. katholisch blieb. Jesuiten lebten 1559 bis 1582 als Gäste im Kloster. Dem Münchner Konvent wurde 1581 das leerstehende Kloster Ramsau (s. u.) unterstellt, das 1593 neu besiedelt werden konnte. Im 18. Jh. neigten die gelehrten Augustiner einer gemäßigten Aufklärung zu; sie zählten 1759 zu den ersten Mitgliedern der Bayerischen Akademie der Wissenschaften. Zu jener Zeit lebten etwa 70 Brüder im Konvent. Bis zur Säkularisierung galt die Bibliothek der Augustiner-Eremiten mit fast 15.000 Bänden als die umfangreichste Büchersammlung der Stadt. Im Oktober 1803 erfolgte die Aufhebung. Bis auf drei betagte Patres übernahmen alle Konventsmitglieder weltkirchliche Aufgaben.

München Augustiner-Eremitenkloster, einzige mittelalterliche Klosterkirche in der heutigen Stadt, Südost.

▶ **Gegenwart.** Neben der Liebfrauenkirche war die Hallenkirche der Augustiner-Eremiten der zweitgrößte Sakralbau der mittelalterlichen Stadt. Die Klosterkirche in der Fußgängerzone zwischen Stachus und Marienplatz konnte ihre äußere, spätgotische Form bewahren und ist heute das einzig erhaltene Architekturzeugnis der einst so vielgestaltigen Klosterbaukunst der mittelalterlichen Stadt. Seit 1966 befindet sich das Deutsche Jagd- und Fischereimuseum in der Halle mit eingebauten Etagen. Das barocke Konventsgebäude diente als Sitz des bayerischen Justizministeriums und des Stadtgerichts. Auf dem Areal des Augustinerstocks steht seit 1912 das Polizeipräsidium.

❖ Das Regensburger Augustiner-Eremitenkloster entstand 1267 auf Initiative des Stadtrats und entwickelte sich zur bedeutendsten Ordensniederlassung in Bayern; 1810 wurde es säkularisiert. Vom Klosterkomplex der Augustiner-Eremiten in Regensburg blieb am heutigen Neupfarrplatz lediglich der barocke Südflügel der Klausur erhalten.

Das Augustiner-Eremitenkloster Ramsau bei Haag wurde erst 1412 als Tochter von Regensburg aus gegründet und stand aufgrund der reformatorischen Umwälzung zwischen 1556 und 1593 leer. Der neuzeitliche Konvent, der direkt mit dem Münchner Kloster verbunden war, existierte bis 1802; die Klosteranlage Ramsau wurde im 18. Jh. völlig neu erbaut; von ihr zeugt heute nur der spätbarocke Südtrakt.

◆ Bauer, Hermann/Bauer, Anna: Augustiner-Eremiten-Kloster in M., in: Klöster in Bayern, München 1985, 177f.; Kunzelmann, Adalbero: Geschichte der deutschen Augustiner-Eremiten, Tl. 1, 226–228, Tl. 3, 260–269, Tl. 6, 337–365, Würzburg 1969–75.

Münchenlohra, *Benediktinerinnenkloster St. Gangolf (um 1120– um 1450), Augustiner-Chorfrauenstift St. Gangolf (um 1450–um 1530), Erzdiözese Mainz – (Großlohra-M., Lkr. Nordhausen, Thüringen, ❐ 2, A5).*

▶ **Geschichte.** Die Grafen von Lare (auch Lohra), Verwandte der thüringischen Landgrafen, werden 1116 in der Chronik der Abtei ➛ Reinhardsbrunn als Erbauer der Burg Lare über der Wipper am Nordrand der thüringischen Hainleite genannt. Sie gelten als Stifter des Klosters M. St. Gangolf am Hofgut unterhalb ihrer Burg. Die Bezeichnung *Mönkelare* verweist auf ein Mönchskloster um 1100; tatsächlich fand man Reste einer Vorgängerkirche, auf deren Grundmauern die Stifterfamilie um 1180 eine neue Basilika errichten ließ. Dieser neue Bau wurde eindeutig als Frauenkirche konzipiert. Der erste überlieferte Existenznachweis des Klosters ist eine Urkunde von 1240, in der Propst Konrad zu Lare als Zeuge aufgeführt wird. Die erste namentlich bekannte Äbtissin ist Adelheid (1303). Der mögliche Stifter Graf Berengar I. von Lare pflegte gute Verbindungen zu den Mönchen des landgräflichen Hausklosters Reinhardsbrunn; er fand dort nach 1116 sein Grab und nicht in seiner Gangolfstiftung. Eine Besiedlung von Reinhardsbrunn aus ist vorstellbar. Dieses thüringische Zentrum der ➛ Hirsauer Reformbewegung unterhielt in der waldreichen Südharzregion Hainleite das Rodungspriorat ➛ Dietenborn, auch die nahen Frauenklöster ➛ Bonnrode und ➛ Offenhausen waren Tochtergründungen. Möglicherweise begann M. als Doppelkloster im Sinn früher hirsauischer Gewohnheiten, Hinweise oder gar Beweise liegen aber nicht vor. Die erste direkte Erwähnung des *claustrum Lare* erscheint 1289. Inzwischen war der letzte Graf von Lare nach 1227 verstorben. Als Erben und Schutzherren traten die Grafen von Beichlingen auf, die im 14. Jh. die Herrschafts- und Vogteirechte an die Grafschaft Honstein (Hohnstein) abgaben. Diese wiederum verpfändeten vorübergehend das „Godeshus zu Lare der Klosterfrowen" 1344 und 1370 an eine Gruppe Nordhäuser Bürger. 1360 urkundeten Propst Eylhard und Priorin Kuna von Asla und Konvent bei einer Verzichtserklärung; ihr Siegel zeigt eine der ältesten Abbildungen des Klosterschutzheiligen Gangolf († um 760). Nach 1431 wurde die Grafschaft Lohra kursächsisches Lehen, Honstein behielt die Herrschaftsansprüche. 1442 verzeichnen die Totenroteln des Klosters Admont (Österreich) Kloster M. noch als Benediktinerinnenkloster, aber bereits 1477 als Augustiner-Chorfrauenstift; offensichtlich hatte der Konvent um 1450 die innere Verfassung gewechselt und richtete sich nun nach der Augustinusregel. Möglicherweise spielten spätmittelalterliche Reformbemühungen eine Rolle, auch die Betreuung der Marienwallfahrt in Elende bei Bleicherode könnte mit dem Wechsel zusammenhängen. Anfang Mai 1525 plünderten aufständische Bauern das Stift, die Frauen waren geflohen, nur wenige kehrten nach dem Sieg über die Bauern Ende Mai zurück. Graf Ernst V. sah sich trotz seines Bekenntnis zum Katholizismus um 1530 genötigt, das Stift M. aufzulösen und in eine Domäne umzuwandeln. Die lutherische Kirchenordnung führten erst seine Söhne 1552 ein.

▶ **Gegenwart.** Heute dient die romanische Kirche des Klosters M. als Filialkirche des evangelischen Pfarramts Niedergebra. Sie entstand etwa 1180 als dreischiffige, kreuzförmige Pfeilerbasilika mit apsidialen West- und Ostchören, zwei Querschiffen und Westtürmen, verlor aber durch Verfall in der frühen Neuzeit bis auf zentrale Bereiche ihre ursprüngliche Substanz. Der königlich-preußische Restaurierungsauftrag von 1883 empfand die Seitenschiffe und den Westquerriegel mit Flankentürmen nach; man verzichtete aber auf die Wiederherstellung der westlichen Vorhalle mit dem Hauptportal. Drei Strebepfeiler als äußere Stützen der Südlangwand sind noch romanisch; sie sind ungewöhnlich und wohl nur als bauliche Konsequenz einer Einsturzkatastrophe um 1200 zu bewerten. Im Innenraum tragen wechselnde Pfeiler Gurtbögen und das Kreuzgratgewölbe. Die erhaltenen Kapitellornamente scheinen laut kunsthistorischer

Münchenlohra Benediktinerinnenkloster, romanische Basilika (um 1180) mit Veränderungen im 19. Jh., Südwest.

Recherche von ➛ Hildesheim St. Godehard vorgegeben worden zu sein. Mittelalterliche Klostergebäude sind nicht erkennbar, auch fehlen Hinweise auf ihre Lage.

◆ Siegel, Wolfram: Der heilige Gangolf in M. an der Hainleite. Wernigerode 2005; Raabe, Sandy: Die Klosterkirche M., Jena 2002.

Münchsmünster, *Benediktinerabtei St. Petrus und St. Sixtus (8. Jh. –925, 1131–1556), Diözese Regensburg – (Lkr. Pfaffenhofen/Ilm, Bayern, ❐ 4, B3).*

▶ Bayernherzog Tassilo III. erhob die iroschottische Gemeinschaft *Vuerida* (Wöhr) gegen Mitte des 8. Jh. zum Benediktinerkloster St. Peter, das in den Ungarnstürmen des 10. Jh. unterging. 1131 übernahm Bischof Otto I. von Bamberg (1102–39, kanonisiert 1189) das Ende des 11. Jh. revitalisierte Kloster am südlichen Ufer der Ilm und rief ➛ Hirsauer Reformmönche aus ➛ Prüfening nach M., die unter Abt Richard (1132/42) das benediktinische Leben erfolgreich erneuerten. König Lothar III. bestätigte 1133 das Bamberger Eigenkloster, ebenso Papst Innozenz II. 1139. Nach den Reformationswirren und dem Niedergang war M. 1554 verlassen, der Besitz ging an die Wittelsbacher Landesherren über. 1598 übernahmen Jesuiten aus Ingolstadt die Gebäude, 1782 fiel die Anlage an den Johanniterorden (Malteserorden). Die um 1220/30 entstandene spätromanische Abteikirche wurde wie der mittelalterliche Klosterkomplex auf Abbruch versteigert und 1817–20 niedergerissen. Einzig ein spätgotisches Klostergebäude im Torbereich mit einem Dachstuhl des späten 17. Jh. blieb erhalten und bildet wohl heute noch den Kern des sogenannten Forstamtshauses (Dr.-Eisenmann-Str. 12). Vor dem Bau eines modernen Kindergartens im ehemaligen Klausurbereich wurden 1992/93 archäologische Untersuchungen durchgeführt, die Fundamente und der Brunnen erschlossen sowie interessante Fundstücke aus dem mittelalterlichen Alltag entdeckt. Ein kunstreiches Stufenportal der spätromanischen Kirche überlebte die Zerstörung und schmückt heute den Friedhof in Landshut.

◆ GermBen 2, 172f.; Jandejsek, Michael: Monasterium monastorum. Das ehemalige Kloster M., Bamberg 2002; Fink, Alexandra: Katalog. M., in: Romanische Klosterkirchen des hl. Bischofs Otto von Bamberg (1102–1139), Petersberg 2001, 215f.

Münchsteinach, *Benediktinerabtei St. Nikolaus (1133–1529), Diözese Würzburg – (Lkr. Neustadt/Aisch-Bad Windsheim, Bayern, ❐ 4, A2).*

▶ **Geschichte.** Die Geschwister Adalbero und Adelheid von Steinach stifteten 1133 ihren Erbbesitz am Rand des Steigerwaldes zur Gründung des Benediktinerklosters M., das sie der Würzburger Kirche übereigneten. Bischof Embricho sicherte 1139 dem ersten Konvent unter Abt Hartmann aus ➛ Bamberg St. Michael die freie Abt- und Vogtwahl zu, gewährte Pfarrrechte, erbat sich aber die Abtbenediktion und den jährlichen Rekognitionszins. Strenge Einhaltung der ➛ Hirsauer Reformstatuten kann man in der Frühphase der Abtei voraussetzen, die heute noch existierende Abteibasilika verrät hirsauische Bauorientierung. Die Stauferkönige beanspruchten neben dem Würzburger Bischof die Schirmherrschaft; zwar ist der Schutzbrief Friedrichs I. Barbarossa von 1181 eine Fälschung, aber der letzte Staufer Konradin übergab 1265 den Nürnberger Burggrafen die Vogteirechte, wogegen der Würzburger Diözesan erfolgreich Einspruch erhob. Von Ludwig dem Bayern und Karl IV. erlangten die Hohenzollern schließlich doch die Schutzherrschaft. Im Streit König Ludwigs des Bayern mit der römischen Kurie hatte sich die Abtei auf die Seite des Papstes geschlagen. Im 14. Jh. geriet M. in existentielle Not, der Besitz war in Pfründen aufgeteilt, das Gemeinschaftsleben von weltlichen Lebensformen verdrängt. Abt Friedrich (1353) verpfändete den Besitz für vier Jahre, Abt Georg von Abenberg (1401–14) strebte mit allen Mitteln eine neue Selbständigkeit an, aber Markgraf Albrecht Achilles von Brandenburg-Ansbach vermochte seinen Herrschaftsanspruch zu festigen. 1475 musste sich Abt Wilhelm von Abenberg (1452–95) an der Aufrüstung zum Burgundischen Feldzug beteiligen; er war auch verpflichtet, auf den Ansbacher Landtagen zu erscheinen. Dieser Abt verfügte offensichtlich über einige Mittel, ließ die Klosterkirche spätgotisch verändern und starke Wehrmauern um die Anlage errichten. Einflüsse spätmittelalterlicher Reformen von ➛ Kastl, ➛ Melk oder ➛ Bursfelde sind nicht dokumentiert. Ende des 15. Jh. können die benediktinischen Ideale keinen hohen Stellenwert mehr gehabt haben, denn der Konvent wählte 1495 anstatt des gelehrten und sittenstrengen Mitbruders Georg Truchsess von Wetzhausen lieber den mit eigenen Kindern belasteten Bruder Eucharius von Haberkorn zum Abt (1495–1518).

Romanisches Schmuckkapitell (um 1220) im Ostbereich der Abteibasilika von **Münchsteinach.**

Der geschmähte Georg von Wetzhausen wich nach 1499 nach ➛ Auhausen aus, wo er als letzter Abt (1499–1534) wirkte. In M. überforderte Abt Christoph von Hirscheid (1519–29) mit dem Bau des „Schlösschens" erneut die Finanzkraft des Klosters. 1525 erpressten plündernde Bauern durch Gefangennahme des Abts hohe Kontributionszahlungen. Der lutherische Markgraf Georg der Bekenner hob die Abtei M. Anfang 1529 auf, nachdem Abt Christoph resigniert hatte. Dieser ging nach Würzburg und starb noch im Mai, die drei übriggebliebenen Brüder erhielten Renten. Kloster M. wurde ein markgräfliches Klosteramt.

▶ **Geschichte.** Burgartig erhebt sich die Klosteranlage auf einem Hangvorsprung über dem Steinachtal. Der östliche Teil der romanischen Klosterkirche St. Nikolaus dient seit der Reformation als evangelisch-lutherische Pfarrkirche, den westlichen Bereich nutzte man bis 1965 als Scheune. Im 16. Jh. wurde die südliche Langhauswand erhöht und diese Kirchenseite durch ein abgewinkeltes Gesamtdach geschützt, Nord- und Ostseite haben ihre romanische Gestalt besser erhalten. Der nördliche Chorflankenturm wurde abgetragen, der bestehende Südturm 1735 erhöht. Das siebenjochige, flachgedeckte Langhaus auf Pfeilern mit lebhaften Farbzeichen entstand um 1140. Der Ostteil mit Querschiff und dreischiffigem, apsidialem Chor wurde von den Benediktinern aus unbekannten Gründen um 1220 noch einmal errichtet. Er zeigt reiche Einzelformen, besonders im Kapitellschmuck der Halbsäulen. Die wiedergefundenen Bauteile der spätromanischen Chorschranke sind heute im Südschiff aufgestellt. Südöstlich der Kirche schließt sich der ehemalige Ostflügel als einziger Rest des Klausurquadrums an. Das Schloss des letzten Abts begrenzt heute noch den Hof.

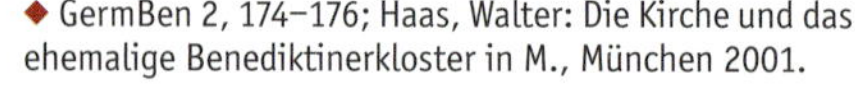

◆ GermBen 2, 174–176; Haas, Walter: Die Kirche und das ehemalige Benediktinerkloster in M., München 2001.

Münchsteinach Benediktinerabtei, romanische Raumwirkung im Mittelschiff der Pfeilerbasilika (um 1140).

Munderkingen, *Franziskaner-Tertiarinnenkloster St. Anna (1459–1782), Diözese Konstanz – (Alb-Donau-Kreis, Baden-Württemberg, ❒ 3, D4).*

▶ Beginen sind 1418 in der Stadt M. an der Donau urkundlich nachweisbar. 1459 bekannten sie sich aufgrund einer Stiftung Anna Höckers und unter Einfluss zweier Schwestern aus ➛ Oggelsbeuren zur Drittordensregel des Franziskanerordens. Diese Tertiarinnengemeinschaft St. Anna nahm 1480 Observanzbestimmungen an und gehörte zur Straßburger Franziskanerprovinz, seit 1580 zur Tiroler Provinz. Die benachbarte Stadtkirche St. Dionysius in exponierter Lage war schon 1275 der nahen Prämonstratenserabtei ➛ Marchtal inkorporiert worden, der Konvent nutzte sie zum Stundengebet. Seit 1629 führte ein Gang vom Schwesternhaus zur eigenen Empore. Die Stadt gehörte zur Herrschaft Österreich und erlangte eine weitestgehende Selbstverwaltung; die Reformation hinterließ keine nachhaltigen Veränderungen. In der frühen Neuzeit ermöglichten reiche Mitgiften und Einkünfte den Rückzug der Schwestern aus dem weltlichen Leben. Der meist zwölf Mitglieder starke Konvent stellte die Krankenpflege im Heiliggeistspital ein und beschäftigte sich mit Handarbeiten. Eine eigene Kapelle und der neue Konventsbau entstanden 1686/88. Die Josephinische Kirchenpolitik Österreichs erzwang im März 1782 die Auflösung des Konvents, hatten doch die 14 Franziskanerinnen geforderte Unterrichtsverpflichtungen über Jahre verweigert bzw. hinausgezögert. Ihre barocken Gebäude nahe der katholischen Stadtkirche blieben erhalten. Beim spätgotischen Umbau des romanischen Kirchenschiffs (1500–10) berücksichtigten Stadt und Abtei Marchtal die Gebetsansprüche der Schwestern; das romanisch-spätgotische Kirchenschiff blieb bestehen, der eingezogene Chor entstand 1699–1701 neu.

◆ Nuber, Winfried/Götz, Roman von: M. Kath. Pfarrkirche St. Dionysius, Regensburg 2007; Martin, Jörg: M., in: Württembergisches Klosterbuch, Ostfildern 2003, 356–358.

Münnerstadt, *Deutschordenskommende St. Maria Magdalena (1251–1809), Diözese Würzburg – (Lkr. Bad Kissingen, Bayern, ❒ 3, D1).*

▶ **Geschichte.** Graf Poppo VII. von Henneberg übergab zwischen 1237 und 1241 die Pfarrkirche in M. im Zuge der Stadtentwicklung an der gleichnamigen Burg zur Festigung seiner Ansprüche gegenüber dem Würzburger Hochstift dem Deutschen Orden. Die Grafensöhne Heinrich und Hermann stifteten 1251 zusätzlich ihren Hof in M. mit Ackerflächen und Weinhängen; Ordensritter möglicherweise aus ➛ Würzburg gründeten auf diesem Hof die nordöstlichste Kommende der Ballei Franken. Ein erster Pfarrer aus den Reihen des Ordens ist 1251 belegt, Komtur Bertram erscheint erstmalig auf der Schenkungsurkunde von 1274. Zwischen Rhön und Frankenwald gehören 34 Urpfarreien zum Archidiakonat M. Die Augustiner-Eremiten ließen sich 1279 auf Wunsch der Bürger nieder und machten den Deutschpriestern das Seelsorgemonopol streitig. Ein Vertrag von 1280 und der Schiedsspruch von 1284 grenzten Rechte und Pfarrpflichten zum Vorteil des Deutschordens ab, eine endgültige Regelung erreichten beide Orden jedoch erst 1401. Schenkungen der Bürger und des Ortsadels ließen die Kommende zum größten Grundbesitzer der Stadt werden; die umliegenden Dörfer Burghausen, Reichenbach und Windheim mit Gerichtsame aber auch Besitz und Rechte in über 70 entfernteren Orten gehörten dazu. Ein Kastenamt zur Verwaltung der auswärtigen Güter wurde

Münnerstadt Deutschordenskommende, der spätgotische Kirchenraum veranschaulicht den Repräsentationswillen der Bürger und des Deutschen Ordens.

im 16. Jh. in Schweinfurt eingerichtet. Das Spital in M., das die Deutschbrüder seelsorglich betreuten, geriet Mitte des 14. Jh. unter die Kontrolle des Stadtrats, zunehmend auch das Pfarrvermögen. Der Stadt gelang es, nicht nur den weltlichen Einfluss des Ordens zu brechen, sondern auch die geistliche Herrschaft durch Förderung der Augustiner-Eremiten zurückzudrängen. Im Spätmittelalter kam die Kommende ihren seelsorglichen Verpflichtungen nur ungenügend nach, denn Komtur Nikolaus Müller von Ebern (1461–1516) verfügte nicht mehr über genug Ordenspriester. 1525 stürmte der Bildhäuser Bauernhaufen die nahe Zisterzienserabtei ➛ Bildhausen, aber auch die Stadt und die Kommende. In der Reformationszeit blieb die Opferkasse leer, finanzieller Druck zwang zu Güterverkäufen; dem Komtur Johann Henninger (1524–25) standen lediglich zwei Priesterbrüder, Kaplan und Schulmeister zur Verfügung. Der Zweite Markgrafenkrieg 1552/53 hatte Gebäudeschäden, Landverwüstungen und Verlust des nach Schweinfurt ausgelagerten Archivs zur Folge. Die Augustinerbrüder waren nun für die Seelsorgeaufgaben hoch willkommen, auch musste Komtur David von Wasen (1564–70) Bischof Friedrich von Wirsberg um Priester bitten. Schließlich trat der Deutsche Orden 1612 die Patronatsrechte in M. an das Hochstift Würzburg ab. Nach einer wirtschaftlichen Konsolidierung besetzten die Schweden im Dreißigjährigen Krieg die Stadt (1631–34). Komtur Franz Wilhelm Mohr vom Wald (1627–39) stand in kaiserlichen Diensten und war nicht zugegen, ein Konvent existierte damals nicht mehr. Die Kommende M. litt im 17. und 18. Jh. stets an Finanzschwäche. 1755 hob die Ordensleitung in ➛ Mergentheim den Komtursitz auf, um Geld zu sparen. Das Ende kam mit dem Anschluss an Bayern und der Auflösung des Deutschen Ordens 1809 durch Napoleon.

▶ **Gegenwart.** In der barocken Deutschordenskommende in M. ist heute das Heimatmuseum untergebracht. Die katholische Pfarrkirche St. Maria Magdalena geht auf die romanische Säulenbasilika des Deutschen Ordens von 1240 zurück, Westturm, Vorhalle und Hauptportal blieben aus dieser Zeit erhalten. Unter Beteiligung der Bürger entstanden im 15. Jh. die Seitenschiffe und die große Choranlage mit sieben Farbfenstern neu, gekrönt von einem Riemenschneideraltar mit Ausmalungen von Veit Stoß. Das Langhaus entstand in der Zeit der Gegenreformation um 1610 neu und wurde gotischen Formen angepasst. Künstlerisch hochwertige Ausstattungsstücke veranschaulichen den Repräsentationswillen des Deutschen Ordens, der Bürger und der Würzburger Bischöfe. Die Augustiner-Eremiten sind heute noch in der Stadt, ihr Kloster ist in der Barockzeit völlig neu entstanden.

◆ Ulrich, Eva/Krohm, Hartmut: Die Magdalenenkirche in M., Königstein (Taunus) 2004; Schöffler, Ekhard: Die Deutschordenskommende M., Marburg 1991; Weiss, Dieter J.: Die Geschichte der Deutschordens-Ballei Franken im Mittelalter, Neustadt/Aisch 1991.

Münster, *Benediktinerinnenkloster St. Maria (1483–1774) – „Überwasserstift", Diözese Münster – (kreisfreie Stadt, Nordrhein-Westfalen, ❐ 1, B4).*

▶ **Geschichte.** In der Bischofsstadt M. entstand am linken Aaufer vor 1040 der erste Pfarrbezirk außerhalb des Doms mit eigener Kirche, dem Bischof Hermann I. von Münster ein Kanonissenstift als Archidiakonat angliederte. Dieses „Überwasserstift" in der Überwasservorstadt nahm um 1130 die Benediktregel an, ging aber nach 1136 wieder zur Aachener Stiftsverfassung über. Äbtissin Gerberga von Cappenberg (1116/37) weckte nach einem Traum 1120 in Graf Gottfried

Münster Benediktinerinnenkloster, Steinfigur am Westportal der „Überwasserkirche" (1336–40).

von Cappenberg den Plan zur Gründung des ersten deutschen Prämonstratenserstifts ➛ Cappenberg. Im Zusammenhang mit spätmittelalterlichen Reformbemühungen erzwang Fürstbischof Heinrich III. von Schwarzburg die Durchsetzung von Reformen im Sinn der ➛ Bursfelder Kongregation, woraufhin 16 adelige Stiftsdamen 1482 unter Protest auszogen. Der benediktinische Neubeginn gelang unter Äbtissin Sophia Dobbers (1483–1509), die sich am reformierten Aegidiikloster der Stadt orientierte. Noch 1483 erfolgte die Aufnahme in die Reformunion der Benediktiner. Der Konvent gab um 1500 die Reformideale weiter nach ➛ Schaaken. Die neuen strengen Klausurbestimmungen erforderten Neu- und Umbauten. Während der Reformationswirren forderte der evangelische Stadtrat lutherische Prediger in der Überwasserkirche, seit 1533 wurde ausschließlich evangelischer Gottesdienst abgehalten. Die Mehrheit der etwa 20 Frauen konvertierte. Während der Täuferherrschaft wurde im Bildersturm die Kircheneinrichtung zerschlagen; Äbtissin Ida IV. von Merveldt (1509–35) flüchtete 1534 mit den letzten beiden katholischen Schwestern aus der Stadt. Äbtissin Ermgard Schenckinck (1535–56) wagte mit drei Benediktinerinnen aus ➛ Malgarten unter Mithilfe des Klosters ➛ Vinnenberg den Neubeginn; das Klosterleben glich aber nun bald wieder weltlichen Stiftsverhältnissen. Schwestern aus ➛ Gehrden halfen 1579 die Klausur zu festigen, benediktinische Observanz konnte erst 1617 erreicht werden. Weniger der Dreißigjährige Krieg sondern vor allem die Belagerung der Stadt durch fürstbischöfliche Truppen 1657 und 1660/61 brachten Zerstörungen und wirtschaftliche Schäden, die zu Niedergang und Ausdünnung des Konvents führten. Im April 1774 wurde das Überwasserkloster zum Vorteil der neuen Universität aufgehoben, nur noch fünf Schwestern waren betroffen.

▶ **Gegenwart.** Die Überwasserkirche St. Maria in M. dient heute einer katholischen Gemeinde als Pfarrkirche. Die dreischiffige Halle zu sechs Jochen, mit einschiffigem Polygonalchor im 5/8-Schluss entstand als dritter Bau zwischen 1340 und 1346. Ihr mächtiger, quadratischer Westturm wurde anschließend bis 1415 erbaut, seit 1704 ist er ohne Haube. Das Gnadenbild der Schmerzensmutter, einer Holzpietà (um 1470), diente besonders in der Barockzeit den Gläubigen als Trostbildnis. Der spätgotische, dreiflügelige Konventsbau nördlich der Kirche, der zusammen mit der Immunitätsmauer im benediktinischen Neuanfang entstanden war, blieb nicht erhalten.

◆ Gruna, Klaus: M. Kath. Pfarrkirche Liebfrauen-Überwasser, Regensburg 2004; Klueting, Edeltraud: M., St. Marien Überwasser, in: Westfälisches Klosterbuch, Tl. 2, Münster 1992, 58–64.

Münster, *Franziskanerkloster St. Katharina (vor 1271–1811) – „Barfüßerkloster", Diözese Münster – (kreisfreie Stadt, Nordrhein-Westfalen, ❐ 1, B4).*

▶ **Geschichte.** Bischof Gerhard von Münster (Mark) gilt als Initiator der Franziskanerniederlassung in seiner Bischofsstadt um 1270. Die Minoriten waren in der zweiten deutschen Ausbreitungswelle von ➛ Köln aus nach 1240 in das westfälische Gebiet gekommen. Ein früheres Erscheinen 1233 aus dem Konvent ➛ Soest bleibt Vermutung. Sie errichteten ihr Kloster auf den hochwassergefährdeten Aatalwiesen und stellten es unter den Schutz der hl. Katharina von Alexandrien. Das Katharinenkloster in M. gehörte zur Kustodie Westfalen der Kölner Ordensprovinz und blieb bis ins 17. Jh. die einzige Niederlassung der Franziskaner im Bistum. Das Ansehen bei Adel und Bürgertum äußerte sich in Stiftungen und Schenkungen. Mit dem Pfarrklerus der Stadt stritten sich die Minoriten mehrmals um die Beerdigungsrechte. 1337 fand erstmals ein Provinzkapitel des Ordens im Konvent statt. Im Jahr der Pest 1383 blieben die Barfüßer (anders als die Weltpriester) vor Ort und betreuten Kranke und Sterbende, was ihnen nachhaltigen Dank, Verehrung und Vertrauen einbrachte. Handwerkergilden verpflichteten ihre Lehrlinge und Mitglieder zum sonntäglichen Besuch der Franziskanerkirche. Der Konvent zählte im 14. Jh. mehr als 20 Mitbrüder, insgesamt gingen sechs

Weihbischöfe und mehrere Provinziale aus seiner Mitte hervor. Vom städtischen Rat, von Bruderschaftsfesten und von privaten Feiern flossen dem Kloster ständig Naturalien zu. Geldspenden, Memorialstiftungen, Immobilien, fruchtbares Ackerland und nicht zuletzt Einnahmen mehrerer Termineien in verschiedenen Städten erlaubten den Ausbau der Klosteranlage und ein recht sorgenfreies Leben. Ein eigenes Hospital stand den Brüdern zur Verfügung. Während der Münsterschen Stiftsfehde (1450–58) nahmen die Franziskaner für die Bürger gegen Domkapitel und Bischof Partei, Gefallene der Stadt durften auf ihrem Friedhof beerdigt werden. Seit 1461 bekannte sich der Konvent im Rahmen der ordensinternen Erneuerungsbewegung zur ➛ Martinianischen Reform. Unter Provinzial Wessel Gosbrink (1506–10), Professe des Konvents, fand in M. 1508 ein Provinzkapitel mit 300 Teilnehmern statt, das sich vergeblich um die Einheit der franziskanischen Gemeinschaft bemühte. In der Zeit der reformatorischen Auseinandersetzungen blieben die meisten Minoriten dem katholischen Glauben treu. Das lutherische Bekenntnis gewann seit 1524 zunehmend an Boden in M. Die Spannungen verschärften sich unter dem Regiment der aus den Niederlanden stammenden Täufer, die 1534/35 mit ihrem „Reich Zion" eine Theokratie errichteten und die Anhänger des alten Glaubens verfolgten. Unter Guardian Johann Pistoris (1536–38) richteten die dezimierten Franziskanerkonventualen ihr geschändetes Kloster wieder her. Der mehrmalige Prior Hermann Ficker galt zwischen 1613 und 1635 als Restaurator. Ein bedeutender Professe der damaligen Zeit war der Provinzial, Weihbischof und Generalvikar Johannes Pelcking (1573–1642). Der Minoritenkonvent bestand 1634 aus 16 Priestern, neun Laienbrüdern und 18 Studenten. Im 18. Jh. erarbeiteten mehrere Gelehrte des Konvents bedeutende Geschichtswerke. 1804 verfügte Preußen den Umzug in das Dominikanerkloster der Stadt, benötigte man doch die Gebäude der Franziskaner für militärische Zwecke. Ein napoleonisches Dekret hob im November 1811 die Minoriten- und Dominikanerkonvente in M. auf.

▶ **Gegenwart.** Seit 1815 nutzt die evangelisch-lutherische Apostelgemeinde die dreischiffige, gotische Hallenkirche (um 1270/80, auch Apostelkirche genannt) für ihren Gottesdienst. Inzwischen unterlag sie einigen Umbauten und Restaurationen, besonders nach dem Zweiten Weltkrieg. Die Klausurgebäude wurden 1863 bis auf geringe Reste in der heutigen Sakristei abgebrochen. ❖ Die Dominikaner werden in M. 1346 erstmals erwähnt, etablierten aber erst Ende des 17. Jh. ein Kloster und hinterließen eine Anlage aus dem frühen 18. Jh., deren imposante Kuppelkirche heute als katholische Universitätskirche dient.

◆ Nickel, Ralf: Die Minderbrüder in M., in: Franziskanisches Leben im Mittelalter, Werl 1994, 167–209; Schütte, Leopold: M., Minoriten, in: Westfälisches Klosterbuch, Tl. 2, Münster 1992, 74–80.

Münster, *Johanniterresidenz St. Johannes Baptist (um 1280–1810) – „Johanniterhaus", Diözese Münster – (kreisfreie Stadt, Nordrhein-Westfalen, ❒ 1, B4).*

▶ Die Johanniter der Kommende ➛ Burgsteinfurt besaßen in der zweiten Hälfte des 13. Jh. ein Haus in der Jüdefeldstraße in der Bischofsstadt M.; 1282 zogen sie in ihre Neuerwerbung in der Bergstraße um. Die Niederlassung M. mit Kapelle und Haus galt immer als *membrum* unter Vorsitz ordenseigener Kapläne bzw. Prokuratoren, ein *commendator nostri domus* ist mit Theoderich de Campis († 1495) namentlich bekannt. Eine selbständige Kommende war St. Johannis in M. nicht. Eine Stadtresidenz des Komturs von Burgsteinfurt und ➛ Lage wurde das Haus M. erst im 17. Jh. Nach der Beseitigung der Schäden während der Münsterschen Stiftsfehde (1450–58) errichteten die Johanniter 1461 ein Armenhaus für zehn Frauen, das 1581 noch erwähnt wird. Eine neue Kapelle konnte 1487 konsekriert werden. Während der Täuferherrschaft 1534/35 erlitt das Johanniterhaus erneut Verwüstungen. 1540 lebten unter Johannes Schnetlichen zwei Priester, zwei Knechte und zwei Mägde im Haus. Seit dem Dreißigjährigen Krieg diente das Haus der Ballei von Westfalen als ständige Residenz, eine Aufwertung, die oft zur Bezeichnung „Kommende Münster" führte. 1614 kamen franziskanische Observanten in die Stadt; Komtur Eberhard von Galen (1592–1622) übergab ihnen ein Gebäude und die Kapelle als erste Heimstätte. Die Observanten erbauten nach 1629 ihre eigene Kirche jenseits der Bergstraße, den Johanniterfriedhof nutzten sie weiterhin. Die französische Besatzungsmacht säkularisierte 1810 den Johanniterbesitz. Die spätgotische Johanniterkapelle gehört heute der evangelischen Johannisgemeinde. Die

Münster Franziskanerkloster, die „Apostelkirche" geht auf die Franziskaner (1270/80) zurück.

Backsteinhalle zu vier Jochen erhielt erst 1683 ihren polygonalen Chor, die Fenster an der Westseite zeigen Fischblasenmaßwerk; barocke Anbauten wurden nach dem Zweiten Weltkrieg nicht wieder aufgebaut. ❖ Der Deutsche Orden besaß in M. von etwa 1245 bis 1809 eine zentrale Kommende der Ballei Westfalen, von der aber keine Architektur mehr erhalten ist.

◆ Hengst, Karl: M., Johanniter, in: Westfälisches Klosterbuch, Tl. 2, Münster 1992, 71–74; Rödel, Walter Gerd: Das Großpriorat Deutschland des Johanniter-Ordens, Mainz 1965, 388–390.

Münsterdreisen, *Frauengemeinschaft St. Saturninus (868– vor 1076), Augustiner-Chorherrenstift St. Saturninus (um 1076– um 1120), Prämonstratenser-Chorherrenstift St. Saturninus (1143–1523), Erzdiözese Mainz – (Dreisen-Münsterhof, Donnersbergkreis, Rheinland-Pfalz, ❐ 3, B2).*

▶ **Vorgeschichte.** In Dreisen bei Kirchheimbolanden stifteten 868 Herzog Nantharius, wahrscheinlich aus der Familie der Widonen, und seine Gemahlin Kunigunde eine klösterliche Niederlassung für *sanctimoniales et devotae feminae*, deren Verfassung heute unbekannt ist. König Ludwig der Deutsche bestätigte den Besitzstand. Möglicherweise ging die Gemeinschaft im Ungarnsturm 951 unter. Dreisen, inzwischen M., war 1076 mit männlichen Regularkanonikern besetzt. Die Markgräfinnen Beatrix und Mathilde von Tuszien schenkten dem Stift M. mehrere Güter. Eine aufstrebende Entwicklung stellte sich nicht ein, denn bereits in der ersten Hälfte des 12. Jh. war M. verödet und die Kirche profaniert. Herzog Friedrich von Schwaben übergab 1143 seinem Verwandten, Graf Ludwig III. von Arnstein, inzwischen Konventuale in seiner Stiftung ➛ Arnstein, den ererbten Besitz in M. zur Neubesiedlung mit Prämonstratensern.

▶ **Geschichte.** König Konrad III. bestätigte 1144 die Stiftung seines Bruders und die Gründung des Prämonstratenserstifts M. als Tochterniederlassung von Arnstein. 1145 bezogen Arnsteiner Chorherren unter Propst Marquardus und Mitbrüder aus ➛ Gottesgnaden in Sachsen die wiederhergestellten Gebäude. Kaiser Friedrich I. Barbarossa beurkundete 1163 die staufischen Vogteirechte. Dem neuen Stift wurden die Frauenniederlassungen ➛ Marienthal am Donnersberg und deren Tochter ➛ Enkenbach bei Kaiserslautern unterstellt. Die Propstei Petersberg bei Gau-Odernheim wurde wohl 1320 von M. aus gegründet, unterstand Arnstein direkt, konnte sich aber nicht lange behaupten. Mehr als 200 Jahre bestimmte eine enge Bindung an die Mutterabtei die Entwicklung in M. Aber im 14. Jh. löste sich die Verzahnung, der Vorsteher Jakobus (1312/32) trug als erster den Abttitel. Die schnelle Folge von Äbten offenbart desolate Zustände schon im 14. Jh. 1367 verfügte das Generalkapitel eine Visitation der Abtei M. durch ➛ Lorsch. 1437 bestand der Konvent noch aus elf Chorherren. Erzbischof Berthold von Mainz (Henneberg) versuchte 1494 innere Reformen durchzusetzen. Auch ein an die Wittelsbacher Pfalzgrafen 1515 gerichteter Hilferuf blieb ungehört. Die Reformation führte schließlich zur Selbstauflösung. Abt Johann Bicker ging 1523 nach Lorsch, aufständische Bauern verwüsteten 1525 die Anlage, der Besitz wurde drei Jahre später Lorsch inkorporiert. Der sich evangelisch bekennende Kurfürst Ottheinrich ließ Lorsch 1556 auflösen, auch der Besitz M. fiel ihm zu.

Münsterdreisen Prämonstratenser-Chorherrenstift, gotische Nischen in den heutigen Hofgebäuden.

Münstereifel Benediktinerpropstei, romanische Propsteikirche (11. Jh.), Südansicht des Westwerks.

▶ **Gegenwart.** Die ehemalige Stiftsanlage liegt abseits vom Ort Dreisen im Pfrimmtal und ist heute allgemein als „Münsterhof" bekannt, den sich zwei Familien teilen. Mittelalterliche Restmauern begrenzen das Areal, das man durch ein großes Tor betritt. Untergeschosse und Kellergewölbe entstammen monastischen Bauten, sie lassen sich aber heute nicht mehr bestimmten Funktionsräumen zuordnen. Dickwandige Mauern mit schachtartigen Öffnungen und eine gotische Sakramentsnische erinnern an die Prämonstratenser-Chorherren.

◆ Jürgensmeier, Friedhelm (Hg.): Handbuch der Mainzer Kirchengeschichte, 3 Bde., Würzburg 1997–2002; Krings, Bruno: Das Prämonstratenserstift Arnstein a.d. Lahn im Mittelalter (1139–1527), Wiesbaden 1990.

Münstereifel, *Benediktinerpropstei St. Petrus, St. Chrysanthus und St. Daria (836– um 1130) – „Peterstal", Erzdiözese Köln – (Bad M., Kr. Euskirchen, Nordrhein-Westfalen, ❐ 3, A1).*

▶ Auf dem Besitz der Abtei ➛ Prüm im Tal der oberen Erft in der Eifel entstand um 800 eine Kirche mit dem Petrus-Patrozinium. Abt Markward (829–853) von Prüm gründete 836 eine Propstei, die zunächst *Neukloster* später aber *Münstereifel* oder *Peterstal* genannt wurde. Er erwarb 844 von Papst Sergius II. die Reliquien des Martyrerehepaares Chrysanthus und Daria († 268), brachte sie nach M. und initiierte eine stets anwachsende Wallfahrtsaktivität. Zur Betreuung der Pilger richteten die Mönche ein Hospital ein, das zu den frühesten in Deutschland zählt. 1115 ist erstmals die Bezeichnung *canonici* für Konventsmitglieder belegt. Der Umwandlungsprozess aus der *vita communis* in ein Säkularkanonikerstift muss in der ersten Hälfte des 12. Jh. und die Ablösung des Kollegiatstifts von der Abtei Prüm bis zur Mitte des 15. Jh. stattgefunden haben. Die Rechte gingen schrittweise auf den Kölner Erzbischof über. Die heutige katholische Kirche St. Crysanthus und Daria, eine Basilika mit wuchtigem, dreitürmigem Westwerk geht noch auf die Benediktiner des 11. Jh. zurück. Das Langhaus ohne Querschiff und der Chor entstanden im 12. Jh. Der Altar liegt zwölf Stufen höher, unter ihm liegt eine fünfschiffige Krypta. Im Apsidenbogen entdeckte man 1912 Freskenmalereien, die ziemlich exakt in das Jahr 1110 datiert werden konnten, 1985 wurden sie restauriert. Die Ausstattungsstücke in der Kirche stammen aus der Zeit der weltlichen Chorherren.

◆ Ohlert, Joseph-Matthias/Ohlert, Bernhard: Bad M. St. Chrysanthus und Daria, Regensburg 1999; Löhr, Wolfgang: Kanonikerstift M., von den Anfängen der Stiftskirche bis zum Jahr 1550, Euskirchen 1969.

Murrhardt, *Benediktinerabtei St. Januarius u. a. (nach 814–1552), Diözese Würzburg – (Rems-Murr-Kreis, Baden-Württemberg, ❐ 3, D3).*

▶ **Geschichte.** Die Entstehungsgeschichte der Abtei M. ist eng mit der Person Walterichs verbunden, dem zweiten Abt (794–796) der Abtei ➛ Neustadt am Main. Sein Verhältnis zu Kaiser Karl dem Großen litt offensichtlich unter Spannungen. Im Auftrag Kaiser Ludwigs des Frommen übernahm er nach 814 das karolingische Krongut im waldreichen M. an der Murr in Schwaben, einem ehemaligen römischen Kastell. Hier erbaute er ein Benediktinerkloster, dem er als Abt bis zu seinem Tod 830 vorstand. Die kaiserliche Stiftung war mit umfangreichem Landbesitz verbunden. M. nahm eine eigenartige Stellung zwischen Reichskloster und Eigenkloster der Familie Walterichs ein, dem Hochadelsgeschlecht der Hessonen. Auch die Würzburger Bischöfe beteiligten sich an der Stiftung. 993 gab Kaiser Otto III. das „entfremdete“ Kloster dem Würzburger Hochstift zurück. Sollte vorher Reichsimmunität bestanden haben, war diese vorerst verloren. Um 1000 setzte Reformbischof Heinrich I. ➛ Gorzer Gewohnheiten in den Klöstern seiner Diözese durch, auch im Konvent von M. Abt Adalolf (1027) setzte die strengen Reformstatuten erfolgreich um und blieb als zweiter Gründer in Erinnerung. In seiner Zeit entstand eine neue Klosterkirche. Im 11. Jh. und zu Beginn des 12. Jh. erlebte die Abtei ihre höchste Blüte, der Konvent überschritt auch damals kaum die Stärke von 50 Mönchen. Weitere königliche Schenkungen, Marktgerechtigkeit und bischöfliche Münze sorgten im Hochmittelalter für anhaltend aufstrebende Entwicklung und Ausstrahlung. Um 1050/60 setzten der Walterichskult und die Wallfahrt ein. Reformeinflüsse aus ➛ Hirsau spielten entgegen bisheriger Meinung in M. wohl doch eine Rolle, Indizien weisen auf die Parteinahme für Bischof Adalbero und damit auf eine antikaiserliche Haltung im Investiturstreit hin. Auch stand der Konvent dem hirsauisch reformierten Nachbarkloster ➛ Komburg nahe, zusätzlich bestanden Gebetsverbrüderungen mit mehreren neucluniazensischen Reformklöstern Südwestdeutschlands. Die älteste echte Urkunde stammt von 1182, in der die Benediktiner den Prämonstratensern von ➛ Adelberg das Dorf Kirchenkirnberg schenkten. Die politische Bedeutung M. ging im 12. und 13. Jh. zurück, begleitet von wirtschaftlichen Engpässen aber auch reicher Bautätigkeit im Zusammenhang mit wachsender Wallfahrt zum Walterichsgrab. Abseits großer Handelsstraßen im unfruchtbaren Schwäbischen Wald waren die Expansionsmöglichkeiten begrenzt, zumal mit Hall und Backnang konkurrierende Wirtschaftszentren entstanden waren. Die Grafen von Württemberg, die seit 1395 die Vogteirechte beanspruchten, engten die Freiheiten der Mönche Schritt für Schritt ein. Anfang des 16. Jh. strebte der Konvent unter Abt Lorenz Gaul (1501–08) die Auflösung und die Umwandlung in ein weltliches Kanonikerstift entsprechend den Vorbildern Komburg und ➛ Ellwangen an, was aber Herzog Ulrich von Württemberg verhinderte. Abt Oswald Binder (1511–27) bemühte sich unter Einfluss der Würzburger Abteien St. Stephan und St. Jakob (➛ Würzburg) um innere Reformen im Sinn der ➛ Bursfelder Kongregation, aber der Bauernaufstand 1525 und die Einführung der Reformation 1534/35 verhinderten das Vorhaben. Nach Abt Thomas Carlins (1548–52) verwalteten evangelische Äbte das Klosteramt M. Die Restitution 1630 dauerte nur bis 1648. Der letzte evangelische Abt Josef Friedrich Schelling (1801–07) war der Vater des Naturphilosophen Friedrich W. J. Schelling.

▶ **Gegenwart.** Die heutige evangelische Stadtkirche in M. entstand unter den Benediktinern als dritte Klosterkirche Ende des 15. Jh. Ihre beiden Chorflankentürme entstammen jedoch noch der romanischen Bauphase von 1130/40. Um 1230 entstand die Walterichskapelle an der Südseite der Abteikirche als Reliquienkapelle mit Prachtportal und reicher spätromanischer Bauplastik. Sie ist heute das bekannteste spätromanische Kleinod in M. Die dreischiffige Basilika birgt hochinteressante Grabplatten mehrerer Äbte und im südlichen Seitenschiff den beeindruckenden Flügelaltar von 1496. Die Klausur ist völlig abgetragen. Ein Rest des Refektoriums von etwa 1300 steckt im heutigen Gemeindehaus. In der gotischen Walterichskirche am Berg auf dem Friedhof über der Stadt entdeckte man 1963 das Walterichsgrab.

◆ GermBen 5, 396–401; Fritz, Gerhard: Kloster M. im Früh- und Hochmittelalter, Sigmaringen 1982.

Mußbach, *Johanniterresidenz St. Johannes Baptist (1297–1797) – „Herrenhof“, Diözese Speyer – (kreisfreie Stadt Neustadt an der Weinstraße, Rheinland-Pfalz, ❐ 3, B3).*

▶ **Geschichte.** Die Johanniterkommende Heimbach erwarb durch die Stiftung des Reichsministerialen Werner Schenk von Ramberg den alten Herrenhof im Weindorf M. samt Pfarrkirche (3 km nordöstlich der Neuen Stadt der Pfalzgrafen nahe der Burg Winzingen). Ritter Gerhard von Mußbach übergab den Johannitern ebenfalls wesentliche Teile seines Grundbesitzes. Egeno von Mußbach (1306–17) und Richard von Mußbach (1323–24) waren Komture der heute untergegangenen Kommende Heimbach in Oberlustadt bei Germersheim. Auch soll der Templerorden 1242 ein Haus mit Gütern in M. besessen haben, das nach 1312 an die Johanniter gefallen sein soll, was die moderne Forschung als unbegründet zurückweist. Die Johanniter von Heimbach etablierten 1297 in M. ein *membrum*, eine abhängige Filiale, die hauptsächlich als Verwaltungsgut für die umfangreichen Liegenschaften fungierte und eng mit der Geschichte der Kommende Heimbach assoziiert war. Um 1350 nötigte der wirtschaftliche Niedergang zu Güterverkäufen

Murrhardt Benediktinerabtei, reichverzierte Walterichskapelle (um 1230) neben dem Südturm der Abteikirche.

Mußbach Johanniterresidenz, Westturm der Johanniterkirche aus dem späten 14. Jh.

auch in M., seit 1409 konnte wieder Land erworben werden. 1495 lebten neben zwei Geistlichen, die Pfarrei und Verwaltung innehatten, lediglich Koch, Kellermeister und Pförtner im Herrenhof. Etwa 700 Hektar Weinhänge, Äcker, Weiden und Wald waren verpachtet, die Pächter hatten sogenannte Gülten zu zahlen, dazu kamen Mühl- und Fischereigerechtigkeit an Speyerbach und Rehbach. Reiche Überschüsse flossen nach Heimbach, später nach ➛ Heitersheim. Während die Mutterkommende Heimbach durch aufrührerische Bauern 1525 zerstört wurde, blieb M. dank des guten Verhältnisses zur Bevölkerung oder der hohen Wehrmauer fast unberührt und konnte um 1530 ausgebaut werden. Das 16. und 17. Jh. brachten Protestantismus, Gegenreformation, Simultannutzung der Johanneskirche, Verödung der Region durch den Dreißigjährigen Krieg und die Pest. Als die Franzosen im Mai 1689 den Ort M. einäscherten, blieb der Herrenhof verschont, 1755 bauten ihn die Johanniter zur Barockresidenz aus. Französische Revolutionstruppen okkupierten 1797 Heimbach und die Filiale M. Die Mutterkommende ging unter, M. wurde zunächst der Ehrenlegion, dann der kaiserlichen Tilgungskasse übergeben, schließlich versteigert.

▶ **Gegenwart.** Heute gehört der Herrenhof der Johanniter, der als ältestes pfälzisches Weingut bereits im 8. Jh. von Benediktinern der Abtei Weißenburg im Elsass genutzt wurde, der staatlichen Lehr- und Forschungsanstalt für Wein und Gartenbau, die den Architekturbestand zusammen mit einer Fördergemeinschaft sichert. Das Gut dient auch als Kultur- und Kunstarena und prägt zusammen mit der Johanneskirche das Zentrum von M., heute ein Stadtteil von Neustadt an der Weinstraße. Den Hof umgibt eine teilweise über 5 m hohe Ring- oder auch Wehrmauer. Das Herren- und ehemalige Schaffnerhaus repräsentiert herrschaftlichen Barock. Wirtschaftsgebäude wie Kelterhaus mit Remise und Stallgebäude entstammen dem Spätmittelalter, wurden aber im 18. Jh. umgebaut. Der Getreidekasten mit Storchenturm entstand mit dem Haupttor um 1530. Ältester Teil ist die simultan genutzte Kirche St. Johannes der Täufer an der Nordseite des Hofes, erbaut 1375/1400 im Auftrag der Johanniter. 1727 wurde sie um sechs Meter verlängert. Eine Mauer trennt den katholischen Chor vom evangelischen Langhaus. Der einschiffige Saal mit hochgotischem Chor und 36 m hohem Westturm ist dringend sanierungsbedürftig und wird zur Zeit nicht genutzt.

◆ Rödel, Walter Gerd: Die Johanniterkommende Heimbach in der Pfalz und ihre membra, in: Blätter zur Pfälzischen Kirchengeschichte 40 (1973) 5–55; Sartorius, Otto: M., Speyer 1959.

Mutzschen, *Servitenkloster St. Maria (1490–um 1525), Diözese Meißen – (Lkr. Leipzig, Sachsen, ❐ 2, C5).*

▶ Das sorbische *Musitscin* nordöstlich von Grimma im sächsischen Reichsterritorium wurde um 1100 von fränkischen Kolonisten ausgebaut, erscheint 1350 als *oppidum* und stand im Spätmittelalter unter Herrschaft der Familie Starschedel mit Sitz im nahen Schloss. Heinrich III. von Starschedel gelobte auf einer Pilgerfahrt in Begleitung Herzog Albrechts des Beherzten von Sachsen, ein Servitenkloster zu stiften, was er 1490 in die Tat umsetzte. Sohn Heinrich IV. vollendete eine der letzten vorreformatorischen Klostergründung des Servitenordens, wozu er die spätromanische Ortskirche von M. als Klosterkirche ausbauen ließ. Die Konventsanlage mit Kreuzgang entstand an der Nordseite. Die Marienknechte kamen vermutlich aus den Klöstern Radeburg und/oder Großenhain; weniger wahrscheinlich gelten das anhaltische Kloster ➛ Bernburg/Saale oder die älteste deutsche Niederlassung ➛ Halle/Saale als Herkunftsorte. Den Mönchen oblagen Pfarrpflichten in M., Wermsdorf und Fremdiswalde; sie eröffneten eine Schule und legten Teichanlagen an, die heute noch von Bedeutung sind. Ihre Volksnähe brachte sie zeitig mit den Lehren Martin Luthers in Berührung; sie verhalfen der Reformation zum Durchbruch, der Konvent löste sich um 1525 auf. Die Landesvisitation 1529 registrierte, dass der letzte Prior als evangelischer Pfarrer in M. amtierte. Konvertierte Mitbrüder waren inzwischen anderenorts untergekommen, ein einzelner Bruder blieb katholisch. Lediglich Orts- und Ordenschroniken erwähnen den Konvent, obwohl seine 40-jährige Geschichte Spuren hinterließ. Architektonische Veränderungen von 1490 an der Stadtpfarrkirche M. erinnern an die Marienknechte, so das spätgotische Portal an der Westseite. Der einschiffige Bau mit mächtigem Turm zwischen Langhaus und Chorraum erscheint durch eingreifende Umbauten nach Bränden und Kriegszerstörungen mit romanischen, spätgotischen und frühneuzeitlichen Architekturformen. Klausurgebäude existieren heute nicht mehr. Die sächsischen Servitenkonvente Radeburg und Großenhain hinterließen keine Architektur.

◆ Barthel, Jutta: Stadtmuseum M., Stadtgeschichte, persönliche Mittelungen, Mutzschen 2008; Thieme, Andre (Hg.): Herzog Albrecht der Beherzte 1443–1500, Köln 2002.

Mutzschen Servitenkloster, das spätgotische Westportal an der Pfarrkirche geht auf die Marienknechte zurück.

Nägelstedt, *Deutschordenskommende St. Georg (1222–1809), Erzdiözese Mainz – (Bad Langensalza-N., Unstrut-Hainich-Kreis, Thüringen, ❐ 2, A5).*

▶ **Geschichte.** Der Deutsche Orden erwarb 1222 Besitz in *Negelstete* bei Salza (Langensalza) im Unstruttal vom Mainzer Kollegiatstift Mariengraden, was Erzbischof Siegfried II. von Mainz (Eppstein) und der Stauferkaiser Friedrich II. bestätigten. Diese hochrangigen Zeugnisse weisen auf die frühe Existenz einer Kommende hin. Ein Priesterbruder war von Beginn an für die Pfarrkirche St. Georg zuständig; ein *praeceptor* von N. tritt 1224 als Zeuge eines Tauschgeschäftes auf. Im nahen Altengottern erwarb der Orden 1223 zusätzlich einige Güter, eine Tochterkommende ist dort aber nicht entstanden. Die Kommende N. gehörte zur Ballei Thüringen und unterstand dem Landkomtur in ➛ Zwätzen. Besonders die Grafen von Gleichen aber auch der örtliche Niederadel förderten die Deutschordensbrüder, was bis Mitte des 14. Jh. zum stetigen Wachstum führte. N. sorgte für materiellen und personellen Nachschub für den Ordensstaat in Preußen mit seinem Hauptsitz in Marienburg. Im nahen Vargula (heute Großvargula) konnte 1340 erheblicher Besitz vom Reichskloster ➛ Fulda erworben werden; hier entstand ein Filialhaus, aber zu hohe Ausgaben führten bereits 1385 zum Verkauf der gesamten Anlage an die Stadt Erfurt. Das 15. Jh. war gekennzeichnet durch Wirtschaftskrisen, die verlorene Schlacht von Tannenberg (1410), dem Dreizehnjährigen Krieg sowie dem Verlust wertvoller Gebiete in Preußen, begleitet von schwindenden Ordensidealen, Finanzproblemen und steigendem Nachwuchsmangel. Eine vom Hochmeister beauftragte Visitation registrierte 1451 nur noch zwei Priesterbrüder in N. Im April 1525 wurde die Kommende von Bürgern aus Salza geplündert. Nach Durchsetzung der Reformation im kurfürstlichen Sachsen bekannten sich auch die thüringischen Deutschherren zur lutherischen Lehre. Hans von Germar (1545–60), erster evangelischer Landkomtur Thüringens, heiratete seine Konkubine. Er versuchte, die Kommenden N., ➛ Liebstedt und ➛ Lehesten als eigene Lehnsgüter einzubehalten, wogegen sich der Orden erfolgreich wehren konnte. Der Vertrag mit dem sächsischen Landesherrn von 1593 garantierte den Verbleib der thüringischen Häuser Lehesten, Zwätzen, Liebstedt und N. in Ordenshand. Die Kommenden unterschieden sich in der Folgezeit kaum von lehnsabhängigen Rittergütern. Neben dem wirtschaftlichen Aufschwung im 18. Jh. lösten sich die einstigen Ordensideale fast vollständig auf. N. existierte bis zur Aufhebung des Ordens 1809 durch Napoleon.

Nägelstedt Deutschordenskommende, Ostbereich der spätromanischen Ordens- und Pfarrkirche St. Georg.

▶ **Gegenwart.** Im heutigen Dorf N., das seit 1993 zur Gemeinde Bad Langensalza gehört, liegt das ehemalige Stiftsgut des Deutschen Ordens. Den kreisförmigen „Schieferhof" in der Mitte des Ortes ließ Landkomtur Hans von Germar an der Stelle des alten Komturhofes im Renaissancestil erbauen; das eigentliche Stiftsgut liegt im Unterdorf. Die im Gutsgelände stehende Kirche St. Georgi, ursprünglich ein spätromanischer Bau, diente seit 1222 den Deutschherren als Kommendekirche, aber auch den Dorfbewohnern als Pfarrkirche; heute ist sie evangelisch-lutherische Filialkirche. Erhalten blieben kreuzförmige Ostteile mit Mittelturm, dessen Schallöffnungen frühgotische Kelchkapitelle aufweisen. Chorquadrat und Vierung sind kreuzgratgewölbt, Spuren der ehemaligen Apsis und ein romanisches Trichterfenster sind wohl die ältesten Teile der Kirche. Die quadratische Kapelle am südlichen Querhausarm trägt die Jahreszahl 1584; das Kirchenschiff wurde im 18. Jh. erneuert.

◆ Jähning, Bernhard: Der Deutsche Orden und seine Ballei Thüringen im Mittelalter, Lüneburg 1997.

Nagold, *Dominikaner-Tertiarinnenkloster St. Remigius und St. Nikolaus (nach 1391–um 1554), Diözese Konstanz – (Lkr. Calw, Baden-Württemberg, ❐ 3, C4).*

▶ Eine Gemeinschaft religiöser Frauen hatte sich im 14. Jh. in der Hohenberger Stadt N. nahe der Pfarrkirche St. Remigius gesammelt, die 1391 als „cluse ze Oberkirch" erstmals urkundlich erwähnt wird. Fünf Jahre zuvor hatte Bischof Nikolaus von Konstanz (Riesenburg) diese Kirche der Benediktinerabtei Stein am Rhein (heute Schweiz) inkorporiert. Die Schwestern bekannten sich zur Augustinusregel und unterstanden im 15. Jh. als Tertiarinnen dem Dominikanerorden. 1508 galten die Frauen als arm. Reformationsunruhen beendeten 1525 das monastische Leben in Stein. Die Stadt Zürich verkaufte die ehemaligen Abteirechte 1543 an Württemberg. Während der Durchsetzung der evangelischen Kirchenordnung in Württemberg durch Herzog Christoph löste sich der Konvent um 1554 auf. Die Remigiuskirche steht auf Resten eines römischen Gutshofes und wurde bereits im 8. Jh. als Missionskirche gebaut, sie ist damit die älteste Kirche im Nagoldgau. Heute dient sie der evangelischen Gemeinde als Friedhofskirche. Der heutige Rechtecksaal entstammt dem 14. Jh., sein Turm an der Nordseite dem frühen 12. Jh. Der dreiseitige Chorschluss und eine Verlängerung des Schiffs entstanden im 15./16. Jh. möglicherweise in Verbindung mit dem Dominikanerinnenkonvent. An der inneren, südlichen Langhauswand entdeckte man bedeutende Fresken (um 1320/25); der Kapellenanbau zeigt ebenfalls Fresken aus dem 15. Jh. Konventsgebäude blieben nicht erhalten.

◆ Janssen, Roman: N., in: Württembergisches Klosterbuch, Ostfildern 2003, 361; Ackermann, Stefan: 1200 Jahre N., Konstanz 1985.

Namedy, *Zisterzienserinnenkloster St. Katharina (vor 1255–1573), Erzdiözese Trier – (Andernach-N., Lkr. Mayen-Koblenz, Rheinland-Pfalz, ❐ 3, B1).*

▶ **Geschichte.** Das Frauenkloster N. am linken Rheinufer bei Andernach wird erstmals 1255 in einer Geschäftsurkunde der Benediktinerabtei Stablo-Malmedy (Belgien) erwähnt: Die Reichsabtei überließ gegen Zins den Zisterzienserinnen im Kloster N. eine Waldfläche von 200 Morgen. Die Gründung geht auf eine Stiftung des Edelherrn Gerhard von Rennenberg († 1270) und seiner Gemahlin Benedikta von Neuenburg in der ersten Hälfte des 13. Jh. zurück. Diese Ministerialen der Grafen von Sayn stifteten etwa zur gleichen Zeit die Zisterzienserinnenabtei ➛ Sankt Katharinen bei Linz auf der rechten Rheinseite. Den frühen Konvent in N. unterstützten wahrscheinlich die Zisterzienser der Abtei ➛ Himmerod, deren Abt zeitweise mit der geistlichen Betreuung beauftragt war. Himmerod besaß Güter in der Region um Andernach. Die Schwestern gehorchten den Zisterzienserstatuten, waren aber nie offiziell in den Zisterzienserorden inkorporiert. Die Benediktiner der Abtei ➛ Laach kauften 1271 von den Schwestern Besitz in Kruft und verpflichteten sich, den Konvent mit einem Teil ihrer Zehntrente in Kretz zu unterstützten, 1273 waren es 15 Malter Korn. Die Schwestern entrichteten seit 1321 der Benediktinerpropstei St. Genovefa in Andernach (s. u.) Zinsen für ein Waldgebiet, das „Koppel" genannt wurde. Kloster N. blieb ohne überregionale Bedeutung. Nach den reformatorischen Unruhen dünnte der Konvent aus und die Wirtschaft verfiel. Die letzte Äbtissin Hildegard von Husmann (1518–62) sah sich schließlich nicht mehr in der Lage, neue Novizinnen aufzunehmen. Erzbischof Jakob III. von Trier (Eltz) löste das verödete Kloster 1573 offiziell zugunsten der Stadt Andernach auf.

Namedy Zisterzienserinnenkloster, Spuren des Kreuzgangs an der Südseite der frühgotischen Klosterkirche.

▶ **Gegenwart.** Die einschiffige Klosterkirche im frühgotischen Stil aus der Gründungszeit dient heute als katholische Pfarrkirche St. Bartholomäus. Der ursprüngliche Saalbau zeigt Verwandtschaft mit der Klosterkirche in ➛ Saarn. Äbtissin Hildegard ließ 1521 die Seitenwände erhöhen, das Langhaus mit zusätzlichen Pfeilern zu einer zweischiffigen Halle umgestalten und diese einwölben. Ein Zeltdach schützt die Kirche erst seit 1970. Von den Klausurgebäuden blieb keine aufstrebende Architektur erhalten.

Es ist auffällig, dass die Edlen von Rennenberg um die gleiche Zeit zwei Frauenklöster derselben Obödienz und mit gleichem Patrozinium gestiftet haben sollen: einmal das linksrheinische Kloster N. bei Andernach wie auch das rechtsrheinische Kloster St. Katharinen bei Linz; Verwechselungen in der mittelalterlichen Überlieferung sind denkbar.

❖ Die Propstei St. Genovefa in Andernach ging aus dem merowingischen Königshof „Villa regia" hervor und verwaltete den Andernacher Besitz der Abtei Stablo-Malmedy; mittelalterliche Architektur der Benediktiner existiert auf dem heutigen Weissheimer Gelände der Stadt nicht mehr.

◆ Pfister, Peter: Klosterführer aller Zisterzienserklöster, Strasbourg 1998, 396; Roussek, Werner: N. Geschichte, Chronik, Erzählungen, Andernach 1998; Steffen, Peter Paul: Das Zisterzienserinnenkloster N., in: Heimatbuch Landkreis Mayen-Koblenz 5 (1986) 70–72.

Naumburg, *Benediktinerinnenkloster St. Mauritius (vor 1046– vor 1119), Augustiner-Chorherrenstift St. Mauritius (vor 1119–1543) – „Moritzstift", Diözese Naumburg – (Burgenlandkreis, Sachsen-Anhalt, ❐ 2, B5).*

▶ **Geschichte.** Möglicherweise schon zu Lebzeiten Markgraf Ekkehards II. († 1046) entstand an seiner Stammburg in N. das Benediktinerinnenkloster St. Mauritius, in dieser Zeit wechselten der Bischof und sein Domkapitel ihren Sitz von Zeitz in die aufstrebende Stadt N. an der Mündung der Unstrut in die Saale. Bischof Dietrich I. von Naumburg (Selbold-Gelnhausen), Gründer der Abteien ➛ Bosau und ➛ Riesa, wandelte vor 1119 das Frauenkloster in ein Regularkanonikerstift um und rief Augustiner-Chorherren aus Neuwerk bei ➛ Halle in seine Stadt. Er begründete den Wechsel mit der Disziplinlosigkeit der Schwestern, was Historiker heute als vorgeschoben bewerten. Papst Calixtus II. bestätigte 1119 die Transformation und neue Besitzzuweisung; möglicherweise wurde der Frauenkonvent nach ➛ Prießnitz verlagert. Nachfolger Bischof Richwin ließ sich 1125 im Moritzstift bestatten. Innerhalb ihres Stiftsbezirks stand den Augustiner-Chorherren niedere Gerichtsbarkeit zu, die Blutgerichtsbarkeit behielt sich der bischöfliche Stadtherr inne. Im unbesiedelten Westerzgebirge leisteten die Moritzstiftsherren kolonisatorische Pionierarbeit und gründeten vor 1173 die abhängige Propstei „Klösterlein" in ➛ Aue (1527 verkauft). 1205 bezogen sie das neugegründete Stift St. Afra in ➛ Meißen. Das seit 1228 bestehende Lorenzhospital nahe der Bischofskurie kam 1325 an das Stift; die Chorherren verpachteten es im Mai 1327 an den Frauenkonvent in Prießnitz, beendeten aber das Pachtverhältnis 1337, weil die Zisterzienserinnen ihre Aufgabe nicht bewältigten. Mit Peter Schöbel (1377–85) tritt ein Propst namentlich in Urkunden auf, weil er im Dezember 1385 vom Bischof Christian von Witzleben wegen Misswirtschaft vom Amt suspendiert worden war. Im 15. Jh. beeinträchtigten wirtschaftliche Schwierigkeiten das Stiftsleben. Bischof Johannes III. von Schönberg verordnete im August 1496 innere Reformen, die im Oktober 1502 immer noch nicht eingeleitet waren. Inzwischen bestimmten kleinliche Streitereien den Alltag, die zu Konflikten ausuferten: Propst Niethard Langenberg (1483–1521) und der Konvent stritten mit ihren Ordensbrüdern von Halle Neuwerk um geringe Abweichungen in der Kleiderordnung (z. B. das Forratium), was Bischöfe, Erzbischöfe und päpstliche Kommissare beschäftigte, Banndrohungen und Hilferufe an Kaiser und Reich einschloss und schließlich in Gewalttätigkeiten der Hallenser Chorherren gegenüber dem Naumburger Stift kulminierte. Diese Episode veranschaulicht das sinnentleerte Dasein der Stiftsgeistlichkeit am Vorabend der Reformation, was auch ihre widerstandslose Kapitulation vor der lutherischen Glaubensauslegung erklärt. Kurfürst Johann Friedrich I. von Sachsen-Wittenberg und Martin Luther protegierten 1542 den ersten evangelischen Bischof Nikolaus von Amsdorf als ungewählten Gegenbischof in N., der seine Hauptaufgabe in der Einführung der protestantischen Kirchenordnung sah und Klöster sowie Stifte im Bistum bis 1546 auflöste. Sein Verdienst bleibt die tatkräftige Förderung des allgemeinen Schulwesens. Das Moritzstift N. wurde 1543 aufgelöst, nachdem sich die meisten Stiftsherren schon 1528 zum lutherischen Glauben bekannt hatten; der letzte Propst Christoph Dresler starb im selben Jahr.

▶ **Gegenwart.** Seit der Reformation dient die Stiftskirche St. Moritz in N. als evangelische Pfarrkirche; Gottesdienste werden in ihr heute hauptsächlich im Sommer gehalten. Der zweischiffige, hohe Saal mit zwei spitzhelmigen Westtürmen und Polygonalchor im Osten entstand nach dem Brand von 1260 und nach der spätgotischen Erneuerungsphase (1504–10) unter Verwendung alter Mauerteile. Das schmale Nordschiff und das Unterteil des Südturms sind romanischen Ursprungs. Die durch Strebepfeiler streng gegliederten Außenwände werden durch ein fein modelliertes Südportal aufgelockert, ein zweites Portal öffnet den Westriegel. Die Barockisierung des Innenraums (1705–21) wurde teilweise entfernt. Die umlaufende Empore erinnert an die einst große Moritzgemeinde. Die Ritzgrabplatte Bischofs Richwins (um 1260) steht hinter dem Altar, flankiert von Epitaphen der letzten Stiftsvorsteher. Klausurgebäude existieren nicht mehr. Das nahe Pfarrhaus mit Fachwerk über massivem Untergeschoss ist im Kern spätgotisch.

◆ GermSac NF 35/1.

Naundorf, *Zisterzienserinnenkloster (um 1250–1531) – „Klosternaundorf", Diözese Halberstadt – (Allstedt-Klosternaundorf, Lkr. Mansfeld-Südharz, Sachsen-Anhalt, ❐ 2, A5).*

▶ **Geschichte.** Das Frauenkloster N. geht auf eine Stiftung der Grafen von Querfurt um 1250 zurück. Die Schwestern lebten nach der Zisterzienserregel, in den Orden jedoch war der Konvent wohl nicht inkorporiert. Kloster N. gilt als kommittiertes Frauenkloster, Äbte von ➛ Walkenried übten die geistliche Aufsicht aus. Ein Propst war von Anfang an zuständig, erstmals tritt Propst Dithmar von Niendorp 1252 als Zeuge urkundlich auf, 1270 werden Propst Heinrich, Äbtissin Guda und Priorin Adelheid genannt. Durch Schenkungen und Mitgiften erlangte N. umfangreichen Besitz; 1282 gehörte ein Klosterhof in Wolferstedt zum Eigentum, seit der zweiten Hälfte des 14. Jh. auch das Patronat über die dortige alte Pfarrkirche St. Veit. Die Zisterzienserinnen ließen im Mellenbacher Flur 1289 die Feldkapelle St. Maria errichten, an der sich eine Wallfahrt entwickelte, die aber in der Reformationszeit niedergebrannt wurde. Kloster N. war im Spätmittelalter zum bedeutenden Grundherrn aufgestiegen, dem viele Bauern und sogar die nahe Stadt Allstedt zinspflichtig waren. Der Reformator Thomas Müntzer (1490–1525) kam 1523 als Pfarrer nach Allstedt, heiratete noch im selben Jahr die Ordensfrau Ottilie Gersen aus N. und trug 1524 seine radikalen Reformideen nach Mühlhausen; dort unterlag er mit seinem aufständischen Bauernhaufen dem Fürstenheer und wurde im Mai 1525 hingerichtet. Im Allstedter Amt brach der Bauerntumult im April 1525 aus, das Kloster wurde am 1. Mai geplündert, aber nicht zerstört; die Äbtissin war unterdessen mit 30 jüngeren Schwestern nach ➛ Halle Marienkammer (Glaucha) geflüchtet. Im gleichen Jahr ließ Kurfürst Johann I. von Sachsen-Wittenberg ein Inventarverzeichnis anlegen; 1531 löste er Kloster N. auf. Äbtissin Sophia von Schafstädt ging ins Kloster ➛ Kölleda.

▶ **Gegenwart.** Bis in unsere Tage wird das Kloster N. als Landwirtschaftsgut genutzt. In der kleinen Siedlung sind mittelalterliche Grundmauern nachweisbar, aber nur ein Gebäude scheint als ganzer Bau aus monastischer Zeit überkommen zu sein. Mit Vorsicht ist es als ein Teil des ehemaligen Langhauses der einschiffigen Klosterkirche zu deuten; die Kirche diente nachreformatorisch vermutlich als Schüttboden.

Das Kloster in Naundorf bei Allstedt, auch „Klosternaundorf" genannt, darf nicht verwechselt werden mit dem Zisterzienserinnenkloster ➛ Neuendorf, auch „Kloster Neuendorf", im Altmarkkreis Salzwedel.

◆ Grosch, Carl: Das Kloster N. während des Bauernkrieges, in: Allstedter Nachrichten 9 (2000) 26f.; Pfister, Peter: N., in: Klosterführer aller Zisterzienserklöster, Strasbourg 1998, 464.

Neckarelz Johanniterkommende, der hochaufragende Wehr-, Hospital- und Kirchenbau (1302), Südostansicht.

Neckarelz, *Johanniterkommende (um 1295–1350) – „Templerhaus", Diözese Würzburg – (Mosbach-N., Neckar-Odenwald-Kreis, Baden-Württemberg, ❐ 3, C3).*

▶ **Geschichte.** An der Einmündung des Elzbaches in den Neckar gründete der Johanniterorden zwischen 1290 und 1300 eine Kommende. Die Gründung stand im Zusammenhang mit der Niederlassung ➛ Wölchingen bei Boxberg; wahrscheinlich war N. ein Tochterhaus von Wölchingen. Die Grabplatte des ersten Vorstehers Konrad († 1307) steht heute noch im Chor des „Templerhauses" in N.; möglicherweise war es Konrad von Hohenlohe, einst Komtur von Wölchingen. Die Johanniter verkauften ihren Besitz bereits 1350 an Ritter Engelhard von Hirschhorn.

▶ **Gegenwart.** Trotz ihres kurzen Aufenthaltes hinterließen die Ordensbrüder die authentischste Johanniterburg in Baden-Württemberg, für die sie das Gelände einer staufischen Tiefburg genutzt hatten. Eine Brücke führt über den ehemaligen Wehrgraben zur Johanniterburg; ehemalige Umfassungsmauern blieben zum Teil erhalten. Das hoch aufragende Steinhaus von 1302 dient seit 1707 als katholische Pfarrkirche St. Mariä Himmelfahrt. Der Bau verkörpert mit seinen vier Geschossen eine Mischung zwischen Wehrburg, Kirche und Hospital, was Eingriffe im 18. Jh. nicht überdeckt haben; einige bauliche Veränderungen hat man inzwischen beseitigt. Noch heute ist der wehrhafte Charakter an Schießscharten und Schlitzfenstern im tonnengewölbten Untergeschoss deutlich zu erkennen, das als Vorrats- und Lagerraum diente und heute als „Krypta" bezeichnet wird. Im zweiten Geschoss befand sich der Sakralraum, dessen Chor die Höhe des dritten Geschosses einnahm. Insofern ist der Raum des dritten Geschosses verkürzt; er besaß eine eigene Kapelle. Das vierte Geschoss diente wie auch das dritte Pilgern und Kranken als Aufenthaltsbereich; ein Treppenturm verbindet die Stockwerke. Die Namensgebung „Templerhaus" geht auf eine Volkstradition zurück. Historiker sind sich jedoch einig darin, dass der Templerorden in keiner Weise mit der Niederlassung N. in Verbindung stand.

◆ Wienand, Adam (Hg.): N., in: Der Johanniter-Orden, Köln 1988, 415; Hofmann, Karl: Johanniter in Wölchingen, Boxberg und N., in: Zeitschrift für die Geschichte des Oberrheins 65 (1956) 240–244.

Nellingen, *Benediktinerpropstei St. Blasius (vor 1256–1649), Diözese Konstanz – (Ostfildern-N., Lkr. Esslingen, Baden-Württemberg, ❐ 3, C3).*

▶ Die Abtei St. Blasien im Südschwarzwald gründete Mitte des 13. Jh. zur Verwaltung ihrer Güter im Esslinger Raum die Propstei N. und setzte Propst Eberhard (1256/59) ein. N. galt als ein Wirtschaftsaußenposten, einen eigentlichen Konvent hat es in N. nie gegeben. Die strenge neucluniazensische Reformphase der Abtei war im 13. Jh. bereits vorüber. Der umfangreiche Besitz auf der Hochebene im Süden Stuttgarts ging auf die Schenkung des Anselm von N. zurück, der sich 1120 als Mönch dem Reformkonvent St. Blasien angeschlossen und Eigengut eingebracht hatte. 1367 erlaubte Bischof Heinrich III. von Konstanz (Brandis), dass ein weiterer Mönch die Pfarrstelle in N. besetzte und dem Propst beistand. Ende des 14. Jh. befreite sich das Kloster ➛ Ochsenhausen aus der Abhängigkeit von St. Blasien. Propst Johannes Volz (1398–1414) in N. versuchte ebenfalls das Abendländische Schisma für die Selbständigkeit seiner Propstei auszunutzen, scheiterte aber 1405 am Einspruch Papst Innozenz' VII. Während des Bauernaufruhrs 1525 blieben die Untertanen ruhig, denn Propst Gallus Has (1521–31) kam ihren Forderungen weitestgehend entgegen. Auch Herzog Ulrich von Württemberg verschonte 1534 während seiner Aushebungspolitik den Propsteibesitz, da St. Blasien die Protektion Kaiser Karls V. genoss. Das Verhältnis zur evangelischen Umgebung gestaltete sich harmonisch, 1565 wurde der Propsteihof ausgebaut. Der katholische Propst war verpflichtet, evangelische Pfarrer in den Patronatskirchen zu besolden. Nach dem Westfälischen Frieden 1648 war die Propstei jedoch nicht mehr zu halten, so dass 1649 St. Blasien auf seine Rechte zugunsten Württembergs verzichtete. Die heutige evangelische Pfarrkirche St. Blasius in N. entstand 1777 aus der ehemaligen Propsteikirche, lediglich ihr spätromanischer Glockenturm (um 1250) geht auf die Benediktiner zurück. Der geschlossene Klosterhofbezirk aus dem späten 16. Jh. musste nach dem Zweiten Weltkrieg wieder aufgebaut werden.

◆ GermBen 5, 402–408.

Nemerow, *Johanniterkommende St. Johannes (1298–1648), Diözese Havelberg – (Groß N., Lkr. Mecklenburg-Strelitz, Mecklenburg-Vorpommern, ❐ 2, C3).*

▶ **Vorgeschichte.** Dorf Nimirow am mecklenburgischen See Tollense gehörte in heidnischer Zeit zum Land Stargard der Redarier. Fürst Kasimir von Pommern schenkte 1170 dies Land dem Prämonstratenser-Domstift ➛ Havelberg, das 1244 ein Tochterstift ➛ Broda am Nordwestufer des Sees gründete. 1182 gingen große Teile an die Markgrafen von Brandenburg verloren, auch Broda büßte Güter am Ostufer des Tolensesees ein.

▶ **Geschichte.** Der Johanniter Ulrich Schwabe (Swaf), Geheimer Rat des Markgrafen von Brandenburg-Stargard, erwarb mit eigenem Vermögen von seinem Lehnsmann Hermann von Warburg Güter am Ostufer des Tolensesees für 630 brandenburgische Pfund zur Gründung einer Kommende. Markgraf Albrecht III. übertrug als Lehnsherr im Mai 1298 weiteres Land dem Johanniterorden und befreite ihn von Abgaben, Dienst und Heerfolge. Ulrich Schwabe stand der neuen Kommende N. und zugleich den Niederlassungen Braunschweig und Gardow (s. u.) vor (1298–1322). Zum Hauptsitz wurde der Hof bei Wendisch-N. am hohen Ufer des Sees bestimmt, Stift Broda und Zisterzienserinnenkloster ➛ Wanzka, die beide Land vor Ort besaßen, mussten der begünstigten Kommende weichen oder sich vergleichen. Durch Heirat und Verkauf kam Stargard Anfang des 14. Jh. unter die Herrschaft der Fürsten von Mecklenburg, die ebenfalls nicht mit Gunstbeweisen sparten. N. erwarb selbst Besitzungen mit ganzen Dörfern in der Umgebung und erhielt Patronatsrechte über mehrere Kirchen, darunter als bedeutendstes jenes in Lychen. Die Ordensleitung unterstellte um 1320 den Brüdern in N. die etwas ältere Kommende Gardow. Dadurch wurde N. Nachbar der Zisterzienserabtei ➛ Himmelpfort am See. Die Johanniter bestritten der Stadt Neubrandenburg Fischereirechte auf dem Tollensesee; bei einem Vergleich 1392 verhandelten mit der Stadt außer Komtur Gödeke von Bülow und ein Prior noch fünf weitere Johanniter aus N. Bis zur Reformation verlief die Geschichte der Kommende N. in ruhigen Bahnen. Sie erreichte nie die Bedeutung der benachbarten Kommende ➛ Mirow oder die Ausstrahlung des Priorats ➛ Eichsen. Der Orden konnte auch nach der Reformation seine Souveränität gegenüber den mecklenburgischen Landesherrn behaupten, die geistliche Bestimmung war jedoch in Vergessenheit geraten. Schon Komtur Aschwin von Kramm († 1552) nahm wie die gesamte Ballei Brandenburg den evangelischen Glauben an. Die langen Amtszeiten der Komture Georg von Ribbek (1573–93) und Ludwig von der Groeben (1593–1620) wirkten sich in N. stabilisierend aus. Im Dreißigjährigen Krieg litt die

Nemerow Johanniterkommende, gotische Ruine aus Findlingen ohne exakte Funktionsüberlieferung.

Kommende schwer unter kaiserlichen und schwedischen Truppen. Der Westfälische Frieden 1648 brachte die Auflösung und Übertragung der Güter an das Haus Mecklenburg-Güstrow.

▶ **Gegenwart.** Die Johanniterkommende N. lag malerisch am erhöhten Ostufer des Tolensesees mit Sicht bis Neubrandenburg. Aus mittelalterlicher Zeit blieben einzig die Außenmauern des heute als „Komtureischeune" bezeichneten Baus aus Findlingen erhalten. Die ehemalige Funktion ist unklar, als Kapelle hätte das 41,80 m lange Gebäude eine untypische Nord-Süd-Ausrichtung. 1612 wird die Ruine noch als „alte Kirche" bezeichnet, eine Verwendung als Hospital ist ebenfalls in Erwägung zu ziehen. Der Bau ist erst in der Neuzeit als Scheune genutzt worden.

❖ Die ältere Johanniterkommende Gardow lag an der südlichen Grenze des Landes Stargard, zwischen Strelitz und Lichen, und wurde der jüngeren Kommende N. inkorporiert. Das Haus Gardow lag Anfang des 16. Jh. bereits wüst, die Güter waren verpachtet.

In der Welfenstadt Braunschweig existierte von 1224 bis 1820 ebenfalls eine Johanniterkommende, die zunächst zeitweise mit N. in Personalunion geführt wurde, im 16. Jh. aber gemeinsam mit ➛ Süpplingenburg den Fürsten von Braunschweig-Lüneburg unterstand. Architektonisch hinterließen die Johanniter in Braunschweig keine Spuren.

◆ Brunners, Michael: Die vier Niederlassungen des Johanniterordens in Mecklenburg, in: Mecklenburgia Sacra 8 (2005) 25–68; Kugler-Simmerl, Annette: Bischof, Domkapitel und Klöster im Bistum Havelberg, Berlin 2003.

Nendorf, *Benediktinerinnenkloster St. Maria und St. Martin (um 1200–1542), Diözese Minden – (Stolzenau-N., Lkr. Nienburg/Weser, Niedersachsen, ❐ 1, C4).*

▶ **Geschichte.** Der Priester Symon steigerte die Einkünfte der Pfarrkirche St. Martin im niedersächsischen N. im letzten Drittel des 12. Jh. derart, dass davon eine Gruppe frommer Frauen leben konnte, die sich um 1200 in N. niederließ. Bischof Thetmar von Minden bestätigte und unterstützte deren Lebensweise als klösterliche Gemeinschaft, Symon wurde als Propst (1200/11) eingesetzt. Nur wenige Urkunden erlauben einen Einblick in die mittelalterlichen Verhältnisse des Klosters, dessen Ordenszugehörigkeit lange unklar blieb. 1211 tritt eine Priorin Gisela auf. Erst aus den Urkunden Bischof Volkwins (1285/87/89) geht die Zugehörigkeit zu den Benediktinern hervor. Die zunächst bescheidene Grundausstattung besserten Bischöfe, Ortsadel und eintretende Novizinnen auf. Die Schirmherrschaft übten auf Bitten Propst Symons zunächst die Grafen von Wölpe und von Roden aus, seit 1241 hatten de facto die Grafen von Hoya die Vogteigewalt inne, die ihre Landesherrschaft erfolgreich ausdehnten. Der unvermögende Konvent litt Not und Entbehrungen während der häufigen Fehden im 13. Jh., weshalb eine kontinuierliche Entwicklung nicht möglich war. Kloster N. gehörte während der Reformationszeit zur Obergrafschaft Hoya unter Graf Erich IV., der mit seinem Bruder Jobst II. die Einführung der Reformation in beiden Grafschaftsteilen vorantrieb, wofür sie den Lutherschüler Adrian Buxschott (um 1493–1561) aus Wittenberg ins Land gerufen hatten. Stifte und Klöster wehrten sich lange, aber letztlich vergeblich. Während ➛ Bassum (1541) und ➛ Heiligenrode (um 1570) als evangelische Damenstifte weiterlebten, wurden N. 1542, ➛ Schinna 1542 und ➛ Heiligenberg bei Vilsen 1543 aufgelöst. Priorin Anna von Haßbergen und ihre sieben Schwestern blieben im Kloster nur noch geduldet.

▶ **Gegenwart.** Die Klosterkirche der Benediktinerinnen ist heute die evangelisch-lutherische Pfarrkirche St. Martin. Vom spätmittelalterlichen einschiffigen Bau stehen lediglich Außenmauern aus Quadern und Bruchsteinen mit Strebepfeilern. Westturm, Chorraum, Dach, Fenster, Türen und Innenausbau entstanden 1778 in barocker Form neu. Klausur und Wirtschaftsgebäude blieben in N. nicht erhalten.

◆ GermBen 11, 421–428; Heutger, Nicolaus: Das Nonnenkloster N. im Landkreis Nienburg, in: Erbe und Auftrag 70 (1994) 231f.

Neresheim Benediktiner Reichsabtei, das Torhaus der Barockanlage zeigt gotisches Kreuzrippengewölbe.

Neresheim, *Benediktiner Reichsabtei St. Ulrich und St. Afra (um 1095–1802, seit 1920), Diözese Augsburg – (Ostalbkreis, Baden-Württemberg, ❐ 3, D3).*

▶ **Geschichte.** Graf Hartmann von Dillingen und seine Gemahlin Adelheid übergaben um 1095 ihr Eigengut mit der St. Ulrichkirche im Härtsfeld bei N. dem Heiligen Stuhl in Rom zur Gründung eines Klosters. Papst Urban II. (1088–99) bestätigt in einer undatierten Urkunde die Gründung eines Regularkanonikerstifts, gewährte Schutz und freie Propstwahl. Anfang des 12. Jh. bat Stifter Hartmann Benediktinermönche aus dem neuen Kloster ➛ Kastl in die Schwäbische Ostalb nach N., die unter Prior Bernold (um 1106–16) um das Jahr 1106 eine Mönchsniederlassung gründeten, die sich der neucluniazensischen ➛ Hirsauer Reform verpflichtet fühlte. Über den Verbleib der ersten Regularkanoniker gibt es keine Nachricht, möglicherweise hatte sich bislang noch kein Konvent etabliert. Die Selbständigkeit gegenüber Kastl erlangte N. unter Abt Heinrich I. (1120–25), der aus der Abtei Zwiefalten (s. u.) gekommen war. Diese Abtei übernahm die Betreuung des Konvents und achtete auf strenge Einhaltung der Reformideale. Stifter Hartmann trat um 1120 selbst in den Konvent ein und starb als Konverse im folgenden Jahr. Um diese Zeit gründete sich ein assoziierter Frauenkonvent am Kloster, der etwa 130 Jahren später nicht mehr urkundlich fassbar ist. Möglicherweise ließen sich die Frauen im nahen ➛ Reistingen nieder. Mehrere Päpste bestätigten die freie Abtwahl; das Recht der Priesterweihe oblag dem Augsburger Bischof, die Schirmherrschaft übte die Stifterfamilie aus. Unter Abt Heinrich II. von Ramstein (1163–99) erreichte die Konventsstärke über 20 Mönche. 1298 gehörten der Abtei sieben Dörfer und Streubesitz bzw. Einkünfte aus 71 Orten. Der bedeutendste Abt der ersten Blütezeit war wohl Friedrich von Zipplingen (1287–1308), Professe der Abtei ➛ Ellwangen. Zwei Brände 1372 und 1389 hemmten die Entwicklung ebenso wie Übergriffe des Regionaladels. 1481 veränderten ➛ Kastler Reformprinzipien, seit 1497 ➛ Melker Reformeinflüsse den Konvent. Der anerkannte Reformprior Johannes II. Vinsternau (1510–29) aus ➛ Mönchsdeggingen und ➛ Elchingen festigte die innere Erneuerung so nachhaltig, dass der Abtei durch den Bauernaufstand 1525 und in den anschließenden Reformationswirren keine nachhaltigen Schäden erwuchsen. Bauliche Zerstörungen brachten erst der Schmalkaldische Krieg 1547 und der Überfall des protestantischen Grafen von Oettingen-Oettingen 1552. Weitere Einbrüche im Dreißigjährigen Krieg gingen der barocken Entfaltung voraus, die durch wirtschaftliche Prosperität, hohe Gelehrsamkeit und künstlerische Blüte gekennzeichnet war und die unter Abt Benedikt Maria Angehrn (1755–87) zur Reichsimmunität führte. Die Säkularisierung 1802 zugunsten des Fürsten Thurn und Taxis traf Abt Michael Dobler (1787–1802), 26 Patres und fünf Laienbrüder in einem blühenden Kloster mit wissenschaftlichem Anspruch und Lyzeum Carolinum. Im Juni 1920 richtete Papst Benedikt XV. in N. wieder eine Benediktinerabtei für geflüchtete Mönche aus Prag ein und gliederte sie der Kongregation von ➛ Beuron an.

Neubrandenburg Franziskanerkloster, Nordostansicht der gotischen Anlage mit Klosterkirche, Ostflügel und Nordflügel einschließlich Refektorium.

▶ **Gegenwart.** Das Benediktinerkloster auf dem Ulrichsberg über der Stadt N. ist als Barockanlage besonders durch die berühmte Abteikirche des Balthasar Neumann (1745–92) allgemein bekannt. Mittelalterliche Architekturreste lassen sich noch im unteren Geschoss des Torhauses, der sogenannten Prälatur, finden. Die Räume einer darin eingerichteten Buchhandlung schmückt ein Gewölbe, getragen von einem Netz gotischer Kreuzrippen. Möglicherweise enthalten auch einige Mauern der ältesten Wirtschaftsgebäude noch mittelalterliche Kernsubstanz.

❖ Die Benediktinerabtei Zwiefalten in der Schwäbischen Alb wurde 1089 von der Reformabtei ➛ Hirsau besiedelt und entwickelte sich nach Anschluss eines Frauenkonvents um 1100 zu einem Ausbreitungszentrum der hirsauischen Reformideale. Der Konvent ließ 1668–1700 eine neue Klausuranlage und 1739–65 eine völlig neue Abteikirche errichten. 1750 erlangte Zwiefalten die Reichsstandschaft. 1802 wurde das geistlich und geistig blühende Kloster zugunsten Württembergs säkularisiert. Zwiefalten zählt heute zu den Hauptsehenswürdigkeiten der Oberschwäbischen Barockstraße; mittelalterliche Architektur blieb nicht erhalten.

◆ GermBen 5, 408–435; Schütz, Bernhard/Aumer, Wolfgang: Die Benediktinerabtei N. und ihre Geschichte in Wort und Bild, Lindenberg 2006.

Neubrandenburg, *Franziskanerkloster St. Johannes Baptist (um 1260–1552), Diözese Havelberg – (kreisfreie Stadt, Mecklenburg-Vorpommern, ❐ 2, C3).*

▶ **Geschichte.** Wahrscheinlich im Zusammenhang mit der Vergabe des Stadtrechts 1248 riefen die markgräflichen Brüder Johann I. und Otto III. von Brandenburg Franziskaner in die planmäßig angelegte Stadt N. im Land Stargard, das erst seit 1236 zu ihrem Herrschaftsbereich gehörte. Nachzuweisen ist dieser Gründungsverlauf jedoch aufgrund fehlender Urkunden nicht. Die Barfüßer errichteten um 1260 ihr Kloster mit einer kleinen Feldsteinkirche im Norden der Stadt und bemühten sich um die Christianisierung der Bevölkerung durch Predigten, Seelsorge und Krankenpflege. Bereits 1285 tagte das sächsische Provinzkapitel des Ordens im Kloster. Die Herrschaft Stargard und die Stadt N. gelangten 1292 durch Heirat aus askanischem Besitz an den mecklenburgischen Fürsten Heinrich II. den Löwen (seit 1347 als Reichslehen an die Fürsten, die späteren Herzöge, zuletzt Großherzöge zu Mecklenburg). Die urkundliche Überlieferung des Minoritenkonvents setzt erst 1339 durch eine Stiftung in Watzkendorf ein. Bis dahin war das Kloster schon zweimal abgebrannt; mit Hilfe der neuen Stadtherrn und örtlicher Adelsfamilien konnte bis 1355 die Klausur wiedererstellt werden. Der Bau der Klosterkirche aber zog sich wesentlich länger hin, weil eine große zweischiffige Halle mit langem Chor geplant war und man die alte Kirche als nördliches Seitenschiff in den neuen Backsteinbau einbezog. 1424 gründeten die Franziskaner aus eigenen Einkünften ein Siechenhaus. Sie betreuten seelsorglich die Beginen nahe ihrem Konvent. Aus Immobilienbesitz bezogen sie Einkünfte, weswegen sie die Observanzbewegung ablehnten. Die konventualen Klöster der Ordensprovinz Saxonia beschlossen 1430 die gemäßigte ➛ Martinianische Reform, die Provinzial Matthias Döring (1427–61) entschieden gegen Forderungen zu radikaler Besitzlosigkeit verteidigte. In N. fand aber auch diese Erneuerung keine besondere Beachtung, auch dann nicht, als 1509 das Provinzkapitel im ➛ Rostocker Katharinenkloster alle Franziskanerkonvente in Mecklenburg zu den Martinianischen Konstitutionen verpflichtete. Die mecklenburgischen Herzöge reagierten auf die unbefriedigenden Reformerfolge mit Gründungen neuer Mendikantenkonvente: 1500 ein Augustiner-Eremitenkloster in Sternberg und 1509 ein Franziskaner-Observantenkloster in Güstrow. Als sich 1517 der Franziskanerorden in zwei unabhängige Orden aufspaltete, gehörte der Konvent N. seit dem Kapitel 1518 in ➛ Frankfurt/Oder formal zu den Franziskaner-Observanten

(OFMObs), 1521 wurde auf dem Kapitel der Observanten in N. eine neue Provinzeinteilung beschlossen. Während der Reformationszeit fand die lutherische Lehre in den mecklenburgischen Städten frühzeitig Gehör. 1523 predigte Johannes Beckmann aus Stralsund lutherisch, bis er aufgrund der Strafandrohung des Bischofs fliehen musste. Augustiner-Eremiten aus dem Kloster Anklam ersetzten ihn und genossen die Protektion der evangelisch gesinnten Bürger. 1532 trat der Guardian des Franziskanerkonvents aus dem Orden aus und folgte damit dem Beispiel anderer Mitbrüder. Nach langem Erdulden von Repressalien löste sich der Rest des Konvents 1552 auf, zumal Herzog Johann Albrecht I. seit 1552 alle verbliebenen Klöster in Mecklenburg schließen ließ. Das Kloster diente fortan als Armenhaus, Altersheim, Hospital und Speicher. Die Johanniskirche wurde durch eine Mauer geteilt, das Langhaus blieb Gotteshaus, der lange Chor aber Lagerraum für Getreide. Dieser Speicherteil war 1864 baufällig und erlag dem Abriss.

▶ **Gegenwart.** Nach durchgreifenden Renovierungen 1890 und 1976 erscheint die ehemalige Kloster- und jetzige evangelische Johanniskirche im alten Glanz, jedoch ohne ihren Chor stark verkürzt; eine neugotische Ostwand schließt sie flach ab. Noch heute sind Feldsteine aus Granit an der Nordwand des Kirchenschiffs sichtbar, die auf die erste kleine Saalkirche der Franziskaner zurückgehen. Reste der Nordklausur mit Refektorium, Gästehaus und Kreuzgang dienen nach der jüngsten Restaurierung als Regionalmuseum und Standesamt.

❖ Die erwähnten Bettelordensklöster in Anklam, Sternberg und Güstrow gingen in der Reformationszeit unter und hinterließen keine mittelalterlichen Gebäude.

◆ Pieper, Roland/Einhorn, Jürgen W.: Franziskaner zwischen Ostsee, Thüringer Wald und Erzgebirge, Paderborn 2005, 22–27; Kugler-Simmerl, Annette: Bischof, Domkapitel und Klöster im Bistum Havelberg, Berlin 2003; Ulpts, Ingo: Die Bettelorden in Mecklenburg, Werl 1995.

Neuburg, *Benediktinerpropstei St. Bartholomäus (um 1130–95), Benediktinerinnen-/Zisterzienserinnenkloster St. Bartholomäus (1195–1562), Benediktinerabtei St. Bartholomäus u. a. (seit 1926) – „Stift N.“, Diözese Worms – (Heidelberg-Ziegelhausen, Stadtkreis Heidelberg, Baden-Württemberg, ❐ 3, C2).*

▶ **Geschichte.** Auf einer Hügelkuppe zwischen Neckar und Mausbach östlich von Heidelberg stiftete der Edelfreie Anselm der Reichsabtei ➛ Lorsch die *cella Niwenburg*, stattete sie mit Eigenbesitz aus und trat selbst in den Benediktinerkonvent in Lorsch ein. Reichsabt Diemo von Lorsch (1125–39) gründete eine abhängige Propstei, die von Papst Lucius II. 1144 unter Schutz gestellt und von Vogtei befreit wurde, da nur der Abt von Lorsch für N. zuständig sein sollte. Dies deutet auf Gewohnheiten der ➛ Hirsauer Reform hin, die im Mutterkloster Auseinandersetzungen verursachte und sich in Lorsch letztendlich nicht durchsetzte. Der Propstei N. oblag die Aufgabe, den Herrschaftsanspruch der Reichsabtei im unteren Neckartal zu stärken, unterhielt sie doch bereits auf dem nahen Bergkegel Aberingsberg (später ➛ Heiligenberg) zwei Propsteien. Der Mönchskonvent in N. bestand nicht lange, denn Lorsch selbst hatte mit inneren Schwierigkeiten zu kämpfen. Der letzte bedeutende Abt Heinrich (1151–67) aus ➛ Siegburg bemühte sich 1165 um Reformen, die in N. einer Neugründung gleichkamen, und stattete die Propstei zusätzlich mit Lorscher Besitz aus. Auch der neue Konvent bestand nicht lange; Abt Sigehard (1167–99) wandelte N. 1195 auf Bitten Pfalzgraf Konrads bei Rhein und dessen Gemahlin Irmingards in ein Benediktinerinnenkloster um. Die Landesherrschaft ging 1232 an Kurmainz, später an das Hochstift Worms und 1461 an die Wittelsbacher Kurfürsten von der Pfalz über. Die Schirmherrschaft hatten die Pfalzgrafen bei Rhein schon im 12. Jh. erlangt; von ihrer Residenz im nahen Heidelberg aus versorgten sie das Frauenkloster mit Schenkungen, Privilegien und Wohltaten, machten aber auch Einspruchsrechte geltend. Vor 1303 unterwarfen sich die Frauen den Zisterzienserstatuten, unterstanden dem Abt von ➛ Schönau (Odenwald), waren aber wohl nicht dem Orden inkorporiert. Die Blüte des Klosters offenbarte sich in reger Bautätigkeit im 14./15. Jh., der Wohlstand führte aber zur Verflachung des Klausurlebens. Mitte des 15. Jh. fügte sich der Konvent inneren Reformen im Sinn der ➛ Bursfelder Kongregation und schloss sich um 1460 dieser Reformunion an, nun wieder eindeutig mit einer Benediktinerverfassung. 1556 führte Kurfürst Ottheinrich von der Pfalz die Reformation im Land ein, seine Nichte, Äbtissin Brigitta, erlaubte lutherische Predigten im Konvent. 1562 übernahm ein weltlicher Schaffner die Verwaltung, 1576 heiratete die letzte Konventualin. Wechselnde Nutzung als kurfürstlicher Witwensitz, adeliges Damenstift, Jesuitenresidenz, Lazaritenkloster, Waisenhaus und Romantikerrefugium bestimmten das Schicksal von N. bis 1926, als die Benediktinerabtei ➛ Beuron das ehemalige Kloster mit 25 ha Landbesitz erwarb und die junge Niederlassung Bruchsal hierher verlegte. 1928 erhob Papst Pius XI. Kloster N. zur Abtei, die heute der Beuroner Kongregation angehört. Der erste Abt Adelbert von Neipperg (1929–34) starb 1948 bei seiner freiwilligen Seelsorgetätigkeit in einem Kriegsgefangenenlager in Jugoslawien; er gilt als Martyrer unserer Tage.

▶ **Gegenwart.** In der heutigen Benediktinerabtei „Stift Neuburg“ befinden sich trotz wechselvoller Geschichte noch Architekturreste der gotischen Anlage. Die sogenannte Abtskapelle geht auf das 15. Jh. zurück und schließt nördlich am Chor der heutigen Klosterkirche an; ihre Maßwerkfenster enthalten originale Glasmalereien aus der Bauzeit. Auch die Klosterkirche, ein typisch schlichter Frauensaal, entstammt im Kern der gotischen Baublüte, erscheint aber inzwischen stark überformt, erweitert und umgebaut. Ähnlich erging es den Klausurflügeln, von denen der Süd- und Westtrakt erhalten sind. Der Kirchturm am Westgiebel ist nur in den unteren Bereichen mittelalterlich, der Aufsatz wurde 1672 angebracht. Einige Grabplatten erinnern an Äbtissinnen.

◆ GermBen 5, 435–440; Bosslet, Norbert: Benediktinerabtei Stift N., Regensburg 2000.

Neuendorf, *Zisterzienserinnenkloster St. Maria u. a. (vor 1232–1579) – „Kloster N.“, Diözese Halberstadt – (Kloster N., Altmarkkreis Salzwedel, Sachsen-Anhalt, ❐ 2, A4).*

▶ **Geschichte.** Die erste urkundliche Nachricht über Kloster N. im Lausebachtal am Rand der Letzlinger Heide betrifft eine Schenkung 1232 durch Markgraf Johann I. von Brandenburg. Das Frauenkloster muss um diese Zeit durch die Initiative Abt Bertholds (1230/35) von ➛ Walkenried gegründet worden sein, wahrscheinlich mit Stiftungen Burggraf Erichs von Gardelegen und seiner Gemahlin Adelheid. 1246 bestätigte Papst Innozenz IV. die Gründung, nahm sie unter Schutz, verpflichte den Konvent zur Zisterzienserregel und beschnitt die Rechte des Bischofs. Das Generalkapitel des Zisterzienserordens ließ das Kloster visitieren, doch eine Inkorporation fand wohl nicht statt. Leitende Pröpste waren keine Zisterzienser, so kam Propst Johann von Bellin (1340–43) aus dem Kollegiatstift St. Nikolaus in Stendal. Durch zahlreiche Dotationen der askanischen Landesherren galt Kloster N. nach ➛ Diesdorf als zweitgrößter Grundbesitzer in der Altmark. Es entwickelte sich durch kluge Wirtschaftsführung

Neuburg (Heidelberg) Benediktinerpropstei, Chor mit versteckter, spätgotischer Abtskapelle hinter der Mauer.

zu einem bedeutenden Wirtschaftsfaktor der Region. Die Gemeinschaft war Ende des 13. Jh. etwa 60 Mitglieder stark. 1287 besiedelten die Schwestern das neue Kloster ➛ Heiligengrabe. Nach dem Aussterben der Brandenburger Askanier 1320 nahmen die Herren von Alvensleben die Stelle der Hauptsponsoren ein und bevorzugten N. als Familiengrablege. Nach der Hochblüte im 14. Jh. setzten zu Beginn des 15. Jh. wirtschaftliche Stagnation und Niedergang ein, begleitet von Verflachung der *vita regularis*. Erzbischof Ernst von Magdeburg (Sachsen) beauftragte 1481 Äbte von ➛ Mariental und ➛ Lehnin mit Visitationen und inneren Reformen. Äbtissin Sophia von Alvensleben (1455–81) resignierte, Anna von Schulenburg (1481–95) wurde aus ➛ Marienstuhl bei Egeln als Äbtissin gerufen, um ihre Erfahrung in Reformen nutzbar zu machen. Erzbischöfliche und päpstliche Ablässe 1488/89 verhalfen zur Renovierung der Klosteranlage, 1492 wurde die Klosterkirche neu geweiht. Äbtissin Lucia II. von Gohre (1513–22) musste 1517 einige Zeit im Kloster Marienstuhl verbüßen, um ihre Einstellung zur Observanz aufzufrischen. Die Reformation in Brandenburg änderte nichts an der katholischen Haltung der Schwestern, eine kurfürstliche Visitation erfolgte 1541, ein evangelischer Pfarrer wurde 1544 eingesetzt. Erst 1579 nahm der Konvent unter Äbtissin Emerenia von Einwinkel (1572–79) die lutherische Konfession an; das evangelische Damenstift N. existierte bis 1810 weiter.

▶ **Gegenwart.** Die Klosterkirche im heutigen Ort Kloster N. entstand Mitte des 13. Jh.; sie ist fast vollständig in ihrer ursprünglichen Form erhalten und dient als evangelische Pfarrkirche. Der einschiffige, rechteckige Backsteinbau mit geradem Ostabschluss und Dreifenstergruppe als Schaufassade ist eine typische, streng wirkende Frauenkirche des Mittelalters. Zwei profilierte Portale an der Südseite stammen aus der Mitte des 15. Jh. Ein ehemaliger Dachreiter wurde 1749 durch den barocken Westturm ersetzt. Innen nahm die westliche Nonnenempore fast zwei Drittel der Raumfläche ein, erst 1723 wurde sie um ein Joch verkürzt und erhielt 1900 ihren heutigen Abschluss; sie ruht auf einer zweischiffigen, rippengewölbten Unterkirche mit Rundsäulen. Sieben Fenster mit bedeutender mittelalterlicher Glasmalerei genießen heute hohe Wertschätzung; die ältesten sind um 1370 entstanden. Sie weisen Parallelen zur böhmischen Glasmalerei auf und stehen wohl im Zusammenhang mit der Werkstatt an der Residenz Kaiser Karls IV. in Tangermünde. Mittelalterliche Grabplatten besonders derer von Alvensleben blieben als Ausstattungsstücke erhalten. Süd- und Ostflügel der nordwestlich angebauten Klausur haben mit einem Teil des mittelalterlichen Kreuzgangs überlebt, der Nordflügel existiert lediglich als Ruine.

Kloster N. im Altmarkkreis Salzwedel sollte nicht verwechselt werden mit dem Zisterzienserinnenkloster ➛ Naundorf, auch „Klosternaundorf", bei Allstedt.

◆ Oefelein, Cornelia: N., in: Brandenburgisches Klosterbuch, Bd. 2, Berlin – Brandenburg 2007, 903–909; Mohn, Claudia: Kloster N. (Sachsen-Anhalt), in: Mittelalterliche Klosteranlagen der Zisterzienserinnen, Petersberg 2006, 161–166.

Neuenkamp Zisterzienserabtei, verbliebener Südarm des Querschiffs der einst mächtigen Abteikirche (1330).

Neuenkamp, *Zisterzienserabtei St. Maria (1231–1535) – „Franzburg", Diözese Schwerin – (Franzburg, Lkr. Nordvorpommern, Mecklenburg-Vorpommern, ❐ 2, C2).*

▶ **Geschichte.** Rügenfürst Wizlaw I. von Rügen gründete zum Seelenheil seiner Familie ein Kloster im Lehnsgebiet Triebsee und rief 1231 Zisterziensermönche aus ➛ Kamp (Lintfort) an die Ostsee. Die Kamper Mönche trafen 1233 in ihrem sechsten Tochterkloster *Novus campus* ein und bauten den umfangreichen Landbesitz mit Hilfe angeworbener Neusiedler aus. Sie besaßen die volle Gerichtsbarkeit in ihren Dörfern und ein Mitspracherecht bei der Besetzung der Pfarrämter. 1296 schenkte ihnen Fürst Wizlaw II. die Insel Hiddensee. Abt Arnold (1282–1309) gründete mit Erlaubnis des dänischen Bischofs von Roskilde das Tochterkloster Nikolauskamp auf der Insel ➛ Hiddensee am heutigen Inselort Kloster. 1296 verkaufte der Fürst den Mönchen die Halbinsel Zingst, was zu dauerhaften Konflikten wegen alter Rechte Dritter führte. Im Vergleich zu anderen Zisterzen war das Grangiensystem von N. schwach ausgeprägt, denn von Beginn an nahmen entgegen zisterziensischer Tradition Verpachtungen und Renten einen hohen Stellenwert ein. Die Konventsstärke von 60 Mönchen und 55 Konversen durfte in N. nicht überschritten werden. Vor 1300 verlegten die Zisterzienser ihre Abtei auf den heutigen Standort und erbauten bis 1330 eine neue Anlage mit einer besonders großen Hallenkirche aus Backsteinen. Nach dem Aussterben der Stifterfamilie 1325 geriet N. in die Auseinandersetzungen des rügischen Erbfolgekrieges und litt bis ins 16. Jh. hinein unter kriegerischen Fehden zwischen Regionaladel, Seestädten, mecklenburgischen und pommerschen Fürstenhäusern sowie der dänischen Krone. Die Abtei erreichte dennoch hohe Bedeutung für die Region, stand mehrmals in landesherrlichen und päpstlichen Diensten und beteiligte sich 1356 gemeinsam mit ➛ Eldena, ➛ Stolpe und ➛ Pudagla an der Gründung der Universität Greifswald. Mitbruder Arnold von Monnikendam lehrte als Professor in Heidelberg, war einflussreicher Kommissar des Ordens und wurde zum Abt von ➛ Lehnin (1456–67) sowie zum Abt von ➛ Altenberg (1467–90) gewählt. Finanzielle Nöte zwangen die Zisterzienser 1448 zum Verkauf des mecklenburgischen Besitzes. Abt Johann Sasse (1472–95) erreichte eine Konsolidierung und neuen Aufschwung durch die Steigerung der Gewinne aus den Lüneburger Salinen, aus den zahlreichen Mühlenbetrieben sowie den klostereigenen Fischereigerechtigkeiten. Beim Reformationslandtag von Treptow im Dezember 1534 ließen die Herzöge Philipp I. von Wolgast und Barnim IX. von Stettin mit Hilfe des lutherischen Reformators Johannes Bugenhagen (1485–1558) die Aufhebung der Klöster in Pommern beschließen und eigneten sich 1535 deren Besitztümer an. N. wurde landesherrliches Domänenamt; die Mönche erhielten Renten, der letzte Abt Johannes Molner (1533–35) durfte den Kampischen Hof in Stralsund als Wohnsitz nutzen. Herzog Bogislaw XIII. ließ 1579 die verfallene Klausur und Restteile der Klosterkirche zum Renaissanceschloss mit Schlosskirche umbauen, rief Wollweber in den Ort und nannte die gegründete Stadt zu Ehren seines Schwiegervaters „Franzburg".

▶ **Gegenwart.** Die große, hohe Stadtpfarrkirche in Franzburg wirkt heute für den kleinen Ort völlig überdimensioniert. Dabei ist sie nur der verbliebene Südarm des Querschiffs der ehemaligen Abteikirche des Klosters N., einer kreuzförmigen Halle, die von den Zisterziensern um 1330 fertig gestellt wurde. Ihre Ausmaße nahmen mit einer Länge von 90 m in der Zisterzienserarchitektur eine Sonderstellung ein, auch ihre Formensprache konnte sich mit den Großbauten in ➛ Heisterbach, ➛ Otterberg, ➛ Doberan oder ➛ Chorin messen. Vom herzoglichen Schloss blieb nur ein mehrfach veränderter Wirtschaftsflügel bestehen. In der Mühlenstraße Stralsunds repräsentiert heute noch der gut erhaltene Kampische Hof die einstige Wirtschaftskraft der Abtei.

◆ Bulach, Doris: Zisterzienser und Stadt, in: Zisterziensische Klosterwirtschaft zwischen Ostsee und Erzgebirge, Berlin 2004, 85–134; Niemeck, Andreas: Die Zisterzienserklöster N. und Hiddensee im Mittelalter, Köln 2002.

Neuenwalde Benediktinerinnenkloster, romanischer Gründungsbau des Klosters am ersten Standort Midlum.

Neuenwalde, *Benediktinerinnenkloster St. Maria und Heilig Kreuz (1219–1571), Erzdiözese Bremen – (Langen-N., Lkr. Cuxhaven, Niedersachsen, ❐ 1, C2).*

▶ **Vorgeschichte.** Sechs Edelherren von Diepholz schenkten dem Bremer Hochstift 1219 Besitz und Kapelle in Midlum im Land Wursten zur Gründung eines Frauenklosters. Einer der Stifter namens Johann war Kanoniker in Bremen und dürfte die Stiftung vorangetrieben haben. Der damalige Streit zwischen Bremer und Hamburger Domkapitel, der 1223 mit Festlegung des Metropolitensitzes in Bremen endete, und der Krieg gegen Dänemark, der 1227 zum Sieg über König Waldemar II. bei Bornhöved führte, hielten Erzbischof Gerhard I. von Bremen (Oldenburg-Wildeshausen) davon ab, den Auftrag der Stifter umzusetzen. Seit 1227 schritt Erzbischof Gebhard II. zur Lippe aber zur Tat und gründete das Benediktinerinnenkloster in Midlum. Als Gründungsdatum wird allgemein das Stiftungsdatum festgelegt, deshalb gilt für N. das Jahr 1219 als Gründungsjahr.

▶ **Geschichte.** Erzbischof Gebhard II. erlangte auf dem Reichstag in Ravenna 1232 die Bestätigungsurkunde Kaiser Friedrichs II., in der Kloster Midlum als Zisterzienserinnenkloster bezeichnet wird. Im Gebiet des Landes Wursten mit seinen freiheitsbewussten Bauern erwies sich die klösterliche Entfaltung als unmöglich. 1282 verlegte Erzbischof Gisilbert von Brunkhorst daher das Kloster von Midlum nach Wohlde (heute Altenwalde bei Cuxhaven) an die Wallfahrtskapelle *Sanctae Crucis* und Willehad. Seit dieser Zeit sprechen Urkunden nur noch von einem Benediktinerinnenkloster. Etwa 50 Jahre später betrieben Propst Nikolaus (1332–36) und Priorin Yde (1333) die erneute Verlegung nach N. bei Debstedt an den heutigen Standort. Erzbischof Burghard II. Grelle erteilte 1334 seine Zustimmung. In N. entwickelte sich das Kloster dank großzügiger Stiftungen der Ritter von Bederkesa vorteilhaft. Dem Konvent gehörten nie mehr als 20 Schwestern an. Unter Priorin Adelheid Hollynges (1427–45) galten die Schwestern als arm. 1432 wurde ein Vergleich notwendig, weil Propst Eler Schneidewind Schulden zu Lasten des Konvents gemacht hatte. Der „Schwarze Haufen" der Herzöge von Sachsen-Lauenburg verwüstete im Streit um das Land Hadeln 1499/1500 das Kloster, woraufhin besondere Ablässe zum Wiederaufbau der Anlage vergeben wurden. Erzbischof Johann Rode setzte 1509 nicht nur in den Benediktinerabteien ➛ Harsefeld und Stade, sondern auch in N. Reformen im Sinn der ➛ Bursfelder Kongregation durch. Er entmachtete den Propst, setzte Priorin Luitgard Vaghedes (1509–15) ein und betrieb den Beitritt des Klosters zur benediktinischen Reformgemeinschaft. Auf dem Generalkapitel 1514 in ➛ Bursfelde wurden die bremischen Frauenkonvente N., ➛ Osterholz und ➛ Heiligenrode in Form einer Konfraternität aufgenommen. Während der Reformationszeit setzte sich die Lehre Luthers im ganzen Umkreis durch. Kloster N. bildete unter Priorin Dorothea von der Hude (1538–71) jedoch eine standhafte katholische Enklave, selbst nachdem Wurster

Neukloster Zisterzienserinnenkloster „Sonnenkamp", Choransicht der spätromanischen Klosterkirche (um 1240).

Bauern das Kloster 1547 überfallen hatten. Nach ihr wurde die konfessionelle Haltung des Konvents schwankend, möglicherweise gilt 1598 Adelheid von Sudtholdt als erste evangelische Vorsteherin. 1629 brannte N. durch Kinderhand nahezu vollständig ab, Bemühungen um Restitution blieben unausgeführt. Die Schweden schenkten das evangelische Stift 1683 der bremischen Ritterschaft, die Kloster N. noch heute als adeliges Damenstift fortführen.

▶ **Gegenwart.** Im Stift N. ist heute keine mittelalterliche Bausubstanz ersichtlich; Kirche, Glockenturm und Klausur entstanden im 17. Jh. In Altenwalde bei Cuxhaven erinnert heute nichts an die klösterliche Niederlassung zwischen 1282 und 1334. Es besteht aber der seltene Umstand, dass der erste Kirchenbau der Gründungszeit im Ort Midlum noch existiert (einen ähnlichen Glücksfall kennt die mittelalterliche Klostergeschichte noch vom Stift ➛ Weende bei Göttingen). Die evangelisch-lutherische Pfarrkirche St. Pankratius in Midlum erbauten die Ordensschwestern in der ersten Hälfte des 13. Jh. unter Verwendung älterer Mauerteile eines Vorgängerbaus ganz im romanischen Stil. Auch nach ihrem Weggang 1282 stand die Kirche, nun Pfarrkirche, unter ihrem Patronat. Einige Fenster wurden später spitzbogig vergrößert, der Westturm aus Backsteinen entstand im 14. Jh.; Klausurreste existieren nicht mehr.

◆ GermBen 11, 429–446; Ahlers, Gerd: N., in: Weibliches Zisterziensertum im Mittelalter, Berlin 2002, 160–164.

Neuenzell, *Benediktinerpropstei St. Cyrill und St. Maria Magdalena (um 1250–1558), Diözese Konstanz – (Ibach-Unteribach, Lkr. Waldshut, Baden-Württemberg, ❐ 3, B4).*

▶ Freiherr Diethelm von Tiefenstein stiftete um 1250 auf seiner Burg im Südschwarzwald eine Mönchszelle, die er samt Besitz im Hotzenwald der Abtei Stein am Rhein (Schweiz) übergab, als er selbst in den dortigen Konvent eintrat. Graf Rudolf von Habsburg (der spätere König) eignete sich den Besitz an, vertrieb die beiden Mönche, verglich sich mit Stein, baute 1266 eine neue Kapelle und dotierte sie zusätzlich mit einem Kaplan. Habsburger Erben übergaben die Anlage 1315 der Abtei St. Blasien, die entsprechend einer Auflage sofort eine Propstei errichtete. Noch im 14. Jh. gingen Güter verloren, ein Konvent konnte nicht mehr unterhalten werden. Seit Anfang des 15. Jh. lebte nur noch ein Propst in N. (der erste namentlich bekannte Propst ist Andreas, † 1400). Propst Heinrich Gündelwang (1412– nach 1430) gelang es zwar, einen Großteil der Güter zurückzugewinnen, ob jedoch wieder ein Konvent in N. lebte, ist nicht erkennbar. Auch über das Ende der Propstei fehlen Hinweise, 1558 wird letztmalig ein Propst erwähnt (Jakob Keller, 1544–58). Aus dem Maierhof der Propstei entstand der Weiler Unteribach. Die Propsteikirche musste 1698/99 einem Neubau weichen. Das ehemalige Propsteigebäude, heute „Schlößle" genannt, entstammt im Kern dem 13. Jh. und dient als Pfarrhaus.

◆ GermBen 5, 441–444.

Neukloster, *Zisterzienserinnenkloster St. Maria und St. Johannes Evangelist (1211–1555) – „Sonnenkamp", Diözese Schwerin – (Lkr. Nordwestmecklenburg, Mecklenburg-Vorpommern, ❐ 2, B2).*

▶ **Geschichte.** Fürst Heinrich Borwin I., christlicher Sohn des ursprünglich heidnischen Obodritenherrschers Pribislaw, stiftete 1211 das erste mecklenburgische Frauenkloster, das in Parkow, dem heutigen Parchow bei Westenbrügge, lag. Der erste Propst ist als Alverich (1211/22) bekannt; er bezeugte 1222 die Stiftung der südlich gelegenen Antoniter-Präzeptorei ➛ Tempzin. 1219 siedelte der Frauenkonvent südwestlich nach *Cuszin* am heutigen Standort nahe einer wehrfähigen Burg um. Das neue Kloster hieß *Campus solis*, nach 1250 aber einfach „Neukloster", heute meist wieder „Sonnenkamp". Die Schwestern befolgten zunächst die Benediktregel, nahmen aber nach dem Konzil von Lyon 1245 die Zisterzienserregel an, was Papst Clemens IV. im Schutzbrief von 1267 erwähnt. Die Vorsteherinnen betitelten sich weiterhin „Priorin". Als Mutterkloster ist ➛ Arendsee in Erwägung zu ziehen, denn der altmärkische Benediktinerinnenkonvent pflegte gute Beziehungen nach Mecklenburg, was aber die Herkunft des Gründungskonvents von dort nicht beweist.

Die Jurisdiktion des Diözesanbischofs von Schwerin blieb immer bestehen, denn eine Inkorporation in den Zisterzienserorden wurde nicht erreicht und direkte Verbindungen zu den nahen Mönchszisterzen ➛ Doberan und ➛ Dargun sind nicht überliefert. Die fürstliche Stifterfamilie förderte den Konvent mit umfangreichem Landbesitz, eingeschlossen Mühl- und Fischereigerechtsame; Bischof Brunward von Schwerin verlieh schon 1219 den Zehnt auch auf jene Dörfer, deren Gründung erst geplant war. Missionierung und Kolonisation mit deutschen Siedlern waren im 13. Jh. religiöse und politische Hauptanliegen in dieser „öden Region“. Befreit vom Landding (Landesgericht), übten die Frauen Niedergerichtsbarkeit aus, seit 1311 sogar auf einem Teil ihrer Güter die Halsgerichtsbarkeit. Mitte des 14. Jh. war mit 30 eigenen Dörfern und vier Wirtschaftshöfen eine ökonomische Hochblüte erreicht. Den Pröpsten standen Archidiakonatsrechte über die vom Kloster gegründeten neuen Kirchen zu; sie gehörten zu den führenden Prälaten des Landes und zeugen auf wichtigen Urkunden. Die Chorherren vom Stift Perver in ➛ Stendal gingen eine Gebetsbrüderschaft mit den Zisterzienserinnen vom Kloster Sonnenkamp ein. Das Kloster sank im 15. Jh. zum bloßen Versorgungsinstitut herab. 1516 zählte der Konvent 54 Schwestern. In der Reformationszeit begünstigten die Herzöge von Mecklenburg das lutherische Glaubensbekenntnis, bewahrten aber das Land vor blutigen Auseinandersetzungen. Erst 1552 kam ein lutherischer Pastor nach N., Novizinnen durften nicht mehr aufgenommen werden. 1555 löste Herzog Ulrich von Mecklenburg-Güstrow das Kloster auf und richtete das Amt N. ein. Die letzten Frauen erhielten Pensionen. 1581 widersetzte sich eine „päpstische Gruppe“ unter Führung Annas von Lühe der Herausgabe des Kirchenornats, 1592 war Kloster N. verlassen.

▶ **Gegenwart.** Die ehemalige Klosterkirche diente von Anfang an auch als Pfarrkirche, heute der evangelisch-lutherischen Gemeinde. Der spätromanische, einschiffige Bau von etwa 1240 auf kreuzförmigem Grundriss mit geradem Chorschluss besticht durch schlichte, klare Bauformen bei qualitätsvoller Detailausführung; er zeigt Architektureinflüsse der sächsischen Bauhütte vom Domstift ➛ Ratzeburg. Ursprünglich existierten ein Nordseitenschiff sowie zwei Ostkapellen an den Querarmen, wovon lediglich die nördliche Sakristei erhalten blieb. Der heutige Dachreiter entstand 1865 neu, als der Innenraum neugotisch ausgemalt wurde. Der Kirchenraum bewahrt wertvolle Ausstattungsstücke; ein kulturhistorischer und künstlerischer Höhepunkt sind die ältesten Glasmalereien Mecklenburgs in den Chorfenstern. Das südlich liegende Propsteigebäude mit Stufengiebel entstand um 1400, ebenso der einzeln stehende „Glockenturm“ auf polygonalem Grundriss südöstlich im umfriedeten Gelände. 1556 wurde der Turm auf 24 m erhöht, seine ursprüngliche Nutzung bleibt unklar.

◆ RepZist 380–384; Friedrich, Verena: Die Kirche St. Maria und Johannes Ev. des ehem. Zisterzienser-Nonnenklosters Sonnenkamp zu N., Passau 2002; Traeger, Josef: St. Maria im Sonnenkamp, Leipzig 1979.

Neuleiningen, *Karmelitenkloster Heilig Kreuz (1316–1468), Diözese Worms – (Lkr. Bad Dürkheim, Rheinland-Pfalz, ❐ 3, B2).*

▶ Graf Friedrich V. von Leiningen stiftete 1316 im befestigten Ort N. an seiner Burg auf dem Bergsporn der nördlichen Haardt ein Karmelitenkloster. Den Karmeliten oblag die Betreuung der Wallfahrt zum Gnadenbild in der Pfarrkirche St. Nikolaus auf der Burg. Mitte des 15. Jh. bemühten sich Landesherr Graf Hesso von Leiningen und Bischof Reinhard I. von Worms (Sickingen) wohl vergeblich um Reformen im heruntergekommenen Kloster, woraufhin der Bischof den Konvent 1468 auflöste. Einige Gebäude im Ort am Berg unterhalb der Burg verweisen noch heute auf mittelalterliches Mauerwerk der Karmeliten. Die Klosterkapelle diente seit 1555 als lutherische Pfarrkirche, danach als Synagoge bis sie in Privatbesitz kam, seit 1957 wird sie wieder von der evangelischen Gemeinde genutzt. Das heutige Rathaus bildete einen Teil der Konventsgebäude; 1902 kaufte die Stadt die ehemalige Klausur und baute sie als öffentliches Amtshaus aus. Einige Wohngebäude zeigen zumindest im Erdgeschoss nach wie vor mittelalterliches Mauerwerk.

◆ Kemper, Joachim: Klosterreformen im Bistum Worms im späten Mittelalter, Mainz 2006; Moraw, Peter: Klöster und Stifte im Mittelalter, in: Pfalzatlas, Speyer 1964.

Neumünster, *Benediktinerinnenabtei St. Terentius (um 1000–1577), Diözese Metz – (Ottweiler-N., Lkr. Neunkirchen/Saar, Saarland, ❐ 3, B2).*

▶ **Geschichte.** Am westlichen Ufer der mittleren Blies gründete Bischof Adventius von Metz vor 871 ein Stift für Säkularkanoniker. Sein Nachfolger Bischof Adalbero II. (984–1005), als Sohn des Herzogs von Lothringen und Verwandter der Ottonen im Reformkloster Gorze (Frankreich, Lothringen) erzogen, wandelte das Stift im Sinn der ➛ Gorzer Reform in ein Benediktinerinnenkloster um und dotierte das *Novum Monasterium* mit Metzer Bischofsgut, was König Heinrich II. 1005 bestätigte. Das Kollegiatstift wurde dabei nicht völlig aufgelöst, sondern existierte nebenbei als Minderstift weiter. Die Grafen von Saarbrücken tauchen erstmalig 1186 als Schirmherren auf, Äbte von St. Avold (Frankreich) und ➛ Tholey übten die geistliche Aufsicht aus. Äbtissin Katharina von Forbach (1293–1316) sanierte die Wirtschaft, ermöglichte den Neubau der Klosterkirche und einigte sich mit dem Konvent auf eine Maximalstärke von 24 Benediktinerinnen; 1392 waren es insgesamt 13 exklusiv adelige Frauen. Nahe der

Neuleiningen Karmelitenkloster, in den Untergeschossen der Häuser stecken Bauelemente des Klosters.

Abtei und der Grafenburg entwickelte sich der Ort Ottweiler, dem Graf Johann I. von Ottweiler (Nassau-Saarbrücken) mit kaiserlicher Zustimmung erst 1550 das Stadtrecht verlieh. Wirtschaftliche Schwierigkeiten und abflachende Klosterzucht kennzeichneten das monastische Leben im Spätmittelalter. Die Frauen mussten immer wieder Konflikte mit der Prämonstratenserabtei Wadgassen austragen. Als besonders streitbar um Rechte im Ort Spiesen galt die letzte Äbtissin Elisabeth Blick von Lichtenberg (1552–77). Im Krieg Kaiser Karls V. gegen den vorrückenden französischen König Heinrich II. wurde die Abtei N. 1552/53 schwer verwüstet. Von diesem Schlag konnte sie sich nicht wieder erholen, zumal reformatorische Einflüsse den Konvent minimiert hatten. Äbtissin Elisabeth und die zwei letzten Konventualinnen gaben auf und überließen 1577 Graf Albrecht von Nassau-Weilburg den Besitz.

▶ **Gegenwart.** Von der Abtei N. ist architektonisch kaum etwas überkommen. Mauerreste der gotischen Klosterkirche sind in den Wohnhäusern im Ortsteil N. der Stadt Ottweiler oberhalb des heutigen Krankenhauses aufgegangen, und als solche zum Teil noch zu erkennen.

◆ GermBen 9, 553–558; Flesch, Stefan u. a.: St. Terentius in N., in: Mönche an der Saar, Saarbrücken 1986, 42–45.

Neunkirchen am Brand, *Augustiner-Chorherrenstift St. Michael (1313–1555), Diözese Bamberg – (Lkr. Forchheim, Bayern, ❐ 4, A2).*

▶ **Geschichte.** Leopold von Hirschberg, Scholastikus am Kollegiatstift St. Gangolf in Bamberg, wandelte 1313 mit eigenen Mitteln seine Pfarrstelle in N. in ein Regu-

Neuruppin Dominikanerkloster, Südseite der gotischen Klosterkirche mit romanischen Mauern am Langchor; die Chorflankentürme entstanden erst 1906/07.

larkanonikerstift um. Bischof Wulfings von Bamberg (Stubenberg) bestätigte 1314 das neue Stift St. Michael, dessen erster Propst Friedrich aus ➛ Regensburg St. Mang in Stadtamhof kam. Weitere Schenkungen, Stiftungen und Ankäufe gewährte den Augustiner-Chorherren nicht nur eine aufstrebende wirtschaftliche Entwicklung, sondern erlaubte auch den Aufbau und Unterhalt einer Bibliothek, eines Skriptoriums und den Ausbau des Schul- und Bildungswesens, was zu einer starken geistlichen Ausstrahlungskraft führte. Die Schwestern von ➛ Pillenreuth bei Nürnberg entschieden sich 1379 unter Einfluss der Chorherren von N. für die Augustinusregel. 1390 befahl Fürstbischof Lamprecht von Brun die Übernahme der Reformstatuten des böhmischen Stifts Reudnitz an der Elbe (heute Tschechien), was zur Glanzperiode des Stifts N. führte. Die Aufgabe des gemeinsamen Schlafraums zugunsten von Einzelzellen erwies sich als besonders innovativ und förderte die individuellen Studien der Chorherren. 1409 erfolgte die Gründung des Tochterstifts ➛ Langenzenn. Die Weitergabe der Reform nach ➛ Indersdorf bewirkte die Bildung eines bayerischen Reformzentrums im dortigen Stift. Hussiteneinfall, Pest, Misswirtschaft und Bauernaufstand bedeuteten schwere Einschnitte im Spätmittelalter. In der Zeit Propst Augustin Kraus' (1546–55) nahmen alle Konventsmitglieder das evangelische Bekenntnis an und verließen den Konvent. Der Propst verstarb 1555 allein im Stift, woraufhin fürstbischöfliche Verwaltungsbeamte die Güter übernahmen.

▶ **Gegenwart.** Die ehemalige Stiftskirche St. Michael, heute katholische Pfarrkirche, beherrscht mit ihrem stattlichen Westturm den Marktbereich der Stadt. Die ursprünglich einschiffige romanische Kirche bauten die Chorherren in mehreren Schritten zu einer mächtigen, zweischiffigen Halle aus, die in der frühen Neuzeit weiteren Veränderungen unterlag. Eindrucksvoll sind die gotischen Steinfiguren, die über Kopfhöhe an den Arkadenpfeilern im Hauptschiff angebracht sind. Von der spätmittelalterlichen Klausur ist lediglich das zweigeschossige Kapitelhaus vom Ostflügel mit Kreuzgangrest, Kapitelsaal und Skriptorium erhalten geblieben. Der ehemalige Kapitelsaal (heute Augustinuskapelle) wird heute als Werktagskirche genutzt und zeigt eine Fülle hochwertiger Fresken und Ornamentalmalereien aus dem frühen 15. Jh. Das darüber liegende Skriptorium, ebenfalls mit gotischem Rippengewölbe, war einst der wichtigste Arbeitsplatz der Augustiner-Chorherren.

◆ Pechloff, Ursula: N., Passau 1995; Backmund, Norbert: Die Chorherrenorden und ihre Stifte in Bayern, Passau 1966, 104–106.

Neuruppin, *Dominikanerkloster (1246–1541), Diözese Havelberg – (Lkr. Ostprignitz-Ruppin, Brandenburg, ❐ 2, B3).*

▶ **Geschichte.** Die Grafen von Arnstein erhielten während des Wendenkreuzzugs vor 1211 das Ruppiner Land als Reichslehen und gründeten die Herrschaft von Lindow-Ruppin. Graf Gebhard I., auf den wohl das Frauenkloster ➛ Lindow zurückgeht, sowie sein leiblicher Bruder, Domherr und Prämonstratenserpropst Wichmann, stifteten 1246 in der entstehenden Stadt N. am Nordwestufer des Ruppiner Sees das erste Dominikanerkloster im Land Brandenburg. Die ersten Prediger kamen aus dem heute untergegangenen Konvent in Magdeburg.

Stifter Wichmann wechselte vor 1233 in den Dominikanerorden und stand als Prior den Konventen in ➛ Erfurt (1242–43) und ➛ Eisenach (1243–46) sowie dem Gründungskonvent in N. vor (1246–70). Seine Ausstrahlung als Mystiker und Wundertäter verliehen dem neuen Kloster in N. Profil und Anerkennung. Die gräfliche Familie nutzte Kloster N. als Grablege. Es fehlte nicht an Zuwendungen und Schenkungen, das Dorf Nietwerder gehörte zum Besitz. Freier Fischfang im See war den Brüdern garantiert; im eigenen Garten pflanzten sie Kräuter und öffneten ihre Apotheke auch der Bevölkerung; Wein wurde angebaut. Von Beginn an war ein Studium im Haus eingerichtet, das Ende des 13. Jh. kurzzeitig auch auswärtigen Mitbrüdern offen stand. Als geistig-religiöses Zentrum förderte der Konvent die Entwicklung des Ortes, der 1256 Stendaler Stadtrecht erhielt. 1291 ist der Name „Neuruppin" erstmals urkundlich nachweisbar. 1299 fand ein Kapitel der Ordensprovinz Teutonia in N. statt, 1369 das Provinzkapitel der Saxonia. Dominikaner aus N. amtierten als Prioren in ➛ Prenzlau und ➛ Tangermünde, auch wurden Mitbrüder aus ihren Reihen zu Bischöfen erhoben. Ein Brand 1465 nötigte Prior Matthias Wenzel (1488) zum Neuaufbau der Anlage. 1524 verloren die Dominikaner mit dem Aussterben der Grafenlinie Lindow-Ruppin ihre Schutzherren und Gönner; die Grafschaft ging an die Kurfürsten von Brandenburg aus dem Haus Hohenzollern über. 1530/31 nahm der Konvent noch geflohene Mitbrüder aus dem Burgkloster ➛ Lübeck auf, bekannte sich aber 1539 gemeinsam mit dem Landesherrn Kurfürst Joachim II. zum Protestantismus. Das Kloster verödete; interessanterweise bezeugen die letzten Brüder noch 1541 eine Messstiftung des Henning von Quast zu Güdow und Garz. Kurfürstliche Visitatoren vollzogen im Juli 1541 die amtliche Aufhebung, Besitz und Kirche fielen 1564 an die Stadt. Der Rat richtete im Kloster ein Armenhaus und im 17. Jh. ein Hospital für Pestkranke ein. Bis auf die Kirche verfielen die Gebäude und dienten als Steinbruch.

▶ **Gegenwart.** Die ehemalige Dominikanerkirche direkt am Ruppiner See dient heute als evangelische Pfarrkirche (seit 1564 St. Trinitatis). Ihr auffälligstes Kennzeichen sind zwei spitzhelmige Chorflankentürme, die – völlig untypisch für mittelalterliche Bettelordenskirchen – erst 1906/07 angebaut wurden. Die Außenmauern des einschiffigen Langchors mit Polygonschluss enthalten noch spätromanische Architektursubstanz des ersten flachgedeckten Saals (Mitte 13. Jh.), dem das dreischiffige Langhaus zu fünf Jochen im 14. Jh. angefügt wurde; als Vorbild gilt der Mindener Dom. Die Neuruppiner Backsteingotik bleibt aber bautechnisch wie baukünstlerisch eine singuläre Leistung, wenn auch Maßwerk und Ornamentik märkische Tradition sowie Einflüsse der Bauhütten des ➛ Brandenburger Doms und ➛ Chorins verraten. Mehrmals musste die Kirche nach Bränden erneuert werden, auch lassen sich restauratorische Veränderungen Karl Friedrich Schinkels nach 1830 an der Kirche seiner Heimatstadt nachweisen. Ein aufwändig gestaltetes Hauptportal ziert die Nordseite. Im Inneren wird das Kreuzrippengewölbe des späten 13. Jh. von Rundsäulen getragen, die von je vier Diensten umstellt sind; der Blattschmuck an den Kapitellen ist historisierendes Beiwerk des 19. Jh. Im Chor steht eine lebensgroße Dominikanerplastik aus Sandstein (1370/80), die traditionell für Pater Wichmann gehalten wird (neuerdings auch für Thomas von Aquin). Die einst südlich gelegene Klausur bzw. Wirtschaftsgebäude existieren nicht mehr. Der Platz ist als Parkfläche gestaltet; bestehende Mauern zum See hin dienten der Stadtverteidigung.

◆ Höhle, Michael u. a.: N., in: Brandenburgisches Klosterbuch, Bd. 2, Berlin – Brandenburg 2007, 915–922; Friedrich, Verena: N. Ehemalige Dominikaner-Kloster-Kirche St. Trinitatis, Passau 2001.

Neuss, *Augustiner-Chorfrauenstift St. Maria (1439–1802), Konvent der Schwestern vom armen Kinde Jesu (seit 1856) – „Marienberg", Erzdiözese Köln – (Rhein-Kreis N., Nordrhein-Westfalen, ❒ 1, A5).*

▶ **Geschichte.** Die Bürgmeisterwitwe Adelheid von Tüschenbroich, Geborene von Stade, stiftete nach 1438 ein großes Grundstück an der östlichen Wehrmauer der Stadt N. zur Gründung eines Frauenstifts. Die Stiftsgebäude mit Hauskapelle genügten dem rasch wachsenden Konvent bald nicht mehr. Es entstand eine eigene Stiftskirche, die 1462 (ein Jahr nach dem Tod der Stifterin) auf Mariä Geburt konsekriert wurde. Ein eigener Friedhof wurde den Augustiner-Chorfrauen zugestanden. Die Stiftsbezeichnung *Mons beatae Mariae* ist seit 1464 nachweisbar. Augustiner-Chorherren vom Neusser „Oberkloster" (s. u.), die der ➛ Windesheimer Kongregation angehörten, übernahmen die seelsorgliche Betreuung der Frauen, die sich hauptsächlich aus dem Bürgertum rekrutierten und sich den strengen Windesheimer Reformidealen beugten. Die erste namentlich bekannte Priorin (auch „Matersche" genannt) ist Margarete de Bure († vor 1498). Bei der Verteidigung gegen die burgundische Belagerung während der Kölner Stiftsfehde (1474/75) beteiligte sich der Konvent durch Nahrungsmittel- und Finanzhilfen. Eine Visitation 1569 offenbarte eine inzwischen eingetretene Verflachung der Klausur; so wurden etwa weltliche Besucher im Dormitorium empfangen und blieben bis in die Nacht. Die Folgen der eingeleiteten Reformmaßnahmen sind nicht dokumentiert. Priorin Anna Maria Proff (1671–83) ließ die Anlage baulich erweitern, weil seit etwa 1650 Schwestern aus dem zerstörten Stift Holzheim nahe der Stadt den Konvent verstärkten. 1710 kaufte Priorin Elisabeth Winz (1710–12) zur nächsten Erweiterung ein Haus in der Rheinstraße. Die wirtschaftliche Lage war Ende des 18. Jh. ausgeglichen, drei Dienerinnen und ein Gärtner konnten beschäftigt werden. Die Einnahmen beliefen sich etwa auf die Hälfte des Klarissenkonvents in der Stadt (➛ Neuss). Die napoleonische Säkularisierung 1802 traf Priorin Katharina Josepha von Pröpper (1775–1802) und elf Chorfrauen. Die Kirche wurde nachfolgend von der evangelischen Gemeinde genutzt, Klausur- und Wirtschaftsgebäude dienten seit 1856 als Waisenhaus, dessen Betreuung sich ein Konvent der „Schwestern vom armen Kinde Jesu" annahm. Die Schwestern eröffneten eine Mädchenelementar- und höhere Töchterschule. Das heutige Erzbischöfliche Berufskolleg Neuss setzt die pädagogische Tradition der Schwestern fort.

▶ **Gegenwart.** Die spätgotische Stiftskirche entstand nach der Zerstörung im Zweiten Weltkrieg bis 1954 aus alten Umfassungsmauern neu; es ist ein einschiffiger Backsteinbau mit dreiseitigem Ostchor, Strebepfeilern und Dachreiter. An der Nordseite kam ein Seitenschiff mit Empore hinzu, das ursprüngliche Kreuzrippengewölbe wurde durch eine flache Holzdecke ersetzt. 1996/98 folgten moderne Um- und Anbauten unter Beachtung der ursprünglichen, spätgotischen Raumwirkung.

❖ Das Augustiner-Chorherrenstift „Oberkloster" vor dem Obertor von N. entstand 1181 und endete 1802 durch französischen

Neuss Augustiner-Chorfrauenstift, die gotische Stiftskirche auf dem Marienberg, Südseite.

Aufhebungsbefehl. Der kleine Konvent nahm nachhaltigen Einfluss auf das religiöse Leben der spätmittelalterlichen Stadt. Bei der Belagerung im Burgundischen Krieg 1474/75 nutzte Karl der Kühne das evakuierte Stift als Hauptquartier, was den Bestand vorerst rettete, aber nach Ausbruch der Kölner Wirren 1583 zogen die Chorherren in die Brückenstraße in der Stadt und weihten 1607 ihre neue Kirche ein. Vom Oberkloster existiert heute weder vor der Stadt noch in der Brückenstraße aufstrebendes Mauerwerk. Das 1868 ebenfalls am Obertor gegründete Alexianerkloster steht in keiner historischen Nachfolge des Augustiner-Chorherrenstifts.

◆ Peczynsky, Nikola: N., St. Marienberg, in: Klosterführer Rheinland, Köln 2004, 264–266; Wisplinghoff, Erich: Geschichte der Stadt N., Bd. 4, Neuss 1989, 154–160.

Neuss, *Benediktinerinnenabtei St. Quirinus (nach 950– um 1150) – „Quirinuskloster", Erzdiözese Köln – (Rhein-Kreis N., Nordrhein-Westfalen, ❒ 1, A5).*

▶ **Geschichte.** Eine legendenhafte Überlieferung bezeichnet Graf Eberhard von Kleve und Gemahlin Berta als Stifter des Benediktinerinnenklosters um 825 im *castrum Novaesium* an der linken Seite des Niederrheins. Die heutige Forschung nimmt eine Gründung in der zweiten Hälfte des 10. Jh. durch eine Adelsfamilie an. Der erste sichere Beleg für ein Kloster ist die Schenkung eines Hofes in Boppard durch König Heinrich III. 1043, der in diesem Zusammenhang eindeutig von einem Benediktinerinnenkonvent spricht. Erzbischof Hermann II. von Köln aus pfalzgräflichem Haus dürfte die Übertragung vermittelt haben, denn das Kloster war Anfang 11. Jh. an die Kölner Kirche übergegangen. Reliquien des hl. Martyrers Quirinus aus Rom (Tribun unter Kaiser Hadrian) begründeten Bedeutung und Ansehen des Frauenklosters und bestimmten auch das Patrozinium der Frauenabtei. Dass die erste namentlich bekannte Äbtissin Gepa um 1050 die Reliquien aus Rom mitgebracht habe, ist entsprechend der Auffassung heutiger Kirchenhistoriker eher unwahrscheinlich. Die geistliche Aufsicht über die Abtei oblag dem Benediktinerabt von St. Vitus in ➤ Gladbach, einem Vertreter der ➤ Gorzer Reform, die er wohl auch im Konvent von N. durchsetzte. Mit Abt Adalbero (um 1100) folgte die ➤ Siegburger Reformobservanz, die sich auch auf das Quirinuskloster ausgewirkt haben dürfte. Mitte des 12. Jh. verbrüderten sich der Konvent St. Quirinus und die Frauen von ➤ Neuwerk (heute in Mönchengladbach). Eine Enkelin Kaiser Ottos II. taucht als Äbtissin Heilwig († 1076) auf, die Quellen sind jedoch wenig aussagekräftig. Etwas mehr ist über Äbtissin Liutgart (vor 1150/72?) bekannt: Sie korrespondierte mit ihrer berühmten Mitschwester, der Äbtissin und Visionärin Hildegard von Bingen (um 1098–1179), und beklagte sich dabei über die Umwandlung ihres Klosters in ein freiweltliches Kanonissenstift. Die Annahme einer weltlichen Stiftsverfassung muss entgegen bisheriger Auffassung nicht schleichend, sondern kurzfristig bereits in der Amtszeit Äbtissin Liutgarts vollzogen worden sein. Unter Äbtissin Sophia (1188–1210) war die Verbindung zum Benediktinerinnenkloster Neuwerk abgebrochen. Die Abtei Gladbach verlor ihren Einfluss. In St. Quirinus beanspruchten hochadelige Damen nun standesgemäße Lebensbedingungen; weltliche Kanoniker betreuten die Frauen. Erst seit Mitte des 14. Jh. wird St. Quirinus in Urkunden als Kanonissenstift bezeichnet; der Heilige Stuhl in Rom hatte sich lange geweigert, die säkularkanonikale Lebensform anzuerkennen. Wallfahrten zum hl. Quirinus brachten Stift und Stadt weiterhin Vermögen ein. Das freiweltliche Damenstift bestand bis 1802.

▶ **Gegenwart.** Das heutige katholische Münster St. Quirinus in N., Wahrzeichen der Stadt, entstand Anfang des 13. Jh., wobei die Krypta des ottonischen Vorgängerbaus in den Neubau einbezogen wurde. Mit der monumentalen dreischiffigen Basilika erreichte der rheinische Übergangsstil seinen architektonischen Höhepunkt; ihr Dreikonchenchor orientiert sich an St. Maria im Kapitol in ➤ Köln. Im Fall der Kirche St. Quirinus kann man von einem Bau im Auftrag der Säkularkanonissen ausgehen. Dagegen gehört die Krypta noch in Zeiten benediktinischer Bautätigkeit, denn der Benediktinerinnenkonvent ließ die ältere vierjochige Hallenkrypta im 11. Jh. zu fünf Schiffen erweitern. Säulen und Kapitelle in unterschiedlichen Formen tragen Gurtbögen und Kreuzgratgewölbe. Konventsbauten, einst nördlich der Kirche, sind nicht erhalten; einige Keller der Wirtschaftsgebäude sind modern überbaut.

◆ Wisplinghoff, Erich: Geschichte der Stadt N., Bd. 4, Neuss 1989, 56–119; Kottje, Raymund: Das Stift St. Quirin zu N. bis zum Jahre 1485, Düsseldorf 1952.

Neuss Benediktinerinnenabtei, das monumentale St. Qirinusmünster im rheinischen Übergangsstil (um 1220).

Neuss, *Franziskanerkloster (vor 1237–1615) – „Barfüßerkloster", Erzdiözese Köln – (Rhein-Kreis N., Nordrhein-Westfalen, ❒ 1, A5).*

▶ **Geschichte.** In der linksrheinischen Stadt N. sind Minoriten erstmals 1237 bezeugt, angeblich ließen sie sich schon 1234 innerhalb der Stadt nieder. Die Stifter sind unbekannt, aber vermuten darf man vermögende

Bürger, die auch etwa 50 Jahre später beim benachbarten Klarissenkloster (➛ Neuss) als Initiatoren auftraten. Die Barfüßer kamen aus dem Konvent in ➛ Köln. Erzbischof Heinrich I. von Köln (Müllenark) unterstützte die Gründung, ein Vorsteher Hendenich ist 1236 bezeugt. 1244/52 treten die Franziskanerpriester Nikolaus und Konrad urkundlich auf, ein Guardian Martin wird 1252 namentlich genannt. Das Franziskanerkloster entstand auf bereits bebautem Gelände in bester Lage, wie archäologische Untersuchungen beweisen. Das große Areal (etwa 4.000 m²) erlaubte die Anlage von Hof und Gärten. Der ersten einfachen Saalkirche aus der Gründungszeit wurde Ende des 13. Jh. ein breites Nordschiff angebaut, der Chorraum gleichzeitig verlängert. 1283 entstand in unmittelbarer Nachbarschaft ein Klarissenkloster (➛ Neuss), dessen Schwestern seelsorglich von den Minoriten betreut wurden. Auch den Tertiarinnen vom Drittordenskloster „Michaelsberg" in N. standen sie solange bei, bis deren Beichtväter aus dem Tertiarenkonvent des Neusser Sebastiansklosters kamen. Diese franziskanischen Drittordensbrüder ließen sich 1422 in N. nieder und waren übrigens die einzigen Mendikantenkonkurrenten in der Stadt. Unter dem Altarraum der Minoritenkirche befand sich eine kollektive Bestattungsgrube, in der nach und nach etwa 30 Ordensbrüder ohne Sarg beigesetzt wurden, wobei die letzte Beerdigung ins 15. Jh. datiert wird. Im Seitenschiff erfolgten Bestattungen in Särgen; hier handelte es sich wohl um Bürger, die mit testamentarischen Verfügungen den Minoriten besonders nahestanden. Die seelsorgliche Hinwendung zu allen Schichten dankten die Bürger mit Almosen und Zuwendungen, dem Konvent zugeeignete Immobilien wurden sogleich verkauft. Auffällig viele Neusser Bruderschaften schlossen sich dem Konvent an. Der Stadtrat trug ebenfalls zum Unterhalt bei; auch rief er 1496 seine Bürger zu Almosen für den Wiederaufbau der Barfüßerkirche auf, die offensichtlich einem Brand zum Opfer gefallen war. 1509 fand im Neusser Konvent ein Kapitel der Kölner Ordensprovinz statt. Der Konvent verweigerte sich der spätmittelalterlichen Observanzreform des Ordens, ebenso widerstanden die Brüder dem Druck Erzbischof Hermanns IV. von Hessen offensichtlich mit Unterstützung der Stadtväter. Ein Einfluss der gemäßigten ➛ Martinianischen Reform ist nicht bekannt. 1534 erhielten die Barfüßer noch zwei umfangreiche Vermächtnisse. Über mittelbare und unmittelbare Folgen durch die Reformation schweigen die Ratsprotokolle, aber Almosenausfall und Mitgliederschwund führten Mitte des 16. Jh. zur Existenzbedrohung. Stadtbrände 1573 und 1586 wirkten sich auf die Franziskaneranlage nur geringfügig aus. Ein Guardian Martin wurde 1594 wegen anstößigen Verhaltens vom Kölner Provinzial entfernt; 1598 konnte die Sonntagsmesse nicht gelesen werden. Aber die wirtschaftliche Situation besserte sich, bauliche Maßnahmen erfolgten Anfang des 17. Jh. Der Magistrat ersuchte 1612 in Köln, den beliebten Guardian Christian Markgraf (1611–15) doch weiterhin in N. zu belassen, im Januar 1615 wurde dieser jedoch mit den letzten drei Brüdern nach Köln gerufen. Erzbischof Ferdinand von Bayern übergab im gleichen Jahr als gegenreformatorische Maßnahme das Kloster den Jesuiten, was Papst Paul V. 1616 trotz des Protests der Ordensleitung bestätigte.

▶ **Gegenwart.** Vom Barfüßerkloster sind nur wenige aufstrebende Restmauern und ein vermauertes Portal zwischen Oberstraße und Rottelsgasse, früher „Minrebroedergaß", erhalten geblieben. Die Kirche der franziskanischen Tertiaren von St. Sebastian in der Niederstraße wurde im Barockstil neu aufgebaut (1718–20) und dient heute Eucharistinern als Gotteshaus. 1623 kamen franziskanische Observanten in die Stadt und errichteten 1636 ein eigenes Kloster, dessen Baulichkeiten heute noch bestehen; ihre Kirche (1637–40) wird heute als Konzertsaal benutzt. An das Tertiarinnenkloster Michaelsberg erinnern keine architektonischen Spuren.

◆ Wisplinghoff, Erich: Geschichte der Stadt N., Bd. 4, Neuss 1989, 209–221; Sauer, Sabine: Das ehemalige Neusser Minoritenkloster, Köln 1988.

Neuss Franziskanerkloster, in der früheren „Minrebroedergaß" sind klösterliche Restmauern bewahrt.

Neuss, *Klarissenkloster St. Klara (1283–1802), Erzdiözese Köln – (Rhein-Kreis N., Nordrhein-Westfalen, ❒ 1, A5).*

▶ **Geschichte.** Das Ehepaar von Dülken errichtete 1242/45 in N. an der Oberstraße ein Armenhospital, das an die Familie von Kothausen gelangte. Witwe Wendelmud Kothausen und Söhne übergaben 1283 dem Klarissenorden das Areal, was Erzbischof Siegfried von Köln (Westerburg) bestätigte. Der Bau des Klarissenklosters begann im Oktober 1283, als erste Äbtissin stand Jutta von Jülich († 1305) dem Konvent vor. Brüder des benachbarten Minoritenklosters (➛ Neuss) betreuten die Schwestern seelsorglich; bürgerliche Schenkungen, insbesondere der Familie Kothausen, erlaubten den Kauf mehrerer Höfe in der Region; am weitesten entfernt lag ein Besitz bei Bonn. Papst Bonifatius VIII. genehmigte 1296, mehr als 40 Frauen in den Konvent aufzunehmen. Im Peinturm, der im Gelände des Minoritenklosters stand, wurden vom Stadtrat Verurteilte inhaftiert, die Klarissen reichten den Sündern am Tag ihrer Hinrichtung Wein und Speise. In kriegerischen Auseinandersetzungen 1585/86 zerstörten hessische Truppen Kloster und Kirche, zusätzlich verlangte die in Not geratene Stadt Steuern. Äbtissin Christine Neukirchen (1598–1609) und ihre leibliche Schwester Anna flohen 1603/04 resignierend aus dem Kloster, Christine wurde zurückgeholt und blieb Äbtissin bis zu ihrem Tod. Eigene Mittel der Schwestern trugen entscheidend zum zügigen Wiederaufbau bei. Eine rasche Erholung gelang auch nach weiteren Kriegen, in die die Stadt N. ständig hineingezogen wurde. Eine Visitation 1788 bescheinigte dem Konvent unter Äbtissin Anna Katharina Maria Holter (1788–1802) ordnungsgemäßes Verhalten bei bescheidener Lebensführung. Beim Vormarsch französischer Revolutionstruppen 1794 flohen 15 Klarissen ins rechtsrheinische Gebiet; Soldaten besetzten die Anlage und nutzten sie als Lazarett. Die napoleonische Konsularregierung befahl 1802 die Säkularisierung des Klosters zugunsten der eigenen Staatskasse.

▶ **Gegenwart.** In der Neusser Klarissenstraße erinnert heute ein Kellerrestaurant mit gotischen Gewölben an das ehemalige Klarissenkloster. Vor jüngsten Bauarbeiten wurden archäologische Untersuchungen durchgeführt, die Tuff- und Basaltreste der Kreuzgangfundamente und der klösterlichen Zisterne freilegten.

❖ An dieser Stelle sei an das reiche Frauenkloster Gnadental nahe der Stadt N. erinnert, das vor 1250 gegründet wurde, 1310 Aufnahme in den Zisterzienserorden fand, schwer unter den Kriegen um die Stadt litt, 1802 aufgehoben wurde und keine architektonischen Spuren hinterließ.

◆ Sauer, Sabine: Untersuchungen im Neusser Klarissenkloster, Köln 1999; Wisplinghoff, Erich: Geschichte der Stadt N., Bd. 4, Neuss 1989, 222–252.

Neustadt/Aisch, *Franziskanerkloster St. Wolfgang (1459–1525) – „Kloster Riedfeld", Diözese Würzburg – (Lkr. N.-Bad Windsheim, Bayern, ❒ 4, A2).*

▶ Johannes von Lare, dreimaliger Vikar der oberdeutschen Observantenvikarie des Franziskanerordens (1455–81), gründete mit Unterstützung des Markgrafen Albrecht Achilles in Riedfeld bei N. eine neue Niederlassung der franziskanischen Observanten, die bereits die Konvente ➛ Pforzheim 1443

Neustadt/Main Benediktinerabtei, Blick vom Mainufer auf den Chorbereich der hochromanischen Abteibasilika (um 1100) mit Hauptapsis und Chorflankentürmen.

und ➛ Nürnberg 1446 beeinflusst hatten und ebenso die Klöster ➛ Ingolstadt und ➛ Landshut 1466 in ihrem Sinn reformierten. Nur 66 Jahre erfreuten sich die Observanten ihres Konvents in N., denn 1525 zerstörten aufständische Bauern die Anlage; die Reformationswirren verhinderten den Wiederaufbau. Auf dem Klosterareal entstand der heutige Friedhof. Einzig eine Seitenkapelle der ehemaligen Konventskirche blieb als klösterlicher Architekturrest erhalten; sie dient seit 1584 als evangelische Friedhofskapelle Christi Himmelfahrt. Ihr rechteckiger Chor zeigt Kreuzrippengewölbe; das Langhaus entstand 1724 neu.

◆ Gatz, Johannes: Das ehemalige Franziskanerkloster Riedfeld in N., in: Bavaria Franciscana Antiqua 1 (1954) 289–302.

Neustadt (Kulm), *Karmelitenkloster St. Erhard (1413–1549), Diözese Regensburg – (Lkr. N./Waldnaab, Bayern, ❐ 4, B2).*

▶ Burggraf Johann III. von Nürnberg stiftete 1413 an der südlichen Stadtmauer von N. am Rauhen Kulm ein Karmelitenkloster, wozu Papst Johannes XXII. bereits zuvor seine Erlaubnis erteilt hatte. Der Burggraf ließ den Brüdern eine Klosterkirche erbauen, die dem hl. Bischof Erhard von Regensburg (um 680–740, kanonisiert 1052) geweiht wurde. Der Konvent N. gehörte zu den kleinen Klöstern der oberdeutschen Provinz, die keinen Lektor dauerhaft unterhielten. Auch musste N. wie ➛ Vogelsburg nur ein Zehntel jener Taxe an die Ordensleitung zahlen, die etwa der große Konvent in ➛ Augsburg zu leisten hatte. Johannes Benzenreuther legte die Profess in N. ab, übernahm lange Zeit das Amt des Priors im Reformkloster Heilbronn (s. u.) und setzte sich als Provinzial (1490–99) der oberdeutschen Provinz vehement für die Observanz in den Klöstern ein; auf kleinere Konvente wie sein Professkloster hatte die Erneuerungsbewegung kaum Auswirkungen. Dafür drang die Reformation ungehindert in den Konvent ein. Das Provinzkapitel 1529 überließ dem neugewählten Provinzial Andreas Stoß (1529–40) die Besetzung des Priorats N., das aus eigener Kraft wohl keinen Prior mehr stellen konnte. Aber auch dieser tüchtige Provinzial konnte den Untergang nicht aufhalten, denn 1549 musste die Niederlassung endgültig aufgegeben werden. Kloster N. fiel 1633 wie die ganze Stadt in Schutt und Asche, die Karmelitenkirche wurde als evangelisch-lutherische Stadtpfarrkirche Heilige Dreifaltigkeit wieder aufgebaut. Aus mittelalterlicher Zeit blieben lediglich Chor, Sakristei und Unterbau des Turms erhalten. Anfang des 18. Jh. erfolgte die barocke Innenausschmückung. Mehrere Grabplatten überstanden die Zeiten, so das Epitaph Abt Johanns von Gleißenthal (1552–56) vom Prämonstratenserstift ➛ Speinshart.

❖ Das Karmelitenkloster in Heilbronn entstand 1448 vor den Mauern der Stadt nach einem Marienwunder auf Bitten des Stadtrats, der die aufkommende Wallfahrt betreut wissen wollte. Auch dieser Konvent blieb klein und erreichte nie die Größe von mehr als sechs Mitgliedern. Er erlangte aber während der spätmittelalterlichen Observanzreform des Ordens überregionale Bedeutung und zeichnete sich durch einen guten Lehrbetrieb aus. Dem reformatorischen Bekenntnis der Stadt 1528 widerstanden die Brüder erfolgreich, aber die völlige Zerstörung ihrer Klosteranlage im Dreißigjährigen Krieg nötigte sie, bis zur Säkularisierung 1803 in ihrem Heilbronner Stadthof am nördlichen Sülmertor zu leben. Der letzte Krieg ließ 1944 auch von diesem Hof nichts übrig.

◆ Smet, Joachim/Dobhan, Ulrich: Die Karmeliten, Freiburg 1981; Deckert, Adalbert: Die Oberdeutsche Provinz der Karmeliten, Rom 1961.

Neustadt /Main, *Benediktinerabtei St. Maria, St. Michael u. a. (768–1803), Dominikaner-Tertiarinnenkloster St. Josef (seit 1909), Diözese Würzburg – (Lkr. Main-Spessart, Bayern, ❐ 3, D2).*

▶ **Geschichte.** Unter Bischof Megingoz von Würzburg, Schüler des hl. Bonifatius (671/672–754), kam es zur Spaltung des Konvents im Domkloster St. Andreas, der späteren Benediktinerabtei St. Burkhard in ➛ Würzburg. Nach seiner Resignation zog Megingoz 768 mit seinen Anhängern den Main abwärts nach *Rorinlacha* und gründete nahe der heutigen Stadt N. ein Benediktinerkloster. Als Abt übertrug Megingoz (769–794) seine Abtei Karl dem Großen, der im Zusammenhang mit der Gründung des Bistums Verden die Abteien N. und ➛ Amorbach zur Sachsenmission beauftragte. Nachfolgeabt Walterich (794–796) gründete mit Hilfe oder im Auftrag Kaiser Ludwigs des Frommen um 817 das Kloster ➛ Murrhardt im Murratal. Mit Hilfe gefälschter Urkunden eignete sich Bischof Bernward von Würzburg 993 die Abtei am Main an. Vom Status als bischöfliches Eigenkloster konnte sich N. in der Folgezeit nicht mehr befreien. Unter Abt Bernhard (um 1000) beeinflussten ➛ Gorzer Reformideale aus Amorbach den Konvent; Abt Ekkebert (um 1040) brachte aus Münsterschwarzach ➛ Junggorzer Reformprinzipien ein, die Äbte Adelger (um 1097–1100) und Richard (1101–48?) setzten neucluniazensische Reformgewohnheiten aus ➛ Hirsau im Konvent durch. Nach dem Aussterben der Herren von Grumbach übernahmen die Grafen von Rieneck die

Schirmherrschaft, nutzten diese aber zur eigenen Bereicherung mit Klostergütern aus. Graf Ludwig von Rieneck überfiel Ende des 13. Jh. die Abtei und bemächtigte sich wertvoller Urkunden. Erst König Karl IV. griff um 1360 schützend ein, verlieh das Privileg des Mainzolls und befreite den Konvent vom Würzburger Landgericht. Anfang des 15. Jh. setzte Würzburg Administratoren ein, um den wirtschaftlichen Niedergang aufzuhalten. Erst Abt Johannes von Rottenhausen (1449–60) scheint sich infolge der Basler Konzilsbeschlüsse um innere Reformen bemüht zu haben; er löste verpfändete Güter ein und erneuerte die Gebäude. Sein Nachfolger Heinrich Schultheiß (1460–69) war der erste bürgerliche Abt in N. Eine Anbindung an einen der spätmittelalterlichen Reformverbände ist nicht dokumentiert. Ostern 1525 plünderten aufständische Bauern die Abtei. Abt Johannes Fries (1554) wechselte nach zwölf Wochen Amtszeit die Konfession, verließ den Konvent und wurde Superintendent in Göttingen. Konflikte mit Würzburg, Schäden im Dreißigjährigen Krieg, Epidemien, wirtschaftliche Konsolidierung, Rechtskonflikte und ein Vergleich mit Würzburg kennzeichneten die Jahrhunderte bis zur Aufhebung der Abtei im Januar 1803 zugunsten des Fürsten Konstantin zu Löwenstein-Wertheim-Rosenberg. 19 Benediktiner verblieben meist in der Pfarrseelsorge, Abt Johannes B. Weigand (1788–1803) starb 1818 in Karlstadt. 1857 äscherte ein Blitzschlag Abtei und Kirche ein. Während die Basilika wieder aufgebaut wurde, blieb die Klausur Ruine. 1909 zogen dominikanische Missionsschwestern aus St. Ursula in ➛ Augsburg in ein leerstehendes Klostergebäude ein und gründeten das Missionshaus St. Josef.

▶ **Gegenwart.** Die hochromanische Abteibasilika St. Michael und Gertrud (um 1100) wurde 1879 restauriert, in einigen Teilen entstand sie neu. Die Schauseite ist zweifelsfrei die Ostseite vom Ufer des Mains aus betrachtet. Zwei hoch aufragende Chorflankentürme beherrschen den Blick auf den dreischiffigen, kreuzförmigen Bau mit Chorapsis. Im Inneren überraschen Stützenwechsel, Chorschrankenreliefs, Grabplatten und Flechtsteine. Restfragmente der romanischen Klosteranlage zeigt ein Lapidarium über dem ehemaligen Kapitelsaal von 1610. Nördlich der Abteikirche stehen Arkadenreste des romanischen Kreuzgangs (Mitte 12. Jh.). Daneben kennzeichnen Fundamente und die ehemalige Vierung den Standort der karolingisch-romanischen St. Peter-Paulskirche, einst vielleicht die Friedhofskirche, wohl aber nicht die erste Abteikirche. Auf zerfallenen Klausur- und Wirtschaftsgebäuden der Barockzeit entstanden 1961 die neue Klosteranlage der Dominikanerinnen und 1977 ihr Rehabilitationszentrum St. Michael.

◆ GermBen 2, 183–188; Schaelow, Karen: Kirchen und Kapellen der Pfarrei N., Passau 1997.

Neustadt /Orla, *Augustiner-Eremitenkloster (1294–1524), Erzdiözese Mainz – (Saale-Orla-Kreis, Thüringen, ❐ 4, B1).*

▶ **Geschichte.** Landgraf Albrecht der Entartete von Thüringen und seine Gemahlin Elisabeth von Orlamünde aus dem Haus Arnshaugk schenkten 1294 Augustiner-Eremiten aus ➛ Gotha einen Bauplatz an der südöstlichen Wehrmauer innerhalb des Ortes N., der sich um die alte Arnshaugker Stammburg zur Stadt entwickelt hatte. Erzbischof Gerhard II. von Mainz (Eppstein) bestätigte 1295 die Klostergründung, Papst Bonifatius VIII. erkannte 1300 weitere Schenkungen des Stifterpaares, besonders das Patronat über drei Kapellen, ausdrücklich an. Um diese Kapellen entzündete sich ein dauerhafter Streit mit dem zuständigen Pfarrklerus in Neunhofen, beschrieben als „zwietracht, krige und ufleufte". Der Konvent gehörte der 1299 gegründeten Ordensprovinz Sachsen-Thüringen an, Provinzkapitel fanden nachweislich 1349 und 1408 in N. statt, vermutlich waren es mehr. Der Benediktinerkonvent im Peterskloster von ➛ Erfurt schloss 1315 mit Prior Dietrich und dem Konvent in N. ein Verbrüderungsvertrag ab. 1471 erbauten die Augustiner-Eremiten ihr Kloster einschließlich der Klosterkirche neu. Terminierhöfe unterhielten sie im Spätmittelalter in Werdau, Jena, Saalfeld und Hof. Der ansehnliche Grundbesitz in umliegenden Dörfern umfasste auch Weinhänge in Jena-Winzerla und Orlamünde; allein in N. besaß der Konvent 40 Häuser, 19 Scheunen, 17 Gärten, Wiesen und Äcker. Die sächsisch-thüringische Ordensprovinz entwickelte sich im 15. Jh. zum Zentrum ordensinterner Reformen. Auch N. bekannte sich zur Observanz, nachdem Prior Johannes Paltz (1475/82?) aus dem Konvent ➛ Erfurt die Brüder 1475 überzeugt hatte, sich der Reformkongregation des Ordens anzuschließen. Dabei wurde er vom Landesherrn, Herzog Wilhelm III. von Sachsen, wirkungsvoll unterstützt; die nicht reformwilligen Konventualen mussten den Konvent verlassen. Die Observanz förderte die spirituelle Erneu-

Neustadt/Orla Augustiner-Eremitenkloster, die im 17. Jh. stark überbaute, spätgotische Klosterkirche (1490).

Neustadt/Saale Karmelitenkloster, Kreuzrippengewölbe im nördlichen Seitenschiff der Klosterkirche.

erung und verdrängte ablenkende Alltagsgeschäfte, auch musste der eigengeführte Besitz verkauft werden, was bis 1487 zum Teil befolgt wurde. Bruder Johann Domeczer ging 1503 als erster Prior in das neugegründete Kloster nach ➛ Wittenberg, ebenso Magister Caspar Güttel 1515 in die letzte vorreformatorische Gründung des Ordens nach ➛ Eisleben. 1510 berief Provinzial Johann von Staupitz (1503–20) eine Versammlung der Reformkongregation nach N., auf der die „Neustädter Artikel" der Union beschlossen wurden. Martin Luther weilte 1516 als Distriktsvikar des Ordens zu Visitationszwecken im Konvent. Bruder Erhard Luppold promovierte 1518 unter Professor Luther in Wittenberg und nahm 1519 das Amt des Priors in seinem Professkloster an. Luthers Lehre verbreitete sich unter den Augustinerbrüdern und Bürgern schnell, bereits 1521 traten zwei Brüder aus dem 18 Mitglieder starken Konvent aus, zwölf folgten 1523. Die Bürger empörten sich bald gegen die monastische Institution, die sie als überholt betrachteten. Schließlich baten Prior Michael Dressel (1516–17, 1523–24) und drei Patres 1524 den sächsischen Landesherrn, ihren gesamten Besitz gegen Leibrenten zu übernehmen; 1532 gelangte das Kloster an die Stadt. Im Dreißigjährigen Krieg stürmten 1640 die Schweden den Ort und zerstören den Klosterkomplex. Herzog Moritz von Sachsen-Zeitz kaufte das Grundstück und ließ 1674 aus dem Klausursüdflügel ein Schlossgebäude errichten, das sein Nachfolger 1681 zur Residenz bestimmte. Außer der Klosterkirche blieb kaum etwas erhalten.

▶ **Gegenwart.** Die stark überbaute Klosterkirche von 1490 am Puschkinplatz repräsentiert heute den Rest des einstigen Augustiner-Eremitenklosters in N. Der fünfgeschossige Turm an der Nordseite könnte im unteren Bereich älter als die Kirche sein; sein Erdgeschoss zeigt Kreuzgratgewölbe, die Haube stammt von 1640. Die spätgotische Saalkirche mit gerade geschlossenem Langchor wurde nach der Auflösung des Klosters profan genutzt und innen in mehrere Etagen für Wohn- und Lagerzwecke aufgeteilt. Die mittige Tordurchfahrt durchbricht seit 1674 das ehemalige Kirchenschiff. Der Chorbereich zeigt auf der Nordseite noch spätgotische Fensteröffnungen. Der St. Wolfgangaltar (1495) der Klosterkirche steht heute in der Neustädter Hospitalkirche.

◆ Bünz, Enno: Martin Luthers Orden in N., Jena 2007; Kunzelmann, Adalbero: Geschichte der deutschen Augustiner-Eremiten, Tl. 1, 214-216, Tl. 5, 162–168, Würzburg 1969/74; Großkopf, Rudolf: Das Augustiner-Eremitenkloster in N., Neustadt/Orla o. J. (1925).

Neustadt /Saale, *Karmelitenkloster St. Maria (1352–1803), Diözese Würzburg – (Bad Neustadt/Saale, Lkr. Rhön-Grabfeld, Bayern,* ❐ *3, D1).*

▶ **Geschichte.** Als 1348 die Pest in N. an der fränkischen Saale wütete, suchten die Bürger Heil im Glauben und bemühten sich um eine Verbesserung der Seelsorge in ihrer Stadt. Bischof Albrecht von Würzburg (Hohenlohe) genehmigte ihnen 1352 die Gründung eines Klosters und schickte Karmelitenbrüder aus dem heute untergegangenen Konvent St. Barbara in Würzburg. Rat und Bürger halfen beim Aufbau des kleinen Klosters, das sich im beengten Rathausviertel zwischen Bürgerhäusern seinen Platz suchen musste. 1355 grenzte der Bischof die Zuständigkeit zwischen Konvent und dem örtlichen Pfarrklerus ab und räumte dabei den Bettelbrüdern großzügig bemessene Terminierbezirke ein. Zahlreiche Schenkungen und Stiftungen sorgten für eine wirtschaftliche, personelle und geistliche Blüte. Prior Johannes Mallerstadt (1428–51) wurde auf dem Provinzkapitel in Nürnberg 1436 zum Provinzial (1436–51) der oberdeutschen Ordensprovinz gewählt. Der Provinzial starb 1451 auch als *Prior localis* im Kloster N. Das hohe Niveau im Kloster konnte nicht durchweg gehalten werden, 1464 bestrafte die Ordensleitung den Konvent wegen seiner Konspiration gegen den Prior. Ende des 15. Jh. verschlechterte sich die ökonomische Situation. Während der Reformationszeit versiegten die Almosen der Bürger, weswegen das Kloster kaum noch gehalten werden konnte. Als Provinzial Andreas Stoß (1529–40) im August 1534 nach N. kam, fand er zwar alles in bester Ordnung, aber nur noch drei Karmelitenbrüder vor. Ausgetretene Mitbrüder befürworteten die Auflösung, um Güteranteile zu erhalten. Der Provinzial übergab die Wertsachen dem Stadtrat, bei dem er sie sicherer als im Konvent wähnte. Beim nächsten Besuch 1538 hielten nur der junge Bruder Johannes Faber und der Novize Matthias den Klosteralltag aufrecht. Erst nach dem Dreißigjährigen Krieg und der Konventsreform 1652 mit Bekenntnis zur Observanz der unbeschuhten Karmeliten von Tourain (OCD) erreichte das Kloster einen neuen Aufschwung. Die wachsende Bedeutung äußerte sich 1703 im barocken

Neubau der Klausur und prachtvoller Ausstattung der Klosterkirche. 1803 erfolgte die Säkularisierung durch Bayern; 1837 verließ der letzte Karmeliter die Stadt.

▶ **Gegenwart.** In den Barockgebäuden der Klausur sitzen heute städtische Behörden; die gut erhaltene Karmelitenkirche (inzwischen mit dem Patrozinium St. Peter und Paul) ist ein besonderes Kleinod der Stadt. Äußerlich wirkt die spätgotische Kirche eher unscheinbar, ihr Chorraum ist nicht herausgehoben und schließt gerade ab, ihre Südostecke ziert ein Turm mit Spitzhelm. Aber die künstlerisch wertvolle Barockausstattung im Inneren überrascht den Besucher und weist auf die Verbundenheit der Karmeliten mit dem reichen Bürgertum hin. An das flachgedeckte Hauptschiff schließen sich nördlich ein dreijochiges Seitenschiff sowie die Loretokapelle an, die mit Kreuzrippengewölben, Fresken und Bauplastiken ihre mittelalterliche Entstehungszeit offenbaren.

◆ Zwicker, Stephanie/Romberg, Winfried: Die Karmelitenkirche zu Bad N., Gersheim 2002; Smet, Joachim/Dobhan, Ulrich: Die Karmeliten, Freiburg 1981; Deckert, Adalbert: Die Oberdeutsche Provinz der Karmeliten, Rom 1961.

Neuwerk, *Benediktinerinnenkloster St. Maria und St. Barbara (vor 1135–1802), Salvatorianerinnenkloster St. Barbara (seit 1969), Erzdiözese Köln – (kreisfreie Stadt Mönchengladbach, Nordrhein-Westfalen, ❐ 1, A5).*

▶ **Geschichte.** Vor 1135 gründete Abt Walter (1132/36) von der Abtei St. Vitus in ➛ Gladbach ein Frauenkloster im nahen Kranendonk, woraus sich die Benediktinerinnenabtei *Novo Oratorio Beatae Mariae* (Neuwerk) entwickelte. Möglicherweise bestand auf dem Abteiberg St. Vitus schon länger eine Doppelgemeinschaft, denn seit etwa 1100 befolgte der Konvent die strengen Statuten der ➛ Siegburger Reform, die mit einem Doppelkloster durchaus vereinbar waren. Abt Walter versetzte den Frauenkonvent, der ebenfalls nach dem *ordo Sigebergensis* lebte auf den klostereigenen Gutshof. Die Mönchsabtei St. Vitus behielt die geistige und wirtschaftliche Aufsicht, beide Klöster unterstanden dem Kölner Erzbischof. Die Grafen von Kessel übernahmen die Vogteirechte, nach ihnen die Grafen von Jülich. 1175 wurde die Klosterkirche der Frauen vollendet. 1249 begrenzte Erzbischof Konrad I. von Hochstaden den Konvent auf 24 Schwestern. Seit Mitte des 12. Jh. pflegte der Konvent enge Verbindungen mit den Benediktinerinnen von ➛ Neuss St. Quirinus, die ebenfalls vom Gladbacher Abt beaufsichtigt wurden. 1311 taucht erstmals der Titel „Priorin" in Urkunden auf. Priorin Ghina beurkundete 1334 ein Pachtgeschäft und nicht wie vorher stets der Abt, die Vormundschaft hatte sich offensichtlich gelockert. Der innere Zustand in der Mönchsabtei glich in der Mitte des 14. Jh. einem weltlichen Stift, das Gemeinschaftsleben im adeligen Männerkonvent hatte sich weitestgehend aufgelöst; die Schwestern nutzten diesen Zustand zur Selbstbehauptung. 1466 unterzogen sich die Benediktinerinnen von N. inneren Reformen nach der ➛ Bursfelder Kongregation, die Mönchsabtei entschloss sich erst 1511 dazu. Die Abtei ➛ Brauweiler übernahm nun bis 1762 die geistliche Betreuung. Erst unter der letzten Äbtissin Rosa von Bronsfeld (1738–1802, † 1831) sorgte wieder ein Gladbacher Prior für das Seelenheil der Schwestern. Nach der Aufhebung des Konvents durch die französische Konsularregierung 1802 erreichte man durch die Errichtung einer eigenen Pfarre die Rettung der romanischen Klosterkirche.

▶ **Gegenwart.** 1969 übernahmen Salvatorianerinnen Kloster N. im gleichnamigen Stadtteil von Mönchengladbach (die Stadt trägt ihren heutigen Namen erst seit 1960). Die Schwestern vom göttlichen Heiland errichteten ein Krankenhaus und nutzen die Klosterkirche für ihr Stundengebet, denn die Pfarrgemeinde war 1963 ausgezogen. Die Klostergebäude des heutigen Barbarastifts stammen aus dem 16./17. Jh., der Kreuzgang aus dem 15./16. Jh. Die Klosterkirche, die der Jungfrau Maria geweiht ist, geht auf drei Bauabschnitte des 12. Jh. zurück. Aus einem einfachen Oratorium (um 1130) entstanden 1160 eine weit größere Basilika mit apsidialem Chor, 1175 der quadratische Westteil mit Unterkirche, Nonnenempore sowie die zweitürmige Westfront. Die Empore ist ein dreischiffiger Raum (10 m x 10 m) mit Säulen und Kapitellen, mit Kreuzgratgewölbe und barocker Rankenmalerei; Kunsthistoriker sprechen von einem „architekturgeschichtlichen Unikum". Die Einwölbung des Langhauses entstand um 1500, ebenso das Sterngewölbe der Apsis. Der nördliche Westturm fehlt seit dem Dreißigjährigen Krieg. Das 19. Jh. brachte bauliche Veränderungen, die man 1964–74 teilweise beheben konnte. Außer einer Muttergottesstatue (um 1500) ist die Ausstattung nachreformatorisch.

◆ GermBen 8, 323–351; Löhr, Wolfgang: Klosterkirche Mönchengladbach-N., Köln 2005.

Neuzelle, *Zisterzienserabtei St. Maria (1268–1817), Diözese Meißen – (Lkr. Oder-Spree, Brandenburg, ❐ 2, D4).*

▶ **Geschichte.** Markgraf Heinrich der Erleuchtete stiftete zum Seelenheil seiner verstorbenen zweiten Frau Agnes († 1268) und zur Absicherung seines nördlichen Macht-

Neuwerk (Mönchengladbach) Benediktinerinnenkloster, apsidialer Chor der romanischen Basilika von 1160.

Neuzelle Zisterzienserabtei, der barockisierte Abteikomplex bewahrt spätgotische Kreuzgangbereiche.

bereichs in der Niederlausitz 1268 das Zisterzienserkloster *Nova cella*. Abt Hermann I. (1281–1304) kam mit dem Gründungskonvent erst 1281 aus ➛ Altzelle. Zunächst war ihnen ein Ort Starzetel zugewiesen, der heute nicht mehr zu lokalisieren ist. 1300 zogen die Mönche an den heutigen Standort auf einem Bergsporn über der mittleren Oder. Zur Grundausstattung gehörten acht Dörfer; zisterziensische Tüchtigkeit sorgte für wirtschaftliche Expansion. Da die Urbarmachung des Landes im 14. Jh. nicht mehr gefordert war, blieb im Vergleich zu anderen Zisterzen der Gesamtbesitz überschaubar. Nieder- und Hochgerichtsbarkeit gehörten zu den Privilegien der Äbte, landesherrliche und päpstliche Missionen machten die Abtei überregional bekannt. Die Hussiten überfielen 1429 die Abtei, wobei auch Mönche ihr Leben ließen; so werden noch heute Abt Petrus (1408–29) und Mitbrüder als Martyrer verehrt. Mitte des 15. Jh. war die zerrüttete Wirtschaft wieder konsolidiert, neue Güter gekauft und die Herrschaft über die Stadt Fürstenberg an der Oder erworben. Die Zisterzienser gingen 1452 mit den Kartäusern von Frankfurt/Oder eine Gebetsgemeinschaft ein (die Kartause Frankfurt existierte von 1396 bis 1540, Gebäude blieben nicht erhalten). Zisterzienser aus N. betreuten die Frauenzisterzen Marienthal bei Ostritz und ➛ Marienstern (Oberlausitz); junge Konventsmitglieder studierten in Leipzig. Gegen Ende des 15. Jh. verflachte das Klausurleben, Abt Peter (1479–1509) aus Lehnin reformierte 1494 den Konvent, was zu enger Verbundenheit mit der Bruderabtei ➛ Lehnin führte. Während der Reformation gehörte die Niederlausitz zum Königreich Böhmen, die Abtei N. war vor protestantischen Zugriffen geschützt, solange König Ferdinand I. sie nicht verpfändete, was er aus Finanznot erwog; Abt Nikolaus III. (1537–57) konnte das durch eigene Überschuldung verhindern, woran die Abtei für Jahrzehnte schwer zu tragen hatte, aber der Konvent blieb katholisch. 1547 lebten 26 Chormönche und neun Laienbrüder im Kloster. Im Umland bekannte sich die Bevölkerung zum Protestantismus, 1572 waren alle sechs abhängigen Pfarreien mit lutherischen Pfarrern besetzt; im Abteibereich blieben letztlich nur der Konvent und sechs Familien beim alten Glauben. Tragödien und Katastrophen verursachte der Dreißigjährige Krieg, zwei Äbte starben auf der Flucht, das Land war verwüstet und entvölkert; erst 1648 konnte sich der Konvent sammeln und neue Siedler ins Land rufen. Die langsame Erholung führte in der ersten Hälfte des 18. Jh. zu neuem Wohlstand. Das Kloster führte den noch unbekannten Kartoffelanbau ein, die Schafzucht dominierte, eine Bierbrauerei existierte bereits seit dem 14. Jh., sogar Wein wurde angebaut. Die Mönche lieferten jährlich 2.000 Liter Wein an die Schwestern in Marienstern. Abt Martinus (1727–41) eröffnete ein Gymnasium. Siebenjähriger Krieg (1756–63), preußische Besatzung, Viehseuchen, Heuschreckenplagen, Überschwemmungen und Hungersnöte prägten die zweite Hälfte des 18. Jh. Im Wiener Kongress fiel die Region an Preußen; König Friedrich Wilhelm III. ließ die Abtei N. im Februar 1817 säkularisieren.

▶ **Gegenwart.** Im Zentrum der Abteianlage entstand um 1380/90 die zweite Abteikirche als dreischiffige gotische Halle, die gegen die Ordensvorschriften einen Westturm erhielt; ihre heutige Gestalt erlangte sie 1655/58 und 1728/48 durch eine eingreifende Barockisierung. Das spätgotische Gewölbe und zwei Portale des 14. Jh. an der Nordseite erinnern an ihre mittelalterliche Kernsubstanz. Sie dient heute als katholische Pfarrkirche. Das nördlich angebaute Klausurquadrum wurde neuzeitlich aufgestockt, die spätgotischen Kreuzgangflügel konnten wie auch einige Funktionsräume ihren mittelalterlichen Charakter bewahren. Insgesamt erscheint „Stift Neuzelle" heute als Barockkomplex, ergänzt mit Gebäuden des 19. Jh., seit 1991 genutzt von einem deutsch-polnischen Gymnasium.

◆ RepZist 384–392; Töpler, Winfried u.a.: N., in: Brandenburgisches Klosterbuch, Bd. 2, Berlin – Brandenburg 2007, 923–942; ders.: Das Kloster N., Berlin 2003.

Nidda, *Johanniterkommende St. Johannes Baptist (1187–1584), Erzdiözese Mainz – (Wetteraukreis, Hessen, ❒ 3, C1).*

▶ **Geschichte.** Graf Berthold von Nidda übertrug 1187 mit königlicher Zustimmung dem Johanniterorden die Pfarrkirche St. Johannes Baptist im Ort N. am gleichnamigen Fluss in der Wetterau und schuf dadurch die Voraussetzungen zur Gründung einer Ordenskommende, übrigens der ersten und einzigen Schenkung an die Johanniter im 12. Jh. innerhalb der Erzdiözese Mainz. Die Grafen von Ziegenhain erhielten als Erben der Grafschaft die Stadt N. als Reichslehen und die Grafschaft als Lehen der Reichsabtei ➛ Fulda. Sie traten als besonders großzügige Gönner der Kommende hervor. Das Stadtprivileg erlangte N. 1311. Erste Krisen traten um 1320 auf, als die Zuwendungen versiegten. Der fähige Komtur Wigand von Bellersheim erwarb um 1335 neue Liegenschaften. Im 14. Jh. wurden die Kommenden N. und Grebenau (Waldkappel) in Personalunion geführt. Der durch den Sternerkrieg geschwächte Graf Johann II. von Ziegenhain übertrug seine Lehnsrechte 1437 als Afterlehen an den Landgrafen Ludwig I. von Hessen, nachdem die Reichsäbte von ➛ Fulda und ➛ Hersfeld als Oberlehnsherren gegen eine Geldabfindung zugestimmt hatten. 1450 ging die Region N. vollständig an Hessen über. Den Johannitern oblagen die Pfarrpflichten in Stadt und Umland, sie unterhielten eine Lateinschule, pflegten Kranke im Hospital und versorgten durchziehende Pilger. 1495 bestand der Konvent aus Prior Johannes Boeler sowie drei Fratres; zur Mannschaft gehörten ein Koch und ein Knecht. Ende des 15. Jh. sank die Kommende zum *membrum* von ➛ Rüdigheim herab, der genaue Zeitpunkt und die Umstände sind nicht mehr zu ermitteln; später unterstand N. der Kommende ➛ Niederweisel. 1526/27 setzte Landgraf Philipp I. die Reformation in Hessen durch. Reformator Johannes Pistorius der Ältere (1502–83), ein ehemaliger Johanniterbruder, führte als Vertrauter des Landgrafen in der Stadt eine evangelische Kirchenordnung ein. Komtur Christoph von Löwenstein (1528/40) durfte die Verwaltung behalten, musste aber den evangelischen Pfarrer dulden und versorgen. Teile des Besitzes wurden zugunsten der Universität Marburg eingezogen. Die letzten Ordensbrüder traten zur neuen Lehre über, die Ordensleitung berief schließlich 1540 den Komtur nach Niederweisel ab. Im Vertrag von 1584 gestand der Johanniterorden der Landgrafschaft Hessen seine Niederlassung N. gegen jährliche Gebühren in Erbleihe zu.

▶ **Gegenwart.** Die alte Siedlung N. lag wie auch die Johanniterkommende rechts des Flusses N., der heutige Stadtkern mit Marktplatz liegt vor dem Schloss auf der linken Flussseite. Die Gebäude der Kommende am Beundehang verfielen, die Kirche wurde bis auf den „Johanniterturm" 1780 endgültig abgerissen. Ihrer romanischen Pfeilerbasilika hatten die Ordensbrüder 1491 diesen Turm mit vier Steingiebeln und Spitzhelm an der Chorsüdseite neu hinzugefügt; er allein hat die Vernachlässigung und die neuzeitlichen Kriegswirren überstanden. Der renovierte „Komtursbrunnen" befindet sich in einem Privatgarten.

◆ Dersch, Wilhelm: Hessisches Klosterbuch, Marburg 2000; Rödel, Walter Gerd: Das Großpriorat Deutschland des Johanniter-Ordens, Mainz 1965, 272–277.

Nideggen, *Johanniterkommende St. Johannes Baptist (1278–1802), Erzdiözese Köln – (Kr. Düren, Nordrhein-Westfalen, ❐ 3, A1).*

▶ **Geschichte.** Während des Kreuzzugs gegen Damiette in Ägypten (1219) schenkte Graf Wilhelm III. von Jülich-Hengebach dem Deutschen Orden neben ➛ Siersdorf bei Jülich auch die Pfarrkirche St. Johannes Baptist in N. nahe der neuen Burg im oberen Rurtal in der Nordwesteifel, damals Lehnbesitz der Kölner Kirche. Erzbischof Engelbert I. von Köln (Berg) genehmigte 1225 die Übereignung. Nach über 50 Jahren geriet die Nidegger Kirche 1278 aus den Händen der Deutschherren in Besitz der Johanniter; die Gründe sucht man hypothetisch in der Aachener-Jülischen Fehde, bei der Graf Wilhelm IV. und Sohn erschlagen wurden. Gräfin Richardis übertrug den Johannitern das Patronat über die Grabeskirche der Familie und verpflichtete die Ordensbrüder zum Memorialdienst. Die Johanniter gründeten an der Kirche im Schutz der Burg eine Priesterkommende und übernahmen auch Pfarraufgaben. Die Bedeutung der Burg als jülische Residenz und Machtzentrum übertrug sich auf Kommende und Kirche; die Siedlung um die Burg wurde ausgebaut und 1313 zur Stadt erhoben. Die Ordensbrüder erhielten 1342 Konkurrenz durch die Gründung des Kollegiatstifts St. Johannes Evangelist, weil sie sich gegenüber Graf Wilhelm VI. geweigert hatten, ihre Kirche zu einer Stiftskirche umzuwandeln. Auf das Privileg und die Ehre der fürstlichen Begräbnisstätte mussten sie fortan verzichten. Sie verloren auch ihre Selbständigkeit, da ihr Haus zum *membrum* der Kommende Velden (s. u.) absank, zeitweise auch der Kommenden Aachen und Mecheln (Belgien). 1495 befand sich Frater Johannes Roder als *afficator membri* vor Ort (Komtur Ulricus Vittel hatte die Verwaltung auf Lebenszeit übergeben), dem zwei Ordenspriester zur Seite standen. 1540 oblag Johannes Harderwick die Verantwortung, ihm genügte ein Ordenskaplan. Nach dem Dritten Geldrischen Erbfolgekrieg 1543 verlor die Burg an Bedeutung, was der Stadt zum Nachteil gereichte. Die Kriege der Neuzeit beschleunigten den wirtschaftlichen Niedergang. Die Johanniter präsentierten den Pfarrer an St. Johannes Baptist bis zur Besetzung durch französische Truppen 1794 aus den eigenen Reihen. Im 18. Jh. vereinte die Ordensleitung in ➛ Heitersheim die Kommende Velden vor Düren mit der Kommende N.; 1772 war Cornelius Kamp Verweser beider Häuser. 1802 ließ die napoleonische Konsularregierung beide Niederlassungen aufheben.

▶ **Gegenwart.** Die katholische Pfarrkirche St. Johannes Baptist nahe der Burg N. ließ Graf Wilhelm II. von Jülich nach Erweb der Waldgrafschaft mit der Burg in der zweiten Hälfte des 12. Jh. mit rotem Sandstein erbauen. Diese dreischiffige, apsidiale Emporenbasilika mit niedrigem Chorquadrat, Westturm und zwei Rundbogenportalen diente über 500 Jahre den Johannitern als Kommende- und Pfarrkirche. Auf die Ordenspriester gehen der Sakristeibau des 15. Jh., mehrere Veränderungen des quadratischen Westturms und die Ausmalung im Chorraum zurück. Den Kirchenraum schmücken Kapitelle an den Pfeilern und Seitenschiffwänden mit spätromanischem Blattwerk und Palmetten. Mittelalterliche und barocke Holzskulpturen blieben als Ausstattung erhalten; hervorzuheben ist ein romanisches Triumphkreuz (um 1220). Vom Grabmal Graf Wilhelms IV. und seiner Frau Ricarda (um 1340) existiert noch die Rotsandsteinplatte, die Tumba stammt von 1900. Blitzeinschläge und Dreißigjähriger Krieg zerstörten die Kirche nur zum Teil, denn die Johanniter sorgten immer wieder für Reparaturen. Weltkriegszerstörungen beschädigten den historischen Bau 1944/45 in allen Teilen, aber nach zehnjährigem Wiederaufbau erstrahlte er in alter Form. Reste

Nideggen Johanniterkommende, diese hochromanische Basilika aus rotem Sandstein diente den Ordenspriestern über 500 Jahre lang als Kommende- und Pfarrkirche.

der Kommendearchitektur sind im heutigen Pfarrhaus zu finden.

❖ Von der Gründung der Kommende Velden vor der Stadtmauer Dürens gibt es keine Überlieferung, vermutet wird die Zeit um 1210. Die Ordenshäuser N. und Velden blieben bis zur Aufhebung 1802 eng miteinander verbunden. Die Gebäude in Velden brannten während der alliierten Luftangriffe auf Düren 1944 völlig nieder.

Ebenso blieben von der Kommende in Aachen, die von 1312 bis 1802 als *membrum* von Mecheln bestand, keine Gebäudereste erhalten; lediglich die Namen Johanniterstraße und Johannisbach erinnern an die Ordensbrüder in Aachen.

◆ Bodsch, Ingrid: N. – Burg und Stadt. Zur Geschichte der ehemaligen jülischen Residenz von den Anfängen bis ins 20. Jh., Köln 1995; Schäfer, Theo: Die Pfarrkirche St. Johannes in N., Köln 1985.

Niederaltaich, *Benediktiner Reichsabtei St. Mauritius (741–1803, seit 1918), Diözese Passau – (Lkr. Deggendorf, Bayern, ❒ 4, C3).*

▶ **Geschichte.** Am rechten Ufer der Donau südlich der Isareinmündung stiftete Herzog Odilo 741 die Benediktinerabtei *Altaich* und stattete sie reichlich mit Besitz im Dungau aus; auch 13 Salinen im Salzort Reichenhall gehörten zur Grundausstattung. Die ersten Mönche kamen mit Abt Eberswind I. (741- nach 765) von der Bodenseeinsel ➤ Reichenau und übernahmen Missions- und Kolonisierungsaufgaben bis in die Ostmark. Nach Entmachtung der Agilolfinger 788 fiel das Kloster an Karl den Großen und geriet damit in den Brennpunkt politischer Geschehnisse. In der „Notitia de servitio monasteriorum" der Aachener Reichssynode 818/819 erscheint N. in der zweiten Klasse und war zu Versorgungs- und Gebetsaufgaben verpflichtet. 849 vergaben die Karolinger die freie Abtwahl und 859 die Reichsimmunität. Nach der ersten Hochblüte folgten Ungarnstürme, Säkularisierung, Neubeginn 990 und die zweite große Glanzzeit im 11. Jh. Eine Erneuerung nach der ➤ Gorzer Reform leiteten Mönchen aus Einsiedeln (Schweiz) ein. Unter Abt Godehard dem Heiligen (996–1022, später auch Abt von ➤ Hersfeld und Bischof von Hildesheim, kanonisiert 1131) entwickelte sich die Abtei zum östlichen Reformzentrum mit Ausstrahlungskraft nach Niedersachsen, Hessen, Böhmen, Ungarn und Italien. 1038 wurde Abt Richer aus N. zum Vorsteher der benediktinischen Ursprungsabtei Monte Cassino in Italien gewählt (1038–55). Der thüringische Graf Günther von Käfernburg gründete als Konventsmitglied um 1011 die Missionspropstei ➤ Rinchnach und wurde später in Bayern, Böhmen, Slowakei und Ungarn heiligmäßig verehrt. 1080 entstand donauaufwärts das Tochterkloster ➤ Oberaltaich, die Mutterabtei wurde danach „Niederaltaich" genannt. Einflüsse ➤ Hirsauer Reformgewohnheiten zu Beginn des 12. Jh. bleiben Vermutung. Im Laufe seiner Geschichte stellte der Konvent von N. zwei Erzbischöfe, acht Bischöfe und 24 Äbte. Kaiser Friedrich I. unterstellte 1152 N. dem Bamberger Bischof Eberhard II. von Otelingen zum Dank für dessen Hilfe bei der Königswahl, womit die Reichsimmunität verloren war. Die Grafen von Bogen plünderten als Vögte das Kloster bis zur Existenznot aus. Erst unter der Schirmherrschaft der bayerischen Herzöge aus dem Haus Wittelsbach konnte Abt Hermann (1242–73) den Konvent zu neuer Blüte führen. Tüchtige Äbte sorgten im 14. Jh. für weitere Kolonisierung im Bayerischen Wald. Das 15. Jh. ist durch den Rückgang der Wirtschaft gekennzeichnet, ohne dass N. sich einer spätmittelalterlichen Reformgemeinschaft anschloss. Während der Reformation verließen um 1540 zwölf Mönche die Abtei. Abt Paulus Gmainer (1550–85) erreichte einen neuen Aufschwung und hob das geistliche Niveau; in seiner Amtszeit legten 118 Novizen ihre Profess ab. 1567 unterstellte er das ehemalige Regularkanonikerstift St. Oswald in Riedlhütte der Abtei als Propstei. Der neue Wohlstand ging unter den Schweden im Dreißigjährigen Krieg verloren, drei Großbrände (1659/71/85) erschwerten die Konsolidierung. Abt Joscio Hamberger (1700–39) erreichte eine letzte Hochblüte in Kunst, Wissenschaft und Lehrtätigkeit, aber der österreichische Erbfolgekrieg (1740–48) reduzierte die Ausstrahlung beträchtlich. Das reichste Kloster Bayerns fiel im März 1803 an das Kurfürstentum Bayern; mit Abfindungen durften der Abt, 43 Priester und sieben Novizen bis 1806 bleiben. 1918 begann ein Konvent aus ➤ Metten das altehrwürdige Kloster N. neu zu beleben.

Niederaltaich Benediktiner Reichsabtei, mittelalterliche Ornamentverzierung am Nordportal der Abteikirche.

▶ **Gegenwart.** Die Abtei N. besteht heute aus einem Benediktinerkonvent, einer byzantinischen Dekanie, dem Ökumenischen Institut, einem Musischen Gymnasium und einem Bildungszentrum mit Tagungs- und Gästehaus. Mittelalterliche Konvents- oder Wirtschaftsgebäude existieren nicht mehr. Die 60 m lange Abtei- und katholische Pfarrkirche St. Mauritius, die von 1270 bis zur Weihe 1326 als eine der größten Hallenkirchen im Donauraum errichtet wurde, blieb zumindest mit ihren Außenmauern erhalten. Der dreischiffige Bau schließt mit einem Halbrundchor im Osten und zwei mächtigen Türmen im Westen; letztere ließ Abt Kilian I. Weybeck (1503–34) erbauen. Der Innenraum wurde in den Jahren 1724/26 durchgreifend barockisiert. An der Nordwestecke nahe dem Nordturm sind Reste des ursprünglichen Portals mit Tympanon zu erkennen, das einst die Mönche zum Kreuzgang durchschritten. Anstatt des Klausurgevierts erstreckt sich heute eine weiträumige Wiese.

◆ GermBen 2, 188–197; Bauer, Hermann/Bauer, Anna: N., in: Klöster in Bayern, München 1985, 190–194.

Niederehe, *Prämonstratenser-Chorfrauenstift St. Leodegar (vor 1175–1505), Prämonstratenser-Chorherrenstift St. Leodegar (1555–1803), Erzdiözese Köln – (Üxheim-N., Lkr. Vulkaneifel, Rheinland-Pfalz, ❒ 3, A1).*

▶ **Geschichte.** Die frühe Quellenlage über Stift N. ist spärlich. 1148 bestand in N. im Eifelhochland eine Pfarrkirche St. Leodegar, an der Erzbischof Adolf I. von Köln (Altena) 1197 ein Frauenstift bestätigte und dabei angab, dass die Gründung unter seinem Vorgänger Philipp von Heinsberg (1167–91) erfolgt sei; die Brüder Dietrich, Alexander und Albero von Kerpen hätten vor 1175 ihr Allod, Zubehör, Kirchenpatronat und Einkünfte eingesetzt, auch die Grafen von Vianden seien beteiligt gewesen. Es scheint, dass von Beginn an die Abtei ➤ Steinfeld Paternitätsrechte ausübte, wodurch N. als Priorat offenbar dem Orden von Prémontré angehörte, was erst 1244 urkundlich fassbar, aber nicht durch den Ordenskatalog von 1320 bestätigt wird. Die Zahl der Chorfrauen, die angeblich aus ➤ Dünnwald gekommen waren, schränkte Erzbischof Engelbert I. von Berg 1219 auf 25 ein. Einzig eine Meisterin Beatrix tritt 1241 namentlich auf. Erzbischof Konrad I. von Hochstaden stellte 1244 Ablass- und Sammelprivilegien für den Bau der Stiftskirche aus. Papst Innozenz IV. bestätigte 1246 Besitz und Rechte und erklärte den Schutz des Heiligen Stuhls. Im 14. Jh. setzten Wallfahrten nach N. besonders zum Antoniusaltar ein. Steigendes Vermögen wirkte sich auf die Klosterzucht nachteilig aus. Im 15. Jh. sank durch falsche Wirtschaftspolitik und Überschuldung die ökonomische Basis, auch zerstörte ein Großbrand 1474 die Klausur und einen Teil der Kirche. Abt Johann Buschelmann von Steinfeld (1439–65) und Landesherr Graf Wilhelm von Sombreff bemühten sich 1460 vergeblich um Reformen. Auch der von Papst Innozenz VIII. 1485 nach N. berufene Benediktinermönch Johannes Knauff (1485–1505) aus ➤ Prüm konnte die weltlichen Zustände im Konvent nicht beseitigen. Das Frauenstift N. wurde 1505 aufgelöst; Graf Dietrich von Manderscheid-Blankenheim und seine Gemahlin Margaretha von Sombreff übergaben den Besitz mit allen Privilegien an die Abtei Steinfeld, die ein abhängiges Männerpriorat gründete. Der Steinfelder Abt Johann V. von Münstereifel (1501–09) setzte als ersten Prior Heinrich Engelen (1505–16) ein; noch im Jahr

1505 wurden die Gebäude neu errichtet und die renovierte Stiftskirche neu geweiht. Mit zusätzlichen Schenkungen des Stifterpaares setzte wenige Jahre später trotz Reformationsunruhen der Aufschwung ein; das Priorat N. entwickelte sich wie die Mutterabtei Steinfeld in der zweiten Hälfte des 16. Jh. zum Bollwerk gegen den Protestantismus, der von den Grafen von Manderscheid-Schleiden seit etwa 1560 im Land langsam durchgesetzt wurde. Schließlich musste die Simultannutzung der Stiftskirche geduldet werden. Erst 1593 dominierte durch den neuen Landesherrn Philipp von der Mark erneut der katholische Glaube. Den barocken Aufschwung mit Noviziat (seit 1700) beendeten französische Revolutionstruppen und die Säkularisierung 1803 zugunsten der französischen Staatskasse.

▶ **Gegenwart.** Die ehemalige Stifts- und heutige katholische Pfarrkirche St. Leodegar ist ein langgestreckter einschiffiger Rechteckbau mit fünfseitig gebrochener Apsis, der etwa 1200 nördlich an die alte Kirche von 1162/75 angebaut wurde, so dass der Altbau als südliches Seitenschiff (als „Antoniuskapelle") mit dem südöstlichen Glockenturm genutzt werden konnte. Spitzbogige Gurtbögen stützen das Kreuzgratgewölbe im Hauptschiff; den Chorraum im Osten gliedern schlanke Rundbogenblenden und Dreivierteldienste, Wulstrippen teilen das Apsisgewölbe auf. Westlich nimmt die Nonnenempore auf einer zweischiffigen Unterkirche mit breiten Viereckpfeilern und Kreuzgewölbe ein ganzes Joch der Kirche ein. Auf der Empore ist heute das spätgotische Chorgestühl von 1530 untergebracht, verziert mit figürlichen Schnitzereien. Malereien im Hauptschiff entstanden im 16./17. Jh.; lediglich im Chor und im Seitenschiff konnten mittelalterliche Ausmalungen freigelegt werden. Stiftsgebäude und Kreuzgangreste auf der Kirchennordseite entstanden im 17./18. Jh.

◆ MonPraem 235–236; Ehlers-Kisseler, Ingrid: Die Anfänge der Prämonstratenser im Erzbistum Köln, Köln 1997; Kees, Peter: Kloster N. in der Gemeinde Üxheim (Eifel), Köln 1992.

Niederehe Prämonstratenser-Chorfrauenstift/-Chorherrenstift, Ostansicht der romanischen Stiftskirche.

Niederschönenfeld, *Zisterzienserinnenabtei St. Maria und St. Georg (1241–1803), Diözese Augsburg – (Lkr. Donau-Ries, Bayern, ❐ 4, A3).*

▶ **Geschichte.** Eine Beginengemeinschaft in Burgheim nahm um 1240 die Zisterzienserregel an und zog nach Schenkungen Graf Bertholds III. von Lechsgemünd-Graisbach und seiner Gemahlin Adelheid nach N., einen Ort am Zusammenfluss von Lech und Donau. Papst Innozenz IV. nahm die Gründung 1254 unter Schutz und erklärte (möglicherweise) Exemtion. Die Zisterzienserabtei ➛ Kaisheim, 1133 ebenfalls von der Grafenfamilie gestiftet, betreute den Frauenkonvent von Beginn an; Abt Richard (1240–52) zeugte, als der Graf 1246 die Zehnfreiheit verlieh. Seelsorgliche wie weltliche Bindung an das Mönchskloster Kaisheim sprechen für eine Mitgliedschaft des Frauenkonvents im Zisterzienserorden, ein urkundlicher Nachweis existiert nicht. Kaisheim betreute ebenso ➛ Seligenthal (Landshut), Oberschönenfeld (s. u.), ➛ Zimmern, ➛ Kirchheim am Ries, Pielenhofen (s. u.) und ➛ Lauingen St. Agnes, die nur teilweise inkorporiert waren. Die Burgheimer Georgskirche blieb den Frauen unterstellt, die Loslösung von der Pfarre Lechsgemünd jedoch provozierte jahrzehntelangen Streit mit dem Pfarrklerus. Die Zisterzienserinnen kauften 1286 die Wörthinsel zwischen Donau und Lech und 1297 das Fließgewässer Herse, jeweils mit Unterstützung der Zisterzienser aus Kaisheim. König Ludwig der Bayer griff mit Erlassen, Schenkungen und Privilegien fördernd ein; der sich vergrößernde Besitz musste von Konversen der Mönchsabtei bewirtschaftet werden. 1337 zählte der Konvent 67 Chor-, sechs Laienschwestern, 13 Novizinnen und 26 Konversen. Die Abtei N. gehörte im Spätmittelalter zu den reichsten Frauenklöstern Bayerns, hatte aber zunehmend unter Truppendurchmärschen während der Wittelsbacher Kriegshändel zu leiden. Der Landshuter Erbfolgekrieg 1503–05 brachte schwerste Verwüstungen. Trotz Bekenntnis des Landesherrn, Pfalzgraf Ottheinrichs von Pfalz-Neuburg, zum evangelischen Glauben 1542 und dem Exil 1546 auf der Feste Rain entwickelte sich der Konvent zum katholischen Reformzentrum und beeinflusste in der zweiten Hälfte des 16. Jh. die Konvente ➛ Frauenchiemsee, Oberschönenfeld und ➛ Seligenthal (Landshut) im Geist des Konzils von Trient. Ein zweifacher Schwedeneinfall im Dreißigjährigen Krieg hinterließ das Kloster als Ruinenlandschaft; der Konvent war in die Abtei ➛ Raitenhaslach geflüchtet. Äbtissin Euphemia Vatig

(1657–1702) gelang der barocke Wiederaufbau. Im März 1803 wurde N. zugunsten des bayerischen Staates säkularisiert.

▶ **Gegenwart.** Seit 1880 dienen die barocken Klausurgebäude des Klosters N. dem bayerischen Justizvollzug. Die Abteikirche St. Maria Himmelfahrt nutzt die katholische Pfarrgemeinde. Die langgestreckte Kirche entstand 1659–74 als einfach verputzte Pfeilerbasilika ohne Querschiff mit zwei Westtürmen unter Verwendung romanisch-gotischer Mauer- und Arkadenteile des spätromanischen Vorgängerbaus, auch folgt sie den alten Fundamenten. Am deutlichsten tritt mittelalterliche Architektur an den Wänden und Strebepfeilern des Polygonalchors hervor. Die Stuckdekoration im Innenraum gilt als stilgeschichtlich einmalige Leistung der Barockkunst. Im südlichen Sakristeiraum, dem ehemaligen Mortuarium, blieb eine romanische Mensaplatte (um 1250) als einziges mittelalterliches Ausstattungsstück erhalten.

❖ Die Zisterzienserinnenabtei Oberschönenfeld in Gessertshausen bei Augsburg entstand 1211 und existiert ununterbrochenen bis heute; Oberschönenfeld ist damit das älteste, noch existierende Frauenkloster des Zisterzienserordens in Deutschland. Mittelalterliche Architektur ist seit dem Bau der heutigen Barockanlage im 18. Jh. nicht mehr vorhanden.

Das vor 1237 gegründete Frauenkloster Pielenhofen im Naabtal nordwestlich von Regensburg gehörte wahrscheinlich als Vollmitglied zum Zisterzienserorden und bestand bis 1542. Danach belebten Mönche aus ➛ Kaisheim zwischen 1655 und 1803 das neugegründete Priorat und erbauten eine Barockanlage. Seit 1838 halten Salesianerinnen die klösterliche Tradition in Pielenhofen aufrecht. Mittelalterliche Architektur blieb nicht erhalten.

◆ Maier, Birgitt: Kloster N., in: Kloster Kaisheim, Augsburg 1999, 169–171; Weigl, Hartmut: Pfarrkirche N., Niederschönenfeld 1992.

Niederviehbach, *Augustiner-Eremitinnenkloster St. Maria und St. Augustinus (1296–1803), Dominikanerinnenkloster St. Maria/Isar (seit 1847), Diözese Regensburg – (Lkr. Dingolfing-Landau, Bayern, ❐ 4, B4).*

▶ **Geschichte.** Am rechten Ufer der Isar stifteten Graf Berengar von Leonsberg und seine Gemahlin Agnes von Pflug 1296 an der Magdalenenkapelle ihrer Jagdburg N. ein Frauenkloster und unterstellten es dem zweiten Orden der Augustiner-Eremiten. Zur Stiftung gehörten Pfarrrechte und Erträge der dortigen Hofmark. Auch die bayerischen Herzöge Otto III., Ludwig IV. und Stephan I. treten als Mitstifter in Erscheinung. Ulrich von Straubing, Prior des Regensburger Augustiner-Eremitenklosters (1296–1300) und erster Provinzial der neuen bayerischen Ordensprovinz (1300–15) war wesentlich an der Gründung beteiligt, unterstützt vom Regensburger Bischof Konrad V. von Lupburg. Ein Jahr später bestätigte Papst Bonifatius VIII. die Stiftung. Im 14. Jh. erlangte der Konvent, dem bis zu 30 Frauen und einige begleitende Brüder angehörten, weitere Dotationen, wie die Pfarreien Kirchberg, Oberkirchberg und Lotzenkirchen. Mitbrüder am Kloster unterhielten ein älteres Hospital, das als Subpriorat ihres Klosters in Regensburg geführt wurde. Die Augustinerinnen von N. konnten 1354 einen Gründungskonvent unter Leitung Katharinas von Hocholtingen nach Prag schicken, um das von König Karl IV. neugegründete Kloster St. Katharina in der Prager Neustadt zu besiedeln. Der reformeifrige Ordensprovinzial Erasmus Günther von München (1446–51) setzte sich für strengere Einhaltung der Ordensregeln ein; entsprechende Dekrete sind noch erhalten. Aus dem Konvent St. Elisabeth in ➛ Memmingen kamen 1474 drei Schwestern zur Observanzeinführung nach N. Von reformatorischem Gedankengut ließen sich die Schwestern nicht beeinflussen und blieben unter Priorin Helena Schütz († 1582) katholisch, darin bestärkt von ihren Landesherren, den Herzögen von Bayern. Magister Anton van Keerbeeck (1551–86), Provinzial der bayerischen Ordensprovinz, visitierte 1582 das Kloster und lobte Oberin und Konvent wegen ihres vorbildlichen Lebens. Der Konvent litt erheblich während Dreißigjährigem Krieg, Spanischem und Österreichischem Erbfolgekrieg. Die tatkräftige Priorin Maria Maxima Hoffberger (1727–50) beauftragte 1731 den Münchner Baumeister Johann Michael Fischer mit der Neuerrichtung der stark überalterten Anlage, die sich über Jahre hinzog und der frühgotischen Kirche erhebliche Veränderungen zufügte. Nach der Aufhebung 1803 verkaufte der bayerische Staat das Kloster, beließ aber die Schwestern im Konvent.

▶ **Gegenwart.** König Ludwig I. erlaubte 1847 Dominikanerinnen aus ➛ Regensburg einen neuen Konvent aufzubauen, der sich bis heute der Seelsorge und der Ausbildung von Mädchen widmet. Die stark barockisierte Klosterkirche aus der Gründungszeit ist zweigeteilt und enthält noch einige mittelalterliche Ausstattungsstücke. Der östliche Teil mit dem gotischen Chor dient der Gemeinde als katholische Pfarrkirche St. Maria Himmelfahrt, der westliche Teil den Dominikanerinnen als Klosterkirche. Die Klausurbauten entstanden hauptsächlich im 18. Jh. und wurden jüngst modernisiert. Einzig das nordöstlich angebaute

Niederviehbach Augustiner-Eremitinnenkloster, Chor und Pfarrhaus sind mittelalterlichen Ursprungs.

„Pfarrhaus" geht auf das späte 13. Jh. zurück; es diente den seelsorglich tätigen Patres als Wohnhaus und birgt im nördlichen Teil spätromanisches Mauerwerk der einstigen Burgkapelle St. Magdalena.

◆ Wernicke, Michael Klaus: Die Augustiner-Eremitinnen, Münster 2006, 77f.86; Markmiller, Fritz: Die Kirchen der Pfarreien N. – Oberviehbach, Regensburg 1995; Kunzelmann, Adalbero: Geschichte der deutschen Augustiner-Eremiten, Tl. 3, 85–87, Tl. 6, 52.195, Würzburg 1972/75.

Niederweisel, *Johanniterkommende St. Gertrud (vor 1245–1809, seit 1869), Erzdiözese Mainz – (Butzbach/N., Wetteraukreis, Hessen, ❐ 3, C1).*

▶ **Geschichte.** Die Kommende N. wird 1245 erstmals urkundlich erwähnt. Das Johanniterhaus südlich von Butzbach in der Wetterau geht auf eine Stiftung des Reichskämmerers Kuno I. von Münzenberg nach 1185 zurück. Auch die Falkensteiner und Solmser Herren erwiesen sich als frühe Förderer der Ordensritter. 1245 war die zweigeschossige Hospitalkirche St. Gertrud errichtet, wenngleich das Obergeschoss unvollendet blieb. Ein Komtur Friedrich erscheint 1257 urkundlich in Verbindung mit dem Privileg der Stadt Wetzlar, das den Ordensrittern Zollfreiheit für ihren Warenumschlag einräumt. Die Kommende konnte reichlich Besitz bis nach Lich und Wetzlar erwerben. Das Präsentationsrecht in der Pfarre N. erhielten die Brüder 1355, weitere Pfarrpflichten oblagen ihnen in Ostheim und Griedel. Nachrichten über die mittelalterliche Ereignisgeschichte in N. sind dürftig. Den Hospitaldienst betrachteten die Johanniter als Hauptapostolat; das gesamte Kirchenlanghaus wurde im Obergeschoss als Krankensaal genutzt, drei Deckenöffnungen erlaubten Patienten, an der Messe im Untergeschoss teilzunehmen. Im Spätmittelalter wurde N. die Kommende ➛ Nidda als *membrum* unterstellt. Deutsche Großpriore amtierten häufig von N. aus und erhoben eine festgesetzte Responsion für die Ordenszentrale Rhodos; erst 1505 wurde ➛ Heidenheim ihr fester Amtsitz. Visitatoren zählten 1495 neben Komtur Johannes Nippenburg vier Ordenskapläne und einen versorgungsbedürftigen Bruder; zum Personal gehörten Sakristan, Koch, Küchenhelfer und Diener; der Viehbestand belief sich auf 28 Pferde, zwei Ochsen und 450 Schweine. 1528 drang die Reformation nach N., Komtur Christoph von Löwenstein (1531/40) jedoch zeigte sich religiösen Veränderungen gegenüber uninteressiert und ließ Landgraf Philipp I. von Hessen gewähren, der für evangelische Prediger sorgte, obwohl das Territorium dem Grafen von Solms gehörte. Der Sieg Kaiser Karls V. über den Schmalkaldischen Bund 1547 und die Gefangenschaft Philipps setzten die Maßnahmen zur Reformation zunächst außer Kraft. Laut Vertrag mit Graf Reinhard von Solms jedoch musste Komtur Joachim Sparr seit 1557 evangelische Geistliche in den Pfarrgemeinden dulden und diese auch besolden; lediglich in der Johanniterkirche durften bis 1809 katholische Messen gehalten werden. Komtur Veit Ochs übernahm 1572 in Personalunion auch die Kommende in Mainz; 1573 wurde er zum Großbailli der deutschen Zunge gewählt. Im Dreißigjährigen Krieg unterstellten die Schweden 1632/34 das Ordenshaus N. Graf Philipp Reinhard von Solms; nach ihrem Abzug gehörte der Besitz wieder dem Orden. Die Selbständigkeit ging Mitte des 17. Jh. verloren, N. unterstand als *membrum* bis zur Säkularisierung 1809 der Kommende Mainz. 1864 sollte die Johanniterkirche in N. auf Abbruch versteigert werden, jedoch konnte der evangelische Pfarrer Wilhelm Kayser den Abriss 1866 verhindern. Die Kirche wurde 1869 der hessischen Genossenschaft des evangelischen Johanniterordens geschenkt.

Niederweisel Johanniterkommende, die Ordenskirche (vor 1245) zeigt orientalische Baueinflüsse, Südwest.

▶ **Gegenwart.** Heute nutzt der Johanniterorden das Herrenhaus der Kommende N. aus dem 18. Jh. als Ordenshaus der hessischen Genossenschaft, nachdem es zwischen 1870 und 1973 als Ordenskrankenhaus diente. Die romanische Johanniterkirche aus dem frühen 13. Jh. kann als klassische Hospitalkirche der Johanniter bezeichnet werden: Ebenerdig befindet sich der dreischiffige Kirchenraum mit Vorhalle und drei Apsiden, wobei nur die Hauptapsis hervorschaut, und über der flachen Abdeckung ein Obergeschoss als Pflege- und Krankenraum, der erst 1554 fertig gestellt wurde. Orientalische und abendländische Ordensbaukunst vereinigt sich in dieser Hospitalkirche, die aus sorgfältig behauenen Basaltquadersteinen erbaut und mit Lisenen gegliedert wurde. Heute dient sie als Stätte des traditionellen Ritterschlags, weil der neuzeitliche Hauptsitz Sonnenburg (Polen) verlorenging. Das Kirchenobergeschoss ist nicht mehr Hospital sondern Kapitelsaal. Weitere mittelalterliche Gebäude blieben nicht erhalten.

❖ Die Johanniterzentrale Heilig Grab in der Heiliggrabgasse in Mainz existierte von 1281 bis 1809; die letzten Reste der romanischen Dreikonchenkirche der Johanniter wurden 1968 beseitigt. In den verbliebenen Barockgebäuden leben heute Franziskanerinnen.

◆ Gließner, Michael: Die Johanniterkirche in N., Nieder-Weisel 2000; Wienand, Adam (Hg.): Kommende N., in: Der Johanniter-Orden, Köln 1988, 419.

Niederwerth, *Augustiner-Chorherrenstift St. Maria (1437–1580), Erzdiözese Trier – (Rheininsel N., Lkr. Mayen-Koblenz, Rheinland-Pfalz, ❐ 3, B1).*

▶ **Geschichte.** Erzbischof Otto von Trier (Ziegenhain) siedelte 1428 einige aus Zwolle (Niederlanden) vertriebene Augustiner-Chorherren auf der Rheininsel N. nördlich von Koblenz an. Die Gruppe wurde 1437 auf Initiative des päpstlichen Legaten, Kardinal Nikolaus von Kues, mit Augustiner-Chorherren aus ➛ Böddeken verstärkt. Das so entstandene Priorat N. gehörte von Beginn an zur ➛ Windesheimer Kongregation der Reformkanoniker. Erzbischof Raban von Helmstatt bestätigte 1437 die Gründung und den umfangreichen Besitz. Auf der Insel N. blühte das junge Stift rasch auf; rege Bautätigkeit und geistige Aktivität sind Indizien für die aufstrebende Entwicklung. 1456 beteiligten sich Niederwerther und Böddeker Chorherren an der Gründung eines neuen Stifts am Wallfahrts-

Nienburg/Saale Benediktiner Reichsabtei, Blick in den Chorraum der frühgotischen Hallenkirche (1280) mit Elementen des romanischen Vorgängerbaus (11. Jh.).

ort ➛ Eberhardsklausen an der Mosel, die Erzbischof Jakob I. von Sierck zusammen mit Nikolaus von Kues initiiert hatte und die 1459 abgeschlossen werden konnte. Im kleinen Ort Mühlheim am Fuß der Festung Ehrenbreitstein bei Koblenz lebten seit etwa 1300 einige Beginen, die um 1450 die Franziskanerregel befolgten. 1460 nahmen diese Schwestern unter Einfluss Prior Hartmann Geylinks (1452–69) von N. die Augustinusregel an und siedelten 1489 auf Geheiß des Trierer Erzbischofs Johann II. von Baden in das heruntergekommene Stift ➛ Schönstatt bei Vallendar um. Die Aufsicht der Niederwerther Chorherren über die Frauen verlief nicht ohne Konflikte. Die Reformation traf den Inselkonvent schwer: 1580 lebte im Stift neben Prior Augustin Glesch (1567–80) nur noch ein Chorherr. Erzbischof Jakob III. von Eltz versorgte die beiden Bewohner anderweitig und übergab den Zisterzienserinnen aus Koblenz „Maria in der Leer" den Besitz, die bis 1811 ihr Kloster auf der Insel weiterführten.

▶ **Gegenwart.** Die langgestreckte Flussinsel N. mit der unbewohnten Insel Graswerth ergeben 303 ha Landfläche und bilden eine eigene Gemeinde, die erst seit 1958 über eine Brücke erreichbar ist. Das Schmuckstück der Insel bleibt die gut erhaltene, spätgotische Kirche der Augustiner-Chorherren am südlichen Rand des kleinen Inselorts; sie wurde 1474 geweiht. Heute dient sie als katholische Filialkirche St. Georg und bewahrt neben spätgotischen Wandmalereien eine reiche Ausstattung aus Gotik, Barock und Neugotik. Restbestände der barocken Klausur an der Nordseite sind zum Teil Ruine, zum Teil zu Wohnungen umgebaut. Ein Teil des südlichen, sterngewölbten Kreuzgangs blieb erhalten.

❖ An die mittelalterliche Niederlassung der Zisterzienserinnen in Koblenz erinnert heute keine Architektur mehr.

◆ MonWin 2, 314–318; Mertens, Gunnar/Mertens, Rüdiger: Das ehemalige Kloster in N. bei Koblenz, Neuss [2]1987.

Nienburg, *Benediktiner Reichsabtei St. Maria und St. Cyprian (970–1563) – „Mönchennienburg", Erzdiözese Magdeburg – (Salzlandkreis, Sachsen-Anhalt, ❐ 2, B5).*

▶ **Geschichte.** Erzbischof Gero von Köln und sein Bruder, Markgraf Thietmar von Merseburg, stifteten 970 das Benediktinerkloster Thankmarsfelde im Harz in der Diözese Halberstadt und statteten es reichlich aus. Fünf Jahre später gab Kaiser Otto II. dem Wunsch der Mönche nach und erlaubte die Verlegung aus den unwirtlichen Harzhöhen nach N. im Erzbistum Magdeburg, damals Grenzregion des ottonischen Reiches. Die zur Reichsabtei erhobene Abtei gewann dank königlicher Landzuweisungen östlich der Saale rasch an Bedeutung. Zum Besitz gehörten mehr als 150 Orte bis hinter die Neiße. Verwaltungspropsteien entstanden in Hagenrode, Grimschleben, Pötnitz, Lübben und Niemitsch. Die christliche Mission unter den heidnischen Slawen bildete das Hauptapostolat des frühen Konvents. Im Beisein König Heinrichs II. konnte 1004 die erste Abteikirche auf dem Felsen am linken Ufer der Bode nahe ihrer Mündung in die Saale geweiht werden. Der damalige Abt Ekkehard wurde 1017 zum Erzbischof von Prag erhoben. Kaiser Konrad II. gewährte 1035 Markt- und Münzprivilegien. Abt Albuin (1030–61) aus der bayerischen Abtei ➛ Tegernsee führte mit den strengen Statuten der ➛ Gorzer Reform das Kloster „Mönchennienburg" zu geistlicher Hochblüte. Etwa 100 Jahre später stand Abt Arnold (1134–64) in Personalunion dem Kloster Berge bei

Magdeburg und der Abtei N. vor und sorgte segensreich für ➛ Hirsauer Reformobservanz; in seiner Zeit schrieb ein unbekannter Mitbruder (sogenannter „Annalista Saxo“) eine Reichschronik; auch war Arnold im Auftrag König Lothars III. des Sachsen am Aufbau der Abteikirche ➛ Königslutter beteiligt. Kaiser Friedrich I. unterstellte 1166 die Abtei im Tausch dem Erzstift Magdeburg, wodurch die Reichsimmunität verloren ging. Trotz Gebietsverlusten blieb N. zunächst das reichste Kloster im Mittelelbegebiet. Die zentrale Bedeutung als religiös-kulturelles Zentrum schwand, nachdem Markgraf Otto III. von Brandenburg Ort und Abtei 1242 im Machtstreit mit Magdeburg niederbrennen ließ. Langfristig war die Kraft des Konvents gebrochen, sein politischer Einfluss ging zurück, die allgemeine Wirtschaftskrise des 14. Jh. verstärkte den Abwärtstrend. Der Beitritt zur ➛ Bursfelder Kongregation 1456 und eingeleitete Reformen hielten den Niedergang auf. 1525 vertrieben brandschatzende Bauern den Konvent ins Exil auf die Burg Köthen (bis 1528). Die Reformation zersetzte die Gemeinschaft, so dass im Mai 1563 der letzte Abt dem evangelischen Landesfürsten Wolfgang von Anhalt-Köthen „gutwillig“ Urkunden übergab und auf alle Ansprüche verzichtete.

▶ **Gegenwart.** Die ehemalige Abteikirche und heutige evangelische Pfarrkirche St. Marien und St. Cyprian ist der vierte Kirchenbau der Mönche, der als Hallenkirche 1280 mit Mauerteilen der Vorgängerbasilika des 11. Jh. entstand. Die ursprünglich angelegte Krypta wurde aufgegeben, der Chorbereich mit Chorpolygon, Nebenkapellen sowie das Querhaus nach 1242 frühgotisch überformt; das dreijochige Langhaus verlängerten die Mönche noch im 16. Jh. um ein Joch und um den Westturm. Innen imponieren die großartige Raumwirkung und die feine Akustik der Halle; ein ornamentierter Schmuckfußboden (um 1200) blieb in Teilen erhalten; eine gotische Monatssäule wurde bei Grabungen gefunden; mehrere Grabplatten erinnern an Gründer, Äbte, anhaltische Fürsten und adelige Gönner. Die Klausurgebäude an der Nordseite erlagen dem Teilabriss für den Schlossbau (1670–90) oder wurden überbaut. Das Schloss diente seit 1872 als Produktionsanlage und steht heute leer.

❖ In Mildensee-Pötnitz bei Dessau existiert noch heute in Teilen die romanische Kirche der Verwaltungspropstei Pötnitz. Die Abtei setzte aber keine Mönche ein, sondern berief Säkularkanoniker aus Magdeburg, die unter einem Propst im *bannus Mildensis* 20 Kirchen betreuten. Von den anderen Verwaltungsgründungen blieben keine architektonischen Reste erhalten, ebenso wenig vom Erstgründungsort Thankmarsfelde im Harz.

◆ Römer, Christof: Die Benediktiner im Bistum Halberstadt, Halberstadt 2006; Vogtherr, Thomas: Das Kloster N. zwischen Magdeburg und Anhalt, in: Mitteilungen des Vereins für Anhaltische Landeskunde 10 (2001) 11–38; Lorenz, Udo: Die ehemalige Klosterkirche St. Marien und St. Cyprian in N. an der Saale, München 1992.

Nimbschen, *Zisterzienserinnenabtei St. Maria und St. Laurentius (1243–1536) – „Marienthron“, Diözese Merseburg – (Grimma-N., Lkr. Leipzig, Sachsen, ❐ 2, B5).*

▶ **Vorgeschichte.** Zunächst wurde ein Zisterzienserinnenkloster durch Markgraf Heinrich III. den Erleuchteten zum Seelenheil seiner 1243 verstorbenen Gemahlin Constanzia von Österreich in Torgau gegründet. Schon ein Jahr später inkorporierte das Generalkapitel des Zisterzienserordens das Frauenkloster auf Bitten des Markgrafen in den Orden und unterstellte es der Abtei ➛ Pforte, nachdem Äbte der Abteien ➛ Dobrilugk und ➛ Buch Visitationen vorgenommen hatten. Die Inkorporation erfolgte gegen das Zisterzienserstatut ohne ausdrückliche Exemtion von der Diözesangewalt, weshalb die reiche Ausstattung des Klosters wohl den Ausschlag dafür gegeben haben muss. Möglicherweise entsandte der Konvent schon 1248 eine Gruppe Schwestern nach ➛ Marienstern in die Oberlausitz. 1250 erhielt der Konvent von Papst Innozenz IV. zwei Ordensprivilegien. Nachdem Stifter Heinrich den Schwestern auch das Kirchspiel Grimma übereignet hatte, zogen sie 1251 an das Elisabethhospital innerhalb der Stadtmauern Grimmas an der Mulde, das zum Besitz gehörte.

▶ **Geschichte.** 1258 erwarb der Konvent Land in N. südöstlich von Grimma und begann dort 1277, eine neue Klosteranlage an der Mulde am heutigen Standort zu erbauen, die unter Äbtissin Hedwig (1282–1310) 1291 bezogen werden konnte. Das neue Kloster hieß „Marienthron“. Mit den Mönchen von ➛ Altzelle gerieten die Frauen wegen alter Mühlrechte immer wieder in Streit, den das Generalkapitel in Cîteaux erstmals 1291 zu schlichten versuchte. Der Landbesitz bestand aus zwei getrennten Komplexen, einem an der Elbe bei Torgau und einem um das Kloster nahe der Mulde. Bis Ende des 14. Jh. konnte er auf über 15 Dörfer und einige Pfarrpatronate ausgedehnt werden. Nachfolgende Wirtschaftsstagnation und Verschuldung behoben die Schwestern unter Äbtissin Katharina von Schönberg (1498–1509) besonders durch Erlöse aus ihrer Schafzucht mit einem Bestand von etwa 1.100 Tieren. Ostern 1523 flohen neun Ordensfrauen aus Marienthron, unter ihnen Katharina von Bora (1499–1552), die der Reformator Martin Luther in Wittenberg 1525 heiratete. Seit 1525 stand N. unter direkter Aufsicht Kurfürst Johanns des Beständigen von Sachsen-Wittenberg, der 1527 in Kursachsen die Evangelisch-Lutherische Landeskirche gründete, deren „Landesbischof“ er wurde. Die erste kurfürstliche Visitation verordnete 1529 eine evangelische Kirchenordnung. Nach dem Tod Äbtissin Margarethas II. von Haubitz (1509–36) übernahm der Kurfürst den Besitz und verpachtete ihn 1539 mit Versorgungspflicht der letzten elf Klosterfrauen. Bereits 1543 war das Kloster N. verlassen, die Klostergebäude dienten fortan als Steinbruch.

▶ **Gegenwart.** In Torgau sind keine architektonischen Erinnerungen an den Gründungsort des Klosters geblieben, aber in Grimma existieren heute noch Säulen und Bögen innerhalb der Superintendantur, die an der Stelle des Elisabethhospitals – der zweiten Niederlassung der Schwestern – steht. Im nahen N. erinnert ein malerischer

Nimbschen Zisterzienserinnenabtei, malerische Ruine des spätgotischen Ostflügels der Abteianlage.

Nimburg Antoniter-Präzeptorei, spätgotischer Saalbau der Antoniter in exponierter Lage auf dem Nimberg.

Gebäudetorso an die dritte Niederlassung der Zisterzienserinnen. Die spätgotische Ruine zwischen hohen Bäumen auf einer Wiesenfläche repräsentiert den ehemaligen Ostflügel der Klausur. Er enthielt im Erdgeschoss Kapitelsaal, Küche, Wärmestube und darüber die Schlafzellen der Schwestern. Von der einschiffigen Klosterkirche sind nur Fundamente geblieben. Die nahe „Klosterschänke" war einst die Schmiede.

◆ Mohn, Claudia: Torgau, Grimma, N., Kloster Mariathron (Sachsen), in: Mittelalterliche Klosteranlagen, Petersberg 2006, 323–326; Köhler, Anne-Katrin: Geschichte des Klosters N., Leipzig 2003.

Nimburg, *Antoniter-Präzeptorei (1456–1559), Diözese Konstanz – (Teningen-N., Lkr. Emmendingen, Baden-Württemberg, ❐ 3, B4).*

▶ **Geschichte.** Markgraf Karl I. von Baden erlaubte 1456 den Chorherren des Antoniterordens auf dem Nimberg zwischen Kaiserstuhl und Schwarzwald an einer bestehenden Bergkirche nahe der untergegangenen Grafenburg eine Niederlassung mit Hospital zu gründen. Der Vorgang ist insofern erstaunlich, weil die caritative Bedeutung der Antoniter und ihrer Hospitäler im Spätmittelalter stark zurückgegangen war und der Orden sich in der Phase des Niedergangs befand. Gleichwohl hatten die Antoniter Mitte des 15. Jh. durch ein ganz Europa überspannendes Terminiernetz beträchtlichen Reichtum erlangt. Nach N. kamen Antoniter aus der Niederlassung Freiburg im Breisgau (s. u.), der sie wohl unterstellt blieben. Die Chorherren ersetzten eine Vorgängerkirche durch die heute noch bestehende Kirche; südlich entstand die Konventsanlage mit Hospital. Nach 60 Jahren versiegten die Terminiereinnahmen aufgrund der reformatorischen Umwälzung im Land; die evangelische Religiosität erkannte die Heilkräfte des hl. Antonius nicht mehr an. Noch bevor die Herrschaft Baden-Durlach durch Markgraf Karl II. von Baden 1555 evangelisch wurde, hatten die Antoniter ihr Kloster verlassen; offiziell wurde die Präzeptorei erst 1559 säkularisiert. Das Hospital diente bis zur Zerstörung im Dreißigjährigen Krieg als landesherrliches Kranken- und Armenspital.

▶ **Gegenwart.** Einzig die spätgotische Antoniterkirche blieb aus der klösterlichen Zeit erhalten und fällt heute als evangelische „Bergkirche N." wegen ihrer exponierten Lage ins Auge. Der spätgotische Saalbau mit seitlichem Glockenturm und Polygonschluss erhielt wohl aus statischen Gründen die seltene Süd-Nordausrichtung und nicht die übliche Ostung, die der Vorgängerbau noch aufwies. Der Innenraum ist flachgedeckt. Bedeutende Malereien an den Wänden zeigen einen Passionszyklus; sie werden noch den Antonitern zugesprochen. Jüngste archäologische Untersuchungen ergaben, dass der malerische Höhenort schon in römischer Zeit besiedelt war.

❖ In Freiburg im Breisgau unterhielten die Antoniter von etwa 1290 bis 1630/40 eine sehr bedeutende Präzeptorei, die mitunter gar als Generalpräzeptorei des Antoniterordens bezeichnet wird. Aber das „Liber Refformacionis" des Ordens von 1477 listet unter allen 42 Generalhäusern lediglich sechs Niederlassungen im deutschsprachigen Raum als *praeceptoriae generales* auf: Roßdorf (➛ Höchst/Main), Isenheim (Elsass), ➛ Memmingen, ➛ Grünberg, Konstanz (s. u.) und Prettin (➛ Lichtenberg), nicht jedoch Freiburg im Breisgau; diese Niederlassung war wohl lediglich als *praeceptoria subdita* eingestuft. Von der Freiburger Antoniterniederlassung im Stadtteil Oberlinden gegenüber dem Augustiner-Eremitenkloster (➛ Freiburg) blieb das „Antoniterhaus" erhalten, das bis 1808 als Pfründenhaus von der Stadt genutzt und entsprechend überbaut wurde. Das Gebäude trägt aber noch einen gotischen Giebelaufsatz der Antoniter, der zum Tragen zweier Glocken vorgesehen war. Gegenwärtig bemüht sich die städtische Denkmalpflege um die Sanierung des Gebäudes und seines besonderen Glockengiebels.

Zu den Generalpräzeptoreien des Antoniterordens zählt das Antoniterhaus in Konstanz, das 1348 erstmals erwähnt wird und während der Reformationswirren in der Reichsstadt 1527 vom letzten Präzeptor Claudius Lyasse veräußert wurde. Die Quellenlage über diese Generalpräzeptorei ist schlecht, das Kloster in der Rindsportergasse war zur Zeit des Konstanzer Konzils (1414–18) ein stattlicher Bau, der aber keine architektonischen Spuren hinterlassen hat.

◆ Steffens, Thomas: Das Antoniterhaus in N., in: Jahrbuch des Landkreises Emmendingen 18 (2004) 9–24; Mischlewski, Adalbert: Grundzüge der Geschichte des Antoniterordens, Köln 1976.

Nordhausen, *Franziskanerkloster St. Maria und St. Franziskus (1230–1525), Erzdiözese Mainz – (Kreisstadt, Thüringen, ❐ 2, A5).*

▶ **Geschichte.** Die Minoriten kamen bereits 1225 an den Südrand des Harzes nach N., neben Mühlhausen eine von zwei Reichsstädten in Thüringen. Die ersten Brüder blieben nur bis 1228, weil der Seelsorgedienst für sie nicht gewährleistet war. Nach dem zweiten Anlauf 1230 erbauten sie am Nordrand der Altstadt ihre Klosteranlage. 1234 brannte die erste Klosteranlage samt der Kirche ab, die Weihe der wiedererrichteten Kirche erfolgte 1276. Ein Provinzkapitel der Ordensprovinz Saxonia soll 1269 in N. stattgefunden haben, die Überlieferung dafür bleibt aber unsicher. Als besonderer Förderer erwies sich Graf Friedrich I. von

Nordhausen Franziskanerkloster, rudimentäre Klostermauern, die sich nicht mehr zuordnen lassen.

Stolberg, der 1272 den Klosterbezirk um einen nahen Hof erweiterte und die Brüder bat, seine verstorbene Frau in ihr Gebetsgedenken aufzunehmen. Sächsische Mitbrüder trafen sich 1460 und 1499 in N. zum Provinzkapitel, diesmal sind die Daten zuverlässig. 1484 übernahm ein städtischer Prokurator die Verwaltungsaufgaben, einen Wechsel des konventualen Konvents zur Observanzvikarie kann man jedoch ausschließen. 1522 drang erstmals die lutherische Glaubenslehre nach N. Anfang Mai 1522 kam es zum ersten „Pfaffensturm", der Stadtrat nutzte die Situation, um sich die Kirchenhoheit anzueignen, die bislang das Kollegiatstift Heilig Kreuz unangefochten innehatte. Im September 1524 war die Reformation in N. bereits eingeführt; reichspolitisch blieb die Stadt aus Rücksichtnahme auf Kaiser und Erzbischof zurückhaltend. Während im Frühjahr 1525 aufständische Bauern im Umland die Zisterzienserabtei ➛ Walkenried, das Prämonstratenserstift Ilfeld (s. u.) und das nahe Servitenkloster Himmelgarten in N.-Rossungen zerstörten, kam es zur erneuten Plünderung altkirchlicher Einrichtungen in der Stadt durch die Bürger. Der Rat eignete sich das ➛ Altendorfkloster und drei städtische Bettelordensklöster an, die Mendikanten waren inzwischen geflohen.

▶ **Gegenwart.** Augustiner-Eremiten und Dominikaner hinterließen in N. keine architektonischen Spuren. Vom Franziskanerkloster blieben im Freigelände Spendekirchhof Gebäudereste erhalten, die sich aufgrund starker Verwitterung und Wildwuchs nicht mehr zuordnen lassen; zur Kirche gehörten sie wohl nicht, eher zu den Klausurgebäuden. Ein Portalbogen behielt seine Form; das Torhaus am Eingang des Parks stammt von 1667.

❖ Das Stift Ilfeld nördlich von N. entstand vor 1190 mit Prämonstratensern aus ➛ Pöhlde und endete 1525 nach dem Bauernkrieg. Die im ehemaligen Stift eingerichtete evangelische Klosterschule wurde weit über die Region hinaus bekannt und erst 1933/34 geschlossen. Seit 1948 dient der barocke Schulkomplex einem Krankenhaus. Die letzten Gebäude der Prämonstratenser fielen 1859.

◆ Pieper, Roland/Einhorn, Jürgen W.: Franziskaner zwischen Ostsee, Thüringer Wald und Erzgebirge, Paderborn 2005, 177–179; Schmies, Bernd/Rakemann, Kirsten: Spuren franziskanischer Geschichte, Werl 1999.

Nördlingen Franziskanerkloster, das heutige „Klösterle" ist die ausgebaute Franziskanerkirche von 1422.

Nördlingen, *Franziskanerkloster (1243–1536) – „Klösterle", Diözese Augsburg – (Lkr. Donau-Ries, Bayern, ❐ 3, D3).*

▶ Die Bürger von N. im Ries stifteten für die Minoriten zur Bereicherung der städtischen Seelsorge das erste Kloster in ihrer aufstrebenden Königs- und Messestadt. Erste Barfüßer predigten mit Sicherheit schon vorher in der Stadt, möglicherweise schon eine erste Gruppe 1221 auf ihrem Weg von ➛ Augsburg nach ➛ Würzburg. Ihr dauerhaftes Bleiben im Haus am Tändelmarkt wird für 1243 angenommen, dem Jahr der ersten urkundlichen Erwähnung. Eine Beginengemeinschaft gegenüber dem Barfüßerkloster wurde von den Brüdern betreut, unter deren Einfluss sich die Frauen um 1350 zur Drittordensregel bekannten und einen franziskanischen Tertiarinnenkonvent gründeten. Die beiden Klöster blieben lange unter sich, andere Orden besaßen in N. lediglich Stadthöfe, u. a. auch der Deutsche Orden. Die Antoniter versuchten zweimal vergeblich Fuß zu fassen, lediglich die Karmeliten gründeten 1401 eine Niederlassung in der Stadt (➛ Nördlingen). Die Zisterzienserabtei ➛ Heilsbronn übte in N. das Patronatsrecht aus. Ein Vertrag regelte 1337 die geistlichen Handlungen der Mendikanten, damit die Einkünfte des Stadtpfarrers nicht geschmälert würden. Nördlinger Minoriten schlossen sich wohl nicht der Observanzbewegung ihres Ordens an, sondern verharrten auf dem alten Konventualenstatus mit Besitzanspruch. Schon 1522/23 bekannte sich die Bürgerschaft zur Reformation, die Stadt gehörte auf dem Reichstag zu Speyer 1529 zum Bund der protestierenden Fürsten und Städte. Der Konvent blieb nicht unbeeinflusst, zumindest verarmte er wegen ausbleibender Almosen und musste 1526 notgedrungen Liegenschaften verkaufen. Im Mai 1536 übergaben die letzten drei Brüder dem evangelischen Magistrat Kloster und Besitz gegen Leibrenten. Aus der Bettelordenskirche entstand ein Kornspeicher, Feuerwehrdomizil, Stadtsaal und Hotel. Das traditionell „Klösterle" genannte Haus war der zweite Kirchenbau der Minoriten, der 1422 vollendet und nachklösterlich dreigeschossig ausgebaut und mit Treppengiebel verziert wurde; Langchor und Klausur unterlagen dem Abriss. Von dem Kloster der franziskanischen Schwestern blieb keine Architektur erhalten.

◆ Schlagbauer, Albert: N. in seinen Kirchen und Kapellen, Nördlingen 1999; Voges, Dietmar-H.: Die Reichsstadt N., München 1988.

Nördlingen, *Karmelitenkloster St. Salvator (1401–1564) – „Herrgottskloster", Diözese Augsburg – (Lkr. Donau-Ries, Bayern, ❐ 3, D3).*

▶ **Geschichte.** Die Reichsstadt N. im Ries besaß im Spätmittelalter 26 Kirchen und Kapellen, inbegriffen jene der zwei Franziskanerklöster (➛ Nördlingen). Dennoch entschied sich der Rat um 1385 zum Bau der Kapelle „Corporis Christi" am Ort eines Wunders im Süden der Altstadt: Eine

Nördlingen Karmelitenkloster, spätgotischer Kreuzgang mit Rippengewölbe im Klausurgebäude.

verlorene Hostie wurde 1381 nach einem Brandunglück unversehrt wiedergefunden. Die spätmittelalterliche Wundergläubigkeit der Bevölkerung ließ rasch eine Wallfahrt zur neuen Kapelle entstehen; 1401 rief der Rat Karmeliten zur Betreuung in die Stadt, offenbar fühlten sich die am Ort lebenden Minoriten nicht zuständig. Der Karmelitenorden gründete im selben Jahr einen Konvent, wozu Papst Bonifatius IX. und Bischof Burkhard von Augsburg (Ellerbach) ihre Einwilligung gegeben hatten. Die Herrgottskapelle erwies sich bald als zu klein, weshalb die Ordensbrüder eine größere, typische Bettelordenskirche errichteten, die 1422 konsekriert wurde. Schon 1401 hatten sich die Karmeliten verpflichten müssen, erworbene Liegenschaften nicht länger als ein Jahr zu behalten; auch durften Pfarrrechte der Zisterzienserabtei ➛Heilsbronn und der Minoriten nicht geschmälert werden. Innere und wirtschaftliche Schwierigkeiten führten während der Reformationszeit zum Verfall des Konvents, Almosen blieben aus. Prior Kaspar Kantz und seine Mitbrüder konvertierten bereits 1522. Kantz († 1544) wurde einer der führenden Reformatoren seiner Vaterstadt und verfasste 1522 „Die rechte evangelische und apostolische Meß, geteutschet“, die erste deutschsprachige evangelische Messe im Druck überhaupt. Ordensprovinzial Andreas Stoß (1529–40) erlaubte 1530 den beiden einzig verbliebenen Karmeliten, Prior Steurer und Georg Schäffler, Wertsachen zu verkaufen. Der protestantische Stadtrat bestand auf einem evangelischen Diakon, neuen Konventualen wurde der Eintritt ins Kloster verwehrt. Um 1550 lebte nur noch ein Ordensbruder in N., ein von der Ordenszentrale gesandter Prior wurde 1550 aus der Stadt vertrieben. Der Orden sah sich 1564 gezwungen, das Herrgottskloster dem Magistrat zu übergeben.

▶ **Gegenwart.** Seit 1825 gehört die Salvatorkirche wieder der neugegründeten katholischen Gemeinde N. Erst jetzt wurde das Langhaus zu einer dreischiffigen Halle im Stil der Neugotik erweitert. Dabei blieb das spätgotische, eingezogene Chorpolygon der Karmeliten bestehen. Ein spitzbogiges Hauptportal mit doppelgekehltem Gewände und Figurenschmuck aus der Gründungszeit ziert die schlichte Westfront. Im Inneren überraschen Wandmalereien des 15. Jh.; von der originalen Ausstattung sind nach den Plünderungen während der napoleonischen Kriege nur noch wenige Stücke vorhanden. Ein südlich angebautes, zweigeschossiges Klausurgebäude dient heute als Pfarrhaus. Ost- und Südflügel des Kreuzgangs mit Kreuzrippengewölbe blieben erhalten, ein Schlussstein trägt als Inschrift das Jahr 1474.

◆ Schlagbauer, Albert: N. in seinen Kirchen und Kapellen, Nördlingen 1999; Voges, Dietmar-H.: Die Reichsstadt N., München 1988; Smet, Joachim/Dobhan, Ulrich: Die Karmeliten, Freiburg 1981.

Nordshausen, *Zisterzienserinnenkloster St. Maria (vor 1257–1527), Erzdiözese Mainz – (Kassel-N., kreisfreie Stadt Kassel, Hessen, ❐ 1, D5).*

▶ **Geschichte.** Der Ort N. südlich von Kassel erscheint 1207 in einer Urkunde der Benediktinerabtei ➛Hasungen, die aber als Falsifikat zu bewerten ist. Graf Albert II. von Wallenstein und seine Gemahlin Adelheid von Elben stifteten vor 1257 in N. ein Frauenkloster, dessen Privilegien laut Anordnung Papst Alexanders IV. vor 1261 zu achten und zu schützen seien; weitere päpstliche Bestätigungen erfolgten 1290 und 1303. Erzbischof Werner von Mainz (Eppstein) begrenzte 1263 die Höchstmitgliederzahl auf 24 Schwestern. Eine kleine Missionskirche von etwa 1050 wurde 1257 für die Schwestern nach Osten um mehr als das Doppelte in mehreren Etappen verlängert, ihre Wände für eine Empore erhöht und mit gotischen Fenstern versehen. Zur Grundausstattung gehörte die Pfarre Oberzwehren; 1271 tritt erstmals ein Propst Eckehard auf. Die Herkunft der Frauen ist unbekannt, sie galten immer als Zisterzienserinnen. Direkte Verbindungen zum Zisterzienserorden sind aber nicht erkennbar, ihre Ordenszugehörigkeit ist ähnlich unbestimmbar wie jene der Konvente in ➛Allendorf, ➛Blankenau oder ➛Osterode. Die Erzbischöfe von Mainz hielten bis in das 16. Jh. die Jurisdiktion inne. In den letzten Jahrzehnten seiner Existenz war der Konvent der Benediktinerabtei Hasungen als Propstei unterstellt. Dotationen und Mitgiften vermehrten den Besitz; eigene Erwerbungen, Verpachtungen, Tausch- und Zinsgeschäfte erlaubten einen gewissen Wohlstand. Die Einnahmen kamen aus 139 Rechtstiteln (eine im Vergleich mit anderen Konventen im Raum Kassel relativ unbedeutende Anzahl). Die Stadt Kassel befreite die Frauen 1310 von allen Abgaben. Visitationen Anfang des 16. Jh. offenbarten die Verflachung der Klosterzucht. Auf Wunsch Landgraf Wilhelms II. von Hessen und Erzbischof Jakobs von Liebenstein sandte der letzte Abt Johann Amelungk (1501–27) von Hasungen 1508 Benediktinermönche nach N. zur seelsorglichen Betreuung der Schwestern. 1522 verstarb der Hasunger Propst Georg in N. 1527 betreuten die Benediktiner Heinrich Tylemann und Johann Schütz den Frauenkonvent; sie mussten in jenem Jahr erleben, wie das Frauenkloster und ebenso ihre Mönchsabtei durch Landgraf Philipp I. aufgehoben wurde. Äbtissin Gertrud Bergmann, 18 Chor- und sechs Laienschwestern erhielten Abfindungen. Die Einkünfte der Klostergüter dienten fortan der ersten evangelischen Universität Marburg.

▶ **Gegenwart.** Die Klosterkirche in N. dient noch heute der evangelischen Gemeinde als Pfarrkirche. Sie ist eine einfache Saalkirche mit flachem Ostteil; romanische Bauteile der Ursprungskapelle sind an der kleineren Form der Steine zu erkennen. Der Glockenturm im Westen besteht aus großen Quadersteinen und wurde um 1247 vor Ankunft der Zisterzienserinnen erbaut. Die Kirchenwände zeigen Unregelmäßigkeiten in der Mauerstruktur, die durch mehrere Verlängerungen des Schiffs im Laufe der Jahrhunderte entstanden. Der Innenraum ist schlicht, einziger Schmuck sind Rippengewölbe und Rundbögen mit roten Ziegeln sowie drei Schlusssteine. Außergewöhnlich erscheint ein dreigeschossiger Sakristeianbau an der Nordostecke der Kirche. Das Klausurquadrum schloss sich nördlich an; erhalten blieben Reste des Westflügels, noch heute als Wohnstätte genutzt. Östlich der Kirche steht eine quadratische Zehntscheuer mit Fachwerkaufsatz, die heute als Gemeindehaus dient.

◆ Mohn, Claudia: N. (Hessen), in: Mittelalterliche Klosteranlagen, Petersberg 2006, 329f.; Poppenhäger, Fritz: 925 Jahre N. im Wandel der Jahrhunderte 1076–2001, Kassel 2001.

Northeim, *Benediktinerabtei (St. Maria) St. Blasius u. a. (vor 1117–1803), Erzdiözese Mainz – (Kreisstadt, Niedersachsen, ❐ 1, D5).*

▶ **Geschichte.** Graf Siegfried IV. von Boyneburg vollendete 1117 die Stiftung des Benediktinerklosters St. Blasius in N., die schon sein Großvater Otto I. von Northeim (auch Herzog von Bayern, † 1083) eingeleitet hatte. Den Gründungsvorgang verschleiern mehrere Fälschungen des 13. Jh.; die Existenz eines vorausgegangenen Kollegiatstifts wird heute stark angezweifelt. Von Beginn an bestand neben dem Mönchskonvent bis 1234 eine Frauengemeinschaft. Der erste Abt Warmund (1117/41) kam aus dem Reformzentrum ➛ Corvey und brachte wohl Gewohnheiten der ➛ Hirsauer Reform mit; die Existenz eines Doppelkonvents spricht für neucluniazensische Statuten. Die Stifterfamilie stattete ihr Kloster großzügig aus. Der letzte männliche Spross starb 1144, danach gelangte die St. Blasiusabtei an das Erzstift Mainz. Abt Wicelin (1144/70) betätigte sich politisch und erlangte wichtige Privilegien, die Erzbischof Heinrich I. von Harburg bestätigte. Welfenherzog Heinrich der Löwe übte zunächst die Schirmherrschaft aus, aber nach seinem Sturz übertrug Mainz den Grafen von Dassel die Vogteirechte. Otto das Kind, erster Herzog von Braunschweig-Lüneburg, gewann einen Teil der Vogtei für die Welfen zurück, löste den Frauenkonvent 1234 auf, verfügte die Schwestern nach ➛ Wiebrechtshausen und ➛ Fredelsloh und geriet 1240/41 in kriegerische Auseinandersetzung mit Graf Adolf von Dassel, der auf alte Ansprüche nicht verzichten wollte. Plünderungen, Brandschatzung und Feuertod der Mönche brach über die Abtei herein; schließlich verkauften Graf Dassel und sein Lehnsmann Poppo von Plesse ihre Rechte und Besitzanteile. Abt Ernst (1263–69) musste 1267 das Marktprivileg der aufstrebenden Stadt überlassen. Im 14. Jh. zwangen finanzielle Nöte zu weiteren Einschränkungen. 1312 begrenzte Erzbischof Peter von Aspelt die Konventsstärke auf 24 Mönche. Innere Reformen setzte Abt Heinrich (1325–37) um 1330 mit einer neuen Hausordnung durch. 1477 löste die neue Stadtschule die Klosterlehranstalt ab, Pfarrrechte blieben aber beim Abt. Der Novizenmeister Johannes Dederoth († 1439) von N. stieg zum Initiator der bedeutendsten Reformvereinigung der Benediktiner im Spätmittelalter auf, denn Dederoth führte als neu berufener Abt 1430 in ➛ Clus und 1433 in ➛ Bursfelde eine strenge Observanz ein. Die Abtei Bursfelde stieg zum norddeutschen Erneuerungszentrum der Benediktiner auf. Erst unter Abt Heinrich Peine (1464–77), einem Schüler Dederoths, trat der Konvent von N. 1464 der ➛ Bursfelder Kongregation bei, Abt Peine wurde 1477 nach ➛ Abdinghof in Paderborn berufen. Die Abtei N. überwachte die Reform im nahen Frauenkloster Höckelheim (s. u.); von entsprechenden Einflüssen im Schwesternkonvent Wiebrechtshausen ist nichts bekannt. Die Reformation läutete im 16. Jh. ein sich lange hinziehendes Ende ein. Zwar schützte Herzog Erich d. Ä. von Calenberg-Göttingen beim Übertritt des Magistrats zum Protestantismus 1539 ausdrücklich die verbrieften Rechte des Klosters, seine Witwe, Herzogin Elisabeth, jedoch erließ 1541 eine lutherische Kirchenordnung. Abt Heinrich Palborn (1507–49) wehrte sich noch vehement gegen Visitationen; der Konvent war auf vier Mitglieder geschmolzen. Zwei Pestwellen, Repressalien

Nordshausen Zisterzienserinnenkloster, durchgehende rote Dienste und Rippen betonen das Chorgewölbe.

und Verarmung zerrütteten die Gemeinschaft, obwohl Herzog Erich II. 1555 die Rekatholisierung einleitete. Herzog Heinrich Julius beendete 1592 das monastische Leben in N. Der letzte gewählte Abt Bruns (1572–92) starb 1616 im Michaelskloster in ➛ Hildesheim.

▶ **Gegenwart.** Von der Abteikirche blieb wenig Bausubstanz erhalten, lediglich Teile der Nordwand und der anschließende Klausurtrakt mit der gewölbten Sakristei von 1517 haben als „St. Blasienkapelle" die Zeiten überlebt, ebenso wie ein Rest des Kreuzgangs. Die Kapelle wird heute von der evangelischen Gemeinde genutzt. Im Osten schließt sich ein Fachwerkflügel an, dessen Obergeschosse 1476 erbaut wurden, dessen massives Erdgeschoss aber romanischen Ursprungs ist und möglicherweise als Klosterschule diente. Reste der Umfassungsmauern sind erhalten.

❖ Das Kloster Höckelheim westlich von N. wurde von den Edelherrn von Plesse 1247 für eine Frauengemeinschaft aus Voremberg gestiftet und bestand als Zisterzienserinnenkloster, bis der erste evangelische Prediger 1576 eingesetzt wurde. Von der mittelalterlichen Anlage blieb keine aufstrebende Architektur erhalten. Unklar ist, ob die heutige Dorfkirche auf alten Grundmauern steht.

◆ GermBen 6, 363–385.

Nürnberg, *(1) Benediktinerabtei St. Aegidius; (2) Deutschordenskommende St. Jakob der Ältere; (3) Dominikanerkloster St. Maria; (4) Dominikanerinnenkloster St. Katharina; (5) Franziskanerkloster; (6) Kartäuserkloster St. Maria; (7) Magdalenenkloster St. Magdalena/Klarissenkloster – Diözese Bamberg – (kreisfreie Stadt, Bayern, ❐ 4, A3).*

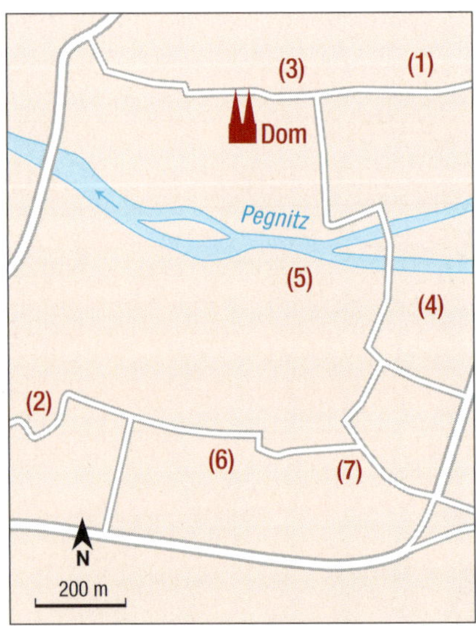

Nürnberg, *(1) Benediktinerabtei St. Aegidius (1140–1525) – „Schottenkloster" oder „Egidienkloster".*

▶ **Geschichte.** Unter den Schottenklöstern des 12. Jh. war die Niederlassung in N. die einzige Königsgründung. Der Staufer Konrad III. und Königin Gertrude von Sulzbach übergaben 1140 dem ➛ Regensburger Schottenkloster die Egidiuskapelle mit Hof und Besitz südöstlich der Burg außerhalb der Stadtmauer N. zur Gründung des ersten Klosters in der sich entwickelnden Königsstadt. Als Patron diente der hl. Aegidius, Abt von St. Gilles in der Provence und einer der 14 Nothelfer (um 640– um 720), in N. einfach „Egidius" genannt. Der erste irische Konvent kam mit Abt Deocarus (1140–46?) aus Regensburg und begann sofort mit dem Bau einer größeren Abteikirche. Die Abtei diente den königlichen Herrschern zur Festigung der Reichsansprüche über die Stadt gegenüber dem Bamberger Bischof. Die Burggrafen dürften die Schirmherrschaft ausgeübt haben, die nach 1192 an das damals noch unbekannte schwäbische Haus Zollern überging. 1215 verfügte Papst Innozenz III. den Zusammenschluss aller Schottenklöster zu einer Kongregation unter Leitung der Abtei Regensburg, was im Immunitätsprivileg König Heinrichs (VII.) 1225 noch einmal zum Ausdruck kommt. Der Regensburger Abt besaß die geistliche Weisungsbefugnis in N., weltlich unterstand St. Aegidius allein dem König. Die Immunitätsurkunde erweist sich durch heutige Analyse wohl nicht als Fälschung, wie bislang angenommen. Die „Schotten" verteidigten ihre Exterritorialität stets erfolgreich. In der Klosteranlage tagte das Nürnberger Landgericht. Mit Erweiterung der Stadtmauer 1350 rückte die Abtei in den Verteidigungsgürtel der Stadt. Im 14. Jh. begann der Niedergang des Konvents, zunächst hervorgerufen durch Mangel an Nachwuchs aus Irland. Anfang des 15. Jh. lag die Klosterzucht danieder, Güter wurden verschleudert, die Gebäude waren in ruinösem Zustand, Ornate und liturgische Gefäße wurden an Juden verpfändet. Nach vergeblichen Reformversuchen durch drei Mönche aus ➛ Fulda Andreasberg beauftragte der Bamberger Bischof Albrecht von Wertheim 1418 den Benediktinerabt Lazarus Krazel (1417–18) aus dem Reformzentrum ➛ Reichenbach (Oberpfalz) mit der Einführung der ➛ Kastler Reformstatuten; die sich verweigernden Iren mussten N. verlassen. Der neue Konvent setzte sich aus Abt Georg Möringer (1418–28, 1435–65) und sieben Benediktinern aus der Abtei Reichenbach zusammen. Die Kirche wurde erneuert; erstmals entstand ein Konversenhaus, eine später berühmte Klosterschule wurde gegründet. Die Abtei N. entwickelte sich zum Reformzentrum der Kastler Erneuerungsbewegung und beeinflusste die Abteien ➛ Donauwörth, ➛ Füssen, Münsterschwarzach und ➛ Mönchröden. Die Reformation fand in N. schon frühzeitig gerade unter den Benediktinern eifrige Anhänger, die Abt Wolfgang Summer (1504–20) absetzten und den evangelischen

Nürnberg Benediktinerabtei „Schottenkloster", Wolfgangskapelle (1437), möglicherweise der älteste Bestand.

Abt Friedrich Pistorius (1520–25) wählten, der im Juli 1525 das Egidienkloster an den Magistrat übergab. Luthers Mitstreiter in Wittenberg, Philipp Melanchthon (1497–1560), gründete im aufgelösten Kloster ein neues Gymnasium. 1696 brannten Kirche und Anlage ab.

▶ **Gegenwart.** Die heutige evangelisch-lutherische Pfarrkirche St. Egidius entstand 1711/18 mit Spenden der Nürnberger Bürger im repräsentativen Barockstil mit monumentaler Zweiturmfront unter Verwendung des alten gotischen Chors und romanisch-gotischer Kapellen im südöstlichen Bereich. Die romanische Egidiuskapelle, die die ersten Mönche vorfanden, dürfte mit der heutigen zweischiffigen Euchariuskapelle identisch sein. Die Tetzelkapelle ersetzte um 1345 den Chor der Euchariuskapelle nach einer Stiftung des Bürgers Fritz Tetzel. Die Wolfgangskapelle entstand in ihrer heutigen Form um 1437. Nicht nur einzelne Schmuckformen in den mittelalterlichen Kapellen beeindrucken den heutigen Besucher, sondern auch die künstlerisch hochwertigen Ausstattungsstücke aus der monastischen Zeit. Mittelalterliche Klausurgebäude blieben nicht erhalten.

◆ GermBen 2, 197–201; Pechloff, Ursula: N., St. Egidien, Passau 1996; Flachenecker, Helmut: Schottenklöster. Irische Benediktinerkonvente im hochmittelalterlichen Deutschland, Paderborn 1995.

Nürnberg, *(2) Deutschordenskommende St. Jakob der Ältere (1209–1806) – „Deutschordenshaus“.*

▶ **Geschichte.** Das Königsgut in N. bestand aus zwei Komplexen. Den Bereich südöstlich der Burg erhielten 1140 die „Schotten“ zur Gründung der Abtei St. Aegidius (➛ Nürnberg [1]), den zweiten Komplex in der Lorenzer Vorstadt übertrug Kaiser Otto IV. von Braunschweig 1209 dem Deutschen Orden, der in N. nach Halle an der Saale die zweite Niederlassung in den Grenzen des heutigen Bundesgebietes gründete. Zur Grundausstattung gehörte die Pfarrkirche St. Jakobus und angeblich ein bestehendes Hospital. Als erster Verweser wird Magister Fridricus genannt. Abgesehen von königlichen Schenkungen erweiterte die Kommende ihren Besitz in der Anfangszeit untypischerweise fast ausschließlich durch eigene Zukäufe. Etwa 1228 trat Poppo von Osterna der Gemeinschaft bei, der später das Amt des Hochmeisters (1252–56) in Akkon übernahm. Indizien sprechen eher für die Gründung des Hospitals durch den Orden; bis 1339 blieb das Elisabethhospital des Deutschen Ordens die einzige entsprechende Einrichtung in N. Das päpstliche Privileg zur Lesung der Heiligen Messe auch in Zeiten des Interdikts sowie bischöfliche Ablässe steigerten die Attraktivität der Spitalkirche und die Einnahmen. Mit reichlichen Schenkungen nun auch von Ministerialen bauten die Komturen Ulrich von Ulm (1271/72) und Konrad von Ursensollen (1279–89) den Besitzstand in der Stadt aus. Als Stifter traten in diesen Jahren vor allem Ulrich und Irmgard von Sulzbürg hervor. Die Kommende ➛ Hüttenheim bei Kitzingen wurde N. 1287 als abhängiges Haus untergeordnet, ebenso die Kommende ➛ Eschenbach (vor 1315). Die Niederlassung N. stieg im 14. Jh. zum reichsten Ordenshaus in Franken auf, Landkommende wurde sie aber nicht; als Residenzort wählten die Landkomture das Ordenshaus in Ellingen (s. u.). Erst gegen Ende des 14. Jh. wurden Kommende und Spital in den Mauerring der Stadt eingebunden. Seit 1333 übten die Hohenzollern als Burggrafen im Auftrag König Ludwigs des Bayern die Schirmherrschaft aus. Die finanzielle Lage verschlechterte sich etwa 1350 in der Zeit der großen Pest. Zukäufe nahmen ab, die Verschuldung der Deutschherren besonders bei den Juden nahm zu. König Karl IV. schränkte 1364 das Asylrecht des Deutschen Ordens zum Vorteil der Stadtbehörden ein. Allgemeine Ordenskrise, schwäbischer Städtekrieg und die verlorene Schlacht von Tannenberg 1410 bekam auch die Kommende N. zu spüren. Die Komture von Egloffstein erreichten Ende des 14. Jh. hohe Ordensämter: Konrad – Komtur (1390–92), Landkomtur der Ballei Franken (1394–96), Deutschmeister (1396–1416) und geheimer Rat König Ruprechts; sein Bruder Wolfram – Komtur und Landkomtur (1397–1406). Der dritte Bruder Johann war Bischof von Würzburg (1400–11). Die Landkomture Melchior von Neuneck (1463–91) und Wolfgang von Eisenhofen (1492–1527) schafften gegen den allgemeinen Trend einen wirtschaftlichen Aufschwung, der die Ballei Franken zur Stütze des Ordens nach den existenziellen Katastrophen des 16. Jh. (Bauernkrieg, Verlust Preußens und Reformation) prädestinierte. Die Kommende N. blieb nach der Reformation bis 1806 eine katholische Enklave inmitten der protestantischen Reichsstadt.

▶ **Gegenwart.** Die einst bedeutende Spitalkirche des Deutschen Ordens ist 1785 dem gewaltigen Kuppelbau, der heutigen katholischen Pfarrkirche St. Elisabeth, gewichen. Mittelalterliche Kommende- oder Spitalgebäude sind nicht erhalten. Einzig die gotische Kirche St. Jakob der Ältere erinnert an den Deutschen Orden des mittelalterlichen N. Sie wurde von den Deutschherren an Stelle einer romanischen Kirche etwas abseits des Kommende-Spitalkomplexes frei auf dem Jakobsplatz erbaut (1290–1350) und war durch einen Holzgang mit der Kommende verbunden. Der hochaufragende Saalbau mit Nordostturm durchlief einige spätgotische Umbauten und neuzeitliche Veränderungen; er überlebte die Brandbomben des Zweiten Weltkriegs als Torso und dient heute einer evangelisch-lutherischen Gemeinde als Pfarrkirche. Reiche mittelalterliche Ausstattungsstücke, Wappen, Aufschwör- und Totenschilder atmen noch den Geist des Deutschen Ordens. Ein Grabstein erinnert an den Komtur-Landkomtur-Deutschmeister Konrad von Egloffstein.

❖ Die Kommende Ellingen erwuchs um 1250 aus einem Hospital und war vom frühen 14. Jh. bis 1789 Sitz des Landkomturs der Deutschordensballei Franken. Der ganze Ort wurde vom Orden geprägt und ist heute eine Perle des fränkischen Barocks. Das Ordensschloss entstand zwischen 1718 und 1724.

◆ Leyh, Robert: St. Jakob N., Regensburg 2005; Weiss, Dieter J.: Die Geschichte der Deutschordens-Ballei Franken im Mittelalter, Neustadt/Aisch 1991; Pfeiffer, Gerhard (Hg.): N. – Geschichte einer europäischen Stadt, München 1971.

Nürnberg, *(3) Dominikanerkloster St. Maria (um 1275–1543) – „Predigerkloster“.*

▶ **Geschichte.** Die Dominikaner errichteten um 1275 etwa 50 Jahre nach den Minoriten (➛ Nürnberg [5]) ein Kloster an der Burgstraße in N. Zunächst entstand ihre Kirche St. Maria, sodann die Klausur 1288, der Kreuzgang folgte erst 1328. Der berühmte Ordensreformer Johannes Nider (um 1380–1438) aus dem Konvent in Colmar (Elsass) trat im Sinn der Reformkonzilien für die Erneuerung der Kirche ein, setzte als Prior (1427–29) und Generalvikar der Ordensprovinz Teutonia die Observanz im Nürnberger Konvent durch, verhandelte mehrmals mit den Hussiten in Böhmen, starb 1438 auf der Durchreise im Kloster N. und wurde hier beigesetzt. Das Predigerkloster in N. entwickelte sich zum spätmittelalterlichen Ausstrahlungszentrum ordensinterner Erneuerungen. Die Observanz förderte die wissenschaftlichen Studien; von Prior Georg Walder (1429–34) sind mehrere Handschriften überliefert. Er festigte die Observanz nicht nur in seinem Konvent oder im betreuten Dominikanerin-

Nürnberg Deutschordenskommende, Sakramentshäuschen und Pietà in der gotischen St. Jakobskirche.

Nürnberg Dominikanerinnenkloster, Chorruine der monumentalen, gotischen St. Katharinenkirche von 1297.

nenkloster St. Katharina (➛ Nürnberg [4]), sondern 1434 auch als Prior im Konvent Wien. Prior Johannes Herolt († 1468) von N. lehrte im ➛ Regensburger Dominikanerkloster und schrieb Mustersammlungen für Predigten, die bis weit in die Neuzeit hinein Verbreitung fanden. Zusammen mit Mitbrüdern aus Wien führten die Dominikaner aus N. 1447 Reformen im Dominikanerkloster ➛ Eichstätt ein. 1473 wurde der neue Konvent in ➛ Stuttgart besiedelt; die engen Beziehungen führten zur zeitweisen Unterstellung des Stuttgarter Konvents. Bei den Nürnberger Religionsgesprächen im März 1525 vertrat Prior Konrad Pflüger zusammen mit dem Guardian Michael Fries der Barfüßer und dem Prior Andreas Stoß der Karmeliten (s. u.) die altgläubige Seite gegen den sich evangelisch bekennenden Stadtrat, der sich als erster Reichsstand lutherisch festlegte und mit Verboten und Repressalien den Altgläubigen begegnete. Fünf verbliebene Insassen übergaben 1543 das Predigerkloster dem Magistrat, der die Ratsbibliothek in den Gebäuden einrichtete.

▶ **Gegenwart.** Nach dem Teileinsturz unterlag die gotische Dominikanerkirche 1807 dem Abriss; an ihrer Stelle steht heute an der Theresienstraße ein Amtsgebäude (1907/10). Oberhalb an der Burgstraße blieb ein Teil der Klausurgebäude mit Treppengiebel erhalten, der als evangelisches Dekanat und Pfarrhaus genutzt wird. Diesen dreigeschossigen Fachwerkbau errichteten die Prediger um 1500, sein zweigeschossiger Westteil entstand um 1505/10. Etwa 180 Handschriften der Dominikaner bereichern heute noch die Stadtbibliothek.

❖ Das oben erwähnte Karmelitenkloster am ehemaligen Korn- und Rossmarkt in N. existierte von 1287 bis 1525. Berühmtheit erlangte der spätgotische Altar der Karmeliten, den Prior Andreas Stoß (1520–25) seinem Vater, dem Bildhauer Veit Stoß, in Auftrag gegeben hatte und der heute den Bamberger Dom schmückt. Klosteranlage und Kirche mussten 1817 einem neuen Hauptgebäude der Post weichen. Auf einem Teilbereich des Klosterareals entstand 2003 ein Kaufhaus.

Die Augustiner-Eremiten unterhielten in der Reichsstadt N. das vierte Mendikantenkloster. Zunächst gründeten sie 1265 ihr Kloster vor dem Neutor, zogen aber 1275 in die Nähe des Weinmarkts. Im 15. Jh. war der Konvent ein Hort der ordensinternen Observanzreform, im 16. Jh. aber Zentrum der innerstädtischen Reformation. 1525 übergaben die Augustinerbrüder selbst ihr Kloster an den Magistrat; es wurde 1872 abgebrochen.

◆ Höss, Irmgard: Das religiöse Leben vor der Reformation, in: N., München 1971, 137–146; Löhr, Gabriel: Das Nürnberger Predigerkloster im 15. Jahrhundert, in: Mitteilungen des Vereins für Geschichte der Stadt Nürnberg 39 (1944) 223–232; Bock, Friedrich: Das Nürnberger Predigerkloster, Beiträge zu seiner Geschichte, in: ebd. 25 (1924) 145–214.

Nürnberg, *(4) Dominikanerinnenkloster St. Katharina (1294–1596) – „Katharinenkloster“.*

▶ **Geschichte.** Der Nürnberger Bürger Konrad von Neumarkt und seine Frau Adelheid stifteten 1294 Bauland zur Gründung eines Dominikanerinnenklosters in der Reichsstadt. 1294 besiedelten vier Schwestern aus ➛ Aurach bei Erlangen die provisorische Gründung. Den Erstkonvent vervollständigten Frauen, die zuvor ein Siechenhaus am selben Ort betreut hatten. Die Klosterbasilika soll schon 1297 dank der Stiftung eines Kraft Lang zu Ehren der hl. Katharina geweiht worden sein. Der Katharinenkonvent in N. erlangte innerhalb der dominikanischen Observanzbewegung hohe Bedeutung und eine zentrale Stellung. Nach langem Widerstand unterwarfen sich die Schwestern 1428 der Regelobservanz, unterstützt vom Prior Georg Walder (1429–34) aus dem städtischen Predigerkonvent (➛ Nürnberg [3]) und beeinflusst von Schwestern aus Schönensteinbach (Elsass). Der spätmittelalterliche Konvent St. Katharinen galt innerhalb der Ordensprovinz Teutonia als Vorbildgemeinschaft. Die reformierten Dominikanerinnen sammelten die größte deutschsprachige Bibliothek des Mittelalters und gaben ihre Observanz an andere Klöster weiter, so etwa nach ➛ Rothenburg/Tauber. Die Kontrolle über das Klostervermögen wurde dem Magistrat übertragen, was diesem weitreichende Eingriffe ermöglichte. So war es eine Ratsentscheidung, als 1504 zehn Schwestern aus St. Katharina nach ➛ Engelthal (Franken) umzogen und dort die Observanz einführten. In der Zeit der reformatorischen Umwälzung beanspruchte die sich seit 1524 evangelisch bekennende Stadt das Verfügungsrecht über seine Klöster. Neun von 50 Schwestern verließen das Katharinenkloster, die übrigen setzten ebenso wie den Klarissen (➛ Nürnberg [7]) unter ihrer berühmten Äbtissin Caritas Pickenheimer (1503–32) der neuen Lehre hartnäckigen Widerstand entgegen. Der Stadtrat verhielt sich reichspolitisch vorsichtig und schloss sich nicht dem protestantischen Schmalkaldischen Bund an, um nicht gegen Kaiser Karl V. militärisch antreten zu müssen. Das

Aufnahmeverbot von Novizinnen seit 1525 beeinträchtigte das Klosterleben nur marginal, der Konvent umging das Verbot durch Einschleusungen neuer Schwestern. Erst die vollständige Übernahme der Finanzhoheit durch den Rat 1577 führte zum Niedergang und zur Schließung des Konvents 1596, nachdem die letzte Chorschwester gestorben war. In der Barockzeit dienten Kirche und Konventsanlage den Meistersingern von Nürnberg als Austragungsort ihres Wettstreits.

▶ **Gegenwart.** Am 2. Januar 1945 traf eine Kriegsbombe der Alliierten die Katharinenkirche so schwer, dass nur noch eine Konservierung der Ruine möglich war. Die Umfassungsmauern der dreischiffigen Emporenbasilika mit Westquerfront und einschiffigem Polygonalchor lassen heute die monumentale Raumwirkung nur noch erahnen. Inzwischen ist die Ruine Hauptspielstätte des kulturellen Sommerprogramms der Stadt. Auch vom nördlich anliegenden spätgotischen Klausurquadrum sind nur die Umfassungsmauern original mittelalterlich; einzig Kreuzgang und Refektorium sind noch zu erkennen. Die neuerbauten Räume nutzt die Stadtbibliothek zur Bewahrung und Katalogisierung der berühmten Klosterbibliothek mit einst etwa 600 Bänden, von denen etwa die Hälfte bewahrt blieb.

◆ Jäggi, Carola: Frauenklöster im Spätmittelalter, Petersberg 2006, 97–102; Steinke, Barbara: Paradiesgarten oder Gefängnis? Das Nürnberger Katharinenkloster zwischen Klosterreform und Reformation, Tübingen 2006.

Nürnberg, *(5) Franziskanerkloster (nach 1224–1562) – „Barfüßerkloster".*

▶ Laut eigener Überlieferung kamen die Minoriten bereits 1224 nach N.; die Burggrafen von Zollern und Patrizierfamilien ebneten den Weg für eine Klostergründung; als besonderer Stifter ist Konrad Waldstromer vermerkt. Die Franziskanerkirche wurde im Dezember 1268 konsekriert. Die Barfüßer betreuten ihre Mitschwestern im Klarissenkloster St. Anna am Frauentor (➛ Nürnberg [7]). Ihr seelsorgliches Hauptapostolat galt der städtischen Unterschicht, aber Namen von 350 Patriziern im Totenkalender verweisen auch auf ein gutes Verhältnis zur Oberschicht und lassen den wachsenden Wohlstand des Klosters erahnen. Mitte des 15. Jh. verzichteten die Brüder auf Besitz und Zinseinkünfte zugunsten des Heilig-Geist-Spitals der Stadt und traten 1446/47 der oberdeutschen Observantenvikarie bei, was in den nächsten Jahrzehnten zu einer geistig-geistlichen Hochblüte führte. Guardian Johannes Heilmann wurde dreimal zum Provinzialvikar (1477/84/90) gewählt, auch Guardian Johannes Keller erwarb diese Ehre (1499–1502, 1505). Sein Nachfolger Johannes Meicheisen wurde erster Provinzialminister (1517–20) der oberdeutschen Provinz des abgespalteten neuen Ordens der Observanten. Mehrere Brüder verfassten bedeutende Werke: Stephan Fridolins Schrift „Schatzbehalter oder Schrein der wahren Reichtümer des Heils und ewiger Seligkeit" von 1491 erlangte allgemeine Verbreitung. Der Uhrmacher Peter Henlein nutzte nach einer Schlägerei mit Todesfolge das Asylrecht im Barfüßerkloster von 1504 bis 1508 und entwickelte in der klostereigenen Werkstatt die erste tragbare Uhr weltweit, die berühmte Bisamapfeluhr. Bei den Nürnberger Religionsgesprächen im März 1525 vertrat Guardian Michael Fries die altgläubige Seite gegen den Stadtrat, der mit Verbot von Predigt, Seelsorge und Novizenaufnahme reagierte. 1529 wurde die Kirche geschlossen, 1541 Messfeiern untersagt. 1562 starb der letzte Observant Peter Pfingststetter; danach ging das Franziskanerkloster in städtischen Besitz über. Die Restarchitektur wurde 1913 endgültig beseitigt. Von der gotischen Kirche gingen das östliche Joch und barock verformte Chorpolygon mit Strebepfeilern in einem Bankgebäude in der Königstraße auf.

◆ Pfeiffer, Gerhard (Hg.): N. – Geschichte einer europäischen Stadt, München 1971; Pickel, Georg: Geschichte des Barfüßerklosters in N., in: Beiträge zur Bayerischen Kirchengeschichte 18 (1912) 249–265, 19 (1913) 1–22.49–57.

Nürnberg, *(6) Kartäuserkloster St. Maria (1380–1525) – „Marienzell".*

▶ **Geschichte.** Der vermögende Patrizier Marquard Mendel aus N. stiftete 1380 Landbesitz und persönliches Hab und Gut zur Gründung einer Kartause an der äußeren, südlichen Stadtmauer der Reichsstadt N., zwischen dem Klarissenkloster (➛ Nürnberg [7]) und der Deutschordenskirche St. Jakob (➛ Nürnberg [2]). Stifter Marquard Mendel beteiligte sich wenige Jahre später noch einmal mit Schenkungen an der Gründung der Kartause ➛ Christgarten am Rand des Ries. In N. musste der Orden widerwillig dem städtischen Rat weitreichende Einflussmöglichkeiten zugestehen. Im Februar 1381 konnte in Anwesenheit von König Wenzel und einem großen Gefolge der Grundstein zur Klosterkirche gelegt werden. Der Gründungskonvent konstituierte sich aus den Klöstern Würzburg-Engelgarten, ➛ Erfurt, ➛ Grünau und ➛ Tückelhausen. 1384 stiftete Burggraf Friedrich V. zu Nürnberg ein Feld hinter dem Kloster dazu, und auch König Wenzel übereignete 1386 schuldige Reichssteuer der Stadt in Höhe von 300 Gulden der jungen Kartause „Marienzell". In über 140 Jahren seines Bestehens trat der kontemplative und streng abgeschottete Konvent kaum in die Öffentlichkeit. Er durfte die Stärke von zwölf Priestermönchen und dem Prior sowie sechs Laienbrüdern nicht überschreiten, musste bei Neuaufnahmen den Stadtrat um Genehmigung bitten und wurde von weltlichen Prokuratoren verwaltet. Die Stadt garantierte ihm Schutz und Sicherheit. 1484 belebten Kartäuser aus N. die ehemalige Benediktinerabtei ➛ Prüll bei Regensburg. Kustos Franz Kolb, Prediger Johann Heberlein und Prior Blasius Stöckel bekannten sich um 1520 öffentlich zur evangelischen Lehre. Der Konvent spaltete sich, mehrere Visitationen und Zugriffe des Ordens verliefen 1524 ergebnislos, weil

Nürnberg Kartäuserkloster, auch der gotische Kreuzgang dient heute dem Germanischen Nationalmuseum.

der städtische Rat auf seine vertragsmäßigen Rechte pochte und Personalkonsequenzen verhinderte. Die Nürnberger Kartäuser legten schließlich ihre Ordenstracht ab und übergaben im Juni 1525 der Stadt ihr Kloster mit Gütern und Einkünften. Einzig der älteste Mönch Simon Reuter blieb dem alten Glauben treu.

▶ **Gegenwart.** Nach wechselnder profaner und kirchlicher Nutzung richtete man 1857 das Germanische Nationalmuseum, das Freiherr Hans von Aufseß 1852 gegründet hatte, in der heruntergekommenen Anlage ein. Die sanierten Klostergebäude wie der gewölbte gotische Kirchensaal mit Sakristei, die Nord- und Ostflügel des Großen Kreuzgangs, drei Mönchshäuser sowie Reste des Kleinen Kreuzgangs mit dem Refektorium beherbergen heute in gelungener Kombination mit modernen Funktionsräumen die größte kulturhistorische Sammlung Deutschlands. Das ehemalige Kartäuserkloster N. erfährt auf diese Weise die bestmögliche profane Würdigung.

◆ Zadnikar, Marijan (Hg.): Die Kartäuser, Köln 1983, 318–320; Pfeiffer, Gerhard (Hg.): N. – Geschichte einer europäischen Stadt, München 1971.

Nürnberg, *(7) Magdalenenkloster St. Magdalena (um 1240–78), Klarissenkloster St. Klara (1278–1573) – „St. Klarakloster".*

▶ **Geschichte.** Vor den Toren N. bestand seit etwa 1230 ein Magdalenenkonvent, der 1239 das Tochterkloster ➛ Engelthal (Franken) östlich der Stadt gegründet hatte, aus dem 1248 ein Dominikanerinnenkloster erwuchs. Durch eine Stiftung der Patrizierbrüder Eberhard und Friedrich Ebner erweiterten die Magdalenen um 1270 ihr Kloster vor N. Der Konvent fürchtete aufgrund der Beschlüsse des Konzils von Lyon 1274 um seine Existenz. Priorin Kunigunde Vörchtel und ein Teil ihrer Mitschwestern wünschten daher einen Wechsel zum Klarissenorden. Durch Fürsprache Kaiser Rudolfs I. und seiner Gemahlin gelang mit Unterstützung einiger Klarissen aus Söflingen sowie mit päpstlicher Erlaubnis 1278 die Umwandlung in ein Klarissenkloster bei Befolgung der Urbanregel, die eine Eigenversorgung durch Landbesitz forderte. Bischof Berthold von Bamberg (Leiningen) beauftragte den ehemaligen Franziskanerprovinzial Albertus Pius (1266–71) mit der Betreuung des Obödienzwechsels. Im Durchschnitt betrug die Konventsstärke 40 Schwestern. 1342 besiedelte ein Gründungskonvent das neue Klarissenkloster in Bamberg (s. u.). Mit dem Bau der letzten Stadtmauer Ende des 14. Jh. wurde das Kloster in das Stadtgebiet von N. einbezogen. Der Stadtrat verpflichtete einen Pfleger für die ökonomischen Belange. Die Franziskaner der Stadt (➛ Nürnberg [6]) standen den Frauen seelsorglich zur Seite. Im 15. Jh. gewannen Reformen der Colettinen (Colettanerinnen) der hl. Colet(t)a von Corbie (1381–1447, kanonisiert 1807) Einfluss im Nürnberger Konvent mit der Folge einer Spaltung. Der empörte Magistrat verlangte zusammen mit dem Konvent ein Einschreiten des Franziskanerprovinzials, der ohne Erfolg agierte. Daraufhin schaffte der Rat, was auch den auswärtigen Visitatoren der Straßburger Observanten nicht gelang: Er setzte 1452 die Observanz im Klarissenkonvent durch. Strenge Klausurregeln und besonders die strikte Befolgung des Armutsgelübdes führten zu einer neuen Blüte. Bald konnte die Reform an die Klarissen in Brixen (Österreich), Bamberg, Eger (Böhmen) und München weitergegeben werden. Das St. Klarakloster in N. entwickelte sich im 15. Jh. zur bedeutendsten Einrichtung des Ordens im süddeutschen Raum. Die Schwestern verfügten nicht nur über reichen Landbesitz, sondern auch über eine der größten Bibliotheken in einem Frauenkloster überhaupt. Unter Äbtissin Caritas Pirckheimer (1503–32) stand der Konvent durch Frömmigkeit, Zucht und Bildung selbst bei lutherischen Reformatoren wie Philipp Melanchthon (1497–1560) in höchstem Ansehen. Die allgemein verehrte Äbtissin weigerte sich, den evangelischen Ritus anzunehmen, woraufhin das Kloster von der Stadt zum Aussterben verurteilt wurde. Lediglich eine Schwester verließ den Konvent freiwillig, drei Patriziertöchter wurden von ihren Familien unter dramatischen Umständen gewaltsam aus dem Kloster geholt. 1573 übernahm der Magistrat die Vermögensverwaltung. 1590 starb die letzte Klarissin, Äbtissin Ursula Muffel.

▶ **Gegenwart.** Nahe dem Frauentor in der Königsstraße in N. steht die frühgotische Klosterkirche St. Klara, heute eine katholische „Offene Kirche". Das schlichte rechteckige Langhaus (um 1270) besitzt einen abgesetzten Chorraum mit Gewölberippen, Dienstkonsolen, Kapitellen und einem Schlussstein mit der frühesten Nürnberger Darstellung des Lamm Gottes. Einflüsse romanischer Baukunst zeigen sich am Gewändeportal an der Westseite zum Hof hin. Neben hervorragenden Kunstwerken spätgotischer und moderner Zeit bewahrt die Kirche das Grab der berühmten Äbtissin Caritas Pirckheimer. Von der Klausur ist lediglich der „Silberturm" geblieben.

❖ Das Tochterkloster in Bamberg wurde 1342 aus N. mit acht Schwestern unter Leitung der ersten Äbtissin Jutta Ebner († 1342) besetzt und bestand bis 1803. Die Kirche wurde 1939 abgerissen. Das Klostergelände im „Nonnenwörth" ist neu bebaut, einzig das Dienstbotengebäude des Klosters (um 1740) am Schillerplatz erinnert architektonisch an die Klarissen in Bamberg.

◆ Fürst, Heinrich: Das ehemalige Klarissenkloster in N., in: Franziskanische Studien 35 (1953) 323–333; Kist, Johannes: Das Klarissenkloster in N., Nürnberg 1929.

Nürnberg Klarissenkloster, westliches Stufenportal an der frühgotischen St. Klarakirche, Blick in den Chor.

Oberaltaich, *Benediktinerabtei St. Petrus und St. Paulus (um 1080–1803), Diözese Regensburg – (Bogen-O., Lkr. Straubing-Bogen, Bayern, ❐ 4, B3).*

▶ **Geschichte.** Domvogt Graf Friedrich vom Donaugau (später von Bogen) und Familie stifteten um 1080 das Hauskloster „Altach" an der Donau und besetzten es mit Mönchen der (etwa 40 km flussabwärts gelegenen) Abtei *Altaich*, woraus das Kloster „Oberer Altaich" und aus dem Mutterkloster ➛ Niederaltaich entstanden. Niederaltaich stellte in den ersten 200 Jahren die Klostervorsteher in O. Ideale der ➛ Junggorzer Reform prägten die monastischen Gewohnheiten der frühen Mönchsgenerationen, neucluniazensischer Reformeinfluss aus ➛ Hirsau ist weniger wahrscheinlich. Die Grafen von Bogen plünderten O. ebenso wie die Mutterabtei bis zur Existenzbedrohung aus. Erst unter der Schirmherrschaft der Wittelsbacher seit 1242 blühte (trotz einem Großfeuer 1245) die Abtei O. auf. Abt Poppo (1260–82) errichtete eine neue Anlage, reformierte das Mönchsleben und förderte die geistige Beschäftigung. Graf Albert von Haigerloch gehörte 1261–1311 dem Konvent an und wurde nach seinem Tod als Heiliger verehrt, auf ihn geht die Leprosenseelsorge zurück. Mitte des 14. Jh. beaufsichtigte O. das kleine Kloster ➛ Frauenzell, das 1424 als Abtei in die Selbständigkeit entlassen werden konnte. Abt Wolfgang (1338–46) ließ auf Anraten Kaiser Ludwigs des Bayern das Bett der Donau weiter nach Westen verlegen und bürdete dadurch der Abtei hohe Schuldenlasten auf. Abt Friedrich II. (1346–58) legte Wall und Graben um die Anlage an. Abt Jakob Glettner (1423–38) erhielt die Pontifikalien für seine Verdienste gegen Pest- und Hungersnot nach den Hussiteneinfällen. Die Gewohnheiten der ➛ Melker Reform führte Abt Christian Tesenbacher (1483–1502) aus ➛ Tegernsee im Konvent ein. Deren Erneuerungswirkung verebbte durch die Einflüsse der Reformation; der Konvent sank Ende des 16. Jh. auf einen moralischen und wirtschaftlichen Tiefstand. Erst Abt Vitus Höser (1614–34) erreichte durch strenge Disziplin die Konsolidierung. Er ließ eine neue Klosterkirche erbauen (1622–29), musste aber 1633 mit dem Konvent vor den Schweden fliehen und starb 1634 mit 24 seiner Mönche an einer Seuche, die nach Abzug der Soldateska im Kloster ausbrach. Die Äbte der Barockzeit übten sich weiterhin als Bauherren und förderten die geistigen Wissenschaften bis hin zum Interesse für die Ideen der Aufklärung am Ende des 18. Jh. Im März 1803 fiel die Abtei O. im Zuge der allgemeinen Säkularisation an Bayern.

Oberaltaich Benediktinerabtei, gotisches Portal an der Westapsis der barocken Abteikirche.

▶ **Gegenwart.** Die ehemalige Abtei O. mit der katholischen Pfarrkirche St. Peter und Paul präsentiert sich heute als weitläufige Barockanlage. Kirche und Gebäude enthalten zum großen Teil mittelalterliche Kernsubstanz, weil bei neuzeitlichen Um- und Ausbauten die Altsubstanz miteinbezogen wurde. Es ist schwierig und im Einzelnen nicht möglich, das Alter der Gebäudeteile festzustellen, jeder Bau in der Barockzeit war oft nur Umbau oder Erweiterung bestehender Substanz und zog Funktionswechsel nach sich; so zeigt die dreischiffige Hallenkirche (1622–30) etwa an der Westapsis zwischen den hoch aufragenden Türmen (1424/75) ein gotisches Portal.

◆ GermBen 2, 201–206; Karais, Cornelia von u. a.: O., in: Ratisbona Sacra, München 1989, 211–220; Bauer, Hermann/Bauer, Anna: O., in: Klöster in Bayern, München 1985, 200–204.

Oberellen, *Benediktinerpriorat St. Maria und St. Johannes Baptist? (nach 1121–1525), Erzdiözese Mainz – (Wartburgkreis, Thüringen, ❐ 3, D1).*

▶ **Geschichte.** Der Edelherr Christian von Goltbach und seine Gemahlin Berchtrata schenkten 1121 der Benediktinerabtei ➛ Reinhardsbrunn ihren Besitz *Elnde* mit Kapelle und Zubehör im Elteltal südwestlich von Eisenach, was Erzbischof Adalbert I. von Mainz (Saarbrücken) im gleichen Jahr bestätigte. Die Benediktiner, die damals die Observanz der ➛ Hirsauer Reformbewegung beachteten, gründeten ein abhängiges Priorat, das von allen sieben Tochterklöstern der Abtei den umfangreichsten Landbesitz verwaltete. Gewisse Eigenständigkeit äußerte sich in der baldigen Titulierung der Vorsteher als Pröpste, was auch auf die Verdrängung der Prioratsverfassung und nachlassende neucluniazensische Reformideale hinweist. Papst Innozenz III. erwähnt im Schutzbrief für Reinhardsbrunn 1215 u. a. auch den Besitz der Propstei. Propst Markward (1279) aus O. wurde wahrscheinlich elfter Abt (1280–1300) von Reinhardsbrunn. Lehnsleute des Grafen Berthold von Henneberg rächten sich im September 1292 an den Mönchen für vermeintliches Unrecht mit einem Brandanschlag auf Reinhardsbrunn, der die Mutterabtei weitestgehend zerstörte. Abt Markward nahm vorübergehend in O. Quartier. Urkunden der Propstei berichten über Käufe und Verkäufe, geben aber kaum Einblick in das innere Konventsleben. Die Mönche übernahmen Seelsorgeaufgaben in der Ortspfarre und in Nachbarorten. Das Verhältnis zu den Einwohnern war oft getrübt und konfliktgeladen, eine Besserung trat erst ein, als im 15. Jh. das allgemeine Braurecht vergeben wurde. Die niedere Gerichtsbarkeit oblag der Mutterabtei. Die Landgrafen von Thüringen übten die Schirmherrschaft aus. Nach der Aufhebung der Mutterabtei 1525 erhielt der Reinhardsbrunner Großkellner Hieronymus Gerlach († 1548) vom sächsischen Kurfürsten als Abfindung die Propststelle in O., denn er war zum lutherischen Glauben übergetreten und hatte geheiratet. Die Aufsicht über die Propstei oblag der kurfürstlichen Verwaltung, was einer Säkularisierung entsprach. Andere Töchterklöster wie ➛ Ottenhausen, ➛ Bonnrode, ➛ Zscheiplitz und ➛ Lissen blieben noch bis 1539 selbständig; ➛ Dietenborn wurde 1556 aufgelöst. 1543 belehnte Kurfürst Johann Friedrich I. den Obristen Curd von Hanstein mit der ehemaligen Propstei O., dessen Erben Ende des 16. Jh. die Propsteibauten niederreißen und zwei Schlossgebäude erbauen ließen.

▶ **Gegenwart.** Im kleinen Ort O. erinnert heute die Pfarrkirche an die Benediktiner; inwieweit Treppenturm oder Kreuzgewölbe der Hansteinischen Schlossanlage des späten 16. Jh. klösterliche Bausubstanz enthalten, ist nicht geklärt. Die evangelisch-lutherische Pfarrkirche auf einer leichten Anhöhe geht auf die romanische Propsteikirche zurück. Sie musste 1564 und nach dem Dreißigjährigen Krieg wiederaufgebaut werden; ihre starken Wände lassen mittelalterliche Restmauern vermuten. Das romanische Rundbogenportal im Westen geht definitiv auf die frühen Mönche zurück. Ein Tympanon zeigt Christus als Weltenrichter, neben ihm Maria und Johannes der Täufer, möglicherweise die ehemaligen Schutzpatrone des Klosters.

◆ Löffler, Sigmar: Geschichte des Klosters Reinhardsbrunn, Erfurt 2003.

Oberellen Benediktinerpriorat, romanisches Rundbogenportal mit Tympanon an der ehemaligen Prioratskirche.

Ober-Flörsheim (auch Flörsheim), *Deutschordenskommende (1237–1806), Diözese Worms – (Lkr. Alzey-Worms, Rheinland-Pfalz, ❐ 3, B2).*

▶ **Geschichte.** Die Benediktinerabtei Hugshofen bei Schlettstadt (Elsass) verkaufte 1237 dem Deutschen Orden ihren Besitz in Flörsheim in der Pfalz südlich von Alzey, einschließlich Pfarre, Fronhof und ausgedehnten Weinlagen. Der Ritterorden gründete eine Kommende zur Güterverwaltung, die erstmals 1251 in Verantwortung des Komturs der Niederlassung ➛ Marburg urkundlich erscheint. Nach Abspaltung der Ballei Hessen von Thüringen-Sachsen 1255 wurde die Zentrale Marburg Sitz des hessischen Landkomturs; die Kommende O. fungierte als südlichster Außenposten Marburgs. Neben dem Deutschen Orden besaßen auch die Zisterzienser von ➛ Otterberg Güter in Flörsheim, die von einem Klosterhof verwaltet wurden. Urkundlich erscheinen 1253 drei Deutschbrüder von O., erstmals wird 1271 ein Komtur erwähnt, dem Priester- und Verwaltungspersonal (wie Hauskomtur, Trapir, Cellar, Pietanzmeister und Schäffner) beigesellt waren. Der Weinbau bildete den wichtigsten Erwerbszweig; das edle Produkt wurde mit dem Schiff auf den Flüssen Rhein und Main nach Frankfurt/Main zum Verkauf gebracht, ein Teil ging zusammen mit Getreide und Geldabgaben direkt nach Marburg. Die Komture stiegen oft über mehrere Ämter zum Landkomtur auf, so Hermann von Liederbach, der zunächst Vorsitzender von ➛ Schiffenberg, ➛ Felsberg, Kirchhain (s. u.), ➛ Seibelsdorf und O. (1419–20) war, aber schließlich 1424 an die Spitze des Haupthauses Marburg trat (1424–35). Priesterbrüdern unterstand die Pfarrkirche St. Petrus und Paulus; eine eigene Ordenskapelle befand sich zusätzlich im Gebäudekomplex. Seit 1506 gehörte der Ort zum Herrschaftsbereich der kurpfälzischen Wittelsbacher, in dem 1556 Kurfürst Ottheinrich das evangelische Bekenntnis durchsetzte. Die Ordensballei Hessen bekannte sich trikonfessionell, was erst um 1680 die offizielle Anerkennung durch den Orden fand. 1631 brandschatzten die Schweden die Region, Dorf und Anlage wurden verwüstet. Gleiches wiederholte sich 1689 durch die Franzosen. Im 18. Jh. existierten im kleinen Ort mit etwa 500 Einwohnern drei Kirchen unterschiedlicher Konfession. Der größte Grundbesitzer blieb der Deutsche Orden, dessen Kommende inzwischen einem Rittergut glich; einziges Ordensmitglied war der Komtur. Nach dem Einmarsch französischer Revolutionstruppen 1797 wurde der Ort von Frankreich annektiert und die Güter des Deutschen Ordens 1806 an die Bauern versteigert.

Ober-Flörsheim Deutschordenskommende, der Wehr- und Torturm (um 1410) grenzte den Ordenskomplex ab.

▶ **Gegenwart.** Einst war der Kommendekomplex als geschlossene Wehranlage konzipiert. Der Torturm der Kommende aus dem frühen 15. Jh. ist heute das Wahrzeichen des Ortes. Einige mittelalterliche Gebäude der Ordensritter erscheinen heute stark überformt, zeigen aber vermauerte gotische Fenster. Das langgestreckte Komturhaus mit Ecklisenen und Mansardendach entstand im 18. Jh. Komtur Johann Adolf Langwerth von Simmern († 1700) führte eine Lilie im Siegel, die im heutigen Ortswappen erhalten geblieben ist.

❖ Die erwähnte Kommende Kirchhain der Ballei Hessen existierte seit etwa 1264 bis 1809. In der mittelhessischen Stadt befindet sich noch heute der Gillhof des Deutschen Ordens im „Dörfchen" zwischen Stadtkirche und Annapark. Die Kommendegebäude stammen aus der Barockzeit.

◆ Braasch-Schwersmann, Ursula: Das Deutschordenshaus Marburg, Marburg 1989; Böhn, Georg Friedrich: Beiträge zur Territorialgeschichte des Landkreises Alzey, Meisenheim/Glan 1958.

Obermässing, *Deutschordenskommende St. Georg (1285–1465), Diözese Eichstätt – (Greding-O., Lkr. Roth, Bayern, ❐ 4, A3).*

▶ **Geschichte.** Marquard von Mässing war Ende des 13. Jh. Komtur (1283/84) des Deutschen Ordens in Ellingen und Landkomtur (1296/97) der Ballei Franken. Sein kinderloser Bruder Berthold II. von Mässing vermachte 1281 dem Orden testamentarisch die väterliche Stammburg auf dem Hofberg samt Eigengut, inbegriffen die Kapelle St. Georg und das Dorf Mässingen an der Schwarzach (Nebenfluss der Altmühl in der Fränkischen Alb). Graf Gebhard VIII. von Hirschberg und Bischof Reinboto von Eichstätt (Meilenhart) bestätigten 1284 die Schenkung. Nach dem Tod des Stifters 1285 gründete der Deutsche Orden auf der Burg Hofberg die Kommende O.; Marquard von Mässing bezeichnete sich 1291 als Komtur von O. Der Besitz ernährte zunächst lediglich zwei Ordensbrüder und konnte nur zögerlich erweitert werden, da sich Zukäufe auf die unmittelbare Umgebung beschränkten. Erst 1302 wurde die Pfarre in O. mit einem Ordenspriester besetzt; 1311 umfasste der Konvent drei Ordenspriester und drei Laienbrüder. Auffällig ist, dass sich immer wieder Hochmeister des Ordens sowohl von Venedig als auch von Marienburg aus für die kleine Kommende einsetzten. Marquard von Mässing stand als Großkomtur in ➛ Marburg in hohen Ehren und verwandte sich zeitlebens für seine Familienkommende. Mitte des 14. Jh. wurde O. in das Herzogtum Bayern eingebunden und zeitweise auch militärisch besetzt. Erst 1354 erlangte der Orden gegen Zahlung die Burg zurück; auch blieben Konflikte mit dem Hochstift Eichstätt nicht aus. Der Krieg des Ordens in Preußen gegen polnische Ansprüche nötigte im 15. Jh. zum Verkauf kleinerer Häuser: Komtur Burkard von Erlingshofen verkaufte im Februar 1465 im Auftrag Melchiors von Neuneck, Landkomtur der Ballei Franken (1463–91), die Kommende O. an das Hochstift Eichstätt. Fürstbischof Wilhelm von Reichenau richtete auf der Burg einen Sommersitz und im Ort ein Pflegeamt ein. In die erst 1490 verstärkte Befestigung drang 1525 der Mässinger Bauernhaufen durch eine List ein, plünderte die Anlage, zerstörte sie aber nicht. 1670 ließ Fürstbischof Marquard II. von Castell die Burg zu einem Wohnschloss umbauen, das nach 1803 als Steinbruch diente.

▶ **Gegenwart.** Der ehemalige Kommendekomplex auf dem Hofberg ist heute in Bauernstellen und Wohnanlagen aufgeteilt. Wenige Architekturreste erinnern an den Deutschen Orden. Hinter dem spätgotischen Wächterhaus mit hohem Spitzgiebeldach und Zwingerturm befindet sich eine Restmauer mit gotischem Fenster, die auf das Wohnhaus der Deutschordensbrüder zurückgeht. Im Tal im Ort O. steht die frühgotische Pfarrkirche St. Maria Himmelfahrt, die Stifter Berthold von Mässing um 1280 erbauen ließ und dem Deutschen Orden übergab. Ihre ursprüngliche Funktion als Wehrkirche ist heute lediglich an den dicken Mauern des nordöstlichen Glockenturms zu erkennen. 1689/90 wurde sie barock umgestaltet und der Turm 1701 um 26 Fuß erhöht. Einziges mittelalterliches Ausstattungsstück ist die Grabplatte von Berthold II. von Mässing († 1285). Das ehemalige Kastnerhaus westlich der Kirche besteht im Kern aus mittelalterlichem Mauerwerk und diente 1826 bis 1965 als Dorfschulhaus.

◆ Wurdak, Ernst: Die Herren von Mässing, ihr Dorf und ihre Burg, in: Heimatkundliche Streifzüge 18 (1999) 55–65; Weiss, Dieter J.: Die Geschichte der Deutschordens-Ballei Franken im Mittelalter, Neustadt/Aisch 1991.

Obermossau, *Johanniterhaus (um 1200–1542), Erzdiözese Mainz – (Mossautal-Ober-Mossau, Odenwaldkreis, Hessen, ❐ 3, C2).*

▶ Über das Johanniterhaus O. südwestlich von Michelstadt im Odenwald existieren nur fragmentarische Quellen. Die Niederlassung der Johanniter entstand um 1200 durch Stiftung der Schenken von Erbach. Erzbischof Gerhard I. von Mainz (Dhaun) bestätigte 1253 dem Orden das Patronatsrecht über die Pfarrkirche in O. Wirtschaftliche Schwierigkeiten nötigten zwischen 1320 und 1333 zum Verkauf von Liegenschaften, was selbst Komtur Helfrich von Rüdigheim (1329), zuvor Großprior von Deutschland (1305–10, 1312–16), nicht verhindern konnte. Die geringe Bedeutung lässt sich daran ermessen, dass bei der allgemeinen Ordensvisitation aller deutschen Niederlassungen 1495 das Haus O. nicht berücksichtigt wurde; möglicherweise war es nicht mehr besetzt. Andererseits protestierte der Orden, wenn auch vergeblich, als 1542 Graf Eberhard XIII. von Erbach in O. die Reformation einführte. Nach dem Brand des Pfarrhauses 1557 wurde die Pfarrei aufgehoben und Michelstadt zugeordnet. Die evangelische Ortsgemeinde benutzt nach wie vor die ehemalige Johanniterkirche als Pfarrkirche. Ihr ältester Teil ist der frühgotische Chorturm aus der zweiten Hälfte des 13. Jh., Turmobergeschoss und Spitzhelm stammen aus dem 18. Jh. Das einschiffige Langhaus verbreiterten die Johanniter 1501 durch Verschiebung der Südwand zu einem fast quadratischen Raum, der innen flachgedeckt blieb, der Chorraum zeigt sich dagegen mit Birnstabrippen gewölbt. Reste von Malereien des 15. Jh. schmücken die Wände. Kommendegebäude der Johanniter blieben nicht erhalten.

◆ Rödel, Walter Gerd: Das Großpriorat Deutschland des Johanniter-Ordens, Mainz 1965, 268–272; Clemm, Ludwig: Zur Geschichte der Johanniterkommende O., in: Archiv für hessische Geschichte 24 (1952/53) 119–128.

Obermossau Johanniterhaus, die Johanniter hinterließen diese frühgotische Chorturmkirche, Nordseite.

Obernkirchen, *Augustiner-Chorfrauenstift St. Maria (1167–1566), Diözese Minden – (Lkr. Schaumburg, Niedersachsen, ❐ 1, C4).*

▶ **Geschichte.** Nahe Bückeburg in der Grafschaft Schauenburg (später Schaumburg) soll bereits Anfang des 9. Jh. ein Kanonissenstift existiert haben, das in den Ungarneinfällen 936 unterging. Die Überlieferungen sind unsicher, aber die Schwestern im Kanonissenstift Möllenbeck gedachten im August jeden Jahres der ermordeten Mitschwestern. Im 12. Jh. etablierte sich an einer alten Missionskapelle erneut eine religiöse Frauengemeinschaft, der Bischof Werner von Minden (Bückeburg) 1167 eine regulierte Verfassung nach der Augustinusregel gab und einem Propst unterstellte. Auf den Bischof geht der Bau der romanischen Stiftskirche, der „Overenkerken" zurück, die der Gemeinde und dem Konvent als Gotteshaus diente. Auch erhielt das neue Stift umfangreiche Güter und Patronate über mehrere Pfarrkirchen; dem Propst oblag die Archidiakonatsgewalt. Papst Alexander III. bestätigte Mitte August 1181 die Gründung, Kaiser Friedrich I. folgte im November des gleichen Jahres und vergab die Marktgerechtigkeit. Das Stift O. entwickelte sich zum wirtschaftlichen und religiösen Mittelpunkt der Region. Sein Wohlstand beruhte auf dem Besitz einiger Steinbrüche, auch zog eine wundertätige Marienstatue zahlreiche Wallfahrer an. Am Berg entstand eine Siedlung, über die der Konvent uneingeschränkte Herrschaft ausübte; das Stadtrecht wurde erst 1615 vergeben. Die romanische Stiftsbasilika schien 1330 so baufällig, dass sie durch die heutige Hallenkirche ersetzt werden musste. Da innere Reformen Ende des 15. Jh. notwendig wurden, sorgte Bischof Heinrich III. von Minden (Schaumburg) für neue Klausurbestimmungen im Sinn der ➛ Windesheimer Kongregation. Dieser spätmittelalterlichen Reformunion gehörte damals auch der Chorherrenkonvent im Stift ➛ Möllenbeck über der Weser an. Prediger Matthias Wesche († 1583) verkündete erstmals 1558 in O. offiziell die Lehre Luthers; 1559 führte Landesherr Graf Otto von Schaumburg die Reformation ein. Gegen den Widerstand der Augustiner-Chorfrauen entfernte eine vom Grafen befohlene Visitation die Marienstatue und erzwang 1565 das evangelische Bekenntnis. Seit 1566 existiert in O. ein evangelisch-adeliges Damenstift.

▶ **Gegenwart.** Das evangelische Damenstift O. steht heute unter Obhut der Hannoverschen Klosterkammer. Die evangelisch-lutherische Pfarr- und Stiftskirche St. Maria ist eine gotische Hallenkirche des 14. Jh. zu fünf Jochen mit Westriegel und quadratischem Chor im Osten. Die doppelten Turmaufsätze entstanden am Westriegel erst nachreformatorisch nach alten Vorlagen. In der tiefer liegenden Turmhalle weisen Bögen und Säulen mit Palmettenschmuck auf Reste der romanischen Vorgängerkirche (1150/1200) hin. Im südlichen Querschiffsbereich entstand durch Nutzung romanischer Mauern die Nonnenempore. Fünf Giebel gliedern die nördliche Schaufront der

Kirche zum Marktplatz hin, an deren Südseite sich die Klausurgebäude anschließen. Mittelalterliche Ausstattungsstücke blieben zum Teil erhalten; von künstlerischer Bedeutung ist der Schnitzaltar von 1496. Die Klausur- und Stiftsgebäude entstanden vom 16. bis zum 18. Jh. Der westliche Kreuzgangflügel birgt romanische Kernsubstanz, in östlichen und nördlichen Teilen befindet sich Restarchitektur des späten 13. Jh. Insgesamt zeigen sich die Kreuzgänge mehrfach frühneuzeitlich verändert; Grabplatten erinnern an Stiftsangehörige. Die Marienkapelle im Klausurostflügel bewahrt eine Altarmensa auf vier Doppelsäulen (um 1250).

◆ Suckale, Robert: Evangelisches Damenstift O., München 1999; Brosius, Dieter: Das Stift O. 1167–1565, Bückeburg 1972.

Oberpleis, *Benediktinerpropstei St. Pankratius u. a. (vor 1121–1803), Erzdiözese Köln – (Königswinter-O., Rhein-Sieg-Kreis, Nordrhein-Westfalen, ❐ 3, B1).*

▶ **Geschichte.** Abt Kuno I. (1105–26) von ➛ Siegburg nutzte vor 1121 einen Fronhof im westlichen Siebengebirge für den Ausbau seines Klosterverbands (Zellensystem) und gründete die Propstei O. Erzbischof Anno II. von Köln (1056–75, kanonisiert 1183) hatte 1064 der Reformabtei den Hof als Grundausstattung übertragen. Die Existenz des Konvents bereits vor 1105 anzunehmen, ist unbegründet und beruht auf Folgerungen aus gefälschten Urkunden. Die Schirmherrschaft übten die Grafen von Sayn und von Berg aus. Eine gewisse Immunität und Selbständigkeit äußerte sich im Privileg der Hochgerichtsbarkeit, das Erzbischof Philipp 1181 bestätigte. Auch die lange bestehende Jagdgerechtigkeit der Vorsteher und eine gesonderte Türkensteuer 1542 sprechen für eine Sonderstellung der Propstei, woraus sich aber keine Unabhängigkeit von Siegburg ableiten lässt. Noch im 17. Jh. wehrte Abt Bertram von Bellinghausen (1620–53) Bestrebungen Propst Johannes' von Holzem (1636–38) zur Autonomie der Propstei O. erfolgreich ab. Die Pfarrkirche St. Pankratius stand zunächst nur unter dem Patronat des Konvents, wurde der Propstei aber durch Erzbischof Bruno IV. von Sayn 1206 inkorporiert. Dem ersten namentlich bekannten Propst Gerhard (1212/18) oblagen Pfarrpflichten, die später meist Weltgeistlichen übertragen wurden. 1542 musste Propst Daniel von Krieckenbeck (genannt Beick) ausnahmsweise den Gottesdienst selbst übernehmen, wobei er sich reformatorischer Neigungen verdächtig machte. Neben ➛ Hirzenach galt auch O. mit seinen sieben Höfen in der Umgebung als recht vermögende Zelle; beide wurden 1555 beauftragt, die Propsteien ➛ Zülpich und ➛ Millen zu unterstützen. In Bellinghausen vergaben die Benediktiner einen Hof den Zisterziensern der nahen Abtei ➛ Heisterbach als Lehen. Unter Propst Gumpert von Ahr (1555–84) lebten noch mehrere Konventsmitglieder in O., aber seit Ende des 16. Jh. war die Propstei nicht mehr kontinuierlich besetzt. Weltliche Verwalter, einzelne Mönche und zuletzt wieder ein Propst erledigten die Wirtschaftsgeschäfte. Mit der Mutterabtei wurde auch O. während der allgemeinen Säkularisation zugunsten der bergischen Herrschaft 1803 aufgehoben.

▶ **Gegenwart.** Die ehemalige Propstei- und heutige katholische Pfarrkirche St. Pankratius im Ortsteil O. von Königswinter ähnelt der Propsteikirche in Hirzenach. Sie wurde als flachgedeckte dreischiffige Pfeilerbasilika kurz nach 1100 erbaut und von den Benediktinern in der ersten Hälfte des 13. Jh. eingewölbt, wobei die Ostpartie neu entstand. Heute fehlen ihr die ursprünglichen Chorwinkeltürme; ein Vierungsturm war wohl nur geplant. Die Krypta unter dem Querhaus und der Chor stammen aus dem frühen 12. Jh., der fünfgeschossige Westturm ist etwa 50 Jahre jünger. Die Innenausstattung folgt zum großen Teil einer neuromanischen Erneuerung; mittelalterlich hingegen sind das bedeutende Dreikönigsrelief (12. Jh.), ein frühmittelalterlicher Tonfliesenfußboden sowie ein Vesperbild des 15. Jh. In der südlich angebauten Klausur des 17./18. Jh. hat sich Bausubstanz aus dem 12. Jh. erhalten, einschließlich ein Rest des Kreuzgangs.

◆ GermBen 9, 69–73; Semmler, Josef: Die Klosterreform von Siegburg, Bonn 1959.

Oberpleis Benediktinerpropstei, Mittelschiff der romanischen Basilika (nach 1100) mit Einwölbung (um 1230).

Oberstenfeld, *Augustiner-Chordamenstift St. Johannes Baptist (1016/nach 1059–1544), Diözese Speyer – (Lkr. Ludwigsburg, Baden-Württemberg, ❐ 3, C3).*

▶ **Geschichte.** Eine Fälschung aus dem 12. Jh. beschreibt die Gründungsgeschichte des Stifts O. oberhalb des Murrtals am Rand der Löwensteiner Berge. Nekrolog, Seelbuch und archäologische Hinweise unterstützen die Angaben der Fälschung, so dass heute ihr Inhalt weithin als glaubhaft betrachtet wird. Demnach stifteten Graf Adelhard und Familie 1016 auf ihrem Eigengut eine Niederlassung für Kanonissen unter der Augustinusregel. Zur Stifterfamilie gehörte ein Ulrich († 1032), damals Kanzler Kaiser Heinrichs II. und Konrads II., der, wie andere Familienangehörige, in der Gruft der Stiftskirche begraben wurde. Erst die Lateransynode von 1059 legte unter Papst Nikolaus II. neue, monastische Lebensformen für Kanoniker und Kanonissen an Stiftskirchen fest, um die Aachener Regeln von 816 abzulösen. O. ist dementsprechend kirchenrechtlich erst nach 1059 als reguliertes Augustiner-Chorfrauenstift aufzufassen. Echte Urkunden bestätigen 1244/47 den umfangreichen Besitz des *monasterium ordinis sancti Augustini* (1247 waren es allein fünf von Papst Innozenz IV.). Bischof Heinrich II. von Speyer (Leiningen) präzisierte 1262 die stiftseigenen Statuten; dabei ist auffällig, dass Armut nicht verlangt wurde. Stets bestimmten individueller Besitz und persönliche Dienerschaft das Lebensniveau der einzelnen Chordamen, an deren Status als regulierte Gemeinschaft aber sonst nicht zu zweifeln ist. Der Konvent rekrutierte sich aus regionalen Adelsfamilien und war von Beginn an als Versorgungsanstalt gedacht, wobei Seelenheilfeiern für verstorbene Gönner ausdrücklich verlangt wurden. Stiftseigene Priester versorgten auch die Ortspfarre und mehrere Kirchen des Umlands im Patronatsverhältnis. Der Güterbesitz konzentrierte sich auf die Umgebung unmittelbar am Stift, das Rodungsgebiet des angrenzenden Schwäbischen Waldes und das Weins-

Oberstenfeld Augustiner-Chordamenstift, Eingang zur dreischiffigen Hallenkrypta (um 1025).

berger Tal. Die Schutzvogtei ging im 12. Jh. von der Stifterfamilie an die Reichsministeriale von Heinriet über, danach an die Grafen von Lichtenberg und schließlich 1357 an die Grafschaft Württemberg. Die innere Einstellung der Damen offenbarte Äbtissin Adelheid von Hohenzollern (1471–1502), als Graf Eberhard im Bart 1478 zwei auswärtige Klosterschwestern unterbringen wollte: Sie verweigerte deren Aufnahme, weil das Stift O. nur Kinder des hiesigen Adels aufnehme und erziehe. Bei der Durchsetzung der Reformation in Württemberg seit 1534 ging Herzog Ulrich in O. vorsichtig vor und verlangte 1544 lediglich das evangelische Bekenntnis. 1571 einigten sich Äbtissin Afra Reuß von Reußenstein († 1579) und die verwandte Ritterschaft auf eine neue Stiftsverfassung, die sogar der Diözesanbischof 1579 akzeptierte. Als evangelisches hochadeliges Damenstift existierte O. bis zum November 1802.

▶ **Gegenwart.** Die erhaltene Stiftskirche St. Johannes der Täufer dient heute der evangelischen Gemeinde als Pfarrkirche. Die romanische, dreischiffige Basilika mit Chorturm und Westwerk ohne Querschiff entstand Anfang des 13. Jh. unter Einbeziehung der Krypta des Vorgängerbaus aus der Gründungszeit im 11. Jh. Der quadratische Turm wurde um 1230 im Osten zur Chorerhöhung angefügt, die ursprüngliche Apsis musste weichen; das oberste Geschoss mit Welschhaube stammt aus dem 17. Jh. Das heutige Erscheinungsbild der Kirche geht auf eine durchgreifende Renovierung 1888–91 zurück; nordöstliches Treppentürmchen, Südseitenschiff und Fenster im Nordseitenschiff stammen aus dieser Zeit. Das Innere präsentiert sich als spätromanischer Raum mit Flachdecke und Chorwölbung, mit Säulen und Pfeilern, mit Vorchor und Turmchor, mit Würfelkapitellen und Zierornamentik. Ältester Teil ist die dreischiffige Hallenkrypta (um 1025) unter dem Vorchor, östlich schließt sich die etwa 200 Jahre jüngere Turmkrypta an. Mittelalterliche Grabplatten erinnern an Äbtissinnen, Schirmherren und Gönner. Ein romanisches Taufbecken steht heute in der Krypta, Sakramenthäuschen und Chorgestühl stammen aus dem frühen 15. Jh. Der Flügelaltar wurde 1512 für die untergegangene Kartause Güterstein bei Urach gefertigt. Grabungen konnten die mittelalterliche Klausur mit Kreuzgang an der Südseite der Kirche ermitteln. Erhalten blieb lediglich ein zweiflügeliges Stiftsgebäude von 1713.

◆ Ehmer, Hermann: O., in: Württembergisches Klosterbuch, Ostfildern 2003, 370–372; Schedler, Ernst: Stiftskirche St. Johannes der Täufer O., Oberstenfeld o. J. (2001); Ehmer, Hermann: Das Stift O. von der Gründung bis zur Gegenwart, in: Kraichtaler Kolloquien, Bd. 1, Tübingen 1998, 59–89.

Oberweimar, *Zisterzienserinnenkloster St. Maria, St. Petrus und Paulus (vor 1244–1525), Erzdiözese Mainz – (Weimar-O., kreisfreie Stadt Weimar, Thüringen, ❒ 4, A1).*

▶ **Geschichte.** Graf Hermann II. von Weimar-Orlamünde gründete zwischen 1242 und 1244 im thüringischen O. ein Hauskloster für seine Familie, eine Nebenlinie der Askanier, die sowohl in ihrem Stammgebiet Thüringen als auch in Oberfranken und Holstein Landesherrschaft ausübten. O. galt als bedeutende Urpfarre *(sedes)* des Archidiakonats Erfurt. Die Pfarrkirche St. Peter und Paul wurde bis 1276 zur Klosterkirche umgebaut und 1361 neu aufgeführt. Grafen und örtlicher Adel statteten das Frauenkloster mit umfangreichem Besitz aus, die Hochgerichtsbarkeit in Umpferstedt und O. gehörten dazu. Die Schwestern bekannten sich zur Zisterzienserobservanz, waren jedoch nie in den Zisterzienserorden inkorporiert. Die selige Lukardis gehörte von 1286 bis 1309 zum Konvent; als Mystikerin trug sie die Wundmale Jesu; ihr ist der hohe Bekanntheitsgrad des Klosters O. im Rahmen der mittelalterlichen Frauenmystik zu verdanken. In einer klösterlichen Urkunde von 1246 wird das nahe Weimar im Ilmtal erstmals als Stadt bezeichnet. 1249 unterstellte Ritter Vargula die älteste Pfarrkirche Weimars, die Jobobuskirche, den Zisterzienserinnen. Der letzte reichsunmittelbare Graf Friedrich I. von Orlamünde und seine Gemahlin Elisabeth förderten das Kloster mit besonderer Aufmerksamkeit; ihnen ist der Neubau der Kirche und der Aufstieg O. zu einem der reichsten Frauenklöster Thüringens zu verdanken. Die Landesherrschaft wechselte 1365 zu den sächsischen Wettinern. Mit den konkurrierenden Zisterzienserinnen von ➛ Kapellendorf sind Geschäfte urkundlich belegt: Propst Peter und Äbtissin Elisabeth verkauften im Juni 1351 den Mitschwestern in Kapellendorf den Besitz in Kötschau. Um 1500 hatten sich die Frauen unter Einfluss der Benediktiner vom Peterskloster in ➛ Erfurt der ➛ Bursfelder Kongregation mit neuen Observanzregeln unterstellt und galten seit diesem Zeitpunkt als Benediktinerinnen. Aufrührerische Bauern verschonten O. 1525, aber Kurfürst Johann der Beständige von Sachsen-Witten-

Oberwesel Franziskanerkloster, Ruinenreste der gotischen Franziskanerkirche hinter der Immunitätsmauer.

berg setzte im gleichen Jahr in Weimar die Reformation durch und löste das nahe Kloster auf. Nach der Abfindung der 26 Frauen mit Bleiberecht diente es als Kammergut.

▶ **Gegenwart.** O. ist heute ein Stadtteil der Klassikerstadt Weimar. Die ehemalige Klosterkirche wird heute von der evangelisch-lutherischen Gemeinde als Pfarrkirche genutzt. Der einschiffige Bau aus der Mitte des 14. Jh. mit dreiseitigem Chorschluss, Strebepfeilern, reichem Spitzbogenportal an der Südseite und westlicher Nonnenempore entspricht dem Typus einer mittelalterlichen Zisterzienserinnenkirche. Ihr quadratischer Anbau an der Westseite von 1361 überspannt einen kleinen Bach; erst im frühen 16. Jh. wurde der Westturm aufgesetzt. Im „Lukardis-Gewölbe", einer kreuzgewölbten, zweischiffigen Halle mit zwei Mittelpfeilern unter der Nonnenempore, stellen Studenten der Bauhaus-Universität Weimar ihre Kunstwerke aus. Von den ehemaligen Konventsgebäuden blieb der überbaute Ostflügel als „Fruchtspeicher" erhalten. An der Kirchennordwand steht die Grabplatte der großzügigen Förderer Friedrich und Elisabeth von Orlamünde.

◆ RepZist 407–409; Mohn, Claudia: O., Stadt Weimar (Thüringen), in: Mittelalterliche Klosteranlagen der Zisterzienserinnen, Petersberg 2006, 210–213.

Oberwesel, *Franziskanerkloster St. Michael (1242?–1802), Erzdiözese Trier – (Rhein-Hunsrück-Kreis, Rheinland-Pfalz, ❐ 3, B2).*

▶ **Geschichte.** Die linksseitige obere Mittelrheinregion war im Frühmittelalter das Zentrum eines umfangreichen fränkisch-königlichen Fiskalbezirks mit dem Königshof *Wesalia*. Der Name „Oberwesel" wurde erst in der frühen Neuzeit üblich, um den Mittelrheinort von der Gemeinde Wesel am Niederrhein zu unterscheiden. 1182 trat die Siedlung erstmals als *oppidum* auf, Wehrmauern umgaben die Stadt seit 1213. Die Herren von Schönburg auf der nahen Burg konnten vom Stadtrat als reichsministeriale Vögte 1237 ausgezahlt werden. Der Status einer selbstverwalteten Reichsstadt äußerte sich 1254 im Beitritt zum Rheinischen Städtebund. Wann sich Minoriten aus ➛ Köln in O. niederließen, bleibt unklar. Die örtliche Überlieferung legt sich auf das Jahr 1242 fest, Belege dafür gibt es nicht. Franziskaner aus O. scheinen bei der Gründung Kloster Rosenthals bei Binningen vor 1246 beteiligt gewesen zu sein; im Stadtteil Niedernburg hatte sich schon vor 1236 eine Schwesterngemeinschaft im Allerheiligenkloster niedergelassen (s. u.). Bereits 1262 lehrten die Barfüßer angeblich in einer eigenen Lateinschule, die besonders in der nachreformatorischen Zeit an Bedeutung gewann. Die Konventskirche entstand 1280. König Heinrich VII. verpfändete die Stadt 1312 an seinen Bruder, Erzbischof Balduin von Trier (Luxemburg), der ihm zur Krönung verholfen hatte. O. galt nun, ebenso wie das rheinabwärts liegende Boppard, als eine kurtrierische Landstadt. Der Weseler Krieg 1390/91 mit einer einjährigen Belagerung bei erstmaliger Nutzung von Feuergeschützen festigte letztendlich die Abhängigkeit von Trier. Der Franziskanerkonvent schloss sich der spätmittelalterlichen Observanzbewegung seines Ordens nicht an und blieb bei der konventualen Ausrichtung mit Besitzanspruch auf Liegenschaften. In der Reformationszeit verhinderte der Trierer Einfluss die Ausbreitung des Protestantismus; die Minoriten konvertierten aber fast alle zum evangelischen Glauben; 1522 lebte nur noch ein Bruder im Konvent. Erzbischof Johann V. von Isenburg hob 1555 das verödete Kloster auf und nutzte es als Oberamtskellerei. Im Zuge der Gegenreformation belebte der Minoritenorden (OFMConv) 1621 den Konvent neu. Die zweite Blütezeit äußerte sich im Bau einer neuen Lateinschule. Sechs Kriege überzogen im 17. und 18. Jh. die Region und wirkten sich verheerend auf die Wirtschaft, aber nur zum Teil auf die Bausubstanz der Stadt aus. 1794 besetzten französische Revolutionstruppen O. 1802 säkularisierte die napoleonische Regierung das Kloster. Ein Brand 1836 vernichtete die Anlage.

▶ **Gegenwart.** In der Oberstraße in O. stehen Ruinen des ehemaligen Franziskanerklosters, heute unter dem besonderen Schutz der Denkmalbehörde. Die langgestreckte Kirche war eine kreuzrippengewölbte Halle mit zwei Schiffen, möglicherweise nach dem Vorbild der Minoritenkirche in ➛ Andernach erbaut. Geblieben sind Umfassungsmauern mit Gewölbeansätzen und spitzbogigen Fensteröffnungen; Kreuzgang und Konventsgebäude an der Nordseite sind zum Teil noch zu erahnen. Den Klosterkomplex umschließt nach wie vor die alte Immunitätsmauer; die Kreuzigungsgruppe entstand im 17. Jh.

❖ Das Allerheiligenkloster in O. unterstand in seiner Frühphase der Prämonstratenserabtei ➛ Arnstein (Prämonstratenserinnen?). Seit 1259 bis 1802 bekannten sich die Schwestern aber eindeutig zur Zisterzienserobservanz. Der Brand von 1836 vernichtete die Gebäude des Allerheiligenklosters in O. restlos.

◆ Sebald, Eduard (Hg.): Die Kunstdenkmäler des Rhein-Hunsrück-Kreises, Tl. 2/2: Ehemaliger Kreis St. Goar, Stadt O., München 1997; Neidiger, Bernhard: Die Martinianischen Konstitutionen, in: Zeitschrift für Kirchengeschichte 95 (1984) 337–381.

Oberzell, *Prämonstratenser-Chorherrenstift St. Michael (1128–1802), Franziskaner-Tertiarinnenkloster St. Michael (seit 1923), Diözese Würzburg – (Zell/Main, Lkr. Würzburg, Bayern, ❐ 3, D2).*

▶ **Geschichte.** Norbert von Xanten (um 1080–1134, kanonisiert 1582) besuchte zwischen 1126 und 1132 viermal die Bischofsstadt Würzburg und veranlasste die Bürger zur Stiftung einer der frühesten Niederlassungen seines jungen Prämonstratenserordens in Süddeutschland. Besonders der Domherr Johannes und sein Bruder Heinrich stellten Grund und Boden zur Verfügung, traten in den Orden ein und standen dem neuen Stift in der Anfangszeit vor. Bischof Embricho von Würzburg überließ den Stiftern im Tausch gegen andere Besitzungen die Pfarrkirche in Zell auf der linken Mainseite außerhalb der Bischofsstadt. Daraufhin konnte die Gründung 1128 vollzogen und mit dem Klosterbau begonnen werden. 1133 bestätigte Papst Innozenz II. das Stift Zell; bis 1182 sorgten fünf Papstprivilegien für die Besitzabsicherung. Konrad III. und Friedrich I. verliehen 1146 und 1172 königliche Privilegien. Stift Zell beherbergte etwa 100 Jahre zwei Konvente, die päpstliche Urkunde von 1221 weist letztmalig auf einen Doppelkonvent hin. Nach 1221 verlegten die Chorherren entsprechend der Ordensvorgaben die Frauengemeinschaft nach ➛ Unterzell, das verbliebene Herrenstift heißt seitdem „Oberzell“. Mit der direkten Unterstellung unter die Ordenszentrale Prémontré erhielt Propst Berthold von Kere 1150 den Abtstitel. 1196 wurden ➛ Allerheiligen im Schwarzwald und 1138 ➛ Tückelhausen von O. aus besiedelt. Unter Aufsicht der Äbte von O. oder in enger Beziehung zu ihnen standen die Frauenstifte in Unterzell, Michelfeld, ➛ Hausen, ➛ Sulz (Dombühl), Gerlachsheim, Bruderhartmann, Schäftersheim, Lochgarten und wahrscheinlich zusammen mit dem Bruderstift ➛ Veßra auch Stift Frauenwald. Die Gründung einer Niederlassung in Rieneck (Spessart) gelang nicht. Bewaffnete Auseinandersetzungen der Würzburger Bürger mit ihrem Bischof zogen 1354 Plünderung und schwere Verwüstung der Abtei nach sich, ebenso die fränkischen Bauernunruhen 1525. Die Reformation führte um 1530 zur Verödung des Konvents; 1571 lebten noch sechs Chorherren in O. Ein weiterer Einschnitt in der Klostergeschichte war die Besetzung Würzburgs durch die Schweden (1631–34). Stift O. stand damals glücklicherweise unter der Leitung des fähigen Abts Leonard II. Frank (1614–48), der 1628 die Pontifikalien erlangte. Sein Nachfolger Gottfried Bischof (1648–88) konsolidierte die Wirtschaft und förderte die Wissenschaften; er richtete im Würzburger Klosterhof in der Häfnergasse ein Studienkolleg ein. Der Konvent O. brachte eine Reihe hervorragender Gelehrter hervor, unter denen Abt Oswald Loschert (1747–85) als einer der gebildetsten Prälaten des 18. Jh. herausragt. Die Glanzzeit äußerte sich in reger Bautätigkeit und der barocken Umgestaltung der Abtei. 1798 zählte der Konvent 57 Chorherren und zwei Laienbrüder. Im Dezember 1802 wurde das blühende Prämonstratenserstift O. aufgehoben. Der gesamte Besitz fiel an Kurfürst Max Joseph von Bayern. Im Oktober 1803 mussten die Prämonstratenser O. verlassen. Nach 84-jähriger industrieller Nutzung erwarben 1901 die Dienerinnen der Heiligen Kindheit Jesu, eine Kongregation des dritten Franziskanerordens, die Stiftsanlage und gründeten das heute bekannte Mutterhaus der „Zeller Schwestern“.

▶ **Gegenwart.** Die großzügige Barockanlage O. erreicht man durch ein romanisches Doppeltor aus der zweiten Hälfte des 12. Jh. Das Portal ist eine typisch prämonstratensische Toranlage mit Rundbogenfries und profilierten Portalbögen; wenige dieser Art sind bis heute überkommen (ein weiters Beispiel bietet das Stift ➛ Adelberg). Auch die Basilika St. Michael ist in ihrem Kern ein romanischer Bau. Das mit Säulen bestückte Langhaus und die Vorhalle der Klosterbasilika stammen aus der Gründungszeit, erscheinen heute jedoch in ihrer barocken Überformung. Die weithin sichtbaren Ostflankentürme wurden erst 1905 bei der Kirchenrestaurierung wieder aufgerichtet.

◆ Flachenecker, Helmut/Weiß, Wolfgang (Hg.): O., Würzburg 2006; Petersen, Stefan: Die mittelalterlichen Papsturkunden des Stifts O., Würzburg 2006; Backmund, Norbert: Die Chorherrenorden und ihre Stifte in Bayern, Passau 1966, 175–177.

Ochsenhausen, *Benediktiner Reichsabtei St. Georg (vor 1093–1803), Diözese Konstanz – (Lkr. Biberach, Baden-Württemberg, ❐ 3, D4).*

▶ **Geschichte.** Die welfische Ministerialenfamilie von Wolfertschwenden stiftete vor 1093 das Benediktinerkloster O. im Rammachgau im oberschwäbischen Bergvorland und übergab das Stiftungsgut der Reformabtei St. Blasien (s. u.). Abt Uto I. von Kyburg (1086–1108) gründete nicht nur die berühmte Abtei ➛ Alpirsbach, sondern richtete in O. ein abhängiges Priorat ein. Bischof Gebhard III. von Konstanz (Zähringen) konsekrierte das Kloster 1093 zu Ehren des hl. Georg. Die frühen Mönche fügten sich den neucluniazensischen Reformstatuten der Mutterabtei. Die strikte Abhängigkeit von St. Blasien wurde von den Welfen, die das Vogteirecht innehatten, untergraben, was die Mönche zu Fälschungen von Urkunden provozierte. Seit 1191 übten die Staufer die Schirmherrschaft aus. Eine einzige Urkunde von 1129 erwähnt einen Frauenkonvent, jedoch bleibt ein Doppelkonvent in O. eine legendenhafte Vermutung. Der Besitzstand zwischen Iller und Riß war überschaubar. Erst seit dem 15. Jh. erlangte der Weinanbau in entfernteren Gebieten wirtschaftliche Bedeutung. Eine Besonderheit des Priorats O. war die Eigenwirtschaft im Kerngebiet; Stadthöfe in Memmingen, Biberach und Ulm dienten als Umschlagplätze. Mir dem sanblasianischen Kloster Wiblingen (heute eine Barockanlage) bestand Ende des 13. Jh. Personalunion. Kaiser Ludwig der Bayer übergab 1343 die Schirmherrschaft an die Reichsstadt Ulm, der Ulmer Stadtrat verhalf dem Priorat im 14. Jh. zur Unabhängigkeit. Geschickt wurden das Papstschisma von 1378 und die gegensätzlichen Obödienzen für die Abspaltung genutzt. Papst Bonifatius IX. erhob 1391 das Priorat O. in den Rang einer Abtei mit quasi-reichsunmittelbarem Status. Bischof Otto III. von Konstanz (Hachberg) erklärte 1414 offiziell die Trennung von St. Blasien. Erster Abt in O. war der vorherige Propst Nikolaus Faber (1388–1422). Die Reichsabtei O. erscheint erstmals 1422 in den Reichsmatrikeln. Abt Simon Lengenberger (1482–98) ließ eine neue Klosterkirche errichten; zu seiner Zeit betrachtete der Konvent die Pfarrfürsorge als

Oberzell Prämonstratenser-Chorherrenstift, typische romanische Doppeltoranlage der Chorherren (12. Jh.).

sein Hauptapostolat. Pfarrangehörige durften seit 1495 der Messe der Mönche in der Abteikirche beiwohnen. Ein „Untertanenvertrag" regelte seit 1502 die Erb- und Besitzrechte der Klosterhörigen. Der Baltringer Bauernhaufen stürmte am Gründonnerstag 1525 die Anlage. Die Stadt Ulm bekannte sich 1534 zur Reformation und okkupierte 1546 das Kloster. Abt Gerwig Blarer (1547–67) erwarb aber 1548 eine habsburgische Schutzgarantie, wodurch der Status als Reichsabtei gewahrt blieb. Der Dreißigjährige Krieg brachte mehrere Überfälle und Flucht vor den Schweden. Die Barockzeit war gekennzeichnet von wirtschaftlichem, geistigem und künstlerischem Aufschwung im Geist des Trienter Konzils. Die Blüte führte zu Neubauten, zur Festigung der Klosterschule, Aufstockung der Bibliothek und zur Belebung wissenschaftlicher Studien. Der Polnische Thronfolgekrieg (1733–38) zwang den Konvent erneut in das Exil. Die Aufhebung infolge der allgemeinen Säkularisation 1803 traf 46 Priestermönche und vier Laienbrüder. Der (225 km^2 große) Besitz mit etwa 8.700 Untertanen fiel zum größten Teil an Franz Georg Graf von Metternich-Winneburg-Beilstein, 1825/26 aber durch Verkauf an das Königreich Württemberg.

▶ **Gegenwart.** Die ehemalige Klosterkirche und heutige katholische Pfarrkirche St. Georg entstand als spätgotische dreischiffige Basilika ohne Querhaus (1489–95), mit sehr breitem Mittelschiff und durchgehenden Seitenschiffen. Im 17. und 18. Jh. erhielt sie ihre künstlerisch reiche Ausschmückung sowie eine konkav geschwungene Barockfassade. Der südwestliche Glockenturm wurde 1687 erhöht. Um die Kirche entstanden im 18. Jh. an allen vier Seiten neue barocke Konventsgebäude, deren gewaltiges Vorbild der spanische Escorial Karls V. und Philipps II. von Spanien war. Ein Teil des spätgotischen Kreuzgangs, den Abt Michael Rysells (1434–68) errichten ließ, blieb im Bereich des Laienrefektoriums südlich der Kirche original erhalten. Er zeigt Netzgewölbe mit Wappen des Bauherrn im Schlussstein. Die Abtei O. ist die älteste Anlage des sanblasianischen Verbandes in Deutschland mit mittelalterlichem Architekturbestand.

❖ Die Hauptabtei St. Blasien im Südschwarzwald entstand um 858 als *cella alba* des Klosters Rheinau (heute Schweiz) und entwickelte sich im Hochmittelalter zum Zentrum der ➛ Sankt Blasien-Reform. Ihre umfangreiche Grundherrschaft konnte die Abtei als Prälatenkloster bis zur Säkularisierung 1806 behaupten. Die Anlage präsentiert sich heute als spätbarockes-frühklassizistisches Kloster mit Kuppeldom (1783) und steht seit 1931 unter Leitung der Jesuiten.

◆ GermBen 5, 454–464; Maier, Konstantin: O., in: Württembergisches Klosterbuch, Ostfildern 2003, 372–375; Franz, Bettina: Kloster O., München 2000.

Ochsenhausen Benediktiner Reichsabtei, der Barockkomplex bewahrt einen spätgotischen Kreuzgangflügel.

Odacker, *Benediktinerinnenkloster St. Maria und St. Landolinus (12. Jh. –1804), Erzdiözese Köln – (Warstein-Hirschberg, Kr. Soest, Nordrhein-Westfalen, ❐ 1, C5).*

▶ Bei Hirschberg auf dem Berg *Oitacker* entwickelte sich aus einer religiösen Frauengemeinschaft das Benediktinerinnenkloster O. Erzbischof Philipp II. von Köln (Daun) übergab 1513 den Konvent, bestehend aus Äbtissin Margaretha Beckers (1508/13) und drei Mitschwestern, der Obhut der Abtei ➛ Grafschaft. Die Mönchsabtei schloss sich in dieser Zeit der ➛ Bursfelder Reformkongregation an und brachte die Frauengemeinschaft 1514 ein. Kloster O. hatte als einer der wenigen Frauenkonvente einen Konfraternitätsbrief dieser spätmittelalterlichen Reformunion aufzuweisen. 1551 wird eine Internatsschule für die ländliche Jugend aktenkundig, ebenso versorgten die Schwestern ein Hospital. Während der Stadtbrände in Hirschberg fanden die Bürger Unterkunft im Kloster. Reliquien des hl. Landolinus aus der Abtei ➛ Flechtdorf werteten 1596 den kleinen Konvent auf. Erzbischof Ernst von Bayern verbesserte 1601 mit einer Vikarie des aufgelösten Kanonissenstifts Oedingen die Einkünfte. Ein schwerer Einschnitt bedeutete 1622 der Raubzug Herzog Christians von Braunschweig; die Frauen erlebten bis 1637 mehrere Exilzeiten. Erzbischof Ferdinand von Bayern beauftragte die Abtei Grafschaft mit der Neueinrichtung der klösterlichen Anlage, was 1639 erfolgte. Bis zur Säkularisierung im November 1804 betreute die Abtei Grafschaft die Schwestern. Am Ende bestand der Konvent aus Äbtissin Maria Walburgis Köller (1763–1804) und sieben Konventualinnen. Vom Kloster blieb einzig die einjochige Totenkapelle St. Anna erhalten, die im 17. Jh. aus mittelalterlichem Baumaterial wiedererstand. Eine Mutter Gottes aus dem 14. Jh. wurde in O. als Gnadenbild verehrt; diese brachte der letzte Grafschafter Abt, Edmund Rustige (1786–1804), nach ➛ Belecke in die Kirche der ehemaligen Propstei.

◆ GermBen 8, 351–376; Schmitt, Michael: O., in: Westfälisches Klosterbuch, Tl. 2, Münster 1992, 159–161.

Odenheim, *Benediktinerabtei St. Petrus und Paulus (vor 1123–1494), Diözese Speyer – (Östringen-Eichelberg, Lkr. Karlsruhe, Baden-Württemberg, ❐ 3, C3).*

▶ **Geschichte.** Erstmals erscheint Kloster O. am Rand des Kraichgaues in einer Urkunde König Heinrichs V. im März 1123.

Als Gründer werden darin Erzbischof Bruno von Trier und sein Bruder Graf Poppo von Lauffen genannt. Die Gründung wird mit Abt Bruno von Hirsau (1105–20) in Verbindung gebracht, der gute Beziehungen zum Hochstift Speyer unterhielt. Der erste Abt in O., Eberhard (1123?/1137–43), kam aus dem Reformzentrum ➛ Hirsau in den Kraichgau und pflegte wahrscheinlich neucluniazensische Reformideale im Konvent O.; freie Abt- und Vogtwahl waren garantiert. In der Frühzeit sind enge Beziehungen zur Abtei ➛ Sinsheim auffällig, einem Kloster der ➛ Siegburger Reformrichtung. Großzügiger Stiftungsbesitz im Neckartal und weitere Gunstbeweise der Lauffener Schutzherren förderten im 12. Jh. eine gedeihliche Entwicklung. Nach dem Aussterben der Grafen fiel die Abtei O. 1219 unter königlichen Schutz, aber Bischof Gerhard von Speyer (Ehrenberg) erlangte 1338 die Reichspfandschaft. Im 13. Jh. begannen die Benediktiner ihren Streubesitz gegen anliegende Flächen zu tauschen, bis sich im Spätmittelalter ihre Güter um die Abtei konzentrierten. Unter Abt Heinrich II. (1249–61) bestand der Konvent aus 15 Mönchen. Angeblich lebten beim Tod Abt Ulrichs von Finsterloch (1472–79, vorher Abt in Sinsheim) nur noch zwei Konventualen in O.; zur Zeit der Auflösung 1494 waren es wieder 15 Benediktiner. Die Abtei unterhielt in Kirchbach bei Ochsenbach eine Propstei, über deren Anfänge nichts bekannt ist. Abt Dietrich IV. von Angelloch (1425–42) verkaufte den Zisterzienserinnen von ➛ Frauenzimmern 1442 diese Propsteianlage mit allem Zubehör. Verkäufe, Verpfändungen und geistige Armut charakterisieren im 15. Jh. den Niedergang des adeligen Konvents. Reformforderungen des Speyrer Bischofs wurden nur zögerlich befolgt. Abt Johannes Schenk (1468–72) resignierte nach vier Jahren, weil der Konvent zerstritten war. Nach dem Beitritt zur ➛ Bursfelder Kongregation im März 1491 mussten der Prior und drei Mitbrüder das Kloster verlassen, neue Mitbrüder aus den Abteien Hirsau und ➛ Sponheim rückten nach. Gerade dieser Reformkonvent unter Abt Christoph von Nippenburg (1491–1503) betrieb mit Hilfe Kaiser Maximilians I. die Umwandlung in ein weltliches Kollegiatstift, was Papst Alexander VI. im Oktober 1494 genehmigte. 1507 zogen die Kanoniker in das geschützte Bruchsal um. Der Bauernaufstand 1525 und der Dreißigjährige Krieg verwüsten die verlassene Klosteranlage.

▶ **Gegenwart.** Am Fuß des Eulenbergs in Eichelberg, heute Gemeinde Östringen, befindet sich auf dem Gelände der ehemaligen Abtei der „Stifterhof". Den Immunitätsbezirk der Abtei markieren Reste von runden Ecktürmen der ehemaligen Wehrummauerung. Große Teile der Anlage mussten 1840/50 Neubauten weichen; geblieben sind ein spätgotischer Speicher, Spolien und Wappenschilder einiger Äbte.

◆ GermBen 5, 464–471; Gehring, Franz: Zur Geschichte von Pfarrkirche und Kloster O., Philippsburg 1979.

Oelinghausen, *Prämonstratenser-Chordamenstift St. Maria und St. Petrus (1174–1804), Gemeinschaft der Heiligenstädter Schulschwestern (seit 1991), Erzdiözese Köln – (Arnsberg-Holzen, Hochsauerlandkreis, Nordrhein-Westfalen, ❐ 1, B5).*

▶ **Geschichte.** Siginand von Batthausen, ein Ministeriale der Kölnischen Kirche, und seine Gemahlin Hadwig stifteten ihren Besitz in O. und Bachem mit allem Zubehör zur Gründung eines *sanctimonialium cenobium*, was Erzbischof Philipp von Köln 1174 bestätigte. Die Aufsicht über den Frauenkonvent übernahm das Prämonstratenserstift Scheda (heute ein neubebautes Gut). Weil sich die Abtei ➛ Wedinghausen bei Arnsberg wohl besser um die Neugründung O. bemühte, entschied Abt Konrad (1220–33) von Prémontré auf dem Generalkapitel 1228 die Paternitätsfrage zugunsten Wedinghausens (Graf Gottfried II. von Arnsberg hatte sich ebenfalls des neuen Stifts angenommen). Auch als den Frauen 1231 die freie Wahl eines ordenseigenen Propstes zugestanden wurde, blieb das Filiationsverhältnis zu Wedinghausen bestehen. Der Aufstieg zur Propstei ist mit der Bezeichnung „filia Premonstratensis" im offiziellen Ordenskatalog von 1234 offenkundig. Der Dominikanerorden nahm 1283 den Konvent von O. in seine Gebetsbrüderschaft auf, auch die Prämonstratenser von Valar (heute ein Barockschloss) boten 1348 ihre Fraternität an. Um 1300 werden 60 und 1350 sogar 80 Chorfrauen gezählt, Laienschwestern nicht berücksichtigt, eine Zahl. die von einigen Historikern bezweifelt wird; wie dem auch sei, O. gehörte zu den großen Frauenkonventen des Ordens. Das Verhältnis zu den Erzbischöfen war eng und äußerst förderlich, ungewöhnlich hohe Freiheitsgrade wie Vogteifreiheit und eigene Gerichtsbarkeit offenbarten die besondere Wertschätzung. Päpste bekundeten mehrfach ihren Schutz, entsprechende königliche Erklärungen sind trotz sehr guter Quellenlage aber nicht überliefert. Die Grafen von Arnsberg blieben zuverlässige Gönner und sorgten für den Lebensunterhalt des starken Konvents, in dem sich oft eigene Töchter befanden. Graf Wilhelm († 1338) etwa ermahnte testamentarisch seine Erben, das Stift O. unangetastet und Schweine des Konvents ohne Weidegeld frei laufen zu lassen. Auch die Ravensburger Grafenfamilie und die mit ihr verschwägerten Tecklenburger stifteten Besitz und Einkünfte einzig mit der Auflage des Betens für ihre Seelen. Private Pfründen und die Reformation führten zum inneren Verfall. Der Truchsessische Krieg (1583–88) und weitere Kriege schädigten die Wirtschaft spürbar. Erst unter der tüchtigen Vorsteherin Ottilia von Fürstenberg (1585–1621) erreichte der Konvent seinen alten Glanz. Sie erhielt die päpstliche Zustimmung zur Umwandlung in ein weltliches Stift für adelige Damen. Der Prämonstratenserorden, der diesen Verlust nicht hinnehmen wollte, ließ von den Chorherren von Wedinghausen 1641 das Stift erstürmen die abtrünnigen Frauen vertreiben, die sich ihrerseits vor ihrem Auszug mit der Ausplünderung des Stifts rächten. Den klösterlichen Neuanfang übernahmen

Die „Kölsche Madonna" (um 1200) begründete den geistlichen Ruf des Frauenstifts **Oelinghausen**.

Odenheim Benediktinerabtei, ein verbliebener Rundturm der mittelalterlichen Wehrummauerung.

bürgerliche Prämonstratenserinnen unter Äbtissin Elisabeth Rham (1641–50) aus dem Stift ➛ Rumbeck. Landgraf Ludwig X. von Hessen-Darmstadt hob 1804 das Stift O. auf.

▶ **Gegenwart.** Die ehemalige Prämonstratenseranlage O. im Sauerland ist heute noch in ihren wesentlichen Teilen erhalten. Mariannhiller Missionare übernahmen 1956 Gebäude und Pfarraufgaben, übergaben aber 1991 das Stift vier Schwestern der hl. Maria Magdalena Postel („Heiligenstädter Schulschwestern"). Die gotische Stifts- und katholische Pfarrkirche (um 1380) ist ein neunjochiger Saal mit westlichem Glockenturm als Dachreiter und Polygonalschluss im Osten. Im Süden sind Kreuzkapelle und Sakristei angebaut, im Norden eine kleinere Kapelle; ein geschlossenes Dach überdeckt den gesamten Bau. Im Inneren überrascht die dreijochige „Krypta", die Unterkirche des romanischen Vorgängerbaus. Der Raum bewahrt jene Gnadenmadonna (um 1200), die Erzbischof Engelbert I. von Köln (Berg) dem Konvent vor 1225 geschenkt hatte, und die als „Kölsche Madonna" den geistlichen Ruf des Stifts begründete. Das Kircheninnere ist barock gestaltet, die Nonnenempore nimmt fast die gesamte westliche Hälfte ein. Einige bedeutende Stücke aus dem Mittelalter bereichern noch heute die Ausstattung. Westlich der Kirche stehen zwei barocke Klausurflügel, die auf mittelalterlichen Grundmauern und Kellern ruhen.

◆ Ehlers-Kisseler, Ingrid: Die Anfänge der Prämonstratenser im Erzbistum Köln, Köln 1997; Michel, Wilfried: O., in: Westfälisches Klosterbuch, Tl. 2, Münster 1992, 161–172.

Oesede, *Benediktinerinnenkloster St. Maria und St. Johannes Baptist (1170–1803), Diözese Osnabrück – (Georgsmarienhütte, Lkr. Osnabrück, Niedersachsen, ❐ 1, C4).*

▶ **Geschichte.** Edelherr Liudolf von O. gründete 1170 ein Benediktinerinnenkloster auf seiner Stammburg in der Niederung der Düte südlich von Osnabrück. Der Gründungskonvent kam mit der ersten Priorin Goda (1170–1216), einer Tochter des Stifters, aus dem Kloster ➛ Willebadessen. Die Schwestern brachten die strengen Lebensgewohnheiten der ➛ Hirsauer Reform mit. Auch der erste Propst Theoderich (1170–um 1200) kam aus der hirsauisch geprägten Abtei St. Michael in ➛ Hildesheim. Der Stifter unterstellte das Kloster der Osnabrücker Kirche, die freie Vogtwahl jedoch wurde nach Verzicht der Stifterfamilie 1247 dem Konvent eingeräumt. Von Beginn an kennzeichnete eine tiefe Marienverehrung den Alltag im Konvent, aufwändige Prozessionen und Wallfahrten zum Gnadenbild der „Mutter Maria im Kindbett" bestimmten das Klosterleben im Mittelalter. Zahlreiche Stiftungen förderten den wirtschaftlichen Aufschwung. Das Vermögen wurde Ende des 13. Jh. in einzelne Pfründen aufgeteilt, die Stellung des Propstes eingeschränkt. Im 14. Jh. lebten etwa 15 Schwestern in O. Bischof Konrad III. von Osnabrück (Diepholz) setzte 1484 die eifrige Priorin Benedicta von Glane (1482–1522) aus ➛ Vinnenberg ein, die Reformen im Geist der ➛ Bursfelder Kongregation durchsetzte. Das Amt des Propstes wurde abgeschafft und die nahe Abtei ➛ Iburg (Osnabrück) mit der Aufsicht beauftragt. 1504 konnte die Observanz nach St. Cyriacus in ➛ Eschwege weitergegeben werden. Die Reformation wirkte sich nicht nennenswert im katholischen Konvent aus, aber nachreformatorische Kriege verwüsteten das Land und ließen die Wirtschaftskraft absinken. Die schwedische Besatzung (1633–43) während des Dreißigjährigen Krieges erzwang die vorübergehende Auflösung des Konvents. Der nachfolgende barocke Aufschwung führte 1738 zur Erhebung in den Abteistatus. Eine Visitation 1787 bestätigte dem Konvent Schuldenfreiheit. Inzwischen verwalteten weltliche Angestellte die Wirtschaft und Weltpriester standen den Schwestern seelsorglich bei. Laut Festlegung des Reichsdeputationshauptschlusses 1803 durften Frauenklöster nicht ohne Zustimmung des Bischofs aufgelöst werden; dessen ungeachtet, verfügte die Hannoversche Regierung im Februar 1803 die Säkularisierung des Benediktinerinnenklosters O. Zehn Chor- und fünf Laienschwestern wurden abgefunden.

▶ **Gegenwart.** Seit 1904 besteht in O. eine eigene Kirchengemeinde mit katholischer Pfarr- und ehemaliger Klosterkirche St. Johannes Baptist. Der einschiffige Kirchensaal auf kreuzförmigem Grundriss mit geradem Chorabschluss entstand als zweite Klosterkirche um 1300 unter Verwendung großer Teile des romanischen Vorgängerbaus. Von ursprünglich zwei Westtürmen ist nur noch

Oesede Benediktinerinnenkloster, Westansicht der romanisch-gotischen Klosterkirche.

der nördliche erhalten. Das Säulenportal am nördlichen Querarm entstand 1525, das westliche Hauptportal erst 1900. Im Inneren erzielen geschickte Variationen der Scheitelhöhen und Jochlängen eine überraschende Tiefenwirkung. Die ehemalige Nonnenempore im Westjoch wird heute von einer neoromanischen Orgelbalustrade ersetzt, die Unterkirche wurde zugeschüttet. Vier romanische Pfeilerfragmente inmitten des Langhauses erinnern an ein Ziborium über der Stelle, an der die Jungfrau Maria erschienen sein soll, was im 12. Jh. die besondere Marienverehrung im Kloster O. ausgelöst hatte. Interessante Freskenreste, frühe Skulpturen und der Grabstein des Stifterehepaares (um 1300) bereichern die Innenausstattung. Das Gnadenbild der „Mutter Maria im Kindbett", eine in Lindenholz geschnitzte Figur (um 1430), wird in einer Stele (1987) in der Apsisnische des Nordquerschiffs aufbewahrt. Von der ehemaligen Klausur blieben nur Hauptflügel und Torhaus aus dem 18. Jh. erhalten.

◆ GermBen 11, 459–471; Otten, Hermann: Kloster O. in Georgsmarienhütte, Lippstadt 1979.

Oettingen, *Deutschordenskommende St. Maria (nach 1225–1805), Diözese Bamberg – (Lkr. Donau-Ries, Bayern, ❒ 4, A3).*

▶ **Geschichte.** Graf Ludwig III. von O. stiftete mit Hilfe seines Bruders Konrad anlässlich dessen Eintritts in den Deutschen Orden nach 1225 eine Kommende unmittelbar neben dem Stammschloss in O. an der Wörnitz. 1236 amtierte Konrad von O. als Stellvertreter des Hochmeisters Hermann von Salza (1209–39). Im April 1242 stellten die gräflichen Erben den Stiftungsbrief aus und betonten den Willen ihrer Vorgänger, dem Orden zu dienen. Die Grundausstattung der Kommende, die der Ordensballei Franken zugewiesen wurde, umfasste ein Heilig-Geist-Spital neben der Schlosskapelle, sieben Höfe vor den Stadttoren und einen städtischen Wirtschaftshof, den einige Ordensbrüder bereits bewohnten. Die romanische Burgkapelle wurde als Ordenskirche neu errichtet, die Herrschergruft blieb erhalten. Die Grafenfamilie stiftete 1267 mit dem Kloster ➛ Kirchheim am Ries eine neue Familiengrabstätte, weswegen das Interesse an der Kommende sank. Papst Innozenz IV. gewährte 1249 wie schon für die Ordenshäuser ➛ Nürnberg, ➛ Regensburg und Aichach das Privileg, während eines allgemeinen Interdikts die Messe feiern zu dürfen, was zu Konflikten mit dem Weltklerus führte. Pfarrvikar Sigfrid verbot der Gemeinde in O. den Besuch der Ordenskirche, den Empfang der Sakramente sowie die Nutzung des Spitals und drohte mit Exkommunikation; ein päpstlicher Legat strafte ihn daher 1255 mit Zustimmung des Bischofs ab. Der erste namentlich bekannte Komtur Konrad Welzo (1253–57) erscheint urkundlich anlässlich eines Streits mit der Zisterzienserabtei ➛ Heilsbronn um Güterbesitz. Zum Deutschordenskonvent in O. gehörten damals neben dem Komtur zwei Priester- und drei Laienbrüder. Stiftungen und Dotationen der Bürger und des örtlichen Adels sowie der Grafenfamilie aber auch eigene Zukäufe führten zur expandierenden Wirtschaftsmacht des Ordens in O., was Ende des 13. Jh. das Verhältnis zum Grafenhaus belastete. Hochmeister Konrad von Feuchtwangen (1291–96) schloss 1293 einen Vertrag mit Graf Ludwig V., der die ursprünglich garantierten Freiheiten in der Residenzstadt einschränkte, aber auch die Rechte des Ordens fixierte, wie etwa die niedere Gerichtsbarkeit über seine Eigenleute. Der Besitz befand sich teilweise in prekärer Gemengelage mit jenem der Benediktinerabtei ➛ Auhausen; Konflikte sind nicht belegt, aber Landverkäufe an Auhausen 1361 wegen der schwierigen Finanzsituation in O. nachweisbar. Auf der ➛ Kapfenburg entstand zwar durch Verkauf der Oettinger Grafen nach 1364 eine weitere Kommende, aber die Grafen wandten Ende des 14. Jh. eher dem Kartäuserorden ihr Interesse zu und stifteten 1384 am südwestlichen Rand des Ries die Kartause ➛ Christgarten. In dieser Zeit überwogen Verkäufe; die allgemeine Ordenskrise und Folgen des Schwäbischen Städtekriegs bekam auch die Kommende zu spüren. Visitatoren im Auftrag des Hochmeisters registrierten 1451/52 in O. neben Komtur Werner von Neuhausen (1443–68) fünf Ordensmitglieder. Den Landkomturen Melchior von Neuneck (1463–91) und Wolfgang von Eisenhofen (1492–1527) gelang gegen den allgemeinen Trend ein wirtschaftlicher Aufschwung im späten 15. Jh., der die Ballei Franken nach den existenziellen Katastrophen des 16. Jh. (Bauernaufruhr, Verlust Preußens, Reformation) zur Stütze des Ordens prädestinierte. Seit 1414 war die Stadt O. zwischen zwei herrschaftlichen Linien aufgeteilt. Als sich 1539 die Grafen von Oettingen-Oettingen der Reformation anschlossen, wurde diese Aufteilung durch

Oettingen Deutschordenskommende, die „Gruftkapelle" wurde von Ordensbrüdern errichtet (um 1266).

eine konfessionelle Spaltung vertieft. Die im Schloss O. lebende Grafenlinie war protestantisch, der Deutsche Orden gab seine Marienkapelle auf, die nun wieder als Schlosskapelle genutzt wurde, und begnügte sich mit einer eigenen Hauskapelle. Mit der Mediatisierung der Grafschaft 1805 verlor auch der Orden seinen Besitz in O. an Bayern.

▶ **Gegenwart.** Kommende und Schloss von O. existieren heute nicht mehr. Auf dem Areal der ehemaligen Deutschordensniederlassung (heute „Gruftgarten") steht das Heimatmuseum der Stadt. Aus romanischer Zeit blieb lediglich die Burgkapelle erhalten, die von den Deutschordensbrüdern bis etwa 1266 als Marienkapelle neu errichtet und für die gefürstete Herrschaft Oettingen-Spielberg 1798 als „Gruftkapelle" mit klassizistischem Gepräge einschneidend verändert wurde. Der südliche Anbau erfolgte erst 1912.

◆ Weiss, Dieter J.: Die Geschichte der Deutschordens-Ballei Franken im Mittelalter, Neustadt/Aisch 1991; Bergel, Josef: Die fürstliche Gruftkapelle in Öttingen, in: Jahrbuch des Historischen Vereins für Nördlingen und das Ries 23 (1950) 53–66.

Offenbach /Glan, *Benediktinerpropstei St. Maria (vor 1150–1558), Erzdiözese Mainz – (O.-Hundheim, Lkr. Kusel, Rheinland-Pfalz, ❐ 3, B2).*

▶ **Geschichte.** Erzbischof Heinrich I. von Mainz (Harburg) bestätigte 1150 die Stiftung eines Klosters des Edelfreien Reinfried auf seinem Erbgut in O. und die Übergabe an die Abtei St. Vinzenz in Metz. St. Vinzenz etablierte zur Güterverwaltung eine Propstei, die mit Benediktinern des eigenen Konvents besetzt wurde; das exakte Gründungsdatum ist unbekannt. Der Konvent in Metz hatte sich 968 der ➛ Gorzer Reform geöffnet und gehörte im 11. Jh. zu deren wichtigsten Verfechtern. Insofern sind lothringische Reformeinflüsse im Konvent der neuen Propstei anzunehmen; ob im 12. Jh. neucluniazensische Ideale einströmten, ist dagegen unklar. Zur Stiftung gehörte der Marktflecken O. mit Zoll- und Marktgericht sowie sechs Dörfer in der Umgebung. Friedrich II. nahm das Kloster an der Glan unter Reichsschutz, förderte es großzügig, gewährte dem Konvent unter Propst Konrad 1215 die Freistellung von Reichsabgaben und verpflichtete den Reichspropst von Kaiserslautern mit Schutzaufgaben. Diese Anordnungen mussten die Nachfolger Rudolf I. und Adolf von Nassau bekräftigten, weil der Territorialadel ständig auf den Klosterbesitz zugriff. Die Propstei O. pflegte Beziehungen zu anderen französischen Propsteien in der Pfalz: ➛ Remigiusberg und Pfeddersheim-Georgenberg. Propst Jakob (1281/89) von O. schlichtete 1289 Besitzstreitigkeiten der Propstei Remigiusberg mit Graf Heinrich von Veldenz-Geroldseck. Während des Abendländischen Schismas geriet der Konvent in Obödienzkonflikte, weil das Mutterkloster der avignonesischen Richtung anhing, das Erzbistum Mainz sich hingegen romtreu verhielt. Die daraus resultierende Konventsspaltung mit gewalttätiger Doppelbesetzung der Ämter Ende des 14. Jh. schadete der Klosterzucht und Wirtschaft nachhaltig. Pfalzgraf und Herzog Ludwig I. von Zweibrücken versuchte 1469, eine innere Reform durch den Anschluss an die ➛ Bursfelder Kongregation zu erreichen, aber das Vorhaben verlief ebenso wie in der Propstei Remigiusberg im Sande. 1479 ging

Offenbach/Glan Benediktinerpropstei, von der Propsteibasilika im romanisch-gotischen Übergangsstil (um 1230–14. Jh.) blieb lediglich der östliche Bereich erhalten.

Spätromanische Kapitellplastik in der Propsteikirche **Offenbach** akzentuiert die Weinkultur der Mönche.

das Vogteirecht an die Zweibrücker Pfalzgrafen über, was diese zu massiven Eingriffen während der Reformation im 16. Jh. ausnutzten. Herzog Wolfgang zwang 1538 Propst Johann von Berne (1532/43) evangelische Prediger auf, forderte vom Konvent regelmäßig Sondersteuern, schaltete 1556 den von St. Vinzenz ernannten Propst Johann Humbert (1556/70) aus, verhaftete den als Prokurator fungierenden letzten Mönch Johann Circourt und schaffte ihn außer Landes; schließlich erließ er 1558 die neue Zweibrücker Kirchenordnung und übernahm die Verwaltung der Propsteigüter. Ein erster Schaffner ist 1560 belegt, Einkünfte flossen der Hornbacher Landschule zu. Der Rechtskampf der Abtei St. Vinzenz dauerte über 200 Jahre und blieb wie einige Restitutionsversuche erfolglos.

▶ **Gegenwart.** Die evangelische Pfarrkirche St. Marien und ehemalige Propsteikirche in O. überragt noch heute den kleinen Ort an der Glan. Von der ehemals dreischiffigen Basilika im Übergangsstil der rheinischen Spätromanik zur Gotik (errichtet ab etwa 1230 bis ins 14. Jh.) blieb 1810 lediglich der imposante Ostteil mit gestaffeltem Dreiapsidenchor, Querschiff, Vierungsturm und östlichem Langschiffjoch erhalten; 1893 wurde die heutige Westwand eingesetzt. Kunstvolle Bau- und Schmuckformen zeigen besonders im Chorbereich burgundisch-lothringischen Einfluss. Die Kapitellplastik im später vollendeten Langhaus erinnert an frühgotische Arbeiten der Reimser Bauhütte. Letzte Konventsgebäude wurden bis auf Relikte niedergelegt, als man 1855 das Schulhaus und 1874 ein Pfarrhaus auf dem ehemaligen Propsteiareal errichtete. Die Spoliensammlung des verdienstvollen Karl Metz von 1890 unterstreicht die hohe handwerkliche Qualität und den kunsthistorischen Wert der „Abteikirche" in O.

◆ GermBen 9, 575–588; Dölling, Regine: Ehem. Benediktinerpropsteikirche O. und ehem. Benediktinerklosterkirche Sponheim, Neuss [2]1978; Debus, Karl Heinz: Die französischen Benediktinerpropsteien am Rande der heutigen Pfalz, in: Archiv für mittelrheinische Kirchengeschichte 23 (1971) 235–363.

Offenburg, *Franziskanerkloster St. Maria (1280–1814), Augustiner-Chorfrauenstift St. Maria (seit 1823), Diözese Straßburg – (Ortenaukreis, Baden-Württemberg, ❒ 3, B4).*

▶ Das Franziskanerkloster „Unserer Lieben Frau" an der nördlichen Stadtmauer der Reichsstadt O. bestand von 1280 bis zur Säkularisierung 1814. Der seit 1660 stattfindende Schulunterricht im Kloster konnte 1823 von Augustiner-Chorfrauen der Kongregation der Seligen Jungfrau Maria übernommen werden. Die gotische Klosteranlage musste nach ihrer Zerstörung im Pfälzischen Erbfolgekrieg 1689 von den Franziskanern neu erbaut werden. An dieser Stelle sei jedoch auf die gotische Marienkapelle an der Nordseite der Barockkirche hinter dem Kreuzgang hingewiesen, die als einzige den Stadtbrand nach dem Franzosensturm überstand und heute das älteste Gebäude der Stadt ist. Der dreischiffige Hallenbau mit Kreuzrippengewölbe auf vier schlanken Säulen bewahrt eine spätgotische Madonna eines unbekannten Meisters. Einzig eine Holztür im Kreuzgang stammt ebenfalls aus vorreformatorischer Zeit.

◆ Hillenbrand, Eugen: Klöster und religiöse Gemeinschaften im mittelalterlichen O., Offenburg 1990; Kähni, Otto: Das Kloster Unserer Lieben Frau und dessen Lehr- und Erziehungsinstitut in O., in: Die Ortenau 46 (1966) 84–128.

Offenhausen, *Dominikanerinnenkloster St. Maria (1258–1613) – „Gnadenzell", Diözese Konstanz – (Gomadingen-O., Lkr. Reutlingen, Baden-Württemberg, ❒ 3, C4).*

▶ **Geschichte.** Die fünf Söhne Heinrichs von Lupfen schenkten einer Schwesternsammlung in Kernhausen 1258 die Siedlung O. auf der Münsinger Alb. Die Schwestern verpflichteten sich, nach O. zu ziehen und ein Kloster zu gründen. Erst 20 Jahre später unterwarf sich der Konvent dem Generalkapitel des Dominikanerordens 1278 in Mailand; ihr Kloster nannten sie „Gnadenzell". Der Hof in Kernhausen wurde weiterhin von O. aus bewirtschaftet. Die Stifterfamilie übernahm die Schirmherrschaft und bestätigte ihre Stiftung nochmals 1302. Für die seelsorgliche Betreuung des Konvents wurde ein im Ort wohnender Kaplan eingesetzt, die geistliche Aufsicht übten die Dominikaner von ➛ Rottweil, später von ➛ Stuttgart aus. Die Grundausstattung war bescheiden, 1473 tritt erstmals urkundlich ein Hofmeister als Verwalter auf. Graf Eberhard V. im Bart von Württemberg, der inzwischen die Schirmherrschaft ausübte, setzte 1480 die Observanz im Konvent durch. Reformierte Dominikanerinnen wurden zur Unterstützung aus Schlettstadt (Elsass) gerufen, auch die neue Priorin Ursula Zoernin (1478–89) kam aus Schlettstadt. Der Graf belohnte den nun vorbildlichen Konvent 1486/87 mit dem Patronatsrecht über die Pfarrkirche in Gomadingen. Die ökonomische Lage besserte sich, der Konvent erreichte seine Maximalstärke von 24 Schwestern. Die Wirtschaftskraft blieb jedoch bescheiden, das zu versteuernde Einkommen des Klosters stand an drittletzter Stelle unter den württembergischen Frauenklöstern. Herzog Ulrich, ein überzeugter Lutheraner, führte 1534 die Reformation in Württemberg ein. 1537 mussten fünf Schwestern aus ➛ Urach in O. aufgenommen werden. Eingriffe des Landesherrn führten nicht sofort zur Auflösung des Konvents, weil auf die Rechte der Gründerfamilie von Lupfen Rücksicht genommen werden musste. Die Schwestern durften ihr geistliches Leben weiterführen, aber ihnen war die Aufnahme von Novizinnen untersagt. 1599 wurde die Eigenwirtschaft ganz aufgehoben, sieben noch lebende Dominikanerinnen erhielten Apanagen. Priorin Katharina Vetter verstarb als letzte Konventualin 1613. Die Klosteranlage wurde in ein herzogliches Gestüt umgewandelt.

▶ **Gegenwart.** Der Ort O. verödete schon im Spätmittelalter. Vom Kloster ist einzig die Kirche erhalten geblieben. Sie dient heute dem Württembergischen Museum für Geschichte der Pferdezucht; ein Raum darin wurde der Klostergeschichte zugeteilt. Die Kirche ist ein schlichter einschiffiger Bau mit gotischen Maßwerkfenstern; eine Nonnenempore war ursprünglich im Chor eingebaut. Freskenreste an den Innenwänden vergleichen Kunsthistoriker mit denen der Klarissenkirche in ➛ Pfullingen.

◆ Deigendesch, Roland: O., in: Württembergisches Klosterbuch, Ostfildern 2003, 377–379; Stievermann, Dieter: Gründung, Reform und Reformation des Frauenklosters O., in: Zeitschrift für Württembergische Landesgeschichte 47 (1988) 149–202.

Offenhausen Dominikanerinnenkloster, die gotische Klosterkirche dient heute als Museum, Südostansicht.

Oggelsbeuren, *Franziskaner-Tertiarinnenkloster St. Elisabeth (1378–1787), Diözese Konstanz – (Attenweiler-O., Lkr. Biberach, Baden-Württemberg, ❐ 3, D4).*

▶ **Geschichte.** Laut einer Chronik des 18. Jh. sammelten sich im 14. Jh. an einer Einsiedelei nördlich von Attenweiler religiöse Frauen, denen der Ortsherr von O. und Landvogt Ludwig von Hornstein 1378 ein Kloster errichten ließ. Der Stifter verlangte die Annahme der Drittordensregel und bat Franziskaner aus dem Konvent Ulm, die Tertiarinnen in O. zu betreuen; das Haus Österreich erteilte angeblich noch 1378 seine Zustimmung. Urkunden, die diese Gründungsgeschichte belegen, sind Falsifikate des 16. Jh., ihr Wahrheitsgehalt wird aber heute nicht mehr bezweifelt. Die Herrschaft Wartshausen übte im Auftrag der Habsburger Landesherrn die Vogtei aus, die in der Spätphase des Konvents an das weltliche Kanonissenstift Buchau überging. Regionale Adelsfamilien erweiterten mit Schenkungen den anfänglich geringen Besitz, ökonomisch entscheidend jedoch war der Zugewinn des nahen Riedenhofes. Die Konventsstärke schwankte zwischen zehn und zwanzig Schwestern nicht nur aus dem Adel, sondern auch aus Bauern- oder Handwerkerfamilien, geleitet von einer Meisterin oder Mutter. In der Ortspfarrkirche, in der für sie ein eigener Chor eingerichtet war, verrichteten sie ihr Stundengebet. Zwei Schwestern des Konvents halfen 1459 der Beginengemeinschaft in ➛ Munderkingen bei der Eingliederung in den Dritten Orden der Franziskaner. Der Provinzialminister Heinrich Karrer (1464–83) visitierte 1472 persönlich in O. Die Schwestern entschieden sich 1484 zur Observanz, woraufhin Johannes Alphart, ehemaliger Provinzialvikar der oberdeutschen Observantenvikarie (1474–77), 1489 die Klausurordnung den strengen Reformansprüchen anpasste. Der Konvent gehörte bis 1580 zur Straßburger, danach zur Innsbrucker Observantenprovinz. Der Konvent partizipierte an der spätmittelalterlichen Frauenmystik: so soll eine Schwester Verena von Baldenstein mehrere Bücher verfasst haben, die sich jedoch nicht mehr auffinden lassen. Der Bruderkonvent in Ulm erlag 1531 den reformatorischen Umwälzungen, seine spätromanisch-frühgotische Anlage wurde im 19. Jh. beseitigt. Seit 1630 unterstanden die Tertiarinnen dem neugegründeten Franziskanerkonvent in Ehingen. Noch in der barocken Spätzeit war O. ein Ort der Askese und Erbauung, weshalb das Kloster unter die Aufhebungskriterien des Josephinismus fiel. Der Auflösungsbefehl erging im Februar 1787; den Schwestern wurden Pensionen und Bleiberecht zugesichert. Der Besitz ging an das Stift Buchau über. 1854 eröffneten Franziskanerinnen aus Dillingen ein Lehrinstitut für Mädchen in O., zogen aber bereits 1860 in das ehemalige Dominikanerinnenkloster Sießen im Saulgau (eine weit größere Barockanlage) um, woraus die heute berühmten Sießener Schulen erwuchsen.

Oggelsbeuren Franziskaner-Tertiarinnenkloster, mittelalterliche Pietà in der stark überbauten Klosterkirche.

▶ **Gegenwart.** Das barocke Klostergebäude (1714) in O. dient heute der Pius-Pflege, die inzwischen eine Förderstiftung ist. Nach dem Brand von 1952 wurde das Gebäude eingreifend ausgebaut und 1983 erweitert. Die alte Pfarrkirche St. Johannes Baptist, die auch den Schwestern als Konventskirche diente, nutzt heute noch die katholische Gemeinde als Gotteshaus. Inzwischen präsentiert sich der weithin sichtbare Saalbau mit Westturm und eingezogenem Chor neugotisch überformt.

◆ Theil, Bernhard: O., in: Württembergisches Klosterbuch, Ostfildern 2003, 380 f.; Ströbele, Hermann: Die Gemeinde O. mit dem ehemaligen Frauenkloster, Oggelsbeuren 1974.

Öhningen, *Augustiner-Chorherrenstift (vor 1166–1805), Diözese Konstanz – (Lkr. Konstanz, Baden-Württemberg, ❐ 3, C5).*

▶ Das Gründungsdatum des Regularkanonikerstifts Ö. am Rheinübergang des Untersees wird kontrovers diskutiert, möglicherweise ging es aus einer Benediktinerniederlassung des 10. Jh. hervor. Erste sichere Daten stammen aus den Jahren 1155/66, Stifter und Umstände bleiben jedoch unklar. Stift Ö. war ein Eigenkloster der Konstanzer Kirche. Der Konvent bestand meist aus sechs Augustiner-Chorherren unter einem Propst. Die benachbarten Benediktinerabteien Stein am Rhein (Schweiz) und ➛ Reichenau mit der Propstei ➛ Schienen erlaubten keine Entfaltung. Anfang des 16. Jh. geriet Ö. in Existenznot und wurde als Priorat dem Bischof direkt unterstellt. 1803 fiel das Stift an das Großherzogtum Baden und wurde im gleichen Jahr säkularisiert. Stiftsanlage und katholische Kirche St. Peter, Paul und Hippolyt entstanden im 17. und 18. Jh. neu, Mauerteile der spätgotischen Konventsgebäude aus der Zeit Propst Nikolaus Christiners (1482–1513/16) sollen in den bestehenden Barockbauten enthalten sein.

◆ Hlawitschka, Eduard: Forschung um „Kuno von Öhringen", Stuttgart 2001; Berner, Herbert: Dorf und Stift Ö., Singen 1966.

Oldenstadt, *Benediktinerabtei St. Johannes Baptist (1133–1531), Diözese Verden – (Uelzen-O., Lkr. Uelzen, Niedersachsen, ❐ 2, A3).*

▶ **Vorgeschichte.** Bischof Bruno I. von Verden (Billungen) gründete um 960 auf seinem Eigenhof *Ulleshusen* südlich der Wipperau am Rand der Lüneburger Heide ein Kanonissenstift, das König Otto II. 974 bestätigte und in dem der Gründer 976 bestattet wurde. In der ersten überkommenen Urkunde beglaubigt König Heinrich II. 1006 dem Stift Rechte und Besitz. Man darf davon ausgehen, dass der Konvent unter einer Äbtissin nach der Aachener Regel für Säkularkanonissen lebte. Bereits im 11. Jh. entstand östlich der Stiftsanlage eine Marktsiedlung.

▶ **Geschichte.** Bischof Dietmar II. von Verden wandelte das Frauenstift 1133 (1137?) in ein Benediktiner-Mönchskloster um, dem Kaiser Lothar von Süpplingenburg (Supplingburg) zustimmte, der 1135 in ➛ Königslutter ebenfalls die Gründung eines Benediktinerklosters initiierte. Aus der Reichsabtei ➛ Corvey an der Oberweser kam der erste Konvent unter Abt Siegfried von Plötzkau (1135/52) nach „Ullessen"; die Befolgung der ➛ Hirsauer Reformobservanz im frühen Konvent kann man voraussetzen. Die Wendenmission bildete eine vordringliche Aufgabe in der Anfangszeit, weshalb die Abtei enge Beziehungen zum Grafen von Ratzeburg pflegte. Die Abtei O. stand jedoch in der Bedeutung für die Mission jenen in ➛ Ratzeburg (Georgenberg), ➛ Harsefeld und ➛ Lüneburg (St. Michael) deutlich nach. Noch bis in das 13. Jh. hinein blieben ganze Dörfer im Hannoverschen Wendland unter den toleranten Benediktinern heidnisch. Nach 1250 gründeten Neusiedler (2 km) westlich auf einer Ilmenauinsel die neue Stadt Uelzen, weshalb der verbliebene Ort am Kloster nun zur „Oldenstadt" wurde; dieser Name übertrug sich auf die Abtei. 1269 fiel Uelzen an die Welfen, 1292 trennten sich Stadt und Kloster endgültig. Mitte des 13. Jh. leistete Abt Henricus (1240/66) von O. Hilfe beim Streit zwischen den Benediktinern des Johannisklosters in ➛ Lübeck und Bischof und Magistrat, der mit dem Auszug des Konvents aus Lübeck nach ➛ Cismar endete. Beträchtliche Einnahmen flossen dem Konvent in O. aus Salinenbesitz in Lüneburg zu. Im spätmittelalterlichen Landtag des Lüneburgischen Herzogtums rangierte O. unter den kirchlichen Institutionen an zweiter Stelle nach dem Michaeliskloster in Lüneburg. Herzog Heinrich der Jüngere von Braunschweig-Lüneburg verlangte innere Reformen und förderte den Anschluss der Abtei an die ➛ Bursfelder Kongregation, der 1482 erfolgte und durch Abt Johannes (1482–1506) segensreich zum Tragen kam. Sein Nachfolger Heino Gottschalk (1506–29) bekannte sich aus innerer Überzeugung zur neuen evangelischen Lehre und bat 1527/28 Martin Luther in Wittenberg in Verantwortung um die Klostergemeinschaft hilfesuchend um Rat. Am 10. Juli 1529 übergab er mit Zustimmung des Konvents dem Landesherrn Herzog Ernst die Verwaltung und verzichtete auf alle Rechte. Er betätigte sich bis zu seinem Tod 1541 in der Armenhilfe. Von zehn Mönchen im Konvent bekannten sich sieben zum Protestantismus.

▶ **Gegenwart.** Die romanische Abteikirche der Benediktiner blieb in großen Teilen erhalten. Archäologische Ausgrabungen konnten den ottonischen Vorgängerbau der Kanonissen und den hölzernen Erstbau an gleicher Stelle nachweisen. Der Ostteil der Kirche wird heute als evangelische Gemeindekirche genutzt, der Westteil aus Feldsteinen diente jahrhundertelang als Speicher und verlor um 1700 seine Seitenschiffe und den nördlichen Querhausarm. Das seit 1973 restaurierte Mittelschiff ist als „Historisches Zentrum" öffentlichen Veranstaltungen vorbehalten. Arkaden weisen einfache Stützenwechsel auf, ein *chorus minor* ist durch ein Pfeilerpaar gekennzeichnet, Spuren der gotischen Chorschranke sind noch erkennbar. Der Chor wurde um 1300 verändert und der südliche Querarm gotisiert. Die Klosterbasilika in O. entspricht entgegen älterer Behauptungen nicht voll den typischen Reformbauten des 11./12. Jh., nur einzelne Bereiche folgen der Bautradition des Hirsauer Klosterverbandes. Klausur- oder Wirtschaftsgebäude blieben nicht erhalten.

◆ GermBen 6, 389–400; Mößlein, Petra: Monasterium quoddam nomine Ullishusun, Uelzen 2006.

Oldenstadt Benediktinerabtei, die romanische Basilika folgt nur in Teilen hirsauischen Baugepflogenheiten.

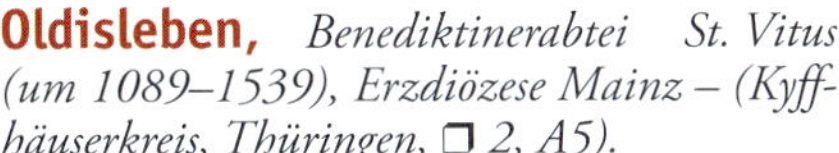

Oldisleben, *Benediktinerabtei St. Vitus (um 1089–1539), Erzdiözese Mainz – (Kyffhäuserkreis, Thüringen, ❐ 2, A5).*

▶ **Geschichte.** Kunigunde von Orlamünde-Beichlingen stiftete 1088/89 auf ihrem Eigenbesitz an der Unstrut das Benediktinerkloster O. Ihr dritter Gemahl Wiprecht II. von Groitzsch, Markgraf der Osterlande und der Niederlausitz, musste sich bei der Hochzeit 1110 zum Schutz ihrer Gründung verpflichten. Auch stiftete Wiprecht II. 1112 das nahe Unstrutkloster ➛ Reinsdorf; 1124 tritt er urkundlich als Schirmherr von O. auf. Der erste Abt Friedrich stand gleichzeitig den Abteien ➛ Goseck und St. Georg in Naumburg vor. Das Domkapitel in Naumburg wählte ihn 1090 zum Bischof, was aber Kaiser Heinrich IV. ablehnte; Friedrich wurde daraufhin Abt (1090–1100) der Reichsabtei ➛ Hersfeld. Sein unfähiger Nachfolger Lupert musste O. verlassen. Mit Mönchen aus der Abtei Pegau zog die Lebensweise des Schwarzwaldklosters ➛ Hirsau in O. ein. Der Pegauer Abt Windolf (1101–50) stand zeitweise Pegau und O. in Personalunion vor, bis Abt Hillin aus dem Reformzentrum ➛ Corvey zum Abt (1124–48) berufen wurde. Auf Stiftungen des Markgrafenhauses Groitzsch gingen neben O. und Reinsdorf auch die Klöster Pegau (untergegangen), ➛ Lausick und ➛ Bürgel zurück. Nach dem Aussterben im Mannesstamm 1135 gründeten Frauen der Familie noch die Niederlassungen ➛ Chemnitz und ➛ Schkölen. Die Schirmherrschaft in O. übernahmen die verwandten Grafen von Beichlingen, die das Kloster als Familiengrablege nutzten und es entsprechend förderten. Nach der Gründung des Frauenklosters ➛ Frankenhausen (Thüringen) durch Graf Friedrich III. 1215 verteilten sich die Gunsterweise auf beide Gründungen. Im 14. Jh. fielen die Vogteirechte über die Ho(h)nsteiner an die Herzöge von Sachsen. Es entwickelte sich eine Siedlung um die Abtei, deren Marktgerechtigkeit stimulierend auf Handel und Wachstum wirkte. Königliche und päpstliche Schutzgarantien, Schenkungen und Tüchtigkeit der Äbte ließen O. neben ➛ Volkenroda zum größten Wirtschaftsfaktor der Unstrutregion aufsteigen. Ein Münzprägerecht gehörte zu den Privilegien der Abtei. 1354 tritt ein *rector scolarum* in Erscheinung. Im 15. Jh. verflachte die Klosterzucht dermaßen, dass Herzog Wilhelm III. von Sachsen und der Mainzer Erzbischof auf Reformen bestanden, wogegen sich starker Widerstand im adeligen Konvent formierte. Aber 1483 trat die St. Vitusabtei der ➛ Bursfelder Reformkongregation bei und beteiligte sich im ausgehenden 15. Jh. an Visitationen. 1499 kaufte Abt Heinrich Wymann dem Landesherrn Herzog Georg von Sachsen-Meißen-Dresden Rechte am Ort O. ab, was der Abtei die weltliche Herrschaft über die Bewohner sicherte. Abt Johannes erhielt 1516 und 1524 von der Bursfelder Reformunion den Auftrag, das Kloster Bürgel zu visitieren, das sich erst 1510 der Kongregation angeschlossen hatte und dessen Abt unentschuldigt auf den Generalkapiteln fehlte. 1525 plünderten Frankenhäuser Bauern die Abtei, brandschatzten einige Gebäude und vernichteten das Archiv, was die schwache Quellenlage erklärt. Nach 1539 löste der sich lutherisch bekennende Herzog Heinrich II. die Abtei O. auf und ließ ein Kammergut einrichten.

▶ **Gegenwart.** Im kleinen thüringischen Ort O. am Osthang der Hainleite erinnert nichts von Bedeutung an das einstige monastische Zentrum; Abteikirche und Gebäude sind niedergerissen. Einzig ein langer Gebäudetrakt des heutigen Gutes geht auf die Benediktiner zurück, der sich aber stark überbaut präsentiert. Fenster- und Türgewände des dreigeschossigen Baus zeigen mittelalterliche Formen. Ein kreuzgratgewölbter Raum besitzt eine Mittelsäule, Kellerräume sind tonnengewölbt. Im Brunnenhaus wurden romanische Spolien verbaut. Die schon vor den Benediktinern existierende Pfarrkirche St. Johannes entstand 1910/11 neu, wobei romanisch-gotische Mauerteile Verwendung fanden.

❖ Ende des 11. Jh. wurde die Abtei O. an der Unstrut mit der Benediktinerabtei St. Georg in Naumburg in Personalunion geführt. St. Georg wurde 998 bei Kleinjena gegründet und nach 1000 nach Naumburg verlegt, noch bevor der Bischofssitz 1028 von Zeitz in den Ort mit der „Neuen Burg" (Naumburg) an der Saale versetzt wurde. Das Hauskloster der ekkehardinischen Markgrafen von Meißen ist damit das älteste Kloster östlich der Saale. Im Hochmittelalter entwickelt sich St. Georg zum Hort der ➛ Hirsauer Reform und stand in Konkurrenz zur nahen Zisterzienserabtei ➛ Pforte und zum Moritzstift in ➛ Naumburg. 1459 trat die Abtei der ➛ Bursfelder Kongregation bei und wurde 1543 von Kurfürst Johann Friedrich I. von Sachsen-Wittenberg aufgehoben. Abteigebäude blieben in Naumburg nicht erhalten.

◆ HHistStD 9 Thüringen, 327 f.; Patze, Hans/Aufgebauer, Peter: O., Stuttgart 1989.

Oppenheim, *Franziskanerkloster St. Bartholomäus (um 1250–1561, 1620–1802), Erzdiözese Mainz – (Lkr. Mainz-Bingen, Rheinland-Pfalz, ❐ 3, C2).*

▶ **Geschichte.** Um 1250 ließen sich Minoriten in der Reichsstadt O. am Rhein nieder, was möglicherweise auf die Initiative König Wilhelms von Holland zurückgeht, der nachweislich 1254 den Konvent begünstigte. Der Konvents- und Kirchenbau schritt mit Unterstützung der Bürgerschaft wohl recht zügig voran, denn schon 1256 wurde das Ratsmitglied Henricus Eke in der Franziskanerkirche bestattet (diese Nachricht stammt jedoch aus dem Jahr 1644). König Richard von Cornwall beurkundete 1258 den neuen Verlauf der Bistumsgrenzen: Der Altstadtteil von O. blieb im Bistum Worms, der Neustadtteil aber kam zu Mainz. König Richard fand nie allgemeine Anerkennung, aber die Ansprüche der Wormser Kirche blieben bestehen; ein jahrhundertelanger Kompetenzstreit endete erst mit der Auflösung des Bistums Worms 1802. Das Franziskanerkloster stand unmittelbar an der Grenze im Neustadtbereich und gehörte zur Erzdiözese Mainz. Möglicherweise förderte der Mainzer Erzbischof die Franziskanerniederlassung, um seine Position in der Stadt zu stärken. Innerhalb der Ordensorganisation gehörte der Konvent zur oberdeutschen Provinz mit Hauptsitz in ➛ Köln. Die Barfüßer pflegten ein gutes Verhältnis zur Stadt, denn 1318 nutzte der Rat ihre Konventsgebäude für Verhandlungen mit Graf Gerhard VII. von Jülich über Beistandsleistungen gegen den Kölner Erzbischof; die diesbezügliche Urkunde dokumentiert erstmals direkt die Existenz der Minoriten in O. 1469 schloss sich der Konvent der Observanz des Ordens an und gehörte zur oberdeutschen Observantenvikarie. Die Weberzunft der Stadt schloss sich 1483 in Konfraternität den Observanten an, was Bürgermeister und Rat ausdrücklich unterstützten. Pfalzgraf Ottheinrich entschied sich 1542 für die Durchführung der Reformation und bestand als Kurfürst 1557 auf einer evangelischen Kirchenordnung. Sein calvinistischer Nachfolger, Kurfürst Friedrich III., löste das Franziskanerkloster 1561 auf und zwang die sich katholisch bekennenden Brüder, ihr Kloster zu verlassen. Sie kehrten 1620 mit den Spaniern zurück, mussten 1650 jedoch erneut die Stadt verlassen, um aber 1686 wieder zurückzukehren. Die Franziskaner blieben dann bis zur Säkularisierung 1802 durch die französische Besatzung.

▶ **Gegenwart.** Die ehemalige Franziskanerkirche dient heute der katholischen Gemeinde als Pfarrkirche St. Bartholomäus. Sie ist eine typische schlichte, einschiffige Bettelordenskirche des 14. Jh. mit eingezogenem Langchor im 5/8-Schluss. Ihre axiale Verschiebung ergibt sich aus der Krümmung der nördlichen Langhauswand, zu vergleichen mit den Franziskanerkirchen in ➛ Freiburg (Breisgau) und in ➛ Kaiserslautern. Der Dachreiter ist barock erneuert worden. Innen ersetzte 1905 ein neugotisches Gewölbe die ursprüngliche Flachdecke. Die mittelalterliche Ausstattung ging im Bildersturm 1565 und im Pfälzischen Erbfolgekrieg 1689 vollständig verloren. Die einst anschließenden Klausurgebäude existieren nicht mehr.

◆ Scharf, Heinrich: Kath. Pfarrkirche St. Bartholomäus, O., Regensburg [2]2004.

Oppenheim Franziskanerkloster, Langchor der schlichten Franziskanerkirche (14. Jh.) mit Gewölbe von 1905.

Oschatz Franziskanerkloster, Südseite der Franziskanerkirche mit spätgotischem Schmuckportal (1484).

Orlamünde, *Wilhelmitenkloster St. Jakobus (1331–1527), Erzdiözese Mainz – (Saale-Holzland-Kreis, Thüringen, ❒ 4, A1).*

▶ **Geschichte.** Die askanischen Grafen von Weimar-Orlamünde übten im 13. Jh. bedeutende Macht in Mitteldeutschland aus, ihr Einfluss reichte von Franken über Thüringen bis nach Holstein an der Ostsee. An ihrer Stammburg auf einem Bergsporn über der Saale an der Mündung der Orla hatte sich der Marktflecken O. entwickelt, der 1344 Stadtrecht erhielt. Graf Hermann III. versuchte 1279 vergeblich, Zisterzienserinnen aus dem Kloster ➛ Ichtershausen in O. anzusiedeln. Erst Graf Heinrich IV. gelang die Gründung eines Wilhelmitenklosters im Ort; die Mönche kamen 1331 aus dem Kloster ➛ Weißenborn im Thüringer Wald. Der Stifter Graf Hermann IV. verkaufte wegen Überschuldung Burg, Stadt und Besitz schon 1344 an die aufstrebenden Wettiner (Landgrafen von Thüringen, Kurfürsten von Sachsen und Markgrafen zu Meißen). Die Macht der Grafen zu Weimar-Orlamünde war gebrochen, ihre Reichsunmittelbarkeit ging 1365 verloren; dieser askanische Familienzweig starb 1373 aus. Im Bruderkloster ➛ Sinnershausen wurden auf der Provinzialversammlung 1373 vom Prior von ➛ Witzenhausen Terminiergrenzen zwischen den Konventen Weißenborn und O. festgelegt. Prior Matthäus Wolf (1457) aus Sinnershausen visitierte 1465 den Konvent an der Saale. Wilhelmiten aus O. gingen 1498 unter Führung des ersten Priors Nicolaus Zeiße (1498–1518) nach Lübben zur Vorbereitung des Klosters ➛ Frauenberg im Spreewald. Prior Heinrich Udonis (1463–1501) von Witzenhausen, Vikar der Wilhelmiten in Deutschland, führte 1499 auf Bitten der Landesregierung wiederum eine Visitation in O. durch. Noch vor dem Bauernaufstand 1525 und der Reformation brannte der Klosterkomplex 1520 aus. Zu einem Neuanfang kam es nicht, die kurfürstliche Regierung von Sachsen-Wittenberg verweigerte Hilfen für den Wiederaufbau. Kurfürst Johann der Beständige konfiszierte 1527 die Güter, Prior Joachim Ellinger und fünf Konventualen wurden abgefunden.

▶ **Gegenwart.** Die ehemalige Klosterkirche und spätere Pfarrkirche St. Jakobus am Markt dient heute als Wohnhaus. Die Kernmauern des Gebäudes stammen noch von der gotischen Kirche. Einige Nutzgebäude in unmittelbarer Nähe bestehen aus mittelalterlichen Klausurmauern, ein gotisches Portal ist überwachsen. Die ehemalige Burganlage der Grafen mit dem Wohnturm aus dem 11. Jh. (Kemenate) ist heute die touristische Attraktion des kleinen Ortes.

◆ Eberhardt, Wolfgang (Hg.): Geschichte und Geschichten um das Wilhelmitenkloster Weißenborn, Thal/Ruhla 2005.

Oschatz, *Franziskanerkloster St. Maria (um 1245–1539), Diözese Meißen – (Lkr. Nordsachsen, Sachsen, ❒ 2, C5).*

▶ **Geschichte.** Franziskaner kamen angeblich bereits 1228 nach O. in Sachsen, gründeten aber erst um 1245 mit Hilfe Markgraf Heinrichs III. des Erlauchten ein Kloster im Nordwesten nahe der Stadtmauer. Dieser Markgraf förderte weitere Klostergründungen in seinem Herrschaftsbereich, so ➛ Nimbschen, ➛ Mühlberg, ➛ Seußlitz, ➛ Meißen (Franziskanerkloster) und ➛ Hohenlohe-Leipzig, wahrscheinlich auch das Frauenkloster in ➛ Großenhain. Ein Indulgenzbrief Bischof Konrads I. von Meißen (Wallhausen) von 1246 ist die früheste urkundliche Nachricht vom Franziskanerkloster O. und heute die älteste Originalurkunde des Stadtarchivs. Die Klosterkirche, eine einschiffige Halle, wurde 1248 vollendet. Die Bettelbrüder widmeten sich der Wissenschaft und legten eine Bibliothek an, auch standen sie in der Gunst der wettinischen Fürsten, die engen Kontakt zu ihnen pflegten und sich durch Güterübereignungen erkenntlich zeigten. Markgraf Wilhelm I. der Einäugige unterstützte die Konvente in ➛ Torgau und ➛ Freiberg finanziell, aber dem Kloster in O. übergab er 1407 einen ganzen Hof an der Stadtmauer zur freien Nutzung. Der Konvent bekannte sich 1508 zur Observanzbewegung des Ordens und übergab gewinnbringende Liegenschaften. Kurfürst Friedrich der Weise von Sachsen-Wittenberg erwählte 1508 Guardian Jakob Voigt zu seinem Beichtvater. Der sich katholisch bekennende Fürst galt als größter Reliquiensammler des Spätmittelalters, protegierte aber gleichzeitig seinen Professor Martin Luther in Wittenberg. Reformatorische Unruhen in O. gingen vorerst an den Franziskanern vorüber. Erst als Herzog Georg der Bärtige von Sachsen-Meißen-Dresden, der letzte wettinische Bewahrer des katholischen Glaubens, 1539 gestorben war, ließ sein Nachfolger Heinrich II. der Fromme das Kloster säkularisieren. Die Klausurgebäude verwendete die Stadt als Hospital; sie verfielen und erlagen 1835 dem Abriss. Die Klosterkirche wurde nachreformatorisch meist für profane Zwecke als Heumagazin, Lazarett, Lagerraum oder Reithalle genutzt.

▶ **Gegenwart.** Die Franziskanerkirche in O. dient heute wieder dem evangelisch-lutherischen Gottesdienst. Vor 1428 hatten die Brüder ihre Kirche erweitert, konnten sich an dem Neubau aber nur kurz erfreuen, weil Hussiten 1429 große Teile der Stadt und auch das Kloster zerstörten; der Wiederaufbau zog sich bis 1484 hin. Diesmal erhielt die Marienkirche ihr südliches Seitenschiff, Nord- und Westmauer der ersten Kirche blieben erhalten. Um 1500 erfolgten die Einwölbung der Kirchendecke und der Anbau der St. Annenkapelle. Das Südportal wurde durch reiche Profilierung geschmückt und zu beiden Seiten mit je einer Fiale versehen. Der Turm erhielt erst 1600 seine Haube. Die Stadt O. sorgte nachreformatorisch für die Kirche, besonders in den Jahren 1787 und 1978, so dass sie heute als einzigartiges Denkmal mittelalterlicher Baukunst der Stadt erhalten blieb. Nur der Chorraum mit Netzgewölbe wird heute im Obergeschoss gottesdienstlich genutzt, im Erdgeschoss sind Gemeinderäume untergebracht. Am Ort der Klausurgebäude entstand das königliche Amtsgericht und Gefängnisgebäude, heute ist die Fläche frei.

◆ Pieper, Roland/Einhorn, Jürgen W.: Franziskaner zwischen Ostsee, Thüringer Wald und Erzgebirge, Paderborn 2005, 217–221; Teichmann, Lucius: Die Franziskanerklöster in Mittel- und Ostdeutschland, Leipzig 1995, 168 f.; Schlesinger, Walter: Kirchengeschichte Sachsens im Mittelalter, Bd. 2, Köln 1962, 306 f.

Osnabrück, *Dominikanerkloster Heilig Kreuz (1283–1803) – „Natruper Kloster", Diözese Osnabrück – (kreisfreie Stadt, Niedersachsen, ❐ 1, C4).*

▶ **Geschichte.** Ende des 13. Jh. stärkte Bischof Konrad II. von Osnabrück (Rietberg) die Position der Kirche gegenüber der oppositionellen Bürgerschaft durch die Ansiedlung von Bettelmönchen in seiner Bischofsstadt O. Er unterstützte 1283 die Dominikaner beim Kauf von Häusern und eines Bauplatzes zur Gründung eines Klosters am Natruper Stadttor. 1295, als Teile des Klosters direkt an der Stadtmauer bereits bezugsfertig waren, nahm er den Predigerkonvent feierlich in seine Stadt auf. Ein bischöflicher Schutzbrief und päpstliche Privilegien garantierten den Mendikanten die öffentliche Messfeier sowie Terminierfreiheit in der Diözese. Behinderungen der Seelsorgetätigkeit durch das Domkapitel konnten 1319 beseitigt werden. Seelsorge, Predigt und Studium zeichneten die Dominikaner aus, die eine reichhaltige Bibliothek aufbauten. Die Bedeutung des Konvents äußerte sich in der Wahl mehrerer Provinziale aus seinen Reihen; innerhalb der Ordensprovinz Saxonia gehörte der Konvent zur *Natio Westfaliae*. Epidemien, Dürre und Hochwasser der Hase führen Mitte des 14. Jh. zur Baueinstellung; 1372 kam ein Brand hinzu, so dass erst um 1432 das Langhaus vollendet werden konnte. Das gute Einvernehmen der Bürger mit dem „Natruper Kloster" änderte sich im 16. Jh. mit der Ausbreitung der Reformation. Im Konvent entstanden bereits 1521 Konflikte, aber die Brüder entschieden sich mehrheitlich für den alten Glauben. Der Stadtbrand von 1530, Katastrophen, Missernten und Hungersnot dezimierten die Bevölkerung und beendeten vorerst die Begeisterung für die Reformation. Bischof Franz von Waldeck verweigerte sich aus politischem Kalkül seit 1542 nicht mehr dem Protestantismus, woraufhin der Magistrat offen gegen die Klöster vorging. Die Franziskaner (➛ Osnabrück) und die Augustiner-Eremiten (s. u.) gaben auf, die Dominikaner wie auch die Augustiner-Tertiarinnen vom Kloster „Marienstätte" (s. u.) harrten hingegen aus. 1543 plünderten Bürger das Kloster der Dominikaner und der Rat bereicherte sich am Kirchenzierrat und beschlagnahmte Siegel, Urkunden und Briefe; auch verriegelte er alle Türen, denn der Hunger sollte die letzten Brüder vertreiben. Fünf Jahre lang versorgten angeblich Schwestern vom ➛ Gertrudenberg und aus ➛ Rulle die Prediger. Erst der Sieg Kaiser Karls V. 1547 über den Schmalkaldischen Bund brachte eine Entlastung. 1613 brannte fast die gesamte Stadt ab, mit ihr das Dominikanerkloster, seine Bibliothek, Archiv und Urkunden. Harte Jahre mühevollem Almosensammelns und des Wiederaufbaus folgten. Im Dreißigjährigen Krieg konnte O. weitestgehend Neutralität bewahren. Seit 1648 ermöglichte eine spezifische Regelung im Osnabrücker Hochstift mit wechselnder Konfession der Bischöfe *(successio alternativa)* weitgehende Toleranz gegenüber unterschiedlichen Glaubensauffassungen. Aus einer Terminei, die seit 1346 von Dominikanern aus O. unterhalten wurde, entstand 1651 in Münster ein eigenständiger Konvent. Französische Revolutionstruppen nutzten 1796 das Heilig-Kreuz-Kloster als Hospital, 1803 hob es die napoleonische Regierung auf.

▶ **Gegenwart.** Das Predigerkloster in O. diente lange militärischen Zwecken; heute benutzen Stadtbehörden die barocken, zweistöckigen Klausurgebäude. Die Predigerkirche am Natruper Tor dient heute den Bürgern als Kunsthalle. Der mittelalterliche Kirchenbau ist gekennzeichnet durch einen frühgotischen, dreijochigen Chor, einen einzelnen Querschiffarm und durch das spätgotische, zweischiffige Langhaus; die Kirche ist nicht geostet. Innen tragen gekehlte Dienste und Rippen auf zierlichen Konsolen die Gewölbe. Ehemalige Ausstattungsstücke sind verstreut oder im Diözesanmuseum bewahrt. Bemerkenswert ist ein Steinrelief des dominikanischen Stammbaums von 1613 aus O., das man erst 1976 in der Pfarrkirche Ankum wiederentdeckte.

❖ Der Augustiner-Eremitenkonvent in O. geht auf eine Wilhelmitengemeinschaft zurück, die sich möglicherweise 1248 mit Mönchen aus ➛ Groß Burlo in Bissendorf konstituiert und um 1260 dem Augustiner-Eremitenorden unterstellt hatte. 1287 verlegten die Brüder ihr Kloster nach O. an den Neuen Graben zwischen Alt- und Neustadt. 1542 gaben sie auf, ihr Kloster ging völlig unter.

Das ihnen unterstellte Frauenkloster Marienstätte nahe der Katharinenkirche in O. ging 1462 aus einer Beginengemeinschaft hervor und endete erst 1802. Klostergebäude blieben nicht erhalten, einzig den Turm der Klosterkirche versetzte man 1815 an die neue Christuskirche in Belm.

◆ Poppe-Marquard, Hermann: Osnabrücker Kirchenchronik, Osnabrück 1990; Beckschäfer, Bernhard: Geschichte des Dominikanerklosters zum hl. Kreuz in O., Osnabrück 1913, Nachdruck Paderborn 1979.

Osnabrück Dominikanerkloster, zweischiffige Predigerkirche (15. Jh.) ohne die übliche Ost-West-Ausrichtung.

Osnabrück, *Franziskanerkloster St. Maria (vor 1250–1542) – „Barfüßerkloster", Diözese Osnabrück – (kreisfreie Stadt, Niedersachsen,* ❐ *1, C4).*

▶ In Verbindung mit einer Hospitalgründung durch Bischof Engelbert I. von Osnabrück (Isenburg) 1250 werden erstmals Minoriten in der Bischofsstadt O. genannt. Vom Ort der Erstniederlassung in der Lohstraße zogen die Brüder bald in die Nähe der Katharinenkirche, um eine Konventsanlage mit zweischiffiger Kirche zu errichten. Ihr Kloster „Maria zu den Engeln" gehörte zur Kustodie Westfalen der Kölner Ordensprovinz. Überlieferungen sind spärlich, Namen kaum bekannt, die Barfüßer waren aber fest in die städtische und episkopale Politik eingebunden. Die Zisterzienserinnen von ➛ Rulle baten 1318 um eine Gebetsbrüderschaft, auch die Jakobusbruderschaft der Stadt war dem Konvent angeschlossen. Die Studienvorbereitung für junge Konventsmitglieder unter einem Lesemeister erlangte im Spätmittelalter hohen Stellenwert. Mitte des 15. Jh. lebten im Konvent etwa 20 Brüder. Überregional bekannt wurde Heinrich von Werl († 1463), Guardian, Gelehrter, Prediger und langjähriger Provinzialminister. Unter den ersten Lutheranhängern in der Stadt befanden sich bereits 1521 Franziskaner; der Konvent begann sich aufzulösen. Guardian Gerhard Sundendorp und zwei Mitbrüder übergaben 1542 ihr Kloster dem Magistrat. Mit Zustimmung Bischof Franz' I. von Waldeck eröffnete der Stadtrat in den Konventsgebäuden eine lutherische Lateinschule, die bis heute als „Ratsgymnasium" besteht, wenn auch nicht an historischer Stelle. Die mittelalterliche Klosteranlage der Franziskaner existiert nicht mehr. Lediglich Wandrudimente der Barfüßerkirche mit reichprofiliertem Portalgewände erkennt man in einer Mauer nordöstlich der evangelischen Katharinenkirche.

◆ Hunecke, Markus: Die Minderbrüder in O., in: Franziskanisches Leben im Mittelalter (Saxonia Franciscana 3), Werl 1994, 211–227; Poppe-Marquard, Hermann: Osnabrücker Kirchenchronik, Osnabrück 1990.

Oßmannstedt Servitenkloster, der Westturm der Pfarrkirche stammt aus der Zeit des Klosters am Kirchplatz.

Oßmannstedt, *Servitenkloster St. Petrus (nach 1303–1543), Erzdiözese Mainz – (Lkr. Weimarer Land, Thüringen,* ❐ *4, A1).*

▶ **Geschichte.** König Otto I. stattete 956 das Reichskanonissenstift Quedlinburg mit königlichem Eigengut in O. und Liebstedt nordöstlich von Weimar aus. König Heinrich II. vergab 1013 den Lehnsbesitz an das Hochstift Merseburg. Der Ort O. besaß schon im Frühmittelalter durch Gerichtsrechte eine zentrale Bedeutung, wurde hier doch die Urkirche St. Peter mit selbständiger Pfarrorganisation des Archidiakonats Erfurt gegründet. In der Nähe verlief die alte Kupferstraße, auf der Erz aus dem Mansfeldischen Land über Nürnberg nach Südeuropa transportiert wurde. Die Herren von Lobdeburg übergaben 1297 dem Servitenkloster Himmelgarten bei Nordhausen (s. u.) das Patronat über die Pfarrkirche in O., 1303 wurde dem Kloster die Pfarre ganz inkorporiert; gleichzeitig erlaubte Erzbischof Gerhard II. von Mainz (Eppstein), in O. eine Tochterniederlassung zu errichten. Daraufhin gründeten die Marienknechte ein kleines Filialkloster, um den Pfarrpflichten in O. nachzukommen. Die Niederlassung galt als kleine Außenstelle (Residenzhaus), die keine größere Bedeutung erlangte. Offensichtlich hielten sich nur wenige Priestermönche in O. auf. Im nahe gelegenen Ort ➛ Liebstedt gründete der Deutsche Orden etwa zur gleichen Zeit eine Kommende, um die Kupferstraße zu kontrollieren. Nur wenige Akten des Servitenklosters blieben erhalten: Eine Schrift berichtet 1354 über einen Streit des Ritters Konrad von O. aus der Burg am Nordrand des Ortes mit Ritter Heinrich Hertnid, der tödlich endete. Bei der Namensliste der Pfarrer fällt auf, dass von 1306 bis etwa 1450 nur Adelige dieses Amt innehatten, in anderen Zeiten nicht. Während des Sächsischen Bruderkrieges (1446–51) wurde Schloss O. niedergebrannt, möglicherweise endete damals im Ort das klösterliche Leben. 1506 war die Pfarre mit ihrer Vikarie dem Servitenkloster in Erfurt unterstellt. Die Filiale O. ging 1543 mit dem Tod des letzten Priors von Erfurt endgültig unter. 1797 nahm der bedeutendste Denker und Schriftsteller der Aufklärung, Christoph Martin Wieland, im Rittergut in O. seinen Wohnsitz.

▶ **Gegenwart.** Das Wielandgut in O. stand baulich in keiner Weise in Zusammenhang mit der ehemaligen Mönchsniederlassung. Von den Klostergebäuden blieb nichts erhalten; möglicherweise bergen heutige Keller der Wohngebäude nahe der evangelisch-lutherischen Pfarrkirche St. Peter mittelalterliche Bausubstanz. Die Saalkirche mit Westturm und polygonalem Chor entstand im Spätmittelalter und wurde 1540 fertig gestellt, wobei man Reste der frühgotischen Vorgängerkirche wiederbenutzte. Der Westturm ist ein Teil des Vorgängerbaus, die geschweifte Haube ziert ihn erst seit der Barockzeit. Ihr heutiges Aussehen erhielt die Pfarrkirche durch Renovierung und Umbauten in der Neuzeit. Inwieweit die Serviten am mittelalterlichen Kirchenbau beteiligt waren oder ob sie gar eine eigene Kapelle benutzten, die es auch noch im Ort gegeben haben soll, lässt sich nicht mehr feststellen. Der Servitenorden erwähnt in seiner Auflistung der historischen deutschen Niederlassungen im Internet den Ort O. bei Weimar nicht.

❖ Dagegen ist das Mutterkloster Himmelgarten bei Nordhausen besser bekannt. Es wurde 1295 gegründet und endete im Bauernkrieg 1525. Aufstrebende Architektur blieb nicht erhalten, aber die Kirchenbibliothek St. Blasii in Nordhausen bewahrt einen Teil jener Bände, die Prior Johannes Pilearius (1510–25?) in den letzten Jahren des Servitenkonvents für eine Klosterbibliothek vorgesehen hatte.

◆ Sparsbrod, Johannes: Die St. Peterskirche zu O., in: Azmenstat 956 – 2006 O., Weimar 2006, 80–84; Hannappel, Martin: Das Gebiet des Archidiakonates Erfurt, Jena 1941, 187 f.

Osterberg, *Kreuzherrenkloster St. Maria und St. Antonius (?) (1427–1633), Diözese Osnabrück – (Lotte-O., Kr. Steinfurt, Nordrhein-Westfalen, ❐ 1, B4).*

Osterberg Kreuzherrenkloster, Fundamente und alte Mauern erinnern an das erste Ordenspriorat in Westfalen.

▶ **Geschichte.** Die Gründung des Klosters O. in der Grafschaft Tecklenburg 1427 hing mit den spätmittelalterlichen Reformen innerhalb des Kreuzherrenordens und seiner Ausbreitung im deutschen Reichsteil eng zusammen. In der ersten Hälfte des 15. Jh. entstanden unter der Observanz neue Priorate in Westfalen: Dem ersten 1427 in O. folgten 1432 ➛ Falkenhagen und 1437 ➛ Bentlage, alle wurden mit Brüdern aus Köln beschickt. Die Kreuzherren erreichten so, dass sich neben den Niederlanden ein zweiter Schwerpunkt des Ordens in Westfalen etablierte. 1427 verschenkten Fraterherren unter Vermittlung des Priors von ➛ Frenswegen ein Gut „ton Osterberge" an die Kreuzbrüder, Graf Otto zu Tecklenburg stimmte im Juni 1427 der Gründung eines Priorats zu und erklärte seinen Schutz sowie ausdrücklich den seiner Nachkommen. Weiterer Grunderwerb bedurfte seiner Erlaubnis. Die päpstliche Bestätigung erfolgte 1431. Der Prior ter Borch aus dem heute untergegangenen Konvent in Köln begann 1429 mit den Aufbauarbeiten. Johannes Werd erscheint 1432 als erster Rektor, seit wann er als Prior amtierte, ist unbekannt. Das Generalkapitel des Ordens in Huy (Belgien) beauftragte 1431 die Brüder Johannes Meckenberg und Johannes Lunen ins Tecklenburger Land nach O., um beim Aufbau behilflich zu sein; den gleichen Auftrag erhielten die beiden Brüder 1443 für das Kloster Falkenhagen. Fraterherren aus Herford unterstützten die Kreuzherren in ihrer spirituellen Ausrichtung. Unter Prior Theoderich aus Warburg (1445–69) stieg O. zu einem der führenden Ordenshäuser auf; der Prior gründete weitere Niederlassungen 1462 in Hoorn (Niederlanden) und 1464 in Sneek (Niederlanden). 1478 bestand der Konvent aus Prior und 18 Priesterbrüdern, Laienbrüder bewirtschafteten die Güter in den Bauernschaften Leye und Atter, wo die Kreuzbrüder auch Seelsorgepflichten übernahmen. Prior Johann von Beckem (1487/1509) war 1499 zusammen mit dem Konvent in Falkenhagen maßgeblich am Entstehen des Priorats ➛ Glindfeld beteiligt. Das Verhältnis zu Falkenhagen entwickelte sich besonders eng. Unter dem Generalprior Everhard Kirkskorff (1483–93) bestimmten die westfälischen Niederlassungen die Ordenspolitik. Konrad von Tecklenburg führte 1525 die lutherische Reformation in seiner Grafschaft ein. Prior Henricus a Daventria (1532–38) aus O. wurde 1538 zum Ordensgeneral gewählt; in seinem neuen Amt musste er erleben, wie im selben Jahr sieben verbliebene Kreuzherren Kloster O. verlassen mussten. Nach langem Rechtsstreit erlangten sie 1552 ihren Besitz zurück, kehrten aber erst nach dem Tod des Grafen 1557 wieder nach O. zurück. Ein geordnetes Klosterleben war nicht mehr möglich, Graf Adolf von Tecklenburg nutzte 1618 die zerrüttete Klosterzucht und Misswirtschaft zur Aneignung der Verwaltungshoheit. Daraufhin wurde das Restitutionsedikt Kaiser Ferdinands II. von 1629 mit militärischer Demonstration durchgesetzt, aber bei der Ankunft der Schweden 1633 verließen die Kreuzherren das Priorat O. endgültig. Nach dem Dreißigjährigen Krieg lagen Kirche und Kostengebäude als Ruine brach.

▶ **Gegenwart.** Heute erinnern im kleinen Ortsteil O. der Gemeinde Lotte nur noch Restmauern von Wohnhäusern und ihre Fundamente an das Kloster. Ein Kapitell aus der Kirche wird im Schützenhaus aufbewahrt.

◆ Weiß, Hans Ulrich: O., in: Westfälisches Klosterbuch, Tl. 2, Münster 1992, 172–175.

Osterhofen, *Prämonstratenser-Chorherrenstift St. Margaretha (1128–1783), Kloster der Maria Ward-Schwestern St. Margaretha (seit 1858), Diözese Passau – (Lkr. Deggendorf, Bayern, ❐ 4, C3).*

▶ Die altehrwürdige Prämonstratenserabtei O. geht auf die Gründungsinitiative Bischof Ottos I. von Bamberg (1102–39, kanonisiert 1189) zurück. Der Gründungskonvent kam aus ➛ Ursberg; dieses erste süddeutsche Prämonstratenserstift sandte bereits zwei Jahre später einen weiteren Konvent nach Roggenburg (s. u.). In der ersten Hälfte des 18. Jh. wurde der Abteikomplex in O. gänzlich neu errichtet. Die berühmt gewordene Kirche St. Margaretha (1726) von Johann Michael Fischer enthält wohl im Presbyterium und in den zwei Westtürmen verborgene romanische Mauerreste, die auf den ersten Kirchenbau von 1138 zurückgehen.

❖ Nach einer Stiftung 1126 entstand 1130 die Schwesterabtei Roggenburg, die 1178 das Stift ➛ Adelberg und weitere Töchter in der heutigen Schweiz gründete, 1544 Reichsunmittelbarkeit erlangte und 1802 aufgehoben wurde. Der Abteikomplex, der seit 1986 wieder von Prämonstratensern aus ➛ Windberg belebt wird, entstand in der spätbarocken Blütezeit des 18. Jh. Mittelalterliche Gebäude blieben nicht erhalten.

◆ Fink, Alexandra: Katalog. O., in: Romanische Klosterkirchen des hl. Bischofs Otto von Bamberg (1102–1139), Petersberg 2001, 216; Backmund, Norbert: Die Chorherrenorden und ihre Stifte in Bayern, Passau 1966, 177–180.

Osterholz, *Benediktinerinnenkloster St. Maria und St. Johannes Evangelist (1182–1550), Erzdiözese Bremen – (O.-Scharmbeck, Lkr. Osterholz, Niedersachsen, ❐ 1, C3).*

▶ **Geschichte.** Erzbischof Siegfried von Hamburg-Bremen und der Mönch Eylhard aus dem Benediktinerkloster St. Paul in Bremen (s. u.), gründeten 1182 in der Börde Scharmbeck nordöstlich der Bischofsstadt das Benediktinerinnenkloster O. Stifter Eylhard, möglicherweise ein Graf von Versfleth, stand dem Konvent als erster Propst (1182/96) vor. Gleichzeitig stiftete der Erzbischof, ebenfalls mit Hilfe der Abtei St. Paul in ➛ Heiligenrode, südwestlich von Bremen ein Benediktiner Doppelkloster. Auch für O. spricht Papst Clemens III. in seiner Bestätigungsbulle von 1188 noch von *fratribus et sororibus de Osterholte*, aber seit 1202 wird in O. nur noch ein Frauenkonvent erwähnt. Die freie Wahl des Propstes wurde den Schwestern zugesichert, meist waren es Mönche aus der Abtei St. Paul. Das erzbischöfliche Einspruchsrecht blieb bestehen und das Erzstift übernahm seit etwa 1243 auch die Vogteigewalt. Schenkungen des Hoch- und Ortsadels ließen mit dem Kloster im Unterwesergebiet einen bedeutenden Wirtschaftsfaktor entstehen. Erstmals zeichnet eine Priorin Mechtildis Anfang des 14. Jh. (1310/34) in Urkunden neben dem Propst Borchardus (1310/14). Der Konvent aus zehn bis maximal 17 Schwestern rekrutierte sich aus örtlichen Adels- und Bremer Patrizierfamilien. Visitatoren forderten Ende des 15. Jh. dringend innere Reformen im Geist der ➛ Bursfelder Kongregation, die durch Priorin Lucke van Luneberg (1500/03) eingeführt und von Priorin Lyse Moylekenn (1506/18) gefestigt wurden. Auf dem Generalkapitel 1514 in ➛ Bursfelde fanden die bremischen Frauenkonvente O., Heiligenrode und ➛ Neuenwalde Aufnahme in die Reformunion, der die bremischen Mönchsklöster St. Paul seit 1453, Rastede seit 1483 und ➛ Harsefeld seit 1510 bereits angehörten. Erzbischof Christoph von Braunschweig-Lüneburg räumte Priorin Jutta Frese (1521–75) weitgehende Vollmacht zur Gesamtleitung des Klosters ein. Nunmehr als *Domina* bezeichnet war sie auch für Wirtschaftsfragen zuständig, die Rechte des Propstes wurden stark beschnitten. Propst Johann von Wiedenbrügge (1507–50) scheute nicht die Auseinandersetzung mit diesem gewalttätigen Erzbischof, der 1525 nach der Flucht des Konvents das Kloster verwüsten ließ. Die Schwestern kehrten erst 1537 zurück, nun konfessionell gemischt. Seit 1550 galt Kloster O. als lutherisch. Die schwedische Königin übergab 1647 den Klosterbesitz an Landgraf Friedrich von Hessen als Lehen. 1650 wurde das evangelische Stift O. aufgelöst.

▶ **Gegenwart.** Die ehemalige Kloster- und heutige evangelisch-lutherische Pfarrkirche St. Marien in O. wurde bei der Gründung aus Backsteinen im gebundenen System errichtet und 1197 geweiht. Nach dem Brand von 1345 unterlag die Pfeilerbasilika mit Chorquadrat, Querschiff und zweitürmigem Westriegel einschneidenden Umbauten; es entstand nach Abbruch des nördlichen Seitenschiffs eine vergrößerte Halle. 1708 wurde auch das südliche Seitenschiff und 1769 der Südturm des Westwerks abgerissen. Vom südlichen Klausurgeviert blieb kein Gebäude erhalten. Das nördlich der Kirche stehende ehemalige Gästehaus, heute Gemeindehaus, erinnert an die caritative Tätigkeit der Schwestern.

❖ Die Benediktinerabtei St. Paul in Bremen, von der die Gründung in O. ausging, entstand 1131/32 als Nachfolgeinstitution einer Kanonikergemeinschaft (seit 1050). Der Abteikomplex vor den Toren der Stadt wurde schon 1523 vom Bremer Rat aus Sicherheitsgründen niedergelegt. Der Konvent endete 1567 mit dem Tod des letzten Abtes im Notquartier. Heute erinnern nur Straßennamen im Ostertorsteinviertel Bremens an das „Paulskloster".

◆ GermBen 11, 487–497; Menckhoff, Reelf: Chronik von O.-Scharmbeck, Bd. 1, Osterholz-Scharmbeck 2006; Hucker, Bernd Ulrich: Die Gründung des Klosters Osterholz, in: Niedersächsisches Jahrbuch für Landesgeschichte 44 (1972) 159–188.

Osterode, *Zisterzienserinnenkloster St. Maria und St. Jakobus (1233–1542), Erzdiözese Mainz – (Kreisstadt, Niedersachsen, ❐ 1, D5).*

▶ **Geschichte.** Erzbischof Siegfried III. von Mainz (Eppstein) und Herzog Otto das Kind von Braunschweig-Lüneburg bezeichnen das Frauenkloster vor der südwestlichen Mauer der Welfenstadt O. im Südharz im Jahr 1233 als *novella plantatio*. Der erste Propst Ambrosius von Heere (1233–41) aus der örtlichen Kalandsbruderschaft wird um die gleiche Zeit als *fundator* des neuen Jakobiklosters genannt; er war als besonderer Freund des regierenden Welfenherzogs am Frankenbergkloster in ➛ Goslar auch als Pfarrer eingesetzt. Die Herkunft des ersten Konvents ist unbekannt, seine Obödienz wechselte, Verbindungen zum Zisterzienserorden sind nicht nachweisbar. Erzbischof Siegfried III. spricht 1233 von Zisterzienserinnen, Papst Gregor IX. 1236 von Benediktinerinnen, Papst Alexander IV. ging 1260 wieder von Zisterzienserinnen aus. Im Spätmittelalter begegnet man häufig die Bezeichnung „Jakobistift Osterode". Das Kloster gehörte Ende des 13. Jh. zum welfischen Fürstentum Braunschweig-Grubenhagen, 1330 wurde es in die städtische Wehranlage einbezogen. Die Quellen verraten wenig über die inneren Verhältnisse, die Propsteibesetzung bestimmte von Beginn an der Landesherr. Besitz, Ausstrahlung und Bedeutung waren gering. Arbeiten in der Stickerei, Glasmalerei, Schreibstube und caritative Betätigungen werden in Urkunden erwähnt. Seelgerät- und Memorienstiftungen kamen vorwiegend aus der Bürgerschaft. Die Edelherrn von Plesse, die Grafen von Schwarzfeld und die Grafen von Lauterberg erwiesen sich als besondere Gönner. Töchter des Landesherrn traten in den Konvent ein: Äbtissin Anna (1397) war die Tochter Herzog Ernsts III. von Braunschweig-Grubenhagen. Das Konzil von Basel belegte 1437 Herzog Otto und den Stadtrat wegen Entfremdung von Klostergut mit dem Kirchenbann und exkommunizierte die Schwestern kurzfristig wegen Vernachlässigung ihrer Pflichten. Mitschwestern von ➛ Derneburg übten reformierenden Einfluss auf den Konvent in O. aus. Äbtissin Metele von der Helle (1442–53) veränderte ihr Finanzgebaren und konzentrierte sich auf Rentengeschäfte, der Einfluss des Propsts war damals bereits zurückgedrängt. 1510 entstand ein Kloster der Franziskaner-Observanten (s. u.) in der Stadt. Erst 1523 bestätigte Papst Clemens VII. den Zisterzienserinnen die Inkorporationen der städtischen Pfarrkirchen St. Jakobus und St. Aegidius, entsprechende Rechte bestanden de facto schon lange. Nach dem offiziellen Bekenntnis zur Reformation eignete sich Herzog Philipp I. 1542 das Zisterzienserinnenkloster an und verpfändete den Besitz für neun Jahre an seinen Rat Jost von Gladebeck, der den Unterhalt der Konventualinnen übernahm. Die letzte Äbtissin Anna von Hartingeshausen (1529–43) verzichtete 1543 gegen Abfindung auf ihre Rechte. Unter Herzog Ernst III. (IV.) entstand ein Schloss (1558–61), für die letzten Schwestern ein neues Haus.

▶ **Gegenwart.** Wegen des Schlossbaus blieben keine mittelalterlichen Konventsgebäude erhalten. Inwieweit Klosterarchitektur im ehemaligen südlichen Schlossflügel und heutigen Amtsgericht aufgegangen ist, lässt sich nicht mehr feststellen. Ost- und Westflügel wurden 1894/98 abgerissen. Die Kloster- und heutige evangelisch-lutherische Pfarrkirche St. Jakobi, allgemein „Schlosskirche" genannt, entstand wohl 1264 an Stelle einer älteren Marktkirche. Den einschiffigen Bau mit Polygonalchor dominiert der mächtige quadratische Westturm, der im Mittelalter auch als Wehrturm an der Stadtmauer diente. Die Ausstattung ist bis auf ein romanisches Taufbecken barock. Die letzten Herzöge der Grubenhagener Linie ließen sich bis 1596 nicht in der Kloster- und Schlosskirche, sondern in der Aegidiuskirche der Stadt beisetzen. 1751/52 wurde die Schlosskirche um zwei Meter zum ehemaligen Klosterhof hin verbreitert, gleichzeitig mit Umlaufemporen und Ziergewölbe ausgestattet. Wegen ihrer ausgezeichneten Akustik und ihrer Orgel von 1841 gilt sie heute als eine der „Musikkirchen des Süd-

Osterholz Benediktinerinnenkloster, die romanische Basilika (1197) wurde zur einschiffigen Halle reduziert.

harzes". Die Glocken der Kirchenuhr läuten seit 1250 bzw. 1300.

❖ Vom kurzlebigen Observantenkloster, das als Sühneleistung der Bürger wegen der Ermordung des Bürgermeisters 1510 unterhalb der Burg an der Johanniskirche errichtet worden war, ist keine Architektur überkommen.

◆ GermBen 12, 555–566; Ahlers, Gerd: O., in: Weibliches Zisterziensertum im Mittelalter, Berlin 2002, 216–218.

Östringfelde, *Dominikanerinnenkloster St. Maria (1350–1577), Erzdiözese Bremen – (Schortens, Lkr. Friesland, Niedersachsen, ❒ 1, C2).*

▶ An der Marienkirche in Ö. aus der Mitte des 12. Jh., am *loco qui uppen velde dicitur*, existierte zunächst ein Konvent weltlicher Kanoniker, der sich um den Bau der ersten Steinkirchen im friesischen Jeverland verdient machte. 1340 entvölkerte die Pest Ostfriesland, um 1342 verließen die letzten Kanoniker das Kollegiatstift Ö. Die Dominikaner aus dem Kloster in der Stadt Norden (s. u.) etablierten 1350 im verlassenen Stift einen Frauenkonvent ihres Ordens. Kloster Ö. blieb so das religiöse Zentrum im Jevergau. Schenkungen und Mitgiften sicherten den Lebensunterhalt der Frauen, auch nutzte der Adel das Kloster als Grablege. 1535, als im Kloster noch 20 Schwestern gelebt haben sollen, setzte sich in Ostfriesland die Reformation durch. Graf Johann von Oldenburg ließ das Kloster 1577 säkularisieren, die Schwestern durften jedoch bleiben. 1584 starb die letzte Priorin Beate Juchter, 1596 die letzte Dominikanerin Hille Engelken. Heute besteht das ehemalige Klosterareal und spätere Vorwerk aus dem geschützten „Klosterpark Ö." im Westen der Stadt Schortens an der alten Straße nach Jever. Einzig ein Turmstumpf erinnert an die Stifts- bzw. Klosterkirche, die 1609 abgebrochen wurde. Seit 1842 schützen mächtige Quadersteine aus dem Bauschutt die Grundmauern des einst höchsten Turms (um 50 m) der Region, der auch der Seefahrt als Landmarke gedient haben könnte. Er entstand 1323 durch Initiative der Weltkaniker und ist nicht auf den Frauenkonvent zurückzuführen. Aber umliegende Schütthügel im Gelände verbergen Reste der Kirche und der spätgotischen Konventsgebäude, die einer archäologischen Auswertung harren.

❖ Das Dominikanerkloster in der ostfriesischen Stadt Norden an der Nordsee entstand 1264 im Auftrag des Ordenskapitels von Paris und wurde mit Predigern aus dem Pariser Jakobskloster besetzt. Sechs Kapitel der Provinz Saxonia fanden in Norden statt, zu deren *Natio Frisiae* der Konvent gehörte. Das Kloster endete 1528 in der Reformation. Von den Klostergebäuden am Fräuleinshof westlich des Marktes blieb keine aufstrebende Architektur erhalten.

◆ Streich, Gerhard: Klöster, Stifte und Kommenden in Niedersachsen vor der Reformation, Hildesheim 1986.

Ottenhausen Benediktinerinnenpriorat, Ostteil der Kirche mit romanischem Turmpaar und gotischem Chor.

Ottenhausen, *Benediktinerinnenpriorat St. Maria und St. Kilian (1116–1539), Erzdiözese Mainz – (Weißensee-O., Lkr. Sömmerda, Thüringen, ❒ 2, A5).*

▶ **Geschichte.** Graf Erwin von Gleichen schenkte den Benediktinern von ➛ Reinhardsbrunn 1116 Güter bei Weißensee, die daraufhin das Kloster „Udenhusia" als erstes ihrer drei abhängigen Frauenpriorate (vor ➛ Bonnrode und ➛ Zscheiplitz) gründeten. Das Priorat O. blieb in Bedeutung und Bekanntheitsgrad weit hinter den Schwesterkonventen zurück und findet in vielen Arbeiten zu monastischen Niederlassungen des Mittelalters keine Erwähnung. Die Abtei Reinhardsbrunn im Thüringer Wald war wie das Kloster Petersberg in ➛ Erfurt ein Ausstrahlungszentrum der neucluniazensischen Reform von ➛ Hirsau, weshalb man die strikte Einhaltung der Reformstatuten in O. voraussetzen kann. Die nahe Siedlung Weißensee war der geografische Mittelpunkt des Herrschaftsgebietes der thüringischen Landgrafen aus dem ludowingischen Haus. Sie erbauten um 1200 an der wichtigen Nord-Süd-Handelsstraße die strategisch bedeutende Runneburg und förderten die Entwicklung Weißensees zur Stadt. Die Runneburg war fortan die meistumkämpfte landgräfliche Burg, was sich nachteilig auf die Entwicklung des nahen Frauenklosters O. auswirkte. Die Geschicke der Benediktinerinnen standen immer im Schatten der landesherrlichen Stadt und ihrer mächtigen Johanniterkommende (➛ Weißensee), aber auch der nahen Deutschordenskommende in ➛ Griefstedt. Im 15. Jh. zählte man das Kloster O. und das Dorf bereits zum sächsischen Amt Weißensee, obwohl Besitz- und Paternitätsrechte der Abtei Reinhardsbrunn definitiv bis 1525 galten. Kloster O. gehörte um 1300 wie ➛ Walkenried, ➛ Volkenroda und ➛ Schlotheim zu denjenigen Klöstern des Archidiakonats Jechaburg, die sich im Verband erfolgreich gegen überhöhte Subsidien zur Wehr setzten und Vergünstigungen bei Erzbischof Gerhard II. von Mainz (Eppstein) erreichten. Die Region um Weißensee war im Mittelalter Weinanbaugebiet, und so entwickelte sich die Kelterei zum wichtigen Erwerbszweig des Frauenkonvents. Landgraf Balthasar vermachte den Schwestern 1342 vier Acker Weinland aus landgräflichem Besitz zu „Utenhusen". Im 15./16. Jh. erreichte der Weinbau seine höchste Entfaltung und brachte satte Gewinne, brach aber mit den Pestepidemien 1597/98 und spätestens im Dreißigjährigen Krieg zusammen. Auch die Färberpflanze Waid erlangte im späten Mittelalter wirtschaftliche Bedeutung; nähere Informationen über Waidmühlen liefern die Quellen erst Mitte des 16. Jh. Nordostthüringen gehörte nach der Leipziger Teilung des Wettiner Landes 1485 zum Herrschaftsgebiet der albertinischen Linie Meißen-Dresden. Herzog Georg der Bärtige war der letzte Verteidiger des Katholizismus und beschützte während der Reformation seine Klöster, denen nur durch aufrührerische Bauern 1525 kurzzeitig Gefahr drohte; Mitschwestern von Bonnrode fanden Unterkunft in O., nachdem die Bauern ihr Kloster zerstört hatten. Nach dem Tod des Herzogs 1539 setzte sein Bruder Heinrich II. der Fromme rigoros den Protestantismus durch und löste die letzten thüringisch-sächsischen Klöster auf. Das Benediktinerinnenkloster O. wurde 1543 verkauft und als Rittergut bewirtschaftet.

▶ **Gegenwart.** Das Dorf O. ist seit 1993 Ortsteil der Stadt Weißensee. Die evangelische Kirche St. Kilian bewahrt als einziges Gebäude architektonische Reste des mittelalterlichen Klosters. Der einschiffige Saal imponiert durch sein romanisches Turmpaar im Osten mit gotischem Chorpolygon. Das Langhaus entstand 1717 neu; mittelalterliche Öffnungen bzw. die Lage der ehemaligen Nonnenempore lassen sich nicht mehr erschließen. Ein bedeutendes Ausstattungsstück ist das dreiflügelige Schnitzretabel (1517); Reste des spätmittelalterlichen Chorgestühls und ein Schrankpult erinnern ebenso an die Benediktinerinnen.

◆ Löffler, Sigmar: Geschichte des Klosters Reinhardsbrunn, Erfurt 2003; Kirchschlager, Michael u. a.: Die Geschichte der Stadt Weißensee, Erfurt 1998.

Otterberg, *Zisterzienserabtei St. Maria (1143–1561), Erzdiözese Mainz – (Lkr. Kaiserslautern, Rheinland-Pfalz, ❒ 3, B2).*

▶ **Geschichte.** Graf Siegfried IV. von Northeim-Boyneburg stiftete 1143 seine Burg und die nahe Siedlung im Süden des Nordpfälzer Berglandes zur Gründung einer klösterlichen Niederlassung, die Erzbischof

Heinrich I. von Mainz (Harburg) im selben Jahr den Zisterziensern von ➛ Eberbach übergab. Der erste Konvent mit Abt Stephan (um 1145–73) begann unter extrem schweren Bedingungen, so dass nur der Zuspruch der berühmten Äbtissin Hildegard von Bingen (um 1098–1179, ➛ Rupertsberg) die Mönche zum Ausharren veranlasste. Weitere Schenkungen, eigener Gütererwerb und zisterziensische Tüchtigkeit führten bald zu einer steilen Aufwärtsentwicklung. In der Besitzbestätigung Kaiser Heinrichs VI. 1195 gehörten bereits das Dorf Erlenbach, 13 Höfe, zwei Stadthöfe, 18 Grangien, Weinberge und die ganze Waldmark zur Abtei. Die Grafen von Leiningen und Reichsministerialen von Bolanden standen frühzeitig mit O. in Verbindung. Kaiserliche und pfalzgräfliche Zollprivilegien ermöglichten den freien Transport der Überschüsse auf die Märkte. 1259 übergab Erzbischof Gerhard I. das zerrüttete Benediktinerkloster ➛ Disibodenberg dem Zisterzienserorden. Disibodenberg wurde im Auftrag des Generalkapitels von O. aus neu besiedelt und in der Folge entstand auf dem Berg an der Nahe eine ungemein prosperierende Tochterabtei. Kaiserlichen Schutz übte im 13. Jh. der beauftragte Schultheiß von Kaiserslautern aus. 1332 übertrug Kaiser Ludwig der Bayer den Wittelsbacher Pfalzgrafen die Schirmherrschaft. Mitte des 14. Jh. setzte der wirtschaftliche Niedergang ein, Güterverkäufe indizieren die Verschuldung, Abtslisten werden lückenhaft, was auf innere Schwierigkeiten und äußere Eingriffe hinweist. Nachrichten von den Äbten zwischen 1343 und 1400 sind nur für neun Jahre und sieben Monate bezeugt, so für Johannes IV. (1353/55), Nikolaus (1366/70) und Friedrich II. (1392/95). Die wirtschaftliche Situation besserte sich mit Abt Konrad (1405–44), der als *oeconomus* aus der Abtei ➛ Maulbronn beste Voraussetzungen zur Bewältigung der Aufgaben mitbrachte. Leininger Fehde (um 1460) und Landshuter Erbfolgekrieg (1503–05) warfen die Abtei erneut zurück. Innere Konflikte blieben nicht aus: so musste das Generalkapitel einen Aufruhr der Mönche schlichten. Abt Wiegand Windeck (1519–51) löste seinen Konvent nach den Verwüstungen im Bauernkrieg 1525 kurzzeitig auf, weil er ihn nicht mehr versorgen konnte. Jedoch gelang es ihm letztendlich, den Ruin zu verhindern und den katholischen Konvent bei der sich ausbreitenden Reformation zu erhalten. Der sich calvinistisch bekennende Kurfürst Friedrich III. von der Pfalz forderte vom letzten Abt Wendelin Merbot (1553–61) und den letzten drei Zisterziensern das reformierte Bekenntnis. Im Februar 1561 verzichtete der Abt auf alle Rechte und ging nach Worms. Nach dem Zuzug von Wallonen aus den Niederlanden 1579 entwickelte sich aus dem Abteikomplex die Stadt O. Die Restitution 1635 bis 1648 blieb Episode.

▶ **Gegenwart.** Die Zisterzienser erbauten 1180 bis 1254 eine Abteikirche, die mit 84 m Länge ohne Vorhalle bis heute nach dem Speyer Dom der zweitgrößte Sakralbau in Rheinland-Pfalz bleibt und eine der bedeutendsten Zisterzienserkirchen Deutschlands darstellt. Seit 1691 dient sie als Simultaneum für zwei konfessionell verschiedene Gemeinden. Die dreischiffige Basilika auf kreuzförmigem Grundriss, inzwischen ohne Vorhalle, Chor- und Querarmkapellen, entspricht in Aufbau und Gliederung in betonter Schlichtheit bei handwerklich höchsten Ansprüchen dem zisterziensischen Geist von Askese und Vollkommenheit und steht baulich zwischen den Zisterzienserkirchen in Eberbach und ➛ Ebrach. Die Westfront schmücken eine künstlerisch hochwertige Fensterrose und ein einzigartiges Portal. Von dem südlich angeschlossenen Klausurgeviert, das wohl unter Abt Philipp I. (1209–25) begonnen wurde, blieb lediglich ein Teil des Ostflügels mit dem Kapitelsaal erhalten. Dieser entspricht in seiner spätromanischen Schönheit den Vorgaben der Abteikirche.

Otterberg Zisterzienserabtei, vollendete romanische Ausdrucksweise im Seitenschiff der Abteibasilika.

◆ Dolch, Martin/Münch, Michael: Die Urkunden des Zisterzienserklosters O. 1143–1360, Kaiserslautern 1995; Steinebrei, Hans: Das Zisterzienserkloster O. in der Pfalz, Otterbach 1993; Kaller, Gerhard: Amtszeiten und Herkunft der Äbte des Zisterzienserklosters O., in: Archiv für mittelrheinische Kirchengeschichte 22 (1970) 65–83.

Overath, *Benediktinerpropstei St. Cyriacus (1256–1803), Erzdiözese Köln – (Rheinisch-Bergischer Kreis, Nordrhein-Westfalen, ❐ 3, B1).*

▶ **Geschichte.** Die letzte Propstei des ausgedehnten Zellensystems der Abtei ➛ Siegburg gründete Abt Gottfried II. (1238–59) im Jahr 1256 auf altem bergischen Besitz an der Kapelle St. Cyriacus, in der sich Zeichen und Wunder ereignet hatten. Der neue Konvent in O. wurde von der Bruderpropstei ➛ Oberpleis mit dem Erlös von Weinverkäufen unterstützt, dennoch blieb die frühe Gemeinschaft nur bis 1279 in O. Der ehemalige Bischof Hermann von Samland übernahm Hof und Zelle von der Mutterabtei Siegburg im Tausch gegen seine bewegliche Habe. Mitte des 14. Jh. scheint die Propstei wieder mit Mönchen besetzt gewesen zu sein; Erzbischof Wilhelm von Köln übereignete 1353 zur wirtschaftlichen Stützung des Klosters St. Cyriacus die Ortspfarrkirche St. Walburga. Auch der Zugewinn der Höfe Balken, Zur Brücke und Neuhaus konnte die wirtschaftliche Lage vorübergehend verbessern. Die Grafen von Berg und ihre Ministerialen gewannen im 14. Jh. zunehmend Einfluss auf die Propstei O. und gliederten das Kirchspiel in ihren Herrschaftsbereich ein. Weitere Nachrichten aus dem Mittelalter liegen nicht vor; ein Propst Christoph von der Leithen ist zwischen 1554 und 1579 nachweisbar. Die Propstei diente wohl als Rückzugsort für altersschwache Konventsmitglieder der Mutterabtei. Die Einkünfte waren nicht hoch und unterhielten in der Neuzeit wohl gerade eine Person. Kriegswirren ließen eine aufstrebende Entwicklung nicht zu. In der Zeit Propst Hugo Reinhards von Breitbach (1698–1701) entstanden neue Konventsgebäude im Barockstil. Propst Franz Ferdinand

Anton Borman, genannt Kessel (1722–38), erhielt 1730 durch Kapitelbeschluss 200 Reichstaler zum Neubau der Kapelle. Der kleine Außenposten O. endete mit der Mutterabtei Siegburg 1803 zugunsten des Herzogtums Berg, damals unter den bayerischen Wittelsbachern.

▶ **Gegenwart.** Die barocke Kapelle St. Cyriacus wurde 1977 abgerissen, die neuzeitlichen Propsteigebäude gelangten in Privathand. Die romanische Pfarrkirche St. Walburga, heute katholische Pfarrkirche, wurde von Abt Kuno I. von Siegburg (1105–26) als zuständigem Grundherrn um 1120 für die Laiengemeinde am Ort einer älteren Holzkirche erbaut. An der Pfeilerbasilika mit Rundapsis im Chorbereich und 60 m hohem Westturm wurde 1953 das nördliche Seitenschiff bis auf die Ostapsis entfernt, um mit einem modernen Anbau der wachsenden Gemeinde gerecht zu werden. Die Kirche repräsentiert sich seitdem als „Brückenschlag" zwischen Frühmittelalter und Moderne, ohne die historische und stilistische Herkunft zu verleugnen. An der Westwand des romanischen Hauptschiffs verbergen zwei Rundbogenfenster die Michaelskapelle im ersten Obergeschoss des Turms, die im Mittelalter als Gerichts- und in kriegerischen Zeiten als Zufluchtsort diente.

◆ GermBen 9, 74 f.; Becher, Franz: 900 Jahre O., Overath 2005.

Oybin, *Cölestinerpriorat St. Petrus und St. Wenzel (1366–1559), Erzdiözese Prag – (Lkr. Görlitz, Sachsen, ❐ 4, D1).*

▶ **Geschichte.** König Karl IV. überließ 1366 zwei Cölestinermönchen aus Avignon einen Teil seiner Felsenburg O. in der Oberlausitz südlich von Zittau zur Gründung eines Cölestinerklosters, das er mit zusätzlichen Gütern ausstattete. Er ließ die Burg als Wehrfeste und Kloster ausbauen; dabei entstand nicht nur die monastische Anlage, sondern auch das neue „Kaiserhaus", denn vermutlich plante der Kaiser, O. als Alterssitz zu nutzen. Im Stiftungsbrief unterstellt Karl das Priorat im März 1369 dem Abt Giovanni da San Benedetto (1367–70) von S. Spirito del Morrone bei Sulmona in den Abruzzen, dem Hauptkloster des Cölestinerordens. Der erste Prior Michael Roger kam 1376 mit drei Brüdern aus Frankreich. Der Streit um die Zuordnung des böhmischen Priorats O. führte zur Gründung der neuen Ordensprovinz Alemania. Prior Peter Zwicker wurde zum ersten Provinzial (1391–97) erhoben, dem freilich nur sein eigenes Kloster und die Tochterniederlassung in Prag (1387) unterstanden. Bei der Flucht vor den Hussiten 1420 brachten tschechische Cölestiner und das Domkapitel aus Prag Reliquien und Wertgegenstände auf die Klosterburg O., die im September 1429 dem Sturm der Hussiten standhielt. Die deutsche Ordensprovinz bestand damals nur noch aus dem Priorat O.; erst 1472 wurde in Schönfeld bei Dürkheim die zweite Tochterniederlassung von O. gegründet, die aber auch nur 30 Jahre bestand und keine Bauten hinterließ. 1515 erfolgte auf dem nahen ➛ Königstein an der Elbe eine dritte Tochtergründung, die aber nur elf Jahre bestand. Die Provinz Alemania (auch Bohemia genannt) wurde in der italienischen Zentrale bei Auflistungen oft vergessen. Der Orden unterhielt Anfang des 16. Jh. in Süd- und Westeuropa etwa knapp 200 Klöster, wovon lediglich ein Drittel mit mindestens zwölf Mönchen besetzt war. Das Priorat O. gehörte die meiste Zeit zu den starken Konventen. Die Teilnahme an den alle drei Jahre stattfindenden Generalkapiteln gestaltete sich für die nordöstliche Exklave äußerst schwierig. 1504 erreichte Prior Andreas von Freienstadt den besonderen Schutz für seinen Vertreter Bartholomäus. Stiftungen der Bürger aus Zittau ermöglichten die Einrichtung einer Schule auf O. Eine umfangreiche Bibliothek diente dem Studium, auch sind Streitschriften gegen Jan Huss und seine Anhänger überliefert. Der Landbesitz konzentrierte sich um Zittau, reichte aber bis Breslau und in böhmische Gebiete. Die lutherische Lehre drang seit 1523 auch nach O., woraufhin einige Mönche konvertierten und den Berg verließen. Wegen drohender Kriegsgefahr verbrachte der Restkonvent 1546 die Wertgegenstände nach Prag, die Gruppe selbst zog in den eigenen Hof nach Zittau. König Ferdinand von Böhmen rief 1551 den Konvent auf den Berg zurück, aber dem Ruf folgten nur noch Bruder Balthasar Gottschalk und Prior Christoph Ottomann (Uthmann). Der Prior starb 1555, Balthasar wurde der Häresie verdächtigt und 1559 nach Zittau verwiesen. Ferdinand, nun Kaiser, verpfändete nach einem jesuitischen Zwischenspiel den Berg 1562 an die Stadt Zittau. Der Rat kaufte schließlich 1575 von Kaiser Maximilian II. nicht nur den Festungsanteil, der immer in der Hand der böhmischen Krone verblieben war, sondern den gesamten Besitz. Der eigentliche Herr über das Kloster, der Abt von Morrone in Italien, wurde dazu nicht gefragt.

Oybin Cölestinerpriorat, Blick von Ost durch den Chor der gotischen Kirchenruine (1384) auf dem Burgberg.

▶ **Gegenwart.** Die Zeiten veränderten Burg und Klosteranlage zu einer der romantischsten Ruinenanlagen Deutschlands hoch auf einem Plateau, umgeben von Felsen des malerischen Zittauer Gebirges unweit der tschechischen Grenze. Klosterkirche und Gebäude entstanden durch die Prager Dombauhütte unter Peter Parler, indem der Platz für die gewaltige Anlage teilweise aus dem Felsen freigehauen werden musste. Auf einem unteren Niveau befand sich der stark befestigte Burgbereich, heute mit mittelalterlichen Ruinen von Wohnturm, Amtshaus und Kaiserhaus sowie dem sanierten Bahrhaus mit Museum. Auf höherem Niveau stehen die Umfassungsmauern der gotischen Kirche von 1384 mit Triumphbogen und Maßwerkfensteröffnungen im Polygonalchor nach Osten. Größe und Höhe übertreffen jede Erwartung; an der Nordseite finden sich Seitenkapellen und die Unterkirche am Rand des steilen Abhangs. Südwestlich steht ein noch heute begehbarer Glockenturm. Das sogenannte Bibliotheksfenster entstand in der späten Ausbauphase Ende des 15. Jh. Der Bergfriedhof auf dem Nordplateau wird heute noch genutzt.

◆ Borchardt, Karl: Priorat O., in: Die Cölestiner, Husum 2006; Oettel, Gunther: Burg und Kloster O., Zittau 1999.

Paderborn, *Zisterzienserinnenkloster St. Ulrich u. a. (1229–1500), Benediktinerinnenabtei St. Ulrich (1500–1810) – „Gaukirchkloster“, Diözese Paderborn – (Kreisstadt, Nordrhein-Westfalen,* ❐ *1, C5).*

▶ **Geschichte.** Dompropst Volrad übertrug 1229 Zisterzienserinnen aus St. Aegidii in Münster (s. u.) ein Haus in der Bischofsstadt P. als erste Bleibe. Bischof Bernhard IV. von Paderborn (Lippe) stellte den neuen Konvent im gleichen Jahr unter seinen Schutz und gewährte Immunität. Bald darauf zogen die Frauen in den neuen Klosterkomplex an der Gaukirche St. Ulrich südlich der Domimmunität, was wohl durch Spenden des Bürgers Johann Spilebrot entscheidend gefördert wurde. Dompropst Volrad inkorporierte 1231 dem Konvent unter Äbtissin Mabilia (1231/68) die Gaukirche mit allen Rechten und Besitz. Der bisherige Gemeindepfarrer Conradus (1209/36) übernahm als erster Propst die geistliche und wirtschaftliche Betreuung. Unregelmäßigkeiten in der Güterverwaltung führten 1343 zur Trennung der Einkünfte zwischen Propst und Konvent. St. Ulrich diente sowohl als Pfarr- wie auch als Klosterkirche, Äbtissin und Konvent beriefen den Pfarrer, der als Archidiakon vom Dompropst Kollation und Investitur erhielt. Die Gemeinschaft erwarb auch Patronatsrechte über zwei Hospitalkapellen, in denen jedoch die Schwestern den Hospitaldienst wohl nicht ausübten. In den ersten Jahrzehnten wuchs die Konventsstärke auf 30 bis 40 Schwestern, 1443 begrenzte der Bischof ihre Zahl auf 26; meist lebten im Spätmittelalter nicht mehr als 15 Chor- und Laienschwestern im Gaukirchkloster. Die Jurisdiktionsgewalt des Bischofs verhinderte die Aufnahme in den Zisterzienserorden; Verbindungen zu den nahen Mönchszisterzen ➛ Marienfeld, ➛ Bredelar, ➛ Amelungsborn oder ➛ Hardehausen sind nicht bekannt. Dafür nahmen die Benediktinerklöster der Diözese, insbesondere das mächtige ➛ Abdinghofkloster der Stadt, im Sinn der ➛ Bursfelder Reformkongregation Einfluss auf die Zisterzienserinnen. Bischof Hermann I. von Hessen visitierte im Juni 1500 das Gaukirchkloster in seiner Stadt, setzte Äbtissin Gertrudis von Brenken (1478/1500) ab und berief Äbtissin Anna von Westphal (1500–49) aus dem Benediktinerinnenkloster ➛ Willebadessen. Die Schwestern von St. Ulrich galten nun eindeutig als Benediktinerinnen und unterstanden geistlich der Abtei Abdinghof. Die religiös gefestigte Frauengemeinschaft blieb von der Reformation unbeeinflusst und überwand auch die Bedrückungen während des Dreißigjährigen Kriegs. 1654 wird eine Lehrerin für die Ausbildung der Schwestern erwähnt. Unter der tatkräftigen Äbtissin Maria Josepha Waldeyer (1740–64) entstand eine neue Klausuranlage und die Kirche erhielt eine spätbarocke Westfassade. Die Benediktinerinnenabtei existierte bis zur Aufhebung im Dezember 1810 durch das Westphälische Königreich unter Jérôme Bonaparte. Äbtissin Maria Gertrudis Tiemann (1799–1810) und 14 Schwestern durften bis 1825 bleiben.

Paderborn Zisterzienserinnenkloster, das Mittelschiff der romanischen „Gaukirche“ (1170/80), Blick zum Chor.

▶ **Gegenwart.** Die romanische Kloster- und heutige katholische Pfarrkirche St. Ulrich, auch „Gaukirche“ genannt, ist bereits 1183 urkundlich nachweisbar; ihre Bauzeit wird für die Zeit zwischen 1170 und 1180 angenommen. Die dreischiffige Pfeilerbasilika auf kreuzförmigem Grundriss mit Chorquadrat zeichnet ein hoher, achteckiger Turm über dem westlichen Bereich des Langhauses aus. Die Westfront der romanischen Kirche erhielt gegen Mitte des 18. Jh. die konkav und konvex geschwungene Fassade, die Liebhaber als das Beste bewerten, was der westfälische Spätbarock hervorbrachte. Innen überrascht das monumentale Kreuzgewölbe auf kräftigen Mittelschiffpfeilern. Eine Blendarkatur mit Säulen und profilierten Kämpfern ziert den Chorraum. Spätromanische Wandmalereien (1220–30) wurden erst 1967/69 entdeckt. Bedeutende mittelalterliche Ausstattungsstücke sind das Gabelkruzifix (1360/70), eine Marienstatue aus Sandstein im Weichen Stil (um 1400) und das reich verzierte Sakramentshaus (nach 1450). Mittelalterliche Klausurgebäude blieben nicht erhalten.

❖ Das Mutterkloster St. Aegidii der ersten Schwestern wurde als bischöfliches Eigenkloster um 1210 in der Bischofsstadt Münster mit Zisterzienserinnen aus ➛ Wöltingerode gegründet. Das Zisterzienserinnenkloster, das von der Abtei ➛ Marienfeld geistlich betreut wurde und lange im Schatten des benachbarten Überwasserstifts (➛ Münster) stand, trat 1465 der Bursfelder Benediktinerunion bei und existierte als Benediktinerinnenkloster bis 1811 weiter. Vom Kloster St. Aegidii blieb keine Architektur erhalten.

◆ Schupp, Peter/Becker, Rudolf: Die Gaukirche St. Ulrich in P., Paderborn o. J. (2000); Hengst, Karl: P., Zisterzienserinnen, in: Westfälisches Klosterbuch, Tl. 2, Münster 1992, 224–230.

Pappenheim, *Augustiner-Eremitenkloster St. Spiritus und St. Augustinus (1372–1545), Diözese Eichstätt – (Lkr. Weißenburg-Gunzenhausen, Bayern, ❒ 4, A3).*

▶ **Geschichte.** Der Reichsministeriale Heinrich von Pappenheim und seine Gemahlin Elisabeth von Ellerbach stifteten 1372 auf Allodialbesitz in P. über der Altmühl ein Augustiner-Eremitenkloster. Die Brüder begannen unter Prior Heinrich Unmüßig nahe der Burg ihre Kirche zu bauen, was sich bis Ende des 15. Jh. hinzog. Der kleine Konvent gehörte zur rheinisch-schwäbischen Provinz des Ordens und spielte nur eine geringe Rolle in der Ordenspolitik. Kapiteltreffen fanden im Konvent nicht statt oder sind nicht überliefert. Auf dem Generalkapitel in Köln 1374 grenzte die Ordensleitung die Terminierbezirke des Klosters P. gegen diejenigen der Konvente von Nürnberg und Regensburg ab, um aufgekommene Konflikte zu beseitigen. Die Stifter versahen den Konvent so reichlich mit Pfarreinkünften und Zehnten, dass die Familie der Pappenheimer auf dem Generalkapitel in ➛ München 1397 in die Gebetsgemeinschaft des Ordens aufgenommen wurde. Ob die Augustinerbrüder in P. ein Hausstudium pflegten, ist aus den wenigen Quellen nicht ersichtlich. Einige Prioren wurden aber als Lesemeister bekannt: Prior Gamundia Binder (1462–65) und Prior Martinus Pfeifer (um 1500); Bruder Mauritius Fininger war 1493 Lektor, später Magister und schließlich Prior in Basel. Der Prior von Speyer, Nicolaus Cancri (1491–1502), kam aus dem Konvent P. Spätmittelalterliche Observanzbemühungen lassen die Quellen ebenfalls nicht erkennen. Während der Reformationszeit verließen einige Brüder offiziell, andere heimlich den Konvent; bis 1539 war das Kloster, dessen letzter Prior Johann Aigner sich 1542 nur noch Verwalter nannte, nahezu verödet. Die Stadt P. selbst war um diese Zeit noch nicht zum Protestantismus übergegangen. Die offizielle Auflösung und die Übertragung der heute noch bestehenden Klosteranlage an die Nachfahren der Pappenheimer Stifter erfolgten 1545.

▶ **Gegenwart.** Die Augustinerkirche Heilig Geist in P. blieb immer Grabstätte der Reichsmarschall- und später Reichsgrafenfamilie, unabhängig ihres konfessionellen Bekenntnisses, und ist heute noch in ihrem Besitz. Mehrere spätgotische Umbauten und Eingriffe in der Barockzeit musste die Kirche über sich ergehen lassen. Seit ihrer Sanierung 1990 dient sie wieder der Öffentlichkeit mit Gottesdiensten und kirchlichen Musikveranstaltungen. Um einen Hof gruppieren sich profanierte Klausurgebäude mit dreiseitigem Kreuzgang. In der Stadt steht die Urkirche St. Gallus, die auf das 9. Jh. zurückgeht, als die Abtei St. Gallen im Altmühltal missionarisch und seelsorglich tätig war. Diese Kirche ist einer der ältesten Sakralbauten in Franken.

◆ HHistStD 7 Bayern, 568f.; Kunzelmann, Adalbero: Geschichte der deutschen Augustiner-Eremiten, Tl. 2, Würzburg 1974, 10–16; Hemmerle, Josef: Die Klöster der Augustiner-Eremiten in Bayern, München 1958.

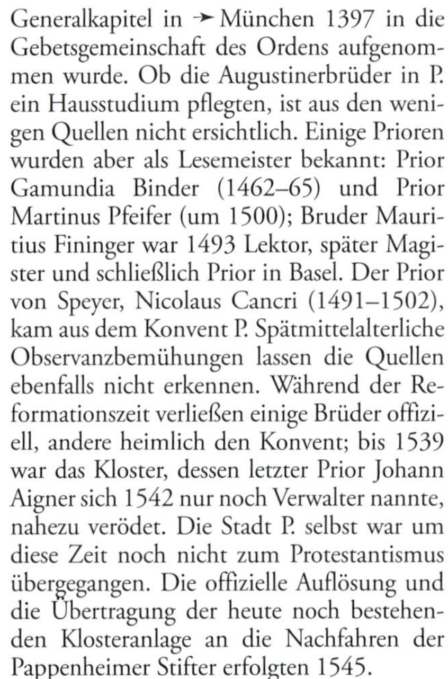

Pappenheim Augustiner-Eremitenkloster, die Südseite der gotischen Augustinerkirche am Burgberg.

Paring, *Augustiner-Chorherrenstift St. Michael (1139–1551, seit 1974), Diözese Regensburg – (Langquaid-P., Lkr. Kelheim, Bayern, ❒ 4, B3).*

▶ **Geschichte.** Der Kanoniker Gebhard von Rottenburg-Roning stiftete zusammen mit seiner Mutter und seinen Brüdern Heinrich und Konrad 1139 an ihrer Pfarrkirche auf dem Eigengut P. das Regularkanonikerstift St. Michael. Der erste Propst Ulrich kam 1141 mit vier Augustiner-Chorherren vermutlich aus dem Stift St. Johannes in Regensburg, das im 12. Jh. einer Regularverfassung folgte und als ein Ausbreitungszentrum der Kanonikerreform im Bistum Regensburg gilt. 1144 bestätigte Papst Lucius II., ursprünglich selbst Augustiner-Chorherr, die Gründung in P. Die reiche Grundausstattung erlaubte ein kraftvolles Aufblühen in den ersten 200 Jahren des Bestehens. Die Chorherren betreuten die Ottilienwallfahrt in Hellring und die Pfarre Oberleierndorf. 1291 erhielten sie vom Herzog Otto III. von Niederbayern das Hofmarksrecht. Brandkatastrophen in der Zeit Propst Friedrichs (1311–35) führten zur Verarmung; erst Propst Ulrich II. konnte 1420 Kirche und Klausur erneuern lassen. 1452 schloss sich P. dem Reformkreis von Reudnitz (heute Tschechien) an, was zu einer Blüte im späten 15. Jh. führte. Während des Landshuter Erbfolgekriegs (1503–05) erlitt das Stift neue Schäden; unterdessen war der Konvent nach Regensburg geflohen. Propst Matthias (1504– um 1545) ließ die Gebäude erneuern und eingreifend umbauen. Während der Reformation bekannten sich die Chorherren zum evangelischen Glauben; die letzten drei verließen Stift P. 1533. Propst Matthias harrte bis zu seinem Tod 1545/46 allein im Stift aus. Der neu eingesetzte Propst Otto II. aus ➛ Rohr (Bayern) kehrte 1551 in sein Heimatstift zurück. Herzog Wilhelm V. von Bayern übergab 1598 das Stift P. den Benediktinern von ➛ Andechs, die bis zur Säkularisierung 1803 mit nie mehr als zwei

Mönchen lediglich eine Güterpropstei in P. unterhielten. 1974 kamen Augustiner-Chorherren der neubelebten ➛ Windesheimer Kongregation zurück.

▶ **Gegenwart.** Von der mittelalterlichen Klausur hat sich lediglich der Westtrakt erhalten. Aus der Frühzeit des Stifts stammen der romanische Turm, der das Ortsbild prägt, wie auch das romanische Kirchenportal und die künstlerisch bedeutenden Wandmalereien im ehemaligen Paradies, der Vorhalle der Kirche, die heute als Kapitelsaal genutzt wird. Der spätgotische Kirchenchor geht auf die Umbauphase im frühen 16. Jh. zurück. Das inzwischen stark verkürzte Langhaus wurde vom Benediktinerabt Meinrad Mosmiller (1759–67) von Andechs spätbarock ausgeschmückt (um 1765).

◆ GermBen 2, 220–222; Backmund, Norbert: Die Chorherrenorden und ihre Stifte in Bayern, Passau 1966, 107 f.

Passau, *Augustiner-Chorherrenstift St. Andreas und St. Nikolaus (vor 1073–1803), Deutschordensschwestern St. Nikolaus (seit 1945) – „Nikolastift“, Diözese Passau – (kreisfreie Stadt, Bayern, ❐ 4, C4).*

▶ **Geschichte.** Bischof Altmann von Passau gründete im Zuge der Gregorianischen Kirchenreform des 11. Jh. zwischen 1067 und 1073 das erste Regularkanonikerstift auf dem Gebiet der heutigen Bundesrepublik vor den Toren seiner Bischofsstadt. Die Gründungsurkunde von 1067 ist wohl unecht, die erste verlässliche Nachricht stammt von 1073. Die Bestätigung Heinrichs IV. erfolgte 1074; Papst Gregor VII. vergab 1075 die *libertas Romana*, die neue Verfassung für ein reguliertes Stiftsleben kam aus Italien. Die Kaiserinwitwe Agnes ergänzte die Grundausstattung großzügig und gilt als Mitstifterin. Im Kampf gegen den Gegenkönig Rudolf von Schwaben vertrieb König Heinrich IV. 1078 seinen Gegner Bischof Altmann und den Reformkonvent aus P., woraufhin ein Teil der Chorherren 1086 nach ➛ Rottenbuch auswich. Erst Bischof Ulrich konnte um 1100 das Stift St. Andreas und Nikolaus (später nur noch St. Nikolaus) wieder aufrichten. Von dem anfänglich mitgegründeten Frauenkonvent liegen keine weiteren Nachrichten vor. Schon 1111 betreuten die Regularkanoniker ein Leprosenhospital. Nach dem Bau der Stadtmauer 1209 lag der Stiftskomplex außerhalb der Stadt direkt über dem Inn. Auf der anderen Flussseite stand die Severinkirche, eine vielbesuchte Wallfahrtsstätte, an der der hl. Severin von Noricum († 482) bereits um 460 eine kleine Gebetszelle errichtet haben soll. Das Nikolastift entwickelte sich unter den regulierten monastischen Bedingungen mit Vorbildwirkung zu einer stadtunabhängigen Herrschaft mit eigener Gerichtsbarkeit. Anfang des 13. Jh. geriet es unter den Einfluss der Wittelsbacher, die St. Nikola als Stützpunkt gegen die bischöfliche Machtstellung kräftig unterstützten. Das Erdbeben von 1348 verursachte nachhaltige Gebäudeschäden. Wissenschaftlich-humanistische

Passau Augustiner-Chorherrenstift, die Kirche des ersten deutschen Regularkanonikerstifts.

Bildungs- und Musikpflege bestimmten das Leben der Chorherren im Spätmittelalter. Während der Reformationszeit trafen evangelische Ideale auf breite Zustimmung im Konvent; so trat der Komponist Leonhard Päminger, ein Freund Martin Luthers, zusammen mit dem Propst und fast allen Konventsmitgliedern aus dem Stift aus, die Existenz war bedroht. Erst in der zweiten Hälfte des 17. Jh. blühte St. Nikola wieder auf, die Klausurgebäude entstanden neu, die gotische Kirche wurde barockisiert und die Bibliothek aufgestockt. Die allgemeine Säkularisation 1803 traf ein blühendes Stift; Kirche und Anlage nutzte Bayern zu profanen und militärischen Zwecken.

▶ **Gegenwart.** Seit 1945 leben Deutschordensschwestern in der als Mutterhaus hergerichteten Barockanlage (heute über 100 Schwestern). Sie unterhalten eine Fachakademie für Sozialpädagogik, einen Kindergarten und ein Alten- und Pflegeheim. Seit 1959 dient die barockisierte Stiftskirche als katholische Universitätskirche. Ihren gotischen Ostanbau ließ Propst Johannes Straubinger (1424–51) errichten. Unter dem Chor und der Vierung befindet sich eine romanische Krypta mit Mittelsäule und blattgeschmücktem Kapitell, die auf den ersten Stiftsbau Bischof Altmanns zurückgeht. Die der barocken Halle angegliederten Kapellen stammen aus gotischer Zeit, der Turm ist spätgotisch.

◆ Droste, Ludger: St. Nikolaus P., Passau 2003; Backmund, Norbert: Die Chorherrenorden und ihre Stifte in Bayern, Passau 1966, 109–112.

Passau, *Benediktinerinnen Reichsabtei Heilig Kreuz (um 1010–1803), Konvent der Maria-Ward-Schwestern Heilig Kreuz (seit 1836) – „Niedernburg", Diözese Passau – (kreisfreie Stadt, Bayern, ❒ 4, C4).*

▶ **Geschichte.** Die erste namentlich bekannte Äbtissin Heilika (954–1020) des weltlichen Kanonissenstifts Niedernburg auf einer Landzunge zwischen Donau und Inn in der Bischofsstadt P. führte um 1010 die Benediktregel im Konvent ein. Die Schwestern beriefen sich auf eine Stiftung Herzog Tassilos III. von Bayern in der Mitte des 8. Jh. Heilika unterstellte das Kloster König Heinrich II., wodurch aus dem bischöflichen Stift im April 1010 eine reichsunmittelbare Benediktinerinnenabtei hervorging. Im Sinn der damaligen Reichskirchenpolitik des Königs darf man strenge Statuten der ➤ Gorzer Reform im Konvent annehmen. Zahlreiche Schenkungen erhoben die Reichsabtei neben dem Hochstift zur mächtigsten kirchlichen Institution der Region; bedeutende Privilegien wie Marktzoll, Böhmische Maut und Wassermaut unterstrichen die Position. Die zweite Nachfolgerin Heilikas wurde Gisela (1045– um 1065), die Schwester Kaiser Heinrichs II. und Witwe König Stephans von Ungarn. Zur Stärkung der Bischöfe bereitete Kaiser Friedrich I. die Übergabe der Abtei an das Hochstift vor, was von Heinrich VI. 1193 vollzogen wurde. Die Abtei N. stützte von nun an entscheidend Macht und Politik der Bischöfe und stand in Konkurrenz zum Nikolastift (➤ Passau), das Anfang des 13. Jh. unter den Einfluss der Wittelsbacher geraten war. Nach dem Neubau der Stadtmauer 1209 lag der Klosterkomplex innerhalb der Stadt, das Nikolastift blieb vor der Mauer. Der klostereigene Immunitätsbezirk der Benediktinerinnen ging aber 1224 an die Stadt verloren. Der Konvent wehrte sich vergeblich gegen den Privilegienverlust, musste sich gar mit der Degradierung der Vorsteherin zur Dechantin abfinden. Die Einnahmen gingen zurück, die Klausur verflachte und vorübergehend durften keine Novizinnen aufgenommen werden, war doch der Konvent bei gesunkener Finanzkraft zu groß geworden. Der Pilgerstrom der Ungarn zum Grab ihrer seligen Königin Gisela auf dem Weg nach Aachen nahm im 15. Jh. deutlich zu. Papst Alexander VI. erhob nach 1498 Dechantin Ursula von Schönstein wieder in den Rang einer Äbtissin. Als exklusives Adelskloster war Niedernburg nach der Reformation nicht mehr zu halten. Fürstbischof Urban von Trenbach erlaubte erstmals 1583 Bürgertöchtern den Eintritt in den Konvent. Das Gnadenbild „Mariä Schutz" belebte in der frühen Neuzeit zusätzlich die Wallfahrt. Die Stadtbrände von 1662 und 1680 verursachten auch im Kloster Schäden, der letztere brach in der Klosterapotheke aus und das Klosterarchiv wurde vernichtet. Den Klausurkomplex musste Äbtissin Kunigunde von Hillebrand neu erbauen lassen. 1780 eröffnete der Konvent eine Mädchenschule. Im Rahmen der allgemeinen Säkularisierung wurde Kloster Niedernburg 1803 von bayerisch-kurfürstlichen Beamten aufgelöst. Nach der Wiedererrichtung des Bischofssitzes in P. 1821 durfte 1836 ein Konvent Englischer Fräulein die Anlage neu beleben.

Passau Benediktinerinnen Reichsabtei, ein spätgotischer Kreuzgangflügel im Kloster „Niedernburg".

▶ **Gegenwart.** Heute nennen sich die Englischen Fräulein „Maria-Ward-Schwestern" und widmen sich der Ausbildung von Mädchen; ihre Gisela-Schulen stehen seit 1995 in Trägerschaft der Diözese. Der Komplex Kloster Niedernburg ist weitgehend erhalten und noch immer von hohen Mauern umgeben, Klosterkirche und Kreuzgänge entstammen in großen Teilen dem Mittelalter. Der älteste Bereich der dreischiffigen Pfeilerbasilika Heilig Kreuz ist ihr zweitürmiges Westwerk mit einem Nonnenchor über der Vorhalle aus der Mitte des 11. Jh. Die Türme wurden neugotisch erhöht. Der zweijochige Chorraum im 5/8-Schluss mit Sterngewölbe auf fächerförmigen Kelchkapitellen entstand 1467. In der gotischen Maria-Parz-Kapelle befinden sich die Hochgräber (1420/25) der Äbtissinnen Heilika und Gisela. Wertvolle spätmittelalterliche Ausstattungsstücke schmücken die Räume. Einst war die Kirche durch die „Aula" mit einer zweiten romanischen Kirche St. Maria verbunden, die heute nur noch in überbauten Teilen existiert. Ihr romanisches Dreistufenportal mit Ziersäulen blieb erhalten, das Portal führt in die ehemalige Vorhalle mit Fresken (um 1200). Der spätgotische Kreuzgang mit Kreuzrippengewölbe entstand im ausgehenden Mittelalter.

◆ Wurster, Herbert W.: P., Kloster Niedernburg, Regensburg 2002; Bauer, Hermann/Bauer, Anna: Klöster in Bayern, München 1985, 177–179.

Patershausen, *Zisterzienserinnenabtei St. Maria (1252–1556) – „Marienkron", Erzdiözese Mainz – (Heusenstamm-Patershäuser Hof, Lkr. Offenbach, Hessen, ❒ 3, C2).*

▶ Zu Beginn des 9. Jh. bestand angeblich in P. zwischen Heusenstamm und Dietzenbach ein Benediktinerkloster, das 806/815 im ➛ Lorscher Güterverzeichnis erwähnt wird, später aber unterging. Den Besitz verwendete Ulrich II. von Hagen-Münzenberg 1252 zur Gründung des Frauenklosters *Corona virginum*. Die ersten Schwestern kamen aus der Zisterzienserinnenabtei St. Katharina in Eisenach (s.u.). Töchter der Stifterfamilie und der Grafenfamilie von Hagen standen dem Konvent als Äbtissinnen vor, dessen Mitgliedschaft im Zisterzienserorden heute angenommen wird. Die Mönchsabtei ➛ Arnsburg übte die geistliche und weltliche Aufsicht aus. Der Besitzstand war reich, den Frauen oblagen die Patronate in Bickenbach und Ginsheim. 1319 begrenzte der Arnsburger Abt die Gemeinschaft auf 52 Schwestern, was trotzdem häufig überschritten wurde. Nach der Durchsetzung der Reformation wurde das Kloster 1556 aufgelöst. 1605 zogen Jesuiten in die Anlage, die im Dreißigjährigen Krieg unterging. 1741 entstand auf Wunsch von Gräfin Maria Theresia von Schönborn aus dem ruinösen Anwesen unter Verwendung mittelalterlicher Mauerteile ein herrschaftliches Gut, das heute als Biohof genutzt wird. Der Hof liegt malerisch in Alleinlage am Rand des Naturschutzgebietes Nachtweide. In den Wirtschaftsgebäuden finden sich Spolien, Kreuzgangreste und Mauerzüge aus klösterlicher Zeit, vollständige Originalbauten der Zisterzienserinnen dagegen blieben nicht erhalten.

❖ Das Mutterkloster St. Katharina entstand 1208 vor dem Georgstor der thüringischen Residenzstadt Eisenach als Stiftung Landgraf Hermanns I. Die fürstliche Familie nutzte das Kloster als Grablege. Bereits 1214 nahm der Zisterzienserorden den Frauenkonvent als einen der ersten im deutschen Reichsteil als Vollmitglied auf. Die ausstrahlungskräftige Katharinenabtei endete 1543. Von der Klosteranlage blieb keine Architektur erhalten.

◆ Klemenz, Brigitta: Marienkron, in: Klosterführer aller Zisterzienserklöster im deutschsprachigen Raum, Strasbourg 1998, 213; Heusenstamm, Urkunden zur Stadtgeschichte, Bd. 1, Heusenstamm 1988; Roth, Heinrich: Ortsgeschichte von Heusenstamm mit P. und Gravenbruch, Offenbach 1911.

Pauliner-Eremitenorden *(Ordo Fratrum Sancti Pauli Primi Eremitae, OSPPE).*

▶ Der Pauliner-Eremitenorden entstand um 1250 aus der Zusammenlegung einzelner Eremitengruppen, die in Ungarn verbreitet waren. Die Pauliner berufen sich auf orientalische Abstammung in geistiger Nachfolge des legendären Anachoreten Paulus von Theben, dessen Existenz lediglich aus der „Vita Pauli" des Hieronymus bekannt war. Die heutige Forschung fasst die „vita Pauli primi eremitae" als Konkurrenzschrift des Hieronymus zur etwa 20 Jahre älteren „Vita Antonii" des Athanasius von Alexandrien auf und bezweifelt die historische Existenz des Paulus von Theben.

Papst Clemens V. fasste durch Approbation 1308 die geistlichen Söhne des Paulus mit ihren in Ungarn bereits bestehenden Klöstern zu einem Orden mit eigenen Konstitutionen unter der Augustinusregel zusammen. Den Pauliner-Eremiten, auch kurz als Pauliner bezeichnet, war Betteln strengstens untersagt, so dass die Landwirtschaft nahezu ausschließlich ihre Existenzgrundlage bildete. In pastorale Aufgaben ließen sie sich durchaus auch einbinden, doch war ihnen *stabilitas loci* auferlegt. Zentralistisch von Ungarn aus geleitet, breiteten sie sich im 14. Jh. rasch bis in den Südwesten des Reiches aus, wobei sie ihren eremitisch-kontemplativen Charakter nie ganz verloren. Als Mitglieder eines „Ordens der zweiten Stunde" erreichten sie lediglich eine Nischenexistenz in der gefestigten Klosterlandschaft des Spätmittelalters; in nördliche Gebiete drangen sie nicht vor. Der Generalprior des Ordens residierte im Kloster St. Laurentius in Buda (Ungarn). Im Spätmittelalter existierten allein in Ungarn etwa 170 Paulinerklöster. In der deutschen Provinz wurden laut eigener Überlieferung etwa 20 Klöster gegründet, die aber nie alle gleichzeitig bestanden. Neben wenigen größeren Prioraten, wie der zweiten Gründung Tannheim (1353), waren die meisten nur Residenzen und von kaum mehr als zwei Priestern besetzt. Heute existieren in Deutschland nur geringe mittelalterliche Architekturreste an lediglich vier Klosterorten: ➛ Goldbach, ➛ Anhausen, ➛ Langnau und ➛ Argenhardt. Als einziges vollständig erhaltenes Gebäude der Schwäbischen Paulinerprovinz gilt der barocke Stadthof des Klosters Rohrhalden in Rottenburg. Im Verlauf der Entwicklung trat zunehmend die Marienverehrung in den Vordergrund, so dass die Pauliner bald zu den marianischen Orden gezählt wurden. Die Expansion des Osmanischen Reiches im 16. Jh. und der Josephinismus Ende des 18. Jh. ließen den Orden zusammenschrumpfen. Aus den polnischen Traditionsklöstern Tschenstochau und Krakau formierten sich jüngst sechs neue Niederlassungen in Deutschland und etwa 65 Klöster weltweit in 16 Ländern (2009). Die Pauliner trugen ursprünglich ein braunes Habit, das um 1340 durch ein weißes ersetzt wurde. Priester nutzten schwarze Mäntel und breite Hüte, beliebt war auch das Tragen eines langen Bartes.

Der Pauliner-Eremitenorden ist nicht zu verwechseln mit dem streng asketischen Paulanerorden (*Ordo Minimorum* [OMinim], Minimiten, Mindeste Brüder). Die Paulaner kamen erst 1627 nach Bayern, wo sie in München durch ihre Braukunst auffielen.

Schließlich gibt es noch den 1858 in New York gegründeten Priesterorden der Paulisten *(Congregatio Sancti Pauli, CSP)*, der sich vorzugsweise in Nordamerika seelsorglich betätigt.

◆ Brunert, Maria-Elisabeth: Die Pauliner, München 2006; Elm, Kaspar (Hg.): Beiträge zur Geschichte des Paulinerordens, Berlin 2000; Schmid, Hermann: Kurzlebige Pauliner-Klöster in Schwaben, Franken und am Oberrhein, in: Zeitschrift für württembergische Landesgeschichte 45 (1986) 103–115.

Paulinzella, *Benediktiner Doppelabtei St. Petrus und St. Paulus (1105–1534), Erzdiözese Mainz – (Rottenbach-P., Lkr. Saalfeld-Rudolstadt, Thüringen, ❐ 4, A1).*

▶ **Geschichte.** Die Witwe Paulina aus einem vornehmen thüringisch-sächsischen Adelsgeschlecht gilt als Stifterin der Abtei P. Nach dem Tod ihres zweiten Gemahls entschloss sie sich zur Konversion, ließ im abgeschiedenen Rottenbachtal im ostthüringischen Längwitzgau eine Kapelle und Gebäude errichten, erwarb Wiesengrund und Wald vom Grafen von Schwarzburg und gründete mit ihren Kindern und Gleichgesinnten eine klosterähnliche Kolonie (1102–05). Die Genehmigung und die *traditio Romana* für die geplante Abtei erhielt sie 1105/06 persönlich von Papst Paschalis II. in Rom; auch die Unterstützung des reformfreudigen Erzbischof Ruthards von Mainz war ihr gewiss. Paulina starb 1107 auf dem Weg nach ➛ Hirsau, dem damals bekanntesten Reformzentrum der Benediktiner. Ihr Sohn Werner vollendete ihre Mission und brachte die erste Gruppe Mönche unter Abt Gerung (1107–21) nach Ostthüringen. Die Bestätigung aller Freiheiten und Privilegien durch König Heinrich V. erfolgte 1114. Zwei Töchter der Stifterin wechseln vom Kanonissenstift Gernrode in das Reformkloster, das 1266 und 1298 erstmalig urkundlich als Doppelkloster erwähnt wird. Das Nebeneinander zweier Benediktinerkonvente konnte bis zur Auflösung 1534 gehalten werden. Ein vergleichbar langlebiges Doppelkloster innerhalb des ➛ Hirsauer Reformkreises ist auf deutschem Boden nur noch für die Abtei ➛ Schönau im Taunus belegt. In der Amtszeit Abt Udalrichs (1121–53) schrieb Bruder Sigeboto aus dem Gründungskonvent die „Vita Paulinae". Paulinas Gebeine fanden nach der Weihe der Klosterkirche 1124 hier ihre letzte Ruhestätte; sie avancierte zur kultischen Bezugsperson der Abtei, die bald ihren Namen trug. Die Anfangszeit war schwierig und von hoher Fluktuation begleitet, wofür als Grund der *horror solitudinis* in der Waldwildnis wahrscheinlich ist. Schenkungen und Zukäufe führten zu Besitzungen in 50 Dörfern und zu Patronatsrechten in über 20 Pfarrkirchen der Umgebung. Graf Sizzo von Schwarzburg wird 1133 als Schirmherr genannt, Töchter des Schwarzburger Hauses traten bevorzugt in den Frauenkonvent ein. Neugründungen erfolgten von P. aus nicht. Abt Adelbert von Paulinzella stand 1142–55 der Abtei Michelfeld in der Oberpfalz (heute ein Barockkloster) vor. 1224 wird erstmals eine Klosterschule genannt. Der Staufer-

Paulinzella Benediktiner Doppelabtei, das überwältigende, romanische Säulenportal übernahmen die Hirsauer Reformbenediktiner von burgundischen Vorbildern.

kaiser Friedrich II. nahm die Abtei 1226 unter Reichsschutz, ebenso später seine Nachfolger, was sich aber nur begrenzt vorteilhaft auswirkte. Päpstliche Verfügungen galten wiederholt von der Abtei entfremdeten Gütern, aber mehrere Strafandrohungen verhallten wohl ungehört. Mitte des 13. Jh. prägte wirtschaftliche Not den Abteialltag, das Kirchenornat musste 1255 verpfändet werden, die Inkorporation von mindestens sieben Pfarreien entlastete kaum. Die Schwarzburger Schirmherren erwiesen sich über Jahrhunderte als verlässliche Stützen, aber wachsender Einfluss der Grafen stufte die einst auf Immunität bedachte Abtei allmählich zum landsässigen Kloster herab. 1357 lebten 13 Mönche in P., 1506 waren es 16, die Stärke des Frauenkonvents ist unbekannt. Das Präbendenwesen setzte sich im 14. Jh. immer stärker durch, 1395 war das gemeinsame Dormitorium der Mönche aufgehoben. Abt Kaspar (1483/1506) vereinbarte im Juni 1486 mit Abt Gernhard Flanß (1470–97) von ➤ Bürgel eine Verbrüderung der Abteien. Im April 1525 raubten aufständische Bauern das Kloster P. aus, zerstört wurden die Gebäude aber nicht. Graf Günther der Reiche von Schwarzburg hob mit Einführung der Reformation 1534 die Abtei P. auf. Abt Johannes (1529–34), seine Mitbrüder und Schwestern verließen schließlich 1542 das Kloster. Der Graf ließ ein Vorwerk einrichten, im 17. Jh. entstand ein Jagdschloss.

▶ **Gegenwart.** Die Kirchenruine in P. ist der Inbegriff einer romanischen Klosterruine und gilt als bedeutendes deutsches Beispiel der Reformbaukunst des 11./12. Jh. in hirsauischer Tradition. Schon im ausgehenden 18. Jh. zog die Ruine romantisch orientierte Besucher an. Eine ausführlich vorhandene Literatur erübrigt eine genauere Beschreibung an dieser Stelle. Beeindruckend sind die eng stehenden Mittelschiffsäulen auf attischen Basen mit Würfelkapitellen. Das mehrstufige, aufwändig gestaltete Säulenportal der Westwand in der Galiläa (Eingangshalle) gilt als erstes seiner Art auf deutschem Boden. Von dem südlich sich anschließenden Klausurquadrum blieb oberirdisch keine Architektur erhalten; das südwestlich angebaute Amtshaus entstand in der Mitte des 16. Jh. auf den Grundmauern des „Jungfernbaus". Ein sogenannter Zinsboden des 12. Jh. diente wohl ursprünglich als Hospital oder Gästehaus.

◆ Friedrich, Verena: Die Klosterruine P., Regensburg 2007; Paulus, Helmut-Eberhard (Hg.): Kloster P. und die Hirsauer Reform, Regensburg 2006; Unbehaun, Lutz: Die Klosterkirche zu P. Gründung – Bedeutung – Rezeption, Rudolstadt 1998.

Perver, *Augustiner-Chorherrenstift St. Spiritus (1260–1540) – „Heilig-Geist-Stift", Diözese Verden – (Salzwedel-P., Altmarkkreis Salzwedel, Sachsen-Anhalt, ❐ 2, A3).*

▶ **Geschichte.** Die markgräflichen Brüder Johann I. und Otto III. von Brandenburg legten 1247 neben der alten Kaufmannssiedlung Salzwedel planmäßig eine Neustadt an und förderten die Niederlassung der Minoriten (➤ Salzwedel). Zusätzlich stifteten sie auf Drängen ihrer Mutter Mechthild und ihrer Ehefrauen im südöstlichen Vorort P. ein Hospital. Dieses Heilig-Geist-Hospital entstand nahe dem seit 1241 existierenden Hospital St. Georg, das von der Stadt beaufsichtigt wurde. Papst Alexander IV. unterstellte 1260 das neue, gräfliche Hospital einem Kanonikerkonvent, dem er Abgaben- und Zehntfreiheit, Wahlrecht des Vorstands und Beerdigungsrecht zugestand. Entgegen älterer Auffassung waren die Kanoniker von P. monastisch orientierte Regularkanoniker und keine weltlichen Chorherren, das Stift St. Spiritus also ein Augustiner-Chorherrenstift und kein Kollegiatstift. Aus dem *magister hospitalis* erwuchs der Propst; der erste namentlich genannte Vorsteher ist Heinrich (1283). Zunächst bedachten die markgräfliche Familie, im Spätmittelalter aber wohlhabende Bürger Stift und Hospital großzügig mit Schenkungen. Der Vorort P. gehörte bald fast vollständig zum Stiftseigentum, ebenso mehrere Dörfer im Umland und Salinen in Lüneburg. Die Kirchenpatronate in Salzwedel und Umgebung verpflichteten die Chorherren zu reger Seelsorgetätigkeit. Auch übten sie seit 1384 die Aufsicht über die Augustiner-Chorfrauen des benachbarten St. Annenstifts aus, die 1487 an die Nikolaikirche in der Altstadt umsiedelten. Verbrüderungen gingen die Chorherren mit den Chorfrauen im Stift Marienberg in ➛ Helmstedt und mit den Zisterzienserinnen im ➛ Neukloster „Sonnenkamp" ein. Propst Thomas (1361–82) löste 1375 im Auftrag Bischof Heinrichs II. von Verden (Langeln) einige Bürger der Stadt von der Exkommunikation, aber nicht immer blieb das Verhältnis zur Stadt ungetrübt. In der höchsten Blütezeit Mitte des 15. Jh. errichteten die Chorherren eine neue Stiftskirche, die wie der Vorgängerbau als runder Zentralbau erwuchs, diesmal aber einen verlängerten Chor erhielt. Im späten 15. Jh. verflachte das Klausurleben, die monastische Verfassung veränderte sich zu weltlichem Stiftsleben. Bischof Johannes II. von Asel, Kurfürst Friedrich II. von Brandenburg und der Stadtrat bemühten sich seit 1470 um innere Reformen im Sinn der ➛ Windesheimer Kongregation. Einfluss nahmen die Pröpste aus dem Hildesheimer Sültestift, von ➛ Riechenberg und ➛ Hamersleben, aber Propst Heinrich Krüger (1470–75) und der Konvent verweigerten sich vehement. Nach Androhung der Exkommunikation kam es zu einem Kompromiss: Der Propst und zwei Chorherren beugten sich der Reform, andere mussten auswärtigen Augustiner-Chorherren ihren Platz einräumen. Lange Zeit blieb P. nicht in der Windesheimer Union, Kontakte wurden nicht gepflegt; im unionseigenen Katalog von 1530 ist das Stift P. nicht verzeichnet. Über Reformen im beaufsichtigten Annenstift gibt es keine Informationen. 1539 akzeptierte Kurfürst Joachim II. offiziell die evangelische Glaubenslehre in Brandenburg und setzte die Reformation landesweit durch. 1540 ließ er das Stift P. und das Hospital verpfänden, was einer Säkularisierung gleichkam. 13 Kanoniker wurden mit Renten abgefunden. Der lutherische Theologe Stephan Praetorius (1536–1603) diente im ehemaligen Stift als erster evangelischer Diakon.

▶ **Gegenwart.** Der Zentralbau der spätgotischen Stiftskirche St. Spiritus verfiel und erlag 1792 dem Abbruch, den spätgotischen Chor zu drei kreuzgratgewölbten Jochen ließ man jedoch stehen. Er diente bis 1960 als evangelisches Gotteshaus, was Renovierungen und mehrere Umbauten erforderlich machte. An die mittelalterliche Ausstattung erinnern acht wertvolle Relieffiguren in sitzender Haltung (um 1400), eine Zuordnung zu einer Werkstatt ist nicht möglich. Die inzwischen stark gefährdete Kirche wird durch eine Förderinitiative der Hansischen Gesellschaft saniert und zu einem Mittelalterzentrum ausgebaut. Ruinöse Reste der Klausur, die zum Teil abgerissen oder 1835 in Wohnungen umgebaut wurden, sind derzeit noch im Freigelände nördlich der Kirche zu erkennen. Die nahe Kirche St. Georg des ehemaligen städtischen Hospitals konnte ihre gotische Architektur erhalten und dient heute der evangelischen Gemeinde als Gotteshaus.

❖ Vom Augustiner-Frauenstift St. Anna in der Stadt Salzwedel blieb keine aufstrebende Architektur erhalten.

◆ Kruppa, Nathalie u. a.: Salzwedel, Augustiner-Chorherren, in: Brandenburgisches Klosterbuch, Bd. 2, Berlin – Brandenburg 2007, 1055–66; Mund, Ulrich: Das ehemalige Augustiner-Chorherrenstift zum Heiligen Geist in Salzwedel/P., in: Altmark Blätter 14 (2003) 28.109–111.

Petersberg (Erdweg), *Benediktinerabtei St. Petrus (1104–19), Diözese Freising – (Erdweg-P., Lkr. Dachau, Bayern, ❒ 4, A4).*

▶ Die heute älteste Kirche im Bistum Freising entstand auf dem P. in der Region Dachau während einer kurzzeitigen Niederlassung der Benediktiner von ➛ Scheyern, die um 1080 in ➛ Fischbachau im unteren Leitzachtal ein Priorat gegründet und sich vom Mutterkloster ➛ Hirsau im Schwarzwald gelöst hatten. 1104 verlegte der Konvent sein Kloster von Fischbachau auf den P. bei Erdweg. Papst Paschalis II. bestätigte die Verlegung im November 1104, König Heinrich V. im Januar 1107. Bischof Heinrich I. von Freising (Eberstein-Tengling) konsekrierte 1107 die neue Kirche auf dem P., was Erzbischof Konrad von Salzburg (Abensberg) 1110 wiederholte, weil der Freisinger Oberhirte wegen seiner kaiserfreundlichen Haltung gebannt worden war. Der Konvent unter Abt Bruno (1111–27) verlegte 1119 sein Kloster „wegen der zu großen Ungunst des Ortes und seines Wassermangels" noch einmal und endgültig auf die Burg der Grafen von Scheyern (den späteren Wittelsbachern), die ihren Stammsitz zur Verfügung stellten und nach Wittelsbach bei Aichach zogen. Während das Herkunftskloster Fischbachau mit wenigen Mönchen der Abtei Scheyern zu Pfarrverpflichtungen und zur Güterbetreuung besetzt blieb, ist gleiches von der Zwischenstation P. nicht bekannt. Der romanische Kirchenbau diente fortan als Pfarrkirche. Pfarrer Anton Immler aus Walkertshofen rettete 1869 die ruinöse Peterskirche vor dem Abriss; Weihbischof Johannes Neuhäusler stellte die nach dem Zweiten Weltkrieg sanierte Kirche in das Zentrum einer katholischen Bildungsstätte. Die kleine, dreischiffige, flachgedeckte Basilika (1107) mit einem Dreiapsidenschluss im Osten, aber ohne Querschiff, besticht durch ausgewogene Maßverhältnisse, klare Proportionen und eine selbstverständlich wirkende Schlichtheit, was hirsauische Bauorientierung offenbart. Überraschend ist der Stützenwechsel im Mittelschiff. Der Turmaufbau über der südlichen Apsis ist eine spätere Zugabe. Die Hauptapsis wird innen durch die originale Ausmalungen belebt, die Seitenapsiden zieren gekonnte Neuschöpfungen von 1907.

◆ GermBen 2, 273–281; Brenninger, Georg: P. bei Dachau, Regensburg 2003.

Petersberg (Erdweg) Benediktinerabtei, die romanische Abteibasilika mit ausgewogenen Maßverhältnissen.

Petersberg (Flintsbach), *Benediktinerpropstei St. Petrus (8. Jh.?/1130–1296) – „Madron", Diözese Freising – (Flintsbach/Inn, Lkr. Rosenheim, Bayern, ❐ 4, B5).*

▶ **Geschichte.** Laut eigener Tradition gründeten im 8. Jh. Mönche aus Salzburg St. Peter auf einer Bergkuppe nahe des Inns eine Zelle, die während der Ungarneinfälle Anfang des 10. Jh. unterging. Benediktinermönche, die aus der Abtei ➛ Wessobrunn geflohen waren, belebten den Ort 955 mit Hilfe der Grafen von Falkenstein neu. Urkundlich belegt ist lediglich, dass Graf Rudolf von Falkenstein auf dem Berg 1130 ein Kloster mit Mönchen aus Weihenstephan stiftete oder die ehemalige Zelle erneuerte. Meist wird als Gründer Siboto (Sigboto) von Falkenstein genannt, der aber erst 1126 als Sohn Graf Rudolfs geboren wurde; möglicherweise stiftete Graf Siboto II. von Weyarn, Schwiegervater Graf Rudolfs, das Kloster, auf den auch das nahe gelegene Regularkanonikerstift Weyarn (s. u.) zurückgeht. Graf Siboto I. von Neuburg-Falkenstein unterstellte 1163 das Klösterlein auf dem Berg „Madron" dem Freisinger Hochstift, behielt aber die Vogtei. Die Benediktinerabtei Weihenstephan, von der heute nur noch barocke Gebäudereste existieren, beauftragte zur Leitung der schwer zugänglichen Außenstelle einen Propst bzw. nach Einführung der ➛ Hirsauer Reformgewohnheiten 1147 aus Admont einen Prior. Der Konvent auf dem P. bestand wohl immer nur aus wenigen Mönchen. 1170 findet das Kloster als *monasterium sancti Petri in monte Maderone* urkundlichen Niederschlag. Im Konflikt König Adolfs von Nassau gegen seinen Nachfolger Albrecht I. von Österreich 1296 wurden die nahe Burg Falkenstein und das Kloster zerstört und nicht wieder besiedelt. Die Anlage diente vom 14. Jh. an bis 1803 dem Freisinger Hochstift als Titularpropstei und entwickelte sich späterhin zum Wallfahrtsort.

Petersberg (Flintsbach) Benediktinerpropstei, der Namenspatron des Berges an der Wallfahrtskirche.

▶ **Gegenwart.** Die romanische Kapelle St. Peter auf der Kuppe des P. leuchtet heute weiß über das Inntal. In vorchristlicher Zeit war der Bergrücken eine heidnische Kultstätte; das Propsteipatrozinium verdrängte den alten Namen „Kleiner Madron" zum heute gebräuchlichen „Petersberg". Quellenstudien und archäologische Untersuchungen seit 1997 konnten bislang keinen Nachweis für die Existenz eines Klosters bereits in der Karolingerzeit erbringen, vielmehr könnte erst eine im späten 12. Jh. errichtete Vierseitenlage monastischen Ansprüchen gedient haben. Frühe Fundamente aus der Zeit um die Jahrtausendwende werden heute eher als Reste einer alten Burganlage interpretiert. Kleinfunde lassen eine Gemeinschaft bis zu zwölf Personen vermuten, die wohlhabenden Verhältnissen entstammten. Der qualitätsvolle Kapellenbau mit mächtigem Turm an der Nordseite spricht ebenfalls für vermögende Gönner. Über dem Westeingang schmückt ein möglicherweise vorromanisches Flachrelief des hl. Petrus die heutige Wallfahrtskirche. Im Sockel des Hauptaltars fand man Reliquien (1388), ein Kreuz stammt aus dem 13. Jh. Das heutige Propsteigebäude (Gaststätte) wurde im 16. Jh. errichtet und 1696 eingreifend umgebaut.

❖ Im nahen Tal der Mangfall entstand 1133 das Augustiner-Chorherrenstift Weyarn auf dem Areal einer Burg unter geistlicher Aufsicht des Salzburger Domkapitels. Nach einem Tiefstand während der Reformation erstrahlte Weyarn im 17. Jh. als Zentrum der Musikwissenschaften. Nach der Säkularisierung 1803 folgte eine wechselvolle Zeit mit verschiedensten profanen Nutzungen der Gebäude, bis der Deutsche Orden das ehemalige Stift 1998 aufkaufte, den Sitz der Deutschen Ordensprovinz von ➛ Sachsenhausen (Frankfurt/Main) nach Weyarn verlegte und Pfarraufgaben übernahm. Die Stifts- und heutige Pfarrkirche ließen die Chorherren im Stil des Graubündner Hochbarock errichten (1687–93). Mittelalterliche Architektur blieb kaum erhalten, einzig der Kirchturm besitzt im unteren Bereich Mauerwerk von 1470.

◆ GermBen 2, 136 f.; Martin, Max u. a.: Projekt P., München 2001, 38–40.; Meier, Thomas: Ein mittelalterliches Kloster mit Friedhof auf dem Kleinen Madron/P. bei Flintsbach a. Inn, in: Das archäologische Jahr in Bayern 1998, 127–129.

Petersberg (Fulda), *Benediktinerpropstei St. Petrus (vor 836–1802), Benediktinerinnenkloster St. Lioba (seit 1996), Diözese Würzburg – (Fulda-P., Kreisstadt Fulda, Hessen, ❐ 3, D1).*

▶ **Geschichte.** Auf dem steil aufragenden Ugesberg (Eulenberg) nordöstlich von Fulda gründete Abt Hrabanus Maurus (822–842) der Reichsabtei St. Salvator in ➛ Fulda vor 836 an einer bereits im Bau befindlichen Kirche eine Propstei; etwa um die gleiche Zeit ließ er auf der anderen Seite der Fulda die Propstei Johannesberg (➛ Fulda) errichten. Im September 836 wurde die Kirche auf den Apostelfürsten Petrus konsekriert und die Gebeine der hl. Lioba von Tauberbischofsheim (um 710–782) wurden aus der Reichsabtei St. Salvator in die Krypta von St. Peter überführt. Den Ungarneinfällen um 915 folgte eine vorübergehende Besetzung mit Kanonikern. Abt Heinrich von Kemnaten (1126–32) setzte erneut Benediktiner auf den P. ein. Propst Bertho von Leibolz (1246/61), zum Abt (1261–71) der Mutterabtei erhoben, bekämpfte erfolgreich das Raubrittertum zur Zeit des Interregnums, was er während der Feier der Messe in der Jakobskapelle in Fulda 1271 mit dem Leben bezahlen musste. 1298 wurde dem Konvent P. eine eigene Pfarrei unterstellt. Die Propstei litt während des Feldzugs König Ludwigs des Bayern 1327, weil Abt Heinrich VI. von Hohenberg (1315–53) zur Partei Papst Johannes' XXII. gewechselt war. 1331 brannten Fuldaer Bürger nach überhöhten Steuerforderungen die Propstei nieder; das gleiche Schicksal erlitt die nahe Propstei Frauenberg (s. u.). Reichsabt Hermann von Buchenau (1440–49) setzte innere Reformen durch, die als „Fuldaer Reformen" in den etwa 30 abhängigen Propsteien und Nebenklöstern im 15. Jh. zur Wirkung gelangten; auf dem P. hatte ein Verwandter (Bruder?) des Abts, Johann von Buchenau (1443–60), die Propststelle inne. Der wirtschaftliche Aufschwung zeigte sich im ausgehenden 15. Jh. in einer regen Bautätigkeit unter Propst Wilkin Küchenmeister (1475–88), der auch als Propst (1489–98) auf dem Johannesberg tätig war. Den Aufschwung machte der Bauernkrieg 1525 zunichte. Die Reformation dezimierte den Konvent, die letzten Mönche kehrten 1592 in das Hauptkloster St. Salvator zurück, das Amt des Propstes bestand nominell jedoch weiter. Mehrere Restitutionsversuche blieben durch Kriegswirren ohne nachhaltigen Erfolg, zudem war die wirtschaftliche Basis für die gestiegenen Ansprüche in der frühen Neuzeit wohl zu gering. Die Aufhebung der Propstei P. erfolgte 1802 im Zuge der Säkularisierung des Fürstbistums Fulda.

▶ **Gegenwart.** Die erste Propsteikirche, eine dreischiffige Basilika, blieb in Teilen erhalten, verändert wurde die Kirche jedoch durch den spätgotischen Umbau von 1479. Es entstand eine einschiffige Halle, die noch heute als katholische Filial- und Wallfahrtskirche hoch über dem Stadtteil P. von Fulda das Landschaftsbild beherrscht. Karolingischen Ursprungs sind: das Untergeschoss des fast quadratischen Westturms mit Portalbogen zur Klausur, die Vierung, niedrige Arkadenbögen, fein gearbeitete Säulchen und Kapitelle sowie die wenig veränderte Krypta mit tonnengewölbten Nischen und Quergang. Die Krypta enthält die ältesten Wandmalereien auf deutschem Boden sowie den Steinsarg mit den Gebeinen der hl. Lioba, der vor den plündernden Bauern 1525 gerettet und 1995 zurückgebracht worden war. Mehrere Um- und Neubauten in späteren Stilepochen führten zu einer verwickelten, nicht ganz geklärten Baugeschichte; das Westportal stammt von 1685, Wehrmauern und Wagenhallen entstanden im 17./18. Jh., die Klausurgebäude wurden nach 1802 beseitigt. Benediktinische Liobaschwester betreuen heute die sanierte Grabeskirche ihrer Heiligen, die „Cella St. Lioba" wurde 1996 als klösterliche Niederlassung von Freiburg im Breisgau aus gegründet.

❖ Die erwähnte Nachbarpropstei auf dem Fuldaer Frauenberg (auch Bischofs- oder Marienberg genannt) wurde zunächst um 810 von der Reichsabtei als Kollegiatstift gegründet, aber um 1050 mit Benediktinern besetzt und nach dem Bauernkrieg 1525 aufgegeben. Seit 1623 bewohnen Franziskaner-Observanten die Klosteranlage, deren Kirche und Gebäude aus dem 18. Jh. stammen.

◆ GermBen 7, 900–909; Schmitt, Thomas: Der P. bei Fulda, Fulda [8]2008; Schwarz, Josef (Red.): 1150 Jahre P., Petersberg 1986.

Petersberg (Halle), *Augustiner-Chorherrenstift St. Petrus (1124–1540) – „Lauterberg", Erzdiözese Magdeburg – (Saalekreis, Sachsen-Anhalt, ❐ 2, B5).*

▶ **Geschichte.** Die aufstrebenden Wettiner gründeten 1124 auf dem weithin sichtbaren Bergkegel nahe ihrer Stammburg Wettin nördlich von Halle das Regularkanonikerstift St. Petrus und gaben das nahe gelegene Kloster ➛ Gerbstedt westlich der Saale als Erbbegräbnisstätte auf. Als Initiator gilt Graf Dedo IV. von Wettin; sein Bruder Konrad der Große, Markgraf von Meißen, vollendete die Gründung, rief Augustiner-Chorherren aus dem Stift Neuwerk vor ➛ Halle/Saale an die alte Rundkapelle auf dem Berg, dotierte reichlich Besitz mit Kirchenpatronaten und garantierte die freie Propstwahl, die aber nur eingeschränkt galt. Propst Herminold (1124–28) erhielt 1127 in Rom die Bestätigung vom Papst Honorius II., wodurch das Stift in den Schutz des hl. Stuhls überging, faktisch aber wettinisches Eigentum blieb. Propst Luder (1128–37) ließ das mächtige Westwerk errichten, Propst Meinher (1138–51) vollendete die Stiftskirche (Weihe 1151). Stifter Konrad trat 1157 in den Konvent ein, starb aber noch im gleichen Jahr. Im Laufe des Mittelalters ließen sich neun weitere Wettiner in P. beisetzen. 1202 erklärte König Philipp seinen Schutz, Papst Gregor IX. sprach nach 1227 definitiv die Exemtion aus. Prosperität und Zulauf erlaubten Propst Ekkehard (1151–92) Gründungskonvente 1172 nach ➛ Altenburg und 1174 nach ➛ Zschillen zu entsenden. Mit dem Tochterstift Altenburg pflegte man enge Beziehungen, 1253 vereinbarten beide Stifte ein Statutenvergleich. Am südlichen Rand des steilen Abhangs entstand die Klausuranlage mit Kreuzgang. 1208 zählte der Konvent über 20 Chorherren, 1212 waren es mindestens 34. Im nahen ➛ Brehna wurde 1201 ein Frauenstift als weiteres Familienstift und Grablege der Wettiner gegründet, eine politisch beabsichtigte Konkurrenz. Schon Ende des 12. Jh. war das Klausurleben verflacht und durch Disziplinlosigkeit, Spielleidenschaft und bewaffneten Streit

Petersberg (Halle) Augustiner-Chorherrenstift, das romanische Nordportal blieb original erhalten.

gekennzeichnet. In der Zeit Propst Walthers (1193–1205) verursachten betrunkene Konventsmitglieder den Großbrand von 1199. Die Anwesenheit weiblicher „Konversen" passt zum Bild der damaligen inneren Zustände. Die „Chronica Montis Sereni" des Kustos Martin (um 1230) weiß aber auch von Reformen (1225) zu berichten. Pröpste wurden nach St. Thomas in ➛ Leipzig und St. Afra in ➛ Meißen berufen. Ein Hospital existierte bereits seit 1184, eine Stiftsschule 1212. Das Stift auf dem *mons serenus* führte zunächst den Namen „Lauterberg", erst im Laufe der Zeit wechselte die Bezeichnung zu „Petersberg". Anfang des 13. Jh. übernahm die Zisterzienserabtei ➛ Altzelle an der Freiberger Mulde die Funktion des herrschaftlichen Hausklosters; die Wertschätzung Lauterbergs schwand, wenngleich die Besitzankäufe zunahmen. Ein Privileg König Rudolfs 1290 vermerkt stiftseigenen Besitz in 29 Dörfern mit Niedergerichtsbarkeit, dazu 13 Pfarrkirchen, einen Wirtschaftshof in Wettin und Liegenschaften in Erfurt. 1309 gehörte vorübergehend die Stadt Könnern an der Saale dem Stift. Die Nachrichten werden im Spätmittelalter spärlicher, da P. in Bedeutungslosigkeit absank. Die Stadt Zörbig und ihre Umgebung einschließlich die Region um P. gehörten um 1500 als Enklave zur albertinischen Linie der Herzöge von Sachsen-Meißen-Dresden, wodurch der Konvent durch den katholischen Herzog Georg den Bärtigen vor reformatorischen Eingriffen bis 1539 geschützt blieb. Erst sein sich lutherisch bekennender Bruder Heinrich II. ließ das Stift P. 1540 auflösen. Das Amt P. brannte 1565 nieder und diente als Steinbruch für das entstehende Dorf im Tal.

▶ **Gegenwart.** Noch heute beherrscht der mächtige Westriegel der romanischen Kirche die weite Saaleebene. An St. Peter, heute evangelische Pfarrkirche, ließ sich 1999 die evangelisch-lutherische Christusbruderschaft aus Selbitz nieder. Die dreischiffige Pfeilerbasilika auf kreuzförmigem Grundriss mit dreiteiligem Chor, Apsis und Westriegel wirkt gedrungen, was der Topografie geschuldet ist. Anstöße Goethes und Schinkels führten 1853/57 zur Restaurierung der Stiftskirche im Auftrag des preußischen Königs Friedrich Wilhelm IV., wobei der Konservator Ferdinand von Quast das Langhaus vollständig neu errichten musste. Das Kenotaph der Wettiner in der Turmhalle entstand 1567, mittelalterliche Ausstattungsstücke existieren lediglich als Fragmente; ein hölzernes Kruzifix (um 1230) gelangte in die Stadtkirche Zörbig. Von den mittelalterlichen Klausurgebäuden stehen nur noch Reste.

◆ Krause, Hans-Joachim: Die Stiftskirche auf dem P. bei Halle, Regensburg 2002; Schlesinger, Walter: Kirchengeschichte Sachsens im Mittelalter, Bd. 2, Köln 1962, 205–210.

Pettendorf, *Frauenkloster St. Bartholomäus u. a. (um 1125– um 1170), Dominikanerinnenkloster St. Bartholomäus u. a. (um 1260–1542), „Adlersberg", Diözese Regensburg – (P.-Adlersberg, Lkr. Regensburg, Bayern, ❐ 4, B3).*

▶ **Geschichte.** Die Edelfreien von Pettendorf sind als Stifter des Frauenklosters P. zu betrachten. Die Erbtochter Heilica und ihr Schwiegersohn Pfalzgraf Otto IV. von Wittelsbach führten um 1125 das Vermächtnis Friedrichs III. von Pettendorf aus und gründeten in der Burg nordwestlich von Regensburg das Frauenkloster St. Bartholomäus, das jedoch nach wenigen Jahrzehnten einging. Der Ort P. blieb im politischen Machtkampf um Regensburg für die Wittelsbacher von Interesse, auch nachdem sie die Reichsstadt aufgeben und ihre Burg schleifen mussten. Herzog Ludwig II. der Strenge belebte um 1260 das Kloster im Ort mit Dominikanerinnen aus dem Heilig-Kreuz-Kloster in ➛ Regensburg und mit Chorfrauen aus Weißenburg (Bayern) neu. Raubüberfälle und Brände 1271/74 nötigten den Konvent unter Priorin Adelheid 1274 das Kloster hoch über das Dorf auf den Berg etwa zwei Kilometer südöstlich zu verlegen. Die neue Klosterbezeichnung „Arleßberg", spätere „Adlersberg" bezieht sich möglicherweise auf Priorin Adelheid. Wittelsbacher Herzöge förderten die Niederlassung mit Gütern und Pfarreinkünften, besonders großzügig zeigte sich Kaiser Ludwig der Bayer. Auch Schenkungen des Regionaladels ließen den Frauenkonvent im 14. Jh. aufblühen. 1341 erfolgte die Weihe der einschiffigen Klosterkirche. Kloster P. erlangte keine große Ausstrahlung und Bedeutung, die Wittelsbacher Landesherrn verloren im 15. Jh. ihr Interesse, was Stagnation und Bedeutungslosigkeit nach sich zog. Die Schwestern standen unter der seelsorglichen Aufsicht der Dominikaner aus St. Blasius in ➛ Regensburg. Nach dem Landshuter Erbfolgekrieg fiel P. 1505 an das Fürstentum Pfalz-Neuburg. Priorin Katharina Sinzen-

Pettendorf Dominikanerinnenkloster, die frühgotische Klosterkirche ist ein typisch langgestreckter Saal, der als Konvents- und Pfarrkirche dienen musste, Nordseite.

hofer setzte sich 1524/25 mit dem Dominikanerprior Moritz Fürst von Regensburg nach Nürnberg ab und heiratete. Mit dem protestantischen Bekenntnis Kurfürst Ottheinrichs wurde das Kloster mit vier Schwestern 1542 aufgelöst und in eine Hofmark umgewandelt. Die nachfolgenden Pächter und Besitzer wechselten häufig, unter ihnen das Mutterkloster Heilig Kreuz in Regensburg, das Dominikanerkloster St. Blasius in Regensburg, aber auch die Zisterzienserabtei ➛ Kaisheim und das Kloster Pielenhofen. Die eigentliche Säkularisierung vollzog der bayerische Staat 1803.

▶ **Gegenwart.** Seit 1838 ist der Klausurbereich im Besitz der Familie Prößl, die auf dem Adlersberg am nördlichen Stadtrand von Regensburg eine eigene Brauerei mit einem beliebten Ausflugslokal betreibt. Die ehemalige Klosterkirche Unserer Lieben Frau blieb in Staatsbesitz; sie ist ein langgestreckter Bau von 45 m Länge mit typischen Elementen mittelalterlicher Frauenkirchen. Sie gehört heute zu den bedeutenden Kunstdenkmälern der Frühgotik und der Bettelordensarchitektur in Bayern und wird nach wie vor als Gotteshaus genutzt. Bemerkenswert sind die teils großflächigen Wandmalereien aus dem 14. und 15. Jh. mit frühen Darstellungen der Wittelsbacher Stifter. Klösterliche Wirtschaftsgebäude sind im Kern der heutigen Gaststättenbauten enthalten, die einst nördlich gelegene Klausur existiert nicht mehr. Eine Ruine erinnert an die gotische Zehntscheune; das südliche Torhaus erscheint heute barock verändert, aber alte Umfassungsmauern begrenzen nach wie vor das Gesamtareal der malerischen Anlage auf dem Berg. Im Talort P. zeigt die Pfarrkirche aus dem späten 13. Jh. mit ihrem vermauerten Nordausgang möglicherweise Architekturreste der monastischen Nutzung durch den ersten Konvent.

◆ Schmid, Alois: Kloster P., Göttingen 2008; Preu, Hermann: Die Kirchen der Pfarrei P., Regensburg 2005; Tröger, Ottokarl: Dominikanerinnenkloster P., in: Ratisbona Sacra, München 1989, 262–265.

Pfaffenhofen

Pfaffenhofen (Schwabenheim/Selz), *Benediktinerpropstei St. Bartholomäus (1531–vor 1541, 1693–1802), Erzdiözese Mainz – (Schwabenheim/Selz-P., Lkr. Mainz-Bingen, Rheinland-Pfalz, ❐ 3, B2).*

▶ Laut einer Überlieferung der Abtei St. Maximin in ➛ Trier schenkte Ada, die Schwester Karls des Großen, um 804 den Benediktinern umfangreichen Landbesitz im Wormsgau, den Kaiser Otto I. 962 bestätigte. Schwabenheim an der Selz wurde zum zentralen Verwaltungsort der Abteigüter. Den Benediktinern oblagen Gerichts- und Pfarrpflichten. Erst 1531 ist definitiv mit Jakob Tredheck (1531- vor 1541) ein Propst in Schwabenheim nachweisbar; die Erwähnung eines Propstes im 13. Jh. bleibt undeutlich und gilt höchstwahrscheinlich einer anderen Niederlassung. Bereits vor dem Tod Propst Jakobs 1541 scheint die Schwabenheimer Expositur aufgrund reformatorischer Unruhen in der Kurpfalz erloschen gewesen zu sein. 1693 revitalisierte Abt Alexander Henn (1680–98) die Propstei mit drei Benediktinern, die zur Rekatholisierung der Region mehrere Pfarreien der Umgebung betreuten. Ende des 18. Jh. war P. vorübergehend Zufluchtsort der Mönche von St. Maximin; Pater Benedikt Kirchner von P. wurde im Februar 1797 zum letzten Abt von St. Maximin (1797–1802) gewählt und kehrte nach der Aufhebung der Abtei 1802 als Pfarrer zurück. Im Schwabenheimer Ortsteil P. steht heute noch die benediktinische Kapelle St. Bartholomäus, die 1051 erstmals genannt und in der frühen Neuzeit als Propsteikirche genutzt wurde. Heute dient die Kirche der katholischen Gemeinde als Gotteshaus. Karolingische Kämpfer am Triumphbogen zum rechteckigen Chor, ein vermauerter römischer Viergötterstein und der zugemauerte Türrahmen an der Südseite weisen auf ein hohes Alter hin. Elf Benediktinermönche wurden in der Kirche begraben. Das ehemalige Wohnhaus und der Gartenpavillon stammen von 1709. Aus der Propsteizeit im 16. Jh. sind Türsturz und Gewölbekeller erhalten.

Die Benediktinerpropstei P. in Schwabenheim an der Selz ist nicht zu verwechseln mit dem Regularkanonikerstift in ➛ Pfaffen-Schwabenheim bei Bad Kreuznach.

◆ GermBen 9, 764–768; Braun, Gottfried (Hg.): Schwabenheim an der Selz, Schwabenheim/Selz 2000.

Pfaffen-Schwabenheim, *Augustiner-Chorherrenstift St. Maria (1124–1566, 1697–1802), Erzdiözese Mainz – (Lkr. Bad Kreuznach, Rheinland-Pfalz, ❐ 3, B2).*

▶ **Geschichte.** Bereits 1040 existierte in Schwabenheim im heutigen Rheinhessen eine klösterliche Frauengemeinschaft unbekannter Observanz. 1124 wurde das Eigenkloster mit Regularkanonikern besetzt, die möglicherweise aus dem Reformzentrum ➛ Springiersbach kamen. Das neue Männerstift übertrug Stifter Graf Menginhard von Sponheim 1130 dem Erzbischof Adalbert I. von Mainz (Saarbrücken); zur Grundausstattung gehörte das Dorf Schwabenheim. Weitere Schenkungen und Zukäufe bereicherten den Streubesitz besonders im Raum Bingen-Kreuznach-Alzey. Mehrere Papstprivilegien boten Schutz. 1229 wurde die Zahl der Chorherren auf 18 begrenzt. 1248 taucht erstmals bezugnehmend auf das Stift die Ortsbezeichnung „Pfaffen-Schwabenheim" zur Unterscheidung von Schwabenheim an der Selz urkundlich auf. Mitte des 15. Jh. lagen Wirtschaft und Klosterzucht danieder. Erzbischof Adolf II. von Nassau sicherte 1468 Propst Andreas von Wallertheim (1456–68) und drei Konventualen eine anderweitige Versorgung zu und unterstellte das Stift der ➛ Windesheimer Reformkongregation. Die Chorherren aus ➛ Hirzenhain bewältigten unter dem Verweser Johann Ott (1468–72) in Windesheimer Strenge den schwierigen Neubeginn in relativ kurzer Zeit; der erste Prior Hermann von Battenberg (1472–1510) führte das Stift während seiner langen Amtszeit zu einer neuen Blüte. Den Bauernaufstand 1525 und die Reformation überwand der Konvent unter Prior Adam Runen (1520–47) glimpflich, aber 1566 endete das Stiftsleben vorerst. Pfalzgraf Friedrich III. löste P. auf, seine reformierten Anhänger verjagten die Chorherren und hielten sich am Kirchengut schadlos. Der Konvent floh geschlossen nach Marienthal im Rheingau bei Geisenheim (einer ehemaligen Niederlassung der Fraterherren) mit Zwischenaufenthalten in ➛ Eberbach und St. Jakob in Mainz. 1648 erreichte die Windesheimer Union zwar die Restitution, die aber noch einmal 1652 bis 1697 unterbrochen wurde. Propst Anton Ignaz Martels (1697–1740) aus ➛ Eberhardsklausen wirkte zunächst für einige Jahre allein im wiedergewonnenen Stift und besorgte nach dem Einzug neuer Kanoniker den barocken Neuaufbau. 1764 lebten 17 Augustiner-Chorherren und zwei Laienbrüder in P. 1802 erfolgte die dritte Aufhebung, diesmal durch die französische Besatzungsbehörde.

▶ **Gegenwart.** Der quadratische Chor mit Apsis, Zwerggalerie und zwei Türmen der heutigen katholischen Marienkirche repräsentiert den Rest der einstigen spätromanischen Anlage, die zwischen 1235 und 1248 nach niederrheinisch-französischem Vorbild entstanden war; Teile des Querhauses (um 1248–60) sind ebenfalls erkennbar. Das heutige Langhaus wurde 1762 bis 1766 errichtet, zwei mittelalterliche Tumbendeckel der Grafen von Sponheim bereichern die barocke Innenausstattung. Der große Klausurkomplex von 1723 wird heute als Wohnanlage genutzt.

Das Regularkanonikerstift in P. darf nicht verwechselt werden mit ➛ Pfaffenhofen in Schwabenheim an der Selz, einer Propstei der Benediktinerabtei St. Maximin in ➛ Trier.

◆ MonWin 2, 320–327; Custodis, Paul-Georg: P., Köln 2008.

Pfalzel, *Benediktinerinnenabtei (?) St. Maria (693/694–1016), Erzdiözese Trier – (Trier-P., kreisfreie Stadt Trier, Rheinland-Pfalz, ❐ 3, A2).*

▶ **Geschichte.** Die hl. Adela (nach 660–735), Tochter einer Ymina, möglicherweise der Irmina von ➛ Trier-Oeren, gilt als Gründerin und erste Äbtissin des Frauenkonvents in P. am linken Moselufer. Adela hatte angeblich die Hälfte einer römischen Palastanlage moselabwärts von Trier vom merowingischen Hausmeier Pippin II. dem Mittleren erworben und gründete in diesem *palatiolum* nach 693/694 eine religiöse Frauengemeinschaft. Eine enge Verwandtschaft Adelas zu den Karolingern wird unterstellt, ist aber nicht bewiesen. Den Besitz übergab sie vor ihrem Tod um 735 der Trierer Bischofskirche (ihre Gebeine wurden 1207 erhoben). 721 besuchte Bonifatius (671/672–754) die klösterliche Einrichtung und ließ sich 738 von Adelas Enkel Gregor nach Rom begleiten. Gregor wurde schließlich Abt († um 776) von St. Martin in Utrecht und erster Administrator des (niederländischen) Bistums. Die Grundausstattung

Pfaffen-Schwabenheim Augustiner-Chorherrenstift, der strukturreiche, spätromanische Chor der Stiftskirche.

in P. war großzügig und umfasste Güter im Nahbereich, Weinhänge an der Mosel aber auch Besitz im Raum Eifel-Maas. Im Laufe der über 300-jährigen Geschichte konnte das Eigengut erheblich erweitert und Dörfer wie Nonnweiler und Hinzert gegründet werden. Der Konvent pflegte enge Beziehungen zum Kloster Trier-Oeren und zur Benediktinerabtei Echternach, was die Annahme der Benediktregel nahelegt. Die Befolgung der Benediktregel ist aber nicht bewiesen, der Konvent pflegte ebenso engen Kontakt zu den Säkularkanonikern des Trierer Stifts St. Paulin. Mitte des 9. Jh. scheint die Gemeinschaft in hohem Ansehen gestanden zu haben: Die Vorsteherin Warentrud (um 810– um 850) kam aus dem karolingischen Hochadel; ihr Bruder war der Trierer Erzbischof Hetti, ein treuer Gefolgsmann Kaiser Ludwigs des Frommen und in Personalunion Abt von ➛ Mettlach und Echternach († 847); ihre Neffen waren Tiedgaud, der Hetti nachfolgende Erzbischof von Trier, und Grimold († 872), Abt von St. Gallen und Weißenburg (Elsass). Um 880 schenkte Erzbischof Egbert dem Konvent weiteren Besitz in der Eifel und Weinberge an der Mosel. Die Normannen ließen P. bei ihrem Plünderungs- und Zerstörungszug 882 überraschenderweise unberührt. Die letzte bekannte Äbtissin Ruathild (um 988) genoss ihre Erziehung im weltlichen Kanonissenstift Essen, soll aber in P. ausdrücklich als *monacha* gelebt haben. Eine eigene Werkstatt ist für das späte 10. Jh. bezeugt, in der die Konventualinnen Paramente herstellten. Erzbischof Poppo von Babenberg löste die Kommunität P. 1016 kurzerhand auf, als die Frauen sich weigerten, ihre weiße Tracht gegen das schwarze Habit auszutauschen und Reformen anzunehmen. Das rigorose Vorgehen ist vor dem Hintergrund der ➛ Gorzer Reformbestrebungen erklärbar, kann aber auch als politischer Schachzug gegen das Paulinstift interpretiert werden. Ein Sühneakt war womöglich die darauffolgende Besetzung P. mit weltlichen Kanonikern (bis 1802).

▶ **Gegenwart.** Die erhaltene bzw. wiederhergestellte Kirche der Frauengemeinschaft birgt noch heute Mauerwerk der römischen Palastanlage aus der Zeit Kaiser Valentinianis I. um 370 bis zu einer Höhe von zwölf Metern. Die Kirche ist ein einschiffiger Bau auf kreuzförmigem Grundriss mit Vierung, rechteckigem Chor und zwei Nebenchören. Die Chorapsis errichteten die Kanoniker im 11. Jh., die Einwölbung erfolgte im 13. Jh. Als Klausurgebäude nutzten die Frauen die angrenzenden Bauten des Palastes, die jedoch inzwischen mehrfach umgebaut und erweitert worden sind. Es bleibt unsicher, ob Kloster P. als frühe Benediktinerinnenabtei oder als weltliches Kanonissenstift mit Befolgung der Aachener Regel einzuordnen ist.

◆ GermSac NF 43; GermBen 9, 589–597; Werner, Matthias: Adelsfamilien im Umkreis der frühen Karolinger, Sigmaringen 1982.

Pforte Zisterzienserabtei, das Mittelschiff der Abteikirche mit romanischem Monumentalkruzifix aus Holz.

Pforte, *Zisterzienserabtei St. Maria (vor 1132–1560) – „Schulpforta", Diözese Naumburg – (Bad Kösen-Schulpforta, Burgenlandkreis, Sachsen-Anhalt, ❒ 2, B5).*

▶ **Vorgeschichte.** Das Hochstift Naumburg verfügte seit 1066 über umfangreichen Besitz im reichsunmittelbaren Pleisengau. Ein Kloster Schmölln bei Altenburg wird 1066 in einer Urkunde König Heinrichs IV. erwähnt, kam aber wohl nicht zur Entfaltung und ging bald wieder ein. Bischof Udo I. von Naumburg (Thüringen) setzte die Klosterpolitik seiner Vorgänger zur christlichen Missionierung des Landes fort und rief Zisterzienser aus ➛ Walkenried nach Schmölln, die im November 1132 eintrafen. Ein Stifter „Graf Bruno" existiert nicht, er ist vielmehr eine Erfindung der Mönche des 13. Jh., um den erreichten Exemtionsstatus zu sichern.

▶ **Geschichte.** Bereits um 1136 begannen die Zisterzienser aus verschiedenen Gründen ihr Kloster aus Schmölln an die Saale bei Kösen unweit der Bischofsstadt Naumburg zu verlegen, was 1138 unter Abt Adalbert (1132?/38–52) abgeschlossen wurde. Bischof Udo I. initiierte einen Besitztausch, den Papst Innozenz II. bewilligte. Kulturland war an der Saale bereits vorhanden; im Dorf Kösen mussten slawische Bewohner einer Grangie weichen. Aus den bescheidenen Anfängen entwickelte sich ein mächtiger Wirtschaftsfaktor, gilt die Abtei P. doch im ausgehenden Mittelalter als die reichste monastische Institution Thüringens. Abt Dietrich (1153–65) erlangte 1157 von Kaiser Friedrich I. Reichsschutz und sandte 1163 wohl einen Konvent nach Leubus, sein Nachfolger Abt Adilold (1165–90) seine Mönche 1175 nach ➛ Altzelle bei Nossen (gesichert). Die östlichste mittelalterliche Gründung von 1230 in Falkenau (heute Estland) geht auf P. zurück. Dünamünde (Livland) wurde 1239 der Abtei P. unterstellt, nach 1239 entstand Ludzimierz (Polen), das wegen Tartareneinfällen 1245 nach Szczyrzyc (Polen) verlegt wurde. Schließlich richtete P. 1305 im pommerschen ➛ Stolpe einen Tochterkonvent ein. Fünf Frauenklöster standen unter Aufsicht der Abtei, darunter die bedeutenden St. Katharina in Eisenach und Trebnitz in Schlesien. Papst Innozenz III. erteilte P. im April 1206 das große Zisterzienserprivileg, wodurch die Exemtion erreicht und das Eigenkirchenrecht des Bischofs ausgehebelt war. Zusätzlich kam Kaiser Otto IV. dem Konvent während der Amtszeit Abt Winemars (1196–1236) großzügig mit Privilegien entgegen. Seine Entmachtung nötigte die Zisterzienser zu zahlreichen Fälschungen, die die erworbenen Freiheiten unanfechtbar machen sollten. Zu den 16 Falsifikaten des 13. Jh. aus der Schreibstube der Abtei muss der bislang als authentisch geltende Gründungsbericht Abt Theoderichs (1274/80) gezählt werden. Neben Schrift- und Buchkunst entwickelte der Konvent besondere Fertigkeiten in Wasserbau, Brückenarchitektur, Mühlenbetrieb und Uferbefestigung (hierzu gab es einen eigenen *magister pontis*). Auch der Wein- und Obstanbau erlangte in P. innovative Bedeutung. Ständig wurde der Klosterkomplex erweitert; ein Großbrand (1436) nötigte zu letzten umfangreichen Baumaßnahmen. Herzog Heinrich II. von Sachsen-Meißen-Dresden ließ die Abtei 1540 säkularisieren. Abt Peter Schederichs (1533–40), elf Mönche und vier Laienbrüder verließen das Kloster freiwillig, die meisten zogen nach Naumburg. 1543 wurde eine der drei sächsischen Landesschulen im Kloster untergebracht. Der Schulbetrieb besteht bis heute. Berühmt gewordene Schüler sind Klopstock, Fichte, von Ranke, Nietzsche und viele mehr.

▶ **Gegenwart.** Der mittelalterliche Klosterkomplex ist dank der schulischen Nutzung in großen Teilen erhalten, umgeben von einer geschlossenen Immunitätsmauer. „Schulpforta" reiht sich ein in eine Serie seit dem Mittelalter als Lehranstalt ununterbrochen genutzter, ehemaliger Klöster: ➛ Eisenach (Dominikanerkloster), ➛ Zerbst (Franziskanerkloster), ➛ Lübeck (Katharinenkloster), ➛ Maulbronn, ➛ Tübingen und ➛ Blaubeuren. Nördlich der romanisch-gotischen Abteikirche schließt sich die Klausuranlage mit romanischen Grundformen an, ergänzt durch nachmittelalterliche Zweckbauten. Bemerkenswert ist die spätromanische „Abtskapelle". Der Schriftennachlass und einmalige Ausstattungsstücke wie ein bemaltes Monumentalkruzifix, Grisaillefenster, Totenleuchte und Holzlaterne seien hier erwähnt. In Schmölln südlich von Altenburg erinnert kein aufstrebendes Mauerwerk an die erste klösterliche Niederlassung.

Pforzheim Franziskanerkloster, zum Chor (1280/90) gehörte ursprünglich eine dreischiffige Kirchenhalle.

◆ Kunde, Holger: Das Zisterzienserkloster P., Köln 2003; Dorfmüller, Petra/Kießling, Eckart: Schulpforte, München 2004; Köhler, Matthias/Schmitt, Reinhard: Das Zisterzienserkloster Schulpforte, München 1993.

Pforzheim, *Franziskanerkloster (um 1270–1556), Diözese Speyer – (Stadtkreis P., Baden-Württemberg, ❐ 3, C3).*

▶ **Geschichte.** Markgraf Hermann VII. von Baden erlaubte um 1270 dem Stadtrat von P., zur Gründung eines Klosters Minoriten in die Stadt zu rufen. Die Bürger reagierten damit auf den berühmten Volksprediger und Franziskanerbruder Berthold von ➛ Regensburg († 1272), der 1259 in P. aufgetreten war. Die Klosteranlage entstand mit Unterstützung der Bürgerschaft nahe der Stadtmauer in der Neustadt am Aufgang zur markgräflichen Burg. Der Markgraf hatte die Wehrhoheit inne, weshalb seine Zustimmung zum Bau eines Klosters an der Wehrmauer nicht zu umgehen war. Die Konventskirche wurde 1274 begonnen, Ablassprivilegien mehrerer Bischöfe förderten ihre Vollendung. Elisabeth von Eberstein bedachte die Brüder 1278 in ihrem Testament und 1284 übereignete Albert von Urach dem Konvent Güter in Aurich bei Vaihingen. Der Konvent P. entschied sich 1443 zur Observanz, nachdem der erste Provinzvikar der oberdeutschen Observanten, Nikolaus Caroli (1427–55) aus Heidelberg, und Nikolaus Dieppach aus Basel das Armutsideal gepredigt hatten. Die letzten Konventualen siedelten nach ➛ Esslingen über. Die Observanten in P. übergaben ihr Vermögen an Markgraf Jakob I., der es dem Heilig-Geist-Spital in der Stadt übertrug, das von Chorherren des Heilig-Geist-Ordens geführt wurde (s. u.). Bischof Johann II. von Speyer (Hoheneck) ließ sich 1467 in der Franziskanerkirche bestatten. Mehrere Kapitel der oberdeutschen Observantenvikarie fanden in P. statt. Mit der Gründung eines eigenen Observantenordens 1517 wurde die Vikarie zur oberdeutschen Ordensprovinz erhoben.

1554 tagte nochmals ein Kapitel in P. Der berühmte Humanist Konrad Pellikan übte zeitweise das Amt des Guardians (1511–14) aus, wandte sich 1519 der Reformation zu, verließ den Orden und lehrte in Basel und Zürich. Zu seiner Zeit lebte sein Schüler Sebastian Münster († 1552) im Konvent, der als Baseler Hebraist mit der illustrierten, geographisch-historischen „Cosmographia" (1544) in ganz Europa bekannt wurde. Mit der Einführung einer evangelisch-lutherischen Kirchenordnung 1556 ließ Markgraf Karl II. das Kloster aufheben und in den Gebäuden eine Schule einrichten. Die Restitution 1631 blieb Episode, 1649 verließen die Observanten P. endgültig.

▶ **Gegenwart.** Im Pfälzischen Erbfolgekrieg brannten 1689 die ehemaligen Klostergebäude ebenso wie die gesamte Stadt ab. Lediglich Teile der Barfüßerkirche konnten gerettet werden; der einschiffige Chor (um 1280/90) mit Kreuzrippengewölbe steht heute noch, die dreischiffige Kirchenhalle existiert nicht mehr. Schäden von 1945 konnten in der Nachkriegszeit beseitigt werden, der Bau am Blumenhof dient heute der katholischen Gemeinde.

❖ Die drei anderen mittelalterlichen Klöster der badischen Residenzstadt P. hinterließen keine aufstrebende Architektur: Das Hospital der Heilig-Geist-Chorherren wurde 1323 aufgrund einer Stiftung Markgraf Rudolfs IV. und seiner Frau Luitgart mit Hospitalitern aus ➛ Markgröningen gegründet und unterstand geistlich stets dem Mutterstift, obwohl seine Wirtschaftskraft bald jene Markgröningens überstieg. Der Konvent endete 1565 nach der reformatorischen Umwälzung in P. Markgraf Karl II. ließ das Hospital in das aufgelassene Dominikanerinnenkloster (vor 1257–1564) verlegen; die Frauen waren nach ➛ Kirchberg bei Sulz ausgewichen. Ebenso hinterließen die Dominikaner keine Baulichkeiten, die vor 1279 nach P. gekommen und bis 1556 seelsorglich in der Stadt tätig waren. Viermal tagte das Kapitel der Ordensprovinz Teutonia in P. Nach 1442 entwickelte sich der Konvent zum Ausstrahlungszentrum der ordensinternen Observanz.

◆ Timm, Christoph: P. Kulturdenkmale im Stadtgebiet, Heidelberg 2004, 167–172; Huth, Hans: P., Franziskaner, Konventualen, Observanten, in: Alemania Franciscana Antiqua 19 (1974) 71–118.

Pfullingen, *Klarissenkloster St. Caecilia (1250–1590), Diözese Konstanz – (Lkr. Reutlingen, Baden-Württemberg, ❒ 3, C4).*

▶ **Geschichte.** An der Kirche St. Caecilia in P. sollen schon Minoritenbrüder gelebt haben, als dort 1250 ein Kloster für Schwestern des Dritten Ordens der Franziskaner (Tertiarinnen) gestiftet wurde. Zwei adelige Frauen, Irmgard und Mechthild Rempen aus P., gelten laut eigener Klosterchronik als Stifterinnen der Gründungsgüter. Papst Innozenz IV. bestimmte 1252 die Klarissenregel für den neuen Konvent. Die Schwestern kamen aus dem Kloster Söflingen (s. u.), womit P. die zweitälteste deutsche Niederlassung der Klarissen war. Bereits 1272 zog ein Tochterkonvent in das Klarissenkloster in ➛ Mainz. Beide Stifterinnen traten 1278 in den Konvent ein, der ausgedehnte Besitz erlaubte eine hohe Konventsstärke; 1413 sollen 64 Schwestern aus meist bürgerlichen Familien im Konvent gelebt haben. Im 15. Jh. unterlagen sie franziskanischem Observanzeinfluss, was von Mechthild von der Pfalz, Mutter des Landesherrn Graf Eberhard im Bart, nachdrücklich unterstützt wurde. Die Gemeinschaft in P. nahm 1461 Klarissen aus Brixen auf, die bereits eine Observanzreform aus dem Schwesternkloster ➛ Nürnberg übernommen hatten und diese nun in P. einführten. Schwestern von P. trugen 1484 die Observanz in ihr Mutterkloster Söflingen weiter. Die Bauernunruhen von 1525 überstand das Kloster, aber 1539 verwüsteten protestantische Bilderstürmer die Kirche und 1540 verwies der lutherische Herzog Ulrich von Württemberg alle 27 Schwestern nach ➛ Leonberg in das leerstehende Franziskanerkloster. Kaiserlicher Druck erzwang 1551 ihre Rückkehr in die ruinierte Anlage, jedoch mussten die Schwestern auf katholische Messfeiern verzichten. 1590 bekannte sich die letzte Schwester zum Protestantismus, fünf Jahre danach war das Kloster ausgestorben. Während des gesamten Dreißigjährigen Krieges galt P. als restituiert, aber die meiste Zeit verbrachten die neuen Schwestern aus Söflingen schutzsuchend im Marchtaler Hof in Reutlingen. Mit dem Westfälischen Frieden 1648 erfolgte das Ende des Klosters, das fortan als herzogliches Kameralamt diente.

Pfullingen Klarissenkloster, der Westteil der Klosterkirche (um 1300) blieb aus der Klosterzeit erhalten.

▶ **Gegenwart.** Die Gebäude wurden schrittweise abgetragen, einzig der Westteil der ehemaligen Klarissenkirche blieb erhalten. Die Kirche war um 1300 auf den Grundmauern eines vorklösterlichen Gebäudes errichtet worden. Der Innenraum zeigt seltene frühgotische Ornamentmalereien und ein Sprechgitter aus der gleichen Epoche. Der ehemalige Fruchtkasten des Klosters dient heute als Wohnhaus.

❖ Das Mutterkloster Söflingen bei Ulm entstand vor 1253 noch zu Lebzeiten der hl. Klara und gilt als ältestes Klarissenkloster auf heutigem deutschen Boden (das erste Klarissenkloster nördlich der Alpen wurde 1233 in Prag gegründet). Kloster Söflingen entwickelte sich dank des Dillinger Grafenhauses zu einer der bedeutendsten Niederlassungen des Ordens, erlangte 1773 Reichsunmittelbarkeit und wurde 1802 zusammen mit dem Wengenstift in ➛ Ulm zugunsten

Bayerns teilsäkularisiert, 1814 noch einmal zugunsten Württembergs. Die Klosteranlage erlag 1818 dem Abriss, lediglich die frühbarocke Klosterkirche blieb bis heute erhalten.

◆ Taigel, Hermann: P., Franziskanerkloster, in: Württembergisches Klosterbuch, Ostfildern 2003, 383; Waibel, Raimund: 750 Jahre Klarissenkloster der heiligen Cäcilie in P., Pfullingen 2002; Fischer, Hermann u. a. (Hg.): P., Pfullingen 1982.

Pillenreuth, *Augustiner-Chorfrauenstift St. Maria (1379–1552), Diözese Eichstätt – (Nürnberg-P., Bayern,* ❐ *4, A3).*

▶ **Geschichte.** Konrad Groß, ein wohlhabender Bürger Nürnbergs und kaiserlicher Schultheiß, übergab 1345 seinen Hof in *Bildenreuth* (später P.) südlich der Reichsstadt fünf Klausnerinnen zur Gründung einer religiösen Gemeinschaft. Der Legende nach soll Kaiser Ludwig der Bayer die Niederlassung nach einer ihm widerfahrenen wundersamen Erscheinung des gekreuzigten Heilands vor Ort initiiert haben. Er bestätigte jedenfalls die Niederlassung, wie auch der Bischof von Eichstätt. Die Frauengemeinschaft in P. stand stets unter dem Schutz der nördlich gelegenen Reichsstadt. Der Nürnberger Magistrat behielt sich das Einspruchsrecht bei Neuaufnahmen vor. 1379 nahmen die Frauen die Augustinusregel in kanonischer Form an und bildeten eine Stiftsgemeinschaft, der eine Pröpstin und stellvertretend eine Priorin vorstand. Augustiner-Chorherren aus dem Stift ➛ Neunkirchen am Brand waren für die geistliche Betreuung zuständig. Die erste Priorin des nie mehr als mit zwölf Chorfrauen besetzten Stifts war Diemut Ammon (1379–1406) aus dem nahen Ammonshof. Ende des 14. Jh. wurden steinerne Klausurgebäude gebaut, 1418 folgte die Weihe der Stiftskirche. Der Mystiker Heinrich von Nördlingen (um 1310– nach 1356) verbrachte in P. wahrscheinlich einen Teil seines Lebensabends als Seelsorger. 1453 ließ Bischof Johann III. von Eichstätt (Eych) das Stift durch Abt Georg Möringer (1418–27, 1435–65) von St. Aegidius in ➛ Nürnberg visitieren. Die Pröpstin Anna von Eyb (1461–76) wurde als Übersetzerin, Skriptorin und Literatin von asketischen Texten, Heiligenlegenden, Predigten und Traktaten bekannt; die Blütezeit des Stifts fiel ohne Zweifel mit ihrer Amtszeit zusammen. In Kriegszeiten fanden die Chorfrauen stets Schutz in Nürnberg. Seit 1525 versuchte der Magistrat, die vorbildlich lebenden Frauen vergeblich zum lutherischen Glauben zu zwingen. Nach der Zerstörung der Anlage 1552 durch Markgraf Albrecht Alkibiades von Brandenburg-Kulmbach verhinderte der Rat die Rückkehr des geflohenen Konvents. Die letzte Chorfrau starb 1591 im Kloster St. Klara in ➛ Nürnberg, die letzte und einzige Laienschwester trat 1592 das Stift P. gegen ein Leibgedinge an Nürnberg ab.

▶ **Gegenwart.** Von dem als „Klösterle" bezeichneten Stift ist wenig geblieben. Zwei Torbauten und Restmauern markieren heute den Stiftsbezirk. An die Kirche erinnern lediglich Steinreste, aus dem langen „Nonnenhaus" entstanden die zwei heutigen Wohnhäuser aus mittelalterlichem Baumaterial und mit teilweise mittelalterlicher Unterkellerung. Ein weiteres Haus gehörte wohl zum Wirtschaftsteil und ist ebenfalls bewohnt. Das Gebäude der Pröpstin ist stark überformt und beherbergt heute eine Gaststätte.

◆ Schieber, Martin: Die Geschichte des Klosters P., Erlangen 1991; Backmund, Norbert: Die Chorherrenorden und ihre Stifte in Bayern, Passau 1966, 113 f.

Pirna, *Dominikanerkloster (um 1300–1539), Diözese Meißen – (Lkr. Sächsische Schweiz-Osterzgebirge, Sachsen,* ❐ *4, C1).*

▶ **Geschichte.** Dominikaner aus dem Paulikloster in ➛ Leipzig sind 1300 in P. im sächsischen Elbtal nachweisbar, urkundlich treten Prior und Konvent erstmals im Juni 1307 auf. Sie hatten sich auf einem Areal nahe dem Elbtor niedergelassen. Für ihre Klosteranlage wurde die Stadtmauer nach Westen erweitert, was ein Entgegenkommen der Bürger signalisiert. Im 14. Jh. stand die Stadt unter böhmischem Einfluss, erst seit 1404/05 gehörte P. zur Herrschaft der Wettiner in Meißen. Der Predigerkonvent P. war wie jene in ➛ Leipzig, Freiberg, ➛ Luckau und Eger der *Natio Misniae* innerhalb der Ordensprovinz Saxonia zugeordnet. Schon 1317 brach ein Streit mit dem Pfarrklerus um Seelsorgekompetenzen aus. Der Besitz des Konvents blieb überschaubar, die Verwaltung weltlicher Güter oblag offensichtlich dem Stadtrat. Die Bettelbrüder unterhielten Terminierhäuser in Dresden und Bautzen. 1446 bestätigten Prior Nikolaus Judicis, Lektor Johannes Renckenbecher und der Konvent eine Altarstiftung des Titze von Göhrenz und gelobten fünf Messen wöchentlich und vier Seelengedächtnisse jährlich für die Stifterfamilie. In der Stadt wurde 1465 Johann Tetzel geboren, der als Dominikaner (1489–1519) und Ablasshändler 1517 Martin Luthers berühmte 95 Thesen provozierte. Tetzel trat 1489 nach seinem Studium in das Leipziger Dominikanerkloster ein, nicht in den Konvent seiner Heimatstadt. Dieser Leipziger Paulikonvent nahm 1476 reformierend Einfluss in P.; der erst jetzt zugelassene Grundbesitz erlaubte eine höhere Konventsstärke und intensivere Studienarbeiten. Ordensprovinzial Nikolaus Beyer und Prior Paulus Yrben einigten sich im August 1482 mit dem Stadtrat vertraglich über die Wasserzufuhr ins Kloster unter Nutzung des

Pirna Dominikanerkloster, der zweischiffige Kapitelsaal mit Kreuzrippengewölbe auf kapitelllosen Säulen.

städtischen Rohrsystems; die Prediger gaben dafür freie Flächen ab und öffneten täglich ihr Klostertor. 1487 brannte es im Konvent, während der Pestepidemie 1496 starben 18 Brüder. Der bekannteste Dominikaner aus P. ist Johannes Lindner (Tilianus). Er schrieb das geographisch-historische Sammelwerk „Onomasticum mundi generale" und berichtete über das Elbehochwasser am 15. August 1511; die Brüder mussten den Kreuzgang mit einem Kahn passieren. Die Aufschüttung des Gesamtniveaus um einen Meter sollte künftig vor Überflutung durch das Elbwasser schützen. Der Prior und Lesemeister Franziskus Zorer (1523–35) tauschte 1523 ein Haus in Dresden, ein Haus in Bautzen wurde 1537 verkauft, ein Weinberg diente zum Unterhalt der Exilbrüder aus dem aufgehobenen Konvent in Freiberg. Im August 1539 musste Prior Jakobus Scharer auch das Haus in Dresden verkaufen, um die Überschuldung zu mildern. Während der reformatorisch bedingten Auflösung im Herbst 1539 auf Weisung Herzog Heinrichs II. von Sachsen-Meißen-Dresden, erwies sich das Dominikanerkloster in P. als eines der ärmsten im albertinischen Sachsen. Im Februar 1548 starb der letzte geduldete Bruder bzw. verdingte sich als evangelischer Pfarrer. Kurfürst Moritz bestimmte 1548 die Klostergebäude zur Schule.

▶ **Gegenwart.** Seit 1957 dient die ehemalige Dominikanerkirche der katholischen Gemeinde als Pfarrkirche St. Heinrich und St. Kunigunde. Die Dominikaner erbauten nach 1300 zunächst eine vierjochige Saalkirche mit Flachdecke und eingezogenem Langchor. In der zweiten Hälfte des 14. Jh. verlängerten sie den Bau um zwei Joche nach Westen, zogen sechs Achtecksäulen ein, um eine zweischiffige Halle mit Kreuzrippengewölbe zu erhalten. Möglicherweise wurde schon damals der Chorraum entfernt, denn die Kirche schließt heute im Osten flach ab. Mit der Einwölbung entstand der südöstliche Glockenturm, der aber erst 100 Jahre später (um 1470) fertig gestellt wurde. Innen überraschen fratzenartige Konsolfiguren und Reste spätmittelalterlicher Wandmalereien in Seccotechnik, wobei böhmischer Einfluss unverkennbar ist. Nordöstlich schloss die Klausur mit dem Kreuzgang an; die spätgotischen Restbauten werden heute als Stadtmuseum genutzt. Das Sommerrefektorium dient als Eingangshalle. Beeindruckend ist der zweischiffige Kapitelsaal mit Kreuzrippengewölbe auf zwei Säulen, darüber liegen zwei Etagen mit Ausstellungsräumen; vom Kreuzgang sind lediglich Spuren erhalten. An der Kirchensüdseite begrenzt das sogenannte Pesthaus den Innenhof, das erst in nachklösterlicher Zeit entstand.

◆ Zimmermann, Wolfgang/Misterek, René: Klosterkirche St. Heinrich und St. Kunigunde P., Regensburg 1996; Schlesinger, Walter: Kirchengeschichte Sachsens im Mittelalter, Bd. 2, Köln 1962, 324 f.

Plankstetten Benediktinerabtei, Kirchenvorhalle und Gewändeportal sind frühe, romanische Bauelemente.

Plankstetten, *Benediktinerabtei St. Maria und St. Johannes Evangelist (1129–1806, seit 1904), Diözese Eichstätt – (Berching, Lkr. Neumarkt in der Oberpfalz, Bayern, ❐ 4, A3).*

▶ **Geschichte.** Drei gräfliche Brüder von Hirschberg (ursprünglich von Grögling) – Ernst IV., Hartwig sowie Bischof Gebhard von Eichstätt – stifteten 1129 im Sulzbachtal ein Benediktinerkloster und unterstellten es dem Hochstift Eichstätt. Der Gründungskonvent kam vermutlich mit Abt Rudolf aus ➛ Kastl und brachte neucluniazensische Gewohnheiten der ➛ Hirsauer Reform mit. Ein assoziierter Frauenkonvent muss angenommen werden, denn 1144 trat der Ministeriale Ulrich von Hitzhofen mit Frau und Töchtern in das Kloster ein. Im 13. Jh. geriet die Abtei in finanzielle Not, die Zahl der Konventualen ging zurück und der Frauenkonvent löste sich auf. Erst Abt Hartung von Töging (1303–19) stabilisierte die ökonomische Basis und hob das geistliche Niveau. Nach dem Aussterben der Hirschberger Grafen 1305 kam es zum Streit mit Bischof Philipp von Rathsamhausen um die Vogteirechte, hatte doch der letzte Hirschberger testamentarisch Vogteifreiheit verfügt. König Ludwig der Bayer glich 1320 verlorene Güter durch Schenkungen aus. Die wirtschaftliche und geistliche Situation verschlechterte sich im 15. Jh. erneut. Bischof Johann III. von Eych rief Reformmönche aus Heilig Kreuz in ➛ Donauwörth mit Abt Ulrich V. Dürner von Dürn (1461–94) ins Sulzbachtal, die die Geflogenheiten der ➛ Kastler Reform in P. einführten. Abt Dürner wird als zweiter Gründer verehrt und erreichte eine neue Blüte, ließ die Gebäude ausbessern, erbaute den spätgotischen Kreuzgang, förderte die geistige Arbeit und hob das Niveau der Schreibstube. Der Mässinger Bauernhaufen zerstörte 1525 das Aufbauwerk, danach war die Abtei zunächst unbewohnbar. Reformatorische Einflüsse konnte der Konvent abwehren, verkleinerte sich jedoch deutlich; Weltgeistliche mussten die Pfarrpflichten übernehmen. Abt Jakob Petri (1607–27) und neue Mitbrüder aus Ottobeuren (s. u.) initiierten einen neuen Aufbruch in P. Die erstarkte Wirtschaftskraft und die Neubauerfolge machten die Schweden 1632/35 zunichte; zuvor hatte sich der Konvent in Österreich in Sicherheit gebracht. Administratoren aus St. Emmeram in ➛ Regensburg und ➛ Scheyern halfen bei Neubeginn und Wiederaufbau. Abt Romanus Dettinger (1694–1704) führte P. zur barocken Blüte, die von seinen Nachfolgern noch ausgeweitet werden konnte: unter ihnen sind der heiligmäßig verehrte Abt Maurus Xaverius Herbst (1742–57) und der unter der Bevölkerung unvergessene Abt Dominikus IV. Fleischmann (1557–97) hervorzuheben. Beim Übergang des Fürstbistums Eichstätt an Bayern 1806 traf den Abt und 14 Patres die Säkularisierung. Ihre Kirche wurde Pfarrkirche, die Abtei diente als Schule und Brauerei. 1904 begann eine Gruppe Benediktiner aus Scheyern mit der Wiederbelebung monastischer Traditionen im Sulzbachtal.

▶ **Gegenwart.** Die mehrgeschossige Abteianlage um zwei Innenhöfe und der Wirtschaftshof bestehen heute ausschließlich aus nachmittelalterlichen Gebäuden; zwei ältere Kellergewölbe sollen noch existieren. An die Gründungszeit erinnert aber die romanische Pfeilerbasilika, die heute als Abtei- und katholische Pfarrkirche St. Maria Himmelfahrt genutzt wird. Der dreischiffige, neunjochige Kalksteinquaderbau aus dem 12. Jh. (Weihe 1138 und 1191) mit seinen zwei 36 m hohen Westtürmen ohne Querhaus zeigt hirsauische Baumotive und Einflüsse aus Kastl. Die Kirche verlor Ende des 15. Jh. ihren Chorbereich zugunsten eines spätgotischen Presbyteriums mit kreuzrippengewölbter Apsis (1928/29 nochmals erweitert). Die Westtürme mit ihren Kapellen im Erdgeschoss stehen frei, ein Vorbau verbindet sie mit dem Langhaus. Dieses Paradies mit wulstigen Gewölberippen auf Halbsäulen führt zum reich verzierten Gewändeportal, das zum Teil aus frühester Bauzeit stammt und Ende des 12. Jh. umgestaltet wurde. Der Kircheninnenraum ist bis auf die Apsis flachgedeckt. Die kunstvolle Ausschmückung des 17. und 18. Jh. beherrscht die Räume, ohne deren schlichte Würde zu beeinträchtigen. Drei Joche des spätgotischen Kreuzgangs mit Sterngewölbe blieben an der Südseite erhalten.

❖ Die Benediktinerabtei Ottobeuren in Schwaben existiert seit 764 bis heute (mit Unterbrechung zwischen 1802 und 1835). Die heutige Abtei entstand 1710 bis 1766 und birgt keine sichtbare mittelalterliche Architektur; der Barockkomplex wird als „Schwäbisches Escorial" bezeichnet.

◆ GermBen 2, 223–228; Sonnenberg, Beda Maria/Friedrich, Verena: Pfarr- und Abteikirche Mariä Himmelfahrt zu P., Passau 1997; Bauer, Hermann/Bauer, Anna: Klöster in Bayern, München 1985, 254–256.

Plauen, *Deutschordenskommende St. Johannes der Täufer (um 1224–1544), Diözese Naumburg – (Vogtlandkreis, Sachsen, ❐ 4, B1).*

▶ **Geschichte.** Heinrich IV. der Mittlere, reichsministerialer Vogt von Weida, schenkte dem Deutschen Orden 1224 die Pfarrkirche St. Johannes der Täufer in P., dem Zentrum einer weit umgreifenden Pfarre im Gau Dobno. Heinrich selbst trat 1238 wie auch andere Familienmitglieder der Vögte von Weida-Gera-Plauen in den Orden ein. Nach der Teilung der Landesherrschaft 1238 wurde P. zur Stadt erhoben und Residenz einer Familienlinie. Die Herrscher über das Vogtland gestalteten die Ordenspolitik aktiv mit: zwei Hochmeister erwuchsen aus dem Geschlecht, Heinrich von Plauen (1410–13) und Heinrich Reuß von Plauen (1469–70). Ihren Vogttitel leiteten sie von den Vogteirechten über Besitztümer des Reichsstifts Quedlinburg um Gera ab. Sie erreichten 1329 Reichsunmittelbarkeit und quasifürstliche Stellung; Nachkommen waren die Fürsten von Reuß. Die Kommende P. mit großem Komturhof innerhalb der Neustadt wird erst Mitte des 13. Jh. urkundlich manifest. Ein Komtur ist 1270 dokumentiert, ein Prior stand den Priesterbrüdern vor. Die Kommende P. war der Ballei Thüringen zugeordnet und dem Landkomtur in ➛ Zwätzen unterstellt. Die Zuwendungen des Adels ließen P. zu einem einflussreichen Zentrum des Ordens im Vogtland, in Franken und Nordwestböhmen werden, die exemte Stellung wurde durch archidiakonale Befugnisse begleitet. Unter dem späteren Stiftungsgut befand sich die Kirche im nahen Reichenbach, wo Ordensbrüder vor 1279 eine Priesterkommende gründeten, die aber nicht lange bestand. Die Kirche im benachbarten Adorf gehörte seit 1270 ebenfalls zum Besitz; dort treten im 14. Jh. ein Komtur und Priesterbrüder urkundlich auf, weshalb Adorf trotz sehr kleiner Mannschaft als Kommende behandelt wurde, die aber als solche dort nie bestand. Die Brüder unterhielten in P. die städtische Schule. Vogt Heinrich der Lange übergab 1332 das Hospital an der Elsterbrücke, die Seelsorge blieb das Hauptanliegen des Ordens. Einvernehmen mit der Herrschaft bestand nicht durchweg: einen Konflikt mit dem Landesherrn, der im bewaffnetem Überfall auf den Komturhof und in der Vertreibung der Ordensbrüder kulminierte, konnte 1360 durch einen päpstlich-kaiserlichen Vermittler beilegt werden. Die Hochblüte der ersten Hälfte des 14. Jh. konnte in der Folgezeit nicht gehalten werden, der wirtschaftliche Niedergang führte im späten 14. Jh. zum Rückgang der Einnahmen; hinzu kam die verlorene Schlacht von Tannenberg 1410, ein Hussiteneinfall 1429/30 sowie der allmähliche Verlust der Ordensideale, Finanzprobleme und Nachwuchsmangel. 1451 notierten Visitatoren neben dem Komtur noch 21 Priesterbrüder, von denen zehn in auswärtigen Pfarreien Dienste leisteten; demnach gehörten zur Kommende P. damals weit mehr Ordensmitglieder als zum Hauptsitz Zwätzen. Zu Beginn des 16. Jh. gehörte P. zur Herrschaft der ernestinischen Kurfürsten von Sachsen-Wittenberg. Der letzte Komtur Georg Eulner wirkte bereits 1521 lutherisch-reformatorisch und wurde 1529 zum Superintendenten berufen. Im Bauernkrieg 1525 ging das städtische Dominikanerkloster unter. Laut Vertrag mit Kurfürst Johann dem Beständigen von Sachsen 1529 verblieben die Häuser des Deutschen Ordens während der reformatorischen Umwälzung in ernestinischen Landen sechs Jahre lang unangetastet, jedoch musste sich der Orden zur Besoldung evangelischer Pfarrer verpflichten. 1544 wurden die Plauener Güter dem Orden entzogen und verkauft, Restitutionsversuche blieben erfolglos.

Plauen Deutschordenskommende, die Deutschordenskirche behielt äußerlich ihre basilikalen Grundformen.

▶ **Gegenwart.** Die Deutschordensbrüder bauten die alte romanische Stadtpfarrkirche St. Johannis zu einer stattlichen Basilika mit Rechteckchor und westlicher Doppelturmfront aus. Noch heute thront sie über der Elsteraue, wenngleich sie einschneidenden Veränderungen und Wiederaufbaumaßnahmen unterlag. Aus der Basilika entstand um 1550 eine spätgotische, dreischiffige Hallenkirche, die ihre Grundform nicht verlor. Sie gilt als einer der frühesten protestantischen Kirchenbauten in Sachsen. Die Westtürme erhielten 1640 ihre welschen Zwiebelhauben. Besonders nach dem Zweiten Weltkrieg mussten große Teile der Kirche rekonstruiert werden. Die Reste der ehemaligen Kommendengebäude aus dem 13. Jh. blieben an der mittelalterlichen Stadtmauer als Ruinen bestehen.

❖ Dominikaner aus ➛ Leipzig gründeten 1266 in P. ein Kloster, das ohne größeren Besitz und Ausstrahlung blieb. Die Prediger waren für die Messe in der Schlosskirche zuständig, betreuten die Mitschwestern im Tertiarinnenkloster (nach 1300–1525) am „Nonnenturm" und unterhielten eine Badestube. Im Mai 1525 verschafften sich Bürger unter Führung von Ratsmitgliedern gewaltsam in das Kloster Eintritt und verwüsteten die Räume. Baulichkeiten der beiden dominikanischen Konvente blieben nach den Stadtbränden 1548, 1844 und 1944/45 nicht erhalten.

◆ GermSac NF 35; Jähning, Bernhard: Der Deutsche Orden und seine Ballei Thüringen im Mittelalter, Lüneburg 1997; Schlesinger, Walter: Kirchengeschichte Sachsens im Mittelalter, Bd. 2, Köln 1962, 341–343.346.

Plötzky, *Zisterzienserinnenkloster St. Maria Magdalena (1228–1535) – „Georgenberg", Diözese Brandenburg – (Schönebeck-P., Salzlandkreis, Sachsen-Anhalt, ❐ 2, B4).*

▶ **Geschichte.** Schenkungsurkunden Herzog Albrechts I. von Sachsen von 1228 und 1229 beziehen sich auf die Gründungszeit des Frauenklosters P. auf dem Georgenberg nahe einem alten Flussarm der Elbe. Gregor IX. und Innozenz IV. boten 1234 bzw. 1246 päpstliche Schutzgarantien für das Kloster. Laut eines Ablassbriefes Bischof Withegos I. von Meißen (Kamenz) war der Bau der einschiffigen Klosterkirche aus örtlichen Bruchsteinen 1266 noch nicht abgeschlossen. Die Schwestern bekannten sich zur Zisterzienserregel, gehörten aber dem Zisterzienserordens nicht an, sondern unterstanden der Jurisdiktion des Bischofs von Brandenburg. Die Aufgaben eines Propstes waren immer einem auswärtigen Pfarrer übertragen. Herzogliche Töchter der sächsisch-wittenbergischen Familie standen meist als Äbtissinnen dem Konvent vor, insofern blühte das Georgenbergkloster durch reiche Schenkungen der kursächsischen Landesherren und der Fürsten von Anhalt, aber auch der Diözesanbischöfe und der übergeordneten Erzbischöfe von Magdeburg besonders im 14. Jh. auf. Selbst den Benediktinern der Abtei Berge bei Magdeburg verdankten die Zisterzienserinnen 1419 eine Schenkung. In ihren Dörfern übte die Äbtissin die hohe Gerichtsbarkeit aus. Außer gegenüber dem Bischof waren sie von Steuern befreit. Sie hatten lediglich für kurfürstliche Heerfahrten einen Rüstwagen zu stellen, der jedoch nie zum Einsatz kam. Seit 1519 trugen die Klostervorsteherinnen den Titel *Domina*. 1530 erschienen u. a. die Reformatoren Justus Jonas (1493–1555) und Johannes Bugenhagen (1485–1558) als wittenbergische Kommissare im Auftrag des sächsischen Kurfürsten zur Visitation. Die meisten der 28 Chor- und drei Laienschwestern zogen es vor, im Kloster zu bleiben und das lutherische Bekenntnis anzunehmen. Nach der zweiten Visitation 1535 wurde die Säkularisierung eingeleitet. Die letzte Konventualin starb 1574.

▶ **Gegenwart.** Das Baumaterial der Klausurgebäude fand schon 1578 für den Schlossbau in Gommern Verwendung. Die Klosterkirche mit ihrem kunstvoll verzierten Fußboden verfiel mit der Zeit ungenutzt und verschwand im 18. Jh. Sie wurde nicht benötigt, weil im kleinen Ort P. eine sehr alte Pfarrkirche (um 1170) steht. Lediglich große Teile der ursprünglichen Immunitätsmauer umgeben heute das mit Wohnhäusern bebaute Klosterareal. Das Försterhaus steht auf den Grundmauern des klösterlichen Schafstalls.

◆ GermSac AF I, Brandenburg 2, 286–321.

Pöhlde Benediktinerabtei, Nachfolgebau der romanischen Basilika mit frühgotischer Chorfensterform im Osten.

Pöhlde, *Benediktiner Reichsabtei St. Johannes Baptist und St. Servatius (vor 983–1129), Prämonstratenser-Chorherrenstift St. Johannes Baptist und St. Servatius (1129–1533), Erzdiözese Magdeburg – (Herzberg am Harz, Lkr. Osterode, Niedersachsen, ❐ 1, D5).*

▶ **Vorgeschichte.** Mathilde von Ringelheim erhielt 927/929 von ihrem Gemahl, dem sächsischen König des Ostfrankenreichs Heinrich I., die *curtis regia Polithi* am Südwestrand des Harzes als Witwensitz übereignet. Mathilde († 968) gründete vor 950 ein weltliches Kanonikerstift unterhalb der Burg auf dem Rotenberg. Nebenbei entstand eine Wohnstätte, die zum beliebten Aufenthaltsort (Pfalz) der sächsischen Herrscher aufstieg.

▶ **Geschichte der Benediktiner Reichsabtei.** Der Sohn Mathildes, König Otto I. der Große, rief Benediktinermönche in das Pfalzstift nach P., jedoch bleibt das Gründungsdatum unbekannt, da eine Urkunde von 952 sich als Fälschung des 13. Jh. erwies. Kaiser Otto II. bestätigte 983 Grundbesitz und Reichsimmunität. Die vermutete Herkunft der Mönche aus der Abtei ➛ Corvey ist nicht belegbar. Die Region um P. fiel zunächst an die Diözese Merseburg, 981 aber an das Erzbistum Magdeburg. Die Benediktiner begleiteten in den ersten 100 Jahren große reichs- und kirchenpolitische Entscheidungen, stieg doch P. zur wichtigsten „Weihnachtspfalz" der ottonischen und frühen salischen Kaiserzeit auf. Mehrere Kirchensynoden fanden in P. statt. Als einziger Abt ist Alfker namentlich bekannt; er hielt die Seelenmesse für den im April 1002 in P. ermordeten Thronanwärter Markgraf Ekkehard I. von Meißen (sein gleichnamiger Sohn und dessen Gemahlin Uta sind als Stifterfiguren im Naumburger Dom verewigt). Die Mönche wurden mit Dotationen der Reichsfürsten überhäuft, ihr riesiger Besitz reichte bis nach Friesland. Göttingens älteste Kirche St. Alban soll ihnen bereits von Otto I. geschenkt worden sein. Mit dem Besuch Heinrichs IV. 1059 endeten die

Herrscheraufenthalte in P., die Abtei findet nachfolgend kaum noch Erwähnung.

▶ **Geschichte des Prämonstratenser-Chorherrenstifts.** Norbert von Xanten wandelte als Erzbischof von Magdeburg 1129 das heruntergekommene Kloster in ein Chorherrenstift seines jungen Prämonstratenserordens um. Die nunmehrige Propstei stand in enger Verbindung mit dem Liebfrauenstift in ➛ Magdeburg. Der erste Propst Konrad (1129–47) wurde 1138 von Papst Innozenz II. bestätigt. Propst Rukerus (1156/63) war der leibliche Bruder der berühmten Visionärin Elisabeth (1147–64/65) im Doppelkloster ➛ Schönau im Taunus. 1190 schickte Propst Olricus (1186–90) einen Gründungskonvent in das Stift Ilfeld bei Nordhausen. Bis 1263 soll ein Prämonstratenser-Doppelkonvent in P. existiert haben. Eine Heilig-Blut-Reliquie machte P. seit 1308 zum beliebten Wallfahrtsort. Neue Schenkungen erweiterten den Besitz im Eichsfeld und um Osterode; in Duderstadt besaßen die Chorherren seit etwa 1435 den „Pöhlder Hof". Während des Bauernkriegs 1525 zerstörte der Schwarzfelder Haufen die Anlage. Mit der Durchsetzung der Reformation durch Herzog Philipp I. von Braunschweig-Grubenhagen zogen die Prämonstratenser 1532 in den Pöhlder Hof nach Duderstadt, wo der letzte von ihnen 1575 starb. 1533 löste der Herzog das Stift P. offiziell auf.

▶ **Gegenwart.** Die heutige schlichte Saalkirche ist ein langgestreckter Fachwerkbau, der 1688 bzw. ihr östlicher Turmaufbau 1768 auf dem Steinsockel des Mittelschiffs der ehemaligen Klosterbasilika errichtet wurde. Unterscheidbare Mauerzüge verraten die unterschiedlichen Bauphasen. Brände, Zerstörungen und Verfall nötigten zu häufigen Neuaufbauten und Veränderungen. Die ehemaligen Seitenschiffe wurden entfernt, den einzigen äußeren Schmuck bildet das frühgotische Fenster an der Ostseite. Im Inneren blieben zwölf Holzreliefs des 13. Jh. und ein kunstvoll geschnitzter, doppelsitziger Chorstuhl (um 1500) erhalten. Archäologische Grabungen legten die Fundamente der Seitenschiffe und der nördlich gelegenen Klausur mit Kreuzgängen frei. Die Lage der Pfalzgebäude konnte im heutigen Pfarrgarten identifiziert werden. Die Fundamente wurden aus konservatorischen Gründen wieder zugeschüttet. Nachweislich bestand ein Verbindungsgang zwischen dem Kloster und dem Pfalzgebäude (vergleichbar mit Bauten in den frühmittelalterlichen Pfalzen Aachen oder Frankfurt am Main).

◆ MonPraem 2, 307–309; GermBen 6, 404–420; Erhard, Gunter/Grohmann, Olaf: P., Herzberg 2003.

Polling, *Benediktinerkloster Heilig Kreuz und St. Salvator (um 750– um 920), Augustiner-Chorherrenstift Heilig Kreuz und St. Salvator (vor 1136–1803), Dominikanerinnenkloster Heilig Kreuz und St. Salvator (seit 1892), Diözese Augsburg – (Lkr. Weilheim-Schongau, Bayern, ❐ 4, A4).*

Polling Augustiner-Chorherrenstift, Nordseite der spätgotischen Kirche mit Sakristeigebäude im Vordergrund.

▶ **Vorgeschichte.** Zunächst existierte seit etwa 750 an der Kreuzung der Römerstraßen Salzburg-Augsburg und Verona-Regensburg ein Mönchskloster, das entsprechend legendarischer Überlieferung Herzog Tassilo III. gegründet haben soll, der aber 750 erst sechs Jahre alt war. Einige Historiker favorisieren die Huosifamilie als Stifter, andere bezeichnen die Niederlassung als Kollegiatstift. In der Überlieferung der Abtei ➛ Benediktbeuern galt Urpolling als abhängiges Frauenkloster. Die erste religiöse Gemeinschaft ging in den Ungarnstürmen Anfang des 10. Jh. unter; Herzog Arnulf der Böse (907–937) war an der Auflösung nicht ganz unbeteiligt.

▶ **Geschichte.** Erst König Heinrich II. errichtete 1010 auf altem Besitz in P. ein Kollegiatstift, das Anfang des 11. Jh. wieder einzugehen drohte. Die Pröpste Hiltipert († 1127) und Chuno († 1136) des nahen Stifts ➛ Rottenbuch wandelten das Säkularkanonikerstift P. in ein Regularkanonikerstift für Augustiner-Chorherren um, das 1136 die päpstliche Bestätigung erhielt. Die monastischen Klausurregeln bewirkten eine aufstrebende Entwicklung. 1160 konnte die neue Stiftskirche geweiht werden. Die Schule von P. sorgte schon bald für hohes Ansehen; zahlreiche Kirchenpatronate erlaubten umfangreiche seelsorgliche Aktivitäten. Unter dem gelehrten Propst Johannes Zinngießer (1499–1523) erlebte das Stift P. seine zweite Blüte und wurde „Licht auf dem Leuchter" und „Stadt auf dem Berge" genannt. In der Zeit der Reformation war P. ein Hort der katholischen Reform, auch weil der Konvent das ehemalige Reformzentrum ➛ Indersdorf unterstützen konnte. Der Kontroverstheologe Johannes Eck aus Ingolstadt (1486–1543) hielt sich gern in P. auf. Im Dreißigjährigen Krieg litt der Konvent von meist 30 bis 40 Chorherren unter den Schweden. Papst Innozenz XII. verlieh 1689 den Pröpsten die Pontifikalien. Eine letzte Hochblüte und seine größte Ausstrahlung erlangte P. im 18. Jh. Unter dem Universalgelehrten Propst Franziscus Töpsl (1744–96) und dem überragenden Eusebius Amort (1692–1777) rückte das Stift in die vorderste Reihe der Abteien Deutschlands. Die Chorherren waren Mitglieder der Münchner Akademie der Wissenschaften und gaben die erste wissenschaftliche Zeitschrift Bayerns heraus, den „Parnassus Boicus". Ihre Bibliothek umfasste etwa 80.000 Bände und galt als die umfangreichste im deutschen Sprachraum. Die Säkularisierung 1803 durch Bayern vernichtete in P. ein hochstehendes geistiges, kulturelles und wissenschaftliches Gemeinschaftsleben. Die Bibliothek wurde verstreut und vernichtet; den Aufhebungsbeamten ließ man den schlammigen Weg ins Wirtshaus Weilheim mit Folianten trockenlegen.

▶ **Gegenwart.** Die romanische Stiftskirche musste im 13. Jh. verlegt und nach einem Brand als dreischiffige Halle neu errichtet werden (1416–20). Die spätgotische Kirche wurde zwischen 1621 bis 1628 im Renaissancestil verändert und erweitert. Heute dient sie als katholische Pfarrkirche St. Salvator und seit 1892 einem Dominikanerinnenkonvent als Klosterkirche. Die Halle ist reich mit Stuck und Kunst aus Barock und Rokoko verziert. Das vom Volk verehrte „Pollinger Kreuz", ein Tafelkreuz aus dem Hochmittelalter, schmückt den barocken Hochaltar. Der südwestliche Turm entstand um 1606, sein Aufbau wurde erst 1822 vollendet. Vom barocken Stiftskomplex existieren nur noch einzelne Gebäude. Sie sind heute sowohl in Privathand wie auch im Besitz des Dominikanerinnenkonvents, der sie nicht mehr für den Schulunterricht nutzt, sondern dem öffentlichen Kunstbetrieb und dem Heimatmuseum zur Verfügung stellt.

◆ Pörnbacher, Hans: Stiftskirche P., Lindenberg [2]2005; Bauer, Hermann/Bauer, Anna: Klöster in Bayern, München 1985, 33–37; Backmund, Norbert: Die Chorherrenorden und ihre Stifte in Bayern, Passau 1966, 114–118.

Poltringen, *Franziskaner-Tertiarinnenkloster St. Stephanus (vor 1426–1665), Diözese Konstanz – (Ammerbuch-P., Lkr. Tübingen, Baden-Württemberg, ❐ 3, C4).*

▶ Der Konvent Tertiarinnen des Dritten Ordens der Franziskaner in P. im Ammertal wird erstmals 1426 genannt. Die Gemeinschaft nutzte die außerhalb des Ortes gelegene Pfarrkirche St. Stephanus, auch „Oberkirch" genannt, zusammen mit der Gemeinde. Der Ort gehörte seit 1293 der Zisterzienserabtei ➛ Bebenhausen. Die Frauen wurden aber wie ihre Mitschwestern in ➛ Glatten seelsorglich von den Minoriten aus dem Kloster Tübingen betreut. Reformationswirren berührten den Konvent nicht, der Ort gehörte zu Vorderösterreich, die Gemeinde blieb katholisch. Das als Klause bezeichnete Gebäude der Schwestern brannte 1647 ab; obwohl es anschließend wieder aufgebaut wurde, stand es seit 1665 leer und verfiel. Die Pfarrkirche dient heute noch der katholischen Stephanusgemeinde als Gotteshaus und als Friedhofskirche. 1275 wird sie erstmals erwähnt. Der einschiffige Bau wurde im 17. Jh. eingreifend barockisiert, was die Zwiebelhaube des westlichen Glockenturms verdeutlicht; aber die Strebepfeiler am eingezogenen Polygonalchor verraten den gotischen Ursprung.

◆ Janssen, Roman: P., in: Württembergisches Klosterbuch, Ostfildern 2003, 385.

Pößneck, *Karmelitenkloster St. Maria (1315–1525), Erzdiözese Mainz – (Saale-Orla-Kreis, Thüringen, ❐ 4, A1).*

▶ Möglicherweise stifteten die Grafen von Schwarzburg das Karmelitenkloster in P. im thüringischen Orlagau; belegen lässt sich diese Vermutung jedoch nicht. Auf dem Kapitel der deutschen Karmelitenprovinz 1316 im Konvent ➛ Kreuznach erschien die neue Gründung P. erstmals auf der Tagesordnung, das Kloster war ein Jahr zuvor gegründet worden. Die Konvente ➛ Kassel, ➛ Marienau, ➛ Dahme im Spreewald und P. bildeten damals die östlichen Außenposten des Ordens. Nach der Neueinteilung der Ordensprovinzen 1348 gehörte P. zur Provinz Oberdeutschland, seit 1411 zu Böhmen und schließlich 1440 zur Sächsischen Ordensprovinz. Die geistliche Aufsicht im Orlagau war vom Erzstift Mainz dem Benediktinerkloster Saalfeld übertragen worden, das sich um das einzige Kloster in der Stadt kümmerte. 1387 überschrieb der Abt von Saalfeld den Karmeliten Lehnsrechte über Holz und Feld aus dem Nachlass einer Frau Adelheid von dem Berge. Auch der örtliche Adel vergrößerte den klösterlichen Besitz: Albrecht und Eberhard von Branndenstein übertrugen 1399 den Brüdern ein Strich Holz bei Langendembach. In Kahla unterhielten die Mendikanten ein Terminierhaus. Die eigene Klosterkirche entstand im südlichen Altstadtbereich erst 1410/20, als genügend Mittel gesammelt waren; diese könnten reichlich vorhanden gewesen sein, denn die Bauleute stellten zugunsten des Baus der Klosterkirche vorübergehend ihre Arbeit an der Stadtkirche St. Mauritius ein. Etwa 100 Jahre später, kurz vor der Reformation ließen die Karmeliten ihre Kirche reich ausmalen. Sie boten den Bürgerkindern Schulunterricht an und initiierten die erste Wasserversorgung über Röhren aus der „Mönchsquelle" in die Altstadt, was 1429 im Trinkwasservertrag mit dem Stadtrat festge-

Poltringen Franziskaner-Tertiarinnenkloster, die Strebepfeiler am eingezogenen Polygonalchor verraten den mittelalterlichen Ursprung der Kirche, Südostansicht.

Prämonstratenserorden *(Ordo Praemonstratensis, OPraem).*

▶ Am Weihnachtstag 1120 entschied sich der Kanoniker vom Kollegiatstift St. Victor in Xanten, Norbert von Xanten (um 1080–1134, kanonisiert 1582), zur Gründung einer klösterlichen Gemeinschaft unter Betonung des *praeceptum* (erste Augustinusregel) in Verbindung mit der dritten Regel des *ordo monasterii.* Norbert beabsichtigte die Reform der klerikalen Institutionen, nachdem er die *vita monastica* im Reformkloster ➛ Siegburg, das eremitische Leben auf dem Fürstenberg bei Xanten und die Wanderpredigt in Nordfrankreich selbst erfahren hatte. Er entschied sich für den Mittelweg, für eine Verbindung der *vita activa* mit der *vita contemplativa* unter Wahrung der *vita communis,* ähnlich dem *ordo novus,* den das Stift ➛ Springiersbach in der Moselregion vorlebte. Mit Hilfe Bischof Bartholomäus' von Lyon und einer Stiftung des Herrn von Coucy fand Norbert 1119/21 für seine Begleiter im unwegsamen Waldtal von Prémontré in der nordfranzösischen Picardie eine monastische Heimstätte, die sich zur Mutterabtei des größten Kanonikerordens der Kirche, zum Zentrum des Prämonstratenserordens entwickelte. Die führende Rolle der Abtei war nur mittelbar ein Erfolg Norberts, der als „Ordensgründer wider Willen" schon 1126 Erzbischof in Magdeburg wurde und dort mit dem Stift Unser Lieben Frauen (➛ Magdeburg) ein weiteres Ordenszentrum gründete. Hauptsächlich führte die geniale Organisationsleistung des ersten Abts von Prémontré, Hugo von Fosses (1128–61, Seligsprechung 1927), zum Aufstieg der Mutterabtei St. Maria und zur Einheit des schnell expandierenden Verbandes. Die Entscheidung Norberts, vom Wanderprediger ins erzbischöfliche Amt in Magdeburg zu wechseln, teilte seine Anhängerschaft in „Prémontré-Orientierte" und in „Norbertiner" um Magdeburg, die sich in Statuten, Liturgie und sogar in der Kleidung unterschieden. Es kam aber nicht zur Spaltung des Ordens. Bis zum Tod Norberts 1134 waren 68 Niederlassungen gegründet, bis zum Tod Hugos 1161 weitere etwa 140, bis ins 18. Jh. insgesamt etwa 650 in ganz Europa und im Vorderen Orient. In der Frühzeit entstanden meist Doppelkonvente, vorzugsweise in ländlichen Gebieten oder als rein männliche Domkapitel. Die Stifte operierten rechtlich

Eine Chorherrenstatue mit dem typischen weißen Habit im Kreuzgang der Prämonstratenserabtei Steinfeld.

selbständig, in ein Zirkariensystem eingebunden, unter Verzicht auf das ausgeprägte Filiationssystem der ➛ Zisterzienser, aber mit Paternitäten und jährlichen Generalkapiteln in Prémontré. Papst Honorius II. bestätigte 1126 den Orden, Papst Innozenz II. erhob 1131 die Statuten als bindend für alle Prämonstratenserstifte, Papst Alexander V. erteilte 1409 die volle Exemtion. Das Generalkapitel verlangte Mitte des 12. Jh. die örtliche Trennung der Konvente, was zur Gründung zahlreicher abhängiger Frauenstifte (Annexklöster) und selbständiger Damenstifte führte. Pastorale Tätigkeiten der Mitbrüder waren zunächst nicht erwünscht, was sich 1348 mit dem Privileg Papst Clemens VI. änderte: Pfarraufgaben wurden zum Hauptapostolat der Prämonstratenser, wichtig blieben ebenso Chorgebet, Predigt, Unterricht und Krankenfürsorge. Körperliche Arbeit erledigten Laienbrüder; nach deren zahlenmäßigem Rückgang im 14. Jh. setzten sich Pachtsystem und Lohnarbeit durch. Die Konvente entwickelten sich zu exklusiven Klerikergemeinschaften, die mehrheitlich nur Adeligen offenstanden. Reformen im Spätmittelalter versuchten, der Verflachung und Verweltlichung entgegenzuwirken, viele Abteien endeten dennoch als weltliche Kanonikerstifte. Anfang des 16. Jh. existierten in den heutigen Grenzen Deutschlands etwa 40 Chorherrenstifte und beinahe ebensoviele Chorfrauenstifte des Ordens. Reformation und Dreißigjähriger Krieg brachten tiefe Einschnitte, aber wirtschaftliches Prosperieren in der Barockzeit förderte die typische Prälatenkultur in schlossartigen Abteien mit Repräsentationsanspruch. Französische Revolution und allgemeine Säkularisation löschten den Orden nahezu aus. Im Jahr 2009 zählte der Orden 79 Chorherrenstifte und 22 Frauenstifte mit knapp 1.400 Mitgliedern in 25 Ländern. In Deutschland existieren heute sechs Männerstifte und ein Frauenstift. Ordenstypische Architektur haben die Prämonstratenser nicht angestrebt. Ihr Habit ist wie das aller Reformorden des 12. Jh. weiß und besteht aus Talar, Skapulier und Stoffgürtel. Im Winter tragen sie Almuzia und Umhang.

◆ Crusius, Irene (Hg.): Studien zum P., Göttingen 2003; DeKegel, Rolf: Vom „ordnungswidrigen Übelstand"? Zum Phänomen der Doppelklöster bei den Prämonstratensern und Benediktinern, in: Rottenburger Jahrbuch für Kirchengeschichte 22 (2003) 47–63; Krings, Bruno: Die Prämonstratenser und ihre Schwestern, in: Cistercienserchronik 103 (1996) 41–53; Elm, Kaspar (Hg.): Norbert von Xanten, Köln 1984.

schrieben wurde. Darin tauchen die Namen des Priors und Lesemeisters Johann Waltmann, des Subpriors Barthel Voigt und des Kustos Markus Döler auf. In der Saalestadt Jena terminierten seit 1382 Karmeliten aus P. 1414 gründeten sie in der südlichen Vorstadt das Tochterkloster Heilig Kreuz (➛ Jena) als zweite mittelalterliche Ordensniederlassung in Thüringen, ein drittes Karmelitenkloster entstand noch 1463 in Ohrdruf (s. u.). 1453 beteiligten sich Karmeliten an der Finanzierung des Wehrturms („Weißer Turm") in P. und durften dafür ihr Klosterareal an der Stadtmauer erweitern. Die lutherische Lehre drang um 1520 auch in den Konvent, von zwölf Brüdern blieben nur drei beim alten Glauben und verließen die sich evangelisch bekennende Gemeinschaft. Prior Heinrich Kaiser und der Konvent übergaben Ostern 1525 dem Stadtrat gegen Leibrenten Besitz und Einkünfte und verzichteten auf alle Rechte. Aufständische Bauern drangen kurz darauf in die Stadt ein und brandschatzten das Kloster. Kurfürst Johann der Beständige von Sachsen-Wittenberg ließ die Stadt P. 1527 durch den Reformator Philipp Melanchthon visitieren und eine evangelische Kirchenordnung festschreiben.

▶ **Gegenwart.** Im Volksmund hieß der einfache, turmlose Kirchenbau der Karmeliten „Bilke". Er wurde 1871 zur „Bilke-Schule" umgebaut und 2006 in eine moderne Stadtbibliothek umfunktioniert. Aus monastischer Zeit blieb ein Keller unterhalb der „Bilke" erhalten; im „Bilkenkeller" finden heute städtische Kulturveranstaltungen statt.

❖ Der Karmelitenkonvent in der thüringischen Stadt Ohrdruf bestand ebenfalls nur bis 1530. Auf dem Klosterareal entstand das Schloss Ehrenstein (1550–70). Von 1991 bis 2007 existierte wieder ein Karmelitenkloster in Ohrdruf.

Ohrdruf kann auf älteste monastische Tradition verweisen. Hier hatte bereits Bonifatius (671/672–754) während seiner Missionstätigkeit in Hessen und Thüringen seine dritte Mönchszelle (um 725 – 9. Jh.), nach Amöneburg (721– 12. Jh.) und Fritzlar (723– um 1000), gegründet. In Amöneburg und Ohrdruf sind archäologische Untersuchungen nicht fündig geworden, aber im ➛ Fritzlarer Dom konnten Fundamente der ersten Steinkirche der Mönche ergraben werden.

◆ Deckert, Adalbert: Die Oberdeutsche Provinz der Karmeliten, Rom 1961; Hausrotter, Hermann (Red.): Geschichte der Stadt P., Pößneck 1902, 151–161.

Preetz, *Benediktinerinnenkloster St. Maria (1211– nach 1534), Diözese Lübeck – (Kr. Plön, Schleswig-Holstein, ❒ 1, D2).*

▶ **Geschichte.** Im frühen 13. Jh. stand Holstein unter dänischer Herrschaft. Der Dänenkönig Waldemar II. übertrug seinem Neffen, Graf Albrecht von Weimar-Orlamünde, Spross der mächtigen Askanier in Thüringen und Anhalt, die Statthalterschaft in Holstein, Stormarn, Wagrien und Ratzeburg. Graf Albrecht gründete 1211 das Benediktinerinnenkloster *Campus Beatae Mariae* zum Ausbau des Landes am *limes saxoniae*, der Grenze zum slawischen Siedlungsgebiet in den ausgedehnten Wäldern Wagriens östlich von Kiel. Die Grundausstattung um die Schwentine fiel reichlich aus, die Pfarrkirche in P. gehörte von Beginn an dazu. Der Kleriker Herderich (1211–18) wurde erster Propst, Bischof Bertold von Lübeck gewährte 1220 Archidiakonatsgewalt im noch heidnischen Bezirk. Rodung und Kolonisation bildeten zunächst die Hauptaufgaben des Konvents und deutsche Siedler wurden ins Land gerufen. Nach dem Zusammenbruch des dänischen Großreichs erhielt Graf Adolf IV. von Schauenburg-Holstein nach 1225 sein altes Erbland zurück und gründete 1226 das Kloster P. neu. Er übertrug den Besitz nochmals offiziell (ähnlich verhielt er sich in ➛ Rinteln) und stiftete weiteres Land um Probsteierhagen dazu. Bis zur Mitte des 13. Jh. erduldete der Konvent zwei Standortverlegungen, erst 1261 wurde der heutige Platz in P. endgültig eingenommen. Eine Vorsteherin Jutta findet 1266 urkundlich Erwähnung, aber erst 1286 wird Adelheidis ausdrücklich als Priorin bezeichnet. Gleichzeitig beschränkte Bischof Burkhard von Lübeck (Serkem) die Konventsstärke auf 70 Schwestern. Unter den Pröpsten Johannes (1261–75) und Konrad (1275–85) entstand die erste eigene Klosterkirche, die nach dem Brand von 1307 neu errichtet werden musste. Der Eigenbesitz umfasste über 22.000 ha mit fast 50 Dörfern, in denen die Pröpste die volle Gerichtsbarkeit ausübten. Zu Beginn des 15. Jh. wurde eine Klosterschule für adelige Töchter eingerichtet. Die Schwestern pflegten neben der spirituellen Gemeinschaft mit den Zisterziensern vom ➛ Rudekloster enge Beziehungen zu den Benediktinern in ➛ Cismar, deren Abtei sie als übergeordnete geistliche Instanz betrachteten. Cismar griff in P. um 1460 reformierend im Sinn der ➛ Bursfelder Kongregation ein. Propst Hermann Kulpin (1491/92) aus Cismar enttäuschte aber in seiner nur einjährigen Amtszeit und hinterließ hohe Schulden. Priorin Anna von Buchwald (1484–1508) schrieb das „Buch im Chore“, u. a. ein Klosterrituale mit Betonung des Gesangs ganz im Geist der Bursfelder Rückbesinnung auf die benediktinischen Ursprungsideale. Seit 1490 gehörte Holstein wieder zur dänischen Krone. Unter König Friedrich I. breitete sich die Reformation ungehindert im Land aus, seit 1526 sind evangelische Prediger in P. nachweisbar. 1534 wandelte König Christian III. das Kloster in ein evangelisch-adeliges Damenstift um; Dorothea von Rantzau (1546–49) gilt als erste evangelisch-lutherische Priorin.

▶ **Gegenwart.** Das evangelische Damenstift P. dient bis heute den unverheirateten Töchtern der holsteinischen Ritterschaft als Versorgungseinrichtung mit Präbenden ohne Präsenzpflicht. Die adeligen Mädchen werden gleich nach ihrer Geburt eingeschrieben. Jede Stiftsdame besitzt im Klosterareal ein eigenes, heute meist vermietetes Haus. Das „Thienenhaus“ aus der ersten Hälfte des 16. Jh. ist heute das älteste Wohngebäude. Die Klosteranlage P. erreicht man durch ein Torhaus (1737), die Gebäude aus nachreformatorischer Zeit beherrschen, locker verteilt, das parkähnliche Gelände. 1847 wurde die spätgotische Klausuranlage abgebrochen, ein Teilstück des nördlichen Kreuzgangs aus der Mitte des 15. Jh. hat sich im Refektorium (heute Konventhaus Nr. 19) erhalten. Die Klosterkirche aus Backsteinen entstand als zweiter Bau nach 1325 in der sogenannten Reduktionsgotik mit Anlehnung an die Bettelordenskirchen. Das Nordschiff und drei Westportale wurden 1885 neugotisch aufgeführt. In der dreischiffigen, turmlosen „Stutzbasilika“ ohne Obergadenfenster unter einheitlichem Schleppdach diente das Mittelschiff den Ordensfrauen ungewöhnlicherweise als *chorus*, eine sonst übliche Empore gab es nicht. Halbhohe Mauern trennen die Seitenschiffe ab, südlich für die Laien und nördlich für den Kreuzgang. Das Chorgestühl für 70 Schwestern (teilweise original aus dem 14. Jh.) beherrscht den Mittelraum. Vorreformatorische Ausstattungsstücke blieben kaum erhalten.

◆ GermBen 11, 498–511; Mehlhorn, Dieter-J.: Klöster in Schleswig-Holstein, Heide 2004; Pauselius, Peter: Das adelige Kloster P., Plön 1990.

Preetz Benediktinerinnenkloster, die Klosterkirche (nach 1325) im Stil der Reduktionsgotik, Südwestansicht.

Prenzlau, *Magdalenenkloster St. Maria Magdalena und St. Sabinus (vor 1250– vor 1276), Benediktinerinnenabtei St. Maria Magdalena und St. Sabinus (vor 1276–1557) – „Sabinenkloster", Diözese Kammin – (Lkr. Uckermark, Brandenburg, ❒ 2, C3).*

▶ **Geschichte.** Die Herzöge von Pommern integrierten kurz vor 1250 die sogenannte Neustadt am Unterückersee der jungen Stadt P. nordöstlich oberhalb des Sees. Gleichzeitig stifteten sie an der alten Pfarrkirche St. Sabinus der Neustadt ein Magdalenenkloster, das wahrscheinlich vom Reuerinnenkloster in ➛ Magdeburg besiedelt wurde. Herzog Barnim I. übergab im März 1250 dem „Sabinenkonvent" die Patronatsrechte über alle vier Pfarrkirchen der Stadt, was Bischof Hermann von Kammin (Gleichen) im Dezember 1251 und Papst Alexander IV. im Mai 1256 beglaubigten. Nach dem Übergang der Stadt an die askanischen Markgrafen von Brandenburg (laut Vertrag von Landin 1250) bestätigten die neuen Landesherrn den Frauen Besitz und Privilegien. Die Gründung des städtischen Dominikanerklosters (➛ Prenzlau) 1275 führte nicht zum üblichen Obödienzwechsel der Magdalenen in den Predigerorden, sondern sie nahmen unter Einfluss der Markgrafen die Benediktregel an. Papst Gregor X. soll bereits vor 1276 den Wechsel festgelegt haben. 1280/82 erscheinen die „Sabinerinnen" urkundlich kurzfristig als Zisterzienserinnen, seit 1291 aber definitiv (bis zur Auflösung) als Benediktinerinnen unter Leitung einer Äbtissin. Die Jurisdiktion blieb stets beim Kamminer Bischof. Die Landesherrschaft, aber auch der uckermärkische Niederadel und begüterte Bürgerfamilien privilegierten, beschenkten und unterstützten das Sabinenkloster großzügig, das ob seiner Präsentationsrechte entscheidend zum religiösen Leben der Stadt und des Umlandes beitrug; die Patronatsrechte waren in Inkorporationen übergegangen. Das Prämonstratenserstift ➛ Gramzow nahm den Frauenkonvent 1288 in seine Gebetsbruderschaft auf. Äbtissin Margareta (1322–29) erklärte im April 1322 den Rat der Stadt der guten Werke ihrer Gemeinschaft teilhaftig, auch die Kalandsbruderschaft pflegte enge Beziehungen zum Konvent. Reformatorisches Gedankengut drang nur zögerlich in der Stadt ein, erst die kirchlich-religiöse Verfassungsänderung, die Abtrennung der Uckermark von der Diözese Kammin und der evangelische Visitationsdruck Kurfürst Joachims II. in den Jahren 1540 bis 1545 zwangen Äbtissin Adelheid von Kerkow (1535/42), auf ihre Patronatsrechte zu verzichten. Der letzte Propst Johann Havemeister starb 1544. Mit Säkularisierungsmaßnahmen zwang der Kurfürst 1557 schließlich Äbtissin Anna Winterfeld und zwölf Schwestern, bei Versorgungs- und Bleibeversprechen auf alle Rechte zu verzichten. Die letzte Benediktinerin des Sabinenklosters P. starb 1588. Die Bürger erinnerten sich lange an ihr Sabinenkloster, bis in das 17. Jh. wurden Prozessionen, Zeremonien und Gesänge am Tag der hl. Maria Magdalena abgehalten. Nach häufigem Besitzwechsel erlangte 1841 die Stadt das Sabinengut.

Prenzlau Benediktinerinnenabtei, die Sabinenkirche (um 1270) mit Restmauern aus Feldsteinen, Südost.

▶ **Gegenwart.** Vom Sabinenkloster direkt am Nordwestufer des Unterückersees blieben keine Konvents- oder Wirtschaftsgebäude erhalten, einzig die Sabinenkirche dient noch heute der evangelischen Gemeinde der Neustadt als Pfarrkirche. Der langgestreckte, rechteckige Feldsteinbau ersetzte in der zweiten Hälfte des 13. Jh. die Vorgängerkirche St. Sabinus, die bereits 1160/70 nahe einer slawischen Burg errichtet worden war. Die ehemalige Klosterkirche litt 1627 unter dänischer Soldateska und wurde 1816 stark überformt, so dass heute nur noch die Umfassungsmauern und der Ostgiebel auf mittelalterliche Bauleistung zurückzuführen sind.

◆ Weigel, Petra/Schulz, Matthias: P., Magdalenerinnen/Benediktinerinnen, in: Brandenburgisches Klosterbuch, Bd. 2, Berlin – Brandenburg 2007, 967–977; Creutz, Ursula: Das Benediktinerinnenkloster in P., in: Geschichte der ehemaligen Klöster im Bistum Berlin, Leipzig 1995, 171–175.

Prenzlau, *Dominikanerkloster Heilig Kreuz (1275–1544) – „Schwarzes Kloster", Diözese Kammin – (Lkr. Uckermark, Brandenburg, ❒ 2, C3).*

▶ **Geschichte.** Markgraf Johann I. von Brandenburg bat 1264 das Pariser Generalkapitel des Dominikanerordens um die Sendung von Brüdern in seine kurz zuvor von Pommernherzog Barnim I. erworbenen Stadt P. in der Uckermark. Die Prediger kamen aber erst 1275 nach erneuter Bitte des Sohnes, Markgraf Johanns II., sowie seiner Gemahlin Hedwig von Werle und ließen sich auf dem markgräflichen Hof auf einer Anhöhe am südlichen Stadtrand über dem Unterückersee nieder. Der erste Prior unbekannten Namens war zuvor Subprior im Konvent in ➛ Halberstadt. Die Dominikaner errichteten das größte „Schwarze Kloster" des Landes mit einer dreischiffigen Klosterkirche. Schenkungen des Fürstenhauses, wohlhabender Bürger und verbundener Handwerkerinnungen sicherten eine aufstrebende Entwicklung, so dass Kloster P. bald zu den wohlhabenden Konventen der

Natio Marchiae innerhalb der Ordensprovinz Saxonia gehörte (zusammen mit den Bruderkonventen in ➛ Neuruppin und ➛ Brandenburg). Die Verbundenheit mit der Bürgerschaft, aus der sich der Konvent rekrutierte, beweisen städtische Rechtssprechungen, die im Kreuzgang als neutralem Ort unter Vermittlung der gelehrten Dominikaner vollzogen wurden. Die Prediger betrieben gemäß der Ordensregel wissenschaftliche Studien und förderten ihre Bildung, die sie auch an Bürger in der klösterlichen Lehranstalt weitergaben. Die hohe Stellung des Konvents innerhalb des Ordens offenbaren die abgehaltenen Provinzkapitel in P. (1311, 1368, 1488). Auf dem Kapitel von 1488 wurden die Zisterzienserinnen in ➛ Boitzenburg in die Gemeinschaft geistlicher Werke aufgenommen. Eine Annahme spätmittelalterlicher Ordensobservanz durch den Konvent ist nicht überliefert; 1513 zählte er 14 Mitglieder, sonst wohl eher weniger. Mit den örtlichen Franziskanern (➛ Prenzlau) teilten sich die Dominikaner den Hof Klinkow mit bedeutendem Landbesitz. 1519 erwarben sie ihn ganz und verkauften ihn 1536 der Stadt, um sich für die Zeit nach der drohenden reformatorischen Enteignung zu versorgen. Solange ein Konventsmitglied auch außerhalb des Klosters lebte, war der Rat zur Zahlung einer Rente verpflichtet. 1543 setzte Kurfürst Joachim II. von Brandenburg die evangelische Kirchenordnung durch und eignete sich 1544 das Kloster an, nachdem der letzte Prior Bartholomäus Merten (1536/44) eine Verzichtsurkunde unterzeichnet hatte. Durch Verkauf gelang das Klosterareal an die Stadt, die ein Hospital einrichtete und die Klosterkirche als Pfarrkirche der evangelischen St. Nikolaigemeinde nutzte.

▶ **Gegenwart.** Das Dominikanerkloster in P. ist heute eine der besterhaltenen mittelalterlichen Konventsanlagen in Deutschland mit typischer Bettelordenskirche und dreiflügeliger Klausuranlage. Die Dominikanerkirche Heilig Kreuz ist eine dreischiffige Backsteinhalle zu sechs Jochen mit eingerücktem Polygonalchor, die in drei Bauabschnitten bis 1343 entstand. Das schmuckreiche Doppelportal wurde im Nordwestbereich des Langhauses zusätzlich eingefügt. Die zweigeschossige Klausur enthält kreuzrippengewölbte Kreuzgänge und alle monastischen Funktionsräume, gewölbt und formenreich verziert, die heute als Kulturhistorisches Museum der Stadt genutzt werden. Das Refektorium im Westflügel zeigt Seccomalereien mit Passionsszenen (1516), die Sakristei im Ostflügel schmücken Pflanzenmotive.

❖ Einige Vitrinen des Museums sind dem untergegangenen Zisterzienserinnenkloster Seehausen gewidmet, das seit etwa 1250 (10 km südlich der Stadt) bis zur Reformation existierte, von dem aber keine aufstrebende Architektur erhalten blieb.

◆ Neininger, Falko u. a.: P., Dominikaner, in: Brandenburgisches Klosterbuch, Bd. 2, Berlin – Brandenburg 2007, 978–990; Hillerbrand, Katja: Dominikanerkloster „Zum Heiligen Kreuz" in P., Prenzlau 1999.

Prenzlau Dominikanerkloster, das spätgotische Schmuckportal im Nordwestbereich der Klosterkirche.

Prenzlau, *Franziskanerkloster St. Johannes Baptist (nach 1240– vor 1544) – „Graukloster", Diözese Kammin – (Lkr. Uckermark, Brandenburg, ❒ 2, C3).*

▶ **Geschichte.** Der Pommernherzog Barnim I. rief deutsche Kolonisten in die Uckermark und gab der Kaufmannssiedlung P. 1234 das Magdeburger Stadtrecht; im Zuge dessen rief er möglicherweise die Franziskaner in die Stadt. In Stettin entstand 1240 ein Franziskanerkloster, von wo die Minoriten möglicherweise nicht nur ➛ Greifswald, sondern auch P. besiedelt haben. Bischof Wilhelm I. von Kammin gilt als großzügiger Förderer der Graubrüder und ließ sich 1253 im Chor der Franziskanerkirche St. Johannes der Täufer in P. bestatten, der damals wohl bereits aufgeführt war. Diese Beisetzung gilt heute als erster urkundlicher Nachweis der Minoriten in P. Im Vertrag von Landin 1250 fiel die Uckermark an die brandenburgischen Markgrafen Johann I. und Otto III. und damit auch die neue Stadt P. Die Minoriten erhielten weiterhin volle Unterstützung von der askanischen Herrschaft, ebenso später von den Wittelsbachern, Luxemburgern und Hohenzollern. 1269 zeugten Franziskaner aus P. für das Benediktinerinnenkloster Flieth, das um 1280 mit den Zisterzienserinnen von ➛ Boitzenburg zusammengelegt wurde. Zu dem Konvent in Boitzenburg pflegten sowohl die Franziskaner als auch die Dominikaner in der Stadt (➛ Prenzlau) enge Beziehungen. Ein Guardian von P. taucht urkundlich 1288 als Zeuge für dieses Frauenkloster auf. Beim Bau der westlichen Stadtmauer (nach 1270) wurde das unmittelbar angrenzende „Graukloster" beteiligt, denn innerhalb des Areals musste der Guardian Nikolaus (1270) die Verteidigungsfähigkeit trotz einer Pforte zu den Ländereien gewährleisten. Jahreskapitel der Ordensprovinz Saxonia fanden 1274, 1308 (1309?) und 1329 in P. statt. Der Konvent eröffnete eine Lehranstalt für geistliche und philosophische Studien, die um 1440 zum Provinzstudium erweitert wurden. Ein Lektor Hermann Etzen (um 1420–65) ist namentlich bekannt; schon nach einem Jahr mangelte es an der finanziellen Grundlage, zurück blieb eine reiche Bibliothek. Mit den Dominikanern vor Ort teilten sich die Minoriten seit 1441 den Hof Klinkow; ihren Anteil verkauften sie aber vor 1519 den Predigern. Die Bäcker- und Bierbrauerzünfte standen den Brüdern nahe. Gegenüber dem Kloster befanden sich zwei Armenhäuser, deren Bewohnern sich die Minoriten annahmen. Im Gegensatz zu ihren Mitbrüdern in ➛ Angermünde standen die Minoriten in P. der ordensinternen Observanzreform ablehnend gegenüber. Sie blieben Konventualen, unterwarfen sich 1509 lediglich den gemäßigten ➛ Martinianischen Konstitutionen. Während der Reformationszeit gingen die Almosengaben zurück, die wirtschaftliche Not zwang zum Verkauf von Altargeräten; schließlich mussten die Brüder den Konvent verlassen. Kurfürst Joachim II. von Brandenburg setzte 1540 eine evangelische Kirchenordnung durch und bereicherte sich an den säkularisierten Klöstern, um seinen defizitären Haushalt zu entlasten; deshalb wurde auch das Prenzlauer Graukloster vor 1544 als ritterliches „Graukloster Gut" verpachtet. 1735 ließ der Graf von Münchow die mittelalterlichen Klausurgebäude für den Bau des „Prinzenpalais", der späteren Stadtschule, abreißen.

▶ **Gegenwart.** Die erhaltene Klosterkirche aus der Gründungszeit ist ein einschiffiger, von Anfang an gewölbter Feldsteinbau, der in seiner Form ohne Strebepfeiler der Ordenshauptkirche San Francesco in Assisi nachempfunden sein soll, was jüngste Einschätzungen jedoch verwerfen. Die Franziskanerkirche in P. gilt dennoch als einer der frühesten franziskanischen Gewölbebauten nördlich der Alpen. Seit 1698 diente sie als Dreifaltigkeitskirche der evangelisch-lutherischen Gemeinde und 1846 bis 1975 der evangelisch-reformierten Gemeinde. Danach überließ man sie dem Verfall. Erst nach 1993 begannen Rettungsaktionen, getragen von einer Initiative der Bürger, durch den Geschichtsverein der Stadt und einen eigens gegründeten Förderkreis. Das heutige Gewölbe stammt aus der zweiten Hälfte des 14. Jh., die östliche Vorhalle mit Schaufassade und Eingang entstand erst 1846/65. Der neugotische Lettner und der Altar stehen im Westen; ob diese seltene Ausrichtung schon immer galt, konnten Archäologen bislang nicht entscheiden. Das südliche Portal diente der Laiengemeinde als Zugang.

◆ Riedel, Peter/Schulz, Matthias: P., Franziskaner, in: Brandenburgisches Klosterbuch, Bd. 2, Berlin – Brandenburg 2007, 958–966; Pieper, Roland/Einhorn, Jürgen W.: Franziskaner zwischen Ostsee, Thüringer Wald und Erzgebirge, Paderborn 2005, 93–96; Teichmann, Lucius: Die Franziskanerklöster in Mittel- und Ostdeutschland, Leipzig 1995, 171 f.

Prießnitz, *Zisterzienserinnenkloster St. Mauritius (vor 1259–1549) – „Frauenprießnitz", Diözese Naumburg – (Frauenprießnitz, Saale-Holzland-Kreis, Thüringen, ❐ 4, B1).*

▶ **Geschichte.** Das Mauritiuspatrozinium weist auf eine frühmittelalterliche Kirchengründung in P. hin. Möglicherweise kamen Benediktinerinnen vor 1119 aus dem Kloster St. Mauritius in ➛ Naumburg nach *Briesenicz*, weil ihr Kloster in der Bischofsstadt Naumburg den Augustiner-Chorherren übergeben worden war. Die erste urkundliche Nachricht über das Frauenkloster in P. erscheint 1259: ein Propst Johannes tritt als Zeuge bei einer Schenkung für das Stift ➛ Lausnitz auf. Noch 1274 beurkundet er einen Gütertausch zwischen seiner Äbtissin Adelheid (1274/75) und der Zisterzienserabtei ➛ Pforte. Bischof Dietrich II. von Naumburg († 1272, Meißen) bezeichnete die *sanctimoniales* von P. als Benediktinerinnen, Bischof Withego 1342 als Zisterzienserinnen. Die Zuordnung zu einer Observanz bleibt problematisch, auch mag sie mehrfach gewechselt haben. Die Mitgliedschaft im Zisterzienserorden kann man ausschließen, denn der Konvent unterstand immer der Jurisdiktion des Bischofs. Heute ist die Bezeichnung als Zisterzienserinnenkloster allgemein üblich, erst im 16. Jh. erscheint der Name „Frauenprießnitz" in den Urkunden. Als Stifter des Klosters kommen die Schenken von Tautenburg in Frage, sie nutzten P. aber erst im Spätmittelalter als Familiengrablege und übten erst in der Spätphase des Konvents die Schirmherrschaft aus. Auch waren die Töchter dieser Familie wohl eher in den Klöstern Eisenberg, ➛ Berka und ➛ Kapellendorf untergebracht. Burggraf Hermann von Kirchberg vermachte 1281 den Schwestern in P. eine höhere Summe Geldes für Seelenheilmessen nach seinem Tod. Im Mai 1327 erwarben Propst Siegfried und Äbtissin Jutta das reichfundierte Lorenzhospital in Naumburg und verkauften gleichzeitig dem Naumburger Moritzstift eine Hufe in Kroppen und das Vorwerk Plotha. Bereits zehn Jahre später konnte der Frauenkonvent seiner Verpflichtung zur Versorgung von zehn Hospitalinsassen nicht genügend nachkommen, so dass das Lorenzspital 1337 an das Moritzstift zurückfiel. Bischof Withego I. inkorporierte dem Kloster 1342 die einträgliche Pfarre in Dorndorf, um finanzielle Schwierigkeiten abzumildern. Quelleninformationen aus dem 15. Jh. fehlen heute gänzlich. Aufrührerische Bauern plünderten und brandschatzten 1525 die Anlage. Die Schwestern waren geflohen, der Schenk Hans der Ältere von Tautenburg verwahrte Kleinodien, Messgewänder und fünf Kelche; letztlich kehrte der Konvent nicht zurück. Der Landesherr Herzog Georg von Sachsen-Meißen-Dresden verhinderte die Aufhebungsabsichten der Tautenburger und setzte 1528 den Propst Georg Tag im Kloster ein. Der Propst richtete zwar die Gebäude wieder her, aber eine monastische Wiederbelebung gelang ihm nicht. 1547/49 übernahm die Herrschaft Tautenburg den Besitz und errichtete eine Schlossanlage. Ein Großbrand vernichtete 1638 das Dorf und das ehemalige Kloster bzw. Schloss weitestgehend, das Archivmaterial ging dabei wohl verloren.

▶ **Gegenwart.** Von der Klausur des 13. Jh. hat sich lediglich eine Restmauer mit Fensteröffnungen im Westbereich der Kirche erhalten. Die Klosterkirche im heutigen Ort Frauenprießnitz dient der evangelisch-lutherischen Gemeinde als Pfarrkirche. Sie musste in der frühen Neuzeit als Schlosskirche einschneidende Veränderungen hinnehmen. Der einschiffige Bau mit eingezogenem Langchor und südwestlichem Glockenturm bewahrte seine mittelalterliche Erscheinung, besonders im kreuzrippengewölbten, zweijochigen Chor mit Polygonschluss. An der Nordseite des Langhauses wurde zu Beginn des 17. Jh. ein schmales Seitenschiff angebaut, Segmentbögen zum Hauptschiff eingebrochen und ein Mortuarium für die Tautenburger Schenken eingerichtet. Der Turm an der Südwestecke geht im oberen Bereich auf diese Umbauphase zurück. Restaurierungsarbeiten erfolgten an der Kirche nach dem Brand von 1638 und im 19. Jh., eine Sanierung erfolgte in jüngster Zeit.

◆ RepZist 245–251; Mohn, Claudia: Frauenprießnitz (Thüringen), in: Mittelalterliche Klosteranlagen, Petersberg 2006, 282; Lindenau, Katja: Zisterzienser-Nonnenklöster im Bistum Naumburg, Dresden 2000, 34–50.

Prießnitz Zisterzienserinnenkloster, die Klosterkirche behielt ihren mittelalterlichen Charakter, Westansicht.

Prozelten, *Deutschordenskommende (1320–1484), Erzdiözese Mainz – (Stadtprozelten, Lkr. Miltenberg, Bayern, ❐ 3, D2).*

▶ **Geschichte.** Gräfin Elisabeth von Klingenberg, Witwe Gottfrieds von Hohenlohe, schenkte dem Deutschen Orden 1320 das Dorf P. und die gleichnamige Burg über dem Main, nachdem auch Graf Konrad von Vehingen ihr seinen Anteil verkauft hatte. Die Deutschordensritter richteten in der mächtigen Burg eine Kommende ein. 1329 verzichteten auch Graf Ludwig von Rieneck der Ältere und seine Gemahlin Elsbeth von Hohenlohe auf ihre Rechte zugunsten des

Ordens. Die Kommende P. unterstand als Tochterkommende dem Hauptsitz ➛ Mergentheim. Das Hospital der Kommende Neubrunn bei Böttigheim wurde auf Veranlassung des Hochmeisters Karl von Trier (1311–24) nach P. verlagert. 1321 wird Walther von Riedern als Hauskomtur genannt. Seit 1335 sind die Landkomture der Ballei Franken als Vorgesetzte nicht mehr nachweisbar, die Kommende P. unterstand nun direkt dem Deutschmeister Wolfram von Nellenburg (1331–61) als Kammerhaus. Die nahe Kommende Neubrunn wurde lediglich als befestigter Amtssitz des Ordens unter Führung von P. weitergeführt. Der Streit mit dem Wertheimer Grafen, dessen Besitz zwischen beiden Häusern lag, war dadurch vorprogrammiert, zudem gehörte Neubrunn zur Diözese Würzburg. Die Burgbesatzung belief sich während der Ordensritterzeit meist auf 20 bis 30 Mann, die die Burg speziell gegen die aufkommenden Feuerwaffen zur mächtigen Festung ausbauten. Wegen der allgemeinen Krise des Deutschen Ordens im 15. Jh. war die Burg immer schwerer zu halten. Der Deutschmeister Reinhard von Neipperg (1479–89) übergab im Rahmen größerer Tauschgeschäfte 1484 die Burg und den Ort P. dem Mainzer Hochstift gegen die erzbischöflichen Burgen Solme (Neckarsulm) und Scheuerburg. Auf den letzten Komtur, Graf Georg von Henneberg, könnte die heutige Bezeichnung „Henneburg" zurückgehen, oder aber auf Erzbischof Berthold von Henneberg, der in P. ein kurmainzisches Amt einrichten ließ, das bis zur Säkularisation 1803 bestand. 1704 wird die Festung bereits als ruiniert beschrieben, ihre Bedeutungslosigkeit offenbarte sich im zunehmenden Verfall. Für eine Zerstörung durch die Franzosen 1688 fehlen Belege.

Prozelten Deutschordenskommende, Ordensritter bauten die romanische Burg zur gotischen Festung aus.

▶ **Gegenwart.** Die renovierte Burgruine (1982–86) erhebt sich heute 100 m steil über Stadtprozelten am rechten Mainufer. Romanische Mauerzüge gehen auf die ältere Burg der Staufer zurück. Der Deutsche Orden veränderte während seiner über 150-jährigen Nutzung die Wehranlage mit eingreifenden gotischen Aufbauten, wozu der westliche Palas, der kleine Bergfried, Feuergeschütztürme, Verteidigungsmauern und unterirdische Wehrgänge gehören.

◆ Grathoff, Stephan: Mainzer Erzbischofsburgen, Stuttgart 2005; Klebes, Bernhard: Der Deutsche Orden in der Region Mergentheim im Mittelalter, Marburg 2002.

Prüfening, *Benediktinerabtei St. Georg (1109–1803), Diözese Regensburg – (Regensburg-P., Bayern, ❐ 4, B3).*

▶ **Geschichte.** Bischof Otto I. von Bamberg (1102–39, kanonisiert 1189) gründete 1109 auf Bamberger Besitz westlich von Regensburg das Benediktinerkloster P. als Gegengewicht zur Abtei St. Emmeram in ➛ Regensburg. Er rief Benediktinermönche aus dem Reformzentrum ➛ Hirsau an die Donau. Der erste Abt Erminold (1114–21) kam aus der Reichsabtei ➛ Lorsch, wo er als Reformer am hartnäckigen Widerstand der Reichsmönche gescheitert war. Umso strikter suchte er den Erfolg in P. und wurde im Januar 1121 von einem seiner Mönche ermordet. Unter Abt Erbo (1121–62) aus ➛ Sankt Georgen stand die junge Abtei P. in Hochblüte; der Abt vollendete die Klausuranlage und die Klosterbasilika. Letztere war bereits 1119 als vollendeter Rohbau konsekriert worden; damals entstanden einzigartige Malereien im Ostbereich. Die Schreib- und Illustrationskünste des Bibliothekars Wolfger in P. gipfelten im „Glossarium Salomonis", heute ein Schatz in der Münchener Staatsbibliothek. Der Konvent zeigte während des 12. Jh. eine äußerst strenge und vorbildliche Lebensweise. Die ➛ Hirsauer Reformstatuten wurden nach Asbach, Banz, ➛ Biburg, ➛ Münchsmünster, Göttweig in Niederösterreich und Fiecht-Georgenberg in Tirol weitergegeben. Die Exemtion vom Regensburger Diözesanbischof konnte nicht erreicht werden, die Äbte mussten die Investitur in Regensburg, ihre Weihe aber in Bamberg erbitten. Die größte Belastung waren die Schirmvögte, die sich am Klostergut vergriffen, so die Grafen von Prüfening, die Grafen von Bogen und seit 1242 die Wittelsbacher. Mit Falsifikaten versuchten die Benediktiner vergeblich, eine Vogteifreiheit vorzutäuschen. Im 13. und 14. Jh. bestimmten wirtschaftliche Schwierigkeiten die Geschicke des Klosters. Abt Albrecht III. Glück (1414–32) führte 1423 mit Unterstützung der Abtei ➛ Reichenbach (Opf.) ohne durchschlagenden Erfolg die ➛ Kastler Reform ein. 1445 sollte dazu eine Gruppe Reformmönche aus ➛ Kastl helfen, 1486 wurde damit der Reichenbacher Konventuale Jakob Premß beauftragt. Lutherisches Gedankengut stieß während der Regensburger Reformation auf Interesse im Konvent, so dass unter Abt Ulrich Schöndl (1529–59) die Gemeinschaft

Prüll Benediktinerabtei/Kartäuserkloster, die Klausuranlage mit den Türmen der Klosterkirche im Hintergrund.

Prüll, *Benediktinerabtei St. Spiritus und St. Vitus (997–1483), Kartäuserkloster St. Vitus (1483–1803) – „Karthaus-P.", Diözese Regensburg – (Regensburg-P., Bayern, ❒ 4, B3).*

▶ **Geschichte der Benediktinerabtei.** Bischof Gebhard I. von Regensburg und sein Bruder Rapoto stifteten 997 südlich von Regensburg ein Benediktinerkloster im Gelände des früheren Tiergeheges *pruoil* am wichtigen Handelsweg nach Augsburg, das sie vom Kloster St. Emmeram in ➛ Regensburg eingetauscht hatten. Aus der Emmeramsabtei kam wahrscheinlich der Gründungskonvent mit Abt Bonifatius (1009). Dessen beide Nachfolger waren Professen von St. Emmeram, weshalb man strenge Gewohnheiten der ➛ Gorzer Reform im frühen Konvent annehmen darf. Neue Aufgaben erwuchsen aus der Betreuung von Reisenden und auch der Unterhalt eines Spitals ist früh bezeugt. Heinrich II. und Konrad II. förderten mit Schenkungen die aufstrebende Entwicklung, die aber 1105 mit dem bewaffneten Konflikt zwischen Heinrich IV. und seinem Sohn Heinrich V. abrupt endete, denn die Abtei wurde dabei zerstört. Unter der Mithilfe Bischof Hartwigs I. von Sponheim entstand bis 1110 die noch heute existierende Kirchenhalle unter dem neuen Patrozinium St. Vitus. Abt Wernher (1143/47) kam aus der österreichischen Reformabtei Admont und führte ➛ Hirsauer Gewohnheiten ein. Papst Eugen III. bot 1147 seinen Schutz und bekräftigte die freie Abtwahl. Möglicherweise

auf zwei Mitglieder zusammenschrumpfte (auch aufgrund einer Epidemie). Nach 1575 verwalteten Administratoren die daniederliegende Abtei. Erst Abt Johannes V. Staddler (1606–19) konsolidierte die Verhältnisse, die unter den Schweden 1633 wieder ins Chaotische abglitten, zumal Abt Andreas Pichler (1631–34) in Gefangenschaft geriet. Trotz eines neuen Aufschwungs stand P. 1685 vor der Auflösung, weil Papst Innozenz XI. mit der Übertragung der Abteigüter Kurfürst Max Emanuel finanziell unterstützen wollte. Die Bischöfe von Bamberg und Regensburg konnten eine Säkularisierung vorerst abwenden. Die Abtei blühte noch einmal unter dem wohl bedeutendsten Abt und Gelehrten Rupert Kornmann (1790–1803) als Hort wissenschaftlicher Gelehrsamkeit auf. Im März 1803 erfolgte die Aufhebung zugunsten des Hauses Wittelsbach. Der Abt, 34 Mönche und drei Novizen mussten die Abtei verlassen, die Gebäude wurden verkauft. 1899 erlangte die fürstliche Familie von Thurn und Taxis die Abtei, die sie heute noch in Besitz hat.

▶ **Gegenwart.** Das romanische Münster in P., heute die katholische Kirche St. Georg, ist in seiner Grundform unverändert erhalten. Die dreischiffige, kreuzförmige Pfeilerbasilika mit dreischiffigem, apsidialem Chor gilt als erster bayerischer Kirchenbau mit Hirsauer Baumotiven. Ihre Chorflankentürme und das Fehlen des *chorus minor* sprechen für eine individuelle Architekturlösung Bischof Ottos I. von Bamberg. Die heutige Westfassade und die Langhauswölbung stellen Veränderungen der Barockzeit dar. Die Ostanlage war von Anfang an kreuzgratgewölbt – zu Beginn des 12. Jh. eine technische Vorreiterleistung. Die romanischen Wand- und Deckenmalereien im Chorbereich (um 1125) dienen als Dokumentation päpstlichen Machtanspruchs gemäß der Hirsauer Reformideale. Sie wurden erst 1897 entdeckt und zählen heute zu den herausragendsten Zeugnissen romanischer Bildkunst in Deutschland. Die ehemalige Pfarrkirche St. Andreas für die klostereigenen Laien sowie das Brunnenhaus blieben ebenfalls als romanische Baudenkmäler erhalten. Die vom fürstlichen Haus Thurn und Taxis seit 2001 renovierten nachmittelalterlichen Gebäude bezog 2002 die Montessori-Schule Regensburg.

◆ GermBen 2, 229–235; Fink, Alexandra: Die ehemalige Klosterkirche St. Georg in P. bei Regensburg, in: Romanische Klosterkirchen des hl. Bischofs Otto von Bamberg (1102–1139), Petersberg 2001, 56–79; Stein, Heidrun: Die romanischen Wandmalereien in der Klosterkirche P., Regensburg 1987.

Prüfening Benediktinerabtei, südlicher Chorbereich der Basilika (um 1125) mit romanischer Wandmalerei.

gliederte sich im Zuge der neucluniazensischen Reform ein Frauenkonvent an, der erstmals 1223 urkundlich genannt wird und bis längstens 1454 bestand. Im Streit König Ludwigs des Bayern mit der Kurie hielt die Abtei zum König, versöhnte sich aber 1349 mit dem Papst. Der schleichende Niedergang der Wirtschaft trotz umfangreichen Grundbesitzes sowie die Verflachung der Klosterzucht verschärften sich im 15. Jh. zur inneren Krise. Die kostspieligen Bauten Abt Christoph Welsers (1454/85) führten schließlich zum Ruin. 15 Benediktiner waren 1483 gezwungen, in anderen Klöstern Unterkunft zu finden.

▶ **Geschichte des Kartäuserklosters.** Herzog Albrecht IV. übergab 1483 mit Zustimmung Papst Sixtus' IV. gegen Einspruch Bischof Heinrichs IV. von Regensburg (Absberg) das verwaiste Kloster P. dem Kartäuserorden. Die ersten Kartäuser kamen im Juni 1484 mit Prior Michael Schrepler (1484–91) aus der Kartause in ➛ Nürnberg. Sie rissen die neuen Klausurgebäude der Benediktiner nieder, passten die Anlage ihrer eremitischen Lebensweise an und etablierten die einzige Ordensniederlassung im Herzogtum Bayern. 1488 nahm das Generalkapitel die Kartause P. als vollberechtigtes Ordensmitglied auf. Die Benediktiner prozessierten in Rom bis 1514 vergeblich gegen den Verlust. Die Reformation berührte die kontemplativen Mönche kaum. Im Dreißigjährigen Krieg floh der Konvent vor den Schweden ins Exil. In der folgenden Zeit der Barockblüte trat Prior Siegmund Diez (1677–1719) besonders hervor, die Kartause St. Veit war wegen der „guten Luft" und ihrer Heilquelle, deren Wasser die Kartäuser verkauften, ein viel besuchter Ort hoch stehender Persönlichkeiten bis hinauf zum Kaiser. Im Zuge der allgemeinen Säkularisation fiel die Anlage 1803 an das Kurfürstentum Bayern. Die Klosterkirche verwahrloste, ein Teil der Kartäuserzellen, Kapitelsaal, Refektorium und Bibliothek wurden abgebrochen, die restliche Anlage fand 1852 als „Königliche Kreisirrenanstalt" Verwendung.

▶ **Gegenwart.** Von den Kartäuserbauten sind nur wenige original erhalten geblieben. Das südwestliche Priorat von 1612 und den Resttrakt am Kleinen Kreuzgang nutzen heute das Bezirksklinikum Regensburg, inzwischen vielfach umgestaltet, verändert, neuen Ansprüchen angepasst und durch Neubauten ergänzt. Von typischen Einzelhäuschen der Kartäuser stehen noch sieben im Nordbereich der Kirche als Rest des Großen Kreuzgangs. Die romanische Kloster- und katholische Filialkirche St. Vitus von 1110 gilt als einer der ersten sakralen Hallenbauten Bayerns. Sie ist ein sechsjochiger, dreischiffiger Bau mit zwei achteckigen Türmen. Die Kartäuser veränderten 1498 das Sanktuarium zum spätgotischen Klerikerchor, strikt getrennt vom Langhaus durch den kreuzgangförmigen Lettner. Prior Georg III. Faesilius (1600–15) ließ den Innenraum mit herzoglicher Hilfe aufwändig mit Stuck verzieren. An der südlichen Schildbogenwand sind romanische Fresken erhalten.

◆ GermBen 2, 235–237; Schmid, Alois: Die Gründung des Klosters P., in: 1000 Jahre Kultur in Karthaus-P., Regensburg 1997, 11–19; Kernl, Hubert: Studien Zur Innenausstattung der ehemaligen Klosterkirche von Karthaus-P. in Regensburg, in: Beiträge zur Geschichte des Bistums Regensburg 17 (1983) 269–320.

Prüm, *Benediktiner Reichsabtei St. Salvator u. a. (721–1802), Erzdiözese Trier – (Eifelkreis Bitburg-P., Rheinland-Pfalz, ❐ 3, A1).*

▶ **Geschichte.** Im Bidgau am Fluss Prüm gründeten 721 die Edelfrau Bertada und ihr Sohn Charibert, der spätere Graf von Laon, ein adeliges Eigenkloster. Die ersten Mönche aus der Abtei Echternach und Abt Angloald lebten nach der *Regula mixta*, einer Mischung aus irischer Columban- und Benediktregel. Der Frankenkönig Pippin und seine Gemahlin Bertrada, Enkelin der

Prüm Benediktiner Reichsabtei, das gotische Ziergewölbe im Nordwestturm der repräsentativen Barockkirche.

Stifterin, riefen 752 zur inneren Erneuerung Benediktiner aus Faron in Meaux (Frankreich) und schenkten dem Konvent die Reliquien der Sandalen Jesu. 762 erfolgte eine formelle Neugründung als fränkisches Königskloster, ausgestattet mit weit verstreutem Landbesitz von der Bretagne bis zur Rhône, von Holland bis ins Münsterland sowie mit Immunitätsprivilegien, die von allen nachfolgenden Frankenherrschern bestätigt wurden. Obwohl die Reichsabtei P. auch Grundbesitz in Friesland besaß, wurde von ihr keine Missionstätigkeit erwartet, auch findet sie keine Erwähnung in der unvollständigen „Notitia de servitio monasteriorum" der Aachener Reichssynode von 818/819. Um diese Zeit zählte der Konvent angeblich mindestens 200 Mönche. 782 übertrug Karl der Große der Abtei das Kollegiatstift St. Goar am Rhein mit den dazugehörigen Ländereien. Abt Markward (829–853) gründete eine Klosterschule sowie 836 die Propstei ➛ Münstereifel. Kaiser Lothar I. trat 855 als Mönch in P. ein und wurde noch im gleichen Jahr nahe dem Hochaltar bestattet, woraufhin sich ein Kult entwickelte. Mönche aus P. stiegen unter den Karolingern zu hohen Würdenträgern auf. Nach den Normannenüberfällen 882 und 892 musste Abt Regino (892–899) die Abteianlage neu aufbauen lassen. Er ließ das „Prümer Kopiar" und „Prümer Urbar" von seinen Mönchen anfertigen, befasste sich mit Musiktheorie und schrieb seine berühmte Weltchronik von der Zeit Christi Geburt bis zum Jahr 906. Um diese Zeit unterstanden über 30 Lehnsmannen dem Abt von P., darunter die Herzöge von Limburg und die Grafen von Kleve, Jülich, Sayn, Katzenelnbogen, Sponheim, Namur, Vianden und andere mehr. Im Auftrag Kaiser Heinrichs II. führte Abt Immo vom lothringischen Kloster Gorze die ➛ Gorzer Reformgewohnheiten ein (1004–09), die sein Nachfolger Abt Urold (1010–18) festigte. Gut ein Jahrhundert danach versuchte Abt Adalbero (1131–36) vergeblich neucluniazensische Statuten der ➛ Sankt Blasien-Reform durchzusetzen, aber es blieb bei der Propst- und Dekanieverfassung eines Reichsklosters. 1187 gingen die Abteien P., Stablo und Malmedy (beide heute Belgien) eine Verbrüderung ein, die in der Folgezeit mehrmals in Personalunion geleitet wurde; Abt Friedrich I. stand von 1222 bis 1244 diesen drei Abteien vor. 1190 gründete der Konvent im nahen Hofgut das Benediktinerinnenkloster Niederprüm, das bis 1802 bestand. Friedrich II. erhob die Abtei P. und deren Besitzungen 1222 zum selbständigen Fürstentum, das nun Sitz und Stimme im Reichstag besaß. In den folgenden Jahrhunderten vergriffen sich Nachbarfürsten und besonders Kurtrier mit zunehmendem Erfolg am Abteibesitz, was 1576 in der Einverleibung des Fürstentums P. in den Kurstaat Trier gipfelte. Bis zur Aufhebung der Abtei 1802 durch die französische Konsularregierung blieben die Trierer Kurfürsten die Administratoren von P. und ließen sich durch einen Prior vertreten. Im sogenannten „Prümer Krieg" versuchten die Mönche 1768 ihre Selbständigkeit wieder zu erlangen, mussten aber vor dem Militär des Erzbischofs kapitulieren.

▶ **Gegenwart.** In der Barockzeit ließen die Kurfürsten von Trier die heutige Anlage und Klosterbasilika St. Salvator neu errichten. Der alte Grundriss der mittelalterlichen Kirche wurde dabei berücksichtigt, ganze Mauerteile wiederverwendet, nur die Innenmaße verändert. Der gotische Nordwestturm unterlag lediglich einer barocken Ummantelung und zeigt innen seine mittelalterliche Herkunft. Die barock dominierte Erlöserkirche ist heute katholische Pfarrkirche und Wahrzeichen der Stadt. In den schlossartigen Klausurgebäuden ist das Regino-Gymnasium untergebracht; in den Sommerferien finden hier Kunstausstellungen statt. In Niederprüm werden die Barockbauten des ehemaligen Frauenklosters heute für das Progymnasium unter Leitung von Vinzentinerpatres genutzt.

◆ GermBen 9, 612–649; Knichel, Martina: Geschichte der Abtei P., in: Eifilia Sacra, Mainz 1999, 49–77.

Pudagla Prämonstratenser-Chorherrenstift, der südliche Klausurflügel wurde zum Schloss ausgebaut.

Pudagla (auch Grobe), *Prämonstratenser-Chorherrenstift St. Maria und St. Godehard (nach 1148–1535), Diözese Kammin – (Insel Usedom, Lkr. Ostvorpommern, Mecklenburg-Vorpommern, ❒ 2, C2).*

▶ **Geschichte.** Bischof Otto I. von Bamberg (1102–39, kanonisiert 1189) bekehrte 1128 auf seiner zweiten Missionsreise an die Ostsee die Wendenfürsten in Westpommern zum Christentum. Ihm folgte der sogenannte Wendenkreuzzug 1147 auch in das Peene- und Odergebiet. 1148 rief der Pommernherzog Ratibor erstmals Prämonstratenser-Chorherren auf die Ostseeinsel Usedom. Der Gründungskonvent kam mit Propst Sibrandus aus dem neu entstehenden Domstift ➛ Havelberg, möglicherweise auch aus dem Liebfrauenstift in ➛ Magdeburg. Die Chorherren ließen sich zunächst an der Fischersiedlung Grobe nahe der Burg Uznam nieder. Als Gotteshaus diente ihnen die erste Kirche St. Maria vor Ort. Adalbert, der erste Bischof der 1140 gründeten Diözese Wollin, bestätigte im Juni 1159 die Gründung; das Dokument ist heute die älteste im Original erhaltene Urkunde Pommerns. Nach der Verödung Wollins diente in den sechziger Jahren des 12. Jh. das Prämonstratenserstift Grobe als Sitz des Bischofs. 1176 wurde das weiter östlich liegende Kammin zur endgültigen Bistumszentrale. Schenkungen der fürstlichen Stifterfamilie umfassten Besitz in acht Dörfern, sieben Krüge, Fischereien, Salzeinnahmen, aber auch Schiffs- und Brückenzölle. Kriegerische Einfälle der Dänen (1164–84) vertrieben die Bevölkerung und die Prämonstratenser. Nach neueren Forschungen wichen die Chorherren nicht nach ➛ Gramzow aus, einer Gründung des fürstlichen Nachfolgers Bogislaws I. um 1177. Dieser Herzog wandte sich wieder an Havelberg und bat um eine neue Gruppe missionswilliger Chorherren, wozu er sie mit einer Aufstockung des Grundbesitzes lockte. Die Wiederbesiedlung erfolgte 1177; Propst Walter († 1189) erhielt 1186 die Abtwürde. Stift Grobe unterstand nun unmittelbar der Stammabtei Prémontré. Tatkräftige Chorherren christianisierten die Inselbevölkerung, bauten Pfarrkirchen und intensivierten die Wirtschaft. Nicht ohne Grund ließen sie sich ihre Privilegien wiederholt vom Papst bestätigen. Durch Besitzzukäufe und Arrondierung gelangten große Teile der Insel in ihre Hand, wobei sie sich nicht scheuten, zu diesem Zweck auch Urkunden zu fälschen. Seit 1273 gehörte der Inselort P. zum Stiftsbesitz. Abt Ditbod (1307/08) erlangte die Genehmigungen der Landesherrn und Papst Clemens' V. zur Umsiedlung (um 1308) von Grobe auf die malerische Höhe in P. über dem Schmollensee. Unter Abt Konrad von Dietrichshagen (1344/47) lebten 14 Priester und fünf Laienbrüder im Stift. Neben Seelsorgetätigkeiten und Schulunterricht beschäftigte sie der Aufbau eines Schutzdammes, der eine Verbindung zwischen den Inseldörfern ermöglichte und die wirtschaftliche Entwicklung der Insel entscheidend förderte. Finanzielle Schwierigkeiten und Besitzentfremdung brachten das Stift P. Ende des 14. Jh. in Existenznot. Erst dem fähigen Abt Heinrich Wittenburg (1394–1435) gelang die wirtschaftliche Konsolidierung. Dieser angesehene Abt schlichtete Streitigkeiten auch für die Zisterzienser auf der Insel ➛ Hiddensee. Sein Nachfolger Abt Lorenz (1435–57) setzte sich maßgeblich für die Universitätsgründung 1456 in Greifswald ein. Das Stift besaß eine hervorragende Bibliothek, auch ein regelmäßiger Büchertausch mit der Zisterzienserabtei ➛ Eldena ist 1480 belegt. In der Reformationszeit griffen die Herzöge Barnim IX. und Philipp I. als erstes nach den Abteien ➛ Stolpe an der Peene und P. auf Usedom. Im April 1533 kassierten sie die Stiftskleinodien ein. Abt Gerhard Zarte (1529–35) entsagte 1535 allen Rechten gegen Zusicherung einer hohen Abfindung. Die Kirche wurde profaniert, dann ließ Herzog Ernst Ludwig 1574 den südlichen Klausurflügel als schlossartigen Witwensitz für seine Mutter ausbauen.

▶ **Gegenwart.** Heute ist das Schloss P. ein schlichter, langgestreckter Putzbau mit Erkertürmchen und Treppenturm. Die Keller- und Erdgeschossräume besitzen Kreuzgrat- und Tonnengewölbe über kräftigen Mittelstützen und Wandpfeilern, deren Ursprung auf die Prämonstratenser zurückgeht. Das mittelalterliche Kellerambiente dient nach jüngster Sanierung als Gaststätte. Restbestände der ehemaligen Stiftskirche wurden 1985 mit dem Brennereigebäude niedergelegt. Am Standort Grobe in Wilhelmshof auf dem „Klosterberg" südlich der Stadt Usedom erinnert keine aufstrebende Architektur an die Chorherren. Ausgrabungen 1998 konnten die Fundamente der Stiftskirche von Grobe nachweisen. Die Grabplatte des Stifterpaares Ratibor und Pribislawa bewahrt die Marienkirche in Usedom.

◆ Behn, Arthur: Das Kloster Grobe, in: Prémontré des Ostens, Oschersleben 1996, 89–92; Creutz, Ursula: Die Prämonstratenser auf der Insel Usedom, in: Geschichte der ehemaligen Klöster im Bistum Berlin, Leipzig 1995, 102–116; Petersen, Jürgen: Grobe-Marienberg-Usedom, Frankfurt/Main 1995.

Quedlinburg, *Augustiner-Eremitenkloster (1290–1523) – „Augustinerkloster", Diözese Halberstadt – (Lkr. Harz, Sachsen-Anhalt, ❐ 2, A5).*

▶ Die Augustiner-Eremiten kamen 1295 vom Kloster ➛Himmelpforten im Harz nach Q. Die Stadt wurde im Mittelalter vom reichsunmittelbaren Kanonissenstift St. Servatius auf dem Burgberg beherrscht und besaß bereits vor 1257 ein Franziskanerkloster (➛Quedlinburg). Mit Zustimmung der Reichsäbtissin Bertradis II. erbauten die Augustinerbrüder in der Neustadt ein Kloster und etablierten sofort ein Lehrseminar unter dem Lektor Thidericus. 1317 kauften sie weiteren Grundbesitz von der Stadt. 1318 bestätigte ihnen der Halberstädter Bischof Albert von Anhalt alle bisherigen päpstlichen und bischöflichen Gnadenerweise. 1410 fand ein Kapitel der sächsisch-thüringischen Ordensprovinz in Q. statt. 1438 erhob Papst Eugen IV. den Prior Johann Schedeler zum Titularbischof von Budua in Dalmatien und zum Weihbischof von Halberstadt und Osnabrück. Das berühmteste Konventsmitglied aber war der langjährige Lektor und spätere Provinzial Jordan von Quedlinburg (1299–1370/80), der neben weitverbreiteten Predigttexten 1357 das berühmte „Buch vom Leben der Brüder" veröffentlichte. Der Konvent in Q. verweigerte sich 1452 der Observanzbestrebung des Ordens. Die Reformation fand rasch Anhänger im Konvent; gerade die Augustinerbrüder verbreiteten die neue Lehre Martin Luthers in der Stadt und schon 1523 stand das Kloster leer. 1797 vernichtete ein Großfeuer die meisten Gebäude, so dass nur die ehemalige Klosterherberge am Steinweg, heute das „Haus zum Steinernen Gast", mit mittelalterlichem Keller und Stichkappengewölbe an das Augustinerkloster in Q. erinnert.

Quedlinburg Franziskanerkloster, ein Teil des Nordflügels der Klausur blieb als Restbau erhalten.

Quedlinburg Augustiner-Eremitenkloster, eine Steinfigur ziert die ehemalige Klosterherberge am Steinweg.

◆ Grubitzsch, Falco: Landkreis Q. (Denkmalverzeichnis Sachsen-Anhalt), Petersberg 2007; Kunzelmann, Adalbero: Geschichte der deutschen Augustiner-Eremiten, Tl. 1, 223 f., Tl. 5, 217–220, Würzburg 1969/74.

Quedlinburg, *Benediktinerinnenkloster St. Maria (986–1525) – „Münzenbergkloster", Diözese Halberstadt – (Lkr. Harz, Sachsen-Anhalt, ❐ 2, A5).*

▶ Mathilde, die erste Äbtissin des reichsunmittelbaren Kanonissenstifts St. Servatius auf dem Burgberg der Stadt Q. und mächtigste Frau im damaligen ottonischen Reich, stiftete 986 mit der Mitgift ihres Bruders, Kaiser Ottos II., ein Benediktinerinnenkloster auf dem der Stadt gegenüberliegenden Münzenberg. Dieses Frauenkloster wurde 995 der Mutter Gottes geweiht und war bis zu seinem Untergang 1525 dem Reichsstift St. Servatius unterstellt, vergleichbar mit den Klöstern ➛Walbeck und ➛Wendhusen. Eine Schwester Bia aus Münzenberg lebte 1070 eremitisch in einer Klause auf dem Huysberg bei Dingelstedt, woraus sich die Benediktinerabtei ➛Huysburg entwickelte. Die Marienkirche auf dem Münzenberg in Q., einer der ältesten ottonischen Kirchenbauten, ist in Teilen und in Grundmauern bis heute erhalten geblieben. Nach der Zerstörung der Klosteranlage im Bauernkrieg 1525 und der Flucht der Schwestern stand das Kloster eine Weile leer und wurde als Steinbruch genutzt. Ende des 16. Jh. ließen sich Handwerker, fahrende Leute und Musiker in den verbliebenen Mauern nieder. Sie bauten winzige Häuser mit engen Gassen, die noch heute dem erhöhten Stadtteil gegenüber dem Burgberg mit dem Severinstift ein malerisches Gepräge geben. Neben versteckten Kirchenmauerresten ragt der Schornstein der ehemaligen Klosterbäckerei aus dem Häusergewirr heraus. Der katholischen Wipertikirche des ehemaligen Prämonstratenserstifts (➛Quedlinburg) im Tal wurde das ausgegrabene, frühromanische Säulenportal der Marienkirche vom Münzenberg eingemauert.

◆ Korf, Winfried/Behrens, Siegfried (Hg.): Der Münzenberg bei Q., Quedlinburg 2007; Scheftel, Michael: Die ehemalige Klosterkirche St. Marien in Q., Berlin 2005.

Quedlinburg, *Franziskanerkloster (vor 1257–1525) – „Barfüßerkloster", Diözese Halberstadt – (Lkr. Harz, Sachsen-Anhalt, ❐ 2, A5).*

▶ Die Stadt Q., einst unter den Ottonen ein Zentrum des Reiches, wurde im Mittelalter

Ratzeburg Prämonstratenser-Domkapitel, die Kathedral- und Stiftskirche ist einer der ältesten Backsteindome Europas (1165-1220), Südseite der Pfeilerbasilika.

Bremen zeigte sich auch der christianisierte Slawenfürst Gottschalk engagiert, denn in seinem Herrschaftsgebiet zwischen Trave und Peene wurden neue Kirchen und Klöster gegründet. Auf einer Anhöhe am Westufer des Ratzeburger Sees, gegenüber der Inselburg des Polabenfürsten Ratibor, entstand um 1044 die Kirche „St. Georg auf dem Berge" und nach 1050 eine Benediktinerabtei. 1062 wurde St. Georgenberg zum Zentrum eines neuen Bistums erhoben, während das alte Bistum Oldenburg in die Diözesen Lübeck und Ratzeburg aufgeteilt wurde. Die Blüte war allerdings nur von kurzer Dauer, denn bereits 1066 wurden Kloster und Kirche St. Georg in R. im Heidenaufstand zerstört. Abt Answer (geb. 1038 in Schleswig) und 18 seiner *monachi ordinis sancti Benedicti* erlitten den Martyrertod. Erst der Welfenherzog Heinrich der Löwe befriedete das Land, richtete 1143 eine eigene Grafschaft ein und übergab sie seinem Lehnsmann Heinrich von Badewide. Dieser Graf von Ratzeburg belebte die Abtei wieder, setzte die Christianisierung der Bevölkerung fort und holte deutsche Siedler ins Land. Nach der Wiedereinrichtung des Bistums 1154 rief Bischof Evermod († 1178) Prämonstratenser-Chorherren aus dem Zentrumsstift Unser Lieben Frauen in ➛ Magdeburg auf den Georgsberg in R. 1158 urkundet ein Abt vom Georgenberg namenlos als Zeuge. Seit etwa 1165 wurde der Ratzeburger Dom als neues Kirchenzentrum im geschützten Burggelände auf einer Insel im See errichtet. Mit der Gründung des Prämonstratenser-Domstifts (➛ Ratzeburg) endete die Georgsabtei. Die ungeschützte Anlage litt während der späteren Kriege im Herzogtum Lauenburg. Papst Eugen III. sprach den Martyrer Answer 1147 heilig, seine Gebeine wurden in den Dom überführt.

▶ **Gegenwart.** Im 19. Jh. breitete sich die Stadt R. an den Ufern des Sees aus, 1928 wurde „St. Georgsberg" ein Ortsteil der Stadt. An die einstige Mönchsniederlassung erinnert lediglich die evangelische Georgskirche. Die erste Abteikirche war ein Feldsteinbau, der 1066 nicht völlig zerstört und um 1145 mit Backsteinen wieder aufgebaut wurde, eine Verlängerung erfolgte dabei ungewöhnlicherweise in Richtung Osten. Bis heute sind die ursprünglichen Feldsteingrundmauern der Backsteinkirche gut erkennbar. Der einschiffige Bau mit eingezogenem Kastenchor, vermauerten Pforten und gotischem Westportal zeigt Ecklisenen, Zierfriese und veränderte Rundbogenfenster. Der Turmaufsatz kam 1650 hinzu. Ein Taufstein des 12. Jh. aus Granit blieb aus der monastischen Zeit erhalten. Das Answerkreuz bei Einhaus aus dem 15. Jh. kennzeichnet den Ort der Steinigung der Mönche im Jahr 1066.

◆ GermBen 6, 431 f.; Kaack, Hans-Georg: R. – Geschichte einer Inselstadt, Neumünster 1987.

Ratzeburg, *Prämonstratenser-Domkapitel St. Maria und St. Johannes Evangelist (1154–1504) – „Domstift", Diözese Ratzeburg – (Kreisstadt, Kr. Herzogtum Lauenburg, Schleswig-Holstein, ❐ 2, A2).*

▶ **Geschichte.** Welfenherzog Heinrich der Löwe befriedete das Land der Polaben zwischen Elbe und Bille und richtete 1143 eine eigene Grafschaft an der Burg des Slawenfürsten Ratibor für seinen Lehnsmann Heinrich von Badewide ein. Dieser Graf von Ratzeburg reaktivierte die Benediktinerabtei St. Georg auf dem Georgenberg (➛ Ratzeburg) und holte deutsche Siedler an den nahen See. Auch das alte Bistum Ratzeburg (1062–66) wurde 1154 vom Welfenherzog restituiert. Erster Bischof Evermod, Prämonstratenser und Schüler des Ordensgründers Norbert von Xanten, rief 1154 Mitbrüder aus dem Liebfrauenstift ➛ Magdeburg in das *monasterium* auf den Georgenberg. Papst Hadrian IV. bestätigte 1158 Besitz und Rechte und erklärte seinen Schutz. Erzbischof Hartwig I. von Hamburg-Bremen (Stade) gab 1160 seinen Widerstand gegen ein ordensgeführtes Domkapitel auf, nachdem die Eingliederung in sein Erzbistum garantiert war. Seit etwa 1165 wurde der Ratzeburger Dom als neues Kirchenzentrum im geschützten Burggelände auf der Insel am Südufer des Sees errichtet. Im 12. Jh. entstanden in den nordöstlichen Missionsgebieten mehrere Domkapitel unter der Ägide des Prämonstratenserordens: nicht nur in R., sondern auch in ➛ Leitzkau, ➛ Brandenburg, ➛ Havelberg und Börglum (Dänemark), in Riga (Lettland) erst 1210. Bis zur Reformation gab es 29 Ratzeburger Bischöfe, 25 sind im Dom beigesetzt, drei werden als Heilige verehrt: Evermod aus Magdeburg († 1178), Isfried aus ➛ Cappenberg (1204) und Ludolf der Martyrer († 1250). Sie erwarben sich Verdienste bei der Christianisierung der Slawen, beim Landesausbau und der Organisation des Archidiakonatssystems, oft in Auseinandersetzung mit den askanischen Herzögen von Sachsen-Lauenburg. Das Kapitel wurde 1301 auf 25 Kanoniker begrenzt. Das wichtigste päpstliche Privileg war das Bischofswahlrecht, die Investitur lag nach dem Sturz Heinrich des Löwen und dem Sieg über König Waldemar II. von Dänemark 1227 unbestritten beim deutschen König. Die Aufteilung ihres Besitzes vollzogen Bischof und Domkapitel wohl 1194. Die Chorherren erwarben im 13. und 14. Jh. umfangreiche Güter und Pfarreien hinzu, eingeschlossen die niedere Gerichtsbarkeit, Anfang des 15. Jh. auch die Hochgerichtsbarkeit. Den gemeinsamen Tisch lösten sie Mitte des 14. Jh. auf und seit 1372 wurden die Einkünfte individuell verteilt, wodurch der Verzicht auf die *vita communis* besiegelt war. Gleich weltlichen Stiftsherren bewohnten die Chorherren schon im Spätmittelalter eigene Kurien. Die Prämonstratenser förderten die Frauenkonvente in ➛ Eldena/Elde, ➛ Rehna und ➛ Zarrentin, weniger direkt die Stadtklöster in ➛ Wismar. Südlich des Dombezirks entstand aus dem Marktflecken die Inselstadt R., die zeitweise von den Herzögen von Sachsen-Lauenburg als Residenz genutzt wurde. 1504 entließ Bischof Johannes V. von Ratzeburg (Berkentin) das Domkapitel mit päpstlicher Genehmigung aus dem Ordensverband der Prämonstratenser und gründete ein Säkularkanonikerstift für elf Stiftsherren, dessen Besitz durch Verkauf 1554 an die Mecklenburger Herzöge überging. Das Bistum R. endete im Westfälischen Frieden 1648 und wurde fortan als Fürstentum R. geführt.

▶ **Gegenwart.** Der Dombezirk an der Nordspitze der Stadtinsel R. blieb weitestgehend erhalten. Die Kathedral- und Stiftskirche ist einer der ältesten spätromanischen Backsteindome Europas, heute genutzt als evangelisches Gotteshaus. Die dreischiffige, gewölbte Pfeilerbasilika mit apsidialem Chorquadrum, Nebenchören, Westriegel und Vorhalle entstand auf kreuzförmigem Grundriss in zwei Bauabschnitten (1165–1220), beeinflusst von der Braunschweiger Bauhütte. Der quadratische Westturm wurde erst in der Gotik vollendet; eine südwestliche Vorhalle mit Mittelsäule schützt das reich gegliederte Hauptportal. Von der mittelalterlichen Ausstattung blieb wenig erhalten, bemerkenswert sind Teile des Chorgestühls (um 1200) und die Bronzetaufe (1440). Nördlich schließt sich die dreiflügelige Klausuranlage des 13. Jh. mit Kreuzgängen um einen Innenhof an, inzwischen raumtechnisch verändert und 1898 neugotisch überformt. Die Bischofskurie im Westen ist wohl um 1230 entstanden aber eingreifend barock verändert worden. Die sogenannte Bischofsherberge aus dem 14. Jh. unterlag stark eingreifenden Umbaumaßnahmen.

◆ Petersen, Stefan: Bistum R., in: Die Bistümer des Heiligen Römischen Reiches, Freiburg 2003, 590–598; Gross, Heinz-Dietrich: Dom und Domhof R., Königstein (Ts.) 1989.

Ravengiersburg, *Augustiner-Chorherrenstift St. Christophorus (1074–1561, 1629–1648, 1699–1803) – „Hunsrückdom", Erzdiözese Mainz – (Rhein-Hunsrück-Kreis, Rheinland-Pfalz, ❐ 3, B2).*

▶ **Geschichte.** Nahegaugraf Berthold und seine Gemahlin Hedwig übergaben 1074 Erzbischof Siegfried I. von Mainz ihre neugebaute Kapelle St. Christophorus auf ihrer R. und umfangreiches Fundationsgut zur Gründung eines Regularkanonikerstifts. Zwölf Chorherren kamen vermutlich aus dem Kollegiatstift St. Stephan in Mainz. Sie unterwarfen sich den strengen Klausurvorschriften eines Regularkanonikerstifts und gründeten eines der ersten Augustiner-Chorherrenstifte im deutschen Reichsteil (das erste war vor 1073 in ➛ Passau entstanden). Der lange amtierende Propst Tyzelin (1075–1103) erreichte nach Anfangsschwierigkeiten die Stabilisierung der Kommunität. Das neue Stift konnte aber nie die Bedeutung und Ausstrahlungskraft etwa ➛ Springiersbachs an der Mosel oder ➛ Rottenbuchs in Bayern erreichen. Vor 1135 konstituierte sich ein Frauenkonvent auf der anderen Seite des Simmerbachs, der dem Männerkonvent unterstand und bis 1473 nachweisbar ist. Den Augustiner-Chorherren wurde freie Propst- und Vogtwahl zugebilligt. Ihr reicher Grundbesitz umschloss 5.390 ha Land, bestätigt und verbrieft durch zahlreiche päpstliche und kaiserliche Urkunden, seit 1408 geschützt von den Pfalzgrafen bei Rhein. Papst Paul II.

Ravengiersburg Augustiner-Chorherrenstift, die imposante romanische Westfront des „Hunsrückdoms".

Der bekleidete Christus thront in einer Mandorla über dem Hauptportal der Stiftskirche in **Ravengiersburg**.

forderte 1467 eine Reform, die Erzbischof Adolf II. von Mainz (Nassau) mit Windesheimer Chorherren aus ➛ Hirzenhain, ➛ Böddeken und Kirschgarten erreichte. Propst Emmerich von Löwenstein (1449–69) und sechs Konventualen verweigerten sich der Reform und verzichten gegen eine Rente auf alle Ansprüche. Seit 1469 gehörte R. der ➛ Windesheimer Reformkongregation an, der Konvent wurde nunmehr erfolgreich von einem Prior geführt. Mit der Reformation kehrte sich die Schirmherrschaft der Pfalzgrafen (auch Herzöge von Pfalz-Simmern) in Bedrückung, Repressalien, vorübergehende Gefangenschaft und juristische Spitzfindigkeiten um, was 1566 mit der (ersten) Aufhebung durch Herzog Georg von Simmern endete. Die Chorherren wichen zunächst nach ➛ Niederwerth aus und verharrten später im Exil im Marienstift in ➛ Mayen. Nach Einmarsch der Spanier 1620 im Dreißigjährigen Krieg half ➛ Eberhardsklausen 1629 mit mindestens zwei Regularkanonikern bei der Wiederbelebung aus, was aber 1648 mit der zweiten Aufhebung endete. 1699 kamen erneut Augustiner-Chorherren aus Eberhardsklausen nach R. und übernahmen Pfarrpflichten; seit 1726 teilten sie sich ihre Aufgaben mit Chorherren aus ➛ Rebdorf bei Eichstätt. Die dritte Aufhebung erfolgte 1803 durch die französische Besatzung.

▶ **Gegenwart.** Hoch über dem Dorf R. ragt die Stiftsanlage mit der katholischen Pfarrkirche St. Christophorus aus dem Simmerbachtal heraus. Ein mächtiges zweitürmiges Westwerk ist das Glanzstück der Kirche und eines der bedeutenden Beispiele romanischer Baukunst zwischen Mosel, Rhein und Nahe. Der volkstümliche Titel „Hunsrückdom" für die ehemalige Stiftskirche scheint nicht unberechtigt. Die wuchtige Mauermasse der Westfront wird durch Blend- und Fensterarkaden, Doppelfenster und Zwerggalerie aufgelockert, in der Mitte thront Christus in einer Mandorla. Eine Besonderheit ist der voll bekleidete Christus am Kreuz im Südturmbereich; seine Füße sind nicht angenagelt, er steht auf einem Dämonenkopf. Die romanische Basilika, später zur gotischen Hallenkirche umgebaut, ging durch Brand und Krieg unter. Der heutige Saalbau hinter dem Westwerk entstand um 1720 durch Unterstützung des katholischen Kurfürsten Karl III. Philipp von der Pfalz. Die geschlossene Klausuranlage an der Südseite besteht aus barockem Südflügel und Neubauten nach 1920. Der spätgotische Kreuzgang von 1487 mit dreiteiligen Maßwerkfenstern existiert noch in drei Flügeln aber ohne ursprüngliches Gewölbe. Das Brunnenhaus im Hof stammt aus dem 18. Jh. Die Anlage dient heute dem Berufsbildungswerk der Katholischen Arbeitnehmerbewegung.

◆ MonWin 2, 328–339; Wagner, Willi: Das ehemalige Augustiner-Chorherrenstift R., Köln 2000.

Ravensburg, *Karmelitenkloster (1344–1806), Diözese Konstanz – (Kreisstadt, Baden-Württemberg, ❐ 3, D4).*

▶ **Geschichte.** Der Gründungskonvent kam mit Prior Trutwinus 1344 aus dem Karmelitenkloster Dinkelsbühl (s. u.) in die Reichsstadt R. in Oberschwaben. Das oberdeutsche Provinzkapitel des Ordens 1346 zu Köln genehmigte 25 Gulden Unterstützung zum Klosterbau. Johannes Truchsess von Waldburg und seine Gemahlin Katharina trugen 1392 mit der Stiftung ihrer zerstörten Burg entscheidend zum Aufbau der Klosteranlage und der Kirche bei. Durch Seelsorge, Predigt und Gelehrsamkeit wechselte die anfängliche Zurückhaltung der Bürger zu Wohlwollen, Anerkennung und enger Verbindung mit den Karmeliten. Der seelsorgliche Einsatz der Brüder während der Pest 1348 mag zum guten Verhältnis beigetragen haben. Stiftungen ließen den Konvent zur geistigen und wirtschaftlichen Größe in der Stadt aufsteigen, in weltlichen Angelegenheiten des Klosters war der städtische Rat aufsichtsberechtigt, in geistlichen wachte die oberdeutsche Ordensprovinz über den Konvent. Prior Eberhard Horgasser (1414–21) aus R. wurde 1421 auf dem Provinzkapitel in Nürnberg zum Provinzial (1421–30) gewählt, ihm folgte aus dem gleichen Konvent der Provinzial Simon Reiser (1430–36). Unter dessen Amtsführung tagte 1434 das Generalkapitel des Ordens in R. – im nördlichen Reichsteil wurde im Spätmittelalter nur noch dem Konvent im brabantischen Brüssel 1462 diese hohe Ehre zuteil. Kloster R. nahm als eines der ersten der Provinz die ordensinternen Observanzstatuten an und galt schon 1469 als reformiertes Kloster; dem Konvent wurde die eigene Wahl des Priors zugestanden. Akten von 1475 offenbaren eine interne Verschwörung gegen den Prior. 1487 übernahm der Stadtrat die Verwaltung des Klostervermögens. In der Zeit der Reformation erlangte Prior Johannes Reuther (1524–28) das Amt des Provinzials, blieb aber *Prior localis,* bis er 1528 zum Weihbischof von Würzburg und Titularbischof von Hippo ernannt wurde. Als der Provinzial Andreas Stoß (1529–40) im August 1536 nach R. kam, fand er alles in bester Ordnung vor, der Konvent bestand aus acht Brüdern. Prior Eucharius Ott sollte auf Bitten des Stadtrats unbedingt im Konvent belassen werden, aber 1538 übernahm er den Konvent in Würzburg. 1544 bis 1546 mussten die Karmeliten lediglich mit dem Chor ihrer Kirche vorlieb nehmen, das Langhaus wurde von der evangelischen Kirchengemeinde genutzt. Zwischen 1546 und 1549 galt das Kloster vorübergehend als aufgehoben. Ein Vertrag regelte 1554 die simultane Nutzung der Kirche, was mit kurzen Unterbrechungen bis 1810 galt. Seit 1662/64 unterhielten die Karmeliten eine Knabenschule; die Klosterbrauerei aus der gleichen Zeit entwickelte sich zur Haupteinnahmequelle. Am Ende des Alten Reiches bestand der Karmelitenkonvent aus 19 Patres und sechs Laienbrüdern. 1803 fiel das Kloster an den Deutschen Orden, 1805 an das Königreich Bayern, das es im März 1806 auflöste. Die Ordensbrüder mussten erst nach dem Übergang der Stadt an das Königreich Württemberg 1810 ihr Kloster räumen.

▶ **Gegenwart.** Heute nutzt das Landgericht die barockisierten, dreistöckigen Konventsflügel nördlich der Kirche am Marienplatz, deren mittelalterliche Kernsubstanz überbaut ist. Die Karmelitenkirche dient als evangelische Stadtkirche. Ursprünglich besaß diese monumentale, aber schlichte gotische Säulenbasilika mit Rechteckchor keinen Glockenturm. 1842/44 meinte man,

Ravensburg Karmelitenkloster, der Glockenturm an der Karmelitenkirche (um 1350) entstand erst 1842/44.

den hohen Turm am südlichen Chorwinkel anbauen zu müssen, wobei zwei von fünf spätgotischen Grabkapellen verloren gingen. Die Kirche geht auf den ursprünglichen Bau (um 1350) zurück, Erweiterungen folgten 1392 und besonders um 1440 unter Prior Roschach. Chor und Langhaus blieben ungewölbt, die spätgotischen Seitenkapellen besitzen Zierrippengewölbe. Die neugotische Ausschmückung wurde 1965/66 zum Vorteil entdeckter Fresken des 14. Jh. entfernt. Die südlichen Fenster von etwa 1860 zeigen Ganzkörperabbildungen von Persönlichkeiten aus der Reformationszeit.

❖ Das Mutterkloster im mittelfränkischen Dinkelsbühl entstand 1286 auf Wunsch der Bürger mit Karmeliten aus Würzburg St. Babara. Der wohlhabende Konvent bestand bis 1803. Von dem 1839 abgerissenen Kloster blieben lediglich der Garten mit seinem Portal von 1725 und das Brauhaus aus der Barockzeit erhalten.

◆ Schmauder, Andreas: Evangelische Stadtkirche R., Ravensburg 2003; Smet, Joachim/Dobhan, Ulrich: Die Karmeliten, Freiburg 1981; Deckert, Adalbert: Die Oberdeutsche Provinz der Karmeliten, Rom 1961.

Rebdorf, *Augustiner-Chorherrenstift St. Johannes Baptist (um 1156–1806), Diözese Eichstätt – (Eichstätt-R., Lkr. Eichstätt, Bayern, ❒ 4, A3).*

▶ **Geschichte.** Bischof Konrad von Eichstätt (Morsbach) gründete zwischen 1153 und 1159 auf dem ehemaligen Reichsgut R. bei Eichstätt – ein Geschenk Kaiser Friedrichs I. Barbarossa an seinen ehemaligen Hofkaplan – ein bischöfliches Eigenkloster für zehn Regularkanoniker. Woher die ersten Augustiner-Chorherren kamen, ist unbekannt, aber vermutlich unterstellten sich Domkanoniker aus Eichstätt den strengen Statuten einer regulierten klösterlichen Gemeinschaft. Bis in das 15. Jh. wurde R. wie ein Domstift mit adeligen Chorherren geführt. Man genoss die Unterstützung seitens des Bischofs und kaiserliche Schutzprivilegien; bis 1305 hatten die Grafen von Hirschberg die Vogtei inne, die auch die Schirmherrschaft über das Hochstift Eichstätt ausübten. Anfang des 15. Jh. war der adelige Konvent reformbedürftig. Im Sinn der Beschlüsse des Konstanzer Konzils nahm Propst Georg von Hüttingen (1421–35) 1422 Reformstatuten an, die aber nicht durchschlugen; erst unter Mithilfe Kardinal Nikolaus' von Kues richtete sich Bischof Johann III. von Eych 1447 an die ➛ Windesheimer Kongregation. Der widerspenstige Propst Jakob Kuenlein (1454–58) resignierte im Juni 1458. Der Konvent unterwarf sich den strengen Reformstatuten, die offizielle Aufnahme in den Windesheimer Verband erfolgte im April 1459 (nicht 1458). Der neue Vorsteher (nun Prior) Johannes Herden (1458–83) kam aus dem Reformstift Kirschgarten bei Worms, das erst 1443 aus einem ehemaligen Zisterzienserinnenkloster mit Reformkanonikern aus ➛ Böddeken gegründet worden war. Der neue Geist führte in R. zu raschem Aufstieg und zur Blüte. Unter Prior Kilian Leib (1503–53), einem Humanisten, Gelehrten, Schriftsteller und Wissenschaftler, entwickelte sich R. zum Zentrum der katholischen Erneuerung. Im nahen ➛ Marienstein (Eichstätt) halfen die Chorherren 1470, ein abhängiges Frauenstift zu etablieren. Die Windesheimer Reformgewohnheiten konnten 1477 nach ➛ Sindelfingen und 1491 nach ➛ Schamhaupten weitergegeben werden. Um 1500 lebten 20 Chorherren im Stift. Prior Leonard Kraus (1594–1632) wurden 1624 gegen seine Bescheidenheit die Pontifikalien förmlich aufgezwungen, ebenso verlieh man ihm den Titel eines lateranischen Abts. Der Konvent bestand nun aus *Canonici Regulares Congregationis Lateranensis, Capituli Windeshemensis*, und die Vorsteher trugen wieder den Titel Propst. Schäden des Dreißigjährigen Kriegs konnten schnell beseitigt werden. Die vollständige Exemtion erreichte 1718 Propst Erhard Räm (1711–32). Das Konventsleben der Neuzeit wurde durch theologische Bildung, wissenschaftliche Studien und Unterricht bestimmt. Stift R. war neben Schamhaupten die südlichste Ausdehnung der Windesheimer Kongregation und hielt engen Kontakt mit dem Stift ➛ Eberhardsklausen. Beide Stifte bemühten sich um die Wiederbelebung des Konvents in ➛ Ravengiersburg (1699, 1720). Im Juli 1800 plünderten Franzosen die reiche Bibliothek, im August 1806 säkularisierte die königlich-bayerische Regierung eine blühende klösterliche Institution.

Rebdorf Augustiner-Chorherrenstift, die Kreuzgänge der Stiftsanlage bewahren spätmittelalterliche Architektur.

▶ **Gegenwart.** Herz-Jesu-Missionare (*Missionarii Sacratissimi Cordis Jesu* – MSC) retteten 1958 den heruntergekommenen, profanierten Stiftskomplex, bauten das Stift für den Schulunterricht mit Stiftsinternat aus und unterrichteten hier bis zum Jahr 2000. Die weitläufige Anlage um drei Höfe repräsentiert sich heute in ihrer barocken Ausformung aus der ersten Hälfte des 18. Jh. Die romanische Basilika mit zwei Westtürmen wurde 1732–34 so einschneidend verändert, dass sie heute als reiner Barockbau wahrgenommen wird. Der Neubau der Klausurgebäude (1711) überdeckt nur teilweise mittelalterliche Architektur, so dass heute noch immer einige Baulichkeiten die gotische Zeit dokumentieren: der Kreuzgang (um 1300) mit Gewölbe (um 1500) und ein dreischiffiger gotischer Raum im Südflügel mit Kreuzrippengewölbe auf Rundsäulen, heute der „Gotische Saal" genannt.

◆ MonWin 2, 340–362; Backmund, Norbert: Die Chorherrenorden und ihre Stifte in Bayern, Passau 1966, 119–123.

Rechentshofen, *Zisterzienserinnenabtei St. Maria (vor 1241–1564) – „Mariakron", Diözese Speyer – (Sachsenheim-R., Lkr. Ludwigsburg, Baden-Württemberg, ❒ 3, C3).*

▶ **Geschichte.** Belrein von Eselsberg stiftete um 1230 für sein Seelenheil und das seiner Vorfahren im Kirchbachtal das Frauenkloster *Corona sanctae Mariae* und stattete es mit Gütern vor Ort aus. Die Schwestern bekannten sich zur Zisterzienserregel. Der Abt von ➛ Maulbronn war bei der Altarweihe 1241 anwesend, die Weiheurkunde ist das erste gesicherte Datum. Den Äbten von Maulbronn oblagen Aufsicht und Betreuung mit entsprechenden Visitationspflichten. Das Generalkapitel des Zisterzienserordens schickte 1266 auf Bitten des Speyrer Bischofs die Äbte von ➛ Eußerthal und ➛ Schönau (Odenwald) zur Begutachtung des Frauenkonvents für den Orden, aber die Inkorporationsakte fehlt. Eine Vollmitgliedschaft im Orden wird aber von Faltin (s. Lit.) aufgrund mittelbarer Indizien postuliert: so wurde 1289 ein Bruder Albert als *procurator* bezeichnet (ein Ordensterminus für Verwalter inkorporierter Frauenklöster). Im 15. Jh. häufen sich eindeutige Hinweise der Mitgliedschaft, immerhin bedeutete dies den Genuss der Ordensprivilegien, päpstlichen Schutz und Exemtion. Der kleine Konvent mit nie mehr als 20 Schwestern erlangte allenfalls in der Region Bedeutung. Die Quellen über die Verlaufsgeschichte sind äußerst lückenhaft; der Stifter verstarb als letzter Nachkomme seines Geschlechts vor 1255. Die Grafen von Vaihingen übernahmen die Schirmherrschaft, die 1364 an die Grafen von Württemberg überging. Töchter des Regionaladels vermehrten mit ihren Mitgiften den Besitzstand, der sich (im Radius von etwa 20 km) um das Kloster in 40 Ortschaften konzentrierte. Reformbemühungen 1431 und 1433 bewirkten keine nachhaltige Besserung des verflachten Klausurlebens und scheiterten wohl am Widerstand der adeligen Familien. Selbst Abt Guilleramus aus der Primarabtei Morimond, seit 1465 Generalvisitator der Ordensklöster in Deutschland, bemühte sich 1453 um ordensgerechte Verwendung privaten Vermögens der Schwestern in R., das nicht grundsätzlich verboten war; so verlieh Äbtissin Margarethe von Bettendorf 1464 ihren Hof in Sersheim als Erblehen. Graf Eberhard von Württemberg plante 1485 die Zusammenlegung mit

Rechentshofen Zisterzienserinnenabtei, die Abteikirche (um 1240) dient heute als Wohnhaus, Südwestansicht.

dem Schwesternkloster ➛ Kirchbach etwas weiter westlich im Tal, was dem verarmten Kirchbach dienen sollte; die Vereinigung kam nicht zustande. Aufrührerische Bauern plünderten und brandschatzten die Abtei im April 1525. Die lutherische Lehre fand Zustimmung im Konvent, der sich daraufhin spaltete. Nach 1534 setzte Herzog Ulrich von Württemberg die evangelische Kirchenordnung im Land durch. Die letzte Schwester Magdalena Schenkin von Winterstetten verzichtete gegen Leibgeding auf alle Rechte und verließ 1564 Mariakron. Herzog Christoph hob das Kloster auf und richtete ein Jagdschloss ein; der Wirtschaftsteil diente als Domänenhof. Der Restitutionsversuch 1634–48 blieb Episode.

▶ **Gegenwart.** Der heutige Gutshof R. in isolierter Lage enthält architektonische Reste des Frauenklosters, die sich trotz Brände und Überbauung erhalten haben. Aus dem hohen, einschiffigen Kirchenraum entstand nach Abriss des Chors das heutige Wohnhaus, dessen Umfassungsmauern auf das 13. Jh. zurückgehen. Kleine Fensteröffnungen lassen den Bereich der ehemaligen Nonnenempore erkennen; ein spitzbogiges Portal an der Südwand zeigt aufwändige Verzierung eines umkränzten Lilienkreuzes im Tympanon. Der erhaltene Westflügel der Klausur aus der Gründungszeit weist große Fensteröffnungen auf, die noch auf Umbauten der Zisterzienserinnen zurückgehen.

◆ Faltin, Thomas: R., in: Württembergisches Klosterbuch, Ostfildern 2003, 391f.; Becking, Gereon C.: R. Mariakron, in: Klosterführer aller Zisterzienserklöster im deutschsprachigen Raum, Strasbourg 1998, 86; Faltin, Thomas: Das Zisterzienserinnenkloster R. und seine Stellung gegenüber geistlicher und weltlicher Gewalt, in: Zeitschrift für württembergische Landesgeschichte 55 (1996) 27–64.

Regensburg,

(1) Augustiner-Chorherrenstift St. Magnus, St. Andreas und St. Michael; (2) Benediktiner Reichsabtei St. Emmeram u. a.; (3) Benediktinerabtei St. Jakob der Ältere und St. Gertrud; (4) Deutschordenskommende St. Aegidius; (5) Dominikanerkloster St. Blasius; (6) Dominikanerinnenkloster Heilig Kreuz; (7) Franziskanerkloster St. Salvator; (8) Johanniterkommende St. Leonhard; (9) Karmelitenkloster St. Oswald, Diözese Regensburg – (kreisfreie Stadt, Bayern, ❒ 4, B3).

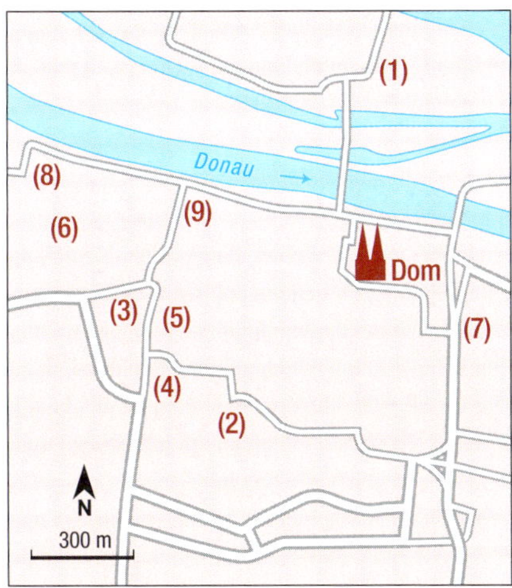

Regensburg,

(1) Augustiner-Chorherrenstift St. Magnus, St. Andreas und St. Michael (1138–1803) – „St. Mang Stadtamhof".

▶ **Vorgeschichte.** Der Regensburger Bürgersohn und Freisinger Dompropst Ulrich versuchte Mitte des 11. Jh. an der alten Kirche St. Magnus am Nordufer der Donau gegenüber der Bischofsstadt R. ein Kloster zu gründen, scheiterte aber am Domkapitel und am Einspruch der Bischöfe Gebhard III. und Otto von Regensburg. Ulrich wurde Mönch und Prior in der berühmten Benediktinerabtei Cluny im Burgund, beeinflusste seinen Freund Abt Wilhelm (1069–91) von ➛ Hirsau zur Annahme der *constitutiones Cluniacenses* und gründete die einzigen Priorate von Cluny auf heutigem deutschen Boden: St. Ulrich zu Zell und ➛ Sölden im Schwarzwald. Ulrich von Regensburg (genannt auch U. von Cluny oder U. von Zell, 1029–93) wurde 1109 kanonisiert.

▶ **Geschichte.** Bischof Konrad I. von Regensburg verwandte sich im ersten Drittel des 12. Jh. für die Kanonikerreform in seiner Diözese, was 1127 zum Augustiner-Chorherrenstift St. Johannes Baptist in R. und schließlich 1138 doch zur Gründung eines Regularkanonikerstifts an St. Magnus in „Stadt am Hof" gegenüber der Bischofsstadt führte. Maßgeblich waren der Kanoniker Gebhard von Regensburg und der Augustiner-Chorherr Paul von Bernried an der Gründung beteiligt. Stift St. Magnus, kurz St. Mang oder „Kloster Stadtamhof" genannt, erlangte 1139 die päpstliche Bestätigung und 1156 die Rechte über den Pfarrsprengel Stadtamhof. Erzbischof Walter von Ravenna, selbst aus dem Regensburger Reformkreis, bewirkte die Annahme von Regularstatuten des Stifts Santa Maria in Porto Fuori in Ravenna, des Zentralstifts der italienischen Reformkongregation der Augustiner-Chorherren, die in Deutschland „Hafenbrüder" genannt wurden. St. Mang Stadtamhof blieb das einzige Stift der Hafenbrüder innerhalb der heutigen deutschen Grenzen. Es galt nie als besonders begütert, denn die Grundausstattung war schwach; die Mitgliederzahl bewegte sich zwischen einem und acht Chorherren. Trotz häufiger Not blieb der Konvent aber nicht ohne Bedeutung und Ausstrahlung. Ende des 12. Jh. war die Stiftskirche ein vielbesuchter Wallfahrtsort der neubelebten Wallfahrt zur Schönen Maria. St. Mang stellte 1313 den ersten Propst Friedrich im neuen Stift ➛ Neunkirchen am Brand. Chorherr Andreas von Regensburg (1401– nach 1438) war einer der bedeutendsten Geschichtsschreiber seiner Zeit. Mit der Reformation begann der Niedergang des Stifts, Pröpste mussten aus anderen Stiften postuliert werden. Die Schweden brandschatzten 1633 die Anlage. Erst Ende des 17. Jh. festigte sich das Stiftsleben im Rahmen der katholischen Erneuerungsbemühungen im Bistum. Unter Propst Albert Praun (1648–1720) gelang 1716 der Anschluss an die Lateranische Kongregation, begleitet vom Privileg der Pontifikalien. Stiftskirche und Klausur wurden im 18. Jh. neu aufgeführt. Das Klausurleben erreichte aber nie mehr die gewünschte Norm; der letzte Propst resignierte 1795. Acht Jahre später erfolgte die Aufhebung durch den bayerischen Staat.

▶ **Gegenwart.** Die heutige katholische Pfarrkirche St. Andreas und Magnus nördlich der Steinernen Brücke in der Andreasstraße in Stadtamhof ist ein Saalbau (1717), der prachtvoll im Rokokostil ausgeschmückt ist, aber alten Fundamenten folgt und einige Bauteile der ersten, romanischen Stiftskirche behielt. Im Ostbereich erkennt man deutlich die romanische Apsis des Vorgängerbaus, auch wenn heute ein Barockfenster diesen Chorteil schmückt. Die markanten Westtürme wurden erst 1875 vervollständigt. Das Restgebäude der barocken Klausur beherbergt seit 1977 die Fachakademie für katholische Kirchenmusik und Musikerziehung.

◆ Hopfner, Max: R.-Stadtamhof, St. Andreas/St. Mang, München 1992; Morsbach, Peter/Märtl, Claudia: Das Augustinerchorherrenstift St. Mang in Stadtamhof, in: Ratisbona Sacra, München 1989, 236–241; Backmund, Norbert: Die Chorherrenorden und ihre Stifte in Bayern, Passau 1966, 141–143.

Regensburg, *(2) Benediktiner Reichsabtei St. Emmeram u. a. (vor 739–1802) – „Emmeramskloster“.*

▶ **Geschichte.** Schon vor Errichtung des Bistums R. 739 bestand in der befestigten Siedlung am Donaubogen eine Mönchsgemeinschaft am Grab des hl. Emmeram († um 680). Die Missionierung der Ostmark betrachteten die frühen Mönche als ihr Hauptapostolat. Eine spätrömisch-karolingische Kirche St. Georg wurde um 790 zur Abteibasilika erweitert. Über 200 Jahre lang war der Bischof der Diözese gleichzeitig Abt des Emmeramsklosters, was sich für das monastische Selbstverständnis als Nachteil erwies. Der hl. Bischof Wolfgang (972–994, kanonisiert 1052) trennte 974 den Mönchskonvent vom Domkapitel: St. Emmeram wurde selbständig, blieb aber bischöfliches Eigenkloster. Abt Ramwold (974–1000) brachte aus St. Maximin in ➛ Trier die strengen Gewohnheiten der ➛ Gorzer Reform mit, woraufhin sich die Abtei zum Ausstrahlungszentrum dieser Erneuerungsbewegung entwickelte. Zum Emmeram-Reformkreis gehörten zunächst etwa 25 Klöster, in der zweiten Hälfte des 11. Jh. zählten nach einer Auffrischung der Reform durch die ➛ Junggorzer Bewegung aus der Abtei Münsterschwarzach insgesamt 32 Mönchs- und Frauenklöster dazu, darunter die bedeutenden Abteien ➛ Lorsch, Salzburg St. Peter, Salzburg Nonnberg, Weltenburg und ➛ Würzburg St. Burkard. Der berühmte Abt Wilhelm (1069–91) von ➛ Hirsau kam aus dem Regensburger Konvent und schuf im Schwarzwald ein neues Reformzentrum, das sich inhaltlich an den Klosterverband von Cluny in Burgund anlehnte. Seine ➛ Hirsauer Reform zog mit den Äbten Berchtold I. (1143–49) und Adalbert I. (1149–77), beide aus Admont, in St. Emmeram ein und inspirierte in besonderem Maß die klösterliche Buchkunst, -illustration und Wissenschaft. Bemühungen um Exemtion verschärften im 13. Jh. die Konfrontation mit dem bischöflichen Eigenherrn. König Adolf von Nassau vergab 1296 die Reichsunmittelbarkeit; erst Abt Albert II. von Schmidmühlen (1324–58) erreichte 1325 bei Papst Johannes XXII. in Avignon die Befreiung von der bischöflichen Jurisdiktion. Die Folgen der im 14. Jh. einsetzenden wirtschaftlichen Rezession konnten 1417 mit Einführung der ➛ Kastler Reform eingedämmt werden; diese spätmittelalterliche Erneuerung entfaltete sich voll unter Abt Hartung Pfersfelder (1453–58). Anfang des 16. Jh. war der gelehrte Konvent ein Hort des Humanismus. Die Ideen der Reformation fanden kaum Interesse, obwohl sich die Reichsstadt 1542 zum Protestantismus bekannte. 1624 explodierte der nahe Pulverturm und 1633 brandschatzten die Schweden die Stadt. Abt Cölestin Vogl (1655–91) verhalf der Abtei zu altem Ruhm und gründete 1688 die Bayerische Benediktinerkongregation. Abt Anselm Godin (1725–42) erlangte von Kaiser Karl VI. 1731 die Reichsfürstenwürde. Unter Fürstabt Johann Baptist II. Kraus (1742–62) stieg St. Emmeram erneut zu einer zentralen Stätte benediktinischer Gelehrsamkeit auf. Im Dezember 1802 wurde die Abtei im Zuge der allgemeinen Säkularisation an Fürstprimas Carl Theodor von Dalberg übergeben. Abt und 29 Mönche durften ihr Gemeinschaftsleben mit Pensionen unter kurfürstlicher Administration weiterführen. Dalbergs Fürstentum ging 1810 im bayerisch-königlichen Staat auf. Die Patres übernahmen Pfarrämter, die Abteikirche wurde Pfarrkirche, die Klausurgebäude übernahm die fürstliche Familie Thurn und Taxis; Bibliotheksbestände kamen an die Stadt, Landgüter einschließlich sechs kleiner Güterpropsteien gingen an den bayerischen Staat.

Regensburg Benediktiner Reichsabtei St. Emmeram, die fünfschiffige Wolfgangskrypta (Weihe 1052).

▶ **Gegenwart.** Die katholische Kirche St. Emmeram in R., eine dreischiffige Pfeilerbasilika, ist ein „Nationalheiligtum“ aus frühbayerischer, vorromanischer Zeit. Ihre Kernsubstanz geht auf eine karolingische St. Georgskapelle des ausgehenden 8. Jh. zurück. Die Kirche ist in der Literatur ausreichend beschrieben, an dieser Stelle ist nur hinzuweisen auf: Ringkrypta mit Emmeramsconfessio (8. Jh.), Ramwoldkrypta (980/1775), Westquerhaus mit Wolfgangskrypta (1049/52), Magdalenenkapelle (Mitte 11. Jh.), nördlich angelehnte Leutkirche

St. Rupert (11.– Mitte 12. Jh.), Vorhalle nach 1166 mit Kalksteinreliefs (1049/52), freistehender Glockenturm (Ende 10. Jh.) mit Ummantelung von 1579, Frührokokoschmuck im Kirchenraum und altehrwürdige Grabplatten. Die nachmittelalterliche Klausur birgt Teile des mittelalterlichen Kreuzgangs (11.–14. Jh.), das Außentor ist frühgotisch (nach 1250).

◆ GermBen 2, 238–247; Piendl, Max: St. Emmeram zu R., Regensburg 2002; Freise, Eckhard u. a.: St. Emmeram zu R., in: Ratisbona Sacra, München 1989, 182–201.

Regensburg, *(3) Benediktinerabtei St. Jakob der Ältere und St. Gertrud (1075–1862) – „Schottenkloster".*

▶ **Vorgeschichte.** Drei irische *miseri peregrini* unter Führung des Marianus († 1083) verblieben auf ihrer Pilgerreise nach Rom 1068/69 bei den Benediktinern auf dem Michelsberg in ➛ Bamberg, erhielten dort die Mönchsweihe, zogen 1070 nach R. und begründeten die zweite Welle irisch-gälischer Mission nach der ersten durch Columban d. J. (543–616) und Anhängern im 6./7. Jh.

▶ **Geschichte.** 1075 wies die Äbtissin Willa vom Kanonissenstift Obermünster in R. den irischen Mönchen die Kirche St. Peter in Weih mit Gebäuden vor der Bischofsstadt R. zu, wo sie ihre *peregrinatio* beendeten. Kaiser Heinrich IV. nahm die Gründung 1089 unter Reichsschutz. Wachsender Zustrom zwang die im Volk als *scoti* bezeichneten irischen Mönche zum Neubau einer größeren Klosteranlage; reiche Spenden ermöglichten den Kauf eines Bauplatzes im Westen außerhalb der Stadtmauer. Die Neugründung zu Ehren der Heiligen Jakobus des Älteren und Gertruds bestätigte Kaiser Heinrich V. 1112, der die alleinige Königsmacht betonte. Papst Calixtus II. erklärte um 1120 den Schutz des Heiligen Stuhls. Abt Gregor (1156/85) ließ die noch heute stehende Jakobskirche anstatt der rasch aufgezogenen Vorgängerkirche errichten, die Erstgründung Weih St. Peter blieb Priorat. Die Abtei St. Jakob wurde Mutterkloster und Zentrum der deutschen "Schottenklöster". Zur Gemeinschaft gehörten: ➛ Würzburg 1134, ➛ Erfurt 1136, ➛ Nürnberg 1140, Konstanz 1142, ➛ Eichstätt nach 1147, Wien 1161, Memmingen 1167 und ➛ Kelheim 1232. Papst Innozenz III. erteilte den irischen Benediktinern 1215 das Privileg, eine eigene Kongregation zu bilden. Ein Jahr darauf tagte das erste Generalkapitel im Kreuzgang von St. Jakob, der sich im Bau befand. Abt Macrobius (1279–93) erhielt die Pontifikalien. Sein Nachfolger Mauritius (1294–95) war wegen wirtschaftlicher Engpässe gezwungen, sich dem Diözesanbischof zu unterwerfen und auf alte Rechte zu verzichten. Unfähige Äbte verschleuderten Güter und Besitz. Bischof Friedrich von Nürnberg reagierte auf die Existenz bedrohende Misswirtschaft 1363 mit dem Einsatz eines Administrators. Der Nachwuchs aus Irland blieb aus, ein Großbrand 1433 förderte den Verfall. Der letzte irische Abt, Walter Arnowt (1498–1515), wurde 1514 wegen Veruntreuung in Haft genommen. 1548 vernichtete ein zweiter Brand die Klostergebäude. Schotten auf der Flucht vor der Reformation in ihrer Heimat brachten neue Herausforderungen: Die Konventsmitglieder kamen nun tatsächlich meist aus Schottland, viele Klöster der Kongregation gingen aber an die deutschen Benediktiner über. Abt Ninian Winzet (1577–92), einst Beichtvater Königin Maria Stuarts, begann 1577 mit einem Mitbruder die heruntergekommene Abtei St. Jakob wieder aufzurichten. Die Abtei entwickelte sich nun zum Sammelpunkt schottischer Flüchtlinge und zum Zentrum der Rekatholisierung Schottlands. Im 17./18. Jh. genoss das Ausbildungsseminar in St. Jakob ausgezeichneten wissenschaftlichen Ruf. Enge Beziehungen zum britischen Gesandten bewahrte die Abtei vor der allgemeinen Aufhebung 1803, sie wurde zum britischen Nationalheiligtum deklariert. Die Auflösung des Konvents erging 1862 durch päpstliches Breve; die zwei letzten Konventualen konnten die Ausbildung von Missionaren für Schottland nicht mehr gewährleisten.

Regensburg Schottenkloster St. Jakob, das romanische Nordportal (1185).

▶ **Gegenwart.** Das Gründungskloster Weih St. Peter wurde 1552 von kaiserlichen Truppen während des Fürstenaufstands im Zuge der Verteidigung der Stadt abgerissen. Den Barockkomplex der ehemaligen Abtei St. Jakob nutzt seit 1872 das bischöfliche Priesterseminar St. Wolfgang. Die Schottenkirche St. Jakob ist heute Seminarkirche und touristischer Stolz der Stadt. Die dreischiffige, flachgedeckte Basilika mit zwei Osttürmen, drei Ostapsiden, Westquerhaus aber ohne östliches Querschiff ist ein Höhepunkt der klassischen bayerischen Romanik. Ihr monumentales, skulpturreiches Nordportal präsentiert eschatologische Botschaften, deren Übersetzung in unsere heutige Sprache bislang nicht überzeugend gelungen ist. Auf die reiche Innenausstattung und Teile des romanischen Kreuzgangs sei hier nur hingewiesen.

◆ GermBen 2, 247–254; Flachenecker, Helmut: Schottenklöster. Paderborn 1995.

Regensburg, *(4) Deutschordenskommende St. Aegidius (vor 1224–1809) – „Gilgenhof".*

▶ **Geschichte.** Herzog Ludwig I. der Kelheimer von Bayern stiftete 1210 dem jungen Deutschen Orden die St. Aegidienkirche in R. einschließlich Weinberge und Ackerland. Die Deutschritter gründeten eine Kommende. Etwa zur gleichen Zeit entstand die Niederlassung Aichach, das spätere Blumenthal (s. u.). Der früheste Beleg für die Existenz der Kommende „Gilgenhof" in der Bischofsstadt stammt von 1224. Schenkungen der Wittelsbacher dienten der Durchsetzung ihrer Interessen gegenüber dem Diözesanbischof. In der Frühphase machte sich neben der Stifterfamilie besonders Graf Albert V. von Bogen um die Kommende verdient, der 1238 dem ersten namentlich bekannten Komtur Konrad Übelacker (Vuelacher, 1237/38) einen Hof in Rinkam übergab. Die Ordensbrüder konzentrierten ihren Besitzerwerb auf Weingüter in der östlichen Donauebene. Unter Komtur Wichmann (1247) bestand der Konvent aus mindestens vier Mitgliedern, 1269 waren es sieben. Papst Innozenz IV. erlaubte 1249 in der Zeit des Interdikts Gottesdienste in der

Ordenskapelle, was das Ordenshaus aufwertete. Das Patrozinium galt dem hl. Aegidius, Abt von St. Gilles in der Provence und einer der 14 Nothelfer (um 640 – um 720), in R. einfach „St. Egid“ oder „Gilgen“ genannt. Mehrere Päpste setzten sich für die Deutschordensbrüder in Streitigkeiten um Besitzrechte ein. 1260 nutzte Hochmeister Poppo von Osterna (1252–56), ursprünglich aus der Kommende ➛ Nürnberg, das Haus R. als Alterssitz. Komtur Berenger (1269/75) verkaufte 1275 den Zisterzienserinnen von ➛ Seligenthal bei Landshut einen Hof und bestimmte den Erlös für Aufgaben in Palästina. Den Höhepunkt der Ausbauphase erreichte Komtur Heinrich Willbrand von Parkstein (1342–76), der ob seiner besonderen merkantilen Fähigkeiten wohl als der bedeutendste Komtur des Mittelalters zu gelten hat. In der Zisterzienserabtei ➛ Kaisheim veranlasste er eine Seelenheilstiftung für seinen verstorbenen Bruder Ulrich, der Johanniterkomtur (1344–68) in R. (➛ Regensburg [8]) und ➛ Altmühlmünster war. Gegenüber dem Balleiverband Franken bewahrte R. eine gewisse Eigenständigkeit. Beim Versuch der Abspaltung einer eigenen Deutschordensballei Bayern von Franken (um 1350), gestützt von machtpolitischen Interessen der Wittelsbacher, verhielt sich die Kommende R. jedoch uninteressiert; eine Ballei Bayern wurde nicht gebildet. Das 15. Jh. stand im Zeichen der allgemeinen Ordenskrise: verlorene Schlacht von Tannenberg 1410, finanzielle Überbelastung durch Hilfsgelder an den Hochmeister in Marienburg in Preußen und Zugriff der Landesherrn bzw. Reichsstädte auf das Ordensvermögen. Der Orden reagierte mit Reformen, besonders in der Ballei Franken, die in den Landkomturen Melchior von Neudeck (1463–91) und Wolfgang von Eisenhofen (1492–1527) hervorragende Wirtschaftsorganisatoren fand. Der Kommende R. gelang es zunächst, ihre politische Unabhängigkeit vom Rat zu bewahren, verlor diese aber in den Wirren der Reformationszeit; die Stadt entschied sich 1542 für den Protestantismus, musste aber die katholischen Institutionen dulden. Die Deutschordenskommende in R. existierte bis 1809.

▶ **Gegenwart.** Der „Gilgenhof“ des Deutschen Ordens am Ägidienplatz in R. weist heute außer der gotischen Ordenskirche nur die etwas schmucklosen Gebäude der „Alten Kommende“ (1683) auf, die ein Altenheim beherbergen. Im „Neuen Deutschen Haus“ (1720/26) sitzt heute die Regierung der Oberpfalz. Einzig die gotische Kirche St. Ägid erinnert an die mittelalterliche Präsenz des Deutschen Ordens. Die Kirche entstand 1250 aus einer Vorgängerkapelle; im 14. Jh. durch Seitenschiffe zur Halle erweitert, wurde sie um einen eingezogenen, einschiffigen Chor ergänzt (1396). Ein schlanker, hoher Glockenturm flankiert die Nordseite. Der Innenraum ist durchgängig kreuzrippengewölbt; interessant sind Grabsteine und Totenschilder einiger Deutschordenskomture.

❖ Ludwig I. der Kelheimer hatte 1210 dem Deutschen Orden ebenfalls die Kirche in Aichach überlassen, woraufhin eine weitere Kommende entstand. 1250 wird erstmals ein Komtur in Aichach genannt. Der Orden verlegte seinen Sitz Aichach 1384 nach Blumenthal, wo er bis 1806 residierte. Zwischen 1952 und 2006 führten Deutschordensschwestern im Barockschloss Blumenthal ein Fugger'sches Stiftungsaltersheim; seit 2007 entsteht neben einem Hotel ein Drei-Generationen-Wohnkomplex. Mittelalterliche Ordensarchitektur blieb in Aichach und Blumenthal nicht erhalten.

◆ Weiss, Dieter J.: Die Geschichte der Deutschordens-Ballei Franken im Mittelalter, Neustadt/Aisch 1991; Popp, Marianne: St. Ägid R., Regensburg 1990; Mai, Paul: Deutschordens-Kommende St. Gilgen in R., in: Ratisbona Sacra, München 1989, 293 f.

Regensburg Deutschordenskommende, der gotische Chor (1396) der Ordenskirche St. Ägid am Gilgenhof.

Regensburg, *(5) Dominikanerkloster St. Blasius (1229–1809) – „Predigerkloster“.*

▶ **Geschichte.** Bischof Siegfried von Regensburg übergab den Dominikanern im Februar 1229 die Kirche St. Blasius in R. und ein angrenzendes Haus mit Hofstatt. Noch im 13. Jh. blühte das Predigerkloster zu R. zum bedeutendsten Konvent Süddeutschlands auf; Albertus Magnus (um 1195–1280, kanonisiert 1931) lehrte um 1237 in R., wo er 1260–62 das Bischofsamt innehatte. Aber auch Lektoren wie Berthold von Moosburg († 1361), Johannes Herolt († 1468) und Johann Schwarz (Negri, 15. Jh.) begründeten den hervorragenden Ruf des Konvents, der in R. das zentrale Ordensstudium mit einer berühmten Bibliothek einrichtete. Nach den Zentren Köln und Paris gehörte R. zu den stärksten Dominikanerkonventen des Ordens; noch Ende des 15. Jh. zählte er 49 Brüder. 1255 tagte ein Provinzkapitel der Ordensprovinz Teutonia in R., in den nächsten 250 Jahren folgten sieben weitere Provinztreffen. Zwischen 1271 und 1277 zogen Gründungskonvente nach ➛ Landshut, ➛ Eichstätt und Bozen. Die Dominikanerinnen des Heilig-Kreuz-Klosters der Stadt (➛ Regensburg [6]) standen unter Führsorge der Predigerbrüder. Der Klosterkomplex der Dominikaner vergrößerte sich stetig bis in das Spätmittelalter hinein; die große Kirche St. Blasius benötigte fast 100 Jahre Bauzeit, weil sich der Konvent mitunter finanziell verausgabte und Geldmangel jahrelange Baupausen erzwang. Zwar verkündet ein Ablassbrief Bischof Friedrichs von Freising (Montalban) 1281 die bevorstehende Vollendung, aber 1284 wurde am 5. Joch des Langhauses gearbeitet. Mitbrüder aus dem Konvent in ➛ Nürnberg führten 1475 die Observanz ein; von St. Blasius aus konnten Reformen nach Wien, Bozen, Weißenburg (Siebenbürgen) und Schlesien getragen werden. Etwa 50 Jahre später konvertierte ein großer Teil der Brüder zum lutherischen Glauben und verließ das Kloster. Prior Moritz Fürst setzte sich 1524/25 mit Priorin Katharina Sinzenhofer von ➛ Pettendorf nach Nürnberg ab und heiratete; der Restkonvent litt Not, Almosen blieben aus, die Klosterordnung war aufgelöst. Nach dem offiziellen Bekenntnis der Stadt zum Protestantismus 1542 rettete der Einspruch des Kaisers den Konvent; das Kirchenschiff beschlagnahmte der Rat jedoch für den evangelischen Gottesdienst, den Chor durften die Brüder noch benutzen. Mit der Zahlung von 6.000 Gulden zum Bau der Dreieinigkeitskirche konnten sie ihre Kirche zurückerwerben. In der protestantischen Reichsstadt erlangte der Konvent St. Blasius seine alte Bedeutung nicht wieder. Ende des 18. Jh. breitete sich Disziplinlosigkeit im Konvent aus. Nach der allgemeinen Säkularisation 1803 setzte Fürstprimas Karl Theodor von Dalberg die verbliebenen Prediger auf Pension; für die letzten drei Dominikaner erlosch das klösterliche Leben 1809 endgültig. Die Gebäude dienten fortan als Ausbildungsstätte für Theologiestudenten, woraus die Philosophisch-Theologische Hochschule als Vorgängerinstitution der Universität entstand.

▶ **Gegenwart.** Seit 1810 ist die Dominikanerkirche St. Blasius in R. Kirche einer jesuitischen Laiengemeinschaft, der Marianischen Männerkongregation (seit 1967 Gemeinschaft Christlichen Lebens – GCL). Die dreischiffige, kreuzrippengewölbte Basilika mit polygonal schließendem Hauptchor und schmalem Glockenturm an der Südseite zählt zu den Hauptwerken der Frühgotik in Deutschland und gilt als eine der größten Kirchen der Dominikaner überhaupt. Ein zweitüriges Zierportal belebt die Westfront. Innen verstärkt der Verzicht auf Schmuckwerk die Raumwirkung, die Ausstattung wurde 1893 regotisiert, die Gruft im Westteil bauten die Dominikaner erst 1770 ein. Südlich entstanden gleichzeitig mit der Kirche die Klausurgebäude wohl unter Einbezug bestehender Steinhäuser. Der frühgotische Kreuzgang erhielt 1418/24 Springgewölbe auf Polygonkonsolen. Schlusssteine tragen Stadt-, Geschlechter- und Innungswappen, Grabplatten erinnern an Ordensbrüder, Gönner und Angehörige des Stadtadels; die angeschlossenen Funktionsräume wurden einschneidend verändert. Auch die zusätzlichen Barockbauten des Klosters (1753–65) wurden im Inneren mehrfach umgebaut und beherbergten bis 1973 die Katholisch-Theologische Fakultät der 1962 gegründeten Universität. Heute dienen sie verschiedenen Institutionen.

◆ Holzfurtner, Ludwig/Morsbach, Peter: Das Dominikanerkloster St. Blasius in R., in: Ratisbona Sacra, München 1989, 256–258; Bauer, Hermann/Bauer, Anna: Klöster in Bayern, München 1985, 238 f.; Barth, Hilarius M.: Dominikanerkirche R., Regensburg 1973.

Regensburg, *(6) Dominikanerinnenkloster Heilig Kreuz (seit 1233) – „Heilig-Kreuz-Kloster".*

▶ **Geschichte.** Bischof Siegfried von Regensburg erlaubte 1233 die Gründung eines der ältesten Dominikanerinnenklöster im deutschen Sprachraum, das bis heute ununterbrochen von einem Konvent belebt wird. Bürger schenkten auf Bitten des Bischofs einer Gemeinschaft armer Schwestern, die den Regeln von San Sisto in Rom gehorchte, einen Bauplatz im Westen vor den Mauern der Bischofsstadt nahe einem Steinbruch. Die Kirchenweihe erfolgte 1244, die Aufnahme in den zweiten Predigerorden 1245; den Dominikanerbrüdern der Stadt (➛ Regensburg [5]) oblagen Aufsicht und Betreuung. Graf Heinrich von Ortenburg-Murach und seine Gemahlin Richiza förderten die Schwestern 1237 mit der Pfarrei Schwarzhofen, woraufhin diese um 1240 einen Gründungskonvent in das Filialkloster Schwarzhofen (s. u.) entsandten. 1262 halfen sie bei der Belebung des Klosters in ➛ Pettendorf am Adlersberg. Der Konvent erfreute sich stetiger Förderung von allen Seiten und stand auf solider finanzieller Grundlage. Unter geistlicher Fürsorge der Dominikanerbrüder lebte im 14. Jh. die Mystik auf (im 16. Jh. fiel die Korrespondenz mit Mystikern des Ordens einem Brand zum Opfer). Ende des 14. Jh. belastete eine wirtschaftliche und geistliche Krise Kloster Heilig Kreuz, das nahe vor dem Ruin stand. Ordensminister kümmerten sich um den Konvent und forderten innere Reformen, die 1406 nicht widerstandslos hingenommen wurden, insbesondere das Gebot zur strengen Klausur rief Proteste hervor. 1476 musste die Reform erneuert werden. Die Unterstützung zweier Schwestern aus St. Katharina in ➛ Nürnberg reichte offenbar nicht aus, denn Bischof Heinrich IV. und die Stadtväter ließen 1484 fünf weitere Reformdominikanerinnen aus Nürnberg kommen, mit deren Hilfe tatsächlich die Observanz durchgesetzt werden konnte. Während der Reformation, die in den 40er Jahren des 16. Jh. die Stadt ergriff, fiel der Konvent durch Standhaftigkeit im Bekenntnis zum katholischen Glauben auf. Der

Regensburg Dominikanerkloster, das zweitürige Zierportal an der Westfront der frühgotischen Basilika.

Regensburg Dominikanerinnenkloster, seit 1233 lebt ununterbrochen ein Konvent im Heilig-Kreuz-Kloster.

Neubau der Klausuranlage (um 1628), der Dreißigjähriger Krieg sowie die Übernahme des ehemaligen Klosters Pettendorf führten den Konvent in finanzielle Nöte. Den Besitz Pettendorf kauften 1660 die Regensburger Mitbrüder den Schwestern ab. Etwa 100 Jahre später ruinierten der aufwändige Umbau der Klosterkirche und Kriegskontributionen 1795 erneut den Finanzhaushalt. 1803 fiel die Stadt an den Fürstprimas Karl Theodor von Dalberg, der den Weiterbestand des Heilig-Kreuz-Klosters von der Eröffnung einer Mädchenschule abhängig machte; den Güterbesitz zog er jedoch ein. König Ludwig I. von Bayern übergab dem Konvent in R. das ehemalige Kloster ➛ Niederviehbach an der Isar, das 1847 für eine Tochtergründung genutzt wurde. Weitere Tochterniederlassungen entstanden 1859 in Brooklyn (New York) und 1862 in Racine (Wisconsin).

▶ **Gegenwart.** Die gotische Klosterkirche des Heilig-Kreuz-Klosters in R. war ein rechteckiger Saal mit eingezogenem Chor im 3/8-Schluss. Die westliche Unterkirche bildete den Kapitelsaal, darüber war die Nonnenempore eingerichtet. Priorin Hyacintha Hämmerl (1751–57) gab die Umgestaltung im Stil des Rokoko in Auftrag, die heute von Freunden der Rocailledekoration als Gesamtkunstwerk geschätzt wird. Die gotischen Umfassungsmauern der Kirche blieben erhalten. Der Chor wurde innen neu eingewölbt, die Fenster vergrößert; an die Stelle der Holzdecke trat ein Spiegelgewölbe mit Stichkappen, schließlich wurden die Langhausecken durch Blendmauern im Rokokostil abgerundet; selbst das romanische Kreuz der Gründungszeit erhielt neue Formen. Die Klausurgebäude des 13. Jh. sind spätgotisch und barock überformt; der vierflügelige Kreuzgang zeigt gotische Maßwerkfenster mit Glasmalereinen und birgt mittelalterliche Grabplatten. Der Kapellenturm mit Sixtuskapelle entstand um 1300, gotische Wandbilder schmücken die Kilianskapelle. Zur 770-Jahrfeier 2003 zählte der Konvent 20 Schwestern. Die amerikanischen Tochtergründungen wuchsen bis 1929 auf zwölf selbständige Kongregationen an, die 1960 über 8.700 Mitglieder zählten. ❖ Kloster Schwarzhofen ist erstmals 1260 urkundlich als Tochter des Heilig-Kreuz-Klosters belegt, nahm im 14. Jh. eine aufsteigende Entwicklung, die aber durch den Hussiteneinfall 1428 für zwei Jahrhunderte unterbrochen wurde. Bis 1691 lebte der Konvent im Mutterhaus in Regensburg. Danach gelang eine zweite Entfaltung, die 1802 endete. Die heutige Klosteranlage in der Gemeinde Markt Schwarzhofen im Oberpfälzer Wald entstammt ausschließlich dem 17. und 18. Jh.

◆ Morsbach, Peter/Mai, Paul: Dominikanerinnenkloster Heilig Kreuz R., in: Ratisbona Sacra, München 1989, 259–261; Bauer, Hermann/Bauer, Anna: Klöster in Bayern, München 1985, 240 f.

Regensburg Franziskanerkloster, beeindruckende Raumwirkung in der größten deutschen Franziskanerkirche.

Regensburg, *(7) Franziskanerkloster St. Salvator (1226–1810) – „Barfüßerkloster".*

▶ **Geschichte.** Bischof Konrad IV. von Regensburg (Teisbach) empfing 1221 die ersten drei Minoriten aus ➛ Augsburg freundlich und gestattete ihnen Predigt und Seelsorge an einer Brückenkapelle. Erst im Todesjahr ihres Ordensgründers Franz von Assisi (1226) begannen die Barfüßer Immobiliengeschenke anzunehmen und ein Kloster zu gründen. Der Bischof übergab ihnen 1226 die kleine Kirche St. Salvator am Kornbühl außerhalb der östlichen Stadtmauer, wo sie mit Hilfe weiterer Schenkungen ihr Kloster errichteten. Noch im 13. Jh. entwickelte sich St. Salvator dank Persönlichkeiten wie dem Novizenmeister David von Augsburg († 1272), Dichter Lamprecht von Regensburg (um 1250) und Volksprediger Berthold von Regensburg († 1272) zu einem bedeutenden Konvent der oberdeutschen Franziskanerprovinz Argentina. Die Minoriten begleiteten seelsorglich die weltlichen Kanonissen vom Ober- und Niedermünster aber auch die Magdalenen, die mit ihrer Hilfe 1296 in den Klarissenorden (s. u.) wechselten. Die Barfüßer stellten im Mittelalter vier Weihbischöfe für Regensburg, Passau und Freising. Bedeutendster Guardian war wohl Johannes Rapp, der zwischen 1446 und 1466 mehrmals als Vorsteher amtierte. Er ließ 1462 das „Liber anniversariorum" anfertigen; in seiner Amtszeit gab es keinen Anlass, vom Konvent Reformen zu fordern. Der Konvent blieb im ordensinternen Richtungsstreit bei den Konventualen. Lutherisches Gedankengut ergriff um 1530 auch die Minoriten, woraufhin die Klausurdisziplin spürbar nachließ; Austritte und finanzielle Not kennzeichneten die folgende Zeit. Guardian Johannes Erber (1523–44) ehelichte und stand 1544 als lutherischer Prediger im Dienst der Stadt, die sich 1542 offiziell zum Protestantismus bekannt hatte. Die letzten drei Barfüßer übergaben dem Magistrat im Oktober 1544 ihr Kloster gegen Pensionen; die Stadt richtete in den Gebäuden eine Druckerei ein. Nach dem Augsburger Interim 1548 erhielten die Minoriten 1551 das Salvatorkloster zurück, zwei Franziskaner aus dem Konvent in ➛ Villingen begannen mit dem schwierigen Neuanfang. Der Konvent engagierte sich nun verstärkt im pastoralen Bereich: 1602 übernahm er die Dompfarrei St. Ulrich sowie Pfarrvikariate u. a. in ➛ Prüll und im Obermünster. Die schwedische Besatzung 1633 brachte wirtschaftliche Not, der Pest 1713 erlagen vom 16-köpfigen Konvent 13 Mitbrüder. Das österreichische Militär nutzte 1802/03 die Klausur als Spital, Fürstprimas Karl Theodor von Dalberg richtete 1804 eine von den Franziskanern betreute Militärpfarrei ein. Die Auflösung des Konvents erfolgte 1810 mit dem Übergang der Stadt an Bayern. Bis 1931 dienten Kirche und Klausur Militär-, Verwaltungs- und Lagerzwecken. Erst nach dem Kauf durch die Stadt fand das Stadtmuseum hier eine passende Heimstätte.

▶ **Gegenwart.** Augsburg gilt als Ankunftsort der Franziskaner in Deutschland mit nachfolgender fester Niederlassung (➛ Augsburg), Eisenach in Thüringen (s. u.) rühmt sich des ersten franziskanischen Kirchenbaus, Würzburg beherbergt den ältesten noch aktiven Konvent (➛ Würzburg) und in R. steht die größte Franziskanerkirche Deutschlands. Diese dreischiffige Basilika mit flachgedecktem Langhaus entstand um 1250–70, ihr gewölbter, einschiffiger Chor jedoch erst um 1340, wobei die Fenster die Stilunterschiede verraten. Die gotische Klausur blieb erhalten, die beiden Kreuzgänge unterlagen in der ersten Hälfte des 15. Jh. Um- und Ausbauten. Das Historische Museum R. nutzt heute die Anlage am Dachauplatz für Sammlungen zur Kunst und Kultur Ostbayerns.

❖ Der Klarissenkonvent in R. erwuchs 1296 aus der Magdalenengemeinschaft von 1228, verlor im April 1809 seine Klosteranlage am Klarenanger bei der Beschießung der Stadt, fand aber im ehemaligen Kapuzinerkloster in der Ostengasse eine neue Bleibe und existierte dort bis 1974.

In der thüringischen Residenzstadt Eisenach gründeten die Minoriten wohl schon 1225 eine Gemeinschaft. Mit dem Bau der angeblich ersten deutschen Franziskanerkirche wurde 1236 begonnen; sie war eine dreischiffige Basilika ohne besondere Chorausbildung. Das Barfüßerkloster endete wie die meisten monastischen Institutionen in Eisenach 1525 im Sturm der plündernden Bürger; Kirche und Klausur wurden von 1597 bis nach 1650 zur Materialgewinnung abgetragen. Heute steht auf dem ehemaligen Klosterareal oberhalb des Marktes die Goetheschule (einst Charlottenschule).

◆ Hilz, Anneliese: Die Minderbrüder von St. Salvator in R., Regensburg 1991; Morsbach, Peter/Röcke, Werner: Das Regensburger Minoritenkloster, in: Ratisbona Sacra, München 1989, 268–273; Bauer, Hermann/Bauer, Anna: Klöster in Bayern, München 1985, 236–238.

Regensburg, *(8) Johanniterkommende St. Leonhard (vor 1264–1810).*

▶ **Geschichte.** Die Johanniter ließen sich vermutlich um die Mitte des 13. Jh. in der noch unbefestigten Westvorstadt von R. nieder, nachdem der Deutsche Orden (➛ Regensburg [4]) bereits vor 1224 eine Kommende in der Stadt unterhielt. Anfänge und Umstände liegen im Dunkeln, die erste urkundliche Nachricht datiert 1264, spätere Urkunden (1276 und 1292) erwähnen die Johanniterkomture Peringer bzw. Eberhard. Eine frühere Ordensgründung in R. ist Spekulation, auch wenn sich hierfür das Jahr 1189 anzubieten scheint, als das Kreuzfahrerheer unter Bischof Konrad III. (Laichling) und Kaiser Friedrich I. von R. aus zum Dritten Kreuzzug aufbrach. Die Grundausstattung der Kommende war gering. Im 14./15. Jh. legte der Orden zeitweise die Niederlassung ➛ Altmühlmünster im Altmühltal mit der schwachen Kommende St. Leonard in R. zusammen; seit 1535 wurden beide unter vereinter Administration verwaltet, was als eine Inkorporation St. Leonards durch Altmühlmünster zu bewerten ist. Kommandeursämter wurden im 16. Jh. nicht mehr einzeln vergeben. Die Personalstärke betrug 1467 in R. noch fünf Brüder, 1495 zwei Ordensmitglieder und zwei Angestellte, wobei St. Leonard lediglich als Priesterkommende diente. Nach 1542 musste die Kirche dem evangelischen Gottesdienst geöffnet werden. Komtur Ferdinand von Muggenthal zu Hexenagger, um 1600 Johanniterrezeptor in oberen deutschen Landen, war Komtur zu ➛ Hemmendorf und ➛ Rexingen im württembergischen Neckargebiet, aber auch in Altmühlmünster und in R. Die Kommende St. Leonard diente als Absteigequartier der Ordensvertreter Maltas beim „Immerwährenden Reichstag" (1663–1806). 1634 fanden unbeschuhte Karmeliten eine erste Unterkunft in den Gebäuden. Nach der Säkularisierung 1803 fiel die Kommende an den Fürstprimas Karl Theodor von Dalberg. Erst mit dem Übergang an das Königreich Bayern 1810 wurde sie endgültig aufgelöst. Die Kommende Altmühlmünster war bereits zwei Jahre zuvor an Bayern übergegangen. Von 1817 bis 1871 dienten die Kommendegebäude in R. als Knabenschule, 1886 als Bewahranstalt für Kleinkinder. Ein katholischer Kindergarten und Kinderheim in der Leonhardsgasse Nr. 3 bestehen bis heute, 1979 kam ein Jugendwohnheim hinzu.

▶ **Gegenwart.** Die dreischiffige Hallenkirche St. Leonhard aus der Mitte des 13. Jh. mit eingezogenem Chor und Halbkreisapsis ist im Westen doppelgeschossig, was darauf schließen lässt, dass sich dort ein Hospitalraum zur Versorgung von Pilgern und Kranken befand. Diese Doppelfunktion von Kirchen war bei den Johannitern durchaus üblich, wie Sakralbauten des Ordens in ➛ Wölchingen, ➛ Neckarelz, ➛ Niederweisel, ➛ Mosbach, Torphichen (Schottland), Genua St. Johann (Italien) und Enns (Österreich) zeigen; gleichwohl ist der Hospitalkirchenbau keine Erfindung der Ordensritter. Der heutige Westteil der Kirche mit seiner neuromanischen Fassade entstand erst 1885/95. Der südöstliche Glockenturm erhob sich ursprünglich frei, wurde 1748 jedoch architektonisch mit der Kirche verbunden. Von der mittelalterlichen Ausstattung blieben eine Holzstatue des hl. Leonhard und zwei erwähnenswerte Flügelaltäre erhalten. Die Marmorplatte mit Ritzzeichnung des Komturs de Spira († 1328) steht in der Vorhalle.

◆ Morsbach, Peter: Baugeschichtliche Anmerkungen zu einigen mittelalterlichen Spitalbauten R., Regensburg 1995; Rödel, Walter: Das Großpriorat Deutschland des Johanniter-Ordens, Mainz 1965, 164–167.

Regensburg Johanniterkommende, die Kirche St. Leonhard (um 1250) ziert ein neoromanisches Westportal.

Regensburg, *(9) Karmelitenkloster St. Oswald (1290–1368) – „St. Oswald Spital".*

▶ Nahe der Einmündung des Weißgerbergrabens in die Donau bei R. ließen sich um 1290 Karmeliten an der alten Kirche St. Oswald nieder. Zur gleichen Zeit gründeten die Patrizier Karl Prager und Friedrich Auer das „Neue Spital an der Tunau", dessen seelsorgliche Begleitung offensichtlich den Karmeliten übertragen wurde. Papst Johannes XXII. sicherte 1319 seinen Schutz zu, König Ludwig der Bayer folgte 1330. Um diese Zeit entstand die gotische Karmelitenkirche St. Oswald, deren anspruchsvoller Chor der Dombauhütte zugerechnet wird. 1333 erwähnt Erzbischof Friedrich von Salzburg einen Prior Heinrich Brünnlein von R., der zehn Jahre das Amt innehatte. Aus nicht genannten Gründen zogen die Karmeliten 1367/68 nach ➛ Straubing, wo sie das einzige mittelalterliche Karmelitenkloster Deutschlands gründeten, das bis heute existiert. Ihr Kloster in R. blieb weiterhin Spital mit St. Oswald als Spitalkirche; seit 1553 wird sie für den evangelischen Gottesdienst genutzt. Im Zuge der Gegenreformation siedelten 1634 unbeschuhte Karmeliten am alten Kornmarkt in der Stadt. Diesen Konvent rettete die Herstellung eines hochprozentigen Kräuterdestillats vor der Säkularisierung (1803), das noch heute produziert wird. Die ehemalige Karmelitenkirche St. Oswald wurde 1604 und 1708 erweitert; der damalige Ausbau prägt bis heute ihren Innenraum. Ein Portal aus der Erbauungszeit hat sich an der Nordseite erhalten. Hochwasser der Donau schädigen immer wieder den Bauuntergrund, der 1990 gesichert wurde. Erst in jüngster Zeit wurde die bislang vernachlässigte Kirche renoviert. Mittelalterliche Konvents- oder Spitalgebäude blieben nicht erhalten.

◆ Dirmeier, Artur/Morsbach, Peter: Spitäler in R., Regensburg 1994; Morsbach, Peter: Die Marienbrüder im Bistum R., in: Ratisbona Sacra, München 1989, 282.

Rehna, *Benediktinerinnenkloster St. Maria und St. Elisabeth (vor 1236– vor 1319), Prämonstratenser-Chordamenstift St. Maria und St. Elisabeth (vor 1319–1552), Diözese Ratzeburg – (Lkr. Nordwestmecklenburg, Mecklenburg-Vorpommern, ❐ 2, A2).*

▶ **Geschichte.** Kolonisten aus dem waldeckschen Ort Rhena (heute ein Ortsteil von Korbach in Hessen) gründeten um 1150 den mecklenburgischen Ort R. 30 km südöstlich von Lübeck; sie waren von den Prämonstratensern im entstehenden Domstift ➛ Ratzeburg gerufen worden. Chorherr und Pfarrer Ernestus stiftete mit Hilfe des Bischofs und des Domkapitels sowie mit Unterstützung des mecklenburgischen Fürsten und seiner Ritterschaft zwischen 1230 und 1236 im Kirchspiel ein Frauenkloster, das Bischof Ludolf von Ratzeburg nach Zustimmung des Landesherrn, Erzbischof Gebhard II. von Bremen (Lippe), im Dezember 1237 bestätigte. Die Schwestern bekannten sich zur Benediktregel und unterstanden einer Priorin. Propst- und Archidiakonatsaufgaben übernahmen Prämonstratenser-Chorherren aus Ratzeburg. Regionaladel und Lübecker Patrizierfamilien schickten ihre unverheirateten Töchter und dotierten reichlich. Die Herren von Bülow erwiesen sich als besonders großzügige Gönner; aus dieser Familie kam Priorin Adelheid I. (1318/24). Unter Einfluss der Prämonstratenser entschied sich der Konvent zur Annahme der Augustinusregel, nahm die Verfassung eines Regularkanonissenstifts an und unterstellte sich dem Prämonstratenserorden. Die Vorsteherinnen behielten den Titel Priorin. In einer Urkunde Papst Johannes' XXII. vom März 1319 wird erstmals die Zugehörigkeit zum „Premonstratensi ordini" offensichtlich. Aus der Siedlung R. entwickelte sich ein bedeutender Ort, der 1362 als *oppidum* bezeichnet wird. Das Frauenstift stand unter Protektion der Herzöge von Mecklenburg, Magnus II. und Balthasar stellten 1480 einen Schutzbrief aus. Mit Priorin Elisabeth (1490–1532) stand eine mecklenburgische Prinzessin dem Konvent von 25 Schwestern vor. 1491 starb im Stift die Herzogin Dorothea, Witwe Herzog Heinrichs III., die sich nach R. zurückgezogen hatte. Die enge Verbindung zur Bischofsstadt Lübeck erlaubte den zollfreien Verkehr in die Hansestadt, wofür Stift R. jährlich ein Fuder Brot lieferte. Der Zustrom von Frauen aus Lübeck stieg in R. und im Nachbarkloster ➛ Zarrentin Ende des 15. Jh. dermaßen an, dass Herzog Magnus II. dagegen einschreiten musste. Abhilfe brachte die Gründung des Annenstifts in ➛ Lübeck (1502). Nach Einführung der Reformation löste Herzog Johann Albrecht I. von Mecklenburg-Güstrow 1552 das Stift R. auf. Priorin Katharina von Sperling und zwei Chordamen wurden mit Deputaten auf Lebenszeit abgefunden. Stadt und Besitz fielen an das Fürstentum.

▶ **Gegenwart.** Die ehemalige Klosterkirche St. Maria und Elisabeth östlich des Marktplatzes in R. dient heute als evangelische Pfarrkirche. Der einschiffige Backsteinbau mit quadratischem Westturm und gerade abschließendem, eingezogenem Chor entstand aus der bereits vor dem Kloster existierenden romanischen Pfarrkirche St. Maria durch Umbauten (um 1254) und Vergrößerung (um 1450). Durch ein abgestuftes Rundbogenportal gelangt man durch den Westturm in den kreuzrippengewölbten Innenraum, der durch Wandpfeiler gestützt wird. Eine Schildwand mit spitzbogiger Triumphöffnung trennt das Langhaus vom niedrigeren, zweijochigen Chorraum ab. Reste hoch- und spätgotischer Wandmalereien zieren die Wände. Ein siebensitziges Chorgestühl aus dem 15. Jh. steht an der Chorsüdseite, seine Wangen zeigen Wappen Bischof Johannes' II. Proel (1441–54) sowie Propst Andreas Stallknechts (1441–48). Der Hochaltar ist eine Komposition des 19. Jh.

Rehna Prämonstratenser-Chordamenstift, Südkreuzgang der in Teilen erhaltenen, gotischen Stiftsanlage.

mit spätgotischen Schnitzfiguren. Ein doppelgeschossiger Kreuzgangflügel schließt sich direkt südlich an die Kirche an, dessen Erdgeschoss heute als Winterkirche dient. Östlicher und südlicher Kreuzgang umgrenzen den ehemaligen Friedhof, der Westflügel existiert nicht mehr. Figürliche Wandmalereien des 14. Jh. schmücken die Laibungen der Fenster. Südliche Wärmestube und Winterrefektorium sind zugänglich. Im Westen folgt ein fälschlicherweise als Kapitelsaal bezeichneter Raum (1425) mit sechs Kreuzrippengewölben auf achtseitigen Säulen und reich verzierten Wandkonsolen, dessen Funktion nicht endgültig geklärt ist. Das anschließende, spätgotische „Lange Haus" dient heute der Stadtverwaltung.

◆ Friedrich, Verena: Die ehemalige Klosterkirche St. Maria und Elisabeth in R., Passau 2006; Fischer, Kurt: Kirche und Kloster R., in: Mecklenburgische Monatshefte 8 (1932)158–162.

Reichardsroth, *Johanniterkommende St. Johannes Baptist (1182–1808), Diözese Würzburg – (Ohrenbach-R., Lkr. Ansbach, Bayern, ❐ 3, D2).*

▶ **Geschichte.** Kaiser Friedrich I. initiierte zum Schutz und zur Betreuung der Pilger auf ihrem Weg nach Rom die Gründung einer Johanniterniederlassung mit Hospital in R. nördlich von Rothenburg ob der Tauber. Albrecht von Hohenlohe und Bischof Reinhard von Würzburg (Abenberg) übergaben dem Ritterorden 1182 die Pfarrkirche zu R., was Papst Cölestin III. 1192 konfirmierte. Auf einen Neffen des Stifters, Albrecht den Jüngeren von Hohenlohe, ging 1208 die Johanniterkommende in ➛ Mergentheim zurück. Konrad Kraft von Boxberg, der schon für die Johanniterkommende in ➛ Wölchingen gesorgt hatte, erweiterte die Stiftung an die Johanniter in R. mit Gütern in Althausen, Königshofen, Iphofen und Schweigern. Anfang des 13. Jh. übernahmen die Ordensbrüder das Spital St. Johannes der Täufer im nahen ➛ Rothenburg ob der Tauber und gründeten eine weitere Kommende in dieser Stadt, die 1274 Reichsimmunität erlangte. Kommende und Hospital in R. entwickelten sich durch Spenden und Mitgiften meist aus dem Niederadel im 13. Jh. vortrefflich; die Herren von Hohenlohe blieben ihrer Stiftung eng verbunden. Eine neue Kirche mit mächtigem Vierungsturm konnte 1254 geweiht werden. Den Titel Komtur trugen die Vorsteher erst seit der zweiten Hälfte des 13. Jh.; offensichtlich waren zunächst nur zwei Priesterbrüder zugegen, Berthold VI. von Henneberg stiftete 1329 eine Ewigmesse für einen dritten Ordenspriester. Komtur Friedrich von Bebenburg (1337) leitete die Kommenden Rothenburg und R. in Personalunion. Ihm folgten zwischen 1351 und 1359 in einer Art Notverwaltung die Vorsteher der Ballei Franken Heinrich von Remda und Konrad von Klepsheim im Wechsel, wobei es zur Union beider Kommenden erst etwa 100 Jahre später kam. Grundherrschaft und Rechte im Ort konnten 1393 erweitert werden, aber die Stadt Rothenburg erlangte durch Erbschaft der Herrschaft Endsee 1387 Zehntrechte in R. Diese Rechte bestätigten Würzburger Bischöfe und mehrere Herrscher bis hin zu Karl V. Der Rat nutzte sein Recht zur Schwächung der Ordensposition in R. Unter Komtur Georg von Scharenstetten (1447–62) kam es schließlich doch zur Union der Nachbarkommenden, nun galt R. fortan als *membrum* von Rothenburg und wurde zunächst als Wirtschaftshof geführt, später aber verpachtet. Der Ohrenbacher Bauernhaufen plünderte im März 1525 die Kommende. 1560/61 amtierte noch ein katholischer Pfarrer in R., danach evangelische Prediger von Uffenheim. Kommendegebäude und Kirche gerieten in Verfall, schrittweise mussten Chor und Langhaus der Kirche abgetragen werden. Nach der Verstaatlichung 1808 fiel der Besitz an acht Hofbauern.

▶ **Gegenwart.** Heute dienen lediglich der erhaltene Vierungsturm und ein verbliebenes Chorjoch der einst mächtigen Johanniterkirche von 1254 der kleinen Gemeinde in R. als Gotteshaus. Der reich gegliederte Turm besitzt Blendbogenfriese und Biforien und im Inneren schließt ihn ein Kreuzgratgewölbe nach oben ab. Zwei Sandsteinreliefs waren Teil eines Sakramentshäuschens, das der letzte Komtur Georg von Scharenstetten der Kirche gestiftet hatte. Ein mittelalterlicher Torbogen mit mehrfach gestuftem Gewände und Mauerreste erinnern heute an das einstige Hospital.

◆ Borchardt, Karl: Die geistlichen Institutionen in der Reichsstadt Rothenburg ob der Tauber, Neustadt/Aisch 1988; Rödel, Walter: Das Großpriorat Deutschland des Johanniter-Ordens, Mainz 1965, 157f.

Reichardsroth Johanniterkommende, Vierungsturm und Chorjoch der spätromanischen Kirche von 1254.

Reichenau, *Benediktiner Reichsabtei St. Maria u. a. (724–1757), Diözese Konstanz – (Insel R., Lkr. Konstanz, Baden-Württemberg, ❐ 3, C5).*

▶ **Geschichte.** Einzig zwei gesicherte Fakten erhellen die Entstehungsgeschichte der Abtei auf der Bodenseeinsel R.: einmal das Jahr 724 und zum anderen der Gründer, der hl. Missionsbischof Pirmin (um 670–753). Stifter und Umstände sind unklar, allgemein wird der Vermutung zugestimmt, dass die ersten Mönche der columbanisch-benediktinischen Mischregel folgten. Im Machtkampf Karl Martells mit dem Alemannenherzog Theotbald oder auf Druck des Konstanzer Bischofs verließ Pirmin 727 die Insel und gründete die Abteien Murbach im Elsass, ➛ Gengenbach, ➛ Schuttern und ➛ Hornbach. Erst nach der Niederwerfung der Alemannen 746 galt R. als karolingisches Reichskloster. Die Konstanzer Bischöfe hatten im 8. Jh. die Abtwürde inne. Die Abtei beteiligte sich an der Besiedlung von ➛ Ettenheimmünster, ➛ Niederaltaich, Gorze in Lothringen, Pfäfers im Schweizer Taminatal und Einsiedeln südlich vom Zürichsee. Mit der etwa 100 Jahre älteren Abtei St. Gallen bestand zeitweise Personalunion. Karl der Große unterstützte das Kloster R. durch Schenkung ausgedehnten Fiskalbesitzes um Ulm, was den Aufstieg zu einer der bedeutendsten Reichsabteien entscheidend förderte. Das Inselkloster wird ebenso wie ➛ Prüm und Hornbach nicht in der unvollständigen „Notitia de servitio monasteriorum" der Aachener Reichssynode von 818/819 erwähnt. Mit Abt Waldo (786–806) und der Benediktregel begann die erste Glanzzeit, die sich in Schreibstube, Bibliothek, Studien, St. Galler Klosterplan, Verbrüderungsbuch und Architektur offenbarte. Der Konvent zählte im 9. Jh. über 100 Mitglieder. Der einflussreichste Abt war wohl Hatto (888–913), der als Erzbischof von Mainz und Reichskanzler regierte und nicht nur auf der Insel, sondern gleichzeitig in ➛ Ellwangen, ➛ Lorsch und Weißenburg im Unterelsass amtierte. Um 900 wurde der Abtei das Kloster ➛ Schienen unterstellt. Mit Abt Ruodmann (972–985) belebten ➛ Gorzer Reformideale aus St. Maximin in ➛ Trier den Konvent, die bis Ende des 10. Jh. zur zweiten Hochblüte führten, begleitet von Besitzerweiterung, Bauaktivität, Goldschmiedekunst und künstlerisch hochwertiger Malschule. Abt Alawich (997–1000) und Nachfolger erhielten das Privileg eines römischen Abts, wodurch die Abtei allein dem Papst rechenschaftspflichtig war. R. vertrat bei den Klosterreformen des 11./12. Jh. stets eine Sonderrolle und kann keiner bestimmten Reformrichtung

Reichenau Benediktiner Reichsabtei, die Basilika St. Georg am östlichen Inselort Oberzell (um 900) mit Flachchor, Vierungsturm und Vorhalle, Nordostansicht.

zugeordnet werden. Abt Berno (1008–48) wurde im cluniazensischen Fleury in Frankreich ausgebildet, führte aber die Abtei auf einen eigenen Reformweg, der eher dem lothringischen Gorze und den Reichsklöstern nahe stand. Sein Mitbruder Hermann der Lahme (Graf von Altenhohenau, 1013–54) war einer der bedeutendsten Gelehrten des Hochmittelalters, der eine Weltchronik sowie mathematisch-wissenschaftliche Schriften verfasste. Abt Berno und Hermann verkörpern die letzte Ausstrahlungs- und Hochblütezeit der Inselabtei. Schon der Investiturstreit brachte die Wende. Offene Rivalität mit St. Gallen, Urkundenfälschungen, politische Isolierung, Güterverlust, Verpfändung, Verkäufe, Brände, Simonie, Misswirtschaft, Verweltlichung und Pfründenwesen führten trotz Reformbemühungen weniger fähiger Äbte schließlich 1540 zur Eingliederung in das Konstanzer Bistum. Der Konvent R. lebte fortan bis 1757 als Priorat in Mittelmäßigkeit bei vergeblichen Bemühungen, die alte Unabhängigkeit wiederzugewinnen. Danach wurde die Insel lediglich von einer Mission besetzt und ging 1803 in den Besitz des Großherzogtums Baden über.

▶ **Gegenwart.** Die Klosterinsel R. im Bodensee ist etwa 4 km lang und 1,5 km breit. Seit 2000 zählt die Insel zu den 24 deutschen Denkmälern des Unesco-Weltkulturerbes. Von zahlreichen Abteibauten blieben drei Kirchen erhalten. Den Kern des alten Abteibestandes bildet die Basilika St. Maria im Ort Mittelzell, deren Ostquerschiff die älteste Architektur aus der Zeit von 816 repräsentiert. Im 11. Jh. kamen das heutige Westquerschiff und der Turmbau hinzu, der gotische Chor stammt von 1447. Im Ort Niederzell steht die Säulenbasilika St. Peter und Paul mit zweitürmigem Chorblock (um 1150). Im östlichen Oberzell befindet sich die Säulenbasilika St. Georg mit Vierungsturm und Hallenkrypta aus der Zeit um 900. Die überwältigende Malerei im Mittelschiff von St. Georg wurde vor dem Jahr 1000 angefertigt. Der kunsthistorisch wertvolle Gesamtbestand ist ausführlich in der Literatur beschrieben.

◆ GermBen 5, 503–548; Helvetia Sacra, Abt. III, 1/2, Bern 1986, 1059–1100.

Reichenbach

Reichenbach (Hessen), *Kloster/Stift (10./11. Jh.), Frauenkloster/-stift (um 1140– Ende 12. Jh.), Deutschordenskommende (1211–1809), Erzdiözese Mainz – (Hessisch Lichtenau, Werra-Meißner-Kreis, Hessen, ❐ 1, D5).*

▶ **Vorgeschichte.** Die Reichsabtei ➛ Fulda verfügte im hessisch-thüringischen Grenzraum um den Meißner über umfangreichen Grundbesitz und unterhielt die Propstei Abterode (1077–1543/44), die inzwischen architektonisch untergegangen ist. Vor 1144 stifteten die Bilsteiner Grafen in der Nähe von Abterode das Prämonstratenserstift ➛ Germerode. Um diese Zeit gründeten Graf Poppo I. von Reichenbach und seine Gemahlin Bertha südwestlich des Meißners ein Frauenkloster nahe der strategisch bedeutenden Burg R. (und parallel dazu auf der ➛ Aulesburg das Vorläuferkloster der Zisterzienserabtei ➛ Haina). Der Ort R. war schon um das Jahr 1000 Ort einer religiösen Gemeinschaft. Keine Quelle verrät das Gründungsdatum oder ein Regelbekenntnis der Vorläuferinstitution um 1000 und ebenso wenig jene der zweiten Gründung um 1140.

▶ **Geschichte.** Anfang des 13. Jh. waren das Kloster (Stift?) und die romanische Kirche in R. verlassen. Auf der Fürstenversammlung zu Nordhausen im August 1207 übergab Graf Heinrich von Ziegenhain-Reichenbach das Patronatsrecht über die Kirche in R. dem Deutschen Orden. Erzbischof Siegfried II. von Mainz (Eppstein) widerrief 1211 die Schenkung, weil er seine Rechte nicht gewahrt sah und übergab sie seinerseits dem Deutschen Orden. Der Orden gründete hier seine dritte Niederlassung auf dem Gebiet der heutigen Bundesrepublik (die erste Gründung war um 1200 das untergegangene Ordenshaus am Kunigundenhospital vor Halle, die zweite entstand 1209 in ➛ Nürnberg). Graf Heinrich trat mit drei Söhnen dem Konvent bei und brachte zusätzlich Familienbesitz bei Hessisch-Lichtenau ein, was das Ordenshaus R. entscheidend stärkte. Der erste Vorsteher hieß Heinrich, wahrscheinlich war es der Graf selbst. Der Konvent blieb immer schwach besetzt, 1219 traten lediglich zwei Ordensmitglieder auf, seit dem 15. Jh. nur ein Priesterbruder, der die Pfarraufgaben erledigte. Durch Kauf und weitere Schenkungen kam ein nicht unbedeutender Besitz in Nordhessen zusammen. Die Niederlassung gehörte zur Ballei Hessen mit Hauptsitz ➛ Marburg. Mitte des 14. Jh. war die Kommende fest mit der Zentrale Marburg verbunden, als deren Filiale sie Geld und Getreide lieferte. 1413 starb Bruder Hermann von Aldendorff, der als Komtur und Pfarrer von R. genannt wurde, denn das Amt des Komturs war im 15. Jh. mit dem des Ortspfarrers identisch. Spätere Urkunden sprechen nur noch vom Haus R., nicht mehr von einer Kommende. Die Niederlassung R. wurde in früher Neuzeit bis zur Säkularisierung des Ordens 1809 lediglich als Stützpunkt Marburgs weitergeführt. Zunehmende Vernachlässigung führte zum Verfall der Gebäude.

▶ **Gegenwart.** Auf einer Anhöhe über dem hessischen Dorf R. thront die dreischiffige Basilika des 12. Jh. mit mächtigem Westturm. Heute fehlen der Kirche Querschiff und Chorraum, das Langhaus schließt im Osten flach ab. Archäologische Grabungen 1973/76 eröffneten Fundamente der fehlenden Ostpartie, die inzwischen konserviert und sichtbar sind. Zwei Vorgängerkirchen des 9./10. Jh. konnten nachgewiesen werden. Bei der zweiten Kirche handelte es sich um eine ottonische, apsidiale Basilika ohne Querschiff, eindeutig im Typus eines monastischen Sakralbaus. Auf dessen Fundamenten entstand im 12. Jh. die heutige Kirche, wobei diesmal ein Querschiff den ehemaligen Apsidenbereich einnahm und ein rechteckiger Kastenchor mit Seitenkapellen weit über den Vorgängerbau hinaus vorgeschoben wurde. Diese gesamte Ostpartie war um 1780 so verfallen, dass sie abgetragen werden musste. Gleichzeitig wurde der verbliebene Kirchenbau neu aufgezogen. Der rechteckige Westturm war schon im 15. Jh. aus altem Material wiedererstanden, seine Haube stammt von 1788. Die Turmhalle birgt ein romanisches Stufenportal, durch das man den flachgedeckten Innenraum betritt. Rundbogige Arkaden werden von Säulen und Pfeilern getragen, bekrönt von Würfelkapitellen mit unterschiedlichem Dekor, auch mit „Hirsauer Nasen". Horizontalgesims mit Schachbrettband grenzt die unverputzten Sandsteinmauern von den oberen, jüngeren Flächen ab. Die Bauplastik der Kirche zeigt Beziehungen zur Benediktinerabtei ➛ Breitenau auf, einer Tochter des Reformzentrums ➛ Hirsau im Schwarzwald. Mittelalterliche Ausstattungsstücke sind ebenso wenig geblieben wie Klausur- oder Kommendegebäude.

◆ Altwasser, Elmar u.a.: R. Kloster- und Deutschordenskirche, München 1998; Braasch-Schwersmann, Ursula: Das Deutschordenshaus Marburg, Marburg 1989.

Reichenbach /Murg (Klosterreichenbach), *Benediktinerpriorat St. Gregor und St. Remigius (1082–1595), Diözese Konstanz – (Baiersbronn, Lkr. Freudenstadt, Baden-Württemberg, ❐ 3, C4).*

▶ **Geschichte.** Ein Hochfreier namens Bern übertrug 1082 der Abtei ➛ Hirsau seinen Besitz am Reichenbach an der Mündung in die Murg zur Gründung eines Benediktinerklosters im Sinn der monastischen Erneuerung nach cluniazensischem Vorbild (➛ Hirsauer Reform). Abt Wilhelm (1069–91) von Hirsau schickte drei Mönche unter Prior Ernst von Geisenheim (1082–85) sowie fünf Laienbrüder, die ein abhängiges Priorat errichteten. Prior Ernst selbst stiftete Eigengüter im Rheingau hinzu, auch die Mutterabtei Hirsau dotierte weitere Nutzflächen. Der Reformbischof Gebhard III. von Konstanz (Zähringen) konsekrierte das Priorat R. im September 1085 zu Ehren des hl. Papstes Gregor des Großen. Um diese Zeit bestand der Konvent angeblich bereits aus 18 Mönchen. R. genoss hohes Ansehen; selbst im 13. Jh., als die Mutterabtei längst bedeutungslos geworden war, erhielt R. noch zahlreiche Schenkungen des Regionaladels und des Bürgertums der Städte Horb und Rottweil. Enge Bindung an Hirsau und rechtliche Abhängigkeit blieben aber bestehen. Der Bau der Liebfrauenkapelle in Horb am Neckar (um 1280) geht auf das Kloster R. zurück. Im 15. Jh. geriet R. in die Interessenssphäre der badischen Markgrafen, die seit 1399 zusammen mit den Grafen von Eberstein die Schirmherrschaft ausübten. Sie forderten Kontrolle über die Wirtschaft und die Ämterbesetzung, was einen Konflikt mit Hirsau heraufbeschwor. Das Basler Konzil bekräftigte 1436 den

Reichenbach/Murg Benediktinerpriorat, die Reformkirche des 11./12. Jh. mit Hirsauer Baumotiven, Ostansicht.

Reichenbach (Oberpfalz) Benediktinerabtei, die Nordseite der Abteibasilika mit Chorflankentürmen (1185).

Rechtsanspruch Hirsaus, der Konvent in R. unterstützte dagegen die badischen Interessen in der Hoffnung auf Selbständigkeit, was Hirsau mit einer eidlich bekräftigten Klosterordnung 1531 zu verhindern wusste. Die evangelische Lehre in reformierter Auslegung wehrte Prior Jakob von Alpirsbach (1528–31) erfolgreich ab. Selbst nachdem die Mutterabtei 1556 lutherisch geworden war, blieb der Konvent unter Prior Johannes Hügel (1581–95) katholisch; Hügel gilt als „zäher, aber ränkevoller Verteidiger des alten Glaubens", und erst seine gewaltsame Vertreibung nach ➛ Gengenbach führte unter Herzog Friedrich von Württemberg 1595 zur Einführung der Reformation in R. und zur Säkularisierung der Güter. Die Intervention Kaiser Rudolfs II. blieb unbeachtet. Der Restitutionsversuch von 1629 wurde durch Anerkennung württembergischer Ansprüche im Westfälischen Frieden 1648 entkräftet.

▶ **Gegenwart.** Die heutige evangelische Pfarrkirche St. Gregor besteht im Kern aus der einschiffigen, kreuzförmigen Prioratskirche von 1085 in „Reduktion" von der Kirche St. Aurelius in Hirsau. Vor 1178 wurde sie nach Westen hin verlängert, seit dieser Zeit schützt eine zweigeschossige Vorhalle das Westportal. Ende des 12. Jh. entstand der dreischiffige Chor und das westliche Turmpaar; die Turmkapellen im Erdgeschoss wurden dabei für Durchgänge geöffnet. Ornamentreiche Kapitelle schmücken den sonst schlichten aber erhabenen Raum. Seit dem 13. Jh. finden sich gotische Stilelemente im Paradies. Eingreifende Erneuerungen 1894 und Rückbesinnung auf die Romanik 1964/68 verleihen der Kirche ihr heutiges Aussehen. Vom Klausurquadrum existieren lediglich der romanische Westflügel, das Infirmarium als „Kasten" und der quadratische „Gefängnisturm". Die Immunitätsmauer blieb in großen Teilen erhalten. In Horb steht noch heute die Reichenbacher Kapelle, die 1650 von einem neugegründeten Franziskanerkonvent als Klosterkirche genutzt wurde. Erwähnenswert sind nicht nur ihre kostbaren Fresken, sondern auch der spätgotische Flügelaltar (um 1520) sowie einige Grabdenkmäler.

Das Benediktinerpriorat R. an der Murg wird in der Literatur gern als Klosterreichenbach geführt, um es von der Benediktinerabtei ➛ Reichenbach in der Oberpfalz zu unterscheiden.

◆ GermBen 5, 336–344; Keyler, Regina: Soll und Haben. Zur Wirtschaftsgeschichte des Hirsauer Priorats R., Ostfildern 2005.

Reichenbach (Oberpfalz), *Benediktiner Reichsabtei St. Maria (1118–1562, 1695–1803), Konvent der Barmherzigen Brüder Maria Himmelfahrt (seit 1891), Diözese Regensburg – (Lkr. Cham, Bayern, ❐ 4, B3).*

▶ **Geschichte.** Auf Veranlassung seiner Mutter Luitgard von Zähringen stiftete Diepold III., Markgraf des bayerischen Nordgaus, 1118 auf einem Bergvorsprung über dem Regen das Benediktinerkloster R. und stattete es reich mit Gütern aus. Die ersten Mönche kamen unter Abt Witigo (1118/19) aus der Abtei ➛ Kastl, einer Stiftung Luitgards von 1098, und brachten die strengen Lebensgewohnheiten der ➛ Hirsauer Reform mit. Papst Calixtus II. bestätigte 1122 Schutz, freie Abtwahl und Begräbnisrecht in der Klosterkirche, woraufhin regionale Adelsfamilien das Kloster als Erbbegräbnisstätte bevorzugten und mit Stiftungen bedachten. Der Besitz reichte bis ins Egerland und nach Österreich. Durch Kaiser Friedrich I. erlangte R. 1182 eine reichsunmittelbare Stellung, verlor diese aber nach 1204 durch Einfluss der Wittelsbacher, die wiederum 1310 die Abtei mit Zollfreiheit privilegierten. 1330 besiedelte ein Gründungskonvent aus R. das Kloster Ettal bei Garmisch (s. u.). Die Mutterabtei Kastl initiierte im letzten Drittel des 14. Jh. eine benediktinische Erneuerung in Altbayern und setzte in R. 1394 die ➛ Kastler Reform durch, obwohl die Quellen keinerlei Missstände offenlegen. Abt Johannes Strolenfelser (1394–1417) führte Kloster R. zu neuer Größe, so dass infolge weitere Abteien durch die Reform beeinflusst werden konnten: ➛ Mallersdorf, Weltenburg, ➛ Nürnberg St. Aegidius, ➛ Prüfening, ➛ Frauenzell und ➛ Metten, in ➛ Biburg jedoch nur mit geringem Erfolg. Abt Thyemo von Stein (1418–31) befestigte die Abteianlage mit Wehrmauern und Türmen gegen die Hussiten, die das Kloster tatsächlich verschonten. Kunst und Wissenschaft erreichten einen hohen Stellenwert, besonders die Astronomie fand reges Interesse. Die Wittelsbacher zogen die Abtei in die Wirren des Landshuter Erbfolgekriegs (1503–05) hinein, was die Klosterzucht und den monastischen Geist verflachen ließ. Administratoren übernahmen die weltlichen Geschäfte. Abt Michael Kazbeck (1548–56) neigte der Reformation zu. 1562 löste der sich calvinistisch bekennende Kurfürst Friedrich III. von der Pfalz den auf vier Mitglieder zusammengeschmolzenen Konvent auf. Nach etwa 130 Jahren bezogen Benediktiner aus St. Emmeram in ➛ Regensburg im Zuge der katholischen Erneuerung die Abtei und verdrängten Amberger Jesuiten, denen die Abtei Kastl überlassen wurde. Die barocke Bautätigkeit beeinträchtigte die romanische Basilika nur marginal, aber die Konventsbauten wurden erneuert. Die zweite Säkularisierung traf Abt Marian Neumüller (1801–03) und 16 Patres im Mai 1803. Über Georg Dengler, Domvikar in Regensburg, gelangte die ehemalige Abtei R. 1891 in den Besitz der Barmherzigen Brüder, die ein Wohn- und Pflegeheim einrichteten.

▶ **Gegenwart.** Einer Festung gleich thront der Klosterkomplex R. über dem Fluss Regen. Die modern eingerichteten, barocken Klausurgebäude dienen heute einem Betreuungs- und Pflegeheim unter Leitung der Barmherzigen Brüder. An der Nordostecke des weitläufigen Areals ragen die Osttürme der dreischiffigen, querhauslosen Pfeilerbasilika von 1135 empor. Die Kirche zeigt Hirsauer Baumotive, die Chorflankentürme weisen auf Regensburger Bautradition hin. Um 1300 wurde ihr Dreiapsidenchor gotisch verändert, während der Kastler Reformzeit entstanden die Einwölbungen der Seitenschiffe und das kunstvolle Chorgestühl (1416). Dem romanischen Westbau wurde eine zweistockige Westfassade vorgesetzt (1716–18), die barocke Innenausschmückung mit Stuckdekoration, Fresken und Altären erfolgte 1742. Einige gotische Grabplatten und Skulpturen blieben erhalten. Die Kirche St. Maria Himmelfahrt ist heute eine katholische Filialkirche der ehemaligen Abteikirche ➛ Walderbach auf der anderen Regenseite.

❖ Das Tochterkloster Ettal südlich von Oberammergau wurde 1330 nach einer Stiftung König Ludwigs des Bayern gegründet. Im Mittelalter erreichte Ettal nur regionale Bedeutung. Erst im 18. Jh. entstand die prächtigste Barockanlage Oberbayerns im Stil des Rokoko. Mittelalterliche Bausubstanz blieb nicht erhalten. Etwa 100 Jahre nach der Säkularisierung 1803 belebten Benediktiner aus ➛ Scheyern die Abtei Ettal wieder (1900).

◆ GermBen 2, 256–261; Klose, Josef: Ehemalige Benediktinerabteikirche R., Regensburg 2002.

Reichenhall, *Benediktinerzelle St. Zeno (um 803–9. Jh.), Augustiner-Chorherrenstift St. Zeno (vor 1136–1803), Haus der Maria-Ward-Schwestern St. Zeno (seit 1852) – „St. Zeno", Erzdiözese Salzburg – (Bad R., Lkr. Berchtesgadener Land, Bayern, ❐ 4, C5).*

▶ **Vorgeschichte.** Eine Chronik des 17. Jh. berichtet von einer Mönchszelle im Nordbezirk der heutigen Stadt Bad R., die um 803 vom Salzburger Erzbischof Arno gegründet worden war. Der Schutzheilige St. Zeno sollte die Zelle und umliegende Salzstollen gegen Überflutung durch Gebirgsbäche schützen. Die Zelle mit Benediktinern aus St. Peter in Salzburg kann nicht lange existiert haben.

▶ **Geschichte.** An der weiterbestehenden Pfarrkirche St. Zeno gründete Erzbischof Konrad I. von Salzburg im Zuge seiner monastischen Reformbemühungen vor 1136 ein Regularkanonikerstift für Augustiner-Chorherren. Der amtierende Pfarrer Lanzo wurde erster Propst. 1144 erhielt das Stift die päpstliche Bestätigung, 1147 begann der Bau der heute noch bestehenden Stiftskirche, die 1228 geweiht werden konnte. Reiche Grundausstattung mit Anteilen am gewinnbringenden Salzzehnt erlaubte ein schnelles Aufblühen; mehrere Pfarreien, so auch jene von R., wurden inkorporiert. Besondere Privilegien wie Birett 1349 und Pontifikalien 1349 werteten die Pröpste auf, die zusätzlich als lateranensische Pfalzgrafen das lukrative Recht innehatten, Wappenbriefe auszustellen. Der Großbrand von 1512 nötigte zum Wiederauf- und Umbau der gewaltigen Stiftskirche. Ausufernde Kosten, Missernten und Reformation führten zum Niedergang des Stiftlebens im 16. Jh., den auch die Erhebung zur Fürstpropstei 1559 nicht aufhalten konnte. Erst der überragende Propst Bernhard Fischer (1628–48) erreichte durch Reformen, dass St. Zeno zum Musterstift im Erzbistum Salzburg aufstieg. Der Konvent bestand wieder aus etwa 20 bis 30 Chorherren. Nach dem Tod Propst Bernhard Elixhausers 1801 durfte kein neuer Vorsteher gewählt werden; 1803 wurde das Stift St. Zeno zugunsten des Kurfürstentums Salzburg aufgehoben. Erst 1810 fiel die Region an Bayern.

▶ **Gegenwart.** Die Stiftskirche St. Zeno aus romanischer Zeit, heute katholische Pfarrkirche, ist mit 90 m Länge, 30 m Breite und 16 m Höhe einer der größten Sakralbauten in Oberbayern. Der Wiederaufbau Anfang des 16. Jh. durch Baumeister Peter Inzinger veränderte ihn einschneidend: die Obergaden verschwanden unter schwerem Gewölbe, der Stützenwechsel wurde aufgegeben und die Krypta beseitigt; aus romanischer Zeit blieben lediglich Außenmauern, Chor und Vorhalle mit schmuckreichem Westportal bestehen. Von der spätgotischen Innenausrüstung sind Hochaltar, Chorgestühl und Taufstein mit Holzdeckel erhalten. Drei Kreuzgangflügel, Kapitelsaal und Dormitorium repräsentieren heute ebenfalls romanische Gründungsarchitektur. Im westlichen Kreuzgang erinnert ein herausragendes Relief an den großzügigen Gönner, Kaiser Friedrich I., mit Krone, Zepter und Reichsapfel. Die verbliebenen Klausurgebäude entstanden nach einem weiteren Brand 1789 und werden seit 1852 von Maria-Ward-Schwestern für ein Mädcheninstitut genutzt.

◆ Brugger, Walter: St. Zeno Bad R., Regensburg 1995; Bauer, Hermann/Bauer, Anna: Klöster in Bayern, München 1985, 89–91; Backmund, Norbert: Die Chorherrenorden und ihre Stifte in Bayern, Passau 1966, 134–136.

Reichenhall Augustiner-Chorherrenstift St. Zeno, Relief Kaiser Friedrichs I. im romanischen Kreuzgang.

Reichenstein, *Prämonstratenser-Chorfrauenstift (St. Maria), St. Bartholomäus und St. Laurentius (vor 1137–1487), Prämonstratenser-Chorherrenstift St. Bartholomäus und St. Laurentius (1487–1802) – „Monschau", Erzdiözese Köln – (Monschau-R., Kr. Städteregion Aachen, Nordrhein-Westfalen, ❐ 3, A1).*

▶ **Geschichte.** Das Archiv des Stifts *Ricwinstinne* am Hohen Venn in der Nordeifel wurde im ausgehenden Mittelalter vernichtet, weshalb über seine Gründungsgeschichte nur spekuliert werden kann. Indirekte Hinweise lassen vermuten, dass die Stiftung auf Walram II. Paganus, Herzog von Limburg und Niederlothringen, vor 1137 zurückgeht, dessen Burg mit gleichem Namen das Tal der Rur beherrschte. Ein Brief Propst Ulrichs (1152–70) von ➛ Steinfeld erwähnt *fratres et sorores* im Stift R. sowie einen Bruder Udo. Dies weist mit starken Vorbehalten auf ein Doppelstift hin, das erst 1258 in einer Urkunde eindeutig als Prämonstratenserstift erscheint. Erzbischof Bruno IV. von Köln (Sayn) führte um 1205 Magistra Irmgard und einige Schwestern aus dem Stift Heinsberg (Niederlande) ein. Seit 1249 wird nur noch ein Frauenpriorat erwähnt, das in Abhängigkeit von der Abtei ➛ Knechtsteden stand. Über Verbindungen zum Hochstift Köln existieren keine Nachrichten. Neben den Limburger Herzögen erwiesen sich im 14. Jh. die Grafen von Jülich und die Herren von Montjoie und Falkenburg als besondere Förderer. Ursprünglich stand das Marienpatrozinium entsprechend prämonstratensischer Gepflogenheit im Vordergrund, erst seit 1350 setzten sich die Patrone Bartholomäus und Laurentius durch. Besondere Pflichten oblagen dem Frauenkonvent in der Gastung Reisender auf dem Weg Trier – Aachen. Wegen der Verweigerung von Reformen belegte Abt Reiner Hundt von Steinfeld (1484–92) als beauftragter Reformvisitator des Generalkapitels die vier letzten Frauen 1484 mit dem Kirchenbann. Als dies auch nicht fruchtete, löste er 1487 die Schwesternkommunität auf und verordnete mit erzbischöflicher Zustimmung Chorherren aus Steinfeld in das Stift. Das Männerpriorat blieb lange in Abhängigkeit von Steinfeld und erlangte erst 1714 die Selbständigkeit einer Propstei. Truppen Kaiser Karls V. zerstörten im Geldrischen Krieg 1543 das Stift R., das Archiv verbrannte. Prior Stephan Horrichem (1639–86) gelang es, das heruntergekommene Stift in eine blühende Einrichtung zu verwandeln. Dank seiner Hilfe gegen die Not während des Dreißigjährigen Kriegs wurde er von den Bauern als „Apostel des Venn" verehrt. Unter napoleonischer Okkupation erfolgte im Juni 1802 die Säkularisierung; Anlage und Besitz wurden zugunsten der französischen Staatskasse versteigert. Die ehemalige Stiftskirche diente als Käsefabrik, Schafstall und schließlich bis 1971 als Heulagerraum.

▶ **Gegenwart.** Die Eheleute Handschumacher restaurierten nach Erwerb das „Gut R." bei Monschau für eigene Wohnzwecke. Ein Förderverein half, den verbliebenen Rest der Stiftskirche zu sanieren, die unter Verwendung mittelalterlicher Mauern 1692/96 neu erbaut worden war. Der großen Halle mit Dreiachtelchor fehlt heute das Gewölbe, Fragmente der Rippen und Stützkonsolen sind an den Wänden verblieben. Der Bau wird für Heilige Messen, Hochzeiten und kulturelle Veranstaltungen genutzt. Seit 2006 gibt es Pläne, das ehemalige Prämonstratenserstift kontemplativen Benediktinern aus dem Kloster Notre-Dame de Bellaique (Frankreich) zu übergeben, die zur Traditionalistengruppe Bischof Marcel Lefebvres gehören. Neu- und Umbauten haben 2008 begonnen.

◆ Ehlers-Kisseler, Ingrid: Die Anfänge der Prämonstratenser im Erzbistum Köln, Köln u.a. 1997; Horstkötter, Ludger: Die Prämonstratenser und ihre Klöster am Niederrhein und in Westfalen, Köln 1984.

Reifenstein, *Zisterzienserabtei St. Maria (1162–1803), Erzdiözese Mainz – (Kleinbartloff-R., Lkr. Eichsfeld, Thüringen,* ❐ *1, D5).*

▶ Die Zisterzienserabtei R. im thüringischen Eichsfeld, eine Tochtergründung der Abtei ➛ Volkenroda von 1162, besteht heute ausschließlich aus spätbarocken Gebäuden, die derzeit als Klinik genutzt werden. Zisterzienser aus R. unterhielten von 1308 bis 1527 das städtische St.-Elisabeth-Hospital in der Stadt Eschwege. Zwei Priester und zwei Konversen unter einem Propst versorgten über 200 Jahre lang Arme, Kranke und Hilfsbedürftige. Landgraf Ludwig von Hessen gab 1340 seine Zustimmung zur Verlegung des Hospitals vom Thuntzebacher Tor in die Stadt, was 1343 vollzogen wurde. Der Vertrag von 1362 fixierte ein wirtschaftliches Abkommen mit der Stadt. Mit Einführung der Reformation in Hessen 1527 ging der Abtei R. das Hospital in Eschwege verloren. Noch heute steht am modernen St. Elisabeth-Pflegeheim in der Brückenstraße in Eschwege die kleine, spätgotische Heilig-Geist-Kapelle, die von den Zisterziensern 1433 erbaut wurde. Diese Kapelle ist das einzige mittelalterliche Architekturerbe der bedeutenden Zisterzienserabtei R. im Eichsfeld.

◆ Opfermann, Bernhard: Das Zisterzienserkloster R., in: Die Klöster des Eichsfeldes in ihrer Geschichte, Heiligenstadt 1998, 77; Bauer, Hermann/Bauer, Anna: Klöster in Bayern, München 1985, 89–91.

Reifenstein Zisterzienserabtei, in Eschwege hinterließen die Mönche diese spätgotische Hospitalkapelle.

Reinfeld, *Zisterzienserabtei St. Maria (1186–1582), Diözese Lübeck – (Kr. Stormarn, Schleswig-Holstein,* ❐ *2, A2).*

▶ Graf Adolf III. von Schauenburg-Holstein stiftete 1186 östlich des *Limes Saxoniae* im heidnischen Wagrien das Kloster R., das 1188 von Zisterziensermönchen aus ➛ Loccum besiedelt wurde. Die Abtei südwestlich von Lübeck entwickelte sich dank gräflicher und bischöflicher Förderung und eigener Kultivierungsleistungen zum reichsten Kloster Holsteins; Anfang des 16. Jh. zählten 307 Bauernstellen zum Besitz. Die Äbte übernahmen nicht nur für die Landesfürsten Beraterfunktionen, sondern machten sich seit Mitte des 13. Jh. als päpstliche Legaten im Bistum Lübeck verdient. Nach langer Gegenwehr resignierte schließlich der Konvent dem reformatorischen Druck König Friedrichs II. von Dänemark und übergab 1582 dem königlichen Bruder, Herzog Johann dem Jüngeren von Plön, den Abteibesitz. Auf dem Klosterareal entstand 1599 bis 1604 aus klösterlichem Abbruchmaterial ein herzogliches Schloss, das 1775 ebenfalls niedergelegt wurde; 1839 folgte die „Alte Schule“. Heute erinnern lediglich Reste der ehemaligen Umfassungsmauer aus Backsteinen an die Zisterzienserabtei. Als Ersatz für die 1635 untergegangene Abteikirche entstand ein Jahr darauf an anderer Stelle die evangelische Matthias-Claudius-Kirche, die einige Grabplatten von Zisterzienseräbten bewahrt. Im Stadtmuseum werden Ausstattungsstücke der Abteikirche präsentiert.

◆ GermBen 12, 586–603.

Reinhardsbrunn, *Benediktinerabtei St. Maria und St. Johannes Evangelist (1089–1525), Erzdiözese Mainz – (Friedrichroda-R., Lkr. Gotha, Thüringen,* ❐ *4, A1).*

▶ **Geschichte.** Die Abtei R. in Thüringen ist eine der 48 klösterlichen Niederlassungen, die unmittelbar von einem Gründungskonvent oder Neukonvent aus dem benediktinischen Reformzentrum ➛ Hirsau im Schwarzwald besiedelt wurden. Die aufstrebende Familie der Ludowinger aus Mainfranken (seit 1130/31 Landgrafen von Thüringen) förderte die papsttreuen Mönche im Schwarzwald und stiftete für sie bereits 1080 das Priorat ➛ Schönrain am Main. Auf Zureden des Reformabts Herrand (nach 1062–1102) von ➛ Ilsenburg, ein Gegner Kaiser Heinrichs IV. im Investiturstreit, gründete Graf Ludwig der Springer 1089 (wohl nicht 1085) die Abtei *Reginberisbrunno* auf Allodialbesitz im Rodungsgebiet der Loiba im Thüringer Wald. Zwei Schutzbriefe Papst Urbans II. (1092/93) entsprechen mit der Gewährung der *libertas Romana* und der freien Abt- sowie Vogtwahl den Bedingungen der Hirsauer Observanz. 1122 trat der Stifter selbst in das Kloster ein und starb 1123. Umfangreiche Dotationen und Zukäufe führten zu enormem Landbesitz; schon der zweite Abt Ernst (um 1101–43) gründete zur Verwaltung entfernter Güter mehrere Priorate. Im 12. Jh. entstanden acht Filiationen, die der Abtei bis 1525 untergeordnet blieben: ➛ Sangerhausen St. Ulrich, ➛ Dietenborn auf der Hainleite, Zella St. Blasii in Zella-Mehlis (untergegangen), ➛ Ottenhausen bei Weißensee, ➛ Oberellen im Eltetal, ➛ Bonnrode bei Oberbösa, ➛ Zscheiplitz bei Freyburg und ➛ Lissen bei Osterfeld. R. diente den Ludowingern als bevorzugte Grablege; Memorialdienst gehörte mithin zur wichtigen Aufgabe der Mönche. Landgraf Ludwig IV. († 1227) wurde nach seiner Bestattung 1227 als Heiliger verehrt. Seine Gemahlin Elisabeth von Thüringen (1207–31, kanonisiert 1235), wurde die bekannteste Heilige des Hochmittelalters im Reich und Schutzpatronin der Deutschordensritter mit Heiltum in ➛ Marburg. Der Konvent in R. bestand meist aus 40 bis 50 Mönchen, in deren Schreibstube die berühmte „Cronica Reinheresbrunnensis“ entstand; das Skriptorium diente gelegentlich auch als Fälscherwerkstatt. In der klostereigenen Schule wurden Knaben unterrichtet. Das caritative Apostolat der Mönche konzentrierte sich täglich auf Armenspeisung und -pflege. Zisterziensermönche ließen sich 1142 in der benachbarten Abtei ➛ Georgenthal nieder, was von den Benediktinern als Bedrohung betrachtet wurde und zu periodisch aufflackernden Konflikten führte. Ein Großbrand im September 1292 zerstörte die romanische Abteianlage; ein Kleinadeliger hatte den Brand aus Rache über das Todesurteil an seinem Bruder gelegt, das Abt Markward (1280–1300) als Gerichtsherr gefällt hatte. Verbesserte Wirtschaftsführung, Geldgeschäfte und Fürsorge der sächsischen Landesfürsten verhalfen im 14. Jh. zu neuer Blüte, andererseits jedoch ebenso zur Verflachung der Klosterzucht, das Pfründenwesen nahm überhand. 1484/85 suchten Pest und Hunger Thüringen heim, zwölf Mönche starben. Erzbischof Berthold von Mainz (Henneberg) und Abt Johannes Heyner (1491–1520) setzten innere Reformen durch und erreichten 1493 die Mitgliedschaft der Abtei in der ➛ Bursfelder Kongregation. Im April 1525 stürmten Bauern und Waltershäuser Bürger die Abtei R. Kurfürst Johann der Beständige von Sachsen-Wittenberg verweigerte den geflohenen Mönchen die Rückkehr. Abt Heinrich III. (1520–25) musste im September 1525 eine Verzichtserklärung unterschreiben, wodurch die Abtei R. säkularisiert war. Nicht die aufständischen Bauern vernichteten die Bausubstanz (wie häufig zu lesen ist), sondern die sächsischen Landesherren ließen seit 1559 Klostergebäude und Basilika zur Steingewinnung abtragen. Auf dem Areal entstand zunächst ein fürstliches Jagd- und Amtshaus, im 19. Jh. ein neugotisches Schloss.

▶ **Gegenwart.** Im Hauptgebäude der Schlossanlage R. bei Friedrichroda steckt die spätmittelalterliche „Kemnote", das Wohnhaus des Abtes. Unter der Schlosskapelle existieren mittelalterliche Kellerräume der Klausur, eine romanische Mittelsäule trägt ein Kreuzgratgewölbe. Auch das *cellarium* blieb einschneidend umgebaut erhalten; der Kellerraum des Südteils ist kaum verändert, er enthält Achteckstütze und Kreuzgratgewölbe. Zwei romanische Grabplatten sind ebenfalls zu erwähnen. Die augenfälligste Hinterlassenschaft der Benediktiner in R. ist heute die den Park umschließende Klostermauer. Gegenwärtig wird die Anlage für den Hotelbetrieb saniert.

◆ Löffler, Sigmar: Geschichte des Klosters R., Erfurt 2003.

Reinhausen, *Benediktinerabtei St. Christophorus (vor 1110–1554), Erzdiözese Mainz – (Gleichen-R., Lkr. Göttingen, Niedersachsen, ❐ 1, D5).*

▶ **Geschichte.** Die Geschwister Mathilde, Konrad, Heinrich und Hermann der Grafenfamilie von Reinhausen-Winzenburg gründeten vor 1079 an ihrer Burg auf Sandsteinfelsen über der Garte südöstlich von Göttingen ein Kollegiatstift. Der letzte überlebende Stifter Graf Hermann I. (möglicherweise auch sein gleichnamiger Neffe) wandelte vor 1110 das Stift in eine Benediktinerabtei um und übereignete ihr seinen gesamten Besitz. Möglicherweise stand hinter der Transformation der reformorientierte Erzbischof Ruthard von Mainz. Der erste Abt Reinhard (1112–56) kam aus der Abtei ➛ Helmarshausen bei Kassel und war der Lehrer des berühmten Abts Wibald (1146–58) von ➛ Corvey; insofern darf man Gewohnheiten der ➛ Hirsauer Reform im frühen Konvent annehmen. König Konrad III. verlieh 1144 Münz- und Marktrecht, Zollerhebung und Abgabenfreiheit. Ein Markt entwickelte sich aufgrund der Nähe Göttingens nicht. Die Söhne des Stifters übergaben 1148 das Eigenkloster im Tausch dem Mainzer Erzstift. Die Vogtei übten die Herren von Bodenhausen aus. Mit der Entfaltung des Herzogtums Braunschweig-Lüneburg verdrängten die Welfen den erzbischöflichen Einfluss. Päpstliche Schutzbriefe sind aus den Jahren 1207, 1218, 1262 und 1372 überliefert. Durch Stiftungen der Welfen und des Regionaladels, besonders der Freiherren von Uslar-Gleichen, gehörten zu R. Mitte des 13. Jh. Güter und Rechte in 79 Orten, eingeschlossen die Pfarrei der Klosterkirche, mehrere Kirchenpatronate sowie die Niedergerichtsbarkeit in R. und Ischenrode. Erzbischof Peter von Mainz (Aspelt) reduzierte 1309 die Konventsstärke auf 20 Mönche. Misswirtschaft und innerer Verfall unter Abt Günther von Roringen (1382–89) nötigten 1385 zur Festschreibung von Statuten. Etwa 50 Jahre später intensivierte Abt Dietrich Voß (1441–73) die Erneuerung nach dem Vorbild von ➛ Bursfelde. Die Abtei R. gehörte zum Gründungsquartett der ➛ Bursfelder Kongregation 1446. Generalkapitel der Reformunion fanden 1461 und 1477 in R. statt. Abt Konrad Winkelmann (1490–1519) war 1492 maßgeblich an der Rettung der Abtei ➛ Steina beteiligt. Abt Reiner (1525–34) betreute die Benediktinerinnen in ➛ Lippoldsberg, wurde 1534 nach Bursfelde berufen und zum Präsidenten der Reformunion gewählt. Die sich lutherisch bekennende Herzoginwitwe Elisabeth von Calenberg-Göttingen sandte 1542 ihren Landessuperintendenten Anton Corvinus, ursprünglich Zisterzienser in ➛ Riddagshausen und ➛ Loccum, zur Visitation nach R. und verpflichtete den Konvent auf das evangelische Bekenntnis. Als ihr Sohn Herzog Erich II. den katholischen Glauben 1548 wieder förderte, war R. bereits nahezu verödet. 1550 lebten noch zwei Mönche im Kloster, 1554 verließen auch sie die Abtei. Die Restitution von 1629 bis 1632 durch die Abtei ➛ Marienmünster blieb Episode.

▶ **Gegenwart.** Noch heute dient die ehemalige Abteikirche der evangelisch-lutherischen Gemeinde von R. als Pfarrkirche. Ein gewaltiger zweitürmiger Westriegel charakterisiert die romanische Pfeilerbasilika, die aus der Kollegiats- bzw. Burgkirche unter den Benediktinern bis Ende des 12. Jh. neu entstanden war. Ebenfalls aus dem 12. Jh. stammt das dreifach gegliederte Hauptportal mit Rundsäulen an der Kirchensüdseite. Seit 1290 unterlag das Kirchenschiff eingreifenden gotischen Umbauten: es entstand eine dreischiffige Halle, die im 18. Jh. ihr Querschiff verlor. Im Inneren blieben

Reinhausen Benediktinerabtei, der mächtige zweitürmige Westriegel der Abteibasilika aus dem 12. Jh.

Fresken aus der Zeit um 1400 und einige wenige mittelalterliche Stücke der einst reichen Ausstattung erhalten. Die Gebäude der nördlich angeschlossenen Klausur enthalten gotische Kernsubstanz und stehen auf tonnengewölbten Kellern. Sie wirken stark überbaut, eine Funktionszuordnung ist nicht mehr möglich, der Westflügel brannte 1951 aus. Die Herren von Uslar stifteten 1460 ein Hospital mit Kapelle und inkorporierten es der Abtei. Der Hospitaltrakt 100 m südwestlich der Kirche dient heute als Wirtschaftsgebäude.

◆ GermBen 6, 433–441; Ulbrich, Tobias: Zur Geschichte der Klosterkirche R., Göttingen 1993.

Reinsdorf, *Benediktinerabtei St. Johannes Baptist (1112–1540), Diözese Halberstadt – (Burgenlandkreis, Sachsen-Anhalt, ❐ 2, A5).*

▶ **Vorgeschichte.** Als Graf Wiprecht II. von Groitzsch die Vitzenburg an der Unstrut um 1110 erbte, bestand an der Burg bereits seit Ende 991 ein Frauenkloster, dem seine Mutter, Segina von Leiningen († 1110), in ihren letzten Jahren als Äbtissin vorstand. Interessanterweise ließ sie sich im Kloster Vitzenburg bestatten und nicht im Familienkloster Pegau. Nach ihr verwahrlosten Wirtschaft und Klosterzucht, zudem soll Wassermangel das Konventsleben erschwert haben. Der Graf löste 1112 das Frauenkloster auf und verlegte unter Einfluss Bischof Ottos I. von Bamberg (1102–39, kanonisiert 1189) das Kloster unmittelbar an das nördliche Ufer der Unstrut nach R. Der Bischof befand sich auf seiner ersten Missionsreise nach Pommern und besuchte Bambergischen Fernbesitz um Burgscheidungen, Mücheln und ➛ Cölbigk.

Reinsdorf Benediktinerabtei, in der heutigen Pfarrkirche (um 1690) steckt der romanische Bau von 1135.

▶ **Geschichte.** Das Kloster R. an der Unstrut wurde in Nachfolge Kloster Vitzenburgs für Benediktiner eingerichtet, die unter Abt Ludiger aus Pegau an die Unstrut kamen und die strengen Lebensgewohnheiten der ➛ Hirsauer Reform mitbrachten. Die Familie der Grafen von Groitzsch favorisierte diese antikaiserliche Reformbewegung und stiftete neben Pegau und R. auch die Niederlassungen ➛ Lausick, ➛ Bürgel, ➛ Remse und ➛ Chemnitz. Die Gemahlin Wiprechts II., Kunigunde von Orlamünde-Beichlingen, hatte bereits 1089 die nahe Abtei ➛ Oldisleben gegründet. Im Bistum Halberstadt, das entlang der Unstrut an die Erzdiözese Mainz angrenzte, sorgte Anfang des 12. Jh. Bischof Reinhard von Blankenburg für die monastische Erneuerung. Sein Einfluss auf R. ist neben jenem des Bamberger Bischofs wohl nicht zu unterschätzen. Schon 1113 verlor Graf Wiprecht im Streit um das Weimarer Erbe alle Rechte. Kaiser Heinrich V. unterstellte 1121 die Abtei R. dem Hochstift Bamberg. Bischof Otto I., auf dessen Einfluss mehr als 20 Kloster- oder Stiftskirchen zurück gehen, war auch in R. am Bau der Klosterkirche St. Johannes Baptist beteiligt. 1128 weihte er den Hauptaltar ein, die Schlussweihe erfolgte 1135. Eine dritte Weihe veranlasste Abt Heinrich nach Umbauten 1206. Fern vom eigentlichen Bistumsgebiet diente die Abtei R. als Stützpunkt Bambergischer Interessen in Sachsen. Begrenzte Zuwendungen des Regionaladels und Vernachlässigung durch die Bamberger Eigentümer bremsten den erhofften Aufstieg. Der Konvent erlangte gemeinsam mit dem nahen Kloster ➛ Memleben lediglich regionale Bedeutung beim Landesausbau. Abt Nikolaus von Siegen († 1495) aus dem Peterskloster in ➛ Erfurt versuchte 1491 durch Anschluss an die ➛ Bursfelder Kongregation und innere Reformen den Niedergang aufzuhalten. Aufständische Bauern plünderten und brandschatzten 1525 die Anlage. Die Säkularisierung erfolgte 1540 durch Herzog Heinrich II. von Sachsen-Meißen-Dresden.

▶ **Gegenwart.** Im kleinen Ort R. an der Unstrut erinnert heute lediglich die evangelische Pfarrkirche an das Benediktinerkloster. Einige Bauelemente der ersten romanischen Klosterkirche konnten bewahrt werden. Die dreischiffige, flachgedeckte Basilika auf lateinischem Kreuz entstand unter direktem Einfluss Bischof Ottos I. von Bamberg. Überraschend ist, dass er in R. wie später in ➛ Veßra nicht auf ein dreischiffiges Presbyterium bestand, sondern sich mit einem einschiffigen, apsidialen Chorquadrat begnügte. Im 14. Jh. erweiterten die Benediktiner ihre Kirche im gotischen Stil; nach eingreifender Reduzierung Ende des 17. Jh. entstand der heutige Bau mit einschiffigen Armen in Kreuzform, mit Mittelturm, Sakristei und Herrschaftsloge. Bereiche des romanischen Querhauses und des westlichen Sanktuariums sind noch heute deutlich von jüngeren Mauern zu unterscheiden, die ursprünglichen Seitenschiffe sind gänzlich verloren. Romanische Bauelemente lassen sich auch im barockisierten Innenraum erkennen; bedeutend ist das romanische Tympanon am nördlichen Querarm.

◆ Fink, Alexandra: Die ehemalige Klosterkirche in R. an der Unstrut, in: Romanische Klosterkirchen des hl. Bischofs Otto von Bamberg (1102–1139), Petersberg 2001, 102–114; Jankowski, Detlef: Das Kloster R. und die Bursfelder Union, in: Benediktiner, Zisterzienser, Berlin 1999, 64–71; Kunde, Holger: Das Bamberger Eigenkloster R. an der Unstrut, in: Berichte des Historischen Vereins Bamberg 132 (1996) 19–50.

Reistingen Benediktinerinnenabtei, Halbsäulen und Rundbogenblende an der romanischen Apsis (vor 1250).

Reistingen, *Benediktinerinnenabtei St. Petrus (vor 1250– vor 1334), Diözese Augsburg – (Ziertheim-R., Lkr. Dillingen an der Donau, Bayern, ❐ 3, D3).*

▶ **Geschichte.** Möglicherweise gründeten die Grafen von Dillingen vor 1250 das Benediktinerinnenkloster R. im bayerischen Nordschwaben. Ganz in der Nähe liegt die Benediktinerabtei ➛ Neresheim, eine Dillinger Gründung, die in der ersten Hälfte des 12. Jh. als ➛ Hirsauer Reformabtei Bedeutung erlangte. Um diese Zeit existierte in Neresheim entsprechend hirsauischer Frühtradition ein assoziierter Frauenkonvent, der etwa 130 Jahren später nicht mehr urkundlich fassbar ist. Möglicherweise ließen sich die Schwestern in R. nieder, was lediglich hypothetisch diskutiert wird, weil entsprechende Daten nicht vorliegen. Der Kirchenbau in R. datiert gesichert vor Mitte des 13. Jh. Im Juli 1259 übernahm der Augsburger Bischof Hartmann, letzter Graf von Dillingen, die klösterlichen Vogteirechte, die er 1279 an Ritter Rudolf von Hürnheim unter Vorbehalt weitergab. 1316 holte sich Bischof Friedrich I. Spät von Faimingen die einträgliche Schutzherrschaft zurück. Die erste namentlich bekannte Äbtissin Hedewig (1264) leitete wohl noch erfolgreich den Konvent, der sich aufstrebend entwickelte. Die Nachfolgerinnen gerieten zunehmend in wirtschaftliche Rezession, verbunden mit

Remigiusberg Benediktinerpropstei, die romanische Basilika (um 1140) verlor schon beim gotischen Umbau (um 1300) Seitenschiffe und Querschiff, Südwestansicht.

der Verflachung des Klausurlebens. 1334 urkundete eine Äbtissin Katharina für den Konvent, der nur noch aus sechs adeligen Frauen bestand. Sie hatten offensichtlich die Aachener Stiftsverfassung angenommen, weshalb R. fortan als freiweltliches Kanonissenstift galt. Die wirtschaftliche Lage verbesserte das nicht prinzipiell; 1359 setzte Bischof Marquard jeglichen Besitzverkauf unter Strafe. 1434 lebte nur noch eine Kanonissin außerhalb des Stifts. Papst Nikolaus V. genehmigte 1450 die Aufhebung zugunsten des Bistums Augsburg. Bischof Peter von Schaumberg verwendete die Einkünfte zur Finanzierung des Priesterseminars. Die Stiftskirche St. Petrus und Vitus diente fortan als Pfarrkirche.

▶ **Gegenwart.** Die katholische Pfarrkirche St. Vitus auf der Anhöhe in dem Ortsteil R. der Gemeinde Ziertheim geht auf die romanische Klosterkirche der Benediktinerinnen zurück. Sie wurde ursprünglich als dreischiffige Pfeilerbasilika vor 1250 erbaut. Durch Schäden im Dreißigjährigen Krieg verlor sie bei Renovierungsarbeiten 1682 ihre Seitenschiffe. Die Arkaden wurden vermauert, was an der Nordseite deutlich erkennbar ist. Das Hauptschiff blieb erhalten. Der Innenraum erhielt 1764 eine neue Ausstattung; erst beim Umbau 1845/52 entstand der hochaufragende Westturm. Der aus Quadern errichtete Chorbereich behielt seine romanische, unverputzte Hauptapsis, die von fünf Rundbogenblenden aufgelockert wird, getragen von Halbsäulen mit Würfelkapitellen. Der Innenraum wurde 1953 reromanisierend ausgestaltet. Konventsgebäude sind nicht erhalten.

◆ HHistStD 7, 619; Leuschner, Peter: R., St. Vitus, in: Romanische Kirchen in Bayern, Pfaffenhofen 1981, 178 f.

Remigiusberg, *Benediktinerpropstei St. Remigius (vor 986–1523), Erzdiözese Mainz – (Haschbach-R., Lkr. Kusel, Rheinland-Pfalz, ❐ 3, B2).*

▶ **Vorgeschichte.** Die später Remigiusland genannte Region zwischen Oster und Glan übertrug Merowigerkönig Childebert II. gegen Ende des 6. Jh. der Reimser Kirche. 931 wechselte dieses Land an die Abtei Saint-Remi bei Reims, die zur Verwaltung des Fernbesitzes eine *cella* in Kusel unterhielt; eine Urkunde König Ottos III. von 986 spricht von „cella intra Vosagum". Auf dem R. südöstlich von Kusel erbaute der Lokaladel Anfang des 12. Jh. die Michaelsburg, die von der Abtei Saint-Remi zur Vermeidung von Belästigungen erworben und geschleift wurde.

▶ **Geschichte.** Abt Odo von Saint-Remi richtete 1124 unterhalb der Burg auf dem Berg die Propstei St. Remigius mit sechs Mönchen unter dem ersten Propst Richer ein oder verlegte die Niederlassung Kusel auf den R., was Erzbischof Adalbert I. von Mainz (Saarbrücken) 1124 und 1127 bestätigte. Den Mönchen stand mit Einschränkung das Seelsorge- und Taufrecht in den Pfarren der Umgebung zu. Im Gebiet der heutigen Pfalz unterhielten französische Benediktinerabteien zur Verwaltung ihres Fernbesitzes zwei weitere Propsteien: ➛ Offenbach/Glan und in Pfeddersheim bei Worms (s. u.). Untereinander hielten diese Propsteien zur gegenseitigen Hilfe enge Verbindungen aufrecht. Die Entwicklung der Propstei R. wurde durch Übergriffe der eingesetzten Vögte behindert; besonders die Grafen von Veldenz vergriffen sich am Klostergut. Propst Stephan vermochte sich 1289 nach Vermittlung Propst Jakobs (1281/89) von Offenbach und Abt Heinrichs von ➛ Wörschweiler noch gütlich mit dem Grafen Heinrich I. von Veldenz-Geroldseck zu einigen, doch schon 1290 okkupierte Graf Heinrich II. von Zweibrücken die Propstei und konnte erst durch Androhung des Kirchenbanns 1291 zur Restitution gezwungen werden. Die ehemalige Michelsburg aber baute er wieder auf und besetzte sie mit Ministerialen. Trotz der Schwierigkeiten, die von der weit entfernten Mutterabtei kaum zu beheben waren, gelang es dem kleinen Konvent, den Hauptkern der Besitzungen und seine geistlichen Rechte bis ins 16. Jh. zu verteidigen. Anfang des 15. Jh. kam es zum Doppelregiment zweier Pröpste. Herzog Ludwig I. von Pfalz-Zweibrücken versuchte 1469 ohne Erfolg, den Anschluss an die ➛ Bursfelder Kongregation zu erreichen; sein Aufnahmeantrag verlief nach Beratung auf den Generalkapiteln 1469/70 im Sande. Unter Propst Johannes Peuchot (1489–1523) lebten nur noch vier Mönche auf dem R., zudem verhielt sich der Propst ordenswidrig, kümmerte sich um die Versorgung seines Sohnes und vernachlässigte die Propstei. Nach seinem Tod 1523 nahm Herzog Ludwig II. das Kloster in Besitz, beschlagnahmte sämtliche Einkünfte und verwehrte dem neu ernannten Propst Johann Flamignion den Zutritt; das klösterliche Leben auf dem R. erlosch. Die Abtei Saint-Remi verkaufte 1550 den Besitz schließlich an den Nachfolger Herzog Ruprecht von Valdenz, der auf der Michelsburg residierte.

▶ **Gegenwart.** Von der Michelsburg, einst hoch über der Propstei thronend, sind nur einige Mauerreste und Gräben geblieben. Die katholische Pfarrkirche St. Remigius erinnert indes noch heute an die Benediktinerpropstei. Vom romanischen Gründungsbau blieben das verkürzte Mittelschiff, die Vierung und der chorflankierende Nordturm erhalten. Ob die dreischiffige Basilika einen Südturm besaß, lässt sich heute nicht mehr sagen. Seitenschiffe und Querschiff wurden beim gotischen Umbau (um 1300) abgetragen. Fachleute erkennen die Verwandtschaft mit der Abteikirche auf dem ➛ Disibodenberg, denn beide Kirchen entstanden etwa zur gleichen Zeit unter Beachtung Hirsauer Bautradition. Aufstrebendes Mauerwerk der südlich gelegenen Klausur existiert nicht mehr. Die heutige Gaststätte steht im Bereich des Ostflügels.

❖ Auf einer Anhöhe bei Pfeddersheim (heute ein Stadtteil von Worms) unterhielt die Reformabtei Gorze bei Metz wohl seit dem 10. Jh. die Propstei Georgenberg (Ersterwähnung 1156), die im Bauernkrieg 1525 unterging und 1544/56 aufgehoben wurde. Auf dem Berg nördlich der Stadt blieb kein klösterliches Mauerwerk erhalten. Ein Sarkophag (um 1000) wurde 1981 geborgen und vor dem Pfeddersheimer Rathaus aufgestellt.

◆ GermBen 9, 668–688; Debus, Karl Heinz: Die französischen Benediktinerpropsteien am Rande der heutigen Pfalz, in: Archiv für mittelrheinische Kirchengeschichte 23 (1971) 235–363.

Remse Benediktinerinnenpriorat, als einziger Rest blieb der Westbau der Klosterkirche (1170/80) erhalten.

Remse, *Benediktinerinnenpriorat St. Maria und St. Nikolaus (um 1150–1533), Diözese Naumburg – (Lkr. Zwickau, Sachsen, ❒ 4, B1).*

▶ **Geschichte.** Ob die 1133 gegründete Benediktinerabtei ➛ Bürgel entsprechend früher ➛ Hirsauer Gewohnheiten mit zwei Konventen begonnen hat, ist unklar. Die Quellen erlauben keine sichere Aussage. Unsicher bleibt auch, ob der zweite Abt Eberwein I. schon um 1150 den Frauenkonvent nach R. an die Mulde verlegte. Die Benediktiner aus Bürgel übergaben den Frauen reichlich Land beiderseits der Mulde, einst ein Geschenk König Konrads III. aus dem Jahr 1143, statt die damalige Wildnis in Obersachsen selbst für zehntfreie Rodungsarbeiten zu nutzen. Außerdem lag das neue Frauenpriorat ungünstig weit entfernt (etwa 60 km). Hugo von Wartha, Lehnsmann der Staufer, errichtete 1170 nahe dem Kloster R. die Feste Waldenburg zum Schutz der wichtigen Handelsverbindung zwischen Halle und Böhmen. Die Schwestern lebten zwar wirtschaftlich unabhängig, aber geistlich und verwaltungstechnisch stets in Abhängigkeit von der Abtei. Bürgel stellte den Frauen etwa 400 Jahre lang einen Prior bzw. Propst zur Seite. Schon 1170 registrierten Visitatoren im Auftrag Bischof Udos II. (Veldenz) Not und Mangel in R. Diese Situation hat sich wohl nie wesentlich verbessert, denn der Konvent war meist verschuldet, während die Mutterabtei Bürgel wirtschaftlich prosperierte. Selbst der direkte Schutz der Staufer Heinrich VI. (1193) und Friedrich II. (1216) änderte wenig an der Existenznot. Nachfolgend übten die Herren von Waldenburg und später die Herren von Schönburg die Schirmherrschaft aus, letztere in eigenem Interesse zum Schaden des Klosters. Abt Gernhard Flanß (1470–97) erreichte mit Hilfe der sächsischen Landesherrn 1488 die gerichtliche Verurteilung Ernsts von Schönburg; die Vogteirechte gingen nun an die sächsischen Landesherrn über. Der in R. amtierende Propst Jobst Faßmann (um 1498) wurde vom Amt abberufen, weil er eine Verschwörung gegen den neuen Abt Georg von Obernitz (1498–1510) in Bürgel anzettelte. Dieser Abt widersetzte sich notwendigen Reformen, worin er mit Propst Mathias Lehesten und Priorin Klara Staupitz von R. einig war. Erst unter dem redlich bemühten Abt Michael (1510–26) schloss sich die Abtei im September 1510 der ➛ Bursfelder Kongregation an, um innere Reformen einzuführen, was sich wohl auch auf den Frauenkonvent auswirkte; genauere Einblicke erlauben die Quellen nicht. Urkunden von 1514 offenbaren Schulden und Güterverkäufe unter Priorin Veronika Gruner und Propst Peter Gerlach; so bestand eine Schuld von 100 Gulden bei der Zisterzienserabtei ➛ Grünhain, deren ratenweise Abzahlung kaum bewältigt werden konnte. Seit 1518 unterstand Kloster R. der Bursfelder Union. Noch 1528 trat Mönch Justus Schwarzmann aus Bürgel die Propststelle an, als seine Abtei jedoch bereits zwei Jahre nicht mehr existierte. Abt Michael versuchte bis 1529 von R. aus vergeblich, die Abtei Bürgel zurückzugewinnen. Kurfürst Johann Friedrich I. ließ 1533 vorübergehend den die Reformation ablehnenden Propst inhaftieren. Währenddessen löste er das Kloster auf und verkaufte den Besitz an die Herren von Schönburg. 1543 brannte die Klosteranlage ab.

▶ **Gegenwart.** Auf einer Anhöhe über der Mulde zwischen Glauchau und Waldenburg nimmt der sogenannte „Rote Stock“ als letzter Rest des mittelalterlichen Frauenklosters den höchsten Punkt des kleinen Ortes R. ein. Der ehemalige, dreigeschossige Westbau aus Bruchsteinen und Backziegeln blieb als romanischer Teil der Kirche von 1170/80 erhalten. Er wird heute, wie der angeschlossene Bau (um 1840), als Wohnhaus genutzt. Das Westportal führt in eine tonnengewölbte Mittelhalle mit Durchgang zum Mittelschiff; im ersten Obergeschoss befindet sich ein kreuzgratgewölbter Raum mit breitem Bogen nach Osten, möglicherweise die ehemalige Westempore. Von der Klausuranlage sind keine baulichen Reste erhalten. Teile der ehemaligen Umfassungsmauern begrenzen das Areal.

◆ Mohn, Claudia: R. (Sachsen), in: Mittelalterliche Klosteranlagen, Petersberg 2006, 405 f.; Drafehn, Hans-Jochen/Wolfram, Rudolf: Das Benediktinerkloster Bürgel, Jena 1990.

Reuthin, *Dominikanerinnenkloster St. Maria (um 1250–1575) – „Maria-R.“, Diözese Konstanz – (Wildberg, Lkr. Calw, Baden-Württemberg, ❒ 3, C3).*

▶ **Geschichte.** Religiöse Frauen sammelten sich in der ersten Hälfte des 13. Jh. auf einer Uferterrasse der Nagold unterhalb der Burg Wildberg, woraus später eine klösterliche Gemeinschaft des Zweiten Ordens der Dominikaner erwuchs. Zunächst überließ Graf Burkhard III. von Hohenberg, auf den das Kloster ➛ Kirchberg über Renfrizhausen zurückgeht, 1252 den Frauen im Tausch das gerodete Gelände an der Nagold. Sein Sohn Burkhard IV. und dessen Gemahlin Luitgard von Tübingen griffen fördernd mit Landschenkungen ein; sie gelten laut bischöflicher Urkunde von 1296 als Gründer des Frauenklosters R., das fortan als Hohenberger Hauskloster und gräfliche Grablege fungierte. 1285 galt im Konvent die Augustinusregel, seit 1288 die Dominikanerregel. Angeblich wurde die Klosteranlage mit dem Marienpatrozinium erst 1284 erbaut; auf der

Reuthin Dominikanerinnenkloster, der Fruchtkasten (1518) des Klosters dient dem städtischen Museum.

gegenüberliegenden Flussseite entwickelte sich die Stadt Wildberg. Die Vogteirechte gingen 1368 von Hohenberg an die Pfalzgrafen bei Rhein und 1440 an die Grafen von Württemberg über. Die Vögte der Wildburg wurden zum Schutz des Frauenklosters verpflichtet. Mit den Dominikanern von ➛ Esslingen bestand eine Gebetsverbrüderung, die geistliche Betreuung oblag aber Kaplänen, die nicht zwingend dem Orden angehörten. Töchter aus gräflichen Häusern übernahmen die Priorinwürde, so Agnes II., Gräfin von Hohenberg (1365–92). Eine eingeschränkte Adelsexklusivität leitete sich davon ab, jedoch nahm der Konvent auch Töchter aus den Bürgerfamilien der Städte Wildberg, Herrenberg und Rottenburg auf. Er erreichte Ende des 14. Jh. seine größte Personalstärke mit etwa 30 Schwestern. Reiche Grundausstattung, Schenkungen, Mitgiften und Zukäufe gewährten Einnahmen aus Rechten in fast 100 Orten; eine Grundherrschaft bestand über das ganze Dorf Oberjettingen mit Kirche. Private Geschäfte einzelner Schwestern sind schon früh belegt. Im Gegensatz zu anderen Klöstern konnte R. Anfang des 16. Jh. seinen Besitz noch vermehren, sogar bis 1562 wurden Käufe getätigt; angestellten Hofmeistern oblag die Wirtschaftsorganisation. Der Bauernkrieg 1525 verursachte keine größeren Gebäudeschäden. Der Konvent weigerte sich unter Priorin Barbara von Driedingen (1521–53) während der landesweiten Einführung der Reformation nach 1534 durch Herzog Ulrich von Württemberg, das lutherische Bekenntnis anzunehmen. Der Herzog konnte sich in R. nicht durchsetzen, sondern musste auf die örtliche Ritterschaft Rücksicht nehmen. Erst ein Vergleich mit Herzog Christoph 1559 ermöglichte die schrittweise Säkularisierung, die sich bis 1575 hinzog.

▶ **Gegenwart.** Klosterkirche und Klausurquadrum südlich der Altstadt von Wildberg über der Nagold vernichtete 1824 ein Großbrand, geblieben ist lediglich der spätmittelalterliche Fruchtkasten. Das Gebäude von 1518 erhebt sich über gewölbten Weinkellern; drei Etagen dienen seit 1996 als städtisches Museum. Mächtige Immunitätsmauern umschließen nach wie vor das Gelände, die restlichen Gebäude entstanden nachreformatorisch bis in das 19. Jh. Eine Ruine markiert den Platz der ehemaligen Nikolauskapelle, die 1753 zu einer Scheune umgebaut wurde und 1950 niederbrannte. Der erhaltene Brunnen stammt aus der zweiten Hälfte des 16. Jh. Der weitläufige Klostergarten dient heute als Kurpark.

◆ Janssen, Roman, R., in: Württembergisches Klosterbuch, Ostfildern 2003, 394 f.; Gand, Friedrich: Maria-R. Dominikanerinnenkloster und Hohenberger Grablege, Göppingen 1973.

Reutlingen, *Franziskanerkloster (vor 1259–1535), Diözese Konstanz – (Kreisstadt, Baden-Württemberg, ❒ 3, C4).*

▶ **Geschichte.** Erstmals ist der Minoritenkonvent in R. 1273 urkundlich belegt. Die Barfüßer kamen möglicherweise schon um 1250 aus ➛ Pfullingen, wo sie einem Klarissenkonvent weichen mussten. Laut Ordensüberlieferung wurde ihre Konventskirche in R. 1259 geweiht. Das Kloster gehörte innerhalb der oberdeutschen Ordensprovinz (auch Straßburger Provinz oder *Provincia Argentina*) zur Kustodie Schwaben. Der Provinzialminister Konrad Probus (1271–79) ließ 1279 ein Provinzkapitel in R. abhalten. Dotationen der Bürger vergrößerten den Güterbesitz in 14 umliegenden Orten. In R. selbst gehörten den Minoriten Weinberge, Flurstücke und Rechte an Immobilien, verwaltet von einem städtischen Prokurator. Die Beziehungen zum Weltklerus gestalteten sich entgegen den sonstigen Erfahrungen überraschend harmonisch; der Pfarrer der Stadt wohnte Tür an Tür mit dem Konvent. Auch im Streit zwischen Papst Johannes XXII. und König Ludwig dem Bayer standen die Reutlinger Minoriten auf der Seite des Weltklerus und anders als die meisten Franziskaner der Straßburger Provinz befolgten sie das Interdikt von 1327. Schon im 13. Jh. etablierte sich die „Reiche Sammlung" religiöser Frauen, die von den Minoriten geistlich betreut wurden, sich aber erst in vorreformatorischer Zeit als Tertiarinnen in den Dritten Franziskanerorden einbinden ließen. Andere Klausnerinnen an einer Katharinenkapelle standen wohl ebenfalls „in der dritten Regel". Die Beziehung der Franziskaner zu einer dritten, der sogenannten „Hollensammlung" an der Marienkirche der Stadt ist unklar. Die ordensinterne Observanzbewegung fand keine Resonanz. Gleichwohl schien der Konvent am Vorabend der Reformation gefestigt. Die Reichsstadt, die schon 1372 ihre Unabhängigkeit gegenüber Graf Eberhard II. von Württemberg erfolgreich verteidigt hatte, wurde seit 1524 nach Predigten des Reformators Matthäus Alber (1495–1570) zu einer Hochburg der Reformation in Süddeutschland. 1522 lebten noch 40 Brüder im Konvent, aber vor der Neuordnung des Gottesdienstes 1526 hatte ein Großteil die Kutte abgelegt, heiratete und verdingte sich als evangelische Pfarrer. 1535 veräußerten Guardian Johannes Schmidt und sein Vize den gesamten Besitz gegen jährliche Renten an die Stadt. Die Franziskanerkirche wurde um 1539 abgebrochen, denn man benötigte Steine zum Neubau der Spitalkirche am Markt. Die Konventsgebäude dienten als Spital, Oberamtei, Versammlungsort des Rates, Kaserne und Wohnsitz des Regierungspräsidenten.

Reutlingen Franziskanerkloster, der Klosterkomplex ist eine der größten Fachwerkanlagen Württembergs.

▶ **Gegenwart.** Am Kanzleiplatz steht noch heute das stattliche Konventsgebäude der Franziskaner als eine der größten Fachwerkanlagen Württembergs. Wechselnde Profannutzung hinterließ im Innern einschneidende Veränderungen; seit 1872 nutzt das Friedrich-List-Gymnasium den Komplex. Im Innenbereich, dem sogenannten „Schwörhof", huldigte einst die reichsstädtische Bürgschaft jährlich der neugewählten Obrigkeit. Laut einer Urkunde im Landesarchiv Baden-Württemberg siegelten im Juli 1277 Reutlinger Franziskaner eine Schenkungsurkunde für das Kloster ➛ Kniebis. Das Siegel stellt die Weihnachtsgeschichte dar, was von Kunsthistorikern als ein höchst seltenes mittelalterliches Urkundensignum gewertet wird.

◆ Gotzen, Daniel: R., Franziskaner, in: Württembergisches Klosterbuch, Ostfildern 2003, 395 f.

Rexingen, *Johanniterkommende (vor 1275–1805), Diözese Konstanz – (Horb/Neckar-R., Lkr. Freudenstadt, Baden-Württemberg, ❒ 3, C4).*

▶ **Geschichte.** Die Johanniterkommende R. bei Horb erscheint urkundlich erstmals 1275 als Patronatsinhaberin über den örtlichen Pfarrsprengel. Weitere Rechte wie Hoch- und Niedergerichtsbarkeit konnten noch im 13. Jh. erworben werden, den Zehnt kauften die Johanniter 1289 der Abtei Stein am Rhein (heute Schweiz) ab. Besitzerwerbungen im Tal der Nagold führten nach 1296 zur Gründung der Kommende ➛ Rohrdorf (Schwarzwald). Auch in der Umgebung erweiterte der Orden seinen Besitz und erlangte in weiteren Pfarreien Patronatsrechte. Komtur Gottfried von Klingenfels (1297–1302), zuvor amtierender Großprior für Deutschland (1290–97), ließ 1299 ein viergeschossiges Ordenshaus errichten. Komtur Albert von Niefern schlichtete 1309 einen Streit zwischen den Bürgern in Horb um eine Altarstiftung. In dieser Zeit leitete Komtur Friedrich von Tunnenowe die Nachbarkommende ➛ Hemmendorf, bald darauf wurde eine Personalunion zwischen beiden Kommenden vereinbart. Die Komture residierten meist in Hemmendorf, so dass R. als *membrum* in ein Unterstellungsverhältnis geriet, obwohl Hemmendorf von den Überschüssen der Kommende R. lebte. Visitatoren im Auftrag des Großpriors von Deutschland registrierten 1495 in R. nur einen Ordensbruder neben einem Weltpriester, einem Koch und einem Fuhrmann. Seit dem 16. Jh. übernahmen Weltgeistliche die Verwaltung des Hauses, später Laien. Komtur August Freiherr von Mörsberg und Beffort stellte mit der Jahrgerichtsordnung von 1596 umfassende Regelungen für das Gemeindeleben auf, die eine Stiftung für Arme, Kranke und Wöchnerinnen einschlossen sowie den Schulunterricht garantierten. Auch Juden durften unter den Johannitern in R. siedeln und Handel treiben; sie errichteten 1710 eine Synagoge und erhielten 1760 von den Johannitern einen eigenen Begräbnisplatz zugewiesen. Der letzter Komtur Graf Viktor Konrad von Thurn und Valsassina musste die Bedingungen des Friedens von Pressburg 1805 akzeptieren. Die Kommende -R. fiel an Württemberg.

▶ **Gegenwart.** Die Johanniter haben kaum architektonische Spuren im Horber Stadtteil R. hinterlassen. Gebäude und Johanniterkirche wurden niedergelegt. Lediglich ein größerer Teil der Ringmauer markiert heute den Bereich der einstigen Kommende. Ein Eckturm mit Fachwerkaufsatz und Spitzhelm, der sogenannte „Schandturm", blieb erhalten. Ein Wappenstein erinnert an Komtur Ferdinand von Muggenthal zu Hexenagger, um 1600 Johanniterordensrezeptor in oberen deutschen Landen, Komtur zu Hemmendorf und R. sowie in ➛ Altmühlmünster und ➛ Regensburg. In der heutigen katholischen Pfarrkirche von 1841 steht ein Vesperbild (um 1420); auch ein gotisches Ziborium erinnert an die Johanniter.

◆ Bing, Michael: R., in: Württembergisches Klosterbuch, Ostfildern 2003, 397–399; Hecht, Winfried: Die Johanniterkommende R., Membrum von Hemmendorf, in: Der Johanniterorden in Baden-Württemberg 81 (1990) 5–10.

Ribnitz Klarissenkloster, Südostansicht der gotischen, einschiffigen Klosterkirche St. Klara.

Ribnitz, *Klarissenkloster Heilig Kreuz (1324–1586), Diözese Schwerin – (R.-Damgarten, Lkr. Nordvorpommern, Mecklenburg-Vorpommern, ❒ 2, B2).*

▶ **Geschichte.** Heinrich II. der Löwe, Fürst von Mecklenburg, setzte 1324 gegen den Widerstand von Stadtrat und Stadtklerus, aber mit Zustimmung Bischof Johanns von Schwerin (Gans von Putlitz) die letzte Gründung eines Klarissenklosters im Norden auf seinem Fürstenhof in R. am Saaler Bodden durch. Die Klarissen kamen 1329 aus dem sächsischen Kloster ➛ Weißenfels in das Grenzland zwischen Mecklenburg und Pommern an die Ostsee. Dem Gründungskonvent gehörte die fünfjährige Beata (1334–99) an, eine Tochter des Landesherrn, die 1349 zur Äbtissin gewählt und Vorbild aller nachfolgenden Schwestern wurde. Sie genoss hohe Verehrung und gilt die einzige heilige Frau Mecklenburgs, derer heute am 8. April gedacht wird. Weitreichende Privilegien, u. a. Fischerei-, Strandgut- und Mühlrechte, großzügige Landvergabe mit mehreren Dörfern und einige Patronate, wie das Patronatsrecht (seit 1340) über die Stadtpfarrkirche St. Marien, förderten die Ressentiments der Bürger, schürten Neid und provozierten anhaltende Konflikte. Die Klarissen in R. folgten der Regel Papst

Riddagshausen Zisterzienserabtei, die spätromanisch-frühgotische Abteibasilika (Weihe 1275) erhielt einen Chorkranz von 14 Kapellen, Nordostansicht.

Urbans IV., der 1263 Grundbesitz mit allen weltlichen Rechten geboten hatte. Sie vermehrten ihren Besitz durch Schenkungen der Bürger und des Adels sowie durch Ankäufe in der Umgebung beträchtlich. Die zweite Klosterkirche konnte aus Stein gebaut werden (1361–93). Von neun Äbtissinnen kamen in der 263-jährigen Geschichte des Klosters sechs aus der herzoglichen Familie. Entsprechend häufig weilten die Landesherren im Kloster. Königin Margarethe von Dänemark, Schweden und Norwegen schenkte 1405 als Tante der Äbtissin Ingeborg (1398–1408) dem Konvent eine hohe Geldsumme zur gewinnbringenden Anlage. Um diese Zeit betrug die Konventsstärke etwa 60 Frauen. Es galt unter den Ortsadeligen als standesgemäß, eine Tochter im Kloster R. untergebracht zu haben. Franziskanermönche aus ➛ Rostock, später aus ➛ Lübeck betreuten die Klarissen seelsorglich und vertraten sie in weltlichen Angelegenheiten. Einige Jahre nach der inneren Reform von 1493, visitierte Ludwig Henning, Provinzial der sächsischen Ordensprovinz (1507–15), erneut den Konvent und fand noch immer so viel persönlichen Schmuck vor, dass er damit den Schwestern zwei weitere zinspflichtige Dörfer kaufen konnte. 1514 kam Lesemeister Lambert Slaggert aus dem Konvent ➛ Salzwedel als Beichtvater in das Kloster. Die stürmischen Reformationsjahre um 1525 registrierten die Klarissen kaum. 1537 starben 21 Schwestern und Äbtissin Dorothea (1493–1537) an der Pest. Der erste evangelische Gottesdienst in R. wurde 1556 in der Stadtkirche gefeiert. Die letzte Äbtissin Ursula (1538–86), Tochter des sich evangelisch bekennenden Landesfürsten Herzog Heinrich V., widersetzte sich standhaft und geschickt der Reformation. Damit gehörte das Klarissenkloster R. mit ➛ Dobbertin und ➛ Rostock Heilig Kreuz zu den letzten drei katholischen Klöstern in Mecklenburg. Nach dem Ableben Äbtissin Ursulas 1586 starb der verbliebene katholische Konvent langsam aus. 1599 wurde das Kloster in ein freiweltliches Damenstift zur Versorgung unverheirateter Adelstöchter umgewandelt, das unter der Leitung einer *Domina* bis 1920 fortbestand.

▶ **Gegenwart.** Aus mittelalterlicher Zeit blieb die breite, einschiffige Klosterkirche St. Klara zu sechs Jochen mit innenwandigen Strebepfeilern, Westempore und markantem, eingebundenem Westturm, vergleichbar dem der Antoniterkirche in ➛ Tempzin, erhalten. Seit 1885 wird sie nicht mehr sakral genutzt. Der Innenraum ist kreuzrippengewölbt, das Chorgestühl der Nonnenempore entstand aus Eichenholz (1408). In den Hohlräumen der Podeste fand man Kleingegenstände, die den monastischen Alltag einer spätmittelalterlichen Frauengemeinschaft veranschaulichen. Die vorreformatorischen Klausurgebäude mussten im 17. Jh. den Häusern der evangelischen Stiftsdamen weichen; letztere dienen heute einem Bernsteinmuseum und mehreren städtischen Einrichtungen sowie als Wohnungen. Neben der Kirche gehen lediglich gewölbte Keller, ein Spitzbogenportal und Spuren des Kreuzgangs im Westflügel auf mittelalterliche Bauleistungen zurück.

◆ Pieper, Roland/Einhorn, Jürgen W.: Franziskaner zwischen Ostsee, Thüringer Wald und Erzgebirge, Paderborn 2005, 28–31; Raskop, Gabi (Red.): Kloster R., Ribnitz-Damgarten 2004; Ulpts, Ingo: Die Bettelorden in Mecklenburg, Werl 1995.

Riddagshausen, *Zisterzienserabtei St. Maria (1145–1568), Diözese Halberstadt – (Braunschweig-R., kreisfreie Stadt Braunschweig, Niedersachsen, ❒ 2, A4).*

▶ **Geschichte.** Der herzogliche Ministeriale und Vogt von Braunschweig, Ludolf von Wenden, trat 1145 in das neue Kloster Marienzelle östlich von Braunschweig ein. Den ersten urkundlichen Beleg für die Neugründung unterzeichneten erst ein Jahr später Herzog Heinrich der Löwe und der Bischof von Halberstadt; Papst Eugen III. erteilte 1148 das Schutzprivileg. Als primärer Stifter gilt Ludolf, der ein Teil des Stiftungsgutes vom Kloster St. Aegidius in ➛ Braunschweig eingetauscht hatte. Aber auch der Welfenherzog zeigte Interesse und unterstützte 1246 die Neugründung mit dem Dorf *Riddagshusen* und der Siedlung Kaunum. Der Ortsname R. setzte sich für die Abtei gegenüber dem ursprünglichen Marienzell durch. Die ersten Zisterzienser kamen mit Abt Robert (1147/48) aus der Mutterabtei ➛ Amelungsborn im Mittelweserraum. Der zweite Abt Konrad I. (1160/64) wurde 1164 zum Bischof von Lübeck erhoben. König Otto IV., Sohn Heinrichs des Löwen, nahm 1198 die Abtei und ihren Besitz ausdrücklich unter Reichsschutz. Die erste Tochtergründung erfolgte 1243 in Isenhagen, die 1259 nach einem Brand zugunsten des neuen Standorts in ➛ Marienrode bei Hildesheim aufgegeben wurde. Ein weiterer Gründungskonvent wurde 1310 nach ➛ Wahlshausen an die Fulda gesandt. Die Schwestern der Klöster ➛ Isenhagen und ➛ Wienhausen erhielten seelsorglichen Beistand. Abt Ebert (1476/96) erlangte die Pontifikalien und hatte dafür 232 Gulden an die Kurie in Rom zu zahlen. Das *studium particulare* in eigenen Mauern bereitete die Brüder zum Hochschulstudium vor, die umfangreiche Bibliothek erforderte 1478 ein eigenes Gebäude. Die Abtei R. blieb mit dem welfischen Fürstenhaus eng verbunden und wurde zum wichtigen Stützpunkt der landesherrschaftlichen Politik gegen die Bestrebungen zur Unabhängigkeit der Bürger Braunschweigs. Der Konvent trug schwer sowohl an Überfällen der Stadt als auch an Einquartierungen des herzoglichen Gefolges. Die Äbte traten oft als Vermittler auf, das Kloster entwickelte sich zum Ort für Verhandlungen und Friedensabkommen. Der Überfall der Braunschweiger Bürger 1492 beeinträchtigte das monastische Leben in R. einschneidend und in der Folgezeit konnte die frühere Ausstrahlung nicht mehr erreicht werden. Bruder Anton Corvinus (1501–53) wurde 1523 als „lutherischer Bube“ aus dem Kloster ausgewiesen und stieg später zum Reformator im Herzogtum Calenberg-Göttingen auf. Es folgte die Besetzung durch Truppen des Schmalkaldischen Bundes, Verwüstungen und die Scheinkonversion, 1568 jedoch die definitive Einführung der Reformation unter Herzog Julius von Braunschweig-Wolfenbüttel. Das Kloster R. bestand offiziell als evangelische Institution bis zur Säkularisation 1803 weiter.

▶ **Gegenwart.** Noch heute umschließt die ehemalige Umfassungsmauer das weite Areal der Abtei. Durch ein Torhaus aus der Gründungszeit mit einer Frauenkapelle aus dem 13. Jh. und der Pförtnerzelle gelangt man zur Abteikirche, die als beeindruckender romanischer Bau die Kriege des 16./17. Jh. überstanden hat und heute der evangelisch-lutherischen Gemeinde dient. Die spätromanisch-frühgotische Basilika wurde als zweite Abteikirche um 1220/30 begonnen und durchlief bis zur Weihe 1275 einige Stilveränderungen, die dem aufkommenden gotischen Stil geschuldet sind, ohne dass die ursprüngliche, archaische Konzeption aufgegeben wurde. Die Kirche besitzt als Besonderheit vierzehn Kapellen, die als Kranz den Chor und die verlängerten, sehr schmalen Seitenschiffe in rechteckiger Anordnung einfassen und damit auf Vorbilder in Cîteaux und Morimond verweisen. Der ursprünglich hölzerne Dachreiter über der Vierung wurde im 17. Jh. durch einen steinernen Aufsatz mit geschweiftem Dach ersetzt. Beeindruckend ist das reich gestaltete Portal mit Tympanon an der Kirchenwestfront. Die einst südlich angebundene Klausur um einen quadratischen Innenhof mit Kreuzgängen und Funktionsräumen im zisterziensischen Schema hat keine sichtbaren Spuren hinterlassen. Abseits im Gelände steht noch immer die ehemalige Siechenkapelle (1305). Das ausgedehnte Teichland der Mönche nördlich der Abtei (einst 28 Fischteiche) besteht heute noch aus elf vollständig erhaltenen Wasserflächen und ist als Naturschutz-Europareservat ausgewiesen.

◆ GermBen 12, 604–625; Bötticher, Annette von: Gütererwerb und Wirtschaftsführung des Zisterzienserklosters R. bei Braunschweig im Mittelalter, Wolfenbüttel 1990.

Riechenberg, *Augustiner-Chorherrenstift St. Maria und St. Andreas (1117–1568, 1643–1803), Diözese Hildesheim – (Goslar-R., Kreisstadt Goslar, Niedersachsen, ❐ 1, D5).*

▶ **Geschichte.** Der Kanoniker Petrus, Subdiakon am Kollegiatstift St. Simon und Juda in Goslar, errichtete 1117 auf seinem Erbgut R. mit Zustimmung seiner Familie das erste Regularkanonikerstift für Augustiner-Chorherren in der Diözese Hildesheim. Schon 1122 konnte das Stift zu Ehren der Mutter Gottes geweiht werden. Bischof Bern-

Riechenberg Augustiner-Chorherrenstift, an die romanische Stiftsbasilika mit Hirsauer Baumotiven (1131–73) erinnern heute nur noch wenige Mauerreste.

hard I. von Hildesheim verlieh 1131 die freie Propst- und Vogtwahl, das päpstliche Schutzprivileg folgte 1136, der bischöfliche Jurisdiktionsvorbehalt blieb jedoch bestehen. Unter Propst Gerhard I. (1128–50), Berater Kaiser Lothars III., entwickelte sich R. zum Reformzentrum der Regularkanonikerstifte in Niedersachsen. Zahlreiche Konvente wurden reformiert und in Personalunion geleitet: ➛ Georgenberg in Goslar, ➛ Heiningen, ➛ Derneburg, ➛ Steterburg und ➛ Katlenburg. Schenkungen und Zukäufe vermehrten den Besitz bis 1300 in über 50 Orten. Besitzstreitigkeiten und wirtschaftlicher Niedergang zwangen 1429 zum Anschluss an die ➛ Windesheimer Kongregation, deren Reformstatuten mit Hilfe von Chorherren aus ➛ Frenswegen einen ökonomischen und geistlichen Aufschwung brachten. Der erste Prior Johann Crevet (1433–35) kam aus dem Reformzentrum ➛ Böddeken. Umgekehrt gingen Reformanstöße von R. aus: u. a. nach ➛ Petersberg bei Halle, ➛ Hamersleben, ➛ Halle Moritzstift und ➛ Segeberg. Herzog Heinrich der Jüngere, der streng katholische Fürst von Braunschweig-Wolfenbüttel, annullierte nach 1547 die während der Zeit des Schmalkaldischen Bundes bereits vollzogene evangelische Umwandlung, aber sein sich lutherisch bekennender Sohn, Herzog Julius, erzwang 1568 die endgültige Einführung der Reformation und ließ in R. eine Schule einrichten. 1643 kam es zur Restitution; Windesheimer Chorherren besiedelten erneut das Stift R. Ein neuer Aufschwung zeichnete sich ab, aber Prior Wilhelm de la Tour (1762–72) überzog beim Ausbau seine finanziellen Möglichkeiten erheblich und trieb das Stift in den Konkurs. Im Januar 1803 hob die preußische Regierung das überschuldete Stift auf; der Kirchenschatz gelangte nach Berlin, die wertvolle Bibliothek nach Paris.

▶ **Gegenwart.** Seit 1990 lebt die evangelische Gemeinschaft der Gethsemanebruderschaft ein asketisches Leben im ehemaligen Stift R. unter Obhut des Hannoverschen Klosterfonds. Das evangelische Kloster ist noch immer von alten Mauern umgeben und klar getrennt von dem großen Wirtschaftsgut in der Nachbarschaft. Ohne Not wurde 1819 die dreischiffige Basilika (1131–73) abgetragen und als Steinbruch genutzt. Sie folgte hirsauischen Bauvorgaben, ebenso wie die Stiftskirche in ➛ Hamersleben; heute stehen von ihr nur noch einige Mauerteile. Aber die romanische Krypta verblieb als wertvolle Hinterlassenschaft der Augustiner-Chorherren. Diese dreischiffige, vierjochige Halle mit Säulen und reich ornamentierten Kapitellen widerspricht hirsauischer Bautradition; sie wird heute als Gebetsraum genutzt. Aus spätmittelalterlicher Zeit blieb die Sakristei mit Netzgewölbe und der darüber liegende Bibliotheksraum erhalten; sie entstanden 1484 unter den Windesheimer Chorherren. Die übrigen Gebäude sind neuzeitlich.

◆ MonWin 2, 262–377; Ziegler, Uwe: Das Insolvenzverfahren um Stift R. 1773 bis 1798, Bielefeld 2006.

Riedlingen, *Franziskaner-Tertiarinnenkloster Heilig Kreuz (vor 1471–1782), Diözese Konstanz – (Lkr. Biberach, Baden-Württemberg, ❐ 3, C4).*

▶ Religiöse Frauen im schwäbischen R. an der Donau bemühten sich caritativ um Krankenpflege und wurden 1471 als „Schwestern des Sammlungshauses des Dritten Ordens des hl. Franziskus in R." bezeichnet. Sie gehörten 1515 der Straßburger Minoritenprovinz an. Die Konventsstärke war auf maximal 13 Schwestern festgelegt, die die nahe Stadtpfarrkirche St. Georg für ihr Stundengebet nutzten. Die Kirche des 14. Jh. wurde 1486 erweitert und eingewölbt, und der Konvent verfügte über eine eigene Empore. Nach der Reformation blieb die Stadt als habsburgisches Lehen unter den Truchsessen von Waldburg katholisch. Die Franziskanerinnen konnten ihr Kloster Heilig Kreuz baulich erweitern, verarmten aber in der Neuzeit. 1644 übernahmen Patres aus dem neugegründeten Kapuzinerkloster der Stadt die geistliche Betreuung der Franziskanerinnen. Die Josephinische Kirchenpolitik Österreichs erzwang im April 1782 die Auflösung des Konvents, die Schwestern mussten ihr Kloster verlassen. Von der Anlage nahe der Stadtkirche blieb lediglich ein Konventsgebäude am Markt aus dem frühen 16. Jh. erhalten, das heute die Stadtverwaltung nutzt.

◆ Assfalg, Winfried: R., Franziskaner-Terziarinnen, in: Württembergisches Klosterbuch, Ostfildern 2003, 400 f.

Riesa Benediktinerinnenabtei, der spätgotische Kapitelsaal mit Kreuzgratgewölbe dient heute als Trausaal.

Riesa, *Benediktinerinnenabtei St. Maria und St. Johannes Baptist (um 1115–1542), Diözese Meißen – (Lkr. Meißen, Sachsen, ❐ 2, C5).*

▶ **Geschichte.** Bischof Dietrich I. von Naumburg (Selbold-Gelnhausen) stiftete um 1115 etwa zeitgleich zwei Benediktinerabteien, einmal in ➛ Bosau bei Zeitz, zum anderen das Marienkloster am slawischen Ort *Rizowe* an der Elbe. Das Hochstift Naumburg besaß in der Elbregion auf meißnerschem Bistumsgebiet umfangreiche Güter. Die Klosterstiftung verfolgte neben geistlichen Absichten auch wirtschaftliche, kolonisatorische und machtpolitische Gründe. Nachfolger Bischof Udo I. von Thüringen vollendete die erste Klostergründung im Bistum Meißen als Eigentum der Kirche Naumburgs. Erstaunlich ist dabei, dass dieser erste monastische Vorstoß im Meißner Kirchengebiet von Naumburg ausging; immerhin hatte bereits Kaiser Otto I. 968 das Missionsbistum Meißen gegründet. Der slawisch-heidnische Widerstand muss beträchtlich gewesen sein und eine Klostergründung lange Zeit verhindert haben. Die damaligen Naumburger Bischöfe förderten die neucluniazensische Reformbewegung der Benediktiner und riefen Frauen (und Mönche?) des ➛ Hirsauer Reformkreises an die Elbe, das Herkunftskloster ist unbekannt. Ein Doppelkonvent könnte zu Beginn in R. gelebt haben, die Quellenlage ist unsicher. Die Abtei R. wollte zunächst nicht gedeihen, weshalb Bischof Udo II. von Veldenz 1168 die Abteien R. und Bosau vereinte, was sich aber nicht zum Vorteil auswirkte. Nach zwei Jahren wurden beide Abteien wieder getrennt. Zeitweise erlangten die Regularkanonikerstifte ➛ Petersberg bei Halle und Neuwerk vor ➛ Halle Einfluss auf den benediktinischen Konvent und stellten die Pröpste. Zwischen 1210 und 1230 existierte definitiv ein Doppelkonvent, möglicherweise unter der Augustinusregel. 1244 brannte die Abtei ab; seit dieser Zeit ist in R. lediglich ein benediktinischer Frauenkonvent nachweisbar. Der folgende Neuanfang verlief günstig, die bischöfliche Siedlungspolitik begann langsam zu greifen. Mitte des 13. Jh. gehörten etwa 200 Hufe Land zum Grundbesitz, das Elbfährrecht war in Händen der Schwestern, den Pröpsten oblagen die Pfarrpflichten im Ort und in der Umgebung. Im Spätmittelalter unterstanden dem Konvent acht Parochien mit zeitlich begrenzter Archidiakonatsgewalt. Der Einfluss der Naumburger Kirche ging im 13. Jh. zurück, das Bistum Meißen betrachtete die Abtei zunehmend als Eigentum. 1288 erklärte Markgraf Heinrich III. der Erleuchtete von Meißen seinen Schutz, was allmählich zur landesherrlichen Unterstellung führte. Im 14. Jh. forderten die sächsische Markgrafen Heerfahrtsunterstützung von den Frauen. Dem Konvent stand eine Äbtissin vor, ihr zur Seite eine Priorin. 1451 tritt eine Schulmeisterin Eufemis Polenzsk urkundlich auf. In der ersten Hälfte des 15. Jh. brandschatzten Hussiten die Anlage, beim Wiederaufbau um 1440 entstand der spätgotische Kapitelsaal. 1519 lebten insgesamt 17 Schwestern im Kloster. Kurz vor der Einführung des Protestantismus im albertinischen Sachsen 1539 bauten die Schwestern noch hoffnungsvoll Kloster und Kirche spätgotisch um. 1540 erließ Herzog Heinrich II. der Fromme den Befehl zur Auflösung und gab den neun Chor- und vier Laienschwestern eine Gnadenfrist von zwei Jahren. 1542 ging das Kloster mit Besitz an den Landesherrn über; es wurde 1554 verkauft und unter wechselnden Eigentümern bis 1874 als Rittergut betrieben. Der Marktflecken R. erhielt 1623 das Stadtrecht.

▶ **Gegenwart.** Die heutige evangelische Pfarr-, Schloss- und ehemalige Klosterkirche St. Maria entstand 1261 als Saalkirche mit eingezogenem Polygonalchor aus dem Brandschutt von 1244. Spätgotische Veränderungen gehen noch auf die Benediktinerinnen um 1530 zurück; der nördliche Anbau in Form eines Seitenschiffs wurde nachreformatorisch angefügt. Das Sterngewölbe im Chor stammt von 1622, der Westturm von 1745. Teile der mittelalterlichen Immunitätsmauer, Klausurflügel mit Resten spätromanischer Architektur blieben trotz des Schlossbaus im 17. Jh. erhalten. Aus dem südlichen Schlossflügel entstand 1874 das Rathaus im Stil der Neorenaissance. Dieses Rathaus birgt den spätgotischen Kapitelsaal mit Netzgewölbe auf einer Mittelsäule als Teil des westlichen Klosterflügels. Der Raum dient heute als Trausaal, seine aufwändige Ausmalung im Renaissancestil erhielt er nachreformatorisch.

◆ Mohn, Claudia: R. (Sachsen), in: Mittelalterliche Klosteranlagen, Petersberg 2006, 406–408; Schlesinger, Walter: Kirchengeschichte Sachsens im Mittelalter, Bd. 2, Köln 1962, 200–202.

Rinchnach, *Benediktinerpropstei St. Johannes Baptist (um 1011–1803), Diözese Passau – (Lkr. Regen, Bayern, ❒ 4, C3).*

▶ **Geschichte.** Graf Günther von Käfernburg (um 955–1045), Stifter und Förderer des Klosters ➛ Göllingen in seiner Heimat Thüringen, begegnete Godehard, der als Abt von ➛ Niederaltaich (996–1022, kanonisiert 1131) und später auch als Abt von ➛ Hersfeld sowie als Bischof von Hildesheim zur Zentralgestalt der ➛ Gorzer Reform im Reich aufstieg. Nach der Begegnung entsagte Günther der Welt, trat 1006 als Novize in Hersfeld ein, ging als einfacher Mönch nach Niederaltaich und gründete nach einem eremitischen Leben unter Entbehrungen um 1011 das Missionskloster R. im Bayerischen Wald. Die Propstei R. übernahm unter Führung Niederaltaichs die seelsorgliche Rolle der Urpfarre Chammünster und erfuhr unter Führung Günthers (nach 1011–40) eine besondere Ausstrahlung. Die Mönche unter den strengen Regeln der Gorzer Reform rodeten das Kaisergut Nordwald an der Grenze zu Böhmen und kolonisierten mit herbeigerufenen Siedlern die Wildnis. König Konrad II. zeigte sich beeindruckt und stellte 1024 weiteres Gebiet zur Verfügung. Für Reisende nach Böhmen erlangte R. die gleiche Bedeutung, wie später das Hospiz auf dem St. Gotthard am Pass über die Alpen. Um allen seelsorglichen Verpflichtungen nachkommen zu können, halfen Mitbrüder aus der Abtei Braunau bei Prag (Břevnov) aus. Fürst, Propst, Prediger und Missionar Günther pflegte Freundschaft zu weltlichen Größen und vermittelte zwischen deutschen, böhmischen und ungarischen Herrschern. Herzog Bretislav I. ließ ihn 1045 in Břevnov beisetzen. Günther von Käfernburg wird in Böhmen, Ungarn und Bayern als Heiliger verehrt. Graf Albert von Bogen zerstörte 1240 im Rahmen seiner Ausplünderungsstrategie als Strafmaßnahme gegen die Mutterabtei deren Propstei R. Die Wittelsbacher sorgten als Schirmvögte seit 1242 für friedlichere Zeiten. Unter Propst Rudlieb (1240–71) entstand eine neue Kirche, die Bischof Otto von Passau (Lonsdorf) 1255 konsekrierte. Propst Johannes Kuchelmund (1402–07), der spätere Abt in Niederaltaich (1414–34), ließ die Propsteianlage R. baulich erneuern, die aber 1597 ausbrannte sowie im Dreißigjährigen Krieg durch die Schweden und 1705 durch die Österreicher weiteren Zerstörungen ausgesetzt war. Die Propstei endete 1803, der Besitz fiel an Bayern.

▶ **Gegenwart.** Auf Abt Jascio Hamberger (1700–39) geht der spätbarocke Umbau der Kirche zurück, die seit der Säkularisierung 1803 der katholischen Gemeinde als Pfarrkirche St. Johannes der Täufer dient und heute wieder von Benediktinern aus Niederaltaich betreut wird. Der Saalbau gilt als eine der schönsten Barockkirchen im Bayerischen Wald. Er enthält gotische Wandteile; auch der nordseitige, massive Turm ist lediglich barockisiert. Spätgotische, zweigeschossige Klostergebäude umschließen an der Südseite einen großen, rechteckigen Hof, umlaufen von kreuzgratgewölbten Kreuzgängen mit Spitzbogenfenstern. Lediglich an der Südostecke ziert Sterngewölbe mit einfachen Rippen den Gang. Die Gebäude erscheinen heute barockisiert, sie stehen auf romanischen Kellern.

Rinchnach Benediktinerpropstei, hinter der Barockfassade der Kirche verbergen sich gotische Wandteile.

Die Verehrung des Konversen, Eremiten, Klostergründers und salischen Politikers aus Thüringen, Günther von Käfernburg, lebt nicht nur in Südosteuropa, sondern heute auch im Bistum Erfurt fort.

◆ GermBen 2, 261–263; Kubín, Petr: Der hl. Gunther, in: Zeitschrift für thüringische Geschichte 63 (2009) 11–38.

Ringelheim, *Benediktinerabtei St. Abdon und Sennen und St. Maria (um 1150–1803), Diözese Hildesheim – (Salzgitter-R., kreisfreie Stadt Salzgitter, Niedersachsen, ❐ 1, D4).*

▶ **Geschichte.** Das im 10. Jh. entstandene, reichsunmittelbare Kanonissenstift R. an der Innerste im Salzgau übergab König Konrad III. 1150 dem Hochstift Hildesheim. Bischof Bernhard I. konnte der disziplinlosen Klausur nicht anders begegnen, als die Frauen auf mehrere Klöster zu verteilen und Mönche in R. einzuführen. Er schickte Abt Rüdiger (1153/74) und Benediktiner aus St. Michael in ➛ Hildesheim in die neue Abtei, die Reformgewohnheiten von ➛ Hirsau nach R. mitbrachten. Die päpstliche Bestätigung erfolgte 1153 und 1209. Die Schirmherrschaft übernahmen die Pfalzgrafen von Sommerschenburg. Trotz reichen Grundbesitzes nahm die Mönchsabtei keinen dauerhaften Aufschwung. Finanzielle Schwierigkeiten äußerten sich Mitte des 14. Jh. in Güterverkäufen; Kriegswirren 1420 und 1473 förderten die Verschuldung. Die Äbte Heinrich IV. (1444–58?) und Nikolaus II. (1483/97) bemühten sich um innere Reformen. Erst 1501 trat die Abtei der ➛ Bursfelder Kongregation bei. Inzwischen war 1488 die Klosterschule wiedereröffnet und die Abteikirche erneuert worden. Infolge der Hildesheimer Stiftsfehde (1519–23) ging die Abtei 1521 an das Fürstenhaus Braunschweig über. Herzog Julius erzwang 1570 eine 73-jährige Unterbrechung des monastischen Lebens. Die Bibliothek wurde an die Universität Helmstedt überführt, Archiv und Kopialbuch gingen in dieser Zeit verloren. Die Klostergebäude verfielen, ein Brand 1596 und der Dreißigjährige Krieg vollendeten die Zerstörung. 1643 erhielt Bischof Ferdinand von Hildesheim (Bayern) das zugrundegerichtete Kloster zurück und ließ es wiederum von Mönchen aus St. Michael in Hildesheim besiedeln. Abt Abdon König (1692–1703) begann, die Abtei in der heutigen Form aufzubauen; seine Nachfolger beendeten das barocke Werk. Das Klosterleben in R. endete im Februar 1803 durch Verfügung König Friedrich Wilhelms III. von Preußen. Graf Schulenburg-Kehnert, der das Fürstentum Hildesheim erfolgreich säkularisiert hatte, erhielt als Salär die Abtei und ihre Güter.

▶ **Gegenwart.** Die ehemalige Kloster- und heutige katholische Pfarrkirche St. Abdon und Sennen ist eine dreischiffige Pfeilerbasilika ohne Querhaus mit weiträumigem Chor (um 1504). Im 17./18. Jh. wurde sie erhöht, verlängert, einschneidend barock verändert und schließlich klassizistisch ausgeschmückt. Die Westgiebelfassade ließ Abt Bernward Pneumann (1713–46) anstelle des Westturms im repräsentativen Barock ausführen. Ein beinahe lebensgroßes hölzernes Kruzifix (um 1000) stammt noch aus der Zeit der Kanonissen. Es war höchstwahrscheinlich ein Geschenk Bischof Bernwards (993–1022, kanonisiert 1192) an seine Schwester Judith, damals Äbtissin im Stift. Die gesamte Klausuranlage entstand um 1700 neu. West- und Südflügel bilden das heutige Schloss, der Ostflügel ist abgebrochen. Ein achteckiger Taubenturm inmitten des Gutshofs entstand möglicherweise aus mittelalterlichem Steinmaterial.

◆ GermBen 6, 442–448.

Rinteln, *Benediktinerinnenkloster St. Maria und St. Jakobus der Ältere (nach 1200–1563), Diözese Minden – (Lkr. Schaumburg, Niedersachsen, ❐ 1, C4).*

▶ **Geschichte.** Das Frauenkloster R. wurde vermutlich auf bischöfliche Initiative hin zwischen 1203 und 1208 in Bischoperode bei Stadthagen gegründet, aber um 1230 nach Altrinteln und 1238 noch einmal in die neuangelegte Stadt R. an der Weser verlegt. Graf Adolf IV. von Schauenburg-Holstein dotierte das Kloster reichlich und galt als Stifter, wenn auch erst auf den ursprünglichen Stifter folgend, wie in ➛ Preetz. Er entschied sich 1239 für ein Leben im Kloster, entsagte der Macht und lebte bis 1261 als Franziskanerbruder in seinen weiteren Gründungen Hamburg und ➛ Kiel. Der Graf bestimmte 1230 die Benediktregel als Lebensform der Frauen in R., die wohl zuvor die Zisterzienserobservanz bevorzugten oder nach Inkorporation in den Zisterzienserorden strebten. Fünf weitere Privilegien sprechen bis 1296 von Zisterzienserinnen, nachfolgende Urkunden aber durchweg von Benediktinerinnen. Kirchliche Aufsichtsrechte nahm der Mindener Bischof in Anspruch. Ein Ablassbrief für den Klosterbau ist 1270 überliefert. Dem Konvent wurde über die gesamte Zeit seines Bestehens mustergültiges Klausurleben bescheinigt; die Betreuung einer Schule ist seit 1344 nachweisbar. Er zählte 1351 etwa 50 Schwestern; Gebetsbrüder-

Ringelheim Benediktinerabtei, der Kirchenchor stammt aus der spätmittelalterlichen Bauphase (um 1504).

schaften bestanden mit ➛Möllenbeck, dem Kanonissenstift Fischbeck, ➛Schinna und dem Franziskanerkloster in ➛Stadthagen. Mit bischöflicher Erlaubnis wurde die Stadtpfarrkirche St. Nikolai 1471 dem Kloster inkorporiert. Die Annäherung an die ➛Bursfelder Kongregation ist vermutlich Anfang des 16. Jh. erfolgt. Kloster R. unterstand 1520 dem Benediktinerabt von St. Moritz und Simeon in ➛Minden. Dieser gestattete der Äbtissin Mechthild Plette (1515–47) und zwei Schwestern, zum Kloster ➛Kaufungen zu reisen, das gerade in die Bursfelder Reformunion aufgenommen worden war. Die Schwestern gewährten den geflohenen Benediktinern aus Minden 23 Jahre lang Unterschlupf, aber die Reformation zeitigte auch in R. nachhaltige Folgen. 1559 wurden die Grafschaft Schaumburg und das Kloster protestantisch. Die wirtschaftliche Not war damals so bedrückend, dass Äbtissin Katharina Bade (1550–63) selbst um Auflösung des Konvents bat, der damals aus sieben bis zehn Schwestern bestand. Graf Otto IV. veranlasste im April 1563 die Aufhebung. Das Klostergut diente 1620 als Stiftungsgut für die Universität R., die 1610 im ehemaligen Observantenkloster Stadthagen ihren Anfang nahm und nun die Klostergebäude in R. beanspruchte. Eine dreijährige Restitution durch englische Benediktiner endete 1633 nach der Schlacht bei Hessisch-Oldenburg.

▶ **Gegenwart.** Ehemalige Klausur- oder Wirtschaftsgebäude des Klosters existieren seit 1900 nicht mehr. Einzig die Klosterkirche St. Jakobi, oft auch „Universitätskirche" genannt, dient heute der reformierten Gemeinde als Pfarrkirche. Der schlichte Rechtecksaal ohne Turm mit Dachreiter wurde zwischen 1270 und 1320 erbaut und erinnert an Kirchen der Bettelorden.

◆ GermBen 11, 512–519; Ahlers, Gerd: R., in: Weibliches Zisterziensertum im Mittelalter, Berlin 2002, 152–155.

Roda Zisterzienserinnenkloster, frühgotische Arkaden in der Kirchenruine aus regionalem Buntsandstein.

Roda, *Zisterzienserinnenkloster St. Maria und St. Johannes Baptist (vor 1247–1534) – „Klosterroda", Diözese Naumburg – (Stadtroda, Saale-Holzland-Kreis, Thüringen, ❒ 4, B1).*

▶ **Geschichte.** Zwischen 1228 und 1247 stiftete der Edelfreie Hermann IV. von Lobdeburg-Leuchtenburg das Zisterzienserinnenkloster R. Die päpstliche Schutzerklärung von 1247 erwähnt erstmalig das Kloster im Tal der Roda. Der Stifter beabsichtigte ein Hauskloster mit Grablege für seine Familie zu gründen, nachdem das Familienkloster ➛Auhausen an der Wörnitz in Schwaben für sie an Bedeutung verloren hatte. Eine Äbtissin Mechthild von R. verkaufte 1280 dem Kloster ➛Langendorf Güter in Greißlau bei Weißenfels. 1295/1301 half die Lobdeburger Stifterfamilie dem Konvent in einer desolaten Wirtschaftphase mit der Übertragung ihrer Anteile an der Pfarre Jena, was 1301 zur Gründung des Tochterklosters St. Michael in ➛Jena führte. 1333 erwarben die aufstrebenden Grafen von Schwarzenburg das Gebiet um R. und übernahmen die Vogteirechte. Kaiser Karl IV. bestätigte 1358 dem Kloster Besitz und Privilegien. 1301 unterzeichnete ein Propst Heinrich zwei Urkunden für das Frauenkloster, der als ehemaliger Abt der Zisterzienserabtei ➛Grünhain bezeichnet wird. Tatsächlich amtierte im erzgebirgischen Grünhain ein Abt Heinrich (1289–1301 und 1311–16/19?). Eine Mitgliedschaft des Frauenklosters im Zisterzienserorden kam dennoch nicht zustande, denn der Naumburger Oberhirte verzichtete nicht auf seine Jurisdiktionsansprüche. Nahe dem Kloster entwickelte sich eine Siedlung, die 1310 Stadtrecht erhielt und als „Stadtroda" bis 1852 vom „Klosterroda" getrennt blieb. Der kleine Konvent mit kaum mehr als zehn Schwestern blieb trotz seiner Güter in 23 Dörfern und weitreichender Rechte in geistlicher und wirtschaftlicher Hinsicht weit hinter seiner Tochtergründung St. Michael in Jena zurück. Ein Hochwasser 1433 und Brände 1517/30 vernichteten Gebäude und Urkunden, die Quellenlage ist daher dürftig. In der zweiten Hälfte des 15. Jh. reagierten die Naumburger Bischöfe mit Visitationen auf den Niedergang. Bei der Umsetzung von Reformen wurden widerspenstige Konventualinnen in das nahe Kloster Eisenberg (s. u.) versetzt. Ein Burkhard Mangold bedachte 1483 testamentarisch neben der Abtei ➛Bürgel auch seine leibliche Schwester im Kloster R. und deren Vorsteherin Katharina von Gleina. 1500 ist die Schwangerschaft einer Schwester belegt. Im Juni 1522 weihte Weihbischof Paul Huthen die nach dem Brand von 1517 wiedererrichtete Klosterkirche dem hl. Nikolaus. Die Reformation im kürfürstlichen Sachsen führte 1534 zur Aufhebung. Nach dem Tod der letzten Ordensfrau 1555, wurde in den Klostergebäuden bis 1788 ein Hospital betrieben. Die Kirche diente als Steinbruch.

▶ **Gegenwart.** Von der Anlage direkt an der Roda am westlichen Stadtrand von Stadt-

roda haben sich nur die Umfassungsmauern der frühgotischen Klosterkirche (um 1250) erhalten. Beeindruckende Quaderwände in präziser Versetztechnik aus rotem Buntsandstein der Region offenbaren den Kirchentyp der „reduzierten Basilika“: ein zweischiffiger Bau mit niedrigerem Seitenschiff und Kapelle im Norden, getrennt durch spitzbogige Arkaden und Rundfenster. Die Südwand des Mittelschiffs ist geschlossen, dahinter lehnte der Kreuzgang an. Die Westfront an der Flussseite besitzt zwei hohe schmale Fenster, die den Bereich der Nonnenempore erhellten; der ehemalige Emporenaufgang ist noch zu erkennen. Die flache Ostfront wird durch drei hohe zweibahnige Fenster gegliedert. Wenige Schmuckdetails imponieren durch Aufwand und Kunstfertigkeit.
❖ Im nahen Eisenberg lebten 1212 Augustiner-Chorherren aus ➛ Camburg, die 1219 vermutlich nach ➛ Leipzig St. Thomas zogen. Das Stift in Leipzig geht auf Markgraf Dietrich II. von Meißen zurück, der vor 1212 ebenfalls ein Frauenkloster in Triptis gestiftet hatte. Er ersuchte die Benediktinerinnen, zunächst nach Zwickau, aber 1219 nach Eisenberg zu wechseln. In Eisenberg urkundeten die Schwestern vorübergehend als Zisterzienserinnen, was die Zuordnung des Klosters in der heutigen Literatur bestimmt. Der Konvent endete 1525 mit der Reformation in Kursachsen. Baureste des Klosters existieren in Eisenberg nicht mehr. Im sächsischen Zwickau steht heute noch die Stadt- und Schlosskirche St. Katharina, an der die Schwestern wenige Jahre verbrachten. Die romanische Saalkirche (um 1180) präsentiert sich heute als spätgotischer Hallenbau von 1480.

◆ Mohn, Claudia: R., Stadtroda (Thüringen), in: Mittelalterliche Klosteranlagen der Zisterzienserinnen, Petersberg 2006, 213–216; Lindenau, Katja: Zisterzienser-Nonnenklöster im Bistum Naumburg, Dresden 2000, 69–87.

Rohr (Bayern), *Augustiner-Chorherrenstift St. Maria Himmelfahrt (1133–1803), Benediktinerkloster St. Maria Himmelfahrt (seit 1946), Diözese Regensburg – (Lkr. Kelheim, Bayern, ❐ 4, B3).*

▶ Das Regularkanonikerstift R. in Bayern geht auf eine Stiftung des Edelfreien Adalbert von Rohr 1133 zurück. Die ersten Augustiner-Chorherren kamen möglicherweise aus dem Stift St. Johannes Baptist in Regensburg (s.u.), das von 1127 bis 1290 einer klösterlichen Regularverfassung folgte und als Ausbreitungszentrum der Kanonikerreform im Bistum Regensburg Bedeutung erlangte. Möglicherweise schickte R. schon 1137 einen Gründungskonvent nach ➛ Schamhaupten. Die Grafen von Abensberg nutzten R. als Familiengrablege, gründeten aber 1139 in ➛ Abensberg ein Karmelitenkloster und verlegten 1468 ihr Grablege in die Antoniuskapelle der Karmelitenkirche. In der Reformationszeit halfen Konventsmitglieder im Stift Schamhaupten aus. Nach dem Dreißigjährigen Krieg führten die Augustiner-Chorherren das Stift als prächtigen Barockkomplex neu auf. Es soll hier lediglich darauf hingewiesen sein, dass der mächtige, freistehende Turm an der Stiftskirche seine romanische Kernsubstanz behielt und lediglich barock ummantelt wurde. 1946 fanden vertriebene Benediktiner aus der böhmischen Abtei Braunau bei Prag (Břevnov) Zuflucht in R., belebten das ehemalige Stift und unterhalten ein Gymnasium mit Internat.
❖ Das Stift St. Johannes Baptist in Regensburg, das als Mutterstift von R. in Betracht gezogen wird, wechselte 1290 zur weltlichen Verfassung eines Kollegiatstifts, das nie säkularisiert wurde und heute noch besteht. Architektur aus klösterlicher Zeit existiert in St. Johannes an der Westfront des Doms nicht mehr, auch nicht verborgen in den heutigen gotischen Mauerzügen, die einzig auf die nachfolgenden Säkularkanoniker zurückgehen.

◆ GermBen 2, 264f.; Backmund, Norbert: Die Chorherrenorden und ihre Stifte in Bayern, Passau 1966, 125–127.

Rohr (Thüringen), *Benediktinerkloster St. Michael (nach 815– um 910), Diözese Würzburg – (Lkr. Schmalkalden-Meiningen, Thüringen, ❐ 4, A1).*

▶ **Geschichte.** Der Ort R. im Einzugsgebiet von Schwarza, Hasel und Werra ist altes fränkisches Siedlungsland im Grabfeldgau. Die Reichsabtei ➛ Fulda besaß Anfang des 9. Jh. einen Hof in R. Bischof Wolfger von Würzburg erließ im März 815 der Abtei den Zehnt. Gaugraf Christian und seine Gemahlin Heilwich stifteten nach 815 in R. ein Kloster, das Reichsabt Ratger von Fulda (802–817) mit Mönchen besetzte. Erstmals wird das *monasterium Rore* 824 urkundlich erwähnt, eine Michaeliskirche erscheint ein Jahr später in den Urkunden. Die kleine Mönchsgemeinschaft diente der Missionierung heidnischer Untertanen bzw. der Verdrängung arianischer Häretiker. Thüringens erste Christianisierungswelle war im 6. Jh. durch die arianische Mission unter den Ostgoten erfolgt. Beim Landvolk hielt sich diese Heterodoxie bis ins 10. Jh. In Unterfranken kennt man mehrere grundherrliche Eigenklöster, die als kleine Zellen der Abtei Fulda in ihrer Frühzeit unterstanden, die aber bis heute nicht lokalisiert werden konnten: Leichtersbach, Milz, Mattenzell, Sala und Wolfsmünster. Die Zelle ➛ Brachau bei Bad Kissingen ist lokalisiert und ergraben; bezogen auf ihre Entstehungszeit ist sie mit Kloster R. in Thüringen vergleichbar. Auch die Gründungen Fuldas im Grabfeldgau Rasdorf (s.u.) und Hünfeld (s.u.) entstanden, ebenso wie die Propsteien ➛ Petersberg bei Fulda und Frauenberg in Fulda, im frühen 9. Jh. Letztmalig wird Kloster R. 867 urkundlich erwähnt. Offensichtlich hatte die Stifterfamilie in der damals üblichen Weise das Kloster an die Karolinger übergeben und als Lehnbesitz zurückerhalten. Mit dem Tod der Gaugrafenfamilie 871 fiel das Kloster R. an König Ludwig den Deutschen zurück. Raubzüge der Ungarn in Thüringen und Franken Anfang des 10. Jh. dürften

Rohr (Thüringen) Benediktinerkloster, karolingische Krypta aus dem 9. Jh. mit Pfeilern und Tonnengewölbe.

das Ende der monastischen Gemeinschaft verursacht haben. Im 10. Jh. diente die ehemalige Klosteranlage an der Fernstraße zwischen Mainfranken und Thüringer Becken als königliche Pfalz. Kaiser Otto II. verschenkte 975 die *ecclesia et curtis* R. dem Aschaffenburger Kollegiatstift St. Peter und Paul. Im 13. Jh. fiel der Besitz an die Henneberger Grafen. Um 1150 gründete die Reichsabtei Fulda auf der östlichen Talseite der Schwarza das Frauenkloster R. (➛ Rohr [Thüringen]), das aber nicht in der Tradition des Mönchsklosters stand.

▶ **Gegenwart.** Die heutige evangelische Pfarrkirche St. Michael in R. steht in einer fast kreisrunden Wehranlage des 12./13. Jh. mit mächtigem Torturm. Die Pfarrkirche repräsentiert den letzten Bestand des karolingischen Klosters. Als Chorturmkirche folgt sie dem Grundriss des kreuzförmigen karolingischen Vorgängerbaus. 1585 bis 1618 unterlag der Saal einschneidenden Veränderungen. Reste der karolingischen Mauern blieben besonders im Nordbereich erhalten, Querschiffarme wurden beseitigt. Den einzigen unveränderten Architekturbereich repräsentiert die ummantelte Krypta, die baugeschichtlich dem 9. Jh. zugerechnet wird. Dieser dreischiffige Raum mit Pfeilern und Tonnengewölbe entspricht einem Mischtyp von Ring- und Hallenkrypta. Übereinstimmungen mit der Krypta in ➛ Werden an der Ruhr von 830/840 sind auffällig; in R. wurde die Krypta möglicherweise erst im dritten Viertel des 9. Jh. als Grablege der Stiftererben eingebaut. Der halbrunde Abschluss nach Osten wird durch drei Nischen unterbrochen. Über Krypta und Sanktuarium erhebt sich ein mächtiger Turm in Schiffsbreite, dessen unterer Bereich karolingische Mauern birgt, der obere Bereich und Helm dagegen sind aus dem 18. Jh. Der kleine Ort R. in Thüringen besitzt somit eine architekturgeschichtliche Kostbarkeit von internationaler Bedeutung, erinnert die Kirche doch an eines der ersten christlichen Zentren im nördlichen Franken.

❖ Nordöstlich von Fulda im Grabfeldgau unterhielt die Reichsabtei zwei weitere Propsteien: Rasdorf (nach 781– um 915) und Hünfeld (vor 815– um 915), die von den Ungarn zerstört und nachfolgend dauerhaft von Säkularkanonikern besetzt wurden. Karolingische Architektur der Benediktinerkonvente lässt sich heute an beiden Standorten nicht mehr nachweisen; die heutige Pfarrkirche in Hünfeld zeigt gotische Architekturreste, die aber auf die weltlichen Chorherren zurückzuführen sind.

◆ Gockel, Michael: R., in: Die Deutschen Königspfalzen, Thüringen, Göttingen 2000, 420–464; Heinemann, Wolf-Dietrich: Die Kloster-, Pfalz- und Kirchengeschichte, in: R. in Geschichte und Gegenwart, Rohr 1990.

Rohr (Thüringen), *Benediktinerinnenkloster St. Johannes (um 1150–1562) – „Kloster Rohr“, Diözese Würzburg – (R.-Kloster Rohr, Lkr. Schmalkalden-Meiningen, Thüringen,* ❐ *4, A1).*

▶ **Geschichte.** Einen Kilometer südöstlich des ehemaligen Mönchsklosters St. Michael aus karolingischer Zeit (➛ Rohr [Thüringen]), der späteren Königspfalz, gründete die Reichsabtei ➛ Fulda um 1150 ein Kloster für Benediktinerinnen. Ein Propst Siegfried erscheint urkundlich bereits 1152/58. Erstmals wird das Frauenkloster R. 1206 direkt von Abt Heinrich III. (1192–1216) von Fulda erwähnt; als erste Äbtissin erscheint Adelheid (1228–45) in einer Urkunde. Die kirchenrechtliche Absicherung liegt erst für Oktober 1249 vor, als Erzbischof Konrad I. von Köln (Hochstaden) und Bischof Hermann I. von Würzburg (Lobdeburg) den Besitzstand bestätigten. Das Frauenkloster R. war eine Neugründung und stand nicht in der Tradition des schon Anfang des 10. Jh. aufgelösten Mönchsklosters. Reichsabt Heinrich IV. von Fulda (1249–61) begrenzte 1256 den Konvent auf 50 Schwestern, Witwen durften nicht aufgenommen werden. Mit Kunigunde urkundet 1323 erstmals eine Priorin neben Äbtissin und Propst, vermutlich die spätere Äbtissin Kunigunde von Bibra (1328). Die Schwestern fielen durch kunstvolle Paramentstickerei auf. Die Regesten verraten Schenkungen und Mitgiften bis zum Beginn des 14. Jh., aber ebenso Güterverkäufe wenige Jahrzehnte später. Pfründen einzelner Schwestern sind nachweisbar. Zur Behebung wirtschaftlicher Schwierigkeiten wurde im 15. Jh. ein Verweser eingestellt. Äbtissin Gisela von der Kere (1437–60) wurde zu Güterverkäufen an die Henneberger Landesherrn genötigt. Reichsabt Reinhard (1449–72) von Fulda übertrug nach langer konfliktreicher Zeit im September 1470 seinen Verwandten, den Grafen von Henneberg, mit Zustimmung des Konvents die Schutz- und Schirmrechte. Die geistliche Aufsicht blieb bei Fulda. Nach dem Ableben Äbtissin Annas von Bibra (1470/72) zeichnete für den Konvent lediglich eine Priorin, was auf eine innere Reform hinweist. Die Reichsabtei Fulda versuchte im 15. Jh. aus eigener Kraft, abhängige Klöster des Abteiverbandes zu reformieren. Die Erneuerung richtete sich an der ➛ Kastler Reform aus und gilt als selbständige „Fuldaer Reform“ des Spätmittelalters. Diese Reform erreichte auch den Frauenkonvent in R., zeitigte aber selbst unter dem tüchtigen Propst Johann Löher (1499–1509) nicht jene nachhaltige Wirkung, die er in ➛ Thulba und später in ➛ Allendorf erzielte. 1525 plünderten aufständische Bauern und Einwohner aus Salzungen und aus den umliegenden Orten das Kloster, was die innere Krise verschärfte. Als 1532 Propst Wolf Dietrich von Ulssigheim (1531–32) und Priorin Katharina von Helba (1522–35) Zinseinkünfte verkaufen mussten, holten sie vorher die Genehmigung des Abts von Fulda ein. Reichsabt Johann III. (1521–41), selbst Graf von Henneberg-Schleusingen, führte 1535 Klage am Reichskammergericht gegen seine Verwandten, die sich der Übernahme des fuldischen Klosters erdreistet hatten. 1549 ging die Landesherrschaft aus der Linie Henneberg-Römhild an die Linie Henneberg-Schleusingen über, die sich seit 1543/44 zur Reformation bekannte. 1562 eignete sich Graf Georg Ernst das scheinbar verödete Kloster offiziell an. Die Gebäude verfielen, Einkünfte wurden für evangelische Pfarrgehälter und zu Schulzwecken verwendet. Nach dem Aussterben des Grafengeschlechts 1583 fiel der Besitz entsprechend dem Erbvertrag von Kahla 1554 an die Wettiner von Sachsen. 1615 wurde die ehemalige Klosterkirche noch einmal als evangelische Filialkirche eröffnet. Seit 1824 diente sie nur noch als Stall oder Scheune.

Rohr (Thüringen) Benediktinerinnenkloster, lange gotische Spitzbogenfenster am Flachchor der Klosterkirche.

▶ **Gegenwart.** Die Johanniskirche, ein rechteckiger Saal im Ortsteil Kloster der Gemeinde R., blieb bis heute erhalten. Ihr Turm an der Südwand ist bis auf die Fundamente abgetragen; ein ehemaliger, spitzbogiger Eingang neben dem Turm lässt sich funktional nicht zuordnen. Im Kern blieb der Bau romanisch, frühgotische Spitzbogenfenster verraten Umbauten im 13. Jh. Der westliche Kirchenbereich war typisch in Nonnenempore und Unterkirche geteilt. Seit der Sanierung 2006 dient die Kirche einem Freizeitzentrum des Berufsbildungs- und Technologiezentrums. Konvents- oder Wirtschaftsgebäude sind nicht überkommen.

◆ Mötsch, Johannes: Das fuldische Frauenkloster R. in Thüringen. Besitz und Personalgeschichte, in: Archiv für mittelrheinische Kirchengeschichte 58 (2006) 49–77; Heinemann, Wolf-Dietrich: Die Kloster-, Pfalz- und Kirchengeschichte, in: R. in Geschichte und Gegenwart, Rohr 1990.

Rohrbach, *Benediktinerinnenkloster St. Maria und St. Georg (1117– um 1230), Zisterzienserinnenkloster St. Maria und St. Georg (um 1230–1544), Diözese Halberstadt – (Sangerhausen-Oberröblingen, Lkr. Mansfeld-Südharz, Sachsen-Anhalt,* ❐ *2, A5).*

▶ Graf Wichmann von Querfurt stiftete 1117 an einer bestehenden Georgskapelle südlich von Sangerhausen das Frauenkloster R., in das zunächst Benediktinerinnen einzogen. Etwa 1220/30 entschieden sich die Schwestern für die Zisterzienserobservanz, ohne die Aufnahme in den Orden zu erreichen. Im 15. Jh. betrug die Konventsstärke 46 Schwestern. Fürstentochter Katharina zu Stolberg kam als Sechsjährige nach R. und wurde im Alter von 37 Jahren Äbtissin (1501–35) im Benediktinerinnenkloster ➛ Drübeck. Im 15. Jh. suchten Mitschwestern des nahen Zisterzienserinnenklosters ➛ Helfta bei Eisleben reformierend auf den Konvent R. einzuwirken. 1525 plünderten und verwüsteten Bauern die Anlage. Äbtissin Margaretha von Rulitz (1517/39) konnte den rapiden Niedergang während der reformatorischen Wirren nicht verhindern. Die Existenz des Klosters war gesichert, solange der katholische Herzog Georg der Bärtige von Sachsen-Meißen-Dresden lebte. Erst sein Bruder und Nachfolger, Herzog Heinrich II. der Fromme, führte seit 1539 im albertinischen Sachsen die Reformation ein. Gegen Zusicherung von Leibrenten übergaben die letzten Schwestern 1544 Rechte und Besitz an den sächsischen Landesherrn. Vom Kloster am Westrand von Oberröblingen, seit 2005 Stadtteil von Sangerhausen, sind kaum Reste geblieben. Lediglich mittelalterliche Mauerfragmente und ein figürlicher Grabstein aus dem 14. Jh. in Privatgrundstücken erinnern an das einstige Frauenkloster.

◆ Mohn, Claudia: R. (Sachsen-Anhalt), in: Mittelalterliche Klosteranlagen, Petersberg 2006, 331 f.; Möncher, Rudolf: Kloster R. Sangerhausen 1993.

Rohrdorf (Allgäu), *Benediktinerinnenpriorat St. Germanus und St. Vedastus (um 1189–15. Jh.), Diözese Konstanz – (Isny/Allgäu, Lkr. Ravensburg, Baden-Württemberg, ❐ 3, D5).*

▶ **Geschichte.** Dem Mönchskonvent der Benediktiner Reichsabtei Isny war schon zur Gründungszeit 1096 entsprechend der Frühtradition der ➛ Hirsauer Reformbewegung ein Frauenkonvent assoziiert, der aber erst seit der zweiten Hälfte des 12. Jh. urkundlich belegt ist. In der Zeit der ersten Blüte und Gründung der Tochterabtei Irsee versetzte Abt Marquard (1172/90) die Schwestern um 1189 in das nahe R. Vorausgegangen war die Inkorporation der Pfarrkirche St. Germanus und Vedastus in R. (5 km) nordöstlich von Isny durch Bischof Hermann II. von Konstanz (Friedingen). R. war eine frühmittelalterliche Großpfarrei, der ursprünglich auch Isny unterstand. Zum Zeitpunkt der Übertragung lag das Vogteirecht in den Händen der Staufer; Kaiser Friedrich I. bestätigte 1189 die vollen Rechte der Abtei in R. und betonte Schutz und Exemtion, die Päpste folgten 1231/77; zusätzliche Vidimierungen des Bischofs sind 1278 belegt, was auf Zugriffe Dritter schließen lässt, denen von höchster Stelle begegnet werden musste. Abt Berthold III. (1268/90) ließ sich 1289 den Pfarrbezirk R. nochmals von Bischof Rudolf I. von Habsburg-Laufenburg inkorporieren. Der Frauenkonvent blieb stets in Abhängigkeit von der Benediktinerabtei; die Mönche übernahmen Seelsorge- und Pfarrdienste. Schriftwechsel oder Dokumentationen sind kaum überliefert, offensichtlich betrachtete man den Kontakt mit den Frauen als innere Angelegenheit. Bis in das 15. Jh. hinein lässt sich die Schwesterngemeinschaft nachweisen, die dann wohl ausgestorben ist; auch in der Folgezeit betreuten Mönche die Pfarre R. bis zur Säkularisierung 1803. Ende des 18. Jh. erreichte die Abtei den reichsunmittelbaren Status, die wie ihre Tochterabtei Irsee in Bayern inzwischen als repräsentatives Barockkloster neu errichtet worden war.

▶ **Gegenwart.** Im Gegensatz zur Hauptabtei Isny blieb die mittelalterliche Kirche der Benediktinerinnen in R. bis heute erhalten und dient der katholischen Gemeinde St. Remigius und Cyriacus als Gotteshaus. Aus einer bestehenden, romanischen Pfarrkirche entstand in der Zeit der Schwestern bis 1298 ein Gotteshaus, das als Konvents- und Pfarrkirche dienen konnte. Kern und Unterbau des Westturms der Vorgängerkirche blieben erhalten. Nach dem Aussterben des Frauenkonvents ließ der kunstsinnige Abt Georg Stüdlin (1475–1501) die ehemalige Klosterkirche zur dreischiffigen Basilika umbauen; erst jetzt wechselte das Patrozinium zu den Schutzheiligen Remigius und Cyriacus. 1746 wurde die Kirche wiederum verändert und barockisiert. Entsprechend ist die Innenausstattung frühneuzeitlich, lediglich eine Gruppe des Marientods (1470) und die Statue des hl. Augustinus (um 1425/30) könnten aus der Spätzeit der Schwestern stammen, ebenso die Ölberggruppe im Außengelände. Klausurgebäude blieben nicht erhalten.

◆ Maier, Konstantin: R., in: Württembergisches Klosterbuch, Ostfildern 2003, 403 f.; Sauter, Hermann: Die Inkorporationen der ehemaligen Abtei Isny, Weißenhorn 1996.

Rohrdorf (Schwarzwald), *Johanniterkommende St. Johannes Baptist (nach 1296–1805), Diözese Konstanz – (Lkr. Calw, Baden-Württemberg, ❐ 3, C4).*

▶ **Geschichte.** Die Johanniter in ➛ Rexingen erwarben Ende des 13. Jh. von den Hohenberger Grafen und vom Benediktinerkloster ➛ Hirsau Besitz in R. im Tal der Nagold und gründeten eine Kommende. Die Ordensbrüder konnten 1303 die Herrschaft über den gesamten Ort mit niederer Gerichtsbarkeit von den Vögten von Wöllhausen an sich bringen; 1321 folgte der Ort Waldorf und schließlich gehörten zahlreiche Kirchenpatronate in der Umgebung, aber auch in weiter entfernten Orten zu ihrem Besitz. Sie gründeten um 1350 in Ilsfeld ein *membrum*, das sich bis 1806 hielt, von dem aber keine Architektur erhalten ist. Der bekannteste Komtur von R. ist Rudolf von Masmünster (1325), der zum Großprior von Deutschland (1329–34) aufstieg. Die Kommende stand in enger Beziehung zum Ordenshaus ➛ Dätzingen, woraus eine

Rohrdorf (Allgäu) Benediktinerinnenpriorat, aus der Klosterkirche (1298) entstand um 1500 eine Basilika.

Rohrdorf (Schwarzwald) Johanniterkommende, nach 1450 entstand aus Platzgründen diese Winkelkirche.

Rommersdorf Prämonstratenser-Chorherrenstift, der Eingangsbereich zum Kapitelsaal im romanischen Kreuzgang aus der Zeit Abt Brunos (1214–36).

Personalunion erwuchs. Komtur Friedrich von Zollern (1361–84) führte beide Häuser; auch er amtierte später als Großprior für Deutschland (1392–98). Die Schirmherrschaft ging 1440 an die Grafen von Württemberg-Urach über. In der Amtszeit Komtur Georg Bombasts von Hohenheim (1450–96) wurde das kleinere Dätzingen als Filiale geführt. Dieser Komtur begleitete 1468 Graf Eberhard im Bart von Württemberg-Urach bei dessen Pilgerreise ins Heilige Land und ließ die spätgotische Ordenskirche in R. errichten. Der Wanderprediger, Theologe und Begründer der modernen Medizin, Paracelsus (1493–1541), ist möglicherweise ein Neffe des Komturs. Ein weiterer Familienangehöriger namens Georg Bombast von Hohenheim amtierte etwa 100 Jahre später als Großprior des Ordens (1554–66) in ➛ Heitersheim. Visitatoren im Auftrag der Ordensleitung stellten 1494/95 in R. gesunde wirtschaftliche Verhältnisse mit Überschusserträgen fest. Herzog Ulrich führte 1534 die Reformation in Württemberg ein, was Konflikte mit den Ordensbrüdern um die Pfarrrechte auslöste. 1541 wird Georg Schilling von Cannstatt als Komtur in R. genannt; er amtierte später als Großprior (1546–54) und wurde 1548 für seine Verdienste von Kaiser Karl V. in den Reichsfürstenstand erhoben. Komtur Haug von Münchingen duldete 1556 die evangelische Predigt in R. Der Druck der überwiegend protestantischen Gemeinde führte um 1600 zur Verlegung der Komturresidenz in das katholische Dätzingen, R. blieb lediglich eine Wirtschaftsdomäne des Ordens. Streit entzündete sich um die Simultannutzung der Ordens- und Pfarrkirche St. Johann Baptist, die 1741 durch eine Mauer in zwei separate Gottesdiensträume getrennt wurde. Nach Verlängerung des Schiffs nutzten die Protestanten den Westteil, der katholische Gottesdienst fand im Chorraum statt. Diese Regelung blieb im Grundsatz bis heute bestehen. 1738 trat Württemberg einen Teil seiner Herrschaftsrechte im Tausch an die Kommende ab, die nun die hohe Gerichtsbarkeit innehatte. Der Frieden von Pressburg 1805 besiegelte das Ende der Kommende, der Besitz fiel 1809 an Württemberg.

▶ **Gegenwart.** Noch heute bestimmt der mittelalterliche Baukomplex der Johanniterkommende das Ortsbild von R. Unter dem „Dach der Kommende“ sind nach wie vor katholische Kirche, evangelisches Gotteshaus und Rathaus vereint. Komtur Johannes von Weitingen ließ 1430 ein viergeschossiges Wohnhaus mit 26 Schlafstellen errichten, das 1595 durch die Kaplanei ergänzt wurde. In der restaurierten Anlage, heute das „Historische Rathaus“, sitzt die Gemeindeverwaltung, und ein Kindergarten belebt den „Alten Bau“. Die spätgotische Ordenskirche entstand nach 1450 als zweite Kirche der Johanniter. Komtur Georg Bombast von Hohenheim stiftete 1485 den Flügelaltar, dem allerdings nur noch zwei Schreinfiguren geblieben sind. Der Umbau 1741 für die Simultannutzung ließ eine der wenigen Winkelkirchen in Deutschland entstehen; das Kommendegebäude erlaubte nur eine abgewinkelte Verlängerung des Kirchenschiffs für die evangelische Gemeinde nach Westen. Der Dachreiter sitzt genau über der Trennwand zwischen beiden Kirchenräumen.

◆ Bing, Michael: R., in: Württembergisches Klosterbuch, Ostfildern 2003, 403 f.; Rödel, Walter Gerd: Die Johanniterkommende R.-Dätzingen, In: Der Johanniterorden in Baden-Württemberg 79 (1989) 5–12.

Rommersdorf, *Benediktinerabtei St. Maria und St. Johannes Evangelist (1114– um 1125), Prämonstratenser-Chorherrenstift St. Maria und St. Johannes Evangelist (1135–1803), Erzdiözese Trier – (Neuwied-Heimbach-Weis, Lkr. Neuwied, Rheinland-Pfalz, ❐ 3, B1).*

▶ **Vorgeschichte.** Reginbold von Rommersdorf aus dem Grafenhaus der Isenburger stiftete 1114 (wohl nicht erst 1117) dem Allerheiligenkloster in Schaffhausen (heute Schweiz) Güter an seinem Stammsitz. Die Benediktiner, die streng nach den ➛ Hirsauer Reformstatuten lebten, richteten sich bis 1117 unter Abt Hermann in R. ein, vielleicht in Form eines Doppelklosters. Der Initiator der Gründung war Erzbischof Bruno von Trier (Lauffen). Papst Paschalis II. bestätigte 1117 die neue Niederlassung. Mehrere Umstände führten um 1125 zur Rückkehr der Benediktinermönche nach Schaffhausen, über deren Gründe es nur Vermutungen gibt. Einige Anzeichen sprechen dafür, dass der Frauenkonvent zurückblieb.

▶ **Geschichte.** Erzbischof Albero von Montreuil regte 1135 die Wiederbesiedlung des Klosters R. mit Prämonstratenser-Chorherren aus der Abtei Floreffe (Belgien) an. Als erster Abt wurde Theoderich (1135–45) berufen. Es wird für R. die Übernahme eines bestehenden Frauenkonvents der Benediktiner diskutiert, in Sichtweite entstand nämlich 1135 die Frauenniederlassung ➛ Wülfersberg auf einer Anhöhe bei Gladbach. Zusammen mit den Frauenstiften ➛ Altenberg an der Lahn, Retters bei Kelkheim (s. u.), ➛ Dorlar bei Wetzlar, ➛ Mariaroth an der Mosel und zeitweise ➛ Engelport im Hunsrück bildete R. einen Filiationsverband. Der Grundbesitz konzentrierte sich auf Heimbach, Gladbach und Weis mit neun Pfarrkirchen. Zugewinne verliefen zunächst schleppend, zumal die Abtei in den Streit der Isenburger Vögte mit dem Hochstift Trier verwickelt wurde. Ablassprivilegien der Erzbischöfe und Stiftungen der Isenburger Grafen halfen im 14. Jh. entstandene Schäden auszugleichen, Einkünfte zu steigern und Überschuldung abzubauen. Die Familien der Grafen von Wied, Isenburg und der Herren von Braunsberg nutzten das Stift als Grablege, weshalb R. nun umfangreichen Landbesitz erlangte, wenngleich dieser sehr verstreut lag. Die Reformation ließ die Abtei im 16. Jh. fast veröden. 1541 vernichtete eine Brandkatastrophe die Anlage. Abt Thomas von Dieblich (1524–53) ließ die Gebäude mit Geldern aus dem Verkauf des Priorats Dorlar wieder aufbauen. 1590 lebten nur drei Geistliche in R. Erst mit der Rekatholisierung Anfang des 17. Jh. stieg die Konventsstärke wieder an. Der Dreißigjährige Krieg verursachte neue, wirtschaftliche Rückschläge. Die nachfolgende Zeit war geprägt von Konsolidierung, Besitzstandswahrung und der Ausbildung eigener Chorherren in Köln und Trier. Der Siebenjährige Krieg (1756–63) brachte Kontributionen und neue Schäden. Im Juni 1803 hob Fürst Friedrich August von Nassau-Usingen das Stift R. auf. Abt Augustin Müller (1792–1803) und 15 Patres erhielten Pensionen.

▶ **Gegenwart.** Die Stiftsanlage R. ist heute ein Komplex aus Gebäuden im Stil von Spätromanik bis Barock mit kunstvoll angelegtem Garten. Sie untersteht der „Abtei R.-Stiftung", die sich um Erhalt und Restaurierung kümmert. Der vorgegebene benediktinische Kirchenbauplan wurde von den Chorherren beibehalten, weshalb die Prämonstratenser bis 1210 eine für sie ungewöhnliche kreuzförmige Pfeilerbasilika mit gestaffelter, fünfapsidialer Choranlage und Chorflankentürmen errichteten. Um 1350 entstand nach Kriegsschäden der gotische Langchor mit Polygonschluss. Es folgten Mitte des 16. Jh. der Verlust des nördlichen Seitenschiffs und des Querschiffarms, eine Reduzierung im Westen und der Umbau zur Halle (um 1670). Die profan genutzte Kirche brannte 1912 aus und verfiel zur Ruine und wurde erst 1977 wieder aufgerichtet. Südlich blieben aus der Zeit Abt Brunos (1214–36) zwei Kreuzgangflügel mit wertvoller Malerei erhalten. Besonders beeindruckend sind der romanische Kapitelsaal mit originalen Fliesen und die Abtskapelle mit einzigartiger Mittelarkade. Die Stiftsgebäude stammen aus dem 18. Jh.

❖ Das Prämonstratenser-Chordamenstift Retters in Kelkheim-Fischbach nahe Frankfurt/Main wurde vor 1146 zunächst als Doppelstift gegründet, erreichte unter Aufsicht der Abtei R. als reines Frauenstift (seit 1222) im 14. Jh. eine Hochblüte und wurde nach langer Niedergangsphase 1559 von Graf Ludwig von Stolberg-Königstein aufgelöst. Das heutige Hofgut Retters (Röders) mit Schloss, Hotel und Reitplatz birgt keine mittelalterliche Architektur mehr.

◆ Hardt, Albert: Das Kloster R. (bei Neuwied) und dessen Tochterklöster, Wiesbaden 2001; Krings, Bruno: Zur Geschichte des Prämonstratenserstifts R. im 12. Jh., in: Archiv für mittelrheinische Kirchengeschichte 36 (1984) 11–34.

Rosenthal, *Zisterzienserinnenabtei St. Maria (1241–1572) – „Maria im R.", Diözese Worms – (Kerzenheim-Rosenthaler Hof, Donnersbergkreis, Rheinland-Pfalz, ❐ 3, B2).*

▶ **Geschichte.** Graf Eberhard II. von Eberstein und seine Gemahlin Adelheid stifteten 1241 im oberen Rodenbachtal nordwestlich

Rosenthal Zisterzienserinnenabtei, die Ruine der Klosterkirche von 1291, Blick in den Westbereich.

Rostock Franziskanerkloster St. Katharina, Reste der Klosterkirche mit modernem Bibliotheksbau.

ihrer Burg Stauf das Frauenkloster *Vallis rosarum*. Die Genehmigung erteilte Bischof Landolph von Worms (Hoheneck) 1242, Papst Innozenz IV. bestätigte 1247 Besitz und vergab das *Privilegium commune*, d. h. alle dem Zisterzienserorden bis dahin gewährten Freiheiten unter päpstlichem Schutz. Auch später bemühte man sich um Inkorporation des Frauenkonvents R. in den Zisterzienserorden. Kardinallegat Hugo von St. Cher bat im März 1253 den Abt von ➛Eberbach, sich der Schwestern in R. anzunehmen. An der Inkorporation in den Zisterzienserorden besteht kein Zweifel, entsprechende Urkunden sind aber nicht überliefert. In der Zeit der zweiten Äbtissin Clementia (1282/1306?) tangierte Reichsgeschehen das Klosterleben: König Adolf von Nassau wurde nach seinem Tod im Juli 1298 in der Schlacht bei Göllheim zunächst im Kloster R. beigesetzt, wo der Sieger und Nachfolger Albrecht I. von Österreich sein Hauptquartier eingerichtet hatte. Erst König Heinrich VII. von Luxemburg ließ den Leichnam Adolfs 1309 in den Speyrer Dom überführen. Mit Äbtissin Kunigunde II. von Zweibrücken (1306–12) stand eine Enkeltochter des Stifterpaares dem Konvent vor. Kloster „Maria im R." entwickelte sich zum reichsten Frauenkloster der Nordpfalz. Im 14. Jh. nötigten finanzielle Engpässe zu Verkäufen. Äbtissin Elsbeth (1359/76) und Schaffner Philipp erreichten eine Konsolidierung; sie erwarben 1364 vom Augustiner-Chorherrenstift ➛Höningen den dortigen Hubhof. Kurpfälzische Kriegswirren führten 1460 zu Überfällen und Plünderung. Äbtissin Margaretha von Venningen (1476–1505) reformierte mit Unterstützung Bischof Johanns III. von Dalberg den Konvent. Auch intensivierte sie die Wirtschaft, erneuerte Kirche und Abteigebäude, kaufte das Dorf Korbisweiler und andere Güter und hinterließ nach fast 30-jähriger Amtszeit eine solide Abtei. 1501 lebten in R. 28 Chor- und 14 Laienschwestern, vier nichtordensangehörige Schwestern, sechs Schulkinder und ein Kleinkind; zum Viehbestand gehörten 15 Pferde, 34 Stück Jungvieh, 31 Milchkühe, 16 Kälber, 116 Schweine, 41 Ferkel sowie 100 Schafe und Lämmer. Nachfolgerin Äbtissin Barbara Golers von Ravensburg (1505–35) führte das Amt ebenso erfolgreich weiter, ebenso wie auch Äbtissin Barbara von Heppenheim (vom Saale, 1535–67). Die drei tüchtigen Vorsteherinnen wirkten über 90 Jahre segensreich für die Gemeinschaft. Der einzige Einschnitt ereignete sich im Sommer 1525 bei der Plünderung und Verwüstung durch Bauern und Untertanen der Herrschaft Stauf. Seit 1542 setzte sich der Protestantismus in der Kurpfalz durch. Als 1567 die letzte Äbtissin Elisabetha von Geispitzheim (1567–72) gewählt wurde, bestanden die umliegenden Klöster und Stifte ➛Otterberg, ➛Münsterdreisen und ➛Enkenbach schon nicht mehr; Stift Höningen wurde zwei Jahre später endgültig aufgelöst. Der Schirmherr Graf Philipp IV. von Nassau-Saarbrücken verbot die Neuaufnahme von Novizinnen. Im November 1572 übergaben Äbtissin und Konvent gegen reiche Abfindungen Rechte und Besitz dem Grafenhaus. Die Restitution 1646–50 blieb Episode, die französische Okkupation 1795 führte zur Versteigerung des nassauischen Hofes. Die Abteigebäude dienten als Steinbruch für neue Siedlerbauten.

▶ **Gegenwart.** 1863 rette der „Rosenthaler Verein" den ruinösen Restbestand der ehemaligen Abtei „Maria im R.". Sanierungsarbeiten der letzten Jahrzehnte bewahrten die Umfassungsmauern der einschiffigen Abteikirche von 1261 und ihre spätgotische Überformung 1492/94 vor dem endgültigen Verfall; der Chor im 5/8-Schluss konnte nicht gerettet werden. Der hoch aufragende, spätgotische Dachreiter in Achteckform mit Steinhelm am Westgiebel bildet heute das Wahrzeichen der dachlosen Ruine. Maßwerkfenster und Grabplatten blieben erhalten, die Blüte einer Wildrose schmückt das Wappen des Stifters auf seiner Grabplatte (1263). Das langgestreckte, westliche Klausurgebäude zeigt Portale und Fenster aus dem 15. und 16. Jh. Ein als „Konventskapelle" bezeichneter Raum diente wohl als Brunnenhaus.

❖ Kloster R. bei Kerzenheim sollte nicht verwechselt werden mit dem Zisterzienserinnenkloster Rosenthal bei Binningen nahe der Mosel, das von etwa 1240 bis 1802 existierte, von dem aber heute nur noch barocke Baureste existieren. Seit 1966 gibt es ein Zisterzienserkloster Rosenthal in Sachsen östlich von Kamenz.

◆ Hebener, Pia: Das Zisterzienserinnenkloster St. Maria im R., in: Donnersberg Jahrbuch 23 (2000) 138–145; Conrad, Karl-Heinrich: Kloster R., Hamm 1992.

Rostock, *Franziskanerkloster St. Katharina (vor 1243–1534) – „Katharinenkloster", Diözese Schwerin – (kreisfreie Stadt, Mecklenburg-Vorpommern, ❐ 2, B2).*

▶ **Geschichte.** Fürst Heinrich Borwin I. von Mecklenburg bestätigt 1218 seinem Markt- und Handelsflecken R. an der Ostsee das Stadtrecht. Vor 1243 waren Franziskaner in R. anzutreffen, die 1243 offiziell unter Fürst Heinrich III. Borwin auf den ehemaligen Siedlungsflecken Ellernhorst und Wenden nahe des alten Marktes an der nördlichen Stadtmauer das Kloster St. Katharina gründeten. Im gleichen Jahr erscheint Guardian Eylardus (1243/49) von R. als Zeuge im Vertrag des Fürsten mit der Zisterzienserabtei ➛ Doberan. Dominikaner sind erst 1256 in R. sicher belegt. Der Katharinenkonvent R. war in besten Zeiten bis zu 80 Brüder stark; ihr Terminierbezirk reichte bis nach Güstrow. 1283 tagte erstmals ein Kapitel der Ordensprovinz Saxonia in R., wo im 14. Jh. drei weitere Provinzialkapitel stattfanden, was die zunehmende Bedeutung unterstreicht. Die Barfüßer betreuten die Klarissen in ➛ Ribnitz; unter Minister Johann von Minden (1396–1406) verbrüderten sie sich 1399 mit den Zisterzienserinnen von ➛ Wanzka. Testamente legen offen, dass sich die Bürgerfrauen dem Konvent besonders verbunden fühlten. 19 Altarstiftungen in der Klosterkirche gehen auf Patrizierfamilien zurück. Die Klausurgebäude dienten öffentlichen Treffen und Rechtssprechungen. Die Franziskaner verteidigten 1373 die Stadt gegen Vorwürfe Bischof Friedrichs II. von Schwerin (Bülow) in Rom; auch ignorierten sie zusammen mit den Dominikanern das Interdikt über die Stadt (1432–45). In der 1419 gegründeten Universität Rostock bestimmten Franziskaner das hohe geistige Niveau in den theologischen Studienfächern. Das Provinzkapitel 1509 in R. mit etwa 400 Teilnehmern schrieb Ordensgeschichte: Unter Minister Ludwig Henning (1507–15) wurden die ➛ Martinianische Reformen, die sogenannten *Statuta Julii*, für alle Konventualenklöster der Provinz Saxonia verbindlich festgelegt. Kurz vor der Reformation erschütterte der Streit zwischen Franziskanern und Dominikanern um die Fragen der Unbefleckten Empfängnis Marias den religiösen Frieden der Stadtgemeinde. Die Reformation fand in der Universitätsstadt zeitig Eingang, zumal der regierende Herzog Heinrich V. von Mecklenburg den evangelischen Prediger Joachim Schlüter in die Stadt rief und protegierte. Einige Minoriten bekannten sich zum neuen Glauben und verkündigten ihn öffentlich. 1531 entschied sich der Stadtrat in mehreren Schritten zur Durchsetzung evangelischer Gottesdienste in allen Kirchen. Der ehemalige Minorit Valentin Korte wurde erster evangelischer Pastor. Die offizielle Aufhebung des Franziskanerkonvents erfolgte im August 1534. Die Dominikaner widersetzten sich länger und verließen erst 1565 die Stadt. Die Gebäude des Katharinenklosters dienten als Armenhaus, Waisenhaus, Lazarett, Irrenanstalt und schließlich bis 1990 als Altenheim. Der Stadtbrand von 1677 zerstörte die Katharinenkirche bis auf Reste von Chor, Mittelschiff und südlicher Seitenkapelle. Der Chor wurde 1684 wieder aufgebaut.

▶ **Gegenwart.** 1995 begann die Umgestaltung der alten Gebäude des Katharinenklosters um zwei Innenhöfe und die Ergänzung mit modernen Bauten. Seit 2001 nutzt die Rostocker Hochschule für Musik und Theater diesen spannungsvollen Architekturkomplex aus Mittelalter und Moderne. Im „Katharinenstift" dient der große Klosterhof öffentlichen Freiluftkonzerten, teilumrahmt mit originalen Klausurgebäuden und integrierten Kreuzgängen. Verbliebene gotische Funktionsräume mit Kreuzrippengewölbe auf Säulen und Kelchblattkapitellen wie Kapitelsaal, Dormitorium, Refektorium und – ungewöhnlich – Auditorium nutzen die Studenten heute als Kammermusik-, Orgel-, Lesesaal und Cafeteria. Mauerreste der dreischiffigen Katharinenkirche mit einem frühgotischen Laubwerkportal im Westen werden vom modernen Bibliothekskubus und angebundenen Chorraum überragt.

❖ Vom Dominikanerkloster St. Johannis auf dem Areal zwischen Buchbinder- und Steinstraße haben sich keine architektonischen Spuren erhalten.

◆ Pieper, Roland/Einhorn, Jürgen W.: Franziskaner zwischen Ostsee, Thüringer Wald und Erzgebirge, Paderborn 2005, 32–37; Mulsow, Ralf: Forschungsstand zu den monastischen Einrichtungen in der Stadt R., in: Klöster und monastische Kultur in Hansestädten, Rahden 2003, 81–88; Ulpts, Ingo: Die Bettelorden in Mecklenburg, Werl 1995.

Rostock, *Zisterzienserinnenkloster Heilig Kreuz (um 1270–1589) – „Heiligkreuzkloster", Diözese Schwerin – (kreisfreie Stadt, Mecklenburg-Vorpommern,* ❒ *2, B2).*

▶ **Geschichte.** Unter den mecklenburgischen Fürsten Heinrich Borwin III. von Rostock und seinem Sohn Waldemar entstand um 1270 an der Neustädter Südflanke der Ostseestadt R. ein Frauenkloster. Eine direkte Stiftung der dänischen Königin Margarethe Sambiria darf wegen des gefälschten Stiftungsbriefes vom September 1270 bezweifelt werden. Ihre Mitwirkung ist aber anzunehmen, denn sie beschenkte den jungen Konvent bereits 1272, wie eine echte Urkunde beweist. Papst Innozenz V. bestätigte im März 1276 die Gründung und erklärte seinen Schutz. 1278 folgte ihm Fürst Waldemar, der als Stifter urkundlich nicht hervortritt. Kloster Heilig Kreuz entwickelte sich rasch und war finanziell sofort in der Lage, zahlreiche Zukäufe im Wendenland und in Vorpommern zu tätigen. Schon 1274 erwarb der Konvent das Dorf Bandow, es folgten kurz hintereinander

Rostock Zisterzienserinnenkloster Heilig Kreuz, Nordwestansicht der dreischiffigen Stufenhalle (um 1360).

weitere umfangreiche Zukäufe; im 15. Jh. gehörten zehn große Dörfer, drei Seen mit Fischereirechten, zwei Mühlen und ausgedehnte Waldflächen zum Besitz, eingeschlossen mehrere Immobilien in der Stadt. Die Frauen bekannten sich zur Zisterzienserobservanz, fanden aber nie Aufnahme in den Zisterzienserorden. Verbindungen zu Mönchszisterzen, etwa zu der westlich gelegenen Abtei ➛ Doberan, sind in den etwa 100 mittelalterlichen Urkunden nicht belegt. Mitte des 14. Jh. war die Zahl der Schwestern auf nahezu 100 angewachsen und musste mehrmals bis auf 40 Chor- und zehn Laienschwestern reduziert werden. Den Konvent besetzten vornehmlich bürgerliche Töchter, an reichen Mitgiften fehlte es deshalb nicht; Ablässe der Bischöfe von Schwerin verhalfen zu weiteren Einnahmen. Neben memorialen und caritativen Aufgaben sorgten sich die Zisterzienserinnen um die Ausbildung der Patriziertöchter. Um 1520 drangen reformatorische Lehren Martin Luthers in die Universitätsstadt ein und breiteten sich rasch aus. Im April 1531 entschied sich der Stadtrat in mehreren Schritten zur Durchsetzung evangelischer Gottesdienste in allen Kirchen. Der Fraterherrenkonvent und das Franziskanerkloster (➛ Rostock) wurden 1534 aufgelöst; wesentlich konsequenter widersetzten sich die Dominikaner, die Zisterzienserinnen und die Kartäuser. Während Herzog Johann Albrecht 1552 die Kartause Marienehe, die 1396 von Patriziern im Westen vor den Toren der Stadt gestiftet worden war, mit Waffengewalt auflöste, galt der Frauenkonvent Heilig Kreuz noch 1562 als katholisch, akzeptierte nun aber evangelische Priester. 1565 verließen die Dominikaner die Stadt. Zuletzt zählten die Klöster Heilig Kreuz in R., ➛ Dobbertin und ➛ Ribnitz zu den einzig verbliebenen katholischen Institutionen in Mecklenburg. Im Zuge des Erbvertrages zwischen Stadt und Herzog Ulrich 1584 anerkannte Priorin Anna Sassen (um 1562–92) abschließend 1589 die evangelische Klosterordnung. Das „Heiligkreuzkloster" bestand als evangelisches Damenstift bis 1920 fort.

▶ **Gegenwart.** Kloster Heilig Kreuz in R., zwischen Universität und Stadtmauer gelegen, gilt wie Dobbertin als eine der besterhaltenen monastischen Anlagen des Mittelalters in Mecklenburg. Seit 1984 wird sie vom Kulturhistorischen Museum der Hansestadt für Ausstellungen auch von Teilen des Klosterschatzes genutzt. Die ehemalige Klosterkirche und heutige Universitätskirche Heilig Kreuz (um 1360) entspricht einer dreischiffigen, gewölbten Stufenhalle mit einschiffigem Langchor im Stil der Bettelordenskirchen. Chor und Schiff nutzen ein durchgehendes Dach. Von der mittelalterlichen Ausstattung blieben zwei spätgotische Altäre, Sakramentshaus und der Triumphkreuzbalken erhalten. Die Christusfigur besitzt eine Reliquienkapsel mit einem Splitter des Heiligen Kreuzes. Südwestlich schließen sich Klausurflügel um einen fast quadratischen Innenhof an; die Kreuzgänge sind flachgedeckt. Das älteste Gebäude ist der Südflügel aus dem frühen 14. Jh.; er bewahrt einen zweischiffigen Saal mit Kreuzrippengewölbe auf fünf Kalksteinsäulen (1470/80), der als Refektorium diente. Die übrige Klausur unterlag nachreformatorisch einschneidenden Umbauten, zusätzlich entstanden neue Gebäude, wie das Dominahaus (1890).

❖ Auf das erhaltene spätgotische Fraterherrenhaus in R. sei nur hingewiesen, Dominikaner und Kartäuser hinterließen keine architektonischen Spuren.

◆ Mulsow, Ralf: Forschungsstand zu den monastischen Einrichtungen in der Stadt R., in: Klöster und monastische Kultur in Hansestädten, Rahden 2003, 81–88; Hill, Thomas: Das Kloster zum Heiligen Kreuz, Margarethe Sambrina und R. Beziehungen zu Dänemark im 13. Jh., Rostock 1995; Pettke, Sabine: Das Rostocker Kloster zum Heiligen Kreuz, Köln 1991.

Rot an der Rot, *Prämonstratenser-Chorherren Reichsstift St. Maria und St. Verena (1126–1803) – „Mönchsroth", Diözese Konstanz – (Lkr. Biberach, Baden-Württemberg, ❐ 3, D4).*

▶ Die schwäbische Prämonstratenserabtei an der Rot wurde 1126 unter dem Einfluss des Ordensgründers Norbert von Xanten (um 1080–1134, kanonisiert 1582) zunächst als Doppelstift gegründet; der Frauenkonvent zog um 1140 ins benachbarte Haslachtal und bestand bis etwa 1350. Das meist „Mönchsroth" genannte Stift R. besiedelte die Töchterstifte Wilten in Österreich 1137, ➛ Weißenau 1145, ➛ Steingaden 1147, ➛ Marchtal 1171 und ➛ Kaiserslautern 1176. Es erreichte die Reichsunmittelbarkeit und war seit dem 16. Jh. Mitglied im schwäbischen Reichsprälatenkollegium. Ein Brand (1681) nötigte zum Neubau der Klausuranlage; die heutige Kirche konnte erst 1789 vollendet werden. Nach der Säkularisierung im März 1803 fiel der Besitz an Graf Ludwig von Wartenberg und 1808 an die Grafen von Erbach. Zwischen 1948 und 1959 versuchte die Prämonstratenserabtei ➛ Windberg vergeblich, in R. wieder einen Männerkonvent zu etablieren, dagegen hielten Norbertusschwestern die prämonstratensische Tradition von 1950 bis 2007 aufrecht. Der heutige Stiftskomplex (zwei Flügel und die Bibliothek fehlen) präsentiert sich weitestgehend barock und klassizistisch; der architektonische Höhepunkt der oberschwäbischen Barockstraße dient heute als Jugend- und Bildungshaus St. Norbert. Auf versteckte mittelalterliche Architekturreste in R. muss hingewiesen werden: Der nördliche Verenaturm der Abteikirche ist im Erdgeschoss gotisch; das Kuchelgebäude mit Aureliusturm entstand um 1510.

❖ Vom Frauenstift auf dem heutigen Friedhofsgelände des Ortes blieb keine Architektur erhalten.

◆ Maier, Kurt/Oberst, Manuela: R., in: Württembergisches Klosterbuch, Ostfildern 2003, 405–408; Tüchle, Hermann/Schal, Adolf: 850 Jahre R. Geschichte und Gestalt. Neue Beiträge zur Kirchen- und Kunstgeschichte der Prämonstratenser-Reichsabtei, Sigmaringen 1976.

Roth /Our, *Templerkommende St. Petrus (nach 1228–1312), Johanniterkommende St. Petrus (1312–1795), Erzdiözese Trier – (Eifelkreis Bitburg-Prüm, Rheinland-Pfalz, ❐ 3, A2).*

▶ **Geschichte.** Graf Philipp von Vianden stiftete nach 1228 eine Templerniederlassung in R. auf einem Berghügel über der Our. Zur Grundausstattung gehörten die Pfarrkirche der Gemeinde Vianden (1150), ein benachbartes Wohnhaus und umfangreiche Ländereien. Nachdem ein Streit um Pfarreinkünfte zwischen den Templern, die aus Trier gekommen waren, und den Trinitariermönchen (s. u.) des Klosters in Vianden ausgebrochen war, übergab Erzbischof Arnold II. von Trier (Isenburg) 1256 die Pfarrrechte in R. allein den Templern. 1262 wurde das Flüsschen Our als Grenze zwischen Vianden und R. festgelegt (so wie sie noch heute zwischen Luxemburg und Deutschland besteht). Nach der Vernichtung des Templerordens 1311/12 übernahmen Johanniter aus Trier Haus R., das fortan als *membrum* der Johanniterkommende Trier geführt wurde. Die Johanniter renovierten 1486 die Kommende- und Pfarrkirche St. Petrus. Bei der Generalvisitation im Juli 1495 amtierte Ordenskaplan Petrus Karp als Stellvertreter des Komturs in R.; ihm standen Frater Petrus Weck, ein Koch und ein Knecht zur Seite. Eine vergleichbare Besetzung fand die Visitation 1541 vor; damals trug Ordenspriester Heroltus Tilmannus die Verantwortung, zweiter Geistlicher war aber ein Weltpriester. Sie kamen unbeeinträchtigt von der Reformation ihren seelsorglichen Aufgaben nach. Mitte des 17. Jh. löste sich die Niederlassung R. vom Mutterhaus Trier und bildete zusammen mit ➛ Kronenburg in der Eifel eine Priesterkommende. In der frühen Neuzeit unterstanden nicht selten die Ordenshäuser R., Kronenburg, ➛ Sobernheim, Hangenweisheim, ➛ Altmühlmünster, ➛ Regensburg und Freiburg (Schweiz) einem einzigen Komtur. Komtur Jakob Duding (1707–66) ließ 1733 das heutige Schloss errichten, ebenso baute er Mitte des 18. Jh. das Ordenshaus Sobernheim im Barockstil aus. Mit dem Einmarsch französischer Revolutionstruppen 1795 verlor der Johanniterorden seinen Besitz.

▶ **Gegenwart.** Die Johanniterkirche in R. hoch über dem Grenzfluss Our in der Südeifel dient noch heute als katholische Filialkirche. Die erste Chorturmkirche von 1140 geht auf Erzbischof Albero von Trier (Montreuil) zurück. Sie wurde schon um 1200 zur dreischiffigen, flachgedeckten Basilika mit Stützenwechsel im Echternacher System erweitert, aber von den Johannitern im 15. Jh. im spätgotischen Stil in eine gewölbte Stufenhalle umgewandelt. Die Hauptapsis wurde dabei verändert, ihre äußere Lisenengliederung jedoch blieb erhalten. An der Westfront sind Reste des romanischen Portals mit barockem Einbau zu erkennen. Die Rundbogenfenster zieren Kugeln – diese Schmuckform ist an sakralen Bauten der Eifel einzigartig. Die Inneneinrichtung entstammt dem 18. Jh. Vor der Nordwand steht ein vier Meter hohes Pestkreuz, angeblich seit 1632 aus der Zeit der Cholera. Die Steinplastik zwischen Haupt- und Nordapsis (volkstümlich „Rother Männchen") stellt eine männliche Figur mit stark verkürzten, aber erhobenen Armen mit Lendenschurz dar, die als „auferstandener Christus" gedeutet wird. Das barocke Johanniterschloss südlich der Kirche wurde nach den Schäden des Zweiten Weltkriegs restauriert. Auf die gut erhaltene gotische Kapelle St. Agatha in Alendorf bei Blankenheim sei hingewiesen, die als Patronatskirche auf die Johanniter von R. zurückgeht.

❖ Der erwähnte Trinitarier-Mönchsorden (*Ordo Sanctissimae Trinitatis* – OSST) wurde in Cerfroid bei Paris gegründet und 1198 von Papst Innozenz III. anerkannt. Der Klerikerorden erkannte neben der Verehrung der Dreifaltigkeit und dem Hospitaldienst sein Hauptapostolat im Freikauf oder Austausch von gefangenen Christen. 1609 wurde er den Mendikanten zugeordnet. Innerhalb heutiger deutscher Grenzen waren die Trinitarier zu keiner Zeit präsent.

◆ Schuler, Wolfgang: R. an der Our, Köln 1984: Rödel, Walter: Das Großpriorat Deutschland des Johanniter-Ordens, Mainz 1965.

Rothenburg ob der Tauber, *Deutschordenskommende St. Jakobus der Ältere (vor 1288–1672) – „Deutschordenshaus", Diözese Würzburg – (Lkr. Ansbach, Bayern, ❐ 3, D3).*

▶ **Geschichte.** Reichsküchenmeister Helmerich von Rothenburg übergab dem Deutsche Orden 1237 Familienbesitz in und um der Reichsstadt R., nachdem er in den Orden eingetreten war. Helmerich fiel 1263 als Vizelandkomtur von Preußen und Livland im Kampf. Die Güter unterstellte der Orden zunächst der Kommende in ➛ Würzburg, aber als Bischof Iring von Würzburg (Reinstein) den Ordensrittern 1258 die einträgliche Pfarrei Detwang-R. mit einigen Kapellen inkorporiert hatte, gründete der Orden vor 1288 eine eigene Kommende in R. Der erste Komtur war Heinrich von Schenk (1290/91). Die Pfarrkirche St. Jakob in der Stadt wurde unter den Ordensseelsorgern zur Hauptpfarrkirche. Die Kommende R. entwickelte sich durch Schenkungen und Zukäufe zur mächtigsten geistlichen Institution der Reichsstadt und des Umlandes. Ein Vertrag zwischen Komtur Konrad (1332–36) und dem Stadtrat regelte 1336 die paritätische Verwaltung des Kirchenvermögens, was sich beim Bau der neuen Hauptpfarrkirche bis 1484 bewährte, aber Konflikte nicht verhinderte. Der Vertrag musste 1398 und 1410 aktualisiert werden. Neben Verwendung kirchlicher Einnahmen, Anzahl der zu stellenden Priester, Umfang der Messdienste und Baulasten wurden auch weltliche Dinge geregelt: Abgaben von Naturalien, Menge an Zuchtvieh im Kommendehof und Anzahl der Kühe, Schweine und Schafe auf der Stadtweide, vor allem auch Besoldungen von Schulmeister, Mesner, Räucherer und Seelenmeister für die Findelkinder. Die Kommende R. gehörte zur Ballei Franken, dessen Landkomtur in Ellingen residierte, und war unter den 25 fränkischen Niederlassungen eine der bedeutendsten der Ballei. Ordensbrüder übernahmen Pfarrstellen; als Stadtpfarrer fungierte der Prior, meist auch als kommissarischer Komtur. Er musste jeweils dem Bischof von Würzburg präsentiert werden, dem die Investitur zustand. Die Präsentation nahm im 14. Jh. der Landkomtur, im 15. Jh. aber der Deutschmeister vor. Zehn bis zwölf Priesterbrüder konnten bis ins Spätmittelalter in R. gehalten werden, Ritterbrüder waren schließlich kaum noch anzutreffen. In Archshofen (12 km tauberabwärts) übernahm die Kommende 1336 ein von ➛ Mergentheim abhängiges Ordenshaus, dessen Besitz einschließlich Schloss nicht ohne militärische Konflikte später an die Stadt (und an Privat) überging. Wie in ➛ Münnerstadt konnte der Deutsche Orden im ersten Drittel des 16. Jh. auch in R. seinen Pfarrverpflichtungen wegen Priestermangels nicht mehr nachkommen. Der Orden befand sich durch Verlust Ostpreußens, Bauernkrieg und Reformation in einer Existenzkrise. Deutschordenspfarrer Kaspar Christian (1524–25) neigte dem neuen Glauben zu. Seit 1527 verhandelte die Ordensleitung wegen des Verkaufs der Kommende mit der Stadt, die sich 1544 offiziell zum Protestantismus bekannte. Nach dem Vertrag von 1556 verwaltete der Orden nur noch seine weltlichen Besitzungen, die Pfarrrechte oblagen nun der Stadt. Zum Verkauf der Kommende kam es erst 1672.

Rothenburg ob der Tauber Deutschordenskommende, der Langchor der St. Jakobskirche (1311–1484).

▶ **Gegenwart.** Die eindrucksvollste Hinterlassenschaft des Deutschen Ordens in R. ist die evangelisch-lutherische Stadtpfarrkirche St. Jakob, die gemeinsam mit den Bürgern zwischen 1311 und 1484 entstand und den Repräsentationswillen aller Beteiligten verdeutlicht (vergleichbar mit der Deutschordenskirche in Münnerstadt). Der älteste Teil der dreischiffigen Basilika mit zwei unterschiedlich hohen Flankentürmen ist der lange Ostchor mit vier kreuzgewölbten Jochen im 5/8-Schluss. St. Jakob besticht auch durch seine qualitätsvolle Ausstattung: Zwölfbotenaltar als Stiftung des Bürgermeisters Heinrich Toppler († 1408), Heilig-Blut-Retabel von Tilman Riemenschneider (um 1500), Glasmalereien (1350/1400), Chorgestühl (1514) und beeindruckende Steinplastiken. Ungewöhnlich ist die Anbindung der älteren Heilig-Blut-Kapelle im Westen, wobei eine Straße überbrückt wurde (vergleichbar mit der Deutschordenskirche in ➛ Würzburg); die Kapelle wurde im 15. Jh. erneuert. Mittelalterliche Kommendegebäude blieben nicht erhalten.

◆ Herbers, Klaus (Hg.): Die oberdeutschen Reichsstädte und ihre Heiligenkulte, Tübingen 2005; Borchardt, Karl: Die geistlichen Institutionen in der Reichsstadt R. ob der Tauber, Neustadt/Aisch 1988.

Rothenburg ob der Tauber, *Dominikanerinnenkloster St. Maria (1255–1554) – „Reichsstadtmuseum", Diözese Würzburg – (Lkr. Ansbach, Bayern, ❒ 3, D3).*

▶ **Geschichte.** Der Reichsministeriale Lupold I. von Nordenberg stiftete mit Zustimmung seiner Erben 1255 in Neusitz, zwischen R. und Ansbach, ein Frauenkloster unter Augustinusregel und stattete es großzügig aus. Seine drei Söhne waren in den Dominikanerorden eingetreten. Zur Grundausstattung kam 1256 der Besitz Propst Leopolds von Feuchtwangen hinzu, einschließlich einem Hof in der Stadt R. 1257 zogen die Frauen auf diesen Hof nordwestlich innerhalb der Stadtmauer um, wozu Bischof Iring von Würzburg (Reinstein-Homburg) 1258 seine Erlaubnis erteilte. Der Konvent wurde am neuen Standort durch Schwestern aus St. Markus in ➛ Würzburg verstärkt, woraufhin Papst Alexander IV. dem Konvent in R. die gleichen Privilegien zubilligte wie dem älteren Würzburger Frauenkloster. Der Klosterbau konnte 1265 in Anwesenheit Albertus' Magnus (um 1195–1280, kanonisiert 1931) geweiht werden. Die Konventsstärke wurde 1273 auf 30 meist niederadelige Frauen begrenzt. Der Konvent gehörte erst 1287 offiziell zum Dominikanerorden und unterstand nach Abspaltung der Provinz Saxonia von der Teutonia 1303 zur *Natio Sueviae* der Provinz (Neu-)Teutonia. Brüderkonvente in ➛ Würzburg und ➛ Mergentheim übten die Aufsicht aus. Königliche Schutzgarantien und päpstliche Privilegien förderten zusammen mit weiteren Gunstbeweisen der Stifterfamilie die aufstrebende Entwicklung, wobei die Schirmherrschaft immer mehr auf die Reichsstadt R. überging. König Karl IV. übertrug dem Rat 1370 offiziell den Schutz über den Konvent, die Stifterfamilie von Nordenberg verzichtete widerwillig auf ihre Rechte. Der Rat beklagte sich schon bald über den unsittlichen Lebenswandel der Dominikanerinnen und prangerte Weinverkauf, abendlichen Besuchsverkehr und Festlichkeiten im Kloster an. Ordensgeneral Raimund von Capua (1380–99) ließ 1397 innere Reformen gegen den Willen Priorin Ursulas von Seckendorf (1395–98) durchsetzen, woraufhin die Priorin resignierte und mit neun Schwestern das Kloster verließ. Sie amtierte erneut wieder 1412–15, 1420 und 1432–35 als Vorsteherin. Schließlich setzte der Magistrat eigene Klosterschultheißen ein. 1399 wurde das Benediktinerinnenpriorat ➛ Detwang inkorporiert, ebenso 1414 die Frauenklause von Gammesfeld. Priorin Margarethe Wurm (1515–21) versuchte eine Annäherung an die Observanzbewegung des Ordens, was der adelige Konvent zu verhindern wusste. Zwei Schwestern traten 1523 aus, um zu heiraten. Bauernaufstand im April 1525 und städtische Okkupation des Klosters ermutigten zu Austritten, der Konvent dünnte in der Zeit Priorin Katharina Eulers (1524–54) aus. 1544 bekannte sich die Stadt offiziell zum Protestantismus und ließ sich ein Jahr später Akten und Urkunden aushändigen. Die Schwestern leisteten keinen Widerstand. 1552 lebte Priorin Katharina Euler allein im Kloster und starb im Mai 1554. Als juristische Institution existierte das Kloster ohne Konvent unter einem städtischen Pfleger formal bis 1803.

▶ **Gegenwart.** Die mittelalterliche Konventsanlage der Dominikanerinnen in R. besteht noch heute. Die zweigeschossigen Gebäude um einen Hof unterlagen im 18. Jh. eingreifenden Veränderungen. Die Stadt nutzt sie seit 1936 als „Reichsstadtmuseum" für städtische Sammlungen. Die Kirche im Süden der Anlage gab der bayerische Staat 1813 zwecks Tilgung von Schulden zum Abriss frei. Die bestehenden Kreuzgänge entstammen zum Teil dem 13. Jh., zum Teil der Bautätigkeit der Priorin Magdalena von Rein (1494–1510); der südliche Kreuzgang ist eine Rekonstruktion. Die Überbauung der Kreuzgänge erfolgte um 1500, das Prioratshaus entstand als letzter mittelalterlicher Bau erst 1521. Aufschlussreich ist die mittelalterliche Küche im Nordtrakt direkt an der Stadtmauer, die eher für Festlichkeiten und weniger für eine asketische Lebensweise ausgestattet war.

◆ Jäggi, Carola: Frauenklöster im Spätmittelalter, Petersberg 2006, 85–88; Borchardt, Karl: Die geistlichen Institutionen in der Reichsstadt R. ob der Tauber, Neustadt/Aisch 1988.

Rothenburg ob der Tauber Dominikanerinnenkloster, spätgotische Klausurgebäude um den Innenhof.

Rothenburg ob der Tauber, *Franziskanerkloster St. Maria (1281–1548) – „Barfüßerkloster", Diözese Würzburg – (Lkr. Ansbach, Bayern, ❐ 3, D3).*

▶ **Geschichte.** Die Gründung des Barfüßerklosters in R. beruhte auf der Selbstinitiative des Franziskanerordens. Die ersten Brüder kamen aus dem Konvent in Hall (s. u.), um in der Stadt zu terminieren. Ordensprovinzial Dietrich Göllin (1179–89) erhielt im August 1281 die städtische Zustimmung zur Gründung einer Niederlassung innerhalb der Wehrmauern. Die Konventsanlage entstand mit Hilfe von Patrizierfamilien und des örtlichen Adels; 56 Bischöfe erteilten Ablässe zur finanziellen Unterstützung. König Rudolf I. genehmigte 1282 einen achttägigen Jahrmarkt vor der Franziskanerkirche und unterstützte die ungehinderte Ausdehnung des Klosters gegen die Interessen der Stadt. Den Streit mit dem Deutschen Orden (➛ Rothenburg ob der Tauber) um Seelsorgerechte konnte der Vergleich von 1290 beilegen. Bürger honorierten die besonderen seelsorglichen Dienste der Barfüßer mit Stiftungen, deren Umfang bald jene zugunsten der Hauptpfarrkirche St. Jakob des Deutschen Ordens überstiegen. Der Konvent aus 15 bis 20 Brüdern besaß Immobilien, Grundherrschaft über Höfe und Güter in 13 Ortschaften, Waldungen, Zinseinnahmen und sogar Leibeigene. Privatbesitz und Gewinne einzelner Brüder gehörten bald zum klösterlichen Alltag. Besitz und Ökonomie des Konvents überwachte seit der zweiten Hälfte des 14. Jh. ein Pfleger im Auftrag des Stadtrats. Die Autonomie des Klosters war offensichtlich eingeschränkt, was die Barfüßer weit besser ertrugen als andere monastische Niederlassungen in der Stadt. Auch pflegten sie zu ihrem Vorteil enge Beziehungen mit Ratsmitgliedern. Städtische und bürgerliche Versammlungen fanden im Konvent statt, auch ließen viele ihre Urkunden und Wertsachen im Kloster aufbewahren. Die Bedeutung des Klosters innerhalb des Ordens war gering, Kapitel der Straßburger Minoritenprovinz fanden in R. nicht statt. Vermehrt musste der Rat gegen die Disziplinlosigkeit der Franziskanerbrüder vorgehen: 1388 erhielt der Lesemeister wegen Unzucht Stadtverbot, 1410 durften einzelne Brüder die Dominikanerinnen (➛ Rothenburg ob der Tauber) nicht mehr besuchen, lediglich ihre Kirche betreten. Bestrebungen zum Anschluss an die Observanzbewegung des Ordens gab es unter Guardian Martin Schwarz (1485–1506) noch nicht; erst nach seiner Amtszeit lähmten Spannungen zwischen gegensätzlichen Gruppen den Konventsalltag. Während der Reformation bekannten sich jene Brüder zur neuen Lehre, die sich zuvor für eine Observanzannahme eingesetzt hatten. Der Minorit Johann Schmidt heizte mit seinen Predigten die Stimmung gegen die altgläubigen Institutionen an. Die Volkswut entlud sich im April 1525 in der Besetzung aller klösterlichen Einrichtungen und kulminierte im Bündnis mit den aufständischen Bauern. Nach Wiederherstellung der Ordnung, wurde Johann Schmidt im Juli 1525 mit Gesinnungsgenossen hingerichtet. Guardian Georg Setzentriebel (1526–48) agierte als willfähriges Werkzeug des Rates. 1544 bekannte sich die Stadt offiziell zum Protestantismus. Der Franziskanerkonvent bestand damals aus drei Mitgliedern, die sich Trinkgelagen hingaben. Im Oktober 1548 starb der Guardian, der schon zwei Jahre vorher sein Habit abgelegt hatte, er hinterließ seinem Sohn ein Testament. Der Stadtrat unterstellte 1575 Kloster und Besitz der Verwaltung des ehemaligen Dominikanerinnenklosters.

Rothenburg ob der Tauber Franziskanerkloster, Nordostansicht der gotischen Franziskanerkirche von 1333.

▶ **Gegenwart.** Die Franziskanerkirche in R. wurde 1333 geweiht und entspricht den oberrheinisch-schwäbischen Bettelordenskirchen der Frühgotik und ähnelt der Franziskanerkirche in ➛ Freiburg im Breisgau. Das dreischiffige basilikale Langhaus ist flachgedeckt, der sechsjochige Chor mit Dreiseitenschluss gewölbt. Ein fünfjochiger Lettner mit Steinfiguren trennt Chor und Langhaus in ganzer Breite und vermittelt noch heute ein Raumbild des 14. Jh. Mittelalterliche Grabdenkmäler erinnern an Wohltäter. Von der Klausur, die bis an die Stadtmauer reichte, sind Teile des östlichen Kreuzgangs erhalten.

❖ Das Franziskanerkloster in Hall entstand 1236, nachdem die Benediktiner von ➛ Komburg die Jakobskirche am Markt an die Minoriten übertragen hatten. Mit der Reformation löste sich der Konvent 1525 selbst auf, die Klostergebäude fielen noch im 16. Jh., die Kirche erlag 1728 einem Brand. Heute steht am Ort der Klosteranlage das Rathaus von Schwäbisch Hall.

◆ Vasold, Manfred: Geschichte der Stadt R. ob der Tauber, Stuttgart 1999; Borchardt, Karl: Die geistlichen Institutionen in der Reichsstadt R. ob der Tauber, Neustadt/Aisch 1988.

Rothenburg ob der Tauber, *Johanniterkommende St. Johannes Baptist (vor 1227–1808) – „Johanniterhaus", Diözese Würzburg – (Lkr. Ansbach, Bayern, ❐ 3, D3).*

▶ **Geschichte.** Etwa 60 Jahre vor dem Deutschen Orden kamen Johanniter aus dem nahen ➛ Reichardsroth nach R., übernahmen das städtische Hospital St. Johannes der Täufer am Südtor (später Johannistor oder Roter Turm) und gründeten eine unabhängige Kommende. Der erste urkundliche Beleg von 1227 erwähnt einen Provisor Rudolf; den Titel Komtur trug erstmals Konrad von Büchel (1256–61). Die Mannschaft überstieg nie die Stärke von sechs Ordensbrüdern. Zunächst entwickelten sich Kommende und Hospital aufgrund von Stiftungen und Mitgiften vorteilhaft. Die Ordensleitung erwarb 1291 die Burg Ergersheim sowie Güter in Adelhofen und

Weigenheim. Die Familien Hohenlohe und Nortenberg traten als Stifter auf. Durch die Stadterweiterung verlor das Spital seine Randlage, außerdem erbaute die Stadt, 1274 zur Reichsstadt erhoben, um 1280 ein eigenes „Neues Spital". Die Johanniter gaben in der ersten Hälfte des 14. Jh. ihren Hospitaldienst auf, begleitet von ordensinternen Problemen, Überschuldung, Besitzverkäufen und Verpfändungen. Zwischen 1303 und 1350 wechselten die Komture in R. insgesamt dreizehn Mal. Komtur Friedrich von Bebenburg (1337) leitete in Personalunion auch die Kommende Reichardsroth. Lediglich Prior Heinrich Giel (1321–59) stand dem seelsorglichen Aufgabenbereich ungewöhnlich lange vor. Eine Notverwaltung (1347–58) leitete die Stabilisierung ein; besonders die Komture Heinrich von Remda und Konrad von Klepsheim erreichten zwischen 1351 und 1359 eine finanzielle Konsolidierung sowohl in R. als auch in Reichardsroth. 1351 wurden Güter an die Dominikanerinnen in der Stadt (➛ Rothenburg ob der Tauber) verkauft. Zur Union beider Kommenden kam es erst unter Komtur Georg von Scharenstetten (1447–62). Reinhardsroth galt infolge als *membrum* und wurde zunächst als Wirtschaftshof genutzt, später aber verpachtet. Gleichermaßen verfuhr der Orden in ➛ Würzburg mit ➛ Biebelried, in ➛ Rohrdorf (Schwarzwald) mit ➛ Dätzingen und in ➛ Affaltrach mit ➛ Hall (Schwäbisch Hall). Der Einfluss des Magistrats wuchs, er hatte bereits 1383 das Bürgerrecht für fünf Jahre auf die Johanniter ausdehnen können; dennoch blieb die Johanniterniederlassung wie auch jene des Deutschen Ordens (➛ Rothenburg ob der Tauber) ein Fremdkörper in der Stadt mit eigener Rechtsstellung. Besonders die Praxis der Asylvergabe barg ständigen Konfliktstoff. Komtur Johann von Hattstein (1499–1506) wurde zum Großprior für Deutschland (1512–46) ernannt. Im ausgehenden Mittelalter betrug die jährliche Responsion an die Ordenszentrale nur noch ein Zehntel der Einnahmen, was sich durch Bauernaufstand 1525 und Reformation weiter verringerte. Ordensvisitatoren fanden 1541 nur noch drei Ordenspriester und Komtur Philipp Schilling von Cannstatt (1532–56) vor. Dieser Komtur provozierte die Wut der Bürger wegen seiner sittlichen Verfehlungen. Sein Bruder Georg war Großprior des Ordens von Deutschland (1546–54), residierte in ➛ Heitersheim und wurde 1548 für seine Verdienste im Kampf gegen die Muslime (Tunis, Algier) zum Reichsfürsten erhoben. Die Reichsstadt R. bekannte sich 1544 offiziell zum Protestantismus, duldete aber vorerst die katholischen Institutionen. 1553 vereinnahmte der Rat die Johanniterkirche für evangelische Gottesdienste. Die Johanniterkommende lebte unter Reichsschutz als katholische Enklave bis 1808 weiter, im ständigen Konflikt nicht nur mit der Stadt, sondern auch mit dem fürstlichen Nachbarn von Brandenburg-Ansbach.

Rothenburg ob der Tauber Johanniterkommende, Kirche und Gebäude der Johanniteranlage (um 1400).

▶ **Gegenwart.** Die zweite Johanniterkirche (1393–1404), heute katholische Pfarrkirche St. Johannis, ist ein rechteckiger Saal ohne Gewölbe mit Nordportal, deren Glockenturm das 1552 niedergelegte Stadttor bildete. Vom Vorgängerbau sind Mauerwerk an Süd- und Nordwand und drei Fensterchen an der Nordwand erhalten. Einzig zwei Steinplastiken (um 1400) erinnern an der Außenwand an die mittelalterliche Ausstattung. Westlich schließen sich die Konventsgebäude an, die heute dem Museum für mittelalterliche Kriminal- und Rechtskunde dienen, die bedeutendste Einrichtung dieser Art in der Bundesrepublik. Die Gebäude entstanden 1396 und bieten etwa 2.000 m² Ausstellungsfläche. Die ehemalige „Johanniterscheune" auf der Stadtmauer wurde für multimediale Darbietungen ausgebaut.

◆ Borchardt, Karl: Die geistlichen Institutionen in der Reichsstadt Rothenburg ob der Tauber, Neustadt/Aisch 1988; Rödel, Walter: Das Großpriorat Deutschland des Johanniter-Ordens, Mainz 1965, 154–157.

Rothenkirchen, *Prämonstratenser-Chorherrenstift St. Maria, St. Petrus und St. Stephanus (1160–1554), Erzdiözese Mainz – (Kirchheimbolanden, Donnersbergkreis, Rheinland-Pfalz, ❐ 3, B2).*

▶ **Geschichte.** Zunächst stifteten der Reichsministeriale Werner I. von Bolanden und seine Gemahlin Guda 1129 ein Augustiner-Doppelstift an ihrer Wasserburg Bolanden im Pfälzer Wald am Donnersberg und übergaben es dem Mainzer Domstift. Reformabt Richard (1107–58) von ➛ Springiersbach schickte zwei Gründungskonvente. Der erste Propst Stephan (1160/85) erlangte vom Sohn des Stifterpaares, Werner II., die Kirche in R. nördlich der Burg Bolanden und lagerte dorthin den Frauenkonvent aus. Ihr eigenes Stift verlegten die Chorherren gleichzeitig in das nahe ➛ Hane (Hagen). Beide Stifte schlossen sich kurz danach mit Zustimmung Erzbischof Christians von Mainz (Buch) dem Prämonstratenserorden an. 1180 tauschten die Konvente den Aufenthaltsort – Hane galt seitdem als Frauenstift und R. als Männerstift des Prämonstratenserordens; Hane blieb ein Annexkloster des Männerstifts. Papst Lucius III. nahm 1182 Stift R. und die *filia* Hane unter Schutz und gewährte erstmals und einmalig für das Mainzer Erzbistum dem Generalabt von Prémontré (Frankreich) alleiniges Aufsichts- und exklusives Korrektionsrecht über die Abtei. Die Bestätigung Erzbischof Konrads I. von Wittelsbach erwähnt 1189 davon freilich nichts. 1212 folgte eine Schutzerklärung König Friedrichs II. Die Walramsche Linie der Grafen von Nassau übte seit Ende des 14. Jh. die Vogtei aus. In der ersten Hälfte des 15. Jh. war die Wirtschaft des Stifts so zerrüttet, dass Erzbischof Konrad III. von Dhaun eigene Verwalter einsetzen musste. Abt Johann Boiß (1447–61) galt als hart und verschwenderisch, der Konvent lief auseinander. Graf Johann II. von Nassau-Saarbrücken nutzte als Schirmherr die Gelegenheit zur Einflussnahme. Amtsnachfolger stellten die Gebäude wieder her, Klausur- und Chorbestimmungen konnten sie wohl nicht mehr durchsetzen. Einzig Abt Peter Rose (1495–1504) versuchte mit erzbischöflicher Hilfe, reformnahe Verbesserungen zu erreichen; der monastische Geist im Prämonstratenserstift R. war jedoch wie im nahen Stift ➛ Münsterdreisen unwiederbringlich gebrochen. Hinzu kamen 1525 Plünderung durch Bauern, Reformationseinfluss und Verödung. Abt Peter Sutor (1548–54) übergab 1551/54 Besitz und Rechte an Graf Philipp II. von Nassau-Saarbrücken. Die Anlage diente nachfolgend als landesherrlicher Gutshof.

▶ **Gegenwart.** Noch heute befindet sich der Rothenkircherhof in malerischer Alleinlage im Wiesbachtal nördlich von Kirchheimbolanden; er wird privat zur Pferdezucht genutzt. Am Gutshof blieb das ehemalige Refektorium der Prämonstratenser von etwa 1200 erhalten. Der zweischiffige Rechtecksaal mit Strebepfeilern, Portal, Rundbogenöffnungen und Lektorennische zeigt Kreuzrippengewölbe, Schildbögen, Mittel- und Wandsäulen. Die Kapitelle tragen teilweise Ornamentverzierungen, die Gurtbögen sind rechteckig und kämpferlos.

◆ MonPraem 1, 117 f.; Jürgensmeier, Friedhelm (Hg.): Handbuch der Mainzer Kirchengeschichte, 3 Bde., Würzburg 1997–2002.

Rötsee Benediktinerpropstei, die Abtei Petershausen unterhielt bei Kißlegg im Allgäu eine Propstei, deren spätgotische Kirche zur Wallfahrtsstätte aufstieg.

Rötsee, *Benediktinerpropstei St. Maria (um 1435–1580), Diözese Konstanz – (Kißlegg-R., Lkr. Ravensburg, Baden-Württemberg,* ❐ *3, D4).*

▶ Der Mönch Ratpero verzog sich im späten 10. Jh. als Einsiedler in die Wildnis des Nibelgaus und errichtete eine Kirche, nachdem ihm Berengar von Arnach Besitz zur Verfügung gestellt hatte. Bischof Warmann von Konstanz (Dillingen) vertrieb vor 1034 den Einsiedler. Sein Nachfolger Bischof Eberhard I. von Kyburg-Dillingen holte Ratpero zurück, woraufhin dieser seine Klause mit Besitz der Konstanzer Kirche überschrieb. Dies berichtet eine Chronik der Benediktinerabtei Petershausen bei Konstanz (s.u.), die 1111/16 das Anwesen von Bischof Ulrich I. von Kyburg-Dillingen erwarb und unter Abt Konrad (1127–64) mit Mönchen besetzte. Noch 1353 galt R. im „Liber taxationis", als armes Kirchlein. Erst um 1435 lässt sich erstmals ein Propst Konrad urkundlich nachweisen, offensichtlich hatten Stiftungen die Reichsabtei Petershausen in die Lage versetzt, das nahe Gut Seehaus zu erwerben und in R. eine Propstei einzurichten. Ende des 15. Jh. geriet die Mutterabtei in wirtschaftliche Bedrängnis. Bischof Thomas Berlower gelang es 1495, den unfähigen Abt Martin (1489/90–95) an die Propstei R. abzuschieben. Anhaltende Missstände nötigten 1580 zum Verkauf der Propstei an Ulrich von Schellenberg. Das Anwesen bildete fortan das Amt Kißlegg. Die Propsteikirche steht noch heute als katholische Wallfahrtskirche Maria, Königin der Engel recht einsam nordöstlich des Allgäuer Kurorts Kißlegg. Propsteigebäude existieren nicht mehr. Die ursprünglich dreischiffige, romanische Basilika wurde 1449 von den Benediktinern zu einer einschiffigen Saalkirche mit spätgotischem Chor verkleinert, wobei Seitenschiffe abgerissen und Arkaden zugemauert wurden. 1748 folgten weitere Eingriffe zur barocken Ausschmückung. Ziel heutiger Wallfahrten ist das Gnadenbild von R., eine Madonna aus der Werkstatt des Bildhauers Hans Multscher (um 1450). Die Kirche bewahrt ebenfalls den Sarkophag des Einsiedlers Ratpero, der als Seliger verehrt wird.

❖ Die Abtei Petershausen, die vor 983 von Bischof Gebhard II. von Konstanz vor den Toren seiner Bischofsstadt gegründet wurde, entwickelte sich im späten 11. Jh. zum Stützpunkt der ➛ Hirsauer Reform, gründete die Tochterklöster Mehrerau (Österreich) und ➛ Neresheim, erlangte im 13. Jh. unter Kaiser Friedrich II. Reichsfreiheit und bestand bis 1802. Heute existieren lediglich barocke Klausurgebäude der Abtei, die von Landesämtern genutzt werden.

◆ GermBen 5, 550–552.

Rott /Inn, *Benediktinerabtei St. Marinus und St. Anianus (1081–1803), Diözese Freising – (Lkr. Rosenheim, Bayern,* ❐ *4, B4).*

▶ **Geschichte.** Pfalzgraf Kuno I. von Rott und Vohburg stiftete zum Andenken an seinen 1081 gefallenen Sohn auf Familienbesitz am Inn die Benediktinerabtei R. und statte sie mit reichem, aber weit verstreutem Besitz aus. Die Güter reichten bis Ungarn, Kärnten, Südtirol und in den Bayerischen Wald. Der erste Konvent kam wohl aus ➛ Tegernsee und befolgte zunächst die ➛ Gorzer Reformstatuten. Seit 1142 unterstand die Abtei direkt dem Heiligen Stuhl und Papst Innozenz II. gestattete die freie Abtwahl. Beides spricht für ➛ Hirsauer Reformeinfluss, der von der Abtei St. Peter in Salzburg eingeführt worden sein könnte, jedoch liegt ein direkter Nachweis nicht vor. Die flachgedeckte, dreischiffige Abteibasilika ohne Querschiff wurde 1158 konsekriert und zeigt hirsauische Baumotive. Die weiter flussabwärts liegende Abtei Attel (s.u.) gehörte mit Sicherheit zum Hirsauer Reformkreis. Rodungsarbeiten in Tirol und an der Grenze zu Böhmen standen im Vordergrund der weltlichen Ziele. Am österreichischen Pillersee gründete R. 1260 das Priorat St. Ulrich, in der Oberpfalz entstand 1232 die Verwaltungspropstei Kötzting (s.u.). Der Konvent nahm Partei für König

Ludwig den Bayern und unterlag daraufhin dem Kirchenbann, den erst Abt Heinrich II. Tyrndl (1349–59) im Jahr 1354 überwinden konnte. Abt Ekbert Kratzl (1394–1413) erhielt die Pontifikalien. Abt Heinrich IV. Varser (1447–59) musste nach der Visitation 1452 die Gewohnheiten der ➛ Melker Reform im Konvent einführen (ebenso wie das Nachbarkloster Attel), unterstützt von zwei Mitbrüdern aus Tegernsee. Die Reformation wirkte sich zunächst nicht auf den Konvent aus, denn Abt Benedikt I. Stumpf (1536–67) verteidigte den katholischen Glauben. Im späten 16. Jh. jedoch setzte der allgemeine Verfall ein. Erst Abt Jakob III. Bauer (1615–39) aus ➛ Scheyern vermochte, den Niedergang in einen Aufschwung umzuwandeln und gilt seither als *secundus fundator*. Schwedische Okkupation vernichtete 1648 die Erfolge. Nach 1718 entstand eine barocke Klausuranlage. Im Auftrag Abt Benedikts II. Lutz (1757–76) schufen hochrangige bayerische Fachleute und Künstler aus der alten Basilika die monumentale Kuppelkirche. Wegen Überschuldung musste der Abt resignieren; einer der Hauptgläubiger war damals die Abtei ➛ Oberaltaich. In den letzten Jahrzehnten wirkten hervorragende Wissenschaftler in R. Emmeram von Suter († 1787) leitete das klostereigene Observatorium und konstruierte zahlreiche astronomische Geräte. Im März 1803 erfolgte die Aufhebung, die Klausurgebäude wurden an Privat verkauft und später fast vollständig abgerissen. Die Kirche rettete ihren Status als Pfarrkirche, den weitreichenden Grundbesitz behielt der bayerische Staat.

▶ **Gegenwart.** Außenmauerteile der ehemaligen romanischen Basilika umfassen noch heute die katholische Pfarrkirche St. Marinus und Anianus. Auch die Ostflankentürme und der Chorbereich sind zum Teil noch mittelalterlich, der Rest aber erstrahlt in feinstem Rokoko und Frühklassizismus. Die in der Vorhalle befindliche Stiftertumba aus rotem Marmor ließ Abt Johannes II. Held (1485–98) anfertigen.

❖ Die benachbarte Benediktinerabtei Attel auf einem Hügel bei Wasserburg oberhalb des Inn geht auf eine Stiftung der Grafen von Dießen-Andechs um 1037 zurück und weist eine mit R. vergleichbare Verlaufsgeschichte auf. Die Anlage Attel entstand Ende des 17. Jh. und Anfang des 18. Jh. völlig neu und ist zum großen Teil noch erhalten. Sie wird seit 1873 von Barmherzigen Brüdern belebt.

Die von R. abhängige Propstei Kötzting (1232–1803) hinterließ im heutigen Bad Kötzting im nördlichen Bayerischen Wald das barocke Propsteigebäude, das heute als „Neues Rathaus“ genutzt wird.

◆ GermBen 2, 266–270; Heisig, Alexander: R. am Inn, Rott am Inn 2005; Bauer, Hermann/Bauer, Anna: Klöster in Bayern, München 1985, 76–80.

Rottenbuch, *Benediktinerzelle St. Maria (10. Jh. – um 1070), Augustiner-Chorherrenstift St. Maria, St. Petrus und St. Paulus (1073–1803), Don-Bosco-Schwesternkommunität (seit 1963) – „Altenmünster“, Diözese Freising – (Lkr. Weilheim-Schongau, Bayern, ❒ 4, A5).*

▶ **Vorgeschichte.** Im frühen 10. Jh. gründete vermutlich der Welfe Eticho ein kleines Rodungskloster im Oberammergau, wo die älteste Pfarrkirche der Region nachweisbar ist. Nach welfischer Haustradition verlegte Etichos Sohn Heinrich das Mönchskloster nach R., einer mit Rotbuchen bewachsenen Anhöhe über der Ammer. An diesem „Altenmünster“ sammelten sich im 11. Jh. Eremiten, die um 1070 noch nachweisbar sind.

▶ **Geschichte.** 1073 stiftete Welf IV., später Herzog von Bayern, das Regularkanonikerstift R. am Altenmünster. Als Initiator wirkte Bischof Altmann von Passau, einer der wichtigsten Kirchenreformer des 11. Jh. Die Gründung in R. wurde durch den Investiturstreit verzögert, denn erst Gemahlin Judith erreichte zwischen 1080 und 1086 die Besiedlung aus ➛ Passau St. Nikolaus, dem ersten Regularkanonikerstift auf deutschem Boden, sowie aus St. Pölten in Österreich. Schon 1090 wurde R. ein päpstliches Eigenkloster durch Vergabe der *libertas Romana*. Als Zufluchtsort romtreuer Prälaten und Zentrum der kanonischen Reformbewegung (*ordo antiquus*) erlangte das Stift bald hohes Ansehen und Ausstrahlung. Der Konvent besiedelte die Stifte ➛ Berchtesgaden 1102, ➛ Baumburg 1107, ➛ Hamersleben 1107, Klosterrath (Niederlande) 1112, Neuwerk bei ➛ Halle 1116 und Dießen um 1125 (s. u.). Neben dem Chorherrenkonvent existierte in R. nachweislich seit 1120 eine Frauengemeinschaft mit einer Schule für Adelstöchter; letztmalig erscheinen die Stiftsdamen urkundlich 1272. Ende des 13. Jh. zogen sie angeblich in das Benediktinerkloster ➛ Benediktbeuern. Eine erste Hochblüte erreichte R. unter Propst Otto I. (1147–80), aber die Reichsunmittelbarkeit konnte nach dem Untergang der Staufer nicht gehalten werden. Unabhängig vom Reformzentrum ➛ Indersdorf gingen von R. immer wieder neue Reformschübe aus. Bauaktivitäten, Buchillustrationen und Kunstpflege verweisen auf das hohe Niveau auch im Spätmittelalter. Die Vorsteher erhielten 1442 die Pontifikalien und das Almutiumsprivileg. Sie bewahrten erfolgreich den Konvent vor dem Ansturm der Bauern 1525 und den Folgen der Reformation. Die Fürsorge für Arme und Pilger, aber besonders die Seelsorge in den zahlreichen inkorporierten Kirchen nahmen in der frühen Neuzeit an Bedeutung zu. Probst Michael Fischer (1627–63) gelang trotz des Dreißigjährigen Kriegs ein neuer Aufschwung, der im 18. Jh. in barocker Umgestaltung der Stiftskirche und im Neubau der Anlage um zwei Innenhöfe gipfelte. Schon 1780 schützten Blitzableiter die Dächer der Stiftsanlage. Vergleichbar dem Stift ➛ Polling war R. ein blühendes Zentrum religiös geistigen Lebens mit hoher Ausstrahlungskraft, das 1803 vom bayerischen Staat eliminiert wurde. Mit Mühe konnten die Stiftskirche und einige Gebäudeteile vor dem Abbruch gerettet werden. Nur ein Teil der Bibliothek entging der Papiermühle. Das ursprüngliche „Altenmünster“ wurde abgerissen.

▶ **Gegenwart.** Die Chorherren erbauten zwischen 1085 und 1125 zusätzlich zum

Rottenbuch Augustiner-Chorherrenstift, der spätgotische Chor der romanischen Stiftskirche (um 1100).

Altenmünster eine neue Stiftsbasilika und einen freistehenden Glockenturm. Der romanische Glockenturm fiel 1417 in sich zusammen, wurde 1439 neu errichtet und gegen 1780 umgestaltet. Die romanische Stifts- und heutige katholische Pfarrkirche wurde um 1470 gotisiert und im 18. Jh. in Barock und Rokoko ausgeschmückt. Die Stiftsgebäude entstanden seit 1750 neu, große Teile wurden nach 1803 abgerissen. Seit 1963 nutzen Don-Bosco-Schwestern (Salesianerinnen) den ehemaligen Brauhaustrakt als Seminargebäude für ihren Unterricht. Der Maierhof, südwestlich im Gelände gelegen, diente als Ökonomiehof der Versorgung des Stifts. Der Südflügel dieser Vierflügelanlage stammt noch von 1455 und enthält einen kreuzgratgewölbten Raum und ein Spitzbogenportal.

❖ Das Tochterstift Dießen am Ammersee wurde um 1125 gegründet, erreichte im 18. Jh. eine vergleichbare wissenschaftliche Ausstrahlung wie das Mutterstift R. und endete im November 1802. Den Barockkomplex überragt das prachtvolle Marienmünster (1732–39). Die heutige Annexkirche St. Stephan wirkt romanisch, entstand aber aus dem Getreidekasten von 1627 erst 1978/79 und wird von Dominikanerinnen, die das Stift seit 1867 beleben, als Winterkirche genutzt.

◆ Pörnbacher, Hans: R., Regensburg 2002; Backmund, Norbert: Die Chorherrenorden und ihre Stifte in Bayern, Passau 1966, 127–132.

Rottenburg Franziskaner-Tertiarinnenkloster, die Kirche der Sülchenfrauen ist heute bischöfliche Grabstätte.

Rottenburg, *Franziskaner-Tertiarinnenkloster St. Johannes Baptist (1384–1643) – „Sülchenkloster", Diözese Konstanz – (Lkr. Tübingen, Baden-Württemberg, ❐ 3, C4).*

▶ **Geschichte.** Aus einer Beginengemeinschaft in Sülchen nordöstlich der Reichsstadt R. erwuchs Ende des 14. Jh. ein Tertiarinnenkonvent des Dritten Ordens der Franziskaner. 1384 werden die „Silcher Nunnen" in der „Unteren Klause in Sülchen" erstmals als dem Franziskanerorden zugehörig bezeichnet. Die Überlieferung ist dürftig. Schenkungen und Käufe erlaubten die bauliche Erweiterung des Klosters um 1490/1500, was eine ausreichende finanzielle Basis voraussetzt. Seit 1463 hatte Mechthild von der Pfalz, Witwe Erzherzog Albrechts VI. von Österreich, die Stadt R. zum Kultur-, Kunst- und Gelehrtenzentrum erblühen lassen, was sich positiv auch auf die Klöster der Stadt niederschlug. Während der Reformationszeit reduzierte sich die Konventsstärke durch Austritte auf acht Schwestern. Ihr Auskommen verschlechterte sich in den folgenden Jahrzehnten deutlich. Die Stadt gehörte bereits seit 1381 zur Habsburger Herrschaft Vorderösterreich, wodurch der katholische Glaube gewahrt blieb. 1580 gliederte die Ordensleitung den Konvent, der damals aus Vorsteherin Katharina Stickhin und sechs Schwestern bestand, aus der oberdeutschen in die neugegründete Tiroler Observantenprovinz ein. 1605 bezeichneten sich die Frauen als „arme Schwesterlen gedachts Franciscaner Gottsheußle Silchen genannt" und baten um städtische Unterstützung. Der Dreißigjährige Krieg verschärfte die Not; nach Zerstörung der Anlage 1631 und 1643 endete die Gemeinschaft. Die Provinzleitung vereinigte 1643 den Sülchenkonvent mit der „Oberen Klause", ebenfalls einem Tertiarinnenkonvent der Stadt, von dem lediglich Barockarchitektur erhalten blieb.

▶ **Gegenwart.** Die ehemalige Pfarr- und Klosterkirche St. Johannes Baptist in Sülchen dient heute als katholische Friedhofskirche und seit 1869 auch als Begräbnisstätte der Bischöfe der Diözese Rottenburg-Stuttgart. Der werksteingegliederte, verputzte Saal entstand 1120 und wurde 1513 spätgotisch umgebaut. Der quadratische Nordostturm mit Glockengeschoss stammt von 1885. Der Innenraum ist flachgedeckt, der eingezogene Chor kreuzrippengewölbt und mit neugotischen und neubarocken Epitaphen der Bischöfe ausgeschmückt. Ein Häuschen neben der Kirche wird als Rest der ehemaligen Klausur gedeutet.

◆ Ströbele, Ute: R., Untere Klause in Sülchen, in: Württembergisches Klosterbuch, Ostfildern 2003, 416 f.; Manz, Dieter: Klöster in R., Rottenburg am Neckar 1990.

Rottweil, *Dominikanerkloster St. Petrus und St. Paulus (1266–1803), Diözese Konstanz – (Kreisstadt, Baden-Württemberg, ❐ 3, C4).*

▶ **Geschichte.** Herzöge von Teck, Grafen von Sulz und Herren von Zimmern riefen vor 1266 Dominikaner aus ➛ Esslingen und Freiburg (s. u.) in die Stadt R., die zunächst in einer Herberge lebten. 1266 nahm das Generalkapitel die neue Niederlassung in den Orden auf und reihte sie später in die *Natio Sueviae* der Ordensprovinz Teutonia ein. Provinzialkapitel des Ordens fanden in den Jahren 1396, 1427 und 1474 in R. statt. Die Stadt war im 12. Jh. von den Staufern planmäßig auf dem Hochplateau über der Neckarschleife angelegt worden; ihr letzter Spross, Herzog Konradin von Schwaben, empfahl die Prediger 1267 dem Schutz der Stadt. Bischof Albertus Magnus (um 1195–1280, kanonisiert 1931) förderte bei seinem Besuch 1268 den Bau der Klosterkirche mit Ablässen, deren Weihe 1282 zu Ehren der Apostelfürsten Petrus und Paulus erfolgte. König Adolf von Nassau bestätigte 1295 die Erweiterung des Klosterareals. Die Abgrenzung der Terminierbezirke geriet zum Nachteil der Konvente Freiburg, Ess-

Rudekloster Zisterzienserabtei, aus Abbruchmaterial der Abtei entstand 1583/87 das Schloss Glücksburg.

lingen und ➛ Konstanz. Bereits 1270 oblag den Brüdern die *cura monialium* in den Frauenklöstern ➛ Kirchberg-Renfrizhausen, ➛ Villingen-Vetternsammlung, ➛ Dornstetten, Neudingen (s. u.) und ➛ Stetten-Gnadental. Ihr Hauptapostolat sahen die Dominikaner aber in der Volkspredigt und in der Pflege der Wissenschaft; 1303 ist ein Studienhaus nachweisbar. Seelsorgliche Befugnisse mussten 1307 gegenüber dem städtischen Pfarrklerus abgegrenzt werden. Erste Missstände stellte Provinzial Johannes Cusin (1368–72) bei einer Visitation 1370 fest. Der Konvent R. galt unter dem bedeutenden Prior Konrad Keller (um 1442– um 1474) als Hochburg des Widerstandes gegen die observante Strömung im Orden. Lektor Kaspar erlangte 1444 Kaplanswürden bei Erzherzog Albrecht VI. von Österreich. Provinzial Eberhard von Kleve (1515–29) erreichte 1518 mit Unterstützung des Magistrats und Brüdern aus dem Elsass doch noch die Annahme der Observanzbedingungen. In der Folgezeit entwickelte sich das Predigerkloster zum Zentrum des katholischen Widerstands gegen reformatorische Veränderungen. Prior Georg Neudorffer beteiligte sich 1526 mit eigenen Schriften am Glaubensstreit; die Stadt blieb schließlich beim katholischen Glauben. 1534 fanden Mitbrüder aus ➛ Ulm Zuflucht im Konvent und zogen erst nach zehn Jahren weiter nach ➛ Gmünd (Schwäbisch Gmünd). Im Dreißigjährigen Krieg verschlechterten sich die Verhältnisse dramatisch; so lebten 1642 nur noch fünf Brüder in R. Bei Belagerung und Einnahme der Stadt durch französische Truppen soll sich 1643 zweimal das Wunder der Augenwende an der Marienfigur in der Dominikanerkirche ereignet haben. Der Konvent erholte sich nach Kriegsende allmählich durch intensivere Frömmigkeit und die blühende Wallfahrt zum Gnadenbild der „Muttergottes von der Augenwende", was 1739 den barocken Neubau der Konventsgebäude und die Umgestaltung der Dominikanerkirche ermöglichte. 1802 besetzten württembergische Truppen die Reichsstadt; bis zum 2. Januar 1803 mussten die Dominikaner ihr Kloster räumen.

▶ **Gegenwart.** 1972 riss man die Reste der barocken Konventsgebäude für den Bau des Dominikanermuseums R. ab. Die Predigerkirche wurde zunächst evangelische Garnisonskirche, ist aber seit 1818 evangelische Stadtkirche. Aus der gotischen dreischiffigen Staffelhalle entstand 1753 auf alten Grundmauern das barocke Langhaus mit Stichkappengewölbe. Der gotische Chor blieb erhalten und wurde unter einem Dach angebunden. Barock-Rokokoausstattung und frühklassizistische Dekoration beherrschen den Innenraum.

❖ Das ältere und bedeutendere Bruderkloster in Freiburg im Breisgau-Unterlinden existierte von 1235 bis 1793, hinterließ aber kein aufstrebendes Mauerwerk. Heute entsteht auf dem ehemaligen Klosterareal Predigertor/Friedrichring ein neues Geschäftsgebäude.

In Neudingen bei Donaueschingen lebten Schwestern seit 1287 unter Fürsorge der Dominikaner von R. Der Konvent gehörte seit 1307 dem Zweitorden der Dominikaner an und war 1559 verödet. 1573 setzten Zisterzienserinnen aus ➛ Lichtenthal die monastische Tradition in „Maria Hof" unter Aufsicht von ➛ Salem bis 1802 fort. 1852 brannten Kirche und Klostergebäude vollständig ab.

◆ Hecht, Winfried: R., Dominikanerkloster, in: Württembergisches Klosterbuch, Ostfildern 2003, 420–422; Ochs, Karl/Hecht, Winfried: Kirchen in R., Regensburg 2002.

Rudekloster, *Zisterzienserabtei St. Maria (um 1190–1541) – „Glücksburg", Diözese Schleswig – (Glücksburg, Kr. Schleswig-Flensburg, Schleswig-Holstein, ❐ 1, D1).*

▶ Nach einem schwierigen Reformprozess, der von König Knut VI. von Dänemark und Bischof Waldemar von Schleswig durchgesetzt wurde und als „Mönchskrieg" endete, löste sich die Benediktiner Doppelabtei St. Michael am Dom zu Schleswig auf. Aus dem Frauenkonvent entstand wahrscheinlich das Benediktinerinnenkloster am Holm in ➛ Schleswig und aus dem Mönchskonvent um 1190 das Zisterzienserkloster Guldholm nördlich der Stadt. Die neue Mönchsabtei Guldholm wurde 1209/10 nach Nordangeln in die Nähe von Flensburg auf den Königsbesitz *rus regis* verlegt, wovon sich der Name „Rudekloster" ableitet. Mit Unterstützung von Zisterziensern aus Esrom (Dänemark) stieg R. zum bedeutenden geistlichen und wirtschaftlichen Zentrum im Süden der Halbinsel Jütland (später Herzogtum Schleswig) auf. Die Abtei stand mit eigener Gerichtsbarkeit oft gleichberechtigt dem Domkapitel in Schleswig zur Seite und förderte entscheidend die Entwicklung der Agrarwirtschaft, Viehhaltung und Obstkultur im Land Angeln. Nach Einführung der Reformation 1541 durch König Christian III. von Dänemark und der schleichenden Auflösung entstand 1583/87 aus dem Abbruchmaterial der Abtei das Renaissance-Wasserschloss Glücksburg. Der angestaute Teich um das Schloss verbirgt alte Fundamente, Mauerzüge und Mönchsgräber. Die Schlosskapelle bewahrt ein Weihrauchgefäß (spätes 13. Jh.); Kleingegenstände des Mönchsalltags stellt ein Museum aus. Besonders beeindruckend aber erinnert das große Triumphkreuz (um 1450) in der Pfarrkirche von Munkbrarup an die Zisterzienser.

❖ In Angeln entstand zwischen 1150 und 1250 ein dichtes Netz von Pfarrkirchen unter Verwendung von harten Granitquadern. Diese Bauweise gilt als spezifisch jütländischer Beitrag zur romanischen Baukunst. In kaum einer anderen Region Europas ist der Anteil der Romanik am heutigen Bestand der Dorfkirchen so groß wie auf der Halbinsel Jütland – auch ein Erbe der Zisterzienser.

◆ GermBen 12, 626–635.

Rüdigheim, *Johanniterkommende St. Johannes Baptist (1257–1803), Erzdiözese Mainz – (Neuberg-R., Main-Kinzig-Kreis, Hessen, ❐ 3, C2).*

▶ **Geschichte.** Ritter Helfrich von Rüdigheim und seine Familie übertrugen 1257 dem Johanniterorden ihr Eigengut und das Kirchenpatronat in der Grafschaft Hanau, was Erzbischof Gerhard I. von Mainz (Dhaun) im Mai 1258 bestätigte. Die Johanniter erbauten um 1260 an der Pfarrkirche von 1230/35 in R. eine Kommendeanlage und fügten bis 1270 der Kirche St. Maria einen Chor an. Die Kommende R. entwickelte sich zu einem bedeutenden

Ordenshaus in der Wetterau. Nachgeborene Söhne der Stifterfamilie traten in den Orden ein und übernahmen Offiziersämter. Bekanntester Komtur war Helfrich von Rüdigheim (1322–24), der zuvor als Großprior von Deutschland (1305–10, 1312–16) amtierte. Das Ordenshaus Grebenau/Waldkappel (s. u.) bei Alsfeld unterstand R. als *membrum*. Im Spätmittelalter verlor die Kommende ➛ Nidda ihre Selbständigkeit und wurde R. ebenfalls unterstellt. In ➛ Gelnhausen unterhielten Johanniter aus R. einen Hofkomplex mit Kapelle, der erstmals 1384 genannt wird. Eine Visitation im Auftrag der Ordensleitung 1495 listet in R. neben dem Komtur Philipp von Ryffenberg (1450–95) zwei Priesterbrüder, Verwalter, Koch und zwei Knechte auf. Die nächste Visitation 1540 traf auf eine vergleichbare Konventsstärke, aber die genannten beiden Kapläne waren Weltpriester und gehörten nicht dem Orden an. Die Hanauer Reichsgrafen übten die Schirmherrschaft aus. Nach deren Bekenntnis zum Protestantismus 1548 unterstellte der Orden die Kommende R. der Zentrale in Frankfurt/Main, die etwa drei Wegstunden entfernt lag und sich als Verwaltungssitz anbot. Das Haus Grebenau/Waldkappel war zuvor bereits vom hessischen Landgraf Philipp I. eingezogen worden, die Filiale Nidda fiel an die Kommende ➛ Niederweisel. Dreißigjähriger Krieg und ein Brand (1657) ließen vom Gebäudekomplex nur Kirche und Haupthaus übrig. Der Wiederaufbau zog sich über einhundert Jahre hin; inzwischen hatte der Orden 1682 die Schutzvogtei von Hanau abgekauft. Nach der Säkularisierung 1803 entstand ein Domänengut.

▶ **Gegenwart.** Auf dem Hügel über dem alten Ortskern von R. erhebt sich die Pfarrkirche, die bereits vor den Johannitern bestand und zu den ältesten Dorfkirchen der Wetterauregion gehört. Deutlichster Hinweis auf ihr Alter ist das vermauerte spätromanische Südportal mit Rundstab in Fünfpassform. Die Ordensbrüder bauten die romanische Kirche in einen frühgotischen Rechtecksaal in vorzüglichen Formen um und erweiterten den Raum im Osten durch einen polygonalen Chor. Frühgotische Wappenmalerei repräsentiert die heute selten erhaltene farbige Architekturfassung an den Außenwänden aus dem Hochmittelalter. Innen veränderte 1596 die sich reformiert bekennende Gemeinde die Einrichtung und Ausstattung des kreuzrippengewölbten Raumes einschneidend. Der Grabstein des lange Zeit amtierenden Komturs Philipp von Reifenberg blieb erhalten. Mittelalterliche Wandmalereien kamen jüngst wieder ans Tageslicht. Ein romanisches Taufbecken wurde auf dem Hof entdeckt, wo es zuletzt als Viehtränke diente. Der Sakristeianbau hinterließ nur Wandspuren, der Westeingang ist neugotisch. 1889 wurde das heutige Glockentürmchen aufgesetzt und die westliche Giebelfront mit neugotischen Fenstern neu errichtet. Von Kommendegebäuden blieb lediglich das hoch aufragende Haupthaus (um 1620) erhalten, das in den letzten Jahren als Gemeindezentrum ausgebaut wurde. An seiner Nordseite erinnert ein reichprofiliertes Portal mit Rundstäben an die Frühzeit der Johanniter.

❖ In Grebenau entstand vor 1278 eine Kommende, nachdem die Reichsabtei ➛ Fulda den Grafen von Ziegenhain mit Waffengewalt zum Verkauf seiner Wasserburg Waldkappel (Cappella) an die Johanniter gezwungen hatte. Die Kommende wurde 1374 verkauft, zurückgewonnen und verpfändet, die Verwaltungsgeschäfte oblagen zunächst der Kommende Nidda, im 15. Jh. aber der Kommende R. Landgraf Philipp von Hessen eignete sich 1526 den verpfändeten Ordensbesitz an und übergab ihn im August 1527 an einen Erblehnsträger. Der Johanniterorden verglich sich 1562 mit der neuen Herrschaft von Plesse gegen eine Abfindung. Von der Wasserburg und Johanniterkommende Grebenau am Vogelsberg in Osthessen existiert heute nichts mehr.

◆ Dersch, Wilhelm: Hessisches Klosterbuch, Marburg 2000; Rödel, Walter: Das Großpriorat Deutschland des Johanniter-Ordens, Mainz 1965, 268–272.

Rühn, *Benediktinerinnenkloster St. Maria (1232–1557), Diözese Schwerin – (R.-Bützow, Lkr. Güstrow, Mecklenburg-Vorpommern, ❐ 2, B2).*

▶ **Geschichte.** Bischof Brunward von Schwerin erfüllte 1232 das Versprechen seines Vorgängers Berno und gründete im Schweriner Domstiftsland nahe der Bischofsresidenz Bützow das Frauenkloster R. Die reiche Grundausstattung und fromme Stiftungen erlaubten ein frühes Aufblühen und Landzukäufe in beträchtlichem Umfang. Kloster R. entwickelte sich zum religiösen und wirtschaftlichen Zentrum der Region. Die erzbischöfliche Gründungsbestätigung aus Bremen spricht 1233 von einem Benediktinerinnenkonvent, die Verfassung war aber nicht immer eindeutig. Wahrscheinlich orientierten sich die Schwestern zeitweise an der Zisterzienserobservanz, ohne direkte Verbindung mit dem Zisterzienserorden zu pflegen. Die Jurisdiktion lag immer beim zuständigen Bischof, der den Propst bestimmte und ihn auch mit der Verwaltung des Archidiakonatsbezirks beauftragte. Propst Thedelin von R. tritt 1237 erstmals namentlich in einer

Rühn Benediktinerinnenkloster, Südwestecke der Klosterkirche (1270) mit jüngerem Glockenturm.

Rulle Zisterzienserinnenkloster, die heutige Wallfahrtskirche vereint die romanische Pfarrkirche, die gotische Klosterkirche und den ehemaligen Kapitelsaal, Südseite.

Urkunde als Zeuge auf. Er ist wohl derselbe Thedelin, der 1227 als Propst im Benediktinerkloster ➛ Dobbertin tätig war, denn 1234 hatten Ordensfrauen möglicherweise aus ➛ Zeven die Dobbertiner Niederlassung übernommen. Denkbar ist auch, dass die ersten Benediktinerinnen in R. ebenfalls aus Zeven kamen. Neben dem eigentlichen Klosterland, das von Klosterbediensteten bewirtschaftet wurde, war der übrige Teil an Lehnsbauern vergeben. R. übte niedere Gerichtsbarkeit aus, in mehreren Klosterdörfern auch die volle Gerichtsbarkeit. Im September 1270 weihte Bischof Hermann von Schwerin die Marienkirche des Klosters ein. 1277 sandte Priorin Heylewig einen Gründungskonvent in das neue Kloster nach Kolberg (heute Polen). Dem Propst von R. wurde das Visitations- und Einspruchsrecht bei der dortigen Propstwahl eingeräumt. Übergriffe des örtlichen Adels auf das reiche Klostergut nahmen im Spätmittelalter zu. Papst Innozenz VIII. befahl 1487 gerichtlich gegen namentlich genannte Herren vorzugehen. 1495 bestand der Konvent aus 35 Frauen, wenige bürgerlicher Herkunft, der überwiegende Teil aus örtlichen Adelsfamilien. Der Abt von ➛ Cismar visitierte 1498 im bischöflichen Auftrag die Benediktinerinnenklöster R. und Dobbertin. Die Reformation breitete sich im 16. Jh. in Mecklenburg ungehindert aus, wobei die Landesherren durch moderate Politik das Land vor blutigen Auseinandersetzungen bewahrten. 1542 wirkte in R. bereits der lutherische Geistliche Matthäus Blumenberg im Auftrag des evangelischen Bischof Magnus. 1549 entschied sich der Sternberger Landtag für das evangelische Bekenntnis in allen Landesteilen. Die Herzöge Johann Albrecht und Ulrich setzten seit 1552 den Beschluss in den Klöstern durch. Im Streit zwischen den herzoglichen Brüdern wurde Kloster R. 1550 kurzzeitig okkupiert, obwohl es auf Schweriner Stiftsland stand, das Reichsunmittelbarkeit beanspruchte. Aber das Domkapitel wählte Herzog Ulrich als Administrator, der nun seine Verfügungsgewalt ausnutzte. 1557 führten evangelische Visitatoren das lutherische Bekenntnis im Konvent ein. Unbeugsame „papistische" Schwestern mussten gehen, die meisten blieben oder erhielten eine Aussteuer zur Heirat. Herzog Ulrich übergab 1575 das evangelische Kloster seiner Gemahlin Elisabeth, die 1581 eine neue Klosterordnung durchsetzte. Das evangelische Damenstift R. bestand bis 1756.

▶ **Gegenwart.** Die ehemalige Klosterkirche St. Maria dient heute der evangelisch-lutherischen Ortsgemeinde als Gotteshaus. Der einschiffige Bau mit geradem Chorschluss (Mitte 13. Jh.) fällt durch seine ungewöhnliche Länge von 43 m bei 10 m Breite auf. Beide Giebelwände sind durch Lisenen und Bogenfriese verziert, die Westseite wird durch eine Dreifenstergruppe und stumpfspitzbogige Portale mit abgetreppten Gewänden gegliedert. Die Fensteranordnung an den Längsseiten lässt eine ehemalige Westempore vermuten. Den flachgedeckten Innenraum prägt die nachreformatorische Ausgestaltung in Renaissance, lediglich das lebensgroße Kruzifix und Ritzgrabsteine stammen aus klösterlicher Zeit. Südlich der Kirche blieb ein Rest des ehemaligen Kreuzgangs erhalten. Die noch stehenden Konventsflügel sind bis in das 20. Jh. mehrfach überformt worden.

◆ Schlegel, Gerhard: Das Frauenkloster R., in: Mecklenburgische Jahrbücher 120 (2005) 107–114; Böhland, Susanne: Das evangelische Kloster R. im Stiftsland Schwerin, in: Mecklenburgia Sacra 2 (1999) 59–84.

Rulle, *Zisterzienserinnenkloster St. Maria (1230–1803) – „Marienbrunn", Erzdiözese Mainz – (Wallenhorst-R., Lkr. Osnabrück, Niedersachsen, ❐ 1, C4).*

▶ **Geschichte.** Der bischöfliche Ministeriale Giselbert von Haste stiftete im September 1230 seinen Maierhof Haste (früher Harst) am Netteübergang nördlich von Osnabrück zur Gründung eines Frauenklosters, dessen spätere Verlegung wegen der Nähe zum Kloster ➛ Gertrudenberg schon in der Frühzeit erwogen wurde. Stifter Giselbert trat selbst als Konverse in das Kloster ein. Der tecklenburgische Ministeriale Konrad von Lingen vermachte 1233 dem jungen Konvent umfangreichen Lehnsbesitz im nordöstlichen R. mit Pfarrkirche und Marktgerechtigkeit, woraufhin die Verlegung des Klosters nach R. bis 1247 erfolgte. Die Güter konzentrierten sich auf relativ engem Raum um die Widukindsburg; bis 1319 erweiterten Schenkungen und Zukäufe den Besitz. Der vom Konvent gewählte Propst amtierte als Pfarrer in R. und wurde vom Dompropst eingeführt; insofern behielt das Hochstift Osnabrück Mitspracherechte. Die Schwestern bekannten sich zur Zisterzienserobservanz.

Das Generalkapitel des Zisterzienserordens beschäftigte sich 1317 und 1341 nachweislich mit dem Frauenkloster R.; die Paternität übernahmen ➛ Hude, ➛ Loccum und 1602 ➛ Marienfeld. Von einer Vollmitgliedschaft im Orden gehen die Historiker dennoch nicht aus, weil bischöfliche Rechte weiterbestanden und die Exemtion nicht erreicht wurde. Christina von Haltern († 1280) ist als *scriptrix* überliefert. Sie hinterließ ein Altes Testament in zwei Bänden, was auf eine klösterliche Schreibstube hinweist. Der berühmte „Codex Gisele" der Schwester Gisela von Kerssenbrock († 1300) entstand wahrscheinlich aber nicht in R., sondern in einem westfälischen Mönchskloster. Ein Wunder an einer 1347 geraubten Hostie, die sich in einer Schmuckbüchse rot färbte, nutzte Äbtissin Adelheid von Diepholz (1336–60) zur Verbreitung des Heilig-Blut-Kults und zum Vorteil der Klosterökonomie sowie der geistlichen Ausstrahlung. R. wurde zum überregional bekannten Wallfahrtsort „Marienbrunn", der dem Kloster ➛ Wietmarschen den ersten Rang als Pilgerziel streitig machte. Der Konvent war nie besonders groß, von sechs Chorschwestern 1391 wuchs er 1477 auf über acht und 1588 auf elf Konventualinnen, blieb seit 1661 etwa konstant bei neun. Die Zahl der Laienschwestern ist weniger gut dokumentiert, im 15. Jh. zählte man zehn. Bischof Konrad IV. von Osnabrück (Rietberg) veranlasste um 1500 Reformen im Konvent unter Äbtissin Judith von Grothaus (um 1480–1510). Innerlich gestärkt überstanden Äbtissin Ludgardis von Bar (1510–46) und ihre Schwestern die reformatorischen Umwälzungen relativ unbeschadet. Heilig-Blut-Prozessionen wurden 1538 neu organisiert. Landsknechte Herzog Philipp Magnus' von Braunschweig plünderten 1553 das Kloster. Neue Reformmaßnahmen wurden Anfang des 17. Jh. notwendig. Rückschläge während des Dreißigjährigen Krieges konnten mit Hilfe der Abtei Marienfeld überwunden werden. In der barocken Spätblüte intensivierte das katholische Kloster die Wallfahrten zum Heilig-Blut-Wunder. Die Aufhebung des Klosters erfolgte im Rahmen der allgemeinen Säkularisation 1803 durch Kurfürst Georg von Hannover. Betroffen waren Äbtissin Hedwig Luise von Walthausen (1786–1802), sieben Chor- und drei Laienschwestern.

▶ **Gegenwart.** Noch heute ist R. ein bekannter Wallfahrtsort. Die heutige katholische Pfarr- und Wallfahrtskirche St. Maria ist eine dreischiffige Halle, die aus Pfarrkirche, Klosterkirche und Kapitelsaal entstand. Anfang des 14. Jh. erbaute man eine neue Klosterkirche und fügte den Kapitelsaal unmittelbar südlich an die romanische Pfarrkirche (um 1150) an. Die Klosterkirche war ein einschiffiger Bau mit 5/8-Chor und untypischerweise mit doppeltürmiger Westfassade. 1928/30 erhielt sie den neugotischen Chorraum, um den Wallfahrtsanforderungen besser zu entsprechen. Ein Gesamtdach vereint seitdem alle drei Baukörper. Heute dient die romanische Pfarrkirche als Gnadenkapelle, der Kapitelsaal als Werktagskirche und die ehemalige Schwesternkirche als Wallfahrts- und Pfarrkirche. Nördlich befand sich die Klosteranlage; Kreuzgänge wurden erst 1712 errichtet. Mittelalterliche Konventsbauten existieren heute nicht mehr. Am Erstgründungsort Haste, heute ein Stadtteil von Osnabrück, blieben keine klösterlichen Gebäude erhalten.

◆ GermBen 12, 636–654; Ahlers, Gerd: R., in: Weibliches Zisterziensertum im Mittelalter, Berlin 2002; 134–139; Wilken, Gerhard: R., Osnabrück 1981.

Rumbeck, *Prämonstratenser-Chordamenstift St. Maria, St. Johannes Evangelist und St. Nikolaus (vor 1191–1804), Erzdiözese Köln – (Arnsberg-R., Hochsauerlandkreis, Nordrhein-Westfalen, ❒ 1, C5).*

▶ **Geschichte.** Graf Heinrich I. von Arnsberg hatte 1173 als Sühneopfer das Prämonstratenserstift ➛ Wedinghausen bei Arnsberg gestiftet. Zu dessen Grundausstattung trat 1186 der nahe Hof R. (wenige Kilometer) östlich der Stadt hinzu. Erstmals erwähnt eine Urkunde Erzbischof Philipps I. von Köln (Heinsberg) 1191 ein Frauenstift in R., das möglicherweise durch Wedinghausen entstanden war. Bewiesen ist die Herkunft der Prämonstratenserinnen aus Wedinghausen nicht, genauso wenig dessen Doppelstiftcharakter, den manche vermuten. Ein Doppelkonvent war wohl von Erzbischof Bruno III. von Berg tatsächlich geplant und vom Nachfolger Adolf I. von Altena auch gefordert worden, er kam aber nicht zustande. Erzbischof Adolf I. verfügte 1196 die Prämonstratenserinnen von ➛ Bredelar nach R., während er das dortige Stift in eine Zisterzienserabtei umwandelte. Das Chorfrauenpriorat R. stand unter Paternität Wedinghausens, das Vorsteher für weltliche Angelegenheiten und Beichtväter stellte. Vogteirechte blieben bis 1371 bei den Arnsberger Grafen, die sich als großzügige Förderer erwiesen. Papst Innozenz IV. sprach 1246 seinen besonderen Schutz aus, ein königliches Privileg existiert nicht. Seit 1267 genoss R. die höhere Stellung einer Propstei. Der erste Propst Hermann musste 1267 wegen Veruntreuung auf Amt und Ansprüche verzichten. Durchschnittlich lebten etwa 35

Rumbeck Prämonstratenser-Chordamenstift, die Stiftsbasilika (um 1200) wurde in eine gotische Halle umgebaut.

Chorfrauen im Konvent. Hauptapostolat der Chorfrauen war das Gotteslob und die ewige Anbetung; rund um die Uhr hielten sich mindestens zwei Schwestern zum Gebet und Gesang in der Kirche auf. Stickarbeiten übertrafen in kunsthandwerklicher Fertigkeit das gewöhnliche Maß, in der eigenen Schreibstube kopierten die Frauen Handschriften und illustrierten sie neu. Das Stift galt im Mittelalter als Zufluchtsstätte für Arme, Kranke und Notleidende. Fischereirechte an Ruhr und Teichen waren von hoher Bedeutung und provozierten Auseinandersetzungen besonders mit den Städten Arnsberg und Hüsten. Höfe, Waldbesitz und Mühlenrechte sicherten ebenfalls den Lebensstandard; später kamen Eisenhammer, Glashütte, Siederei, Bleicherei und Salzhaus hinzu. Während der Soester Fehde (1444–49) litt R. an Überfällen, so dass sich der Konvent mit Priorin Styne van Muldenbern (1437–67) im Exil in Altenhellefeld aufhalten musste. Im 16. Jh. gefährdete die Reformation und der zerrüttete Männerkonvent in Wedinghausen den inneren Frieden des Konvents. Erst die Reformen von 1602, eingeleitet von der Abtei ➛ Steinfeld, verbesserten die Lage. Schwestern aus R. sorgten 1641 für den klösterlichen Neubeginn im Stift ➛ Oelinghausen. Im 18. Jh. eröffneten die Prämonstratenserinnen eine Mädchenschule im Stift. Priorin Franziska Peters (1783–1804) und fünf Mitschwestern richteten einen Fonds für arme Schülerinnen ein, um ihnen eine Chance zur Ausbildung zu bieten. Im April 1804 hob Landgraf Ludwig X. von Hessen-Darmstadt das Stift R. auf. Elf Chorfrauen, acht Laienschwestern und eine Novizin durften mit Pensionen bleiben und ihre Ordensstatuten weiterhin befolgen. Das Stiftsgut wurde verpachtet.

▶ **Gegenwart.** Noch heute begrenzt ein Teil der ehemaligen Immunitätsmauer von 1610 das Stiftsareal. Nach Teilabriss 1832 und Brand 1914 blieben Kirche und Südflügel der Klausur erhalten bzw. sind wieder aufgebaut worden. Die Stifts- und Pfarrkirche (um 1200), ursprünglich eine rechteckige Pfeilerhalle mit Tonnengewölbe, gilt als eine der ersten eingewölbten Kirchen in Westfalen. Sie wurde zu einer gotischen Hallenkirche mit engen Seitenschiffen umgebaut und 1698/99 barockisiert. Der im Gelände freistehende Glockenturm (ehemals Archivturm) entstand erst 1702. Der wieder aufgebaute, zweigeschossige Südflügel (um 1715) ruht auf Grundmauern von 1519 und dient als katholisches Pfarrhaus. Die Gebäude nördlich der Kirche entstanden im 17. Jh. Eine ehemalige Wassergewinnungsanlage des Stifts ist als besonderes Bodendenkmal ausgewiesen.

◆ Ehlers-Kisseler, Ingrid: Die Anfänge der Prämonstratenser im Erzbistum Köln, Köln 1997; Potthoff, Marie-Theres: R., Westfälisches Klosterbuch, Tl. 2, Münster 1992, 315–321.

Rupertsberg Benediktinerinnenabtei, vom Kloster der Hildegard von Bingen blieben Kellergewölbe bewahrt.

Rupertsberg, *Benediktinerinnenabtei St. Maria u. a. (um 1150–1632), Erzdiözese Mainz – (Bingen-Bingerbrück, Lkr. Mainz-Bingen, Rheinland-Pfalz, ❐ 3, B2).*

▶ **Geschichte.** Die Benediktinerinnenabtei R. wurde zwischen 1147 und 1151 von der Äbtissin Hildegard (1098–1179) und ihren 20 Frauen nach Verlassen der Doppelabtei ➛ Disibodenberg gegründet. Sie wählte den Berg über der Nahe unweit der Flussmündung in den Rhein, weil der Berg durch die Burg und das Grab Herzog Ruperts (7. Jh.) als wundertätig galt. Die einstige Wallfahrtsstätte war nach dem Normannensturm in Vergessenheit geraten. Die heiligmäßig verehrten Äbtissin und Visionärin Hildegard, die bald nach dem Ort Bingen am Fuß des Berges benannt wurde, erwarb die Ruinen vom Erzstift Mainz. Der Konvent bekannte sich zu den Reformstatuten von ➛ Hirsau, stand aber nur hochadeligen Damen des freien Reichsadels offen. 1163 gewährte Kaiser Friedrich I. Schutz und erkannte die Schirmherrschaft des Mainzer Domstifts an, Vogteirechte anderer waren damit ausgeschlossen. Hildegard erwarb 1165 das aufgegebene Stift Eibingen (s. u.) bei Rüdesheim auf der gegenüberliegenden Rheinseite und gründete ein Tochterkloster für nichtadelige Schwestern, die sie in R. nicht aufnehmen mochte. Sie stand beiden Klöstern in Personalunion vor. Papst Alexander III. half, Einflüsse der Abtei Disibodenberg zu minimieren, die päpstliche Schutzbulle folgte 1184. Hildegard pflegte einen Briefwechsel mit Tenxwindis, Meisterin im Marienstift ➛ Andernach, wobei erstere die adelige Exklusivität der Klosterbesetzung verteidigte, Tenxwindis aber die Christusnachfolge bezüglich des niederen Standes der Augustiner-Chorfrauen im ➛ Springiersbacher Reformverband hervorhob. Nach dem Tod Hildegards 1179 wurde ihr Grab im Kloster R. zur Wallfahrtsstätte. Das im 13. Jh. eingeleitete Kanonisierungsverfahren kam zu keinem Abschluss; seit Beginn des frühen 15. Jh. steht sie als Heilige in den kirchlichen Kalendarien und im „Martyrologium Romanum". Nach Hildegard schwand die geistliche und geistige Ausstrahlung des Konvents. Eine sonst nicht erwähnte Frauengemeinschaft in der Abtei ➛ Sponheim wurde 1203/24 nach R. verlegt. Das Kloster unterschied sich im Spätmittelalter als Versorgungsanstalt adeliger Töchter kaum von weltlichen Damenstiften. 1429 setzte Äbtissin Fyle von Milwalt erste Reformen mit einer Neuorganisation der Wirtschaft durch. Eine innere Erneuerung im Sinn der ➛ Bursfelder Kongregation Mitte des 15. Jh. stieß auf Gegenwehr einer Minderheit im Konvent, die sich allenfalls auf den gemeinsamen Tisch einlassen wollte. Erst unter Äbtissin Ailheit von Riffenburg (1469–93) gewann die Observanz an Boden. Reformabt Adam Mayer (1454–99) von Groß St. Martin in ➛ Köln rief sechs reformierte Schwestern aus ➛ Schönau im Taunus zu Hilfe. Während der Reformation übte die Abtei ➛ Johannisberg die geistliche Aufsicht aus. Im Dreißigjährigen Krieg zerstörten die Schweden 1632 das Kloster unwiederbringlich. Die Schwestern setzten nach langem Exil ihr monastisches Leben im Tochterkloster Eibingen fort (bis 1802).

▶ **Gegenwart.** 1857 sprengten Ingenieure beim Bau der Nahetal-Eisenbahn den Großteil des Bergfelsens mit der klösterlichen Architektur. Die Büromöbelfirma Würth rettete Reste der einstigen Wirkungsstätte Hildegards von Bingen. Fünf Arkaden vom Westteil der Klosterkirche sind im ehemaligen Bürogebäude erhalten; sanierte Gewölbekeller der Nordklausur werden für Fachtagungen oder Kulturveranstaltungen angeboten. Heute heißt der Ort nicht mehr „Rupertsberg" sondern Bingerbrück. Interessanterweise soll der Maler Matthias Grünewald um 1500 auf dem Isenheimer Retabel der Antoniter das Kloster R. als Landschaftshintergrund der Geburt Christi auf der mittleren Altartafel abgebildet haben.

❖ In Eibingen bei Rüdesheim existierte seit 1148 zunächst ein Augustiner-Doppelstift, das 1165 von Truppen Kaiser Friedrichs I. zerstört wurde. Das nachfolgende Benediktinerinnenkloster endete offiziell 1808. Auf einer Anhöhe über Eibingen entstand 1900–04 eine neue Abteianlage im neoromanischen Stil und wurde mit Benediktinerinnen aus Prag belebt. Am historischen Ort im Tal erinnern die barocke Pfarr- und Wallfahrtskirche (1681–83) und der verbliebene Ostflügel (1738) an das erste Kloster. Hier werden die Gebeine Hildegards noch heute aufbewahrt.

◆ GermBen 9, 65–77; Herter: Inge: Der R. im Wandel der Jahrhunderte, Mainz 1976.

Saalburg, *Zisterzienserinnenkloster Heilig Kreuz (um 1310–1544), Diözese Naumburg – (S.-Ebersdorf, Saale-Orla-Kreis, Thüringen,* ❒ *4, B1).*

▶ Die Vögte von Weida-Gera-Plauen stifteten um 1310 das jüngste vogtländische Kloster an der oberen Saale nahe der S., die von den Lobdeburger Edelfreien um 1200 erbaut worden war, um den Saaleübergang der Handelsstraße Nürnberg-Leipzig zu kontrollieren. Die Frauengemeinschaft bekannte sich laut Bestätigungsurkunde von 1325 zur Zisterzienserregel, war aber nie in den Orden inkorporiert und unterstand der Jurisdiktion des Naumburger Bischofs. Bischof Ulrich I. von Colditz-Wolkenburg erteilte 1311 einen Ablass zur Unterstützung des Klosterbaus; sein Nachfolger Heinrich I. von Grünberg half 1325 mit direkten Zuschüssen. Das Kloster S. erhielt in der Folgezeit nicht weniger als elf Ablässe, auch von auswärtigen Bischöfen. Der kleine Konvent diente Adelstöchtern im Land der Vögte von Gera-Schleiz als Versorgungsstätte und blieb von geringer Bedeutung und Ausstrahlung. Der Besitz reichte bis Zeulenroda, Hirschberg und Ebersdorf. Der Pfarrer von Gefell übernahm die Propstaufgaben. 1396 treten Schülerinnen urkundlich auf. Innere Reformen wurden am Ende des 15. Jh. unternommen und seit 1509 unterstand das Heilig-Kreuz-Kloster S. der ➛ Bursfelder Kongregation; mit der Visitation war der Abt von Pegau beauftragt. 1533 setzte sich im Vogtland der Protestantismus durch, obwohl die Herrschaft von Gera-Schleiz lange am alten Glauben festhielt. Die offizielle Aufhebung erfolgte 1544, die Schwestern wurden abgefunden. Heute liegt die Stadt S.-Ebersdorf an der Bleilochtalsperre. Im abseits liegenden Ortsteil Kloster sind kaum mittelalterliche Reste erhalten. Die überwachsene Ruine des Schwesternhauses mit Giebelwand verleiht einem Privatgarten malerisches Gepräge.

◆ GermSac NF 35; Patze, Hans/Schlesinger, Walter: Geschichte Thüringens, Bd. 3, Köln 1974; Ronneberger, Werner: Das Zisterzienser-Nonnenkloster zum Heiligen Kreuz bei S. a.d. Saale, Jena 1932.

Saalfeld, *Franziskanerkloster St. Andreas (vor 1250–1534) – „Barfüßerkloster", Erzdiözese Mainz – (Lkr. Saalfeld-Rudolstadt, Thüringen,* ❒ *4, A1).*

▶ **Geschichte.** Die Grafen von Schwarzburg, eines der ältesten und mächtigsten Adelsgeschlechter Thüringens, erhielten 1208 von König Otto IV. als Dank für treue Dienste die Stadt S. in Thüringen und umliegendes Land übereignet. Die Stadt wurde damals geistlich von der Benediktinerabtei St. Peter und St. Paul auf dem Petersberg dominiert (s. u.). Graf Günther VII. von Schwarzburg-Blankenburg rief vor 1250 Franziskaner nach S., die vor der westlichen Stadtmauer ein Kloster erbauten. Die Barfüßer machten sich durch ihre Seelsorge bei Bürgern und Adel beliebt, was ihren Besitzstand durch Almosen, Stiftungen und Erbschaften bald vergrößerte. 1389 ging die Stadt von den Schwarzburgern an die sächsischen Wettiner über. Herzog Wilhelm III. von Sachsen, Landgraf von Thüringen, zwang den Minoritenbrüdern in der zweiten Hälfte des 15. Jh. das Observanzbekenntnis auf. Die Barfüßer bekannten sich jedoch nach seinem Tod 1482 wieder zur konventualen Ausrichtung und behielten ihre Güter. 1515 akzeptierten sie die ➛ Martinianischen Konstitutionen. Nach dem Stadtbrand von 1432 half ihnen die Herzoginwitwe Katharina von Brandenstein beim Bau neuer Klausurgebäude (1484–89). Die Klosterkirche hatte den Brand ohne größere Schäden überstanden; den Giebel der Kirchenostfassade versah man noch 1521 mit Blendarkaden. 1525 verschonten plündernde Bauern den Konvent, aber 1534 zwang der Stadtrat im Zuge der reformatorischen Umwälzung die zum katholischen Glauben stehenden Brüder, die Stadt zu verlassen oder Privatquartiere zu nehmen. Der Reformator und erste Saalfelder Superintendent Johann Caspar Aquila (1488–1560) verlegte die städtische Lateinschule in die Klosterräume; Philipp Melanchthon (1497–1560) wirkte bei der schulischen Neuorganisation mit. Später dienten die Klausurgebäude als Münzstätte und die Kirche als Speicher, Dreschtenne und Malzdarre. Zwischen 1680 und 1735 war S. Residenzstadt; Herzog Johann Ernst

Saalfeld Franziskanerkloster, der westliche Kreuzgang mit Netzgewölbe wurde in der spätmittelalterlichen Wiederaufbauphase (1484-89) ungewöhnlich breit angelegt.

von Sachsen-Saalfeld ließ die Franziskanerkirche barock einwölben.

▶ **Gegenwart.** Aus der Gründungszeit des Barfüßerklosters ist die einfache Franziskanerkirche St. Andreas mit dem als gotische Spitztonne ausgebildeten Dachstuhl (um 1300) erhalten geblieben; den mittelalterlichen Dachstuhl verbirgt heute eine Barockdecke. Ende des 13. Jh. wurde das Langhaus um ein südliches Seitenschiff sowie das Hauptportal erweitert. Die flache Ostwand wird durch drei Chorfenster gegliedert, Blendarkaden schmücken seit 1521 den Giebel in Sichtrichtung Marktplatz. Die nördlich anliegende Klausur stammt aus der spätgotischen Wiederaufbauphase. Nach dem Reformationseinbruch konnten die Funktionsräume nicht mehr gewölbt werden. Der Ostflügel sitzt spitzwinkelig am Chor bzw. der Sakristei. Über der Sakristei existiert seit 1513 ein Raum mit Sterngewölbe und Figurkonsolen, möglicherweise wurde er traditionell als Bibliothek genutzt. Eindrucksvoll erscheint das Netzgewölbe im westlichen Kreuzgang, der sehr breit angelegt ist und auf Anschlussräume verzichtet. Seit 1904 befindet sich im jüngst restaurierten Kloster das Heimatmuseum mit einer Sammlung thüringischer Sakralkunst. Das Kirchenschiff wird als Festsaal für unterschiedliche Veranstaltungen genutzt.

❖ Die Benediktinerabtei S. entstand 1071 (spätestens 1074) an der ehemaligen ottonischen Reichsburg S. an der oberen Saale durch eine Stiftung Erzbischof Annos II. von Köln zur Missionierung des sorbischen Orlagaus. Die ersten Mönche kamen aus den rheinischen Reformklöstern ➛ Siegburg und St. Pantaleon in ➛ Köln. Die Abtei gehörte damit zum ➛ Siegburger Reformkreis und stieg zum wirtschaftlich-geistlichen Machtzentrum im östlichen Thüringen auf, das kirchenrechtlich dem Erzbischof von Mainz unterstand. Im 15. Jh. zählten die Äbte zu den Reichsfürsten. Mehrere Propsteien verwalteten den umfangreichen Besitz; das bedeutendste Nebenkloster war wohl ➛ Coburg im Maintal. Mit der Durchsetzung der Reformation in S. 1526 endete die Abtei. Die mittelalterliche Anlage auf dem Petersberg wurde 1677 für den Bau der herzoglichen Residenz gänzlich beseitigt.

◆ Pieper, Roland/Einhorn, Jürgen W.: Franziskaner zwischen Ostsee, Thüringer Wald und Erzgebirge, Paderborn 2005, 180–184; Bachmeier, Ingrid: Das Franziskanerkloster S., Saalfeld 1998; Werner, Gerhard: Geschichte der Stadt S., Bamberg 1995.

Saarbrücken Deutschordenskommende, frühgotische Ordenskapelle (um 1250) mit Turm von 1868, Nordost.

Saalfeld, *Zisterzienserinnenkloster St. Maria, St. Nikolaus und St. Benedikt (1267–74) – „Nikolauskloster", Erzdiözese Mainz – (Lkr. S.-Rudolstadt, Thüringen, ❐ 4, A1).*

▶ Graf Günther VII. von Schwarzburg-Blankenburg übergab 1267 die Kapelle St. Nikolaus in S. an eine Gruppe Zisterzienserinnen aus ➛ Frankenhausen (Thüringen) bei Kyffhausen zur Gründung eines Klosters. Die Kirche St. Nikolaus war ursprünglich die Pfarrkirche eines Grundhofes im Besitz des Hochstifts Köln. Um 1180 kam der Hof durch Gütertausch in Reichsbesitz. Die Stauferkönige errichteten hier eine Pfalz, die Nikolaikirche stieg zu einer Pfalzkapelle auf. Von 1188 bis 1194 suchten Friedrich I. und Heinrich VI. die Pfalz S. mehrmals auf; noch heute sind bauliche Pfalzreste in der Burgruine „Hoher Schwarm" zu besichtigen. 1208 übertrug König Otto IV. den Schwarzburger Grafen die Reichsgüter in und um S. ; die Schwarzburger verhalfen erst Franziskanern (➛ Saalfeld) und dann den Zisterzienserinnen zu Klostergründungen in der Stadt. Die Schwestern blieben nicht lange an der Nikolaikirche, sondern zogen 1274 nach ➛ Stadtilm. Die Kirche kam 1456 in städtischen Besitz und diente fortan profanen Zwecken, seit 1848 als Armenhaus. Heute dient die alte Pfalz- und Klosterkirche nach starken Eingriffen als Wohnhaus, deren mittelalterliche Kernsubstanz an wenigen Stellen noch immer offen zu Tage tritt.

◆ RepZist 445 f.; Werner, Gerhard: Geschichte der Stadt S., Bamberg 1995.

Saarbrücken, *Deutschordenskommende St. Elisabeth (1227–1793) – „Deutschordenshaus", Erzdiözese Trier – (Landeshauptstadt, Saarland, ❐ 3, A3).*

▶ **Geschichte.** Nach seiner Rückkehr vom Kreuzzug in Ägypten schenkte Graf Simon III. von Saarbrücken 1227 dem Deutschen Orden eigenen Besitz auf dem Breitenbacher Bann im Residenzort Altsaarbrücken zum Bau eines Hauses. Zur Grundausstattung gehörte das Patronat über die Burgkapelle. 1259 wird die Deutschordenskommende S. im Verband der Ballei Lothringen erstmals erwähnt. 1272 erfolgt die erste nachweisbare Jahresgedächtnisstiftung, was die Existenz einer Kapelle voraussetzt. Ein angegliedertes Marienspital findet 1290 urkundliche Erwähnung. Mitten durch das heutige Gebiet der Stadt verlief im Mittelalter die Bistumsgrenze zwischen Metz und Trier, die Kommende aber gehörte zur Erzdiözese Trier. Die kirchliche Vorrangstellung in der Stadt besaß das Kollegiatstift St. Arnual, das dem Bistum Metz unterstand. Die Ordenspriester übernahmen offensichtlich keine seelsorglichen Aufgaben für die Stadtbewohner, ihr Wirken richtete sich vielmehr auf das Hospital. Interessanterweise wurde der Jahrmarkt in S. am 13. Mai, zum Kirchweihfest der Ordenskapelle, abgehalten. Die gräflichen Töchter des Stifters, der regionale Adel und die Bürger sparten nicht mit Zuwendungen. Land- und Immobilienbesitz sicherte den Lebensunterhalt der kleinen Mannschaft aus Ordensrittern, Priestern und Laienbrüdern. Die Besetzung der Kommende wurde im Laufe der Entwicklung immer kleiner und reduzierte sich bis zum Spätmittelalter einzig auf den Komtur, einen Schaffner und einen Kaplan. Landkomtur Dietrich von Nassau (1514–32) auf der saarabwärts gelegenen Landkommende Beckingen musste 1532 wegen ausschweifender Lebensweise abgesetzt werden. Komtur Geiselbart Schenck von Schmidburg ließ 1557/61 einen neuen Wohntrakt in S. bauen. Nach dem Tod des letzten Komturs 1618 wurde die Kommende S. dem Ordenshaus in Trier unterstellt. 1793 konfiszierte und versteigerte die französische Besatzung den Komplex. Der letzte Landkomtur Joseph Leopold Reichsfreiherr Zweyer von Evenbach (1781–1822) rettete in weiser Voraussicht bereits im August 1789 das Archivmaterial nach Trier, das später in die Ordenszentrale ➛ Mergentheim gelangte, aber bis heute nicht ausgewertet ist.

Abwehrender Dämonenkopf an der Außenwand der Deutschordenskapelle St. Elisabeth in **Saarbrücken**.

▶ **Gegenwart.** Die ehemalige Deutschordenskapelle und heutige evangelische Pfarrkirche St. Elisabeth aus der Mitte des 13. Jh. ist das älteste Baudenkmal der saarländischen Landeshauptstadt. Ihr reicher, mit Strebepfeilern abgestützter Chorraum mit Polygonschluss war den Ordenspriestern vorbehalten; das schlichte quadratische Kirchenschiff soll für die Spitalaufgaben als Schlaf- oder Krankensaal gedient haben. Der südöstliche Turm wurde erst 1868 im Stil des Historismus neu errichtet. Die angrenzenden Kommendegebäude unterlagen einschneidenden Umbauten in der Neuzeit, ihr mittelalterlicher Wehrcharakter ist völlig verloren gegangen. Gegenwärtig unterhält die Stadt in den Gebäuden ein Jugendhilfezentrum.

◆ Wittenbrock, Rolf (Hg.): Geschichte der Stadt S., Bd. 1, Saarbrücken 1999; Flesch, Stefan u. a.: Die Kommende St. Elisabeth in S., in: Mönche an der Saar, Saarbrücken 1986, 205–208; Schmidt, Rüdiger: Die Deutschordenskommenden Trier und Beckingen 1242–1794, Marburg 1979.

Saarbrücken, *Prämonstratenser-Chorherrenstift St. Petrus (vor 1348–1792) – „Wadgassenpropstei", Erzdiözese Trier – (Landeshauptstadt, Saarland, ❒ 3, A3).*

▶ Die Prämonstratenserabtei Wadgassen unterhielt in S. ein Priorat. Die Niederlassung wird 1348 erstmalig erwähnt. Nach dem Stadtbrand von 1677 mussten die Gebäude neu erbaut werden. Der Bombenhagel von 1944 zerstörte sie völlig. Spätgotische Kellergewölbe der Prämonstratenser sollen jedoch noch unter dem Wohnhaus in der Propsteigasse 12 in Alt-S. existieren, die aber vom Einsturz bedroht sind.

◆ Flesch, Stefan u. a.: Die Wadgassener Propsteien St. Peter in Ensheim und Saarbrücken und das Priorat St. Wolfgang in Wintringen, in: Mönche an der Saar, Saarbrücken 1986, 162–164.

Saarn, *Zisterzienserinnenabtei St. Maria (1214–1809) – „Maria Saal", Erzdiözese Köln – (kreisfreie Stadt Mühlheim/Ruhr, Nordrhein-Westfalen, ❒ 1, A5).*

▶ **Geschichte.** Das Gründungsjahr 1214 für das Kloster *Aula Beatae Mariae* am linken Ufer der Ruhr bei Mühlheim wird erstmals im 17. Jh. genannt, Umstände und Stifter sind nicht vermerkt. 1219 wurde das Frauenkloster S. vermutlich auf Antrag Erzbischof Engelberts I. von Köln (Berg) als eines der ersten Frauenklöster innerhalb der heutigen deutschen Grenzen in den Zisterzienserorden inkorporiert. Die Mönchsabtei ➛ Kamp erhielt die Aufsichtspflicht und stellte ununterbrochen die Beichtväter. Papst Honorius III. stimmte 1223 zu und erteilte die Exemtion. 1231 erwarben die Zisterzienserinnen den Hof ➛ Eppinghoven an der Erft, gründeten ein Tochterkloster und nannten es *Aula Sanctae Mariae*; aber nach der Chronik der Abtei Kamp entstand Eppinghoven bereits 1214 in Kaarst. Eine Äbtissin Wolberna (1214–37?) stand Kaarst, S. und Eppinghoven in Personalunion vor, bis die Niederlassung Kaarst aufgegeben wurde. Schon 1214 soll der Konvent in den Orden inkorporiert worden sein; die vorliegende Urkunde ist jünger und aus formalrechtlichen Gründen anzuzweifeln. 1237 vollzog der Vaterabt von Kamp die Gütertrennung zwischen S. und Eppinghoven. 1234 gründeten die Schwestern von S. das Kloster Duissern (s. u.). Im Durchschnitt lag die Konventsstärke in S. kaum höher als zwölf Schwestern, Konversen gab es nur in der Frühzeit, die Arbeit verrichteten Knechte und Mägde. Durch Schenkungen und Zukäufe erlangte S. umfangreichen Besitz, einzelne Schwestern verfügten über private Einkünfte. Abt Adolf I. (1270/75–1302/03) von ➛ Siegburg vereinbarte 1302 eine Gebetsbruderschaft mit den Frauen. Zunehmender Wohlstand und die Verflachung der Klosterzucht nötigten den Abt von Kamp 1476 zu durchgreifenden Reformen, wozu Schwestern aus Eppinghoven und Äbtissin Margarete von Heiden (1481–91) aus dem Kloster Sterkrade (s. u.) gerufen wurden. 1574 visitierte der Generalabt Nikolaus I. Boucherat (1571–83) von Cîteaux die Ordenshäuser in Deutschland und stellte in S. fest, dass ein Teil des Konvents unter Äbtissin Asswera von Wittenhorst (1574–78) sich zum Luthertum bekannte. Als dieses Problem fortdauerte, wurden Äbtissin Margareta von Holtrop (1608–19) und ihre Nachfolgerin Anna von Deutz (1619–42) abgesetzt. Im 17. Jh. veränderte sich das Kloster zum adeligen Damenstift mit lediglich formaler Zugehörigkeit zum Zisterzienserorden; die Frauen wurden nun als „Kapitularjungfern" bezeichnet. Die wirtschaftliche Prosperität in der Barockzeit erlaubte der tüchtigen Äbtissin Maria Theresia von Reuschenberg (1720–41) den barocken Ausbau der Anlage. Die Aufhebung der Abtei S. vollzog die französische Administration im August 1809. Äbtissin Agatha von Heinsberg (1798–1809) und vier adelige Damen durften bis zum September 1809 bleiben.

▶ **Gegenwart.** Die einschiffige, romanische Klosterkirche von 1216 aus Bruchsteinen existiert noch heute als katholische Pfarrkirche St. Mariä Himmelfahrt. Sie verlor 1895/97 ihren ursprünglichen romanischen Chor in Quadratform zugunsten des Querschiffs und des heutigen Chorraums. Die innere Ausstattung ist barock. Die zum Fluss hin gelegenen repräsentativen Klosterbauten mit Kreuzgang entstanden im 18. Jh.; sie sind heute für ein altersgerechtes Wohnen ausgebaut. Eine christliche Begegnungsstätte wird von Oblaten des hl. Franz von Sales betreut.

❖ Kloster Duissern entstand 1234 als Tochter von S. vor den Toren Duisburgs. Der Konvent zog 1610 in die Stadt an das „Dreigiebelhaus" und endete 1806. Die ursprüngliche Anlage wurde schon 1590 abgetragen,

Saarn Zisterzienserinnenabtei, das Querhaus wurde erst 1895/97 in den romanischen Saal (1216) eingefügt.

das „Dreigiebelhaus“ in der Niederstraße Duisburgs existiert noch.

❖ Die Zisterzienserinnenabtei Sterkrade in Oberhausen wurde 1240 als Tochter Duisserns gegründet, 1271 als Vollmitglied in den Orden aufgenommen und von den Franzosen 1809 aufgelöst. Klosterarchitektur blieb nicht erhalten.

◆ GermSac NF 18; Ostrowitzki, Anja: Die Ausbreitung der Zisterzienserinnen im Erzbistum Köln, Köln 1993.

Sachsenhausen, *Deutschordenskommende St. Maria (1221–1809, seit 1958), Erzdiözese Mainz – (Frankfurt/Main-S., Kreisstadt Frankfurt/Main, Hessen, ❒ 3, C2).*

▶ **Geschichte.** Der Reichsministeriale Ulrich I. von Münzenberg übergab vor 1220 König Friedrich II. das älteste Spital Frankfurts in S. zur Weitergabe an den Deutschen Orden. Zwei kaiserliche Urkunden bestätigen 1221 die Übertragung an den Ritterorden. Hochmeister Hermann von Salza (1209–39) erkannte die Bedeutung des Ortes am linken Mainufer gegenüber der Reichsstadt Frankfurt und trieb den Besitzerwerb voran. Heinrich von Ibach (1221–38) wird 1221 als Komtur genannt. Das erste nachweisbare Großkapitel des Ordens fand 1272 in S. statt. Die Kommende stieg bis zum Spätmittelalter zum Machtzentrum des sogenannten Meistertums auf und unterstand lediglich dem Deutschmeister, der oft in S. gewählt wurde aber auf der Burg ➤ Horneck residierte. Bis etwa 1350 sorgten reiche Stiftungen der Bürger und eigene Zukäufe für ein florierendes Wirtschaftszentrum mit umfangreichem Landbesitz im Rhein-Main-Gebiet, aufgeteilt in mehrere Kastaneien. Um 1260/70 erhielt der oft über zehn Mitglieder starke Konvent das Frankfurter Bürgerrecht. Kaiser Ludwig der Bayer förderte die hohe politische Stellung der Kommende, weil der Orden im Streit mit der Kurie zum Kaiser hielt. 1324 kulminierte der Konflikt mit Papst Johannes XXII. in der „Sachsenhäuser Appellation“. 1344 wurde in Frankfurt das Haus St. Katharina für einen Schwesternkonvent des Deutschen Ordens eingerichtet. Das berühmte theologische Werk „Der Franckforter“ („Theologia deutsch“) entstand im letzten Drittel des 14. Jh. wahrscheinlich durch ein Kommendemitglied. Das Burgmannsrecht in der Reichsburg Friedberg untermauerte die Verbindungen mit der regionalen Ritterschaft. Das gute Einvernehmen mit dem Magistrat Frankfurts wurde zunächst nur durch die extensive Asylgewährungspraxis der Ordensbrüder getrübt. Im Spätmittelalter häuften sich aber die Konflikte mit der Reichsstadt. Komtur Walther von Cronberg (1504–31), seit 1526 Deutschmeister und 1530–43 Administrator des Hochmeistertums, kam der sich lutherisch bekennenden Stadt während der Reformation mit Zugeständnissen entgegen. Ein geschlossener Konvent aus Ritter- und Priesterbrüdern bestand seit Mitte des 16. Jh. nicht mehr. Nach der Zerstörung der deutschen Ordenszentrale Horneck und dem Verlust des preußischen Ordensstaates 1525 konstituierte sich die Ordensleitung in ➤ Mergentheim neu. Die Kommende S. wurde zum „Außenamt der Mergentheimer Zentrale“. Die schwedische Besatzung ließ 1635 die Anlage ausgeplündert, verwüstet und verseucht zurück. Seit Ende des 17. Jh. führten weltliche Verwalter die Amtsgeschäfte, die Komture waren seit 1728 nicht mehr zur Präsenz verpflichtet. Religiöse und spirituelle Aufgaben wurden aber strikt erfüllt, teilweise sogar von Ordenspriestern intensiviert. In personalschwachen Zeiten halfen Dominikaner (➤ Frankfurt) und Karmeliten (➤ Frankfurt) aus. Ein neuer barocker Kommendekomplex diente seit 1709 den Ordensfürsten hauptsächlich als Repräsentationsort bei kirchlichen Hochfesten. 1792 besetzten französische Truppen Frankfurt. Nach dem Ende des Reichs erhielt der Fürstprimas Carl Eduard von Dalberg 1806 die Stadt. Mit der Aufhebung des Deutschen Ordens in den Rheinbundländern im April 1809 durch Napoleon fiel Dalberg auch die Kommende S. zu, die aber auf dem Wiener Kongress 1814 dem Haus Habsburg übertragen wurde.

▶ **Gegenwart.** Nach profaner Nutzung gelangte der Gebäudekomplex der ehemaligen Kommende S. 1958 an den Deutschorden zurück, der darin heute eine Kommunität aus Schwestern, Priestern und Novizen unterhält. Den Innenhof der Barockanlage auf mittelalterlichen Fundamenten begrenzt im Norden die gotische Deutschordenskirche (heute katholische Pfarrkirche St. Maria), die am Ort der ersten Spitalkirche bis Mitte des 14. Jh. errichtet worden war. Der einschiffige Bau (Teilweihe 1309) mit gleichbreitem 3/8-Chor ohne Chorbogen wurde 1747/51 an seiner Westfassade barock verkleidet. Innen wirkt der Raum auffällig harmonisch, er ist hochwertig barock ausgeschmückt. Im Bombenhagel 1944 brannte der Dachstuhl aus, der Wiederaufbau erfolgte 1963/65.

◆ Seiler, Jörg: Der Deutsche Orden in Frankfurt, Marburg 2003; Mann, Helmut: Die Reichsstadt Frankfurt und die Deutschordenskommende S., in: Archiv für mittelrheinische Kirchengeschichte 47 (1995) 11–43; Demel, Bernhard: Die Sachsenhäuser Deutschordens-Kommende – Versuch einer Gesamtübersicht, in: ebd. 23 (1971) 37–72.

Sackbrüderorden *(Ordo de Poenitentia Jesu Christi).*

▶ Der kleine Orden der Sackbrüder bzw. Bußbrüder konstituierte sich 1248 im südfranzösischen Hyères bei Marseille unter Führung des Raymund Attanulfi und seines Gefährten Betrandus de Manara, nachdem sie vergeblich um Aufnahme in den Franziskanerorden gebeten hatten. Die Gemeinschaft tiefreligiöser Laien fand schnell eine große Anhängerschaft und konnte bereits 1251 das erste größere Kapitel abhalten, bei dem Vertreter von 13 Konventen anwesend waren. 1251 gestattete Papst Innozenz IV. die Annahme der Augustinusregel und Papst Alexander IV. approbierte die Gemeinschaft 1255 als Kanonikerorden mit den Konstitutionen der Dominikaner. Die in Armut und Bußgesinnung lebenden Brüder sahen ihr Hauptapostolat in der Predigt und im Betteln. Durch vorbildlich apostolische Lebensführung erlangten sie Anerkennung und breiteten sich trotz der Konkurrenz der älteren Mendikantenorden rasch in Westeuropa aus. Die erste deutsche Niederlassung erfolgte um 1260 in Köln, wo sie ein Generalstudium einrichteten. Aus asketischen Gründen bevorzugten sie Kutten aus sehr grobem Sackleinen, was ihnen im deutschsprachigen Raum die Bezeichnung „Sackbrüder“ eintrug. Das IV. Laterankonzil hatte schon im November 1215 die Gründung neuer Orden verboten, das II. Konzil von Lyon schärfte 1274 dieses Verbot ein. Papst Gregor X. erwog die Auflösung aller neu entstandenen Gemeinschaften, ausgenommen lediglich Dominikaner und Minoriten. Nicht nur die kleinen Orden, sondern auch die ➤ Augustiner-Eremiten, ➤ Karmeliten und ➤ Wilhelmiten waren bedroht. Aufgrund heftiger Interventionen einflussreicher Kirchenfürsten klammerte das Konzil die Entscheidung über die größeren Orden aus. Letztendlich entschied sich die römische Kurie für ihr Weiterbestehen, waren sie doch für die Kirche unentbehrlich geworden. Der S. hingegen wurde 1274 aufgelöst, obwohl er zu dieser Zeit mindestens 113 Niederlassungen hauptsächlich in Frankreich, England und den Niederlanden aufweisen konnte; im deutschen Reichsteil waren es 16 Häuser. Die Sackbrüderkonvente gingen meist in verbliebenen Orden auf, in ➤ Köln zu den Antonitern oder in ➤ Allerheiligen zu den Prämonstratensern.

◆ Elm, Kaspar: Ausbreitung, Wirksamkeit und Ende der provençalischen Sackbrüder (Fratres de poenitentia Jesu Christi) in Deutschland und den Niederlanden. in: Vitasfratrum, Werl 1994, 67–118.

Salem, *Zisterzienser Reichsabtei St. Maria (1134–1802), Diözese Konstanz – (Bodenseekreis, Baden-Württemberg, ❒ 3, C4).*

▶ **Geschichte.** Ritter Guntram von Adelsreute übergab 1134 einen Teil seiner Besitzungen im nördlichen Vorland des Bodensees der Zisterzienserabtei Lützel im Oberelsass aus der Filiationslinie Morimond (Frankreich) zur Gründung eines Klosters. Die ersten Mönche kamen 1137 unter der Führung Abt Frowins (1138–65) nach *Salmanneswilare*, damals ein Siedlungsfleck mit verfallener Kirche an der Linzer Aach. Im Mai 1138 erfolgte der feierliche Einzug der Zisterzienser, deshalb vermerkt die Ordenstradition dieses Jahr als Gründungsdatum. Zwei Gebote des Ordens wurden übergangen: Das neue Kloster befand sich von Anfang an auf bereits besiedeltem Gebiet und die Zisterzienser übernahmen Pfarraufgaben für zwei Gemeindekirchen, von absoluter Kontemplation in abgeschiedener Wildnis kann keine Rede sein. Aus den umliegenden Dörfern entstanden im Zuge der Eigenbewirtschaftung klostereigene Grangien, wobei ansässige Bauern verdrängt wurden. Mehrere päpstliche und königliche Schutzerklärungen festigten die Stellung und den reichsunmittelbaren Status; die Staufer unterstrichen die Schirmherrschaft und damit ihre Herrschaft am Bodensee. Filiationsklöster entstanden 1146 in ➛ Raitenhaslach, 1227 in Wettingen (Schweiz) und 1302 in ➛ Königsbronn; die Abtei ➛ Tennenbach wurde 1182 der Abtei S. unterstellt. Der Abt von S. beaufsichtigte eine Reihe Frauenklöster in geistlicher und weltlicher Hinsicht: ➛ Baindt, ➛ Heggbach, ➛ Heiligkreuztal, Feldbach (Schweiz), Kalchrain (Schweiz), Rottenmünster, ➛ Wald und ➛ Gutenzell. Ihre Inkorporation in den Orden verdankten die Frauenkonvente Abt Eberhard I. von Rohrdorf (1191–1240), dem bedeutendsten mittelalterlichen Abt von S. mit großem politischen Einfluss. Das Interregnum wirkte sich existenzbedrohend aus, aber König Rudolf I. erneuerte 1273 die alten Privilegien, sorgte für neuen Aufschwung und eine zweite Glanzperiode. Der Konvent bestand unter Abt Ulrich II. von Seelfingen (1282–1311) aus 130 Mönchen und 180 Konversen. 20 Grangien bewirtschafteten den ausgedehnten Besitz, zu dem auch Salinen in Hallein und Reichenhall gehörten. Die Eigenwirtschaft konnte sich auf den weitgestreuten Gütern selbst in der Anfangszeit nicht überall durchsetzen und wurde seit Anfang des 13. Jh. zunehmend aufgegeben. In fast 30 Städten besaß die Abtei Immobilien, die dem Aufbau eines Handelsnetzes dienten und S. stieg zu einem der reichsten Klöster Schwabens auf. Seine Ausstrahlung verdankt es nicht zuletzt dem strengen, regelgerechten Klausurleben der Mönche. Eine enge Bindung an die Habsburger bestimmte die Außenpolitik der Abtei. König Karl IV. festigte 1354 ihre reichsunmittelbare Stellung. Die Äbte traten seit 1470 auf den Reichstagen auf, zahlten Reichsmatrikel und gehörten Anfang des 16. Jh. zum Reichsregiment. Im Schwäbischen Reichsprälatenkollegium nahm S. mit einigen seiner Frauenklöster die erste Position ein. Diesen Reichsstand erreichte von allen deutschen Zisterzen nur noch die Abtei ➛ Kaisheim (aber erst 1656). Den Reichsfürstenstand konnten die Salemer Äbte allerdings nicht realisieren. Der Aufstand der Bauern 1525 verlief im Linzgau glimpflich. Abt Thomas I. Wunn (1615–47) gründete 1617/19 die oberdeutsche Kongregation der Zisterzienser mit Zentrale und Novizenstudium in S. Die Kriege der Neuzeit brachten Kontributionen, Zerstörung, Exil und drohenden Ruin, hinzu kam die Brandkatastrophe von 1697. Eine letzte Blüte im 18. Jh. ermöglichten neue Klausur- und Wirtschaftsbau-

Salem Zisterzienser Reichsabtei, die Basilika (1285–1425) blieb äußerlich weitgehend original erhalten, Nordwest.

ten in spätbarockem Repräsentationsanspruch. Ein erster Höhepunkt dieser Zeit war der Bau der Wallfahrtskirche zu Birnau, ein zweiter 1749 die Gründung der Waisenkasse zur Armenfürsorge (Vorläufer der heutigen Sparkassen). Die Säkularisierung erfolgte im Dezember 1802 zugunsten Markgraf Karl Friedrichs von Baden; im November 1804 mussten die letzten Mönche S. verlassen.

▶ **Gegenwart.** Das heutige „Schloss S." dient der markgräflichen Familie als Wohnsitz und beherbergt seit 1920 das Internat „Schule Schloss Salem". Im Frühjahr 2009 veräußerte das Haus Baden den größten Teil der Anlage an das Land Baden-Württemberg. Der Nordwestbereich des Wirtschaftstraktes, der „Obere Langbau", besteht teilweise noch heute aus spätmittelalterlichem Mauerwerk. Lediglich die hochgotische Abteibasilika (Baubeginn 1285) hat Kriege und Brand überlebt und dient heute als katholische Pfarrkirche. Der hochaufragende dreischiffige Bau mit nicht vorspringendem Querhaus, Chorumgang und geradem Ostabschluss überrascht im Inneren durch den Kontrast zwischen gotischen Formen und klassizistischen Dekorationselementen.

◆ Schneider, Reinhard (Hg.): S. 850 Jahre Reichsabtei und Schloss, Konstanz 1984; Kaller, Gerhard: S, in: Helvetia Sacra, Abt. III, 3/1, Bern 1982, 341–375; Rösener, Werner: Reichsabtei S., Sigmaringen 1974.

Salza, *Augustiner-Eremitenkloster (um 1280–1540) – „Augustinerkloster", Erzdiözese Mainz – (Bad Langensalza, Unstrut-Hainich-Kreis, Thüringen, ❐ 2, A5).*

▶ **Geschichte.** Der Edelherr Günther von Salza, Lehnsmann der Landgrafen von Thüringen, gründete um 1280 in der später als Jakobsstadt bezeichneten Vorstadt von S. ein Kloster für Augustiner-Eremiten, die aus dem Konvent in ➛ Gotha kamen. Stifter Günther starb 1322 und fand seine letzte Ruhestätte in der neuen Klosterkirche. Landgraf Balthasar vereinte 1356 Altstadt, Neustadt und Jakobsstadt zur Stadt S., die nachfolgend von einer Wehrmauer umschlossen wurde. Der Augustinerkonvent blieb einer der kleinsten der sächsisch-thüringischen Ordensprovinz; 1384 fand dennoch ein Provinzialkapitel in S. statt. Andreas Proles, Vikar der Reformkongregation des Ordens (1461–67, 1473–1503), setzte 1475 mit Unterstützung des Landesherrn, Herzog Wilhelms III. von Sachsen, eine strenge Observanz im Konvent durch. Einige Brüder flohen daraufhin nach Gotha in den Mutterkonvent, was die Mannschaft in S. bis an die Grenze der Existenz schrumpfen ließ. Auch Nachwuchs blieb aus. Bei der Leipziger Teilung Sachsens 1485 fiel S. an die albertinische Linie Meißen-Dresden, deren Herzog Georg der Bärtige die Klöster bis zu seinem Tod 1539 vor dem Zugriff protestantischer Stadträte schützte. Der Konvent in S. erhielt Verstärkung, weil er Mitbrüdern aus den ernestinischen Landesteilen nach der reformatorischen Auflösung Zuflucht und Schutz bot. Der lutherische Nachfolger, Herzog Heinrich II., sandte den Reformator Philipp Melanchthon (1497–1560) nach S., um die Brüder zum „rechten" Glauben zu bekehren. Diese weigerten sich standhaft und mussten 1540 das Kloster verlassen.

▶ **Gegenwart.** Aus der Stadtbezeichnung „Salza" wurde 1578 „Langensalza" und 1956 „Bad Langensalza". Die Klosterkirche der Augustinerbrüder wurde schon 1558 bis auf den oktogonalen Turm mit Ecklisenen abgebrochen; der Turm erhielt erst später seine barocke Haube und ist heute wieder begehbar. 1711 brannte die Klausuranlage bis auf Restmauern ab, die nachfolgend für den dreigeschossigen Fachwerkbau verwendet wurden, der heute dem städtischen Heimatmuseum dient. Er enthält Architekturreste aus mittelalterlicher Zeit, die sogenannte Sakristei mit Kreuzrippengewölbe ist unbeschadet erhalten. Im Hof hinter dem Hauptgebäude erschließen sich dem Besucher malerische Arkadenreste mit Maßwerkfenstern des ehemaligen Kreuzgangs.

◆ Kunzelmann, Adalbero: Geschichte der deutschen Augustiner-Eremiten, Tl. 1, 179 f., Tl. 5, 159–162, Würzburg 1969–74.

Salza, *Franziskanerkloster St. Jakobus (1453–1540) – „Barfüßerkloster", Erzdiözese Mainz – (Bad Langensalza, Unstrut-Hainich-Kreis, Thüringen, ❐ 2, A5).*

▶ **Geschichte.** Herzog Wilhelm III. der Tapfere von Sachsen stiftete 1453 ein Franziskanerkloster in der Jakobsvorstadt von S. „zur Besserung des Volkes". Dem bestehenden Augustiner-Eremitenkonvent (➛ Salza) und den Magdalenen (➛ Salza) traute er wohl die religiöse Erneuerung nicht mehr zu. Die Gründung wurde von Johannes Capistrano (1386–1456, kanonisiert 1690) gefördert, einem Wanderprediger aus dem Franziskanerkloster im italienischen Perugia, der im Auftrag Papst Nikolaus' V. gegen die hussitische Häresie predigte und die Reform des Franziskanerordens im Sinn der strengen Observanz verlangte. Die Franziskaner in S. bekannten sich zu den Ursprungsidealen des Ordens und lehnten jeglichen Besitz ab. Sie ergänzten zusammen mit der Neugründung in ➛ Weimar die junge sächsische Observantenvikarie, zu der damals vorerst nur noch die Konvente in ➛ Brandenburg, Eisenach und ➛ Arnstadt gehörten. Die Barfüßer übernahmen eine schon 1380 erwähnte Jakobikirche; umfassende Baumaßnahmen waren wohl nicht nötig. 1460 tagte in S. die sächsische Observantenvikarie unter Vikar Henning Sele (1458–61). Dieser Hüter der strengen Regelbeachtung verbot Pretiosen aus Gold und Silber mit Ausnahme von Kelch und Monstranz, untersagte den Gebrauch von Orgeln und empfahl deren Verkauf. Bei der Leipziger Teilung Sachsens 1485 kam die Stadt an die albertinische Linie der Wettiner und damit zum sächsisch-meißnischen Herzogtum, das bis 1539 katholisch blieb. 1525 erlebte die Stadt heftige Unruhen durch aufständische Bauern und Handwerker. Die Reformation setzte sich aber erst 1539 nach dem Tod Herzog Georgs des Bärtigen durch, dem letzten wettinischen Bewahrer des katholischen Glaubens. Sein protestantischer Bruder und Nachfolger Herzog Heinrich II. der Fromme schickte Reformator Philipp Melanchthon (1497–1560) nach S., um die Brüder zum neuen Glauben zu bekehren. Bis auf einen verweigerten die Observanten die Annahme der neuen Lehre und mussten 1540 die Stadt verlassen. Das Kloster wurde an den Rat verkauft, der 1590 die Klosterkirche als Materialspender für den Bau des neuen Turms der Marktkirche nutzte, die einst dem Magdalenenkloster gehörte. Später etablierte sich die „Barfüßerbrauerei" in den Klostergebäuden.

▶ **Gegenwart.** Das ummauerte Areal des ehemaligen Barfüßerklosters ist durch ein frühneuzeitliches Sitznischenportal zu betreten. Heute sind lediglich einige mittelalterliche Architekturreste in den stark veränderten Gebäuden zu entdecken. Das zweigeschossige Haupthaus aus Bruchstein mit steilem Satteldach nennen die Bewohner „Klosterscheune", seine Türen stammen von etwa 1500. Ein bei Bauarbeiten gefundenes Epitaph (um 1525) stand einst in der abgetragenen Klosterkirche. Abseits des Areals steht das dreistöckige „Steigerhaus" aus der Mitte des 15. Jh., dessen Bezug zum Kloster unklar ist: Als Küsterhaus für St. Jakob erscheint es zu aufwändig gebaut, die Nutzung als Klausurgebäude bleibt Vermutung. Die Stadt Bad Langensalza plant zur Zeit zusammen mit der Bauhaus-Universität Weimar die Sanierung des denkmalgeschützten Ensembles zur Gestaltung eines „Quartiers am Barfüßerkloster".

◆ Pieper, Roland/Einhorn, Jürgen W.: Franziskaner zwischen Ostsee, Thüringer Wald und Erzgebirge, Paderborn 2005, 153–155; Teichmann, Lucius: Die Franziskanerklöster in Mittel- und Ostdeutschland, Leipzig 1995, 130.

Salza, *Magdalenenkloster St. Maria Magdalena (um 1325–1540) – „Weißfrauenkloster", Erzdiözese Mainz – (Bad Langensalza, Unstrut-Hainich-Kreis, Thüringen, ❐ 2, A5).*

▶ **Geschichte.** Die Herren von Salza stifteten an der Marktkirche St. Bonifatius in der Altstadt S. um 1325 ein Kloster für Weißfrauen, auch Reuerinnen genannt. Die Magdalenen könnten aus dem heute untergegangenem Brückenkloster in Mühlhausen gekommen sein. Ein Schwesternkloster bestand aber auch seit 1285 im nahen ➛ Schlotheim. Der Konvent in S. erfreute sich guten Zulaufs und Beistands,

Salza Augustiner-Eremitenkloster, vom gotischen Kloster blieben der Kirchturm und Klausurruinen bestehen.

denn die Magdalenen genossen längst bürgerliche Anerkennung und rekrutierten ihren Nachwuchs im Spätmittelalter aus Patrizierfamilien. Ihr Einsatz während der Pest 1348 mag die Verbindung der Schwestern mit den Bürgern besonders gefestigt haben. Die Benediktinerabtei Homburg (s. u.) übergab 1356 mit stadtherrschaftlicher und erzbischöflicher Zustimmung den Weißfrauen die Marktkirche, die im religiösen Leben der Bürger eine zentrale Rolle spielte und mit reichen Stiftungen bedacht war. Erzbischöfliche Visitationen des Konvents sind von 1436 und 1496 belegt. Bis 1539 war das Kloster rechtlich vor reformatorischen Zugriffen geschützt, weil die Stadt zum katholischen Herrschaftsbereich der albertinischen Linie der wettinischen Fürsten gehörte; erst 1539/40 ließ Herzog Heinrich II. die letzten sächsischen Klöster auflösen. Den Besitz der drei Klöster in S. verkaufte er an die Stadt. 1540 sollen noch acht Schwestern im Kloster gelebt haben, die letzte starb 1574. Erst danach richtete der Rat eine „Mägdeleinschule" in den Klostergebäuden ein.

▶ **Gegenwart.** Die St. Bonifatiuskirche am Markt von S. (heute Bad Langensalza) errichteten die Bürger im 14. Jh. an der Stelle eines Vorgängerbaus als dreischiffige Stufenhalle neu. Dabei wurde für die Magdalenen am einschiffigen Langchor ein separater Anbau mit Nonnenempore und Öffnungen zum Sanktuarium und Seitenschiff aufgeführt. Eine Spitzbogenöffnung nach Osten und ein Gang führten direkt zu den Klostergebäuden. Unter der Empore befand sich die Heilig-Kreuz-Kapelle, die heute als Sakristei genutzt wird. Während der Klosterzeit unterlag die Marktkirche einschneidenden baulichen Eingriffen. Bei Arbeiten von der zweiten Hälfte des 15. Jh. bis zum frühen 16. Jh. entstand fast ein Neubau als Hallenkirche in eigener Formsprache mit gotischen Elementen. Auch in nachklösterlicher Zeit folgten weitere marginale Veränderungen. Klausurgebäude existieren nicht mehr.

❖ Das Kloster Homburg über dem Unstruttal nordwestlich der späteren Stadt S. entstand als Frauengemeinschaft angeblich bereits in der Karolingerzeit auf dem Reichshof Hohenburg. Wahrscheinlicher ist die Stiftung eines Benediktinerinnenklosters um 1100 durch die Brunonin Gertrud, Markgräfin von Meißen, die 1115 auch als Stifterin von St. Aegidius in ➛ Braunschweig auftrat. Ihr Schwiegersohn Kaiser Lothar III. von Süpplingenburg legte 1136 einen Benediktiner Mönchskonvent auf Homburg fest, der aus ➛ Corvey kommend ➛ Hirsauer Reformgewohnheiten mitbrachte. Im gleichen Jahr unterstützte er die Gründung des Reformklosters in ➛ Chemnitz, ein Jahr zuvor hatte der Kaiser in ➛ Königslutter eine vergleichbare Umwandlung eines Kanonissenstifts in ein benediktinisches Mönchskloster neucluniazensischer Observanz initiiert. Die reich begüterte Abtei Homburg wurde nach 1539 säkularisiert. Auf den heutigen Böhmenwiesen markiert das Böhmenhaus (1665) die Lage des klösterlichen Wirtschaftshofes, lediglich die Fischteiche erinnern an die Abtei.

Salzwedel Franziskanerkloster, die spätgotische „Mönchskirche" steht heute im Zentrum der Stadt, Ostseite.

◆ Mohn, Claudia: Langensalza (Thüringen), in: Mittelalterliche Klosteranlagen, Petersberg 2006, 440; Manger, Michael: Geschichte und Baubeschreibung der Marktkirche Sankt Bonifacii in Bad Langensalza, Bad Langensalza 2004.

Salzwedel, *Franziskanerkloster St. Elisabeth (?) (um 1250–1541) – „Barfüßerkloster", Diözese Verden – (Altmarkkreis Salzwedel, Sachsen-Anhalt, ❐ 2, A3).*

▶ **Geschichte.** Die Markgrafenbrüder Johann I. und Otto III. von Brandenburg legten 1247 neben der alten Kaufmannssiedlung S. planmäßig eine Neustadt an und förderten die Niederlassung der Minoriten im sumpfigen Gelände an Jeetze und Stadtgraben zwischen den beiden Städten. Im südöstlichen Vorort ➛ Perver stifteten sie zur gleichen Zeit das Heilig-Geist-Hospital, an dem sich 1260 ein Augustiner-Chorherrenstift konstituierte. Die erste Erwähnung des Franziskanerkonvents in der Doppelstadt S. geht auf das Jahr 1280 zurück, als ein Guardian Theodoricus auftritt. Die Ordenschronik verzeichnet bereits für 1260 ein Kapitel der Ordensprovinz Saxonia in S. Eine Konventskirche wird 1287 urkundlich erwähnt. Zunächst genügte eine kleine Saalkirche mit flachem Dach, die im 15./16. Jh. zur Hallenkirche erweitert wurde. Innerhalb der brandenburgischen Kustodie spielte S. im Gegensatz zum nahen Konvent in ➛ Kyritz eine eher untergeordnete Rolle. Ein Bruder Theoderich Waldemar wurde im 13. Jh. aufgrund seiner Visionen bekannt. Guardian Hermann Stockeym übte 1411 das Amt des Definitors beim Provinzkapitel in Dresden aus. Guardian Peter Brant (1493/1500) hatte zeitweise auch das Amt des Kustos inne. Ob der Provinzialminister Johannes von Salzwedel (1297–99) aus dem Konvent kam, ist nicht sicher belegbar. Ein Hausstudium in S. ist erstmals 1345 mit Lektor Johannes Leven bezeugt. Die Beziehungen zur Stadt waren gut, der Stadtrat tagte im Barfüßerkloster und verpflichtete sich zu Holzlieferungen. Im südlichen Seitenschiff reihten sich zahlreiche Altäre, errichtet durch Spenden der Bürger, von Bruderschaften und Handwerksinnungen. Auf die Observanzbestrebung des Ordens reagierten die Konventualen in S. nicht. Um 1500 ermahnte Markgraf Albrecht den

Stadtrat, den Barfüßern die ➛ Martinianischen Reformen zu geben. Eventuelle Maßnahmen sind nicht überliefert, ein Prokurator amtierte nicht; die formale Zuordnung zu den Martinianischen Provinzklöstern der Konventualen erfolgte 1509. Lesemeister Lambert Slaggert (1514), ursprünglich aus dem Konvent in ➛ Stralsund, ging als Beichtvater zu den Klarissen nach ➛ Ribnitz an die Ostsee. 1514 bestand die Klostergemeinschaft aus 28 Brüdern, 1528 nur noch aus sechs. Im gleichen Jahr verhinderte der evangelische Stadtrat die Feier der katholischen Messe, indem er die liturgischen Geräte aus dem Kloster konfiszierte. Novizen durften nicht mehr aufgenommen werden, die Brüder wurden mit Almosengaben versorgt. Noch 1541 verkauften die letzten Barfüßer ihre Schäferei an die Stadt gegen die jährliche Lieferung von Schuhen, Tuch und Nahrungsmitteln. Die kurfürstliche Kirchenvisitation von 1541 setzte das evangelische Glaubensbekenntnis durch. 1552 lebte der letzte Franziskaner, Guardian Heinrich Kamrath (1541/52), allein im Kloster, in dem inzwischen 1541 die Lateinschule eingezogen war.

▶ **Gegenwart.** Die zweite Klosterkirche, die „Mönchskirche“, markiert mit ihrem mächtigen Kirchendach noch heute unübersehbar den Mittelpunkt der Stadt. Sie ist eine zweischiffige, asymmetrische Backsteinhalle mit Langchor und westlicher Schaufassade. 1435–53 entstand der dreijochige, siebenseitig geschlossene Chor, sein trennender Lettner um 1485 und schließlich 1493–1514 die Haupthalle. Das zum Großteil erhaltene Chorgestühl (um 1500) bot 44 Brüdern Platz zum Chorgebet. Der Lettner trennte den Konvent von den Bürgern im Langhaus. 1985 konnte mittelalterliche Seccomalerei an den Wänden freigelegt werden; die heutige Ausstattung stammt aus nachklösterlicher Zeit. Bis 1958 diente das Gotteshaus als evangelische Gemeindekirche und als Garnisonskirche, seit 1986 wird die „Mönchskirche“ für Konzerte und als Kunstforum genutzt. Die nur zum Teil erhaltene Klausur nördlich der Kirche dient seit 1895 der Stadt als Verwaltungszentrum. Der Ostflügel gehört zum ältesten Bestand von 1250/75. Die üblichen Funktionsräume mit Kreuzrippengewölbe dienen heute Stadtrat, Stadtarchiv und Standesamt. Ein Fachwerkbau ersetzte 1821 den Westflügel.

◆ Schmies, Bernd u. a.: S., Franziskaner, in: Brandenburgisches Klosterbuch, Bd. 2, Berlin – Brandenburg 2007, 1040–54; Pieper, Roland/Einhorn, Jürgen W.: Franziskaner zwischen Ostsee, Thüringer Wald und Erzgebirge, Paderborn 2005, 119–124; Teichmann, Lucius: Die Franziskanerklöster in Mittel- und Ostdeutschland, Leipzig 1995, 182.

Sangerhausen Benediktinerpriorat/Zisterzienserinnenkloster, Mittelschiff der romanischen St. Ulrichskirche.

Sangerhausen, *Benediktinerpriorat St. Ulrich (um 1085–1502), Zisterzienserinnenkloster St. Ulrich (1265–1539), Diözese Halberstadt – (Lkr. Mansfeld-Südharz, Sachsen-Anhalt, ❐ 2, A5).*

▶ **Geschichte.** Etwa zur gleichen Zeit, als die Abtei ➛ Reinhardsbrunn in Thüringen gründet wurde, stiftete Graf Berenger um 1085 ein Benediktinerkloster in seinem Ort S. über dem Tal der Gonna, ein Erbteil seiner Mutter Cäcilie von Sangerhausen. Nach dem Tod Berengers 1110 unterstellte sein Bruder Ludwig der Springer das reich ausgestattete Kloster in S. mit allen Besitzungen und Einkünften den Reformbenediktinern von Reinhardsbrunn mit der Auflage, die Observanz der ➛ Hirsauer Reform im Konvent S. durchzusetzen. 1116 begannen Reinhardsbrunner Mönche den Bau der gewaltigen Klosterkirche fortzuführen, die 1132/35 zu Ehren des 1109 kanonisierten Priors Ulrich von Regensburg (auch U. von Cluny bzw. U. von Zell, 1029–93) geweiht wurde. Papst Innozenz III. erwähnt in seinem Schutzbrief für Reinhardsbrunn (1215) die Besitzungen des Ulrichklosters in S. Nach Verdrängung der Hirsauer Prioratsverfassung nahm S. den Rang einer Propstei ein. Schon 1122 weist eine Urkunde auf ein Frauenkloster an St. Ulrich hin, weitere Informationen zum ersten Frauenkonvent liegen aber nicht vor. 1265 gründeten Zisterzienserinnen in S. ein Kloster und nutzten die Ulrichskirche gemeinsam mit den Benediktinern; für sie wurde an der Westwand eine Nonnenempore eingebaut. Markgraf Dietrich von Landsberg wollte 1271 der Abtei Reinhardsbrunn die Kirche ganz zugunsten der Zisterzienserinnen entziehen, was Bischof Volrad von Halberstadt (Kranichfeld) jedoch verhinderte. Die Benediktiner stellten weiterhin den aufsichtführenden Propst und Priester für den Altardienst. Interne Angelegenheiten des Frauenklosters blieben der Aufsicht der Mönche weitestgehend entzogen, vielmehr fungierte der weibliche Konvent selbständig unter der Leitung einer Äbtissin. Woher die ersten Schwestern gekommen waren, ist unbekannt. Nach Reinhardsbrunner Überlieferung befolgten sie die Zisterzienserstatuten, eine Mitgliedschaft im Zisterzienserorden gilt aber als unwahrscheinlich; Kontakte zur nahen Zisterzienserabtei ➛ Sittichenbach oder zum berühmten Zisterzienserinnenkloster ➛ Helfta bei Eisleben sind aus den Quellen nicht zu erschließen. Augustiner-Eremiten (s. u.) und Lazariten (s. u.) bereicherten das geistliche Leben in der mittelalterlichen Stadt. Die Benediktiner an St. Ulrich widersetzten sich ebenso wie ihre Mitbrüder in Reinhardsbrunn im 15. Jh. inneren Reformen im Sinn der ➛ Bursfelder Kongregation. Erzbischof Ernst von Magdeburg verfügte als Bistumsadministrator 1502 die Auflösung des „ganz entarteten" Benediktinerkonvents. Die Mönche kehrten nach Reinhardsbrunn zurück. Die verbliebenen Zisterzienserinnen hatten weiterhin Abgaben an Reinhardsbrunn zu entrichten. Das Frauenkloster an St. Ulrich bestand bis 1539, als Herzog Heinrich II. den Protestantismus im albertinischen Sachsen durchsetzte.

▶ **Gegenwart.** Die beeindruckende Klosterkirche, heute evangelisch-lutherische Pfarrkirche St. Ulrich, ist die bedeutendste erhaltene Kirche der Reinhardsbrunner Benediktiner; sie steht der abgetragenen Abteikirche in Reinhardsbrunn nicht nach. Die durchgewölbte Pfeilerbasilika folgt in ihrem kreuzförmigen Grundriss den Reformbauten des 11./12. Jh. mit hirsauischen Baumotiven und Vorgaben aus Cluny (Burgund). Die steil aufragenden, schmalen Schiffe und schwere Gurtbögen erinnern an burgundische Klosterkirchen. Die tonnengewölbten, zweijochigen Querhausarme von St. Ulrich sind eine bauhistorische Rarität im deutschen Raum. Das heutige Erscheinungsbild beruht auf neoromanisierenden Eingriffen (1892/93). Nördlich der Kirche steht ein sehr alter Klausurflügel, dessen Stützmauern zur Straße mit die ältesten Steinbauten der Stadt sein sollen.

❖ Im Süden innerhalb der mittelalterlichen Stadtummauerung existierte ein Kloster der Augustiner-Eremiten, das erstmals 1318 urkundlich erscheint. Der Konvent erlangte keine besondere Ausstrahlung, obwohl 1376 das Kapitel der sächsisch-thüringischen Ordensprovinz in S. tagte. Einige Jahre nach der Aufhebung 1539 begann die Stadt die Gebäude abzutragen; 1842 waren sie vollständig beseitigt. Das Chorgestühl und den Altar (um 1400) bewahrt heute die spätgotische Pfarrkirche St. Jakobi am Marktplatz.

Vor der Stadt am Georgshof unterhielt der Lazarusorden seit 1252 eine Kommende

Sankt Blasien-Reform

▶ Die Reform von St. Blasien erwuchs aus der benediktinischen Erneuerungsbewegung der piemontesischen Abtei Fruttuaria in Oberitalien. Fruttuaria erreichte nach seiner Gründung 1003 die *libertas absolutissima*, gekennzeichnet durch freie Abtwahl, freie Vogtwahl, freie Wahl des Bischofs und päpstlichen Schutz durch die *traditio Romana*, vergleichbar mit der Stellung der burgundischen Verbandsabtei Cluny. Fruttuaria übernahm die strenge Verfassung Clunys, blieb aber völlig selbständig. Das als vorbildlich geltende Klosterleben zog in der Zeit des Investiturstreits das Interesse des reformwilligen Mönchtums und des nach Unabhängigkeit strebenden Adels auf sich. Abt Giselbert (1068–86) von St. Blasien im südlichen Schwarzwald schickte um 1070 auf Veranlassung der Altkaiserin Agnes und Herzog Rudolfs von Rheinfelden (Gegenkönig 1077–80) zwei Mönche über die Alpen nach Fruttuaria und reformierte anschließend seine Abtei mit den dort gewonnenen Erkenntnissen entsprechend der *consuetudines Fructuarienses* (1072). St. Blasien stieg zu einer der führenden Reformabteien der Benediktiner des 11. und 12. Jh. auf und strahlte bald selbst als Mittelpunkt einer neucluniazensischen Reform. Fast zur gleichen Zeit war durch Erzbischof Anno II. von Köln (1056–75, kanonisiert 1183) in ➛ Siegburg bei Bonn ebenso mit Mönchen aus Fruttuaria ein weiteres Reformzentrum entstanden (➛ Siegburger Reform); ein drittes schuf Abt Wilhelm (1069–91) in ➛ Hirsau an der Nagold im Nordschwarzwald. Der Einfluss St. Blasiens blieb auf Schwaben, das Elsass, die Schweiz, Bayern und Österreich beschränkt. Die S. erfasste bis Mitte des 12. Jh. etwa 50 Männer- und Frauenklöster zwischen St. Leonhard im Elsass im Westen und Altenburg im österreichischen Waldviertel im Osten sowie Ensdorf in der Oberpfalz im Norden und Engelberg im Schweizer Obwalden im Süden. Adalbero, einst Prior von St. Blasien, stand um 1130 den norddeutschen Abteien St. Michael in ➛ Lüneburg und in ➛ Nienburg/Saale wie auch der Reichsabtei ➛ Prüm vor, ohne dass man daraus nachhaltigen Reformeinfluss ableiten könnte. Zum Unterschied zu Fruttuaria strebten sanblasianische Klöster keine Exemtion an, sondern akzeptierten das bischöfliche Eigenklosterrecht. Im Konstanzer Bischof Gebhard III. von Zähringen (1084–1110) fand die Erneuerungsbewegung einen begeisterten Förderer. Die Liturgie entsprach den Vorgaben aus Cluny. Die wenigen überkommenen Quellen lassen gesteigerte Armenfürsorge und höhere Gewichtung der Totenliturgie durch Sonderoffizien erkennen. Aus engen Kontakten mit Hirsau entstand auch in St. Blasien die Institution der *fratres barbati*. Die Verbreitung der *consuetudines Fructuarienses-Sanblasianae* vollzog sich über die Gründung abhängiger Priorate, über Filiationen oder Sendung eigener Mönche in bereits bestehende Klöster. Letzteres geschah 1094 in Göttweig in Niederösterreich, wo unter Abt Hartmann (1094–1114) aus einem Regularkanonikerstift ein zweites Reformzentrum für die Diözesen Passau und Salzburg erwuchs. Bis nach 1108 existierte in St. Blasien ein Frauenkonvent, der in der Zeit Abt Rustens (1108–25) nach Berau versetzt wurde. Das Priorat Berau wurde das bedeutendste Frauenkloster innerhalb der sanblasianischen Reform. Der Einfluss St. Blasiens auf Klöster außerhalb der Diözese Konstanz war von geringer Dauer, es gelang meist nicht, die Verbindung über einen Abt hinaus zu halten oder gar zu institutionalisieren. Ein festgefügter Verband unter zentraler Führung kam nicht zustande. Schon in der zweiten Hälfte des 12. Jh. erlahmte der reformerische Eifer. Letzte und zugleich östlichste Konventsgründung mit sanblasianischen Statuten war wohl Altenburg 1138 im österreichischen Waldviertel bei Horn. In der altehrwürdigen Abtei Kremsmünster in Oberösterreich nahm der Konvent noch 1160 die Reformstatuten an. Die Prioratsgründungen Stampfenbach in Zürich 1223, ➛ Nellingen/Ostfiltern 1250 und Klingnau (Schweiz) 1250 durch St. Blasien können nicht mehr als Reformausbreitung gewertet werden. Die Erneuerungskraft der Sanblasianer hatte sich, wie auch die der Siegburger und Hirsauer, Anfang des 13. Jh. weitestgehend verloren. Die einzige überkommene romanische Klosterkirche der Sanblasianer steht in ➛ Alpirsbach, die zwar 1128 geweiht wurde aber noch 1130 im Bau und damit längst unter Einfluss Hirsaus stand.

Der hl. Benedikt von Nursia in Ochsenhausen, ursprünglich ein Priorat des sanblasianischen Reformkreises.

◆ GermBen 1, 125–140; Braun, Johann Wilhelm (Bb.): Urkundenbuch des Klosters Sankt Blasien im Schwarzwald, Stuttgart 2003; Vogel, Jörgen: Rudolf von Rheinfelden, die Fürstenopposition gegen Heinrich IV. im Jahr 1072 und die Reform des Klosters St. Blasien, in: Zeitschrift für die Geschichte des Oberrheins 93 (1984) 1–30.

und das Leprosenhospital St. Julian. 1489 übernahmen die Johanniter das Spital, bis es 1539 an die Stadt überging. Aufstrebende Ordensarchitektur ist nicht überkommen.

◆ Löffler, Sigmar: Geschichte des Klosters Reinhardsbrunn, Erfurt 2003; Schaelow, Karen: Die Kirche St. Ulrich in S., München 1994.

Sankt Georgen, *Benediktinerabtei St. Georg (1083–1806), Diözese Konstanz – (Schwarzwald-Baar-Kreis, Baden-Württemberg, ❐ 3, B4).*

▶ **Geschichte.** Drei adelige Anhänger der antikaiserlichen, gregorianischen Kirchenreform in der Zeit des Investiturstreits, Hezelo, Hesso und Konrad, beabsichtigten 1083, an der ottonischen Kirche St. Georg im Ort Wald (später Königseggwald) in Oberschwaben ein Kloster für Reformbenediktiner zu gründen, und baten Abt Wilhelm von ➛ Hirsau (1069–91) um Mithilfe. Dessen Einfluss bewirkte, dass die Stifter ihre Gründung 1084 in den Schwarzwald verlegten. Auf einem Hügel im Quellgebiet der Brigach nördlich von Villingen entstand mit Hirsauer Reformbenediktinern das neue Georgenkloster. Alle drei Stifter traten in den ersten Konvent ein. Der dritte Abt Theoger (1088–1119) baute die Abtei während seiner langen Amtszeit zu einem neuen Ausstrahlungszentrum der ➛ Hirsauer Reform aus, in einer Zeit, in der die Bedeutung der Mutterabtei bereits schwand. Die päpstliche *traditio Romana* und Königsprivilegien garantierten die freie Abt- und Vogtwahl. Zehn Tochtergründungen, besonders in Richtung Lothringen, sowie zehn Abtsberufungen bis nach Admont in Österreich verdeutlichen die Strahlkraft der Georgenabtei am Anfang des 12. Jh. Das Frauenkloster Amtenhausen (s. u.) stieg zum bedeutendsten Priorat der Reformgruppe auf. Die geistliche Bedeutung der Abtei konnte nach Abt Theoger nicht gehalten werden. Das Aussterben der Zähringer Schutzherren 1218 und ein Großbrand 1224 leiteten den Niedergang ein. 1313 mussten Abt Ulrich der Deck (1308/32) und seine Mitbrüder eingestehen, das kein Mitbruder im Konvent die Kunst des Schreibens beherrschte. Mitte des 14. Jh. war ein moralischer Tiefpunkt erreicht, das Kloster drohte zu veröden. Erst unter Abt Eberhard Kanzler (1368–82) gehörten wieder etwa 20 Mönche zur Abtei, die Hälfte von ihnen war auswärts als Prioren eingesetzt. Abt Johann III. Kern (1392–1427) nahm aktiv am Konstanzer Konzil und an Reformbestrebungen der benediktinischen Provinzkapitel teil und hob das Ansehen des Georgenklosters im 15. Jh. Herzog Ulrich setzte 1536 die Reformation in Württemberg durch und vertrieb mit Gewalt den sich widersetzenden Konvent aus dem Brigachkloster. Der Herzog musste aber nach dem Augsburger Interim 1548 seine Anordnung revidieren. Sein Nachfolger Herzog Christoph wiederholte 1566 den Gewaltakt. Abt Nikodemus Leupold (1566–85) und der Konvent zogen auf ihren Hof im vorderösterreichischen ➛ Villingen, wo das Georgenkloster in barocker Spätblüte bis zur Säkularisierung 1806 eine neue Heimat fand und ein Gymnasium unterhielt. Der Besitz ging 1806 an das Großherzogtum Baden über.

Sankt Ilgen Benediktinerpropstei, der romanisch-gotische Portalbereich an der ehemaligen Propsteikirche.

▶ **Gegenwart.** In der heutigen Stadt St. Georgen erinnern lediglich Reste an das berühmte Reformkloster, dem die Stadt ihre Entstehung verdankt. Auf dem historischen Ort steht heute ein moderner Schulkomplex. Von der Abteianlage blieben ein Teil der Umfassungsmauer und romanische Spolien in einem anschaulichen Lapidarium der Schule erhalten. In Villingen steht die „Alte Prälatur" der Abtei an der nordwestlichen Stadtmauer. Dieses spätgotische, zweistöckige Haus gehörte zum Stadthof und zum nachreformatorischen Zentrum der Abtei. Südlich davon entstanden bis 1756 die neue Konventsanlage und eine Wandpfeilerkirche mit repräsentativem Turm, die heute als Filialkirche der katholischen Münsterpfarrei dient.

❖ Das Benediktinerinnenpriorat Amtenhausen nordwestlich von Immendingen entstand 1102 nach der Trennung des Frauenkonvents vom Mönchskonvent in St. Georgen. Schon in den ersten Jahren soll der Konvent etwa 100 Schwestern stark gewesen sein. Amtenhausen entwickelte sich durch die Förderung des Regionaladels, besonders der Herren von Wartenberg, zu einem der reichsten Priorate St. Georgens und besiedelte die Frauenklöster ➛ Friedenweiler und ➛ Urspring. Der weltliche Einfluss der Mutterabtei wurde im Spätmittelalter durch das Haus Fürstenberg zurückgedrängt, aber der Abt von St. Georgen behielt die geistliche Aufsicht bis zur Säkularisierung 1803. Der Besitz fiel an Fürstenberg. Beim Abriss der Klosteranlage 1850 ließ man nur das barocke Verwaltergebäude stehen, das heute in Privatbesitz ist.

◆ GermBen 5, 242–253; Buhlmann, Michael: St. Georgen und die Kirchenreform des hohen Mittelalters, St. Georgen 2007.

Sankt Ilgen, *Benediktinerpropstei St. Aegidius (um 1160–1474), Diözese Speyer – (Leimen-S., Rhein-Neckar-Kreis, Baden-Württemberg, ❐ 3, C3).*

▶ **Geschichte.** Abt Johannes von ➛ Sinsheim (1158–70), ein konservativer Vertreter der ➛ Siegburger Reformideale in der Abtei an der Elsenz, gründete um 1160 im Bruch südlich von Heidelberg die Propstei St. Aegidius zunächst für drei Mönche. Edelherr Wernhard und seine Familie hatten bereits 1131 der Abtei Sinsheim die Zehntrechte auf dem Besitz Bruch am Leimenbach übertragen. Pfarrrechte waren aus dem Verband Lochheim gelöst, nach bischöflicher Weisung waren die Mönche der neuen Propstei mit der Pfarrseelsorge beauftragt. Ende des 12. Jh. arrondierte die Propstei ihren Streubesitz; so tauschten sie 1190 Land mit den Zisterziensern von ➛ Schönau im Odenwald. Zum Eigentum gehörten Bruch, Probsterwald, Etzwiesen, Höfe in Nußloch, Kirchheim und Rohrbach, auch Einkünfte aus Leimen und Sandhausen sind nachweisbar. 1252 tritt der einzige namentlich bekannte Propst Heinrich urkundlich auf. Aus der Bezeichnung „Sancti Egidii" entwickelte sich über „Sanct Gilgen" schließlich im Spätmittelalter der Propsteiname „St. Ilgen". Abt Michael von Angelloch und sein Konvent wandelten die Abtei Sinsheim 1496 in ein Kollegiatstift um. Schon 1474 hatte die Abtei ihre Propstei S. aufgegeben und an Kurfürst Friedrich I. den Siegreichen von der Pfalz verkauft, möglicherweise bedingt durch Kriegszerstörung des Ortes während der Schlacht bei Seckenheim 1462. Kirche und Hof in S. gingen als Ausstattungsgut 1476 an die Dominikaner über, die in der Residenzstadt Heidelberg ein Kloster gründeten (s. u.). Einen selbständigen Konvent haben die Prediger laut Ortschronik entgegen anderen Angaben in S. wohl nicht etabliert.

▶ **Gegenwart.** Die ehemalige Propsteikirche St. Aegidius diente seit dem Spätmittelalter als Pfarrkirche, eine Aufgabe, die sie für die katholische Gemeinde noch heute erfüllt. Der rechteckige Saalbau besteht im Kern aus romanischem Mauerwerk. Aus der dreischiffigen Pfeilerbasilika mit Querschiff und Chorquadrat (um 1170) entstand durch den Neuaufbau 1462 und durch Umbauten 1780 bis 1784 der heutige einfache Saal mit spätgotischem Ostabschluss. Ein auffälliger Restbestand der ersten Kirche ist das eindrucksvolle romanische Portal an der westlichen Giebelwand; seine profilierten Säulen tragen Kapitelle und das Tympanon zeigt Figuren im Ordenskleid der Benediktiner.

❖ In Heidelberg erfolgte die Gründung des Dominikanerklosters erst 1476, als die Konvente der Franziskaner und Augustiner-

Eremiten schon mehr als 200 Jahre in der Residenzstadt existierten. Die Arbeit der Prediger war mit dem städtischen Spital verbunden; ihr Kloster bestand mit Unterbrechung bis 1801, musste aber im 19. Jh. Universitätsbauten weichen.

Die Minoriten gründeten wahrscheinlich 1268 zunächst vor den Mauern Heidelbergs ein Kloster, zogen aber um 1320 in die Stadt. Der Konvent bekannte sich Anfang des 15. Jh. als erster deutscher Minoritenkonvent zur Observanzbewegung des Ordens. Das Observantenkloster bestand mit Unterbrechungen bis 1803, hinterließ aber keine Architektur auf dem heutigen Karlsplatz.

Die Augustiner-Eremiten unterhielten in Heidelberg von 1257 bis 1547 eine bedeutende Niederlassung innerhalb der rheinisch-schwäbischen Ordensprovinz. Ihre Gelehrsamkeit verhalf der Heidelberger Universität zu hohem wissenschaftlichen Ruf. Das Kloster lag im Bereich des heutigen Universitätsplatzes.

◆ GermBen 5, 319 f.

Sankt Jöris Zisterzienserinnenabtei, der Abteikirche (1300) wurde der untypische Westturm (1450) vorgesetzt.

Sankt Jöris, *Zisterzienserinnenabtei St. Georg (1274–1802) – „Georgenbusch", Erzdiözese Köln – (Eschweiler-S., Kr. Städteregion Aachen, Nordrhein-Westfalen, ❐ 3, A1).*

▶ **Geschichte.** In den siebziger Jahren des 13. Jh. stifteten Ritter Winfried von Kinzweiler und seine Gemahlin Jutta ein Zisterzienserinnenkloster in Helrath bei Eschweiler nahe der Stadt Aachen. Das häufig genannte Gründungsjahr 1274 ist eine Vermutung. Nähere Umstände sind nicht bekannt oder nicht sicher belegbar, die Stiftertochter Katharina soll das Amt der ersten Äbtissin beansprucht haben. Helrath könnte als Provisorium bis zur Fertigstellung der endgültigen Klosteranlage „Georgenbusch" am heutigen Stadtort gedient haben. Die früheste direkte Urkunde dokumentiert 1300 die Weihe der Klosterkirche. Der Konvent erhielt 1312 aus der Osnabrücker Domkirche die Kopfreliquie der römischen Martyrerin Regina († 275), was Georgenbusch zum Wallfahrtsziel erhob. Eine Vollmitgliedschaft im Zisterzienserorden lässt sich vermuten, denn das Aufsichtsrecht übte zunächst die Zisterzienserabtei ➛ Heisterbach aus. Erst in der Mitte des 14. Jh. taucht die Bezeichnung „S." in Urkunden auf. Der Konvent bestand selten aus mehr als neun Schwestern, die aber exklusiv adeliger Abstammung sein mussten. Inwieweit Mitschwestern der bedeutenden Reichsabtei Burtscheid (s. u.) den Konvent beeinflussten, ist nicht bekannt. Diesbezüglich ist aber interessant, dass die Burtscheider Äbtissin Mechthildis II. (um 1352–56) aus der Familie von Bongart stammte. Ein Gotthard von Bongart, Herr zu Pfaffendorf und Bergerhausen, und seine Gemahlin Kunigunde verhalfen 1450 mit großzügigen Schenkungen dem Kloster S. zu einem neuen Aufschwung. Die Gebäude konnten renoviert und ausgebaut werden, die Klosterkirche erhielt ihren mächtigen Westturm. Spätestens seit 1463 übten die Äbte der Abtei ➛ Marienstatt die Aufsicht aus, ihnen folgten die Äbte von ➛ Himmerod und Val-Dieu (Belgien), schließlich übernahm die Abtei ➛ Altenberg im Bergischen Land die Paternität. Im 16. Jh. wütete dreimal die Pest im Land. Die Reformation berührte die Schwestern kaum, aber die neuzeitlichen Kriege trieben die Not bis an den Rand des Erträglichen. 1644 flohen die Schwestern zu Verwandten, der Konvent durchlebte für Jahrzehnte innere Krisen, der Verfall der Sitten unter Äbtissin Regina de Groote (1680–1729) war nur das äußere Zeichen. Die vom päpstlichen Nuntius Spinola durchgeführten Reformen endeten in der Absetzung der Äbtissin Anna Maria Kamp (1752). Der Kölner Erzbischof und der Herzog von Jülich drohten mit der Auflösung des Konvents. Der sich widersetzende Zisterzienserorden beauftragte die Abtei Altenberg mit strikten Reformmaßnahmen. Ein Konvent aus bürgerlichen Schwestern garantierte in den letzten vier Jahrzehnten seiner Existenz ein regeltreues Konventsleben. Die napoleonische Konsularregierung ließ bis 1802 alle linksrheinischen Klöster säkularisieren. Im August 1802 unterzeichneten die erste nichtadelige Äbtissin Regina Bock (1784–1802) und sieben Mitschwestern die Aufhebungsurkunde.

▶ **Gegenwart.** Die Gemeinde Kinzweiler übernahm 1963 die ruinöse Klosteranlage S. und erhielt 1972 Unterstützung bei der Sanierung durch die Stadtbehörde von Eschweiler. Seit 1982 kümmert sich ein Förderverein um den Wiederaufbau und Erhalt der ehemaligen Klosterkirche, die heute für Kulturveranstaltungen genutzt wird. Der spätromanisch-frühgotische Saal aus Bruchsteinen mit Polygonalchor erhielt erst 1450 seinen untypischen, quadratischen Westturm. Das Satteldach ist ein Ergebnis der Restaurierungsphase um 1972. Der niedrige Anbau an der Nordseite stammt von 1984 und steht aber auf den Fundamenten eines ursprünglichen Seitenschiffs, die Scheidarkaden wurden vermauert. Südwestlich schließt sich der verbliebene Teil der Konventsgebäude aus dem 17. und 18. Jh. an. Ein gotisches Triumphkreuz von 1350 in Form der rheinischen *Crucifixi dolorosi* und die Reginareliquie werden heute in nahen Pfarrkirchen bewahrt.

❖ Die altehrwürdige Reichsabtei Burtscheid im nahen Aachen war von 997 bis 1220 mit Benediktinern, von 1220 bis 1802 aber mit Schwestern des Zisterzienserordens besetzt. Die Klausurgebäude entstanden im 16. Jh. im Stil der Maas-Renaissance neu. Die berühmte Kuppelkirche St. Johannes Baptist ersetzte 1754 die gotische Vorgängerkirche; sie bewahrt den Abteischatz mit Kostbarkeiten aus allen Abteiepochen.

◆ Ostrowitzki, Anja: Die Ausbreitung der Zisterzienserinnen im Erzbistum Köln, Köln 1993; Candels, Heinrich: Das Zisterzienserinnenkloster S. in Eschweiler, Mönchengladbach 1982.

Sankt Katharinen, *Zisterzienserinnenabtei St. Maria und St. Katharina (vor 1230–1803), Erzdiözese Trier – (Lkr. Neuwied, Rheinland-Pfalz, ❐ 3, B1).*

▶ **Geschichte.** Das stiftungsfreudige Grafenpaar Heinrich III. von Sayn und Mechthild von Landsberg festigte seinen Herrschaftsanspruch im Rheinland durch zahlreiche Klostergründungen. Es war auch beteiligt, als ihr Ministeriale Gerhard von

Rennenberg († 1270) und dessen Gemahlin Benedikta von Neuenburg auf einer Anhöhe nordöstlich von Linz am Rhein ein Frauenkloster stifteten bzw. eine bestehende Schwesterngemeinschaft mit Besitz und Privilegien aufwerteten. Auf Initiative des Rennenberger Stifterpaares geht ebenfalls das Frauenkloster in ➛ Namedy zurück. Das gewählte Patrozinium St. Katharina trug auch das vor 1247 gegründete Frauenkloster in ➛ Blankenberg über der Sieg in der saynischen Burgstadt. Das Kloster

Sankt Katharinen Zisterzienserinnenabtei, die steil aufragende Klosterkirche (1238), Südwestansicht.

bei Linz wird erstmals 1230 urkundlich erwähnt. Das Gründungsdatum ist unsicher; das in der örtlichen Überlieferung genannte Jahr 1208 ist unwahrscheinlich, es sei denn, es handelte sich um die Entstehung einer ersten freien Gemeinschaft religiöser Frauen. Bis 1238 konnte die spätere Klosterkirche fertig gestellt werden, die noch heute das Ortsbild prägt. Die Grafenwitwe Mechthild von Sayn gab erst 1257 ihre offizielle Einwilligung zum Bau der Klosteranlage auf ihrem Besitz, aber sie bedachte das Kloster 1283 testamentarisch mit einer erheblichen Summe. Angeblich kamen die ersten Ordensschwestern aus dem Kloster ➛ Kumbd bei Simmern. Ein zusätzliches Geschenk Stifter Gerhards von Rennenberg war 1257 der Gieselberger Hof in Linz. Dieser später „Katharinenhof" genannte Stadthof diente den Schwestern als zentrale Station zwischen ihren zahlreichen Weinhängen während der Weinlese, aber auch als Zufluchtsort in kriegerischen Zeiten. Erzbischof Heinrich II. von Trier (Finstingen) erklärte 1261 seinen Schutz, 1266 folgte ihm Papst Clemens IV. Der Konvent, der selten stärker als 10 Mitglieder war, bekannte sich zur Zisterzienserobservanz und stand nach Aufgabe der erzbischöflichen Jurisdiktion 1281 unter geistlicher und weltlicher Aufsicht der linksrheinischen Zisterzienserabtei ➛ Himmerod in der Eifel und gilt als Vollmitglied des Zisterzienserordens, obwohl kein entsprechendes Dokument des Generalkapitels vorliegt. Das erste eigene Siegel besaß Äbtissin Guda (1343/60) – gemäß der Bulle Papst Benedikts XII. 1335 sollten Vorsteherinnen in Zisterzienserinnenklöstern persönliche Siegel führen. Schon im 14. Jh. geriet der Konvent in wirtschaftliche Schwierigkeiten, die sich im 15. Jh. zur Existenzkrise ausweiteten. Genaue Umstände sind nicht bekannt, die Situation könnte jener vom linksrheinischen Zisterzienserinnenkloster ➛ Walberberg entsprochen haben. Der Frauenkonvent Walberberg wurde 1447 in Absprache mit der Ordensleitung aufgelöst und das Kloster als Mönchspriorat von Heisterbach weitergeführt. Gleiches geschah im rechtsrheinischen Katharinenkloster: Seit 1456 war das Kloster als abhängiges Priorat etwa 50 Jahre lang ausschließlich von Himmeroder Mönchen bewohnt, die Schwestern waren auf andere Niederlassungen verteilt worden. Der Mönchskonvent von bis zu fünf Brüdern erreichte die wirtschaftliche Gesundung und 1508 erlaubte die Ordensleitung den Schwestern, nach St. Katharinen zurückzukehren. Erste Äbtissin des neuen Konvents war Gertrud von Berenkot (1508–36). Die Schwestern genossen weiterhin die Unterstützung der Abtei Himmerod und der Rennenberger Stifterfamilie. Äbtissin Anna von Blanckart (1537–57?) und ihr Konvent widerstanden 1545 dem reformatorischen Einfluss aus der Stadt Linz. Trotz Leid, Not, Exil und Zerstörungen während der Kriege der Neuzeit bestand der Konvent bis zur Säkularisierung 1803. Der Besitz ging an das Fürstenhaus Nassau-Usingen über.

▶ **Gegenwart.** Die ehemalige Kloster- und heutige katholische Pfarrkirche St. Katharina von 1238 ist ein steil aufragender Saal nach Art der Bettelordenskirchen mit Polygonschluss im Osten und barockem Dachreiter. Statt der Klausurgebäude steht seit 1912/13 an der Nordseite ein angebautes Seitenschiff, das 1945 erweitert wurde. Interessant ist ein steinernes Kruzifix von etwa 1530.

❖ Der Katharinenhof am Grabentor in Linz dient heute der evangelischen Kirche als Gemeindezentrum; die Gebäude entstanden 1695–1743 neu. Ein Wappen mit zwei gekreuzten Wolfsangeln erinnert an die Äbtissin Anna Maria Cludt (1698–1713).

◆ GermSac AF Ser. B Rhenania Sacra, Bd. 1, Tl.-Bd. B 1 (Zeimet, Johannes); Halbekann, Joachim J.: Die älteren Grafen von Sayn, Wiesbaden 1997, 122. 450.

Sankt Nikolaus, *Franziskaner-Tertiarenkloster St. Nikolaus (vor 1411–1802), Hünfelder Oblatenkloster St. Nikolaus (seit 1905) – „Nikolauskloster in der Trift", Erzdiözese Köln – (Jüchen-Bedburdyck, Rhein-Kreis Neuss, Nordrhein-Westfalen, ❐ 1, A5).*

▶ **Geschichte.** Ein Einsiedler versorgte 1398 die Wallfahrtskapelle St. Nikolaus an der Trift, einem Bach bei Jüchen südwestlich der Stadt Neuss. Heinrich van der Blomen und seine Gefährten übernahmen die Kapelle und gründeten eine Tertiarengemeinschaft des Dritten Ordens der Franziskaner. Die Grundausstattung stiftete die Herrschaft Salm-Reifferscheid-Dyck im nahen Wasserschloss Dyck. Die Existenz des Klosters wird erstmals 1411 beurkundet. Um 1450 waren Klausurgebäude und Konventskirche erstellt. Das Nikolauskloster diente der gräflichen Stifterfamilie als Grablege. Weitere Landschenkungen sorgten für einen ausreichenden Lebensunterhalt, Reichtum strebte die Klostergemeinschaft aus selten mehr als 20 Franziskanern nie an. Sie betreuten die Tertiarinnenkonvente der Umgebung. Etwa 25 Laienbrüder sorgten für den landwirtschaftlichen Betrieb, die ebenfalls stimmberechtigte Vollmitglieder waren. Über Ereignisse während des Neusser Kriegs und des burgundischen Truppenaufmarsches 1474/75 ist aus den Quellen nichts zu erfahren. Der Konvent überstand Reformation und Kriegswirren der Neuzeit. Um 1700 erbauten die Franziskaner neue Konventsgebäude und erneuerten ihre Kirche; von der dadurch entstandenen Schuldenlast konnten sie sich nie mehr ganz befreien. 1794 besetzten französische Revolutionstruppen das „Dycker Ländchen", das über Jahrhunderte seine Autonomie zwischen den Machtzentren Kurköln, Jülich und Geldern bewahrt hatte. Die Konsularregierung unter Napoleon verfügte 1802 die Enteignung zugunsten der eigenen Staatskasse. Fürst Joseph von Salm-Dyck, ein berühmter Botaniker, erwarb die Anlage zurück und eröffnete eine Ackerbauschule. Sein Sohn Fürst Alfred rief 1905 Missionare der Hünfelder Oblaten zur Wiederbelebung der monastischen Tradition nach Bedburdyck.

▶ **Gegenwart.** Das Oblatenkloster S. dient heute als Studienheim zur Vorbereitung der Priesterausbildung. Eine Mauer umgibt weitläufig den Komplex. Die Klosterkirche (1708) behielt im Kern die spätmittelalterliche Substanz des Vorgängerbaus; die innere Ausschmückung des Saals entstammt dem 18. Jh. Die zweigeschossige Klausur entstand um 1700 zum überwiegenden Teil neu, die Kreuzgänge wurden erst 1905 vermauert. Eine Esskastanienallee verbindet die Klosteranlage mit dem Barockschloss Dyck, heute ein malerisches Zentrum für Gartenkunst und Landschaftskultur.

◆ Schildt-Specker, Barbara: Jüchen, S., in: Klosterführer Rheinland, Köln 2004, 240–242; Kisky, Hans/Kremer, Bruno P.: Schloss Dyck (Gemeinde Jüchen), Bauten und Park, Köln 1995.

Sankt Thomas, *Zisterzienserinnenabtei St. Maria (um 1185–1802), Erzdiözese Trier – (Eifelkreis Bitburg-Prüm, Rheinland-Pfalz, ❐ 3, A2).*

▶ **Geschichte.** Ludwig von Deudesfeld und seine Gemahlin Ida brachten aus Canterbury in England Reliquien des ermordeten Erzbischofs Thomas Becket († 1170, kanonisiert 1173) noch vor dessen Heiligsprechung in die Eifel. Sie ließen die Kapelle St. Thomas an der Kyll errichten und beauftragten um 1185 mit Unterstützung Erzbischof Arnolds I. von Trier (Valancourt) einen Frauenkonvent zur Betreuung der Reliquien. Diese religiöse Schwesterngemeinschaft war aus einer älteren Reklusengruppe erwachsen und lebte nach der Benediktregel in zisterziensischer Observanz. Die ersten beiden Äbtissinnen waren Töchter des Stifterpaares. Mehrere Päpste erklärten ausdrücklich ihren Schutz. Das Thomaskloster an der Kyll erlangte vermutlich schon in seiner Frühphase die Vollmitgliedschaft im Zisterzienserorden und gehörte möglicherweise als erstes deutsches Frauenkloster zum Orden, Inkorporationsdokumente liegen aber nicht vor. In S. übten die Äbte von ➛ Himmerod bereits in der Frühphase die Aufsicht aus. Der erste Propst Isenhard kam aus Himmerod und war schon am Bau der Kapelle beteiligt. Die Verehrung des neuen Heiligen Thomas Becket führte zu so regem Zulauf, dass 1188 zur Entlastung ein Tochterkloster in ➛ Hoven bei Zülpich gegründet werden musste. Hoven wiederum besiedelte 1197 die Niederlassung ➛ Walberberg bei Brühl. Ein Schiedsspruch bezeichnete 1221 Walberberg als Tochterkloster von S.; möglicherweise war ein Großteil der Schwestern aus S. nach Walberberg weitergezogen. Schenkungen des Regionaladels ließen den Güterbesitz anwachsen, der schließlich bis an die Mosel und weit nach Luxemburg streute. Der Bau einer größeren Anlage und einer angemessenen Abteikirche war 1222 mit der Schlussweihe vollbracht. Die großzügige Stiftung einer Agnes von Malberg 1224 half, die Bauschulden in kurzer Zeit abzutragen. Die aufstrebende Entwicklung blieb nicht unangefochten. Rudolf von Malberg vertrieb 1235 die Schwestern nach Trier. Erzbischof Theoderich von Wied antwortete 1239 mit dem Ausbau der nahen Kyllburg als Bollwerk gegen den Dynasten von Malberg im Nordbereich Kurtriers. Im Spätmittelalter wirkte sich die Adelsexklusivität des Konvents nachteilig auf Moral und Konventsleben aus. Das Generalkapitel des Ordens beschäftigte sich 1514 mit unwürdigen Zuständen im Kloster an der Kyll. Die Renitenz der Frauen erregte die Gemüter, so dass Visitatoren aus Himmerod vor harten Bestrafungen nicht zurückschrecken sollten. Über Maßnahmen und Folgen schweigen die Quellen (Urkunden und Akten gingen beim Großbrand von 1742 unter). Der Konvent war in der Neuzeit zahlreichen Truppendurchzügen ausgesetzt. Nach dem Brand 1742 ließ Äbtissin Maria Theresia von Meuthen die spätbarocke Klausuranlage errichten. 1800 befanden sich noch sieben Schwestern im Konvent. 1802 hob die französische Besatzung die Abtei auf.

Sankt Thomas Zisterzienserinnenabtei, die zweischiffige „Krypta" im Westteil der spätromanischen Abteikirche.

▶ **Gegenwart.** Seit 1852 gehört die Anlage S. im malerischen Tal der Kyll dem Hochstift Trier. Verschiedene geistliche Gemeinschaften nutzten das Haus, u. a. ein Franziskanerkonvent (1910–42). Heute dient die spätbarocke Dreiflügelanlage als Exerzitienhaus. Das Schmuckstück der Anlage ist die spätromanische Abteikirche (1193–1222). Der Saalbau ist dreimal so lang wie breit. Nonnenempore und Unterkirche nehmen die westliche Hälfte ein, im Osten schließt das Schiff mit einer niedrigeren, polygonalen Chorapsis ab. Drei seitenschiffartige Räume kamen erst 1958 hinzu. Die Obergadenfenster sind entsprechend rheinischer Tradition rund, westlich ziert ein Glockentürmchen das Pultdach. Innen überwältigt die zweischiffige „Krypta" unter der Nonnenempore: Säulen mit Kapitellen und Gurte tragen das Kreuzgratgewölbe, ein Altarerker schließt die Halle nach Westen ab; Grabplatten birgt sie erst seit dem 19. Jh. Das gewölbte Hauptschiff gliedern Wandpfeiler und leicht zugespitzte Gurtbögen, die Seiten- und Chorwände werden durch Blendbögen aufgelockert. Die romanische Altarmensa mit kapitellverzierten Säulchen blieb original erhalten; das Hängekreuz (um 1330) über dem Hochaltar wurde erst 1967 erworben.

◆ Hartmann, Ulrich: Das Zisterzienserinnenkloster S. an der Kyll, Mainz 2007; Ostrowitzki, Anja: Die Ausbreitung der Zisterzienserinnen, in: Eifilia Sacra, Mainz 1999, 157–178; Roning, Franz: S. an der Kyll, Passau 1993.

Sankt Trudpert, *Benediktinerabtei St. Petrus und St. Paulus (Anfang 9. Jh.–1806), Generalmutterhaus der St. Josefskongregation St. Petrus und St. Paulus (seit 1918), Diözese Konstanz – (Münstertal, Lkr. Breisgau-Hochschwarzwald, Baden-Württemberg, ❐ 3, B4).*

▶ **Geschichte.** Der iroschottische Einsiedler Trudpert erlitt im oberen Münstertal am Fuß des Schwarzwälder Belchenmassivs in der ersten Hälfte des 7. Jh. den Martyrertod. Seine Vita und die Anfänge einer prämonastischen Gemeinschaft zu Beginn des 9. Jh. liegen aufgrund zahlreicher Urkundenfälschungen im Dunkeln. Am 26. April 816 transferierte Bischof Wolfleoz von Konstanz die Überreste Trudperts in eine neu erbaute Basilika im Münstertal. Bischof Erchembald von Straßburg erhob um 990 die Gebeine Trudperts und fundierte wohl die Mönchsgemeinschaft, die sich 1020 zur Benediktregel bekannte. Auf hohe geistige und künstlerische Ausstrahlung der Abtei in den ersten Jahrhunderten verweisen wenige, aber anspruchsvolle Kunstwerke aus dem 12. Jh. Die Abtei ließ sich weder in den Investiturstreit verwickeln, noch sind Einflüsse benediktinischer Reformströmungen des Hochmittelalters bekannt. Das bischöfliche Eigenkirchenrecht galt bis ins 13. Jh. Mit Abt Eberhard (1144–56) beginnt die gesicherte Namensliste der Vorsteher. Die Abtei schöpfte ihr Kapital aus dem Silberbergbau im Münstertal, was Konkurrenz und Konfliktstoff mit der aufstrebenden Stadt Freiburg im Breisgau heraufbeschwor. 1346 überfiel eine Freiburger Streitmacht die befestigte Kloster- und Bergmannsstadt Münster unterhalb der Abtei. Danach blieb Münster laut archäologischen Untersuchungen entgegen allgemeiner Auffassung weiterhin besiedelt; erst mehrere Überflutungen zerstörten Stadtmauer und Häuser; der städtische Charakter des Ortes ging im Spätmittelalter verloren. Aufgrund der Konflikte mit den Herren von Staufen, die nachweislich seit dem späten 12. Jh. die Vogteirechte inne hatten und S. als Grablege nutzten, ließ Abt Werner I. (1246–88) zahlreiche Falsifikate zur Bewahrung eigener Freiheiten anfertigen. Der Kauf der kostspieligen Burg Tunsel diente der Herrschaftssicherung im Markgräflerland. Die Erschöpfung der Silberminen im 14. Jh. führte zum Niedergang der Abtei. Abt Nikolaus I. (um 1363–84) trieb durch unkluge Wirtschaftsführung die Verschuldung in die Höhe; der geschrumpfte Konvent bestand damals exklusiv aus adeligen Mitgliedern. Einhundert Jahre später ließ Abt Nikolaus II. Zeller (1455–83) den heute noch bestehenden Langchor der Abteikirche bauen. Im Bauernkrieg 1525 kam das Kloster trotz Plünderungen glimpflich davon. Im 16. Jh. verflachte das monastische Leben der sieben Konventsmitglieder (1573) dermaßen, dass die vorderösterreichische Regierung Abt Georg I. Helle (1567–73) zur Resignation zwang und Jakob Wattinger (1573–94) einsetzte. Im Dreißigjährigen Krieg brannten die Schweden die Anlage nieder. Abt Roman Edel (1665–94) schaffte einen neuen Aufschwung, der im 18. Jh. die barocke Entfaltung ermöglichte. Das Großherzogtum Baden löste die Abtei im Dezember 1806 auf.

▶ **Gegenwart.** Ost- und Südflügel der barocken Anlage wurden nach der Säkularisierung abgetragen. 1918 zogen Schwestern der St. Josefskongregation (Ursberger Franziskanerinnen) in die Restgebäude von S. ein und bauten die Klausurflügel wieder auf, wobei sie eine eigene Kuppelkirche im Südwestbereich errichteten. Die Schwesternkongregation erhob 1970 das Provinzhaus S. zum Generalmutterhaus. Die ehemalige Abteikirche der Benediktiner ist heute die katholische Pfarrkirche St. Petrus und Paulus der Gemeinde Münstertal. Der barocke Wandpfeilersaal im Voralberger Schema mit einem Westfassadenturm entstand unter Abt Augustin Sengler (1694–1731), der dabei den spätgotischen Langchor der Vorgängerkirche mit einbeziehen ließ. Dieser mittelalterliche Chor erhielt 1710 seine Ausmalung vom Italiener Francesco Giorgiolo. Ein Rest des nördlichen Chorflankenturms aus romanischer Zeit ist heute der älteste aufgehende Teil der Kirche. Die Trudpertskapelle östlich hinter der Kirche entstand 1694 bis 1719. Das sogenannte Trudpertslied, ein Hoheliedkommentar in rhythmischer Prosa aus der Schreibstube der Abtei, ist heute das älteste Werk deutscher Mystik und wird in Wien aufbewahrt. Das berühmte Niellokreuz (um 1170) besitzt die Pfarrgemeinde, ein romanischer St. Trudpertskelch steht im Metropolitanmuseum New York, ein weiteres Vortragekreuz aus dem 13. Jh. stellt die Eremitage in St. Petersburg aus.

◆ GermBen 5, 606–614; Kurrus, Theodor u.a.: Münstertal/S., Regensburg 2003; Kaiser, Wolfgang: S. und die Besiedlung des Münstertals, Stuttgart 2002.

Sankt Veit Benediktinerabtei, das Mittelschiff der gotisch umgebauten und barockisierten Abteikirche.

Sankt Veit, *Benediktinerabtei St. Veit (1121–1533), Diözese Freising – (Neumarkt-S., Lkr. Mühldorf/Inn, Bayern, ❐ 4, B4).*

▶ **Geschichte.** Der Edelherr Dietmar von Lungau stiftete 1121 in Elsenbach im oberen Tal der Rott ein Benediktinerkloster und unterstelle es dem Erzstift Salzburg, obwohl das Gebiet kirchenrechtlich dem Freisinger Hochstift unterstand. Erzbischof Konrad I. sandte einen Gründungskonvent aus dem Salzburger Peterskloster, der sich zur strengen Lebensweise der ➛Hirsauer Reform bekannte. 1171 verlegte Abt Heinrich I. († 1190) wegen ungünstiger Verhältnisse das Kloster (4 km weiter) auf den nahen Veitsberg über der Rott; die Pfarre Elsenbach wurde von den Mönchen weiterhin betreut. Papst Alexander III. erteilte 1170 das päpstliche Schutzprivileg, das Papst Alexander IV. 1255 bestätigte. 1255 konnte der Konvent die alte Abhängigkeit von Salzburg abstreifen und die freie Abtwahl durchsetzen. Herzog Heinrich VIII. von Bayern (Heinrich I. von Niederbayern) erlaubte 1269 die Verlegung der Markt- und Zollrechte aus Elsenbach in den Ort Wolfsberg unterhalb der Abtei; aus Wolfsberg wurde der Ort „Neumarkt“. Die Wittelsbacher hatten inzwischen die Schirmherrschaft von den Herren von Schaunberg übernommen und gewährten besondere Vergünstigungen. Kaiser Ludwig der Bayer bestätigte 1345 ausdrücklich alle von seinen Vorfahren verliehenen Rechte und Privilegien. Der umfangreiche, jedoch weit verstreute Besitz umfasste Ende des 15. Jh. 450 Höfe. Abt Heinrich III. Kratzl (1444–71) erneuerte Kirche und Kreuzgang im gotischen Stil und erhielt 1458 die Pontifikalien. Die Reformation untergrub im 16. Jh. die Klosterzucht, der Konvent dünnte aus, Novizen blieben aus; unfähige Äbte verschlimmerten durch hohe Schulden die Lage. Administratoren mussten die Wirtschaft führen; erst dem Administrator Raphael Kraz, 1599 zum Abt gewählt (1599–1602), gelang eine personelle und wirtschaftliche Besserung. Überhöhte Steuern während des Dreißigjährigen Kriegs zerrütteten die Abteifinanzen restlos.

1634 raffte eine Seuche fast alle Konventsmitglieder dahin, 1639 schädigte ein Brand Kirche und Kloster, 1648 kamen die Schweden. Als guter Ökonom schaffte Abt Gregor Wöstermayer (1653–87) mit Hilfe der Salzburger Benediktinerkongregation die Konsolidierung und ermöglichte einen neuen Aufschwung. Ende des 17. Jh. entstand der barocke Klausurtrakt. Neue Brandschäden 1708 konnte der fähige Abt Marian Wiese (1695–1720) zügig überwinden und sogar den Grundbesitz vermehren. Die 700-Jahr-Feier der Abtei wurde 1730 (historisch verfehlt) prachtvoll begangen, wozu die Kirche ihre wertvolle Ausschmückung erhielt. Das Kloster S. verfiel im Gegensatz zu fast allen bayerischen Benediktinerabteien Ende des 18. Jh. in eine innere Stagnation und Lethargie, verbunden mit Sittenverfall und Auflösungstendenz. Die Schule wurde geschlossen, einzig die Brauerei expandierte. Abt Cölestin Weighart (1796–1802), dem der Ruin unabwendbar schien, stellte selbst im März 1802 den Antrag zur Aufhebung. Bis auf Prior Gregor Schwärzer stimmten alle anderen 20 Konventsmitglieder zu und ließen sich abfinden. Der Prior ging in die Abtei ➛ Niederaltaich. Die Gebäude und Güter erhielt das Kanonissenstift St. Anna in München, das den Besitz 1829 verkaufte.

▶ **Gegenwart.** Die dreischiffige Pfeilerbasilika des späten 12. Jh. auf dem Veitsberg wurde eingreifend gotisch und barock zur zweischiffigen Wandpfeilerkirche umgebaut und dient heute als katholische Stadtpfarrkirche der Gemeinde. Westturm, Südwand und hoher Chor blieben aus dem 14. bis 16. Jh. erhalten, bereichsweise ist romanisches Mauerwerk einbezogen. Kapellen und Nordwand entstanden zur Erweiterung in der Barockzeit. Der Innenraum wirkt asymmetrisch, nüchtern und ernst. Der dreimal abgetreppte Westturm mit mehrstöckigem Zwiebelturm von 1765 ist heute das Wahrzeichen der Stadt. Südlich der Kirche blieb der Kreuzgang (15. Jh.) vollständig erhaltenen und zeigt im Nordflügel ein romanisches Fenster. Der barocke Abteikomplex dient seit 1952 als Altersheim. Bei der Stadterhebung 1956 nahm der Ort zu Ehren der alten Benediktinerabtei den Doppelnamen „Neumarkt-S." an. Die Marienkirche am Gründungsort Elsenbach ist ein Wandpfeilerbau, der im Auftrag der Benediktiner im ausgehenden Mittelalter als Pfarrkirche neu entstand.

◆ GermBen 2, 313–318; Lechner, Gregor Martin: Neumarkt-S., Regensburg 1989.

Sankt Wolfgang, *Servitenkloster St. Wolfgang (um 1492–1525), Erzdiözese Mainz – (Hanau-Wolfgang, Main-Kinzig-Kreis, Hessen, ❒ 3, C2).*

▶ Erasmus Hasefuß, Quartiermeister und Trompeter des Grafen Philipp I. des Jüngeren von Hanau-Münzenberg, ließ 1468 im gräflichen Bulauwald südöstlich von Hanau eine Kapelle zu Ehren Bischof Wolfgangs von Regensburg (972–994, kanonisiert 1052) errichten. An dieser Kapelle gründeten vier bis fünf Marienknechte des Servitenordens um 1492 eines ihrer letzten mittelalterlichen Klöster (lediglich in ➛ Mutzschen in Sachsen gründete der Orden etwa um die gleiche Zeit ebenfalls ein Servitenkloster). Intrigen belasteten den Konvent, der angeblich übles Volk anlockte, unzüchtige Feste feierte und Trinkgelage duldete. Tatsache ist, dass die Mönche Jagdgesellschaften des Grafen beköstigten und dessen Gunst im hohen Maß genossen, was bestimmte Hofkreise mit Neid betrachteten. Der Mainzer Erzbischof und Kardinal Albrecht von Brandenburg bestätigte 1520 den Mönchen Besitz und Rechte. Lange existierte Kloster S. nicht. In der Zeit der Bauernunruhen brandschatzten 1525 nicht Bauern, sondern Hanauer Bürger die ungeschützte Anlage im Wald, die nicht wieder aufgebaut wurde. Die Grafschaft Hanau-Münzenberg begann sich unter Graf Philipp II. seit 1528 allmählich der Reformation anzuschließen. Immerhin sind bis heute einige Ruinenreste mitten im Wald erhalten. Grundmauern des Kirchenschiffs sind zu erkennen, ein nördlich anliegender Raum wird als ehemalige Sakristei gedeutet. Auffällig ist ein markanter Turm, der vermutlich nicht auf die Servitenmönche zurückgeht, sondern im 18. Jh. als historisierend-romantisierendes Bauwerk entstanden sein könnte. Vertiefungen im Waldboden nahe dem Kloster erinnern an Eisenerzschürfungen der Mönche. Das nahe Jagdschloss und heutige Forsthaus entstand 1715. Das Servitenkloster S. bei Hanau blieb kaum in Erinnerung der historischen Überlieferung, wie etwa auch die Niederlassung ➛ Oßmannstedt bei Weimar in Thüringen. Aber der Ortsteil Hanau-Wolfgang erhielt seinen Namen vom Kloster.

◆ Schwitalla, Guntram: Das Servitenkloster S. in der Bulau, Wiesbaden 1994.

Sayn Prämonstratenser-Chorherrenstift, der reizvolle, spätromanische Kreuzgangflügel mit Brunnenhaus (1230).

Sayn, *Prämonstratenser-Chorherrenstift St. Maria und St. Johannes Evangelist (um 1200–1803), Prämonstratenser-Tertiarengemeinschaft (seit 2007), Erzdiözese Trier – (Bendorf-S., Lkr. Mayen-Koblenz, Rheinland-Pfalz, ❒ 3, B1).*

▶ **Geschichte.** Graf Heinrich II. von Sayn stiftete um 1200 „zur größeren Ehre Gottes und in der Hoffnung auf ewige Vergeltung" nahe seiner Burg an der Mündung des Saynbaches in den Rhein nördlich von Koblenz ein *monasterium* und rief Prämonstratenser-Chorherren aus dem Stift ➛ Steinfeld an den Rhein. Propst Hermann und zwölf Kanoniker gründeten das Tochterstift S. Interessanterweise existierte (wenige Kilometer) nordwestlich bereits das Prämonstratenserstift ➛ Rommersdorf, eine Tochter der Abtei Floreffe (Belgien), angeschlossen das Frauenstift ➛ Wülfersberg. Die Weihe der Stiftskirche in S. erfolgte im Frühjahr 1202. Der neue Konvent erhielt einen eigenen Pfarrbezirk, der die Burg einschloss. Nach dem Tod des Stifters 1205 förderten die gräflichen Nachkommen das Stift weiterhin mit Dotationen, unter ihnen vor allem Graf Heinrich III. und seine Gemahlin Mechthild. Erzbischof Bruno IV. von Köln (Sayn) übergab 1206 den Prämonstratensern eine Armreliquie des Apostels Simon, was S. zum Wallfahrtsort ersten Ranges erhob und den Finanzhaushalt der Abtei entscheidend absicherte. Die spätmittelalterliche Verflachung der Klausur erforderte in der Mitte des 15. Jh. die Hilfe der Prämonstratenser aus Bloemhof zu Wittewierum bei Groningen (Niederlanden), die den Reformidealen der ➛ Windesheimer Kongregation nahestanden. Die innere Reform erneuerte den Konvent unter Abt Johann Meinen (1435–65) so erfolgreich, dass Abt Johann von Bercka (Rheinberg?, 1465–1500) seine

Chorherren zur Erneuerung in andere Ordenshäuser senden konnte, so etwa 1470 nach ➛ Hamborn. Aber die Misswirtschaft Abt Levins von Gouda (1500–18) führte die Abtei S. an den Rand des Ruins. Trotz jahrzehntelanger Mühen seiner Nachfolger erreichte S. nie mehr die einstige Blüte und Ausstrahlung. Hinzu kam die Glaubensspaltung: 1555 entschieden sich die Grafen Adolf und Sebastian II. von Sayn für den Protestantismus, was Kontroversen und Streit mit den katholisch verbliebenen Abteien S., ➛ Marienstatt und ➛ Laach nach sich zog. Die Konflikte eskalierten mit der Sayner Kirchenordnung von 1574 und erst recht nach 1588 in der vereinten Grafschaft. Graf Heinrich IV. favorisierte das lutherische Bekenntnis und setzte es rigoros landesweit durch. Der Entzug des Stiftsschatzes und überhöhte Steuern sollten den Ruin der Abtei herbeiführen. Nach dem Tod des kinderlosen Fürsten 1606 fielen Burg, Ort und Abtei an das Hochstift Trier. Die Existenz des katholischen Konvents war nun zwar gesichert, aber es drohte die Verödung, denn zeitweise lebte nur ein Chorherr im Stift. Hilfe aus Steinfeld sicherte den Fortbestand, den selbst die plündernden Schweden im Dreißigjährigen Krieg letztlich nicht mehr gefährdeten. Im 18. Jh. schafften tüchtige Äbte einen blühenden Aufschwung, den die französischen Revolutionstruppen 1794 zunichte machten. 1803 fiel die Prämonstratenserabtei S. an Fürst Friedrich August von Nassau-Usingen.

▶ **Gegenwart.** Seit April 2007 lebt eine Prämonstratenser-Tertiarengemeinschaft aus Hamborn in der Abteianlage S., die sich der Seelsorge in der Pfarrgemeinde annimmt. Die romanische Stiftskirche, heute katholische Pfarrkirche, wurde 1202 als kreuzförmiger Zentralbau angelegt und um 1250 einschiffig nach Westen verlängert. Mitte des 15. Jh. musste die romanische Apsis einem spätgotischen Chor im 6/8-Schluss weichen, 1731/33 ebenso der Vierungsturm und das nördliche Querhaus für den heutigen Glockenturm. Die Ausschmückung geht auf Veränderungen in der Barockzeit zurück. Bedeutend sind der romanische Taufstein (um 1200) und der vergoldete Schrein mit der Armreliquie Simons (um 1220). Eine weitere Armreliquie der hl. Elisabeth (um 1240) ist ein Kunstwerk aus dem Frauenstift ➛ Altenberg an der Lahn, das erst im 20. Jh. nach S. kam. Vom gewölbten, reich ausgemalten Kreuzgang (um 1230) blieb der westliche Flügel mit seinem reizvollen Brunnenhaus erhalten. Die übrigen Konventsbauten entstanden im 17./18. Jh.

◆ Kemp, Franz Hermann/Schabow, Dietrich: Abtei S., Bendorf-Sayn 2002; Halbekann, Joachim J.: Die Prämonstratenserabtei S., in: Die älteren Grafen von Sayn, Wiesbaden 1997, 292–313.

Schaaken, *Benediktinerinnenpriorat St. Maria, St. Vitus und St. Benedikt (um 1190–1556), Diözese Paderborn – (Lichtenfels-Goddelsheim, Lkr. Waldeck-Frankenberg, Hessen,* ❐ *1, C5).*

▶ **Geschichte.** Reichsabt Widukind von ➛ Corvey (1189–1205) gründete um 1190 auf dem alten Schultenhof bei Goddelsheim ein Benediktinerinnenkloster zur Sicherung des Abteibesitzes gegen Ansprüche Kurkölns und der Grafschaft Schwalenberg-Waldeck. Zur gleichen Zeit bezogen Benediktinerinnen aus ➛ Gehrden die Corveyer Propstei ➛ Kemnade an der Weser, möglicherweise auch das neue Kloster in Goddelsheim. Die Frauen unterstanden den strengen Klausurvorschriften der ➛ Hirsauer Reform, galt doch die Mutterabtei Corvey seit der Zeit Abt Markwards (1081–1107) als Zentrum dieser cluniazensischen Erneuerungsbewegung und hielt ihre Ideale lange aufrecht. Um 1223 verlegte Propst Konrad das Kloster von Goddelsheim auf den neuen Besitz in S. Im August 1223 genehmigte Papst Honorius III. den Ortswechsel, garantierte seinen Schutz und bestätigte den klösterlichen Besitz. Das Schutzprivileg wurde 1254 ausdrücklich wiederholt und jede Belästigung mit Kirchenstrafen bedroht, aber dennoch nahm der Waldecker Einfluss zu. Ende des 15. Jh. bildete das Kloster S. faktisch einen Teil der gräflichen Herrschaft, Corvey blieben lediglich die geistliche Aufsicht und Rechte eines Lehnsherrn. Die Mutterabtei musste 1493 Graf Philipp von Waldeck um Hilfe bei der Durchsetzung innerer Reformen im Sinn der ➛ Bursfelder Kongregation bitten. Geistliche Unterstützung boten die Frauenklöster ➛ Münster-Überwasser und ➛ Herzebrock. Die Reformation setzte sich im Waldecker Land schon 1526 durch. Nach dem Tod Äbtissin Elisabeths von Warendorf (1544–56) bekannte sich der Konvent zum Protestantismus und nahm Ende des 16. Jh. neue Statuten an. Das evangelisch-freiweltliche Damenstift S. bestand bis 1848.

▶ **Gegenwart.** Eine malerische Kirchenruine inmitten von Wiesen und Feldern erinnert heute an das Kloster S. Der spätromanisch-frühgotische Bau entstand nach einem Brand um 1260 und wurde beim Wiederaufbau nach einem weiteren Brand 1518 spätgotisch verändert. Die Kirche, die im 19. Jh. als Scheune gedient hatte, blieb nach dem dritten Brand 1913 lediglich in ihren Umfassungsmauern bestehen. An der Stelle der heute vermauerten Spitzbögen schloss sich das Querschiff an, auch fehlen der einstigen Basilika die Seitenschiffe. Im Ostteil zeigen sich überwiegend spätromanische Stilelemente, die Gotik dominiert an der Westfassade mit ihrer Spitzbogenpforte. Ein spätgotisches Klausurgebäude in Sandstein schließt südlich an, wirkt aber stark überformt.

◆ GermBen 7, 517–526; Mohn, Claudia: Goddelsheim, S. (Hessen), in: Mittelalterliche Klosteranlagen, Petersberg 2006, 396.

Schaaken Benediktinerinnenpriorat, der Kirchenruine (um 1260) fehlen Querschiff und Seitenschiffe, Nordwest.

Schale, *Zisterzienserinnenkloster St. Maria (1278–1535), Diözese Osnabrück – (Hopsten-S., Kr. Steinfurt, Nordrhein-Westfalen,* ❐ *1, B4).*

▶ **Geschichte.** Bischof Konrad II. von Osnabrück (Rietberg) stiftete 1278 zur Festigung seines Machtbereichs gegen die Tecklenburger Grafschaft in S. am Länderdreieck Tecklenburg-Lingen-Osnabrück das jüngste Zisterzienserinnenkloster in Westfalen. Der Gründungskonvent kam aus dem Kloster ➛ Börstel. Auf das Hofgut S. hatten die vorher nach Riga ausgewanderten Lehnsträger feierlich vor dem Bischof in Riga verzichtet. Zur Grundausstattung gehörten die Höfe Große Dresselhaus und Emskamp-Kotten im Ort S. 1299 setzte sich Papst Bonifatius VIII. zweimal für den Schutz der Schwestern ein, die immer der bischöflichen Jurisdiktion unterstanden und keine direkte Verbindung zum Zisterzienserorden hatten; ihre Ordensmitgliedschaft kann man ausschließen. Das Quellenmaterial über das Leben der Schwestern ist dürftig, denn das Archiv fiel wohl einem Brand im 15. Jh. zum Opfer.

Als im August 1409 Propst Bernhard Plesser (1409/22) in S. eingeführt wurde, vermerkt die Urkunde, dass die Pröpste Pfarrpflichten zu übernehmen hätten und dass der Konvent den Propst nur gemeinsam mit dem Grafen von Tecklenburg bestimmen und dem Archidiakon präsentieren könne. Ende des 15. Jh. standen Reformen des Konvents an, denen sich die Frauen aber verweigerten. Bischof Konrad III. von Diepholz (1455–82), der in den Frauenklöstern seiner Diözese nichts unversucht ließ, der *vita communis* neue Geltung zu verschaffen, scheiterte offensichtlich in S. Seine Reformäbtissin Juttildis von der Geist resignierte und ging 1499 in das Benediktinerinnenkloster ➛ Gertrudenberg bei Osnabrück. Als lutherischer Einfluss die Existenz des Klosters zu bedrohen begann, boten Äbtissin Mechthildis von Heyden (1532–35) und ihre sieben Schwestern 1533 Bischof Franz von Waldeck das Kloster zum Kauf an, der aber ablehnte. Daraufhin übernahm Graf Konrad von Tecklenburg 1535 den Besitz gegen Zusicherung eines Entgeltes und setzte sofort einen lutherischen Prediger ein, was vom Diözesanbischof nicht anerkannt wurde. In der Grafschaft war bereits 1527 das lutherische Bekenntnis eingeführt worden, 1588 folgte die reformierte Konfession. Der Machtkampf an der Bistumsgrenze flammte erneut auf und endete zum Vorteil für den Grafen.

▶ **Gegenwart.** Vom Kloster ist heute lediglich die Zisterzienserinnenkirche aus der Gründungszeit erhalten geblieben, die der reformierten Gemeinde als Pfarrkirche St. Marien dient. Der zweijochige, gewölbte Saal mit eingezogenem Chorquadrat zeigt reiche, damals aber schon etwas altertümliche Formen. Der mächtige Westturm wurde 1899 deutlich aufgestockt und das Kirchenschiff um ein südliches Seitenschiff erweitert. Die Gewölbegurte des Hauptschiffs liegen auf Kastenvorlagen, die schweren, profilierten Rippen auf verzierten Eckdiensten auf. Der Raum wird durch gemalte Scheitelrippen und Ornamentmalerei belebt.

◆ Seegrün, Wolfgang: S., in: Westfälisches Klosterbuch, Tl. 2, Münster 1992, 321–323; Busse, Gottfried u.a.: 1100 Jahre S., Hopsten 1978.

Schamhaupten Augustiner-Chorherrenstift, der Chor der Stiftskirche blieb gotisch, der Turm ist von etwa 1650.

Schamhaupten, *Augustiner-Chorherrenstift St. Georg (1137–1609), Diözese Regensburg – (Altmannstein-S., Lkr. Eichstätt, Bayern, ❐ 4, A3).*

▶ **Geschichte.** Witwe Gertrud von Schamhaupten und ihre Tochter Luitgard übergaben 1137 ihr Landgut S. an der Quelle des Schambachs, einem Nebenfluss der Altmühl, dem Regensburger Hochstift zur Gründung eines Regularkanonikerstifts. Der Bitte kam Bischof Heinrich I. im selben Jahr nach. Er inkorporierte der Stiftung die Pfarrkirche im Ort und verfügte zusätzliche Privilegien. Die ersten Augustiner-Chorherren kamen aus dem Regensburger Reformstift St. Johannes Baptist, das 1127 bis 1290 einer klösterlichen Regularverfassung folgte und als Ausbreitungszentrum der Kanonikerreform über das Bistum hinaus Bedeutung erlangte. Von der Forschung wird auch ➛ Rohr (Bayern) bei Abensberg als Herkunftsstift erwogen. Die schwache Grundausstattung konnte trotz Schenkungen des örtlichen Adels nicht ausreichend erweitert werden, wodurch S. ein rasches Aufblühen verwehrt war; hinzu kamen die Bedrückungen durch wechselnde Vögte. 1435 lebten neben Propst noch fünf Chorherren im Stift, die Verwaltung lag danieder und der Gottesdienst wurde vernachlässigt. Die Wittelsbacher Herzöge von Bayern-München, die 1485 die Vogteirechte geerbt hatten, verlangten Reformen. Herzog Albrecht IV. gewann Bischof Wilhelm von Eichstätt (Reichenau) zur Entsendung von Chorherren des Windesheimer Stifts ➛ Rebdorf nach S., Propst Paul Saur (1485–86) resignierte. Seit 1488 lebten mehrere Rebdorfer Reformkanoniker im Stift, das durch den Einfluss der Prioren von Rebdorf, Kirschgarten und ➛ Frankenthal mit bischöflichem Einverständnis 1492 als südöstlichstes Mitglied in die ➛ Windesheimer Kongregation aufgenommen wurde. Das Generalkapitel des Verbandes bestätigte 1494 offiziell die Inkorporation. Die Vorsteher des Konvents (nun Prioren) kamen in der Folgezeit immer aus Rebdorf. Trotz zusätzlicher Privilegien und strengen Visitationen war S. um 1526 bereits wieder in schlechtem Zustand. Die Herzöge Wilhelm IV. und Ludwig X. übergaben das Stift im April 1527 der Johanniterkommende in ➛ Altmühlmünster, aber der Großprior der Johanniter, Johann von Hattstein (1512–46), verweigerte seine Zustimmung. 1529 waren wieder Augustiner-Chorherren aus Rohr in S. tätig, diesmal wurden sie von Mitbrüdern aus Bernried (s. u.) unterstützt. Die neuen Vorsteher waren nun von den Herzögen postulierte Pröpste. Nach dem Tod Propst Sigmund Schlechts (1550–54) stand das Stift S. leer. Die Universität Ingolstadt nutzte die Einkünfte. Erst 1609 erfolgte die offizielle Auflösung im päpstlichen Auftrag.

▶ **Gegenwart.** Die ehemalige Stiftskirche in S. dient heute als katholische Pfarrkirche St. Georg. Ihr Langhaus wurde 1623 neu errichtet und dem gotischen Chor im 3/8-Schluss aus dem 15. Jh. angebunden. Der hohe Glockenturm entstand erst in der Mitte des 18. Jh., seine Spitzhaube stammt aus dem 19. Jh. Innen bietet die Kirche noch einige mittelalterliche Ausstattungsstücke: ein hochgotischer Taufstein, Kruzifix aus Ton (um 1400), Holzrelief der Anna Selbdritt (um 1500) und einige gut erhaltene, spätgotische Epitaphe der Edlen von Muggendorf. Die Klausur im Südbereich und die Wirtschaftsgebäude sind inzwischen vollständig abgetragen.

❖ Das Augustiner-Chorherrenstift Bernried am Starnberger See, dessen Konventsmitglieder im 16. Jh. in S. aushalfen, existierte von 1121 bis 1803. Stiftsanlage und Kirche wurden nach dem Dreißigjährigen Krieg neu errichtet bzw. barock umgebaut und dienten nach 1810 als Schlossanlage. Seit 1949 beleben Missions-Benediktinerinnen aus Tutzing das Neorenaissanceschloss und betreuen ein Bildungshaus.

◆ MonWin 2, 378–388; Backmund, Norbert: Die Chorherrenorden und ihre Stifte in Bayern, Passau 1966, 136 f.

Scharnebeck, *Zisterzienserabtei St. Maria (1243–1531), Diözese Verden – (Lkr. Lüneburg, Niedersachsen, ❐ 2, A3).*

▶ **Geschichte.** Gegen den Einspruch seines Domkapitels gründete Bischof Lüder von Verden 1243 in Steinbeck nordöstlich von Bispingen eine Zisterzienserabtei, die von der Abtei ➛ Hardehausen besiedelt wurde. Erst 1245 konnte er die Domherren zur Zustimmung bewegen, ging doch ein Teil ihres Besitzes an die neue Abtei über. Papst Innozenz IV. erwähnt 1247 in seinem Schutzbrief erstmals Abt Heinrich und Konvent, die in dieser Zeit bereits die Umsiedlung nach S. nordöstlich von Lüneburg vorbereiteten. Diese Verlegung des Standorts hatte wohl Herzog Otto von Braunschweig-Lüneburg initiiert. Im Januar 1253 erfolgte die Translokation, König Wilhelm von Holland bestätigte den neuen Standort, der vom Benediktinerkloster St. Michael in ➛ Lüneburg eingetauscht worden war. Den Steinbecker Erstbesitz traten die Zisterzienser 1299 an Ritter Gebhard von dem Berge ab. Die Welfenherzöge erwiesen sich in der Folgezeit als Förderer, besonders Otto der Strenge († 1330) ragt unter ihnen heraus. Gutes Einvernehmen bestand auch mit den askanischen Herzögen von Sachsen-Lauenburg. Nach dem Lüneburger Erbfolgekrieg (1371–88) blieben die Welfen von Braunschweig-Lüneburg die bestimmende Herrschaft. Der umfangreiche Landbesitz der Abtei entstand vorrangig durch erwirtschaftete Zukäufe; 1458 umfasste er Höfe und Ländereien in 104 Orten; Zinsen aus weiteren 37 Siedlungen erhöhten die Einkünfte. 1525 waren es noch 68 Orte, davon 41 mit Zehntbesitz; so wurde etwa das Land bei Wittingen 1260 der Abtei ➛ Marienrode abgekauft und 1400 an die Abtei ➛ Oldenstadt veräußert. Patronatsrechte der Zisterzienser in S. sind nicht überliefert. In Lüneburg gehörte das Kloster zu den größten geistlichen Salineneignern. Nach 1425 beteiligten sich die Zisterzienser auch an dem Silberabbau am Rammelsberg bei Goslar. Mit Webarbeiten machten sie den Webern in Lüneburg Konkurrenz, die 1422 dagegen protestierten. Der Generalabt in Cîteaux erwirkte 1419 die Exkommunikation des Konvents wegen dessen Zahlungsversäumnis an die Ordenszentrale. Äbte von S. übernahmen die Paternität für das Frauenkloster ➛ Medingen. 1379 betreute Abt Meinhard (1376–93) die Benediktinerinnen in ➛ Lüne. Gute Kontakte bestanden außer zur Mutterabtei auch nach ➛ Loccum, ➛ Walkenried und ➛ Marienfeld. Überregionale Bedeutung und Ausstrahlung erlangte die Abtei S. nicht; auffällige Höhepunkte oder Krisen verzeichnet ihre 300-jährige Geschichte ebenso wenig. Unter Abt Johann Ollensen (1439–55) zählte der Konvent 45 Mönche und Laienbrüder. Der Abt erwarb von der Abtei Walkenried weitere Silberschürfrechte am Rammelsberg in Goslar. 1448 bemühte sich die Primarabtei Morimond um Reformen, Erfolg oder Auswirkung sind nicht erkennbar. Generell sind Nachrichten über das innere Leben des Konvents kaum überliefert. Während des Interdikts über Lüneburg 1453 nahmen die Mönche den Bürgern die Beichte ab, obwohl ihnen keine Pfarrpflichten oblagen. In S. fand 1527 jener Landtag statt, auf dem Herzog Ernst der Bekenner die Reformation im Welfenland einleitete. Im Juli 1529 kam der Herzog persönlich in die Abtei und ließ sich von Abt Heinrich Radtbock (1521–31), der die neue Lehre befürwortete, die Verwaltungshoheit abtreten. Einige Mönche hatten das Kloster bereits verlassen. Im Oktober 1531 erfolgte die formale Übergabe des Klosters an Herzog Ernst und seinen Bruder Franz, Proteste von Konventsmitgliedern sind nicht überliefert. Abt Heinrich erhielt den Klosterhof in Lüneburg und eine Anstellung als lutherischer Superintendent und heiratete. Die verbliebenen Mönche wurden Pfarrer oder lebten von Pfründen aus dem Kloster Lüne.

▶ **Gegenwart.** Klausurgebäude existieren seit dem 17. und 18. Jh. nicht mehr, einzig ein Fachwerkspeicher von 1510 blieb erhalten. Ein weiterer Fachwerkbau des 17. Jh. zeigt Arkaden aus Bruchsteinen, möglicherweise Reste des ehemaligen Kreuzgangs. Die überkommene Abteikirche ersetzte

Scharnebeck Zisterzienserabtei, die Abteikirche, eine gotische Halle (1376), wurde im 18. Jh. für Pfarrzwecke in Länge und Höhe reduziert, Südostansicht.

1376 den spätromanischen Vorgängerbau. Die durchgewölbte dreischiffige Halle mit Querhaus und Chorpolygon wurde 1723 im Mittelschiff verkürzt, ihrer Querarme beraubt und in Höhenmaßen verkleinert. Heute dient der reduzierte gotische Bau als evangelisch-lutherische Pfarrkirche. Von der mittelalterlichen Ausstattung blieben eine Steinmadonna (um 1300) und Teile des Chorgestühls aus dem 14. Jh. erhalten. Am Erstgründungsort Steinbeck erinnert nichts an die Anfänge der Zisterzienser.

◆ GermBen 12, 655–663; Streich, Gerhard: Klöster, Stifte und Kommenden in Niedersachsen vor der Reformation, Hildesheim 1986.

Scheyern, *Benediktinerabtei St. Maria und Heilig Kreuz (1119–1803, seit 1837), Diözese Freising – (Lkr. Pfaffenhofen/Ilm, Bayern,* ❒ *4, A4).*

▶ **Vorgeschichte.** Aus der Einsiedelei Margaretenzell im heutigen Bayrischzell entstand um 1080 ein Benediktinerpriorat von ➛ Hirsau, das 1085 nach ➛ Fischbachau umzog und 1102 zur eigenständigen Abtei erhoben wurde. 1104 verlegte der Konvent die Abtei auf den ➛ Petersberg bei Erdweg und von dort 1119 noch einmal auf die Burg S., die Stammburg der Grafen von Scheyern. Diese nannten sich seit 1124 nach ihrer neuen Burg bei Aichach Grafen von Wittelsbach. Als Wittelsbacher stiegen sie zu einer der führenden Dynastien Europas auf.

▶ **Geschichte.** Die Burg S. wurde von den Stiftern geräumt, ihre Eigenrechte gaben sie zugunsten des Heiligen Stuhls entsprechend den ➛ Hirsauer Reformbedingungen auf. Kaiser Heinrich V. bestätigte 1224 die letzte Verlegung. Die Abtei blieb bis 1253 Erbbegräbnisstätte der Wittelsbacher, worin ihr teilweise die Abteien ➛ Seligenthal bei Landshut, ➛ Raitenhaslach und ➛ Schönau im Odenwald folgten. Über Graf Konrad III. von Dachau kam der Konvent 1180 in den Besitz eines Partikels des Heiligen Kreuzes Christi, was Wallfahrten bis in unsere Tage begründete. Nach Bränden 1171/83 entstand bis 1215 die heutige Klosterkirche. Unter Abt Konrad I. von Lupburg (1206–25) erreichten Schreibkunst und Buchillustration der Mönche höchste Qualität. Der Abt selbst verfasste das „Chronicon Schyrense" und auf ihn geht der Codex „Liber mutatinalis" zurück. Auch Abt Friedrich von Heidenheim (1281–97) war hochgelehrt, aber ein schlechter Ökonom, unter dem der Finanzhaushalt zusammenbrach. Die Mönche konnten nicht mehr ernährt werden und wurden auf andere Klöster verteilt. Der Rekognitionszins an Rom blieb 1285 aus, die Abtei wurde suspendiert. König Ludwig der Bayer half 1315 mit der Vergabe der Niedergerichtsbarkeit innerhalb der klostereigenen Hofmarken. Auch zusätzliche Pfarrinkorporationen sollten der Wirtschaft aufhelfen, aber unfähige Äbte erhöhten im 14. Jh. die Verschuldung. Eine Visitation verordnete 1426 die innere Erneuerung auf der Grundlage der ➛ Melker Reform, die sich aber erst unter Abt Wilhelm von Kienberg (1449–67) aus ➛ Tegernsee zögerlich durchsetzte. Bruder Heinrich Molitor eröffnete eine spätgotische Buchkunstschule. Trotz der Reformation gelang es dem Humanisten und Abt Johannes II. Turbeit (1505–35), die Schulden abzugleichen und den Kirchenschatz zu mehren. Während des Dreißigjährigen Kriegs wurde die Abtei 1632/34 siebenmal ausgeraubt. Als Initiator und Gründungsmitglied der Bayerischen Benediktinerkongregation stand S. unter dem Abtpräses Gregor Kimpfler (1658–93) an der Spitze aller bayerischen Abteien. Ende des 18. Jh. setzte sich der Konvent aus Universitätsprofessoren und Akademiemitgliedern zusammen. Der letzte Abt Martin Jelmiller (1793–1803) galt als hervorragender Kenner orientalischer Sprachen. Im November 1802 übernahmen kurfürstlich-bayerische Administratoren die Verwaltung, im März 1803 folgte die offizielle Aufhebung. Abt und 26 Patres mussten Anfang April ihre Abtei verlassen. König Ludwig I. von Bayern wünschte, dass die Familienabtei seiner Urahnen wieder belebt würde, woraufhin 1837 Benediktiner aus ➛ Metten in S. einzogen. Der neue Konvent von S. revitalisierte 1900 die Abtei Ettal und 1904 die Abtei ➛ Plankstetten.

Scheyern Benediktinerabtei, der romanische Glockenturm und die barocken Konventsgebäude, Südwestansicht.

▶ **Gegenwart.** Neben dem Benediktinerkonvent beherbergt heute der Klosterkomplex nicht nur eine technische Berufsschule mit Internat, die Bayerische Waldbauernschule und das Byzantinische Institut, sondern auch Klosterschenke, Brauerei, Metzgerei, Klosterladen und die eigene Landwirtschaft. Die Abtei S. ist ein bedeutender Hort benediktinischen Lebens sowie ein ganzjähriger Touristenmagnet. Die dreischiffige Basilika (1215) mit Vorhalle ohne Querhaus und Krypta dient als Pfarr- und Klosterkirche; seit 1980 ist sie eine päpstliche Basilika. Ihre spätromanische Architektur litt über Jahrhunderte unter Umbauten bis hin zur Rokokoausschmückung (1769). Der Glockenturm stand ursprünglich frei, die Westfront erhielt 1876/78 ihre klassizistische Fassade. Auf Abt Stephan Reitberger (1610–34) gehen die Klausurgebäude zurück, der Kreuzgangbereich (Mitte 16. Jh.) blieb erhalten. Die Fürstenkapelle (ursprünglich auch Kapitelsaal, um 1190) diente als wittelsbachische Grablege, die im Laufe der Jahrhunderte oft umgebaut und erweitert wurde. Die Gebäude außerhalb des Klausurquadrums sind neuzeitlich.

◆ GermBen 2, 273–281; Altmann, Lothar: S., Benediktinerabtei- und Pfarrkirche, Regensburg 2000; Reichhold, Anselm: Chronik von S., Weißenborn 1998.

Schienen Benediktinerabtei, die archaische Basilika geht in Teilen auf das 9. Jh. zurück, Südostansicht.

Schienen, *Benediktinerabtei St. Maria und St. Genesius (um 830– um 910), Diözese Konstanz – (Öhningen-S., Lkr. Konstanz, Baden-Württemberg, ❐ 3, C5).*

▶ **Geschichte.** Durch die Bewahrung einer Reliquie des römischen Martyrers Genesius († um 290), die um 800 nach S. an den westlichen Bodensee gekommen war, entwickelte sich die Kirche St. Genesius unterhalb der Schrotzburg zur vielbesuchten Wallfahrtsstätte. Um 830 hatte sich ein adeliges Eigenkloster der Familie des alemannischen Grafen Scrot mit Benediktinermönchen etabliert, das 30 Jahre später unter dem Laienabt Atos die Stärke von 32 Mitgliedern erreichte. Kloster S. verfiel aber gegen Ende des 9. Jh. und wurde von Reichskanzler Hatto um 909 der Abtei ➛ Reichenau auf der Bodenseeinsel unterstellt. König Ludwig das Kind bestätigte die Rechtsgültigkeit der Übertragung. Hatto gehörte vermutlich zur Stifterfamilie und stand seit dem Tod König Arnulfs 899 nicht nur als Mainzer Erzbischof und Kanzler dem Reich vor, sondern leitete in Personalunion auch die Abteien Reichenau, ➛ Ellwangen, ➛ Lorsch und Weißenau im Unterelsass. Die Benediktiner von Reichenau richteten in S. wohl schon Anfang des 10. Jh. ein weltliches Chorherrenstift zur Pfarrseelsorge ein. 1215 leitete ein Kustos Heinrich die Gemeinschaft, 1287 sprach man vom Kapitel, 1387 von „constitutiones canonicorum collegiatae ecclesiae". 1452 war das Säkularkanonikerstift der Abtei Reichenau rechtlich vollständig inkorporiert, nun standen Pröpste aus Reichenau dem kleinen Konvent aus drei Kanonikern vor. Die Marienverehrung löste im Spätmittelalter die Genesiuswallfahrt ab. Die Propstei S. teilte das Schicksal der Reichenau, fiel 1540 an das Konstanzer Bistum und wurde 1757 aufgelöst.

▶ **Gegenwart.** Noch heute ist die katholische Pfarrkirche St. Genesius in S. Ziel jährlicher Wallfahrten. Die einfache, aber harmonisch proportionierte Pfeilerbasilika mit Rechteckchor ohne Querschiff und Turm geht in ihren ältesten Teilen auf das 9. Jh. zurück. Die Disposition des Grundrisses, insbesondere das breite Mittelschiff und der Steinversatz sprechen für einen karolingischen Baubeginn, vollendet wurde die Kirche aber in salischer Zeit. Der archaisch einfache Innenraum ist wohl auf den chronischen Geldmangel der religiösen Gemeinschaft zurückzuführen, erlaubte dieser doch nur Reparaturen, keine größeren Umbauten. Wenige spätmittelalterliche bis moderne Ausstattungsstücke unterstreichen die asketische Wirkung; erhalten blieb das Gnadenbild der Schiener Madonna (um 1430). Das heutige Pfarr- und Schulhaus im Propsteihof entstand 1574.

◆ GermBen 5, 556–560; Köhler, Mathias: Kath. Pfarr- und Wallfahrtskirche St. Genesius in S., Lindenberg 2005.

Schiffenberg, *Augustiner-Doppelstift St. Maria (1129–1323), Deutschordenskommende St. Maria (1323–1809), Erzdiözese Trier – (Kreisstadt Gießen, Hessen, ❐ 3, C1).*

▶ **Geschichte des Augustiner-Chorherrenstifts.** Gräfin Clementia von Gleiberg, Witwe des Grafen Konrad I. von Luxemburg, übergab dem Trierer Hochstift vor 1105 den S. bei Gießen zur Gründung eines Regularkanonikerstifts. Erzbischof Meginher von Trier (Vianden) rief 1129 Chorherren aus dem Reformzentrum ➛ Springiersbach nach S., die auf dem Bergplateau eine klösterliche Stiftsanlage errichteten. Erzbischof Albero löste 1131 die Abhängigkeit von Springiersbach und verordnete eine stärkere Hinwendung zu seelsorglichen Aufgaben. Um 1239 ist erstmals ein Frauenkonvent auf dem S. nachweisbar, aber nach Streit und gerichtlicher Gütertrennung errichteten die Chorfrauen 1264 ihr eigenes, unabhängiges Stift namens „Cella" am Südhang des Berges. Die Augustiner-Chorherren versorgten die Pfarrkirchen der *parochia montis* im weiten Umkreis. Die Verflachung der Ordenszucht nahm Erzbischof Balduin von Trier (Luxemburg) zum Anlass, das Stift S. aus machtstrategischen Interessen 1323 aufzulösen und dem Deutschen Ordenshaus ➛ Marburg zu übergeben.

▶ **Geschichte der Deutschordenskommende.** In der Übertragung an den Deutschen Orden sah auch der Landesherr, Landgraf Otto I. von Hessen, Vorteile und stimmte zu. Damit zählt das Stift S. neben Porstendorf bei ➛ Zwätzen und dem sächsischen ➛ Zschillen zu jenen drei mittelalterlichen Fällen der Übernahme eines aktiven Augustiner-Chorherrenstifts durch den Deutschen Orden innerhalb heutiger deutscher Grenzen. Die Chorherren durften bleiben, aber einige wehrten sich gegen die Missachtung ihrer Rechte. Werner von Trohe griff gar zu den Waffen und erzwang eine günstigere Abfindung. Andere, wie der letzte Propst Hermann von Gießen, arrangierten sich, einige seiner Mitbrüder traten in den Ritterorden ein. Das Frauenstift Cella am Südhang existierte bis Mitte des 15. Jh. weiter. Ein erster Deutschordenskomtur ist mit Konrad Schade 1332 nachweisbar, neben dem ein Propst für die kirchlichen Belange agierte. Die Propststelle war eine spezifische Hinterlassenschaft der Augustiner-Chorherren. Erst 1353 bestätigte Papst Innozenz VI. die Umwandlung, die von seinen Vorgängern nicht akzeptiert worden war. Der Grundbesitz konnte durch Zukäufe vergrößert und die wirtschaftliche Lage verbessert werden. Die Kommende S. verzeichnete im 15. Jh. und Anfang des 16. Jh. im Gegensatz zu anderen Häusern des Ordens keinen deutlichen Niedergang. Während der Reformation traten in Hessen fast alle Priesterbrüder aus dem Orden aus. Komtur Crafft Riedesel von Schiffenberg (1538–45) heiratete im Mai 1545; eine vergleichbare Handlung eines Ordensoffiziers ist in Hessen nicht bekannt. Die Ballei Hessen praktizierte schließlich eine trikonfessionelle, ökumenische Führung, was auch die Ordensleitung in ➛ Mergentheim seit etwa 1680 offiziell akzeptierte. S. ähnelte in der Barockzeit einem Herrensitz, der hochadeligen Komturen nur zeitweise als Wohnsitz diente. Mit der Auflösung des Ordens 1809 in den Rheinbundländern durch Frankreich endete auch die Kommende S. und wurde Domänengut der Landgrafschaft Hessen-Darmstadt.

▶ **Gegenwart.** Am Südostrand der Stadt Gießen erhebt sich der S. (281 m) mit seinen noch heute weithin sichtbaren Baulichkeiten der ehemaligen Stifts- und Kommendeanlage. Heute ist die Anlage ein Freizeitzentrum mit Gasstätte und Kunstgalerie. Noch immer umgeben starke Mauern das Areal. Dem romanischen Kirchenbau, eine Pfeilerbasilika mit Querschiff und achteckigem Vierungsturm aus der Zeit um 1140, fehlen das südliche Seitenschiff und die Ostapsis. Der Bau steht dadurch offen, vergleichbar mit der Prämonstratenserkirche in ➛ Leitzkau. Im südwestlichen Bereich befinden sich Komturgebäude und die ehemalige Propstei aus spätgotischer Zeit. Zwischen beiden steht ein jüngerer Bau (um 1700) mit Portal und davor ein barocker Brunnen.

❖ Von dem untergegangenen Frauenstift Cella zeugen lediglich Ausgrabungsreste am Bergsüdhang; die Gebäude waren zum Abbruch freigegeben worden.

◆ Klezl, Helmut: Die Übertragung von Augustiner-Chorherrenstiften an den Deutschen Orden, Neuried 1996; Braasch-Schwersmann, Ursula: Das Deutschordenshaus Marburg, Marburg 1989; Euler, Karl Friedrich: Das Haus auf dem Berge, Gießen 1984.

Schillingskapellen, *Prämonstratenser-Chorfrauenstift St. Maria (vor 1197– vor 1450), Augustiner-Chordamenstift St. Maria (vor 1450–1802) – „Capella“, Erzdiözese Köln – (Swisttal-S., Rhein-Sieg-Kreis, Nordrhein-Westfalen, ❐ 3, A1).*

▶ **Geschichte.** Trotz des Verbots, Frauenkonvente in den Prämonstratenserorden neu aufzunehmen, das seit Mitte des 12. Jh. vom Generalkapitel mehrfach eingeschärft wurde, entstanden in der Erzdiözese Köln nach 1150 noch 17 neue Prämonstratenserinnenstifte, so auch die Niederlassung S. bei Heimerzheim. Als Stifter gilt Wilhelm I. Schilling von Buschfeld-Bornheim, der auf seinem Eigenbesitz 1190 eine Kirche errichtete, sie großzügig mit Gütern ausstatte und vor 1197 einer religiösen Frauengemeinschaft übergab. Die Gründungslegende erzählt von dem Fund einer Marienstatue in einem Rosenstrauch, der den Stifter zum Bau der Kapelle an Ort und Stelle und zur Stiftung veranlasste. Die erste Meisterin war seine Tochter Laetitia, er selbst fand 1197 seine letzte Ruhestätte in der Kirche. Erzbischof Adolf I. von Köln (Altena) bestätigte 1197 die Gründung, behielt sich das Eingriffsrecht vor und übergab das Frauenstift der Prämonstratenserabtei Floreffe (Belgien), die das Paternitätsrecht über S. wahrnahm, wie auch über ➛ Mariaroth an der Untermosel und über ➛ Wenau bei Düren. Floreffe hatte 1135 selbst ein Prämonstratenser-Chorherrenstift im rechtsrheinischen ➛ Rommersdorf gegründet; insofern galt S. von Anfang an als ordenszugehörig, auch wenn es im Ordenskatalog von 1320 nicht aufgeführt ist. Die Konventsstärke war auf maximal 40 *sanctimoniales* festgelegt. Erzbischof Engelbert I. von Berg stellte 1219 das Stift S. unter seinen besonderen Schutz und übergab die Kirchenpatronate von Wickrath und Esch. Neben den Kölner Oberhirten und den Stifternachkommen erwies sich die Familie Hochstaden-Wickrath als besonders förderlich, aber auch die Grafen von Kleve und Herzöge von Brabant zeigten sich großzügig. Zwischen 1231 und 1276 stand wohl ein Propst der „Propstei“ vor, was eine größere Unabhängigkeit bedeuten würde, aber es blieb letztendlich beim Priorat S. unter Floreffe mit einer Priorin (Meisterin) und einem Prior. Im Spätmittelalter war die Statue *Rosa mystica* das Ziel großer Wallfahrten, und Stift S. wurde überregional bekannt. Gute Einnahmen sicherte der Weinbau an der Ahr, den sich S. mit dem Frauenstift Marienthal (s. u.) teilte. Aber der Wohlstand führte zur Verweltlichung des Klausurlebens. Kurz vor 1450 löste Erzbischof Dietrich von

Schiffenberg Augustiner-Chorherrenstift/Deutschordenskommende, der Pfeilerbasilika (um 1140) fehlt heute das südliche Seitenschiff, Mittelschiffsansicht nach Osten.

Moers das Stift aus dem Prämonstratenserorden heraus, um in S. innere Reformen durchzusetzen. S. bestand unter Leitung der Chorherren aus Ewig (s. u.) als Augustiner-Chordamenstift bis zur Säkularisationswelle 1802 weiter. Die letzte Äbtissin Maria Freiin von Storchenfeld nahm die Kleinodien und das Gnadenbild mit nach Buschhoven.

▶ **Gegenwart.** Noch heute finden Prozessionen zum Fest „Maria-Rosen" vom Gut Kapellen nach Buschhoven statt. Der mittelalterliche Architekturbestand des ehemaligen Frauenstifts S. auf dem Gut Kapellen am Rand des Kottenforsts wurde durch die heutigen Besitzer aufwändig saniert. Eine Immunitätsmauer umschließt nach wie vor das ehemalige Areal. Die Anlage war mit den Steinen einer römischen Wasserleitung erbaut worden. Hinter dem Tor steht ein zweigeschossiger Bau mit Kernmauern aus der Zeit um 1200. Ost- und Westflügel des romanischen Klausurquadrums sind erhalten, wirken aber inzwischen stark überbaut und werden für Wohnzwecke genutzt. Zugemauerte Rundbögen erinnern an die ehemaligen Kreuzgänge. Von der Pfeilerbasilika stehen noch die nördliche Umfassungsmauer bis zu einer Höhe von drei Metern und Teile des Kirchenwestbaus.

Schinna Benediktinerabtei, Backsteingebäude mit spätmittelalterlichen Spuren aus der Klosterzeit.

❖ Das Stift Ewig hatte sich 1420 südwestlich von Attendorn mit ➛ Windesheimer Chorherren aus dem Neusser Oberkloster konstituiert und existierte bis 1803. Die Stiftskirche Ewig wurde abgerissen, die Klausur des frühen 18. Jh. bildet aber noch heute ein beachtliches Gebäudeensemble.

Das Augustiner-Chorfrauenstift Marienthal an der Ahr bei Ahrweiler entstand 1136 als Gründung der niederländischen Abtei Klosterrath. Die Chorfrauen erlangten durch Weinbau ansehnliches Vermögen und überregionalen Ruf. Nach Kriegszerstörungen (1632/46) entstand 1699 eine völlig neue Stiftsanlage; die Gemeinschaft endete 1802. Das Weingut am Weiler Marienthal besteht heute aus Stiftsgebäuden der barocken Wiederaufbauphase mit Kreuzgang und imposanter Kirchenruine.

◆ Horstkötter, Ludger: Zum inneren Leben in einigen Prämonstratenser-Klöstern des nördlichen Rheinlandes zwischen 1450 und 1500, Göttingen 2003; Ehlers-Kisseler, Ingrid: Die Anfänge der Prämonstratenser im Erzbistum Köln, Köln 1997; Janssen, Wilhelm: Das Erzbistum Köln im späten Mittelalter (1191–1515), 2 Bde., Köln 1995.

Schinna, *Benediktinerabtei St. Vitus (1148–1542), Diözese Minden – (Stolzenau-S., Lkr. Nienburg/Weser, Niedersachsen, ❐ 1, C4).*

▶ **Geschichte.** Graf Wilbrand von Hallermund stiftete 1148 auf seinem Eigenbesitz S. am linken Ufer der mittleren Weser ein Benediktinerkloster. Der Gründungskonvent aus der Abtei St. Michael in ➛ Hildesheim brachte die strengen *consuetudines* der ➛ Hirsauer Reform mit. Bischof Heinrich I. von Minden bestätigte die Gründung und sicherte freie Abtwahl zu. Der Graf, der 1163 auch die bedeutende Zisterzienserabtei ➛ Loccum stiftete, übte das Vogteirecht über sein Eigenkloster aus, wogegen Abt Luitbert (1168–79) entsprechend der Hirsauer Ideale ankämpfte und dabei vom Welfenherzog Heinrich dem Löwen unterstützt wurde. Der Konvent in S. blieb klein, 1234 werden sechs Mönche erwähnt. Seit 1238 übten die Oldenburger Grafen die Schirmherrschaft aus, weshalb vermutlich eine Gebetsverbrüderung mit den Benediktinern des Oldenburgischen Hausklosters Rastede im Ammerland (s. u.) vereinbart wurde. Die Vogtei gelangte 1241 an den Bischof von Minden, der sie 1242 an das Kloster selbst veräußerte. 1466 treten die Grafen von Hoya als Schirmherren auf, die sich im 15. Jh. zunehmend in die Geschicke des Konvents einmischten. Graf Otto von Hoya ließ 1431 Abt Heinrich Wickebold (1428–32) wegen dessen Widerstand ins Gefängnis werfen, woraufhin der Graf von Papst Eugen IV. gebannt wurde. Graf Johann von Hoya bestand Mitte des 15. Jh. auf dringend notwendigen Reformen, was eine grundlegende Wende im Klosterleben unter betonter Beachtung der Benediktregel zur Folge hatte. 1468 schloss sich der Konvent der ➛ Bursfelder Kongregation an. Die Konventsstärke stieg auf elf Mitglieder. Abt Friedrich von Soltau (1495–1537) erneuerte in reger Bautätigkeit die Anlage; er blieb mit seinem Konvent während der Reformation trotz starken Drucks und Repressalien dem katholischen Glauben treu. Die Grafenbrüder Erich IV. und Jobst II. trieben die Reformation in ihrer kleinen Grafschaft vehement voran, ließen eine lutherische Kirchenordnung durch den aus Wittenberg herbeigerufenen Reformator Adrian Buxschott († 1564) ausarbeiten und eigneten sich zur Verminderung ihrer Schulden die Kloster- und Stiftsgüter an (Ausnahmen blieben lediglich ➛ Bassum und ➛ Heiligenrode). Der Abtei S. wurde schon 1528 die Verfügung über ihre Klostergüter entzogen. Nach dem Tod Abt Friedrichs 1537 konnte die Bursfelder Union die Abtei noch retten, aber der Konvent war stark geschrumpft. 1542 ist ein erster lutherischer Pfarrer in S. belegt, 1560 wurde die Klosterkirche zugunsten des Schlossbaus in Stolzenau abgerissen. 1571 erhielt der letzte Mönch ein Deputat; sein angeblicher Tod durch einen Steinwurf ist Legende.

▶ **Gegenwart.** Im heutigen Domänengut S. stehen noch immer Backsteingebäude aus der Klosterzeit. Eine Fachwerkkirche, die 1565 nach dem Abbruch der Abteikirche errichtet wurde und heute profanen Zwecken dient, begrenzt das Areal im Norden. Zwei ineinandergreifende Flügel des ehemaligen Klausurquadrums zeigen eine Inschrift von 1521; der Innenhof ist noch zu erkennen. Spitzbogige Arkaden markieren die ehemaligen Kreuzgänge, ein Türsturz trägt die Jahreszahl 1514. Die heutige evangelisch-lutherische Ortskirche St. Vitus (1886) bewahrt den hochwertigen, spätgotischen Flügelaltar der Klosterkirche.

❖ Die Benediktinerabtei in Rastede wurde vor 1100 nördlich von Oldenburg auf dem Gelände der heutigen klassizistischen Schlossanlage gegründet. Die ersten Mönche bemühten sich selbst um die *constitutiones* der ➛ Hirsauer Reform; Abt Sweder erreichte 1124 persönlich in Rom die *libertas Romana* sowie freie Abtwahl. Die Oldenburger Grafen nutzten die Abtei als Familiengrablege. Der enorme Landbesitz reichte vom friesischen Gau Rüstingen im Westen bis in das Lüneburger Land im Osten. In der klösterlichen Schreibstube entstand 1336 der „Oldenburger Sachsenspiegel", eine Bilderhandschrift des sächsischen Rechtstextes. Mit Einführung der Reformation endete die Abtei 1529 zugunsten der Oldenburger Herrschaft. Restbauten blieben nicht erhalten. Die nahe St. Ulrichskirche (1059) mit ihrer romanischen Krypta war immer eine Pfarrkirche und gehörte nicht zur Abtei.

◆ GermBen 6, 454–456; Amt, Stefan: Die Kloster- und Domänenanlage in S., in: Bericht zur Denkmalpflege in Niedersachsen 27 (2007) 18–21.

Schkölen, *Benediktinerpriorat St. Maria (um 1140–1535), Diözese Naumburg – (Saale-Holzland-Kreis, Thüringen, ❐ 4, B1).*

▶ **Geschichte.** Auf Stiftungen des mächtigen Markgrafenhauses Groitzsch gingen die Reformklöster Pegau (s. u.), ➛ Oldisleben, ➛ Reinsdorf, ➛ Lausick und ➛ Bürgel zurück. Nach dem Aussterben im Mannesstamm 1135 stifteten die Frauen der Familie weitere Benediktinerniederlassungen in ➛ Chemnitz und S. Die Tochter Markgraf Wiprechts II. von Groitzsch, Bertha von Morungen, übergab um 1140 dem Reformkloster Pegau reichen Eigenbesitz zur Gründung eines Klosters. Die Abtei errichtete in S. südlich von Naumburg ein Priorat. Das

Priorat wurde meist Propstei genannt, obwohl die neucluniazensischen Statuten eine Prioratsverfassung vorgaben, die sich freilich im Verlauf des 13. Jh. verlor. Mit der Gründung entstand eine Klosterkirche mit zwei Westtürmen, die immer auch als Pfarrkirche diente. Der Reformabt Windolf (1101–50) zog sich nach seiner Resignation 1150 auf das Priorat S. als Alterssitz zurück. Die Filiale S. teilte über Jahrhunderte ihr Schicksal mit der Mutterabtei Pegau. Der Burgflecken mit königlichem Hof und Wasserburg hatte bereits 1158 das Marktrecht inne, was seine ihm zugedachte Bedeutung unterstrich; gleichermaßen muss die Niederlassung der Benediktiner als Aufwertung betrachtet werden. Etwa 10 km nordöstlich entstand um 1200 das Priorat ➛ Lissen, diesmal aber besiedelt durch die Benediktinerabtei ➛ Reinhardsbrunn im Thüringer Wald. Mitte des 13. Jh. gelangten Burg und Stadt S. an die Wettiner, zunächst als Pfandbesitz, seit 1329 als Erbland. Die Quellenüberlieferung ist spärlich. Ein Propst Johann Seidewitz urkundete 1461 für seinen Konvent, der sich beim Appellationsverfahren, das sich gegen die Subsidienforderungen Bischof Peters von Naumburg (Schleinitz) richtete, beteiligte. Die Mönche unterhielten im Kloster eine Schule. Ende des 15. Jh. erlangte ihre Marienkirche überregionale Bedeutung als Wallfahrtskirche, sie war inzwischen spätgotisch erneuert worden. Obwohl der Protestantismus im albertinischen Herzogtum Sachsen-Meißen-Dresden erst 1539 durchgesetzt wurde, galt die Propstei S. schon 1535 als aufgelöst. Ein Jahr später brannten Stadt, Burg und Klosteranlage aus, wahrscheinlich vernichtete das Feuer die Archivbestände. Der letzte Propst Ägidius Kramer übernahm die evangelische Pfarrstelle in der vereinfacht wiedererrichteten Klosterkirche, die nun als evangelisch-lutherische Stadtkirche genutzt wurde.

▶ **Gegenwart.** Im kleinen thüringischen Ort S. nahe der heutigen Grenze zu Sachsen-Anhalt erinnern das Propsteitor und mittelalterliche Mauerreste nahe der Stadtkirche an den Standort der ehemaligen Propstei. Die 1755/56 neuerbaute Barockkirche steht auf den Grundmauern der romanisch-gotischen Benediktinerkirche. Straßen wie „Mönchsgasse“ und „Mönchsbachstraße“ grenzen das ehemalige Klosterareal ein. Die teilsanierte Wasserburg der Stadt dient heute als Museum.

❖ Die Mutterabtei Pegau an der Weißen Elster im ehemaligen Balsamergau (heute Sachsen) entstand 1091 und wurde von Mönchen des Klosters Münsterschwarzach/Main besiedelt, die ➛ Junggorzer Reformideale mitbrachten. Erst der Einfluss aus ➛ Corvey setzte nach 1101 ➛ Hirsauer Observanz im Konvent durch, der die neucluniazensische Reform an die Klöster ➛ Goseck, Oldisleben, Chemnitz, Lausick und S. weitergab. Die Abtei genoss päpstlichen und königlichen Schutz bis hin zur Reichsimmunität, die im 13. Jh. mit der Machtentfaltung der Markgrafen von Meißen verlorenging. Schließlich sank die Abtei zum landsässigen Kloster der Wettiner ab und wurde 1539 säkularisiert. Abteianlage und Kirche erlagen 1556 restlos dem Abriss. Das Stiftergrabmal (um 1230) des Grafen Wiprecht II. von Groitzsch († 1124), der sich in der Abteikirche bestatten ließ, wird heute in der Stadtkirche St. Laurentius in Pegau bewahrt.

◆ GermSac NF 35; Frank, Fritz: Chronik der Stadt S. von den Anfängen bis zum Jahr 1990, Schkölen 1990; Wirth, Eberhard: S., ein Besitz von Wiprecht II., in: Groitzscher Heimatblätter 28 (2006).

Schleiz, *Deutschordenskommende St. Maria (nach 1284–1544), Diözese Naumburg – (Kreisstadt, Saale-Orla-Kreis, Thüringen, ❒ 4, B1).*

▶ **Geschichte.** Edelherr Otto von Arnshaugk-Lobdeburg schenkte 1284 dem Deutschen Orden in ➛ Plauen die Pfarrrechte im vogtländischen S., inbegriffen die alte Parochialkirche St. Marien auf dem Berg, was Bischof Ludolf von Naumburg (Mihla) im Dezember 1284 bestätigte. 1297 tritt erstmals ein Komtur von S. auf, die Kommende entwickelte sich wie jene in Plauen zum zentralen Standort des Ordens. St. Marien war die Mutterkirche der Landschaft im Tal der Wisenta, das Zentrum einer sogenannten Herrschaftspfarrei. Der Deutsche Orden nahm entscheidenden Anteil am Ausbau des vogtländischen Pfarrnetzes; in der Region S. gehen etwa 20 Kirchen auf die seelsorgliche Tätigkeit des Ordens zurück. Die Deutschbrüder förderten die Entwicklung der Siedlung S. zur Stadt und bauten das Schulwesen auf. 1374 ist eine erste Schule bezeugt (bekanntester Direktor des späteren Gymnasiums war 1869–76 Konrad Duden). Den Ordensbrüdern unterstand die Stadtpfarrkirche St. Georg in der Neustadt, die sie aus einer alten Kapelle zur Hauptpfarrkirche ausbauten. Schon 1279 hatten ihnen die Vögte von Weida-Gera-Plauen das Kirchenpatronat von Tanna übertragen. Obwohl dort die Gründung einer Kommende beabsichtigt war, kam diese nie zustande. Nach

Schleiz Deutschordenskommende, die Bergkirche (12. Jh.) wurde von den Ordensbrüdern gotisch ausgebaut.

Schleswig Benediktinerinnenkloster, ein spätgotischer Kreuzgangflügel im Johanniskloster auf dem Holm.

der Blüte in der ersten Hälfte des 14. Jh. setzten Wirtschaftskrisen ein. 1451 notierten Visitatoren neben dem Ritterbruder und Komtur noch neun Priesterbrüder in S., vier von ihnen waren in der Seelsorge in Tanna und Umgebung tätig. Reformationsunruhen entluden sich im Dezember 1522 im Sturm der Bürger auf den Deutschordenshof in der Stadt. Während Plauen im Spätmittelalter zum ernestinischen Kurstaat Sachsen gehörte, verblieb S. im Herrschaftsgebiet der Fürsten von Reuß. Heinrich XIII. Reuß bekannte sich zeitlebens zum katholischen Glauben, den ersten evangelischen Stadtgottesdienst im Juni 1533 wollte er aber nicht unterbinden. Nach seinem Tod 1535 fügten sich die Söhne dem evangelischen Druck des Oberlehnsherrn im benachbarten Kursachsen; um 1544 wurde dem Deutschen Orden der Besitz entzogen und verkauft. Heinrich XIV. stand dem Kurfürsten Johann Friedrich im Schmalkaldischen Krieg als Feldhauptmann zur Seite und verfiel nach der verlorenen Schlacht von Mühlberg 1547 der Reichsacht. S. gehörte seit 1547 zur Herrschaft Burggraf Heinrichs IV. von Meißen, der eine Restitution des Ordens in S. nicht zuließ.

▶ **Gegenwart.** Drei mittelalterliche Kirchen um und in der Stadt S. erinnern an die Zeit der Deutschordensritter: die Marienkirche auf dem Berg, die Georgskirche in der Stadt und die Pfarrkirche in Tanna. Als eine der ältesten Kirchen der Region gilt St. Maria auf dem Berg, möglicherweise ist sie bereits im 12. Jh. entstanden. Nach der Abgabe der Parochialrechte an die Georgskirche im Tal wurde sie von den Ordensbrüdern vergrößert und zu einer Wallfahrtskirche ausgebaut. Um 1500 erhielt der Wandpfeilersaal seinen langen spätgotischen Polygonalchor, den spitzhelmigen Nordturm und eine Verbindung zur südlichen Annenkapelle. Das romanische Westportal stammt vom Vorgängerbau. Nachreformatorisch diente die Bergkirche mit entsprechender Barockausschmückung der reußischen Fürstenfamilie als Grablege. Unterhalb der Kirche am Fuß des Liebfrauenbergs hat sich die kleine St. Wolfgangskapelle aus dem 15. Jh. erhalten, die vermutlich mit einem Leprosenspital zusammenhing. Die evangelische Stadtkirche St. Georg der Deutschordensbrüder mit ihrem auffällig hohen Turm brannte 1517 ab und wurde erst nachreformatorisch wiedererrichtet; insofern besteht nur ihr Kern aus spätgotischem Mauerwerk. Im 10 km südlich von S. gelegenen Tanna gehen ganze Architekturbereiche der evangelischen Stadtkirche St. Andreas (um 1240) auf den Deutschen Orden zurück; ihr Polygonalchor entstand im 15. Jh. Nach dem Brand von 1640 wurde sie unter Verwendung mittelalterlicher Mauern in der heutigen Form wiederhergestellt.

◆ Weiß, Frank: Die Bergkirche S., Regensburg 2008; Jähning, Bernhard: Der Deutsche Orden und seine Ballei Thüringen im Mittelalter, Lüneburg 1997; Patze, Hans/Schlesinger, Walter: Geschichte Thüringens, Bd. 3, Köln 1967; Schlesinger, Walter: Kirchengeschichte Sachsens im Mittelalter, Bd. 2, Köln 1962, 345 f.

Schleswig, *Benediktinerinnenkloster St. Johannes der Täufer (vor 1251–1542) – „Johanniskloster auf dem Holm“, Diözese Schleswig – (Kr. Schleswig-Flensburg, Schleswig-Holstein, ❐ 1, D1).*

▶ **Vorgeschichte.** In der ersten Hälfte des 12. Jh. existierte in der Bischofsstadt S. das Benediktiner Doppelkloster St. Michael, das in der „Narratio“ von 1289 als cluniazensisch bezeichnet wird, in dem aber wohl eher ➛ Hirsauer Reformeinfluss herrschte, dessen Statuten Doppelkonvente favorisierten. Um 1190 lösten König Knut VI. von Dänemark und Bischof Waldemar von Schleswig die Abtei wegen innerer Krisen auf. Die Mönche zogen nach Gudholm (später ➛ Rudekloster) und wurden nicht ohne „Mönchskrieg“ Zisterzienser. Acht Frauen blieben zunächst an St. Michael und wurden schließlich auf den Holm am Ufer der Schlei nahe der Altstadt S. an die Kaufmannskirche St. Olaf verlegt. Manche Historiker verneinen einen Zusammenhang beider Benediktinerklöster.

▶ **Geschichte.** Seit 1251 ist das Benediktinerinnenkloster St. Johannis auf dem Holm in S. urkundlich belegt. Der dänische König Abel bestätigte dem kleinen Konvent Besitzung und Privilegien. Dompropst Karul rief 1309 die Kaufmannschaft in S. auf, das verarmte Kloster zu unterstützen. Mehrere Bischöfe halfen durch Ablässe und Spendenaufrufe, die Landesherren mit Dotationen und Schutzbekundungen. Der Besitz konnte auch durch Mitgiften erweitert werden; so verpfändete der Ritter Thetlaus Ruthze 1338 sein Land zu Tüttendorf an das Johanniskloster, weil er nach Eintritt seiner Tochter Aleke dem Konvent die Mitgift schuldete. Machtkämpfe um S., Pest und Hochwasser brachten den Konvent Mitte des 14. Jh. in Existenznot; erst das einträgliche Patronat über die Kirche in Kahleby durch Graf Klaus von Holstein stabilisierte 1385 die Klosterökonomie. Priorin Grete Schinkels (1397/1402) wurde wegen Rechtsstreitigkeiten im Oktober 1397 nach Rom zitiert; in diesem Zusammenhang erscheint das Johanniskloster erstmals urkundlich als Benediktinerinnenkloster. 1402 lebten außer der Priorin sechs Schwestern im Konvent, 1439 unter Celia Esbern acht und 1464 unter Syle Esbern neun Schwestern. Eine Brandkatastrophe 1487 nötigte Priorin Wybe Meynerstorp, ihre Konventualinnen zum Kollektieren auszusenden. Ende des 15. Jh. war die wirtschaftliche Versorgung wieder gesichert. König Christian III. und die Gottorfer Synode festigten 1538 die lutherische Reformation im Land. Die evangelische Kirchenordnung 1542 rief im Johanniskonvent keinen Widerstand hervor. König Friedrich II. bestätigte 1566 den Grundbesitz, bestand aber auf der evangelischen Kirchenordnung. Bis zum Ende des 19. Jh. umfasste der Besitz des evangelischen Stifts noch immer 6.500 ha mit 84 Höfen, etwa 140 kleinen Landstellen und vier Mühlen.

▶ **Gegenwart.** Als standesgemäße Versorgungsstätte unverheirateter Adelstöchter hat das evangelische Damenstift St. Johannis in S. bis heute überlebt, wenngleich inzwischen keine Präsenzpflicht die Damen mehr nötigt, im Stift zu wohnen, ausgenommen die Priorin („Priörin“). 34 Wohnungen sind an Privat vermietet. Die Klosteranlage auf dem Holm gilt als die besterhaltene in Schleswig-Holstein, wobei die mittelalterliche Substanz stark überformt und durch spätere Bauten erneuert wurde. Südlich der Kirche umschließen drei zweistöckige Klausurgebäude mit vier Kreuzgängen, Kapitelsaal und Remter den kleinen Innenhof, außer dem östlichen enthalten die Kreuzgangflügel spätgotische Bausubstanz. Die einschiffige Kirche St. Johannes Baptist, seit 1959 evangelische Garnisonskirche, enthält Bauelemente der romanischen Pfarrkirche, die von den Benediktinerinnen übernommen wurde. Beim Anbau der Klausur griff man im 13. Jh. stark in ihre Substanz ein. Das Langhaus besteht aus rheinischem Tuff, der an die Bedeutung der Stadt S. als mittelalterlichen Handelsplatz erinnert. Der gerade geschlossene Chor wurde 1899 erneuert und besteht aus Brandziegeln, die Westfront zeigt einen Turmstumpf. Die Kirche überstand mehrere Zerstörungen und Renovierungen, nicht nur nach Bränden, sondern auch nach einem schweren Orkan 1372. Ihre Ausstattung erhielt sie im 18. Jh.; einzig das reich gestaltete Sakramentshäuschen (um 1450) blieb aus dem Mittelalter erhalten.

◆ GermBen 9, 520–529; Mehlhorn, Dieter-J.: Klöster in Schleswig-Holstein, Heide 2004.

Schleswig, *Franziskanerkloster St. Paulus (1234–1529) – „Graukloster", Diözese Schleswig – (Kr. Schleswig-Flensburg, Schleswig-Holstein, ❒ 1, D1).*

▶ **Geschichte.** In der Bistumsstadt S., die in Nachfolge des normannischen Haitabu am südlichen Ufer der Schlei, einem Meeresarm der westlichen Ostsee, entstanden war, werden Minoriten erstmals 1234 urkundlich fassbar. Sie bewohnten ein Gebäude am Rand der Altstadt, das zu einer dänischen Königspfalz des 11./12. Jh. gehörte. Noch 1218 ließ sich König Waldemar II. von Dänemark in dieser Pfalz krönen. Die Übergabe des Pfalzareals an die Franziskaner erfolgte 1234 durch Herzog Abel, nachdem die ersten Ordensbrüder 1225 die Ostsee in ➛ Lübeck erreicht und 1232 in Visby auf Gotland (heute Schweden) sowie in Ribe (heute Dänemark) Niederlassungen gegründet hatten. Fünf Jahre nach den Minoriten kamen die Dominikaner in die Stadt, aus dem Benediktiner Doppelkloster St. Michael etablierte sich vor 1251 das Benediktinerinnenkloster St. Johannis auf dem Holm (➛ Schleswig). Der königliche Stadthalter Herzog Abel (seit 1250 König) ließ sich angeblich 1252 in der Franziskanerkirche bestatten. Offenbar hatten die Barfüßer derzeit bereits die ehemalige Pfalzkapelle übernommen und für ihre Zwecke erweitert. Insgesamt ging der Ausbau der Klosteranlage aber schleppend voran. Die Pfalzgebäude wurden schrittweise in die neue Klausur einbezogen und erst gegen 1500 waren die Bauarbeiten abgeschlossen; 1519 wurde am Nordwestflügel wieder gearbeitet. Die Königinwitwe Mechthild errichtete 1269 ein eigenes Gebäude im Kloster; sie war die Tochter Graf Adolfs IV. von Schauenburg-Holstein, dem Gründer der Franziskanerklöster Hamburg (s. u.) und ➛ Kiel. Nur wenige Quellen erlauben einen Einblick in die inneren Zustände des Konvents. Das Haus S. gehörte innerhalb der Ordensprovinz Dacia zur Kustodie Ribe, der auch ➛ Flensburg angehörte. In S. fanden in den Jahren 1292, 1316 und 1393 Provinzkapitel statt. Die einträgliche Wallfahrtskapelle in Krokrys im Kirchspiel Handewitt ging vor 1431 von den Zisterziensern des ➛ Rudeklosters an die Franziskaner über. Herzog Friedrich I. (später König von Dänemark und Norwegen) beklagte 1499 die mangelnde Klosterzucht im ruinösen Kloster. Papst Alexander VI. ernannte 1495 Bischof Eggert Dürkop von Schlesien zum Schutzherrn der franziskanischen Reform, die von Bruder Laurid Brandsen († 1496) aus Dänemark in den Konventen der Nordländer gepredigt worden war. Unter observantem Einfluss aus Flensburg fügte sich der Konvent im Sommer 1499 den strengen Statuten und verzichtete auf Besitz. Zusammen mit Kiel und Flensburg sowie den heute untergegangenen Klöstern Husum (s. u.) und Lunden gehörte das Graukloster in S. Anfang des 16. Jh. zur Kustodie Kiel, die vom Generalkapitel in Bordeaux 1520 der Provinz Saxonia des neuen Observantenordens eingegliedert wurde. Armut und vorbildliche Klausur schützten die Observanten nicht vor den reformatorischen Umwälzungen, die König Friedrich I. im Land zuließ. 1529 wurde das Kloster aufgehoben. Im Gegensatz zum Dominikanerkloster riss man das Franziskanerkloster nicht ab, sondern übergab es der Stadt, die ein Armenhaus einrichtete und die Paulskirche zum Rathaus umbaute.

▶ **Gegenwart.** Das heutige klassizistische Ratsgebäude steht seit 1795 nahezu ganz auf den Grundmauern der ehemaligen Konventskirche der Franziskaner. Nördlich schließt die vollständig erhaltene mittelalterliche Klausur mit Kreuzgängen um einen Innenhof an. Die Anlage ist seit 1980/83 modernisiert und wird für Verwaltungs- und Kulturzwecke der Stadt genutzt. Hervorzuheben ist der sogenannte gotische Saal im Nordostbereich. Seine Pforte zum Klostertrakt hin präsentiert die Schauseite nach innen; alle vier Wände sind mit gotischer Tafelmalerei von beachtlicher Qualität geschmückt. Dieser Raum könnte auf Königin Mechthild zurückgehen. Die Keller unter dem Ostflügel bestehen aus Mauerwerk der romanischen Pfalzanlage, in der in architektonischer Kontinuität das Graukloster entstand.

❖ Das bedeutende Franziskanerkloster in Hamburg (1235/36– um 1530) befand sich an der Stelle der heutigen Börse nahe der kleinen Alster. Das kurzlebige Franziskaner-Observantenkloster Husum (1494–1528) musste 1577 dem herzoglichen Schlossbau weichen.

◆ Radtke, Christian: Das Graukloster in S., in: Klöster und monastische Kultur in Hansestädten, Rahden 2003, 3–14; Lafrenz, Deert u. a.: Das Graukloster in S., Königshof – Franziskanerkloster – Armenhaus – Rathaus, Kiel 1982.

Schleswig Franziskanerkloster, die mittelalterliche Klausuranlage des „Grauklosters" blieb weitestgehend erhalten, Blick auf den nördlichen Anbau des Ostflügels.

Schleusingen, *Johanniterkommende (1291–1815), Diözese Würzburg – (Lkr. Hildburghausen, Thüringen, ❒ 4, A1).*

▶ **Geschichte.** Der Johanniter Berthold VI. von Henneberg-Schleusingen, älterer Bruder des gefürsteten Landesherrn Graf Berthold VII., richtete zwei Kommenden seines Ordens in Thüringen ein: eine in ➛Kühndorf und eine 1291 in der Residenzstadt S. Er selbst ließ sich 1323 als Komtur auf der Burg Kühndorf nieder und amtierte als Großprior des Johanniterordens in Deutschland (1328–29), später ebenso sein Neffe Berthold XI. (1336–41). Das Ordenshaus S. war zunächst der Kommende Kühndorf unterstellt. Zur Grundausstattung in S. gehörte die Pfarrkirche St. Maria und St. Johannes der Täufer direkt an der Bertholdsburg. Der Orden war verpflichtet, zwei Priester für die Pfarrseelsorge zu stellen und hatte weiterhin 17 eingepfarrte Dörfer zu betreuen, wofür insgesamt wohl fünf Ordenspriester mit Pfarraufgaben beauftragt waren. Über die inneren Zustände der Kommende S. ist heute kaum etwas bekannt. Die Johanniter waren in Thüringen nicht sehr begütert. Als „Mutterhaus" der thüringischen Niederlassungen wurde die vor 1234 gegründete Kommende ➛Weißensee betrachtet; alle waren der Ordensprovinz Franken zugeordnet. Im Spätmittelalter bewirtschafteten S. und Weißensee gemeinsam den Forstbesitz im Thüringer Wald. Beide Häuser wurden als Doppelkommende vereint in Personalunion geführt. 1436 gab der Johanniterorden die Kommende Kühndorf wegen Überschuldung auf, der Konvent zog nach S., das als Residenzort seit 1412 das Stadtrecht genoss. Inzwischen war 1400 ein örtliches Hospital gegründet worden; inwieweit dabei die Johanniter involviert waren, ist nicht bekannt. 1464 bis 1466 amtierte Richard von Buttlar gen. von Neuenberg als Komtur, der zum Großprior von Deutschland (1466–67) aufstieg. 1483/98 entstand eine neue Pfarr- und Kommendekirche; in dieser Zeit gingen die thüringischen Hospitäler der Kommende des Lazarusordens in Gotha an die Johanniter über. Das monastische Leben der Stadt erhielt 1502 mit der Gründung eines franziskanischen Observantenklosters neuen Auftrieb (s. u.). Während der Reformation führte Komtur Simon Isselin (seit 1523) das Johanniterhaus in S. und Weißensee; von ihm ist ein Zeugenbericht über den Fall der Ordenszentrale Rhodos 1522 überliefert. Ein mehrjähriger Militärdienst auf Rhodos war wohl damals die Voraussetzung für die Amtsübernahme als Komtur. Die Grafen von Henneberg-Schleusingen entschieden sich 1543/44 offiziell zum Protestantismus. Die Ordenspriester verloren ihre Seelsorgeprivilegien und damit den Einfluss auf die Stadtpfarrkirche. Ein Komtur residierte noch in der Stadt bis zum Übergang der Landesherrschaft an Preußen 1815.

▶ **Gegenwart.** Mittelalterliche Architektur der Johanniter ist in der südthüringischen Kleinstadt kaum erhalten. Die evangelisch-lutherische Stadtkirche St. Johannis vor dem Schloss entstand 1723/25 auf den Grundmauern der spätgotischen Ordenskirche neu. Dabei wurde ein spätgotischer Chor integriert, der auf die Johanniter zurückgeht. Ursprünglich war dieser Chor wohl die freistehende Kapelle St. Aegidius, die nach der Auflösung des Klosters ➛Veßra den Henneberger Grafen als Grablege diente. Die unteren Partien des heutigen Kirchturms gehörten ebenfalls zur Kirche der Johanniter. Das in der Nähe gelegene Gebäude der ehemaligen Kommende wurde erst in nachreformatorischer Zeit erbaut, das evangelische Pfarr- und Gemeindehaus steht auf alten Grundmauern.

❖ Die Franziskaner verließen 1545 die Stadt, ihre Gebäude gingen in dem 1577 gegründeten Gymnasium auf, das heute noch existiert. Bauten dieses kurzlebigen Observantenklosters haben sich nicht erhalten.

◆ HHistStD 9, 382–385; Mager, Mathis: Die Belagerung und Eroberung des Johanniterordensstaates Rhodos 1522, in: Militär und Gesellschaft in der Frühen Neuzeit 12/1 (2008) 7–35; Mötsch, Johannes/Witter, Katharina: Die ältesten Lehnsbücher der Grafen von Henneberg, Weimar 1996.

Schlotheim, *Magdalenenkloster St. Maria (1285– nach 1531) – „Gottesgarten", Erzdiözese Mainz – (Unstrut-Hainich-Kreis, Thüringen, ❒ 2, A5).*

▶ **Geschichte.** Die Truchsessen Günther und Bertho von Schlotheim, landgräfliche Ministeriale und Lehnsträger der Reichsabtei ➛Fulda, verfügten an ihrer Burg S. über Allodialbesitz, den sie zur Gründung eines Magdalenenklosters einsetzten. Sie baten 1285 die Schwestern vom Brückenkloster in Mühlhausen (s. u.), südwestlich vor ihrer Stadt eine Tochterniederlassung zu gründen. Sie überließen dem neuen Konvent das Patronat über die Pfarr- und Burgkirche St. Salvator. Als Zeugen treten die Franziskaner von ➛Mühlhausen urkundlich auf. Die Truchsessen von Schlotheim unterstützten auch den Klosterbau der Zisterzienserinnen in ➛Großfurra sowie die Gründung des Wilhelmitenklosters in ➛Weißenborn bei Ruhla. Die Magdalenen in S. nannten ihr Kloster „Gottesgarten". Ihr Konvent gehörte um 1300 wie ➛Walkenried, ➛Volkenroda und ➛Ottenhausen zu denjenigen Klöstern des Archidiakonats Jechaburg, die im Ver-

Schleusingen Johanniterkommende, der spätgotische Chor der Stadtkirche geht auf die Ordensritter zurück.

band erfolgreich gegen überhöhte Subsidien stritten und Vergünstigungen bei Erzbischof Gerhard II. von Mainz (Eppstein) erreichten. Im 13. Jh. hatte sich der Ort östlich der Burg zu einer Stadt entwickelt, die 1277 eine Ummauerung besaß. 1323/30 verkauften die Herren von Schlotheim ihre Stadt an die Grafen von Ho(h)nstein, die sie wiederum 1340 an die Grafen von Schwarzburg-Blankenburg weitergaben. 1357 inkorporierte Erzbischof Gerlach von Mainz (Nassau) dem Magdalenenkloster die Pfarrkirche in Groß-Mehler. Im Bauernkrieg 1525 vereinigte sich der Mühlhäuser mit dem Eichsfelder Haufen, um zusammen erst die nahe Zisterzienserabtei Volkenroda, sodann das Magdalenenkloster in S. zu plündern; ihre Beute wurde in Mühlhausen verkauft. Graf Heinrich XXXII. von Schwarzburg setzte 1531 in seinem Herrschaftsgebiet die Reformation durch und ließ das Frauenkloster S. auflösen.

▶ **Gegenwart.** Von der Klosteranlage in der Kleinstadt S. ist nicht viel geblieben. Der ehemalige Wirtschaftshof des Klosters dient einem landwirtschaftlichen Betrieb, dessen Gebäude mittelalterliche Restmauern und Torbögen enthalten.

❖ Das „Brückenkloster“ der Magdalenen in Mühlhausen existierte von etwa 1240 bis zur Aufhebung nach 1542. Schon die letzten Schwestern waren zum Schulunterricht für Bürgermädchen verpflichtet worden. Der erste Superintendent Hieronymus Tilesius gründete 1565 im verlassenen Kloster an der Brückenstraße eine Mädchenschule, aus der die heutige Johann-August-Röbling-Schule im Brückenhof hervorging. Die letzten mittelalterlichen Klostergebäude fielen 1837.

◆ Mohn, Claudia: S. (Thüringen), in: Mittelalterliche Klosteranlagen, Petersberg 2006, 440; Müller, Christine: S., in: Landgräfliche Städte in Thüringen, Köln 2003, 275–281.

Schlüchtern Benediktinerabtei, das heutige Gymnasium nutzt die romanisch-gotischen Gebäude der Abtei.

Schlüchtern, *Benediktinerabtei St. Michael und St. Maria (8. Jh./1018–1567), Diözese Würzburg – (Main-Kinzig-Kreis, Hessen, ❐ 3, D1).*

▶ **Geschichte.** Die Anfänge der Abtei S. im oberen Kinzigtal an der Handelsstraße Frankfurt – Leipzig sind unklar. Eine Urkunde von 788, die eine Gründung durch Karl den Großen vorgibt, ist als Fälschung identifiziert, könnte aber einen wahren Kern enthalten. In der „Notitia“ von 818/819 erscheint ein *monasterium Scucturbura* an 43. Stelle zwischen den Reichsabteien Schäftlarn und Berg im Donaugau (s. u.) in der dritten Klasse. Hier liegt möglicherweise ein Schreibfehler vor, vielleicht könnte das *monasterium Slucturbura* und damit S. im Kinzigtal gemeint sein. Die Reichsabtei ➛ Fulda verfügte über ausgedehnten Besitz in dieser Region. Es liegt nahe, in S. eine fuldische Gründung zu sehen, aber im Dezember 993 verfügte Kaiser Otto III. die Rückgabe des Klosters S. an das Hochstift Würzburg. Weitere Urkunden von 999 und 1003 bestätigen diesen Vorgang. In der Zeit Reformabt Richards (1018–39) von Fulda kam es 1018 zur Neugründung, die durch Güterschenkungen Fuldas unterstützt wurde. Der neue Abt Sigizo (1018–29) garantierte in S. die ➛ Gorzer Lebensweise, die er aus Fulda mitgebracht hatte. Aufstieg und wirtschaftliche Prosperität erlaubten im 11. Jh. rege Bautätigkeit, gesteigerte Schreibaktivitäten im Skriptorium und eine eigene Schule. Um 1088 setzten sich in S. die neucluniazensischen Reformideale aus ➛ Hirsau durch, was die innere Abgrenzung von Fulda signalisiert. Die Abtei bewahrte geschickt im Spannungsfeld zwischen Fulda und Würzburg ihre Eigenständigkeit. Konfliktstoff bot lediglich die Güterentfremdung durch wechselnde Vogteiinhaber. Seit 1377 übten die Herren von Hanau die Vogtei aus: Hanau entwickelte sich zur Territorialmacht. Die fähigen Äbte Hermann I. von Rode (1336–44) und Hartmann II. (1345–64) erreichten im 14. Jh. eine zweite Blüte; der Konvent zählte um diese Zeit 20 Mönche. Die Trennung von Abts- und Konventsgut provozierte jedoch innere Zerwürfnisse, die im 15. Jh. zu teuren Gerichtsprozessen führten. Ein Vergleich 1468 ermöglichte neue Reformen im Geist der ➛ Bursfelder Kongregation, der aber S. nicht beitrat. Abt Christian II. Happ (1498–1534) festigte die monastischen Ideale, konsolidierte die Wirtschaft, minimierte die Schulden und erneuerte die Klausuranlage. Bauernaufstand

Schlüsselau Zisterzienserinnenabtei, der typische Bau einer mittelalterlichen Frauenkirche, Südwestansicht.

1525, Reformation und Wirtschaftseinbruch beendeten den Aufwärtstrend. Abt Peter Lotz (1534–67) versuchte durch Beschreiten der *via media* im Geist des Humanismus die Einheit zu bewahren und sein Kloster zu retten. Deutsche Sprache beim Gottesdienst, Laienkelch und Heiratserlaubnis für pfarrtätige Benediktiner bot er als Kompromiss an; Konflikte mit Würzburg waren dadurch jedoch vorprogrammiert. Die Obergrafschaft Hanau bekannte sich inzwischen zum Protestantismus, übernahm nach dem Tod des Abts 1567 die Abtei und setzte den ersten evangelischen Vorsteher ein. Der Konvent setzte sich aus evangelischen Pfarrern zusammen, die mit ihren Familien im Kloster lebten. Die Gemeinschaft bestand nicht lange.

▶ **Gegenwart.** Architekturbestände des Klosters S. sind heute in das Ulrich-von-Hutten-Gymnasium und in die musikalische Fortbildungsstätte der evangelischen Kirche integriert. Die Abteikirche ist eine gotische Halle (1380–1446) mit auffällig langem Chor und zwei Türmen. Ihr Innenraum wurde für den Unterricht ausgebaut. Archäologische Grabungen fanden Spuren einer frühkarolingischen Kirche, die der ➛ Petersbergkirche bei Fulda ähnelt; erhalten ist die karolingische Krypta. Mittelalterliche Restbauten der Klausur sind geschickt mit der modernen Schularchitektur verbunden. Geblieben sind: romanische Katharinenkapelle, spätromanische Chorkapelle St. Andreas, gotische Huttenkapelle und ein Teil des spätgotischen Kreuzgangs. Die evangelische Kirche St. Michael in der Stadt gehörte im Mittelalter als Pfarrkirche zur Abtei; der heutige Bau entstand um 1400 unter Einfluss der Benediktiner.

❖ Die in der „Notitia" von 818/819 ebenfalls genannte Abtei Berg St. Salvator (im Donaugau) wurde um 770 vom Salzburger Mönch Wolchanhard als Eigenkloster seiner Familie gegründet und nach 788 Karl dem Großen übereignet; sie ging in den Ungarnstürmen des 10. Jh. unter. Trotz guter Quellenlage gelang es bis heute nicht, das altbayerische Mönchskloster zu lokalisieren. Erst die moderne Forschung identifizierte die Abtei St. Salvator mit „Kloster Berg im Donaugau".

◆ GermBen 7, 916–940; Nistahl, Matthias: Studien zur Geschichte des Klosters S. im Mittelalter, Darmstadt 1986.

Schlüsselau, *Zisterzienserinnenabtei St. Maria (vor 1280–1554), Diözese Bamberg – (Frensdorf-S., Lkr. Bamberg, Bayern, ❐ 4, A2).*

▶ **Geschichte.** Im stillen Tal der Reichen Ebrach am Rand des Steigerwaldes stiftete der Edelherr Eberhard IV. von Greifenstein-Schlüsselberg zwischen 1270 und 1280 das Zisterzienserinnenkloster S. zwecks Grablege und *memoria* seiner Familie – einem der bedeutendsten fränkischen Adelsgeschlechter im Hochmittelalter. Seine Tochter Gisela († 1308) stand dem ersten Konvent vor, der aus ➛ Mariaburghausen kam. Sein Neffe Gottfried von Schlüsselberg vollendete die Klosterkirche und ließ sich 1308 hier beisetzen. Auch Stiftersohn Konrad II., der sich 1322 in der Schlacht bei Mühldorf als treuer Vasall König Ludwigs des Bayern erwies, stattete das Familienkloster großzügig mit Landgut aus. Vorteilhaft regierte die tüchtige Äbtissin Anna von Schlüsselberg (1339–79). Der Zisterzienserinnenkonvent soll angeblich schon 1295 formell als vollwertiges Mitglied in den Zisterzienserorden aufgenommen worden sein, urkundliche Belege dafür existieren aber nicht. Aufsicht führten zunächst die Äbte von ➛ Ebrach, später die Äbte von ➛ Langheim. Die Gemeinschaft dürfte nie stärker als 20 Schwestern gewesen sein, private Pfründen der meist adeligen Frauen und weltliche Eingriffe verursachten Ende des 15. Jh. Streitereien und Konflikte im Konvent. Die Bauernunruhen 1525 zwangen die Schwestern zur Flucht, ebenso 1553 der Zweite Markgrafenkrieg, wobei Markgraf Albrecht Alkibiades von Brandenburg-Kulmbach die Anlage samt Kirche völlig zerstörte. Diese äußerlichen Einbrüche und die Reformation ließen das Kloster veröden. Schließlich lebte nur noch die erblindete Äbtissin Brigitte von Stiebar in S.; sie erteilte 1554 ihre Zustimmung zur Auflösung des Klosters, die Fürstbischof Weigand von Bamberg (Redwitz) im gleichen Jahr einleitete.

▶ **Gegenwart.** Die heutige Kirche wurde in der Zeit der Gegenreformation durch Fürstbischof Johann Philipp von Gebsattel auf den Grundmauern der mittelalterlichen Klosterkirche errichtet. Der Fürstbischof versuchte 1603 eine Neubelebung des Klosters und ließ ein großes Konventsgebäude erbauen, wobei die ruinösen alten Klausurbauten einschließlich des Kreuzgangs im Nordbereich vollends abgetragen wurden. Seine Pläne scheiterten, die Kirche diente nun als katholische Pfarr- und Wallfahrtskirche St. Maria mit dem Zweitpatrozinium der Schmerzhaften Dreifaltigkeit (Gnadenstuhl), mit deren Verehrung schon die Zisterzienserinnen im frühen 16. Jh. begonnen hatten und die während der Gegenreformation in der Diözese Bamberg besonders aufblühte. Zwischen 1949 und 1969 belebte ein Konvent der beschuhten Karmelitinnen S., die aber nach Erlangen-Büchenbach umzogen. Die ehemalige Klosterkirche entspricht dem langgezogenen, zweigeteilten Typ der mittelalterlichen Frauenkirchen, vergleichbar mit der Kirche in Mariaburghausen.

Lediglich der Chorbereich blieb original aus dem späten 13. Jh. erhalten. Er bewahrt ein lebensgroßes Kruzifix (1380/1400) und die eindrucksvolle Grabplatte des Stifterneffen Gottfried mit Wappen derer von Schlüsselberg. Diese Grabplatte ist eine der ältesten und besterhaltenen ihrer Art in den ländlichen Regionen Frankens.

◆ Flachenecker, Helmut: Memoria und Herrschaftssicherung, Göttingen 2008; Schneider, Erich: Klöster und Stifte in Mainfranken, Würzburg 1993, 168–170.

Schmalkalden, *Augustiner-Eremitenkloster (um 1320–1548), Diözese Würzburg – (Lkr. Schmalkalden-Meiningen, Thüringen, ❐ 4, A1).*

▶ **Geschichte.** Das Gründungsjahr des Augustiner-Eremitenklosters im thüringischen S. ist nicht überliefert. 1322 gestattete Graf Berthold VII. von Henneberg-Schleusingen dem Konvent zur Erweiterung der bestehenden Niederlassung zwei Häuser zu erwerben. Möglicherweise geht auf ihn die Stiftung zurück, zumindest siedelte der Graf im Jahre 1320 das Kollegiatstift St. Marien am Burgberg an. Auch Bischof Otto II. von Würzburg (Wolfskeel) erwies sich 1338 als Wohltäter der Brüder. Der bedeutende Provinzial der sächsisch-thüringischen Ordensprovinz, Heinrich Coci, kam aus dem Konvent in S.; 1473 tagte im Kloster das Provinzialkapitel des Ordens. Die Augustiner-Eremiten übernahmen im Benediktinerinnenkloster Zella in der Rhön (s. u.) das Amt des Propstes. Als Propst fungierte der Lesemeister Heinrich Hache († 1480), dessen Hinterlassenschaft einen Streit zwischen dem Konvent und den Frauen in Zella verursachte. Der auf ihn folgende Bruder Heinrich Wegmann (1480–82) verzichtete offensichtlich schon nach zwei Jahren auf dieses Amt. Prior Johann von Rain und seine Augustiner erhielten schließlich im Oktober 1492 das Recht auf das Erbe. Mehrere Häuser in thüringischen, hessischen und bayerischen Städten dienten dem Konvent als Terminierstützpunkte. 1525 plünderten aufständische Bauern die Klosteranlage, die dabei Brandschäden erlitt. Ein Mitbruder schloss sich den Bauern an und wurde 1528 auf dem Scheiterhaufen verbrannt. Die Herrschaft S. teilten sich seit 1360 die Henneberger mit den Landgrafen von Hessen. Die Stadt rückte 1530 durch die Gründung des „Schmalkaldischen Bundes" der protestantischen Reichsstände gegen die katholische Liga sowie durch die „Schmalkaldischen Artikel" Martin Luthers auf dem Bundestag 1537 ins Zentrum der reformatorischen Umwälzungen. Das Augustiner-Eremitenkloster in S. verlor während der Reformation seine Mitglieder, Novizen meldeten sich nicht mehr. Der letzte Bewohner war der Prior Nikolaus Rom, der schließlich 1548 die Liegenschaften gegen eine Leibrente an Graf Wilhelm IV. von Henneberg-Schleusingen veräußerte und die baufälligen Gebäude 1567 der Stadt übergab. Man verwendete die Abbruchsteine für die Reparatur der Stadtkirche und der Stadtmauer. Die Einkünfte aus den Gütern dienten zum Unterhalt der Stadtschule.

▶ **Gegenwart.** Das Kloster wurde 1573 abgerissen und an Ort und Stelle 1580 das „Stengel'sche Haus" gebaut. Übermauerte Kernbereiche der Augustinerkirche finden sich noch heute in dem Gebäude. Teile der klösterlichen Umfassungsmauer mit früh- und spätgotischen Portalen umschließen einen idyllischen Privatgarten inmitten städtischer Enge.

❖ Das Benediktinerinnenkloster Zella (Rhön) in der thüringischen Rhön entstand 1136 in exponierter Lage über dem Talgrund der Felda südlich von Dermbach. Die Reichsabtei ➛ Fulda gewann Einfluss im Feldatal und brachte das Frauenkloster in seine Abhängigkeit, seelsorgliche Betreuung oblag aber u. a. den Augustiner-Eremiten von S. Nach der Zerstörung im Bauernkrieg 1525 wurde das Kloster 1558 aufgehoben. Der Besitz blieb der Fürstabtei Fulda erhalten, die einen Propst auf dem Amtssitz Zella bis zur Säkularisierung 1802 einsetzte. Die heutige Propstei mit Kirche ließ Propst Adolph von Dalberg (1718–26), späterer Fürstabt (1726–37), als repräsentative Barockanlage neu errichten. Geringe Restsubstanz des Frauenklosters steckt in der Ostfassade des Schlosses.

Das fuldische Benediktinerinnenkloster Zella (Rhön) ist nicht zu verwechseln mit dem thüringischen Benediktinerinnenkloster ➛ Zella (Eichsfeld) bei Rodeberg-Struth.

◆ Kunzelmann, Adalbero: Geschichte der deutschen Augustiner-Eremiten, Tl. 5, 264–268, Würzburg 1974; Patze, Hans/Schlesinger, Walter Schlesinger: Geschichte Thüringens, Köln 1973/74.

Schmerlenbach, *Zisterzienserinnenkloster St. Maria und St. Agatha (1218–1502), Benediktinerinnenkloster St. Maria und St. Agatha (1502–1803), Pallottinerkloster St. Agatha (seit 1985), Erzdiözese Mainz – (Hösbach-S., Lkr. Aschaffenburg, Bayern, ❐ 3, C2).*

▶ **Geschichte.** Der Würzburger Domherr Gottfried von Kugelnberg stiftete 1218 das Frauenkloster „St. Maria im Hagen" am S. unweit von Aschaffenburg, das mit Zisterzienserinnen aus ➛ Wechterswinkel besiedelt wurde. Der Konvent unterstand der Mainzer Jurisdiktion und war demzufolge nicht in den Zisterzienserorden inkorporiert. Die Kugelnberger Stifterfamilie auf der nahen Stammburg betrachtete S. als Hauskloster und sorgte für Besitz und Rechte in über 90 Ortschaften der näheren Umgebung; sie starb Mitte des 13. Jh. aus. Die Konventsstärke von 32 Frauen durfte seit 1313 nicht überschritten werden. In mittelalterlichen Urkunden wechselt die Observanzbezeichnung mehrmals zwischen Zisterzienserinnen und Benediktinerinnen. Für den seelsorglichen Beistand waren die Benediktinerabteien ➛ Amorbach, ➛ Seligenstadt und ➛ Neustadt am Main zuständig. 1502 werden letztmalig Zisterzienserinnen erwähnt. Kloster S. galt in der Nachfolgezeit bis zur Säkularisierung 1803 als Benediktinerinnenkloster. Der Konvent zeichnete sich lange durch strenge Klosterzucht und eine prosperierende Ökonomie aus. Äbtissin Elisabeth von Wertheim (um 1477–1525) schloss das Kloster der ➛ Bursfelder Reformkongregation an, baute die Anlage aus und umgab sie mit einer Schutzmauer. Die Konventualin Anna Geupel wurde 1569 als Äbtissin in das verödete Kloster ➛ Himmelthal bei Elsenfeld gerufen, ohne dieses Kloster wiederbeleben zu können. Schwedische Soldateska und evangelische „Hanauer Räuber" verursachten nicht nur Einschnitte in der Wirtschaft, sondern auch Einbrüche in der Klosterzucht, denen Äbtissin Eva Franziska von Reigersberg (1638–52) mit überzogener Strenge begegnen wollte; sie verlor ihr Amt. Nach dem barocken Neuaufbau der Klausurgebäude (seit 1691) wurde die gotische Klosterkirche 1759 erneuert. 1803 erfolgte die Aufhebung durch kurfürstlich-bayerische Beamte.

▶ **Gegenwart.** Beim barocken Neubau der Klosterkirche richtete man sich 1759 exakt nach den Maßen des gotischen Vorgängerbaus und verwendete alte Grundmauern sowie Wandteile, so dass eher von einem barocken Umbau der Kirche gesprochen werden muss. Die saalartige Kirche im Rokokostil ist heute das Gotteshaus der katholischen Pfarrgemeinde St. Agatha und Wallfahrtskirche. Einige wenige mittelalterliche Baureste des Klosters sind nicht nur in der Kirche, sondern auch in den Kellerräumen der ehemaligen Klausur zu finden. 1985 richtete das Bistum Würzburg in den modern eingerichteten Gebäuden ein Exerzitien- und Bildungshaus für die Diözese ein, dessen Verwaltung den Pallottinern übertragen wurde. Aus spätgotischer Zeit stammt das Gnadenbild der „Muttergottes aus S.", eine kostbare Pietà aus Lindenholz, die legendäre

Schmalkalden Augustiner-Eremitenkloster, Gewölbekeller des Klosters im Stengel'schen Haus.

Schönau (Odenwald) Zisterzienserabtei, die überwältigende Architektur des frühgotischen Speisesaals lässt den Verlust der abgetragenen Abteikirche nur erahnen.

Bekanntheit erlangte, schon im Spätmittelalter Wallfahrten auslöste und heute wieder viele Gläubige in das stille Tal lockt.

◆ Flachenecker, Helmut: Memoria und Herrschaftssicherung, Göttingen 2008; Büll, Franziskus: Zur Rechts- und Wirtschaftsgeschichte der mittelalterlichen Frauenabtei S. im Spessart (1218–1400), in: Studien und Mitteilungen zur Geschichte des Benediktinerordens und seiner Zweige 118 (2007) 45–183.

Schönau (Odenwald), *Zisterzienserabtei St. Maria (1142–1558), Diözese Worms – (Rhein-Neckar-Kreis, Baden-Württemberg, ❐ 3, C2).*

▶ **Geschichte.** Bischof Burchhard II. von Worms (Ahorn) stiftete 1142 im Tal der oberen Steinach im schwach besiedelten Odenwald ein Kloster und übergab es dem Zisterzienserorden. Laut eigener Tradition kam der Gründungskonvent im März 1145 aus ➛ Eberbach in die „Schöne Au“. Damit gehörte die neue Zisterzienserabtei S. zur Filiationslinie Clairvaux. Zur bischöflichen Grundausstattung stellten die Herren von Steinach Wiesen und Wälder im Tausch zur Verfügung. 1190 besiedelte der Konvent die Tochterzisterze ➛ Bebenhausen bei Tübingen. Abt Diepold (um 1190–1206) wurde 1198 und 1200 vom Generalkapitel wegen mehrerer Vergehen mit einer Buße bei Brot und Wasser sowie 40-tägiger Verbannung vom Gottesdienst bestraft, dennoch berief ihn das Mutterkloster Eberbach 1206 zum Abt. Der heute noch als Seliger verehrte Daniel ist wohl identisch mit Abt Daniel, der von 1209 bis 1218 amtierte. Verehrung als Heilige genoss ein Mädchen Hildegund von Neuss, die unerkannt als Novize Josef 1188 im Kloster starb. Zisterziensischer Wirtschaftserfolg führte im 13. Jh. zu reichem Grundbesitz im Lobdengau, in der linksrheinischen Region bis Dürkheim und nördlich bis in den Raum Frankfurt/Main. Stadthöfe in den wichtigen Städten gehörten zum Besitz. Der Rat von Ladenburg gewährte den Mönchen 1291 das Bürgerrecht. Die Konventsstärke lässt sich heute nicht mehr ermitteln, vermutet werden etwa 300 Mitglieder in der Zeit der Hochblüte. Die Frauenklöster ➛ Lobenfeld, ➛ Neuburg (Heidelberg) und Ramsen (s. u.) standen unter der Aufsicht der Äbte. Die Vogteirechte gingen von den Staufern über die Welfen an die Wittelsbacher Pfalzgrafen im nahen Heidelberg über. S. blieb bis 1400 fürstliches Hauskloster und Grablege und entwickelte sich im Spätmittelalter durch besondere Gunst der Landesherrn und Ministerialen neben ➛ Maulbronn zum reichsten Kloster der Kurpfalz. Über die Jahrhunderte festigte sich die Landsässigkeit, was nicht nur Glanz, Fürsorge und Schutz garantierte, sondern auch Verpflichtungen in Hofhaltung, Gastung, Militärhilfe und Kreditvergabe bedeutete. Pfalzgraf Ruprecht I. gründete 1386 die Universität Heidelberg und richtete dem Zisterzienserorden ein eigenes Studienhaus unter der Verwaltung der Abtei S. ein. Um diese Zeit durchlief die Klosterökonomie eine empfindliche Rezession, mehrere Äbte resignierten vorzeitig oder wurden vom Landesherrn ausgewechselt. Erst der fähige Abt Marquard vermochte bis etwa 1420 den Niedergang durch Konzentration der Güter und Einführung des Pachtsystems aufzuhalten. Er erreichte gefestigte Verhältnisse für das 15. Jh. Die Abteien ➛ Arnsburg und Maulbronn konnten 1422 bzw. 1484/88 von S. aus reformiert werden. Die letzte große Erwerbung gelang 1482 mit dem Kauf von Wiesenbach, einer ehemaligen Propstei der Abtei ➛ Ellwangen. In der Reformationszeit musste Abt Wolfgang Cartheyser (1554–58) zunächst nur einen weltlichen Verwalter akzeptieren, aber 1558 ließ Kurfürst Ottheinrich die Mönche aus S. vertreiben. Die Abtei war mit ➛ Lorsch eines der ersten säkularisierten Klöster der Kurpfalz. Das Klosterareal diente seit 1562 wallonischen Flüchtlingen als neue Heimstätte. Die Tuchmacher gingen mit fremdem Kulturgut pragmatisch um und legten die Kirche mit den Grabstätten der fürstlichen Vorfahren und die meisten Gebäude schon in der ersten Generation nieder. Aus dem Abrissgut entstand die heutige Kleinstadt.

▶ **Gegenwart.** Von der klassischen spätromanischen Klosteranlage haben sich lediglich das Refektorium, das Haupttor (um 1170), der Profanbau als „Hühnerfautei“ (etwa 1250) und der Kreuzgangbrunnen mit Schale (13. Jh.) erhalten. Das zweischiffige Hallenrefektorium, seit 1297 urkundlich nachweisbar, dient als reformierte Pfarrkirche. Dieser ehemalige Speisesaal der

Mönche blieb in seiner frühgotischen Architektur nach französischem Vorbild unverändert erhalten und lässt heute die vollendete Gestaltung der niedergerissenen Abteikirche erahnen; romanisch-gotische Grabplatten erinnern an bedeutende Stifter.

❖ Das Kloster Ramsen im alten Wormsgau südlich vom Donnersberg wurde um 1146 als Benediktinerinnenpriorat der Reformabtei ➛ Sankt Georgen gegründet. Die Schwestern nahmen 1267 Zisterzienserobservanz an und erreichten 1268 die Vollmitgliedschaft im Zisterzienserorden. Der Frauenkonvent endete schon 1477 und die Abtei S. unterhielt noch bis 1485 in Ramsen ein Mönchspriorat. Die Klosteranlage wurde nach 1820 vollständig abgetragen.

◆ Kaiser, Jürgen: S., Ev. Stadtkirche, ehemalige Zisterzienserabtei, Regensburg 2000; Schaab, Meinrad: Die Zisterzienserabtei S. im Odenwald, Heidelberg 1963.

Schönau/Saale, *Zisterzienserinnenkloster St. Maria und St. Nikolaus (1189–1564), Franziskanerkloster St. Maria Empfängnis (seit 1699), Diözese Würzburg – (Gemünden/Main-S., Lkr. Main-Spessart, Bayern, ❐ 3, D2).*

▶ **Geschichte.** Friedrich von Thüngen zu Heßlar stiftete das Gut Moppen an der Fränkischen Saale oberhalb der Mündung in den Main zur Gründung des Zisterzienserinnenklosters *Schonawa*. Das Gut hatte er zu diesem Zweck vom Grafen Gerhard II. von Rieneck erworben; ursprünglich gehörte der Besitz der Reichsabtei ➛ Fulda. Die bischöfliche Bestätigung erfolgte im gleichen Jahr, die päpstliche 1190 und das kaiserliche Schutzprivileg 1192. Die Stifterfamilie übergab das Kloster dem Hochstift Würzburg, behielt aber die Vogteirechte inne und wählte das Kloster als Familiengrablege. Auch die Grafen von Rieneck erwiesen sich als besondere Gönner und schickten ihre Töchter bevorzugt als Äbtissinnen in den adeligen Konvent. Äbte von ➛ Ebrach übten die geistliche Aufsicht aus. S. erlangte aber nie die Ordensmitgliedschaft, denn offensichtlich konnte es sich nicht aus der bischöflichen Jurisdiktion befreien. 1252 wurde die Klosteranlage wegen Hochwasserschäden etwas weiter östlich an eine höhere Stelle verlegt. Um diese Zeit scheint das Kloster fast verödet gewesen zu sein. Es diente einige Jahre den von Himmelstadt geflohenen Schwestern als Exil, die aber 1252 in ➛ Himmelspforten (Zellerau) vor Würzburg neu anfingen. Gräfin Adelheid von Rieneck bemühte sich um den Fortbestand der Gemeinschaft, was zu einer neuen Konventsbildung und weiteren Stiftungen führte. Güter und Rechte in 60 fränkischen Orten gehörten schließlich zum Besitz, einschließlich der Niedergerichtsbarkeit in Seifriedsburg und Reichenbuch sowie Patronatsrechten in Wiesenfeld und Wolfsmünster. Bauernaufstand und Reformation leiteten den Niedergang ein, der Zweite Markgrafenkrieg brachte 1553 schließlich den Ruin, die Schwestern waren inzwischen geflohen. Die letzte Äbtissin Veronika Geyer von Giebelstadt und ihre leibliche Schwester kehrten als einzige zurück und übergaben das Kloster S. 1564 an Fürstbischof Friedrich von Würzburg (Wirsberg). 1699 übernahmen drei Minoriten aus dem Franziskanerkloster ➛ Würzburg unter Leitung des begabten Kilian Stauffer (1699–1729) die verfallene Anlage, bauten sie neu auf und gestalteten die Kirche bis 1710 um. Der Konvent von acht Patres überstand als Aussterbekonvent die allgemeine Säkularisation 1803 und durfte 1843 offiziell weiterbestehen.

▶ **Gegenwart.** Noch heute bewohnen drei Franziskanerbrüder das Kloster S. an der Fränkischen Saale. Die Klosterkirche Mariä Unbefleckte Empfängnis besteht zum Teil im Kern aus dem spätromanischen Vorgängerbau. Ihre heutige Gestalt und die Ausstattung verdankt sie der Erneuerung durch die Minoriten. Der Rechtecksaal besitzt einen langgestreckten Chor, der auf die Zisterzienserinnen zurückgeht (um 1270/80), flachwandig abschließt und von Fachleuten als architektonische Vorstufe zu den hochgotischen Frauenkirchen mit Polygonalchor eingestuft wird. Im barockisierten Innenraum verblieben aus dem Spätmittelalter drei bemerkenswerte Holzfiguren aus der Werkstatt Tilmann Riemenschneiders. Die Sakristei an der Chornordseite diente der Stifterfamilie Thüngen als Grabstätte; das Kreuzgewölbe erhielt erst im 18. Jh. seine Stuckverzierung an den Graten. Die heutige Klausuranlage entstand Anfang des 18. Jh.

◆ Flachenecker, Helmut: Memoria und Herrschaftssicherung. Vom fränkischen Adel und von frommen Frauen zwischen Spessart und Thüringer Wald, Göttingen 2008; Treiber, Angela: Die Frauenklöster in Franken, Würzburg 1991, 122–124; Schnell Hugo: Franziskaner-Minoriten-Kirche S. an der Fränkischen Saale, Regensburg 1989.

Schönau (Taunus), *Benediktiner Doppelkloster St. Florin (1117–1803), Erzdiözese Trier – (Strüth-S., Rhein-Lahn-Kreis, Rheinland-Pfalz, ❐ 3, B2).*

▶ **Geschichte.** Graf Dudo von Laurenburg übergab 1117 der Hirsauer Reformabtei Schaffhausen (heute Schweiz) seine Kirche St. Florin in Lipporn sowie einige Güter. Die Benediktiner richteten das abhängige Priorat *claustrum Lietprunense* ein und gründeten entsprechend der neucluniazensischen Ideale 1124 im benachbarten Strüth ein Frauenkloster. 1126 ermöglichte Graf Ruprecht von Laurenburg durch weitere Stiftungen die Verlegung des Priorats an das Frauenkloster nach Strüth. Unklar bleibt, ob eine eigene Abteigründung stattfand oder eine Erhebung. Unter Abt Hildelin (1126/27–66) entstand bis 1145 die neue Klosteranlage mit der Abteikirche St. Florin. Graf Ruprecht I. von Laurenburg übergab vor 1132 das Doppelkloster S. dem Mainzer Hochstift, die freie Wahl des Abts wurde dem Konvent eingeräumt, die Benediktion des Vorstehers oblag aber dem Erzbischof von Trier. Die Laurenburger (seit etwa 1160 Grafen von Nassau), beanspruchten die Vogteigewalt. Diese dreigeteilte Herrschaft wirkte sich im Mittelalter vorteilhaft, nach der Reformation im 16. Jh. jedoch nachteilig für die Abtei aus. Der Konvent umfasste kaum mehr als 20 Mönche, die Pfarrpflichten übernahmen, und etwa zehn Laienbrüder. Bekannt wurde die Doppelabtei S. in ihrer Frühzeit hauptsächlich durch ihre Frauen, insbesondere durch die Visionärin Elisabeth von Schönau (um 1129–64/65). Ihre Schriften erzielten unter den Zeitgenossen eine weit größere Wirkung, als etwa jene der Hildegard von Bingen (➛ Rupertsberg).

Schönau/Saale Zisterzienserinnenkloster, im Kern besteht die Klosterkirche aus romanischen Mauerteilen.

Nach ihrem Tod wurde Elisabeth als Heilige verehrt und 1584 ins Martyrologium Romanum aufgenommen. 1153 erscheint erstmals urkundlich das von S. abhängige Frauenkloster Dirstein (s. u.). Die Nassauer erwiesen sich bis in das Spätmittelalter als großzügige Herrschaft. Abt Johannes Specht (1436–58) leitete eine innere Reform ein, die 1459 zur Mitgliedschaft in der ➛ Bursfelder Kongregation führte. Bis zur Reformation amtierten gebildete Äbte, Adrian von Brühl (1457–65) etwa erlangte durch zahlreiche Werke den Ruf eines der größten Gelehrten seiner Zeit. Seit Anfang des 16. Jh. griff Nassau in die Angelegenheiten der Abtei ein, was sich mit dem Bekenntnis zum Protestantismus verstärkte. 1555 lebten nur drei Mönche im Konvent, aber S. blieb eine katholische Enklave in der protestantischen Taunusregion. Abt Jakobus Lorichius (1603–13) löste 1606 auf Druck der Herrschaft willfährig den Frauenkonvent auf, womit eines der wenigen Beispiele jahrhundertelang bestehender Doppelkonvente der Benediktiner zu Ende ging (vergleichbar nur mit ➛ Paulinzella in Thüringen). 1615 erkannte S. die Oberhoheit Nassaus offiziell an und zahlte Steuern. Im Dreißigjährigen Krieg plünderten schwedische Truppen die Anlage mehrmals aus. Bauern suchten nach Schätzen und schändeten das Grab der hl. Elisabeth. 1723 äscherte ein Großfeuer das Kloster ein und ließ lediglich die Abteikirche als Torso zurück. Schmälerung der Rechte und Besitzentfremdung kennzeichneten die Spätzeit bis zur Säkularisierung im Januar 1803 zugunsten der Fürsten von Nassau.

▶ **Gegenwart.** Die heutigen Abteibauten in Strüth repräsentieren vorrangig die barocke Architektur des Wiederaufbaus nach 1723. Einzig die ehemalige Klosterkirche und heutige katholische Pfarrkirche St. Florin besteht aus Mauerwerk der ersten romanischen Basilika. Sie ist ein rechteckiger Saal mit langem Polygonalchor, der um 1430 angefügt wurde. Die westliche Turmfront fiel um 1500 bei der Verkürzung des Langhauses. Die einschiffige Form entstand erst durch Reduzierungen um 1620 und nach 1773, die frühklassizistische Ausschmückung um 1780. Aus mittelalterlicher Zeit sind ein Fresko (1430) und wenige Ausstattungsstücke erhalten. Teile des romanischen Brunnens (etwa 1230) mit sorgfältig gemeißelten Schmuckdetails stehen im Innenhof. An das etwa 200 m südlich gelegene Frauenkloster erinnert kein aufstrebendes Mauerwerk.

❖ Das Benediktinerinnenkloster Dirstein bei Diez an der Lahn wurde vor 1153 mit Schwestern aus S. besiedelt und blieb dem Abt von S. unterstellt. Um 1470 reformierten Mitschwestern aus Marienberg (Boppard) den Konvent, 1540 versuchte ➛ Trier-Oeren das siechende Kloster zu retten, aber 1564 hob es Johann von Nassau auf. Die Klosteranlage Dirstein wurde zugunsten des Schlosses Oranienstein (Stammschloss des Niederländischen Königshauses) vollständig abgetragen.

◆ GermBen 9, 728–756; Kemper, Joachim: Das benediktinische Doppelkloster S. und die Vision Elisabeths von Schönau, in: Archiv für mittelrheinische Kirchengeschichte 54 (2002) 55–102.

Schöningen Augustiner-Chorherrenstift, der romanische Ostteil der Kirche mit Apsis und Chorflankentürmen.

Schöningen, *Augustiner-Chorherrenstift St. Laurentius (1120–1574), Diözese Halberstadt – (Lkr. Helmstedt, Niedersachsen, ❐ 2, A4).*

▶ **Geschichte.** Nahe des karolingischen Königshofs im alten Salzort S. (Ostendorf) auf einer Anhöhe am Elmhang existierte bereits seit 983 das Kanonissenstift St. Laurentius, das Anfang des 12. Jh. bischöflichen Reforminteressen weichen musste. 1120 tauschte Bischof Reinhard von Halberstadt die Frauen, denen er ein nicht heiligmäßiges Leben vorwarf, gegen einen Konvent Regularkanoniker aus dem Augustiner-Chorherrenstift ➛ Hamersleben aus. Reinhard stiftete zusätzlich bischöfliches Gut, inbegriffen das Patronat über die Pfarrkirche St. Stephan, Nutzungsrechte über drei Salzkoten und die Güter des untergegangenen Klosters Calbe an der Milde. Das kurzlebige Calbe (um 970–983) war möglicherweise der erste Gründungsort der Frauengemeinschaft gewesen. Der bedeutende Reformpropst Thietmar von Hamersleben (1108–38), zugleich erster Propst in S., verlegte das Stiftsareal etwas oberhalb direkt auf den ehemaligen Königshof, nun bischöfliche *curia*, und errichtete eine neue klösterliche Anlage. 1135 hielt sich eine Gesandtschaft aus S. in Pisa auf, um das Papstprivileg zu erbitten. Stift S. entwickelte sich schnell zum geistigen Zentrum der Region. Nur wenige Urkunden geben Auskunft über die ersten Jahrhunderte: 1291 vernichtete ein Großbrand die Gebäude aber die Kirche nicht, weil der Wind plötzlich drehte. Im 15. Jh. scheint die wirtschaftliche Lage ungünstig gewesen zu sein, auch wurde die Kirche zwischen 1400 und 1457 fast völlig zerstört, durch welche Katastrophe ist unbekannt. Sie konnte erst Jahre später und nur behelfsmäßig wiederaufgebaut werden. Der Reformator und provisorische Superintendent des Schmalkaldischen Bundes, Johannes Bugenhagen (1485–1558), traf 1542 in S. nur noch den alten Propst, einen Chorherren und einige Laienbrüder an. Die Existenz des Stifts war aber zu Lebzeiten des katholischen Herzogs Heinrich II. von Braunschweig-Wolfenbüttel garantiert. Erst 1574 wurde die evangelische Kirchenordnung eingeführt. Die offizielle Aufhebung der evangelischen Kommunität erfolgte nach dem Westfälischen Frieden 1648.

▶ **Gegenwart.** Von der mittelalterlichen Klausur nördlich der Stiftskirche blieb kaum etwas erhalten. Reste der Umfassungsmauer, Grundmauern und Gewölbekeller in den heutigen Wirtschaftsgebäuden, die dem Klausurgeviert folgen, zeugen von verschiedenen Bauphasen. Der Verlauf des Kreuzgangs ist an Fundamenten, Fensterrahmen und Türlaibungen gut nachvollziehbar, zumal archäologische Untersuchungen ein recht genaues Bild der klösterlichen Bebauung erschlossen haben. Die romanische Stiftskirche, heute evangelisch-lutherische Pfarrkirche St. Lorenz, präsentiert sich nach wie vor als unübersehbares Wahrzeichen der Stadt. Bei näherer Betrachtung fällt aber ihre Uneinheitlichkeit auf, die sich aus dem romanischen Ostteil mit zweigeschossiger Apsis, Querschiff und flankierendem, hohen Turmpaar gegenüber dem stark verkürzten, einschiffigen Langhaus mit Kapellenanbau aus der Spätgotik ergibt. Der Ostteil erlag Ende des 12. Jh. einschneidenden Veränderungen, die Hauptapsis und der Chor wurden nach dem Vorbild der kaiserlichen Basilika ➛ Königslutter eingewölbt; die mittelalterlich anmutende Ausmalung stammt aus dem 19. Jh. Ursprünglich war die Kirche als dreischiffige, kreuzförmige Basilika angelegt, im Spätmittelalter aber aus finanzieller Not im Westbereich kostengünstig nur wieder ergänzt, ihre Osttürme wurden dabei erhöht. Nach Ansicht einiger Fachleute wurde die romanische Basilika nie vollendet, ein romanisches Westwerk hat es in S. nicht gegeben.

◆ Sagroske, Michael: Die Klosterkirche St. Lorenz in S., München 2002; Braune, Michael: Untersuchungen im ehemaligen Kloster St. Lorenz in S., Hameln 1995.

Schönrain, *Benediktinerpriorat St. Laurentius (1080–1526), Diözese Würzburg – (Gemünden/Main-Hofstetten, Lkr. Main-Spessart, Bayern, ❐ 3, D2).*

▶ Das aufstrebende Geschlecht der Ludowinger aus Franken, eine Seitenlinie der Grafen von Rieneck, erlangte im 12. Jh. die Landgrafschaft Thüringen, zu der damals Hessen gehörte. Die Grafenbrüder Ludwig der Springer und Berengar von Sangerhausen stiften um 1085 das bedeutende thüringische Benediktinerkloster ➛ Reinhardsbrunn sowie sein Priorat ➛ Sangerhausen als Zentrum der ➛ Hirsauer Reformbewegung. Bereits fünf Jahre zuvor hatten die Ludowinger dem Reformkloster ➛ Hirsau den mainfränkischen Besitz S. mit dem Gut Wiesenfeld und zwei Mühlen samt Zubehör südwestlich der heutigen Stadt Gemünden am Main übergeben. Reformabt Wilhelm von Hirsau (1069–91) gründete 1080 mit dem Stiftungsgut hoch über dem Main ein Priorat, das bis zur Auflösung im 16. Jh. vom Mutterkloster abhängig blieb. Der Klosterbau zog sich bis 1139 hin. Die wirtschaftliche Basis war knapp bemessen, die Hilfe aus Hirsau ließ aufgrund der dortigen Schwierigkeiten im Laufe der Zeit nach. Die Grafen von Rieneck übernahmen die Schirmvogtei; eigenmächtige Eingriffe, wie den Bau einer Wehranlage am Kloster (1240), mussten die Grafen auf Druck des Würzburger Bischofs entfernen. Mit dem Mutterkloster gehörte auch S. seit 1458 der ➛ Bursfelder Reformunion an. Aufständische Bauern brandschatzten 1525 die Anlage, nachdem der kleine Konvent nach Hirsau geflohen war. Graf Philipp III. von Rieneck erwarb 1526 den Besitz, bekannte sich zum Protestantismus, ließ 1556 vertragswidrig die Prioratskirche St. Laurentius und die Anlage niederreißen und errichtete ein Renaissanceschloss. Heute ist das Schloss weitestgehend abgebrochen und als Ruine zurückgelassen. Mittelalterliche Fragmente der Benediktiner konnten ergraben werden, so der Rest des Vierungspfeilers der Benediktinerkirche sowie Säulen und Kapitelle mit Schachbrettfries. Teile des Abbruchguts werden in einem Privatanwesen in Wiesenfeld bewahrt.

◆ Ruf, Theodor: Spurensuche auf S., in: Spessart 102 (2008) 3–11; Kuhn, Rudolf: Die Klosterruine S., Lohr/Main 1974; Weigand, Waldemar: Das Hirsauer Priorat S., Lohr 1951.

Schönstatt Augustiner-Chordamenstift, ein erhaltener Westturm erinnert an die romanische Stiftskirche.

Schönstatt, *Augustiner-Chordamenstift St. Maria und St. Barbara (1143–1567), Pallottinerkloster St. Maria (seit 1901) – „St. Barbelen“, Erzdiözese Trier – (Vallendar-S., Lkr. Mayen-Koblenz, Rheinland-Pfalz, ❐ 3, B1).*

▶ **Geschichte.** Abt Folmar (1137/48) vom Augustiner-Doppelstift ➛ Lonnig gliederte 1143 seinen Frauenkonvent aus und versetzte ihn über den Rhein nach S. bei Vallendar, „… uff eyne Stat der wir eynen Namen gegewen hayn eyne schoene Stat“. Erzbischof Albero von Trier (Montreuil) beurkundete die Umsiedlung, räumte dem Konvent Zehnt- und Vogtfreiheit ein und betonte die geistliche Aufsicht des Abts von Lonnig sowie seine bischöfliche Jurisdiktionsvollmacht. Er übergab den Frauen eigene Güter in Vallendar und Adenroth, aber auch gestifteten Besitz der Brüder Rembold und Siegfried von Isenburg sowie des Bürgers Ulrich aus Adenroth. Sein Nachfolger Erzbischof Hillin von Fallemanien erweiterte 1167 den Besitz mit Gütern in Kesselheim, Otzenhausen und Ochtendung. Das klösterliche Leben blühte rasch auf, das Begräbnisrecht auf dem stiftseigenen Friedhof steigerte die Einnahmen; Reliquien der hl. Barbara förderte die Wallfahrt. 1226 mussten die Frauen ermahnt werden, den Konvent nicht über 100 Schwestern aufzublähen. Im 14. Jh. kam Stift Lonnig seiner Aufsichtspflicht nicht mehr nach, denn die Existenz des Chorherrenstifts war durch wirtschaftlichen Ruin und geistlichen Niedergang gefährdet. 1326 wurde Lonnig in die Bischofsstadt ➛ Mayen verlegt, 1348 ist zum letzten Mal ein Prior nachweisbar. Der Status der Meisterin Ignilt von Rachdorf (1348/57) wuchs, als das Amt einer Priorin eingerichtet wurde. Meisterin Gerburg (1383/91) musste erstmals überhöhte Verschuldung zugeben, der Niedergang des Stifts wurde Ende des 14. Jh. offensichtlich. Im Streit um die Bischofswahl in Trier setzte der Konvent um 1430 auf den später unterlegenen Kandidaten, weshalb die Frauen exkommuniziert wurden. Den wirtschaftlichen Niedergang begleiteten Sittenverfall und die Auflösung der *vita communis*. Erzbischof Johann II. von Baden löste 1487 die zerrütteten Kommunität auf.

Am Fuß der Festung Ehrenbreitstein, gegenüber der Stadt Koblenz, lebte seit etwa 1300 eine Gruppe Beginen, die 1450 die Franziskanerregel befolgten. 1460 nahmen die Franziskanerinnen unter Einfluss der Chorherren von ➛ Niederwerth die Augustinusregel an. Diese Schwestern siedelten 1489 auf Geheiß des Trierer Erzbischofs unter Protest in das noch besetzte Stift S. nach Vallendar um. Der neue Konvent aus 27 Frauen unter Mutter Elisabeth Goitzmoitz (1488–94) erhielt den gesamten Besitz mit allen Rechten und Privilegien bei der Verpflichtung, die hinterbliebenen Chorfrauen zu versorgen. Der Niederwerther Prior erhielt das Aufsichtsrecht. Unter Einfluss der ➛ Windesheimer Reform nannte sich die Konventsoberin nun „Mutter“ oder „Priorin“. Der anfängliche Aufschwung war begleitet von zahlreichen Streitereien und Konflikten, auch mit den Beichtvätern aus Niederwerth; hinzu kamen kaufmännisches

Versagen, Prozesskosten sowie die Wirren in der Reformation. Auf Bitten Mutter Anna Merls (1567–73) entschied Erzbischof Jakob III. von Eltz 1567 die Verlegung des Konvents aus fünf Chorfrauen und sieben Laienschwestern nach Koblenz St. Barbara.

1901 erwarben Pallottiner aus Limburg das Stiftsanwesen bei Vallendar, das im Dreißigjährigen Krieg erhebliche Zerstörungen erlitten und im 19. Jh. verschiedenen Produktionszwecken gedient hatte.

▶ **Gegenwart.** Stift S. bei Vallendar nahe Koblenz ist dank der Pallottiner heute wieder ein religiöses Zentrum der katholischen „Schönstattbewegung", aber auch Gnadenort und Wallfahrtsziel, Bildungsstätte und Jugendwerkstatt. Mittelalterliche Architektur blieb kaum erhalten. Die gotische Gnadenkapelle war einst die Friedhofskirche St. Michael des Stifts (1319 erstmals erwähnt), die mehrmals wiederaufgebaut werden musste. Einer der zwei romanischen Westtürme der ehemaligen Stiftskirche des 12. Jh., der „Alte Turm", blieb als einziger Kirchenrest erhalten, heute steht er isoliert auf freiem Platz.

◆ Schaaf, Erwin: Geschichte der Augustiner-Chorherrenabtei Springiersbach 1102–1802, Trier 2002; Brommer, Peter: Das Augustiner-Nonnenkloster U.L.F. in S. bei Vallendar, in: Archiv für mittelrheinische Kirchengeschichte 28 (1976) 45–60.

Schöntal, *Zisterzienserabtei St. Maria (vor 1157–1802), Diözese Würzburg – (Hohenlohekreis, Baden-Württemberg, ❐ 3, D3).*

▶ **Geschichte.** Nach einem Gelübde stiftete der Edelfreie Wolfram von Bebenburg nach seiner Heimkehr vom Zweiten Kreuzzug vor 1157 das Zisterzienserkloster S. an der Jagst. Der Gründungskonvent kam aus der Abtei ➛ Maulbronn, wodurch S. zur Filiationslinie Morimond des Ordens gehörte. Die ersten Mönche unter Abt Herwicus (1157–72) siedelten zunächst auf der für zisterziensische Siedlungsweise untypischen Anhöhe Neusaß (s. u.), bis nach einigen Jahren die neue Anlage, die *speciosa vallis,* im Talgrund der Jagst zu beziehen war. Die Herren von Beichlingen waren an der Stiftung des Grundbesitzes im Tal wesentlich beteiligt. 1157 bestätigte Bischof Gebhard von Würzburg die Gründung, im selben Jahr wurde S. von Kaiser Friedrich I. unter Schutz gestellt; päpstliche Schutzerklärungen folgten 1176/77. Stifter Wolfram trat als Novize in den Konvent ein, starb aber schon vor 1163. Abt Richalm von Schöntal (1216–19) schrieb den „Liber revelationem", der die Schattenseiten des monastischen Lebens im Mittelalter durch den Teufels- und Dämonenglauben aufzeigt. Die stürmische Aufwärtsentwicklung der Abtei mit Vieh- und Fischzucht, Wein- und Waldbau, Mühlen- und Salinenbetrieb endete 1282 durch verfehltes Wirtschaften in einem ruinösen Zusammenbruch. Die Mutterabtei Maulbronn war nicht in der Lage zu helfen, so dass die reiche Abtei ➛ Kaisheim die Schulden tilgen musste und die Paternität übernahm. Kaisheim erreichte durch strenge Visitationen eine Konsolidierung, die zu neuer Prosperität und zur Blüte im 15. Jh. führte. König Sigismund verlieh der Abtei 1418 die Reichsunmittelbarkeit, was aber nicht das Privileg der Reichsstandschaft mit Stimmrecht an Reichstagen bedeutete. Abt Heinrich VI. Höfflin (1425–45) wurde 1439 mit den Pontifikalien geehrt. Die Äbte betreuten die Frauenklöster ➛ Seligental bei Schlierstadt, ➛ Gnadental-Michelfeld, ➛ Lichtenstern und ➛ Billigheim. Kaiser Maximilian I. unterstellte die Abtei 1495 dem Erzbistum Mainz, was den Verlust der Reichsimmunität bedeutete. Mainz beanspruchte nunmehr die Temporalien, während Würzburg die Spiritualien zustanden. Aufständische Bauern vertrieben die Mönche 1525 nach Heilbronn und hinterließen eine zerstörte Klosteranlage. Die Reformation führte zu Besitz- und Patronatsverlusten, die Einbrüche im Dreißigjährigen Krieg aber gipfelten in der Auflösung des Konvents während der Schwedenherrschaft (1631–34). Unter Abt Christoph Haan (1636–75) gelang ein neuer Aufschwung, der Anfang des 18. Jh. Abt Benedikt Knittel (1683–1732) den Bau einer neuen Kirche und der „Neuen Abtei" ermöglichte. Württemberg besetzte 1802 das Kloster, leitete die Säkularisierung ein und eignete sich den Besitz an.

▶ **Gegenwart.** Die Abtei S. ist noch heute eine Prachtanlage, ein barockes Gesamtkunstwerk mit einigen Renaissancebauten, alles in sehr gut erhaltenem Zustand. Der große Komplex birgt aber durchaus Architektur aus der mittelalterlichen Klosterzeit: Die gotische Kapelle St. Kilian zwischen äußerem Offiziantenbau und innerem Torhaus; sie diente den Familiaren, Dienstleuten und der Bevölkerung als Gotteshaus, heute nutzt sie die evangelische Gemeinde des Ortes. Diese Kapelle mit Maßwerkrosette entspricht noch den asketischen Idealen der frühen Zisterzienser. Beim Bau der doppeltürmigen Barockkirche im Repräsentationsstil ließen die Mönche die Ursprungsideale architektonisch unberücksichtigt, besonders auffällig im Rokoko-Treppenhaus und in den Prachträumen der „Neuen Abtei", alles Bauwerke des überragenden Abts und Dichters Benedikt Knittel.

❖ Im nahen Neusaß auf der Höhe, dem Ankunftsort der Mönche, richtete die Abtei eine Grangie ein. Seit 1395 ist die Wallfahrt an der Marienkapelle in Neusaß belegt, die von den Zisterziensern betreut wurde. Sie ließen 1667 die gotische Marienkapelle vergrößern und so dient diese noch heute dem Gottesdienst.

◆ Rückert, Maria M.: Von der frommen Adelsstiftung zur reichsunmittelbaren Abtei: Kloster S. in den ersten 250 Jahren seines Bestehens, in: Unter Beobachtung der heiligen Regel, Stuttgart 2002, 25–38; Hummel, Heribert/Besserer, Günter: Kloster S., Schöntal 1991.

Schöntal Zisterzienserabtei, der Turm der gotischen St. Kilianskapelle vor den Barocktürmen der Abteikirche.

Schönthal, *Augustiner-Eremitenkloster St. Maria (vor 1250–1559, 1669–1802), Diözese Regensburg – (Lkr. Cham, Bayern, ❐ 4, B3).*

▶ **Geschichte.** Vor 1250 gründeten eremitische Mönche des Wilhelmitenordens in der unwirtlichen Gegend bei Waldmünchen eine Niederlassung, die sie aber 1255 verließen, um im benachbarten S. ein neues Kloster zu bauen. 1263 inkorporierte der Regensburger Bischof Leo Thundorfer die Wilhelmiten nicht ohne Widerstand in den 1256 neugegründeten Mendikantenorden der Augustiner-Eremiten. Der Ortswechsel aus der Einöde in die Stadt muss mit einem Wechsel von der kontemplativen Lebensweise in das pastoral-aktive Apostolat verbunden gewesen sein. Besondere Unterstützung erfuhr der Konvent durch die Herzöge Otto III. und Stephan I. von Niederbayern, die den Brüdern 1297 das Patronatsrecht über die Pfarrkirche Rötz und die damit verbundenen Zinseinkünfte übertrugen. 1303 erwarb der Konvent die niedere Gerichtsbarkeit, was einer wichtigen politischen Aufwertung entsprach. Auch Kaiser Karl IV. und sein Sohn Sigismund unterstützten das Kloster mit weitreichenden Privilegien. Die Bettelbrüder unterhielten Terminierhäuser in Nabburg, Kötzting und Cham. Wiederholt stellte der Konvent S. den Provinzial der bayerischen Ordensprovinz, stellvertretend sei Ludwig von Schönthal (1358–62) genannt. Im Mittelalter bestand nahe dem Kloster eine Beginengemeinschaft, der Prior Ludwig 1345 die Augustinusregel auferlegte. In den Jahren 1427/28 verwüsteten Hussiten Kloster S. zur Ruine; durch die Tatkraft Prior Konrads von Murach (1409–32) konnte sich der Konvent aber schnell erholen. Der Prior ließ die Klosteranlage durch Wehrmauern schützen. In der Reformationszeit wehrten sich die Brüder bis zum Ableben Prior Erhard Prüchsners (1550–59) gegen den evangelischen Zugriff, aber Anfang 1559 verfügte der protestantische Kurfürst Ottheinrich die Auflösung des Konvents. Die Rekatholisierung setzte 1623 ein, nachdem spanische Truppen die Oberpfalz erobert hatten. 1630 erhielten die Augustiner-Eremiten den Pfarrauftrag und 1669 das Kloster zurück. 1695 begannen sie mit dem Neubau der Klausurgebäude und 1710 mit der barocken Umgestaltung der Kirche. Im 18. Jh. stand S. in hoher Blüte und war Heimat hervorragender Gelehrter. Eine Klosterapotheke versorgte auch die Landbevölkerung der Region. Im Vorfeld der allgemeinen Säkularisierung ging das Kloster 1802 in bayerischen Staatsbesitz über und wurde in Teilen veräußert.

▶ **Gegenwart.** Die romanisch-gotische Klosterkirche St. Maria, heute katholische Pfarrkirche St. Michael, wurde 1833 vom Blitz getroffen; das anschließende Feuer äscherte sie bis auf die Umfassungsmauern ein. Erst 1909 baute der bayerische Staat die Kirche aus den Ruinen wieder auf, so dass sie sich heute als eine Wandpfeilerkirche präsentiert, deren Architektur im Kern auf die ehemalige dreischiffige Klosterbasilika aus der zweiten Hälfte des 13. Jh. zurückgeht. Durch die barocken Veränderungen sind mittelalterliche Bestandteile kaum noch wahrnehmbar. Die Klausurgebäude entstanden in der zweiten Klosterperiode nach 1669.

◆ Schneider, Hansjörg: S. Entstehung, Entwicklung und Auflösung vor 200 Jahren, in: Waldmünchner Heimatbote 37 (2003) 58–93; Menath, Josef: Pfarrkirche S. St. Michael, Ensdorf 1988.

Schornsheim, *Servitenkloster Heilig Kreuz (1339–1535), Erzdiözese Mainz – (Lkr. Alzey-Worms, Rheinland-Pfalz, ❐ 3, B2).*

▶ Die fränkische Siedlung S. in Rheinhessen findet bereits 782 als Fiskalbesitz Karls des Großen Erwähnung, als der hl. Lioba (um 710–782) das Königsgut mit Kirche als Alterssitz zugewiesen wurde und sie dort starb. Ihre Gebeine fanden 836 auf dem ➛ Petersberg bei Fulda ihre letzte Ruhestätte. An der alten Pfarrkirche St. Wigbert in S. gründeten Servitenmönche aus ➛ Germersheim 1339 ein Priorat und übernahmen die Pfarraufgaben. 1374 erteilte Kaiser Karl IV. dem kleinen Konvent einen Schutzbrief und bestätigte seine Privilegien. Die Bedeutung der Niederlassung S. war gering und vergleichbar mit den Servitenprioraten Stromberg im Hunsrück oder ➛ Oßmannstedt bei Weimar in Thüringen; häufig werden solche Niederlassungen nur als Residenzen bezeichnet. Noch 1534 traf Prior Jakob Antz Verfügungen über seine Nachfolge, aber kurz darauf muss S. im Zuge der Reformation aufgelöst worden sein. Die katholische Pfarrkirche auf dem Hügel oberhalb des Ortes besitzt einen Chorturm aus der Zeit um 1110; die Chorwölbung stammt aus dem 14. Jh., die Wandmalereien in der Kirche entstanden um 1420. Inwieweit die Marienknechte auf den gotischen Bestand der Kirche Einfluss ausübten, lässt sich aus den spärlichen Quellen nicht erschließen.

◆ Küther, Waldemar: Der Servitenorden und sein Weg nach Deutschland, in: Vacha und sein Servitenkloster im Mittelalter, Köln 1971, 113–129.

Schussenried, *Prämonstratenser-Chorherren Reichsstift (St. Maria) St. Magnus (1183–1803), Diözese Konstanz – (Bad S., Lkr. Biberach, Baden-Württemberg, ❐ 3, D4).*

▶ **Geschichte.** Prämonstratenser unter Propst Friedrich (1183–88) kamen 1183 aus ➛ Weißenau bei Ravensburg nach S. In dieser Zeit gründete der Orden aufgrund schlechter Erfahrungen keine Doppelstifte mehr, die letzte schwäbische Gründung S. war also ein reiner Männerkonvent. Die Stifter waren Beringer und Konrad von Shuzenriet, die ihren Adelssitz an der oberen Schussen mit umliegenden Gütern dem Prämonstratenserorden übergaben und selbst die Kutte nahmen. Ihr Familienschild mit aufgerichtetem Löwen und einer Krone auf silbernem Grund wurde zum Klosterwappen. Der zweite Propst Manegold (1188–92) musste mit seinem Konvent während der Wartenbergischen Wirren nach Weißenau fliehen, weil Konrad von Wartenberg sich um sein

Schönthal Augustiner-Eremitenkloster, die frühgotische Klosterkirche steckt in der heutigen Wandpfeilerkirche.

Erbe geprellt fühlte. Aber Papst Cölestin III. bestätigte die Rechtmäßigkeit der Stiftung. Bischof Diethelm von Konstanz (Krenkingen) gelang 1205 ein Vergleich, der den Chorherren die Rückkehr erlaubte. Erst unter Propst Konrad II. (1223–48) konnte die Stiftskirche der Mutter Gottes geweiht werden, um 1366 trat der hl. Magnus als Schutzpatron hinzu. Das Privileg der Zollfreiheit galt seit 1227, das der Vogtfreiheit seit 1240. Propst Konrad Rauber (1438–66) wurde 1440 zum ersten Abt erhoben. 1512 erhielt die Abtei die hohe Gerichtsbarkeit, 1521 den Blutbann. Aus der Vogteifreiheit entwickelte sich die Reichsimmunität mit Verantwortung einzig gegenüber dem Kaiser. Die Reichsunmittelbarkeit war im späten 15. Jh. nicht mehr anfechtbar; seit 1497 nahmen die Äbte von S. an den Reichstagen teil und gehörten 1538 dem Schwäbischen Prälatenkollegium an. 1596 erlangte Abt Ludwig Mangold (1582–1604) bischöfliche Pontifikalien. Neben den seelsorglichen Aufgaben in zahlreichen Pfarrkirchen unterhielten die Prämonstratenser eine angesehene Stiftsschule. Die Konventsmitglieder aus allen Schichten studierten in Tübingen, Heidelberg, Freiburg und Rom, nach 1550 die meisten im Jesuitenkolleg Dillingen. Die Provinzkapitel der Zirkarie Schwaben tagten 1628, 1663, 1671 und 1686 in S. Ein gigantisches Neubauprojekt musste um 1760 aus finanziellen Gründen eingestellt werden, man sprach nun von dem „Alten" und dem „Neuen Kloster". Im Februar 1803 erfolgte

Schussenried Prämonstratenser-Chorherren Reichsstift, spätgotischer Chor mit Flankenturm, Südostansicht.

die Säkularisierung zugunsten der Herrschaft Sternberg-Manderscheid, 30 Chorherren mussten S. verlassen. 1835 kaufte der König von Württemberg die Stiftsanlage.

▶ **Gegenwart.** Die Magnuskirche gehört heute der katholischen Pfarrgemeinde. Schon 1482 erhielt die Westfassade der spätromanischen Pfeilerbasilika einen schlossartigen Anbau mit Eingangshalle und darüber liegenden Amtsräumen. Sie selbst wurde gotisiert (1493–98), wobei ihr Kirchturm erhöht, ein neuer Chorraum errichtet und das Langhaus eingewölbt wurde. Zwischen 1715 und 1747 erhielt ihr Innenraum seine barocke Ausgestaltung. Der Turm besitzt seit 1622 eine Zwiebelhaube. Ein Teil des spätgotischen Kreuzgangs und der spätgotische Südtrakt („Altes Kloster") dienen heute einem Museum. Das nie vollendete „Neue Kloster" aus der Barockzeit an der Nordseite wird seit 1998 als Tagungsstätte genutzt. Die „Himmlische Bibliothek" in zwei Etagen im Rokokostil (1754–62) genießt höchste Bewunderung, die Prämonstratenser nannten ihre Bibliothek *Sedes sapientiae* – Sitz der Weisheit.

◆ Beck, Otto: S., in: Württembergisches Klosterbuch, Ostfildern 2003, 437–440; Kasper, Alfons: S., ehemaliges Prämonstratenser-Stift, München 1956.

Schuttern, *Benediktiner Reichsabtei St. Maria, St. Petrus und Paulus (603/um 730–1806), Diözese Straßburg – (Friesenheim-S., Ortenaukreis, Baden-Württemberg, ❐ 3, B4).*

▶ **Geschichte.** Der Missionsbischof Pirmin (um 670–753) gründete zwischen 724 und 753 die Abteien ➛ Reichenau, Murbach im Elsass, ➛ Hornbach, ➛ Gengenbach und ➛ Schwarzach und reformierte das Kloster S. in der Ortenau am Oberrhein. Gründungslegenden erwähnen eine Besiedlung bereits 603 mit irischen Missionaren; heutige Ausgrabungsbefunde bestätigen merowingische Bauten über römischen Tempelresten, was das Vorhandensein einer Mönchszelle in der Merowingerzeit vermuten lässt. Diese *Offonis cella* (Zelle des Vorstehers Offon) erhielt durch Pirmin mit der Durchsetzung der Benediktregel eine Klosterordnung. Karolingische Protektion und Landzuweisungen verhalfen gegen Ende des 8. Jh. dem Pirminkloster zur Blüte. Die Reichsabtei S. zählte zu den 14 vermögendsten Abteien des Frankenreiches, die in der „Notitia" der Aachener Synode von 818/819 in der ersten Klasse mit Heeresaufgebot verzeichnet sind; S. steht an 12. Stelle nach der Abtei ➛ Lorsch. Damals bestand bereits eine hochqualifizierte Schreibstube in S. Kaiser Otto II. bestätigte 975 die Reichsimmunität und das Recht der freien Abtwahl. König Heinrich II. unterstellte die Abtei 1009 dem neuen Hochstift in Bamberg, wodurch die Reichsunmittelbarkeit verloren war. Gorzer Reformstatuten bestimmten den Mönchsalltag, die um 1080 von ➛ Junggorzer Idealen aus ➛ Bamberg St. Michael aufgefrischt wurden. Wenige Jahre später nahmen die Mönche unter Bamberger Einfluss die neucluniazensischen Statuten der ➛ Hirsauer Reform an. Mehrere Feuersbrünste, Besitzentfremdung durch die Herren von Geroldseck und kriegerische Überfälle verhinderten eine gedeihliche Entwicklung, das Kloster fiel in den folgenden Jahrhunderten in die Bedeutungslosigkeit zurück. Abt Johann VIII. (1466–91) setzte innere Reformen durch, was 1490 zum Anschluss an die ➛ Bursfelder Kongregation führte. Abt Johann Widel (1491–1518) aus ➛ Reichenbach/Murg festigte erfolgreich den Neubeginn. Mit dem Aufstand der Bauern im Mai 1525 begann eine zweihundertjährige Zeit der Bedrückung durch Kriege, Zerstörung, Plünderung, Vertreibung und Existenznot. Anfang des 17. Jh. geriet die Abtei S. unter Einfluss des Hochstifts Straßburg. Bischöfliche Machtinteressen verhinderten eine weitere Verbindung zur Bursfelder Union. Erst in der zweiten Hälfte des 18. Jh. blühte die Abtei wieder auf, begleitet von spätbarocker Entfaltung und gesellschaftlich-politischer Aufwertung. Aber auch der höfische Glanz des Besuchs der späteren Königin Marie Antoinette im Mai 1770 verhinderte nicht, dass Großherzog Karl Friedrich von Baden die Aufhebung im August 1806 vollzog.

▶ **Gegenwart.** Mittelalterliche Klausurbauten bestehen in S. nicht mehr. Die weithin sichtbare Abtei- und heutige katholische Pfarrkirche Mariä Himmelfahrt wurde 1772 unter Abt Karl Vogel (1755–86) als sechste Kirche an gleicher Stelle errichtet. Nach dem Brand von 1853 wurde sie erneuert und 1972–78 renoviert. Sie steht auf den Grundmauern des romanischen Vorgängerbaus. Dort, wo neue Fundamente gebraucht wurden, hat man romanische Spolien verwendet. Beim Bau des mächtigen, quadratischen Westturms 1722 integrierte der Baumeister den Westbau der romanischen Vorgängerkirche, weswegen die Turmhalle zum Teil aus romanischem Mauerwerk besteht und das Kreuzgewölbe erhalten blieb. Die Kirche bewahrt als mittelalterliches Kleinod die „Schöne Madonna von S.", eine Sandsteinplastik aus dem Ende des 15. Jh. Im Mittelbereich fand Karl List bei Ausgrabungen 1976 ein im deutschen Raum seltenes Mosaikmedaillon auf dem Bodenniveau der karolingischen Kirche. Auf 3,38 m Durchmesser wird die Geschichte von Kain und Abel dargestellt, umrahmt und durchsetzt von Spruchbändern. Ein Schacht weist auf ein Grab oder einen rituellen Bereich hin. Als Entstehungszeit wird das frühe 11. Jh. bis zum Anfang des 12. Jh. angenommen. Im Außenbezirk um die Kirche ist auf die Umfassungsmauer hinzuweisen; sie entstand 1519 bzw. nach ihrer Wiedererrichtung 1541. Das Britische Museum in London bewahrt heute ein künstlerisch hochwertiges Evangeliar aus S., das im Auftrag Abt Betrichs Anfang des 9. Jh. von Diakon Liutharius im eigenen Skriptorium angefertigt wurde.

◆ GermBen 5, 562–572; Ruch, Martin/Galioto, Luisa: Kloster- und Pfarrkirche Mariae Himmelfahrt S., Lindenberg 2003; List, Karl/Hillenbrand, Peter: Reichskloster S., Schuttern 1983.

Schwarzach, *Benediktiner Reichsabtei St. Petrus und Paulus u. a. (vor 753–1803) – „Rheinmünster", Diözese Straßburg – (Rheinmünster-S., Lkr. Rastatt, Baden-Württemberg, ❐ 3, B3).*

▶ **Geschichte.** Der fränkische Missionsbischof Pirmin (um 670–753) gründete 724 zunächst ➛ Reichenau und zwischen 727 und 753 Murbach im Elsass, ➛ Gengenbach, ➛ Schuttern, ➛ Hornbach und das Kloster S. in der Flussebene des Oberrheingrabens. Die Frühgeschichte ist durch verfälschte Überlieferungen unentflechtbar verworren, die ersten Mönche sollen unter Abt Sarorardus (749) aus dem lothringischen Kloster Gorze bei Metz gekommen sein. Im Gedenkbuch der Abtei ➛ Reichenau erscheinen namentlich vier Schwarzacher Äbte des 8. Jh. In der „Notitia" der Reichsklöster auf der Aachener Synode von 818/819 steht die Abtei S. in der zweiten Klasse an 19. Stelle noch vor ➛ Fulda, ➛ Hersfeld und ➛ Ellwangen, jedoch entsprechend ihres Leistungsvermögens weit nach Schuttern und ➛ Lorsch. Die Reichsimmunität darf man für diese Zeit wohl annehmen. Im Hochmittelalter tritt S. urkundlich selten auf. Die Abtei wurde als austauschbare Verfügungsmasse genutzt: Kaiser Heinrich II. übergab sie 1016 seinem Vertrauten Bischof Werner I. von Straßburg (Habsburg), Kaiser Konrad II. 1032 aber dem Hochstift Speyer, bestätigt von den salischen Nachfolgern. Klausur und Wirtschaft lagen zum Ende des 12. Jh. am Boden. Abt Konrad (1144–54) aus ➛ Hirsau schaffte mit neucluniazensischen Reformstatuten eine Konsolidierung, was um 1230 den Bau der spätromanischen Basilika ermöglichte. Unter Abt Nibelung (1395–1405) wurde wegen knapper Mittel die Konventsstärke auf maximal 22 Benediktiner festgelegt. König Sigismund stellte die Abtei 1422 unter Schutz der Markgrafen von Baden, woraus diese Hoheitsrechte ableiteten. Aus dem Ringen um den Erhalt alter Privilegien entstand ein Dauerkonflikt. Aufständische Bauern legten im April 1525 die Wirtschaft lahm, die Situation war existenzbedrohlich; ein badischer Schaffner mit ökonomischem Sachverstand verwaltete die Güter. Nach dem Tod Abt Martins (1548–69) war keiner der drei verbliebenen Mönche in der Lage, das Amt zu übernehmen. Der von auswärts gekommene Nachfolger öffnete sich der Reformation, woraufhin die Bischöfe von Straßburg und Speyer intervenierten. 1588 war die Abtei verödet. Aber Abt Georg Dölzer (1590–1622) gelang 1607 der Neubeginn mit dem Anschluss an die ➛ Bursfelder Benediktinerunion; der Konvent bestand 1614 aus vier Konventualen. Straßburger Bischöfe verhinderten (wie in Schuttern) eine zu enge Bindung an die Bursfelder Gemeinschaft. Trotz Überschuldung und aufgelöster Klausur überlebte die Abtei den Dreißigjährigen Krieg. Die Übertragung der Gebeine der hl. Rufina († um 305) aus Rom 1653 verbesserte die Lage. Abt Placidus Rauber (1649–60) steigerte die wirtschaftlichen Erträge, was sich im Neuaufbau der Klausur niederschlug (1723–36). Geldmangel verhinderte die Errichtung einer Barockkirche. Im Zuge der allgemeinen Säkularisierung ging die Abtei S. im April 1803 an Baden über.

▶ **Gegenwart.** Im Ried in der Rheinebene westlich von Bühl erhebt sich majestätisch weit über die Häuser des kleinen Ortes das „Schwarzacher Münster". Ist der heutige Besucher vom Anblick aus weiter Ferne schon überrascht, muss die Wirkung im Mittelalter zwischen niedrigen Hütten mit Strohdächern überwältigend gewesen sein. Die spätromanische Basilika (um 1230) gilt als letzter Reformkirchenbau mit ausgeprägten hirsauischen Architekturelementen,

Schwarzach Benediktiner Reichsabtei, Mittelschiff des letzten Reformkirchenbaus mit Hirsauer Motiven.

der heute noch als ganzer besteht. Die dreischiffige Säulenbasilika auf kreuzförmigem Grundriss mit dreischiffigem Chor, fünf Apsiden und quadratischem Vierungsturm gilt als architektonischer Rückgriff auf burgundische und hirsauische Vorbilder, die damals bereits seit etwa 150 Jahren bekannt waren. Inzwischen hatte in Deutschland die Gotik aus Frankreich wachsendes Interesse gefunden, dem bereits die Prämonstratenser im nahen Stift ➛ Allerheiligen folgten. Die Westfront des Schwarzacher Münsters wurde repräsentativ mit oberitalienischen Elementen gestaltet; ihr fehlt heute das romanische Paradies. Im Innenraum ist der *chorus minor* deutlich durch ein Pfeilerpaar abgegrenzt, eine Krypta existiert nicht. Die Schiffe sind flachgedeckt, einzig der Chor ist gewölbt. Die Säulenkapitelle sind entsprechend elsässischer Bautradition reich verziert. Von den spätbarocken Klausur- und Wirtschaftsbauten blieben nur einzelne Gebäude erhalten. Ein Lapidarium zeigt reichverzierte Steinschmuckteile des Kreuzgangs im romanisch-gotischen Übergangsstil.

◆ GermBen 5, 574–588; Marzolff, Peter: Lebensstationen eines Bauwerks: die Schwarzacher Restaurierungen, in: Freiburger Diözesan-Archiv 112 (1992) 351–354; Tschira, Arnold u. a.: Die ehemalige Benediktinerabtei S., Karlsruhe 1977.

Schwarzenbroich Kreuzherrenkloster, Ruinenreste der Klosteranlage im Meroder Wald.

Schwarzenbroich, *Kreuzherrenkloster St. Matthias (1340–1802) – „Matthiastal", Erzdiözese Köln – (Langerwehe-S., Kr. Düren, Nordrhein-Westfalen, ❐ 3, A1).*

▶ **Geschichte.** Nach der Chronik des Franziskus Thomas Frank von 1627 erschien dem Reichsministerialen Werner IV. von Merode während einer Jagdpause der Apostel Matthias zusammen mit Kreuzbrüdern im Traum. Daraufhin ließ er mit Zustimmung Erzbischof Walrams von Köln (Jülich) 1340 am Ort der Erscheinung das Kreuzherrenpriorat „Matthiastal" erbauen, dessen Gründungskonvent wohl aus dem Kloster St. Matthias im wallonischen Lüttich kam. Im 14. Jh. lag der Klosterplatz an der Pilgerstraße nach ➛ Kornelimünster, die Kreuzbrüder fanden im Hospitaldienst eine ihrem Apostolat entsprechende verdienstvolle Beschäftigung. Ebenso leisteten sie caritative Hilfe im Hospital zu Geich (die Nikolauskapelle des 11. Jh. in Geich ist heute einer der ältesten Kirchenbauten der Region). Als Stifter Werner 1341 starb, war die Klosterkirche in S. noch nicht vollendet, weswegen er im Prämonstratenserstift ➛ Wenau bestattet wurde (unrichtig sind Angaben, wonach Prämonstratenser-Chorherren 1340 das angebliche „Doppelstift" Wenau verließen und ins Kloster S. wechselten). Die Grundausstattung von S. fiel reichlich aus und konnte durch zusätzliche Schenkungen der Stifterfamilie und durch kluge Wirtschaftsführung erweitert werden. Die Kreuzbrüder erhielten 1344 das gut dotierte Patronat über die Pfarre Mariaweiler bei Düren und betreuten die dort lebenden franziskanischen Tertiarinnen im Kloster „Nazareth", die möglicherweise seit 1514 in ➛ Sinzenich bei Zülpich ein Tochterkonvent unterhielten. Aus Kreuzbrüdern wurden im Spätmittelalter Kreuzherren. Unter dem Prior und vorherigen Ordensgeneral Helmicus Amoris (1434) erwarben die Kreuzherren von S. einen Hof in der Stadt Düren, den sie bei kriegerischen Überfällen als Exilbehausung nutzten. Prior Helmicus setzte die Observanz im Konvent durch, die der gesamte Orden seit 1410 unter Einfluss der ➛ Devotio moderna sich selbst auferlegte. Ende des 15. Jh. erreichte das Kloster S. seine höchste Blüte, die Klosteranlage wurde großzügig ausgebaut und 1488 das neue Priorat ➛ Ehrenstein bei Asbach besiedelt. Weniger die Reformation als vielmehr die Kriege des 16. Jh. waren für den Niedergang ursächlich, dem erst im 17. Jh. begegnet werden konnte. Das Generalkapitel des Ordens verlegte 1624 das Noviziat der deutschen Provinz nach S., ein Beweis für das Vertrauen auf die Einhaltung observanter Vorgaben im Konvent. Im 18. Jh. erreichte das Priorat eine neue wirtschaftliche und geistige Blüte im Sinn der Aufklärung, begleitet jedoch von einer Erschlaffung der Klosterzucht. 1792 zwangen anrückende französische Revolutionstruppen die Kreuzherren zur Flucht über den Rhein. Zwei Jahre später kehrten elf Patres und zwei Laienbrüder zurück, aber der letzte Prior Wilhelm Jakobs (1778–1802) konnte die Aufhebung von Matthiastal durch die Franzosen 1802 nicht verhindern. Die Klosteranlage diente danach als chemische Produktionsstätte, Forsthaus und Ausflugslokal, bis ein Großbrand 1835 und endgültig der Zweite Weltkrieg nur Ruinen hinterließen.

▶ **Gegenwart.** Mitten im Meroder Wald zu Füßen des Knosterbergs zwischen Gürzenich und Schevenhütte liegen heute die überwucherten Mauerreste des Kreuzherrenklosters S. Die ruinösen Mauerreste sind schwer zu finden, bald wird der aufstrebende Eschenwald auch diese völlig überwachsen haben. Das spätgotische Chorgestühl und der kunstvolle Altar von 1520 erinnern an die Ausstattung der ehemaligen Prioratskirche; beide schmücken heute die Pfarrkirche in Langenwehe.

◆ Candels, Heinrich: Das Kloster S., in: Jahrbuch Düren (1981) 67–74; Kleinen, Jörg: S.– Entstehung, Bedeutung und Schicksal des Kreuzbrüderklosters, in: Eifel Jahrbuch (1962) 62–67.

Schwarzrheindorf, *Benediktinerinnenkloster St. Marie und St. Clemens (nach 1156–1502), Erzdiözese Köln – (Bonn-Beuel, kreisfreie Stadt Bonn, Nordrhein-Westfalen, ❐ 3, B1).*

▶ **Geschichte.** Nahe einer befestigten Anlage am rechten Rheinufer südlich der Siegmündung, gegenüber der Bonner Nordstadt, stiftete Dompropst und Reichskanzler Arnold, der spätere Erzbischof von Köln, eine Doppelkirche als Grablege für seine Familie, die Grafen von Wied. Die Weihe erfolgte 1151 zu Ehren der Gottesmutter und des hl. Clemens von Ankyra († 304). Bereits fünf Jahre später fand der Stifter selbst darin sein Grab; er hatte zuvor seiner Schwester Hadwig, Äbtissin der Säkularkanonissenstifte Essen und Gerresheim, diese Kirche in *Rindorph* anvertraut. Hadwig gründete daraufhin ein Benediktinerinnenkloster, das wegen des schwarzen Habits der Schwestern allgemein als „Schwarzrheindorf" bekannt wurde, im Unterschied zum gegenüber auf der anderen Rheinseite liegenden Zisterzienserinnenkloster „Graurheindorf" (s. u.). Die ersten Schwestern kamen aus dem Kloster Nonnenwerth (s. u.), das der Abtei ➛ Siegburg unterstand und beachteten die strengen Reformstatuten der *consuetudines coenobii Sigebergensis*. Entsprechend unterstand Kloster S. der Aufsicht des Abts von Siegburg. Der Konvent nutzte die Oberkapelle, während die Unterkirche eingeschränkt als Pfarrkirche diente. Schon nach 1200 scheinen sich wegen Nachwuchsmangel stiftsähnliche Lebensformen durchgesetzt zu haben; das Kloster entwickelte sich zu einer Erziehungsstätte adeliger Töchter und zu einer Institution ihrer Altersversorgung. 1502 trug man der inneren Verfassung offiziell Rechnung und wandelte S. in ein freiweltliches, hochadeliges Damenstift um, dessen religiöses Gemeinschaftsleben 1794 endete. 1803 wurde S. säkularisiert.

▶ **Gegenwart.** Von der ehemaligen Burg an der Nordseite der Kirche und von der Klosterklausur an der Südseite existiert nichts mehr. Die romanische Kirche St. Clemens, heute katholische Pfarrkirche, zeigt noch alle Merkmale einer Herrschaftskapelle des 12. Jh. mit Macht- und Bedeutungsanspruch. Der ursprüngliche Zentralbau zweier übereinander liegender Kapellen auf kreuzförmigem Grundriss wurde von den Benediktinerinnen bis etwa 1270 zur Klosterkirche mit einem Langhaus umgestaltet, wobei der zentrale Vierungsturm um ein Geschoss erhöht wurde. Doppelkapellen waren im 12. Jh. nicht selten, nur als Klosterkirchen fanden sie kaum Verwendung; die Kirche in ihrer reichen Formgestaltung wurde offensichtlich nicht als Klosterkirche gebaut. Dies gilt ebenso für die einzigartige, figürliche Ausmalung in einer Bildgewaltigkeit, die schon vor der Ankunft der ersten Schwestern im Auftrag des erzbischöflichen Stifters in der Unterkirche geschaffen wurde. Die Wandbilder der Oberkirche, die das Himmlische Jerusalem nach der Offenbarung des Johannes darstellen, wurden angeblich beim Einzug der Frauen vollendet.

❖ Das Mutterkloster Nonnenwerth auf der Rheininsel bei Remagen, auch „Rolandswerth" genannt, entstand 1121, als Abt Kuno I. (1105–26) den eigenen Frauenkonvent vom Mönchkonvent in Siegburg trennte. Die Benediktinerinnen lebten auf der Rheininsel bis 1802. Das Kloster wird seit 1854 von Franziskanerinnen unterhalten; Nonnenwerth weist heute keine mittelalterlichen Bauten mehr auf.

Das Zisterzienserinnenkloster Graurheindorf auf der anderen Seite des Rheins existierte von etwa 1230 bis 1802 und wurde von der Mönchsabtei ➛ Heisterbach seelsorglich betreut. Von der Klosteranlage, die heute zum Stadtgebiet Bonn gehört, blieben nur barocke Restgebäude erhalten, aus denen 1875 die Pfarrkirche St. Margareta entstand.

Bedeutender für den Raum Köln-Bonn-Aachen war die Zisterzienserinnenabtei Blatzheim, die 1246 als Tochter des Klosters ➛ Gevelsberg gegründet wurde, 1285 im Zisterzienserorden als Vollmitglied Aufnahme fand, 1486 vom Orden zusammen mit ➛ Bürvenich reformiert wurde und – geistlich wie weltlich von Heisterbach betreut – bis 1802 existierte. Die Abteianlage in Blatzheim, heute ein Stadtteil von Kerpen, erlag schon kurz nach der Säkularisierung dem Totalabriss. Äcker und Weiden erinnern heute nicht mehr an das Kloster auf seinem ehemaligen Gelände über dem Neffelbach; einzig die Obermühle im Ort geht auf Äbtissin Christina Mazza (1766/85) zurück.

◆ Königs, Karl: St. Maria und St. Clemens S., Bonn 2001; Frizen, Hildegunde: Die Geschichte des Klosters S., Bonn 1983.

Schwarzrheindorf Benediktinerinnenkloster, die Doppelkapelle (1151) diente den Frauen als Klosterkirche.

Seebach, *Benediktinerinnenabtei St. Laurentius (1136–1591), Diözese Speyer – (Kreisstadt Bad Dürkheim, Rheinland-Pfalz, ❐ 3, C3).*

▶ **Geschichte.** Bischof Siegfried I. von Speyer (Wolfsölden) erließ wohl 1136 eine Klosterordnung für das von ihm gestiftete Frauenkloster in S. unweit der Benediktinerabtei ➛ Limburg an der Haardt. Bischof Gottfried II. bestätigte diese Klosterordnung 1166 für die *magistra* Adelheidis (1166/76) und ihren Konvent. Die ersten sechs Schwestern kamen aus dem nahen Kloster Hausen bei Dürkheim (s. u.), weniger wahrscheinlich aus Schönfeld (s. u.) im Osten Dürkheims. Ein päpstliches Privileg befreite das Kloster 1198 von der Gehorsamspflicht gegenüber der Mönchsabtei Limburg, erhob S. zur Abtei und die Vorsteherin Irmentrud (1179/98) zur Äbtissin. Im 14. Jh. noch hoch gelobt, verfiel das monastische Leben nach dem kriegerischen Überfall auf die Mönchsabtei Limburg 1471, der das Frauenkloster ebenfalls schwer getroffen haben muss. Bischof Ludwig von Helmstatt beauftragte Abt Blasius (1482–1503) von ➛ Hirsau mit inneren Reformen, was 1483 zum Beitritt der Frauenabtei zur ➛ Bursfelder Kongregation führte. Der Humanist Johannes Trithemius, Abt von ➛ Sponheim (1483–1506) und ➛ Würzburg St. Jakob (1506–16), festigte nachhaltig die monastischen Ideale zum Wohl des Konvents, was Äbtissin Richmondis von der Horst (1501–20) in vielen Briefen ausdrücklich hervorhob. Im Laurentiuskloster wurde eine anerkannte Schule zur Erziehung

Seeon Benediktiner Reichsabtei, die barocke Abteianlage mit romanisch-gotischer Kirche und Zwiebeltürmen.

privilegierter Kinder unterhalten. Der Konvent bestand Anfang des 16. Jh. aus etwa 20 Chor- und Laienschwestern, die aber 1520 zum großen Teil einer Epidemie erlagen. In der Reformationszeit bewahrten nachgerückte, meist sehr junge Benediktinerinnen ihre katholische „Frömmigkeit und Ehrbarkeit", wie sich 1536 selbst der protestantische Graf Emich IX. von Leiningen ausdrückte. Noch 1570 erlangte Äbtissin Margaretha von Nippenburg (1563–91) einen kaiserlichen Schutzbrief, der aber gegen den Auflösungsdruck Kurfürst Friedrichs III. von der Pfalz nichts bewirkte. Der Kurfürst hatte bereits 1571 die Mönchsabtei Limburg aufgehoben und ließ seine Beamten bisweilen gewalttätig gegen die Schwestern vorgehen. Im Mai 1589 wurde S. besetzt, im Januar 1591 unterschrieb Äbtissin Margaretha „frei und gutwillig" die Verzichtserklärung. Das letzte Kloster auf kurpfälzischem Territorium war gefallen.

▶ **Gegenwart.** Der Ort S., heute Teil der Gemeinde Bad Dürkheim, entwickelte sich erst nach der Auflösung der Frauenabtei. Die dreischiffige, romanische Pfeilerbasilika mit geradem Chorschluss und oktogonalem Vierungsturm aus rotem Sandstein (um 1200) ist heute der Stolz der evangelisch-reformierten Gemeinde St. Laurentius, wenngleich sie nach Kriegseinwirkungen und Umbauten nur teilweise original überkommen ist. Das Langhaus wurde als einfacher spätgotischer Saal wiedererrichtet (1482–88); von den Kreuzarmen stehen nur die Umfassungsmauern, die Arkaden sind vermauert. Der romanische Ostchor wird durch reine, klare Formen gegliedert, schwere Kreuzrippen und Eckdienste tragen sein Gewölbe. Die Steine der Klausurgebäude wurden zum Bau der Siedlungshäuser verwendet. Neben der ehemaligen Schaffnerei von 1533 existieren noch spärliche Mauerreste und überbaute Kellergewölbe.

❖ Drei Frauenklöster umringten die Abtei Limburg an der Haardt: Hausen, Schönfeld und S., alle drei sind erst 1136 sicher belegt. Das vermutlich älteste Kloster Hausen am Fuß des Abteiberges litt schon im 12. Jh. wirtschaftliche Not. 1196 versuchten die Schwestern von S. durch Übernahme des Osthofs in der Wachenheimer Marke, dem Mutterkonvent zu helfen – vergeblich, Hausen wurde 1221 aufgehoben. Im heutigen Grethen-Hausen (Ortsteil von Bad Dürkheim) erinnert nichts an das Benediktinerinnenkloster.

Auch vom Schwesternkloster Schönfeld erwarb S. 1314 die Dörfer Horchheim und Weinsheim, aber nach 1470 wurde das verlassene Schönfeld in ein Cölestinerkloster umgewandelt, das nur wenige Jahre bestand. In Schönfeld blieb ebenso keine aufstrebende mittelalterliche Architektur erhalten. Das Klosterareal im Osten Dürkheims enthält aber Salzstöcke, die den Ort als Kurstadt bekannt machten.

◆ GermBen 9, 769–788; Egler, Anna: Der Verzicht auf das Benediktinerinnenkloster S. (1591), in: Archiv für mittelrheinische Kirchengeschichte 57 (2005) 177–193; Engels, Renate (Bb.): S., in: Palatia Sacra, Tl. 1, Bd. 5, Mainz 1992, 268–278.

Seeon,

Benediktiner Reichsabtei St. Lambertus (um 994–1803), Diözese Freising – (S.-Seebruck, Lkr. Traunstein, Bayern, ❒ 4, B4).

▶ **Geschichte.** Pfalzgraf Aribo I. und seine Gemahlin Adala stifteten am See im Chiemgauer Seenland die *Cella Lamberti*, die um 994 in ein Benediktinerkloster umgewandelt, auf die Insel im See verlagert und mit Mönchen aus ➛ Regensburg St. Emmeram besiedelt wurde. Papst Silvester II. gewährte 999 Schutz und freie Abtwahl, Kaiser Otto III. vergab die Reichsimmunität. Die ersten Mönche unter Abt Adalbert (um 994–1001) waren den Statuten der ➛ Gorzer Reform verpflichtet. Fertigkeiten in Buchkunst, Malerei und Goldschmiedehandwerk verhalfen zu hohem Ruf; so ließ auch Kaiser Heinrich II. prachtvolle Handschriften in S. anfertigen. Abt Gerhard (1004–21) setzte in ➛ Frauenchiemsee die Benediktregel mit Gorzer Observanz durch und schickte 1021 einen Gründungskonvent nach Weihenstephan (s. u.). Die Schirmherrschaft besaßen die Aribonen, nach ihnen die Grafen von Wasserburg. 1201 geriet die Abtei durch Schenkung König Philipps an das Salzburger Erzstift, wodurch die Reichsimmunität verloren war. Nach 1247 beanspruchten die Wittelsbacher die Vogtei. Mit Abt Irimbert (1147) gewannen ➛ Hirsauer Reformgewohnheiten aus Admont (Österreich) Einfluss in S.; entsprechend etablierte sich am Seeufer eine assoziierte Frauengemeinschaft, die jedoch nach etwa 100 Jahren ausstarb. Im 13. und 14. Jh. zeigten sich Symptome des Niedergangs. Erst Abt Simon Farcher (1384–1411) erzielte einen neuen Aufschwung, der sich unter Nachfolger Erhard I. Farcher (1414–38) im gotischen Ausbau von Kirche und Anlage widerspiegelt. Bescheinigten Visitatoren noch Mitte des 15. Jh. der Abtei eine gute Wirtschaftslage, traten Anfang des 16. Jh. Zeichen der Rezession deutlich hervor. Die Reformation beschleunigte den Niedergang, der Konvent löste sich fast auf; unter Abt Wolfgang Finauer (1569–75) bestand er aus einem Priester und zwei Subdiakonen, Laien übernahmen Klosterämter. Der aus ➛ Tegernsee zwangseingesetzte Abt Martin II. Kötterlin (1576–90) warb Novizen an, setzte Prinzipien der ➛ Melker Reform durch, straffte die Wirtschaftsorganisation und leitete die dritte Kunstblüte der Abtei ein – zurecht gilt er als zweiter Gründer. Mit Honorat Kolb (1634–52) stand der wohl bedeutendste Abt dem Konvent in schwierigsten Zeiten vor; trotz Exil 1648 während des Schwedeneinfalls legte er die Grundlagen für den kulturellen Aufstieg im 17. und 18. Jh. Die Abtei S. wurde zum Hort musikalischer und wissenschaftlicher Betätigung, Mozart und Haydn musizierten hier vor fachkundigem Publikum. Vier Propsteien, drei Hofmarken, Güter in Tirol und Niederösterreich mit insgesamt gut 1.000 Untertanen sorgten für Wohlstand und ausgewogene Finanzen. Im März 1803 hob die kurfürstlich-bayerische Regierung eine der wohlhabendsten Abteien Altbayerns auf und versteigerte den Besitz. Seit 1816 durch einen Damm mit dem Festland verbunden, gehörte die Insel bis 1933 den Herzögen von Leuchtenberg.

▶ **Gegenwart.** Seit 1993 dient die barocke Klosteranlage S. als Kultur- und Bildungszentrum des Bezirks Oberbayern. Die ehemalige Abtei- und heutige katholische Pfarrkirche St. Lambert ist ein Besuchermagnet. Die flachgedeckte, dreischiffige Säulenbasilika mit zwei Westtürmen unter Zwiebelhauben entstand im letzten Viertel des 12. Jh. unter Hirsauer Bauvorgaben bei Übernahme der salischen Portalzone; man setzte die dreischiffige doppelgeschossige Vorhalle mit der Michaelskapelle vor das Hauptportal von 1080. Der heutige Chor entstand im 15. Jh., die Ausschmückung im Renaissancestil erfolgte im 16. Jh. Beachtenswert sind Netzgewölbe (1425) und Renaissancefresken im Mittelschiff, die Stiftertumba (um 1400) und eine Kopie der Madonna des „Meisters von Seeon" (um 1435). Romanischer Kreuzgang und Kapitelsaal erscheinen in gotischer Umformung (1425/30). Die romanische Klosterkapelle der Benediktinerinnen auf der Seeuferseite wurde um 1480 gotisiert und als Pfarrkirche St. Walburg genutzt.

❖ Die Tochterabtei Weihenstephan wurde 1021 an einer alten Missionszelle des 8. Jh. auf einem Berg über der Isar bei Freising gegründet. Die Benediktiner folgten im 12. Jh. der ➤ Hirsauer Reform und im 15. Jh. der ➤ Kastler Reform. Nach der Säkularisierung 1803 wurde die frühgotische Kirche schon 1811/12 niedergelegt; die barocken Klausurgebäude dienen noch heute der Technischen Universität München und einer traditionsreichen Bierbrauanlage.

◆ GermBen 2, 286–291; Malottki, Hans v. (Hg.): Kloster S., Weißenhorn 1993.

Segeberg, *Augustiner-Chorherrenstift St. Maria und St. Johannes Evangelist (1134– um 1565), Diözese Oldenburg-Lübeck – (Kreisstadt Bad S., Schleswig-Holstein, ❒ 1, D2).*

▶ **Geschichte.** Kaiser Lothar von Süpplingenburg gründete 1134 in S. ein Augustiner-Chorherrenstift im Schutz seiner neuerbauten Burg auf dem Alberg („Kalkberg") im damals noch heidnischen Wagrien, dem im Hochmittelalter deutsch-slawischen Grenzgebiet, heute Ostholstein. Das Stift im nahen Neumünster (➤ Bordesholm) schickte den Gründungskonvent. Propst Vincelin leitete beide Stifte in Personalunion mit dem besonderen Auftrag der Slawenmission. Bereits 1138 überfiel Fürst Pribislaw von Alt-Lübeck das Stift S., erschlug einige Chorherren und vertrieb die Restmannschaft nach Neumünster. Der Augustiner und spätere Chronist Helmold von Bosau (um 1120/77) berichtet vom Neuanfang 1143 in Högersdorf westlich der Trave und der Rückkehr nach S. 1156. Propst Dietrich (1163–86) wurde 1186 zum Bischof erhoben und ging nach Lübeck. Die Chorherren der Stifte S. und Neumünster widmeten sich der Christianisierung, besetzten neue Pfarrkirchen, sorgten in ihrem Hospital für Kranke und Arme und kultivierten mit Hilfe deutscher Siedler ihren umfangreichen Besitz. Ihnen fiel eine bedeutende Rolle bei der Missionierung des livländischen Raumes zu. Der Missionar Livlands und erste Bischof Meinhard von Üxküll-Riga († 1196) kam aus dem Stift S. Zur geistigen Rüstung der schwierigen, oft lebensgefährlichen Mission unterhielten die Augustiner-Chorherren schon im 12. Jh. eine eigene Schule. Private Pfründen und geistliche Verflachung leiteten im 14. Jh. den Niedergang des Stiftslebens ein. Die Rettung erzwang der Lübecker Bischof Nikolaus Sachow, der 1444 neue Chorherren aus Westfalen, Friesland und den Niederlanden nach S. holte. Mit Hilfe des Priors von ➤ Riechenberg bei Goslar und nach Anschluss an die ➤ Windesheimer Kongregation wurde eine grundlegende Wende erreicht, die zur neuen Blüte führte. Die Tragkraft der Reform zeigte sich unter Prior Wiltink (um 1471) äußerlich im Bau eines ungewöhnlich langen Chorraums, der nach dem Dreißigjährigen Krieg abgerissen werden musste. Reformimpulse gaben die Chorherren 1474 weiter an ihre Mitbrüder in Bordesholm. Um 1515 entstand der wertvolle Schnitzaltar, dessen Künstler unbekannt ist. 1528 ist der ehemalige Chorherr Gerhard Kaiser als erster lutherischer Pfarrer in S. bezeugt; im Langhaus der Stiftskirche hielt er die ersten evangelischen Gottesdienste. Während König Friedrich I. von Dänemark die klösterlichen Institutionen in den ländlichen Gebieten seit 1526 lediglich hoch besteuerte, setzte sein Nachfolger König Christian III. 1542 die Reformation mit einer lutherischen Kirchenordnung im Herzogtum durch. Sein Statthalter und Amtmann Heinrich von Rantzau, überzeugter Lutheraner, Humanist und Kunstmäzen, nahm zwischen 1563 und 1566 die Übergabeurkunde des letzten Chorherrn Dietrich Schyndell entgegen und verleibte die Stiftsgüter dem königlichen Amt ein; einen großen Teil der Bibliothek behielt er für seine Sammlung.

▶ **Gegenwart.** Die heute als evangelisch-lutherische Pfarrkirche genutzte Stiftskirche St. Maria ist eine romanische Gewölbebasilika aus der Zeit um 1150 und spiegelt im Inneren den strengen Geist der frühen Regularkanoniker wieder. Segeberger Bauleute versuchten damals erstmalig, das noch ungewohnte Baumaterial Gips vom heimischen „Kalkberg" für Säulen, Kapitelle und Gewölbe zu nutzen. Der spätgotische Chor ging verloren, Querschiff und hoher Turm sind Neubauten des 19. Jh. im neoromanischen Stil auf altem Grundriss. Der gesamte

Segeberg Augustiner-Chorherrenstift, Blick durch das Mittelschiff der romanischen Gewölbebasilika (um 1150).

Außenbau wirkt stark neuromanisch überformt. Der einst gut abgeschirmten Stiftsbezirk und seine Klausurgebäude blieben nicht erhalten.

◆ MonWin 2, 389–407; Bünz, Enno: Zwischen Kanonikerreform und Reformation, Paring 2002.

Seibelsdorf, *Deutschordenshaus (1267–1491), Erzdiözese Mainz – (Antrifttal-S., Vogelsbergkreis, Hessen, ❐ 3, D1).*

▶ Der Deutsche Orden erwarb 1267 durch geplanten Ankauf mehrere Höfe im hessischen Vogelsberggebiet nordwestlich von Alsfeld. Einen dieser Höfe S. bestimmte der Landkomtur in ➛ Marburg, der Zentrale der Ballei Hessen, zum Verwaltungsstützpunkt der Besitzungen. Die Familie von Romrod verkaufte der Kommende Marburg nicht nur den grundherrlichen Komplex und das Dorf Heimertshausen, sondern auch Gerichtsrechte in Neuenhain und Bliesenrod, die lange Zeit in Ordenshand verblieben. Marburg setzte in S. stets nur ein Ordensmitglied zur Verwaltung ein, der im 15. Jh. als *commendator* bezeichnet wurde; einen Konvent gab es nicht, von einer Kommende mit monastischem Hintergrund sollte man daher nicht ausgehen, die Niederlassung S. ist lediglich als Ordenskastanei zu bewerten. Bei besonderer Befähigung diente S. durchaus als Ausgangspunkt zu einer höheren Laufbahn: Hermann von Liederbach war 1418 Komtur in S. und stieg 1424 zum Landkomtur (1424–35) der Ballei Hessen und Komtur zu Marburg auf. Sein Nachfolger Erasmus von Wolmeringhausen war zunächst Küchenmeister in Marburg, 1419–22 Komtur in S. und schließlich 1436–47 Chef des Hauses Hessen. Auch Dietmar von Wehrda wurde 1457 nach seiner Tätigkeit in S. zum Vizekomtur in Marburg erhoben. Die Kastanei S. diente den Pächtern als Anlaufstelle zur Abgabe ihrer Naturalzinsen oder Pachtgelder, die von dort unter Begleitschutz weiter nach Marburg transportiert wurden. Landkomtur Wiprecht Löw von Steinfurt (1458–73) übertrug 1464 auf dem Kapitel zu Frankfurt den Sitz S. mit Zubehör und Gefällen dem Ordensmitglied Johannes Scheffer auf Lebenszeit. 1491 verkaufte Marburg das Haus S. an Freiherr Hans von Dörnberg. Der Deutsche Orden hinterließ ein heute privat genutztes Hofgut inmitten des Dorfes mit der frühgotischen Kapelle St. Sebaldus. Der einschiffige Sakralbau des 13. Jh. zeigt einen dreiseitigen Chorschluss und einfache Maßwerkfenster. Die übrigen Hofgebäude aus Fachwerk entstanden im 17. Jh.

◆ Dersch, Wilhelm: Hessisches Klosterbuch, Marburg 2000; Braasch-Schwersmann, Ursula: Das Deutschordenshaus Marburg, Marburg 1989.

Selbold, *Prämonstratenser-Chorherrenstift St. Johannes Baptist (1108–1543) – Pfarrkirche St. Maria in Gelnhausen, Erzdiözese Mainz – (Langenselbold, Main-Kinzig-Kreis, Hessen, ❐ 3, C2).*

▶ Vom bedeutenden Prämonstratenserstift S. im Kitzigtal in der Wetterau, das durch Graf Ditmar von Gelnhausen 1108 als Regularkanonikerstift gegründet und 1138 von Prämonstratensern übernommen wurde, sind in der heutigen Stadt Langenselbold keine architektonischen Spuren erhalten. An der Stelle der mittelalterlichen Abtei ließ Reichsfürst Wolfgang Ernst I. zu Isenburg-Büdingen in der ersten Hälfte des 18. Jh. aus Abbruchsteinen den repräsentativen Schlosskomplex errichten. In ➛ Meerholz befindet sich noch heute die einstige Niederlassung der Stiftsdamen, die sich 1151 vom Männerkonvent getrennt hatten. An die Prämonstratenser von S. ist deshalb hier zu erinnern, weil sie im östlich liegenden Gelnhausen eine Pfarrkirche schufen, die ihresgleichen sucht und heute noch Wahrzeichen der ehemaligen Reichsstadt ist. Zwischen 1215 und 1240 entstand unter Aufsicht der Prämonstratenser, die das Parochialrecht in Gelnhausen innehatten, die Pfarrkirche St. Maria. Diese Pfarrkirche kennzeichnet eine technisch perfekte Architektur, die spätromanische und frühgotische Elemente kombiniert. Sie genügte nicht nur kaiserlichen und städtischen Repräsentationsansprüchen, sondern erlaubte den Prämonstratensern, ihre ordensspezifische Liturgie im kunstvoll ausgestalteten Chor zu feiern.

◆ Wilbertz, Georg: Die Marienkirche in Gelnhausen, Königstein (Ts.) 2000.

Selbold Prämonstratenser-Chorherrenstift, die Marienkirche in Gelnhausen (1215/40) ist ein Werk der Abtei.

Seligenporten, *Zisterzienserinnenabtei St. Maria (1242–1556), Diözese Eichstätt – (Pyrbaum-S., Lkr. Neumarkt in der Oberpfalz, Bayern, ❐ 4, A3).*

▶ **Geschichte.** Der Reichsministeriale Gottfried von Sülzburg und seine Gemahlin Adelheid übergaben 1242 einer Gemeinschaft frommer Frauen in Pilsach im oberen Schwarzachtal Güter und Bauplatz zur Gründung des Zisterzienserinnenklosters *Felix Porta*, das zum Hauskloster und zur Grablege der Familie der Sülzburg-Wolfsteiner bestimmt wurde. Bischof Heinrich IV. von Eichstätt (Württemberg) bestätigte das Kloster 1249. Die erste Äbtissin Fedran kam aus ➛ Maidbronn und unterrichtete die Schwestern in zisterziensischen Gebräuchen. Das Generalkapitel des Zisterzienserordens beschäftigte sich 1247 mit dem Aufnahmeantrag, beauftragte die Äbte von ➛ Ebrach und ➛ Kaisheim mit Visitationen, inkorporierte das Frauenkloster als Vollmitglied und unterstellte es der Abtei ➛ Heilsbronn, dessen Abt sich für die Aufnahme stark gemacht hatte. Kurz darauf wurde S. bei kriegerischen Auseinandersetzungen gebrandschatzt und zerstört. König Konrad IV. nahm es 1250 unter Reichsschutz und übertrug die Schirmherrschaft den Kurfürsten von der Pfalz. Die Wittelsbacher unterminierten bis zum Spätmittelalter die Reichsunmittelbarkeit zu ihren Gunsten. Zur großzügigen Grundausstattung kam durch Mitgiften der meist adeligen Frauen umfangreicher Besitz hinzu, der sich schließlich auf über 150 Orte verteilte. Geistliche Impulse gingen vom Kloster nicht aus, der Konvent verkam im Spätmittelalter zur Versorgungsinstitution für adelige Töchter. 1556 setzte Kurfürst Ottheinrich von der Pfalz die evangelische Kirchenordnung durch. Nach dem Tod der letzten Äbtissin Anna von Kuedorf 1576 ging das Kloster endgültig in kurpfälzischen Besitz über. Die Rekatholisierung um 1625 ermöglichte 1692 Salesianerinnen aus Amberg, das Kloster S. bis zur Säkularisierung 1803 zu bewohnen. Von 1929 bis 1967 belebten noch einmal Zisterziensermönche

Seligenstadt Benediktinerabtei, der Abteikomplex repräsentiert Bauleistungen aus allen Epochen der über 1000-jährigen Geschichte; Blick aus dem Prälatengarten.

aus ➛ Bronnbach, ursprünglich aus Sittich (Slowenien), das Kloster in der Oberpfalz.

▶ **Gegenwart.** Das spätgotische Torhaus mit Turm ist heute nicht mehr der einzige Zugang zum Klosterbereich. Westlich davon steht das mittelalterliche Hospiz, das seit 1722 als Wirtshaus dient. Vom Klausurquadrum blieb nur der mehrfach veränderte Ostflügel erhalten, der im mittelalterlichen Untergeschoss einen spätgotischen Kreuzgangflügel birgt. Die hoch aufragende, spätromanische Klosterkirche, heute katholische Pfarrkirche Maria Himmelfahrt, präsentiert sich nach ihrem Umbau (Mitte 14. Jh.) in hochgotischer Erscheinung. Anders als im Typus fränkischer Frauenkirchen steht ein Turm an der westlichen Außenwand. Der Innenraum zeigt die typische Dreigliederung: strenger Hochchor mit schlanken Diensten und Rippen im Osten, Gruft (Sepultur) mit bemerkenswerten Grabplatten der Stifter, Gönner und Äbtissinnen im Westen und die darüber liegende Nonnenempore, die durch eine alte Blockstufentreppe aus Holz zu erreichen ist. Die großräumige Empore bewahrt eines der ältesten Chorgestühle Deutschlands aus der Zeit zwischen 1300 und 1350.

◆ Flachenecker, Helmut: Memoria und Herrschaftssicherung, Göttingen 2008; Mohn, Claudia: S. (Bayern), in: Mittelalterliche Klosteranlagen, Petersberg 2006, 217–226; Bauer, Hermann/Bauer, Anna: Klöster in Bayern, München 1985, 256–258.

Seligenstadt, *Benediktinerabtei St. Marcellinus und St. Petrus (um 1000–1803), Erzdiözese Mainz – (Lkr. Offenbach, Hessen, ❒ 3, C2).*

▶ **Vorgeschichte.** Kaiser Ludwig der Fromme schenkte 815 dem Berater und Biographen seines Vaters, Einhard (um 770–840), und dessen Gemahlin Imma neben der Mark ➛ Michelstadt im Odenwald die *villa Mulinheim* am Main, einst ein römisches Kastell und nun königlich-fränkischer Hof. Einhard besorgte sich Reliquien der Heiligen Marcellinus und Petrus aus Rom, die er 828 nach Mulinheim kommen ließ. Zur Verehrung der Heiligen entstand ein sakraler Gebäudekomplex mit Basilika und Hospital, bewohnt von weltlichen Klerikern, die sich um Pilger und Wallfahrt kümmerten. Die folgenden 200 Jahre sind nachrichtenlos, das weltliche Stift erlangte offensichtlich Reichsimmunität.

▶ **Geschichte.** König Heinrich II. übertrug 1002 die religiöse Institution S. dem Würzburger Bischof Heinrich I., aber eingeschränkt nur für die Dauer seiner Lebenszeit. Über die damalige Verfassung im Konvent ist man sich aufgrund mangelnder Quellen unsicher; offensichtlich führte der um 1000 aus Mainz St. Alban gerufene Abt Reginold monastisches Leben im Kanonikerstift ein. König Heinrich III. bestätigte 1045 die Immunität und vergab Markt- und Münzrechte. Sein Nachfolger Heinrich IV. übertrug die Abtei im Juni 1063 dauerhaft dem Mainzer Erzstift. Mainzer Oberhirten amtierten nachfolgend als Kommendataräbte. Erst im 12. Jh. wird der benediktinische Charakter des Konvents urkundlich durch mehrere Gebetsverbrüderungen deutlich. Der Abtei unterstand das Frauenkloster ➛ Schmerlenbach. Mit der sich entwickelnden Stadt am Kloster entstanden Ende des 12. Jh. Interessenskonflikte, die den Konvent bis zu seiner Aufhebung begleiten sollten. Schon 1247 riss ein Bürgersturm die Immunitätsmauern nieder. 1255 fiel die Stadtkirche an die Abtei, die im gleichen Jahr ein städtisches Hospital einrichtete. 1265/66 musste Klostergut verkauft und 1293 der Konvent auf 14 Mönche begrenzt werden. Abt Tillmann (1322–36) versuchte 1331, durch Trennung von Abts- und Konventsvermögen die Finanzmisere zu meistern. Unter Abt Kuno von Bellersheim (1428–56?) entwickelte sich die Lage existenzbedrohlich; aber dieser Abt bewährte sich militärisch bei der Verfolgung von Raubrittern, die er aufknüpfen ließ. Die Mainzer Stiftsfehde (1461/62) brachte zusätzliche Steuerlast und verschärfte die Feindschaft zur Stadt. Die ➛ Bursfelder Kongregation beauftragte Abt Jakob Steghe (1478–83) von Oostbroek in Utrecht mit inneren Reformen, die nach rigoroser Durchsetzung 1481 zum Anschluss an die Reformunion führten. Abt Johannes von Kolhausen (1483–93) aus ➛ Sponheim hob das Ansehen und die Ausstrahlung des Konvents deutlich. Die Bürger paktierten 1525 mit den aufständischen Bauern. 1552 stürmten Bürger gemeinsam mit Soldaten Markgraf Albrecht Alkibiades' von Brandenburg die Abteianlage und plünderten sie aus. Gleiches wiederholte sich 1631/32 mit den Schweden und noch einmal unter den Franzosen 1646/47. Nach der barocken Hochblüte und geistiger wie architektonischer Entfaltung traf den Abt und 21 Benediktiner im April 1803 die offizielle Säkularisierung durch Landgraf Ludwig X. von Hessen-Darmstadt.

▶ **Gegenwart.** Kloster S. ist noch heute ein eindrucksvolles Ensemble aus Gebäuden aller Epochen der über tausendjährigen monastischen Geschichte, umschlossen von einer 700 m langen Klostermauer. Um 830/855 entstand die karolingische, dreischiffige „Einhardsbasilika" mit Querhaus, apsidialem Chor und Ringkrypta. Im 13. Jh. wurden der Polygonalchor angesetzt, ein achteckiger Vierungsturm aufgesetzt und die Seitenschiffe neu aufgemauert. Die Westwand mit ihren zwei Türmen entstand neugotisch erst 1867/78. Der Innenraum ist gotisch ausgestaltet, die nördliche Nebenkapelle stammt noch aus dem 11. Jh. Barocke Klausurflügel von 1685 bis 1725 weisen zum Teil romanisch-gotische Bauteile auf. Interessant sind Sommerrefektorium und Küche. Vom Kreuzgang sind nur Süd- und Westflügel erhalten. Im Weinkeller bewahrt ein Lapidarium Steinfragmente des 9. bis 19. Jh. Sehenswert ist die Klostermühle von 1574 und der sich östlich ausbreitende Prälaturgarten.

◆ GermBen 7, 941–995; Merk, Heidrun: Ehemalige Abtei S., Regensburg 2003.

Seligenstatt, *Benediktinerinnenkloster St. Maria und St. Nikolaus (vor 1181–1481), Erzdiözese Trier – (Seck-S., Westerwaldkreis, Rheinland-Pfalz, ❐ 3, B1).*

▶ Nach einer Urkundenabschrift des 16. Jh. übergaben die Rheingräfin Mathilde und Erben aus dem Geschlecht derer von Runkel 1181 das Frauenkloster S. bei Seck dem Erzstift Trier, was Erzbischof Arnold I. von Valancourt bestätigte. Kloster S. könnte auf die Stiftung der Grafen von Runkel Anfang des 11. Jh. zurückgehen. Es lag zwar in der unwirtlichen Region des Westerwaldes, aber an der Kreuzung zweier Fernhandelsstraßen. Trier unterstellte vor 1215 das Frauenkloster der Abtei ➛ Laach in der Eifel, dessen Äbte fortan Propst und Beichtvater stellten. Meisterin Irmgard ist 1276 als erste Vorsteherin namentlich nachweisbar. Die leichtfertige Vergabe von Pfründen und Überbesetzung des Konvents führten mit dem Niedergang der Wirtschaft im 14. Jh. zu Engpässen und Verflachung der Klosterzucht. Propst Gerlach scheint schließlich die alleinige Verfügungsgewalt innegehabt zu haben und verpfändete 1429 zusammen mit seinem Gehilfen aus finanzieller Not die Klostergüter; 1432 wurde letztmalig das Konventssiegel verwendet. Der Mönchskonvent der Mutterabtei Laach verweigerte sich in dieser Zeit den spätmittelalterlichen Reformbemühungen; erst 1469 setzte sich in Laach Observanz im Sinn der ➛ Bursfelder Kongregation durch. Für das Benediktinerinnenkloster kam diese Reform zu spät, denn vor 1439 hatten die Schwestern das heruntergekommene Kloster bereits verlassen; ein bestallter Priester wohnte um 1450 in den baufälligen Gebäuden. Der Graf von Westerburg und die Abtei Laach trugen gemeinsam Sorge um die Klostergüter. Abt Johann Fart (1470–91) vergab 1481 seine Rechte an S. dem Kollegiatstift Gemünden zwecks Übernahme, aber die Inkorporation kam nicht zustande. Schließlich stritten die Herrschaften Westerburg und Runkel bis zur Reformation um den Besitz und bedienten sich beide am Steinmaterial der Anlage. An das Kloster erinnern heute lediglich Mauerreste außerhalb des Ortes Seck in Richtung Hellenhahn; seit 1990 versucht ein Förderverein den Bestand zu bewahren.

◆ GermBen 9, 789–800.

Seligental, *Zisterzienserinnenabtei St. Maria (1236–1568), Diözese Würzburg – (Osterburken-S., Neckar-Odenwald-Kreis, Baden-Württemberg, ❐ 3, C2).*

▶ **Geschichte.** Graf Konrad von Dürn, Schirmvogt von ➛ Amorbach, gründete 1236 zusammen mit seiner Frau Mechthild zunächst ein Benediktinerinnenkloster unterhalb von Schlierstadt am Fluss Seckach. Er nötigte die Schwestern von ➛ Gotthardsberg zur Besiedlung, die sich aber weigerten, ihr Kloster zu verlassen. Daraufhin kamen Zisterzienserinnen wohl aus ➛ Heiligenthal (Schwanfeld) in die neue Stiftung; die dortige Äbtissin Jutta zeugte bei der Gründung des neuen Klosters *Vallis felix* oder später *Vallis beatorum.* Bischof Hermann I. von Würzburg (Lobdeburg) verordnete 1239 ausdrücklich die Zisterziensergewohnheiten. Trotz mehrerer päpstlicher und kaiserlicher Schutzgarantien galt S. bislang als nicht in den Zisterzienserorden inkorporiert; neuere Forschungen hingegen sprechen eher für eine Mitgliedschaft und für die geistliche wie weltliche Unterstellung unter die Mönchsabtei ➛ Bronnbach, seit 1510 unter ➛ Schöntal. Neben den Grafen von Dürn erwies sich das Haus Hohenlohe als besonders hilfreich und fördernd. Der Besitz umfasste 40 Orte und mehrere Kirchenpatronate, einschließlich der Pfarrkirche in Schlierstadt. Mitte des 15. Jh. bedrohte die schlechte Wirtschaftslage die Existenz des Konvents, der sich mit der Bitte um Aufnahmestopp für Novizinnen an das Generalkapitel des Ordens wandte. Bauernaufstand 1525, Reformation und ökonomische Engpässe ließen Kloster S. veröden; als die letzte Äbtissin Amalia Schelm von Bergen 1561 starb, lebten nur noch zwei Schwestern in S. Erzbischof Daniel Brendel von Mainz (Homburg) hob das inzwischen zu Kurmainz gehörige Kloster 1568 auf. Restitutionsversuche der Äbte von ➛ Ebrach und ➛ Salem schlugen fehl. Nach der allgemeinen Säkularisation 1803 fiel das Gut an die Fürsten von Leiningen. Seit 1934 teilen sich drei Landwirte den Besitz.

▶ **Gegenwart.** Von der gotischen Kirche blieb außer dem schönen frühgotischen Eingangsportal nichts erhalten; es ziert heute ein Wohnhaus. Das ehemalige Klausurgeviert lässt sich im Innenhof noch immer erahnen; der inzwischen sanierte Ostflügel weist sehr schöne Altsubstanz auf: so besteht

Seligental Zisterzienserinnenabtei, von der Klausur blieb die gotische Sakristei mit Kreuzrippengewölbe.

die ehemalige Sakristei, die noch lange als Kapelle genutzt wurde, in ihren ursprünglichen Ausmaßen mit Kreuzrippengewölbe und schwer erkennbaren Freskenresten. Ein spätromanisches Fenster mit geometrischen Transenna-Formen hat sich als besondere Rarität erhalten.

Die Zisterzienserinnenabtei S. bei Osterburken ist nicht zu verwechseln mit der Schwesternabtei ➛ Seligenthal bei Landshut in Niederbayern.

◆ Flachenecker, Helmut: Memoria und Herrschaftssicherung, Göttingen 2008; Rückert, Maria M.: Zur Inkorporation südwestdeutscher Frauenklöster in den Zisterzienserorden, in: Studien und Mitteilungen zur Geschichte des Benediktinerordens und seiner Zweige 111 (2000) 381–410; Weiß, Elmar: Das ehemalige Zisterzienserinnenkloster S. bei Osterburken, Schwäbisch Hall 1990.

Seligenthal (Landshut) Zisterzienserinnenabtei, die Afrakapelle (um 1230) ist das älteste Gebäude der Abtei.

Seligenthal (Landshut), *Zisterzienserinnenabtei St. Maria und Heilig Kreuz (1232–1803, seit 1836), Diözese Regensburg – (Landshut-S., kreisfreie Stadt Landshut, Bayern, ❐ 4, B4).*

▶ **Geschichte.** Kaiser Friedrich I. belehnte 1180 nach der Niederwerfung der Welfen die Wittelsbacher mit dem Herzogtum Bayern, wodurch die ehemaligen Grafen von Scheyern zu einem bedeutenden Geschlecht aufstiegen. Auch die Konkurrenz der mächtigen Grafen von Bogen im Donaugebiet wurde durch Heirat der Witwe Ludmilla von Bogen ausgeschaltet. Die Stadt Landshut entstand als herzogliches Bollwerk gegen die bischöflich kontrollierte Stadt Regensburg. Nach der Ermordung Herzog Ludwigs I. in Kelheim 1231 stiftete Ludmilla 1232 das Zisterzienserinnenkloster *Vallis felicis* im Heilig-Geist-Spital zwischen zwei Isararmen vor Landshut zum Gedächtnis und Seelenheil ihrer beiden Gemahle und rief Schwestern aus dem schlesischen Kloster Trebnitz an die Donau. Kloster S. diente fortan als Grablege der niederbayerischen Wittelsbacher und wurde entsprechend geschützt, dotiert und privilegiert. Die erste Äbtissin Agnes von Grünbach und Stifterin Ludmilla fanden Unterstützung bei Abt Konrad III. (1217–37) von ➛ Kaisheim. Das Generalkapitel der Zisterzienser nahm 1246 den Frauenkonvent S. als vollwertiges Mitglied in die Ordensgemeinschaft auf und übertrug der Abtei Kaisheim offiziell die Paternität. Die Abtei ➛ Raitenhaslach übernahm auf Bitten Kaisheims 1426 Aufsicht und seelsorgliche Betreuung, seit 1581 die Abtei Aldersbach. Das exklusive Kloster S. entwickelte sich auch Dank des Ministerialadels zum religiös-politischen Zentrum Altbayerns. Der Bau der Klosterkirche begann 1233, das Spital wurde 1252 wirtschaftlich abgetrennt. Unter Kaiser Ludwig dem Bayern erfreute sich S. besonderer Förderung. Im 14. Jh. stieg der Anteil bürgerlicher Schwestern, die ursprüngliche Adelsexklusivität verlor sich bis zum Spätmittelalter. Pest (1495) und lutherische Reformation im 16. Jh. verursachten Rückschläge. In der Zeit der Äbtissin Sabina Hauserin (1552–74) war der Konvent nahezu verödet. Einschnitte brachte ebenso der Dreißigjährige Krieg; noch im letzten Kriegsjahr 1648 verwüsteten schwedische Truppen die Anlage völlig. Nach der wirtschaftlichen Konsolidierung entstand 1732 unter Äbtissin Helene Häckl (1707–48) eine Barockanlage mit neuer Klosterkirche auf alten Fundamenten. Die kurfürstlich-bayerische Verwaltung griff im 18. Jh. zunehmend in die inneren Angelegenheiten der Abtei ein. 1802 unterstand das Kloster der Landshuter Universität, 1803 ließ Kurfürst Maximilian IV. die Abtei aufheben. König Ludwig I. erlaubte 1835 fünf überlebenden Schwestern, Novizinnen aufzunehmen. 1836 begann das neue monastische Leben mit Auftrag zur schulischen Fortbildung von Mädchen unter einer gewählten Oberin, seit 1925 wieder unter einer Äbtissin.

▶ **Gegenwart.** Die Zisterzienserinnenabtei S. gehört längst zum Stadtbezirk Landshut und ist aus dem städtischen Schul- und Bildungswesen nicht mehr wegzudenken. Der Konvent besteht heute aus etwa 50 Schwestern, die das Seelengedächtnis für die Stifterfamilie pflegen, im Schulbetrieb tätig sind und sich sozial engagieren. Der Gebäudekomplex mit Barockkirche und modernen Schulgebäuden enthält im abgeschlossenen, stillen Teil spätgotische Konventsbauten, die auf Äbtissin Barbara von Gumppenberg (1474–89) zurückgehen: Kreuzgang mit Sterngewölbe, alte Küche mit Außenkamin und Sommerrefektorium mit mittelalterlichen Fresken. Spätromanische Architektur repräsentiert die Afrakapelle nördlich der Kirche als ältester Teil der Anlage; dieser Saalbau (um 1230) mit jüngerem Polygonalchor diente als Klosterkirche während des Baus des ersten Klosters. Die Westempore wird von einem romanischen Pfeiler getragen, der angeblich eingemauerte Reliquien bewahrt, die die Stifterin Ludmilla mitgebracht hatte. Sie fand hier 1240 ihre erste Grablege. Die Emporenbrüstung zeigt 26 spätgotische Figuren der Wittelsbacher Fürstenfamilie. Zwei große Figuren Ludwigs I. und Ludmillas über dem Pfeiler sind nur Teile der wertvollen Sammlung mittelalterlicher Ausstattungsstücke der Abtei. Von etwa 40 Grabstellen der Wittelsbacher blieb lediglich die Grabplatte Herzog Ludwigs X. († 1545) erhalten.

Die Zisterzienserinnenabtei S. bei Landshut ist nicht zu verwechseln mit der Schwesternabtei ➛ Seligental bei Osterburken in der Diözese Würzburg.

◆ Spitzlberger, Georg: Zisterzienserinnenabtei S., Regensburg 2000; Schneider, M. Irene/Morsbach, Peter: S., in : Ratisbona Sacra, München 1989, 229–233; Bauer, Hermann/Bauer, Anna: Klöster in Bayern, München 1985, 158–162.

Seligenthal (Siegburg), *Franziskanerkloster St. Franziskus (1231–1803), Erzdiözese Köln – (Siegburg-S., Rhein-Sieg-Kreis, Nordrhein-Westfalen, ❐ 3, B1).*

▶ **Geschichte.** Graf Heinrich III. von Sayn und seine Gemahlin Mechthild stifteten zahlreiche Klöster und gelten auch als Gründer von S. im Jahr 1231, einer der ältesten rheinischen Niederlassungen der Franziskaner. Die Ordensbrüder errichteten bis 1256

Sepulcriner *(Ordo SS. Sepulcri Dominici Hierosolymitani, OSSDH).*

▶ Das Kapitel der Augustiner-Chorherren vom Heiligen Grab zu Jerusalem verstand sich als Klerikergemeinschaft, die das ehrenvolle Privileg besaß, am Grab des Herrn Liturgie feiern zu dürfen. Nach der Eroberung Jerusalems 1099 hatte der Kreuzzugsanführer Gottfried von Bouillon zur Festigung der kirchlichen Hierarchie mehrere monastische Institutionen gegründet, wobei das Chorherrenkapitel an der Grabeskirche eine herausragende Stellung erhielt. Die Chorherren mussten sich der Aufsicht des Patriarchen von Jerusalem unterstellen; der Patriarch Arnulf von Chocques verpflichtete sie 1114 zur *vita communis* und zur Befolgung der Augustinusregel. Sie gaben sich die Statuten, die sich an jenen der nordfranzösischen Regularkanoniker orientierten, und verbanden den gallisch-fränkischen Ritus mit den Eigentümlichkeiten der Jerusalemer Kirche, was von Papst Calixtus II. 1122 anerkannt wurde. Sie erledigten öffentliche Verwaltungsaufgaben im Jerusalemer Königreich, pflegten die Wissenschaften, führten eine Schreibstube, bildeten Nachwuchs aus, betreuten die Pilger in eigenen Hospitälern und verpflichteten angeworbene Ritter zur Erfüllung ihrer Militäraufgaben, wobei sie sich nie zu einem geistlichen Ritterorden entwickelten. Die Sepulcriner trugen einen schwarzen Leibrock, darüber einen kleineren hellen Rock mit niedrigem Halskragen, der von einer doppelten feuerfarbenen Schnur mit fünf Knoten und zwei Quasten zusammengehalten wurde, darüber einen großen, schleppenden Mantel; als besonderes Kennzeichen war diesem das rote Doppelkreuz des Patriarchen von Jerusalem auf der linken Seite aufgenäht. Mit dem Verlust von Jerusalem 1187 und Akkon 1291 gingen alle direkten Besitzungen in Palästina und Bindungen zum Vorderen Orient verloren. Bereits zu Beginn des 12. Jh. hatten die S. ihren Besitz im lateinischen Westen durch Schenkungen erheblich vergrößern können; europäische Herrschaftshäuser bis hin zum einfachen Adel wetteiferten mit Landdotationen. Die entstandenen Priorate entwickelten sich in Süditalien, Spanien, Niederlanden, Polen und Böhmen zu starken Gemeinschaftszentren, denen häufig Frauenkonvente angeschlossen waren. Anfang des 14. Jh. verlegte das Kapitel mit einem Archiprior an der Spitze seinen Hauptsitz an die Kirche S. Luca in der umbrischen Bischofsstadt Perugia, während der Patriarch von Jerusalem auf Zypern und nach 1374 in Rom residierte. Der Konflikt zwischen diesen beiden Amtsträgern lieferte nur einen Grund für die Aufhebung des Kapitels (Orden) durch Papst Innozenz VIII. 1489 und die Überführung der Häuser in den Johanniterorden. Nicht alle Priorate fügten sich, und nachfolgende päpstliche Erlasse annullierten den Beschluss für bestimmte Gebiete, so dass der Prior des Stiftes vom Heiligen Grab in Miechów bei Krakau das Amt des Archipriors bis ins 19. Jh. innehatte. Bleibende Bedeutung erlangten einige Frauenkonvente (Sepulcrinerinnen), die sich um 1480 in den Niederlanden und Belgien konstituiert hatten und bis heute die Erinnerung an das Kapitel zum Heiligen Grab lebendig halten. Die S. waren kirchenrechtlich kein Orden, sondern ein Kapitel aus Regularkanonikern, das sich im Hoch- und Spätmittelalter als Verband mit angeblich über 2.800 Prioraten, Kirchen und Hospitälern netzartig in der ganzen christlichen Welt ausgebreitet hatte, wobei der Patriarch von Jerusalem und später stellvertretend der Archiprior von S. Luca das Recht behielten, Mitglieder des Kapitels zu ernennen, einzusetzen und auszutauschen. Dabei hielt die Priorate (Propsteien) weniger die Organisation, als vielmehr die spirituelle Vergegenwärtigung Jerusalems, die liturgische Feier der Auferstehung Christi und die Obhut über sein Grab in der Nachfolge der Engel, die *Custodia SS. Sepulcri*, über Jahrhunderte zusammen.

Von den S. klar zu unterscheiden ist der jüngere Ritterorden zum Heiligen Grab *(Ordo Equestris Sancti Sepulcri Hierosolymitani, OESSH)*, der sich seit dem 14. Jh. aus dem Brauch des Ritterschlags am Heiligen Grab entwickelte und erst 1868 die päpstliche Anerkennung eines geistlichen Ritterordens erlangte.

◆ LThK[3] 4, 1323 f.; Elm, Kaspar: Umbilicus Mundi, Brugge 1998.

eine der seltenen spätromanischen Franziskanerkirchen am unteren Wahnbach nördlich der Sieg, (etwa 10 km) östlich der Benediktinerabtei ➛ Siegburg. Papst Innozenz IV. gewährte 1247 einen Ablass für zwei im Bau befindliche Franziskanerkirchen, einmal für jene in ➛ Köln und für die Kirche in S., die 1256 bereits fertig gestellt war. Kloster S. glich einer Einsiedelei im abgelegenen Tal, ungewöhnlich für Mendikanten; das nahe Siegburg hatte sich jedoch bereits zur befestigten Stadt entwickelt. Ein erster Minorit mit Namen Gerhard (wohl aus S.) stand dem Stifter Heinrich 1246 am Sterbebett bei. Auf dem Kapitel der niederdeutschen Ordensprovinz in Fulda 1315 waren Guardian Walram und Lektor Gerhard aus S. vertreten. Die Herren von Heinsberg-Blankenberg als Erben des Stifterpaares, aber auch die Pfalzgrafen zu Pfalz-Neuburg und die Herzöge von Berg erwiesen sich als Förderer des Konvents. Herzog Wilhelm I. von Berg übertrug eine Mühle mit Zwangsgerechtigkeit, gab den Minoriten die Sieg zur Fischerei frei, öffnete ihnen den Windecker Bezirk zum Almosensammeln und stiftete mehrere Jahresgedächtnisse. Der regionale Niederadel bevorzugte die Erbbegräbnisse im Kloster und dotierte reichlich Messstiftungen. Schon 1277 gehörten dem Konvent ein Haus in Köln sowie Immobilien in Siegburg. Zur mächtigen Benediktinerabtei pflegte man gute Nachbarschaft. Regelstrenge und Disziplin kennzeichneten die Minoriten; Anlass zu inneren Reformen gab es nicht, der Konvent schloss sich nicht der Observanzrichtung des Ordens an. Im 16. Jh. blieb der Erfolg der Reformation in Siegburg und Umgebung begrenzt. Benediktinerabt Hermann von Wachtendonk (1550–78) verwies 1576 alle Reformationsanhänger aus seiner Stadt; die Almosengaben für die Bettelbrüder aber versiegten. 1532 mussten die etwa 20 Franziskaner das Bergische Amt um Steuererlass bitten. 1632 bis 1635 besetzten die Schweden die Region, 1667 wütete die Pest, 1706 die Rote Ruhr; in diesen schweren Zeiten standen die Minoriten den Siegburger Bürgern näher, als die Benediktiner auf dem Abteiberg. Guardian Aegidius Gelehen initiierte 1654 in Absprache mit der Abtei und der Kölner Provinzialleitung die Gründung eines Konventualenklosters in Siegburg zur Entlastung bei den seelsorglichen Pflichten. Sein Konvent konzentrierte sich auf die Pfarrstellen in der Außenregion. 1647 vernichtete ein Brand die mittelalterliche Anlage im Tal, die Franziskanerkirche litt dagegen kaum Schaden; bereits 1688 fand ein Provinzkapitel in den neu errichteten Gebäuden statt. Das Seligenthaler Lektorat strahlte auf die gesamte Ordensprovinz aus und zeitweise blühte in S. das philosophisch-theologische Provinzialstudium. Anfang des 18. Jh. erlebte die schon lange währende Rochuswallfahrt nach S. eine besondere Steigerung. Im September 1795 wurde das Kloster französischen Revolutionssoldaten zur Plünderung freigegeben, 1803 folgte die Aufhebung per Besatzungsdekret. 1854 rettete eine großzügige Privatspende die Kirche vor dem Zerfall und für den Pfarrgottesdienst.

▶ **Gegenwart.** Kloster S. im idyllischen Tal, 500 m unterhalb der Wahnbachtalsperre dient heute einem Hotel- und Restaurantbetrieb. Die überkommenen Gebäude entstanden im 17. und 18. Jh. Eine Ausnahme bildet die katholische Pfarrkirche St. Antonius von Padua; die ehemalige Franziskanerkirche (ursprünglich St. Franziskus) gilt als eine der ältesten erhaltenen Minoritenkirchen Deutschlands in Formen der heimischen Spätromanik ohne ordenseigenen Architekturanspruch. Ihr Alter (Mitte 13. Jh.) kann sich mit dem der Grauklosterkirche in ➛ Prenzlau messen. Die zweischiffige Basilika zeigt einen Ziergiebel im Westen, ein einheitliches Dach und die Apsis im Osten. Innen ist sie flachgedeckt, Kreuzrippengewölbe besitzen nur zwei Ostjoche und die Apsis. Ein hölzerner Verkündigungsengel aus dem späten 15. Jh. blieb als einziges mittelalterliches Ausstattungsstück erhalten.

◆ Buhrow, Werner: 500 Jahre Rochusverehrung in S., Siegburg 2001; Halbekann, Joachim J.: Das Franziskanerkloster in S., in: Die älteren Grafen von Sayn, Wiesbaden 1997, 361–364; Felten, Wilhelm: Zur Geschichte des Minoritenklosters S. an der Sieg, in: Franziskanische Studien 16 (1929) 275–301.

Seußlitz, *Klarissenkloster St. Klara (1268–1539), Diözese Meißen – (Diesbar-S., Lkr. Meißen, Sachsen, ❐ 2, C5).*

▶ **Geschichte.** Markgraf Heinrich III. der Erleuchtete von Meißen ließ 1268 seinen Hof mit Kirche am Ostufer der Elbe nahe dem Dorf S. zu einem Klarissenkloster ausbauen. Er erfüllte damit den Auftrag seiner verstorbenen zweiten Gemahlin Agnes von Böhmen, der Nichte der hl. Agnes (1211–82, kanonisiert 1989), die das erste Klarissenkloster nördlich der Alpen 1233 in Prag gegründet hatte. Dieser Markgraf förderte weitere Klostergründungen in seinem Herrschaftsgebiet: ➛ Nimbschen, ➛ Mühlberg, ➛ Oschatz, ➛ Großenhain und ➛ Hohenlohe-Leipzig. Nach S. kamen die ersten Schwestern 1272 aus dem heute untergegangenen Kloster Würzburg oder dem ältesten deutschen Klarissenkonvent Söflingen bei Ulm, als der Klosterbau vollendet war. Die Grundausstattung fiel reichlich aus, auch die Stadtväter von Dresden steuerten 1271 finanzielle Hilfe zu, zudem erhielt der Konvent das Patronatsrecht über die Frauenkirche und das Hospital in Dresden. Die päpstliche Bestätigung des Klarissenklosters S. erfolgte 1274, diejenige König Rudolfs von Habsburg 1277. Geistliche Betreuung und weltliche Verwaltung oblagen vermutlich den Minoriten aus Dresden (s. u.), die in einer Gemeinschaft bis zu fünf Brüdern ebenfalls in S. lebten. Das Kloster wirkte innovativ für den Weinanbau in der Elbregion, der heute noch eine besondere Rolle spielt. 1285 schickten die Klarissen Mitschwestern in das neue Kloster ➛ Weißenfels, die wiederum 1329 einen Gründungskonvent nach ➛ Ribnitz an die Ostsee entsandten. Der Konvent setzte sich sowohl aus fürstlichen wie auch aus niederadligen und bürgerlichen Töchtern zusammen. Besitz von 17 Dörfern, volle Gerichtsbarkeit und wirtschaftliche Prosperität sicherte ein wohlhabendes Leben. Der Hussiteneinfall 1429 führte zum wirtschaftlichen Einbruch und zum Verfall der Klosterzucht. Der Provinzial der sächsischen Franziskanerprovinz Ludwig Henning (1507–15) setzte Reformen im Konvent durch, wobei er sich, wie im Fall des Klosters Ribnitz, besonders gegen den Besitz persönlicher Schmuckstücke verwahrte. Während der Reformation stellte der katholische Herzog Georg der Bärtige am Kloster Wachen auf, um die Flucht der Frauen zu verhindern. Sein Bruder und Nachfolger Heinrich II. setzte aber 1539/40 den Protestantismus im albertinischen Sachsen durch, löste das Kloster auf und verkaufte den Besitz S. als Rittergut. Die 18 Schwestern gingen bis 1545 auseinander. Nach mehreren Weiterverkäufen erlangte Graf Heinrich von Bünau, Kanzler am sächsischen Hof, das Anwesen und beauftragte 1724 den Ratszimmermeister George Bähr, Schöpfer der neuen Dresdner Frauenkirche, mit dem Bau einer prächtigen Schlossanlage auf dem Klosterareal.

▶ **Gegenwart.** Die barocke Schlosskirche in S. entstand auf alten Grundmauern unter Verwendung mittelalterlicher Umfassungsmauern des gotischen Vorgängerbaus. Maßwerkfenster weisen auf die Klosterkirche (um 1300) hin. Die Verbindungshalle zwischen Kirche und Schloss könnte der ehemaligen Unterkirche im Westteil entsprechen. Auch innerhalb der Barockresidenz befindet sich architektonische Kernsubstanz aus der Klosterzeit. Das Gebäude am Nordflügel mit spitzbogigem Tordurchgang zeigt äußerlich noch heute seinen mittelalterlichen Ursprung.

❖ Das Franziskanerkloster Dresden muss 1265 vollständig etabliert gewesen sein, weil in diesem Jahr der Konvent ein Provinzkapitel des Ordens in der damals noch unbedeutenden Elbsiedlung ausrichtete. Die Stadt wurde nach der Leipziger Teilung der wettinischen Länder 1485 Residenzstadt der albertinischen Herzöge von Sachsen. Das Franziskanerkloster endete mit Einführung der Reformation 1539. An die Klosteranlage an der nordwestlichen Stadtmauer erinnert heute lediglich die Kleine Brüdergasse. Die Franziskaner- und spätere Sophienkirche war bis 1945 die einzige, verbliebene gotische Kirche in „Elbflorenz"; die Ruine am Postplatz wurde 1962 beseitigt.

◆ Pieper, Roland/Einhorn, Jürgen W.: Franziskaner zwischen Ostsee, Thüringer Wald und Erzgebirge, Paderborn 2005, 199 f.; Engelhardt, Heiderose: Barockschloss S., München 1997; Schlesinger, Walter: Kirchengeschichte Sachsens im Mittelalter, Bd. 2, Köln 1962, 325–327.

Servitenorden *(Ordo Servorum/Servarum Beatae Mariae Virginis, OSM).*

▶ Der S. ging aus einer Gemeinschaft von sieben vornehmen Florentinern, den sogenannten „ sieben heiligen Vätern", hervor, die sich 1233, unterstützt von Bischof Ardingo von Florenz, zum kontemplativ-eremitischen Leben in die Einsamkeit des Monte Senanio nördlich von Florenz zurückgezogen hatten. Mit der Annahme der Augustinusregel erhielten sie 1248 die Anerkennung als Orden, 1252 von Papst Innozenz IV. die Approbation, päpstlichen Schutz und das Recht, die Beichte zu hören. Auf dem II. Konzil von Lyon 1274, das unter Führung Papst Gregors X. die Zahl der neuentstandenen Orden stark zu reduzieren suchte, liefen der S. Gefahr, aufgelöst zu werden. Aber Generalprior Philippus Benitius (1233–85, im Amt 1267–85, kanonisiert 1671) wehrte sich 1277 erfolgreich mit einer eindrücklichen Verteidigung und dem Hinweis auf Änderungen der Ordensstatuten. Schließlich sicherte Papst Benedikt XI. 1304 das weitere Bestehen des Ordens zu und stufte die Serviten offiziell als ➛ Bettelorden mit apostolischer Tätigkeit ein. In der Mitte des 13. Jh. breitete sich der marianische Orden im Reich aus. Zuerst ließ er sich 1257 im Raum Halle nieder, bis 1491 gründete er in der Provinz Allemania 18 Niederlassungen und zehn Residenzen. Die Mönche stellten sich in besonderer Verehrung Marias dem Dienst an den Mitmenschen und widmeten sich der Seelsorge sowie der Betreuung vor allem der unteren Bevölkerungsschichten. Sie nannten sich selbst „Knechte Marias" oder „Marienknechte" und grüßten mit „Ave Maria". Der missionarische Geist führte die Serviten bis zu den Tataren und nach Indien. Schon der Philippus Benitius setzte sich für den Anschluss von Schwestern (Philippinerinnen oder Mantellaten) ein; die erste direkte Gründung eines Frauenklosters des Zweiten S. (Servitinnen) erfolgte aber erst 1332 in Siena. 1306 etablierten sich Schwestern des regulierten Dritten Ordens (Tertiarinnen). Ein männlicher Drittorden (Servitentertiaren) hatte sich bereits 1255 gebildet; sein prominentestes Mitglied war König Rudolf I. von Habsburg. Papst Clemens VI. forderte 1346 Reformen, seit 1344 setzte der Papst den Generalprior des Ordens persönlich ein. Vor dem Hintergrund observanter Erneuerungsbestrebungen blieb auch den Serviten eine Spaltung im Spätmittelalter nicht erspart (➛ Franziskanerorden), die jedoch 1570 überwunden werden konnte. Zu dieser Zeit hatte der Orden jedoch alle deutschen Niederlassungen durch die Reformation verloren. Neugründungen 1635 in Kreuzberg bei Bonn und 1712 in Rheinbach gingen durch die allgemeine Säkularisation 1802/03 verloren. Erst seit 1954 sind die Serviten auf dem Goldberg bei Gelsenkirchen-Buer in der Diözese Münster wieder in Deutschland vertreten. Alle servitischen Gemeinschaften weltweit in über 30 Ländern, darunter auch Säkularinstitute, leben heute mit etwa 950 Mitgliedern unter dem Dach der UIFAS *(Unio internationalis familiae servitaniae).*

Das vierteilige Chorfenster in der Kirchenruine des Servitenklosters im anhaltischen Bernburg/Saale.

◆ LThK[3] 9, 494; Pötscher, Augustin, Geschichte des S., Salzburg 2001; Küther, Waldemar: Der S. und sein Weg nach Deutschland, in: Vacha und sein Servitenkloster im Mittelalter, Köln 1971, 113–129.

Siegburger Reform

▶ Die S. war eine der drei benediktinischen Erneuerungsbewegungen im deutschen Reichsteil des 11. und 12. Jh., die sich der Tradition des burgundischen Klosterverbandes von Cluny verpflichtet fühlten, näherhin die Reformkreise um die Abteien ➛ Hirsau, ➛ Siegburg und St. Blasien (➛ Sankt Blasien-Reform). Der Siegburger Kreis entstand durch monastische Reformbemühungen Erzbischof Annos II. von Köln (1056–75, kanonisiert 1183), der 1170 Mönche aus der cluniazensisch geprägten Abtei Fruttuaria bei Turin in Italien in seine Gründung Siegburg südöstlich von Köln rief. Der so gebildete Reformkonvent in Siegburg berücksichtigte frutturianisches, lothringisches und rheinisches Brauchtum, was die neuen Statuten, die *consuetudines coenobii Sigebergensis* zum Ausdruck brachten. Diese spezifische Mischobservanz wurde als *ordo Sigebergensis* in zahlreichen Tochtergründungen verbreitet und anderen Abteien als Reformleistung angeboten. In erster Linie unterschied sich die S. von anderen Reformen durch eine enge Bindung an den Ortsbischof. Dabei ist überraschend, dass die Befreiung von Servitienzahlungen garantiert war und diese ursprünglich auch vermieden wurden. Auch die Ablehnung ritterlicher Dienstmannschaft blieb lediglich ein guter Vorsatz, die eigene Ministerialität im Lehnsverhältnis erreichte bereits Mitte des 12. Jh. bedenkliche Ausmaße. Deutliche Abweichungen zu Cluny, Fruttuaria, Sankt Blasien und Hirsau waren die Verweigerung einer Verbandsbildung, das fehlende Ersuchen um päpstlichen Schutz in der Frühphase sowie das Festhalten am Begriff des *praepositus* (Propst) für Vorsteher in Mönchszellen sowie Priorin oder *magistra* in abhängigen Frauenklöstern. Liturgie und Habit stimmten weitestgehend mit den anderen Reformgruppen überein, unterschieden sich aber deutlich von jenen der Abteien, die an der älteren ➛ Gorzer Reform festhielten. Der Zusammenhalt der Siegburger Gemeinschaft beruhte auf ihren Statuten. Präferenz hatte Siegburg als Mutterabtei und oft besetzten Siegburger Professen die Abtsstellen in den hinzugewonnenen Klöstern. Kirchenbauten folgten keinem charakteristischen Bauschema wie in Hirsau; Chorwinkeltürme und Krypten jedoch waren bevorzugte Ausdruckselemente, auch ist ein gewisser Gigantismus selbst bei Propsteikirchen festzustellen. Zur freien Wahl des Abtes kam seit etwa 1080 die freie Vogtwahl hinzu, die Kontrolle über den Schirmherrn übte der Diözesanbischof aus. Aber auch dieser Amtscharakter der Vogtei erwies sich mit der Zeit als illusorisch. Die Gewohnheiten unterschieden sich etwa zu Hirsau noch in anderen Punkten, die von der Forschung nur indirekt ermitteln werden können, weil die ursprünglichen Statuten verloren gingen und im 17. Jh. nicht mehr bekannt waren. Der Reformkreis um Siegburg umfasste etwa 45 Konvente, die vor allem im Kölner Raum lagen, war aber auch in den Niederlanden (Utrecht) sowie in Thüringen (Saalfeld), Bayern (Weltenburg) und Österreich (Seitenstetten) vertreten. Die Abtei St. Pantaleon in ➛ Köln entwickelte sich gleichzeitig mit Siegburg zu einem zweiten Reformzentrum. Die bischöfliche Gewalt konnte sich durchaus auch hemmend auswirken und mancher

Das reich gestaltete Paradies (um 1250) an der Südseite der Siegburger Propsteikirche in Hirzenach.

Siegburger Einfluss verlor sich wegen geänderter Präferenzen neuer Bischöfe nach kurzer Zeit, so etwa in ➛ Erfurt St. Peter und ➛ Regensburg St. Emmeram. Siegburger Konvente verstanden es, sich weitestgehend aus dem Investiturstreit im 11. und 12. Jh. herauszuhalten. Neu für Benediktiner war die Übernahme seelsorglicher Aufgaben wie der Predigt vor einer Laiengemeinde. Mindestens acht Frauenkonvente schlossen sich in der Frühzeit den Männerabteien an; sie wurden meist in der ersten Generation örtlich getrennt, wobei die Aufsicht der jeweiligen Mönchsabtei festgeschrieben war. Ende des 12. Jh. begann der Niedergang der S. Die letzte Abteigründung unter Siegburger Gewohnheiten war ➛ Wietmarschen 1152, letzte Propsteigründung ➛ Overath 1256. Die Erneuerungskraft des neucluniazensischen Reformverbandes S. hatte sich Mitte 13. Jh. weitestgehend verloren.

◆ GermBen 1; Semmler, Josef: Die Klosterreform von Siegburg, Bonn 1959.

Siegburg, *Benediktinerabtei St. Michael (1064–1803, seit 1914) – „Michaelsberg", Erzdiözese Köln – (Rhein-Sieg-Kreis, Nordrhein-Westfalen, ❐ 3, B1).*

▶ **Geschichte.** Erzbischof Anno II. von Köln (1056–75, kanonisiert 1183) gründete 1064 an einer Burg über der Sieg die Abtei S. und rief zunächst Benediktiner aus ➛ Trier St. Maximin auf den Michaelsberg. Auf einer Italienreise beeindruckte ihn die cluniazensisch beeinflusste Observanz der Abtei Fruttuaria bei Turin dermaßen, dass er 1070 zwölf italienische Reformmönche in seine Neugründung S. einführte, die Trierer Benediktiner „ehrenvoll" zurückschickte und nur den ersten Abt Erpho (1064–76) aus dem lothringischen Kloster Gorze behielt. Der neue Konvent war gemeinsam mit ➛ Köln St. Pantaleon die Keimzelle des bedeutenden ➛ Siegburger Reformkreises, der im 11. und 12. Jh. weit über den Kölner Raum hinaus das benediktinische Leben erneuerte. Durch seinen ausgezeichneten Ruf vergrößerte sich der Konvent bis 1120 auf 120 Mönche, Konversen und Mitglieder in den Propsteien (Zellen) nicht mitgezählt. Die Reformabtei schuf ein ganzes System abhängiger Propsteien, unter denen ➛ Hirzenach, Remagen-Apollinariskloster (s. u.), Fürstenberg bei Xanten (s. u.), ➛ Oberpleis, ➛ Zülpich, ➛ Millen und ➛ Overath die wichtigsten waren. Mönche aus S. übertrugen den *ordo Sigebergensis* in 21 andere Benediktinerabteien. Einen seit 1110 in S. nachweisbaren Frauenkonvent versetzte Abt Kuno I. (1105–26) in das Kloster Nonnenwerth auf einer Rheininsel, wo die Benediktinerinnen bis 1802 lebten und ein Tochterkloster in ➛ Schwarzrheindorf gründeten. Abt Gerhard I. (1174–84) schloss 1181 eine Gebetsbrüderschaft mit dem französischen Reformzentrum Grammont ab; 1183 erreichte er bei Papst Lucius III. die Heiligsprechung des erzbischöflichen Gründers. Die Tochterabtei Altenburg (➛ Arnsburg) musste 1151 Zisterziensern aus ➛ Eberbach überlassen werden. Im nahen Wahnbachtal gründeten Franziskaner 1236 das Kloster ➛ Seligenthal, mit denen sich gute Beziehungen zu beiderseitigem Vorteil ergaben. Mitte des 13. Jh. war die prägende Zeit der Abtei S. vorüber; ein langsamer Niedergang und zunehmende Verweltlichung des Konvents führten aber nie zu einem ruinösen Tiefststand. Abt Pilgrim von Drachenfels (1387–1416) verteidigte mit kriegerischen Mitteln seine Herrschaft über die Stadt S. gegen den Herzog von Berg, dessen Vogteirechte anerkannt blieben. Die Abtei schloss sich nicht der ➛ Bursfelder Kongregation an, aber auch die Reformation blieb im Konvent ohne größeren Einfluss. Abt Hermann von Wachtendonk (1550–78) verwies 1576 alle Reformationsanhänger aus seiner Stadt. 1632–35 flohen die Mönche vor den Schweden nach Köln. Mehrere Reformansätze scheiterten im 17. Jh. am exklusiv adeligen Konvent, der 1671 auf 26 Mitglieder anwuchs. Im 18. Jh. verschlechterte sich die sittliche und wirtschaftliche Situation.

Schließlich verfügte der Wittelsbacher Landesherr Maximilian IV. im September 1803 die Aufhebung. Nach Nutzung als Schule, Heilanstalt und Zuchthaus beleben seit 1914 wieder Benediktiner aus der holländischen Abtei Merkelbeek den Michaelsberg in S.

▶ **Gegenwart.** Zahlreiche Kriege, Unwetterschäden und mehrere Brände veränderten die Bausubstanz der Abtei S. einschneidend, der Zweite Weltkrieg schließlich zerstörte zwei Drittel der Gebäude. Die heutigen Klausurgebäude aus dem 17. und 18. Jh. stehen auf alten Fundamenten. Aus der frühromanischen Zeit blieben lediglich die ausgedehnte Krypta und einige Schmuckelemente erhalten. Aus der ersten Hälfte des 15. Jh. stammt der gotische Chor mit 5/8-Schluss, dem das Langhaus 1649 in gotisierendem Barock hinzugefügt wurde. Der Rumpf des viereckigen Westturms entstand im 12. Jh., seine heutige Höhe erreichte er erst um 1665. Ein Teil des einst reichen Abteischatzes hütet heute die Pfarrkirche St. Servatius in der Stadt.

❖ Zwei der aufgeführten Propsteien von S. hinterließen keine mittelalterliche Architektur: Auf dem Fürstenberg bei Xanten entstand um 1119 eine Siegburger Zelle mit einem Doppelkonvent; die Anlage ging aber um 1250 an Zisterzienserinnen über, die 1586 nach Xanten zogen. Auf dem Berg steht noch eine Kapelle, die erst nach 1586 errichtet wurde.

Bei Remagen gründeten Siegburger Mönche 1110 auf dem Apollinarisberg ein Kloster, das sich zum begehrten Wallfahrtsort entwickelte und 1802 endete. Die heutige Apollinariskirche wurde 1839–44 gebaut. 1857–2006 existierte ein Franziskanerkonvent auf dem Berg, 2007 übernahm eine katholische Schwesterngemeinschaft die seelsorglichen Aufgaben.

◆ GermSac NF 9; Mittler, Placidus: Abtei Michaelsberg S., Siegburg 1987.

Siersdorf, *Deutschordenskommende St. Johannes Baptist (1264–1802), Erzdiözese Köln – (Aldenhoven-S., Kr. Düren, Nordrhein-Westfalen, ❐ 3, A1).*

▶ **Geschichte.** Graf Wilhelm III. von Jülich-Hengebach schenkte 1219 während seines Aufenthaltes in Ägypten dem Deutschen Orden neben ➛ Nideggen auch die Kirche in S. westlich von Jülich, an der aber entgegen häufiger Annahmen nicht sofort eine Kommende entstand. Zunächst vergrößerten Schenkungen und Zukäufe den Ordensbesitz um mehrere Höfe, so Röttgenhof, Schleiden, Welz, Dürboslar und Gut Ungerhausen. Zentraler Verwaltungshof war zunächst Schleiden, erst nach Schenkung von Ungershausen etablierte der Deutsche Orden eine Kommende mit Komtursitz in S. Neuer Landerwerb durch Tauschgeschäfte mit Graf Wilhelm IV. von Jülich setzte im April 1264 den Bau der Kommendegebäude in Gang, die bis 1267 fertig gestellt waren. Die Familie der Burgherren zu Kinzweiler stifteten um 1270 nicht nur das Frauenkloster ➛ Sankt Jöris sondern auch der Kommende Güter in Hoengen. Ludwig von Kinzweiler wurde 1268 als Komtur zu Aldenbiesen (Belgien) erwähnt, ein Ludwig von Kinzweiler erscheint 1320 urkundlich als Komtur von ➛ Gürath. Haus S. unter dem ersten Komtur Volkwinus (1267/68) gilt als eine der ältesten Kommenden der Ballei Aldenbiesen (auch Alden Biesen), die sich Anfang des 14. Jh. herausbildete und die Regionen Belgien, südliche Niederlande und Niederrhein umfasste, eingeschlossen die Kommenden in ➛ Ramersdorf und in Aachen (s. u.). Die Herren von Reuschenberg aus jülischem Adel nahmen im 16. Jh. zum Vorteil des Hauses wichtige Kommandeursämter ein; Franz von Reuschenberg (1524–47) konnte aber nicht verhindern, dass im Dritten Geldrischen Erbfolgekrieg 1543 spanische Truppen Kaiser Karls V. die Anlage S. zerstörten. 1578 baute sie Heinrich von Reuschenberg, Landkomtur der Ballei (1572–1603), im Renaissancestil wieder auf. Komtur Edmund von Reuschenberg (1591–1623) ließ 1607 den „Großen Hof" errichten. Mit dem Aufmarsch französischer Revolutionstruppen 1794 endete die Ordensverwaltung der Kommende, die offizielle Säkularisierung erfolgte 1802.

▶ **Gegenwart.** Der Zechenort S. gehört seit 1972 zur Gemeinde Aldenhoven. Die spätgotische Kommende- und katholische Pfarrkirche St. Johannes der Täufer geht auf Komtur Konrad von Reuschenberg (1491–1522) zurück, der sie 1510 als dritte Kirche an gleicher Stelle erbauen und 1520 mit einem Altar aus Flandern ausstatten ließ. Der zweischiffige Backsteinbau mit Polygonschluss, Westturm und Querwalmdächern über dem Südschiff bewahrt bis heute die reiche spätmittelalterliche Ausstattung der Deutschordenspriester. Das Herrenhaus des Deutschen Ordens von 1578 (eine rechteckige Einflügelanlage mit vier Ecktürmen) ist eines der frühesten Beispiele für diesen Schlosstypus der Renaissance in Deutschland. Leider verhindern besitzrechtliche Konflikte noch heute die Sanierung des seit dem Zweiten Weltkrieg völlig ruinösen Kulturdenkmals. Ein Förderverein zum Wiederaufbau hat sich 2001 konstituiert.

Siersdorf Deutschordenskommende, die Pfarrkirche (1510) geht auf Komtur Konrad von Reuschenberg zurück.

❖ In der südwestlich von S. liegenden Krönungsstadt Aachen gründete der Deutsche Orden 1321 die Priesterkommende St. Gilles (St. Aegidius), die ebenfalls der Ballei Aldenbiesen angehörte und auch 1802 säkularisiert wurde. Die heutigen Gebäude auf dem ehemaligen Kommendeareal in der Pontstraße repräsentieren keine Architektur der Ordensbrüder.

◆ Doose, Conrad (Hg.): Die Deutschordens-Kommende S., Jülich 2006; Neu, Heinrich: Die Deutschordenskommende S., Bonn 1963.

Sindelfingen, *Benediktiner Doppelkloster St. Martin (um 1050–65), Augustiner-Chorherrenstift St. Martin (1477–1536) – „Martinsstift“, Diözese Konstanz – (Lkr. Böblingen, Baden-Württemberg,* ❒ *3, C3).*

▶ **Vorgeschichte.** Auf ihrem ehemaligen Hauptherrschaftssitz S. stifteten um 1050 Graf Adelbert II. aus dem Geschlecht der späteren Grafen von Calw und seine Gemahlin Wilcha an der Urpfarre St. Martin ein Benediktiner Doppelkloster. Beide Benediktinerkonvente wurden aber schon spätestens 1065 nach ➛ Hirsau bei Calw verlegt und belebten in Hirsau ein ausgestorbenes Kloster so erfolgreich, dass es sich zu dem bedeutendsten Reformzentrum des 11. und 12. Jh. entwickelte. In die aufgelassenen Klostergebäude in S. zogen weltliche Kanoniker ein und gründeten ein Kollegiatstift, das in den etwa 400 Jahren seines Bestehens hervorragende wissenschaftliche Leistungen erbrachte und auf das der romanische Kirchenbau St. Martin zurückgeht.

▶ **Geschichte.** 1477 verlegte der Landesherr Graf Eberhard V. im Bart von Württemberg die Säkularkanoniker nach Tübingen zur Unterstützung der dortigen neuen Universität und etablierte an St. Martin

Sindelfingen Augustiner-Chorherrenstift, spätmittelalterliche Klausurgebäude westlich der Stiftskirche.

Sinnershausen Wilhelmitenkloster, nur wenige Architekturreste erinnern an die Mönche.

einen kleinen Konvent regulierter Chorherren der ➛ Windesheimer Kongregation. Zu Hilfe kam ihm Papst Sixtus IV., der 1476 den Abt von ➛ Blaubeuren mit der kirchenrechtlichen Abwicklung beauftragte. Prioren der Stifte ➛ Rebdorf und Kirschgarten (s. u.) bereiteten den Start der ersten sieben Augustiner-Chorherren aus Kirschgarten vor. Bertram von Koblenz (1477) wurde erster Prior des neuen Konvents. Die Hauptaufgabe der Regularkanoniker bestand in der seelsorglichen Betreuung der zahlreichen Pfarreien in der Region. Seit 1534 führte Herzog Ulrich von Württemberg die Reformation im Land ein. Prior Martin Stehelin (um 1531–36) und sein geschrumpfter Konvent verzichteten 1536 gegen Leibgedinge auf ihre Rechte, das Martinsstift wurde aufgehoben. In ihr Mutterstift Kirschgarten bei Worms konnten die Chorherren nicht zurückkehren, da es bereits zerstört und aufgelöst war.

▶ **Gegenwart.** Die romanische, flachgedeckte Pfeilerbasilika mit markantem Glockenturm an der Südseite ist eine bewundernswerte Hinterlassenschaft der Säkularkanoniker aus der Zeit um 1130 und wird heute von der evangelischen Gemeinde als Pfarrkirche genutzt. Spätgotische Veränderungen im Innenbereich, die auf die Augustiner-Chorherren zurückzuführen wären, wurden bei Stilbereinigungen um 1865 entfernt, wenn sie überhaupt existierten. Im ehemaligen Stiftsbezirk stehen westlich der Kirche noch einige spätmittelalterliche Stiftsgebäude, die zum Teil auf die knapp 60-jährige Existenz der Regularkanoniker zurückgehen, die aber durch spätere Nutzung baulich verändert wurden. Längere Abschnitte der Umfassungsmauer, das Bibliotheksgebäude von 1517, der Brunnen und das Sandsteinrelief von 1477 erinnern ebenfalls an die Augustiner-Chorherren im Martinsstift zu S.

❖ Das Mutterstift Kirschgarten südwestlich vor der Bischofsstadt Worms war 1443 in einem verödeten Zisterzienserinnenkloster gegründet worden und beteiligte sich in der zweiten Hälfte des 15. Jh. aktiv bei der Ausbreitung der Windesheimer Reformideale, fiel aber schon 1525 der Zerstörungswut aufständischer Bauern und Bürger zum Opfer. Die Gebäude wurden nicht wieder aufgebaut.

◆ GermBen 5, 588f.; MonWin 2, 414–421; Schempp, Eugen: Der Sindelfinger Stiftsbezirk, in: Sindelfinger Jahrbuch 16 (1974) 249–292.

Sinnershausen, *Wilhelmitenkloster (1292–1525) – „Rosenthal“, Erzdiözese Mainz – (Hümpfershausen, Lkr. Schmalkalden-Meiningen, Thüringen,* ❒ *3, D1).*

▶ **Geschichte.** Gottfried von Katza stiftete 1292/93 zu seinem und seiner Familie Seelenheil ein Mönchskloster in *Syndeloshusen* westlich von Wasungen am Fuß des Roßberges, nannte es „Rosenthal“ und rief Wilhelmiten aus ➛ Weißenborn bei Thal nahe Ruhla in die Rhönregion. Bischof Manegold von Würzburg (Neuenburg) verkaufte 1297 das dortige Burglehen an den gefürsteten Grafen Berthold VII. von Henneberg-Schleusingen, der die Vogtei über das neue Kloster übernahm. Der Grundbesitz blieb auf die unmittelbare Region begrenzt und erlaubte nur einen kleinen Konvent, auch wenn Prior Albrecht (um 1325) das Vorwerk zu Rieden kaufen konnte, das aber wohl bald an den Grafen zurückfiel. Der Kohlbachhof auf dem Roßberg, aber auch Güter bei Friedelshausen, Stepfershausen, Wallbach, Metzels, Mehmels und etwas Fernbesitz gehörten den Mönchen. Ein Bruder Apel des „St. Wilhelmsorden von Sindeleshusen“, erwarb 1351 zusammen mit Partnern von den Schwestern im Kloster ➛ Allendorf eine Salzsole zu Salzungen (Bad Salzungen); nach dem Tod der Käufer fiel die Salzquelle an die Frauen zurück. 1373 fand eine Provinzialversammlung im Kloster S. statt, auf der Prior Konrad von ➛ Witzenhausen Terminiergrenzen zwischen den Konventen Weißenborn und ➛ Orlamünde festlegte; er fungierte später als Provinzialprior (1393–98) der deutschen Ordensprovinz *Alemannia superior.* Der Henneberger Graf Wilhelm II. verbot 1440, mehr Bier zu brauen, als zum Eigenbedarf nötig war. 1457 kaufte Prior Matthäus Wolf den Großmannshof in Hümpfershausen und trat 1465 als Provinzialvikar für alle deutschen Niederlassungen auf. 1481 bestand der Konvent angeblich nur noch aus zwei Wilhelmiten. 1489 eskalierte ein alter Streit um Zinszahlungen der Pächter in Hümpfershausen, den Gräfin Margaretha von Henneberg schlichten konnte. Sie ließ 1502 acht Messen für das Seelenheil ihres verstorbenen Gemahls in verschiedenen Kirchen des Landes lesen, darunter auch im Kloster S., was den guten Ruf der Mönche unterstreicht. Johann Altmüller urkundete 1518 als letzter namentlich bekannter Prior. 1525 ging das Kloster im Bauernkrieg unter, den Besitz zog Graf Wilhelm IV. von Henneberg-Schleusingen ein. Mehrfach wechselnde Eigentümer bauten die Anlage zum Schlossgut um.

▶ **Gegenwart.** Schloss S. ist heute eine vom Land sanierte Residenz im „Schweizerhausstil" von 1859/61 und wird als Jugendausbildungs- und Begegnungsstätte genutzt. Vom mittelalterlichen Kloster sind nur Spuren im Wirtschaftsbereich erhalten. Das „Pächterhaus" wurde 1733 auf den Grundmauern der Klosterkirche errichtet, sakrale Architektur birgt der Bau im Erdgeschoss. Ruinöse Feldsteingebäude im Wirtschaftshof lassen mittelalterlichen Ursprung vermuten, ebenso ganze Teile der ehemaligen Immunitätsmauer.

◆ Hübl, Uta: Chronik Schloss S., Gemeindechronik, Sinnershausen 1999; Mogge, Winfried (Hg.): Das Wilhelmitenkloster zu Witzenhausen, Witzenhausen 1998.

Sinsheim, *Benediktinerabtei St. Michael (nach 1092–1496) – „Sunnisheim", Diözese Worms – (Rhein-Neckar-Kreis, Baden-Württemberg, ❒ 3, C3).*

▶ **Geschichte.** Auf einem steil abfallenden Hügel über der Elsenz nordöstlich der Stadt S. im Kraichgau existierte seit 1006 ein Kollegiatstift, ein Immediatbesitz des Speyerischen Hochstifts im Wormser Bistum. Bischof Johann I. von Speyer (Kraichgau) löste das Kanonikerstift auf und gründete zwischen 1092 und 1100 ein Benediktinerkloster, in das er Mönche aus mehreren Klöstern berief. Innere Spannungen führten in der Frühphase zu häufigem Abtwechsel. Der dritte Abt Adalgerus (1098–1133) kam mit einigen Brüdern aus dem Erneuerungszentrum ➛ Siegburg und erreichte mit strengen Gewohnheiten der ➛ Siegburger Reform eine nachhaltige Festigung des Konvents. Bischof Johann galt als kaisertreu, trotzdem wandte er sich der neucluniazensischen Reformbewegung zu, ein Hinweis, dass beide Haltungen bereits Ende des 11. Jh. vereinbar waren, zumal sich Konvente des Siegburger Reformkreises weitestgehend aus dem Investiturstreit heraushielten. 1099 tauschte Abt Adalgerus vom Wormser Bischof Kuno alle Rechte ein und unterstellte S. auch kirchenrechtlich dem Hochstift Speyer. Zuwendungen des Regionaladels garantierten eine gedeihliche Entwicklung; 1115 erlangte der Konvent die päpstliche Bestätigung. Abt Eggehard (1135–58) unterhielt enge Beziehungen zu ➛ Odenheim, einem Kloster der ➛ Hirsauer Reformrichtung. Sein Nachfolger Johannes (1158–70) aus Siegburg erneuerte den *ordo Sigebergensis*; in ➛ Sankt Ilgen gründete er um 1160 eine kleine Propstei mit drei Mönchen, die in der Schlacht bei Seckenheim 1462 zerstört und 1474 an Kurfürst Friedrich I. von der Pfalz verkauft wurde. Übergriffen der Vögte, der Herren von Wiesloch, begegneten die Benediktiner mit päpstlichen Schutzbriefen. 1192 übergaben sie König Heinrich VI. die Stadt S. und erzielten möglicherweise damit die Übertragung der Vogtei an das Reich. König Ludwig der Bayer verpfändete die Rechte an die Wittelsbacher Pfalzgrafen, die Vogtei kam 1410 an die Linie Pfalz-Mosbach. 1248 bestand der Konvent aus 16 Mönchen. Wirtschaftliche Schwierigkeiten führten im 13. und 14. Jh. zur erneuten Bindung an das Hochstift Speyer, woraufhin die ursprünglich gewährte Exemtion verloren ging. Anfang des 15. Jh. nahm Abt Appel von Finsterloch (1414/26) eine führende Stellung in der Benediktinerprovinz Mainz-Bamberg ein und beteiligte sich an den spätmittelalterlichen Reformbemühungen der Benediktiner. Unter seinen Nachfolgern verlor sich die politische Aktivität und das reformerische Interesse und der Konvent nahm an Kapiteltreffen nicht mehr teil. 1468 zeigten Abt Ulrich von Finsterloch (1468–72) und fünf adelige Mönche zur Rettung ihrer Pfründen Interesse an einer Verweltlichung der Klosterverfassung; Reformansätze, um die sich Bischof Matthias 1469 bemühte, lehnten sie ab. Abt Michael von Angelloch (1496) und der Konvent orientierten sich an den Abteien ➛ Komburg, ➛ Klingenmünster und Odenheim und betrieben die Umwandlung der Benediktinerabtei in ein weltliches Chorherrenstift, dem Papst Alexander VI. 1496 nachgab. Das Kollegiatstift S. hob Kurfürst Friedrich III. 1565 im Zug seiner calvinistischen Reformationspolitik auf.

▶ **Gegenwart.** Auf dem Michaelsberg über S. erhebt sich noch heute die romanische Abteikirche aus dem frühen 12. Jh.; inzwischen erscheint sie jedoch erheblich reduziert. Erhalten blieb das romanische Mittelschiff bis zur Vierung, ebenso ein Teil des Dachstuhls von 1233; Seitenschiffe und Chor fehlen. Der Kirchturm entstand unter den Kanonikern 1522/28 und ist heute das Wahrzeichen der Stadt. „Stift S." wird als Jugendheim genutzt, die Gebäude stammen aus dem 16. und 17. Jh., das Torhaus im Südosteck ist im Kern romanisch.

◆ GermBen 5, 590–598; Bauer, Wilhelm: Von der Freien Adeligen Benediktinerabtei zum Landesjugendheim Stift Sunnisheim, in: Zeugnisse Sinsheimer Kirchengeschichte, in: Sinsheimer Hefte 8 (1994) 7–42.

Sinzenich, *Franziskaner-Tertiarenkloster St. Hubertus (1439– vor 1514), Franziskaner-Tertiarinnenkloster St. Hubertus (1514–1802), Erzdiözese Köln – (Zülpich-S., Kr. Euskirchen, Nordrhein-Westfalen, ❒ 3, A1).*

▶ Ritter Jordan Muyl von Seintzich, Ministeriale im Herzogtum Jülich-Kleve-Berg, oder die Herren von Gertzen stifteten 1439 eine Klause an der romanischen Pfarrkirche St. Kunibert in S. bei Zülpich. Die Klause wurde wohl zunächst von Franziskaner-Observanten aus dem Kölner Kloster St. Agnes ad Olivas (s. u.) bewohnt, von denen 1508 ein heftiger Streit überliefert ist. 1514 übergab man Franziskanerinnen des Dritten Ordens, möglicherweise aus Mariaweiler bei Düren (s. u.), das kleine Kloster. Die Frauen erhielten am Westturm der Pfarrkirche einen rechteckigen Anbau mit Maßwerkfenstern zur Teilnahme an den Messfeiern der Gemeinde. Diese „Nonnenempore" existiert noch heute; 1760 wurde sie aufgestockt, ein Rest der Klostergebäude verbirgt sich in einem Wohnhaus in S. nahe der alten Schule.

Sinsheim Benediktinerabtei, die reduzierte, romanische Abteikirche mit dem Turm von 1522/28, Nordostansicht.

❖ Das „Olivandenkloster“ der Franziskaner-Observanten (später Rekollekten) in der Streitzeuggasse in Köln existierte von 1328 bis 1802. Die Kirche wurde 1910 abgerissen, Reste der Klausur überstanden den Zweiten Weltkrieg nicht.

Das Tertiarinnenkloster „Nazareth“ in Mariaweiler bei Düren entstand vor 1496 und endete 1802. Die Franziskanerinnen wurden von den Kreuzherren des Priorats ➛ Schwarzenbroich seelsorglich betreut. Die heutigen architektonischen Restbauten des Klosters in Mariaweiler stammen aus der Barockzeit.

◆ Janssen, Wilhelm: Das Erzbistum Köln im späten Mittelalter (1191–1515), Bd. 2/1, Köln 1995; Herzog, Harald/Nußbaum, Norbert: Stadt Zülpich. Baugeschichte, Sakralbau, Köln 1988; Firmenich, Heinz: Stadt Zülpich, Neuss 1976.

Sion, *Zisterzienserinnenkloster St. Maria (vor 1230–1559), Diözese Worms – (Mauchenheim, Lkr. Alzey-Worms, Rheinland-Pfalz, ❐ 3, B2).*

▶ Erstmalig wird Frauenkloster S. bei Mauchenheim im Jahr 1230 urkundlich genannt. Als Wohltäter, vielleicht auch Stifter, traten die Truchsessen von Alzey, die Herren von Löwenstein und die Raugrafen auf. Die Grafen von Löwenstein nutzten das Kloster als Erbbegräbnisstätte (wie auch das Kloster ➛ Lichtenstern nahe ihrer Stammburg). Der Konvent, der sich aus dem Regionaladel rekrutierte, bekannte sich zur Zisterzienserobservanz ohne Aufnahme in den Orden zu finden, galt aber als kommittierte Frauengemeinschaft. Die Äbte von ➛ Eberbach übten die geistliche Aufsicht aus. 1309 erlangten die Schwestern das Patronatsrecht über die Ortskirche St. Remigius. Durch die rigorose Aufhebungspolitik Pfalzgraf Friedrichs III. endete 1559 auch das Kloster S. Inzwischen fast völlig abgetragen, findet man heute nur Mauerreste und Spolien in den Weinhängen westlich von Mauchenheim. Das ehemalige Klosterareal wurde 1998–2003 in Form einer kleinen Freizeitanlage sorgfältig saniert; leider hat ein Unwetter einen Teil der Mauern aufgespült. Der Chor der evangelischen Pfarrkirche in Mauchenheim geht auf das Jahr 1528 und damit auf die Klosterschwestern zurück, das Langhaus entstand in der Barockzeit neu.

❖ Im Ort Mauchenheim existierte von etwa 1197 bis 1559 ein zweites Frauenkloster mit Namen „Paradies“, das seit 1418 der Abtei ➛ Disibodenberg unterstand, von dem aber keine aufstrebende Architektur erhalten blieb.

◆ Rödel, Volker: Regesten zur Geschichte des Zisterzienserinnen Klosters S., in: Alzeyer Geschichtsblätter 25 (1990) 3–50; Karlmann, Paul: Kloster S. bei Mauchenheim, in: Historisches Jahrbuch Alzey-Worms 20 (1985) 105–110.

Sirnau, *Dominikanerinnenkloster (1241–92), Diözese Konstanz – (Esslingen-S., Kreisstadt Esslingen, Baden-Württemberg, ❐ 3, C3).*

▶ **Geschichte.** Eine religiöse Frauengruppe aus Kirchheim unter Teck kaufte im Juni 1241 den Hof S. auf der linken Neckarseite gegenüber der Reichsstadt Esslingen von Ritter Albert von Altbach zur Gründung einer klösterlichen Gemeinschaft. Bischof Heinrich von Konstanz (Tanne) verpflichtete die Frauen auf die Augustinusregel mit Statuten der Dominikaner und sicherte ihnen die freie Wahl der Priorin zu. Von Beginn an war wohl die Unterstellung unter den Dominikanerkonvent in ➛ Esslingen vorgesehen, was 1245 offiziell vollzogen wurde. Der erste Einbruch erfolgte bereits 1246, als das Kloster durch Kriegswirren verwüstet wurde. 1248 erhielten die Schwestern Hilfe durch den Verkaufserlös der Krone, die Königin Margarethe von Österreich, Witwe des Staufers Heinrich (VII.), für Arme und Bedürftige gespendet hatte. Mehrere Überfälle und Exilaufenthalte in Esslingen folgten, bis die königliche, bischöfliche und städtische Zustimmung 1292 den Umzug in die Stadt ermöglichte. Der Pfarrklerus protestierte, weil bereits zwei Pfarrkirchen, vier Mendikantenklöster und ein Klarissenkloster um die Seelen der wenigen tausend Einwohner wetteiferten. Die Dominikanerinnen errichteten ihr neues Kloster auf eigenem Besitz in der bereits ummauerten Pliensauvorstadt. Adel- und Patriziertöchter bildeten den Konvent, reiche Mitgift stabilisierte die wirtschaftliche Situation und verführte zu kostspieligen Bauunternehmungen. Der Chor ihrer Klosterkirche übertraf jene aller anderen Kirchen Esslingens; der noch existierende Kirchenchor der Franziskaner (➛ Esslingen) lässt seine Größe erahnen. Verflachung der Klosterzucht, wirtschaftliche Missstände und Verweigerung von Reformen führten 1525 zur Auflösung, sechs Jahre bevor sich die Stadt zur Reformation bekannte; 1530 stimmte Papst Clemens VII. zu. Gegen lebenslange Versorgung der verbliebenen Dominikanerinnen fiel der Besitz an das städtische Katharinenspital.

Sirnau Dominikanerinnenkloster, noch heute begrenzt die mittelalterliche Umfassungsmauer das Klosterareal; Kirche und Klausur existieren aber nicht mehr.

▶ **Gegenwart.** Kloster und Kirche in Esslingen dienten lange Zeit militärischen Zwecken, bis die Gebäude 1852 beim Bau der Eisenbahnstrecke abgerissen wurden. Aber am Gründungsort in S., heute ein eingemeindeter Stadtteil, existiert noch immer malerisch gelegen der ehemalige Gründungshof, heute ein Gut mit Baumschule und Gärtnerei. Klösterliche Immunitätsmauern umgeben die Anlage, die im ständigen Krieg der Reichsstadt mit Württemberg mehrmals gelitten hat. Starkwandige Wirtschaftsgebäude stehen auf alten Fundamenten und sicher verbirgt der weiße Putz frühgotisches Mauerwerk. Von Kirche und Klausur ist nichts überkommen.

◆ Jäggi, Carola: Frauenklöster im Spätmittelalter, Petersberg 2006, 64; Halbekann, Joachim J.: S., in: Württembergisches Klosterbuch, Ostfildern 2003, 459 f.

Sittichenbach, *Zisterzienserabtei St. Maria (1141–1542), „Sichern", Diözese Halberstadt – (Osterhausen-S., Lkr. Mansfeld-Südharz, Sachsen-Anhalt, ❒ 2, A5).*

▶ **Geschichte.** Graf Esiko von Bornstedt stiftete im Mai 1141 im alten Dorf *Sidichenbechiu* im Südharz in der späteren Grafschaft Mansfeld ein Zisterzienserkloster. Prior Volkwin aus ➛ Walkenried, der die strahlendste Persönlichkeit des Ordens, Bernhard von Clairvaux (1090–1153, kanonisiert 1174), noch persönlich kannte, stand als erster Abt (1147–54) dem Gründungskonvent vor; S. gehörte zur Filiationslinie Morimond. Abt Volkwin wurde vom Volk heiligmäßig verehrt, die „Miracula sancti Volquini" (um 1250) preisen seine Wunder. Königliche Fürsorge, päpstliche Privilegien und eigene Wirtschaftskraft sorgten für eine prosperierende Entwicklung des Klosters „Sichern", das vier Tochterklöster gründete. Nachdem Markgraf Otto I. von Brandenburg 1180 das Zisterzienserkloster ➛ Lehnin zwischen Havel und Hohem Fläming gestiftet hatte, kamen 1183 Mönche aus S. in das brandenburgische Land; der erste Lehniner Abt Sibold wurde im Konflikt mit heidnischen Untertanen 1185 erschlagen. Lehnin übertraf das Mutterkloster S. später an Bedeutung. Burggraf Heinrich I. von Leisnig rief 1192 Zisterzienser aus S. an die Freiburger Mulde in seine Stiftung ➛ Buch. Um 1235 folgten Gründungsbeihilfen im sächsischen ➛ Grünhain und um 1255 für das Frauenkloster ➛ Mehringen. Mit der Abtei Grünhain im westlichen Erzgebirge bestanden die gleichen wirtschaftlichen Interessen, beide Abteien unterhielten gemeinsam einen Stadthof in Zwickau. Der Halberstädter Bischof Konrad von Krosigk lebte nach seiner Amtszeit als Mönch im Kloster (1209–26) und erreichte trotz eines Reliquienstreits eine Gebetsverbrüderung zwischen der Abtei und dem Domkapitel in Halberstadt. Auch das Kollegiatstift Frose gehörte zur Bruderschaft der Zisterzienser. Unter Abt Hermann I. (1239–55) genoss S. sein wohl höchstes Ansehen; Kupferschieferbergbau und Sandsteingewinnung sind schon in seiner Zeit nachweisbar, auch ließ

Sittichenbach Zisterzienserabtei, sogenannte „Abtskapelle".

er eine Klosterschule einrichten. Die Mönche kultivierten weite Bereiche der Rohrniederung, die Region des Helmerriethes und die „Wüste" bei Gatterstedt. Die Südhänge des Bischofröder Höhenrückens dienten dem Weinanbau; über unterirdische Stollen wurde Quellwasser in die Abteianlage geleitet. Die Interessensphären im Helmegebiet mussten 1277 gegenüber der Mutterabtei Walkenried rechtlich abgegrenzt werden. Im 14. Jh. setzten der wirtschaftliche Niedergang und die Verflachung der Klosterzucht ein, beschleunigt durch die Halberstädter Bischofsfehde (1326–55) sowie den Streit um Vogteirechte zwischen den Mansfelder Grafen und den Wettinern von Meißen. Äbte der Mutterabtei griffen mehrmals ordnend im Konvent ein; Abt Konrad III. (1345–53) aus Walkenried ging Mitte des 14. Jh. gegen Disziplinverstöße in S. vor. 1362 setzte sich Graf Gebhard III. von Mansfeld militärisch durch und beanspruchte von nun an als erzbischöflich-magdeburgischer Lehnsträger die Landesherrschaft über die Abtei, was diese nach eigenen Angaben dreimal an den Rand des wirtschaftlichen Ruins brachte. Im Mai 1525 plünderten und brandschatzten aufständische Bauern in S., Urkunden und Zinsbücher landeten im Brunnen, die Wirtschaft in den umliegenden Dörfern lag brach. Der Restkonvent begann Kirchenkleinodien zu veräußern, um überleben zu können. Herzog Heinrich II. von Sachsen-Meißen-Dresden säkularisierte die Abtei 1542 und übergab die Güter an Graf Albrecht IV. von Mansfeld. Ritter Ernst von Hake zerstörte kurz darauf in einer Fehde gegen die Mansfelder die Klostergebäude völlig.

▶ **Gegenwart.** Außer Würfelkapitellen ist von der romanischen Säulenbasilika der Zisterzienser (Mitte 12. Jh.) nichts erhalten. Eine der vier Eckkapellen der Immunitätsmauer blieb bestehen und wird heute für den evangelischen Gottesdienst genutzt. Diese gotische Kapelle („Abtskapelle") zeigt schmale Spitzbogenfenster und Kreuzrippenwölbung, ihre Vorhalle entstand in der Neuzeit. Einige Wohn- und Wirtschaftsgebäude des Gutshofes enthalten noch mittelalterliche Mauerteile, spitzbogige Öffnungen, Ornamente, Konsolsteine und Gewölbekeller. Das ausgemauerte Stollensystem der Mönche, das beim Kupferabbau im angrenzenden Berg entstand und als Trinkwasserzuleitung diente, ist heute noch zu besichtigen.

◆ RepZist 455–459; Heutger, Nicolaus: Kloster Walkenried. Geschichte und Gegenwart, Berlin 2007, 70–73; Schrader, Franz: Das Cisterzienserkloster St. Maria in S., in: Cistercienser Chronik 86 (1979) 1–6.

Sitzenkirch, *Benediktinerinnenpriorat (um 1125–1525), Diözese Konstanz – (Kandern-S., Lkr. Lörrach, Baden-Württemberg, ❐ 3, B4).*

▶ Anfang des 12. Jh. gründete die Reformabtei St. Blasien aufgrund von Stiftungen der Markgrafen von Hachberg, der Herren von Kaltenbach und des Regionaladels die Priorate ➛ Weitenau, Bürgeln (s. u.) und S. im Markgräflerland im südlichen Schwarzwald. In S. ließen sich um 1125 Benediktinerinnen nieder, die die neucluniazensischen Gewohnheiten des ➛ Sankt Blasien-Reformkreises befolgten. 1177 urkundete eine Vorsteherin Bertha für den Konvent. 1272 wurden Teile des Ortes, sowie Kloster und Kirche von Rudolf von Habsburg zerstört, 1290 entstand die heutige Kirche neu. Der Abtei St. Blasien oblag die geistliche Aufsicht über den Schwesternkonvent, weltlichen Schutz und Förderung boten die Markgrafen von Hachberg, die im 13. Jh. auf der nahen Sausenburg residierten und Kloster S. als Familiengrablege nutzten. Markgraf Rudolf III. der Linie Hachberg-Sausenberg erwies sich um 1400 als großzügiger Gönner der Frauengemeinschaft. Im Spätmittelalter erlangte die Mutterabtei auch weltliche Rechte über S. und führte das Kloster als Propstei. Aufständische Bauern zerstörten 1525 die Klausuranlage, zuvor waren die Schwestern nach Basel geflohen. Seit 1503 gehörte das Markgräflerland laut Vertrag der badischen Markgrafenlinie Durlach, die sich 1555 zur Reformation bekannte. Die katholische Abtei St. Blasien behielt zwar ihren Klosterbesitz, durfte aber in S. keinen neuen Konvent einrichten. Ein Propst oder Schaffner verwaltete die Güter bis zur Säkularisierung 1807. Die heutige Saalkirche St. Hilarius der evangelischen Gemeinde geht im Kern auf die Klosterkirche von 1290 zurück. Der als „Klosterhof" bezeichnete Landwirtschaftsbetrieb neben der Kirche erinnert an den ehemaligen Klosterbereich.

❖ Das zeitgleich mit S. gegründete Mönchspriorat Bürgeln östlich von Schliengen existierte über die Reformation hinaus bis 1806. Propst Aloys Mader ließ mit Hilfe der Mutterabtei St. Blasien 1782 die noch heute bestehende, neoklassizistische Schlossanlage bauen; mittelalterliche Architektur blieb nicht erhalten.

◆ HHistStD 6; Wörner, Hans Jakob: Das Markgräflerland. Bemerkungen zu seinem geschichtlichen Werdegang, in: Das Markgräflerland Heft 2/1994; Ott, Hugo: Die Klostergrundherrschaft St. Blasien im Mittelalter, Stuttgart 1969.

Sitzenroda, *Benediktinerinnenkloster St. Maria (vor 1225–1539) – „Marienpforte", Diözese Meißen – (Gneisenaustadt Schildau, Lkr. Nordsachsen, Sachsen, ❐ 2, C5).*

▶ **Geschichte.** Der Meißner Domherr Luprand und seine Brüder Dieprand und Dietrich begüterten 1198 ihre neuerrichtete Eigenkirche im sächsischen S. inmitten der Dahlener Heide südlich von Torgau so reichlich, dass sie wohl die Gründung eines Klosters beabsichtigten. 1225 erscheinen in Urkunden erstmals Propst und Priorin von „Marienpforte" von S. Zwischen 1251 und 1270 schlossen sich dem Konvent Zisterzienserinnen an, die aus Dörschnitz bei Lommatzsch kamen. Diese Zisterzienserinnen am Dörschnitzer Hospital treten erstmals bereits 1251 urkundlich auf, weil Papst Innozenz IV. ihnen das Zisterzienserprivileg zuerkannte. Die Gründe ihres Wechsels nach S. geben die Quellen nicht bekannt. Der Ort Dörschnitz gehörte damals der Zisterzienserabtei ➛ Buch; möglicherweise entzogen sich die Frauen der strengen Aufsicht der Mönche und begehrten Anschluss an den Benediktinerinnenkonvent in S. (einen analogen Obödienzwechsel vollzogen zur gleichen Zeit die Schwestern des Heilig-Kreuz-Klosters bei ➛ Meißen, die beim Papst ihre Auslösung von zisterziensischer Aufsicht erreichten und die weniger strengen Regeln der Benediktiner bevorzugten, obwohl sie nun die bischöfliche Jurisdiktion akzeptieren mussten). Der vereinte Konvent in S. lebte seit 1292 eindeutig nach den Gewohnheiten eines Benediktinerinnenklosters, auch wenn er noch in einer Urkunde von 1300 als Zisterzienserinnenkonvent bezeichnet wird. Markgraf Heinrich der Erlauchte nahm Marienpforte 1283 unter Schutz, die Befreiung von landesherrlichen Steuern folgte 1291; erst 1510 war der Konvent heerfahrtspflichtig. Die Frauen konnten ihren Kernbesitz von acht Dörfern um das Kloster arrondieren und übten Patronatsrechte über die Kirchen in Dörschnitz, Frankenstein und S. aus, in einigen Dörfern waren sie dem Kloster ➛ Nimbschen abgabepflichtig. Schon im 13. Jh. besaßen die Schwestern, die meist dem Niederadel entstammten, persönliche Leibgedinge. Um 1300 wechselte der Titel der Vorsteherin von Priorin zu Äbtissin. Durch Heilkunst, Krankenpflege und Armenfürsorge erlangte S. regionale Bedeutung, größere Ausstrahlung erreichte der Konvent jedoch nicht. Die Reformation blieb im albertinischen Sachsen ohne existentielle Folgen für Klöster und Stifte, solange der katholische Herzog Georg der Bärtige lebte. Erst sein Nachfolger Heinrich II. verfolgte 1539 eine strikte Aufhebungspolitik und führte eine lutherische Kirchenordnung ein. Als letzte Äbtissin wird Anna von Miltitz genannt. 1564/70 entstand ein kurfürstliches Jagdschloss, das später abbrannte.

Sitzenroda Benediktinerinnenkloster, die romanische Klosterkirche (1198) unterlag eingreifenden Umbauten.

▶ **Gegenwart.** Auf dem Hügel über dem Ort steht die schlichte langgestreckte Klosterkirche von 1198, heute die evangelische Dorfkirche St. Marien. Der verputzte, einschiffige Bruchsteinbau mit 3/8-Chorschluss unterlag beim Schlossbau eingreifenden Umbauten. Die Grabplatte der letzten Äbtissin und der spätmittelalterliche Altar der Ordensschwestern blieben erhalten; mittelalterliche Klostergebäude existieren nicht mehr.

◆ Köhler, Anne-Katrin: S., in: Geschichte des Klosters Nimbschen, Leipzig 2003, 154–156; Schlesinger, Walter: Kirchengeschichte Sachsens im Mittelalter, Bd. 2, Köln 1962, 282–284.

Sobernheim, *Johanniterkommende St. Johannes Baptist (1427– um 1795), Erzdiözese Mainz – (Bad S., Lkr. Bad Kreuznach, Rheinland-Pfalz, ❐ 3, B2).*

▶ **Geschichte.** Ritter Johann Boos von Waldeck und seine Gemahlin Ida von Frankenstein übereigneten 1427 dem Johanniterorden ihren Besitz in S., einem Ort im Nahetal, der 1259 vom Kloster ➛ Disibodenberg an Kurmainz übergegangen war. Ordensbrüder erbauten im nördlichen Bereich der befestigten Stadt eine Priesterkommende, die der

Ordensprovinz Kurpfalz zugeordnet wurde, und errichteten bis 1465 die heute noch existierende Kapelle. Die Niederlassung Hangenweisheim bei Alzey (s. u.) unterstand S. als *membrum*. Verbindungen zur nahen Priesterkommende ➛ Meisenheim erschließen die Quellen nicht. 1554 wird erstmals ein Spital in der Stadt erwähnt; ob die Johanniter daran beteiligt waren, geht aus den Quellen nicht hervor. Kurfürst Friedrich I. von der Pfalz vereinnahmte 1471 nach seinem Sieg über Kurmainz auch S., so dass die Stadt bis nach der Französischen Revolution unter kurpfälzischer Herrschaft stand. Laut Visitationsprotokoll lebten 1495 Komtur Johann Sebenhar und zwei weitere Ordenspriester in S., einziger Bediensteter war der Koch. Der Viehbestand war mit einem Pferd und zwei Kühen sehr gering. Zwischen 1540 und 1560 setzte sich die Reformation in S. durch, die Kommende wurde vermutlich 1559 zeitgleich mit Kloster Disibodenberg aufgelöst. Dreißigjähriger Krieg und Pfälzischer Erbfolgekrieg brachten Zerstörungen über die Stadt, den Johannitern jedoch die Restitution ihres Besitzes. Von einem monastischen Leben konnte nicht mehr die Rede sein, gleichwohl errichtete Komtur Jakob von Duding (1707–66) ein neues, repräsentatives Haupthaus. Auch ein „Malteser Hospitalgut" wurde 1722 erbaut; sein späterer Besitzer war Erbförster Friedrich Wilhelm Utsch (1732–95), der (oder ein Amtskollege) als „Jäger aus Kurpfalz" in das deutsche Liedgut einging. Die Johanniterniederlassung S. ging um 1795 in den Revolutionskriegen unter.

▶ **Gegenwart.** Aus spätmittelalterlicher Zeit blieb die Kommendekapelle der Johanniter als wertvolles Architekturgut der heutigen Kurstadt erhalten. Diese „Malteserkapelle" mit sterngewölbtem Hochchor und niedrigem Langhaus wurde 1664 von der ersten katholischen Gemeinde nach der Reformation als Pfarrkirche hergerichtet; seit 2004 erfüllt sie den Zweck einer christlichen Begegnungsstätte. Bei Sanierungsarbeiten entdeckte man im Langhaus spätgotische Fresken unter altem Gipsputz. Das barocke Hauptgebäude der Kommende (1750) diente von 1821 bis 1960 als Schule sowie dem Amtsgericht, heute ist es für Wohnzwecke ausgebaut.

❖ Das untergeordnete Johanniterhaus Hangenweisheim im Alzeyer Hügelland ist 1304 erstmals belegt und gehörte wie die Kommende Mainz zur Ordensprovinz Rheingau. Über die Unterstellung des Hauses entstand Streit zwischen S. und der Kommende in Mainz, den der Großprior Rudolf von Werdenberg-Sargans (1481–1505) im Jahr 1502 zugunsten der Kommende S. entschied. Hangenweisheim endete um 1795 zusammen mit S. ; im heutigen Ort Hangen-Weisheim südöstlich von Alzey erinnert nichts an die Ordensbrüder.

◆ Böttcher, Otto: Die Malteserkapelle in S., Mainz 2000; Jürgensmeier, Friedhelm (Hg.): Handbuch der Mainzer Kirchengeschichte, 3 Bde., Würzburg 1997–2002; Rödel, Walter: Das Großpriorat Deutschland des Johanniter-Ordens, Mainz 1965, 246–249.

Soest, *Dominikanerkloster Heilig Kreuz (um 1230–1814) – Erzdiözese Köln – (Kreisstadt, Nordrhein-Westfalen,* ❐ *1, C5).*

▶ Der Dominikanerkonvent in der kurkölnischen Stadt S. entstand um 1230 kurz vor der Ankunft der Franziskaner (➛ Soest), wurde 1241 offiziell in den Predigerorden aufgenommen und gehörte nach 1303 zur *Natio Westfaliae* der Ordensprovinz Saxonia, die bis zur Reformation mindestens sechsmal ein Provinzkapitel in S. einberief. Päpstliche Erlasse schützten 1265 und 1305 ausdrücklich die seelsorglichen Befugnisse der Prediger gegenüber der Pfarrgeistlichkeit. Über Predigten und Prozessionen stimmten sich Dominikaner und Minoriten 1317 und 1355 vertraglich ab; beide unterhielten in Lippstadt eine gemeinsame Terminei. Die Brüder halfen 1251 bei der Gründung des Frauenklosters Paradiese (s. u.) und begleiteten die Mitschwestern seelsorglich bis zu deren Konfessionswechsel 1808 (Aufhebung 1811). Dominikaner aus S. belebten die Neugründungen ➛ Dortmund 1309 und ➛ Marienheide 1420. Der Inquisitor Jakob von Soest (1417–20) hielt 1421 einen Prozess in seinem Profess- und Heimatkloster ab und verbrachte seinen Lebensabend bis 1438 in S. Der Konvent in Dortmund half 1509 dem Prior Andries Smyt (Fabri, 1509/19) bei seinen Reformbemühungen. Bruder Thomas Borschwede († 1537), der von ➛ Osnabrück nach S. strafversetzt worden war, leitete 1530 mit Thesen und Disputationen die reformatorische Umwälzung in der Stadt ein, die sich zwei Jahre später offiziell zur Reformation bekannte. Das Kloster wurde nicht angetastet, aber, wie der Minoritenkonvent auch, in seinen Rechten eingeschränkt und verlor seine Bedeutung als Gelehrtenzentrum. Die preußische Amtsverwaltung löste das verarmte Dominikanerkloster im August 1814 auf. 1822 waren Kirche und Ostflügel der teilweise noch immer mittelalterlichen Klosteranlage niedergelegt, 1975 folgte der Südflügel. Der mehrfach veränderte Westflügel dient heute als Wohn- und Praxisgebäude, ein Teil ist in ein Kaufhaus integriert.

❖ Das reich begüterte Dominikanerinnenkloster Paradiese östlich vor der Stadt hinterließ einen barocken Klausurflügel (1710), der inzwischen als Krankenhaus genutzt wird. Mühle und Nebengebäude stammen ebenfalls nicht aus der mittelalterlichen Klosterzeit.

◆ Pieper, Roland: S.– Wohn-, Praxis- und Lagergebäude, ehem. Dominikanerkloster, in: Historische Klöster in Westfalen-Lippe, Münster 2003, 104; Koske, Marga: S., Dominikaner, in: Westfälisches Klosterbuch, Tl. 2, Münster 1992, 360–365.

Soest, *Franziskanerkloster St. Johann Baptist und St. Johann Evangelist (1233–1814) – „Neu-Thomae", Erzdiözese Köln – (Kreisstadt, Nordrhein-Westfalen,* ❐ *1, C5).*

▶ **Geschichte.** Entsprechend späterer Überlieferung bat Erzbischof Heinrich I. von Köln (Müllenark) das Provinzkapitel der Kölner Franziskanerprovinz 1233 darum, einige Brüder in seine Stadt S. zur Gründung einer Niederlassung zu senden, da es an seelsorglicher Betreuung mangele, obwohl erst etwa drei Jahre zuvor die Dominikaner (➛ Soest) in die Stadt gekommen waren. Die ersten Franziskaner unter Guardian Benedikt von Polen fanden hilfreiche Aufnahme bei Rat und Bürgern. Konflikte mit den Weltgeistlichen der Stadt blieben nicht aus, Papst Clemens V. musste 1305 strittige Kompetenzfragen klären. Die Ablassurkunde Erzbischof Konrads von Hochstaden erwähnt 1259 die Klosterkirche St. Johannis, die sich

Sobernheim Johanniterkommende, die spätgotische „Malteserkapelle" mit ihrem Hochchor, Südwestansicht.

wohl gerade im Bau befand. Weitere päpstliche und bischöfliche Ablässe dienten ihrer Vollendung, die erst 1343 erfolgte. Um diese Zeit verfasste Bruder Johannes Blomendahl bedeutende theologisch-philosophische Werke; ihm folgten Hermann Lappe (um 1434), Arnold de Lutteke (um 1468) und Guardian Patroclus Boeckmann (um 1550) als schreibende Gelehrte. Die kurkölnische Stadt profitierte von regionalen Salzquellen, Erzverhüttung und dem Handel am Knotenpunkt wichtiger Handelsrouten. Das reiche Bürgertum fand in den Bettelbrüdern zuverlässige Seelsorger. Die Minoriten betreuten mehrere Schwesterngemeinschaften, an Festtagen predigten sie im Wechsel mit den Dominikanern im Patroclusstift der Stadt. Im 15. Jh. erreichten Stadt und Konvent ihre Hochblüte. In der Soester Fehde (1444–49) konnten zwar kurkölnische Truppen besiegt werden, Macht und Einfluss der Stadt sanken jedoch in der Neuzeit langsam bis zur Bedeutungslosigkeit. Die Observanzbewegung des Ordens setzte sich im Konvent S. nicht durch, denn die Brüder hielten an der konventualen Verfassung mit Duldung zinspflichtiger Liegenschaften fest. Der Einfluss der ➛ Martinianischen Reformen ist seit 1452 am städtischen Schaffner erkennbar. Nach dem offiziellen Bekenntnis der Stadt zur Reformation 1531/32 wurde das Kloster zwar nicht angetastet, Guardian Gerwin Haverland (1516–35, auch Provinzial) und Konvent mussten aber Einschränkungen hinnehmen, wie etwa das Verbot öffentlicher Messen und das Tragen des Habits in der Stadt. Guardian Patroclus Boeckmann, genannt „Daniel von Soest", provozierte 1551 mit antireformatorischen Satiren einen Verweis aus der Stadt. Die Existenz des Klosters war mitunter durch wirtschaftliche Not, besonders im Dreißigjährigen Krieg, gefährdet. Im 17. und 18. Jh. konnte die Johanniskirche barock ausgeschmückt werden, der Lettner fiel 1653. Der Konvent war 1768 immerhin 29 Brüder stark. Die preußische Amtsverwaltung löste das Franziskanerkloster 1814 nach dem Dominikanerkonvent auf. Guardian Nikolaus Weling, fünf Priestermönche und zwei Laienbrüder wurden kärglich abgefunden.

▶ **Gegenwart.** Seit 1851 dient die ehemalige Franziskanerkirche in S. der evangelisch-lutherischen Pfarrgemeinde St. Thomae als Gotteshaus, seitdem heißt sie „Neu-St. Thomaekirche" (die ältere Pfarrkirche „Alt-St. Thomae" nutzt die evangelisch-reformierte Gemeinde). Die typisch turmlose Bettelordenskirche aus der Mitte des 14. Jh. ist eine beeindruckende, dreischiffige Halle mit einschiffigem Langchor im 5/8-Schluss, die knapp über 50 m Gesamtlänge, über 18 m Breite und 14 m Höhe erreicht. Nach ihrer Zerstörung bis auf Chor und Umfassungsmauern im März 1944 durch alliierte Bomben wurde sie originalgetreu wiederaufgebaut, die Neuweihe erfolgte im Dezember 1966. Erhalten blieben ein Taufstein (Ende 15. Jh.) und einige Grabplatten, der älteste erinnert an Erzbischof Wigbold von Holte († 1304). Die südlich anschließenden Gebäude von 1500/25 mussten ebenfalls erneuert werden. Der originale Ostflügel des Kreuzgangs wurde als letzter Bestand sakraler Spätgotik der Stadt beseitigt.

◆ Thiemann, Bernhard: Die Klöster der Stadt S., in: Klöster und monastische Kultur in Hansestädten, Rahden 2003, 297–312; Koske, Marga: S., Minoriten, in: Westfälisches Klosterbuch, Tl. 2, Münster 1992, 366–370.

Soest Franziskanerkloster, der lichtdurchflutete Chorbereich in der „Neu-St. Thomaekirche" (um 1350).

Sölden, *Benediktinerinnenpriorat St. Fides und St. Markus (um 1080– um 1500), Benediktinerpropstei St. Fides und St. Markus (1601–1807), Diözese Konstanz – (Lkr. Breisgau-Hochschwarzwald, Baden-Württemberg,* ❐ *3, B4).*

▶ **Geschichte.** Der Regensburger Bürgersohn und Freisinger Dompropst Ulrich (1029–93, kanonisiert 1109) wurde Mönch und Prior in der Benediktinerabtei Cluny in Burgund. Er beeinflusste seinen Freund Abt Wilhelm von ➛ Hirsau (1069–91) zur Annahme der *constitutiones Cluniacenses* und gründete selbst zwei Priorate: St. Ulrich zu Zell im Schwarzwald (s. u.) und S. südlich von Freiburg. Diese beiden Priorate blieben die einzigen Klöster innerhalb der heutigen deutschen Grenzen in direkter Abhängigkeit von der französischen Abtei Cluny (die Unterstellung des Klosters ➛ Laach in der Eifel nach 1095 als Priorat der cluniazensischen Abtei Afflighem in Belgien kann man nur als mittelbare Zugehörigkeit zum Verband Cluny betrachten, die nicht von Dauer war). Zunächst entstand das Frauenpriorat S. um 1080 in Bollschweil. Nachdem aber der Ministeriale Gerald von Scherzingen und seine Familie ihr Allod im Hexental am Westrand des Schwarzwalds der Abtei Cluny übertragen hatten, zogen die Schwestern 1115 nach S. um. Die Vaterabtei Cluny bestimmte den Prior aus den eigenen Reihen, oft unterstützt von einem zweiten Bruder. Der Konvent unter einer Meisterin war im 13. Jh. bis zu 22 Schwestern stark. Die Frauen erlangten das Bürgerrecht in Freiburg, Namen sind nicht überliefert. Visitatoren bezeichneten erstmals 1297 die Disziplin der Schwestern als heruntergekommen, Schulden und baulicher Verfall verstärkten den Eindruck. Schwierigkeiten in der burgundischen Vaterabtei machten sich bemerkbar, als ein Prior nicht mehr gestellt werden konnte und

Weltgeistliche deren Aufgaben übernahmen. Der Großbrand von 1468 beschleunigte den Verfall. In der Phase des Wiederaufbaus zählte der Konvent 1493 noch drei Schwestern. Bei der Zerstörung im Bauernkrieg 1525 war S. offensichtlich bereits verödet, ein Prior wohnte zur Verwaltung der Güter weiterhin im Kloster, war aber der deutschen Sprache nicht mächtig. Nach langen Bemühungen erreichte die Schwarzwaldabtei St. Peter 1598 die päpstliche Genehmigung zur Übernahme des ehemaligen Klosters. Abt Johann Jakob Pfeiffer (1601–09) verpflichtete 1601 einen Mönchskonvent von maximal drei Benediktinern; er und einige Nachfolger nutzten S. als Alterssitz. Die Schweden zerstörten 1640 die Konventsgebäude, die nicht wieder besetzt wurden; französisches Kriegsvolk vollendete 1676, 1713 und 1744 die Vernichtung. Nach dem Neuaufbau 1685/98 und abermals 1746/52 richtete die Abtei eine Schule ein, in der Benediktiner Unterricht erteilten. Propst Paulus Hendinger (1786–1807) ging 1806 nach Freiburg, die offizielle Aufhebung erfolgte 1807 durch das Großherzogtum Baden.

▶ **Gegenwart.** Die heutige katholische Pfarrkirche St. Fides und Markus in S. geht in ihrem Grundbestand auf die Bautätigkeit der Cluniazensermönche für den damals noch bestehenden Frauenkonvent im ausgehenden 15. Jh. zurück. Die Sakristei am nördlichen Chor entstand nach dem Brand 1468 und ist der älteste Teil der heutigen Saalkirche, der eingezogene Polygonalchor trägt die Jahreszahl 1494. Dachreiter und Innenschmuck stammen aus der zweiten Hälfte des 18. Jh.; einzig ein ehemaliges Chorbogenkreuz (um 1525) erinnert an die mittelalterliche Ausstattung. Die bestehenden Propsteigebäude am hinteren Eingang sind 1595 entstanden, am vorderen Tor findet sich ein Hinweis auf 1698 und große Teile der heutigen Gebäude sind aus dem 18. Jh.

❖ Das Benediktinerkloster St. Ulrich zu Zell südöstlich von S. ging aus einer Mönchsgemeinschaft hervor, die bereits vor 1071 auf dem Tuniberg bei Rimsingen lebte, aber zwischen 1077 und 1080 nach Grüningen und als cluniazensisches Priorat um 1083 noch einmal nach Zell (Wilmarszell) ins Möhlintal verlegt wurde. Seit Mitte des 14. Jh. orientiert sich die Klosterbezeichnung auf den ersten bekannten Vorsteher und Heiligen, Ulrich von Zell (auch Ulrich von Cluny), insbesondere das Patrozinium änderte sich aufgrund der Kanonisierung Ulrichs 1109 von St. Peter zu St. Ulrich. Nach dem reformatorischen Niedergang wurde das Kloster der Abtei St. Peter offiziell 1578 angegliedert und revitalisiert. Mit der Abtei St. Peter ging auch St. Ulrich 1806 unter. Mittelalterliche Architektur blieb nach mehreren Bränden nicht bestehen; die heutige Pfarrkirche St. Ulrich entstand etwas versetzt vom Platz der mittelalterlichen Klosterkirche im 18. Jh. neu.

◆ GermBen 5, 599–604; Hermann, Manfred: Kath. Pfarrkirche St. Fides und Markus S., Lindenberg 2002.

Solnhofen Benediktinerpropstei, Ruine der „Solabasilika" von 819/842, damals bereits der vierte Kirchenbau.

Solnhofen, *Benediktinerpropstei St. Salvator u. a. (nach 794–1533) – „Solabasilika", Diözese Eichstätt – (Lkr. Weißenburg-Gunzenhausen, Bayern, ❒ 4, A3).*

▶ **Geschichte.** Der angelsächsische Eremit Sola († 794), Schüler des hl. Bonifatius (671/672–754), kam vermutlich mit den Brüdern und späteren Heiligen Willibald (um 700–787/789) und Wunibald (Wynnebald, † 761) nach Eichstätt. Willibald wurde erster Bischof der neuen Diözese, Wunibald leitete als erster Abt sein eigenes Missionsklosters ➛ Heidenheim; Sola errichtete auf dem Königsgut im Altmühltal eine Zelle, die ihm Karl der Große 793 übereignete. Sola war weniger als Missionar tätig, sondern mehr als Priester und Hofkaplan zur Verwaltung der königlichen Güter. Kurz vor seinem Tod übertrug er seinen Besitz der Reichsabtei ➛ Fulda, der Grabstätte des Bonifatius. Fulda schickte nach 794 eine Mönchsgemeinschaft zur Solazelle und ließ bis 838 eine Basilika zu Ehren des Erlösers erbauen. Reichsabt Hrabanus Maurus (822–842) bemühte sich um die Festigung der inzwischen etablierten Propstei unter Propst Santharat (836, † 855) und fand darin Unterstützung bei Kaiser Ludwig dem Frommen; die Grundausstattung umfasste 20 Fronhöfe. Diakon Gunthram durfte mit bischöflicher Genehmigung um 835 das Grab Solas öffnen und seine Gebeine nochmals feierlich bestatten, damals der (noch nicht offizielle) Akt einer Heiligsprechung. Die Propstei S. entwickelte sich zum bedeutenden Wirtschaftszentrum der Region, blieb aber immer in fuldischer Abhängigkeit. Die Vogtei übten die Grafen von Truhendingen aus, seit 1281 das Hochstift Eichstätt. Aus dem Mittelalter sind nur Wirtschaftsurkunden überliefert, denn hauptsächlich diente die Außenstelle wohl der Güterverwaltung. Kaiser Sigismund bestätigte Propst Johannes (1425/34) und Konvent sämtliche Freiheiten; 1440 kam S. jedoch unter die Herrschaft der Hohenzollern. Knapp 100 Jahre später führte der lutherische Markgraf Georg von Brandenburg-Ansbach in S. eine neue Kirchenordnung ein und setzte Propst Jakob Jäger im Jahr 1533 ab – einer anderen Quelle zufolge bekannte sich ein Propst Willibald Zeller 1533 zum evangelischen Glauben.

▶ **Gegenwart.** Die „Solabasilika" von 819/842 wurde 1782 abgetragen; ihre eindrucksvollen Reste sind heute noch zu bewundern. Archäologische Grabungen 1961–97 offenbaren, dass die Basilika bereits der vierte Kirchenbau am Ort war; die erste Kirche in norditalienischer Bauweise muss bereits um 650 an gleicher Stelle gestanden haben. Die Missionsarbeit durch Bonifatius und seine Schüler zielte im Altmühltal weniger auf Heiden, sondern war wohl eher gegen den Arianismus gerichtet. Der Ort Husen war ein altbesiedelter Platz zur Eisenerzverhüttung, die Bewohner errichteten schon im 7. Jh. ein steinernes Gotteshaus. Solas „Bethaus" war die dritte Kirche, ein einfacher Saal mit Apsis. Diesen Saal bauten die Benediktiner aus Fulda zur dreischiffigen Basilika mit dreiteiligem Chor und Krypta aus, deren nördliches Seitenschiff mit Arkaden, Säulen und Pfeilern bis heute erhalten blieb. Überraschend ist der Stützenwechsel im karolingischen Bau; die erhaltene Tumba gleichen Alters ist leer.

Sonnefeld Zisterzienserinnenabtei, Blick aus dem Innenhof auf den Kirchenhochchor und den Klausurostflügel.

Reich verzierte Kapitelle im ionisch-korinthischen Rückgriff auf die Antike zieren sechs Säulen, heute alles Kopien, die Originale befinden sich in der Prähistorischen Staatssammlung München; ebenfalls dort befindet sich ein Medaillon wohl mit der Abbildung Kaiser Ludwigs des Frommen. Eine Kopie des Medaillons schmückt die unmittelbar angrenzende evangelisch-lutherische Pfarrkirche St. Veit von 1784/85, die die Mauern des einstigen Südturms der Solabasilika nutzt. Reste des Klausurwestflügels sind in privater Hand. Der Ort S. ist heute weltweit aufgrund seiner Fossilienfunde im Solnhofer Schiefer bekannt.

◆ GermBen 2, 292–294; Hüttig, Eberhard: Die Evang.-Luth. St. Veit-Kirche in S. mit Sola Basilika, Solnhofen 1999; Milojcic, Vladimir: Ergebnisse der Grabungen von 1961–1965 in der Fuldaer Propstei S. an der Altmühl (Mittelfranken), Berlin 1998; Schauer, Leonard: St. Sola, Mönch und Priester. Sein Leben und Wirken, Solnhofen 1994.

Sonnefeld, *Zisterzienserinnenabtei St. Maria (1264–1525), Diözese Würzburg – (Lkr. Coburg, Bayern, ❐ 4, A2).*

▶ **Geschichte.** Die Gründung des Zisterzienserinnenklosters *Campus solis* erfolgte 1264 mit Schwestern aus ➛ Maidbronn bei Würzburg zunächst bei Ebersdorf; nach einer Brandkatastrophe verlegten die Schwestern ihren Klosterstandort 1267 aber nach Bieberbach bei Hofstätten. Als Stifter gelten Heinrich II. von Sonneberg und seine Gemahlin Kunigunde, Ministeriale der Herzöge von Andechs-Meran. Das Bamberger Hochstift musste als weltlicher Lehnsherr zustimmen, der Würzburger Bischof scheint auf kirchliche Rechte verzichtet zu haben; beide Bischöfe befürworteten die Inkorporation des Frauenklosters S. in den Zisterzienserorden. Das Generalkapitel unterstellte es direkt dem Stammkloster Cîteaux in Burgund, mit der Paternität beauftragte es den Abt von ➛ Langheim. Mehrere Schutz- und Privilegienurkunden von päpstlicher und kaiserlicher Seite sicherten das Kloster ab. 1280 schickten die Zisterzienserinnen aus ihrer Mitte einen Gründungskonvent in das benachbarte Kloster ➛ Himmelkron. Trotz umfangreicher Schenkungen gedieh S. nur langsam. Ein Großbrand 1287 zwang zu einer dritten Verlegung des Klosters an die heutige Stelle, aber nähere Umstände sind nicht bekannt. Die Abteikirche mit ihrem steil aufragenden Chorraum und dem weit niedrigeren Langhaus konnte erst 1349 fertig gestellt werden, die Innenausschmückung gar erst 1384. Die höchste Blüte erreichte der Konvent vor der Mitte des 14. Jh. Gräfin Anna von Henneberg kam 1353 als Kind in das Kloster und brachte eine so reiche Mitgift mit, dass man sie später als *secunda fundatrix* verehrte; sie starb als einfache Schwester bereits 1363. Kaiser Karl IV. half 1361 durch Gewährung zusätzlicher Privilegien, aber der Konvent musste 1367 den Abt von Cîteaux um Almosen bitten. Verschiedene Maßnahmen des Ordens gegen den schleichenden Niedergang führten lange Zeit zu keinem nachhaltigen Erfolg. Äbtissin Dorothea von Kemmaten (1453–55) musste schon nach zweijähriger Amtszeit in das Kloster ➛ Schlüsselau strafversetzt werden. Erst Äbtissin Margaretha von Brandenstein (um 1460–1503) verbesserte spürbar Ökonomie und Finanzhaushalt. Ihre Nachfolgerin Dorothea von Pfersfeld versuchte 1504 die strenge Beachtung der Klausur durchzusetzen, was einen Aufruhr der Schwestern zur Folge hatte, den der Abt von ➛ Georgenthal nur mit Einkerkerung einiger Frauen zu beenden vermochte. Der Reformation stimmten die Schwestern offen zu. 1525 übernahm die kurfürstliche Verwaltung den Besitz. Die letzte Zisterzienserin starb 1572.

▶ **Gegenwart.** Die Klosterkirche St. Maria und der Ostflügel der Klausur überdauerten die Jahrhunderte, wenn auch nicht ganz unbeschadet. 1856 wurde das Langhaus der Kirche, die heute als evangelisch-lutherische Pfarrkirche dient, um 7 m verkürzt, Nonnenempore und darunterliegende Sepultur entfernt und eine neugotische Westfront geschaffen. Die plastische Darstellung der Gräfin Anna auf der heute im Chorraum stehenden Grabplatte gilt als Meisterwerk fränkischer Steinmetzkunst. Südlich an den Chor lehnt sich die hochgotische Sakristei mit Kreuzrippengewölbe an. Ihr folgt der Kapitelsaal, dessen Kreuzrippengewölbe ein einzelner Rundpfeiler und vier abgekragte Dienste stützen und dessen Wände spätgotische Fresken zieren. Weitere Klausurgebäude blieben nicht erhalten. An den zwei älteren Klosterstandorten Ebersdorf am Lichtenfelser Forst und Bieberbach (heute Ortsteil von S.) erinnert nichts an den Frauenkonvent.

◆ Flachenecker, Helmut: Memoria und Herrschaftssicherung, Göttingen 2008; Treiber, Angela: Die Frauenklöster in Franken, Würzburg 1991, 126–128; Lorenz, Walter: Campus solis, Kallmünz 1955.

Sornzig, *Zisterzienserinnenkloster St. Maria (1241–1539) – „Marienthal", Diözese Meißen – (S.-Ablaß, Lkr. Nordsachsen, Sachsen, ❐ 2, C5).*

▶ **Geschichte.** Der Edelfreie Siegfried III. von Mügeln stiftete 1241 im sächsischen S. das Frauenkloster *Vallis sanctae Mariae* als Hauskloster seiner Familie. Zur Grundausstattung gehörten die Pfarrkirche in S., die Burgkapelle in Mügeln bei Leisnig und Zehnte in elf umliegenden Dörfern, einschließlich Gerichtsbarkeit in Paschkowitz. Bischof Konrad I. von Meißen (Wallhausen) bestätigte 1243 den inzwischen erheblich angewachsenen Besitzstand; als Zeugen siegelten der Abt von ➛ Dobrilugk und der Prior von ➛ Buch. Die päpstliche Zustimmung erfolgte 1249, wobei Innozenz IV. das Zisterzienserprivileg verkündete. Eine Mitgliedschaft im Zisterzienserorden bedeutete dies gleichwohl nicht, der Jurisdiktionsanspruch des Meißner Hochstifts blieb nämlich bestehen. Bischof Withego I. von Kamenz spricht 1292 von einem Benediktinerinnenkloster in S.; 1335 taucht diese Bezeichnung wiederholt urkundlich auf, weshalb die Observanz des Konvents unsicher bleibt. Markgraf Heinrich III. der Erleuchtete von Meißen erklärte 1251 seinen Schutz und erwies sich als großzügiger Förderer. 1276 treten namentlich erstmals die Äbtissin Jutta und ein Propst Johannes auf. 1278 zerstörte ein Großbrand die Anlage, Ablassbriefe mehrerer Bischöfe unterstützten den Wiederaufbau. Beziehungen mit den Augustiner-Chorherren vom Stift Neuwerk vor ➛ Halle gipfelten 1288 in einer Gebetsverbrüderung. Im 14. Jh. zeigten sich besonders die Burggrafen von Leisnig mit Dotationen großzügig. Um 1360 offenbaren erste Verkäufe finanzielle Engpässe; der Landesherr erließ 1359 eine Steuerbefreiung für fünf Jahre. Bischof Dietrich von Schönberg monierte bei der Visitation von 1464 die weltliche Kleidung der Damen, ihren Schmuck und das Halten von Hunden. Er forderte Observanz und setzte die Beachtung regeltreuer Klausurbestimmungen wieder durch. Die Nachhaltigkeit seiner Reform blieb bescheiden. Lutherisches Glaubensgut fand ungehindert Zugang in den Konvent; im April 1523 flohen sechs Ordensschwestern aus dem Kloster; Heinrich Kelner, Fluchthelfer in S., wurde hingerichtet. Nach dem Tod des letzten katholischen Herzogs in Sachsen 1539 setzte der Nachfolger Heinrich II. der Fromme die evangelische Kirchenordnung durch und ließ das Kloster Marienthal in S. auflösen. Ein Teil der Schwestern wichen in die Benediktinerinnenklöster nach ➛ Riesa oder Heilig Kreuz ➛ Meißen aus. Der sich weiterhin katholisch bekennende Propst Adam Fritzsche wurde entlassen.

▶ **Gegenwart.** Auf dem Klostergut gründete Ludolf Colditz Ende des 19. Jh. eine Baumschule, die zum Zentrum der sächsischen Obstbaukultur aufstieg. Colditz führte die traditionelle Obstkultur der Region fort und nutzte die Kenntnisse der Obstbauern, die bis in die Zeit der Zisterzienserinnen zurückgreifen. Seit August 1996 gibt es die Stiftung „Dr. Ludolf Colditz – Kloster Marienthal S.“, die sich auch um den architektonischen Restbestand des Klosters kümmert. Ein erhaltener Konventsflügel erscheint inzwischen stark neuzeitlich überbaut, Keller und westlicher Teil des langen zweigeschossigen Trakts sind mittelalterlich. Ebenso sind Teile der Immunitätsmauer aus klösterlicher Zeit erhalten. Das Herrenhaus könnte aus Klausurbestand erwachsen sein. Die heutige Ortskirche entstand 1808 nicht auf dem ursprünglichen Platz der Klosterkirche.

◆ Mohn, Claudia: S., Marienthal (Sachsen), in: Mittelalterliche Klosteranlagen, Petersberg 2006, 341; Köhler, Anne-Katrin: S., in: Geschichte des Klosters Nimbschen, Leipzig 2003, 163–165; Pohle, Matthias (Hg.): Das Sornziger Geschichtsbuch, Leipzig 2000.

Spangenberg, *Karmelitenkloster St. Maria (1454–1527), Erzdiözese Mainz – (Schwalm-Eder-Kreis, Hessen, ❐ 1, D5).*

▶ Das Schloss über der Stadt S. in einem Seitental der Fulda südöstlich von Kassel wurde von den Herren von Treffurt-Spangenberg erbaut und diente im Spätmittelalter den hessischen Landgrafen als Jagdresidenz. Die Herren von Treffurt übergaben möglicherweise um 1350 den Karmeliten von ➛ Kassel das *hospitium* in S. Der Kassler Konvent schickte 1454 Mitbrüder zur Gründung eines Tochterklosters nach S., die bis 1486 unmittelbar auf der Stadtmauer eine Klosteranlage mit Kirche errichteten. Der neue Konvent gehörte ebenfalls zur *Natio Hassiae* innerhalb der niederdeutschen Ordensprovinz. 1514 beklagten sich die Brüder in Kassel, dass ihre Mitbrüder in S. die Anerkennungsgebühr für zwei überlassene Termineien nicht gezahlt und darüber hinaus in ihren Terminierregionen gebettelt hätten. Die Ordensleitung entschied zugunsten Kassels und verbot den Spangenberger Brüdern bei Androhung der Exkommunikation, strittige Terminierbezirke zu betreten. Mit dem Übergang der Stadt zum Protestantismus übergab der Konvent 1527 das Kloster dem Stadtrat und ließ sich mit Pensionen abfinden. Restitutionsversuche der Ordensleitung mit Hilfe des Kaisers blieben erfolglos. 1888 brannte die Anlage aus. Übrig blieben einige Ruinenreste, heute wild überwachsen von Wein in einem Privatgarten. Spätgotische Mauern mit Spitzbogenfenstern kennzeichnen das Refektorium; das Dormitorium der Brüder dient heute dem Nachbarn als überdachter Schuppen.

◆ Dersch, Wilhelm: Hessisches Klosterbuch, Marburg 2000; Buhre, Heinz: 675 Jahre Stadt S., Spangenberg 1984.

Sparneck, *Karmelitenkloster St. Aegidius (1455–1562), Diözese Bamberg – (Lkr. Hof, Bayern, ❐ 4, B2).*

▶ Der Karmelitenkonvent S. bei Münchberg in Oberfranken wurde im Rahmen der ordensinternen Observanzbemühung mit Hilfe Ritter Friedrichs von Sparneck gegründet. Ordensgeneral Johannes Soreth (1451–71) soll sich 1455 persönlich für die Gründung des Konvents eingesetzt haben. Die offizielle Aufnahme in den Orden erfolgte erst 1479 mit der Anerkennung als Priorat der oberdeutschen Provinz. Die ersten Brüder kamen wohl mit Prior Johann Widl aus Bamberg; zeitlich begrenzt blieb S. vom Konvent St. Maria und Theodor in ➛ Bamberg abhängig. Die Klosterkirche St. Vitus wurde 1477 vollendet. Ritter Friedrich wurde im gleichen Jahr in der Gruft unter dem Altarraum beigesetzt; sein Sohn Christoph ließ die Klausurgebäude fertig stellen. Das Karmelitenkloster S. bestand nur etwa 70 Jahre, ein Lektor scheint nur hin und wieder im Kloster gelehrt zu haben. Die Reformation griff frühzeitig auf den Konvent über. Den Brüdern wurde zuletzt liderlicher

Spangenberg Karmelitenkloster, malerische Restbestände des spätgotischen Klosters auf der Stadtmauer.

Speyer Dominikanerkloster, der Chor ist der einzige Bau mittelalterlicher Klosterarchitektur im heutigen Speyer.

Lebenswandel vorgeworfen und schließlich lebte 1529 nur noch der kranke Subprior im Kloster. Die Herrschaft S. vergriff sich am klösterlichen Hausrat. Provinzial Andreas Stoß (1529–40) schickte Hermann Hutter als Prior, der aber kurz darauf abtrünnig wurde. Wolf von Sparneck weigerte sich daraufhin, die Zuständigkeit des Ordens anzuerkennen. Ein Vergleich 1537 mit Hilfe Bischof Weigands von Bamberg (Redwitz) rettete zunächst die Existenz, die aber gegen 1562 endgültig erlosch. Die Klausurgebäude wurden abgetragen. Heute kennt man ihren genauen Standort und ihre Größe nicht mehr. Die Klosterkirche dient seit 1562 als evangelische Pfarrkirche St. Veit; 1695 entstanden ihr Langhaus und der heutige Turm neu, Karmelitenarchitektur blieb im spätgotischen Chorraum erhalten.

◆ Smet, Joachim/Dobhan, Ulrich: Die Karmeliten, Freiburg 1981; Deckert, Adalbert: Die Oberdeutsche Provinz der Karmeliten, Rom 1961.

Speinshart, *Prämonstratenser-Chorherren Reichsstift St. Maria (1145–1556, 1628–1803, seit 1921), Diözese Regensburg – (Lkr. Neustadt/Waldnaab, Bayern, ❐ 4, B2).*

▶ **Geschichte.** Ritter Adelvolk von Reifenberg und seine Familie schenkten dem Prämonstratenserorden 1145 ihre Besitzungen im oberpfälzischen S. zur Förderung der Seelen-, Geistes- und Bodenkultur. Der erste Propst Grimo (1145–51) und Chorherren aus dem österreichischen Stift Wilten bei Innsbruck errichteten mit Hilfe weiterer Gönner eine schlichte steinerne Propsteianlage mit querschiffloser Basilika. Sie erlangten Patronatsrechte über mehrere Pfarrkirchen der umliegenden Orte und übernahmen die seelsorgliche Betreuung ihrer Gemeinden. Stifter und Chorherren erreichten 1163 die Einstufung als Reichsstift durch Kaiser Friedrich I. und 1181 auch den Schutz Papst Alexanders III. Den ersten Einschnitt in der aufstrebenden Entwicklung verursachte 1310 das Reichsheer in den Kriegswirren um die böhmische Krone. Daraufhin sicherte 1313 Propst Heinrich von Eger (1303–20) die Anlage durch Mauern und Gräben. Wegen der klösterlichen Brau- und Schankgerechtigkeit, die auf ein Privileg König Wenzels zurückging, geriet Propst Engelhart Wild (1396–1406) in Streit mit der Stadt Eschenbach in der Oberpfalz, der zum Vorteil des Stifts entschieden wurde. Unter dem bedeutenden Propst Georg Ochs von Gunzendorf (1457–1503) erlangte S. seine höchste Blüte. Das Generalkapitel des Ordens erhob das Stift S. 1459 zur Abtei. Als Abt erhielt Georg von Gunzendorf 1460 die Pontifikalien zuerkannt und machte sich auch als Reformer um die Ordensniederlassungen in Polen, Böhmen und Ungarn verdient. Reformationseinflüsse verkleinerten den Konvent in der Mitte des 16. Jh. auf drei Prämonstratenser. Abt Johann von Gleißenthal (1552–56) neigte dem Protestantismus zu und berief evangelische Prediger in die zu betreuenden Pfarreien. Kurfürst Ottheinrich von der Pfalz löste 1556 das Stift S. auf. Abt Johann zog mit Weib und Gesinde in das leere Franziskanerkloster in ➛ Amberg. Stift S. diente danach zunächst als bayerisches Staatsgut. 1628 duldete der katholische Landesherr, Kurfürst Maximilian I. von Bayern, einige Benediktiner aus dem Kloster ➛ Andechs in S., die aber nur bis 1637 blieben. 1661 kaufte die Abtei ➛ Steingaden dem bayerischen Kurfürsten Ferdinand Maria die Anlage ab. Ein neuer Prämonstratenserkonvent begann 1691 mit der Instandsetzung der gotischen Abteikirche und dem Neubau der Klausuranlage. Eine zweite Blüte erreichte Abt Dominikus von Lieblein (1734–71), die sich trotz des Österreichischen Erbfolgekrieges und des Siebenjährigen Krieges in künstlerischer und wissenschaftlicher Ausstrahlung offenbarte. Die zweite Aufhebung erfolgte 1803 durch Kurfürst Maximilian IV. von Bayern. Aber auch sie konnte das klösterliche Leben in S. nicht endgültig auslöschen, da der Prämonstratenserorden das Stift vom bayerischen Staat abermals erwarb; seit 1921 halten Chorherren aus dem westböhmischen Stift Tepl (Tschechien) die lange klösterliche Tradition in S. aufrecht.

▶ **Gegenwart.** Die Stiftskirche in S. erscheint heute im Glanz der Barockisierung von 1701 durch italienische Künstler unter der Bauleitung Wolfgang Dientzenhofers. Dieses einzigartig harmonische Kunstwerk des Spätbarocks ist in seinem Kern ein gotischer Bau, während sich die ausgedehnte Klausuranlage im reinen Barockstil präsentiert.

◆ Schmid, Alois: Zwischen Mönchsaskese und praktischer Seelsorge, Göttingen 2003; Rommers, Rainer (Hg.): 850 Jahre Prämonstratenserabtei S. 1145–1995, Pressath 1995; Motyka, Gustl: Das Kloster S., München 1989; Backmund, Norbert: Die Chorherrenorden und ihre Stifte in Bayern, Passau 1966, 191–194.

Speyer, *Dominikanerkloster St. Petrus und St. Paulus (nach 1260–1802) – „Predigerkloster", Diözese Speyer – (kreisfreie Stadt, Rheinland-Pfalz, ❐ 3, C3).*

▶ **Geschichte.** Die Bischofsstadt S. erlangte im 13. Jh. zunehmend Unabhängigkeit vom bischöflichen Stadtherrn. Um 1251 unterhielten die Dominikaner eine Terminei innerhalb der Stadt. Nach einer Empfehlung Papst Alexanders IV. genehmigte Bischof Heinrich II. von Leiningen zwischen 1260 und 1264 Predigerbrüdern aus Metz den Einzug in eine Wohnung bei der Eustachiuskapelle nahe der Dombäckerei. Er

Der Schlussstein im frühgotischen Chorgewölbe der Dominikanerkirche St. Ludwig in **Speyer**.

forderte von den Brüdern ein Gehorsamsgelöbnis und die Befolgung strenger Auflagen zum Schutz des Pfarrklerus. 1264/66 fand sich Bischof Heinrich II. bereit, den Grundstein für eine Konventsanlage zu legen, die mit Hilfe der Bürger errichtet und deren Kirche durch Bischof Johannes von Straßburg 1308 geweiht wurde. Inzwischen hatte S. 1294 den Status einer freien Reichsstadt erreicht. Im Konflikt der Bürger mit ihrem Bischof standen die Dominikaner auf der Seite der Bürger und unterliefen das Interdikt, das damit wirkungslos blieb. Erst 1350 einigte sich Prior Konrad vertraglich mit dem Domstift zur freien Seelsorgetätigkeit, aber auch zur Pflicht, jederzeit das Interdikt einzuhalten. Die Dominikaner betreuten die Schwestern im Magdalenenkloster am Hasenpfuhl (➛ Speyer), die 1304 zum Dominikanerorden wechselten, ebenso die Mitschwestern in ➛ Lambrecht. Prior Konrad hielt sich 1332 in Lambrecht als Gast auf, als ihn Anhänger König Ludwigs des Bayern gefangen nahmen. Der Mitbruder Heinrich von Cigno aus S. wurde zum Provinzial (1326–31) der Ordensprovinz Teutonia gewählt. Bischof Raban von Helmstatt bemühte sich in der ersten Hälfte des 15. Jh. um den Anschluss des Konvents an die Observanzbewegung des Ordens, doch der Konvent hielt hartnäckig an alten Rechten fest. Während der Reformationszeit spielten die Reichstage 1526 und 1529 in Speyer eine entscheidende Rolle für den Verlauf der abendländischen Glaubensspaltung. Der Magistrat entschied sich 1538, evangelische Prediger einzustellen; 1541 waren bereits einige Klöster der Stadt verödet. Der Dominikanerprior Erhard Kiel erlaubte 1538, die Ratsschule im Kloster einzurichten. 1569 forderte die evangelische Bürgerschaft eine Mitbenutzung der Konventskirche, aber Prior Heinrich Stehelin und ein einziger noch verbliebener Konventuale verwahrten sich dagegen; Kaiser Maximilian II. konnte sie ein Jahr später überzeugen, im Langhaus die simultane Nutzung zuzulassen. Über 100 Jahre feierten beide Konfessionen ihre Gottesdienste in der Dominikanerkirche. Eine gewisse Sicherheit für die verbliebenen Klöster garantierte die Anwesenheit des Reichskammergerichts und des Reichsregiments in S., denn die Furcht vor der kaiserlichen Reaktion ließ den Stadtrat vor Enteignungen zurückschrecken. Der Dreißigjährige Krieg und besonders der Pfälzische Erbfolgekrieg wirkten sich verheerend auf Stadt und Einwohner aus. 1689 brannte auch das Dominikanerkloster ab; beim Neuaufbau 1698 entstanden barocke Gebäude, von der Kirche wurde nur der Chor wiedererrichtet. Die erneute Besetzung S. durch französische Revolutionstruppen führte 1802 zur Aufhebung des Konvents.

▶ **Gegenwart.** Von der gesamten mittelalterlichen Klosterarchitektur in S. blieben nur der Chor der Dominikanerkirche und Reste im Frauenkloster am Hasenpfuhl erhalten. Die Barockanlage und der frühgotische Chor der Dominikaner dienten dem Hochstift 1827 bis 1956 als Priesterseminar St. Ludwig und zugleich 1832 bis 1985 als Konvikt. Die Konviktskirche besitzt noch heute den kreuzrippengewölbten Polygonalchor der ehemaligen Klosterkirche aus dem späten 13. Jh. Sie wurde König Ludwig IX. von Frankreich (1214–70, kanonisiert 1297) geweiht und steht heute als geistliches Zentrum der bischöflichen Tagungsstätte Laien zur Einkehr und Besinnung offen. Ein Wirkteppich aus einer oberrheinischen Werkstatt und der „Boßweiler Flügelaltar", vermutlich aus der Schule Martin Schongauers, konnten von der mittelalterlichen Ausstattung bewahrt werden.

❖ Heilig-Grab-Chorherren aus ➛ Denkendorf gründeten 1207 ein Stift in S. und verkauften es 1585. Der Deutsche Orden unterhielt von 1220 bis 1794 ein Hospital in der Stadt. Die Franziskaner kamen 1222 aus ➛ Augsburg, ihnen folgten um 1265 die Augustiner-Eremiten, vor 1294 die Karmeliten und 1299 Klarissen aus Oggersheim. Die genannten Mendikantenklöster endeten um 1794 in den Wirren der Französischen Revolution.

◆ Engels, Renate: Die Stadt S., in: Palatia Sacra, Tl. 1, Bd. 1/2, Mainz 2005; Eger, Wolfgang (Red.): Geschichte der Stadt S., Stuttgart 1983.

Speyer Magdalenenkloster, die Klosterkirche entstand um 1700 aus dem frühgotischen Vorgängerbau, Südost.

Speyer, *Magdalenenkloster St. Maria Magdalena (vor 1232–1304), Dominikanerinnenkloster St. Maria Magdalena (seit 1304) – „Magdalenakloster am Hasenpfuhl", Diözese Speyer – (kreisfreie Stadt, Rheinland-Pfalz, ❐ 3, C3).*

▶ **Geschichte des Magdalenenklosters.** Das Patrizierehepaar Walther und Edelinde Barth übereignete seinen Garten mit Haus (400 m) nördlich des Doms in der Vorstadt Hasenpfuhl der Bischofsstadt S. einer kleinen Gemeinschaft Reuerinnen aus St. Leon. Urkundlich fassbar wird die Magdalenengemeinschaft erst im Oktober 1232, als die Stifter zusätzlich Besitz und Einkünfte zu Walldorf spendeten. Ein Konvent hatte sich wohl erst kurz zuvor konstituiert. Bischof Heinrich II. von Speyer (Leiningen) inkorporierte 1253 dem Kloster die Pfarrkirche zu Mutterstadt. Nach der Gründung des Dominikanerklosters (➛ Speyer) um 1262 übernahmen die Dominikaner die seelsorgliche Betreuung der Magdalenen. 1302 unterliefen beide Konvente gemeinsam das Interdikt Bischof Sigibodos II. über die Stadt, was ihnen bei den Bürgern hohes Ansehen verschaffte. Richenza (1266) ist die einzig namentlich bekannte Priorin aus der Magdalenenzeit.

▶ **Geschichte des Dominikanerinnenklosters.** Papst Benedikt XI., selbst einst Dominikaner, genehmigte im März 1304 den Obödienzwechsel der Schwestern aus dem Magdalenenorden zum Zweiten Orden der Dominikaner. Die Schwestern entzogen sich dadurch dem Bischof und unterstanden den Predigerbrüdern in der Stadt. Sie wurden zu seelsorglichen Aufgaben in der anwachsenden Pfarre Hasenpfuhl verpflichtet. König Karl IV. bestätigte 1349 Besitz und Privilegien des Konvents, was seine Nachfolger ausdrücklich wiederholten. Außenbesitz und Anteile an städtischen Immobilien hatten sich durch Mitgiften und Zukäufe beträchtlich erweitert. Nachlassende Ordenszucht im 15. Jh. veranlasste den Stadtrat, Reformen zu verlangen. Der erste Versuch schlug 1442 fehl, aber 1463 wurde mit Hilfe auswärtiger Schwestern und den Priorinnen Margarethe Regenstain (1463–66) aus dem Kloster ➛ Hochheim bei Worms und Margarethe von Dirmstein

(1466–80?) die Observanz erreicht. Das gestiegene Ansehen äußerte sich in zunehmenden Klostereintritten; der Konvent erreichte 1502 unter Priorin Apollonia Keßler (1501–03) die höchste Mitgliederzahl von 36 Schwestern. 1525 übernahm der Magistrat formal die Schutz- und Schirmherrschaft und forderte Steuern. Nach dem offiziellem Bekenntnis der Stadt zur Reformation verlangte der Rat Eingriffsrechte und setzte seit 1553 städtische Klosterpfleger ein; die Existenz des katholischen Konvents war jedoch nie gefährdet. Von mehreren Kriegen in der frühen Neuzeit wirkte sich 1689–99 der Pfälzische Erbfolgekrieg besonders verheerend auf Stadt und Kloster aus. Eine barocke Klausuranlage entstand Anfang des 18. Jh. aus den Kriegstrümmern. 1802 vollzog die französische Besatzung die Säkularisierung. Vincentia Simbsler und vier Mitschwestern konnten ihr Kloster aber bereits 1807 wieder zurückkaufen und erlangten die Genehmigung zur Wiederbelebung des Konvents, verbunden mit der Verpflichtung zur Ausbildung von Mädchen (seit 1829). Edith Stein (1891–1942, kanonisiert 1998) lehrte 1922 bis 1931 an der klostereigenen Bildungsanstalt für Lehrerinnen.

▶ **Gegenwart.** Das Magdalenenkloster, wie es heute immer noch genannt wird, hat als einziger Konvent der ehemals zwölf klösterlichen Institutionen in S. bis heute überlebt. Von diesem Kloster und von der Peterskirche der Dominikaner (heute St. Ludwig) blieb mittelalterlicher Architekturbestand erhalten. Die heutige einfache Saalkirche mit Dachreiter entstand um 1700 aus mittelalterlichen Mauerresten des Vorgängerbaus. Aus der frühgotischen Kirche stammen zwei Ecksäulen mit Knospenkapitellen und profilierten Kämpfern in den Ostecken des eingezogenen Rechteckchors, dessen Ostmauer bis zum barocken Gesims ebenfalls auf die Gründungszeit zurückgeht. Die Westwand schmückt ein spätgotisches Maßwerkfenster. Kellerräume mit Vierkantpfeilern unter der Westempore dienten im Mittelalter wohl als Grablege. Die heutige Ausstattung des Kirchenraumes ist barock. Die Klausuranlage im Nordbereich entstand 1892 für gestiegene Schulanforderungen neu.

◆ Engels, Renate: Die Stadt Speyer, in: Palatia Sacra, Tl. 1, Band 1/2, Mainz 2005; Armgart, Martin: Die Anfänge des Speyerklosters St. Maria Magdalena übern Hasenpfuhl, in: Archiv für mittelrheinische Kirchengeschichte 46 (1994) 21–54.

Spieskappel Prämonstratenser-Chorherrenstift, heutige Ostfassade der stark reduzierten Stiftsbasilika (1255).

Spieskappel, *Prämonstratenser-Chorherrenstift St. Johannes Baptist (vor 1143–1540) – „Cappel", Erzdiözese Mainz – (Frielendorf-S., Schwalm-Eder-Kreis, Hessen, ❒ 3, D1).*

▶ **Geschichte.** Eine Gruppe Adeliger unbekannten Namens stiftete in S. zwischen Ziegenhain und Homberg in Niederhessen ein *monasterium*, dessen Zugehörigkeit zum Prämonstratenserorden erst nach Jahrzehnten deutlich wird. Propst Noth, ein Mann vorbildlicher Observanz, äußerte gegenüber Erzbischof Heinrich I. von Mainz (Felix von Harburg) die Bitte, sein Stift (möglicherweise seine Gründung) unter den Schutz der Mainzer Kirche zu stellen, was der Erzbischof 1143 urkundlich fixierte. Das Stift ➛ Germerode wurde vermutlich von S. aus besiedelt. Landgraf Ludwig III. von Thüringen bewilligte dem Konvent um 1185 Zollfreiheit für den Handel in sechs Städten; in der Urkunde werden *fratres* und *sorores* erwähnt. Von Anfang an bestand womöglich entsprechend prämonstratensischer Frühtradition ein Doppelstift, dessen Trennung erst 1253 urkundlich nachweisbar ist, nachdem die Schwestern sich in Oberkappel niedergelassen hatten. Papst Cölestin III. bestätigte 1197 die Zugehörigkeit zum Orden der Prämonstratenser, garantierte Besitz und Rechte und betonte den päpstlichen Schutz; seine Urkunde nennt 79 Orte mit Güterbesitz und Geldeinkünften. Über die Herkunft der Liegenschaften und über ihre Stifter gibt es keine Nachrichten; zinspflichtige Orte konzentrierten sich in der Grafschaft Ziegenhain und im Lehnsgebiet der Reichsabtei ➛ Hersfeld. 1522 tauchen 26 der genannten Orte im Besitzstand nicht mehr auf, andererseits hatte sich ihre Gesamtzahl knapp verdoppelt, im 15. Jh. nur noch durch eigene Zukäufe. Zunächst standen Pröpste dem Konvent vor; Propst Arnold (1150–71) nannte sich erstmals Abt; den Frauenkonvent leitete eine Meisterin. Mit der Zisterzienserabtei ➛ Haina kam es wiederholt zu Streitigkeiten um Zehntrechte in Alboldsberg bei Landorf. An zwölf Pfarrkirchen besaßen die Chorherren Patronatsrechte, oft nur in Anteilen; auf eigenem Besitz übten sie die Niedergerichtsbarkeit aus. In Allendorf an der Werra wurde Gewinn aus Salzrechten geschöpft. Der eigene Frauenkonvent in Oberkappel, aber auch die Chorfrauen in ➛ Hachborn bei Marburg, Homberg bei Kassel und ➛ Eppenberg bei Felsberg unterstanden der geistlichen Aufsicht der Äbte von S.; in einigen Fällen lösten sie dabei die Verpflichtungen von ➛ Ilbenstadt ab. 1301 brannte die Anlage aus eigenem Verschulden nieder; gleich zu Beginn des hessischen Sternekriegs 1372 mussten der Konvent und sein langjähriger Abt Heinrich Furbom (1344–76) die Plünderung ihres Stifts erdulden. Der Orden bemühte sich im späten 15. Jh. auch in S. um Reformen. Interessanterweise beauftragte die Ordensleitung das Liebfrauenstift im fernen ➛ Magdeburg mit Visitationen im hessischen Stift S. und ebenso in ➛ Lorsch. Abt Nikolaus Berg (1518–27) von S. war der letzte Visitator der Ordenszirkarie Ilfeld; er ließ den gesamten Grundbesitz im „Registrum allodiorum" detailliert erfassen, was der heutigen Forschung unschätzbare Hilfe leistet. Landgraf Philipp I. von Hessen setzte 1527 im Zuge seiner Reformationspolitik die Aufhebung fast aller hessischen Klöster und Stifte durch. Zum Teil ließen sich die Chorherren abfinden. 1530 lebten Abt Johann Werner (1527/30) und der Restkonvent wohl noch im Stift, 1540 waren Besitz und Vermögen den lutherischen Pfarreien übergeben.

▶ **Gegenwart.** Vom Stift blieben die reduzierte romanische Basilika als evangelische Pfarrkirche St. Johannes der Täufer, Gebäudereste und Teile der ehemaligen Immunitätsmauer erhalten. Der Kirche von 1255 fehlen seit etwa 1500 der Chor, der östliche Teil des Langhauses und das südliche Seitenschiff. Der quadratische Westturm mit Halle und Sterngewölbe wurde erst 1500/05 angebaut; vom romanischen Ersttrum blieb die Ostwand mit dem Bogenfeld des ursprünglichen Stufenportals bewahrt. Den Innenraum beleben Stützenwechsel und figürlicher Kapitellschmuck, die Fenster sind spätgotisch verändert. Die ausgezeichnete Akustik im flachgedeckten Schiff kommt heute Konzertveranstaltungen zugute. Der gesamte Kirchenbau leidet unter Zersetzung des verwendeten Tuffsteinmaterials.

❖ Vom Frauenstift Oberkappel, das wegen Sittenlosigkeit vom Generalkapitel schon 1507 aufgelöst wurde, blieb keine aufstrebende Architektur erhalten.

◆ Jürgensmeier, Friedhelm (Hg.): Handbuch der Mainzer Kirchengeschichte, 3 Bde., Würzburg 1997–2002; List, Gerhard: Gründung und wirtschaftliche Entwicklung des Prämonstratenserstiftes S. in Hessen, Darmstadt 1978.

Sponheim, *Benediktinerabtei St. Martin (1124–1573), Erzdiözese Mainz – (Lkr. Bad Kreuznach, Rheinland-Pfalz, ❒ 3, B2).*

▶ **Geschichte.** Erzbischof Adalbert I. von Mainz (Saarbrücken) bestätigte 1124 die Übertragung der Kirche in S. an das Mainzer Erzstift durch das gräfliche Haus Sponheim zur Gründung eines Benediktinerklosters. Die ersten Mönche kamen aus den Mainzer Abteien St. Alban und St. Jakob (s. u.). Sie brachten unter Abt Bernhelm (1125–38) neucluniazensische Gewohnheiten der ➛ Hirsauer Reform mit, die sich aber im 13. Jh. weitestgehend verflüchtigten. Adelige Söhne der Sponheimer Ministerialität stellten den etwa 15-köpfigen Konvent, brachten reichlich Stiftungen ein, bevorzugten aber eine standesgemäße Lebensweise, was zur Verflachung der Klosterzucht führte. Für den bis 1224 angeschlossenen Frauenkonvent gibt es keine urkundlichen Belege; die Schwestern sollen auf den ➛ Rupertsberg verlegt worden sein. Mit der Aufteilung der Herrschaft um 1235 in Hintere und Vordere Grafschaft Sponheim hatte der Stammsitz S. seine Bedeutung verloren. Die Burg ging 1329 als Lehen an die Abtei über. Innere Missstände nötigten um die Mitte des 15. Jh. zum Eingreifen des Landesherrn; der Mainzer Erzbischof beauftragte 1468 die Abtei Mainz St. Jakob mit der Durchführung von Reformen im Sinn der ➛ Bursfelder Kongregation. Abt Otto Hawisen musste 1469 resignieren, fünf Mönche wurden entlassen, Reformmönche eingesetzt und Johannes Kölschhausen zum Abt (1470–83) bestimmt, was die Hebung des wirtschaftlichen und geistlichen Niveaus zur Folge hatte. Im September 1470 nahm das Generalkapitel der Bursfelder Reformunion die Abtei S. auf. Mit Abt Johannes Trithemius (1483–1506) erhielt einer der bedeutendsten Humanisten, Historiker und energischsten Reformer des ausgehenden Mittelalters den Abtsstab. Er sorgte sich um die Benediktinerinnen in ➛ Seebach, korrespondierte mit Größen der politischen und geistigen Welt, förderte aber seine Kariere zum finanziellen Nachteil der Abtei; er musste 1506 nach ➛ Würzburg St. Jakob wechseln. Während der Reformation verließen die Mönche das Kloster, Novizen rückten nicht nach, der Konvent starb aus. Schließlich lebte Abt Jakob Spiera (1560–65) allein in S. und verzichtete im Februar 1565 gegen eine Leibrente auf seine Abtwürde. Offiziell übernahm der calvinistische Kurfürst Friedrich III. 1573 den Abteibesitz. Die Restitution seit 1622 mit Benediktinern aus Altmünster in Luxemburg wurde 1652 erneut beendet. 1685 besetzten Mönche aus Mainz St. Jakob das Kloster S. und versorgten die Pfarrstellen, die Abteikirche wurde als Simultaneum genutzt. Bis zur Säkularisierung im Juni 1802 durch die französische Besatzung handelte es sich in S. eher um eine klösterliche Administration und nicht um einen eigenständigen Konvent.

▶ **Gegenwart.** Nach Expertenmeinung ist die Abteikirche St. Martin in exponierter Hügellage über S. der bedeutendste Kirchenbau im Nahe-Hunsrück-Raum, der heute der katholischen Gemeinde als Pfarrkirche dient. Die Benediktiner übernahmen eine ältere Kirche des 11. Jh. und ließen sie nach Reparaturen 1125 neu weihen. Etwa 50 Jahre später bauten sie den Ostbereich um, drei Apsiden blieben bestehen; um 1230 kamen Vierungsturm, Wölbung, Querhausgiebel und ein Joch am Mittelschiff hinzu. Die Bauarbeiten erlahmten zur Mitte des 13. Jh., das Langhaus blieb unvollendet, die Westwand ein Provisorium; der Grundriss entspricht deshalb einem griechischen Kreuz. Der mächtige achtseitige Vierungsturm musste nach dem Brand von 1707 um ein Stockwerk verkürzt und neu gedeckt werden. Im inneren Chorbereich sind Fußbodenreste des 13. Jh. bemerkenswert. Der Klausurkomplex wurde niedergelegt, aber bewohnte Restgebäude neben der Kirche enthalten mittelalterliche Kernmauern.

❖ Die zwei Mutterabteien von S. hinterließen in Mainz keine mittelalterliche Architektur: St. Alban auf dem südlich gelegenen Albansberg ging um 810 aus einer Mönchszelle des 7. Jh. hervor und stieg zu einem geistlich-kulturellen Zentrum des Karolinger- und Ottonenreichs auf. 1419 wurde die Abtei in ein Kollegiatstift umgewandelt und im Zweiten Markgrafenkrieg 1552 völlig zerstört. Die zweite Mainzer Benediktinerabtei St. Jakob entstand 1050 auf dem Jakobsberg nahe der Stadt. Im Streit mit den Bürgern wurde die mittelalterliche Anlage mehrfach niedergebrannt; schließlich ging die Klosteranlage im Bau der Zitadelle (1655–61) auf. Nur ein barocker Restbau überstand die Beschießung von Mainz 1793.

◆ GermBen 9, 801–827; Mötsch, Johannes: Die archivarischen Überlieferungen des Benediktinerklosters St. Martin zu Sponheim, in: Archiv für mittelrheinische Kirchengeschichte 47 (1995) 323–370 (Tl. 1), ebd. 48 (1996) 285–375 (Tl. 2).

Springiersbach, *Augustiner-Chorherrenstift St. Abrunculus und St. Quirinus (vor 1102–1791), Karmelitenkloster St. Abrunculus (seit 1922), Erzdiözese Trier – (Bengel-S., Lkr. Bernkastel-Wittlich, Rheinland-Pfalz, ❒ 3, A2).*

▶ **Geschichte.** Benigna, Witwe des pfalzgräflichen Ministerialen Ruker, gründete vor 1102 im Kondelwald nahe der Mosel das Doppelstift S., das ihr Sohn und erster Propst Richard (1107–58) zu einem bedeutenden Reformzentrum der Regularkanoniker ausbaute. Erzbischof Bruno von

Sponheim Benediktinerabtei, Nordostansicht der romanischen Abteikirche mit Hirsauer Baumotiven.

Springiersbach Augustiner-Chorherrenstift, Bündelpfeiler mit Rankendekor im spätromanischen Kapitelsaal.

Trier (Lauffen) brachte die Gründung und die Übereignung an das Trierer Domkapitel 1107 zum Abschluss. In strenger Auslegung der Augustinusregel *(ordo novus)* legte Propst Richard 1128 eigene *consuetudines* fest, die zu wichtigen Gewohnheitsnormen der deutschen Regularkanoniker wurden und bis in den Salzburger Raum Verbreitung fanden. Erzbischof Albero von Montreuil brachte 1136 Gebeine des hl. Abrunculus († 525/526) nach S. und stellte die neuerrichtete Abteibasilika unter dessen Schutz. Die Doppelform des Stifts wurde 1128 aufgegeben, die Frauen zogen unter Meisterin Tenxwindis, der Schwester Richards, in das Marienstift in ➛ Andernach. Richard, nach 1229 als Abt betitelt, formierte einen Reformverband, der weit über die Diözese hinaus Einfluss erlangte. Zur Kongregation gehörten acht Chorherrenstifte bzw. waren zumindest direkt von S. beeinflusst; unter ihnen die später so bedeutenden Abteien ➛ Frankenthal, ➛ Steinfeld und Wadgassen (➛ Merzig). Bemerkenswert war die Gründung zahlreicher Frauenstifte, die auch den Frauen aus unteren Schichten offen standen, was in der damaligen Zeit geradezu revolutionär gewirkt haben muss: Marienstift in Andernach, Stuben (s. u.), Martental (s. u.), ➛ Marienburg, ➛ Fraulautern, ➛ Trier St. Oeren/Irminen, Peternach (s. u.) und möglicherweise auch ➛ Merten. Papst Innozenz II. gewährte 1139 das Privileg eines jährlichen Generalkapitels, was aber nicht regelmäßig einberufen wurde. Als besonderer Gönner erwies sich Pfalzgraf Wilhelm von Ballenstedt, der als Vogt die Abtei sehr großzügig mit Landbesitz entlang der Mosel und in der Eifelregion ausstattete; er wurde 1140 in der Kirche bestattet. 1143 nahm König Konrad III. Stift und Besitz unter seinen persönlichen Schutz. Zu Abt Richards Lebzeiten bewilligten auch Päpste reichlich Privilegien. Schon bald nach Richards Tod 1158 setzte eine geistliche Verflachung ein, die Abtei verlor sich trotz günstiger Voraussetzungen in Bedeutungslosigkeit. Selbst Abt Absalon (1193–96) aus St. Victor bei Paris erreichte die geistliche Ausstrahlung der frühen Jahrzehnte nicht mehr. Reformation und Kriege der Neuzeit überstand die Abtei glimpflich. Seit 1600 wurden nur noch Adelige im Konvent geduldet. Die Chorherren ersetzten die spätromanische Basilika durch die heute noch bestehende Barockkirche (1769–72) und errichteten neue Konventsgebäude. Auf eigenen Wunsch wurde S. 1791 in ein Kollegiatstift umgewandelt, das bis 1802 bestand.

▶ **Gegenwart.** 1922 erwarb der Karmelitenorden Kirche und Pfarrhaus in S. und gründete die erste Niederlassung auf dem Gebiet des heutigen Bistums Trier seit 1803. Bewundernswert ist der mit originalen Bauteilen wiedererrichtete, spätromanische Kapitelsaal im Ostflügel der Klausur. Zahlreiche Bündelpfeiler schmücken den zweischiffigen Raum, deren Kapitelle mit einzigartigem Rankendekor verziert sind. Fünf romanische Doppelarkaden schließen ihn zum Innenhof ab. Von der einstigen romanischen Klosterbasilika, die einem Vergleich mit der Abteikirche in ➛ Laach (Maria Laach) nicht scheuen musste, sind Teile unter dem Putz der späteren Barockkirche (1772) entdeckt worden, deren reiche Verzierungen mit seltenem Plastikschmuck große Kunstfertigkeit bezeugen.

❖ Das Springiersbacher Frauenstift Stuben (1137–1794) bei Bremm an der Moselschleife zwischen Neef und Ediger-Eller hinterließ die eindrucksvolle Ruine der Stiftskirche St. Nikolaus von 1687. Das Frauenstift Martental (vor 1141–1523) im Sesterbachtal bei Kaisersesch ist heute ein neu bebauter Wallfahrtsort, der von Herz-Jesu-Priestern betreut wird. Das Stift Peternach auf dem Jakobsberg nördlich von Boppard geht auf Kaiser Friedrich I. 1157 zurück. Der Frauenkonvent stand unter Aufsicht der Abtei S., blieb aber wegen der zu knapp bemessenen Grundausstattung ohne Bedeutung und endete 1450. Auch die nachrückenden Kreuzherren verweilten nur von 1497 bis 1552 in Peternach; die heutige Kapelle und Gebäude auf dem Jakobsberghof sind jüngeren Datums.

◆ Schaaf, Erwin: Geschichte der Augustiner-Chorherrenabtei S. 1102–1802, Trier 2002; Peters, Wolfgang: Kanonikerreform in der Eifel – S-, in: Eifilia Sacra, Mainz 1999, 205–220.

Stade, *Franziskanerkloster St. Johannes (vor 1240–1527), Erzdiözese Bremen – (Kreisstadt, Niedersachsen, ❐ 1, D2).*

▶ **Geschichte.** Bevor die Minoriten in die alte Handelsstadt S. westlich der Unterelbe kamen, bestimmten bereits fast 100 Jahre das Prämonstratenserstift St. Georg (s. u.) und die Benediktinerabtei St. Marien (s. u.) die kirchlichen Belange der Stadt. Benediktinerabt Albert von Stade (1232–40) versuchte seine Abtei zwecks Observanz in ein Zisterzienserkloster umzuwandeln und wanderte nach Rom, wo er aber bei Papst Gregor IX. keine Unterstützung für sein Vorhaben fand. Sein Reisebericht „Itinera" geriet zum erstaunlich präzisen Wegweiser und informativen Erlebnisdokument. Enttäuscht wechselte er 1240 in den neugegründeten Franziskanerkonvent der Stadt und verfasste dort die „Stader Annalen" sowie ein Versepos über den Trojanischen Krieg; er starb als Minorit vermutlich nach 1265. Abt Albert gilt als Mitbegründer des Franziskanerklosters St. Johannis vor 1240 in S., zumindest begünstigte er die Gründung. Die Barfüßer hatten angeblich bereits 1226 die Unterelbe erreicht und bewohnten zunächst provisorisch ein Haus der Stadt. Johann von Brobergen gilt als *fundator* des Klosters in der Nähe von Wall und Salztor. Seine Enkelsöhne Gottfried und Daniel schenkten dem Konvent 1354 zusätzlich den dritten Teil ihres angrenzenden Hofes zur Erweiterung der Klausur, die damit direkt an den Stadthof der Abtei ➛ Harsefeld angrenzte. Der Konvent pflegte stets enge Verbindungen mit den Mitbrüdern in ➛ Lüneburg und Hamburg. Seelenmessstiftungen an die Minoriten sind kaum urkundlich greifbar, diese wurden meist einer Bruderschaft, etwa der Krämerzunft, übertragen, die sie an die Minoriten weitergaben. Verhandlungen bei Rechtskonflikten fanden im Johanniskloster statt: 1452 die Schlichtung der Fehde zwischen den Häuptlingen Ulrich von Norden und Wiard von Uphusen. Interessanterweise unterhielten die Barfüßer in S. keine öffentliche Schule, dieses Recht nahmen vielmehr die alteingesessenen Orden für sich in Anspruch. Während sich in Lüneburg die Observanten im Spätmittelalter durchsetzten, blieben die Konvente Hamburg und S. der konventualen Verfassung verpflichtet, unterzogen sich aber den ➛ Martinianischen Konstitutionen. Die Reformation gewann frühzeitig Einfluss bei der Stader Bürgerschaft, die sich jedoch gegenüber den Altgläubigen tolerant verhielt. Das Johanniskloster galt 1527 als aufgelöst, die Brüder entschieden sich wohl selbst zur Aufgabe. Die Stadt richtete in den Konventsgebäuden ein Armenhaus ein.

▶ **Gegenwart.** Der Stadtbrand von 1659 zerstörte Kirche und Klausur. Die Brandruine der Franziskanerkirche wurde abgetragen; heute erinnern lediglich Säulenstümpfe an die dreischiffige Basilika. Die danach neu erbauten, zweigeschossigen Fachwerkgebäude stehen auf den mittelalterlichen Grundmauern der Klausur. Seit der Sanierung 1980/81 dienen die Gebäude sozialkulturellen Einrichtungen der Stadt.

❖ Die Benediktinerabtei St. Marien wurde 1142 mit Mönchen aus Harsefeld gegründet, die sich zu den ➛ Junggorzischen Reformidealen von ➛ Ilsenburg im Harz bekannten. Im mecklenburgischen ➛ Dobbertin entstand um 1220 ein Tochterkloster, das 1234 von Benediktinerinnen aus ➛ Zeven weitergeführt wurde. Die Abteianlage vor der Stadtmauer von S. rissen die Bürger 1499 zur Sicherung vor feindlichen Angriffen nieder (wie im nahen ➛ Buxtehude das Altkloster) und verwiesen die Mönche in die Stadt. Die Abtei fiel 1648 an die Schweden; heute steht auf dem alten Abteiplatz vor der ehemaligen Stadtmauer der Bahnhof und auf dem innerstädtischen, zweiten Standort das Niedersächsische Staatsarchiv.

Das Prämonstratenserstift St. Georg wurde als Tochter von ➛ Gottesgnaden an der Saale 1132 am Handelsplatz S. (Stadtrecht 1209) gegründet und galt als nördlichster Ausstrahlungsort des ➛ Magdeburger Liebfrauenstifts noch zu Lebzeiten des Ordensstifters Norbert von Xanten (um 1080–1134, kanonisiert 1582). Die Prämonstratenser förderten die Reformation in S. und lösten sich offensichtlich selbst auf. Auf dem ehemaligen Stiftsgelände im alten Klosterviertel St. Georg befindet sich heute der Pferdemarkt, an Stelle der romanischen Stiftskirche steht seit 1699 das Zeughaus.

◆ Mindermann, Arend: S., Klöster, Klosterhöfe, Termineien und Beginenhaus, in: Adel in der Stadt des Spätmittelalters, Göttingen und S. 1300 bis 1600, Bielefeld 1996, 281–306; Bohmbach, Jürgen (Red.): S., von den Siedlungsanfängen bis zur Gegenwart, Stade 1994.

Stadthagen, *Franziskanerkloster (1485–1559), Diözese Minden – (Lkr. Schaumburg, Niedersachsen, ❐ 1, D4).*

▶ **Geschichte.** Auffälligerweise ließen sich im Hochmittelalter in der Diözese Minden keine Mendikanten nieder; die einzige Ausnahme bildeten die Franziskaner und Dominikaner in der Bischofsstadt selbst (➛ Minden). Die Gründe sind bislang nur hypothetisch erörtert worden. Erst während der franziskanischen Ordensreform im Spätmittelalter, die 1517 zur Trennung in selbständige Konventualen- und Observantenorden führte, entschieden sich die Franziskaner-Observanten zur Gründung von Klöstern im Mindener Bistum. Das Kloster in S. beruhte auf einer Stiftung Graf Erichs von Schaumburg (auch Schauenburg-Holstein) vor seinem Tod 1485. Die Stadt war von der Schaumburger Herrschaft planmäßig als Verwaltungs- und Residenzort im weserländischen Territorium stark gefördert, ausgebaut und befestigt worden. Ein urbanes Kloster zur Unterstützung der wachsenden Seelsorgeaufgaben entsprach den Anforderungen des aufstrebenden Bürgertums und dem Repräsentationswillen der Herrschaft. 1486 richteten die Observanten ihr Kloster ein. Die reformatorische Umwälzung und das Bekenntnis Graf Ottos IV. 1556 zum Protestantismus führten zum Ende der klösterlichen Gemeinschaft, ehe sie größere Bedeutung hätte erlangen können. 1610 wurde in der Klausur das Akademische Gymnasium eingerichtet, woraus 1621 die Landesuniversität im ehemaligen Kloster St. Jakob in ➛ Rinteln erwuchs.

▶ **Gegenwart.** Heute existiert in der Klosterstraße von S. vom Observantenkloster nur noch der polygonale, zweijochige Chor der spätgotischen Franziskanerkirche aus Bruchsteinmauerwerk mit Strebepfeilern und hohen Spitzbogenfenstern; er wird von der evangelisch-reformierten Gemeinde als Pfarrkirche genutzt. Ein Grabstein der Kordula von Gemmen († 1528) blieb aus klös-

Stade Franziskanerkloster, Säulenstümpfe der Barfüßerkirche, im Hintergrund die Pfarrkirche St. Cosmae.

terlichen Zeit erhalten. Die stattliche Bibliothek der Observanten bewahrt heute das Niedersächsische Staatsarchiv in Bückeburg; diese Stadt stieg im 17. Jh. zum Nachteil von S. als neuer fürstlicher Residenzort auf.

◆ Streich, Gerhard: Klöster, Stifte und Kommenden in Niedersachsen vor der Reformation, Hildesheim 1986; Feige, Rudolf: Das Akademische Gymnasium S. und die Frühzeit der Universität Rinteln, Hameln 1956.

Stadtilm, *Zisterzienserinnenkloster St. Maria, St. Nikolaus und St. Benedikt (1274–1533) – „Kloster Ilm", Erzdiözese Mainz – (Ilm-Kreis, Thüringen, ❐ 4, A1).*

▶ **Geschichte.** Mit Hilfe ihres Vaters, Graf Günther VII. von Schwarzburg-Blankenburg, siedelten Äbtissin Irmengard und ihre Zisterzienserinnen 1274 von ➛ Saalfeld nach S. um, und zwar in die Oberseite der thüringischen Stadt, weil die Unterseite den Käfernburger Verwandten gehörte. Mitschwestern von ➛ Langendorf, ➛ Ichtershausen, ➛ Prießnitz, ➛ Kelbra, ➛ Roda, ➛ Oberweimar und ➛ Kölleda unterstützten den Umzug und gingen Gebetsbrüderschaften ein. Auffällig ist, dass alle diese Frauenkonvente sich zwar zur Zisterzienserobservanz bekannten, dem Orden aber nicht angehörten. Von einer Verbindung des Stadtilmer Konvents mit dem Zisterzienserorden ist nichts bekannt. Die geteilte Stadt litt im 13. Jh. unter den Unstimmigkeiten zwischen beiden Herrschaftshäusern; auch diente die Klostergründung wie so oft dem Stifter als Machtdemonstration. 1287 konnte die Klosterkirche geweiht werden. Während des Sächsischen Bruderkriegs (1446–51) versuchten die Truppen Kurfürst Friedrichs II. die Stadt auszuhungern. Doch Bürger und Schwestern schlachteten das letzte Schwein und rösteten die berühmten Thüringer Bratwürste – der Duft ließ das kurfürstliche Heer noch enorme Vorräte in der Stadt vermuten und zog ab. 1525 standen aufständische Bauern vor der Stadt, die aber eingelassen und von den Klosterfrauen so gut versorgt wurden, dass sie friedlich abzogen. Die Reformation setzte sich in S. frühzeitig durch, die Zahl der Konventualinnen ging dramatisch zurück. Kloster Ilm wurde 1533 zugunsten des Schwarzburger Hauses aufgelöst, danach als Kammergut verwaltet, seit 1628 zum Renaissanceschloss umgebaut und schließlich seit 1920 als Rathaus der Stadt genutzt.

▶ **Gegenwart.** Mehrere Großbrände und Umbauten ließen von der Klosterkirche lediglich den kreuzgratgewölbten Unterbau der Nonnenempore übrig, der im Untergeschoss des Rathauses lange als Gaststätte „Ratskeller" diente. Nahe am Rathaus steht Thüringens größter mittelalterlicher Zinsboden, in dem die Zisterzienserinnen die Ernteanteile lagerten, die von hörigen Bauern auf den umliegenden Landgütern an das Kloster abgeliefert werden mussten. Seit 1890 bis kurz nach dem Zweiten Weltkrieg dienten Teile des Zinsbodens aufgrund seiner starken Mauern als Stadtgefängnis.

Stadtilm Zisterzienserinnenkloster, der mittelalterliche Zinsboden des Klosters diente bis 1948 als Gefängnis.

◆ RepZist 463 f.; Dreißig, Herbert: Eine Steinofen-Luftheizung unter dem Stadtilmer Rathaus, in: Alt-Thüringen 36 (2003) 182–205; Hesse, Ludwig Friedrich: Geschichte von S., Arnstadt 1999.

Steina, *Benediktinerabtei St. Maria (vor 1105–1619) – „Marienstein", Erzdiözese Mainz – (Nörten-Hardenberg, Lkr. Northeim, Niedersachsen, ❐ 1, D5).*

▶ **Geschichte.** Die urkundliche Ersterwähnung des bischöflichen Eigenklosters S. erfolgt 1105, als Erzbischof Ruthard von Mainz einer Gemeinschaft von Benediktinern die Kirche in Steinader bei Nörten an der Leine sowie zwei Höfe und Landbesitz übergab. Erst sein Nachfolger Adalbert I. von Saarbrücken weihte 1120 den Vorsteher Eberhard zum Abt. Der Gründungskonvent lebte wahrscheinlich nach ➛ Hirsauer Reformstatuten, weil der erzbischöfliche Stifter diese papsttreue, neucluniazensische Benediktinerreform förderte und in den Abteien ➛ Reinhausen, ➛ Disibodenberg, ➛ Paulinzella, ➛ Erfurt Petersberg und Mainz St. Jakob unterstützte. Die Herkunft des Gründungskonvents von S. ist unklar. Trotz bescheidener Grundausstattung entwickelte sich die Abtei „Marienstein" dank Neuerwerbungen und geschickter Wirtschaftsführung unter den Äbten Theoderic (1255–89) und Gunther (1290–1304) zur Hochblüte. Der 16 Mönche starke Konvent eröffnete 1293 eine klostereigene Schule. 1366 erhielt die Abtei das Patronat über die Pfarre Münden, dafür gingen Vogteirechte über die Außenbesitzungen Volpriehausen und Delliehausen aus der Hand der Grafen von Dassel über die Herren von Rosdorf an das Herzogtum Braunschweig über. 1447 verwüsteten böhmische Söldner des Kölner Erzbischofs während ihres Durchzugs gegen Soest die Anlage. Die Wirtschaft war Mitte des 15. Jh. zerrüttet, der Konvent schrumpfte zusammen. Eine Union mit der Kalandbruderschaft St. Spiritus in Münden (1449–59) und mit dem Kollegiatstift St. Peter in Nörten (1466–91) führten zwar zur Auslösung der verpfändeten Güter aber auch zur Abhängigkeit, die der Bursfelder Verband nicht dulden wollte. Unter Mithilfe zahlreicher Abteien Niedersachsens, besonders der Klöster ➛ Northeim, Reinhausen und ➛ Hildesheim St. Godehard, konnte St. Peter in Nörtingen abgefunden und S. 1492 in die ➛ Bursfelder Kongregation aufgenommen werden. Die Wirren der Reformation in den umliegenden welfischen Landen berührten den Konvent kaum, obwohl die Braunschweiger Herzöge ständig versuchten, die Abtei dem Mainzer Erzstift zu entreißen. Noch 1543 sandte die bedrängte Abtei ➛ Clus ihre Novizen zur Einkleidung nach Marienstein; auch übten Äbte von S. weiterhin die Visitationspflicht über die Schwestern des Klosters ➛ Zella (Eichsfeld) aus. Der wankelmütige Abt Heinrich Eckel (1618–19) spielte Herzog Friedrich Ulrich von Braunschweig-Lüneburg in die Hände, mit der Folge, dass dieser 1619 Marienstein besetzen und in die Landeshoheit überführen ließ. Von den Benediktinern verlangte er die Annahme des evangelischen Bekenntnisses, was nur Heinrich Eckel befolgte, der als fürstlicher Verwalter eingesetzt wurde. Die übrigen fünf Patres gingen zunächst nach Heiligenstadt ins Eichsfeld und lebten in ihrem Klosterhof bis sie letztendlich in anderen Konventen unterkamen. Bruder Matthias Gries wirkte segensreich als Propst (1643–85) im Eichsfelder Kloster Zella. Restitutionsbemühungen scheiterten, 1692 verzichtete der Mainzer Kurfürst vertraglich auf seine Rechte. Während des Dreißigjährigen Kriegs wurden Ort und Kloster völlig zerstört.

▶ **Gegenwart.** Die heutige evangelisch-lutherische Pfarrkirche Marienstein in Nörten-Hardenberg ließ Fritz Dietrich von Hardenberg bis 1725 auf den Trümmern der ehemaligen Klosterkirche neu errichten. Das einzige architektonische Relikt aus dem Mittelalter ist die dreischiffige, romanische Krypta unter dem Presbyterium. Die Mönche errichteten Mitte des 12. Jh. eine kreuzförmige Kirche mit mächtigem Vierungsturm, ähnlich der in ➛ Gröningen, was den Vorgaben hirsauisch geprägter Reformarchitektur entsprach. Aber die Krypta widerspricht den Baugeflogenheiten der Hirsauer; offensichtlich übernahmen die Mönche die Krypta vom Vorgängerbau, der schon 1055 genannt wird und den Erzbischof Ruthard 1105 den Mönchen übergeben hatte. Von den mittelalterlichen Klausurgebäuden blieb keine Architektur erhalten; den anliegenden Gutshof errichteten die Hardenberger im 18. Jh.

◆ GermBen 6, 351–356; Jürgensmeier, Friedhelm (Hg.): Handbuch der Mainzer Kirchengeschichte, 3 Bde., Würzburg 1997–2002.

Steinfeld, *Benediktinerinnenkloster (um 950–1121), Prämonstratenser-Chorherrenstift (St. Maria) St. Potentinus u. a. (1121–1802), Salvatorianerkloster (seit 1923), Erzdiözese Köln – (Kall-S., Kr. Euskirchen, Nordrhein-Westfalen, ❐ 3, A1).*

▶ **Vorgeschichte.** Aufgrund von alten Überlieferungen sprechen spätmittelalterliche Chroniken von einem Benediktinerinnenkloster in S. in der Eifel, das seit Mitte des 10. Jh. existiert habe. Eindeutig belegt eine Urkunde Erzbischof Friedrichs I. von Köln (Schwarzenburg) 1121, dass Graf Dietrich von Are ein nahezu untergegangenes Kloster erworben und neu ausgestattet hatte, um es an Regularkanoniker zur Neubelebung des monastischen Lebens zu übergeben. Augustiner-Chorherren kamen aus dem Reformzentrum ➛ Springiersbach in die Nordeifel.

▶ **Geschichte.** Noch unter dem ersten Propst Everwin (1125–52?) schlossen sich die Augustiner-Chorherren um 1142 dem neuen Orden von Prémontré an, dessen strenge Statuten und spirituelle Ausrichtung im Geist des *ordo novus* mit denen von Springiersbach korrespondierten. Ein Frauenkonvent hielt sich nachweislich in der Anfangszeit am Stift auf; unklar bleibt, ob es die ehemaligen Benediktinerinnen waren oder ob sich eine neue Gruppe von Religiosen gebildet hatte. Sie zogen vor 1143 über Hellenthal und Wehr nach ➛ Dünnwald, um eine eigene Niederlassung zu gründen. Die Bedeutung des Prämonstratenserstifts S. dokumentiert allein schon die Anzahl von Tochtergründungen in Mitteleuropa: 1136 ➛ Hamborn, 1143 Strahov (Mons Sion) bei Prag, 1146 Selau in Böhmen, 1163 Mariengaarde und Dokkum, 1170 Marne in Westfriesland, 1170 Tuam in Irland, 1176 Börglum in Nordjütland, um 1190 St. Vinzenz in Breslau, um 1190 ➛ Aland, 1202 ➛ Sayn und 1216 ➛ Heiligenberg (Vilsen). Unter Paternität standen die Frauenkonvente: Dünnwald, ➛ Niederehe, Meer, ➛ Reichenstein, ➛ Bedburg, ➛ Antonigartzem, ➛ Wenau, Essig-Swisttal (s. u.), ➛ Engelport und Ellen bei Düren. Propst Albert (1185–89) trug erstmals den Titel Abt. Der Orden hatte auf einem Generalkapitel (um 1177) in Übereinstimmung mit Papst Alexander III. für alle Vorsteher die in Frankreich schon immer übliche Bezeichnung „Abt“ empfohlen und den in Deutschland verwendeten, gleichberechtigten Titel „Propst“ abzuschaffen versucht. Im deutschen Reichsteil nahmen Stiftsobere aber erst dann den Abtstitel an, wenn ihr Stift tatsächlich zur Abtei erhoben war; im Magdeburger Ordensumfeld blieben sie sogar dann noch beim Propsttitel. Die Abtei S. besaß umfangreiche Ländereien, die sie durch Schenkungen, Ankäufe und kluge Verwaltung stetig vermehren konnte. Abt Johann IV. von Düren (1492–1501) begann mit dem Umbau der Klausuranlage; bis 1517 entstand der noch heute bestehende, spätgotische Kreuzgang. Während der Reformationszeit und ihren Nachwirkungen entwickelte sich S. unter Abt Jakob Panhausen (1540–82) zum Bollwerk gegen den Protestantismus. Ende des 18. Jh. stand S. mit einem Konvent von 97 Mitgliedern, sechs Novizen und zwei Laienbrüdern in vollster Blüte. Sein Filiationsverband umfasste etwa 50 Stifte. Nach der Säkularisierung 1802 durch die französische Konsularregierung wurde wertvoller Besitz verschleudert.

▶ **Gegenwart.** Die drei Türme der Stiftskirche von S. überragen noch immer den Höhenzug der Nordeifel. Die romanische Stiftsbasilika aus der Gründungszeit mit gotischem Freskenschmuck und barocker Ausstattung dient als Kloster- und katholische Pfarrkirche. Die Klausurgebäude stammen aus der Barockzeit; sie wurden über dem spätgotischen Kreuzgang errichtet, der künstlerisch bedeutsame Glasfenster besaß, wovon sich eine einzige Scheibe in S. erhalten hat; ein großer Teil gelangte nach England. In den Klausurgebäuden leben seit 1923 Salvatorianerpatres, die nicht nur mehrere Pfarreien betreuen, sondern auch ein Gymnasium mit Internat und ein Gästehaus unterhalten.

❖ Die linksrheinische Niederlassung Essig in Odendorf „auf dem Essig“ (heute Gem. Swisttal) begann 1439 als Birgittenkloster *Stella Mariae* an einem Hospital für die Pilger nach Aachen und wurde seit 1482 als Augustiner-Eremitinnenkloster, in der frühen Neuzeit jedoch als Prämonstratenserinnenstift unter Aufsicht von S. bis 1802 geführt. Die Stiftskirche fiel 1804, ein Wohnhaus mit Barockgiebel geht wohl auf das Stift zurück.

Steinfeld Prämonstratenser-Chorherrenstift, der Apostel Simon auf Glas (1526–42) im Kreuzgangfenster.

◆ Joester, Ingrid: Prämonstratenser in der Eifel – S., in: Eifilia Sacra, Mainz 1999, 179–203; Horstkötter, Ludger: Die Prämonstratenser und ihre Klöster am Niederrhein und in Westfalen, Köln 1984.

Steingaden, *Prämonstratenser-Chorherren Reichsstift St. Johannes Baptist (1147–1803), Diözese Augsburg – (Lkr. Weilheim-Schongau, Bayern, ❐ 4, A5).*

▶ **Geschichte.** Herzog Welf VI. aus dem Geschlecht der Welfen stiftete 1147 vor seinem Aufbruch zum Zweiten Kreuzzug das Prämonstratenserstift S. im Schongau am oberen Lech, nahe des alten Augustiner-Chorherrenstifts ➛ Rottenbuch, das sein Großvater reaktiviert hatte. Die Neugründung S. galt von Anfang an als reichsunmittelbar, seit 1156 unterstand es direkt dem Papst. Der Gründungskonvent kam mit dem ersten Propst Anselm (1147–62) aus dem schwäbischen Stift ➛ Rot an der Rot und blieb in der Folgezeit überwiegend adelig. Trotz reicher Grundausstattung, 14 inkorporierten Pfarrkirchen bis in Südtirol, Zollfreiheit für Wein (seit 1219 durch Friedrich II.) und Wallfahrtseinnahmen in Ilgen, Kreuzberg und Wies, kam es durch Misswirtschaft im 14. Jh. zum Niedergang, begleitet von einer Verflachung der Klau-

Steingaden Prämonstratenser-Chorherrenstift, der romanische Kreuzgang mit spätgotischem Netzgewölbe.

sur. 1401 war nur noch ein Chorherr in S. anwesend. Erst nach Aufgabe der Reichsunmittelbarkeit 1425 und Annahme der Schirmherrschaft der bayerischen Herzöge durch Propst Johann Sürg von Sürgenstein (1402–31) verbesserte sich die ökonomische Lage. Der Orden erhob die Propstei S. 1434 zur Abtei und Abt Kaspar Suiter (1456–91) erhielt 1475 die Pontifikalien. Aufrührerische Bauern brandschatzten 1525 die Anlage und vernichteten das Archiv. Die nachfolgende Reformationszeit ging ohne bemerkenswerte Einschnitte am Konvent vorüber. Ende des 16. Jh. stand S. unter Abt Gallus Theininger (1580–1606) in höchster Blüte, inmitten umfangreicher Bautätigkeiten und in hohem geistigem Ruf als Zentrum der katholischen Reform. 1646 verbrannten französische Truppen die Stiftsbibliothek. 1661 konnte das Stift ➛ Speinshart von S. aus wiederbesiedelt werden; auch das Stift Griffen in Österreich unterstand damals der Abtei. Seelsorge, Schulunterricht, Studium, Naturwissenschaften, Kunstsammlung, Theaterschaffen und Musikpflege kennzeichneten das Stiftsleben in der Barockzeit. Der letzte Abt Gilbert Michel (1786–1803) war ein Finanz- und Organisationsgenie mit Plänen für die Neuorganisation des Ordens in Bayern. Unter ihm erfasste der Geist der Aufklärung den Konvent. 1764 lebten noch 48 Chorherren in S., nach der Säkularisierung 1803 zugunsten des bayerischen Staates mussten 25 Prämonstratenser ihr Stift verlassen.

▶ **Gegenwart.** Die ehemalige Stiftskirche und heutige katholische Pfarrkirche stammt aus der Gründungszeit (Weihe 1176). Dieses „Welfenmünster" ist eine querschifflose, apsidiale Basilika in altbayerischer Tradition mit doppeltürmiger Westfassade. Sie unterlag gotischen Umbauten, Veränderungen im Renaissancestil sowie der Ausschmückung in Rokoko. Von den Klausurgebäuden ist nur der zweistöckige Westflügel erhalten, der einen Teil des romanischen Kreuzgangs mit reichgestalteten Arkadensäulen, gotisch bemaltem Brunnenhaus und mit spätgotischem Gewölbe birgt. Bemerkenswert ist die romanische Johanneskapelle, die an die Grabeskirche in Jerusalem erinnert und erst in spätgotischer Zeit an das Westtor des Immunitätsbereichs verlagert wurde. Zwei Löwenreliefs schützen das Portal. Der Steinaltar im Innenraum ist eine neoromanische Schöpfung.

◆ Pörnbacher, Hans: Die Kirchen der Pfarrei S., Weißenborn 1997; Lauchs-Liebel, Johanna: Zur Frage der Diözesanzugehörigkeit des Prämonstratenserklosters S., in: Beiträge zur altbayerischen Kirchengeschichte 36 (1985) 49–60; Backmund, Norbert: Die Chorherrenorden und ihre Stifte in Bayern, Passau 1966, 194–198.

Steinheim, *Dominikanerinnenkloster St. Maria (1251–1582) – „Mariental", Diözese Speyer – (Lkr. Ludwigsburg, Baden-Württemberg, ❐ 3, C3).*

▶ **Geschichte.** Bertold von Blankenstein gelobte 1251 Papst Innozenz IV. die Stiftung eines Klosters, um Elisabeth von Steinheim heiraten zu dürfen. Der Lehnsherr Graf Ulrich I. von Württemberg unterstützte ihn bei der Einlösung dieses Versprechens. Bischof Heinrich II. von Speyer (Leiningen) bestätigte 1254 die Gründung des Frauenklosters *Mariental* in S. und forderte die Augustinusregel. Zum Stiftungsgut gehörte die Pfarrkirche im Ort aus dem Besitz der jungen Ehefrau Elisabeth. Papst Urban IV. verfügte 1261 die Aufnahme des Klosters in den Zweiten Orden der Dominikaner. Das Generalkapitel des Ordens beauftragte die Brüder in ➛ Esslingen mit der Aufsicht. Markgraf Rudolf von Baden verkaufte 1254 den Schwestern seinen Freihof in S., den sie zum Bau einer vierflügeligen Anlage nutzten. Weitere Schenkungen und Zukäufe vermehrten den Besitz; so kauften die Dominikanerinnen 1262 Rechte der Abtei ➛ Hirsau in Rietenau und die Hirsauer Mühle an der Murr. Vogteirechte über den Ort traten 1271 dazu, so dass die Herrschaft über S. in den Händen der Priorin lag. Im Spätmittelalter zählte Kloster Mariental in S. zu den reichsten Frauenklöstern der Region, übertroffen lediglich vom Kloster ➛ Lichtenstern. König Adolf von Nassau gewährte 1294 Reichsschutz, Papst Benedikt XI. erklärte 1303 das Kloster für exemt. Verpfändungen der Reichsvogtei durch Kaiser Ludwig den Bayern führten aber zur Abhängigkeit vom Grafenhaus Hohenlohe. Dominikaner aus ➛ Stuttgart setzten 1478 die Observanz bei den 14 Schwestern durch. Dominikanerinnen aus Colmar (Elsass) halfen bei den Reformbemühungen, unter ihnen die neue Priorin Ursula von Ramstein. Die Befolgung strenger Klausurbestimmungen erforderten Umbauten, woraufhin 1500/03 ein neues Dormitorium mit 55 Zellen entstand. Herzog Christoph von Württemberg setzte 1552 mit militärischen Mitteln seinen Herrschaftsanspruch auf den Ort durch und verlangte das lutherische Bekenntnis. Konvent und Einwohner leisteten hartnäckig, aber vergeblich Widerstand, ein Schutzbrief Kaiser Ferdinands I. (1559) blieb ohne Wirkung. 1559/60 kam die Klosterökonomie unter herzogliche Verwaltung, aber die 18 Schwestern und drei Novizinnen blieben katholisch. 1574 hatten die meisten das Kloster verlassen, 1582 starb die letzte Ordensschwester. Die Kirche und die württembergische Klosterhofmeisterei brannten 1643 ab.

▶ **Gegenwart.** Erst 1955 erhielt der Ort an der Murr Stadtrecht. Inzwischen ist das Klosterareal mit Wohnhäusern überbaut. Erhalten haben sich bis heute die unteren Umfassungsmauern der ehemaligen gotischen Klosterkirche, einst ein langgestreckter Saal mit eingezogenem Polygonalchor. Geschickt nutzte man die Restmauern 1999 für den Bau des „Museums für Kloster- und Stadtgeschichte". Der ehemalige Kelterraum des Klosters in der Kleinbottwarer Straße zeigt die Jahreszahl 1489. Archäologische Untersuchungen des Klostergeländes 1982/85 ergaben interessante Details über eine Fernwasserleitung und eine Heizungsanlage. Die umfangreiche Sammlung spätmittelalterlicher Glasgefäße eröffnet Einblicke in den monastischen Alltag der Frauen.

◆ Jäggi, Carola: Frauenklöster im Spätmittelalter, Petersberg 2006, 30f..94; Untermann, Matthias: Kloster Mariental in Steinheim an der Murr, Stuttgart 1991.

Steinlausigk, *Franziskanerkloster (1477–1545), Diözese Meißen – (Muldenstein, Lkr. Anhalt-Bitterfeld, Sachsen-Anhalt, ❐ 2, B5).*

▶ **Geschichte.** Bereits 1445 lag der alte Ort S. an der Mulde am Westrand der Dübener Heide wüst. Kurt von Ammendorf, Patronatsherr der romanischen Pfarrkirche (12. Jh.), wandte sich 1474 an Papst Sixtus IV. mit der Bitte, ein Franziskanerkloster in S. gründen zu dürfen, der 1476 entsprochen wurde – der Papst, zuvor Francesco della Rovere, war noch vor August 1471 Generalminister des Franziskanerordens. Stifter Kurt trat in den Orden ein, seine Söhne übernahmen den Aufbau der Anlage und vollendeten 1477 die Gründung eines Konvents aus Observanten, dessen Aufgabe in der Neubelebung und Aufwertung des Ortes bestand. Guardian Johannes Fleck (1502–17), der aktiv am Gründungsprozess der Universität Wittenberg beteiligt war, befürwortete 1517 Martin Luthers Thesen, verließ noch im selben Jahr den Konvent und ging nach Wittenberg. Sein Konvent entschied sich gegenteilig und zog 1545 in das Franziskanerkloster nach ➛ Halle. Die Stifterfamilie Ammendorf war 1541 ausgestorben.

▶ **Gegenwart.** Die romanische Kirche beherrscht nach wie vor den kleinen Ort, den Neusiedler im 16. Jh. wiederbelebten und der seit 1577 „Muldenstein" genannt wird.

Für die Ordensbrüder war an der Ostseite der Kirche direkt am Chorturm ein zusätzlicher, dreiseitig geschlossener Chorraum entstanden, so dass der wehrhaft wirkende Turm in Mittellage geriet. Die Turmostwand wurde dabei geöffnet, aber die ehemals offene Turmwestwand zum alten Kirchenraum hin geschlossen. Den romanischen Kirchensaal bauten die Franziskaner wohl zum Wohnhaus aus, ein singulärer Vorgang in der mittelalterlichen Ordensgeschichte Deutschlands. Begründet wird diese Profanierung mit der fehlenden Laiengemeinde. Aber der bauarchäologische Nachweis, dass der Wohnraum im Kirchenschiff durch die Ordensleute und nicht erst nachreformatorisch geschaffen wurde, muss noch erbracht werden. Das nordöstlich angesetzte Herrenhaus entstand 1899. Die spätmittelalterliche Klausur existiert heute nicht mehr. Ein Wappenepitaph von 1477 erinnert an den Ammendorfer Stifter.

◆ HHistStD 11 Sachsen-Anhalt, 340; Pieper, Roland/Einhorn, Jürgen W.: Franziskaner zwischen Ostsee, Thüringer Wald und Erzgebirge, Paderborn 2005, 113–115.

Stendal, *Augustiner-Chorfrauenstift St. Katharina u. a. (1456–1540) – „Katharinenkloster", Diözese Halberstadt – (Kreisstadt, Sachsen-Anhalt, ❒ 2, B4).*

▶ **Geschichte.** König Sigismund vergab 1415 die Mark Brandenburg mit Kurwürde als Reichslehen an seinen getreuen Nürnberger Burggrafen Friedrich von Hohenzollern. Dessen streng religiöser Sohn, Kurfürst Friedrich II. von Brandenburg, stiftete 1456 in S., dem Hauptort der Altmark, das Kloster St. Katharina zunächst für Benediktinerinnen. Bürger der Stadt beteiligten sich an der Gründung, die von Papst Calixtus III. im gleichen Jahr genehmigt wurde, wobei Rechte des Kollegiatstifts St. Nikolaus nicht beeinträchtigt werden durften. Ein Nachweis der Belegung mit Benediktinerinnen existiert nicht. Bereits 1469 sind Augustiner-Chorfrauen aus dem Stift Dorstadt (s. u.) im Katharinenstift S. nachweisbar. Der Obödienzwechsel wurde erst 1480/81 offiziell von Papst Sixtus IV. legitimiert. Das Mutterstift Dorstadt stand im Spätmittelalter unter Einfluss der ➛ Windesheimer Kongregation, weswegen man im Katharinenstift S. die strenge Einhaltung der Klausurvorschriften voraussetzen darf; eine Aufnahme in den Windesheimer Reformverband wie das Mutterstift erreichte S. nicht. Priorin Heilwig Middendorp (1469?–81) kam aus Marienberg in ➛ Helmstedt; zusätzlich sekundierten Schwestern aus Helmstedt in der monastischen Anfangsphase. Die Aufsicht führten Pröpste aus ➛ Hamersleben (seit 1453 Mitglied der Windesheimer Union). Ihre Haupteinnahmen erzielten die Frauen aus dem benachbarten Heilig-Geist-Spital; eine Verpflegungsliste (1500) verzeichnet den gemeinsamen Speiseplan für Spitalinsassen und Chorfrauen. Heinrich Belitz, Dekan am Nikolaistift (1484–1507), vermachte den Stiftsfrauen testamentarisch 33 Gulden aus dem eigenen Vermögen sowie ein Fass Bier zur Erquickung der „Jungfrauen" an Begräbnistagen. 1527 trat Kurfürstin Elisabeth zum evangelischen Glauben über, 1535 starb in S. ihr Gemahl Joachim I., der letzte katholische Kurfürst von Brandenburg. Nachfolger Joachim II. duldete seit 1539 die Abendmahlfeier mit Laienkelch und beauftragte eine allgemeine Kirchenvisitation zur Durchsetzung der Reformation. Das Katharinenstift in S. existierte 1540 bis 1945 als evangelisches Damenstift weiter.

▶ **Gegenwart.** Die spätgotische, einschiffige Klosterkirche wurde noch 1952 kirchlich genutzt, nach 1990 aufwändig restauriert und umgebaut. 1994 eröffnete Bundespräsident Richard von Weizsäcker das „Musikforum St. Katharinenkirche S.". Spätgotische Klausurgebäude existieren noch im Nordbereich in Erdgeschossteilen des Süd- und Westflügels mit einem auffallend kleinen, schmalen Kreuzgang. Das Altmärkische Museum nutzt seit 1963 diese Gebäude für Sammlungen und Exponate zur Geschichte der Altmark und der Stadt. Das Heilig-Geist-Spital in S. wurde im 19. Jh. niedergelegt.

❖ Das niedersächsische Mutterstift Dorstadt südlich von Wolfenbüttel entstand 1189 und gehörte nachweislich seit 1479 neben ➛ Heiningen und Bonn-Engeltal zu den drei einzigen deutschen Frauenstiften, die als Vollmitglied in die Windesheimer Kongregation aufgenommen worden sind. Auch Windesheim konnte nicht verhindern, dass Dorstadt und Heiningen ständig um Grenzbesitz stritten. Die königlich-westphälische Regierung unter Jérôme Bonaparte hob das Stift im Januar 1810 auf. Die Chordamen hatten nach einem Brand 1646 eine neue, frühbarocke Stiftsanlage errichten lassen, von der Gebäude erhalten sind. Beim Großbrand 1919 ging die Stiftskirche endgültig verloren.

◆ GermSac NF 49; Popp, Christian/BadstübER, Ernst: S., Augustiner-Chorfrauen, in: Brandenburgisches Klosterbuch, Bd. 2, Berlin – Brandenburg 2007, 1221–24; Krause-Kleint, Wilhelmine/Schmitt, Reinhard: Das Katharinenkloster in S., Stendal 1990.

Stendal, *Franziskanerkloster (um 1250–1540) – „Mönchskloster", Diözese Halberstadt – (Kreisstadt, Sachsen-Anhalt, ❒ 2, B4).*

▶ **Geschichte.** Die Kolonistensiedlung S. bildete im Mittelalter das Herz des Gebietes zwischen Drawehn und Elbe, das später als Altmark bezeichnet wurde. Im 12. Jh. genoss der Ort die besondere Förderung durch Albrecht den Bären, erster Markgraf von Brandenburg, der 1160 der Siedlung S. das Marktrecht vergab und Neusiedler privilegierte. Auch die nachfolgenden Askanier förderten den Aufschwung der Stadt: Heinrich von Gardelegen und sein regierender Bruder Otto II. gründeten 1188 in S. das mächtige Kollegiatstift mit dem „Dom" St. Nikolaus, das über Jahrhunderte den ersten Rang unter den Kircheninstitutionen in der Altmark- und der Prignitzregion beanspruchte. Minoriten begannen um 1250, wohl mit Unterstützung der Markgrafen Johann I. und Otto III. – auch „Städte- und Klostergründer" genannt, mit dem Bau eines Klosters in westlicher Stadtrandlage. Die Ersterwähnung des Konvents hängt mit dem Kapitel der franziskanischen Ordensprovinz Saxonia 1264 in S. zusammen. Ein zweiter

Steinlausigk Franziskanerkloster, an den romanischen Turm wurde 1477 der Chor für den Konvent angefügt.

urkundlicher Beleg dokumentiert im Juli 1267, dass Guardian Heinrich und sieben Mitbrüder dem Rat gegenüber auf weiteren Immobilienbesitz verzichteten. Streit mit den Stiftskanonikern von St. Nikolaus, die ihre Parochialrechte beschnitten sahen, konnte nicht ausbleiben. Ein Kompromiss regelte 1285 die Begräbnisrechte, auch schlichtete die päpstliche Kurie die Geläutzeiten zur Messe sowie den Konflikt 1405 um neue Altäre in der Minoritenkirche. Die Barfüßer betrieben ein Hausstudium und durften in S. sowie in den umliegenden Orten um Almosen betteln; sie besaßen Termineien in Gardelegen und Tangermünde in Konkurrenz zu den Dominikanern (➛ Tangermünde). Auf das in der Nähe gegründete Tertiarinnenkloster St. Anna (➛ Stendal) übten die Brüder keinen direkten Einfluss aus, denn es unterstand der Aufsicht des Nikolaistifts. Der Konvent genoss größere Bedeutung, insgesamt fanden bis Ende des 15. Jh. sieben Kapitel im Kloster statt; die zentrale Lage innerhalb der Saxonia mag S. als Tagungsort prädestiniert haben. Für Observanzeinfluss in S. gibt es keine Hinweise; insgesamt ist die Quellenlage mager, selbst ein Siegel ist nicht überliefert. 1530 predigte der Franziskanerbruder Lorenz Kuchenbäcker aus S. im lutherischen Sinn und sang gemeinsam mit Handwerksburschen reformatorische Lieder. Der letzte katholische Kurfürst von Brandenburg, Joachim I., verbot die „ketzerischen" Reden, was die neugläubigen Bürger zum blutigen Aufstand provozierte, der militärisch niedergeschlagen und mit Strafen für die Stadt beantwortet wurde. 1538 predigte der bedeutende Theologe Justus Jonas der Ältere (1493–1555), in der Kaufmannskirche St. Marien und verhalf der Reformation endgültig zum Durchbruch. Ein Jahr später hatte sich das neue Glaubensbekenntnis in der ganzen Altmark durchgesetzt. Auch der Minoritenkonvent war betroffen, Zahlen über die damalige Konventsstärke liegen nicht vor. Im März 1523 brannten ein Teil der Anlage und die Kirche ab, was die desolate Lage zusätzlich verschärfte. 1540 lebte nur noch Bruder Petrus Witte im Konvent. Das verödete Kloster ließ Kurfürst Joachim II. 1540 auflösen.

▶ **Gegenwart.** Einzig ein spätgotisches Klausurgebäude der Franziskaner, der östliche Teil des Nordflügels, das sogenannte „Refektorium", blieb im heutigen Bereich des Stendaler „Mönchkirchhofs" erhalten und dient seit 1940 der Stadt als Bibliotheksgebäude. Der zweistöckige, gewölbte Bau mit Strebepfeilern entstand zu Anfang des 15. Jh.; seine obere Etage könnte als Speisesaal gedient haben. Die Konventsgebäude waren nach dem Brand von 1523 nur notdürftig repariert und seit 1541 als Provisorium für die städtische Lateinschule genutzt worden. Immerhin hielt das Provisorium 244 Jahre; 1726 bis 1736 besuchte der Begründer der modernen Archäologie und Sohn der Stadt, Johann Joachim Winckelmann, diese Schule. Erst 1784 ließ der Stadtrat die mittelalterlichen Klostergebäude und den Rest der Klosterkirche für den Bau eines neuen Schulgebäudes niederlegen.

◆ GermSac NF 49; Schmies, Bernd: S., Franziskaner, in: Brandenburgisches Klosterbuch, Bd. 2, Berlin – Brandenburg 2007, 1214–20; Pieper, Roland/Einhorn, Jürgen W.: Franziskaner zwischen Ostsee, Thüringer Wald und Erzgebirge, Paderborn 2005, 125–127.

Stendal Franziskanerkloster, das spätgotische Gebäude des Klausurnordflügels dient heute als Bibliothek.

Stendal, *Franziskaner-Tertiarinnenkloster St. Anna (um 1485–1540) – „Annenkloster", Diözese Halberstadt – (Kreisstadt, Sachsen-Anhalt, ❐ 2, B4).*

▶ **Geschichte.** Der streng religiöse Kurfürst Friedrich II. von Brandenburg, der in S. schon das Katharinenkloster (➛ Stendal) gestiftet hatte, bemühte sich um Ordensregeln für die Beginengemeinschaft in der Stadt, die aber erst um 1485 die Drittordensregel der Franziskaner annahm und in der Altstadt nahe dem Franziskanerkloster (➛ Stendal) eigene Klostergebäude beziehen durfte. Im ausgehenden Mittelalter wurde die hl. Anna, die Mutter Marias, besonders verehrt und das neue Kloster ihr geweiht. Die Aufsicht über die Schwestern durften die Franziskaner nicht übernehmen, sondern das nahe Kollegiatstift St. Nikolaus beanspruchte dieses Recht. Mit der Stiftsgeistlichkeit, die das städtische Parochialrecht innehatte, kam es zu Beginn des 16. Jh. zu Konflikten, da die Bürger ihr Interesse am kleinen Frauenkonvent zu deutlich zeigten und die Kanoniker um ihre Seelsorgeanteile fürchteten. Die öffentlichen Messen der Schwestern wurden stark beschnitten und nur für das Fest der hl. Anna am 26. Juli zugelassen, Begräbnisse nur für eigene Konventualinnen gestattet und Jahresgedächtnisfeiern nur in der Stiftskirche erlaubt. Diese Knebelung war kirchenrechtlich nicht auf Dauer aufrechtzuerhalten, weshalb das Nikolaistift 1514 auf Drängen Papst Leos X. die strengen Auflagen zurückziehen musste. Die Tertiarinnen durften ihre Kirche wieder öffnen und einen Glockenturm bauen; gleichwohl blieb die beherrschende Reglementierung bestehen. Seit 1530 begannen sich reformatorische Ideen aus Wittenberg in S. auszubreiten und seit 1539 setzte sich unter Kurfürst Joachim II. das evangelisch-lutherische Bekenntnis in der Altmark durch. Als ersten Superintendenten berief der Stadtrat 1540 den fähigen Theologen und Mitstreiter Luthers, Conrad Cordatus (Konrad Hertz, um 1480–1546). Der Annenkonvent wurde 1540 zur Annahme der neuen Kirchenordnung gezwungen und in ein evangelisches Stift umgewandelt. Die Schwestern kämpften noch 1542 vergeblich um ihren alten Glauben. Anfang des 18. Jh. war das Annenstift verödet.

▶ **Gegenwart.** 1784 erwarb der Benediktinerpater Hermann Heithecker das Nutzungsrecht über die Annenkirche in S. für die neue katholische Gemeinde, die 1907 St. Anna als Eigentum erwerben konnte. Die einschiffige Annenkirche von 1440/80 ist ein Backsteinsaal mit dreiseitigem Chorschluss; Anbauten an der repräsentativen Nordseite verdecken die Strebepfeiler, was die Kirche unter geschlossenem Satteldach unregelmäßig, aber reizvoll erscheinen lässt. Die zweigeschossige Sakristei mit eigenem Giebel zum Hof hin wirkt wie ein angesetztes Häuschen. Der Kircheninnenraum zeigt Rippengewölbe, die westliche Hälfte nimmt die Nonnenempore mit Blendarkadenschmuck an der Brüstung sowie die zweischiffige Unterkirche mit Gewölbe auf Rundsäulen ein. Als einziges mittelalterliches Ausstattungsstück blieb ein großes gotisches Triumphkreuz erhalten. Weitere Kleinodien und Seidenstickerei stellt das Altmärkische Museum im Katharinenkloster aus. Von den Klausurgebäuden blieb das barock ausgebaute Hauptgebäude mit Refektorium südwestlich der Kirche lediglich in den Umfassungsmauern bewahrt.

◆ GermSac NF 49; Schmies, Kirsten: S., Franziskanerinnen, in: Brandenburgisches Klosterbuch, Bd. 2, Berlin – Brandenburg 2007, 1225–32; Pieper, Roland/Einhorn, Jürgen W.: Franziskaner zwischen Ostsee, Thüringer Wald und Erzgebirge, Paderborn 2005, 128–131.

Steterburg, *Augustiner-Chordamenstift St. Maria u. a. (1142–1569), Diözese Hildesheim – (Salzgitter-Thiede-S., kreisfreie Stadt Salzgitter, Niedersachsen, ❒ 2, A4).*

▶ **Vorgeschichte.** Graf Altmann von Oelsburg, seine Gemahlin Hathewig und Tochter Frederunda stifteten vor 1003 ein freiweltliches Kanonissenstift, das mit Hilfe Bischof Bernwards von Hildesheim (993–1022, kanonisiert 1192) nach 1003 an ihrer alten Heinrichsburg in S. gegründet wurde; Frederunda amtierte als erste Äbtissin. Die Gründung und umfangreiche Ausstattung bestätigte König Heinrich II. im Januar 1007 und unterstrich die freie Äbtissin- und Vogtwahl, aber auch die Abhängigkeit von der Hildesheimer Kirche.

▶ **Geschichte.** 1142 reformierte Propst Gerhard I. (1128–50) vom Stift ➛ Riechenberg bei Goslar das weltliche Frauenstift S. und wandelte es im Auftrag Bischof Bernhards I. in ein Regularkanonissenstift für Augustiner-Chorfrauen um. Nachfolgend stand S. unter der Aufsicht Riechenbergs, damals ein bedeutendes Reformzentrum der Regularkanoniker. Die frühromanische Stiftskirche von 1070 musste 1160 bis 1174 erneuert werden; den Bau leitete Propst Gerhard II. (1163–1209), ein fähiger Vorstand in der Zeit des Machtkampfs zwischen Kaiser Friedrichs I. und dem Welfenherzog Heinrich dem Löwen. Stift S. erlebte unter diesem Propst seine Hochblüte, die in den „Annales Stederburgenses" von Gerhard selbst beschrieben wird. Nach 1176 wurde das neue Stift Marienberg in ➛ Helmstedt besiedelt und 1236/37 gründete S. ein abhängiges Tochterstift in ➛ Melverode. Der Besitz umschloss bis zum Spätmittelalter etwa 1.600 Hektar Land in 36 Orten, einbezogen die Salzbrunnen in Salzgitter und Salzdahlum, Zinsen vom Rat der Stadt Bokenem, Mieteinnahmen von Häusern in Goslar und Braunschweig, darüber hinaus Holzrechte, Fischteiche von insgesamt 28 Morgen Fläche und Vogelfangrechte. Der Großbrand im Januar 1328 zerstörte Klausur und Teile der Stiftskirche. Noch 1366 leistete S. neben dem Kloster Neuwerk in ➛ Goslar den höchsten Beisteuersatz einer klösterlichen Fraueninstitution an das Domstift Hildesheim. Aber eigene Misswirtschaft führte 1380 zu extremer Notlage; der Konvent konnte sich nicht länger einen eigenen Priester leisten; Klosterwagen fuhren nicht in die Stadt, um der Verpfändung zu entgehen. Erst die Vorsteherin Willeberga von Rutenberg († 1415) erreichte die Schuldenfreiheit. Bereits Mitte des 14. Jh. hatten die Vöppstedter Salzbauern ihren Wohnsitz in den Salzsumpf verlegt, die neue Stadt erhielt den Namen „Solt to Gytere" (Salzgitter). Im 15. Jh. stieg das Chorherrenstift Riechenberg nochmals zum Reformzentrum auf, diesmal im Sinn der ➛ Windesheimer Kongregation; der Frauenkonvent S. wurde 1441 entsprechend reformiert. Während der Reformation galt der Konvent zunächst als vorbildlich katholisch. Propst Decius (1519–22) verfasste die „Sumula" als geistliches Rüstzeug zum internen Gebrauch. Aus dem aufgelösten Annenkloster in ➛ Lübeck verstärkten 1532 sich katholisch bekennende Stiftsfrauen den Konvent. Durch die Hildesheimer Stiftsfehde (1519–23) hatte das Domstift Hildesheim seinen Einfluss in der Salzgitterregion zugunsten der Welfenherzöge von Braunschweig-Lüneburg eingebüßt. Herzog Julius setzte seit 1568 die lutherische Kirchenordnung im Land durch und säkularisierte ein Jahr später das Stift S. Vorsteherin Katharina Binder und fünf bürgerliche Schwestern bekannten sich zur evangelischen Kirchenordnung; von 1691 bis 1938 existierte S. offiziell als adeliges, freiweltliches Damenstift wieder unter einer Äbtissin.

▶ **Gegenwart.** S. ist heute zusammen mit der Altgemeinde Thiede ein Ortsteil der Stadt Salzgitter, die sich aus 31 Gemeinden zusammensetzt. Die ältesten noch erhaltenen Gebäudeteile des ehemaligen Stifts stammen aus der Zeit der Kanonissen im 11. Jh. Die Anlage brannte letztmalig 1627 bis auf die Grundmauern ab und wurde 50 Jahre später in der heutigen Gestalt neu errichtet, wobei mittelalterliches Mauerwerk wiederverwendet wurde. Die ehemalige Stifts- und heutige evangelisch-lutherische Pfarrkirche gab Herzog Karl I. um 1755 als dritte Kirche im Stil des Spätbarocks in Auftrag. Sie steht auf Grundmauern des 12. Jh.; Ostportal, Kirchturmsteine und Kapitellsäule sind erkennbare romanische Überreste der Vorgängerbauten. Das Wohnhaus der Äbtissin im Süden der Anlage entstand 1691/92, ein tonnengewölbter Gang verbindet die Konventsgebäude mit der Kirche. „Stift S." ist heute eine Wohnanlage. Ein seit 1954 existierendes Exerzitienhaus der Redemptoristen ist inzwischen wieder geschlossen.

◆ Ruhlender, Margot: Die Damen vom Stift S. 1000 Jahre Stift S., Braunschweig 2003; Billig, Wolfgang: Das mittelalterliche Stift. Die Entwicklung des Stifts bis zur Reformation, in: Die Stiftskirche zu S., Braunschweig 1982, 17–20.

Stetten, *Dominikanerinnenkloster St. Johannes Baptist (vor 1264–1802) – „Gnadental", Diözese Konstanz – (Hechingen-S., Zollernalbkreis, Baden-Württemberg, ❒ 3, C4).*

▶ **Geschichte.** Der Frauenkonvent S. unterhalb der Zollernburg wird erstmals 1264 anlässlich einer Güterübertragung des Pfalzgrafen Hugo IV. von Tübingen erwähnt, früher datierte Urkunden gelten heute als unzuverlässig. Graf Friedrich V. der Erleuchtete von Hohenzollern und seine Gemahlin Uodihilt von Dillingen gelten als Stifter der Frauengemeinschaft, die sich zur Augustinusregel bekannte. Die Stifter bestimmten das Kloster 1267 zur Erbgrablege ihrer Familie und sicherten seine Existenz durch weitere Schenkungen ab. 1287 inkorporierten die Dominikaner S. offiziell in ihren Zweitorden. Die Betreuung der Schwestern oblag schon längere Zeit den Ordensbrüdern aus ➛ Rottweil. Töchter aus dem Hause Zollern, der örtlichen Ministerialen und der Patrizierfamilien umliegender Städte, mehrten den Wohlstand mit ihren Mitgiften. 1422 sagten 18 Reichsstädte unter Führung Württembergs dem überschuldeten Grafen Friedrich XII. den Kampf an, eroberten 1423 die Burg Hohenzollern bei Hechingen und zerstörten auch das Kloster S., das als Hauptquartier des Bundesheeres diente. In einem Schutzprivileg verwendet Papst Sixtus IV. 1482 erstmals die Bezeichnung Kloster S. im „Gnadental". Als letzter aus der Stifterfamilie ließ sich Graf Jos Niklas I. in S. beisetzen, die Hechinger Pfarrkirche wurde neue zollerische Grablege. Ein Brand vernichtete Ende des 15. Jh. die Klosteranlage, nur Kirche und Johanniskapelle blieben erhalten. Zwischen 1480 und 1507 wurden auf Betreiben der Zollerngrafen und des Konstanzer Bischofs mehrere Reformversuche unternommen, um Verfallserscheinungen im Kloster entgegenzuwirken. Der Konvent hielt über die Reformation und die Kriege der Neuzeit hinaus am alten Glauben fest. Die Grafen versuchten, Kloster S. als Konkurrent um die Grundherrschaft zu

Stetten Dominikanerinnenkloster, vom Klausurostflügel blieben Ruinenreste mit Fensteröffnungen erhalten.

eliminieren; seit 1545/50 durften die Untertanen keinen Grundbesitz an die Schwestern verkaufen. Fürst Hermann Friedrich Otto von Hohenzollern-Hechingen ließ das Kloster bereits 1802 aufheben, 16 Chor- und acht Laienschwestern durften bleiben. Die letzte Dominikanerin, Gundi Salva Utz, starb 1867. Der Besitz fiel an das Haus Hohenzollern, die Gebeine der in der Klosterkirche beigesetzten Familienmitglieder wurden in die Fürstengruft der Stiftskirche Hechingen verbracht. Die Klosteranlage diente nachfolgend als Kaserne, Franziskanerkonvent, Schuhfabrik und Wohnstätte,

Stolpe Benediktiner-/Zisterzienserabtei, das Untergeschoss eines Westturms der romanischen Abteikirche.

bis 1990 Fürst Friedrich Wilhelm von Hohenzollern-Sigmaringen die Kirche der katholischen Gemeinde in S. schenkte.

▶ **Gegenwart.** Die frühgotische Klosterkirche in S., heute ein Ortsteil von Hechingen, blieb unverändert aus der Erbauungszeit um 1280/90 erhalten. Der Chor mit hohen Maßwerkfenstern im 5/8-Schluss dürfte 1289 fertig gestellt gewesen sein, als der Stifter Graf Friedrich V. hier beigesetzt wurde. Drei Maßwerkfüllungen des mittleren Chorfensters enthalten die ältesten süddeutschen Glasmalereien; weitere Teile befinden sich heute in Schlössern und Museen. Das einschiffige, gewölbte Langhaus ist fast doppelt so hoch wie breit, was eine beeindruckende Raumwirkung erzielt. Die westliche Empore wurde barock erneuert, links vom Altar steht ein 9 m hohes, kunstvoll verziertes Sakramentshäuschen (Ende 15. Jh.). Südlich am Chor schließt die Johanniskapelle an, die bereits um 1230 errichtet worden sein dürfte, aber einschneidenden Veränderungen unterlag; ihr Chor ist spätgotisch, der Stuck aber von 1600. Vom Ostflügel der Klausur haben sich malerische Ruinenreste des Kapitelsaals mit Fenster- und Türöffnungen und einem Bogen vom Kreuzgang erhalten. Westlich der Klosterkirche schließt sich unter gleichem Dach ein barocker Klausurflügel an, alle anderen Gebäude des Klausurquadrums mit einst 60 m Seitenlänge sind beim Brand 1898 untergegangen. Von den klösterlichen Ökonomiegebäuden blieben das Beichtingerhaus und die Gästeherberge bestehen.

◆ Wiedel-Senin, Irene: Berichte über die ehemalige Klosterkirche S. und die Michaelskapelle auf Burg Hohenzollern, in: Hohenzollern Jahrbuch 13 (1953) 84–90.

Stolpe, *Benediktinerabtei St. Johannes Baptist (1153–1305), Zisterzienserabtei St. Maria und St. Johannes Baptist (1305–1535), Diözese Kammin – (Lkr. Ostvorpommern, Mecklenburg-Vorpommern, ❐ 2, C2).*

▶ **Geschichte der Benediktinerabtei.** Nach dem sogenannten Wendenkreuzzug von 1147, der bis ins Peene- und Odergebiet hinein geführt wurde, gründeten der erste Bischof Adelbert von Wollin und der Pommernherzog Ratibor 1153 eine Benediktinerabtei an dem Ort, an dem Fürst Wartislaw I. um 1147/48 von heidnischen Priestern erschlagen wurde. Der Gründungskonvent kam aus der Abtei Berge bei Magdeburg (s. u.), damals ein einflussreiches Zentrum der ➛ Hirsauer Reformbewegung. Eine bestehende Memorialkapelle erweiterten die Benediktiner bis 1176 zur Abteikirche, die sie den Schutzheiligen Johannes dem Täufer und Mauritius (wie in Berge) anvertrauten. Der Abtei S. am strategisch und wirtschaftlich wichtigen Peeneübergang oblag zunächst als wichtigste Aufgabe die Christianisierung der noch heidnischen Wenden. Vorsteher Helwig (1176–1206) und seine Mönche errichteten Pfarrkirchen, bauten ein Pfarrnetz auf und betreuten die neuen Pfarrkinder, vorrangig zunächst die deutschen Siedler im nahen Flecken Tanchlim, der sich zur Stadt Anklam entwickelte. Die Christianisierung der Wenden gelang nur in kleinen Schritten, bis weit ins 13. Jh. hinein dominierten in den slawischen Siedlungen heidnische Bräuche. Die Archidiakonatsrechte im Land Groswin waren an das Kloster gebunden, Äbte erlangten 1276 Ehre und Recht der bischöflichen Mitra. Die Grundausstattung war von Beginn an wohl zu schmal bemessen: trotz besonderer Zoll- und Marktprivilegien kämpften die Benediktiner in ihrer 150-jährigen Geschichte meist gegen wirtschaftliche Not, was sich in der Verflachung der Klosterzucht niederschlug. Die innere Reform, die 1301 von Mitbrüdern der Abtei ➛ Cismar in Holstein angeregt wurde, kam wohl zu spät. Abt Gottfried trat zurück, Prior Ditmar und der existenzbedrohte Konvent baten 1304 um Aufnahme in den Zisterzienserorden.

▶ **Geschichte der Zisterzienserabtei.** Das Generalkapitel des Zisterzienserordens sprach sich 1305 für die Aufnahme des Klosters S. in den Orden aus und bestimmte ➛ Pforte an der Saale zur Aufsicht führenden Mutterabtei. Prior Ditmar nahm das Amt des ersten Zisterzienserabts an und verzichtete auf die Archidiakonatsrechte, weil der exemte Zisterzienserorden bischöfliche Hoheitsrechte nicht vertreten konnte; Bischof Heinrich von Kammin (Wachholz) stimmte zu. Die Mönche in S. erreichten unter zisterziensischer Arbeitsorganisation erstaunlich rasch den wirtschaftlichen Aufschwung, was neuen Landzukauf und den Aufbau eines großen Wirtschaftskomplexes ermöglichte. Sie unterhielten ein Hospital und gründeten eine Bibliothek; den Frauen im Kloster ➛ Wanzka verkauften sie 1342 eine zweibändige Bibel. Der Konvent bestand 1348 aus Abt und 13 Priestermönchen, die Pfarrseelsorge in zahlreichen inkorporierten Kirchen zählte zu einer ihrer wichtigsten Aufgaben. Wissenschaftliches Interesse führte 1456 gemeinsam mit den Abteien ➛ Pudagla, ➛ Neuenkamp und ➛ Eldena zur Gründung der Greifswalder Universität. Abt Johann von S. war Mitverfasser des Gutachtens für Papst Calixtus III., der daraufhin der Universitätsgründung zustimmte. In der Reformationszeit griffen die Herzöge Barnim IX. und Philipp I. von Pommern zuerst nach den Abteien S. und Pudagla. Im April 1533 musste Abt Matthias (1531–34) die Klosterkleinodien abgeben, 1535 wurde S. aufgehoben.

▶ **Gegenwart.** Militärische Brandzerstörung 1637 ließ von der großflächigen Anlage kaum etwas übrig. Einzig eine tonnengewölbte Feldsteinhalle mit Arkadenöffnungen erinnert an die benediktinische Abteibasilika des 12. Jh.; Archäologen erkannten in ihr das Untergeschoss des ehemaligen Westturms. Ein Wirtschaftsgebäude des Gutshofes behielt seinen spätgotischen Backsteingiebel, der als einzig verbliebener Architekturrest aus der Zeit der Zisterzienser gilt.

❖ Das Mutterkloster Berge existierte seit 937 zunächst in Magdeburg, zog aber nach Gründung des Erzstifts 968 vor die Stadt und entwickelte sich zum östlichen Ausstrahlungszentrum aller mittelalterlichen Benediktinerreformen. Nach der Reformation existierte Berge als evangelisches Schulkloster weiter (1565–1810). 1813 ließ Napoleon die Abteigebäude abreißen. Auf dem Gelände im Magdeburger Stadtteil Buckau entstand der erste deutsche Volkspark „Klosterbergegarten“.

◆ Schneider, Manfred: Klöster in Vorpommern, Köln 1999; Creutz, Ursula: Kloster S. an der Peene, in: Geschichte der ehemaligen Klöster im Bistum Berlin, Leipzig 1995, 60–64.

Stoppenberg, *Prämonstratenser-Chordamenstift St. Maria und St. Nikolaus (vor 1173–1488), Karmelitinnenkloster Maria in der Not (seit 1965), Erzdiözese Köln – (Essen-S., kreisfreie Stadt Essen, Nordrhein-Westfalen, ❐ 1, B5).*

▶ **Geschichte.** 1073 gründete das weltliche Kanonissenstift Essen ein Tochterstift im nahen S., das etwa 100 Jahre später vom Prämonstratenserorden übernommen wurde. Die erste Urkunde von 1173 spricht von *fratres de Stophenberg*, deren Vorsteher in einer päpstlichen Urkunde von 1191 als Abt bezeichnet wird. Ob S. zunächst als Doppelstift existierte, wird heute kontrovers diskutiert. König Heinrich (VII.) erklärte 1227 seinen persönlichen Schutz. Seit 1221 trat ein Propst Hermann (1221–33?) auf, der auch dem Frauenkonvent in ➛ Cappel vorstand. Stift Cappel könnte eine Tochtergründung von S. gewesen sein, denn beide standen in Beziehung zum Kanonissenstift Essen. Im Juli 1224 urkundete Erzbischof Engelbert I. von Köln (Berg) nur für *sanctimoniales de Stofenberch*. 1282 unterschrieb die Priorin die Urkunden allein, ein Propst wird nicht mehr erwähnt. Die Zugehörigkeit des nunmehr stets als Frauenstift bezeichneten S. zum Prämonstratenserorden ist jedoch nirgends ausdrücklich vermerkt; im Ordenskatalog der Prämonstratenser von 1320 erscheint S. nicht (aber etwa das Prämonstratenserinnenstift ➛ Schillingskapellen auch nicht); gleichwohl wird S. in der Literatur stets als Prämonstratenserinnenstift geführt. Um 1460 glich der Alltag der Frauen dem Leben in einem weltlichen Kanonissenstift, dessen Gewohnheiten sie hartnäckig verteidigten. Dem trug Papst Innozenz VIII. 1488 Rechnung und erkannte ihnen den Status eines freiweltlichen Damenstifts zu, das erst 1803 aufgelöst wurde. Die Stiftskirche diente auch als Pfarrkirche, bis die neue katholische Nikolaikirche am Fuß des Berges 1907 diese Funktion übernahm.

▶ **Gegenwart.** Seit 1965 lebt hoch auf dem Kapitelberg über dem Essener Stadtteil S. ein Teresianischer Karmel unbeschuhter Karmelitinnen und nutzt die romanische Stiftskirche als Klosterkirche. Neue Konventsgebäude entstanden nordwestlich der Kirche (1961–64). Die Pfeilerbasilika mit quadratischem Chor und Halbkreisapsis geht auf die Zeit der Essener Stiftsäbtissin Swanhilde zurück (um 1073) und wurde erst durch die Prämonstratenser als eine der frühesten Gewölbekirchen im Rheinland vollendet. Die Stiftsdamen erweiterten die Nonnenempore mehrmals und verlängerten deshalb die Kirche nach Westen. Von ursprünglich zwei Westtürmen ist nur der südliche erhalten, ein Kapellenanbau erfolgte im 15. Jh. Geologische Verhältnisse auf der Bergkuppe nötigten schon im 17. Jh. zu abstützenden Strebepfeilern an den Außenwänden. Seit 1978 schützt eine Stahlbeton-Ringverankerung die Kirche vor den Folgen der Bodensenkung.

◆ Horstkötter, Ludger: Zum inneren Leben in einigen Prämonstratenser-Klöstern, Göttingen 2003; Ehlers-Kisseler, Ingrid: Die Anfänge der Prämonstratenser im Erzbistum Köln, Köln 1997.

Stoppenberg Prämonstratenser-Chordamenstift, Chor und Apsis (um 1073) der romanischen Stiftskirche.

Stötterlingenburg, *Benediktinerinnenabtei St. Laurentius (um 1030– um 1565), Diözese Halberstadt – (Lüttgenrode-S., Lkr. Harz, Sachsen-Anhalt, ❐ 2, A4).*

▶ **Geschichte.** Bischof Hildeward von Halberstadt errichtete 992 auf der bischöflichen Feste S. im nördlichen Harzvorland ein Säkularkanonissenstift, dessen Konvent auf Geheiß Bischof Branthogs um 1030 die Benediktregel annahm. Der Reformbischof Reinhard von Blankenburg regelte auf der Synode von ➛ Wimmelburg 1108 die Verhältnisse für die Frauengemeinschaften ➛ Gerbstedt, ➛ Drübeck, ➛ Hadmersleben und St. Laurentius auf der Burg S. neu, was in S. einer zweiten Gründung entsprach. Bischof Reinhard festigte die

Stötterlingenburg Benediktinerinnenabtei, das Apsisfenster und das Westwerk der romanischen Kirche.

Existenz mit weiteren Gütern und Zehnten und stellte den Benediktinerinnen einen Augustiner-Chorherren aus dem Stift ➛ Hamersleben als Propst zur Seite, der die Befugnisse eines Archidiakons erhielt. Im Frauenkloster Drübeck setzten sich offensichtlich unter Einfluss des Reformbischofs ➛ Hirsauer Gewohnheiten durch; gleiches ist von Hadmersleben, Gerbstedt und dem Laurentiuskloster S. nicht bekannt, aber durchaus anzunehmen. Kloster S. blühte auf und konnte 1133 dem Ruf der Gräfin Gertrud-Petronilla von Holland folgen und einen Gründungskonvent nach Rijnsburg bei Leiden in die Niederlande senden. Die Gräfin unterstützte politisch ihren Halbbruder Kaiser Lothar III. von Süpplingenburg, was ebenfalls für das Bekenntnis zu hirsauischer Lebensweise spricht. Propst Arnebold (1133/53) erlangte für den Konvent in S. Reliquien Bischof Godehards (960/961–1038, kanonisiert 1131), was den Bekanntheitsgrad des Klosters steigerte und S. als Wallfahrtsort aufwertete. Erstmals wird 1178 eine Äbtissin Hedwig namentlich genannt, 1215 erscheint ein Hospital in den Urkunden. Papst Innozenz IV. bestätigte 1249 die Besitzungen, erweiterte die Privilegien und nahm den Konvent unter Schutz. Die Schirmherrschaft übten die Grafen von Regenstein aus, die sich als großzügige Förderer erwiesen. Graf Heinrich stand 1297 Pate, als Äbtissin Mechthild (1272/97) und Konvent, einschließlich der Laienbrüder, beurkundeten, dass die Zehnteinnahmen von Osterbek allein für Kleidung verbleiben sollten und nicht länger dem Propst zufielen. Die Benediktiner von St. Michael in

➛ Lüneburg unterstützten die Schwestern zum Beginn des 14. Jh. mehrmals durch Güterschenkungen; auch die Herzöge von Braunschweig, an die 1343 das Vogteirecht überging, griffen helfend ein; Lehnsinhaber blieb der Bischof von Halberstadt mit Jurisdiktionsgewalt. Mitschwestern von Drübeck nahmen 1322 den Konvent in ihre Gebetsbrüderschaft auf, 1347 folgte das Frankenbergkloster in ➛ Goslar. Um 1330 war der Konvent erstmals gezwungen, Besitz in größerem Umfang zu verkaufen. Besuchern der Klosterkirche wurde 1331 ein Ablass gewährt. Gottschalk Wegener zu Hornburg stiftete 1465 eine Vikarie; Propst Johann Bodeker (1439/65), Äbtissin Alheid Netweg (1465–84) und Konvent dankten es ihm durch vier Memorialfeiern pro Jahr. Die Vikarie verhalf zur Konsolidierung: der Konvent erholte sich wirtschaftlich, Zukäufe stiegen und Stiftungen setzten wieder ein. Die Schwestern vermochten nun, dem Diözesanbischof Geld zu leihen. Die Herzöge Heinrich der Ältere und Erich von Braunschweig-Lüneburg nahmen 1494 vom Konvent ein hohes Darlehen an und verzichteten auf Dienste und Schatzung, ein geglücktes Geschäft des Wirtschaftsexperten Propst Tisemann Wise (1492–1524). 1525 stürmten aufrührerische Bauern den Berg und plünderten die Anlage, einige geflohene Schwestern kehrten nicht zurück. Trotz der Aufsicht der Abtei ➛ Huysburg entschied sich der Konvent um 1535 zur Annahme der Reformation. Äbtissin Alheid Wittekop (1520–46) wurde im Oktober 1534 erstmals als *Domina* tituliert. Erzbischof Sigismund von Magdeburg (Brandenburg) hob den geschrumpften Konvent 1565 auf. Der Besitz ging an das Hochstift Halberstadt, das Patrozinium der Kirche wechselte zu St. Stephanus.

▶ **Gegenwart.** Auf der Anhöhe über dem Dorf Lüttgenrode westlich von Osterwieck thront das romanische Westwerk der Klosterkirche von S. über der Landschaft. Die Fördermittel reichten bislang nur zum Erhalt des Westwerks mit seinem Zwillingshelm; weitere Bestandteile der ehemaligen Klosterkirche sind Ruine. Die Kirche entstand in mehreren Etappen als einschiffige Halle, das Langhaus existiert nur noch in seiner nördlichen Umfassungsmauer, der Chorbereich mit Apsis weist Mauerteile des 11. Jh. auf. Die „Krypta“ ist Teil der ehemaligen Unterkirche unter der Nonnenempore, die in den Turm reichte. Klausurbauten der Abtei blieben nicht erhalten.

◆ Schmitt, Reinhard: Die Kirche des Benediktinernonnenklosters S. bei Osterwieck, in: Religiöse Bewegungen im Mittelalter, Köln 2007, 447–475; Bogumil, Karlotto: Das Bistum Halberstadt im 12. Jahrhundert, Köln 1972.

Stralsund Dominikanerkloster, die Bettelordenskirche (1287) dient heute dem Meeresmuseum, Choransicht.

Stralsund, *Dominikanerkloster St. Katharina (1251–1525) – „Katharinenkloster“, Diözese Schwerin – (kreisfreie Stadt, Mecklenburg-Vorpommern, ❐ 2, C2).*

▶ **Geschichte.** Rügenfürst Jaromar II. und seine Gemahlin Euphemia stifteten 1251 dem Dominikanerorden Eigenbesitz auf einem westlichen Hügel der Ostseestadt S. für den Bau eines Klosters. Ihr Sohn, Fürst Wizlaw II., bestätigte 1261 die Niederlassung. Ein handfester Streit mit dem benachbarten Dominikanerkloster in Greifswald (s. u.) führte bereits 1267 zur Absetzung der Prioren beider Konvente durch das Generalkapitel des Ordens in Bologna. 1287 weihte Bischof Hermann von Schwerin den Chor der neuen Klosterkirche zu Ehren der hl. Katharina ein. Das Katharinenkloster in S. entwickelte sich zum bedeutendsten Dominikanerkloster in Pommern. Innerhalb der Ordensprovinz Saxonia gehörte der Konvent wie auch die Klöster in ➛ Meldorf, ➛ Lübeck und ➛ Wismar der *Natio Slaviae* an. Mehrere Provinzkapitel fanden in S. statt, das letzte 1519 mit 300 Mönchen, darunter zwölf Doktoren. Die Dominikaner zeichneten sich durch ihr intensives Hausstudium aus; eine große Zahl norddeutscher Gelehrter kam aus ihrer Mitte, und Bischof Peter von Kammin ging 1298 aus ihren Reihen hervor. Die enge Verbundenheit der Brüder mit den Bürgern, deren Bruderschaften der Leinenweber und Mühlenbesitzer sich dem Konvent angeschlossen hatten, ging mit dem Einzug der lutherischen Lehre 1523 in S. verloren. Mehrere Konventsmitglieder, die offen für den katholischen Glauben eintraten und die alte Ordnung verteidigten, wurden tätlich angegriffen und mussten um ihr Leben fürchten. In der Karwoche 1525 verwüstete eine fanatisierte Volksmenge im „Stralsunder Kirchenbrechen“ die städtischen Pfarrkirchen und Klöster, was das katholische und monastische Leben in S. beendete. In das verlassene Katharinenkloster flüchteten Birgitten aus dem Mariakronkloster in der Tribseer Vorstadt (s. u.). Die Schwestern lebten bis zu ihrem Aussterben 1559 im Katharinenkloster katholisch. Danach zogen das Ratsgymnasium und ein Waisenhaus in die Klausurgebäude ein. Die frühgotische Katharinenkirche wurde Arsenal, Zeughaus und Lagerhalle.

▶ **Gegenwart.** Der fast vollständig erhaltene, um zwei Höfe gruppierte Klosterkomplex wurde zwischen 1921 und 1924 restauriert und wird seitdem als Kulturhistorisches Museum genutzt. Das dreischiffige Sommerrefektorium (Remter) gehört zu den eindrucksvollsten Raumschöpfungen der mittelalterlichen Backsteinarchitektur in Norddeutschland. Die dreischiffige Halle der Klosterkirche erhielt 1973 eine freitragende Konstruktion, die dem Deutschen Meeresmuseum eine wirkungsvolle Nutzung der Kirche als Ausstellungsraum erlaubt.

❖ Das Birgittenkloster Mariakron entstand 1421 vor der Stadt am Tribseer Tor auf Wunsch der Bürger. Äbtissin Agnes Holthusen eilte 1451 mit ihrem Beichtvater auf

Einladung Erzbischof Dietrichs von Köln (Moers) nach ➛ Marienforst bei Bonn, um dem dortigen Konvent in der Anfangszeit zu sekundieren. Nach der Verwüstung im Bürgersturm 1525 diente Mariakron als Steinbruch für den Festungsbau, 1616 fiel das letzte Gebäude.

Vom erwähnten Bruderkonvent St. Katharina in Greifswald, der von 1254 bis 1545 im Norden der Nachbarstadt existierte, blieb keine aufstrebende Architektur erhalten.

◆ Hoffmann, Claudia: S. und die Reformation, in: Klöster und monastische Kultur in Hansestädten, Rahden 2003, 103–120; Möller, Gunnar: Zur Topographie der Klosteranlagen in der Hansestadt S., in: Klöster und monastische Kultur in Hansestädten, Rahden 2003, 89–102.

Stralsund Franziskanerkloster, die Ruine des frühgotischen Langchors bleibt eine Mahnstätte gegen den Krieg.

Stralsund, *Franziskanerkloster St. Johannes Baptist, St. Johannes Evangelist und St. Franziskus (1254–1525) – „Johanniskloster", Diözese Schwerin – (kreisfreie Stadt, Mecklenburg-Vorpommern, ❐ 2, C2).*

▶ **Geschichte.** Drei Jahre nach der Gründung des Dominikanerklosters (➛ Stralsund) stifteten adelige Patrizierfamilien 1254 mit Genehmigung des Rügenfürsten Jaromar II. auf ihren Höfen nahe des *Strelasunds* im Norden der jungen Stadt S. ein Franziskanerkloster. Die Barfüßer wurden verpflichtet, die im Norden verlaufende Wehrmauer zu festigen. Die Konventsgebäude entstanden teilweise auf der Stadtmauer; zu einer Landungsbrücke des Hafens musste ein Zugang freigehalten werden. Das Johanniskloster entwickelte sich zur bedeutendsten Niederlassung des Franziskanerordens im östlichen Ostseeraum. Die Brüder genossen über Jahrhunderte die Gunst der Bürger und der Landesherren. Etwa 1.000 testamentarische Zuwendungen an das Johanniskloster sind zwischen 1300 und 1525 belegt. Ihr seelsorgliches und soziales Engagement verband die Barfüßer auf das Engste mit der Bevölkerung. Das gute Verhältnis brach in der Reformationszeit des 16. Jh. auseinander. 1523 kamen ehemalige Prämonstratenser auf ihrer Flucht aus dem Stift Belbuck in Hinterpommern (heute Polen) nach S. ; sie hatten die Lehren des lutherischen Mitstreiters Johann Bugenhagen (1485–1558) in Treptow an der Rega angenommen und predigten gegen die überkommene Kirchen- und Klosterhierarchie, was besonders in den unteren Bevölkerungsschichten Anklang fand, um die sich die Franziskaner besonders verdient gemacht hatten. Zunächst unterstützten die Brüder in ihren Predigten die sozialen Forderungen der Armen und gewährten den ersten geheimen Zusammenkünften der Aufrührer Schutz in ihren Konventsräumen. Der letzte Guardian Henning Budde jedoch trat entschieden für die katholische Sache ein und schwor den Lutheranhängern blutige Verfolgung. Er zog damit den Hass der Volksmassen auf die Bettelmönche. In der Karwoche 1525 verwüstete der Mob im „Stralsunder Kirchenbrechen" nicht nur die Pfarrkirchen, sondern auch die städtischen Klöster, was das monastische Leben in der Ostseestadt beendete.

▶ **Gegenwart.** Der Klausurkomplex des Franziskanerklosters aus dem 13. und 14. Jh. ist mit großem West-, Nord- und mit dem kleineren Ostflügel sowie den integrierten Kreuzgängen überkommen und wird heute vom Stadtarchiv genutzt. Der zweischiffige, dreijochige Kapitelsaal im Ostflügel, der vierjochige große Saal im Westflügel und der nördliche Saal sind wertvoll ausgestaltete Räume: Säulen tragen Knospenkapitelle, Wand- und Gewölbemalereien repräsentieren Schmuckelemente von der Gründungszeit bis zum Spätmittelalter. Von der Klosterkirche, einer ursprünglich dreischiffigen Backsteinkirche, stehen heute nur noch eindrucksvolle Ruinenreste. Die einst 77 m lange frühgotische Halle brannte 1624 vollständig nieder; lediglich ihr polygonaler Chor wurde Mitte des 17. Jh. zur evangelischen Pfarrkirche für das Armenhaus im Klosterareal restauriert, der aber nach einem alliierten Bombenangriff 1944 erneut ausbrannte. Die konservierte Chorruine mit ihren hohen Außenmauern und langen Maßwerkfenstern lässt die Stadt als Mahnmal gegen den Krieg unverändert stehen.

◆ Pieper, Roland/Einhorn, Jürgen W.: Franziskaner zwischen Ostsee, Thüringer Wald und Erzgebirge, Paderborn 2005, 38–45; Hoffmann, Claudia: S. und die Reformation, in: Klöster und monastische Kultur in Hansestädten, Rahden 2003, 103–120; Möller, Gunnar: Zur Topographie der Klosteranlagen in der Hansestadt S., in: Klöster und monastische Kultur in Hansestädten, Rahden 2003, 89–102.

Straubing, *Karmelitenkloster St. Maria (seit 1368), Diözese Regensburg – (kreisfreie Stadt, Bayern, ❐ 4, B3).*

▶ **Geschichte.** Aus unbekannten Gründen zogen die Karmeliten 1367/68 mit der Erlaubnis Papst Urbans V. von St. Oswald in ➛ Regensburg nach S. in Niederbayern, wo sie das einzige mittelalterliche Karmelitenkloster Deutschlands gründeten, das heute noch existiert. Dompropst Albert Steinhauf von Augsburg, Bürger in S. und Sohn der Stadt, stiftete den Bauplatz und eine vorläufige Unterkunft. Herzog Albrecht I. förderte den einzigen mittelalterlichen Klosterbau in seiner Residenzstadt. 1395 wurde der Chor geweiht, 1404 der Kreuzgang errichtet und 1430 die Heilig-Geist-Kirche vollendet. Die Kapellen stiftete der Regionaladel als Grablege; Schenkungen erlaubten den Karmeliten Zukäufe und den Bau eines Brauhauses. Die Bäckerknechte erlangten 1370 die Ehre, in die Bruderschaft des Ordens aufgenommen zu werden; Skapulier- und Schützenbruderschaften schlossen sich später an. 1386 wurde dem Konvent die Hofkaplanei im Schloss übertragen. Ein Hausstudium sorgte im 15. Jh. für die Ausbildung des Nachwuchses, die Liste der Lektoren beginnt 1428. Schon 1414 registrierte die Ordensvisitation eine reiche Handschriftensammlung im Kloster. Während der Reformationsunruhen litt auch der Konvent in S. unter Austritten, aber 1534 galt das Kloster unter Prior Georg Hamler mit acht Brüdern unter den geschrumpften Karmelitenklöstern der oberdeutschen Ordensprovinz als sehr gut besetzt. Vier Jahre später waren es sechs Patres, fünf Kleriker und drei Novizen. Prior Matthias Benz übergab sein Kloster 1649 den Unbeschuhten Karmeliten (OCD) aus Regensburg, die sich aber bald zugunsten neuer „Beschuhter" wieder zurückzogen. Nun erlangte die Tourainer Reformbewegung aus der französischen Provinz Einfluss im Konvent. Der neue Geist und das Gnadenbild „Unsere Liebe Frau von den Nesseln" aus Heilbronn ließen den Konvent aufblühen. Wallfahrten zum Gnadenbild garantierten dem Kloster gute Einnahmen, der Stadt Schutz und dem bayerischen Kurfürsten Waffenglück im Spanischen Erbfolgekrieg. Im 18. Jh. war die Gemeinschaft über 50 Mitglieder stark; bereits 1684 musste der Klosterkomplex erweitert werden, neue Barockgebäude entstanden, die Kirche erhielt ihren barocken Schmuck. 1802 wurde das Kloster S. zum Aussterbekloster der „Beschuhten Karmeliten" bestimmt. König Ludwig I. von Bayern genehmigte 1841 Prior Petrus Heitzer den Neubeginn des monastischen Lebens. Karmeliten aus S. belebten 1902 das Kloster St. Maria und Theodor in ➛ Bamberg.

▶ **Gegenwart.** Die Kirche St. Spiritus der Karmeliten in S. (Weihe 1430) zählt heute zu den bedeutendsten dreischiffigen Hallenkirchen des Spätmittelalters im niederbayerischen Raum. Als bevorzugte Grablege der herzoglichen Familie und wohlhabender Patrizierfamilien bewahrt sie zahlreiche mittelalterliche Grabdenkmäler. Die Marmortumba Herzog Albrechts II. (1410/20) an der Rückfassade des Hochchors zählt zu den Hauptwerken des Weichen Stils im Donauraum. Mit dem Gnadenbild von Nesseln stieg die Bedeutung als Wallfahrtskirche; entsprechend wurde sie Anfang des 18. Jh. eingreifend umgeformt und barock-rokoko ausgeschmückt. Die heutige Westturmfassade stammt von 1702 und steht der sonst schmucklosen Außenwirkung des Rohziegelbaus kontrastreich entgegen. Die Konventsgebäude entstammen der Barockzeit.

◆ Huber, Alfons/Morsbach, Peter: Das Straubinger Karmelitenkloster im Mittelalter, in: Ratisbona Sacra, München 1989, 283–290; Bauer, Hermann/Bauer, Anna: Klöster in Bayern, München 1985, 205–207; Deckert, Adalbert: Die Oberdeutsche Provinz der Karmeliten, Rom 1961.

Strückhausen, *Johanniterkommende St. Johann Baptist (um 1400–1531), Erzdiözese Bremen – (Övelgönne-Strückhauser Kirchdorf, Lkr. Wesermarsch, Niedersachsen, ❐ 1, C3).*

▶ **Geschichte.** Im ostfriesischen Raum entstanden im 13. Jh. eine ganze Reihe kleiner Johanniterniederlassungen, die in der Ballei Frisia zusammengefasst waren und der Kommende ➛ Burgsteinfurt unterstanden, sich aber seit 1319 selbständig und unabhängig entwickelten. Zwei Eigenschaften unterschieden sie von anderen Johanniterhäusern: Zum einen gab es nur Priestermönche und keine Rittermannschaften, zum anderen schlossen sich viele Frauen als Laienschwestern den Konventen an, wie etwa in ➛ Bokelesch. Eine der späten Gründungen war S. um 1400 im Bremer Stadtland am Westufer der Wesermündung. Von Beginn an scheint auch in S. ein Doppelkonvent gelebt zu haben: Der Johanniterbruder Hilderyck ließ 1423 auf seinem Sterbebett ausdrücklich festhalten, dass seiner Gründung ein Eigentumskomplex mit der von einer Sturmflut zerstörten Kirchspielkirche St. Johannes in S. zum Nutzen „synen olden closterbroderen und susteren … de dat cruce dregen sunte Johannes ordens to Struckhusen" übergeben worden ist und dass die Güter dem „Kloester sunte Johannes orden to Struckhusen" ewig bleiben müssten. Hier werden also Brüder und Schwestern des Johanniterordens erwähnt, unter deren Aufsicht die zerstörte Pfarrkirche unweit an einem neuen Platz wiederhergestellt wurde. Als Responsion hatte die Kommende jährlich zwei Gulden an das Haupthaus in Burgsteinfurt zu zahlen. 1521 erwähnt eine Urkunde den Komtur Heinrich Marßmann. 1522 verlor der Johanniterorden seinen Hauptsitz auf Rhodos; die mit dem Verlust verbundene Schwächeperiode des Ordens bis zur Festigung des neuen Sitzes auf Malta nutzte Graf Anton I. von Ol-

Straubing Karmelitenkloster, die spätgotische Hallenkirche (1430) wurde um 1710 barockisiert und dient noch heute dem ältesten Karmelitenkonvent Deutschlands.

denburg aus und strich 1531 die Johannitergüter in seiner Grafschaft ein. Der Streit am Reichskammergericht endete 1572 mit dem Vergleich von Delmenhorst. Danach trat der Orden die Niederlassungen gegen eine Abfindung ab, die erst 1593 gezahlt wurde. S. diente zur Versorgung der Kinder aus einer morganatischen Ehe des Grafen Johann und blieb als „Vogtei" bis 1811 bestehen.

▶ **Gegenwart.** Die Johanniterkommende S. befand sich auf dem heutigen Gut Harlinhausen, auf dem sich keine mittelalterliche Architektur erhalten hat. Die spätgotische Pfarrkirche St. Johanni im Strückhauser Kirchdorf dürfte aus dem Material der Kirchspielkirche von 1396 bestehen, die 1420 von Sturmfluten zerstört und von den Johannitern in der Nähe wieder aufgebaut wurde. Starke Mauern besonders im Westbereich und ein wehrhafter Glockenturm erinnern an die Ordensbrüder. Die jüngst restaurierte Ausstattung und zahlreiche Grabplatten sind nachreformatorisch.

◆ Schöningh, Enno: Der Johanniterorden in Ostfriesland, Aurich 1973; Rödel, Walter: Das Großpriorat Deutschland des Johanniter-Ordens, Mainz 1965, 394f.

Stuttgart, *Dominikanerkloster (1471–1536), Diözese Konstanz – (Landeshauptstadt, Baden-Württemberg, ❒ 3, C3).*

▶ **Geschichte.** Die Weinbauern- und Handwerkerstadt S. fiel 1316 endgültig an die Grafen von Württemberg, die sie als Residenz und Landeshauptstadt ausbauten. Im Teilungsvertrag von 1442 fiel S. an Graf Ulrich V., der im Zentrum der neuen Vorstadt 1471 den Grundstein für die erste Stuttgarter Klosterkirche legte. 1473 zogen observante Dominikaner aus ➛ Nürnberg in das Kloster ein. Der Graf verlangte ein Ordensleben in Armut und gebot das Terminieren zum Lebensunterhalt bei Verzicht auf Stiftungen und feste Einkünfte. Die Brüder sollten sich ganz auf Seelsorge, Predigt und Studium konzentrieren. Geringe Grundausstattung und magere Einkünfte führten bald zur Krise. Der erste Prior Johannes Pruser (1473–75) trat nach zwei Jahren zurück, woraufhin Kloster S. direkt dem Konvent Nürnberg unterstellt wurde. Pruser blieb fürstlicher Vertrauensmann für die Reform der württembergischen Dominikanerinnenklöster. 1478 konnte den Mitschwestern in ➛ Steinheim/Murr die Observanz vermittelt werden, ebenso den Dominikanerinnen in Weiler bei Esslingen (s. u.) und Kirchheim unter Teck (s. u.). Eine wirtschaftliche Konsolidierung erlaubte 1486 die Höchstzahl von 17 Brüdern. 1489 übernahm wieder ein eigener Prior die Verantwortung, die Abhängigkeit von Nürnberg blieb jedoch bestehen. Das Terminieren in den Ämtern Markgröningen und Waiblingen provozierte Konfrontationen mit den konkurrierenden Predigern von ➛ Esslingen und ➛ Gmünd (Schwäbisch Gmünd). Das fürstliche Haus, Hofbeamte und die bürgerliche Oberschicht überhäuften die Dominikaner mit Ehren und Geschenken, aber vorerst nur in Form von Ausstattungsstücken für Kirche und Liturgie. Mehrere Bruderschaften schlossen sich dem Konvent an und auch der Magistrat bemühte sich um ein enges Verhältnis zum Konvent. Anfang des 16. Jh. lockerte sich das strenge Besitzverbot und die Observanzideale gerieten in den Hintergrund: Stiftungen von Liegenschaft waren inzwischen willkommen, üppige Speisen, Trinkgelage und Schuldenwirtschaft kennzeichneten die letzten Jahrzehnte; der Bau der Klosteranlage blieb unvollendet. Der Einfluss des Protestantismus blieb unter der Herrschaft Österreichs marginal, aber Herzog Ulrich führte 1534/35 landesweit die lutherische Reformation ein. Zwei Brüder hatten das Kloster schon verlassen, zwei weitere konvertierten, die restlichen sechs durften bis 1540 bleiben. Ihr Kloster erhielt 1536 die Stadt, in dem der Rat das Katharinenspital einrichtete; die Dominikanerkirche wurde nun zur „Hospitalkirche".

▶ **Gegenwart.** Heute steht die spätgotische Hospitalkirche (Weihe 1493) kontrastreich inmitten moderner Büro- und Geschäftshäuser im Turnierackerviertel der City und dient nach wie vor als evangelisches Gotteshaus. Aus den Bombentrümmern von 1944 wurde nur der Chorbereich vollständig, das Langhaus aber auf ein Joch verkürzt bis 1960 wiederaufgebaut. Der Glockenturm (1729–42) musste auf 52 m erhöht werden. Die dreischiffige Halle mit netzgewölbtem Polygonalchor bewahrt künstlerisch hochwertige Ausstattungsstücke des Spätmittelalters. Die monumentale Kreuzigungsgruppe von 1501 stand einst an der St. Leonhardskirche. Epitaphe erinnern an Wohltäter der Dominikaner und des Hospitals. Das Städtische Lapidarium zeigt weitere Rest- und Ausstattungsstücke. Auf den zertrümmerten Konventsgebäuden entstand bis 1960 ein modernes Gemeindezentrum unter Einbeziehung der ehemaligen Kirchennordwand.

❖ Religiöse Frauen aus Esslingen gründeten 1230 in Weiler (heute Ortsteil Weil) westlich ihrer Stadt ein Kloster. Unter observantem Einfluss der Stuttgarter Dominikaner erreichten die Schwestern in Weiler nach 1478 eine Blütezeit. 1553–92 ließ Württemberg das Kloster aussterben. Klostergebäude samt Kirche brannten 1643 ab, die Kirche wurde wieder aufgebaut aber 1972 abgerissen. Im Domänengut Weil entstand 1817 ein königliches Gestüt und 1892 eine Pferderennbahn.

Der Dominikanerinnenkonvent in Kirchheim unter Teck erwuchs 1249 aus einer Schwesternsammlung und wurde den Brüdern in Esslingen unterstellt. Johannes Pruser aus S. führte 1478 die Observanz im Konvent ein, aber mit Durchsetzung der Reformation in Württemberg wurde die Klosterkirche bereits 1539 abgetragen. Das Kloster endete um 1570, die Klostergebäude brannten 1626 nieder.

◆ Neidiger, Bernhard: S., Dominikanerkloster, in: Württembergisches Klosterbuch, Ostfildern 2003, 467f.; Sauer, Paul: Vom Dominikanerkloster zur Kirche in der reichen Vorstadt, Stuttgart 1993.

Stuttgart Dominikanerkloster, der Chor der spätgotischen Bettelordenskirche im Turnierackerviertel der Stadt.

Sülstorf, *Johanniterkommende St. Laurentius (1217– Anf. 14. Jh.), Diözese Schwerin – (Lkr. Ludwigslust, Mecklenburg-Vorpommern, ❒ 2, A3).*

▶ Die Grafen Gunzelin II. und Heinrich I. von Schwerin stifteten 1217 dem Johanniterorden die zweite Niederlassung in Mecklenburg im Dorf *Zulestorp* (auch Szulowe) südlich von Schwerin mit Zubehör an Äckern, Weiden und Holzungen. Zusätzlich befreiten die Stifter die Ordensbrüder von Zehnt, Zins und Steuern und räumten das Recht der vollen Gerichtsbarkeit ein. Sie überwiesen die Stiftung dem Prokurator Heinrich, dem geistlichen Bruder Jacob und den übrigen Brüdern zu ➛ Werben an der Elbe, dem damaligen Haupthaus der Johanniterballei Brandenburg des Großpriorats Deutschland. Graf Heinrich brach 1217 zum Kampf ins Heilige Land auf und erhoffte sich durch seine Stiftung Erfolg und Seelenheil. 1227 fügte die Familie die Dörfer Moraas und Hoort hinzu. Der Orden errichtete in S. eine Kommende und erweiterte die Grundherrschaft durch Zukäufe. Bischof Brunward von Schwerin drohte mit Bannfluch über jeden Besitzstörer. 1231 taucht ein *magister Henricus de Zulestorp* in Urkunden auf, 1275 schon ein *commendator Con-*

Sülstorf Johanniterkommende, die Johanniter errichteten im 13. Jh. in Norddeutschland kleine Ordenskirchen, die noch heute den Pfarrgemeinden dienen, Südseite.

radus sive magister curiae in Zulestorp. In der Urkunde von 1275 wird erstmals ein Ort *Crake* als Mühlendorf der Johanniter erwähnt, der sich wegen seiner zentralen Lage zwischen den Eigendörfern besser als Komtursitz zu eignen schien (➛ Kraak). 1292 lebten die Ordensbrüder noch in S., aber zu Beginn des 14. Jh. muss die Kommende von S. nach Kraak verlegt worden sein. 1337 sprechen Urkunden vom *magister Wilhelmus de Crack* und 1381 vom *Ulricus Dosseken cornmendator domus Crack.* Die Ordenskirche in S. blieb weiterhin Parochialkirche mit einem Weltgeistlichen unter dem Patronat der Johanniter. Diese St. Laurentiuskirche aus der Gründungszeit dient noch heute als evangelisch-lutherische Pfarrkirche der Ortsgemeinde. Die kleine Saalkirche mit mehrgestaltigem Chorschluss in 7/12-Struktur zeigt Anklänge an romanische Formen. Der fehlende Westturm ist durch eine Bretterkonstruktion ersetzt. Jüngste Restaurierungsarbeiten legten gotische Wandmalereien aus der Zeit der Johanniter frei.

◆ Brunners, Michael: Die vier Niederlassungen des Johanniterordens in Mecklenburg, in: Mecklenburgia Sacra 8 (2005) 25–68.

Sulz (Dombühl), *Prämonstratenser-Chordamenstift St. Maria (1130? –1556), Diözese Würzburg – (Dombühl-Kloster S., Lkr. Ansbach, Bayern, ❐ 3, D3).*

▶ **Geschichte.** Aufgrund fehlenden Archivmaterials liegt die Gründung des mittelfränkischen Frauenstifts S. im Dunkeln; schon der erste Großbrand vernichtete 1260 die Stiftungsurkunde. Eine Gruppe von Stiftern wird vermutet, das Gründungsjahr 1130 favorisiert, aber auch die zweite Hälfte des 12. Jh. in Erwägung gezogen. Laut eigener Tradition waren die Herren von Wahrberg die Stifter und ersten Vögte. Die Prämonstratenserinnen kamen wahrscheinlich aus dem Doppelstift ➛ Oberzell, denn diese Abtei bei Würzburg besaß von Anfang an das Paternitätsrecht. Eine Meisterin Gottlindis wird 1305/15 in den Quellen erwähnt; Meisterin Margaretha von Vinsterloe (1413–24) starb auswärts bei einem Brandunglück; 1454 wählten zwölf Konventualinnen Kunigunde von Crailsheim (1454/79) als Vorsteherin; der ihr nachfolgenden Meisterin Barbara von Crailsheim (1480–98) entzog der Konvent das Amt. Im 15. Jh. wurden die Meisterinnen auch als Äbtissin bezeichnet; die Burggrafen von Nürnberg (Markgrafen von Brandenburg-Ansbach) übten die Schirmherrschaft aus. Der kleine, exklusive Konvent aus meist adeligen Frauen war sehr vermögend. Unter *magistra et abbatissa* Birgitta von Aufseß (1498–1532) brannte die Anlage 1499 ein zweites Mal nieder, doch gelang ihr in kurzer Zeit der Neubau der Stiftskirche. Sie musste aber erleben, dass Bürger aus Leutershausen und aufständische Bauern 1525 Kirche und Anlage plünderten und wieder zerstörten. Seit 1531 setzte der sich lutherisch bekennende Markgraf Georg die Reformation im Ansbacher Land durch. 1554 raubten die Truppen Herzog Heinrichs von Braunschweig im Zweiten Markgrafenkrieg das Stift erneut aus. Meisterin Barbara von Seckendorf (1532–56) gelang es zuvor, große Teile des Vermögens in unterirdischen Gängen zu verstecken. Um 1550 war sie schließlich die einzige Ordensfrau in S. 1555 wurde ihr ein weltlicher Verwalter zugeteilt; nach ihrem Tod 1556 übernahm der Landesherr das aufgelöste Stift.

▶ **Gegenwart.** Erst 1573 wurde die spätgotische Kirche St. Maria, ein einfacher Saalbau mit Polygonschluss im Osten und hohem Turm im Westen wieder aufgerichtet, seitdem steht sie der evangelisch-lutherischen

Gemeinde zur Verfügung. Das hohe Gotteshaus wirkt in dem kleinen Ort „Kloster S." überdimensioniert. Der Westturm trägt ein Steinrelief (1501), das Meisterin Birgitta kniend vor der Schutzheiligen Maria abbildet. Der südlich angebaute, zweigeschossige „Nonnenflügel" diente als markgräfliches Jagdhaus, seit 1802 als Schulhaus und seit 1976 als Kindergarten. Er wirkt stark überbaut; zwei Spitzbogentüren des 14. Jh. weisen auf seine Entstehungszeit hin. Einige Reste der ehemaligen Immunitätsmauer blieben erhalten.

◆ Flachenecker, Helmut: Memoria und Herrschaftssicherung, Göttingen 2008; Sitzmann, Manfred: Mönchtum und Reformation, Neustadt/Aisch 1999; Backmund, Norbert: Die Chorherrenorden und ihre Stifte in Bayern, Passau 1966, 198 f.

Sulzburg, *Benediktinerinnenabtei St. Cyriacus (vor 1008–1555), Diözese Konstanz – (Lkr. Breisgau-Hochschwarzwald, Baden-Württemberg, ❒ 3, B4).*

▶ **Geschichte.** Der Breisgaugraf Birchtilo errichtete vor 993 im Sulzbachtal südlich von Freiburg eine Basilika St. Cyriacus, an die er nach einer Schenkung durch König Otto III. Kanoniker berief. Auf Wunsch König Heinrichs II. übereigneten die Stiftersöhne Becelin und Gebhard nach 1005 das Kollegiatstift S. samt Besitzungen dem Hochstift Basel, die Region gehörte kirchlich zur Diözese Konstanz. In der Schenkungsbestätigung von 1008 betont Bischof Adalbero von Basel eine vollzogene Umwandlung des Stifts in ein Kloster für Benediktinerinnen und die Wahl einer Äbtissin. Der Bischof vergrößerte aus eigenem Vermögen das Stiftungsgut. Woher die ersten Schwestern kamen, bleibt unklar, wahrscheinlich befolgten sie ➛ Gorzer Reformgewohnheiten. Um 1125 führte Äbtissin Ita von Kaltenbach aus dem Reformkloster Berau (s. u.) die Statuten der neucluniazensischen ➛ Sankt Blasien-Reform ein. Die neue Prioratsverfassung wird am Vorstehertitel *Prior* deutlich. Die Abhängigkeit vom Hochstift Basel erlaubte jedoch keine direkte Anbindung an die Reformabtei St. Blasien. Das Frauenkloster S. wurde dem Klosters Trub in der Schweiz unterstellt, das ebenfalls zum sanblasianischen Reformkreis gehörte. Ende des 13. Jh. hatte die Benediktinerreform an Zugkraft eingebüßt und verlor sich im Alltagsgeschäft. Der Silberabbau, den schon die Römer betrieben hatten, ließ den Ort im 14. Jh. zur Bergbaustadt mit Wehrmauer aufsteigen. Pfarrverpflichtungen nahmen Prior und Konvent zunehmend in Anspruch, doch Nachrichten aus dem Spätmittelalter gibt es nur wenige. Markgraf Ernst I. von Baden-Durchlach, der die Stadt S. als Residenz nutzte, vertrieb die Schwestern 1523 aus dem Kloster und empfahl ihnen die Heirat; Anlass bot ihm die Widersetzlichkeit von Äbtissin Gunsia Schörplin. 1548 durften die Schwestern nach S. zurückkehren, aber Markgraf Karl II. führte 1555 das lutherische Bekenntnis ein und hob das Kloster S. endgültig auf.

Sulz (Dombühl) Prämonstratenser-Chordamenstift, Westansicht der spätgotischen Stiftskirche St. Maria.

▶ **Gegenwart.** Dreißigjähriger Krieg und der Brand von 1769 ließen von der dreiflügeligen Klausuranlage an der Kirchensüdseite nichts übrig; einzig die alte Stifts- bzw. Klosterkirche blieb bis heute erhalten. Umfangreiche Rekonstruktionsarbeiten (1955–64) erstellten aus den ruinösen Mauern die ottonische Ursprungskirche, die lediglich ihre Umbauten in späteren Jahrhunderten im Westbereich behielt. Dabei erwuchs eine archaische, fünfjochige Pfeilerbasilika aus dem Ende des 10. Jh., die durch ihre Schlichtheit besticht. Der ursprüngliche Westchor wurde Anfang des 11. Jh. von einem rechteckigen Westturm überbaut; dieser älteste Kirchturm Südwestdeutschlands enthält das Eingangsportal der heute fehlenden Vorhalle von 1309 und über der Turmhalle eine „Herrenloge". Ein Relief des segnenden Christus und Stifterfiguren aus frühester Zeit versetzte man 1827 nach dem Abriss der gotischen Michaelskapelle an den Turm. Man erreicht durch das holzgedeckte Mittelschiff an niedrigen Rundbogenarkaden vorbei und über Stufen das erhöhte Presbyterium sowie den nördlich angebauten Priesterraum. Treppen führen in die darunterliegende, gewölbte Krypta des frühen 11. Jh. mit Mittelsäule. Die Nonnenemporen fehlen heute ebenso wie der Laienchor und die einst abtrennende Querschranke. Die Kirchensüdwand zeigt gotische Fenster, Mäanderfries und spätgotische Wandmalereien. Eine Grabplatte im Nordschiff erinnert an Äbtissin Odilia von Hohenklingen (vor 1340), eine andere im Südschiff an den letzten Prior Georg Locher († 1520).

❖ Das Frauenkloster Berau, aus dem Reformäbtissin Ita von Kaltenbach um 1125 nach S. kam, wurde nach 1108 gegründet, weil Abt Rustens (1108–25) von St. Blasien den Doppelkonvent in seiner Abtei örtlich trennen wollte. Das Priorat Berau im Südschwarzwald wurde das bedeutendste Frauenkloster innerhalb des sanblasianischen Reformkreises und bestand bis 1807. Der heute noch in der Gemeinde Ühlingen-Birkendorf nachvollziehbare Südflügel der Klausuranlage und das Propsteigebäude entstanden erst im 18. Jh.

◆ Kälble, Mathias: St. Cyriak in S. Zur Geschichte des Klosters von den Anfängen bis zur Reformation, Freiburg 2005; List, Karl: St. Cyriak S., München 1995; Tschira, Arnold: Die ottonische Klosterkirche St. Cyriakus in S. Baden, Köln 1966.

Süpplingenburg Templer-/Johanniterkommende, die Basilika gilt als ältestes Architekturzeugnis der Templer.

Süpplingenburg, *Templerkommende St. Maria (1173–1328), Johanniterkommende St. Maria (1357–1820), Diözese Halberstadt – (Lkr. Helmstedt, Niedersachsen, ❐ 2, A4).*

▶ **Geschichte.** Heinrich der Löwe, Herzog von Sachsen und Bayern, kehrte 1173 von seiner Pilgerfahrt aus dem Heiligen Land zurück und gründete auf der S., dem Stammsitz seiner Mutter Gertrud und seines Großvaters, Kaiser Lothars III., die Templerkommende St. Maria. Die Ordensritter übernahmen die Basilika des ursprünglich auf dem Burggelände ansässigen Kollegiatstifts St. Johannis. Der erste urkundliche Nachweis der Templer auf S. stammt jedoch erst aus dem Jahr 1245, ausgestellt vom Provisor Friedrich Graf von Kirchberg. Inzwischen war um 1210 weiter östlich die Ordenskommende ➛ Wichmannsdorf gegründet worden, die zum Sitz des Präzeptors der Templerprovinzen *Alemania* und *Slavia* und damit zum Zentrum der Templer in Norddeutschland aufstieg. 1279 regelte ein Vertrag die Wassernutzungsrechte in S. zwischen den Templern und den Zisterziensermönchen von ➛ Mariental. Der Welfenherzog Albrecht von Braunschweig übergab 1301 den Ordensrittern die Gerichtsbarkeit über Dorf und Flur. In dieser Zeit regierte der fähige Friedrich von Alvensleben als Komtur, der 1303 zum letzten Ordenspräzeptor der Templer ernannt wurde, in Wichmannsdorf residierte und nach der Ordensauflösung 1311/12 bei den Johannitern in ➛ Lietzen hoch in Ehren stand. In S. behielt Herzog Otto von Braunschweig als letzter Templer alle Einnahmen und Rechte bis zu seinem Tod 1328 inne. Erst 1357 ging die Kommende S. vollständig in den Besitz des Johanniterordens über. Teile der Kirche stürzten 1430 ein und wurden 1464 vom Johanniterkomtur Otrawen von Bervelde erneuert. Die Johanniter Ballei Brandenburg, zu der S. gehörte, hatte sich schon unter dem Balleier Bernhard von Schulenburg (1376–97) im Heimbacher Vergleich von 1382 weitestgehend von der Ordenszentrale gelöst und ging nach der Reformation zum evangelischen Glauben über, mit ihr 1542 auch das Haus S. Im Dreißigjährigen Krieg konnte die noch immer gut befestigte Anlage Angriffe abwehren. Das Fürstenhaus Braunschweig-Lüneburg stellte in der frühen Neuzeit meist den evangelischen Komtur. Erst 1820 nach dem Tod des letzten Komturs erfolgte die offizielle Säkularisierung. S. erhielt den Status einer herzoglichen Domäne.

▶ **Gegenwart.** Von den Kommende- und Burggebäuden nördlich des niedersächsischen Höhenzuges Elm blieb nichts erhalten, sie wurden um 1870 beseitigt. Lediglich im heutigen Gutshaus stecken noch Reste des ehemaligen Ritterhauses. Die auf einem kreuzförmigen Grundriss erbaute Pfeilerbasilika geht in ihren Ostteilen auf eine Bauzeit um 1130 zurück, der Rest dürfte von den Templern stammen. S. gilt heute als das älteste Architekturzeugnis der Tempelritter im deutschen Reichsgebiet. Mitte des 13. Jh. wölbten sie die Kirche ein. Von besonderer Bedeutung ist das reliefartige Ordenszeichen aus dieser Zeit im südlichen Querhausgewölbe: Vier Kreuze laufen zu einem Krugen- oder Krückenkreuz zusammen. Dieses Ordenszeichen hat als authentisches Templersymbol zu gelten und weniger die allgemein bekannten Kreuzfahrerzeichen der Tempelritter, die meist Miniaturabbildungen entlehnt sind. Die inzwischen gut restaurierte evangelische Pfarrkirche St. Johannis ist heute Treffpunkt reaktivierter Rittervereinigungen.

◆ Heutger, Nicolaus: Die geistlichen Ritterorden in Niedersachsen, Hannover 1997; Berndt, Friedrich: Die Stiftskirche und spätere Ordenskirche der Tempelritter auf der Stammburg Kaiser Lothars von Süpplingenburg, in: Braunschweiger Jahrbuch 63 (1982) 31–51.

Taben, *Benediktinerpropstei St. Quiriacus und St. Auctor (nach 1488–1802), Pallottinerkloster St. Josef (seit 2002), Erzdiözese Trier – (T.-Roth, Lkr. Trier-Saarburg, Rheinland-Pfalz, ❒ 3, A2).*

▶ **Geschichte.** Laut Überlieferung der Abtei St. Maximin in ➛Trier schenkte der fränkische König Pippin dem Konvent unter Abt Odilrad um 760 den römischen Siedlungsplatz *Adtautinna* an der Saar. Für weitere Stiftungen vor Ort sorgte das Hochstift Verdun mit dem Besitz, der auf den Diakon Adalgisel-Grimo zurückging, den Gründer der Abtei ➛Tholey. Spätestens 853 gelangten Reliquien des Martyrers Quiriacus († 350) von Trier nach T. Eine Stiftungsurkunde der Dame Erkanfrida, Witwe des Nithald, erwähnt 853 das Patrozinium des hl. Quiriacus in T., gleichzeitig wird erstmals eine Klerikergemeinschaft vor Ort genannt. Die Stiftungen in T. scheinen von Beginn an dem Memorialdienst für hochrangige Personen gedient zu haben. Die Abtei St. Maximin hatte für den Kult zu sorgen; auch wurde der Ort mit Reliquien aufgewertet. Abt Wiker (957–966) setzte 20 Präbendare in T. als Dienstleister für die Liturgie ein. Bei der Weihe der neuen Kirche durch Erzbischof Udo von Trier um 1070 gelangten zusätzlich Reliquien des hl. Bischofs Auctor († um 450) nach T., was zum zweiten Patrozinium der Propstei führte. Die frühe Gemeinschaft ist schwer zu fassen; es handelte sich wohl um einzelne Mönche in Begleitung affilierter Personen ohne monastischen Hintergrund; von einer administrativen Propstei kann erst im Spätmittelalter gesprochen werden. 1488 inkorporierte Papst Innozenz VIII. die Pfarre in T. der Mutterabtei in Trier, die einen Mitbruder als Priester beauftragte, der häufig den Titel Propst trug und Unterstützung durch einige Mitbrüder erhielt. Pflichtprozessionen wurden für die Einwohner der Umgebung eingeführt, Wallfahrten gefördert und Pilger willkommen geheißen. T. behielt auch im Spätmittelalter seine religiöse Bedeutung als überregionales Kultzentrum. In der frühen Neuzeit trat die Funktion als zentraler Verwaltungshof für die Besitzungen St. Maximins an der unteren Saar mit eigenem Gerichtsbezirk deutlicher hervor. Die Vogteirechte konnte die Abtei 1589 von der Herrschaft Montclair erwerben. Mit der Aufhebung von St. Maximin 1802 durch die Franzosen endete auch die Propstei T. an der Saar.

▶ **Gegenwart.** Die heutige Dreiflügelanlage entstand bei spätbarocken Umbauten des 18. Jh. Sie ersetzte die mittelalterliche Vierflügelanlage mit Kreuzgang. Der heutige Ostflügel steht noch auf Kellerräumen des 13. Jh. Die Gebäude wurden im 19./20. Jh. eingreifend verändert. 1931 zogen Karmelitinnen von der göttlichen Liebe (CDA) ein und eröffneten die „Propstey St. Josef", die heute aber von Pallottinern genutzt wird.

Taben Benediktinerpropstei, die barocke Propsteikirche (1720) bewahrt Teile des romanischen Vorgängerbaus.

Die Propstei- und katholische Pfarrkirche St. Quiriacus und Auctor entstand 1720 auf den Grundmauern des romanischen Vorgängerbaus des 11. Jh. Der halbrunde, romanische Chor wurde belassen und dient heute noch als Altarraum. Das halbe Seitenschiff an der Südseite (17. Jh.) wurde als Pfarrkirche St. Hubertus genutzt. Der Glockenturm entstand erst nach 1951. Im Jahr 1889 entdeckte Pfarrer Liell bei Bauarbeiten das ungeöffnete Grab einer hochgestellten Person in einem Sarkophag aus Jurakalkstein. Pfarrer Liell identifizierte den Leichnam als sterbliche Überreste des hl. Bischofs Auctor von Trier, dem jedoch nur mit Vorbehalt zugestimmt werden kann, weil T. schon vor Überführung Auctors als Memorialkultstätte einer fränkischen Adelssippe gegründet wurde, der diese hohe Person angehört haben könnte.

◆ GermBen 9, 828–848; Liell, Joseph H. F.: Die Kirche des hl. Quiriacus T., ihre Geschichte und ihre Heiligthümer, Trier 1895.

Tangermünde, *Dominikanerkloster St. Maria (1438–1540), Diözese Halberstadt – (Lkr. Stendal, Sachsen-Anhalt, ❒ 2, B4).*

▶ **Geschichte.** Markgraf Friedrich der Fette stiftete 1438 südlich vor dem Neustädter Tor in T. an der Elbe das jüngste Dominikanerkloster der Mark Brandenburg, das im gleichen Jahr von Papst Eugen IV. bestätigt und 1442 auf dem Generalkapitel in Avignon in die Provinz Saxonia des Predigerordens aufgenommen wurde. Der Konvent reihte sich in die spätmittelalterliche Observanzbewegung der Dominikaner ein und wurde 1474 Mitglied der observanten *Congregatio Hollandica*, der die meisten Konvente der Ordensprovinz Saxonia angehörten. 1474 hielt die Saxonia ihr Jahreskapitel in T. ab. Innerhalb der Saxonia gehörte T. nicht wie die südwestlich gelegenen Bruderkonvente in ➛Hildesheim, ➛Halberstadt, ➛Halle und ➛Braunschweig der *Natio Saxoniae*, sondern gemeinsam mit den östlichen Konventen in ➛Brandenburg, ➛Neuruppin und ➛Prenzlau der *Natio Marchiae* an. Der Konvent bestand aus mindestens zwölf Brüdern, neben Prior und Subprior werden stets Lektoren genannt; zusätzlich zum Hausstudium existierte Anfang des 16. Jh. auch ein Partikularstudium für Nachwuchsprediger der Provinz. Fähige Studenten besuchten die Universitäten Leipzig und Frankfurt/Oder. Die Dominikaner verzichteten auf eigenen Besitz. Mit den konkurrierenden Mitbrüdern in ➛Brandenburg wurden Terminierbezirke abgesprochen, in Stendal unterhielten sie ein eigenes Terminierhaus. Zunftbruderschaften der Stadt schlossen sich dem Konvent an. Im September 1515 vereinigten sich observante und konventuale Konvente der Saxonia in ➛Wismar, wodurch dem Dominikanerorden eine Spaltung erspart blieb. 1519 wurden zwei Brüder aufgrund ihrer Flucht aus dem Kloster eingekerkert. 1521 bestimmte das Provinzkapitel in ➛Erfurt das Kloster T. als geeigneten Ort für zukünftige Treffen.

1538 bekannten sich Bürger und Stadtrat zur Reformation, die Kurfürst Joachim II. von Brandenburg 1539 offiziell akzeptierte. Kurfürstliche Visitatoren fanden 1540 nur noch vier Brüder vor, die abgefunden wurden und bald auszogen; der letzte Prior Johannes Staffelt (1521) zählte schon nicht mehr zu ihnen. Der Klosterbesitz fiel an die Stadt, die in den Gebäuden auf dem Klosterberg ein Hospital einrichtete.

▶ **Gegenwart.** Von der spätgotischen Klosterkirche, einer dreischiffigen Backsteinhalle mit polygonalem Langchor, blieben Reste der südlichen Chorummauerung auf dem Klosterberg, einem steil nach den Tangerwiesen abfallendem Hügel, erhalten. Südlich schlossen sich Klausurgebäude mit einem dreiflügeligen Kreuzgang an; allein die Wände des Ostflügels überstanden profane Nutzung und Abriss. Ein fünfschiffiger Bau im Osten mit Kreuzgratgewölbe und Spitzbogenfenstern wird als Kapellenraum und Bibliothek im Obergeschoss gedeutet.

◆ Griesbach, Agnes-Almuth u.a.: T., Dominikaner, in: Brandenburgisches Klosterbuch, Bd. 2, Berlin – Brandenburg 2007, 1255–62; Schrader, Franz: Stadt, Kloster und Seelsorge, Leipzig 1988.

Tegernsee, *Benediktiner Reichsabtei (St. Salvator) St. Quirinius u. a. (nach 762–1803), Diözese Freising – (Lkr. Miesbach, Bayern, ❒ 4, B5).*

▶ **Geschichte.** Die Brüder Oatker und Adalbert – wahrscheinlich aus dem bayerischen Uradel der Huosi – stifteten zwischen 762 und 765 in Oberbayern ein Missionskloster mit einer Salvatorkirche und riefen Mönche aus dem Kloster St. Gallen (heute Schweiz) an das Ostufer des Tegernsees. Adalbert stand dem ersten Konvent vor. Etwa zur selben Zeit entstand durch Initiative der beiden Brüder im oberen Ilmtal das Kloster ➛ Ilmmünster, das mit Mönchen von T. besiedelt und als erste Tochter betrachtet wird. Der Neffe beider Stifter, Uto, wurde Abt in Ilmmünster. Er brachte aus Rom Reliquien des hl. Quirinius († 268/270), woraufhin die Wallfahrt zum „Quiriniuskloster" auch in T. aufblühte und das Salvatorpatrozinium in den Hintergrund rückte. Eine weitere Tochterabtei entstand noch im 8. Jh. in St. Pölten in Österreich. Das Missionsanliegen der Mönche bezog sich auf die Verdrängung des Arianismus und die Durchsetzung des römisch-katholischen Glaubens. Im 9. Jh. unterstanden der Abtei bereits 22 Pfarrkirchen. Die Hauptarbeit konzentrierte sich auf die Rodung ausgedehnter Waldflächen bis Tirol und Niederösterreich. Die Abtei war nach dem Sturz Herzog Tassilos III. 788 das wichtigste karolingische Eigenkloster in Süddeutschland. In der „Notitia de servitio monasteriorum" der Aachener Reichssynode 818/819 erscheint T. in der ersten Klasse mit den 14 wohlhabendsten Abteien des Reiches. Herzog Arnulf entfremdete 925 große Teile des Besitzes, um damit den Abwehrkampf gegen die Ungarn zu finanzieren. Eine Brandkatastrophe 975 ließ T. veröden. Kaiser Otto II. erneuerte 978 das monastische Leben mit Abt Hartwig (978–982) und Mönchen aus St. Maximin in ➛ Trier, die strenge *consuetudines* der ➛ Gorzer Reform mitbrachten. Die Abtei blühte rasch auf. Überregionalen Ruf erlangte sie durch ihre Schreib- und Illustrationskunst, unter Abt Ellinger II. (1031–41) erreichte die Buchmalerei ihren künstlerischen Höhepunkt. T. entwickelte sich zum süddeutschen Zentrum der Gorzer Erneuerungsbewegung und beeinflusste die Abteien ➛ Füssen 990, ➛ Feuchtwangen 993, ➛ Augsburg 1012, ➛ Ebersberg 1013, ➛ Nienburg/Saale 1030 sowie ➛ Benediktbeuern 1031 und gründete 1081 ➛ Rott/Inn sowie vor 1107 das Regularkanonikerstift Dietramszell (heute eine Barockanlage). Papst Alexander III. verlieh 1177 Abt Rupert (1155–86) und seinen Nachfolgern die Pontifikalinsignien. Abt Heinrich I. (1217–42) bat Kaiser Friedrich II. um Direktschutz, weil sich die Grafen von Andechs als Schirmherren ungehemmt am Klostergut vergriffen hatten. Die Adelsexklusivität des Konvents führte im 13./14. Jh. zu äußerem und innerem Verfall, ein Tiefstand war unter Abt Hildebrand Kastner (1424–26) erreicht. Visitatoren setzten Kaspar Ayndorffer (1426–61) als ersten nichtadeligen Abt ein, der die Gemeinschaft im Geist der Melker Observanz reformierte, wodurch T. zum ersten Kloster des ➛ Melker Reformkreises auf dem Boden des heutigen Deutschlands wurde. Erneut erstrahlte T. als geistliches Zentrum benediktinischer Reformbemühungen und wirkte auf zahlreiche Abteien reformierend. 1455 wurde das neue Kloster ➛ Andechs besiedelt. Wissenschaft und Kunst blühten auf, stellvertretend sei der Mystiker, Schriftgelehrte und Prior Bernard von Waging (1472) genannt. Die wissenschaftliche Ausstrahlung konnte in der Renaissance- und Barockzeit noch gesteigert werden. Unter den Äbten des 18. Jh. ragt der Abt und Prälat Gregor Plaichshirn (1726–62) heraus, der den langen Streit mit der Abtei ➛ Niederaltaich um die Vorrangstellung in Bayern zugunsten seiner Abtei entschied. Im März 1803 erfolgte die Säkularisierung durch Bayern.

▶ **Gegenwart.** Der quadratische Klausurkomplex entstand im 17./18. Jh. völlig neu. Das „Schloss" beherbergt heute die herzogliche Familie der Wittelsbacher, ein Flügel das Gymnasium, ein anderer noch immer eine Brauerei mit Schankwirtschaft. Von

Tegernsee Benediktiner Reichsabtei, die barockisierte Abteikirche ist im Kern der romanische Bau von 890.

den mittelalterlichen Bauten blieb lediglich die Abteikirche erhalten, heute katholische Pfarrkirche St. Quirinius. Die karolingische Kirche von Ende des 9. Jh. hatten die Mönche im 11. Jh. zu einer dreischiffigen Basilika ausgebaut, die unter Melker Reformeinflüssen spätgotisch verändert und Ende des 17. Jh. eingreifend barockisiert wurde. Der Passionsaltar (1446) aus T. ist heute das Prunkstück der Münchner Pinakothek. Die spätgotische Kapelle St. Quirin (um 1450) zwischen Gmünd und der Abtei erinnert noch heute an das Wunder der heilsamen Quelle, das sich hier bei der Ankunft der Quiriniusreliquien ereignet haben soll.

◆ GermBen 2, 297–304; Buttinger, Sabine: Das Kloster T. und sein Beziehungsgefüge im 12. Jh., München 2004.

Teistungenburg, *Zisterzienserinnenkloster St. Petrus und St. Paulus (um 1260–1809), Erzdiözese Mainz – (Teistungen, Lkr. Eichsfeld, Thüringen, ❒ 1, D5).*

▶ Das Frauenkloster T. im Eichsfeld wurde als Tochter des Klosters ➛ Beuren um 1260 besiedelt. 1617 vermochte die *filia* T. ihr verödetes Mutterkloster Beuren im Rahmen der katholischen Reform im Erzbistum Mainz wiederzubeleben. Im Klosterkomplex T. über dem Hahletal ist keine sichtbare Architektur aus dem Mittelalter erhalten, aber Gebäude aus seiner barocken Blütezeit. Die heutige Erlebnisanlage mit Hotel nutzt das Klostergelände und Gebäude innerhalb der ehemaligen Umfassungsmauern mit dem Barocktor von 1772/75. Ein Teil der Hotel- und Tagungsanlage besteht aus mittelalterlichen Mauerteilen, die zu einem Wirtschaftsgebäude gehörten; zumindest steht sie auf dem Fundamenten der mittelalterlichen Klosteranlage.

◆ Godehardt, Helmut: Aus der Geschichte des ehemaligen Zisterzienserinnenklosters T., Duderstadt 1999; Opfermann, Bernhard: Das Zisterzienserinnenkloster T., in: Die Klöster des Eichsfeldes in ihrer Geschichte, Heiligenstadt 1998, 166–182.

Tempelhof Templerkommende, eine typische Templerkirche mit halbkreisförmiger Apsis, Südostansicht.

Tempelhof, *Templerkommende St. Maria (um 1210– um 1315), Johanniterkommende St. Maria (um 1315–1435), Diözese Brandenburg – (T.-Schöneberg, Bundeshauptstadt Berlin, ❒ 2, C4).*

▶ **Geschichte.** Spätestens 1210 kamen Brüder des Templerordens in das Teltower Land im Süden der entstehenden Doppelstadt Berlin-Cölln an der Spree und errichteten die wehrhafte Kommende T. Der Herkunftsort der ersten Ordensritter bleibt ungewiss, denkbar ist ➛ Süpplingenburg in Niedersachsen bei Helmstedt als Herkunftskommende. Die askanischen Markgrafen Otto II. und Albrecht II. könnten die Niederlassung gestiftet haben. Zwischen 1312 und 1318 ging der gesamte Besitz an die Johanniter über, was im Vertrag zu Kremmen 1318 rechtlich verbrieft ist. In Urkunden tritt erstmals 1344 ein Johanniterkomtur Burchard von Arenholz in T. auf, dann 1358 ein Komtur Ulrich von Königsberg, der vorher als Johanniterkomtur in ➛ Lietzen amtierte. Komtur Dietrich von Zastrow gliederte 1360 den Hof Richardsdorf aus und gründete hier ein Dorf. Nach der Tempelhofer Fehde im August 1435, die wegen Grenzstreitigkeiten ausbrach und in einem missglückten Überfall der Ordensritter unter Nickel von Colditz am Cöpenicker Tor endete, vergab Herrenmeister Balthasar von Schlieben den Besitz zwischen T. und Marienfelde gegen eine hohe Summe an die damals noch getrennten Städte Berlin und Cölln/Spree als „ewiges Lehen". Die Johanniter behielten aber bis 1546 die Patronatsrechte über die Pfarrkirchen in T. und Rixdorf; die Lehnshoheit bewahrten sie bis 1811.

▶ **Gegenwart.** Die Templer erbauten in den Dörfern ihres Besitzes kleine Gotteshäuser, die teilweise noch bestehen und heute zu den ältesten Dorfkirchen Berlins gehören, so etwa die schöne Dorfkirche in Marienfelde. Auch vom Hauptsitz im heutigen Berliner Stadtbezirk T.-Schöneberg steht im alten Parkgelände mit Teich am Reinhardtplatz noch immer die Ordenskirche der Templerkommende. Die heutige evangelische Dorfkirche aus dem frühen 13. Jh. ist ein einschiffiger Feldsteinbau mit der für Templer typischen halbkreisförmigen Apsis. Sie brannte im Zweiten Weltkrieg aus, wurde aber mit Originalsteinen wieder aufgebaut. Der Dachturm aus Fachwerk und die Sakristei sind neuere Anbauten.

◆ GermSac AF Brandenburg 1, 412–416; Nève de, Michael u.a.: (Berlin-)T., in: Brandenburgisches Klosterbuch, Bd. 2, 1275–7, Berlin – Brandenburg 2007; Buchholz, Peter: T., Berlin 1990.

Tempzin, *Antoniter-Präzeptorei (1222–1552), Diözese Schwerin – (Lkr. Parchim, Mecklenburg-Vorpommern, ❒ 2, B2).*

▶ **Geschichte.** Fürst Heinrich Borwin I. von Mecklenburg, seine Gemahlin Adelheid und seine Söhne stifteten 1222 dem Antoniterorden ihren Hof *Tunischin* nahe des Fernhandelsweges Niedersachsen – Wismar. Die Stiftungsurkunde unterzeichnete auch der Propst (1211/22) vom nördlich gelegenen ➛ Neukloster „Sonnenkamp". Der Hospitalorden der Antoniter gründete in T. gemäß seines apostolischen Anspruchs eine Präzeptorei mit Hospital zur Behandlung des epidemisch auftretenden Mutterkornbrandes (Ergotismus), eine Vergiftung durch Pilztoxin auf Brotgetreide, die beim Menschen zu schmerzhaften Verstümmelungen und/oder Demenz führt. Die ersten Antoniter-Chorherren kamen vermutlich aus der Generalpräzeptorei ➛ Grünberg, blieben stets in Abhängigkeit des oberhessischen Zentrums und sorgten für reichen Geldfluss nach Hessen. Einige Dörfer, Kirchenpatronate, Höfe und Seen mit Fischereirechten kamen im Lauf der Jahrhunderte zur Grundausstattung hinzu. Die Heilkünste der Antoniter führten zu einer steil aufstrebenden Entwicklung, unterstützt von Wallfahrern und Ablässen mehrerer Bischöfe. Präzeptor Petrus Berlonis (1390–1417) erreichte beinahe die Autonomie von T. Papst Johannes XXIII. verlieh ihm 1415 das *Privilegium creationis fratrum*, womit ihm erlaubt war, die Terminierbereiche über Schleswig-Holstein nach Skandinavien auszudehnen. In Mohrkirchen bei Schleswig wurde eine Tochterniederlassung gegründet

Templerorden *(Sacrae Domus Militiae Templi Hierosolymitani Magistri).*

▶ Der T. war der erste geistliche Ritterorden der römischen Kirche und wurde von Hugo von Payns (um 1080–1136) und acht französischen Adeligen 1118/19 in Jerusalem zum Schutz der Pilger gegründet. Als Hauptsitz übergab ihnen König Balduin II. von Jerusalem ein Gebäude auf dem Jerusalemer Tempelberg. Als geistlicher Orden verknüpften die Templer monastische und ritterliche Tugenden und legten neben den drei Gelübden der Armut, Keuschheit und des Gehorsams zusätzlich das Gelübde der militärischen Bereitschaft zum Glaubenskampf ab. Sie bildeten ein stehendes, politisch unabhängiges Heer im Königreich Jerusalem und setzten sich für den Schutz der Pilger und der christlichen Eroberungen mit ihrer legendär gewordenen Tapferkeit und Todesverachtung ein, nicht selten in Konkurrenz zu den → Johannitern und → Deutschordensrittern. Der Zisterzienserabt → Bernhard von Clairvaux beeinflusste die Kanonikerregel der Templer maßgeblich, die 1129 auf dem Konzil von Troyes anerkannt wurde. Die Templer übernahmen auch caritative Hospitaltätigkeiten; schon frühzeitig schlossen sich Frauengemeinschaften an. Von Papst Innozenz II. endgültig anerkannt, stark privilegiert und vom Adel reich beschenkt, breiteten sich die Niederlassungen des T. über ganz Europa aus, waren dabei in „Zungen“ und Provinzen organisiert, was die Johanniter nachahmten.

Kunstvoll gearbeitete Schmuckkonsole in der frühgotischen Templerkapelle (1270/90) von Mücheln.

Der besonders in Frankreich begüterte Orden, dessen Reichtum auch durch überregionale Geldgeschäfte enorm anwuchs, erregte Neid und Missgunst. Die Auflösung des Ordens, initiiert vom französischen König Philipp IV. und seinen Ministern, gebilligt vom willfährigen Papst Clemens V., wurde aufgrund der Beschuldigung schwerster Vergehen (Häresie, Blasphemie, Sodomie) auf dem Konzil von Vienne im Oktober 1311 beschlossen. Tempelritter wurden in Frankreich und europaweit aufgegriffen; viele aufgrund von Foltergeständnissen zum Tod verurteilt und hingerichtet, nicht wenige starben im Kerker. Der letzte Großmeister des T. Jakob von Molay wurde am 18. März 1314 zusammen mit dem Großpräzeptor der Normandie in Paris öffentlich verbrannt. Das Vermögen des Ordens in Frankreich fiel an die französische Krone; die anderen Besitzungen verkaufte die Kurie an den Johanniterorden.

Der unvermittelte und rasche Untergang des mächtigsten Ritterordens des Hochmittelalters trug viel zum Templer-Mythos bei, der bis in unsere Tage fortdauert. Neugründungen des T. in der Neuzeit stehen nicht in historischer Kontinuität zum T. des Hochmittelalters. Das Habit der Templer war weiß mit rotem Tatzenkreuz als Symbol der Bereitschaft zum Martyrium für den Glauben.

◆ Dinzelbacher, Peter: Die Templer, Freiburg 2010; Sarnowsky, Jürgen: Die Templer, München 2009; Krüger, Anke: Monastische Observanz und Ordensstruktur bei Templern und Johannitern, in: Cistercienserchronik 107 (2000) 193–213; Seiler Joachim: Die Aufhebung des Templerordens (1307–14) nach neueren Untersuchungen, in: Zeitschrift für Kirchengeschichte 109 (1998) 19–31.

(s. u.). In Wismar, Demmin (Pommern) und Marienburg (Ostpreußen) unterhielten die Tempziner Hospitaliter eigene Stadt- oder Terminierhäuser. Im 15. Jh. plünderten die von Grünberg eingesetzten Vorsteher T. zum Vorteil des Mutterhauses bis an den Rand des Bankrotts aus. Erst Präzeptor Heinrich Hagenow (1444–74) bewahrte durch den Einsatz eigenen Vermögens die Präzeptorei vor dem Untergang; trotz immer noch beträchtlicher Schulden konnte sich der Konvent mit dem wieder erstrittenen Recht der selbständigen Aufnahme von Brüdern 1479 aus der Grünberger Vormundschaft lösen. Präzeptor Gerhard Martini (1475–87?) führte seit 1481 in Personalunion auch die schwäbische Generalpräzeptorei → Memmingen. Unter Barthold Ponick (1490–1500) prosperierte in T. die Wirtschaft; es kam zu reger Bautätigkeit. Im Gegensatz zu den meisten Ordenshäusern stand T. im ausgehenden 15. Jh. in höchster Blüte. Präzeptor Johannes Kran (1500–18) sandte 1514 Gründungskonvente ins ostpreußische Frauenburg (Polen) und ins livländische Lennewarden an der Düna (Lettland). Der Sternberger Landtag 1549 entschied sich für die Einführung der Reformation in Mecklenburg. Präzeptor Georg Detlevi (1529–52) wies vergeblich auf die Tatsache hin, sein Haus sei kein Kloster, sondern ein Hospital. Im Februar 1552 löste Herzog Johann Albrecht I. von Mecklenburg-Güstrow die Präzeptorei auf.

▶ **Gegenwart.** Noch 1945 entnahmen sowjetische Sanitäter dem Brunnen der alten Präzeptorei fässerweise Wasser, weil das Wissen über das heilende Wasser in T. sich im Baltikum bewahrt hatte. Von der ausgedehnten Anlage des Mittelalters ist nur ein Teil geblieben. Überraschend ist die Größe der spätgotischen Antoniter- und heutigen evangelisch-lutherischen Pfarrkirche, einer Stufenhalle mit basilikalen Seitenschiffen, hoch aufragendem, gewölbtem Mittelschiff, polygonalem, einschiffigem Langchor und eindrucksvoller Schaufassade mit Giebeltürmchen im Westen. Um 1400 begann der Bau dieser zweiten Klosterkirche im Ostteil; längere Baupausen erlaubten die Vollendung erst gegen 1500. Der Dreißigjährige Krieg reduzierte die Ausstattung auf wenige Stücke; besonders hervorzuheben ist eine Kolossalstatue des hl. Kirchenvaters Antonius (251–356) aus der Zeit nach 1450 sowie die reiche Malerei an den Kirchenwänden. Im Klosterareal hat sich als besondere Rarität das mehrgeschossige „Warmhaus“ von 1496 als zentrales Gebäude des Hospitals erhalten. Ein weiteres Klostergebäude blieb nur als Ruine mit Umfassungsmauern und gotischen Fensteröffnungen bestehen.

❖ In Angeln nördlich von Schleswig entstand um 1390 die abhängige Präzeptorei Mohrkirchen, von der keine Bauten erhalten blieben. Mohrkirchen wurde Ausgangsbasis der Tempziner Antoniter für die Niederlassung Præstø auf der dänischen Insel Seeland und weiter nach Schweden bis Nonnenselter bei Bergen in Norwegen.

◆ Mischlewski, Adalbert: Die Antoniter, Münster 2007, 132; Köllen, G.: Aus der Geschichte von T., Tempzin 2000.

Tennenbach, *Zisterzienserabtei St. Maria (1158–1806) – „Himmelspforte“, Diözese Konstanz – (Freiamt-T., Lkr. Emmendingen, Baden-Württemberg, ❐ 3, B4).*

▶ **Geschichte.** Auch während der Entstehung der Zisterzienserabtei T. entsprach die topographische Gründungssituation im Breisgau nicht ganz dem zisterziensischen Idealbild der Niederlassung in einer Einöde: Der Ort Musbach in der Nachbarschaft war Mitte des 12. Jh. bereits besiedelt. Nach der wohl gemeinsamen Stiftung des Breisgauadels (Horbener, Zähringer, Badener, Nimburger) 1158 zogen die Zisterzienser drei Jahre danach unter Abt Hesso von Üsenberg (1161–77) aus der Abtei Frienisberg (heute Schweiz) nach T. am Westhang des Schwarzwalds. Im Fall T. deuten die Umstände eher auf eine Translokation der Abtei Frienisberg, weniger auf eine Filiation hin. Herzog Berthold IV. von Zähringen scheint die Zisterzienser vom Umzug in den Breisgau überzeugt zu haben. Das typisch zisterziensische Filiationsverhältnis zwischen Frienisberg und der Tochter T. wird urkundlich nicht deutlich (die Gründungsurkunde von 1161 ist eine Fälschung des 13. Jh.). Die Abteien Lützel im Oberelsass und → Salem avancierten zum Mutterkloster. Papst Alexander III. erklärte 1178 seinen Schutz, Papst Innozenz III.

befreite T. 1215 von weltlicher Gerichtsbarkeit. Aus der Bindung an das Haus Zähringen entstand nach 1180 eine bittere Feindschaft, weil sich T. unter Einfluss Salems den Staufern zuwendete. Nach deren Aussterben übernahmen die Markgrafen von Hachberg und von Baden gewisse Schutzfunktionen, seit 1475 unangefochten (das vorderösterreichische) Habsburg. Das Konventsmitglied Konrad de Coeliporta wechselte in den Franziskanerorden und leitete als Minister (1252–65) die oberdeutsche Provinz der Minoriten. Die Abtei T. entwickelte sich zu einem wichtigen Wirtschaftsfaktor in der Region. Das Tennenbacher Güterbuch der Jahre 1317–41, das Abt Johannes II. Zenlin (1336–53) in der eigenen Schreibstube vollenden ließ, bezeugt Abteibesitz in über 200 Orten. Im „Liber marcarum“ der Diözese Konstanz (1360/70) erscheint T. als einkunftsstärkstes Kloster im Breisgau, im klosterreichen Bistum nur übertroffen von St. Gallen (Schweiz) und Salem. Städtische Liegenschaften konzentrierten sich in Freiburg und Villingen mit Bürgerrechten für die Zisterzienser. Über das innere Leben der Gemeinschaft ist wenig bekannt, eine Filiation kam nicht zustande. Die Frauenklöster ➛ Lichtenthal, Günterstal (s. u.), Wonnental (s. u.), Olsberg in der Schweiz, ➛ Friedenweiler und ➛ Wald (zeitweise) unterstanden geistlich und weltlich der Abtei. Diese Schwesternkonvente waren alle dem Orden inkorporiert. Der selige Hugo von Tennenbach (1215–70) wurde überregional verehrt. Die Pestwellen des 14. Jh. verursachten erste Einschnitte. 1445 plünderten französische Armagnaken die Anlage aus, aufrührerische Bauern legten sie 1525 in Schutt und Asche. Abt Sebastian Lutz (1541–48) ging nach dem Augsburger Interim 1548 mit einem kleinen Konvent Exilzisterzienser nach ➛ Bebenhausen, resignierte dort aber 1560. Unter Habsburger Schutz blieb T. katholisch, litt aber schwer unter den Kriegen. Im 17. Jh. gelang die barocke Entfaltung, die mit der Säkularisierung 1806 durch das Großherzogtum Baden endete. Die romanische Abteikirche (1180–1230) versetzte man 1829 Stein für Stein als evangelische Ludwigskirche nach Freiburg, wo sie den Zweiten Weltkrieg nicht überstand. Die barocken Klausur- und Abteigebäude dienten nach 1832 bis zur völligen Einebnung als Steinbruch.

▶ **Gegenwart.** Malerisch einsam steht heute der romanisch-gotische Chor der einstigen Hospitalkapelle der Abtei im Tennenbacher Tal. Dieses letzte Architekturzeugnis mittelalterlich-zisterziensischer Ausdrucksweise in T. zeugt von reicher baukünstlerischer Ausdruckskraft. Innerhalb einer Tagesreise besaß T. zahlreiche Grangien, Höfe und Stützpunkte, deren abteibezogene Baulichkeiten zum Teil heute noch nachvollziehbar sind. Vier Kilometer entfernt im Wald restaurierten traditionsbewusste Bürger das „Brüderlehaus“, eine winzige Kapelle aus dem Mittelalter, die als eremitische Mönchszelle diente. ❖ Die unterstellten Frauenklöster Günterstal bei Freiburg (1224–1806) und Wonnental bei Kenzingen (1242/44–1806) hinterließen lediglich barocke Restgebäude.

◆ Rupf, Philipp F.: Das Zisterzienserkloster T. im mittelalterlichen Breisgau, Freiburg 2004; Schwineköper, Berent: Das Zisterzienserkloster T. und die Herzöge von Zähringen, Waldkirch 1984.

Theres, *Benediktinerabtei St. Stephan und St. Vitus (um 1045–1802), Diözese Würzburg – (Lkr. Haßberge, Bayern,* ❐ *3, D2).*

▶ **Geschichte.** Die mächtige Babenberger Burg *Teressa* am Main fiel im 10. Jh. als Krongut an die bayerischen Zähringer. König Heinrich II. übergab 1010 die Burg dem 1007 gegründeten Bistum Bamberg, obwohl T. auf dem Gebiet des Hochstifts Würzburg lag. Der Bamberger Bischof Suidger von Morsleben aus Sachsen gründete um 1045 zur Absicherung seiner Ansprüche auf der Burg ein Benediktinerkloster, das er als Papst Clemens II. 1047 unter Schutz der Kurie stellte. Eine Gründung schon vor 940 durch den Babenberger Adalbert mit Hilfe der Reichsabtei ➛ Fulda wird heute bezweifelt, beruht sie doch lediglich auf der legendenhaften Überlieferung des Klosters selbst. Der erste Konvent kam aus der Benediktinerabtei Münsterschwarzach, das

Tempzin Antoniter-Präzeptorei, das spätgotische „Warmhaus“ des Hospitals mit östlicher Schaufassade.

Tennenbach Zisterzienserabtei, Chor der romanisch-gotischen Hospitalkapelle in einsamer Tallage.

damals zum Zentrum der ➛ Junggorzer Reform aufstieg. Wirtschaftlichen Vorteil zog die Abtei aus dem Privileg des Mainzolls, das Kaiser Heinrich IV. 1097 auf Bitten Bischof Rupperts von Bamberg und mit Zustimmung Bischof Einhards von Würzburg vergeben hatte. Umfangreiche Schenkungen des Adels, der das Kloster als Grablege nutzte, förderten die aufstrebende Entwicklung. Das Konventsleben wurde 1120 mit Statuten der ➛ Hirsauer Reform unter Einfluss der Abtei St. Michael in ➛ Bamberg erneuert. Die Fehde zwischen den Hochstiften Bamberg und Würzburg 1465 verursachte wirtschaftliche Einbrüche, ebenso die Bauernunruhen 1525 und der Zweite Markgrafenkrieg 1553. Der Konvent in T. bestand 1574 nur noch aus zwei Mönchen, während er in den besten Zeiten bis zu 25 Mitglieder zählte. Abt Valentin Alberti (1599–1610) erreichte 1607 nach inneren Reformen den späten Anschluss an die ➛ Bursfelder Kongregation. Mit neuen Novizen konnte sich das Klosterleben wieder normalisieren, aber der Dreißigjährige Krieg brachte neue Rückschläge. Nach einer finanziellen Abfindung Bambergs unterstand die Abtei seit 1688 dem Fürstbistum Würzburg. Der tüchtige Abt Gregor II. Fuchs (1715–55) gab den umfassenden Neubau der Anlage in Auftrag (Schlussweihe 1748). Die Säkularisierung traf Abt Benedikt Mahlmeister (1797–1803) und 24 Patres im Dezember 1802, sie wurden mit Pensionen abgefunden.

▶ **Gegenwart.** In privater Nutzung wurde der Barockkomplex zu einer dreiflügeligen Schlossanlage umgebaut. Die prachtvolle Klosterkirche erlag bereits 1809 dem Abriss. Von der mittelalterlichen Anlage sind Klostermauern mit vier Ecktürmen, Torhaus, einige Wirtschaftsgebäude und die „Alte Abtei" erhalten. Sie lassen den burgartigen Ausbau der Benediktinerabtei T. nur noch erahnen.

◆ GermBen 2, 304–308; Schneider, Erich: Klöster und Stifte in Mainfranken, Würzburg 1993, 150–154; Vogt, Gabriel: Burg und Dorf, Kloster und Schloss T. am Main, Münsterschwarzach 1979.

Thierhaupten, *Benediktinerabtei St. Petrus und St. Paulus (um 750–1803), Diözese Augsburg – (Lkr. Augsburg, Bayern, ❐ 4, A4).*

▶ **Geschichte.** Nach eigener Tradition stiftete Herzog Tassilo III. von Bayern um 750 am unteren Lech ein Mönchskloster, das in den Ungarnstürmen Anfang des 10. Jh. unterging. Bischof Gebhard II. von Regensburg reaktivierte das Kloster 1028 mit Benediktinern aus St. Emmeram in ➛ Regensburg, die unter dem ersten Abt Himbriko (1028–36) strenge Lebensgewohnheiten der ➛ Gorzer Reform praktizierten. Die Quellenlage der Frühzeit ist dürftig, eigene Dokumente liegen erst aus dem Hochmittelalter vor. Im ausgehendem 11. Jh. nahm die ➛ Hirsauer Reformbewegung Einfluss in T., ein neuer Abt kam mit mehreren Reformmönchen direkt aus ➛ Hirsau nach Schwaben an den Lech. Die Grafen von Scheyern könnten die Initiatoren gewesen sein, die 1119 ihre Stammburg ➛ Scheyern für eine Klostergründung räumten und sich seit 1124 nach ihrer neuen Burg „Grafen von Wittelsbach" nannten. Abt Heinrich I. († 1170) ließ mit finanzieller Unterstützung Bischof Hartwigs I. von Augsburg (Lierheim) die noch heute bestehende Abteikirche erbauen. Erst 1183 gewährte Papst Lucius III. Schutz und freie Abtwahl, wohl aufgrund treuer Dienste der Äbte für die Kurie. Kloster T. spielte keine besondere Rolle, blieb unbedeutend und vergleichsweise arm. Kaiser Ludwig der Bayer stimmte 1341 dem Status einer geschlossenen Hofmark, verbunden mit Steuerfreiheit und niederer Gerichtsbarkeit zu. Die Inkorporation weiterer Pfarrkirchen sollte die Wirtschaft stärken, um die es im 14. Jh. nicht zum Besten stand. Mitte des 15. Jh. war ein Tiefstand erreicht, Administratoren verwalteten die Güter. 1452 verließen Mönche die Abtei und baten in anderen Klöstern um ihren Lebensunterhalt. 1455 wurde Abt Friedrich am Tag seiner Wahl von einem Mitbruder ermordet. Der Wittelsbacher Herzog Ludwig IX. von Bayern-Landshut forderte 1464 vom Kardinalbischof Peter von Augsburg (Schaumberg) Reformen. Melchior von Stamham, Abt in ➛ Augsburg St. Ulrich und Afra (1458–74), wurde für diese schwierige Aufgabe verpflichtet und versuchte, in T. Erneuerungen nach den Prinzipien der ➛ Melker Reform durchzusetzen. Aber auch seinem Prior Heinrich Hotz gelang es als neuem Abt (1468–78) nicht, die Moral des Konvents zu heben. T. blieb noch etwa 100 Jahre unter Aufsicht der Augsburger Abtei. Abt Peter Wagner (1502–11) erreichte zwar geordnete Verhältnisse in seinem sechsköpfigen Konvent, aber der Landshuter Erbfolgekrieg (1503–05) vertrieb die Mönche ins Exil und ließ ein ausgeplündertes Kloster und abgebranntes Dorf zurück. Herzog Albrecht VI. finanzierte den Wiederaufbau, die Abteikirche wurde 1512 neu konsekriert. Abt Benedikt Gaugenrieder (1553–97) führte trotz des Reformationsdrucks aus dem nahen Augsburg die Abtei T. zur ersten Hochblüte. Papiermühle und Buchdruck steigerten den Bekanntheitsgrad und das Ansehen des Konvents. Abt Gaugenrieder erhielt 1592 die Pontifikalien. Rückschläge des Dreißigjährigen Krieges konnte der hervorragende Abt Benedikt Satorius (1677–1700) beseitigen, aber der Spanische Erbfolgekrieg (1701–14) verhinderte ein erneutes Aufblühen. Das 18. Jh. stand im Zeichen der Barockisierung und Erneuerung. Im März 1803 trafen den Abt, zwölf Patres, einen Laienbruder und drei Novizen die Aufhebungsverordnung der kurfürstlich-bayerische Regierung. Abt Edmund Schmid (1801–03), nun Pfarrer in

Thierhaupten Benediktinerabtei, Südwestansicht der Pfeilerbasilika, ein verputzter Backsteinbau aus dem 12. Jh.

Tholey Benediktinerabtei, Blick durch das Mittelschiff der frühgotischen Konvents- und Pfarrkirche; die Abtei ist das älteste noch aktive Kloster in Deutschland.

T., kaufte 1812 die Klosterkirche aus privater Hand für die Pfarrgemeinde zurück.

▶ **Gegenwart.** Im spätbarocken Klosterkomplex T. blieb aus dem mittelalterlichen Bestand die romanische Abteibasilika des 12. Jh. erhalten, die heute als katholische Pfarrkirche St. Peter und Paul genutzt wird. Der verputzte Backsteinbau ist eine dreischiffige, querhauslose Pfeilerbasilika mit Dreiapsidenschluss im Osten und Doppeltürmen im Westen, wobei nur Hauptapsis und Südwestturm original alle Zeiten überstanden. Der Innenraum erscheint im hellen, süddeutschen Barock des 18. Jh. in angenehm-zurückhaltender Weise. Große Kuppelfresken schmücken das erst 1714 eingewölbte Mittelschiff.

◆ GermBen 2, 308–313; Roth-Bojadzhiev, Gertrud: T., Regensburg 2005.

Tholey, *Benediktinerabtei St. Mauritius (vor 634–1794, seit 1949), Erzdiözese Trier – (Lkr. St. Wendel, Saarland, ❐ 3, A2).*

▶ **Geschichte.** Laut einer der ältesten erhaltenen Urkunden des merowingischen Austrien (später Ostfrankenreich) vermachte der Verduner Diakon Adalgisel-Grimo Ende Dezember 634 seinen Besitz im spätrömischen Castrum *Taulegius* in den Vogesen an der alten Heerstraße Metz-Trier-Straßburg dem Bistum Verdun, wobei die geistliche Aufsicht beim Metropoliten in Trier verblieb. Die Stiftung schloss die Eigenkirche St. Petrus und eine klösterliche Niederlassung ein. Indirekte Hinweise deuten auf irische Mönche der Columbanmission, die das Kloster gegründet hatten. Der damalige Bischof Paulus von Verdun (641–648) förderte diese Mönchsbewegung und soll der frühen Gemeinschaft vorgestanden haben. Möglicherweise handelte es sich aber zunächst um eine Gruppe Kleriker, die im 8. Jh. von Mönchen abgelöst wurde. Erst für die Zeit Abt Bernhardus' (um 947–972) kann die Benediktregel als geltend angenommen werden, lothringische Einflüsse der ➛ Gorzer Reform aus St. Maximin in ➛ Trier sind naheliegend, aber nicht nachzuweisen. Seit dem 11. Jh. gilt das Mauritiuspatrozinium, das Petruspatrozinium taucht nur noch vorübergehend urkundlich auf. Zur großzügigen Grundausstattung kamen durch Stiftungen besonders aus der Hand der ostfränkischen Herzöge reicher Grundbesitz und Patronatsrechte hinzu. Die Abtei T. verwaltete ihren Besitz durch eigene Güterpropsteien in Oberkirchen, Hoppstädten und Welferding (heute Ortsteil von Saargemünd). Der Abt war zur örtlichen Pfarrseelsorge verpflichtet, T. war Zentrum eines Trierer Archidiakonatbezirks. Im Investiturstreit hielt der Konvent zu König Heinrich IV. Der ermordete Erzbischof Kuno I. von Trier (Pfullingen) wurde 1066 in T. beigesetzt, was Wallfahrten zu seinem Grab bis in das Spätmittelalter auslöste. Die Verduner Kirche verlor mit der Zeit ihren Einfluss, letztmalig belehnte Bischof Rudolf von Verdun (Thourotte) 1236 Abt Heinrich I.; ein jahrhundertelanger Kampf Verduns um seine alten Rechte endete damit zugunsten Triers. Abt Hugo (1264–80) entschied sich nach zwei Bränden zum Bau einer größeren, gotischen Abteianlage, die 1302 vollendet wurde. Seit dem 13. Jh. organisierten die Mönche eine große Pflichtprozession am Freitag der Pfingstwoche, an der sich die Pfarreien aus dem Umkreis von 30 km beteiligten. Im 13. Jh. begann der schleichende ökonomische und geistige Niedergang der Abtei, begleitet von anhaltenden Auseinandersetzungen mit den Herzögen von Lothringen, den Inhabern der Vogteirechte nach dem Aussterben der Grafen von Blieskastel. Unter Abt Johannes II. Rode (1421–31) von St. Maximin in Trier wurde die heruntergekommene Abtei strenger visitiert. Abt Damianus von Lommerswiler (1479–89) duldete 1484 sechs Mönche aus ➛ Laach, die die Observanzbemühungen unterstützten. Der Anschluss der Abtei an die ➛ Bursfelder Kongregation erfolgte 1485/87. Eine Ausnahmeregelung erlaubte der Laacher Gruppe, die Äbte Gerhard von Hasselt (1489–1517) und Jodocus von Köln (1517–20) aus ihrer Mitte zu wählen. Der Protestantismus beeinflusste den Konvent kaum, aber Herzog Karl III. von Lothringen setzte 1581 einen weltlichen Amtmann ein, was den Auftakt ewiger Rechtsstreitigkeiten mit der lothringischen und seit 1766 mit der französischen Herrschaft markiert. Hinzu kamen Schäden im Dreißigjährigen Krieg und Finanznöte in der Nachfolgezeit; die Sitten verfielen. Abt Caspar de Roussel (1712–30) und Abt Theobert d'Hame (1730–59) erreichten im 18. Jh. eine leichte Konsolidierung, die sich in barocken Neubauten niederschlug. Französische Kommendataräbte, die außerhalb residierten, ruinierten die Abtei vollends. Acht Benediktiner flohen 1793 vor den französischen Revolutionstruppen. Die Anwohner im Ort und der Umgebung eröffneten ein Freudenfeuer und verbrannten nicht nur Urkunden, sondern auch das Archiv und die gesamte Bibliothek. Die offizielle Säkularisierung erfolgte im Juli 1794, die Versteigerung des Besitzes im Oktober 1797.

▶ **Gegenwart.** Die Abtei T. gehört zu den ältesten Klostergründungen im deutschsprachigen Raum. Im Dezember 1949 stimmte der Papst einer Neubesiedlung mit Benediktinern aus ➛Trier St. Matthias zu, seitdem setzen Benediktinermönche die Tholeyer Klostertradition fort. Die Abtei gehört heute der Kongregation von ➛Beuron an. Die erste Kirche St. Petrus aus dem 7. Jh., ein Saal mit Rechteckchor, der bis zum Brand 1230 mehrfach erweitert worden war, stand auf Grundmauern einer römischen Badeanstalt; so auch der Nachfolgebau, die heutige frühgotische Abtei- und katholische Pfarrkirche. Diese Kirche St. Mauritius ist eine schlichte, dreischiffige Basilika ohne Querschiff mit 5/8-Polygonschluss im Osten und einem wuchtigen Turm im Westen, der einen barocken Helm trägt. Ein reich verziertes Portal schmückt die Nordseite. Die Konventsbauten sind gänzlich in der Barockzeit erneuert worden, auch der heutige Kapitelsaal, den man bislang älter einschätzte.

◆ GermBen 9, 849–894; Staab, Franz: Die Abtei T., in: L'évangélisation des régions entre Meuse et Moselle et la fondation de l'abbaye d'Echternach, Luxembourg 2000, 391–414; Reichert, Franz-Josef: Die Baugeschichte der Benediktiner-Abteikirche T., Saarbrücken 1961.

Thulba Benediktinerinnenabtei, Vierungsturm, Rechteckchor und die Apsis der Frauenbasilika (um 1150).

Thulba, *Benediktinerinnenabtei St. Lambertus (1127–1525), Diözese Würzburg – (Oberthulba, Lkr. Bad Kissingen, Bayern, ❐ 3, D2).*

▶ **Geschichte.** Die Reichsabtei ➛Fulda erlangte im 8. Jh. Grundbesitz im saalfränkischen *villa Thulba*; die sich entwickelnde Stadt Hammelburg in der Nähe gehörte seit 777 der Abtei. Die Eheleute Gerlach und Regilinde von Herlingsberg übereigneten 1127 der Abtei ihre Güter in der Region zur Gründung einer monastischen Niederlassung. Reichsabt Heinrich I. von Kemnaten (1126–32) etablierte das Frauenkloster St. Lambertus an der Urpfarre T. Auf dem Reichstag in Lüttich 1131 erhielt er die Bestätigung durch den anwesenden Papst Innozenz II. Der Benediktinerinnenkonvent gehörte stets zum Klosterverband Fulda, die Mutterabtei stellte den Propst, der im Ratgeberkreis des Abts eine Stimme hatte. Reichsabt Konrad I. (1134–49) ließ die romanische Kirche und die Klosteranlage errichten. 1141 erscheint T. erstmals urkundlich, als Papst Innozenz II. in einer Urkunde für Fulda das Kloster erwähnt. Bei bewaffneten Auseinandersetzungen zwischen Bischof Berthold II. von Würzburg (Sternberg) und den aufstrebenden Grafen von Henneberg wurde die Region um T. verwüstet, was der Bischof 1282 nach einem Schiedsspruch König Rudolfs I. begleichen musste. Die Henneberger Grafen förderten den Konvent, Verkaufsgeschäfte mit den Äbtissinnen Sophie (1309–33) und Gisela (1340/41) lassen sich nachweisen. Vergünstigungen bestanden etwa im Privileg, Schweine im gräflichen Forst weiden zu lassen. Für Seelenheilmessen und Jahresgedächtnisse überwies Graf Hermann III. von Henneberg-Aschach 1394 der Äbtissin Petrissa Hohelin (1395) und dem Konvent 200 Pfund Heller fränkischer Währung. Die Schwestern besaßen Güter und Rechte in mehr als 50 Orten von der Hochrhön bis vor die Tore Würzburgs. Reichsabt Hermann von Buchenau (1440–49) versuchte eine eigene Konventsreform in den abhängigen Klöstern des Abteiverbandes durchzusetzen, die von ➛Kastl beeinflusst als selbständige „Fuldaer Reform" des Spätmittelalters bekannt ist. Erst unter dem bürgerlichen Propst Johann Löher zeitigte diese Erneuerung um 1505 auch im Frauenkonvent T. Erfolge. Die Observanz konnte 1508 nach ➛Allendorf an der Werra weitergegeben werden. Bauern zerstörten 1525 die Anlage, zuvor war Äbtissin Barbara Hasenstab mit 13 Schwestern geflohen. Das Kloster konnte nicht wieder bezogen werden, auch zum Neuaufbau war Fulda nicht bereit. Im Juli 1625 übernahm ein von der Fürstabtei bestallter Verwalter die Bewirtschaftung. Teile der Güter und Einkommen dienten nun der Versorgung des neugegründeten Frauenklosters St. Maria in Fulda. Nach Zerstörungen durch die Schweden im Dreißigjährigen Krieg entstand eine repräsentative Propsteianlage, die mit Auflösung des Bistums Fulda 1802 endete.

▶ **Gegenwart.** Aus mittelalterlicher Zeit blieb lediglich die romanische Basilika St. Lambertus erhalten. Der dreischiffige, kreuzförmige Bau mit apsidialem Rechteckchor und Vierungsturm (um 1150) dient heute als katholische Pfarrkirche. Er verlor 1511 seine Mittelschiffsäulen, Umbauten (1629) veränderten den Innenraum zusätzlich. Das romanische Westportal wurde ursprünglich von einer Vorhalle überdeckt. Südlich schloss sich die Klausur an, romanische Arkadenreste erinnern an den flachgedeckten Kreuzgang.

◆ GermBen 7, 213–434; Mötsch, Johannes: Regesten des Archivs der Grafen von Henneberg-Römhild, Köln 2006; Lübeck, Konrad: Fuldaer Nebenklöster in Mainfranken, in: Mainfränkisches Jahrbuch Geschichte und Kunst 2 (1950) 1–52.

Tom Roden, *Benediktinerpriorat St. Maria Magdalena (vor 1184–1538), Diözese Paderborn – (Kreisstadt Höxter, Nordrhein-Westfalen, ❒ 1, D5).*

▶ **Geschichte.** In Sichtweite der Reichsabtei ➛ Corvey existierte möglicherweise schon im frühen 12. Jh. ein Benediktinerkloster. Über die Gründungsumstände ist nichts bekannt, als Stifter wird die Grafenfamilie von Dassel bei Einbeck vermutet. Kloster „tom Roden" (auch „Roden") war möglicherweise ursprünglich unabhängig von Corvey; als es 1184 erstmals erwähnt wird, gehörte es aber der Abtei, die es als abhängiges Priorat führte. Die Prioratsverfassung kann man in der Frühphase voraussetzen, die Reichsabtei Corvey übte im 12. Jh. den größten Einfluss im altsächsischen Raum im Sinn der neucluniazensischen Reform von ➛ Hirsau aus. Welfenherzog Otto von Braunschweig und Bürger von Höxter zerstörten 1327 im Streit mit Corvey das Priorat, die Anlage musste neu erbaut werden. Auffällig ist die enge Verbindung mit der Abtei ➛ Helmarshausen: Der Corveyer Abt Dietrich von Rebok (1394–96) wurde abgesetzt, erhielt das Amt in Helmarshausen, verzichtete aber um 1423 und wurde Propst in Roden. 1455 wurde der Rodener Propst Hermann III. (Stockhausen) zum Abt in Helmarshausen erhoben, 1463 sogar in Corvey. Seine Rechte in Roden hatte er nie aufgegeben und entließ 1456 den neuen Propst Wilhelm, der 1463 die Abtstelle in Helmarshausen übernahm. Noch einmal 1516 wurde ein Propst von Roden, Johannes von der Lippe, als Abt in Helmarshausen eingesetzt, konnte sich aber dort nur bis 1517 halten. Nachdem sich die Stadt Höxter 1533 der Reformation zugewandt hatte, gab Corvey seine Propstei 1538 auf. Die Gebäude dienten danach angeblich als Steinbruch für eigene Bauvorhaben in der Abtei.

▶ **Gegenwart.** Seit 1975 werden auf dem ehemaligen Priorats- bzw. Propsteigelände, das eingeebnet, aber nicht weiter überbaut ist, archäologische Ausgrabungen durchgeführt. Die Befunde offenbaren ein erstaunlich ausgereiftes, vollwertig-autarkes Kloster mit technischen Raffinessen wie Wasserleitung und Heizungssystem. Aufgemauerte Fundamente zeigen heute den klassischen Aufbau der Vierflügelanlage mit „Reformkirche", Kreuzgängen und Klausurgebäuden. Der Fund von Silber-Blei-Rohren, die nach Laboranalysen als römisch klassifiziert werden können, entfachte erneut den Streit, ob es nicht doch an der Weser römische Steinbauten gab, die von der klassischen Archäologie östlich vom Römerlager Haltern an der Lippe nicht für wahrscheinlich gehalten werden.

◆ König, Andreas u. a.: Höxter. Geschichte einer westfälischen Stadt, Bd. 1, Hannover 2003; Klabes, Heribert: Corvey, Höxter 1997; Korzus, Bernard: Kloster T., Münster 1982.

Tönisstein, *Karmelitenkloster St. Antonius (1465–1802) – „Antoniusstein", Erzdiözese Trier – (Andernach-Kell, Lkr. Mayen-Koblenz, Rheinland-Pfalz, ❒ 3, B1).*

▶ **Geschichte.** Der Gründung des Klosters T. an einem steilen Hang nördlich von Kell bei Andernach geht eine Legende voraus. Hirten sahen im wiederholt brennenden Dornbusch das Bild der *Mater dolorosa*, vor dem der heilige Antonius und der heilige Wendelin in tiefer Verehrung knieten. Diese Erscheinung löste einen Pilgerstrom aus und initiierte den Bau einer Kapelle, die angeblich 1390 geweiht wurde. Karmelitenbrüder nahmen sich der Pilger an und gründeten, urkundlich gut belegt, am abgelegenen Wunderort das Kloster „Antoniusstein". Den Gründungsakt vollzog Johannes Soreth (1451–71), der selige *magister generalis* des Karmelitenordens, persönlich im Juli 1465. Vorausgegangen waren mehrere Schenkungen des örtlichen Adels, wobei sich die Familie Rollmann von Geibusch besonders großzügig erwies. Der päpstliche Kommissar Johann Becke und der Trierer Erzbischof Johann II. von Baden stimmten der Gründung zu. Die Karmeliten, die der Calixtinischen Observanz ihres Ordens angehörten, widmeten sich der Verehrung und Bewahrung des erwürdigen Bildnisses der schmerzhaften Mutter und organisierten den Zulauf der auf Trost und Hilfe hoffenden Wallfahrer. Die Brüder vertrauten der Heilkraft des Wassers der nahen Brunnen „Tillerborn" und „Helpert", die den Römern schon bekannt gewesen waren. Kölner Kurfürsten erwarben später die Quellen und bauten sie zum hochadeligen Rokokobad T. aus. Während ihrer Sommeraufenthalte besuchten sie regelmäßig das nahe Karmelitenkloster, woraufhin sich der Name „T." auf das Kloster übertrug. In Zeit der Reformationswirren schrumpfte der Konvent zusammen, 1530 lebten nur noch zwei Brüder im Tal. Während des Pfälzischen Erbfolgekrieges (1688–97) plünderten und zerstörten französische Truppen die Klosteranlage; sie wurde nachfolgend wieder aufgebaut. Französische Kommissare säkularisierten 1802 das Kloster, in dem damals noch sechs Brüder lebten. Die nachfolgende preußische Regierung veräußerte das Tal, das zur Gewinnung von Traßsteinen Interesse fand.

Tönisstein Karmelitenkloster, überwucherte Mauerreste des Klosters im Tal der Brohl nördlich von Kell.

▶ **Gegenwart.** Die Klosterbauten wurden bis auf wenige Reste abgetragen. Das Gnadenbild fand seinen Platz in der Pfarrkirche von Kell. Nur ein interessierter Wanderer entdeckt auf der linken Talseite weit über dem Brohlbach die fast zugewachsenen Ruinenreste des Karmelitenklosters.

◆ Degen, Kurt: Gemeinde Burgbrohl und Andernach-Bad T., Neuss 1993; Smet, Joachim/Dobhan, Ulrich: Die Karmeliten, Freiburg 1981.

Torgau, *Franziskanerkloster St. Peter und St. Paul (vor 1243–1525), Diözese Meißen – (Lkr. Nordsachsen, Sachsen, ❒ 2, C5).*

▶ **Geschichte.** Der erste Niederlassungsort der Franziskaner in der Diözese Meißen war der Handelsplatz T. nahe der Burg an der Elbefurt im wettinischen Herrschaftsbereich. 1243 konsekrierte Bischof Konrad I. von Meißen (Wallhausen) die Franziskanerkirche zu Ehren der Apostel Petrus und Paulus und der hl. Klara. 1267 erhielt T. durch Markgraf Heinrich III. von Meißen das Stadtrecht. Die Franziskaner erweiterten bis 1520 ihre schlichte Klosterkapelle zu einer eindrucksvollen, turmlosen Hallenkirche. Die Wettiner Landesherrn zeigten sich erst spät großzügig: Markgraf Wilhelm I. der Einäugige unterstützte 1401 Baumaßnahmen im Konvent durch Geldzuwendungen; ebenso half er den Mitbrüdern in ➛ Oschatz und ➛ Freiburg mit Gütern und Renten. Aus dem Torgauer Konvent stammte Jakob Schwederich (um 1480– um 1555), ein Sohn der Stadt und unermüdlicher Kämpfer für die katholische Glaubenslehre. Als promovierter Lektor für Theologie und Kustos von Meißen bekämpfte er in

Wort und Schrift Martin Luthers Lehren. Er konnte aber nicht verhindern, dass gerade T. frühzeitig eine „Lutherstadt“ wurde. Nachweislich weilte Martin Luther über vierzigmal in der Stadt. Noch vor Luther predigte der Franziskanermönch Valentin Thamm 1520 als erster in der städtischen Nikolaikirche lutherisch. Ihm folgte der ehemalige Augustinermönch und Reformator Gabriel Zwilling (um 1487–1558), der 1529 erster Superintendent der Gemeinde wurde. Schon 1522/23 bekannte sich die Bürgerschaft zur Reformation. 1524 verfasste der Lehrer und Kantor Johann Walter von T. das erste evangelische Gesangsbuch. Zu Aschermittwoch 1525 brach ein kleiner Trupp bewaffneter Bürger gewaltsam in das Franziskanerkloster ein, vergriff sich gewalttätig an den sechs verbliebenen Brüdern und demolierte die Inneneinrichtung. Im folgenden Mai übergaben die resignierenden Minoriten ihr Kloster dem Stadtrat. Martin Luther und Mitstreiter Justus Jonas (1493–1555), Philipp Melanchthon (1497–1560) und Johannes Bugenhagen (1485–1558)

Treysa Dominikanerkloster, südliche Choraußenseite der gotischen Bettelordenskirche (um 1350).

verfassten 1530 im Gebäude der heutigen Superintendantur die „Torgauer Artikel“, eine erste evangelische Bekenntnisschrift, die dem Augsburger Reichstag unter Kaiser Karl V. vorgetragen wurde und Eingang in die Artikel 22 bis 28 des Augsburgischen Bekenntnisses fand. 1544 weihte Luther die Schlosskapelle in T. als ersten evangelischen Kirchenbau Deutschlands ein. In das Franziskanerkloster zogen 1552/53 auf der Flucht vor der Pest die Wittenberger Universität und 1557 die städtische Lateinschule ein. 1813 verfügte die Festungsbehörde die Räumung der Gebäude, ein Jahr später wurde die Klausur abgebrochen.

▶ **Gegenwart.** Die spätgotische Klosterkirche der Franziskaner diente seit 1529 zunächst als „Alltagskirche“ für den protestantischen Gottesdienst, später aber als Pulvermagazin, Lazarett, Montierungskammer für die Landwehr, Garnisonskirche und als Feierstätte im Nationalsozialismus. Seit 1995 nutzt das unmittelbar nebenan gelegene Gymnasium „Johann Walter“ die sanierte Franziskanerkirche als Festsaal und Musikraum. Außerschulisch finden Tagungen, Konzerte und Ausstellungen statt. Die dreischiffige Halle zu vier Jochen mit achteckigen Pfeilern und eingezogenem Langchor in Mittelschiffsbreite mit dreiseitigem Polygonschluss schmückt ein Netzgewölbe, das sich im Chor verdichtet. Die zwei Doppelportale an der Nordseite entstanden erst 1916.

◆ Pieper, Roland/Einhorn, Jürgen W.: Franziskaner zwischen Ostsee, Thüringer Wald und Erzgebirge, Paderborn 2005, 222–226; Treu, Martin: Martin Luther und T., Wittenberg 2001; Teichmann, Lucius: Die Franziskanerklöster in Mittel- und Ostdeutschland, Leipzig 1995, 195 f.

Treysa, *Dominikanerkloster St. Maria (vor 1287–1527), Erzdiözese Mainz – (Schwalmstadt, Schwalm-Eder-Kreis, Hessen, ❐ 3, C1).*

▶ **Geschichte.** Aus einer Streusiedlung, die im 8. Jh. zum Besitz der Reichsabtei ➛ Hersfeld gehörte, gründeten die Grafen von Ziegenhain 1186 den befestigten Ort T. und verliehen ihm 1245 das Stadtrecht. Graf Gottfried VI. rief um 1285 Dominikaner in die Stadt und unterstützte sie beim Aufbau eines Klosters an der südwestlichen Stadtmauer zwischen Angelstor und Dippelstor. Der Konvent ist nachweislich seit 1287 im Verzeichnis der Ordensprovinz Teutonia eingetragen, was in der Regel bedeutet, dass die Gründung wenige Jahre zuvor erfolgt war. 1291 erscheint der erste Prior in einer Urkunde zur Abgrenzung von Terminierbezirken zwischen den Bruderkonventen ➛ Eisenach, ➛ Göttingen und ➛ Mühlhausen. Nach Abspaltung der Ordensprovinz Saxonia 1303 gehörte T. zur *Natio Thuringiae* innerhalb der neuen Provinz. Um 1350 wurde die Predigerkirche der Muttergottes geweiht; als architektonisches Vorbild der zweischiffigen Hallenkirche diente die Minoritenkirche in ➛ Fritzlar. Die Konventsstärke überstieg, Rückschlüssen aus Inventarlisten zufolge, nie mehr als zwölf Brüder. Nach dem Tod des kinderlosen Grafen Ludwig II. von Nidda-Ziegenhain fiel die Grafschaft 1450 an die Landgrafen von Hessen. Landgraf Wilhelm I. forderte 1489 innere Reformen in den hessischen Klöstern. Bereits fünf Jahre später galt der Konvent T. als observant und wurde 1505 Mitglied der „Congregatio Hollandica“, einem niederländischen Zusammenschluss reformierter Dominikanerklöster. In T. bestand ein *studium artium*, dem als Lektor Johannes Ziegenhain vorstand (1519–24). 1523 predigte der Stadtpfarrer Nicolaus Ulifex lutherisch, womit er die Reformation in der Stadt einleitete. Landgraf Philipp I. von Hessen, ein konsequenter Lutheraner, erließ 1524 ein allgemeines Terminierverbot in Hessen. Im März 1525 inventarisierte der städtische Rat das Klostervermögen und konfiszierte im Februar 1527 die Kleinodien. Im Mai erhielten die Konventsmitglieder finanzielle Abfindungen, woraufhin die meisten Brüder das Kloster verließen, um eine neugläubige Pfarrstelle anzunehmen. Im Juni 1527 unterschrieben die letzten drei Dominikaner, unter ihnen Prior Grunewald, eine Verzichtserklärung, was den Auflösungsprozess abschloss.

▶ **Gegenwart.** Den größten Teil des Klostervermögens verwendete der Landgraf für seinen Festungsbau in Ziegenhain, den kleineren Teil für die Marburger Universität. Die Stadt erhielt die Klosterkirche als Gemeindekirche bewilligt und nutzt sie seit 1832 als evangelische Stadtpfarrkirche. Der zweischiffige Hallenbau des 14. Jh. blieb auch Pfarrkirche, als 1970 aus den selbständigen Gemeinden T. und Ziegenhain Schwalmstadt entstand. Die Klostergebäude existieren heute nicht mehr, sie dienten als Schule und Handwerkerstätten. Das Refektorium der Dominikaner war vor dem Abriss ein beliebter Saal für Hochzeitsfeiern.

◆ Dersch, Wilhelm: Hessisches Klosterbuch, Marburg 2000; Jürgensmeier, Friedhelm (Hg.): Handbuch der Mainzer Kirchengeschichte, 3 Bde., Würzburg 1997–2002.

Trier, *(1) Augustiner-Eremitenkloster St. Katharina; (2) Benediktinerabtei St. Eucharius und St. Matthias; (3) Benediktiner Reichsabtei St. Maximin; (4) Benediktinerinnenabtei Oeren/St. Irminen; (5) Franziskanerkloster St. Maria; (6) Franziskaner-Tertiarinnenkloster St. Markus; (7) Magdalenenkloster St. Maria Magdalena, Klarissenkloster St. Maria – Erzdiözese Trier – (kreisfreie Stadt, Rheinland-Pfalz, ❐ 3, A2).*

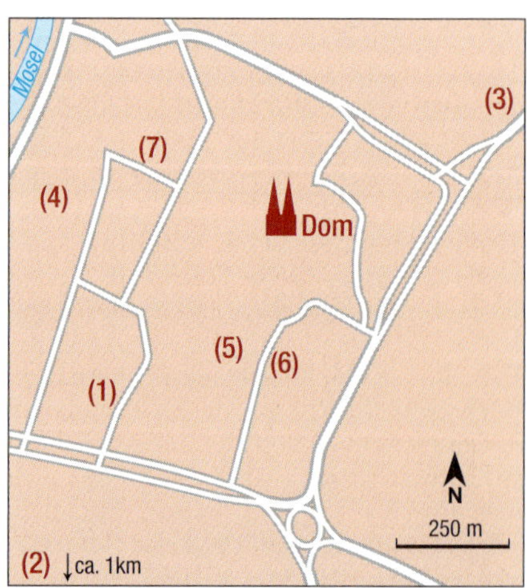

Trier, *(1) Augustiner-Eremitenkloster St. Katharina (vor 1271–1802) – „Augustinerkloster“.*

▶ **Geschichte.** Die Anfänge der Augustiner-Eremiten in T. werden aufgrund fehlender Quellen kontrovers diskutiert. Die erste Erwähnung ist einer Urkunde von 1271 zu entnehmen. Die Katharinenkirche der Bettelbrüder entstand in zwei Etappen:

Ungewöhnlicherweise wurde zunächst um 1285 das Hauptschiff fertig gestellt und erst nachfolgend um 1325 der Chor vollendet. Der mitgliederstarke Konvent, der nach der Provinzaufteilung 1299 zur Kölnischen Ordensprovinz gehörte, konnte 1306 dem Ruf Herzog Theobalds II. von Lothringen folgen und einige Brüder zur Gründung eines Klosters nach Wallerfangen (Walderfingen, s. u.) in den Saargau senden. 1389 richteten die Augustinerbrüder in T. ein kleines Studierhaus ein, das 50 Jahre später von einem *magister regens* geleitet wurde. Sie beteiligten sich 1473 aktiv an der Eröffnung der Trierer Universität. Konventsmitglieder nutzten die neue Hochschule, um den theologischen Doktor zu erlangen, unter ihnen der bedeutende Pädagoge Johannes Rivius (1500–53). 1465 brachen Streitigkeiten mit den Augustiner-Eremiten des Klosters Diedenhofen in Lothringen um Terminierrechte in der Stadt Luxemburg aus, die Magister Nikolaus Streudl schlichten musste. Ordensgeneral Anselm von Montefalco (1486–96) setzte 1491 eine Kommission ein, die einerseits den Streit mit einigen Bürgern der Stadt wegen eines Testaments schlichten und andererseits innere Reformen im Konvent durchsetzen sollte. Im 16. Jh. führten Reformationswirren zu materieller Not und zur Verflachung der geistigen Haltung. Beim Einmarsch Markgraf Albrecht Alkibiades von Brandenburg-Kulmbach im Zweiten Markgrafenkrieg ging 1551 das Archiv des Klosters in Flammen auf. Prior Konrad Bremerius aus dem Konvent Köln (s. u.) konnte 1588 als beauftragter Visitator und Reformer das Kloster in T. vor der Auflösung bewahren, die Erzbischof Johannes von Trier (Schönenberg) bereits ins Auge gefasst hatte. Der angesehene Prior Heinrich Lanklotz (1603–07) vollendete die Reform und erreichte die hoffnungsvolle Neubelebung. 1610 verlegte sogar das Provinzkapitel des Ordens sein Noviziat nach T., was stabile und leistungsfähige Verhältnisse voraussetzte. Pest und Dreißigjähriger Krieg forderten neue Opfer, aber Ende des 17. Jh. vermochte der Konvent, ein Lektorat zu eröffnen. Das Ansehen der Augustinerbrüder erreichte im 18. Jh. einen Höchststand, im Kloster wurden theologische Vorlesungen gehalten. Der 1722 begonnene Neubau der Klausurgebäude zog sich über 20 Jahre hin. Nach dem Einmarsch der Franzosen 1794 traten die Augustinerbrüder, unter ihnen der bedeutende Prediger Ernst Kronenberger (1764–1816), furchtlos den Franzosen gegenüber. Die aktivsten Augustiner wurden deportiert, das Kloster 1802 säkularisiert und danach als Landarmenhaus genutzt.

▶ **Gegenwart.** Das Hauptschiff der Klosterkirche erlag dem Abriss, lediglich der lange Chor blieb als Anstaltskirche erhalten. Seit dem Zweiten Weltkrieg sitzt die Stadtverwaltung in den barocken Klausurgebäuden; seit 1967 tagt der Stadtrat im hochgotischen Kirchenchor.

❖ Der hilfreiche Bruderkonvent in Köln entstand 1264 und überlebte als einzige Ordensniederlassung der Augustiner-Eremiten in der Erzdiözese Köln die Reformationszeit. Fünf Jahre nach der Auflösung 1802 wurde das Kloster abgerissen, lediglich der Augustinerplatz erinnert heute in Köln an die Bettelbrüder.

Der Tochterkonvent im saarländischen Wallerfangen (im Mittelalter Walderfingen) zog mit Gründung der Residenz Saarlouis 1680 in die neue französische Festungsstadt und endete während der Revolution 1790. Im heutigen Ort Wallerfangen steht die Pfarrkirche St. Katharina von 1863 auf dem ehemaligen Klosterareal; in Saarlouis erinnert das Canisianum von 1691 in der Stiftsstraße an den zweiten Aufenthaltsort der Augustinerbrüder.

◆ Schmidt, Hans-Joachim: Bettelorden in T., Trier 1986; Kunzelmann, Adalbero: Geschichte der deutschen Augustiner-Eremiten, Tl. 1, 219–221, Tl. 4, 56–60, Würzburg 1969/72.

Trier, *(2) Benediktinerabtei St. Eucharius und St. Matthias (vor 977–1802, seit 1922) – „Sankt Matthias“.*

▶ **Geschichte.** Aus einer Klerikergemeinschaft des 5. Jh. südlich der spätrömischen Stadt T. entwickelte sich im 10. Jh. mit Hilfe der Benediktiner von St. Maximin (➛ Trier [3]) ein bischöfliches Eigenkloster unter dem Patrozinium des hl. Eucharius, des ersten Bischofs von Trier (nach 250). Mit Sigehard (vor 977) wird erstmals ein Abt namentlich fassbar. Die damaligen ➛ Gorzer Reformbedingungen bereiteten den Boden für die Hochblüte des Konvents im 11. Jh. Bedeutender Landbesitz an der Sauer, zwischen Saar und Obermosel um Nennig und um Villmar an der Lahn sorgte für wirtschaftliche Prosperität. Im Investiturstreit schloss sich Erzbischof Egilbert von Rothenburg der kaiserlichen Partei an, das Skriptorium des Bischofsklosters St. Eucharius wurde zur

Trier Augustiner-Eremitenkloster, der hochgotische Langchor der Konventskirche dient heute als Sitzungssaal.

literarischen Streitmacht der Antigregorianer. Abt Eberhard I. (1111–35) kam aus der Abtei ➛ Komburg, damals einem Zentrum der ➛ Hirsauer Reform, und führte unter Mithilfe Erzbischof Brunos von Lauffen die neucluniazensische Observanz ein. Die Bürger der Reichsstadt Boppard übertrugen um 1122 der Abtei ihr neugegründetes Frauenkloster Marienberg (s. u.). Aufgefundene Reliquien des Apostels Matthias lockten Pilgerströme zur Abtei, die Matthias zum neuen Patron erhob. 1139 verlor die Nachbarabtei St. Maximin ihre Reichsimmunität und büßte gegenüber St. Matthias an Ausstrahlung und Bedeutung ein. In der zweiten Hälfte des 13. Jh. geriet St. Matthias in militante Konflikte um die Neubesetzung des erzbischöflichen Amtes. Verfolgungen, Flucht, Besetzung und Misshandlungen mit Todesfolge durch Dienstmannen des Trierer Kurfürsten zerrütteten den Konvent. Erst im 14. Jh. normalisierte sich das Verhältnis zum geistlichen Oberhirten, die einstige Hochblüte konnte aber nicht mehr erreicht werden. Die Synoden von Konstanz und Trier führten im 15. Jh. zur inneren Erneuerung. Erzbischof Otto von Ziegenhain bestimmte 1421 den Kartäuserprior Johannes Rode (1421–39) als Abt in St. Matthias. Rode stieg zur Zentralgestalt der spätmittelalterlichen Benediktinerreform auf. Er erneuerte zahlreiche rheinische Abteien, entwickelte eigene *consuetudines* und inspirierte als geistiger Vater die Gründung der ➛ Bursfelder Kongregation. Dieser Reformunion schlossen sich Abt Johannes IV. Donre (1451–84) und der Konvent vor 1458 an. Die Rodeschen *consuetudines* galten in St. Matthias bis in das 18. Jh. Die Reformation ging am Konvent ohne größere Einschnitte vorüber. Die frühneuzeitliche Verlaufsgeschichte verzeichnet Seuchen, Kontributionen, Plünderungen und Zerstörung durch zahlreiche Kriegswirren, aber auch barocker Neuaufbau, Prälatenmanier der Äbte und Höchststand der Konventsmitgliederzahl von 47 Professen (1770). Die Aufhebung erfolgte im Juli 1802 durch die französische Konsularregierung.

▶ **Gegenwart.** Seit 1922 beleben wieder Benediktiner aus dem österreichischen Seckau und aus Maria Laach (➛ Laach) die Abtei St. Matthias in T., die heute aus über 25 Mitgliedern besteht. Die Kloster- und Pfarrkirche St. Martin und Matthias, eine romanische Basilika mit westlichem Mittelturm und Ostflankentürmen, konsekrierte Papst Eugen III. 1148 als dritten Kirchenbau an gleicher Stelle. Abt Antonius Lewen (1484–1519) ließ sie eingreifend spätgotisch verändern. Die Westportale sind barock und der Fassadenschmuck neoklassizistisch. Die westliche Krypta stammt vom zweiten Kirchenbau (um 980). Die barocke Ausstattung bereichert eine Staurothek (Mitte 13. Jh.) mit einer Reliquie des Kreuzes Christi. Das Klausurquadrum entstand im 13. Jh., am ursprünglichsten blieb der Ostteil mit dem dreischiffigen Dormitorium erhalten. Östlich der Kirche im Klosterbering stehen die frühgotischen Kapellen St. Maria und St. Quirinius. Die Quiriniuskapelle schützt die Albanagruft, eine frühchristliche Grabstätte des 3. Jh.

❖ Die Benediktinerinnenabtei Marienberg wurde um 1120 von Bopparder Bürgern oberhalb ihrer Stadt gegründet und entwickelte sich unter Aufsicht der Matthiasabtei zu einem reichen Frauenkloster. Marienberg wurde nach dem Brand 1738 neu erbaut und endete 1794 in den Revolutionskriegen. Die Kirche erlag sogleich dem Abriss, die barocken Restgebäude werden nach wechselvoller Nutzung heute gesichert und bewahrt.

◆ GermBen 9, 902–937; Heyen, Franz J.: Aufgaben der Dienstleute im innerklösterlichen und innerstiftischen Leben der Abtei St. Matthias und des Stiftes St. Simeon in T., in: Archiv für mittelrheinische Kirchengeschichte 48 (1996) 377–389; Becker, Petrus: Das monastische Reformprogramm des Johannes Rode, Münster 1970.

Trier Benediktiner Reichsabtei St. Maximin, mittelalterliche Architektur am Chor der barocken Abteikirche.

Trier, *(3) Benediktiner Reichsabtei St. Maximin (7./8. Jh. –1802) – „Maximinkloster".*

▶ **Geschichte.** An der dem hl. Bischof Maximin († 346) geweihten Coemeterialbasilika im Gelände eines frühchristlichen Friedhofs östlich der römischen Porta Nigra in T. darf man um 630 eine geistliche Gemeinschaft voraussetzen, aus der sich allmählich eine monastische Institution bildete. Nach der Zerschlagung des Trierer Bischofsstaates 772 fiel das Maximinkloster in königliche Hand. In der unvollständigen „Notitia" der Aachener Reichssynode 818/819 erscheint das Kloster nicht, aber im karolingischen Teilungsvertrag von Meerssen 870 wird St. Maximin berücksichtigt. Die Abtslisten bis 934 sind größtenteils erfunden. Der Normannensturm 882 unterbrach das klösterliche Leben. König Heinrich I. beseitigte 934 das Laienabbatiat. Mit Abt Ogo I. (934–945) begann eine glänzende Zeit: Der Konvent St. Maximin mit etwa 70 Mönchen öffnete sich der ➛ Gorzer Reform aus Lothringen. St. Maximin war nicht nur das Einfallstor des *ordo Gorciensis* nach Osten, sondern entsprechend dem Willen der sächsischen Herrscher ein autochthones Zentrum des Reformbenediktinertums, das besonders die östlichen Reichsklöster befruchtete. Zum

Reformkreis gehörten bis Mitte des 11. Jh. etwa 20 Abteien; einige wie ➛ Lorsch, ➛ Regensburg St. Emmeram, ➛ Gladbach, ➛ Köln St. Pantaleon und ➛ Tegernsee bildeten neue Ausstrahlungszentren der Reform. Kaiser Heinrich II. setzte Abt Poppo (1020–48, kanonisiert 1624) von Stablo-Malmedy bei Lüttich im Konvent ein, der die Reform intensivierte und Äbte in die Abteien ➛ Hersfeld, St. Matthias in T. (➛ Trier [2]) und Echternach (heute Luxemburg) schickte, aber auch ganze Gründungskonvente nach Burtscheid, ➛ Brauweiler und ➛ Limburg (Haardt) sandte. Wegen militärisch ausgetragener Konflikte 1053–56 mit Bischof Eberhard ließ Abt Theodericus I. (1048–75) wehrhafte Mauern um die Abtei bauen. 1139 schenkte König Konrad III. das Maximinkloster seinem Wahlhelfer Erzbischof Albero von Montreuil, wodurch die mühevoll verteidigte Reichsfreiheit verloren ging, der Einfluss der Grafen von Luxemburg als Schirmherren jedoch zurückgedrängt wurde. Der Konvent aus etwa 100 Mönchen (Anteil Laienbrüder 10 %) kümmerte sich nunmehr um Besitzstandswahrung. Die Eröffnung des ersten Kapitels der Benediktiner der Kirchenprovinz Köln-Trier fand 1422 in der Abtei statt. Der Reformabt Johannes Rode (1419–39) vom benachbarten Kloster St. Matthias beeinflusste den Konvent im Sinn der ➛ Bursfelder Kongregation, aber ihr Beitritt um 1460 bleibt hypothetisch und in der Forschung umstritten. Auf altem Besitz in ➛ Taben entstand erst jetzt eine Propstei; in ➛ Pfaffenhofen ist eine Propstei erst 1531 sicher belegbar. Der Aufschwung endete 1522 durch die Sickinger Fehde und 1552 durch den Zweiten Markgrafenkrieg. Der Dreißigjährige Krieg verheerte die Klostergüter; in den Reunionskriegen legten die Franzosen 1674 das Kloster in Schutt und Asche. Abt Alexander Henn (1680–98) initiierte den Neuaufbau im 18. Jh. Die Abtei endete 1802 durch die französische Säkularisierungspolitik.

▶ **Gegenwart.** Die barocken Klostergebäude sind bis auf Torbogen und Pavillon abgerissen. Auf den Grundmauern der ottonischen bis frühneuzeitlichen Vorgängerkirche steht heute die Basilika des ausgehenden 17. Jh. mit neugotischen Veränderungen (1876). Mittelalterliche Restmauern wurden wiederverwendet, wie etwa die nordöstliche Seitenschiffswand mit vier Fenstern und kleinem figürlichem Portal mit Rankendekoration. Seit 1995 wird die Kirche St. Maximin als Multifunktionshalle genutzt. Die Sarkophage im Gräberfeld unter der Kirche reichen bis in das 2. Jh. zurück. Die doppelgeschossige Außenkrypta, eine der ältesten ihrer Art (942), musste 1958 zum Teil einer neuen Straße weichen; ihre Westkammer mit frühmittelalterlicher Malerei blieb erhalten.

❖ Auf zwei weitere Benediktinerabteien in T. sei hingewiesen, weil sie dem Reformgeist von St. Maximin ihre Observanz verdanken: St. Maria ad Martyres nördlich vor der Stadtmauer entstand als benediktinische Gemeinschaft 973 und endete 1802. Die Klosteranlage wurde schon 1805 vollständig niedergelegt. Die ältere Abtei St. Martin direkt an der Mosel berief sich auf eine Mönchsgemeinschaft im 6. Jh. und wurde 975 restituiert. Auch St. Martin endete 1802, aber von der Abtei sind barocke Gebäude (1626, 1735) erhalten, die heute als Studentenwohnheim dienen.

◆ GermBen 9,1010–88; Weber, Winfried: Vom Coemeterialbau zur Klosterkirche. Die Entwicklung des frühchristlichen Gräberfeldes im Bereich von St. Maximin in T., in: Römische Quartalschrift für christliche Altertumskunde und Kirchengeschichte 101 (2006) 240–259; Neyses, Adolf: Baugeschichte der ehemaligen Reichsabtei St. Maximin, Trier 2001.

Trier, *(4) Benediktinerinnenabtei St. Maria (vor 659–1148, 1495–1802), Augustiner-Chordamenstift St. Maria (1148–1495) – „Oeren“ oder „St. Irminen“.*

▶ **Geschichte.** Bischof Modoald von Trier stiftete um 630 das erste Frauenkloster St. Symphorian (s. u.) in seiner Bischofsstadt. Etwa zur gleichen Zeit entstand durch eine Schenkung König Dagoberts I. mit Hilfe des Bischofs in der spätantiken Speicheranlage (*horrea*) im Moselhafen der Stadt das zweite Frauenkloster *St. Maria ad Horrea,* das spätere „Oeren“ oder „St. Irminen“. Sichere Daten sind nicht überliefert, als *terminus a quo* gilt 659, das Jahr der Nennung einer ersten Äbtissin Modesta von Oeren, die aus dem Kloster Remiremont (Vogesen) kommend vermutlich die irofränkische Mischregel der nordburgundischen Abtei Luxeuil mitbrachte. Die zweite Äbtissin Irmina (697/704) stiftete zusätzlich Eigenbesitz und trat als Zeugin bei der Gründung der Abtei Echternach auf. In den folgenden 200 Jahren setzte sich die Benediktregel durch, die Bedeutung der Niederlassung wuchs; im karolingischen Teilungsvertrag von Meerssen 870 wird Oeren erwähnt. König Otto I. verlieh 953 die Reichsimmunität, gestattete freie Äbtissinnenwahl und bestätigte den Besitz. Er übergab aber als Kaiser nach 965 die reiche Frauenabtei dem Erzbischof Theoderich von Trier im Tausch gegen Maastricht St. Servatius, was sein Sohn Otto II. 973 reklamierte. Mit zahlreichen Urkundenfälschungen versuchten Konvent und Bischöfe, die jeweiligen Ansprüche zu verteidigen. Der Irminenkult entstand um diese Zeit, die zweite Äbtissin wurde über die Grenzen der Stadt hinaus als Heilige verehrt. 1016 zogen Mitschwestern aus dem aufgelösten Kloster ➛ Pfalzel vor der Stadt in den Konvent Oeren ein. Eine Tochterniederlassung in ➛ Machern/Mosel (um 1080) konnte sich nur etwa 100 Jahre halten. Erzbischof Albero von Montreuil übergab Oeren möglicherweise wegen Disziplinlosigkeit 1148 dem Stift ➛ Springiersbach, dem bedeutendsten Reformzentrum der Regularkanoniker des 12. Jh. Abt Richard von Springiersbach (1107–58) verlangte von den Frauen die Befolgung der strengen Augustinusregel, was Papst Eugen III. als päpstlichen Willen unterstrich. Die Augustinusregel setzte sich unter Meisterin Offitia (1152–74) und den

Trier Benediktinerinnenabtei „Oeren/St. Irminen“, der romanische Südturm (12. Jh.) neben der Barockkirche.

Nachfolgerinnen wohl nur zögerlich durch; mit nachlassender Bedeutung Springiersbachs fiel die Obödienz 1192 an die Trierer Kirche zurück. Der Stiftskonvent wurde auf 40 Chorfrauen beschränkt. Nach fast 350 Jahren setzte sich unter Meisterin Johannette von Bettstein (1476–1509) die Benediktregel wieder durch. Erzbischof Johann II. von Baden bestätigte 1495 die freie Äbtissinnenwahl, behielt sich aber Bestätigungs- und Visitationsrechte vor. Die hochadelige Abtei war im kurtrierischen Landtag als einziges Frauenkloster vertreten. 1509 zählte der Konvent 26 Benediktinerinnen, die sich unter Einfluss der Abtei St. Matthias (➛ Trier [2]) vor 1529 der ➛ Bursfelder Kongregation anschlossen. Mitte des 16. Jh. versuchte Oeren das Frauenkloster Dirstein zu retten und unterstützte auch die Konvente in Marienberg-Boppard und Niederprüm. Ende des 16. Jh. verdrängte im allgemeinen Sprachgebrauch das Irmina- das ursprüngliche Marienpatrozinium. Auch wurde Irmina fälschlicherweise als Gründerin betrachtet und man feierte im Dezember in T. das Irminenfest. 1665 wurde das Frauenkloster der Abtei St. Matthias direkt unterstellt. Während der Flucht vor den Franzosen 1797 bestand der Konvent aus sieben Chor- und acht Laienschwestern. 1802 erfolgte die offizielle Aufhebung durch die französische Besatzung.

Trier Franziskanerkloster, figurenreiche Schmuckkonsolen stützen die Mittelschiffsarkaden.

▶ **Gegenwart.** Von der mittelalterlichen Anlage blieb lediglich die südliche Querhauskapelle aus dem 12. Jh. mit dem darüber thronenden romanischen Südturm erhalten. Das romanische Architekturrelikt steht kontrastreich an der barocken Kirche (1771) und den modernen Gebäuden des Altenheims St. Irminen. Von der Immunitätsmauer, die schon vor 1000 bezeugt ist, sind in der Windmühlenstraße noch Reste vorhanden.

❖ Das erste Trierer Frauenkloster St. Symphorian am Moselufer trug wohl als bischöfliches Eigenkloster bereits 630 eindeutig benediktinische Züge und war die erste rein monastische Gründung unabhängig von der columbanisch beeinflussten Mischregel nicht nur in T., sondern womöglich innerhalb der heutigen deutschen Grenzen. St. Symphorian dürfte nach dem Normannensturm 882 nicht mehr lange existiert haben; architektonische Spuren auf dem ehemaligen Klosterareal nahe der Kaiser-Wilhelm-Brücke sind nicht überkommen.

◆ GermBen 9, 938–968; Knichel, Martina: Die Aufhebung der Benediktinerinnenabtei St. Irminen in T., in: Zerfall und Wiederbeginn, Würzburg 2002, 335–358; Werner, Matthias: Adelsfamilien im Umkreis der frühen Karolinger, Sigmaringen 1982.

Trier, *(5) Franziskanerkloster St. Maria (vor 1238–1570) – „Jesuitenkloster".*

▶ **Geschichte.** Der erste sichere Beleg für die Minoriten in T. ist ein 1238 ausgestelltes Testament. Ein weiteres Testament nannte 1245 erstmals einen Konvent der Franziskaner in südlicher Randlage innerhalb der Stadtummauerung. Mit Sicherheit waren schon Anfang der zwanziger Jahre des 13. Jh. Barfüßer in der Stadt aber ohne feste Niederlassung, die zu Lebzeiten des Ordensgründers Franz von Assisi (1181/82–1226, kanonisiert 1228) gar nicht denkbar war. (Die Dominikaner verdankten dem Domherrn Ernestus nach 1229 ihre feste Niederlassung.) Erzbischof Dietrich von Trier (Wied) hatte auf der Provinzialsynode 1228 von Benediktinern und Säkularkanonikern der Stadt Unterstützung für die Mendikanten eingefordert, was sich in zahlreichen Stiftungen niederschlug, die während des gesamten Mittelalters anhielten. Erstaunlich mager ist die überlieferte Namensliste des Konvents. 1246 war bereits ein Lektor im Kloster tätig, der aber nur die eigenen Brüder lehrte. Erst mit Eröffnung der Universität 1473 traten franziskanische Professoren an die Öffentlichkeit, eher aber im Schatten bedeutender Gelehrter aus dem Konvent der Karmeliten, die vor 1287 in die Stadt gekommen waren. Ganz im Sinn des Baseler Konzils schlossen sich in der ersten Hälfte des 15. Jh. mehrere semireligiöse Gemeinschaften den Franziskanern als Tertiarinnen des Dritten Ordens an. Die Minoriten begleiteten die Tertiarinnen geistlich, so den Markus- oder Weilerbettnachkonvent (➛ Trier [6]). Die Franziskaner wurden wie alle Mendikanten neben ihren seelsorglichen Bemühungen auch in das politische Tagesgeschäft des Magistrats einbezogen. Ratssitzungen fanden im Konvent statt, im Gegenzug genossen sie Privilegien und finanzielle Unterstützung. Geldgeschäfte mit Ratsmitgliedern häuften sich im 15. Jh., Aufsichts- oder Kontrollansprüche des Magistrats wie in anderen Städten belasteten die Beziehungen nicht. Das ursprüngliche Armutsideal des Ordens wich im 14. Jh. merkantiler Geschäftigkeit. Individuelle Besitzanhäufung, Leibrenten und Zinseinkünfte gehörten im 15. Jh. wie selbstverständlich zum Leben der Bettelbrüder. Dem päpstlichen Legaten und Kardinal Nikolaus von Kues gelang es 1451 ebenso wenig wie Erzbischof Jakob von Sierck, die Minoriten in T. der Observanz zuzuführen. Sie blieben Konventuale unter Inkaufnahme des Loyalitätsverlustes zum erzbischöflich-kurfürstlichen Stadt- und Landesherrn. Dieser verweigerte ihnen die Aufsicht über das 1453 neugegründete Klarissenkloster (➛ Trier [7]) und unter-

Trier Franziskanerkloster, das gotische Westportal der Minoritenkirche mit aufwändigen Schmuckformen.

wanderte die Verbindungen zu den Tertiarinnenkonventen. Mit sinkender Bedeutung der Stadt im Spätmittelalter konzentrierte sich die Rolle aller Mendikanten allein auf die Moselstadt. Eine religiöse Erneuerung vollzogen nur die Dominikaner. Die Reformation des 16. Jh. konnte sich in T. nicht durchsetzen. Erzbischof Jakob von Eltz erhoffte sich durch Förderung der Jesuiten eine rasche Umsetzung der Reformimpulse des Konzils von Trient und die Stärkung der Trierer Universität. Er übergab 1570 den Jesuiten das Franziskanerkloster und verwies die Minoriten an die Kirche St. German, wo sie bis zur Aufhebung 1802 durch die französische Konsularregierung blieben. Im ehemaligen Franziskanerkloster wurde 1779 das Bischöfliche Priesterseminar eingerichtet.

▶ **Gegenwart.** Von fünf mendikantischen Brüderkonventen des Mittelalters in T. sind allein die Kirche der Franziskaner und der Chor der Augustiner-Eremiten (➛ Trier [1]) leidlich gut erhalten. Für die Franziskanerkirche setzte sich nach dem Besitzwechsel 1570, verbunden mit dem Patroziniumswechsel zur Allerheiligsten Dreifaltigkeit, die allgemeine Bezeichnung „Jesuitenkirche" durch, heute auch „Seminarkirche" genannt. Ursprünglich war sie ein einfacher Saalbau mit Flachdecke, bis die Franziskaner um 1320 gegen die Ordensvorschrift Gewölbe einzogen, Stützen setzten und nördlich ein Seitenschiff anbauten. Die Jesuiten rissen den Kreuzgang nieder, gliederten 1739 ein südliches Seitenschiff an und errichteten Seitenchöre, so dass sich heute dem Besucher eine große dreischiffige Halle im Stil der Hochgotik eröffnet. Aus original gotischer Zeit blieben das Westportal mit Spitzgiebel und Rosette und der ehemalige Kapitelsaal, heute Sakristei, erhalten. Der Innenraum zeigt interessante Schmuckelemente, die auf die Franziskaner zurückgehen. Die Seminargebäude sind neuzeitlich.

◆ Anton, Hans Hubert/Haverkamp, Alfred (Hg.): T. im Mittelalter, Bd. 2, Trier 1996; Schmidt, Hans-Joachim: Bettelorden in T., Trier 1986.

Trier, *(6) Franziskaner-Tertiarinnenkloster St. Markus (1437–1802) – „Weilerbettnachklause".*

▶ Innerhalb der Stadtmauern von T., in unmittelbarer Nähe des Wirtschaftshofes der Zisterzienserabtei Weilerbettnach (Lothringen) befand sich eine Beginengemeinschaft, die nach diesem Hof benannt wurde. Schon im 13. Jh. fielen einige Frauen der Gemeinschaft auf, indem sie anderen geistlichen Institutionen der Stadt reiche Geschenke machten. Im Auftrag des Baseler Konzils wandelte Kardinal Julianus von S. Sabina 1437 die Gruppe in einen Tertiarinnenkonvent des Dritten Ordens der Franziskaner um. Bezugnehmende Urkunden wurden dem Minister der Kölner Provinz des Franziskanerordens und dem Guardian des Franziskanerkonvents der Stadt (➛ Trier [5]) zugesandt, womit Zuständigkeiten geregelt waren. Zur Zeit der Umwandlung umfasste die Gemeinschaft 18 Schwestern. Das Markuspatrozinium war vermutlich mit der Konvents- und Klausurbildung verbunden. Erzbischof Johann von Trier (Baden) versuchte in der zweiten Hälfte des 15. Jh. alle Drittordenskonvente der Stadt der strengen Observanz zu unterziehen. Der Ordensprovinzial appellierte dagegen in Rom, woraufhin Paul II. 1470 den Reformanspruch bei Tertiarinnenkonventen untersagte. Der Markuskonvent existierte bis 1790, anderen Angaben zufolge bis zur Säkularisierung durch die französische Besatzung 1802. Noch 1785 hatten die Franziskanerinnen Mitschwestern des aufgelösten Konvents St. Afra (s. u.) aufgenommen. Vom Markuskonvent steht noch heute das mittelalterliche Hauptgebäude in der Seizstraße. Es ist ein spätgotisches Giebelhaus, das 1944 stark beschädigt wurde. Teile der alten Fassade blieben erhalten; neu renoviert und aufgestockt, dient es seit 1955/56 als Wohnhaus. An der Front erscheinen hervorgehoben gotische Fensterrahmen, ein zugemauertes Kapellenfenster deutet auf einen Sakralraum nach Art mittelalterlicher Hauskapellen hin. Das Barockportal von 1724 trägt das Wappen des Pfarrers Michael Heinster von St. Laurentius. Unmittelbar nördlich „Am Palastgarten" liegt das ehemalige Schlafhaus, das als langgestreckter, dreigeschossiger Bau 1687 entstand.

❖ Der Tertiarinnenkonvent von St. Afra etablierte sich um 1410 und ging 1785 im Markuskonvent auf. Die Afraschwestern ließen in der Liebfrauenstraße Barockgebäude aus dem 18. Jh. zurück, die heute hauptsächlich als Büroräume dienen.

◆ Schmidt, Hans-Joachim: Bettelorden in T., Trier 1986.

Trier, *(7) Magdalenenkloster St. Maria Magdalena (1227–1453), Klarissenkloster St. Maria (1453–1802), Missionshaus Weiße Väter St. Maria (seit 1894) – „Klarissenkloster" oder „Missionshaus".*

▶ **Geschichte des Magdalenenklosters.** Beim Besuch Papst Eugens III. 1148 in T. gewährte er einer Frauengemeinschaft kirchliche Approbation. Die Frauen schlossen sich 1227 dem neugegründeten Magdalenenorden an. Die Betreuung der Schwestern durch Kleriker gestaltete sich schwierig; 1230 verpflichtete Erzbischof Theoderich von Trier (Wied) die Zisterzienserabtei ➛ Himmerod zu dieser Aufgabe, was insofern nicht verwundert, weil frühe Magdalenenkonvente sich an Zisterzienserstatuten orientierten. Der Zulauf in den Reuerinnenkonvent war beträchtlich, der im 13./14. Jh. bis zu 50 Schwestern umfasste. Zu Beginn des 15. Jh. verfiel die Gemeinschaft, 50 Jahre später lebte Schwester Hilla Matheis als letzte Reuerin allein im Kloster.

▶ **Geschichte des Klarissenklosters.** Erzbischof Jakob I. von Sierck setzte im Juli 1453 acht Klarissen aus den Klöstern Gnadental in Basel und Alspach in Oberelsass im ehemaligen Magdalenenkloster ein. Papst Nikolaus V. stimmte der Umwandlung zu. Erste Priorin war Elisabeth von Lindenfels

Trier Franziskaner-Tertiarinnenkloster St. Markus, das heutige Wohnhaus mit gotischen Fensterrahmungen.

aus Alspach. Verärgert über die Franziskaner in T. (➛ Trier [5]), die sich der Observanz verweigerten, übertrug der Erzbischof den Observanten in Koblenz (s. u.) die Aufsicht über die Klarissen. Der Konvent rekrutierte sich aus überregionalen Adels- und Fürstenfamilien, Trierer Bürger hingegen nahmen kaum Anteil. Das Klarissenkloster befand sich innerhalb des monastischen Umfelds der Stadt in relativ isolierter Position, konnte aber seine observante Ausrichtung in den niederländisch-brabantischen Raum weitergeben. Mechthild von Baden, Tochter Markgraf Jakobs I. von Baden, legte 1459 in der Zeit Erzbischof Johanns II. von Baden, ihrem Bruder, ihre Profess ab und wurde 19 Jahre später zur Äbtissin erhoben (1478–85). Der Konvent war 1494 auf 40 Frauen angewachsen; einer Epidemie 1494 fielen 19 Schwestern zum Opfer; eine weitere Seuche kostete 1517 sechs Frauen das Leben, unter ihnen Anna, die leibliche Schwester der Äbtissin Katharina von Simmern (1504–21). Die calvinistische Reformation unter Caspar Olevian (1536–87) konnte sich in T. nicht behaupten, die kirchlichen Institutionen der Stadt blieben altgläubig. Es folgten zahlreiche Kriege in der frühen Neuzeit im Grenzgebiet zu Frankreich. Während der siebten französischen Okkupation (1794–1814) wurden alle Klöster der Stadt spätestens 1802 durch ein napoleonisches Dekret aufgehoben. Gut 90 Jahre später richteten die Afrikamissionare der Weißen Väter (1894)

Trostadt Prämonstratenser-Chorfrauenstift, von der Stiftsanlage des Frauenkonvents aus Veßra blieben ein Klausurgebäude und die entkernte Kirche (rechts) erhalten.

im ehemaligen Klarissenkloster ihre erste Ordensniederlassung in Deutschland als Missions- und Seminarhaus ein.

▶ **Gegenwart.** Die kleine Kirche der Weißen Väter in der Dietrichstraße ist ein Saalbau (1730) in schlichter, gotisierender Ausführung. An der Westseite steht noch der spätgotische Turm des Vorgängerbaus von 1495, der auf die Frühphase der Klarissen zurückgeht. Die einstige barocke Ausstattung verbrannte 1944. Die sich nördlich anschließenden Klausurgebäude stammen von 1755, nach 1945 mussten sie neu erbaut und umgestaltet werden.

❖ Das Franziskanerkloster in Koblenz (vor 1236–1802), dem die Klarissen in T. unterstanden, wandelte sich unter Druck des Trierer Erzbischofs Jakob I. von Sierck 1450 zum zunächst einzigen, aber verlässlichen Stützpunkt der ordensinternen Observanzbewegung im Trierer Erzbistum um. Die Baulichkeiten des Koblenzer Observantenklosters in der Kastorgasse überstanden den Zweiten Weltkrieg nicht. Ebenso fiel das etwa gleichaltrige Dominikanerkloster (vor 1236–1802) in der Koblenzer Weißergasse in Schutt und Asche, an das aber heute zumindest ein Rokokoportal erinnert.

◆ Schmidt, Hans-Joachim: Bettelorden in T., Trier 1986; Waldeck, Maria: Das Klarissenkloster zu T., Trier 1938.

Trostadt, *Prämonstratenser-Chorfrauenstift St. Johannes Baptist und St. Johannes Evangelist (1175–1535), Diözese Würzburg – (Reurieth-T., Lkr. Hildburghausen, Thüringen, ❒ 4, A1).*

▶ **Geschichte.** Die Prämonstratenserabtei ➛ Veßra im Henneberger Land Thüringens wurde nach 1131 als Doppelstift aus dem Prämonstratenserzentrum Unser Lieben Frauen in ➛ Magdeburg besiedelt. Nach dem Großbrand von 1175 beabsichtigte Propst Albert (1169/77), seinen Frauenkonvent in das nahe T. an der Werra umzusiedeln, zumal er damit den Forderungen der Ordensleitung entsprach, die sich gegen Doppelkonvente entschieden hatte. Graf Poppo VI. von Henneberg ermöglichte eine Neugründung in T. durch den Tausch von Gütern mit der Reichsabtei ➛ Fulda. Seine Mutter, Gräfin Bertha von Putelendorf, gilt als Mitstifterin und schloss sich nach dem Tod Graf Bertholds I. († 1159/60) dem Konvent an. Das Prämonstratenserinnenstift T. blieb immer abhängig vom Männerstift Veßra. Interessant ist, dass Papst Gregor X. 1273 den Benediktinerabt Ludwig von ➛ Reinhardsbrunn (1238/74) und nicht Propst Bertold (1273/79) von Veßra beauftragte, die Verhältnisse im Frauenstift T. zu ordnen und veräußerte Güter zurückzugewinnen; die Benediktiner in Reinhardsbrunn galten wohl als zuverlässiger als die Prämonstratenser-Chorherren der Mutterabtei. Die Schirmvogtei übten die Henneberger Grafen aus, Schenkungen und Mitgiften garantierten eine gedeihliche Entwicklung. Die einfache Saalkirche wurde 1182 konsekriert, ein Brand 1244 nötigte zum Wiederaufbau eines Teils der Stiftsanlage. Eine *Magistra* Margareta Stotten stand 1485 dem Konvent vor; Abt Peter (1484–1511) von Veßra erzwang 1509 innere Reformen. Während des Bauernkriegs 1525 waren die Schwestern geflohen. Zehn Jahre später hob Graf Wilhelm IV. von Henneberg-Schleusingen das Stift T. auf. Fortan wurde T. als Domänen- bzw. Kammergut genutzt.

▶ **Gegenwart.** Die Siedlung T. gehört heute zur Gemeinde Reurieth. Vom mittelalterlichen Stift blieb der Kirchensaal erhalten, der durch die Nutzung als Scheune als solcher nur durch seinen jüngeren Dachreiter zu erkennen ist. Diese „Turmscheune" besitzt keine Strebepfeiler, auch eine Nonnenempore ist heute nicht mehr erkennbar. An der Nordwestecke schließt sich ein Konventsgebäude an, das von eingreifenden Umbauten gekennzeichnet ist. Möglicherweise existierte kein geschlossenes Klausurquadrum, sondern lediglich ein hölzerner Kreuzgang. Ein Mühlengebäude nahe der Werra zeigt einen mittelalterlichen Giebel. In den umliegenden Gärten stoßen die Bewohner bei Grabungsarbeiten immer wieder auf mittelalterliche Fundamente der Stiftsanlage.

◆ Wölfing, Günther: Das Prämonstratenserinnenkloster T., in: Jahrbuch des Hennebergisch-Fränkischen Geschichtsvereins 22 (2007) 33–42; Mohn, Claudia: T., in: Mittelalterliche Klosteranlagen, Petersberg 2006, 421.

Tübingen, *Augustiner-Eremitenkloster (vor 1262–1534), Diözese Konstanz – (Kreisstadt, Baden-Württemberg, ❐ 3, C4).*

▶ **Geschichte.** Das Kloster der Augustiner-Eremiten war zunächst als Wilhelmitenniederlassung außerhalb der Stadt T. im hinteren Himbachtal gegründet worden. 1262 genehmigten der Stadtrat und der Pfalzgraf von Tübingen die Verlegung des Klosters in die Stadtummauerung unterhalb der Burg. Der Umzug muss mit dem Eintritt der Wilhelmiten in den neuen Bettelorden der Augustiner-Eremiten in Zusammenhang gesehen werden. Ungewöhnlicherweise lebten die Augustinerbrüder vor den Franziskanern in der Residenzstadt (s. u.). Der Tübinger Konvent blieb zunächst innerhalb der rheinisch-schwäbischen Provinz des Augustinerordens recht unbedeutend, obwohl der zweite Provinzial Burkard (1306–09?) aus T. kam; Provinzkapitel fanden in T. nicht statt. Im Rahmen der *cura monialium* standen die Brüder einigen Frauenkonventen in der Region nahe, möglicherweise betreuten sie auch den ersten deutschen Augustinerinnenkonvent in Oberndorf am Neckar. Der Klosterbau zog sich von 1264 bis 1311 hin. Bischof Heinrich von Konstanz unterstützte 1304 die Brüder mit der Gewährung von 40 Tagen Ablass für jeden, der ihren Predigten beiwohnte. Die Finanzlage besserte sich mit dem Erwerb einer öffentlichen Badestube 1410 am Neckar vor den Mauern der Stadt. Unter Prior Niclaus Froman (1410–47 mit Unterbrechungen) entstand eine kleine Schule im Kloster. 1464 begannen die Brüder mit der Erneuerung ihrer Gebäude, was sich bis zur Vollendung der Kirche 1513 hinzog und den Konvent in die Überschuldung trieb. Die Gründung der Universität Tübingen 1477 verband der Konvent mit einer inneren Reform zur Observanz, die der Ordensprovinzial der rheinisch-schwäbischen Reformkongregation Andreas Proles (1461–67, 1473–1503) zusammen mit dem Landesherrn Graf Eberhart V. im Bart vorantrieb. Ein *lectorium* entstand 1490 im Klausurbereich; bis 1530 sind fast 50 Augustiner-Eremiten in den Matrikeln vermerkt. In der Stadt setzte sich 1534 die Reformation durch. Das Augustiner-Eremitenkloster wurde aufgehoben und 1547 zur evangelischen Schule umgebaut.

▶ **Gegenwart.** Das „Evangelische Stift Tübingen" existiert noch immer im ehemaligen Augustiner-Eremitenkloster. Sie ist eines der wenigen Beispiele für eine Schule in Deutschland, die seit der Reformationszeit ununterbrochen mittelalterliche Klosterarchitektur nutzt (vergleichbar mit ➛ Maulbronn, ➛ Pforte, ➛ Zerbst [Franziskanerkloster], ➛ Lübeck [Katharinenkloster], ➛ Blaubeuren und ➛ Eisenach [Dominikanerkloster]). 1557 erhöhte man die spätgotische Kirche um zwei Stockwerke, zog Etagen ein und nutzt sie seitdem als sogenannter „Alter Bau" für den Unterricht. Das Klausurgeviert musste 1667 einem barocken Neubau auf alten Grundmauern weichen, der wiederum 1762 klassizistisch verändert wurde. Zu berühmt gewordenen Schülern des Stifts gehörten u. a. Johannes Kepler, Friedrich Christoph Oetinger, Friedrich Hölderlin, G.W. Friedrich Hegel, Friedrich Schelling, Gustav Schwab, Wilhelm Hauff und Eduard Mörike.

❖ Das Schwesternkloster in Oberndorf/Neckar wurde 1264 in den jungen Augustiner-Eremitenorden aufgenommen und gilt als erstes deutsches Mitglied im weiblichen Zweitorden. 1557 wurde der zerrüttete Frauenkonvent aufgehoben und von Ordensbrüdern bis 1806 weitergeführt. In den barocken Klostergebäuden (1772–79) ist seit 1974 die Stadtverwaltung untergebracht, die Barockkirche dient hingegen heute als Kulturhaus.

Zehn Jahre nach den Augustiner-Eremiten gründeten die Minoriten in T. nach eigener Ordenschronik 1272 ihr Kloster an der Ammer. Bis zur Annahme der Observanz 1442 blieb der Franziskanerkonvent unbedeutend, entfaltete sich aber besonders nach der Universitätsgründung 1477 und erreichte durch seine Gelehrsamkeit überregionale Anerkennung. Mit der Reformation endete auch der Franziskanerkonvent 1535. Klausur und Kirche brannten 1540 ab. Auf dem Areal in der Collegiumsgasse entstand zwischen 1588 und 1592 eine Ausbildungsstätte für katholische Theologen, heute „Wilhelmsstift" genannt.

◆ Setzler, Wilfried: T., Augustiner-Eremiten, in: Württembergisches Klosterbuch, Ostfildern 2003, 476; Kunzelmann, Adalbero: Geschichte der deutschen Augustiner-Eremiten, Tl. 1, 42–45, Tl. 2, 131–149, Würzburg 1969/70.

Tückelhausen, *Prämonstratenser-Doppelstift St. Lambertus u. a. (1138–1351), Kartäuserkloster St. Georg (1351–1803), Diözese Würzburg – (Ochsenfurt-T., Lkr. Würzburg, Bayern, ❐ 3, D2).*

▶ **Geschichte des Prämonstratenserstifts.** Auf einem Höhenzug bei Ochsenfurt über

Tübingen Augustiner-Eremitenkloster, das „Evangelische Stift" steht auf klösterlichen Grundmauern.

Tückelhausen Prämonstratenser-Doppelstift/Kartäuserkloster, gotischer Kreuzgang mit Kreuzrippengewölbe.

dem Thierbachtal stand bereits im 11. Jh. eine Wallfahrtskapelle St. Lambertus, an der sich eine Kommunität niedergelassen hatte. Um 1138 gründete Bischof Otto I. von Bamberg (1102–39, kanonisiert 1189) an diesem Ort das Prämonstratenser-Doppelstift T. Die Prämonstratenser erbauten eine kreuzförmige Klosterkirche mit gerade geschlossenem Chor, die im Kern noch heute existiert. Den weiblichen Konvent siedelte Bischof Embricho von Würzburg schon 1144 nach Lochgarten bei Bad Mergentheim um. Bischof Gebhard unterstellte 1159 das Stift der Abtei ➛Oberzell bei Würzburg. 1263 lebten in T. nur noch ein Propst und ein Kanoniker. Gegen 1300 zogen ohne Abstimmung mit dem Generalkapitel oder dem Vaterabt Prämonstratenser-Chorfrauen aus Michelfeld ein. Kurze Zeit darauf kehrten die letzten Chorherren nach Oberzell zurück. T. blieb allein den Prämonstratenserinnen überlassen; eine Meisterin Elisabeth tritt 1308 urkundlich auf. Die Disziplinlosigkeit der Frauen, ihr eigenständiges Wirtschaften und ihre Aufsässigkeit veranlasste die aufsichtführende Abtei Oberzell 1349, die Chordamen nach ➛Unterzell zu versetzen und das Stift an den Würzburger Domdekan Eberhard von Riedern zu verkaufen.

▶ **Geschichte der Kartause.** Domdekan Riedern beabsichtigte, in der ehemaligen Stiftsanlage ein Kartäuserkloster einzurichten, was aber erst nach seinem Tod 1351 verwirklicht werden konnte. Die Kartäuser kamen möglicherweise aus den bereits bestehenden fränkischen Kartausen ➛Grünau und Würzburg-Engelgarten (s. u.). Eine wachsende Anzahl von Neugründungen zwang die Ordensleitung 1355, die erst 1335 gegründete *Provincia Alemannia* in die Provinzen *Alemannia superior* und *Alemannia interior* aufzuteilen. Die Mönche bauten entsprechend ihrer eremitisch betonten Lebensweise in den folgenden Jahrzehnten Anlage und Kirche in T. einschneidend um. 14 kleine Häuschen wurden als Mönchszellen im weitgespannten Rechteck um den Ostbereich der Kirche errichtet und durch den Großen Kreuzgang verbunden. Prosperierende Wirtschaft, besonders der Weinbau, und Besitzzuwächse führten im 15. Jh. zur Blüte des kontemplativen Lebens. Mönche aus T. beteiligten sich an der Besiedlung der Kartause in ➛Nürnberg. Plünderungen und Brandschatzung im Bauernaufstand 1525 und im Zweiten Markgrafenkrieg 1552 hinterließen schwere Schäden. Im Dreißigjährigen Krieg musste der Konvent mit Prior Sebastian Bocksberger (1622–34) aus Furcht vor marodierenden Schweden drei Jahre im Exil verharren. Die Soldateska hielt sich an der Ausstattung schadlos und zerstörte die Bibliothek. Einquartierte Franzosen verhielten sich 1673 ebenso. 1803 fielen Kloster und Besitz an den bayerischen Kurfürsten Maximilian IV.

▶ **Gegenwart.** Heute ist T. die besterhaltene Anlage der fünf vorreformatorischen Kartäuserklöster in Franken und wird als Kartäusermuseum geführt. Die mächtige Wehrmauer, die noch heute den Klosterberg umringt, verdankt die Anlage dem Wiederaufbau von 1561. Wenige Architekturfragmente erinnern an die Zeit der Prämonstratenser, denn gotische Umbauten und barocke Neubauten der Kartäuser beherrschen das Ambiente. Besucher entdecken jedoch zahlreiche mittelalterliche Elemente, die sich in der Architektur der ehemaligen Stifts-, Kloster- und heutigen Pfarrkirche St. Lambertus, der sich anschließenden Kapelle, des restaurierten Kreuzgangs, des Kapitelsaals und der Mönchszellen beeindruckend erhalten haben. Man gewinnt einen profunden Einblick in das eremitische Alltagsleben der kontemplativen Kartäusermönche.

❖ Das Kartäuserkloster Engelgarten in Würzburg (möglicherweise das Mutterkloster von T.) wurde um 1350 unter dem Eindruck der Pestkatastrophe in der Bischofsstadt gegründet und bestand bis 1803. Kloster *Hortus angelorum* wurde zum Bau des Würzburger Bahnhofs 1853 abgerissen; lediglich das Mühlengebäude von 1677 steht noch heute in der Kapuzinerstraße.

◆ Heeg Engelhart, Ingrid: Die kurzfristig existierenden Niederlassungen Lochgarten, T., Michelfeld und Kreuzfeld, Würzburg 2006; Blüm, Hubertus Maria: Lexikale Übersicht, in: Die Kartäuser, Köln 1983, 329f.; Backmund, Norbert: Die Chorherrenorden und ihre Stifte in Bayern, Passau 1966, 199–202.

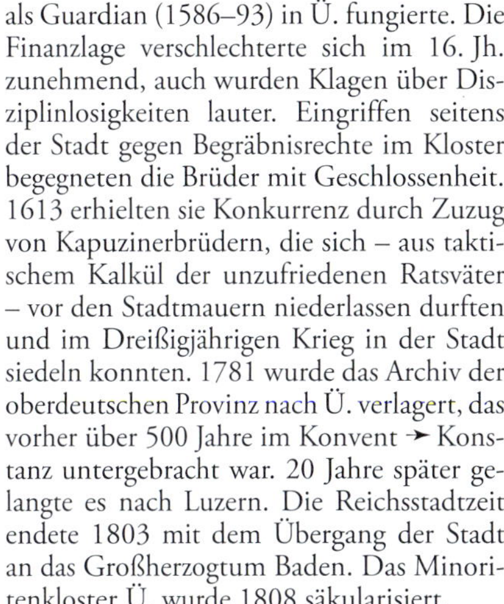

Überlingen, *Franziskanerkloster (vor 1259–1808), Diözese Konstanz – (Bodenseekreis, Baden-Württemberg, ❐ 3, C4).*

▶ **Geschichte.** Etwa zehn Jahre bevor die wohlhabende Stadt Ü. am Bodensee 1268 den Status einer Reichsstadt erlangte, hatten sich Minoriten in der Oberstadt am nordwestlichen Stadttor, dem späteren „Barfüßertor" niedergelassen. Sie waren zwischen 1239 und 1259 aufgrund einer Stiftung Gräfin Elisabeths von Königsegg in die Stadt gekommen. Die erste Urkunde datiert 1259, der Klosterbau begann wohl 1267. Die Stifterin wurde 1313 im nördlichen Seitenschiff der Kirche bestattet. Die Stadt profitierte vom Handel an der Straße Ulm-Konstanz. Die Bürger spendeten den Bettelbrüdern großzügig. Von Beginn an waren die Franziskaner in das städtische Leben integriert, was die jährlichen Ratswahlen im Kloster anzeigen. Ihre Kirche konnten sie aber erst 1348 weihen lassen. Sie betreuten drei franziskanische Tertiarinnenkonvente in der Stadt und übten auch die Aufsicht über den Frauenkonvent in ➛ Laiz aus. Der Konvent in Ü. gehörte immer zur konventualen Gruppe der oberdeutschen Ordensprovinz; Einflüsse der Observanten sind nicht bekannt. Spätestens seit 1484 verwaltete ein städtischer Pfleger das Vermögen, was den Vorgaben der ➛ Martinianischen Konstitutionen entsprach. Die Niederlassung Ü. verblieb nach der Ordensspaltung 1517 in der Kustodie Bodensee der oberdeutschen Minoritenprovinz. 1494 beklagte der Konvent den Tod einiger Brüder durch die Pest, um 1500 zählte er wieder zehn Mitglieder. Westlich des Klosters unterhielt die bedeutende Bodenseeabtei ➛ Salem den „Salmansweiler Hof", Mendikanten und Zisterzienser standen im regen Austausch. Von Franziskanerbruder Johannes Singer sind Text und Noten des Graduale von 1597/99 überliefert, das in Salem benutzt wurde. Evangelisch-reformatorische Ideen drangen zwar um 1525 in die Stadt, die Bürger entschieden sich aber für den Verbleib beim alten Glauben, ihre Stadt galt als kaisertreu. Seit Mitte des 16. Jh. fanden einige Provinzkapitel der oberdeutschen Ordensprovinz in Ü. statt. Der Konvent stellte mehrere Provinzialminister, so u. a. Ulrich Ludescher (1557–83), der vorher das Lektoratsamt innehatte, oder Jodocus Schüßler (1565–83), Beichtvater der Klarissen in ➛ Villingen, sowie Georg Fischer (1583–86), der nach seiner Ministeramtszeit als Guardian (1586–93) in Ü. fungierte. Die Finanzlage verschlechterte sich im 16. Jh. zunehmend, auch wurden Klagen über Disziplinlosigkeiten lauter. Eingriffen seitens der Stadt gegen Begräbnisrechte im Kloster begegneten die Brüder mit Geschlossenheit. 1613 erhielten sie Konkurrenz durch Zuzug von Kapuzinerbrüdern, die sich – aus taktischem Kalkül der unzufriedenen Ratsväter – vor den Stadtmauern niederlassen durften und im Dreißigjährigen Krieg in der Stadt siedeln konnten. 1781 wurde das Archiv der oberdeutschen Provinz nach Ü. verlagert, das vorher über 500 Jahre im Konvent ➛ Konstanz untergebracht war. 20 Jahre später gelangte es nach Luzern. Die Reichsstadtzeit endete 1803 mit dem Übergang der Stadt an das Großherzogtum Baden. Das Minoritenkloster Ü. wurde 1808 säkularisiert.

▶ **Gegenwart.** Die gotische Franziskanerkirche in Ü. dient heute als katholische Pfarrkirche zur Unbefleckten Empfängnis. Die schlichte turm- und querschifflose Basilika (1348) erhielt ihren hohen Langchor mit Polygonschluss in den Jahren 1494 bis 1519. Weitere Umbauten erfolgten 1752/54, wobei die Spitzbogenfenster zerteilt und der Innenraum reich barock und rokoko ausgeschmückt wurde. Der berühmte Bildhauer Joseph Anton Feuchtmayer schuf zwei der insgesamt sechs Altarfiguren (um 1760). Die bestehenden Konventsflügel (1702–12) dienen heute einem Altersheim. Unmittelbar nordwestlich der Kirche steht eines der schönsten mittelalterlichen Stadttore der Bodenseeregion, dass 1494/95 entstand und an seine ehemaligen Nachbarn durch die Bezeichnung „Franziskanertor" erinnert.

❖ Auf den Salmansweiler Hof der Abtei Salem westlich gegenüber der Franziskanerkirche sei hier nur hingewiesen, die heutigen Gebäude entstanden 1535, die einstige sterngewölbte Hauskapelle der Zisterzienser nutzt heute ein Ladenlokal.

◆ Knapp, Ulrich: Architektur und Skulptur in Ü. bis zum Ausgang des Mittelalters. Die Franziskanerkirche, Petersberg 2005; Enderle, Wilfried: Die Klöster und der Ordensklerus. Das Franziskanerkloster, Stuttgart 1990.

Uetersen Zisterzienserinnenkloster, der mittelalterliche Klausurflügel mit vermauerten Kreuzgangarkaden.

Uetersen, *Zisterzienserinnenkloster St. Maria u. a. (um 1235–1555), Erzdiözese Bremen – (Kr. Pinneberg, Schleswig-Holstein, ❐ 1, D2).*

▶ **Geschichte.** Heinrich II. von Barmstede, seine Gemahlin Alheydis und Söhne stifteten um 1235 in U. nordwestlich von Hamburg ein Frauenkloster; der Stifter Heinrich war Ratgeber Graf Adolfs IV. von Schauenburg-Holstein. Wenige Jahre zuvor waren Macht und Einfluss König Waldemars II. von Dänemark bei Bornhöved 1227 gebrochen worden. Eine Burganlage an der Pinnau in den Elbmarschen wurde zur Keimzelle des Klosters, das unmittelbar neben der Wasserburg neu entstand. Der Gründungskonvent kam aus dem Kloster Reinbek (s. u.), erste Vorsteherin war Priörin Elyzabet (in U. immer „Priörin"), der frühere Pfarrer zu Kempe erschien als erster Propst Godescalcus. Verbindungen mit dem Frauenkloster ➛ Himmelpforten bei Stade sind nachweisbar; zwischen den Stifterfamilien bestanden verwandtschaftliche Beziehungen. Nach 1285 ging die Schirmherrschaft von der Stifterfamilie an die Grafen von Schauenburg-Holstein über, die sich in Norddeutschland durch Stiftungen in ➛ Reinfeld, Reinbek, Hamburg-Harvestehude (s. u.), ➛ Kiel, ➛ Preetz und ➛ Itzehoe als Förderer des Mönchtums hervortaten. Das geistliche Aufsichtsrecht beanspruchte der Erzbischof von Bremen und sein zweites Domkapitel in Hamburg. Das Bekenntnis der Schwestern zur Zisterzienserobservanz gilt als sicher, Verbindungen zum Orden bestanden jedoch nicht, eine Mitgliedschaft kann man ausschließen. Nachrichten über innere Zustände im Konvent fehlen. Mühlengerechtigkeit, Fischerei, Steinbruch und Ziegelei brachten dem bis zu 40 Schwestern starken Konvent zusätzliche Einnahmen. Die Klosterkirche diente zunächst ausschließlich den Schwestern, erst 1428 wird sie als Kirchspielkirche für den entstandenen Siedlungsflecken U. erwähnt. 1424 brannte das Kloster ab, die Pfarrkirchen und Einkünfte von Elmshorn und Seester sollten den Wiederaufbau unterstützen. Ende des 15. Jh. machte die dänische Krone erneut ihren Einfluss auf die Herrschaft Pinneberg geltend. In dieser Zeit fiel der Konvent durch Disziplinlosigkeit auf. 1498 versuchte Erzbischof Johann III. Rode von Wale, innere Reformen durchzusetzen und musste 1505 erneut intervenieren; ob ihm bei den Zisterzienserinnen unter Priörin Cecilia von Rantzau (1505/31) Erfolg beschieden war, ist nicht überliefert. Seit 1533 setzte sich im Land unter König Christian III. von Dänemark das lutherische Bekenntnis durch. Eine evangelische Kirchenordnung galt seit 1542, jedoch erwiesen sich Priörin Mette von der Wisch (1536/72) und der Konvent als katholisches Bollwerk. Selbst das persönliche Erscheinen des Königs im Januar 1542 half nur bedingt, erst sein zweiter Besuch 1555 führte zur Annahme der neuen Verfassung. Das evangelische Damenstift U. dient heute noch der schleswig-holsteinischen Ritterschaft zur Versorgung seiner unverheirateten Töchter.

▶ **Gegenwart.** Die gegenwärtige evangelische Pfarr- und Stiftskirche entstand 1749 nicht auf den Fundamenten des Vorgängerbaus, sondern nach dessen Abriss wenige Meter daneben. Von der mittelalterlichen Klosterkirche, einem flachgedeckten Saalbau, blieb ein Mauerrest des Langhauses südlich vor der Barockkirche stehen, der heute malerisch überwuchert den Friedhof im Stiftsareal begrenzt. Abbrüche der östlichen und westlichen Klausurflügel und verstreut liegende Damenhäuser lösten im 18. Jh. die einstige Geschlossenheit der Architektur auf. Aus mittelalterlicher Zeit blieb lediglich der Südflügel mit Arkadenbögen des überbauten Kreuzgangs erhalten. Das angebaute Amtshaus der Priörin entstand nach 1657. Die Priörin und sieben Konventualinnen leben heute nicht mehr im Stiftsareal.

❖ Das bedeutende Mutterkloster Reinbek wurde um 1226 als erstes holsteinisches Frauenkloster gegründet. Der Konvent bekannte sich zur Zisterzienserobservanz, unterstand aber dem Erzstift Hamburg-Bremen und war nicht in den Zisterzienserorden inkorporiert. 1529 verließen die 42 Schwestern aus eigenem Antrieb ihr Kloster und verkauften den Besitz. Nach dem Brand von 1534 entstand auf dem Klosterareal an der Bille bei Hinschendorf 1585 ein landesherrliches Schloss; mittelalterliche Klosterarchitektur wurde nicht bewahrt.

In Hamburg entstand 1246 das Zisterzienserinnenkloster „Frauental" zunächst im Stadtteil St. Pauli; der Konvent zog 1296 in den Ortsteil Harvestehude an die Außenalster um. 1528 hob die reformatorische Bürgerschaft Freudental auf, die Gebäude wurden schon 1530 abgerissen.

◆ GermBen 12, 664–677; Harms, Ute: 775 Jahre U., Uetersen 2009; Plath-Langheinrich, Elsa: Vom Zisterzienserinnenkloster zum Adeligen Damenstift im holsteinischen U., Neumünster 2008; Mehlhorn, Dieter-J.: Klöster in Schleswig-Holstein, Heide 2004.

Uhlberg Frauenkloster, es ist unsicher, ob diese Kirche im 14. Jh. einem Schwesternkonvent diente.

Uhlberg (auch Stahlsberg oder Möhren), *Frauenkloster (OSB/OCist?) (13./14. Jh.?), Diözese Eichstätt – (Wolferstadt-Zwerchstraß, Lkr. Donau-Ries, Bayern, ❐ 4, A3).*

▶ Auf dem U. zwischen Wolferstadt und Treuchtlingen auf der Frankenalb soll um 1200 ein Frauenkloster Stahlsberg (auch Stahelberg) existiert haben, angeblich als Stiftung Ulrichs I. von Rechberg, Marschall des Herzogtums Schwaben († um 1206). Die Benediktinerabtei ➛ Ellwangen besaß Land und Burg im nahen Möhren, gab aber 1215 die Burg im Tausch ab. Der Konvent von U. soll unter dem Namen „Kloster Möhren" 1252 auf Veranlassung der Herren von Hürnheim nach Kloster ➛ Zimmern im Nördlinger Ries verlegt worden sein. Nach Einspruch der Truhendinger Grafen Anfang des 14. Jh. wurde dahingehend verglichen, dass Zimmern als Hauptkloster verblieb, U. aber als eigener Konvent weiter existierte. Die Schwestern in Zimmern unterstanden der Zisterzienserabtei ➛ Kaisheim, ihr Kloster gehörte höchstwahrscheinlich als Vollmitglied dem Zisterzienserorden an. Eine Verbindung mit den Schwestern von U. oder gar die Unterstellung bleibt hypothetisch, urkundliche Beweise gibt es nicht. Im 15. Jh. lockte eine fast lebensgroße Madonna Wallfahrer auf den Berg. Eine Ablassverfügung Papst Pauls II. vom November 1466 diente dem Neubau der Wallfahrtskirche St. Laurentius, die vom Deutschordenshaus ➛ Oettingen veranlasst wurde. Der Deutsche Orden hatte 1341 durch Kauf von Gütern bei Zwerchstraß die Region in Besitz genommen, eine klösterliche Gemeinschaft existierte damals wohl nicht mehr. Aufständische Bauern brandschatzten 1525 die Wallfahrtsanlage, was aber historisch nicht gesichert ist. Üppiger Waldwuchs nahm inzwischen das Areal in Besitz; geblieben sind Umfassungsmauern der spätgotischen Saalkirche mit eingezogenem, dreiseitig geschlossenem Chor aus Bruchsteinen. Inwieweit klösterliche Architektur einbezogen ist, bleibt unklar, wie überhaupt die Existenz eines Klosters angezweifelt werden kann. Südöstlich von U. existierte die Benediktinerinnenabtei ➛ Monheim; Beziehungen zu U. sind in den Quellen nicht fassbar.

◆ Wendehorst, Alfred: Das Bistum Eichstätt, Tl. 1, Berlin 2006, 104; Patzelt, Edwin: Die Frauenkapelle auf dem U. bei Treuchtlingen, in: Villa nostra 3 (1996) 15–19.

Ulm, *Augustiner-Chorherrenstift St. Michael (1183–1802) – „Wengenkloster“, Diözese Konstanz – (Kreisstadt, Alb-Donau-Kreis, Baden-Württemberg, ❐ 3, D4).*

▶ **Geschichte.** Das Augustiner-Chorherrenstift „St. Michael zu den Wengen“ entstand 1183 zunächst auf der Michelsberghöhe über der Kaiserpfalz U. an der Donau nach einer Stiftung Witegows von Albeck, Gefolgsmann Kaiser Friedrichs I. Witegow übergab Besitz und Rechte der Reichsabtei ➛ Reichenau und beabsichtigte den Aufbau eines Hospitals am ersten Anstieg zur Schwäbischen Alb für Pilger entlang der Handelsstraße ins Neckargebiet, das er von Regularkanonikern betreut wissen wollte. Der Gründungskonvent kam aus dem Stift Marbach im Elsass. Die freie Propstwahl wurde zugesichert; die Investitur des Propstes oblag dem Abt der Reichenau, die Schirmherrschaft behielt sich die Stifterfamilie vor. Trinkwassermangel bewog den Konvent 1215, das Stift ins Tal der Blau westlich der Stadt auf eine umflossene Wieseninsel, die „Wengen“, zu verlegen, was für den eigenen Mühlenbetrieb wirtschaftlich sinnvoller erschien. Der Aufbau des „Wengenmünsters“ zog sich bis 1250 hin. Mit der Tallage verlor sich die Hospitalaufgabe an der Pilgerstraße, die vom städtischen Heilig-Geist-Spital übernommen wurde. In der Stadt U. hatten sich um 1220 der Deutsche Orden und nachfolgend Franziskaner, Dominikaner (➛ Ulm) und Tertiarinnenschwestern niedergelassen. Ein Patronatsrecht besaßen die Augustiner-Chorherren lediglich seit 1272 für die Jakobskapelle gegenüber dem Rathaus. Aus militärstrategischen Gründen ließ der Stadtrat das Stift auf der Wengeninsel 1377 abbrechen und in die Stadt verlegen. Der Bau des repräsentativen Stadtmünsters im selben Jahr verzögerte den Bau der neuen Stiftsanlage; als Entschädigung hierfür wurde den Chorherren das Bürgerrecht verliehen. Propst Perer Niger (1384–1405) erreichte schließlich im November 1399 die Grundsteinlegung; das verlagerte Stift behielt den Namen „Wengenkloster“. Durchschnittlich zählte der Konvent acht Chorherren, Angehörige des Patriziats fungierten meist als Pröpste. Der Stadtrat kaufte 1446 die Rechte der Abtei Reichenau auf, weshalb die Investitur des Wengenpropstes nun dem Hospitalarius des Heilig-Geist-Spitals oblag, der seinerseits vom Rat abhängig war. Bruderschaften schlossen sich an, unter ihnen der Meister Bartholomäus Zeitblom. Aus seiner Werkstatt stammt der Hochaltar um 1500, mit einem weiteren Altar im Prämonstratenserstift ➛ Adelberg schuf sich Zeitblom bleibenden Ruhm. Stiftsschule, Bibliothek und wissenschaftliche Studien bestimmten Ende des 15. Jh. das Leben im Konvent. Eine geistliche Reform traf auf den heftigen Widerstand der Mitglieder. Mit der ratsamtlichen Einführung der evangelischen Kirchenordnung übergaben sechs Chorherren dem Stadtrat im Oktober 1531 das Wengenstift. Propst Ambrosius Kaut (1521–52) war mit Barvermögen und Silbergerät heimlich geflohen und klagte am Reichskammergericht. Nach dem Sieg Kaiser Karls V. im Schmalkaldischen Krieg und der Verkündigung des Interims 1548 gab die Stadt das Stift zurück. Ein Vertrag im Juli 1549 sicherte den Chorherren die seelsorgliche Betreuung der verbliebenen Katholiken, schloss aber keine Pfarrrechte ein. Die Mendikanten hatten bereits 1531 die Stadt verlassen. Reibereien mit der evangelischen Obrigkeit und wachsende Wirtschaftskraft, Erneuerung der Stiftsanlage und Neugestaltung der Wengenkirche, Theateraufführungen der Stiftsschule und Singspiele bestimmten den Alltag bis zur Säkularisierung im November 1802 durch bayerisch-kurfürstliche Beamte.

▶ **Gegenwart.** Die gotische, dreischiffige Hallenkirche „St. Michael zu den Wengen“ (1402) wurde 1628/30 zu einer barocken Wandpfeilerkirche umgebaut. Propst Michael III. (1754–65) ließ sie prachtvoll im Rokoko ausgestalten. Das seit 1805 als katholische Pfarrkirche dienende Wengenmünster und die barocken Stiftsgebäude fielen im Dezember 1944 alliierten Bomben zum Opfer. In der Wiederaufbauphase entstand ein neues Kirchenschiff in Nord-Süd-Ausrichtung. Das ehemalige Langhaus fungiert heute als Chor; der originale gotische Chor konnte als „Kleine Kirche“ gerettet werden, sein Netzgewölbe ist gekonnt nachempfunden. Einzig die äußere Westfassade mit einem Relief (1399) über dem Hauptportal vermittelt heute das einstige Aussehen der Wengenkirche. Anstelle der Stiftsgebäude entstanden Wohneinheiten. Den jüngsten Klausurbau der Augustiner-Chorherren (um 1786) nutzt heute das Pfarramt.

◆ Specker, Hans Eugen: U., Wengenkloster, in: Württembergisches Klosterbuch, Ostfildern 2003, 477–479; ders.: Ulmer Stadtgeschichte, Ulm 1977.

Ulm Augustiner-Chorherrenstift, ein gotisches Relief (1399) über dem Westportal des Wengenmünsters.

Ulm, *Dominikanerkloster (1281–1531) – „Predigerkloster“, Diözese Konstanz – (Kreisstadt, Alb-Donau-Kreis, Baden-Württemberg, ❐ 3, D4).*

▶ **Geschichte.** Eine Frau Mechildis und der Stadtschreiber Krafft der Ältere gelten als Stifter des Dominikanerklosters an der Südostecke nahe der Donau vor der Stauferstadt U., dessen Gründung 1281 relativ spät erfolgte; bereits seit 1229 hielten sich Minoriten in der Stadt auf. Das Provinzkapitel der dominikanischen Ordensprovinz Teutonia 1281 in ➛ Minden bestätigte wohl die bereits vollzogene Gründung in U., deren Ziele und Aufgaben im „Ulmer Predigtbezirk“ in Abgrenzung zu den bereits bestehenden Konventen ➛ Esslingen, ➛ Konstanz, ➛ Augsburg festgelegt wurden. Der neue Konvent gehörte innerhalb der Teutonia zur *Natio Sueviae*, der ebenfalls die Bruderkonvente in Esslingen, Konstanz, Augsburg, ➛ Gmünd (Schwäbisch Gmünd), ➛ Mergentheim, ➛ Rottweil, ➛ Stuttgart und ➛ Würzburg angehörten. Bischöfliche Ablässe 1281/89 förderten den Bau der siebenjochigen, dreischiffigen Predigerkirche im Basilikaschema mit vierjochigem Langchor. Im Dezember 1321 erfolgte die Schlussweihe, das Klausurquadrum schloss sich südlich an. 1316 wurde die bedeutende Anlage in den städtischen Verteidigungsring einbezogen, was auf ein gutes Verhältnis zur führenden Bürgerschicht schließen lässt. Patrizierfamilien stifteten sieben Nebenaltäre und sechs Kapellen. Den Dominikanerbesitz verwaltete meist ein städtischer Pfleger; dem Konvent testamentarisch zugedachte Liegenschaften mussten binnen Jahresfrist verkauft werden. Innerhalb der Ordensprovinz spielte der Konvent U. lange keine herausragende Rolle, auch wenn der berühmte Mystiker Heinrich Suso (1308/10–66) seinen Lebensabend im Kloster U. verbrachte. Ein Studienhaus ist erst in der zweiten Hälfte des 14. Jh. nachweisbar. Dem Lektor stellte das Provinzkapitel 1400 ein Studienmeister zur Seite, womit der Konvent U. in den Rang eines Partikularstudienhauses auch für auswärtige Mitbrüder erhoben war. Unter Prior Ludwig Fuchs (1465–99) und seinen observanten Reformeinflüssen erreichte U. mit profilierten Konventsmitgliedern überregionale Bedeutung; stellvertretend sind zu nennen: der Histiograph Felix Fabri (1474–1502) mit seinem Pilgerbuch „Evagatorium“ sowie der Thomist Konrad Köllin (1492–1536) mit seiner Rechtfertigungslehre und antilutherischen Schrift „Adversus caninas Martini Lutheri nuptias“. Prior Ludwig Fuchs, seit 1479 auch Provinzvikar, nahm maßgeblich Einfluss bei Reformen in den südwestdeutschen Konventen, so etwa 1478 in Gmünd. Er unterstützte sogar 1484 den Stadtrat, die Observanz im Franziskanerkloster durchzusetzen. Die reformatorische Umwälzung traf einen blühenden Dominikanerkonvent, der den rigiden Maßnahmen des lutherischen Kirchenregiments seit 1531 nicht standzuhalten vermochte und noch im September geschlossen U. verließ (ebenso die Franziskaner einen Monat später). Die Dominikaner gingen nach ➛ Stuttgart, 1534 fanden sie Zuflucht in ➛ Rottweil, zehn Jahren später schließlich in Gmünd. Der Exilkonvent stellte die Provinziale Paul Hug (1530–37), Peter Hutz (1537–41) und Georg Diener (1541–45).

▶ **Gegenwart.** Die heutige evangelische Dreifaltigkeitskirche entstand 1617 aus der spätgotischen Predigerkirche, wobei Teile des Langhauses und der gesamte Polygonalchor der Dominikaner von 1331 übernommen wurden. Nach Zerstörung 1944 waren lediglich die Umfassungsmauern der Kirche wieder zu verwenden, die Konventsgebäude wurden ersetzt. Seit 1982 dient der gesamte Komplex als Gemeinde- und Begegnungszentrum, im gotischen Chor befindet sich ein Meditations- bzw. Vortragssaal.

❖ Das romanisch-gotische Franziskanerkloster St. Franziskus am Westtor („Löwentor", heute Münsterplatz), in dem später das Ulmer Gymnasium untergebracht war, erlag 1874/79 dem Vollabriss. Von 1922 bis September 2009 unterhielten Franziskaner-Observanten in U. in der Haßlerstraße abermals einen Konvent.

◆ Dietrich, Stefan J.: U., Dominikanerkloster, in: Württembergisches Klosterbuch, Ostfildern 2003, 480–482; Specker, Hans Eugen: Ulmer Stadtgeschichte, Ulm 1977; Walz, Angelus: Dominikaner und Dominikanerinnen in Süddeutschland 1225–1966, Freising 1967.

Ulm Dominikanerkloster, der gotische Langchor (1331) der barocken Predigerkirche (1617), Nordostansicht.

Unna, *Augustiner-Chorfrauenstift St. Barbara (St. Katharina) (1459–1588, 1672–1809), Erzdiözese Köln – (Kreisstadt, Nordrhein-Westfalen, ❐ 1, B5).*

▶ **Geschichte.** Mit Genehmigung der Stadtväter gründete Prior Heinrich Menyen (1446–67) vom Reformzentrum ➛ Böddeken 1459 in U. eine Augustiner-Chorfrauengemeinschaft, die sich den strengen Statuten der ➛ Windesheimer Kongregation unterstellen musste. Stift Böddeken hielt stets eine enge Bindung aufrecht, stellte der Meisterin (auch „Matersche" genannt) Rektoren aus den eigenen Reihen zur Seite, visitierte jährlich den Konvent und forderte die Verehrung des hl. Meinulf (um 795–857), des Gründers des Stifts Böddeken im Jahr 836. Der örtliche Pfarrklerus räumte dem „Süsternhaus" St. Barbara 1468 gewisse Pfarrechte ein. Der Konvent galt als vorbildlich, fand die Anerkennung der Bürger und rekrutierte sich aus deren Familien. Die Schwestern halfen 1513 auf Bitten des Stadtrates von Recklinghausen, eine Beginengemeinschaft in ein Frauenstift (St. Barbara) umzuwandeln, das bis 1803 bestand, aber keine Architektur hinterließ. Mit Bekenntnis der Bürger in U. zum Luthertum 1559 begann die Klausurordnung zu zerfallen, 1588 konvertierten die letzten Chorfrauen. Der Konvent war trotz Bemühungen der Prioren von Böddeken und ➛ Dalheim (Lichtenau) wie auch Herzog Wilhelms V. von Jülich-Kleve-Berg zunächst nicht aufzurichten. Erst 1623 gelang es, einige Schwestern am gemeinsamen Tisch zu vereinen; 1625 wird die Meisterin Elisabeth als katholisch bezeichnet. Franziskaner-Observanten aus ➛ Hamm übernahmen die Betreuung von drei Frauen, deren Einstellung blieb konfessionell wechselhaft. Erbfolgewirren im Herzogtum und Dreißigjähriger Krieg annihilierten die katholischen Restitutionsbemühungen, die Stiftskapelle St. Barbara verfiel. Ein Vergleich zwischen der Stadt und dem Stift Böddeken 1672/82 führte schließlich zum Simultaneum mit vier lutherischen und zwei katholischen Schwestern; letztere wurden wieder von Böddeken aus betreut. Die Messe in der renovierten Kapelle fand nun unter dem Patrozinium der hl. Katharina statt. Schon Ende des 18. Jh. waren beide katholischen Schwesternstellen nicht mehr besetzt; inzwischen diente das Katharinenstift als Gewerbeschule für Mädchen. Das Vaterstift Böddeken endete 1803, der Frauenkonvent U. offiziell erst 1809 auf preußischen Befehl.

▶ **Gegenwart.** Die spätgotische Saalkirche St. Barbara mit Giebelfront zur Straße wurde nach 1851 als Synagoge eingerichtet und ist seit Umbauten 1957 zum Wohnhaus mit Druckereiwerkstatt nicht mehr als ehemaliges Gotteshaus zu erkennen. Konventsgebäude und Scheune in Fachwerk des 17./18. Jh. wurden ebenfalls zu privaten Wohnhäusern umfunktioniert.

◆ Patzkowsky, Wolfgang: U. Rundgänge durch die Geschichte, Erfurt 2007; Timm, Willy: U., in: Westfälisches Klosterbuch, Tl. 2, Münster 1992, 381–384.

Unterzell, *Prämonstratenser-Chordamenstift St. Maria und St. Caecilia (nach 1221–1803), Diözese Würzburg – (Zell/Main, Lkr. Würzburg, Bayern, ❐ 3, D2).*

▶ **Vorgeschichte.** Der Ordensgründer der Prämonstratenser, Norbert von Xanten (um 1080–1134, kanonisiert 1582), begeisterte persönlich die Bürger Würzburgs zur Stiftung eines Regularkanonikerstifts, das 1128 auf der linken Mainseite im Ort Zell außerhalb der Bischofsstadt gegründet wurde und als eine der frühesten Niederlassungen des Prämonstratenserordens in Süddeutschland gilt. Stift Zell bestand etwa 100 Jahre aus einem Doppelkonvent. Die päpstliche Urkunde von 1221 ist der letzte Hinweis auf zwei Konvente in Zell. Nach 1221 wurde entsprechend den Ordensvorgaben die Frauengemeinschaft etwa einen Kilometer entfernt nach *cella inferior* verlegt, während das inzwischen zur Abtei erhobene Ausgangsstift den Chorherren vorbehalten blieb und ➛ Oberzell genannt wurde.

▶ **Geschichte.** Das Prämonstratenserinnenstift U. blieb zunächst Teil der Abtei Oberzell, bis ihm Bischof Hermann von Würzburg (Lobdeburg) um 1260 Autonomie zuerkannte. Meisterin Kunigundis verwendete bereits 1243 ein eigenes Siegel. Das Paternitätsverhältnis mit Oberzell galt weiterhin, Auseinandersetzungen um Besitz und Rechte blieben nicht aus. Der 1277 genannte Propst von U., Albert von Richenberg, tritt 1302 als Abt von Oberzell urkundlich auf. Der Frauenkonvent setzte sich im Mittelalter ausschließlich aus Adelstöchtern zusammen, deren Mitgiften den Besitzstand bedeutend vermehrten, begleitet von guten Beziehungen zu den Grafen von Wertheim und dem Würzburger Patriziat. Der Konvent wurde 1349 mit Schwestern aus dem heruntergekommenen Frauenkonvent ➛ Tückelhausen verstärkt (die Mutterabtei Oberzell verkaufte Stift Tückelhausen, das 1351 von Kartäusern besiedelt wurde). Im Streit des Würzburger Bischofs mit den Bürgern seiner Stadt wurde vermutlich auch das Frauenstift U. 1354 verwüstet und zerstört. Gleiches ereignete sich noch einmal 1525 durch aufständische Bauern, Quellenbelege gibt es aber dafür nicht. Während der Reformationswirren verödete der Konvent, 1556 trat die letzte Chorfrau aus. 1573 wurde das Stift aufgelöst; Fürstbischof Julius Echter übertrug die Güter der 1581 wiedergegründeten Universität Würzburg (ebenso verfuhr er mit den Klöstern ➛ Mariaburghausen, ➛ Hausen, ➛ Maidbronn und ➛ Heiligenthal bei Schwanfeld). Einem kaiserlichen Edikt von 1601 gehorchend, erhielt der Orden U. 1606 zurück. Die Übergabe zog sich bis 1630 hin; inzwischen ließ der Fürstbischof die Stiftsanlage wieder aufbauen. Erst nach Ende der Schwedenbesetzung Würzburgs erfolgte 1642 die Wiederbesiedlung mit 17 Prämonstratenser-Chordamen aus dem zerstörten Stift Meer bei Neuss (s. u.). Nun fanden auch nichtadelige Frauen Aufnahme in den Konvent, 1734 lebten 28 Chordamen unter einer Priorin in U., die weiterhin Oberzell unterstellt waren. Die hochbetagte Subpriorin Renata Singer wurde 1749 als letzte „Hexe“ Frankens auf der Festung Marienberg (➛ Würzburg) hingerichtet. Bei der Aufhebung 1803 lebten noch 36 Chordamen im recht vermögenden Stift. Der Jude Mendel Rosenbaum ließ sich 1822 in einem Teil der Anlage nieder, woraus die Bezeichnung „Judenhof“ resultiert.

▶ **Gegenwart.** Die weiträumige Stiftsanlage aus dem frühen 17. Jh. um einen quadratischen Hof ist durch den Ausbau zu Privatwohnungen stark überformt. Das große Kirchenschiff auf mittelalterlichen Grundmauern blieb lange Zeit nach dem Bombenbrand von 1945 als Ruine stehen und wurde erst in den 1970er Jahren schrittweise für den evangelisch-lutherischen Gottesdienst restauriert. Die unteren Geschosse des Kirchturms stammen aus der Mitte des 13. Jh.

❖ Das Stift Meer, aus dem die zweite Besiedlung 1642 erfolgte, wurde 1166 mit Prämonstratenserinnen aus ➛ Dünnwald auf der gleichnamigen Burg bei Neuss gegründet. Das Frauenpriorat Meer entwickelte sich unter Aufsicht der Abtei ➛ Steinfeld zum kulturellen Mittelpunkt der linksseitigen Niederrheinregion, wurde aber im Dreißigjährigen Krieg weitestgehend zerstört und 1802 aufgehoben. Bis heute blieben frühbarocke Restgebäude des Wirtschaftshofes in Meerbusch-Büderich als „Haus Meer“ erhalten.

◆ Flachenecker, Helmut: Grundzüge der Wirtschaftsverwaltung eines Prämonstratenserstifts: Ober- und U., Würzburg 2006; Heeg Engelhart, Ingrid: U., in: Oberzell, Würzburg 2006, 253–266; Backmund, Norbert: Die Chorherrenorden und ihre Stifte in Bayern, Passau 1966, 203 f.

Urach, *Augustinereremiten-Tertiarinnenkloster (vor 1513–58), Diözese Konstanz – (Bad U., Lkr. Reutlingen, Baden-Württemberg, ❐ 3, C4).*

▶ Eine Beginengemeinschaft in der württembergischen Residenzstadt U. wird 1453 erstmals urkundlich genannt. Die Frauen lebten 1513 gemäß der Augustinusregel und werden heute als Tertiarinnen des Dritten Ordens der Augustiner-Eremiten bezeichnet. Nach Einführung der Reformation 1537 wichen die Frauen nach ➛ Offenhausen aus; drei von ihnen kehrten nach 1548 zurück, mussten aber zehn Jahre später die Stadt endgültig verlassen. Das Schwesternhaus, ein spätgotischer Fachwerkbau (um 1500), steht heute noch östlich des Spitalbezirks und westlich der spätgotischen Stiftskirche. Das Haus schmücken außen Zierfachwerke und ein Sandsteinrelief mit dem „Wappen Christi“. Im Inneren überraschen Ornamentmalereien (um 1520/30) an den Holzdecken. Die Stiftskirche St. Amandus ließ Graf Eberhard im Bart 1475/81 für Brüder vom gemeinsamen Leben, aber auch für die Gemeinde und den Schwesternkonvent erbauen. Die dreischiffige Basilika zu acht Jochen mit zweigeschossigem Sakristeianbau und Polygonalchor bewahrt neben anderen hochwertigen Ausstattungsstücken Farbverglasungen (um 1300) aus der Klosterkirche Offenhausen.

❖ Im westlich von U. gelegenen Güterstein gründeten Zisterzienser aus ➛ Bebenhausen nach 1226 ein Priorat, das nur bis 1260 bestand. Im 14. Jh. richtete die Benediktinerabtei Zwiefalten die Propstei Güterstein ein, die aber 1439 bis 1535 von Kartäusermönchen bewohnt wurde. Von der Klosteranlage Güterstein blieb keine aufstrebende Architektur erhalten.

◆ Deigendesch, Roland: U., Augustinerinnenkloster, in: Württembergisches Klosterbuch, Ostfildern 2003, 488; Röhm, Walter: Historische Spaziergänge durch Bad U., Bad Urach 1999.

Unterzell Prämonstratenser-Chordamenstift, Westansicht der barocken Stiftsruine mit gotischen Elementen.

Ursberg, *Prämonstratenser-Chorherren Reichsstift St. Petrus und St. Johannes Evangelist (1119–1802), Konvent der St. Josefskongregation St. Petrus und St. Johannes Evangelist (seit 1897), Diözese Augsburg – (Lkr. Günzburg, Bayern, ❐ 3, D4).*

▶ **Geschichte.** Wernher von Schwabegg-Balzhausen stiftete 1119 unterhalb seiner Burg Michaelsberg ein Augustiner-Chorherrenstift, das offensichtlich in der Zeit des Investiturstreits als Zufluchtsstätte papsttreuer Kanoniker diente, die mit ihrem kaiserfreundlichen Bischof Hermann von Augsburg (Vohburg) in Loyalitätskonflikt geraten waren. Unter ihnen befand sich der berühmte Reformkanoniker Gerhoch, der später als Propst (1132–69) im österreichischen Stift Reichersberg amtierte. Nach dem Besuch Norberts von Xanten 1125 wandte sich der Konvent dem *ordo novus* zu. U. gilt als erstes Stift des jungen Prämonstratenserordens in Süddeutschland (1128 folgte ➛ Oberzell bei Würzburg). Propst Ulrich (1125–36) schickte bereits Tochterkonvente nach ➛ Osterhofen bei Passau und nach Roggenburg. Sein Nachfolger Grimo (1136–72) sandte Gründungskonvente 1140 nach Schäftlarn im Isartal (s. u.) und 1142 zum Neustift bei Freising (s. u.). Das Stiftsleben begann in U. mit einem Doppelkonvent. Die Chorfrauen zogen vermutlich nach dem Brand von 1142 in das Säkularkanonissenstift Eidelstetten, die Laienschwestern aber in eine nahegelegene Niederlassung, die sich heute nicht mehr lokalisieren lässt. Die *sorores* von U. werden noch 1320 im Ordenskatalog aufgeführt. 1226 gelangten die Vogteirechte an die Stau-

Ursberg Prämonstratenser-Chorherren Reichsstift, der Chor der Rokokokirche ist gotischen Ursprungs.

fer; die kaiserliche Schirmherrschaft konnte über Jahrhunderte bewahrt werden, das Stift galt als reichsunmittelbar. Anfang des 13. Jh. schrieb Propst Burchard (1215–26) die berühmte „Ursberger Chronik". Unter Propst Heinrich von Rain (1355–74) erhob das Generalkapitel in Prémontré das schwäbische U. zur Abtei. Abt Wilhelm Sartor (1407–48) war Berater zweier Könige und erwarb 1418 die Pontifikalien. Sein unfähiger Nachfolger Ulrich Säckler (1459–69) musste das Amt abgeben. Aufrührerische Bauern zerstörten 1525 die Anlage. 1527 war U. so verödet, dass fünf Chorherren aus dem Tochterstift Osterhofen aushelfen mussten. Der Katholizismus konnte sich im Mindeltal trotz des protestantischen Drucks aus dem nahen Ulm behaupten. Die zweite Zerstörung, dem das Archiv zum Opfer fiel, verursachten die Schweden 1632. Ungeachtet des reichsunmittelbaren Status galt U. als eines der ärmsten Prälatenklöster in Schwaben. Erst 1776 entschied sich Abt Wilhelm Schöllhorn (1771–90) zum grundlegenden Neuaufbau von Kirche und Anlage. Im Dezember 1802 erfolgte die „Zivilinbesitznahme" durch kurfürstlich-bayerische Beamte. 24 Chorherren und zwei Laienbrüder setzten das Gemeinschaftsleben noch drei Jahre fort. Priester Dominikus Ringeisen (1835–1904) kaufte 1884 die leerstehenden Gebäude, richtete eine Heil- und Pflegeanstalt ein und gründete 1897 die Kongregation St. Josef – eine Tertiarinnengemeinschaft der franziskanischen Familie, auch „Ursberger Schwestern" genannt.

▶ **Gegenwart.** Durch den Neuaufbau der Anlage im letzten Viertel des 18. Jh. präsentiert sich U. heute als ein weiträumiger Komplex im Stil des späten Rokoko mit Wohntrakt der Josephschwestern, Heil- und Pflegestätten, Werkstätten, Förderschule, Pflegefachschule, Gymnasium, Gasthaus mit eigener Brauerei, Klostermuseum und Gärtnerei. Aus dem Mittelalter ist wenig erhalten; die Rokokokirche birgt eine romanische Kreuzigungsgruppe, die wundersamerweise alle Brände der Stiftsgeschichte überstanden hat. In der Südwestecke der nicht öffentlich zugänglichen Klausur steckt ein Rest des gotischen Kreuzgangs.

❖ Das Tochterstift Schäftlarn im Isartal (1140–1803) begann 762 als Mönchsabtei und ist seit 1866 wieder ein Benediktinerkloster. Die Abteianlage wurde im 18. Jh. von den Prämonstratensern in feinstem Rokoko völlig neu errichtet; mittelalterliche Architektur blieb nicht erhalten.

Das Neustift St. Peter und Paul an der Moosach bei Freising (1142–1803) ist heute eine der schönsten Rokokoanlagen Bayerns ohne mittelalterliche Restbauten.

◆ Kreuzer, Georg: Das ehemalige Reichsstift U., Lindenberg/Allgäu 2003; Backmund, Norbert: Die Chorherrenorden und ihre Stifte in Bayern, Passau 1966, 203–208.

Urspring, *Benediktinerinnenpriorat St. Ulrich, seit 1325 auch St. Maria (1127–1806), Diözese Konstanz – (Schelklingen, Alb-Donau-Kreis, Baden-Württemberg, ❐ 3, D4).*

▶ **Geschichte.** Die Burgherren Rüdiger, Adalbert und Walther von Schelklingen übertrugen 1127 dem Reformkloster ➛ Sankt Georgen ihre Eigenkirche in U. im Süden der Schwäbischen Alb, wahrscheinlich in der Absicht, eine klösterliche Niederlassung zu gründen. Erstmals wird ein Frauenkloster U. 1179 urkundlich erwähnt; Papst Alexander III. bestätigte die Paternität der Abtei St. Georgen. Die Besiedlung dürfte vom Benediktinerinnenkloster Amtenhausen erfolgt sein, das 1102 nach Trennung von St. Georgen als Schwesternpriorat entstanden war. Abt Theoger (1088–1119) hatte das Schwarzwaldkloster St. Georgen zum neuen Ausstrahlungszentrum der ➛ Hirsauer Reform erbaut und ein ganzes Netz von abhängigen Prioraten geschaffen, darunter sieben Frauenklöster, zu denen U. gehörte. Insofern sind strenge Reformstatuten in der Anfangszeit des Konvents anzunehmen, zumal Abt Werner (1119–34) das Reformwerk seines Vorgängers weiterführte. Prioren aus St. Georgen fungierten als Seelsorger und Beichtväter der Schwestern, von Anfang an aber auch als Pfarrer für die Ortsgemeinde. Die Schirmherrschaft übten die Grafen von Berg, seit 1343 die Herzöge von Österreich aus. Das überschaubar begüterte Kloster erlitt 1246/47 Schäden während des Thronfolgestreits. In der nachfolgenden Erholungsphase erreichte der Konvent eine größere Selbständigkeit und das Interesse des regionalen Adels, dessen Töchter mit großzügigen Mitgiften den Besitz vermehrten. Nachweislich verfügten einzelne Schwestern seit 1302 über Privatbesitz. Die Festschreibung der Rechte St. Georgens 1328 war eher Ausdruck der zunehmenden Verselbständigung des Frauenkonvents. Erzherzogin Mechthild von Österreich setzte 1475 dringend notwendig erachtete Klausurreformen im Geist der ➛ Bursfelder Kongregation durch, wobei einige Schwestern entfernt und durch reformeifrige Konventualinnen aus St. Walburga in ➛ Eichstätt ersetzt wurden. Wallfahrten zu Ehren des Klosterpatrons St. Ulrich von Augsburg (923–973, kanonisiert 993) nahmen regen Aufschwung; hilfreich für die Popularität des Klosters erwies sich auch ein Gnadenbild der „Muttergottes im Saphirstein", das die Erzherzogin dem Konvent überlassen hatte. 1481 entstand ein völlig neuer Klosterkomplex. Die Schwestern zeichneten sich durch Skriptoriumsarbeiten aus; eine Bibliothek muss wohl bestanden haben, die aber 1622 niederbrannte. Die Habsburger Landeshoheit bewahrte den Konvent vor den Wirren der Reformation, aber nicht vor Kriegseinbrüchen im 16. und 17. Jh. Einen Höhepunkt der Not erlebten die Schwestern 1702, als ihr Boot auf der Flucht über den Bodensee in die Schweiz kenterte. Die Herz-Jesu-Verehrung, die seit 1709 in der Kapelle auf dem nahen Lützelberg gepflegt wurde, gilt als eine der frühesten ihrer Art in Deutschland. Der Vaterabt von St. Georgen war Ende des 18. Jh. nicht mehr gewillt, einen neuen Vorsteher zu benennen, weil die Frauen unter Äbtissin Abundantia von Barille (1797–1806) die Umwandlung in ein weltliches Damenstift beabsichtigten. Insofern unterstand U. die letzten fünf Jahre seiner Existenz dem Abt von Wiblingen (s. u.). König Friedrich I. von Württemberg hob das Kloster U. 1806 auf; der Konvent bestand damals aus zwölf Chor-, sechs Laienschwestern und sechs Novizinnen.

▶ **Gegenwart.** Seit 1930 ist Kloster U. eine evangelische Ausbildungsstätte mit Gymnasium, Grundschule und Internat. Der spätgotische Klosterkomplex musste nach dem Brand von 1622 unter Nutzung des noch brauchbaren Bestandes neu erbaut werden; die Barockkirche wurde 1627 geweiht. Nach der Gründung einer Fabrik 1830 erlagen die meisten Gebäude dem Abriss. Die Kirche behielt einen Teil ihrer spätgotischen Architektur, erkennbar an der Vorhalle mit Arkaden und Kreuzrippengewölbe. Der Ostflügel („Dorment") birgt Teile des spätgotischen Kreuzgangs und wird heute als Mensa genutzt. Das geistliche Gasthaus mit eigener Kapelle entstand um 1500, das südlich gelegene Wohnhaus des Priors um 1520. Ein romanischer Taufstein ist das einzige verbliebene Stück der mittelalterlichen Ausstattung.

❖ Die oberschwäbische Benediktinerabtei Wiblingen entstand 1093 am Zufluss der Iller in die Donau als sanblasianisches Priorat, stieg im 15. Jh. als Zentrum der ➛ Melker Reform auf und festigte in der frühen Neuzeit bis zur Säkularisierung 1806 ihren Ruf als ein Hort geistlich-wissenschaftlicher und künstlerischer Höchstleistungen. Die Abteianlage im Stadtkreis Ulm besteht heute ausschließlich aus spätbarocken-frühklassizistischen Gebäuden.

◆ Fischer, Joachim: Zwei unbekannte Reformstatuten von 1474 und 1475 für das Benediktinerinnenkloster U., in: Studien und Mitteilungen zur Geschichte des Benediktinerordens und seiner Zweige 112 (2001) 117–151; Eberl, Immo: Geschichte des Benediktinerinnenklosters U. bei Schelklingen 1127–1806, Stuttgart 1978.

Utenbach,

Heilig-Grab-Chorherrenstift St. Hilarius (vor 1303– nach 1488), Johanniterkommende St. Hilarius (nach 1489–1561), Erzdiözese Mainz – (Apolda-U., Lkr. Weimarer Land, Thüringen, ❐ 4, A1).

▶ **Geschichte.** Wahrscheinlich übergaben die Schenken von Apolda den Heilig-Grab-Chorherren von ➛ Droyßig vor 1303 die Pfarrkirche von U. bei Apolda, einem der ältesten Orte der Region und Zentrum eines ganzen Pfarrbezirks. Zwischen dem damaligen Propst in Droyßig und den Schenken von Apolda bestanden verwandtschaftliche Beziehungen. Die Droyßiger ➛ Sepulcriner gründeten vor 1303 in U. die einzige bekannte Niederlassung des Kapitels in der Region Thüringen. In einer Urkunde von 1303 bezeichnen sie sich als „Brüder von dem Orden des Heiligen Grabes zu Droyßig und Utenbach". Die Regularkanoniker bauten östlich am Chorturm der übernommenen Pfarrkirche zur Erweiterung des Presbyteriums einen gotischen Chor an. Weitere Nachrichten sind kaum überkommen, die Brandzerstörung von 1639 vernichtete das Archiv. 1471 trat ein Priester Heinrich Wisse von U. als Zeuge bei einem Streit Propst Walther Olbrants vom nahen Frauenkloster Heusdorf (s. u.) um die Gerichtsbarkeit in Stiebitz auf. Im Zusammenhang mit der Aufhebung des Kapitels (Orden) durch Papst Innozenz VIII. 1489 ging das Mutterstift Droyßig an die Johanniter über und damit auch das Haus U. Ende des 15. Jh. gehörten Apolda und Umland zum Herrschaftsbereich der ernestinischen Kurfürsten von Sachsen-Wittenberg, die als Protektoren Martin Luthers und Förderer der Reformation maßgeblich die Kirchenspaltung im Reich förderten. Das Johanniterhaus U. zog der in Reichsacht stehende Herzog Johann Wilhelm I. von Sachsen-Weimar 1561 ein.

▶ **Gegenwart.** Seit der Reformation ist die Ortskirche St. Hilarius Pfarrkirche der evangelisch-lutherischen Gemeinde, seit 1994 gehört das Dorf U. als Ortsteil zur 3 km westlich liegenden Glockenstadt Apolda. Die örtliche Überlieferung spricht heute nur von

Urspring Benediktinerinnenpriorat, spätgotischer Hallengang mit Netzgewölbe westlich vor der Barockkirche.

Johannitern, obwohl diese nur etwa 70 Jahre in U. anwesend waren. Die Sepulcriner sind wie im Fall Droyßig in Vergessenheit geraten oder wurden mit den Tempelrittern des Templerordens verwechselt. Auch in U. hieß die Kirche lange der „Tempel", der Pfarrhof „Tempelhof". Die einschiffige Kirche enthält romanische Bauteile des 12. Jh., deutlich am mächtigen Chorturm zu erkennen, der durch den Anbau des gotischen Polygonalchors Anfang des 14. Jh. heute als Mittelturm erscheint. Seinen Aufsatz erhielt er in der Barockzeit (erneuert 1992). Das westlich anschließende Langhaus unterlag nach dem Dreißigjährigen Krieg bis in unsere Zeit mehreren Um- und Wiederaufbauten. Mittelalterliche Mauerreste westlich der Kirche könnten zum ehemaligen Klausurbereich gehören. An einer Mauerpforte hinterließ der letzte von den Johannitern eingesetzte Pfarrer und Hofmeister Heinrich Schuppe ein Johannitersymbol, um die Eigenständigkeit des Pfarrbezirks zu symbolisieren; auch das Pfarrhaus enthält das Wappen des streitbaren Pfarrers von 1556.

❖ Das benachbarte Benediktinerinnenkloster St. Gotthard in Heusdorf wurde um 1130 gegründet und stieg zu einem wirtschaftlich potenten Kloster auf. Die Stadt Apolda soll 1507 an die Schwestern verpfändet gewesen sein. Der Bauernkrieg 1525 und die Reformation läuteten das Ende ein. Auf dem Thomasberg im Stadtbereich Apoldas, wo die recht umfangreiche Anlage gestanden haben soll, ist kein aufstrebendes Mauerwerk erhalten.

◆ Keller, Christel: Unterlagen zur Ortschronik U., Utenbach 2008; Schmitt, Reinhard: Jenseits von Jerusalem, Halle 2002; Hannappel, Martin: Das Gebiet des Archidiakonates Beatae Mariae Virginis Erfurt, Jena 1941.

Utenbach Heilig-Grab-Chorherrenstift, romanischer Chorturm mit gotischem Choranbau im Osten, Südansicht.

Uttenweiler, *Augustiner-Eremitenkloster St. Simon und St. Judas (1450–1807), Diözese Konstanz – (Lkr. Biberach, Baden-Württemberg, ❒ 3, D4).*

▶ **Geschichte.** Die Brüder Burkhard und Berthold von Stein stifteten 1414 auf ihrem reichsunmittelbaren Besitz am Ort U. an der Riß eine Kirche St. Simon und St. Judas mit Pfarrrechten. 1450 gründete Berchtold von Stein zu Grundsheim an dieser Kirche ein Augustiner-Eremitenkloster und erlangte im gleichen Jahr die päpstliche und 1452 die bischöfliche Bestätigung. Kaiser Friedrich III. nahm 1458 das Kloster unter Schutz. Die Aufnahme des neuen Konvents in den Orden erfolgte 1459 auf dem Generalkapitel in Tolentino. Die Stifterfamilie sicherte sich entgegen den Ordensstatuten die Vogteirechte, was später zu Konflikten führte. So entschied der Stifter 1465 den Anschluss des Konvents an die bayerische Ordensprovinz, obwohl der Gründungskonvent aus der schwäbischen Provinz gekommen war. Der kleine Konvent von meist sechs Brüdern und drei bis vier Novizen provozierte einen Streit mit den Mitbrüdern in ➛ Memmingen wegen Bettelns in deren Terminierbezirken. Im Auftrag Bischof Hermanns III. von Konstanz (Breitenlangenberg) vermittelte Abt Johannes Knuß (1468–76) von der Benediktinerabtei ➛ Ochsenhausen und erreichte 1473 einen Kompromiss, der die Terminiergebiete für den jeweiligen Konvent definitiv festlegte. Mit Johann Oberndorfer (1517–19) erlangte ein angesehener Theologe und Schriftsteller das Amt des Priors in U. Dennoch entschieden sich die Ordensbrüder wenige Jahre später für die Annahme der lutherischen Lehre. Der Konvent verwaiste, U. stand 1546 leer. Die Pfarrseelsorge übernahmen die Benediktiner von Zwiefalten. Erst 1572 kamen reformwillige Brüder der rheinisch-schwäbischen Provinz nach U. zurück. Der Dreißigjährige Krieg brachte Plünderung und Zerstörung. Jahrzehntelang stritten Provinzvorsteher mit den Vögten von Stein um die Rechte der Investitur des Priors, bis der Ordensgeneral Paulus Luchini de Pesaro (1655–61) das Kloster 1661 unmittelbar sich selbst und schließlich der rheinisch-schwäbischen Provinz unterstellte. Der Vertrag von 1665 fixierte Rahmenbedingungen und Beziehungen mit den Vögten von Stein, die jedoch die Landesherrschaft nur noch bis 1693 ausübten. Prämonstratenser-Chorherren der Reichsabtei ➛ Marchtal erwarben 1702 die Herrschaft U. und erlangten 1719 das Aufsichtsrecht über die Augustiner-Eremiten, was deren geistige und wirtschaftliche Aktivitäten beflügelte. Der Konvent blühte auf, die Augustinerbrüder legten eine Bibliothek an und betätigten sich in Brauhaus, Mühle und Gutshöfen. Auch nahmen sie den Zehnt in einigen Dörfern; das Terminieren kann zu dieser Zeit keine Rolle mehr gespielt haben. 1806 erfolgte die Übergabe an das Königreich Württemberg und 1807 die endgültige Aufhebung.

▶ **Gegenwart.** Die ehemalige Augustinerkirche nutzt heute die katholische Gemeinde, der Pfarrer wohnt im ehemaligen Westflügel der Klausur, dem einzig erhaltenen Rest des Klosters. Ein Vorarlberger Baumeister hatte 1710 im Auftrag der Augustiner-Eremiten die spätgotische Klosterkirche barock ausgebaut und dabei die hohe, dreischiffige Halle reichlich mit Stuckaturen geschmückt. Die für Bettelorden untypischen Osttürme mit Zwiebelhauben prägen heute das Ortsbild.

◆ Kunzelmann, Adalbero: Geschichte der deutschen Augustiner-Eremiten, Tl. 3, Würzburg 1974, 211–222; Schöntag, Wilfried: U., in: Württembergisches Klosterbuch, Ostfildern 2003, 490 f.

Vacha, *Servitenkloster St. Maria (1339–1527) – „Mariengart", Erzdiözese Mainz – (Wartburgkreis, Thüringen, ❒ 3, D1).*

▶ **Geschichte.** Heinrich von Heringen, Lehnsträger der Reichsabtei ➛ Hersfeld, übergab 1339 seine Güter dem Servitenorden zur Gründung des Klosters *Hortus Beatae Mariae Virginis* in Schalkisloh im hessisch-thüringischen Grenzraum. Die Benediktinerabtei Hersfeld stellte das neue Servitenkloster gegen jährlichen Zins unter Schutz; ein Servitenbruder Johannes aus dem Konvent in ➛ Halle trat hierfür als Zeuge auf. Der zweite Prior ist namentlich als Konrad von Treba bekannt und siegelte 1353 in einer Urkunde für das heute untergegangene Servitenkloster in Erfurt (s. u.). Möglicherweise stammten die ersten Marienknechte aus dem Konvent in Erfurt und übernahmen die dortige Klosterbezeichnung „Mariengart" für ihr neues Kloster in Schalkisloh. 1368 verlegte der Orden mit Zustimmung Reichsabt Heinrichs VII. von ➛ Fulda ihr Kloster Mariengart (etwa 7 km nördlich) an das Obertor des befestigten fuldischen Ortes V. an der Werra; die Rechte des dortigen Pfarrklerus mussten aber von den Brüdern respektiert werden. Der Gründungsort Schalkisloh diente fortan bis 1527 als abhängige Filiale. Das Hauptkloster in V. brannte beim Stadtbrand von 1467 ab, der Wiederaufbau zog sich bis 1472 hin. Alle Mainzer Erzbischöfe garantierten den Serviten volle Terminierfreiheit, beschränkten jedoch häufig die Anzahl der Almosensammler oder befristeten die Terminierzeit. 14 Prioren sind in V. nachweisbar, die sich zum Teil abwechselten, was bei den Serviten nicht ungewöhnlich war. Der Konvent erreichte die Stärke von 15 Brüdern. Stiftungen und Zukäufe begründeten den umfangreichen Streubesitz, zu dem auch Häuser in der Stadt gehörten; von Wirtschafts- oder Finanznöten war das Kloster nicht betroffen. Die Marienknechte von V. betreuten in Absprache mit dem Pfarrklerus auch die Annenkapelle am Öchsenberg; am städtischen Marienhospital besaßen sie keine Rechte. Bruder Hermann König beschrieb in „Die walfart und straß zu sant Jacob" (1495/96) die europaweite Wallfahrtsbewegung nach Santiago de Compostela und wurde weit über sein Heimatkloster hinaus bekannt. Aufrührerische Bauern verwüsteten im April 1525 zusammen mit städtischem Pöbel das Kloster und nötigten Prior Petrus Aschenberg zur Unterschrift unter ihre „Zwölf Artikel". Gleiches geschah in den nahen Frauenklöstern ➛ Kreuzberg und Frauensee. Während der Reformationswirren bekannten sich nicht wenige Brüder zum evangelischen Glauben; bei der Aufhebung des Klosters 1527 durch Landgraf Philipp I. von Hessen waren sechs von 15 Brüdern bereits verheiratet.

▶ **Gegenwart.** Am Gründungsort Mariengart in Schalkisloh bei Wölferbütt entstand 1676 eine Grabeskirche aus dem Baumaterial des Klosters, die sich zur Wallfahrtskirche entwickelte, aber schon 1704 abbrannte. Von ihr sind Ruinenreste erhalten. Eine zerfallene Scheune und Ummauerungsreste erinnern ebenfalls an den Erstniederlassungsort Mariengart. Die Klostergebäude des Hauptklosters in V. wurden bald nach der Aufhebung niedergelegt, die Kirche ging in den Besitz der Stadt über, das Klostergelände wurde zum städtischen Friedhof. 1878 unterlag auch die ehemalige Klosterkirche bis auf Chor und Nebenraum dem Abriss; der Chor dient noch heute als Friedhofskapelle. Der einschiffige Bruchsteinbau mit Strebepfeilern und Maßwerkfenstern ist im Innern von Kreuzrippengewölbe bedeckt. Die ursprüngliche Ausmalung mit dem Stammbaum Christi und einem Marienzyklus ist nur bruchstückhaft erhalten.

❖ Das Servitenkloster Erfurt existierte von 1309 bis 1543 am Heilig-Geist-Spital vor dem Krämpfertor der thüringischen Handelsmetropole, nachdem das Areal bereits von Stiftsdamen des Neuwerkklosters (➛ Erfurt [3]), von Minoriten (➛ Erfurt [10]), Sackbrüdern und Zisterzienserinnen (➛ Erfurt [13]) als erster Niederlassungsplatz genutzt worden war. Heute befinden sich auf diesem wechselreichen Klosterstandplatz keine monastischen Architekturspuren mehr.

◆ Küther, Waldemar: V. und sein Servitenkloster im Mittelalter, Köln 1971.

Vacha Servitenkloster, von der Kirche der Marienknechte blieb der gotische Chor erhalten, Südostansicht.

Verchen, *Benediktinerinnenkloster St. Maria (vor 1194–1535), Diözese Kammin – (Lkr. Demmin, Mecklenburg-Vorpommern, ❒ 2, C2).*

▶ **Geschichte.** Die Edelherrn Heinrich und Borts, Söhne des Liutizen Rannus, stifteten vor 1194 auf dem Marienberg an der Tollense in Altentreptow das erste Frauenkloster in der Provinz Pommern, was Bischof Siegwin von Kammin nach 1202 bestätigte. 1239 ist in einer Urkunde von der Befolgung der Cluniazenserregel die Rede, gemeint sind die neucluniazensischen Statuten der ➛ Hirsauer Reform, die aber bereits 160 Jahre bestanden und ihre Bedeutung weitestgehend eingebüßt hatten. 1239 zogen die Benediktinerinnen nordwärts nach Klatzow und verlegten 1245 ihr Kloster auf eine Insel am Nordufer des Kummerower Sees, zogen aber um 1269 nochmals ins nahe Dorf V. um. Patronatsrechte über die Pfarrkirche St. Katharinen in V. hatten sie schon 1248 erhalten, die nun auch als Klosterkirche diente. Herzog Wartislaw III. von Pommern schenkte dem Konvent 1255 das Dorf V., zwei weitere Siedlungen und Fischereirechte am See und über den Fluss. Papst Alexander IV. bestätigte 1257 Besitz und Privilegien und stellte das Kloster unter seinen besonderen Schutz. Der nicht öffentliche Gottesdienst durfte auch in Zeiten des Interdikts gefeiert werden, Asylrecht war garantiert. Auch am endgültigen Standort entgingen die Schwestern nicht dem bewaffneten Konflikt zwischen den Fürsten Pommerns und Brandenburgs im 13. Jh. und dem Rügenschen Erbfolgestreit im 14. Jh. Um die Fischereirechte entstand immer wieder Streit, selbst die Zisterzienser der Abtei ➛ Dargun suchten wegen dreister Fischereipraktiken der Frauen 1319 Hilfe beim Bischof von Kammin. Die bischöfliche Kammer erhielt jährliche Naturalabgaben, der weltlichen Herrschaft war im Kriegsfall ein Rüstwagen mit sechs Pferden und zehn Männern zu stellen, Ablagegelder waren laufend zu erbringen. V. entwickelte sich trotz allem zum religiösen und kulturellen Mittelpunkt der Region. Herzogin Katharina, Prinzessin von Braunschweig-Lüneburg, fand um 1429 ihre Begräbnisstätte im Kloster; eine Marienbruderschaft wurde 1462 gründet. Mit Elisabeth (1483–1516) stand die leibliche Schwester Herzog Bogislaws X. dem Konvent vor; auch sie trug nur den Titel Priorin. Die lutherische Lehre breitete sich im 16. Jh. in Pommern ungehindert flächendeckend aus. Die Landtage von Treptow an der Rege legten 1534 die evangelische Kirchenordnung fest, wie es von den beiden pommerschen Herzögen Barnim IX. und Philipp I. gefordert wurde. Herzog Barnim IX. ordnete noch 1534 die Auflistung des Klosterinventars in V. an und ließ das Kloster 1535 durch Nikolaus von Kalden aufheben. Pläne zur Umwandlung in ein evangelisches Damenstift oder Eröffnung einer Schule scheiterten.

▶ **Gegenwart.** Von allen Standorten des Benediktinerinnenkonvents blieb nur in V. klösterliche Architektur erhalten. Die ehemalige Klosterkirche in V. am Kummerower See dient heute der evangelischen Gemeinde als Pfarrkirche. Der gestreckte einschiffige Backsteinbau mit Turm an der Nordseite wurde um 1270 als neue Kloster- und Pfarrkirche errichtet, der eingezogene Chor ist spätgotisch. Schlanke Spitzbogenfenster enthalten zum Teil Glasmalereien, die auf Priorin Gese Behr (1461) zurückgehen und von besonderer kunsthistorischer Bedeutung für Pommern sind. Klausurgebäude lagen südlich der Kirche und blieben nicht erhalten. Backsteine im Klosterformat dienten zum Bau des örtlichen Amtshauses. Das Klosterbrauhaus aus dem 13. Jh. dient heute, modern ausgebaut, einem Kinder- und Jugendhotel als Gästehaus. Im April 2004 ließen sich Schwestern der evangelischen Christusbruderschaft an der Kirche nieder.

◆ Felgenhauer, Joachim: V., die Anfänge, in: Grenzregion zwischen Pommern und Mecklenburg, Schwerin 2000; Felgenhauer, Joachim: V., aus der Geschichte eines vorpommerschen Fischer- und Klosterdorfes, Verchen 1998; Creutz, Ursula: Das Benediktinerinnenkloster in V. am Kummerower See, in: Geschichte der ehemaligen Klöster im Bistum Berlin, Leipzig 1995, 176–180.

Veßra Prämonstratenser-Chorherrenstift, das doppeltürmige Westwerk der romanischen Stiftsbasilika (1138).

Veßra, *Prämonstratenser-Chorherrenstift St. Maria und St. Johannes Evangelist (1131–1573), Diözese Würzburg – (Lkr. Hildburghausen, Thüringen, ❐ 4, A1).*

▶ **Geschichte.** Im Südwesten Thüringens stifteten Graf Gotebold II. von Henneberg und seine Gemahlin Liutgard 1131 ein Hauskloster und riefen Prämonstratenser-Chorherren, um ihr Seelenheil zu sichern und ihre Machtstellung im Stammland zu festigen. Der Gründungskonvent kam 1132 wahrscheinlich aus dem Ordenszentrum Unser Lieben Frauen in ➛ Magdeburg nach Thüringen und wählte Thymo (1133–38) zum ersten Propst. Die Henneberger Grafen übertrugen 1135 ihre Stiftung dem Reformbischof Otto I. von Bamberg (1102–39, kanonisiert 1189), wodurch Stift V. zum Bamberger Eigenkloster wurde, das aber kirchenrechtlich dem Hochstift Würzburg unterstand. Die Schirmherrschaft behielten die Grafen, die V. als Familiengrablege nutzten. Die Beziehungen zwischen Stift und Herrschaft wurden enger, als die Linie Henneberg-Schleusingen nach 1274 ihren Hauptsitz in das nahe Schleusingen verlegte. Seit 1224 unterstand die Propstei V. dem Stammkloster Prémontré direkt. Bereits 1153 entstand am linken Werraufer in Königsbreitungen, dem späteren Frauenbreitungen, gegenüber von ➛ Herrenbreitungen, ein Tochterstift. Vor 1248 wurde bei Rodach im Coburger Land die abhängige Propstei ➛ Georgenberg gegründet, in Haard bei Kissingen (heute ein Ortsteil von Nüdlingen) entstand eine Güterpropstei. Entsprechend der Frühtradition des Ordens lebte in der Abtei zunächst ein Doppelkonvent. 1175 verlagerte Propst Albert (1169/77) die eigenen Chorfrauen in das nahe ➛ Trostadt. Das heute untergegangene Stift Frauenwald am Rennsteig war ebenfalls eine Tochtergründung von V. In Kärnten besiedelten die Prämonstratenser 1236 das Stift Griffenthal. Seit Anfang des 14. Jh. unterstand auch das Frauenstift ➛ Hausen bei Kissingen der Abtei. Im fränkischen Grabfeld in Ottelmannshausen existierte wohl kein Frauenkonvent, aber die Abtei unterhielt dort seit 1220 den Dörfleshof. Propst Siegfried (1323/36) wurde 1333 zum Abt erhoben, seine Nachfolger erhielten 1503 bischöfliche Insignien. Bis Mitte des 14. Jh. dehnte sich der Grundbesitz auf etwa 170 Orte aus, immense Wald- und Teichflächen gehörten dazu; meist waren bis zu 15 Chorherren in auswärtigen Pfarrkirchen tätig. Die Gesamtstärke des Konvents lässt sich heute nicht mehr ermitteln. Neben Spital und Siechenhaus war von Anfang an eine Schule eingerichtet; mehrfarbige Pergamenthandschriften zeugen von der hohen Schreibkunst des eigenen Skriptoriums. Im 15. Jh. konnte sich auch V. nicht dem allgemeinen Niedergang entziehen, und innere Reform, die Abt Peters (1484–1511) initiierte, hatten wenig Erfolg. Die Ordensvisitation 1555 offenbarte rapiden Verfall der Klosterzucht, Bildungsnotstand und Pfründenstreitigkeiten im Konvent. Inzwischen hatten 1525 aufrührerische Bauern die Abtei zweimal geplündert, ohne die Gebäude nennenswert zu beschädigen. Graf Wilhelm IV. und sein Sohn Georg Ernst hatten 1543/44 die Reformation im Hennebergischen Land eingeführt, 1545 den katholischen Kult in der Abtei verboten und 1558 einen weltlichen Klostervogt eingesetzt. Schrittweise wurde V. in eine landesherrliche Domäne überführt. Der Tod des letzten Abts 1573 besiegelte das Ende. Ein Großbrand 1939 vernichtete die Anlage.

▶ **Gegenwart.** Das noch immer ummauerte Areal mit architektonischen Resten der romanischen Abtei V. zählt zu den bedeutenden Baudenkmälern des hohen Mittelalters zwischen Rennsteig, Grabfeld und Rhön. Seit 1994 im Eigentum der Stiftung Thüringer Schlösser und Gärten, dient die Anlage heute als Hennebergisches Museum. Im Mittelpunkt stehen die Umfassungsmauern der dreischiffigen, kreuzförmigen Pfeilerbasilika (1138), deren zwei Westtürme (13./14. Jh.) sich hoch über den Gesamtkomplex erheben und heute noch das Bild der Landschaft bestimmen. Imponierend ist das reich gestaltete spätromanische Hauptportal in der Vorhalle unter dem Westriegel. Der Bau war einer der über 20 Kloster- oder Stiftskirchen, auf die Bischof Otto I. von Bamberg vermutlich noch direkt Einfluss nahm. Überraschend ist, dass er in V. (wie zuvor in ➛ Reinsdorf an der Unstrut) nicht auf das für ihn typische dreischiffige Presbyterium bestand. Hennebergische Grabkapelle (1182), Sakristei (um 1200), gotische Süd- und Westklausur, Torhaus (12./13. Jh.) und frühgotische Torkapelle sind die wichtigsten Gebäude, die aus monastischer Zeit überkommen sind.

◆ Wölfing, Günther: Das ehemalige Prämonstratenserkloster V.: Bedeutung und Forschungsstand, in: Würzburger Diözesangeschichtsblätter 69 (2007) 327–343; ders./Badstübner, Ernst: Kloster V., München 2003; Fink, Alexandra: Die ehemalige Stiftskirche in V., in: Romanische Klosterkirchen des hl. Bischofs Otto von Bamberg (1102–1139), Petersberg 2001, 155–163.

Vilich Benediktinerinnenabtei, die Abteikirche spiegelt Bauformen aus fünf Jahrhunderten wider, Nordansicht.

Vilich, *Benediktinerinnenabtei St. Petrus (1007–1488), Erzdiözese Köln – (Bonn-Beuel, kreisfreie Stadt Bonn, Nordrhein-Westfalen, ❒ 3, B1).*

▶ **Geschichte.** Das Kanonissenstift *ad Villicam* am Rhein wurde 976/977 von den Edlen Megingoz und Gerberga gestiftet und durch ein kaiserliches Immunitätsprivileg 987 den ottonischen Reichsstiften Quedlinburg, Essen und Gandersheim gleichgestellt. 1007 nahm der weltliche Frauenkonvent unter Äbtissin Adelheid von Vilich (um 960–1015, kanonisiert 1966), Tochter des Stifterpaares, die Benediktregel an. Adelheid war zugleich Äbtissin im Kloster St. Maria im Kapitol zu ➛ Köln und wurde schon zu Lebzeiten heiligmäßig verehrt. Sie gründete im Kloster V. eine Schule, die noch lange nach ihr für den überregionalen Ruf der Abtei als geistliches und kulturelles Zentrum sorgte. Eine wachsende Wallfahrt zum Grab der Heiligen trug nicht wenig zum Wohlstand des Frauenkonvents bei. Etwa 1040 wurde mit dem Bau einer neuen Kloster- und Wallfahrtskirche begonnen, deren Patrozinium um 1056 von St. Cornelius und Cyprian auf St. Peter wechselte. König Konrad III. bestätigte 1144 den umfangreichen Besitz, der einen ausgedehnten Pfarrbezirk mit mehreren Pfarrkirchen einschloss, u. a. die Kirche von ➛ Schwarzrheindorf, deren Weihe 1151 Äbtissin Hizeka (1144- vor 1172) beiwohnte und an der fünf Jahre später ihre leibliche Schwester Hadwig (Äbtissin der Säkularkanonissenstifte Essen und Gerresheim) ein Kloster gründete. Der Konvent in V. unterlag wie jener in Schwarzrheindorf und im nahen Dietkirchen (s. u.) im 12. Jh. dem Einfluss der ➛ Siegburger Reform und wurde vom Abt der Reformabtei ➛ Siegburg geistlich betreut. 1185 unterstützte Äbtissin Elisabeth II. die Gründung des Augustiner-Chordamenstifts auf eigenem Abteibesitz in ➛ Gräfrath bei Solingen. Bereits zu dieser Zeit lassen sich weltliche Lebensformen in V. erkennen, die sich im weiteren Verlauf der Entwicklung immer deutlicher ausprägten. Mit päpstlicher Genehmigung wurde diesem Zustand 1488 dadurch Rechnung getragen, dass die religiöse Gemeinschaft offiziell den Status eines freiweltlichen, adeligen Damenstifts erhielt, wie schon 1483 das Kloster Dietkirchen und nachfolgend 1502 das Kloster Schwarzrheindorf. Die Wallfahrten verlagerten sich im 16./17. Jh. zunehmend nach Pützchen, wo die hl. Adelheid während einer Dürreperiode eine Quelle gefunden haben soll. An dieser Quelle wurde 1706 ein Karmelitenkloster gegründet. 1804 endete das Stiftsleben in V.

▶ **Gegenwart.** Die ehemalige Kloster- und Stiftskirche ist heute katholische Pfarrkirche der Gemeinde St. Peter von Bonn-Beuel. Ihre heutige Erscheinungsform spiegelt mehrere Um- und Wiederaufbauten im Lauf der Jahrhunderte wider. Die kreuzgewölbte Adelheidiskapelle am südlichen Seitenschiff ist der älteste Teil (um 1210), Hochchor und kleinere Seitenchöre stammen von 1265, das heutige Querhaus wurde nach 1590 erneuert und das Langhaus in frühromanischen Formen erst Ende des 17. Jh. wiedererrichtet, ebenso der hohe Westturm. Teile der älteren Immunitätsmauer sind noch erhalten; unter den neuzeitlichen Stiftsgebäuden auf romanischen Grundmauern geht lediglich das Pfarrhaus im Kern auf mittelalterliche Substanz zurück. Ein romanischer Torbogen führt zum Friedhof.

❖ Die Benediktinerinnenabtei Dietkirchen entstand um 1000 an der ältesten Pfarrkirche der Stadt Bonn und genoss die besondere Förderung des sächsischen Königshauses und der rheinischen Pfalzgrafen. Der Konvent blieb eng mit der Abtei V. verbunden; eine Äbtissin Ponzetta leitete um 1340 beide Abteien in Personalunion. Weltliche Stiftsverhältnisse wurden 1483 sanktioniert, das Kanonissenstift Dietkirchen endete 1802. Gebäude blieben auf dem heutigen Areal Ecke Graurheindorfer Straße/Rosental nicht erhalten.

Ein weiterer bedeutender Frauenkonvent im mittelalterlichen Bonn sei an dieser Stelle erwähnt: Augustiner-Chorfrauen gründeten 1324 das Stift Engeltal im Norden der Altstadt und erreichten 1453 als erster deutscher Frauenkonvent die Mitgliedschaft in der ➛Windesheimer Kongregation (ihnen folgten nur noch Dorstadt und ➛Heiningen). Stift Engeltal erfüllte seine Erneuerungsmission, brannte aber 1794 nieder und wurde 1802 offiziell aufgehoben. Im Bereich Engeltal- und Theaterstraße erinnert einzig die Bezeichnung der dortigen Grundschule als „Stiftsschule" an die monastische Zeit.

◆ Schloßmacher, Norbert: Bonn-V. St. Peter, in: Klosterführer Rheinland, Köln 2004, 326–331; Giersiepen, Helga: Das Kanonissenstift V., Bonn 1993.

Villingen, *Franziskanerkloster St. Nikolaus (1268–1797) – „Barfüßerkloster", Diözese Konstanz – (V.-Schwenningen, Schwarzwald-Baar-Kreis, Baden-Württemberg, ❐ 3, C4).*

▶ **Geschichte.** Graf Heinrich I. von Urach-Fürstenberg und seine Gemahlin Agnes, die schon 1253 für eine Johanniterniederlassung (➛Villingen) gesorgt hatten, riefen 1268 Minoriten in die Stadt V., die im gleichen Jahr am westlichen Stadtrand mit dem Bau der Konventsanlage begannen. Den Franziskanern ermöglichte das Stifterpaar ebenso vor 1277 am Hospital in ➛Kniebis auf der Passhöhe an der Oppenauer Steige eine weitere Niederlassung. In V. fand 1292 die Weihe des Klosters statt, ein Kreuzgang entstand erst im 15. Jh. Der Konvent rekrutierte sich meist aus vornehmen Familien der Stadt, die enge Verbindung mit dem Magistrat äußerte sich in kommunalen Versammlungen in der Barfüßerkirche wie Ratswahl und Verlesung des Stadtrechts, auch schlossen sich den Minoriten mehrere Bruderschaften an. 1326 erlangten die Habsburger im fernen Wien die Stadtherrschaft über V., der Einfluss des Stadtrates auf das Kloster nahm jedoch zu. Die Brüder betreuten seelsorglich die Beginen der Brückentorsammlung, aus der 1482 ein Klarissenkloster (➛Villingen) entstand. Mit dem Pfarrklerus des Liebfrauenmünsters entwickelte sich aus Konkurrenzgründen eher ein angespanntes Verhältnis. Im ordensinternen Streit entschied sich der Konvent für die moderate Regelauslegung der Konventualen. Der Franziskaner Johannes Pauli war Lesemeister in V. (1490–94), veröffentlichte die berühmten Predigten des Johann Geiler von Kaysersberg und sicherte sich mit Schwankbüchern einen bleibenden Platz in der deutschen Literatur. Mehrere Kapitel der oberdeutschen Ordensprovinz tagten in V., bedeutsame Provinziale gingen aus dem über 20 Brüder starken Konvent hervor: Heinrich Karrer (1464–83), Konrad von Bondorf (1498–1510), Heinrich Stolleysen (1545–56) und Johannes Kircher (1589–95). Die Freiburger Universität floh zwischen 1535 und 1610 sechsmal vor der Pest nach V. und fand im Franziskanerkloster Unterkunft. Die österreichische Landesherrschaft sicherte den Katholizismus gegenüber lutherischen und calvinistischen Einflüssen. Im Dreißigjährigen Krieg gelang es fremden Truppen nicht, die Stadt einzunehmen. Aber der Kanonenbeschuss der Franzosen 1704 zerstörte das Franziskanerkloster weitgehend, so dass die Klausurgebäude neu aufgebaut und die Kirche renoviert werden mussten. Ein neues Betätigungsfeld erschloss sich den Brüdern 1650 durch die Leitung eines Gymnasiums mit philosophischer Oberstufe (seit 1711), wobei auf die Vorbereitung zum Studium und die Theaterkunst besonderer Wert gelegt wurde; 1774 übernahmen Benediktiner von ➛Sankt Georgen diese Aufgaben. Kaiserin Maria Theresia und ihr Sohn Joseph II. schränkten Einfluss und Macht der Kirche im österreichischen Herrschaftsgebiet ein, die Lebensbedingungen für Klöster verschlechterten sich zunehmend, ein großer Teil wurde schließlich durch die Politik des sogenannten Josephinismus säkularisiert. Das Franziskanerkloster in V. beherbergte 1791 vier Brüder, kurz darauf stand es leer und wurde 1797 offiziell aufgehoben. Es diente zunächst als Sitz des Bezirksamtmanns und als Spital.

▶ **Gegenwart.** Heute ist das ehemalige Franziskanerkloster in der westlichen Altstadt nahe dem Riettor Kulturzentrum der Stadt; die Kirche dient als Konzerthalle, die Klausur als historisches Stadtmuseum. Die Außenmauern von Kirche, Sakristei, Kapitelsaal und Kreuzgang sind aus der Gründungszeit erhalten, im Innern sind die Räume aber mehrfach verändert worden. Die Sakristei zeigt noch Sterngewölbe und Malereien aus dem 15. Jh.

◆ Mertens, Dieter: Das Franziskanerkloster in V., in: Jahresheft Geschichts- und Heimatverein Villingen 18 (1993/94) 1–22; Revellio, Paul: Beiträge zur Geschichte der Stadt V., Villingen 1964.

Villingen Franziskanerkloster, die frühgotische Bettelordenskirche dient heute als Konzertsaal, Südostansicht.

Villingen, *Johanniterkommende St. Johannes Baptist (1253–1806) – „Johanniterhaus“, Diözese Konstanz – (V.-Schwenningen, Schwarzwald-Baar-Kreis, Baden-Württemberg, ❐ 3, C4).*

▶ **Geschichte.** Graf Heinrich I. von Urach-Fürstenberg übergab 1253 den Johannitern seinen Besitz in V. zur Gründung einer Kommende, die der Festigung seiner Herrschaft über die Stadt diente und als Hauskommende der Fürstenberger betrachtet wurde. Einige Söhne des Grafen traten in den Orden ein und brachten reichlich Dotationen mit. Ein Heinrich von Fürstenberg bekleidete das Amt des Großpriors von Deutschland (1255–59 und 1263–72). Graf Egon von Fürstenberg amtierte als Komtur in V. (1317–26), später auch in Freiburg im Breisgau in einer Zeit, in der sich das spätere Haupthaus der Deutschen Zunge in ➛ Heitersheim unter Leitung Freiburgs zur Kommende entwickelte. Große Teile des Besitzes der kurzlebigen Ordenshäuser in Schwenningen und Lenzkirch gingen im 14. Jh. an die Kommende V. über. Bis 1378 lebten angeblich auch Ordensschwestern in der Villinger Anlage. 1495 hielten sich neben dem Komtur Wilhelm von Remchingen (1485–1513) ein Ordensritter, zwei Ordenskapläne, ein Priesterbruder und acht weltliche Angehörige im Haus auf. Die Reformation nahm keinen nachhaltigen Einfluss auf die Kommende, denn die Stadt gehörte seit 1326 zur habsburgischen Herrschaft Vorderösterreich. Der Konvent dünnte aber im 16. Jh. wie in allen Johanniterniederlassungen stark aus; 1541 registrierte eine Visitation neben dem Komtur Rudolf von Rüdigheim noch zwei Priester, die aber nicht dem Orden angehörten. Die veraltete Kommendeanlage konnte Komtur Dietrich Rollmann von Dattenberg (1624–32) mit eigenen Mitteln erneuern, weitere Umbauten, insbesondere die Renovierung der Kirche, erfolgten 1711. Die Johanniterkommende in V. endete 1806 mit der Säkularisierung durch das Großherzogtum Baden. Das Haupthaus wurde 1811 abgerissen, die Kirche diente als Magazin und Fruchtspeicher, im Turm befand sich eine Gefängniszelle.

▶ **Gegenwart.** Erst 1859 übernahm die evangelische Gemeinde das gotische Gotteshaus aus der Zeit um 1300. Der einschiffige Bau mit Rechteckchor zeigt Einflüsse zisterziensischer Bauweise. Die Inneneinrichtung geht auf Renovierungsarbeiten im 18. Jh. zurück. Das Relief auf der Grabplatte des Komturs Wolfgang von Maßmünster († 1536) zeigt eine Darstellung der Seeschlacht von Rhodos 1522, an der er teilgenommen hatte, und nach der die Insel für den Orden endgültig verlorenging. Einige Gebäudeteile der einst burgähnlichen Anlage zwischen dem Bickentor und der Gerbergasse blieben erhalten.

❖ Die Ordenshäuser in Schwenningen (1212–1320) und Lenzkirch (1316–50), die in der Kommende V. aufgingen, hinterließen keine Baulichkeiten.

◆ Wienand, Adam (Hg.): Kommende V., in: Der Johanniter-Orden, Köln 1988, 361 f.; Rödel, Walter: Das Großpriorat Deutschland des Johanniter-Ordens, Mainz 1965, 119–158.

Villingen Klarissenkloster, das barocke Ursulinenkloster birgt mittelalterliche Mauern des Klarissenklosters.

Villingen, *Klarissenkloster St. Klara (1482–1782), Ursulinenkloster St. Ursula (seit 1782) – „Bickenkloster“, Diözese Konstanz – (V.-Schwenningen, Schwarzwald-Baar-Kreis, Baden-Württemberg, ❐ 3, C4).*

▶ Aus einer Beginengemeinschaft, die bereits seit 1278 als „Bickentorsammlung“ bestand und von den Franziskanern der Stadt (➛ Villingen) betreut wurde, erwuchs auf Anordnung Papst Sixtus' IV. 1482 ein Klarissenkloster. Nur die Jüngste der Beginen trat in den Klarissenorden ein, die anderen Frauen erhielten ihr eingebrachtes Gut zurück. Äbtissin Ursula Haider (1482–89) aus Rankweil-Valduna (Österreich) und sieben Mitschwestern versuchten den Neuanfang in V.; 1483 gewährte der Stadtrat seinen Schutz, 1551 ebenso die Herrschaft Habsburg. Durch strenge Disziplin sorgten die erste Äbtissin und ihre Nachfolgerin Clara Wittenbach (1489–93) für den guten geistlichen Ruf und die Anziehungskraft des Konvents. Adelige Töchter wurden in Schreibkunst und Musik unterrichtet. Das Klarissenkloster V. erlangte 1491 als erstes Kloster den sogenannten „Kreuzwegablass“ der Heiligen Stätten Jerusalems – der Ablass konnte ohne Besuch Jerusalems erlangt werden, wenn ein Pilger 210 Pergamenttafeln oder die um 1500 in Stein gehauenen, heiligen Stätten im Kloster in V. aufsuchte. Die österreichische Landesherrschaft schützte den Konvent vor lutherischen und calvinistischen Einflüssen. Die im Dreißigjährigen Krieg zerstörte Kirche wurde 1655 wieder aufgebaut, im 18. Jh. entstanden die Konventsgebäude zum großen Teil neu. Der Josephinismus beendete 1782 das monastische Leben in der vorderösterreichischen Stadt. Auf Bitten der Stadtväter und Schwestern genehmigte Joseph II., das Kloster als Ursulinenkloster mit Lehrauftrag fortzuführen. Das Ursulinenkloster wurde zur neuen Heimstätte der Klarissen und der städtischen Vetternsammlung (➛ Villingen). Das Ursulinenkloster existiert noch heute als Lehrinstitut. Die barocke Klosteranlage steht zum Teil auf spätmittelalterlichen Fundamenten und Kellerräumen. Etwa 70 Steintafeln der heiligen Stätten Jerusalems konnten bewahrt werden.

◆ Boewe-Koop, Edith/Schulze, Ute: „Allen, die diesen Brief lesen und hören lesen, tue ich kund ...“ Urkunden Villinger Frauen aus dem 13. und 14. Jh., Villingen-Schwenningen 2005; Müller, Wolfgang: Die Villinger Frauenklöster des Mittelalters und der Neuzeit, Villingen 1982.

Villingen, *Frauenkonvent unter der Augustinusregel St. Nikolaus (1270–1782) – „Vetternsammlung“, Diözese Konstanz – (V.-Schwenningen, Schwarzwald-Baar-Kreis, Baden-Württemberg, ❐ 3, C4).*

▶ Eine Beginengemeinschaft in der Bärengasse in der Altstadt von V., die ihre Bezeichnung auf die unterstützende Patrizierfamilie Vetter zurückführte, unterstellte Bischof Eberhard II. von Konstanz (Waldburg) 1270 der Augustinusregel. Der Bischof stattete die Augustiner-Chorfrauen mit den üblichen Privilegien einer klösterlichen Gemeinschaft aus und ließ den Konvent von den Dominikanern aus ➛ Rottweil beaufsichtigen. Die angesehene und vermögende „Vetternsammlung“ führte ein eigenes Siegel, genoss Jahresstiftungen, nahm Pfründner bei sich auf und vergrößerte sich durch den Anschluss kleinerer Beginengemeinschaften. Sie unterstand allein dem Konstanzer Bischof, gehörte wohl keinem Orden oder Verband an, auch nicht dem Dritten Orden der Dominikaner, obwohl die Schwestern von den Bürgern als dem Predigerorden zugehörig bezeichnet wurden. 1720 errichteten sie an Stelle der alten Kapelle eine eigene Klosterkirche St. Katharina. 1782 unterlagen sie der Säkularisationswelle des Josephinismus und gingen zusammen mit den Klarissen (➛ Villingen) im neuen Ursulinenkloster auf. Ihr Konventshaus musste einem Schulgebäude weichen, die barocke Kirche mit mittelalterlichem Kern und Mauerreste in der Bärengasse erinnern noch heute an die Schwestern der Vetternsammlung.

◆ Boewe-Koob, Edith: Die Vetternsammlung in V., in: Schriften des Vereins für Geschichte und Naturgeschichte der Baar 47 (2004) 28–50.

Vinnenberg, *Zisterzienserinnenkloster St. Maria und St. Johannes Baptist (1256–1465), Benediktinerinnenkloster St. Maria und St. Johannes Baptist (1465–1810, seit 1898) – „Marienberg“, Diözese Münster – (Warendorf-V., Kreisstadt Warendorf, Nordrhein-Westfalen, ❒ 1, B4).*

▶ **Geschichte.** Im Ostmünsterland an der Grenze zum Bistum Osnabrück stifteten Bischof Otto II. von Münster (Lippe) sowie seine Domkanoniker und Ministerialen das Frauenkloster Marienberg auf einem Gutshof. Der Bischof hatte den Hof Bernhard von Vinnenberg abgekauft; zur Grundausstattung gehörte die Pfarre in Milte. Der Gründungskonvent kam möglicherweise aus dem heute untergegangenen Kloster St. Aegidii in Münster, Nachweise dafür gibt es nicht. Die Schwestern folgten der Zisterzienserregel, ohne im Zisterzienserorden Aufnahme zu finden, während (das 3 km entfernte) Kloster Rengering (s. u.) die Inkorporation erreichte. Zisterziensermönche aus der Abtei ➛ Marienfeld übernahmen zeitweise den seelsorglichen Beistand, meist aber übten Regularkanoniker das Amt des Propstes aus. 1302 tätigten Minoriten aus Paderborn Geschäfte für die Schwestern (in ➛ Paderborn existierte ein Tochterkloster von St. Aegidii Münster). Im 14. Jh. glichen die inneren Zustände in V. einem weltlichen Kanonissenstift. 1465 mussten sich die Frauen Reformen im Geist der ➛ Bursfelder Kongregation unterstellen. Ursula Schwenken (1465–99) übernahm als *reformatrix* die Leitung. 1465 schloss sich Marienberg zusammen mit St. Aegidii in Münster der Bursfelder Benediktinerunion an. Der Konvent in V. bekannte sich nun zur Benediktinerobservanz und stand seit 1468 offiziell unter Aufsicht der Abtei ➛ Liesborn. Die neue geistliche Haltung befähigte die etwa 20 Benediktinerinnen, auf andere Klöster reformierend einzuwirken. Bischof Konrad III. von Osnabrück (Diepholz) bat 1484 Priorin Benedicta von Glane (1482–1522) aus V. nach ➛ Oesede. Graf Philipp II. von Waldeck sowie Äbte von ➛ Corvey und ➛ Bursfelde besetzten 1493 den Konvent in ➛ Werbe völlig neu und unterstellten ihn 1494 zur inneren Reform dem Konvent V. Die Benediktinerinnen von V. beeinflussten nach 1535 auch die Schwestern im Überwasserkloster in ➛ Münster. Brände 1550 und 1568 bedeuteten tiefe Einschnitte im Konventsleben. Äbtissin Margareta von Viefhusen (genannt Suverich, 1600–16) beabsichtigte die Umwandlung in ein adeliges Damenstift, scheiterte jedoch am Widerstand ihrer Konventualinnen. Im 17. Jh. durften auch bürgerliche Novizinnen in den Konvent eintreten. Der Dreißigjährige Krieg brachte Verwüstungen und Exilaufenthalt in Warendorf. Äbtissin Maria Plönis (1639–77) verhinderte die bischöfliche Aufhebungsabsicht durch Sparsamkeit, textilwerkliche Tätigkeiten und Selbstverwaltung. Die wirtschaftliche Konsolidierung ermöglichte im 18. Jh. Neubauten. Das intakte geistliche Leben förderte die Marienwallfahrt zum Gnadenbild von V. Armenfürsorge und Bevölkerungsnähe kennzeichneten den Konvent bis zur Säkularisierung im Februar 1810 durch das Großherzogtum Berg. 1861 konnte das Hochstift Münster die Anlage zurückkaufen. 1898 ließen Benediktinerinnen der ewigen Anbetung aus Maria Hemicolt in Dülmen-Rorup die monastische Traditionen wieder aufleben.

▶ **Gegenwart.** Die heutige Kloster- und Wallfahrtskirche entstand aus Brandresten von 1550 und 1568. Der einfache Rechtecksaal mit eingezogenem Polygonalchor erhebt sich auf Fundamenten der gotischen Kirche aus der zweiten Hälfte des 13. Jh., deren frühgotische Kernsubstanz in bestimmten Mauerbereichen vermutet wird. Die Westfassade wurde 1704 barock verziert, der Glockenturm entstand erst 1898. Innen tragen spitzbogige Gurte das Kreuzrippengewölbe, Westempore und dreischiffige Unterkirche nehmen den größten Teil der Kirche ein, spätmittelalterliche bis barocke Skulpturen beleben den Raum. Mittelalterliche Klausurgebäude blieben nicht erhalten, lediglich eine Mühle gehört zum Altbestand. Die älteste Wallfahrt im Bistum Münster erlebt derzeit in V. eine Renaissance, das heutige Gnadenbild ist eine Replik nach der Demolierung des Originals 1944/45.

❖ Der benachbarte Zisterzienserinnenkonvent Marienbuch in Rengering wurde 1247 gegründet und wohl erst um 1480 als vollwertiges Mitglied dem Zisterzienserorden inkorporiert. Seit dieser Zeit stand die Frauenabtei unter Aufsicht des Abts von ➛ Marienfeld bis zur Säkularisierung 1810 durch das Großherzogtum Berg. Kirche und Gebäude erlagen sofort dem Abriss, das Gelände wurde schon 1813 als Weideland genutzt und gehört heute zur Gemeinde Ostbevern.

◆ Cramer, Winfrid: Kloster V., Regensburg 2000; Leidinger, Paul: V., in: Westfälisches Klosterbuch, Tl. 2, Münster 1992, 389–396.

Vinnenberg Zisterzienserinnenkloster, die dreischiffige Unterkirche als Rest der frühgotischen Klosterkirche.

Virnsberg, *Deutschordenskommende St. Maria (1294–1806), Diözese Würzburg – (Flachslanden-Burg V., Lkr. Ansbach, Bayern, ❒ 4, A3).*

▶ **Geschichte.** Konrad II. (IV.) der Fromme von Zollern, auch Graf von Abenberg und Burggraf von Nürnberg, übergab zusammen mit seiner Gemahlin Agnes von Hohenlohe im Juli 1294 dem Deutschen Orden die Burg V. zwischen den Flüssen Zenn und Fränkische Rezat. Drei Söhne des Stifterpaares traten in den Orden ein. Das Stiftungsgut umfasste Besitzungen und Rechte in 26 Orten und ausgedehnte Forstflächen. Auf der Burg entwickelte sich ohne nennenswerte Zukäufe mit dem geschlossenen Landkomplex und der Hochgerichtsbarkeit eine bedeutende Kommende der Ballei Franken. Stiftersohn Friedrich (1296–1303) führte als erster Komtur den Konvent, ihm folgte sein Bruder Konrad von Zollern (1304); beide starben noch vor dem Stifterpaar. Bis Mitte des 14. Jh. erweiterte sich der Besitz durch Schenkungen, selbst in der Reichsstadt Windsheim erlangte die

Virnsberg Deutschordenskommende, das Ordensschloss bewahrte trotz des barocken Ausbaus seine romanische Kernsubstanz im inneren Burgbering.

Kommende das Patronatsrecht, ein Hospital wurde hier jedoch nicht eingerichtet. Mit Berthold von Nürnberg (1342–50) und Friedrich von Egloffstein (1371–94) berief die Ordensleitung zwei Komture aus V. in das Amt des Landkomturs der Ballei Franken. Visitatoren im Auftrag des Hochmeisters fanden 1451/52 auf V. neben Komtur Martin von Eyb (1444–71) lediglich noch einen Ritter- und einen Priesterbruder vor. Der Wandel von einer geistlichen Ordensgemeinschaft zur Versorgungsanstalt des Niederadels hatte sich offensichtlich bereits vollzogen, man bediente sich inzwischen auch weltlicher Kastner zur Verwaltung der Ämter. Maximilian I. verpflichtete im ausgehenden 15. Jh. den Deutschen Orden zur Reichshilfe. Deutschmeister Endres von Grumbach (1489–99) belastete 1492 die Kommende V. nur minimal mit der Bereitstellung eines Pferdes. Dieser Deutschmeister (Befehlshaber aller Balleien der deutschen Zunge) erhielt im September 1494 die Regalien eines Reichsfürsten, wodurch reichsrechtlich die Trennung der deutschen Balleien vom Hochmeister in Marienburg (Ostpreußen) vollzogen war. Zum ersten Mal leistete ein Deutschmeister des Deutschen Ordens dem König des Reiches als reichslehnbarer Fürst den Treueid. Seine Nachfolger erhielten ganz selbstverständlich ebenfalls die Regalien. Die Ordenskomture erhoben die 1495 eingeführte Reichssteuer, den Gemeinen Pfennig, auf jeden Reichsbewohner in ihrem Herrschaftsbereich. Diese Entfremdung vom Hochmeister in Marienburg führte letztlich zur Katastrophe von 1525, dem Verlust des preußischen Ordensstaates durch Hochmeister Albrecht von Brandenburg-Ansbach (1510–25), der in der Huldigung des polnischen Königs die einzige Rettung für sein Herzogtum sah. Besitzungen des Deutschen Ordens im Reich gehörten nun zur Reichsstandschaft, die Rechtssprechung konnte auf der Grundlage des Reichsrechts vereinheitlicht werden. Als Markgraf Friedrich IV. von Brandenburg das Halsgerichtsrecht der Kommende V. beschneiden wollte, übertrug Deutschmeister Hartmann von Stockheim (1500–15) kraft der vom Kaiser übertragenen Privilegien 1502 dem Komtur Burkhard von Seckendorff (1497–1515) das Halsgericht. Belastungen der Kommende kamen Anfang des 16. Jh. hauptsächlich aus drei Richtungen: aus Marienburg vom Hochmeister, aus Wien vom Kaiser und aus Ansbach vom markgräflichen Schutzherrn. Die Markgrafen von Brandenburg-Ansbach litten an chronischer Überschuldung, der Orden erfüllte 1532 finanzielle Forderungen Markgraf Georgs des Frommen, ließ sich aber alte Rechte bestätigen. Erst seit 1532 unterhielt die Kommende im Dorf unterhalb der Burg ein Hospital. Die Herrschaft des Deutschen Ordens in V. bestand bis 1806 als katholische Enklave inmitten des protestantischen Ansbacher Landes.

▶ **Gegenwart.** Das Schloss V. stellt sich heute als repräsentatives Barockschloss dar, das der Deutsche Orden um 1700 aus der mittelalterlichen Festung erbauen ließ. Dabei ist besonders das Unterschloss mit seinem Ökonomiehof barock geformt; den mittleren Bereich prägt eine Zwingeranlage des 15./16. Jh., der polygonale Burgbering, das Hauptschloss mit Innenhof und Bergfried, besteht nach wie vor im Kern aus mittelalterlicher Substanz. Die Stützmauern der Höhenburg sind älter als der Sitz des Deutschen Ordens. Ein öffentlicher Zugang ist nur an bestimmten Festtagen möglich.

◆ Weiss, Dieter J.: Die Geschichte der Deutschordens-Ballei Franken im Mittelalter, Neustadt/Aisch 1991; Rechter, Gerhard: Das Land zwischen Aisch und Rezat, die Kommende V. des Deutschen Ordens, Neustadt/Aisch 1981.

Vlotho,

Zisterzienserinnenabtei St. Maria und St. Anna (1252–1430), Zisterzienserpriorat St. Maria und St. Anna (1430– um 1540) – „Segenstal“, Diözese Minden – (Kr. Herford, Nordrhein-Westfalen, ❐ 1, C4).

▶ **Geschichte.** Graf Heinrich von Oldenburg und seine Gemahlin Elisabeth stifteten 1252 bei Rehme an der Weser ein Frauenkloster, das mit Zisterzienserinnen aus dem Kloster ➛ Leeden besetzt wurde. 1258 übergab der Stifter auch seine alte Wasserburg Scure in V., ebenso die Kirche in Valdorf mit allen Gerechtsamen sowie eine Wassermühle; zusätzlich privilegierte er die Schwestern mit der freien Fischerei in der Weser. Papst Alexander IV. bestätigte 1259 die Gründung des Frauenklosters und stellte es unter Schutz. Wegen der Hochwassergefahr zogen Äbtissin Heilwig und der Konvent 1288 auf den höheren, heu-

Vlotho Zisterzienserinnenabtei, die Klosterkirche (1325) mit gleichem Südanbau (1660), Nordwestansicht.

tigen Standort in die Stadt V. Sie nannten ihr Kloster *Vallis benedictionis* – Segenstal. Der Frauenkonvent gehörte offensichtlich wie das Mutterkloster als Vollmitglied zum Zisterzienserorden, ein Privileg, das Tochterklöster von inkorporierten Frauenklöstern oft genossen. Stifter Heinrich überwies 1270 den Zehnten von Hohenrode mit dem Wunsch, in Segenstal beigesetzt zu werden. Weitere Dotationen vergrößerten kontinuierlich den Besitz; Landaustausch mit dem Stift ➛ Möllenbeck, der Benediktinerabtei in ➛ Minden und dem Dominikanerinnenkloster in ➛ Lemgo sind urkundlich nachweisbar. Trotz aller Schenkungen scheint die Grundausstattung unterdimensioniert gewesen zu sein oder Misswirtschaft führte zu Versorgungsnöten, die den Konvent häufig begleiteten. Schon 1306 bat Äbtissin Lucca (1306/22) den aufsichtführenden Abt von ➛ Loccum um Hilfe. Die Klosterkirche konnte erst 1325 dem hl. Georg geweiht werden. 1341 brannte sie ab, 1349 wütete die Pest, 1368 zerstörte die Mindener Fehde Stadt und Kloster. 1426 boten die Schwestern ihre Bibliothek in Hannover zum Verkauf an. Kurz darauf gab Äbtissin Ilsabein von Hilfersdingen (1423–30) auf: die letzten Zisterzienserinnen gingen nach ➛ Rulle bei Osnabrück und ➛ Lilienthal bei Bremen. Der Abt von ➛ Loccum sandte 1430 mit Genehmigung der Ordensleitung zwölf Mönche und einen Prior nach V., die das Kloster neu aufbauten und ein abhängiges Priorat einrichteten. Aber auch neue Schenkungen reichten kaum aus, das Priorat zu halten. Verhandlungen mit Herzog Johann III. von Jülich-Kleve-Berg 1514 sollten das Klausurniveau heben und Steuerentlastungen bringen, entzogene Güter wurden zurückgegeben. Die Reformation zog Austritte nach sich, 1533 lebten nur noch vier Loccumer Mönche im Kloster. 1540 bekannte sich der Restkonvent in V. offiziell zum Protestantismus, auch in der Mutterabtei Loccum setzte sich der neue Glaube allmählich durch. Nach dem Tod des letzten Zisterzienserbruders Lambertus (um 1560) zog Herzog Wilhelm V. das Priorat ein.

▶ **Gegenwart.** Heute ist die ehemalige Klosterkirche evangelisch-lutherische Pfarrkirche, seit 1830 mit dem neuen Namen St. Stephan. Die einfache Saalkirche von 1325, neu errichtet 1430, wurde 1659/60 durch einen gleichgroßen Südanbau erweitert. Die bündige Westfassade mit zwei Eingängen endet in zwei Giebeln und zwei Längsdächern; der ältere Nordteil besitzt westlich einen Dachaufsatz mit Spitzhaube. Im Innern verbindet eine Holzdecke beide Räume, die lediglich durch zwei Rundpfeiler getrennt sind. Die Ausstattung ist barock; die Vlothoer Schiffergilde ist mit einem Kronleuchter von 1665 in Schiffsform deutlich präsent. Südlich deuten Rundbögen auf Reste des Kreuzgangs; die östlich stehende Sakristei und alte Gebäude sind möglicherweise klösterlichen Ursprungs. In V. hält heute die „Gemeinschaft Evangelischer Zisterzienser-Erben in Deutschland" die klösterliche Tradition aufrecht.

◆ Reinecke, Klaus: V.-Segenstal, in: Klosterführer aller Zisterzienserklöster im deutschsprachigen Raum, Strasbourg 1998, 383; Potthoff, Marie-Theres: V., in: Westfälisches Klosterbuch, Tl. 2, Münster 1992, 397–400; Heutger, Nicolaus: Kloster und Stift Leeden, in: Jahrbuch des Vereins für westfälische Kirchengeschichte 59/60 (1966/67) 83–92.

Vogelsburg, *Karmelitenkloster St. Georg (1282–1545), Diözese Würzburg – (Volkach-V., Lkr. Kitzingen, Bayern, ❐ 3, D2).*

▶ Graf Hermann II. zu Castell gelobte 1282 die Stiftung eines Karmelitenklosters an seiner V. in der Mainschleife bei Volkach. Die Gründung erfolgte wohl erst 1288. Neben religiösen Gründen war für die Stiftung die Bewahrung seines Einflusses gegenüber dem Bischof von Würzburg ausschlaggebend. Die gräfliche Familie nutzte das Kloster als Erbbegräbnisstätte. Die Güterausstattung erwies sich als zu bescheiden, weshalb Bischof Gottfried von Hohenlohe den Karmelitenbrüdern erlaubte, in der gesamten Diözese Almosen zu sammeln; sein Nachfolger Wolfram Wolfskeel von Grumbach bestätigte 1325 dieses Privileg. Das Provinzkapitel des Ordens bestand in Ausnahmefällen bei kleinen Konventen nicht auf einem Hausstudium – Kloster V. nutzte diesen Dispens. Auch musste der Konvent ebenso wie die Mitbrüder in ➛ Neustadt/Kulm nur ein Zehntel jener Taxe an die Ordensleitung zahlen, die der Konvent von ➛ Augsburg zu leisten hatte. 1423 ließen sich Kartäuser im gegenüberliegenden ➛ Astheim nieder, Besitzstreitigkeiten um Weinlagen waren nicht zu vermeiden. Ende des 15. Jh. bauten die Karmeliten ihre Klosterkirche spätgotisch um. Im Mai 1525 stürmten Bauern den Berg und brandschatzten die Anlage. Andreas Stoß (1529–40), Provinzial der oberdeutschen Ordensprovinz, gelang es nicht, Brüder für einen Neuanfang zu gewinnen; der letzte Prior Johannes Kaul starb 1545. Das verödete Kloster V. blieb nachfolgend eine Außenstelle des heute untergegangenen Konvents St. Barbara in Würzburg und wurde von einem Verwalter geführt. 1803 kam der Besitz an den bayerischen Staat.

1957 erneuerten Augustinusschwestern (ein katholisches Säkularinstitut) das religiöse Gemeinschaftsleben auf dem Berg. Sie eröffneten 1966 ein Haus der Besinnung und Begegnung. Die malerische Anlage über dem Main umringt von Weinhängen besteht aus Gebäuden der Neuzeit; lediglich der Chor der Klosterkirche von 1497 blieb als Erinnerung an die Karmeliten erhalten. Ein Votivbild der Ordensbrüder bewahrt die Würzburger Wallfahrtskirche „Käppele", drei Grabplatten der Grafen zu Castell sind in der Rüdenhäuser Kirche untergebracht.

◆ Meyer, Herbert: Die V. im Wandel der Zeiten, in: Jahrbuch für den Landkreis Kitzingen 2010, 123–140; Schneider, Erich/Drenkard, Werner: V. in der Mainschleife bei Volkach, München 1982 34–46; Deckert, Adalbert: Die Oberdeutsche Provinz der Karmeliten, Rom 1961.

Volkenroda, *Zisterzienserabtei St. Maria (1128–1540), Erzdiözese Mainz – (Körner-V., Unstrut-Hainich-Kreis, Thüringen, ❐ 2, A5).*

▶ **Geschichte.** In Volkolds Rodung nordöstlich von Mühlhausen stand im frühen Mittelalter eine Reichsburg, die das Nottertal beherrschte, bis sie 1074 von der thüringischen Adelsopposition gegen Kaiser Heinrich IV. zerstört wurde. Im Friedensvergleich fiel das königliche Lehen an die Landgrafen von Thüringen, die es 1128 mit Gräfin Helinburgis zur Gründung eines Klosters tauschten, was König Lothar III. 1130 genehmigte. Helinburgis war die Witwe Graf Erwins I. von Tonna-Gleichen, der seine letzten Tage in ➛ Reinhardsbrunn verbracht hatte. Die Stifterin rief Zisterzienser aus ➛ Kamp (Lintfort) nach Thüringen, die 1131 auf dem Burggelände V. ankamen. Ihr Sohn Bruning trat in die neue Mönchsgemeinschaft ein. Die Grundausstattung war umfangreich, Pfarrrechte von Thamsrück und Bleicherode gehörten dazu. Die Stifterfamilie betrachtete V. als Hauskloster und förderte die Zisterzienser nachhaltig; die Schirmherrschaft oblag den Landgrafen von Thüringen. Zisterziensische Wirtschaftskraft und moderne Arbeitsorganisation ließen eines der reichsten und angesehensten Klöster Thüringens entstehen, mit Vollbesitz von 17 Dörfern und reichen Einkünften in der Unstrutregion. Die erste Tochtergründung gelang bereits 1133 im oberpfälzischen Waldsassen (heute eine Barockanlage), bis 1165 folgten die Filialabteien ➛ Reifenstein, ➛ Loccum und ➛ Dobrilugk. Das Frauenkloster ➛ Ichtershausen wurde administrativ begleitet, mit dem Schwestern von ➛ Anrode bestand eine Gebetsgemeinschaft. Papst Honorius III. bestätigte 1218/19 Besitz und Rechte und unterstrich ausdrücklich den exemten Status der Abtei. Abt Albert ließ 1255 eine Wehrmauer um die Anlage wegen häufiger Übergriffe errichten; Konflikte mit der nahen Reichsstadt Mühlhausen waren an der Tagesordnung. Die Zisterzienser legten sumpfige Gebiete trocken, bauten technisch anspruchsvolle Wasserleitungen und modernisierten die Teichwirtschaft. 1280 lebten im Kloster etwa 50 Mönche und über 100 Konversen. Nachrichten sind spärlich, 1351 wird von einem Großbrand berichtet, der wohl das Archiv vernichtete. 1350 verlieh Karl IV. das Marktrecht. In den Zeiten der Pest stand zum Vorteil der Abtei der tatkräftige Hermann von Spangenberg (1361/65) dem Konvent vor. Das Generalkapitel berief 1422 die Äbte von V. und ➛ Maulbronn zu Ordensreformatoren in der Mainzer Kirchenprovinz. 1484 wurde die tägliche Bierration erhöht, „damit die Mönche nicht unlustig dem Chordienst obliegen möchten". Der Mühlhäuser Bauernhaufen plünderte im April 1525 die Anlage, steckte sie in Brand und knüpfte vier Mönche auf. Abt Nikolaus konnte den Konvent zwar wieder aufrichten, doch die Wirtschaftskraft war gebrochen. Auch bekannte sich nach dem Tod Herzog Georgs von Sachsen-Meißen-Dresden 1539 ein Großteil der Mönche zum Protestantismus. Herzog Heinrich II. der Fromme ließ die Abtei 1540 säkularisieren.

▶ **Gegenwart.** Durch Vernachlässigung und Verfall ist kaum etwas vom mittelalterlichen Architekturbestand geblieben. Gerettet wurde die Ostpartie der romanischen Basilika (1150) mit dreiapsidialem Chor, Querschiff und Vierung mit Dachreiter. Auffällig ist deren Schlichtheit bei sorgfältigster Bauausführung mit aufwändig bearbeiteten Steinen. Dieser Kirchenrest repräsentiert heute den ältesten bestehenden Zisterzienserbau in der Bundesrepublik. Er folgt regionaler Tradition ohne burgundischen Einfluss (verwandt erscheint die 1156 geweihte Zisterzienserkirche in Sittich, Slowenien). Langhaus und Nebenchöre sind längst verloren. Vom südlichen Klausurquadrum sind lediglich Bruchreste des Ostflügels mit romanisch-gotischen Öffnungen erhalten; heute werden die Mauerreste durch eine moderne Glaskonstruktion ergänzt. Einzig ein kreuzrippengewölbtes Joch repräsentiert den ehemaligen Kreuzgang. Archäologische Untersuchungen förderten Grabplatten, Spolien, Kapitelle, Gewölbeschlusssteine und eine außergewöhnlich schmuckreiche Brunnenschale zutage. Der Amtshof in Fachwerk östlich der Kirche entstand im 17./18. Jh. auf romanischen Grundmauern und Kellern. Seit 1990 belebt die multikonfessionelle Jesusbruderschaft aus ➛ Gnadenthal (Dauborn) die Tradition in V., unterstützt von der „Gemeinschaft Evangelischer Zisterzienser-Erben in Deutschland".

◆ RepZist 479–485; HHistStD 9 Thüringen, 453–455; Köhler, Ulrike: Kloster V. Regensburg [3]2005.

Volkhardinghausen, *Augustiner-Chorfrauenstift St. Johannes Baptist (vor 1221–1467), Augustiner-Chorherrenstift St. Johannes Baptist (1465–1576), Diözese Paderborn – (Bad Arolsen-V., Lkr. Waldeck-Frankenberg, Hessen, ❒ 1, C5).*

▶ **Geschichte.** Erste Erwähnung findet das Frauenstift V. in einer Urkunde um 1220. In der Besitzbestätigung und Schutzerklärung Papst Honorius' III. von 1221 wurde der Gründungsvorgang nicht erwähnt, der demnach bereits einige Jahre zurücklag. Die Herren von Gudenberg, Lehnsträger der Grafen von Waldeck, könnten die Stifter gewesen sein, denn Stift V. genoss zumindest ihren Schutz und ihre Gunst. Dem Konvent standen ein Propst und eine Priorin vor. Eine bescheidene Blüte konnte in der zweiten Hälfte des 13. Jh. erreicht werden. Es bestanden Beziehungen zum Augustiner-Chordamenstift in ➛ Arolsen, ohne dass diese aus den Quellen deutlich würden. Die letzte Erwerbung des Frauenkonvents gelang 1422, danach setzten Rentenverkäufe ein, die auf wirtschaftliche Schwierigkeiten hinweisen. Unter Priorin Luckele Molners (1453–55) war Stift V. verarmt, 1465 wohnten nur zwei Frauen zusammen mit zwei auswärtigen Schwestern im Stift, die 1465 resignierten und abgefunden wurden. Die Grafen von Waldeck übergaben mit Zustimmung Bischof Simons III. von Paderborn (Lippe) dem Reformstift ➛ Böddeken allen Besitz zur Gründung eines Augustiner-Chorherrenkonvents im Verband der ➛ Windesheimer Kongregation. Aber nicht Reformkanoniker aus Böddeken stellten die neuen Stiftsmitglieder, sondern das Stift ➛ Möllenbeck an der Weser. Der erste Rektor Lambertus Surewater aus Büren (1465–97) wurde nach der Trennung von Möllenbeck 1467 erster Prior; im selben Jahr erfolgte die offizielle Aufnahme in die Reformkongregation von Windesheim. Stift V. entwickelte sich nun durch Rück- und Neuerwerbungen von Besitz und durch besondere Gunsterweise der Waldecker Grafen steil aufwärts. Die Prioren übten die Aufsicht über das junge Franziskaner-Observantenkloster in ➛ Korbach aus, mit dem sie freundschaftliche Beziehungen pflegten. In den Frauenstiften ➛ Berich, ➛ Immichenhain und ➛ Frankenberg sowie im Zisterzienserinnenkloster Georgenberg in ➛ Frankenberg/Eder setzten Chorherren aus V. im Auftrag der hessischen Landgrafen innere Reformen durch. 1520 lebten in V. 20 Kanoniker und nahezu 100 Laien. Prior Antonius Gropper (1497–1518) veranlasste den Neubau von Konventshaus und Kirche, die Bautätigkeiten wurden 1520 abgeschlossen. Prior Johannes Deveter (1552–56) erwies sich als humanistischer Gelehrter, der auch reformatorisches Schriftgut in der Bi-

Vogelsburg Karmelitenkloster, der spätgotische Chor (1497) als Architekturzeugnis der Karmelitenbrüder.

Vornbach Benediktinerabtei, die Abteikirche (1637) besteht zum Teil aus romanischem Mauerwerk, Südostansicht.

bliothek sammelte; er bewahrte kraft seiner Persönlichkeit das Stift vor herrschaftlichen Zugriffen. Nach seinem Tod 1556 jedoch wurde V. mit einem evangelischen Pfarrer in die neue waldeckische Landeskirche eingegliedert und geriet 1567 unter gräflicher Verwaltung in völlige Abhängigkeit vom Landesherrn. Mit dem Tod des letzten Augustiner-Chorherrn Antonius Hupen 1576 endete das Stift.

▶ **Gegenwart.** Heute existieren im Dorf V., das zur Gemeinde Bad Arolsen gehört, noch immer architektonische Reste der spätgotischen Stiftgemeinschaft, obwohl ein Großbrand 1624 Kirche und Klausur vernichtete. Ein Teil des östlichen Kreuzgangs dient der Gemeinde als Gottesdienstraum und ist eingebunden in das ehemalige Stiftsgebäude mit zehnstufigem Treppengiebel (um 1510), das heute privat bewohnt wird. Der Erhalt dieses Gebäudes ist dem Interesse und dem Engagement der besitzenden Familie zu verdanken.

◆ MonWin 2, 436–449; Römer, Jürgen (Hg.): Klöster in Waldeck, Bad Arolsen 2001.

Vornbach

Vornbach (auch Formbach), *Benediktinerabtei St. Maria und St. Benediktus (um 1040–1803), Diözese Passau – (Neuhaus/Inn-V., Lkr. Passau, Bayern, ❒ 4, C4).*

▶ **Geschichte.** An der Wallfahrtskirche „Maria am Sand“ unweit der Burg Formbach auf der bayerischen Seite des Inns bestand laut eigener Überlieferung seit etwa 1040 eine Mönchszelle, die 1094 von Graf Ekkebert I. von Formbach, seiner Gemahlin Mathilde und Graf Ulrich von Windberg zu einer Benediktinerabtei aufgewertet wurde. Der erste Abt Berengar (1096–1108) kam aus Münsterschwarzach am Main, damals Ausstrahlungszentrum der ➛ Junggorzer Reform. Der zweite Abt Wirnto (1108–27) kam aus der Abtei Göttweig (Österreich), einem Zentrum der ➛ Sankt Blasien-Reform, die das Klausurverhalten der Mönche im 12. Jh. bestimmte. Graf Dietrich schenkte der Abtei 1125 die verlassene Burg Formbach, woraufhin der Konvent sein Kloster dorthin verlegte. Mitte des 12. Jh. entstand eine bedeutende, von Salzburg beeinflusste Schreibschule. Die Kolonisation der Grundherrschaft in Niederösterreich und in der Steiermark war ein wichtiges Apostolat der Frühphase. Das nahe Kloster Asbach (s. u.) ist keine Tochtergründung von V. wie bislang angenommen. 1136 erklärte Kaiser Lothar III. Reichsschutz, seine Mutter Hedwig war eine Gräfin von Formbach-Neuburg. Papst Innozenz II. genehmigte 1139 die freie Abtwahl und vergab die Selbstinvestitur. Mit Erwerb des Marktes Neunkirchen bei Neustadt/Waldnaab besaß V. das Münzrecht. Die Beziehungen zum Regionaladel blieben nicht ungetrübt, Güterenteignungen waren im 12. und 13. Jh. an der Tagesordnung. Selbst die Stifterfamilie beteiligte sich als Vogteiinhaber an Plünderung und Verwüstung der Abtei, auch vor Vertreibung des Konvents schreckte sie nicht zurück. Abt Engelschalk (1334–49) richtete das niederliegende Kloster wieder auf, sanierte die Wirtschaft und hob das Klausurniveau. Abt Konrad II. Peisser (1387–1410) wurde vom Papst zum obersten geistlichen Richter Deutschlands ernannt und erhielt 1391 die Pontifikalien. Unter Abt Johannes von Poppenberg (1418–35) blühte die Buchkunst erneut auf, es entstand eine eigene Bibel. Das Schottenkloster in Wien beeinflusste 1451 den Konvent im Sinn der ➛ Melker Reform. Eine verbesserte Finanzlage erlaubte Ende des 15. Jh. Besitzzukäufe. Bruder Adam verfasste den berühmten Traktat „De Musica“. Der wohl bedeutendste Abt Angelus Rumpler (1501–13) gilt als Vertreter des deutschen Frühhumanismus und zählt zu den großen bayerischen Historikern. Er beschreibt in seinen „Calamitates Bavariae“ die Wirren des Landshuter Erbfolgekrieges (1503–05). Der Konvent überwand die Einschnitte der Reformationszeit und des Dreißigjährigen Krieges; 1630–37 ließ Abt Benedikt I. Heppauer die romanisch-gotische Basilika zur Barockhalle umbauen. Unter den gelehrten Benediktinern des 18. Jh. ragt der Naturwissenschaftler Clarus Mayr (1724–84) aus V. durch sein physikalisches Kabinett und eine klösterliche Naturaliensammlung heraus. Im Mai 1803 ließ der bayerische Kurfürst die Abtei aufheben.

▶ **Gegenwart.** Die barocke, einschiffige Abteikirche mit Rokokoausschmückung steht auf Fundamenten der Vorgängerbasilika ohne Querschiff und enthält in den Außenwänden romanisch-gotisches Mauerwerk. Die Innenmauerung der beiden Westtürme mit welschen Kuppelhauben stammt bis zur Firsthöhe des Kirchendachs aus romanischer Zeit; sie präsentieren sich aber heute in ihrer barocken Verkleidung. Reliefschmuck des romanischen Giebels (um 1140) ziert heute das Portal. An der Kirchennordwand deutet eine versenkte romanische Türöffnung auf die ehemalige Krypta hin; der westliche Mönchschor wurde beim gotischen Ausbau übernommen. Grabplatten der Stifterfamilie und ein Taufstein konnten als mittelalterliche Ausstattungsstücke bewahrt werden. Von der gotischen Pfarrkirche St. Martin, die für die klösterlichen Laien in der Nähe des Klosters entstand, blieb lediglich der Chor erhalten, der heute als Friedhofskapelle dient. Der zum großen Teil heute privat genutzte Klausurkomplex entstand Ende des 17. Jh. neu.

❖ Die nahe gelegene Benediktinerabtei Asbach im Tal der Rott wurde um 1090 von der oberösterreichischen Abtei Lambach besiedelt und bekannte sich zunächst ebenso wie V. zur sanblasianischen Reform, geriet aber 1127 unter Einfluss der Abtei ➛ Prüfening bei Regensburg und gehörte dem ➛ Hirsauer Reformkreis an. Nach wechselvollem Schicksal entstand am Südufer der Rott im 17./18. Jh. die heutige barocke bis frühklassizistische Anlage, die keine mittelalterliche Bausubstanz erkennen lässt.

◆ GermBen 2, 318–322; Würdinger, Hans: Kloster V., Passau 1997; Bauer, Hermann/Bauer, Anna: Klöster in Bayern, München 1985, 176 f.

Wachtendonk, *Franziskaner-Tertiarinnenkloster (1430–1802), Erzdiözese Köln – (Kr. Kleve, Nordrhein-Westfalen, ❐ 1, A5).*

▶ Wilhelm von Wachtendonk und seine Gemahlin Hermanna von Bronkhorst stifteten 1430 ein Tertiarinnenkloster des Dritten Ordens der Franziskaner an der Pfarrkirche in W. am Niederrhein nahe der heutigen Grenze zu den Niederlanden. Die hufeisenförmig angeordneten Konventsgebäude brannten 1516 weitestgehend ab, wurden wiedererrichtet und in der Folgezeit mehrmals umgebaut. Auch die benachbarte spätgotische Pfarrkirche St. Michael mit ihrem mächtigen Westturm, deren Luciakapelle von den Schwestern über einen Hochgang erreichbar war, unterlag nach Kriegen und Bränden mehreren Veränderungen. Der Konvent endete unter französischer Besatzung 1802. Innerhalb der heutigen Gemeinde W. ist die ursprüngliche „Stadt W.", die schon 1343 Stadtrecht erhielt, kurioserweise nur ein Ortsteil. Das zweigeschossige, gelbe Konventsgebäude der Tertiarinnen dient als katholisches Pfarrheim und als Bürgerhaus „Altes Kloster" mit Bücherei. Inwieweit im barocken Gebäude mittelalterliches Mauerwerk Verwendung fand, ist unklar; im nördlichen Trakt besteht der Kern wohl aus dem 16. Jh., die Kellergewölbe des Südtrakts stammen aus dem 15. Jh.

◆ Diesler, Christel: W., Pfarrheim „Thal Josaphat", Regensburg 2001; Hohmann, Karl-Heinz: Bau- und Kunstdenkmäler im Kreis Kleve, Köln 1995.

Wahlshausen, *Benediktinerinnenkloster St. Maria (um 1150–1310), Zisterzienserkloster St. Maria (1310–1527), Erzdiözese Mainz – (Fuldatal-Wilhelmshausen, Lkr. Kassel, Hessen, ❐ 1, D5).*

▶ **Geschichte.** Die Marienkirche in W. an der Fulda südlich der Werramündung bei Hannoversch Münden wurde 1142 bis 1152 errichtet und angeblich einem Frauenkonvent übergeben, der 1227 unter Aufsicht des Propstes vom Augustiner-Chorfrauenstift Weißenstein bei Kassel (heute Wilhelmshöhe) stand. Stifter, Gründungsdaten und -umstände des Benediktinerinnenklosters sind unbekannt. Die architektonische Verwandtschaft der Klosterkirche W. mit jener des Benediktinerinnenklosters ➛ Kaufungen östlich von Kassel könnte auf ursprüngliche Verbindungen hinweisen. Erzbischof Gerhard II. von Mainz (Eppstein) übergab das Frauenkloster W. 1293 der Zisterzienserabtei ➛ Hardehausen bei Warburg. Möglicherweise hatten die Benediktinerinnen inzwischen zisterziensische Observanz angenommen. 1310 entstand ein von Hardehausen abhängiges Mönchspriorat. Den Verbleib der Schwestern verraten die wenigen Quellen nicht. Die ersten Mönche des neuen Priorats kamen aus ➛ Riddagshausen bei Braunschweig und zehn Jahre später vervollständigten Brüder aus der Mutterabtei Hardehausen den Konvent. Seit 1324 wird die Niederlassung W. als Abtei bezeichnet und der Vorsteher mit Abt betitelt. Eine Eigenständigkeit kann jedoch bezweifelt werden, das Schicksal des kleinen Klosters hing weiterhin von der Mutterabtei ab. Deren Blüte endete im 14. Jh.: Rückgang des Konversentums, Pachtwirtschaft, Kriegswirren und agrarische Degression führten im 15. Jh. zu wirtschaftlichem Niedergang. Lutherische Einflüsse spalteten in der Reformationszeit den Konvent in Hardehausen. 1525 plünderten aufständische Bauern auch das Kloster W. an der Fulda. Mit Einführung der evangelischen Kirchenordnung hob Landgraf Philipp I. von Hessen 1527 das Zisterzienserkloster W. zugunsten des Schul- und evangelischen Pfarrwesens auf. Sein Nachfolger Wilhelm IV. vergab den Besitz parzelliert an Kötner, die im nahen Reinhardswald Holzkohle herstellten; den entstehenden Ort nannten sie deshalb Wilhelmshausen.

▶ **Gegenwart.** Das Dorf Wilhelmshausen gehört heute zur Gemeinde Fuldatal. Dank seiner monastischen Vergangenheit rühmt es sich, einen der wenigen romanischen Sakralbauten im Landkreis Kassel zu besitzen. Die romanische Marienkirche aus der Mitte des 12. Jh. ist heute der evangelischen Pfarrkirche Holzhausen unterstellt. Sie ist eine dreischiffige Basilika mit Querschiff, rechteckigem Chorjoch und Haupt- sowie Nebenapsiden. Seitenschiffe und Nebenapsiden entstanden 1892/93 neu, dabei erhielt die Kirche ihren nordwestlichen Glockenturm. Baureste lassen im Westteil auf eine ursprünglich vorhandene Nonnenempore und eine Vorhalle schließen; in diesem Bereich wurde die Kirche offensichtlich verkürzt. Übereinstimmungen in Form und Maßverhältnissen mit der Klosterkirche in Kaufungen sind auffällig, nur ist die Kirche in W. kleiner. Die Ornamentik an der Hauptapsis mit Rundbogenfries und figürlichen Konsolen erinnert an jene der Abteikirche in ➛ Breitenau. Die jüngst sanierten Innenräume sind flachgedeckt, Arkaden werden von wechselnden Stützen getragen, Würfelkapitelle auf den Säulen zeigen Palmettenschmuck; ein achteckiger Taufstein stammt aus romanischer Zeit. Die Orgel stammt aus dem barocken Franziskanerkloster Lügde (1736–1810). Von der einst südlich angeschlossenen Klausur um einen Hof erkennt man heute den exakten Grundmauernverlauf nicht mehr.

◆ HHistStD 4 Hessen, 473; Ganßauge, Gerhard: Die ehemalige Klosterkirche in W., in: Hessische Heimat 11 (1961) 5–11.

Wahlshausen Zisterzienserkloster, Chor und Apsiden im Osten der romanischen Basilika (um 1150).

Walbeck, *Benediktinerinnenabtei St. Andreas (992–1542), Diözese Halberstadt – (Lkr. Mansfeld-Südharz, Sachsen-Anhalt, ❐ 2, A5).*

▶ **Geschichte.** Kaiserin Adelheid von Burgund (931?–999, kanonisiert 1097), zweite Gemahlin Ottos I., schenkte als Reichsregentin 992 den Reichshof W. im östlichen Harzvorland ihrer Tochter Mathilde, Äbtissin des Reichskanonissenstifts St. Servatius in Quedlinburg, zur Gründung eines Benediktinerinnenklosters. Kloster W. glich dem Münzenbergkloster in ➛ Quedlinburg und dem Stift ➛ Wendhusen; alle drei Gründungen unterstanden dem Stift Quedlinburg und dienten der Memoria des großen Kaisers. Damals regierte Kaiserinwitwe Adelheid gemeinsam mit Erzbischof Willigis von Mainz das Reich für ihren unmündigen Enkel Otto III., dessen Zustimmung sie für die Gründung W. erhielt. Die Weihe der Anlage vollzog Bischof Arnulf von Halberstadt 997 zu Ehren des Apostels Andreas. Die Abtei W. blieb mit dem sächsischen Herrscherhaus verbunden, denn Heinrich II. besuchte Kloster und Pfalz W. mehrfach, meist zur jährlichen Feier am Palmensonntag. Vermutlich beeinflusste er den Frauenkonvent im Sinn der ➛ Gorzer Reform. Die Grafen von Arnstein übten die Schutzvogtei aus; auf sie geht das benachbarte Frauenkloster ➛ Wiederstedt zurück. Weiter östlich am Saaleufer existierte bereits vor 979 die Frauenabtei Alsleben (s. u.). Die reichspolitische Bedeutung der Abtei W. ging nach der Schlacht 1115 im nahen Welfesholz verloren. Spätere Nachrichten sind kaum überliefert, Listen der Äbtissinnen und Pröpste existieren nicht. Der ökonomische und innere Niedergang begann im 13. Jh. Der Machtkampf zwischen dem Diözesanbischof und den Grafen von Regenstein (Schirmherren seit 1273) um Einfluss auf das Stift Quedlinburg im 14. Jh. beschleunigte den Verfall bis zur Bedeutungslosigkeit. Einen kostbaren Reliquienschrein versetzten die Schwestern an das Kloster ➛ Hadmersleben, 1340 verkauften sie Besitz zu Hübitz an das Kloster ➛ Helfta. Die Eigenversorgung aus privaten Mitteln bestimmte im 15. Jh. den Alltag im Konvent. 1387 gelangte die Vogtei an die Grafen von Mansfeld. Äbtissin Margarethe von Reipisch musste 1517 die Herrschaft um Hilfe zur Renovierung der Klosterkirche bitten. Plünderungen durch Bauern 1525 vollendeten den Ruin. Noch im gleichen Jahr beauftragte der sich katholisch bekennende Graf Hoyer VI. von Mansfeld eigene Beamte mit der Verwaltung. Nach seinem Tod 1540 setzte sich die lutherische Reformation im gesamten Mansfelder Land durch und 1542 wurde die Abtei W. säkularisiert. Sie verschwand trotz prominentester Stiftung fast spurlos aus dem historischen Gedächtnis.

Walbeck Benediktinerinnenabtei, ein Säulenstumpf im Schlosshof erinnert an die romanische Abteikirche.

▶ **Gegenwart.** Der Besitzer Johann Clamour August von dem Bussche ließ 1743/50 beim Bau einer dreiflügeligen Schlossanlage Teile des westlichen Kreuzgangflügels und daran sich anschließende Gebäude integrieren. Öffnet man das Hauptportal des Barockschlosses steht man unmittelbar im Westarm des romanischen, kreuzgratgewölbten Kreuzgangs. Zwei weitere Räume besitzen Mittelsäulen, deren Kapitelle Ornamentschmuck aus dem letzten Drittel des 12. Jh. tragen. Der größere Raum wird als Refektorium bezeichnet; seine Rundbogenfenster sind vermauert. Im Westabschnitt des Südflügels befindet sich eine niedrige Gewölbehalle mit schweren quadratischen Pfeilern. Schloss und Nebengebäude auf dem Hügel machen heute einen sanierungsbedürftigen Eindruck, in der Hofmitte steht zur Erinnerung an die 1747 abgerissene Klosterbasilika ein romanischer Säulenstumpf.

❖ Die Benediktinerinnenabtei W. bei Hettstedt im Mansfelder Land sollte nicht mit dem bekannteren Kollegiatstift Walbeck bei Helmstedt im Bördekreis verwechselt werden, das oft fälschlicherweise auch als Benediktinerinnenkloster bezeichnet wird. Dessen malerische romanische Kirchenruine auf dem Domberg geht auf eine Sühnestiftung Graf Lothars II. von Walbeck 942 zurück, war aber immer ein Säkularkanonikerstift.

Die Benediktinerinnenabtei Alsleben wurde von Gero, Graf im Nordthüringengau, und seiner Frau Adela am westlichen Ufer der unteren Saale gegründet und erhielt 979 von Kaiser Otto II. die Bestätigung. Die Abtei Alsleben endete 1561 in der Reformation. Die Klosteranlage auf dem Burgberg der heutigen Stadt wich 1698 einem Schlossbau; Tympanon und romanischen Taufstein bewahrt die Stiftskirche in Gernrode.

◆ Mohn, Claudia: W. (Sachsen-Anhalt), in: Mittelalterliche Klosteranlagen, Petersberg 2006, 410; Korf, Winfried: W. Reichshof – Kloster – Rittergut, Quedlinburg 1997.

Walberberg, *Augustiner-Chorherrenstift St. Maria und St. Walburgis (vor 1191–97), Zisterzienserinnenabtei St. Maria und St. Walburgis (1197–1447), Zisterzienserpriorat St. Maria und St. Walburgis (1447–1591) – „Walburgiskloster", Erzdiözese Köln – (Bornheim-W., Rhein-Sieg-Kreis, Nordrhein-Westfalen, ❐ 3, A1).*

▶ **Vorgeschichte.** Erzbischof Anno II. von Köln (um 1010–75, kanonisiert 1183), brachte um 1060 Reliquien der hl. Walburga (um 710–779), Äbtissin von ➛ Heidenheim, in den Ort Berg bei Brühl, woraufhin sich eine rege Wallfahrt zum Heiltum entwickelte. Zunächst betreuten weltliche Kanoniker die Pfarrkirche in *mons sanctae Walburgis*; aus dem Ortsnamen Berg wurde „Walberberg".

▶ **Geschichte.** Erzbischof Philipp wandelte vor 1191 das Säkularkanonikerstift in ein Regularkanonikerstift um, das aber den Erwartungen nicht entsprach. Erzbischof Adolf I. übergab das Stift 1197 dem Zisterzienserorden, der es mit Schwestern aus ➛ Hoven besiedelte. Die Frauenklöster Hoven und W. galten entsprechend einer Ordensfestlegung 1221 als Filiationen von ➛ Sankt Thomas an der Kyll. Nach 1230 wurde die Abtei ➛ Lilienthal in Niedersachsen als Tochterkloster mit vier Schwestern aus W. besiedelt. Hinweise lassen auch eine Beteiligung W. an der Gründung des Klosters ➛ Drolshagen 1235 vermuten. Die Frauenabtei W. zählte zur claraevallensischen Familie, d. h. der Konvent war vollwertiges Mitglied des Zisterzienserordens und unterstand der Primarabtei Clairvaux in Burgund. Meist wurden die Äbte von ➛ Heisterbach zur Aufsicht verpflichtet, mitunter auch die Äbte von ➛ Eberbach oder ➛ Himmerod. Abt Heinrich I. von Heisterbach (1208–44) stammte aus dem Ort W. und seiner wird noch heute von der Stadt ehrenvoll gedacht. Novizenmeister und Schriftsteller Caesarius von Heisterbach (um 1180– um 1240) pflegte enge Beziehungen zu den Walberberger Zisterzienserinnen, besonders zur ersten Äbtissin Margareta (1197–1224). Der Konvent bestand 1321 aus 40 Schwestern. Schon zu Beginn des 14. Jh. geriet die Abtei in Finanz- und Wirtschaftsschwierigkeiten, im 15. Jh. in existenzbedrohlichem Umfang. Abt Christian II. von Heisterbach (1412–48) wie auch Äbte von ➛ Kamp und ➛ Altenberg bemühten sich um Reformen, die aber keine Entlastung der überhöhten Verschuldung bewirkten. Erzbischof Dietrich II. von Moers verfügte 1447 in Absprache mit der Ordensleitung die Auflösung des Frauenkonvents. Kloster W. wurde zu einem Priorat von Heisterbach herabgestuft und 1452 als solches vom Generalkapitel anerkannt. Von nun an lebte wieder eine Männergemeinschaft im Walburgiskloster. Wegen der Güter des abgebrannten und verlassenen Frauenklosters ➛ Frauenthal bei Erftstadt, die Erzbischof Dietrich nicht W. sondern den Birgitten in ➛ Marienforst übertrug, kam es zum Konflikt, der erst

Wald Zisterzienserinnenabtei, Südwestansicht der spätbarocken Klosteranlage (1698–1721), die in Teilbereichen mittelalterliche Architektur bewahrt hat.

1459 durch einen Kompromiss entschärft werden konnte. Reformation, Überschuldung und Zerstörungen im Truchsessischen Krieg (1583–88) beendeten das monastische Leben in W. Die Aufhebung vollzog Erzbischof Ernst von Bayern 1591. Der Besitz ging an die Jesuiten und nach deren Auflösung 1773 an die Stadt Köln über.

▶ **Gegenwart.** Die katholische Pfarrkirche St. Walburga, eine romanisch-gotische Pfeilerbasilika mit halbrund geschlossener Apsis, war ursprünglich eine einfache Saalkirche aus der Zeit vor 800. Ihre heutige Gestalt ist das Ergebnis zahlreicher Um- und Erweiterungsbauten im Mittelalter. Dem Wiederaufbau nach der Brandzerstörung von 1944 und der Restauration ist die Verlegung des Glockenturms an die Nordseite zu verdanken. Im Inneren steht die Grabplatte der heiligmäßig verehrten Äbtissin Margareta und ein pokalförmiger Taufstein auf sechs schlanken Säulen des 13. Jh. Mittelalterliche Malereien an den Fensterlaiben der Südwand konnten 1988 restauriert werden. Von der Klausuranlage blieb nichts erhalten, Restmauern im Pfarrgarten verweisen auf die Verwendung von Steinen römischer Zweckbauten. Der mächtige romanische „Hexenturm" steht noch heute nahe der Kirche; er entstand Anfang des 13. Jh. zusammen mit der Klosteranlage und diente den Frauen als Fliehturm.

❖ Das ehemalige Dominikanerkloster St. Albert in W. (1925–2008) befand sich in der Rheindorfer Burg, einer umgebauten mittelalterlichen Burganlage (1140) am nördlichen Ortsrand von W. und stand nicht in der Tradition der hier behandelten monastischen Einrichtungen.

◆ Brusch, Swen Holger: Das Zisterzienserkloster Heisterbach, Siegburg 1998; Garbisch, Uta: Das Zisterzienserinnenkloster Walberberg (1197–1447), Köln 1998.

Wald, *Zisterzienserinnenabtei St. Maria (1212–1806), Benediktinerinnenkloster St. Maria (seit 1946), Diözese Konstanz – (Lkr. Sigmaringen, Baden-Württemberg, ❐ 3, C4).*

▶ **Geschichte.** Der königliche Ministeriale Burkhard von Weckenstein kaufte 1212 für seine Schwestern Judinta und Ita sowie gleichgesinnten Frauen ein Gut mit Pfarrkirche im Wald zwischen Donau und Bodensee. Die Schwestern gründeten das Kloster W.; Judinta (1212–29) wurde erste Äbtissin und Ita (1212–29) erste Priorin. Der Konvent bekannte sich zur Zisterzienserobservanz; das Generalkapitel des Zisterzienserordens nahm auf päpstliche Bitte hin und nach dem Antrag des Stifters den Frauenkonvent als vollwertiges Mitglied auf. Papst Honorius III. erteilte 1217 das große Schutzprivileg, königliche Schutzerklärungen folgten 1216 bzw. 1220. Der Stiftungsbrief 1227/33 betont die Exemtion. König Konrad IV. enthob 1240 den aktuellen Besitz von Steuern, zukünftige Erwerbungen jedoch nicht. Die Abtei ➛ Salem übte die Paternität aus. Abt Eberhard von Rohrdorf (1191–1240), der bedeutendste Salemer Abt des Mittelalters, erreichte die Einbindung weiterer fünf oberschwäbischer Frauenklöster in den Orden: Rottenmünster (s. u.), ➛ Heiligkreuztal, ➛ Heggbach, ➛ Baindt und ➛ Gutenzell. 1245 sandte W. Schwestern in das neue Kloster ➛ Lichtenthal an der Burg Hohenbaden. Die Adelsexklusivität der Konventualinnen nahm einen hohen Stellenwert ein; einzelne schwäbische Adelsfamilien beherrschten den Konvent, den zwischen 1359 und 1568 sieben Äbtissinnen aus dem Geschlecht derer von Reischach regierten. Pröpste oder Prioren werden in den Urkunden nicht erwähnt, in wenigen Fällen tauchen Prokuratoren auf; Laienbrüder übernahmen wie im Kloster Baindt öffentliche Aufgaben. Die Pflicht zur persönlichen Armut war im 14. Jh. in Vergessenheit geraten, die zur *vita communis* blieb im 15. Jh. unbeachtet. Die weltstiftsähnlichen Zustände änderten sich erst durch Reformen im 16. und 17. Jh. Konkurrenz erwuchs den Schwestern mit dem Dominikaner-Tertiarinnenkloster im nahen Pfullendorf (heute Barockgebäude). Der Konvent umfasste unter Äbtissin Katharina

Walderbach Zisterzienserabtei, innen präsentiert sich die romanische Basilika (1148) in ihrer Ursprünglichkeit.

von Heudorf (1388–97) etwa 80 Frauen, 1540 waren es nur zehn Chorschwestern, bis 1720 stieg ihre Anzahl auf 27 und die der Laienschwestern auf zwölf. Der Besitz in 41 Orten konnte zum Komplex mit zugehörigen Kirchenpatronaten um die Abtei arrondiert werden; Streubesitz bestand in 22 weiteren Dörfern. Die Grafen von Sigmaringen beanspruchten die Vogteirechte, Niedergerichtsbarkeit stand der Äbtissin zu. Anna von Reischach (1465–96) erließ 1474 erstmals eine Gerichtssatzung für die Untertanen. Aufständische Bauern verschonten 1525 die Abtei. Habsburger Landeshoheit schützte vor Reformationseinflüssen, aber die frühneuzeitlichen Kriege zerrütteten die Wirtschaft und das Klausurleben. Erst Anfang des 18. Jh. erwirtschaftete W. die Grundlagen für einen neuen Aufschwung, der in Neubauten umgesetzt wurde. Hundert Jahre danach sprach die Rheinbundakte vom Juli 1806 mit Genehmigung Frankreichs dem Fürstentum Hohenzollern-Sigmaringen die Abtei W. zu. Fürst Anton Alois übernahm den Besitz und zahlte an Äbtissin, 20 Chor- und neun Laienschwestern Pensionen. 1853 verließ die letzte Konventualin Maria Anna Bühler die Abtei.

▶ **Gegenwart.** Im Mai 1946 bezogen Benediktinerinnen der Liobakongregation die ehemalige Anlage und eröffneten eine Landfrauenschule, aus der das Gymnasium „Heimschule Kloster W." erwuchs. Die heutige Kloster- und katholische Pfarrkirche St. Bernhard am kleinen Ort bei Meßkirch entstand im Stil des Barock-Rokoko (1698–1709), die Innenausstattung erfolgte 1751–66. Der barocke Westturm besteht im unteren Teil aus gotischem Mauerwerk. Die großangelegte Klausuranlage (1721) enthält im „Jennerbau" mittelalterlichen Architekturbestand mit westlichem Kreuzgangflügel aus der Zeit um 1500 bei Veränderungen um 1530 sowie den gleichaltrigen Jennersaal mit Holzstützen und Wappen der Klostergründer, Schirmherren und der Äbtissin Anna von Rotenstein (1529–57). Im Ostflügel des „Alten Klosters" zeigen die Sakristei sowie der alte Kapitelsaal Kreuzgewölbe auf Mittelsäulen und romanische Rundbogenfenster.

❖ Die Schwesternabtei Rottenmünster nordöstlich von Villingen-Schwenningen bestand von 1221 bis 1802. Seit 1898 leben Vinzentinerinnen im barocken Abteikomplex, mittelalterliche Architektur blieb nicht erhalten.

◆ GermSac NF 30; Csordás, Michaele: Das Kloster W., in: Klöster im Landkreis Sigmaringen in Geschichte und Gegenwart, Lindenberg/Allgäu 2005, 550–592.

Walderbach, *Augustiner-Chorherrenstift St. Nikolaus (nach 1127–43), Zisterzienserabtei St. Maria und St. Nikolaus (1143–1556, 1661–1803), Diözese Regensburg – (Lkr. Cham, Bayern, ❐ 4, B3).*

▶ **Vorgeschichte.** Otto I. von Riedenburg, Burggraf von Regensburg, stiftete unter dem Einfluss Reformbischof Ottos I. von Bamberg kurz nach 1127 das Augustiner-Chorherrenstift *Walderbacum* auf einer Terrasse im Tal des Regen. Die Entwicklung Stift W. kam nicht voran, das Konventsleben entsprach nicht den Erwartungen, weshalb es der Stifter noch vor seinem Ableben 1142/43 in ein Mönchskloster umwandelte und es dem aufstrebenden Zisterzienserorden übergab.

▶ **Geschichte.** Mit dem Regierungsantritt des Stiftersohnes, Burggraf Otto II., nun auch Landgraf von Stefling, kamen 1143 Zisterzienser aus Waldsassen (s. u.) nach W. und vollendeten den Kirchenbau und die Klausuranlage. Die Grafen bestimmten W. zur Grablege ihrer Familien. Als weitere Protektoren traten aufgrund alter Bindungen die Bamberger Bischöfe auf; aber auch der Heilige Stuhl in Rom erklärte 1249 seinen Schutz, 1277 folgte König Rudolf I. von Habsburg. Eine auf zisterziensische Wirtschaftsweise gegründete rasche Entwicklung war wegen der Nachbarschaft zur älteren Benediktinerabtei ➛ Reichenbach (Oberpfalz) nicht möglich, weshalb sich die Ausdehnung des Besitzstandes in Grenzen hielt. Für gute Einkünfte sorgte die Wallfahrt, die sich im 13. Jh. nach einem Hostienwunder entwickelte; seit 1280 ist die Heilig-Blut-Wallfahrt „Zum Stock" nachweisbar. 1428/33 brandschatzten Hussiten aus Böhmen die Abtei, deren Wiederaufbau erst Ende des 15. Jh. abgeschlossen war. Reformatorische Einflüsse führten zur Verflachung des Klausurlebens und zum wirtschaftlichen Niedergang. Die Mehrzahl der Konventualen bekannte sich zur neuen Lehre, auch starben 1536/37 drei Äbte kurz hintereinander. Kurfürst Ludwig V. von der Pfalz bestimmte 1540 einen Administrator, sein Nachfolger Ottheinrich löste 1556 die Abtei auf. Nach der Rekatholisierung der Oberpfalz kehrten die Zisterzienser 1669 aus Aldersbach (s. u.) zurück. Der Neubau der Klausur zog sich bis 1732 hin, die romanische Abteikirche ließ Abt Engelbert Söltel 1748 äußerlich verändern. Nach dem Tod des letzten Abts Albericus Eisenhut (1768–1802) verboten die bayerischen Behörden eine Neuwahl, 1803 erfolgte die Aufhebung.

▶ **Gegenwart.** Die romanische Abteikirche und heutige katholische Pfarrkirche St. Maria und St. Nikolaus entspricht als dreischiffige Halle ohne Querschiff nicht den Baugeflogenheiten der Zisterzienser des 12. Jh., sondern folgt eher altbayerischen Traditionen, weil mit dem Bau vor ihrer Ankunft im östlichen Chorbereich mit drei Apsiden und im Westen mit der Empore bereits begonnen worden war. Die Zisterzienser errichteten 1143 das achtjochige Langhaus. In der Neuzeit erbauten sie 1748 eine neue Choranlage und 1779 an der Stelle des romanischen Paradieses (Westvorhalle) einen Turm. Äußerlich erscheint die Kirche mit barocken Fenstern in den Seitenschiffen, mit dreiseitigem Chor und hochragendem Westturm als typische Hallenkirche des 18. Jh.; betritt man aber den Innenraum durch ein verdecktes Westportal (um 1200) überwältigt die originale Romanik des Langhauses. Schwere Gurtbögen und Kreuzrippengewölbe im Kastenprofil zeigen ursprüngliche Ornamentbemalung mit apotropäischer Funktion, getragen von Pfeilern mit Runddiensten und verzierten Kapitellen. Der helle Chorbereich mit Hochaltar erscheint als Kontrastkunstwerk in Rokoko. Die Klausurgebäude des 18. Jh. dienen heute amtlichen, privaten und musealen Zwecken.

❖ Die Mutterabtei Waldsassen im Oberpfälzer Stiftsland entstand 1233 als Tochter der thüringischen Abtei ➛ Volkenroda; sie ist heute ein beeindruckender Barockkomplex, der seit 1864 von Zisterzienserinnen aus ➛ Seligenthal (Landshut) belebt wird.

Drei bayerische Zisterzienserabteien sind an dieser Stelle ebenfalls zu erwähnen: Das ausstrahlungskräftige Aldersbach in Niederbayern entstand 1146 aus einem kurzlebigen Augustiner-Chorherrenstift (um 1120) mit Mönchen aus ➛ Ebrach, endete 1803 und wird seit 1991 wieder von österreichischen Zisterziensern aus Zwettl geführt. In der Alderbacher Barockanlage soll einzig der Kern des Kirchenwestturms aus der Zeit des zweiten Aufbaus 1207 stammen, was von außen nicht zu erkennen ist. Die Alderbacher Tochtergründungen Fürstenfeld in Oberbayern (1263–1803) und Fürstenzell bei Passau (1274–1803) repräsentieren sich heute ebenfalls als reine Barockklöster.

◆ Friedrich, Verena: W., Passau 2002; Batzl, Heribert: W., Cham 1988; Bauer, Hermann/Bauer, Anna: Klöster in Bayern, München 1985, 252–254.

Waldheim, *Augustiner-Eremitenkloster (1404–1549), Diözese Meißen – (Lkr. Mittelsachsen, Sachsen, ❐ 4, C1).*

▶ **Geschichte.** Hofmeister Dietrich von Beerwalde erhielt 1383 vom wettinischen Markgrafen Wilhelm I. von Meißen die Burg Kriebstein und damit auch die nahe Stadt W. zum Lehen. Dietrich baute die Burg als neuen Herrensitz aus und übergab 1404 dem Augustiner-Eremitenorden zur Gründung eines Klosters das alte Schloss mit dem Ottokirchlein in der Stadt. Markgraf Wilhelm I., der zur gleichen Zeit einen Augustinerkonvent in Dresden (s. u.) gründen ließ, erteilte seine Zustimmung. Bischof Rudolf von Meißen (Planitz) ließ damit bis 1422 auf sich warten. Die ersten Augustiner-Eremiten kamen wohl aus ➛ Grimma. Von Beginn an hielt sich die Gemeinschaft in W. an Observanzideale, die von der Ordensleitung im 15. Jh. angestrebt wurden; Kloster W. gilt somit als erstes Observantenkloster der sächsisch-thüringischen Ordensprovinz und wirkte beispielgebend für die ordensinternen Reformen. Damit stieg W. zum Kristallisationsort der sächsisch-thüringischen Reformkongregation auf, die unter den Vikaren Andreas Proles (1461–67, 1473–1503) und Johann von Staupitz (1503–20) zwar die Rückkehr zu alten Idealen in vielen Augustinerklöstern erreichte, was jedoch deren Untergang in der Reformationszeit nicht verhindern konnte. Seit 1502 studierten mehrere Brüder aus dem Konvent W. in der neuen Universität Wittenberg: Peter Gruna wurde nach seiner Rückkehr zum Prior gewählt (1504–10) und Wenzlaus Link amtierte als Generalvikar der Provinz (1520–23). Die Brüder blieben trotz enger Verbindungen nach Wittenberg dem alten Glauben treu. Bruder Stephan Hildebrand aus W. wurde 1515 zum Diakon an den Dom zu Merseburg berufen. Der letzte katholische Herzog Sachsens, Georg der Bärtige, schützte die Klöster im albertinischen Landesteil bis zu seinem Tod 1539. Sein Nachfolger Heinrich II. setzte den Protestantismus landesweit durch. Der Stadtherr Georg von Carlowitz löste 1549 den Konvent W. auf. Seine Söhne bauten 1555 das Kloster wieder zu einem Schloss um, das Kurfürst Christian I. von Sachsen 1588 aufkaufte und als Jagdschloss ausbauen ließ. Auch die Klosterkirche wurde zur Schlosskirche verändert und 1592 neu geweiht. Kurfürst August der Starke ließ 1716 im verfallenen Schloss ein kursächsisches Zucht-, Armen- und Waisenhaus einrichten.

▶ **Gegenwart.** Seit 1830 wird das Schloss auf dem ehemaligen Klosterareal nur noch als Zuchthaus betrieben, eine Einrichtung, die das kleine Städtchen nachhaltig prägte. Die mehrfach veränderte, gotische Anstaltskirche St. Otto geht auf die Augustiner-Eremiten zurück. Die Anstaltsgebäude sind jüngeren Datums.

❖ Das Bruderkloster in Dresden endete ebenfalls 1539; heute erinnert nur noch der Name der Klostergasse an die Augustinerbrüder.

◆ Buchwald, Hans-Gert: Schloß W. Vom Kloster zur Justizvollzugsanstalt, in: Burgen, Schlösser, Gutshäuser in Sachsen, Stuttgart 1996, 214–222; Kunzelmann, Adalbero: Geschichte der deutschen Augustiner-Eremiten, Tl. 5, Würzburg 1974, 305–308.

Waldheim Augustiner-Eremitenkloster, die gotische Klosterkirche St. Otto im Gelände der Strafanstalt.

Waldsee, *Augustiner-Chorherrenstift St. Petrus (um 1150–1788), Diözese Konstanz – (Bad W., Lkr. Ravensburg, Baden-Württemberg,* ❐ *3, D4).*

▶ **Geschichte.** Mitte des 12. Jh. etablierte sich eine Klerikerkommunität an der alten Pfarrkirche St. Petrus im oberschwäbischen W., die im Mai 1181 durch Kaiser Friedrich I. öffentliche Anerkennung als Regularkanonikerstift fand. Die Vogtei übten die Staufer aus, die Untervogtei hatten die Herren von Waldsee inne. Zeitweise glich der Konventsstatus einem Reichsstift. 1331 gelang die Herrschaft W. an das Haus Österreich, 1384/86 bis 1680 war die Stadt an die Truchsessen von Waldburg verpfändet, die auch die Schirmvogtei über das Stift übernahmen. Die Grundausstattung war bescheiden, weil eine erste Blüte erst in der zweiten Hälfte des 15. Jh. erreicht werden konnte. Die Chorherren unterstützten 1402 im nahen Reute (s. u.) die Gründung eines Tertiarinnenklosters des Dritten Ordens der Franziskaner. Propst Jakob II. von Mesch (1400–18) schenkte in Reute ein Grundstück, damit sein Mitbruder und Pfarrer, Konrad Kügelin (Propst 1418–28), eine Klause an der dortigen Pfarrkirche St. Peter und Paul erbauen lassen konnte. Die Beziehungen der Frauen zum Augustinerstift entwickelten sich wesentlich enger als zum Franziskanerorden. Die erste Meisterin Elsbeth Achler (1402–20) wurde überregional als Mystikerin bekannt; später betrieben die Augustiner-Chorherren die Seligsprechung der „Guten Beth von Reute“, was erst 1766 von Erfolg gekrönt wurde und sie zur Patronin Schwabens aufstieg. Stift W. gehörte keinem Reformverband an, ihm oblag die Betreuung der Pfarren in W. mit mehreren Kapellen und Kaplaneien. Im 15. Jh. schlossen sich einige Bruderschaften dem Stift an. 1422 wurde der Konvent auf der Basis der Beschlüsse des Konzils von Konstanz reformiert, erneut 1492 unter Einfluss des Neustifts bei Brixen in Südtirol. Täufer aus der Schweiz rissen 1530 die Herrschaft in W. gewaltsam an sich, was Truchsess Georg III. von Waldburg, genannt „Bauernjörg“, blutig beendete. Unter den Chorherren selbst fand die Reformation wohl nur zwei Anhänger, die beide 1546 den Konvent verließen; Johannes Willing (1525–72) wurde später kurpfälzischer Hofprediger. Im 17. Jh. erlaubte die prosperierte Wirtschaft eine intensive geistige Beschäftigung und der vorbildliche Konvent zeichnete sich durch wissenschaftliche Ausstrahlung aus. 1621 zur infulierten Abtei erhoben, genoss Stift W. dank hervorragender Gelehrter auch nach dem Dreißigjährigen Krieg einen ausgezeichneten Ruf. 1703 musste die hochverschuldete Stadt der Abtei den Stadtsee mit Fischereirechten veräußern, was das gegenseitige Verhältnis belastete. Kaiser Joseph II. hob das Stift im Juli 1788 auf, weil die Chorherren angeblich selbst um Auflösung gebeten hätten. Die kaiserliche Kommission stellte laut Protokoll eine tiefgreifende Zerrüttung unter Abt, 16 Kanonikern, drei Laienbrüdern und sechs Novizen fest. Immerhin hinterließ Stift W. nach Abzug der Schulden ein beträchtliches Vermögen. 145 Zentner Bücher (nur ein Teil der Bibliothek) gelangten 1791 an die Universität Freiburg.

Waldsee Augustiner-Chorherrenstift, die spätgotische Turmfront der Stiftskirche in barocker Ummantelung.

▶ **Gegenwart.** Die heutige katholische Pfarr- und ehemalige Stiftskirche St. Peter, das Wahrzeichen der Stadt über dem See, geht auf Propst Heinrich V. Fuchs (1450–92) zurück, der an Stelle des Vorgängerbaus die dreischiffige Halle mit Polygonalchor und Westturm errichten ließ (1479–83). Abt Balthasar I. (1699–1735) bemühte sich bei der Barockisierung Anfang des 18. Jh., gotische Grundformen nicht zu verändern. 1736 entstand der Nebenchor bzw. die Sebastianskapelle anstatt der alten Sakristei; nach Einsturz des Turms verlängerte man 1757 das Schiff nach Westen und schmückte die neue Fassade mit zwei Türmen. Das Grabmahl Truchsess Georgs I. von Waldburg († 1467) ist teilweise erhalten und stellt das künstlerisch bedeutendste Ausstattungsstück dar. Um die Kirche entstand im 18. Jh. die Dreiflügelanlage der Klausur; heute existierten davon nur der Nord- und ein Teil des Ostflügels, genutzt als Stadtarchiv und Volkshochschule. Die Prälatur von 1748 ist heute eine Apotheke, das Gemeindehaus ersetzte 1906 den abgebrannten Südflügel.

❖ Das Frauenkloster Reute endete 1782, ist aber seit 1870 wieder mit Franziskanerinnen besetzt. Die barocke Klosteranlage, inzwischen nach W. eingemeindet, weist keine Architektur auf, die auf den spätmittelalterlichen Konvent zurückgeführt werden kann.

◆ Fischer, Joachim: Ein spätmittelalterlicher Pfründenstreit. Die Besetzung der Propstei W. 1490/92, in: Rottenburger Jahrbuch für Kirchengeschichte 24 (2005) 195–208; ders: W., in: Württembergisches Klosterbuch, Ostfildern 2003, 493–496; Barczyk, Michael/Schurer, Paul: Kirche und Stift St. Peter zu W., Bad Waldsee 1979.

Walkenried, *Zisterzienser Reichsabtei St. Maria und St. Martin (1127–1546), Erzdiözese Mainz – (Lkr. Osterode/Harz, Niedersachsen,* ❐ *2, A5).*

▶ **Geschichte.** Die Gemahlin Adelheid des Edelfreien Volkmar (nicht von Klettenberg), der mit seinen Söhnen in die Abtei ➛ Huysburg eingetreten war, schaffte die materielle Voraussetzung zur Gründung eines Klosters im Südharz am Flüsschen Wieda auf bereits kultiviertem Land. Da die Benediktiner von Huysburg kein Interesse zeigten, stiftete sie 1127 den Besitz dem aufstrebenden Reformorden von Cîteaux. Die niederrheinische Abtei ➛ Kamp sandte 1129 ihren ersten Tochterkonvent in den Südharz nach W. Kaiser Lothar III. bestätigte 1132 die neue Abtei, ebenso Papst Innozenz II. 1137. Im gleichen Jahr konsekrierte Erzbischof Adalbert I. von Mainz (Saarbrücken) die noch provisorische Klosteranlage. Der erste Abt Heinrich I. (1129/57) ließ 1132 die Tochtergründung in Schmölln, später ➛ Pforte, und 1141 eine weitere *filia* in ➛ Sittichenbach besiedeln. Er initiierte auch eine Gründung für Ordensschwestern 1232 in ➛ Neuendorf bei Gardelegen. In Nicolausrode (auch „Rodeberg“) östlich von Nordhausen entstand wohl lediglich ein Wallfahrtsort, aber kein Kloster. Die Frauenkonvente ➛ Wöltingerode und ➛ Anrode unterstanden der Abtei nur in geistlicher Hinsicht. Der Erwerb von Reichsgut mit mehrmals garantiertem Reichsschutz sowie zisterziensische Wirtschaftsorganisation ließen eines der reichsten Klöster Norddeutschlands mit quasiautonomer Herrschaft entstehen. 1209 sprach König Otto IV. das *speciale patrocinium* aus. Bis 1205 wurden elf Grangien teilweise durch „Bauernlegen“ etabliert. Der Streubesitz verteilte sich von Aachen bis Pommern, eingeschlossen Weinflächen bei Würzburg. Bruder Jordan befreite das Untere Ried von Sumpf und Überschwemmungen, was Kaiser Friedrich I. 1188 mit der Riethufe Kaldenhausen belohnte. Stadthöfe in fünf Städten dienten der Vermarktung der Überschüsse; Anteile am Goslarer Silberbergbau sind seit 1186 belegt und die Abtei investierte auch im Kupferschieferbergbau (Anfang 13. Jh.). 1227 wurde Graf Wohldenberg mit der Vogtei beauftragt, die Ende des 13. Jh. zum Nachteil der Abtei an die Grafen von Ho(h)nstein überging. 1280 zählte der Konvent 80 Professmönche und 180 Konversen, 1519 waren es nur neun Priestermönche. Der Konvent unterhielt Schreibstube, Kunstwerkstatt und ein großes Hospital mit Apotheke; an manchen Tagen wurden mehrere hundert Menschen vor dem Tor gespeist. Die Wirtschaftskrise des 15. Jh. konnte dank des Reichtums abgefangen werden, disziplinarischen Verstößen war dagegen schwieriger zu begegnen. W. verkaufte 1435/44 seine Silberschürfrechte am Rammelsberg in Goslar unter anderem an die Bruderzisterzen ➤ Michaelstein und ➤ Scharnebeck. Verliehenes Kapital belief sich 1473 bereits wieder auf 20.000 Gulden. Im Leipziger Kolleg studierten zwischen 1456 und 1520 insgesamt 21 Walkenrieder Mönche. Im Mai 1525 wüteten aufständische Bauern derart in W., dass sich die Abtei von den entstandenen Schäden nicht wieder erholen konnte; zuvor waren Abt Paul Gutting (1519/34) und sein Schrumpfkonvent nach Lüneburg geflohen. 1542 erklärte Kaiser Karl V. volle Reichsstandschaft; Abt Johannes VI. Holtegel (1538/54) wurde als Zisterzienser zwar nicht Reichsfürst, aber Reichsprälat mit Sitz auf Reichstagen. Dieser Abt entschied sich für das lutherische Bekenntnis; 1546 kam der erste evangelische Prediger in das nun evangelische Kloster, das bis 1669 eine Klosterschule unterhielt. Die katholische Restitution 1627 mit Hilfe der Abtei ➤ Kaisheim vereitelten die Schweden.

▶ **Gegenwart.** Die frühgotische, dreischiffige Abteibasilika mit Querschiff ersetzte 1290 den romanischen Erstbau; nach 1360 entstand zusätzlich ein fünfschiffiger, hochgotischer Chorneubau. Die Klosterkirche musste 1570 aufgegeben werden und existiert heute nur noch in malerischen Ruinenteilen. Gut erhalten blieb der gotische Vierflügelkreuzgang mit Brunnenhaus und doppelschiffigem Lesegang entlang der Kirchenruine. Vom gotischen Klausurquadrum existieren heute Ost- und Südflügel mit Sakristei, Dormitorium, Brüdersaal, Refektorium und dreischiffigem Kapitelsaal; letzterer dient seit 1570 als evangelische Gemeindekirche. Der westliche Konversenflügel wurde 1739 abgebrochen. Die in Teilen erhaltene Wehrmauer umschloss eine ganze Klosterstadt (vergleichbar mit ➤ Maulbronn); das „Obere Tor" enthält romanische Bauteile. Die Frauenkapelle St. Nikolaus ging verloren, dagegen blieb die Krankenhauskapelle oder „Abtskapelle" aus dem frühen 13. Jh. erhalten. Seit 1972 gibt es in W. wieder eine „evangelische Zisterzienserkommunität".

◆ GermBen 12, 678–742; Heutger, Nicolaus: Kloster W. Geschichte und Gegenwart, Berlin 2007; Maier, Konrad: Kloster W., München 2007.

Walkenried Zisterzienser Reichsabtei, der doppelschiffige Lesegang des gotischen Kreuzgangflügels.

Walsdorf, *Benediktinerabtei St. Maria (vor 1156– vor 1235), Benediktinerinnenabtei St. Maria (vor 1235–1608), Erzdiözese Trier – (Idstein-W., Rheingau-Taunus-Kreis, Hessen, ❐ 3, C1).*

▶ Erzbischof Arnold von Mainz (Selenhofen) unterstützte die Frömmigkeitsbewegung einiger Gemeinden um W. in Hessen, die vor 1156 zur Gründung eines Benediktinermönchsklosters geführt hatte, das der Mainzer Kirche weltlich unterstand, aber kirchlich zur Erzdiözese Trier gehörte. In der Stiftungsurkunde von 1156 traten Äbte von Mainz St. Alban, Mainz St. Jakob, ➤ Bleidenstadt und ➤ Schönau im Taunus als Zeugen auf, die alle dem ➤ Hirsauer Reformkreis angehörten, weshalb man von entsprechender Einstellung des Konvents in W. ausgehen darf. Vor 1235 wurde das Mönchskloster in ein Frauenkloster umgewandelt, möglicherweise existierte auch einige Jahrzehnte ein Doppelkonvent. Die erfolgreichen Schwestern, die seit 1350 ihr Kloster allein unter einer Äbtissin ohne einen Propst führten, schlossen sich 1461 der ➤ Bursfelder Kongregation an. 1544 ging das zisterziensische Frauenkloster Aftholderbach (s.u.) bei Miehlen samt Gütern in der Benediktinerinnenabtei auf. Graf Philipp III. von Nassau-Wiesbaden-Idstein verfügte 1562 eine protestantische Kirchenordnung, auf die der Konvent zunächst nur zum Schein einging. Erst 1608 erfolgte die offizielle Umwandlung in ein evangelisches Damenstift, das bis 1634 bestand. Ein Brand vernichtete 1692 die Anlage; auf den Fundamenten der Klausur wurde ein Schulhaus errichtet. Am städtischen Obertor 21 in W. (heute nördlicher Stadtteil von Idstein) soll noch ein gewölbter Kellerraum als einziges Relikt der mittelalterlichen Anlage existieren.

❖ Die Frauengemeinschaft Aftholderbach stand möglicherweise um 1220 unter Aufsicht der Prämonstratenserabtei ➤ Arnstein, bekannte sich aber unter Einfluss Graf Ruperts V. von Nassau seit 1222 zur Zisterzienserobservanz, ohne dem Zisterzienserorden anzugehören. Der Konvent endete 1544 nach der Vereinigung mit den Benediktinerinnen in W. Aftholderbach ist heute ein landwirtschaftlicher Betrieb mit Reiterhof bei Miehlen; klösterliche Bauten blieben nicht erhalten.

◆ GermBen 7, 996–1007.

Walsrode, *Benediktinerinnenkloster St. Johannes Baptist (vor 1255–1570), Diözese Minden – (Lkr. Soltau-Fallingbostel, Niedersachsen, ❐ 1, D3).*

▶ **Geschichte.** Das vor 986 gegründete Säkularkanonissenstift W. wird erstmals 1255 in einer Urkunde als Benediktinerinnenkloster bezeichnet. Schon um 1180 hatten die Frauen aus W. dabei geholfen, das Benediktinerinnenkloster ➤ Ebstorf zu beleben. Als einziges Kloster im westlichen Teil des Fürstentums Lüneburg rekrutierte sich der Konvent aus lüneburgischem, calenbergischem und verdenschem Landadel. Mitgiften vergrößerten den Grundbesitz. Die Edelherrn von Hodenberg erwiesen sich als besondere Gönner, aber auch die welfischen Landesherrn und die Bischöfe von Minden förderten die materielle Basis und die geistliche Ausstrahlung des Konvents. Epidemische Seuchen dezimierten Anfang des 14. Jh. die Bevölkerung; die Überlebenden bemühten sich verstärkt um ihr Seelenheil durch Schenkungen und Vermächtnisse an den Konvent; Begräbnisplätze im Kloster erzielten hohe Einnahmen, die weitere Landzukäufe erlaubten. Die weltlichen Stiftstraditionen konnte der Benediktinerinnenkonvent nie ganz ablegen, Leibrenten einzelner Schwestern führten zu Privatge-

Wanzka Zisterzienserinnenkloster, die Maßwerkfenster wurden schon beim Bau der Kirche (14. Jh.) reduziert.

schäften und Geschäftsreisen. Priorin und Konvent traten 1376 selbst an Bischof Widekind mit der Bitte heran, der schleichenden Auflösung mit administrativen Mitteln entgegenzuwirken. Der Bischof stellte daraufhin eigenmächtiges Entfernen aus dem Immunitätsbezirk unter Strafe. Seit 1470 ist eine Schule mit Schulmeister im Klosterareal bezeugt. Im 15. Jh. näherten sich die inneren Zustände erneut der Lebensweise eines weltlichen Konvents mit weitestgehend selbständigen Damen. Herzog Friedrich II. von Lüneburg versuchte 1475 die Beachtung benediktinischer Klausurregeln durchzusetzen; seine Schwiegertochter Anna von Nassau-Dillenburg erreichte schließlich 1482 eine Reform im Geist der ➛ Bursfelder Kongregation und rief Schwestern aus dem bereits reformierten Kloster Ebstorf zu Hilfe. Priorin Margarete von Hodenberg (1475–80) resignierte und wurde gegen Priorin Walburga Grawerock (1483–1500) aus Ebstorf ausgetauscht. 1482 brannte die Klosteranlage mit Kirche ab. Der Konvent musste für den Wiederaufbau Almosen im Bistum sammeln; Kurfürst Johann I. von Brandenburg erlaubte den Schwestern, Beisteuern in seinem Land zu erbetteln. Die Weihe der neuen Kirche konnte 1496 erfolgen. Besitz und Einnahmen umfassten 182 Höfe in 90 Dörfern, sechs Mühlen, ausgedehnte Holzherrschaft, Fischrechte in der Böhme und Gewinne aus Lüneburger Salinen. 1518 gehörten dem Konvent 32 Chorschwestern, 20 Laienschwestern und fünf Novizinnen an. Eine letzte nachweisbare Stiftung überwies 1517 die Lüneburger Bürgerin Gesche Flottwedel. Herzog Ernst I. der Bekenner von Braunschweig-Lüneburg führte 1528 schrittweise die Reformation im Fürstentum ein. In W. ging er weit geduldiger vor als in den Klöstern ➛ Isenhagen, ➛ Wienhausen oder ➛ Lüne. Der erste lutherische Prediger wurde 1529 eingesetzt, woraufhin Propst Johann Wichmann (1515–29) ohne Widerstand im gleichen Jahr resignierte. Der Herzog bestallte weltliche Verwalter; Preziosen und Kleinodien dienten 1532 der Tilgung von Landesschulden. Die katholische Priorin Anna Behr (1509–45) wurde 1545 abgesetzt, selbst ihre Nachfolgerin Anna von Weyhe (1545–70) verweigerte sich noch der lutherischen Gottesdienstordnung. Erst unter der dritten nachreformatorischen Vorsteherin, der *Domina* Elisabeth Suderborg (1570–73) kann man von einem evangelischen Damenstift sprechen, das bis heute unter Verantwortung der Hannoverschen Klosterkammer besteht.

▶ **Gegenwart.** Die Klosterkirche St. Johannes Baptist war immer auch Pfarrkirche der Gemeinde in W. Die heutige Kirche entstand nach dem Brand von 1482 auf den Grundmauern des romanischen Vorgängerbaus, wobei in der Südwand romanische Mauerreste wiederverwendet wurden. Das Südquerschiff war schon immer für die Nonnenempore reserviert gewesen, die man nun zur eigentlichen Klosterkirche ausbaute. Die Haupt- und Pfarrkirche wurde 1847 durch einen klassizistischen Neubau ersetzt. Aus mittelalterlicher Zeit haben sich einige wertvolle Ausstattungsstücke erhalten. Die mittelalterlichen Klausurgebäude mussten in der Barockzeit Neubauten weichen mit Ausnahme des spätgotischen Kapitelhauses, das heute als Remter dient.

◆ GermBen 11, 534–541; Oldermann, Renate: Kloster W., vom Kanonissenstift zum evangelischen Damenkloster, Bremen 2004.

Wanzka, *Zisterzienserinnenkloster (1283–1555), Diözese Havelberg – (Lkr. Mecklenburg-Strelitz, Mecklenburg-Vorpommern, ❐ 2, C3).*

▶ **Geschichte.** Markgraf Albrecht III. von Brandenburg stiftete 1283 das Frauenkloster W.; der Stiftungsbrief wurde im Februar 1290 ausgestellt. Historiker vermuten eine Gründung schon Jahre zuvor, da W. zwischen 1270 und 1283 die Dörfer Küssow und Mechow vom Stift ➛ Broda erhalten hatte. Kloster W. bildete immer eine Brücke zwischen den Herrschaften Brandenburg und Mecklenburg, wobei erstere als Stifter hervortraten, die mecklenburgischen Fürsten als besondere Förderer. Über eine Konfraternität pflegten die Schwestern engen Kontakt zum Domkapitel in Havelberg. Sie bekannten sich zur Zisterzienserregel, ohne dass eine Inkorporation in den Orden nachweisbar wäre; entsprechende Vermutungen werden aber in der Forschung geäußert, obwohl der Havelberger Bischof stets die Jurisdiktion ausübte. Kontakte der Frauen zu Zisterziensermönchen sind kaum belegt, nur eine Quelle erwähnt die Zisterzienser von ➛ Stolpe, die 1342 den Schwestern eine zweibändige Bibel verkauften. Im Bistum Havelberg gründete der Zisterzienserorden kein Mönchskloster, die nächsten Abteien ➛ Himmelpfort am See oder ➛ Chorin lagen in der Diözese Brandenburg. Alle vier zisterziensischen Frauenklöster der Diözese gelten als nicht ordensangehörig: ➛ Marienfließ, ➛ Heiligengrabe, ➛ Lindow und W., aber ebenso auch nicht die benachbarten Schwesternklöster ➛ Ivenack und ➛ Boitzenburg in der Diözese Kammin. Im Frieden von Templin 1317 gelangte Kloster W. unter mecklenburgische Landeshoheit. Das Verhältnis zu den Herzögen gestaltete sich einvernehmlich und sicherte weiterhin eine aufstrebende Entwicklung. Äbtissin Margarete von Schwaben (1330/42) wandte sich 1341 an Bischof Dietrich I. von Kothe, um Reformmaßnahmen zur Erneuerung der Klausur billigen zu lassen. Darin wurde die Anzahl der Schwestern auf maximal 50 begrenzt, auch durften nur noch höchstens zehn Schüler in der klostereigenen Schule ausgebildet werden. Die Johanniter, die im nahen ➛ Nemerow eine Kommende unterhielten, nahmen die Frauen von W. 1347 in die Fraternität ihres Ordens auf, und der Franziskanerkonvent in ➛ Rostock ging 1399 eine Verbrüderung mit ihnen ein. Prosperierende Ökonomie versetzte den Konvent 1395/99 in die Lage, dem Landesherrn Geld zu leihen. Herzog Ulrichs I. einzige Tochter Anna stand dem Kloster als Äbtissin (1417/24) vor; ihr Vater wurde 1417 in W. beigesetzt, ebenso Herzog Ulrich II. 1471, der letzte Nachfahre des Hauses Mecklenburg-Stargard. Als fürstliche Begräbnisstätte samt seiner 15 Kirchenpatronate fungierte W. als religiöses Zentrum der Region. Unter Äbtissin Anna von Sönneke (1488/1501) bestand der Konvent aus 39 Frauen. Ein Gemeinschaftsleben existierte Anfang des 16. Jh. nicht mehr, vielmehr führten die privilegierten Konventualinnen Haushalte in eigenen Wohnungen. Kloster W. wurde entsprechend der Bestimmungen des Landtags in Sternberg 1546 als einziges Frauenkloster der Diözese nicht in ein evangelisches Damenstift überführt sondern säkularisiert. 1546 zeichnete ein Hauptmann verantwortlich für die Geschäfte, ein Propst war bis etwa 1550 tätig. 1550/51 existierte unter Äbtissin Margarete Peckatel (1544/55) noch ein Konvent, aber spätestens 1555 befand sich der Besitz in weltlicher Hand. Die Äbtissin und sieben Schwestern lebten mit Pensionen formal als klösterliche Gemeinschaft weiter. 1568 verpfändete Herzog Johann Albrecht den Besitz. Äbtissin Margarete Peckatel starb 1588 als letzte Zisterzienserin von W.

▶ **Gegenwart.** Von der Klosteranlage sind heute lediglich ein spitzbogiges Klostertor mit Fußgängerpforte und die ehemalige Klosterkirche, eine langgestreckte, hohe Backsteinhalle mit Treppenturm aus dem 14. Jh. erhalten. Die Kirche brannte 1833 innen aus, die mittelalterliche Ausstattung ging verloren. Eine Eigentümlichkeit des Baues sind seine hohen Fensternischen, nur die oberen Hälften der Fenster enthalten Glas, die unteren Teile wurden schon zur Zeit des Kirchenbaus vermauert.

◆ GermSac AF I, Havelberg 296–320; RepZist 486–489; Kugler-Simmerl, Annette: Bischof, Domkapitel und Klöster im Bistum Havelberg, Berlin 2003.

Warburg, *Dominikanerkloster St. Maria in vinea (1281–1824), Diözese Paderborn – (Kr. Höxter, Nordrhein-Westfalen, ❐ 1, C5).*

▶ **Geschichte.** Bischof Otto von Paderborn (Rietberg) rief 1281 Dominikanermönche in seine Doppelstadt W. an Diemel und Twiste. Die Predigerbrüder bezogen mit Prior Wikerus zunächst ein Haus nahe der Altstadtkirche „St. Maria in vinea" auf dem Ikenberg. Als der Bischof den Predigern 1286 die Altstadtkirche schenkte, reagierten Bürger und Pfarrklerus mit tumultartigem Aufruhr, den nur die Exkommunikation der Anführer und das Interdikt über die Gemeinde eindämmen konnte. Ein Vergleich 1287 garantierte den Altstädtern eine neue Kirche, die Altstadtkirche aber blieb den Dominikanern. Harmonie kehrte ein, nachdem die neue Pfarrkirche 1299 geweiht worden war. Die Brüder verstanden es, sich durch Seelsorge und volksnahe Predigt doch noch beliebt zu machen. 1299 verbanden sie sich in Konfraternität mit dem Domkapitel in Paderborn, Bruderschaften schlossen sich an und erweiterten die Klosterkirche durch Kapellenanbauten. Ein neuer Langchor entstand Mitte des 14. Jh., aber erst 100 Jahre später wurde das Klausurquadrum vollendet. Die Ordensprovinz Saxonia tagte 1379, 1412 und 1489 in W.; der Konvent gehörte zusammen mit ➛ Bremen, ➛ Dortmund, ➛ Minden und ➛ Osnabrück zur *Natio Westfaliae* und stellte zwei Provinziale und einen Weihbischof. Die Doppelstadt bestand lange aus zwei unabhängig verwalteten Bezirken, einem Nebeneinander von Alt- und Neustadt. Der Kölner Erzbischof Dietrich II. von Moers erwies sich in seiner Funktion als Bistumsverweser für beide Städte als Wohltäter. Im September 1430 veranstaltete er im Dominikanerkloster ein Zusammentreffen aller Landstände des Fürstbistums, wobei sein Einfluss sicher nicht zu gering beim Zusammenschluss beider Städte unter einem Magistrat 1436 zu veranschlagen ist. Während der Reformation entschieden sich die Bürger mehrheitlich für den Protestantismus. Der Predigerkonvent blieb unter den Prioren Jodokus Becker (1523/30) und Heinrich Hammerschlag (1533/42) katholisch, auch wenn er einen Mitgliederschwund auf unter zwölf Brüder hinnehmen musste. Um 1600 bekannte sich auch die Stadt wieder katholisch. Im 17. Jh. erlebte der Konvent eine Hochblüte; die Pfarrseelsorge in den umliegenden Gemeinden erkannte er im Sinn der Gegenreformation als Hauptaufgabe, die eigenen Studien wurden intensiviert. 1628 eröffneten die Brüder das Gymnasium „Marianum", eine höhere Schule für Bürgersöhne. Zwischen 1635 und 1770 entstanden (in zeitlichen Abständen) neue Konventsgebäude. Der Moraltheologe Martin Wiegand († 1706) aus dem Konvent W. lehrte in Wien, sein Hauptwerk „Tribunal confessariorum et ordinandorum" erschien in 16 Auflagen. Der Dominikaner Thomas Ricker († 1766) aus W. unterrichtete 23 Jahre in der Zisterzienserabtei ➛ Marienfeld. Jérôme Bonaparte von Westphalen löste 1810 die letzten Klöster im Königreich auf. Den Dominikanerkonvent in W. ließ er lediglich unterdrücken. Prior Nikolaus Rustemeyer (1809–24), sechs Priester und zwei Brüder durften wegen der Unterrichtsverpflichtungen bleiben. Erst der preußische König ließ im Dezember 1824 den Konvent endgültig aufheben.

▶ **Gegenwart.** Die ehemalige Klosterkirche „St. Maria in vinea" nutzt heute die evangelische Gemeinde als Pfarrkirche. Die Dominikaner bauten die ursprüngliche Basilika mit Westturm (um 1230) zu einer asymmetrischen, zweischiffigen Halle um und verlängerten sie um ein Joch nach Osten. Später fügten sie den fünfjochigen Langchor flach abschließend an. Die Seitenkapellen wurden vor 1660 zu Seitenschiffen ergänzt, woraus die heutige unregelmäßige, vierschiffige Hallenkirche mit langgestrecktem Chor resultiert. Innen konnten jüngst Wand- und Gewölbemalereien des 13. bis 17. Jh. aufgedeckt werden. Einige spätmittelalterliche Ausstattungsstücke blieben erhalten, so die zwölf Apostel (Anfang 16. Jh.). In den östlich anschließenden, barocken Konventsgebäuden ist heute wieder das Gymnasium Marianum untergebracht. Der Kreuzgang mit Spitzbogenfenstern des 14. Jh. blieb im Kern unverändert, die Flachdecke ist neu. Ein Teil der Gebäude zeigt mittelalterliche Elemente der Vorgängerbauten, wie spitzbogige Maßwerkfenster, Giebelansätze (14. Jh.) und Zierplastik.

◆ Seulen, Walter (Hg.): Baudenkmäler der Stadt W., Warburg 1996; Lohrum, Meinolf: W., Dominikaner, in: Westfälisches Klosterbuch, Tl. 2, Münster 1992, 420–426.

Warburg Dominikanerkloster, die Kirche wurde schrittweise zu einer vierschiffigen Halle erweitert, Südseite.

Wasserleben, *Zisterzienserinnenkloster St. Sanguinis u. a. (1299–1650) – „Waterlere", Diözese Halberstadt – (Lkr. Harz, Sachsen-Anhalt, ❐ 2, A5).*

▶ **Geschichte.** Einer Bäuerin aus Lere am Nordrand des Harzes widerfuhr 1228 auf dem Heimweg das Wunder einer blutenden Hostie. Dieses Wunder löste eine rege Wallfahrt aus, die 1292 zum Bau einer Kapelle führte und den Bischof Hermann von Halberstadt (Blankenburg) veranlasste, 1299 ein Frauenkloster zur Heiligblutverehrung zu gründen. Das Burchardikloster in ➛ Halberstadt sandte den Gründungskonvent; neuere Untersuchungen weisen auf ➛ Wöltingerode als Mutterkloster hin. Die Schwestern des neuen Klosters „Waterlere" (auch „Waterlieren") bekannten sich zur Zisterzienserobservanz, ohne die Aufnahme in den Zisterzienserorden zu erreichen, denn die Jurisdiktion blieb beim Ordinarius in Halberstadt. Der Bischof übereignete 1302 seinem Eigenkloster die Pfarrkirche St. Jakobus der Ältere, die bis 1313 zur Klosterkirche ausgebaut wurde. Weitere Stiftungen und Mitgiften sicherten den Unterhalt der Schwestern. Die Wallfahrt blieb bis zur Reformation lebendig, war jedoch im Spätmittelalter nur von regionaler Bedeutung. Abt

Mathias von ➛ Walkenried beurkundete im November 1481 ein Tauschgeschäft mit den Zisterzienserinnen über Besitz, der dem Kloster ➛ Stötterlingenburg zinspflichtig war. Der Konvent bestand 1496 mit Konversen aus 38 Personen. Das Frauenkloster ➛ Marienstuhl in Egeln an der Bode stieg im Spätmittelalter zum Ausstrahlungszentrum einer Reform in den Zisterzienserinnenklöstern der Diözese Halberstadt auf und half die Observanz in den Konventen ➛ Neuendorf, ➛ Halle Marienkammer, vermutlich Meyendorf (s. u.) und ➛ Althaldensleben, aber auch in W. durchzusetzen. Zu diesem Zweck kam Äbtissin Margaretha von Lipditz (1509–30) aus Marienstuhl 1509 nach W. und erneuerte die benediktinischen Ideale im Konvent. Die Schwestern flohen im Frühjahr 1525 vor den plündernden Bauern und kehrten erst im Herbst zurück. Zwischen 1556 und 1613 bekannten sich die meisten Konventualinnen zur Reformation. Die katholische Äbtissin Elisabeth Grelle wurde 1613 vom lutherischen Grafen von Stolberg-Wernigerode abgesetzt und ging 1615 mit einigen Schwestern nach Marienstuhl in Egeln. Durch kaiserliche Truppen wurde im Mai 1624 erneut das katholische Bekenntnis unter Äbtissin Elisabeth von Buchwitz ermöglicht; ihr Konvent bestand aus acht Chorschwestern. Der Abt von ➛ Kaisheim nahm als Bevollmächtigter des Zisterzienserordens den Konvent W. 1629 als vollwertiges Mitglied in den Orden auf. Entsprechend der Regelung im Westfälischen Frieden von 1648 konnten Klöster und Stifte dann als katholische Institute weiterbestehen, wenn sie zum „Normaljahrstermin 1. Januar 1624“ katholisch waren; W. war jedoch erst im Mai 1624 wieder katholisch geworden. Kurfürst Friedrich Wilhelm I. von Brandenburg, seit 1648 Landesherr des neuentstandenen Fürstentums Halberstadt, säkularisierte das Kloster W. im Juni 1650 zugunsten des Grafen Heinrich Ernst zu Stolberg-Wernigerode. Angeblich verließ die letzte Schwester erst 1710 das Klostergut, nachdem ein Großbrand 1702 fast alle Gebäude vernichtet hatte.

▶ **Gegenwart.** Vom fast vergessenen Kloster ist kaum etwas geblieben. Die ehemalige Klosterkirche unterlag beim Wiederaufbau nach 1702 starken Veränderungen; sie dient noch heute der evangelischen Gemeinde als Pfarrkirche St. Sylvestri. Der große gotische Saal besitzt an der Südseite eine zweigeschossige Vorhalle, die ihre Maßwerkfenster bewahren konnte, deren Funktion aber unklar ist. Die Schwestern erreichten die Empore von ihrem Wohnhaus durch eine Öffnung im quadratischen Westturm. Vom mittelalterlichen Hochaltar sind zwei bemalte Tafeln erhalten, sonst ist der Raum schlicht barock geschmückt. Die Gebäude auf dem ehemaligen Klosterareal stammen aus dem 19. Jh.

❖ Das Zisterzienserinnenkloster Meyendorf westlich von Magdeburg entstand 1267 als Eigenkloster des Magdeburger Erzstifts und existierte bis 1810. Die heutige Anlage in Klein Wanzleben-Remkersleben entstand 1720 und wird als Pflegeheim genutzt.

◆ RepZist 489–491; Mohn, Claudia: W., in: Mittelalterliche Klosteranlagen, Petersberg 2006, 345 f.; Schrader, Franz: Ringen, Untergang und Überleben der katholischen Klöster in den Hochstiften Magdeburg und Halberstadt von der Reformation bis zum Westfälischen Frieden, Münster 1977.

Wechterswinkel Zisterzienserinnenkloster, die romanische Kirche der ersten deutschen Zisterzienserinnen.

Wechterswinkel, *Zisterzienserinnenkloster St. Trinitas und St. Margareta (1144– um 1590), Diözese Würzburg – (Bastheim-W., Lkr. Rhön-Grabfeld, Bayern, ❐ 3, D1).*

▶ **Geschichte.** In W. in der bayerischen Rhön entstand vor März 1144 das erste Frauenkloster im deutschen Reichsteil, dessen Frauen nach den Gewohnheiten des aufstrebenden Zisterzienserordens lebten; damit gilt W. als erstes Frauenkloster mit Zisterzienseridentität innerhalb der heutigen deutschen Grenzen. Das Kloster war aber keineswegs ein vollwertiges Mitglied des Zisterzienserordens, der sich als männlicher Reformorden zunächst reserviert gegenüber der Aufnahme von Frauenkonventen zeigte. Schon 1147 entsandte die schnell anwachsende Gemeinschaft aus ihrer Mitte Schwestern nach ➛ Ichtershausen in Thüringen, 1157 nach ➛ Bamberg St. Theodor, möglicherweise vor 1201 nach ➛ Johanniszell unter Wildberg und 1218 nach ➛ Schmerlenbach bei Aschaffenburg. Die Frauen in W. erlangten das päpstliche Schutzprivileg, unterstanden aber der Jurisdiktion des Würzburger Bischofs. W. erreichte deshalb keine Ordensvollmitgliedschaft, galt aber als kommittiertes Kloster und wurde geistlich von der Abtei ➛ Bildhausen betreut. Auffällig ist, dass kaum benediktinische oder zisterziensische Heilige verehrt wurden, dafür die Würzburger Bistumsheiligen Kilian und Burkard oder die Eichstätter Heiligen Willibald und Sola. Diskutiert wird daher auch die Möglichkeit, dass W. als Prämonstratenser-Doppelkloster begann; entsprechende Vermutungen beruhen auf einer undatierten Bischofsurkunde. Den Zustrom meist adeliger Frauen dämmte Bischof Hermann I. von Lobdeburg 1231 ein, indem er die Konventsstärke auf 100 Schwestern begrenzte. Zugriffe des örtlichen Adels auf die hoch dotierten Mitgiften seiner Töchter konnte der Bischof jedoch nicht verhindern, so dass sich das Kloster zum reinen Versorgungsinstitut mit entsprechender Verflachung des Klausurlebens entwickelte. Mehrere Reformversuche fruchteten nur kurzzeitig. Bauernkrieg, Reformation, Grumbachische

Händel sowie der Zweite Markgrafenkrieg besiegelten das Ende des Konvents. 1565 lebten nur noch die Äbtissin und drei Schwestern in W. Fürstbischof Julius Echter von Mespelbrunn hob das Kloster mit päpstlicher Zustimmung um 1590 auf. Der Besitz wurde als bischöfliches Klosteramt bis zur Säkularisierung 1803 weitergeführt. Die Einnahmen kamen zum Teil der 1582 reaktivierten Universität in Würzburg zugute.

▶ **Gegenwart.** Das spätgotische Klostergeviert bestimmt noch heute den Kern des kleinen Ortes, erscheint aber aufgrund der langen profanen Nutzung stark überbaut. Auch die Klosterkirche (1179), heute katholische Pfarrkirche St. Cosmas und Damian, existiert nur noch als Torso. Sie gilt, wie die Kirche in ➛ Frauenroth, als eines der wenigen Beispiele romanischer Zisterzienserinnenkirchen, die im 12. Jh. als dreischiffige Basilika erbaut wurden. 1811 verkürzte man das sechsjochige Langhaus, brach die Choranlage mit den drei Chorapsiden ab und errichtete mit dem Steinmaterial den heutigen Ostabschluss. Auch die Halle, die der Westfassade als Galiläa vorgelagert war, wurde entfernt. Die Ausstattung der schlichten Pfeilerbasilika entstammt der Barockzeit; bemerkenswert ist der Hochaltar aus der ehemaligen Klosterkirche Bildhausen.

◆ Flachenecker, Helmut: Memoria und Herrschaftssicherung, Göttingen 2008; Wagner, Heinrich: Die Äbtissinnen des Klosters Wechterswinkel, in: Würzburger Diözesangeschichtsblätter 66 (2004) 265–291; Bungart, Franz: Das Frauenkloster W., Mellrichstadt 1997.

Weddern, *Kartäuserkloster St. Trinitatis und St. Maria (1476–1804) – „Marienburg“, Diözese Münster – (Dülmen-W.-Karthaus, Kr. Coesfeld, Nordrhein-Westfalen, ❐ 1, B5).*

▶ **Geschichte.** Gerhard von Keppel, Marschall des Herzogtums Kleve, übergab 1476 seine Wasserburg W. dem Kartäuserorden zur Gründung einer Kartause, die dem Seelengedenken seines jüngst verstorbenen, einzigen Sohnes Hermann dienen sollte. Er selbst trat als Laie ohne Profess dem Gründungskonvent unter Prior Jakob Holtzwiler aus der Kartause Wesel (s. u.) bei und starb 1478 in W.; sein Grab befindet sich im Chorraum der Kirche. Mitstifterin und Gemahlin Hildegundis trat in das Schwesternhaus der ➛ Devotio moderna in Schüttorf ein und wurde 1496 im Stift ➛ Frenswegen bestattet. Bischof Heinrich von Münster (Schwarzburg) hatte bereits 1476 seine Zustimmung zur Kartause *Castrum Mariae* in W. erteilt, die 1480 in den Orden aufgenommen wurde. Die Stiftererben bereiteten den ersten Prioren erhebliche Schwierigkeiten, weil die Kartäuser wohl einen zu großen Teil des Erbes erhalten hatten. Die Mönche erbauten ihr Kloster um das alte Wasserschloss herum auf; die Vollendung der Kirche zog sich bis zum Ende des 16. Jh. hin. Prior Jobst Pelsers, gen. Judocus Vredis (1531–40), wurde als Künstler bekannt, der Tonreliefs in technisch hervorragender Qualität modellierte. Die Reformation verlief im niederrheinisch-westfälischen Reichskreis, dem das Herzogtum Jülich-Kleve-Berg angehörte, zunächst tolerant. Während der Gegenreformation Ende des 16. Jh. spitzte sich die Lage jedoch zu, was 1589 auch zur Plünderung der Kartause W. durch Protestanten und holländische Soldaten führte; Prior Martinus Letterhaus (1578–91) musste mit seinem Konvent fliehen. Restitutionen und Exilaufenthalte wechselten in der Folgezeit durch die Invasionen der Spanier, Niederländer, Franzosen und Hessen in das Herzogtum. Die Kartause W. erlitt nachhaltige Schäden, von denen sie sich nicht mehr zu erholen vermochte. Nach der Aufhebung des verarmten Klosters 1804 fiel der Besitz mit päpstlicher Zustimmung an den Herzog von Croy, der die Klostergebäude fast sämtlich abreißen ließ.

▶ **Gegenwart.** Die Nachkommen des Herzogs schenkten die spätgotische Klosterkirche 1975 der Diözese Münster. Sie dient heute der katholischen Gemeinde als Pfarrkirche St. Jakobus der Ältere. Der einschiffige Backsteinsaal mit sechs Jochen wurde um 1700 verändert. Der hohe Westturm, Sakristei und Grabkapelle der Herzöge von Croy entstanden erst 1872. Die Kirche besaß einen kartäuserspezifischen Kreuzganglettner, wie ihn heute noch ➛ Buxheim und ➛ Prüll aufweisen, der jedoch bereits im 18. Jh. abgebaut und durch ein kunstvolles Eisengitter ersetzt wurde. Das künstlerisch hochwertige Chorgestühl (um 1350) stammt aus dem Rheinland. Nur die frei im Park stehende Kirche, wenige, völlig überbaute Wirtschaftsgebäude und ein schöner, barocker Wappenstein nördlich im Gelände erinnern heute an die einst ausgedehnte Klosteranlage um die Burg W.

❖ Die Mutterkartause Wesel wurde 1417 von Adolf II. von Kleve zusammen mit der Antoniter-Präzeptorei in ➛ Hau nach seiner Erhebung zum Herzog auf einer Rheininsel in Flüren bei Wesel gestiftet und war nach zahlreichen Plünderungen nicht mehr zu halten. Die Mönche siedelten 1628 nach Xanten um, wo der Konvent 1802 endete. Nur am zweiten Standort in Xanten in der Rheinstraße erinnert heute ein barockes Haus mit Ziergiebel und achteckigem Treppenturm an die Kartäuser von Wesel.

◆ Nießing, Melanie: Von der Wasserburg zur Marienburg. Studien zur Baugeschichte des Kartäuserklosters Dülmen-W., Salzburg 2007; Kohl, Wilhelm: W., in: Westfälisches Klosterbuch, Tl. 2, Münster 1994, 433–437; Blüm, Hubertus Maria: Lexikale Übersicht, in: Die Kartäuser, Köln 1983, 297 f.

Weddingen, *Deutschordenskommende St. Maria (nach 1287–1809), Diözese Hildesheim – (Vienenburg-W., Lkr. Goslar, Niedersachsen, ❐ 2, A4).*

▶ An der Kreuzung alter Heer- und Handelsstraßen entstand im späten 13. Jh. nördlich von Goslar die Kommende W. des Deutschen Ordens. Sie ging schrittweise aus der Kommende ➛ Goslar mit dem Armenspital St. Spiritus hervor, das Reichsvogt Giselbert 1227 dem Deutschen Orden übereignet hatte. Ein Komtur in Goslar ist erst seit 1297 bezeugt. Der Ministeriale Heinrich von Birkenstein schenkte dem Orden 1287 Rechte über die Kirche in W. Nach weiterem Erwerb von sechs Höfen gründeten die Ordensbrüder um 1300 in W. eine untergeordnete Hauskommende. Im 14. Jh. verlegte der Komtur allmählich seinen Sitz nach W.; er ist 1351 noch in Goslar nachweisbar, taucht aber seit 1387 nur noch in W. auf. Die Kommende Goslar-W. war der Ballei Sachsen und dem Landkomtur in ➛ Lucklum unterstellt. 1542 wechselte die Ballei zum Protestantismus und mit ihr auch W. Im Dreißigjährigen Krieg plünderten Wallensteins Truppen 1625 die Kommende aus. Nach der Auflösung des Deutschen Ordens 1809 verkaufte König Jérôme von Westphalen die Güter an Privatpersonen. Ein Graben mit Steinbrücke erinnert heute an die einstige Wehranlage. Vom ehemaligen Klausurgeviert steht noch der Südflügel aus dem 17. Jh. und das restaurierte Wohnhaus der Ordensbrüder. Das Wohnhaus ist ein Fachwerkbau, den Komtur Gebhard von Hohenrode 1590 auf mittelalterlichen Bruchsteinfundamenten errichten ließ. Es wird heute noch bewohnt und zeigt rechts neben der Tordurchfahrt einen mit Holzverzierungen, Wappen und schwarzem Ordenskreuz geschmückten Erker. Nach Osten schließt sich ein großräumiger Wirtschaftshof an, der keine Altsubstanz aufweist. Die heutige Pfarrkirche im Ort entstand 1786.

◆ Demel, Bernhard: Die Deutschordensballei Sachsen vom 13.–19. Jh., Frankfurt/Main 2004; Bornstedt, Wilhelm: Elmsburg, Reitling, Lucklum und W., Braunschweig 1973.

Weddern Kartäuserkloster, das Westportal der spätgotischen Klosterkirche mit aufwändigen Schmuckformen.

Wedinghausen, *Prämonstratenser-Chorherrenstift St. Maria und St. Laurentius (1173–1803) – „Stift Arnsberg", Erzdiözese Köln – (Arnsberg-W., Hochsauerlandkreis, Nordrhein-Westfalen, ❐ 1, B5).*

▶ **Geschichte.** Graf Heinrich I. von Arnsberg hatte 1164 seinen Bruder im Kerker dem Hungertod ausgeliefert. Vom Kölner Erzbischof Reinald von Dassel besiegt, musste er den Erzbischof als Lehnsherrn anerkennen, 1173 das Prämonstratenserstift W. auf einer Erhebung in der Ruhrschleife nahe seines Stammsitzes Arnsberg im Sauerland als Sühneopfer gründen und dem Hochstift Köln übereignen. Er stattete das Stift großzügig aus, trat selbst in den Konvent ein und starb 1200 als Laienbruder. Die ersten Chorherren kamen mit Propst Rainer aus Marienweerd bei Utrecht. Zum Besitz gehörte seit 1186 der nahe Hof ➛ Rumbeck, wo sich bis 1191 ein abhängiges Frauenstift etablierte; ebenso unterstand W. seit 1228 das Frauenstift ➛ Oelinghausen. Die Kölner Oberhirten gewährten umfangreiche Vergünstigungen und Privilegien, päpstliche Schutzerklärungen halfen bei Besitzstreitigkeiten. Die Vogteirechte lagen bei den Arnsberger Grafen, die W. als Familiengrablege nutzten und sich mit großzügigen Dotationen bis 1352 als zuverlässige Förderer erwiesen. Um 1240 verbanden sich die Zisterziensermönche von ➛ Hardehausen und ➛ Bredelar mit den Prämonstratensern von W. zu einer Gebetsbrüderschaft. Weitere Fraternitäten entstanden mit dem Chorfrauenstift ➛ Elsey, mit den Zisterzienserinnenkonventen ➛ Welver und Himmelpforten in Niederense (untergegangen) sowie mit der Benediktinerabtei ➛ Liesborn. Die Seelsorge in den umliegenden Pfarrgemeinden entwickelte sich zum Hauptapostolat der Chorherren. Der Propst bzw. Abt war immer auch Archidiakon von Arnsberg. Das Stift stieg zum religiösen und kulturellen Zentrum der Grafschaft, später des Herzogtums Westfalen als Teil des Kölner Kurstaates auf. Um 1300 sind Schule und Krankenhaus bezeugt; der Konvent entwickelte und pflegte besonders Schreib- und Malkünste. Ein Ludovicus scriptor (um 1210–36) aus dem Konvent W. erlangte als begabter Illustrator überregionalen Ruf; im Stift existierte auch eine eigene Buchbinderei. Adelssöhne verdrängten im Laufe der Jahrhunderte nichtadelige Konventsmitglieder. Ein allgemeiner Niedergang und Verweltlichung des Ordenslebens kennzeichneten den spätmittelalterlichen Alltag. Stift W. stieg 1518 zur Abtei auf; erster Abt war Adrianus Tütel (1513–31). Reformen Anfang des 16. Jh. blieben ohne nachhaltigen Erfolg. Der Konvent widersetzte sich aber ebenso der Reformation, selbst protestantische Kirchenfürsten erreichten um 1540 und 1582/84 keinen Konfessionswechsel. Im Truchsessischen Krieg verlor die Stiftskirche 1583 durch Plünderung ihre wertvolle Innenausstattung. Den Bruderstiften ➛ Knechtsteden und ➛ Steinfeld gelang es schließlich 1600 bis 1613, im zerrütteten Konvent innere Reformen durchzusetzen. Im 17. und 18. Jh. erreichte W. unter Leitung fähiger Äbte eine Hochblüte. Beim Ausbau der Abtei wurde das siebenklassige „Gymnasium Laurentianum" eingerichtet. Aufklärerisches Ideengut verursachte Ende des 18. Jh. innere Konflikte. Nach dem Übergang des Herzogtums Westfalen an die Landgrafschaft Hessen-Darmstadt 1803 hob Landgraf Ludwig X. die Abtei W. auf. Abt Franz Fischer (1781–1803) und 25 Prämonstratenser hinterließen 300 Morgen Grundbesitz, 69 Höfe, Zinseinnahmen, Kapitalien, keinerlei Schulden, sondern ausschließlich Guthaben.

▶ **Gegenwart.** Die romanische Stifts- und zugleich Pfarrkirche St. Laurentius musste nach dem Brand von 1210 neu errichtet werden; der Neubau zog sich unter Nutzung alter Mauerteile bis in die Mitte des 14. Jh. hin. Aus der romanischen Basilika auf kreuzförmigem Grundriss entstand die noch heute existierende gotische Hallenkirche. Ein Lettner trennte bis etwa 1700 den Chorherrenbereich von der Gemeindekirche. Der alte Turm mit Haupteingang wurde deutlich erhöht. Die heutige katholische Propsteikirche birgt nur noch wenige Ausstattungsstücke aus dem Mittelalter: ein romanisches Kruzifix (12. Jh.), ein Klapphochaltar mit Mondsichelmadonna (um 1500) und das Hochgrab Heinrichs II. von Arnsberg und seiner Gemahlin Ermengardis (1330). Kunsthistorisch bedeutend sind frühgotische Glasmalereien im Mittelfenster des Chors (1254). Die Kanzel und vier Beichtstühle (Mitte 18. Jh.) stammen aus der Klosterkirche ➛ Grafschaft. Die barocke Dreiflügelanlage der Klausur blieb bis auf den Südflügel erhalten, Kreuzgänge und Kapitelsaal aus dem späten 13. Jh. wurden integriert; im östlichen Teil ist reiche frühgotische Wandmalerei bewahrt. Das Bibliotheksgebäude von 1693 besitzt romanische Kernsubstanz.

◆ Kalhöfer, Gerhard: Kloster W. in Arnsberg, in: Bauen im Bestand – Denkmalpflege zwischen Rekonstruktion und Moderne, Lippstadt 2008, 38–47; Ehlers-Kisseler, Ingrid: Die Anfänge der Prämonstratenser im Erzbistum Köln, Köln 1997; Höing, Norbert: W., in: Westfälisches Klosterbuch, Tl. 2, Münster 1992, 437–445.

Wedinghausen Prämonstratenser-Chorherrenstift, Blick vom Klosterhof auf die romanisch-gotische Kirche.

Weende, *Augustiner-Chordamenstift St. Nikolaus (vor 1160–1542), Diözese Mainz – (Göttingen-W., Kreisstadt Göttingen, Niedersachsen, ❐ 1, D5).*

▶ **Geschichte.** Der legendenhaften Überlieferung folgend gelangten Ende des 10. Jh. Reliquien des hl. Nikolaus von Myra (4. Jh.)

auf den Berg nordöstlich von Göttingen, der heute den Namen des Heiligen trägt. Während der Zeit Erzbischof Arnolds von Mainz (Selenhofen, 1153–60) wurde an der St. Nikolauskirche auf dem Berg ein Augustiner-Chordamenstift gegründet, das dem Stift ➛ Fredelsloh unterstellt war und 1162 ein Schutzprivileg Papst Alexanders III. erlangte. Schon nach etwa 20 Jahren verlegte der zuständige Propst Wulfram das Frauenstift wegen Wassermangels in das benachbarte Leinetal nach W. In einer Urkunde von 1196 wird das Stift als Kloster W. erwähnt und durch Erzbischof Konrad I. von Mainz (Wittelsbach) werden Besitzungen und Einkünfte bestätigt, u. a. Patronate der Pfarrkirchen Nikolausberg, W. und Obernjesa sowie Zehntrechte in mehreren Ortschaften der Umgebung. Das Stift im Tal mit seinen bis zu 40 Chordamen prägte die Entwicklung des Ortes, der heute in die Stadt Göttingen eingemeindet ist. Die romanische Kirche auf dem Nikolausberg, die den Stiftsdamen verblieb, entwickelte sich wegen der wertvollen Reliquien zur geschätzten Wallfahrtsstätte, an der mittelalterliche Pilgerströme für Einnahmen sorgten. Die jahrmarktsähnliche Situation uferte im 15. Jh. dermaßen aus, dass der päpstliche Legat Julian von St. Angelo 1434 dem zuständigen Ordinarius, dem Abt des Benediktinerklosters St. Blasius in ➛ Northeim, gebot, das Geschäft mit den Pilgern auf dem Nikolausberg zu unterbinden. Mit Unterstützung der Chordamen aus ➛ Hilwartshausen und eines Beichtvaters aus ➛ Böddeken wurde 1501 die Observanz im Geist der ➛ Windesheimer Reform im Konvent durchgesetzt. Nach Einführung der Reformation in Göttingen 1530 besuchten katholische Bürger die Messe im Stift. Herzogin Elisabeth von Calenberg-Göttingen und ihr Landessuperintendent Antonius Corvinus (ursprünglich Zisterzienser in ➛ Loccum und ➛ Riddagshausen, 1501–53) setzten 1542 die evangelische Kirchenordnung auch in W. durch. Herzog Erich II. bekannte sich wieder zum Katholizismus und ebenso der Konvent unter Äbtissin Anna von Reben (1550–88). Bis zur Zerstörung durch Brand und dem Ende 1626 scheinen Schwestern beider Konfessionen, eingekleidet oder ohne Habit, gemeinsam im Konvent gelebt zu haben.

▶ **Gegenwart.** Die Wallfahrt am Nikolausberg, die nach 1542 endete, sorgte für den heute noch guten Erhaltungszustand der einstigen Stiftskirche, während am zweiten Niederlassungsort W. im Tal vom mittelalterlichen Stift lediglich Reste der Immunitätsmauer im „Klosterpark“ zu finden sind. Die evangelisch-lutherische Pfarrkirche St. Nikolaus auf dem Berg besteht noch heute aus romanischer Bausubstanz im Bereich Vierung, Querschiff und Choransatz, dem ein gotischer Hallenbau mit polygonalem Chor und der spätgotische Westturm harmonisch angefügt wurden. Am romanischen Unterbau des Turmes tritt ein Mauervorsprung hervor, der als Ansatzrest der ehemaligen Klostergebäude gedeutet wird. In der Kirche weist reiche Schmuckplastik der Kapitelle auf den Einfluss der Bauschule von ➛ Königslutter hin. Wand- und Deckenmalereien, zwei gotische Altarmensen, drei Holzfiguren und ein romanischer Taufstein bilden den Restbestand der einst künstlerisch hochwertigen, mittelalterlichen Ausstattung.

◆ Krösche, Hildegard: Urkundenbuch des Stifts W., Hannover 2009; Wehner, Jens: Dorf und Kloster W., Göttingen 1992; Denecke, Dietrich/Kühn, Helga-Maria (Hg.): Göttingen, Bd. 1, Göttingen 1987; Lücke, Heinrich: Klöster im Landkreis Göttingen, Neustadt/Aisch 1961.

Weida, *Dominikanerinnenkloster St. Maria und St. Maria Magdalena (vor 1293–1533) – „Kornhaus“, Diözese Naumburg – (Lkr. Greiz, Thüringen, ❒ 4, B1).*

▶ **Geschichte.** Das Frauenkloster W. wird erstmals 1293 als Stiftung der Vögte von Weida und als Dominikanerinnenkloster urkundlich erwähnt. Die Gründungszeit in der zweiten Hälfte des 13. Jh. ist nicht genau zu bestimmen: eine Quelle spricht von der Gründung schon im Jahr 1209, eine andere von einem Magdalenenkloster. Die Frauen erhielten ausreichende Unterstützung der Burgherren von Weida, Vorfahren der vogtländischen Fürstenfamilie Reuss. Sie übertrugen 1296 den Schwestern das Patronat über die romanische Pfarrkirche St. Peter in der Neustadt. Die Dominikanerinnen erwarben 1349 von ihren Mitschwestern in ➛ Cronschwitz ein kleines Gehölz, was durch den Landesherrn genehmigt werden musste. Aus dem Nachbarkloster bezogen die Schwestern Bier, weil nur Cronschwitz eine Brauerlaubnis besaß. Bischof Withego II. von Naumburg (Hildebrand von Wolframsdorf) belegte den Konvent (wie auch Cronschwitz) 1378 mit dem Interdikt, wegen Verweigerung des *subsidium caritativum*, einer Abgabe in Form einer außerordentlichen Steuer (1379 wieder aufgehoben). Eine Seelengerätstiftung der Jutta Werner ist überliefert, die der Priorin Margarethe von Minkwitz 1409 übergeben wurde. Die Herrschaft Weida ging im 15. Jh. in mehreren Schritten an die Wettiner von Kursachsen über (1410–27). Der Prior von Magdeburg und Ordensprovinzial Johannes Antonii visitierte 1507 das Kloster in W. zwecks dringend notwendiger Reformen. 1513 kamen fünf Schwestern unter Priorin Margaretha von Hutten aus den Konventen ➛ Bamberg und ➛ Nürnberg und versuchten bis 1525 vergeblich, im verweltlichten Kloster die Observanz einzuführen. Die Durchsetzung der Reformation unter Kurfürst Johann dem Beständigen von Sachsen-Wittenberg verlief dagegen reibungslos; im Jahr 1533 wurde das Kloster aufgehoben.

▶ **Gegenwart.** Die ehemalige Klosterkirche, ein relativ breiter Saalbau mit leicht eingezogenem Rechteckchor, fand 1542 als Speicher Verwendung und trägt seitdem die Bezeichnung „Kornhaus“. Sie war inzwischen zur ruinöse Halle verkommenen, deren ursprüngliche Bestimmung an wenigen gotischen Elementen deutlich wird; jüngste Sanierungsarbeiten verhelfen ihr zu alter Würde. Die einst nördlich gelegene Klausur ist völlig abgetragen. Die Neustädter Kirche St. Peter (Ende 12. Jh.) diente unter dem Patronat der Dominikanerinnen bis zur Reformation als Pfarrkirche und blieb bis heute bestehen, litt aber unter profaner Nutzung.

◆ GermSac NF 35; Mohn, Claudia: W., in: Mittelalterliche Klosteranlagen, Petersberg 2006, 428; Schlesinger, Walter: Kirchengeschichte Sachsens im Mittelalter, Bd. 2, Köln 1962, 332 f.

Weida Dominikanerinnenkloster, das „Kornhaus“ als profan genutzter Baurest der gotischen Klosterkirche.

Weida, *Franziskanerkloster St. Maria (um 1240–1527) – „Barfüßerkloster“, Diözese Naumburg – (Lkr. Greiz, Thüringen, ❒ 4, B1).*

▶ **Vorgeschichte.** Die Siedlung W. an der Osterburg war im 12. Jh. Ausgangsort der Machtentfaltung einer Ministerialenfamilie, die sich Vögte von Weida-Gera-Plauen nannten, weil sie Vogteirechte über den umfangreichen Besitz des Reichskanonissenstifts Quedlinburg im Raum Gera besaßen. Sie erreichten 1329 durch König Ludwig den Bayern die Reichsunmittelbarkeit und quasifürstlichen Rang; ihre Nachkommen waren die Fürsten von Reuß. Noch heute wird das weitreichende Gebiet ihres Herrschaftskomplexes zwischen Pleißenland, Erzgebirge, Franken- und Thüringer Wald als „Vogtland“ bezeichnet.

▶ **Geschichte.** Die Franziskaner kamen angeblich schon vor 1230 aus dem Konvent in ➛ Erfurt nach W.; wahrscheinlicher aber ist, dass Bischof Engelhard von Naumburg (Meißen) und Vogt Heinrich VI. der Pfeffersack von Weida-Ronneburg um 1240 die Barfüßer zur Gründung einer Niederlassung in die Residenzstadt baten. Vor 1293 ließ sich ebenfalls ein Dominikanerinnenkonvent in der Stadt (➛Weida) nieder. Das Minoritenkloster W. wird erstmals 1267 urkundlich erwähnt. Bedeutung innerhalb des Ordens erlangte der Konvent nicht, Kapiteltreffen der Ordensprovinz Saxonia in W. sind nicht überliefert. Die einfache Konventskapelle St. Marien an der Brücke der Weida musste wegen der anwachsenden Pfarrgemeinde um 1350 zur Halle erweitert werden. Erst 1504 kam nach dem Brand der Widenkirche, die dem nahen Prämonstratenserstift ➛Mildenfurth unterstand, das südliche Seitenschiff hinzu. Die Herrschaft Weida ging im 15. Jh. in mehreren Schritten an die Wettiner von Sachsen über (1410–27). Etwa 30 Minoriten lebten im Konvent, als ihr überschaubarer Besitz nach dem Bekenntnis zur Observanz 1493 ganz aufgegeben wurde. Hinter der Klosteranlage nutzten die Barfüßer einen Seitenarm des Flusses Weida als Fischwasser. 1524 predigte auf Wunsch Martin Luthers der Reformator Johannes Gülden in der Stadt. Kurfürst Johann der Beständige von Sachsen ließ 1525 die Führer der aufständischen Bauern auf dem Kirchhof der Franziskanerkirche enthaupten, unterstützte aber maßgeblich die lutherische Reformation. Die Observanten in W. erwiesen sich als antilutherische Agitatoren, was den Zorn der Bürger entfachte; es kam zu gewalttätigen Übergriffen. Eine Kirchenvisitation beendete 1527 das franziskanische Klosterleben in W., 13 Brüder verweigerten die Annahme der neuen Lehre, feierten noch 1529 die Messe und mussten 1531 das Kloster räumen. 1533 wurde die Franziskanerkirche St. Maria evangelisch-lutherische Stadtpfarrkirche.

▶ **Gegenwart.** Die turmlose ehemalige Franziskaner- und heutige Stadtkirche „Unser lieben Frau" litt im Dreißigjährigen Krieg Schaden, konnte aber mit Hilfe des schwedischen Generals Torstenson und der Bürger bis 1680 wieder nutzbar gemacht werden. Die hohe, zweischiffige Halle besteht aus gotischem Hauptschiff mit dreiseitigem Chorpolygon und spätgotischem Seitenschiff an der Südseite. Ihre Westfassade öffnet sich zum Vorplatz und ist repräsentativ gestaltet. Die Innenräume waren vermutlich ursprünglich gewölbt, heute schließen sie mit einer frühbarocken Kassettendecke nach oben ab. Die Ausstattung stammt ebenfalls aus dem 17. Jh. Bedeutende Wandmalereien wurden 1934 aus der Widenkirche in die Marienkirche überführt. Die spätgotische Klausur im Südbereich beherbergte lange Zeit die Lindenschule und die Superintendantur. Ein Westflügelteil und die Sakristei repräsentieren heute die Reste der 1530 eingreifend umgebauten Konventsgebäude mit Kreuzgang. Die ehemalige, romanische Pfarrkirche der Stadt (Widenkirche) ist heute Ruine und Gedenkstätte.

Das westliche Portal der gotischen Franziskanerkirche in **Weida** mit gestuften Spitzbogengewänden.

Weida Franziskanerkloster, die repräsentative Schauseite der Franziskaner- und heutigen Stadtkirche.

◆ GermSac NF 35; Pieper, Roland/Einhorn, Jürgen W.: Franziskaner zwischen Ostsee, Thüringer Wald und Erzgebirge, Paderborn 2005, 185–188; Schlesinger, Walter: Kirchengeschichte Sachsens im Mittelalter, Bd. 2, Köln 1962, 305.

Weil, *Augustiner-Eremitenkloster (um 1294–1803), Diözese Speyer – (W. der Stadt, Lkr. Böblingen, Baden-Württemberg, ❐ 3, C3).*

▶ **Geschichte.** Augustiner-Eremiten erhielten um 1290 von weltlichen und kirchlichen Vertretern der Stadt W. die Genehmigung zur Niederlassung. Abt Gottfried (1293/1300) der Benediktinerabtei ➛Hirsau, der das Kirchenpatronat in der Stadt oblag, verkaufte vor 1294 dem ersten Prior Dietrich einen Bauplatz innerhalb der Stadtmauern. Ein Jahr später beurkundeten Bürger ihre Zustimmung zur Niederlassung. Größeren Grundbesitz erlangten die Augustiner-Eremiten nicht. Sie lebten von Seelenheilstiftungen und Terminieren und standen den Schwesternkonventen in ➛Böblingen und Calw (s. u.) seelsorglich zur Seite. Seit 1471 studierten einige Brüder in Tübingen. 1481 schloss sich der Konvent der sächsischen Reformkongregation an und vereinigte sich mit den reformierten Konventen Südwestdeutschlands zum Vikariat W. Bischof Ludwig von Speyer (Helmstedt) gab 1486 die ganze Diözese als Betätigungsraum für die Bettelbrüder frei. Alle Konvente der sächsischen Reformkongregation gingen in der Reformationszeit unter, mit ihnen das Vikariat W., außer der Konvent in W. selbst, der 1592 wieder in die rheinisch-schwäbische Ordensprovinz wechselte. Zwischen 1622 und 1649 betreuten die Brüder das Pfarramt in Dätzingen, seit 1685 versahen sie mit kurzen Unterbrechungen die Stadtkaplanei in W., über Jahrzehnte dienten sie den Benediktinerinnen in Frauenalb (s. u.) als Beichtväter. 1787 bestand der Konvent aus acht Priesterbrüdern, vier Novizen und zwei Laienbrüdern. Nach dem Friedensabkommen von Lunéville 1801 fiel die Stadt an Württemberg. Das Kloster W. wurde 1803 säkularisiert und die Brüder mit Pensionen abgefunden.

▶ **Gegenwart.** 1812 unterlag die alte, barock umgestaltete Klosterkirche dem Abriss; mit ihren Steinen baute man die Pfarrkirche in Dätzingen neu auf. Nur die ehemaligen Klausurflügel der Klosteranlage haben die Zeiten überlebt, die Gebäude konnten 1813 von der Weiler Kirchenstiftung aufgekauft und bewahrt werden. Heute beherbergen sie das Stadtarchiv, die städtische Musikschule, verschiedene Vereine und den Jugendclub; der Ostflügel ist dem katholischen Pfarramt vorbehalten. Aus mittelalterlicher Zeit blieben lediglich einige Kreuzgangfenster und das barock ausgeschmückte Winterrefektorium erhalten.

❖ Das Tertiarinnenkloster der Augustiner-Eremiten in Calw existierte nur etwa 60 Jahre von 1490 bis 1555 und hinterließ keine aufstrebende Architektur.

Das Benediktinerinnenkloster Frauenalb im badischen Albtal unterhalb der Zisterzienserabtei ➛ Herrenalb entstand 1180/85 und existierte bis 1802. Mittelalterliche Gebäude blieben nicht erhalten, die heutige Ruine geht auf Bauten des 17./18. Jh. zurück, die 1853 ausbrannten.

◆ Wernicke, Michael: W. der Stadt, Augustinerkloster, in: Württembergisches Klosterbuch, Ostfildern 2003, 501–503; Schütz, Wolfgang: Die historische Altstadt von W. der Stadt, Horb/Neckar 1996; Kunzelmann, Adalbero: Geschichte der deutschen Augustiner-Eremiten, Tl. 1, Würzburg 1969, 204–206.

Weimar, *Deutschordenskommende St. Petrus und St. Paulus (1284–1525) – „Herderkirche", Erzdiözese Mainz – (kreisfreie Stadt, Thüringen, ❐ 4, A1).*

▶ **Geschichte.** Graf Otto IV. von Orlamünde übergab 1284 dem Deutschen Orden die Stadtpfarrkirche St. Peter in W. an der Ilm, die erst etwa 40 Jahre zuvor im Zentrum der Siedlung im Zusammenhang mit der Stadtrechtsvergabe erbaut worden war. Die älteste Kirche in W. ist sie nicht, sondern die Jakobskirche von 1168, die unter dem Patronat des Frauenklosters in ➛ Oberweimar stand. Die an der Stadtpfarrkirche St. Peter in W. gegründete Priesterkommende des Deutschen Ordens gehörte wie die nahe Deutschordensburg ➛ Liebstedt zur Ballei Thüringen und unterstand dem Landkomtur in ➛ Zwätzen bei Jena. 1299 brannte die Kirche zusammen mit der Stadt nieder. Trotz der Kosten für den Neuaufbau, konnten die Deutschordensbrüder durch Zukäufe ihren städtischen Immobilienbesitz erweitern. Der leitende Pfarrer, ein Ordensbruder, trug offenbar nicht regelmäßig den Titel Komtur, so dass W. selten als Kommende bezeichnet wird. 1373 ging die Stadt W. nach Aussterben der askanischen Orlamünder an die Wettiner von Sachsen über, die auch die Herrschaft über die Landgrafschaft Thüringen innehatten. Nach der Landesteilung in der sogenannten Chemnitzer Teilung von 1382 wurde W. von Landgraf Balthasar zur Residenz ausgebaut. Eine enge Verbindung der Bürger mit ihrer Stadtpfarrkirche beweisen mehrere Altarstiftungen. 1433 findet erstmals das zweite Patrozinium St. Paulus in den Urkunden seinen Niederschlag. Landgraf Wilhelm III. der Tapfere stiftete 1453 in seiner Residenzstadt W. ein Observantenkloster der Franziskaner (➛ Weimar), das er großzügig förderte; die Stadtpfarrkirche bedachte er dagegen kaum. Die Ballei Thüringen des Deutschen Ordens war zu dieser Zeit überschuldet. Eine vom Ordenshochmeister beauftragte Visitation zählte 1451 immerhin noch fünf Priesterbrüder in W., die ihre Pflichten gegenüber der Pfarrgemeinde sorgfältig erfüllten. Der Deutsche Orden baute die Kirche St. Peter und Paul aufwändig um (1498–1500), wobei sich Bürger und Stadtrat beteiligten. Schon im April 1524 trat der evangelische Prediger Johannes Grau seinen Dienst in der Stadt- und Ordenskirche an. Mit Kurfürst Johann dem Beständigen von Sachsen-Wittenberg setzte sich 1525 in W. die Reformation durch. Der letzte Deutschordenspriester resignierte im gleichen Jahr und übergab Rechte und Besitz dem Stadtrat, der auch verbliebene Bauschulden zu übernehmen hatte. Der Wittenberger Hofstaat siedelte nach der verlorenen Schlacht bei Mühlberg 1547 nach W. um, wobei die ehemalige Deutschordenskirche fortan als Begräbnisstätte der ernestinischen Herzogsfamilie diente; auch ihr Hofmaler Lucas Cranach der Ältere wurde hier bestattet. An der Stadtkirche musizierte Johann Sebastian Bach als Hoforganist (1708–17). Johann Gottfried von Herder wirkte auf Vermittlung Goethes als Generalsuperintendent in W. (1776–1803).

▶ **Gegenwart.** Heute ist die Stadt- und Ordenskirche St. Peter und Paul in der Klas-

Weimar Deutschordenskommende, die spätgotische „Herderkirche" geht auf den Deutschen Orden zurück.

sikerstadt W. allgemein als „Herderkirche“ bekannt und wegen ihrer Grabdenkmäler und Kunstschätze eine Touristenattraktion; für eine eingehende Beschreibung sei auf die Spezialliteratur verwiesen. Die spätgotische, dreischiffige Hallenkirche mit eingezogenem Polygonalchor und älterem Westturm ist eine Bauleistung des Deutschen Ordens, was heute nahezu in Vergessenheit geraten ist. Ein Ordenskreuz an der Chorwand erinnert nur den aufmerksamen Besucher an die 250 Jahre Deutschordensgeschichte. Trotz barocker Umbauten und Kriegszerstörung im Februar 1945 steht die spätgotische Ordenskirche seit 1500 fast unverändert am alten Markt, dem heutigen Herderplatz. Das Kommendehaus der Ordenspriester war nicht das „Deutschritterhaus“, für das ein Renaissancebau (1566) an der Südostecke des Platzes meist gehalten wird, sondern der „Deutsche Hof“ an der Nordostecke des Marktes, wo heute das „Alte Gymnasium“ von 1712 steht.

◆ Jähning, Bernhard: Der Deutsche Orden und seine Ballei Thüringen im Mittelalter, in: Deutscher Orden 1190–1990, Lüneburg 1997, 303–358; Schmidt, Eva: Die Stadtkirche zu W., Berlin 1987.

Weimar Franziskanerkloster, die stark veränderte, spätgotische Kirche dient heute der Musikhochschule.

Weimar, *Franziskanerkloster St. Jakobus (1453–1525), Erzdiözese Mainz – (kreisfreie Stadt, Thüringen, ❐ 4, A1).*

▶ **Geschichte.** Johannes Capistrano (1386–1456, kanonisiert 1690) aus Perugia bestärkte 1453 den sächsischen Herzog und thüringischen Landgrafen Wilhelm III. den Tapferen aus dem Hause Wettin zur Gründung zweier Franziskanerklöster; eines entstand in ➛ Salza und ein zweites in seiner Residenzstadt W. Beide Franziskanerkonvente bevorzugten das reine Armutsideal und völlige Besitzlosigkeit gemäß dem Gebot des hl. Franz von Assisi und bekannten sich zur Fraktion der Observanten des Ordens. Die Observanten erhielten in W. eine bestehende Liebfrauenkirche vor dem Frauentor im Süden der Altstadt; die Stadtpfarrei besaß der Komtur des Deutschen Ordens an der Stadtpfarrkirche (➛ Weimar). Herzog Wilhelm III. stand den Franziskanern besonders nahe: der Guardian des „Hofkonvents“ war sein Beichtvater und er ließ sich nach 1482 im Ordenshabit in der Franziskanerkirche in W. beisetzen. Guardian Bartholomäus Kaarstadt nahm um 1460 reformierend Einfluss auf den Konvent in ➛ Halle. Im Streit innerhalb der Ordensprovinz zwischen Konventualen und Observanten positionierte er sich 1461 auf Seiten der Observanten und wusste dabei den Herzog hinter sich. Der bedeutendste evangelische Reformator Thüringens, Friedrich Myconius (1490–1546), erhielt 1516 seine Priesterweihe im Weimarer Kloster. Im streng geführten Konvent konnte sich der kritische junge Minderbruder nur schwer einleben und wurde in das Kloster Zwickau versetzt. Nach seiner Flucht erhielt er durch die Freundschaft mit Martin Luther 1529 die Stelle des ersten Superintendenten Gothas und bezog das dortige Augustiner-Eremitenkloster (➛ Gotha). Die Observanten organisierten noch 1521 ein Provinzialkapitel ihres Ordens in W. und machten 1522 durch einen öffentlichen Anschlag von Antithesen gegen die 95 Lutherthesen auf sich aufmerksam. Kurfürst Friedrich der Weise von Sachsen-Wittenberg schützte zwar seinen Reformator Martin Luther, blieb aber selbst katholisch; mit dem Herrschaftsantritt Kurfürst Johanns des Beständigen setzte sich 1525 in W. die Reformation endgültig durch. Das Observantenkloster wurde aufgelöst, die Klosterkirche 1533 zum Kornspeicher umgebaut, der Chor aber weiterhin als fürstliche Gruft genutzt. 1874 zog die erste deutsche Orchesterschule auf Initiative Franz Liszts in das alte „Kornhaus“ nahe dem Wittumspalais der Herzogin Anna Amalia.

▶ **Gegenwart.** Noch heute dient die ausgebaute Franziskanerkirche „Am Palais“ den Studenten der Weimarer Musikhochschule „Franz Liszt“ als Ausbildungsstätte, heute grundsaniert und modernisiert. Das „Kornhaus“ ist äußerlich noch immer als Sakralbau mit flachem Chorabschluss im Osten zu erkennen. Sein Mittelschiff ist gegenüber dem Chor aber nur auf der Südseite breiter; an den ehemaligen Klausurbereich verweisen lediglich wenige Spuren an der Nordseite. Der ehemalige Franziskanerbruder Andreas John erlernte das Bierbrauen und verkaufte nach 1525 sein Erzeugnis als erster Wirt im heute berühmten Gasthaus „Weißer Schwan“.

❖ Das erwähnte Franziskanerkloster Zwickau existierte nach 1231 bis zur reformatorischen Umwälzung und der Ausweisung der Brüder 1525. Die mehrfach erweiterte Klosteranlage mit der spätgotischen Kirche (1517) nahe dem oberen Tor ließ der Stadtrat schon 1536 niederreißen; eine Kapelle der Franziskaner stand noch bis 1838.

◆ Pieper, Roland/Einhorn, Jürgen W.: Franziskaner zwischen Ostsee, Thüringer Wald und Erzgebirge, Paderborn 2005, 189 f.; Teichmann, Lucius: Die Franziskanerklöster in Mittel- und Ostdeutschland, Leipzig 1995, 198 f.

Weingarten, *Benediktinerinnenkloster St. Martin (934–1056), Benediktiner Reichsabtei St. Martin (1056–1803, seit 1922), Diözese Konstanz – (Lkr. Ravensburg, Baden-Württemberg, ❐ 3, D4).*

▶ Die alemannischen Welfen gründeten 934 im damaligen Altendorf ein Benediktinerinnenkloster, das nach dem Aussterben der alten Welfenlinie 1056 nach ➛ Altomünster verlegt wurde. Welf IV. rief die dortigen Mönche, Benediktiner der ➛ Gorzer Reformbewegung, in das Hauskloster auf dem Martinsberg über der Scherzach und übergab das Kloster dem Apostolischen Stuhl in Rom. Mit Abt Walicho (1088–1108) zogen ➛ Hirsauer Reformgewohnheiten in W. ein. Das Frauenkloster Hofen am Bodensee (s. u.) war W. unterstellt und wurde seit 1441 als Propstei genutzt. Die reichsunmittelbare Abtei litt jahrhundertelang unter politischen Wechselspielen und begann erst mit Abt Georg Wengelin (1586–1627) in der Barockzeit trotz der Kriegseinbrüche aufzublühen und durch hohe Gelehrsamkeit zu erstrahlen. Das Fürstentum Nassau-Oranien-Dillenburg eignete sich 1802/03 Abtei und Besitz an. 1922 zogen wieder Benediktiner aus Erdingten (England) ein. Die Abteianlage thront als mächtiger Barockkomplex über dem Ort, der seit 1865 W. genannt wird. Die Abteikirche entstand unter Abt Sebastian Hyller (1697–1730) neu und wird heute als „Schwäbischer Petersdom“ bezeichnet. Es sei darauf hingewiesen, dass

Teile romanischen Mauerwerks in ihrer Südwand verwendet wurden.
❖ Das Frauenpriorat bzw. die spätere Mönchspropstei Hofen am Bodensee wurde um 1085 gegründet und teilte sein Schicksal bis zur Aufhebung 1803 mit der Aufsicht führenden Mönchsabtei W. Aus den barocken Gebäuden entstand das Schloss Friedrichshafen; die Klosterkirche (um 1700) dient als Schlosskirche.

◆ GermBen 5, 622–647.

Weißenau, *Prämonstratenser-Chorherrenstift St. Maria und St. Peter (1145–1803), Diözese Konstanz – (Ravensburg-W., Kreisstadt Ravensburg, Baden-Württemberg, ❐ 3, D5).*
▶ Die Prämonstratenserabtei W. entstand 1145 nach der Stiftung des welfischen Ministerialen Gebizo von Ravensburg in der Schussenniederung südlich von Ravensburg als Tochter von ➛ Rot an der Rot. Eine Gruppe Weißenauer Chorherren zog 1183 weiter nördlich das Schussental hinauf und gründete das Tochterstift ➛ Schussenried. 1230 erhielt W. die Aufsicht über das Stift Rüti am Zürichsee. Das Doppelstift W., dessen Frauen seit 1156 (etwa 500 m südlich) in ➛ Maisental lebten, entwickelte sich dank einer Heilig-Blut-Reliquie von König Rudolf von Habsburg 1283 zu einem bedeutenden Wallfahrtsort. Der heutige Barockkomplex, der in der Zeit Abt Leopold Mauchs (1704–22) die mittelalterliche Anlage ersetzte, dient seit 1840 als Produktionsanlage und Psychiatrische Klinik. Die gleichaltrige Abteikirche, eine voralbergische Wandpfeilerhalle, ist heute katholische Pfarrkirche St. Peter und Paul. Als spätmittelalterliches Baurelikt steht im Wirtschaftsteil nach wie vor ein Gebäude, die sogenannte „Kellerei", das aus der Zeit um 1525 stammen soll.

◆ Binder, Helmut (Hg.): 850 Jahre Prämonstratenserabtei W. 1145–1995, Sigmaringen 1995.

Weißenborn, *Wilhelmitenkloster St. Maria und St. Wilhelm (1253–1525), Erzdiözese Mainz – (Ruhla-Thal, Wartburgkreis, Thüringen, ❐ 3, D1).*
▶ **Geschichte.** Der Propst des Frauenstifts Creuzburg (s. u.) initiierte 1253 mit Hilfe der Truchsessen von Schlotheim die Gründung eines Wilhelmitenklosters bei Thal nahe Ruhla im Thüringer Wald. Die Stiftung beruhte letztendlich auf dem Wunsch Heinrichs III. des Erlauchten, des ersten Landgrafen von Thüringen aus dem Hause Wettin und Markgrafen von Meißen; er sorgte für formalrechtliche Grundlagen und vergab Privilegien. Die ersten Wilhelmiten kamen mit Prior Daniel aus dem Kloster Bernardfragne bei Stablo (Belgien). Sie widersetzten sich der Eingliederung ihres Klosters in den 1256 neugegründeten Augustiner-Eremitenorden. Papst Clemens IV. erlaubte ihnen 1266, im Wilhelmitenorden zu verbleiben bzw. dorthin zurückzukehren. Bei Thal siedelten die Wilhelmiten zunächst in einem kleinen Seitental, dem heutigen „Mönchsfeld", erbauten aber 1300/01 an der heutigen Stelle am Wutabach eine bedeutende Zentrale des Ordens, die mit mehreren Tochtergründungen in den thüringisch-hessischen Raum ausstrahlte. Zur Klosterfamilie gehörten 1281 ein Leprosenhaus in ➛ Weißensee, das an die Johanniter überging, 1291 ➛ Witzenhausen, 1292 ➛ Sinnershausen, um 1299 Wasungen (s. u.), vor 1323 ➛ Mülverstedt, 1331 ➛ Orlamünde, 1396 Gräfentonna (s. u.) und möglicherweise vor 1411 ➛ Freienhagen. Die Wilhelmiten in W. leisteten neben seelsorglichen Diensten in den umliegenden Pfarrgemeinden auch Hilfe für Reisende und Pilger auf den Passstraßen des Thüringer Waldes im Ruhlaer Gebiet. Sie betreuten die Wallfahrt zur Burgkapelle auf der nahen Scharfenburg, die 1293 nach der Wunderheilung eines Burgfräuleins einsetzte und mit den Wallfahrten zum Kloster ➛ Reinhardsbrunn zusammenhing. Die Burgkapelle und die Kirche von Farnroda hatte ihnen 1309 der Burgmann Günther von Salza übereignet. Die Scharfenburg wurde durch Territorialfehden im 15. Jh. weitgehend zerstört, die lukrativen Einnahmen durch die Wallfahrt entfielen. Das nur spärlich überkommene Quellenmaterial zur Verlaufsgeschichte der Niederlassung W. entspricht nicht seiner Bedeutung. Im 15. Jh. häuften sich die Übergriffe auf den überschaubaren Streubesitz. Nach der Verwüstung der Anlage im Bauernkrieg 1525 löste sich der Konvent mit dem Bekenntnis zur Reformation auf. Der letzte Prior Zimmermann (1524/25) nahm die evangelische Pfarrstelle an und sorgte mit dem ehemaligen Klostergut, das zur Besoldung diente, für fünf altersschwache Mitbrüder. Die wettinischen Landesherren richteten ein Kammergut ein.
▶ **Gegenwart.** Umbauarbeiten und die Straßenanlage nach Ruhla 1849 griffen stark in den mittelalterlichen Architekturbestand ein. Erhalten blieb lediglich die gotische, einschiffige Wilhelmitenkirche (um 1300), die heute noch der evangelisch-lutherischen Pfarrgemeinde dient. Ihr Haupteingang musste an die Nordseite verlegt werden; drei schmale, spätgotische Fenster erhellen den flach abschließenden Chor im Osten, die Pforte zur südlichen Klausur ist vermauert. Zwei Grabplatten erinnern an ritterliche Gönner, der bewahrte Taufstein gelangte vermutlich erst 1562 in die Kirche. Südlich anschließende Wirtschaftsgebäude in Fachwerk entstanden in der frühen Neuzeit.
❖ Die thüringischen Wilhelmitenklöster in Wasungen im Werratal (um 1299–1526) und in Gräfentonna nahe der Unstrut (1396–1526) gelten als Tochtergründungen der Ordenszentrale W. und als Stiftungen der Grafen von Henneberg bzw. der Grafen von Gleichen. Beide Klöster wurden im Bauernkrieg zerstört und nicht wieder aufgebaut, die Restbaulichkeiten gingen unter. Der große spätgotische Schnitzaltar in der 1692 geweihten Pfarrkirche von Gräfentonna (Ortsteil von Tonna) entstand Anfang des 16. Jh. ohne monastischen Hintergrund.
Das erwähnte Augustiner-Chorfrauenstift St. Jakob in Creuzburg an der Werra, dessen Propst die Gründung des Wilhelmitenklosters W. anregte, entstand 1173 in der Zeit, als die Ludowinger, wie vermutet wird, eine Benediktinerabtei auf dem Berg (➛ Creuzburg) zur Residenz und Militäranlage ausbauten. Das Frauenstift Creuzburg im Tal endete 1532 mit Durchsetzung der Reformation in Kursachsen. Der Stadtbrand 1765 hinterließ von der Stiftsanlage vor dem nördlichen „Klostertor" einige Ruinen, die im 19. Jh. beseitigt wurden.

◆ Jürgensmeier, Friedhelm: Die Wilhelmiten, Münster 2007, 94; Eberhardt, Wolfgang (Hg.): Geschichte und Geschichten um das Wilhelmitenkloster W., Thal/Ruhla 2005.

Weißenborn Wilhelmitenkloster, Westseite der einschiffigen Klosterkirche aus Bruchsteinen (um 1300).

Weißenburg, *Karmelitenkloster St. Maria (1325–1544), Diözese Eichstätt – (Lkr. W.-Gunzenhausen, Bayern, ❐ 4, A3).*
▶ **Geschichte.** Die nahe Benediktinerabtei Wülzburg (s. u.) besaß das Parochialrecht in der Reichsstadt W. und ebenso das Hospital, das aus einem kurzlebigen Augustiner-Chorfrauenstift (vor 1238–96) hervorgegangen war. Heinrich zu Heydeck und Bischof Gebhard von Eichstätt (Griesbach) gelten als Stifter des Karmelitenkonvents, der 1325 in W. gegründet wurde. Der Benediktinerkonvent zeigte im 14. Jh. erste Verfallserscheinungen; möglicherweise versprachen sich die Stifter des Karmelitenklosters eine bessere seelsorgliche Betreuung der Bürger. Die Karmelitenkirche musste bereits 1347 nach einem Brand neu erbaut werden. Finanzieller Beistand der Ordensleitung half nicht, die Armut zu überwinden, die den Konvent in seiner über 200-jährigen Geschichte stets begleitete. Auch ein Erlass der Schulden 1513 löste die wirtschaftli-

chen Schwierigkeiten nicht. Die Reformation verschärfte die Situation, hinzu traten innerlicher Verfall und Auflösungstendenzen. Mit Bekenntnis der Bürger zum Protestantismus übernahm der Magistrat die Verwaltung des nahezu verödeten Klosters. Andreas Stoß, Provinzial der oberdeutschen Ordensprovinz (1529–40), verkaufte 1532 einige Wertsachen, um die Not zu lindern. Der Orden sah sich 1544 gezwungen, weitere Klosterschätze zu veräußern sowie Kirche und Gebäude an die Stadt zu vermieten, um die Schulden zu begleichen; der Orden erhielt das Kloster nicht wieder zurück.

▶ **Gegenwart.** Die Karmelitenkirche (um 1350) ist eine dreischiffige Saalkirche mit einschiffigem, stark überhöhtem Polygonalchor, der von Strebepfeilern gegliedert wird. Sie wurde 1729 innen barockisiert und 1981/83 zum Kulturzentrum umgestaltet. Die mittelalterliche Ausstattung wurde verkauft. Gotische Wandmalereien (um 1400) schmücken die Wände; besonders interessant ist darunter eine Darstellung der Kümmernis. Konventsgebäude gruppieren sich an der Nordseite um einen Hof. Der Verbindungsgang zeigt Freskenfragmente (Mitte 15. Jh.); am Refektorium blieb ein gotisches Fenster erhalten.

❖ Die Benediktinerabtei Wülzburg entstand vor 1090 auf einer Bergkuppe östlich der mittelfränkischen Stadt W. offensichtlich als Stiftung der Staufer, die das Vogteirecht ausübten und die Abtei als Hauskloster betrachteten. Die Klausur im reich begüterten Konvent begann Anfang des 14. Jh. zu verflachen und erreichte 1395 einen Tiefpunkt, als zwei Morde innerhalb der Klausur verübt wurden. Der Streit mit der nahen Stadt gipfelte 1451 im Überfall der Bürger auf die Klosteranlage. 1523 wurde die heruntergekommene Abtei in ein Kollegiatstift umgewandelt. Abt Veit von Gebsattel (1510–23) heiratete und wurde Gastwirt. Als weltliches Stift existierte Wülzburg noch bis 1536/41. Die Konventsgebäude wurden 1588 abgetragen, 1658 ebenso die Kirche. Auf dem Gelände ließ Markgraf Georg Friedrich von Ansbach eine Festung errichten.

◆ HHistStD 7 Bayern, 756; Smet, Joachim/Dobhan, Ulrich: Die Karmeliten, Freiburg 1981.

Weißenfels, *Klarissenkloster St. Klara (1285–1539), Diözese Naumburg – (Burgenlandkreis, Sachsen-Anhalt, ❐ 2, B5).*

▶ **Geschichte.** Markgraf Dietrich der Weise von Landsberg und seine Gemahlin Helene stifteten auf Bitten ihrer Tochter Sophia 1285 ein Klarissenkloster außerhalb von W., der neu angelegten Stadt an der mächtigen wettinischen Burg, die den Übergang der Handelsstraße *via regia* über die Saale kontrollierte. Die Klarissen kamen aus dem Kloster ➛ Seußlitz, das der markgräfliche Vater, Heinrich der Erleuchtete, 1268 gegründet hatte. Beim Bau der Klosteranlage vor W. wurde eine alte Nikolaikirche eingebunden, woraufhin die Bürger die Marienkirche innerhalb der Stadtummauerung als Stadtkirche erhielten. 1301 siedelten die Schwestern mit Hilfe der inzwischen verwitweten Markgräfin Helena im befestigten W. hinter der westlichen Stadtmauer am Nikolaitor. Das neue Kloster wurde 1303 vom Naumburger Bischof Bruno von Langenbogen konsekriert. Ein Jahr später starb die markgräfliche Gönnerin als Tertiarin und wurde im Kloster beigesetzt. Die Klarissen sandten 1329 vier Schwestern nach ➛ Ribnitz, um das neugegründete Kloster an der Ostsee zu besiedeln. Im eigenen Kloster eröffneten sie eine Schule zur Ausbildung von Novizinnen, unterrichteten aber auch Knaben aus dem Adel und dem reichen Bürgertum der Stadt. Den Frauen standen Franziskanerbrüder zur Seite, die seit etwa 1284 in W. einen kleinen Konvent unterhielten und dem Minoritenkloster in Leipzig (s. u.) angehörten. Den Brandschatzungen der Hussiten im 15. Jh. folgten wirtschaftliche Notzeiten. 1513 forderte Herzog Georg von Sachsen innere Reformen, die Ludwig Henning (1507–15), Provinzialminister der Franziskanerprovinz Saxonia, durchsetzte. Mit dem Machtantritt Herzog Heinrichs II. des Frommen endete 1539 das katholische Klosterleben in W. Der Konvent aus Äbtissin Margaretha von Watzdorff († 1570), 18 Chor- und zwei Laienschwestern bestand als freiweltliches evangelisches Damenstift einige Jahrzehnte lang weiter. Die Klostergebäude wurden in der Folgezeit wechselhaft profan genutzt: 1664 als Gymnasium, 1794 Lehrerseminar, 1910 Stadtmuseum und schließlich nach dem Zweiten Weltkrieg bis 1999 als Wachstation der Polizei.

▶ **Gegenwart.** Die Dreiflügelanlage mit vierseitigem Kreuzgang lässt trotz eingreifender Umbauten noch gewölbte Funktionsräume erkennen. Der Kapitelsaal befindet sich im Westflügel, ein langer Saal ist sechsjochig, das vermutliche Refektorium zweijochig, die östliche Kreuzgangseite zeigt Netzgewölbe, auch spätgotische Fenster- und Türgewände sind erhalten. Die Klosterkirche wurde 1882 abgerissen, ihr gotischer Polygonalchor aber auf den Stadtfriedhof versetzt und originalgetreu wieder aufgebaut. Dieser Chor der Klarissen dient heute als Friedhofskapelle. Flamboyantmaßwerke der Fenster und ein tiefgezogenes Netzgewölbe ohne Kapitelle und Kämpferplatten verweisen auf die Formensprache der beginnenden Renaissance.

❖ Das Kloster der Minoritenbrüder, die den Klarissenkonvent betreuten, hinterließ in W. keine architektonischen Spuren. Auch ihr Hauptkloster in Leipzig, das 1253 erstmals urkundlich auftritt und 1539 säkularisiert wurde, ging im Zweiten Weltkrieg

Weißenfels Klarissenkloster, der spätgotische Chor der Klarissenkirche wurde auf den Friedhof versetzt.

unter. Heute erinnern lediglich das Barfüßergässchen und ein Gedenkstein am Matthäikirchhof an die Minoriten in Leipzig.

◆ Mohn, Claudia: W., in: Mittelalterliche Klosteranlagen, Petersberg 2006, 435; Pieper, Roland/Einhorn, Jürgen W.: Franziskaner zwischen Ostsee, Thüringer Wald und Erzgebirge, Paderborn 2005, 132–137; Teichmann, Lucius: Die Franziskanerklöster in Mittel- und Ostdeutschland, Leipzig 1995, 227 f.

Weißensee, *Johanniterkommende St. Petrus und St. Paulus (vor 1234–1815), Erzdiözese Mainz – (Lkr. Sömmerda, Thüringen, ❐ 2, A5).*

▶ **Geschichte.** Die Ludowinger bauten um 1200 die Runneburg und die Siedlung W. als strategischen Hauptort am geografischen Mittelpunkt ihrer landgräflich-thüringischen Herrschaft aus. An der Runneburg führte die wichtige Nord-Süd-Handelsstraße vorbei. Die Abtei ➛ Reinhardsbrunn unterhielt seit 1116 im nahen ➛ Ottenhausen ein Frauenkloster. Auf der höchsten Erhebung gegenüber der Burg wurde Anfang des 13. Jh. die Hauptpfarrkirche St. Peter errichtet. 1234 taucht erstmals ein Komtur Konrad von W. als Zeuge urkundlich auf. Den Johannitern unterstand die Pfarrkirche St. Peter, auch unterhielten sie bereits am Pfarrhof eine Kommende. Erzbischof Gerhard I. von Mainz (Dhaun) bestätigte 1253 Besitz und Rechte, 1265 unterstrich Papst Clemens IV. den Exemtionsstatus. Die sächsischen Wettiner sorgten nach ihrer Machtübernahme (Mitte 13. Jh.) für gutes Einvernehmen, politisch spielte aber die nun randständige Stadt (Stadtrecht seit 1265) keine Rolle mehr. Der Johanniterorden fasste nur zögerlich in Thüringen Fuß, favorisierten doch die Ludowinger den Deutschen Orden in der Landvergabe. Im nahen ➛ Griefstedt unterhielten die Deutschordensritter seit 1234 eine Kommende, auch waren den Deutschherren die Seen um W. verpfändet worden. 1284 bezeugte Eckehard von Straußfurt, Meister des Johanniterhauses W., einen Landverkauf an den Deutschen Orden in Griefstedt. Die Beziehungen beider Orden blieben gutnachbarlich, Streubesitz konnte zu gegenseitigem Nutzen getauscht werden. Die Deutschherren halfen auch nach dem Brand 1331 beim Neuaufbau der St. Peterskirche. Wilhelmitenmönche von ➛ Weißenborn unterhielten ein Hospital in der Stadt (1262–81), was lediglich eine Urkunde andeutet; offensichtlich wurden sie von den Johannitern verdrängt, denen seit 1337 das gesamte städtische Hospitalwesen unterstand. Zeitweise gehörten dem Konvent 25 Ordensbrüder an, unter ihnen die Pfarrer für W. und für weitere acht auswärtige Orte. Nach 1312 erweiterte Templerbesitz in Topfstedt und Kutzleben das Grundvermögen. Gemeinsam mit der Kommende ➛ Schleusingen wurde der Forst im Thüringer Wald bewirtschaftet und beide Häuser meist in Personalunion geführt. Die Überschüsse, mindestens 300 Gulden, schickte der Pietanzmeister zur Ordenszentrale nach Zypern, Rhodos, später Malta. Das Haus W. wurde als „Mutterhaus" der Johanniterniederlassungen in Thüringen

Weißensee Johanniterkommende, die hochgotische Pforte an der Südseite der Kommende- und Pfarrkirche.

betrachtet. Im 14. Jh. hatten Angehörige des thüringischen Hochadels mehrmals das Amt des Großpriors für Deutschland inne, so Albrecht von Schwarzburg (1323–27), Berthold VI. von Henneberg-Schleusingen (1328–29) und sein Neffe Berthold XI. (1336–41). Ende des 15. Jh. gingen die Leprosenspitäler Gotha, Braunsroda, Breitenbich, Wackenhof und Nesselhof des Lazarusordens an die Johanniter über. Damit unterhielt der Orden Anfang des 16. Jh. acht Niederlassungen in Thüringen, die verwaltungstechnisch der Ordensprovinz Franken zugeordnet waren. Durch die Reformation verlor der Orden Besitz und Pfarrrechte. Der Reformator Philipp Melanchthon (1497–1560) führte im Auftrag Herzog Heinrichs II. von Sachsen-Meißen-Dresden 1539/40 die evangelische Kirchenordnung ein. Der Komtur von W. zog nach Schleusingen, die Stadt pachtete 1565 den Kommendenhof, der 1815 durch Preußen säkularisiert wurde.

▶ **Gegenwart.** Die evangelisch-lutherische Stadt- und ehemalige Johanniterkirche St. Peter und Paul (Pauluspatrozinium seit 1463) in exponierter Lage blieb der geistliche Mittelpunkt der Stadt, wird aber seit 1983 nicht mehr für den Gottesdienst genutzt; zurzeit wird sie schrittweise saniert. Der rechteckige, turmlose Saal besteht besonders im Nord- und Westbereich aus romanischen Mauern, die von der ursprünglichen Basilika stammen. Die Johanniter richteten nach 1331 die Kirche als Hallenbau mit hochgotischem Langchor im 5/8-Polygon neu auf. Die spätere Baugeschichte ist kompliziert, mehrere Eingriffe folgten in Renaissance- und Barockzeit. Bis 1688 führte ein überdachter Gang vom Komturhaus zur Kirche. Das heutige Konventsgebäude im nördlich gelegenen Johanniterhof ließ der Komtur von Schleusingen und W., Anastasius Schmalcz (1541), zum Krankenhaus ausbauen. Die übrigen Gebäude entstanden nach dem Dreißigjährigen Krieg.

◆ Müller, Christine: W., in: Landgräfliche Städte in Thüringen, Köln 2003, 27–63; Schlegel, Gerd: Die Johanniter, in: Die Geschichte der Stadt W., Erfurt 1998, 164–168.

Weitenau, *Benediktinerpriorat St. Gangolf (nach 1100–1556), Diözese Konstanz – (Steinen-W., Lkr. Lörrach, Baden-Württemberg, ❐ 3, B5).*

▶ Die Thurgauer Freiherren Arnold, Erkinbold und Heinrich von Wart schenkten um 1100 der Reformabtei St. Blasien im Südschwarzwald ihre Eigenkirche und Güter im Kleinen Wiesental bei *Witnowa* zur Gründung eines Benediktinerklosters. Abt Udo I. von St. Blasien (1085–1108) errichtete das abhängige Priorat W. Die Stifter traten selbst in den Konvent ein, erster Prior war Erkinbold von Wart (1110). Die strengen Gewohnheiten der ➛ Sankt Blasien-Reform bestimmten im 12. Jh. das Klosterleben. Herren von Rotenberg und Herren von Waldeck bedachten das Kloster mit weiteren Schenkungen, mehrere päpstliche Schutzprivilegien schlossen die Gründung W. ein. Das Priorat entwickelte sich zum wichtigen Stützpunkt der Mutterabtei beim Landesausbau im südlichen Schwarzwald. Die Kirchen in Wieslet und Demberg wurden von den Mönchen pfarrdienstlich betreut. Bei der Teilung der badischen Nebenlinie Hachberg 1305 gelangte die Vogtei über das Kloster an die Linie Hachberg-Sausenberg, 1503 an die Herrschaft Baden-Durlach. Bauern plünderten 1525 die Anlage, die damals nur noch mit drei Mönchen besetzt war. Propst Kaspar Müller (1528–32), später Abt des Mutterklosters, konnte die entstandenen Schäden beheben und die klösterliche Ordnung wiederherstellen. Nach Einführung der Reformation im Markgräflerland endete das Filialkloster 1556. Der Besitz verblieb bei der Abtei St. Blasien bis zu ihrer Säkularisierung 1807. Ein großer Teil der Anlage wurde niedergelegt, Kirche und Restgebäude unterlagen neuzeitlichen Umbauten. Einzig der untere Teil des Kirchturms (1105) blieb aus der klösterlichen Zeit erhalten. Das evangelische Pfarrhaus entstand 1569. Heute dienen die Gebäude einem Rehabilitationszentrum.

❖ Ein weiteres Mönchspriorat von St. Blasien existierte in Krozingen (1383–1806) im Breisgau südwestlich von Freiburg. Auf dem ehemaligen Klosterareal im südlichen Stadtgebiet der heutigen Kurstadt Bad Krozingen befindet sich ein Renaissanceschloss, das Abt Kaspar II. (1579/92) von St. Blasien 1579 errichten ließ und das im 17./18. Jh. eingreifenden Umbauten unterlag.

◆ GermBen 5, 647–651; HHistStD 6 Baden-Württemberg, 874.

Welver, *Zisterzienserinnenabtei St. Maria u. a. (um 1240–1809), Erzdiözese Köln – (Kr. Soest, Nordrhein-Westfalen, ❐ 1, B5).*

▶ **Geschichte.** Edelvogt Walter von Soest und seine Gemahlin Sophia verkauften im Februar 1241 dem Zisterzienserinnenkloster Ramesthorpe (Marienborn) (s. u.) mittelbar ihre Güter in Klotingen, Scheidingen und W.; das Patronat über die Pfarrkirche in W. fügten sie als Stiftung hinzu. Daraufhin sandten die Schwestern von Ramesthorpe 1243 einen Gründungskonvent nach W. nordwestlich von Soest. Erste Klosterbauten sollen dort bereits 1238 gestanden haben, allgemein wird heute eine Gründungszeit um 1240 angenommen. Erzbischof Konrad von Köln (Hochstaden) bestätigte 1242 das Kloster W. und nahm den Konvent unter Schutz; seine leibliche Schwester amtierte als erste Äbtissin Helika. Bereits 1245 wurde das Frauenkloster in den Zisterzienserorden inkorporiert, die Abtei ➛ Kamp erhielt die Aufsichtspflicht über die *filia Campensis*. Der Altar konnte trotz Eingriffen unzufriedener Erben und kriegerischer Überfälle mit Hilfe mehrerer Ablässe 1254 konsekriert werden. Unter der dritten Äbtissin Alheydis (1257–82) ersetzte man die provisorischen Holzbauten durch steinerne Konventsgebäude. Im 14. und 15. Jh. sorgten fähige Pröpste für eine erfolgreiche Erwerbspolitik; über 64 Höfe verstreut in der Soester Börde gehörten noch in der frühen Neuzeit zum Kloster. Steigender Wohlstand führte zur Verflachung der Klosterzucht;

Welver Zisterzienserinnenabtei, eine vermauerte, frühgotische Pforte an der ersten Abteikirche (um 1240).

die Soester Fehde (1444–49) trug zum wirtschaftlichen Niedergang bei. Seit 1482 reklamierte der Kamper Abt innere Reformen, was im Konvent auf heftigen Widerstand stieß. 1493 verschärfte der Abt seine Forderung nach Observanz und setzte die Einhaltung der Klausur durch. Ein großer Teil der Schwestern verließ daraufhin den Konvent; *reformatrices* aus Himmelpforten in Niederense (s. u.) und ➛ Benninghausen ersetzten sie. Neue Schwierigkeiten entstanden durch die Reformation im nahen Soest, das sich offiziell 1531/32 zum Protestantismus bekannte. Während der Magistrat im eigenen Franziskanerkloster (➛ Soest) Eigentum nicht antastete, beschlagnahmte er in W. die Kirchenkleinodien und zwang den Schwestern evangelische Prediger auf. Mit Unterstützung der Vaterabtei Kamp bewahrten die Äbtissinnen Gertrud van Hoyte (1522–42) und Margaretha von Fürstenberg (1542/59) den katholischen Konvent, mussten aber evangelische Vikare dulden. Auch blieb ihnen nur die Nonnenempore in ihrer Kirche, während die evangelische Gemeinde im Chor Gottesdienst feierte. Die Truchsessischen Wirren (1583–88) verschlechterten die wirtschaftliche Situation. Unter der brandenburgischen Herrschaft verloren die Zisterzienserinnen 1649 Klosterkirche und Pfarrhof endgültig an die Protestanten. Unter Äbtissin Maria Elisabeth von Aldenbruck (1685–1706?) entstand in unmittelbarer Nachbarschaft eine neue katholische Kirche (1697–1701); barocke Klausurgebäude waren bereits 1685 gebaut worden. Kontributionen und Besetzung erduldete der Konvent während des Siebenjährigen Krieges (1756–63). Streitereien mit dem Soester Stadtrat um alte Rechte begleiteten den Konvent bis zur Aufhebung der Abtei im November 1809 durch die Großherzoglich-Bergische Regierung.

▶ **Gegenwart.** Die erste Klosterkirche, die nach 1240 für den Konvent aus der alten Pfarrkirche von etwa 1200 entstanden war, dient heute als evangelische Pfarrkirche. Der einschiffige Bau auf kreuzförmigem Grundriss mit gerade geschlossenem Chor und rechteckigem Westturm in Kirchenschiffbreite wurde 1697 barock umgebaut und erhielt dabei den Spitzhelm. Das älteste Ausstattungsstück ist ein romanischer Taufstein (um 1200). Die hölzernen Wangen des Chorgestühls sind gotisch, sonst überwiegt Barockes. Die weit größere katholische Kirche St. Bernhard nebenan entstand Ende des 17. Jh. im gotisierenden Stil mit Polygonalschluss. Die verbliebenen Barockgebäude der einst vierflügeligen Klausuranlage dienen heute als katholisches Pfarrhaus, Heimathaus der Ortsgemeinde und Seniorenheim.

❖ Das Mutterkloster Marienborn in Ramesthorpe (auch Ramsdorf genannt) bestand seit 1230 vermutlich im heutigen Lippramsdorf im Lippischen zwischen Dorsten und Haltern. Der Konvent zog 1244 in die Stadt Coesfeld um; letzte Klosterbauten wurden dort 1937 abgebrochen.

Die 1246 gegründete Zisterzienserinnenabtei Himmelpforten bei Niederense entwickelte sich im ausgehenden Mittelalter zum Ausstrahlungszentrum ordensinterner Reformen. Die Frauenabtei endete 1803, die letzten Gebäude fielen 1943.

◆ Fiedler, Rudolf/Schultebraucks, Meinolf: Das Zisterzienserinnenkloster St, Mariae zu W., Paderborn 2007; Ostrowitzki, Anja: Die Ausbreitung der Zisterzienserinnen im Erzbistum Köln, Köln 1993; Schulz, Ulrich: W., in: Westfälisches Klosterbuch, Tl. 2, Münster 1992, 449–457.

Wenau, *Prämonstratenser-Chordamenstift St. Katharina (vor 1180–1802), Erzdiözese Köln – (Langerwehe-W., Kr. Düren, Nordrhein-Westfalen, ❐ 3, A1).*

▶ **Geschichte.** Die Stiftungsumstände der monastischen Niederlassung St. Katharina im Wehetal westlich von Düren werden kontrovers diskutiert. Die ältere Forschung stützt sich auf eine unsicher datierte Gründungslegende und votiert für die Jahre 1110/20. Die neuere Forschung favorisiert als Stifter die hochadeligen Familien von Limburg und Heinsberg vor 1180, denn die ältesten Urkunden (1183–91) dokumentieren Schenkungen aus diesem Kreis. Herzog Heinrich III. von Limburg brachte 1198 eine Kopfreliquie des Martyrers Pankratius († um 250) aus Rom nach W. Die Fürsten von Limburg übten die Schirmherrschaft aus. Das Frauenstift unterstand als Propstei von Beginn an der Prämonstratenserabtei Floreffe in Belgien (abhängig von Floreffe waren auch die Konvente in ➛ Mariaroth, ➛ Rommersdorf und ➛ Schillingskapellen). Im Totenbuch von Floreffe ist der erste Propst Jakob († 1180) von W. verzeichnet. Der Orden erwähnt W. im Katalog von 1235/40 als *filia Floreffie*. Als unrichtig hat sich die Annahme erwiesen, dass Prämonstratenser-Chorherren erst 1340 das angebliche „Doppelstift" verließen und ins Kloster ➛ Schwarzenbroich gewechselt seien. Tatsächlich gründete Werner IV. von Merode im nahen Meroder Wald 1340 ein Priorat des Kreuzherrenordens; dessen Gründungskonvent kam aber aus Kloster St. Matthias Lüttich (Belgien). Richtig ist dagegen, dass Stifter Werner IV. von Merode 1341 in der Stiftskirche W. beigesetzt wurde, weil die Klosterkirche in seiner Stiftung Schwarzenbroich noch nicht vollendet war. Aufgrund von Vorwürfen bezüglich loser Zucht in W. baten Herzog Gerhard von Jülich-Berg und Herzogin Sophia den Visitator des Ordens, Abt Reiner Hundt (1484–92) von ➛ Steinfeld, Reformmaßnahmen im Konvent zu ergreifen, die 1486 erfolgreich abgeschlossen werden konnten. Diese strikte Reform führte zu einem veränderten Rechtsstatus, denn W. war nun nicht mehr Propstei, sondern wurde zu einem weniger selbständigen Priorat herabgestuft, dessen Vorsteherin nicht länger als Äbtissin des 44 Frauen starken Konvents bezeichnet wurde, sondern den Titel „Meisterin" („Priorin") annehmen musste. Vaterabt Gerhard von Floreffe (1465–92) stimmte 1490 dem Statuswechsel zu, das Generalkapitel des Ordens folgte 1492. Äußeres Zeichen der inneren Erneuerung war ein neuer Choranbau an die Stiftskirche. Unter Priorin Katharina Bestoltz (1516–40) überstand der Konvent die Reformation, aber Truppen Kaiser Karls V. verwüsteten 1543 das Stift im Dritten Geldrischen Erbfolgekrieg während der Eroberung Dürens. Als 1561 ein Großbrand neue Schäden anrichtete, konnten Prior Werner Heuschreiner (1560/81) und Priorin Katharina von Zevel (1558–74) den Zusammenbruch nur durch massive Besitzverkäufe verhindern. Weitere Kriege verzögerten die wirtschaftliche Erholung. Die Klausurgebäude konnten erst 1678 erneuert und die Stiftskirche erst im 18. Jh. barock ausgeschmückt werden. Die napoleonische Konsularregierung säkularisierte 1802 auch Stift W. Priorin Maria Josepha Bachhofen (1799–1802), neun Chordamen und fünf Laienschwestern mussten das Katharinenstift verlassen. Der letzte Prior Severin Lambert von Geldern (1790–1802) rettete durch eigenes Vermögen Kirche und Anwesen für die katholische Gemeinde.

▶ **Gegenwart.** Die heutige katholische Pfarrkirche St. Katharina in W. stammt im Kern aus der Gründungszeit des Stifts im 12. Jh. Die dreischiffige Pfeilerbasilika ohne Querarme mit nordwestlich angegliedertem Glockenturm erhielt den Polygonalchor Ende des 15. Jh. Weitere Umbauten und Erneuerungen folgten, erst im 17. Jh. wurde sie eingewölbt. Im Innern dominiert die barocke Ausgestaltung; im nördlichen Seitenschiff entdeckte man gotische Wandmalereien, die an einen Pfeiler versetzt wurden. Die hölzerne Figurengruppe am Triumphkreuz (um 1250/60) ist eines der wenigen vollständig erhaltene Skulpturenensembles des 13. Jh. der rheinisch-maasländischen Region. Reste der historischen Bruchsteinmauern umschließen nach wie vor die barocken Konventsgebäude. Der Westflügel mit Staffelgiebel und der langgestreckte Ostflügel mit restauriertem Kreuzgang enthalten im Kern Architektursubstanz des 15. und 16. Jh.

◆ Candels, Heinrich: Das Prämonstratenserinnenstift W., Mönchengladbach 2004; Horstkötter, Ludger: Zum inneren Leben in einigen Prämonstratenser-Klöstern des nördlichen Rheinlandes zwischen 1450 und 1500, Göttingen 2003; Ehlers-Kisseler, Ingrid: Die Anfänge der Prämonstratenser im Erzbistum Köln, Köln 1997.

Wenau Prämonstratenser-Chordamenstift, das Triumphkreuz (1250/60) im Chor der Stiftskirche (12. Jh.).

Wendhusen

Wendhusen (auch Wendhausen), *Augustiner-Chorfrauenstift (St. Pusinna), St. Maria und St. Nikolaus (1377–1525), Diözese Halberstadt – (Thale-W., Lkr. Harz, Sachsen-Anhalt, ❐ 2, A5).*

▶ **Vorgeschichte.** In *Winithohus* bei Thale stiftete Gisela, Tochter des Harzgaugrafen Hassi, mit Hilfe Bischof Thiatgrims von Halberstadt vor 840 eine religiöse Frauengemeinschaft, der sie ihre Tochter Bilihilt als erste Äbtissin voranstellte. Der weltliche Kanonissenkonvent im Stift W. gilt als die früheste religiöse Gemeinschaft auf dem Territorium des heutigen Landes Sachsen-Anhalt. Die Reliquien der hl. Pusinna von Binson (5./6. Jh.), ein Geschenk der Reichsabtei ➛ Herford, förderten die Bekanntheit des Konvents. Das Patrozinium dieser Heiligen der Liudolfinger wurde später durch die Gottesmutter und den hl. Nikolaus verdrängt. Die Klausnerin Liutbirg, die als Reklusin um 850/870 lebte, ist durch die „Vita Liutbirgae" bis heute bekannt. Bei der Gründung des königlichen Reichskanonissenstifts St. Servatius in Quedlinburg 936 durch König Otto I. sollte der Konvent in das neue Stift umziehen, was Äbtissin Diemot ablehnte. W. wurde aber dem Servatiusstift als Eigentum unterstellt (wie die Klöster ➛ Walbeck und Münzenberg in ➛ Quedlinburg). Stets stand W. eine Stiftsdame aus Quedlinburg als Pröpstin vor. Truppen des Welfenherzogs Heinrich des Löwen plünderten und verwüsteten 1180 die Anlage. Eine weitere Zerstörung verursachte 1336 der Schirmherr des Klosters, Graf Albrecht II. von Regenstein-Blankenburg während der Halberstädter Stiftsfehde; nach 1338 sorgte er für einen Schadensausgleich.

▶ **Geschichte.** Bischof Albrecht III. von Halberstadt (Rickmersdorf) und Graf Busso I. von Regenstein-Blankenburg wandelten 1377 das weltliche Kanonissenstift in ein reguliertes Augustiner-Chorfrauenstift um. Über das innere Leben des regulierten Konvents ist wenig bekannt, die Abhängigkeit vom Reichsstift Quedlinburg blieb bestehen. Reformversuche im 15. Jh. mit Hilfe von Schwestern aus dem Stift Dorstadt in Niedersachsen, das der ➛ Windesheimer Kongregation angehörte, verliefen wohl erfolglos. Bauern zerstörten 1525 die Stiftsanlage weitgehend, die nicht wieder aufgebaut wurde. Die Herrschaft Regenstein-Blankenburg wandte sich der Reformation zu. Graf Ulrich X. übernahm den Besitz offiziell 1540, hatte ihn aber bereits 1528 Lehnsträgern zugesprochen. Auf dem Gelände entstand ein Rittergut, das sich vor der Enteignung 1945 im Besitz der Familie Freiherr von dem Bussche befand.

▶ **Gegenwart.** Der fünfgeschossige Breitturm im ehemaligen Rittergut in W. (heute Unterstadt von Thale) wurde bislang allgemein als Westriegel der frühmittelalterlichen Stiftskirche betrachtet. Jüngste Untersuchungen deuten ihn jedoch als Wohnturm einer karolingischen Burganlage, in der das Stift integriert war; eine Burg Wendthal wird urkundlich aber frühestens 1340 fassbar. Östlich schließt sich an den Breitturm ein barockes Wohnhaus an, das frühmittelalterliche Mauerteile überdeckt. Weitere archäologische Untersuchungen sind zur Identifizierung des alten Gebäudes notwendig. Statt vom „Benediktinerinnenkloster W." (modernisiert „Wendhausen") zu sprechen, bezeichnet man angemessener den Frauenkonvent in W. als „geistliche Damenkongregation". Es gibt keinen Hinweis, dass der frühe Konvent sich der Benediktregel unterwarf, eher muss man die Aachener Stiftsverfassung annehmen. Eine der ältesten geistlichen Gemeinschaften Mitteldeutschlands war wohl ein unreguliertes Kanonissenstift, das erst 1377 eine Regularverfassung annahm. Die evangelische Ortskirche St. Andreas geht in ihrer heutigen Erscheinungsform auf 1788 zurück. Ihr Vorgängerbau soll um 1550 aus einer Kreuzgangkapelle entstanden sein, im quadratischen Glockenturm steckt angeblich noch heute Mauerwerk aus ottonischer Zeit. Seit 2007 hat sich der Nordharzer Altertumsverein der ehemaligen Stiftsanlage zu ihrem Vorteil angenommen.

◆ HHistStD 11 Sachsen-Anhalt, 462–464; Mohn, Claudia: W., in: Mittelalterliche Klosteranlagen, Petersberg 2006, 411 f.; Hartmann, Peter: Kloster W. – Versuch einer geschichtlichen Darstellung, in: Unser Harz 4 (1998) 66–72.

Wennigsen, *Augustiner-Chordamenstift St. Maria und St. Petrus (vor 1224–1543), Diözese Minden – (W. am Deister, Lkr. Region Hannover, Niedersachsen, ❐ 1, D4).*

▶ **Geschichte.** Stift W. am Nordrand des Großen Deisters südwestlich von Hannover wird erstmals 1224 urkundlich erwähnt, als Graf Adolf III. von Schauenburg-Holstein auf seine Vogteirechte zugunsten Bischof Konrads I. von Minden (Rüdenberg) verzichtete. Als weltliches Kanonissenstift könnte W. schon vor 1200 existiert haben, aber 1224 lebte ein regulierter Frauenkonvent unter der Augustinusregel in W., wo sich damals bereits eine Siedlung entwickelt hatte. Das Frauenstift blieb über Jahrhunderte der entscheidende Wirtschaftsfaktor in der Region. Schenkungen und Mitgiften sicherten den Lebensstandard der adeligen Chordamen, Ablässe förderten seit 1261 Wallfahrten, die zu Blüte und Wohlstand führten. Die erste namentlich bekannte Priorin war Lutgarde (1335). Die Familie Knigge stellte mehrere Priorinnen (ein Spross dieser Familie ist auch Adolph Freiherr Knigge im 18. Jh.). Im Spätmittelalter glich das Stiftsleben einem weltlichen Versorgungsinstitut für adelige Töchter mit Standesanspruch; der wirtschaftliche Niedergang wurde offensichtlich. Welfenherzog Wilhelm I. von Braunschweig-Lüneburg sorgte 1439 persönlich für innere Reformen und bat den Augustiner-Chorherrn Johannes Busch (1399–1479) aus dem Hildesheimer Sültestift um Unterstützung; Prior Busch war im 15. Jh. die glänzendste Persönlichkeit der ➛Windesheimer Reformbestrebungen in Deutschland. Sie trafen in W. auf den erbitterten Widerstand der Schwestern, der nach mehreren Versuchen mit bewaffneten Knechten gebrochen werden musste. Eine nachhaltige Reform konnten sie nicht durchsetzen, unter Priorin Ghysela von Stockhem (1465–90) verloren sich die observanten Bestimmungen wieder zugunsten eines freizügigen Lebens. Nach der Erbteilung 1495 fiel die Deisterregion an das Fürstentum Calenberg; die Herzoginwitwe Elisabeth führte 1542 die Reformation mit einer neuen Kirchenordnung in den Klöstern des Landes ein, ohne sich dabei persönlich zu bereichern. Landessuperintendent Antonius Corvinus (1501–53) traf 1543 auf keinen Widerstand, der Konvent konvertierte; erste evangelische *Domina* war Sophie von Alten (1540–60). Die offizielle Säkularisierung vollzog Herzog Heinrich Julius nach 1589. Im evangelischen Stift lebt noch heute ein Damenkonvent.

▶ **Gegenwart.** Das evangelische Damenstift W. gehört dem 1818 eingerichteten Allgemeinen Hannoverschen Klosterfonds an und wird von der Hannoverschen Klosterkammer verwaltet. Seit 1961 trägt die Vorsteherin den Titel „Äbtissin". 1982 richtete der evangelische Johanniterorden ein Zentrum im ehemaligen Amtshaus ein, 2002 begann das evangelische „Haus für Stille und Begegnung – Via Cordis" seine Arbeit. 2005 wurde Äbtissin Gabriele-Verena Siemers als 38. Vorsteherin im Stift W. eingeführt. Die Konventsgebäude entstanden Anfang des 18. Jh., einzig die Stiftskirche bewahrt mittelalterliche Architektur. Sie geht auf eine romanische Pfarrkirche zurück, die bereits vor dem Stift bestand. Der Westturm bis auf das letzte Spitzhelmgeschoss und die Nordwand des Hauptschiffs stammen aus vormonastischer Zeit; mehrere Um- und Erweiterungsbauten gehen auf die Augustiner-Chordamen zurück. Die heutige zweischiffige Halle mit polygonalem Langchor erhielt 1556 das südliche Seitenschiff und 1668 ihr Gesamtdach. Der Eingangsvorbau wurde 1854/60, das Turmportal 1903/13 angefügt. Im Innern dominiert die barocke Einrichtung; ein romanisches Portal führt zum nördlichen Emporenraum, im Gang sind mittelalterliche Kunstgegenstände ausgestellt.

◆ Busch-Sperveslage, Antje: Die Klosterkirche in W., Stuttgart 1999; Ederberg, Erik: Kloster und Kirche W., Regensburg 1987; Hamann, Manfred/Ederberg, Erik: Die Calenberger Klöster, Hannover 1977.

Wennigsen Augustiner-Chordamenstift, Klausurwestflügel und die mittelalterliche Stiftskirche im Hintergrund.

Werbe (auch Ober-Werbe), *Benediktinerpriorat St. Maria und St. Petrus (vor 1125–1206), Benediktinerinnenkloster St. Maria und St. Petrus (1206–1537), Erzdiözese Mainz – (Waldeck-Ober-W., Lkr. Waldeck-Frankenberg, Hessen, ❐ 1, C5).*

▶ Eine mittelbar überlieferte Gründung des Klosters W. im Tal der oberen Lahn bereits 1038 lässt sich urkundlich nicht belegen. Papst Honorius II. bestätigte zwischen 1125/29 dem Abt des Klosters alle Stiftungen des Grafen Temmo (Diemo) und privilegierte den Konvent mit freier Abtwahl. 1155 unterstellte Papst Hadrian IV. das Kloster der Reichsabtei ➛ Corvey, die W. als abhängiges Priorat weiterführte. In der frühen Prioratszeit darf man ➛ Hirsauer Reformgewohnheiten im Konvent voraussetzen, weil die Abtei Corvey im 12. Jh. deren Erneuerungsideale tatkräftig verbreitete. Mit dem Bedeutungsverlust Corveys im 13. Jh. stieg der Einfluss des Mainzer Hochstifts. Nach 80 Jahren des Bestehens wurde 1206 das Mönchskloster in ein Benediktinerinnenkloster umgewandelt und zusätzlich mit weiteren päpstlichen Privilegien ausgestattet. Der aufblühende Frauenkonvent geriet im 15. Jh. in eine wirtschaftliche und geistliche Krise. Graf Philipp II. von Waldeck sowie Äbte von Corvey und ➛ Bursfelde besetzten 1493 den Konvent völlig neu und unterstellten ihn 1494 dem Frauenkloster ➛ Vinnenberg zur inneren Reform im Sinn der ➛ Bursfelder Kongregation; ein Anschluss an die Reformunion kam jedoch nicht zustande. Graf Philipp IV. von Waldeck-Wildungen bekannte sich 1526 zur Reformation, übernahm 1527 die Verfügungsgewalt über das Priorat, stellte den Schwestern frei, zu bleiben oder mit ihrer Mitgift zu gehen und hob das Kloster 1537 zusammen mit dem Kloster ➛ Marienthal in Netze offiziell auf. Die letzte Äbtissin Christina von Scherbe verließ 1542 die stark geschrumpfte Gemeinschaft und heiratete. Vom Kloster auf dem Bergplateau nordwestlich hoch über dem Ort Ober-Werbe blieben lediglich Ruinenmauern direkt an der Felsenkante übrig.

◆ GermBen 7, 1011–24; Dersch, Wilhelm: Hessisches Klosterbuch, Marburg 2000.

Werben, *Johanniterkommende St. Maria und St. Johannes Baptist (1217–1809), Diözese Halberstadt – (Lkr. Stendal, Sachsen-Anhalt, ❐ 2, B3).*

▶ **Geschichte.** Albrecht der Bär, erster Markgraf von Brandenburg, übereignete nach seiner Wallfahrt ins Heilige Land dem Johanniterorden 1160 die Kirche in W. an der Elbe nordwestlich von Havelberg. Auf seine Initiative hin könnte auch die um 1170 entstandene Basilika St. Nikolaus im nahen Beuster (s. u.) zurückgehen. Vor 1217 schenkten die Grafen von Schwerin dem Johanniterorden weiteren Besitz in der Umgebung, der daraufhin zur Verwaltung der Güter in W. südwestlich von Beuster seine erste Kommende in Brandenburg einrichtete. Ein Johanniter Heinrich erscheint 1217 erstmals

Werben Johanniterkommende, die Johanniterkapelle St. Lambertus (13. Jh.) vor der Pfarrkirche (um 1400).

urkundlich als *procurator*, als Komtur tritt 1244 erstmals ein gewisser Udo auf. Die Johanniter von W. verwalteten zunächst auch das Land, auf dem später die Kommenden ➛ Mirow und ➛ Nemerow entstanden und waren für mehrere Pfarreien und drei Hospitäler zuständig; seit dem 14. Jh. unterhielten sie eine Schule. Die Mannschaft aus sechs bis sieben Priesterbrüdern musste auch bei der Ernte helfen, was die Ordensleitung 1460 aber verbot, weil sie die Seelsorge vernachlässigt sah. Ein Provinzkapitel für Niederdeutschland fand 1251 in W. statt. Die Zisterzienserabtei ➛ Lehnin nahm 1281 die Kommende W. unter Komtur Moritz (1276–1300) in ihre Gebetsgemeinschaft auf. Mit dem Vertrag von Kremmen 1318 gingen die ehemaligen Templergüter in der Mark an die Johanniter über, die dafür einen Geldbetrag an den Landesherrn zu zahlen hatten; weiterer Besitz konnte im 15. Jh. erworben werden. Das wachsende Selbstverständnis der Bürger in der sich entwickelnden Stadt führte zu Auseinandersetzungen, die vom Bischof, Herrenmeister oder Markgrafen geschlichtet werden mussten. 1388 bestimmte ein Schiedsspruch Bischof Johanns III. von Havelberg (Wepelitz), dass der Komtur höchstens zwölf Stück Großvieh und 20 Schweine auf die Stadtweide treiben lassen durfte. Die Ordensballei Brandenburg erreichte im Vertrag von Heimbach 1382 eine relative Selbständigkeit und wählte ihren eigenen „Herrenmeister“. Traditionell stand der ältesten brandenburgischen Kommende W. eine zentrale Stellung zu, und die Komture bezeichneten sich als Statthalter des Herrenmeisters; diese Vorrangstellung ging mit dem Heimbacher Vertrag verloren, insbesondere nachdem die Ballei 1426 ihre Hauptresidenz in Sonnenburg (heute Słońsk, Polen) einrichtete. Kurfürst Joachim II. verhielt sich während der Reformation zunächst neutral, entschied sich aber 1539 für den Protestantismus und übertrug 1542 die Pfarrkirche in W., das Kernstück der Kommende, der evangelischen Stadt. 1544 verzichtete der letzte katholische Komtur Thomas Runge (1542–45) gegen Abfindung auf die verbrieften Pfarrrechte. Sein Nachfolger gilt als erster evangelischer Kommandant des rittergutähnlichen Verwaltungssitzes W. des sich inzwischen evangelisch bekennenden Johanniterordens in Brandenburg. Nach dem Tod des letzten Komturs, Matthias von Jagow († 1809), be-

Werden Benediktiner Reichsabtei, die Ostpartie der Basilika im romanisch-gotischen Übergangsstil (1275).

schlagnahmte König Jérôme Bonaparte von Westphalen den Besitz.

▶ **Gegenwart.** Die heutige evangelische Pfarrkirche St. Johannes der Täufer entstand 1400 im Auftrag der Johanniter als Hallenkirche aus der Vorgängerbasilika. Zum Abschluss der Bauarbeiten 1467 erhielt der Chor die heute noch vorhandenen Bundglasfenster. Mehrere an das Langhaus angefügte Kapellen sind inzwischen abgebrochen; geblieben sind zwei Taufkapellen und eine Einsatzkapelle im Chor (15. Jh.). Von der reichen mittelalterlichen Ausstattung blieben ein großes Retabel (um 1440), das Relief der hl. Sippe (1513/14), ein Zweiflügelaltar (Ende 15. Jh.) und das Chorgestühl der Johanniter (15. Jh.) erhalten. Südwestlich der Pfarrkirche befand sich der Komturhof. Hinter Restmauern steht die kleine Kapelle St. Lambertus aus Backsteinen, die von den Johannitern wahrscheinlich schon im 13. Jh. errichtet wurde.

❖ Elbabwärts steht noch heute die romanische Basilika von Beuster. Diese Kirche St. Nikolaus wurde etwa 1170 begonnen und gilt als eine der ersten Großkirchen aus Backstein nördlich der Alpen. Möglicherweise existierte schon seit etwa 1150 in Beuster das Kollegiatstift Großbeuster, das für den Bau verantwortlich zeichnet, aber erst 1246 urkundlich auftritt. Mitunter wird Großbeuster als Augustiner-Chorherrenstift bezeichnet (vereinzelt auch als Prämonstratenserstift), was den Tatsachen aber nicht entspricht; im Stift lebten bis 1550 Säkularkanoniker.

◆ Partenheimer, Lutz/Knüvener, Peter: W., in: Brandenburgisches Klosterbuch, Bd. 2, Berlin – Brandenburg 2007, 1289–1304; Wienand, Adam (Hg.): Der Johanniter-Orden, Köln 1988, 376 f.

Werden, *Benediktiner Reichsabtei St. Liudgerus (um 800–1803), Erzdiözese Köln – (Essen-W., kreisfreie Stadt Essen, Nordrhein-Westfalen, ❐ 1, B5).*

▶ **Geschichte.** Der friesische Missionar Liudgerus (Ludger, um 742–809) gründete um 800 auf seinem Besitz am linken Ufer der unteren Ruhr ein Eigenkloster. Die Leitung des Konvents nahmen nach ihm bis 886 seine Familienangehörigen wahr. Diese Liudgeriden betrachteten die *memoria* Liudgers als ihre wichtigste Aufgabe. Um 827 wird erstmals ein *monasterium* St. Salvator in W. urkundlich genannt. Im Konvent galt anfänglich die Chrodegangregel; erst nachdem eine Synode Bischof Hildegrim II. von Halberstadt als Abt (864–886) einsetzte, kann man von einer Benediktinerabtei in W. ausgehen. Hildegrim II., ebenfalls ein Liudgeride, gab die eigenkirchlichen Ansprüche auf, bat um Königsschutz bei freier Abtwahl und akzeptierte die Rechte der Kölner Kirche. Die Personalunion mit den Hochstiften Münster und Halberstadt wurde aufgegeben, aber die Vereinigung mit der Reichsabtei St. Liudgerus in ➛ Helmstedt in Ostfalen vertieft. Der Abt von W. war immer auch Abt der Bruderabtei Helmstedt, die wohl auch auf eine Stiftung Liudgers zurückgeht. Ottonische und salische Herrscher festigten die Reichsimmunität und privilegierten sie mit Münz- und Marktregalien. Die materielle Grundlage war beträchtlich, der Besitz reichte über Westfalen nach Friesland und Ostsachsen. 1029 schloss sich der Konvent der ➛ Gorzer Reform an, abzulesen an bedeutenden Skriptoriumswerken, eigenen Kunstwerkstätten und Verwaltungsmaßnahmen der Äbte Gerold (1031–50) und Gero (1050–63). Mitte des 12. Jh. beeinflusste der neucluniazensische Reformkreis um ➛ Siegburg den klösterlichen Alltag. Unter Abt Wilhelm I. (1152–60) erlebte der etwa 50 Mitglieder starke Konvent eine geistige, geistliche und kulturelle Blütezeit. Nachfolgende Äbte engagierten sich intensiv in der Reichspolitik; König Otto IV. und König Heinrich (VII.) erhoben sie zu Reichsfürsten. Zu Beginn des 13. Jh. war eine souveräne Landesherrschaft zwischen Kettwig und Heisingen, Bredeney und Heidhausen entstanden, wodurch die Abtei einer der kleinsten Souveränen des Reiches war. Es folgte ein rascher innerer Verfall. Die exklusiv adeligen Mönche verweigerten sich Reformen, bevorzugten Präbenden, Ämter und Wahlkapitulationen. Im 14. Jh. glich W. einem weltlichen Stift, dessen kanonikaler Konvent zusammenschmolz. Die Bürgerschaft der sich entwickelnden Stadt W. beschnitt trotz des Vertrags von 1317 die Rechte der Abtei, die infolge immer mehr aus der Stadt herausgedrängt wurde. Im 15. Jh. brach die institutionelle Ordnung in dem dreiköpfigen Konvent zusammen. Erst der vom Erzbischof eingesetzte Administrator Adam von Eschweiler, Abt von Groß St. Martin in ➛ Köln, stabilisierte die Situation und ermöglichte 1477 den Anschluss an die ➛ Bursfelder Kongregation. Nachfolgende Äbte legten die Grundlagen für den Weiterbestand in der frühen Neuzeit und konnten ihr kleines Territorium an der Ruhr und den umfangreichen Besitz in Norddeutschland während der Reformation und des Dreißigjährigen Kriegs behaupten, selbst als Brandenburg-Preußen die Vogtei übernommen hatte. Kohlebergbau, Tuchproduktion und barocker Abteineubau kennzeichnen die prosperierende Entwicklung im 18. Jh., die von der preußischen Regierung im Januar 1803 mit dem Auflösungsdekret beendet wurde. Die Klosterkirche wurde zur Pfarrkirche; die Abtei diente seit 1811 als Strafanstalt. Die reiche Klosterbibliothek von 11.000 Bänden verteilt sich heute auf 25 europäische Bibliotheken.

▶ **Gegenwart.** Die mächtige Abteibasilika über der Ruhr im Essener Stadtteil W., heute katholische Pfarrkirche St. Liudger und Wallfahrtsstätte, entstand als letzter repräsentativer Kirchenbau in Formen des rheinischen romanisch-gotischen Übergangsstils (Weihe 1275). Teile der Vorgängerkirche blieben erhalten, so das Liudgergrab des 9. Jh. in der dreischiffige Hallenkrypta (1059), aber auch Reste des repräsentativen Westwerks als sogenannte Peterskirche (943) sowie das Paradies (11. Jh.). Den südlichen Klausurkomplex (spätes 18. Jh.) nutzt heute die Folkwang-Schule für Musik, Theater und Tanz. Abt Werinbert I. (983–1001) ließ 995 die örtliche Pfarrkirche St. Luzius für die Einwohner der Siedlung W. errichten; sie gilt heute als eine der ältesten bestehenden Pfarrkirchen nördlich der Alpen.

◆ GermSac NF 12; Günther, Karl-Heinz: Festschrift und Dokumentation 1200 Jahre W., Werden 1999; Zimmermann, Walther u. a.: Die Kirchen zu Essen-W., Essen 1959.

Wesel, *Prämonstratenser-Chordamenstift St. Maria und St. Johannes Baptist (1127–1626) – „Willibrordi Dom", Erzdiözese Köln – (Kreisstadt, Nordrhein-Westfalen, ❐ 1, A5).*

▶ Zum ersten Prämonstratenserstift auf heutigem deutschen Boden in ➛ Cappenberg gehörte vermutlich seit 1122 ein inkorporierter Konvent *sorores* entsprechend der Frühtradition des Ordens. Die Schwestern lebten im nahen Stift Niedercappenberg im Tal. Dem Konvent gehörte die Witwe Jutta des Stifters Gottfried an. Die Frauengemeinschaft ist bis 1299 nachweisbar. Aus diesem Frauenstift entstand möglicherweise schon 1127 eine Tochtergründung in *Averdorp* (Oberndorf) bei W. am Niederrhein, dessen Konvent Patronatsrechte über die bedeutendste Pfarrkirche in W., den „Willibrordi Dom", erlangte. Vom eigentlichen Stift der Prämonstratenserinnen ist keine aufstrebende Architektur erhaltenen, aber der prächtige „Willibrordi Dom", eine spätgotische Basilika (1498–1540), erinnert noch heute an die Prämonstratenserinnen.

❖ Mit Einverständnis der Prämonstratenserinnen entstanden in der aufstrebenden Handelsstadt W. Klöster der Dominikaner (1291–1807) und der Augustiner-Eremiten (1351–1629). Die 1950 wieder aufgebaute Klosterkirche der Dominikaner wird heute als katholische Pfarrkirche St. Mariä Himmelfahrt genutzt; sie repräsentiert aber ausschließlich nachreformatorische Architektur, einschließlich die Krypta (1788) und des neugotischen Portals (1908). Das Kloster der Augustiner-Eremiten, die aus ➛ Marienthal (Hamminkeln) gekommen waren und zwischen Ritter- und Torfstraße bauen durften, ist im Zweiten Weltkrieg vollständig untergegangen.

◆ Krings, Bruno: Die Prämonstratenser und ihr weiblicher Zweig, Göttingen 2003; Ehlers-Kisseler, Ingrid: Die Anfänge der Prämonstratenser im Erzbistum Köln, Köln 1997.

Wessobrunn, *Benediktinerabtei St. Petrus und Paulus (753–1803), Benediktinerinnenkloster St. Petrus und Paulus (seit 1913), Diözese Augsburg – (Lkr. Weilheim-Schongau, Bayern, ❐ 4, A4).*

▶ **Geschichte.** Nach allgemein anerkannter Überlieferung wurde das *monasterium Wessofontanum* im Pfaffenwinkel südwestlich des Ammersees 753 gegründet. Als Stifter kommt die Familie der Huosi in Frage, deren Eigenkloster ➛ Benediktbeuern das Aufsichtsrecht ausübte und vermutlich den Gründungskonvent stellte; die Mitwirkung Bayernherzog Tassilos III. gilt als gesichert. Der erste Abt Ilsung kam aus der Abtei ➛ Niederaltaich. Die Agilolfinger beschenkten das Kloster reich. Die Rodung und Kolonialisierung des Gebiets zwischen Amper und Lech gehörte zu den vordringlichen Aufgaben des frühen Konvents. Nach dem Sturz des Bayernherzogs 788 gehörte W. zu den karolingischen Reichsklöstern und erscheint in der „Notitia" von 818/819 in der dritten Klasse. Die Ungarneinfälle im 10. Jh. ließen das monastische Leben erlöschen. Weltliche Kanoniker betreuten die Anlage, bis Bischof Embrico von Augsburg 1065 Mönche aus St. Emmeram in ➛ Regensburg rief und das benediktinische Leben erneuerte. Der damalige Propst Adalbero wurde erster Abt (1065–1110) des neuen Konvents. Die Benediktiner bekannten sich zu ➛ Junggorzischen Reformstatuten. Im Investiturstreit neigten sie der gregorianischen Partei zu und pflegten Verbindungen zu den rheinischen Reformklöstern. Die Annahme ➛ Hirsauer Statuten erfolgte wohl erst mit Abt Luitold (1161–65), der direkt aus ➛ Hirsau kam. Ein damals assoziierter Frauenkonvent löste sich um 1220 auf; bekannt wurde eine Inklusin Diemut (1130) durch ihre liturgischen und theologischen Schriften. Die Vogtei übten nach den Herren von Stoffen seit etwa 1235 die Wittelsbacher aus. Der Großbrand von 1220 nötigte zum Neubau von Kirche und Anlage, wobei die Abtei ➛ Ebersberg Hilfe sandte. Die nachfolgende Verpfändung von Gütern ließ W. beinahe in völlige Abhängigkeit von der Zisterzienserabtei Stams in Tirol geraten. Erst unter Abt Werner (1324–64) besserte sich die finanzielle Situation. König Ludwig der Bayer übergab die Niedergerichtsbarkeit. Interessant sind Verträge (1336–45) mit den umliegenden Stiften ➛ Polling, ➛ Rottenbuch, Dießen, Schlehdorf und der Abtei ➛ Altomünster zur wechselseitigen Anerkennung bei Heirat der Untertanen und der Aufteilung der Kinder. Abt Ulrich V. Höhenkirchner (1384–1414) erhielt 1401 die Pontifikalien. Mit Abt Ulrich VI. Stoeckel (1438–43) aus ➛ Tegernsee zogen ➛ Melker Reformprinzipien ein, die zunächst nur den Ruf W. als Kunstzentrum begründeten. Erst das rigorose Eingreifen Herzog Albrechts IV. 1498 mit Mönchen aus ➛ Scheyern unter Abt Heinrich Zäch (1499–1508) festigte die Observanz. Während der Reformation blieb die Abtei beim alten Glauben, auch der Dreißigjährige Krieg verlief für die Abtei glimpflich. Mit Abt Leonard III. Weiß (1671–96) begann eine Ausstrahlungsperiode, die das Kloster als Kunstwerkstatt und

Wessobrunn Benediktinerabtei, der Glockenturm „Grauer Herzog" (nach 1220) neben der Barockkirche.

Zentrum des „Wessobrunner Stucks" bekannt machte. Berühmte Stuckatoren aus einheimischen Familien lernten die Technik in der Abtei und verbreiteten ihre Kunst in ganz Europa bis nach Russland. Ebenso strahlte die Abtei im 18. Jh. als Zentrum der Geisteswissenschaften; mehr als 30 Professoren gingen aus dem Konvent in W. hervor. Die Säkularisierung im März 1803 zerstörte einen der blühendsten religiösen und wissenschaftlichen Zentren Bayerns. Die Kirche und drei Viertel der Barockanlage wurden abgetragen.

▶ **Gegenwart.** Den verbliebenen dreiflügeligen Gästebau (1690) bezogen 1913 Missions-Benediktinerinnen aus Tutzing, den Prälaturflügel (1700) nutzt das katholische Pfarramt. Aus mittelalterlicher Zeit blieb lediglich der wehrhaft wirkende, fast 25 m hohe Glockenturm („Römerturm" oder „Grauer Herzog") erhalten, der aus der Zeit des Wiederaufbaus der Anlage nach 1220 stammt. Der Historiker Johann Nepomuk Sepp rettete 1861 den „Grauen Herzog" durch privaten Erwerb. Spätromanische Fundstücke sind im Turm und im Bayerischen Nationalmuseum München zu bewundern. Ein rohbehauenes Astkruzifix mit Viernageldarstellung (um 1250) bewahrt die barocke Pfarrkirche St. Johann Baptist; eine berühmte Sandsteinplastik der Madonna mit Kind von W. befindet sich in München. Das „Wessobrunner Gebet", ein Codex aus dem Augsburger Umfeld um 814, gilt heute als das älteste deutsche Sprachdenkmal christlichen Inhalts.

◆ GermSac NF 39; GermBen 2, 336–342; 1250 Jahre W., Lindenberg/Allgäu 2003; Dischinger, Gabriele/Vollmer, Eva Christina: W., Regensburg 2003.

Wettenhausen Augustiner-Chorherrenstift, romanische Kreuzgangreste aus der Gründungszeit im Barockbau.

Wettenhausen, *Augustiner-Chorherren Reichsstift St. Maria und St. Georg (um 1130–1803), Dominikaner-Tertiarinnenkloster St. Maria und St. Georg (seit 1865), Diözese Augsburg – (Kammeltal-W., Lkr. Günzburg, Bayern, ❐ 3, D4).*

▶ **Geschichte.** Domherr Gerhoch vom Hochstift Augsburg wandte sich 1120 der Regularkanonikerreform zu, fand aber unter den meisten Mitgliedern des Domkapitels keinen Widerhall und ging nach ➤ Rottenbuch; später wurde er Propst (1132–69) im Stift Reichersberg in Oberösterreich. Er ließ in Augsburg eine kleine Gruppe Reformkanoniker zurück, die unter seinem Bruder Rudiger zwischen 1124 und 1133 ein Regularkanonikerstift in W. südöstlich von Günzburg gründeten. Die Ausstattung stifteten Gertrud (von Roggenstein?) und ihre Söhne Wernher und Konrad. Einige Historiker sehen eine Gründung durch die Roggensteiner bereits im Jahr 982. Ein sicheres Datum liefert lediglich der Stiftungsbrief von 1130, in dem Bischof Hermann von Augsburg (Vohburg) die Schenkung des Ortes W. an das Augsburger Hochstift bestätigt. Unsicher bleibt, ob die erwähnte Kirche zu einem seit langem bestehenden Stift gehörte. Der örtliche Adel erwies seine Gunst und nutzte Stift W. als Grablege; zahlreiche Schenkungen sorgten für Aufschwung und Reichtum. Zunächst übernahmen die Grafen von Berg die Schirmherrschaft, 1471 die Stadt Ulm und 1531 die Bischöfe von Augsburg. Unter Propst Ulrich Hieber (1505–32) erreichte W. seine höchste Blüte. Der Konvent lebte im 15. Jh. anders als viele Klöster in vorbildlicher Zucht. Dank seiner milden Herrschaft verschonten die Bauern 1525 den Stiftsbesitz. 1566 erlangte W. die Reichsunmittelbarkeit, um diese Zeit traten aber erste Verfallserscheinungen auf. Propst Hieronymus von Rodt (1575–1605) gelang eine durchgreifende Reform, die zur neuen Blüte führte. Die Stifte ➤ Berchtesgaden und Triefenstein (s. u.) konnten 1607 bzw. 1616 reformierend beeinflusst und ➤ Herbrechtingen 1629 neu besetzt werden. Der Neubau der Anlage begann 1617, zog sich aber bis 1690 hin, weil Plünderung und Zerstörung im Dreißigjährigen Krieg das Aufbauwerk unterbrachen. 1657 lebten nur noch drei Chorherren im Konvent; das Land war verödet, der Propst musste Kolonisten aus Bayern und Tirol herbeirufen. Eine hohe Schuldenlast konnte im 18. Jh. beglichen werden. 1744 folgte der Anschluss an die Lateranische Kongregation. 1802 besetzte Bayern das Reichsstift W. und hob es 1803 auf. Für 25 Augustiner-Chorherren endete ein intaktes klösterliches Gemeinschaftsleben. 1865 erneuerten Dominikanerinnen aus St. Ursula in ➤ Augsburg die monastische Tradition.

▶ **Gegenwart.** Das gut erhaltene Barockkloster der Dominikanerinnen in W. beherbergt heute ein von ihnen geleitetes musisches und wirtschaftswissenschaftliches Gymnasium. In jüngster Zeit konnten Arkaden und Säulen des romanischen Kreuzgangs aus der Gründungszeit des ehemaligen Stifts entdeckt und saniert werden. Die Stiftskirche dient seit 1803 als katholische Pfarrkirche Mariä Himmelfahrt; sie war im Spätmittelalter in Teilen neu entstanden und unterlag im 17. Jh. einschneidenden Veränderungen, wobei das Langhaus neu aufgeführt und kunstvoll barock ausgestattet, der spätgotische Chor aber belassen wurde.

❖ Das unterfränkische Augustiner-Chorherrenstift Triefenstein südlich von Neustadt/Main wurde 1088 gegründet, aber erst 1102 vom Würzburger Bischof anerkannt. Der Reichtum des Stifts floss aus den Weinhängen und dem Fährvorrecht am Main, konnte aber in der frühen Neuzeit nicht gehalten werden. Trotzdem entstand Ende des 17. Jh. eine völlig neue Stiftsanlage und 100 Jahre später erhielt die Barockkirche ihre frühklassizistische Dekoration. Nach der Säkularisierung 1803 zugunsten des Hauses Löwenstein-Wertheim verwahrloste die Anlage, bis sie 1986 von der evangelischen Christusträger Bruderschaft aufgekauft und restauriert wurde.

◆ Dieminger, M. Aquinata: Kloster W., München 51986; Wüst, Wolfgang: Das Reichsstift W., Weißenborn 1983; Backmund, Norbert: Die Chorherrenorden und ihre Stifte in Bayern, Passau 1966, 150–152.

Wetzlar, *Franziskanerkloster (vor 1269–1555, 1683–1826), Erzdiözese Trier – (Lahn-Dill-Kreis, Hessen, ❐ 3, C1).*

▶ **Geschichte.** Erstmals treten zwei Minoriten, Heinrich und Otto, 1260 als Zeugen in einer städtischen Urkunde von W. auf. 1262 stifteten der Bürger Eckehard und seine Frau Adelheid den *fratribus Minoribus in Wetflaria* Kleidergeld. Die erste Erwähnung eines Guardian Philipp aus W. 1269 verleiht Gewissheit, dass in der Reichsstadt eine Franziskanerniederlassung existierte. Die Stadt hatte den Bettelbrüdern einen Bauplatz an der südlichen Stadtmauer zur Verfügung gestellt, dort wo der Wetzbach in die Stadt fließt; vermutlich hatte die Konventsanlage auch Wehrfunktion. Schon 1278 nutzte die Stadt das *claustrum Minorum fratrum* als Versammlungsort und die Amtsstube für Rechtsabschlüsse. Ein Steinbruch zum Bau der Klosterkirche wurde 1284 freigegeben. 1303 besaß das Minoritenkloster einen Heiligkreuzaltar. Innerhalb der niederdeutschen Ordensprovinz (Kölner Provinz) gehörte der Konvent W. zur Kustodie Trier. Mehrere Bruderschaften schlossen sich an, die bedeutendste war wohl die der Wollweber. Das gute Verhältnis zur Bürgerschaft zeigt sich an Stiftungen und Schenkungen, die Liegenschaften verwaltete seit 1307 ein Prokurator. In Krisenzeiten bestimmte der Stadtrat einen Vormund, so um 1400, um dem Konvent während finanzieller und wirtschaftlicher Engpässe beizustehen. Die Reichsstadt selbst büßte durch verfehlte Wirtschaftspolitik und innerer Zerrüttung seit Mitte des 14. Jh. ihre Bedeutung als Handelsmetropole ein, was auch auf die Ökonomie des Minoritenkonvents durchschlug. Die Observanzbestrebung des Ordens konnte sich in W. nicht durchsetzen,

Wetzlar Franziskanerkloster, der Chor der „Unteren Stadtkirche“ stammt von der gotischen Konventskirche.

➛ Martinianische Reformansätze sind nicht überliefert; nach der Ordensspaltung 1517 verblieb der Konvent im konventualen Orden der Minoriten. In der Reformationszeit ließ der Rat das Kirchen- und Klostergut inventarisieren, 1544 bekannte er sich offiziell zum Protestantismus. Der Konvent verlor seine Mitglieder durch Austritte, 1542 lebten Guardian Paulus Michelhen und acht Brüder im Kloster und übergaben 1555 Besitz und Rechte der Stadt. Die Klausurgebäude dienten in der Folgezeit als Lateinschule, die Franziskanerkirche als evangelisch-lutherische Pfarrkirche. Restitutionsversuche während des Dreißigjährigen Krieges blieben Episoden. 1675 erhielten die Franziskaner ihr Kloster teilweise zurück, weil die Stadt sich wegen der geplanten Verlegung des Reichskammergerichts von Speyer nach W. in religiöser Toleranz übte. Vier Franziskanerpriester und vier Laienbrüder übernahmen Kirche und Kloster, waren aber beauftragt, mit der evangelisch-reformierten Wallonengemeinde zu kooperieren. 1720 modernisierten und vergrößerten sie die Kirche; eine Neuweihe erfolgte 1737 auf das Patrozinium St. Anna. 1810 lebten immerhin noch 15 Franziskaner in W., 1826 aber verblieb nur noch ein einzelner. Der Konvent starb aus, eine Säkularisierung wurde offiziell nie vollzogen.

▶ **Gegenwart.** Heute dient der Chorbereich der ehemaligen Franziskanerkirche als evangelische „Untere Stadtkirche“. Das Langhaus ist profaniert und zur Musikschule umgebaut. Das barocke Westportal mit Franziskanersymbol erinnert an seine ursprüngliche Funktion. Der Gesamtbau ist eine dreischiffige Halle des 18. Jh., lediglich ihr dreischiffiger Chor zu drei Jochen mit Polygonschluss und barockem Dachreiter geht auf die gotische Erstkirche (Ende 13. Jh.) zurück. Außen gliedern dreizonige Strebepfeiler den geputzten Bruchsteinbau; zweibahnige Maßwerkfenster enden in liegenden Dreipässen. Der Chorinnenraum zeigt Kreuzrippengewölbe auf Profilkonsolen und mittelalterliche Ausmalungen an Nordwand und Vierungspfeiler. Die Klausur wurde zwischen 1918 und 1945 abgebrochen; am Ludwig-Erk-Platz blieben lediglich Nebengebäude des Klosters erhalten.

◆ Schneider, Reinhold/Weißenmayer, Martina: Kulturdenkmäler in Hessen. Stadt W., Stuttgart 2004; Felschow, Eva-Marie: W. in der Krise des Spätmittelalters, Darmstadt 1985.

Wichmannsdorf, *Templerkommende (um 1210–1307), Erzdiözese Magdeburg – (Haldensleben-W., Lkr. Börde, Sachsen-Anhalt, ❒ 2, A4).*

▶ Im Magdeburger Raum hatten die Templer Anfang des 13. Jh. die Kommende W. als Sitz ihres Präzeptors der Ordensprovinzen *Alemania* und *Slavia* etwa 40 Jahre nach ihrer Niederlassung im westlich gelegenen ➛ Süpplingenburg gegründet. W. galt als Zentrale der Templer in Norddeutschland und vergrößerte in kurzer Zeit seinen Besitz. Dabei erwarb der Orden 1298 auch den Ort Ackendorf mit Pfarrkirche, der bereits 100 Jahre zuvor in einer Urkunde genannt wird. 1307 verkaufte Komtur Friedrich von Alvensleben (1303–12) den Kommendebesitz an eigene Familienmitglieder und an die Herren von Hundisburg. Mit Erzbischof Burkard III. von Magdeburg führte 1307 ein erklärter Gegner der Templer den Hirtenstab der Erzdiözese, der willfährig die päpstliche Aufhebungsbulle gegen den ältesten Ritterorden vollzog. Sein militärisches Vorgehen blieb von geringem Erfolg, weil ihm die Unterstützung der norddeutschen Kirchenfürsten und der Ritterschaft fehlte. Friedrich von Alvensleben und vier seiner Ordensritter überlebten die Templertragödie hochgeachtet in der Johanniterkommende ➛ Lietzen. Das Dorf W. gelangte 1355 an das Zisterzienserinnenkloster ➛ Althaldensleben, der Ort verfiel und wird 1421 letztmalig erwähnt. Inzwischen ist die Templerburg W. bei Haldensleben bis auf alte Erdwälle völlig abgetragen. Auf einem Hügel inmitten der kleinen Gemeinde Ackendorf in der Nähe erhebt sich die evangelisch-lutherische Dorfkirche St. Bonifatius. Ihr wehrhafter Westturm ist romanischen Ursprungs und geht auf den Templerorden zurück und bleibt damit ein seltenes Architekturzeugnis der Templer im Raum Magdeburg.

◆ Schüpferling, Michael: Der Tempelherren-Orden in Deutschland, Bamberg 1915.

Wiebrechtshausen, *Zisterzienserinnenkloster St. Maria (1234–1542), Erzdiözese Mainz – (Northeim-W., Kreisstadt Northeim, Niedersachsen, ❒ 1, D5).*

▶ **Geschichte.** Der spätere Herzog Otto I. das Kind von Braunschweig-Lüneburg verlangte 1234 die Verlegung des Frauenkonvents am Benediktiner Doppelkloster St. Blasius in ➛ Northeim aus der Stadt (einige Kilometer) nördlich nach W. Ein Teil des Konvents ging in das Stift ➛ Fredelsloh, andere Schwestern übernahmen unter Äbtissin Guda (1232–61) am neuen Standort W. ein bereits bestehendes Hospital, vergleichbar mit den Anfängen im hessischen Kloster ➛ Marienschloß. Die Benediktinerinnen treten urkundlich erstmals 1245 als Zisterzienserinnen auf. Eine Inkorporation in den Orden ist nicht belegt, Verbindungen mit den nahen Mönchszisterzen ➛ Walkenried, ➛ Amelungsborn oder ➛ Marienrode bei Hildesheim bestanden nicht; die Pröpste kamen meist aus der Benediktinerabtei Northeim. Der Regionaladel sparte nicht mit Zuwendungen für seine

Wiebrechtshausen Zisterzienserinnenkloster, romanische Klosterbasilika (um 1240) mit Haupt- und Nebenapsiden und gotischer Seitenkapelle, Nordostansicht.

Töchter; als besondere Wohltäter erwiesen sich die Herren von Unna. Pfründen befriedigten schon bald die privaten Ansprüche, Pitanzen sorgten für zusätzlichen Unterhalt: Die Schwestern erhielten seit 1386 am ersten Fastensonntag ein Fass Fischtunke, einen Wagen Bier und jede von ihnen ein Weißbrot. Die Welfenherzöge hatten ursprünglich auf Vogteirechte verzichtet, machten aber seit Ende des 13. Jh. ihr herrschaftliches Aufsichtsrecht geltend. Die Einflussnahme gipfelte schließlich Ende des 14. Jh. im Anspruch auf das landesherrliche Klosterregiment. Herzog Otto der Quade bestimmte die Klosterkirche zu seiner Grablege, seine Tochter Elisabeth (1395/1408) stand damals dem Konvent vor. Geldgeschäfte bestimmten im Spätmittelalter den klösterlichen Finanzhaushalt, oft sogar zwischen begüterten Schwestern und der Klosterleitung; Geld- und Naturalrenten verdrängten die Eigenwirtschaft fast vollständig. 1425 betrug der Viehbestand im Klosterhof nur ein Pferd, acht Kühe, drei Rinder mit Kälbern und acht Schweine. Die Konventsstärke ist nur indirekt zu ermitteln, zwischen 1300 und 1330 werden zwölf Schwestern namentlich genannt, zwischen 1420 und 1450 urkundlich 14 vermerkt. 1318 trat ein eigener Scholaster auf. 1445 war das Kloster W. heruntergewirtschaftet und durch Misswirtschaft Propst Brandts von Schönungen (1447) überschuldet. Herzogin Agnes von Braunschweig-Göttingen bemühte sich 1459 um innere Reformen, unterstützt von Erzbischof Berthold von Mainz (Henneberg). Immerhin vermochte der Konvent Ende des 15. Jh., dem Blasiuskloster in Northeim 130 Gulden zu leihen, aber 1510 musste erneut Besitz veräußert werden. Herzogin Elisabeth von Calenberg-Göttingen setzte 1542 die evangelisch-lutherische Kirchenordnung durch. Ihre Visitatoren stellten fest, dass die Schwestern ihren Habit schon selbst abgelegt hatten und willig dem neuen Bekenntnis folgten; sie seien des Lateinischen mächtig, aber ihre Wirtschaft liege am Boden; zeitweise bestand der Konvent nur aus einer Person. Herzog Erich II. verpfändete 1553/66 wegen chronischen Geldmangels den Besitz. 1612 existierte der evangelische Konvent nicht mehr, die letzte *Domina* Lucia Geitels ging ins Stift ➛ Weende bei Göttingen, das im Dreißigjährigen Krieg ebenfalls unterging.

▶ **Gegenwart.** Aus der Gründungszeit hat sich die spätromanische Klosterkirche erhalten. Sie ist kein typischer Frauensaal, sondern eine kleine gewölbte Basilika aus Sandstein. Mittelschiff und Seitenschiffe enden im Osten mit Halbkreisapsiden, Vorhalle und ein reich gegliedertes Portal betonen die Westfront. Im Innern werden spitzbogige Arkaden von Säulen und Pfeilern im sächsischen Wechsel getragen, die Kapitelle zeigen reichen Ornamentschmuck. Herzog Otto der Quade starb 1394 im Bann und durfte nicht in der Kirche beigesetzt werden; sein überbautes Grab an der Nordseite der Kirche verband man erst nach postumer Bannlösung durch eine Maueröffnung als Seitenkapelle mit dem Gotteshaus. Mittelalterliche Klausurgebäude blieben nicht erhalten, der südwestlich anschließende Wirtschaftsbau könnte seine Ursprünge im Konventsflügel haben. Alle anderen Gutshofgebäude, einschließlich des Herrenhauses, sind in nachklösterlicher Zeit entstanden. Zur Talseite umfasst nach wie vor die Immunitätsmauer das Areal.

◆ GermBen 12, 743–755; Ahlers, Gerd: W., in: Weibliches Zisterziensertum im Mittelalter, Berlin 2002, 215 f.

Wiederstedt, *Dominikanerinnenkloster St. Maria (1255–1547), Diözese Halberstadt – (Lkr. Mansfeld-Südharz, Sachsen-Anhalt, ❐ 2, A5).*

▶ **Geschichte.** Die Grafen von Arnstein, genannt nach der gleichnamigen Burg bei Harkerode am nordöstlichen Rand des Harzes, wurden durch den Kupferbergbau bei Hettstedt im 13. Jh. reich und mächtig. Graf Albrecht und seine Gemahlin Mechthild wandelten 1255 das von ihnen in der Bergmannssiedlung Hettstedt gestiftete Hospital in ein Frauenkloster um, unterstützt von Bischof Volrad von Halberstadt (Kranichfeld) und dem regionalen Adel. Papst Alexander IV. legte bei der Bestätigung die Augustinusregel in dominikanischer Formung fest; die Aufsicht oblag vermutlich den Dominikanern vom Katharinenkloster in ➛ Halberstadt. Noch vor Vollendung der Klosteranlage verlegte Sohn Walter V. den Konvent aus dem unruhigen Bergmannsort in die abgeschiedene Lage nach W. Die erste Priorin Helena (1255–62) starb in dieser Zeit, ihre Nachfolgerin wurde die Stifterin Mechthild von Arnstein. Bischof Volrad verlieh der neuen Klosterkirche in W. die Archidiakonatsgewalt. Stifterfamilie und regionaler Niederadel dotierten reichlich, was zu einer günstigen Entwicklung beitrug und bereits im 13. Jh. zum Wohlstand des Klosters führte. Der Konvent konnte 1287 das Lösegeld für Graf Walter V. vorstrecken, nachdem dieser in einer Fehde in Gefangenschaft geraten war. Das neue Schwesternkloster ➛ Lemgo konnte gemeinsam mit Kloster Paradiese bei Soest belebt werden. Als 1296 der letzte Arnsteiner Graf in den Deutschen Orden eintrat, übernahmen die Grafen von Falkenstein die Landes- und Schirmherrschaft. Eine Finanzkrise des Konvents in der zweiten Hälfte des 14. Jh. ist wohl auf unfähige Pröpste zurückzuführen. Ende des 14. Jh. konsolidierte Propst Alexander von Braunschweig (1375/98) die Wirtschaft und setzte die Baulichkeiten instand. Papst Bonifatius IX. bestätigte 1398 diesem verdienstvollen Propst sein Amt auf Lebenszeit. Augustiner-Chorherren im Moritzstift in ➛ Halle schenkten den Dominikanerinnen 1387 Reliquien des hl. Georg, der hl. Benigna und der 11.000 Jungfrauen. 1446 war der Konvent wieder in der Lage, größere Geldsummen zu verleihen. Die Pröpste des 15. Jh. genossen öffentliches Ansehen, die Grafen von Mansfeld zogen sie häufig bei Rechtsgeschäften als Berater heran. Fürst Bernhard von Anhalt-Bernburg ließ sich 1468 in der Klosterkirche bestatten. Im 15. Jh. sorgten Besitz und Rechte in 32 Ortschaften, 44 eigene Höfe, drei Mühlen sowie Patronate über neun Kirchen für den klösterlichen Unterhalt. Lutherische Schriften fanden früh Zuspruch und bereits 1523 verließen 16 Schwestern den Konvent. Im Mai 1525 verbrannten Bauern Urkunden und Bibliothek, die wichtigsten Dokumente und Kleinodien hatten die Frauen zuvor auf das Schloss Mansfeld gerettet. Im 16. Jh. gehörte W. zum katholischen Teil der Grafschaft Mansfeld, erst 1540 bekannte sich die gesamte Grafschaft zum Protestantismus. Priorin Dorothea von Helfta urkundete letztmalig im Mai 1543. Im Dezember 1547 ließ Graf Albrecht das Kloster sequestrieren, das weitere Schicksal der Frauen ist unbekannt. 1609 gelangte der Besitz an Hans Christoph von Hardenberg. 1772 wurde im Herrenhaus Georg Philipp Friedrich Freiherr von Hardenberg geboren, bekannt als der Romantiker „Novalis“.

▶ **Gegenwart.** Von der in der zweiten Hälfte des 13. Jh. gebauten Klosteranlage ist allein die Klosterkirche erhalten. Der langgestreckte Feld- und Bruchsteinbau von 60 m Länge mit geradem Ostabschluss und Westturm war üblicherweise durch eine Quermauer in Gemeinde- und Nonnenkirche getrennt. Nach der Klosterzeit nutzte man merkwürdigerweise den Ostteil der Kirche profan als Getreidespeicher, den Westteil aber bis 1978 als evangelisches Gotteshaus. Vom Klausurquadrum blieben keine Gebäude erhalten. Beim Bau des „Novalisschlosses“ wurde 1585 möglicherweise mittelalterlicher Architekturbestand des südlichen Klausurflügels verwendet. Der Klosterort „Oberwiederstedt“ ist heute wegen seiner internationalen Forschungsstätte für Frühromantik bekannt. Am Kupferberg bei Hettstedt waren bis 1812 architektonische Reste der monastischen Erstgründung zu sehen.

◆ Jäggi, Carola: Frauenklöster im Spätmittelalter, Petersberg 2006, 62 f.; Rommel, Ludwig: Das Kloster W., Oberwiederstedt 1997; Schwarz-Neuß, Elisabeth: Klöster als Vorläufer von Gutsanlagen – das Nonnenkloster W., in: Burgen und Schlösser in Sachsen-Anhalt 3 (1994) 33–46.

Wienhausen, *Zisterzienserinnenkloster St. Maria (um 1221–1564), Diözese Hildesheim – (Lkr. Celle, Niedersachsen, ❐ 1, D4).*

▶ **Geschichte.** Welfenherzog Heinrich von Braunschweig (auch Pfalzgraf zu Rhein) und seine Gemahlin Agnes stifteten wohl noch gemeinsam um 1221 im lüneburgischen Nienhausen ein Frauenkloster. Die ersten Schwestern, die sich zur Zisterzienserobservanz bekannten, kamen aus dem Kloster ➛ Wöltingerode. Als Witwe engagierte sich Stifterin Agnes nach 1227 um die Verlegung des Klosters vom unwirtlichen Nienhausen an die heutige Stelle W. an der Aller, unweit der Burg (Alten)Celle. Bischof Konrad II. von Hildesheim (Riesenberg) bestätigte 1233 die Verlegung und half beim Neubeginn mit der Übertragung des bischöflichen Hofes nebst Archidiakonatskirche sowie dem Marktrecht. Die Jurisdiktion blieb ausdrücklich in Händen des Hildesheimer Ortsodinarius, was verhinderte, dass W. in den Zisterzienserorden inkorporiert werden konnte. Trotz intensiven Bemühens des Fürstenhauses und des Entgegenkommens des Ordens in Form einer Begutachtung der Lage *(sit filia)* 1244, blieb W. lediglich ein kommittiertes Kloster mit engem Kontakt zu den Mönchsabteien ➛ Riddagshausen und ➛ Marienrode. Päpstliche Schutzerklärungen folgten 1245 und 1251. Der erste Propst Werner I. (1229/45) sorgte mit ökonomischem Sachverstand für ein schnelles Aufblühen. Entscheidend für die aufstrebende Entwicklung waren Zoll- und Abgabefreiheiten. Kloster W. stellte 1265 zusammen mit Wöltingerode den Gründungskonvent im nahen Frauenkloster ➛ Isenhagen. Die garantierte Vogteifreiheit bestand nur nominell, denn die Schirmherrschaft übte immer das Welfenhaus Braunschweig-Lüneburg mit wachsenden Forderungen aus; fürstliche Töchter amtierten als Vorsteherinnen. Zwischen 1290 und 1350 erreichte der Konvent seine Hochblüte. Erste Einschnitte brachten die Hildesheimer Bischofsfehde (1331–45), die Pestepidemie um 1350 sowie der Lüneburger Erbfolgekrieg (1371–88); im Lüneburger „Prälatenkrieg“ (1446–62) versiegten die Salineneinnahmen. Äbtissin Katharina von Hoya (1422–37, 1440–69) führte den Konvent trotz Widrigkeiten zu einer zweiten Blüte; in ihrer Zeit dürfte das „Wienhäuser Liederbuch“ entstanden sein. Die Stärke des Konvents im Mittelalter bleibt unklar, das Chorgestühl bietet 89 Sitzplätze. Die Pröpste agierten zunehmend zum eigenen Vorteil, auch wurde das Propsteigut vom Klostergut getrennt verwaltet. Kirchenreformer im 15. Jh. kritisierten den persönlichen Besitz der adeligen Frauen. Zur Durchsetzung innerer Reformen mussten die hochbetagte Äbtissin und mit ihr die reformunwilligen Schwestern 1469 ihren Platz mit Zisterzienserinnen aus ➛ Derneburg tauschen. Privatgegenstände waren abzugeben.

Wiederstedt Dominikanerinnenkloster, der Kirchenchor (um 1280) wurde nachreformatorisch profan genutzt.

Die Herzoginwitwe Anna ließ mit Vollmacht des Hildesheimer Bischofs die strikte Einhaltung der Klausurregeln durch häufige Visitationen überwachen. Äbtissin Susanne Potstock (1470–1501) führte die Reformen in ➛ Medingen ein, eine Beteiligung W. an Reformen im nahen Kloster Isenhagen ist nicht überliefert. Die Hildesheimer Stiftsfehde (1519–23) hatte die Verwüstung des Besitzes zur Folge. Herzog Ernst der Bekenner trieb das Kloster aufgrund überhöhter Steuerforderungen an den Rand des Ruins. Äbtissin Katharina Remstede (1501–49) musste seit 1529 evangelische Prediger akzeptieren, aber der Konvent verweigerte hartnäckig die Annahme der evangelischen Kirchenordnung. 1531 ging der Herzog gewaltsam vor und ließ einen Teil des Klosters abreißen, Bücher und Reliquien wurden 1543 entfernt. Äbtissin Dorothea Spörken (1549–65) reagierte mit dem Wiederaufbau in einfacher Fachwerkbauweise. Seit 1564 setzte der etwa 26-köpfige Konvent evangelischen Visitatoren keinen Widerstand mehr entgegen; im selbständigen Kloster W. existiert seit dieser Zeit bis heute ein evangelische Frauengemeinschaft.

▶ **Gegenwart.** Heute ist das evangelische Kloster W. wegen seiner mittelalterlichen Backsteinarchitektur um zwei Innenhöfe und seiner Kunstschätze ein häufig besuchter und ausführlich beschriebener Ort. Der Westflügel und der „Nonnenchor" aus der Zeit um 1330 beherrschen rechtwinkelig zueinander stehend das äußere Ambiente. Das älteste Gebäude ist die Allerheiligenkapelle (Ende des 13. Jh.). Die wichtigen Funktionsräume befinden sich alle im Obergeschoss der Klausuranlage mit doppeltem Kreuzgang. Selbstgewebte Teppiche erinnern an die Kunstfertigkeit der Wienhäuser Zisterzienserinnen.

◆ GermBen 12, 756–796; Mohn, Claudia: W., in: Mittelalterliche Klosteranlagen, Petersberg 2006, 234–245; Ahlers, Gerd: W., in: Weibliches Zisterziensertum im Mittelalter, Berlin 2002, 197–205.

Wiesenfeld Johanniterkommende, Ostansicht der frühgotischen Ritterordenskirche (1250/70) mit Wehrturm.

Wiesenfeld, *Johanniterkommende St. Johannes Baptist (vor 1238–1527), Erzdiözese Mainz – (Burgwald-W., Lkr. Waldeck-Frankenberg, Hessen, ❒ 3, C1).*

▶ **Geschichte.** Nach der Gründung der Johanniterkommende ➛ Nidda 1187 vergingen gut 50 Jahre, bis eine weitere Niederlassung des Ordens in Hessen entstand. Die erstmals 1238 erwähnte Kommende in W. soll auf eine Stiftung Graf Werners I. von Wittgenstein-Battenberg zurückgehen; sein Sohn Werner ist 1238 als Ordensbruder in W. nachweisbar. Die Kommende südlich von Frankenberg/Eder erlangte durch Schenkungen und Zukäufe überschaubaren Besitz im Ittergau. Die Landgräfin Elisabeth von Thüringen (1207–31, kanonisiert 1235) wollte ihr Hospital in Marburg den Johannitern in W. übergeben, was ein päpstlicher Schiedsspruch 1232 aber zugunsten des Deutschen Ordens entschied, der sich in der Region stärker verbreitet hatte, als der Johanniterorden. Den Johannitern von W. blieb das Hospital in Warburg bis 1327. Ritterbruder Heinemann von Itter trat 1324 als Komtur von W. und Warburg auf. Bekanntester Komtur ist Helfrich von Rüdigheim (1328), der zuvor als Großprior von Deutschland (1305–10, 1312–16) amtierte. Landgraf Hermann II. von Hessen inkorporierte 1392 der Kommende die Pfarre in Frankenberg. Die Johanniter verpflichteten sich zur seelsorglichen Betreuung der dortigen Zisterzienserinnen (➛ Frankenberg/Eder). Ebenso hatten sie ihre Erlaubnis zu erteilen, als die Augustiner-Chorfrauen am Burgberg (➛ Frankenberg/Eder) eine eigene Kapelle errichten wollten. Die Kommende W. wurde nicht wie oft behauptet nach Frankenberg verlegt, residierte dort wohl nur ein Plebanus (Volkspfarrer). Graf Heinrich V. von Waldeck übergab 1372 dem Komtur Johann Gogrebe (1370–81) das Spital in Wildungen (s. u.), wo eine abhängige Niederlassung vorrangig für den Pflegedienst entstand. 1482 folgte eine Niederlassung am Pfannenstiel bei Weilburg (s. u.), hier vor allem für seelsorgliche Aufgaben. Laut Visitationsbericht befanden sich 1495 in W. fünf Ordenspriester sowie ein Koch und ein Knecht. Im Kommendehof protokollierten die Visitatoren sieben Pferde, 40 Kühe und 220 Schweine. Nach Durchsetzung der Reformation in Hessen gab der letzte Komtur Kaspar Löber im Februar 1529 den Ordensstand auf und erhielt das Amt des Verwalters. 1720 siedelten französische Emigranten in W., denen 1763 die ehemalige Ordenskirche überlassen wurde. Erst jetzt entwickelte sich der heutige Ort.

▶ **Gegenwart.** Die ehemalige Johanniterkirche in W. ist ein schlichter, einschiffiger Bau (1250–70) mit fünfgeschossigem Wehrturm an der Nordseite. Sie dient heute der evangelisch-reformierten Pfarrgemeinde als Gotteshaus. Das Nordportal mit umlaufendem Sockelprofil ist frühgotisch, das Westportal spätgotisch, die äußeren Strebepfeiler sind mit Tierfiguren und Johannitersymbolen verziert. Innen trennte eine lettnerartige Wand mit spitzbogigem Durchgang die Laien von den Ordenspriestern. Das Kommendegebäude existiert heute noch als Wohnhaus, Komtur Johann Roesener (1488–1516) hatte es 1507 für fünf bis sechs Ordensbrüder erbauen lassen. In der Kirche zu Külte steht ein Flügelaltar, den die Johanniter noch 1520 bei den Franziskanern in Meitersdorf in Auftrag gegeben hatten. ❖ Dieses Tertiarenkloster Meitersdorf, das

Das steinerne Johannitersymbol am Strebepfeiler der Ordens- und Pfarrkirche **Wiesenfeld**.

durch seine Kunstwerkstatt rasch bekannt wurde, existierte nur von 1494 bis 1525 und hinterließ im heutigen Stadtteil von Frankenberg keine Gebäude.

In Wildungen entstand 1372 am Hospital zwischen Burg und Niederwildungen eine Kommende, die bis zu ihrem Ende 1532 meist zusammen mit W. in Personalunion geführt wurde. An der Reitzenhagener Straße in Bad Wildungen blieben keine mittelalterlichen Gebäude der Johanniter bestehen, einzig ein Mineralwasser trägt heute den Ordensnamen. Der bedeutende Flügelaltar (1403) in der Stadtkirche soll im Auftrag der Johanniter entstanden sein; die Darstellungen zum Pfingstgeschehen enthalten die früheste bekannte Abbildung einer Brille nördlich der Alpen.

Die Wallfahrtskirche am Pfannenstiel östlich von Weilburg unterstand seit 1471 den Johannitern von ➛ Niederweisel bei Butzbach, seit 1482 aber der Kommende W., die ein *membrum* gründete und mit den Wallfahrtseinnahmen eine größere Kirche errichten ließ. Die Anlage mit Wehrmauer im kleinen Wiesental bei Weilburg-Hirschhausen verfiel nach 1528 und wurde vollständig abgetragen.

◆ Dersch, Wilhelm: Hessisches Klosterbuch, Marburg 2000; Schirmeister, Olaf: Die Niederlassung der Johanniter in Breuna, Hiddessen und Warburg und ihre Betreuung durch die Kommende W., in: Zeitschrift des Vereins für hessische Geschichte 93 (1988) 49–53.

Wiesensteig, *Benediktinerabtei St. Cyriacus (vor 861– vor 1130), Diözese Konstanz – (Lkr. Göppingen, Baden-Württemberg, ❐ 3, D4).*

▶ Die Gründungsurkunde des Edelherren Rudolf und seines Sohnes Erich von 861 anlässlich der Weihe der Klosterkirche in W. im oberen Filstal durch Bischof Salomo I. von Konstanz enthält Unterschriften von Abt Tutaman und 17 Mönchen, somit wahrscheinlich vom gesamten Gründungskonvent. Kurz darauf (um 865) gelangten diese Namen in das Gedenkbuch der Abtei ➛ Reichenau; der Konvent hatte sich unter der Leitung Abt Ratpots inzwischen auf 43 Mitglieder verstärkt. Man vermutet, dass die Abtei in der Zeit Ludwigs des Deutschen den Status eines Reichsklosters erreicht hatte, aber Mitte des 10. Jh. an Bischof Ulrich von Augsburg (923–973, kanonisiert 993) überging. Die Benediktinerabtei W. blieb bischöflich augsburgisches Eigenkloster in der Diözese Konstanz und ging möglicherweise im Investiturstreit unter. Anfang des 12. Jh. wurde in St. Cyriacus ein Kollegiatstift für 19 Chorherren eingerichtet, ein erster Propst Helmbrecht ist 1130 nachweisbar. Das Kollegiatstift bestand bis 1803. Die noch heute als katholische Pfarrkirche genutzte Stiftskirche St. Cyriacus wurde 1466 erbaut und nach einem Brand 1648 barock verändert. Ganze Mauerteile der romanischen Vorgängerkirche sind in den spätgotischen Bau einbezogen. Der Unterbereich der Westtürme und die Krypta könnten ebenso aus der Benediktinerzeit stammen, gesicherte Daten liegen nicht vor. Die heutige klassizistische Ausstattung stammt von 1780.

◆ GermBen 5, 670–673; Gruber, Karlfriedrich: W., in: Württembergisches Klosterbuch, Ostfildern 2003, 512–514.

Wietmarschen, *Benediktiner Doppelkloster St. Maria und St. Johannes Evangelist (1152–1252), Benediktinerinnenabtei St. Maria und St. Johannes Evangelist (1252–1675) – „Marienrode", Diözese Münster – (Lkr. Grafschaft Bentheim, Niedersachsen, ❐ 1, B4).*

▶ **Geschichte.** Ritter Hugo von Büren suchte Mitte des 12. Jh. mit Familie und Gesinde einen Platz zum täglichen Gottesdienst. Nach mehreren ungeeigneten Ansätzen, so auch in Weerselo (Niederlande), stiftete Gräfin Gertrud von Bentheim, die Schwägerin Kaiser Lothars III., zum Andenken an ihren 1150 verstorbenen Gemahl Otto II. einen Niederlassungsplatz bei *Wyetmersch* am Rand des Bourtanger Moors. Ritter Hugo bat niederländische Benediktiner aus St. Paul in Utrecht, die Leitung der religiösen Gemeinschaft zu übernehmen. 1152 führte der Utrechter Bischof Hermann von Hoorn den Prior Hildebrand aus Utrecht als ersten Abt in W. feierlich ein. Die gräfliche Stifterin übergab alle Rechte dem zuständigen Bischof in Münster. Bischof Friedrich von Münster bestätigte 1154 die Gründung und übertrug die Rechte weiter an den ersten Abt Hildebrand und seine Gemeinschaft in *Sancta Maria in Rode* – „Marienrode". Die Abtei St. Paul in Utrecht gehörte seit etwa 1118 zum ➛ Siegburger Reformkreis, höchstwahrscheinlich besaßen entsprechend strenge Statuten in W. Geltung. Im früheren Niederlassungsort Weerselo hatte sich ebenfalls ein Siegburger Doppelkloster entwickelt und beide Abteien schlossen sich unter Leitung eines Abts zusammen. Die Gemeinschaft zwischen Männern und Frauen hielt 100 Jahre, aber innere Auseinandersetzungen führten zum Auszug der Mönche, die 1259 nach Utrecht zurückkehrten; ein Jahr darauf folgten ihnen die Benediktiner von Weerselo. Beide verbliebenen Frauengemeinschaften entwickelten sich getrennt weiter. In W. standen dem Konvent seit 1252 eine Priorin und ein Propst vor. Die Unterstützung der Mindener Bischöfe war ihnen sicher, bedeutete doch die Abtei eine wesentliche Stärkung der Stellung im nördlichen Teil ihres Sprengels zwischen den Diözesen Utrecht und Osnabrück. Die Vogteirechte hatte das Bentheimer Grafenhaus inne. Graf Balduin schenkte 1246 dem Kloster nach einem vogteirechtlichen Fehltritt als Sühneleistung die Kirche zu Schüttorf, dem damals reichsten Ort der Grafschaft. Der adelige Konvent in W. entfaltete im 14. und 15. Jh. eine Hochblüte. Priorin Gisela von Walegarden (1341/55) nutzte Zinszahlungen zum Aufbau einer Bibliothek. Die wundertätige „Madonna auf dem Polsterstuhl" brachte zahlreiche Wallfahrer und Pilger in die Abtei W., aber Ende des 15. Jh. übernahm das Kloster ➛ Rulle den ersten Rang der Pilgerziele in der Region. 1481 erfolgte der Anschluss an die ➛ Bursfelder Kongregation der Reformbenediktiner. Visitationen führte der Abt von ➛ Liesborn durch. Der Titel Äbtissin wurde den Vorsteherinnen 1524 zuerkannt. Unter Äbtissin Anna von Vörden (1507–55) litt der Konvent an Überschuldung, blieb aber standhaft gegenüber dem reformatorischen Druck unter Graf Arnold I. von Bentheim, der 1544 das Luthertum im Land einführte. Es folgten Kriege mit Plünderung und Brandschatzung, 1620 trat auch die Pest auf. Fürstbischof Bernhard von Münster (Galen) wandelte 1675 die heruntergekommene Abtei zur besseren Kontrolle in ein freiweltliches Damenstift um, das die Franzosen 1811 aufhoben.

▶ **Gegenwart.** Mittelalterliche Klosterbauten blieben nicht erhalten. Selbst die ehemalige Kloster- und heutige katholische Pfarrkirche St. Johannes Evangelist wurde neu erbaut (1927–33) und nach dem Zweiten Weltkrieg wiedererrichtet. Aber der Chorbereich der ersten Steinkirche konnte erhalten und in das neue Kirchenschiff einbezogen werden. Er stammt von der zweiten Klosterkirche, die als Rechtecksaal mit quadratischem Chor 1210 an Stelle der ersten Holzkirche errichtet worden war. Im unteren Teil befinden sich gespaltene Granitblöcke aus eiszeitlichem Endmoränenschutt und darüber Bentheimer Sandsteinquader. Die mit Goldblech beschlagene „Madonna auf dem Polsterstuhl" aus der Gründungszeit ist heute wieder Ziel von Wallfahrten.

◆ GermBen 11, 542–549; Honnigfort, Clemens: W. Kloster, Stift und Dorf, Wietmarschen 1994; Brinkers, Christa: Sünte Marienrode, W. 1152–1952, Nordhorn 1974.

Wilhelmitenorden *(Ordo Fratrum Eremitarum Sancti Guillelmi, OESG).*

▶ Eremitische Mönche des W. siedelten meist in sehr abgelegenen und landwirtschaftlich schlecht nutzbaren Einöden. Sie bevorzugten das anachoretische Leben und bekannten sich zum strengen asketischen Eremitentum, wie es Wilhelm von Malavalle († 1157) im Bergtal in der italienischen Diözese Grosseto südwestlich von Siena vorgelebt hatte. (Mit Herzog Wilhelm X. von Aquitanien [† 1137] steht der Orden nicht in Verbindung, seine Beteiligung an der Gründung ist frühneuzeitliche Legende.) Die

Die plastische Darstellung Jesu als Wandkonsole im Wilhelmitenkloster Witzenhausen.

Gründung eines Ordens vollzogen erst die Nachfolger Wilhelms von Malavalle. Als „Wilhelmiten" expandierten sie nach anfänglicher Stagnation um die Mitte des 13. Jh. explosionsartig in die transalpinen Länder Niederlande, Belgien, Deutschland, Frankreich, Böhmen und Ungarn. Sie hatten sich 1231 auf Geheiß ihres Förderers, Papst Gregors IX., der Benediktinerregel mit modifizierten zisterziensischen Konstitutionen unterworfen und genossen besondere Unterstützung Papst Innozenz' IV. Dieser Papst regte eine stärkere seelsorgliche Betätigung des Ordens an, was sich 1271 in der Aufnahme von Mendikantenelementen in ihrer Verfassung niederschlug. Als die Kurie eine Union des W. mit den ➛ Augustiner-Eremiten *(Magna Unio Augustiana)* wünschte, wurde ein kleiner Teil der Klöster 1256 dem Augustiner-Eremitenorden inkorporiert. Die Mehrzahl aber verweigerte sich und behauptete bei Papst Clemens IV. 1266 ihre Eigenständigkeit. Bischöflicher Einfluss führte die Wilhelmiten in eine ambivalente Stellung, die ihnen einerseits das Eremitentum, andererseits aber auch die Seelsorge in Städten ermöglichte, also ein doppeltes Wirkungsfeld einräumte. Um 1340 fand auf dem Generalkapitel des Ordens letztmalig der Versuch statt, die Einheit herzustellen; der Einfluss des Generalpriors im Mutterhaus Malvalle verlor sich zunehmend. Schon vor der Reformation begann der Niedergang des Ordens, dessen geistiges Erbe durch den Übergang einiger Klöster in die Obhut anderer Orden weitergegeben werden konnte. Um 1500 existierten in den Grenzen der heutigen Bundesrepublik 23 Wilhelmitenklöster. Das letzte deutsche Kloster ➛ Gräfinthal endete 1785, die letzte Niederlassung des Ordens existierte 1847 in Huijbergen (Niederlande). Mit dem Tod des letzten Ordensangehörigen, Guilielmus van den Bergh, 1879 starb der Wilhelmitenorden aus. Das Habit der Mönche war ein langer weißer Rock, zusammengehalten von einem charakteristischen *cingulum*, darüber ein schwarzer Mantel.

Neben dem W. existierte ein zweiter Wilhelmitenorden um eine gemischte Gruppe italienischer Eremiten, die sich Wilhelm von Vercelli (um 1085–1142) angeschlossen hatten und 1124 das Marienheiligtum Monte Vergine mit einem Hospital auf dem Monte Vergilio bei Avellino gründeten. Sie nannten sich Wilhelmiten von Montevergine oder auch Benediktiner-Eremiten von Montevergine. Das Wirkungsfeld der Wilhelmiten von Montevergine blieb auf den süditalienischen Raum beschränkt.

◆ Jürgensmeier, Friedhelm: Die Wilhelmiten, Münster 2007; Elm, Kaspar: Der W., in: Vitasfratrum, Werl 1994, 55–66.

Willebadessen, *Benediktinerinnenabtei St. Vitus (vor 1149–1810), Diözese Paderborn – (Kr. Höxter, Nordrhein-Westfalen, ❐ 1, C5).*

▶ **Geschichte.** Heinrich von Gehrden hatte beim Eintritt seiner Nichten dem Benediktinerinnenkloster ➛ Iburg bei Driburg das Gut Gehrden mit Kirche und Gütern als Mitgift übereignet. Nach dem Auszug aus Iburg 1142 nutzte ein Teil der Schwestern den Hof Gehrden zur Neugründung des Klosters ➛ Gehrden, der andere Teil zog weiter östlich nach W., wo ihnen Bischof Bernhard I. von Paderborn (Oesede) eigenen Besitz zuwies. Die Verbindungen Bischof Bernhards zur Reichsabtei ➛ Corvey und seine um Reform bemühte Einstellung lassen ➛ Hirsauer Lebensformen im frühen Konvent W. wie auch in Gehrden vermuten. Der bischöfliche Ministeriale Lutolph von Osdagessen, dessen sechs Töchter dem Konvent angehörten, beschenkte die neue Niederlassung reich mit Besitz. Er wird als Mitgründer in der Stiftungsurkunde von 1149 genannt, was Papst Lucius III. 1183 verbrieft. Die Benediktinerabtei ➛ Abdinghof in Paderborn übernahm die Paternität, der Bruder des Stifters, Lutold, übte die Schirmherrschaft aus. Noch im 12. Jh. wurde neben der ursprünglichen Gründerkapelle eine romanische Pfeilerbasilika mit quadratischem Chor und Klausurquadrum vollendet. Bis 1350 konnte Streubesitz durch Zukäufe und Tauschgeschäfte arrondiert werden. Ein Salzwerk in Salzkotten und sieben Mühlen gehörten zum Eigenbesitz. Auf Bitten des Paderborner Fürstbischofs gründeten die Benediktinerinnen 1317/18 nördlich der Klosteranlage die (Alt-)Stadt W. und erst im 17. Jh. entstand östlich davon die Neustadt. 1473 schloss sich der Konvent der ➛ Bursfelder Kongregation an, was einen geistlichen Aufschwung bewirkte und zur künstlerischen sowie wirtschaftlichen Blüte führte. Die Klosteranlage wurde erweitert und die Kirche wertvoll ausgestattet. Schwestern aus W. unterstützten die Umwandlung des zisterziensischen Gaukirchenklosters in ➛ Paderborn in ein Benediktinerinnenkloster. Die Reformation blieb im katholischen Konvent folgenlos. Im Dreißigjährigen Krieg vergriffen sich hessische Truppen 1634 plündernd und brandschatzend am Kloster, Äbtissin und Konvent mussten fliehen. Die Konsolidierung im 18. Jh. ermöglichte den Neubau der Klausur und Umbau der Klosterkirche. König Jérôme von Westphalen ließ die Abtei W. 1810 aufheben und verkaufen. Zwölf Chor- und fünf Laienschwestern wurden abgefunden und durften mit lebenslangem Wohnrecht bleiben.

▶ **Gegenwart.** Die barocke Klosteranlage innerhalb der Immunitätsmauern in W. ist heute ein Teil des Europäischen Skulpturenparks. Die katholische Pfarrgemeinde nutzt die ehemalige Klosterkirche St. Vitus für ihren Gottesdienst. Der einst apsidiale Chor der romanischen Pfeilerbasilika wurde 1480 gotisch verändert, ihr heutiges Aussehen geht auf eingreifende Umbauten in der Barockzeit zurück. Das nördliche Seitenschiff wurde 1720/27 niedergelegt, das südliche abgetrennt. Die Nonnenempore im Westteil stammt wie auch die Innenausstattung aus dieser Zeit. Aus dem Mittelalter blieb ein mit Silberblech verkleideter und teilweise vergoldeter Schrein aus Eichenholz erhalten, ebenso ein Tragaltar (um 1200) mit Reliquien des Kirchenpatrons St. Vitus. Im barocken Ostflügel der Klausur befinden sich noch romanische Räume aus der Gründungszeit, wie die inzwischen verkleinerte Gründerkapelle und der romanische Kapitelsaal. Letzterer ist eine zweischiffige, vierjochige Halle mit Kreuzgratgewölbe und dient heute als Sakristei. In beiden Räumen überraschen kunstvoll gestaltete Kapitelle mit Palmettendekor.

◆ Hengst, Karl/Müller, Heinrich (Hg.): W. gestern und heute, Beiträge zur Geschichte von Kloster, Stadt und Pfarrgemeinde, Paderborn 1999; Pöppel, Diether: Benediktinisches Leben im Hochstift Paderborn, Paderborn 1999, 118–135; Kindl, Harald: W., in: Westfälisches Klosterbuch, Tl. 2, Münster 1992, 494–500.

Wimmelburg, *Benediktinerabtei St. Cyriacus (1061–1526), Diözese Halberstadt – (Lkr. Mansfeld-Südharz, Sachsen-Anhalt, ❐ 2, A5).*

▶ **Geschichte.** Bischof Burchard II. von Halberstadt wandelte 1061 das Kollegiatstift St. Cyriacus nahe der Wigmodeburg bei Eisleben in eine regulierte monastische Gemeinschaft um. Das Stift war aus dem Besitz der Gräfin Christina an das Bistum übergegangen. Die Beachtung der Benediktregel im neuen Konvent wird urkundlich nicht ausdrücklich erwähnt, ist aber wohl anzunehmen. Kloster W. stand in enger Beziehung zur Abtei ➛ Ilsenburg, einem Zentrum der ➛ Junggorzer Reform. Bei der Wahl des Abts und dem Einsatz eines Vogts behielt sich der Bischof ein Mitspracherecht vor. W. blieb stets bischöfliches Eigenkloster, seine Äbte gehörten zum engsten Beraterkreis des Bischofs. Abt Milo von Wimmelburg (um 1110) testierte für den Reformbischof Reinhard von Blankenburg, der sich häufig in W. aufhielt, die Gründungsurkunden von ➛ Hamersleben und ➛ Kaltenborn sowie die Reformurkunde von ➛ Stötterlingenburg. Der Konvent verlegte sein Kloster um 1121 in das Tal an die heutige Stelle. Zur Abtei gehörten die Pfarrkirche im Ort und in Globigkau, aber erst seit 1215 ist eine aktive Pfarrseelsoge durch die Benediktiner nachweisbar. Den Äbten Rudolf von Wimmelburg und Dietrich von Ilsenburg bestätigte der Gegenpapst Viktor IV. 1162 das Ehrenrecht der bischöflichen Pontifikalien. Die Bedeutung der Cyriacusabtei spiegelt sich im Münzrecht wider. W. entwickelte sich im 15. Jh. zum vielbesuchten Wallfahrtsort der Verehrung des hl. Cyriak, einem der 14 Nothelfer, angerufen bei Versuchung und Besessenheit. Dem Vespergeläut eines wundertätigen silbernen Glöckchens kam an Festtagen eine besondere Bedeutung zu. 1492 führten innere Reformen unter Mithilfe des Abts vom Kloster Berge bei Magdeburg zur Aufnahme in die ➛ Bursfelder Kongregation. Bauern plünderten und verwüsteten im Mai 1525 St. Cyriacus. Sie achteten vor allem darauf, dass Urkunden und schriftliche Nachweise ihrer Fronabhängigkeit vernichtet wurden. Der Konvent entschloss sich daraufhin, Abtei und Besitz an den Landesherrn Albrecht IV. von Mansfeld zu verkaufen. Das Klosterleben erlosch 1526.

▶ **Gegenwart.** Die Brandkatastrophe von 1680 hinterließ lediglich den östlichen Chorteil der romanischen Klosterkirche (Mitte 12. Jh.) und Reste des Kapitelsaals. Der Chor mit Haupt- und zwei Nebenapsiden, verziert mit romanischem Friesschmuck, dient heute der evangelisch-lutherischen Gemeinde für ihren Gottesdienst. Alle anderen Gebäude entstanden beim Ausbau der Anlage als Herrensitz in nachklösterlicher Zeit. Das südöstliche Wohnhaus steht auf mittelalterlichen Grundmauern der Klausur.

◆ Römer, Christof: Die Benediktiner im Bistum Halberstadt, Halberstadt 2006; Lücke, Monika: Zur Geschichte des Klosters W. im 15. und 16. Jh., in: Protokollband zum Kolloquium anläßlich der ersten urkundlichen Erwähnung Eislebens am 23. November 994, Halle 1995, 191–196; Bogumil, Karlotto: Das Bistum Halberstadt im 12. Jh., Köln 1972.

Wimmelburg Benediktinerabtei, von der romanischen Basilika (um 1150) blieb der Chorbereich erhalten.

Wimpfen, *Dominikanerkloster Heilig Kreuz (1264–1562) – „Predigerkloster“, Diözese Worms – (Bad W., Lkr. Heilbronn, Baden-Württemberg, ❐ 3, C3).*

▶ **Geschichte.** Aufgrund unterschiedlicher Quelleninterpretationen werden die Jahre 1259, 1264 oder 1269 als Gründungsjahr des Dominikanerkonvents in W. am Berg über dem Neckar angenommen. Der Gründung ging eine Schenkung durch den staufischen Ministerialen Engelhard IV. von Weinsberg voraus. Die Stiftung umfasste Landbesitz mit einer Hochgerichtsstätte im Südwesten der Bergstadt und hatte die Auflage, eine Kirche mit Heilig-Kreuz-Altar direkt über dem Galgenplatz zu errichten. Die Dominikaner respektierten beim Bau ihres Klosters diesen Wunsch. Ablassbriefe auswärtiger Bischöfe unterstützten das Vorhaben. Albertus Magnus (um 1195–1280, kanonisiert 1931) soll im Auftrag Papst Gregors X. die Grundsteinlegung vorgenommen haben, Quellen nennen das Jahr 1273. Ihrem Armutsideal entsprechend blieben die Prediger ohne wirtschaftlich relevanten Grundbesitz, Schenkungen verwendeten sie nur zu ihrem Unterhalt; die einträgliche Brauerei der Dominikaner wurde nachsichtig bewertet. Interessenkonflikte mit der Stadt entstanden bei abgesichertem Auskommen bis zur Reformation nicht. Die Reformation brachte einiges Unheil über die Gemeinschaft: nicht wenige Brüder solidarisierten sich mit den Bürgern oder konvertierten zum neuen Glauben. Die Existenz des Konvents blieb aber unangetastet. 1539 beherbergte er das Reichskammergericht, das vor der Pest aus Speyer geflohen war. Kaiser Karl V. stieg im Kloster ab, ebenso zweimal sein Bruder König Ferdinand. Im Dreißigjährigen Krieg plünderten Schweden die Anlage und lösten 1632 den Konvent auf; zwei Jahre später nach der Schlacht von Nördlingen kehrten die Predigerbrüder zurück. Sie standen den in der Stadt verbliebenen Katholiken seelsorglich bei und betätigten sich im Hospitalstift der Heilig-Geist-Chorherren (➛ Wimpfen). 1803 wurde das Kloster säkularisiert; das großherzogliche Haus Hessen-Darmstadt ließ die 18 Dominikaner zunächst bleiben; 1818 wurden die letzten beiden Patres in Pension geschickt.

▶ **Gegenwart.** Die spätgotische Vierflügelanlage der Dominikaner besteht zum großen Teil aus mittelalterlichen, stark überformten Gebäuden, die heute das Hohenstaufen-Gymnasium nutzt. Die vier Flügel des flachgedeckten Kreuzgangs zeigen im Nordbereich interessante Wandfresken. Die gotische „Alte Sakristei" mit Mittelsäule und Kreuzgratgewölbe liegt südlich am langen Kirchenchor an. Die nördlich gelegene Saalkirche dient heute als katholische Pfarrkirche Heilig Kreuz; ihr gotischer Chorraum über vier Joche entstammt der Gründungszeit. 1713 wurde die Kirche seitlich erhöht und innen behutsam barockisiert. Dabei fand man eine Kreuzreliquie, die eine bis heute ungebrochene Wallfahrt auslöste. Den Innenraum schmücken gotische und barocke Ausstattungsstücke, darunter ein plastisches Epitaph Engelhards VIII. von Weinsberg, einem Nachkommen des Stifters.

◆ Neumaier, Helmut: W. im Reformationszeitalter. Einflüsse und Strömungen, in: Archiv für mittelrheinische Kirchengeschichte 58 (2006) 149–168; Arens, Fritz/Bührlen, Reinhold: W., Geschichte und Kunstdenkmäler, Bad Wimpfen/Neckar 1991; Endriss, Albrecht: Die religiös-kirchlichen Verhältnisse in der Reichsstadt W., Stuttgart 1967.

Wimpfen, *Johanniterhospital St. Johannes Baptist (vor 1230– vor 1250), Heilig-Geist-Chorherrenstift St. Spiritus (vor 1250–1803) – „Heiligengeistspital", Diözese Worms – (Bad W., Lkr. Heilbronn, Baden-Württemberg, ❐ 3, C3).*

▶ **Geschichte.** In der Zeit der staufischen Herrschaft über die Bergstadt W. entstanden nicht nur Kaiserpfalz und Stadtkirche, sondern auch vor 1230 ein Hospital außerhalb des Ortes, das zunächst von Johannitern betreut wurde. Kaiser Friedrich II. und sein Sohn Heinrich (VII.) bestätigten 1233 bzw. 1238 die Gründung einer Johanniterniederlassung. Vor 1250 übertrug man den Hospitalitern vom Heilig-Geist-Orden die Verantwortung über die Sozialeinrichtung. Die Chorherren wirkten über 500 Jahre segensreich in W. Reichsvogt Wilhelm von Wimpfen übergab dem Heilig-Geist-Spital seinen einträglichen Hipfelhof, was König Wilhelm von Holland im März 1255 bestätigte; im 14. Jh. kamen weitere Stiftungen hinzu. Um 1300 halfen Hospitaliter aus W. beim Aufbau des Ordensspitals in ➛ Markgröningen. Fünfzig Jahre danach beklagte sich der Spitalmeister Konrad von Ebyngen beim Konstanzer Bischof über die Mitbrüder von Markgröningen, die vereinbarte Terminiergrenzen nicht einhielten. Die Stadt breitete sich aus und rückte das Hospital in die Mitte der Ansiedlung am Berg, die nun durch eine Wehrmauer geschützt war. Ursprünglich unter dem Einfluss des Bischofs von Worms stehend, erlangte der Ort nach der Stauferherrschaft zunehmend die Selbstverwaltung und Mitte des 14. Jh. die Reichsunmittelbarkeit. In dieser Zeit war die Bergstadt noch nicht mit der Unterstadt und dem Kollegiatstift St. Peter im Tal vereint. 1376 klagte der Ordensgeneral Frater Egidius am Hauptsitz in Rom, dass der Spitalmeister in W. Gelder veruntreut und Güter an Christen und Juden verpfändet hätte. Er forderte, dass der Konvent nur die Hälfte der Einkünfte für sich verwenden, den anderen Teil aber für die Kranken und Siechen nutzen solle. Der Stadtrat gewann um diese Zeit Einfluss auf die Vermögensverwaltung des Spitals. 1471 trennte man den Hospitalkomplex in ein städtisches Bürgerspital und in ein verbleibendes geistliches Ordensspital. Haus und Güter des Heilig-Geist-Ordens genossen kaiserlichen Schutz, als die Stadt sich dem Protestantismus öffnete. Der Dreißigjährige Krieg wütete in W. verheerend, unter den Schweden verlor das Stift 1632 allen Besitz, der aber nach der Schlacht von Nördlingen 1634 zurückgeführt wurde. Die Dominikaner der Stadt (➛ Wimpfen) halfen damals im Hospital aus. 1695 übergab die Ordenszentrale den nachlässig verwalteten Hipfelhof der Ordensniederlassung in ➛ Memmingen. Erst 1774 waren die Chorherren in der Lage, Stift und Spital in W. neu zu erbauen. Nach der allgemeinen Säkularisation 1803 fiel das Hospital an das Fürstentum Hessen-Darmstadt.

▶ **Gegenwart.** Das älteste Gebäude des Hospitals ist heute ein niedriger Wohnturm aus der Zeit der Johanniter von 1230 am „Bürgerspital" in der Nordwestecke der Anlage an der Oberen Hauptstraße 45. Es unterlag einigen Veränderungen im 15. Jh. und dient heute, wie das ganze spätgotische Bürgerspital, als Galerie. Dahinter öffnet sich der noch immer mittelalterlich anmutende Hospitalhof. Der östliche Spitalteil, das ehemalige katholische Stift, besteht aus zwei Gebäudeflügeln im Barockstil. Das Langhaus der Spitalkirche St. Johannes Baptist war 1774 neu erbaut worden und dient heute als Bürohaus; ein Schild an der Hausfront erinnert an die einstige Funktion; der spätgotische Chor ist noch erkennbar, auch wenn er nach dem Brand von 1851 in Etagen unterteilt und seit 1884 privat als Landgasthaus genutzt wird, was den mittelalterlichen Restbestand des Gotteshauses gerettet haben mag.

Das Symbol der Heilig-Geist-Chorherren über dem Spitalgebäude in Bad **Wimpfen**.

◆ Arens, Fritz/Bührlen, Reinhold: W., Geschichte und Kunstdenkmäler, Bad Wimpfen/Neckar 1991; Endriss, Albrecht: Die religiös-kirchlichen Verhältnisse in der Reichsstadt W., Stuttgart 1967.

Windberg, *Prämonstratenser-Doppelstift St. Maria, St. Sabinus und St. Serena (1142–1803, seit 1923), Diözese Regensburg – (Lkr. Straubing-Bogen, Bayern, ❐ 4, B3).*

▶ **Geschichte.** Lange widerstand Graf Albert I. vom Donaugau der Bitte Bischof Ottos I. von Bamberg (1102–39, kanonisiert 1189), ein auf seinem Sitz W. bestehendes Kanonikerstift in ein reguliertes Stift der Prämonstratenser umzuwandeln. Die Grafenfamilie hatte sich mit der Gründung der Benediktinerabtei ➛ Oberaltaich um 1080 finanziell verausgabt. Erst der Besuch des böhmischen Herzogs Wladislaus II. und Bischof Heinrich Zdiks von Olmütz führten zur Gründung eines Regularkanonikerkonvents. Graf Albert I. übergab 1142 seinen Sitz W. dem Prämonstratenserorden, dotierte das neue Stift reichlich, zog nach Bogen und nannte sich nun Graf von Bogen. Der böhmische Herzog und der Regionaladel vermehrten die Grundausstattung großzügig. Als ersten Vorsteher rief der Konvent den tüchtigen Propst Gebhard (1142–91) aus ➛ Bedburg am Niederrhein nach Bayern. Dieser führte W. zur ersten Blüte, richtete die älteste Glashütte im Bayerischen Wald ein, schuf ein literarisches Zentrum und initiierte den Bau der romanischen Abteikirche St. Sabinus. Die Kirche war bei der Weihe 1167 noch nicht ganz vollendet. Papst Eugen III. bestätigte 1146 die Gründung W., im selben Jahr erhob die Stammabtei Prémontré die Propstei als erstes deutsches Stift zur Abtei. Gräfin Hedwig von Bogen stiftete 1147 zusätzlich eine assoziierte Frauengemeinschaft, obwohl die Ordensleitung um diese Zeit bereits die Gründung von Frauenstiften untersagt hatte. Die Chorfrauen erhielten eine eigene Kirche nordöstlich der Abteikirche. Sie begleiteten den Männerkonvent im Abteibereich W. eine ungewöhnlich lange Periode von etwa 450 Jahren. Abt Nikolaus Lohamer (1400–30) erhielt die Pontifikalien. Die prosperierende Wirtschaft erlaubte im 15. Jh. Studien einzelner Chorherren in Ingolstadt, Wien und Bologna. Der Landshuter Erbfolgekrieg zog 1504 die Abtei nachhaltig in Mitleidenschaft. Die Reformation drang unter Abt Johannes Talmair (1541–70) in den Konvent, einige Chorherren traten aus. Die innere Krise konnte erst Abt Andreas Vögle (1596–1631) beheben, der bei seinen Reformbemühungen den Frauenkonvent um 1600 auflöste. Der Dreißigjährige Krieg brachte zweima-

Windesheimer Kongregation *(Congregatio Canonicorum Regularium Windeshemensis-Victorina, CRV).*

▶ Die W. ist eine Reformvereinigung von Regularkanonikern, die sich, inspiriert von der „Imitatio Christi" des Thomas von Kempen (um 1379–1471), seit Ende des 14. Jh. gegen den religiösen Verfall des klösterlichen Lebens richtete und eine geistige und geistliche Erneuerung in Rückbesinnung auf die Regel des hl. Augustinus (354–430) anstrebte. Der W. war die Bewegung der ➛ Devotio moderna vorausgegangen, eine geistliche Erneuerungsbewegung von Klerikern und Laien im 14. und 15. Jh., die maßgeblich von Geert Groote (1340–84) geprägt worden war. Um das junge Augustiner-Chorherrenstift St. Victor in Windesheim bei Zwolle an der niederländischen Ijssel bildete sich seit 1395 ein Klosterverband aus Prioraten, dem bis 1530 insgesamt 86 Männer- und 16 Frauenstifte in Holland und Westdeutschland angehörten. Die Mitglieder wurden netzartig eng miteinander verflochten und unterstützten sich gegenseitig in ihren Reformbemühungen. Das jährliche Generalkapitel griff oft kleinlich in alle Bereiche des Stiftslebens ein und konnte die Anfangsideale sehr lange bewahren. 1521

Spätmittelalterliche Darstellung eines Augustiner-Chorherren als Steinrelief.

erreichte der Verband die päpstliche Anerkennung mit exemten Status. Die W. erzielte bemerkenswerte Erfolge vor der Reformation und in der frühen Neuzeit und endete erst mit der allgemeinen Säkularisation 1803. Der letzte Windesheimer Chorherr Clemens Leeder aus dem Grauhof in ➛ Goslar starb im November 1865. Nach kirchlichem Recht wäre 100 Jahre nach ihm die Union auch offiziell erloschen, aber die weltweite Konföderation der Augustiner-Chorherren beschloss 1960 ihre Weiterexistenz, die Papst Johannes XXIII. im Januar 1961 bestätigte. Dies führte neben Tor Lupara bei Rom und Brünn in Tschechien auch auf deutschem Boden 1974 in ➛ Paring zur Neubelebung der Reformideale von Windesheim.

◆ MonWin; Brendle, Franz: Die Augustiner-Chorherren, Münster 2007; Mager, Inge: Bemühungen um die Reform der Klosterkonvente im 15. Jh. Grundzüge der Windesheimer und Bursfelder Reform, in: Trinitäts- und Christusdogma, Münster 2001, 223–243; Crusius, Irene: Gabriel Biel und die oberdeutschen Stifte der devotio moderna, in: Studien zum weltlichen Kollegiatstift in Deutschland, Göttingen 1995, 298–322.

lige Plünderung durch die Schweden. 1718 begann der nie vollendete Klausurneubau. Die romanische Kirche ließ Abt Bernhard Strelin (1735–77) während der letzten Blüte in Barock-Rokoko ausschmücken. 1765 lebten 43 Prämonstratenser in W. 1803 erfolgte im Zuge der allgemeinen Säkularisation die Aufhebung zugunsten des bayerischen Kurfürsten. Nach langem Verfall kaufte die Prämonstratenserabtei Berne-Heeswijk (Niederlande) 1923 den Komplex einschließlich eines kleinen Gutes. Eine päpstliche Verfügung stellte die Abtei W. in alter Form wieder her. 1948 konnte die alterwürdige Abtei ➛ Rot an der Rot in Baden-Württemberg von W. aus wiederbesiedelt werden; jedoch zog diese neue Chorherrengemeinschaft 1959 nach ➛ Hamborn bei Duisburg um. Eine weitere Restitution gelang 1986 in Roggenburg (heute ein Barockkomplex).

▶ **Gegenwart.** Das ehemalige mittelalterliche Klosterdorf W. um die Abtei ist noch immer gut zu erkennen. Die heutige Klausuranlage entstand im 18. Jh. und wurde in jüngster Zeit durch moderne Bauten ergänzt. Neben einem lebendigen Prämonstratenserstift ist W. seit 1996 auch eine Jugendbildungsstätte für Niederbayern. Man betritt den Stiftsbezirk durch einen Torbau (um 1200). Die großartige romanische Abteikirche, heute Stifts- und Pfarrkirche St. Maria Himmelfahrt, folgt als kreuzförmige Pfeilerbasilika mit apsidialem, dreischiffigem Chor den Reformbauten des 11./12. Jh. mit Hirsauer Baumotiven, vergleichbar mit den älteren Klosterkirchen in ➛ Biburg und ➛ Prüfening. Sie wurde im Spätmittelalter eingewölbt und im 18. Jh. zurückhaltend neu ausgeschmückt. Nur einer der beiden Chorflankentürme kam zur Ausführung und erhielt seinen Oktogonaufbau sowie die Haube um 1690. Die Westfront belebt ein monumentales Säulenportal, das als einziges Schmuckelement hervorsticht. Die Nordseite schmückt ein kleineres Portal mit Tympanon. Im Innern findet sich in der südlichen Apsis einer der schönsten romanischen Taufsteine Bayerns: er ruht auf vier Löwenköpfen und zeigt die zwölf Apostel. Die Frauenkirche St. Blasius des weiblichen Konvents diente im Mittelalter ebenfalls als Pfarrkirche, wurde aber um 1850 abgebrochen.

◆ Fink, Alexandra: Die ehemalige Stiftskirche St. Sabinus in W., in: Romanische Klosterkirchen des hl. Bischofs Otto von Bamberg (1102–1139), Petersberg 2001, 163–175; Backmund, Norbert: Die Chorherrenorden und ihre Stifte in Bayern, Passau 1966, 209–214.

Windsheim, *Augustiner-Eremitenkloster St. Augustinus (1291–1525), Diözese Würzburg – (Bad W., Lkr. Neustadt/Aisch-Bad W., Bayern, ❐ 3, D2).*

▶ **Geschichte.** Ritter Albrecht von Gailingen stiftete 1291 in der Stadt W. ein Augustiner-Eremitenkloster und sicherte damit seiner Familie eine Erbbegräbnisstätte. Schon 1295 konnte die erste Messe im Kloster gefeiert werden; im gleichen Jahr erlangte die Stadt Reichsunmittelbarkeit. Bischof Manegold von Würzburg (Neuenburg) bestätigte 1298 die Gründung. Vierzig Jahre später musste Bischof Otto von Wolfskeel den Pfarrer der Stadtpfarrei St. Kilian ausdrücklich ermahnen, die Bettelbrüder als Prediger und Beichtväter zu akzeptieren. Die Kompetenzstreitereien konnten aber erst 1425 durch einen Vertrag geregelt werden. Ende des 14. Jh. lebte der bedeutende Autor Berthold Remling (Remlink, um 1388–1409) als Lektor und Prior im Kloster, dessen Schriften noch heute in der Ratsbibliothek aufbewahrt werden. Die Ordensleitung forderte 1434 Reformen zur Observanz in den bayerischen Augustinerklöstern. Die Bemühungen in W. unter Aufsicht des Vikars Heinrich Zolter (1437–60) werden wenig Erfolg gehabt haben, denn

Windberg Prämonstratenser-Doppelstift, das westliche Säulenportal der romanischen Abteibasilika (1167).

Winnenden Deutschordenskommende, die Westfront der Säulenbasilika des Deutschen Ordens (14. Jh.).

die Ermahnung wurde 1471 wiederholt. Erst während der zweiten Amtsperiode des Vikars Paulus Weigel (1468–72) gelang die innere Erneuerung des Konvents. Bruder Johannes Ludovici lehrte als Magister so erfolgreich, dass er mehrmals zum Provinzial der bayerischen Ordensprovinz gewählt und 1468 durch Paul II. zum Weihbischof von Regensburg bestellt wurde. 1525 besiegten Bauern unter Gregor von Burgbernheim das Heer des Markgrafen Kasimir von Brandenburg-Kulmbach in der Schlacht bei Windsheim. Die Reformation setzte sich in der Stadt durch, wobei die Augustinerbrüder aktiv teilnahmen und eine Selbstauflösung des Klosters forderten. Prior Stephan Reiser und die verbliebenen zwei Brüder übergaben im Mai 1525 Kloster und Besitz dem Stadtrat, der das Klostervermögen zur Ausbildung seiner Bürgersöhne verwendete.

▶ **Gegenwart.** Auf der Basis des klösterlichen Bibliotheksbestandes wurde bereits 1559 die „Liberey“, die spätere Rats- und heutige Stadtbibliothek gegründet. 1592 litt die Klosterkirche so stark unter ihrer Baufälligkeit, dass sie bis auf den gotischen Chor abgetragen wurde, den man 1616 mit einer Westwand abschloss und 1623 mit Fachwerk und Zwischenboden für die Bibliothek nutzbar ausbaute. Diese Lösung würdigt heute beeindruckend den Ursprungsort der Sammlung von etwa 5.400 Bänden, Handschriften und Drucken aus dem 15. bis 18. Jh. Die Klausurgebäude der Augustiner-Eremiten erlagen 1713 dem Abriss.

◆ Roser, Hans: Klöster in Franken, Freiburg 1988, 318–320; Estermann, Alfred: Bad W., Geschichte einer Stadt, Bad Windsheim 1975; Kunzelmann, Adalbero: Geschichte der deutschen Augustiner-Eremiten, Tl. 1, 225 f., Tl. 3, 242 f., Würzburg 1969/72.

Winnenden, *Deutschordenskommende St. Jakobus der Ältere (1288–1665) – „Schloss Winnental“, Diözese Konstanz – (Rems-Murr-Kreis, Baden-Württemberg, ❐ 3, D3).*

▶ **Geschichte.** Berthold III., Stadtherr von Neuffen, und seine Gemahlin Richenza von Löwenstein schenkten 1288 dem Deutschen Orden Kirche und Güter zu W. nördlich von Stuttgart zur Gründung einer Kommende. Zum Stiftungsgut gehörten Rechte und Zinsen in Grombach und Biberach, der Grombacher Wald, das Mesneramt der Pfarre W. und zwei Höfe vor der Stadtmauer. Die Kommende W. gehörte zur Ballei Franken und wurde zunächst von ➛ Heilbronn aus verwaltet. Von dort kam der erste bekannte Komtur Heinrich von Bachenstein; er vermittelte 1292 im Streit der Stifterin Richenza mit den Dominikanerinnen des untergegangenen Klosters Weiler bei Esslingen. Das Stifterpaar starb ohne Nachkommen, Burg und Stadt fielen 1325 durch Verkauf an Graf Ulrich III. von Württemberg. Den Deutschordenspriestern oblag die Betreuung der Jakobspilger auf ihrem Weg zwischen Rothenburg und Rottenburg, was das Patrozinium der Ordenskirche bestimmte. Trotz weiterer Stiftungen blieb das Ordenshaus arm und unbedeutend, gleichwohl residierte immer ein Komtur in W. Nachrichten sind kaum überliefert, erst 1419 erwähnt eine Urkunde einen weiteren Komtur namentlich, Konrad von Rechberg. Visitatoren im Auftrag des Hochmeisters fanden 1451/52 neben Komtur Burkhard von Westerstetten (1444/51) drei Priesterbrüder vor. Das Archiv wurde 1525 zum Schutz vor den aufrührerischen Bauern nach Heilbronn verlagert, wo es aber unterging. 1534 führte Herzog Ulrich von Württemberg die lutherische Reformation landesweit ein, die Untertanen der Kommende blieben jedoch katholisch. 1665 verkaufte der Hoch- und Deutschmeister Johann Kaspar von Ampringen (1664–84) die Kommende W. an Herzog Eberhard III. Das Schloss „Winnental“ wurde Sitz der herzoglichen Seitenlinie Württemberg-Winnental. 1813 zur Kaserne umfunktioniert, wurde es schließlich 1834 die erste Heilanstalt Württembergs.

▶ **Gegenwart.** Schloss Winnental ist der Nachfolgebau der Deutschordenskommende W. aus dem 14. Jh. Die Anlage wird heute als Psychiatrische Landesanstalt genutzt, ihr Westflügel ist im Kern noch spätmittelalterlich. Die evangelische Schloss- und ehemalige Deutschordenskirche St. Jakobus der Ältere steht an der Stelle mehrerer Vorgängerkirchen. Die Säulenbasilika birgt romanische Substanz des 11. Jh.; die Deutschherren errichteten im 14. Jh. das dreischiffige Langhaus mit einem 5/8-Polygonalchor. Im Inneren beeindruckt der Jakobusaltar (1520).

◆ Weiss, Dieter J.: Die Geschichte der Deutschordens-Ballei Franken im Mittelalter, Neustadt/Aisch 1991; Schahl, Adolf: Schlosskirche W., München 1988.

Winsen Franziskanerkloster, der Chorraum der Marienkirche, ein spätgotischer Bau der Franziskaner.

Wintringen Prämonstratenser-Chorherrenpriorat, die Abtei Wadgassen baute um 1470 eine Prioratskirche, von der nur der Chor erhalten blieb, Nordostansicht.

Winsen, *Franziskanerkloster St. Maria (1477–1528) – Pfarrkirche in W., Diözese Verden – (Lkr. Harburg, Niedersachsen, ❒ 1, D3).*

▶ Im niedersächsischen W. an der Luhe richteten Minoriten aus ➛ Lüneburg 1348 eine Terminei ein, aus der 1477 durch eine Stiftung Herzog Friedrichs des Frommen von Braunschweig-Lüneburg ein franziskanisches Observantenkloster erwuchs, das während der Reformation 1528 unterging. Vom Franziskanerkloster W. auf der Luheinsel sind keine aufstrebenden Architekturreste überkommen. Aber die Brüder errichteten für die Gemeinde die spätgotische Pfarrkirche St. Marien im Zentrum der Stadt, die noch heute als evangelisches Gotteshaus dient. Ebenso erinnert der „Ökumenische Klostergarten" an die Franziskaner, der 2006 im Rahmen der Landesgartenschau nahe dem historischen Klosterplatz entstand.

◆ Streich, Gerhard: Klöster, Stifte und Kommenden in Niedersachsen vor der Reformation, Hildesheim 1986.

Wintringen, *Prämonstratenser-Chorherrenpriorat St. Wolfgang (nach 1320–16. Jh.), Erzdiözese Trier – (Kleinblittersdorf-Wintringer Hof, Regionalverband Saarbrücken, Saarland, ❒ 3, A3).*

▶ Im Südosten Saarbrückens erwarb die Prämonstratenserabtei Wadgassen vor 1320 den alten Siedlungsplatz *Winteringa* an der oberen Saar. Die Wadgassener Prämonstratenser, die schon in ➛ Merzig an der Saar eine bedeutende Propstei unterhielten, richteten zur Verwaltung des Besitzes in W. an der bestehenden romanischen Saalkirche ein Priorat ein und bauten die Kirche in der zweiten Hälfte des 15. Jh. zur repräsentativen Basilika mit Polygonalchor um. Im Bauernkrieg 1525 wurde das Priorat W. geplündert. Die Bürger aus Reinheim beteiligten sich während der Unruhen an der Leerung der Weinkeller des Priors und hatten später dafür laut Gerichtsurkunden Strafe zu zahlen. Nach der Reformation bis zur Aufhebung der Mutterabtei 1792 scheint W. nur noch als Wirtschaftshof verpachtet gewesen zu sein. Die für eine Hofstelle viel zu große und aufwändig gestaltete Kirche St. Wolfgang wurde im Dreißigjährigen Krieg zerstört, lediglich Chor und östliches Mittelschiffjoch dienten bis zum Brand 1905 sakralen und profanen Zwecken. Restaurierungen um 1960 und um 1999 retteten den spätgotischen Architekturbestand. Acht Figuren auf Wasserschlägen der Strebepfeiler sind bedeutende Schmuckelemente der „Wintringer Kapelle", heute innerhalb des Biohofes der Lebenshilfe für Behinderte Obere Saar e.V. gelegen.

◆ Lupp, Peter M./Roth, Emanuel: Die Wintringer Kapelle bei Kleinblittersdorf, Saarbrücken 2003; Flesch, Stefan u. a.: Die Wadgassener Propsteien St. Peter in Ensheim und Saarbrücken und das Priorat St. Wolfgang in W, in: Mönche an der Saar, Saarbrücken 1986, 162–164.

Wirberg, *Prämonstratenser-Chorfrauenstift St. Maria und St. Martin (nach 1134–1527), Erzdiözese Mainz – (Reiskirchen-Saasen, Lkr. Gießen, Hessen, ❒ 3, C1).*

▶ **Geschichte.** Das Prämonstratenserinnenstift W. entstand in Nachfolge der ersten drei Prämonstratenserstifte auf deutschem Boden: ➛ Cappenberg 1122, ➛ Ilbenstadt 1123 und Varlar vor 1124 (s. u.); diese drei waren Stiftungen der Grafenbrüder Gottfried II. und Otto von Cappenberg. Immecha, die Witwe Manegolds von Hagen und Wirberg, nutzte auf Anraten Ottos von Cappenberg zwischen 1134 und 1148 ihre Burg W. im Gießener Land zur Gründung eines Frauenstifts unter Aufsicht des neuen Prämonstratenserordens. Möglicherweise bestand ursprünglich in W. ein Doppelkonvent. Das bereits dem Stift Ilbenstadt vermachte Gut Bollnbach wurde dem neuen Frauenstift zugeführt. Immecha trat wohl selbst dem Gründungskonvent bei, in den sich auch die viel umworbene Tochter Aurelia geflüchtet hatte, so jedenfalls die Legende. Den Gründungsablauf legte Erzbischof Heinrich I. von Mainz (Harburg) in der ersten urkundlichen Nachricht vom November 1149 nieder. Auf die Stifterin Immecha geht ebenso das Doppelstift ➛ Immichenhain zurück, das ihren Namen trug und das als reines Frauenstift 1263 dem Stift W. auf dem Berg unterstellt wurde. Die Burg Hagen und der Ort Beuern im Busecker Tal gehörten zur Grundausstattung, waren aber wegen Fremdeingriffen nicht zu halten. Propst Wigand verkaufte den Besitz 1210 an die Zisterzienser von ➛ Arnsburg, wie 1223 auch das Land bei Schadenbach an die Abtei ➛ Haina. Erzbischof Gerhard II. von Eppstein schränkte 1294 den Konvent auf maximal 36 Schwestern ein. Ende des 13. Jh. verfielen die Chorfrauen dem Interdikt, weil sie einen gebannten Edelherrn bestattet hatten; unter Meisterin Jutta von Burkhardsfelden (1305) wurde der Bann gelöst. 1308 verkauften Propst Gottfried und Magistra Bertha von Cleeberg den Stiftswald bei Albach wiederum an die Abtei Arnsburg. Erst die spätmittelalterlichen Quellen berichten von Zukäufen; die nahen Dörfer Saasen und Bollnbach am Fuß von W. waren kirchlich und wirtschaftlich eng an das Stift gebunden; Ende des 15. Jh. umfasste der Besitz schließlich mehrere Dörfer der Umgebung. Um diese Zeit war die ursprünglich strenge Klausur weltlichen Lebensformen gewichen. Landgraf Wilhelm der Jüngere von Hessen bemühte sich seit 1497 persönlich um eine innere Erneuerung. Er rief Reformkanoniker aus ➛ Hirzenhain nach W., die den Frauenkonvent im Sinn der ➛ Windesheimer Kongregation reformierten. Landgraf Philipp I. von Hessen führte 1527 landesweit die Reformation ein und löste fast alle Klöster und Stifte in seinem Einflussgebiet auf. Priorin Lenckel Wolfskehl und 23 Prämonstratenserinnen erhielten Leibrenten und verließen den Berg, lediglich die Altpriorin Amalie von Fischborn weigerte sich und blieb bis 1529. Die Stiftsgüter kamen der neuen Universität Marburg zugute und wurden ihr 1540 übereignet, 1607 dann der neuen Universität Gießen.

▶ **Gegenwart.** Nach dem Dreißigjährigen Krieg war vom Universitätsgut auf dem Berg kaum etwas erhalten. Reste der Umfassungsmauer stehen noch östlich der heutigen Pfarrkirche. Nach 1716 nutzte man Teile des mittelalterlichen Kreuzgangs als Notkirche, bis ein neues Gotteshaus 1753/54 aus mittelalterlichem Baumaterial entstand. 1963 fand man an der Westseite des einfachen Saalbaus romanische Mauerzüge. Das ehemalige Pfarrhaus, ein barockes Gebäude, dient heute als Jugendherberge des Evangelischen Dekanats.

❖ Die dritte Cappenberger Stiftung Varlar entstand vor 1124 im münsterländischen Rosendahl südlich des Dorfes Osterwick bei Coesfeld in der Bauernschaft Höven. Nach wechselvoller Geschichte, die nur eine geringe Ausstrahlung erlaubte, endete Varlar 1803. An gleicher Stelle wurde nach Abriss der barocken Stiftskirche und der Klausur 1820 das Salm-Hostmarsche Schloss errichtet, das heute privat geführt wird und nur noch wenig barocke Restsubstanz besitzt, die auf die Prämonstratenser zurückgeht.

◆ Köhler, Gustav E.: W., Burg, Kloster Pfarre, Reiskirchen 1998; Euler, Karl Friedrich: Die Anfänge des Klosters W., Gießen 1980.

Wismar Dominikanerkloster, der gotische Langchor der Konventskirche (1397) dient heute als Sporthalle.

Wismar, *Dominikanerkloster St. Petrus und St. Paulus (1292–1562), Diözese Ratzeburg – (kreisfreie Stadt, Mecklenburg-Vorpommern, ❐ 2, A2).*

▶ **Geschichte.** In der Ostseestadt W. gründeten zunächst die Franziskaner ein Kloster (s. u.). Die Dominikaner werden erstmals 1292 im Stadtbuch erwähnt. 1293 nahm das Generalkapitel in Lille die Niederlassung W. in den Dominikanerorden auf. Fürst Heinrich II. der Löwe von Mecklenburg sowie Bürger von W. stifteten Bauland an der südöstlichen Stadtmauer. Der Klosterbau begann 1297 und endete 1337 mit der Weihe der Kirche durch den Ratzeburger Bischof. Ein Zulassungsvertrag des Magistrats definierte 1294 die Rechte und Pflichten der Dominikaner gegenüber Stadt und Pfarrklerus, u. a. durften gestiftete Immobilien nicht lange behalten werden und bei Rechtskonflikten waren die Dominikaner zum Beistand verpflichtet. Für öffentliche Versammlungen mit Rechtssprechung nutzten der Rat wie auch die Landesherrn das Refektorium der Prediger. Innerhalb der Ordensprovinz Saxonia gehörte W. (wie auch die Konvente ➛ Lübeck, ➛ Meldorf und ➛ Stralsund) der *Natio Slaviae* an. 1365 fand ein Provinzialkapitel in W. statt, ein weiteres folgte 1439. Besonders ehrenvoll war das außerordentliche Vereinigungskapitel der Konventualen und Observanten 1515 in W., auf dem eine Spaltung des Dominikanerordens vermieden werden konnte – die Franziskaner spalteten sich hingegen 1517 endgültig auf. Der Predigerkonvent setzte sich aus Söhnen einflussreicher Patrizierfamilien zusammen, was eine enge Bindung an die Stadt gewährleistete und zahlreiche Stiftungen in Form von Seelmessen, Altären, Baugeldern, Renten und Naturalien nach sich zog – zum Preis der Aufgabe des ursprünglichen Armutsideals. Ein päpstliches Privileg erlaubte die Seelsorge auch in Zeiten des Interdikts. 1403 wurde auf Betreiben der Dominikaner der Begarde Bernhard der Ketzerei überführt und öffentlich verbrannt. Bruder Matthäus Grabow aus W. kämpfte um 1415 so erbittert gegen die Bewegung der ➛ Devotio moderna, dass Papst Martin V. ihn schließlich in Rom einkerkern ließ. Der promovierte Prior Bernhard Rode (um 1417) regte ein Studienkolleg an, in dem um 1435 Theologie gelehrt und das später für Philosophie und Logik erweitert wurde. Kloster W. erlangte als Studienort überregionale Bedeutung. Ordensgeneral Konrad von Asti (1462–65) verfügte 1464 den Anschluss des Konvents an die *Congregatio Hollandiae*, eine Observanzkongregation des Ordens in den Niederlanden. Die Klostervorsteher aus den Niederlanden, wie der berühmte Adriaan van Meer (1476–78), führten strenge Klausurregeln ein, die aber Ende des 15. Jh. wieder umgangen wurden. Inzwischen hatte die Stadt über die sogenannte „Geistliche Hebung" Einfluss auf Verwaltung und Vermögen des Konvents gewonnen. Herzog Heinrich V. von Mecklenburg begünstigte die aufkommende Lehre Martin Luthers; zusammen mit seinem mitregierenden Bruder Albrecht VII. bewahrte er Mecklenburg vor blutigen Auseinandersetzungen. 1527 war die Stadt weitestgehend lutherisch, die Dominikaner blieben unter Prior Dietrich Haker (1528–45) katholisch und genossen zunächst die Protektion Herzog Heinrichs. Nach dessen Tod 1552 richtete der Stadtrat ein Armenhaus im Kloster ein, duldete die letzten Brüder und schloss 1562 mit Prior Johannes Hoppener (1546–62) einen Auflösungsvertrag ab. Die Dominikanerkirche diente zunächst als evangelische Predigerstätte, bis man 1689 ein Waisenhaus einrichtete und nur den Chor für den Gottesdienst reservierte. 1878 war sie so baufällig, dass sich der Rat entschloss, ihr Langhaus abzureißen, den gotischen Chor aber für die inzwischen angebaute Bürgerschule als Turnhalle und Saal zu bewahren.

▶ **Gegenwart.** Noch heute dient der dreijochige, kreuzrippengewölbte Chor mit 5/8-Schluss (1397) als einziger sichtbarer Architekturrest des ehemaligen Dominikanerklosters in W. der Goethe-Schule als Sporthalle. Der Schulkomplex nimmt das ehemalige Klosterareal ein. Von der sich südlich anschließenden Klausur des 14. Jh. sind einige stark veränderte Reste wie das Refektorium in den Schulbau integriert.

❖ Das Franziskanerkloster Heilig Kreuz in W. entstand 1251 nördlich vom Markt und entwickelte sich zum bedeutenden Konvent in der Nordregion der Saxonia. Die Barfüßer verkündeten 1524 als erste die lutherische Glaubenslehre in W. und lösten sich 1527 auf. Kirche und Klausur gingen mit der Zeit fast restlos in der Großen Stadtschule auf, die 1891/92 im neogotischen Stil neu errichtet wurde. Lediglich Grabungsfunde im Schulgelände erinnern heute an das „Graue Kloster" in W.

◆ Gralow, Rita: Klöster und Klosterhöfe in W., in: Klöster und monastische Kultur in Hansestädten, Rahden 2003, 69–80; Ulpts, Ingo: Die Bettelorden in Mecklenburg, Werl 1995.

Wittekindsberg, *Frauenzelle unter der Benediktregel St. Maria (993– vor 1002), Diözese Minden – (Porta Westfalica-Barkhausen, Kr. Minden-Lübbecke, Nordrhein-Westfalen, ❐ 1, C4).*

▶ **Geschichte.** In einer altsächsischen Wehranlage im Wiehengebirge auf dem W. hoch über der Weser bei Barkhausen südlich von Minden sammelte um 990 die Inklusin Thetwif fromme Frauen und gründete eine Schwesterngemeinschaft, die unter Bischof Milo von Minden 993 die Benediktregel annahm. Laut späterer Überlieferung hätten die Frauen nach Gebräuchen der Abtei St. Maria im Kapitol in ➛ Köln gelebt – möglicherweise stammte Thetwif aus Köln. Das Gebiet um die Burganlage war ein Geschenk König Ottos III. an das Hochstift Minden. Bischof Milo übereignete den ersten Benediktinerinnen Westfalens zur Absicherung ihres Unterhalts die Dörfer Hummelbeck, Jöllenbeck und Borninghausen. Der König bestätigte 993 das neue Marienkloster und nahm es unter Schutz. Die abgelegene Wallanlage war zwar für eine Einsiedlerin der passende Ort, für die Versorgung einer Frauengemeinschaft schien der Platz jedoch ungeeignet gewesen zu sein. Bischof Ramward verlegte den Konvent vor 1002 nach ➛ Minden, wo das neue Marienkloster entstand.

▶ **Gegenwart.** Archäologen fanden 1996 im ausgedehnten Burggelände Fundamente einer Kirche in der seltenen Form eines griechischen Kreuzes mit etwa 14 m Seitenlänge, die in vorromanischer Zeit in dieser Art nur an vier bisher bekannten Stellen in Europa erbaut worden ist; eine solche Kirche befindet sich noch am Kreuzberg der Propstei ➛ Johannesberg bei Bad Hersfeld. Die etwa 80 cm hohen und 110 cm breiten Bruchsteinmauern auf dem W. werden heute als besondere kunsthistorische Rarität von einem Glasbau geschützt präsentiert. Reste von insgesamt fünf Gräbern einer Familie konnten freigelegt werden, die ein höheres Alter als die Kreuzkirche aufweisen. Die Kirche wurde um das Jahr 1000 wahrscheinlich zum Gedenken an die Toten errichtet und zugleich als Klosterkirche genutzt. Der Standort der Klausurgebäude konnte im Burggelände nicht gefunden werden, denn die Schwestern lebten wahrscheinlich in Holzbauten. Bekannt ist, dass die Benediktinerinnen von Minden die Memoria an ihre erste Äbtissin Thetwif lange pflegten und fromme Klausnerinnen das Heiligtum auf dem Berg versorgten. Etwa 60 m davon entfernt, unweit der ehemaligen Quelle, steht die schlichte spätromanische Kapelle St. Margaretha (1224 erwähnt), die mit dem Memorialdienst in Verbindung gebracht werden kann. Sie wurde nach jüngst ausgewerteten Quellen 1379 neu errichtet und von Minoriten betreut, die in Minden eine Terminei unterhielten, aber kein Kloster gründen durften.

◆ Rüthing, Heinrich: Der W. bei Minden als „heilige Stätte", Bielefeld 2008; Plöger, Rolf: Die Wittekindsburg an der Porta Westfalica, Münster 2005; Best, Werner: Klosterkirche, Burgkapelle, Familiengrab?, Bielefeld 1999.

Wittenberg, *Augustiner-Eremitenkloster (1503/04–22) – „Schwarzes Kloster", Diözese Brandenburg – (Lutherstadt W., Lkr. Anhalt-Zerbst, Sachsen-Anhalt, ❐ 2, B5).*

▶ **Geschichte.** Augustiner-Eremiten unterhielten in der Hauptstadt Kursachsens W. an der Elbe vor 1414 eine Terminei, aus der unter dem Einfluss Kurfürst Friedrichs des Weisen und seines Bruders, Erzbischof Ernst von Magdeburg, 1503/04 ein eigenständiges Augustiner-Eremitenkloster erwuchs.

Wittenberg Augustiner-Eremitenkloster, Restformen des spätgotischen Klosters an der „Lutherhalle".

Der erste Prior war Johannes Domeczer aus dem Konvent in ➛ Neustadt/Orla in Thüringen. Das neue Kloster entstand am Elstertor auf dem Gelände des alten Heilig-Geist-Hospitals; der Bau wurde aufgrund der reformatorischen Entwicklung in der Stadt nie vollendet; lediglich das Schlafhaus der Brüder konnte fertig gestellt werden, es wurde der spätere Wohnsitz der Familie Luther. Die Augustinerbrüder bekannten sich zu den strengen Observanzidealen ihres Ordens und gehörten der Reformkongregation der sächsisch-thüringischen Ordensprovinz an. Der Kurfürst hatte die gelehrten Augustiner zum Aufbau der 1502 gegründeten Universität nach W. gerufen und für die studentische Ausbildung vorgesehen. Johann von Staupitz (um 1465–1524), klösterlicher Beichtvater und Lehrmeister Bruder Martin Luthers im Augustiner-Eremitenkonvent in ➛ Erfurt, sorgte als erster Ordinarius und Dekan der theologischen Fakultät für die Berufung hochqualifizierter Theologen. Etwa 170 Augustiner-Eremiten lebten in der Zeit zwischen 1502 und 1522 als Studenten oder Dozenten in W. Martin Luther (1483–1546) gehörte seit 1511 dem Konvent in W. an und promovierte 1512 zum Doktor der Theologie. Seine „95 Thesen", die er 1517 an Erzbischof Albrecht von Mainz sandte, lösten die Reformation im 16. Jh. und damit die größte Glaubensspaltung des Abendlandes aus. Sein Bekenntnis gegen die Exklusivität des klösterlichen Lebens führte auch in W. zu Austritten der Konventsmitglieder. Reformatorische Unruhen gipfelten in W. 1522 im Bildersturm der Studenten und Bürger in den Kirchen. Initiatoren waren die abgefallenen Brüder und spätere Reformatoren Gabriel Zwilling (um 1487–1558) und Andreas Bodenstein (genannt Karlstadt, 1480–1541); nur Luther selbst vermochte die aufgebrachte Menge zu zügeln. 1523 war das Augustinerkloster verödet, Kurfürst Johann I. der Beständige schenkte 1532 das „Schwarze Kloster" dem Reformator Martin Luther als Wohnstätte für seine Familie, die dieser 1525 durch Heirat der ehemaligen Zisterzienserin Katharina von Bora aus dem Kloster ➛ Nimbschen gegründet hatte.

Das Steinrelief Martin Luthers (1540) über dem Hauptportal der „Lutherhalle" in **Wittenberg**.

▶ **Gegenwart.** Das Hauptgebäude der Anlage präsentiert sich heute nach vielen eingreifenden Um- und Ausbauten als „Lutherhalle", in dem sich seit 1883 das Museum zur Geschichte der Reformation befindet. Aus der Klosterzeit ist äußerlich lediglich das östliche Spitzbogenportal geblieben. Ein anderes, repräsentatives Sitznischenportal mit Kielbogenprofil rechts neben dem Wendelturm wurde erst 1540 eingebaut und war der Überlieferung nach ein Geschenk der wirtschaftstüchtigen Katharina an ihren Gemahl Martin Luther.

◆ GermSac AF I, Brandenburg 2, 440–499; Treu, Martin: Waschhaus – Küche – Priorat. Die neuen archäologischen Funde am Wittenberger Lutherhaus, in: Luther 76 (2005) 132–140; Findeisen, Peter: Das Lutherhaus in W., in: Denkmalpflege in Sachsen-Anhalt 10 (2002) 45–51.

Wittenberg, *Franziskanerkloster (um 1260–1525) – „Graues Kloster", Diözese Brandenburg – (Lutherstadt Wittenberg, Lkr. Anhalt-Zerbst, Sachsen-Anhalt, ❐ 2, B5).*

▶ **Geschichte.** Die Gründung des Minoritenklosters im Nordbezirk der Residenzstadt W. erfolgte durch eine Stiftung Herzog Albrechts I. von Sachsen-Wittenberg oder auf Initiative seiner Gemahlin Helene von Braunschweig erst nach seinem Tod 1260. Sie bestimmte das Kloster als Grablege der herzoglichen Familie, deren Oberhaupt den Titel Erzmarschall des Deutschen Reiches trug und das Kurrecht zur Königswahl besaß. Herzog Johann I., Gründer der askanischen Linie Sachsen-Lauenburg, übergab 1282 die Regierung an seine Söhne, trat in das Franziskanerkloster in W. ein, wurde dessen Guardian, starb aber schon 1285. Der askanische Familienzweig Sachsen-Wittenberg starb 1422 aus. König Sigismund übergab 1423 das Herzogtum und die damit verbundene Kurwürde dem wettinischen Markgrafen von Meißen, Friedrich IV. dem Streitbaren. Das „Graue Kloster" in W. verlor die Exklusivität eines landesherrschaftlichen Hausklosters. Die Minoriten unterrichteten schon 1309 nicht nur Mitbrüder, sondern auch Bürgersöhne, wozu sie eine umfangreiche Bibliothek anlegten. 1502 eröffnete Kurfürst Friedrich III. der Weise in W. eine Universität, die bald als geistiges Zentrum der Reformation in ganz Europa bekannt werden sollte. Erste Vorlesungen fanden im Franziskanerkloster, später aber im 1504 gegründeten Augustiner-Eremitenkloster (➛ Wittenberg) statt. Erste reformatorische Unruhen begannen 1521 im Streit um die Abhaltung von Privatmessen, und wütende Studenten bedrohten besonders die Graubrüder. Die Franziskaner in W. hatten sich der Observanzreform des Ordens verweigert und erst 1518 den ➛ Martinianischen Reformkonstitutionen zugestimmt. Der neuen Glaubensauslegung Luthers vermochten sie nichts entgegenzusetzen. Im Sommer 1524 verließ der letzte Guardian Veit Gericke (1522–25) das Graue Kloster, der 1540 als Pfarrer von Gräfenhainichen starb. Kurfürst Johann I. der Beständige übergab 1525 den Franziskanerbesitz einem Verwalter, alte Brüder wurden weiterhin versorgt. Die Anlage diente als Armenhaus und Hospital, die Kirche wurde als Kornmagazin genutzt. Einige Grabplatten askanischer Fürsten ließ der Reformator Philipp Melanchthon (1497–1560) noch 1538 in die Schlosskirche verbringen, die Särge mit den Gebeinen folgten 1883 durch den Einsatz des Regierungsrates v. Hirschfeld. Die ehemalige Klosteranlage wurde im Siebenjährigen Krieg bei der Beschießung W. durch die Österreicher weitgehend zerstört.

▶ **Gegenwart.** Am heutigen Arsenalplatz, Ecke Klosterstraße steht ein heruntergekommenes Gebäude, das in der Zeit vor dem Zweiten Weltkrieg als Arbeitsamt und später dem russischen Militär als Garnisonssitz diente. Es folgt im Grundriss exakt den Maßen der ehemaligen Franziskanerkirche und enthält noch mittelalterliche Mauerteile und Spolien. Die Kirchenruine war bei der Neubebauung des Geländes nach dem Siebenjährigen Krieg übernommen und in das neue Gebäude integriert worden.

◆ GermSac AF I, Brandenburg 2, 372–397; Schlageter, Johannes: Das Franziskanerkloster in W. bei der Gründung der Universität (1502) und im Beginn der Reformation (1517/25), in: Wissenschaft und Weisheit 65 (2002) 82–111; Wurda, Andreas: Ein Kloster der „Grauen Mönche" im mittelalterlichen W., in: Almanach der Lutherstadt W. 1994, 8–11.

Figürliche Konsole an den Mauerresten der ehemaligen Franziskanerkirche in **Wittenberg**.

Wittenburg, *Augustiner-Chorherrenstift St. Maria (1328–1580), Diözese Hildesheim – (Elze-W., Lkr. Hildesheim, Niedersachsen, ❐ 1, D4).*

▶ **Geschichte.** An der alten Kapelle der verfallenen Burg über Elze am Höhenzug Finie nahe der Handelsstraße zwischen Hannover und Göttingen siedelten sich bis 1316 religiöse Männer ohne feste Regel an und bildeten die Klause St. Willehad. Bischof Heinrich II. von Hildesheim löste im November 1316 St. Willehad aus dem Archidiakonatsbezirk von Elze heraus, unterstellte die Gemeinschaft aus sechs Männern dem Abt von St. Michael in ➛ Hildesheim und bestätigte Besitz und Privilegien. Sein Nachfolger Otto II. von Woldenberg verordnete den Begarden im Februar 1328 ein reguliertes Klosterleben unter der Augustinusregel; Patronin des neuen Stifts war nun allein die Jungfrau Maria. Die Gemeinschaft der Augustiner-Chorherren erlangte durch Schenkungen umfangreichen Besitz, mit dem sie ökonomisch geschickt umging. Der Konvent bat um Aufnahme in die ➛ Windesheimer Kongregation, was 1423 gewährt wurde; Stift W. war das erste Mitglied aus Niedersachsen in dieser Reformgemeinschaft und entwickelte sich zum Zentrum der monastischen Erneuerungsbewegung im

15. Jh. Die Calenberger Herzöge nahmen W. unter ihren Schutz. Prior Rembertus ter List (1423–37) und Nachfolger wurden 1431 vom Konzil zu Basel beauftragt, alle Augustinerstifte beiderlei Geschlechts in Sachsen zu visitieren und zu reformieren. Besonders der bis 1439 in W. als Subprior amtierende Johannes Busch (1399–1479) stieg während seiner Zeit als Prior im Hildesheimer Sültestift (s. u.) und als Propst in Neuwerk ➛ Halle zum bekanntesten Reformkanoniker auf. Chorherren aus W. setzten die Windesheimer Ideale in zahlreichen Stiftkonventen durch: u. a. in ➛ Wülfinghausen, ➛ Wennigsen, ➛ Barsinghausen und ➛ Marienwerder. Das heute untergegangene Frauenstift Eldagsen (s. u.) nahm in W. seinen Anfang. Der Einfluss des Stifts reichte bis in das Zisterzienserinnenkloster ➛ Mariensee; im Stift ➛ Georgenberg in Goslar blieb das Reformvorhaben aber erfolglos. Dietrich Engelhus († 1434), „Leuchte Sachsens" und berühmter Verfasser einer Weltchronik, verbrachte als Presbyter seine letzten Monate in W. Die lutherische Herzogin Elisabeth von Calenberg-Göttingen ließ 1543 Stift W. visitieren und forderte den evangelischen Gottesdienst. Herzog Erich II. verpfändete 1564 den Besitz, was einer Säkularisierung entsprach, aber erst Herzog Heinrich Julius hob das Stift 1580 offiziell auf. Die letzten Chorherren wurden in das Michaeliskloster nach Hildesheim vertrieben. Der Restitutionsversuch von 1629 blieb Episode.

▶ **Gegenwart.** Malerisch einsam über dem Ort Elze auf der Anhöhe thront die ehemalige Stiftskirche St. Marien und Willardi, die heute der evangelisch-lutherischen Gemeinde dient. Über dem Westeingang weist die Jahreszahl 1497 auf ihre Vollendung unter Prior Stephan de Molenbeke (1495–1525) hin; begonnen wurde der Bau der Stiftskirche wohl unter Prior Gottfried von Teyla (1437–51). Der einschiffige Saal war klar geteilt in westlichen Laienraum und östlichen Chorherrenbereich, was ein aufgemauerter, ursprünglich nur halbhoher Lettner anzeigt. Um 1800 diente der Raum als Pferdestall, später auch als Schafsstall. Eine Sanierung der längst wieder als Gotteshaus genutzten Kirche erfolgte 1976; ihre wertvolle Furtwängler-Orgel wurde 1997 restauriert. Die Konventsgebäude stürzten beim Brand von 1885 ein.

❖ Das Frauenstift Marienthal in Eldagsen, heute ein Stadtteil von Springe, ging aus einer Gruppe Schwestern vom gemeinsamen Leben hervor, die kurze Zeit im Stift W. lebten, bis ihnen Prior Rembertus ter List 1437 den Stiftshof in Eldagsen übergab. 1459 nahm die Frauengemeinschaft die Augustinusregel an und besiedelte 1479 ➛ Badersleben im Harz. Marienthal endete 1647, ohne architektonische Spuren zu hinterlassen; auf dem Stiftsareal steht heute das ehemalige Schulhaus von 1821.

Das Augustiner-Chorherrenstift in der „Sülte" (Sültestift) in Hildesheim entstand 1119, entwickelte sich zusammen mit W. im 15. Jh. zum Ausstrahlungszentrum der Windesheimer Reformideale und wurde 1803 säkularisiert. 1843 ließ die Stadt auf dem Stiftsareal eine Heilanstalt und 1974 eine Stadthalle errichten.

◆ MonWin 2, 450–458; Müller, Werner: Denkmale in der Einheitsgemeinde Elze (Schriftreihe des Heimatmuseums, Bd. 5), Elze 2000; Flug, Brigitte/Bardehle, Peter: Urkundenbuch des Klosters W., Hildesheim 1990.

Witzenhausen, *Zisterzienserinnenkloster St. Nikolaus (vor 1275–91), Wilhelmitenkloster St. Nikolaus und Heilig Kreuz (1291–1528), Erzdiözese Mainz – (Werra-Meißner-Kreis, Hessen, ❒ 1, D5).*

▶ **Geschichte.** Zwei Urkunden weisen auf die Existenz eines Zisterzienserinnenklosters in W. an der Werra hin. Propst Johannes, Äbtissin Kunigunde, Priorin Friderun und der Konvent zu W. bestätigten im Mai 1275 die *summa segregationis*, das Startgeld, das sie von ihrem Mutterkloster ➛ Anrode im Eichsfeld erhalten hatten. In einer zweiten Urkunde vor 1289 taucht das Frauenkloster W. als Mitglied der Gebetsbruderschaft des Klosters Anrode mit 40 weiteren Klöstern der Erzdiözese Mainz auf. Näheres ist über die Zisterzienserinnen in W. nicht bekannt. Im Dezember 1291 beurkundete Ortspfarrer Guntherus von St. Marien dem Wilhelmitenorden die Übergabe der Kirche St. Nikolaus zur Gründung der ersten Wilhelmitenniederlassung in Hessen, was Landgraf Heinrich I. besiegelte. Die Zisterzienserinnen hatten demnach eine Klosteranlage mit Kirche hinterlassen, die nun von Wilhelmiten aus ➛ Weißenborn bei Thal nahe Ruhla besiedelt wurde. Stiftungen der Bürger des aufstrebenden Handelsfleckens W. vergrößerten den Klosterbesitz. Der Konvent setzte sich vorrangig aus Söhnen des städtischen Patriziats zusammen. Landesfürsten und örtlicher Adel sparten ebenfalls nicht mit Gunstbeweisen in Form von Patronaten über Pfarrkirchen, von Weinbergen, Weiden und Fischteichen, wobei die Familie von Uslar häufig in Schenkungsurkunden auftaucht. Neun städtische Stützpunkte konnten die Wilhelmiten bis

Wittenburg Augustiner-Chorherrenstift, erhalten blieb die spätgotische Stiftskirche (1497), Nordwestansicht.

Wölchingen Johanniterkommende, die spätromanische Basilika wird als „Frankendom" verehrt, Südwest.

nach Eschwege, Frankenberg, Kassel, Warburg und Hildesheim anlegen; dass sie zum Almosensammeln dienten, geht aus den Urkunden nicht hervor. 1373 fand eine Provinzialversammlung im Kloster ➛ Sinnershausen statt. Dabei legte Prior Konrad von W. die Terminiergrenzen zwischen den Konventen Weißenborn und ➛ Orlamünde fest; er fungierte später als oberster Prior (1393–98) der Ordensprovinz *Alemannia superior.* 1427 schickte Prior Johannes von Rodenberg eine Gruppe Brüder in das verlassene Kloster ➛ Falkenhagen bei Detmold, um es neu zu beleben. Der Versuch misslang, die Wilhelmiten kehrten nach wenigen Jahren in „großer Not und Armut" zurück. Prior Heinrich Udonis (1463–1501) wurde von der Ordensleitung zum Vikar der Wilhelmiten in Deutschland berufen, führte 1499 eine Visitation in Orlamünde durch und besiegelte 1501 Tauschgeschäfte zwischen den Konventen Gräfentonna und Weißenborn. Die Visitation 1502 in W. zur Durchsetzung von Reformen verlief routinegemäß, denn mangelnde Klosterzucht konnte man den Mönchen nicht vorwerfen. Unter Prior Petrus Peter (1507–22) galt W. als Musterkloster der inneren Erneuerung. W. erlitt als eines der wenigen Klöster keine Überfälle und Zerstörungen im Mittelalter, selbst die aufständischen Bauern kamen 1525 nicht in die Stadt. Aber im März 1525 ließ Landgraf Philipp I. von Hessen das Kloster inventarisieren; die Homberger Synode 1526 gab ihm freie Hand zur Durchsetzung der evangelischen Kirchenordnung. Im April 1527 war das Inventar aufgelistet, im September wurden Abfindungspläne erstellt und Anfang 1528 war das Auflösungsverfahren abgeschlossen. Der Konvent zählte sieben anwesende, zwei abwesende und fünf vorzeitig ausgeschiedene Mitglieder. Nur zwei Wilhelmiten wollten als evangelische Pfarrer im Dienst bleiben, darunter der letzte Prior Johannes Motz (1522–28). Über Jahrhunderte wurde das Klostergut verpfändet, bis 1898 die Deutsche Kolonialschule einzog, aus der das Zentrum für tropenlandwirtschaftliche Ausbildung hervorging.

▶ **Gegenwart.** Noch heute sind in den mittelalterlichen Gebäuden des ehemaligen Wilhelmitenklosters W. agrarorientierte Ausbildungsinstitute der Universität Kassel untergebracht. Das Kloster liegt im Nordosten der Altstadt direkt an der Stadtmauer unweit der Werra. Die einschiffige Nikolaikirche der Zisterzienserinnen erweiterten die Wilhelmiten in spätgotischer Zeit; 1740 musste diese Kirche einem barocken Amtshaus weichen. Die zweigeschossigen Gebäude um den Innenhof bergen noch heute gotische Substanz: am augenfälligsten der Nordflügel mit zweischiffigem Refektorium und quadratischem Kapitelsaal aus dem 14. Jh., beide mit Säulen und Kreuzrippengewölben, mit Konsolen und ornamental verzierten Schlusssteinen. Der Anbau am Nordflügel und die heutige Kapelle sind neugotisch.

◆ Jürgensmeier, Friedhelm: Die Wilhelmiten, Münster 2007, 95f.; Mogge, Winfried (Hg.): Das Wilhelmitenkloster zu W., Witzenhausen 1998.

Wölchingen, *Johanniterkommende St. Maria (vor 1239–1381) – „Frankendom", Erzdiözese Mainz – (Boxberg-W., Main-Tauber-Kreis, Baden-Württemberg, ❐ 3, D2).*

▶ **Geschichte.** Edelherr Konrad der Ältere, Kraft von Boxberg im badischen Franken, gelobte 1192 eine Pilgerfahrt ins Heilige Land und schenkt dem Johanniterorden einen Teil seines Besitzes im Seitental der Tauber. Stifter Konrad war ebenfalls an der Ausstattung der Johanniterkommende in ➛ Reichardsroth beteiligt. Die Johanniter gründeten in W. eine Kommende, die erstmals 1239 urkundlich erwähnt wird; in einer Urkunde erscheint 1249 Komtur Konrad von Büchel (1249/87) neben einem Priester Konrad. Zur Ausstattung gehörte die stattliche Marienkirche, die entweder der Stifter selbst oder sein Neffe Konrad der Jüngere erbauen ließ. Sie ist heute als „Frankendom" weithin bekannt. Ritter Heinrich von Boxberg amtierte mit Unterbrechungen als Großprior der deutschen Zunge des Ordens (1260–78). 1287 wurden dem Orden auch die Burg Boxberg und die Herrschaft über die Stadt übertragen. Daraufhin verlegten die Johanniter ihre Kommende von W. auf die Burg. Der damalige Komtur Hermann von Hohenlohe amtierte 1290 noch in W., 1295 aber bereits in Boxberg. Zu dieser Zeit gründete die Kommende die Tochterniederlassung ➛ Neckarelz. Der Boxberger Besitz war Lehnsgut des Mainzer Erzstifts; Erzbischof Balduin von Trier (Luxemburg) vergab ihn als Administrator erneut 1332 an Bertold XI. von Henneberg-Schleusingen, damals Komtur zu ➛ Würzburg und Boxberg, zeitweise auch Großprior von Deutschland (1336–41). 1381 verkauften die Johanniter ihren Besitz W.-Boxberg an Ritter von Rosenberg; die Gründe sind nicht überliefert.

▶ **Gegenwart.** Der Ehrentitel „Dom im badischen Franken" wirkt im kirchenreichen Land etwas überzogen, gleichwohl ist die ehemalige Johanniterkirche St. Maria und heutige evangelische Pfarrkirche St. Johannes Baptist in W. ein Kleinod. Die spätromanische Pfeilerbasilika auf kreuzförmigem Grundriss mit dreischiffigem Langhaus besticht durch klare Formensprache im gebundenen System. Das Südportal ziert ein qualitätsvolles Band mit Straßburger Kapitellen, die Hauptapsis im Osten wird wie die Westfront durch Fratzen und Tiersymbole geschützt. Der mächtige Vierungsturm entstand erst 1878 bei Renovierungsarbeiten, war wohl aber ursprünglich vorgesehen. Im Inneren fallen reich verzierte Wandkapitelle, Reste farbiger Malereien und mehrere mittelalterliche Grabplatten auf. Unter der Apsis liegt eine runde Krypta mit Mittelsäule, eine beabsichtigte Nachbildung des Heiligen Grabes in Jerusalem. Bis zum Umbau 1877 besaß das Querhaus ein Obergeschoss, das als Hospitalraum interpretiert wird. Die Burg Boxberg ist nach den Johannitern mehrmals zerstört und schließlich abgebrochen worden.

◆ Jöckle, Clemens: Ehemalige Johanniterkirche Boxberg-W., München 1992.

Wöltingerode, *Zisterzienserinnenkloster St. Maria (1174–1572, 1643–1809), Diözese Hildesheim – (Vienenburg, Lkr. Goslar, Niedersachsen, ❐ 2, A4).*

▶ **Geschichte.** Die gräflichen Brüder Ludolf II., Hoier I. und Burchard I. von Wöltingerode stifteten 1174 auf ihrem Stammsitz an der Grabeskirche ihrer Ahnen zunächst ein Benediktinerkloster. Schon 1188 anlässlich der Verleihung des Reichsschutzes durch Kaiser Friedrich I. war das Kloster aber mit Zisterzienserinnen aus ➛ Ichtershausen besetzt. Papst Honorius III. bestätigte 1216 Besitz und Privilegien und vergab das *privilegium commune*, 1244 folgte die Weihe der Anlage. Die Vogteirechte beanspruchten die Stifter, die nun nach ihrer neuen Burg Grafen von Wohldenberg genannt wurden. Sie nutzten Kloster W. als Familiengrablege; mit Äbtissin Judith (um 1200) übernahm eine Tochter des Hauses die Klosterleitung. Der Konvent war etwa 60 Schwestern stark und ungewöhnlich aussendungsfreudig. Er schickte Tochterkonvente nach ➛ Halberstadt Burchardikloster 1199, ➛ Beuren um 1200, Münster St. Aegidii um 1210, Magdeburg St. Laurentius vor 1209 (s. u.), ➛ Frauenberg vor Nordhausen um 1220, ➛ Wienhausen um 1221, ➛ Althaldensleben 1228, ➛ Wasserleben 1299 und ➛ Derneburg 1443. Die bischöfliche Aufsicht konnte nicht abgestreift werden, Anschlussbemühungen an Cîteaux scheiterten 1439 am Widerstand des Bischofs. Der Streit um Wasserrechte an der Oker führte 1277 zu Konflikten mit dem Stift ➛ Heiningen. Drohender wirtschaftlicher Zusammenbruch prägte das 14. Jh. Die Schwestern versorgten sich mit privaten Pfründen, was die *vita communis* untergrub: 1337 lebten ärmere Schwestern von Wasser und Kohl, andere üppig von privaten Einkommen. Die Beschlüsse der Reformkonzilien im 15. Jh. wurden willig beachtet: 1438 galt W. als observantes Kloster mit konsolidierter Wirtschaftskraft und vorbildlichem Klausurleben. Es galt das Prinzip der „doppelten Klausur": ein Äbtissinschlüssel von innen und ein Propst- oder Beichtvaterschlüssel von außen. Die Äbtissin durfte ihren Schlüssel nur unter Zeugen benutzen, Besuchern war das Sprechen mit den Schwestern nur durch ein Gitter erlaubt. Die geistliche Bildung wurde verstärkt und der Bibliotheksbestand erhöht. Äbtissin Mechthild von Schwicheldt (1441/63) erwarb Bücher des aufgehobenen Frauenklosters ➛ Vlotho, auch ihre Nachfolgerin Elisabeth von Burgdorf (1475) vertiefte die spirituell-zisterziensische Ausrichtung des Konvents. Die Hildesheimer Stiftsfehde (1519–23) schädigte das blühende Kloster einschneidend, zusätzlich plünderte Welfenherzog Heinrich der Jüngere von Braunschweig-Wolfenbüttel die Klosterkasse. Unter den Äbtissinnen Hedwig von Schwicheldt (1542/44) und Anna von Bartensleben (bis 1572) führte der Konvent einen erbitterten Kampf gegen das lutherische Bekenntnis. Herzog Julius ließ 1572 mit brachialer Gewalt den evangelischen Ritus einführen. 1643 kamen katholische Zisterzienserinnen aus ➛ Teistungenburg nach W., das inzwischen dem restituiertem Fürstbistum Hildesheim unterstand. Der katholische Konvent existierte bis zur Säkularisierung im Mai 1809 durch König Jérôme Bonaparte von Westphalen.

▶ **Gegenwart.** Das Klostergut W. untersteht heute der Hannoverschen Klosterkammer. Das Areal ist noch immer von alten Klostermauern umgeben. Die ehemalige Klosterkirche dient als Simultaneum und die barocken Konventsgebäude im Süden nutzt die Reifensteinschule. Die ältesten Teile der romanischen Basilika auf kreuzförmigem Grundriss mit Rechteckchor und Nebenapsiden sind das Querhaus und das westliche Chorjoch aus der Gründungszeit. 1221/44 entstand das Langhaus mit Stützenwechsel, Kreuzgratgewölbe und Spitzbogengurten, die Würfelkapitelle sind mit abgesetzten Schilden und Palmettenornamentik geschmückt. Vor Mitte des 13. Jh. wurde im Westen die lange „Vorkirche" mit Nonnenempore und kryptaartiger Unterkirche angefügt. Die Ausstattung ist barock. Der Westturm entstand 1718 neu, das Portal an der Nordseite stammt von 1760, das Wirtschaftsgut im Nordbereich mit Likörbrennerei besteht aus jüngeren Nutzgebäuden.

Wöltingerode Zisterzienserinnenkloster, die spätromanische Klosterbasilika (1221/44), Nordostansicht.

❖ Eins der neun Töchterklöster von W. entstand vor 1209 an der Kirche St. Laurentius in der Neustadt von Magdeburg. Der Konvent gründete 1282 das Heilig-Kreuz-Kloster in ➛ Jüterbog und endete nach der reformatorischen Umwälzung 1577; die Schwestern mussten sich in das zweite Magdeburger Frauenkloster St. Agnes (um 1230–1810) eingliedern. Von beiden Zisterzienserinnenklöstern sind keine Gebäude überkommen.

◆ GermBen 12, 797–831; Ahlers, Gerd: W., in: Weibliches Zisterziensertum im Mittelalter, Berlin 2002, 182–189.

Wormeln Zisterzienserinnenabtei, der lange Saal (1315) gilt als typische Frauenkirche des Mittelalters.

Wormeln, *Zisterzienserinnenabtei St. Maria, St. Simon und St. Judas (1246–1810), Erzdiözese Mainz – (Warburg-W., Kr. Höxter, Nordrhein-Westfalen, ❐ 1, C5).*

▶ **Geschichte.** Die Grafen Konrad, Otto, Hermann und Ludwig von Everstein stifteten im Mai 1246 ihre Eigenkirche St. Simon und Judas und den Hof in W. südwestlich vor Warburg zur Gründung eines Frauenklosters. Eine bestehende Gemeinschaft religiöser Frauen bildete den ersten Konvent, dem Oberin Margaretha (1246–50) als Äbtissin vorstand. Das Bekenntnis zur Zisterzienserobservanz wird allgemein vorausgesetzt, auffällig bleibt jedoch, dass in den ersten Jahrhunderten die Benediktinerabtei ➛ Hasungen die Paternität ausübte. Erst 1505 beschäftigte sich das Generalkapitel des Zisterzienserordens mit dem Frauenkloster W., und seit 1510/16 führte die nahe Zisterzienserabtei ➛ Hardehausen die Aufsicht und stellte den Propst. Der Ort W. gehörte bis 1510 zur Erzdiözese Mainz, danach zum Bistum Paderborn ebenso wie die benachbarte Stadt Warburg. Offensichtlich wurde das Frauenkloster W. erst um 1500 in den Zisterzienserorden inkorporiert, direkte Beweise liegen aber nicht vor. Die Eversteiner Grafenfamilie förderte die frühe Entwicklung; Besitz und Kirchen in Heddinghausen, Wettesingen und Kalenberg wurden der Grundausstattung hinzugefügt. 1315 konnte die erweiterte Kirche als Kloster- und Pfarrkirche geweiht werden. Die Vogteirechte gingen später an die Herren von Calenberg über. Anfang des 14. Jh. traten erste finanzielle Schwierigkeiten auf, möglicherweise verursacht durch den Kirchenbau. Papst Johannes XXII. erlaubte 1317, Privaterbschaften anzunehmen. Unter Propst Heinrich von Evessen (1343/49) setzte wieder rege Bautätigkeit ein. Der wirtschaftliche Niedergang Ende des 15. Jh. nötigte 1505 die Ordensleitung, die Abtei ➛ Marienfeld und das Priorat ➛ Klein Burlo mit der Durchsetzung innerer Reformen zu beauftragen. Der Konvent bestand um diese Zeit aus 16 niederadeligen und bürgerlichen Frauen. Äbtissin Anna von Senden (1522–60) und ihr Konvent blieben währen der Reformation katholisch; ihnen standen die Dominikaner in ➛ Warburg zur Seite. Der Dreißigjährige Krieg brachte Exil und Bauschäden. Propst Balthasar Frischen (1701–37) und Äbtissin Anna Elisabeth Borch (1680–1728) ließen neue Klausurgebäude errichten. Der Siebenjährige Krieg (1756–63) beendete die barocke Blüte der Abtei. Durch überhöhte Zinsforderungen entstand ein sich über 30 Jahre hinziehender Streit mit der Bauernschaft, der in der „Bauernrevolte" von 1797 kulminierte und in einem blutigen Militäreinsatz endete. König Jérôme Bonaparte von Westphalen löste im September 1810 die Zisterzienserinnenabtei W. auf. Äbtissin Theodora Einhaus (1803–10), zehn Chor- und drei Laienschwestern wurden abgefunden, der Besitz 1811 verkauft.

▶ **Gegenwart.** Die langgestreckte Klosterkirche (1315) dient bis heute als katholische Pfarrkirche St. Simon und Judas. Der Rechtecksaal ohne Turm mit ausgeschiedenem Chor, Westempore und Unterkirche besaß ursprünglich einen farbigen Außenputz. Das fein profilierte Südportal zeigt Maßwerknasen; der neugotische Dachreiter wurde erst 1846 aufgesetzt. Der Innenraum ist kreuzrippengewölbt, Laubwerkkapitelle tragen Dienstbündel, Malereien des 14. Jh. schmücken Wände und Gewölbe. Die heutige Ausstattung entstammt zum großen Teil der Barockzeit, lediglich ein Taufstein aus der Gründungszeit, das Ast- und Triumphkreuz (15. Jh.) sowie eine Doppelmadonna (Anfang 16. Jh.) stammen aus dem Mittelalter. Der berühmte „Wormelner Marienaltar" (um 1350) befindet sich heute im Staatlichen Museum Berlin. Drei erhaltene, schlichte Klausurflügel mit einem Kreuzgang aus dem 17./18. Jh. werden heute landwirtschaftlich genutzt.

◆ Seulen, Walter (Hg.): Baudenkmäler der Stadt Warburg, Warburg 1996; Schmalor, Hermann-Josef: Wormeln, in: Westfälisches Klosterbuch, Tl. 2, Münster 1992, 501–505.

Wörschweiler (auch Werschweiler), *Benediktinerpriorat St. Maria und St. Trinitatis (vor 1131–71), Zisterzienserabtei St. Maria und St. Trinitatis (1171–1558) – „Marienberg", Diözese Metz – (Homburg-W., Saarpfalzkreis, Saarland, ❐ 3, B3).*

▶ **Geschichte.** Auf einem Bergsporn über dem Bliestal bei Werneswilre stifteten Graf Friedrich von Saarwerden und seine Gemahlin Gertrud um 1125 den Benediktinern von ➛ Hornbach eigenen Besitz zur Gründung eines Filialklosters, das als Familiengrablege gedacht war. Die Abtei Hornbach etablierte ein Priorat, das 1131 konsekriert wurde, förderte aber den Außenposten an der Blies nicht. Die Enkel der Stifter übertrugen im März 1171 das Priorat W. wohl mit Einverständnis Hornbachs bei Verzicht von Herrschafts- und Vogteirechten an den aufstrebenden Zisterzienserorden. 1172 besetzten zwölf Zisterzienser und Abt Gobert aus Weiler-Bettnach bei Metz (Filiationslinie Morimond), den für sie untypischen Bergplatz (andere Beispiele für zisterziensische Höhenbesiedlungen sind ➛ Kamp, ➛ Disibodenberg und ➛ Bebenhausen). Drei Benediktiner reihten sich in den neuen Konvent in W. ein, zwei kehrten zurück nach Hornbach. Die Zisterzienser errichteten die Anlage nach dem Schema von Fontenay in Burgund; der vollendete Ostteil der Benediktinerkirche wurde dabei einfach umschlossen. Die neue Abteikirche weihte Bischof Bertram von Metz 1189 der Jungfrau Maria. Weitere Dotationen der Stifterfamilie und des Regionaladels vergrößerten den Landbesitz, der bis an Mosel, Rhein und in das Elsass reichte und etwa 50 Dörfer der Umgebung, neun eigene Grangien sowie 14 Patronate oder Inkorporationen von Pfarreien umfasste, eingeschlossen niedere Gerichtsbarkeit, im Ostertal auch den Blutbann. Zur Durchsetzung der eigenen Wirtschaftsweise scheuten sich die Zisterzienser 1214 nicht, Bewohner von Bittenspach und W. zu vertreiben. Getreideanbau, Weinberge, Salzpfanne in Marsal, Fischzucht und Obstbau ermöglichten der Abtei eine weitgehende Autarkie. 14 Pitanzen bereicherten zusätzlich die Versorgung, mehrere päpstliche und kaiserliche Schutzprivilegien sowie Besitzbestätigungen sicherten den Aufstieg zu einem wichtigen Wirtschaftsfaktor der Region. 1264 geriet die Abtei in Streit um eine Ewiglichtstiftung mit den Benediktinern vom ➛ Remigiusberg, der 1267 gerichtlich zugunsten der Zisterzienser entschieden wurde. Im 14. und 15. Jh. stellten sie die Eigenwirtschaft auf Pachtsystem und Kreditgeschäfte um. Schon Ende des 15. Jh. veränderte sich die ursprüngliche Förderung und Schirmvogtei der Fürstenhäuser Saarbrücken und Zweibrücken in Eingriffe und Rechtsansprüche bis hin zur Besitzanmaßung. Abt Nikolaus I. wurde 1480 kurzzeitig inhaftiert. Der Konvent bezeichnete 1533 den Herzog von Zweibrücken ausdrücklich als seinen Schutzherrn, der seinerseits konventsinterne Uneinigkeit und Streit für eigene machtpolitische Zwecke ausnutzte. Abt Arnold Seidenschwanz (1527–47) entzog sich 1538 der Kerkerhaft durch Flucht in den Klosterhof Kaiserslautern. Der lutherische Herzog Ruprecht von Pfalz-Zweibrücken ordnete kurz darauf die Inventarisierung an. Fünf stimmberechtigte Brüder wählten noch im Oktober 1547 einen evangelischen Abt. Im Juni 1558 verzichteten der Abt und zwei Brüder gegenüber Herzog Wolfgang auf alle Rechte. 1614 brannte der Abteikomplex ab.

▶ **Gegenwart.** Der Besucher erlebt heute 315 m über dem Bliestal am waldumsäumten Platz der ehemaligen Abteianlage eine gewisse Ruinenromantik, da romanisch-gotische Mauerreste erhalten blieben; beeindruckend ist das Westportal der ehemaligen Abteibasilika. Die Baureste verweisen auf architektonische Bezüge zur Abteikirche in ➛ Eußerthal, ebenfalls eine Tochtergründung von Weiler-Bettnach. Der Aufbau der Klausur konnte durch Fundamentgrabungen rekonstruiert werden.

◆ Manderscheid, Jutta: Die Säkularisation des Klosters W. auf dem Hintergrund der Reformation im Herzogtum Zweibrücken, in: Blätter für pfälzische Kirchengeschichte und religiöse Volkskunde 75 (2008) 9–50; Gebhart, Alfons: Das Bruderschaftsbuch des Zisterzienserklosters W., Speyer 1996; Litzenburger, Ludwig: Die Wirtschaftsgeschichte des Zisterzienserklosters W., in: Archiv für mittelrheinische Kirchengeschichte 3 (1951) 145–186; ders.: Die Entstehung und Ausbreitung der Grundherrschaft W., in: ebd. 2 (1950) 88–129.

Wülfersberg, *Prämonstratenser-Chorfrauenstift St. Maria, St. Michael und St. Petrus (1135–1521), Erzdiözese Trier – (Neuwied-Gladbach, Lkr. Neuwied, Rheinland-Pfalz,* ❐ *3, B1).*

▶ Mit der Prämonstratenser-Chorherrenabtei ➛ Rommersdorf entstand nicht direkt vor Ort, aber in Sichtweite auf einer Anhöhe bei Gladbach 1135 das Frauenstift W. Möglicherweise rekrutierte sich der Konvent aus den Benediktinerinnen, die der vorhergehende, benediktinische Doppelkonvent aus Schaffhausen (heute Schweiz) in der Frühphase von Rommersdorf zurückgelassen hatte. Das Frauenstift W. stand immer im Paternitätsverhältnis zur nahen Chorherrenabtei. Von Beginn an erhielten die Frauen gesonderte, speziell auf sie bezogene Landschenkungen und Stiftungen. Eine Gütertrennung zwischen Rommersdorf und W. vollzog Abt Engelbert (1164–79) im Jahr 1179. Kaiser Otto IV. bestätigte 1210 den Besitz beider Konvente noch als Ganzen.

Wörschweiler Benediktinerpriorat/Zisterzienserabtei, das romanische Westportal (1189) der Abteikirche.

Wülfersberg Prämonstratenser-Chorfrauenstift, in Sichtweite von Rommersdorf entstand 1135 die Frauenkirche.

Vor 1180 besiedelten die Schwestern im Auftrag des Abts das neue Stift ➛ Altenberg/Lahn. Erzbischof Dietrich von Trier (Wied) übergab ihnen 1217 die Weinzehnten der umliegenden Hänge. Mitte des 13. Jh. erlangte W. wirtschaftliche Eigenständigkeit. Abt Johann Mant (1516–24) vereinbarte 1521 mit den Schwestern die Auflösung des Konvents, woraufhin die Frauen nach Retters oder Altenberg gingen. Die Schuld für die Schließung des Frauenstifts lastete man später der letzten Meisterin an, die sich zum Luthertum bekannt und geheiratet hatte. W. war nachfolgend nur noch mit einem Prior besetzt oder diente als Alterssitz der Äbte; die Güter wurden verpachtet. Die Stiftskirche St. Petrus am W., ein einfacher romanischer Saalbau, erlitt im Dreißigjährigen Krieg Schäden, die Abt Petrus Dietrich (1655–57) aufwändig beseitigen ließ. Nach der Säkularisierung 1803 konnten zwar Abrisspläne, aber nicht Vernachlässigung und profane Nutzung vereitelt werden. Erst seit der Sanierung in unserer Zeit finden wieder Gottesdienste statt. Klausurgebäude blieben nicht erhalten. Interessanterweise umgab im Mittelalter keine Immunitätsmauer, sondern ein Bretterzaun das Stiftsareal.

◆ Hardt, Albert: Das Kloster Rommersdorf (bei Neuwied) und dessen Tochterklöster, Wiesbaden ²2001.

Wülfinghausen, *Augustiner-Chorfrauenstift St. Maria (1236–1593), Diözese Hildesheim – (Springe-Holtensen, Lkr. Region Hannover, Niedersachsen, ❒ 1, D4).*

▶ **Geschichte.** Eine unzureichende Grundausstattung und eigenkirchenrechtliche Vorstellungen des Stifters bewogen Propst Heinrich von Lamspringe 1236, den Frauenkonvent aus ➛ Engerode bei Salzgitter in das Calenberger Land zu verlegen und das Stift W. südlich der Stadt Springe zu gründen. Ritter Arnold von Wülfinghausen unterstützte das Vorhaben mit der Übergabe seines Hofes. Bischof Konrad II. von Hildesheim gewährte Pfarrrechte, Befreiung von Archidiakonatsgewalt, freie Vogtwahl und Erweiterung des Grundeigentums. Er konsekrierte die neue Stiftskirche zu Ehren der hl. Jungfrau bereits 1240; eine päpstliche Schutzerklärung folgte 1246. Besonders die Grafen von Hallermund, Herren zu Eldagsen, erwiesen sich als großzügige Gönner. Der Zulauf adeliger und bürgerlicher Töchter stieg so stark an, dass die Konventsstärke 1323 auf 60 Konventualinnen beschränkt werden musste. Die hohe Mitgliederzahl wirkte sich eher hemmend auf eine günstige Entwicklung aus, wie auch die Machtkämpfe um das Calenberger Land. 1378 brannte die Anlage während der Fehde zwischen Welfen und Bischof vollständig aus, konnte aber bis 1400 neu errichtet werden. Prior Rembertus ter List (1423–37) aus dem nahen Stift ➛ Wittenburg erreichte 1460 eine innere Reform im Sinn der ➛ Windesheimer Kongregation. Nach der Hildesheimer Stiftsfehde fiel W. 1523 endgültig an das welfische Teilfürstentum Calenberg-Göttingen. Priorin Beate von Bothmer setzte der aufkommenden Reformation heftigen Widerstand entgegen. Die Herzoginwitwe Elisabeth führte 1540 mit dem Reformator Antonius Corvinus (1501–53) das lutherische Bekenntnis und eine neue Kirchenordnung in den Calenberger Klöstern ein. In W. musste Propst Burkhard sein Amt einem weltlichen Beamten übergeben. Elisabeth von Rehden amtierte als erste *Domina.* Während der Rekatholisierungsphase unter Herzog Erich II. bekannte sich der Konvent als einziger der fünf Calenberger Frauenklöster wieder katholisch, aber nach 1584 wurde das Fürstentum Calenberg von der sich lutherisch bekennenden Welfenlinie Braunschweig-Wolfenbüttel regiert. Kloster W. gilt seit 1593 als ein evangelisches Damenstift, das nie aufgelöst wurde.

▶ **Gegenwart.** Die aufgegebene Marienkapelle im Gründungsort Engerode steht noch heute. In W. entstand nach Kriegs- und Brandschäden 1730/40 eine barocke Vierflügelanlage mit langgezogenem Stiftshof. Lediglich die Kirche (1400), die Krypta (Unterkirche) der ersten Kirche (1240) und Teile des Kreuzgangs (13. Jh.) blieben erhalten. W. wird heute vom Allgemeinen Hannoverschen Klosterfonds verwaltet. Seit 1994 pflegen sieben Schwestern der evangelischen Christusbruderschaft Selbitz die klösterliche Tradition und begleiten Gäste, die Stille und Geborgenheit in Gott suchen.

◆ Müller, Ulfrid: Das Kloster W., München ²1994; Streich, Gerhard: Klöster, Stifte und Kommenden in Niedersachsen vor der Reformation, Hildesheim 1986; Hamann, Manfred/Ederberg, Erik: Die Calenberger Klöster, Hannover 1977.

Würzburg, *(1) Benediktinerabtei St. Burkard; (2) Benediktinerabtei St. Jakob der Ältere und St. Gertrud; (3) Benediktinerabtei St. Stephanus; (4) Benediktinerpropstei St. Maria; (5) Deutschordenskommende St. Maria; (6) Dominikanerkloster St. Paulus; (7) Dominikaner-Tertiarinnenkloster St. Markus; (8) Franziskanerkloster Kreuzauffindung; (9) Magdalenenkloster St. Maria Magdalena – Diözese Würzburg – (kreisfreie Stadt, Bayern, ❒ 3, D2).*

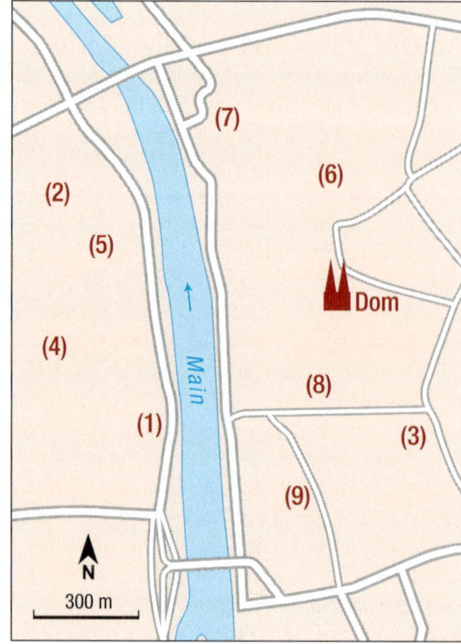

Würzburg, *(1) Benediktinerabtei St. Burkard u. a. (vor 753–768, 983–1464) – „Burkardstift".*

▶ **Geschichte.** Der erste Bischof von W., der hl. Burkard (683–755), gründete vor 753 am linken Mainufer gegenüber der Stadt das erste Kloster St. Andreas. Möglicherweise bestand schon vorher an diesem Platz eine Frauenniederlassung der Tochter Immina des letzten Herzogs Hetan II. Unter dem zweiten Bischof Megingoz kam es zur Spaltung des Konvents. Megingoz entsagte seinem Bischofsamt und zog 768 mit Anhängern mainabwärts nach *Rorinlacha* und belebte das um 725 gegründete Kloster St. Gertrud in dem späteren ➛ Neustadt/Main. Der verbliebene Konvent in W. lebte über 200 Jahre lang weiter in St. Andreas unter der Aachener Verfassung eines Säkularkanonikerstifts. Bischof Hugo reformierte 983 das heruntergekommene Kollegiatstift mit Benediktinern der ➛ Gorzer Reform aus St. Emmeram in ➛ Regensburg und transferierte 986 die Gebeine des Gründers Burkard aus dem Salvatordom in die Klosterkirche. Daraufhin verdrängte das neue Hauptpatrozinium St. Burkard das ursprüngliche Andreaspatrozinium. Nach einem Brand entstand unter Abt Willemund (1027–62) ein völlig neuer Kirchenbau, den Bischof Bruno 1042 im Beisein König Heinrichs III. konsekrierte. Die Benediktinerabtei St. Burkard gründete zwei Propsteien: eine auf dem Marienberg über der Abtei (➛ Würzburg [4]) und eine in ➛ Aub bei Ochsenfurt. Abt Ekkebert (1062–77) und der Mönch Herrand (1070–1102), später Abt von ➛ Ilsenburg, vertieften die benediktinische Reform, was heute als ➛ Junggorzer Reform beschrieben wird. Unter Abt Pilgrim (1130–46) gewannen schließlich neucluniazensische Gewohnheiten der ➛ Hirsauer Reform Einfluss im Konvent, vermutlich mit Hilfe der Abtei Michelsberg in ➛ Bamberg und der Abtei ➛ Kastl in der Oberpfalz. St. Burkard stand als Eigenkloster unter der Verfügungsgewalt des Bischofs, zahlte Steuern und litt bei dessen Auseinandersetzungen mit der Stadt an der Zerstörungswut der Bürger. Im Krieg der fränkischen Bundesstädte 1397 gegen Bischof Gerhard von Schwarzburg brannte die Anlage aus. Der innere Zustand des Konvents verschlechterte sich schon im 13. Jh. Den langsamen Niedergang konnten auch Gegenmaßnahmen der Päpste Honorius II. und Benedikt XII. nicht aufhalten. Reformen fanden im adeligen Konvent und bei den Fürstbischöfen kein Interesse. Der letzte Abt Johann von Allendorf (1450–64) und Bischof Johann III. von Grumbach erreichten im Februar 1464 mit Zustimmung des fränkischen Adels bei Papst Pius II. die offizielle Umwandlung des Klosters in ein Säkularkanonikerstift. Das Ritterstift St. Burkard durchlebte weiterhin geistliche und wirtschaftliche Krisen durch Reformation, Kriegswirren und eigenes Versagen, aber auch religiöse Höhepunkte in den Zeiten der katholischen Reform. Im Zuge der Mediatisierung der Reichsritterschaft 1803 wurde das Stift säkularisiert.

Würzburg Benediktinerabtei St. Burkard, das Mittelschiff der salischen Basilika (1045) mit Stützenwechsel.

▶ **Gegenwart.** Während die südlich der Kirche gelegene Klausuranlage unter der Schwedenbesatzung 1632 abgebrochen wurde, steht das romanische Langhaus der Kirche von 1042 mit Stützenwechsel und zwei Osttürmen von 1257 noch heute. An der Nordwand befindet sich ein romanischer Vorbau (Paradies) mit einem Stufenportal des 12. Jh., das den Einfluss Hirsauer Baugewohnheiten verrät. Bei Reparatur- und Umbauarbeiten 1666 wurde das Westquerschiff mit Turm abgerissen und zwei Joche des westlichen Langhauses umgestaltet. Das gotische Ostquerschiff und der polygonale Hochchor entstanden 1497 durch Baumaßnahmen der Säkularkanoniker. Der romanische Westteil und der spätgotische Ostteil bestimmen das heutige, uneinheitliche Bild der katholischen Pfarrkirche St. Burkard im Mainviertel am Fuß des Marienberges.

◆ GermBen 2, 346–349; GermSac NF 40.

Würzburg, *(2) Benediktinerabtei St. Jakob der Ältere und St. Gertrud (um 1138–1803), Salesianerkloster Johannes Don Bosco (seit 1951) – „Schottenkloster".*

▶ **Geschichte.** Schon im Frühmittelalter besuchten irische Pilger das Grab des hl. Kilian, dem Schutzpatron der Würzburger Kirche. Eine Gruppe irischer Mönche hielt sich in der ersten Hälfte des 12. Jh. längere Zeit in W. auf. Bischof Embricho von Leiningen stiftete ihnen um 1138 in der linksmainischen Vorstadt am Girberg ein Kloster mit Hospiz und weihte die erste Kapelle zu Ehren des hl. Jakobus' des Älteren. Der erste Abt der *scotti perigrini*, wie die Iren genannt wurden, war Markarius (1139–53), dem Wundertätigkeit nachgesagt wurde und den man später heiligmäßig verehrte. Nach Regensburger Überlieferung kam der erste Konvent mit Markarius aus dem Schottenkloster in ➛ Regensburg. Die Filiale W. bildete zusammen mit der Tochter in ➛ Erfurt die ersten Konvente des Regensburger Kreises abhängiger Schottenklöster, zu dem fünf weitere Abteien hinzutraten: die wichtigsten in ➛ Nürnberg, ➛ Eichstätt und Wien. Papst Cölestin III. bestätigte 1195 die Schottenabtei in W., die in erster Linie ein Hospital für irische Pilger unterhalten sollte, aber auch stark in den bischöflichen Kanzleidienst einbezogen wurde. Inklusen hielten sich im Kloster auf, deren Zahl Bischof Hermann 1233 auf zwei begrenzte. Nach 1224 befand sich die Deutschordenskommende (➛ Würzburg [5]) in unmittelbarer Nachbarschaft, die auf dem Gelände der ehemaligen *curia regia* (Königshof) gegründet worden war. Stadtadel und Bürger stifteten reichlich zugunsten der „Schotten", wobei sich bischöfliche Ministeriale besonders hervortaten. Die Verbindung mit Irland blieb über das ganze Mittelalter eng, ebenso mit der Zentrale in Regensburg. Der Konvent rekrutierte sich prinzipiell aus dem irischen Nachwuchs; ihm unterstand das Priorat Roscabery (Ross) in der Grafschaft Cork in Irland. Güterentfremdung und Vermö-

Würzburg Benediktinerabtei St. Jakob „Schottenkloster", Chor und Flankentürme der neuerrichteten Basilika.

gensverlust hatten ihre Ursache in der mangelnden Kenntnis des deutschen Rechts und brachten das Schottenkloster häufig nahe an den Ruin. Als der Konvent in Wien einen deutschen Abt akzeptieren sollte, zogen die dortigen „Schotten" nach W. Abt Thomas aus Wien übernahm auch in W. das Amt des Vorstehers (1418–37). Im 15. Jh. ging die Zahl der irischen Mönche stark zurück. Nach dem Tod zweier Äbte (Edmund und Philipp II.) in einem Jahr (1497) lebte kein Mönch mehr im Jakobskloster; die Gebäude waren ruinös, die Schulden erdrückend. Bischof Lorenz von Bibra verpflichtete auf Geheiß Papst Alexanders VI. deutsche Benediktiner aus St. Stephan (➛ Würzburg [3]) in das Schottenkloster. 1506 übernahm der namhafte Humanist Johannes Trithemius, zuvor Abt in ➛ Sponheim (1483–1506), die Abtwürde bis zu seinem Tod 1516. Er erreichte 1513 den Beitritt zur ➛ Bursfelder Reformunion, ordnete die Verwaltung neu, baute eine Bibliothek auf und schuf mit gelehrten Studien einen neuen geistigen Mittelpunkt in der Stadt. Bauernkrieg und Reformation zerstörten das Werk; 1547 war St. Jakob erneut verödet, Administratoren verwalteten die Güter. Fürstbischof Julius Echter von Mespelbrunn führte 1595 Mönche aus dem Regensburger Schottenkonvent ein. Aus dem calvinistischen Schottland geflohene Katholiken verstärkten nun den Konvent und führten zur Belebung und zu einem neuen Aufschwung, so dass die Abtei unter Augustinus Duffus (1739–53) noch einmal eine Hochblüte erreichte. Bei der Säkularisierung 1803 lebten im Schottenkloster acht schottische Mönche. Der letzte Professe starb 1839.

▶ **Gegenwart.** Die romanische, apsidiale Pfeilerbasilika (1156) mit breitem, zweischiffigem Westabschluss, mit Chorflankentürmen aber ohne Ostquerhaus, brannte mit der gesamten Abteianlage 1945 völlig aus. Den zerstörten „Schottenanger" übernahmen 1951 Salesianer Don Boscos und errichteten Jugendheim, Sonderberufsschule, Berufsbildungswerk und die Jakobskirche der „Schotten", nun unter dem Patrozinium des hl. Johannes Bosco, als heutige katholische „Don-Bosco-Kirche". Umfassungsmauern des Chors, Türme, südliche Seitenkapelle und Nebenapsis konnten aus mittelalterlichen Restmauern beim Neuaufbau verwendet werden.

◆ GermBen 2, 349–353; Flachenecker, Helmut: Schottenklöster. Irische Benediktinerkonvente im hochmittelalterlichen Deutschland, Paderborn 1995.

Würzburg, *(3) Benediktinerabtei (St. Petrus und Paulus) St. Stephanus (1057–1803) – „Stephanskloster".*

▶ **Geschichte.** Reformbischof Adalbero von Würzburg wandelte 1057 das Kollegiatstift St. Peter und Paul in das dritte Benediktinerkloster seiner Bischofsstadt um und versetzte die Säkularkanoniker in das neugegründete Stift Neumünster. Der Bischof rief Mönche aus der Abtei Münsterschwarzach in das neue Kloster. Die Abtei Münsterschwarzach stieg damals unter Reformabt Ekkebert (1046–76) aus Gorze (Frankreich) zum ➛ Junggorzer Reformzentrum in der Diözese auf. Die alte Abtei St. Burkard (➛ Würzburg [1]) sowie die neue Abtei dienten beide zur Stärkung der Reform. Abt Ezzo (1094–1119) erwarb 1108 Reliquien des hl. Stephanus, dessen Patrozinium jenes der Apostelfürsten verdrängte, zumal der Konvent 1157 eine Pfarrkirche St. Peter und Paul erbaute. Mit den Äbten Berengar (um 1131–43) und Raphold (1144–66) aus ➛ Hirsau gelangten neucluniazensische Reformstatuten aus dem Schwarzwald nach St. Stephan. Einen assoziierten Frauenkonvent verlegte wohl noch Abt Raphold in das Kloster St. Afra; die Frauen zogen 1673 von dort noch einmal in das heutige Kilianeum um. Abt Herold (1188–99) erhielt die Pontifikalien; in seiner Zeit wurde St. Stephan in die neue Stadtummauerung einbezogen. Papst Gregor IX. verlieh 1228 Schutzprivilegien. Die Henneberger Grafen waren mit der Schirmherrschaft beauftragt. Fälschungen aus der Schreibstube der Abtei sollten den übermächtigen Einfluss der Grafen eindämmen. Der Brand 1286 führte in der Folge zur Verschuldung, die durch die Trennung des Abtvermögens vom Konventsgut 1343 überwunden werden sollte, aber im adelsexklusiven Kloster zu weltlichen Stiftsbedingungen führte, woraufhin sich die *vita communis* auflöste. 1442 tagte das Mainzer Provinzkapitel der Benediktiner in St. Stephan. 1451 verlangte der Kardinal und päpstliche Legat Nikolaus von Kues ultimativ innere Reformen, die mit dem Anschluss an die ➛ Bursfelder Kongregation 1459 zur Entfaltung kamen. Abt Georg Salzkeßner (1463–96) förderte die Klosterzucht, erweiterte den Besitz und begann mit dem spätgotischen Ausbau von Kirche und Kloster, was sein Nachfolger fortsetzte. Abt Konrad III. Herloch (1496–1519) übernahm 1496 kommissarisch die Leitung des verödeten Schottenklosters St. Jakob (➛ Würzburg [2]) und rettete dessen Fortbestand mit drei eigenen Konventualen. Aufständische Bauern zwangen 1525 den Konvent zur Flucht, ebenso schwedische Truppen 1631. In der Barockzeit stieg die Abtei mit seinem Ordensseminar zu einem Hort der Wissenschaften auf. Der fränkische Geschichtsschreiber Ignaz Gropp (1695–1758) lebte als Konventuale im Kloster, ebenso der Gelehrte Maternus Reuß (1751–98). Die Äbte von St. Stephan waren mehrfach gleichzeitig mit der Leitung der Abtei Banz (s. u.) beauftragt. 1722 wurde die neue Klausur vollendet, 1788 erlag die frühromanische Basilika dem Abriss zugunsten einer einschiffigen Abteikirche mit zwei Westtürmen und klassizistischem Innenausbau. Diese Kirche wurde nach der im März 1803 erfolgten Säkularisierung die erste evangelische Pfarrkirche der Stadt.

▶ **Gegenwart.** Die profan genutzten Konventsbauten fielen dem Zweiten Weltkrieg zum Opfer. Die evangelisch-lutherische Pfarr- und ehemalige Abteikirche St. Stephan wurde ohne klassizistischen Innenschmuck wiedererrichtet. Erhalten blieb die romanische Michaeliskapelle am nördlichen Querarm. Die ehemaligen Nebenapsiden des Querschiffs sind vermauert, auch der halbrund schließende Chor enthält im Kern Substanz aus dem 11. Jh. Ein deutliches Relikt der spätottonischen Basilika aus der Zeit der ersten Säkularkanoniker ist die westliche, dreischiffige Hallenkrypta mit Kreuzgratgewölben auf erneuerten Säulen.

❖ Die Benediktinerabtei Banz gilt als ältestes Kloster am Obermain. Um 1071 wurde eine Burganlage der Grafen von Schweinfurt mit Mönchen aus ➛ Fulda besiedelt, die unter Einfluss von ➛ Prüfening bei Regensburg 1121 ➛ Hirsauer Reformstatuten annahmen und sich der Konkurrenz der aufstrebenden Zisterzienser von ➛ Langheim auf der anderen Mainseite erwehren mussten. Nach wechselvoller Verlaufsgeschichte entstand unter Abt Eucharius Weinerts (1677–1701, in Personalunion auch Abt von St. Stephan in W.) eine neue Abteianlage (bis 1775). Im November 1802 erfolgte die Aufhebung. Die Kirche in der Anlage auf dem Bergsporn über dem Main in Bad Staffelstein zählt zu den herausragenden Leistungen des fränkischen Barocks.

◆ GermBen 2, 354–358; Ofer, Monika: St. Stephan in W., Köln 1990.

Würzburg, *(4) Benediktinerpropstei St. Maria (vor 1192–1464) – „Marienberg".*

▶ Die Abtei St. Burkard in W. (➛ Würzburg [1]) unterhielt auf dem nahen Marienberg eine Propstei, die 1192 erstmals urkundlich erwähnt wird. Die Marienkirche von 704 im Burghof ist wohl die älteste Kirche der Region und diente schon den ersten Bischöfen als Begräbnisstätte. Die mittelalterliche Restarchitektur, die heute auf der Barockfestung Marienberg zu finden ist, geht weniger auf benediktinische Bautätigkeit zurück, sondern entstand während des Ausbaus der Burganlage zur bischöflichen Residenz. Auffällig ist, dass sich die Außenkrypta der Marienkirche (um 1040) auf dem Berg auf die Achse der Abteikirche St. Burkard im Tal ausrichtet.

◆ Wendehorst, Alfred: Die Benediktinerabtei und das Säkularkanonikerstift St. Burkard in W., Berlin 2001.

Würzburg, *(5) Deutschordenskommende St. Maria (nach 1224–1805) – „Deutschhaus".*

▶ **Geschichte.** Bischof Otto I. von Würzburg (Lobdeburg) übereignete 1219 dem Deutschen Orden einen ehemaligen Reichshof auf dem Girsberg am Schottenanger in W., was Papst Honorius III. bereits 1220 bestätigte, Kaiser Friedrich II. aber erst 1224 bewilligte. Deutschordensbrüder gründeten zwischen 1224 und 1231 eine Kommende; der erste Komtur Wichmann ist 1231 nachweisbar. Einen wirtschaftlichen Impuls erhielt die Kommende durch Otto III. von Botenlauben, Sohn des gleichnamigen Minnesängers, aufgrund des bei seinem Eintritt in den Orden (um 1230) eingebrachten Vermögens; seine Frau Adelheid trat in das Frauenkloster St. Markus (➛ Würzburg [7]) in der Pleicher Vorstadt ein. Zunächst nutzte der Deutschordenskonvent die kleine Marienkapelle des Hofs zum Stundengebet und begann erst 1270, eine eigene Kirche zu errichten. Der Aufbau zog sich bis 1320 hin, weil ein Streit mit dem benachbarten Benediktinerkonvent vom Schottenkloster St. Jakob (➛ Würzburg [2]) erst 1296 durch den Bau eines Schwibbogens beigelegt werden konnte, der den Benediktinern den Durchgang zur Stadt und den Deutschherren eine obere Verbindung zwischen Konventsgebäuden und dem Westteil ihrer Kirche erlaubte. Das Domkapitel schenkte der Kommende 1251 eine Kapelle in Biebelried an der Reichsstraße nach Nürnberg gegen jährliche Getreidelieferungen, in ➛ Biebel-

Würzburg Deutschordenskommende, das „Schöne Portal" an der Südseite der Deutschordenskirche (1320).

Würzburg Dominikanerkloster, von der frühgotischen Konventskirche (1270) blieb der Chorbereich erhalten.

ried erbauten bereits die Johanniter eine Ordensburg. Würzburger Bischöfe förderten die Deutschherren in ihrer Stadt nachhaltig, aber nicht ohne ihre Dienste zu fordern, was den Verlust der exemten Stellung nach sich zog. 1323 lebten in W. acht Ritterbrüder, drei Priesterbrüder und ein Subdiakon; diese Konventsstärke wurde später nicht mehr erreicht. 1350 waren es neben Komtur Konrad von Westheim (1346–50) noch vier Brüder, davon zwei Priesterbrüder. Das Deutschhaus in W. sank im 15. Jh. zur Komturspfründe für verdiente Ordensmitglieder ab. Lediglich der Landkomtur Eberhard von Ehingen (1543–55), der in Ellingen und ➛ Nürnberg residierte, versuchte 1543 einen wirtschaftlichen und geistlichen Neubeginn, doch konnte er eine Unabhängigkeit vom Hochstift nicht mehr erreichen. 1789 wurde das Haus wie die gesamte Ballei Franken dem Deutsch- und Hochmeister in ➛ Mergentheim unterstellt. 1805 vereinnahmte Bayern den gesamten Besitz des Deutschen Ordens.

▶ **Gegenwart.** Heute stehen noch Konventsgebäude im schlichten, schweren Barock (um 1700) westlich der Kirche. Die gotische „Deutschhauskirche" ist nach fast 120-jähriger Nutzung als Militärmagazin restauriert worden und dient der evangelisch-lutherischen Gemeinde als Gotteshaus. Der hohe einschiffige Bau unter einheitlichem Dach besticht durch Reinheit seiner Architektur, die sich dem Kunstkreis der französischen Kathedralgotik verpflichtet fühlt. Die Kirche wird heute als einer der edelsten Sakralbauten der beginnenden Hochgotik in Mainfranken gewürdigt. Nicht nur das Südportal, das „Schöne Portal", sondern auch Konsolen und Schlusssteine des Gewölbes im Inneren weisen pflanzliche und figürliche Bauornamentik in höchster Qualität auf. Als Besonderheit existiert ein kleiner offener Raum vor der Sakristei als Büßerzelle. Hier durften Missetäter durch ein Fenster der Messe beiwohnen, die ihnen zur Strafe zwar verboten, aber laut Ordensregel auch als Pflicht auferlegt war; vom Empfang der Sakramente waren sie während der Zeit der Buße allerdings ausgeschlossen. Die Kirche wird im Westen von einem überproportional hohen Turm flankiert. In seinem Untergeschoss befindet sich in der Art einer Chorturmkirche noch immer ein Teil der kleinen romanischen Kapelle St. Maria des ehemaligen Königshofes.

◆ Demel, Bernhard: Der Deutsche Orden einst und jetzt, Frankfurt/Main 1999; Weiss, Dieter J.: Die Geschichte der Deutschordens-Ballei Franken im Mittelalter, Neustadt/Aisch 1991; Herzig, Arno: Die Deutschordenskommende W. (1219–1549), Würzburg 1966.

Würzburg, *(6) Dominikanerkloster St. Paulus (1231–1804), Augustiner-Eremitenkloster St. Augustinus (seit 1813) – „Predigerkloster".*

▶ **Geschichte.** Um 1228 kamen die ersten Dominikaner in die Bischofsstadt W. und fanden freundliche Aufnahme durch Bischof Hermann I. von Lobdeburg. Nach Vereinbarungen über Abgrenzung der Rechte hinsichtlich Begräbnis, Predigt und Beichte, gründeten die Prediger 1231 in W. den fünften Konvent Süddeutschlands (nach Straßburg 1223, ➛ Augsburg 1225, ➛ Regensburg 1229 und Trier nach 1229). Zwischen 1264 und 1267 lehrte Albertus Magnus (um 1195–1280, kanonisiert 1931) in der Stadt und vermittelte im Streit der Bürger mit ihrem Bischof. Als Dank übergab der Stadtrat den Predigern einen Bauplatz in der Sandgasse. 1266 begann der Klosterbau, 1274 wurde die Kirche geweiht; vollendet wurde die Anlage erst 1308. Besonders bei den Adelsfamilien fanden die Prediger Wohlwollen und Unterstützung, auch der Rat erwies sich großzügig. Handwerkergilden schlossen sich dem Konvent an, der sich zum literarisch-wissenschaftlichen Hort der Stadt entwickelte. Die Dominikaner übernahmen aber auch Inquisitionsaufgaben und beaufsichtigten die Schwestern in ➛ Rothenburg ob der Tauber. Ebenso nahmen sie sich der *sanctimoniales* an, die im St. Markuskloster (Marxenkloster, ➛ Würzburg [7]) in der Pleicher Vorstadt lebten und sich seit 1246 zur Dominikanerregel bekannten. Unter dem Eindruck des Massensterbens während der Großen Pest (um 1350) entstand an den Wänden des Dominikanerklosters der „Würzburger Totentanz", eine allegorische Darstellung der menschlichen Vergänglichkeit. Die Brüder schlossen sich widerstrebend 1395 der strengen Regelobservanz des Ordens an; sie galt offiziell erst 1451 unter Prior Johannes Herolt († 1468) als eingeführt. Dominikaner, Franziskaner (➛ Würzburg [8]), Karmeliten (s. u.) und Augustiner-Eremiten der Stadt trafen 1410 gemeinsam eine Vereinbarung zur Sicherung ihrer Privilegien *(sancta et indissolubilis unio)*, was die Ordensoberen 1435 auf dem Basler Konzil nachvollzogen (sogenannte *Concordia*). Während der Reformationszeit blieb der Predigerkonvent, der im Normalfall 20 Brüder umfasste, trotz zahlreicher Austritte ein Brennpunkt dominikanischen Lebens in Süddeutschland. 1644 wurde das ordenseigene Philosophiestudium vom Konvent in ➛ Bamberg nach W. verlegt, wo immerhin noch 18 Brüder und einige Novizen lebten. 1804 hob die kurbayerische Regierung das Predigerkloster auf. Die Augustiner-Eremiten in W. blieben hingegen aufgrund ihres sozialen Engagements von der allgemeinen Säkularisierung verschont und zogen 1813 in das leere Dominikanerkloster ein.

▶ **Gegenwart.** Noch heute leben Brüder des Augustinerordens im ehemaligen Dominikanerkloster, der heutigen Zentrale der deutschen Ordensprovinz. Mittelalterliche Konventsgebäude sind längst durch Neubauten ersetzt. Von der frühgotischen Predigerkirche sind der Chor (1270) und eine südlich angefügte Kapelle erhalten. Balthasar Neumann passte 1743 ein neues, außen eher schlicht wirkendes Langhaus dem alten Chor an und überformte diesen in barockem Stil.

❖ Vom ursprünglichen Kloster der Augustiner-Eremiten, das am Sandertor entstanden war (1275–1302), ist nur ein barocker Pavillon nahe der heutigen Polizeidirektion erhalten.

Karmeliten lebten von 1252 bis 1805 in W. und waren bei den Bürgern sehr beliebt; ihr Kloster St. Babara wurde zu einem der reichsten Häuser des Ordens in Süddeutschland. Die Klostergebäude der „Beschuhten" grenzten unmittelbar an das Rathaus, was Konflikte mit dem Magistrat heraufbeschwor; 1824/25 musste die Klosteranlage dem Bau eines neuen Rathauses weichen. Zu den Brüdern alter Observanz gesellten sich 1627 zusätzlich unbeschuhte Karmeliten (OCD), die in das ehemalige Magdalenenkloster („Reuerinnenkloster") in der Sandervorstadt (➛ Würzburg [9]) zogen, in dem sie heute noch als „Reuer" leben.

◆ Schneider, Erich: Klöster und Stifte in Mainfranken, Würzburg 1993, 74–76; Trüdinger, Karl: Stadt und Kirche im spätmittelalterlichen W., Stuttgart 1978; Walz, Angelus: Dominikaner und Dominikanerinnen in Süddeutschland 1225–1966, Freising 1967.

Würzburg, *(7) Dominikaner-Tertiarinnenkloster St. Markus (1246–1803) – „Marxenkloster".*

▶ Brüder des Dominikanerkonvents in der Bischofsstadt (➛ Würzburg [6]) nahmen sich der *sanctimoniales* an, die seit etwa 1150 im St. Markuskloster (oder auch „Marxenkloster") in der Pleicher Vorstadt lebten, sich 1246 der Dominikanerregel unterstellten und bis 1803 als Tertiarinnen dem Drittorden der Dominikaner angehörten. An der Stelle ihres Klosters befindet sich heute die Wohnanlage St. Markus. Beim Teilabriss eines alten Gebäudes, das einst die Außenmauern ihrer Kirche repräsentierte, fand man 1987 zahlreiche jüdische Grabsteine, die um 1430 von den Schwestern beim Umbau ihrer Kirche verwendet wurden.

◆ Walz, Angelus: Dominikaner und Dominikanerinnen in Süddeutschland 1225–1966, Freising 1967.

Würzburg, *(8) Franziskanerkloster Kreuzauffindung (seit 1249) – „Barfüßerkloster".*

▶ **Geschichte.** Auf dem ersten Kapitel der Franziskaner auf deutschem Boden im Oktober 1221 in ➛ Augsburg entschieden die Minoriten, auch in die Bischofsstadt W. zu gehen, wo sie wohl Ende Oktober oder Anfang November 1221 unter Führung Bruder Johannes' del Plano Carpini (1185/87–1252) ankamen. Bischof Otto von Lobdeburg empfing sie wohlwollend und wies ihnen die St. Bartholomäusklause zu. Bereits das dritte Kapitel der Franziskanerprovinz Teutonia mit ihrer Zentrale in Straßburg fand 1224 in W. statt. Nach der Teilung der Teutonia 1246/64 gehörte W. zur oberdeutschen Provinz. Bischof Hermann I. von Lobdeburg übergab 1249 den Barfüßern einen Bauplatz neben einer Valentinuskapelle und benachbarte Höfe sowie Grundstücke; hier errichteten sie bis 1254 ihre eigene Klosteranlage. Die außergewöhnlich kurze Bauzeit offenbart die Verbundenheit und das Wohlwollen aller Schichten der Bürger. Erst seit 1249 lässt sich von einem Franziskanerkloster in W. sprechen. Das bisherige Provisorium bei St. Bartholomäus nutzten seit 1250 Beginen, die wohl auf Drängen der Minoriten die Klarissenregel annahmen und das St. Agneskloster (Agnetenkloster) gründeten, das heute untergegangen ist. Entsprechend dem Auftrag Papst Innozenz' IV. von 1245 wandten sich die Minoriten verstärkt den Aussätzigen im Leprosenspital zu. Konflikte um Seelsorgeanteile sowie Streit mit dem Pfarrklerus um Stolgebühren und Opfergaben blieben nicht aus; bei anhaltender Beliebtheit der Minoriten fürchteten die Weltpriester um ihre Einnahmen. Der Konvent genoss päpstlichen und bischöflichen Schutz, aus ihm gingen Weihbischöfe und Dombeichtväter hervor. Sechs weitere Provinzkapitel fanden während des Mittelalters in W. statt. Handwerkerzünfte schlossen sich dem Konvent in Bruderschaften an. 1454 war Johannes Capistrano (1386–1456, kanonisiert 1690) aus Perugia im Kloster zu Gast. Die Würzburger Minoriten waren nicht für die Observanz zu gewinnen und akzeptierten als Konventuale lediglich die ➛ Martinianischen Reformen. Aufständische Bauern besetzten im Frühjahr 1525 das Kloster und nutzten es als Hauptquartier. Mit dem Einzug der lutherischen Lehre wandten sich die Bürger von den Franziskanern ab; im späten 16. Jh. gehörten nur noch zwei Brüder dem Konvent an. Das Kloster spielte eine entscheidende Rolle während der katholischen Reform und bei der Gründung der Würzburger Universität 1582. Bemühungen um Einfluss observanter Brüder aus Dettelbach 1630 und der Rekollekten aus Hammelburg 1664 blieben erfolglos. Einschnitte brachte die schwedische Besatzung (1631–35). Kilian Stauffer (1699–1729) und drei Minoriten aus W. übernahmen 1699 das verfallene Kloster in ➛ Schönau an der Fränkischen Saale und gründeten ein Tochterkloster, das heute noch besteht. In der Barockzeit entwickelte sich Kloster W. durch wissenschaftliche Ausbildung und theologische Lehrtätigkeit an der Universität zur bedeutendsten Niederlassung der oberdeutschen Ordensprovinz. Der Konvent glänzte aber auch durch kunsthandwerkliches Können, Pflege der Kirchenmusik und durch naturwissenschaftliche Interessen. 1810 veröffentlichte Bonavita Blank ein Handbuch der Mineralogie und ein Jahr darauf ein Handbuch der Zoologie.

Würzburg Franziskanerkloster, die Säulenbasilika „Kreuzauffindung" dient seit etwa 1250 ununterbrochen dem Minoritenkonvent als Klosterkirche, Westansicht.

Der Säkularisierungsbeschluss der kurbayerischen Regierung im Februar 1803 traf 16 Patres und drei Laienbrüder, sie durften aber bleiben. König Ludwig I. von Bayern genehmigte 1840 dem 88-jährigen Guardian Balthasar Albert und dem 62-jährigen Cherubin Barack einen Neubeginn mit Südtiroler Patres. Der Konvent besteht noch heute.

▶ **Gegenwart.** Die Bischofsstadt W. beherbergt den ältesten noch aktiven Konvent der Minoriten in Deutschland. Seine Kirche Kreuzauffindung wurde als dreischiffige Säulenbasilika mit flach abschließendem Langchor im frühgotischen Stil um 1250/80 fertig gestellt, erhielt 1614/15 seine Einwölbung und wurde 1696 barockisiert. Beim Wiederaufbau nach Kriegszerstörungen 1950 besann man sich auf die ursprüngliche Einfachheit. Bedeutend sind 18 erhaltene Grabplatten, die die Stadtgeschichte anschaulich dokumentieren. Kirchensüdseite, Valentinuskapelle und Konventsgebäude bilden das barock aufgestockte Klausurquadrum aus dem Mittelalter mit überbautem, gotischem Kreuzgang.

◆ Trüdinger, Karl: Stadt und Kirche im spätmittelalterlichen W., Stuttgart 1978; Bauer, Bernward: 750 Jahre Franziskaner-Minoriten in W., Würzburg 1971.

Würzburg, *(9) Magdalenenkloster St. Maria Magdalena (1227–1564), Karmelitenkloster St. Josef und St. Maria Magdalena (seit 1627) – „Reuerinnenkloster".*

▶ **Geschichte.** Die Gründung des Magdalenenklosters in W. geht auf Rudolf von Worms zurück, Kanoniker am Hochstift Hildesheim, der 1226 in Worms das erste, aber heute untergegangene Kloster des Magdalenenordens gegründet hatte. Die geistliche Aufsicht über das Reuerinnenkloster in der Sandervorstadt W. innerhalb der Stadtummauerung oblag zunächst der Zisterzienserabtei ➝ Ebrach. Die Klosterkirche wurde 1255 geweiht. In der Bulle „Religiosam vitam eligentibus" bezeichnet Papst Gregor X. 1227 das Frauenkloster St. Maria Magdalena in W. als unter seinem Schutz stehendes Zisterzienserinnenkloster, was insofern nicht verwundert, da frühe Magdalenenkonvente sich an Zisterzienserstatuten orientierten. Die Frauen in W. bekannten sich eindeutig als Magdalenen, als „Büßende Schwestern" (*sorores poenitentes*) oder „Reuerinnen". Der Konvent rekrutierte sich zunächst aus umkehrwilligen Prostituierten, erst seit 1251 nahm er unbescholtene Mädchen auf, viel später dann Frauen aus angesehenen Schichten. Inzwischen war seit 1232 den Magdalenen die Augustinusregel mit Dominikanerstatuten verordnet worden; der Konvent in W. nahm diese 1274 an. Unter Aufsicht des Hochstifts galt eine strenge Klausur und die Pflicht zum Stundengebet; die Farbe des Habits wechselte von weiß zu schwarz. Die Pflege Kranker bildete ein Hauptapostolat der Frauen, weshalb man sie volkstümlich auch „Lazariten" nannte. Sie lebten ursprünglich von Almosen, später sorgte der Ertrag des anwachsenden Landbesitzes für ihren Unterhalt; seit 1286 betrieben sie eine Mädchenschule. Die Reformation dünnte den Konvent aus; 1547 lebten nur noch vier Schwestern im Kloster, 1564 galt der Konvent als ausgestorben. Die leerstehenden Gebäude wurden 1627 den unbeschuhten Karmeliten überlassen, die ohne Unterbrechung unter der überkommenen Bezeichnung „Reuer" bis heute in W. leben.

Würzburg Magdalenenkloster, der Barockbau besteht im Kern aus der frühgotischen Reuerinnenkirche (1255).

▶ **Gegenwart.** Das heutige Karmelitenkloster zwischen Sanderstraße und Reuergasse in W. ist eine Barockanlage, die nach 1652 das gotische Kloster ablöste. Der Umbau zur neuen „Reuerkirche" erfolgte 1662. Der tonnengewölbte Sakralraum mit Flachkuppel gilt als die erste Barockkirche in W.; im Kern besteht diese Klosterkirche aber aus dem frühgotischen Bau der Magdalenen von 1255. In der Klausuranlage hat sich keine mittelalterliche Architektursubstanz erhalten, im Klostergarten befinden sich lediglich Reste der ehemaligen Stadtmauer.

◆ Brandl, Martin: Die Karmelitenkirche zu W., Gerchsheim 2002; Backmund, Norbert: Die kleineren Orden in Bayern und ihre Klöster bis zur Säkularisation, Windberg 1974.

Zarrentin, *Zisterzienserinnenkloster St. Petrus und St. Paulus (1246–1552), Diözese Ratzeburg – (Lkr. Ludwigslust, Mecklenburg-Vorpommern, ❐ 2, A3).*

▶ **Geschichte.** Audacia, Witwe des Grafen Heinrich I. von Schwerin, und ihr unmündiger Sohn Gunzelin III. stifteten 1246 ein Frauenkloster in der Grafschaft Schwerin; der Gründungsort ist bis heute unbekannt. Eine erste Nachricht enthält die Stiftungsurkunde vom November 1246: dem neugegründeten Kloster wurden sechzig Hufe südlich von Schwerin übereignet. Möglicherweise war das Kloster zunächst zwischen Lübbelow und Neustadt angesiedelt. Anlässlich einer zweiten Schenkung 1248 durch Gunzelin ist bereits von einem Konvent *ordinis Cisterciensis* die Rede. Ritter Burchard von Bodenstedt tauschte seine Besitzungen am Schaalsee und Umgebung gegen die dem Kloster gehörenden Güter bei Schwerin, was Graf Gunzelin III. 1251 bestätigte. Um diese Zeit waren die Schwestern bereits an den Ort Z. am südwestlichen Ufer des fischreichen Schaalsees umgesiedelt. Bischof Friedrich von Ratzeburg bestätigt im Mai 1252 die Verlegung und übergab dem Konvent die Pfarrkirche in Z., Papst Alexander IV. erklärte 1255 seinen Schutz. Die Schwestern bekannten sich zur Zisterzienserobservanz, ohne dem Orden als Vollmitglied anzugehören. Der Exemtionsstatus konnte nicht erreicht werden, Verbindungen zu Mönchsabteien des Zisterzienserordens sind nicht überliefert. 1282 trat Prinzessin Margareta von Dänemark in das Kloster ein und stand dem Konvent als Äbtissin (1309–18) vor. Mit dem Prämonstratenser-Domkapitel in ➛ Ratzeburg bestand seit 1293 eine Gebetsverbrüderung, 1324 lässt sich ein Domherr von Ratzeburg als Propst im Kloster nachweisen. Das hohe Ansehen des Konvents führte zu zahlreichen Schenkungen; Besitzzukäufe und kluges Wirtschaften ermöglichten eine aufstrebende Entwicklung. Nicht unbedeutend waren Fischereirechte im See und die vorbeiführende Salzstraße Lüneburg-Lübeck. In der zweiten Hälfte des 14. Jh. trat eine allgemeine Stagnation in der Entwicklung ein, Kälteeinbrüche verursachten Missernten mit nachfolgenden Hungersnöten, Pestwellen dezimierten die Bevölkerung. Kloster Z. litt dank seiner Reserven geringe Not. Ein Verfall der klösterlichen Ordnung im Spätmittelalter ist in Z. nicht nachweisbar, auffällig aber bleibt, dass Bischof Johann III. von Ratzeburg (Preen) 1460 durch die Gewährung eines Ablasses half, die Klosterkirche zu renovieren. Ende des 15. Jh. war der Zustrom von Frauen besonders aus Lübeck in Z. und in das Nachbarkloster ➛ Rehna so angewachsen, dass Herzog Magnus II. von Mecklenburg dagegen einschreiten musste. Entlastung brachte die Gründung des Annenklosters in ➛ Lübeck 1502. Das Gedankengut der Reformation stieß im Konvent schon frühzeitig auf Interesse, 1535 baten Schwestern um einen lutherischen Prediger. Herzog Johann Albrecht I. von Mecklenburg-Güstrow hob das Kloster 1552 auf und eignete sich den Besitz an.

Zarrentin Zisterzienserinnenkloster, Westteil der gotischen Klosterkirche mit älterem Unterbau aus Feldstein.

▶ **Gegenwart.** Vom ehemaligen Klosterkomplex blieben die Kirche und der östliche Klausurflügel erhalten. Die ehemalige Kloster- und heutige evangelische Pfarrkirche ist ein dreijochiger Saal mit eingezogenem Chorquadrat und westlichem Turm, der in mehreren Bauabschnitten entstand. Der feldsteinerne Chorunterbau repräsentiert den Rest der früheren Dorfkirche. Erweiterungen erfolgten mit Backsteinen im ausgehenden 13. und im späten 14. Jh., wobei die Baudaten kontrovers diskutiert werden. Der Westturm entstand 1672 auf altem Untergrund neu, gotische Kapellen an Süd- und Nordseite vergrößern das Schiff. Nur das Langhaus ist heute gewölbt. Im Chor finden sich gotische Malereien aus der Zeit Äbtissin Berthas von Lützow (1330). Die nachklösterliche Kanzel mit Schnitzreliefs (1668) gilt als besonderes Kunstwerk Mecklenburgs. Das Klostergebäude, ein langgestreckter, zweistöckiger Bau (1300–50), steht isoliert im Südostbereich. Spitzbogenöffnungen kennzeichnen den integrierten Kreuzgang; nicht alle Räume können heute ihrer ursprünglichen Funktion zugeordnet werden. Refektorium und Küche zeigen Kreuzrippengewölbe auf Konsolen und Säulen mit Knospenkapitellen, im zweiten Stock befand sich das Dormitorium.

◆ Schlüter, Britta: Das ehemalige Zisterzienserinnenkloster Z. in Mecklenburg, Hamburg 2001; Friedrich, Verena: Die evangelische Kirche St. Petrus und St. Paulus in Z./Mecklenburg, Passau 1993.

Zehdenick, *Zisterzienserinnenkloster St. Maria u. a. (um 1250–1542), Diözese Brandenburg – (Lkr. Oberhavel, Brandenburg, ❐ 2, C3).*

▶ **Geschichte.** Die Markgrafenbrüder Johann I. und Otto III. von Brandenburg stifteten um 1250 ein Frauenkloster nahe der Stadt Z. unweit der Havel südöstlich außerhalb der Stadtmauer. Anlass war die Erhebung des Ortes zur Stadt; auch löste 1249 ein Wunder als Folge eines Hostienfrevels eine rege Wallfahrt aus. Papst Alexander IV. bestätigte 1254 das neue Kloster, das als Wallfahrtsstätte in Konkurrenz zu den brandenburgischen Klöstern ➛ Marienfließ und ➛ Heiligengrabe trat. Der Konvent folgte zisterziensischer Observanz und stand unter der Jurisdiktion des Brandenburger Bischofs; direkte Verbindungen oder gar Abhängigkeiten zu den nahen Mönchsabteien ➛ Himmelpfort am See oder ➛ Chorin sind nicht belegt; die Mitgliedschaft des Frauenklosters Z. im Zisterzienserorden ist daher auszuschließen. Ungünstig wirkte sich die territoriale Randlage aus, ständig hatten die Schwestern unter kriegerischen Fehden, Raubüberfällen und wechselnden Machtverhältnissen zu leiden. Nach dem Aussterben der brandenburgischen Askanier 1320 suchte der Konvent Schutz bei den Grafen von Lindow-Ruppin, den Stiftern der Klöster ➛ Neuruppin und ➛ Lindow. Gebetsverbrüderungen bestanden mit den Konventen in Seehausen, ➛ Ziesar und ➛ Arendsee. Im späten 14. Jh. offenbarten aufwändige Baumaßnahmen ein recht solides Vermögen, das auf Vollbesitz von 16 Dörfern, der Kircheninkorporation von Klein-Mutz, Wallfahrtseinnahmen und 17 Patronaten über Pfarrkirchen der Umgebung beruhte. Die Klausur fand im ausgehenden Mittelalter kaum noch Beachtung, eine kurfürstliche Visitation im April 1541 registrierte die freizügige, beinahe weltliche Lebensweise der 50 Damen, die im Kloster eine Schankwirtschaft betrieben. Die Kommission verlangte daher nicht nur die Einführung des evangelischen Bekenntnisses, sondern auch die Beachtung klösterlicher Regeln, was jedoch nur schwer durchzusetzen war. Kurfürst Joachim II. Hektor gestattete der Äbtissin Barbara Fabians (1541–47) lediglich, die Kirchweih zu Fronleichnam festlich zu begehen. Mit Einführung der evangelischen Kirchenordnung 1542 erfolgte die endgültige Säkularisierung. Das Kloster Z. bestand als evangelisches Damenstift weiter; die letzte Stiftsdame starb 1971.

▶ **Gegenwart.** Dreißigjähriger Krieg, Verpachtung und Bau des Oranienburger Schlosses 1650 ließen von der mittelalterlichen Klosterarchitektur nicht viel übrig. Die Saalkirche des 13. Jh. mit eingezogenem Rechteckchor vernichtete der Stadtbrand von 1801. Heute findet man lediglich den zweigeschossigen Nordflügel der Klausur mit kreuzrippengewölbtem Kreuzgang des 14. Jh. als ehemaligen Wohntrakt der evangelischen Stiftsdamen vor. Dagegen blieb der 70 m lange Ostflügel des 13. Jh. nur als offene Ruine erhalten, ebenso Restgebäude des Westflügels (14. Jh.) wie auch Schul- oder Kapellengebäude (14. Jh.). Von der Kirche wurden Restwände in Neubauten einbezogen. Die Evangelische Landeskirche nutzt heute die erhaltenen Klostergebäude als Wohnungen, Galerie und Museum. Auffällig ist der weitgehende Verzicht von Backsteinen, denn die mittelalterliche Architektur besteht vorwiegend aus Bruchsteinen, obwohl reichlich Tonerde in der Region ansteht. Ein erhaltenes Hungertuch aus dem 13. Jh. mit christlichen Szenen, Symbolen und astrologischen Motiven arabischen Ursprungs ist kunsthistorisch von besonderem Interesse.

◆ Kugler, Anette/Cante, Marcus: Z., in: Brandenburgisches Klosterbuch, Bd. 2, Berlin – Brandenburg 2007, 1325–37; Mohn, Claudia: Z., in: Mittelalterliche Klosteranlagen, Petersberg 2006, 245–251; Bilang, Karla: Das Marienkloster Z., in: Die Frauenklöster der Zisterzienser im Land Brandenburg, Berlin 1998, 113–124.

Zehdenick Zisterzienserinnenkloster, der östliche Klausurflügel (13. Jh.) blieb als offene Ruine erhalten.

Zeitz, *Benediktinerinnenkloster St. Stephanus (1147–1541) – „Stephanskloster", Diözese Naumburg – (Burgenlandkreis, Sachsen-Anhalt, ❒ 4, B1).*

▶ **Geschichte.** In der ersten Hälfte des 12. Jh. bildete sich an der bischöflichen Burg Z. und dem Kollegiatstift St. Peter die Oberstadt mit Pfarrkirche St. Michael aus. Südwestlich vor der Stadt existierte seit etwa 1120 ein Stift an der Kirche St. Stephan, das Bischof Dietrich I. von Naumburg (Selbold-Gelnhausen) für Augustiner-Chorherren gegründet hatte. Dieses Stift übergab Bischof Udo I. von Thüringen 1147 einem Benediktinerinnenkonvent aus ➛ Drübeck. Die Schwestern gehorchten vermutlich ➛ Hirsauer Reformgewohnheiten, weil die Naumburger Bischöfe diese Reformbewegung maßgeblich unterstützten und die Benediktinerinnen in Drübeck in neucluniazensischer Observanz lebten. Kloster St. Stephan erhielt 1154 das einträgliche Patronat über die Michaeliskirche in der Oberstadt von Z. durch Bischof Wichmann, dem späteren Erzbischof von Magdeburg. Zwischen 1185 und 1192 sind auch einige Augustiner-Chorherren an St. Stephan nachweisbar (ähnliche Verhältnisse herrschten im Naumburger Eigenkloster ➛ Riesa/Elbe). Das Stephanskloster nahm aufgrund umfangreicher Besitzungen im Elstertal eine zentrale Stellung im Wirtschaftsleben der Stadt ein, wobei sich die Frauen nicht scheuten, durch Urkundenfälschungen ihre Besitztitel zu sichern. Nach Hussiteneinfall 1433 und wettinischem Bruderkrieg (1446–51) verlegten die Benediktinerinnen um 1450 auf Wunsch Bischof Peters von Schleinitz ihr Kloster an die Hauptpfarrkirche St. Michael am Obermarkt. Die romanische Basilika St. Michael wurde zu einer spätgotischen Hallenkirche umgebaut, damit sie den

Ansprüchen von Gemeinde und Konvent gleichzeitig dienen konnte. Die Schwestern ließen 1517 in der Nordwestecke der Kirche einen Anbau mit Kapelle errichten, den sie über einen Holzgang von ihrem Wohnhaus im Michaeliskirchhof erreichen konnten. In der Reformationszeit konvertierten einige Frauen und verließen 1527 den Konvent. 1541 hob der evangelische Bischof Nikolaus von Amsdorf das Kloster auf.

▶ **Gegenwart.** Das Wohnhaus der Schwestern im Michaeliskirchhof Nr. 8 steht noch heute. Es wurde im 19. Jh. stark überbaut, lediglich die Grundmauern gehen auf das Stephanskloster zurück. Die Michaeliskirche dient seit der Reformation als evangelisch-lutherische Pfarrkirche und unterlag in der Neuzeit mehreren eingreifenden Veränderungen; die angebaute Nonnenkapelle existiert nicht mehr. Die Bibliothek der Michaeliskirche bewahrt einen Originaldruck der 95 Thesen Martin Luthers von 1517.

◆ GermSac NF 35; Schlesinger, Walter: Kirchengeschichte Sachsens im Mittelalter, Bd. 2, Köln 1962, 202 f.

Zeitz, *Franziskanerkloster St. Franziskus, St. Antonius und St. Klara (1238–1541) – „Barfüßerkloster", Diözese Naumburg – (Burgenlandkreis, Sachsen-Anhalt, ❐ 4, B1).*

▶ **Geschichte.** Die Stadt Z. an der Weißen Elster wurde 968 von Kaiser Otto I. und Papst Johannes XIII. zum Zentrum des neuen Missionsbistums Zeitz erhoben, aber 1029/32 aus Sicherheitsgründen zugunsten Naumburgs an der Saale als Bischofssitz aufgegeben. Im 13. Jh. wählten die Naumburger Bischöfe ihre Stadt Z. erneut zum Residenzort, das Hochstift blieb in Naumburg. Bischof Engelhard von Naumburg (Meißen) förderte die Ausbreitung der Franziskaner in seinem Territorium und half den Brüdern 1238 bei der Gründung eines Klosters am Südrand der Oberstadt von Z. Die Barfüßer errichteten eine einschiffige Klosterkirche, die im besonders breiten Nordwandpfeiler eine Öffnung enthielt, durch die sie von innen heraus an die außen auf den Kirchhof versammelten Gläubigen ihre Predigten richteten. Anfang des 14. Jh. bezog die neue Stadtmauer die Klosteranlage ein; die Ordensbrüder waren für die Wehrtüchtigkeit der Mauer in der Südostecke zumindest zeitweise verantwortlich, 1311/12 vermauerten sie eine Toröffnung. 1335 fand ein Provinzkapitel der sächsischen Ordensprovinz in Z. statt. Der Konvent muss recht groß gewesen sein, weil man bis Mitte des 15. Jh. das Kirchenschiff nicht nur eingewölbt, sondern auch den Chor um zwei Joche verlängert hat, so dass die Gesamtlänge des Saals innen heute 61 m erreicht. 1517 lebten 28 Minoriten im Konvent. Johannes Weyknat stand nach seiner Funktion als Provinzial der Saxonia (1504–07) dem Zeitzer Konvent als Guardian vor. Observanzeinfluss ist nicht anzunehmen, eher wohl die ➛ Martinianischen Konstitutionen, weshalb der Konvent den Konventualen der Saxonia zuzurechnen ist. Unter der Herrschaft des protestantischen Kurfürsten Johann Friedrich I. des Beständigen von Sachsen-Wittenberg und des evangelischen Bischofs Nikolaus von Amsdorf wurde das Kloster 1541 aufgehoben und in eine evangelische Schule umgewandelt. Diese Schule genoss 1547 die besondere Förderung des letzten katholischen Bischofs Julius Pflug, eines Beraters Kaiser Karls V. und eines der bedeutendsten humanistischen Gelehrten der Reformationszeit. Die Diözese Zeitz-Naumburg endete 1615.

Zeitz Franziskanerkloster, die frühgotische Klosterkirche wurde um 1450 auf eine Länge von 61 m erweitert.

▶ **Gegenwart.** Das Franziskanerkloster diente bis in die zweite Hälfte des 20. Jh. dem Schulbetrieb. Der letzte evangelische Gottesdienst fand in der Franziskanerkirche 1967 statt. An der ungewöhnlich langen, zehnjochigen Kirche (Kernbau vor 1260) mit Polygonalchor und reich gestaltetem Nordportal begannen 1990 umfassende Instandsetzungsarbeiten, die seit 2002 von bauhistorischen Untersuchungen begleitet werden. Die Innenarchitektur (so der Lettner) ist verloren. Die sich südlich anschließende, zweigeschossige Vierflügelanlage mit Kreuzgang und Brunnenkapelle gilt trotz eingreifender Um- und Überbauungen als eine der besterhaltenen mittelalterlichen Bettelordensanlagen in Sachsen-Anhalt. Türöffnungen zu den Einzelzellen der Brüder sind noch deutlich erkennbar. Der überbaute Kreuzgang ist seit dem 15. Jh. eingewölbt und die Dächer des frühen 16. Jh. sind bis heute nahezu unverändert geblieben. Seit Frühjahr 2007 entsteht in der Anlage das „Soziokulturelle und Theaterzentrum Z.".

◆ GermSac NF 35; Holland, Yngve Jan: Zur Baugesichte des Franziskanerklosters in Z., in: Historische Bauforschung in Sachsen-Anhalt, Petersberg 2007, 179–197; Pieper, Roland/Einhorn, Jürgen W.: Franziskaner zwischen Ostsee, Thüringer Wald und Erzgebirge, Paderborn 2005, 138–142; Teichmann, Lucius: Die Franziskanerklöster in Mittel- und Ostdeutschland, Leipzig 1995, 202.

Zella Benediktinerinnenkloster, die spätromanische Saalkirche mit Chorapsis, Südostansicht.

Zella, *Benediktinerinnenkloster St. Nikolaus (um 1175–1810) – „Friedensspring", Erzdiözese Mainz – (Rodeberg-Struth-Kloster Z., Unstrut-Hainich-Kreis, Thüringen, ❐ 1, D5).*

▶ **Geschichte.** Die Gründungsumstände des Klosters Z. im abgelegenen Tal mit der Friedaquelle im südlichen Eichsfeld sind heute wegen des Verlusts der Urkunden nur spekulativ zu erhellen. Sicher ist, dass Z. im 12. Jh. als erstes Benediktinerkloster im Eichsfeld gegründet wurde. Laut Urkundenabschrift gewährte Papst Innozenz III. 1215 seinen Schutz, bestätigte die Besitzungen und vergab Privilegien an die schon dort lebenden Brüder und Schwestern. Wahrscheinlich ist eine Gründungszeit um 1175. Möglicherweise lebte zu Beginn in Z. ein Doppelkonvent, seit etwa 1240 ist dann nur noch ein Frauenkonvent belegt. Erste namentlich bekannte Priorin ist Lukardis (1280–1301). Die Äbte der Benediktinerabteien Gerode (s. u.) und ➛ Steina übten die geistliche Aufsicht aus, insofern wird im Konvent ➛ Hirsauer Reformeinfluss vermutet. Die Benediktinerinnen verfügten über umfangreichen Landbesitz und einige Patronatsrechte. Seit 1294 gehörte Z. zur kurfürstlichen Landesherrschaft des Erzbischofs von Mainz und lieferte jährlich Abgaben an das Amt Gleichenstein. Priorin Anna von Bodenstein (1517–19) verlor den Rechtsstreit um Besitz bei Eschwege und musste die Unkosten den Benediktinerinnen im Kloster St. Cyriacus in ➛ Eschwege erstatten. Aufständische Bauern verwüsteten 1525 große Teile des Besitzes, infolge der Reformation verödete der Konvent. 1537 lebte Äbtissin Babara Jakob (1525–48) allein im Kloster, konnte aber beim kurmainzischen Landesherrn den Fortbestand aushandeln und auch neue Novizinnen gewinnen. Unter Äbtissin Anna von Reckerodt (um 1563–75) erhielt der Konvent ein besonderes Lob der Visitatoren. Um 1600 lebten 20 bis 30 Schwestern in Friedensspring, die 1626 einen Gründungskonvent nach Fulda in das neue Benediktinerinnenkloster sandten, das heute noch als Abtei besteht. 1631 bot Z. den Schwestern aus Kloster Neuwerk in ➛ Goslar Zuflucht vor den Schweden. 1635 wurde Friedensspring selbst geplündert, mehrmals flohen die Frauen nach Mühlhausen oder Heiligenstadt; in Mühlhausen verbrannte 1649 ihr Archiv. Matthias Gries, ein Benediktiner der säkularisierten Abtei Steina, diente segensreich als Propst im Kloster (1643–85). Während des Siebenjährigen Kriegs (1756–63) zahlte Z. Kontributionen an die Preußen. Die Säkularisierung erfolgte nicht gleich nach dem Reichsdeputationshauptschluss 1803, weil dieser festgelegt hatte, dass Frauenklöster nur einvernehmlich mit dem Diözesanbischof aufgelöst werden durften. Aber 1810 hob König Jérôme von Westphalen das Kloster auf und ließ die Anlage versteigern. 17 Chor- und fünf Laienschwestern erhielten Abfindungen.

▶ **Gegenwart.** Nach 1945 richtete die evangelische Landeskirche in Z. ein Seniorenheim ein, das heute noch besteht. Inmitten der malerischen Anlage mit modernisierten Wohn- und Wirtschaftsgebäuden (16./17. Jh.) steht die spätromanische Klosterkirche St. Nikolaus, die einige Veränderungen über die Jahrhunderte erfahren hat. Der Saal besitzt eine eindrucksvolle Unterkirche unter der westlichen Nonnenempore. In den letzten Jahren wurde sie saniert und dient nach wie vor dem evangelischen Gottesdienst.

❖ Das hier behandelte Benediktinerinnenkloster Z. (Eichsfeld) ist leicht zu verwechseln mit dem fuldischen Benediktinerinnenkloster Zella unter Fischberg südlich von Dermbach in der thüringischen Rhön, das mit den Augustiner-Eremiten von ➛ Schmalkalden in Verbindung stand. Auch gab es in Thüringen noch drei weitere Benediktinerniederlassungen des Namens Zella: das Priorat Zella St. Blasii von ➛ Reinhardsbrunn in Zella-Mehlis (1111–1525), die Propstei Zella an der Loquitz (Probstzella, 1116–1527) in Abhängigkeit von der Benediktinerabtei Saalfeld sowie die Propstei Zella südlich von Treffurt an der Werra (12. Jh.–1525); alle drei hinterließen keine Architektur.

Die Benediktinerabtei Gerode am Südharz bei Weißenborn-Lüderode entstand um 1100 und wurde möglicherweise von Reformmönchen aus dem Peterskloster in ➛ Erfurt besiedelt. Gerode entwickelte sich in der Frühphase zu einem der reichsten Klöster im Eichsfeld. Das hohe Niveau konnte nicht gehalten werden, gleichwohl überstand die Abtei die Zerstörung im Bauernkrieg 1525 und die neuzeitlichen Kriege bis zur Säkularisierung 1803 durch Preußen. Heute erinnern die Kirchenruine und das Klausurgebäude lediglich an die vierte Aufbauphase am Ende des 18. Jh.

◆ Opfermann, Bernhard: Das Benediktinerinnenkloster Z., in: Die Klöster des Eichsfeldes in ihrer Geschichte, Heiligenstadt 1998, 103–118; Schmidt, Matthias: Kloster Z., Regensburg 1997; Hoppe, Vinzenz: Aus der Geschichte des Klosters Z., in: Eichsfeld Heft 18 (1978) 39–43.

Zerbst, *Augustiner-Eremitenkloster (1390–1525) – „Augustinerkloster", Diözese Brandenburg – (Lkr. Anhalt-Bitterfeld, Sachsen-Anhalt, ❐ 2, B4).*

▶ **Geschichte.** Die askanischen Fürsten von Anhalt-Zerbst Sigismund I., Albrecht IV. und Waldemar III. erlaubten 1390 dem Stadtrat von Z., den Nachlass eines gewissen Wenzislow zur Gründung des Augustiner-Eremitenklosters im Nordwesten der Stadt zu verwenden. Die Augustinerbrüder aus dem Konvent in ➛ Magdeburg besaßen bereits in Z. eine Terminei. Sie errichteten mit Zustimmung des städtischen Bartholomäusstifts ein Kloster nahe der Stadtpfarrkirche St. Nikolaus am Westrand der Stadt, das sie 1396 bezogen. Bereits 1397 schloss sich dem „Neuen Kloster" die städtische Schützengilde an, 1400 fanden die Zerbster Schützen auch Aufnahme in die Bruderschaft der gesamten Ordensprovinz. 1425 tagte ein Kapitel der sächsisch-thüringischen Provinz in der Stadt. 1482 spendete die St. Valentin-Bruderschaft jedem Bruder jährlich eine Kanne Bier und 15 Groschen für Anteile an ihren guten Werken. Zuwendungen des Adels, Schenkungen des Stadtrats und Spenden der Bruderschaften erlaubten Mitte des 15. Jh. die bauliche Erweiterung der Klosteranlage und die Aufstellung mehrerer Altäre in der Klosterkirche. Einen eigenen Friedhof besaß der Konvent nicht, auch von einer Bibliothek wird nichts überliefert. Mit steigendem Wohlstand verfiel die Ordenszucht, so dass Fürst Magnus von Anhalt-Zerbst 1485 bei Papst Innozenz VIII. über das „in Grund verderbte" Verhalten der Bettelmönche in der wichtigsten Stadt seines Fürstentums Klage führte. Sein leiblicher Bruder Wilhelm wurde Franziskaner in Magdeburg, sein zweiter Bruder Adolf war Bischof von Merseburg. Alle drei Brüder bemühten sich in den letzten Jahrzehnten des 15. Jh. vergeblich um monastische Reformen in den Klöstern des anhaltischen Fürstentums. Der Streit der Augustinerbrüder von Z. mit dem Kollegiatstift St. Bartholomäus 1488 um Predigt- und 1512 um Begräbnisrechte offenbart die innerkirchlichen Missstände in der Stadt. Der Augustinerlektor Johann Swechmann (1491–95) von Z. wurde vom Provinzkapitel als Prior in ➛ Eschwege eingesetzt, wo ihm die Einführung der Observanz und die Festigung der Klosterzucht gelang. Während der Reformationszeit verkündete der Augustinerprior Peter Fabri (1522–25) besonders engagiert die lutherische Glaubenslehre; dieser „Lauterbube" lud im Mai 1522 den Reformator Martin Luther aus dem nahen Wittenberg nach Z. ein. Dessen wirkungsvolle Predigten überzeugten die Augustinerbrüder im Konvent und die Bürgerschaft von der Unrechtmäßigkeit des Ablasshandels. Luther versuchte aber auch, auf die radikalen Bilderstürmer mäßigend einzuwirken. Im selben Jahr beschwerte sich der Rat beim Bischof in Brandenburg über die lästige Bettelei der Brüder in den Straßen und auf öffentlichen Plätzen. Die Stadt Z. stieg neben Wittenberg und Torgau zu einem Zentrum der Reformation auf. Im Mai 1525 verkauften die Augustiner-Eremiten ihr Kloster samt Inventar an die Stadt und teilten den Erlös unter sich auf. Liegenschaften wie das Mönchsholz gaben sie an die fürstliche Stifterfamilie zurück und zogen singend mit dem Lied „Gehet hin in alle Welt" zum Tor hinaus. Ihr Kloster wurde in ein Hospital umgewandelt, dessen Gebäude aber schon 1556 niederbrannten.

▶ **Gegenwart.** Heute wird der neu- und umgebaute Komplex als Feierabendheim genutzt. Aus dem Mittelalter haben sich lediglich die gotische Kapelle mit Mittelsäule unter Kreuzgewölben, angeblich auch Reste des Kreuzgangs und Räume des Nordflügels erhalten.

◆ GermSac AF I, Brandenburg 2, 430–440; Specht, Reinhold: Geschichte der Stadt Z., Bd. 1, Zerbst 1998, 155f.170–172.242f.; Kunzelmann, Adalbero: Geschichte der deutschen Augustiner-Eremiten, Tl. 5, Würzburg 1974, 296–299.

Zerbst, *Franziskanerkloster St. Johannes der Täufer (1235–1526) – „Johanneskloster", Diözese Brandenburg – (Lkr. Anhalt-Bitterfeld, Sachsen-Anhalt, ❐ 2, B4).*

▶ **Geschichte.** Angeblich erreichten die Franziskaner schon 1235 aus Magdeburg (s. u) kommend die bedeutende Burg- und Handelssiedlung Z. im sächsischen Anhalt. Erstmals wird das Johanneskloster der Franziskaner mit schlichter Erstkirche an der östlichen Stadtmauer 1252 urkundlich erwähnt. Edelfrau Sophie von Barby gilt als Stifterin, sie wurde 1276 in der Klosterkirche bestattet. Über die Jahrhunderte bis zur Reformationszeit gestaltete sich das Verhältnis zwischen Minoriten und Stadtvätern ausgewogen; der örtliche Adel erwies großzügig seine Gunst und bevorzugte das Kloster als Grablege. Bereits 1285 besaßen die Barfüßer (in der Stadt auch „Barfoten" genannt) Immobilien, die der Rat von Steuern befreite. Auch ein Haus in Dessau, eigene Weinberge, Forst- und Wiesenbesitz bei Thießen widersprachen dem Armutsgebot des Ordens. 1450 tagte das Generalkapitel der sächsischen Ordensprovinz unter dem Provinzialminister Matthias Döring (um 1390–1469) in Z. Der Ordensreformer Johannes Capistrano (1386–1456, kanonisiert 1690) weilte 1453 im Minoritenkloster, konnte aber keine Observanz durchsetzen. Ein städtischer Prokurator führte im Spätmittelalter die Rechnungsbücher, was auf Beachtung der ➛ Martinianischen Konstitutionen hinweist. Die Stadt Z. war Anfang des 16. Jh. mit 5.000 Einwohnern und mit einem Kollegiatstift, drei Klöstern, zwei Hospitäler, drei Kapellen und mindestens drei Mendikantentermineien das religiöse Zentrum des Fürstentums Anhalt (zum Vergleich: die thüringische Stadt ➛ Jena unterhielt mit etwa 3.500 Einwohnern im 15. Jh. ebenfalls ein Frauenkloster, zwei Mendikantenkonvente und fünf Terminierhäuser aber kein Kollegiatstift). Der Ablasshandel erregte die Gemüter der selbstbewussten Bürger von Z., bei denen sich die neue Lehre Martin Luthers aus dem nahen Wittenberg bereits 1522 durchsetzte, wozu der Franziskanerlektor Johann Luckow († 1528) aus dem Konvent ➛ Wittenberg mit anti-

Zerbst Franziskanerkloster, die früh- bis spätgotische Klosterkirche wurde für den Schulunterricht ausgebaut.

katholischen Predigten nicht unwesentlich beitrug. Mitbrüder und Guardian Andreas Lumpe (1522–26) verhielten sich gegenüber der Reformation überwiegend ablehnend und setzten sich im Gegensatz zu anderen Klöstern der Stadt gegen die Aufhebungsabsichten des Stadtrats zur Wehr. Schließlich blieb der Johanneskonvent als letzte katholische Institution in Z. übrig; Mitbrüder aus ➛ Aschersleben fanden 1525 vorläufig Asyl. Der Rat reagierte mit Verwahrung der Kleinodien und 1526 mit Terminierverbot. Am 21. September 1526 drohten die Bürger das Johanniskloster zu stürmen, der Rat kam ihnen mit einer bewaffneten Hundertschaft zuvor und okkupierte das Kloster; es kam zu einem Freuden- und Volksfest im Klosterhof über das Ende der Katholizismus. Guardian Lumpe ging nach ➛ Barby, um 1540 dort die nächste Aufhebung zu erleben. Der Reformator Philipp Melanchthon (1497–1560) richtete 1532 die bereits 1526 gegründete Lateinschule im Franziskanerkloster ein.

Das frühgotische Portal aus der Gründungszeit an der Nordseite der Franziskanerkirche in **Zerbst**.

▶ **Gegenwart.** Das „Francisceum" in Z. ist eines der Beispiele für Schulen in Deutschland, die seit der Reformationszeit bis heute ununterbrochen mittelalterliche Klosterareale nutzen (vergleichbar mit ➛ Lübeck [Katharinenkloster], ➛ Eisenach [Dominikanerkloster], ➛ Pforte, ➛ Blaubeuren, ➛ Tübingen und ➛ Maulbronn). Neben dem Schulbetrieb war auch die anhaltische Universität als bedeutende reformierte Hochschule im Kloster untergebracht (1582–1798). Heute genießt das modern ausgebaute Gymnasium weit über die Stadt hinaus einen respektablen Ruf. Der spätgotische Klosterkomplex um zwei Innenhöfe mit überbautem Kreuzgang, Kapitelsaal, Remter, Bibliothek, mit der um 1350 vergrößerten Klosterkirche mit frühgotischem Nordportal und Rundturm an der Stadtmauer (1482) ist trotz eingreifender Veränderungen heute noch ein beeindruckendes spätmittelalterliches Baudenkmal. Im Langschiff der Kirche sind zwei Zwischendecken für Unterrichtsräume eingebaut worden, der Chor dient den Schülern als Aula.

❖ Der Barfüßer-Konvent in Magdeburg hatte sich 1225 etabliert und 1230 ein Kloster gegenüber der Ratswaage in der Altstadt Magdeburgs errichtet. Nach den Reformationsunruhen verließen die Minoriten 1542 endgültig die Stadt. Die letzten Gebäude des Barfüßerklosters in Magdeburg wurden erst nach 1950 niedergelegt.

◆ Pieper, Roland/Einhorn, Jürgen W.: Franziskaner zwischen Ostsee, Thüringer Wald und Erzgebirge, Paderborn 2005, 143–147; Specht, Reinhold: Geschichte der Stadt Z., Bd. 1, Zerbst 1998, 62 f.168–170.246–251.

Zerbst, *Zisterzienserinnenkloster St. Maria (vor 1298–1525) – „Frauentorkloster", Diözese Brandenburg – (Lkr. Anhalt-Bitterfeld, Sachsen-Anhalt ❐ 2, B4).*

▶ **Geschichte.** Zwischen 1293 und 1298 siedelten Schwestern des Klosters ➛ Ankuhn aus Sicherheitsgründen in die befestigte Stadt Z. und bezogen das neuerbaute Kloster am östlichen Stadtausgang, am „Breiten Tor", dem späteren „Frauentor", südlich des Franziskanerklosters (➛ Zerbst). Im Juni 1298 befreiten Bürgermeister und Rat den Konvent von städtischen Abgaben. Die Schwestern bekannten sich zu den strengen Zisterzienserstatuten, gehörten aber dem Zisterzienserorden nicht an, weil sie der bischöflichen Jurisdiktion unterstellt blieben. 1299 erlangten sie durch Bischof Volrad von Brandenburg (Krempa) trotz des garantierten Pfarrrechts am Zerbster Bartholomäusstift für ihre Klosterkirche St. Maria eine eigene Pfarrstelle und einen eigenen Friedhof. 1305 wurde die Mutterkirche in Ankuhn dem Kloster unterstellt. Auffällig ist die unbedeutende Position des Propstes, der oft in Urkunden gar nicht erscheint und häufig nicht als Seelsorger, sondern als einfacher Verwaltungsbeamter fungierte. 1320 übernahmen die askanischen Grafen von Anhalt die Herrschaft über die Stadt, nachdem der brandenburgische Familienzweig der Askanier ausgestorben war. Die Fürsten sicherten zusammen mit dem städtischen Rat die Existenz der Zisterzienserinnen am Frauentor durch großzügige Schenkungen, so dass der Grundbesitz zur Versorgung von 50 Schwestern (1507) ausreichte. Fünf Volldörfer und verstreute Höfe im Umland gehörten zum Eigentum, eingeschlossen mehrere Pfarrpatronate, zusätzlich die Holzmark Herzwinkel, Einzelbesitz in der Stadt, Teilrechte und Kapitalien. Die Eigenbewirtschaftung war nicht unerheblich, der Viehbestand betrug 1496 insgesamt 60 Rinder, 100 Schweine und 620 Schafe. Zur *familia* zählten 1507 fast 50 Personen. Die Schwestern unterhielten die einzige mittelalterliche Mädchenschule der Stadt, die 1371 erstmals erwähnt wird. Die Kalandsbruderschaft stand dem Frauenkonvent nahe. In der Reformationszeit verschlechterte sich das ausgewogene Verhältnis zwischen Kloster und Stadt, Bauern kamen ihrer Zinspflicht nicht nach. 1524 beschlagnahmte der Rat Urkunden und Kleinodien und verordnete im Juni 1525 einen evangelischen Prediger. Als im Oktober Bürgermeister und Reformatoren aus Wittenberg, möglicherweise Philipp Melanchthon (1497–1560) und Johannes Bugenhagen (1485–1558), ins Kloster eindrangen, war die Klosterhoheit damit verletzt. Fürst Wolfgang war als Mitglied des Torgauer Bündnisses der Reformation zugetan und reagierte nicht auf Hilferufe. Das Zisterzienserinnenkloster und das Augustinerkloster (➛ Zerbst) wurden Ende 1525 aufgehoben. 1538 lebten 24 Schwestern in dem nun evangelischen Konvent. Zwischen 1542 und 1546 einigten sich Herrschaft und Stadtrat vertraglich über die Verteilung des Klostervermögens; inzwischen war das Frauentorkloster durch den Brand von 1542 weitestgehend zerstört. Zwölf verbliebene Schwestern mussten von der Stadt versorgt werden.

▶ **Gegenwart.** Von dem einstigen großen Klosterkomplex am Frauentor haben sich nur Außenmauern der einfachen Saalkirche aus Feldsteinen mit Fensterresten an der Nordwand, die westliche Giebelwand mit Backsteinaufstockungen und Teile des Chores erhalten. Auf dem ehemaligen Klosterareal steht heute die Allgemeine Berufsschule.

◆ GermSac AF I, Brandenburg 2, 243–286; RepZist 503–510; Specht, Reinhold: Geschichte der Stadt Z., Bd. 1, Zerbst 1998, 59–62.164–168.246.

Zeven, *Benediktinerinnenkloster St. Vitus (1141–1647), Erzdiözese Bremen – (Lkr. Rotenburg/Wümme, Niedersachsen, ❐ 1, D3).*

▶ **Vorgeschichte.** In der Zeit Kaiser Ottos des Großen gegründeten Graf Hed und Bischof Adaldag von Hamburg-Bremen ein Kanonissenstift in Heeslingen im Heilangau. König Otto III. bestätigte 986 die Gründung und sicherte die Privilegien der Frauen. Die Grafen von Harsefeld-Stade gewannen Einfluss auf das Stift und betrachteten es bald als ihr Hauskloster. Unter der dritten Äbtissin Hathui (seit 973), einer gräflichen Tochter, entstand die steinerne Stiftskirche St. Vitus, in der sich ihre Familienmitglieder bestatten ließen.

▶ **Geschichte.** Erzbischof Adalbero von Hamburg-Bremen verlegte 1141 das Vitusstift an die (4 km entfernte) Siedlung Z. und verordnete zur Disziplinierung des Konvents die Benediktregel. Dem neuen Benediktinerinnenkloster Z. wurden alle Besitzungen des Stifts Heeslingen und das Vituspatrozinium bestätigt. Die Leitung lag nun in den Händen von Propst und Priorin. Propst Dietrich wurde 1186 zum Bischof von Lübeck erhoben. Seit 1199 übte Graf Adolf III. von Schauenburg-Holstein die Schirmherrschaft aus, was die Verbindungen zu Mecklenburg begründet haben mag; später unterstand Z. der Landeshoheit und Schirmherrschaft der Bremer Erzbischöfe. Möglicherweise besiedelten Schwestern aus Z. um 1231/34 das Kloster ➛ Dobbertin in Mecklenburg. Es existieren nur spärliche Informationen über

Zeven Benediktinerinnenkloster, beim Bau der romanischen Klosterkirche St. Vitus (um 1150) wurden Findlinge verwendet, Südostansicht.

die inneren Verhältnisse im Konvent. 1389 wurde Z. gebrandschatzt und der Propst Johannes Monik (1372–96) sowie die Schwestern zur Gelderpressung gefoltert. Der Propst baute Kirche und Klausur dank Ablassgeldern zügig wieder auf, 1402 wird eine Klosterschule erwähnt. Der Konvent rekrutierte sich überwiegend aus bürgerlichen Familien. Priorin Grete van Weyge (1481–84) und ihre 22 Schwestern vereinbarten 1482 mit den Abteien ➛ Harsefeld und Stade ein Schutz- und Bruderschaftsbündnis, das gegenseitige Hilfe einschloss. Auf Bitten des Erzbischofs beauftragte die ➛ Bursfelder Kongregation 1520 die Äbte von ➛ Clus und ➛ Oldenstadt mit Visitationen, deren Ergebnisse bzw. Folgen nicht bekannt sind. Während der Reformationszeit blieb der Konvent katholisch, selbst nachdem Propst und Gemeinde sich 1555 lutherisch bekannten. Erst Anfang des 17. Jh. drang evangelisches Glaubensgut in den Konvent ein. Die Abtei St. Godehard in ➛ Hildesheim bemühte sich um die Rekatholisierung, die nach dem Einmarsch kaiserlicher Truppen 1628 brachial durchgesetzt wurde. Schwedische Ansprüche läuteten das Ende des Konvents ein. Im Juli 1647, noch vor dem Friedensschluss von 1648, vergab die schwedische Königin Christina das Kloster Z. als Lehen, 1650 erfolgte die Immission. Neun Chor- und fünf Laienschwestern erhielten Leibrenten und durften bleiben. Die letzte katholische Schwester starb 1694.

▶ **Gegenwart.** Die ehemalige Kloster- und heutige evangelisch-lutherische Pfarrkirche St. Viti in Z. hat sich, ebenso wie ein Teil der Konventsgebäude, aus der Frühzeit des Klosters erhalten. Die Kirche wurde um die Mitte des 12. Jh. aus Findlingen auf kreuzförmigem Grundriss errichtet. Sie besitzt angeblich die älteste durchgehende Wölbung zwischen Weser und Elbe. Grabplatten befinden sich im Innenraum. Ein monumentales Kruzifix des Viernageltypus erschwert seine Datierung (13. bzw. 19. Jh.). Den Taufkessel gab Propst Lüder Bramstede (1468–99) in Auftrag, die geschnitzte Kanzel ließ Propst Ludolf von Vahrendorf (1554–71) 1565 anfertigen. Reste von Fresken des 15. Jh. sind im Bereich des Nonnenchors entdeckt worden. Das neugotische Haupteingangsportal an der Südseite entstand 1872. Der Westturm mit seiner barocken Haube erreicht 40 m Höhe und ist heute das Wahrzeichen der Stadt. Ein Rest der frühesten Klostergebäude schließt sich westlich an; dieses „Alte Gemach" beherbergte wohl das Dormitorium, später die Einzelzellen der Chorschwestern, heute das Museum der Stadt.

❖ Am Gründungsort Heeslingen steht noch immer die einschiffige, apsidiale Stiftskirche des 10. Jh. aus Feldsteinen; einzig ihr Rundturm musste 1897 erneuert werden.

◆ GermBen 11, 550–566; Meyer, Georg: Geschichte des Klosters Heeslingen-Z. und der Kirchengemeinde Z., Zeven 1976.

Ziesar, *Franziskanerkloster St. Johannes Baptist (um 1230– nach 1237), Zisterzienserinnenkloster St. Maria (nach 1330– um 1544) – „Marienkloster", Diözese Brandenburg – (Lkr. Potsdam-Mittelmark, Brandenburg, ❒ 2, B4).*

▶ **Geschichte.** Um 1230 ließen sich Minoriten, unterstützt vom örtlichen Pfarrer Magister Elias, im Flämingvorland an der Burg Z. nieder und errichteten nahe der Heilig-Kreuz-Kirche einen Konvent. Die Klostergründung muss im Zusammenhang mit dem Ausbau der Burgsiedlung zum Residenzort Bischof Gernands von Brandenburg gesehen werden. Beziehungen zum Franziskanerkonvent Magdeburg deuten möglicherweise auf die Herkunft der Bettelmönche hin. Der Stifter Elias starb 1237 als Mitbruder. Die Minoriten nahmen seine Gebeine mit, als sie zwischen 1237 und 1271 in das wirtschaftlich vielversprechende ➛ Brandenburg an das Salzufer der Havel übersiedelten. Als ihre Nachfolger in Z. werden Prämonstratenser-Chorherren vermutet, wofür aber Belege fehlen. Bischof Ludwig von Neindorf rief zwischen 1330/40 Zisterzienserinnen nach Z., als er die bischöfliche Residenz neu belebte; die Herkunft der Schwestern ist unbekannt. Das Frauenkloster wird erstmals 1341 urkundlich in Verbindung mit einer Seelenheilsstiftung erwähnt. Der Konvent blieb immer unter Jurisdiktion des Brandenburger Oberhirten, eine Inkorporation in den Zisterzienserorden kann man daher ausschließen. Z. genoss als einziges Zisterzienserinnenkloster der Diözese das Privileg der Prokurationsbefreiung. Das Kloster war direkt an die Pfarrkirche Heilig Kreuz angebaut, das als romanisches Gotteshaus gleichzeitig als Pfarr- und Klosterkirche diente. Äbtissin Sophia schloss 1363 eine Gebetsverbrüderung mit dem Frauenkonvent in ➛ Zehdenick ab. Die Schwestern verfügten über mehrere Kirchenpatronate in der Umgebung. Unter Äbtissin Dorothea von Gröben (1415–29) sind Schenkungen ganzer Dörfer, Holzung, Weiden und umliegender Wüstungen überliefert, aber auch Besitzabgaben: 1415 der Verkauf eines Hofes in Radewege an das Prämonstratenserkapitel am Dom in ➛ Brandenburg sowie 1427 die Schenkung des Kirchenpatronats von Göhlsdorf an die Zisterziensermönche in ➛ Lehnin. Rentengrundwirtschaft, Geld- und Getreidezins sorgten für den Unterhalt der kleinen Gemeinschaft adeliger Frauen, Eigenwirtschaft ist nicht erkennbar. Kloster Z. lag an der wichtigen Handelsstraße zwischen Magdeburg und Brandenburg. Im Ort Rottstock besaß der Konvent Ober- und Niedergerichtsbarkeit. Die Reformation berührte den Konvent unter Äbtissin Elisabeth van den Schylde (1526–36) zunächst kaum. Kurfürst Joachim II. von Brandenburg entschied sich erst 1539 für das evangelische Bekenntnis, setzte seit 1540 die neue Kirchenordnung durch und ließ gegen 1544 Kloster Z. aufheben. Äbtissin Katharina von Meyendorff (1538–48) und die Schwestern erhielten ein Bleiberecht, die letzte Zisterzienserin starb 1562; nachfolgend wurde der Besitz verpfändet und verpachtet.

Ziesar Zisterzienserinnenkloster, der mächtige Westriegel (um 1180) wurde beim Klosterbau übernommen.

▶ **Gegenwart.** Die evangelische Pfarrkirche Heilig Kreuz in Z. existiert seit dem späten 12. Jh., also schon vor ihrer Verwendung als Klosterkirche. Es ist ein kreuzförmiger Saalbau mit mächtigem Westriegel aus Feldsteinen. Für die Zisterzienserinnen wurde im 14. Jh. am Westturm eine Öffnung eingebrochen, um den Zugang von der Klausur zur Nonnenempore zu erleichtern. Die Hauptapsis im Ostteil wurde spätgotisch verändert und mit Backsteinen neu aufgeführt, das Nordportal am Querhaus diente als Gemeindezugang. Restaurierungen im 19. Jh. griffen stark in die Ausgestaltung ein, alle Fenster wurden dabei in romanischen Formen erneuert. Zwei Grabplatten blieben aus der Klosterzeit erhalten. Die Ordensschwestern wohnten in zwei rechtwinkelig zueinander stehenden Klausurflügeln westlich in Achse zur Kirche, ein klassisches Klausurquadrum wurde nicht errichtet. Der Hauptbau, der sogenannte Nordflügel, stammt noch weitgehend aus dem 14. Jh., der Westflügel entstand nachreformatorisch mit mittelalterlichen Restmauern neu. Ehemalige Wirtschaftsgebäude sind nachklösterlichen Ursprungs. Reste der alten Immunitätsmauer begrenzen das nördliche Areal.

◆ GermSac AF I, Brandenburg 1, 358–363; Riedel, Peter/Bulach, Doris: Z., in: Brandenburgisches Klosterbuch, Bd. 2, Berlin – Brandenburg 2007, 1345–58; Bilang, Karla: Kloster Z. – in der Nachbarschaft zum Bischof, in: Die Frauenklöster der Zisterzienser im Land Brandenburg, Berlin 1998, 163–172.

Zimmern

Zimmern (auch Klosterzimmern), *Zisterzienserinnenabtei Heilig Kreuz und St. Maria (um 1222–1557), Diözese Augsburg – (Deiningen-Klosterzimmern, Lkr. Donau-Ries, Bayern, ❐ 4, A3).*

▶ **Geschichte.** Ein Mitglied der truhendingischen Grafenfamilie stiftete wohl um 1222 in Windsfeld bei Gunzenhausen ein Frauenkloster, das Graf Friedrich von Truhendingen und seine Gemahlin Agnes 1245 nach Stahelsberg verlegten, heute ein wüster Ort bei Heidenheim. Der Edelherr Eglolf von Lierheim muss als Mitstifter betrachtet werden. Papst Innozenz IV. bestätigte 1249 die Gründung. Drei Jahre später siedelte der Konvent noch einmal nach Z. im Nördlinger Ries, dem endgültigen Standort, um. Der Grund dafür war eine Stiftung Rudolfs I. von Hürnheim-Rauhaus, der ein günstigeres Gelände zur Verfügung gestellt hatte. Hypothetisch bleibt, ob die Benediktinerinnen vom ➛ Uhlberg an den Konvent in Z. angegliedert wurden. Ein päpstliches Privileg unterstellte den Frauenkonvent Z. der Zisterzienserabtei ➛ Kaisheim; diese Abtei hatte sich schon in Stahelsberg um die Schwestern gekümmert und stand ihnen bis zur Reformation zur Seite. Stets hielten sich in Z. Kaisheimer Prioren als Beichtväter und Vorsteher auf, ein Indiz für die Mitgliedschaft des Frauenkonvents im Zisterzienserorden, diesbezügliche Nachweise liegen aber nicht vor. Das Verhältnis zum Augsburger Bischof bleibt unklar; andere von Kaisheim betreute Frauenklöster wie Pielenhofen, ➛ Seligenthal, ➛ Niederschönenfeld, Oberschönenfeld, ➛ Kirchheim am Ries und ➛ Lauingen St. Agnes waren nur zum Teil dem Orden inkorporiert. Die Hührnheimer Herren erwiesen sich als großzügige Förderer und betrachteten Z. als Familiengrablege; ihre Töchter verstärkten den Konvent, der sich vorteilhaft entwickelte. 1279 verkaufte Graf Friedrich VI. von Truhendingen das halbe Dorf Pfäfflingen mit der Pfarrkirche an den Konvent. Die andere Hälfte hatte Gräfin Agnes von Fürstenberg, eine geborene von Truhendingen, bereits ein Jahr zuvor übergeben. 1298 kaufte Z. von der Abtei ➛ Schöntal Weinberge in Ingelfingen und Chriegsbach. 1299 zählten Visitatoren 60 Chor-, vier Laienschwestern und 27 Konversen. Bislang wurde der Schwester Hiltgart von Hürnheim (1282) in Z. die Übersetzung des pseudo-aristotelischen „Secretum Secretorum" ins Mittelhochdeutsche zugeschrieben, die jedoch nach heutigem Forschungsstand als anonym gelten muss. Die Vogteirechte gelangten im 14. Jh. an die Grafen von Oettingen, die sich 1414 in zwei herrschaftliche Linien aufspalteten und sich im 16. Jh. gegenüber der Reformation unterschiedlich verhielten. Schon 1525 hatte sich der geschrumpfte Konvent in Z. zur lutherischen Lehre bekannt, wechselte aber 1549 noch einmal zum alten Glauben. Mit dem Tod der letzten Äbtissin 1557 wurde das Kloster aufgelöst und als gräfliches Gut geführt.

▶ **Gegenwart.** Seit 2001 wohnt eine „Gemeinschaft messianischer Jünger der Zwölf Stämme" in Z., heute Klosterzimmern. Die Ansammlung neuer und alter Gebäude unweit von Deiningen gleicht einem kleinen Dorf. Als einziger mittelalterlicher Bau scheint die frühgotische Klosterkirche erhalten geblieben zu sein. Diese einst dreischiffige Basilika ohne Querschiff verlor nachreformatorisch ihre Seitenschiffe; die Arkaden sind vermauert. Im Innern führt heute ein Stufenpodest zur Westempore mit Chorgestühl aus dem späten 15. Jh., darunter liegt die kryptenartige Unterkirche, ein zweischiffiger Raum mit Kreuzgewölbe. Der dreiseitig geschlossene Chor im Osten zeigt schweres Kreuzrippengewölbe auf Konsolen. Mittelalterliche Ausstattungsstücke enthält die Kirche nicht mehr, lediglich einige bemerkenswerte Grabplatten stehen an den Wänden. Das ehemalige Klostergelände offenbart keine mittelalterliche Architektur, der Platz des einst südlich gelegenen Klausurquadrums ist heute eine Wiesenfläche. Ein zweigeschossiges Gebäude mit Treppengiebel stammt angeblich von 1530; möglicherweise enthalten noch andere Wirtschaftsgebäude vorreformatorische Architektursubstanz. Klostermauern umschließen nach wie vor das Areal.

Die vorgestellte Zisterzienserinnenabtei Z. bei Deiningen ist nicht zu verwechseln mit der Zisterzienserinnenabtei ➛ Frauenzimmern in Güglingen bei Heilbronn.

◆ Forster, Regula: Secretum secretorum, Wiesbaden 2006; Maier, Birgitt: Kloster Z., in: Kloster Kaisheim, Augsburg 1999, 173–175; Strahl, Detlef: Klosterzimmern. Aus der Geschichte eines Zisterzienserinnenklosters, in: Rieser Kulturtage 7 (1988) 179–192.

Zinna, *Zisterzienserabtei St. Maria (1170–1553) – „Marientafel", Diözese Brandenburg – (Jüterbog-Kloster Z., Lkr. Teltow-Fläming, Brandenburg,* ❐ *2, C4).*

▶ **Geschichte.** Erzbischof Wichmann von Magdeburg (Seeburg) rief 1170 Zisterziensermönche aus ➛ Mariental in sein kurz zuvor durch den Wendenkreuzzug erworbenes Land, dessen Höhenzüge von Siedlern aus Flamen kolonialisiert wurden, weshalb die Region heute noch „Fläming" heißt. Die Abtei ➛ Altenberg im Bergischen Land galt seit dem 16. Jh. als Mutterkloster der ersten Mönche. Dies ist aber eher unwahrscheinlich, vielmehr ist ein späterer Übergang der Paternität an Altenberg (Mutterabtei von Mariental) anzunehmen. Die sumpfigen Niederungen des Flämings galt es zu kultivieren und die nahe bischöfliche Stadt Jüterbog für die politische Machtstellung des Erzbistums gegen benachbarte, wettinische und askanische Fürsten zu stärken. Die Mönche gründeten bei der slawischen Siedlung *Czynna* am Bach Nuthe ein Kloster und nannten es „Marientafel". Ein Aufstand der heidnischen Wenden verwüstete 1179 die Neugründung. Der erste Abt Rietzo wurde erschlagen, den Martyrertod erlitt 1185 auch der erste Abt Sibold im weiter nördlich gegründeten Kloster ➛ Lehnin. Neue Stiftungen und Privilegien der Erzbischöfe Ludolf und Albrecht II. galten dem Neuanfang in Z., den auch Papst Honorius III. 1221 mit einer Bestätigungs- und Schutzerklärung bekräftigte. 1226 erfolgte wohl nach fast 50-jährigem Exil die Wiederbesiedlung, die zunächst mit existentiellen Nöten verbunden war. 1230 sicherte die erzbischöfliche Schenkung des Barnimer Landes einschließlich der Rüdersdorfer Kalkberge den wirtschaftlichen Fortbestand. Der Konvent hatte schon 1229 beim Generalkapitel in Cîteaux um eine Verlegung gebeten, von der in der Folgezeit keine Rede mehr war. Planmäßiger Grunderwerb im Land Jüterbog zeugt von der Gesundung der Wirtschaft in der zweiten Hälfte des 13. Jh. Die Gewinne aus dem Kalkabbau bei Rüdersdorf, aus der Eisenproduktion bei Scharfenbrück, den Ziegellehmgruben von Slawitz und Studenitz sowie aus den Salzsiedereien in Halle überstiegen mit der Zeit bei weitem die Erträge aus der Landwirtschaft in 39 Dörfern mit rund 75.000 Morgen Land. Zu den Zisterzienserinnen im benachbarten Heilig-Kreuz-Kloster in ➛ Jüterbog bestanden lediglich ökonomische Kontakte; die Schwestern gehörten nicht dem Orden an. Abt Albrecht (1417–26) wurde von der Ordensleitung zum Reformer der Magdeburger Provinz ernannt. Zwischen 1432 und 1520 studierten 21 Mönche an Universitäten, hauptsächlich in Leipzig. Abt Nikolaus III. (1487– nach 1501) errichtete 1495 die erste Druckerei der Mark Brandenburg. Der „Zinnaer Marienpsalter" gilt als besonderes Glanzstück der damaligen Wiegendruckkunst. Reformatorisches Ideengut drang mit Abt Heinrich Greve (1536–39) in den Konvent ein. Die Klausurordnung löste sich auf, die aufrührerische Bande des Hans Kohlhaase (bei Heinrich von Kleist „Michael Kohlhaas") ängstigte die Bauern in den Außengebieten. 1553 gab der letzte Abt Valerian Wagnitz (1548–53) auf. Einige Mönche zogen ostwärts in die Abtei Heinrichau (heute Polen). Preußenkönig Friedrich II. ließ 1764 auf dem Areal eine Musterstadt für angeworbene Weber aus Schlesien aufbauen. Er verfügte den Abriss der mittelalterlichen Klostergebäude zur Baustoffgewinnung für die Siedlerhäuser.

Zinna Zisterzienserabtei, die spätromanische Basilika zeigt Perfektion in der Granitquaderbauweise, Ostseite.

▶ **Gegenwart.** Vom Abteikomplex, der einst einer kleinen Stadt glich, sind heute lediglich Abteikirche, spätgotische „Neue Abtei", gotisches Siechen- und Gästehaus, die Abtsküche als heutiges Pfarrhaus, ein Teil des westlichen Konversenflügels, Fragmente von Brauhaus und Refektorium sowie Reste der Immunitätsmauer erhalten. Die spätromanische Klosterbasilika, heute evangelisch-lutherische Pfarrkirche St. Maria, zeigt typische Merkmale zisterziensischer Zweckbauweise ohne repräsentative Außenstrukturen, aber mit Perfektion bei der Nutzung von Granitquadern. Haupt- und Nebenchöre besitzen Ostapsiden, das Kreuzrippengewölbe im Mittelschiff

Zisterzienserorden *(Sacer Ordo Cisterciensis, OCist, SOC).*

▶ Kaum ein anderer Orden des Mittelalters fasziniert die Nachwelt so sehr, wie der Orden von Cîteaux, der Z. Eine kleine Gruppe von Benediktinermönchen aus der burgundischen Abtei Molesme, die zum Klosterverband von Cluny gehörte, gründete 1098 mit Abt Robert von Molesme (um 1028–1111, kanonisiert 1222) in der Wildnis von Cîteaux südlich von Dijon ein *monasterium*, um in Weltabgeschiedenheit ein kontemplatives Leben nach den Regeln des hl. ➛ Benedikt von Nursia in rigoroser Reinheit zu führen. Mit dem Organisationstalent Stephan Hardings (um 1059–1134, kanonisiert 1623) und seiner Regel *Charta Caritatis* erlangte die Gemeinschaft 1119 die päpstliche Anerkennung als Orden des Reformbenediktinertums. Die charismatische Persönlichkeit des prominenten Zisterziensers ➛ Bernhard von Clairvaux (um 1090–1153, kanonisiert 1174) initiierte im 12. Jh. einen massenhaften Zulauf und die lawinenhafte Verbreitung der Zisterzienser in Europa: Um 1250 zählte der Orden insgesamt 647 Mönchsklöster, deren Zahl bis ins späte Mittelalter auf 742 anstieg. Die nördlichste Gründung war Munkeby unter dem Polarkreis bei Trondheim in Norwegen, die südöstlichste Beaulieu auf Zypern, die nordwestlichste Abbeystrowry in Irland und die östlichste Gründung war Mazyr in Weißrussland. Es existierten um 1500 innerhalb der Grenzen der heutigen Bundesrepublik 76 Mönchsklöster und über 260 Frauenklöster mit zisterziensischer Identität. Einen eigenen Frauenorden haben die ➛ Zisterzienserinnen nie gegründet, auch war nur ein Teil der Frauenklöster in den Orden inkorporiert. Die Mönchsabteien spannten ein netzartiges Geflecht von Filiationen (Autonomie der einzelnen Abtei innerhalb eines Mutter-Tochter-Verhältnisses) über ganz Europa. Das jährlich, später alle zwei Jahre in Cîteaux stattfindende Generalkapitel garantierte Vereinheitlichung, Zusammenhalt, Innovationstransfer und Amtshilfe ebenso wie die jährliche Visitation durch den Abt des Mutterklosters. 1184 erlangte der Orden durch Papst Lucius III. die Exemtion seiner Abteien, die dadurch der bischöflichen Jurisdiktion entzogen waren und lediglich dem Papst unterstanden. Institutionalisiertes Konversentum und revolutionierende

Eine anspruchsvoll verzierte Wandkonsole im Refektorium der Zisterzienserabtei Schönau im Odenwald.

Organisation der Selbstbewirtschaftung, auch von Kohle-, Erzgruben und Salzlagerstätten, machte aus den Zisterzienserabteien die modernsten Wirtschaftsunternehmen des Hochmittelalters mit Stützpunkten (Grangien) auf dem Land und Handelshöfen in den Städten. Die Nähe großer Handelsstraßen war deshalb ein wichtiges Motiv der Standortwahl, weltabgeschiedene Versunkenheit in unbewohnter Wildnis entsprach eher dem asketischen Ideal der Anfangszeit. Meist wurden klösterliche Erstanlagen bevorzugt in Tälern mit genügend fließendem Wasser errichtet. Die ursprüngliche Einsamkeit verlor sich selbstbestimmt durch eigene Geschäftigkeit und Anbindung an Absatzmärkte. Die Zisterzienser in ihrer grauen (ungefärbten) bis weißen Tunika mit schwarzem Skapulier betätigten sich als Kolonisatoren und Missionare, verwandelten sumpfige Einöden in ertragreiche Kulturlandschaften und spezialisierten sich auf Fließsysteme, Brückenbau und Fischwirtschaft. Dabei schreckten sie nicht zurück, ansässige Bauern zu vertreiben, wenn diese ihrer Eigenwirtschaft im Weg zu stehen schienen. In Nord- und Osteuropa waren sie christliche Vorboten inmitten einer heidnischen, lebensbedrohlichen Umwelt. Ihre Klosterbaukunst, stets einheitlich einem Idealplan folgend (sogenannter „Bernhardinischer Plan"), fasziniert durch konsequente Ausrichtung auf den Klosteralltag und durch feinsinnige Harmonie der Architektur im gekonnten Spiel von Hell und Dunkel bei Schlichtheit des Materials. Trotz gebotener Einheitlichkeit übernahmen die Zisterzienser regionale Traditionen in der Baukunst, ungehemmt auch die aufkommende Formensprache der Gotik. Abgeschlossene Kapellen, oft als Kranz um den Chorraum, sowie abgekragte Dienste an den Wänden waren beliebte Architekturformen. Die Gewissheit der Nähe Gottes durch Askese und Demut, aber auch durch Arbeit und Gebet findet in den mittelalterlichen Zisterzienserabteien ihren höchsten architektonischen Ausdruck. Alle Mönchsabteien des Ordens waren der Mutter Gottes geweiht. Reichtum und Verweltlichung, Abkehr von Eigenwirtschaft, Attraktivität der neuen Bettelorden, Verflechtung im Kirchensystem und Kommendenwesen sowie der erst spät einsetzende Bildungsanspruch ließen die Bedeutung des Zisterzienserordens im Spätmittelalter sinken. Die Reformation zwang zu einschneidenden Reformen. 1892 spalteten sich die streng kontemplativen Trappisten als eigenständiger Orden ab, von ihnen wiederum 1909 die Mariannhiller Missionare. Derzeit zählen zur zisterziensischen Familie weltweit über 400 Männer- und Frauenklöster in 13 Kongregationen.

◆ Rüffer, Jens: Die Zisterzienser und ihre Klöster, Darmstadt 2008; Eberl, Immo: Die Zisterzienser, Stuttgart 2002; Schneider, Ambrosius: Die Cisterzienser, Köln 1986; diverse Reihen und Zeitschriften.

ersetzte erst im 15. Jh. die ursprüngliche Flachdecke aus Holz. Einige klösterliche Ausstattungsstücke sind geblieben. Die „Neue Abtei" (um 1430) zeigt markante Staffelgiebel und farbenprächtige Fresken in der Abtskapelle; das repräsentative Gebäude wird heute als Zisterziensermuseum genutzt. Im gotischen Siechen- und Gästehaus wird eine Likördestille betrieben. In der Stadt Jüterbog steht das spätgotische Haus des ehemaligen Zinnaer Stadthofs, das heute als Heimatmuseum dient.

◆ Schmidt, Oliver H. /Schumann, Dirk: Z., in: Brandenburgisches Klosterbuch, Bd. 2, Berlin – Brandenburg 2007, 1359–84; Schmidt, Oliver H. : Kloster Z. und der Orden der Zisterzienser, Berlin 2001.

Zissendorf, *Zisterzienserinnenabtei St. Katharina (1265–1806), Erzdiözese Köln – (Hennef-Z., Rhein-Sieg-Kreis, Nordrhein-Westfalen, ❐ 3, B1).*

▶ Zisterzienserinnen von ➛ Blankenberg zogen sich vor 1265 endgültig aus der Bergstadt auf ihren Hof *Cicendorp* im Tal der Sieg zurück, den ihnen Graf Heinrich III. von Sayn 1247 als Grundausstattung übereignet hatte. Bereits im Dezember 1247 hatte Abt Gerhard (1244–61) vom Zisterzienserkloster ➛ Heisterbach den päpstlichen Auftrag erhalten, den Frauenkonvent in Blankenberg dem Zisterzienserorden zu inkorporieren. Dem konnte sich das Generalkapitel des Ordens nicht entziehen und nahm den Frauenkonvent wohl schon vor 1251 als vollwertiges Mitglied auf. Z. gilt daher als inkorporiertes Frauenkloster, obwohl in den Statuten nichts darüber erscheint. Die Mönchsabtei Heisterbach übte bis zum Anfang des 19. Jh. die Paternität aus, ihre Äbte siegelten die Urkunden der Schwestern. Nach Aufhebung der adeligen Frauenabtei 1806 durch die französische Besatzung lebte der letzte Prior, ein Heisterbacher Mönch, noch bis 1827 im Klostergut. Heute dient das Kloster Z. der Caritas als Rehabilitationsklinik für Frauen. Mittelalterliche Architektur ist kaum geblieben, nachreformatorische und neuzeitliche Bauten folgen dem Klausurquadrum. Im Südflügel der

Zisterzienserinnen

▶ Von der strikten Ablehnung der Frauengemeinschaften durch den Zisterzienserorden wird entgegen älterer Meinung heute nicht mehr ausgegangen. Gleichwohl untersagten die ältesten Statuten des Ordens ein Zusammenleben mit Frauen. Die ersten Zisterziensermönche identifizierten sich über die wortgetreue Einhaltung der Benediktregel, in der Frauen gar nicht genannt werden. Das zisterziensische Selbstverständnis bezog sich auf eine Männergemeinschaft, die zum Schutz vor Versuchung und Laster der Welt entsagte und die Einsamkeit der Wildnis bevorzugte. Vor dem 13. Jh. thematisierten die Generalkapitel des Ordens Frauenklöster kaum. Frühe Kontakte einzelner Persönlichkeiten des Ordens zu Frauen oder Frauengemeinschaften widerlegen die These einer zisterziensischen „Frauenfeindlichkeit“, jüngste Analysen sehen gar erste Ansätze zur Integration weiblicher Religiosen in den Orden bereits im 12. Jh. Die meisten Zisterzienser zeigten wohl in den ersten 100 Jahren eher Ignoranz oder Indifferenz gegenüber Frauenkonventen.

Das erste Frauenkloster mit zisterziensischer Lebensform war das Kloster Jully in Frankreich, das aber seit seiner Gründung um 1113 juristisch zur Benediktinerabtei Molesme gehörte. Das Frauenkloster Tart südöstlich von Dijon entstand 1132 mit Hilfe Stephan Hardings, des dritten Abts von Cîteaux, und lebte nach den strikten Zisterzienserstatuten. Selbst Tart wurde erst kurz vor 1200 mit seinen 18 Tochterklöstern offiziell in den Orden aufgenommen, nachdem die inkorporierten Kongregationen von Obazine und Savigny nach 1147 Schwestern in den Orden eingebracht hatten. Das erste Generalkapitel, das sich nachweislich mit weiblichen Konventen befasste, nämlich mit der Gruppe um Las Huelgas bei Burgos in Spanien, fand 1191 statt und erklärte sich für „nicht zuständig“. Im heutigen Deutschland entstanden bis 1200 etwa 23 Frauenklöster mit Zisterzienseridentität, ohne dass eine Ordenszugehörigkeit nachzuweisen wäre. Mehrere Generalkapitel legten im 13. Jh. legislative Vorkehrungen für die Integration von weiblichen Gemeinschaften fest. Die religiöse Frauenbewegung des 13. Jh. mit päpstlichem und weltlichem Beistand einerseits, aber der alles in allem enttäuschende Verlauf des Experiments „Doppelkloster“ innerhalb der monastischen Reformbewegung im 12. Jh. andererseits, ließen die Ordensleitung zwar handeln, dabei aber zurückhaltend agieren. Trotz eindeutiger Aufnahmeverbote fanden Inkorporationen in den Orden statt, meist in Form von Kompromissen oder Konzessionen. Die Bildung eines weiblichen Zweitordens stieß auf strikte Ablehnung. Mönchsabteien wurden seit 1228 zur Aufsicht über inkorporierte Frauenkonvente verpflichtet, worunter prinzipiell das Selbstbestimmungsrecht der Frauen litt. Eine geistliche Aufsicht über sogenannte „kommittierte“ Frauenklöster reicht nicht

Darstellung einer Zisterzienseräbtissin auf einer spätgotischen Grabplatte im Kloster Wöltingerode.

als Kriterium für eine Ordenszugehörigkeit aus. Diese setzte mehrere Faktoren voraus: anhaltende Exemtion, restriktive Klausur, großzügige Ausstattung sowie geistlich-weltliche Abts- anstelle von Propstgewalt. In den Orden aufgenommene Frauenklöster werden als Zisterzienserinnen*abteien* bezeichnet. Die Frauenklöster mit lediglich zisterziensischer Lebensform waren keine Abteien und werden Zisterzienserinnen*klöster* genannt, auch wenn ihre Vorsteherinnen den Titel Äbtissin trugen. Schätzungen ergeben eine Mindestzahl von etwa 800 Zisterzienserinnenklöstern außerhalb des Ordens für das mittelalterliche Europa. Päpstliche Verfügungen im 13. Jh. wie das *Privilegium commune cisterciense* (Zusicherung päpstlichen Schutzes, Bestätigung von Besitz und Einkünften, Erlaubnis der Aufnahme freier Personen, Freistellung von der weltlichen Gerichtsbarkeit, freie Äbtissinnenwahl) behandelten nicht-inkorporierte gleichermaßen wie dem Orden inkorporierte Abteien. Den päpstlichen Schutz nutzten Eigenklosterherren aus und bezeichneten ihre Frauengemeinschaften als Zisterzienserinnen*klöster*. Dies erklärt manche Verwirrung in der Frage benediktinischer oder zisterziensischer Observanz in den Urkunden eines Klosters. Im 15. Jh. übernahmen zahlreiche Zisterzienserinnen außerhalb des Ordens problemlos die Statuten der ➛ Bursfelder Kongregation und wechselten damit zu den Benediktinern. Innerhalb heutiger deutscher Grenzen existierten vor der Reformation fast 280 Frauenklöster mit zisterziensischer Identität. Unter den weiblichen Klöstern waren 77 nachweislich in den Orden inkorporiert, von diesen etwa ein Drittel allein im Erzbistum Köln; 22 weitere gelten ohne eindeutigen Quellennachweis als höchstwahrscheinlich aufgenommen.

◆ RepZist 19–48; Dohmen, Kristin: Die Klöster der Zisterzienserinnen im Rheinland, Worms 2008; Warnatsch-Gleich, Frederike: Herrschaft und Frömmigkeit. Zisterzienserinnen im Hochmittelalter, Berlin 2005; Hannöver, Bruno N.: Die Zisterzienserinnen, Grevenbroich 2004; Felten, Franz J.: Der Zisterzienserorden und die Frauen, Berlin 2000.

Anlage existiert ein Gebetsraum mit meterdicken Wänden, Kreuzgratgewölbe und Mittelsäule, der als ehemalige Unterkirche („Gruft“) der 1826 abgerissenen Klosterkirche gedeutet wird.

◆ Halbekann, Joachim J.: Die Zisterzienserinnenklöster in Blankenberg/Z. und Herchen, in: Die älteren Grafen von Sayn, Wiesbaden 1997, 374–378.

Zittau, *Franziskanerkloster St. Petrus und St. Paulus (1268–1554), Diözese Prag – (Lkr. Görlitz, Sachsen, ❐ 4, D1).*

▶ **Geschichte.** Die sorbische Siedlung Z. im heutigen Dreiländereck Deutschland/Polen/Tschechien erlangte 1255 das Stadtrecht vom böhmischen König Ottokar II. Die Familie von Leipa, Herrschaft auf Burg Rohnau, stiftete 1268 dem Franziskanerorden einen Hof in der Stadt zur Gründung eines Klosters. Die Barfüßer, die angeblich schon 1244 nach Z. gekommen waren, bauten eine bestehende Nikolauskapelle und umliegende Gebäude für ihr Kloster um. Die eigene Klosterkirche konnte 1293 zu Ehren der Apostel Petrus und Paulus konsekriert werden. 1274 erlaubte das Lyoner Generalkapitel des Franziskanerordens den Wechsel des Klosters von der böhmischen zur sächsischen Ordensprovinz. Die Patronatsrechte über die Pfarrkirchen der Stadt standen dem Johanniterorden (➛ Zittau) zu, was die Franziskaner zu unterlaufen versuchten; 1492 gab es Streit mit dem städtischen Komtur um Zuständigkeiten bei Begräbnissen. Durch den Handel an der Straße entlang des Neißetals wurde Z. die reichste Stadt des Oberlausitzer Städtebundes, entsprechend fielen Zuwendungen der Bürger und des örtlichen Adels an die Minoriten reichlich aus. Die Bettelbrüder räumten den Gönnern Begräbnisplätze im Kloster ein, besonders den Burggrafen von Dohna auf Grafenstein. 1407 fand ein Provinzialkapitel des Ordens in Z. statt. Während der Hussitenkriege (1421–37) flüchtete das Prager Domkapitel nach Z. und fand Aufnahme bei den Franziskanern und im nahen Cölestinerkloster ➛ Oybin. Die

Prager Chorherren hinterließen drei illuminierte Missalien, die bis heute bewahrt werden konnten. 1480 begannen die Minoriten ihr Kirchenschiff nach Westen zu erweitern und südlich an den Langchor einen Glockenturm anzusetzen. 1485 verweigerten sie sich der ordensinternen Observanz, beugten sich aber den gemäßigteren ➛ Martinianischen Konstitutionen. Eine Pestepidemie dezimierte 1520/21 die Stadtbevölkerung um über 2.000 Menschen, was etwa einem Drittel der Einwohnerzahl entsprach. Guardian Paulus Korb (1521) bereicherte sich persönlich an den gestiegenen Spendeneinnahmen, was der antiklerikalen Stimmung der empörten Bürger Vorschub leistete. Der Sohn der Stadt und Prediger bei den Johannitern, Laurentius Heydenreich (1484/85–1557), stieg zum Reformator auf und fand in Johanniterkomtur Martin Pras (1522/24) einen konniventen Vorgesetzten. Die Stadt neigte als erste des Oberlausitzer Städtebundes der neuen Lehre Martin Luthers zu. Bis 1538 hatte sich der Protestantismus durchgesetzt, obwohl Z. der böhmischen Krone unterstand und Habsburg diesen Schritt als Loyalitätsaufkündigung verstehen musste. Die Almosen gingen so stark zurück, dass der bereits ausgedünnte Konvent Kirchenkleinodien gegen Nahrungsmittel anbot. Schließlich übergaben 1543 die beiden letzten Brüder Leonhardus Pictor und Michael Reinstein Rechte und Besitz dem Magistrat bei Zusicherung einer Grundversorgung. Reinstein starb 1554 als letzter Zittauer Franziskaner. 1635 fiel Z. an das Kurfürstentum Sachsen.

Zittau Franziskanerkloster, der spätgotische Glockenturm an der Barfüßerkirche erreicht eine Höhe von 70 m.

▶ **Gegenwart.** Die Stadt Z. nutzt bis heute den Klosterkomplex, der in großen Teilen erhalten ist. Die inzwischen verputzte Petri-Pauli-Kirche dient als zweite evangelisch-lutherische Stadtkirche. Die zweischiffige Halle kennzeichnet ein typisch langer Chor zu vier Jochen mit gerader Schlusswand im Osten. Ihr 70 m hoher, schlanker Glockenturm prägt die Silhouette der Stadt. Die heutige Ausstattung geht auf die Innenrenovierung von 1658 bis 1662 und die Purifizierung von 1882 zurück; seit 1991 trennt eine Glaswand das Hauptschiff vom gottesdienstlich genutzten Chor. Anbauten an der Südseite entstanden erst im 18. Jh. als Betstuben. Nördlich liegen die mittelalterlichen Klausurgebäude an. Der Westflügel wurde 1652 unter Bürgermeister Haffter frühbarock verändert, der östliche Kreuzgang zeigt Kreuzrippengewölbe. Im gotischen Ostflügel mit typischen Funktionsräumen und Einzelzellen der Brüder im Obergeschoss ist das städtische Museum untergebracht. Eindrucksvoll sind Sakristei und Kapitelsaal, beide mit Sterngewölbe aus dem 15. Jh.

◆ Pieper, Roland/Einhorn, Jürgen W.: Franziskaner zwischen Ostsee, Thüringer Wald und Erzgebirge, Paderborn 2005, 227–232; Teichmann, Lucius: Die Franziskanerklöster in Mittel- und Ostdeutschland, Leipzig 1995, 204–206.

Zittau, *Johanniterkommende St. Johannes Baptist (vor 1291–1570), Diözese Prag – (Lkr. Görlitz, Sachsen, ❐ 4, D1).*

▶ Der Johanniterorden unterhielt in der Oberlausitzer Stadt Z. im heutigen Dreiländereck Deutschland/Polen/Tschechien seit der zweiten Hälfte des 13. Jh. eine Priesterkommende, die zum Großpriorat Böhmen gehörte. Ein Ordensbruder wird 1291 als Pfarrer von Z. genannt. Der Bischof in Prag (seit 1344 Erzbischof) übertrug im päpstlichen Auftrag die Patronatsrechte über die Pfarrkirchen in Z. den Ordensbrüdern, die das geistliche Leben in der Stadt etwa 250 Jahre lang bestimmten. Die Kommendeanlage befand sich an der Hauptpfarrkirche St. Johannes der Täufer am damaligen Kreuzhof nordwestlich des Marktes. Nach der reformatorischen Umwälzung verzichtete der Orden auf seine Rechte und verkaufte 1570 die Anlage samt Außenposten an die evangelischen Stadt. An der Stelle der Kommende entstand das „Alte Gymnasium“, das in der veränderten Form von 1602 noch heute den Behörden dient. Die spätgotische Hallenkirche St. Johannis des Johanniterordens wurde 1757 im Siebenjährigen Krieg zerstört und in einer langen Bauzeit völlig neu im klassizistischen Stil errichtet. Zwei kunsthistorisch äußerst seltene „Fastentücher“ (1472, 1573) mit hochwertiger Bildgestaltung blieben bewahrt; sie deckten zur Fastenzeit den Altar der Johanniskirche ab und trennten den Chor vom Langhaus. Auch außerhalb der Kernstadt hinterließen die Johanniter an ihrem einzigen Standort im späteren Land Sachsen architektonische Spuren: In der Frauenvorstadt besaß der Orden einen Hof und stellte den Pfarrer an der Frauenkirche. Diese Kirche wurde bis auf Querschiff und Chor abgetragen, frühbarock verändert und dient heute als Friedhofskirche; ihre verbliebene gotische Bausubstanz geht auf die Ordensbrüder zurück. Ebenso unterhielten die Johanniter im nahen Hirschfelde (Stadtteil von Z. seit 2007) einen Ableger als „Komturhof“, der heute mitunter fälschlicherweise als Kommende bezeichnet wird, weil sich immer Ordenspriester aus Z. am Hof aufhielten. Der Orden baute die Hirschfelder Pfarrkirche, die ihm seit 1365 unterstand, im 15. Jh. in der Form aus, in der sie heute noch erhalten ist. Veränderung und Ausschmückung von 1718 nahmen ihr nicht den spätgotischen Charakter.

◆ Stempel, Cornelius: Reformation und Konfessionalisierung im oberlausitzschen Z., (Magisterarbeit, Universität Leipzig, Historisches Seminar), 2006; Bahlcke, Joachim/Dudeck, Volker: Welt – Macht – Geist. Das Haus Habsburg und die Oberlausitz 1526–1635, Görlitz 2002; Schlesinger, Walter: Kirchengeschichte Sachsens im Mittelalter, Bd. 2, Köln 1962, 348f.

Das spätgotische Kalksteinrelief in der Klosterkirche **Zscheiplitz** zeigt Christus als Schmerzensmann.

Zscheiplitz, *Benediktinerinnenpriorat St. Bonifatius (vor 1203–1540), Diözese Halberstadt – (Freyburg-Z., Burgenlandkreis, Sachsen-Anhalt, ❐ 2, B5).*

▶ **Vorgeschichte.** Hoch über der Unstrut im slawischen Ort *Sipplice* bei Freyburg existierte im 11. Jh. ein befestigter Residenzhof (*curtis*) der sächsischen Pfalzgrafen, die 1041 ihren Stammsitz ➛ Goseck in eine Benediktinerabtei umgewandelt hatten. Nach der Ermordung des Pfalzgrafen Friedrich III. 1085 heiratete seine Witwe Adelheid aus dem Geschlecht der norddeutschen Udonen Graf Ludwig den Springer, Vater des ersten ludowingischen Landgrafen von Thüringen. Ludwig und Adelheid wurden beide später mit dem Mord in Verbindung gebracht.

▶ **Geschichte.** Laut Überlieferung des späten 14. Jh. gründete das neue Paar, möglicherweise aus Gewissensnot, nicht nur in ➛ Reinhardsbrunn bei Friedrichroda ein Mönchskloster, sondern auch auf dem Gelände ihres Hofes bei Sipplice über der Unstrut 1089 ein Benediktinerinnenkloster. Adelheid trat angeblich aus Reue selbst in den Konvent ein und stand ihm als erste Äbtissin (1089–1110) vor. Dieser Gründungschronik haftet Legendäres an: Die erste sichere Nachricht von 1110 stellt klar, dass Ludwig der Springer nach Adelheids Tod und ihrer Beisetzung im Hauskloster Reinhardsbrunn Kirche und Besitz in Z. der Benediktinerabtei Reinhardsbrunn übergab, wie auch die St. Ulrichkirche in ➛ Sangerhausen, wo ein Priorat entstand. Von einem Kloster in Z. war in der Schenkungsurkunde von 1110 keine Rede, sondern nur von der Übergabe einer *ecclesia*. Der erste urkundliche Nachweis eines Klosters Z. stammt von 1203, als Prior Heinrich von Zscheiplitz (1203/14) als Schlichter auftrat. Die Chronik der Abtei Reinhardsbrunn verweist erst 1215 auf das Frauenpriorat Z., das nach ➛ Ottenhausen und ➛ Bonnrode als drittes abhängiges Frauenkloster gegründet worden war. Die Reformbenediktiner sorgten mit Sicherheit in ihren Frauenkonventen für Observanz gemäß der ➛ Hirsauer Erneuerungsbewegung, die jedoch im 13. Jh. weitgehend erlahmte. Nach Aufgabe der Hirsauer Prioratsverfassung erlangte Z. die Stellung einer Propstei mit hohen Freiheitsgraden. Abgaben an die Mutterabtei zahlte der Konvent nicht, die Bindungen blieben jedoch eng. Urkundliche Überlieferungen sind spärlich: 1254 verkauften Priorin Johanna und Propst Johannes ein Gehölz an die Zisterzienser von ➛ Pforte; zwei Schuldbriefe von 1399 und 1404 unterzeichneten Priorin Landegarte und Propst Kurt Heffener. Der Besitzstand war überschaubar, gewinnträchtig erwiesen sich neun Weinhänge an der Unstrut. Propst Nikolaus verkaufte 1442 ein Fass Freyburger Wein an das Stift Neuwerk vor ➛ Halle. Die Schwestern unterhielten eine Mühle im Flusstal unterhalb des Klosters. Ende des 15. Jh. gewann der Reformgeist der ➛ Bursfelder Kongregation Einfluss im Konvent, was um 1500 zum Beitritt führte. Nach 1539 setzte Herzog Heinrich II. der Fromme rigoros den Protestantismus im albertinischen Herzogtum Sachsen durch. Propst Liborius Hopfe (1524–39) verlor sein Amt, das Kloster wurde 1540 säkularisiert. Die Priorin und zehn Schwestern bekannten sich zum lutherischen Glauben und behielten das Wohnrecht.

▶ **Gegenwart.** Die ehemalige Klosteranlage auf dem Berg ist heute noch gut erkennbar, auch wenn die oft wechselnden Besitzer die Klausurgebäude überbauten. Einige Kellerräume stammen aus mittelalterlicher Zeit, Reste der Wehrmauern gehen auf den vorklösterlichen Residenzhof zurück. Die romanische Klosterkirche (um 1100) ist dank einzigartiger, privater Bürgerinitiative zur DDR-Zeit vor dem Verfall bewahrt worden und dient heute wieder der evangelisch-lutherischen Gemeinde St. Bonifatius. Das langgestreckte Kirchenschiff mit halbkreisförmiger Apsis im Osten bildet eine Chorturmkirche, deren quadratischer Turm das Presbyterium überdeckt. Anfang des 13. Jh. wurde der Saal durch eine apsidiale Kapelle an der Nordseite und mit Nonnenempore sowie Unterkirche im Westen erweitert. Ein spätgotisches Kalksteinrelief mit Christus als Schmerzensmann blieb als mittelalterliches Ausstattungsstück erhalten. Das repräsentative Südportal ist eine neoklassizistische Zugabe.

◆ Schlegel, Astrid/Winkler, Lydia: Zur Baugeschichte der einstigen Kloster- und Gutsanlage in Z., in: Burgen und Schlösser in Sachsen-Anhalt 11 (2002) 72–113; Tebruck, Stephan: Die Gründungsgeschichte des Klosters Z., in: ebd., Sonderheft Z. (1999) 6–35.

Zscheiplitz Benediktinerinnenpriorat, Blick in die Apsis der romanischen Chorturmkirche (um 1100).

Zschillen, *Augustiner-Chorherrenstift Heilig Kreuz (1168–1278), Deutschordenskommende Heilig Kreuz (1278–1543), Benediktinerkloster Kreuzerhöhung (seit 1993), Diözese Meißen – (Wechselburg, Lkr. Mittelsachsen, Sachsen, ❐ 4, B1).*

▶ **Geschichte des Augustiner-Chorherrenstifts.** Dedo von Groitzsch-Rochlitz aus dem wettinischen Fürstenhaus stiftete 1168 zur Festigung seiner Herrschaft ein Kloster in Z. an der Zwickauer Mulde. Er rief Augustiner-Chorherren aus dem Stift Neuwerk vor ➛ Halle und vom ➛ Petersberg bei Halle unter Propst Dietrich (1174) nach Sachsen. Probleme ergaben sich, weil das neue Stift direkt an der Bistumsgrenze von Meißen und Merseburg lag und der Besitz kirchenrechtlich zwei Bischöfen unterstand. Mit dem Sohn des Stifters starb die Familie im Mannesstamm aus. Eine letzte Schenkung erhielten die Chorherren 1210. Im Verlauf des 13. Jh. verfiel die innere Ordnung wegen materieller Not und es kam zu Verfehlungen der Konventsmitglieder. Letztendlich führten aber eher politische Erwägungen dazu, dass 1278 der Deutsche Orden unter Deutschmeister Gerhard von Hirschberg (1272–79) auf Bitten des wettinischen Landesherrn das Stift übernahm.

▶ **Geschichte der Deutschordenskommende.** Der Deutsche Orden richtete 1278 wahrscheinlich mit Brüdern aus dem nahen Altenburg (s. u) in Z. eine Kommende ein, die ebenfalls zur Ballei Thüringen gehörte. Die Niederlassung Z. besaß nicht die gewohnten Freiheiten eines Deutschordenshauses, sondern musste bischöfliche Mitspracherechte akzeptieren. Hochgestellte Gönner wie die Wettiner Markgrafen, die Könige Rudolf I. von Habsburg und Adolf von Nassau, aber auch die Burggrafen von Altenburg verhalfen der Kommende zur Blüte. Dem Prior unterstanden zwei Archidiakonatsbezirke, auch übte er die hohe und niedere Gerichtsbarkeit aus. Die Kommende litt im 14./15. Jh. am Niedergang des Ordens insgesamt. 1451 zählten Visitatoren im Auftrag des Hochmeisters neben dem Komtur Hermann Thim, dem Prior (Propst) und Archidiakon Johannes Heppener, nur einen weiteren Ritterbruder, elf Priesterbrüder und einen Laienbruder. Hiob von Dobeneck aus Z. erlangte 1501 den Bischofsstuhl von Pomesanien. Herzog Heinrich II. forderte 1540 die evangelische Kirchenordnung im albertinischen Sachsen. Die Kommende ging schließlich 1543 an Herzog Moritz über, der Gebäude und Besitz den Herren von Schönburg übergab. Die Schönburger ließen 1753 ein barockes Schloss erbauen; seit ihrer Zeit heißt der Ort Wechselburg.

Zschillen Augustiner-Chorherrenstift/Deutschordenskommende, Mittelschiff mit spätromanischem Lettner.

▶ **Gegenwart.** Im August 1993 belebten vier Benediktinermönche aus dem bayerischen Kloster Ettal die klösterliche Tradition in Wechselburg. Der heutige Benediktinerkonvent nutzt die ehemalige Stiftskirche und heutige katholische Pfarrkirche Zum Heiligen Kreuz für das Stundengebet. Die Kirche wurde 1180 von den Augustiner-Chorherren als dreischiffige Pfeilerbasilika mit drei Ostapsiden und einem Zweiturmriegel im Westen vollendet. Sie imponiert trotz einiger Veränderungen noch heute durch ihre romanische Strenge. Dem Westriegel, vergleichbar mit jenen von ➛ Drübeck und Neuwerk in ➛ Goslar, fehlen inzwischen die Türme. An der Nordseite schützt eine spätgotische Vorhalle den Haupteingang mit zwei reichverzierten Säulenportalen. Das Netzgewölbe im Mittelschiff zogen die Deutschordensbrüder im 15. Jh. ein. Am östlichen Vierungspfeiler befindet sich das Grab Stifter Dedos und seiner Gemahlin Mechthild. Berühmt aber ist Wechselburg unter den Kunsthistorikern wegen seines figurenreichen Lettners mit dem hölzernen Triumphkreuz; dieser spätromanische Lettner ist heute in der Unesco-Denkmalliste verzeichnet. Das barocke Schloss steht auf Grundmauern der romanischen Klausur; unter dem Südtrakt existiert ein mittelalterliches Kellergeschoss.

❖ Die Deutschordenskommende in der ostthüringischen Reichsstadt Altenburg entstand 1214 nach der Schenkung des städtischen Armenspitals durch König Friedrich II. als eine der ersten Niederlassungen des Ordens. Das Hospital in Altenburg entwickelte sich zu einem der reichsten Ordenshäuser innerhalb der Ballei Thüringen, endete aber schon mit der Reformation um 1540. Vom Komturhof mit Schule und Spital im Bereich Johannisstraße blieben keine Gebäude erhalten.

◆ Magirius, Heinrich: Stiftskirche Wechselburg, Regensburg 2003; Jähning, Bernhard: Der Deutsche Orden und seine Ballei Thüringen im Mittelalter, Lüneburg 1997; Schlesinger, Walter: Kirchengeschichte Sachsens im Mittelalter, Bd. 2, Köln 1962, 228–231.343 f.

Zülpich, *Benediktinerpropstei St. Quirinus (1121–1802), Erzdiözese Köln – (Kr. Euskirchen, Nordrhein-Westfalen, ❐ 3, A1).*

▶ **Geschichte.** Erzbischof Sigewin von Köln (Are) schenkte um 1080 der Benediktinerabtei ➛ Siegburg das Patronatsrecht über die im 9. Jh. bezeugte Pfarrkirche St. Petrus und Dionysius auf dem Mühlenberg in Z. Schon in römischer Zeit existierte am Han-

Zülpich Benediktinerpropstei, die dreischiffige Krypta der frühromanischen Propsteikirche (nach 1080).

delsknotenpunkt die Kleinsiedlung *Tolbiacum*. In der Frankenzeit fungierte die Urpfarre St. Peter als Zentrum eines Dekanats, das sich bis ins heutige Belgien erstreckte. Die Reformabtei Siegburg ließ in Z. nach 1080 eine dreischiffige Basilika St. Peter errichten. Abt Kuno I. von Siegburg (1105–26) etablierte an dieser Kirche die Propstei St. Quirinus, welche 1121 erstmals erwähnt wird; die Gründungsurkunde wurde 1124 ausgestellt. Der erste namentlich bekannte Vorsteher war 1166 Propst Folkwin. 1206 inkorporierte Erzbischof Bruno IV. von Sayn die Pfarrkirche aus dem 11. Jh. der Propstei samt ihrer Einnahmen, um die Wirtschaftskraft der Mönchszelle zu fördern. Die Benediktiner bauten in der ersten Hälfte des 13. Jh. das Langhaus ihrer Kirche um und errichteten ein neues Propsteigebäude. Der Propst wurde mit Pfarraufgaben auch in weiteren sieben Kapellen der Stadt beauftragt, die er oft ungenügend ausübte und aus Geldmangel auch nicht delegieren konnte. Beschwerden der Pfarrgemeinden und der Grafen bzw. Herzöge von Jülich-Kleve-Berg waren die Folge. Der Bonner Archidiakon im Cassiusstift versuchte zu schlichten und beauftragte 1555 die Schwesterpropsteien ➛ Hirzenach und ➛ Oberpleis Hilfe zu leisten. Die Reformation beeinflusste Z. allem Anschein nach nicht. Die Wirtschaft der Propstei erwies sich laut Rechnungsbüchern im 16./17. Jh. als stabil. Französische Revolutionstruppen beschlagnahmten 1798 den Besitz. Die amtliche Auflösung der Propstei Z. erfolgte 1802.

▶ **Gegenwart.** Der Propsteikomplex auf dem Mühlberg in Z. fiel 1944, wie die ganze Stadt, alliierten Bomben zum Opfer. Heute steht an historischer Stelle die moderne katholische Pfarrkirche St. Peter auf Fundamenten und Restmauern der romanischen Basilika. Linksseitig unter dem Altar verbirgt sich die Krypta als großartiges Bauzeugnis der Benediktiner. Diese dreischiffige, vierjochige Doppelanlage mit Kreuzgratgewölbe, Säulen und Würfelkapitellen gehört zu den bedeutenden Unterkirchen des 11. Jh. der rheinisch-maasländischen Region. Auf zwei kunstvolle Antwerpener Schnitzaltäre (um 1530) sei ebenso hingewiesen wie auf das Taufbecken des 12. Jh., an eine Quirinusfigur (um 1420) und ein Kruzifix (um 1060). Die Propsteigebäude (um 1230) wurden restauriert; Grabungen auf dem Propsteiplatz legten Fundamente des mittelalterlichen Kreuzgangs frei. Andere archäologische Untersuchungen beschäftigen sich mit der römischen Thermalanlage von Z., einem Bodendenkmal von nationalem Rang. Der Stadt sind inzwischen einige umliegende Gemeinden angegliedert, so dass die Klöster ➛ Hoven, ➛ Bürvenich, ➛ Antonigartzem und ➛ Sinzenich heute zur Stadtgemeinde Z. gehören.

◆ GermSac NF 9, 78–81; Herzog, Harald/Nußbaum, Norbert: Stadt Z. Baugeschichte, Sakralbau, Köln 1988.

Zwätzen, *Deutschordens Landkommende St. Maria (vor 1220–1809), Erzdiözese Mainz – (Jena-Z., kreisfreie Stadt Jena, Thüringen, ❐ 4, B1).*

▶ **Geschichte.** Die erste Niederlassung des Deutschen Ordens innerhalb heutiger deutscher Grenzen war wohl um 1200 die Kommende St. Kunigunde vor Halle an der Saale. Um 1236 bildete sich die Ordensballei Thüringen-Sachsen, zu deren Hauptsitz die Kommende Z. unterhalb der heutigen Universitätsstadt Jena bestimmt wurde. Landgraf Ludwig IV. von Thüringen hatte den jungen Deutschen Orden mit reichen Landdotationen und Zollfreiheit in Thüringen und Hessen gefördert. Der Hauptsitz Z. etablierte sich vor 1220 in der Amtszeit des thüringischen Hochmeisters Hermann von Salza (1209–39). Im nahen Porstendorf (s. u) entstand 1220 ein weiteres abhängiges Haus. Erstmals findet 1221 der Ordensritter Hugo von Zuezen urkundliche Erwähnung. Der Regionaladel verkaufte an die Kommende noch im 13. Jh. reichlich Ackerland, Weiden und Wälder, einschließlich Weinhängen, die in Z. schon damals angelegt waren. 1255 gliederten sich die Ballei Hessen mit Hauptsitz ➛ Marburg und 1287 die Ballei Sachsen mit Hauptsitz ➛ Lucklum aus der Ballei Thüringen-Sachsen aus. Die Ordensritter in Z. nutzten die bereits bestehende, romanische Saalkirche St. Maria für ihre Gottesdienste und legten neben dem Kommendehaus einen florierenden Wirtschaftshof an. Ein Komtur Albrecht von Wallendorf wird 1291 namentlich genannt, der mit Zustimmung Landkomtur Heinrichs von Hochheim (1285–92) den Zisterzienserinnen in ➛ Kapellendorf Land zu Közschau verkaufte. Mitte des 14. Jh. beginnt der wirtschaftliche Niedergang, begleitet von Überschwemmungen und Missernten. 1429 half nur noch die Verpfändung des Komturhofes an den Deutschmeister Eberhard von Seinsheim (1420–43). Die Ballei Thüringen litt im 15. Jh. an Überschuldung, dem Verlust der Ordensideale und Nachwuchsmangel. Visitatoren zählten 1451 in ganz Thüringen nur noch sieben Ritterbrüder, 102 Priesterbrüder und zwei Graumäntler (Laienbrüder). In Z. lebten neben Landkomtur Eberhart Hoilz (1432–74) lediglich zwei Ritterbrüder und ein Priesterbruder. Nach Durchsetzung der Reformation bekannten sich auch die thüringischen Deutschherren zur lutherischen Lehre. Im Naumburger Vertrag von 1593 konnte der Landkomtur Bernhard von Anhalt (1591–96) einen Ausgleich mit Herzog Friedrich-Wilhelm I. von Sachsen-Weimar über den Ordensbesitz aushandeln und unterstellte dabei die überschuldeten Güter der fürstlichen Landeshoheit. Lediglich vier Häuser der Ballei blieben mit Ordensbrüdern besetzt: Z., ➛ Liebstedt, ➛ Lehesten und ➛ Nägelstedt. Sie existierten bis zur Aufhebung des Ordens 1809 eher in Form von lehnsabhängigen Rittergütern. Dem letzten Landkomtur, Heinrich Moritz Freiherr von Berlepsch (1755–1809), wurden die Kommenden Z. und Liebstedt überlassen, weil er 1806 verwundete Soldaten nach der Schlacht von Jena/Auerstädt versorgt hatte. Nach wenigen Monaten verstarb er und wurde in der Marienkirche in Z. beigesetzt.

▶ **Gegenwart.** Die Marienkirche steht noch heute als evangelisch-lutherische Pfarrkirche im kleinen Ort Z., der inzwischen in die Universitätsstadt Jena eingemeindet ist. Einige romanische Bauteile sind ihr geblieben, etwa das südliche Eingangsportal mit dem sorgfältig ausgehauenen Schachbrettfries am Türstock. Der Sakralbau wurde von den Deutschordensbrüdern im gotischen Stil vergrößert. Der Westturm entstand 1513–97, der Chorraum wurde 1674 verbreitert und bot nun genügend Raum für die Loge des Landkomturs. Im „Alten Gut“ und unter einigen Häusern im Ort existieren noch heute mittelalterliche Keller mit Tonnengewölbe. Der Keller unter dem ehemaligen Verwaltungsgebäude, dem heutigen Pfarrhaus, dient als Jugendclub.

❖ Saaleabwärts im nahen Porstendorf stiftete Bischof Bruno II. von Meißen (Porstendorf) um 1209 ein Augustiner-Chorherrenstift, das er aber 1220 dem Deutschen Orden übergab. Der Orden etablierte eine Kommende zur Güterverwaltung und unterstellte das Haus der Kommende Z. 1226 verkaufte Hochmeister Hermann von Salza den Besitz wegen ständiger Konflikte an die Zisterzienser von ➛ Pforte, die bereits in der Saaleaue und in Neuengönna über reichlich Grundbesitz verfügten und eine Grangie auf dem Hof einrichteten. In der Mühle am Saalewehr in Porstendorf nahe der Rabeninsel erinnert nichts mehr an die monastische Vergangenheit.

◆ Pester, Thomas: ‚Zwar die Ritter sind verschwunden‘ … Das alte Z. und der Deutsche Orden, 2 Tle., Jena 2007–09; Jähning, Bernhard: Der Deutsche Orden und seine Ballei Thüringen im Mittelalter, Lüneburg 1997.

Zyfflich Benediktinerkloster, die heutige Pfarrkirche entstammt dem ottonischen Klosterbau (um 1025).

Zyfflich, *Benediktinerkloster St. Martin (vor 1021– vor 1117), Prämonstratenser-Chorherrenstift St. Martin (vor 1153–79), Erzdiözese Köln – (Kranenburg-Z., Kr. Kleve, Nordrhein-Westfalen, ❐ 1, A5).*

▶ Benediktiner kamen zwischen 1002 und 1021 nach Z. an den Niederrhein, das heute unmittelbar an der niederländischen Grenze liegt. Das Martinskloster, eine Stiftung Graf Balderichs und seiner Gemahlin Adela, wurde von Erzbischof Heribert von Köln vor März 1021 geweiht. Die Mönche errichteten in der ersten Hälfte des 11. Jh. eine Klosterkirche, die in Teilen noch heute besteht und zu den ältesten Gotteshäusern der Niederrheinregion gehört. Der Benediktinerkonvent bestand nur etwa 100 Jahre; vor 1117 wurde das Kloster in ein Kollegiatstift umgewandelt. Am Niederrhein konnten die Benediktiner keine bedeutende Niederlassung dauerhaft halten. Zwischen 1150 und 1153 initiierte Papst Eugen III. die Umwandlung des Kollegiatstifts in ein Regularkanonikerstift der Prämonstratenser. Der Prämonstratenserorden konnte sich seiner Neuerwerbung aber nur wenige Jahre erfreuen, weil Kaiser Friedrich I. Einspruch erhob. Propst Ulrich (1152–70) von ➛ Steinfeld erreichte auch bei Papst Hadrian IV. nicht, dass Z. den Prämonstratensern erhalten blieb; es wurde 1179 wieder in ein Säkularkanonikerstift umgewandelt. Heute spiegelt die Architektur der katholischen Pfarrkirche St. Martin mit eingebautem Westturm die verschiedenen Zeiten ihrer langen Geschichte wider. Im Kern geht sie auf den ersten ottonischen Kirchenbau der Benediktiner zurück: eine dreischiffige, turmlose Basilika mit Querschiff, Stützenwechsel und Rechteckchor in auffallend harmonischen Maßverhältnissen. Die Chorherren des Kollegiatstifts bauten sie im 14. Jh. um. Nach ihrem Auszug 1436 entstand eine einschiffige, gewölbte Pfarrkirche ohne Querarme und Seitenschiffe. 1911–14 wurden die Seitenschiffe wieder angebaut und die ottonischen Mittelschiffarkaden erneut geöffnet. Die schmuckreichen Kapitelle werden auf die Zeit um 970 geschätzt und kamen wohl beim Gründungsbau um 1020 als Spolien von auswärts.

◆ Ehlers-Kisseler, Ingrid: Die Anfänge der Prämonstratenser im Erzbistum Köln, Köln u. a. 1997; Hövelmann, Gregor (Hg.): Niederrheinische Kirchengeschichte, Keveaer 1965; Schaefer, Leo: Der Gründungsbau der Stiftskirche St. Martin in Z., Essen 1963.

Anhang

Klösterkarten

Die Klösterkarten 1–4 enthalten alle im Lexikon in Stichwörtern behandelten Klöster. Die Symbole und Farben entsprechen folgenden Ordensgemeinschaften:

△ Antoniter
Augustiner-Chorherren
Augustiner-Eremiten
Heilig-Geist-Chorherren
Kreuzherren
Pauliner-Eremiten
Sepulcriner
Serviten

● Augustiner-Chorfrauen/Chordamen
Augustiner-Eremitinnen
Birgitten

△ Benediktiner
Cölestiner
Wilhelmiten

● Benediktinerinnen
Wilhelmitinnen

△ Dominikaner

● Dominikanerinnen
Dominikaner-Teritarinnen
Magdalenen

△ Deutschherren
Johanniter
Templer

△ Franziskaner
Franziskaner-Konventualen
Franziskaner-Observanten

○ Franziskaner-Tertiarinnen
Klarissen

△ Karmeliten

△ Kartäuser

△ Prämonstratenser-Chorherren

● Prämonstratenser-Chorfrauen/Chordamen

▲ Zisterzienser

● Zisterzienserinnen

□ Städte mit mindestens sechs Klöstern/Stiften, die im lexikalischen Teil eine Stadtkarte besitzen

A
B
C
D
1
2
3
4
5
Rudekloster
Flensburg
Schleswig
Kiel
Preetz
Bordesholm
Meldorf
Itzehoe
Segeberg
Uetersen
Neuenwalde
Himmelpforten
Stade
Östringfelde
Atens
Appingen
Aland
Ihlow
Boekzetel
Strückhausen
Harsefeld
Buxtehude
Winsen
Jemgum
Osterholz
Zeven
Lüne
Lesum
Bokelesch
Blankenburg
Hude
Lilienthal
Bremen
Heiligenrode
Bassum
Walsrode
Heiligenberg
Meppen
Börstel
Wietmar-
schen
Bersenbrück
Lage
Burlage
Schinna
Mariensee
Wienhausen
Frenswegen
Schale
Malgarten
Nendorf
Loccum
Levern
Marienwerder
Graven-
horst
Rulle
Gertrudenberg
Minden
Stadthagen
Bentlage
Osterberg
Osnabrück
Quernheim
Obern-
kirchen
Barsinghausen
Lagenhorst
Leeden
Oesede
Wittekindsberg
Wennigsen
Metelen
Iburg
Rinteln
Hamel-
springe
Hildesheim
Burgsteinfurt
Wülfinghausen
Herford
Vlotho
Möllenbeck
Marienrode
Klein Burlo
Vinnenberg
Bielefeld
Hameln
Marienau
Witten-
burg
Engerode
Derneburg
Münster
Lemgo
Holle
Ringelheim
Groß Burlo
Marienfeld
Kemnade
Freckenhorst
Clarholz
Blomberg
Falkenhagen
Amelungsborn
Zyfflich
Kleve
Bocholt
Lette
Herzebrock
Bruns-
hausen
Clus
Kranen-
burg
Bedburg
Weddern
Marienmünster
Einbeck
Riechenberg
Hau
Marien-
baum
Marienthal
Liesborn
Paderborn
Brenkhausen
Tom Roden
Wiebrechtshausen
Graefen-
thal
Cappenberg
Cappel
Höxter
Corvey
Nort-
heim
Osterode
Wesel
Flaesheim
Hamm
Abdinghof
Iburg
Gaesdonck
Kamp
(Lindfort)
Benninghausen
Lippstadt
Fredelsloh
Helmars-
hausen
Gehrden
Steina
Katlenburg
Welver
Böddeken
Lippolds-
berg
Hamborn
Willebadessen
Geldern
Dortmund
Unna
Soest
Holthausen
Hardehausen
Weende
Pöhlde
Moers
Duisburg
Fröndenberg
Warburg
Hofgeismar
Göttingen
Wachten-
donk
Brackel
Belecke
Dalheim
Stoppenberg
Oelinghausen
Odacker
Marsberg
Bursfelde
Teistungenburg
Hüls
Saarn
Elsey
Hilwarts-
hausen
Mariengarten
Herdecke
Werden
Wedinghausen
Galiläa
Bredelar
Wormeln
Reinhausen
Reifenstein
Dülken
Rumbeck
Arolsen
Neuss
Düsseldorf
Gevelsberg
Bericht
Hasungen
Wahlshausen
Neuwerk
Gräfrath
Mengeringhausen
Nords-
hausen
Kassel
Witzenhausen
Brüggen
Keppelsberg
Flechtdorf
Beuren
Gladbach
Beyenburg
Volkhardinghausen
Freien-
hagen
Kaufungen
Eppinghoven
Korbach
Merx-
hausen
St.Nikolaus
Burg
Anrode
Grevenbroich
Werbe
Breitenau
Dalheim
Gürath
Marienheide
Spangen-
berg
Eschwege
Zella
Hilfarth
Knechtsteden
Dünn-
wald
Altenberg
Grafschaft
Glindfeld
Schaaken
Marien-
thal-
Netze
Eppenberg
Köln
Herren-
strunden
Drolshagen
Germerode
Groß-
burschla
Millen
Brauweiler
Deutz
Marienhagen
Frankenberg
Fritzlar
Felsberg
Heydau
Reichenbach

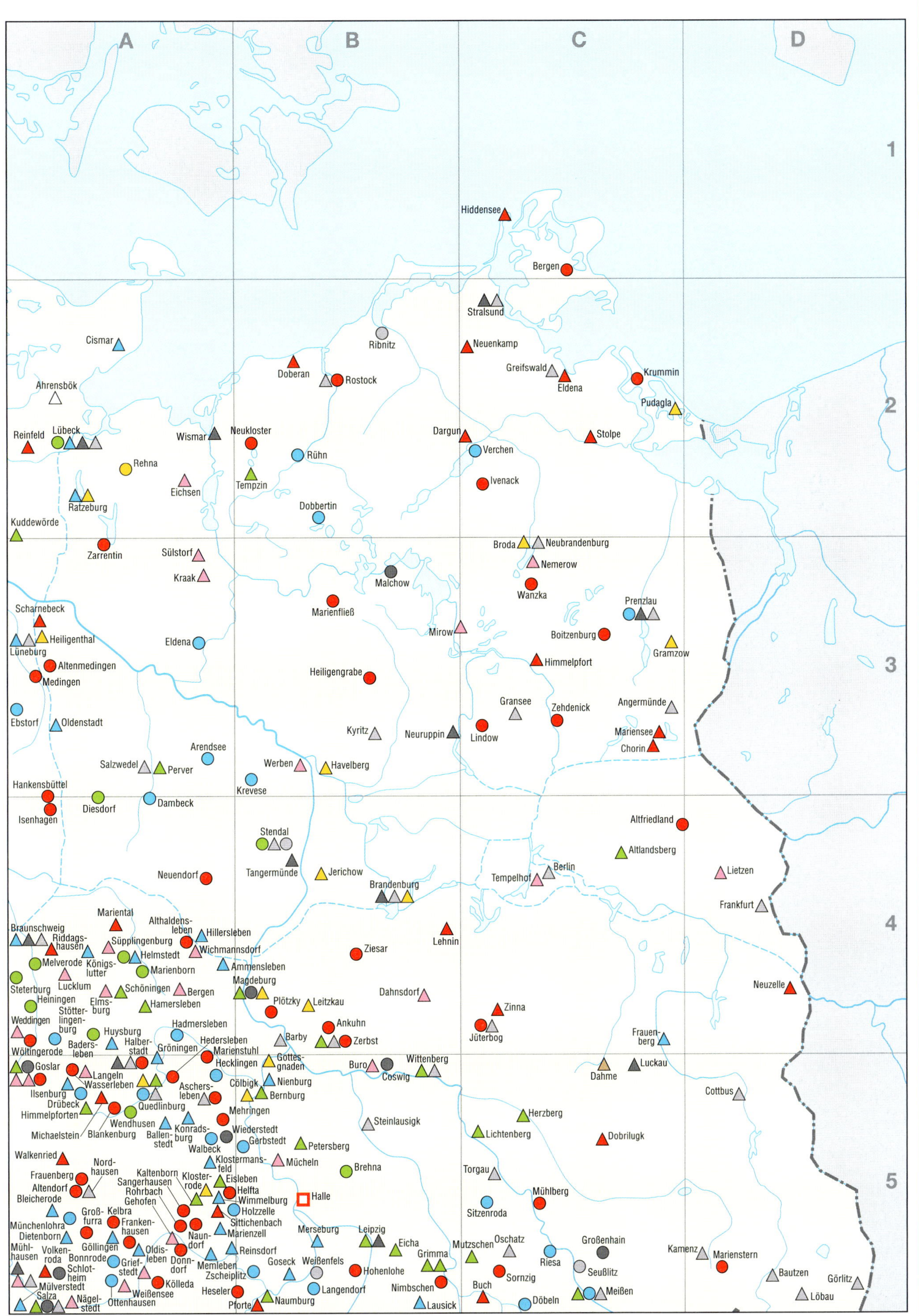
A
B
C
D
1
2
3
4
5
Hiddensee
Bergen
Stralsund
Ribnitz
Neuenkamp
Cismar
Doberan
Rostock
Greifswald
Eldena
Krummin
Ahrensbök
Pudagla
Reinfeld
Lübeck
Wismar
Neukloster
Dargun
Stolpe
Rühn
Verchen
Rehna
Tempzin
Ivenack
Eichsen
Ratzeburg
Dobbertin
Kuddewörde
Broda
Neubrandenburg
Zarrentin
Sülstorf
Nemerow
Kraak
Malchow
Wanzka
Prenzlau
Scharnebeck
Marienfließ
Mirow
Boitzenburg
Heiligenthal
Eldena
Gramzow
Lüneburg
Altenmedingen
Himmelpfort
Medingen
Heiligengrabe
Gransee
Zehdenick
Angermünde
Ebstorf
Oldenstadt
Kyritz
Neuruppin
Lindow
Mariensee
Chorin
Arendsee
Salzwedel
Perver
Werben
Havelberg
Hankensbüttel
Krevese
Diesdorf
Dambeck
Altfriedland
Isenhagen
Stendal
Altlandsberg
Tangermünde
Jerichow
Berlin
Neuendorf
Lietzen
Tempelhof
Brandenburg
Frankfurt
Mariental
Althaldensleben
Hillersleben
Braunschweig
Lehnin
Riddagshausen
Süpplingenburg
Wichmannsdorf
Ziesar
Melverode
Königslutter
Helmstedt
Ammensleben
Marienborn
Steterburg
Lucklum
Schöningen
Bergen
Magdeburg
Dahnsdorf
Neuzelle
Heiningen
Elmsburg
Plötzky
Leitzkau
Weddingen
Stötterlingenburg
Hamersleben
Zinna
Hadmersleben
Ankuhn
Huysburg
Jüterbog
Frauenberg
Wöltingerode
Badersleben
Halberstadt
Gröningen
Hedersleben
Barby
Zerbst
Marienstuhl
Gottesgnaden
Wittenberg
Goslar
Hecklingen
Buro
Coswig
Dahme
Luckau
Langeln
Wasserleben
Cölbigk
Nienburg
Ilsenburg
Aschersleben
Bernburg
Cottbus
Drübeck
Quedlinburg
Himmelpforten
Mehringen
Steinlausigk
Herzberg
Wendhusen
Konradsburg
Michaelstein
Blankenburg
Ballenstedt
Wiederstedt
Lichtenberg
Dobrilugk
Walbeck
Gerbstedt
Petersberg
Walkenried
Nordhausen
Klostermansfeld
Mücheln
Brehna
Frauenberg
Kaltenborn
Klosterrode
Eisleben
Torgau
Altendorf
Sangerhausen
Bleicherode
Rohrbach
Helfta
Halle
Gehofen
Wimmelburg
Mühlberg
Sitzenroda
Großfurra
Kelbra
Holzzelle
Münchenlohra
Frankenhausen
Sittichenbach
Dietenborn
Naundorf
Marienzell
Merseburg
Leipzig
Eicha
Oschatz
Großenhain
Mühlhausen
Volkenroda
Göllingen
Oldisleben
Grimma
Mutzschen
Kamenz
Marienstern
Bonnrode
Griefstedt
Donndorf
Memleben
Reinsdorf
Goseck
Weißenfels
Riesa
Schlotheim
Zscheiplitz
Hohenlohe
Seußlitz
Kölleda
Sornzig
Bautzen
Mülverstedt
Weißensee
Heseler
Langendorf
Nimbschen
Buch
Görlitz
Salza
Nägelstedt
Ottenhausen
Pforte
Naumburg
Lausick
Döbeln
Meißen
Löbau

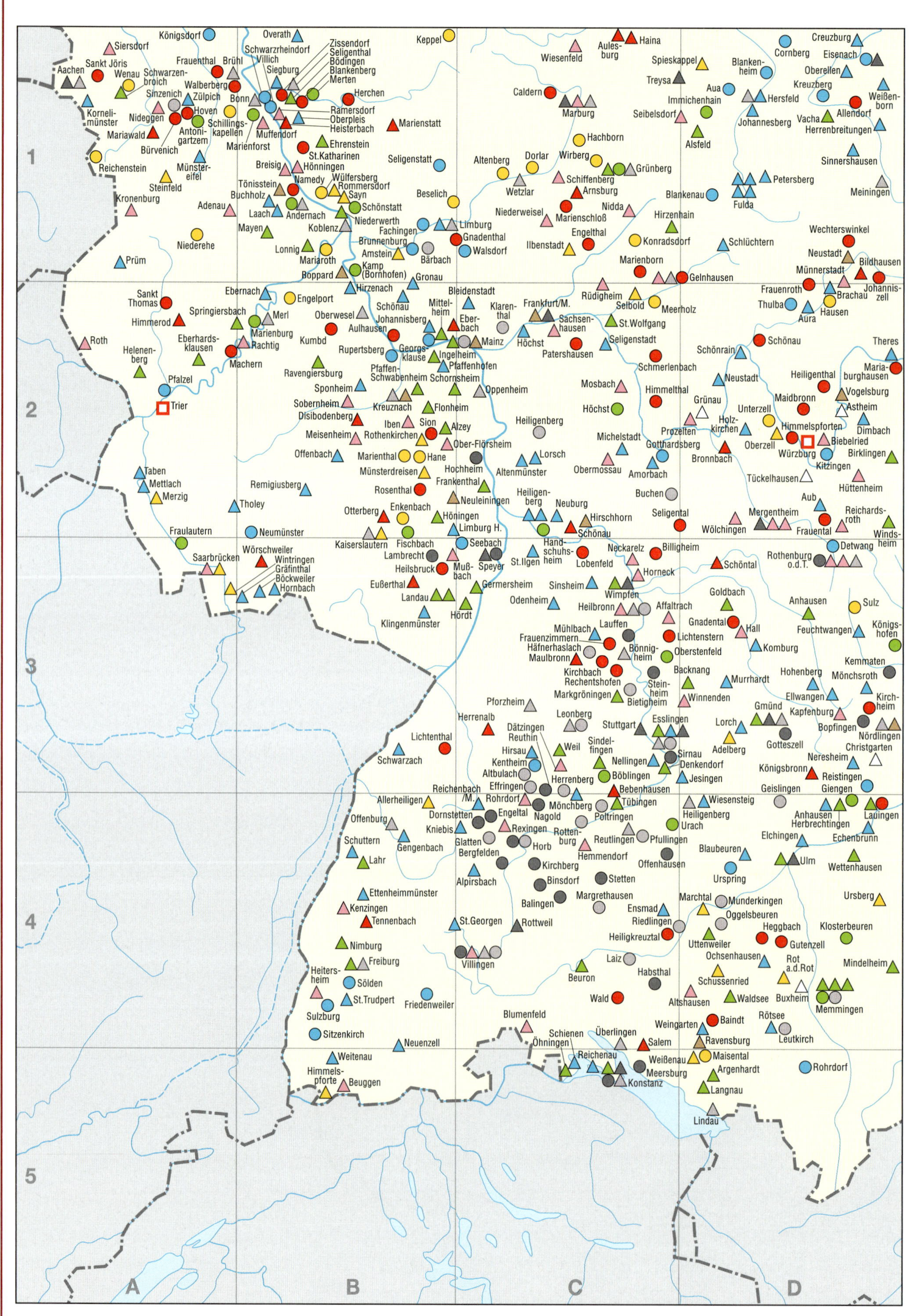
A
B
C
D
1
2
3
4
5
Aachen
Sankt Jöris
Siersdorf
Königsdorf
Overath
Keppel
Köln
Trier
Pfalzel
Prüm
Koblenz
Mainz
Frankfurt/M.
Marburg
Fulda
Würzburg
Himmelspforten
Speyer
Heidelberg
Stuttgart
Esslingen
Tübingen
Ulm
Konstanz
Lindau
Freiburg
Saarbrücken
Kaiserslautern
Worms
Lorsch
Bebenhausen
Maulbronn
Reichenau
Salem
Weingarten
Ravensburg
Memmingen
Kempten
St.Georgen
Villingen
Rottweil
Hirsau
Alpirsbach
Lichtenthal
Herrenalb
Schöntal
Schwarzach
Gengenbach
Lahr
Tennenbach
St.Trudpert
Sulzburg
Beuggen
Himmelspforte
Weitenau
Neuenzell

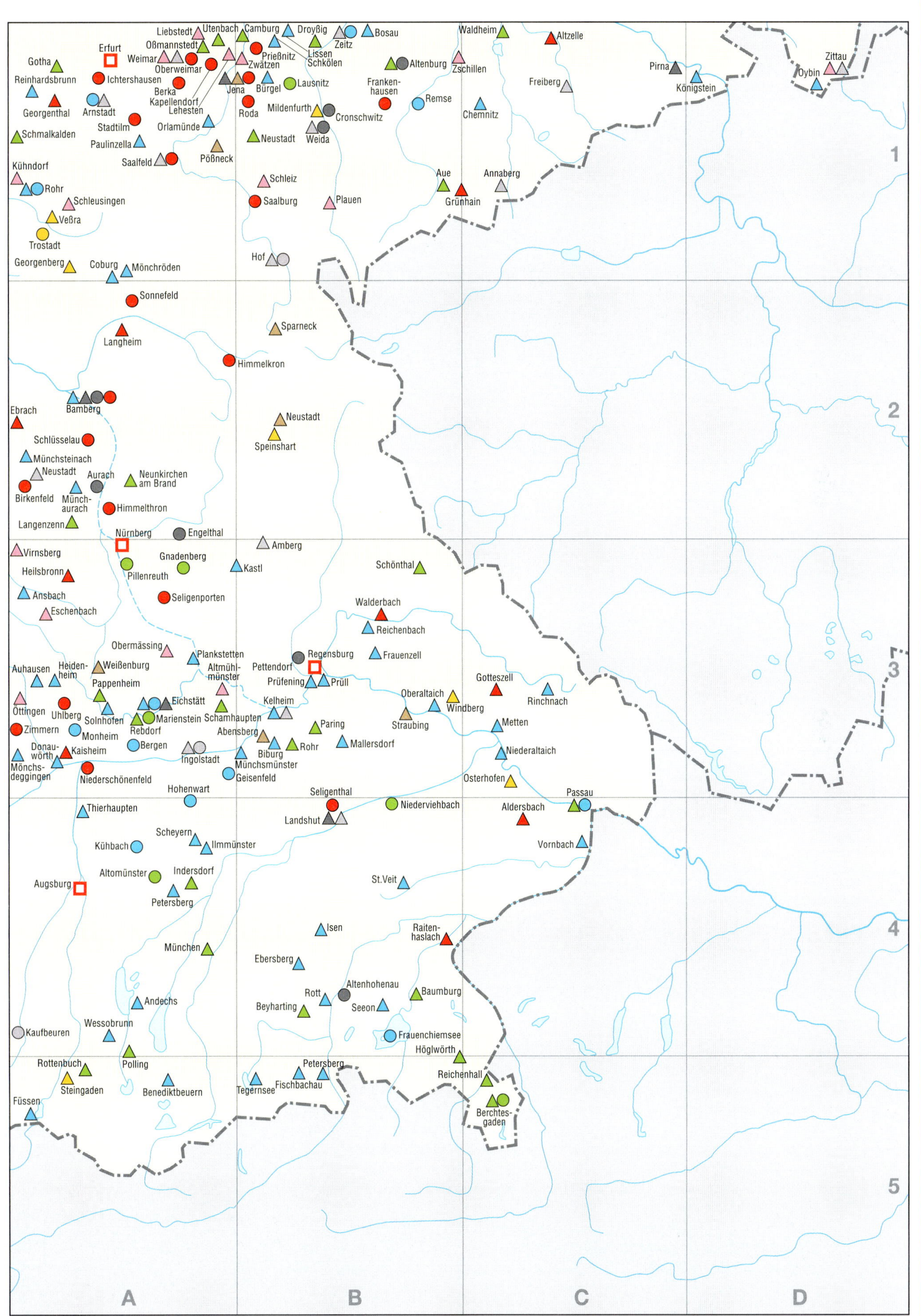
Liebstedt
Utenbach
Camburg
Droyßig
Bosau
Zeitz
Erfurt
Oßmannstedt
Weimar
Prießnitz
Lissen
Schkölen
Zwätzen
Oberweimar
Gotha
Reinhardsbrunn
Ichtershausen
Berka
Jena
Bürgel
Lausnitz
Kapellendorf
Lehesten
Arnstadt
Georgenthal
Roda
Mildenfurth
Cronschwitz
Stadtilm
Orlamünde
Schmalkalden
Paulinzella
Neustadt
Weida
Pößneck
Saalfeld
Kühndorf
Rohr
Schleiz
Schleusingen
Saalburg
Plauen
Veßra
Trostadt
Georgenberg
Coburg
Mönchröden
Hof
Altenburg
Zschillen
Franken-
hausen
Remse
Chemnitz
Waldheim
Altzelle
Freiberg
Pirna
Königstein
Zittau
Oybin
Aue
Annaberg
Grünhain
Sonnefeld
Sparneck
Langheim
Himmelkron
Bamberg
Ebrach
Neustadt
Speinshart
Schlüsselau
Münchsteinach
Neustadt
Aurach
Neunkirchen
am Brand
Birkenfeld
Münch-
aurach
Himmelthron
Langenzenn
Nürnberg
Engelthal
Amberg
Virnsberg
Gnadenberg
Kastl
Schönthal
Heilsbronn
Pillenreuth
Ansbach
Seligenporten
Eschenbach
Walderbach
Reichenbach
Obermässing
Plankstetten
Regensburg
Frauenzell
Auhausen
Heiden-
heim
Weißenburg
Altmühl-
münster
Pettendorf
Pappenheim
Prüfening
Prüll
Gotteszell
Eichstätt
Kelheim
Oberaltaich
Windberg
Rinchnach
Öttingen
Uhlberg
Solnhofen
Marienstein
Schamhaupten
Zimmern
Monheim
Rebdorf
Abensberg
Paring
Straubing
Metten
Donau-
wörth
Kaisheim
Bergen
Ingolstadt
Biburg
Rohr
Mallersdorf
Niederaltaich
Mönchs-
deggingen
Niederschönenfeld
Münchsmünster
Geisenfeld
Osterhofen
Hohenwart
Seligenthal
Niederviehbach
Passau
Thierhaupten
Landshut
Aldersbach
Scheyern
Ilmmünster
Kühbach
Vornbach
Altomünster
Indersdorf
Augsburg
Petersberg
St. Veit
Isen
Raiten-
haslach
München
Ebersberg
Altenhohenau
Andechs
Rott
Baumburg
Beyharting
Seeon
Wessobrunn
Kaufbeuren
Frauenchiemsee
Höglwörth
Polling
Rottenbuch
Petersberg
Reichenhall
Steingaden
Benediktbeuern
Tegernsee
Fischbachau
Füssen
Berchtes-
gaden
1
2
3
4
5
A
B
C
D

Glossar

Die Pfeile verweisen auf Begriffe innerhalb des Glossars.

1. Kirchen- und ordensgeschichtliche Fachbegriffe

Ablass, kirchlicher Gnadenakt des Erlasses zeitlicher Strafen vor Gott für Sünden, die hinsichtlich der Schuld schon getilgt sind; sein Missbrauch mitverursachte die Reformation im 16. Jh.

Abt, Oberer einer ➛ Abtei; entsprechend der Benediktregel der Stellvertreter Christi.

Abtbenediktion, landläufige Bezeichnung für die Abtsweihe; feierliche Einsetzung des Abtes in sein Amt durch den Segen des Bischofs (und nicht durch sakramentale Weihe).

Abtei, seit dem 11. Jh. Bezeichnung für ein ➛ Kloster mit besonderen Rechten, das ein ➛ Abt regiert, im Gegensatz zu ➛ Propstei und ➛ Priorat; ➛ Reichsabtei.

Äbtissin, weibliches Pendant zum ➛ Abt.

Affiliation, affiliertes Kloster, rechtlich an eine Abtei angebundenes Kloster (meist Frauenkloster), oft im Unterstellungsverhältnis.

Allodialgut, eigener Besitz im Gegensatz zum ➛ Lehen; unbelastetes Grundeigentum.

Almuzia, Armutia, in nordischen Ländern bevorzugt von Chorherren getragene Kopf- und Schulterbedeckung, im Spätmittelalter vom ➛ Birett verdrängt.

Amotion, Entfernung eines Mitglieds aus der Gemeinschaft nach extremem Fehlverhalten.

Anachoret ➛ Einsiedler.

Annalen, Jahrbücher.

Anniversar(ium), Jahresgedächtnis; termingebundene Feier zum Geburts- oder Todestag, zur Kirch- oder Priesterweihe.

Antiphonar, Antiphonale, liturgisches Buch für das gesungene Stundengebet.

Apokrisiar, im monastischen Kontext Vermögensverwalter im Kloster; Repräsentant des Klosters; ➛ Bursarius.

Apostat, Abtrünniger; im monastischen Kontext, jemand, der sich vom Ordensstand abkehrt; in der Reformationszeit Konventsmitglied, das ohne Erlaubnis das Kloster verlässt.

apotropäisch, das Böse abwehrend.

Approbation, offizielle Zulassung, Genehmigung.

Archidiakon, Vorsteher des Diakonenkollegiums einer Bischofsstadt, Aufseher des niederen Klerus.

Archidiakonat, seit dem Hochmittelalter kirchlicher Verwaltungsbezirk innerhalb einer Diözese, unterteilt in Dekanate bzw. Sedes (Unterbezirke).

Archiprior, oberster Prior der Sepulcriner in Perugia (Italien) als Stellvertreter des Patriarchen von Jerusalem.

Arianismus, eine auf Arius von Alexandrien († 336) zurückgehende Theologie, die Jesus Christus als Gott untergeordnet und nicht wesensgleich ansah, was auf dem Konzil von Nizäa 325 als ➛ Häresie verurteilt wurde. Die christianisierten germanischen Stämme der Goten, Vandalen und Langobarden bekannten sich im 5./6. Jh. zum Arianismus.

Armarium, ursprünglich der Bücherschrank im Kreuzgang neben dem Chor, später Raum zur Aufbewahrung liturgischer Geräte; ➛ Sakristei.

Ballei (Balley), Ordensprovinz der Ritterorden.

Bann, Exkommunikation, Ausschluss aus der Kirchengemeinschaft.

Beginen, Begarden, fromme Gemeinschaften von ➛ Laien, die sich ohne Bindung an einen Orden in den Städten caritativ betätigten; im Spätmittelalter nahmen solche Gruppen häufig eine Ordensregel an und erlangten den Status von Drittorden (➛ Tertiaren/Tertiarinnen). Während (männliche) Begardengruppen im Spätmittelalter erloschen, überdauerten wenige (weibliche) Beginengemeinschaften die Reformation.

Birett, Kopfbedeckung des Klerikers.

Bistum ➛ Diözese.

Brevier ➛ Stundengebet.

Bruder (Frater), als Folge der Klerikalisierung des Mönchtums zweite Gruppe von Ordensreligiosen neben den Priestermönchen; ➛ Pater.

Bruderschaft, mittelalterliche Laiengemeinschaft zur Erfüllung frommer Werke; oft eine Handwerkergilde in Anlehnung an ein bestimmtes Ordenshaus.

Bursarius, Vermögensverwalter des Klosters, Schatzmeister; ➛ Apokrisiar.

Calvinismus, auf den Genfer Reformator Jean Calvin (1509–64) zurückgehende Richtung der Reformation, die sich in der reformierten Kirche konstituierte.

Cellarium, Vorratskeller meist im Westflügel eines Klosters.

Cellerar(ius), Wirtschaftsleiter eines Klosters, Kämmerer oder Kellermeister.

Chordamen/-frauen ➛ Kanonissen, ➛ Regularkanonissen.

Chorherren ➛ Kanoniker, ➛ Regularkanoniker.

Cingulum, allgemein Gürtel, später oft ein charakteristischer Strick, der die Ordenstracht bzw. Klerikersoutane zusammenhält.

cluniazensisch, die Abtei Cluny in Burgund und ihren Klosterverband betreffend.

Codex, mehrere in einem Buch zusammengefasste Handschriften.

Coementerium, frühchristlicher Grabbau; später Bezeichnung für Friedhof.

Consuetudines, feste monastische Gewohnheiten eines Klosters oder Klosterverbandes mit juristischem Charakter; Ausführungsbestimmungen einer Ordensregel.

Cymbalum, Holzbrett oder Metallstab mit Klöppel für Signalschläge im Kloster zum Stundengebet, als Ruf ins Refektorium oder zum Sterbebett eines Mitbruders.

Definitor, bischöflicher Berater und Helfer, meist Verwalter des Kirchenvermögens eines Dekanats; im monastischen Kontext Berater und Mittelsmann zwischen den Ordensoberen.

Dekan (Dechant), vom Bischof eingesetzter Vorsteher eines Dekanats; ➛ Archidiakonat; ➛ Dekanie.

Dekanie, im gallischen Mönchtum eine Gruppe von zehn Mönchen, deren Oberer als ➛ Dekan oder als ➛ Propst *(praepositus)* bezeichnet wurde und die sogenannte Dekanieverfassung befolgte; nach der Benediktregel des 6. Jh. ist der Obere der ➛ Abt, dem der Propst und an dritter Stelle der ➛ Prior folgt; die Reichsklöster und der Siegburger Reformkreis hielten im 11./12. Jh. am Propsttitel fest, während die Reformklöster von Hirsau und Sankt Blasien die ➛ Prioratsverfassung bevorzugten und den Prior als Stellvertreter des Abts einsetzten, was sie aber meist im Spätmittelalter wieder aufgaben.

Diakon, altkirchlich ein direkt dem Bischof unterstellter Kleriker im caritativen Gemeindedienst; Priesteranwärter.

Diözese (Bistum), teilkirchlicher Verwaltungsbezirk unter der Amtsgewalt eines Diözesanbischofs; mehrere Diözesen werden zu einer Kirchenprovinz (Metropolie) zusammengefasst.

Discalceaten, Ordensmitglieder ohne Fußbekleidung, in kälteren Gebieten mit Sandalen; Barfüßer.

Dispens, Befreiung von der Verbindlichkeit eines kirchlichen Gesetzes oder Gelübdes.

Dom ➛ Kathedrale.

Domkapitel, Klerikerkollegium an der ➛ Kathedrale unter einem Dompropst. Die Prämonstratenser stellten in Havelberg, Leitzkau, Brandenburg und Ratzeburg das Domkapitel.

Domscholaster, Leiter einer Dom- oder Stiftsschule.

Doppelkloster, lokale rechtliche und wirtschaftliche Einheit einer Klostergemeinschaft von Frauen und Männern unter einheitlicher Leitung im Geist der christlichen ➛ Urgemeinde; im weiteren Sinn auch selbständige Schwestern- und Mönchsklöster in räumlicher Nähe. Doppelklöster etablierten besonders die hochmittelalterlichen Reformkreise der Benediktiner und ➛ Regularkanoniker, scheiterten aber auch an menschlichen Unzulänglichkeiten. Nur wenige deutsche Abteien können auf eine langfristige Tradition als Doppelkonvente verweisen (Paulinzella, Schönau im Taunus, Windberg, Huysburg, Hamersleben). Der Birgittenorden und die französische Gemeinschaft von Fontevrault institutionalisierten unter weiblicher Leitung erfolgreich den Doppelkonvent, ebenso pflegten die Gilbertiner in England das Zusammenleben aber mit größerem männlichen Anteil. Entgegengesetzt verhielten sich die Benediktiner im Verband von Cluny sowie die Zisterzienser, die weibliche Konvente in der Nachbarschaft männlicher Gemeinschaften strikt ablehnten.

Dormitorium, gemeinsamer Schlafraum der Mönche, meist im östlichen Klausurflügel über dem ➛ Kapitelsaal und ➛ Parlatorium, teilweise mit direktem Zugang zum Kirchenchor über die sogenannte ➛ Mat(ut)intreppe.

Dotation, Ausstattung mit vermögenswerten Gütern.

Eigenkirche, einer weltlichen oder kirchlichen Herrschaft zugehörendes und unterstehendes Gotteshaus.

Eigenkloster, einer weltlichen oder kirchlichen Herrschaft zugehörendes und unterstehendes Kloster bzw. Stift.

Einsiedler (Anachoret, Eremit), außerhalb bewohnter Siedlungen christlich-asketisch lebende Person; die entgegengesetzte christlich-asketische Haltung verkörpert der ➛ Koinobit, der in Gemeinschaft lebt.

Enzyklika, Rundschreiben des Papstes; in der Regel nach ihren ersten Worten betitelt.

Episkopat, das bischöfliche Amt als oberste Stufe des kirchlichen Weihesakramentes.

Eschatologie, die Lehre von den letzten Dingen (Wiederkunft Christi, Jüngstes Gericht).

Evangeliar, liturgisches Buch mit den Texten der Evangelien der Messe.

evangelische Räte, in Jesu Botschaft gründende Weisungen zu einem Leben in seiner Nachfolge in Armut, Keuschheit (Ehelosigkeit) und Gehorsam; Wesenskern des monastischen Lebens.

Exemtion, im monastischen Kontext Ausgliederung aus der bischöflichen Amtsgewalt; von Orden und Klöstern angestrebter Rechtsstatus, der ein Kloster allein der Aufsicht des Papstes unterstellt.

Exerzitien, als geistliche Übungen regelmäßig stattfindende Einkehrzeiten der Mönche und Ordensleute.

Falsifikat, Fälschung.

Filiation, im Zisterzienserorden Bezeichnung des Verhältnisses von Mutter- und Tochterkloster.

Forratium, kapuzenartige Kopfbedeckung der Chorherren aus Pelz; ➛ Almuzia.

Frater ➛ Bruder.

Fraternität ➛ Konfraternität.

Fürstabt, gefürsteter Abt einer ➛ Reichsabtei mit reichsunmittelbarem Herrschaftsgebiet und Sitz im Reichstag.

Fundation, Stiftung eines Klosters durch kirchliche oder weltliche Stifter (Fundatoren); die eigentliche Gründung vollzog daraufhin der Gründungskonvent.

Gebetsverbrüderung, im monastischen Kontext vertragliche Vereinbarung zwischen Klöstern bzw. Klosterverbänden mit gegenseitiger Verpflichtung zum Gebet und liturgischen Totengedenken.

Gelübde ➛ Profess.

Graduale, liturgisches Buch mit den zur Messfeier gehörenden Gesängen.

Grangie, wirtschaftlicher Außenposten einer Zisterzienserabtei, meist mit eigener Kapelle.

Großmeister, oberster Kommandeur der Ritterorden, im Deutschen Orden ➛ Hochmeister genannt.

Guardian, Vorsteher eines Franziskanerkonvents.

Habit, Ordenstracht.

Häresie, heterodoxe, von der rechtgläubigen Kirchenlehre abweichende Glaubensauffassung, Irrlehre.

Heiltum, veraltete Bezeichnung für ➛ Reliquie.

Herbularium, Kräutergarten des Klosters; ein Herbarium bezeichnet eine Sammlung von Pflanzen.

Hochmeister, Oberer des Deutschen Ordens.

Hörige, untertänige Personen, die von einem Leibherrn abhängig sind, meist unter Hofrecht stehend sowie der Grundherrschaft zugehörige Bauern mit Frondiensten und Abgaben (auch Eigenbehörige eines Klosters). Diese im Spätmittelalter vielfältig differenzierte Gruppe war an die Scholle gebunden und durfte nur mit dieser verkauft werden. Die Hörigkeit ist ein in der Wissenschaft unscharf definierter Begriff, der mit Knechtschaft und Leibeigenschaft konkurriert.

Hortus, Gemüsegarten des Klosters.

Hospitalarius, aufsichtführender Mönch im Klosterspital zur Gästebetreuung.

Immediat, einer Kirchenleitung unmittelbar zugeordnete Institution.

Immunitätsbezirk, Bereich eines Klosters bzw. Stifts mit besonderen Hoheitsrechten; ohne Erlaubnis durfte keine weltliche Person den Immunitätsbezirk betreten, der meist durch Immunitätsmauern (auch Bering genannt) eingegrenzt war.

Indulgenz, Straferlass.

Infirmarium, Krankenstation des Klosters, meist im Ostbereich der Klosteranlage (wegen der vorherrschenden Westwinde); Aufsicht führender Mönch ist der Infirmarius.

Inful, Mitra, allgemein Bezeichnung der äußerlichen Zeichen der bischöflichen Würde (Mitra, Stab, Ring, Pektorale u.a.); ➛ Pontifikalien.

Inkluse (Rekluse), Sonderform des ➛ Einsiedlers, der sich in einer Zelle befristet oder dauernd einschließen lässt; ➛ Klausner.

Inkunabeln (Wiegendrucke), Drucke aus der Frühzeit des Buchdrucks (bis 1500), hergestellt mit beweglichen Lettern.

Investitur, Einkleidung; lehnsrechtlich-förmliche Einweisung des Erwerbers in das Eigentum durch den bisherigen Eigentümer.

Kalandsbruderschaft, Verband von Klerikern einer bestimmten Region, später auch von Laien (Familien) zur gegenseitigen Unterstützung; der gemeinsame Gottesdienst am Ersten eines Monats *(calendae)* gab ihnen den Namen.

Kalefaktorium, einziger beheizbarer Raum innerhalb der Klausurgebäude; diente im Winter als ➛ Skriptorium.

Kameralamt, staatliches Wirtschaftsamt im Zeitalter des Absolutismus.

Kanoniker, Säkularkanoniker, Mitglieder eines (Dom-)Kapitels mit privaten Pfründen usw. im Unterschied zu den ➛ Regularkanonikern.

Kanonisation, Heiligsprechung, ursprünglich die Erhebung der Gebeine durch den Ortsbischof aufgrund öffentlicher Verehrung eines Martyrers, seit dem 5. Jh. auch anderer Personen; das erste „amtliche" Verfahren durch den Papst war 993 die Heiligsprechung Bischof Ulrichs von Augsburg.

Kanonissen, Säkularkanonissen, nach kirchlich-bischöflichen Anordnungen lebende Frauen mit privaten Pfründen usw. im Unterschied zu den ➛ Regularkanonissen.

Kapelle, kleine einräumige Kirche.

Kapitel, (1) Versammlung zum Hören von Bibeltexten im ➛ Kapitelsaal; (2) Versammlung der Ordensführung auf Provinz- oder Generalkapiteln.

Kapitelsaal, nach der Kirche wichtigster Versammlungsraum einer monastischen Gemeinschaft, üblicherweise im Osttrakt der Klausurgebäude untergebracht; Ort der Kapitellesungen, Abtsansprachen und Verfügungen; eine besondere Form ist das Kapitelhaus als freistehendes Gebäude.

Kaplan, (einer fränkischen Hofkapelle zugeordneter) Kleriker; heute meist Hilfspriester.

Kaplanei, an Kapellen gestiftete Altar- oder Messpfründe eines ➛ Kaplans.

Karner (Ossuarium), Beinhaus, Aufbewahrungsort von Gebeinen, die bei Wiederbelegung von Gräbern entnommen wurden.

Kastanei, Niederlassungshaus des Deutschen Ordens zur Güterverwaltung ohne Kommendenstatus.

Kathedrale, Bischofskirche am Bischofssitz *(cathedra).*

Kemenate, heizbares Wohngemach oder Wohnbau mit Kamin.

Kirchweihe, sakramentliche Handlung, bei der der Kirchbau für den Gottesdienst bestimmt wird.

Klausner, eremitisch-asketisch lebende Person, die eine kleine Zelle (Klause) bewohnt; ➛ Inkluse.

Klausur, von der Außenwelt abgeschiedener Bereich des Klosters; die Klausurgebäude schließen meist im Quadrum (vierseitig) um einen Innenhof und beherbergen die für die Bedürfnisse des ➛ Konvents notwendigen Räumlichkeiten; in Nord- und Mitteleuropa bevorzugt im Süden der Klosterkirche angelegt, um die Sonnenwärme optimal auszunutzen, in Südeuropa wegen des kühlenden Schattens der Kirche eher im Nordbereich.

Klerus, Kleriker, sakramental geweihte Amtsträger für den geistlichen Dienst; sie bilden zusammen mit den ➛ Laien das eine Volk Gottes.

Kloster, von der Außenwelt relativ abgeschiedene Wohn- und Wirkstätte eines Ordenskonvents mit Kirche, ➛ Klausur und Wirtschaftshof, im Idealfall angelegt nach dem sogenannten St. Gallener Klosterplan (9. Jh.).

Koadjutor, Hilfspriester; Gehilfe eines Bischofs, Priesters oder Ordensoberen, teilweise mit dem Recht der Nachfolge.

Koinobit, in Gemeinschaft lebender Asket, ➛ Mönch.

Kollation, kirchenrechtlich die Übertragung einer Altarpfründe.

Kommendatarabt, Laie außerhalb des Ordensstandes, mit Abtspfründen belehnt ohne Dienstverpflichtungen, aber gelegentlich mit Jurisdiktion.

Kommende, geistliche Pfründe, die von Dienstverpflichtungen befreit ist; auch ➛ Komturei.

kommittiertes Kloster, ein dem Zisterzienserorden angegliedertes Frauenkloster ohne Vollmitgliedschaft im Orden.

Komtur, Kommandeur einer ➛ Komturei der Ritterorden.

Komturei, Kommende, unterste selbständige Niederlassungseinheit der Ritterorden, geleitet von einem ➛ Komtur mit Kirche, Wohnhaus und Wirtschaftsgebäuden.

Konfession, Bekenntnis; Bezeichnung für unterschiedliche christliche Kirchen und Gemeinschaften (Katholiken, Protestanten, Reformierte usw.).

Konfraternität (Fraternität), Verbrüderung unter Konventen oder einer Klostergemeinschaft mit Kalandsbruderschaften und Handwerkergilden.

Kongregation, freiwilliger Zusammenschluss mehrerer Klöster oder Stifte zu einem Verband unter einer spezifischen Observanz.

Konsekration, Bezeichnung für unterschiedliche liturgische Weihehandlungen; ➛ Kirchweihe.

Kontemplation, geistliche Betrachtung; ➛ *vita activa et contemplativa*.

Konvent, (1) Versammlung aller stimmberechtigter Mitglieder (Konventualen) eines Klosters; (2) Gemeinschaft aller Klostermitglieder; (3) bevorzugt von ➛ Mendikanten verwendete Bezeichnung für Kloster.

Konversen, im Frühchristentum die durch Konversion auf den rechten Weg Umgekehrten, im frühen Mönchtum als Erwachsene in ein Kloster Eingetretene *(fratres conversi);* in den späteren klerikalen Ordensgemeinschaften übten die meist ungebildeten, aber handwerklich beschäftigten Konversen aus dem Laienstand dienend-helfende bzw. gröbere Arbeiten aus, wobei sich unterschiedliche Gruppen ausdifferenzierten; Profess und Stundengebet absolvierten sie in einfacher Form bzw. verkürzt; Askese spielte bei ihnen eine untergeordnete Rolle; bis zum Spätmittelalter verschärfte sich der ursprünglich nicht intendierte Standesgegensatz zwischen Priestermönchen und Konversen; das Konversentum verlor an Attraktivität und Bedeutung.

Konversengang, speziell angelegter Gang im Klausurkomplex einer Zisterzienserabtei am westlichen Flügel, durch den die ➛ Konversen getrennt von den Priesterbrüdern die Abteikirche erreichen konnten.

Kopiar, in einem Buch zusammengefasste Abschriften von Urkunden, oft als Verzeichnis des Besitzstandes eines Klosters/Stifts (Kopialbuch); ➛ Urbar.

Kreuzgang, überdachter Wandelgang um den Innenhof als Bestandteil der Klausur; er verbindet die wichtigsten Funktionsräume eines Klosters oder Stifts.

Krypta, Grab- und Sakralraum, meist unter dem Kirchenchor.

Kukulle, weites, faltenreiches Überkleid der Mönchstracht mit Kapuze.

Kurie, zentrale Leitungs- und Verwaltungsbehörde einer Teilkirche (Diözesankurie) oder der Gesamtkirche (römische Kurie).

Kustodie, Regionalgliederung einer Ordensprovinz der Franziskaner mit einem Kustos als Vorsteher.

Laie, jeder Getaufte, der nicht das Weihesakrament (➛ Klerus) empfangen hat.

Lapidarium, Steinsammlung.

Lavatorium, Waschplatz vor dem ➛ Refektorium, meist das Brunnenhaus.

Lehen, Leh(e)nswesen, ein sich im Karolingerreich herausbildendes Abhängigkeitsverhältnis zwischen Herrschaft und Vasall; Grundbesitz, ein Amt oder ein spezifisches Recht wurde von einem freien Lehnsherrn einem anderen freien Lehnsmann gegen bestimmte Verpflichtungen (Gehorsam, Treue usw.) zur dauernden Nutzung übergeben.

Leibeigene ➛ Hörige

Liturgie, der Gottesdienst der Kirche.

Martyrer, Person, die ihr Leben (in der Verfolgungszeit des 2./3. Jh.) für Christus geopfert hat; Prototyp des christlichen Heiligen.

Membrum, im Johanniterorden Bezeichnung eines abhängigen Hauses, Unterkommende.

Memoria, (1) altchristlich die Gedenkstätte von Martyrern und ihre Reliquien; (2) liturgisches Gedächtnis.

Mendikanten *(frates mendicantes)*, männliche Angehörige der Bettelorden.

Metropolit, Vorsteher einer Kirchenprovinz, seit dem 6. Jh. mit dem Titel Erzbischof; ihm unterstehen die Suffraganbischöfe der untergeordneten Suffragandiözesen.

Minister, Ordensoberer der Franziskaner.

Ministeriale, Dienstmann weltlicher oder kirchlicher Fürsten, meist im Lehnsverhältnis.

Miserikordie, im Mönchschor: Brettchen an der Unterseite der hochgeklappten Sitze im Chorgestühl als Hilfe bei langem Stehen.

Missale, liturgisches Buch mit den Texten der Messfeier, Messbuch.

monasterium, ursprünglich der Wohnort eines „Alleinlebenden" (➛ Einsiedler), später einer Klostergemeinschaft; ➛ Kloster.

Mönch, Klostermitglied mit lebenslanger Ordens- und Klosterbindung.

Mortuarium, (1) Abgabe der Angehörigen eines Verstorbenen an den Pfarrer; (2) Bezeichnung für ein Totenbuch einer Kirche; (3) Totenhalle.

Necessarium, Latrine, Abort am äußersten Ende eines Klausurtrakts im Kloster, idealerweise über einen Bach, in Städten an der Wehrmauer.

Nekrolog, Totenbuch als kalendarisches Namensverzeichnis von Klostermitgliedern, Stiftern, Wohltätern, Gebetsbrüdern und -schwestern.

Nepotismus, Begünstigung von Verwandten bzw. Nahestehenden bei der Vergabe von Ämtern.

neucluniazensische Reform, Reformen des Benediktinertums im 11./12. Jh., die sich an den Gewohnheiten und Statuten des burgundischen Klosterverbandes von Cluny orientierten.

Nominalabt, durch Nomination rechtsverbindlich (vor-)benannter Abt.

Nonne ➤ Schwester.

Novize, Novizin, Anwärter auf das Klosterleben während einer Probezeit mit Unterweisung in Regel und Gewohnheiten unter Aufsicht des Novizenmeisters bzw. der Novizenmeisterin.

Oblaten, Mitglieder von Klöstern mit besonderem Status: Kinderoblaten für den Mönchsstand bestimmt, erwachsene Oblaten *(donati)*, die freiwillig die klösterliche Lebensweise übernehmen.

Oblation, während der Messfeier dargebrachte Gaben der Gemeinde.

Obödienz, Gehorsam und Unterordnung gegenüber einer oberen Instanz; im monastischen Leben Gehorsam gegenüber dem Orden, der Kongregation oder dem Bischof.

Observanten, Mitglieder reformierter Zweige der im Spätmittelalter die Orden erfassenden Observanzbewegung.

Observanz, die strikte Regelauslegung *(observatia regularis)* durch Rückbesinnung auf die ursprünglichen Ordensideale.

Offizium, liturgischer Dienst für Gott, auch Chorgebet, Gottesdienst.

Oratorium, kleines, nicht öffentliches Bethaus; ➤ Kapelle.

Orden, von der Kirche anerkannter klösterlicher Verband von Männern bzw. Frauen, der auf Dauer seine Lebensweise strikt nach einer kirchlich approbierten Regel ausrichtet; seine Mitglieder (Kleriker und/oder Laien) treten in diese Form der besonderen Nachfolge Christi nach einer Probezeit (Noviziat) durch öffentliches Ablegen der ➤ Profess ein.

Ordinarius, kirchlicher Oberhirte mit Jurisdiktionsvollmacht; der Papst ist der Ordinarius der gesamten Kirche, Ortsordinarien sind Bischöfe in Teilkirchen bzw. ➤ Diözesen.

orthodox, (1) rechtgläubig im Gegensatz zu häretisch (➤ Häresie); (2) konfessionelle Bezeichnung für die Ostkirche.

Ossuarium ➤ Karner.

Paramente, textile Gebrauchs- und Ausstattungsstücke für den Gottesdienst.

Parlatorium (Auditorium, Brüdersaal), Raum für Gespräche der Mönche untereinander und mit Gästen, meist dem Kapitelsaal benachbart im Ostflügel der Klausur untergebracht.

Parochialkirche (Pfarrkirche), Hauptkirche einer Pfarrei im Unterschied zur Filialkirche.

Pater, im Mönchtum zunächst der geistliche Vater; nach der Reformation der Ordenspriester im Unterschied zum nichtpriesterlichen Ordensmitglied.

Patron, Patrozinium, Kirchen werden zum Schutz einem bestimmten Heiligen aber auch Glaubensgeheimnissen (Dreifaltigkeit, Erlöser, Kreuz) geweiht.

Peregrinatio, Wallfahrt, asketische Pilgerschaft.

Perikope, Abschnitt der Bibel für den liturgischen Gebrauch.

Pfalz, im Früh- und Hochmittelalter Residenz von Reichsherrschern, die noch keinen festen Wohnsitz kannten; Pfalzgrafen waren als Reichsministeriale oder Lehnsherren mit dem Schutz der Pfalz beauftragt.

Pfründe (Benefizium, Präbende), Vermögensmasse eines Kirchenamtes, das dem Amtsinhaber als Einkommen zusteht.

Pfründner, Pfründnerin, (1) geistlicher Amtsinhaber, dem eine ➤ Pfründe zukam; (2) weltliche Person, die im Kloster aufgrund eingebrachter Pfründen versorgt wurde.

Pitanzen, Nahrungsmittel, die der Klostergemeinschaft von privaten Stiftern zugeführt wurden.

Plebanus, Leutpriester; der für die Seelsorge des Volkes zuständige Pfarrer, auch im Auftrag eines Ordensoberen.

Poenitentiarium, Raum in Stiftsanlagen für Bußübungen.

Pomarium, Obstgarten des Klosters.

Pontifikalien, bischöfliche Insignien oder päpstlicher Legaten wie Mitra, Stab, Ring, Pektorale u.a.; ➤ Inful.

Präbende, einem Kanoniker zufallender Anteil an Vermögen und Einkünften.

Prädikant, evangelischer Prediger.

Prälat, kirchlicher Oberer.

Prälatur, im monastischen Kontext repräsentativer Amt- und Wohnbereich des Abts (Prälat) im barocken Klosterkomplex.

Präses, Leiter, Vorsteher, Geistlicher, Abt.

Präzeptor, (1) Vorsteher einer Ordenspräzeptorei; (2) Lehrer, Fürstenerzieher.

Präzeptorei, Klosteranlage mit Hospital; von den Hospitalitern verwendete Bezeichnung einer Ordensniederlassung, die insbesondere von den Antonitern benutzt wurde; die übergeordnete Institution ist die Generalpräzeptorei.

Presbyterium, (1) sakraler bzw. Altarbereich im Kirchenchor; (2) Bezeichnung für ein Priesterkollegium.

Priestermönch, ➤ Mönch mit Priesterweihe für klerikale und seelsorgliche Aufgaben, ➤ Pater.

Primas, (1) kirchlicher Ehrentitel für Metropoliten der ältesten Kirchenprovinzen; (2) Vorsteher einer monastischen Konföderation (Abtprimas).

Prior, (1) Stellvertreter eines Abts; (2) Vorsteher eines Priorats.

Priorat, Unterkloster einer Mönchsabtei oder abhängige Außenstelle eines Chorherrenstifts; auch beaufsichtigte Frauenklöster/-stifte erhielten in der Regel den Status eines Priorats.

Prioratsverfassung, unter Einfluss der Abtei Cluny setzte sich im 11./12. Jh. der Prior als direkter Stellvertreter des Abts in den Reformklöstern durch, wodurch sich die ursprüngliche innere Verfassung, die als Stellvertreter des Abts einen Dekan oder auch Propst *(praepositus)* und erst an dritter Stelle einen Prior vorsah, änderte.

Priorin, weibliches Pendant zum ➤ Prior.

Profess (Gelübde), feierliches öffentliches Versprechen, im Stand des gottgeweihten Lebens nach den ➤ evangelischen Räten zu leben; auf eine (oder mehrere) zeitliche (einfache) Profess folgt die ewige (feierliche) Profess.

Prokuration, Anrecht des Bischofs auf Verpflegung am Ort seiner geistlichen Funktionsausübung, Gastungsrecht.

Propst, Vorsteher einer Stiftsgemeinschaft bzw. Mönchspropstei.

Propstei, Niederlassung einer Stifts- oder Mönchsgemeinschaft; im Benediktinerorden immer das Unterkloster einer Abtei, häufig eine Güterpropstei mit einem kleinen Mönchskonvent.

Psalter, Psalterium, das Buch der Psalmen des Alten Testaments.

Refektorium, Speisesaal eines Kloster, meist im Klausurtrakt gegenüber der Kirche untergebracht; ➤ Remter.

Regalien, königliche Hoheitsrechte (Gerichtsbarkeit, Heerbann, Münz-, Zoll, Markt-, Wege-, Forst-, Fischerei-, Bergbaurecht).

Regularkanoniker, aus den ➤ Kanonikern erwachsenes Institut priesterlichen Gemeinschaftslebens mit feierlicher ➤ Profess und Besitzlosigkeit (Augustiner-Chorherren, Prämonstratenser, Kreuzherren u.a.).

Regularkanonissen, gottgeweihte Jungfrauen, die nicht nach monastischen, sondern nach kanonischen Grundsätzen leben und die Augustinusregel in strenger Auslegung annahmen.

Reichsabtei, -stift, auf königlichem Besitz gegründete ➤ Abtei, deren Schutzherr der König war; sie besaß Immunität, eigene Gerichtsbarkeit und mitunter weitere Rechte und übernahm als Gegenleistung bestimmte Reichsdienste (Abgaben, Heeresdienst, Gebet).

Reklusen ➤ Inklusen.

Rekognitionszins, Zahlung in Anerkennung eines Rechtsverhältnisses; bei den geistlichen Ritterorden festgelegte Abgaben einer Kommende an die Ordenszentrale.

Reliquiar, Aufbewahrungsbehälter für ➤ Reliquien, oft wertvoll und künstlerisch aufwändig gestaltet.

Reliquie, sterblicher Überrest einer heiligen Person, seiner Kleidung oder von ihm genutzter Gebrauchsgegenstände mit Segenswirkung, der höchste Verehrung zuteil wird, verbunden mit hohem Ansehen der sie besitzenden Person bzw. Institution.

Remter, regionale Bezeichnung für das Refektorium in spätmittelalterlichen Frauenklöstern.

Responsion, erwirtschaftetes Überschussgeld der ritterlichen Ordenshäuser, das an die Ordensleitung abgeführt werden musste; oft ein festgelegter Betrag.

Restitution, Schadensersatz, Wiederherstellung des ursprünglichen Rechtsstandes nach Güterentfremdung oder willkürlicher Auflösung eines Klosters.

Sakristei, Nebenraum der Kirche als Vorbereitungsort für die am Gottesdienst Beteiligten, Aufbewahrungsort für Messgewänder und liturgische Geräte; entwickelte sich in Klöstern aus dem ➛ Armarium.

Säkularisation, Säkularisierung, (1) allgemein: der Übergang kirchlicher Güter und Herrschaftsrechte in weltliche Hände, (Zwangs-)Profanisierung von Kirchengütern; (2) historisch: hier die große Säkularisierungswelle zu Beginn des 19. Jh.; (3) kirchenrechtlich: die endgültige Lösung eines Professen vom Ordensstand.

Säkularkanoniker ➛ Kanoniker.

Schultheiß, ursprünglich Gerichtsbeamter, dem im Verlauf des Mittelalters zusätzliche Verwaltungsaufgaben von einer Herrschaft übertragen wurden.

Schwester, gottgeweihte Jungfrau, die feierliche Profess abgelegt hat; weibliches Konventsmitglied, auch Nonne, Chorfrau, *soror, sanctimonialis* oder *monacha*.

Septuaginta, griechische Übersetzung der hebräischen Bibel (Altes Testament).

Sequestration, Übernahme kirchlicher Güter in weltliche Zwangsverwaltung; in der Reformationszeit eine verschleierte Form der ➛ Säkularisierung monastischer Institutionen besonders in Sachsen und Württemberg.

Servitien, Leistungen, zu denen ein Konvent gegenüber kirchlichen oder weltlichen Eigenherren verpflichtet war, meist in Form von Geldzahlungen (Annaten), Hof- und Gastdienste oder Militärhilfen.

Simultaneum, gemeinsame Nutzung einer Pfarr- oder Konventskirche durch verschiedene Konfessionen.

Skapulier, Arbeitsschürze, die von Ordensmitgliedern zum Schutz des Habits getragen wird.

Skriptorium, klösterliche Schreibstube.

Spiritualien, geistliche Befugnis eines kirchlichen Amtsträgers, seit der Kirchenreform im Hochmittelalter nur vom Papst oder vom ➛ Metropoliten zu vergeben; zu unterscheiden von ➛ Temporalien.

stabilitas, Beständigkeit; im Mönchtum realisiert als *stabilitas loci*, Ortsgebundenheit, sowie als *stabilitas in congregatione*, Verbandsbeständigkeit, eines Ordensmitglieds.

Statuten, Komplex von Normen, Gewohnheiten, Anordnungen, oft synonym mit Ordensregeln.

Stigmatisierung, spontanes Auftreten der Wundmale Christi an einer lebenden Person.

Stolgebühr *(stolarium)*, Einkünfte des Pfarrers aus ihm vorbehaltenen Amtshandlungen.

Stundengebet, täglich zu bestimmten Stunden angesetzte Gebetszeit des Klerikers bzw. gemeinsames Chorgebet des Konvents, nach dem dabei benutzten Buch auch Brevier(gebet) genannt.

Subsidien, Geldforderungen der Obrigkeit zur Kriegsführung, z.B. päpstliche Subsidien für den spätmittelalterlichen Abwehrkampf gegen die Türken.

Synode, Zusammenkunft von Kirchenvertretern, Konzil.

Temporalien, weltlicher Herrschaftsanspruch, z.B. eines Erzbischofs in seinem Kurfürstentum; seit der Kirchenreform im Hochmittelalter unterschieden von den ➛ Spiritualien.

Terminieren, das Sammeln von Almosen besonders der Bettelorden in einem bestimmten Bezirk *(terminus)*.

Tertiaren, Tertiarinnen (Terziaren, Terziarinnen), Angehörige der sogenannten Dritten Orden einer Ordensfamilie; ursprünglich aus religiösen Laiengruppen (➛ Beginen, Begarden) entstanden, die sich im Spätmittelalter einer Ordensregel unterstellten.

Totenrotel, auf einer Pergamentrolle festgehaltene Todesnachrichten im Rahmen monastischer Gebetsverbrüderungen.

Translation, Reliquientranslation, Übertragung von Reliquien an einen anderen Ort.

Translokation, Ortswechsel; in der Frühphase einer klösterlichen Niederlassung oft praktizierter Standortwechsel.

Tunika, ärmelloser Überwurf als Teil des mönchischen Habits.

Urbar, Verzeichnis des Besitzstandes eines Klosters bzw. Stifts.

Urgemeinde, urchristliche Gemeinde in Jerusalem, die in der Apostelgeschichte idealisiert beschrieben wird (Apg 2; 4).

Vestiarius, Verwalter der Kleiderkammer im Kloster.

Visitation, Besuch des aufsichtspflichtigen kirchlichen Oberen im Kloster bzw. Stift zur Behebung von Mängeln.

Vita, literarische Gattung hagiographischer Beschreibungen einer bekannten Persönlichkeit.

vita activa et contemplativa, auf der Martha-Maria-Perikope (Lk 10) basierende Unterscheidung zwischen Tätigkeit und Beschaulichkeit, in monastischer Perspektive zwischen Apostolat, tätiger Nächstenliebe, Predigt auf der einen und (mystischer) Beschauung, Geistigkeit usw. auf der anderen Seite.

vita apostolica, Leben in der Nachfolge Christi.

vita communis, Zusammenleben christlichen Gruppen (Kleriker, Ordensleute, Laien) in Gemeinschaft in unterschiedlicher Verbindlichkeit (Wohn-, Tisch-, Besitzgemeinschaft usw.).

Vi(t)ztum (Vizedom), Stellvertreter des Landesherrn mit Gerichts- und Finanzvollmachten.

Vogt, Vogtei, weltlich-rechtliche Vertretung (*advocatus*) eines Klosters mit Schutzaufgaben meist im Auftrag einer übergeordneten Herrschaft; der Klostervogt nutzte häufig die Vogtei zur eigenen Machtentfaltung durch Zugriffe auf den Klosterbesitz, weshalb von den Klöstern vielfach Vogtfreiheit angestrebt wurde.

Vulgata, lateinische Übersetzung der christlichen Bibel aus hebräischen, griechischen und altlateinischen Texten durch den Kirchenvater Hieronymus (347–419).

Zehnt, Kirchenzehnt, Abgabe des zehnten Teils der Erträge an die Pfarr- und Eigenkirche, seit der Karolingerzeit gesetzliche Pflicht; waren zunächst auch Klöster zehntpflichtig, erreichten im Hochmittelalter viele Klöster und Orden Zehntfreiheit oder wurden zu Zehntbesitzern.

Zelle, (1) kleinste Niederlassung einer monastischen Gemeinschaft; (2) kleiner Raum oder Schlafkammer.

Zent, ländliches Gericht im Hoch- und Spätmittelalter, oft an einer Zentlinde.

Zirkarie, frühe Provinzeinteilung des Prämonstratenserordens.

Zisterze, Kurzform für eine Zisterzienserabtei, sowohl für Mönchs- wie auch Frauenklöster.

zwinglianisch, auf den Züricher Reformator Huldrych Zwingli (1484–1531) bezogen.

2. Kunst- und architekturgeschichtliche Fachbegriffe

abgekragte Dienste, stützende Bauformen an Wandflächen, Säulen oder Pfeilern, sie enden auf halber Höhe oft auf ➛ Konsolen; bevorzugtes Zierelement in zisterziensischen Kirchenräumen.

Altarmensa (Mensa), Tischplatte eines Altars.

Ambo *(pulpitum),* Lese- und Evangelienpult bzw. -podest meist im ➛ Chor der Kirche.

Anna Selbdritt, Darstellung der Mutter Marias, der hl. Anna, zusammen mit Maria und dem Jesuskind.

Antependium, schmückende Verhüllung der ➛ Altarmensa; meist reich verzierte Tücher mit Stickereien aus den Werkstätten der Frauenklöster.

Apsis, dem Chor angefügter, meist halbkreisförmiger Raum, oft Standort des Altars; auch Seiten- oder Querschiffe können apsidiale Anbauten besitzen.

Archivolte, profilierte Stirnseite durch Anreihung von Rund- oder Spitzbögen, meist im ➛ Gewände von Portalen; ursprünglich wurden Rundstäbe und ➛ Fries, seit der Spätromanik auch Figuren bevorzugt.

Arkade, Arkatur, Konstruktion mehrerer Bögen in Abfolge auf Pfeilern bzw. Säulen, typisch für die Abgrenzung des Mittelschiffs einer Kirche von ihren Seitenschiffen; auch die Öffnung des Kreuzgangs zum Innenhof; Blendarkaden verzieren geschlossene Mauern.

Atrium, westliche Vorhalle der Klosterkirche, auch Paradies, Narthex oder Galiläa.

Aufschwörschild, Spezialform des Totenschilds in den Ritterordenskirchen zur Ehrung verdienstvoller Ordensmitglieder.

Baptisterium, Taufkirche.

Basilika, mehrschiffiger, langgestreckter Kirchenbau mit gegenüber den Seitenschiffen erhöhtem Mittelschiff, in das durch eigene Fenster in den ➛ Obergaden Licht einfallen kann; einen gegensätzlichen Bautyp bezeichnet die ➛ Hallenkirche.

Basis, Säulen- oder Pfeilerfuß; die „Attische Basis" besteht aus Wulst und Kehle (Einschnürung).

Baustile. Die monastische Architektur des Mittelalters lässt sich in drei Hauptgruppen einteilen:

vorromanische Baukunst

merowingisch	470–750
karolingisch	750–920
ottonisch	920–1030

romanische Baukunst

salisch	1030–1140
staufisch	1140–1250

gotische Baukunst

frühgotisch	1235–50
hochgotisch	1250–1350
spätgotisch	1350–1520

Biforium (Zwillingsfenster), als mittelalterliche Fensteröffnung verwendete Arkatur (➛ Arkade) aus zwei Bögen.

Birnstabrippe, Gewölberippe der Gotik mit birnenförmigem Querschnitt.

Bündelpfeiler, um einen Pfeiler gelagerte Säulen oder Dienste erwecken den Eindruck einer Bündelung.

Campanile, freistehender Glockenturm.

Chor (Sanktuarium, Presbyterium), Raum einer Kirche meist am Ostende des Mittelschiffs mit Altarbereich; ursprünglich in Rechteckform, hochromanisch als Staffel- oder Dreikonchenchor mit Apsiden (➛ Apsis); in der Gotik entwickelte sich der mehrseitige Polygonalchor und Chorumgänge mit Kapellenkranz; als eingezogener Chor wird ein Chorraum bezeichnet, der gegenüber dem Kirchenhauptschiff eine geringere Breite aufweist.

Chorschranke, Trennwand zwischen Mönchen und Konversen in Klosterkirchen; fälschlich auch ➛ Lettner.

Chorturmkirche, Kirchenbautyp, bei dem sich der Glockenturm über dem Chorbereich und nicht an der Westfront einer Kirche erhebt.

chorus maior, chorus minor, eine architektonisch betonte Trennung der Chorbereiche (➛ Chor) in hirsauischen Klosterkirchen; eine Raumordnung, die der Sozialschichtung im Kloster geschuldet war; der erhöhte *chorus maior* unter der ➛ Vierung blieb Abt und Priestermönchen *(monachi clerici)* vorbehalten, westlich schloss sich der tiefer gelegene *chorus minor* für ungebildete Laienmönche *(monachi laici illiterati)* und Gebrechliche an, flankiert von einem Pfeilerpaar des Langhauses und nach Westen begrenzt von der ➛ Chorschranke auf der Höhe des ersten Säulenpaars; gebildete Laienmönche *(monachi laici literati),* Kranke und Gäste nahmen ihren Platz während der Messe in den Querhausarmen und Seitenschiffen ein. Das westliche Langhaus mit seinen Säulenarkaden war für Laienbrüder *(fratres barbati)* und die Gemeinde *(familiares)* bestimmt und verfügte über einen eigenen Kreuzaltar vor der Chorschranke.

Confessio, Reliquiengrab am Altar.

Dachreiter, schlankes Glockentürmchen auf dem Kirchenfirst im Gegensatz zum repräsentativen Glockenturm; typisch für Zisterzienser- und Bettelordenskirchen.

Dienste, halb- oder dreiviertelrunde Bauglieder an Wandflächen, Säulen oder Pfeilern. In Verlängerung der Gewölberippen stützen sie das Gewölbe oder tragen Gurt- und Schildbögen.

Dreipass, Maßwerkform aus drei Teilkreisen.

Emporenbasilika, Kirchenbautyp, bei dem sich über den Seitenschiffen Emporen befinden, die durch Arkaden zum Mittelschiff hin geöffnet sind.

Epitaph, Wanddenkmal, oft aufwändig gestalteter Grabstein zum Gedächtnis Verstorbener.

Fastentuch, kunstvoll gestalteter Vorhang in einer Pfarrkirche zur optischen Trennung der Gemeinde vom Chorraum oder nur zur Verdeckung des Kruzifixes während der Fastenzeit.

Fiale, gotische Zierbekrönung, häufig in Form von Türmchen.

Fresko, *fresco*-Malerei, auf feuchtem (frischem) Wandputz aufgetragene Malerei mit kalkverträglichen Wasserfarbpigmenten im Gegensatz zur weniger dauerhaften Malerei auf trockenem Untergrund *(secco).*

Fries, plastische oder gemalte Streifen an Wänden meist in ornamentaler Musterfolge zur Gliederung und Dekoration von Architekturteilen.

Galerie, Verbindungs- oder Ziergang, der nach einer Seite hin offen ist; in der niederrheinischen Romanik oft mit kleinen Säulen als Zwerggalerie (Zwerchgalerie) an Außenwänden.

Galiläa ➛ Atrium.

gebundenes System (gebundene Ordnung), gleichmäßig gegliederte Raummaße einer Kirche: einem im Grundriss quadratischen Joch des Mittelschiffs entsprechen zwei Joche im Seitenschiff; die Gewölbe aller Schiffe besitzen die gleiche Scheitelhöhe.

Gewände, schräge ➛ Laibung von Portalen und Fenstern, Zierformen sind gestuft oder profiliert; oft sind nur die Flanken des Portals gemeint.

Gewölbe, raumdeckende Bogenformen aus Stein in Form einfacher Tonnen- und Kreuzgratgewölbe über Kreuzrippengewölbe bis hin zum Netz- und Kappengewölbe oder Kuppel.

Grisaille, Malerei in Grautönen, bevorzugte farblose Fenstergestaltung in hochmittelalterlichen Zisterzienserkirchen.

Gurtbogen, Verstärkungsbogen eines Tonnen- und Kreuzgewölbes quer zur Längsachse des Kirchenschiffs, der die Raumgliederung und Jochaufteilung betont.

Hallenkirche, mehrschiffiger Kirchenbautyp mit gleichhohen Einzelschiffen; das Licht fällt nur durch die Fenster in den Umfassungsmauern in das Mittelschiff.

Hypokaustrum, Hypokaustenheizung, warme Luft zirkuliert aus einem Heizraum *(praefurnium)* durch Wand- und Fußbodenkanäle; eine bereits in der Antike angewandte Heiztechnik.

Joch, Gewölbefeld zwischen den Stützen einer Kirche; mehrere Joche können durch Gurtbögen getrennt werden.

Kalvarienberg, personenreiche Darstellung

der Kreuzigung Christi oder der Passion Jesu.

Kämpfer, Bauelement als Widerlager eines Bogens oder Gewölbes, oft über dem ➛ Kapitell.

Kandelaber, Standleuchter (Kerzenständer) oder Laternenträger.

Kannelierung, Rillen an einem Säulen- oder Pfeilerschaft als Gliederung oder Zierbelebung.

Kapitell, Haupt (Kopf) einer ➛ Säule, eines ➛ Pfeilers oder ➛ Pilasters, bestehend aus Halsring, Körper und Deckplatte.

Kavate, gewölbter Unterbau einer Kirche, meist unter dem Chorbereich mit freiem, äußerem Durchgang.

Kehle, geschwungene Profileinziehung; in der mittelalterlichen Architektur ein häufig verwendetes Schmuckelement an ➛ Gewänden.

Kenotaph, Scheingrab.

Klosterformat, ein Regelmaß für mittelalterliche Backsteine, das sich fälschlich auf das feste Maß von 28 zu 13,5 zu 8 (cm in Länge zu Breite zu Höhe) bezieht; die Steinformate variierten jedoch im Lauf der Jahrhunderte in den verschiedenen Regionen und in Abhängigkeit von der Bauhütte, was heute zur Altersbestimmung eines mittelalterlichen Backsteingebäudes genutzt wird.

Konche, muschelartige Wandausbuchtung, die von einer Viertelkugel überdeckt wird; eine spezielle Form ist der Dreikonchenchor (Trikonchos).

Konsole, aus der Mauer vortretender Tragstein (Kragstein), häufig plastisch verziert.

Kreuzgewölbe, Gewölbe aus zwei sich rechtwinklig durchdringenden ➛ Tonnengewölben.

Kreuzgratgewölbe, ➛ Kreuzgewölbe, bei dem die entstehenden Grate betont werden.

Kreuzrippengewölbe, die Gewölbegrate werden durch Rippenformen stark betont.

Laibung, senkrechte Schnittfläche in einem Mauerwerk, die an Portal-, Pforten- oder Fensteröffnungen die nach innen liegende Mauerfläche bildet.

Langhaus, Kirchenteil zwischen Westwerk und Chorbereich; in Klosterkirchen vorrangig den Konversen vorbehalten, in Stiftskirchen der Laiengemeinde.

Lettner, Trennwand zwischen Konventsmitgliedern im Chor und der Laiengemeinde im Kirchenraum; oft mit Laienaltar und Predigt- oder Sängerbühne; nur in Kathedral-, Stifts- und Bettelordenskirchen; in Mönchskirchen spricht man von ➛ Chorschranke.

Lisene, vertikales Wandgliederungselement ohne Basis und Kapitell.

Mäander, antikes Ornamentband als Zierform an den Wänden frühromanischer Kirchen.

Mandorla, Gloriole oder Aura um eine Figur in Mandelform.

Maßwerk, ornamentale Zierform der Gotik, häufig als geometrische Fensterteilung.

Mat(ut)intreppe, Treppenabgang vom ➛ Dormitorium der Mönche zum Kirchenchor.

Narthex ➛ Atrium.

Netzgewölbe, Gewölbe mit netzartig angeordneten Rippen; Zierform der Spätgotik.

Nonnenempore, in Kirchen hochgelegene Galerie für Frauenkonvente mit eigenem Altar und Chorgestühl; in mittelalterlichen Frauenkirchen im Westbereich, da der Ostbereich dem Priester und der Laiengemeinde vorbehalten war.

Obergaden, Mauerzone im höchsten Teil des Mittelschiffs einer ➛ Basilika, der über die Seitenschiffe emporragt und meist eigene Fenster aufweist.

Okulus, kleines Rundfenster.

Palmette, der Natur entlehntes Ornament, oft als Kapitellschmuck.

Paradies, in der Sakralarchitektur westlicher Vorhof/Vorhalle der (Kloster-)Kirche; ➛ Atrium.

Pfeiler, freistehende Stütze mit meist rechteckigem Querschnitt.

Pfeilerbasilika, Kirchenbautyp, bei dem die Mittelschiffsarkaden auf Pfeilern ruhen; ➛ Basilika.

Pietà, (Vesperbild), Darstellung der sitzenden Muttergottes mit dem Leichnam Jesu auf dem Schoß.

Pilaster, flacher Wandpfeiler oder Halbsäule zur Wandgliederung mit Basis, Schaft und ➛ Kapitell.

Piscina (Sacrarium), Wasserbecken meist in der Altarwand zum Auffangen geweihten Wassers, das über einen Abfluss nach draußen fließt.

Polygonalchor, aus mehreren Seiten bestehender ➛ Chor einer gotischen Kirche; die einzelnen Seitenflächen umschließen dabei ein gedachtes, regelmäßiges Vieleck (polygonaler Schluss); die Bezeichnung des Chors richtet sich nach der Anzahl der Seiten, die zur Vervollständigung des Vielecks durch einen Schlussstein verbunden werden (etwa 5/8, 7/10).

Portikus, Säulenvorhalle.

Predella, schmales Altarbild als Fuß eines ➛ Retabels oder eines ➛ Triptychons auf der ➛ Altarmensa.

Prieche, ursprünglich Empore in der Kirche, später allgemein Sitzplatz der höheren Stände, Loge.

Pseudobasilika, basilikaler Kirchenbau (➛ Basilika) ohne Fenster im erhöhten Mittelschiff.

Pulpitum ➛ Ambo.

Querhaus, rechtwinklig zum Langhaus einer Kirche verlaufendes Schiff, meist zwischen Langhaus und Chor, mitunter aber auch an der Westseite.

Relief, plastischer Bauschmuck, vorrangig in Stein.

Retabel, auf dem Hochaltar aufgestelltes (figürliches) Bildwerk; Sonderform ist der Flügelaltar.

Rocaille, muschelbetonte, asymmetrische Ornamentdekoration im Rokoko.

Saalkirche, einschiffiger Sakralbau.

Sakramentshäuschen ➛ Tabernakel.

Sanktuarium ➛ Chor.

Säule, freistehende Stütze mit rundem Querschnitt, bestehend aus Basis, Schaft und ➛ Kapitell; der Schaft weist eine schwache Verjüngung nach oben auf, was die Säule vom Rundpfeiler unterscheidet; Arkaden tragende Säulen sind in der hochmittelalterlichen Reformkirchenbaukunst ein bewusster Rückgriff auf die antike Formensprache.

Säulenbasilika, ➛ Basilika, in der die Mittelschiffsarkaden auf Säulen ruhen.

Schildbogen, Wandbogen im Schnitt zwischen Gewölbe und Wand.

Schlussstein, Steinform im Schnittpunkt von Gewölberippen (Scheitel), meist figürlich verziert.

Schwibbogen, frei zwischen zwei Gebäudeteilen sich spannender Bogen, der nach oben waagerecht abschließend aufgemauert ist.

Secco ➛ Fresko.

Sepulchrum, Grabraum, oft Unterkirche mittelalterlicher Frauenkirchen unter der Nonnenempore.

Spolie, älteres Bauglied, das in neueren Aufbauten wiederverwendet wird.

Staffelchor, der Hauptchorraum einer Kirche wird von kleineren Nebenkapellen flankiert, die gestaffelt zurückversetzt angegliedert sind; der östliche Abschluss jeden Raums besteht meist aus einer ➛ Apsis; der Staffelchor ermöglichte mehrere Altäre in abgetrennten Räumen.

Staurothek, Behältnis für Reliquienpartikel des Kreuzes Christi, meist hochwertig und kunstvoll gestaltet.

Sterngewölbe, Gewölbe mit sternförmig angeordneten Rippen.

Stichbogen, Überdeckung einer Maueröffnung durch einen nur wenig gewölbten Bogen.

Strebepfeiler, Pfeiler an den Außenmauern gotischer Kirchen, die den Dachschub aufnehmen.

Stuck, Stuckaturen, plastische Ausformungen in Innenräumen und an Fassaden, im Barock und Rokoko in opulenter Ausdrucksweise meist aus Gipsmörtel.

Stufenportal, optische Vergrößerungsform bei romanisch-gotischen Portalen; säulenbestückte Gewände treten dabei stufenweise zurück.

Stützenwechsel, Säulen und Pfeiler im rhythmischen Wechsel innerhalb einer Arkatur (➛ Arkade) im Kirchenmittelschiff als Abtrennung von den Seitenschiffen; romanische Architekturtradition im Rheinland und in Sachsen.

Tabernakel (Sakramentshäuschen), meist kunstvoll verzierter Aufbewahrungsort für konsekrierte Hostien im Chorbereich einer Kirche.

Tonnengewölbe, Raumgewölbe mit zwei gleich langen, parallel verlaufenden Widerlagern; meist mit rundbogigem Querschnitt als Rundtonne, aber auch als Spitztonne.

Transenna, kunstvoll durchbrochene Platte zur Fensterfüllung im Mittelalter bis zur Verwendung von Glas.

Treppengiebel (Staffelgiebel), Giebel mit abgetreppter Kontur, im Spätmittelalter eine eher dekorative Giebelform.

Triforium, Laufgang mit Dreifachbögen an der Hochwand einer ➛ Basilika unter den ➛ Obergaden, der zum Mittelschiff hin offen ist; typisch für gotische Kathedralkirchen.

Triptychon, dreiteiliges Gemälde in Form eines hölzernen Flügelaltars.

Triumphbogen, Gurtbogen zur Trennung der ➛ Vierung vom ➛ Chor, in dem man das Triumphkreuz aufhängt.

Tumba, Grabkasten mit Grabplatte über dem Fußboden, ehrenvolles Grabdenkmal.

Tympanon, Bogenfeld über einem Portal, oft mit allegorischen Reliefdarstellungen.

Unterkirche, Raum unter der ➛ Nonnenempore, fälschlich Krypta.

Vesperbild ➛ Pietà.

Vierung, Raumteil der kreuzförmigen Kirche, in dem sich ➛ Langhaus und ➛ Querhaus durchdringen, teilweise bekrönt von einem Vierungsturm; Ort des Mönchschores (➛ *chorus maior*).

Wandpfeilerkirche, stützende Strebepfeiler sind in die Kirchenwände einbezogen.

Westwerk (West-, Querriegel), wuchtiger, wehrhafter Westbaukörper bei karolingischen, ottonischen und romanischen Kirchen, verstärkt durch Turmaufsätze und Flankentürme, oft mit Emporen oder Kammern für hochrangige Persönlichkeiten.

Zentralbau, Kirche mit gleich langen Hauptachsen.

Ziborium (Baldachin), Überdachung auf Säulen über einem Altar oder einer Grabstelle.

Zwerggalerie (Zwerchgalerie), kleiner, offener Laufgang oder vorgeblendete Arkatur (➛ Arkade), meist als Zierform unter dem Dachansatz einer Kirche oder an ihrer ➛ Apsis.

Zeittafel

Profan- und Kirchengeschichte	Mönchtums- und Ordensgeschichte
313 Toleranzedikt von Mailand	**251–356** Antonius der Große, Begründer des Einsiedlerwesens
318 Ausbruch des arianischen Streits	**292–346** Pachomius, Begründer des Koinobitentums
325 Das erste ökumenische Konzil in Nizäa verurteilt den Arianismus	
	335–340 Bischof Athanasius von Alexandrien (um 298–373) macht während seines Exils in Trier und Rom das orientalische Mönchtum im Abendland bekannt
	353 Frauengemeinschaften in Mailand und Rom
374 Ambrosius (339–397) wird Bischof von Mailand	**nach 371** Martin von Tours (316/317–397) gründet die monastische Siedlung Marmoutier bei Tours, das älteste Kloster des Abendlandes
um 375 der Einfall der Hunnen in Osteuropa löst die germanischen Völkerwanderungen aus	**vor 379** Bischof Basilius von Caesarea begründet mit seinem Regelwerk das orthodoxe Mönchtum der Ostkirche
381 Kaiser Theodosius I. erhebt das Christentum zur Staatsreligion	
	388–393 Aurelius Augustinus (354–430) gründet bei Hippo (Nordafrika) ein *monasterium* und verfasst die Augustinusregel
395 Teilung des Römischen Reiches, Westrom (395–476) mit Hauptstadt Rom, Ostrom (Byzanz) (395–1453) mit Hauptstadt Konstantinopel	
410 Westgoten erobern Rom, 415 Gallien	**5. Jh.** erste monastische Welle in Mitteleuropa, getragen vom altgallischen Mönchtum
406–534 Vandalen erobern Spanien und Nordafrika, arianisches Vandalenreich	**um 410** Kloster Lérins auf einer Mittelmeerinsel bei Cannes, Ausstrahlungszentrum für die Rhôneklöster in Südgallien
	415 Johannes Cassianus (365/369–432/435) gründet das Kloster Marseille, seine Schriften und Klosterregeln werden zur geistigen Grundlage des gallischen Mönchtums
	420–500 Klöster der Schüler Martins von Tours prägen das gallische Mönchtum in Aquitanien, südlich der Loire bis nach Spanien, Ausläufer auch in der Champagne und im Pariser Becken
	450–500 im keltischen Irland entsteht ein stark monastisch geprägtes Kirchentum nach Mission des Palladius und Patricius (Patrick, † 461)
451–453 Einfall der Hunnen in Mitteleuropa unter Attila, Schlacht auf den Katalaunischen Feldern (451)	
476 Untergang des Weströmischen Reiches	
	um 480–547 Benedikt von Nursia
486–751 Reich der Franken unter den Merowingern	
493–553 Ostgotenreich in Italien	
497/498 Taufe Chlodwigs I.; die Franken bekennen sich zur römischen Kirche, andere Stämme dagegen zum Arianismus	**6. Jh.** christliche Klerikergemeinschaften u.a. in: Trier St. Martin, Trier St. Maximin, Speyer St. German, Augsburg St. Afra
	513 Caesarius von Arles gründet in Lyon das erste bekannte Frauenkloster des Abendlandes und verfasst eine Nonnenregel

Profan- und Kirchengeschichte	Mönchtums- und Ordensgeschichte
	um 529 Gründung des benediktinischen Mutterklosters Montecassino durch Benedikt
	um 535 Benediktregel
	um 550 Kaiser Justinian festigt mit Gesetzesnovellen das Mönchtum der griechischen Kirche
568–774 Langobardenreich in Italien	**563** Columban der Ältere (521/522–597) gründet in Schottland das Kloster Hy auf Iona
577 erste Zerstörung der Abtei Montecassino	**592** Columban der Jüngere (543–616) pilgert von Wales nach Gallien und Italien; Kloster Luxeuil wird zum Ausstrahlungszentrum für weitere Klöster unter der columbanisch-benediktinischen Mischregel
585 Bistum Konstanz	
um 590 Übergang vom Arianismus zur katholischen Lehre im Langobarden- und im spanischen Westgotenreich	
590–604 Papst Gregor I. der Große festigt das Papsttum in Rom und fördert das Benediktinertum, Stärkung der römischen Kirche in England	
	7. Jh. zweite Welle des irofränkischen Mönchtums, Mission östlich des Rheins und am Bodensee, erste monastische Gemeinschaften im heutigen Deutschland, Missionszellen:
614 Bistum Worms	603 Schuttern ? 617 Weltenburg ?
629–639 unter König Dagobert I. expandiert das Frankenreich nach Nordosten, die christlich-fränkische Reichskultur führt zur germanisch-romanischen Mischkultur	630 Trier St. Symphorian, erstmals Benediktregel; Andernach Stephanskloster 634 Tholey
632 Tod Mohammeds (um 570–632); militärisch-expansive Ausbreitung des Islam	vor 639 Klingenmünster 640 Köln St. Kunibert ? um 650 Disibodenberg; Säckingen St. Florian vor 659 Trier Oeren
664 Synode von Whitby: Durchsetzung der römischen Liturgie in England, keltisch-christliche Kirche um Iona verliert an Einfluss	
	690 Bonn St. Cassius 693 Pfalzel bei Trier 695 Kaiserswerth; Mettlach
8. Jh. Ostmission der englischen Missionare unter fränkischem Schutz:	**8. Jh.** dritte monastische Missionswelle durch englische Missionare, Siegeszug des Benediktinertums, Gründung neuer Klöster u.a.:
690–739 Willibrord (um 658–739)	700 Amorbach, Mainz Altenmünster 707 Erfurt St. Peter
711–1492 Araber in Spanien	**um 712/715–755** Chrodegang von Metz; er verpflichtet seine Kathedralkleriker durch die Chrodegangregel zur *vita communis*
719–754 Wynfrith Bonifatius (um 672–754)	721 Prüm, Amöneburg 723 Fritzlar
724–753 Pirmin (um 670–753)	724 Reichenau
732 Karl Martell (714–741) stoppt den Vormarsch der spanischen Araber bei Portiers; Aufstieg der Karolinger	
738–789 Wunibald († 761), Willibald († 789)	
738 erster historisch gesicherter Bischof von Augsburg	
739 Bistümer Salzburg, Regensburg, Freising und Passau	739 Regensburg St. Emmeram 740 Benediktbeuern

Profan- und Kirchengeschichte	Mönchtums- und Ordensgeschichte
741 Bistümer Eichstätt und Würzburg	741 Niederaltaich; Eichstätt
	742 Hornbach 744 Fulda 746 Gengenbach; Schuttern; Schwarzach 747 Füssen 750 Thierhaupten; Altomünster; Polling; Kempten
751–987 Reich der Karolinger	**750–784** Abt Fulrad von St. Denis (Paris) ist oberster Reichsabt
751 Pippin III. der Jüngere wird König des Frankenreichs	752 Heidenheim
756 Gründung des Kirchenstaats durch die Pippinische Schenkung (kontrovers beurteilt)	
768–814 Karl der Große (800 Kaiser)	762 Tegernsee 764 Lorsch; Ellwangen; Ottobeuren; Esslingen 766 Frauenchiemsee 768 Neustadt/Main 769 Hersfeld
780/782 Mainz wird Erzbistum	
seit 780 neue Missionsbistümer:	
780 Missionsbistum Osnabrück	780 Brunshausen; Meppen; Berg im Donaugau
787 Missionsbistum Bremen	
787 2. Konzil von Nizäa erlaubt Bilderverehrung	
	789 Pflicht von Schulen in den Klöstern zur Ausbildung der Reichsaristokratie
790 Missionsbistum Minden	790 Herford
793 Raubüberfall an der englischen Nordostküste durch Nordmänner markiert den Beginn der Wikingerzeit	**793** Wikinger zerstören Kloster Lindisfarne (Northumberland) und überfallen Iona (795)
799 Missionsbistum Paderborn 800 Missionsbistum Verden 804 Missionsbistum Halberstadt 805 Missionsbistum Münster	794 Solnhofen 800 Werden
815 Missionsbistum Hildesheim	**815** Gründung der Abtei Inda bei Aachen (Kornelimünster) unter Reichsreformabt Benedikt von Aniane (750–821) als Musterkloster
816–819 Aachener Synoden, Reformgesetzgebung Kaiser Ludwigs des Frommen	**816** Aachener Regel und Benediktregel zur allgemeinen Norm erhoben, Trennung zwischen kanonikalem Stiftsleben und Mönchtum
	818/819 „Notitia de servitio monasteriorum“: Auflistung und Klassifizierung der Reichsklöster
	um 820 Reichenauer Mönche entwerfen für St. Gallen den sogenannten St. Gallener Klosterplan, ein Idealplan zur architektonischen Umsetzung der benediktinischen Lebensweise
826 Ansgar (um 801–865) missioniert in Skandinavien	
831 Erzbistum Hamburg	
843 Reichsteilung zu Verdun, Ostfranken fällt an Ludwig II. den Deutschen	**um 850** columbanisch beeinflusste Mischregel weicht nur langsam der Benediktregel, aus Laieninstituten formieren sich Priesterklöster
848 Doppelbistum Hamburg-Bremen	**seit 850** allgemeiner Niedergang des klösterlichen Lebens, geistlich-religiöse Krise, Zerstörungen, Existenznot
863 Kyrill und Method missionieren in Mähren	
um 900–950 Ungarneinfälle in Bayern, Dänen im Norden, Slawen im Osten, Sarazenen im Süden; Erstarken der Herzogtümer	**899–913** Zerstörung monastischer Niederlassungen in der Ostmark durch die Ungarn; Herzog Arnulf I. zieht Kloster- und Kirchengut zur Finanzierung von Gegenmaßnahmen ein
	909/910 Gründung Klosters Cluny in Burgund als erstes exemtes Kloster

Profan- und Kirchengeschichte	Mönchtums- und Ordensgeschichte
919–1024 Herrschaft der sächsischen Liudolfinger	
936–973 Otto I. der Große (Kaiser 962)	**933** Neubelebung von Kloster Gorze bei Metz, zusammen mit St. Evre in Toul entsteht das Ausgangszentrum der Gorzer Reform (Lothringische Reform)
	934 Trier St. Maximin wird Einfallstor der Gorzer Reform für die nordöstlichen Reichsklöster und initiiert neue Ausstrahlungszentren: Lorsch (951), Einsiedeln (964), Regensburg (974), Tegernsee (978), Niederaltaich (996) und Fulda (1013)
955 Sieg über die Ungarn auf dem Lechfeld	
958 Bistümer Brandenburg und Havelberg	
967 Bistümer Merseburg, Zeitz und Meißen	
968 Erzbistum Magdeburg	
972 Bistum Oldenburg	
983 Slawenaufstand im Osten des Reichs, Untergang der Bistümer Oldenburg, Brandenburg und Havelberg	
1002–24 Heinrich II. (Kaiser 1014)	**1002** Durchsetzung der Gorzer Reformideale in den Reichsklöstern
1007 Bistum Bamberg	
1028 Bischofssitz Zeitz wird nach Naumburg verlegt	**vor 1027** Kamaldulenser in Italien
	nach 1039 Vallombrosaner in Italien
	um 1050 Junggorzer Reform, Ausstrahlungszentren in Münsterschwarzach und Regensburg St. Emmeram
1054 endgültiger Bruch Roms mit der Ostkirche	
1056–1106 Heinrich IV. (Kaiser 1081)	
1059 Lateransynode unter Papst Nikolaus II. beschließt eine grundlegende Reform des Stiftswesens	
1060 Bistümer Ratzeburg und Schwerin	**1062** Herrand Klosterverband um Ilsenburg (Harz) als Variante der Junggorzer Reform
	um 1070–1120 erste regulierte Stifte der Augustiner-Chorherren als Zentren der Reform kanonikalen Lebens: Passau (1070), Rottenbuch (1073), Springiersbach (1102), Hamersleben (1107), Neuwerk bei Halle/Saale (1116)
1073–85 Papst Gregor VII., Gregorianische Kirchenreform	**um 1070–1250** benediktinische Klosterreform im Geist der Gregorianischen Kirchenreform in neucluniazensischer Prägung, bedeutende Reformzentren des Hochmittelalters: Siegburg (1070), St. Blasien (1072), Hirsau (1075)
1075 Römische Fastensynode, Verbot der Laieninvestitur	
1075–1122 Investiturstreit	**1076/77** Anfänge des Ordens von Grandmont
	1084 Bruno von Köln (um 1030–1101) gründet mit Gleichgesinnten in der Chartreuse (Frankreich) eine Eremitengemeinschaft, Anfänge des Kartäuserordens (1133)
1095 Papst Urban II. ruft zum 1. Kreuzzug auf; insgesamt sieben Kreuzzüge christlicher Heere brechen nach Palästina und Ägypten auf (1096–1291)	**1088–1132** Bau der dritten Abteikirche in Cluny, der größten romanischen Kirche des Abendlandes
1099 Eroberung Jerusalems, Errichtung eines Königreiches (bis 1244)	**1098** Abt Robert von Molesme (um 1028–1111) und Mönche in der Wildnis von Cîteaux
	1100 Doppelkloster von Fontevrault, Orden 1106

Profan- und Kirchengeschichte	Mönchtums- und Ordensgeschichte
1106–25 Heinrich V. (Kaiser 1111)	**1109/12** Gründung der Benediktinerabtei in Tiron bzw. Savigny, Mutterklöster zweier bedeutender französischer Reformkongregationen
	1115–53 Abt Bernhard von Clairvaux
	1119 Anerkennung des Zisterzienserordens durch Papst Calixtus II.; es folgt die lawinenhafte Ausbreitung der Zisterzienser
	1121 Kapitel der Sepulcriner (Heilig-Grab-Chorherren) zu Jerusalem
	1121 Norbert von Xanten (um 1080–1134) gründet Prémontré, die Stammabtei der Prämonstratenser
1122 Wormser Konkordat	**1122** Cappenberg, erstes deutsches Prämonstratenserstift
	1122–56 unter Abt Petrus Venerabilis größte Ausbreitung des burgundischen Klosterverbandes von Cluny
1124 Bistum Lebus	**1123** Kamp erste deutsche Zisterzienserabtei
1124/27 Missionsreisen Bischof Ottos I. von Bamberg in das heidnische Pommern	**1126–34** Norbert von Xanten Erzbischof in Magdeburg
1125–37 Lothar III. von Sachsen (Kaiser 1133), Aufstieg der Askanier in Brandenburg, der Wettiner in Sachsen, der Schauenburger im Norden; deutsche Kolonisation des Nordens und Ostens	**1129** Stift Unser Lieben Frauen in Magdeburg als Prämonstratenserzentrum der Nordostregion, Prämonstratenser-Domkapitel in Leitzkau (1138), Havelberg (1148), Ratzeburg (1154), Brandenburg (1161)
	1129 Templerorden, erster Orden der geistlichen Ritterschaft in Jerusalem zum Schutz der Pilger
	1131/35 Gilbert von Sempringham gründet den Gilbertinerorden; einzige rein englische Ordensgründung
1138–1254 Herrschaft der Staufer	
1147 Wendenkreuzzug an Elbe und Oder; Heinrich der Löwe befriedet den Norden und sorgt für die Neubelebung verlorener Bistümer	**1147** die Klosterverbände von Savigny und Obazine schließen sich mit über 50 Klöstern dem Zisterzienserorden an
1152–90 Friedrich I. Barbarossa (Kaiser 1154)	**1153** Johanniterorden, erster Hospitalorden, später geistlicher Ritterorden in Jerusalem
1160 Bistum Lübeck zugunsten Oldenburgs	
1181 Sturz Welfenherzog Heinrichs des Löwen, Aufstieg der Wittelsbacher	**1180** Zisterzienserkloster Munkeby nahe Trondheim als nördlichste Gründung
1182 Papst Lucius III. schafft die rechtliche Voraussetzung zur Inquisition	
	1192 Deutscher Orden zunächst als Hospitalbruderschaft, 1198 geistlicher Ritterorden
1198–1215 unter Innozenz III. erreicht das Papsttum den Höhepunkt seiner weltlichen Macht	
1209–29 Albigenserkriege in Südfrankreich	**1209** Karmelitenorden entsteht in Palästina
	1212 Klara von Assisi (1193–1253) und Schwestern an S. Damiano in Assisi (Umbrien)
1215–50 Friedrich II. (Kaiser 1220)	**1215** Papst Innozenz III. verpflichtet auf dem 4. Laterankonzil alle Orden zu Generalkapiteln und Visitationen; Verbot neuer Ordensgemeinschaften ohne päpstliche Zustimmung
	1215 päpstliche Zustimmung zur Kongregation der Schottenklöster; die Zentrale wird Regensburg

Profan- und Kirchengeschichte	Mönchtums- und Ordensgeschichte
	1216 Dominikanerorden des Dominikus Guzmán (nach 1170–1221) wird erster klerikaler Orden; Papst Honorius III. erteilt ihnen die Erlaubnis zu predigen, was einen grundsätzlichen Eingriff in die Rechte der Bischöfe bedeutet
	1217 Trinitariergemeinschaft als Orden anerkannt
	1220–50 rasantes Anwachsen der Frauenklöster im mitteleuropäischen Raum meist unter Zisterzienserobservanz
	1223 Franziskanerorden des Franz von Assisi (1181/82–1226) erlangt päpstliche Anerkennung
	1224 Rudolf von Worms gründet den Magdalenenorden, den ersten Frauenorden der römischen Kirche
1226 Goldene Bulle von Rimini als rechtliche Grundlage des Deutschordensstaates im Baltikum	**1226** Papst Honorius III. bestätigt den Karmelitenorden
1227–41 Papst Gregor IX. fördert die Bettelorden und bekämpft den häretischen Zweig der Armutsbewegung	**1228** das Generalkapitel der Zisterzienser beschließt die Aufsichtspflicht über assoziierte Frauenklöster
	um 1230 Wilhelmitenorden in Italien
	1233 Papst Gregor IX. beauftragt die Dominikaner mit der Inquisition
1245–59 Albertus Magnus (um 1195–1280) und Thomas von Aquin (um 1225–74) an der Pariser Universität	**1248** Sackbrüderorden in Südfrankreich, Servitenorden in Italien, Kreuzherrenorden in Belgien
1250–73 Interregnum; Aufblühen der Städte	**1253** Approbation des Klarissenordens
	1255 Anerkennung des Lazarusordens
	1256 artifizielle Gründung des Augustiner-Eremitenordens durch Papst Alexander IV.
1273–95 Rudolf I. von Habsburg, Konsolidierung der politischen Verhältnisse im Reich	**1274** Zweites Konzil von Lyon beschließt Auflösung jüngst entstandener Orden, Ende des Sackbrüderordens
	1275 Cölestinerorden entsteht in Italien
	1297 Anerkennung der Antoniter in Frankreich als Hospitaliterorden
1309–77 Papstexil in Avignon	**1307–14** Vernichtung des Templerordens, Papst Clemens V. löst auf Drängen König Philipps IV. von Frankreich den Templerorden 1312 auf
	1308 Pauliner-Eremitenorden in Ungarn
1311/12 Konzil von Vienne	**1311** Konzil von Vienne verurteilt beginische Lebensweise; Übergang der Beginen und Begarden in Drittordenskonvente
1314–47 Ludwig der Bayer (Kaiser 1330)	**1318** Verurteilung der franziskanischen Spiritualen, Verfolgung als Häretiker
	1324 Benediktinerkongregation der Olivetaner in Italien
	1333 Gründung von Stift Raudnitz in Böhmen, Aufstieg zum Reformzentrum der Augustiner-Chorherrenstifte im südostdeutschen Raum
1347–51 europäische Pestpandemie (Große Pest)	**1347–51** Pestwelle dezimiert besonders die städtischen Konvente der Bettelorden
1347–78 Karl IV. (Kaiser 1355); Goldene Bulle (1356)	
	1370 Birgittenorden in Schweden
1378–1417 Großes Abendländisches Schisma	**1374** Bekehrung Geert Grootes (1340–84) führt zur Bewegung der Devotio moderna
	1393 Anfänge der Kastler Reform

Profan- und Kirchengeschichte	Mönchtums- und Ordensgeschichte
	1395 Gründung der Windesheimer Reformkongregation um das junge Augustiner-Chorherrenstift St. Victor bei Zwolle in den Niederlanden zur Erneuerung der Regularkanonikerstifte
	um 1400 Colettinen, Reformzweig der Klarissen
1410–37 Sigismund (Kaiser 1433)	**1412** Cassinensische Kongregation in Padua zur Reform der Benediktiner
1414–18 Konzil von Konstanz	**1418** Konzilmaßnahmen in Konstanz ermöglichen Reformen in den Ordensgemeinschaften
	1418 Melker Benediktinerreform, die Abtei Tegernsee wird Ausstrahlungszentrum
1419–36 Hussitenkriege bis an die Weser, Entstehung einer unabhängigen Böhmischen Kirche	**1422** Augustiner-Eremiten gründen die sächsisch-thüringische Observantenprovinz
1431–49 Konzil von Basel-Ferrara-Florenz-Rom	**1430** Martinianische Konstitutionen zur Rettung der Ordenseinheit der Franziskaner
	1446 das Konzil von Florenz genehmigt die Gründung der Bursfelder Reformkongregation der Benediktiner
1450/51 erster Druck der Bibel mit beweglichen Lettern durch Johannes Gutenberg	**1450–52** Kardinal Nikolaus von Kues (1401–64) visitiert und reformiert zahlreiche Klöster in Deutschland
	1455 erster deutscher Observantenkonvent der Franziskaner in Hamm
	1472 Approbation der Alexianer (Celliten)
	1489 päpstliche Aufhebung des Kapitels vom Heiligen Grab (Sepulcriner) und des Lazarusordens
1493–1519 Maximilian I. (Kaiser 1508)	**Ende 15. Jh.** allgemeiner Niedergang der Klosterkultur, Verweltlichung führt zur Umwandlung von Abteien in Kollegiat- oder Kanonissenstifte
	1513–21 letzte vorreformatorische Klostergründungen im deutschen Reichsteil: Wurzach Franziskaner-Tertiarinnenkloster (1513), Eisleben Augustiner-Eremitenkloster, Königstein Cölestinerpriorat, Jobstenberg (Bayreuth) Franziskanerkloster (alle 1515), Lunden Franziskaner-Observantenkloster (1517), Königseggwald Franziskaner-Tertiarinnenkloster (1521)
	1515 das Vereinigungskapitel der Dominikaner in Wismar verhindert eine Ordensspaltung
1517 Martin Luther (1483–1546) veröffentlicht seine 95 Thesen; Beginn der Reformation	**1517** der Franziskanerorden spaltet sich in Konventuale (Minoriten) und Observante (Franziskaner) auf
1519–56 Karl V. (Kaiser 1520/30)	
1521 Reichstag zu Worms mit Wormser Edikt	
1521–22 Luther auf der Wartburg, Bibelübersetzung	**1522–24** Selbstauflösung der ersten Konvente: Wittenberg Augustiner-Eremitenkloster; Herzberg Augustiner-Eremitenkloster (beide 1522); Magdeburg Augustiner-Eremitenkloster (1524)
1524–25 Bauernkrieg in Mittel- und Süddeutschland	**1524–25** Ende zahlreicher Klöster durch brandschatzende Bauern; in den Städten Stürmung von Bettelordenskonventen
	1524 Gründung des Theatinerordens in Rom
	1525 der Deutsche Ordensstaat Preußen geht in polnische Lehnshoheit über, Livland folgt 1561; Mergentheim wird neue Ordenszentrale
1526 Homberger Synode und Beginn der Reformation in Hessen	
	1527 Hessen löst unter Landgraf Philipp I. als erstes Fürstentum flächendeckend die Klöster auf und richtet Armenhospitäler ein

Profan- und Kirchengeschichte	Mönchtums- und Ordensgeschichte
	1528 Gründung des Kapuzinerordens in Italien
1529 Reichstag zu Speyer und „Protestation" der evangelischen Stände	
1530 Augsburger Bekenntnis	**1530** Gründung des Barnabitenordens in Mailand
	1530–60 flächendeckende Säkularisierung der städtischen Klöster und der Feldklöster besonders in den norddeutschen Fürstentümern; mehr als 600 Klöster gehen in Mitteldeutschland unter; Frauenkonvente verbleiben meist als evangelische Damenstifte unter weltlicher Aufsicht
	1530–1798 Malta wird Hauptsitz der Johanniter nach Verlust von Rhodos – „Malteserorden"
1531–47 Schmalkaldischer Bund der protestantischen Fürsten und Reichsstädte	**1532** Franziskaner-Reformaten in Italien
seit 1534 Reformation in England	**1534** Gründung der Gesellschaft Jesu (Jesuiten)
1534/35 Täuferreich in Münster	
1535 Dänemark, Norwegen und Schweden bekennen sich zur Reformation	
	1538/40 Ende des Gilbertinerordens in England
	1539 die Johanniterballei Brandenburg bekennt sich evangelisch und unterstellt sich den Hohenzollern, Hauptsitz wird Sonnenburg in Schlesien
1540–81 Konfessionswechsel in elf mittel- und norddeutschen Hochstiften	
1541 Genfer Katechismus des Jean Calvin (1509–64)	
1545–63 Konzil von Trient, Beginn der Katholischen Reform	**1544** päpstliche Approbation der Ursulinen
1546/47 Schmalkaldischer Krieg endet mit dem Sieg Karls V. über den Schmalkaldischen Bund bei Mühlberg/Elbe	
1548 Augsburger Interim	
	1551 erste Hospitaliterinnen in Braunsberg
1552/53 Fürstenkrieg	
1555 Augsburger Religionsfrieden	
	1595 erste Statuten der Franziskaner-Rekollekten
	1610 Maria-Ward-Schwestern in England
1618–48 Dreißigjähriger Krieg	**1618–48** Zusammenbruch der Klosterkultur in den Kriegsgebieten, Exilaufenthalte der Konvente
1648 Ende der Bistümer Bremen, Halberstadt, Verden und Minden	**1648** der Westfälische Frieden garantiert den Bestand der katholischen Klöster in den protestantischen Gebieten
	1650–1802 Erneuerung des Klosterwesens im süddeutschen Raum mit barocker Entfaltung der Abteien, aufblühende Kultur- und Wissenschaftspflege, Kongregationsgründung der Benediktiner
1688–97 Pfälzischer Erbfolgekrieg	
1700–21 Nordischer Krieg	
1701–14 Spanischer Erbfolgekrieg	
1740–45 Schlesische Kriege	
1740–48 Österreichischer Erbfolgekrieg	
1756–63 Siebenjähriger Krieg	

Profan- und Kirchengeschichte	Mönchtums- und Ordensgeschichte
	1767 schrittweise Aufhebung des Cölestinerordens
	1773 päpstliches Verbot des Jesuitenordens
	1776 Aufhebung des Antoniterordens
1780–90 Joseph II.	**seit 1782** der „Josephinismus" führt in den österreichischen Ländern zur Auflösung zahlreicher Klöster und Orden
1789–95 Französische Revolution	**1789** vorläufiges Ende des monastischen Lebens in Frankreich
1792–1805 Koalitionskriege	**1798** der Johanniterorden verliert Malta
1799–1804 französische Konsularregierung unter Napoleon Bonaparte, Okkupation Mitteleuropas	**1802** Aufhebung der linksrheinischen Klöster durch die französische Besatzungsmacht
1802/03 Ende der Bistümer Konstanz, Worms und Würzburg; Mediatisierung der geistlichen Fürstentümer	**1803** Reichsdeputationshauptschluss mit allgemeiner Säkularisation der Klöster, vorläufiges Ende zahlreicher katholischer Orden
1804–14 französisches Kaiserreich	
1806 Ende des römisch-deutschen Reiches, Rheinbundstaaten	
	1809 Aufhebung des Deutschen Ordens in den Rheinbundstaaten
1814–15 Wiener Kongress, Deutscher Bund, Restitution des Kirchenstaates in Rom	**1814** Wiederherstellung des Jesuitenordens
1848 Märzrevolution in Deutschland	**1847** Aufhebung des Heilig-Geist-Ordens (männlicher Zweig)
	seit 1850 allmähliche Erholung der Ordenskultur, Restauration monastischer Institutionen, Gründung neuer Verbände: Beuroner Benediktinerkongregation (1863); Benediktinerkonföderation (1883), Konföderation der Augustiner-Chorherren (1959)

Fachbibliographie

1. Abgekürzte Titel der Literaturangaben

GermBen Germania Benedictina, hg. von der von der Historischen Sektion der Bayerischen Benediktinerakademie München in Verbindung mit dem Abt-Herwegen-Institut Maria Laach, Bd. 1 ff., Ottobeuren – St. Ottilien 1970 ff.

GermSac Alte Folge (AF), 8 Bde., Leipzig – Berlin 1917–72; Neue Folge (NF), hg. vom Max-Planck-Institut für Geschichte in Göttingen, 50 Bde., Berlin 1956–2007; Dritte Folge, hg. von der Union der Akademien in Deutschland unter der Schirmherrschaft der Akademie der Wissenschaften zu Göttingen Bd. 1 ff., Berlin 2008 ff.

HHistStD Handbuch der Historischen Stätten Deutschlands, Bd. 1 ff., Stuttgart 1958 ff.

LThK³ Lexikon für Theologie und Kirche, 3. Auflage, 11 Bde., Freiburg (Breisgau) 1993–2001.

MonPraem Monasticon Praemonstratense, id est historia circariarum atque canoniarum candidi et canonici ordinis Praemonstratensis, hg. von Backmund, Norbert, 3 Tle., Averbode 1949–56.

MonWin Monasticon Windeshemense, hg. von Kohl, Wilhelm u. a., 4 Bde., Brüssel 1976–84.

RepZist Repertorium der Zisterzen in den Ländern Brandenburg, Mecklenburg-Vorpommern, Sachsen, Sachsen-Anhalt und Thüringen, hg. von Schlegel, Gerhard für den Verein für Katholische Kirchengeschichte in Mecklenburg e.V., Langwaden 1998.

2. Weiterführende Literatur

Ahlers, Gerd: Weibliches Zisterziensertum im Mittelalter, Berlin 2002.

Backmund, Norbert: Die Chorherrenorden und ihre Stifte in Bayern, Passau 1966.

Backmund, Norbert: Die kleineren Orden in Bayern und ihre Klöster bis zur Säkularisation, Windberg 1974.

Badestüber, Ernst: Kirchen der Mönche. Die Baukunst der Reformorden im Mittelalter, Berlin 1980.

Bauer, Hermann/Bauer, Anna: Klöster in Bayern. Eine Kunst- und Kulturgeschichte der Klöster in Oberbayern, Niederbayern und der Oberpfalz, München 1985.

Becking, Gereon Christoph Maria (Hg.): Zisterzienserklöster in Europa. Kartensammlung, Berlin 2000.

Berg, Dieter: Armut und Geschichte. Studien zur Geschichte der Bettelorden im Hohen und Späten Mittelalter Kevelaer 2001.

Berg, Dieter (Hg.): Franziskanisches Leben im Mittelalter. Studien zur Geschichte der rheinisch-sächsischen Ordensprovinz, Werl 1994.

Berg, Dieter (Hg.): Könige, Landesherren und Bettelorden. Konflikt und Kooperation in West- und Mitteleuropa bis zur frühen Neuzeit, Werl 1998.

Berg, Dieter (Hg.): Vitasfratrum. Beiträge zur Geschichte der Eremiten- und Mendikantenorden des 12. und 13. Jh. Festgabe zum 65. Geburtstag von Kaspar Elm, Werl 1994.

Berger, Rolf: Hirsauer Baukunst. Ihre Grundlagen, Geschichte und Bedeutung, Bonn 1995.

Berger, Thomas: Die Bettelorden in der Erzdiözese Mainz und in den Diözesen Speyer und Worms im 13. Jahrhundert, Mainz 1994.

Binding, Günther/Untermann, Matthias: Kleine Kunstgeschichte der mittelalterlichen Ordensbaukunst in Deutschland, Stuttgart ³2001.

Bönnen, Gerald/Hirschmann, Frank G.: Klöster und Stifte von um 1200 bis zur Reformation. Geschichtlicher Atlas der Rheinlande (Beiheft IX/3), Bonn 2006.

Borchardt, Karl: Die Cölestiner. Eine Mönchsgemeinschaft des späten Mittelalters, Husum 2006.

Brandenburgisches Klosterbuch, Handbuch der Klöster, Stifte und Kommenden bis zur Mitte des 16. Jh., 2 Bde., hg. im Auftrag der Brandenburgischen Historischen Kommission e.V. und in Verbindung mit dem Brandenburgischen Hauptarchiv, Berlin – Brandenburg 2007.

Brunert, Maria-Elisabeth: Die Pauliner. Zu den Ursprüngen ihres Ordens, in: Schneider, Jens (Hg.): Klosterforschung. Befunde, Projekte, Perspektiven, München 2006, 11–39.

Creutz, Ursula: Geschichte der ehemaligen Klöster im Bistum Berlin in Einzeldarstellungen, Leipzig 1995.

Crusius, Irene/Flachenecker, Helmut (Hg.): Studien zum Prämonstratenserorden, Göttingen 2003.

Demurger, Alain: Die Ritter des Herrn. Geschichte der geistlichen Ritterorden, München 2003.

Dengler-Sprengler, Brigitte: Die Lazariter und Larariterinnen und ihre Ordensorganisation in Deutschland und in der Schweiz, in: Helvetia Sacra, Abt. IV, Bd. 7/2, Basel 2006.

Dinzelbacher, Peter/Hogg, James Lester (Hg.): Kulturgeschichte der christlichen Orden in Einzeldarstellungen, Stuttgart 1997.

Eberl, Immo: Die Zisterzienser. Geschichte eines europäischen Ordens, Stuttgart 2002.

Eifilia Sacra: Studien zu einer Klosterlandschaft, hg. von Mötsch, Johannes/Schoebel, Martin, Mainz ²1999.

Elm, Kaspar: Quellen zur Geschichte des Ordens vom Heiligen Grab in Nordwesteuropa aus deutschen und niederländischen Archiven (1191–1603), Brüssel 1976.

Elm, Kaspar: Umbilicus Mundi, Beiträge zur Geschichte Jerusalems, der Kreuzzüge, des Kapitels vom Heiligen Grab in Jerusalem und der Ritterorden, Brügge 1998.

Elm, Kaspar (Hg.): Beiträge zur Geschichte des Paulinerordens. Berlin 2000.

Engels, Odilo: Klöster und Stifte von der Merowingerzeit bis um 1200. Geschichtlicher Atlas der Rheinlande, Bonn 2006.

Fink, Alexandra: Romanische Klosterkir-

chen des hl. Bischofs Otto von Bamberg (1102–1139). Studien zu Bauherr und Architektur, Petersberg 2001.
Flachenecker, Helmut: Schottenklöster. Irische Benediktinerkonvente im hochmittelalterlichen Deutschland, Paderborn 1995.
Gatz, Erwin (Hg.), Die Bistümer des Heiligen Römischen Reiches von ihren Anfängen bis zur Säkularisation, Freiburg (Breisgau) 2003.
Gleba, Gudrun: Klosterleben im Mittelalter, Darmstadt 2004.
Hallinger, Kassius: Gorze-Kluny, Studium zu den monastischen Lebensformen und Gegensätzen im Hochmittelalter, 2 Bde., Rom 1950–51.
Handbuch der Deutschen Kunstdenkmäler, begründet von Dehio, Georg. Neubearbeitungen durch die Dehio-Vereinigung, Bd. 1 ff., München 1965 ff.
Hessisches Klosterbuch, Quellenkunde zur Geschichte der im Regierungsbezirk Kassel, im Kreis Grafschaft Schaumburg, in der Provinz Oberhessen und dem Kreis Biedenkopf gegründeten Stifter, Klöster und Niederlassungen von geistlichen Genossenschaften, hg. von Dersch, Wilhelm, Marburg [2]1940 (Nachdruck 2000).
Heutger, Nicolaus: Die geistlichen Ritterorden in Niedersachsen, Hannover 1997.
Hogg, James (Hg.): Die Geschichte des Kartäuserordens, 2 Bde., Salzburg 1991.
Iriarte, Lázaro: Der Franziskusorden. Handbuch der franziskanischen Ordensgeschichte, Altönning 1984.
Jäggi, Carola: Frauenklöster im Spätmittelalter. Die Kirchen der Klarissen und Dominikanerinnen im 13. und 14. Jh., Petersberg 2006.
Jakobs, Hermann: Die Hirsauer. Ihre Ausbreitung und Rechtsstellung im Zeitalter des Investiturstreites, Köln – Graz 1961.
Jürgensmeier, Friedhelm/Schwertfeger, Regina Elisabeth (Hg.): Orden und Klöster im Zeitalter von Reformation und katholischer Reform 1500–1700, 3 Bde., Münster 2005–07.
Keller, Hagen/Neiske, Franz (Hg.): Vom Kloster zum Klosterverband. Das Werkzeug der Schriftlichkeit, München 1997.
Klöster und monastische Kultur in Hansestädten. Beiträge des 4. wissenschaftlichen Kolloquiums Stralsund 12. bis 15. Dezember 2001, Kimminus-Schneider, Claudia/Manfred Schneider (Red.), Rahden 2003.
Klosterführer aller Zisterzienserklöster im deutschsprachigen Raum, hg. von Pfister, Peter, Strasbourg 1998.
Klosterführer Rheinland, hg. vom Rheinischen Verein für Denkmalpflege und Landschaftsschutz, Jahrbuch 2003, Köln 2004.
Koch, Wilfried: Baustilkunde. Das Standardwerk zur europäischen Baukunst von der Antike bis zur Gegenwart, Gütersloh [27]2006.
Kottje, Raymund/Maurer, Helmut (Hg.): Monastische Reformen im 9. und 10. Jh., Sigmaringen 1989.
Kunzelmann, Adalbero: Geschichte der deutschen Augustiner-Eremiten, 7 Tle., Würzburg 1969–76.
Lanczkowski, Johanna: Lexikon des Mönchtums und der Orden. Alles über Gründer, Klöster, Orden, Regeln und Alltag, Wiesbaden 1997.
Lexikon des Mittelalters, 9 Bde., München 2002.
Liebhart, Wilhelm (Hg.): Der Birgittenorden (Ordo Sanctissimi Salvatoris) in der frühen Neuzeit, Frankfurt/Main 1998.
Lutterbach, Hubertus: Monachus factum est. Die Mönchwerdung im frühen Mittelalter, Münster 1995.
Melville, Gert/Müller, Anne (Hg.): Regula Sancti Augustini, Normative Grundlage differenter Verbände im Mittelalter, Paring 2002.
Militzer, Klaus: Die Geschichte des Deutschen Ordens, Stuttgart 2005.
Mischlewski, Adalbert: Der Antoniterorden in Deutschland, in: Archiv für mittelrheinische Kirchengeschichte 10 (1958) 39–66.
Mohn, Claudia: Mittelalterliche Klosteranlagen der Zisterzienserinnen. Architektur der Frauenklöster im mitteldeutschen Raum, Petersberg 2006.
Moraw, Peter: Klöster und Stifte im Mittelalter, in: Pfalzatlas, Text-Bd. 1, Speyer 1964, 19–31.
Opfermann, Bernhard: Die thüringischen Klöster vor 1800. Eine Übersicht, Leipzig – Heiligenstadt 1959.
Ostrowitzki, Anja: Die Ausbreitung der Zisterzienserinnen im Erzbistum Köln, Köln 1993.
Palatia Sacra. Kirchen und Pfründebeschreibung der Pfalz in vorreformatorischer Zeit, hg. von Doll, Ludwig Anton, Bd. 1 ff., Mainz 1988 ff.
Pfister, Peter (Hg.): Klosterführer aller Zisterzienserklöster im deutschsprachigen Raum, Strasbourg 1998.
Pieper, Roland: Historische Klöster in Westfalen-Lippe. Ein Reisehandbuch, Münster 2003.
Pieper, Roland/Einhorn, Jürgen W.: Franziskaner zwischen Ostsee, Thüringer Wald und Erzgebirge, Paderborn 2005.
Poeck, Dietrich W.: Cluniacensis Ecclesia. Der cluniacensische Klosterverband (10.–12. Jh.), München 1998.
Prinz, Friedrich: Frühes Mönchtum im Frankenreich. Kultur und Gesellschaft in Gallien, den Rheinlanden und Bayern am Beispiel der monastischen Entwicklung (4.–8. Jh.), München 1988.
Ratisbona Sacra. Das Bistum Regensburg im Mittelalter, hg. von Morsbach, Peter, München – Zürich 1989.
Rödel, Walter Gerd: Das Großpriorat Deutschland des Johanniter-Ordens im Übergang vom Mittelalter zur Reformation, Mainz 1965.
Rüffer, Jens: Orbis Cisterciensis, zur Geschichte der monastischen ästhetischen Kultur im 12. Jh., Berlin 1999.
Schenkluhn, Wolfgang: Architektur der Bettelorden. Die Baukunst der Dominikaner und Franziskaner in Europa, Darmstadt 2000.
Schich, Winfried (Hg.): Zisterziensische Wirtschaft und Kulturlandschaft, Berlin 1998.
Schmid, Hermann: Kurzlebige Pauliner-Klöster in Schwaben, Franken und am Oberrhein, in: Zeitschrift für Württembergische Landesgeschichte 45 (1986) 103–115.
Schmies, Bernd/Rakemann, Kirsten: Spuren franziskanischer Geschichte. Chronologischer Abriß der Geschichte der Sächsischen Franziskanerprovinzen von ihren Anfängen bis zur Gegenwart, Werl 1999.
Schneider, Ambrosius: Die Cisterzienser. Geschichte, Geist, Kunst, Köln 1986.
Schwaiger, Georg (Hg.): Mönchtum, Orden, Klöster von den Anfängen bis zur Gegenwart. Ein Lexikon, München 1993.
Semmler, Josef: Die Klosterreform von Siegburg. Ihre Ausbreitung und ihr Reformprogramm im 11. und 12. Jh., Bonn 1959.
Smet, Joachim/Dobhan, Ulrich: Die Karmeliten. Eine Geschichte der Brüder U. L. Frau vom Berge Karmel, Freiburg (Breisgau) 1981.
Streich, Gerhard: Klöster, Stifte und Kommenden in Niedersachsen vor der Reformation. Mit einem Quellen- und Literaturanhang zur kirchlichen Gliederung Niedersachsens um 1500, Hildesheim 1986.
Ulpts, Ingo: Die Bettelorden in Mecklenburg. Studien zur Geschichte der Franziskaner, Klarissen, Dominikaner und Augustiner-Eremiten im Mittelalter, Werl 1995.
Untermann, Matthias: Forma Ordinis. Die mittelalterliche Baukunst der Zisterzienser, München – Berlin 2001.
Vogtherr, Thomas: Die Reichsabteien der Benediktiner und das Königtum im hohen Mittelalter (900–1125), Stuttgart 2000.
Wendehorst, Alfred/Benz, Stefan: Verzeichnis der Säkularkanonikerstifte der Reichskirche, Neustadt/Aisch 1997.
Westfälisches Klosterbuch. Lexikon der vor 1815 errichteten Stifte und Klöster von ihrer Gründung bis zur Aufhebung, hg. von Hengst, Karl, 3 Bde., Münster 1992–2003.
Wollasch, Joachim: Mönchtum des Mittelalters zwischen Kirche und Welt, München 1973.
Württembergisches Klosterbuch. Klöster, Stifte und Ordensgemeinschaften von den Anfängen bis zur Gegenwart, hg. von Zimmermann, Wolfgang/Priesching, Nicole, Ostfildern 2003.
Zadnikar, Marijan (Hg.): Die Kartäuser, der Orden der schweigenden Mönche, Köln 1983.

Bildnachweis

Zum Autor

Thomas Sterba, geb. 1950 in Jena, Dr. rer. nat., forscht seit über einem Jahrzehnt zur deutschen und europäischen Klosterlandschaft. Für das vorliegende Werk hat er sämtliche im Lexikon behandelten Objekte selbst aufgesucht, beschrieben und fotografisch erfasst.

Register

Die Alphabetisierung der Registereinträge folgt den „Hinweisen zur Benutzung des Lexikons" (S. 12). Stichworteinträge sind **rot** (Klöster und Stifte) bzw. **blau** (Ordensgeschichtliches) gedruckt. Das Register enthält darüber hinaus die Namen nahezu aller anderen im Lexikon erwähnten Klöster und Stifte mit Verweis auf die Fundstelle; dabei wird im Druck unterschieden zwischen Objekten, die zwischenzeitlich untergegangen sind (**grau**) und solchen, die noch heute bestehen, aber keine mittelalterliche Architektur aufweisen (**schwarz**). Unterschiedlichen Namensformen wird durch Verweisstichwörter (*kursiv*) Rechnung getragen.